国家社科基金项目：政策工具视角下的古代政府治理思想及其当代价值研究（项目批准号：17BGL223）

政策工具视角下的
古代政府治理思想及其当代价值研究
（上）

方宝璋◎著

新 华 出 版 社

图书在版编目（CIP）数据

政策工具视角下的古代政府治理思想及其当代价值研
究／方宝璋著. —北京：新华出版社，2023.9
ISBN 978 - 7 - 5166 - 7024 - 8

Ⅰ.①政… Ⅱ.①方… Ⅲ.①行政管理—政治思想史
—研究—中国—古代Ⅳ.①D691.22

中国国家版本馆 CIP 数据核字（2023）第 174477 号

政策工具视角下的古代政府治理思想及其当代价值研究
作者：方宝璋
出版发行：新华出版社有限责任公司
　　　　　（北京市石景山区京原路 8 号　邮编：100040）
印刷：三河市龙大印装有限公司

成品尺寸：170mm×240mm　1/16　　印张：85.25　字数：1714 千字
版次：2024 年 5 月第 1 版　　　　　印次：2024 年 5 月第 1 次印刷
书号：ISBN 978 - 7 - 5166 - 7024 - 8　　定价：198.00 元（全二册）

微店　　视频号小店　　抖店　　京东旗舰店　　请加我的企业微信

微信公众号　喜马拉雅　　小红书　　淘宝旗舰店　　扫码添加专属客服

目　录

第一章 绪 论

第一节 选题依据与创新

一、国内外研究现状及发展动态分析

有关从政策工具视角研究古代政府治理思想的专门论著，笔者至今尚未见到。但是，一些已出版或发表的论著，却不同程度地涉及这方面的问题。就整体上来说，大致可分为两种类型：

一是一些管理思想史、经济思想史或政治思想史的论著，其中国内比较有代表性的有：苏东水《东方管理学》、何奇《中国古代管理思想》、潘承烈《中国古代管理思想之今用》、姜杰《中国管理思想史》、吴照云《中国管理思想史》、刘云柏《中国管理思想通史》、王忠伟等《中国远古管理思想史》《中国中古管理思想史》《中国近古管理思想史》、刘筱红《管理思想史》、方宝璋《宋代管理思想》《先秦管理思想》，有关经济管理思想史的著作主要有：赵靖《中国经济管理思想史教程》、何炼成《中国经济管理思想史》、叶世昌《中国古代经济管理思想》、滕显间《中国历代经济管理反思》、方宝璋《宋代经济管理思想与当代经济管理》，有关经济思想史的著作主要有：唐庆增《中国经济思想史》、胡寄窗《中国经济思想史》、赵靖《中国经济思想通史》、侯家驹《中国经济思想史》、叶坦《富国富民论——立足于宋代的考察》，有关政治思想史的著作主要有：萧公权《中国政治思想史》、刘泽华《中国政治思想史集》、曹德本《中国政治思想史》、纪宝成《中国古代治国要论》，以及数种论文集和资料选辑等；国外主要有日本桑田幸三《中国经济思想史论》、上野直明《中国经济思想史》等。这些论著在某些章节目或以管理理念的视角，或以管理主体、管理权力、管理组织、管理文化和管理心理的视角，或以古代儒家、法家、道家、墨家、兵家等思想流派的视角，或以政治、经济、军事、文化、社会的视角，对古代管理思想做出精辟、独到的概括和总结，并上升到管理理论的高度加以阐述。如苏东水在《东方管理学·导论篇》中开创性地提出了概括东方管理文化本质特征的"以人为本、以德为先、人为为人"的"三为"原理，在中国管理、西方管理和华商管理的基础上形成了治国、治生、治家和治身的"四治"体系，以人本论、

人德论、人为论为核心，包括人道、人心、人缘、人谋、人才"五行"管理的东方管理理论体系，并提出东方管理学的管理目标是构建和谐社会的和贵、和合、和谐。苏东水东方管理理论体系的创建，主要就是从中国古代管理思想中汲取精华。又如赵靖《中国古代经济管理思想概论》以"富国之学"和"治生之学"的发展为线索，为中国古代经济管理思想史这门学科建立了一种理论模式。何炼成总结的中国传统经济管理思想的基本特点是：以宏观目标的"富国之学"为基本线索；宏观经济管理的基本指导思想主要表现为义利之争、本末之争、俭奢之争；宏观经济管理方针主要有两条，一是"无为而治"，即自由放任的方针，二是"通轻重之权"，即实行国家控制的方针。潘承烈等主编《中国古代管理思想之今用》以先秦老子、孔子、墨子、商鞅、孟子、孙子、鬼谷子、管子、荀子和韩非子为研究对象，从他们的学说与留给后人的著作中去研究这些先人的思想，包括涉及管理方面的可资借鉴和有启迪作用的思路、哲理、观点、规律与理论等等。刘云柏在《中国管理思想通史》中将中国管理思想分为儒家、道家、法家、佛家、兵家、墨家、农家、阴阳家、杂家、名家、基督教、伊斯兰教、少数民族、纵横家、医家等派别，并分别加以历史性考察。姜以读等编著的《中国古代政府管理思想精粹》从民为邦本、治国之道、君臣之道、行政方略、因时而立政令、礼义法度应时而变、法令者为治之本、事在四方要在中央、统华夏为一家、兵为国家大事、食货为生民之本、财赋为邦国之大本、四民之业钱货为本、教化治天下、建国教学为先、礼贤举士、用人行政并重、严吏治及交邻有道等方面总结了古代国家管理思想精粹。

二是一些经济史、政治史、法制史等专题性的论著，其中比较有代表性的有：九卷本各卷分设主编的《中国经济通史》、白钢主编的《中国政治制度通史》、张晋藩主编的《中国法制通史》、方宝璋《中国审计史稿》，以及大量专题性的断代研究专著，如张亚初、刘雨《西周金文官制研究》、安作璋、熊铁基《秦汉官制史稿》、杨鸿年《汉魏制度丛考》、王永兴《唐勾检制研究》、汪圣铎《两宋财政史》、李晓《宋代工商业经济与政府干预研究》、张文《宋代社会救济研究》、边俊杰《明代的财政制度变迁》、张显清《明代政治史》、田培栋《明代社会经济史研究》等。这些论著在宏观考察中国古代各种制度时，提出了一些对管理思想史有重要参考价值的精辟论断。如白钢在《中国政治制度通史·总论》中提出中国从战国至清朝封建地主阶级专政的国家是以中央集权和官僚政治的形式出现，实行专制君主制，其政体运行机制，以皇帝"独制于天下而无所制"为转移，其特点主要有3个方面，即行政、军事、监察三大系统鼎立，近侍逐步政务官化，中央派出机构逐步地方政权化。

除此之外，笔者仅从中国知网检索就可获取数以千计的有关以上这两种类型的论文，有的或多或少涉及一点古代政府治理思想的内容。限于篇幅，兹就不能一一列举与简要介绍。

以上两类论著在其研究的主要领域，均进行了全面系统深入的研究，做出了令人瞩目的贡献，处于领先水平。并且，这些论著在不同程度上涉及古代政府治理思想，如对社会犯罪的禁戒与镇压、政府财政税收治理、盐铁茶酒专卖、对户口土地的管制、垄断货币发行、对社会的救助等，对进一步研究政府治理思想有参考启示作用。但是，由于这些论著均只是在从事本领域研究需要时论及政府治理思想的某一方面，因此，难免有所不足。总的说来，其不足大致有以下 5 个方面：

其一，以往的研究成果虽然涉及政府治理思想，但都未能有意识地从政府治理的政策工具，如管制、协调、服务等视角进行探讨论述。其二，绝大多数研究成果仍鲜有以现代先进的政府治理理论为指导。其三，鉴于以往研究中视角与方法的局限，对古代一些治理思想的分析与看法，有待于重新认识与评价。其四，绝大部分研究成果尚未把古代政府治理思想与当代政府治理紧密结合进行探讨。其五，古代史料浩繁分散，尤其是一些低层次人物有价值的政府治理思想非常零星，以往的研究对此关注不够、收集较少；除此之外，古代政府治理行为、政策、制度中所反映的治理思想也发掘不够。有关古代政府治理思想的史料发掘整理之不足是限制研究工作深入的另一个重要原因。

二、研究意义

当前，世界管理学界十分重视对东方管理思想的研究，我国学界在管理思想史的研究也正方兴未艾。但从总体上看，有关管理思想史的研究主要侧重于经济管理思想史方面，而少有涉及政治、军事、文化、社会等管理思想史。以往的研究绝大多数从通史的视角，以某些代表人物为中心，采取传统的定性分析方法。本课题基于政策工具的视角，以现代政府治理理论为指导，拟在尽可能"竭泽而渔"收集资料的基础上，探索将传统史学方法与现代科学方法相结合，对古代政府治理思想进行比较全面系统深入的分专题研究。这将丰富中国古代管理思想史的研究，填补古代社会治理思想、古代公共事业思想等方面研究的空白，从新的视角用新的方法深化对某些专题的探讨，提出一些新的观点，并为今后的进一步研究提供更多的参考资料。

党的十八届三中全会《决定》提出了"国家治理""政府治理""社会治理"等新概念（全文 23 次出现"治理"一词），还有专门章节论述"创新社会治理体制"；党的十九大又将"推进国家治理体系和治理能力现代化"列入坚持全面深化改革的目标之一，并成为"新时代中国特色社会主义思想和基本方略"的重要组成部分。由此可见，目前建立有中国特色的社会主义管理理论与管理制度是当前管理学界艰巨而光荣的历史使命。

从广义上说，管理可涵盖治理；但从狭义上说，治理是管理的更高一个层次。从狭义上的管理到治理，虽一字之差却体现了治国理念的新变化、新要求、新跨越。狭义上的管理，简而言之，就是依赖传统公共管理的垄断和强制性质，把属下地区和人民管住、管好，全能政府色彩浓重，较少采取协作、互动的方式。而治理有整治、调理、改造的意思，更强调指导性、协调性、沟通性、互动性，彰显了社会建设的公平、正义、和谐、有序。狭义上的管理，其主体是一元的，治理主体则是多元的。狭义上的管理是垂直的，治理则是扁平化的。目前，我国必须充分发挥政策工具的效用，即从较单一的以管制为主的政府逐渐过渡到协调、服务、管制三者兼有的政府，从无限、管理型政府逐步转变为有限、服务型政府。我国现行的管理体制，是中华人民共和国成立后根据我国的政治体制、经济社会发展状况和历史文化传统等基本国情确定的。我们研究古代政府治理思想，就是要达到古为今用的目的，为建设有中国特色的社会主义政府治理理论和治理制度提供历史借鉴。如提出民本思想是古代政府治理的指导思想，在历代具有很强的路径依赖，至今对我国目前"全面深化改革，以增进人民福祉为出发点和落脚点"的改革目标有深刻的影响；古代较先进的政府治理思想是在适度的管制下充分发挥协调、服务政策性工具的作用，这对当代处理好政府与市场的关系，创新行政管理方式，建设服务型政府，具有历史借鉴意义。同时，研究古代政府治理思想，能增强我国在国际竞争中的软实力，让中国传统管理思想走向世界。

三、特色与创新之处

（一）本项目特色

（1）视角较新：以政府治理的政策工具为视角，能比较深层次地揭示政府治理的运作机制，对古代政府治理思想做一比较全面、系统、深入和点面、纵横相结合的动态综合考察，通过比较揭示历代政府治理思想得失与王朝兴衰的必然联系。

（2）史料的完整性：以往研究的不足，其中一个重要原因是史料搜集的不够，未能发掘出新的有价值的材料。我们将尽可能"竭泽而渔"地收集古代有关政府治理思想的史料。本项目在史料收集上的明显特点是：不仅收集高层人物的主流治理思想，还重视收集一些虽是底层人物但有价值的治理思想，并注意从政府治理行为、政策、制度中发掘其体现的治理思想。本项目有50%以上所引用的材料是该研究领域首次使用的。

（3）对当代的启示：本课题从政策工具角度着重发掘对当代有启示意义的古代政府治理思想，为党的十八届三中全会提出的完善和发展中国特色社会主义制度，推进国家治理体系和治理能力现代化提供历史的借鉴。本项目专著在最后一章总结古代政府治理思想的特点及对当代建设有中国特色的政府治理体制的启示意义。

（二）本项目创新

（1）观点创新：对于古代的一些政府治理思想，学术界历来看法不一。本项目从政策工具的视角，对其进行重新评价，提出独立见解，发掘其当代价值。如民本思想是古代政府治理的指导思想，在历朝具有很强的路径依赖，至今对十八届三中全会提出的全面深化改革以增进人民福祉为出发点和落脚点有深刻的影响；古代较先进的政府治理思想是在适度的管制下充分发挥协调、服务政策性工具的作用，这对当代处理好政府与市场的关系，创新行政管理方式，建设服务型政府，有历史借鉴意义。这些观点是以往研究者所未提到的。

（2）研究领域创新：本课题所涉及的一些专题，如古代经营管理思想、社会治理思想、古代公共事业思想等是以往很少有人研究的，本课题将弥补此类空白。

（3）方法较新：已有管理思想史的研究多采用传统史学的方法，本课题除了结合史学的传统研究方法外，用现代政府治理理论分析古代政府治理思想，摸索出一条切实可行、比较成熟的研究古代管理思想史的新路径。

第二节　古代政府治理指导思想、总原则、关键和基础

一、古代政府治理思想总体框架

政策工具视角下的古代政府治理思想大致分为一个指导思想（民本思想）、一条总原则（德法并用）、一个关键（对官吏的选任、监察与考核）、三个政策工具层面（管制、协调、服务）和一个后盾——军事力量。本项目的总体思路是：古代最高统治者进行政府治理的指导思想是民本思想，即意识到"民惟邦本，本固邦宁"，在治理国家中，首先必须考虑爱民、利民等。其任何政策性的工具必须通过各级官吏予以贯彻实施，故高度重视治吏，主要抓对官吏选拔、任用、监察、考核四个环节。其中任用是核心，选拔是事前控制，监察是同步控制，考核是事后控制，从而形成全过程控制系统。历代政府要发挥好政策工具（管制、协调、服务）的作用，必须德法并用，先以仁义教化"劝善"，后以法制刑杀"诛恶"，二者相济为用。德法并用与政策工具的关系是：协调、服务侧重于德，通过调节化解、引导鼓励、兴办公益、救助赈济等使民众安居乐业、经济文化发展和社会安定和谐；管制侧重于法，即通过命令、禁戒等强制性手段解决社会矛盾的激化和冲突，以保证整个社会的正常运转。古代政策工具的较好发挥是在尊重民众基本权利的适度管制下，坚持公平协调，调节化解各种社会矛盾，引导民众向善，着眼于爱民、利民的服务，兴办公共事业和社会救助，保障民众的基本生存条件，从而使国家安定和谐、经济发展、民富国强。古代的军事管理最根本最重要的是强调最高统治者要亲自掌握全国军队的领导权，军事管理

的一切主要措施，都是为了加强作为后盾的武装实力，以维护国家的长治久安。古代政府治理思想对当前建设具有中国特色的社会主义政府治理理论和制度有历史借鉴意义。

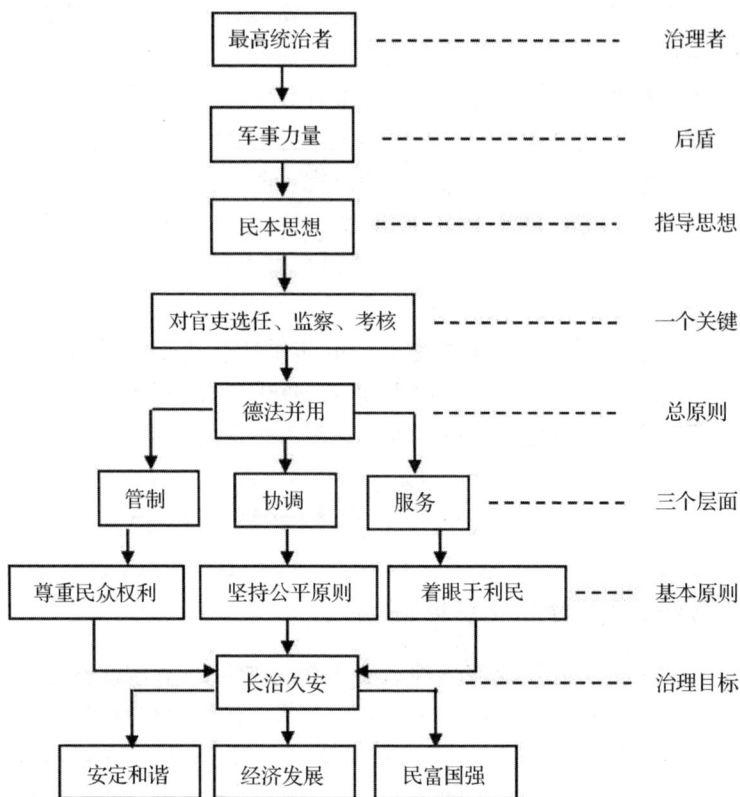

图1　古代政府治理思想总体框架图

二、古代政府治理思想发展阶段

（一）古代政府治理思想演变轨迹

综观中国古代政府治理思想史，大致可分为3个阶段：第一阶段夏商西周春秋战国是古代管理思想的产生及初成体系时期，第二阶段秦汉魏晋南北朝隋唐前期是古代管理思想缓慢发展时期，第三阶段唐中叶五代宋元明清是古代管理思想成熟及变革时期。其演变轨迹可能是错综复杂的，需要进一步研究，但目前有两点主要因素是比较明显的。

其一，动荡忧患时代更能激发人们对管理思想的思考和创新。中国古代之所以在春秋战国时期、唐中叶五代两宋、明末清初与晚清出现管理思想的繁荣局面，其中一条重要原因是这三个时期都是动荡忧患的历史时代。春秋战国诸侯国之间割据混战，生灵涂炭，人民生活处于朝不保夕的境地，促使一些有识之士对治国理政的思考，并对此发表自己的见解，形成百家争鸣的景象。中国古代管理思想初步形成体系，对以后两千多年的古代管理思想产生了极其深远的影响。中国古代绝大多数的管理思想均可从春秋战国诸子百家中找到其渊源。唐安史之乱后藩镇割据，兵连祸结，最后形成五代十国局面，社会仍然是动荡不安。北宋虽然结束了五代十国割据的局面，但终两宋三百多年，先有北宋、辽、西夏对峙，后有南宋、金、西夏鼎立，仍然是战火连绵，天灾人祸不断。在这种历史背景下，又激发了一些有忧患意识的人思考着如何安邦治国，开创了古代管理思想一个新的发展时期。明末清初的改朝换代，使社会长期动荡不安，促发一些明朝遗民思考明亡的教训。晚清西方列强的侵略，使中华民族面临着生死存亡的严峻挑战，一些爱国志士师夷长技以制夷，努力学习西方的先进科学技术与政治制度、管理思想，奋力挽救民族危亡，梦想建立一个富强的中国。明末清初和晚清出现的管理变革思想，标志着中国古代管理思想向近代管理思想转变。与此相反，汉唐虽然是中国古代富庶强盛的朝代，但哲学思想和管理思想都相对缺少明显的创新，处于缓慢发展，比较沉闷的时期。究其原因，汉唐相对安定富饶的生活使人们创新管理思想的动力不足。这里必须说明的是魏晋南北朝虽然也是一个战乱的时期，但是由于进入中原的游牧民族文化层次太低，其政权更迭频繁，因此，也不可能产生管理思想的创新。

其二，相对宽松自由的文化和言论环境有利于管理思想的创新。如春秋战国时期各诸侯国为在割据混战中胜出，一般都给予士人较宽松优裕的待遇，以招揽贤士，为己所用。另一方面，那些士人为了能让自己受到国君的重用，也积极发表自己的安邦治国见解，这就促使当时管理思想新见迭出，异彩纷呈。宋太祖建立宋朝后，右儒重学，优待知识分子，不杀言官，以后宋代历朝皇帝都遵循这一祖训。这使宋代大臣士人都敢于言事，评论朝政，或著书立说，授徒讲学，创立学派，从而使管理思想呈现出繁荣的景象。明末清初，时局动荡不安，明朝遗民或隐居不仕，或埋名隐姓，浪迹天涯，思考明亡的教训，从而产生了黄宗羲、顾炎武、王夫之反封建君主专制的思想。晚清时期，清廷面临着内外交困的境地，无奈之下只好放宽言论限制，允许朝廷大臣以至民间士人，上书奏闻，提出抗御外侮、富国强兵的良方妙策，以挽救岌岌可危的清王朝统治，从而使一些爱国志士纷纷建言献策，引发古代管理思想向近代管理思想的转变。

（二）古代三次管理思想高潮

在中国古代管理思想史上，曾出现三次管理思想高潮，第一阶段即春秋战国时期，第二阶段、第三阶段，即唐中叶五代宋、明末清初和晚清时期。以下对此做一具体阐述：

其一，春秋战国时期，中国古代管理思想初步形成体系。春秋战国是社会大变革的时代，各种社会矛盾错综复杂。激烈的政治斗争，从春秋时期的大国争霸到战国时期的兼并战争，从礼乐征伐自天子出到自诸侯出再到自卿大夫出，从三桓与鲁公室的斗争、田氏代齐到三家分晋，从齐威王改革、魏国李悝变法、赵烈侯改革、韩昭侯内修政教、楚国吴起变法、秦商鞅变法，再到燕昭王的改革。兼并战争与政治、经济上的剧变，对社会上的各个阶级、阶层和集团都产生了深刻的影响。人们对于当时社会大变革中的许多问题，各有自己的态度和主张、愿望、要求等。

每个诸侯国面临割据纷争的时代，都想在生死亡存的竞争中采取合乎时宜的谋略与政策，求富图强，求得生存与发展，最后消灭竞争对手。各国的国君和大贵族，都大力招揽知识分子为自己出谋划策，礼贤下士成为社会风尚。这就是所谓"诸侯并争，厚招游学"①。当时各国统治者对人才的重视，使作为知识分子阶层的士可以各持一说，在诸侯间奔走游说，"合则留，不合则去"，有相对的自由。一些略为有名的士，还收门徒讲学，"率其群徒，辩其谈说"②。这使每个学派有发展的空间和机会。如当时的孔子，就带着弟子，周游列国，宣扬自己的治国主张。其后的墨子，和他的弟子结成一个严密的团体，经常到各国游学。

当时的国君为了招纳智囊，谋求方略，使士为己效力，都比较礼贤下士，对知识分子比较宽容尊重。这使知识分子有比较强的独立性，敢于独立思考，敢于发表自己的见解。在这大变革的时代，各阶级、阶层和集团也纷纷在士阶层中寻找自己的代言人。这使士这一阶层大都企图用己说改造君主，使君主采纳自己的治国主张，从而得到高官厚禄。有不少思想家虽追逐荣华富贵，但更追求自己的学说和治国抱负。

春秋战国时期，"官学"日趋没落，"私学"在各地产生和发展起来。在当时私学中，孔子创设的私学最为著名，影响最大。齐国的威王和宣王大兴"稷下"之学，使"稷下"成为各派学者讲学和讨论学术的中心，稷门下所设的学校称"稷下之学"。当时儒家、阴阳家、道家和其他流派的学者都聚集在此，从事于议论，探讨学术。

在这时代大变革的背景下，许多杰出的人物代表不同的阶级、阶层或集团，提出了对社会变革的看法和治国的主张，初步形成了各种管理思想。如在国家管理上出现了儒家的仁政、民本、君舟民水、礼治、德主刑辅、选贤任能，法家的法、术、势，道家的无为而治，墨家的兼爱、非攻等思想；在军事管理上出现了国君必须掌握军队的最高统帅权、将在外君命有所不受、严明军纪、绝对服从上级指挥、知己知彼百战不殆、国力必须以军事实力为后盾、先德后兵，应慎重使用军事力量、不战而屈人之兵等思想。总之，把中国古代的管理思想推向了一个高峰，并对以后两千多年的古代管理思想产生了极其深远的影响。中国古代绝大多数的管理思想均可从春秋战国管理思想中找到其渊源。

---

① 《史记·秦始皇本纪》，中华书局点校本，2011年。
② 《荀子·儒效篇》，影印二十二子本，上海古籍出版社，1988年。

其二，唐中叶五代宋，开创古代管理思想一个新的发展时期。经营管理思想、国家管理思想上的新发展主要表现在：古代政府管理思想从统治到治理的转变是从唐末五代至宋中期开始和完成的，其重要标志就是政府协调为主治理思想的出现。从先秦至隋代，政府对财政性和市场性政策工具的使用仅限于通过赋役政策引导民众从事农业生产，限制工商业，调整社会财富的分配；通过价格杠杆，买跌卖涨，实行平准，平衡市场物价。唐宋时期商品经济发达，为顺应这一历史潮流，政府管理开始逐渐把市场激励机制、自由竞争机制和民营部门的管理方法与手段引入到政府的管理中来，以最大限度提高财政收入，进而解决因频繁战争、军费开支巨大而引起的财政危机，从而稳定其统治地位。唐宋政府管理思想开始逐渐发生划时代的变化，从单纯的管制性工具向市场性、财政性工具转变（当然这一转变还是相当微弱的）。在特许经营与契约治理方面，对一些传统的政府经营领域，如对盐茶酒的专卖，从唐末刘晏发其端，至宋代朝廷全面有意识地引进市场机制，逐步探索从直接全面专卖到间接部分专卖的实践；宋代政府创造性地以高商业利润诱使商人入中，把解决沿边军需供应难题纳入市场化的体系中，明代的开中法继承了宋代的这一做法；五代、宋朝廷在酒坊、官田、盐井、河渡、商税场务等推行买扑承包制，通过投标竞争，激活经营机制，压缩政府管理成本，保证国家财政收入最大化，并促进市场的公平竞争和资源的合理配置；唐宋在手工业和漕运方面完成了从官府垄断经营到承买制、从劳役制到雇募制、从定额制到抽分制的转化，激活了生产者的主动性和积极性，克服了官营垄断的僵化体制和低效率的弊端，降低管理成本，从而提高矿冶业的经营效益；在政府救助方面，顺应商人逐利的本性，利用价格杠杆，引导他们参与赈灾，从而部分解决了救灾经费和物资不足问题，节省了财政支出。

宋代以后，由于封建商品经济的发达，人们的交往日益频繁复杂，社会关系纷繁错综，民事诉讼大量增加。朝廷对民事诉讼尽可能采取自愿平等协商的调处方式，而不采取强制性的判决方式。这对于缓和社会各种矛盾，防止激化，以封建纲常伦理教化民众，稳定社会秩序方面发挥了应有的作用。这也从一个侧面体现了政府管理思想从统治到治理的转变。

总之，以上各种新的管理思想在唐末五代至宋中期的出现，充分表明该时期政府管理思想从统治到治理的变化，是中国古代管理思想史新的发展时期，其结论与史学界的唐宋变革论不谋而合。

唐末五代至宋时期，军事管理思想上的新发展主要表现在：中国古代自西魏文帝大统十六年（550年）宇文泰开创了府兵制，这一兵制一直沿用了两百年左右，直至唐中叶府兵制被募兵制所取代。府兵一般不入民籍，而是另立军籍。当府兵者，自备弓、刀、甲、槊、戈、弩由官府供给，有的自备资装，但不负担其他课役。当府兵的农民平时务农，农隙时讲武教战，有战事时朝廷临时点将率领从各地征发的府兵出征。战事完结，兵散于府，将归于朝。这样，兵不识将，将难专兵，避免了将帅长期拥兵作乱之弊，有利于巩固中央集权和国家统一。府兵制是兵农合一的一种制度。

唐中叶，随着土地兼并的发展，均田制日趋破坏，建立在均田制基础上的府兵制难以继续实行。为了解决宿卫缺兵，玄宗开元十年（722年），宰相张说奏请募士。翌年，取京兆、蒲、同、岐、华府兵及白丁，加上潞州长从兵，共有12万人，号"长从宿卫"。开元十二年（724年）"长从宿卫"更名"彍骑"。彍骑的产生实际上使唐朝兵制已由府兵制转入募兵制，已具有雇佣兵性质。

北宋先后设立武举和武学，其中武学之设尚是中国古代史上的首创。宋仁宗景祐元年（1034年），绛州通判富弼上书仁宗，建议"于太公庙建置武学，许文武官与白身岁得入补。聚自古兵书置于学中，纵其讨习，勿复禁止。朝观夕览，无一日离乎兵战之业，虽曰不果，臣不信也。"[1]

宋仁宗庆历三年（1043年）五月丁亥，大约是在对西夏战争的触动下，始设武学。宋代的武举和武学对军队的人才建设发挥了一定的作用，使一些训练有素的军事人才源源不断地补充到各级军队中去，在对敌战争中发挥骨干的作用。

唐中叶五代宋，之所以开创古代管理思想一个新的发展时期，与动荡忧患时代相对宽松自由的文化和言论环境密切相关的。唐安史之乱后藩镇割据，兵连祸结，最后形成五代十国局面，社会仍然是动荡不安。北宋虽然结束了五代十国割据的局面，但终两宋三百多年，社会矛盾始终比较尖锐，据粗略估计，大致是十年就发生一次较大规模的农民或士兵起义，每一年就发生一次小规模的农民或士兵起义，加上先后对辽、西夏、金和蒙元的战争，给人民生命和财产带来很大的破坏，并严重威胁宋政权的统治。唐中叶五代宋由于战乱不已，军费开支庞大，使财政上入不敷出的危机时有发生。历朝政府解决危机的一个重要方法就是增加苛捐杂税，横征暴敛。当这种征敛超过了一定的限度，就会对小农经济造成巨大的破坏，严重影响小农的简单再生产正常进行。面对这种局面，许多有识之士纷纷提出改革朝政措施，从而在这一时期涌现出刘晏、杨炎、周世宗、范仲淹、欧阳修、李觏、王安石、司马光、苏轼、苏辙、叶适等著名的管理思想家，提出忧国忧民，关心时事，改革朝政的各种管理思想。一些朝中大臣在治理朝政、解决财政危机中提出买扑、入中、主张私营工商业等富有创造性的理财思想。

宋朝开国后，宋太祖、太宗尊儒重文，兴文教，抑武事。太宗时还特别注意从孤寒之家选拔人才，成为宋代科举改革的一个重要原则，为国家选拔才德兼备人才发挥了积极的作用。如北宋著名的政治家、文学家、思想家范仲淹、李觏、欧阳修、王安石、苏轼、苏辙等都是出身孤寒之家的知识分子。正如明人徐有贞在《重建文正书院记》中所指出的："宋有天下三百载，视汉唐疆域广之不及，而人才之盛过之。"宋仁宗庆历四年（1044年），太学从国子学三馆中分出，单

---

① 赵如愚：《宋朝诸臣奏议》卷82《上仁宗论武举武学》，上海古籍出版社点校本，1999年。

独建校。太学在宋代成为混杂士庶子弟的普通学校，是宋代学校制度的一个重大变化，扩大了接受高等教育的范围。到神宗时期，那些"远方孤寒人士"和"四方士人"没有资格进入国子学的，自然就进入太学学习。与此同时，宋廷又给太学生以优厚的经济和政治待遇。朝廷全面实行"舍选"，即"天下取士悉由学校升贡"，于是，太学成为全国士庶子弟获得参加殿试资格的主要途径。南宋初年，国子学已不复独立存在，与太学合二而一。

宋代的右文重儒政策，一方面带来了两宋文化的繁荣，在理学、文学、史学等方面都达到了一个新的高峰；另一方面也造就了一大批士大夫阶层，并广泛参与赵宋各级政权。这些士大夫有的终身从政，有的在一生中某一时期从政，其中的绝大部分人不管是在朝还是在野，都以天下为己任，通经术，明史事，晓法律，重现实，疑经论政，批判现实，著书撰文立说，总结自己的从政经验，阐发治国理政思想和方略。如李觏、范仲淹、欧阳修、司马光、王安石、苏轼、苏辙、朱熹、叶适、吕祖谦等均是其中杰出的代表。

宋代自宋太祖开始就立下祖宗之法：不诛杀士大夫和言事人。宋代历朝皇帝的确比较优待知识分子，除非罪大恶极，一般不予诛杀；对上书言事、犯颜直谏之人，一般都较宽容，更不用说加罪处以极刑。由于相对宽松自由的文化和言论环境，这一时期出现了一批富有治国理政思想和方略的名臣。如熙宁变法的论战，各种不同观点不同思想的撞击，产生了许多有价值的治国理政思想和理论火花。南宋孝宗对各种学派也采取宽容的态度。他喜欢苏轼的学说却没有因而排斥程颐的学说。吕祖谦、叶适、陆九渊、朱熹等学派的同时并存，说明了当时言论环境的宽松。

宽松的言论环境使当时的知识分子敢于关心现实问题，批判现实问题。宋代无论是程朱理学，还是陈亮、叶适的重商学派，都关心当时的现实问题，朝政的议论也呈现出前所未有的活跃局面。由此虽然形成了无休止的政党之争，但也形成政治、思想上的较为自由的风气。这种风气为学术上的探讨和新管理学说的产生，造成了有利的政治条件。如在较为宽松的文化政策环境中，一向为传统儒家思想所鄙视的重商思想在宋代却较为活跃。重商思想对宋代商品经济的发展和空前繁荣影响深刻，在古代经济史中占有显著的地位。

其三，明末清初和晚清，中国古代管理思想向近代管理思想转变。明末清初，在资本主义萌芽缓慢发展，封建君主专制主义愈益走向反面腐朽，王朝更迭引起社会动荡的历史背景下，黄宗羲、顾炎武、王夫之等人的反专制政治思想，显露出资产阶级民主思想的端倪。黄宗羲提出专制君主以天下为私产，实为天下大害；在专制君主社会里，只有一家之私法，天下就永远难免于乱；天下治乱的标准不是王朝的兴亡，而是民众的忧乐；应变法以救世，臣下出仕应以万民为重，置相权以分君权，设学校以监视朝政。顾炎武提出专制君主无法使天下致治，分权众治的政治主张。王夫之则以"不以天下私一人"的民本思想来反对封建君主专制主义。

清代末年，随着西方资本主义列强对中国的侵略逐步加剧，清政府的封建专制统治日益腐朽，中华民族面临着生死存亡的危机。与此同时，随着西学东渐，中国古代管理思想开始发生深刻的变化。19 世纪 40—70 年代，随着鸦片战争和第二次鸦片战争以及《南京条约》《北京条约》的签订，中国开始沦为半殖民地半封建社会。与此同时，西方思想也如潮水一般涌入中国。林则徐、魏源、冯桂芬、张之洞、李鸿章等提出抵御外侮、学习西方思想。林则徐主张严禁鸦片，抵御外国侵略；了解和学习西方。魏源也主张抗击英国侵略者，"师夷长技以制夷"。冯桂芬提出向西方学习，进行改革的主张，即创办军事工业、民用工业和新式学堂的洋务思想。张之洞提出实业与军事救国、中学为体西学为用思想。

19 世纪末，甲午战争的失败和《马关条约》的签订，使中国半殖民地半封建社会大大加深。面对民族危机进一步严重，康有为提出维新变法思想，主张开民权，设议院、制度局，实现三权分立，从而改君主专制为君主立宪制；发展民族资本主义工商业，富国养民；发展新式教育，培养人才，以智富国。总之，实行自上而下的资产阶级民主改革，使中国走向富国强兵的发展资本主义的道路。梁启超的变法维新思想归纳起来主要有 6 个方面：其一，改变官制，变专制制度为议院制度，这是变法的本原。其二，全面促进经济发展，兴交通，清除阻碍经济发展的不利因素。其三，废科举，兴学堂。其四，建立法制，借鉴西方各国法律以完善中国法制。其五，兴民智，实行君民共主。其六，设报馆，译西书，宣传维新变法。严复提出维新变法，挽救民族危亡的思想。其维新思想中最突出的一个特点是借助自然科学的理论来论证他的变法维新思想。他将自然界的生存竞争，即弱肉强食，优胜劣败，物竞天择理论用于论证当时中国变法的必要性和紧迫性，中国只有变法才能由弱变强，才能"自强保种"，否则，将亡国灭种。严复还主张思想自由，提倡科学，"黜伪崇真"。

20 世纪初，八国联军侵入北京，火烧圆明园，强迫清政府签订了《辛丑条约》，中国完全沦为半殖民地半封建社会。以孙中山先生为首的资产阶级革命党人，提出了民主革命思想。其中最具代表性的是：邹容在《革命军》一文中，主张通过民主革命，推翻清朝封建专制统治，建立资产阶级民主共和国。章太炎主张，在中国推翻清王朝统治之后，应当建立资产阶级的民主共和国，并主张先"排满"，后对付帝国主义。孙中山民主革命思想最主要的内容就是民族主义、民权主义、民生主义的所谓三民主义。民族主义的主要内容就是推翻清王朝满洲贵族统治和争取民族独立；民权主义的核心内容是"推翻帝制，建立民国"；民生主义的主要内容是"一曰平均地权，二曰节制资本"。所有这些思想标志着中国古代管理思想逐步迈向近代管理思想。

第二章　古代民本思想

第一节　先秦民本思想

一、重民思想

先秦儒家重视民众、民心在国家治理中的重要作用，认为这关系到一个国家的治乱安危。《尚书·五子之歌》就提到"民惟邦本，本固邦宁"，人民是国家的根本，只有这个根本稳固了，国家才能得到安宁，长治久安。

《尚书·盘庚中》数处记载就反映了重民的思想："重我民"，即重视我民之意；"罔不惟民之承"，意为无不承顺民意；"视民利用迁"，即根据民利迁都迁邑；"用奉畜汝众"，大意是说迁邑为了养育你们。总之，最高统治者在做出重大决策时，均考虑到是否对广大民众有利，有无违背广大民众的意愿，这种重民思想其实际施行程度如何不好评估，但至少说明最高统治者在理论上、言论上是一再标榜的。

春秋时期，当政者对民的认识有了进步。在神与民关系上有一种比较开明的看法是，认为民是神之主，先民而后神。随季梁说："夫民，神之主也。是以圣王先成民而后致力于神……今民各有心，而鬼神乏主。"① 有的人甚至认为民的行为决定神的态度，曹刿就指出："民和而后神降之福。"②

在民重于神、民先于神，民决定神的认识基础上，这个时期一些当政者对民十分重视，把对民政策作为治理国家成败的关键。虢国的史嚚说："国将兴，听于民；将亡，听于神。"③ 陈逢滑对陈君说："臣闻，国之兴也，视民如伤，是其福也；其亡也，以民为土芥，是其祸也。"④ 周单穆公在总结历史经验教训之后说："以言德于民，民歆而德之，则归心焉。上得民心，以殖义方，是以作无不济，求无不获，然则能乐。"反之，"上失其民，作则不济，求则不获，其何以

① 《左传》桓公六年。
② 《国语·鲁语上》。
③ 《左传》庄公三十二年。
④ 《左传》哀公元年。

能乐？"①

当政者之所以重视对民政策，是因为他们看到民心的向背决定治国的成败。如楚灭了六、蓼之后，鲁国臧文仲评论道："德之不建，民之无援，哀哉！"② 梁伯因"沟其公宫而民溃"，被秦灭亡。尔后楚国沈尹戌在讨论其灭亡的原因时指出："民弃其上，不亡何待？"③ 因此，君主在制定对民政策时，重点在关注收买民心，如爱民、抚民、亲民、恤民、安民、利民、惠民、以德和民等。正像楚子西说吴王一样，"吴光新得国，而亲其民。视民如子，辛苦同之，将用之也"④。晋士蒍也说："夫民，让事、乐和、爱民、哀丧，而后可用也。"⑤ 一些有识之士还认识到君主、贵族等个人的政治抱负只有得到民众的支持才有可能实现，否则必将失败。如宋国乐祁在议论鲁季氏逐其君，鲁昭公企图复国这个问题时说："政在季氏三世矣，鲁君丧政四公矣。无民而能逞其志者，未之有也。国君是以镇抚其民。《诗》曰：'人之云亡，心之忧矣！'鲁君失民矣，焉得逞其志？靖以待命犹可，动必忧！"⑥

当时更激进大胆的言论是人民可以抛弃、推翻侵害百姓的残暴君主。如当时卫国人民赶跑卫君，晋侯说："卫人出其君，不亦甚乎？"师旷回答说：良君"养民如子"，"民奉其君，爱之如父母"。如果君主是"困民之主"，民众赶走他是合乎天理的。"天之爱民甚矣！岂其使一人肆于民上，以从其淫，而弃天地之性？必不然矣！"⑦ 有的人更是公开宣扬如得到民众的支持，就可犯上作乱。前515年诸侯会盟，讨论鲁昭公回鲁问题。晋范献子不赞成，理由是："季氏甚得其民，淮夷与之，有十年之备，有齐、楚之援，有天之赞，有民之助，有坚守之心。"与会者听了范献子的议论，只好作罢。⑧ 前510年鲁昭公死于晋，赵简子对史墨说，季氏逐君，不准复国，死于异乡，这样做是否有点过分？史墨回答说："鲁君世从其失，季氏世修其勤，民忘君矣。虽死于外，其谁矜之？"⑨ 从师旷、范献子、史墨的言论可以看出，得到民众支持，就可犯上作乱的思想还是得到不少人的认可的。

战国时期，重民思想又有明显的发展，其中较为突出的是孟子与荀子的有关言论。孟子对民十分重视，其中最有名的一句言论是："民为贵，社稷次之，君

---

① 《国语·周语下》。
② 《左传》文公五年。
③ 《左传》昭公二十三年。
④ 《左传》昭公三十年。
⑤ 《左传》庄公二十七年。
⑥ 《左传》昭公二十五年。
⑦ 《左传》襄公十四年。
⑧ 《左传》昭公二十七年。
⑨ 《左传》昭公三十二年。

为轻。"① 关于这句话，人们有不同的解释，笔者认为，比较符合孟子本意的应是人民是最重要的，社稷次重要，君主第三重要。孟子的人民最为重要思想，可从两方面予以理解：

其一，民之向背关系国家兴亡。孟子指出："桀、纣之失天下也，失其民也；失其民者，失其心也。得天下有道：得其民，斯得天下矣。"② "暴其民，甚则身弑国亡，不甚则身危国削"③，"得乎丘民而为天子"④。显然，孟子认为统治者如失去民心，失去民众，就会失去对这个国家的统治，甚至连自身性命都不保；如得到民心，得到民众，就会拥有对这个国家的统治。

其二，民是统治者的财用之渊。如统治者失去民众，就断了君主的财渊。无民则君主不能行事。

据荀子称，君舟民水是孔子提出来的。"君者，舟也；庶人者，水也。水则载舟，水则覆舟，此之谓也。"⑤ 君舟民水论形象地阐述了一条真理：一方面民是君主赖以存在的基础；另一方面，看到了民的力量能够推翻君主的统治。《左传》哀公十一年记载了孔子这样一句话："鸟则择木，木岂能择鸟！"荀子借此进行发挥，把木比作君，把民比作鸟。君善，民则择之；不善，则弃之。从整个思想体系来看，荀子不赞成臣民造反及抗上。但在《荀子·富国》中竟有一段大胆惊人之语："臣或弑其君，下或杀其上，粥（鬻）其城，倍（背）其节，而不死其事者，无他故焉，人主自取之也。"由此可见，荀子认为现实中发生臣子杀死其国君，下级杀死其上级，把整座城市出卖给敌人，背着国君或主人而失节，不会为国君或主人献出自己的生命，如果出现这些事情没有其他的原因，都是因为国君或主人咎由自取。

《吕氏春秋》作者认识到在治理国家中，民众是不可缺少的，如失去民众，就丧失了治国的根本。《吕氏春秋·用众》篇云："凡君之所以立，出乎众也。立已定而舍其众，是得其末而失其本。得其末而失其本，不闻安居。"因此，在作者看来，"夫以众者，此君人之大宝也"⑥，"宗庙之本在于民"⑦。要统一天下，就必须重视"民"的问题："人主有能以民为务者，则天下归之矣。"⑧ 具体而言，"圣人南面而立，以爱利民为心"⑨，即君主要推行爱民、利民的大政方

---

① 《孟子·尽心下》。
② 《孟子·离娄上》。
③ 《孟子·离娄上》。
④ 《孟子·尽心下》。
⑤ 《荀子·王制》。
⑥ 《吕氏春秋·用众》。
⑦ 《吕氏春秋·务本》。
⑧ 《吕氏春秋·爱类》。
⑨ 《吕氏春秋·精通》。

针。历史证明，君主只有"忧民之利，除民之害"①，才能统一天下。

《吕氏春秋》中关于重民的思想，是吸取儒家的"仁者爱人"的思想。《吕氏春秋·爱类》篇中说："仁于他物，不仁于人，不得为仁。不仁于他物，独仁于人，犹若为仁。仁也者，仁乎其类者也。故仁人之于民也，可以便之，无不行也。"其意是说，人们如对其他生物仁爱，而对人类不仁爱，这不能属于仁爱。如对其他生物不仁爱，而唯独对人类仁爱，这还能属于仁爱。因为富有仁爱的人，应该首先对同类有仁爱。所以对于民众仁爱的人，做事就会很顺利，无所而不往。

二、保民、惠民思想

先秦时期，与重民思想紧密联系的是保民、惠民思想。统治者在治理国家中，重民思想是其实施政策性工具的指导，是对被治理者——民众的定位；而保民、惠民思想是实施政策性工具的依据，是治理者对待被治理者的政策。

周公治理国家的一个重要思想是"保民"，如他在《尚书·康诰》中反复强调的"用保乂民""用康保民""应保殷民""惟民其康乂"，以及"裕民""民宁"等，总之，通过保民使民众安宁、富裕。

周公保民的具体政策思路是"明德慎罚"，其这一政策思路的落脚点是关心民众之疾苦。周公提出："恫瘝乃身，敬哉。"② 意为要把民众的苦痛看作自己的苦痛一样，加以重视。如果统治者怀着这样一种关心民众疾苦之心来治理国家，那就会得到人民的拥护，使统治地位得到巩固。

周公在保民思想的指导下，告诫群臣子弟："治民祗惧，不敢荒宁"③，"无康好逸豫"④，意即要谨慎从治，不要贪图安乐，切忌恣意妄为。另一方面，周公还强调治国要体察民情，"知稼穑之艰难"，"知小人之依"，"怀保小民，惠鲜鳏寡"⑤。这就是要知道耕作的艰辛，关心人民的疾苦，特别是对孤寡老人，应另加照顾。周公还提出要把民众作为自己的镜子，从而对自己的治政得失有清醒的认识，即所谓"人无于水监，当于民监"⑥。

先秦时期，从总的情况来看，各诸侯国普遍存在着地广人稀的情况，因此，农业生产缺乏劳动力，其解决这一问题的重要途径之一是各国重视采取惠民政策，以安定本国民众，不使他们迁徙到国外；甚而竞相招徕他国之民来本国从事生产。《诗经·硕鼠》就云：当时为政者肆意掠夺本国民众，致使许多百姓"逝

---

① 《吕氏春秋·爱类》。
② 《尚书·康诰》。
③ 《尚书·无逸》。
④ 《尚书·康诰》。
⑤ 《尚书·无逸》。
⑥ 《尚书·酒诰》。

将去汝，适彼乐国"。这引起政府的恐惧，噢咻其民，勿使生心，努力进行安抚。《商君书·徕民》载：战国秦昭王时期，秦国地多人少，田宅有余；三晋地少人多，田宅缺乏。但是，三晋之民虽然想得到田宅而仍然不愿到秦国来，这是因为秦国太苦。所以，有大臣向秦昭王建议对外来之民实行"利其田宅""复之三世"等优惠政策，以招引三晋之民。秦国如能用新招来的民众从事农耕，用原来的秦民对外作战，那就能获得"富强两成之效"。《孟子·梁惠王上》也载，梁惠王曾向孟子求教说："寡人之于国也，尽心焉耳矣。河内凶，则移其民于河东，移其粟于河内。河东凶亦然。察邻国之政，无如寡人之用心者。邻国之民不加少，寡人之民不加多，何也？"孟子对此解释说："今王发政施仁，使天下仕者皆欲立于王之朝，耕者皆欲耕于王之野，商贾皆欲藏于王之市，行旅皆欲出于王之涂，天下之欲疾其君者，皆欲赴愬于王。其若是，孰能御之？"

《吕氏春秋》所倡导的爱民、利民、行仁义德政的实质是要求统治者对人民的剥削和压迫应该有一个限度，如超过了这个限度，必然会引起人民的反抗，其结果是"以罪召罪，上下之相仇也由是起矣"①。正如《吕氏春秋·义赏》所说的："竭泽而渔，岂不获得，而明年无鱼。"如对民众的索取也像竭泽而渔式的一网打尽，那明年就打不到鱼了。

《吕氏春秋》作者之所以反复强调"爱民""利民"，其用意是一则要君主考虑民心向背，不要一意孤行；二则把其作为一种治国手段。他们把"行德爱人"的目的说成是为了使老百姓"乐为其君死"②；把统治人民比作驾驭"良马"，要使其"得为上用"。正如《吕氏春秋·适威》篇所云："古之君民者，仁义以治之，爱利以安之，忠信以导之，务除其灾，思致其福。故民之于上也，若玺之于涂也，抑之以方则方，抑之以圜则圜。"这就是统治者如能"爱民""利民"，以仁义忠信教导之，那老百姓就会服从统治者，而任其摆布。

《管子·牧民篇》亦有"顺民"之说："政之所兴，在顺民心；政之所废，在逆民心。民恶忧劳，我佚乐之。民恶贫贱，我富贵之。民恶危坠，我存安之。民恶灭绝，我生育之。能佚乐之则民为之忧劳，能富贵之则民为之贫贱，能存安之则民为之危坠，能生育之则民为之灭绝。"管子认为，政令之所以能贯彻执行，在于顺应于民心；政令之所以会废弛而不起作用，则是由于违背了民心。人民厌恶忧患劳苦，我（统治者）则使其佚愉欢乐；人民厌恶贫穷卑贱，我则使其富裕尊贵；人民厌恶危殆倾坠，我则使其安全稳定；人民厌恶后嗣断绝，我则使其能养育儿女，后继有人。只有能使人民佚愉欢乐的人，人民才会宁愿为他而忧患劳苦；只有能使人民富裕尊贵的人，人民才会宁愿为他而安于贫穷卑贱；只有能使人民安全稳定的人，人民才会不惜为他而危殆倾坠；只有能使人民有条件

---

① 《吕氏春秋·适威》。

② 《吕氏春秋·爱士》。

养育儿女后嗣的人，人民才会不惜为他而灭绝后嗣。

《管子·形势解》也表达了统治者必须顺应民心，才能把国家治理好的观点："人主之所以令则行禁则止者，必令于民之所好而禁于民之所恶也。民之情莫不欲生而恶死，莫不欲利而恶害。故上令于生利人则令行，禁于杀害人则禁止。令之所以行者，必民乐其政也，而令乃行。故曰：'贵有以行令也。'人主之所以使下尽力而亲上者，必为天下致利除害也。故德泽加于天下，惠施厚于万物，父子得以安，群生得以育，故万民欢尽其力而乐为上用。入则务本疾作以实仓廪，出则尽节死敌以安社稷，虽劳苦卑辱而不敢告也。"作者指出，君主之所以能够做到他下达命令，人民便贯彻执行；他禁止某项活动，某项活动便将止息；必然是因为他的命令是人民所赞同的，他所禁止的是人民所厌恶的。人之常情，莫过于希望活下去而厌恶死亡了，希望获利而厌恶受害了。因此，君主的命令如果能有利于人民求生而获利，便一定会得到贯彻和执行；君主所禁止的能使人免遭损伤和祸害，则所禁必止。所以说："贵有以行令也。"君主之所以能够促使人民竭尽心力亲附于上，必定是因为他能为天下人兴利除害。因此，君主如能加惠德行福泽于人民，施予万物丰厚的恩惠，能使民众生活安定，万物得以化育，人民便会乐于尽其心力为君主服务。平时在家能努力劳动从事农业生产，使仓库里粮食和物资充盈；如果出征参加战争，则会尽忠守节，为着使国土稳固，不惜牺牲生命，即使疲劳困苦忍辱受屈，也绝无怨言。

《吕氏春秋》在许多篇反复阐述了得民心而得天下，失民心而失天下的基本思想。作者把当时流行的重民思想与法家的性好利说相结合，提出了自己的对民理论。

《吕氏春秋·顺民》提出："先王先顺民心，故功名成。夫以德得民心以立大功名者，上世多有之矣。失民心，而立功名者，未之曾有也。"可见，作者把是否得民心看作是功名事业成功与否的一个重要因素。他们还列举了历史上正反事例予以说明：商汤、武王之所以成功，正是由于得到人民的支持："汤武非徒能用其民也，又能用非己之民。能用非己之民，国虽小，卒虽少，功名犹可立。古昔多由布衣定一世者矣，皆能用非其有也。"① 相反，当时陈国之所以灭亡，是由于横征暴敛失去民心："夫陈小国也，而蓄积多，赋敛重也，则民怨上矣。城郭高，沟洫深，则民力罢矣。兴兵伐之，陈可取也。"②

《吕氏春秋》作者进一步指出，治民之道要做到顺民心、得民心，就是要顺民性、从民欲。作者发挥了儒家"得民心"的观点，提出"凡举事必先审民心，然后可举"，"取民之所说（悦），而民取（聚）矣"③。《吕氏春秋·用民》说：

---

① 《吕氏春秋·用民》。
② 《吕氏春秋·似顺论》。
③ 《吕氏春秋·顺民》。

"用民有纪有纲，壹引其纪，万目皆起；壹引其纲，万目皆张。为民纪纲者何也？欲也、恶也，何欲何恶？欲荣利，恶辱害。辱害所以为罚，充也；荣利所以为赏，实也。赏罚皆有充实，则民无不用矣。"这就是治理国家如能顺应民众的天性和需求，给予民众荣誉和利益，民众就会聚集在统治者周围，心甘情愿为统治者所用，那统治者就能达到纲举目张的效果，做任何事都能成功。

三、尊重民意、民情思想

先秦的尊重民意民情思想与重民思想也是密不可分的。重民思想中民重于神、民先于神、民决定神的认识使统治者重视民心向背，看到民心向背决定国家的兴衰存亡，因此，在治理国家中尊重民意民情。

先秦已有比较系统深刻的尊重民意民情思想，这是相当难能可贵的。《尚书·洪范》曰："天子作民父母以为天下王。"这里，"天子"即天之子，也就是《诗经·我将》中所谓"昊天其子之"也。其意为君主一方面是上天的儿子，另一方面又为人民的父母。

天子作为上天的代理人，在天监督下以行使治理国家的权力，则本来之最高主权属于天。但是，天又是相当抽象的，看不见，摸不着，因此，天的意志喜恶必须借助人民以体现之。试引先秦文献4句以证明：

　　天聪明，自我民聪明；天明畏，自我民明威。①
　　天视自我民视，天听自我民听。②
　　天畏棐忱，民情大可见。③
　　民之所欲，天必从之。④

显然，抽象的天是以人民的视听为视听，以人民之欲恶为欲恶。因此，不言而喻，先秦有识之士是把人民作为事实上的最高主权者，民意即是天意，国君作为天子，作为上天的代理人，必须尊重民意民情，其对天负责，其实就是对民负责。甚至有人将治理国家是否尊重民意民情视作一个国家兴亡的关键："国将兴，听于民；将亡，听于神。"⑤

君主对天负责即对民负责，这种思想在先秦文献中亦屡见不鲜。如尧禅让于舜，舜禅让于禹，皆告以"天之历数在尔躬"，而又云"四海困穷，天禄永终"⑥。还有《尚书·盘庚下》曰"恭承民命"，同书《召诰》言"顾畏于民碞"。这些言论都说明国君作为上天的代理人治理国家，必须对人民担负起

---

① 《尚书·皋陶谟》。
② 《尚书·泰誓中》。
③ 《尚书·康诰》。
④ 《尚书·泰誓上》。
⑤ 《左传》庄公三十二年。
⑥ 《论语·尧曰》。

责任。

　　基于天以民视听为视听，以民欲恶为欲恶的思想，先秦一些具有民本思想的人都主张言论自由，尊重民意民情。如周厉王监谤，召穆公反对说："防民之口，甚于防川……夫民虑之于心而宣之于口，成而行之，胡可壅也。"① 尔后事实证明这不是危言耸听，百姓舆论比洪水还凶猛，厉王止谤最终导致国人暴动，自食恶果而被流放。又如春秋时期郑国执政子产是具有民主意识的统治者，郑人游于乡校以议执政，有人劝子产毁校，但子产却说："夫人朝夕退而游焉，以议政之善否，其所善者吾则行之，其所恶者吾则改之，是吾师也。若之何毁之？"②

　　春秋时期在尊重民情民意中已有了少数服从多数的思想萌芽。因为在治理国家中，政府的每一项政策、法规很难得到社会各阶层的一致拥护，因此，民主政治尊重民情民意的原则是多数所赞同者一般代表最广泛民众的利益。《左传》成公六年所载栾书一段谈话反映了当时"多数取决之制度"的思想："或谓栾武子曰：'圣人与众同欲，是以济事，子盍从众？子为大政，将酌于民者也……《商书》曰：三人占，从二人。众故也。'武子曰：'善钧从众，夫善，众之主也。'"

　　儒家也重视民意，如《大学》就提出，统治者必须以"民之所好好之，民之所恶恶之，此之谓民之父母。"换言之，统治者在治理国家中必须以广大人民的好恶为好恶，即尊重民意民心。孔子也重视民意，但没有盲从。他主张："众恶之必察焉，众好之必察焉"；孟子则主张："国人皆曰贤，然后察之……国人皆曰不可，然后察之"。可见，孔子对民众的好恶、舆论也很重视，而孟子显得更为理性，即对民意必须进行考察、思考，然后再做出自己的正确判断。

　　儒家深信如无健全之人民，则不可能有健全之政治。所以其言政治者，无不致力于养成多数人政治道德、政治能力及政治习惯。先秦儒家希望通过礼治来达到这一目标："礼义以为纪……示民有常，如有不由此者，在势者去，众以为殃。"③ 儒家所主张的礼治，不是靠政府的行政权力强制民众执行遵守，而主要是靠道德层面的力量，由民众非强制性地自觉执行遵守。即使是有权势的人，如不加以执行遵守，即被视为违背了社会公认的准则，将遭到公众的摈弃。因此，孔子精辟地指出："道之以政，齐之以刑，民免而无耻；道之以德，齐之以礼，有耻且格。"④ 这就是治理国家如靠行政强制手段和制定法规予以限制惩罚，其结果虽然使民众被迫服从遵守，但人格会日渐堕落而不自觉，失去羞耻之心。相反，如通过道德礼义的感化教育，使民众形成习惯和良好的社会风尚，人人品格高尚而有羞耻之心。

---

① 《国语·周语上》。
② 《左传》襄公三十一年。
③ 《礼记·礼运》。
④ 《论语·为政》。

　　墨子认为统治者在治理国家中必须了解民情："上之为政，得下之情则治，不得下之情则乱。"① 可见，是否了解下情民意关系到国家的治乱。他主张在全国遍布"耳""目"，探听细微向上报告："数千万里之外，有为善者，其室人未遍知，乡里未遍闻，天子得而赏之。数千万里之外，有为不善者，其室人未遍知，乡里未遍闻，天子得而罚之。"这样，就能"先人得之""先人成之""先人发之"。他认为治理国家如能做到随时了解民情，就能使"天下之人皆恐惧振动惕慄，不敢为淫暴，曰：天子之视听也神"②。

　　尹文子亦尊重民意与社会舆论："己是而举世非之，则不知己之是；己非而举世是之，亦不知己之所非。然则是非随众贾（价）而为正，非己所独了；则犯众者为非，顺众者为是"；"圣人之治，不贵其独治，贵其能与众共治。贵工倕之巧，不贵其独巧，贵其能与众共巧也……独行之贤，不足以成化；独能之事，不足以周务；出群之辩，不可为户说；绝众之勇，不可与征阵……是以圣人……立法以理其差，使贤愚不相弃，能鄙不相遗。能鄙不相遗，则能鄙齐功；贤愚不相弃，则贤愚等虑"③。尹文子此论说明对国家的治理必须建立在民众的基础上，政治不能脱离群众而行"独能之事，不足以周务"，既已与众共治，则只能以"能鄙齐功，贤愚等虑"自甘。

　　《管子》重视民意，认为能否认清民情，是把握民心之向背、治理好国家的关键。《管子·权修》说："人情不二，故民情可得而御也。审其所好恶，则其长短可知也。观其交游，则其贤不肖可察也。二者不失，则民能可得而官也。"他们还提出，政府管理的失败，最根本的原因是没有抓住民之好恶。正如《管子·形势解》所说："故欲来民者，先起其利，虽不召而民自至。设其所恶，虽召之而民不来也。"

　　《管子》不仅十分重视民意民言，而且进一步提出设立专门的机构和场所来倾听民众的心声。《管子·桓公问》篇载："齐桓公问管子曰：'吾念有而勿失……为之有道乎？'对曰：'……毋以私好恶害公正，察民所恶以自为戒。黄帝立明台之议者，上观于贤也；尧有衢室之问者，下听于人也……'桓公曰：'吾欲效而为之，其名云何？'对曰：'名曰啧室之议。'"《管子》作者尊重民意民言的目的是君主在治理国家中达到君民一体，休戚相关，从而长治久安。其在《君臣上》篇云："夫民，别而听之则愚，合而听之则圣。虽有汤武之德，复合于市人之言，是以明君顺人心、安情性而发于众心之所聚，是以令出而不稽，刑设而不用，先王善与民为一体。与民为一体，则是以国守国，以民守民也。"这里"民，别而听之则愚，合而听之则圣"，把民众意识视为比个人意识高明，反

————————
① 《墨子·尚同下》。
② 《墨子·尚同中》。
③ 《尹文子·大道上》。

映出作者十分重视民意民言的思想。并且提出君王"与民为一体，则是以国守国，以民守民也"，英明的君王如能与人民打成一片、融合为一体的话，那就在治理国家中充分让全体民众参与，万众一心，就能达到以国家保持国家，以人民保持人民。

四、君主必须为民众兴利思想

先秦时期，君主利民思想比较流行，成为君主治理国家的一种理念。早在商代，盘庚就把自己标榜为民利的代表者，他在迁都殷发布的训辞中，一方面说是上帝的旨意，另一方面又讲"视民利用迁"①。西周初期，周公也常常以"保民"为己任。

春秋时期，君主利民思想有了进一步发展，其中较具典型意义的是邾文公的言论。《左传》文公十三年载：邾文公卜问迁都，史曰："利于民而不利于君。"邾文公对此答道："苟利于民，孤之利也。天生民而树之君，以利之也。民既利矣，孤必与焉。"由此可见，邾文公视民利高于君利，而且立君是为了利民，因此，邾文公做出了利民的选择。当然，这一时期的君主们是否真的会把利民放在首位，还很难说，但至少在口头上、宣传上表达了这种思想。

当时，除了君主之外，一些著名思想家在不同程度上也表达了这一思想。孔子认为具备"五美"才可以从政，而"五美"之首便是"因民之所利而利之"②。他的学生子贡曾问他："如有博施于民而能济众，何如？可谓仁乎？"孔子回答说："何事于仁，必也圣乎！尧、舜其犹病诸。"③ 可见他是相当重视利民的，把尊重和照顾民利的统治者誉为圣人，并且认为利民是君主们应该做而难于做的事。

墨子认为："天子者，固天下之仁人也。"④ 而仁人最主要的品质是"必务求兴天下之利，除天下之害"⑤。墨子还指出："民生为甚欲，死为甚憎，所欲不得，而所憎屡至，自古及今，未尝能有以此王天下、正诸侯者也。"⑥ 墨子从正反两方面阐述了他的君主利民思想，君主作为仁人，必须为天下民众兴利，如果不为民众兴利，违背了他们的意愿和利益，就可能失去天下。

战国时期，孟子的"仁政"论则更深入地论述君主应该以利民为己任。同"以德服人"相联系的，孟子还提出"以佚道使民"的主张，其内容包括3个方

---

① 《尚书·盘庚中》。
② 《论语·尧曰》。
③ 《论语·雍也》。
④ 《墨子·尚同中》。
⑤ 《墨子·兼爱下》。
⑥ 《墨子·尚贤中》。

面：其一，"取于民有制"①，对租税徭役的征发应依制度而行，并有一定的限制；其二，"勿夺其时"或"不违农时"②，对徭役的征发应避开农忙季节，不打乱正常的农业生产上的时间安排；其三，"制民之产"③，就是要让普通民众拥有一定的私有产业，使其"仰足以事父母，俯足以畜妻子，乐岁终身饱，凶年免于死亡"④，能有最低的生活保障。如能做到这 3 个方面对民有利的事，就能得民心，百姓"虽劳不怨"⑤。

五、君主以利导民思想

先秦儒家主张效法自然，既要尽人之性，亦要尽物之性。《中庸》云："唯天下至诚，为能尽其性；能尽其性，则能尽人之性；能尽人之性，则能尽物之性；能尽物之性，则可以赞天地之化育；可以赞天地之化育，则可以与天地参矣。"此处的"天"，就是大自然，所以，天道就是自然法则。"性"既是天道，因此，"尽其性"，亦就是顺乎自然法则。孔子说："天何言哉？四时行焉，百物生焉，天何言哉！"⑥ 又说："取法于天。"⑦ 这些言语反映了孔子推崇自然法则、效法自然的思想。

在效法自然哲学观的基础上，儒家认为对国家的治理应"因民之所利而利之，斯不亦惠而不费乎！"⑧ 可见，他们已认识到对国家的治理应以对民有利的政策措施进行引导，这样就既能给民众带来实惠，又能大大节约管理成本。

先秦儒家在承认基本人性"自利"的基础上，主张统治者在治理国家中，应顺应这种天性，善于引导，把人类劣根性化为推动社会的原动力，使社会趋向和谐。孟子曰："天下之言性也，则故而已矣。故者以利为本。所恶于智者，为其凿也。如智者若禹之行水也，则无恶于智矣。禹之行水也，行其所无事也。如智者亦行其所无事，则智亦大矣。"⑨ 可见孟子也认为对民众要因势利导，天下众人对人性的探讨，只要能推求其所以然就行了。推求其所以然，基础在于顺其自然之理。我们厌恶使用小聪明的人，因为使用小聪明的人容易陷于穿凿附会。假如小聪明的人能像大禹使水运行一样，那就不必对小聪明的人有所厌恶。大禹的使水运行，就是行其所无事，即顺其自然，因势利导。假如小聪明的人能行其所无事，那就不是小聪明而是大聪明了。

---

① 《孟子·滕文公上》。
② 《孟子·梁惠王上》。
③ 《孟子·梁惠王上》。
④ 《孟子·梁惠王上》。
⑤ 《孟子·尽心上》。
⑥ 《论语·阳货》。
⑦ 《礼记·郊特牲》。
⑧ 《论语·尧曰》。
⑨ 《孟子·离娄下》。

荀子认为政府必须与人民合作，做一些对人民有益的事，才能把国家治理好，反之，其政权可能不稳固，甚者被人民所推翻。他说："马骇舆，则君子不安舆；庶人骇政，则君子不安位。马骇舆，则莫若静之；庶人骇政，则莫若惠之。选贤良，举笃敬，兴孝悌，收孤寡，补贫穷，如是，则庶人安政矣。庶人安政，然后君子安位。传曰：君者，舟也；庶人者，水也。水则载舟，水则覆舟，此之谓也。"① 荀子这里把君、民关系比作舟、水关系成为至理名言，对后世历朝统治者影响深远。

正由于荀子看到国君与人民的这种舟水关系，因此他主张国君必须爱民、利民，才能使人民为己所用，为己而死。他指出："故有社稷者而不能爱民，不能利民，而求民之亲爱己，不可得也。民之不亲不爱，而求其为己用，为己死，不可得也。人不为己用，不为己死，而求兵之劲，城之固，不可得也。兵不劲，城不固，而求敌之不至，不可得也。敌至而求无危削，不灭亡，不可得也。"② 荀子还进一步提出，国君治理国家，必须依次争取达到3个层面："君人者，欲安，则莫若平政爱民矣；欲荣，则莫若隆礼敬士矣；欲立功名，则莫若尚贤使能矣。"③ "故人主欲强固安乐，则莫若反之民；欲附下一民，则莫若反之政"④。在荀子看来，君主只有爱民、利民，人民才能为其所用，为其所死，从而使兵力强劲，城郭坚固。君主如果要使国家强固、安乐，就不如回过头来看看自己的人民；如果愿意依靠臣下、统一人民，就不如回过头来看看自己的政令。由此可以看出，荀子认识到统治者管理国家不能离开老百姓，所谓"用国者，得百姓之力者富，得百姓之死者强，得百姓之誉者荣"⑤。因此，统治者就必须实行一些"惠民""裕民"的"宽政"，要"生民则致宽，使民则綦理"⑥，这样就能使"生民宽而安"⑦，"庶人安政，然后君子安位"⑧。这就是老百姓安定下来，统治者才能安于其统治地位。

荀子基于君舟民水、君木民鸟的认识，十分重视君主应处理好爱民与使民的关系。他与其他儒家相同，主张对民先爱之利之而后使之。《荀子·富国》中则分析了君主对民的三种不同态度和不同后果："不利而利之，不如利而后利之之利也。不爱而用之，不如爱而后用之之功。利而后利之，不如利而不利者之利也；爱而后用之，不如爱而不用者之功也。利而不利也，爱而不用也者，取天下

---

① 《荀子·王制》。
② 《荀子·君道》。
③ 《荀子·王制》。
④ 《荀子·君道》。
⑤ 《荀子·王霸》。
⑥ 《荀子·王霸》。
⑦ 《荀子·致士》。
⑧ 《荀子·王制》。

矣。利而后利之，爱而后用之者，保社稷也。不利而利之，不爱而用之者，危国家也。"其大意是不给人民利益而索取人民，不如先给人民利益而后再向人民索取更有好处。不爱护人民而使用人民，不如先爱护人民而后再使用人民更有功效。给了人民利益而索取人民，不如给了人民利益而不索取人民更有好处；先爱护人民而后再使用人民，不如先爱护人民而后不使用人民更有功效。给了人民利益而不向人民索取，爱护人民而不使用人民的，这是取得天下的君主；给了人民利益而后向人民索取，爱护人民而后使用人民的，这是保有社稷的君主；不给人民利益而向人民索取，不爱护人民而使用人民的，这是危害国家的君主。

《管子》主张在治理国家中，政府通过实施对民有利之事来引导民众，使民众按照政府的政策命令行事。《管子·形势解》云："民利之则来，害之则去，民之从利也，如水之走下，于四方无择也。故欲来民者，先起其利，虽不召而民自至，设其所恶，虽召之而民不来。"《管子·形势解》还云："人主之所以令则行，禁则止者，必令于民之所好，而禁于民之所恶也。民之情莫不欲生而恶死，莫不欲利而恶害。故上令于生利人，则令行；禁于杀害人，则禁止。令之所以行者，必民乐其政也，而令乃行，故曰：贵有以行令也。"所以，《管子》提出政府制定政令，必须考虑是否对人民有利，因为对人民有利，才能得到他们的拥护和贯彻执行，即"民之所利立之，所害除之，则民人从"①。

《管子》之所以提出以利引导民众的主张，是基于其法自然的哲学观。他们认为："凡将立事，正彼天植……法天合德，象地无亲，参于日月，伍于四时。"②"版法者，法天地之位，象四时之行，以治天下。"③ 这种哲学观应用于治理国家的政治上，就是要顺应民心："政之所兴，在顺民心；政之所废，在逆民心。民恶忧劳，我佚乐之；民恶贫贱，我富贵之；民恶危坠，我存安之；民恶灭绝，我生育之。"④ 因此，善于治理国家者，应顺势而为，善于因势利导，这样政府就能以最少的管理而达到最好的治理效果。正如《管子·禁藏》所云："故善者势利之在，而民自美安，不推而往，不引而来，不烦不扰，而民自富，如鸟之覆卵，无形无声，而唯见其成。"

第二节　秦汉民本思想

一、贾谊民本与行仁政思想

贾谊（前200—前168），西汉洛阳人。是汉初著名的思想家、政论家。贾

---

① 《管子·幼官》。
② 《管子·版法》。
③ 《管子·版法解》。
④ 《管子·牧民》。

谊少年时就博览群书，熟读诸子书籍，尤其深受儒家思想的影响。他从秦朝暴政虐民，最终导致农民起义而灭亡的历史教训中看到人民力量的强大，提出治国理政必须"以民为本"的思想。"闻之于政也，民无不为本也。国以为本，君以为本，吏以为本。故国以民为安危，君以民为威侮，吏以民为贵贱。此之谓民无不为本也。"① 在此，贾谊认为，在治国理政中，国家以民为本，就是以民众的安危为安危；君主以民为本，就是以民众的满意度作为自己行为的标准；各级官吏以民为本，就是以民众的贵贱观念为导向。

基于这种认识，贾谊进一步提出"以民为命""以民为力""以民为功"等相关理念。所谓"以民为命"，就是要满足民众的需要。他在《新书·大政上》中提出"民无不为本"后，即接着主张："闻之于政也，民无不为命也。国以为命，君以为命，吏以为命。故国以民为存亡，君以民为盲明，吏以民为贤不肖，此之谓民无不为命也。"这就是说，国家以民为命就是以民众的需要作为国家的存亡，君主以民为命就是以民众的需要作为国君昏庸或英明的区分，官吏以民为命就是以民众的需要作为官吏贤能或不肖的区分。因此，贾谊认为："夫民者，至贱而不可简也，至愚而不可欺也。"虽然大部分民众的政治经济社会地位极低贱，在文明程度上也极其愚昧，但是，治国理政者必须重视他们，不能对他们隐瞒事情真相和欺骗他们。

贾谊认为，所谓"以民为力"，就是平民百姓占人口的绝大多数，是"大族"，是社会生产劳动者，故"多力"，而君主和官吏都要依赖民众的劳动才能生存。因此，离开了民众之"力"，则失去了衣食之源，人们就无法生存，这就是所谓"一夫不耕，或为之饥；一妇不织，或为之寒"。②

贾谊在以民为本认识的前提下，继承了先秦儒家爱民仁政的思想，把此作为治国理政的核心思想。在他看来，古代圣君贤人，之所以能平治天下，关键是他们都有一颗仁爱民众之心，因为民众既然是国家的根本，因此，要想固此根本，统治者就必须仁爱民众。贾谊认为，"以民为本"不能仅停留在理论上、口头上，而更重要的是应该成为各级官吏的共识，并且体现在日常治国理政的实践中。统治者以民为本，不仅仅只是凭一颗仁爱民众之心，也不仅仅靠几件仁爱民众之举，而必须切实将以民为本的思想贯彻到具体的政策措施中，即力行仁政。

贾谊力行仁政的主要具体措施有 3 个方面：其一，在各级官吏的选任上，应以民众的选择为重要依据。《新书·大政下》云"故夫民者虽愚也，明上选吏焉，必使民与焉。故士民誉之，则明上察之，见归而举之。故士民苦之，则明上察之，见非而去之。故王者取吏不妄，必使民唱，然后和之。故夫民者吏之程也。察吏于民，然后随之。"贾谊还进一步指出，君主不仅要任命民众赞誉的官

---

① 贾谊：《新书·大政上》。
② 《新书·无蓄》。

吏、罢免民众反对的官吏，而且还要根据民众爱戴程度而任免不同层次和级别的官吏。"夫民至卑也，使之取吏焉，必取其爱焉。故十人爱之有归，则十人之吏也；百人爱之有归，则百人之吏也；千人爱之有归，则千人之吏也；万人爱之有归，则万人之吏也。故万人之吏，选卿相焉。"①

其二，对各级官吏的评价、考核必须以其对民众管理的好坏作为主要标准。贾谊指出："明君之于政也，慎之，于吏也，选之，然后国兴也……故民之不善也，失之者吏也；故民之善者，吏之功也"；"民者，吏之程也"。② 由此可见，贾谊主张，应将对民众管理的好坏作为对官吏政绩评价考核的重要指标。除此之外，君主还要进一步考察官吏在管理民众中是否通过爱民、富民、乐民来提高他们的劳动生产积极性，从而使社会经济发展，国家富庶。这就是"君以知贤为明，吏以爱民为忠"，"以富乐民为功，以贫苦民为罪"，"政治，然后民劝之；民劝之，然后国丰富也。故国丰且富，然后君乐也，忠臣之功也"。③ 贾谊还以大禹治水为例说明，统治者在治国理政中如以民众的利益为皈依，就能赢得民众的信任和爱戴。"（大禹）鬟河而道之九牧，凿江而道之九路，洒五湖而定东海。民劳矣而弗苦者，功成而利于民也。禹尝昼不暇食，夜不暇寝矣。方是时也，忧务故也。故禹与士民同务，故不自言其信，而信谕矣。"④

其三，在治国理政中应重本轻末，慎刑罚，勿扰民、伤民。贾谊认为，要使民众致富，最好的办法莫过于重本轻末、重农抑商。贾谊的这一思想一方面是对先秦重农思想的继承，另一方面也顺应了西汉初年与民休养生息、发展生产这一总体国策的需要，在当时是有积极意义的。贾谊还认为统治者对民众实行暴政还是仁政，其主要区别之一在于前者繁刑严诛，后者约法省刑。他指出：秦亡的根本原因正在于其"繁刑严诛，吏治深刻；赏罚不当，赋敛无度"，致使"蒙罪者众，刑戮相望于道"，臣民皆"人怀自危之心"。⑤ 正由于刑罚的使用直接关系到民心的向背和国家的兴衰治乱，因此，贾谊主张在治国理政中，统治者对刑罚的使用，一定要慎之又慎，甚至宁失于有罪，也不可滥杀无辜。也就是说，宁可漏判有罪者也决不滥杀无辜。贾谊提出"约法省刑"，主张"虚图圄而免刑戮，去收帑污秽之罪，使各反（返）其乡里"。⑥ 也就是说，量刑要适度，不搞严刑酷法，去除"忌讳之禁"，⑦ 反对以言论治罪。

---

① 《新书·大政下》。
② 《新书·大政下》。
③ 《新书·大政下》。
④ 《新书·修政语上》。
⑤ 《新书·过秦中》。
⑥ 《新书·过秦中》。
⑦ 《新书·过秦下》。

二、《淮南子》中民为国本思想

淮南王刘安（前179—前122），汉高祖刘邦之孙，16岁时袭封为淮南王。他好读书鼓琴，潜心于治国安邦之术和著书立说，礼贤下士，与众门客撰写《淮南子》（又名《淮南鸿烈》）一书。该书内容广泛，涉及哲理、政治、管理、伦理、文学、史学、天文地理、农业水利、物理、化学、医学养生诸领域。总体而言，《淮南子》整体体现了道家思想，在管理方面提倡"无为而治"。

《淮南子》提出："食者，民之本也；民者，国之本也；国者，君之本也。"① 在此，作者的逻辑思路是：粮食，是民众存在的基础；民众，是国家存在的基础；国家，是君主存在的基础。因此，君主治国，首先要发展农业、畜牧业，种植桑麻竹木，让老百姓有基本的衣食住生存条件。"是故人君者，上因天时，下尽地财，中用人力，是以群生遂长，五谷蕃殖，教民养育六畜，以时种树，务修田畴，滋植桑麻，肥墝高下，各因其宜，丘陵阪险不生五谷者，以树竹木。"② 作者进一步指出，要使农业、畜牧业得到发展，桑麻竹木大量种植，百姓拥有基本的衣食住条件，统治者必须省事节欲，轻徭薄赋，给予民众必要的生产时间和条件。"足用之本，在于勿夺时；勿夺时之本，在于省事；省事之本，在于节欲。"③

其次是为了使国家长治久安，必须安民。汉初统治者崇奉黄老道家学说，认为横征暴敛、滥用民力、严刑峻法是秦朝短暂覆亡的主要原因。他们吸取秦亡的历史教训，实行与民休养生息、减轻赋税徭役、省刑约法的治国方略。《淮南子》的作者顺应当时的历史潮流，提出了"为治之本，务在安民"④ 的思想。他们指出，治理国家的成败关键在于"得民之与失民也"。历史上楚昭王和楚灵王就是正反两面的典型代表："楚国山川不变，土地不易，民性不殊，昭王则相率而殉之，灵王则倍畔而去之"。⑤ 他们主张，为了"安民"，统治者一方面必须省事节欲，轻徭薄赋，让老百姓"足用"。另一方面是老百姓的生产生活秩序应得到起码的保障："养民以公……因天地之资而与之和同，是故威厉而不杀，刑错而不用，法省而不烦……法宽刑缓，囹圄空虚，而天下一俗，莫怀奸心。"从而社会安定，和谐有序，天下大治。

三、王符国以民为基思想

王符，字节信，自号潜夫。生卒年不详，约在汉章帝建初末年至汉灵帝建宁

---

① 《淮南子·主术训》。
② 《淮南子·主术训》。
③ 《淮南子·诠言训》。
④ 《淮南子·诠言训》。
⑤ 《淮南子·泰族训》。

年间，是东汉时期杰出的思想家。王符"少好学，有志操"①，但由于出身细族孤门，在当时门阀世族制度下不得仕进。他"精习经术而达于当世之任"，② 且胆识过人，异趣自矜，对当时社会存在的一切黑暗现象，疾恶如仇，不肯逢迎比附，动辄讽刺得失，指讦时弊。王符自认为自己是隐居于民间下位的"潜夫"，故其著作题名为《潜夫论》。他在其著作中，"指讦时短，讨谪物情"，持论多能切中时弊，对当时黑暗的社会现实进行广泛尖锐的批判。

王符在批判社会现实的同时，还在治国方略上提出了自己的思想，其中一个重要内容就是"国以民为基"③ 的民本论。《说文解字》释义云："基，墙始也。"，所谓"国以民为基"，就是民众为国家出现之始，为国家的基础。换言之，国家由于民众而产生，国家因为民众而存在，"国之所以为国者，以有民也"。④ 这是因为国家的财富皆由民创造，国君日常所用皆由民供给。总之，民众是国家和君主赖以产生和存在的必要条件。

王符为了证明自己"国以民为基"思想的正确性，引用了商周以来天与民的概念，进一步进行论证。他指出，历史上人类最初本无君臣上下之分，后来由于出现强者凌弱尤其是老幼孤寡经常受到欺负，民众饱受其害，于是"天命圣人司牧之"，即天帝指派圣人来管理民众，使广大民众过上安定富足的生活。正因为如此，这位圣人得到人民的拥戴，于是成为君主。因此，王符认为，从君主产生的原因来看，"天之立君"并不是对君主个人的私爱，也不是让君主去奴役人民，而是要君主为民众"诛暴除恶"。⑤ 在此，我们勿论他的这一国家产生论是否符合历史事实，而是从思想史层面分析其通过论证国家的产生，从而将天、君、民三者有机地联系在一起。他提出："帝王之所尊敬者，天也；天之所甚爱者，民也"。"天以民为心，民安乐则天心顺，民愁苦则天心逆"。⑥ 由此可见，王符通过把民众与天紧紧联系在一起，从而推导出：由于民心就是天心，帝王尊敬天，就是要尊重民；尊重天心，就是要尊重民心。

既然民众是国家的基础根本，不言而喻，国君在治国理政中应该爱民、养民，而不是恣心役民。他主张，国君及其臣子应该关心民众的疾苦，其所作所为应该"有功于民"。"圣王之政，普覆兼爱，不私近密，不忽疏远，吉凶祸福，与民共之，哀乐之情，恕以及人，视民如赤子，救祸如引手烂"。"圣王养民，爱之如子，忧之如家，危者安之，亡者存之，救其灾患，除其祸乱"。⑦ 这就是

---

① 《后汉书·王符传》。
② 《潜夫论》汪继培《序》。
③ 《潜夫论·边议》。
④ 《潜夫论·爱日》。
⑤ 《潜夫论·班禄》。
⑥ 《潜夫论·救边》。
⑦ 《潜夫论·救边》。

说，国君爱民应不分远近疏密，一视同仁，与民休戚与共，视民如子；养民就是救民于忧患、危亡之中。

王符进一步明确提出，君主治国不仅要爱民、养民，而且更重要的是要富民。"夫为国者，以富民为本。"在如何使民富有中，王符提出了新的本末概念。自先秦以来，传统的本末概念一般指农为本，工商为末，但王符认为农工商三者本身皆有本末之分，只要守住三者本身之本就能使民富有，而如丢弃三者之本而守三者之末则会使民贫穷。"夫富民者，以农桑为本，以游业为末；百工者，以致用为本，以巧饰为末；商贾者，以通货为本，以鬻奇为末。三者，守本离末则民富，离本守末则民贫。"① 由此可见，王符的本末概念不是以行业为标准来划分的，而是以是否给民众带有财富为标准来划分的。

从这一本末概念出发，王符特别重视在农业生产中应当保证农民有足够的时间从事耕种，反对滥征民力服劳役；引导农民勤劳，反对游手好闲。他说："圣人深知，力者乃民之本也，而国之基，故务省役而为民爱日。"如果农民勤于耕种，农业生产就会发展，使粮食产量增长，民众衣食有了保障，国家就能长治久安。"国之所以为国者，以有民也；民之所以为民者，以有谷也；谷之所以丰殖者，以有人功也；功之所以能建者，以日力也。"② 此外，王符以"巧饰""鬻奇"为手工业、商业之末，反映了他在鼓励民众勤于劳作的同时，必须厉行节俭。总之，他认为只有勤俭，才是民众致富的根本途径。

王符为了证明"国以民为基"思想的正确性，不仅从以上正面视角，而且还从以下反面视角来进行论证。他指出，自从盘古开天辟地以来，历史上就未见到有民众处于危亡之机而国家能够长治久安，下层民众处于贫困状态而上层统治者能够富有；民众处于瘦瘠而君主能够肥胖的。"愿察开辟以来，民危而国安者谁也？下贫而上富者谁也？故曰：夫君国将民之以，民实瘠，而君安得肥？"③ 相反，有史以来，民乱必国危，而民乱的根源正在于当政者不利民，民不聊生，"饥寒并至，则安能不为非？""为非"必遭官府的严刑峻法。这样，就引起社会矛盾的尖锐激化，"愁怨者多""下民无聊"，④ 国家自然就会出现统治危机。

由于王符长期生活在民间，并注意观察和分析地方各级官吏腐败对社会现实造成的严重危害，因此，能比较深刻揭露批判骄臣恶吏对民众的"横逆不道"。这些人非但"无功于民氓"，而且"丧其本心"，"宁见朽贯千万，而不忍赐人一钱；宁积粟腐仓，而不忍贷人一斗"，因此，"骨肉怨望于家，细民谤讟于

---

① 《潜夫论·务本》。
② 《潜夫论·爱日》。
③ 《潜夫论·边议》。
④ 《潜夫论·浮侈》。

道"。① 在此，王符不仅揭露民乱所产生的社会动荡不安，而且还批判了骄臣恶吏的"横逆不道"是民乱的主要根源。

四、荀悦君臣民一体思想

荀悦（148—209），字仲豫，东汉后期政论家、史学家。献帝时，初被辟举为镇东将军曹操府供事，不久迁黄门侍郎，侍讲宫中。因受献帝赏识，累迁秘书监、侍中等职。东汉末年，曹操大权独揽，献帝成为傀儡。荀悦才能无所施展，乃作《申鉴》，辩论政体、治国之术。

荀悦的君臣民一体论，主要探讨君臣、君民关系，其中君民关系的内容，具有明显的民本思想。《申鉴》云："天作道，皇作极，臣作辅，民作基。"② 显然，荀悦与王符一样，把民众看作是国家的基础和根本。如果没有民众这个基础，就无所谓国家和君主了。由于民众的处境好坏直接关系到国家和君主的安危，因此，荀悦提出，在治埋国家中，应该把重民与国家稳定联系起来，重民就是重社稷，就是承天命。君主要以仁爱之心待民，才能保证社稷长存。"人主承天命以养民者也，民存则社稷存，民亡则社稷亡。故重民者，所以重社稷而承天命也。"③

至于如何才能做到君主爱民，荀悦进一步提出了具体的措施："下有忧民，则上不尽乐；下有饥民，则上不备膳；下有寒民，则上不具服。徒跣而垂旒，非礼也。故足寒伤心，民寒伤国。"④ 这就是说，君主要做到爱民，首先必须与人民同忧乐甘苦，即人民忧愁，君主就不能独自享乐；人民遭受饥饿，君主则也不准备膳食；人民遭到寒冷，君主则也不备足衣服。荀悦甚至还认为，君主在治理国家中如"爱民如子"及"爱民如身"，还算不上"仁之至"，真正要做到"仁之至"，必须落实"民为邦本"，即达到"民存社稷存"的目标。这样，民众就会尊君，君主就会得到民众的支持，君民关系和谐，国家才能长治久安。"君以至美之道导民，民以至美之物养君。君降其惠，民升其功，此无往不复，相报之义也。"⑤ 这是一种充满理想色彩的君民关系，在当时封建制度的历史条件下，是不可能达到的。

荀悦认为，国君要解决"忧民""饥民""寒民"等问题，必须要"天下国家一体也，君为元首，臣为股肱，民为手足"。⑥ 换言之，就是君主在国家管理中处于领袖的地位，大臣处于辅助的地位，而民众则处于被管理的地位。如果

---

① 《潜夫论·忠贵》。
② 《申鉴》第 1 页。
③ 《申鉴》第 20 页。
④ 《申鉴》第 23 页。
⑤ 《申鉴》第 5 页。
⑥ 《申鉴》第 5 页。

没有君臣对国家的管理，那么国家就会混乱，"忧民""饥民""寒民"问题也得不到解决。"非天地不生物，非君臣不成治。首之者天地也，统之者君臣也哉。"①

荀悦认为，在以君主为元首的封建政体中，君明臣贤是最理想的模式，即君主不要大权独揽，操纵一切，大臣也不要违君专权而不忠诚，要构建君主臣辅的和谐关系。"人臣之义，不曰吾君能矣，不我须也，言无补也，而不尽忠；不曰吾君不能矣，不我识也，言无益也，而不尽忠。必竭其诚，明其道，尽其义，斯已而已矣。不已，则奉身以退，臣道也。故君臣有异无乖，有怨无憾，有屈无辱。"② 荀悦认为，臣子不要借口君主很有才能，不需要我辅佐，而不尽言尽忠；也不要借口君主无能，不赏识我，而不尽言尽忠。臣子对待君主要竭尽忠诚，让君主明白正道，懂得义务，这样臣子就尽到自己的职责。如果做不到，就主动辞职。这就是为臣之道。如能做到这样，就可以达到君臣关系不乖戾，没有遗憾，不会受到侮辱。

王符反对君主的绝对权威，认为忠臣不是那些言听计从的人，而是能为君主出谋献策、纠偏补正的人。因此，基于这个衡量标准，他指出，"人臣有三罪：一曰导非，二曰阿失，三曰尸宠。以非引上谓之导，从上之非谓之阿，见非不言谓之尸。导臣诛，阿臣刑，尸臣绌。进忠有三术：一曰防，二曰救，三曰戒。先其未然谓之防，发而止之谓之救，行而责之谓之戒。防为上，救次之，戒为下。下不钳口，上不塞耳，则可有闻矣。有钳之钳，犹可解也；无钳之钳，难矣哉！有塞之塞，犹可除也；无塞之塞，其甚矣夫。"③ 由此可见，王符认为，臣下对君主的过错采取错误引导、阿谀奉承、知而不言的态度是一种犯罪，必须受到诛杀、判刑或罢黜。相反，臣下对君主的过错应采取帮助君主避免、补救或予以纠正的态度。可见，臣下对于君主来说，不仅仅只是供其驱使，而且还有对君主进行监督制约、弥补纠正君主过失的作用。

荀悦还就臣下如何处理好道和君的关系，尤其是道与君发生矛盾时，发表了自己的见解。他说："违上顺道，谓之忠臣；违道顺上，谓之谀臣。忠所以为上也，谀所以自为也。忠臣安于心，谀臣安于身。故在上者，必察夫违顺，审乎所为，慎乎所安。"④ 因为如果"违上顺道"，这有利于君主正确治国理政，其实结果对君主是有利的，因此是忠臣；相反，如果是"违道顺上"，是为了个人利益讨好君主而损害了对国家的治理，那就是谀臣。

---

① 《申鉴》第19页。
② 《申鉴》第26页。
③ 《申鉴》第21页。
④ 《申鉴》第22页。

第三节 唐宋民本思想

一、唐太宗的君舟民水思想

李世民（598—649）为唐朝第二位皇帝。他即位后，认真吸取了隋亡的历史教训，任用贤才，推行了一系列政治、经济、财政、刑法、军事等方面的改革措施，从而带来社会稳定，经济发展，对外交往频繁，文化繁荣的盛唐气象，史称"贞观之治"。唐太宗也因此成为中国古代史中的著名皇帝。

唐太宗与群臣经历了隋末农民起义，亲身感受到民众力量的强大作用，因此对先秦儒家的君舟民水、君鱼民水思想有深刻的认识。贞观名臣魏徵在给唐太宗的上疏中就明确提出："荀卿子曰：君，舟也；民，水也。水所以载舟，亦所以覆舟。故孔子曰：鱼失水则死，水失鱼犹为水也。"① 由此可见，贞观时期，唐王朝君臣上下清醒地认识到：其一，民众力量具有强大的作用，既能拥戴君主长治久安，也能揭竿而起推翻君主统治。其二，君主失去民众拥戴，就无法成为君主；而民众如没有君主存在，依然还是民众。

唐太宗正是基于先秦儒家君舟民水、君鱼民水的深刻认识，因此在贞观之治时间，屡屡告诫自己和群臣在治国理政中高度重视民生问题。唐初由于经历隋末农民战争，国库空虚，经济凋敝，人民极度贫困。在这种历史背景下，统治者稍有疏忽放纵，就可能激化社会矛盾，引起百姓反抗。

贞观初年，唐太宗就指出："可爱非君，可畏非民，天子者，有道则人推而为主，无道则人弃而不用，诚可畏也。"② 唐太宗在此引用《尚书·大禹谟》"可爱非君，可畏非民"之语，意在告诫臣下，民众是一种可怕的政治力量，其可推举君主，也可废弃君主。因此，唐太宗特别重视君主与人民、人民与国家之间的关系，提出了"君依于国，国依于民"③ 的命题。他认识到："为君之道，必须先存百姓，若损百姓以奉其身，犹割股以啖腹，腹饱而身毙。"④

唐太宗基于以民为本的治国理念，其治国方略推崇儒家的仁政。他崇奉尧舜之道、周孔之书，认为治国理政与儒家学说的关系"如鸟有翼，如鱼依水，失之必死，不可暂无耳"。⑤ 他在与臣僚谈论治国之道时，屡屡提及以"仁义"治理国家："余思三代以来，君好仁，人必从之"；"为国之道，必须抚之以仁义，示之以威信，因人之心，去其苛刻，不作异端，自然安静"；"朕观古来帝王以

---

① 《贞观政要·君臣鉴戒》。

② 《贞观政要·政体》。

③ 《资治通鉴》卷192。

④ 《贞观政要·君道》。

⑤ 《贞观政要·慎所好》。

仁义为治者，国祚延长，任法御人者，虽救弊于一时，败亡亦促"。① 在此，唐太宗以历史的洞察力，指出治国如以儒家的"仁义"道德作为方略，就能得到民众的拥护，使国家长治久安。反之，如以商鞅、韩非法家的"任法御人"学说来治理国家，虽然能收一时之效，但会很快败亡。

在仁政、仁义治国方略的指导下，贞观时期，唐太宗及其臣僚采取了重视农业生产、轻徭薄赋、任人唯贤、依法治国等措施，兹缕述如下：

其一，重视农业生产。唐太宗在贞观初年就一再强调："凡事皆须务本。国以人为本，人以衣食为本，凡营衣食，以不失时为本。"他继承了前人重视农业生产的思想，认为一个国家的存在取决于广大民众，广大民众的存在取决于他们的衣食状况，而广大民众的衣食状况则取决于农业生产。不言而喻，要实现天下大治、长治久安，关键是要让农民耕种有时，农业生产得到发展。因此，唐太宗一针见血指出："国以民为本，人以食为命，若禾黍不登，则兆庶非国家所有。"② 他在治国理政中，一直坚持以"唯思稼穑之艰，不以珠玑为宝"③ 的理念。唐初，为了促进农业生产的恢复与发展，唐太宗在即位后切实推行均田制，鼓励垦荒和宽乡占田，使广大农民成为自耕农，提高了他们的生产积极性。与均田制相配套的是唐初还推行租庸调制，减轻了农民的赋税负担，保证了农民的生产时间。从而使农业迅速得到恢复和发展，为盛唐的繁荣奠定了雄厚的物质基础。

其二，实行轻徭薄赋政策。唐太宗的儒家仁政思想，主要内容就是轻徭薄赋，少兴土木兵戈，与民休养生息。他的这一思想，也在某种程度上吸纳了道家的无为而治思想。从《贞观政要》等史籍可以看出，贞观时期君臣上下在论政的言论中，不时提到人君要"清静""简静"，这正是道家无为而治的基本要求。唐太宗本人就是无为而治的践行者。史载他"夙夜孜孜，惟欲清静，使天下无事"。他深知，君主只有做出表率，才能使国家"徭役不兴，年谷丰稔，百姓安乐"，"君能清静，百姓何得不安乐乎？"④

贞观时期，治国要清静无为成为君臣的共识。贞观十三年（639 年），魏征在上疏中指出，贞观初年之所以能出现"大治"的局面，是因为朝廷能"无为无欲，清静之化，远被遐荒"，尔后出现的不大景气，则又是"其风渐坠"⑤ 的结果。黄门侍郎王珪也主张治国要"志尚清静，以百姓之心为心"。⑥ 他还以历史上秦、隋短命王朝的教训告诫唐太宗应当慎始慎终，才能尽善尽美地治理好国

---

① 《贞观政要·仁义》。
② 《贞观政要·务农》。
③ 《旧唐书·良吏传》序。
④ 《贞观政要·政体》。
⑤ 《贞观政要·慎终》。
⑥ 《贞观政要·政体》。

家："昔秦皇、汉武，外则穷极兵戈，内则崇侈宫室，人力既竭，祸难遂兴，彼岂不欲安人乎？失所以安人之道也。亡隋之辙，殷鉴不远，陛下亲承其弊，知所以易之，然在初则易，终之实难。伏愿慎终如始，方尽其美。"①

在治国理政中与清静无为思想密切相关的是戒奢从俭，少兴土木。历史上，一个王朝如横征暴敛、滥派徭役，往往与统治集团骄奢淫逸是有因果关系的。因为统治集团骄奢淫逸，就必然要花费大量的钱财人力，只有通过向广大民众横征暴敛、滥派徭役来解决钱财人力问题。不言而喻，如统治者能戒奢从俭、少兴土木，就能大大减轻民众的赋税徭役的负担。因此，这也是统治者是否具有以民为本思想的一种体现。唐太宗在位期间，就坚持戒奢从俭。

他以隋炀帝奢侈身亡而自戒，认为纵欲是一切祸乱的根源。"伤其身者不在外物，皆由嗜欲以成其祸。"因此，他一再告诫群臣"奢侈者可以为戒，节俭者可以为师矣"②。如发现官吏贪奢，就坚决予以惩治，毫不姑息。唐太宗还身体力行，为群臣戒奢从俭做出表率。如大臣们几次提出为唐太宗重修一座"台榭"，但他考虑到花费甚巨，皆加以拒绝。当国家财政稍好一些时，他要修行宫，但因臣下劝阻而作罢。他为了节省宫廷开支，下令放免三千宫女。

其三，坚持依法治国。唐太宗为了防止官吏贪赃枉法，鱼肉百姓，重视制定完善的法律，严格以法治吏。他亲自主持制定《贞观律》，而后长孙无忌等人又为其作注，这就是著名的《唐律疏议》，成为后世封建王朝制定法律的圭臬。在《唐律疏议》中，严格依法治吏是核心内容之一。为了防止官吏贪赃枉法，《唐律疏议·职制》规定：如果是"监临主司"（主要指负有司法和监督职责的官吏）受财枉法，往往要处以重刑。这些官吏即使在同办理公事无关的情况下，接受下属的财物也要受到处罚："监临之官，不因公事而受监临内财物者，计赃一尺以上笞四十，一匹加一等；八匹徒一年，八匹加一等；五十匹流二千里。"如果这些官吏接受下属馈赠的猪羊、酒食、瓜果之类的东西，要依贪赃罪处罚："诸监临之官，受猪羊供馈，坐赃论。"唐政府为了有效制止行贿受贿事情的发生，严禁私下嘱请曲法。《唐律疏议·职制》规定："凡是公事，各依正理"。如违反规定嘱请曲法，有所请求者（即嘱请之人）和主司许者（即接受嘱请的官员），都同样论罪："诸有所请求者，笞五十；主司许者，与同罪。已施行，各杖一百。"唐律还规定，替别人请求的人，也要处罚："为人请者，与自请同"，"即为人请求，虽非己事，与自请同，亦笞五十"。如果接受别人财物而替其请托的以及用财物行贿求托的，那要加重处罚："诸受人财而为请求者，坐赃论加二等……与财者，坐赃论减三等。"《唐律疏议》严惩贪官污吏的立法思想就源于唐太宗。《贞观政要》载，唐太宗"深恶官吏贪污，有枉法受贿者，必无赦

①《贞观政要·务农》。
②《贞观政要·俭约》。

免。在京流外有犯赃者，皆遣执奏，随其所犯，置以重法"。

在中国古代封建社会君主专制制度下，皇帝口含"天宪"，凌驾于法律之上，生杀任情，言出法立。但是在贞观时期，唐太宗比较注意克制私见私情，不管尊卑上下，如有所犯，一断于律。尽管唐太宗也有不少践踏法律的事例，但他在一定程度上能做到尽量减少对法制的干预，甚而使皇权受制于法，这在封建专制帝王中比较少见。如贞观九年（635 年），盐泽道行军总管、岷州都督高甑生诬告功臣李靖"谋反"。据法律规定，高甑生诬告罪应处死刑，但有人因高是秦府功臣而请求宽恕。唐太宗不允许，说："虽是藩邸旧劳，诚不可忘，然理国守法，事须画一。今若赦之，使开侥幸之路。且国家建义太原，元从及征战有功者甚众，若甑生获免，谁不觊觎，有功之人，皆须犯法。我所以必不赦者，正为此也。"①

正由于唐太宗能带头守法，强调法乃"天下之法"，执法不避亲疏贵贱，一断于律，从而出现了"贞观之初，志存公道，人有所犯，一一于法"②的局面。这使那些皇亲国戚、贵族官僚、豪富地主等不敢贸然以身试法，从而使广大平民百姓免遭权贵的欺压，生命财产得到一定的保障。

在中国封建社会每个朝代的末期，由于社会矛盾尖锐，人民往往不断奋起反抗斗争。统治者为了镇压民众的反抗斗争，必然要制定繁刑峻法，以威慑惩罚反抗者。但是，这种繁刑峻法非但不能平息人民的反抗斗争，反而使无辜的平民百姓动辄触禁，人人自危。甚至形成一种恶性循环，反抗愈激烈，繁刑峻法就愈多愈严厉；但是，繁刑峻法愈多愈严厉，却只能使反抗进一步升级。贞观时期，唐太宗意识到这一点，提出了"法务在宽简"③的治国方略，以缓和唐初的社会矛盾。贞观十年（636 年），他更全面具体地谈到立法必须简约的问题。他说："国家法令，惟须简约，不可一罪作数种条。格式既多，官人不能尽记，更生奸诈，若欲出罪即引轻条，若欲入罪即引重条。数变法者，实不益道理，宜令审细，毋使互文。"④贞观年间朝廷修订法律时，就明显贯彻了立法"务在宽简"的原则，"凡削烦去蠹，变重为轻者，不可胜纪"。⑤立法"宽简"，使贪官污吏难以利用法律漏洞上下其手，随心所欲地弄权，操纵司法审判，草菅人命。另一方面也使平民百姓有一个相对宽松的生存环境，不致动辄触禁，人人自危。

其四，治理国家应任人唯贤，尤其是应当重视地方官员的选任，因为地方官员直接管理着一方百姓，对地方的民生问题、经济发展问题关系最为密切。唐太宗曾亲自掌握刺史的选拔和任用，并将各州守令的名字刻在室内屏风之上，并在

---

① 《贞观政要·刑法》。
② 《贞观政要·公平》。
③ 《贞观政要·刑法》。
④ 《贞观政要·刑法》。
⑤ 《资治通鉴》卷 194。

上面记载着官员的政绩优劣，以便能对官员的品德、才能、有具体全面的了解。如果发现有不胜任或违法乱纪的，就及时予以罢免或惩治。

难能可贵的是，唐太宗作为封建汉族君主，不歧视唐王朝周边的少数民族，对他们一视同仁。唐太宗认为，"戎、狄与天地俱生"，① 自然具有中原人的素质，也自然会有"人心"。贞观十八年（644 年），他明确提出了"夷狄亦人，以德治之，可使如一家"。② 他派兵击败突厥颉利可汗之后，对其采取了"略其旧过，嘉其从善，并授官爵，同我百僚，所有部落，爱之如子，与我百姓不异"的政策，③ 对其首领既往不咎，对其臣民"爱之如子"，与汉人同等看待，终于巩固了唐中央政府对突厥族的统治，使西北边疆稳定，社会经济得到发展。

二、李觏安民足食的民本思想

李觏（1009—1059）字泰伯，世称盱江先生，又称直讲先生。曾倡立盱江书院，从学者常数百人。皇祐初，范仲淹荐其为试太学助教，历任太学说书、权同管勾太学。拥护庆历新政，通经术，以文章知名。著有《直讲先生文集》，今人整理有《李觏集》。

李觏继承了儒家"民为邦本"的传统民本思想，并针对宋代的社会弊端，对此进行进一步的发挥。他提出："立君者，天也；养民者，君也。非天命之私一人，为亿万人也。民之所归，天之所右也；民之所去，天之所左也。天命不易哉！民心可畏哉！是故古先哲王皆孳孳焉以安民为务也。"④ 李觏以他自己的逻辑思路，构建了天、君、民三者的关系。在此，他认为，君主，是天确立的。天确立其君主，不是为了君主个人，而是为了亿万民众，是派君主来养广大人民的。天道与民心是一致的。君主治国，让民众归心拥戴，天就会支持你；相反，君主治国，让民众离心而去，天就会反对你。由此可见，天对君主的态度是根据民心向背而定的，因此，君主要顺从天意，就必须体察民心，把养民、安民作为治国理政的首要任务。

李觏从安民的认识出发，提出要达到安民，首先必须使民足食。因为衣食为民众生存的基本条件，是学好礼节、达到做人标准的基础。因此，要安民，首先要让民众丰衣足食。他说："然则民不富，仓廪不实，衣食不足，而欲教以礼节，使之趋荣而避辱，学者皆知其难也。"⑤ "人所以为人，足食也；国所以为

---

① 《资治通鉴》卷 198。
② 《唐会要》卷 94。
③ 《旧唐书·突厥传》。
④ 《李觏集·安民策第一》。
⑤ 《周礼致太平论·国用第十六》。

国，足用也"。① "生民之道，食为大"。②

北宋中期，皇室、官吏和豪强地主大量侵占土地，仁宗时期，"势官富姓，占田无限，兼并冒伪，习已成俗"。③ 李觏深刻指出，土地兼并造成土地分配严重不均，是百姓终日耕织劳作而仍处于饥寒的根本原因："耕不免饥，土非其有也；蚕不得衣，口腹夺之也"。④ 因此，他提出，治国要抑制土地兼并，实现耕者有其田，才能使"耕者得食"，"蚕者得衣"，⑤ "民用足而邦财丰"，即足食安民，足用治国。

李觏认为，要抑制土地兼并，必须进行土地改革，实行限田。具体措施是"限人占田，各有顷数，不得过制。游民既归而兼并不行，则土价必贱，土价贱，则田易可得。田易可得而无逐末之路、冗食之幸，则一心于农。一心于农，则地力可尽矣"。⑥ 由此可见，李觏想通过限制地主占田来抑制土地兼并，使土地价格下降；然后把多余的工商业者以及游民赶回农村，让他们购买低价的土地，安心务农。这样就能实现土地与劳动力的有效配置，充分发挥土地的潜力，从而"人无遗力"，"地无遗利"。这样就能发展生产，增加财富，实现足食安民、足用治国的理想。

三、陈亮"正人心，活民命"的民本思想

陈亮（1143—1194）字同甫，学者称龙川先生。才气超迈，喜谈兵。曾因上书反对议和，力主抗金而遭人嫉恨，三度入狱。绍熙四年（1193年），中进士第一，授签书建康府判官公事，未行而卒。他倡导经世济民的"事功之学"，著作有《龙川文集》《龙川词》等。今人编有《陈亮集》。

陈亮"正人心，活民命"的民本思想，其理论基础是"人之同欲"的性命论。因为只有承认人的物质欲望就是人的天性，才能通过满足民众的基本物质需求来"正人心，活民命"，从而使国家长治久安。他提出："耳之于声也，目之于色也，鼻之于臭也，口之于味也，四肢之于安佚也，性也，有命焉。出于性，则人之所同欲也；委于命，则必有制之者而不可违也。富贵尊荣，则耳目口鼻之与肢体皆得其欲；危亡困辱则反是。"⑦ 他认为，人的物质欲望就是人的天性，在这种正当的天性中，有一种客观的不以人的意志为转移的自然规律，这就是天命。无论是正当的天性，还是客观的天命，都必须以人的欲望为基础，离开人的

---

① 《周礼致太平论·国用第一》。
② 《李觏集·平土书》。
③ 《宋史·食货一》。
④ 《李觏集·潜书》。
⑤ 《李觏集·潜书》。
⑥ 《李觏集·富国策第二》。
⑦ 《陈亮集·问答》下。

欲望也就无所谓天性与天命。只有满足了人的正当的物质欲望，才能顺应天性和天命。

陈亮在"人之同欲"理欲观的基础上，进一步指出，统治者应当注重端正统一人心和保障民众生活的安全稳定，才能使国家富强，民心统一、安定，社会和谐，长治久安。这是立国的根本。他说："既得正人心、全民命之本矣，而犹欲臣稽古今之宜，推治化之本。""正人心以立国本，活民命以寿国脉。""人心无所一，民命无所措，而欲论古今沿革之宜，究兵财出入之数，以求尽治乱安危之变，是无其地而求种艺之必生也，天下安有是理哉！"①

陈亮积极提倡事功的功利思想，批判当时流行的空谈性命义理。他指出："夫盈宇宙者，无非物；日用之间，无非事。古之帝王，独明于事物之故，发言立政，顺民之心，因时之宜。"陈亮这里所说的事物是指充塞宇宙的一切事情，同时也指百姓日常事情。他特别强调这种百姓日常之道，认为只有明确认识这种日常之道，体顺民心，关心百姓日常利益，才能处理好国家大事。由此可见，陈亮主张的"正人心，活民命"民本思想，是从百姓日常小事做起的。

四、叶适宽民之政的民本思想

叶适（1150—1223）字正则，世称水心先生。淳熙进士。孝宗时，历知蕲州、权吏部侍郎、知建康府兼沿江制置使、宝文阁侍制兼江淮制置使。他坚主抗金，立有战功。在学术方面，提倡功利，反对空谈性命。后世推为永嘉学派巨擘。著有《水心文集》和《习学记言序目》等。《水心文集》和《水心别集》由中华书局1961年合编为《叶适集》出版。

叶适的民本思想重在宽民，主张通过宽民之政，减轻民众赋役，免除杂苛负担，解除民众疾苦，让老百姓能够有基本的生存条件，活得下去，这样才能维持对人民的统治，达到治国安邦的目的。叶适宽民之政的民本思想，在当时是很有针对性的。南宋时期，由于宋金战争连绵不断，国家财政极其困难，因此不断加重民众的赋役负担，使民不聊生。在这种情况下，叶适抨击了宋王朝的治国弊端，指出宽民之政的重要性："'名实不欺，用度有纪，式宽民力，永底阜康'，此诏书也。两浙盐丁既尽免矣，方以宽民，而何至于复取乎！参考内外财赋所入，经费所出，一切会计而总核之，其理固当……伏乞陛下特诏大臣，使国用司详议审度，何名之赋害民最甚，何等横费裁节宜先，减所入之额，定所出之费，不须对补，便可蠲除；小民蒙自活之利，疲俗有宽息之实。"②

叶适认为，朝廷只有实行宽民之政，才能得到广大民众的支持，政府才能从民众那里征收到赋税，摊派徭役、兵役，从而使国家富强，统治巩固。不言而

---

① 《陈亮集·廷对》。
② 《水心文集·上宁宗皇帝札子三》。

喻，宽民之政是治国的关键。他指出："为国之要，在于得民。民多则田垦而税增，役众而兵强。田垦税增，役众兵强，则所为而必众，所欲而必遂。"①

叶适主张，治国理政不仅要宽民，而且还要贯彻"以利与人"的功利思想。这就是宽民重民，不能只是空谈，而是应当实实在在地让广大人民在实际功利方面有所收益，换言之，以现在流行的话语表达，即让人民群众有获得感。"某闻仁人视民如子，知其痛毒，若身尝之，审择其利，常与事称。疗之有方，予之有名，不以高论废务，不以空意妨实。"②他反对空谈高论，注重治国要给民众带来实际利益。他针对西汉董仲舒等人提出的"正其谊不谋其利，明其道不计其功"的观点，明确提出自己的看法："仁人正谊不谋利，明道不计功，此语初看极好，细看全疏阔。古人以利与人，而不自居其功，故道义光明。后世儒者行仲舒之论，既无功利，则道义者乃无用之虚语尔。"③

叶适在此强调义利的统一，认为如离开了利，义就变成空虚无意义了。他对先秦古圣王以利与人的做法表示赞赏，认为只有给予民众实际的功利，才能显示出光明的道义。他还批判了当时理学家空谈性命理，无益于国计民生。认为社会生活中没有实际功效的事物，即使说得再好，也是没有用处的，只有能发生实际功效、对社会和人类有益的事物，才是有用的。他说："读书不知接统绪，虽多无益也；为文不能关教事，虽工无益也；笃行而不合于大义，虽高无益也。立志不存于忧世，虽仁无益也。"④

第四节　明清民本思想

一、丘浚对古代民本思想的阐发

丘浚（1420—1495），字仲深，广东琼山（今海南省海口市琼山区）人。自幼家贫，但聪明好学，景泰五年（1454 年）考中进士。入仕后参与编修《英宗实录》《宪宗实录》《续通鉴纲目》等书。后历官礼部右侍郎、礼部尚书，官至太子太保兼文渊阁大学士，参预机务。丘浚是明代中叶著名的政治人物和先进思想家，其著作《大学衍义补》卷帙浩繁，内容丰富，涉及范围广泛。

丘浚认为治国平天下之事千头万绪，但最根本的是以民为本，民是君立、国存的基础："盖君之所以为君者，以其有民也，君而无民，则君何所依以为君哉？"⑤"国之所以为国者，民而已，无民则无以为国矣。"因此，他一再劝谏最

---

① 《水心文集·民事中》。
② 《水心文集·平阳县代纳坊场钱记》。
③ 《习学记言序目·汉书三》。
④ 《水心文集》卷29《赠薛子长》。
⑤ 《大学衍义补》卷13，本自然段引文均见于此。

高统治者："'民惟邦本，本固邦宁'之言，万世人君所当书于座隅，以铭心刻骨者也。"

基本这种认识，丘浚提出，人君"必爱天之民。"① 首先必须养民富民，让老百姓衣食无忧："人君之治，莫先于养民，而民之所以得其养者，在稼穑树艺而已。"② 他主张实行"配丁田法"，限制土地兼并，有利于农业生产的发展。丘浚一反重农抑商的传统思想，反对国家实行盐茶专卖和重课商人，主张通过发展私营工商业、海运漕粮、海外贸易等使民致富。丘浚主张藏富于民："民之富，即君之富也……民既贫矣，君孰与守其富哉?"③ 因此，反对横征暴敛，认为国家征收赋税是必要的，但只能"薄取""轻敛"。"治国者不能不取于民，亦不可过取于民。不取乎民则难乎其为国，过取乎民则难乎其为民。"④

丘浚依据传统儒家的民本思想，难能可贵地认为民心即天意的体现："民心之所同，即天意之所在也。"⑤ 国君治理国家关键在于得民心："所谓得民者，非谓得其土地生齿也，得其心也。"⑥ 他对三代的重视民意、善听民言十分向往，希望国君要"广陈言之路"，"皆许人陈言得失，则人君时时得以闻过失与其知见之所不及，有则改之，无则加勉，则天下国家其有不治也哉?"⑦ 丘浚还认为国君治理国家，选拔人才是一个关键。他尤其重视地方郡守、县令的选任，因为父母官与民最为亲近，其良莠关系到国计民生。"自古圣帝明王，知天为民立己以为君，莫不以重民为先务。重乎民，必重治民之官，而于其所亲近者尤重焉，守令是已。"⑧ 因此，他建议朝廷需派遣德才兼备之人任地方官，甚至县令之下里胥也要任得其人。如"一处不得其人，则一处之民受其害。"⑨

丘浚民本思想的一个重要表现是关心人民疾苦。他出身贫寒，对下层民众的艰辛有切身的体验。他认为"固邦本"之政，除谋求一般百姓的福祉外，对于鳏寡孤独、贫苦无告者，以及不幸遭受灾害的百姓，必须予以济助。在"愍民之穷"中他建议由朝廷制产立法，编制预算，设立机构收容安置"无所依傍者"。在"恤民之患"中，主张酌仿古制，通过"散利"（发放公家积蓄）、"薄征"（减民租）、"弛役"（休息民力）、"舍禁"（山川森林解禁让民取之）等救助灾民。在"除民之害"中他强调要铲除天灾人祸的根源，使民众安居乐业。如提出要整治黄河以防洪水泛滥，通过就地安置解决流民问题，废除苛捐杂税减

① 《大学衍义补》卷5。
② 《大学衍义补》卷14。
③ 《大学衍义补》卷22。
④ 《大学衍义补》卷22。
⑤ 《大学衍义补》卷3。
⑥ 《大学衍义补》卷13。
⑦ 《大学衍义补》卷4。
⑧ 《大学衍义补》卷18。
⑨ 《大学衍义补》卷19。

轻农民负担等。

在丘浚治理国家的蓝图中，十分重视教育的作用。他认为人君治理国家，单使民众繁庶富足是不够的，还要让他们善良淳厚。他主张立校设教，让民众接受教育，为良从善。丘浚提出全民教育、全方位教育的思想，必须使人人都能受到教育的润化，做到"无一人而不化，无一地而不到，无一日而或间。"① 因为教育能变化人的气质，使人丰富文化知识和完善道德修养。"学也者，所以明善而去恶也，善明而恶去，则不为小人而为君子矣。"②

丘浚的民本思想在国家立法、刑罚方面也有充分的体现。他坚持传统儒家"德主刑辅"的治国方略，主张以德治民，而在不得已之时才用刑罚。"人君奉天道以出治，所以为治者，德也。刑非所先也，民有不齐者，不得已而用刑以治之，姑以为一日齐民之用也。"③ 在明代君主专断独行、严刑峻法的背景下，丘浚提出立法要宽严适中，合乎"民情"。"先王立法制刑莫不用中。中则无过无不及，可以常用而无弊。"④ "立法以便民为本"，⑤ "因情以立法"。⑥ 丘浚认识到人的生命权是天生的、神圣的，肯定人的生命可贵，反对相互残杀："盖天地生人，而人得以为生，是人之生也，莫不皆欲其生。然彼知己之欲生，而不知人之亦莫不欲其生也。是以相争相夺，以至于相杀，以失其生生之理。"⑦ 他劝谏人君尤其要重视生命权，不能草菅人命，执行死刑的目的是保护多数人的生存权利："天地之大德曰生，人得天地之德以为生，莫不好生。圣人体天地之德以为生人之主，故其德亦惟在于好生也。惟其好人之生，故其存心治政，莫不以生人为本……盖死之，所以生之也。苟非其人实有害于生人，决不忍致之于死地，死一人所以生千万人也。是故无益于生人，必不轻致人于死。"⑧

丘浚从民本思想出发，反对互相残杀，对待战争有辩证的见解。他很赞赏古代兵书中"杀人安人，杀之可也"和"以战止战，虽战可也"的观点，支持发动这样的战争："攻其国爱其民，攻之可也"。⑨ 丘浚还十分重视在战争中人心的向背，这是决定战争胜负的重要因素。"所谓兵要在附民，民不亲附，则汤武不能以必胜。"⑩ 因此，他告诫最高统治者发动战争必须兴仁义之师、正义之师，为了广大民众的利益，才能深得人心。"兵师之兴，所以为民也。兴师而民心不

① 《大学衍义补》卷67。
② 《大学衍义补》卷72。
③ 《大学衍义补》卷101。
④ 《大学衍义补》卷113。
⑤ 《大学衍义补》卷28。
⑥ 《大学衍义补》卷113。
⑦ 《大学衍义补》卷100。
⑧ 《大学衍义补》卷101。
⑨ 《大学衍义补》卷116。
⑩ 《大学衍义补》卷116。

悦，则其所行，必非王者之师，仁义之举也。是以人君举事，既撰之已。复询之众，众心和悦，然后从而顺之。"① 丘浚在明代汉族中央政权与边疆少数民族关系上主张和睦相处，既反对少数民族贵族发动的掠夺战争，也反对汉族中央政权穷兵黩武，攻打欺压少数民族。"天德好生而立君以养民，夷狄入吾境，贼吾民，不得已驱而出之，使吾民不罹其害，可也。彼不犯吾边，乃无故兴兵出塞，求而击之，其曲直有在矣？"② 他认为要使边疆安定的上策是人君必须对汉族与少数民族一视同仁，善待他们，使他们各自安于自己的生存空间。"凡天地所覆载，具形体有知识者，皆吾赤子也。圣人一视以同仁，兼爱夫内外远近之民，惟恐一人之或失其所，苟限区域而为之爱恶，于遐外之民，必欲剿戮灭绝之，岂父母之心哉？"③ "夫圣人体天地以为心，兼爱华夷之民，使之各止其所，而不相侵害，天之道也。"④ 丘浚从爱民的思想出发，劝谏国君把汉族与少数民族皆作为自己的子民加以爱护，使他们和睦友好，国家安定。这在当时是相当难能可贵的。

综上所述，丘浚作为明中叶的朝廷重臣，针对当时的社会现实，把传统儒家民本思想加以演绎深化，从经济、政治、文化教育、法律和军事边防等诸方面进行系统化、具体化和实践化，富有创见性地提出爱民、富民、养民、教民、便民、安民、顺乎民心、使民亲附、兼爱华夷之民等思想，并在治国平天下中努力将其付诸实施。我们今天以现代人的眼光来看待这些思想，取其民本精华，弃其封建糟粕，或许从中还能得到某些历史的启迪。

二、王夫之"不以天下私一人"的民本思想

王夫之（1619—1692），字而农，号姜斋，学者称船山先生。14 岁中秀才，24 岁中湖广乡试举人。清兵南下，他曾于湖南衡山举兵抵抗，失败后走桂林，投奔南明永历政权，任桂王行人司行人。后遭奸党王化澄等人谗害，逐归湖南，伏处瑶人之中，过着流亡生活。晚年归衡阳，于石船山筑土室，备尝艰辛，致力于学术思想的总结。他一生著述宏富，有《周易外传》《尚书引义》《诗广传》《读四书大全说》《张子正蒙注》《思问录》《老子衍》《庄子通》《读通鉴论》《宋论》及《姜斋诗文集》等，后人辑有《船山遗书》。

王夫之生活在明末清初的动荡时代，亲身经历了农民起义葬送了明王朝，因此认识到广大民众是一个王朝存在的基础，提出"君以民为基"⑤ 和君"为民父

---

① 《大学衍义补》卷 114。
② 《大学衍义补》卷 156。
③ 《大学衍义补》卷 156。
④ 《大学衍义补》卷 156。
⑤ 《周易外传》卷 2。

母"①，基本上仍然是儒家传统的民本思想。王夫之在民本思想上最大的特色是将反君主专制与传统民本思想结合起来，提出了"不以一人私天下"的民本思想。

王夫之"不以一人私天下"的民本思想，是从公与私的视角对君与民的关系做了分析。他指出："一姓之兴亡，私也；而生民之生死，公也。"② 由此可见，王夫之认为，君主一家一姓的王朝兴亡只是君主一家一姓的私事，而只有关乎全国广大民众生死存亡的问题才是国家的公事。这是因为"以天下论者，必循天下之公，天下非一姓之私也"。③ 因此，他纠正了传统的观念，认为一个王朝统治的长短，只是就一家一姓而言，与一个国家存在的长短，不是同一个概念，其区别就在于，前者只是一姓之私，而后者是万众之公。"国祚之不长，为一姓言也，非公义也。秦之所以获罪于万世者，私己而已矣。斥秦之私，而欲私其子孙以长存，又岂天下之大公哉？"④ 在此，王夫之深刻反省了历史上"家天下"的观念，认为正是由于君主个人的一姓之私，企图万代子孙相传皇位，反而导致王朝的短命，其中最典型的就是秦王朝。他认为应该建立广大民众的天下国家，即使皇帝也"可禅、可继、可革"，⑤ 以此民本思想对传统的君权无限论提出勇敢的挑战。他认为，中国如能建立万民为本而不是一姓的国家，那将足够富强，永远立于不败之地。他说："中国财足自亿也，兵足自强也，智足自名也，不以一人疑天下，不以天下私一人，休养励精，士佚粟积，足以固其族而无忧矣。"⑥

在中国古代的农业社会里，土地始终是最重要的生产资料。但是，历代封建王朝却都无法处理好土地问题，尤其在封建王朝后期，都出现土地兼并严重，自耕农大量破产，社会矛盾尖锐的危机。王夫之以民本为出发点，认为土地不应是君主一人一姓的私产，而应是广大民众赖以生存的生产资料。凡是有劳动力的人，都可以耕种土地，使其为民造福。土地不应该成为君主个人的私有财产，不能凭君主的权力来授予。他说："若土，则非王者之所得私也。天地之间，有土而人生其上，因资以养焉。有其力者治其地，故改姓受命而民自有其恒畴，不待王者之授之。"⑦

王夫之为了进一步论证土地应当由广大耕作者拥有，而不应由君主据为己有，很直观地提出，土地是宇宙中原来固有的，它不因王朝兴亡改变而改变，而

---

① 《读四书大全说》卷 8。

② 《读通鉴论》卷 17。

③ 《读通鉴论》卷末《叙论一》。

④ 《读通鉴论》卷 1。

⑤ 《黄书·原极》。

⑥ 《黄书·宰制》。

⑦ 《噩梦》。

且它与天一样，不能被分割，因此，君主可以统治天下的人民，但不能把天下土地擅自据为己有。"王者能臣天下之人，不能擅天下之土……若夫土，则天地之固有矣。王者代兴代替，而山川原隰不改其旧……而王者固不得而擅之。""地之不可擅为一人有，犹天也。天无可分，地无可割，王者虽为天之子，天地岂得而私之，而敢贪天地固然之博厚以割裂为己土乎？"① 土地所有制问题在中国古代封建社会是关乎民生最根本的问题，土地问题能解决好，广大民众能拥有一定的生产资料，其生产生活条件就能得到某种程度的改善，因此，从民本思想视角来看，土地制度是中国古代农业社会治国理政最重大最根本的问题。

王夫之的"不以天下私一人"的民本思想不是空洞的说教，而是十分具体地落实到广大民众赖以生存的土地制度问题上。王夫之提出的君主"不能擅天下之土"，就是在土地制度上践行了"不以天下私一人"的民本思想，这是对三千年来"普天之下，莫非王土"传统观念的否定，显示了他超人的见识与胆量。

明朝末年，吏治大坏，政以贿成。"贪墨之吏，未有甚于此时者也……朝通百镒，而夕蒙百镒之酬；夜纳千金，则旦受千金之验。"② 而且，国家因北方边境战争连绵不断，军费开支巨大，财政困难，不断加重民众的赋税徭役负担。生活在这种时代背景下的王夫之，目睹明王朝的黑暗统治使民不聊生，主张用严以治吏、宽以养民的政策措施来改善民众的生存环境，缓和当时尖锐的社会矛盾。

王夫之以民本思想为出发点，提出"严者，治吏之经也；宽者，养民之纬也。并行不悖，而非以时，为进退者也……故严以治吏，宽以养民，无择于时而并行焉，庶得之矣。"③ "夫为政者，廉以洁己，悲以爱民，尽其在己者而已。"尤其是为了落实宽以养民的主张，王夫之提出了两个方面具体的措施：一方面是实行"轻徭薄赋""藏富于民"；④ 另一方面实行重教轻刑。他反对封建统治者以严刑峻法来镇压民众的不满与反抗："如之何以羞恶是非之激发妨其恻隐邪？绝人之腰领，死者不可复生矣；轻人之窜逐，弃者不可复收矣；坏人之名节，辱者不可复荣矣。"王夫之认为，封建统治者应当以民为本来治理国家，通过"宽以养民"的措施，轻徭薄赋，重德教轻刑罚来缓和明末日益尖锐的社会矛盾。这种思想在当时还是有一定的积极意义的。

王夫之作为古代一位著名的思想家，他的民本思想是建立在其义利统一的哲学思想上的。他认为："立人之道曰义，生人之道曰利。出义入利，人道不立；出利入害，人用不生。"⑤ "夫功于天下，利于民物，亦仁者之所有事。"⑥ 王夫

---

① 《读通鉴论》卷14。
② 《西园闻见录》外编卷31《吏部二·黜陟》，续修四库全书本。
③ 《读通鉴论》卷8。
④ 《读通鉴论》卷5。
⑤ 《尚书引义》卷2《禹贡》。
⑥ 《周易外传》卷1。

之认为，仁义与功利不是互相对立的，而是统一的。两者缺一不可，紧密相连。如果片面地强调义而否定利，就不能产生利民的功效，不能使民众获利；而那些有利于民众有利于国家的事，其实就是仁义的事情。另一方面，如果片面强调利而忽视义，就失去了为人处世的准则，也就失去了是非感，同样不利于国家不利于民众。总之，义利是辩证地统一在一体，二者并不矛盾，不能形而上学地将二者割裂开来。这是王夫之民本思想的哲学基础。

另一方面，我们必须认识到，由于历史的局限性，王夫之的民本思想也存在着一些消极面。如他既强调以民为本，另一方面又说对民众要谨慎提防，尤其是那些"匪民"。在他眼里，庶民如同禽兽。他说："由乎人之不知重民者，则即民以见天，而莫畏匪民矣；由乎人之不能审于民者，则援天以观民，而民之情伪不可不深知而慎用之矣。"① 他不充分相信一般民众，主张严君子小人之防，把庶民视为禽兽。"庶民者，流俗也；流俗者，禽兽也。"② 不容许有"庶人之议"。③ 还有一方面他提出"不以天下私一人"，另一方面又为君权辩护，认为"君臣之义，生于性者也"，④ 天子应当"绝乎臣民而独尊"。⑤

三、唐甄的养民富民思想

唐甄（1630—1704），初名大陶，字铸万，号圃亭。四川省达县（今四川省达州市通川区）人，中国明末清初的思想家和政论家。唐甄一生著述颇丰，《潜书》是其主要代表作。

在明末清初的大动荡中，农民起义推翻了明王朝，显示出了巨大的力量。唐甄亲身经历了这个时代，清楚地认识到，民众在君主治国理政中发挥着多方面的作用。"政在兵，则见以为固边疆；政在食，则见以为充府库；政在度，则见以为尊朝廷；政在赏罚，则见以为叙官职……国无民，岂有四政！封疆，民固之；府库，民充之；朝廷，民尊之；官职，民养之，奈何见政不见民也！"⑥ 由此可见，唐甄认为，国家的"兵""食""度""赏罚"，即军事、财政、政治、法律四政都是以民众为基础的。如果没有民众作为基础，那么这四政就无法存在。

唐甄的这种民为四政之本思想，从本质上来说，并没有超越历史上传统的民本思想。他认为，即使民众为四政之本，但他们终究还是君主的子民，君主与民众的关系犹如父母与子女的关系。"是故明德之君，不侈其尊富强大也。以为我

---

① 《尚书引义》卷4《泰誓中》。
② 《俟解》。
③ 《读通鉴论》卷21。
④ 《读通鉴论》卷9。
⑤ 《读通鉴论》卷29。
⑥ 《潜书·明鉴》。

实民之父母，民实我之男女"。① 从这一传统观念出发，君主既为子民之父母，那就必须负起养民之责任。他指出："天下之官皆弃民之官，天下之事皆弃民之事，是举天下之父兄子弟尽推之于沟壑也，欲治得乎？天下之官皆养民之官，天下之事皆养民之事，是竭君臣之耳目心思而并注之于匹夫匹妇也，欲不治得乎？诚能以是为政，三年必效，五年必治，十年必富风俗必厚，讼狱必空，灾祲必消，鳞凤必至。"②

唐甄从治国理政的高度进一步指出，养民不仅是君主的职责，而且更是君臣为政的最根本出发点，是治国过程中的最基本环节。"古之贤君，举贤以图治，论功以举贤，养民以论功，足食以养民。虽官有百职，职有百务，要归于养民。"③ 如果君臣上下都以养民为务，尽心尽力关注民众的利益和需求，国家肯定是会治理得很好，三年就会初见成效，十年就必然富强，风俗淳厚，社会和谐安定。

唐甄的养民内涵是丰富的，不仅包含足食，还涉及教化、讼狱、赈灾等。但是，其中最根本的还是民众衣食财用的需求，让民众富足。"众为邦本，土为邦基，财用为生民之命"。④ "为治者不以富民为功，而欲幸致太平，是适燕而马首南指者也"。⑤ 显然，在此唐甄认为民众为国家的根本，土地为国家的基础，两者相比，民众对于国家来说更为重要，而财用则是民众的命根子。因此，要达到天下大治的目标，首先必须使民众财用充足。如果统治者不以此作为治国方略，而想达到天下大治，那只能是南辕北辙了。

唐甄民本思想的一个重要特点就是富民，因为只有民富之后才能国富。"立国之道无他，惟在于富。自古未有国贫而可以为国者。"⑥ 而且，他认为，如要使国富，首先必须让民安定，这样才能保障民众生产时间和商品交易的环境。"农安于田，贾安于世"，农商各得其所，国家才能免于贫困。"为政之道，必先田市……农不安田，贾不安市，其国必贫。"⑦ 唐甄进一步指出，在国家富裕民众衣食充足的条件下，就能对民众进行教化，从而使天下大治。"衣食足而知廉耻，廉耻生而尚礼义，而治化大行矣。"⑧

唐甄基于以民为本的最重要内容是养民富民的认识，提出了非常具体的养民善政 18 条措施。他把养民善政 18 条措施又分为上善政、中善政、下善政三个层

---

① 《潜书·厚本》。
② 《潜书·考功》。
③ 《潜书·考功》。
④ 《潜书·卿牧》。
⑤ 《潜书·考功》。
⑥ 《潜书·存言》。
⑦ 《潜书·善施》。
⑧ 《潜书·厚本》。

次，其中上善政为：勤农丰谷，土田不荒芜；桑肥棉茂，麻宁勃郁；山林多材，池沼多鱼，园多果蔬，栏多羊豕；廪蓄不私敛，发济不失时，水果蝗螽不为灾；犯其父母必诛，兄弟相残必诛；阐幽发潜，彰孝举节。中善政为：独骑省从，时行乡里，入其茅屋，抚其妇子，民不以为官，无隐不知；强不凌弱，富能周贫；除强暴奸伪，不为民害；居货不欺，商贾如归；省刑轻杖，民自畏服；察奸发隐，四境无盗。下善政为：学校殿庑常新，春秋享祀必敬；城隍、道路、桥梁、庐舍修治；纳赋有方，致期不烦；选勇力智谋，具戈甲干楯，教之骑射，以卫四境；天灾流行，疫疠时作，使医疗治；蔬食布衣，燕宾必俭。① 从唐甄的上中下善政大致可以看出其治国方略的基本思路：其上善政措施主要包含两个方面内容：一是通过农业农林牧渔等多种经营达到民众足食；二是通过重视积蓄、赈灾、孝悌保障民众家庭生活正常运转。中善政措施主要强调地方官吏廉洁勤政，关心民众疾苦，减轻刑法，保境安民，维护社会稳定和谐。下善政措施主要是要求各级地方官吏要重视教育，提倡民众及时缴纳租税，倡导节俭的民风，选练地方军队，修建地方道路桥梁城墙等公共设施，防止地方发生传染病等。总之，其治国理政的核心就是让民众丰衣足食，安居乐业。

最后值得一提的是唐甄的民本思想还主张通过裁减官员来减轻民众的负担，尤其通过省官加俸养廉来防止官吏鱼肉百姓。他说："官多，则禄不得不薄；禄薄，则侵上而虐下，为盗臣，为民贼。故养民之道，必以省官为先务焉……多官害民。"②

此外，唐甄的民本思想还主张平均主义的养民政策。他揭露了当时社会极端的贫富分化，其中一端是王公贵族的豪华奢侈，另一端是广大穷人挣扎在死亡线上，而且前者的富有是建立在后者的极端贫困上的，不言而喻，这种的极端贫富分化必然导致天下大乱。"天地之道故平，平则万物各得其所。及其不平也，此厚则彼薄，此乐则彼忧。为高台者，必有洿池；为安乘者，必有茧足。王公之家，一宴之味，费上农一岁之获，犹食之而不甘。吴西之民，非凶岁为麇粥，杂以荞秆之灰，无食者见之，以为是天下之美味也。人之生也，无不同也，今若此，不平甚矣。提衡者，权重于物则坠；负担者，前重于后则倾。不平故也。是以舜禹之有天下也，恶衣菲食，不敢自恣，岂所嗜之异于人哉？惧其不平以倾天下也。"③

鉴于这种认识，唐甄主张实行平均主义，财富不能掌握在少数巨室豪富手中，应当让广大百姓家家均有："财者，国之宝也，民之命也……圣人以百姓为子孙，以四海为府库，无有窃其宝而攘其命者，是以家室皆盈，妇子皆宁。反其

① 《潜书·达政》。
② 《潜书·省官》。
③ 《潜书·大命》。

道者，输于幸臣之家，藏于巨室之窟。蠹多则树槁，痈肥则体敝，此穷富之源，治乱之分也。"① 总之，如果开明的统治者都像舜禹那样"恶衣菲食，不敢自恣"，幸臣巨室不肆无忌惮地聚敛财富，广大百姓家室皆盈，那么，这才是真正的国家富裕，天下太平。

① 《潜书·富民》。

第三章　古代德法并用思想

第一节　夏商西周春秋德法思想

一、夏商立法管制思想

中国古代自出现国家开始，就有了制定刑法对全国进行严厉管制的思想。《左传》昭公六年载："夏有乱政，而作禹刑；商有乱政，而作汤刑；周有乱政，而作九刑。"由此可见，中国最早刑法的出现，是基于对"乱政"的治理，刑法主要体现了管制性政策工具的导向。

据古籍记载，舜继位后，命皋陶作刑。《左传》昭公十四年载："己恶而掠美为昏，贪以败官为墨，杀人不忌为贼。《夏书》曰：'昏、墨、贼、杀，'皋陶之刑也。"可见，中国从出现第一个奴隶制国家——夏朝开始，国王就把刑法作为管制性政策工具的一个重要手段，对官吏进行严格的管理。当时如果官吏犯了作恶还要以美德掩饰、贪污腐败、杀人而不害怕三项中的一项，就要遭到处以死刑的惩罚。

商朝时，商王实行重法，对全国实行严厉的管制。如《尚书·盘庚中》载：不管任何人，如"不吉不迪""颠越不恭"或"暂遇奸宄"等，"我（指商王盘庚）乃劓殄灭之无遗育，无俾易种于兹新邑。"意思是说，如有人行为不善，不按正道行事；狂妄放肆，违法乱纪，不服从国王的命令；诈伪、奸邪，犯法作乱者，都将遭到处以死刑、灭绝其全家的严酷处罚。

《吕氏春秋·孝行》引《商书》说："刑三百，罪莫重于不孝。"商朝重祭祀，讲究宗法，因而刑法以不孝罪为最重者。孝的内容即要求孝顺父母，从此加以引申就是要尊祖敬宗，维护宗法制度，最终目的达到巩固商王的统治。

总之，从《尚书·盘庚中》和《吕氏春秋·孝行》的记载可知，商朝时立法、执法的指导思想之一是对犯上作乱、威胁王权的一切行为予以残酷的惩罚，动辄处死，灭绝全家。

《尚书·伊训》载：商代曾"制官刑，儆于有位：曰敢有恒舞于宫，酣歌于室，时谓巫风；敢有殉于货色，恒于游畋，时谓淫风；敢有侮圣言，逆忠直，远耆德，比顽童，时谓乱风。惟此三风十愆，卿士有一于身，家必丧；邦君有一于身，国必亡。臣下不匡，其刑墨，具训于蒙士"。可见，商朝已专门制定了惩治官吏有关生活作风奢靡、道德品质败坏的刑法。卿士、诸侯君只要触犯其中的一条，就有亡国丧家的危险。臣下不予匡正，也要受到面或额刺上黑色标记的墨刑。

《尚书·盘庚上》还透露商代的另一重要治国思想是"正法度"。该篇文中云："先王有服"，意为先王的旧制度；"以常旧服，正法度"，即日常遵循旧制度，统治者行为要规范化，不可任意行事。

二、西周立法管制思想

西周时，把刑法作为国家管制性政策工具的手段又有进一步的发展。首先，与商朝一样，臣民不从王命或造谣惑众等对王权构成威胁的犯罪行为均要遭到严酷的惩处。如《尚书·多方》载周公代表成王发布诰令："乃有不用我降尔命，我乃其大罚殛之。"《国语·周语上》载，周宣王时，樊仲山父曰："犯王命必诛，故出令不可不顺。"总之，臣民不服从王命，就一定会遭到诛杀的严厉惩罚。还有，臣民如通过讹言惑众，或另搞一套政策，欺骗民众及下属官吏，也要依法处以死刑。如《尚书·康诰》载，周公告诫说：对于"乃别播敷，造民大誉"的大臣官吏，"乃其速由兹义率杀"。

其次，重惩盗窃罪。《尚书·康诰》："凡民自得罪，寇攘奸宄。"对于这类侵犯财产所有权的重罪，国家往往予以重惩，动辄处死。

再次，重惩杀人越货罪。《尚书·康诰》："凡民自得罪……杀越人于货。"这是杀人并抢夺财物，是侵犯生命与财产安全的重罪，一般都处以死刑。

其四，重惩群饮罪。周朝统治者吸取商朝饮酒作乐、终致亡国的教训，禁止周人聚众饮酒。法律规定：如有聚众饮酒者，不要放纵他们，要把他们尽行逮捕处死。《尚书·酒诰》载："群饮。汝勿佚，尽执拘以归于周，予其杀。"

周代，在立法、执法上强调慎刑罚，周公对此有了比较系统的认识。

其一，周公强调要依据成法成典用刑。《尚书·康诰》说："敬哉！无作怨，勿用非谋非彝。"其大意是周公反对采用不属于"常典""正刑"的刑罚，以防止招致民怨民叛。

其二，周公提出用刑要注意犯罪者的态度。《尚书·康诰》说："人有小罪，非眚，乃惟终，自作不典，式尔，有厥罪小，乃不可不杀。"其大意是说，一个人犯小罪，但他还不反省，坚持不改，继续干下去，这样即使罪不大，也必须把他杀掉。反之，一个人犯了大罪，但不坚持，并且悔罪，而且又不是敌意的，便可饶恕不死。这就是"乃有大罪，非终，乃惟眚灾，适尔，既道极厥辜，时乃不可杀"[1]。

---

[1] 《尚书·康诰》。

其三，周公指出用刑之心要出于善，且不可借机肆虐。《尚书·康诰》云："乃大明服，惟民其敕懋和"，其意为用刑必须能使民心诚服，民就会安于本分，勤劳从事，不敢轻易犯法；"若有疾，惟民其毕弃咎"，大意是民有罪，就像自己有过错一样，居官者也有责任，民被感动就会自动改正；"若保赤子，惟民其康乂"，大意为对民如保赤子，民被感化，就会得到治理。如果对民怀着这种爱护之情，即使统治者杀人、割人鼻子，民众也会理解，因为这不是出于私怨，而是这个人罪不容赦，非杀非割不可。

其四，判决罪犯时切忌匆忙草率。《尚书·康诰》说："要囚，服念五六日，至于旬、时，丕蔽要囚"，其意为判决罪犯时，谨慎思考五六天，乃至十天、三个月，以免错判。

其五，周公在强调慎刑的同时主张对一些犯罪要严厉予以惩处。如"凡民自得罪，寇攘奸宄，杀越人于货，暋不畏死，罔弗憝"①。大意为凡民众犯有强盗抢劫、杀人取货之罪者，强横不怕死，民愤极大，要坚决处死。此外，对于不孝不友、不从王命者以及违法乱纪的官吏，也都要严加处罚。

总之，周公在商周朝代更替中，鉴于商代乱罚招致民怨民叛的历史教训，提出了用刑必须慎而不滥，以德施刑，重视民心向背等思想，其对后世的影响是相当深远的②。

三、孔子以礼治国思想

孔子（前551—前479），子三姓，孔氏，名丘，字仲尼，鲁国陬邑（今山东省曲阜市）人，中国古代思想家、政治家、教育家，儒家学派创始人、"大成至圣先师"。孔子开创私人讲学之风，倡导仁义礼智信。曾带领部分弟子周游列国14年，晚年修订六经（《诗》《书》《礼》《乐》《易》《春秋》）。去世后，其弟子及再传弟子把孔子及其弟子的言行语录和思想记录下来，整理编成《论语》。该书被奉为儒家经典。

先秦时期，各式各样的人物都讲礼，利用礼，那么礼的主旨是什么？人们的看法不尽相同。其中最为流行的观点认为，礼的主旨在于别君臣、上下、父子、兄弟、内外、大小。先秦时期，对礼的实质表述大致主要包括两个方面：主导方面可称之为"分"；辅助方面可用仁、和二字来概括。礼的本质在于维护等级，调节社会各阶层之间的关系。春秋时期晋随武子说："其君之举也，内姓选于亲，外姓选于旧，举不失德，赏不失劳，老有加惠，旅有施舍，君子小人，物有服章，贵有常尊，贱有等威，礼不逆矣。"③ 北宫文子也说：礼仪之本在于区分

---

① 《尚书·康诰》。
② 参见刘泽华《中国政治思想史集》第1卷，人民出版社2008年版，第28—29页。
③ 《左传》宣公十二年。

"君臣、上下、父子、兄弟、内外、大小"①。战国时期，荀子用"分"来揭示礼别贵贱等级的本质。他指出，人与动物差别之一在于人能"群"，人之所以能群，又在于有"分"，"分"能解决社会因"群"而产生的混乱。《荀子·王制》故云："先王恶其乱也，故制礼义以分之。"

先秦时期，礼主要表现为习惯与传统，而法则是有针对性的政治规定。礼以传统成俗对人们进行引导或禁止；法以条文规定进行引导和禁止。

孔子在治国的理念中反对国家对民众过于严厉的管制，不主张使用严刑酷法。他主张德治，以仁为核心，以礼为准则，以和为目标。孔子认为，仁作为内在于个人的道德修养和道德感情，即是爱心；作为外在于人与人之间的道德行为，即是爱人。内在的爱心是通过外在的爱人行为表现出来的。爱心首先产生于血缘家庭内父母兄弟之间，这是最本源的爱。把它推而广之，使整个社会在爱的基础上达到和谐有序，是实现国家管理的最高目标。但是在现实社会中，要把仁的爱心正确贯彻到人们的实际行动中去，还要有一种能为人们共同遵循的行为规范，这就是礼。礼是规范各阶层人在各种社会活动中的行为而制度化了的行为准则。它在行动上体现了仁的要求，是实现仁的目标管理的制度保证②。

孔子坚持以礼治国，把"礼"说成是治国的根本，"为政先礼，礼，其政之本欤？"③ 他不赞成"道之以政，齐之以刑"的治国方略，而主张"道之以德，齐之以礼"。因为"道之以政，齐之以刑，民免而无耻；道之以德，齐之以礼，有耻且格"④。孔子在教学中把"礼"放在首位，所谓孔门六艺"礼、乐、射、御、书、数"，"礼"起挂帅作用，实际上是一种政治教育，其次才是各种专门技能。孔子要求"君使臣以礼"，认为只要统治者能依"礼"行事，便能把国家管理好，人民就能服从统治，即"上好礼，则民莫敢不敬"⑤，"上好礼，则民易使也"⑥。为了解决当时"贵贱无序"的问题，恢复以礼治国，孔子认为关键在于"正名"。当子路问他"卫君待子而为政，子将奚先"时，他回答"必也正名乎"⑦。所谓"正名"，在孔子看来就是人人都服从固有的等级地位，也就是"君君、臣臣、父父、子子"⑧，即君要像君，臣要像臣，父要像父，子要像子，人人都能按名分摆正自己的位置，各守其"礼"。

春秋时期，由于社会的急剧动荡，原有的等级秩序不断受到破坏。孔子礼治

---

① 《左传》襄公三十一年。
② 潘承烈、虞祖尧《中国古代管理思想之今用》，中国人民大学出版社 2001 年版，第 39 页。
③ 《礼记·哀公问》。
④ 《论语·为政》。
⑤ 《论语·子路》。
⑥ 《论语·宪问》。
⑦ 《论语·子路》。
⑧ 《论语·颜渊》。

的目的，就是要恢复原有的等级秩序。在孔子看来，在秩序优秀的社会里，从天子到庶人，都应该谨守职守，每一个等级都应该做与自己的身份、社会地位相应的事情。"天下有道，则政不在大夫，天下有道，则庶人不议。"① "不在其位，不谋其政。"②

孔子礼治主张所设计的是一个高度集权的政治体制，每一个等级的职分都是由礼确定下来的，其最终都集中于君主一身，"天下有道，则礼乐征伐自天子出"③。相反，如天下无道，"礼乐征伐自诸侯出""自大夫出"，甚至由"陪臣"执国命，那就礼崩乐坏，天下大乱。因此，礼治是调节人与人的关系，维护社会和谐稳定十分重要的因素。

孔子还对礼与法的功用进行比较分析，认为："凡人之知，能见已然，不能见将然。礼者禁于将然之前，而法者禁于已然之后……礼云，礼云，贵绝恶于未萌，而起敬于微眇，使民日徙善远罪而不自知也。"④ 礼可防未然，使罪恶消灭于未萌芽之时，敬畏之心从微小见不到之处逐渐产生，广大民众就会趋于为善而远离犯罪；相反，法治只能禁止于已发生之后，通过惩治犯罪来消灭犯罪。

孔子坚持以礼治国，即主张采取协调性的政策工具，以礼、义、信引导，劝勉百姓，达到"政是以和"⑤，即社会各种关系的和谐，百姓自然就会努力劳动，生产物质财富。

第二节　战国德法思想

一、荀子制礼明分与法治思想

荀子（约前313—前238），名况，字卿（一说时人相尊而号为卿），战国末期赵国人，著名的思想家、哲学家、教育家，儒家学派的代表人物，先秦时代百家争鸣的集大成者。

荀子曾三次担任齐国稷下学宫的祭酒，两度出任楚兰陵令。晚年蛰居兰陵县著书立说，收徒授业，终老于斯，被称为"后圣"。荀子批判地接受并创造性地发展了儒家正统的思想和理论，主张"礼法并施"；提出"制天命而用之"的人定胜天的思想；主张性恶论，重视习俗和教育对人的影响，并强调学以致用；其思想集中反映在《荀子》一书中。荀子还整理传承了《诗经》《尚书》《礼》《乐》《易》《春秋》等儒家典籍，为传播保存儒家思想文化做出巨大贡献。

---

① 《论语·季氏》。
② 《论语·泰伯》。
③ 《论语·季氏》。
④ 《大戴礼记·礼察》。
⑤ 《左传》昭公二十年。

（一）制礼明分思想

荀子看到无论社会财富如何充裕，也难于满足人们无止境的物欲，因此必然引起争夺财富的斗争，使社会秩序无法维持，社会生产更无从正常进行，国家将陷于贫困。他说："物不能澹（赡）则必争，争则乱，乱则穷矣。"① 为了防止、消除争乱，他主张封建国家必须在大力发展生产、增加社会财富的同时，还要运用行政权力，为社会成员规定一定的等级界限，制定不同的分配标准，平衡社会各阶层的财富分配。这就是"兼足天下之道在明分"②。相反，如国家放纵人的贪欲，不加任何限制，不用行政权力进行协调的话，就会引起社会的争乱。正如他所说的："从人之欲，则势不能容，物不能赡也"③，"物不能赡则必争"，"争则乱，乱则离，离则弱，弱则不能胜物"④。

荀子"制礼明分"的理论基础是"性恶"论。他认为"人生而有欲"⑤；"欲不待可得，所受乎天也"⑥。可见，他认为欲望是人类从自然界禀受来的本性。

荀子所说的欲望，主要有 3 种：一是"今人之性，饥而欲饱，寒而欲暖，劳而欲休，此人之情性也"⑦。这类欲望实际上是人类生存所必需的物质需要，主要是以人类的生理本能作为基础。二是"目好之五色，耳好之五声，口好之五味"⑧。这类欲望主要是人类物质享受的欲望，虽然也有生理需要作为基础，但从本质上看并不属于人的生理本能。三是"贫愿富，贱愿贵"⑨，"心利之有天下"⑩。这类欲望是指物质财富的占有欲和权势欲，属于社会关系的产物。

荀子还认为，人的欲望是很难得到满足的："人之情，食欲有刍豢，衣欲有文绣，行欲有舆马，又欲夫余财蓄积之富也，然而穷年累世不知足，是人之情也。"⑪

正由于人的欲望多并不知满足，因此社会就出现"欲多而物寡"的矛盾，如果任其自由发展，就会出现纷争，社会发生混乱。荀子指出："从人之性，顺人之情，必出于争夺，合于犯分乱理而归于暴。"⑫ 他认为，解决这一问题的办

---

① 《荀子·王制》。
② 《荀子·富国》。
③ 《荀子·荣辱》。
④ 《荀子·王制》。
⑤ 《荀子·礼论》。
⑥ 《荀子·正名》。
⑦ 《荀子·性恶》。
⑧ 《荀子·劝学》。
⑨ 《荀子·性恶》。
⑩ 《荀子·劝学》。
⑪ 《荀子·荣辱》。
⑫ 《荀子·性恶》。

法是制礼明分："欲恶同物，欲多而物寡，寡则必争矣……救患除祸，则莫若明分使群矣"①；"势位齐，而欲恶同，物不能澹则必争，争则乱，乱则穷矣。先王恶其乱也，故制礼义以分之，使有贫富贵贱之等，足以相兼临者，是养天下之本也"②。

荀子认为"明分"的具体措施在于"制礼"，即把社会成员分成不同的等级，然后再依据不同等级进行社会财富的不同分配："故先王案为之制礼义以分之，使有贵贱之等，长幼之差，知贤愚、能不能之分，皆使人载其事而各得其宜，然后使谷禄多少、厚薄之称，是夫群居和一之道也。"③ 只有这样，才能制止社会的争乱，使人们和谐相处。

"分"是礼义之制的产物，其内容是通过每个人贵贱、贫富、长幼、智愚、能与不能等的差别，来决定其在物质享受上的不同待遇，是谓"各得其宜"。换言之，每个人身份、境遇、年龄、智力、能力等决定其在社会物质分配上的份额多少，这就是分。因此，"分"可以制止人与人之间的纷争。正如《慎子》所云："一兔走，百人追之；积兔于市，过而不顾。非不欲兔，分定不可争也。"荀子以分言礼，其立脚点与此相同，即只需将礼制定，教人"各安本分"，则在社会上相处，不至起争夺，为个人计，亦可以知足少恼。

制礼明分之所以能解决"欲多而物寡"矛盾，荀子给出如下的解释：首先，礼通过"分"，这包括封建的分工分配制度和等级制度，把社会的欲求活动限制在一定的范围内，从而使得有限的社会产品不致不能满足人们的物质欲望，所谓"物必不屈于欲"④。其次，礼又通过"分"，给每个等级的人们提供了不同的欲求活动范围，并从而使得人们的欲望不致因为物资不足而得不到满足，所谓"欲必不穷乎物"。最后，礼的这种对欲求活动又限制又保证的双重作用，会促进生产发展，这又可以使得人们的物质欲望得到更大范围的满足。所以，总的来看，制礼明分的作用就是使人的物质欲望和社会产品两个方面相互制约，相互协调而又不断增长，所谓"相持而长"⑤。

从广义上说，荀子所说的"分"，主要有 3 种含义：一是指社会分工；二是指产权的界定；三是指确定贵贱、上下等级身份。关于社会分工问题，荀子曾说："农分田而耕，贾分货而贩，百工分事而劝，士大夫分职而听，建国诸侯之君分土而守，三公总方而议，则天子共己而已矣！出若入若，天下莫不平均，莫

---

① 《荀子·富国》。
② 《荀子·王制》。
③ 《荀子·荣辱》。
④ 《尚书·礼论》。
⑤ 中国社科院经济研究所中国经济思想史组编《中国经济思想史论》，人民出版社 1985 年版，第373—374 页。

不治辨，是百王之所同也，而礼法之大分也。"① 这里，荀子把人的社会分工看成是"礼治之大分"：农民各自耕种自己的田地，商人各自贩卖自己的货物，百工各自勤勉自己的事情，士大夫各自坚守自己的职责，诸侯各自捍卫自己的土地，三公总合四方之国的政务而加以议处，那天子只是恭谨自处就够了。对内对外这样，天下没有不平均没有不治理，这便是百王所共同的，而且是礼法的最大界定。

关于产权界定问题，荀子指出："人生而有欲，欲而不得，则不能无求；求而无度量分界，则不能不争；争则乱，乱则穷。先王恶其乱也，故制礼义以分之，以养人之欲，给人之求。使欲必不穷乎物，物必不屈于欲。"② 荀子认为，人生下来就有欲望，欲望如果达不到，就不能没有求取；求取如果没有分寸和界限，就不能不争夺；争夺就会发生混乱，混乱就会发生穷窘。先王厌恶这种混乱，所以就制定了礼义来分清它，借以保养人民的欲望，供应人民的求取，使人们的欲望不被物质所穷窘，使物质不被欲望所压倒。可见，君主通过用礼来界定产权，使人民免于争夺与混乱，从而避免由此带来的贫困。

关于界定贵贱、上下等级身份问题，《荀子》一书更是多处强调。如《荀子·荣辱》篇云："夫贵为天子，富有天下，是人情之所同欲也。然则从人之欲，则势不能容，物不能赡。故先王案为之制礼义以分之，使有贵贱之等、长幼之差，知贤愚、能不能之分，皆使人载其事而各得其宜，然后使悫禄多少、厚薄之称。是夫群居和一之道也。"荀子认为，那种贵为天子、富有天下的生活，是人们都想得到的。但是，如都顺从人们的这种欲望，在客观上是不可能达到的，物质上也不可能那么富足。所以，先王就为人们制定出礼义来划定界限，使社会上有了贵贱的等级、长幼的差别，智慧和愚、能和不能的区分，使人们都各行其是，各得其宜，然后使人们的官禄多少、厚薄相匀称。这便是人们群居和谐的道理。

至于如何才能做到"明分使群"，荀子认为必须依靠君主制定礼义来规范。他把君主比喻为"管分之枢要"③，即实施"明分使群"的关键，把君主对国家的治理放在最高的地位。因此，他提出"君者，善群也。群道当，则万物皆得其宜，六畜皆得其长，群生皆得其命。"④ 在荀子看来，君，就是善于处理群众的意思。处理群众的方法妥当，万物就都能得适宜，牲畜都能得到生长，众生就都能安于他们的性命。荀子所理解的"群"，君主最高统治下以礼义制定的"君君、臣臣、父父、子子、兄兄、弟弟……农农、士士、工工、商商"，贵贱有

---

① 《荀子·王霸》。
② 《荀子·礼论》。
③ 《荀子·富国》。
④ 《荀子·王制》。

序、长幼有别，各载其事、各得其宜的一套完整的社会等级秩序。

总之，荀子强调以礼义"明分"的根本目的是建立一种"职分而民不慢，决定而序不乱"① 的社会秩序，从而使国家长治久安。

（二）法治思想

1. 良法与君子

荀子重视法治，认为："公平者，职之衡也；中和者，听之绳也。其有法者以法行，无法者以类举。"② 他把"法"看成和"公平""中和"一样，认为公平可以权衡政事的轻重，宽严得当可以成为听察的准绳。有法令规定者，就必须依法办事；没有法令规定的，就按照法律的规定加以类推。凡是法律制定得不公平，以及法令没有规定到地方，就会造成社会秩序的混乱。

荀子还认为，有了好的法律，还必须靠好的执法者来贯彻执行。虽有良法，如不得人而执行之，亦属无效。因为法律再好再严密公正，也要靠人来执行，如执行的人营私舞弊，徇私枉法，再好的法律也难发挥作用。他说："羿之法非亡也，而羿不世中；禹之法犹存，而夏不世王。故法不能独立，类不能自行。得其人则存，失其人则亡……有君子，则法虽省，足以遍矣。无君子，则法虽具，失先后之施矣，不能应事之变，足以乱矣。"③ 如果有法不依，执法不严，再好的制度也会形同虚设，国家就得不到治理，社会秩序将遭到破坏。因此，他主张实行法治要"正法以齐官"④，"庆赏刑罚，欲必以信"⑤，即必须把法律制定公正，选好执法官吏，赏罚分明，信赏必罚。

2. 教、诛、赏、类并举

在治理国家中，荀子对管制性政策工具与协调性政策工具两者的关系做了深刻的论述。他把两种政策性工具具体分为教、诛、赏、类 4 项，它们之间的关系是："不教而诛，则刑繁而邪不胜；教而不诛，则奸民不惩；诛而不赏，则勤励之民不劝；诛赏而不类，则下疑、俗俭（险）而百姓不一。"⑥ 这里有两层意思：其一，教、诛、赏在治国中缺一不可，三者相互为用。如果不教育人民，而单单用刑罚，那刑罚就会趋于繁乱，而奸邪之事也会越来越多；如果只教育人民，而不用刑罚，那犯法的奸民就得不到惩罚；如果只用刑罚，而不用赏赐，那勤恳的人民就得不到劝勉奖励。其二，刑罚、赏赐必须适当。如果刑罚、赏赐不适当，那就会使下层民众感到疑惑，无所适从，习俗险邪，那么百姓的行为就得不到统一。

---

① 《荀子·君道》。
② 《荀子·王制》。
③ 《荀子·君道篇》。
④ 《荀子·富国》。
⑤ 《荀子·议兵》。
⑥ 《荀子·富国》。

二、《吕氏春秋》德政思想

《吕氏春秋》，又称《吕览》，是在秦国相邦吕不韦的主持下，集合门客们编撰的一部杂家名著。此书以道家学说为主干，以名家、法家、儒家、墨家、农家、兵家、阴阳家思想学说为素材，熔诸子百家学说于一炉，闪烁着博大精深的智慧之光。吕不韦想以此作为大秦统一后的意识形态。但后来执政的秦始皇却选择了法家思想，使包括儒家在内的诸子百家全部受挫。《吕氏春秋》是战国末期杂家的代表作。

为了治理好国家，《吕氏春秋》作者也提出君主要有一副爱民之心，实行德政。《吕氏春秋·爱士》说："行德爱人则民亲其上，民亲其上，则皆乐为其君死矣。"《吕氏春秋·上德》说："为天下及国，莫如以德，莫如行义。以德以义，不赏而民劝，不罚而邪止，此神农黄帝之政也。"总之，君主如爱民利民，行仁义德政，人民就会服服帖帖听从指挥，甚至乐意为君主而牺牲；不用奖赏也会做好事，不用惩罚也不敢做奸邪之事。

《吕氏春秋》认为必须以德治国才能得民心。作者把行德政看作是治理国家的主要方法，即"为天下及国，莫如以德，莫如行义。以德以义，不赏而民劝，不罚而邪止"①，"行德爱人，则民亲其上"②。至于"德政"的内容，也就是《吕氏春秋》所强调的"爱民""利民""便民""信于民""怜人之困，哀人之穷"等等。作者认为治国如能行德政，就能"以德得民心，以立大功名者，上世多有之矣"③。

《吕氏春秋》作者把德政放在治国的首位，强调教化的作用。他们提出："凡用民，太上以义，其次以赏罚"④，"善教者，不以赏罚而教成"⑤。在他们看来，对老百姓，"威不可无，有而不足专恃"⑥，这就是威慑不可以没有，但不能只依靠威慑。治理国家如一味地采取严刑厚赏，这是"衰世之政也"⑦。作者的基本主张是"礼、业、令、禁"都不要过"烦"，过"苛"，要适当。《吕氏春秋·适威》篇说："礼烦则不庄，业烦则无功，令苛则不听，禁多则不行。"同时，他们认为即使"赏罚"也要以"义"为标准："赏罚之柄，此上之所以使也。其所以加者义，则忠信亲爱之道彰。"⑧ 就是"行威"也要"得其道"，即

---

① 《吕氏春秋·上德》。
② 《吕氏春秋·爱士》。
③ 《吕氏春秋·顺民》。
④ 《吕氏春秋·用民》。
⑤ 《吕氏春秋·义赏》。
⑥ 《吕氏春秋·用民》。
⑦ 《吕氏春秋·上德》。
⑧ 《吕氏春秋·义赏》。

要"托于爱利。爱利之心谕，威乃可行"①。可见，在《吕氏春秋》中，赏罚、行威的目的也仍然是以"爱民""利民"思想为基础的。

《吕氏春秋》作者认为，在治理国家中，刑罚是不可或缺的，但在使用刑罚时，必须注入仁义。如果单方面地使用刑罚，往往会适得其反。《吕氏春秋·用民》总结了历史正反两方面的经验教训后说："亡国之主，多以多威使其民矣。故威不可无，有而不足专恃。譬之若盐之于味，凡盐之用有所托也，不适则败托而不可食。威亦然，必有所托，然后可行。恶乎托？托于爱利，爱利之心谕，威乃可行。"作者认为，亡国的君主，往往是过多地使用了刑罚，"威愈多，民愈不用"，就像烹调过多地使用了盐，而使食物反而变得不可食用。使用刑罚必须依托于爱民利民之心，刑罚才能顺利地得到实施。

在使用刑罚时注入仁义，其目的在于引导人民向善。《吕氏春秋·义赏》说："赏罚之柄，此上之所以使也。其所以加者义，则忠信亲爱之道彰。久彰而愈长，民之安之若性，此之谓教成。"《吕氏春秋》作者还进一步指出，在使用刑罚注入仁义时，必须公平无私，才能达到引导人民向善的目的："凡赏非以爱之也，罚非以恶之也，用观归也。所归善，虽恶之，赏；所归不善，虽爱之，罚。此先王之所以治乱安危也。"②

三、李悝《法经》管制思想

李悝（前455—前395），又名李克，战国时期法家代表人物，战国初期魏都安邑（今山西夏县）人。曾任魏文侯相，主持变法。经济上推行"尽地力"和"善平籴"的政策，鼓励农民精耕细作，增强产量。政治上实行法治，废除维护贵族特权的世卿世禄制度，奖励有功国家的人，使魏国成为战国初期强国之一。他汇集当时各国法律编成《法经》，是我国古代第一部比较完整的法典，现已失传。

战国时期，魏国李悝进行变法，著《法经》。《法经》共有《盗》《贼》《囚》《捕》《杂》《具》6篇。《法经》已佚，其详细内容目前不得而知，但从《七国考·魏刑法》中可知，李悝主张严刑重罚，通过管制性政策工具治理国家。《法经》中主张予以严惩的犯罪有以下6类：

其一，《杂律》规定："盗符者诛，籍其家；盗玺者诛；议国法令者诛，籍其家及其妻氏，曰狡禁。越城，一人则诛，自十人以上夷其乡及族，曰城禁。"这里盗符者、盗玺者、议国法令者、越城者（尤其是10人以上集体越城者）都有谋反不轨之嫌疑，因此必须予以严惩，不仅当事人要处死，有的甚至还要连坐家属，甚至同族、同乡。

---

① 《吕氏春秋·用民》。
② 《吕氏春秋·当赏》。

其二,《法经》规定:"杀人者诛,籍其家,及其妻氏;杀二人,及其母氏。大盗戍为守卒,重则诛。窥宫者膑,拾遗者刖,曰为盗心焉。"当时除谋反罪外,其次就是杀人、盗贼之罪了。因此,杀人者必须偿命,必须处以死刑;如果情节严重,杀的人不止1人,那还要连坐妻子、母亲家族。一般的强盗罪罚去戍守边疆,如罪行严重的,也要处死。即使是窥视别人的宫室,拾到别人遗失的东西不还,也作为有盗窃之心论处,前者处以膑刑(削去髌骨的酷刑),后者处以刖刑(砍掉脚的酷刑)。

其三,《杂律》规定:"丞相受金,左右伏诛;犀首以下受金则诛;金自镒以下罚,不诛也,曰金禁。"《法经》已十分重视对官员受贿的惩罚,丞相接受贿赂,其左右侍从要处死;犀首(将军)以下受贿,则当事人要处死;如数量少于一镒以下,虽然不处死,但要接受其他形式的惩罚。

其四,《杂律》规定:"博戏罚金三市,太子博戏则笞,不止则特笞,不止则更立,曰嬉禁。"其大意是法律禁止赌博,如参与赌博者必须罚款,如是太子参与赌博那要加重处罚,必须遭到鞭笞的刑罚。

其五,《杂律》规定:"群相居一日以上则问,三日、四日、五日则诛,曰徒禁。"由此可知,《法经》对民众的日常行为予以严密的控制,禁止民众聚在一起。如群聚在一起一天,就要遭到盘问;如群聚达三日以上,就有图谋不轨的嫌疑,那就要处以死刑。

其六,《杂律》规定:"夫有一妻二妾",就要受到割去耳朵的肉刑,"夫有二妻则诛;妻有外夫则宫,曰淫禁。"由此可知,《法经》主张一夫一妻制,多妻多夫则被视为淫乱,必须受到割去耳朵或阉割生殖器的酷刑,直至处以死刑。

从《法经》残存的内容可知,李悝的立法体现了法家重刑主义的思想原则,主张通过严厉的管制对国家进行治理。首先,凡属于威胁君主统治的行为,如盗符、盗玺、越城、群相居等,不仅当事人动辄处死,甚至要夷族夷乡。其次,"王者之政莫急于盗贼",杀人盗窃罪严重威胁人们的生命财产安全,影响社会的稳定有序,故对于杀人盗贼之罪亦予以重惩。其三,官吏受贿之罪,这是吏治腐败的主要表现,严重者影响国家政权的稳定。因此,对于此类犯罪,必须根据受贿数额大小予以不同惩处,重者也要处死。其四,即使一些轻微的犯罪,如赌博、拾遗、一夫多妻等,有的也要受到重罚,如一夫二妻就要处死,拾遗则要受到砍掉脚的酷刑。

李悝的重刑主义思想对于以后的商鞅、韩非都产生了很大的影响,以至成为法家理论的重要组成部分。如商鞅就将这种思想发展成"以刑去刑"的理论。韩非曾对此加以诠释说:"且夫重刑者,非为罪人也,明主之法揆也"①,"重一奸之罪,而止境内之邪,此所以为治也。重罚者,盗贼也;而悼惧者,良民也。

---

① 《韩非子·六反》。

欲治者奚疑于重刑!"① 正如后人所云："卫鞅受之（即李悝《法经》），入相于秦。是以秦、魏二国，深文峻法相近。"②

四、商鞅法治思想

商鞅（约前395—前338），姬姓，公孙氏，名鞅，卫国人。战国时期政治家、改革家、思想家、军事家，法家代表人物。

商鞅辅佐秦孝公，积极实行变法，使秦国成为富裕强大的国家，史称"商鞅变法"。政治上，他改革了秦国户籍、军功爵位、土地制度、行政区划、税收、度量衡以及民风民俗，并制定了严酷的法律；经济上，他主张重农抑商、奖励耕战；军事上，他统率秦军收复了河西之地，被秦孝公赐予商於十五邑，号为"商君"，史称为商鞅。前338年，秦孝公死后，商鞅被公子虔诬为谋反，战败死于彤地（今陕西省渭南市华州区）。尸身被运至咸阳车裂，全家被杀。

（一）法治是政治管理思想的核心

"法治"是商鞅政治管理思想的核心。他认为"仁义之不足以治天下也"，既反对以仁义治天下，也对儒家所谓"文武之政，布在方策，其人存，则其政举；其人亡，则其政息"③ 这种"人治"的观点，持摒弃的态度。他一再强调："明王任法"④，"法制不明，而求民之行令也，不可得也"。"故明主慎法制。言不中法者，不听也；行不中法者，不高也；事不中法者，不为也。"⑤ 可见，商鞅把"法治"看成是治理国家、维护统治秩序的大政方针。

商鞅在"法治"中坚持有法必依，赏罚分明，无论何人一旦作奸犯科，即行治罪。无论是任何人，即使是"有功于前"，只要"有不从王令，犯国禁、乱上制者"⑥，便决不赦免。正由于他"罚不讳强大，赏不私亲近，法及太子，黥劓其傅"，遂使秦国出现了"道不拾遗，民不妄取，兵革大强，诸侯畏惧"⑦ 的局面。

商鞅在这种"法治"思想的指导下，对广大民众实行严格的管制。如为了把尽可能多的人束缚在土地上，专心致志地从事农业，他颁布了一些禁令：其一，"废逆旅"，禁止开设旅店，让流亡人口无所居留；其二，"使民无得迁徙"，禁止民众自由搬迁，尤其是从农村迁往城镇；其三，"声、服无通于百县"，禁

---

① 《韩非子·六反》。
② 董说《七国考》引桓谭《新书》。
③ 《礼记·中庸》。
④ 《商君书·修权》。
⑤ 《商君书·君臣》。
⑥ 《七国考·魏刑法》。
⑦ 《战国策·秦策一》。

止县以下的各种声色娱乐活动，避免农民分心影响农业生产①。

但是，由于商鞅过分强调严刑酷法，百姓动辄触禁，身陷囹圄，不可避免地导致了社会矛盾的尖锐和激化。正如汉代刘歆在《新序论》中所指出的："今卫鞅内刻刀、锯之刑，外深鈇、钺之诛，步过六尺者有罚，弃灰于道者被刑。一日临渭而论囚七百余人，渭水尽赤，号哭之声动于天地。畜怨积仇比于丘山，所逃莫之隐，所归莫之容，身死车裂，灭族无姓，其去霸、王之佐亦远矣。"②

（二）民众知法才能守法

商鞅还提出，要实行以法治国，必须让官民都知道法律的内容和要求，这样官吏才能依法执法，民众才能知法守法，达到法治的目的。他说："吏民（欲）知法令者，皆问法官。故天下之吏民无不知法者。吏明知民知法令也，故吏不敢以非法遇民，民不敢犯法以干法官也。遇民不修法，则问法官。法官即以法之罪告之。民即以法官之言正告之吏。吏知其如此，故吏不敢以非法遇民，民又不敢犯法。如此，天下之吏民虽有贤良辩慧，不能开一言以枉法；虽有千金，不能以用一铢。故知诈贤能者皆作而为善，皆务自治奉公。"③ 这里，商鞅主张官吏与民众要知道法令的内容，可以求教于法官。所以普天之下的官吏和民众都知晓法令。官吏知道民众懂法律，就不敢用非法的手段对待人民，人民自己也不敢犯法。一旦遇到官吏以非法手段对待人民，人民可以问法官；法官要把法令规定的罪名告诉人民，人民就会用法官的话警告官吏。这样，官吏就不能用非法的手段对待人民了。官吏和人民中虽然有贤良善辩和智慧的人，也不能说一句违背法令的话；虽然有的人钱财很多，也不能使用金钱达到违法的目的。无论是狡诈之徒，还是贤能的人，都会努力自治，奉公守法。

商鞅进一步提出，要使臣民都能够知法守法，还必须具体两个条件：一是法律条文本身必须明确易懂。"故圣人为法，必使之明白易知，名正，愚知遍能知之。"④ 即法律条文要简明易懂到让最愚钝的民众也能理解，这才算达到全体臣民知晓。二是要培养一批熟知法律的官吏普及法律。"为置法官，吏为之师，以道之知。"⑤ 商鞅认为，做官吏的首要条件是熟悉法律条文，能够做民众学习法律的老师，同时，向民众宣传普及法律又是官吏的职责，做不到这点便是失职。

总而言之，商鞅认为，法律公开，是使法治能够公正实现的根本保证，因为如民众个人都知晓法律，那么官吏在民众的监督下，就不敢明目张胆地徇私枉法；同时，民众知法也使他们更好地守法，不敢轻易以身试法。

---

① 《商君书·垦令》。
② 《西汉文纪》卷22。
③ 《商君书·定分》。
④ 《商君书·定分》。
⑤ 《商君书·定分》。

（三）法律在治国中的作用

商鞅重视法治，主张通过以法治国而达到天下大治。他认为治理国家不可一日无法，法是治国的根本。"法令者，民之命也，为治之本也，所以备民也。为治而去法令，犹欲无饥而去食也，欲无寒而去衣也，欲东而西行也。"① 具体而言，法律在治国中主要有以下3个方面的作用。

其一，法律能够定分。《商君书·定分》说："一兔走，百人逐之，非以兔（为可分以为百，由名之未定）也。夫卖（兔）者满市，而盗不敢取，由名分已定也。故名分未定，尧、舜、禹、汤且皆如鹜焉而逐之；名分已定，贪盗不取。今法令不明，其名不定，天下之人得议之。其议，人异而无定……故夫名分定，势治之道也；名分不定，势乱之道也。"商鞅这里所说的名分，用现代的话来说就是产权。商鞅认为，之所以产生百人逐兔的现象，根本原因在于所追逐的对象，其所有权不确定。因此，制止社会动乱的根本途径是通过法律来确定每个人的产权，即定分。所以，商鞅主张"立法明分"②，而反对以私害法。

《商君书·定分》引用了慎到百人逐兔的例子来论述"明分"的重要："名分未定，尧、舜、禹、汤且皆如鹜焉而逐之；名分已定，贪盗不取。""名分定，则大诈贞信，民皆愿悫（诚实）"。由此可见，作者把"定分"视为治国的不二法门，即使尧、舜、禹、汤那样的圣明君主，如在"名分未定"的情况下，也不可能把国家治理好。"名分定，势治之道也；名分不定，势乱之道也。"这就是如所有权得到确定，国家就得到治理，安定有序；所有权得不到确定，国家就难以治理，陷入混乱无序。

其二，法能够胜民。商鞅明确指出："民胜法，国乱；法胜民，兵强。"③ 其意是法律如能起到管制民众的作用，国家就会强盛；相反，法律如不能起到管制民众的作用，国家就会混乱。他的这一见解，是基于所有的臣民都是奸民的认识，所以"以良民治，必乱至削；以奸民治，必治至强"④。如果君主把臣民都当作良民来治理，不采取严厉的管制，那么国家必然混乱而至削弱；如果君主把臣民都当作奸民来治理，严厉进行管制，那么国家必然安定而至强大。

其三，法律是实行富国强兵政策的保证。在《商君书》中，法律常常是与耕战紧密联系的。《商君书·壹言》说："治法明则官无邪，国务壹则民应用，事本抟则民喜农而乐战，夫圣人之立法化俗，而使民朝暮从事于农也，不可不变也。"商鞅认为专制国家设立法制的目的，就是为了使民众服从于国家通过耕战而达到富国强兵的需要。"故圣人之为国也，入令民以属农，出令民以计战……

---

① 《商君书·定分》。
② 《商君书·修权》。
③ 《商君书·说民》。
④ 《商君书·说民》。

民生则计利，死则虑名。名利之所出，不可不审也。利出于地，则民尽力；名出于战，则民致死。入使民尽力，则草不荒；出使民致死，则胜敌。胜敌、草木不荒，富强之功可坐而致也。"①

（四）以法治国应遵循的原则

在以法治国中，商鞅主张必须遵循以下 3 条原则：

其一，要刑无等级。商鞅认为，法律的基本精神是公，不以私害法是国家达到治理的根本保证。因此，他强调"刑无等级，自卿相将军以至于大夫庶人，有不从王令、犯国禁、乱上制者，罪死不赦"②。由于法律至公的性质，法律必须为全体臣民所共守。在执行法律的过程中，除君主外，任何人都不能逃脱法律的制裁，爵禄不得抵刑，功不得抵过，善不可当恶。"有功于前，有败于后，不为损刑；有善于前，有过于后，不为亏法。"如果国家的执法官吏在执法过程中有违法行为，则要加重处罚，"罪死不赦，刑及三族"③。

其二，要明法利民。商鞅认为，实行法治，就必须公布法律条文，让全体臣民知晓，以便于他们遵守。"古之明君，错法而民无邪，举事而材自练，赏行而兵强。此三者，治之本也，夫错法而民无邪者，法明而民利之也。"④ 这里的"错法"，也就是明法。将法律公之于众，使"天下吏民无不知法"，民众就能够"知所避就"，"避祸就福，而皆以自治也"。这样，"吏不敢以非法遇民，民不敢犯法以干法官也"⑤，从而使全国臣民都成为知法守法者。

其三，要轻罪重罚。商鞅是法家中主张重刑最给力的一派，主要反映在 3 个方面：一是主张轻罪重罚。《商君书·说民》云："行刑重其轻（罪）者，轻者不生，则重者无从至矣。此谓治之于其治也。"《商君书·画策》篇亦云：国家有了法之后所以还有犯法者，是由于"轻刑"造成的。"轻刑"等于无法。作者的理由是，轻罪重罚使人不敢犯轻罪，那自然不敢犯重罪了。二是国家在立法中罚要多于赏。商鞅主张在治理国家中赏罚并用："夫人情好爵禄而恶刑罚，人君设二者以御民之志，而立所欲焉。"⑥ 但是他又提出，在赏与罚两者中，主张应多使用罚的手段，而少用赏的手段。《商君书·去强》云："王者刑九赏一；强国刑七赏三，削国刑五赏五。"《商君书·开塞》更是提出："治国刑多而赏少，故王者刑九而赏一，削国赏九而刑一。"其理由是"夫刑者所以禁邪也，而赏者所以助禁也"⑦，赏是罚的补充，主要应通过罚来禁止不法行为，这是强国的重

---

① 《商君书·算地》。
② 《商君书·赏刑》。
③ 《商君书·赏刑》。
④ 《商君书·错法》。
⑤ 《商君书·定分》。
⑥ 《商君书·错法》。
⑦ 《商君书·算地》。

要手段。三是刑于将过，即只要有犯罪的征兆就应刑罚。《商君书·开塞》说："刑加于罪所终，则奸不去。赏施于民所义，则过不止。刑不能去奸，而赏不能止过者，必乱。故王者刑用于将过，则大邪不生；赏施于告奸，则细过不失。"将惩罚加于即将犯罪，对告奸者予以奖赏，其目的是将犯罪消灭于萌芽状态，防患于未然。

商鞅之所以主张重刑，其目的是轻罪重罚，还未犯罪先罚，人民就不敢犯罪了；人民不敢犯罪，自然就无须用刑了，这就叫作"以刑去刑，刑去事成"①。《商君书·画策》也说："不刑而民善，刑重也。刑重者，民不敢犯，故无刑也，而民莫敢为非，是一国皆善也。"因此，"以战去战，虽战可也；以杀去杀，虽杀可也；以刑去刑，虽重刑可也"。商鞅的这一理论对后世影响很大，历朝主张严刑、重刑者均从此寻找依据。但是历史证明，仅通过严厉管制、残酷镇压往往会适得其反，引起更尖锐的社会矛盾，爆发更猛烈的武装冲突，最终导致王朝的覆灭。

（五）重视法、信、权关系和法、君主、官吏关系

在以法治国中，商鞅十分重视法与信、权的关系。他指出："国之所治者三：一曰法；二曰信；三曰权"，"法者，君臣之所共操也；信者，君臣之所共立也；权者，君之所独制也。人主失守则危，君臣释法任私必乱。故立法明分，而不以私害法，则治"②。由此可见，商鞅认为一个国家之所以得到很好治理，取决于法、信、权三个方面。其中法是君臣所共同遵守的，信是君臣共同建立的，而权则是国君所独有。君臣抛弃法律，而听任个人意志办事，国家必定混乱。所以立法必须明确，而不能以个人意志损害法律，那么国家就会治理好。

商鞅认为人性的核心是追名逐利："民之性，饥而求食，劳而求佚，苦则索乐，辱则求荣，此百姓之情也。"人们追求名利是无所顾忌的："今夫盗贼上犯君上之所禁，而下失天子之礼，故名辱而身危；犹不止者，利也。其上世之士，衣不暖肤，食不满肠，苦其志意，劳其四肢，伤其五脏，而益裕广耳。非生之常也，而为之者，名也。"③ 这种追名逐利导致了人与人之间的矛盾冲突和纷争，"亲亲则别，爱私则险，民生众而以别险为务，则有乱"④。商鞅认为从古至今都在设法解决这样的"乱"。但是道德规范却不能消灭人的自私本性，"民众而无制，久而相出为道，则有乱"。在这种情况下，只有通过设立君主、职官、国家以及法令制度等予以规范、禁止。

《商君书·开塞篇》云："天地设而民生之，当此之时也，民知其母而不知

---

① 《商君书·靳令》。

② 《商君书·修权》。

③ 《商君书·算地》。

④ 《商君书·开塞》。

其父，其道亲亲而爱私。亲亲则别，爱私则险。民生众而以别险为务，则有乱。当此时也，民务胜而力征。务胜则争，力征则讼，讼而无正则莫得其性也。故贤者立中，设无私，而民曰仁。当此时也，亲亲废，上贤立矣。凡仁者以爱利为务，而贤者以相出为道，民众而无制，久而相出为道，则有乱。故圣人承之，作为土地、货财、男女之分。分定而无制，不可，故立禁；禁立而莫之司，不可，故立官；官设而莫之一，不可，故立君。既立其君，则上贤废而贵贵立矣。"《商君书》作者的观点与荀子有相似之处，即人类社会纷争、混乱而使国家产生成为必要；《商君书》出提出了"分"的概念，但其认为单"分定"还不足以使社会秩序安定，必须制定法律予以禁戒；但有了法律如果没有官员进行管理，还是不足以使国家治理好，因此必须设置官员进行管理；但是如果有了官员而没有君主进行统治，那官员的行动很难统一，因此必须在官员之上立君主进行统领。

五、《管子》礼义和法治思想

《管子》是先秦时期各学派的言论汇编，内容很博大，大约成书于战国时代至秦汉时期，内容很庞杂，包括法家、儒家、道家、阴阳家、名家、兵家和农家的观点。其中以黄老道家著作最多，其次法家著作 18 篇，其余各家杂之。《管子》一书的思想，是中国先秦时期政治家治国、平天下的大经大法。《管子》基本上是稷下道家推尊管仲之作的集结。即以此为稷下之学的管子学派。

(一)《管子》礼义思想

管子学派主张法治，但又反对一味滥用刑法，否则就会适得其反，不利于治国。"刑罚繁而意不恐，则令不行矣；杀戮众而心不服，则上位危矣"①。

管子学派在主张法治的同时，也十分重视礼义的作用，把礼、义、廉、耻称之为"国有四维"②。认为"守国之度，在饬四维"，只有"四维张"，才能"君令行"③。如果"四维不张，国乃灭亡"④。

管子学派认为人们的物质生活决定人们的道德生活，提出"利""义"并重的价值观。他们认为人的本性是求利，人具有趋利避害的本性。《形势解》篇中指出："民，利之则来，害之则去。民之从利也，如水之走下，于四方无择也。"礼义廉耻的产生依赖于物质生活的基础。管子曾提出"仓廪实则知礼节，衣食足则知荣辱"⑤ 这一著名的命题，认为"衣食足，则侵争不生，怨怒无有，上下

---

① 《管子·牧民》。
② 《管子·牧民》。
③ 《管子·牧民》。
④ 《管子·牧民》。
⑤ 《管子·牧民》。

相亲，兵刃不用矣"①。相反，由于"衣食之于人也，不可以一日违也"② 因此，如粮食不生，则人民贫困；人民贫困，缺衣少食，就会怨声载道，生造反之心，不再顾忌什么法令、制度、礼义廉耻，就会铤而走险。正如《八观》篇所说："民贫则奸智生，奸智生则邪巧作。故奸邪之所生，生于匮不足。"

（二）法在治国中的作用

法的最基本的规定性在于"分"。君主行法就要紧紧抓住这个"分"字。《管子·乘马》说："圣人之所以为圣人者，善分民也。圣人不能分民，则犹百姓也。于己不足，安得名圣。"圣人之所以与一般百姓不同，正是由于他善于"分"。《管子·明法解》也提出，"察于分职"是明君的标志之一。

《管子》书中对"法"之先后界说不一，虽含义不尽相同，归纳概括起来，大致包括以下4个方面：

其一，"法"是规范臣民行为的准则："法者，上之所以一民使下也"③；"尺寸也，绳墨也，规矩也，衡石也，斗斛也，角量也，谓之法"④。

其二，"法"是判断臣民行为是非曲直的标准："法者，天下之仪也，所以决疑而明是非也。"⑤

其三，"法"是君主对臣民进行赏罚的依据："法者，所以兴功惧暴也"⑥；"法制不议"，"刑杀毋赦"，"爵禄毋假"，"三者藏于官则为法"⑦。"制断五刑各当其名，罪人不怨，善人不惊曰刑"⑧。

其四，"法"是君主用于规定社会各阶层的职责与义务、协调社会关系的法律条文："律者，所以定分止争也；令者，所以令人知事也。"⑨

尽管《管子》以上对"法"4个方面的界定含义不尽相同，但相同之处是都从"法"的作用、功能方面着眼。正由于"法"有这4个方面的主要功能，因此，君主治理国家必须依靠"法"，才能使社会安定有序；相反如"不法法则事毋常"⑩，社会就会陷于混乱，国家必然衰亡。

《管子》主张法治，其有关以法治国的理念与论述，在先秦诸子百家中是相当突出的。

《管子》认为，法是治理国家的主要凭借和规范上下的基本依据。"法者，

---

① 《管子·禁藏》。
② 《管子·侈靡》。
③ 《管子·任法》。
④ 《管子·七法》。
⑤ 《管子·禁藏》。
⑥ 《管子·七臣七主》。
⑦ 《管子·法禁》。
⑧ 《管子·正》。
⑨ 《管子·七臣七主》。
⑩ 《管子·法法》。

天下之程式也，万事之仪表也。"① "法者，不可恒也，存亡治乱之所从出，圣君所以为天下大仪也。"② 管子学派主张以法治国要贯穿于君、臣、民之中。《管子·任法》篇云："夫生法者，君也；守法者，臣也；法于法者，民也。君臣上下贵贱皆从法，此谓为大治。" 可见，《管子》认为：法是由君主制定产生的，这不仅包括公之于众的法律，还包括君主决策性质的号令等。君主握有立法权，国家权力由君主掌握，高度集中。从中央到地方的各级官吏的职责是守法，即通过遵守君主制定的法律来统治、管理人民。广大民众必须服从由国君制定、由各级官吏执行的各项法令政策，不准违抗。总之，如能达到"君臣上下贵贱皆从法"，就是天下大治了。

先秦时期，各诸侯国君主可以根据自己需要随意立法或废法，因此，虽然各国颁布有法律，但仍是人治而不是法治。对此，《商君书·画策》深刻指出："国皆有法，而无使法必行之法。"③

（三）法的特征

《管子》在强调法在治国中的重要性的基础上，认为法有 4 大特征：其一，法具有规范性。《管子·禁藏》篇认为："法者，天下之仪也，所以决疑而明是非也，百姓所悬命也。"《管子·七法》也认为："尺寸也，绳墨也，规矩也，衡石也，斗斛也，角量也，谓之法。"《管子》从法律的 3 种职能强调了法作为规范的意义："夫法者，所以兴功惧暴也；律者，所以定分止争也；令者，所以令人知事也。法律政令者，吏民规矩绳墨也。"④ 《管子》认为法不仅对人民、官吏有规范作用，而且对君主也有约束作用，这是十分难能可贵的。"夫矩不正，不可以求方；绳不信，不可以求直。法令者，君臣之所共立也。"⑤

其二，法具有公正性。《管子》认为："宪律制度必法道……此正民之经也。"⑥ 这里所谓的"道"，指的是天地自然、天常地则，无亲疏厚薄，公正无私，一视同仁。他们主张：圣君"任公而不任私……不知亲疏远近，贵贱美恶，以度量断之……以法制行之，如天地之无私也……上以公正论，以法制断，故任天下而不重也"⑦。如果所有的社会阶层及国家的活动都能置于法律的约束之下，从法的公正性出发，即使是君主也不例外，那么天地万物、平民百姓都会得到好处。这就是"天不为一物枉其时，明君圣人亦不为一人枉其法。天行其所行，

---

① 《管子·明法解》。
② 《管子·任法》。
③ 《管子·七法》。
④ 《管子·七臣七主》。
⑤ 《管子·七臣七主》。
⑥ 《管子·法法》。
⑦ 《管子·任法》。

而万物被其利；圣人亦行其所行，而百姓被其利"①。否则，如"为人君者，倍道弃法而好行私，谓之乱"②；"行法不道，众民不能顺"③；"舍公而好私，故民离法而妄行"④。可见，国君如违背了法的公正性，就会招致民众的反对，社会上出现违法乱纪的行为，甚至引发祸乱。

其三，法具有公开性。《管子》认为，法律必须让老百姓家喻户晓，才能要求广大民众遵守，真正起到约束民众的作用。《管子》指出："宪律制度必法道，号令必著明，赏罚必信，此正民之经也。"⑤ "凡将举事，令必先出，曰事将为，其赏罚之数，必先明之。立事者谨守令以行赏罚，计事致令，复赏罚之所加。有不合于令之所谓者，虽有功利，则谓之专制，罪死不赦。首事既布，然后可以举事。"⑥ 这里，《管子》特别强调，凡是开展一项较重大的工作，开始实施前必须公布有关的政策法令。说明事件将怎样具体进行，明确有功必赏、有过必罚的具体标准。这样，就能使主持工作的人能严格遵循规定进行赏罚。如果法令上是怎样说的，实际上并没有照办，行事与法令不相符合，即使也有一定成绩，仍然应称之"专制"，是犯了不可宽赦的死罪。开展某项工作的第一道法令公布以后，方才可以按照法令实施行动。

其四，法具有功用性。《管子》认识到，法是约束规范人们的行为、维护社会制度、君主用于治理国家的工具。"凡人主莫不欲其民之用也。使民用者必法立而令行也，故治国使众莫如法，禁淫止暴莫如刑。"⑦ 《管子》还进一步比较了以法治国和不以法治国的利弊，以及所带来的截然不同的两种结果："圣君任法而不任智，任数而不任说，任公而不任私，任大道而不任小物，然后身佚而天下治。失君则不然，舍法而任智，故民舍事而好誉；舍数而任说，故民舍实而好言；舍公而好私，故民离法而妄行；舍大道而任小物，故上劳烦，百姓迷惑，而国家不治。"⑧

（四）法的原则

《管子》作者认为，君主制定、实施法制，必须坚持必信、有常、无私 3 项原则。所谓必信原则，《管子·七臣七主》指出："民信其法则亲"，也就是人民如信赖法度律令则能紧密团结而不致涣散。正因为"民信其法"如此重要，因此"明主知其然，故见必然之政，立必胜之罚。故民知所必就而知所必去，推

---

① 《管子·白心》。
② 《管子·君臣》。
③ 《管子·禁藏》。
④ 《管子·任法》。
⑤ 《管子·法法》。
⑥ 《管子·立政》。
⑦ 《管子·明法解》。
⑧ 《管子·任法》。

则往，召则来，如坠重于高，如渎水于地"。这就是说，英明的君主很懂得必须使民相信法的道理，所以总是凡颁布政令下面便必须推行，确立刑罚便一定实施。让人民知道什么事情可以做什么事情不能做，推之则往，招之必来，就像是悬在高处的重物必然往下坠落，把水泼在地上必然会渗透开那样。

所谓有常原则，《管子·法法》指出："号令已出又易之，礼义已行又止之，度量已制又迁之，刑法已措又移之；如是，则庆赏虽重民不劝也，杀戮虽繁民不畏也。故曰：上无固植，下有疑心，国无常经，民力必竭，数也。"如果君主制定颁布法律朝令夕改，号令已经发出又任意更改，礼法规范已在推行又忽然停止，制度标准已经确定又加以变动，刑罚法律已经制定却又游移动摇。这样，即使奖赏再重，人民也不会自我勉励；杀戮再频繁，人民也不会畏惧。所以说，上层缺乏坚定明确的意志，下层存在着疑惑犹豫的心理，朝廷没有正常稳定的法制，民力必将枯竭，乃是必然的趋势。不言而喻，朝廷必须有正常稳定的法制，坚持不懈地予以执行，持之以恒，才能把国家治理好。

所谓无私原则，就是君主在实行法治时，必须公正无私。《管子》作者指出："天不为一物枉其时，明君圣人亦不为一人枉其法"①，"不知亲疏、远近、贵贱、美恶，以度量断之。其杀戮人者不怨也，其赏赐人者不德也，以法制行之，如天地之无私也"②。其大意是天不会因为于某一事物有利或有害而改变其运行规律；明君圣人也如同天道那样，不会因为于某个人有利或有害而不执行正常法度。治世的明君对人对事从来不会因亲疏、远近、贵贱、美恶不同而有所区别，一律以法制法度为是非标准而做出判断，因罪而被判处死刑的人也不会有怨恨，因功而获得赏赐的人也不会认为那是君主个人对他的私恩。按法制行事，就如同天地对待万物那样，一视同仁，不偏无私。

相反，如果"为人上者释法而行私，则为人臣者援私以为公"③。君主"离法而听贵臣，此所谓贵而戚之也。富人用金玉事主而来焉，主离法而听之，此所谓富而禄之也。贱人以服约卑敬悲色告朔其主，主因离法而听之，（此）所谓贱而事之也。近者以逼近亲爱有求其主，主因离法而听之，此所谓近而亲之也。美者以巧言令色请其主，主因离法而听之，此所谓美而淫之也"。"此五者不禁于身，是以群臣百姓人挟其私而幸其主。彼幸而得之则主日侵，彼幸而不得则怨日产"④。这就是君主在治理国家中抛开法制而行私，那就有可能听从贵臣；富人用金玉一类财富来奉承讨好君主，君主就可能抛开法度而听从富人；贱人装出一副谦卑恭敬的可怜相向君主诉苦，君主就可能抛开法度而听从贱人；左右亲近而

---

① 《管子·白心》。
② 《管子·任法》。
③ 《管子·君臣上》。
④ 《管子·任法》。

宠爱的人对君主提出不正当的要求，君主就可能抛开法度而听从他们；外貌美丽的人运用花言巧语和妖冶媚态迷惑君主，君主就可能抛开法度而听从美者。这五个方面，君主自己不能自觉预防和禁止，于是令群臣和百姓有机可乘，大家都怀着私心而去接近君主，向他邀宠。倘若他们有求必得，达到了目的，那么，君主的权柄地位便会日益遭到侵蚀；倘若他们有求而不得，没有达到目的，那么，对君主的怨恨便会日益增长。

在此基础上，《管子》作者进一步指出，大凡曲法行私，多在贵近之臣。然而"令之行也，必待近者之胜也，而令乃行。故禁不胜于亲贵，罚不行于便嬖，法禁不诛于严重而害于疏远，庆赏不施于卑贱，而求令之必行，不可得也"①。要做到有令必行，就必须坚持该禁止的即使是亲属权贵也必须禁止，该惩罚的即使是亲信近臣也必须惩罚。如果诛戮只限于疏远而奖赏则把卑贱排除在外，法令就推行不开。不言而喻，明君之治必以去私为务，而且必须从君主的亲属权贵、亲信近臣做起，才能做到有令必行，真正把法治落实到实处。这就是"君臣上下贵贱皆从法，此谓为大治"②。

（五）赏罚并举

《管子·君臣篇》云："古者未有君臣上下之别，未有夫妇妃匹之合，兽处群居，以力相征。于是智者诈愚，强者凌弱，老幼孤独，不得其所。故智者假众力以禁强虐而暴人止……是故国之所以为国者，民体以为国；君之所以为君者，赏罚以为君。"《管子》作者认为国家和君主的产生是为了制止社会上机巧的欺诈愚笨的，强壮的凌虐弱小的，使老幼孤独之人有容身之地。所谓的国家是由人们结合而成的整体，所谓的君主即是在人群整体中实施赏善罚恶的人。

《管子》主张治国必须赏罚并举：治国有三器，"曰号令也，斧钺也，禄赏也"③。他们认识到刑罚本可以使人产生畏惧而退却不前，但过于严厉的刑罚却容易让人走向反面，铤而走险，那就是"刑罚不足以畏其意，杀戮不足以服其心"④。因此，必须赏罚结合，相辅相成："明主之道，立民所欲以求其功，故为爵禄以劝之。立民所恶以禁其邪，故为刑罚以畏之。故案其功而行赏，案其罪而行罚。"⑤

《管子》作者也主张赏罚须重而必信，乃能生效。"赏薄则民不利，禁轻则邪人不畏"⑥，故赏罚宜重也。"见必然之政，立必胜之罚，故民知所必就而知所

---

① 《管子·重令》。
② 《管子·任法》。
③ 《管子·重令》。
④ 《管子·牧民》。
⑤ 《管子·明法解》。
⑥ 《管子·正世》。

必去"，① "用赏者贵诚，用刑者贵必"②，故赏罚贵必也。尤其是刑罚，如能"正法直度，罪杀不赦，杀僇必信，民畏而惧"③。

《管子》作者主张明赏罚，即在法令执行前，必须先让民众知晓；在实施过程中，必须严格按照法令规定执行。《管子·立政》云："凡将举事，令必先出，曰：事将为，其赏罚之数，必先明之。立事者谨守令以行赏罚，计事致令，复赏罚之所加。有不合于令之所谓者，虽有功利，则谓之专制，罪死不赦。首事既布，然后可以举事。"其大意是凡是开展一项较重大的工作，实施行动之前都必须公布有关的政策法令。主持工作的人应严格遵循规定实行赏罚；在向上级报告工作进展情况及法令执行情况时，也应包括赏罚情况。如行事与法令不相符合，即使也有一定成绩，仍然应叫作"专制"，是犯了不可宽赦的死罪。

《管子》也主张对人民实行管制，国君对民众可通过6种手段进行掌控。《管子·任法》云："明王之所操者六：生之，杀之；富之，贫之；贵之，贱之。"《管子·国蓄》亦云："先王知其然，故塞民之养，隘其利途，故予之在君，夺之在君，贫之在君，富之在君。"在此，生、富、贵、予是赏，杀、贫、贱、夺是罚，归根结底，8种手段仍然是遵循赏罚并举。

（六）法治必须以君主意志为转移

《管子》主张在对民众管制中，必须以君主的意志为转移："御民之辔，在上之所贵；道民之门，在上之所先；召民之路，在上之所好恶。故君求之，则臣得之；君嗜之，则臣食之；君好之，则臣服之；君恶之，则臣匿之。"④ 他们认为，国君统治人民的权柄，就如同驾驭马的缰绳；人民往哪边走取决于统治者所重视的是什么，所轻视的是什么。引导人民朝哪个方向努力，取决于统治者把什么放在优先的地位，把什么放在次要的地位。促使人民走什么样的道路，取决于统治者喜好什么，厌恶什么。凡为君主所孜孜追求的，臣也会希望能得到；君主所喜欢吃的，臣也会想尝一尝；君主有怎样的爱好，臣也会有怎样的爱好。君主所厌恶的，臣即使原本并不厌恶，也会设法加以隐瞒，不敢在君主面前公布表露出来。总之，一切以君主为马首是瞻。

《管子》还主张在对人民的管制中，必须重视统一民众的思想，即以国君一人之思想，要求臣民和同之，服从之。他们说："昔者，圣王之治人也，不贵其人博学也，欲其人之和同以听令也。《泰誓》曰：纣有臣亿万人，亦有亿万之心。武王有臣三千而一心。故纣以亿万之心亡，武王以一心存。故有国之君苟不能同人心、一国威、齐士义，通上之治以为下法，则虽有广地众民，犹不能以为

---

① 《管子·七臣七主》。
② 《管子·九守》。
③ 《管子·版法》。
④ 《管子·牧民》。

安也。"① 其意是说以前的圣王对待人才，所最重视的并非是博学，而是看他是否善于与旁人和睦同心，行动是否与当今正在施行的法度一致。就像《泰誓》上所说的那样，纣王有亿万人，但没有统一的思想，所以灭亡了；武王只有臣三千人，但却有共同思想，结果便胜利了。所以说，统治国家的君主倘若不能使人心统一，使国家的权威集中于君主一身，使臣民有共同的是非标准，上面怎么行事下面就遵奉为规范，那么，国土虽广，人口虽多，仍然未必是高枕无忧的。这里必须指出的是，上引《泰誓》中武王的所谓"一心"，是以民意统一思想，而非以统治者己意统一思想，所以众心是同于德，同于义，而非"和同以听"统治者之"令"也。《管子》之"一心"，是出自君主的发号施令，辅以威胁利诱使之服从，"非号令毋以使下，非斧钺毋以威众，非禄赏毋以劝民"②。可见，春秋战国时的国君即使在统一思想中也是一手执斧钺，一手持禄赏，大有"顺我者昌，逆我者亡"之势！

《管子·形势解》说："人主之所以令则行、禁则止者，必令于民之所好，而禁于民之所恶也。"《管子·明法解》也说："明主之道，立民所欲，以求其功……立民所恶，以禁其邪。"法令的制定与执行，必须顺应人民的好恶，符合民心的背向，才能得到顺利地贯彻。如果违背了民情，法令虽然十分威重，但失去执法的基础，就很难得到贯彻。《管子·权修》就指出："赋敛厚，则下怨上矣；民力竭，则令不行矣。"《管子·版法》也指出："民不足，令乃辱；民苦殃，令不行。"

《管子·七法》指出："言是而不能立，言非而不能废，有功而不能赏，有罪而不能诛，若是而能治民者，未之有也。是必立，非必废，有功必赏，有罪必诛，若是安治矣？未也。是何也？曰：形势器械未具，犹之不治也。形势器械具，四者备，治矣。"《管子》作者认为，正确的不能采纳，错误的不能抛弃，有功劳的得不到奖赏，犯罪的得不到诛罚，像这样的想治理好民众，是不可能的。只有把正确的树立起来，把错误的抛弃，有功劳的能得到奖赏，有罪的能得到惩罚，再加上有利的发展条件和充足的武器装备，那么就可以真正安治了。由此可见，《管子》作者把是非观，信赏必罚法制看作是治国的基础，如果是非观混乱，民众对什么是对的什么是错的都搞不清，而且该奖赏的不奖赏，该受到惩罚的没有得到惩罚，那这样的国家肯定是一片混乱，迟早要亡国的。

（七）人人都要守法

《管子》提出法一经制定颁布，所有的人（包括君主）都必须遵守。"法令者，君臣之所共立也。"③ 只要人人都守法，就可使社会秩序安定，国家长治久

---

① 《管子·法禁》。

② 《管子·重令》。

③ 《管子·七臣七主》。

安。正如《管子·任法》中所说的："君臣上下、贵贱皆从法，此谓为大治。"
《管子》认为法是规范化了的规定，君主的命令是行使权力的表现，由于君主也
要守法，因此，法应高于命令，君主的命令应以法为依据。《管子·君臣上》提
出："君据法而出令，有司奉命而行事，百姓顺上而成俗。"更为难能可贵的是，
《管子》为了使法能得到顺利实施，特别强调君主要以身作则，从自身做起，做
事以法为准，而不凭自己的好恶。《管子·法法》指出："明君知民之必以上为
心也，故置法以自治，立仪以自正也。故上不行，则民不从彼。民不服法死制，
则国必乱矣。是以有道之君，行法修制，先民服也"，"禁胜于身则令行于民
矣"。可见，《管子》作者认为君主如能做出守法的表率，那民众就会纷纷仿效
而守法。

《管子》认为法的基本作用在于"分"，如用现代人的语言说，就是明确规
定社会各阶层人的社会地位、权利与义务等。《管子·君臣上》说："上有法制，
下有分职。"《管子·小问》指出："明分任职则治而不乱，明而不蔽矣。"具体
而言，法在以下几个方面做了明确规定，让人遵守，而使国家得到治理，不致产
生混乱。即法"立朝廷者"，以分贵贱；法"用民力者也"，以重禄赏，加有功；
法"用民能者也"，以授官通理；法"用民之死命者也"，以审刑罚①。

（八）量刑要适中

在《管子》一书中，对量刑的轻重大体有 3 种不同的看法：其一，主张
"轻刑"，反对重禁。如《管子·霸刑》就主张轻刑、轻税。《管子·七臣七主》
也提出："刑法繁则奸不禁，主严诛则失民心。"意为刑法太烦琐则奸邪更禁止
不了，太严厉的诛罚则会失去民心。

其二，主张严刑重罚。《管子·重令》指出："行令在乎严罚。罚严令行，
则百吏皆恐。"持这种观点的作者特别强调不能赦小过，因此"上赦小过，则民
多重罪，积之所生也"②。即对小过进行惩罚，可防止民众犯大罪；如对小过不
进行惩罚，其实是害了民众，纵容他们今后犯大罪。正如《管子·法法》所说
的："赦出则民不敬，惠行则过日益，惠赦加于民而囹圄虽实，杀戮虽繁，奸不
胜矣，故曰邪莫如早禁之"，"凡赦者，小利而大害者也，故久而不胜其祸"。

其三，主张用刑要"平和"。《管子·形势解》云："明主犹羿也，平和其
法，审其废置而坚守之，有必治之道，故能多举而多当。"作者认为英明的君主
应如同古代善射者羿调节弓弦和箭杆一样，把法度调整得非常和平公正，认真仔
细地审定什么是应该提倡的，什么是应该反对的，就能合乎治国的道理，兴办多
种事业并能获得成功。至于如何才算达到"平和其法"，作者没有具体说明。

在这种认识的基础上，《管子·牧民篇》进一步指出："故刑罚不足以畏其

---

① 《管子·权修》。
② 《管子·法法》。

意，杀戮不足以服其心。故刑罚繁而意不恐，则令不行矣；杀戮众而心不服，则上位危矣。故从其四欲，则远者自亲；行其四恶，则近者叛之。故知予之为取者，政之宝也。"所以，作者认为统治者对待民众，刑罚并不能促使民众常存畏惧心理，杀戮不可能使民众心悦诚服。刑罚虽繁多而民众并不恐惧，统治者的政令还能畅通无阻吗？滥杀了许多人而导致民心不服，统治者的宝座也就危险了。能顺从人民的"四欲"（佚乐、富贵、存安、生育），即使是疏远的人也会自然亲近；施行"四恶"（忧劳、贫贱、危坠、灭绝），即使是亲近者也将叛逆。由此可以悟出一个道理：统治者对待人民，只有先"给予"然后方能"求取"，能够"给予"也就能"求取"。统治者必须懂得这个道理，这是施政治民的法宝。

六、韩非子法治思想

韩非（约前280—前233），又称韩非子，战国末期韩国新郑（今属河南）人。中国古代思想家、哲学家和散文家，法家思想之集大成者。韩非著有《孤愤》《五蠹》《内储说》《外储说》《说林》《说难》等文章，后人收集整理编纂成《韩非子》一书。

（一）治国必须实行法治

《韩非子·难三》给法的明确定义为："法者，编著之图籍，设之于官府，而布之于百姓者也……故法莫如显。"据此，韩非所理解的法律有如下3个特征：

其一，法律是用文字形式肯定下来的成文法；其二，法律统治的对象是民众；其三，法律要公开，使人人知晓。

韩非认为，法律对于治理国家来说，是十分重要的。首先，法律是全体臣民的行为规范，"一民之轨莫如法"[1]。只有在法律的规范限制下，全体人民才能有统一的行动。其次，法律是制止社会动乱的有力工具，只有实行法治，才会避免人与人之间的争夺。《韩非子·守道》指出："法分明，则贤不得夺不肖，强不得侵弱，众不得暴寡。托天下于尧之法，则贞士不失分，奸人不侥幸。"再次，法律是惩治犯罪行为的准绳。韩非认为，以法律为准绳惩治犯罪，即使是受到法律制裁的人也心服口服，"以罪受诛，人不怨上"[2]。如不按法律办事，则将导致罚罪不当，滥杀无辜，民众怨恨，即"释法制而妄怒，虽杀戮而奸人不恐。罪生甲，祸归乙，伏怨乃结"[3]。

韩非反对贤人政治，以为"人存政举，人亡政息"不是长治久安之策。他说："且夫尧舜桀纣，千世而一出……中者上不及尧舜，而下者亦不为桀纣。抱

---

① 《韩非子·有度》。
② 《韩非子·外储说左下》。
③ 《韩非子·用人》。

法处势则治，背法去势则乱。今废势背法而待尧舜，尧舜至乃治，是千世乱而一治也。抱法处势而待桀纣，桀纣至乃乱，是千世治而一乱也。"①

基于上述认识，韩非认为，治理国家必须实行法治。如果以法治国，任何事情都能办好，"以法治国，举措而已矣"②。如果把治国的希望寄托于贤人身上，难免要发生社会动乱，"废常上贤，则乱"③。而且，如离开法律，即使是贤人也无法治国："释法术而心治，尧不能正一国；去规矩而妄意度，奚仲不能成一轮；废尺寸而差短长，王尔不能半中。使中主守法术，拙匠守规矩尺寸，则万不失矣。"④ 如果按法律办事，国有常法，即使是中等能力的人也可以治国。

（二）以法治国的原则

韩非认为，君主在实行以法治国中，必须遵循以下 5 点原则：

其一，法一而固。由于法律是全体臣民的行为准则，因此，韩非认为，法律必须统一，全国只能有一个法律；同时，法律要有相对的稳定性："法莫如一而固。"⑤ 如果法律彼此矛盾，朝令夕改，民众将无所适从，也就无法收到治理国家的效果。韩非在评论申不害时，就阐述了法不如一而固的弊端："申不害，韩昭侯之佐也。韩者，晋之别国也。晋之故法未息，而韩之新法又生；先君之令未收，而后君之令又下。申不害不擅其法，不一其宪令，则奸多……故托万乘之劲韩，七十年而不至于霸王者，虽用术于上，法不勤饰于官之患也。"⑥

其二，以其所重禁其所轻。韩非认为，实行严刑峻法，符合人民趋利避害的本性，使人们不敢以身试法，就可以禁止违法奸邪，使国家安宁。"夫严刑者，民之所畏也；重罚者，民之所恶也。故圣人陈其所畏以禁其邪，设其所恶以防其奸，是以国安而暴乱不起。"⑦ 因此，实行严刑峻法，以其所重禁其所轻是治国的根本途径："古之善守者，以其所重禁其所轻，以其所难止其所易，故君子与小人俱正，盗跖与曾史俱廉。何以知之？夫贪盗不赴溪而掇金，赴溪而掇金则身不全。贲、育不量敌而无勇名，盗跖不计可则利不成。"⑧

其三，法要公平合理。他对孔子下述的话是赞赏的："善为吏者树德，不能为吏者树怨。概者，平量者也；吏者，平法者也。治国者不可失平也。"⑨ 由此可见，他主张在法律面前，全体臣民都是平等的，任何人都必须守法，不得枉法。国家官吏的根本任务，就是公平地去执行国家的法令，公平或不公平，对于

---

① 《韩非子·难势篇》。
② 《韩非子·有度》。
③ 《韩非子·忠孝》。
④ 《韩非子·用人》。
⑤ 《韩非子·五蠹》。
⑥ 《韩非子·定法》。
⑦ 《韩非子·奸劫弑臣》。
⑧ 《韩非子·守道》。
⑨ 《韩非子·外储说左下》。

国家的治与乱是至关重要的。官吏对于法律来说，只能是因循而不得有任何的主观能动性。"法也者，官之所以师也。"① 要做到执法公平，首先，必须坚持"法不阿贵"，这就是"法之所加，智者弗能辞，勇者弗敢争。刑过不避大臣，赏善不遗匹夫"②。其次，在用人上要"其任官者当能"③，"官贤者量其能，赋禄者称其功"④。他反对任人唯亲，主张用人唯贤，认为"亲臣进而故人退，不肖用事而贤良伏。无功贵而劳苦贱，如是则下怨，下怨者可亡也"⑤。

其四，法要信赏必罚。先秦法家都主张信赏必罚，韩非亦如此，而且有过之而无不及，走到了一个极端。《韩非子·外储说右下》载："秦大饥。应侯请曰：五苑之草著蔬菜橡果枣栗，足以活民，请发之。昭襄王曰：吾秦法，使民有功而受赏，有罪而受诛。今发五苑之蔬果者，使民有功与无功俱赏也。夫使民有功与无功俱赏者，此乱之道也。夫发五苑而乱，不如弃枣蔬而治。一曰：令发五苑之菇蔬枣栗，足以活民，是使民有功与无功争取也。夫生而乱，不如死而治，大夫其释之。"在大饥荒之年，秦昭襄王为维护君主的信赏必罚、赏罚分明的治国原则，宁可让货弃于地，而不愿以此救济饥民，并说"生而乱，不如死而治"，为了巩固自己的统治，宁可让老百姓饿死也在所不惜，这是何等的残忍与愚昧！

韩非认为在对民众的严厉管制中，刑重并不一定能制止百姓的违法乱纪行为，有罪必罚比刑重更为有威慑力，因为当人铤而走险进行犯罪时，总抱着侥幸的心理，希望能逃避政府的追捕惩罚。只有对一切犯罪都能毫无遗漏地进行严惩，才能有巨大的威慑力量，使民众不敢以身试法。《韩非子·内储说上》载："荆南之地，丽水之中生金，人多窃采金。采金之禁，得而辄辜磔于市。甚众，雍离其水也，而人窃金不止。夫罪莫重辜磔于市，犹不止者，不必得也。"韩非以此来说明，私自采金，其处罚已达到最重的"磔"刑，但仍禁止不了私采，主要原因是好多私采者并没有被抓到而处死。因此，他最后得出这样结论："予汝天下而杀汝身，庸人不为也！夫有天下，大利也，犹不为者，知必死；故不必得也，则虽辜磔，窃金不止。"

其五，法因人情，法不两适。韩非认为立法还必须遵循两条原则：一是立法必须考虑人情。他说："凡治天下，必因人情。人情者，有好恶，故赏罚可用；赏罚可用，则禁令可立；禁令可立，而治道具矣。"⑥ 这是因为人的天性是自利、自为的，只有制定顺应人性自为、好利恶害和制约君臣异利、君民异利的法律，才能起到治理臣民、治好国家的目的。二是法律不能同时迎合公私双方。韩非提

---

① 《韩非子·说疑》。
② 《韩非子·有度》。
③ 《韩非子·六反》。
④ 《韩非子·八奸》。
⑤ 《韩非子·亡征》。
⑥ 《韩非子·八经》。

出"法不两适"①，即在君民异利、君臣异利时，法律不能等同维护对立双方的利益，法律应首先保护以君主为代表的国家利益，对侵犯国家利益的则予以制裁。

（三）法的特征

韩非重视法治，对立法、执法、守法中的一些特性有较深刻的认识，其中主要者有以下6点：

其一，公开性。韩非说："法者，编著之图籍，设之于官府，而布之于百姓者也……故法莫如显……是以明主言法，则境内卑贱莫不闻知也。"② 可见，韩非主张国家制定法律条文，必须在官府存档，向全国百姓公布，大张旗鼓地宣传，做到家喻户晓，深入人心，这样法律就能最广泛地发挥其治民治国的作用。

其二，公平性。韩非说："法平，则吏无奸。"③ "吏者，平法者也。治国者不可失平也。"④ 这里韩非指出，法治公平无偏，那么官吏就难以违法乱纪、营私舞弊。另一方面，各级官吏是执法者，法律的公平要靠他们得到执行。总之，立法执法公平，才能把国家治理好。

其三，两面性。韩非认为："法立而有难，权其难而事成，则立之；事成而有害，权其害而功多，则为之。无难之法，无害之功，天下无有也。"⑤ 这就是说立法有时是有困难的，因为某条法律或某项事业往往有两面性，即有利也有弊。因此，他主张拟定的法律即使有害，但是权衡之后如利大于弊，能够成就某项事业，那就把它定下来并加以执行。事实上没有弊端的法律，没有害处的事业，世界上是不存在的。

其四，易行性。韩非指出："法省而民讼简……明主之法必详事。"⑥ 意思是说法令简洁明了，民众的诉讼就会减少，条令要详细完备，文字没有歧义，准确无误，这样在实践中就容易操作执行。

其五，稳定性。韩非主张："法莫如一而固，使民知之。"⑦ 这就是法令不可朝令夕改，使人失去规范行为的准则，应该让人民知道统一而相对稳定的法，以保持社会安定和国家政权的稳固。

其六，适时性。韩非说："法与时转则治，治与世宜则有功。故民朴，而禁之以名，则治；世智，维之以刑，则从。时移而治不易者乱，能治众而禁不变者

---

① 《韩非子·问辩》。
② 《韩非子·难三》。
③ 《韩非子·饬令》。
④ 《韩非子·外储说左下》。
⑤ 《韩非子·八说》。
⑥ 《韩非子·八说》。
⑦ 《韩非子·五蠹》。

削。"① 可见，韩非具有朴素的辩证法思想，以变化发展的观点来看：法随时代的发展而变化，治理国家的方略与社会情况相适宜，就能达到民众淳朴，天下大治；如有世人智巧奸诈，那就必须用刑罚予以制裁，才能使之服从。所以时代发展了，仍然墨守旧法不变革，智巧奸诈的人多了不予惩罚，社会一定混乱，国家必然削弱。

（四）实行三禁，以法为本

韩非主张对人民实行严厉的管制，采用残酷的高压手段，以小罪诛民，把一切威胁君主统治的犯罪，消灭在萌芽状态，而不致使之酿成大的祸患。他说："明君见小奸于微，故民无大谋；行小诛于细，故民无大乱。此谓图难者于其所易也，为大者于其所细也。今有功者必赏，赏者不得（德）君，力之所致也；有罪者必诛，诛者不怨上，罪之所生也。民知诛罚之皆起于身也，故习功利于业，而不受赐于君。"②

韩非为了达到对人民的严厉管制，还提出三禁："太上禁其心，其次禁其言，其次禁其事。"③ 其一，所谓"禁其心"，就是禁止思想自由，主张通过"教""训"，使人民以统治者之心为心："期而致，使而往，百姓舍己，以上为心者，教之所期也……一人服之，万人从之，训之所期也。"④ 为了达到这一目的，他认为具体的措施是"明主之国，无书简之文，以法为教；无先王之语，以吏为师；无私剑之捍，以斩首为勇"⑤。即不要学习历史、文化，只要以当代官吏为师，学习法律政令就行。

其二，所谓"禁其言"，就是禁止人民言论上的自由，主张"境内之民，其言谈者必轨于法"⑥；要求民众少说话多做事，"境内之民皆言治，藏商管之法者家有之而国愈贫；言耕者众，执末者寡也。境内皆言兵，藏孙吴之书者家有之而兵愈弱：言战者多，被甲者少也。故明主用其力不听其言，赏其功必禁无用"⑦。韩非尤其主张禁止那些与国家法令、君主思想不相符合的言论，称其为"乱国之俗"，"其学者则称先王之道，以藉仁义，盛容服，而饰辩说，以疑当世之法，而贰人主之心"⑧。

其三，所谓"禁其事"，则是大致上对人民的就业及行为的限制，其中最主要的当指去除"五蠹"之民。"五蠹"之民中第一蠹即上引"学者"，其四蠹

---

① 《韩非子·心度》。
② 《韩非子·难三》。
③ 《韩非子·说疑》。
④ 《管子·立政》。
⑤ 《韩非子·五蠹》。
⑥ 《韩非子·五蠹》。
⑦ 《韩非子·五蠹》。
⑧ 《韩非子·五蠹》。

是："其言古者，为设诈称，借于外力，以成其私，而遗社稷之利。其带剑者，聚徒属，立节操，以显其名，而犯五官之禁。其患御者，积于私门，尽货赂，而用重人之谒，退汗马之劳。其商工之民，修治苦窳之器，聚弗靡之财，蓄积待时，而侔农夫之利。此五者，邦之蠹也。人主不除此五蠹之民，不养耿介之士，则海内虽有破亡之国，削灭之朝，亦勿怪矣!"① 这"五蠹"之中的"学者"，似指儒墨之徒;"言古者"似应为"言谈者"，指纵横家;"带剑者"则是武人;"患御者"应作"近御者"，即接近权力中心者，再连同"工商之民"，依韩非主张，悉须禁止其行为②。

为了维护封建专制统治，韩非主张必须把全国人的言论和思想统一到法令上来。他提出:"境内之民，其言谈者必轨于法"③，"言行而不轨于法令者，必禁"④。韩非之所以要把人民的言论与思想统一到法令上来，是因为他认为在治理国家中"禁奸之法，太上禁其心，其次禁其言，其次禁其事"⑤。

为了让全国人民所有的思想与行为都"以法为本"⑥，他认为政府不仅要颁布法令，还要宣传法令，使妇孺皆知。"法者，编著之图籍，设之于官府，而布之于百姓者也。"⑦ 这样，就能做到"明主言法，则境内卑贱莫不闻知也"⑧。而且，为了使法令深入人心，韩非主张把遵守法令与学习结合为一体，民众接受教育应"以吏为师"⑨。

韩非认为法家之学与诸子之学，特别是儒墨之学，视为不可两立，不可并存的两种思想体系。因此，对儒、墨进行了猛烈的抨击，主张予以禁绝。

总之，韩非的言轨于法、以吏为师、禁绝百家的思想把以法治国的法家学说推向了一个极端，从根本上扼杀了人们的精神生产活动，把教育沦为政治驯化的工具，窒息了人们对知识的追求与探讨，把政府管制性政策工具推向非常严酷的专制主义。

（五）法、术、势三位一体

韩非作为法家学派的集大成者，在治理国家中最突出的理论是为了强化君主专制统治，在总结以往法家思想的基础上，继承并加以发展，系统提出了法、术、势三者有机结合的管理思想体系。首先推崇商鞅的"法"，认为治国必须奉法。他说:"奉法者强，则国强，奉法者弱，则国弱。"其次，他吸收了申不害

---

① 《韩非子·五蠹》。
② 侯家驹:《先秦法家统制经济思想》，联经出版事业公司 1985 年版，第 204 页。
③ 《韩非子·五蠹》。
④ 《韩非子·问辩》。
⑤ 《韩非子·说疑》。
⑥ 《韩非子·饰邪》。
⑦ 《韩非子·难三》。
⑧ 《韩非子·难三》。
⑨ 《韩非子·五蠹》。

的"术"和慎到的"势",来补充商鞅的以法治国。他指出:商鞅变法,使秦国达到富国强兵的目的,但只讲法不讲术和势也不行。因为君主治理一个国家,如不知"术",就不能很好地察知奸邪。这就是"无术以知奸","主无术于上之患也"①。韩非还认为,即使治理国家知道"法"和"术"还不够,如不知慎到的"势",则国君、国家在关键时刻仍有身亡国倾之危,"法"和"术"就无法得到施行。因此,国君必须拥有主宰一切的权威,牢牢掌握压倒、控制手下一切人的权力,而且绝对不允许任何人分享,这就是"势"。国君只有这样,才能把"势"与"法"结合,制定严明的法令,使臣民遵守,"抱法处势则治,背法去势则乱"②。这表明,单有法还不够,还要把势与法有机结合,君主依靠权势实施法治,才能达到管好民众、长治久安的目标。同时使用术,有利于君主选拔、任用、监督、考核臣下。"术以知奸",使用各种权术以伺察臣下对君主的忠诚程度,有利于识奸、防奸、除奸,不失君主之势。在法制中使用术,可以加强法治的威力、管理的力度。只有这样,才能把国家治理好,保持和加强君主的统治。

韩非认为,法、术、势三者是相辅相成的,"人主之大物,非法则术也"③,"势者,胜众之资也"④。也就是说,法和术是人主统治臣民的工具,而势则是运用法术的前提和条件。

韩非的法治重在加强君权,以法防奸。他认为任何人都靠不住,臣下都属虎狼之辈,时刻都想篡权。因此君主必须牢牢把权势掌握在自己手中,一刻也不可放松。"人臣之于其君,非有骨肉之亲也,缚于势而不得不事也。"⑤ 君主一定要看清臣下的觊觎君主权势之心,特别要提防阿谀奉承者。韩非指出:"凡奸臣皆欲顺人主之心以取亲幸之势者。"⑥ 韩非甚至还认为君主不能尚贤,因为如果尚贤,"臣将乘于贤以劫其君"⑦。君主唯一可依靠的是法。君主通过颁布法令,要求人人遵从,臣下的作用是贯彻法令。这就是"明主之国:令者,言最贵者也;法者,事最适者也。言无二贵,法不两适,故言行而不轨于法令者必禁"⑧,"吏者,平法者也"⑨,"法也者,官之所以师也"⑩。

韩非认为君主与民众之间的关系是君主用权势使民众无条件地接受君主的统

① 《韩非子·定法》。
② 《韩非子·难势》。
③ 《韩非子·难三》。
④ 《韩非子·八经》。
⑤ 《韩非子·备内》。
⑥ 《韩非子·奸劫弑臣》。
⑦ 《韩非子·二柄》。
⑧ 《韩非子·问辨》。
⑨ 《韩非子·外储说左下》。
⑩ 《韩非子·说疑》。

治，无条件地遵守国家各项法规，并为君主所用。《韩非子·外储说右下》记载了这样一则寓言：秦襄王有病，而百姓为之祈祷，秦襄王知道后，"訾其里正与伍老罚二甲"。事后，秦襄王解释道："彼民之所以为我用者，非以吾爱之为我用者也，以吾势之为我用者也……故遂绝爱道也。"君主利用手中掌握的资源，让民众为其卖力效死："夫上所以陈良田大宅，设爵禄，所以易民死命也。"①"君上之于民也，有难则用其死，安平则尽其力。"②

总之，韩非的法术势三位一体，相辅相成，共同构成法家的治国理念。其中法是关键，只有依法治国，才能管好民众，达到长治久安。势是必要条件，立法、执法者必须拥有势，即君主在治理国家中要集权于一身，必须居于至高无上的地位，法才能得到顺利的贯彻执行。否则，如果权力分散而失去势，国君就很难维持统治了，那法也得不到贯彻执行。术则是谋略、方法，它能使势得到巩固，使法发挥更大的作用。

第三节　汉晋德法并用思想

一、西汉前中期朝廷德刑相济思想

汉初统治者为了收买民心，巩固政权，将儒家德治思想与道家"无为而治"思想相结合，主张"德刑相济"，与民休养生息。当时陆贾就告诫汉高祖刘邦要认识到《诗》《书》等儒家经典在治理国家中的重要作用，并对刘邦说："君马上得之，宁可以马上治之乎？且汤武逆取而顺守之，文武并用，长久之术也……向使秦以并天下，使仁义，法先圣，陛下安得而有之？"③刘邦采纳了陆贾的治国方略，令其总结秦亡天下的历史教训，将儒法兼用、"清静无为"作为汉初治国的指导思想。

汉高祖之后的几位皇帝继承了汉初的治国方略。如文帝在位时，议论务在宽厚，"专务以德化民"，"兴于礼义"。他经常反思自己对德教重视得不够，认为自己"德薄而教不明"。这实际上反映了文帝在治国理政中时时提醒自己应实施儒家"教而后诛"的思想主张。同时，文帝也重视发挥法制在治国中的作用："法正则民悫，罪当则民从。且夫牧民而道之善者，吏也；既不能道，又以不正之法罪之，是法反害于民，为暴者也。"④

前140年，汉武帝即位。他认，儒家思想比黄老思想更适合汉王朝的统治，因此即位伊始，就采取两项措施：其一，起用儒生。建元元年（前140年），诏

---

① 《韩非子·显学》。
② 《韩非子·六反》。
③ 《史记·郦生陆贾列传》。
④ 《汉书·刑法志》。

丞相、御史、列侯及地方官吏推举贤良方正直言极谏之士，这些人主要就是儒生。其二，任用"俱好儒术"的窦婴为丞相，田蚡为太尉，把持了行政、军事大权。汉武帝广泛招揽儒学之士，"延文学儒者数百人"，封以官职。尤其是汉武帝将布衣出身的公孙弘拜为丞相，封平津侯，使儒学的政治地位大大提高。从此，学习儒术成为士人们进入仕途、谋求利禄的主要途径，以至于"天下之学士靡然乡风矣"。①

元光元年（前134年），汉武帝下诏征求治国方略。儒士董仲舒奏《举贤良对策》，系统地提出了"天人感应""大一统"学说以及"罢黜百家，独尊儒术"的主张，正合汉武帝的治国需求。"《春秋》大一统者，天地之常经，古今之通谊也。今师异道，人异论，百家殊方，指意不同，是以上亡以持一统；法制数变，下不知所守。臣愚以为诸不在六艺之科、孔子之术者，皆绝其道，勿使并进。邪僻之说灭息，然后统纪可一而法度可明，民知所从矣。"② 于是，汉武帝决定"罢黜百家，独尊儒术"。从此，儒家学说成为古代历代封建王朝的主导思想，对后世影响十分深远。

汉武帝在治国中重视儒家德治的功能："扶世导民，莫善于德。"③ 德治能引导民众遵守尊卑上下的礼制，在家孝顺父母，对人有仁爱之心，处世安分守己，服从朝廷的统治。这就是"事天以礼，立身以义，事亲以孝，育民以仁"。④ "导民以礼风之以乐"，使民"仁行而从善，义立而俗"，⑤ 从而使民风淳朴，社会安定。

汉武帝确立儒家学说作为治国的主导思想后，大力培养儒学人才。他在中央设立太学，征辟选用儒学之士，设立五经博士和博士弟子，在中央政府领导下形成了一个研究儒学、传授儒学、学习儒学的宣化中心。然后，设置专职礼官，"讲议洽闻，举遗兴礼，以为天下先"。⑥ 汉武帝明确规定，中央和地方各级政府官员均负有教化民众的职责："公卿大夫，所使总方略，壹统类，广教化，美风俗也。"⑦ 从而，形成了一个从中央到地方宣明教化儒家伦理道德思想的官吏系统。

在西汉时期，地方县、乡社会基层的三老、孝悌、力田等乡官在"劝导乡里，助成风化"⑧ 方面发挥了不可替代的作用。汉武帝在位时，加强了这些社会

---

① 《史记·儒林传》。
② 《汉书·董仲舒传》。
③ 《汉书·武帝纪》。
④ 《汉书·武帝纪》。
⑤ 《汉书·武帝纪》。
⑥ 《汉书·武帝纪》。
⑦ 《汉书·武帝纪》。
⑧ 《后汉书·明帝纪》。

基层乡官的教化职能。元狩六年（前127年），他下诏："谕三老、孝弟以为民师。"再次明确重申三老、孝弟对广大百姓的教育宣化职能，敦促民众自觉遵守礼制，辛苦耕种，安分守己，服从统治，实现政事宣昭，百姓和乐。

西汉在武帝之前，在实施法治方面基本上都遵循"罚不患薄"，约法省刑的原则。所以，统治者在执行刑罚时，都十分慎重，"与其杀不辜"，"宁失于有罪"。这样，就可以避免"无罪而见诛"①的现象发生。如刘邦初入咸阳时，就"与父老约，法三章耳：杀人者死，伤人及盗抵罪。余悉除去秦法"。②"三章之法"虽然只是临时性的政策措施，但它的颁布表明，汉初统治者要废除秦末繁刑酷法，实施约法省刑的改革思路。

尔后，惠帝、吕后继承了汉高祖时"约法省刑"的原则，进一步实行省刑除苛的措施，使当时"刑罚罕用"。如惠帝时，"省法令妨吏民者，除挟书律"，③废除了秦朝规定的保存儒家经书是犯法行为的规定。吕后时又"废三族罪、妖言令"，废除了秦朝的株连三族、传播妖言等罪名。

到了文帝、景帝时期，继续废除秦朝的繁刑苛法，使立法进一步简省轻刑，使民风淳朴。文帝"惩恶亡秦之政，议论务在宽厚，耻言人之过失。化行天下，告讦之俗易，吏安其官，民乐其业……是以刑罚大省，至于断狱四百，有刑错之风"。④文帝在命令废除"收律"和"相坐法"时指出："法正则民悫，罪当则民从。"犯罪的人既然已经论处，怎么能把他的无罪的父母、妻子、兄弟以及其他没有犯罪的人牵连进去一起接受刑罚，这是法不正、罪不当，是"法反害于民，为暴者也"。⑤景帝时期，朝廷曾多次下令"审疑狱，慎刑罚"。中元五年下诏曰："法令度量，所以禁暴止邪正也，狱，人之大命，死者不可复生……诸狱疑，若虽文致于法而于人心不厌者，辄谳之。"次年五月，又下诏有司，"减笞法，定箠令"。⑥总之，经过汉高祖、惠帝、吕后、文帝、景帝历朝的约法省刑，基本上改变了秦王朝的繁刑苛法，使广大民众能够生活在一个相对比较宽松的环境中，不致手足无措，动辄触禁。

汉武帝在独尊儒术，重视德治的同时，更注重刑暴惩恶的作用。"夫本仁祖义，褒德禄贤，劝善刑暴，五帝三王之所由昌也。"⑦他改变西汉前期的约法省刑轻罚的政策，而是在宣传上重教化，在实际上更重刑罚。他广置亲信法术之士，密织法网，强化暴力统治。史载，武帝时期，"征发烦数，百姓贫耗，穷民

① 《新语·大政上》。
② 《史记·高祖本纪》。
③ 《汉书·惠帝纪》。
④ 《汉书·刑罚志》。
⑤ 《汉书·刑法志》。
⑥ 《汉书·景帝纪》。
⑦ 《汉书·武帝纪》。

犯法，酷吏击断，奸宄不胜。于是招进张汤、赵禹之属，修订法令，作见知故纵，监临部主之法"。① 又作"沉命法"，对于不能揭发罪犯者，以及镇压"盗贼"不力的地方官员要处以重刑。以刑罚督责吏民是武帝以刑暴惩恶思想的一个重要特点。

武帝时期的重刑酷法政策，使朝廷在治国中出现了律令繁杂，前后矛盾，执法标准不统一的现象。这使社会矛盾又有所尖锐激化，"征发烦数，百姓贫耗，穷民犯法，酷吏击断，奸宄不胜"。② 针对这种情况，汉武帝就采取强制手段，变本加厉督责官吏严格法治。"作见知故纵、监临部主之法，缓深故之罪，急纵出之诛。其后奸猾巧法，转相比况，禁罔浸密"。③ 但是，高压手段并不能解决社会矛盾尖锐问题，只会形成法治混乱，吏治败坏，出现"或罪同罚而论异"的弊端。武帝说："夫刑罚所以防奸也。"这句话说得不错，刑罚与德治教化一样，是封建帝王治国的软硬两手。但是在实际操作中，武帝又有走到极端的倾向，即外饰德化，内重刑暴，在刑暴惩恶方面，又滑向了秦王朝的繁刑酷法。

武帝之后，汉昭帝（前86—前73）汉宣帝（前73—前48）虽然对汉武帝的刑暴惩恶政策有所调整，但基本上还是所用多文法吏，以刑名绳下。正如汉宣帝所说的："汉家自有制度，本以霸王道杂之，奈何纯任德教，用周政乎！且俗儒不达时宜，好是古非今，使人眩于名实，不和所守，何足委任！"④ 由此可见，宣帝一语中的点明，西汉王朝的德刑兼用治国方略是"霸王道杂之"，还是内法外王，以刑为主，以德为辅。

二、陆贾的德刑相济思想

陆贾（约前240—前170），汉初著名的思想家、政治家。早年随刘邦平定天下。汉朝建立后，被任命为太中大夫。在诛杀诸吕、迎立文帝的政治斗争中，起了重要的作用。著有《新语》《楚汉春秋》。

陆贾亲身经历过秦朝暴政所带来的迅速灭亡，因此对此历史教训做了总结："秦始皇设刑罚，为车裂之诛，以敛奸邪……事逾烦天下逾乱，法逾滋而天下逾炽，兵马益设而敌人逾多。秦非不欲治也，然失之者，乃举措太众、刑罚太极故也。"⑤ 显而易见，陆贾认为，秦王朝之所以历二世而亡，不是因为统治者不想把国家治理好，而是因为刑罚过分严酷。因此，他深刻认识到治国仅凭严刑峻法是行不通的，主张不能用刑"太众""太极"，而应该"尚德"，臣民才会顺从统治。他指出："天地之性，万物之类，怀德者众归之，恃刑者民畏之，归之则

① 《汉书·刑法志》。
② 《汉书·刑法志》。
③ 《汉书·刑法志》。
④ 《汉书·宣帝纪》。
⑤ 《新语·无为》，《诸子集成》第7册，中华书局2006年版。

充其侧，畏之则去其域。"① 他还列举了历史上齐桓公和秦二世正反两个例子来说明尚德以霸、尚刑而亡的治国方略。"德盛者威广，力盛者骄众。齐桓公尚德以霸，秦二世尚刑而亡。故虐行则怨积，德布则功兴，百姓以德附，骨肉以仁亲。"② 因此，他认为，治国理政，应当"尚德"，而不能"尚刑"。在西汉初年，从秦暴政阴影下走出来的广大民众都十分痛恨秦王朝的严刑峻法，所以陆贾主张当时治国要慎狱轻刑，实行仁政。"设刑者不厌轻，为德者不厌重，行罚者不患薄，布赏者不患厚，所以亲近而致远也。"③ 他认为只有实行道德教化，做到"正上下之义，明父子之礼，君臣之义，使强不凌弱，众不暴寡，弃贪鄙之心，兴清洁之行"，才是防乱之"经"，"治国之本"。④

鉴于以上认识，陆贾主张治国应当德刑兼施，二者相济为用。特别是在秦王朝实行严刑峻法、恃武尚力而迅速覆亡之后，汉初更应以德治为本，刑罚为末，即仁义教化与法制刑杀相结合，以仁义教化"劝善"，以法制刑杀"诛恶"。只有这样，才是维护封建统治的"长久之术"。具体而言，陆贾的德治思想与传统的儒家德治思想有所不同。他针对秦朝为政烦苛，严刑峻法，将道家的"无为"揉进了他的仁义之政。他认为秦朝的苛法极刑治国，过分"刚强"了，所以必然迅速走向覆亡。汉朝要实现长治久安，就要改弦易辙，采取"持柔""迟重""温厚""柔懦"的治国方略，一方面实行仁政，"怀仁仗义"，另一方面要"虚无寂寞，通动无量"，⑤ 无为而治。这样才符合汉初社会经济凋敝，百废待兴的历史背景，从而调本养根，与民休养生息，发展生产。"治末者调其本，端其影者正其形，养其根者则枝叶茂，志气调者即道冲。"⑥ 只有让民众休养生息，才能使生产得到发展，国家政权才能够巩固。

陆贾深知西汉初年的民众刚从秦末的严刑苛政中走出来，渴望新的王朝能实施宽和平正政策法令，执治平一，明确划一，贯彻始终。他指出："管仲相桓公，讪节事君，专心一意，身无境外之交，心无欹斜之虑，正其国如制天下，尊其君而屈诸侯，权行于海内，化流于诸夏，失道者诛，秉义者显，举一事而天下从，出一政而诸侯靡。故圣人执一政以绳百姓，持一概以等万民，所以同一治而明一统也。"⑦ 在此，他认为，管仲能够辅佐齐桓公成为霸主，其成功的关键在于"执一政以绳百姓，持一概以等万民"，保证国家法令、政策的统一、公正和连续稳定，这样才能取信于民，使民众心诚口服地遵守。

---

① 《新语·至德》。
② 《新语·道基》。
③ 《新语·至德》。
④ 《新语·道基》。
⑤ 《新语·道基》。
⑥ 《新语·术事》。
⑦ 《新语·怀虑》。

同时我们必须看到，陆贾的刑罚治国思想中也包含有德的内容。如他认为，法制的作用如同“以圆制规，以矩立方”。[①] 他认为上古虞舜时的司法官皋陶“立狱制罪，悬赏设罚”，是为了“异是非，明好恶，检奸邪，消佚乱”。如果民众畏惧法律却不知礼义，就要教育他们明白上下君臣父子之义。这些明君臣父子之义就是德的内容。陆贾认为，国家法制建立之后，统治者就要采取宽舒中和的方略，“尚宽舒以苞身，行身中和以统远”。[②] 如此德刑并用，宽严相济，民众就“畏其威而从其化，怀其德而归其境，美其治而不敢违其政。民不罚而畏罪，不赏而欢悦，渐渍于道德，而被服于中和之所致也”。[③] 由此可见，陆贾的法制，最终目标还是达到儒家德治的“中和”。

三、贾谊的礼法兼用思想

西汉初年，贾谊在对“秦任法而亡”的反思和批判中，提出了礼法兼用的治国主张。首先，贾谊认为礼的作用是从道德层面规范人们的言行举止，使尊卑、大小、强弱各安其位、各得其所。“礼者，所以固国家，定社稷，使君无失其民者也。主主臣臣，礼之正也；威德在君，礼之分也；尊卑大小强弱有位，礼之数也。礼，天子爱天下，诸侯爱境内，大夫爱官属，士庶各爱其家。失爱不仁，过爱不义，故礼者所以守尊卑之经、强弱之称者也。”[④] 贾谊认为，朝廷如能坚持以先秦儒家的礼治理国家，就能使尊卑上下有序，社会安定和谐。这就是“仁人行其礼，则天下安，而万理得矣。逮至德渥泽洽，调和大畅，则天清澈地富煴，物时熟；民心不挟诈贼，气脉淳化……铄乎大仁之化也”。[⑤]

贾谊提倡以礼治国的同时，重视法制的不可或缺的作用。他认为，国家颁布法律，能儆戒未犯罪者，能使法令、政策得到顺利贯彻实施，能够使民众言行举止符合国家规定。他提出：“法立而不犯，令行而不逆。”[⑥] “人主法而境内轨矣。”[⑦] 他还就礼治与法制在治理国家中的不同作用做了比较：“凡人之智，能见已然，不能见将然。夫礼者禁于将然之前，而法者禁于已然之后，是故法之所用易见，而礼之所为难知也。”[⑧] 在此，贾谊意在礼偏重于教化来引导民众不违法乱纪，因此是防患于未然，其作用发生在违法乱纪出现之前，故不易被人察觉到；相反，法是惩治于违法乱纪行为之后，通过刑罚来制止违法乱纪行为的继续

① 《新语·道基》。
② 《新语·无为》。
③ 《新语·无为》。
④ 《贾谊集校注》，天津古籍出版社2010年版，第179页。
⑤ 《贾谊集校注》，第181页。
⑥ 《新书·五美》。
⑦ 《新书·道术》。
⑧ 《全汉文》卷15，贾谊《治安策》。

发生，所以法制的作用显而易见。贾谊认为，治国理政必须二者互补，相须为用。

贾谊针对秦王朝繁法严刑的暴政，主张汉王朝应采取"慎刑"的治国方略。其一，他提出"约法省刑"，改变秦末由于繁法严刑使监狱囚犯人满为患："虚囹圄而免刑戮，去收孥污秽之罪，使各反（返）其乡里。"①

其二，提出量刑要适度，宁宽勿严。贾谊反对秦朝的严刑酷法，主张去除"忌讳之禁"，② 反对因所谓言论不当而遭受刑罚。而且他还提出，朝廷必须慎重对待赏罚，宁可漏判有罪者也决不滥杀无辜；对罪行有疑问者按无罪处理，对立功事实有疑问者按有功来奖赏。"诛赏之慎焉，故与其杀不辜也，宁失于有罪也。故夫罪也者，疑则附之去已；夫功也者，疑则附之与已。则此毋有无罪而见诛，毋有有功而无赏者矣。"③

其三，提出"刑不上大夫"。贾谊受先秦儒家礼的影响，主张"刑不上大夫"。他错误地认为，王侯贵族、王公大臣都是知道廉耻礼节的"君子"，与庶人"无耻之心"不同，因此如果犯了重罪，不能公开施以极刑，只能是赐死。这就是所谓的"尊君之势"。

四、《淮南子》仁义为本、法度为末思想

《淮南子》在治国方略上提出仁义为本、法度为末的思想："治之所以为本者，仁义也；所以为末者，法度也……故仁义者，治之本也。今不知事修其本，而务治其末，是释其根而灌其枝也。且法之生也，以辅仁义，今重法而弃义，是贵其冠履而忘其头足也。故仁义者，为厚基者也。不益其厚而张其广者毁，不广其基而增其高者覆。"④ 在此，作者把仁义与法度比喻为根与枝、头足与冠履、基础与房子的本末关系，如果将两者的本末关系颠倒了，那么国家就可能覆亡。作者认为："国之所以存者，仁义是也；人之所以生者，行善是也。国无义，虽大必亡；人无善志，虽勇必伤"。⑤ 《淮南子》还列举了历史上夏桀、商纣和商汤、周武的例子来说明是否推行仁义之道是决定国家兴亡的关键因素。桀、纣等亡国之君，"务广其地而不务仁义，务高其位而不务道德，是释其所以存，而造其所以亡也。故桀囚于焦门，而不能自非其所行，而悔不杀汤于夏台；纣居于宣室，而不反其过，而悔不诛文王于羑里"。⑥ 其实，如果他们修仁义之道，行仁义之政，则商汤、周武就不敢谋反。

---

① 《新书·过秦中》。
② 《新书·过秦下》。
③ 《新书·大政上》。
④ 《淮南子·泰族训》。
⑤ 《淮南子·主术训》。
⑥ 《淮南子·氾论训》。

《淮南子》在此基础上进一步指出，国君实行仁政，关键在于要选任贤能仁德之人。君主诚正，就能得到正直的人才治理国家；君主不正直，就只能是用奸邪的人治理国家。所以管理国家得人则国治，否则则国危。"是故人主之一举也，不可不慎也。所任者得其人，则国家治，上下和，群臣亲，百姓附。所任非其人，则国家危，上下乖，群臣怨，百姓乱。故一举而不当，终身伤。得失之道，权要在主。是绳正于上，木直于下，非有事焉，所缘以修者然也。故人主诚正，则直士任事，而奸人伏匿矣；人主不正，则邪人得志，忠者隐蔽也。"①

《淮南子》认为，理想的仁治社会是：明君贤臣管理国家，社会和谐，百姓丰衣足食，家庭和睦。"古者圣人在上，政教平，仁爱洽，上下同心，君臣辑睦，衣食有余，家给人足，父慈子孝，兄良弟顺，生者不怨，死者不恨，天下和洽，人得其愿。"②《淮南子》虽然强调仁义为治国之本，但同时认为，法作为一种治理天下的工具，也不可或缺。"法度者，所以论民俗而节缓急也；器械者，因时变而制宜适也。""故法制礼义者，治人之具也，而非所以为治也。"③《淮南子》主张，法度作为治理天下的具，就像权衡规矩一样，必须具有规范性、公正性和稳定性，才能成为治国理政的准则，规范人们的行为，树立公道，堵塞私门，一切依法行事。"法者，天下之度量，而人主之准绳也。""夫权衡规矩，一定而不易，不为秦楚变节，不为胡越改容，常一而不邪，方行而不流。"

《淮南子》还认为，既然法作为判断是非、功过、罪与非罪的标准，因此，在执法中，无论贵、贱、贤、不肖，都一律平等对待。"悬法者，法不法也；设赏者，赏当赏也。法定以后，中程者赏，缺绳者诛。尊贵者不轻其罚，而卑贱者不重其刑。犯法者虽贤必诛，中度者虽不肖必无罪，故公道通而私道塞矣。"④尤其是君主行赏罚，更不能以自己的好恶喜怒而随意改变规定。"国有诛者而主无怒焉，朝有赏者而君无与焉。诛者不怨君，罪之所当也；赏者不德上，功之所致也"。这就是君主治理国家应当依照功劳大小予以不同奖赏，根据罪过大小处以不同惩罚，虽顺从自己但无功则不能奖赏，虽违逆自己但没有过错则不能处罚。只有这样，才能达到"赏一人而天下誉之，罚一人而天下畏之"的效果。

五、董仲舒德主刑辅思想

董仲舒（前179—前104年），西汉著名的经学家、思想家。汉景帝时任博士，汉武帝时先后任江都王相、胶西王相。元光元年（前134年），董仲舒上《举贤良对策》，系统地提出了"天人感应""大一统"和"罢黜百家，独尊儒

---

① 《淮南子·主术训》。
② 《淮南子·本经训》。
③ 《淮南子·汜论训》。
④ 《淮南子·主术训》。

术"的主张，得到汉武帝的采纳。从此，儒家学说成为古代官方的主导思想，影响相当深远。董仲舒晚年居家著述，今存有《春秋繁露》《举贤良对策》等著述。

董仲舒德主刑辅思想是建立在他的阴阳合分论基础上的。他说："天道之大者在阴阳。阳为德，阴为刑；刑主杀而德主生。"① 天道的特点是"任德不任刑"，君主遵循天道治国，就必须推行德治。因此，他主张，当时西汉王朝应当以"德治"为主，辅以刑罚。

董仲舒提倡的德治，主要有两个方面的内容：其一，重视教化。他认为："圣人之道，不能独以威势成政，必有教化。"②"天生民，性有善质，而未能善"，③ 必须通过"王教之化也"，才能成善。他在人性论上，不认同孟子的"人皆可以为尧舜"的说法，自创"性三品"说。其中上品"圣人之性"已达到至善的境界，无须教化；下品"斗筲之性"溺于贪恶，不可教化；唯有中品"中人之性"才是教化的对象。显然，董仲舒的"性三品"说是孔子"上智下愚"说的进一步发展。

董仲舒认为，圣明的君主"南面而治天下，莫不以教化为大务"。因为教化能取得刑杀手段难以取得的统治效果，能教人自觉弃恶从善。就如同堤防，可以防止老百姓违法乱纪。如果堤防毁坏，社会必然奸邪痈溃，"刑罚不能胜"。鉴于这种认识，董仲舒进一步主张，朝廷可以通过设立各级学校对民众实施教化，"立大学以教于国，设庠序以化于邑"。通过广泛深入的教育宣传，使得广大民众都懂得"贵孝弟而好礼义，重仁廉而轻财利"④ 的伦理道德，从而成为封建国家的忠臣和顺民。

其二，董仲舒认为，德治就是要实行仁政。按他的理解，仁政最首要的内容就是消除极端的贫富悬殊，在他看来，政治弊害莫大于贫富对立，"大富则骄，大贫则忧。忧则为盗，骄则为暴"。⑤ 显然，董仲舒在此发展了孔子"不患寡而患不均"的思想，认为贫富分化太严重会导致贫富对立，出现偷盗、暴力等现象，这是社会动荡不安的根源。统治者应该恰当把握贫富差距的度，封建政府勿与民争利，唯有如此，治理国家才符合天道。至于如何才能做到控制贫富差距的扩大，董仲舒提出了一些具体的措施，其中主要有：一是抑制土地兼并，"限民名田，以澹不足，塞并兼之路"。二是实行轻徭薄赋政策，减轻农民负担，保证农民的生产时间。"薄赋敛，省徭役，以宽民力"。三是废除盐铁专卖，让民众自由经营。"盐铁皆归于民"。四是恢复一些奴婢人身自由。即"去奴婢"。五是

---

① 《汉书·董中舒传》。
② 《春秋繁露·为人者天》。
③ 《春秋繁露·深察名号》。
④ 《春秋繁露·为人者天》。
⑤ 《春秋繁露·度制》。

禁止王公贵族擅自杀害奴婢。"除专杀之威"。①

董仲舒主张德刑兼用，但他主张刑罚只能作为德教的辅助，德与刑的施用比例是德教百刑罚一，应当像天一样，"暖暑居百，而清寒居一。德教之与刑罚，犹此也"。② 他用阴阳合分的哲学理论来论证他的这一治国主张："刑之不可任以成世也，犹阴不可任以成岁也"，否则谓之"逆天，非王道也"。③ 这就是，一年中不能只有阴，阳应占大部分时间。刑属阴，德属阳，因此，刑不能主导国家管理，而应由德主导国家管理。但是，一年中必然又有阴，所以既然天不废阴，君治理国家亦不可废刑。董仲舒还特别强调君主在行德治时不能没有"威"，应该牢牢控制"威"和"权"，这样才能指挥、管束好臣下。

六、王符德化治国，法制为辅思想

王符认为，在治国理政中，"德化"是最理想的方略，因为德化在培育安分守己的顺民和良好的社会风尚方面是法治无法做到的。"是故上圣不务治民事而务治民心……导之以德，齐之以礼，务厚其情而明则务义，民亲爱则无相害伤之意，动思义则无奸邪之心。夫若此者，非法律之所使也，非威刑之所强也，此乃教化之所致也。"④ 正因为"德化"在治国中能发挥法治不可替代的作用，因此，王符十分推崇道德教化，认为这是治国之本。"人君之治，莫大于道，莫盛于德，莫美于教，莫神于化。道者所以持之也，德者所以苞之也，教者所以知之也，化者所以致之也。民有性，有情，有化，有俗。情性者，心也，本也。化俗者，行也，末也。末生于本，行起于心。是以上君抚世，先其本而后其末，顺其心而理其行。心精苟正，则奸匿无所生，邪意无所载矣。"⑤ 王符认为，道德教化能起"化变民心"的独特作用，如民心都是想循规蹈矩、走正道，那作奸犯科在民众中就没市场，国家自然就会得到很好的治理，从而长治久安。

王符在此基础上进一步提出，君主要担负起教化民众的责任，并且首先要修身正己，为人表率。他认为，一个国家道德教化做得好坏，关键在于君主。"世之善否，俗之薄厚，皆在于君"。⑥ 而且君主要实现国家的德化而治，必须先"正己"，自己要"化""治"在民众之前。"五帝三王所以能画法像而民不违，正己德而世自化也。"⑦ 他还以历史上正反两方面的例子来说明君主在德化中的表率作用："上圣和德气以化民心，正表仪以率群下，故能使民比屋可封，尧、

① 《汉书·食货志》。
② 《春秋繁露·基义》。
③ 《春秋繁露·阳尊阴卑》。
④ 《潜夫论·德化》。
⑤ 《潜夫论·德化》。
⑥ 《潜夫论·德化》。
⑦ 《潜夫论·本训》。

舜是也。躬道德而敦慈爱，美教训而崇礼让，故能使民无争心而致刑错，文、武是也。明好恶而显法禁，平赏罚而无阿私，故能使民辟奸邪而趋公正，理弱乱以致治强，中兴是也。治天下，身处污而放情，怠民事而急酒乐，近顽童而远贤才，亲谄谀而疏正直，重赋税以赏无功，妄加喜怒以伤无辜，故能乱其政以败其民，弊其身以丧其国者，幽、厉是也。"① 换言之，君主在治理国家中，如能自律修身，为臣下和广大民众做出表率，那必然会使整个社会礼让无争，百姓安居乐业，和谐安定。

其次，要进行德化，必须先富民。这与孔子先富后教思想是一脉相承的。"夫为国者，以富民为本，以正学为基。民富乃可教，学正乃得义；民贫则背善，学淫则诈伪；入学则不乱，得义则忠孝。故明君之法，务此两者，以为成太平之基，致休征之祥"。② 王符在此的逻辑推理是：民富后才能进行教化，接受教化后才能心中有"义"，心中有了"义"后才能尽忠尽孝，遵守封建道德规范。这样就能天下太平。因此，富与教化是治理天下的根本，缺一不可。

王符在重视德化治国的同时，指出法治具有道德教化不可取代的作用。因此，在优先进行德化治国的前提下，也应该发挥法治的辅助作用，尤其在"乱国"，必须用法治。当时腐败的吏治，恶劣的世风，必须"明罚敕法"才能纠正。"法令赏罚者，诚治乱之枢机也，不可不严行矣。"③ "行赏罚而齐万民者，治国也；君立法而下不行者，乱国也……义者君之政也，法者君之命也……夫法令者，人君之衔辔棰策也"。④ 由此可见，法令对维护国家秩序具有决定性的作用，这就是"国无常治，又无常乱，法令行则国治，法令弛则国乱"。⑤

王符在以法治国中，注意采取法、术、势三者的结合使用。主张君主"明操法术，自握权柄"。他的这种法、术、权（势）思想与先秦法家的法、术、势思想是一脉相承的，但也有明显地加以改造，即贵势而不尚独断，尚法而不崇尊严，任术而不贵阴谋。他指出："所谓术者，使下不得欺也；所谓权者，使势不得乱也。术诚明，则虽万里之外，幽冥之内，不得不求效；权诚用，则远近亲疏、贵贱贤愚，无不归心矣。"⑥ 总之，王符的法治在具体操作时，强调把法、术、权（势）三者紧密结合起来，使之互相补充，相互制约，使之更好地发挥作用。这就是君主颁布法令，使之得到贯彻执行，群臣就不敢不尽心服从君主的命令；君主的命令无人违犯，法律就能顺利施行，国家就没有治理不好的。而只

---

① 《潜夫论·德化》。
② 《潜夫论·务本》。
③ 《潜夫论·三式》。
④ 《潜夫论·衰制》。
⑤ 《潜夫论·述赦》。
⑥ 《潜夫论·明忠》。

有推行法治，才能避免法轻君卑的现象发生，从而真正做到法重君尊。①

七、崔寔以德治平、以法理乱思想

崔寔（103—170）字子真，又名台，字元始，东汉中期政论家。桓帝时，两次被召拜为议郎。并且两次出任外官，先后为五原太守、辽东太守。最后官至尚书。崔寔为官清廉，其著述中有名者为《四民月令》《政论》。

崔寔主张治理国家应当德法兼用，而且进一步指出治国与修身养性一样，应当根据实际情况的不同而有所变化，如社会太平时就以德教为主，世道衰乱时就以刑罚为主，就如养生一样，没病时用"粱肉"调养滋补，疾病时就得用"药石"去除病痛。"盖为国之道，有似理身，平则致养，疾则攻焉。夫刑罚者，治乱之药石也；德教者，兴平之粱肉也。夫以德教除残，是以粱肉理疾也；以刑罚理平，是以药石供养也。"②

崔寔在提出以德治平、以法理乱的治国理政方略时，特别重视法制在防止社会犯罪方面的不可或缺的作用。他从人性的弱点、人的欲望出发，认为人人都不可避免追求荣华富贵、穿好衣服、吃美味佳肴，如果这种欲望恶性膨胀，就会导致社会犯罪，出现僭越违制，从而危害社会稳定。因此，他主张君主治国，必须制定法规来限制民众的欲望，规范人们的行为，从而使社会稳定有序。他说："夫人之情，莫不乐富贵荣华，美服而饰，铿锵炫耀，芬芳嘉味者也。昼则思之，夜则梦焉。唯斯之务，无须臾不存于心，犹急水之归下，下川之赴壑。不厚为之制度，则皆侯服王食，僭至尊，逾天制矣。是故先王之御世也，必明法度以闭民欲，崇堤防以御水害。法度替而民散乱，堤防堕而水泛滥。"③

崔寔的这种主张，是有深刻的历史背景的。他所处的东汉中期，已经出现政衰习乱、法制隳堕的弊端，因此，他有针对性地提出要以加强法治来挽救当时弊政。他在《政论》一文中，推崇汉宣帝严刑峻法治理国家而带来海内肃清、五谷丰登的中兴局面，希望当朝皇帝效法。他主张："今既不能纯法八世，故宜参以霸政，则宜重赏深罚以御之，明著法术以检之。自非上德，严以则理，宽之则乱。何以明其然也？近孝宣皇帝明于君人之道，审于为政之理，故严刑峻法，破奸宄之胆，海内肃清，天下密如。喜瑞并集，屡获丰收。"④

崔寔进一步指出，如果在治理国家中法制遭到破坏，就会产生三大社会问题：其一，僭越奢侈。"今使列肆卖侈功，商贾鬻僭服，百工作淫器，民见可欲，不能不买，贾人之列，户蹈僭侈矣。故王政一倾，普天率土，莫不奢侈者，

---

① 曹德本：《中国政治思想史》，第 198 页。
② 严可均辑：《全上古三代秦汉三国六朝文》（第一册），中华书局 1958 年版，第 723 页。
③ 《全上古三代秦汉三国六朝文》（第一册），第 723 页。
④ 《全上古三代秦汉三国六朝文》（第一册），第 723 页。

非家至人告，乃时势驱之使然。此天下之患一也。"他认为，如没有法律的限制，当时一些豪门贵族会僭越礼制，竞相奢侈豪华，从而"下僭其上，尊卑无别"，破坏封建社会森严的等级秩序，威胁君主统治。

其二，影响农业生产。崔寔认为，如果整个社会崇尚奢侈，那么会刺激生产、出售奢侈品的手工业、商业迅速发展，从而会使许多农民放弃农业，而从事手工业、商业。这将使务农者减少，粮食产量不足，如一遇到天灾人祸，那将会使许多人因饥饿而死亡。他告诫统治者要保持高度警惕，以农为本，稳定农业生产人口。他指出："且世奢服僭，则无用之器贵，本务之业贱矣。农桑勤而利薄，工商逸而入厚，故农夫辍末而雕镂，工女投杼而刺绣。躬耕者少，末作者众，生土虽皆垦义，而地功不致，苟无力穑，焉得有年？财郁蓄而不尽出，百姓穷匮而为奸寇，是以仓廪空而囹圄实，一谷不登，则饥馁流死。上下俱匮，无以相济。国以民为根，民以谷为命，命尽则根拔，根拔则本颠。此最国家之毒忧，可为热心者也。此则天下之患二也。"

其三，败坏社会风气，激化社会矛盾。崔寔认为，如果朝廷没有颁布法律限制奢侈之风，那会使"豪民"肆无忌惮挥霍无度，生则"舆服无限"，死则"高坟大寝"。他们为了穷奢极欲，必然加重对广大民众的剥削压榨，致使民众"穷厄既迫，迫为盗贼"，其严重后果是"天戚戚，人汲汲，外溺奢风，内忧穷竭，故在位者则犯王法以聚敛，愚民则冒罪戮以为健，俗之坏败，乃至于斯。此天下之患三也。"① 总之，崔寔认为，解决当时"三患"问题，最有效的办法就是加强法治，"塞其源以绝其末，深其刑而重其罚"，从而制止僭越奢侈之风，发展农业生产，倡导社会淳朴之风，稳定社会秩序，巩固东汉王朝统治。

八、荀悦修明法度、德刑并用思想

荀悦的德刑并用思想有自己的特色：其一，他的德刑并用思想并不是德主刑辅，而是认为法制是治国理政的根本。如果朝廷能够建立明确的法律制度，并且具有稳定性，即"有常制"，那么国家就能得到有效的管理。他指出："先王立政，以制为本。三正五行，服色历数，承天之制，经国序民。列官布职，疆理品类；辩方定物，人伦之度。自上已下，降杀有序。上有常制，则政不颇；下有常制，则民不二。官无淫度则事不悖，民无淫制则业不废。"②

荀悦认为，要制定一套公平公正的法律制度，君主和臣僚们必须"不仕不爱""惟公是从"，③"谨权量，审法度"。④ 只有厉行公心，堵塞私欲，统治者就

---

① 《全上古三代秦汉三国六朝文》（第一册），第 723—724 页。
② 荀悦：《前汉纪》，第 60 页。
③ 《申鉴》，第 19 页。
④ 《前汉纪》，第 60 页。

能够摒弃伪、私、放、奢四患，察实情，定常制，明赏罚。在执法时，以事实为依据，"投百金于前，白刃加其身，虽巨跖弗敢掇也。善立法者若兹，则终身不掇矣，故跖可使与伯夷同功"。① 执法应做到公私不忿，内外不二。总之，执法如能这样，法律就能得到很好的执行，真正发挥国家法律惩恶劝善的作用，使整个社会"虚伪之行不得设，诬罔之辞不得行，有罪恶者无侥幸，无罪过者不忧惧，请谒无所行，货赂无所用"。②

其二，荀悦德刑并用思想与崔寔的以德治平、以法理乱不同，他提出对君子用德，对小人用刑的德刑并用思想。显然，这里最主要的区别在于用德用刑的对象不同：崔寔侧重于太平之世用德，教化民众从善；动乱之世用刑，禁止奸民为非。荀悦则是侧重于对遵纪守法之人用德，引导他们从善；对违法乱纪之人用刑，禁止他们为非。荀悦主张："君子以情用，小人以刑用。荣辱者，赏罚之精华也。故礼教荣辱以加君子，化其情也；桎梏鞭朴以加小人，治其刑也。君子不犯辱，况于刑乎；小人不忌刑，况于辱乎。若夫中人之伦，则刑礼兼焉。"③

荀悦在强调德治君子、刑治小人的同时，也主张应根据不同的时代采取不同的德刑并用治国方略。他将不同时代分为 3 种类型而分别采取不同的政策措施：即刚刚诞生不久的新王朝，属于"扶弱绥新"之世，应采取先德化的政策措施；而对于动乱的时代，属于"拨乱抑彊"之世，应当采取先刑法的政策措施；而对于太平无事的时代，即"安平之世"，则采取刑罚与德教同时并用的政策措施。他说："夫德刑并行，天地常道也。先王之道，上教化而下刑法，右文德而左武功，此其义也。或先教化，或先刑法，所遇然也。拨乱抑彊，则先刑法；扶弱绥新，则先教化；安平之世，则刑教并用。大乱无教，大治无刑。乱之无数，势不行也；治之无刑，时不用也。教初必简，刑始必略，则其渐也。教化之隆，莫不兴行，然后责备。刑法之定，莫不避罪，然后求密。未可以备，谓之虐教；未可以密，谓之峻刑。虐教伤化，峻刑害民，君子弗由也。设必违之教，不量民力之未能，是陷民于恶也，故谓之伤化。设必犯之法，不度民情之不堪，是陷民于罪也，故谓之害民。"④

荀悦在此还总结了教化和刑法的发展趋势，即教化和刑法在产生初期都是比较简略的，以后随着社会现实的需要而逐步发展完善。如果教化不完备，那么会给教育带来损害，没将民众教育好，会使民众为恶。如果刑法没有制定执行严密，那就变成峻刑，把民众陷入犯罪的陷阱。因此，只有把教化与刑法逐渐制定完善，才能使民众安居乐业。

---

① 《申鉴》，第 6 页。

② 《前汉纪》，第 93 页。

③ 《申鉴》，第 2—3 页。

④ 《前汉纪》，第 222—223 页。

荀悦的修明法度、德刑并用主张，其理论基础是人性论。他的人性论既不是性善论也不是性恶论，而是认为人性无所谓善恶，是随着客观环境的变化而形成的。"性虽善，待教而成；性虽恶，待法而消……于是教扶其善，法抑其恶。"① 正由于人性先天无所谓善恶，主要是后天教化和刑法会改变人性，因此，教化和刑法在治国理政中是不可缺少的。

九、傅玄以礼刑治国、以赏罚治民思想

傅玄（217—278）字休奕，博学，善属文，性格刚劲亮直。曾屡次上奏晋武帝，匡正玄学思潮，坚持"存重儒教"。其著作多已失传，清人纪昀等辑有《傅子》一书。

傅玄在阐述礼刑治国思想时，首先比较有特色的是对礼、法、刑做了界定："立善防恶谓之礼，禁非立是谓之法。法者，所以禁不法也。明书禁令曰法，诛杀威罚曰刑。"② 这里的礼类似现代的道德，对民众起正面的引导作用，如通过树立榜样、倡导良风美俗等预防犯罪行为。所谓法，类似现代的法律，通过政府明文颁布的法令条文，禁止民众违法乱纪。这里的刑，则类似现代的刑罚，即对犯罪分子处以各种刑罚。这种界定比以往《大戴礼记·礼察》和贾谊的"礼者禁于将然之前，而法者禁于已然之后"显得科学明确了，无疑在认识上前进了一大步。

傅玄主张治国理政必须德刑相济，礼法并用，如片面重德或片面重刑都是无法把国家管理好的。用德用刑都必须取其所长，去其所短，这样才能达到管理好国家的目标。"天威德者，相须而济者也。故独任威刑而无德惠，则民不乐生；独任德惠而无威刑，则民不畏死。民不乐生，不可得而教也；民不畏死，不可得而制也。"③ 他批评当时一些"末儒""见峻法之生叛，则去法而纯仁；见弱法之失政，则去仁而任法。世轻世重，恒失其中也"。④ 因此，主张礼法、赏刑兼用，互相补充，"礼法殊途而同归，赏刑递而相济"。

至于在治国中是先礼后刑还是先刑后礼，傅玄认为应该根据社会治乱情况的不同对德礼和刑法的运用可以有所侧重。他指出："天地至神不能同道而生万物，圣人至能不能一检而治百姓。故以异致同者，天地之道也；因物制宜者，圣人之治也。"一般来说，傅玄主张："治世之民，从善者多，上立德而下服其化，故先礼而后刑也；乱世之民，从善者少，上不能以德化之，故先刑而后礼也。"⑤

傅玄根据人性好生恶死的特点，提出君主应该运用赏罚两种手段来管理民

---

① 《申鉴》第 27 页。
② 《傅子·法刑》。
③ 《傅子·治体》。
④ 《傅子·法刑》。
⑤ 《傅子·法刑》。

众。如对那些"信顺"封建统治的民众，则因其所好予以奖赏，而对那些"诈逆"封建统治的民众，则因其所恶予以惩罚，这样就能巩固自己的统治。他提出："治国有两柄：一曰赏，二曰罚。赏者，政之大德也；罚者，政之大威也。人所以畏天地者，以其能生而杀之也。为治审持两柄，能使生杀不妄，则威德与天地并矣。信顺者，天地之正道也；诈逆者，天地之邪路也。民之所好莫甚于生，所恶莫甚于死。善治民者，开其正道，因所好而赏之，则民乐其德也；塞其邪路，因所恶而罚之，则民畏其威矣。"①

总之，傅玄以天道春生秋杀的理论来论证君道，主张君主治国必须持有赏罚二柄，然后才能成就君道，统治万民。为了使君主能正确地使用赏罚二柄来治国，傅玄提出赏罚不避亲疏贵贱的主张，这样就能达到奖赏能激励民众，惩罚能威慑不法者的效果。这就是"亲贵犯法，大者必议，小者必赦"。"善赏者，赏一善而天下之善皆劝；善罚者，罚一恶而天下之恶皆惧也。何也？赏公而罚不贰也。有善，虽疏贱必赏；有恶，虽亲贵必诛，可不谓公而不贰乎？"②

第四节　唐宋德法并用思想

一、唐太宗的仁主法次思想

李世民即位后，推行崇儒政策，讲论治国之道，处处以仁义、仁政为指导。他从历史兴亡中汲取经验教训，意识到"古来帝王以仁义为治者，国祚延长，任法御人者，虽救弊于一时，败亡亦促"。"余思三代以来，君好仁，人必从之"。因此，他主张，治国首先要重视实行仁政，这样国祚才能长久，民众才会拥戴，社会才会安定。"为国之道，必须抚之以仁义，示之以威信，因人之心，去其苛刻，不作异端，自然安静"。③

唐太宗虽然主张治国以仁义为本，但也重视法律在治理国家中的作用，认为"法"为"国之权衡也，时之准绳也"。④ 他作为全国最高统治者，在法制中注重操作层面的问题。其一，唐太宗强调法要公平、稳定、宽简。他即位初，就提出立法要"以天下为公"，必须公平。他赞扬诸葛亮立法公平，不为人作轻重。唐太宗还强调法律要保持稳定，不可多变。法律多变就容易引起前后不一，难以操作，官吏易于作弊。他说："法令不可数变，数变则烦。官长不能尽记，又前后差违，吏得以为奸。"⑤ 当然，唐太宗主张法律要稳定，但不是意味着不可改

---

① 《傅子·治体》。

② 《傅子·治体》。

③ 《贞观政要·仁义》。

④ 《贞观政要·公平》。

⑤ 《资治通鉴》卷194。

变，而是说不可多变，更不能朝令暮改，应当保持相对稳定，如要改变必须慎重。他还主张执法务在宽简。因为如不宽简，官员难以掌握，容易产生作弊欺诈。"国家法令，惟须简约，不可一罪作数种条，格式既多，官人不能尽记，更生奸诈，若欲出罪即引轻条，若欲入罪即引重条。数变法者，实不益道理，宜令审细，毋使互文。"①

其二，唐太宗以身作则，带头做到帝王也要守法。在古代君主专制制度下，皇帝至高无上，可以凌驾于法律之上，言出法立，生杀任情。但是唐太宗在位时，虽然也有不少践踏法律的事情，但总的来说，他还是比较注意克制私见私情，尽量避免以主观意志来取代法律，减少对法制的干预，甚至使皇权受制于法。这在古代封建帝王中是难能可贵的。如贞观元年，大理寺卿戴胄批评唐太宗对长孙无忌和校尉的处罚不公平，唐太宗立即表示接受，并说："法者非一人之法，乃天下人之法，何得以无忌国之亲戚，便挠法耶？"终于下令"免校尉之死"。由于唐太宗带头守法，从而出现了"贞观之初，志存公道，人有所犯，一一于法"的清明政治。

其三，唐太宗主张赏罚要分明、慎重，避亲疏贵贱，一断于律。唐太宗认为赏罚要分明、慎重，才能起激励、威慑的作用。"赏当其功，无功者自退；罚当其罪，为恶者咸惧。则知赏罚不可轻行也。"他还接受魏征的谏言，赏罚"不以贵贱亲疏而轻重者也"，应该做到"一断于律"。他把赏罚作为治国理政的重要手段，要求赏罚"以公平为规矩，以仁义为准绳"。②

其四，唐太宗重视建立完善的法律体系，以此作为唐王朝执法的依据。唐太宗在位时期，主持制定了《贞观律》。而后，长孙无忌又为其作注，这就是历史上著名的《唐律疏议》。《唐律疏议》是我国封建社会历史上最重要的国家立法，是唐以前历朝立法的集大成者，并深刻影响后世的宋元明清立法，成为我国封建社会影响最大的一部法典。《唐律疏议》分律、令、格、式四种法律形式，系统完备严密，成为唐王朝以及后世封建王朝立法的圭臬。

二、李觏用法恒常，于善宽，于恶猛思想

李觏在应用刑法上提出要保持恒常的观点，即"令之于民也，与其出而中废，不若勿出之愈也。善人见劝而莫肯进，惧其令变而不必赏也；恶人见禁而莫肯改，幸其令变而不必罚也。朝一命焉，夕一命焉，群吏奉承之弗暇，愚民惶惑而失图"③。这就是国家应用刑法切忌朝令暮改，使人无所适从，起不了赏善罚恶的效果。因此，立法用法必须坚持恒常统一，才能真正发挥法律导善除恶的作

---

① 《贞观政要·刑法》。
② 《贞观政要·择官》。
③ 《李觏集》卷18《安民策第六》。

用。如果法是正确的，"虽士传言焉，庶人谤焉，志之先定，不足疑也。夫民可与乐成，难与虑始"。因为"众民所好不同，而君臣政治各有常法，不可失政教之常，以从民欲也"。有鉴于此，他主张：治理国家必须"君以令用民，民以令事君。令之所取，民亦取之；令之所去，民亦去之。故令可一而不可变也"①。

李觏认为用刑之宽猛，不以时分，不以法变，只以善人恶人而异。他主张用刑"宽猛不可偏任"，"宽猛并行然后为治也"。"何谓宽猛并行哉？于善则宽，而于恶则猛也。"这就是用刑对好人要宽，对坏人要猛。"宽猛之用，以命群吏谨察其所为，而废兴之，则治道一致，而百姓阜康矣"②。

为维护法律的公正性和严肃性，李觏反对赦赎："赦者，所以恤其民也。赎者，所以优其臣也。""而儒先之论，未有言其可者，何也？所利寡而所害众也"。所以，他主张执法必须严明，"鞭扑不可弛于家，刑罚不可废于国"。他特别反对在大祀吉日实行赦免，认为"以是时而赦，是启人以恶也"。这势必造成天下的动乱，商旅不敢越疆界，孤嫠不敢出户门。赎的弊病更大，将使"衣冠子孙，负势驰骋，禽房下户，贪暴无厌，己之赎金无穷，而人之肌肉有尽，孰能以敲扑之苦，易铢两之罚哉！此又冥冥之民无告之甚也"。有鉴于此，所以他主张与其赦之赎之，不如使之畏之耻之而不为："与其赦之，曷若使畏而不犯；与其赎之，曷若使耻而不为。幸赦而奸，卒以不悛，人鬼以怒，死亡以亟，非所以恤之也。幸赎而恶，终以不悔，辱其祖考，堕其门阀，非所以优之也。"③

三、朱熹礼德政刑相辅为用思想

朱熹作为南宋著名的理学家，在治国方略上，既要求强化德礼教化，从观念上灌输封建的礼义道德，又强调严明执法，不宽不贷。他指出："圣人亦不曾徒用政刑，到德礼既行，天下既治，亦不曾不用政刑"④；"圣人谓不可专恃刑政，然有德礼而无刑政，又做不得"⑤。不言而喻，他主张治国必须政刑德礼并行不悖，相辅相成。

朱熹在其学说中，虽然十分重视德礼的教化作用，但另一方面从不忽视法律的作用，甚至以主张严刑峻法而著称。如他认为："法家者流，往往常患其过于惨刻。今之士大夫耻为法官，更相循袭，以宽大为事，于法之当死者，反求以生之。殊不知明于五刑以弼五教，虽舜亦不免。教之不从，刑以督之，惩一人而天下人知所劝戒。所谓辟以止辟，虽曰杀之，而仁爱之实已行乎中，今非法以求其生，则人无所惩惧，陷于法者愈众，虽曰仁之，适以害之。""刑期于无刑，只

---

① 《李觏集》卷18《安民策第六》。
② 《李觏集》卷18《安民策第七》。
③ 《李觏集》卷18《安民策第八》。
④ 黎靖德：《朱子语类》卷78。
⑤ 《朱子语类》卷23。

是存心期于无，而刑初非可废。"① 这种以刑止刑，以杀止杀，以儆效尤，使人有所畏惧，不敢违法犯罪，正是严明执法、不宽不贷的出发点，与倡导德礼仁爱的初衷是一致的。

在朱熹的治国方略中，虽然政刑与德礼相辅为用，但并非无主次先后之分。他始终把德礼放在首位："为政以德，非是不用刑罚号令，但以德先之耳。以德先之，则政皆是德。"② 这是因为"道之以德者，是自身上做出去，使之知所向慕。齐之以礼者，是使知其冠婚丧祭之仪，尊卑大小之别，教化知所趋。既知德礼之善，则有耻而格于善。若道齐之以刑政，则不能化其心，而但使之少革，到得政刑少弛，依旧又不知耻矣"。"先之以法制禁令，是合下有猜疑关防之意，故民不从，又却齐之以刑，民不见德而畏威，但图目前苟免于刑，而恶之心未尝不在。先之以明德，则有固有之心者，必观感而化。然禀有厚薄，感有浅深，又齐之以礼，使之有规矩准绳之可守，则民耻于不善，而有以至于善。"③ 可见，如能先用德感化固有之心，再齐之以规矩准绳之礼，这是治本之策；而如先齐之以刑，即使暂时可使民众免于刑罚，但为恶之心仍然存在，故只是治标之策。不言而喻，在治国方略中德礼应为先，是主要的；政刑应为后，是次要的。

朱熹重视法律的作用，但更重视人在执法中的作用。他认为再好的法律也要靠人执行，只有选人得当，法律才会发挥应有的作用。他说：钱谷刑狱与人才，"欲执此以废彼则非也。要之，相得人，则百官各得其职；择一户部尚书，则钱谷何患不治；而刑部得人，则狱事亦清平矣"。④ 所以，"欲清庶狱之源者，莫若遴选州县治狱之官"⑤。"盖无人以守之，则法为徒法，而不能以自行也。"⑥

第五节　明清德法并用思想

一、王守仁的明德亲民和十家牌法思想

王守仁（1472—1528），字伯安，别号阳明，为明代著名哲学家、思想家，学者称阳明先生。弘治十二年（1499 年）举进士，正德初官礼部左侍郎，正德十一年（1516 年）擢右金都御史，官至南京兵部尚书。后因镇压农民起义和平定"宸濠之乱"有功，封为"新建伯"，死后封为"文成公"。其著述由门人辑成《王文成公全书》。

---

① 《朱子语类》卷 78。
② 《朱子语类》卷 23。
③ 《朱子语类》卷 23。
④ 《朱子语类》卷 135。
⑤ 《晦庵先生朱文公文集》卷 14《延和奏札二》。
⑥ 《晦庵先生朱文公文集》卷 80《常州宜兴县社仓记》。

王守仁政治上的核心思想"明德亲民"是继承了孔孟的仁政思想而提出的，其理论基础是他的心学哲学思想。王守仁认为："夫圣人之心，以天地万物为一体，其视天下之人，无外内远近，凡有血气，皆其昆弟赤子之亲，莫不欲安全而教养之，以遂其万物一体之念。"① 他指出，当一个人的修养达到圣人之心与天地万物为一体的高远境界时，就能视天下如同一家，中国如同一人，从而不分远近内外，把仁心推及天地万物，在治国理政上就能做到明德亲民。

王守仁的"明德亲民"思想，质言之，就是管理者首先发扬自己内心光明的仁爱，然后亲近爱护广大民众，从而才能把国家治理好，使天下太平。他说："明明德者，立其天地万物一体之体也。亲民者，达其天地万物一体之用也。故明明德必在于亲民，而亲民乃所以明其德也。""君臣也，夫妇也，朋友也，以至于山川鬼神鸟兽草木也，真不实有以亲之，以达吾一体之仁，然后吾之明德始无不明，而真能以天地万物为一体矣。夫是之谓明明德于天下，是之谓家齐国治而天下平。"② 王守仁认为，从体用的视角来看，明德是体，亲民是用，明德在于亲民，亲民是为了明德。修体而致用，体用兼备。明明德就是发明自己内心的仁德，即王守仁所谓致良知的功夫，从而把它推广到天地万物，达到人与天地万物为一体的境界，这就达到了最高的道德境界，也是一种理想的政治目标。如果整个天下都明明德，那就能实现家齐国治而天下平。

王守仁的"明德亲民"思想，在治国理政中的具体体现比较有特色的是社学和乡约。王守仁为了宣传自己的心学思想实现自己"明德亲民"的政治主张，大力提倡以教育为本，兴办社学，以儒家经典教育民众，并让他们践行封建道德礼让，从而使社会形成良风美俗。他主张："各官仍要不时劝励敦勉，令各教读务遵本院原定教条尽心训导，视童蒙如己子，以启迪为家事，不但训饬其子弟，亦复化喻其父兄；不但勤劳于诗礼章句之间，尤在致力于德行心术之本；务使礼让日新，风俗日美，庶不负有司作兴之意，与士民趋向之心。"③

王守仁在社学教学中特别注重封建道德的教育，即所谓的"成德为事"，这样国家才能培养选拔出才能兼备的各级官员来很好地管理广大民众。他说："学校之中，惟以成德为事，而才能之异或有长于礼乐，长于政教，长与水土播植者，则就其成德，而因使益精其能于学校之中。迨夫举德而任，则使之终身居其职而不易，用之者惟知同心一德，以共安天下之民。"④

王守仁主张在基层管理中采取乡约制：一是在基层通过民众推选出约长、副约长、约正、约史、知约、约赞等管理人员，然后由约长开会征求民众意见，根

---

① 王守仁：《传习录中·答顾东桥书》
② 《传习录中·大学问》
③ 《传习录中·颁行社学教条》。
④ 《传习录中·答顾东桥书》。

据多数民众意见纠恶扬善。二是发挥乡约制的作用劝民为善。在方式方法上以德为主，以刑为辅，即尽量采取教育引导的方法，使民孝悌和睦、善良仁厚，如屡教不改，为恶通贼，损害民众，那才通过官府予以惩罚。如乡约规定："孝尔父母，敬尔兄长，教训尔子孙，和顺尔乡里……息讼罢争，讲信修睦，务为善良之民，共成仁厚之俗"；"军民人等若有阳为良善，阴通贼情，贩卖牛马，走传消息，归利一己，殃及万民者，约长等率同约诸人指实劝戒，不悛，呈官究治"。①

王守仁还主张在社会基层实行"十家牌法"，加强对广大民众的管理。他认为，明朝后期民变不断发生的原因主要是由于官府对民众的控制不平，同时，主张实行"十家牌法"，以加强对广大民众的控制。"凡置十家牌，须先将各家门面小牌挨审的实，如人丁若干，必查某丁为某官吏，或生员，或当某差役，习某技艺，作某生理，或过某房出赘，及户籍田粮等项，俱要逐一查审的实。十家编排既定，照式造册一半留县，以备查考。"② 由此可见，十家牌法是一种严密的对广大民众的户籍管理和控制，使地方基层官府了解掌握各家各户人丁的经历、职业、社会关系、身体特征等，并一一造册登记，付存官府备案，以便随时随地予以稽查，从而加强对广大民众的管控与有序治理。

王守仁的"十家牌法"主要功能是加强对民众的控制和管理，维持基层社会的治安，但是，也有为德政服务的一面。他在《十家牌法告谕各府父老子弟》中提出："自今各家务要父慈子孝，兄爱弟敬，夫和妇随，长惠幼顺……务兴礼让之风，以成敦厚之俗。吾愧德政未敷，而徒以言教，父老子弟，其勉体吾意，毋忽!"可见，王守仁实行"十家牌法"，也有教化民心，培养良风美俗的功能。

二、明朝礼刑并用思想

(一) 尊崇程朱理学

明朝为了加强封建专制君主统治，在思想上尊崇程朱理学，将其奉为安邦治国的圣典，成为官方的哲学和治国理政的指导思想，并且作为科举取士的唯一标准。明王朝的开创者明太祖朱元璋深知程朱理学在治理国家中的重要作用，开国伊始，就与刘基、宋濂等理学家一起论道经邦，议论礼乐之制。永乐年间，明成祖朱棣奉程朱理学为圭臬，命群臣汇辑经传、集注，编纂三部理学《大全》，颁行天下，企图以此来统一全国思想，"合众途于一轨，会万理于一原"，"使家不异政，国不殊俗"。三部《大全》编纂的完成，标志着程朱思学作为官方的统治思想及其独尊地位的确立，也标志着中国古代封建社会的礼治进入一个新的阶段。

到了明中期，随着王守仁阳明心学的异军突起及王学的广泛传播，程朱理学

---

① 《传习录中·南赣乡约》。
② 《传习录中·申谕十家牌法》。

虽然仍是官方的主导思想，但是其影响已渐被王学所取代。王守仁博通儒、释、道三家，一生经历成化、弘治、正德、嘉靖四朝，面对当时社会危机，他深感于"天下事势如沉疴积痿"，已到了"何异于病革临绝之时"，决心寻求一种能使天下事势"起死回生"的良方。他认为当时许多读书人把理学作为饵名钓誉之阶，使理学沦为无补于国家社稷。因此，他创立了与程朱理学相左的心学，宣扬"良知"是"心之本体"说、"知行合一"说和"致良知"说。阳明心学与程朱理学一样，对后世礼治也产生了深远的影响。

（二）廷杖、厂卫

明朝在推崇程朱理学、阳明心学进行礼制的同时，也实行残暴的封建君主专制。《明史·刑法三》刑法有："创之自明，不衷古制者，廷杖、东西厂、锦衣卫、镇抚司狱是已。是数者，杀人至惨，而不丽于法。踵而行之，至末造而极。举朝野命，一听之武夫、宦竖之手，良可叹也。"在此，拙著将法外用刑的廷杖、特务组织厂卫以及莫须有的文字狱做一介绍，以说明封建专制君主刑罚治国至明朝的残暴性。

廷杖自东汉以来，各朝代史不绝书，但只是少数的。明朝自明太祖朱元璋实行廷杖后，廷杖逐渐制度化，且次数之多、手段之狠，世所罕见，极大地摧残了士大夫的身心，充分暴露了封建社会末期君主专制的残暴。如正德十四年（1519 年），明武宗打算南巡，群臣纷纷劝谏阻止，武宗大怒，下令廷杖劝谏的146 位大臣，结果活活打死了 11 人。嘉靖三年（1524 年），明世宗"大礼仪"事件，受廷杖大臣 180 余人，打死 17 人。这种凭君主一时喜怒而法外用刑的杖杀，其结果非但不能震慑群臣，反而使君臣关系日益疏远，使封建专制君主愈益成为孤家寡人，其腐朽性日益显现。

明代的厂卫是厂和卫的合称，指明朝内廷的侦查、审讯、判决机构。其中卫指锦衣卫，厂指东厂、西厂和内行厂。洪武十五年（1382 年），朱元璋设立锦衣卫，作为皇帝的侍卫机构。后来，锦衣卫将"天下重罪逮至京者，收系狱中"，"数更大狱，多使断治，所诛杀为多"。① 尔后，终明一代，锦衣卫成为皇帝的私人警察，并掌管刑狱、巡察、缉捕，下设镇抚司负责侦察、逮捕、审问、处决等活动，而且这些活动都不经负责国家司法职能的刑部、大理寺和都察院的批准。

明朝的东厂即东缉事厂，明成祖时设立，是皇帝亲自掌控的特权监察机构、特务机关和秘密警察机关。东厂起初只负责侦缉、抓人，没有审讯的权利，抓捕到的嫌犯要交给锦衣卫北镇抚司审理。但到了明后期，东厂有了审讯的权力，并设立了自己的监狱，其权力甚至超过锦衣卫。东厂只对皇帝负责，不经过司法机关批准就可随意监视缉拿臣民。东厂"访谋逆妖言大奸恶等"，不仅监视官员，甚至连普通百姓的日常生活，也在其监视范围之内。明中后期东厂的监视范围从

---

① 《明史》卷95《刑法三》，本目引文未注出处者，均见于此。

京城扩大到全国，使人人自危，甚至穷乡僻壤也出现"见鲜衣怒马作京师语者，转相避匿"。

西厂即西缉事厂，明宪宗成化十三年（1477 年）增设，以加强封建特务统治。西厂曾被废除复置，前后约存在 10 年。西厂在全国布下侦缉网，主要侦察对象是京城内外官员，一旦怀疑某人不轨，可先未经皇帝同意，就予以立刻逮捕，并加以严刑逼供。西厂在汪直掌控时期，其办案数量之多、速度之快、牵连人员之众超过东厂和锦衣卫。"自京师及天下，旁午侦事，虽王府不免……先后凡六年，冤死者相属，势远出卫上。"正德元年（1506 年），宦官刘瑾设内办事厂，"自领之。京师谓之内行厂，虽东、西厂皆在伺察中，加酷烈焉"。内行厂虽然存在不足 5 年，但比东厂、西厂侦缉范围更大，甚至连东厂、西厂、锦衣卫都在其伺察之中。其权势也极大，其滥施刑狱也较之东厂、西厂有过之而无不及。内行厂还自创刑罚："且创例，罪无轻重皆决杖，永远戍边，或枷项发遣。枷重至百五十斤，不数日辄死。"当时，锦衣卫、东厂、西厂、内行厂四大特务机构并存，缇骑四出，人人自危，天下骚动。

明朝的厂卫制度，在中国古代封建社会中是罕见的，尤其是在封建社会的末期出现，充分暴露了封建君主专制制度的残暴和腐朽，说明中国古代封建刑法治理国家已经走向反面。其一，厂卫的设立是对封建的司法、监察制度的破坏，厂卫凌驾于刑部、大理寺、都察院之上，不受法律约束，其活动大大超出了正常的官僚机构，有时候为了不可告人的政治目的，制造了许多冤假错案。如嘉靖二年（1523 年），刑科给事中刘济上言："国家置三法司专理刑狱，或主鞫问，或主许审，权奸不得以恩怨出入，天子不得以喜怒重轻。其后乃有锦衣卫、镇抚司专理诏狱，而三法司几于虚设。"① 由此可见，明朝在"三法司专理刑狱"时期，封建法制基本上是正常运转的，连皇帝、权贵也不敢轻易破坏司法制度，相反，到了厂卫"专理诏狱"时期，封建司法制度遭到肆意践踏，三法司几同虚设，封建法制名存实亡。

其二，厂卫制度使明朝的政治生态极不正常。厂卫直接领导权一般掌握在宦官手中，对皇帝负责，因此对各级官员滥施淫威，横行霸道，对那些正直忠良、敢于坚持正义的官员予以残酷迫害打击，制造冤假错案。这使得官僚士大夫们噤如寒蝉，为求自保，被迫降心辱志、隐忍委屈地去笼络、巴结他们。如明朝著名权臣严嵩之所以能在嘉靖朝进入内阁当权 20 多年，就是因为他善于见风使舵，与厂卫沆瀣一气，互相勾结，把持朝政。

其三，厂卫机构为明代的宦官专权提供了有利的条件。明朝厂的首领为宦官，因此，宦官就利用这个机构凌驾于国家正常法律体系之外，通过侦查、监视、审讯、判刑等手段制造冤狱，扫除异己，威镇群僚，使百官服服帖帖屈从宦

---

① 《明世宗实录》卷 33。

官摆布，从而达到宦官专权。宦官专权是中国古代封建社会极不正常的政治现象，是促使明朝灭亡的重要原因。从这个角度来看，明朝厂卫横行是明王朝灭亡更深层次的原因之一。

（三）文化专制

明代封建君主专制在刑法治理国家中的第三个重要表现是实行文化专制。明朝的文化专制是自秦王朝焚书坑儒之后在中国封建社会两千多年历史上比较典型的，文化专制其实质上是君主专制的一个重要组成部分，大致有以下 3 个方面：

其一，大兴文字狱。明代文字狱主要发生在明初，因为明朝开国君主朱元璋出身贫寒卑贱，曾当过牧童、僧人，后来加入红巾军，因此对自己出身极为敏感。明初，只要有关"僧""光""贼""则"等文字，都可能引起他的猜疑，从而引来杀身之祸，甚至被株连九族。这种"莫须有"的文字狱，使当时文人噤如寒蝉，小心翼翼，更遑论议论时政了。朱元璋还颁布圣谕，严禁各级学校中的生员议论朝政，违者予以重惩。

其二，销毁、禁止出版不符合朝廷要求的书籍。明代所禁的书籍大致有 6 类：一是禁天文图谶、邪教异说之书。因为历史上民众反抗封建王朝的起义往往以天象、灾异、秘密宗教等作为宣传、组织广大群众的工具，因此，明王朝对此类书籍予以严禁。二是禁"奸党"文字。明朝党争激烈，参与斗争者为了击败对手，往往无所不用其极。在党争中失败者，往往遭到因人废文的对待，失败者所有著述文字、著作统统都要销毁，并严禁出版。三是禁亵渎帝王圣贤的词曲、小说、记闻。在古代，帝王和圣贤具有至高无上的地位，往往受到尊崇，如民众在词曲、小说、纪闻中有对帝王、圣贤有亵渎不敬之词，必须予以销毁，其著作人、出版发行人也要受到惩罚。四是禁民间私刻历书。自雕版印刷术发明以来，历代封建王朝一般都禁止私刻历书。这主要是从经济利益方面考虑，因为历书是每家每户日常生活用品，发行量十分庞大，有很可观的经济效益，因此封建王朝一般都禁止民间私刻，从而达到官府垄断经营的目的。五是禁冒犯程朱理学之书。程朱理学在明朝被尊奉为官方哲学，作为朝廷治国理政的指导思想，科举考试的唯一标准，因此，朝廷对于冒犯程朱理学之书予以销毁，并严禁出版，违者将受到处罚。六是禁八股文选本。明朝规定科举考试必须考八股文，为防止应试者舞弊，考试作文时抄袭、套用其他人的八股文，因此，禁止民间出版八股文选本，从源头上杜绝抄袭、套用其他人的八股文的弊端。

其三，编书注经，崇奉程朱理学，加强对民众的思想控制。明太祖就十分重视利用程朱理学思想，向广大民众灌输忠孝礼义廉耻等思想，把全国百姓培养成明王朝的顺民，服服帖帖服从明王朝的统治。他身体力行，亲自编书注经。张德信在《洪武御制全书·序》中列举了朱元璋"御制"和"御纂"的著作近 60 种，如《皇明祖训》《御制大诰》《御注洪范》等，作为朝廷治国理政的金科玉律。

明成祖朱棣也相当重视通过程朱理学加强对民众的思想控制，他下令编纂三部"理学巨著"，即《五经大全》《四书大全》和《性理大全》，确立了程朱理学在明朝思想上的统治地位。朱棣在为三部《大全》所作序文中明确指出："书编成来进，朕间阅之，广大悉备，如江河之有源委，山川之有条理。于是圣贤之道，粲然而复明。所谓考诸三王而不谬，建诸天地而不悖，质诸鬼神而无疑，百世以俟圣人而不惑。大哉！圣人之道乎，岂得而私之，遂命工锓梓颁布天下。使天下之人获睹经书之全，探见圣贤之蕴，由是穷理以明道，立诚以达本，修之于身，行之于家，用之于国，而达之天下。使家不异政，国不殊俗，丕回淳古之风，以绍先王之统，以成熙皞之治，将必有赖于斯焉。遂书以为序。"[1] 由此可见，朱棣把编纂颁行《大全》作为统一全国民众思想的重要途径，并规定全国各级学校必须以《大全》作为教学内容，科举考试题目必须出自《大全》，从此，程朱理学成为明清两朝的统治思想。

三、顾炎武重教化、正人心、厚风俗思想

顾炎武（1613—1682），本名顾绛，字宁人，人称亭林先生，南直隶昆山（今江苏昆山市）人。明末清初的杰出思想家、经学家、史地学家和音韵学家。

崇祯十六年（1643年），顾炎武成为国子监生，加入复社。清兵入关后，组织反清活动。后期，拒绝朝廷征辟，一生辗转，行万里路，读万卷书，创立了一种新的治学方法，成为清初继往开来的一代宗师。顾炎武学问渊博，对于国家典制、郡邑掌故、天文仪象、河漕、兵农及经史百家、音韵训诂之学，都有研究。晚年，治经重视考证，开启明末清初朴学风气。著有《日知录》《天下郡国利病书》《肇域志》《音学五书》《韵补正》《金石文字记》《亭林诗集》等。

明末清初顾炎武在反对封建专制君主政治的同时，也对封建专制主义的繁刑苛政提出批判。他认为，对治国理政来说，必要的法律和禁令是不可缺少的，法律禁令本身便规范人们的行为，会起正人心、厚风俗的作用。"法制禁令，王者之所不废，而非以为治也，其本在正人心，厚风俗而已。"[2]

但是，顾炎武也看到，法律的主要功能在于规范、约束民众的行为，因此具有固定、刻板的特点，往往会束缚人的个性和能力发展，甚至使人变成懦夫。顾炎武指出："宋叶适言：法令日繁，治具日密，禁防束缚，至不可动，而人之智慧，自不能出于绳约之内，故人材亦以不振，今与人稍谈及度外之事，辄摇手而不敢为。夫以汉之能尽人材，陈汤犹扼腕于墨吏，而况于今日乎？宜乎豪杰之士，无以自备，而同归于庸懦也。"[3]

---

① 《明太宗实录》卷168。
② 《日知录》卷8《法制》。
③ 《日知录》卷9《人材》。

基于这种认识，顾炎武认为，治理国家不仅需要法律，而且更需要教化，教化才是政治的唯一途径，因为只有教化才能培养出人才，人才又是治理国家关键，得人才则治，不得人才则乱。他在评论明王朝政治得失时说："自万历以上，法令繁而辅之以教化，故其治犹小康；万历以后，法令存而教化亡，于是机变日增而材能日减。"① 在顾炎武看来，儒家德治思想的最高境界是政治行教化的功能，刑法只能作为德治的补充，法律不能过于繁苛，"法愈密而弊愈多"。②

顾炎武进一步指出，行教化不仅在于培养人才，而且还会达到"正人心，厚风俗"的效果。他认为，风俗浅薄、人心不正是导致社会动乱的根本原因，国家政治的腐败也是由于风俗浅薄造成的。他说："乃以今观之，则无官不赂遗，而人人皆吏士之为矣；无守不盗窃，而人人皆僮竖之为矣。"③ 由此可见，依照顾炎武的推理，教化关乎人心风俗，而人心风俗又关乎国家政治和社会治乱，因此教化是国家长治久安的基础。只有教化搞好了，就能"正人心，厚风俗"，从而达到天下太平。

顾炎武继承了历史上儒家正统思想，认为正人心、厚风俗的基本内容就是张四维。他指出："礼义廉耻，国之四维。四维不张，国乃灭亡……礼义，治人之大法；廉耻，立人之大节。盖不廉则无所不取，不耻则无所不为。人而如此，则祸败乱亡亦无所不至。"④ 在顾炎武看来，在四维中，耻是最重要的，如果一个人无知道羞耻，那什么事情都做得出来。因此，廉耻是所有道德行为的基础。顾炎武主张，必须通过教化，使人们都有廉耻之心，从而就能自觉地遵守礼义规范。

顾炎武行教化的具体措施，不仅仅只是设立各级学校进行教育，而且还包括恢复古代的清议，"立闾师，设乡校，存清议于州里，以佐刑罚之穷"，⑤ 即通过社会舆论来替代一些刑罚无法达到的功能，从而约束民众的行为，使社会风清气正。还有通过正面引导，奖励名节，对于笃信好学、方正有道者，"除其租赋，复其丁徭"，⑥ 等等，为广大民众树立榜样，从而使百姓人人从善好学，品德端正。

顾炎武十分重视行教化、正人心、厚风俗对治理国家的作用，特别重视道德教化对培养人才的关键作用。他指出："以名为治"的主张，试图从社会道德入手解决社会政治问题。他以古今对比来证明自己的观点："汉人以名为治，故人

---

① 《日知录》卷9《人材》。
② 《日知录》卷8《法制》。
③ 《日知录》卷13《名教》。
④ 《日知录》卷13《廉耻》。
⑤ 《日知录》卷13《清议》。
⑥ 《日知录》卷13《名教》。

材盛；今人以法为治，故人材衰。"① 顾炎武处于明末清初时期，看到专制主义法律、政治制度为害天下，所以提出行教化、以名为治的主张，来挽救封建社会末期的衰世，是有积极意义的。

四、清朝礼刑并用思想

(一) 收买和笼络各族中的上层人物

清朝满族作为少数民族统治全国，为了扩大自己的统治基础，巩固其统治，十分注意收买和笼络各族中的上层人物。

清朝统治者对汉族地主官僚，在入关前后都执行笼络政策。清军进入北京后，对原来明朝贵族官僚"一仍故封，不加改削"②；各衙门的原来官员都照旧录用。同时规定在内阁、六部等中央机构中实行满汉并设的复职制度，虽然大部分汉族官员权力很小，但由于给了官职、俸禄，还是起了收买人心的作用。此外，清廷还采取其他许多措施，把汉族知识分子吸收到政权中来。除不断扩充科举录取名额外，康熙十二年（1673年），又诏举"山林隐遗"，一些士绅不经考试就可以直接做官。第二年，清廷又颁布了捐纳制度，使地主子弟可以通过捐银得官。康熙十七年（1678年），清廷开设特科——博学鸿儒科，给知识分子中的"名士"以更大的优遇，一经录取，俱授以翰林院的官职。同时，清政府还组织大量人力编纂各类大部头的图书，对知识分子进行笼络和控制。

清廷不仅笼络汉族上层人物和知识分子，而且对各少数民族的上层人物，也给他们以种种封爵和特权。如对维吾尔族的各种"伯克"，其初都准其世袭。乾隆中虽废除世爵，但通过参赞大臣的奏请或直接补用，仍可保护教权，统治人民。在西藏，清廷加封达赖、班禅为最高宗教首领。达赖、班禅以下的大小喇嘛和四噶布伦以下的僧俗官员，即藏族僧俗农奴主，在清中央政府派出的驻藏大臣统一领导下，都享有种种特权。清王室和蒙古贵族的关系密切，他们之间保持着世代的婚姻关系，利用联姻以巩固政治上的盟好。清廷对蒙古封建主分别加封亲王、郡王、贝勒、贝子、镇国公、辅国公六等爵位，其下还有一至四等台吉、塔布囊。凡受封为六等爵的和执政的台吉、塔布囊都有俸禄。不论执政与不执政，其领主身份和爵位都是世袭的，都享有特权。康熙、乾隆时期还在承德建造避暑山庄和外八庙，每年皇帝到木兰行围射猎，举行秋狝典礼，召集蒙、藏、维各族王公人臣等上层人物轮流前来参加聚会。他们在这里举行联欢"塞宴"，颁行赏赐。皇帝围猎，他们陪侍左右，"听指挥唯谨"。此外还通过赛马、摔跤、演大戏等各种娱乐活动，来达到"上下情相浃"，从而使各族上层人物对朝廷"畏威

---

① 《日知录》卷13《名教》。
② 《清世祖实录》卷6，中华书局1986年版。

怀德，弭首帖伏"①，不生异心。乾隆皇帝曾明确表示这样做的目的是"合内外之心，成巩固之业"②。清廷还通过年班、围班或贡使等制度，要求蒙古、新疆、西藏等地区定期到京师朝觐，并向朝廷贡献，表示忠心，然后朝廷赐以朝会宴飨、按品秩供给路费、廪饩及赏赉，以示恩宠。从而巩固清廷与边疆各少数民族之间的友好君臣关系，维护民族团结和边疆安定。

（二）对边疆少数民族的治理

清廷之所以对边疆少数民族拥有绝对的统治权，其中一个重要的原因是拥有强大的军事力量。因此，清廷在边疆少数民族地区，都必须驻扎有清朝军队，尤其在一些山川关隘等军事要塞，更要部署重兵。而且清廷还重视利用各民族的军队，通过安抚笼络，以达到以番治番、以苗治苗、以土司治土司等。又如在对边疆少数民族的治理中，清廷重视制订法律制度、官僚行政机构以及对上中层官员的选任，从而保证中央政府的方针、政策能在边疆少数民族地区得到贯彻执行。

我国广袤的边疆地区，散布着众多的少数民族，他们因居住的地理环境不同，历史传统不同，产生了不同的生活习俗和民族宗教信仰，不同的政治、经济制度。一方面，清廷在对他们实行统治时，一般对他们原有的习俗、信仰和制度予以尊重保留。这样有利于减少各少数民族对清廷满族统治的抵触和矛盾，消除双方交往、融合的障碍。另一方面，清廷在循其俗、施其政的同时，也重视通过移风易俗从思想文化上对各少数民族进行潜移默化的改造，提高其文明程度，增强其对中央政府的认同感。如清廷对西南边疆统治时，就很重视对熟苗的移风易俗，使苗民与汉人无异，"习俗移，身家安，心思格"，从而达到"畛域化而文教洽"③，使苗民长治久安。

（三）提倡良风美俗和程朱理学

清廷在对社会基层管理中，十分重视在民众中提倡良风美俗，从而达到社会和谐有序，长治久安。这就是"至治之世，不专以法令为事，而以教化为先，其时人心醇良，风俗朴实，刑措不用，比屋可封，长治久安，懋登上理。盖法令禁于一时，而教化维于可久。若徒事法令，而教化不先，是舍本而务末也"④。基于这种认识，清廷自入主中原之后，就开始在民众中提倡良风美俗。"顺治九年（1652年），钦定六谕卧碑文，颁行八旗直隶各省。六谕文曰：孝顺父母，恭敬长上；和睦乡里，教训子孙；各安生理，无作非为"。同时，在民众中选任德高望重之人为正副乡约，在社会基层宣传六谕。清康熙年间，曾以封建伦理道德为要旨，颁发上谕十六条，传布民间。雍正帝即位后，对康熙帝上谕十六条详加

---

① 《檐曝杂记》卷1《蒙古诈马戏》。
② 乾隆帝《避暑山庄百韵诗》。碑藏承德避暑山庄。
③ 《清经世文编》卷88，傅鼐《治苗》。
④ 《大清会典事例》卷397《礼部·风教》。本目引文未注出处者，均见于此。

阐述，即成《圣谕广训》。主要内容是宣传封建法制、人伦、礼俗，自纲常名教，忠孝节义，到耕桑作息、日用饮食，无不具备。《圣谕广训》在清代为历朝皇帝所重视，在民间广为宣传，妇孺皆知，对清代良风美俗的形成影响广泛深入。

清廷还重视加强文化思想上的统治，大力提倡程朱理学，将其作为统治的主导思想。顺治三年（1646年），清廷就颁布《科场条例》，规定科举考试内容采用程朱理学对儒家经典的诠释作为依据。康熙帝更是"夙好程朱，深谈性理"。他收罗了一批理学家，如李光地、魏裔介、熊赐履、魏象枢、汤斌、陆陇其等所谓"理学名臣"，命他们纂修《性理精义》等书，颁行天下，将理学中的"忠""孝"思想加以推广。他重用的李光地就是所谓的"理学名臣"。李光地在理学上主张朱、陆合流，认为两家各有长短，并非冰炭水火，显然是折中两派，为现实的政治服务。这与他所宣扬的儒者之学与帝王之学的一致性，道统与治统的一致性是一脉相承的。

（四）实行保甲制，严禁赌博、邪教和吸食鸦片

保甲制是清代以保警为主的社会基层治安组织，在维护清朝基层统治中发挥了旁者不可替代的作用。保甲组织在地方州县的控制下，直接对广大民众进行统治，使清王朝各项法令得以贯彻执行，地方基层封建秩序得以维护与巩固。由于保甲组织给予清王朝社会基层统治提供可靠、有力的保证，因而从清王朝建立之初就受到朝廷高度重视，顺治元年（1644年）八月，摄政王多尔衮下令："各府州县卫所属乡村，十家置一甲长，百家置一总甲，凡遇盗贼逃人、奸宄窃发事故，邻佑即报知甲长，甲长报之总甲，总甲报之府州县卫，府州县卫核实，申解兵部。若一家隐匿，其邻佑九家、甲长、总甲不行首告，俱治以重罪，不贷。"①这时的保甲制度只是在乡村中推行，将全体村民编入保甲组织中，10家为一甲，设一甲长，百家10甲设一总甲。如该地方发生"盗贼逃人、奸宄窃发事故"，邻居必须把这一情况报告甲长，甲长报告总甲、总甲再上报府州县卫，府州县卫核实后上报兵部。邻居如隐瞒不报，甲长、总甲不逐级向上报告，必须受到连坐法的严厉处罚。乾隆年间，清廷对保甲制度进行了一次大规模的整顿与提高，保甲的职能主要有两个方面：一是编查户口。二是维持地方基层之治安。"保甲之法……赌博、盗贼之有无，五家之中，无不周知也。友朋亲戚之往来，十家之中，无不共见也。一有可疑，则得以察之，察之得实，则告之官，赌可惩也，贼可擒也。知而不举，则五家连坐，彼四家者，岂肯以其身家，为他人受累哉?"②从而加强对广大民众的严密控制，巩固清王朝对社会基层的统治。

清廷认为，赌博最能使人品败坏，在民间诸多恶习中影响最广、最为严重，

---

① 《清世祖实录》卷7。
② 《清经世文编》卷23，任启运《与胡邑侯书》。

因此，必须予以严禁。朝廷制定了一系列较为完备的法律，通过惩治赌博者、开赌场者、出租房屋作赌场者、制造赌具者、容留制造赌具之房主、有关官员对赌博失觉察者、官员本身参与赌博等，来达到禁绝赌博之风。清代，民间一些不法之徒利用邪教或民间信仰、巫术等敛财骗钱、聚众生事，甚至造谣惑众、图谋不轨，企图推翻清王朝统治。对此，清廷高度重视对邪教的禁止，将儒、释、道三教作为合法的宗教，其余均视为不合法的邪教，予以禁止。清代，民间吸食鸦片成风，对民众健康和社会生活造成严重的危害。对此，清廷予以严厉禁止。雍正年间，吸食鸦片的危害已为朝廷所注意，清廷颁布了禁止鸦片买卖、禁开鸦片烟馆、禁食鸦片的命令。嘉庆、道光年间，随着鸦片贩卖、吸食日益猖獗，清廷加重了惩罚，并扩大了惩罚的对象，对吸食鸦片者、种植罂粟者、制造鸦片者、贩卖鸦片者、制造、贩卖鸦片烟器具者，动辄处以极刑，甚至连吸食者的家长、其田地租人种植罂粟的田主、房屋借人开鸦片馆的房主、受雇贩运鸦片的船户等也要受到处罚。

（五）厉行海禁

据《大清会典》卷49载，清代海禁有岛屿之禁、船桅之禁、商渔之禁、器物之禁，除此之外，还有人员之禁等。所谓岛屿之禁，就是清廷禁止沿海居民长期居住岛屿并耕田种地，以防止沿海居民与海上抗清力量联络，将岛屿作为抗清据点。所谓船桅之禁就是规定出海船只的大小规格、使用双桅或单桅以及船上水手的数量，因为船的大小、双桅单桅关系到船只出海的远近及航行速度。商渔之禁就是清廷规定沿海州县商船在海上贸易，必须向政府领取照票，在其上面填写清楚船上人员籍贯、年龄、体貌，往何处贸易，于出、入口岸时，呈守卫口岸军官查验。福建、广东商船出洋，还要命令军队人员押送，等到商船出洋后，才允许回来。渔船只允许在本省洋面内捕鱼，欲出洋者，要10艘渔船连环担保。出口岸时，要将渔船往何处，及水手人数，填写在照票上，才准其出洋。商船要出海捕鱼，必须换取渔船照票，并且出具保结互相担保，才准其出海捕鱼。如到了规定期限还未归来，就必须查究治罪。所谓器物之禁有3种情况：一是有限制地允许到东洋、南洋的商船携带枪炮、刀箭、火药等军器，作为防范海盗之用。二是禁止硝、硫黄、铜、铁、钉、油灰、麻等军用物资及麦豆杂粮等出海，以杜绝内地民众接济海上抗清力量。三是鼓励商船从海外购入外夷钢炮、硫黄军用物资和大米等粮食，政府将予以收买。所谓人员之禁就是不仅对国内民众出海做严格限制、管理，同时，也禁止外国人擅自未经批准、检查进入国内。清政府在海禁中，对在海禁中尽职或不尽职的官吏实行奖惩，以督促有关官员必须认真负责，严格管理稽查。

（六）大兴文字狱

清廷在大力提倡程朱理学，实行礼治的同时，对不利清廷统治的思想言行，则进行严厉钳制和残酷镇压。在康、雍、乾三朝，尤其是在康、乾时期，曾连续大兴文字狱。对一切文字著述只要清统治者认为触犯了君权，或有碍于自己的统治，便被目为"狂吠""异端""悖逆"，必兴起大狱，置之重典，往往一案株连数百人。如康熙二年（1663 年）发生庄氏明史案。清廷认为庄廷鑨请人增编的《明书》有意反清，庄氏全族和为此书写序、校对以及卖书、买书、刻字、印刷的人共 70 余人被斩杀，还有几百人充军边疆。庄廷鑨已死，也被剖棺戮尸①。又如雍正四年（1726 年），查嗣庭为江西考官，出题"维民所止"。清廷认为"维止二字，意在去雍正二字之首"，"谓为大不敬"，遂下查于狱。后查死于狱中，仍戮其尸。家属有的被杀，有的流放②。乾隆时期的文网更加严酷，即使那些曾经受过皇帝嘉许的人，只要被认为稍有"不安分"的表现，就会横遭杀头之祸。

清代的文字狱是封建专制主义空前强化的产物。其根本目的是要在思想文化领域内树立君主专制和满族贵族统治的绝对权威。这种文字狱造成了极其严重的社会后果，影响了中国社会的进步和发展。③

---

① 吴趼人：《痛史·庄氏史案》，福建人民出版社 1981 年版。

② 徐珂：《清稗类钞·狱讼上·查嗣庭以文字被诛》，中华书局 2010 年版。

③ 朱绍侯：《中国古代史》下册，福建人民出版社 1982 年版，第 268 页。

第四章　古代管制思想

第一节　先秦管制思想

一、人口与土地管制思想

（一）《尚书·禹贡》按土地类型征收不同贡赋思想

《尚书·禹贡》是先秦时期总结性的地理记载，把当时人们所能达到的疆域算作'天下'，而根据地理来划分区域，希望统治者对于各州的土地都能好好地利用和整治，各地把拥有的特产进贡到中央。田赋则根据各州土地的肥瘠来决定等次。

《禹贡》中根据各州土地的肥瘠来决定等次并征收不同数量贡赋的思想与管子的"相地而衰征"是一脉相承的。作者在文中具体地分别九州土壤种类，田地等级，赋税高下，地方特产，贡物品种等。《禹贡》开宗明义就说："禹别九州，随山浚川，任土作贡。"孔安国注："任土作贡，即任其土地所有，定其贡赋之差。"孔颖达疏曰："郑玄云：'任土谓定其肥硗之所生'，是言用肥瘠多少为差也"，并说："不言作赋而云作贡者，取下供上之义也"①。从《禹贡》文中所述可知，其划分的田地等级虽然主要指土质肥瘠，但还包括九州治水先后次序及地势高下和运输便利情况等。正如司马迁所说的："禹乃行相地宜所有以贡，及山川之便利。"② 以下根据《禹贡》所述九州土壤种类、田地肥瘠等级、赋税高下及贡物品种列表说明当时对全国土地进行管理的思想。

《禹贡》九州土壤分类管理思想

地区	土壤种类	田地肥瘠等级	赋税高下	贡物品种
冀州	白壤	中中	上上，有时上中	入谷不贡
兖州	黑坟	中下	下下	漆丝等
青州	白坟	上下	中上	盐絺等
徐州	赤埴坟	上中	中中	五色土等

---

① 《尚书·禹贡》，十三经注疏本。
② 《史记·夏本纪》。

地区	土壤种类	田地肥瘠等级	赋税高下	贡物品种
扬州	涂泥	下下	下上，有时中下	金三品等
荆州	涂泥	下中	上下	羽毛齿革等
豫州	壤、坟垆	中上	上中，有时上上	漆枲絺纻等
梁州	青黎	下上	下中，有时上上、下下	璆铁银镂砮磬等
雍州	黄壤	上上	中下	球琳琅玕等

从表中我们可以看出，各州赋税高下的等级，与土地肥瘠的等级并不十分一致，有的差别还甚大。如冀州土地只是中等的，而赋税则是最高的，雍州的土地是上等的，而赋税则是中等，荆州的土地是下中等的，而赋税则是上下。对于这种不一致，历代研究者有不同说法。其中比较有代表性的主要两种：一是各州赋税多少不单取决于土地肥瘠状况，而且还取决于农业劳动力多少、垦田多少和生产总量多少。如宋人夏僎认为："夫田之高下既分九等，则赋亦当称是。今乃有异同者，盖田有高下，地有广狭，民有多少，则其赋税之总数自有不同，不可以田之高下准之。"[①] 二是各州距帝都距离远近与贡赋品类不同也影响赋税高下的等级。如日本学者田崎仁义就认为："冀州田五等，赋一等及二等，豫州田四等，赋二等及一等，以距帝都最近，运输甚便也。雍州田虽一等，但以地远，运送不便，故赋为六等。"[②] 尽管众人对《禹贡》中赋税高下等级与土地肥瘠等级并不一致的解释各不相同，但有一点则是一致的，即《禹贡》中对土地肥瘠划分等级的目的是为赋税高下等级提供一项主要的依据。

（二）《周礼》对户籍、土地和赋役管制思想

中国古代很早就注意人口的管理，殷墟卜辞中就有人口数的记载。《国语·周语上》载：周宣王三十九年（前789年），"宣王既丧南国之师，乃料民于太原"。"料民"就是调查统计人口数量。据《周礼·司寇上》记载，当时政府设有管理户籍的官员——司民，"掌登万民之数，自生齿以上，皆书于版"。三年大比之期，将民数上报司寇，由小司寇报告天子，存于天府。当时，政府已按行业对人口做了细致的分类。《周礼·冢宰上》云："以九职任万民；一曰三农，生九谷；二曰园圃，毓草木；三曰虞衡，作山泽之材；四曰薮牧，养蓄鸟兽；五曰百工，饬化八材；六曰商贾，阜通货贿；七曰嫔妇，化治丝枲；八曰臣妾，聚敛疏材；九曰闲民，无常职，转移职事。"

《周礼·司徒》中《小司徒》《乡师》《闾师》《乡大夫》《族师》《闾胥》《县师》《媒氏》《职方氏》以及《司寇》中的《司民》等，从不同角度谈到户

---

① 夏僎《尚书详解》卷6。

② 田崎仁义著、王学文译《中国古代经济思想及制度》第162页。

籍管理。综合起来，主要有以下 5 个方面的思想值得注意：

其一，对户口每年都要进行检查，三年进行一次普查，并把普查情况汇集于国王。

其二，在人口普查中，必须掌握的人口一般情况包括性别、年龄、社会地位（贵贱）、智能情况（贤、能）、健康状况（残病）、生死、族别等。

其三，政府掌握户口情况的一个重要目的是征派力役，因此特别关注全国符合服役条件的人数。如国中"自七尺以及六十"，野中"自六尺以及六十有五"皆征之①。

其四，了解和掌握每家的财产，其财产主要指牲畜、器物。《周礼》中没有把土地作为个人财产的记录。

其五，婚姻管理关系到人口的繁衍，《周礼》提倡鼓励男女婚配多育。如提出男子在 30 岁以前，女子在 20 岁以前必须婚配，过时则加重征税；春天男女之会不限，其他时间要进行管理，严禁私通。

与户口管理，土地分配相互配套的是纳税和服役。《周礼》中有关收税与征役的方式各处记载也不一致。

就土地税而言，凡属受田或受封者，必须交税和进贡。《载贡》规定，场圃交 1/20 税，近郊交 1/10 税，远郊交 3/20 税，甸、稍、县、鄙之田不超过 2/10，漆林交 5/20 税。《司徒·均人》则主张以年成好坏收不同数量的税。《司徒》中的闾师、委人条记载征收实物税，经营什么则交纳什么。

关于征派力役，主要包括徭役、师役、田（猎）役三大项。《大司马》中记载："凡令赋，以地与民制之"，即按土地与劳力情况征发。《司徒·均人》则主张征派力役按年成好坏确定天数多少："力政，以岁上下。丰年则公旬用三日焉，中年则公旬用二日焉，无年则公旬用一日焉。凶札则无力政，无财赋。"

此外，《周礼》还记载有"口赋"。《太宰》中的"九赋"，《乡大夫》中关于对国中身高七尺以上、年龄六十以下；野中身高六尺以上、年龄六十五以下的人皆征之，指的都是口赋。《载师》《廛人》《司关》讲到国中之廛布，指的是征收房屋税；《遂人》则载农民也有受廛收税之事。可见，当时国、野均要征收房屋税。

根据巫宝三的研究，《周礼》的租赋思想又较《管子》《尚书·禹贡》大大发展了，其主要依据有以下 3 个方面：

第一，《周礼》同样认为制定赋税制度，必须辨明土地等次及物产状况。《周礼·大司徒》载："以土均之法，辨五物九等，制天下之地征。"此与管仲的"相地而衰征"，《管子·乘马数》所说的上壤、间壤、下壤，"相壤定籍"，《禹贡》定九州之田为九等，原理完全相同。上文《周礼》中的"五物"指山林、

① 《周礼·大司徒》。

川泽、丘陵、坟衍、原隰 5 地所生之物，"九等"谓骍刚、赤缇等 9 类土壤。上引"土均之法"不仅考虑到土地好坏的因素，还考虑到劳动力多寡的因素。

第二，《周礼》中关于赋税的制度，也考虑到土地位置远近的因素。《周礼·大司徒》载师条规定："国宅无征，廛园二十而一，近郊十一，远郊二十而三，甸稍县都皆无过十二。"此规定虽然是轻近而重远，与《禹贡》重近而轻远相反，但不管如何，毕竟在征收赋税时也已考虑被征地区位置远近因素。据郑玄解释，"周税轻近而重远，近者多役"①。

第三，《周礼》已比较详细论述税率问题，是对管仲"相地而衰征"的进一步具体化，而《禹贡》则没有提到税率。如上文所引《载师》职文中，就记载十税一、十税二、二十税一、二十税三等多种税率②。

《周礼》中与户口管理相配合的是土地分配思想，书中有关土地分配主要有 4 种方案：

其一，《大司徒》中以"家"为单位的分配法："不易之地，家百亩；一易之地，家二百亩；再易之地，家三百亩。"不易之地即每年都可耕种的好地，一易之地即两年轮耕之地，再易之地即三年轮耕之地，总之，每家每年均耕种一百亩田地。

其二，《小司徒》中以"夫"为单位的分配法：一夫百亩，九夫为一井，四井为一邑，四邑为一丘，四丘为一甸，四甸为一县，四县为一都。这里的"夫"即一家之长，其实与以家为单位分配是一样，不同主要在分配方式上，这种井田式的分配土地方法与行政组织合而为一。

其三，《小司徒》中还有另一种分配法，即按劳动力状况为单位分配："上地，家七人，可任也者家三人；中地，家六人，可任也者二家五人；下地，家五人，可任也者家二人。"这就是 7 口之家有 3 个壮劳动力给上地，6 口之家有 2 个半劳动力给中地，5 口之家有 2 个劳动力的给下地。每家中壮劳动力为正卒，其他为"羡卒"。

其四，《遂人》中把家庭与劳动力状况统一起来，综合计算分配：上地：每"夫"廛一处，田百亩，莱五十亩，余夫亦如之。中地：每"夫"廛一处，田百亩，莱百亩，余夫亦如之。下地：每"夫"廛一处，田百亩，莱二百亩，余夫亦如之③。这里每"夫"之夫为一家之长，"余夫"则为一家之长之外的劳动力。可见，这种方法与上文第一种以"家"为单位与第二种以"夫"为单位分配土地方法的主要不同在于除作为一家之长的"夫"分配到土地之外，余夫也与"夫"一样，同样分配到土地。此外，分配到的土地更加细化、准确，分为

---

① 《周礼正义》，《载师》职注。
② 中国社科院经济研究所中国经济思想史组编《中国经济思想史论》，第 30－32 页。
③ 《周礼·大司徒》。

居住地、不用轮耕地、轮耕地 3 种。

(三) 孟子人口土地思想

在先秦诸子中，孟子是最先把土地问题从国家政策的角度进行思考。他认为："夫仁政必自经界始。经界不正，井地不均，谷禄不平，是故暴君污吏必慢其经界。经界既正，分田制禄可坐而定也。"① 孟子把划定各户耕地的疆界作为统治者实行仁政的开始，而把不实行"经界"的统治者斥为"暴君污吏"，其理由是如不划清各户耕地的疆界，就会导致耕田不能平等分配，自然收获物也不能平均。

孟子在论述正经界、"制其田里"② 的重要意义外，还具体设计了正经界、"制其田里"的具体方案，这就是他在回答滕文公的大臣毕战的提问时所描绘的著名的井地方案："夫滕，壤地褊小，将为君子焉，将为野人焉。无君子莫治野人，无野人莫养君子。请野九一而助，国中什一使自赋。卿以下必有圭田，圭田五十亩，余夫二十五亩。死徙无出乡，乡田同井，出入相友，守望相助，疾病相扶持，则百姓亲睦。方里而井，井九百亩，其中为公田。八家皆私百亩，同养公田。公事毕，然后敢治私事，所以别野人也。此其大略也。"③ 从孟子的论述中，我们可以了解到孟子的井田土地制度思想主要有以下几个方面的内容：其一，国家把耕田划分为井字形的 9 个方块，每井 9 个方块共 900 亩，每块 100 亩，中间 100 亩为"公田"，周围 800 亩平均分给 8 家作为"私田"，每家 100 亩。由此可知，井田制是国家土地所有制，将其中的 8/9 分配给农户耕种。其二，8 家分到私田的农户必须提供无偿劳动"同养公田"，而且要在完成公田上的耕作任务后，才允许各自耕种自己的私田。显然，分得私田的农户在为国家承担劳役地租。其三，分到私田的农户必须终身居住、生活和耕作于井田之中，子孙世代不得离开所属的乡井。由此可见，耕种井田的农户对土地有很强的人身依附性，被牢牢地束缚在国家分配的私田上。其四，8 家之间，和睦相处，平时互相帮助，遇到盗寇或战争时则共同担任守卫。井田不仅是生活和生产组织，而且也是地方基层的自卫武装组织。其五，井田制只实行于远郊以外的农村，城内和近郊则不划分井地，这里的土地所有者自行向国家缴纳 1/10 的实物税。

在孟子设想的井田制下，8 家同耕百亩公田是"公事"，各自耕作自家分到的百亩私田是"私事"。耕作公田的产品归国家所有，用于养"君子"，这是一种无偿的剩余劳动。耕种私田的产品归农户自己所有，用于养家糊口，是保证"八口之家可以无饥"的，这是农户的必要劳动。农户必须"公事毕然后敢治私事"，必要劳动和剩余劳动在空间和时间上都是分开进行的。其实，耕种公田的

---

① 《孟子·滕公文上》。
② 《孟子·尽心上》。
③ 《孟子·滕文公上》。

剩余劳动,实际上是分到私田的农户向国家承担的劳役地租。

百亩之田虽名为"私田",但农户没有所有权,只有使用权,所谓私田不过是归农户永远使用的份地,无权出卖或转让。而且农户被世代束缚在土地上,"死徙无出乡"。这不是什么土地私有制,而是一种土地国有制。这种农民绝不是封建制度之下出现的那种自由的小农,而是一种对国家依附性很强的农民。

由于这种农民耕种的是国家的土地,他除了被束缚在土地上之外,还受着国家牢固的人身控制,"乡田同井,出入相友,守望相助"。这实际上是一种与后代封建国家基层组织保甲、团练相类似的组织形式,是封建国家加强对农民人身控制和奴役的手段。它虽然带有"相友""相助""相扶持""亲睦"的民间联谊自治的微弱功能,具有儒家理想的"仁政"色彩,但实际上与法家商鞅的什伍连坐法同是封建国家用以加强农民人身控制的基层社会组织形式。

在先秦诸子百家中,孟子最先把土地制度问题作为国家制度设计的根本问题而提了出来,并且较清晰具体地设计了一个建立在土地国有制基础上的土地分配制度。试图通过土地制度改革使劳动者拥有自己使用的最基本的生产资料—土地,让一般民众都拥有自己的"恒产",保证每一家农户都能有最基本的生存条件,并维护社会的安定有序,这就是儒家所宣扬的仁政。孟子在中国古代土地制度思想史上率先提出"井田"模式,成为解决古代土地制度问题 3 个基本模式之一,对后世影响至为深远。

(四) 商鞅对人口、土地管制思想

先秦时期,法家主张对户口实行严密的管制。秦国公元前 375 年建立了"户籍相伍"[1] 的制度,以五家为一伍。公元前 356 年商鞅变法,进一步实行什伍连坐法:五家为伍,十家为什;一家有罪,如不举发,则十家连坐。

商鞅时,已实行户籍制度。其一,对健在的人口实行户籍登记。如《商君书·境内》载:"四境之内,丈夫、女子皆有名于上,(生) 者著,死者削。"同书《去强》也载:"举口数,生者著,死民者削。"其二,通过户籍管理推行小家庭制。如规定:"民有二男以上不分异者,倍其赋。"[2] 其三,在户籍管理中实行性别、年龄、职业统计。如《去强》篇中提出"强国之十三数",对全国 13 个项目进行统计,其中很多项目是有关户籍内容的,如户口、壮男、壮女、老者、弱者、官吏、士卒、游士、富民等。同书《垦令》也提出对从事商业人口进行统计:"以商之口数,使商,令之厮舆徒重者必当名。"其四,对流动人口的管制。《史记·商君列传》载,商鞅晚年遭贵族迫害逃亡,欲宿客舍,客舍人曰:"商君之法,舍人无验者坐之。"可见,投宿客舍之人必须携带有关证件,否则客舍主人如同意让无证件之人投宿,将遭到处罚。

---

① 《史记·秦始皇本纪》。
② 《史记·商君列传》。

　　战国时期，商鞅也重视人口按各种类型加以统计，这为政府制定各项政策提供依据，使政策符合本国人口的实际情况。他说："强国之十三数：境内仓、口之数，壮男、壮女之数，老、弱之数，官、士之数，以言说取食者之数，利民之数，马、牛、刍藁之数。"商鞅所谓的要使国家强盛统治者必须掌握的 13 项统计数字中有关各种人口的统计数字占了 9 项。他认为统治者如不掌握这些数字，那治理国家就会陷入盲目性，国势就会削弱。这就是"欲强国，不知国十三数，地虽利，民虽众，国愈弱至削"①。

　　商鞅认为当时秦国人口太少，影响了农业生产和兵力的征发。他说："凡世主之患，用兵者不量力，治草莱者不度地。故有地狭而民众者，民胜其地；地广而民少者，地胜其民。民胜其地，务开；地胜其民者，事徕。"②商鞅已清楚地认识当时人地矛盾的两个方面：一是地狭民众，二是地广民少。对此，商鞅提出了"制土分民"的主张，使人口和土地必须保持一定的平衡对比关系。他还对人地的合理比例关系进行量化，指出"先王制土分民之律"是"地方百里者，山陵处什一，薮泽处什一，溪谷、流水处什一，都邑蹊道处什一，恶田处什二，良田处什四，（以）此食作夫五万"③。这就是方圆百里之地，一般良田占 40%，恶田占 20%，山陵占 10%，湖泊占 10%，河流占 10%，城镇、道路占 10%，按当时的生产力水平，可以容纳 5 万个农业劳动力。商鞅以此标准来衡量当时秦国，得出了秦国地广民少，"地胜其民"的论断，因此主张实行"务徕"政策。他深知"民之情，其所欲者，田宅也"，而田宅，"晋之无有也信，秦之有余也必"④。因此，主张秦国以田宅、免兵役等为诱饵，招徕二晋农民到秦国专务耕织。这就是历史上著名的"徕民"政策。商鞅认为一个国家农业人口应占绝大多数，这个国家就会强大，即所谓"百人农，一人居者王。十人农，一人居者强。半农半居者，危"⑤。

　　商鞅认为，人口与土地应有适当比例，过与不及，都有不利之处。他在《商君书·算地》篇中指出："地狭而民众者，民胜其地；地广而民少者，地胜其民……民过地，则国功寡而兵力少；地过民，则山泽财物不为用……故民众而兵弱，地大而力小。"这就必须对人地比例进行调节平衡，"民胜其地，务开；地胜其民者，事徕"。也就是当人口多田地狭小时，就从事开荒，尽力多垦辟田地；当人口少田地广阔时，就以优厚条件招致其他国家人民前来耕作。在当时的生产技术条件下，商鞅设计了一套国土规划："为国任地者，山林居什一，薮泽居什一，溪谷流水居什一，都邑蹊道居什四（亦当为什一），此先王之正律也。"

①《商君书·去强》。
②《商君书·算地》。
③《商君书·徕民》。
④《商君书·徕民》。
⑤《商君书·农战》。

如文中的"都邑蹊道"与同书《徕民》篇中所云"都邑蹊道处什一"相同的话，那剩余下的什六土地即为农田。其中"恶田处什二，良田处什四"①。如此规划后，"为国分田数小，亩五百，足待一役，此地不任也；方土百里，出战卒万人者，数小也。此其垦田足以食其民；都邑遂路，足以处其民；山林薮泽溪谷，足以供其利；薮泽隄防足以畜。故兵出粮给而财有余，兵休民作而畜长足，此所谓任地待役之律也"②。商鞅的兵制，是以家庭为单位，所以要"数小"，即鼓励小家庭；每一家庭所受土地，约比以前多5倍，故农民生活可以温饱；每家一兵，也可"干戈备具"③，所以说"亩五百，足待一役"。由于商鞅推行小家庭制，"民有二男以上不分异者，倍其赋"④，所以，可使同样的土地，多出1/3士卒，即上文所引"方土百里，出战卒万人者，数小也"。

商鞅主张人尽其力，惩罚懒惰。商鞅对于"怠而贫者，举以为收孥"⑤。《商君书·垦令》中反复强调对懒惰者采取各种惩罚限制措施，以使他们能从事生产，尤其是努力耕作。如使"辟淫游食之民，无所于食"，"窳惰之农勉矣"；"私交疑农之民不行"，"轻惰之民不游军市"等等。

（五）《管子》对人口、土地管制思想

管仲对于人口严格管制的一项著名措施就是"四民分业"，提出要用严格的行政制度把士农工商四民分开，用户籍法严格控制。如"制国以为二十一乡"，其中"工商之乡六"，"士（农之）乡十五"。农处田野，规定"三十家为邑"，"十邑为卒"，"十卒为乡"，"三乡为县"，"十县为属"，整个齐国分为"五属"⑥。

《管子·小匡》篇亦云："士农工商四民者，国之石民也，不可使杂处，杂处则其言哤，其事乱。是故圣王之处士必于闲燕，处农必就田壄，处工必就官府，处商必就市井。"管仲将全国居民按士农工商分成4大类，让同行同业居住在一起，禁止他们相杂而居。在当时交通与信息交流受到极大限制的条件下，四民分业、同业相聚有利于专业分工，有利于同业之间交流生产经验，互相切磋技艺，取长补短，提高生产技术水平和劳动生产率。这就是"相语以事，相示以巧，相陈以功"⑦。而且规定士之子恒为士，农之子恒为农，工之子恒为工，商之子恒为商。各业子孙世世代代相承祖业，不得随意变更自己的行业。父子相承，能使弟子在耳濡目染中学到生产技术。父兄教授，耳提面命，可减少子弟学习的盲目性，少走弯路。古代，许多技术是保密的，传子不传女，父子相承使许

---

① 《商君书·徕民》。
② 《商君书·算地》。
③ 《汉书·刑法志》。
④ 《史记·商君列传》。
⑤ 《史记·商君列传》。
⑥ 《国语·齐语》。
⑦ 《国语·齐语》。

多技术不致失传。

当然，另一方面从当代人才培养的角度来看，管子的"四民分业"、同业相聚、父子相承主张极大限制了人才的自由发展，对广泛培养各种人才、人尽其用是极其有害的。

这一时期，《管子》所主张的对全国人口的分类调查统计比商鞅的"十三数"更为具体详细，实在令人惊叹！这在中国古代是极为罕见的。《管子·问》篇提出对人口调查应"问独夫、寡妇、孤寡、疾病者几何人也？……问邑之贫人债而食者几何家？问理园圃而食者几何家？人之开田而耕者几何家？士之身耕者几何家？……士之有田而不使（仕）者几何人？……士之有田而不耕者几何人？身何事？群臣有位而未有田者几何人？外人之来而未有田宅者几何家？国子弟之游于外者几何人？贫士之受责（债）于大夫者几何人？……外人来游在大夫之家者几何人？乡子弟力田为人率者几何人？国子弟之无上事，衣食不节，率子弟不田、弋猎者几何人？……问人之贷粟米有别券者几何家？……问士之有田宅身在陈（阵）列者几何人？余子之胜甲兵有行伍者几何人？问男女有巧伎能利备用者几何人？处女操工事者几何人？问国所开口而食者几何人？问一民有几年之食也？"《管子·问》篇对人口调查所询问的项目虽然有如此之多，但归纳起来大致有以下数项，其目的是针对不同类型人口制定不同的政策。一是调查鳏寡孤独疾病之人的数量，"其不为用者，辄免（免徭役之）；有锢病不可作者，疾（按病人对待）之"①。二是调查社会上贫穷到靠借债为生的人有多少，对于这些人，"可省（少）作者，半事（服半役）之"②。三是调查百姓之家在服兵役的有多少人，"行以定甲士当被兵之数，上其都"③。四是调查有田不耕、游手好闲者有多少人，对于这些人国家将采取行政措施强迫他们从事生产。五是调查开垦田地、从事农耕之人有多少家，对这些人国家应采取鼓励措施。六是调查外来之人在本国的有多少，本国人的儿子兄弟等在外面的有多少，国家应关注这些人的动向。

《管子》在治理国家中，除了提出"四民分业"居住和对全国人口进行分类调查统计之外，还主张对人口与土地进行严密的管制。首先，政府设立严密的户籍，定时登记核查。"分春曰书比，立夏曰月程，秋曰大稽，与民数得亡。"④"常以秋岁末之时阅其民，案家人比地，定什伍口数。"⑤ 从上述《乘马》篇所云春季公布税率，夏季核查，秋季归总，然后统计民众增加或减少之数来看，当时对户口的登记核查是与征收赋税密切相关的。其次，政府按一定的组织形式将

---

① 《管子·度地》。
② 《管子·度地》。
③ 《管子·度地》。
④ 《管子·乘马》。
⑤ 《管子·度地》。

人口强制编制起来。如有的以家为单位进行组织编制："十家为什，五家为伍，什伍皆有长焉。"① "五家而伍，十家而连，五连而暴，五暴而长，命之曰某乡，四乡命之曰都，邑制也。"② 另外有的以百姓居住的范围或生产活动组织将百姓编制起来："方六里命之曰暴，五暴命之曰部，五部命之曰聚……五聚命之曰某乡，四乡命之曰方，官制也"③；"四聚为一离，五离为一制，五制为一田，二田为一夫，三夫为一家，事制也"④。由此可见，《管子》主张广大民众按各种不同组织形式编制起来，以便于政府征收赋税、摊派徭役、组织生产等，其对人口的管制相当严密。再次，用行政、法律的手段禁止民众迁徙、流亡。"（冬）五政曰：禁迁徙，止流民，圉分异"⑤，"逃徙者刑"⑥。由此可见，《管子》主张如民众违反禁令随意迁徙、流亡等，那必须受到严厉的惩罚。为了严防民众迁徙、流亡，《管子》提出必须在百姓聚居地修筑围墙，统一出入通道，里门要指定专人看管，定时开关启闭，注意观察出入人等，有发现情况及时报告里尉，严格限制人们的出入，密切监视人们的行动。《立政》篇规定："审闾闬，慎筦键，筦藏于里尉。置闾有司，以时开闭……凡出入不时，衣服不中，圈属群徒，不顺于常者，闾有司见之，复（里尉）无时。"

《管子》在田地管制方面：首先，主张按"夫"或"户"进行授田。"一农之量，壤百亩也。"⑦ "地量百亩，一夫之力也。"⑧ "百乘为耕田万顷，为户万户"⑨，"方一里，九夫之田也"⑩。其次，为了使所授之田得到国家的保护，《管子》提出设立严密的田界系统。"三岁修封，五岁修界，十岁更制，经正也"⑪；"（春）四政曰：端险阻，修封疆，正千（阡）伯（陌）"⑫。显然，政府应定时组织对界系统的维持与修正，其目的在于维护一夫一户所受田亩的确定面积。再次，实行"相地而衰其征"⑬，即观测评估土地，以区分土地的肥瘠好坏，评出等级，然后依土地的等级征收赋税。《乘马数》篇载："有一人耕而五人食者，有一人耕而四人食者，有一个耕而三人食者，有一人耕而二人食者，此齐力而功地。田策相圆，此国策之时守也。" "郡县上腴之壤守之若干，间壤守之若干，

---

① 《管子·立政》。
② 《管子·乘马》。
③ 《管子·乘马》。
④ 《管子·乘马》。
⑤ 《管子·四时》。
⑥ 《管子·治国》。
⑦ 《管子·臣乘马》。
⑧ 《管子·山权数》。
⑨ 《管子·揆度》。
⑩ 《管子·乘马》。
⑪ 《管子·乘马》。
⑫ 《管子·四时》。
⑬ 《管子·小匡》。

下壤守之若干，故相壤定籍，而民不移。"由此可见，《管子》学派主张国家必须对不同地区高低不同的劳动生产率加以区分，实行不同的政策。因为不同地区、不同条件收成多少大不相同。有一个劳动力耕种所得可供 5 人食用的，有可供 4 人食用的，有可供 3 人食用的，有只可供 2 人食用的。善于管理经济的人，必须对各个地区（郡、县）土地肥沃者规定一个征收赋税的定额，中间者规定一个定额，贫瘠者规定一个定额，这样，老百姓就不会都往土地较肥沃的地区迁移。总之，正如管仲在当时所精辟概括的："相地而衰征，则民不移"①。即通过区分土地的肥瘠好坏，然后按等级征收赋税，这样农民就会安心耕作而不思迁徙。当时人们已认识到土地之肥力不同，使产量各不相同，而且差别甚大，即同样的劳动力投入，而其产出不同。"故相壤定籍，而民不移。振贫补不足，下乐上。故以上壤之满，补下壤之众，章四时，守诸开阖，民之不移也。"② 上述"相壤定籍"其实与"相地而衰征"都是把土地分等级而征收不同的赋税。但是不同的是"相壤定籍"比"相地衰征"还多了一项措施，即用上等土质地区的盈余补救下等土质地区的亏空，这样，人民便会安居乐业。

这一时期，《管子》认为："地大国富，人众兵强，此霸王之本也。"③ 可见，他们把"地大""人众"作为成就霸王之业的条件之一。但是，《管子》还进一步指出：地大、人口多并不一定就是好事，统治者必须对土地、人口进行适当的治理，否则，可能会走向反面，导致国家的败亡。他们说："地大而不为，命曰土满；人众而不理，命曰人满；兵威而不止，命曰武满。三满而不止，国非其国也。"④

《管子》认为土地和人力是财富生产过程中的两个主要因素，这两者必须很好配置，才能使社会经济发展，财富得到增长。他们指出："彼民非谷不食，谷非地不生，地非民不动，民非作力毋以致财。"⑤ 同时，人口与耕地之间必须保持适当的比例关系，否则就会妨碍农业生产的发展，不利于富国富民。地广人稀和地狭人稠都同样使资源得不到很好配置，对生产不利："地大而不耕，非其地也"，"无土而欲富者忧"⑥。《管子》根据当时的生产力水平，对人地两者的比例做了估计：

> 夫民之所生，衣与食也……所以富民有要，食民有率，率三十亩，而足于卒岁。岁兼美恶，亩取一石，则人有三十石；果蓏素食当十石，糠秕六畜当十石，则人有五十石；布帛麻丝，旁入奇利，未在其中也。故国有余藏，

---

① 《国语·齐语》。
② 《管子·乘马数》。
③ 《管子·重令》。
④ 《管子·霸言》。
⑤ 《管子·八观》。
⑥ 《管子·霸言》。

民有余食①。

由此可见，《管子》认为人均 30 亩耕地是当时人口与土地比例适当，两者得到较好配置的结合点，就能达到"国有余藏，民有余食"，从而实现富国富民。

管子学派认为生产是富民富国的基础，因此，把"强本事"即发展生产放在治国的首位。他们认为：生产发展了，产品丰富了，百姓的生活自然就富足了；"务五谷则食足，养桑麻育六畜则民富"②。同时，生产也是国家财政的来源，生产发展了，社会财富增长了，国家的财政收入就有了充足的来源。这就等于国家财政"积于不涸之仓，藏于不竭之府"③，富国有了可靠的基础。

二、货币与粮食管制思想

（一）单旗、孙叔敖的货币价值论

单旗在中国历史上第一次较为清楚地阐明了古代关于货币问题的两对基本范畴——轻重和子母的含义。所谓轻重有两层意思：一是指货币与商品交换时的相对价值，如当时一旦"天灾降戾"，农业歉收，农产品的价值就会升高，同样的货币就会表现于比原来较少的"资"上，货币的相对价值就显得低了，因此出现"民患轻"的情况。二是指货币金属本身所具有的价值，如他批评周景王铸大钱"废轻而作重"，这里的废轻作重就是指铸铜币重量大、价值高的钱来代替原来重量小、价值低的钱。所谓子母其意则是重币、大币称为母，而轻币、小币称为子。其中"子权母而行"，指在铸造轻币后，以原来流通的重币作为标准衡量轻币，把轻币作为重币的一定成数来行使；而另一方面，"母权子而行"，则是指铸造重币后，以原来的轻币为标准，把重币折合为轻币的一定倍数来行使。

当时，周景王所以要铸重币，是为了"实王府"，即解决周王室的财政困难。单旗反对这种做法，认为国家是否增铸货币，是铸重币还是轻币，必须根据商品、货币流通的实际需要。如果"民患轻"，则"为之作重币以行之"；"若不堪重"，则"多作轻（币）而行之"。如为了解决财政困难而滥发货币，这是搜刮民财以充实国库，"绝民用以实王府"，结果只会是破坏财政基础，使财政危机更加深，最终必将导致一个"民离而财匮，灾至而备亡"的危亡局面。④

孙叔敖在经济方面制订和推行各项政策措施时，始终遵循百姓"各得其所便"⑤的原则。如他主张政府对商品交换和货币流通的管制必须按照市场的实际情况办事，反对违背经济规律人为地加以干扰。楚庄王曾认为楚国的货币价值太

---

① 《管子·禁藏》。

② 《管子·牧民》。

③ 《管子·牧民》。

④ 《国语·周语下》。

⑤ 《史记·循吏列传》。

低，"更小以为大"，结果使"民莫安其处，次行不定"。孙叔敖发现这一情况后，立即请求楚庄王"遂令复如故"①，即废除大钱而恢复小钱。三日后，市场秩序恢复正常。

（二）计然、李悝的粮价跌涨及影响思想

春秋末年，计然看到粮价的跌涨如超出了一定的范围就会对社会不同行业的人造成很大的负面影响，从而不利于社会经济的发展。他指出在丰收之年，如粮价跌到每石 20 钱以下，就会"病农"，"农病则草不辟"，即粮价太低使农民收入减少，从事农业赚不到钱，农民自然就没有了种田的积极性；而歉收之年，如粮价涨到每石 90 钱，那就会"病末"，"末病则财不出"，即粮价太高使一般手工业者、商人买不起粮食，不利于手工业生产和商品的流通。因此，他主张由国家进行干预，调节粮食价格，即丰收之年收购粮食，歉收之年抛售粮食，使粮价每石"上不过八十，下不减三十，则农末俱利"。由于古代粮食在各种商品中具有特别重要的地位，关系到国计民生，粮价稳定会带来其他商品价格的稳定，供求平衡，促进社会经济平衡有序发展，因此计然认为："平粜齐物，关市不乏，治国之道也。"②

战国初，魏国李悝分析了粮食价格过贵或过贱的严重后果，指出："粜甚贵伤民，甚贱伤农；民伤则离散，农伤则国贫。故甚贵或甚贱，其伤一也。"③李悝的这一思想与春秋末年计然的粮价低"病农"、粮价高"病末"思想基本相同，他把"病末"改为"伤民"，把对工商业者不利扩大为对非农业人口均不利，似乎更符合当时现实。并且李悝对粮价过贵过贱的后果在认识上更深入一层，即粮价过贵伤害到非农业人口，会使他们流离失所；而粮价过贱伤害到农民，不仅会影响他们生产积极性，而且会进一步使国家贫穷。对此，李悝设计了一个"平粜"方案。这套方案中虽然有些数字问题重重，但其反映的理念还是值得注意："善平粜者，必谨观岁有上中下孰。上孰其收自四，余四百石；中孰自三，余三百石；下孰自倍，余百石。小饥则收百石，中饥七十石，大饥三十石。故大孰则上粜三而舍一，中孰则粜二，下孰则粜一，使民适足，贾平则止。小饥则发小孰之所敛，中饥则发中孰之所敛，大饥则发大孰之所敛，而粜之。故虽遇饥馑水旱，粜不贵而民不散，取有余以补不足也。行之魏国，国以富强。"④根据《汉书·食货上》的记载我们大致可了解李悝平粜思想的 4 个方面特征：一是"平粜"方案是在年景假设为上中下（或大中小）熟和大中小饥 6 种情况下实施；二是政府根据上中下熟不同情况收购不同数量的粮食，然后将其储备，

---

① 《史记·循吏列传》。
② 《史记·货殖列传》。
③ 《汉书·食货上》。
④ 《汉书·食货上》。

待发生大中小饥年份时，再根据受灾程度不同出售储备粮；三是由于上熟储粮以备大饥之年，中熟储粮以备中饥之年，小熟储粮以备小饥之年，所以基本上能达到"取有余以补不足""籴不贵而民不散"的效果；四是这一方案曾在魏国实施，取得较好的效果，使社会经济发展，国家走向富强。

（三）《管子》的粮食为"司命"、货币为"通施"思想

《管子》在对国家经济的治理中，把粮食和货币作为控制工商业和整个国民经济最主要的对象。《管子·国蓄》篇云："五谷食米，民之司命也；黄金刀币，民之通施也。"在中国古代社会，农业是最基本的生产部门，粮食是人们最根本的生活资料，是生存之本。在商品流通中，货币作为一切商品的等价物，比任何其他商品都更为重要。国家如掌握了这两种商品，不但能控制市场，而且对支配整个社会经济生活、安定社会秩序，都将起着关键的作用。因此，《管子》把粮食视为"司命"，即命运的支配者；把货币视为"通施"，即通用的流通手段。从而把粮食和货币作为"以轻重御天下"① 的两个主要对象，正是基于上述的认识。

《管子》在以粮食和货币为治理国家经济活动主要对象中，通过以粮食和货币比价变化的关系、货币与各种商品的相互关系、粮食与其他商品的相互关系、供求决定价格、价格影响供求等手段，对工商业乃至整个社会经济进行管制、控制和调节。

《管子》认识到："粟重黄金轻，黄金重而粟轻"②，其意为处于流通中的粮食数量减少而货币相对数量增多，则表现为粮食价格上涨而货币购买力降低；相反，如果处于流通中的货币数量减少而粮食相对数量增多，那则表现为货币购买力提高而谷物价格下跌。

在此基础上，《管子》还进一步认识到："币重而万物轻，币轻而万物重"③；"谷重而万物轻，谷轻而万物重"④。这就是作为一般等价物的货币同各种商品之间的比价以及作为最基本生活资料的粮食同其他各种商品之间的比价共同表现出轻重、贵贱相反的关系，其变化是此消彼长或彼消此长。

由于在社会经济生活中，粮食和货币起决定性的作用，因此，国家如能够通过操纵、调节和改变这两者的比价关系，就能控制、影响其他各种商品的价格和供求。《管子》提出"执其通施，以御其司命"⑤，作为管制、控制和调节全国经济的总原则。也就是说，国家首先必须掌握作为流通手段的货币，利用它来控制和调节作为民众基本生活资料的粮食的价格和供求，进而影响一切商品的价

---

① 《管子·山至数》。
② 《管子·轻重甲》。
③ 《管子·山至数》。
④ 《管子·乘马数》。
⑤ 《管子·国蓄》。

格和供求。这样，既可平抑物价，使"贵贱可调"①，又能把剩余产品集中到国家手中，增加国家的财政收入，"民力可得而尽"，"而君得其利"②。总之，政府通过控制货币和谷物这两种最关系重大的商品来取得和保持在经济领域中的举足轻重之势，"人君操谷、币、金衡而天下可定也，此守天下之数也"③。

《管子》的所谓"执其通施"，就是由国家掌握货币的铸造和发行，即"人君铸钱立币"④。所谓"御其司命"，就是国家必须在全国范围内控制粮食的价格和供求。其具体措施是"布币于国"⑤，乘百姓青黄不接之时，春借秋还，把粮食收集到国家手中。

《管子》还提出国家通过货币可以调节不同商品的价格："谷贱则以币予食，布帛贱则以币予衣，视物之轻重而御之以准，故贵贱可调而君得其利。"⑥ 另一方面必须指出的是《管子》为了国君"得其利"，通过行政手段人为地制造物价波动，对国民经济和人民生活造成严重的后果，有时甚至是对民众的掠夺。如他主张国家通过"发号出令"，使"物之轻重相什而相伯"⑦，造成物价成十倍百倍的涨价，从而获利。如政府下令征收货币赋税，"令曰十日而具，则财物之贾什去一。令曰八日而具，则财物之贾什去二。令曰五日而具，则财物之贾什去半。朝令而夕具，则财物之贾什去九"⑧。可见，货币赋税征收的期限越短，农民就会越急于出卖农产品而换取货币纳税，这就使农产品的价格下跌越严重。

《管子》作者认识到货币的作用并不仅限于经济，同时还有政治上的意义，即"以守财物，以御民事，而平天下也"⑨。这就是君主如果垄断了货币，就能据有财货物资，控制人民从事的各项活动，并使物价平稳。因此，作者主张国家必须垄断货币的铸造与发行。《管子·国蓄》一再强调君主必须掌握铸币权："人君铸钱立币"，君主"自为铸币"。《管子·山权数》则从历史角度强调铸币权要由君主垄断："汤以庄山之金铸币……禹以历山之金铸币"，所以当时"君有山，山有金，以立币"⑩。这是自夏、商朝开始即如此，君主垄断铸币权，天经地义。国家掌握了铸币权其实也就掌握了发行权。《管子·乘马数》说："布币于国"，即国家掌握了货币发行，也就能控制利途。正如《管子·国蓄》所云："黄金刀币，民之通施也。故善者执其通施，以御其司命，故民力可得而尽

① 《管子·国蓄》。
② 《管子·国蓄》。
③ 《管子·山至数》。
④ 《管子·国蓄》。
⑤ 《管子·山至数》。
⑥ 《管子·国蓄》。
⑦ 《管子·轻重乙》。
⑧ 《管子·国蓄》。
⑨ 《管子·国蓄》。
⑩ 《管子·山至数》。

也。"《管子》作者还提出，国家在垄断货币过程中，关键要把握住币值。《管子·揆度》说："币重则民死利，币轻则决而不用，故轻重调于数而止。"这里币重指货币购买力高，币轻指货币购买力低。作者认为过高或过低都有弊病，币值上扬，人们会为着得到货币而不惜性命；货币贬值，购买力下降，不值钱了，人们就会弃而不用。因此，君主在治理国家中必须把物资和币值的上涨或下降都调整到合适的水平上。

三、重农抑商思想

（一）李悝"尽地力"和"禁技巧"思想

战国初期，法家先驱者李悝，曾相魏文侯和武侯，提出了"尽地力之教"的国策①。他建议，一方面"治田勤谨"，即发挥农业生产者的积极性，提高单位面积产量；另一方面"禁技巧"，认为"雕文刻镂，害农事者也，锦绣纂组，伤女工者也，农事害则饥之本也，女工伤则寒之原也……故上不禁技巧则国贫民侈"②。在这里，"尽地力"就是指要重视农业，充分发挥土地的潜力；而"禁技巧"则是指抑制当时华而不实的手工业，而这些产品基本上是作为奢侈品出售的，因此就必然抑制商业。李悝虽然没有明显提出重农抑商的概念，但从其"尽地力"和"禁技巧"可以推断，重农抑商的思想在战国初期已有了雏形。

（二）商鞅"事本禁末"思想

先秦时代第一个比较明确提出重本抑末并予以实践的是战国时期秦国的商鞅。商鞅在变法令中规定："大小僇力本业，耕织致粟帛多者复其身；事末利及怠而贫者，举以为收孥。"③ 这是我国古代文献中比较早记载的"本业"与"末利"作为相对应的一对概念。尔后在后人编纂的《商君书》一书中，商鞅进一步提出"事本禁末"："治国能持民力而壹民务者强，能事本而禁末者富。"④ 商鞅所说的"本业"与"事本"，可以比较肯定地说指的是农业，而这里的"末利""禁末"的"末"则必须予以具体分析。

商鞅是中国经济思想史上最先提出本末概念的人。他比墨翟更明确地把当时男耕女织的农业称为"事本""本业"，而他对于"末业"没有明确的界定。商鞅虽有时也把游谈、辩说之士也称作末，但从他禁末的做法"苟能令商贾技巧之人无繁"来看，其所谓"末业"显然主要是指工商业。

商鞅也是最先明确提出"事本禁末"口号的人，认为"能事本而禁末者富"⑤。在中国封建社会延续了两千多年"重本抑末"的政府主导治理思想，商

---

① 《汉书·食货志》。
② 《说苑·反质》。
③ 《史记·商君列传》。
④ 《商君书·壹言》。
⑤ 《商君书·壹言》。

鞅的影响是极其深远的。

商鞅禁末，并不意味着他真的对商业的作用一概否定。他把商人和农民、官吏相提并论，认为是"国之常官也"①。对于社会生活来说，农、商、官各有不同的作用："农辟地，商致物，官法民"②。商鞅之所以禁末，主要是他们认为从事工商业的"商贾、技巧之人"是妨碍贯彻农战政策的人，故必须予以限制打击。商鞅把一切不从事农耕的人都看作白吃饭的人，只会耗费国家的粮食财富，因此只有使农民多而工商业者少，国家才会富起来，相反，"苟能令商贾、技巧之人无繁，则欲国之无富，不可得也"③。

商鞅的"事本禁末"也并非完全禁止工商业，而主要是限制工商业的规模及工商业者的人数，就是使"今商贾、技巧之人无繁"。这种做法在当时的历史条件下，有一定的合理性。从理论上说，当时的社会生产力还相当低，农业的发展主要还是靠众多的劳动力的投入，如太多的人脱离农业而去从事工商业，将会影响农业，减少国家粮食的生产，从而妨碍农战政策的实施，就难以达到富国强兵。他们认为农业和非农业人口的比例决定国家的贫富，农业人口在国家总人口的比例越大越好："百人农，一人居者，王；十人农，一人居者，强；半农半居者，危。"④ 他们甚至认为非农业人口是农业的害虫："今夫螟螣蚼蠋，春生秋死，一出而民数年不食。今一人耕而百人食之，此其为螟螣蚼蠋亦大矣。"⑤ 因此，千方百计压缩非农业人口。从实践上说，当时的秦国按照商鞅的农战政策的确达到了富国强兵，最终打败六国，统一了中国。但是从长远的眼光看来，事本禁末政策没有充分正确地估计商业对社会经济发展的重大促进作用，甚至错误地把商业与农业对立起来，认为："金生而粟死，粟死而金生……国好生金于竟（境）内，则金粟两死，仓府两虚，国弱；国好生粟于竟（境）内，则金粟两生，仓府两实，国强。"⑥ 在这种认识指导下，政府过分极端地打击工商业，对封建社会经济的发展又带来了严重的负面影响。

商鞅等法家之所以重农，除经济原因外，还有一部分是政治原因，一部分是军事原因。政治上农民淳朴而易于统治；军事上是把农民束缚在土地上，使他们不易迁徙，平时务农，战时出征，为战争出物出力。

法家霸道尚力，商鞅就指出："国之所重，主之所以尊者，力也"⑦；"治

---

① 《商君书·去强》。
② 《商君书·弱民》。
③ 《商君书·外内》。
④ 《商君书·农战》。
⑤ 《商君书·农战》。
⑥ 《商君书·去强》。
⑦ 《商君书·慎法》。

国能富者贫，令贫者富，则国多力，多力者王"①。韩非则以进化的史观说明当时社会"尚力"的必然性："上古竞于道德，中世逐于智谋，当今争于气力。"②他认为治国必须尚力，因为"力多则人朝，力寡则朝于人，故明君务力"③。可见，实力决定一个国家的地位，即实力强者接受别国的朝贡，而实力弱者则要朝贡强国。

商鞅霸道尚力的具体政策措施是耕战，即通过耕战而增加国力。他说：耕战"二者，力本，而世主莫能致力者，何也？使民之所苦者无耕，危者无战。"④可见，商鞅看到由于人民害怕吃苦所以不去耕田，害怕危险所以不去打仗，要改变人民恶农畏战的局面，必须用名利诱使人民务农作战。他提出："犯其所苦，行其所危者，计也。故民生则计利，死则虑名，名利之所出，不可不审也。利出于地，则民尽力；名出于战，则民致死。"⑤一旦人民从事于农战，其结果是"入使民尽力，则草不荒；出使民致死，则胜敌。胜敌、草木不荒，富强之功，可坐而致也"⑥。

总之，商鞅制定政策的目标是政府使用权力遏制其他职业，使人民无所选择，要想获得名利，只能通过耕战这一途径。他观点鲜明地指出："故吾教令：民之欲利者，非耕不得；避害者，非战不免。境内之民，莫不先务耕战，而后得其所乐……能行二者于境内，则霸王之道毕矣。"⑦而且就耕战二者来说，首先是要使人民务农，因为务农才能使国家富强，才能为战争奠定了雄厚的物质基础；务农才能使农民淳朴，容易听从国家的指挥参加战斗。这就是"明君修政作壹，去无用，止浮学事淫之民，壹之农，然后国家可富，而民力可抟也"⑧。

商鞅治国的核心思想是农战，把农战作为国家富强的基本国策，要求全国人民把力量都动员起来，集中到农业生产与战争，因此，提出"利出一孔"，人们求名求利都只有通过农战这"一孔"。"利出于地"，"利出于战"，利用人们对名利追求的本性，"先行其所恶"，从事辛苦的农和危险的战。在农与战两者之间，商鞅更强调战，而把农看作是为战服务的。他认为为了加强战斗力和保证战争的供给，必须重视农业生产："国不农，则与诸侯争权，不能自持也，则众力不足也。"⑨这是商鞅重农思想的一个突出特点。

在一般的情况下，商鞅主张治理国家不提倡奖赏，而注重用刑罚："治国刑

---

① 《商君书·去强》。
② 《韩非子·五蠹》。
③ 《韩非子·显学》。
④ 《商君书·慎法》。
⑤ 《商君书·算地》。
⑥ 《商君书·算地》。
⑦ 《商君书·慎法》。
⑧ 《商君书·农战》。
⑨ 《商君书·农战》。

多而赏少，故王者刑九而赏一，削国赏九而刑一。"① 但是，为了鼓励农战，他不仅主张奖赏，而且还强调"壹赏"，即只对在农战两方面有建树的人给予奖赏。如商鞅建议用法令的形式鼓励与保障从事农战有功人对土地和其他财物以至依附农民的所有权。如商鞅变法规定在战争中"能得甲首（敌军中有爵位的人的头颅）一者，赏爵一级，益田一顷，益宅九亩一，除庶子（农奴或依附农民）一人"②。

商鞅的农战论是一种封建时代的国民经济军事化的政策和理论。国民经济军事化总是具有破坏社会分工各领域的正常关系，造成国民经济畸形发展的消极作用的。商鞅的"利出一孔"论对农业以外的其他行业均强调加以限制和打击，这对工商业及文化发展的不利影响自不必说；即使对农业本身来说，这种理论也是过分狭隘的。商鞅强调重农，但他关于农业的概念，只限于"粟帛"，其他农作物以及林、牧、渔业都不在内。他们提出了"壹山泽"，即由国家垄断山泽禁限人们采伐的主张，垄断的目的不是像汉代以后那样为了增加财政收入，更不是为了保护自然资源防止滥加采伐，而是为了堵塞农战以外的其他谋生之路，使民除农战而外"无所于食"。

另一方面，商鞅主张采取一些限制与强制手段，防止民众脱离农业生产。其一，商鞅颁布法令，规定："事末利及怠而贫者，举以为收孥"③，即从事工商业及怠于农业以至于贫穷者，收以为官奴。

其二，商鞅提出："无以外权爵任与官，则民不贵学问又不贱农……民不贱农……勉农而不偷，则草必垦。"④ 战国时代，有学问的人常常通过游说诸侯，依靠外国的势力获得官爵。商鞅反对授予这些人官爵，这样就会使人民不重视学问而不轻贱农业。民众不轻贱农业，则土地必得到开垦。

其三，商鞅主张："声服无通于百县，则民行作不顾，休居不听。休居不听，则气不淫；行作不顾，则意必壹。意壹而气不淫，则草必垦矣。"商鞅主张禁止各县声色娱乐，使民众精神不游荡，心意专一，则土地就能得到开垦。

其四，商鞅主张："废逆旅……逆旅之民无以食，即必农。农，则草必垦矣。"他认为废旅店，使游历之人无所寄食，那他们就得回乡务农。

其五，商鞅认为："使民无得擅徙，则诛愚……农静、诛愚，则草必垦矣。"这就是禁止农民随意迁徙，那他们就会安土重迁，愚昧无知，一心务农。

其六，商鞅认为："国之大臣诸大夫，博闻、辩慧、游居之事，皆无得为，无得居游于百县，则农民无所闻变见方……愚农不知，不好学问，则务疾农。"

---

① 《商君书·开塞》。
② 《商君书·境内》。
③ 《史记·商君列传》。
④ 《商君书·垦令》，以上至"其七"，引文均见于此。

他建议达官贵人、文人学士不得游居各县，那农民就不会听到什么奇谈怪论了。农民愚昧无知，不喜欢学习知识，就会致力于农业。

其七，商鞅提出："令军市无有女子……轻惰之民不游军市，则农民不淫，国粟不劳，则草必垦矣。"这就是命令军内集市不许游女、流氓等逗留，以避免农民变得荒淫，那土地就会得到开垦。

商鞅着眼于农战政策，把从事工商业的"商贾、技巧之人"看作是妨碍贯彻农战政策的人，应加以限制打击。在商鞅看来，工商业之所以妨碍农战政策的贯彻，不仅在于工商业者不生产粮食，却要消耗粮食，还在于工商业者的存在，会诱使农民脱离农战。因为农业"用力最苦而赢利少"，而工商业则容易致富，农民见"商贾之可以富家也，技艺之足以糊口"，"则必避农"①。避农，"则民轻其居。轻其居，则必不为上守战也。"②

商鞅对工商业采取抑制政策，主要措施有4个方面：

其一，用赋税、徭役手段加以抑制。对在从事农战方面有较大作用的人，给予减免赋税、徭役作为鼓励。如对努力从事农业生产"耕织致粟帛多者复其身"；对三晋来秦国开荒务农的人"利其田宅，而复之三世"和"不起十年（之征）"③；对立有军功的人免除他们一部分"庶子"对国家的徭役等。另一方面对不从事农战的人则以重税、重役加以限制、打击。如在赋税方面"不农之征必多，市利之租太重"④，"重关市之赋"⑤。在徭役方面使"农逸而商劳"⑥。对农尽量"征不烦，民不劳"，使"农多日"以垦草务农；对商则"以商之口数使商，令之厮舆徒重者必当名"⑦。

其二，运用价格政策使民众弃商事农。商鞅认为"食贱则农贫，钱重则商富"⑧，因此主张政府应提高粮价而降低货币的购买力，这样就会"食贵则田者利，田者利则事者众。食贵，籴食不利，而又加重征，则民不得无去其商贾、技巧，而事地利矣"⑨。

其三，限制商人的经营范围，尤其禁止商人经营粮食，"使商无得籴"⑩，以抑制商业对封建农业的分解作用。

---

① 《商君书·农战》。
② 《商君书·农战》。
③ 《商君书·徕民》。
④ 《商君书·外内》。
⑤ 《商君书·垦令》。
⑥ 《商君书·垦令》。
⑦ 《商君书·垦令》。
⑧ 《商君书·外内》。
⑨ 《商君书·外内》。
⑩ 《商君书·垦令》。

其四，给商人设置经营的障碍，如"废逆旅""贵酒肉之价"①，使商人外出做买卖遇到住宿与饮食的困难。

(三)《管子》事农禁末思想

《管子》亦主张重农抑商，其思想与商鞅相类似。其一，把重农作为富国安民强兵的治国战略。他说："农事胜则入粟多，入粟多则国富，国富则安乡重家。"相反，如"上不利农则粟少，粟少而人贫，人贫则轻家，轻家则易去，易去则上令不能必行，上令不能必行则禁不能必止，禁不能必止则战不必胜，守不必固矣"②。

其二，把"禁末"作为重农的必要手段。《管子·治国》篇指出："末产不禁则野不辟"，"末作文巧禁，则民无所游食，民无所游食，则必农，民事农则田垦，田垦则粟多，粟多则国富。国富者兵强，兵强者战胜，战胜者地广"。可见，不禁末就无法达到重农国富兵强。

其三，禁末并不意味着完全取缔商业。商鞅虽然主张抑商，但并不否认商业的作用，而且把商与农、官并列为国家三种不可少的职能。《管子》亦肯定商业在社会经济中的作用，因为商业可以"起本事"，即促进农业的发展，还可以满足人们日常生活的需要，否则"无市则民乏"。因此，要实现社会经济的全面协调发展，农工商不可偏废，"农夫不失其时，百工不失其功，商无废利，民无游日，财无砥滞"③。

《管子》重视农业生产，因为他们认为粮食是人们赖以生存的最基本条件，"民非谷不食"④；增加粮食是国家财政的重要收入，"积于不涸之仓者，务五谷也"⑤；粮食又是决定战争胜负的关键因素："地之守在城，城之守在兵，兵之守在人，人之守在粟"⑥。同时，《管子》也看到工商业在社会经济生活中也是不可或缺的。他们认为，手工业者生产的劳动工具和生活用品，有利于农业生产，能够使人们"毋乏耕织之器"⑦；商业则可以互通有无、广泛交流，"以其所有易其所无，买贱鬻贵。是以羽旄不求而至，竹箭有余于国，奇怪时来，珍异物聚"⑧。如果没有市场流通，商品物质就会缺乏，即"无市则民乏"⑨，人们的需求就难以得到满足。

鉴于这种认识，《管子》主张首先必须保证农业生产，然后在不妨碍农业生

---

① 《商君书·垦令》。
② 《管子·治国》。
③ 《管子·法法》。
④ 《管子·八观》。
⑤ 《管子·牧民》。
⑥ 《管子·权修》。
⑦ 《管子·幼官》。
⑧ 《管子·小匡》。
⑨ 《管子·乘马》。

产的前提下发挥工商业的作用。《管子》针对当时人们"悦商贩而不务本货"的情况，又提出了"务本去末"或"强本禁末"的政策。他们主张从政治上和社会风气上抑商，禁限"商贾之人"①做官，不使"百工商贾"②穿羔皮和貂皮做的衣服等。而且从经济上使"百货贱"，使商人不能获得高额利润，对工商加以限制。这样，弃农经商的人少了，满足农业对劳动力的需求，农业就会得到发展，"百利不得则百事治"③。他们甚至认为，维护自给自足的自然经济是国家治理之道："市不成肆，家用足也……治之至也"④。

由于《管子》看到一般工商业在社会经济生活中的作用，因此他们的务本去末或强本禁末政策打击的对象主要是奢侈品工商业。他们在《管子·重令》中指出："菽粟不足，末生不禁，民必有饥饿之色，而工以雕文刻镂相稺也，谓之逆。布帛不足，衣服毋度，民必有冻寒之伤，而女以美衣锦绣纂组相稺也，谓之逆。"显然，在这里《管子》主要把"雕文刻镂""美衣锦绣纂组"之类奢侈品的生产与流通当作"末"。由于奢侈品的生产比一般生活生产用品的生产要投入更多的人力、物力和财力，因此会严重影响社会人力、物力和财力对农业生产的投入。"今工以巧矣，而民不足于备用者，其悦在玩好；农以劳矣，而天下饥者，其悦在珍怪方丈陈于前；女以巧矣，而天下寒者，其悦在文绣。"⑤同时奢侈品的生产与消费，会使社会形成竞相侈靡的风气，并产生贫困奸邪等问题。"主上无积而宫室美，氓家无积而衣服修，乘车者饰观望，步行者杂文采"⑥，其结果是"国侈则用费，用费则民贫，民贫则奸智生，奸智生则邪巧作"⑦。不言而喻，奢侈品工商业必须予以禁止限制，以保证农业生产不受影响，从而达到富国富民。

先秦法家多数主张凭借国家的政权力量，运用行政手段，实行严刑峻法，对国家经济进行管制、控制。同时，先秦法家在思想理论上轻视乃至否定工商业在国家经济中的作用与地位，因而在实践中不主张国家自身直接经营工商业。《管子》继承了法家对国家经济实行严格管制与控制的思想，但在具体的操作手段上与法家又有所不同。他们不仅重视行政、法律手段的运用，更重视通过经济手段，把经济手段和行政、法律手段密切配合，对国家经济实行管制与协调。所谓经济手段指国家进入商品流通领域乃至部分商品的生产领域，充分研究和利用商品货币流通规律，直接参与经营工商业与市场经济活动，以控制工商业，并进而

---

① 《管子·八观》。
② 《管子·立政》。
③ 《管子·乘马》。
④ 《管子·权修》。
⑤ 《管子·五辅》。
⑥ 《管子·八观》。
⑦ 《管子·八观》。

对整个国家经济实行管制、控制和调节，在社会经济活动中取得举足轻重的支配地位，巩固君主专制政权。

《管子》认为，封建国家不仅在政治上要实行专制，而且在经济上也要实行管制，掌握控制、支配经济上的轻重之势，君主专制统治才能得以真正强大巩固。《管子》一书中多处表达了这种思想。如《管子·山至数》篇云："圣人理之以徐疾，守之以决塞，夺之以轻重，行之以仁义，故与天壤同数，此王者之大辔也。"同书《国蓄》篇云："国有十年之蓄，而民不足于食……是皆以其事业交接于君上也。故人君挟其食，守其用，据有余而制不足，故民无不累于上也。"同书《乘马数》篇则云："出准之令，守地用、人策，故开阖皆在上。"由此可见，《管子》把国家对经济活动的控制与支配看作是"王者之大辔"，是能使"开阖皆在上""民无不累于上"的"国权""君柄"，君主只有在经济上掌握了控制、支配大权，在政治上的统治才能得以巩固。国君只有支配了广大民众的生活命脉，形成"予之在君，夺之在君，贫之在君，富之在君"①的态势，广大民众为了生活，就不得不服从国家的意志，服服帖帖听从君主的驱使。这就是《管子·揆度》篇所指出的："善为天下者，毋曰使之，使不得不使；毋曰用之，使不得不用。"显而易见，这种经济上的强制，要比政治上直接的暴力强制更少遭到民众的反抗，更少遇到阻力，因此其结果更有实效。

《管子》认为，国家在实行经济管制中，首当其冲的对象是富商大贾。富商大贾是国家经济的主要破坏力量。他们囤积居奇、操纵市场，"物适贱，则半力而无予，民事不偿其本；物适贵，则十倍而不可得，民失其用"②；直接剥削和兼并农民，"蓄贾游市，乘民之不给，百倍其本"③。结果造成"贫者失其财"，"农夫失其五谷"④。总之，富商大贾凭借自己的巨额财富，控制和操纵工商业活动，严重威胁政府的统治："万乘之国有万金之贾，千乘之国有千金之贾，然者何也？国多失利，则臣不尽其忠，士不尽其死。"⑤ 为了抑制、打击富商大贾的势力，《管子》主张国家要依靠行政权力，从他们手中夺取对经济的控制权："故豫夺其途则民无遵，君守其流则民失其高（下）。故守四方之高下，国无游贸，贵贱相当，此谓国衡。以利相守，则数归于君。"⑥ 甚至《管子》还进一步要求"杀正商贾之利"⑦，在用国家权力限制富商大贾的同时，由政府直接进入商品流通过程，参与市场活动并经营工商业，对"大贾蓄家"进行排挤，使

---

① 《管子·国蓄》。
② 《管子·国蓄》。
③ 《管子·国蓄》。
④ 《管子·轻重甲》。
⑤ 《管子·国蓄》。
⑥ 《管子·揆度》。
⑦ 《管子·轻重乙》。

"大贾蓄家不得豪夺吾民"①，才能确保国家的轻重之势。总之，《管子》不只是依靠政治、法律手段，而是主要使用经济手段；不只是消极地抑制富商大贾，而是积极地发展官商来排挤私商，分割富商大贾的商业利润。这体现了《管子》对国家经济活动已不像法家所主张的一味地依靠政治、法律手段实行严厉的管制，而是更多地依靠经济手段和官商的直接参与来控制、排挤或分割。

《管子》认为国君在治理国家中，如对富商大贾不加以控制、排挤或分割，那么经济大权将会旁落，并使国家财源枯竭，"委积则虚"，"下富而君贫"。并且还会进一步损害国计民生，造成贫富分化严重，富者为富不仁，贫者饥饿困穷。其后果是"民富则不可以禄使也，贫则不可以罚威也"②。这就是国家的赏罚在富人与穷人面前作用都很有限，因为很富有的人不会把国家的一点奖赏看在眼里，不肯为得到俸禄、赏赐而为国家卖力效命；反之，过于贫穷而无法生存的，会为生计而被迫铤而走险，干出违法乱纪的事来。因此对于这些很富有的人，国家的奖赏很难起到劝勉的作用；而对于那些贫困之人，国家的刑罚是不容易起到禁戒的作用。总之，贫富分化太严重，形成太富或太贫的阶层，就会影响政府对社会的治理，从而造成社会的动荡不安，动摇国家的统治。这就是"法令之不行，万民之不治，贫富之不齐也"③。因此，国家必须通过对富商大贾的控制、排挤或分割，做到"调通民利"，防止贫富悬殊太严重，从而使赏罚发挥作用，达到长治久安。

《管子》对先秦法家的"利出一孔"之说有重大的发展，虽然他们也说："利出于一孔者，其国无敌；出二孔者，其兵不诎；出三孔者，不可以举兵；出四孔者，其必亡。"④ 但是，这里的"利出一孔"不是法家所主张的通过赏罚手段驱使人民从事农战这条唯一途径获取名利，而是要求国家对社会经济活动进行直接干预和严格的控制，"塞民之养，隘其利途"⑤，使人民只能在国家绝对控制、支配下的经济领域从事经济活动，获得财富或生产资料，而不得经由国家不允许的"利途"。这就是所谓的"为笼以守民"⑥，这里的"笼"特指经济领域的"牢笼"，因此《管子》指出，治理国家者如"不通于轻重，不可为笼以守民"⑦。换言之，治理国家者必须精通商品流通和市场活动的情况，熟悉商业经营之道，才能很好地在经济领域管理民众。

商鞅与《管子》事本禁末思想的异同主要有：商鞅与《管子》都主张重本、

---

① 《管子·国蓄》。
② 《管子·国蓄》。
③ 《管子·国蓄》。
④ 《管子·国蓄》。
⑤ 《管子·国蓄》。
⑥ 《管子·国蓄》。
⑦ 《管子·国蓄》。

务本或强本作为富国的基本方略，把发展农业生产放在富国的首要位置。但在采取的政策工具上，两者则大不相同。商鞅强调国家政权对社会经济活动的管制和干预，较多地采用行政、法律的手段；《管子》则主张国家政权尽量"无为"，对社会经济活动少人为地控制、干涉，较多地顺应人的自利、求利本性。

在重农的同时，商鞅与《管子》都主张抑末，但其程度有所不同。商鞅主要通过重税、重役、严刑以及其他行政手段强行禁限，打击工商业，削弱商人的经济力量，迫使他们"归心于农"①。《管子》在肯定一般工商业对社会经济的作用的条件下，主要对奢侈品工商业予以禁止、限制，并在不影响农业生产的前提下，对一般工商业发展给予一定的鼓励和保护。

（四）韩非的农本工商末思想

韩非作为法家的集大成者，继承了商鞅的耕战思想，认为耕战是国家富强的途径："能越（趋）力于地者富，能起力于敌者强。"② 其方式仍是使人民无事在家务农，战时应征作战。其结果是"无事则国富，有事则兵强"③。

韩非与他之前的法家一样，都主张对国家的治理主要应采取刑赏的手段。他说："明于治之数，则国虽小，富；赏罚敬信，民虽寡，强。赏罚无度，国虽大兵弱者，地非其地，民非其民也。"④ 因此，他主张通过刑赏来"显耕战之士"，使耕战之士在财富和地位方面都高于社会上的各色人等。这就是通过刑赏使耕战之士得以富贵："夫耕之用力也劳，而民为之者，曰可得以富也；战之事也危，而民为之者，曰可得以贵也。"⑤ 只有励行法治，信赏必罚，"使民以力得富，以事致贵，以过受罪，以功受赏"⑥，才能使百姓愿意投入耕战，连原来脱离耕战的人也会回到耕战上来，即"官行法，则浮萌（氓）趋于耕农，而游士危于战阵"⑦。

韩非认为当时耕战的政策之所以收获不大，是因为社会上还存在着"无耕之劳而有富之实，无战之危而有贵之尊"⑧ 的途径，因此，他发展了商鞅"利也一空"的思想，主张堵塞除农战之外一切可能得到富贵的途径。他在《五蠹》篇中列举了五种无益耕战而可能得富贵的人："学者""言谈者""带剑者""患（串）御者"和"商工之民"，称他们为"五蠹"，如"人主不除此五蠹之民，不养耿介之士，则海内虽有破亡之国，削灭之朝，亦勿怪矣"。

---

① 《商君书·农战》。
② 《韩非子·心度》。
③ 《韩非子·五蠹》。
④ 《韩非子·饰邪》。
⑤ 《韩非子·五蠹》。
⑥ 《韩非子·六反》。
⑦ 《韩非子·和氏》。
⑧ 《韩非子·五蠹》。

韩非与商鞅都主张通过刑赏、"利出一空"使民众趋于耕战，从而国富兵强，但是韩非在具体制定奖赏政策上与商鞅有所不同。商鞅主张对有战功的人既可赏给爵位，也可赏给官职，即"斩一首者爵一位，欲为官者为五十石之官；斩二首者爵二级，欲为官者为百石之官"①。但韩非则反对以官职作为奖赏战功，认为这种政策"未尽善也"②。因为他认为从事战争的勇敢和能力，同从事国家管理的知识与才干是性质不同的两种事物，让有战功的人担任文官，让军功大的人做大官，未必能够胜任："今有法曰：'斩首者令为医、匠'，则屋不成而病不已。夫匠者手巧也，而医者齐药也，而以斩首之功为之，则不当其能。今治官者，智能也；而斩首者，勇力之所加也。以勇力之所加而治智能之官，是以斩首之功为医、匠也"③。

韩非反对徭役多和重："徭役多则民苦，民苦则权势起，权势起则复除重，复除重则贵人富。苦民以富贵人，起势以藉人臣，非天下长利也。故曰：'徭役少则民安，民安则下无重权，下无重权则权势灭，权势灭则德在上矣。'"④韩非主张轻徭役，这在先秦法家思想中是比较少见的。因为先秦法家均主张农战政策，在不断对外战争的情况下，兵役和战争供给等是最主要的徭役，因此主张轻徭役是不可能做到的。韩非在谈到轻徭役时回避其与耕战政策的关系，而把它与"权势""贵人"联系在一起，则未免脱离了当时的现实情况，因此也就无法提出任何施行轻徭役的具体做法。

韩非继承了商鞅的重本抑末论，并在某些方面有所继承或改造。一是商鞅规定"大小僇力本业耕织致粟帛多者复其身"，把本业同农户耕织连在一起，比较广义地指男耕女织的自给自足的自然经济农业，而韩非的"本"则比商鞅更集中地指农业中的粮食生产，"重农"就意味着"贵粟"。二是商鞅虽然强调商贾、技艺同"本业"的对立，但始终未明确、直截了当也称工商业为"末"，而韩非则明确把工商称作"末"，并主张予以抑末；"夫明王治国之政，使其商工游食之民少而名卑，以寡趣（舍）本务而趋末作。"⑤三是商鞅的"事本禁末"既从经济也从军事方面寻找依据：从经济上看，农民用力苦而获利少，工商业者尤其是商人用力少而得利多，因此国家如任其自然发展，人们将纷纷弃农从事工商业，那势必影响农业生产；从军事上看，农民安土重迁、朴实听话，国家易于驱使征调，而商人见多识广、复杂灵活，不易驱使征调。因此，只有实行"事本禁末"，国家的农战政策才能得以推行。韩非的重本抑末则主要从经济方面寻求依据：首先，他指责商人和手工业者对农民的剥削和掠夺；"其商工之民，修治

---

① 《韩非子·定法》。

② 《韩非子·定法》。

③ 《韩非子·定法》。

④ 《韩非子·备内》。

⑤ 《韩非子·五蠹》。

苦窳之器，聚弗（浮）靡之财，蓄积待时而侔农夫之利"，因此，主张对一切"无耕之劳而有富之实"① 的行业加以限制，也就是实行商鞅的"利出一空"政策。其次，他把工商业者比喻作"磐石"和"象人"，认为不能给国家带来富强："磐石千里，不可谓富，象人百万，不可谓强。石非不大，数非不众也，而不可谓富强者，磐不生粟，象人不可使距敌也。今商官技艺之士，亦不垦而食，是地不垦与磐石一贯也。"② 因此，如果"商官技艺之士"越多，社会上的不生产劳动者就越多，社会财富的生产就会越少，从而使国家越来越贫弱，所以，国家必须重本抑末，"使商工游食之民少而名卑"，社会财富的生产就会越多，从而使国家越来越富强。

四、市场管制与垄断经营盐铁思想

（一）《周礼》对市场管理思想

《周礼·司徒下》③ 中已有十分详尽严密的市场管理思想。政府设司市之官，"掌市之治教政刑量度禁令，以次叙分地而经市，以陈肆辨物而平市，以政令禁物靡而均市，以商贾阜货而行布，以量度成贾而征价，以质剂结信而止讼，以贾民禁伪而除诈，以刑罚禁虣而去盗，以泉府同货而敛赊，大市日昃而市，百族为主；朝市朝时而市，商贾为主；夕市夕时而市，贩夫贩妇为主。凡市入，则胥执鞭度守门，市之群吏，平肆，展成，奠贾……凡万民之期于市者，辟布者，量度者，刑戮者各于其地之叙……凡治市之货贿六畜珍异，亡者使有，利者使阜，害者使亡，靡者使微。"司市作为管理市场的最高长官，对管理市场负有总的责任：掌理市场的治、教、政、刑以及量度与禁令。根据次叙的方位，分划土地，作为市的经界。按照货物的种类，分别陈列在肆中，容易区别比较，以平定货物的价格。用禁令禁止奢侈细巧的物品在市中买卖，以稳定一般货物的行情，招致商贾充实市中的货品，而使货币大量流通；依照度量标定货物的价格，以招徕顾客；用券书作为信用的凭证以免除争讼，用胥师、贾师等市吏以防止出售伪假的货物与虚诈。以刑罚禁止凶暴，去除盗贼；以泉府的货币，用敛赊的方式，调节货物的供需。大市在午后开始交易，以百姓为主；朝市在早晨交易，以商贾为主；夕市在下午交易，以贩夫贩妇为主。每当市场开始交易，人们进入的时候，胥手里拿着鞭杖守在肆门，市中群吏要检查肆中的货物是否名实相符，成交的货物价格是否与规定的相合。凡百姓约定日期在市中交易的，或有商场上银钱纠纷的，或量度上有争执的，都要在叙中解决。司市在整治市中六畜珍异货物的方法是：增加那些有实用而利于民的货物，去除品质低劣而不堪用的货物，尽量减少

---

① 《韩非子·五蠹》。
② 《韩非子·显学》。
③ 本目以下引文未注出处者，均见于此。

奢侈细巧的货物。总而言之，司市主要负责稳定市场货物价格，维护市场交易秩序，解决市场交易中的纠纷等。

司市之下还设有一些下属官吏，协助其管理市场。如"质人，掌成市之货贿、人民、牛马、兵器、珍异。凡卖价者质剂焉，大市以质，小市以剂。掌稽市之书契，同其度量，壹其淳制，巡而考之。犯禁者，举而罚之"。质人掌理市中货物、奴婢、牛马、兵器、车辇用器以及珍奇稀有货物的估价。凡货物的买卖，以券书作为凭证，大宗买卖用长券，小宗买卖用短券。稽查市中取予货物的书契，划一度量，规定布匹的广长，随时巡行加以稽查。如果有不合规定违反禁令的，那就没收他们的货物，并处罚他们。由此可见，质人主要协助司市管理市场物价的估定以及交易中的券书凭证。

"胥师，各掌其次之政令，而平其货贿，宪刑禁焉。察其诈伪饰行儥慝者而诛罚之，听其小治、小讼而断之。"胥师掌理均平各肆的货物，并在市门公布市中的刑罚与禁令。如发现有以伪劣品假冒良货出售而欺骗顾客的，就要加以处罚；市肆中有小纠纷小争讼，可以直接处理。由此可见，胥师主要协助司市处理出售伪劣假冒商品和交易中的小纠纷。

"贾师，各掌其次之货贿之治，辨其物而均平之，展其成而奠其贾，然后令市。凡天患，禁贵价者，使有恒贾。四时之珍异，亦如之。凡国之卖价，各帅其属而嗣掌其月。"贾师掌理市肆货物的整治，并分别货物的种类等级使其均平，展视成交的货物，核定它们的价格，然后使他们完成交易。如遇天灾、禁止抬高货物的价格，维持平时的价格。四时所产珍奇异物也是一样。官府有剩余物资出卖，贾师主要协助司市分别市场货物的种类等级并核定价格。

"司虣，掌宪市之禁令，禁其斗嚣者，与其虣乱者，出入相陵犯者，以属游饮食于市者。若不可禁，则搏而戮之。"司虣掌理公布市中的禁令，禁止争斗与大声吵闹，使用暴力而扰乱市场秩序，出入市场互相侵犯，以及在市场聚众闲游与饮食。若是有不听禁止的，那就逮捕他们加以惩罚。由此可见，司虣主要协助司市维持市场秩序，对扰乱者予以逮捕处罚。

"司稽，掌巡市，而察其犯禁者，与其不物者而搏之。掌执市之盗贼以徇，且刑。胥各掌其所治之政，执鞭度而巡其前，掌其坐作出入之禁令，袭其不正者。凡有罪者，挞戮而罚之。"司稽掌理巡行市中查察有触犯禁令的，或穿着奇装而持有怪物的，加以逮捕。并负责拘捕市中盗贼，按其情节，巡行示众，或再加以刑罚。胥掌理所属二肆的政务，拿着鞭杖巡行肆前近市门的地方，取缔那些不按时交易与流动的小贩，即时拘捕不守法度的人。凡有犯罪的，挞击他们并处以罚金。由此可见，司稽主要协助司市逮捕市场上的盗贼以及触犯禁令者，并加以处罚。

"肆长，各掌其肆之政令，陈其货贿，名相近者相远也，实相近者相尔也，而平正之，敛其总布，掌其戒禁。"肆长掌理本肆的政令，陈列肆中的货物。名称相近而实质不同的，不要陈列在一起；实质相同的，可以陈列在一起。代收肆中的货物税，掌理肆中的戒禁。由此可见，肆长主要协助司市管理市场货物的排列，并代收货物税。

廛人负责征收商税，如对有店肆的坐商征收"絘布"，对摆摊的小商征收"總布"，对违反契约及其他商业管理法规的征收"质布""罚布"等。泉府利用从廛人转来的商税和罚款用于收购滞销的货物，以原价购进，然后把这些货物贴上标签，再待机售出，即"泉府掌以市之征布，敛市之不售，货之滞于民用者，以其价买之物楬而书之，以待不时而买者"。另外，泉府也把商税和罚款用于贷款："凡赊者，祭祀无过旬日，丧纪无过三月。"这是一种短期借款给贫民，不用于经营求利，故一般不收利息，只规定还本期限，祭祀用的不能超过 10 天，丧事用的不能超过 3 个月。还有一种是用于生产或经营的贷款，"凡民之贷者，与其有司辨而授之，以国服为之息"。用于生产或经营求利的贷款则要会同他们的地方长官验明品质与数目，然后发给他们，按为国服事的各种税率收取利息，如漆林之征"二十而五"，就是向泉府借款经营漆林，要纳 25% 的利息。由此可见，泉府主要协助司市调节市场物品的供求，并负责赊买和借贷事务。

总之，从《周礼》中司市以及其属官质人、胥师、贾师、司虣、司稽、肆长、廛人、泉府等职掌可以看出，先秦时期对市场管理的思想已相当细致严密，从政策工具的视角来看，其主要应用管制性的工具。在市场管理中，首先要维护市场交易秩序的稳定有序，这样交易才能正常进行。当时对市场的开放时间分为午后、早晨与傍晚，分别形成大市、朝市与夕市，对不同的交易者开放。当时规定市场上出售的货物，必须按不同种类和等级摆放清楚，有利于人们的挑选和购买。市场严禁出售假冒伪劣商品，严禁扰乱市场，对违反禁令、盗贼等犯罪分子予以拘捕和严厉惩罚。其次市场交易中的一个关键环节是货物价格的制定，政府派专官对货物进行估价，然后又派专官对价格进行核定，严禁随意改变价格，对擅自改变货物价格者必须予以惩罚。再次重视对商业信用的管理。政府派专官对交易中的券书凭证等进行管理，还派专官负责赊买、借贷等信用交易，严格规定贷款、赊买的还款日期，并收取一定的利息。西周管理市场的法令规定："凡治市之货贿六畜珍异……靡者使微"，也就是对于那些重要商品，带有奢侈性的要使其减少。由此可以推测，西周时期社会上奢侈风气比较严重，因此政府察觉到单纯依靠口头上倡导节俭反对奢侈收效甚微，倒不如在市场上就限制出售奢侈品，断绝了买主，也就没有人再生产这些奢侈品，即通过市场限制手段促成禁奢崇俭。

政府除在市场管理中主要采取管制性的工具之外，还部分采取协调性的工具进行治理，如派专官协调市场中货物的供求关系，政府收购滞销商品，抛售供不应求的一些商品，以达到供求平衡。又如派专官协调市场交易中出现的一些小纠纷、小诉讼等。

（二）《礼记·王制》对市场出售商品管制思想

《礼记·王制》十分注意对市场出售商品的管理："有圭璧、金璋，不粥于市；命服命车，不粥于市；宗庙之器，不粥于市；牺牲不粥于市；戎器不粥于市；用器不中度，不粥于市；兵车不中度，不粥于市；布帛精粗不中数，幅广狭不中量，不粥于市；奸色乱正色，不粥于市；锦文珠玉成器，不粥于市；衣服饮食，不粥于市；五谷不时，果实未孰（熟），不粥于市；木不中伐，不粥于市；禽兽鱼鳖不中杀，不粥于市。"这些禁卖规定，反映了如下4个方面的思想：

其一，禁止出售礼制物品。先秦礼制中有森严的等级制度，圭璧金璋、命服命车、宗庙之器、祭祀牺牲等代表着帝王贵族不同的身份、地位，不能随便僭越。因此，为维护这种等级制度的尊严，保护帝王贵族的专用权，国家规定不能在市场出售这些物品，只能由官府手工业或其他官府机构生产和供给。

其二，禁止出售伪劣商品。《礼记·王制》重视出售商品的质量，民间日常所用的布帛、器用等必须合乎质量要求，即"中度""中数""中量"才允许出售，而那些"不中度""不中数""不中量"的劣质商品是禁止上市的。

其三，禁止出售衣服饮食。国家为防止广大民众脱离生产劳动，对人们所需的最基本消费品"衣服饮食"禁止在市场上出售，以促使普通百姓必须自己动手生产劳动，才能达到丰衣足食。

其四，禁止出售属于滥捕猎滥采伐的动植物。国家为保护自然动植物资源，从源头上制止滥捕猎滥采伐现象的发生，禁止市场出售未成熟的果实、五谷，未达到砍伐标准的树木，未达到捕杀标准的幼小禽兽鱼鳖等。

（三）《管子》政府垄断经营盐铁思想

《管子》除了主张国家必须控制粮食、货币外，还强调国家应对一些重要的自然资源加以垄断。他们认为对山海的垄断关系到一个国家的兴亡成败。"为人君而不能谨守其山森、菹泽、草莱，不可以立为天下王。"[1] 因此，一再呼吁国家对山海资源要"谨封而为禁"，绝不容许百姓染指，"使乘者下行，行者趋"，"有动封山者，罪死而不赦；有犯令者，左足入左足断，右足入右足断，然则其与犯之远矣，此天财、地利之所在也"[2]。

在中国古代社会，自然经济占统治地位，男耕女织，自给自足，只有盐铁等少数物品，农民无法自己生产，必须依靠市场上的商品交换来获得。因此《管子》认为"官山海"[3]、"官天财"[4] 的主要对象应是盐和铁。国家通过垄断盐铁资源，就可以"去其田赋，以租其山"[5]，通过加价的办法寓税于价，以增加国

---

① 《管子·轻重甲》。
② 《管子·地数》。
③ 《管子·海王》。
④ 《管子·山国轨》。
⑤ 《管子·山国轨》。

家的财政收入。

《管子》提出国家实行"官山海"政策，即对盐铁进行专卖，其理由主要有两个方面：一是盐铁是人们生活的必需品，需求量很大，政府如经营盐铁，可以增加很多财政收入。如"十口之家十人食盐，百口之家百人食盐"，政府只要略微加一点价，积少成多，加起来就是一笔很可观的收入。《管子》算了一笔账，一个一千万人口的万乘大国，每天要消费盐一千钟（一钟为一千升），如每升加价两钱，每天就可多收入二百万钱，一个月就增收六千万钱。而对成年男子征收的人头税，每人每月征三十钱，以应征人口一百万计算，总共也只有三千万钱，只抵食盐加价收入的一半。二是政府如果采取提高税收的办法增加财政收入，那会遭到人民的强烈反对，而如实行食盐加价的办法，人人都要吃盐，"无以避此者"①，无形中等于每人都加了税，财政收入会更多，又不易被民众觉察。而且政府直接垄断经营盐铁，把富商大贾排除在外，这是对他们势力的极大削弱和沉重打击。

《管子》所主张的盐铁专卖，并不是由国家直接全过程垄断经营。国家不直接从事盐铁的生产，而是通过对盐铁生产的组织及对产品的统一销售，严禁私人经营，来获取超额利润。《管子》根据盐铁生产、销售的各自特点，采取了不同的垄断经营方式。对于盐，政府不仅垄断其流通、销售，还控制其生产，由政府组织人力"伐菹薪煮沸水以籍于天下"②，然后由官府"征而积之"③。即由政府组织民众砍伐柴草，煮海水为盐，尔后征购积存起来，再进行统一销售，而禁止百姓自行"聚庸而煮盐"④。这种专卖形式既可以调动食盐生产者的积极性，又能把售盐利润全部控制在政府手中。对于铁，政府只在流通、销售领域进行垄断，而不直接垄断铁的生产。因为政府如垄断铁的生产，管理困难，生产者不是逃亡就是怨声载道，生产效益差。由于铁矿的开采、冶炼劳动强度大、危险性高，如征发刑徒、奴隶开采、冶炼，会造成刑徒、奴隶的大批逃亡；如征发民众开采、冶炼，则会使他们产生怨恨，一旦有战争爆发，这些人是很危险的因素。正如《管子·轻重乙》所云："今发徒隶而作之，则逃亡而不守；发民则下疾怨上，边境有兵，则怀宿怨而不战。未见山铁之利而内败矣。"因此，《管子》主张，让私人自行开矿和制作铁器，政府既能通过与生产者分成来获取财政收入，又能发挥生产者的劳动积极性："善者不如与民量其重，计其赢，民得其十（七），君得其三，有（又）杂之以轻重，守之以高下。若此，则民疾作而为上虏矣"⑤。

---

① 《管子·海王》。
② 《管子·地数》。
③ 《管子·地数》。
④ 《管子·地数》。
⑤ 《管子·轻重乙》。

《管子》提出官营工商业，官山海、官天财等，为后世许多封建王朝所仿效。综观古代中国历史，其效果差强人意。官营工商业必然带来高投入高成本和低效率、低质量，浪费、损公肥私和腐败寻租等现象严重，并出现官府依靠权力强买强卖，破坏了市场经济的正常运作，给民众带来灾难。

第二节 秦朝管制思想

公元前221年，秦灭六国，建立了中国历史上第一个封建中央集权制的统一国家。秦王朝在中国古代史上是一个具有开创性的重要王朝，建立了郡县制，统一文字、度量衡、货币，修驰道、长城，对巩固大一统王朝起了重要的作用。但是秦统治者的暴虐统治最终使社会各种矛盾激化，爆发了声势浩大的陈胜、吴广农民大起义，前209年，秦王朝覆灭。

我们研究秦朝管制思想，其中最重要的代表人物是统一的秦朝的开创者—秦始皇嬴政，以及其重要助手—丞相李斯。秦始皇（前259—前210）姓嬴名政。他13岁继承秦国王位，23岁执掌朝政，前221年灭六国统一全国。他在位时，实行了一系列对多民族封建国家的统一和发展具有积极意义的政策和措施。但是，他也实行残酷的暴政，严刑酷法，横征暴敛，"举措太众，用刑太极"，致使至二世而亡。李斯（？—前208）楚国人，曾拜荀况为师。后投奔秦国，得到重用，在统一六国和建立封建中央集权君主专制国家中发挥了重要作用。官至丞相，秦二世胡亥在位时，遭诬陷被腰斩，并夷三族。

秦始皇治国理政的最大特点，就是崇奉先秦法家"以法治国"思想，将其作为政治上的指导思想。可以说，秦始皇是法家思想最典型的信奉者和实践者。他在扫灭六国统一全国后采取了一系列政策措施来发展、巩固其建立的中央集权制封建君主专制王朝，对全国实行严密的管制。以下对其中一些主要政策措施予以阐述：

一、确立皇帝至高无上的权威

秦始皇建立历史上第一个全国封建中央集权制统一王朝后，认为自己丰功伟业超过历史上传说的三皇五帝，因此在李斯等群臣的迎合下，将三皇五帝名号合一，更改先秦国君名号，决定称为"皇帝"。从此，"皇帝"成为中国两千多年来封建社会国君至尊的称号。从表面上看，这只是封建社会最高统治者称谓的变更，但从实质上看，这其实是在思想观念上对封建君主至高无上权威的确认。"皇帝"的尊号意味着其权力和威信超过以往的三皇五帝，把古代国君的至高无上的权威和地位推向了顶峰。皇帝作为全国最高的统治者，国家的最高权力归其所有，皇帝的意志凌驾于法律之上，天下臣民要无条件地绝对服从君主的权威，皇帝的权威神圣不可侵犯。总之，皇帝尊号的确立是秦王朝强化封建君主专制思想的典型体现之一。

尔后，李斯在强化封建君主专制至高无上权威上继续出谋献策。他认为，皇帝对天下的所有臣民、土地拥有最高支配权，因而可以穷奢极欲，为所欲为，尽情享受。"是故主独制于天下而无所制也，能穷乐之极矣"。① 他主张，要强化君权，皇帝必须对臣民实行"督责"和"深罚"。"明主圣王之所以能久处尊位，长执重势而独擅天下之利者，非有异道也。能独断而审督责、必深罚，故天下不敢犯也。"其中"督责"就是专门以刑罚监督群臣百官的，而"深罚"则用严刑峻法既对民又对官。李斯特别强调"督责之术"能使"臣无邪""天下安""主严尊"，皇帝"所欲无不得矣"。皇帝以严刑峻法督察群臣百官，使群臣百官成为皇帝服服帖帖的奴才，实现其彻底的"独制""独断""独行""独听"。

二、重刑主义的法治思想

嬴政即位后，主张先秦法家的"法治"，这种法治与当代的法治，又有本质上的不同，其中主要有两个方面的区别：一是秦始皇极力主张"事皆决于法"，但是实际上"天下之事无大小皆决于上"。② 显然，秦始皇的"皆决于法"其实就是"皆决于"自己。他作为一位具有至高无上权力和威信的皇帝，本身就是"法"的化身。他既是最高立法者，又是最高司法者、最高执法者，他的一言一行就代表着最权威的国家意志，凌驾于法律之上，可以根据自己的需要，随意改变法律，因此，无论是"事皆决于法"，还是"事皆决于上"，其实是没有什么区别的。对于秦始皇来说，"法治"就是"人治"，而"人治"也就是"法治"，两者是一样的。因此，笔者认为秦始皇的"法治"论是"君权绝对论"前提下的"法治"，标志着先秦法家法治思想至此已经发展到极端的君主专制主义，国家一切法律法规和政策措施都取决于皇帝个人的意志和言行。二是秦朝的"法治"充满了血腥的暴力，是暴力万能论下的"法治"。先秦法家的"法"，其实质上既不是当代所谓的宪法，也不是宪法之下的民事法、经济法、行政法，而是经过改造的"刑罚"成为"法"，即刑法和军法。因此，这种"法治"强调轻罪重罚，严刑峻法，手段残酷，名目繁多。秦始皇当政时期，立法极为严苛，动辄触禁，遭到杀身之祸，甚者株连九族。如秦始皇当政后，加重了刑法的惩罚力度，秦国统一全国前，《徭律》规定："失期三日到五日，谇；六日到旬，赀一盾，过旬，赀一甲。"③ 秦始皇当政后，大大加重了处罚："失期，法皆斩。"④ 秦始皇二十年"荆轲为燕太子丹刺秦王，后诛轲九族，其后恚恨不已，复夷轲

---

① 《史记·李斯传》，本自然段引文，均见于此。
② 《史记·秦始皇本纪》。
③ 睡虎地秦墓竹简整理小组整理：《睡虎地秦墓竹简》，文物出版社 1978 年版，第 76 页。
④ 《史记·陈涉世家》。

之一里，一里皆灭"。① 秦始皇的"繁刑严诛"极为繁多残酷，如光死刑名目就有戮刑、磔刑、弃市、定杀、生埋、赐死、枭首、腰斩、凿颠、抽肋、绞、剖腹、车裂、体解、囊扑、蒺藜、镬烹、具五刑、族刑、夷三族等，其他刑罚就更不胜枚举了。由于秦始皇统一中国后，刑法严苛，遂使全国变成一个大监狱，罪犯遍布道路。史称秦"兼并战国，遂毁先王之法，灭礼谊（义）之官，专任弄罚……而奸邪并生，赭衣塞路，囹圄成市，天下愁怨"。②

李斯对秦始皇当政时期的重刑主义做了思想总结和理论发挥。他在给秦二世的《行督责书》中指出："慈母有败子而严家无格虏者，何也？则能罚之加焉必也。故商君之法，则弃灰于道者。夫弃灰，薄罪也，而被刑，重罚也。彼唯明主为能深督轻罪。夫罪轻且督深，而况有重罪乎？故民不敢犯也。"③ 由此可见，李斯认为，慈母宠溺儿子，所以出败家子，而家法严厉，则没有强悍的奴仆。这就是因为对有过失者处以重罚的缘故。商鞅之法就是要从小的过失中看到严重的后果，轻罪重罚。倘若轻罪受到重罚，就没有人敢犯重罪了。国君之所以能够"久处尊位，长执重势"，"独擅天下之利"，就要"能独断而审督责，必深罚，故天下不敢犯也"。④ 有罪必罚，罚之必重，那么天下臣民就不敢犯上作乱了。

但是，秦朝"繁刑严诛"的重刑统治并没有达到预期的效果，恰恰相反，却使数以千万的人成为罪犯。"刑者相半于道，而死人日成积于市。杀人众者为忠臣。"⑤ 当时有一个人"为范阳令十年矣，杀人之父，孤人之子，断人之足，黥人之首，不可胜数。然而慈父孝子莫敢倳刃公之腹中者，畏秦法耳"。⑥ 这种繁刑严诛，必然导致社会动荡不安，矛盾激化。秦始皇"用商鞅之法，改帝王之制……故贫民常衣牛马之衣，而食犬彘之食。重以贪暴之吏，刑戮妄加，民愁亡聊，亡逃山林，转为盗贼，赭衣半道，断狱岁以千万数"。⑦ 其最终结果是，在秦始皇的重刑主义统治下，人人有"罪"，千百万人被逼上"犯罪"的绝境，最后只能揭竿而起，以摧枯拉朽之势推翻了秦王朝。

三、实行文化专制主义思想

秦王朝统一全国后，在政治上实行中央集权制，这必然在思想文化上也要控制和统一臣民的思想。李斯认为，秦王朝在政治上"海内为郡县，法令由一

---

① 《论衡·语增》。
② 《汉书·刑法志》。
③ 《史记·李斯列传》。
④ 《史记·李斯列传》。
⑤ 《史记·李斯列传》。
⑥ 《史记·张耳陈余列传》。
⑦ 《汉书·食货志》。

统"，① 那么在思想文化上也必须"别黑白而定一尊"，禁止不同学说流行，从而统一臣民思想，巩固中央集权制国家。他提出："古者天下散乱，莫之能一，是以诸侯并作，语皆道古以害今，饰虚言以乱实，人善其所私学，以非上之所建立。"秦统一之前，由于诸侯割据，不同学说得以生存发展，各诸侯王也乘机实现其分裂割据的目的。这就是国家的不统一导致思想文化的异说纷呈，而思想文化的异说纷呈又反过来影响和制约着国家制定和推行各项统一的政策法规。因此，李斯主张，在秦统一全国后，必须控制和统一思想文化："今皇帝并有天下，别黑白而定一尊。私学而相与非法教，人闻令下，则各以其学议之，入则心非，出则巷议，夸主以为名，异取以为高，率群下以造谤。如此弗禁，则主势降乎上，党与成乎下。禁之便。"② 这就是说，如不控制和统一全国臣民的思想与文化，必然导致不同学派各自宣扬自己的学说，造成思想文化上的混乱。这还会进一步导致各种学派以自己的学说标准来批评指责国家的法令政策，否定君主以抬高自己，或提出不同于国家法令政策的主张来标榜自己的高明和正确，从而使君主的权威下降，朝廷之下派系林立，国家法令政策难以得到顺利实施贯彻。因此，在全国控制和统一思想文化是很有必要的。

李斯基于以上理由，前216年，奏请秦始皇："非秦记皆烧之。非博士官所职，天下敢有藏诗、书、百家语者，悉诣守、尉杂烧之。有敢偶语《诗》《书》者，弃市；以古非今者，族。吏见知不举者，与同罪。令下三十日不烧，黥为城旦。所不去者，医药、卜筮、种树之书。"③ 前215年，秦始皇在咸阳附近的渭水河畔，坑杀了460多个儒生。这就是历史上有名的残暴的封建文化专制主义"焚书坑儒"。秦国统一全国后，秦始皇接连颁布了"妄言法""挟书令""焚书令""诽谤法"等苛法，违者动辄处死，甚至株连亲族。如规定"诽谤者，族"，"以古非今者，族"，"偶语《诗》《书》者，弃市"。④ 李斯还提出，"若欲有学法令，以吏为师"。⑤ 从而将全国思想文化统一到国家法令政策上来。

以上李斯提出的控制统一全国臣民的思想文化措施，可归纳为3个方面：一是焚书坑儒，除了医药、种树、卜筮之类科技占卜之书外，其余各种书籍统统烧毁；坑杀了460多个儒生。二是禁止言论自由，尤其严禁批评指责秦王朝当时法令政策的言论。三是将全国臣民思想文化统一到朝廷的法令政策上来。

实行思想文化专制的主张首倡者是战国时期的韩非，而至秦统一全国后秦始皇和李斯予以实施，并将其推行到一个极端的做法——焚书。秦朝不仅仅只是烧掉了大量珍贵的书籍，而更严重的是破坏了先秦灿烂的华夏文化，野蛮钳制了人

---

① 《史记·秦始皇本纪》。
② 《史记·秦始皇本纪》。
③ 《史记·秦始皇本纪》。
④ 《史记·秦始皇本纪》。
⑤ 《史记·秦始皇本纪》。

们的思想自由，扼杀了文化的发展。这是封建君主专制统治走向残暴的一个极端，对后世产生了极其恶劣的影响。

四、上农除末思想

秦王朝在统一全国之前的商鞅变法时，就明确提出了"事本禁末"的政策，认为"能事本而禁末者富"，① 即让民众从事农业生产、抑制商业才能使国家富裕起来。秦始皇统一中国后，继续实行商鞅的这一事本禁末政策。丞相李斯在建议"焚书"时提出："今天下已定，法令出一，百姓当家则力农工。"② 秦始皇采纳了这一建议，将"上农除末"作为秦统一全国后的重要经济上的国策。始皇二十八年（前219年）的琅琊台刻石云："皇帝之功，勤劳本事，上农除末，黔首是富。"这里的"上农"，就是上文李斯提出的"力农工"，重视和鼓励农业、手工业等生产活动，"除末"就是抑制打击商业及其他与农业生产无关的活动。"上农"与"除末"相辅相成，即要发展农业、手工业生产，就必须通过抑制、打击商业，迫使劳动力从商业转向农业、手工业。另一方面，农业、手工业发展了，也就意味着从事商业劳动力的减少，政府达到了抑制、打击商业的目的。

为了贯彻实施"上农"政策，始皇二十八年（前219年），"徙黔首三万户琅琊台下，复十二岁（免除十二年劳役）"；始皇三十五年（前212年），又"徙黔首三万家丽邑，五万家云阳，皆复不事十岁（免除十年徭役）"；始皇三十六年（前211年），又"迁北河榆中三万家，拜爵一级"。这些迁徙百姓到劳动力不足、地广人稀的地方去垦殖的优惠政策，一定程度上促进了这些地广人稀地区农业生产的发展。秦始皇实行"焚书"时，"所不去者，医药、卜筮、种树之书"，由此可见，秦始皇是重视农业生产的，因此对有关农业生产的书籍下令不予烧毁，使这些农业生产书籍得以幸存。

秦始皇在"上农"的同时还进行"除末"，对商人商业通过歧视打击进行抑制。"（始皇）三十三年（前214年），发诸尝逋亡人、赘婿、贾人略取陆梁地，为桂林、象郡、南海，以适遣戍。"在此，朝廷将商人与赘婿（入赘女家的男人）和逃亡的罪犯划归为一类同等对待，一起发配去戍边。不仅如此，连商人的子孙后代也难逃厄运："秦之戍卒不能其水土，戍者死于边，输者偾于道。秦民见行，如往弃市，因以谪发之，名曰谪戍。先发吏有谪及赘婿、贾人，后以尝有市籍者，又后以大父母、父母尝有市籍者，后入闾，取其左"。③ 秦代商人的户籍称"市籍"，"大父母、父母尝有市籍者"也要"谪戍"，即是商人的儿子、

---

① 《商君书·壹言》。
② 《史记·秦始皇本纪》，以下3自然段引文，未注出处者，均见于此。
③ 《汉书·晁错传》。

孙子也要发配戍边。由此可见,秦朝用相当严厉的政策抑制打击商人。

秦始皇的"上农除末"政策不仅仅是经济上的发展农业生产的目的,而且还具有一定的政治上、军事上的目的。因为农民比商人淳朴,易于接受秦王朝的统治;而且农民被束缚在土地上,安土重迁,不像商人到处迁徙,他们平时务农,战时出征,为战争出物、出力。这符合秦国一贯的农战国策。

五、郡县制思想

秦国统一全国后,进一步促进了华夏民族的融合。但是,由于原战国时期六国残余势力还存在,国家是否能维持统一面临着严峻的考验。

从秦王朝统一开始,朝廷便围绕着维持国家统一、长治久安而展开争论。以丞相王绾、博士淳于越等人为代表,主张在全国实行分封制。秦始皇二十六年(前221年),王绾等向始皇进言:"诸侯初破,燕、齐、荆地远,不为置王,毋以填之。请立诸子,唯上幸许。"他认为,那些刚刚并入秦国版图的边远地区,诸如燕、齐、荆等,中央朝廷鞭长莫及,应当分封诸皇子为王,以镇守之。秦始皇三十三年(前214年)博士淳于越又进奏:"臣闻殷、周之王千余岁,封子弟功臣,自为枝辅。今陛下有海内,而子弟为匹夫,卒有田常、六卿之臣,无辅弼,何以相救哉?事不师古而能长久者,非所闻也。"[1] 淳于越则从殷周历史中找根据,认为殷周之所以能历经千余年,关键原因是分封宗族子弟与开国功臣为王,为自己建立辅翼力量。而今始皇帝实现天下一统,但自己子弟却为平民,如果不建立诸王为皇帝羽翼屏障,那么一旦天下有变,谁来勤王保驾?因此,应当采取分封制。

但是李斯却主张在全国范围内推行战国时期出现的郡县制,驳斥王绾说:"周文、武所封子弟同姓甚众,然后属疏远,相攻击如仇雠,诸侯更相诛伐,周天子弗能禁止。今海内赖陛下神灵一统,皆为郡县,诸子功臣以公赋税重赏赐之,甚足易制。天下无异意,则安宁之术也。置诸侯不便。"[2] 李斯的观点与王绾、淳于越针锋相对。他认为,春秋战国时期诸侯互相攻伐,其根源就在西周初年的分封制,同宗子弟年代久远了,就为了争夺势力而像仇人一样互相残杀。今天实现了全国统一,若回到过去再搞分封,就势必架空中央朝廷,重蹈诸侯割据的覆辙。只有实行郡县制,使诸多宗族子弟、功臣依靠皇帝赋税生活,就失去了这些人割据一方的基础,才能去掉他们的非分之想,确保国家的安定和统一。因此,不能再实行分封制,而只能实行郡县制。

对于当时究竟是实行分封制还是实行郡县制的争论,秦始皇明确赞同郡县制:"天下共苦战斗不休,以有侯王。赖宗庙,天下初定,又复立国,是树兵

① 《史记·秦始皇本纪》。
② 《史记·秦始皇本纪》。

也，而求其宁息，岂不难哉！廷尉议是。"① 秦始皇一针见血指出，分封制是国家战乱不已，诸侯割据的根源，因此不能复古实行分封制，而要实行郡县制。

于是，李斯将秦始皇的中央集权制思想具体化为政治制度，实行郡县制：皇帝之下设丞相、太尉、御史大夫三公和奉常、郎中令、太仆、卫尉、典客、廷尉、治粟内史、宗正、少府九卿等组成中央政府，地方设郡、县两级，每郡设郡守1人，为全郡最高行政长官，掌一郡政务，直接受中央政府任免和管辖；除此之外，郡还设郡尉辅佐郡守并负责军事，设郡监负责监察。郡下设县，万户以上的县设县令，万户以下的县设县长；县令、长之下还设有丞、尉及其他属员。开始实行郡县制时全国分为36郡，后来又陆续增设至41郡。

以后历史证明，郡县制的确在维护统一的多民族的中央集权制国家的长治久安中发挥了重要的作用，尤其对于幅员辽阔的中国来说，更是如此。正如李斯当时所预言的："秦无尺土之封，不立子弟为王，功臣为诸侯者，使后无战功之患。"② 郡县制开始于战国时期，但秦统一全国后推行的郡县制具有更重要的历史意义，有利于保持政治、经济、文化上的统一和稳定，消除六国残余割据势力，统一度量衡、货币，实行车同轨、书同文；有利于集中全国力量兴建大型公共工程，如万里长城、灵渠等；有利于抵御北方游牧民族匈奴的侵扰。总之，为中国后世地方行政体制树立了一个典范。

六、加强国家统一的措施

秦朝统一六国后，为了巩固幅度辽阔的国家统一，除了在地方行政制度上实行郡县制外，还采取了一系列加强统一的措施，主要有以下几个方面：一是扩大巩固秦国边疆地区。秦灭楚以后，继续将统治扩展到两广和云贵地区。秦始皇派屠睢率军，南攻百越，在那里建立郡县，派官管理，并使监禄开凿灵渠，第一次沟通了长江与珠江两大水系，加强了岭南与中原地区的联系。并且派将军常頞"略通五尺道"，③ 使云贵地区纳入秦王朝的版图。秦国统一中国后，北方游牧民族匈奴是中原农耕地区的严重威胁。前215年，秦始皇为解除匈奴的威胁，派大将蒙恬等率兵30万人北伐，夺回了被匈奴占领的河套地区。随即，征发军民数十万，将战国时期韩、赵、燕各国的长城增筑，最后形成东起辽东、西至陇西临洮的万里长城，阻挡了北方匈奴等游牧民族长驱直入的南下侵扰，为中原地区农业生产提供了一个和平安定的环境。

二是消除六国割据残余势力。秦始皇为了彻底清除六国残存的军事力量，下令收缴天下藏于民间的兵器，并将其集中于首都咸阳一起销毁，铸成钟鐻和12

① 《史记·秦始皇本纪》。
② 《史记·李斯列传》。
③ 《史记·西南夷列传》。

个各重千石的金人，置于宫廷之中。为了防止六国残余贵族豪富反抗，秦始皇下令迁徙天下豪富 12 万家，集中于咸阳首都，将他们置于朝廷眼皮底下严密监控。秦始皇还下令拆除六国原有城郭，夷平可据以抵御秦军的关隘、要塞以及其他各种壁垒险阻等，从而比较彻底地消除了六国残余势力和广大民众反抗秦朝残暴统治的隐患。

三是修建道路，便捷各地交通，并能迅速调动军队。秦王朝在中原地区，修建了以咸阳为中心的驰道，东穷齐、燕，南至吴、楚的车马大道——驰道；还修建了从首都咸阳以北的云阳直抵九原的"直道"；还修建了从今四川宜宾至云南昭通的"五尺道"和今湘赣与两广之间的"新道"。这些连接全国各地的道路的修建，便利了统一多民族的各地区的经济文化交流和联系，同时也为秦王朝迅速调动军队到各地区镇压反秦者提供了便捷的交通条件。秦始皇也利用这四通八达的道路网，五次出巡各地，宣示自己至高无上的皇帝权威，战无不胜的秦朝军队，从而震慑敢于反抗者。其足迹声威遍布黄河、长江中下游流域的广大地区。

四是在经济上统一货币和度量衡。秦统一全国之前，七国的货币和度量衡是各国各自为制，没有统一的标准，不利于各地的商业贸易和赋税的征收。前 221 年，秦始皇统一全国伊始，就下令废除了六国旧货币，在秦国原有圆形方孔钱的基础上，制定了统一的新币制。朝廷规定黄金为上币，镒（24 两）为单位；铜钱为下币，半两为单位，故圆形方孔钱又称秦"半两钱"。同时，秦始皇又颁布诏书，统一度量衡，规定统一的计量单位和进位制，并颁布官府统一制作的标准器，作为各地区度量衡的依据。统一货币和度量衡，对于便利全国各地的经济联系，推动商业贸易的发展，发挥了应有的积极作用。

五是在文化上统一文字。全国统一后，秦始皇立即下令取消六国"不与秦文合者"，以秦小篆为全国统一标准书体。并且将李斯用小篆书写的《仓颉篇》，赵高用小篆书写的《爱历篇》，胡母敬用小篆书写的《博学篇》，作为标准的文字范本，颁行全国。同时，又在全国通行程邈整理出来的更为简单便于书写的隶书。秦朝所实行的全国文字统一规范化和简化的措施，对中国文化和教育、人们之间的书面交流，无疑产生了积极、巨大而深远的影响。

总之，秦朝的加强国家的统一措施、在经济上统一货币和度量衡、在文化上统一文字，改变了战国以来"田畴异亩，车涂异轨，律令异法，衣冠异制，语言异声，文字异形"① 的状况，扩大了秦王朝的疆域，大大便利了全国各地区的经济、文化交流，为当时封建经济文化的发展创造了十分有利的条件，并对后世带来积极、深远的历史影响。

---

① 许慎《说文解字》。

第三节　汉魏晋南北朝管制思想

一、汉加强中央集权思想

（一）解决地方诸侯王问题

楚汉战争期间，刘邦为了分化瓦解项羽集团，调动联合各地势力共同对项羽作战，陆续分封了楚王韩信、淮南王英布、梁王彭越、燕王臧荼、赵王张敖、韩王信、长沙王吴芮等 7 个异姓诸侯王。但刘邦此举显然是迫于形势的权宜之计，在他建立西汉王朝之后的六七年间，就通过包括使用武力在内的各种方式，扫除了除长沙王吴芮之外的其他异姓诸侯王。这对加强中央集权制、维护国家统一是完全必要的。但是，刘邦在消灭异姓诸侯王的过程中，却又陆续分封了 9 个同姓诸侯王，并与群臣共立非刘姓不王的誓约。他之所以这样做，是"惩戒亡秦孤立之败"，认为秦始皇"窃自号为皇帝，而子弟为匹夫，内亡骨肉本根之辅，外无尺土藩翼之卫"[1] 所以在人民起义中，秦王朝迅速土崩瓦解。

文帝时，贾谊上书《治安策》，提出"众建诸侯而少其力"，企图用比较和缓的手段来解决当时同姓诸侯王尾大不掉的问题，从而加强中央集权。他说："臣窃迹前事，大抵强者先反。淮阴王楚最强，则最先反；韩信倚胡，则又反；贯高因赵资，则又反；陈豨兵精，则又反；彭越用梁，则又反；黥布用淮南，则又反；卢绾最弱，最后反。长沙乃在二万五千户耳，功少而最完，势疏而最忠，非独性异人也，亦形势然也。曩令樊、郦、绛、灌据数十城而王，今虽以残亡可也；令信、越之伦列为彻侯而居，虽至今存可也。然则天下之大计可知已。"[2]

汉初诸侯王的地位仅次于皇帝，与三公并列，他们之中强者先反叛，弱者后反叛，极大地威胁着中央集权的汉朝廷和社会安定。因此，贾谊认为，出现这种历史现象的主要原因是，权势实力决定了这些诸侯王对中央皇权的态度，权势实力越大的诸侯王对中央皇权的威胁越大，其威胁在时间上也越紧迫。因此，贾谊提出必须逐渐削弱这些诸侯王的实力，使之无实力也不敢与中央朝廷对抗，安于其位。对此，他主张采取强干弱枝、削弱诸侯王、加强中央集权的措施。他说："欲天下之治安，莫若众建诸侯而少其力。力少则易使以义，国小则亡邪心。令海内之势如身之使臂，臂之使指，莫不制从，侯之君不敢有异心，辐辏并进而归命天子。"[3] 其"众诸侯面少其力"的具体措施是"割地定制，令齐、赵、楚各为若干国，使悼惠王、幽王、元王之子孙毕以次各受祖之分地，地尽而止，及燕、梁它国皆然。其分地众而子孙少者，建以为国，空而置之，须其子孙生者，

---

① 《汉书·诸侯王表第二》。
② 《贾谊集·治安策》。
③ 《贾谊集·治安策》。

举使君之。"① 这就是将诸侯国中几个举足轻重的大国再分封给他们的子孙，使其变为几个小国，这样一个大诸侯国的地域和势力就被分割缩小，使其难以一致行动，对抗中央朝廷，从而消除地方诸侯国对中央朝廷的威胁。这不仅便于中央朝廷对地方诸侯国的管理和控制，而且也维护了幅员辽阔的国家的统一和安定。

贾谊的《治安策》，虽然得到文帝的欣赏，但出于稳定政局的需要，其"众建诸侯而少其力"的建议，并没有得到彻底的实行。当时地方王侯国的势力仍然日渐强大，严重地威胁到中央集权和国家的统一。

面对这种情况，景帝三年（前154年），御史大夫晁错建议"削藩"，并强调"今削之亦反，不削之亦反。削之其反亟，祸小；不削，反迟，祸大"。② 景帝采纳了他的建议，决定实行削藩。吴楚七王举兵反，景帝以晁错为替罪羊，竟杀晁错及其全家。但七国并不因此罢兵，后景帝任命周亚夫领军平定了叛乱，并进一步分割诸侯王的封地，收回王国的官吏任免权，取消"诸侯皆赋"，收夺盐铁铜等利源及有关租税，限制他们的权力，使诸侯王不再具有同中央对抗的物质条件。

但是，诸侯王势力并未彻底解决，武帝时不得不继续采取更彻底稳妥的削藩措施。武帝元朔五年（前127年），主父偃继承了贾谊"众建诸侯而少其力"的思想，建议实行"推恩令"，令诸侯推恩分封子弟为侯。这就是"令诸侯得推恩分弟子，以地侯之，彼人人喜得所愿。上以德施，实分其国，必稍自销弱矣"。③ 这名义上是上施恩惠，实质上是剖分诸侯国以削弱诸侯王的势力。武帝采纳了这一建议，颁行"推恩令"，令各地诸侯王在封地内分封弟子，由中央朝廷给予名号。

"推恩令"下达后，诸侯王的支庶多得以受封为列侯，不少王国也先后分为若干侯国。按照汉制，侯国隶属于郡，地位相当于县。因此，王国析为侯国，就是一个大王国被分割成若干个小侯国，意味着王国土地、人口、国力的缩小，与中央朝廷实力的差距越来越大。这样朝廷不必用强制黜陟手段而藩国自行分解，既维护了国家的安定，又"软着陆"地解决了自汉初以来的诸侯国尾大不掉问题。

尔后，汉武帝又利用一些机会，进一步彻底消除地方诸侯国对中央朝廷的威胁。元鼎五年（前112年），武帝借口诸侯进奉"酎金"成色、数量不足的问题，即以"献黄金酎祭宗庙不如法"为由，④ 将106名王侯的爵位悉数褫革。经过此次如此大规模削藩，基本解除了地方诸侯王对中央朝廷的威胁。此外，汉武

---

① 《贾谊集·治安策》。
② 《史记·吴王濞列传》。
③ 《汉书·主父偃传》。
④ 《汉书·武帝纪》。

帝还通过严惩违法王侯和采用绝嗣除国的方式，废除了一些王侯。总之，通过这一系列举措，至汉武帝时，基本上消除了地方诸侯对中央朝廷的威胁，"其后诸侯唯得衣食租税，贫者或乘牛车"，① 地方分封的诸侯已是名存实亡。

（二）董仲舒大一统和独尊儒术思想

汉武帝在位时，除通过解决地方诸侯国问题来加强中央集权外，还重视通过统一思想来强化皇权。元光元年（前134年），武帝令郡国举孝廉、策贤良，董仲舒以贤良对策，提出了"大一统"和"罢黜百家，独尊儒术"的建议。他认为："《春秋》大一统者，天地之常经，古今之通谊也。今师异道，人异论，百家殊方，指意不同，是以上亡以持一统；法制数变，下不知所守。臣愚以为诸不在六艺之科、孔子之术者，皆绝其道，勿使并进。邪辟之说灭息，然后统纪可一而法度可明，民知所从矣。"②

董仲舒在此企图通过统一思想达到维护国家政治上的统一，从而改变自春秋战国以来诸侯割据，百家争鸣，各国思想不统一，法制变化不定的局面。而且他提出，必须以先秦儒家礼乐射御书数的六艺和孔子的学说来统一人民的思想，从而使法制、民众的一言一行有所依据。董仲舒的这些思想正符合汉武帝加强皇权、维护大一统封建帝国的需要，因此下令采纳董仲舒的建议，实行"罢黜百家，独尊儒术"。自此，汉武帝完成了以儒家思想取代汉初黄老道家之学成为西汉王朝治国理政的指导思想，统治阶级以儒家的伦理道德为指导，制定了一套约束臣民的行为准则，坚持中央集权制大一统帝国，甚至以《春秋》来判断刑狱，把儒家经典奉为法典。朝廷还在全国最高学府太学设《诗》《书》《易》《礼》《春秋》五经博士，并不断从太学中选拔优秀博士弟子为官，充实管理国家人才。如公孙弘以治《春秋》而位置丞相，并被封侯，开先为相后封侯之先例。由是天下学士竞相效仿，尊儒学儒成了一种社会风尚。

总之，董仲舒的《春秋》大一统和罢黜百家，独尊儒术思想，有利于巩固中央集权、促进全国统一，在当时具有重大的进步意义，并对后世封建王朝产生了深远的影响，从而在以后的两千多年封建社会中，儒家思想成为历代王朝的统治思想，统一的中央集权制国家成为中国古代史的主流，成为民心所向，大势所趋。

（三）刺史监察州郡思想

秦朝统一六国，为监控幅员辽阔的帝国，防范六国残余势力死灰复燃，在地方设监察御史代表皇帝监控并可监军和带兵，是十分必要的制度安排。西汉初年，郡守权力不重，且建国伊始，官吏为非作歹者不多，因而中央朝廷没有必要在地方设置监察御史。惠帝时期，三辅地区不法之事逐渐增多，于是中央朝廷又

---

① 《汉书·高五王传》。

② 《汉书·董仲舒传》。

恢复派遣御史监察三辅，并明确规定了御史监察地方9个方面的内容，使其监察更有针对性。其9条是："词讼、盗贼、铸伪钱、狱不直、徭役不平、吏不廉、吏苛刻、逾侈及弩力十石以上，作非所当服。"[1] 从这9条内容可知，中央朝廷从司法、社会治安、经济、官吏廉政、军事等方面加强对地方的监控。尔后，西汉朝廷又向地方各郡国普遍派遣监察御史，把对三辅地区的监控扩大到全国各地。

但是，因为此时监察御史与丞相史并出，又无固定监察区，职事重叠，各自为政，难以有效行使监察权。所以到了武帝时，朝廷决定设十三部刺史，监察地方州郡。汉部刺史监察制度有3个特点值得注意：一是刺史初为六百石官，秩位不高，只相当于一个中下等县令的秩品，但出刺时代表中央，权力很大，可以监察二千石守相。所以顾炎武在《日知录》卷9《部刺史》中说："夫秩卑而命之尊，官小而权之重，此小大相制，内外相维之意也。"这种小官可以督察大官，关键在于监察官吏的垂直系统管理。刺史隶属于御史大夫，并通过御史大夫与最高统治者发生联系。刺史秩卑，但如果胜任，纠察百官功效显著的话，可以超擢为守相或司直。由于秩卑权重赏厚，故任此职者，多能自励，竭忠尽力。二是中央任命的各级监察官不用本籍人（西汉的司隶校尉除外），在古代家族宗法的社会里，这有助于防止监察中阿法徇私。三是部刺史的任命、派遣和执行任务，是一年一次，不是长年在任。顾炎武说得好："夫守令之官，不可以不久也。监临之任，不可以久也。久则情亲而弊生，望轻而法玩。"[2] 因此对于巩固国家统一、加强中央集权起了一定的作用。但是后来因其权势越来越大，最后变成郡以上的一级行政长官，又为分裂割据创造了条件。汉成帝绥和元年（前8年），大司空何武和丞相翟方进共同提出："今部刺史居牧伯之位，秉一州之统，选第大吏，所荐位高至九卿，所恶立退，任重职大。《春秋》之义，用贵治贱，不以卑临尊。刺史位下大夫，而临二千石，轻重不相准，失位次之序。"[3] 成帝采纳了他们的建议，改刺史为州牧。

到了东汉后期，刺史更是已经由监察官变成地方高级行政长官，其秩级也由六百石增至中二千石。由于刺史所占地盘广大，并同时握有一方的民政、财政和军事大权，进而也就发展成为雄踞一方的封建诸侯了。刺史的坐大，终于从其监控地方、加强中央集权异化为东汉末年军阀势力膨胀、酿成东汉灭亡、形成三国分裂割据的重要原因之一。

汉代刺史作为监察官员时，其对郡国守相的监察一开始就明确规定以"六条"问事："刺史班宣，周行郡国，省察治状，黜陟能否，断治冤狱，以六条问

---

① 《玉海》卷65《诏令·律令上·汉九条》引《唐六典》。

② 《日知录》卷九《部刺史》。

③ 《汉书·朱博传》。

事，非条所问，则不省。一条，强宗豪右田宅逾制，以强凌弱，以众暴寡。二条，二千石不奉诏遵承典制，倍公向私，旁诏守利，侵渔百姓，聚敛为奸。三条，二千石不恤疑狱，风厉杀人，怒则任刑，喜则淫赏，烦扰苛暴，剥截黎元，为百姓所疾，山裂石崩，祅祥讹言。四条，二千石选署不平，苟阿所爱，蔽贤宠顽。五条，二千石子弟恃怙荣势，请托所监。六条，二千石违公下比，阿附豪强，通行货赂，割损正令也。"① 从"六条"规定以及西汉时期的刺史活动史实看，刺史制度的监察职能曾发挥得比较适中，既有效监督了地方郡国守相、强宗豪右，又不致使其滥用权力。刺史是单纯的监察官而非行政长官，它不仅与拥有行政、司法、财政、军事诸权的郡守不同，而且也与拥有兵权、人事权等的监御史不同。它必须严格按照朝廷规定的"六条"对所部郡国守相进行监察，不得越权，也不得缺位。西汉朝廷规定，刺史如按"六条"监察，就受到奖赏；反之，如越过"六条"以外的权力，就要受到惩罚。如朔方刺史翟方进，"居官不烦苛，所察应条辄举，甚有威名，再三奏事，迁为丞相司直"。② 而豫州刺史鲍宣，"举措烦苛，代二千石署吏听讼，察过诏条"，③ 结果被丞相司直举劾，受到免职的处罚。可见，刺史的权力受到严格的限制，即所谓"以六条问事，非条所问，则不省"。

刺史以"六条"问事规定中除第一条是纠察强宗豪右的非法活动外，其余都是针对二千石的郡国守相不奉诏遵承典制、不恤疑狱、选署不平、子弟恃怙荣势、违公下比等，其主要意图十分明显，就是监督地方守相背离朝廷、违法乱纪，从而加强中央对地方的控制。

刺史不仅对郡守二千石监察之甚严，而且对封王的宗室贵族也加以严格监视，使之不敢轻举妄动，反叛朝廷。正如王鸣盛所指出的："历考诸传中，凡居此官者，大率皆以督察藩国为事……《武五子传》：青州刺史隽不疑知齐孝王孙刘泽等反谋，收捕泽以闻。又昌邑哀王之子贺既废，为宣帝所忌，后复继封豫章，为海昏侯，扬州刺史柯奏其罪。《张敞传》：……盖自贾谊在文帝时，已虑诸国难制。吴楚反后，防禁益严。部刺史总率一州，故以此为要务。"④

西汉时期，刺史作为中央派出的监察官，不仅设置固定治所，便于就地监察和吏民检举告发，而且定期巡行所部郡国，便于实地考察郡国守相治绩、清廉守法与否，广泛接触吏民百姓，能够更加精准有效地实现监察职能。刺史"行部"的时间一般在八月，"诸州常以八月巡行所部郡国，录囚徒，考殿最，初岁尽诣京都奏事"。⑤ 此时正值各郡国编制"上计"簿籍之时，正好可以借此机会对守

① 《汉书·百官公卿表》注。
② 《汉书·翟方进传》。
③ 《汉书·鲍宣传》。
④ 《十七史商榷》卷 14《刺史察藩国》。
⑤ 《续汉书·百官五》。

相一年的政绩进行全面具体的考核。这对于澄清吏治、加强中央集权，起到了积极的作用。但是，另一方面，我们也必须看到，刺史监察制度也难免存在一些弊端。其一，由于刺史权任极重，可以毫无顾忌地监察、控制地方上的守相，这种地位和职权本身就造成了易于越权的条件。因此，汉代刺史总的演变趋势是侵权越来越严重，固然有多方面的原因，但与制度安排本身的缺陷是有很大关联的。其二，刺史职在监察，往往也会矫枉过正，肆意挑剔郡国守相，吹毛求疵，这就容易产生苛刻之弊。正如时人王嘉所指出的："司隶、部刺史察过悉劾，发扬阴私，吏或居官数月而退，送故迎新，交错道路。中材苟容求全，下材怀危内顾，一切营私者多。"① 其三，刺史权重威行，如果选用非人，一些奸佞之辈、贪鄙之徒一旦居其位，就会仗势欺人，鱼肉百姓，败坏吏治。如东汉时侯参为益州刺史，就以权谋私，陷害无辜，侵吞民财，"前后累亿计"。② 最后因太尉杨秉向朝廷劾奏侯参，使其畏罪自杀。

（四）上计思想

上计制度始于春秋战国时期。秦统一中国以后的上计制度情况，史籍没有什么记载，后世始终不太清楚。自1975年云梦睡虎地秦简出土后，人们对秦上计的情况有了一些新的了解。

据秦简③分析，秦朝凡主管经济的部门，都有专门从事经济核算的事宜，叫作"计"；各级地方行政机构和主管经济部门都要定期向上级报告计簿。秦简中有关这方面的记载比较具体明确的有两条：

《仓律》云："县上食者籍及它费大（太）仓，与计偕。都官以计时雠食者籍。"

《金布律》云："受衣者"在"已稟衣"之后，"有余褐十以上，输大内，与计偕。"

秦汉时财政机构上的一大特点是治粟内史（大农令、大司农）和少府各代表着国家财政与皇室私人财政，两套班子分立，国家财政收支与皇室私人财政收支分别核算，泾渭分明。秦简《厩苑律》载："内史课县，大（太）仓课都官及受服者。"据此推断，秦朝在经济上的考核可分为两个系统：一是都官所主管的各个部门，包括都官本人及其所主管的财物，由中央的"大仓"负责考核；二是县级官吏及由县主管的各个部门与财物，则由中央的"内史"来考核。有的学者认为，此处内史应指治粟内史，而大仓则是属于王室私产的机构，因此，与古籍记载的两套班子相吻合。但是《仓律》又云："县上食者籍及它费大仓"，

---

① 《汉书·王嘉传》。

② 《后汉书·侯览传》。

③ 本章简称秦简者，均见于《睡虎地秦墓竹简》。该批秦简反映的时代是战国晚期至秦始皇时期，为叙述上的方便，有关睡虎地秦简的内容，均归到第四章秦汉时期的审计。

《内史杂》云："都官岁上出器求补者数，上会九月内史。"由此观之，县在经济上的开支又得直接向"大仓"上报，都官则向内史上报。这种矛盾说明秦在统一中国之前以及统一中国之初治粟内史与少府这两套财政系统并没有严格区分和固定化，当是到了秦末，这种区分才逐渐严格和固定化。

汉朝时期，随着统一的中央集权制封建国家的巩固和完善，上计制度更加系统化。

汉代的考课，可分为两个系统：一是丞相、御史考课九卿，公府考课掾史。如班况"积功劳，至上河农都尉，大司农奏课连最，入为左曹越骑校尉。"[1] 这是各部门上下级系统的考课，但两汉始终没有形成制度化。二是中央课郡国，郡国课县，这是中央到地方的系统。后者主要是每年年终由郡国上计吏携带计簿到京师上计，这叫常课。

西汉属县上计郡国是每年"秋冬岁尽，各计县户口垦田，钱谷入出，盗贼多少，上其集簿。"[2] 首先，郡国守相依据集簿对其所属县令（长）进行考核。其次，对于县令（长）之掌管财政或与财政有关的部属也按上计簿进行考核，这些人随集簿到郡受课，分别殿最，予以奖惩。

属县上计结束后，由郡国进京上计。大约秦时是主管长官自奉计簿送上中央。西汉"旧法，当使丞奉岁计"[3]。东汉之制，略从简省，一般选派高级属吏如上计掾、上计吏、计佐等进京上计。

由于上计事关国家大政，汉朝统治者对此非常重视。在中央，有时甚至由皇帝亲自主持。受计的地点大多在京都，有时皇帝行幸郡国，也常就地受计。据《汉书·武帝纪》载汉武帝在位五十余年间，曾一次受计于京都，三次受计于方岳。东汉光武帝亦"尝召见诸郡计吏，问其风土及前后守令能否。"[4] 但是，皇帝亲自受计终归是特例，西汉中央主管上计机关乃是丞相、御史两府。丞相主要负责岁终课殿最上闻，[5] 御史大夫主要负责按察虚实真伪[6]，两府相辅为用。由于丞相、御史大夫事剧务繁，上计的事务则往往另有专人具体负责，如丞相属官计相、集曹掾掌郡国上计。《汉书·张苍传》载："（张苍）迁为计相，一月，更以列侯为主计四岁。是时萧何为相国，而苍乃自秦时为柱下御史，明习天下图书计籍，又善用算律历，故令苍以列侯居相府，领主郡国上计者。"《汉书·匡衡传》则云："衡位三公，辅国政，领计簿，"然而具体治计时又委派集曹掾陆赐主管。

---

① 《汉书·叙传》。
② 《后汉书·百官五》胡广注。
③ 《汉书·严助传》如淳注。
④ 《后汉书·张堪传》。
⑤ 《汉书·丙吉传》："岁竟，丞相课其殿最，奏行赏罚而已。"
⑥ 《汉书·宣帝纪》载黄龙元年诏云："御史察计簿，疑非实者，按之，使真伪毋相乱。"

东汉时中央负责上计者通常是尚书、司徒,如蔡质《汉仪》所说尚书"典天下岁尽集课事。"①《后汉书·赵壹传》载:"光和元年,举郡上计到京师。是时,司徒袁逢受计,计吏数百人皆拜伏庭中。"

两汉时,上计中的考核方式主要是审核稽查计簿。上计簿记载的最主要内容就是户口、垦田数、钱谷入出、盗贼多少等,尹湾六号汉墓出土的木牍中的集簿,主要内容就是记载户多少,口多少,提封多少顷亩,园田多少顷亩,种宿麦多少顷亩,春种树多少亩,一岁诸钱入多少,一岁诸钱出多少,一岁诸谷入多少石斗升、出多少石斗升。有些项目还与以前相比来说明增减情况。除此之外,集簿还包含"盗贼多少"、地方行政建置、官吏配备人数等内容。

两汉上计除了审核稽查计簿外,皇帝或丞相、御史大夫还亲自询问计吏有关地方的情况,以便对地方政情、计簿虚实有充分的了解。如《后汉书·张堪传》载:"帝尝召见诸郡计吏,问其风土及前后守令能否。"《汉书·王成传》也载:"后诏使丞相、御史问郡国上计长吏('吏'当为'史')守丞以政令得失,或对言前胶东相成伪自增加,以蒙显赏,是后俗吏多为虚名云。"

综观史籍,秦汉上计是对地方郡县长官进行政绩的考核,即主要审核稽查地方的户口垦田、钱谷入出、盗贼多少,课校其功。每年岁尽县上计于郡,郡上计于朝廷。这对于加强中央对地方的农业生产、财政收支、司法和社会治安的监控,强化中央集权制,发挥了较积极的作用。

二、汉田制、户籍和赋税管制思想

(一) 田制管制思想

1. 董仲舒限田思想

董仲舒是中国经济思想史上最先论述土地兼并问题的根源及其危害,并且为限制土地兼并而提出了限田主张的思想家。② 土地兼并是封建地主土地所有制下特有的一个严重经济问题,我国自战国时期开始,地主阶级政治代表人物所实行的"尽地力""任土地"之类的改革,扫除了井田制的土地国有制,使土地私有制变成了占主要地位的封建土地所有制形式。秦始皇统一中国后,令"黔首自实田",在全国范围内以法律形式规定了这种封建土地私有制。封建土地私有制一产生,意味着土地兼并问题就随之而来。早期土地兼并者,多是诸侯将相一类权贵。从战国赵括、王翦到汉朝霍去病、宁成,都是大土地所有者。汉朝民间豪强地主也有大土地所有者,如"非有爵邑俸禄"的富豪秦杨,就是靠田农富冠一州的大地主。③

---

① 《后汉书·百官三》尚书注。
② 赵靖主编:《中国经济思想通史》第一卷,第529页。
③ 《史记·货殖列传》。

西汉武帝时期，随着封建经济的发展繁荣，封建权贵富豪兼并土地的问题愈演愈烈，产生了贫富差距越来越大，社会矛盾尖锐，严重威胁封建王朝的统治。在这种情况下，董仲舒提出了限田主张：

秦 "用商鞅之法，改帝王之制，除井田，民得卖买，富者田连仟佰，贫者亡立锥之地。又颛山泽之利，管山林之饶，荒淫越制，逾侈以相高；邑有人君之尊，里有公侯之富，小民安得不困？……或耕豪民之田，见税什五。故贫民常衣牛马之衣，而食犬彘之食。重以贪暴之吏，刑戮妄加，民愁亡聊，亡逃山林，转为盗贼，赭衣半道，断狱岁以千万数。汉兴，循而未改。古井田法虽难卒行，宜少近古，限民名田，以澹不足，塞并兼之路"。①

董仲舒的限田思想大致有 3 个方面：其一，揭露了当时土地兼并的严重后果。董仲舒指出，当时由于土地兼并的日益严重，使大量的土地和山林川泽都被少数权贵和豪强地主霸占，而广大民众则失去了土地，造成土地占有上 "富者田连仟佰"，生活荒淫奢侈，"贫者亡立锥之地"，无以为生的尖锐矛盾。丧失土地的农民被迫耕种地主的土地，遭受残酷的封建剥削，向地主交纳收获物一半以上的地租。由于广大农民遭受豪强地主高额地租和国家赋役的双重盘剥，生活极端艰难，穿牛马之衣，吃狗猪之食。再加上贪官污吏的敲诈勒索和严刑酷法的镇压，广大贫苦民众纷纷逃亡到山林，成为 "盗贼"，或者因反抗成为罪犯，全国囚犯人满为患。这种社会危机严重威胁西汉封建王朝的统治。

其二，分析了土地兼并产生的根源在于土地私有制。董仲舒指出，当时土地兼并的产生，其根源在于战国时期秦国商鞅变法，废除土地国有的井田制，实行土地私有制，允许土地自由买卖，而且不限制个人占有土地的数量，所以使权贵和豪强地主能够无限地占有和扩大自己的土地。这样必然会出现另一个极端，即广大贫苦农民，因天灾人祸而无法生存，被迫出卖自己的土地而变为贫农、雇农，只得以缴纳收获物一半的高额地租向地主租种土地，从而因遭受封建地主的残酷剥削而无法生存。董仲舒把土地兼并归因于土地私有制，并且把广大农民生活困苦归因于土地兼并，说明他对封建地主土地私有制的本质有了较深入的认识。

其三，以限田的措施来解决土地兼并问题。董仲舒既然把土地私有制作为土地兼并的根源，那么按逻辑推理来说，要解决土地兼并问题必然禁止土地私有制，恢复先秦土地国有的井田制。但是，董仲舒并没有这样做。因为他认为恢复土地国有的井田制是不可能的，因此只能实行与先秦井田制最相似的限田。董仲舒所主张的限田，与先秦井田制最相似的地方就在于改变了当时土地兼并形成的土地占有极端不均的状况，通过限制土地占有的数量使民众占有土地相对较为平均，从而避免出现因土地兼并所引起的 "大富" "大贫" 的严重贫富分化现象。

---

① 《汉书·食货志》。

　　董仲舒的限田思想虽然清醒地意识到先秦的井田制在西汉时期已难以恢复，但没有说明其难以恢复的原因。他主张限田，但也没有提出具体措施和限制占田的数额。他的限田论只是一个原则性的思路，不具有操作性。但是，尽管如此，他的限田思想在中国古代土地管理思想中占有重要的地位。在古代史中，他第一个阐述了封建土地兼并的危害和根源，从而揭示了封建地主土地私有制的内在矛盾。综观中国古代土地管理思想史，人们对土地兼并问题的解决方案林林总总，不一而足，但是归纳起来，大致有 3 种：一是战国孟轲的恢复所谓西周的土地国有制的井田思想；二是北魏至唐中叶的土地国有制基础上的均田制思想；三是西汉董仲舒提出的在土地私有制基础上的限田思想。在这 3 种思想中，前二者都是以土地国有制为基础的，唯独董仲舒的限田论以土地私有制为基础，在承认土地私有制难以改变的基础上进行限田。这种思想在西周奴隶制土地国有制必然消亡和秦汉封建土地私有制必然出现和盛行的历史进程中，相对说来还是比较顺应历史发展趋势的。以后在长期的封建社会中，每当封建土地兼并趋于严重的时候，就会出现限田的声音。后代的限田论者，实际上基本是把董仲舒的限田思想予以具体化，其原则上是一致的。由此可见，董仲舒限田思想影响之深远。

　　董仲舒也是中国历史上第一个提出私租问题的人。[①] 中国古代的土地制度往往与租税制度密切相关的，其中一个最明显的表现就是私租必然出现在土地私有制的基础上，如果是土地国有制，那一般不可能有私租，只有公租。战国时期，孟轲提出的"八家同耕公田"，这是一种劳役地租；秦国法家的"与之分货"，则是一种实物地租。但是，这一时期不管是劳役地租还是实物地租，由于都是土地国有制基础上所征收的地租，所以都是公租，其特点是表现为赋税的形式，因而在先秦土地国有制的基础上，"租"和"税"这两个概念是不分的。

　　战国、秦汉时期，随着封建土地私有制的发展，私租开始出现并发展，"租"和"税"的概念也明显具有了不同的含义。西汉时期的所谓"租"，就是指私人土地占有者，将自己土地出租给别人耕种，从而向租种者征收的出租土地的报酬，即地租，简称"租"；而所有土地的私人占有者，即地主或自耕农，必须根据占有土地面积的大小，向封建国家缴纳不同数量的土地税收，即因占有土地而承担一定的财政义务，这就是所谓的赋税，简称"税"。如汉代实行的"十五税一""三十税一"，就是封建国家向土地私人占有者征收的赋税，而上文董仲舒所说的"或耕豪民之田，见税十五"则是农民租种地主之田向地主交纳的地租，而不是向封建国家缴纳的赋税了。

　　董仲舒不仅指出了私租的存在，而且还提到当时通行的地租率高达 50%，并深刻地揭示正是这高地租使广大农民生活贫困到"衣牛马之衣，而食犬彘之食"。豪强地主不仅以苛重的地租残酷地剥削农民，而且还对他们进行直接的人

---

　　① 赵靖：《中国经济思想通史》第一卷，第 533 页。

身奴役。他们进一步把大批丧失土地的农民强迫沦为奴婢和奴隶，甚至对他们操有生杀之权。董仲舒在提出限田来解决土地兼并的同时，也主张废除奴婢制度，要求"去奴婢，除专杀之威"，① 禁止豪强地主任意杀害奴婢、奴隶。总之，董仲舒的限田和去奴婢思想涉及当时社会上重大的土地制度和消除先秦以来的奴隶制残余问题，有着重要的历史积极意义。

2. 师丹、孔光、何武的限田思想

师丹，字仲公，哀帝时，为左将军，赐爵关内侯，领尚书事，后又为大司马，封高乐侯，徙大司空。孔光，字子夏，成帝时，先后任仆射、尚书令、光禄大夫、御史大夫、廷尉、左将军、丞相等职。平帝时，官至太傅、太师。何武，字君公，成帝时先后任谏大夫、扬州刺史、御史大夫、大司空等职，封氾乡侯。哀帝时，任御史大夫、前将军等职。

东汉末年，哀帝即位后，各种社会矛盾愈来愈尖锐，其中最严重的是土地兼并问题。辅政的师丹认识到土地兼并所造成的贫富分化的严重性，"今累世承平，豪富吏民訾数巨万，而贫弱愈困"。② 因此，提出了限田的主张。汉哀帝采纳了师丹的限田建议，命孔光、何武遵照此建议拟定具体的限田方案。主要内容有以下3点：

其一，私人占田的最高限额是30顷。"诸侯王、列侯皆得名田国中。列侯在长安，公主名田县道，及关内侯、吏民名田皆毋过三十顷。"③ 其二，限期三年达到上述限田规定，超过三年占田如还超过限额，国家对限额以上的土地加以没收。其三，在限田的同时进行限奴，"诸侯王奴婢二百人，列侯、公主百人，关内侯、吏民三十人"。④ 限奴期限也是三年，超过三年限期后，占有超过限额的奴婢将没收入官。

东汉末年，土地兼并迫使丧失土地的农民卖身为奴，土地兼并越严重，奴婢的数量也越增多；反之，豪强大户占有越多的奴婢，也可为其兼并越来越多的土地提供劳动力。因此，当时土地兼并与占有奴婢成为一个严重社会问题的两个方面。师丹、孔光、何武认识到了这一点，所以将解决土地兼并与解放奴婢结合起来共同加以解决。这个限田兼限奴的方案提出后，短时间内对限制土地兼并曾起过一定作用，限制了土地兼并，也堵塞了奴婢的不断增加的来源；限制了占有奴婢的数量，使豪强大户难以找到劳动力为其耕种大片的兼并土地。因此，限田方案提出后，许多大地主纷纷卖田，田价一度低落。但是，由于它触犯了大贵族、大官僚和大地主的切身利益，因此受到权贵势力强烈的反对，"丁、傅用事，董

---

① 《汉书·食货志》。
② 《汉书·食货志》。
③ 《汉书·食货志》。
④ 《汉书·食货志》。

贤隆贵，皆不便也"。① 最终没有实行就夭折了。

限田思想的首倡者是西汉武帝时的董仲舒，但董仲舒的限田主张只是一个原则性的意见，缺乏具体的实施办法。师丹、孔光、何武的限田方案，对私人占有土地的面积、限田期限和处理超限额土地的办法等，都提出了明确、具体的规定和措施，具有可操作性，弥补了董仲舒限田主张的不足，丰富了古代限田思想的内容。

3. 何休恢复井田制思想

何休（129—182）字邵公，东汉著名今文经学家，"精研六经，世儒无及者"。② 晚年曾被拜为议郎、谏议大夫。他非常重视土地制度，认为民以食为本，而生产粮食的最基本的生产资料是土地。因此，土地的占有制度是发展封建生产，富国富民的最根本的问题："土地者，民之主，霸者之象也。"③ 他指出，土地兼并，造成社会尖锐的贫富对立，一方面广大农民饥寒交迫，另一方面豪强地主肆虐横行，这是各种社会矛盾和动乱的根源。因此，想要天下太平，最根本的措施是实行井田制："民以食为本也。夫饥寒并至，虽尧舜躬化，不能使野无寇盗；贫富兼并，虽皋陶制法，不能使强不凌弱。是故圣人制井田之法而口分之。"④

井田制本是先秦周朝的土地国有制。自战国孟子以后，儒家学者多把它作为一种理想的土地制度来宣扬。汉代以来，随着封建土地私有制的发展，土地兼并日益严重，于是思想界出现了对土地制度的反思，许多人怀念赞扬西周的井田制，但罕有人提出过具体恢复实施井田制的方案，何休是两汉学者中首先进行恢复井田制具体方案的设计者。

何休在《春秋公羊传解诂》中，对鲁宣公十五年"初税亩"一条作注时，提出了自己关于实施井田制的一个设想方案：其一，实行土地国有，按井授田。一井土地，按平均的原则授予八家，每家私田一百亩，公田十亩，宅田二亩半，八家合计九百亩。每户所得土地数量相同："一夫一妇受田百亩，以养父母妻子。五口为一家，公田十亩，即所谓什一而税也。庐舍二亩半，凡为田一顷十二亩半，八家而九顷，共为一井，故曰井田。"⑤ 由于各户所分配的土地肥瘠不同，因此必须定期进行调整，以求土地分配在质量上的公平："司空谨别田之高下善恶，分为三品。上田一岁一垦，中田二岁一垦，下田三岁一垦。肥饶不得独乐，墝埆不得独苦。故三年一换土易居，财均力平。"⑥ 这种设想方案，不仅在土地

---

① 《汉书·食货志》。

② 《后汉书·何休传》。

③ 《春秋公羊传》僖公十四年。

④ 《春秋公羊传》宣公十五年。

⑤ 《春秋公羊传》宣公十五年。

⑥ 《春秋公羊传》宣公十五年。

数量上，而且在质量上，都保证了土地分配使用上的平均。

其二，生产有统筹安排，耕作有统一规定。如要求各户所栽种的作物不能搞单一品种，田边宅旁要栽种瓜果蔬菜桑树，饲养家禽牲畜；耕作季节，百姓都得出工，冬季农闲时都要从事纺织等。"种谷不得种一谷，以备灾害；田中不得有树以防五谷。还庐舍种桑荻杂菜，畜五母鸡两母豕。瓜果种疆畔，女工蚕织。""田作之时，春，父老及里正旦开门坐塾上，晏出后时者，不得出。莫（暮），不持樵者，不得入。五谷毕入，民皆居宅，里正趋缉绩。男女同巷，相从夜绩，至于夜中。故女工一月得四十五日作，从十月尽正月止。"①

其三，实行什一税。井田制分配给一夫一妇私田百亩，公田十亩，税率正好为1/10。同时，"十井共出兵车一乘"，赋税均平，杜绝了横征暴敛，所以可以收到"均民力，强国家"② 之效。

何休之所以主张恢复西周的井田制，他认为井田制的优越性在于："井田之义，一曰无泄地气，二曰无费一家，三曰同风俗，四曰合巧拙，五曰通财货。"③总之，制井田而口分之，有利于发展农业生产，稳定社会秩序，巩固封建政权的统治。

何休的井田方案，主要有以下4个方面的特点：其一，具有很强的现实针对性。何休的恢复井田制思想，在形式上是以注释经籍的方式，把井田作为古圣王之制来宣扬的，但在实际上却明显是针对东汉时期土地兼并和土地大量集中的严重社会问题，作为和现实截然相反的一种理想而设计出来的。他在谈到"圣人制井田之法"的目的时说："贫富兼并，虽皋陶制法，不能使强不凌弱。"这显然是将自己在注释中设计的井田制看作解决当时土地兼并的根本途径。

在先秦时期，"兼并"通常是指政治、军事方面的吞并，尚未见经济方面财富、土地兼并的说法。战国时代孟子设计的井田制，是为了解决社会转型时期出现的大量无恒产的流民问题，而并不是解决土地兼并问题。他主张"不得罪于巨室"，对"巨室"所占有的土地，不问多少，一律"什一使自赋"。这就说明孟子当时提出恢复井田制其主要目的不在于解决土地兼并问题。

其二，将先秦井田制的劳役地租改变为实物地租。何休的井田方案，虽然仍使用"公田""私田"的提法，但已不是"八家同耕公田""公事毕然后敢治私事"那种劳役地租的形式，而是把公田划分成十亩一块的八个小块，分配给八家农户分别经营，并将公田的收获物作为赋税上交国家。这样，八家就可各自把公田同私田统一经营、统一安排生产活动，使农业的生产、经营更明显地体现着一家一户为一个生产单位的封建个体农业的性质，从而有利于消除和缓和公田与

① 《春秋公羊传》宣公十五年。
② 《春秋公羊传》宣公十五年。
③ 《春秋公羊传》宣公十五年。

私田之间的矛盾，提高劳动生产率。

其三，私田国有，不能出卖，三年重分一次。何休设计的井田制，在土地所有制方面，与先秦的井田制一样，私田仍然是国家所有，农户只有使用权，而没有所有权，不能出卖。而且为了避免土地质量不同而造成分地不均，实行每三年重分一次。

东汉时期，随着封建土地私有制的发展，全国主要的耕地已经变为私有，官僚地主和豪强地主控制着大部分的耕地，土地私有制已经占了支配地位。何休要以井田制解决当时的土地兼并问题，但是"制为井田而口分之"的土地从何而来，他却未有明确提及。当时如不触动大地主所兼并的大片土地，将其收归国有，那么封建国家就根本没有土地分配给民众；如要触动大地主兼并的土地，这对于一个代表封建官僚地主利益的王朝来说，是根本无法办到的。何休虽然宣称要以井田制来解决现实中的土地兼并问题，但对其最根本的土地来源问题却无法解决而避之不谈，因此，这使他的井田方案只能作为一种理想方案来宣扬，是不可能实现的。

其四，何休的井田思想发展了孟子的井田思想。何休的井田思想明显受到孟子井田思想的影响，但在孟子井田思想的基础上又有所发展。如孟子的井田方案，只考虑井田私田分配上的数量均平，而未涉及肥瘠程度不同土地分配的均平，何休采取每三年重分一次来解决土地肥瘠不均问题。孟子主张制民之产，使每户有百亩之田、五亩之宅，但他的井田方案却不包括五亩之宅，两者似有矛盾，而何休则将二亩半宅田都包括在井田制之内。孟子主张什一之税，认为税率高于什一就是暴君，就是"大桀、小桀"，而他的井田方案则是"九一而助"，即每井中有"公田"一百亩，八家无偿耕种公田，负担占九分之一，税率高于什一。（事实上八家平均负担 12.5 亩，同耕种"私田"的劳动相比为 12.5%，还大于 1/9（11.1%）而何休的井田制是一夫一妇私田百亩，公田十亩，税率正好为 1/10，计算精确。

综观中国古代史，曾出现过几十个甚至上百个解决土地兼并问题的田制，而以限田、井田和均田三者为基本模式。井田虽然早就为儒家学者所宣扬，但在何休以前始终未能形成一种反土地兼并的基本模式。西汉武帝时期的董仲舒虽把井田制看作理想的田制，但他又认为井田难以恢复，因而未对如何实施井田制提出过具体方案。他提出解决当时的土地兼并主张只是"限田"。西汉末年，师丹、孔光、何武等制定了中国古代史第一个实施方案，从而使限田制作为反土地兼并的田制思想的基本模式逐渐确立起来。何休在东汉末年土地兼并和土地集中更加严重的历史背景下，设计了一个较为具体完整的井田方案。这样，作为反对土地兼并的第二种田制思想基本模式——井田模式，也得到确立。①

---

① 参见赵靖《中国经济思想通史》第 2 卷第 116 页。

（二）户籍管理思想

中国的户籍管理渊源很早。周宣王"料民于太原"，① 就是一次明确的户口检查。战国时期的各诸侯国都有较严格的户籍管理制度。秦献公十年"为户籍相伍"，是其户籍管理制度正式成立的明确记载。秦始皇统一全国后，把秦国行之已久的户籍管理制度推广到全国各地，因而从县、郡到中央，都有一份本地区乃至全国的户口资料。《史记·萧相国世家》记载："沛公至咸阳，诸将皆争走金帛财物之府分之，何独先入收秦丞相御史律令图书藏之。沛公为汉王，以何为丞相。项王与诸侯屠烧咸阳而去。汉王所以具知天下厄塞、户口多少、强弱之处、民所疾苦者，以何具得秦图书也。"这些秦朝图书中，显然有全国的户口计簿。特别是萧何得到了秦朝的柱下御史张苍，因他"明习天下图书计籍"，② 所以对全国的户口情况就更加清楚了。

秦汉时期，朝廷实行严格的上计制度。汉代，全国大部分地区每年一次，边远地区三年一次，由郡呈送计簿，接受中央朝廷上计。郡在接受中央朝廷上计之前，必然先对属县进行上计考核。上计考课中主要内容就是户口、垦田、赋役等统计数字。显然，县上报郡、郡上报中央朝廷的户口统计数字是来自基层的户口调查。其实，中国的户口调查制度由来已久。《管子·度地篇》记载："令曰：常以秋冬岁末之时，阅其民，案家人，比地定什伍口数，别男女大小，其不为用者，辄免之，有锢病不可作者疾之，可省作者半事之，并行以定甲士当被兵之数，上其都。"这大约是战国时期的户口案比情况。到了两汉时期，朝廷通常采用两种方式对户口进行调查：一是每年进行一次，西汉时一般在三月进行，东汉时一般在八月时进行，调查结果要通过上计逐级向上报告。"秋冬岁尽，各计县户口、垦田、钱谷入出、盗贼多少，上其集籍"。③ 二是一年四时都进行的户口调查，调查结果呈报大司农。

两汉户口调查的主要内容，是人口（包括每个人的姓名、年龄、性别、身高、籍贯、外貌特征）土地、各种财产等，因为这些资料决定该户的田租、徭役和人头税。同时，也关系到国家财政收入和徭役的摊派、征发。国家对户口的调查必须做过细的工作，防止官吏营私舞弊和老百姓弄虚作假、隐匿人口。两汉编定户籍的基本程序是：首先由居民自己向官府申报，继而由里正、父老、什典、伍人等核实汇总，然后由乡吏编制出一乡户籍，再呈报给县户曹，县呈报郡户曹，最后由上计吏每年向中央进行一次案比。由于各家各户的人口数量、土地、各种财产情况都在随时随地不断变化，因此两汉朝廷为及时掌握各家各户人口数量、土地、各种财产的变化情况，以便更准确地向百姓征收田租、人头税，

---

① 《史记·周本纪》。
② 《汉书·张苍传》。
③ 《续汉书·百官五》。

摊派、征发徭役。朝廷规定：每年由县户曹对全县户口进行一次案比，即对每户居民申报的人口、土地和财产情况进行一次面对面的核实。郡县每年上计的户籍资料都是经过重新案比的资料。

这种定期检查户口的活动，在汉代史籍中还可见到。如《后汉书·江革传》载："建武末年，（江革）与母归乡里。每至岁时，县当案比。革以母老，不欲摇动，自在辕中挽车，不用牛马。由是乡里称之曰：'江巨孝。'"这种案比，相当严格，必须本人到场验视体貌、性别、年龄，有点类似唐朝的"貌阅"，所以江革无奈之下，只好自己拉载着老母的牛车到县城接受案比。不过，全县十数万人一一都去县城案比恐怕太费事，不大可能经常为之，大多数情况应该是县派官吏到乡村进行案比。

由于户口调查关系到国家的租税收入与徭役摊派征发，因此两汉朝廷都十分重视对流民重新登记户口，建立户籍，屡次下诏书强调这项工作，通过"赐爵"引导流民向政府登记户口，重新建立户籍。如："建初四年四月，立皇子庆为皇太子。赐爵，人二级……民无名数及流人欲自占者，人一级。"[1] "元初元年正月甲子，改元元初，赐民爵，人二级……民脱无名数及流民欲占者，人一级。"[2]

为了加强对什伍编制中的居民的控制，秦汉时期发展和完善了战国以来的什伍连坐制度。将什伍编制中的百姓放在互相严密监视的处境中，使之互相告奸，检举揭发不法行为。否则，如同一什伍中有一人犯罪，其余人不予以告发的话，都要受到牵连治罪。这一制度虽然对维护社会稳定有序有一定作用，但也使人处于随时随地动辄犯禁的恐怖之中，甚至连安分守己的人也不知道自己什么时候会遭到牢狱之灾！

秦汉统治者之所以实行严格的户籍制度，其根本目的是把农民为主体的广大民众束缚在生活的一小范围区域之内，不得随意流动迁徙，并且通过什伍编制进行严密的互相监视，从而为封建国家提供稳定的财政税收和徭役、兵役。这种户籍制度之所以在中国两千多年的封建社会中历久不衰，其根本原因是封建的自给自足自然经济为其提供了牢固的经济基础。在这种社会条件下，"交换是有限的，市场是狭小的，生产方式是稳定的，地方和外界是隔绝的，地方内部是团结的"。[3] 另一方面，中国古代农民有很强的"安土重迁"观念，除非由于社会的政治动荡和自然灾害等原因不断引发局部的人口流动，但在通常情况下，都是坚持"死徙勿出乡"，很少流动迁徙，这也为户籍制度的长期稳定实行创造了条件。

（三）王莽王田与私属思想

王莽（前45—23）字巨君，汉元帝王皇后侄子。成帝时，王氏家族显赫一

① 《汉书·章帝纪》。
② 《后汉书·安帝纪》。
③ 恩格斯《反杜林论》，《马克思恩格斯选集》第3卷，第313页。

时，王莽的伯叔相继担任大司马、大将军，轮流执政。这为王莽篡汉奠定了基础。王莽历任黄门郎、新都侯、大司马、大将军太傅，号安汉公，位在三公之上。他通过种种手段和措施，博得官僚地主和知识分子的拥护，也获得一部分劳动人民的好评，于公元8年，废孺子婴而称帝，国号新。不久对土地、奴婢、工商、货币等方面实行全面改革。但是，其改革最终失败，农民起义葬送了新朝政权，王莽也被杀死。

西汉时期，土地和奴婢问题成为严重的社会问题，一些有识之士都想解决这两个问题。如武帝时，董仲舒首先提出限田废奴的主张。哀帝时，师丹曾提出限田限奴的建议。哀帝下其议，由孔光、何武拟定了限田毋过30顷、限奴毋过200人的规定，但未实施。

王莽在即位后着手解决土地和奴婢问题时，认为通过缓慢的改良主义难以彻底解决土地和奴婢危机，应采取急进的废止私有土地和奴婢制度才能奏效。因此，他于建国元年（9年），颁布诏令："秦为无道，厚赋税以自供奉，罢民力以极欲，坏圣制，废井田，是以兼并起，贪鄙生；强者规田以千数，弱者曾无立锥之居。又置奴婢之市，与牛马同栏，制于民臣，颛断其命，奸虐之人因缘为利，至略卖人妻子，逆天心，悖人伦，缪于天地之性人为贵之义……（汉氏）减豪民侵凌，分田劫假，厥名三十税一，实十税五也。父子夫妇终年耕芸，所得不足以自存。故富者犬马余菽粟，骄而为邪；贫者不厌糟糠，穷而为奸。具陷于辜，刑用不错……今更名天下田曰王田，奴婢曰私属，皆不得买卖。其男口不盈八而田过一井者，分余田予九族邻里乡党。故无田，今当受田者，如制度。敢有非井田圣制无法惑众者，投诸四裔，以御魑魅。"①

王莽改制的最后结果是失败了，但我们如果不以成败论历史的话，那么王莽改制从管理思想史的角度分析，还是有不少可取之处的，从理论认识上是达到一定的高度，并制定了一些比较具体的实施措施。一是他以敏锐的眼光，认识到土地问题是其他社会问题的根本。由于土地私有，可以自由买卖，因此，这不仅使豪强富户能够大肆兼并土地，并且也迫使失去土地的农民沦为奴隶，从而加剧了社会矛盾，引发社会危机。所以王莽"对症下药"，"更名天下田曰王田，不得卖买"，即田地归国有，禁止买卖。当时如能做到这两点，兼并问题就能得到初步解决。二是他深刻指出，西汉政府减轻田租，受惠者不是农民，而是地主。"豪民侵凌，分田劫假，厥名三十税一，实十税五"。② 这就是社会出现贫富差距悬殊，农民生活困难的根本原因。地主通过沉重的地租对佃农进行残酷剥削，其结果必然使"富者田连阡陌而贫者无立锥之地"。在王莽以前为防止土地兼并而提出限田方案的不乏其人，但作为地主阶级统治集团的代表人物，能像王莽这样

---

① 《汉书·王莽传》。
② 《汉书·王莽传》。

把体现地主经济本质的佃租制作为他攻击的目标，应该说是史无前例，超越了时代局限，比其他的人走得更远，是极其难能可贵的。① 三是王莽在诏书中比较具体全面地提出了6项措施，并加以推行，比以往任何有关土地、奴婢的改革措施都更具体、细致。其一，诏令提出全国田地收归国有，称为"王田"，禁止私人买卖。其二，规定男丁不满八口之家，占田一井，即九百亩（男丁如超过八口的家庭，占田应如何计算，并无规定，可能以八口类推）。其三，原有占田超过规定的，其超额的田要分给宗族和乡邻。其四，原来没有田而今应当分到田的人，按制度规定受田。其五，奴婢改称为"私属"，不得买卖。其六，如诋毁井田和当今土地制度而惑乱人心的人，处以充军边疆的惩罚。

王莽的王田制原是打算雷厉风行，付诸实施的。但是，当推行"王田"制的诏令颁布后，由于触动了豪强地主的切身利益，即遭到了他们的强烈反对。加上"制度又不定，吏缘为奸，天下謷謷然，陷刑者众"。但是，当时遭到刑法惩罚的只是一部分豪强和中小地主，集中在权贵及大地主手中的土地并没有按规定交出来，无地少地的贫苦农民也无法按规定分到土地；而且买卖田宅、奴婢也照样存在。始建国四年（12年），区博上书王莽指出："井田虽圣王法，其废久矣。周道既衰，而民不从。秦知顺民之心，可以获大利也，故灭庐井而置阡陌，遂王诸夏，迄今海内未厌其敝。今欲违民心，追复千载绝迹，虽尧舜复起，而无百年之渐，弗能行也。天下初定，万民新附，诚未可施行。"②

（四）租税管制思想

秦汉时期，国家主管财政经济收支的机构主要有两个：一是管理全国财政收支的机构，秦时称治粟内史，汉初沿用此名。景帝后元一年（前143年），更名大农令。武帝太初元年（前104年）更名大司农。"司农领天下钱谷，以供国之常用"。③ "大用由司农……田租刍稿以给经用"。④ 由此可见，大司农管理全国的财政收入，主要征收各种赋税，如田租、田赋等。秦朝时的税收既重且乱，史称达到"泰半之赋"，即达到50%的租税率。两汉的田租（即土地税）比较轻且稳定，大致三十税一，固定在1/30的比例上。征收的办法是由各纳税户向乡里上报自己的土地和纳税数量，然后由啬夫加以核实和平衡。但在实际操作中，这种方式手续烦琐，并且每年粮食产量都在上下浮动变化，政府难以准确掌握农民每年的收获总数量，从而确定1/30租税率实际上换算出的粮食征收数。于是后来就实行一种较简便的办法，依照历年粮食产量的平均数，为肥瘠不同的田地确定每种类型田地的纳税额，然后依照土地面积计额征收。如在汉昭帝始元六年

---

① 《秦汉经济思想史》，第235页。
② 《汉书·王莽传》。
③ 颜师古注《急就篇》卷4。
④ 《后汉书·百官三》注引《汉官仪》。

（前 81 年）召开的盐铁会议上，文学们在回答御史大夫关于税收问题时，就反映出汉朝征收田赋的情况："什一而借，民之力也。丰耗美恶，与民共之。民勤，己不独衍。民衍，己不独勤。故曰：'什一者，天下之中正也。'田虽三十而以顷亩出税，乐岁粒米粱粝而寡取之，凶年饥馑而必求足，加之以田赋更徭之役，率一人之作，中分其功。农夫悉其所得，或假贷而益之。是以百姓疾耕力作，而饥寒遂及己也。"① 这说明至少至武帝末年，田租已有固定的税额，由于不考虑丰歉因素，所以如碰到灾荒年头，就会造成农民难以按规定的税额缴纳的窘境。这种制度到东汉时期又有所发展。如秦彭在章帝时任山阳太守，"起稻田数千顷，每于农月，亲度顷亩，分别肥瘠，差为三品，各立文簿，藏之乡县。于是奸吏踧踖，无所容诈。彭乃上言，宜令天下齐同其制。诏书以其所立条式，班令三府，并下州郡"。② 这一记载说明，东汉时期田地征收赋税制度更加完善了。其一，将田地按肥瘠程度分为 3 个等级，分别征收不同的租税，使这一制度更加合理公平。其二，东汉时期，在评定田地肥瘠程度时，由于标准难定导致随意性较大，所以奸吏容易营私舞弊。山阳太守秦彭为防止奸吏上下其手，亲自参与田地的丈量和评定等级，并将经验总结出来，上奏朝廷请求推广，得到皇帝的同意。这种分等定额税制因为比较公平合理，所以对后世影响深远。中国古代汉以后历代王朝，基本上均采用这种评定田地肥瘠等级然后计亩征收的赋税制度。

汉代国家除了向农民征收田租正税外，还要征收附加税刍稿。"农夫父子暴露中野，不避寒暑，挃草杷土，手足胼胝，已奉谷租，又出稿税。"③ 东汉光武帝在中元元年（56 年），发布诏令"勿出今年田租刍稿"，即免除当年的附加税刍稿，可见正常情况下，农民每年是应该缴纳刍稿附加税的。所谓刍稿即谷物的秸秆，可用作饲料、燃料和建筑材料。另外，封建国家有时还临时增收附加税。如东汉桓帝延熹八年（165 年）"八月戊辰，初令郡国有田者，亩敛税钱（注亩十钱也）"。灵帝中平二年（185 年）"二月己酉，南宫大灾，火半月乃灭。己亥，广阳门外屋自坏。税天下田，亩十钱"。④

汉代，国家除了按田地大小肥瘠征收田租外，还按人头征收代役金，即更赋。封建政府规定，每个成年男子每年应服兵役三日，徭役一月。本人如不去服役，可交更赋，由政府雇人代役。雇役称过更，数额是 300 钱。亲自应役称践更，不去者月交 2000 钱。更赋成为封建国家的重要财政收入。

封建国家的另一项重要财政收入是人口税 ——算赋与口赋。秦朝时的"头会其赋"即指此。西汉在高帝四年（前 203 年）把人头税制度化，定名为算税。

① 《盐铁论·未通篇》。
② 《后汉书·秦彭传》。
③ 《后汉书·桓帝纪》。
④ 《后汉书·灵帝纪》。

规定"民年十五以上至五十六岁出赋钱,人百二十为一算,为治库兵车马"。①
年 7 岁至 14 岁的儿童出口钱,人二十三。算赋与口赋合计每年征 40 亿左右。以
上数项为两汉时期封建国家经常固定性的税收。

汉武帝时,为了支持"内兴功作,外攘夷狄"的需要,朝廷又增加了算缗
钱、算车船和税民资等几项税收。其中算缗钱是一项动产税,自元狩四年(前
119 年)开始征收。朝廷规定,商人每二千钱出一算(120 钱),手工业者等每
四千钱出一算;一般人轺车一辆一算,商人轺车每辆二算;船身长五丈以上的
船,每艘出一算。由于汉武帝对商人、手工业者动产的征税大大增加了他们的税
收负担,使他们被迫减少或不再增置动产,影响了社会经济的发展,因此汉武帝
不得不在实行 7 年之后,宣布废止算缗钱、算车船的征收。但不管怎样,这项税
收对解决当时的国家财政困难提供了巨大的支持。税民资产是一般的财产税或总
额财产税。课税标准是以财产总值 1 万为单位,税率是万分之一百二十。以一万
开始起征,不足一万免征。另外,还征收牲畜税、赀贷税、一般收益税等。除此
以外,封建国家通过盐铁专卖、酒专卖以及卖官鬻爵、赎罪等,也大量增加了财
政收入。

汉代赋税制度所体现的思想是:其一,田租轻而人头税重。这种制度设计对
占有广大田地的地主有利,因为地主将田地租给无地少地的农民,一般收取田地
收获物总量的 50%,而作为向封建国家缴纳的租税只要收获物总量的 3.3%,即
三十税一。汉代的算赋则高达每个成年人(15—56 岁)每年缴纳 120 钱,即使
儿童(7—14 岁)也要每人每年缴纳 23 钱。正因为汉代人头税重,成为民众难
以承受的负担,因此社会上出现了父母杀死新生婴儿的残忍现象。如史载:郑产
为"白土啬夫,汉末,产子一岁,辄出口钱,民多不举。产乃敕民勿得杀子,
口钱自当代出,因名其乡曰'更生乡'"。② 其二,算缗钱、算车船和税民资等
反映了汉朝重农抑商的思想。算缗钱作为一种动产税,主要就是针对商人和手工
者的,而同样是动产税,针对商人的税率高达 6%,即每 2000 钱出 120 钱,而
对于手工者来说,其税率则只有商人的 1/2,每 4000 钱出 120 钱,即 3%。其
三,汉代的赋税征收在汉武帝时期带有很明显的解决财政困难的原因。汉武帝既
雄才大略,又好大喜功,对内大兴土木奢侈挥霍,对外长期与匈奴战争,耗尽了
文景之治时期封建国家积累的大量财富。为了增加财政收入,解决国库空虚问
题,他临时加征了算缗钱、算车船和税民资,敛取了大量钱财,为自己的功业提
供了巨大的财政支持。其四,汉武帝的财税政策带有很强的掠夺性和暴力性。如
汉武帝实行算缗钱、算车船和税民资后,又颁布法令,如民众对自己财产隐瞒不
报或呈报不实的人,罚戍边一年,并没收他们的财产。有敢于告发的人,政府赏

---

① 《汉书·高帝纪上》注引《汉仪注》。
② 《太平御览》卷 157《州郡部、乡》引《零陵先贤传》。

给他没收财产的一半，这叫作"告缗"。算缗法的实施引起富商们的极大不满。他们采取隐匿资财的办法来对抗新税法。对此，在下达算缗令之后的第二年和第五年，武帝又两次颁布了更加严厉的算缗令，规定检举、告发违反算缗法的人，可得到所告者一半的资财。当时，主管告缗的官员是杨可，告缗令发布后，很快形成了"杨可告缗遍天下，中家以上大抵遇告"①的灾难，许多富商大贾因此下狱破产。虽然国库日益丰足充实，化解了财政危机，但社会经济却遭到严重的破坏。

三、汉武帝盐铁官营、酒榷、平准均输、算缗告缗思想

汉武帝刘彻（前156—前87），西汉第七位皇帝，杰出的政治家、文学家。为加强中央集权，颁行推恩令，又制订左官律和附益法，又设十三州部刺史，加强对郡国的控制。为解决财政困难，改革币制，禁止郡国铸钱，又实行盐铁官营、均输平准等制度。颁布算缗、告缗令，向商人征收重税。建立正规的察举制度，令郡国举孝廉及秀才、贤良方正等。实行"罢黜百家，独尊儒术"的文化政策，在京师长安兴建太学，又令郡国皆立学官。派卫青、霍去病多次出击匈奴，迫其远徙漠北。命张骞出使西域，沟通汉与西域各族联系。又征服闽越、东瓯、南越、卫氏朝鲜，经营西南夷，在其地设置郡县。

（一）盐铁官营、酒榷思想

汉武帝时由于对外连年大规模用兵，对内大兴功作，再加上豪华奢侈的享受挥霍，国家开支越来越大，财政陷入困境。在此历史背景下，汉武帝重用桑弘羊等大臣，厉行盐铁官营、酒专卖，平准均输，算缗告缗，统一货币等一系列政策，强化了经济上的集中统制，企图解决国家财政上的困难。

春秋时期，管仲相齐国，就提出"官山海"政策，对盐铁进行专卖。但是，据史籍记载，春秋战国时期，盐铁基本上还是私营，许多商人因经营盐铁而致富。直至西汉武帝执政前期，盐铁仍然民营。西汉初年著名的富商大贾如蜀卓氏，宛孔氏，鲁曹邴与齐刁间等，都是因为管山海之利而发展起来的豪强大家，他们依靠渔盐铁冶，无不富至巨万，致生累千金。武帝时期，随着国家因数次对匈奴用兵而造成的财政困难，武帝任命大农丞孔仅、东郭咸阳管理盐铁事业。元狩四年（前119年），大农令颜异上书武帝说："山海，天地之藏也，皆宜属少府，陛下不私，以属大农佐赋。愿募民自给费，因官器作煮盐，官与牢盆，浮食奇民欲擅管山海之货，以致富羡，役利细民，其沮事之议，不可胜听。敢私铸铁器煮盐者，钛左趾，没入其器物。郡不出铁者，置小铁官，便属在所县。"②

武帝批准了这个建议，派孔仅和东郭咸阳到各地推行这一政策。从上引记载

① 《汉书·食货志》。

② 《史记·平准书》。

来看，当时盐铁官营的做法并不一样。盐的生产是由私人出资经营的，政府仅向生产者提供生产工具"牢盆"，其他一切生产费用全由自己筹集，产品经政府收购后统一销售。私自制盐要受到法律的惩处。这样的官营基本上属于专卖性质，因为政府只在流通领域加以垄断，唯一与专卖不同的是煮盐的重要生产工具牢盆必须由国家提供。如牢盆不直接来自国家，那所制之盐就成违法的私盐。这样安排盐的生产可以减少国家的经费开支，并有利于发挥生产者的积极性。

与盐的生产不同，铁从生产到销售的各个环节都由政府经营。《盐铁论·水旱》载："今县官铸农器，使民务本，不营于末，则无饥寒之累。"同书《复古篇》也载："卒徒衣食县官，作铸铁器，给用甚众，无妨于民。"《汉书·贡禹传》也提到："今汉家铸业及诸铁官皆置吏。卒徒，攻山取铜铁，一岁功十万人以上。"西汉时期，铁已完全取代青铜成为治铸生产工具和生活用品的重要原料，用途广，需求量大，因此成为获利巨大的行业。铁又是铸造兵器的重要原料。所以，国家必须垄断铁的生产到销售。从而获取高额的垄断利润，来解决当时的财政困难，并保证供给反击匈奴所必需的装备。当时参加盐铁生产的主要有两种人：一种是"卒"，就是"更卒"；另一种是"徒"，是被征发的农民。元封元年（前110年），桑弘羊任治粟都尉，兼领大农，总管财政经济工作，着手整顿和发展盐铁官营。他在全国设置大农部丞数十人分区主管各郡国的盐铁外，又在全国设盐官三十六，分布二十八郡；铁官四十九，分布四十郡，使盐铁官营的规模更扩大了。

关于盐铁官营的利弊得失，当时朝野就有不同的看法。其集中表现在昭帝始元六年（前81年）召开的盐铁会议上。以御史大夫桑弘羊为首的朝臣主张盐铁官营和贤良、文学主张盐铁私营。桑弘羊认为盐铁官营有六大好处："令意总一盐铁，非独为利入也，将以建本抑末，离朋党，禁淫侈，绝兼并之路也。"[1] 这就是说盐铁官营能增加国家财政收入、促进农业生产、限制商业资本和高利贷活动、防止"聚众为奸"、禁止奢侈浪费、杜绝土地兼并等。这六大好处，桑弘羊是站在政府的立场上来分析的。如果站在百姓的立场，桑弘羊认为也是有好处的：国家盐铁官营，财政收入增加，就可以不增加百姓的负担，并可以帮助解决百姓的不时之需，解决军费问题，增加国库贮备，既有利于国家，又不损害民众。"故利用不竭而民不知，地尽西河而民不苦。盐铁之利，所以佐百姓之急，足军旅之费，务蓄积以备乏绝，所给甚众，有益于国，无害于人。"[2]

武帝天汉三年（前98年），"少府丞令请建酒榷，以赡边，给战士"。[3] 经桑弘羊报请武帝批准实行。文学贤良说："大夫君以心计策国用，构诸侯，参以

① 《盐铁论·复古》。

② 《盐铁论·非鞅》。

③ 《盐铁论·忧边》。

酒榷。"① 从史籍简单记载可知，当时实行酒专卖，主要原因是酒是用粮食酿造的，在粮食不十分富裕的情况下，为了保证边疆军粮民食供给，防止过多的粮食消耗于制酒，政府对酿酒业进行垄断，禁止民间百姓私自酿酒。而且在实施榷酒政策中，也是桑弘羊起了决定的作用。

桑弘羊之所以要实行酒榷，主要目的除了节约粮食、保证军需供给外，当然也有增加财政收入的目的。所谓"酒榷"，就是由国家垄断酒的经营，禁止民间私营。但是，至于具体如何垄断经营，是否对酒的生产与流通两个领域都进行官府垄断，目前由于史料缺乏，还难以判断。从《汉书·武帝纪》韦昭把"榷"解释为"如道路设木为榷，独取利也"这句话推测，西汉政府对酒的垄断很可能是包括酿造和销售两个方面。

汉武帝时期的"酒榷"制度，由于民间的反对，在实行了 18 年之后，在汉武帝始元六年（前 81 年）宣布废除，改为征税。

对于盐铁官营，在盐铁会议上，贤良文学持反对意见，主张私营。他们尤其认为，铁的官营有诸多弊端："今县官作铁器，多苦恶，用费不省，卒徒烦而力作不尽……今总其原，壹其贾，器多坚硻，善恶无所择。吏数不在，器难得。家人不能多储，多储则镇生。弃膏腴之日，远市田器，则后良时。盐铁贾贵，百姓不便。贫民或木耕水耨，土耰淡食。铁官卖器不售，或颇赋与民。卒徒作不中呈，时命助之。发征无限，更徭以均剧，故百姓疾苦之。""县官鼓铸铁器，大抵多为大器，务应员程，不给民用。民用钝弊，割草不痛"。②

贤良文学所言，虽有夸大之嫌，但其反映的情况，基本上应该是符合当时的事实，与当代管理学理论是相吻合的。盐铁官营，必然要强征卒（更卒）、徒（一说是奴隶，另一说是农民），由于带有强制性，其结果肯定导致生产积极性不高，甚至怠工、反抗。从而增加管理成本，"用费不省，""盐铁贾贵"，即售价高。另一方面，卒徒生产积极性不高，甚至怠工反抗，其生产的产品质量肯定低劣，即铁器"多苦恶"，或不实用，"作不中呈"。这种价格高、质量差、又不实用的产品肯定销路差，卖不出去，"铁官卖器不售"。其结果是最终老百姓受苦遭罪：一种情况是官营盐铁产品卖不出去，就利用行政权力，强买强卖，"卖器不售，或颇赋与民"，"强令民卖买之"。或者官营不根据民众需求而生产，有些民众需求的产品又买不到，"吏数不在，器难得"，或没有选择的余地，"壹其贾，器多坚硻，善恶无所择"。另一种情况是老百姓只能放弃使用铁器耕作，不吃食盐，即"贫民或木耕手耨，土耰淡食"。除此之外，官营盐铁要征发大量的"更卒"、农民，从而加重了农民的徭役负担，剥夺了农民的农业生产时间，给民众带来巨大的苦难，即"百姓不便"，"百姓疾苦之"。盐铁会议中贤良文学所

① 《盐铁论·轻重》。
② 《盐铁论·水旱》。

揭露的这些盐铁官营弊端和给广大百姓所带来的苦难，也可从史载记载中得到佐证："见郡国多不便县官作盐铁，铁器可恶，贾贵，或强令民卖买之。"①

西汉时期，盐铁官营政策几乎为武帝之后历朝皇帝所采用。汉元帝初元二年（前47年），"在位诸儒多言盐铁官及北假田官、常平仓可罢，毋与民争利。上从其议，皆罢之"。但由于国家用度不足，统治者虽明知盐铁官营所带来的弊端，但不得不采取官营，以巨额的垄断利润来解决财政赤字。因此，汉元帝只取消盐铁官营3年，就又"独复盐铁官"。②

贤良文学还从社会财富分配的角度来分析盐铁官营其实是政府利用行政权力来"与民争利"。他们认为："利不天来，不从地出，一取之民间，谓之百倍，此计之失者也。无异愚人反裘而负薪，爱其毛，不知其皮尽也。夫李梅实多者，来年为之衰。新谷熟，旧谷为之亏……故利于彼者，必耗于此，犹阴阳之不并曜，昼夜之有长短也。"③ 贤良文学指出，在一个特定时期社会财富总和不变的情况下，如果政府过度地与民争利，这是一种竭泽而渔的行为，将不可避免地破坏民众的再生产能力，其结果是造成恶性循环，最终使国家更失去财源，陷入更大的财政危机。理性的做法是政府不应过度与民争利，放水养鱼，使社会生产得到发展，培植财源，形成良性循环，增加财政收入。

虽然西汉政府通过实行盐铁官营来重新分配财富，其主要针对的对象是"管山海之利的豪强大家"，而不是"背本趋末"的农民，对抑制社会贫富分化有一定作用，但也不可避免地阻碍了私营工商业的发展，对社会经济的进步是不利的，对历史的消极作用是深远的。

贤良文学在盐铁会议上指责政府执行酒榷、盐铁官营等经济政策使"国家衰耗，城郭空虚"，④ 这种见解还是比较中肯的。这就是官营"总其原，壹其贾，器多坚砨"，"县官鼓铸铁器，大抵多为大器，务应员程，不给民用"，⑤ 失去了私营经济竞争的优势，使官营产品质量差而且又不实用，不言而喻，最终导致社会经济的衰退。

汉武帝时期的禁榷制度即盐铁酒类官营的确立和实施，从当时的社会经济、军事、政治形势来说，是有一定的必然性和现实性。盐铁酒官营在解决国家财政困难、抗击匈奴入侵方面提供了财力上的支持，同时对抑制富商大贾势力的膨胀和高利贷活动也发挥了一定的作用。这在一定程度上对维护国家统一、巩固中央集权制也是有益的。但是，盐铁酒的官营，只能作为解决一时国家财政困难、抑制富商大贾势力和高利贷活动的权宜措施，而不应当作为一项长期的国策。作为

① 《史记·平准书》。
② 《盐铁论·水旱》。
③ 《盐铁论·非鞅》。
④ 《盐铁论·轻重》。
⑤ 《盐铁论·水旱》。

权宜之计，能够达到"民不益赋而天下用饶"，历史证明当时这一措施取得了较好的成效；但是一旦作为一项长期的国策，这难免把本来可望蓬勃发展的私营工商业因官商的抑制排除而受到严重的摧残。这无疑对商品经济的发展是很不利的。而且历史证明，官府的官营禁榷制度，既能为国家开辟一个充裕的财政收入来源，又能抑制私人工商业活动，贯彻传统的重农抑商的国策，因此为后世历代王朝所奉行，并且还不断扩大禁榷范围，只要有新的能够大量生产和销售的商品出现，就立即被政府垄断，以独占巨额的禁榷利润。总之禁榷制度在中国古代的延续和发展，对私营工商业、商品经济的发展，无疑产生了深远巨大的消极影响。

此外，汉武帝在实行盐铁官营时没有对生产商和运输销售商希望予以分别对待，以致在打击抑制富商大贾、高利贷者的同时也打击抑制了盐铁手工业、矿业作坊主，不利于封建手工业的发展。而且手工业是从事物质资料生产的，与商业、高利贷者还有质上的不同，并且盐铁这类大手工业、矿业，可以吸纳大量的商业资本，如一并与商业、高利贷受到打击抑制，就迫使这些资本转移到农村购买土地，加剧了土地兼并的趋势，使农村贫富分化越来越严重，大量自耕农破产，封建自给自足自然经济遭到破坏。

（二）均输平准思想

武帝元鼎二年（前115年），桑弘羊任大农丞，在一些地方试行均输法，"稍稍置均输以通货物"。[①] 元封元年（前110年），桑弘羊以搜粟都尉领大农后，在取得试行经验和成效的基础上，把均输法推向全国。他在全国各地设立均输官，由中央大农部丞统一领导，负责推行均输法。史载："往者郡国诸侯各以其方物贡输，往来烦杂。物多苦恶，或不偿其费，故郡国置输官以相给运，而便远方之贡，故曰均输。"[②] 当时各郡国诸侯都必须把本地的土特产品作为贡物输送中央，这不仅要征用大量农民从事劳役，妨碍农业生产，增加百姓徭役负担，而且稍远郡国交通不便，转运困难，贡品在长途运输中损坏或变异，或运到京师按市场价出售，其售价还不足偿付车船运费。

桑弘羊的均输法就是为了节省原先实物贡赋中的运输费，将各郡国应交的贡品，除特优者仍应直接运送京师外，一般贡品则按当地市场价格，折合成当地丰饶而价廉的土特产品，交给均输官，由他负责运到其他价高地区销售。这个办法既可免除各郡国输送贡物入京的繁难，减轻农民的劳役负担，又可避免贡物在运输途中损坏或变质，并增加巨额的财政收入。同时，使一些原先靠从事地区贩运贸易的商人的商业贩运受到挤压。以后随着封建社会内部商品经济的发展，要求自由经营的思想日益抬头，加上官商乘机贪污勒索，致为人所非议，均输法均被

---

① 《史记·平准书》。
② 《盐铁论·本议》。

遗弃。

桑弘羊在推广均输法的同时，"置平准于京师，都受天下委输。召工官治车诸器，皆仰给大农。大农之诸官尽笼天下之货物，贵即卖之，贱即买之。如此，富商大贾无所牟大利，则反本，而万物不得腾踊，故抑天下物，名曰平准。"桑弘羊在《盐铁论·本议》中也对平准做了类似的说明："开委府于京师，以笼货物。贱即买，贵则卖。是以县官不失实，商贾无所贸利，故曰平准。"显而易见，平准就是由政府在京师设立平准机构，把各地运来的贡物，由均输官收购运来京师的商品、工官制造的器物以及财政主管部门所掌握的货物都储存在这里。以后平准官根据市场情况，可以在物价上涨时大量抛售商品，物价下跌时则予以收购。平准的首要目的是运用市场规律来稳定物价，在一定范围内限制商人投机倒把，牟取暴利。另外一个目的不可否认，政府也通过平准，牟取商业利润，增加财政收入。因此从性质上看，可以说是封建政府所从事的一种"公开市场活动"。

从某种意义上说，均输和平准是相互联系、相辅相成的两种性能相似的经济制度。均输是调节地区与地区之间的商品流通与供给，平准调节的是一个地区内的商品供求关系及价格。均输是将一个地区多余的物资收购再转运到另一个地区出售，这种活动本身对两个地区就具有平准的作用。另一方面，一个地区开展平准活动，也要依靠均输官从另一个地区运来货物进行销售。因此，均输和平准两者是相辅而行、相得益彰的，两者的官员往往统一由均输官兼任。总的来说，均输是获得巨额利润的主要途径，而且稳定京师物价的任务，也必须依靠均输从外地运输大量货物到京师来实现，而平准主要在于稳定物价，营利并不是它的直接目的。

在盐铁会议上，文学贤良对均输平准也提出了自己的反对意见："古者之赋税于民也，因其所工，不求所拙。农人纳其获，女工效其功。今释其所有，责其所无。百姓贱卖货物以便上求。间者，郡国或令民作布絮，吏恣留难，与之为市。吏之所入，非独齐阿之缣，蜀汉之布也，亦民间之所为耳。行奸卖平，农民重苦，女工再税，未见输之均也。县官猥发，阖门擅市，则万物并收。万物并收，则物腾跃。腾跃则商贾牟利。自市，则吏容奸，豪吏富商积货储物以待其急。轻贾奸吏收贱以取贵，未见准之平也。"① 文学贤良所说的均输弊端，应该是符合事实的。均输把原来各地以赋税形式交给政府的贡物，改为非当地农民生产的土特产，即所谓"释其所有，责其所无"。农民和手工业者只好被迫贱卖自己的产品再高价购买政府所要求缴纳的土特产，这就是"百姓贱卖货物以便上求"。其次，均输官在产品验收上的苛求和一些官吏的贪污勒索，也使百姓蒙受额外的巨大经济损失，遭到种种疾苦。但是，如与直接均输贡物相比，后者可能

---

① 《盐铁论·本议》。

遭受到的损失和疾苦理应更加巨大、沉重。因为直接均输贡物，百姓同样也会遭受到"吏恣留难，与之为市"，或者"行奸卖平"等官吏刁难农民，卖货欺诈等问题，而且还会加上直接均输贡物长途运送所需要的巨额费用和沉重的劳役负担。

文学贤良对平准政策也提出批评："县官猥发，阖门擅市，万物并收"。这种官商垄断市场的情况固然存在，但与实行平准之前，豪民富商"积货储物"，"收贱取贵"伺机牟利，纵非过之，亦无不及。

桑弘羊自己对均输、平准实施后的成效则颇为满意，称"平准则民不失职，均输则民齐劳逸"。平准、均输"平万物而便百姓"；"往者财用不足，战士或不得禄，而山东被灾，齐赵大饥，赖均输之畜，仓廪之积，战士以奉，饥民以赈"。①《史记》和《汉书》也都证实，由于实行了均输平准，"天子北至朔方，东到太山，巡海上，并北边以归。所过赏赐，用帛百余万匹，钱金以巨万计，皆取足大农"。② 总之，均输、平准确实增加了巨额的财政收入，基本上解决了边疆军队供给，山东、齐赵赈灾，皇帝巡视、赏赐等一系列财政支出。

四、汉货币管制思想

（一）西汉铸造五铢钱

西汉武帝之前，铸币屡经变更，对社会经济中的物价、流通造成严重的消极影响。汉承秦制，西汉建立初，把秦王朝的货币制度继承下来，仍然使用"秦半两"（重半两，合十二铢）铜钱。吕后二年（前186年）减为八铢，文帝五年（前175年）减为四铢。民间在自由铸造的情况下，实际减重的程度更为严重。《汉书·食货志》载："汉兴……更令民铸荚钱……而不轨逐利之民畜积余赢以稽市物，痛腾跃，米至石万钱，马至匹百金。"这里虽然有夸大其词，但铸币贬值、物价上涨的情况肯定是存在的。文帝对此采取了3条措施：一是对症下药，直接增加钱的重量，把半两钱在严重减重情况下定为四铢。二是紧缩通货与减少国家财政开支，严格控制发放经财政渠道回笼到国库里的钱币。三是废除"盗铸钱令"，纵民放铸。武帝在位时，由于抗击匈奴战争，财政匮乏，他采取货币贬值的政策，来敛取民财。元狩四年（前119年），御史大夫张汤"承上指"，制造白鹿皮币与白金。白鹿皮币"直四十万"，白金币分三品，分别"直三千""直五百""直三百"。并且严禁私人铸钱，只有中央政府拥有铸币权，凡盗铸者一律处死。这次有意识地采取大规模的货币贬值必然引起通货膨胀、物价飞涨，更严重的是因为"币轻多奸，农伤而末众，吏民之坐盗铸金钱死者数十万人"。因此至元鼎二年（前115年），这一新的货币政策因失败而告终。

① 《盐铁论·本议》《盐铁论·力耕》。
② 《史记·平准书》。

元鼎五年（前112年），西汉政府又再一次改革钱币制度："禁郡国无铸钱，专令上林三官铸。钱既多，而令天下非三官钱不得行，诸郡国前所铸钱皆废销之，输其铜三官。"① 这次钱币制度改革，在中国货币史上有重要的历史意义。一是三官所铸钱重五铢，同元狩五年铸造的一样，但质量更高，轻重适宜。这使盗铸的人除个别"真工大奸"外，都因"计其费不能相当"，因而很少再出现盗铸。这就是历史上著名的五铢钱，通行的时间很久，直至唐武德四年（621年）才被废止，但所铸新币的大小轻重，仍以五铢为标准。二是禁止郡国和私人铸币，将铸币权发行权收归中央，有利于全国钱币的统一标准，便于流通和商品贸易。三是有利于加强中央集权制，维护国家统一。西汉武帝之前，曾允许各诸侯国甚至私人铸钱币。这些有权势的贵族、官僚和财力雄厚的大商人大矿业主聚集大批劳动力，开采矿山，大量铸钱，其势力膨胀到威胁中央朝廷。如当时拥有50多县封土的吴王刘濞和汉文帝宠臣邓通，是当时最大的铸钱业主。"是时，吴以诸侯即山铸钱，富埒天子，后卒叛逆。邓通，大夫也，以铸钱财过王者。故吴、邓钱布天下。"② 铸钱币权收归中央政府，严禁地方郡国铸钱，禁止地方郡国原来所铸钱币流通，从经济上削弱了地方割据势力的基础。

（二）贾谊的"禁铜布"论

如前所述，西汉武帝之前，由于允许地方郡国和私人铸币，从而引起货币不统一，币制屡变，不仅妨碍各地区的经济联系，损害国家统一的经济基础，而且也使地方分裂割据势力增强。所以当时大多数人反对让人民自行铸钱，其中最有代表性的是贾谊的"禁铜布"论，即铸币权必须属于国家，国家必须通过控制币材而完全掌握货币铸造权。

贾谊是货币金属主义者。他认为货币的名义价值应与它的实际价值相符合。因为如果货币的铸造费用低于它的名义价值，铸造者就可以获得相当大的赢利。如果让民间自由铸造，人们为了获得厚利，必然会在铸币时使用各种偷工减料手段。即使国家严刑峻法，也无法禁止这种现象。所以，如果国家让民间自由铸钱，等于利诱百姓犯罪，增加刑狱。他指出："法使天下公得顾租铸铜锡为钱，敢杂以铅铁为它巧者，其罪黥。然铸钱之情，非淆杂为巧，则不可得赢；而淆之甚微，为利甚厚。夫事有召祸而法有起奸，今令细民人操造币之势，各隐屏而铸作，因欲禁其厚利微奸，虽黥罪日报，其势不止……夫县（悬）法以诱民，使入陷阱，孰积于此？"③

贾谊主张国家垄断铸钱权，但在具体采取的措施上，却与众不同。首先，贾谊认为由国家统一控制铸钱的铜材料，可以消除"放铸"和"盗铸"等犯罪行

---

① 《史记·平准书》。
② 《汉书·食货志》。
③ 《贾谊集·谏铸钱疏》，本目引文未注出处者，均见于此。

为，有利于社会安定。他认为，如单靠国家禁止铸钱，钱就会更加贵重，贵重则必然会引起人们为获得巨大利润而盗铸，这就会导致众多百姓犯罪。他指出："令禁铸钱，则钱必重；重则其利深，盗铸如云而起，弃市之罪又不足以禁矣。""放铸"和禁铸，都会造成"奸数不胜而法禁数溃"的后果。所以贾谊提出，最有效的禁铸铜钱办法是国家将铜全部控制，使百姓没有铜原料铸钱，这样，各种盗铸的犯罪就会自行消失："上收铜勿令布，则民不铸钱，黥罪不积。"其次，国家统一控制铸钱的铜材料，可以消除因"放铸""盗铸"引起的币制混乱。贾谊认为，如果由国家统一铸钱，那么铜钱的成色、重量就有统一的标准，这就是标准货币"法钱"。相反，如果由民间铸钱，淆杂为巧，成色、重量各不相同，政府无法规定统一标准的"法钱"。这必然引起币制的混乱，并出现劣币驱逐良币现象，"奸钱日繁，正钱日亡"。[1]进而干扰商品贸易的正常进行："又民用钱，郡县不同；或用轻钱，百加若干；或用重钱，平称不受。法钱不立，吏急而一之乎，则大为烦苛，而力不能胜；纵而弗呵乎，则市肆异用，钱文大乱。苟非其术，何乡而可哉？"贾谊主张，只有通过国家垄断铸钱权，就能消除这种现象，使"伪钱不蕃，民不相疑"，从而保证商品贸易的正常进行。

再次，国家统一控制铸钱的铜材料，可以消除百姓因采铜铸钱而背本趋末。由于铸钱"为利甚厚"，其结果必然使大量劳动力离开农业生产，去开采铜矿，冶铜铸钱。这势必影响农业生产的发展，减少粮食产量，这与古代中国作为一个农业大国多产粮广积贮的治国战略是相违背的。"今农事弃捐，而采铜者日蕃，释其耒耨，冶熔炊炭，奸钱日多，五谷不为多。"相反，如果采铜与铸钱都为国家所垄断，就可以使"采铜铸作者反于耕田"，百姓背本趋末的现象就可以得到控制了。

贾谊还认为，国家控制铜材料并垄断铸币权，不仅可以消除私铸所引起的3种弊端，而且在政治上、军事上也能获得好处："以作兵器；以假贵族，多少有制，用别贵贱。""制吾弃财，以与匈奴逐争其民，则敌必怀。"贾谊直观地推论，如将铜全由国家控制，就可用以铸造武器，加强军事力量；又可用铜铸造象征贵族身份的、地位、权利的器物，颁发给他们，以维护封建等级秩序。国家还可以用铜铸币，招引匈奴民众归附汉朝，从而瓦解匈奴力量。

如果我们分析贾谊的"禁铜布"论，其思想在不同程度上存在着缺陷。如他主张通过国家控制铜材料来垄断铸钱权，其在实际上是很难操作的。如铜在民生日用中是一种不可缺少的金属，所以是很难全部收归国有。如即使禁止民间占有和使用铜器，也禁止不了不法之徒暗地销熔法钱，搀入铅铁，改铸劣质钱牟利。他设想国家控制铜材料后，将其铸成兵器，以增强军事力量。但是，至西汉时期，铁制武器已经取代铜制武器，铸造铜制武器对增强军事力量已经意义不大

---

[1] 《新书·铸钱》。

了。他主张将铜铸造礼器以别贵族身份等级，这是先秦儒家"明礼"的传统做法，也无甚新意。他主张用铜铸钱来收买匈奴民众，未免把当时复杂的农牧之争、民族矛盾简单化，历史证明是行不通的。贾谊"禁铜布"思想最值得重视的价值是，他认识到货币是治理国家、调节经济的重要杠杆，如果治国者控制了铜材料和铸钱权，就掌握了控制市场、调节物价的强有力手段，即"铜毕归于上，上挟铜积以御轻重，钱轻则以术敛之，重则以术散之，货物必平"。这就是当货币发行过多，物价上涨时，国家就要回笼货币，紧缩通货，以提高货币购买力，从而降低物价。相反，当流通领域货币供应不足，出现钱重物轻的情况时，国家就应当向流通领域投放货币，以提高物价。这就是贾谊所说的"货物必平"，通过国家调节流通领域货币量，轻敛重散，来稳定物价。

贾谊还认为国家通过控制铸钱权，通过掌握在手中的货币，直接从事商品买卖，调剂供求，平抑物价，获得商业利润增加财政收入，打击商人投机倒把活动。国家掌握铜币后，"以临万货，以调盈虚，以收奇羡，则官富实而末民困"。如果某种商品在市场多了，国家就可用手中掌握的货币予以收购，减少其供应。如果某种商品市场缺货了，国家可以将以前收购的这种商品出售，从而增加其供给。在这种商品供求调剂中，国家还可以赚取巨额的商业利润，增加财政收入。同时，还可以打击不法商人的投机倒把活动，收到抑末之效。

贾谊提出的以货币为手段，"以御轻重""以临万物"，是借此来稳定物价，增加财政收入，打击商人、高利贷者势力，其实际上是汉代轻重理论的嚆矢。他把"轻重"概念运用到中央集权的封建国家干预流通过程、控制市场、物价，打击商人活动等方面。贾谊的"禁铜布"论是以控制、抑制私营商业活动为目的，已不是汉初为恢复农业生产、解决经济凋敝问题为目的，而是为了解决当时封建农业与工商业之间的矛盾、中央政府同地方郡国分裂势力的矛盾。因此，其管制的色彩相当浓厚，已大大不同于汉初在黄老无为思想基础上的休养生息政策。

（三）荀悦的货币思想

汉献帝初平元年（190年），董卓专权，废除五铢钱，改铸五分小钱（1.2铢），导致"货轻而物贵，谷一斛至数十万，自是后钱货不行"。[1] 董卓被诛后，如何解决这一严重的货币问题成为一个十分迫切的议题。

荀悦反对当时有人提出废除钱币的主张。他认为钱币在社会经济生活中是不可缺少的，百姓乐于使用，取消钱币的主张是行不通的。"钱实便于事用，民乐行之，禁之难。今开难令以绝便事，禁民所乐，不茂矣。"[2]

他认为，汉代长期行用五铢钱，说明五铢钱是较为理想的钱币，现在应予以

---

① 《三国志·魏书·董卓传》。
② 《申鉴·时事》，本目引文未注出处者，均见于此。

恢复。但是，当时要重新行用五铢钱，有许多具体问题需要解决。对此，荀悦提出了自己的一些看法：

其一，当时有人认为，五铢钱被废止后，一部分在京畿被改铸成小钱，另一部分流散到外地或边疆。如果恢复使用五铢，则京畿无钱而外地有钱，就会出现外地人"以无用之钱，市吾有用之物，是匮近而丰远"，京畿货物外流，就会加剧京畿物资匮乏局面。荀悦则认为这种情况不可能出现。现在京畿紧缺的是粮食，只要禁止京畿粮食外流，其他商品的远近交换，正好是百姓之间的互通有无，有利于民间商品的贸易，而对国家的是没有损害的，朝廷可不必担心。"官之所急者谷也。牛马之禁，不得出百里之外。若其他物，彼以其钱取之于左，用之于右，贸迁有无，周而通之，海内一家，何患焉？"

其二，当时有人担心，五铢钱被废以后，民间存留的数量大大减少，如恢复使用，恐怕不能满足流通上的需要。荀悦认为，董卓滥铸小钱之后，民间深受钱多、通货膨胀之害，现在五铢钱变少，物价卜降，通货膨胀之害消退，人民倒觉得日子好过一些。如果将来五铢钱实在不够用的话，国家完全可以添铸五铢钱，以弥补流通上的不足。"钱寡民易矣。若钱既通而不周于用，然后官铸而补之"。

其三，当时有人主张国家把民间收藏的钱币全部收缴上来，然后再发行流通使用。荀悦反对这一种做法，认为钱是民众的财产，如果国家强行收缴，只会引起广大民众不满，遭到抵制，从而造成社会混乱，根本行不通。"事枉而难实者，欺慢必众，奸伪必作，争讼必繁，刑杀必深。吁嗟，纷扰之声，章乎天下矣，非所以抚遗民，成缉熙也"。荀悦还反对国家收钱贮积，认为货币只有使其"通市"，即让其流通，才是合适的办法。至于收缴五铢钱后改铸四铢钱流通，他认为也是行不通的。

五铢钱自西汉汉武帝创用以来，行之三百多年之久，实践证明是轻重比较合适的钱币。无论是王莽改制，还是董卓专权，随意废止五铢钱，都给社会经济生活带来严重的影响。荀悦钱币思想的实质，就是坚持使用被历史证明是较好的货币制度，不要以任何主观愿望随意破坏和改变，或盲目去干扰其正常的流通。荀悦这种货币思想，是以五铢钱在汉代平稳流通数百年的实践经验为基础的，符合当时社会经济发展水平的客观要求，因而是正确的、具有积极意义的。曹操为相后，又恢复五铢钱，可能就参考采纳了荀悦的钱币思想。

五、王莽"六筦"及其中的"五均"思想

王莽改制中推行的"六筦"法，就是国家对六种经济活动进行垄断，具体来说，即官营盐、铁、酒，官铸铜钱，国家管理名山大泽，政府办理五均赊贷。王莽在陆续实施"六筦"法中，较早推行的是五均赊贷。西汉末年，随着商业资本的日益发展，物价逐渐上涨，人民生活也越来越贫困。王莽即位后，针对这种情况，于始建国二年（10年），根据刘歆所说"周有泉府之官，收不雠

(售)，与欲得"，下诏开设五均赊贷："夫《周礼》有赊贷，《乐语》有五均，传记各有斡（管）焉。今开赊贷，张五均设诸斡者，所以齐众庶，抑并兼也。"[①] 其中所谓五均就是政府在首都长安及其他五都设五均官，管制工商业经营，控制物价；赊贷则是政府办理贷款。其中关于控制物价的措施，汉武帝时就开始实行平准政策。"武帝时……大农诸官尽笼天下之货物，贵则卖之，贱则买之，如此富商大贾无所牟大利，则反本，而万物不得腾跃，故抑天下之物，名曰平准"。王莽的五均赊贷对汉武帝时的平准又有所发展，"于长安及五都立五均官，更名长安东西市令及洛阳、邯郸、临菑、宛、成都市长皆为五均司市师……皆置交易丞五人，钱府丞一人"。

交易丞的职责是控制物价，使之不致过高过低。这种平价以 3 个月为一周期，因为市场物价会不断波动，因此三个月评定一次。这样比较合理，如太长时间评定一次，所评定的物价可能会跟不上市场物价的波动；太短时间评定一次，会增加评定物价的工作量，也不利于物价的稳定。每季的第二月，政府评定本地市场各种货物的标准价格，按质量的高低分为上中下三等，称为"市平"。当市场上五谷、布帛、丝绵等生活必需品供过于求，价格偏低时，政府即按"本价"收买，使卖方不至于亏损。相反，如市场供不应求，价格超过"市平"时，政府就将储存的这种货物按市平出售。如物价比市平低，则听任买卖双方自由交易。由此可见，王莽五均政策主要目的是运用市场规律，稳定物价，保护广大消费者利益，打击少数囤积居奇、垄断物价的投机商人。

钱府丞的职责是征收工商业税和赊贷。工商业税主要是征收 3 种：其一是民间开采金银铜锡及采集龟贝，应将采集所得，如实向司市钱府申报，由司市钱府"顺时气而取之"，即按时间与节气定期收购，归国家直接掌握，并按所得征税。其二是凡在山林水泽捕捉鸟兽鱼鳖等物及饲养家畜，妇女养蚕、纺织、补缝，工匠医巫卜祝及其他技艺，以及商贾摆摊、开店或在客舍营业，都必须向钱府申报纳税。扣除本钱支出后，按所得利润缴纳 1/10 的税金。如果申报不实，偷税漏税，刚"尽没入所采取"，并罚做苦工一年。其三是凡田荒不耕，出三个人的税；城里住宅不种树木或菜蔬，出三个人的布；游荡不生产的人，出布一匹，不能出布的，罚做苦工。这种税收是政府以税收为杠杆，督促民众积极参加农业生产。

赊贷分为两种：其一是不收利息的"赊"，即非生产性的消费借款，而且往往带有赈济性质。如贫民遇到祭祀丧葬等事，无钱操办，可向政府赊钱借贷，不必付利息。但是，这种不付息的赊在短时间里就要还钱。政府规定还祭祀钱不得过 10 日，还丧葬钱不得过 3 个月。其二是要收利息的"赊"，即生产性贷款。如贫民想经营某种生产，缺乏资金，可向政府贷款。政府规定，这种生产性贷

---

① 《汉书·食货志》，本目引文未注出处者，均见于此。

款，钱府按年计算取息，除去经营者衣食费用，不得超过纯利的 1/10。从王莽征收工商业税和赊贷的规定看，其目的显然是为了抑制富商大贾，打击高利贷商人，督促民众积极参加农业生产，赈济贫民，增加国家财政收入。王莽在诏令中指出："《乐语》有五均"说："天子取诸侯之土以立五均，则市无二贾，四民常均，彊者不得困弱富者不得要贫，则公家有余，恩及小民矣。"他希望通过严格执行五均赊贷，能对"齐众庶，抑兼并"起应有的作用，俾有利于小民。

王莽在推行五均赊贷后不久，即将盐铁官营、名山大泽由国家管制作为六筦的两项内容提出。其理论根源出于《管子》中的"官山海"。西汉武帝前，盐铁经营大部分操诸少数富豪权贵之家。武帝时，鉴于盐铁赢利巨大，始将盐铁收归官营，以解决当时国家财政困难。元帝时，曾因灾异诏罢盐铁官，但因国用不足，仅三年后又予以恢复。王莽执政，仍沿旧制，在诏令中仍将盐铁官营作为六筦之一。名山大泽由国家管制，政府向采捕者征税，源于商鞅的租税观点。西汉武帝也实行这一制度。如前所述，王莽改制继承这种税制。他将征课分为两类：一种是政府收购生产者所有产品，生产者再按规定向政府纳税；另一种是生产者自行出售自己的产品，再按纯利交 1/10 的税收。这种税收，已相当于后世的所得税。这一政策的根据是山林水泽都属国家所有，必须由政府控制，但为了鼓励生产和开辟财源，可以让民间采捕，按法律规定缴纳税收。如"敢不自占，自占不以实者，尽没入所采取，而作县官一岁（即为县官府服劳役一年）"。

酒专卖是六筦中最后实行的一筦。汉武帝时，国家已经实行酒专卖，称为"榷酤"。昭帝时期，盐铁会议后，朝廷废除榷酤，允许民间酿酒出售，政府征收酒税。王莽改制，接受羲和鲁匡的建议，恢复酒专卖，并列入六筦。鲁匡认为："名山大泽，盐铁钱布帛，五均赊贷，斡在县官，唯酒酤独未斡。酒者，天之美禄，帝王所以颐养天下，享祀祈福，扶衰养疾。百礼之会，非酒不行……今绝天下之酒，则无以行礼相养；放而亡（无）限，则费财伤民。请法古，令官作酒。"鲁匡在此从礼制的角度为酒专卖寻找理由，即酒是礼制不可或缺的，"百礼之会，非酒不行"；另一方面，酒又不能过度使用，因为会"费财伤民"，所以必须由国家控制生产销售，才能适可而止。鲁匡巧妙避开了以往为人诟病的政府与民争利，大肆敛财的话题，为酒专卖寻找新的理由。

据《汉书·食货志》载，鲁匡实施榷酤的具体措施是：卖酒的店家限量酿酒，最高限额为五十酿，酒的价格与米曲的价格保持一定的比例。每月初一，将当地粗米二斛及曲一斛的价格加起来，除以三，即为酒一斛的定价。也就是说，粗米二斛及曲一斛的价格之和等于酒三斛的价格。当时之所以如此计算，是因为每一"酿"用粗米二斛及曲一斛，得酒六斛六斗。由此可见，每生产一酿酒，扣除成本三斛酒，尚余三斛六斗酒，即为每酿的毛利润。这部分毛利润再三七开，三成作为工具、燃料及工钱开支等费用，其余七成作为纯利润"入官"，为官府榷酤所得。三斛六斗的七成为二斛五斗二升。这就是说，每生产酒三斛，可得二斛五斗二升酒的利润，利润率高达84%。而且生产者的工钱是按酒的产量计算，产量愈大，工钱愈高，即类似于现代的计件工资。这种计算生产者报酬的方式，有利于提高生产者的生产积极性。但是，另一方面，则又实行限额生产，最多只能生产五十酿。

王莽改制实现六筦，其中最为糟糕的是币制改革。他在几年之内实行了5次货币政策的改变，荒谬错乱，忽而更改货币名称，忽而增削货币价值，忽而加重或减轻盗铸货币的刑法。总之，朝令夕改，互相矛盾，对国计民生造成很大的损害。"每一易钱，民用破业，而大陷刑"，[1] 造成"富者不得自保，贫者无以自存"的局面。自此，王莽的五次币值改革，最后以失败而告终。

学界对王莽改制的评价，众说纷纭，不一而足。王莽面对西汉末年社会经济危机、矛盾日益尖锐的状况，利用自己有利的世家大族出身和地位，采取各种手段和措施，博得上层豪强地主、知识分子以及中小地主，甚至部分劳动人民的拥护，登上帝位，采取了一系列改革。他对西汉末年的社会危机有较客观的认识，看到其中土地兼并严重、奴婢问题和富商大贾巧取豪夺是最根本的问题。他宣布实行王田制，奴婢改为私属，对解决土地兼并、奴婢问题是有积极意义的。但由于具体规定不严密、"吏缘为奸"以及权贵和豪强富户的反对，最终没有达到预期的目标。

王莽的五均赊贷、盐铁酒官营和山林川泽归官府管理，虽然对打击富商大贾的巧夺豪夺和高利贷者的盘剥有一定的作用，并在短期内会增加国家财政收入，但是由于官营会限制生产者的积极性，高成本低效率，加上贪官污吏的营私舞弊，对社会经济的发展是不利的。

王莽改革最被否定的是币制改革，把良好流通百余年的五铢钱横加废除，短时间内改革币制五次，朝令夕改，币制繁杂混乱；币值与面值比率不合适，货币贬值，通货膨胀，物价上涨；改换货币中以小易大，用轻换重，丧失信用，使广大民众财产遭受巨大损失，甚至倾家荡产；改制在遭到民众强烈抵制时，以严刑峻法强制推行，最终导致刑不胜刑。

当然，如果我们不以成败论英雄，如从管理思想的角度来看，王莽的一些思想还是难能可贵的。如他在改制中曾力图"齐众庶，抑兼并"，稳定物价，打击投机，保障人民的经济生活，把贫困者从高利贷的盘剥下解脱出来。他为了鼓励、督促民众积极从事农业生产，主张实行赊贷、收取不生产税等措施。在财政税收的认识与实践方面，他较前人也有发展。如他推行所得税的征收以及从纯利润中收取利息与所得税办法，说明王莽对税收与生产的关系、利润与利息的关系等，已有较明确、细致的认识；对商品计价和收税的具体措施，更说明王莽对成本、价格和利润等概念已有较确切清晰的理解，对劳动报酬与劳动生产率的关系

---

① 《汉书·王莽传》。

也已有相当程度的认识。所有这一些，对后世经济管理思想的影响都是很有意义的。

六、魏晋南朝田制、户口、赋税思想

（一）屯田思想

古代屯田思想最早始于西汉武帝时期。武帝元鼎末年，"初置张掖、酒泉郡，而上郡朔方、西河、河西开田官，斥塞卒六十万人戍田之"；① "又自敦煌西至盐泽，往往起亭，而轮台、渠犁皆有田卒数百人，置使者校尉领护"。② 这种最早的屯田制，是在地广人稀的西北边境，组织广大士兵垦殖的军屯。东汉继承了西汉的军屯制，专在边郡设农都尉，"主屯田殖谷"。③ 后来甚至扩大到内地郡县包括京城附近的三辅也开展军屯。军队屯田大大提高了军粮的自给程度，减轻了国家的财政负担，也减少了农民运送军粮的徭役。如东汉光武帝建武六年（30 年），将田租减为三十税一，④ 其原因之一就是因为军屯使国家粮食储备充足，所以减轻对农民租税的征收。

东汉末年，军阀混乱，对社会经济造成严重的破坏，粮食奇缺，军队乏食。曹操对军队粮食供给极为重视，因为这关系到战争的胜负。他认识到，"定国之术，在于强兵足食"。⑤ 当时，正常的征课渠道已随着民户的流亡而崩溃，一般军阀都靠劫掠维持军队供给，自然不是长久之计。根本问题还是要恢复农业，增加粮食生产，才能长期稳定地维持军队供给。在当时战火延绵不断、良田变为焦土、农民流离失所的情况下，要将农民迅速纳入汉时乡里体制并组织农民开展农业生产，已是相当困难的事情。比较可行的做法是将流散的农民强制性地进行军事编制，使之固定在国有土地之上，直接为国家的军事需要从事生产，并且同时解决农民自己的生存问题。这便是屯田。当时，屯田的主张由枣祗、韩浩提出，曹操采纳了他们的建议。建安元年（196 年），曹操正式颁布了"置屯田令"："夫定国之术，在于强兵足食。秦人以急农兼天下，孝武以屯田定西域，此先世之良式也。"⑥

曹操实行屯田，虽非首创，但在当时的战争环境中，其意义不可低估。其一，在当时军阀混战不断、社会经济遭到严重摧残的情况下，曹操具有独到的眼光和巨大的决心，通过从事大规模屯田以恢复农业生产，改变社会经济状况，从而也保障了军队的供给。当时曹操实行屯田，实质上是政府同豪强地主争夺人力

---

① 《汉书·食货志》。
② 《汉书·西域传》。
③ 《后汉书·百官志》。
④ 《后汉书·光武帝纪》。
⑤ 《曹操集·置屯田令》，中华书局 1959 年。
⑥ 《曹操集·置屯田令》。

的一种博弈。曹军不少部将，本是豪强地主出身，攻城略地之后，往往竞相招募流民为部曲供自己役使，地方政府竟无力与之抗衡。[1] 曹操面对这种情况，并不迁就以讨好部下。他一方面命令地方官以租与官牛的办法鼓励农民独立生产，[2] 成为郡县编户；另一方面对国家管制下的人力不分赐给部下以培植私人势力，而是交由政府使用，以屯种"公田"的办法来壮大国家的经济力量，从而从经济上抑制小规模的军阀割据势力，为今后国家的重新统一打下基础。如曹操"及破黄巾，定许，得贼资业，当兴立屯田"。[3] 这种抑制军队中将领私人经济利益的做法，是具有很大风险的，可能会引起军队将领的反叛，但曹操作为一个指挥军队的统帅，审时度势，敢于担当风险，最终做出正确的决策，收到了屯田的预期积极效果。

其二，曹操推行的不仅有军屯，还有民屯，而且后者是以前未曾出现过的。当时之所以会出现民屯，是有其深刻的历史背景。当时，在军阀混乱下，社会上出现了大量无业可就的流民，而且还有数十万的黄巾军家属正等待着国家用军事式的收编予以安置，这些人员为民屯提供了充足的劳动力来源。还有北方的大片土地因战火沦为焦土，原来田地的主人或因战争而逃亡，而因饥寒交迫而死亡，成为无主荒地，为民屯提供了辽阔的田地。曹操因势利导，利用了劳动力和土地的这种特殊条件，开展屯田，将劳动力和土地这两种生产要素有效配置，促进了中原地区社会生产的恢复与发展，并且壮大了自己的实力。当时屯田上的劳动者，军屯称为佃兵或屯兵，民屯称屯田客、屯户等。屯兵受军纪的约束，轮番屯种，无人身自由可言。屯田户中大部分名义上是自愿应募而来，实际上是被迫充当国家的佃农。所以"新募民开屯田，民不乐，多逃亡"。后来曹操采纳袁涣的意见，"乐之者乃取，不欲者勿取"，[4] 即原则上取消招募中的强制手段，给予农民去留自由。结果反而取得"百姓大悦"[5] 的效果。应当说，曹操的这一对策措施很成功。因为战争延绵不断，社会动荡不安，流民散漫已久，对新的人身约束特别敏感。但是另一方面，动荡的社会，民众又渴望有一种国家力量来保护他们的基本生存条件，这就是提供赖以生存的土地和免受战乱、饥寒夺去他们的生命。因此，与其离开屯田组织，获得放松人身约束，倒不如生存在屯田组织之中，获得某种程度的保护。还有屯户除佃役外，得免其他军徭。屯田农民因此能够专意从事农业生产，不必担心陷入军徭，从事战争，生产积极性得到提高。事实证明，曹操这一系列的屯田政策和措施，取得了成功。许下屯田第一年，即得谷百万斛。于是各地州郡纷纷设立田官，普遍开展屯田。其中以枣祗、任峻、国

---

① 《魏书·卫觊传》。
② 《魏书·卫觊传》。
③ 《魏书·任峻传》。
④ 《魏书·袁涣传》。
⑤ 《魏书·武帝纪》。

渊等做出的成绩特别显著，曾因此得到曹操的奖励。屯田的普遍推行，使国家有了充实的粮食储备。由于各地都有粮食储备，军队可就地取得给养，军粮问题得以解决，节省了运送军需所费的大量人力物力。屯田之处，"所在积谷，征伐四方，无运粮之劳"。① 从而为曹操军事行动的展开，奠定了坚实的物质基础，有了优于他人的先决条件。曹操屯田的成功，对于屯田户之外的编民来说，也大大减轻了运送军粮的徭役负担。

曹操屯田能取得成功，一个重要的原因是，国家在组织民众开展屯田中，对屯田收获物的分配上，采取适当比例的官、民分成制的分配方式，使屯田兵民有较高的生产积极性。建安六年（201 年），曹军"及破黄巾，定许，得贼资业，当兴立屯田。时议者皆言当计牛输谷，佃科已定。施行后，祗白以为傲牛输谷，大收不增谷，有水旱灾除，大不便。反复来说，孤犹以为当如故，大收不可复改易。祗犹执之。孤不知所从，使与荀令君议之。时故军祭酒侯声云：科取官牛，为官田计。如祗议，于官便，于客不便。声怀此云云，以疑令君。祗犹自信，据计划还白，执分田之术。孤乃然之，使为屯田都尉，施设田业。其时岁则大收，后遂因此大田，丰足军用摧灭群逆，克定天下"。② 在此，双方在国家与屯田兵、民分配屯田收获物的方式上存在不同的看法，其争论的焦点是曹操主张"计牛输谷"，而枣祗主张"分田之术"。关于计牛输谷，曹魏时具体做法，史籍并无明载，但我们可从西晋时的记载得到了解。据晋武帝时所颁布的屯田诏令，所谓"计牛输谷"的做法是将官牛租给吏民耕种，"使及春耕，谷登之后，头责三百斛"。③ 魏初办法应当也是如此。只是当时生产方始恢复，头责斛数不会太高，但也不会相差太远。

至于分田之术方式，曹魏时亦无具体记载。西晋代魏第四年，傅玄曾说："又旧兵持官牛者，官得六分，士得四分；自持私牛者，与官中分，施行来久，众心安之。今一朝减持官牛者官得八分，士得二分……人失其所，必不欢乐。"④ 在此，傅玄文中所说的"旧"，显然是指曹魏时期，而所说的"今"，显然是指西晋当时。关于这种分成法，同书《慕容皝载记》也有具体记载："魏晋虽道消之世，犹削百姓不至于七、八，持官牛田者，官得六分，百姓得四分，持私牛而官田者，与官中分。"由此可知，从曹魏至晋初，无论军屯、民屯，都是采取官六民四的分成制。因此，所谓"分田之术"，就是分成制。

"计牛输谷"和"分田之术"孰优孰劣，当时就存在争议。军祭酒侯声认为，"科取官牛，为官田计"，意即如按屯田户租用官牛的头数标准来计算征收

---

① 《魏书·武帝纪》。
② 《曹操集·加枣祗子处中封爵并祀祗令》。
③ 《晋书·食货志》。
④ 《晋书·傅玄传》。

租税，那意味着屯田户缴纳租税的多少，与屯田户所耕田地面积大小没有直接关系，农民开垦土地所增加的收获物，都归己有。在当时因战乱而土地大面积荒芜的情况下，屯田民户必然首先开垦大量的田地，最大限度地利用官府所提供的畜力，采取广种薄收的方式，极力通过扩大种植面积来增加产量。而垦荒面积的增加，正是当时曹操及多数官吏所追求的目标。从表面上看，这种政策对屯田民很有吸引力，但是实质上，如屯田民户盲目地通过扩大耕地面积来增加收获物，结果会适得其反，广种薄收会使农民无力对过多的耕地实行精耕细作，结果是亩收仅数斛，甚至连种子也收不回来。正如时人傅玄所指出的："自顷以来，日增顷亩之课，而田兵益甚，功不能修理，至亩数斛已还，或不足以偿种。非与曩时异天地，横遭灾害也，其病正在于务多顷亩，而功不修耳。"① 相反，枣祗主张的"分田之术"，农民在一定数量的田地上精耕细作，努力提高单位面积产量，并且果然取得了亩产十余斛至数十斛的高产量，这里虽然有文人夸大其词之嫌，但实际上，屯田户向国家缴纳分成租后，收获量的确比广种薄收增加了不少。"近魏初课田，不务多其顷亩，但务修其功力，故白田收至十余斛，水田收数十斛。"② 同时，枣祗的"分田之术"，对官府也有利，无论年成丰歉，官府坐享6/10 的收获物，遇到"大收"，即可"增谷"，确实方便。总之，分成制公私两利。

（二）西晋占田思想

西晋时期，豪强、贵官侵占大批屯田和把屯田客变为私属，使屯田的耕地和劳动力大批"流失"，曹魏时的屯田制逐渐瓦解。

豪强大户肆意侵占土地及屯田客户，不但大大激化了社会矛盾，而且也大为削减国家的赋役来源。这在当时引起了朝野上下愈来愈多有识之士的关注，对此发表各种见解，试图解决这一社会问题。其中比较有代表性的是：朝臣恬和上书，引西汉孔光及魏徐干的限制土地及奴婢数量的主张，要求"使王公已下制奴婢限数及禁百姓卖田宅"。③

当时在舆论的压力下，晋武帝司马炎在平吴统一全国后，颁布了一个限制占田和占有奴婢数量的诏令，这就是历史上著名的太康元年（280 年）占田法："国王公侯，京城得有一宅之处，近郊田大国田十五顷，次国十顷，小国七顷。"官吏按品级占田："其官品第一至于第九，各以贵贱占田，品第一者占五十顷，第二品四十五顷，第三品四十顷，第四品三十五顷，第五品三十顷，第六品二十五顷，第七品二十顷，第八品十五顷，第九品十顷。"即官阶每低一品，递减五顷。占有佃户的规定为：一品、二品占佃客五十户，三品十户，四品七户，五品

---

① 《晋书·傅玄传》。
② 《晋书·傅玄传》。
③ 《晋书·李重传》。

五户，六品三户，七品二户，八品、九品各一户。官员除占田与占有佃户之外，还可以按官品高低荫庇亲属和规定数量的奴仆作为免役人口。编户百姓的占田标准为："男子一人占田七十亩，女子三十亩。其外丁男课田五十亩，丁女二十亩，次丁男半之，女则不课。"国家向编户征收的田租是：丁男（16—60 岁）按五十亩标准交田租，丁女按二十亩交田租。如户主为次丁男（13—15 岁，61—65 岁）按二十五亩交租；为次丁女者不交租。"又制户调之式，丁男之户，岁输绢三匹，绵三斤，女及次丁男为户者半输。"《初学记》卷 27《绢第九》载："《晋故事》：凡民丁课田，夫五十亩，收租四斛，绢三匹，绵三斤"。五十亩，收田租四斛，即每亩收八升田租。这比曹操时的户调令，每亩收田租增加了四升。

西晋时期实行的占田法，用法令的形式规定了上自贵族官僚，依据品级，下至平民百姓占有田地的数量，而且对贵族官僚还相应依据品级占有佃户的数量。这一方面意味着封建国家对贵族官僚、豪强大户兼并土地，侵占屯田和佃户的承认，使他们的这种既得利益合法化；另一方面封建国家对贵族官僚、豪强大户占有田地面积、佃户数量予以限制，以抑制他们势力无限制的膨胀，以维护封建国家租调的基础，并防止因土地兼并严重、贫富分化悬殊而引起社会矛盾的尖锐化。从这一视角来看，占田法还是具有积极的历史意义。

但是，由于历史条件的限制，290 年，晋武帝病逝后，西晋即陷入统治集团的混战中，占田法在短时间内还未切实施行，就因战乱而夭折。

（三）徐干的治国要掌握人口数量思想

徐干（170—217）字伟长，是著名的建安七子之一，长于辞赋。曾任曹操军队中司空军谋祭酒、五官中郎将等职。著有《中论》一书，其中《民数》一篇，是关于人口问题的专文，而且是在中国历史上最早出现的论述人口问题的专篇。

徐干在《民数》一文中认为，[①] 在治理国家中，掌握全国人口数量是一件很重要的工作。因为国家一切政治经济政策措施都必须以人口数量为依据，这就是"治平在庶功，庶功兴在事役均，事役均在民数周，民数周为国之本"。所谓"民数周为国之本"，就是说全面掌握人口数量是治理好国家的根本，国家在制定各项政治经济政策时必须以人口数量作为基本的依据。"故民数者，庶事之所自出也，莫不取止焉。以分田里，以令贡赋，以造器用，以制禄食，以起田役，以作军旅，国以之建典，家以之立度，五礼用修，九刑用措者，其惟审民数乎。"徐干在此列举了大量治国理政的具体事务，都需要依据人口数量做出正确决策，如国家分配土地，确定人民承担的赋税量，安排生产，规定官吏的俸禄数量，筹办军队供给，征发兵役、徭役等，都需要首先清楚掌握全国的人口数量。

---

① 本节所引徐干有关人口思想言论均见于《中论·民数》。

而且，只有准确地掌握好人口数量，才能进一步把人口管理好。他建议，按照《周礼》中"乡遂组织"的办法，使人民安心从事他们的职业，并且"使其邻比相保相爱，刑罚庆赏相延相及"，从而达到"出入、存亡、臧否、顺逆可得而知"，这样就做到了"奸无所审，罪人斯得"，社会上违法乱纪、作奸犯科之人无所藏匿躲避，社会秩序才能得到很好治理，安定有序。相反，如果国家不能确切掌握人口数量，不注意人口的管理，那就会造成"户口漏于国版，夫家脱于联伍，避役者有之，弃捐者有之，浮食者有之，于是奸心竞生，伪端并作矣。小则盗窃，大则攻劫，严刑峻法，不能救也"。也就是说国家如果不重视人口数量和管理，那大量人口就会脱离户籍，许多人也会成为军队逃兵、逃避徭役者、不缴纳赋税者、游手好闲者就会大量出现，于是社会上弄虚作假、坑蒙拐骗之事就会层出不穷，小则偷盗，大则抢劫，即使严刑峻法也难以禁止。

徐干的治国要掌握人口数量的思想基本上源自《周礼》和《管子》《商君书》的学说，并在他们论说的基础上又有所发展，阐述得更深刻和透彻。他指出："故先王周知其万民众寡之数，乃分九职焉。九职既分，则勤劳者可知，怠惰者可闻也，然而事役不均者未之有也。事役既均，故民尽其力，而人竭其力，然而庶功不兴者未之有也。庶功既兴，故国家殷富，大小不匮，百姓休和，下无怨疚焉，然而治不平者未之有也。"徐干在此把掌握人口数量和管理人口的重要性上升到治国平天下的高度，认为如在治理国家中准确全面地掌握人口的数量，并将其分门别类地进行管理，那么广大百姓中哪些人勤劳、哪些人懒惰就会一清二楚，就会使每一个分担的事役平均。事役如果分担平均，民众就会尽心尽力去完成自己承担的事务，那么国家就没有什么事情办不成的。国家每件事情都办得成，所以国家就会富庶，不会出现匮乏，老百姓和谐相处，不会产生怨恨，这时就会出现国家得到治理、天下太平的盛世。徐干的这种人口思想，与前人相比，有其独到之处。

徐干有关治理国家要掌握人口数量和管理人口思想，把"知民数"提高到"国之本"和治国平天下的高度，是东汉末年三国之际特定的历史背景在思想领域中的明显反映。东汉末年的黄巾起义与军阀割据混战，使百姓大量死亡和流散，导致封建政权所掌控的户口严重不足，户籍管理一片混乱不实，严重影响了农业生产的恢复和发展以及国家赋税的征收、徭役的征发。曹操统一北方后，力图恢复生产和重建社会、政治秩序，但民数不审，户籍不清不实，使一切军事、政治、经济措施的制定和推行缺乏可靠的依据，大大制约了统治者对国家的治理。徐干目睹这些社会现实，并有较深刻的认识，所以才提出了较有理论高度又很有针对性的人口思想。

（四）曹操租调新制思想

东汉对编户齐民的租赋征课方式，基本上沿用西汉制度。田租，按收获量征收 1/30 的实物，另外还有各种以人为对象的杂税，如口赋、算赋、献赋、户赋、更赋等，则按户等、人口纳钱于官府。东汉后期，官府横征暴敛，豪强兼并日益严重，加上黄巾大起义后的军阀割据混战，大片土地沦为焦土，百姓流离失所，民不聊生。面对这种社会惨状，曹操于建安九年（204年）占据袁术根据地冀州之后，深刻指出："有国有家者，不患寡而患不均，不患贫而患不安。袁氏之治也，使豪强擅恣，亲戚兼并；下民贫弱，代出租赋，衒鬻家财，不足应命。审配宗族，至乃藏匿罪人，为逋逃主；欲望百姓亲附，甲兵强盛，岂可得邪！"① 由此可见，曹操从袁氏集团的失败中得到教训，认识到若要下层民众拥护自己，一方面必须制止豪强大户践踏法律、肆意兼并，以及欺压平民百姓的非法行为；另一方面要达到政治上的安定和租赋上的相对均平。在此认识的基础上，曹操下令对旧有的租赋进行改革，实行租调新制："其收田租亩四升，户出绢二匹、绵二斤而已，他不得擅兴发。郡国守相明察检之，无令强民有所隐藏，而弱民兼赋也。"②

这项法令的颁布，标志着曹魏对于编户新的租税制度的正式确立。在此法令颁布之前，曹操主要在于组织流民屯田，对屯田客征收地租。但在新占领的袁氏统治区，民户比较稳定，曹魏就有必要通过租税改革来恢复发展农业生产，进一步巩固其在新占领区的统治。史书一般将按亩征收的田租与按户征课的绢、绵，即所谓的"户调"合称为"租调制"。它与汉代旧租税制相比主要有3个方面的不同：一是将原来对收获总量征收1/30改为亩征4升，就使对收益课税的性质改变为对财产课税，从而使课税的性质发生了变化。二是取消自西汉以来征收的口赋、算赋等人头税、杂税而代之以户调，是由对人、户课税变为单纯的以户为征课对象。三是户调缴纳绢、绵产品，其结果是使所有税收均为缴纳实物。

租调制的实施有利于保证国家的财政收入。以收获总量为对象的田租征收法，在豪强地主势力强大的三国时期，由于粮食产量难以核实，特别容易被豪强地主隐瞒或以多报少。租调制改为计田亩面积大小收租，则可减少豪强地主弄虚作假、隐瞒少报，因为田地面积大小毕竟比粮食收获总量显然难以隐瞒，而且谷粮食产量每年会有比较大的波动，如每年核实会增加很多的工作量。至于户调征收实物对政府财政收入相对稳定。在当时战争动乱的环境中，经济凋敝，物资缺乏，货币贬值，通货膨胀，政府如向农民征收户调钱，将难以购买到足够的物资以充国用，而直接征收绢、绵实物，则可避免因物价不断上涨而带来的损失。

从总体说来，曹魏实施新的租调制的主要意义在于抑制豪强兼并、力图均平税负的政策思想。古人在为曹操那篇令文定名时，或称为"收田租令"，或"抑兼并令"，就揭示了其实质是通过改革租税制度贯彻抑制豪强势力的意图。在令文中，曹操把"豪强""强民"与"下民""弱民"在经济利益上的尖锐矛盾揭

---

① 《曹操集·抑兼并令》。
② 《曹操集·抑兼并令》。

露出来，即所谓"强民有所隐藏"，而"弱民兼赋（倍赋）"。曹操针对这种赋税严重不均的现象，决心通过改革，确立以抑制"强民"为重点的租调新制，使赋税均平。作为一种临时性的措施，他首先宣布，"河北罹袁氏之难，其令无出今年租赋"。① 显而易见，曹操实施租调新制，首先要让"弱民"得到实惠，而不是豪强。

这里需要说明的是，户调的实际征收并非一律每户"出绢二匹、绵二斤"，如果每户不论贫富都按此标准征收，那么拥有徒附数百家的豪强大地主与仅有数丁的小农负担同量的户调，岂非不均至甚！其实"收田租令"规定每户纳绢、绵若干仅是政府按各郡县户数多少分配户调征收量时的平均数。实际在征收时，地方政府先按纳税户家资的多少评定户等，然后再依照户等的高下分摊数量多少不等的绢、绵。此就是所谓"平赀"之法。这一制度东汉时期已经实行，当时由乡里的基层官吏负责"知民贫富，为赋多少，平其差品"。② 平赀公允与否，是直接关系到新税制能否体现抑制豪强思想的关键。《魏志·曹洪传》注引《魏略》说："初太祖（曹操）为司空时（建安元年至建安十三年），以己率下，每岁发调，使本县平赀。于时谯令（曹洪）赀与公（曹操）家等。太祖曰：我家赀哪得如子廉邪！"这里的"发调"即征发户调。当时由县令负责平赀，每年进行一次。曹操本家且不能免予平赀，其他权贵或地方豪强则更不可能例外。由此可见曹操十分严格地实施平赀这一政策，从而为户调按资产的多少公平地负担奠定了合理的基础，也使扭转豪强隐漏、弱民倍赋现象的意图得以落到实处。曹魏在战乱基本结束后，经济恢复比较快，与曹操推行的租调新制有很大关系。这一措施使一般民众的租调负担相对合理，生活条件改善，生产积极性提高。此外，新的户调制规定纳实物而不纳货币，使农民不必将农产品投入市场换取货币，因而可以免受商人的中间盘剥。尤其在缴纳户调期间，农民争相销售商品以获取货币，出现供过于求的现象，商人乘机压低收购价格，对贫弱小农来说，无异于苛刻的掠夺。现在户调直接交纳实物，不言而喻，对广大小农是利的。曹魏的户调征收之法为西晋所继承，制成以"丁男之户岁输绢三匹、绵三斤"为内容的"户调之式"。③ 由此可见，曹魏对编民户调的征收率，也比西晋轻33%，这在当时也是难能可贵的，对广大百姓改善生活、发展生产也是有利的。

（五）傅玄的赋役要至平、有常、积俭思想

魏末晋初，统治集团骄奢淫逸，国家开支浩大，因此向民众所征赋税相当繁重，而且负担分摊又不公平。官僚显贵、豪强大族收入大、人口多但却享有免征赋税、免服徭役的特权，而破产贫困的农民为了逃避国家赋役而依附于豪强大族

---

① 《曹操集·蠲河北租赋令》。

② 《后汉书·百官志》。

③ 《晋书·食货志》。

之下，从而更加重了其他农民的负担。针对这种现状，傅玄主张应当改革赋税制度，减轻农民徭役负担，使他们能够安居乐业。他明确提出征派赋税徭役要遵守"至平"和"有常"的原则。所谓"至平"，就是"计民丰约而平均之"，也就是说要依据年成丰歉和国家需要而合理地在民众中分担赋税和徭役。所谓"有常"，就是"所务公而制有常也"，也就是从封建国家的公共利益出发，征派赋役要有一个明确并且长期稳定的制度安排。此外，他还主张"积俭"，这就是反对统治者奢侈浪费、挥霍无度，而应当节俭而用之有度，从而减少国家财政开支。如果统治者像秦朝那样奢侈无度、大兴土木，就必然会横征暴敛，弄得人民力竭财穷，必然会导致民众的反抗斗争，国家的安全也就无法维持了。

傅玄提出的征派赋役要至平、有常以及积俭的思想在此之前已有人提出，但他比前人进了一步的是，前人往往只限于提出其中的一个方面，而没有像他那样将这三个方面系统地综合起来加以统筹考虑；前人一般将公平概念和轻徭薄赋结合起来考虑，而他则将公平原则运用到赋役征派中。他继承发展了曹操在征收户调中的"平赀"思想，认为"平均"并不是所有人的平均、同等地来负担赋役，而是指征派赋役应当根据国家需要、年成丰歉、民众贫富来摊派。"度时宜而立制，量民力以役赋"，"世有事，即役烦而赋重；世无事，即役简而赋轻。役简赋轻，则奉上之礼宜备，此周公所以定六典也；役烦赋重，则上宜损制以恤其下，事宜从省以致其用，此黄帝、夏禹之所以成其功也。后之为政，思黄帝之至平，夏禹之积俭，周制之有常，随时益损而息耗之，庶几虽劳而不怨矣。"[1] 傅玄认为，如果赋役征派能做到至平、有常、积俭，并根据国家需要随时做出适当调整，那么有时民众虽然负担过重一点，但也是不会有怨言的。他的这一主张虽不能从根本上杜绝豪强大族利用特权以逃避赋役的弊端，但它多少有助于封建国家合理分摊赋役，减轻下层百姓的沉重负担。

七、北魏太和改革中的均田制思想

北魏太和（477—499 年）年间，孝文帝拓跋宏对国家土地制度、农业管理、赋税、俸禄、基层政权组织等进行了一系列的重大改革，史称太和改革，又称北魏孝文帝改革。

（一）北魏均田制的内容、措施及机制

北魏均田制是建立在土地国有制基础上的，南北朝时期，北方战乱不已，人民流离失所，大片土地荒芜。这使北魏政权掌握着大量的土地，为了恢复和发展农业生产，国家将国有土地对各种受田对象进行分配。受田者只获得土地的使用权，而不具有所有权。为了保证国家土地所有权，《均田诏》对不同用途的土地有不同的规定：有的限定受田的期限，限满必然"还田"国家；有的有受无还，

---

[1] 《傅子·平役赋》。

但只有使用权，严格限制买卖。同时，对各种受田对象规定不同的义务。总之，《均田诏》依据不同的受田对象和土地用途的不同，而分别规定了不同的受田、还田办法以及所承担的不同义务。

北魏均田制受田对象包括良丁、奴婢、耕牛、其他民户以及各级地方官五种。凡年在 15 岁以上、60 岁以下、列入国家户籍，而不在人身方面依附于别人的男、女，均称"良丁"；奴婢则指对别人存在着人身依附关系，不列入国家户籍的男、女劳动力。

土地则指农业用地，依照其在农业方面的不同用途，分为"露田""桑田""麻田""宅田" 4 种。"露田"按本意是指无树木覆盖的耕地，实际上是指专门用于栽种粮食作物的耕地。"桑田"则指用于栽种树木的土地，顾名思义，主要以栽桑养蚕为主，但不限于桑树，也可种植其他一些树木。如果是不宜种桑树的地方，则种麻，用于织麻布，称为麻田。

受田者的义务，包括向国家提供徭役、兵役和租、调。徭役主要是受田者向国家提供的无偿劳动，租、调则是受田者以粟、帛（或麻）形式缴纳的实物地租。

均田制的具体措施有以下几个方面：其一，良丁又分男、女，二者均从国家受田，而多少不同。丁男每人受露田四十亩，丁女二十亩，称为"正田"。受田开始时，露田多是荒废之地，而且土广人稀，因而国家往往按双倍三倍的数量授给，故称为"倍田"。倍田用作休耕，待将来人口增加，受田不够时，用作调剂之田。露田均禁止买卖，受田人年满 60 岁或不满 60 岁而身亡，露田均归还给国家，用于另行分配给他人。

开始办理受田时，每一男丁除露田外，还另分给 20 亩"桑田"，用于每户种植桑树及部分榆树、枣树。桑田作为受田人的"世业"，有受无还，是受田人的私有土地，可以买卖。但是，拓跋宏的诏书对桑田的买卖有较严格的限制，规定："盈者得卖其盈，不足者得买所不足。不得卖其分，亦不得买过所足。"①这就是说，买卖桑田只限于调剂超额或不足，使每户所占有的桑田面积符合每一男丁二十亩的规定。桑田超过 20 亩的允许卖掉多出 20 亩的，不足 20 亩的允许买进不足 20 亩的。作为规定"世业"的 20 亩桑田虽属私有地，但不许买卖；如每一男丁所占有的桑已达到 20 亩规定标准，就不许再进行买卖了。

在不宜种桑的地区，每一男丁在露田外受麻田 10 亩，每一女丁 5 亩。麻田和露田一样受还，不作为世业。

对新定居的农户，国家还给予宅田。其标准是每 3 口给宅田 1 亩，供建房居住、种菜和从事家庭副业。

受田的良丁，已婚者一夫一妇，每年须向国家缴纳粟二石，称为"租"，帛

---

① 《魏书·食货志》，以下有关均田制的引文，未注出处者，均见于此。

一匹，称为调，另外还要无偿承担国家规定的徭役，在不产桑的地区，一夫一妇"调"是麻布一匹。未婚的良丁折半缴纳，即男、女4人出一夫一妇的租调。

北魏朝廷为了督促农民积极从事农业生产，还规定：分配到桑田的农民必须在办理受田后3年之内，种上桑树50株、枣树5株、榆树3株。种树如不满定额，国家收回其未种的桑田，愿意多种者不限。民户在受田前原有的桑田，受田时抵充应受桑田数；不足部分再由国家补给差额（如原有桑田5亩，则可再从国家受桑田15亩）；如原有桑田超过20亩，超过的桑田可以抵充倍田，国家就相应减少所受的倍田数量。

其二，北魏对没有人身自由的奴婢以及耕牛，也予以受田。朝廷规定，对没有人身自由的奴婢，也按良丁一样的标准办理受田：凡在年15岁以上的男子受露田40亩，女子20亩；麻田也按良丁的标准受还。对有耕牛的人家，规定每头耕牛受田30亩，但以4头牛为限，超过4头的耕牛不受田。政府分配给奴婢及耕牛的受田，实际上是给予奴婢或耕牛的主人，还田也是由主人还。因此，在受田和还田的具体操作中，也规定按奴婢及耕牛的有无和增减来受还。如果受田后主人卖掉了部分奴婢或耕牛，或者奴婢、耕牛有了死亡，则应把相应的田数归还国家。

在实行均田制以前，奴婢因不是国家的编户齐民，是不向国家输纳租调的；耕牛是牲畜，更不可能输纳租、调。均田制既规定奴婢、耕牛也受田，因而也为其各自规定了租、调数额。因为奴婢、耕牛受田，其实际上是给予奴婢和耕牛的主人，因此，奴婢、耕牛的租、调，也由其主人承担。北魏规定，奴婢8人、耕牛20头，同良丁一夫一妇出同等数额的租、调，即纳粟二石、帛一匹或麻布一匹。

其三，其他民户的受田。北魏规定，年满11岁，但不足15岁的儿童以及残疾人等缺乏劳动力或劳动力弱的人，每人受田20亩。寡妇未改嫁的，受"妇田"20亩，并给予免除赋税、徭役的优待，以鼓励其"守节"。

其四，地方官受田。北魏规定各级地方官的受田标准是：地方最高长官州刺史每人受"公田"15顷，郡太守每人10顷，治中、别驾等州的辅佐官每人各8顷，县令和郡丞（郡佐）各6顷。公田的收入作为各级官员的俸禄，其性质与其他受田不同，因此其受、还规定也与受田不同。北魏规定：官员在任职开始时受公田，离任时还田；只受露田而不受桑田或麻田。受公田官员均不承担租、调。

北魏政府还对均田制在受田、还田的具体操作办法、程序做了比较详细、合理的规定。如规定在受田时，办理程序要"先贫后富"，就是贫困户先办理，富裕户后办理，照顾无田贫困户优先分配到田耕作。民户丁数增加办理受田时，要"恒从所近"，即尽量在本户原来受田的附近受田，方便受田者就近耕作。在地广人稀的"宽乡"，民户除按规定受田外，还可向官府"借田"耕种，使土地尽量都得到开垦；地狭人多的"狭乡"，则"听逐空荒"，即允许民户迁往宽乡受田，减轻狭乡人口对田地的压力。受田、还田均在每年正月农闲时进行，如受田后发生田主死亡或出卖奴婢、耕牛等，也必须等到明年正月对受田数做出调整。

北魏规定，对于流放边远地区的罪犯以及户绝无子孙者，"墟宅桑榆"之类不在还田规定的土地，也必须收归国有，以作为向其他人办理受田时之用。再向其他人办理受田时，罪犯及户绝子孙者的亲族可优先得到这些受田；如作为"借田"，也可优先借给其亲族。

（二）北魏均田制体现的经济管理思想

从总的说来，中国古代的土地制度思想大致可划分为3大模式，即井田思想、限田思想和均田思想。其中井田思想出现最早，但是，井田模式在中国古代始终只是作为一种理想乃至是作为一种僵化的教条而存在。反对它的人不用说，即使许多赞成它的人，也认为它不可行，不可复。

限田制虽看似简单易行，但在古代封建社会制度中，拥有大片土地的大地主阶级作为最强大势力的统治阶级的情况下，这种直接限制必然遭到大土地所有者的强烈反对，是不可能奏效的。历史证明，在封建时代，由国家制定限田法令的情况是有的，但很难收到实效，尤其是在较长时期持久地收到实效的情况，却是从来没有的。

均田制思想出现在北魏太和改革，比井田制、限田制思想晚，但是，它又是在三个基本田制思想中，设计得最为具体、详细、完整，而且又具有可行性的田制思想，达到了比井田制、限田制思想更高的水平。其主要表现在以下几个方面：

其一，均田制把发展农业生产作为其指导思想。秦汉以来，随着封建地主土地私有制的发展，土地兼并和土地集中现象日益严重，并且随即带来各种社会问题。土地兼并和土地集中不仅造成了不均，如从生产的角度来看，不均使劳动者的地位和生产条件更加恶化，降低他们的劳动效率和改进生产的能力，严重妨碍和破坏了生产力的发展。

均田制指导思想是重视把劳动者和生产资料这两个生产要素合理配置起来，即"土不旷功，民罔游力"就成了对生产要素结合或配置的基本原则，从而有利于农业生产的进行和发展，使北方遭到战乱破坏的社会经济得到恢复与发展，巩固北魏王朝的统治。

北魏均田制在受田方面，不采取井田论者所主张的"口分"或计口受田，而实行计力受田，即按照受田对象的劳动力强弱而分配给不同数量的土地；良丁中的男丁受田比女丁多一倍，就是因为在依靠体力为主的个体手工农业生产中，男劳动力通常比女劳动力能承担更多、更重的生产劳动。未成年人和残疾人受田少于良丁，也是因为未成年人和残疾人在农业生产中只能是半劳动力或辅助劳动力。男女奴婢与良丁在身份、社会地位上均不同，但从劳动力方面来说却没什么区别，因此，男女奴婢的受田数量与男丁、女丁是一样的。在中国古代封建社会中，身份、社会等级决定人们的经济、政治待遇，但均田制却一反常态，规定男女奴婢的受田数量与男丁、女丁相同，这充分体现出均田制将发展农业生产作为其指导思想。

均田制规定对耕牛也予以受田，也体现出其将发展农业生产作为其指导思想。在当时的农业生产发展水平，耕牛对农业生产起到十分重要的作用，耕作的面积和深度，都在很大程度上取决于耕牛的作用。开垦大片荒地，更要使用大量耕牛。均田制实施之初，受田多为荒地，耕牛的作用尤其重要，因此，耕牛受田的规定，其用意在于鼓励民户多饲养耕牛，从而在促进发展农业生产中发挥耕牛的重要作用。

北魏均田制中有关男女奴婢受田与良丁一样的规定，还意味着北魏朝廷努力鼓励和促进非生产劳动力转化为生产劳动力。北魏政府在实行均田制做出奴婢可以受田的规定，就是企图以经济利益，诱使拥有奴婢的人把奴婢由非生产劳动力转变为生产劳动力；而奴婢在受田后须缴纳租、调，则是迫使奴婢的主人为完纳租、调而将奴婢使用于耕田织布等生产，至少是部分地使用奴婢于耕织生产之上，使奴婢自己承担受田后须向国家缴纳的租、调。这种奴婢受田规定，对把非生产劳动力变为生产劳动力，解决当时北方农业生产中劳动力严重不足问题具有积极的意义。

在还田方面，均田制规定，15 岁受田、60 岁还田，显而易见，这种年龄上的限制也是依据劳动力状况做出的。在这个年龄段内的男女，是劳动力最强的全劳动力，因而是受田数量最多的基本对象。奴婢和耕牛受田的归还，是由其主人履行的，而奴婢及耕牛在生产中发挥作用的大小，是由主人掌握的。如果奴婢、耕牛在受田后死亡或被出卖了，意味着主人就失去了这部分劳动力作为受田的条件，不言而喻，在这种情况下，原来拥有这部分奴婢和耕牛的主人就必须归还这部分田地。

北魏均田制规定，露田和麻田均有受有还，而桑田则作为"世业"，有受无还，这也是基于有利于发展生产这一目的。桑田种植的桑、枣、榆等树木，生产周期长。如果也规定还田，受田者就会缺乏种树的积极性；即使还田的年限较长，在临近还田期限时，就会发生桑田主人突击伐树的现象。这样极不利于树木的生长和保存，甚至对林业造成极大的破坏。因此，桑田作为"世业"，可以使桑田主人积极种植桑、枣、榆等树木，并放心地妥善保护其生长，对林木的生产与生态环境的保护，都是大有裨益的。

其二，均田制主要以经济手段限制土地兼并。从汉代至南北朝，豪强地主势力不断膨胀，他们在兼并土地的同时，把土地上的劳动者也变为自己的"宾客""部曲"等各种形式的依附农民。这不仅使农业生产者的地位恶化，不利于提高生产积极性，而且还会减少国家所控制的编户齐民，减缩国家的赋税基础。因此，从西汉以来，限制豪强兼并一直是朝野有识之士的共同要求。

在此历史背景下，北魏的均田制将限制豪强兼并作为其重要的目的之一，正如李安世在《均田疏》中所指出的："雄擅之家，不独膏腴之美；单陋之夫，亦有顷亩之分。"就明确表达了均田制限制豪强土地兼并的目的。

均田制是建立在土地国有制的基础上的。北魏王朝把均田的土地作为国家土地，控制在国家手中。国家按受田制度，对各种受田对象办理受田，经过受田人多年耕作后成为熟地的露田、麻田。将来又按还田规定归还国家，不得买卖，使豪强不能侵吞。这就比较有效地限制了豪强对土地的兼并。

均田制对豪强荫占土地和农民，也有一定的限制作用。实行均田制后，贫穷无地少地的百姓可以从国家受田，而所负担的租、调也较轻。这使得一部分依附关系还未十分固定、仍然存在着脱离可能的"寄名"人户，出而自占，即向国家申请受田，从而重新成为国家的编户齐民。

桑田虽然作为农民的"世业"，但也不是完全意义上的私有田地，因为桑田的买卖被限制在很小的范围之内，即只有在不足限额的条件下才可以买进和在超出限额的条件下才可以卖出超过限额的部分。这种规定也大大限制了豪强兼并。还有受田"先贫后富"，即先满足贫户对土地的需求，也限制了豪富借受田来扩大土地占有。

均田制并不意味着把全部土地都用于受田，而只是限于国家控制的无主荒田。对原来私人占有的土地，是不予触动的。李安世的《均田制》就明确表示：在田产争讼中，只有在规定年限之内，有确凿证据的田产，断给原主人，而那些"日久难明"的田地，则"悉属今主"。这就是，豪强地主占并了逃亡外乡人的田宅，超过一定年限，就可以"今主"的身份把这部分田宅正式作为自己的私有财产。这种规定实际上是使豪强兼并的一部分土地合法化。这也表明，原来的私有土地，是不在均田之列的。只有原归私人所有的桑田，在均田时可以抵充应受桑田，已足 20 亩或超过 20 亩的不再从国家受桑田。

均田制规定，奴婢和耕牛受田及缴纳租、调，这是对豪强利益的重要倾斜。因为只有豪强才有可能拥有大量奴婢和耕牛，这使豪强通过奴婢和耕牛从国家那里获得大量耕地；而奴婢的租、调只占良丁的 1/4，耕牛的租、调只占良丁的 1/10。（耕牛 20 头输一夫一妇的租调，而耕牛每 2 头受田同一夫一妇受田，因而耕牛按受田数计算，租、调为一夫一妇的 1/10）由此可见，豪强地主从受田中得到的利益比一般受田户要多得多。

其三，均田制将土地制度、赋役制度和农业宏观管理作为一个系统统筹予以改革。均田制的改革内容体现了北魏政府为解决当时的土地制度、赋役制度和农业宏观管理问题，将三者作为一个有机整体而统筹予以调整解决。

北魏的均田制是一种把国家土地所有制和农民的个性使用相结合的土地制度。均田制在按不同的受田对象规定受田数量的同时也规定各自承担的租、调缴纳额。农业生产的微观管理是受田者私人的事，但国家则从办理受田、还田以及桑田的买卖限制、种树的定额等方面对耕织生产及土地利用进行着宏观的管理。这样一套土地制度、赋税制度和农业生产宏观管理相结合的制度，既有利于农业生产的有序进行，促进社会经济的恢复和发展，又对国家的赋税、徭役征收、调发提供了可靠的基础。均田制把这种田制、赋税制度和农业生产宏观管理作为一个系统统筹改革的思想，无论在思想上还是在实践上都达到了以前田制思想所未达到过的水平。

北魏的均田制则是国家将国有土地通过受田，分配给农民，使无地或少地农民与国有荒地这两个生产要素得以有效配置；并且通过还田，把这部分国有土地始终由国家掌控。这种封建国家的土地所有制与农民个人或家庭使用权有机相结合的方式，既可保证封建农业生产的两个基本要素，即劳动力与土地不致分离，又可使劳动者在生产方面有一定的积极性，从而能比豪强地主属下的佃户和封建国家屯田制下的屯田客都有更高的劳动生产率，促进了当时北方经济的恢复和发展。

北魏均田制实行土地国有制，严格规定各种对象受田数量，并且达到年限必须归还，这对抑制豪强兼并土地发挥了应有的作用。均田制和租调制相结合，为国家的赋税收入提供了比较可靠稳定的来源，为北魏王朝的统治奠定了比较坚实的经济基础。

第四节　隋唐五代管制思想

一、立法管制思想

（一）隋《开皇律》管制思想

隋朝建立之初，苏威等删定律典主要做了3个方面的工作：一是减省刑名，律典条文大量削减；二是废除酷法，降从轻典；三是规范完善律典编撰体例。此次修订体现了用法唯简、刑罚从轻的立法精神。

隋代立法中，最重的犯罪是指"十恶"罪。这十恶罪是在西汉的"大逆无道""大不敬"罪的基础上发展起来的，魏晋南北朝时期此类罪名继续沿用，北齐律中有所谓"十条重罪"，标志着其时"十恶"罪名已经形成。《隋书》卷25《刑法志》载：北齐河清三年（564年），尚书令、赵郡王叡等奏上齐律十二篇，"又列重罪十条：一曰反逆，二曰大逆，三曰叛，四曰降，五曰恶逆，六曰不道，七曰不敬，八曰不孝，九曰不义，十曰内乱。其犯此十者，不在八议论赎之限"。隋开皇时更定新律，"又置十恶之条，多采后齐之制，而颇有损益。一曰谋反，二曰谋大逆，三曰谋叛，四曰恶逆，五曰不道，六曰大不敬，七曰不孝，八曰不睦，九曰不义，十曰内乱。犯十恶及故杀人狱成者，虽会赦，犹除名"。

隋代所定十恶罪名，由唐宋而迄于明清，一直为各封建王朝的刑律所沿用，是封建王朝在对臣民的管制中最不容忍、惩罚最重的十种犯罪。

隋律在规定十恶罪的同时，又特别规定对贵族、官僚的庇护，有所谓的"八议"，即议亲、议故、议贤、议能、议功、议贵、议勤、议宾制度。所谓八种人在犯罪时须经特别审议，并享受减免刑罚的待遇。如八议之科者及官品第七以上犯罪，皆例减一等治罪；九品以上官吏犯罪者，听以铜赎罪："其在八议之科及官品第七以上犯罪，皆例减一等。其品第九以上犯者，听赎。应赎者，皆以铜代绢。赎铜一斤为一负，负十为殿。笞十者铜一斤，加至杖百则十斤。徒一年，赎铜二十斤，每等则加铜十斤，三年则六十斤矣……犯私罪以官当徒者，五品以上，一官当徒二年；九品以上，一官当徒一年；当流者，三流周比徒三年。若犯公罪者，徒各加一年，当流者各加一等。其累徒过九年者，流二千里。"①

隋代的五刑经过历史的漫长演变，最后才定型笞、杖、徒、流、死五刑，并为唐宋元明清所沿用不改，这标志着中国古代刑罚制度和思想至隋已经进入成熟阶段。先秦时期有墨、劓、刖、宫、大辟五种刑罚，最早见于《尚书》，合称五刑，大约西周时期已经实行。西汉文帝时期宣布废除肉刑，以笞、杖来代替，但终汉一世肉刑并未真正废除。三国魏以死刑、髡刑、完作、赎刑、罚金为五刑；西晋时以死刑、徒刑、笞刑、罚金、赎刑为五刑，其中以死刑、徒刑、赎刑为主要刑种；北魏确定以死刑、流、徒、鞭、杖为五刑；北齐以死、流、耐、鞭、杖为五刑；北周以杖、鞭、徒、流、死为五刑。隋统一后，彻底废除了肉刑以及前代枭首、车裂等酷刑，而且还把流徒罪的判刑幅度大为减轻。隋代五刑制度具体规定如下：

笞刑，隋代始设，为五刑中最轻刑罚。定为 10、20、30、40、50，凡五等。都可以用铜来赎刑。杖刑，隋废鞭刑，以杖刑代之。定为 60、70、80、90、100，凡五等。所犯重于 50 笞者则入于杖刑。徒刑，隋制，徒刑最低为 1 年，最高为 3 年，每等之间相差半年，且不附加笞刑和杖刑，并准许以铜赎刑。流刑，隋代分为流配 1000 里、1500 里、2000 里三等，合称"三流"。应配者分别居作 2 年、2.5 年、3 年。应住居作者，"三流"均服役 3 年。死刑，隋朝分为斩与绞两种。斩为身首异处，绞用帛、绳勒死或绞死，绞较斩为轻。

（二）《唐律疏议》禁戒思想

1. 唐律的总框架

唐律 12 篇的篇名与隋《开皇律》相同，各篇的内容简略而言是：第一篇《名例》，凡 57 条，类似于刑法总则的范畴。内容列举五刑、十恶、八议、请、减赎、官当、免，此外还规定了犯罪行为、责任能力、时效、刑罚的适用（过失、错误、自首、累犯、合并论罪、减免、类推、同居相容隐、外国人犯罪处理

---

① 《隋书·刑法志》。

原则）和法律用语的解释等。第二篇《卫禁律》，凡 23 条，内容是关于违反皇帝宫殿庙苑的警卫和州镇城戍、关津要塞以及边防、国防的保卫等方面的制度的刑事处罚规定，从而达到保护皇帝的安全和国家主权的目的，总的说来，对此类的违法乱纪处罚较严厉。第三篇《职制律》，凡 59 条，内容是关于官吏的设置、失职、贪赃枉法和违反交通、驿传方面的刑事处罚规定，主要是为了加强国家机构的管理效能，尤其注重肃清吏治，加重对官吏贪赃枉法的处罚。第四篇《户婚律》，凡 46 条，内容是关于对户籍、赋税、田宅、婚姻家庭等方面违法的刑事处罚的规定，主要是为了维护封建土地所有制，加强对人口户籍的控制，从而保证国家对兵役的征发和赋税的征收，保护封建婚姻和父权家长制。第五篇《厩库律》，凡 28 条，内容是关于对违反养护公私牲畜、仓库管理、官物出纳等方面行政法规的处罚。第六篇《擅兴律》，凡 24 条，内容是关于对违反军队征调、指挥、行军出征的规定以及兴建工程不符合法规的行为进行惩罚。第七篇《贼盗律》，凡 54 条，分为"贼"和"盗"两部分。所谓"贼"，就是"狡竖内徒，谋危社稷"，即叛逆凶恶之徒妄图颠覆朝廷；所谓"盗"，就是"以威若力而取其财"，即以暴力抢劫私人财产。这两种犯罪严重威胁唐王朝政权及社会安定，因此处罚严厉。第八篇《斗讼律》，凡 59 条，内容是关于对斗殴行为的处罚和有关刑事诉讼方面的规定。第九篇《诈伪律》，凡 27 条，内容是关于对欺诈和伪造行为的处罚。第十篇《杂律》，凡 62 条，内容是把形形色色不能归纳于某一类的犯罪行为，统统归并于《杂律》之中，即《疏议》所云："诸篇罪名，各有条例，此篇拾遗补缺，错综成文，斑杂不同。"所以此律内容庞杂，范围广泛，如对国忌作乐、私铸钱币、奸非、失火、赌博、犯夜、私造度量衡，以及关于借贷和雇佣契约、商品价格、市场管理、商品质量检查、医疗事故、堤防、水运、城市交通、公共安全、清洁卫生等方面违反法律的行为进行惩罚。第十一篇《捕亡律》，凡 18 条，内容是关于官吏或其他人追捕"囚与未囚"，即因犯罪事发而逃亡的罪人，以及惩罚各种逃亡者的法律规定。换言之，一方面是规定追捕者和主守者的法律责任，二是对各种逃亡者的处罚规定。第十二篇《断狱律》，凡 34 条，内容是关于审讯、判决、囚禁、执行等方面司法程序的规定，属于诉讼法、监狱法、司法官惩戒法规以及刑法分则的范围。

《唐律疏议》在中国古代立法史上具有继往开来的重要历史地位，不仅是唐朝以前历代立法的集大成者，而且对唐以后宋元明清历朝立法有深远的影响。唐朝统治者不仅制订了完备成熟的封建法典，而且在司法实践中重视提倡明法慎刑，防止枉纵。其中对此提倡最有力最具代表性的是唐太宗。首先，他主张对死刑的处决持慎重的态度。他在贞观年间规定："自今以后，大辟罪皆令中书门下四品以上及尚书九卿议之。"① 起初，死刑在执行前实行三覆奏的复核程序，后

---

① 《贞观政要·刑法》。

来又因三次覆奏的时间相隔太短，实际上来不及核实犯罪事实及慎重考虑判决当否，因此又改为五覆奏。① 在慎刑中，唐太宗自己做出表率，对证据不足的犯罪，不轻易下结论和做出判决。如刑部尚书张亮揭发侯君集约他谋反，太宗以"君集独以语卿，无人闻见，若以属吏，君集必言无此，两人相证，事未可知"，② 仍待君集如初。直到侯君集谋反的事实暴露以后才斩之而籍其家。一些经过查勘确实属于冤案的，唐太宗则予以平反昭雪。如因得罪高祖幸臣裴寂而被诬致死的开国元勋刘文静，尽管高祖尚在之时，唐太宗也为其昭雪，"追复官爵，以子树义袭封鲁国公，许尚公主"。③ 其次，审判中严禁官吏贪赃枉法。"断狱而失于出入者，以其罪罪之。失入者，各减三等；失出者，各减五等。"④ 唐太宗"深恶官吏贪浊，有枉法受财者，必无赦免"。唐律中处罚最为严酷的是"十恶"罪，其次就是官吏的贪赃枉法罪了。由此可见朝廷对严防官吏贪赃枉法违法行为的重视。由于"明法慎刑，防止枉纵"原则的推行，在唐代司法实践中，法律得到了较好的贯彻，从而使唐贞观之治时期，政治清明，社会安定，百姓安居乐业。

2. 唐律中十恶、八议思想

如前所述，十恶、八议思想在唐以前就已出现，但是人们对其详细具体内容不得而知。由于《唐律疏议》一书完整流传至今，因此使今人对十恶、八议内容有了详细具体的了解，兹简略介绍如下⑤：

（1）十恶

一是谋反。原注对谋反的注释是"谓谋危社稷"，换言之，就是谋划推翻当时的封建君主王朝。不言而喻，这在封建社会中被认为是最严重的犯罪，故列为十恶之首。唐朝对谋反罪的认定从严，不仅以行动为依据，即使是某种不满的言论，不论是否有真实的计划或付诸行动，都以谋反论处。而且在处罚上也是从严，动辄处以极刑，甚至法外用刑，株连九族，或处以凌迟等酷刑。

二是谋大逆。原注对谋大逆的注释是"谓毁宗庙、山陵及宫阙"，即谋划毁坏皇帝的宗庙、陵墓及宫殿，是严重侵犯皇帝至高无上尊严的犯罪行为。唐律将此列为仅次于谋反的严重犯罪，动辄处以极刑。

三是谋叛。原注对谋叛的注释是"谓谋背国从伪"，即背叛朝廷、私通和投降敌伪政权的犯罪。谋叛罪列于十恶的第三种，动辄也是处以极刑。

四是恶逆。原注对恶逆的注释是"谓殴及谋杀祖父母、父母，杀伯叔父母、姑、兄、姊、外祖父母、夫、夫之祖父母、父母者"，简言之，就是殴打或谋杀

---

① 《新唐书·刑法志》。
② 《旧唐书·侯君集传》。
③ 《旧唐书·刘文静传》。
④ 《旧唐书·刑法志》。
⑤ 本目以下所引内容未注出处者，均见于《唐律疏议》卷1《名例》。

自己至亲的长辈。在中国古代封建社会中，从西汉武帝开始独尊儒术，儒家成为封建统治的主导思想。恶逆罪严重违背了儒家的孝悌思想，封建君主为了维护以父权为中心的封建家族关系和三纲五常伦理道德，对侵害至亲的犯罪予以重惩，列为十恶中的第四种，动辄也是处以极刑。

五是不道。不道顾名思义指违背正道，唐律将把杀一家非死罪三人和肢解人身体的恶性杀人犯罪上升到十恶第五，由此可见，唐王朝十分重视保护民众的人身安全，防止各种残暴杀人的恶性案件发生。

六是大不敬。唐律大不敬专指对皇帝的不尊敬。如盗取皇帝祭祀用品或日常穿戴物品，盗取或伪造皇帝的玺印，为皇帝配制药物题封有误，为皇帝烹调膳食误犯食禁，为皇帝制造舟船误不牢固，诽谤皇帝，无礼对待皇帝派遣的使者。总之，凡是不利于君主尊严和威胁皇帝人身和财物安全的行为，即使是一些细微过失也会被列入十恶重罪之中，其目的是维护皇帝神圣不可侵犯的尊严和安全。

七是不孝。顾名思义指对直系亲属有忤逆行为，如控告或咒骂祖父母、父母；祖父母、父母在时分居独立门户；对祖父母、父母赡养有缺；居父母丧时嫁娶作乐，改着吉服；闻祖父母、父母丧匿不举哀；诈称祖父母、父母死亡。在提倡百善孝为先、以忠孝治国的中国古代封建社会里，这些不孝行为被看作是大逆不道，因此被列入十恶中的第七种，其目的是维护封建纲常礼教，以巩固封建政权及其统治秩序。

八是不睦。唐律中的不睦特指近亲之间的严重不和睦行为，如谋杀及出卖缌麻以上的亲属；殴打或控告丈夫及大功以上尊长和小功尊亲属。其立法目的是维护宗族在社会基层的统治，禁止亲属间的相互侵犯，维持社会稳定。

九是不义。唐律中的不义特指卑侵犯尊的犯罪行为，如杀害本属府主、刺史、县令、现受业师；吏卒杀害本部五品以上官长；闻夫丧匿不举哀，作乐，改着吉服出嫁。总之，就是地位卑贱的奴仆、平民、学生、吏卒、妻子如杀害侵犯地位尊贵的主人、官员、业师、丈夫等，那就罪加一等，列入十恶罪中第九种，其目的在于维护封建社会中严格的尊卑等级关系。

十是内乱。唐律中的内乱特指宗族内部的性关系伦理道德的混乱，如奸污小功以上亲属；强奸及和奸父祖之妾。中国古代封建伦理道德观念是万恶淫为首，乱伦更是大逆不道的行为，因此把宗族内部乱伦列入十恶犯罪中第十予以严惩，旨在维护封建伦理道德。

（2）八议

隋唐刑律中的十恶罪，主要通过加重对十种类型犯罪的惩罚，来维护封建君主的专制统治和君臣、父子、尊卑、上下的封建伦常关系。八议则特别规定在八种情况下对贵族、官僚在法律上的优待和庇护。所谓八议就是议亲、议故、议贤、议能、议功、议贵、议勤、议宾的制度。这就是所议的这八种人在犯罪时须经特别审议，并在判决时享受减免刑罚或优待。根据《唐律疏议》卷1《名例》

规定，"亲"指一定范围内的皇室成员或外戚。"贤"指"有大德行"的人。"能"指有大才能的人，即封建统治阶级中能够治国理政、领军打仗的杰出人才。"功"指"有大功勋"的人，即为封建国家建立过卓越功勋的人。"贵"指"职事官三品以上、散官二品以上及爵一品"者，即封建贵族和大官僚。"勤"指"有大勤劳"者，即为封建国家服务勤劳的人。"宾"指"承先代之后为国宾者"，即前朝退位者的后裔。

3. 对官吏失职、违纪、贪污、擅权的惩罚

在封建国家管理中，皇帝是依靠从中央到地方各级官吏对全国民众及各种事务进行管理的。因此为了使各级官吏尽职尽责，勤政廉洁，加强君主专制的中央集权和封建国家机器的统治效能，唐律对官吏的失职、违法违纪、贪污受贿、擅权等行为都制订有惩罚的条文。《唐律疏议》卷1《名例》还特别注意区别官吏的"公罪"和"私罪"。官吏犯法，早在秦律中就已经划分为"公罪""私罪"。唐律进一步明确规定，公罪指官吏"缘公事犯罪而无私曲者"，私罪则是官吏"不缘公事，私自犯者"，或"虽缘公事，意涉阿曲"，"受请枉法"者。唐律规定，无论"公罪""私罪"，都可以官当罪，并且"犯公罪者，各加一年当"。此种区分，目的在于庇护在职官吏因执行公务而犯的罪，旨在维护封建统治者的尊严。

4. 加强控制编户

租赋徭役是封建国家的主要财政来源以及征发民众服劳役兵役的依据，丁户则是征收租赋和征发徭役、兵役的对象，因此历代封建王朝都严格管理编户，竭力防止民户隐瞒户口、逃避征收租赋和征发徭役兵役，从而维护封建统治。

（1）禁止漏报户口。在户籍管理中，对户籍的准确完整登记是最重要最基础的一项工作，因为征收赋税征发徭役兵役都要以此作为依据。因此唐王朝高度重视这项工作，对此制定严密的法律予以规范。唐律规定，凡是整户脱漏户籍登记的，家长处徒刑3年；其中属于无赋税徭役负担的户头，减二等处罚；属于纯女性户，又再减三等处罚。脱漏户籍登记的人和登记时通过增减年龄以逃避赋税徭役的，脱漏1口处徒刑1年，2口加一等，罪止徒刑3年。州县整户脱漏的也可依照人口脱漏的办法处罚失职的州县官吏。凡里正和官吏，非法通过脱漏户口及增减人口年龄来逃避赋税徭役的，按1口处徒刑1年，2口加一等。①

（2）禁止逃避赋役。唐代，民众不堪沉重的赋税徭役，通过种种方式予以逃避。对此，唐王朝制订了若干法规，予以禁止。唐律规定，一是禁止私入僧道。民众出家当僧道者，必须通过官府批准。如非法私自出家及其促使者，杖责100；如已经注销户口的，处徒刑1年；如果户籍所属州县的主管官吏和道观寺院的主持人知情，与非法出家人同罪。二是禁止相冒合户。唐律规定课丁不得利

---

① 《唐律疏议·户婚》。

用疏亲关系把户口报入免役户中，以逃避赋税，犯者处徒刑 2 年。三是严格限制析户分居。由于唐朝人丁、财产的多少是决定户等高低的依据，而户等的高低又决定负担赋役的轻重，因此人们就用分户异居的办法来分散财产和丁口以降低户等来减轻逃避赋役负担。唐律对分户有明确的限制，表面上是为了维护孝道和大家庭和睦，敦厚风俗，实际上更主要的目的是在经济方面还为了多征赋税。因此，唐律规定如要求分户自愿不降低户等的可以允许。①

二、三省六部思想

（一）隋三省六部思想

隋朝建立后，文帝首先确立了内史省（中书省的改名）取旨、门下省审核，尚书省执行的三省分权制度。这标志着中国古代中央最高政权机构从三公到三省的演变最终定型。秦汉三公制，最高统治者皇帝是通过丞相承天子之命，督率百官，执行政务；太尉协助皇帝掌管军事；御史大夫掌监察百官、图籍章奏等，在分管不同事务的分工来达到互相制约的目的，便于皇帝集权于一身。隋朝确立的三省制则是通过同一件军国大事必须经过中书省的决策提出，门下省的审议，最后提交尚书省具体执行处理这样既分工制约，又互相合作的机制来达到皇帝集权于一身。显然，秦汉通过丞相、太尉、御史大夫三公分掌行政、军事、监察不同事务的制约不如隋唐通过中书、门下、尚书三省分掌决策、审议、执行的制约严密科学。这是中国古代加强中央集权的封建君主专制制度的重大发展，对后世影响深远。

隋初，隋文帝在调整确定三省分权制度的同时，对尚书省下的曹司也进行了调整，即在北齐尚书分曹与北周六部大夫的分部基础上进行调整：取消北齐殿中尚书，其职掌分别并入礼部、兵部与都官；取消北齐祠部，其职掌分别并入礼部与工部；吏部之职与北齐同，为北齐吏部的沿设；度支为北齐度支的沿设，惟将其部分职掌并入兵部；都官为北齐都官的沿设，惟将其部分职掌分别并入礼部与工部，另将北齐殿中尚书的部分职掌并入；改北齐五兵为兵部，并将北齐殿中和度支一部分职掌并入；新设的部有礼部和工部。礼部为取北齐殿中、祠部、都官三曹的部分职掌组建而成；工部为取北齐祠部与都官二曹的部分职掌组建而成。调整后计有吏部、礼部、兵部、都官、度支、工部六部。不久又依北周之制，改度支为民部，都官为刑部。

隋文帝也对魏晋南北朝纷繁复杂多变的诸曹做了厘正：尚书省共设二十四司，每部分领四司。部司的设官，又经隋炀帝的整理，各部均设尚书 1 人，以侍郎为尚书的副职，各司设郎中、员外郎、主事以分领其职。总之，尚书省之下的六部二十四司具体办事机构经过魏晋南北朝的废置分合，在职责、机构的划分

---

① 《唐律疏议·户婚》。

上，上下级机构的隶属上，人员的配置上，从原来的层次、条理不清，频繁多变，至隋朝时才基本厘正、定型。这标志着尚书省下的具体办事机构六部二十四司制至隋代已基本成熟定型，并且为后世唐宋元明清各朝所沿袭，一直至封建社会的终结，由此可见其影响之深远！

（二）唐朝五代三省六部思想

唐承隋制，中央最高权力机构仍为三省制度，中书出诏令，门下掌封驳，尚书掌执行。三省长官并列为宰相，并以他官掺杂其间，形成了一个以皇帝为中心的决策集团。中央决策集团的成员，按其不同的作用，可以分为4个层次：皇帝拥有最高的统治权力，在决策集团中自然居于首脑地位，属于第一个层次；皇帝以发布诏令的形式，指挥国家机器的运行，诏令的制定和颁布过程，就是中央政权的决策活动，所以那些以中书省为主的直接参与诏令的提出、讨论和颁布的人员，就属于第二个层次；而参与诏令的审定和封驳的门下省人员构成第三个层次；那些在整个决策过程中参与诏令的记录、传达和颁布的人员，则构成第四个层次。由于在决策集团中各种成员的地位不同，因此，决策活动也形成不同的几个层次：中央最高层次的决策是御前决策会议，这是由皇帝亲自主持的决策活动；其次是政事堂会议，这是宰相集体决策活动，其议定结果须报请皇帝批准，属于第二层次；中书、门下两省的活动分别是发布诏令和审查、封驳，属于第三层次。

唐太宗以史为鉴，认识到靠皇帝一个人的智力和精力是无法把国家治理好的，必须发挥决策集团中每个大臣的作用，集思广益，然后由皇帝识别选择其中最佳的意见加以采用，才能取得决策的最好效果。唐朝前期之所以能出现贞观之治和开元盛世，其一个重要的因素就是皇帝能把一批德才兼备的精英选拔到决策集团中，充分发挥他们治国理政的卓越才干，并善于采纳集中那些正确的决策意见，将其付诸实施。唐朝能维持近300年的统治，也跟唐朝中期以后的君主大体上能够正常发挥决策集团的积极作用有很大关系。

唐代除了中书、门下两省参与决策外，两省谏官亦参与朝廷决策，其方式有两种：一是廷议，即当面直言得失；二是上封事，即书面陈述为政得失。谏官可以就某些具体问题向皇帝提意见，也可以就时政指陈宰相的过失。魏征任谏议大夫时善于直谏，为防止朝廷决策失误起过重要作用。唐制规定宰相之子不得为谏官。因为"父为宰相，而子为谏官，若政有得失，不可使子论父"。[1] 唐制还规定，谏官不得由宰相推荐，以防止宰相对于谏官的控制。为了让谏官之间独立行使职权，防止谏官之间结党之弊，贞元元年（785年）三月，"宰相召谏官、御史宣谕帝旨曰：自今上封与弹劾，宜人人自陈论，不得群署章奏，若涉朋党。"[2]

---

[1] 《唐会要》卷55《谏议大夫》。
[2] 《册府元龟》卷64《帝王部·发号令三》。

但是，这个规定后来并没有得到切实的执行，因此到了会昌四年（844 年）六月，武宗又重申："谏官论事，所见不同，连状署名，事同纠率。此后凡论公事，各随己见，不得连署姓名。如有大政奏论，即可连署。"① 另外，唐朝为督促谏官积极建言献策、指陈时政得失，又规定谏官必须经常上封事。乾元二年（759 年）规定："两省谏官十日一上封事，直论得失。"② 其后朝廷又屡次予以重申。正因为谏官的设置能在一定程度上发挥对决策的审议、批评和纠偏的作用，使朝廷得以避免许多决策的失误。

隋唐五代的宰相都是由若干人组成的一个班子，他们需要在一起商议参决。宰相们参议国事的地方，在隋朝未见定名，至唐初则定名为政事堂。唐初宰相会议的职能在于参议国事，所谓"天下事皆先平章，谓之平章事"。③中央的决策往往是由皇帝自己或御前决策会议决定的。从唐朝建立至唐太宗初年，中书、门下两省对皇帝的诏令主要起检勘违失和宣行的作用。其后唐太宗鉴于隋炀帝专断独行而亡的教训，认识到君主不责成臣下，事事亲决，"虽复劳神苦形，岂能一一中理"，于是提出"百司商量，宰相筹画，于是稳便，方可奏行"的处理国家政事的思想。贞观十一年（637 年）以后，在朝廷决策中，把宰相参议朝政改为由宰相议定朝政，然后奏闻，皇帝行使批准权。建立起皇帝专制—三省分权—政事堂集议三者相结合的新的中央集权的体制。

隋唐以迄五代，宰相会议的内容十分广泛，举凡军国大事直至大臣婚事，都可以在会上进行讨论。会中讨论的内容，从其来源划分，大致可以分为 3 类：第一类是皇帝下达的旨令。宰相会议对于皇帝的错误指令，也可拒绝执行。如唐宪宗元和初，"河东节度使王锷用钱数千万赂遗权幸，求兼宰相。（李）藩与权德舆在中书，有密旨曰：'王锷可兼宰相，宜即拟来。'藩遂以笔涂'兼相'字，却奏上云：'不可。'"这是唐宪宗下达密旨要宰相草拟成正式诏令而遭到宰相拒绝。第二类是臣下的奏疏。这类奏疏由皇帝付交宰相会议讨论决策。中央各机构向皇帝所上奏状中也可以主动请求转发宰相会议讨论通过。尚书省诸司的某些奏状也可以径直上报宰相会议处理。第三类是宰相自己认为有必要讨论的政事。如唐武宗时，回鹘余部逼近河套天德军一带，西北边境军事形势骤然紧张，宰相会议迅速就此商讨对策，拟定了 11 条边防措施。宰相会议对于各种政事在讨论后做出的决策，一般以中书门下奏状的方式上报皇帝批准后，作为与诏令具有同等法律效力的文件颁布，或交中书舍人或翰林学士起草正式诏令颁发。如果皇帝不予批准中书门下的奏状，则宰相会议讨论的决策就无法生效。还有另一种情况是，皇帝的诏令，中书门下认为不妥当，不加盖"中书门下之印"的话，也无

① 《旧唐书·武宗纪》。
② 《通典》卷 21《职官三》。
③ 《旧唐书·李珏传》。

法生效。当然，这种情况极少，在一般情况下不会发生。但这就说明，在唐代封建君主专制下，皇权与相权还是在最高决策层面上存在着某种程度的互相制约，尤其是相权对皇权的制约，以防止重大军国事务决策的失误，这是很难能可贵的。

政事堂集议也就是宰相决策会议，成了御前决策会议之外的另一个次高层次的决策会议。此种宰相决策会议既以"议定朝政"为职任，显然与武德年间宰相们在门下省"参议朝政"的情况不同，它可以充分发挥作为皇帝幕僚的集体宰相的作用，并对三省分权制具有协调的功能，克服了前此存在的由于中书省与门下省分掌草拟诏令与审议、封驳以致造成各持己见争论不休或者相互依违知非不举的弊端。政事堂从"参议朝政"到"议定朝政"的转变，说明在唐朝中央高层决策机制中，宰相的决策作用在加强，从侧重建言献策到可通过政事堂自行集体讨论决策，最后上报皇帝批准即可，说明政事堂的地位和作用明显提高。而且这种决策更强调中书省与门下省的互相协调配合，使决策机制更科学合理，效率更高。

在唐五代中央决策系统中，宰相会议是低于御前会议的一个决策层次。两者既互相关联而又有所分工。在对军国大事做出决策时，御前会议一般只讨论其处理的原则，而宰相会议则是根据御前会议所确定的处理原则再进一步讨论其具体实施的方案。如御前会议上所做出的决策不适当，宰相会议还可以提出修正的意见，以使决策更加正确完善。而且一般说来，御前会议所讨论的是最重要的军国大事，而其余较次要的日常政事，通常是在宰相会议上讨论决定，皇帝只是对宰相会议的奏状进行最后的批准。因此，宰相会议必须每天举行，以处理国家日常繁杂的政事，而御前会议则可以隔日举行一次，或有必要时再举行。总之，宰相会议是对御前会议决策的具体化、细化以及修正、补充与完善。

唐五代时，宰相会议实行集体决策的制度。在政事的讨论中如出现不同的处理意见，不是以少数服从多数的方式决定，而是要采取协商一致后决定的方式。因此对于议定的决策向皇帝上奏时，必须是全体宰相的联合署名，而原则上不能有的宰相因意见不同而拒绝署名或另上奏状。如果宰相意见未取得一致，各以己见上奏，则属于违反联署制度，往往有可能被解除职务。如"（宰相）李元纮、杜暹议事多异同，遂有隙，更相奏列。上不悦，六月甲戌，贬黄门侍郎、同平章事杜暹荆州刺史，中书侍郎、同平章事李元纮曹州刺史。"正因为联署制度不允许违反，所以即使权相当政，独断专行，但在形式上所有决策都是集体讨论决定的，在奏状上也是由全体宰相联署。如李林甫专权时，"文书填凑，坐家裁决。既成，敕吏持案诣左相陈希烈联署，左相不敢诘，署惟谨。"①

参加宰相会议的人数，与决策效率有一定的关系。一方面，如果人数太少，

---

① 《新唐书·杨国忠传》。

不利于集思广益，深入讨论，发挥集体决策的优势；另一方面，如果人数太多，也容易引起因人数太多，导致意见太多，不易统一，出现议而不决的局面，而且人数多，也不利于保密。唐朝一般情况下，同时担任宰相的，大致在2—4人之间。只有在武则天到中宗、睿宗时期，宰相人数过多，例如中宗景龙年间达10余人，致使当时"政出多门，滥官充溢，人以为三无坐处，谓宰相、御史及员外官也。"① 唐代中期以后，宰相人数才逐渐定制，保持在4人比较合理的标准。"唐制，宰相四人，首相为太清宫使，次三相皆带馆职：弘文馆大学士、监修国史、集贤殿大学士，以此为序。"② 五代时宰相人数大体沿袭唐后期旧制，如后梁、后唐均以中书门下两侍郎及同中书门下平章事为宰相，员额数名而已。

唐朝的宰相联署制度，也只能适应于平时稳定的环境，如果遇到动荡不安的战争环境，有时要做出紧急决策，宰相联署制度必须全体宰相在奏状上署名才能生效，就容易出现拖延耽误的情况发生。因此，为了提高在特殊紧急情况下的办事效率，唐朝又出现了值班宰相代署制，来弥补宰相联署制的不足。如唐肃宗和代宗时，"天下事殷，两宰相不减三四员，更直掌事。若休沐各在第，有诏旨出入，非大事不欲历抵诸第，许令直事者一人假署同列之名以进，遂以为故事。"③ 这种值班宰相代署制度，虽然只限于"非大事"（即一般政事），但却恰当地弥补了联署制的不足。因为正是这些一般政事最为繁杂，而且也没必要全体宰相联署，值班宰相代署制提高了办事效率。同时，规定大事不能代署，又坚持了全体宰相联署的制衡作用，但是即使如此，仍然容易引起宰相弄权，专断独行，弊端甚多，威胁皇权。所以在德宗时期值班宰相代署制被废止，还是不管军国政事之大小，一概实行联署。只是规定在特殊的紧急情况下，如果某一宰相必须马上做出决定而来不及与其他宰相商议时，也可不联署，但必须在奏状中说明原因。如唐武宗时，宰相李德裕在《太原状》中称："以前件，臣缘假日，兵机切速，不暇与李绅参议，谨密状以闻。"④

唐五代宰相会议采取集体决策制度，从理论上看，宰相之间是平等的，但在现实中，由于各个宰相能力、个性的不同，特别是受到皇帝的信任和重视的程度不同，各个宰相在集体决策中的作用会有很大差别，宰相之中容易形成由某一权相专断、其余宰相唯唯诺诺的局面，其实际上的集体决策制度遭到不同程度的破坏，甚至是名存实亡。如果专权的宰相品质好、才干卓越，宰相会议就会做出许多好的决策，使整个国家欣欣向荣，出现太平盛世，或使国家转危为安，如唐代

① 《资治通鉴》卷209。

② 宋敏求《春明退朝录》卷上。

③ 《旧唐书·崔祐甫传》。

④ 《全唐文》卷702。

名相姚崇、宋璟和李德裕等;反之,如果专权的宰相人品差、昏庸无能,宰相会议就会做出许多错误的决策,使整个国家陷入危亡、分裂的境地,如李林甫、杨国忠等。此外,唐中期以后,宰相会议的决策权力,由于翰林学士和宦官进入中央决策系统,而有所削弱,并使中央高层决策机制更加复杂化和不稳定化。

唐五代在遇到特别重大和复杂的军国大事,并且御前会议和宰相会议意见不一,或都难以做出正确决策时,为了广泛听取和集中各级官员的不同意见,集思广益,进行综合判断,做出正确决策,常由皇帝指令或由宰相请求召开百官决策会议。会议的场所一般安排在尚书省,出席会议的官员,一般都是根据会议的内容和需要,临时指定,其人数可多可少。如是较少数人参加的百官会议,通常仅由部分高中级官员参加。如唐贞观十四年(640年),太史令傅仁均更改历法,这是专业性很强的天文学方面的议题,诏下公卿八座详议,实际参会者仅为"国子祭酒孔颖达等十一人及尚书八座"。[1] 较多人数参加的百官会议可以包括中央九品以上的官员。如唐肃宗乾元三年(760年),因铸大钱引起物价上涨,当时朝廷对于是否继续使用新钱,"令文武百官九品以上并于尚书省集议"。[2]

百官会议是低于宰相会议的又一中央决策会议。它通常受到宰相的控制。会议从是否召开、开会时间、议题、议程一直到对其议状的分析评价,宰相都拥有较大的决定权。即使由皇帝直接下达诏敕,命令召开百官会议,也是由宰相具体执行相关程序。百官会议虽然可以由中央其他高级官员担任主持者和讨论记录的整理汇报者,但绝大多数情况下还是以宰相为主。唐制,百官会议讨论的结果,用书面议状的方式向宰相和皇帝上报。其议状的递进,依据具体情况又分别采取会议参加者联署进状或者独立进状的方式。之所以会出现百官分别进状,是因为百官会议讨论的一些议题往往内容复杂,难以决策,不是一两次百官会议就能取得一致意见的。于是就产生了百官会议刚结束时有集体的联署进状,尔后又有独立的进状。这样,既有表达大多数人统一的意见,又能使少数持不同意见的人各抒己见,从而使皇帝与宰相们更全面具体了解百官对某一决策的见解,从而做出更科学合理的决策。从总的说来,宰相是百官会议的组织者与总结评价者,而皇帝是批准者和决议的最后决定者。

百官会议的作用如何,往往要依据具体情况而定。第一种情况是,如果皇帝和宰相对某一重大军国事务在决策过程中没有确定的意见时,百官会议的意见很可能就会成为朝廷的最后决策。相反,第二种情况是,如果皇帝和宰相已经有了比较明确统一的决策意见时,百官会议的意见又与皇帝、宰相相左时,这时百官会议的决策意见往往很难得到采纳,基本上发挥不了作用。因为百官会议在中央

---

① 《唐会要》卷42《历》。

② 《旧唐书·食货上》。

决策会议中低于御前决策会议和宰相决策会议，理所当然层次低的决策会议必须听命于层次高的决策会议。第三种情况是，如果皇帝与宰相们意见不同、举棋不定而召开百官会议讨论时，这时百官会议就成为重要的砝码。在这种情况下召开的百官会议，与其说是寻求决策的参考意见，不如说是皇帝与宰相们在难以决策时分别寻找对自己决定的依据和支持，从而对自己摇摆不定的决策做出决断。此外，皇帝与宰相势力的消长、性格等因素也会影响百官会议的作用。如果当朝皇帝十分强势，专断独行、唯我独尊，那么百官只能唯皇帝马首是瞻，百官会议只能唯唯诺诺，随意附和皇帝的决策；如果当朝皇帝虽然强势，但较为开明，善于纳谏，那么百官就敢于发表不同意见，百官会议就会对皇帝决策进行修正完善，甚至反对皇帝的错误决策。如果当朝皇帝阇弱无能，某一权相的权势高出皇帝，一手遮天时，百官为了自保，只能对权相俯首帖耳，违心附和宰相会议的决策。总之，许多复杂的情况会使百官会议失去其应有的作用，虽然有极少数刚正不阿的忠臣拒死力谏，提出与众不同的意见，但往往无力与大多数人的意见相抗衡，最终使百官会议所形成的多数人的意见是不真实、不正确的。所以从总的看来，百官会议这个决策层次，经常会被皇帝或权相操纵，并且不经常举行，所以其作用是很有限的。

唐承隋制，尚书省仍然是中央最高行政机关。中书门下发出的制敕，均由尚书省转发到中央各官署及地方州县衙门，或根据制敕精神写成具体政令措施，交有关官署执行。中央卿监百司下达给地方州县的符、移、关、牒等各种公文，均由尚书省转发；地方给朝廷的章奏文表也要经过尚书省转呈。尚书省还要根据制敕制定具体的施政方案，其主要工作主要有 3 种类型：一是根据中书门下通过的诏令拟具实施细节、措施等；二是对于中书门下难于做出具体判断而交由尚书省有关部门商议的军国政事，尚书省商议后将具体意见写成"商量状"，附于原敕后进呈；三是对于中央各官署及地方府州有所奏请并获得敕准施行的事项进行"评定"，也就是论证皇帝敕准交办给中央各官署及地方府州事项实施的可行性和必要性等。如尚书省认为有不妥当的地方，可提出修改建议，奏报皇帝批准后再施行。尚书省还可以根据行政法规管理监督中央各官署和地方州县的日常一般行政事务。

唐朝尚书省下与隋朝一样，设六部。六部名称与顺序，在唐初不大一致，至武后光宅元年（684 年），才确定六部的名称为吏、户、礼、兵、刑、工，此后一直至清代，相沿不改。六部中吏部掌文官的铨选、考课、封爵、勋级之事；户部掌全国户口、田赋、仓储等民政、财政方面的政令；礼部掌全国礼仪、祭祀、教育、科举等政令；兵部掌全国军事政令，管理军籍、武官铨选、军训讲武等；刑部掌全国刑法及徒隶、勾覆、关禁的政令，其长官还与大理寺及御史台长官共同参加"三司"推鞫；工部掌水土、水利工程及国家农、林、牧（军马除外）、渔业的政令。

三、户口、土地与赋税管理思想

（一）隋唐户口管理思想

1. 隋户口管理思想

南北朝时期，由于战乱不已，民众流离失所，脱离户籍，还有一些佃客户口为豪强隐瞒。隋朝实行均田制，计丁受田，所以户籍管理是否成功，关系到均田制度的推行和国家赋税征收与徭役的摊派。隋朝采取貌阅、检察、析籍之制以核实户口。其中貌阅、析籍之制见于《隋书》卷24《食货志》："开皇三年（583年）正月……是时，山东尚承齐俗，机巧奸伪，避役惰游者十六七，四方疲人，或诈老诈小，规免租赋。高祖令州县大索貌阅（由县司会同乡里阅是形貌）。户口不实者，正长远配，而开相纠之科。大功已下，兼令析籍，各为户头，以访容隐。于是计账进四十四万三千丁，新附一百六十四万一千五百口。"《通典》卷3《食货三·乡党》载："隋文帝受禅，颁新令，五家为保，保五为闾，闾四为族，皆有正。畿外置里正，比闾正；党长比族正，以相检察。"时宰相高颎建议，"以人间课输，虽有定分，年常征纳，除注恒多，长吏肆情，文账出没，复无定簿，难以推校，乃为输籍定样，请遍下诸州。每年正月五日，县令巡人，各随便近，五党三党，共为一团，依样定户上下。"以上所引中的"大索貌阅"就是隋代地方州县官府依照户籍簿上登记的年龄体貌进行核对，以清查户口。"检察"也就是核对、清查户口。所谓"析籍"就是同祖父母的堂兄弟必须分家，另立门户，各为户头。"输籍定样"则为确定划分户等的标准。总之，这些记载反映了隋朝整顿户籍的三个步骤：一是根据户籍簿上登记的年龄、体貌核对、清查户口；二是在户口清查的基础上，对同祖父母的堂兄弟强行分家，各立门户；三是确定划分户等的标准，每年正月五日，县令派人到农村，依定样划分户等。显然，这三个步骤的目的十分明确，就是作为征收赋税和摊派徭役的根据。清查户口和强行分户大大增加了国家征调赋税和徭役的对象，如开皇三年（583年）通过"大索貌阅"和"析籍"，山东共整顿出"四十四万三千丁，新附一百六十四万一千五百口"。另外，由于当时国家规定的赋税和力役数量低于豪强地主对佃户的剥削量，许多原来依附豪强地主的农民纷纷脱离地主，向官府申报户口，纳税服役，成为国家的编户。总之，隋初对户籍的整顿，大大增加了国家所辖的户口和财政收入，扩大了征派徭役的对象，同时有效地限制了自魏晋南北朝以来一直膨胀的豪强地主势力。

隋初地方基层管理民众组织是以家为保，五保为闾；四闾为族，均置"正"。畿外置里正，比闾正；党长比族正，以相检察。开皇九年（589年）准苏威之奏，改定百家为里，设长1人，500家为乡，设正1人，处理本乡诉讼争议。后来因为乡正专理词讼，不便于民，且有党与爱憎、公行货贿的弊端，遂罢此制。除了乡里组织外，隋朝在城中还有坊的组织。坊在北魏始成为城市中居民聚居区域之名。隋代每坊设置坊主1人，佐3人，与乡里的行政组织不相混杂。至隋炀帝大业三年（607年），京都的坊均改为里，由尚书省任命里司官以管理之。

2. 唐代户籍管理思想

唐代，户籍管理制度更加严密，有一系列配套的措施。"开元十八年（730年）十一月敕：诸户籍三年一造。起正月上旬，县司责手实、计账，赴州依式勘造。乡别为卷，总写三通，其缝皆注州某县（某乡）某年籍。州名用州印，县名用县印。三月三十日内讫，并装潢。一通送尚书省，州县各留一通。"① 从这一敕令可以看出，唐代开元年间，户籍的编造是每三年一次，负责编定的官府是州级政府，户籍的编排是以县以下的乡为基层单位。户籍编好以后，缮写成一式三份，地方州、县各保留一份，报送中央尚书省一份。编制户籍时是以手实和计账作为原始资料依据的。在州政府编定户籍之前，各县在每年年底，命里中的居民自报年龄及田地面积，编成籍册，名为计账。

计账每年编造一次，其编造程序是"诸户口计年将人丁、老疾、应免课役及侍者，皆县亲貌形状，以为定簿。一定之后，不得更貌。疑有奸欺者，听随时貌定，以付手实。"② 这里所说的"团貌"，就是每年将所普查的应负担赋役的人丁以及免除赋役的老人、残疾人和法定优免课役的人，由县里亲自派人来一一画出相貌，编成簿册。簿册编定之后，就不能随便改变原来所画的相貌。但是，县官府如有怀疑其中有不实欺诈等行为，则可随时重新更改画定。唐代所谓"手实"，则是民户申报户口时牒状一类的文书。唐朝对于编造手实也有一些规定：一是民户在申报手实时要注明户主，并且都要以户主的名义呈报；二是手实记载的主要内容为家中人口、年龄、田地；三是户主在手实上要保证所报内容属实。因为人口数量、年龄大小、田地多少都关系到每家所分到的国家分配的土地和民户所应承担的赋税和徭役。这既关系到每家每户的切身利益，也关系到国家对民众征收的赋税和摊派的徭役。

正由于手实是唐代政府征收赋税、摊派徭役的主要依据，因此十分重视其编造的真实性，要求编造者和当事人做出郑重承诺。据目前出土的贞观、载初年间的手实来看，末尾大都写有保证词，如"若后虚妄，求受重罪"，"如后有人纠告，隐漏一口，求受违敕之罪"等。手实在团貌之后编成，然后政府再依据手实，编造成计账。唐朝规定，户籍中须注明户等，其目的除了定差科先后之外，还作为担负某些税额高低的依据。唐代评定户等是一项重要而且繁杂艰巨的工作。因为关系到各家各户定差科先后、承担税额的高低，因此必须做十分过细的评定工作。唐代的户等共分上上、上中、上下、中上、中中、中下、下上、下

---

① 《唐会要》卷85《籍账》。
② 《唐会要》卷85《团貌》。

中、下下九等，由县令与城乡父老一起评定，再由县司制成九等定簿，上报于州，经州司覆准认定，注明在翌年编造的一式三份的户籍上。

评定户等的时间，唐朝规定："每定户以仲年子、卯、午、酉，造籍以季年丑、辰、未、戌。"①与编造户籍的间隔时间一样，也是三年一次。因为户籍是根据手实、计账和户等定簿而制定的，所以定户等要比编造户籍早一年。评定户等的依据有两方面，一是资财，二是丁口，土地仅是作为资财的一部分内容。户籍的内容是首列户主姓名，次列男女人口、姓名、年龄，与户主关系。各男口下须注明是丁还是中、小、黄。女口上注明是丁妻还是寡妻妾。在户主名下注明户等，是否课户及现时是否在负担课役。丁口之后还要载明应受田若干，已受田若干，其中口分、永业、园宅各若干。均田制瓦解后，唐政府仍然允许自耕农向国家请田，国家通常以逃户田及荒田等，以永业名义授给农民。但此时授给农民土地的性质已与实行均田制时不同，所以户籍中已没有黄、中、丁、老、课户与不课户之分了。

五代时户籍管理大体上沿用唐朝制度，但也有一些变化："梁太祖开平三年（909 年），中书侍郎同平章事判户部事于兢奏，伏乞降诏，天下州府各准旧章，申送户口籍账，允之。晋少帝开运元年（944 年）八月敕，夏秋征科为账籍，一季一奏。周世宗显德五年（958 年）……又诏诸道州府，令团并乡村。大率以百户为团，每团选三大户为耆老。凡夫家之有奸盗者，三大户察之；民田之有耗登者，三大户均之。仍每及三载即一如是。"②从以上简要记载我们可以看出，后梁时基本上全部承袭了唐朝的户籍制度，即"各准旧章"。后晋时，特别强调了账籍的征收赋税作用，并加强管理，规定"一季一奏"。后周时，在传统乡村基层组织之上出现"团"的组织，将一些乡村合并，大约以一百户为一团。每团选三大户为耆老，负责社会治安、赈济等事务。

（二）隋唐土地与赋税制度

1. 隋代土地与赋税制度

隋朝建立后，继续推行北魏以来的均田制。开皇二年（582 年），杨坚下令推行均田制，"及颁新令……自诸王已下，至于都督，皆给永业田，各有差。多者至一百顷，少者至四十亩。其丁男、中男永业露田，皆遵后齐之制。并课树以桑榆及枣，其园宅，率三口给一亩，奴婢则五口给一亩……京官又给职分田，一品者给田五顷，每品以五十亩为差；至五品，则为田三顷，六品二顷五十亩；其下每品以五十亩为差，至九品为一顷。外官亦各有职分田，又给公廨田，以供公用"。③虽然官僚权贵的受田数与一般农民、奴婢的受田数相差达千万倍，许多

---

① 《唐六典》卷 3《尚书户部》。
② 《册府元龟》卷 486《邦计部·户籍》。
③ 《隋书·食货志》。

农民受田不足额，但隋代继续推行北魏的均田制，毕竟使无地或少地的农民、奴婢也分到了一点土地，在一定程度上抑制了土地兼并，提高了农民、奴婢的生产积极性，对当时农业生产的恢复和发展起了积极的促进作用。

隋文帝还实行轻徭薄赋政策，减轻租调力役。开皇二年（582 年）的"新令"规定："男女三岁已下为黄，十岁已下为小，十七已下为中，十八已上为丁。丁从课役。六十为老，乃免。"这就是规定男子 18 岁为丁，开始交纳赋税服力役，一直到 60 岁为老年，才能免除赋税和力役。隋朝还规定一夫一妇为一床，每年交租粟 3 石，其中如是受桑田者交调绢 1 匹（4 丈）、绵 3 两，受麻田者交调布 1 端（6 丈）、麻 3 斤。无妻室的单丁及奴婢纳一半租调。丁男每年服力役 1 个月。开皇三年（583 年）规定成丁年龄由 18 岁提高到 21 岁，受田年龄仍然为 18 岁；受田者刚受田的三年不纳租调不服力役，调绢由每年 1 匹减为 2 丈，力役由每年 1 个月减为 20 天。[1]开皇十年（590 年）又规定，50 岁以上者，可"免役输庸"，即纳布帛以代替力役。[2] 总之，隋文帝在位时，通过逐步减轻农民的赋税和力役负担，保障农民的生产时间，进一步提高了农民的生产积极性，促进了农业生产的发展。

2. 唐代田制和租税思想

（1）均田制和租庸调制思想

唐高祖李渊建立唐朝后，恢复北魏时期建立的土地制度和赋役制度。武德七年（624 年），唐朝颁布了均田令，规定："唐之始时，授人以口分、世业田……唐制：度田以步，其阔一步，其长二百四十步为亩，百亩为顷。凡民始生为黄，四岁为小，十六为中，二十一为丁，六十为老。授田之制，丁及男年十八以上者，人一顷，其八十亩为口分，二十亩为永业；老及笃疾、废疾者，人四十亩，寡妻妾三十亩，当户者增二十亩，皆以二十亩为永业，其余为口分。永业之田，树以榆、枣、桑及所宜之木，皆有数。田多可以足其人者为宽乡，少者为狭乡。狭乡授田，减宽乡之半。其地有薄厚，岁一易者，倍受之。宽乡三易者，不倍授。工商者，宽乡减半，狭乡不给。凡庶人徙乡及贫无以葬者，得卖世业田。自狭乡而徙宽乡者，得并卖口分田。已卖者，不复授。死者收之，以授无田者。凡收授皆以岁十月。授田先贫及有课役者。凡田，乡有余以给比乡，县有余以给比县，州有余以给近州。"[3] 唐代实行的均田制，是封建土地国家所有制，是建在隋末战乱之后，国家控制着大量无主荒地的基础上的。唐制规定，18 岁以上的男子，每人可分得 100 亩田地，其中 80 亩为口分田，田地主人死后归还国家，再分给无地人家；20 亩为永业田，田地主人死后可由子孙继承。老人以及残疾人，

---

① 《隋书·食货志》。

② 《隋书·高祖纪》。

③ 《新唐书·食货一》。

每人可分到 40 亩，寡妇以及妾，可分到 30 亩，如果是户主，还可多分 20 亩，都以 20 亩为永业田，其余为口分田。永业田，可以栽种榆树、枣树、桑树以及其他适宜的树木。唐制在实施均田制时还区分按上述规定足够分到田地的为宽乡，无法全部分到田地的为狭乡，狭乡授田，按上述宽乡授田的一半授给。如果土地贫瘠需要轮耕的，加倍授给。工商业者，宽乡按一半授给田地，狭乡不授给。口分田和永业田一般不能买卖，永业田如遇到受田者迁徙或贫无以埋葬亲人的情况，可以买卖。口分田如遇到狭乡迁往宽乡，可以买卖。但是，卖田者国家不再授给田地了。凡是收回或授予田地，均在每年十月份进行。授田时如田地不够，贫困户和承担劳役的民户，可优先授给田地。授田时，田地多余的乡可调剂给附近田地不够的乡，田地多余的县可调剂给附近田地不够的县，田地多余的州可调剂给附近田地不够的州。国家尽可能满足广大民众对土地的要求，做到地无遗利，人无遗力，使土地与劳动力配置合理，充分发挥土地和劳动力潜力，从而促进农业生产的发展。

唐代均田制还规定了贵族与官员的授田：从亲王到公侯伯子男，授田数从 100 顷至 5 顷不等；在职的官员，从一品至九品，授田从 30 顷至 2 顷不等。此外，各级的官员还有职分田，用地租补充，作为俸禄的一部分。贵族和官员的永业田、赐田可以买卖。

初唐实行均田制，使土地与劳动力得到较好的配置，提高了农民的生产积极性和土地的利用率，推动了社会经济的发展。武则天时期，由于经济不断发展，人口数量持续增加，导致狭乡民众无田可授，只得往宽乡迁移，但是宽乡的田地也是有限的，不足以满足日益增多的人口对土地的需求。因此，国家必须增加垦田面积来解决人口持续增加情况下坚持推行均田制的问题。在当时这种情况下，唐政府鼓励民众从狭乡迁往宽乡，并动员民众开垦荒地，尤其重视在地广人稀的边疆开荒屯田。在各级官吏的切实推行下，武周时期均田制的受田率超过 26%，与贞观年间基本相等，但武周时期全国人口要比贞观时期更多，[①] 这说明武周时期增加可耕之田以解决均田制田地不足授给问题取得明显的成效。

初唐的均田制虽然是继承了北魏以来的均田制，但由于历史条件的不同，特别是土地私有制的发展和国家占有土地的减少，以及社会阶级状况的变化，产生了一个新的发展，使整个授田制度更加精细化。土地占有的等级规定更加层次分明和多种多样，以民户而论，年龄、职业、家庭、身份、性别、健康状况以及区域（宽乡、狭乡）之别，都成为占有不同数量土地的根据。

初唐在赋役制度方面实行租庸调法和减免赋役之法。武德二年（619 年），朝廷初定租庸调法，规定每年每丁租二石，绢二丈，绵三两，"自兹以外，不得

---

① 王怀双：《论武则天当政时期的经济形势》，载《唐都学刊》2005 年第 6 期。

横有调敛"。① 武德七年（624 年）又颁布了更为详细全面的规定："每丁岁入租粟二石。调则随乡土所产，绫、绢、絁各二丈，布加五分之一。输绫、绢、絁者，兼调绵三两；输布者，麻三斤。凡丁，岁役二旬。若不役，则收其庸，每日三尺。有事而加役者，旬有五日免其调，三旬则租调俱免。通正役，并不过五十日。若岭南诸州州税米，上户一石二斗，次户八斗，下户六斗。若夷獠之户，皆从半输。蕃胡内附者，上户丁税钱十文，次户五文，下户免之。附经二年者，上户丁输羊二口，次户一口，下，三户共一口。凡水旱虫霜为灾，十分损四已上免租，损六已上免调，损七已上课役俱免。"②

唐初租庸调制最大的进步是受田农民可以输庸代役，即不愿服役的农民可以交绢、布代替徭役，每日徭役可以交纳三尺绢代替。这使农民可以支配自己的劳动时间，并使自己对封建国家的人身依附关系减弱。

武德年间，高祖李渊还几次宣布减免赋役，颁布了《罢差科徭役诏》《申禁差科诏》等诏书。这对于经过隋末战乱流离失所、贫困潦倒的农民来说，是十分必要的，民众通过休养生息，有利于促进农业的恢复与发展。

唐初实行的"义行简静""使获安静"，"蠲减徭赋""特蠲徭赋"，其目的就是使农民"欲其体息，更无烦扰"，从而"使务农桑""自修产业"。这与西汉初期实行的"清静无为"，让民众休养生息政策，如出一辙，从而为后来的贞观之治、开元盛世奠定了基础。

（2）杨炎两税法思想

杨炎（727—781），字公南，凤翔府天兴县（今陕西凤翔县）人。唐朝宰相、财政改革家、诗人，两税法的创造和推行者。唐代宗时，历任礼部郎中、知制诰、中书舍人。因与宰相元载有戚谊，而受其提拔。元载被杀后，贬为道州司马。唐德宗李适即位后，受宰相崔佑甫举荐入朝，官至门下侍郎、检校左仆射、同平章事。建中二年（781 年），为卢杞陷害，贬为崖州司马，旋即赐死。后来昭雪复官，追谥"平厉"。

唐中叶以后，均田制度的瓦解，农民的大量逃亡，使唐政府系之于丁身的租庸调制再也无法维持了。建中元年（780 年），宰相杨炎建议推行两税法：

（其年）八月，宰相杨炎上疏奏曰："国家初定令式，有租赋庸调之法，至开元中，玄宗修道德，以宽仁为治本，故不为版籍之书，人户浸溢，堤防不禁。丁口转死，非旧名矣，田亩移换，非旧额矣，贫富升降，非旧第矣。户部徒以空文，总其故书，盖非得当时之实……则租庸之法，弊矣。迨至德之后，天下兵起，始以兵役，因之饥疠，征求运输，百役并作。人户凋耗，版图空虚，军国之用，仰给于度支、转运二使，四方大镇，又自给于节度团

① 《唐会要》卷 83《租税》。
② 《旧唐书·食货志》。

练使，赋敛之司，增数而莫相统摄。于是纲目大坏，朝廷不能覆诸使，诸使不能覆诸州。四方贡献，悉入内库。权臣猾吏，缘以为奸，或公托进献，私为赃盗者，动以万计。有重兵处，皆厚自奉养，正赋所入无几。吏之职名，随人署置，俸给厚薄，由其增损。故科敛之名凡数百，废者不削，重者不去，新旧仍积，不知其涯。百姓受命而供之，旬输月送，无有休息，吏困其苛，蚕食于人。凡富人多丁，率为官为僧，以色役免。贫人无所入，则丁存，故课免于上而赋增于下，是以天下残瘁，荡为流人，乡居地著者，百不四五，如是者迨三十年。"炎遂请作两税法，以一其名。曰："凡百役之费，一钱之敛，先度其数，而赋于人，量出以制入。户无主客，以见居为簿，人无丁中，以贫富为差，不居处而行商者，在所州县税三十之一，度所取与居者均，使无侥幸。居人之税，秋夏两征之，俗有不便者，正之。其租庸杂徭悉省，而丁额不废，申报出入如旧式。其田亩之税，率以大历十四年垦田之数为准，而均征之。夏税无过六月，秋税无过十一月，逾岁之后，有户增而税减轻及人散而失均者，进退长吏。而以度支总统焉。"德宗善而行之。[1]

杨炎的有关两税法的奏疏，又见于《旧唐书》卷118《杨炎传》和《新唐书》卷145《杨炎传》，此是历史上有关杨炎两税法比较翔实的记载。这里，笔者以此为主要依据，再结合其他一些史料，对杨炎两税法所包含的思想做一简要分析。

其一，两税法所提出的税收总原则是"量出以制入"。中国古代至迟从西周开始，国家的税收总原则是"冢宰制国用，必于岁之杪，五谷皆入，然后制国用。用地小大，视年之丰耗，以三十年之通制国用，量入以为出"[2]。"量入以为出"成为西周至唐代两千多年来历代政府税收政策的圭臬。杨炎的两税法则提出了与"量入以为出"相反的税收总原则，这就是政府先预算开支以确定赋税总额，然后再把这一数额分配到各州县进行征收。这里的"度"就是预算，预算出每年需要支出的数额。具体而言，当时唐中央政府是以大历十四年（779年）各项税收所得钱、谷数，作为户税、地税的总额分摊于各州；各州再以大历年间收入钱、谷最多的一年，作为两税的总额分摊于各地，这就是上引奏文中所说的"其田亩之税，率以大历十四年垦田之数为准，而均征之"。杨炎两税法中提到的"量出以制之"税收总原则虽然不能与现代财政中的量出而入原则同日而语，但其一反传统"量入以为出"的思维路径却是大胆而新颖的，并对于解决当时税收中的弊端"四方贡献，悉入内库，权臣猾吏，缘以为奸，或公托进献，私为赃盗者，动以万计。有重兵处，皆厚自奉养，正赋所入无几。吏之职名，随人署置，俸给厚薄，由其增损"等，起了一定的作用，即以国家的法令，

① 《唐会要》卷83《租税上》。
② 《礼记·王制》，中华书局十三经注疏本。

明确将征敛总数，限定在一个额定的数目之内，从而既保证朝廷的收益，又能约束地方的肆意征敛和支出。

其二，以土地、资产多少作为纳税数量的依据，使税额负担趋于公平合理。杨炎两税法针对当时"凡富人多丁，率为官为僧，以色役免。贫人无所入，则丁存，故课免于上而赋增于下，是以天下残瘁，荡为浮人，乡居地著者，百不四五"的税负不合理造成大量民众逃离家园成为流民的现象，提出改变原来租庸调制下"以丁身为本"的纳税依据。在唐朝前期，租庸调制下"以丁身为本"的纳税依据是以均田制为基础的，所以其依据虽为丁身，其实也就是以每丁分到的国家田地数量作为纳税的依据。但是随着均田制日益遭到破坏后，土地占有情况愈来愈不平均，再以丁身为纳税依据越来越显出其不合理性，即许多人失去了土地却仍然还要交纳繁重的税收，而少数大地主地广丁多，但却通过为官为僧逃避税收。对此，两税法规定："户无主客，以见居为簿，人无丁中，以贫富为差，不居处而行商者，在所州县税三十之一，度所取与居者均，使无侥幸……在户增而税减轻及人散而失均者，进退长吏。"换言之，两税法"唯以资产为宗，不以丁身为本，资者少者则其税少，资产多者则其税多"①。这就是地税按亩征收谷物；户税按户等高低征钱，户等高的出钱多，户等低的出钱少。如果没有土地而租种地主土地的人，就只交户税，不交地税。对不定居的商贾征税 1/30（后改为 1/10），使与定居的人负担均等。两税法"以资产为宗"纳税，不管土户、客户，只要略有资产，就一律得纳税。尤其是贵族官僚原来也得负担户税和地税，两税法主要是由户税、地税发展来的，所以贵族、官僚也得交纳。这多少改变了贫富负担不均的现象。同时由于富人资产多、土地多要多交税，贵族、官僚也要交税，无形中开辟了税源，扩大了纳税面，即使国家不增税，也会大大增加财政收入。

其三，两税法简化了税制。两税法实施前，为应对财政危机，唐朝的苛捐杂税逐渐增多，"科敛之名凡数百，废者不削，重者不去，新旧仍积，不知其涯"。对此，两税法规定："其租庸杂徭悉省，而丁额不废，申报出入如旧式。"两税法是合各种赋税为一体的税收制度，它以户税、地税为基础，把其他各种杂税吸收进来，统统以两税的形式来征收，所以王夫之称"两税之法，乃取暂时法外之法，收入于法之中"②。初行两税法时，规定"其比来征科色目，一切停罢"，"此外敛者，以枉法论"③；"今后除两税外，辄率一钱以枉法论"④。经过这一改革，原先的租、庸、杂徭及各项杂税等全部省并，不再另行征收，纳税项目比以

---

① 《翰苑集》卷 22 《均节赋税恤百姓》。

② 《读通鉴论》卷 228。

③ 《唐会要》卷 83 《租税上》。

④ 《旧唐书·德宗上》。

前减少。

两税法还规定了纳税的时间与期限："居人之税，秋夏两征之，俗有不便者正之"；"夏税无过六月，秋税无过十一月"。由此可见，两税法每年分两次征税，夏税征收不得超过六月份，秋税征收不得超过十一月。两税法征税时间十分明确集中，纳税手续简便易行，改变了过去征税时间过长，征税手续烦琐而影响工作效率的状况。因此，当时人说，实行两税法，"天下便之"。

但是，两税法在实施过程中也产生了一些弊端。其一，税外加征，使人民负担逐渐加重。如前所述，按两税法最初规定，各项赋税均已纳入两税之中，如额外再征敛者以枉法论处。但是两税法行之未久，政府财力匮乏，便又巧立名目，加征税课。如建中二年（781 年）五月，"以军兴，增商税为什一"①。三年（782 年），淮南节度使陈少游请在本道两税之上，每千钱附加二百文，得到唐德宗批准，并下令各道一体实行②。贞元八年（792 年），剑南西川节度使韦皋又奏请加征十分之二的税额。其二，两税法折钱纳物，使人民的税负随币值的波动而波动，负担不稳定。两税法之前，作为正税的租庸调完全交纳实物，仅作为其补充的户税交纳铜钱。两税法则实行以钱来做预算，用钱计定后，再折纳成实物。这就是"定税计钱，折钱纳物"；"定税之数，皆计缗钱，纳税之时，多配绫绢"③。由于当时商品经济发展水平的限制，大多数农民手上缺乏货币，"所征非所业，所业非所征，遂或增价以买其所无，减价以卖其所有。一增一减，耗损已多。且百姓所营，唯在耕织，人力之作为有限，物价之贵贱无恒。而乃定税计钱，折钱纳物，是将有限之产，以奉无恒之输"④。尤其是两税法实行初期，钱轻物重，物价较高，后来由于物价不断下跌，货币岁税不变，造成钱重物轻，人们无形中多承担了税额。正如陆贽所指出的："往者纳绢一匹，当钱三千二三百文，今者纳绢一匹，当钱一千五六百文，往输其一者今过于二矣。虽官非增赋，而私已倍输，此则人益困穷。"⑤ 正是在各方面的压力之下，两税法在实行 20 余年之后，以钱计税的做法渐渐被取消了，还原为过去的实物计税。其三，在全国各地区配赋不均。两税法以大历十四年的垦田数为准，各州各道按照所掌握的旧有数额进行摊派，但由于唐中叶以来的战乱频仍，田亩数变化很大，而当时各地区仍以旧额摊派赋税，显然会导致各地区配赋不均。其四，资产难以估算。两税法是按户等纳税，唐朝三年一定户等，三年之中，户等升降很大，户等却不能随时调整，而户等依据资产而定，资产有动产和不动产之分，而动产的数额就很难准确估计。

---

① 《资治通鉴》卷 226。
② 《旧唐书·德宗上》。
③ 《翰苑集》卷 22《均节赋税恤百姓第一条》。
④ 《翰苑集》卷 22《均节赋税恤百姓第一条》。
⑤ 《翰苑集》卷 22《均节赋税恤百姓第一条》。

尽管两税法在实行过程中或多或少存在着一些弊端，但是从总体上说，其思想和实践是唐代政治经济发展的必然产物，是适应于当时均田制、租庸调制瓦解、土地集中、商品经济有一定发展的社会现状。杨炎在两税法中提出了与传统"量入以为出"相反的"量出以制入"原则；纳税依据一改"以丁身为本"为"以资产为宗"，使税负更加合理；同时大大简化了税制，提高了工作效率，所有这些对唐后期社会及历代税制产生了深远的影响，成为中国封建社会赋税制度发展中的里程碑。

（3）崔融反对"税关市"思想

崔融（653—706），历任唐高宗、武则天及唐中宗三朝，前后任宫门丞、太子侍读、凤阁舍人、国子司业等，因擅长文辞，曾在武周时"知制诰"。

武周长安三年（703年），负责财政的朝臣提出"税关市"，建议对坐商及过关商旅普遍征税。崔融上书反对税关市，其内容有以下6个方面：

其一，崔融指出，历史上所谓"关市之税"，从来只是对工商业者征收的赋税，而现今朝臣提出的"税关市"却"不限工商，但是行人尽税者"。[①] 这是毫无根据的"任情"之法，只会贻笑当世，垂弊后人。

其二，崔融认为，工商业是社会分工的必要部分，如征关市之税，使工商者不能安于其业，无法谋生，"久且为乱"，必将影响社会秩序安定。

其三，崔融进一步指出，关市均为关隘、交通要道之地，"关必据险路，市必凭要津"，而过往商人，尤其是那些富商大贾，多是有组织、有行帮的外出经商，具有一定的势力。如政府实行关市征税，影响他们的贩卖，触犯他们的利益，可能会引起他们的反抗；如在边境地区征收关税，还有可能引起民族矛盾纠纷，影响边境安定，不但增加不了多少关税收入，反而招致"军国益扰"。

其四，同时，崔融认为，关津征税，必然阻碍交通，影响车船来往，妨碍商品交流，对国民经济和民众日常生活带来不利影响。他指出，当时唐朝南北贸易已经十分繁荣，尤其是贯穿南北大运河的修建，使全国水运相连，"天下诸津，舟船相聚，旁通巴汉，前指闽越，七泽十薮，三江五湖，控引河洛，兼包淮海，弘舸巨舰，千轴（舳）万艘，交贸往还，昧旦永日"。如果政府在各江津河口，设置机构查验征税，必然阻滞舟船通行，再加上官吏索贿留难，更会造成河道堵塞，使"万商废业，则人不聊生"，甚至连商人之外的各种人也受到不利的影响。

其五，崔融还援引历史上不征关市之税之例来为自己反对关市之税提供依据。他指出，关市之税，秦汉以来向不实行，秦皇"不用"，汉武"勿取"，"魏、晋渺小，齐、隋龌龊，亦所不行斯道者也"。人们对不征关市之税已经习以为常，积久相安，政府如果强行征收这种千年未行的关市之税，实是"变法

---

① 《旧唐书·崔融传》，本目引文未注出处者，均见于此。

为难"，必然引起不必要的纷扰。

其六，崔融还认为，当时唐朝处于太平盛世，"广轮一万余里，城堡清夷，亭堠静谧"，并无大量增加财政收入的需要。这时的国家政策应是轻徭薄赋，藏富于民，等到有军国急需时再加增关市之税。

另一方面，我们也必须看到，崔融由于受封建社会传统的"重本抑末"思想的影响，并不完全否定征收商税，认为"依本者恒科，占末者增税"是"先王之道"。只是当时人们建议的关市之税不可行，而且如果要实行起来，应当是"唯敛出入之商贾，不税来往之行人"。他之所以反对当时关市之税，主要是认为实行关市之税在当时是弊大于利。简言之，当时唐朝处于太平盛世，没必要增加财政收入，而且如真的实行关市之税，对国家也没多大益处，反而影响工商业者的生存，影响社会安定，妨碍商业贸易，阻塞交通，影响国民经济发展和广大民众的生活。总之，崔融的反关市之税思想是符合盛唐时期经济发展的实际需要，对促进工商业的发展，促进社会经济的进一步繁荣，是有积极作用的。

（4）陆贽的赋税思想

陆贽（754—805），字敬舆。苏州嘉兴（今浙江嘉兴）人。唐朝著名政治家、文学家、政论家，为溧阳县令陆侃第九子，人称"陆九"。陆贽为唐代宗大历八年（773年）进士。唐德宗即位，由监察御史召为翰林学士。"泾原兵变"后，随德宗出逃奉天，起草诏书，情词恳切，"虽武人悍卒，无不挥涕激发"。贞元七年（791年），拜兵部侍郎。贞元八年（792年），迁中书侍郎、同平章事。为相时，指陈弊政、废除苛税。贞元十年（794年），遭构陷罢相。去世后追赠兵部尚书，谥号"宣"。

陆贽为中唐贤相，其学养才能、品德风范，深得当时及后世称赞。工诗文，尤长于制诰政论。所作奏议，多用排偶，条理精密，文笔流畅。有《陆宣公翰苑集》及《陆氏集验方》传世。

陆贽赋税思想的出发点是他的"养民"思想，他根据《周易》"何以聚人曰财"的论述，认为财是民之所赖。他指出："人者，邦之本也；财者，人之心也"，"其心伤则其本伤"。[①] 如果治国不能以财聚人，必致伤人心而动摇国本。为了防止伤人心而动摇国本，即"心伤""民伤"以至"根底蹶拔"，他主张必须"养民"。这是治国理政之首务，"建官立国，所以养人也"，[②] "立国而不先养人，国固不立矣"。陆贽在赋税、财政问题上的议论，即围绕他的"养民"这个思想核心展开的。他着重阐明了"养民"和"资国"（财政税收）之间的关系，对当时赋税制度中有害于"养民"的诸多弊端予以批评，同时提出许多"养民"的改革措施。

---

① 《翰苑集》卷21《论两河及淮西利害状》。
② 《翰苑集》卷22《均节赋税恤百姓》，本目以下引文未注出处者，均见于此。

在"养民"与"资国"的关系上，陆贽作了较透彻的分析："建官立国，所以养人也；赋人取财，所以资国也。明君不厚其所资，而害其所养。故必先人事，而借其暇力；先家给，而敛其余财。"在此，他认为，"资国"须以"养民"为先，"资国"为后，"资国"不能有害于"养民"。国家的赋税征收必须以养民所需生活资料之外的剩余部分作为来源，换言之，即先要保证人民生活的需求，然后再根据其剩余数量进行征收。国家的徭役征发也是如此，先要保证人民的生产时间，然后再根据其剩余的时间进行征派徭役。在此，陆贽精辟地揭示了如何正确处理保障民众基本生活条件与国家赋税征收、徭役征发的关系，用今天的话来说，即社会总产品初次分配与财政再分配之间的关系，其所言的"暇力""余财"则涉及财政分配的对象问题。如果在初次分配中，不能为简单再生产提出足够的生产资料和生活资料，则意味着简单再生产的进行将遭到破坏。社会产品初次分配对简单再生产的这种影响决定了它在整个社会产品分配中的地位。包括财政分配在内的社会产品再分配必须首先保证社会产品初次分配的顺利进行，不得妨碍初次分配。陆贽的先"养人"后"资国"和"不厚其所资而害其所养"等思想理念，与社会产品初次分配和再分配之间的规律性是一致的。社会产品的初次分配是解决社会简单再生产的条件和需要问题，其中包括解决劳动力再生产的"养人"问题，而社会产品的再分配则包含满足国家财政需要，即"资国"的问题。社会产品再分配中的财政分配其绝对、最高的限界是不能超过社会剩余产品，即陆贽所说的"余财"，即赋税的征收只能低于这个限界。否则，社会简单再生产就无法维持，不但民众维持不了基本生存和生产条件，而且国家财政也失去了基础，国家的统治秩序也无法维持下去。

在陆贽之前，中国古代早在先秦时期就有人思考过民生与国家财政的关系，其中最著名的就是"百姓足，君孰于不足"的论点，已经明确指出百姓的财富决定国家的财政状况，实际上已经暗含着民生经济是国家财政的基础的认识。从先秦以来，儒家传统的轻税思想，正是建立在这种认识的基础之上。即国家减轻税收，百姓富足了，国家税源充足，何患财政会不富足。但是，儒家的轻税思想，却从来没有为轻税确定一个合理的量化标准。先秦儒家把周朝的什一之税作为轻税标准，这虽然在当时可称为轻税，但在理论上却是没有根据的。汉代文景之治时实行三十税一，打破了先秦儒家什一之税的轻税标准。在陆贽之前，只有《管子·揆度》提出征税时要以保证农民"三其本"为限度，即要在保证农民补偿生产资料耗费和获得必要的生活资料的前提下进行征税。这才开始触及只应对剩余产品征税的问题。但"三其本"概念本身非常模糊、不确切，它只是模糊地触及对剩余产品征税的问题，远未能从理论上把财政税收标准问题讲清楚。陆贽在民生与财政税收关系上提出先养人，后资国的原则，并具体主张"先家给，而敛其余财"，已经明确地把民生经济与财政税收的关系，社会产品初次分配和再分配的关系，以及财政分配的对象和财政税收的绝对限界，从理论上揭示出来了。这在一千多年前的封建社会时代，能够达到如此合乎科学的理论表述，是相当难能可贵的。

陆贽的"先人事而借其暇力，先家给而敛其余财"的思想，在当时的历史条件下，不仅具有理论上的创新价值，而且具有实践上的意义。在古代封建社会农业经济条件下，由于科学技术条件的限制，社会生产力水平很低，社会剩余产品的数量十分有限。但是，另一方面，封建国家政权机构又十分庞大，再加上以皇帝为首的统治集团穷奢极欲、穷兵黩武等，仅靠对民众剩余产品的征收往往难以满足封建国家财政支出的需要。事实上，封建国家的赋税征收通常已包括一部分社会必要劳动产品。有时，税收中这部分社会必要劳动产品的比例还较大。民众因赋税负担过重而难以生存，倾家荡产，卖儿鬻女，甚至在灾荒之年因饥寒而死亡。正因为如此，陆贽在理论上将国家财政税收、征发徭役的最高界限限制在征收"余财"征发"暇力"之内，其现实意义是非常巨大的。

陆贽在此认识的基础上，进一步指出，如果按"先人事而借其暇力，先家给而敛其余财"的原则征收赋税征发徭役，不仅不会造成国家财力、物力和人力的不足，而且反而使国家和人民兼足。"先人事而借其暇力，先家给而敛其余财；遂人所营，恤人所乏。是以官事无阙，人力不殚；公私相全，上下交爱"。在此，他认为，能使民众"家给"，他们从事生产的积极性就会提高，社会经济就会得到快速的发展，社会财富就会大量增加，不仅民众社会必要产品需求得到满足，而且还会有充足的剩余产品，作为国家的赋税收入。不论民众还是国家，都很富足，社会和谐安定。

陆贽不仅以"余财""暇力"为界限来论述自己的财政收入主张，而且对财政支出提出"量入以为出"的原则。"量入以为出"是自先秦周朝以来历代王朝所奉行的财政支出原则，尤其是被具有传统的儒家思想的政治家、思想家奉为圭臬。陆贽之所以反对杨炎实施两税法时提出的量出制入的财政原则，而重申传统的"量入以为出"原则，主要是针对当时朝廷庞大的军费开支和封建统治者的纵欲无度、苛敛日增的事实而发的。陆贽重申"量入以为出"原则时，唐德宗在位已经十余年，两税制也已实施十余年，在这十余年间，百姓赋税负担日增。唐德宗建中初年，以（代宗）大历一年科率钱谷最多者，便为两税定额，正税的税额已达到历史最高水平，而不断加码的苛捐杂税又使百姓的赋税负担在十几年中"再益其倍"。尽管百姓的负担已经十分沉重，但国家财政却仍然感到"用常不足"。陆贽认为，出现这种财政入不敷出的原因在于统治集团的不顾社会经济条件的限制，纵欲无度。"事逐情生，费从事广，物有剂而用无节，夫安得不乏乎！"他指出，国家财政收入源于百姓的辛勤劳动。"绮丽之饰，纨素之饶，若不出编户之筋力膏髓，将安所取哉！"而百姓劳动所创造的物质财富受地力、人力的制约，是很有限的。"地力之生物有大数，人力之成物有大限。"国家如"取之有度，用之有节，则常足；取之无度，用之无节，则常不足。"在当时科技条件的限制下，社会生产的有限性是很难通过人力在短时期内改变的，而国家的财政支出多少却完全可以由人控制。因此，陆贽认为，解决财政经费不足的路径在于坚持"量入为出"原则。"生物之丰歉由天，用物之多少由人，是以圣王量入以为出，无量出以为入。"他清醒意识到，如果朝廷不顾社会经济的客观条件限制，横征暴敛，强取豪夺民财，必将使国家陷入危险的境地。他告诫皇帝，切莫"但忧财利之不足，罔虑安危之不持"。

陆贽从其"养民"的核心思想作为出发点，重申传统的"量入以为出"的国家财政原则，反映了他对当时封建统治者纵欲无度、聚敛无已的大胆揭露、批判以及对这种行为加以限制的企图，他的这种关心民生疾苦的民本主义思想在当时是符合客观实际的，是很有必要的，对于限制统治者的纵欲无度、肆意挥霍，横征暴敛是有一定的制约作用，因此具有积极的历史意义。如果在当时的社会经济条件下，按照杨炎量出制入的财政原则，那更为封建统治者的肆意挥霍、聚敛无已找到了借口，他们可以出多而入少为理由，多方罗掘收入，任意搜刮人民，而不受任何法律、制度乃至舆论的限制和约束。而当时的藩镇割据战乱、庞大的军费开支以及官吏贪得无厌的诛求已经使民众不堪沉重的赋税负担，如再按量出以制入的原则进行征敛，将会使民不聊生，激起民众的反抗，唐王朝将会陷入岌岌可危的境地。因此，只有重申"量入以为出"的财政收支原则，才能在一定程度上约束挥霍无度、横征暴敛，使财政收支趋于平衡，唐王朝转危为安。

陆贽在此认识的基础上，对租庸调制持完全肯定的态度，而否定两税法。他认为，租庸调制是理想的税制，"其取法也远，其立意也深，其裁规也简，其备虑也周"。在这种赋税制度下，"天下为家，法制均一。虽欲转徙，莫容其奸。故人无摇心，而事在定制"。他将租庸调制的瓦解归因于"时弊"，而租庸调制本身是无可指摘的，当时是战乱、庞大的军费开支以及官吏贪得无厌的诛求使之被废止。"天宝季年，羯胡乱华……版图隳于避地，赋法坏于奉军"，"兵兴之后，供亿不恒，乘急诛求，渐隳经制。此所谓时之弊，非法弊也"。

另一方面，陆贽对两税法则持否定的态度，针对两税法实行之初，确定赋税征收总额时，"取大历一年科率钱谷最多者，便为两税定额"，指责这种做法是"采非法之权令，以为经制；总无名之暴赋，以立恒规"。陆贽的这种指责是事出有因的。因为，在通常情况下，封建王朝如要对某一赋税征收确定额数时，往往是取某一赋税征收近3至5年数额的平均数，这样所定额数比较客观公正，不至于偏高偏低。而两税法实行之初，则取代宗大历年间最高额数作为定额，这个定额比几十年前唐代租庸调正常实行时增加了许多，可以说是正税的税额已达到历史的最高水平。这难免被陆贽严厉指责为"采非法之权令"，"总无名之暴赋"。另一方面我们也必须看到，两税制明令宣布在此定额之外，其他一切杂征均一律停罢，而且以后永远不许再有其他杂征。这意味着两税法企图把混乱的、任意的赋税征敛制度化、固定化。但令人遗憾的是，既然两税法的基本财政税收原则是"量出以制入",国家可以根据财政支出的需要确定收入,所以朝廷在事实上并没能真正做到永远不许再有其他的杂征。

自北魏孝文帝改革以来,我国历史上出现了一种新的土地制度和建立在其上的租税制,即均田制及租调制。租调制(后变为租庸调制)成为一种比较稳定、完善的租税制,一直延续到唐朝中期。由于它是建立在均田制基础上的,所以当唐中后期均田制逐渐遭到破坏时,租庸调制失去了继续存在和实行的基础,也逐渐瓦解。其实,从某种意义上说,当时人们并不认为租庸调制有什么不合理的地方。因此,陆贽认为,当时租庸调的废罢,不是其本身的"法弊",而是"时弊",即时代造成的,具体而言,就是均田制遭到破坏和因战争朝廷的横征暴敛。

与此同时,陆贽对两税法持有不同看法,其对两税法的批评主要集中两个方面,一是反对两税法按财产多少征税,二是不赞成征收货币税或以货币为计税标准。

对于两税法按资产多寡征税,陆贽提出3点反对意见:其一,他认为,人们的财产是劳动创造的。而人与人在能力、勤惰、工拙方面有很大的差别。勤快而聪明的人,财产必然较多;相反,懒惰而笨拙的人,财产必然较少。如果国家按财产多寡征收不同的税收,财产多者多收,财产少者少收,那岂不是奖励懒惰笨拙之人,而惩罚勤快聪明之人?因此,陆贽认为,还是租庸调制下的按人丁纳税的办法有利于奖励勤快聪明惩罚懒惰笨拙,并使百姓附着于土地上。"夫财之所生,必因人力。工而能勤则丰富,拙而兼惰则窭空。是以先王之制赋入也,必以丁夫为本。不以务穑增其税,不以辍稼减其租,则播种多;不以殖产厚其征,不以流寓免其调,则地著固;不以饬励重其役,不以窳怠蠲其庸,则功力勤。如是,然后能使人安其居,尽其力。虽有惰游不率之人,亦已惩矣。"其二,他指出,财产的种类十分复杂,不同种类的财产其使用价值形态各不相同,其价值也有很大差异。有些财产,如金玉珠宝等奢侈品,价值很高,但易于藏匿,难以计征;有些财产,如粮食等农副产品,价值不高,但却很显眼,不易逃税。有些财产是死物,不会增殖;而有些财产,则很容易带来价值的增值。如对不同种类的财产按照同一标准纳税,则会造成在实际征税中税负的不公平,从而滋长人们为逃避税收而弄虚作假,隐匿财产。"曾不悟资产之中,事情不一。有藏于襟怀囊箧,物虽贵而人莫能窥;有积于场圃囷仓,直虽轻而众以为富;有流通蓄息之货,数虽寡而计日收赢;有庐舍器用之资,价虽高而终岁无利。一概计估算缗,宜其失平长伪。由是务轻费而乐转徙者,恒脱于徭税;敦本业而树居产者,每困于征求。此乃诱之为奸,驱之避役。闾井不得不残,赋入不得不阙。"其三,陆贽指出,两税法实施之初,不是以人们的实际财产负担能力为标准来分配各地区税负的,而是根据租庸调制下的最高赋税额定税的。这就造成赋税重的地区人口流向赋税轻的地区,使过去赋税重的地区税负更重,过去税轻的地区税负愈轻的不合理公平的现象。"创制之首，不务齐平，烦简有异，轻重相悬。不量物力所堪，惟以旧额为准。旧重之处，流亡益多；旧轻之乡，归附益众。有流亡，则已重者摊征转重；有归附，则已轻者散出转轻。高下相倾，势何能止？"

陆贽的反对按资产多少征税的3点理由，如细加分析，有的是似是而非，有的是有一定道理，但总的说来，不能作为推翻按资产多少征税的充分理由。其一，他说按资产征税会奖懒罚勤，打击生产者的积极性，这种情况只会在人人平均占有生产资料，而且其质量也完全相同的条件下才是正确的。在封建社会土地兼并严重、贫富分化悬殊的普遍情况下，拥有大量财产的富户主要不是靠勤劳聪明而发家致富的，而且靠拥有大量的土地或大量的商业资本等生产资料、剥削广大农民、佣工等而积聚了巨额的财富。因此，按财产多少征税相对比较公平，而且不会打击勤劳聪明者的生产积极性，反而会鼓励那些贫穷的勤劳聪明者积极生产，因为他们因贫困而少交税而增加自己的劳动所得。均田制下的租庸调制按人丁交纳赋税，由于均田制按人丁平均分配土地，所以其实按人丁交税也就是按土地交税。因此，杨炎的按财产多少交税，实质上正是适应了均田制破坏过程中土地兼并迅速发展的历史趋势，以使朝廷重新制定的税负更加公平合理。

其二，陆贽关于按财产多少交税会出现因不同财产的价值不易准确估算以及有的财产易于隐匿逃税而反对按财产多少征税，这的确是实施财产税操作上的问题。但是，我们不能因此而否定实施财产税，历史证明从人头税发展到财产税再到收入税是一个历史的趋势。另一方面，有的财产税容易隐匿逃税，但人头税也有类似的问题，历史上历朝都有出现通过隐匿人丁而逃避税收的现象，只是两者相比，隐瞒财产逃税更难以被发现罢了。

其三，陆贽所谓按均田制下的旧额确定各地赋税总额，旧额过重处仍然过重，旧额过轻处仍然过轻的问题，其实更不能作为一个反对实施按财产交税的理由。因为各地区税负不均问题与按人丁还是按财产征税孰优孰劣，是没有必然联系的。而且各地区税负不均问题可以通过重新评估确定各地区税负而得到解决。

两税法实施之初规定，户税纳钱，地税纳粟。但在实际征收时，户税可按时价折合成粟帛等实物交纳。对于这种以货币纳税或以货币为计税标准的做法，陆贽提出了反对的意见。其理由是：一是百姓劳动生产出的是各种物品，而不是货币，"谷帛者，人之所为也"；而货币则是"官之所为"。但是在现实社会生活中，官府一方面"以钱为赋"，要求人们以货币纳税，另一方面又"禁人铸钱"，即禁止民众私铸钱币。这种"所征非所业，所业非所征"的做法，迫使百姓"增价以买其所无，减价以卖其所有，一增一减，耗损已多"，无形中加重了百姓的赋税负担。隋唐时期，虽然商品经济有较快的发展，但是在自然经济占统治地位的封建社会里，绝大部分民众仍然过着自给自足的生活，即使较为富裕的人，家里有一些生产或生活资料剩余，但也缺乏货币。如果政府要求以货币纳税，民众只好贱价出卖自己的农产品，遭受商人的盘剥，承担更沉重的赋税负担。

陆贽不仅反对征收货币税，而且也不赞成以货币作为计税标准。他认为：
"人力之作为有限，物价之贵贱无恒"，也就是说，人们在一定时期内生产的物
品有限，而物价的贵贱变化则是无常的。在物价不稳定的情况下，以货币作为计
税标准，会使百姓的税收负担失去稳定性。当物价低时，百姓就要多卖生产品交
税，这时百姓的税收负担就要加重而无法承受；当物价高时，百姓就可少卖生产
品交税，这时国家税收实际上就少收了，势必使费用不够。总之，如以货币作为
计税标准，物价的涨跌，都会对公私中的一方造成不利的影响。这就是"纳物
贱，则供税之所出渐多，多则人力不给；纳物贵，则收税之所入渐少，少则国用
不充。公私二途，常不兼济"。因此，陆贽批评这种做法是"将有限之产，以奉
无恒之输"。

从历史的发展的大趋势来考察，从理论上讲，以货币税取代实物税是历史的
一大进步。但是，如将陆贽反对以货币作为计税标准的思想放在具体的历史背景
中加以分析，不难看出其主张又是符合历史的客观需要和民众的利益，以货币作
为计税标准的思想超越了当时的社会现实，大大加重了民众的赋税负担。隋朝时
期，商品经济发展速度较快。尤其是安史之乱后，土地买卖的禁令被打破，均田
制逐渐瓦解，土地兼并活动对商品经济的发展起了推波助澜的作用。随着商品经
济的迅速发展，流通领域对货币的需求量大为增加。但是，当时的钱币由于受到
铜开采量的限制，难以一时满足市场的需要。加上一部分钱币被官僚、豪绅和富
商大贾等作为财富窖藏，遂使市场流通钱币出现短缺，即历史上所谓的"钱
荒"。从中唐至北宋，社会上的"钱荒"愈演愈烈，使货币不断升值，而物价持
续走低。在两税法实施后的十几年中，货币升值幅度之大，令社会经济难以承
受，并加重了民众的赋税负担。据李贽所述，德宗建中元年（780 年）初定两税
之时，一匹绢折钱三千二三百文，而到了德宗贞元十年（794 年），一匹绢仅值
一千五六百文。15 年间，物价下跌了约 50%。假定国家税额为 1000 文的话，建
中元年，百姓只需织 3 匹绢就可完税，而仅过了 15 年，则需织 6 匹绢才够供赋。
在以货币作为计税标准的两税法下，15 年间，假定百姓的收入没有大的提高，
财产也没增加，但税负却加重了 1 倍！

陆贽所揭露的当时因征货币税以及以货币为计税标准而使民众税负加重 1 倍
的情况，在陆贽之后 20 多年的李翱也有类似的记述："初定两税，至今四十年
矣。当时为绢一匹钱四千，米一斗为钱二百。税户之输十千者，为绢二匹半而足
矣。今税额如故，而粟帛日贱，钱益加重。绢一匹价不过八百，米一斗不过五
十。税户之输十千者，为绢十有二匹然后可。"[1] 晚唐著名现实主义诗人白居易
也在《赠友诗》中吟道："私家无钱炉，平地无铜山。胡为夏秋税，岁岁输铜

---

[1] 李翱：《论事疏表》，载《全唐文》卷 634。

钱。钱力日以重，民力日已殚。贱粜粟与麦，贱贸丝与棉。岁暮衣食尽，焉得无饥寒。"① 可见当时的有识之士，均清醒地看到钱币贬值使征货币税以及以货币作为计税标准使百姓税负在 15—40 年之内增加至 1—5 倍，从而造成广大劳动人民陷入贫困甚至饱受饥寒的境地。因此，征收货币税和以货币作为计税标准的税制遭到当时关心民生疾苦人士的一致反对。尤其是其中的陆贽，显然其对货币税的反对，出自其"养民"的民本思想。

另一方面，我们也必须指出，从理论上说，陆贽以货币非百姓生产作为反对货币税的论据，是不能成立的。事实上，在任何时代，都不可能存在任何纳税人都自己制造货币用于纳税。当时出现广大民众缺乏货币纳税的主要原因是商品经济还不够发达，市场上钱币缺乏，在纳税期限迫促的情况下，广大百姓只得遭受奸商的压价盘剥，被迫贱价出售自己的农产品，从而无形中大大增加了自己的赋税负担，最终处于无法维持生存的境地。对此，陆贽提出要尽快稳定百姓的赋税负担："令所司勘会初纳两税，昔年绢布定估，比类当今时价。加贱增贵，酌取其中，总计合税之钱，折为布帛之数。"这就是将钱币与布帛比价固定在一个比例上，使其不受日常物价波动的影响，然后以固定价格折实征纳。实质上，这与当时实行的以钱计税，折征实物的办法并不矛盾，所不同的是以往是按不断变化的价格折征实物交纳，现在陆贽主张以不变的固定价格折征实物交纳。其目的在于使百姓在币值不稳的情况下能以固定的价格稳定百姓的税收负担。"如此则土有常制，人有常输……物甚贱而人之所出不加，物甚贵而官之所入不减。是以家给而国足，事均而法行。"这一建议当时如能付诸实施的话，的确能有效地避免因钱币增值而加重百姓的赋税负担，或因钱币贬值而减少国家的财政收入。但是，当时由于正处于"钱荒"而钱币大幅增值物价下跌的时期，封建王朝正好趁机通过征税加强对百姓财物的搜刮，所以当陆贽提出这一建议时，却遭到唐德宗的拒绝采纳。

最后，我们必须说明的是，陆贽虽然对两税法提出反对意见，但这种反对意见并不是要全盘否定两税法，使唐朝税制恢复到原来的租庸调制。陆贽反对两税制的奏议《均节赋税恤百姓》是在贞元十年（794 年），即两税制颁布 14 年之后提出的。当时，两税制在实施过程中出现了一些问题，陆贽针对这些问题，提出了补偏救弊的意见和建议。因此，他的出发点并不是要完全废除两税法，而是要进一步改进完善两税法。正如他一再强调的："伏知贵欲因循，不敢尽求厘革，且去其太甚，亦足小休"，"今欲不甚改法而粗救灾害，在乎约循典制，而以时变损益之"。如陆贽在建中元年开始实行两税法之时，也曾经提出改革赋税制度的建议，主张"阅稼以奠税，度产以衰征"，② 这与杨炎实行的两税法，都

① 《白香山集》卷 2。
② 《陆宣公全集·年谱》。

倾向于按资产多少征税，其理念是一致的。陆贽反对按资产征税，不在建中元年（780年）提出反对意见，而在两税法实施14年之后提出，也正说明他的初衷也是主张按资产征税，只是在实施14年之后，他发现了按资产征税的弊端，才提出改进的意见。此外，他反对两税法以货币为标准计税的规定，也是在两税法实施14年后，钱币大幅增值，物价下跌，百姓税负加重1倍的情况下提出的。他的救弊主张也并非从根本上取消以货币计税，而只不过把货币折实率以一个特定时期为标准固定下来，使百姓税负和国家税收不因物价波动而加重税负或减少收入，从而使国家赋税制度在实施中能正常合理地运行。陆贽反对两税法的主要意见就是上述按资产多少征税和以货币为标准计税这两个方面，由此可见他的本意是对两税法的具体措施进行改进和完善，而不是要完全废除它。

总之，如果我们现在简单根据陆贽反对两税法的思想而批评他怀旧、保守，那是有失公允的。但是，另一方面，从他将均田制和租庸调制说成是完美无缺的制度，认为它的崩坏只是由于"时弊"而非"法弊"来看，他对当时从租庸调制到两税法的变革，又怀有矛盾的心情，显然又不是像刘晏、杨炎那样锐意改革的人物。

（5）李翱的实物征税和轻税"得财愈多"思想

李翱（772—841），字习之，唐陇西成纪（今甘肃秦安东）人，西凉李暠后裔，北魏李冲十世孙。贞元年间进士，历任国子博士、史馆修撰、考功员外郎、礼部郎中、中书舍人、桂州刺史、山南东道节度使等职。曾从韩愈学古文，协助韩愈推进古文运动，两人亦师亦友。在思想上，李翱一生崇儒排佛，认为孔子是"圣人之大者也"，主张人们的言行都应以儒家的"中道"为标准。传世有《李文公集》

李翱在经济方面议论较多的是赋税问题，其主要观点有两个方面：一是反对赋税征钱，要求向农民征收粟、帛等实物作为赋税；二是主张轻税，认为轻税不仅能减轻农民赋税负担，而且从长远来看，会增加国家的赋税收入。

其一，主张实物征税。李翱反对两税法中向农民征收钱币作为赋税，主张恢复租调制中征收谷、帛等实物税。他认为农民本是百姓中最困苦的，"四人（士、农、工、商）之苦者，莫甚于农人"，[①] 而赋税征钱，又从两个方面大大加重了农民的困苦。一是农民所生产的是粟帛，并不生产钱币，在两税法规定中，国家向农民征收钱币作为赋税，农民只能在纳税时期，遭受商人的盘剥，纷纷被迫低价贱卖粟帛以换取钱币，用以纳税。这样，用钱币纳税比实物纳税，农民无形中多缴纳了粟帛实物，不言而喻，钱币纳税加重了农民贫困。他指出："钱者，官司所铸；粟帛者，农之所出。今乃使农人贱卖粟、帛易钱入官，是岂

①《李文公集·平赋书》。

非颠倒而取其无者邪？由是豪商大贾皆多积钱以逐轻重，故农人日困，末业日增。"① 二是当时实行两税法已经40年了，钱重物轻的现象愈来愈严重，农民必须卖掉比40年前多四五倍的粟、帛，才能完纳税额。李翱指出，实行两税法40年来，物价不断下跌，"粟、帛日贱，钱日益重"。② 40年前，原来一匹绢值4000钱，现在却跌至800钱；米1斗原值200钱，现在跌至50钱。这就意味着如按照40年前两税征钱的数额和40后的物价折算，农民必须多卖掉四五倍的粟、帛，才能换取到够交纳赋税钱币的数额。换言之，也就是说，由于40年来物价下跌四五倍，农民如果继续以钱币纳税，其赋税负担等于加重了四五倍。基于这两点理由，所以李翱主张改革两税征钱的规定，一律"不督钱而纳布帛"。③由于赋税收入为布帛，政府支出也应做相应的改变，使收支统统"以布帛为准"。④

其二，认为轻税"得财愈多"。自陆贽以来，唐朝反对两税征钱的人，多数都以两税征钱使农民贱卖谷帛和物价持续下跌导致农民必须多卖数倍谷帛才能完税为理由，李翱主张实物征税，其理由也是这两个方面，所以在理论和实践上并没有什么明显的创新。但是，他关于轻税能够增加财政收入的观点，在理论上却对传统的轻税思想有所突破。

自先秦以来，轻徭薄赋一直是儒家传统的经济思想。儒家把轻徭薄赋作为在经济上实行"仁政"的重要内容，认为轻徭薄赋减轻了百姓的赋税徭役负担，有利于百姓改善生活和社会生产的发展，从而能够得到百姓的拥护，有利于巩固政权。但是，先前儒家学者通常把轻徭薄赋称之为"损上益下"或"损上而归之于下"，⑤ 也就是说，轻徭薄赋会造成国家财政收入的减少和国用的不足，但是对百姓是有利的，能使百姓减轻赋税徭役负担，生活改善，生产发展，最终也符合封建王朝的长远利益，使政权巩固，长治久安。

李翱是韩愈的学生，师生俩都以正统儒家的继承人自居，他的轻税思想，也是在继承传统儒家轻徭薄赋思想基础上有所发展。他认为，轻税并不会"损上益下"，而是不仅"益下"，也会"益上"，即增加国家的财政收入，而不至于"损上"。"人皆知重敛之为可以得财，而不知轻敛之得财愈多也"。⑥ 这就是说一般人认为重税会增加财政收入，但他却认为轻税会比重税带来更多的财政收入。其理由是：当时的农业社会里，国家的主要税源是农业，而农业负担赋税的能力主要取决于耕地的状况。耕地数量多，耕作质量好，则税源充足，国家赋税

---

① 《李文公集·疏改税法》。
② 《李文公集·疏改税法》。
③ 《李文公集·论事疏表》。
④ 《李文公集·疏改税法》。
⑤ 《新语·辨惑》。
⑥ 《李文公集·平赋书》。

收入提高，就"得财愈多"；反之，土地抛荒多，耕作质量差，则税源萎缩，国家赋税收入就会减少，"得财愈少"。农民赋税负担的轻重，会影响其再生产能力，从而成为影响耕地数量及耕作质量的重要因素。轻税能使耕地数量增多，质量改善；重税则使耕地数量减少，耕作质量恶化。因此，轻税就能比重税"得财愈多"。"重敛则人贫，人贫则流者不归，而天下之人不来。由是，土地虽大，有荒而不耕者，虽耕之而地力有所遗。人日益困，财日益匮，是谓弃天之时，遗地之利，竭人之财……轻敛则人乐其生，人乐其生而居者不流，而流者日来。居者不流，流者日来，则土地无荒，桑柘日繁，尽力耕之，地有余利，人日益富，兵日益强，四邻之人归之如父母。虽欲驱而去之，其可得耶？"①

李翱在此提出，重敛会使农民贫困，农民贫困就容易流离失所，即使土地再广大，也是因无人耕种而荒废，即使耕种了，也不会有好的收成。相反，轻税则使农民安居乐业，就会长期安心在此勤于农业生产，即使流亡在外的人也会一天天归来，土地日益得到开垦，庄稼生长繁茂，年年获得好收成，百姓富足，军队强大，四周之人都来投奔，要将其赶走都难以做到。他的这一观点，是针对当时唐德宗以来赋税加重、农民无以为生、逃亡日益增多的现实而说的。

赋税负担的加重，除了钱重物轻的因素外，还由于当时税额和税种的增加。两税法刚制定时，曾有除了两税外禁止加征其他税收的规定，但是这种规定很快就为唐政府及其官吏自身所违反。唐德宗建中三年（782 年），也就是在两税法刚颁行两年之后，朝廷就从淮南开始，两税征钱每千文增收 200 文，并且很快推行于其他各道。贞元八年（792 年），剑南地区两税又增加 20%。盐税则从 100文逐渐增加至 370 文。在税额增加的同时，税种也在增多。在两税法开始后的当年，唐政府就背弃禁止税外加征的规定，对竹、木、茶、漆等商品，按什一税率征税。后来又开始开征间架税（房产税）、除陌钱（每千钱的交易额征收 20 税，后渐增至 50 钱）。除此之外，朝廷还巧出名目，实行所谓的"借商"，即对有万贯以上资产的大商贾，强制借其超过万贯之数的资产。

李翱在轻税的量化标准方面，主张实行先秦儒家所提出的什一税。他用了一系列的数据来证明：在当时的生产力条件下，一个州农民所生产的粟、帛，官府征收 1/10 作为赋税，足够满足全州财政开支方面的需要。"以贡于天子，以给州县凡执事者之禄，以供宾客，以输四方，以御水旱之灾，皆足于是矣。"② 如将一州估算推行于全国，什一税完全能够保证全国财政支出的需要。

唐中后期，李翱主张轻税，将千年之前的儒家什一税作为轻税量化标准，显然是针对唐德宗以来赋税不断增加的现实情况。李翱之所以将什一税作为轻税量化标准，这是因为当时百姓纳税负担已经大大超过了古代传统什一税的标准。

---

① 《李文公集·平赋书》。
② 《李文公集·平赋书》。

四、边疆少数民族政策思想

（一）隋代边疆少数民族政策思想

1. 隋文帝对边疆少数民族政策思想

隋文帝杨坚（541—604），弘农郡华阴（今陕西省华阴市）人。隋朝开国皇帝，即位后，在政治、经济等制度方面进行了一系列的改革。修订刑律和制度，使适合于南北统一后的中国。在中央实行三省六部制，将地方的州、郡、县三级制改为州、县两级制，由此巩固了中央集权。多次减税，减轻人民负担，促进国家农业生产，稳定经济发展。开皇九年（589年），派晋王杨广南下平陈，统一南北。隋文帝对周边各族，采取了军事上的防御和政治上的招抚政策，有效地处理了民族矛盾，被北方少数民族尊称为"圣人可汗"。开皇年间，隋朝疆域辽阔，人口达到700余万户。

隋文帝建隋之初，从西北到东北，突厥、吐谷浑、高丽等对隋王朝形成强大的弧形包围圈，他们屡犯边境。开皇二年（582年），"控弦之士四十万"的突厥大军进犯临洮、幽州、周盘，"纵兵自木硖、石门两道来寇，武威、天水、安定、金城、上郡、弘化、延安，六畜咸尽"[1]，对隋王朝造成巨大的威胁。隋文帝出身于北魏六镇，一家数代与鲜卑通婚，他对鲜卑等民族有着较为深刻的了解，能在一定程度上摒弃民族偏见，制定和推行了一系列开明的民族政策，如采用儒家政治伦理原则与他们相处；即使采用战争的手段，其目的也是以战止战，维护边境的安宁和稳定。杨坚能在短期统一全国，并将国家发展强盛，不仅与他在内政诸方面的改革关系密切，也与他采取的促进民族融合的灵活包容的治边策略密切关联。

首先，隋文帝无隔华夷，采取促进民族融合的治边策略。西晋灭亡后，匈奴、鲜卑、羯、氐、羌等西北和北方少数民族纷纷入据中原，先后建立了十六个少数民族政权，历史上称之为"五胡十六国"。尽管这些政权存在时间不长，但内迁的各民族长期与汉民族杂居，在生产生活过程中自然与汉族融合在一起了。鲜卑族的拓跋氏建立北魏后，为了巩固政权，魏孝文帝不得不推行全面的汉化政策。到了北周时期，内迁的少数民族与汉族进一步融合。杨坚身处鲜卑族和汉族相杂而成的关陇集团，他建立隋朝所倚重的大多是与鲜卑族有密切关系的汉人及汉化的鲜卑人，所以他的思想中自然形成华夷同重的观念。杨坚建隋后，虽曾两次下令改姓者都可以恢复原来的姓氏，但他顺应了魏晋南北朝以来民族融合的历史趋势，推行无隔华夷的民族政策，为其在短期内统一全国奠定了基础。杨坚在处理边疆民族关系时，实行民族融合政策，仁爱边民。他说："普天之下，皆曰

---

[1] 《隋书·突厥传》。

朕臣，虽复荒遐，未识风教，朕之抚育，俱以仁孝为本。"① 开皇元年（581年），吐谷浑扰掠凉州（今甘肃武威），为了平定吐谷浑，稳定西北，杨坚派元谐为行军元帅率领数万步骑兵前往讨平。他诏令元谐曰："公受朝寄，总兵西下，本欲自宁疆境，保全黎庶，非是贪无用之地，害荒服之民。王者之师，意在仁义。浑贼若至界首者，公宜晓示以德，临之以教，谁敢不服也！"文帝的诏令不仅阐明了出兵吐谷浑是为了"自宁疆境，保全黎庶"的目的，而且指示元谐应采取"晓示以德，临之以教"的抚绥方法。元谐遵照他的指令，在以武力打败吐谷浑之后，又"移书谕以祸福"，使得吐谷浑"名王十七人、公侯十三人各率其所部来降"②，从而实现稳定边疆、和境安民的目的。开皇九年（589年），文帝向全国发下诏书曰："往以吴越之野，群黎涂炭，干戈方用，积习未宁。今率土大同，含生遂性，太平之法，方可流行。凡我臣僚，澡身浴德，开通耳目，宜从兹始。"③ 明确指出在南北统一后，全国从"干戈方用"的战争时期转变到"率土大同"的和平时期，可以在全国实行"太平之法"。同年，杨坚为了完全控制岭南，派江州总管韦洸率军南进。他在给韦洸的诏令中云："若使干戈不用，兆庶获安，方副朕怀。"④ 韦洸遵照他的指示，率军进至广州，采取政治争取的策略，很快平定岭南二十四州。开皇十四年（594年），他又下诏，再次阐述了"天下大同，归于治理"⑤ 的思想。

隋文帝推行无隔华夷、促进民族融合的政策措施，积极招纳、安抚和争取周边各民族，取得了较好的成效，使得他们相继归顺、朝贡。开皇九年（589年），隋文帝任命令狐熙为桂州（今广西）总管，令狐熙"大弘恩信"，溪洞渠帅"于是相率归附"。"先是，州县生梗，长吏多不得之官，寄政于总管府。熙悉遣之，为建城邑，开设学校，华夷感敬，称为大化。"使得当地百姓"颇亦见识皇化"⑥。

其次，隋文帝采用了灵活包容的治边策略，进一步维护了边境的安宁稳定。在战略层面上，杨坚采取远交近攻、离强合弱的方略。具体而言，远交近攻就是指联合距隋朝较远、威胁较小的达头和突利等部落，进攻距离隋朝边境较近、威胁较大的沙钵略和高宝宁部落。离强合弱一方面是利用突厥汗国内部的矛盾，促成与大可汗有矛盾的小可汗、弱小部落与大可汗脱离，并促成他们之间的联合；另一方面隋军联合突厥汗国内部弱小的部族，以及羁属于突厥的契丹、奚、霫等民族，抗击强大的突厥。文帝在处理与突厥的关系中，一直根据突厥内部大、小

---

① 《隋书·吐谷浑传》。
② 《隋书·元谐传》。
③ 《隋书·高祖纪》。
④ 《隋书·韦洸传》。
⑤ 《隋书·高祖纪》。
⑥ 《隋书·令狐熙传》。

可汗实力的对比起伏，灵活采用远交近攻、离强合弱的策略，实现了制御突厥、消弭北方边患的目的。

在战术层面上，杨坚采用多管齐下的治边措施，体现了他灵活的边疆管理思想。这些措施包含以下几个方面：一是筑长城以巩固北部边防。杨坚在位期间，面对北方诸多游牧民族军队对中原的袭扰，北部边防仍然沿袭秦汉以来的措施，主要以防御为主，令"缘边修堡障，峻长城，以备之。"① 据史载，杨坚前后修筑长城多达五次。二是大兴屯田，积谷备边。隋初，为了抵御北方的强敌突厥，不得不在北部边境驻扎重兵，军粮及其他后勤补给需从内地转输，需要耗费巨大的民力。"是时突厥犯塞，吐谷浑寇边，军旅数起，转输劳敝。帝（杨坚）乃令朔州总管赵仲卿，于长城以北大兴屯田，以实塞下。又于河西勒百姓立堡，营田积谷。"② 为了根本解决这种"转输劳敝"的问题，杨坚下令在长城以北大兴屯田，并任命朔州总管赵仲卿负责。"于时塞北盛兴屯田，仲卿总管统之……事多克济，由是收获岁广，边戍无馈运之忧。"③ 开皇五年（585 年），杨坚任命郭衍为朔州总管。郭衍赴任后，鉴于其所辖地区"北接蕃境，常劳转运"，"（郭）衍乃选沃饶地，置屯田，岁剩粟万余石，民免转输之劳。"④ 北境屯田，充实了北部边境边防军资，为日后大败突厥奠定了基础。杨坚在边境屯田这一措施的推行，不仅直接减轻了军民沉重的转输负担，使边疆荒地得到了开垦，还充实了边境守军的军资，保证了边疆生产生活的正常进行。后来，隋炀帝杨广很好地继承了这一措施。三是建立地方卫戍制度。杨坚建隋后，在加强北部边防的同时，还省并之前冗繁的州、郡建置，在边境也推行州、县两级管理体制，州刺史为地方行政长官，处于战略要冲地带的州叫总管，称"总管刺史加使持节"，可以兼理数州以上地区范围的军事事务。在军事要地、重要关隘分别设置镇、戍、关，掌管所辖地的戍守事宜，建立了完善的地方卫戍制度⑤。据《隋书》记载，杨坚时期前后置总管的州计约 60 个，其间虽经历了拆并州县，常设不废的州总管仍有约 30 个。这些设置总管的州，分布于从西北到东北、从西南到东南的边境地区，从而加强了对这些地方的控制。

2. 隋炀帝对边疆少数民族政策思想

隋炀帝杨广（569—618），本名杨英，小字阿摐，弘农华阴（今陕西华阴市）人。隋朝第二位皇帝（604—618 年在位）。初封雁门郡公。开皇元年（581年），册立为晋王，参与灭陈朝。开皇二十年（600 年），册立为皇太子。仁寿四年（604 年）七月，正式即位。在位期间，修隋朝大运河，营建东都洛阳，迁都

---

① 《隋书·突厥传》。
② 《隋书·食货志》。
③ 《隋书·赵仲卿传》。
④ 《隋书·郭衍传》。
⑤ 《隋书·百官志下》。

洛阳，改州为郡；改度量衡依古式；频繁发动战争，西征吐谷浑、三征高句丽，滥用民力、穷奢极欲，引发全国范围农民起义，天下大乱。大业十四年（618年），江都兵变之后，为宇文化及叛军所弑，隋朝覆亡。

隋炀帝杨广统治时期，并用兼施军事和经济措施，不仅维护国家统一和边疆稳定，还开拓了不少疆土。杨广即位后，继承了文帝积累的国家财富，具备了开拓疆域、有所作为的物质条件。他还继承和发展文帝的安边策略和民族管理思想，"弗动兵车""混一戎夏""无隔夷夏"，吸引、笼络边境各民族，力图将他们纳入国家体系中。在具体策略和措施方面，以军事手段为基础，辅之以丰厚的经济利益，招抚他们与中原建立臣属关系；同时利用先进的文化资源，加强文化融合。

从秦汉至隋唐，游牧民族与中原王朝时战时和，其根源主要在于游牧经济与农业经济之间的相互依赖和相互掠夺。一方面，游牧经济的流动性和不稳定性，是游牧民族采用战争手段向农业经济区掠夺农产品和手工业品的主要原因；另一方面，中原王朝有时也采用军事手段攫取游牧经济区的马匹和畜产品。因此，在经济方面的相互依赖、相互掠夺是双方关系的核心内容，也是相互之间战争与和平的最终目标。在当时的民族关系中，经济关系处于最主要的地位，而且经济关系也较之战争和军事手段建立起来的其他关系都维持得更加持久牢固。杨广重视采用经济措施建立和巩固与其他民族政权之间的关系，并取得了成功。

隋文帝时就与突厥开展互市，通过互市，少数民族用马、羊、牛等畜产品与中原的农产品、手工业品等进行交换，双方都获得了各自需要的产品。大业初年，隋炀帝杨广巡幸榆林时，宇文化及与其弟宇文智及仍然"违禁与突厥交市"。在皇帝巡幸这样的重大活动中，宇文氏兄弟仍不忘记从与突厥的互市中获利。另据《隋书·裴矩传》记载："时西域诸藩，多至张掖，与中国交市。"[1]可见，这种互市在当时已经相当普遍。大业六年（610年），隋炀帝杨广派将领薛世雄率军在汉代旧伊吾城东，修筑新的伊吾城。此举引起西突厥等西域诸国的猜疑，他于是派裴矩前去处理，裴矩"讽谕西域诸国曰：'天子为蕃人交易悬远，所以城伊吾耳。'"西域各国"咸以为然，不复来竞"[2]。对于派军筑城的敏感事件，西域诸国确知其用途是用作贸易场所之后，人心获安，筑城得以顺利进行。可见，双方之间的贸易关系在西域诸国对外关系中的重要地位。杨广通过与西域各国的贸易，不仅有利于维护边疆的稳定，也有利于维系西域少数民族政权与隋王朝的臣属关系。

互市之外，贡赐也是一种形式特殊的交换：一方面，为了表示对大隋的臣服，周边各族不时向隋王朝中央朝贡；另一方面，为了安抚笼络周边少数民族政

---

[1] 《隋书·裴矩传》。
[2] 《隋书·裴矩传》。

权，隋炀帝杨广也常以赏赐的名义向他们提供大量物资。这种贡赐往来的交换规模也很大。例如，"大业三年（607年）四月，炀帝幸榆林，启民及义成公主来朝行宫，前后献马三千匹。帝大悦，赐物万二千段……帝法驾御千人大帐，享启民及其部落酋长三千五百人，赐物二十万段，其下各有差。"① 大业三年七月，"甲寅，帝于城东御大帐，备仪卫，宴启民及其部落，作散乐。诸胡骇悦，争献牛羊驼马数千万头。帝赐启民帛二千万段，其下各有差。"八月，"帝赐启民及公主金瓮各一，并衣服被褥锦彩，特勒以下，受赐各有差。"② "处罗从征高丽，赐号为曷萨那可汗，赏赐甚厚。（大业）十年（614年）正月，以信义公主嫁焉，赐锦彩袍千具，彩万匹。"③ 总体上，杨广根据各民族政权进贡的畜产品和其他物质的数量，都要回赐他们价值大致相符或更多的丝帛等日用品。实际上，贡赐是一种带有强烈政治色彩的实物交换。

隋炀帝杨广通过互市、贡赐等活动，充分展现了隋王朝强大的经济实力，也借此很好地巩固了相关少数民族政权与隋王朝的政治关系，取得了处理民族问题上的一些成功。杨广即位之初就出塞北巡，展现了平定边患、开疆拓土的政治意向。他派裴矩往张掖主持互市，裴矩"知帝方勤远略，诸商胡至者，矩诱令言其国俗山川险易，撰《西域图记》三卷，入朝奏之"。裴矩在准确地分析了西域诸国的国情之后云："以国家威德，将士骁雄，泛濛汜而扬旌，越昆仑而跃马，易如反掌，何往不至！但突厥、吐浑分领羌胡之国，为其拥遏，故朝贡不通。今并因商人密送诚款，引领翘首，愿为臣妾。圣情含养，泽及普天，服而抚之，务存安辑。故皇华遣使，弗动兵车，诸蕃即从，浑、厥可灭。混一戎夏，其在兹乎！"④ 裴矩认识到杨广经略西域意图，又观察到西域诸国与内地通商的迫切愿望，指出边疆管理和解决民族问题的根本在于恢复和发展经历了长期混战之后的西域诸国的经济，重新拓展丝路贸易以开展中原地区与西域诸国的商品往来。杨广极为重视发展丝路贸易，"日引（裴）矩至御坐，亲问西域事……以矩为黄门侍郎，复使至张掖，引致诸胡，啗之以利，劝令入朝。自是西域诸胡往来相继"⑤。杨广还为西域诸国商人提供优厚的商贸条件，令国内沿途郡县为他们提供免费食宿和交通的方便。优厚的通商条件和良好的商贸环境，吸引着大批西域商人与中原贸易往来。

为了加强对西域的管理，更好实现西域诸国对隋朝的臣属关系，隋炀帝杨广又亲征吐谷浑。大业五年（609年）三月，他亲率大军从长安出发，经甘肃陇西，西上青海，横穿祁连山，再经大斗拔谷北上，到达河西走廊的张掖郡。杨广

---

① 《隋书·突厥传》。
② 《资治通鉴》卷180。
③ 《隋书·突厥传》。
④ 《隋书·裴矩传》。
⑤ 《资治通鉴》卷180。

到达张掖之后，在燕支山下会见西域各国国王及使节。事先，裴矩就已前往敦煌，说服高昌、伊吾等国国君参加这次会见，在巨大的商业利益面前，"及帝西巡，次燕支山，高昌王、伊吾设等及西蕃胡二十七国，谒于道左。皆令佩金玉，被锦罽，焚香奏乐，歌儛喧噪……竟破吐谷浑，拓地数千里，并遣兵戍之。"①此后，各国商人也都云集张掖进行贸易。隋炀帝杨广亲自重新打通了丝绸之路，加强中原地区与西域的联系与交往，取得他在边疆管理上的又一成功。另一方面，杨广亲巡西部边陲张掖，在张掖充分显示大隋的强盛富庶，不仅体现了隋王朝对西域诸国的重视和加强相互贸易的诚意，也给西域各国留下了深刻的印象。因此，大业六年（610 年）冬天，边疆诸国使节都到东都洛阳朝贡，大献方物。杨广乘此机会在洛阳又精心筹办了一次盛大的国际贸易活动，"征四方奇技异艺，陈于端门街，衣锦绮、珥金翠者以十数万……又令三市店肆皆设帷帐，盛列酒食，遣掌蕃率蛮夷与民贸易"②。司马光《资治通鉴》还记云："诸蕃请入丰都市交易，帝（杨广）许之。先命整饰店肆，檐宇如一，盛设帷帐，珍货充积，人物华盛，卖菜者亦藉以龙须席。胡客或过酒食店，悉令邀廷就座，醉饱而散，不取其直，给之曰：'中国丰饶，酒食例不取直。'胡客皆惊叹。"③ 通过这些方式，不仅表现大隋的富庶，提高隋王朝的威信，也提振了边疆少数民族政权对中原王朝的信心。

各种经济措施的灵活运用，促进了东西突厥的分化。大业七年（611 年），处罗可汗归顺隋朝。伊吾郡、且末郡的设置，对吐谷浑战争的胜利，都伴随着与西域日益频繁的经贸往来。军事、政治和经济手段的综合运用，大业十一年（615 年）正月，"甲午朔，大宴百僚。突厥、新罗、靺鞨、毕大辞、诃咄、传越、乌那曷、波腊、吐火罗、俱虑建、忽论、靺鞨、诃多、沛汗、龟兹、疏勒、于阗、安国、曹国、何国、穆国、毕、衣密、失范延、伽折、契丹等国并遣使朝贡。"④ 随着丝绸之路的畅通，进一步弘扬了大隋的国威，也形成对边疆少数民族政权的向心力，维护和发展了多民族的统一。

隋炀帝杨广深刻认识到经济利益在边疆管理中的重要地位，他灵活运用各种经济措施，成功实现了"弗动兵车"而"混一戎夏"的目标。这是中国古代边疆管理思想的历史性进步。但是，宗法地主阶级专政时期的历史学家们习惯于用自然经济的观念去思考问题，对杨广的这些思想和政策一味指责。《隋书》主撰人魏征就说："炀帝规摹宏侈，掩吞秦、汉，裴矩方进《西域图记》以荡其心，故万乘亲出玉门关，置伊吾、且末，而关右暨于流沙，骚然无聊生矣。若使北狄

① 《隋书·裴矩传》。
② 《隋书·裴矩传》。
③ 《资治通鉴》卷 181。
④ 《隋书·炀帝纪下》。

无虞，东夷告捷，必将修轮台之戍，筑乌垒之城，求大秦之明珠，致条支之鸟卵，往来转输，将何以堪其敝哉！古者哲王之制，方五千里，务安诸夏，不事要荒。岂威不能加，德不能被？盖不以四夷劳中国，不以无用害有用也。是以秦戍五岭，汉事三边，或道殣相望，或户口减半。隋室恃其强盛，亦狼狈于青海。此皆一人失其道，故亿兆罹其毒。若深思即叙之义，固辞都护之请，返其千里之马，不求白狼之贡，则七戎九夷，候风重译，虽无辽东之捷，岂及江都之祸乎！"①。当然，杨广为吸引西域商贾的种种优惠政策和措施，毫无疑问加大了国家的财政支出，同时也增加了民众的负担。但是，这些政策和措施所带来的政治上的巨大成功，与大规模的战争所消耗的人民生命财产的巨大损失、国家的巨额军费，以及可能造成的社会动荡相比，自然不能相提并论。

（二）唐代边疆少数民族政策思想

1. 唐太宗对边疆少数民族政策思想

唐太宗对边疆少数民族，一方面采用军事手段征讨扰边四夷，开疆拓土；另一方面对于归顺的边疆诸族人民，与内地各族实行平等同一的管理政策。

贞观时期，随着国家实力的大幅度提升，太宗大兴武功，开疆拓土，除对高句丽的战争没有取得完全胜利之外，其余如征讨东突厥、吐蕃、吐谷浑、高昌、焉耆、西突厥、薛延陀、龟兹等，都取得了辉煌的胜利。贞观王朝边疆战争之频繁和战胜次数之多，在中国古代史上非常罕见。贞观年间，开拓疆土，大获全胜，奠定了唐朝三百年的基业。其中，俘虏颉利可汗比较有代表性。唐军出击定襄，痛歼突厥，活捉颉利可汗，这是贞观王朝拓边战争中最辉煌的胜利，从而消灭了唐朝最大的边患。稍后，唐太宗命令著名将领侯君集征讨骄横的吐蕃。侯君集夜袭击败吐蕃军，斩首千余。贞观八年唐军再次远征，途中缺水，就刺马饮血，终于袭破伏允可汗军营，伏允逃脱，但不久在沙漠中被部下所杀，吐谷浑从此被纳入唐帝国版图。贞观十三年（639年）大败高昌国，高昌王麹文泰因惊吓过度病死。贞观十九年（645年），为援助处于高句丽和百济围困中的新罗，唐军向辽东（即当时中国东北辽河以东地区以及朝鲜半岛北部）开发，进军高句丽，先后攻克玄菟、横山、盖牟、磨米、辽东、白岩、卑沙、麦谷、银山、后黄十城，迁徙辽、盖、岩三州户口入中国七万人；其中，新城、建安、驻跸三大战，斩首四万余级。但是，唐军将士也阵亡约二千人，折损战马七八成。太宗此次出征重创高句丽，具有重大意义。这是自三国时期毌丘俭攻破高句丽屠王城以来中国军队第一次真正战胜高句丽，收复了今天辽宁一带南北朝时期被高句丽侵夺的土地，为今后唐朝彻底征服高句丽打下了坚实的基础。贞观二十二年（648年），王玄策作为唐朝使者出使天竺（今印度），恰遇中天竺大臣那伏帝阿罗那顺篡位，劫持唐使。王玄策只身逃到吐蕃，借来吐蕃军和尼泊尔军向天竺进发，

---

① 《隋书·西域传》。

连战三天之后大败天竺军，斩首三千余级，水淹天竺军致死约万人，阿罗那顺弃城逃跑，副使蒋师仁追上将其俘虏。

在通过武力攻城略地、征讨四夷的过程中，唐太宗还实行进步、合理的边疆管理政策和措施，不仅维护了同相关邻国的宗主国关系，促进了边疆地区的发展繁荣，更重要的是以兼收并蓄的心态吸收了不同地域、不同民族的文化，使唐文化在继承并突破六朝文化的基础上，创造了中国古代历史文化的高峰，也成为当时世界文化的高峰。

唐太宗作为封建汉族君主，不歧视唐王朝周边的少数民族，对他们一视同仁。唐太宗认为，"戎、狄与天地俱生"，[1] 自然具有中原人的素质，也自然会有"人心"。贞观十八年（644年），他明确提出了"夷狄亦人，以德治之，可使如一家"。[2] 他派兵击败突厥颉利可汗之后，对其采取了"略其旧过，嘉其从善，并授官爵，同我百僚，所有部落，爱之如子，与我百姓不异"的政策，[3] 对其首领既往不咎，对其臣民"爱之如子"，与汉人同等看待，终于巩固了唐中央政府对突厥族的统治，使西北边疆稳定，社会经济得到发展。他始终不渝地主张和实行"爱之如一"的民族管理思想。贞观二十一年（647年），他总结了自己能使四夷宾服的五条成功经验，其中第五条："自古皆贵中华，贱夷、狄，朕独爱之如一，故其种落皆依朕如父母。"[4] "爱之如一"就是在处理汉族和少数民族之间的关系时同等看待、一视同仁。唐太宗这一民族管理思想的形成，原因如下：一是善纳众议。贞观四年（630年），他与群臣讨论如何安置内附的东突厥民众时，包括名臣魏征在内的多数大臣主张强制同化，只有中书令温彦博建议把东突厥迁入河南朔方之地，保全其部落、风俗，实际就是在尊重突厥民族生产生活方式及风俗习惯的基础上，实行自然同化政策。太宗在反复权衡之后采纳了温彦博的建议，历史证明温彦博的建议合理、适当，具有进步意义。二是华夷一家，融合华夷。这是唐太宗实行"爱之如一"民族管理政策的思想基础。他认为夷狄与汉人一样皆可顺化归服，"夷狄亦人耳，其情与中夏不殊。人主患德泽不加，不必猜忌异类。盖德泽洽，则四夷可使如一家；猜忌多，则骨肉不免为仇乱。炀帝无道，失人已久，辽东之役，人皆断手足以避征役，玄感以运卒反于黎阳，非戎狄为患也……突厥贫弱，吾收而养之，计其感恩，入于骨髓，岂肯为患！且彼与薛延陀嗜欲略同，彼不北走薛延陀而南归我，其情可见矣。"[5] 这种人道主义思想无疑具有历史进步性。三是与太宗本人的胡人血缘有一定联系。其母（纥豆陵氏）为北周上柱国窦毅的女儿，窦毅家族是起源于西北少数民族。其祖母

---

① 《资治通鉴》卷198。
② 《唐会要》卷94。
③ 《旧唐书·突厥传》。
④ 《资治通鉴》卷198。
⑤ 《资治通鉴》卷197。

孤独氏是鲜卑族人。太宗本人无疑是个混血儿。因此，太宗不歧视少数民族自在情理之中。此外，唐太宗还善于总结历史上处理民族关系的经验教训，这对他"爱之如一"民族管理思想的形成也具有一定的影响。

在这种民族管理思想支配下，太宗制定了相关的民族管理政策：一是和亲。西汉以来，和亲就是维护边疆秩序的重要政策。唐太宗沿袭了这一政策，在适当的时候和少数民族首领，以及供职朝廷的少数民族上层人物联姻。贞观十一年（637年），把其妹南阳公主嫁与内附的突厥处罗可汗之子阿史那社尔。贞观十三年（639年），又以宗室女弘化公主许与吐谷浑可汗诺曷钵为妻。在这些和亲之中，最典型也是影响最深远的当推文成公主入藏嫁与吐蕃首领松赞干布。文成公主将佛教等文化，以及内地各种先进的科学技术带到了西藏高原，促进了西藏经济、文化的发展，这次和亲也成为汉藏两族人民友谊和团结的象征。

二是团结友好。唐太宗特别注意加强民族团结，这集中体现在内徙东突厥族人和设置羁縻府州两项措施上。在平定东突厥后，唐太宗采纳中书令温彦博的建议，将约十万户突厥族人内迁入中原，保全其部族，教导他们从事和发展农业生产，并从中挑选百余人担任京官武职，不仅稳定了内迁突厥族人的民心，也促进了与突厥人的团结。为了管理好未入中原的突厥余部，唐太宗又创设羁縻府州，这是郡县制在民族地区新的表现形式。因为皇帝权威在这些地区的建立不是一蹴而就的，而是一个逐步发展的过程。对于皇权影响力尚未达到的民族地区，为了保证将其纳入王朝的管理体系之内，又要避免发生尖锐冲突，从秦汉时开始的历代王朝就采取了羁縻方式管理少数民族：一方面，中央王朝将少数民族首领作为管理这些民族地区的代表，通过他们来实现对这些民族的管理；另一方面，中央王朝又允许这些少数民族沿袭其传统的政治、经济、行政管理模式，保留其原有的社会组织形式，在认同、服从和维护皇权一统的前提下自主管理其内部事务，从而实现中央王朝与少数民族地方上层两个方面的政治需要。贞观时期羁縻府州的设置集中表现了这一点。初唐时期，唐高祖颁布诏书，表示"怀柔远人，义在羁縻"[1]。唐太宗继承和发展了这一思想，形成羁縻府州制。《新唐书·地理志》云："唐兴，初未暇于四夷，自太宗平突厥，西北诸蕃及蛮夷稍稍内属，即其部落列置州县。其大者为都督府，以其首领为都督、刺史，皆得世袭。虽贡赋版籍，多不上户部，然声教所暨，皆边州都督、都护所领，著于令式。今录招降开置之目，以见其盛。其后或臣或叛，经制不一，不能详见。突厥、回纥、党项、吐谷浑隶关内道者，为府二十九，州九十。突厥之别部及奚、契丹、靺鞨、降胡、高丽隶河北者，为府十四，州四十六。突厥、回纥、党项、吐谷浑之别部及龟兹、于阗、焉耆、疏勒、河西内属诸胡、西域十六国隶陇右者，为府五十一，州百九十八。羌、蛮隶剑南者，为州二百六十一。蛮隶江南者，为州五十

---

① 《册府元龟》卷170《帝王部》。

一，隶岭南者，为州九十三。又有党项州二十四，不知其隶属。大凡府州八百五十六，号为羁縻云。"① 可见，羁縻府州有较大的自治权，都督、刺史也由原部族首领担任，并可世袭。但是，这些都督、刺史都必须由中央任命，同时还取消了上述少数民族部族最高统治者的"可汗"称号，保证了中央政府对民族地区的统一管理，避免了民族分裂。为加强对羁縻府州的管理，贞观时期还设置了都护府这一行政管理机构。都护府是中央与羁縻府州之间的桥梁，代表中央政府对羁縻府州行使管理权，负责管理边防、行政和民族事务等各项事务。作为都护府长官的都护由朝廷命官担任，不能世袭；其属官也由朝廷任命，所管辖地方都必须服从朝廷的命令，遵循中央的政策。羁縻府州和都护府的设置比较妥善地处理了中央王朝与少数民族之间的关系，不仅保证了国家的统一和民族的自治，而且在当时历史条件下也符合各族人民的共同利益，从而很好地实现了民族团结。

三是德治教化。唐太宗出身权贵家庭，从小接受很好的儒家正统思想教育，在治国理政的过程中注重德治教化的作用。对少数民族亦是如此。之前历史上的一些政治家、军事家和外交家都把夷狄视为"禽兽"，如春秋时期的管仲和魏绛、西汉季布、东汉虞诩、隋文帝杨坚等，其中以班固的观点具有代表性。班固在《汉书·匈奴传》"赞"中云："是以《春秋》内诸夏而外夷狄。夷狄之人贪而好利，被发左衽，人而兽心，其与中国殊章服，异习俗，饮食不同，言语不通，辟居北垂寒露之野，逐草随畜，射猎为生，隔以山谷，雍以沙幕，天地所以绝外内也。是故圣王禽兽畜之，不与约誓，不就攻伐；约之则费赂而见欺，攻之则劳师而招寇。其地不可耕而食也，其民不可臣而畜也，是以外而不内，疏而不戚，政教不及其人，正朔不加其国；来则惩而御之，去则备而守之。"② 以中原汉族礼仪文明去衡量和规范少数民族，自然凸现出这些民族的强悍勇猛和文明程度较低的方面。唐太宗认为，"戎、狄与天地俱生"③，自然具有中原人的基本素质，也自然会有"人心"。武德九年（626年），唐太宗当面批评突厥颉利可汗的代表执失思力时云："吾与汝可汗面结和亲，赠遗金帛，前后无算。汝可汗自负盟约，引兵深入，于我无愧？汝虽戎狄，亦有人心，何得全忘大恩，自夸强盛？"④ 贞观十八年（644年），他明确提出了"夷狄亦人，以德治之，可使如一家"⑤。认为"夷狄亦人"，也自然有"人心"，自然有追求物质利益的一面。太宗还遣司农卿郭嗣本赐薛延陀玺书云："突厥颉利可汗未破已前，自恃强盛，抄掠中国，百姓被其杀者不可胜纪。我发兵击破之，诸部落悉归化。我略其旧过，

---

① 《新唐书·地理志七下》。
② 《汉书·匈奴传》。
③ 《资治通鉴》卷198。
④ 《资治通鉴》卷191。
⑤ 《唐会要》卷94。

嘉其从善，并授官爵，同我百僚，所有部落，爱之如子，与我百姓不异。"① 对其首领既往不咎，对其臣民"爱之如子"，与汉人同等看待。他还在《封怀化郡王李思摩为可汗诏》中云："朕受命三灵，因心百姓，爱初薄伐，非贪辟土之功。洎于克定，实宏安民之道，久欲存其亡国，返其遗萌，尚恐疮痍未瘳，衣食不足。今岁月已积，年谷屡登；众种增多，畜牧蕃息。缯絮无乏，咸弃其毡裘；菽粟有余，靡资于狐兔。便可复其故庭，继其先绪，归三祠于沮泽，旋十角于卢山。使复会蹄林，弭其依风之思；重宴乐水，遂其向日之欢。"② 将他们安置于内地肥沃的农耕地区，迅速提高了突厥人的生产力水平和生活质量。

唐太宗和亲、团结和德治教化的民族管理政策，为唐代社会和唐文化的发展提供了和平安定的社会环境，极大促进了唐代社会和唐文化的发展繁荣。从和亲政策方面看，"北狄风俗，多由内政，亦既生子，则我外孙，不侵中国，断可知矣。由此而言，边境足得三十年来无事。"③ 游牧民族与农业民族，从生活方式到伦理道德观念和立身处事原则等方面皆有重大差异，如果纯用儒家思想来衡量和亲政策，可能会产生一些偏颇。但强大的唐王朝的和亲政策具有相当的诚意，所以和亲政策还是取得了较好的效果。四夷诸蕃均以和亲为荣，不仅减少骚扰唐朝边境，一些蕃族甚至协助唐王朝安定边境、平息内乱。如贞观二十二年（648年），松赞干布发兵助王玄策击败中天竺军。后来唐王朝平定安史之乱，亦曾两度得到回纥兵协助。从民族团结政策方面看。唐太宗在羁縻府州之上又设置都护府一级，都护由中央委派，代表中央对边疆行使主权，管理边防、行政和少数民族事务。同时，唐太宗又兼顾少数民族传统，允许羁縻府州在经过必要的程序得到中央准允后，其首领可以世袭。羁縻府州的赋税也基本上可自行支配。这样不仅实现了对边疆的有效管理，而且也使少数民族诚心归顺，对稳定边疆发挥了重要作用。另一方面，羁縻府州和都护府的设立还有助于各民族之间的经济文化交流，对巩固国家统一和促进境内多民族相互了解、团结、融合，甚至对国家实力的发展壮大，都起到了积极的作用。从德治教化政策方面看。唐太宗对少数民族"绥之以德，爱之如一"，使各族首领甘愿归服。他同等爱护汉夷将领，各族将领也对他忠心耿耿、竭心尽力。太宗死后，这些将领们皆如丧考妣，"四夷之人入仕于朝及来朝贡者数百人，闻丧皆恸哭，剪发、劙面、割耳，流血洒地"，"阿史那社尔、契苾何力请杀身殉葬"④，可见唐太宗在各少数民族中的威望及影响。

2. 武则天对边疆少数民族政策思想

武则天（624—705），自名武曌，并州文水（今山西文水）人。中国历史

---

① 《旧唐书·突厥传上》。
② 《全唐文》卷6。
③ 《贞观政要》卷9《征伐》。
④ 《资治通鉴》卷199。

上唯一的正统女皇帝（690—705年在位）。武则天14岁时进入后宫，为唐太宗才人，获赐号"武媚"。唐高宗时封昭仪，在"废王立武"事件后成为皇后，上元元年（674年），加号"天后"，与高宗并称"二圣"，参与朝政。高宗驾崩后，作为唐中宗、唐睿宗的皇太后临朝称制。天授元年（690年），武则天称帝，改国号为周，定都洛阳，称"神都"，建立武周。武则天在位前后，大肆杀害唐朝宗室，兴起"酷吏政治"。但她"明察善断"，多权略，能用人。又奖励农桑，改革吏治，重视选拔人才，所以使得贤才辈出。晚年逐渐豪奢专断，渐生弊政。神龙元年（705年），武则天病笃，宰相张柬之等发动"神龙革命"，拥立唐中宗复辟，迫使其退位。同年十一月，武则天崩逝。中宗遵其遗命，改称"则天大圣皇后"，以皇后身份入葬乾陵。其后累谥为"则天顺圣皇后"。

武则天智略过人，兼涉文史，颇有诗才。有《垂拱集》《金轮集》，今已佚。《全唐诗》存其诗46首。

武则天当政后，在处理与东突厥、吐蕃等强邻的关系时，武则天坚持了以和为贵，不主动进攻蕃邻，防守为主的方针；二是视对方的态势来决定己方的策略，"降则抚之，叛则讨之"；三是总体上用得其人。在处理与契丹的关系也大致坚持了这些思想。

武则天时期，唐朝并未主动挑起对东突厥的战争，而是在军事上相互制衡的情况下，发展相互之间的友好往来。东突厥阿史那骨咄禄可汗病亡后，其子年幼，其弟默啜"自立为可汗"。武则天长寿二年（693年），默啜率军侵扰灵州，挑起了战争。武则天"遣白马寺僧薛怀义为代北道行军大总管，领十大将军以讨之"，默啜见官军强大，被迫退兵。之后不久默啜"遣使来朝"，第二年"复遣使请和"。但是，默啜反复无常，凶悍异常，时降时叛。武周万岁通天元年（696年），默啜在武则天的指派下打败了反叛唐中央的契丹首领李尽忠、孙万荣。其后，武则天遣使册封默啜为特进、颉跌利施大单于、立功报国可汗；还归还了"六州降户数千帐"，"并种子四万余硕、农器三千事以与之"，东突厥更加势大。[1] 圣历元年（698年）三月，默啜遣使为其女求婚。六月，武则天"命淮阳王武延秀下突厥，纳默啜女为妃"。八月，默啜拘留去和突厥和亲的武延秀，上书唐廷声称"我可汗女当嫁天子儿，武氏小姓，门户不敌"，并发兵南下侵扰。武则天命武重规、张仁愿、阎敬容等率领45万大军征讨。但是，默啜来势凶猛，一路攻陷定州（今河北定州），"杀刺史孙彦高及吏民数千人"。九月，武则天命太子李显为河北道行军元帅、宰相狄仁杰为副元帅；默啜得知唐朝大军出发，"尽杀所掠赵、定等州男女万余人，自五回道去，所过，杀掠不可胜纪"[2]。狄仁杰率军10万追击，到赵州时突厥人已经撤退，他一面安抚百姓，并严令将

① 《旧唐书·突厥传》。
② 《资治通鉴》卷206。

士不得侵扰百姓，河北才安定下来。圣历二年（699 年），以魏元忠检校并州长史，充天兵军大总管，以备突厥。终武则天之世，东突厥与唐时战时和。

贞观时期，唐朝在西域设置安西四镇。咸亨元年（670 年），吐蕃攻陷安西四镇。高宗、武后先后于垂拱元年至二年（685—686 年）、永昌元年（689 年）两次派军征讨，但均以失败告终。武则天长寿元年（692 年）九月，西州都督唐休璟上疏请求收复龟兹、于阗、疏勒、碎叶四镇。武则天派王孝杰、阿史那忠节率军进击吐蕃，十月，"大破吐蕃，复取四镇，置安西都护府于龟兹，发兵戍之"①。武氏久视元年（700 年）七月，"吐蕃将麹莽布支寇凉州，围昌松"，这时以升任陇右诸军大使的唐休璟"被甲先陷陈，六战皆捷，吐蕃大奔，斩首二千五百级，获二裨将而还"。长安二年（702 年）十月，"吐蕃赞普将万余人寇茂州，都督陈大慈与之四战，皆破之，斩首千余级"。次年四月，"吐蕃遣使献马千匹、金二千两以求婚"②，就在这一年，吐蕃南部叛乱，赞普器弩悉弄率军平叛卒于军中，诸子争立，吐蕃稍衰。

第五节　宋朝管制思想

一、户口与土地管制思想

（一）分户等管理思想

宋代人口中有一个突出的现象是，口数与户数甚不对应。有关这个问题，时人李心传、陈襄都曾提出这个问题，并加以评论。李心传云："西汉户口至盛之时，率以十户为四十八口有奇，东汉户口率以十户为五十二口……唐人户口至盛之时，率以十户为五十八口有奇……自本朝元丰至绍兴户口，率以十户为二十一口，以一家止于两口，则无是理。"在指出汉唐与宋存在这一差别之后，李心传进而分析，宋代之所以如此，是由"诡名子户漏口者众"造成的；同时他还把浙、蜀做了比较，指出："然今浙中户口率以十户为十五口有奇，蜀中户口率以十户为三十口弱，蜀人生齿非盛于东南，意者蜀中无丁赋，故漏口少耳"③。时人在谈到这个问题时，说得更直截了当："今之风俗，有相尚立诡名挟户者，每一正户，率有十余小户……非惟规避差科，且绵历年深，既非本名，不认原赋，往往乾收利入己，而毫毛不输官者有之"④。

宋代人口统计的对象很不一致，它既随着中央或地方行政机构的不同而不同，亦随着版籍性质、统计的目的不同而不同。如朝廷只要求诸州三年一造户

---

① 《资治通鉴》卷 205。
② 《资治通鉴》卷 207。
③ 李心传：《建炎以来朝野杂记》甲集卷 17《本朝视汉唐户多丁少之弊》，中华书局点校本，2000 年。
④ 《州县提纲·关并诡户》。

籍，为之"闰年图"，其余年份的户口数字，全凭推排得出。州县置造户籍时，统计的对象，有时是为了赈灾、社会治安、编纂方志，特别是推排入丁、出老的需要，也有统计男女老幼的情况，但是最常见的应是只统计男口，特别是朝廷户部只统计男口中成丁的部分，亦即丁口。由此可以看出，宋朝统计户口最主要的目的是为了向丁男征收人头税，摊派徭役，其通过统计户口保证国家财政收入，无偿征发劳动力的思想原则十分明确。

宋朝沿用隋代"黄、小、中、丁"的人口统计标准，"男女叁岁以下为黄，拾伍以下为小，贰拾以下为中。其男年贰拾壹为丁，陆拾为老"①。宋太祖乾德元年（963 年）十月，"令诸州岁所奏户账，其丁口，男夫二十为丁，六十为老，女口不须通勘"②。《宋史·食货上二》也载："诸州岁奏户账，具载其丁口，男夫二十为丁，六十为老。"

宋代在人口登记过程中，一项重要的工作是对户等划分的评估与推排，即通过编造五等丁产簿，把乡村主户依据土地多少划分为五等，将坊郭主户按照动产和不动产划分为十等。五等丁产簿的编造时间是逢闰年编造，即大致间隔三年重新编造一次，这与户口三年统计一次是一致的。绍兴十二年（1142 年）七月十八日，"户部上言：'州县人户产业簿，依法三年一造，坊郭十等，乡村五等，以农隙时，当官供通，自相推排，对旧簿批注升降。今欲乞行下诸路州县，依平江府等处已降指挥，西北流寓之人，候合当造簿年分推排施行。'从之"③。届时，"造簿，委令佐责户长、三大户，录人户、丁口、税产、物力为五等"④。

由于户等是征收赋税、摊派徭役的重要依据，户等的不同，坊郭之民承担的赋税、徭役也不同，户等的真实、可靠，一方面关系到国家赋税的征收、徭役的摊派，另一方面更是关系到千家万户对赋税、徭役的负担，生存状况的好坏，因此，户等的划定是否真实、合理，成为一项重要的户口管理工作。

为了保证户等划分的真实性与合理性，朝廷在户口登记中采取一系列措施，加强管理与监督。在登记人口的过程中政府实行较为科学的统计方法："造五等簿，将乡书手、耆户长隔在三处，不得相见。各给印由子，逐户开坐家业，却一处比照，如有大段不同，便是情弊。"⑤ 这种三方背靠背分别统计划分然后再互相对照，如其结果有重大不同，便有作弊嫌疑。这种做法，的确是防止串通作弊，或减少因疏忽而引起差错的有效办法。

宋代不仅对统计划定户等采取多方参与，背靠背编制然后进行对照，以尽可能减少作弊，而且对户籍册的管理也采取一式多份逐级上报审核保管的办法，以

---

① 窦仪等：《宋刑统》卷 12《户婚律》，中华书局点校本，1984 年。

② 《长编》卷 4。

③ 《宋会要》食货 11 之 17—18。

④ 《长编》卷 254。

⑤ 李元弼：《作邑自箴》卷 4《处事》，四部丛刊本。

防丢失或被篡改。《庆元条法事类》卷48《税租账》规定："诸户口增减实数，县每岁具账四本，一本留县架阁，三本连粘保明，限二月十五日以前到州。州验实毕，具账连粘管下县账三本，一本留本州架阁，二本限三月终到转运司；本司验实毕，具都账二本连粘州县账，一本留本司架阁，一本限六月终到尚书户部。"

宋代虽然有较严格的户口统计、划分等级以及编制、审核、保管等一系列程序，但奸官狡吏营私舞弊之事仍不可避免，有时还比较严重普遍。对此朝廷一再三令五申，或采取补救措施，或予以重惩，以儆效尤。如北宋徽宗政和年间，"天下户口类多不实，虽尝立法比较钩考，岁终会其数，按籍隐括脱漏，定赏罚之格，然蔡攸等计德、霸二州户口之数，率三户四口，则户版讹隐，不待较而知。乃诏诸路凡奏户口，令提刑司及提举常平司参考保奏。而终莫能拯其弊，故租税亦不得而均焉。"[1] 南宋理宗淳祐十一年（1251年）九月，敕曰："监司、州县不许非法估籍民产，戒非不严，而贪官暴吏，往往不问所犯轻重，不顾同居有分财产，一例估籍，殃及平民。或户绝之家不与命继；或经陈诉许以给还，辄假他名支破，竟成干没；或有典业不听收赎，遂使产主无辜失业。违戾官吏，重置典宪。"[2] 此外，朝廷还鼓励民众告发官吏在划分户等、编制户籍上的欺骗舞弊行为，这有利于对划分户等、编制户籍工作形成广泛的监督，增强其真实性。如御史中丞邓绾言："臣窃见簿法隐落税产物力及供地色等第、居宅房钱不实者，并许告讦支赏。"[3]

（二）都保制管理思想

宋代为了加强对人口的控制，将户籍管理与社会治安联结起来，为广大人民的生产和生活提供较为安定的环境；有利于封建经济的稳定发展。北宋神宗熙宁三年（1070年），大理寺丞同管勾开封府界常平等事赵子几上疏指出："近岁以来，寇盗充斥，劫掠公行"，是由于原来的保甲制废弛，以致"凶恶亡命容于其间，聚徒乘间，公为民患"。他建议重新核实各县的户口数，除疾病、老幼、单丁、女户外，"其余主、客户两丁以上，自近及远，结为大小诸保，各立首领，使相部辖"，以保障社会治安[4]。后来，朝廷采纳了这一建议，实行保甲法，并于同年颁布"畿县保甲条制"，规定都保制的组织方式。

宋代都保制的基本组织形式是"五家相比，五五为保，十大保为都保，有保长、有都副保正；余及二保并置长，五大保亦置都保正；其不及二保、五大保者，或为之附庸，或为之均并，不一也"[5]。这就是说，如果一个地方民户数量

---

① 《宋史·食货上二》。
② 《宋史·食货上一》。
③ 《宋史·食货上一》。
④ 《长编》卷218。
⑤ 《宋史·食货上二》。

能够达到标准水平，就实行"五五为保，十大保为都保"的模式；不及标准水平，但达到三保、五大保的社区，也可降低要求设置保长、都保正模式；如再达不到三保、五保要求的，将成为其他保、都保的附属。

宋代的保甲制推行于社会的各个方面和各个阶层，尤其是推行于市镇坑冶场务等，其经济上的管理职能就显得比较突出，兹举三例以窥一斑：

（熙宁七年）诏：诸城外草市及镇市内保甲，毋得附入乡村都保，如共不及一都保者，止令厢虞候、镇将兼管。从司农寺请也。①

（熙宁八年）令近坑冶坊郭乡村并淘采烹炼，人并相为保；保内及于坑冶有犯，知而不纠或停盗不觉者，论如保甲法。②

（元丰元年）诏：潭州浏阳县永兴场采银铜矿所集坑丁，皆四方浮浪之民，若不联以什伍，重隐奸连坐之科，则恶少藏伏其间，不易几察，万一窃发，患及数路，如近者詹遇是也。可立法选官推行。③

总之，宋代以土地或动产不动产的多少来划分户等，比起以人丁为标准来说，其在人口管理思想理念上前进了一大步。因为依据户等的不同，即依据土地或动产不动产的多少，要求民户承担不同的赋税和徭役，这相对说来比较公平和合理。当然对人丁的征派并没有放弃，不过对那些少产或无产的家庭来说，赋税负担则有不同程度的减轻。这有利于发挥广大人民的生产积极性，投身于封建社会生产中去，促进经济的稳定发展。保甲制的实施，有利于社会安定，为社会生产和生活创造了较为安定的环境。

（三）限田思想

1. 李觏的限田思想

李觏（1009—1059），字泰伯，号盱江先生，是中国北宋时期一位重要的哲学家、思想家、教育家、改革家。他生当北宋中期"积贫积弱"之世，勤于著述，以求安国济民。今存《直讲李先生文集》。

李觏认为土地兼并造成土地分配严重不均，是百姓终日耕织劳作而仍处于饥寒的根本原因。而土地兼并的祸害之所以愈演愈烈，根源在于土地制度不合理："法制不立，土田不均，富者日长，贫者日削"④。李觏的这一认识，实质上已触及了封建地主土地所有制是地主剥削农民，使农民劳而不得衣食的根本原因。李觏作为地主阶级的知识分子，又处于宋代封建社会仍趋于上升发展时期，对封建土地制度的本质和弊端能有如此深刻的认识，是相当难能可贵的。

李觏早期所设置的土地改革方案是强调治国要抑制土地兼并，恢复井田制，

---

① 《长编》卷252。
② 《宋史·食货下七》。
③ 《长编》卷293。
④ 《李觏集》卷19《平土书》。

实现土地平均分配，耕者有其田。李觏后来改变了复井田平均土地的主张，转而提出"限田"的措施。

李觏后期认为"不立田制"所造成的土地过于集中，使土地和劳动力分离，二者不能得到有效的配置。一是土地兼并使农民失去土地，他们虽有劳动力，却无可耕之地；富人占有广大土地，人丁虽多，但却过着不劳而获的奢侈生活。这样，农业生产中劳动力严重缺乏，只好粗放经营，土地潜力得不到发挥，产量低下。二是农民被剥夺了土地，肚子吃不饱，无力开垦荒地，或所开荒地也不能据为己有，无开荒的积极性。而富人因有大量的钱财兼并肥沃的土地，因此，也不愿去开垦荒地。总之，"地力不尽"和"田不垦辟"都不利于社会生产的正常进行。

随着思想认识水平提高，李觏改"平土之法"为"限田"。要实行"限田"，首先，"则莫若行抑末之术，以驱游民，游民既归矣，然后限人占田，各有顷数，不得过制。游民既归而兼并不行，则土价必贱，土价贱，则田易可得。田易可得而无逐末之路、冗食之幸，则一心于农。一心于农，则地力可尽矣。其不能者，又依富家为浮客，则富家之役使者众；役使者众，则耕者多；耕者多，则地力可尽矣。然后于占田之外，有能垦辟者，不限其数……富人既不得广占田而可垦辟，因而拜爵，则皆将以财役佣，务垦辟矣。如是而人有遗力，地有遗利，仓廪不实，颂声不作，未之信也。"① 由此可见，李觏改变了以往单纯从分配角度来达到尽地力、务垦辟的做法，而更趋于现实地从生产角度来达到这一目标。他想通过政府管制性政策工具限制地主占田来抑制土地兼并，使土地价格下降；然后把多余的工商业者以及游民赶回农村，让他们购买低价的土地，安心务农；而实在买不起土地的人就佃耕地主的土地。这样，就能实现土地和劳动力的有效配置，充分发挥土地的潜力，"地力可尽矣"。同时，由于限制了地主占有熟田，而对开垦的荒地则没有限制，并且依据开垦荒地的大小授予爵位，这就能促使地主雇佣佃农努力开垦荒地，"垦辟"问题也就得到解决。

李觏土地管理思想的出发点是企图在保持地主阶级土地私有制的前提下，通过政府对占有土地略加限制并通过保存和发展租佃制的方式，解决劳动力与土地的分离问题。但是，他提出的既限制地主过多占田，又鼓励地主多垦荒地，既哀叹贫者地非其有，生产积极性不高，又要保存和发展"租佃"关系，似乎显得有些矛盾。其实，这反映了他的限田主张与封建土地制度之间有难以克服的矛盾。还有他的限田思想中对如何确定占田最高限额，如果超过限田数量又该如何处理等实际性的问题均没有涉及。因此，他的限田主张虽然比平土之法显得比较现实，但同样是难以实行的。但是他的通过限田以抑制兼并，使劳动力与土地得到有效配置，达到尽地力、务垦辟的目的，这种通过调节农业生产机制来达到发

① 《李觏集》卷16《富国策第二》。

展生产，增加财富的思想，不像以往许多论者主要从轻徭薄赋、兴修水利、改进生产技术等层面来考虑问题，有其独到的合理的因素，至今仍值得参考借鉴。

2. 苏洵的限田思想

苏洵（1009—1066），字明允，自号老泉。北宋文学家，与其子苏轼、苏辙并以文学著称于世，世称"三苏"，均被列入"唐宋八大家"。苏洵擅长政论，议论明畅，笔势雄健，著有《嘉祐集》。

与李觏几乎同时代的苏洵也提出限田的主张。苏洵虽然认为井田制是最理想的土地制度，但又认为完全恢复井田制是不可能的，其理由有两个方面：一是夺富民之田分与贫民，必然引起富民的不满和反抗，这将招致社会动乱。二是根据《周礼》的记载，井田体系相当复杂，一夫百亩的各个方块田，在大地上按"井"字样式联结起来，其间有纵横交错的水流、沟渠和大小道路，构成复杂的水利灌溉系统和道路系统。如果现在要恢复井田制，把井田所必备的水利和道路系统真正建立起来，恐怕几百年也完不成。因此，从技术层面上来说，井田制是难以恢复建立起来的。

苏洵认为井田制虽然不可恢复，但其原则却非常适合解决当时的土地问题，即所有百姓都拥有一块土地，靠自己的劳动养活自己，并向国家交纳十一之税。他提出了自己的限田方案：一是确定一个不太高的百姓占田限额；二是对目前田主超过限额的土地，国家不予剥夺，让其自然减少。他说："吾欲少为之限，而不夺其田尝已过吾限者，但使后之人不敢多占田以过吾限耳。要之数世，富者之子孙或不能保其地，以复于贫，而彼尝已过吾限者，散而入于他人矣。或者子孙出而分之以无几矣。如此，则富民所占者少而余地多，余地多则贫民易取以为业，不为人所役属，各食其地之全利，利不分于人而乐输于官。夫端坐于朝廷，下令于天下，不惊民，不动众，不用井田之制，而获井田之利，虽周之井田，何以远过于此哉！"这里值得特别提出的是，苏洵的土地改革方案为了缓和社会矛盾，一方面政府既采用强制性的行政手段限制占田，另一方面又采取渐进式的旧制度自然消亡的思想主张。他认为现在占田较多的富民，其土地可因两个变化而自然减少：一是其后代子孙不肖，造成家业破败，土地不能自保，通过出卖而转入他人之手；二是其子孙繁衍众多，分家析产，一代一代地分下去，大地产逐渐变成小地产，其子孙每人占田之数就会逐渐少于限额。由于富民占田超过限额只能卖地不能买地，而只有那些无地少地的百姓才可购买土地，土地市场就会供大于求，贫民就能比较容易得到一块土地，成为自耕农，不再向地主交纳地租，租佃关系也就消失，只要向国家交纳赋税就可以了。

3. 限田思想的实施

考诸史籍，宋代的限田思想曾被朝廷多次付诸实施。但由于在封建土地私有制下，只要有贫富分化和土地买卖，土地兼并是不可避免的。因此，几次的限田措施，最终都以失败而告终。据《宋史》卷 173《食货上一》记载①，宋仁宗"即位之初……上书者言赋役未均，田制不立，因诏限田：公卿以下毋过三十顷，牙前将吏应复役者毋过十五顷，止一州内，过是者论如违制律，以田赏告者。既而三司言：限田一州，而卜葬者牵于阴阳之说，至不敢举事。又听数外置墓田五顷。而任事者终以限田不便，未几即废。"仁宗限田之令，开始时不可谓不严，并奖励知情者告发。但不久即因为难以执行而废止。宋徽宗"政和中，品官限田，一品百顷，以差降杀；至九品为十顷；限外之数，并同编户差科。七年，又诏：'内外宫观舍置田，在京不得过五十顷，在外不得过三十顷，不免科差、徭役、支移。虽奉御笔，许执奏不行。'"由此可见，宋徽宗时限田令比宋仁宗时已宽松多了，品官占田虽有限额，但仍允许超过限额，只是超额部分不享受优惠，等同编户差科。宫观占田定有限额，而且不免除科差、徭役、支移，但却又允许"执奏不行"，那不是也成为一纸空文。

宋孝宗乾道六年（1170 年）二月，诏曰"朕深惟治不加进，思有以正其本者。今欲均役法，严限田，抑游手，务农桑。凡是数者，卿等二三大臣为朕任之。"这里，宋孝宗把"严限田"作为治天下的四件大事之一。但是至淳熙九年（1182 年）"著作郎袁枢振两淮还，奏：'豪民占田不知其数，二税既免，止输谷帛之课。力不能垦，则废为荒地；他人请佃，则以疆界为词，官无稽考。是以野不加辟，户不加多，而郡县之计益窘。望诏州县画疆立券，占田多而输课少者，随亩增之；其余闲田，给予佃人，庶几流民有可耕之地，而田莱不至多荒。'"从袁枢的上奏中"豪民占田不知其数"可知，宋孝宗时期的限田不是很有效果，而且不单是官吏、宫观广占田地，连民间豪强地主也占田无数。

宋理宗景定四年（1263 年）"殿中侍御史陈尧道、右正言曹孝庆、监察御史虞虙、张晞颜等言廪兵、入籴、造楮之弊，'乞依祖宗限田议，自两浙、江东西官民户逾限之田，抽三分之一买充公田。得一千万亩之田，则岁有六七百万斛之入可以饷军，可以免籴，可以重楮，可以平物而安富，一举而五利具矣。'有旨从其言。朝士有异议者，丞相贾似道奏：'救楮之策莫切于住造楮，住造楮莫切于免和籴，免和籴莫切于买逾限田。'因历诋异议者之非，帝曰：'当一意行之。'"从这一记载可以看出，景定四年的限田有比较切实的措施，即朝廷在两浙、江东西地区对官民户逾限之田，抽三分之一买充公田。而且这次买逾限田，虽然也遭到一些人的诋毁与反对，但宋理宗下决心坚持到底。其结果仍然事与愿违，买逾限田不仅未达到预期的效果，还引发了一些弊端，正如浙西安抚魏克愚言："取四路民田立限回买，所以免和籴而益邦储，议者非不自以为公且忠也。然未见其利，而适见其害。近给事中徐经孙奏记丞相，言江西买田之弊甚详，若浙西之弊，则尤有甚于经孙所言者。"

---

① 以下 3 个自然段引文未注明出处者，均见于此。

(四) 核查田地的思想

宋代田赋不均及田赋流失的现象严重存在。这不仅给广大贫苦农民造成沉重的负担和痛苦，从而破坏农业生产的正常进行，影响社会安定，同时也直接减少封建王朝的财政收入。为了解决这一问题，宋朝廷采取了一些强制性的行政措施对田赋实行大规模的整顿清理，其中主要是北宋推行的方田均税法和南宋推行的经界法。

1. 王安石的方田均税法思想

王安石 (1021—1086)，字介甫，号半山，北宋著名思想家、政治家、文学家、改革家。熙宁二年 (1069 年)，任参知政事，次年拜相，主持变法。后因变法的一些弊端和守旧派反对，变法失败。在文学上，王安石名列"唐宋八大家"，有《王临川集》《临川集拾遗》等存世。

宋仁宗初年，洺州肥乡县田赋不平，久莫能治，大理寺丞郭谘与秘书丞孙琳创立千步方田法，括定民田。其法"简当易行"，"自有制度二十余条"①。可知此时方田均税法已粗具规模。

宋神宗即位，起用王安石行新法。当时，"民得以田私相贸易，富者恃其有余，厚立价以规利，贫者迫于不足，薄移税以速售，而天下之赋调不平久矣"②。针对这种情况，宋神宗于"熙宁五年，重修定方田法，诏司农以《方田均税条约并式》颁之天下"。在土地私有制下，各土地所有者占有土地的面积大小不同，地权的转移相当频繁复杂，如按各土地私有者地产逐个分别丈量势必在技术上操作相当困难，而且更难防止营私舞弊行为的发生。王安石方田采取科学的化繁为简的办法，按大片土地进行丈量，"以东西南北各千步，当四十一顷六十六亩一百六十步为一方……凡田方之角，立土为峰，植其野之所宜木以封表之。"由于办法简单易行和准确，使全国垦田数量较易于掌握，而一方之内的有税无税土地及税额的多少在百姓的相互监督下无从隐瞒逃避。还有由于各地土壤肥瘠不同，使亩产差别甚大，为了对各等级田地合理征收赋税，除准确丈量土地面积外，还很有必要对土地按肥瘠划定等级，然后再按等级征收不同数量的赋税。方田均税法规定："岁以九月，县委令、佐分地计量，随陂原平泽而定其地，因赤淤黑垆而辨其色；方量毕，以地及色参定肥瘠而分五等，以定税则。至明年三月毕，揭以示民，一季无讼，即书户帖，连庄账付之，以为地符。"后来，在具体执行中由于土地肥瘠情况复杂，划分五等仍感不够准确细致，熙宁六年 (1073 年)，"诏土色分五等，疑未尽，下郡县物其土宜，多为等以期均当，勿拘以五"。方田均税法基本上能坚持实事求是的做法，规定："若瘠卤不毛，及众所食利山林、陂塘、沟路、坟墓，皆不立税。"

---

① 《长编》卷 144。
② 《宋史·食货上二》。以下 4 个自然段引文未注出处者，均见于此。

方田均税法在实施中，为防止官吏上下其手，弄虚作假，规定在丈量土地、辨验地色时必须有官吏、甲头、方户三方共同在场认定。熙宁七年（1704 年），"京东十七州选官四员，各主其方，分行郡县，以三年为任。每方差大甲头二人、小甲头三人，同集方户，令各认步亩，方田官验地色，更勒甲头、方户同定"。

宋代征收赋税的重要依据是民赋簿籍。有关簿籍对征收赋税的重要性，宋人有很清楚的认识。在方田均税法实施中，朝廷很重视各种簿籍的编制与保管。"有方账、有庄账，有甲帖、有户帖；其分烟析产、典卖割移，官给契，县置簿，皆以今所方之田为正。"其中方账及甲帖是地亩和租税的底册，由官府保存。庄账及户帖为土地所有者的土地及纳税额的凭证，交土地所有人收执。

方田均税法在实施中也存在着一些缺点，其中最大的问题是官府借方田均税之时与地方豪富勾结舞弊，使得方田均税法失去了清量土地均平出赋的意义，从而事与愿违，无法开展下去。如"宣和元年，臣僚言：'方量官惮于跋履，并不躬亲，行缗拍垄、验定土色，一付之胥吏。致御史台受诉，有二百余亩方为二十亩者，有二顷九十六亩方为十七亩者，虔之瑞金县是也。有租税十有三钱而增至二贯二百者，有租税二十七钱则增至一贯四百五十者，虔之会昌县者是也。望诏常平使者检察。'二年，遂诏罢之"。时人已经看出，当时方田均税法存在的问题主要是用人的失当，而不是制度本身的缺失。《长编本末》卷 138 载："方田之法，均输之本，举而行之，或有谓之利，或有谓之害者，何也？盖系官之能否，吏之贪廉。若验肥瘠必当，定租赋有差，无骚扰之劳，蒙均平之惠，则岂不谓之利欤。若验肥瘠或未揣实，定租赋或有增损，倦追呼之烦，有失当之扰，官不能振职，吏或缘为奸，里正乡胥因敢挟取，则岂不谓之害欤。如委官管勾，切在遴选廉勤公正、材敏清严、善驭吏者为之，庶几人被实惠。"但是不可否认，方田均税法在熙宁变法期间还是取得成效的。其先试行于京东路，以后逐步推行于各路。至元丰八年（1085 年），因"官吏奉行，多致骚扰"，才停止清丈。此时，天下之田，已方而见于籍者计 2484349 顷，稍多于当时垦田总额的半数。虽未竟全功，在当时条件下能将方田工作坚持达 12 年之久，堪称历史上丈量地亩的壮举。其在方田均税法中体现出的化繁为简的科学丈量土地的方法，通过辨验地色给土地划分等级，然后根据不同等级在同一面积中征收不同的赋税，以及重视民赋簿籍的编制、保管等思想，都是对后世有积极借鉴意义的。

2. 李椿年的经界法思想

李椿年（1096—1164），字仲永，晚年自号逍遥公，南宋经济学家、文学家。重和元年（1118 年）中进士，后历任宣州宁国县令、户部侍郎和左中大夫等官，最终封为普宁县开国侯，晚年辞官回乡，办新田书院，著有《易解》等书。

南宋时期，最早倡导经界论和推行经界法的是左司员外郎李椿年。绍兴十二年（1142年），他奏请朝廷施行经界法时称："臣闻孟子曰：'仁政必自经界始。'井田之法坏而兼并之弊生，其来远矣。况兵火之后，文籍散亡，户口租税虽版曹尚无所稽考，况于州县乎！豪民猾吏因缘为奸，机巧多端，情伪万状，以有为无，以强吞弱，有田者未必有税，有税者未必有田，富者日以兼并，贫者日以困弱，皆因经界之不正耳。"① 由此可见，南宋的经界法是北宋方田均税法的继续，主要是解决因土地兼并引起的赋税负担严重不均的问题，因此，经界法与方田均税法在内容及性质上并无多大的区别。

李椿年经界法的指导思想是："今画图合先要逐都耆邻保在关集田主及佃客，逐丘计亩角押字。保正、长于图四止（至）押字，责结罪状，申措置所，以俟差官按图核实……今欲乞令官、民户各据画图之当，以本户诸乡管田产数目，从实自行置造砧基簿一面，画田形丘段，声说亩步四至，元典卖或系祖产，赴本县投纳、点检、印押、类聚。限一月数足，缴赴措置经界所，以凭对照。画到图子，审实发下，结付人户，永为照应。"② 从上述可知，李椿年的经界法主要抓住结甲自实、打量画图和制作籍档三个环节。

李椿年由于深悉民间田业纠纷之根源，他的结甲自实法首先由业主在清丈的丘域内，画出自己田块形状和亩积所在，然后在田块图四周签字画押。该丘域清丈画好后，保甲长再在丘域图四至签字画押。然后再汇总保甲所有各丘域田业图账，逐级申陈经界所核实。显然，李椿年的结甲自陈是以产带户的自实陈报登记方法。这个方法有3个优点：一是田主欺隐必伤害其他田主利益，可以结甲纠举；二是都保甲共同欺隐必伤害相邻的都保甲的利益，相互纠举即现破绽；三是无论田主怎样变换，政府可据丘图直接追诉现在业主的赋役责任。

业主、都保甲自实自绘田产草图逐级申陈经界所后，经州县审查核实，都保甲之间没有讼争后，再以都保甲为单位，由业主自画砧基簿草图。砧基簿是业主自实陈报田产基址的簿籍，这一步骤与前面自实自绘有些相似，但却有实质区别。前面是清理核实产权阶段，主要工作是基层都保甲头的递相纠查，政府是以中介者的身份出现，只要都保甲户之间自实自绘的丘块图账，逐级汇总相合，没有讼争就算告成。若有纠纷，所有当事人由官府召集一道再行勘丈核实。而打量画图是在这一基础上进行的较正式的清产确权阶段。"役户只作草图草账，而官为买纸雇工，以造正图正账。"③ 主要工作是由县官监督，都保甲具体执行，政府主导角色突出起来。李椿年在丈量制作砧基簿中，采用了民间的步田法，根据不同几何形状不同面积折算成单位税负的亩积计算方法。"绍兴中，李侍郎椿年

---

① 《宋会要》食货70之124。
② 《宋会要》食货70之125。
③ 《晦庵先生朱文公文集》卷19《条奏经界状》。

行经界。有献其步田之法者，若五尺以为步，六十步以为角，四角以为亩……有名腰鼓者，中狭之谓也；有名大股者，中阔之谓也；有名三广者，三不等之谓也……此积步之法，见于田形之非方者然也。"① 张传玺《中国历代契约会编考释》上册第532—541页所载七契说明用亩、角、步计算不规则几何形状田亩面积的步田法，较之王安石的方田均税法，又进一步精确了不少。

政府勘验制作正式的砧基簿，其工作则在县府进行，法定程序就是李椿年上述指导思想中提到的投纳、点检、印押、类聚。所谓投纳，是指甲首、保长、都正逐级将辖内监制砧基簿附上有关契约文据上报县府。点检类似于现代意义上的审查手续，尤其是对产业性质的合法性及产税真实性要仔细核对。印押指经点检无误后，由县衙主簿或县丞钤印，即成为官府复制正式砧基簿的材料。类聚是根据印押的砧基簿的主要内容进行分类，如按业主姓氏归类的类姓簿；按产值和税负多寡归类的鼠尾簿；最重要的分类是按都、保、甲丘亩田状相连区域分类，并以千字文编号的鱼鳞图。总的说来，南宋买卖土地都要在契约中写明丘亩字号，这对于土地买卖过程中的赋役推割具有特别重要的意义。可以这样说，经界法的科学化，使赋役推收制度较前大大进步了。

制作籍档，是经界法的总结阶段，实际上是县府类聚砧基簿后雇工按丘域复制都、保总图账册。"诸县各为砧基簿三：一留县，一送漕，一送州。"② 至此，发回印押后的砧基簿给民户存档自留。都保则据前此遂级汇总的都保账图修正复制定稿，以供域内田产纷争备考。经界图籍既是业主产权的法律文件，也是政府征派赋役的法律依据。民间田产交易，如果没有砧基簿，即使有"契据可执"，也要罚产没官。官府每隔三年推排一次，检查核对各户产业情况，"以革产去税存之弊"③。

总之，李椿年在南宋所倡导的经界思想与实践，是我国土地管理与税收征管史上的一件大事。中国古代是个农业大国，土地是人民生存的物质基础，也是国家财赋之根本所在。在土地买卖较为频繁的历史条件下，科学的土地陈报与登记制度的确立，是防止土地产权交易中脱离国家管理的重要手段。土地交易者事先索要、考查对方砧基簿，就是证实其产权真实性和合法性的重要依据。而在土地交易过程中，土地田产上所承当赋役负担也需相应推割。宋代，土地买卖和兼并形势相当严峻，许多官僚地主不仅占有大量田地，而且通过各种非法手段规避国家赋役负担，造成民户负担畸重，国家赋税流失，贫富悬殊，社会矛盾激化。李椿年所推行的经界法虽然不能从根本上消灭这些弊端，但对遏制土地兼并和欺隐产税的确起了重要的作用。

---

① 赵彦卫：《云麓漫钞》卷1，中华书局点校本，1996年版。
② 《建炎以来朝野杂记》甲集卷5《经界法》。
③ 袁说友：《东塘集》卷10《推排札子》，台湾商务印书馆影印文渊阁《四库全书》。

二、财政赋税管理思想

(一) 集中财权思想

1. 中央与地方在财经管理上集权与分权的思想

宋代立国之初，惩唐末五代藩镇割据之弊，进行了一系列加强中央集权制的措施，"稍夺其权，制其钱谷，收其精兵"①，将地方上的兵、财、刑、行政大权收归中央。宋初，有关财政方面收权的记载于史籍频频见到，兹举其要：

是岁（乾德二年），始令诸州自今每岁受民租及管榷之课，除支度给用外，凡缗帛之类，悉辇送京师。②

（乾德三年），申命诸州，度支经费外，凡金帛以助军费，悉送都下，无得占留。时方镇阙守帅，稍命文臣权知，所在场院，间遣京朝官廷臣监临，又置转运使、通判，为之条禁，文簿渐为精密，由是利归公上而外权削矣。③

（开宝六年），令诸州旧属公使钱物尽数系省，毋得妄有支费。④

朝廷自克平诸国，财力雄富，然聚兵京师，外州无留财，天下支用悉出于三司，故费浸多。⑤

从宋初宋太祖集中财权的诏令和措施可以看出，其思路主要有以下几个方面：一是把地方诸州的金银、钱币和布帛等财物，留除应有的开支外，其余均运送集中到京城。二是派遣京朝官廷臣到地方监督，并设置转运使、通判等管理监督地方经济。三是地方收支及账籍要申报三司批准审核。

宋代自宋太祖加强中央集权制一直至宋神宗熙宁年间，其财政管理始终是高度集权中央。正如司马光所说："祖宗之制，天下钱谷，自非常平仓隶司农寺外，其余皆总于三司，一文一勺以上悉申账籍，非条例有定数者不敢擅支，故能知其大数。"⑥ 这种高度集权的财经体制给管理和监督带来了困难，最突出的表现是"三司簿领堆积，吏缘为奸"⑦。熙宁五年（1072 年），朝廷"于三司取天下所上账籍视之，至有到省三二十年不发其封者。盖州郡所发文账，随账皆有贿赂，各有常数。常数已足者，皆不发封。一有不足，即百端问难，要足而后已"⑧。有鉴于此，朝廷依照曾布上奏，专置账司，点磨文账。但是"至元丰三

---

① 《长编》卷 2。
② 《长编》卷 5。
③ 《长编》卷 6，《宋史·食货下一》，文字略有不同。
④ 《文献通考》卷 23。
⑤ 《长编》卷 34。
⑥ 《长编》卷 368。
⑦ 《宋史·陈恕附魏羽传》。
⑧ 《苏辙集·栾城集》卷 40《论户部乞收诸路账状》，以下 2 个自然段引文未注出处者，均见于此。

年，首尾七八年，所设官吏仅六百人，费钱三十九万缗，而勾磨出失陷钱止万缗"①。朝廷知其无益，元丰改制，并归比部。总之，财权过分集中中央，通过在中央设立专门机构进行管理，成本高于收益。

元祐元年（1086 年）八月十七日，苏辙上《论户部乞收诸路账状》，就如何协调中央与地方财政管理权发表了自己的见解。他建议把地方财经账籍分为两大类，"内钱帛、粮草、酒曲、商税、房园、夏秋税管额纳毕、盐账、水脚、铸钱物料、稻糯账，本司别造计账申省。其驿料、作院欠负、修造、竹木、杂物、舟船、柴炭、修河物料、施利桥船物料、车驴草料等账，勘勾讫架阁"。这样做比较合理，"盖谓钱帛等账，三司总领国计，须知其多少虚实，故账虽归转运司，而又令别造计账申省。至于驿料等账，非三司国计虚赢所系，故止令磨勘架阁"。这样主次轻重得当，既解决了朝省汇集账籍过多，无法全部勾覆，造成积压甚至营私舞弊的问题，又避免中央对地方财政失去控制监督。而且"诸路转运司与本部州军地里不远，取索文字近而易得，兼本道文账数目不多，易于详悉。自是外内简便，颇称允当"。苏辙这里提出的诸路转运司就地审核本部州军，其优点是比较容易获取被审资料，并且由于分散各路，资料不至过多，能够较细致地审核。当然，由地方转运司审核也可能出现另一种问题，即各级长官俱于承担责任或碍于情面，往往不敢也不愿严格审核监督，更有甚者还替被审对象隐瞒真相，予以包庇。宋代，有关中央与地方财经管理上集权与分权的议论并不多见。元丰初年，中央曾把某些账状下放给各路转运司或提刑司审核，但是自元祐元年开始，中央把这些权力收归户部，宋朝又恢复财权高度集中中央的局面。南宋时期，为应付战争的需要，财权仍高度集中于中央，以便于统一调配。即使总领所具有相对独立的财政权，但"东南三总领所掌利权，皆有定数，然军旅饥馑则告乞于朝。惟四川在远，钱币又不通，故无事之际，计臣得以擅取予之权，而一遇军兴，朝廷亦不问"②。仅从《宋会要辑稿》职官 52 记载可知，南宋朝廷经常遣官点检总领所钱粮财赋，以便加强对其的控制监督。

2. 宰相总理全国财经事务的思想

宋太祖在集中财政的同时，为了防止大权旁落，另一方面又实行行政、军事、财政三权分治。其结果是中书虽然作为宰相，总领行政事务，但基本上不参与财政事务的管理。正如《建炎以来朝野杂记》甲集卷 19 所载："国朝承五季之旧，置三司使以掌天下利权，宰相不预。"这种机制运作的结果暴露出了一些问题，宋仁宗至和二年（1055 年），知谏院范镇言："伏见周制，冢宰制国用，唐宰相兼盐铁转运，或判户部，或判度支，然则宰相制国用，从古然也。今中书主民，枢密院主兵，三司主财，各不相知，故财已匮而枢密院益兵不已，民已困

---

① 《宋史·食货下一》。
② 《文献通考》卷 24《国用二》。

而三司取财不已。中书视民之困，而不知使枢密院减兵、三司宽财以救民困者，制国用之职不在中书也……欲乞使中书、枢密院通知兵民财利大计，与三司量其出入，制为国用，则天下民力庶几少宽，以副陛下忧劳之心。此非使中书、枢密大臣躬亲繁务如三司使之比，直欲令知一岁之计以制国用尔。"① 正如范镇所云，中书、枢密院、三司分掌行政、军政、财政的体制的缺陷在仁宗朝对西夏长期的战争中国力消耗严重、财政困难的情况下凸现出来，即三权分治不能很好协调征收赋税、战争对财力的消耗、财政是否足以支持等之间的关系。范镇所提出的中书、枢密院必须与三司"通知民兵财利大计"是有深刻的时代背景，是想通过改变自宋太祖以来行政、军事、财政三权分治的运行机制，作为解决财政困难的一种手段。

宋代三冗（冗兵、冗官、冗费）问题在宋真宗时期就已出现，到了宋仁宗时期，则进一步严重化。《长编》作者李焘在范镇此段奏言之后依据《食货志》材料做了注释，对此进行说明："真宗时，内外兵九十一万二千，宗室、吏员受禄者九千七百八十五。宝元以后，募兵益广，宗室蕃衍，吏员岁增。至是，兵二百十五万九千，宗室、吏员受禄者万五千四百四十三，禄廪俸赐从而增广。又景德中，祀南郊，内外赏赉缗钱、金帛总六百一万，及飨明堂，增至一千二百余万，故用度不得不缺。自天圣以来，帝每以经费为虑，命官裁节者数矣，臣下亦屡以为言，而有司不能承上之意，牵于习俗，卒无所建明，议者以为恨焉。"在国家财政支出不断增加，国力有限不堪重负，常常捉襟见肘的情况下，统筹安排财力就显得格外必要。

到了嘉祐年间，司马光对范镇的集中财权思想进一步明确化、具体化。首先他批评了当时的内库制度，指出："夫府库者，聚天下之财以为民也，非以奉一人之私也。祖宗所为置内藏者，以备饥馑兵革非常之费，非以供陛下奉养赐予之具也。今内藏库专以内臣掌之，不领于三司，其出纳之多少，积蓄之虚实，簿书之是非，有司莫得而知也。若皆以奉养赐予而尽之，一旦有饥馑兵革之事，三司经费自不能周，内藏又无所仰，敛之于民，则民已困竭，得无狼狈而不支乎？"② 其次，他针对当时财权分散，不能统一指挥调配国家金帛钱谷的弊端，提出："夫食货者，天下之急务。今穷之如是，而宰相不以为忧。意者以为非己之职故也。臣愿复置总计使之官，使宰相领之。凡天下之金帛钱谷，隶于三司及不隶三司，如内藏、奉宸库之类，总计使皆统之。小事则官长专达，大事则谋于总计使而后行之。岁终则上其出入之数于总计使，总计使量入以为出。若入寡而出多，则总计使察其所以然之理，求其费用之可省者，以奏而省之。必使岁余三分之一以为储蓄，备御不虞。凡三司使、副使、判官、转运使及掌内藏、奉宸等库之

① 《长编》卷179。
② 《温国文正公文集》卷23《论财利疏》。

官，皆委总计使察其能否，考其功状，以奏而诛赏之。若总计使久试无效，则乞
陛下罢退其人，更置之。议者必以为宰相论道经邦、燮理阴阳，不当领钱谷之
职，是皆愚人不知治体者之言。昔舜举八恺，使主后土，奏庶艰食，贸迁有无，
地平天成，九功惟叙。《周礼》冢宰以九职、九赋、九式、九贡之法治财用。唐
制以宰相领盐铁、度支、户部。国初亦以宰相都提举三司、水陆发运等使。是则
钱谷自古及今，皆宰相之职也。今译经润文，犹以宰相领之，岂有食货国之大
政，而谓之非宰相之事乎？必若府库空竭，闾阎愁困，四方之民流转死亡，而曰
我能论道经邦、燮理阴阳，非愚臣之所知也。"① 司马光在范镇中书、枢密院与
三司"通知兵民财利大计"的基础上，进一步强调集中财权，明确提出设置总
计使，由宰相担任，统一指挥协调全国财政收支，量入为出，解决当时财政多头
管理，收入混乱的问题。而且，司马光建议宰相对三司使、转运使及掌内藏、奉
宸等库之官拥有考核之权，藉此以对理财之官的考核权来保证财政的控制权。直
至宋神宗熙宁年间，宰相不预财政的局面才有所改变，"工荆公为政，始取财利
之柄归于中书"②。熙宁二年（1069 年）二月，王安石为参知政事，设立制置三
司条例司，参与筹划和制定新的财政经济政策。从此，中书开始参与对财政财务
收支细务的管理。

熙宁七年（1074 年），宰相韩绛上奏言："三司总天下财赋，其出入之数并
无总要、考校盈虚之法。欲选官置司，以天下户口、人丁、税赋及场务、坑冶、
河渡、房廊之类租额年课及一路钱谷出入之数，去其重复注籍，岁比较增亏及其
废置钱物、羡余、横费等数。或收多，则寻究因依，以当职之官能否为黜陟；若
支不足，或有羡余，理当推移，使有无相济，如此则国计大纲，朝廷可以省察，
议论正事，足宽民力。仍乞臣绛提举。"③ 与此同时，三司使章惇亦言："天下财
赋，账籍汗漫，无以察其耗登之数，请选置才士，删修为策，每年校其增亏，以
考验诸路当职之官能否，得以升黜。"④ 这里，韩绛把范镇、王安石中书参与理
财的思想进一步具体化，提出要在中书省下设置专门机构，负责对各级官吏经济
政绩的考核，每年比较财赋增亏，藉此使宰相总领天下之财，从宏观上把握财政
收支平衡。宋神宗采纳了宰相韩绛与三司使章惇的意见，在中书省下设会计司，
以韩绛亲自提举。但是，会计司存在的时间很短，仅一年多，"既而事多濡滞，
八年，绛坐此罢相，局亦寻废"⑤。

到了南宋，由于军费开支浩大，统筹安排财政收支问题又变得十分必要，集
中财权的思想又被不断提出，其内容大致仍围绕着北宋的宰相理财与对内库的统

---

① 《温国文正公文集》卷 23《论财利疏》。
② 《建炎以来朝野杂记》甲集卷 17《三司户部沿革》。
③ 《长编》卷 257。
④ 《长编》卷 257。
⑤ 《宋史·职官一》。

一管理监督。如乾道初，臣僚言："近以宰相兼枢密使，盖欲使宰相知兵也。宰相今虽知兵，而财谷出入之原，宰相犹未知也。望法李唐之制，委宰相兼领三司使职事，财谷出纳之大纲，宰相领之于上，而户部治其凡。"① 嘉泰四年（1204年），又有臣僚言："财赋国家之大计，其出入之数有余、不足，为大臣者皆所当知，庶可节以制度，关防欺隐。"② 南宋中期，魏了翁在《答馆职策一道》中云："近闻国用使已遍行取会诸路上供赋入及所在钱物名数，诚能始自内帑，取一岁非汎支费，严加核实一毫之出纳，国用使别得以制其可否，而参计官得以覆其虚实，毋若平时比部勘磨之具文，则内帑金帛当无欺隐。"③ 由此可见，南宋大臣呼吁宰相统一理财，主要目的仍然是为了控制收支平衡，监督收支上的欺骗隐瞒等不法行为，从而开源节流，克服财政困难。从理论上看，这些思想与北宋相比没有什么发展，其实际效果也极其有限。南宋宰相总领财政大权也只是十分短暂的一段时间，大致从乾道二年（1166年）宰相兼制国用使、参知同知国用事，至乾道五年（1169年）罢国用司；又从嘉泰四年（1204年）再置，开禧二年（1206年）改名国用参计所，三年（1207年）又废，宰相总管财政总共不到7年。而上述魏了翁提出的连内帑国用使也要严加核实，那更是不见实行。

3. 户部集中财权的思想

宋朝自元丰改制后，财经管理机构发生了很大的变化。改制前，三司总管全国财政，户部几乎无所职掌，只委派"判户部事"一员，接受天下土贡。改制后，撤销三司，全国财计始归户部。户部之下设左右曹，原三司主要职掌归左曹，原司农寺主要职掌归右曹。改制后的户部与原三司相比，财权大大缩小。户部之下虽分为左右曹，但只有左曹隶于户部尚书，右曹则不隶于户部尚书。这就造成户部长官尚书与负责右曹事务的户部侍郎互不统属，进而使户部尚书无法统筹调配右曹分管的那一部分钱物。尚书省户部以外的五部二十司以及九寺四监所掌事务中，有许多与财经有直接关系，并且其中不少原属于三司负责，现由于与户部无隶属关系，因此户部无权加以干涉，尤其是工部、都水监、军器监、将作监等所掌事务，多是费用巨大，户部既不能干预，就失去了对其支用财赋进行管理监督。其结果是"应支用钱物五曹与寺监皆得自专"④，"他司以办事为效，则不恤财之有无；户部以给财为功，则不论事之当否，彼此各营一职，其势不复相知"⑤。总之，元丰改制后的户部，已不具备原来三司那种于财计无所不统的最高理财机构——计省，其长官号为"计相"的地位。改制后的户部虽然名义

---

① 《宋史·职官二》。
② 《宋史·职官二》。
③ 魏了翁：《鹤山先生大全文集》卷21《答馆职策一道》，四部丛刊本。
④ 章如愚：《山堂群书考索》续集卷33《官制门·六尚书》，台湾商务印书馆影印文渊阁《四库全书》。
⑤ 《苏辙集·栾城集》卷41《请户部复三司诸案札子》。

上是全国最高理财机关，但其理财的权力范围大大缩小，这对极其有限的国家财力的筹划调配监控是不利的。有鉴于此，司马光在宋哲宗元祐元年（1086 年）闰二月上奏言：

> 祖宗之制，天下钱谷自非常平仓隶司农寺外，共余皆总于三司。一文一勺以上，悉申账籍，非条例有定数者，不敢擅支。故能知其大数，量入为出，详度利害，变通法度，分画移用，取彼有余，济彼不足，指挥百司、转运使、诸州，如臂使指……故能仓库充溢，用度有余，民不疲乏，邦家乂安。自改官制以来，备置尚书省六曹二十四司，及九寺三监，各令有职事，将旧日三司所掌事务散在六曹及诸寺监。户部不得总天下财赋，既不相统摄，账籍不尽申户部，户部不能尽知天下钱谷之数。五曹各得支用钱物，有司得符，不敢不应副，户部不能制。户部既不能知天下钱谷出纳见在之数，无由量入为出。五曹及内百司各自建白理财之法，申奏施行，户部不得一一关预，无由尽公共利害。今之户部尚书，旧三司使之任也。左曹隶尚书，右曹不隶尚书，天下之财分而为二，视彼有余，视此不足，不得移用。天下皆国家之财，而分张如此，无专主之者，谁为国家公共爱惜通融措置者乎？譬（如）人家有财，必使一人专主管支用。使数人主之，各务己分，所有者多互相侵夺，又人人得取用之，财有增益者乎？故利权不一，虽使天下财如江海，亦恐有时而竭，况民力及山泽所出有限制乎！此臣所以日夜为国家深忧者也。今纵未能大有更张，欲乞且令尚书兼领左右曹，侍郎则分职而治。其右曹所掌钱物，尚书非奏请得旨，不得擅支。诸州钱谷金帛隶提举常平仓司者，每月亦须具文账申户部六曹及寺监。欲支用钱物，皆须先关户部，符下支拨。不得一面奏乞直支应掌钱物。诸司不见户部符，不得应副。其旧日三司所管钱谷财用，事有散在五曹及诸寺监者，并乞收归户部。若以如此户部事多官少，难以办集，即乞减户部冗末事务，付闲曹比司兼领，而通隶户部，如此则利权归一。若更选用得人，则天下之财庶几可理矣。①

司马光在此认为改制后的户部权力比改制前的三司大大削弱，其在国家财经的管理监督上出现三大弊端：首先，改制前三司总领全国的财政财务收支，所有会计账籍均申报其审核，故能够全盘控制收支平衡；改制后户部无权总领天下财赋，许多会计账籍不再申报其审核，故无从全盘控制收支平衡。其次，改制前，中央机构除司农寺之下常平仓外（其实还有内库，三司也无权过问），其钱物收支有余不足均由三司统筹调配；改制后，户部尚书不与右曹之事，财权一分为二，其钱物收支有余不足无法统筹调配。再次，改制前，三司掌握各部门钱粮支出的审批权，有效地控制了规定之外的支出；改制后，户部失去了一些部门钱粮支出的审批权，导致五曹及一些部门随意支用钱物，无人审核监督。总之，改制

---

① 《温国文正公文集》卷51《论钱谷宜归一札子》。

后户部对控制国家的财政收支平衡、取有余补不足的统筹调配以及支用钱物的审核监督诸方面的职能大大削弱，这种机构运行机制上的欠缺司马光总结为"利权不一"，致使国家财力得不到合理配置，流失严重，国家财政更显困竭。鉴此，司马光提出了改革措施，主张首先在权力的设置上应扩大户部尚书的权力范围，使其兼领左右曹，右曹所掌钱物，也必须经尚书奏请得旨，方可支用。这样，户部尚书就能统筹调配左右曹钱物，并能从宏观上控制财政收支平衡。其次，地方诸州钱谷金帛会计账籍，必须每月申报户部审核；如要支用，必须先报请户部批准，然后予以支拨。通过钱物支出的事前审批核准事后的审核监督，户部就能有效地控制钱物的随意支出，从而节省财政开支。总之，司马光所指出的改制后三司变为户部所产生的弊端是客观和切中要害的，其措施也是具体、可行的，无论是控制国家的财政收支平衡，还是取有余补不足的统筹调配，或支用钱物的审核监督，其落脚点都是围绕着解决财政上的困难。

揆诸史籍，司马光上奏后不久，朝廷就采纳了他的意见，户部尚书兼领左右曹事。元祐元年（1086 年）七月己卯，"户部言：'府界诸路州军钱谷文账，旧申三司者，昨付逐路转运司点磨；其常平等文账，旧申司农寺监者，昨付逐路提举司点磨；及在京库务文账，见分隶礼、兵、工曹者，诸并收归户部。'从之，用司马光闰月所奏立法也"①。还有，"军器、将作、少府、都水监、太府、光禄寺等处，辖下系应干申请、创修、添修、计置、收买材料钱物、改铸钱料、兴废坑冶之数，并先申户部看详检覆，候与夺定许令造作物数，从本部关赴本辖部分，督责寺监依功限差工匠造作。内河防急切申禀不及者，听逐急应副毕，亦申户部点检"②。这样"都水、军器、将作三监，皆兼隶户部，使户部定其事之可否，裁其费之多少，而工部任其功之良楛，程其作之迟速。苟可否、多少在户部，则凡伤财害民，户部无所逃其责矣；苟良楛迟速在工部，则凡败事之用，工部无所辞其谴矣"③。绍圣后，虽然曾有一段时期户部右曹仍以右曹侍郎专领，事得直达奏裁。但从南宋开始，基本上还是遵循司马光财政集权的思想，户部尚书虽不常设，但侍郎二人则通治左右曹事务。至于监察御史上官均所奏"户部、太府寺于内藏诸库得加检察"之事，据李焘所注，不得"其从与不从也"，即朝廷是否采纳了他的意见，不得而知。

综上所述，宋代集中财权的思想主要围绕三个方面：一是协调中央与地方在财经管理上的集权与分权；二是宰相必须总管全国财政，内库必须纳入理财机构的统一管理与监督；三是改制后的户部必须同改制前的三司一样，具有较大的理财权力范围。而且这三个方面的着眼点是相同的，即从机构运行机制层面入手，

---

① 《长编》卷 383。
② 《长编》卷 422。
③ 《长编》卷 422。

通过集中财权达到有效地统筹调配全国钱物，控制财政收支平衡，防范财政财务收支上的不法行为，开源节流，从而解决财政困难。这种集中财权的思想在当时因三冗和因战争支出巨大、国力匮乏的情况下，是具有较大的积极意义。

（二）农业税治理思想

宋代商品经济虽然有了高度发展，但农业税收仍然是国家的主要财政来源。拖欠农业税收，意味着必然影响国家的财政收入。宋代财政经常入不敷出，因此，统治者特别注重农业税的及时征收。宋廷为了确保农业税收的实现，制定了保证二税（夏税和秋税）征收的各种法规和条例，甚至不惜采用刑罚手段，以确保二税的按时完纳。

1. 确定起纳催科期限

宋代根据南北地区气候的差异，二税的征收时间也不一致。宋初，江南的夏税自"五月一日起纳，至七月十五日毕"；北方的夏税自"五月十五日起纳，至七月三十日毕"；"秋税自九月一日起纳，十二月十五日毕"。宋太宗端拱元年（988年）四月诏："自今并可加一月限。"[1] 自此，夏税一般是以六月一日至八月底为输纳限期，秋税以十月一日至十二月底为交纳期限。

宋代二税输纳限期又各分为三限，作为二税起纳和催科的时间划分。宋廷规定：催科"夏秋二税，分立三限，中限不纳，方许追催"。其之所以对追催时限做出如此明确、严格的限制，原因在于州县官吏"多不遵奉条法"，往往"受纳之初，便行催督。蚕方成丝，即催夏税，禾未登场，即催冬苗。峻罚严刑，恣行筹楚"[2]，致使人户逃徙，亏损国家税赋，甚者激化社会矛盾，引起武装反抗，严重威胁封建统治。

有鉴于此，宋代每朝常申明催科税租的时限。如太祖建隆四年（963年）规定："初限已前，未得校科，中限将终，全未纳者，即追户头或次家人，令佐同共校科。"[3] 即起纳二税和催科二税之前，都必须先经校科。北宋末年，先期催科之弊日益严重，致使人户逃徙日多，故宋徽宗大观二年（1108年）七月诏："自今如前催纳输官之物，加罪一等，致人户逃徙者，又加一等"[4]，以约束官吏的肆意追催。

南宋时，"官司轧促常限及未入末限，或未经科校轧差人催理"[5] 的情况更为突出，所以有关限制催科的法禁更加详备。如《庆元条法事类》卷47《拘催税租》规定：州县如"未入末限，或未经科校轧差人下乡者，并杖一百"；"官司轧促其常限者，徒一年；因致逃亡者，加一等"。

---

① 《宋会要》食货70之4。
② 《宋会要》食货10之3。
③ 《宋会要》食货70之2。
④ 《宋会要》食货70之20。
⑤ 《宋会要》食货70之37。

2. 制裁违欠二税

《宋刑统》卷 13《输税违期》明确规定：应输课税"违期不充者，以十分论，一分笞四十，一分加一等"。"全违期不入者，徒二年"。其实这只是笼统的规定，宋代对不同等级的人户所欠税物，采取了不同的处理办法，以避免社会矛盾的激化。如北宋朝廷规定：对税户中的下户"逋税逾期者，取保放归了纳，勿得禁系"；对故意迁延不纳的形势户，则"委本判官置簿催促，须于三季前半月内纳毕"①，如果"本判官不切点检，致有违欠，依令佐催科分数停罚"②。宋仁宗皇祐五年（1053 年）十二月更明确规定："第四等户残欠税物，并与倚阁。自今须纳七分以上者，方为残欠，仍著为定制。"③ 由于人户所欠税物，多是贫民拖欠岁久，不易一并输纳，因此"诏第四等以下户欠负，候夏熟输纳"④；或令分期输纳；或展延输纳年限。藉此以宽恤民力，稳定社会，保障生产。

南宋时，一些形势之家"凭恃强横，全不输纳。苟有追呼，小则击逐户长，大则胁制官吏……又有阴为民户，影占田产，规避税役，习以成风"⑤，严重影响了国家的赋税征收，使原已困难的财政雪上加霜。对此，朝廷又颁布了一些有关规定。

如前所述，一方面朝廷禁止官吏提前催科，肆意追扰而使民户逃徙，另一方面又对官吏拖欠或积欠二税予以处罚。如《庆元条法事类》卷 47《违欠税租》规定：输纳税物"未限满，欠不及一分，县吏人、书手、户长笞四十，令佐罚三十值；一分杖六十，令佐罚六十值，州吏人笞四十，都孔目、副都孔目官笞二十，幕职官（罚）三十值，通判、知州（罚）二十直，每一分各加二等，至三分罪止，令佐仍冲替，州县吏人、书手勒停，都孔目、副都孔目官降一资；其拖欠或积欠者，再限满不足，各依分数减一等"。如税户逃亡而"不画时倚阁者，官吏并徒二年，其被抑令偿备者，许经监司越诉"。

南宋继承北宋的传统，主要对形势户及递年违欠者予以处罚。如凡"输税租违欠者，笞四十；递年违欠及形势户，杖六十"⑥；"上三等户及形势之家应输税租，而出违省限输纳不足者，转运司具姓名及所欠数目，申尚书省取旨。未纳之数，虽遇赦降，不在除放之限"⑦。对于"诸税租户逃亡，厢耆、邻人即时申县，次日具田宅四至、家业什物、林木苗稼申县"，县录状申州；"州县各置籍，开具乡村、坊郭户名、事因年月、田产顷亩、应输官物数，候归请日销注……限

---

① 《宋会要》食货 70 之 4。
② 《宋会要》食货 70 之 2。
③ 《宋会要》食货 70 之 9。
④ 《宋会要》食货 9 之 15。
⑤ 《宋会要》食货 10 之 13。
⑥ 《庆元条法事类》卷 47《违欠税租》。
⑦ 《宋会要》食货 70 之 64。

满不归，舍宅什物，估卖入官"①。

3. 惩罚隐匿二税

宋代推行田制不立、不抑兼并的政策，隐田漏税成为一个严重的问题。一些贫民下户为了逃避国家的沉重税赋负担，有的"坐家申逃"，有的携田投于豪家，严重影响了国家的财政来源。从性质上看，隐匿二税比违欠二税更严重，因此，宋代对隐匿二税的惩罚更为严厉。

宋代统治者为了确保国家的二税收入，对隐匿二税不仅采取了防范措施，而且制定了惩治隐匿二税犯罪的法律。

其一，解决隐田漏税。宋代农业税的征收，主要是根据土地的好坏、多少、物力的大小确定户等征收的。所以，解决隐田漏税是一个关键的问题。宋初太祖时就不断下诏清查隐田，并规定三年一次推排物力，以田亩和物力的变化升降户等，作为二税征收的依据。但是隐田一直没有得到解决，反而随着土地兼并的发展，问题愈来愈突出。尔后，宋仁宗时郭谘、孙琳清丈土地，实行检查漏税的"千步方田法"；宋神宗熙宁变法时，又行"方田均税法"；南宋初，又行"经界法"，但都效果甚微②。

其二，建立连保制，防止人户逃匿二税。宋太宗时，采取"民十家为保。一家逃，即均其税于九室；二室三室逃，亦均其税。乡里不得诉，州县不得蠲其租"。其结果是一家逃匿，其余人家害怕均摊，也相继逃匿。因此，宋真宗咸平二年（999 年）八月诏诸路州府："不得更将逃户名下税物均摊，令见在人户送纳。"③ 宋徽宗宣和三年（1121 年）三月又重申："逃移人户旧欠，不得令新佃人承认。"④ 南宋高宗建炎四年（1130 年）七月又规定："先有积欠税物，亦不许于租佃户名下催理。"⑤ 但是这种禁令有时并没有得到很好的执行。如宁宗嘉泰三年（1203 年），"佃户租种田亩，而豪宗巨室逋负税赋不肯以时供输，守令催科，纵容吏胥追逮耕田之人，使之代纳，农民重困"⑥。

其三，立自首之法。宋真宗天禧四年（1020 年）九月诏："隐陷税物者，与限百日听自官首罪，止自改正。已后收其税物限满不首，为纠告者，论如法。"⑦ 南宋时又规定：凡诈匿减免等第或科配能"自首者，改正其应输之物，追理价钱"⑧。

---

① 《庆元条法事类》卷 47《阁免税租》。
② 有关"方田均税法""经界法"的情况，详见本节一、户口与土地管制思想。
③ 《宋会要》食货 69 之 38。
④ 《宋会要》食货 69 之 43。
⑤ 《宋会要》食货 69 之 48。
⑥ 《宋会要》食货 70 之 103。
⑦ 《宋会要》食货 70 之 7。
⑧ 《庆元条法事类》卷 47《匿免税租》。

其四，定告获之赏。仁宗庆历三年（1043年）十月规定：凡"有虚作逃亡破税"，"或请占官田而不输税致久而失陷者，其知县令佐能根括出积弊者，当议量其多少之数而赏之"①。神宗熙宁元年（1068年）十二月又规定："告首一亩以上至十亩，赏钱五千；十亩以上至一顷，赏钱十千；每一顷增五千，至百千止。以犯人家财充，如不足，于知情邻人处催理。或告数户，各据逐户顷亩给赏。其本户如欺隐，已经妄破税物，计赃重者，从诈匿不输律条定断，条内增赏钱一倍。"②南宋时，亦详细定有各种类型告获之赏：告获诈匿减免税租者，以所告田产全给，未减免者给半；告获诈匿减免等第者，以所告财产给五分，如系告获州县人吏、乡书手，并全给；未减免者给三分之一，告获州县人吏、乡书手给五分。③由此可见，宋廷为了惩治隐匿二税的犯罪，不惜以很重的赏额奖励举报者，如赏钱"五千""十千""百千"，或"全给""给半"等。

其五，重惩诈匿之罪。《宋刑统》卷15《输课税逗留湿恶》规定：凡应输纳课税而诈匿不输，或巧伪湿恶者，"计所阙入官物数，准盗科罪，依法陪填"。从"准盗科罪"可知，朝廷对诈匿二税的惩罚是相当严峻的。如宋初规定：凡强盗计赃钱满三千文足陌，皆处死④。南宋《庆元条法事类》卷47《匿免税租》规定："诸诈匿减免税租者（谓如诈作逃亡，及妄称侵占之类，诡诈百端，皆是下条，准此），论如回避诈匿不输律，许人告。"如"官司知情者，计一年亏官物数，准枉法论，许人告；吏人、贴司、乡书手，杖罪并勒停，流罪配本城"。如系"诈匿减免等第或科配者（谓以财产隐寄，或假借户名，或诈称官户，及立诡名挟户之类），以违制论。如系州县人之乡书手，各加二等；命官仍奏裁"。从"准枉法论"可知，南宋对诈匿二税的处罚仍与北宋一样，因为"盗"与"枉法"属于同样处罚的犯罪。

宋代征收二税措施、规定虽然详备、严厉，但效果并不好。正如时人所云："州县夏秋二税之欠，或水旱逃荒不行除放，或豪贵典卖不为推收，或簿钞积压而不销，或公吏领揽而不纳，逮至省限过勘，旋凭乡司根刷，或勒贫民重叠监理，或追耆长责认陪填，徒有举催旧科之名，即是侵过本科之物，但添追扰，再欠如初。"⑤其最主要的原因，当是吏治的腐败，州县官吏"旁缘为奸，出入走弄，阴夺巧取，额外多科"⑥。这些官吏即使因违法乱纪被惩罚，但"一遇赦恩除放，吏之罪释，然而民之忧如故"⑦。

① 《宋会要》食货70之8。
② 《宋会要》食货70之11。
③ 《庆元条法事类》卷47《匿免税租》。
④ 《九朝编年备要》卷1。
⑤ 《宋会要》食货10之12。
⑥ 《宋会要》食货70之103。
⑦ 《宋会要》食货70之56。

（三）商业税收管理思想

宋代开国之际，对商税的征收管理就十分重视，订有专门的法规。陈傅良说："我艺祖开基之岁，首定商税则例，自后累朝守为家法。"① 所谓商税则例，就是有关商税征收的条例和规定。商税则例已失传，详细情况不得而知。但从史籍中的零星记载，我们仍可窥见对商税管理的一些思想。

宋代对于应当纳税的商品名目，令各级政府书写在税务、官署和交通要道的墙壁上，公之于众，广为宣传。"当算之物，令有司件析，颁行天下，揭于板榜，置官宇之屋壁，以遵守焉"②。这样，既使商旅一目了然，按照则例规定纳税，又可以使他们对额外的苛捐杂税予以拒绝交纳。总之，这种公布常税名目的制度，对于依法纳税和限制额外征税，保护商人的利益，防止官吏借征税名目贪污受贿等，具有一定的积极作用。

宋代的主要商税分过税和住税两大类。"行者赍货谓之过税，每千钱算二十；居者市鬻谓之住税，每千钱算三十。大约如此，然无定制，其名物各随地宜而不一焉"③。这就是说转贩货物的商旅沿途经过税务，按其货价的 2% 收税，为过税；开设店铺的商人在当地出售货物，或行商到达住卖地分出卖货物，该地税务按物价的 3% 收税，即住税。过税和住税是宋代商税中最基本的征税，除此之外，政府还有各种名目的附加税，不胜枚举。

宋代在征收过税和住税中，有两方面的做法值得注意：其一，过税和住税主要按商品的价格征收，即商品的价格高者征税多，价格低者征税少。这是商品经济发展的结果，有利于税负的公平。然而由于商品价格有很多不确定因素，在不同时期与不同地区有较大的差异，实际操作起来是件十分复杂麻烦的事情。其二，过税和住税都主要以征收货币为主，征收实物的情况较少④。征收实物的对象主要限于木材、砖瓦、石炭等，而且也不按商品的实际市价，而多按固定的税率征收。如宋真宗大中祥符的编敕规定："每木十条，抽一条讫，任贩货卖，不收商税。"⑤ 这等于把过税和住税合在一起，一次性地征收 10% 的税钱。

为了保证商税收入，宋政府制定了十分严厉的法规，对于偷漏税者处罚较重。南宋时规定："诸物应税而不赴务，及虽赴而欺隐者，皆为匿"；"诸匿税者笞四十，税钱满十贯杖八十"；"诸匿税者，虽会恩，并全收税（曾匿别务者止丁事发处倍收），仍三分以一分没官"⑥。由此可见，对偷漏者不仅只是罚款等经济制裁，而且还涉及刑事处罚五刑（笞、杖、徒、流、死）中的笞刑与杖刑，

① 《文献通考》卷14《征榷考一》。
② 《宋会要》食货17之13。
③ 《宋史·食货下八》。
④ 参见《宋代工商业经济与政府干预研究》，第181—182页。
⑤ 《文献通考》卷14《征榷考一》。
⑥ 《庆元条法事类》卷36《商税》。

可见，对偷漏税的打击是严厉的。

宋代过税的税率为 2%，并不意味着商品在贩运中只交 2% 的税，而是指在贩运途中每遇一个税务就要征 2% 的过税。假如商人在贩运途中经过 5 个税务，他就得交 5 次 2% 的过税。因此，路途越远，所经过的税务越多，累计交纳的过税就越多。政府为了防止商人在贩运途中绕过税务以逃避征税，制定了苛严的管理控制制度。其一，明确细致地规定商人在贩运途中必须走的路线；"贩鬻而不由官路者罪之"[1]；"商人贩易不得辄由私路，募告者，厚赏之"[2]。所谓官路是指商人贩运从出发地到目的地应走由官府指定的路线，也就是设有税务的路线。而商人如不按官府指定的路线走，也就意味着避过税务逃税，那就要受到处罚。其二，官府除了在各地税务配备了"专栏"或"栏头"等专职征税人员在路口、港汊拦截商旅、稽查商税外，还派出大量官吏在大小路口分兵把守，并悬赏告发商人贩运不走官路者。宋代这种苛严的征收过税的管理控制制度无疑带来了严重的不良后果。官路的规定剥夺了商人根据实际需要选择商路的权利。商人贩运途中每过一税务必须交纳 2% 税钱的规定使政府为了多征税，不断在官路上增加税务数量，越设越密。据郭正忠先生统计，宋仁宗嘉祐年间（1056—1063 年）全国共有商税场务 1867 处，到宋神宗熙宁十年（1077 年）增加至 2058 处。不到 20 年间，税务增加了 191 处。[3] 除此之外，那些非法私设者就无法统计了。宋朝法令虽然规定严禁私设税务，并允许商人越级上告非法税务，但是"深村小路，略通民旅，私立关津，公行收税"，"诸郡无名场务在在有之"[4]。总之，这些官设、私设的大大小小税务明征暗抢，使商人长途贩运的成本大大提高，严重阻碍了地区间商品流通往来。

宋代统治者已有很强的成本意识，在税务的设置上，对于商税额较少的场务则鼓励私人买扑承包。这项政策从宋初已开始实行，以后逐步扩大。宋仁宗天圣四年（1026 年），敕令诸路转运司"相度到辖下州军管界镇务道店商税场务，课利年额不及千贯至五百贯已下处，许人认定年额买扑，更不差官监管"[5]。这样，政府一方面在课利微薄的地方不设税务机构，以节省行政开支，另一方面又能通过私人承包，坐享其成地得到这部分税收，纤芥靡遗，增加财政收入。这种通过转让征税权以获取财政收入的思想和做法本来是无可厚非的，但是由于征税是一项政策性很强的工作，而获得承包权的人多数是地方上的恶霸地痞，"凡买扑

---

① 《宋史·食货下八》。

② 《宋会要》食货 17 之 13。

③ 参见《两宋城乡商品货币经济考略》第 191、192、203、204 页。

④ 《庆元条法事类》卷 36《商税》载："诸私置税场，邀阻商旅者，徒一年，所收税钱坐赃论，仍许越诉。"

⑤ 《宋会要》食货 54 之 3。

者，往往一乡之豪猾"①。"皆系豪民买扑，重为民害"②。这些人原来就是地方上的恶势力，现在通过承包征税行使起了政府的一部分职权，更是狐假虎威，为非作歹，巧取豪夺。"乡民买扑，其苛取反甚于州县"③。由此可见，税场买扑与酒务、工矿场务的买扑效果不同，其根本原因是国家的权力（包括征税权）不能有偿地转让，当权力与经济效益直接联系在一起时，权力为获取利益而加以滥用，将对社会和民众造成很大的伤害。宋代的买扑税场使民众遭受严重的盘剥，扰乱了地方的初级市场，使基层商品交换萧条。

（四）茶盐专卖与对外贸易管制思想

1. 茶盐专卖与管制思想

宋代，禁榷收入成为财政的重要支柱，尤其是其中的茶盐专卖收入。如欧阳修云："今为国之利多者，茶与盐耳。"④ 宋高宗也说："国家养兵，全在茶盐以助经费。"⑤ 正如叶适所言：宋朝是"极天下之大而无终岁之储，愁劳苦议乎盐、茗、榷货之间而未得也"⑥。南宋更是到了"舍茶盐则无以立国"⑦。正由于茶盐之入在财政中的举足轻重之地位，所以宋廷特别重视垄断茶盐之利，严厉实行管制政策，制定了不少法令条文，禁止私产私贩，违者予以重惩。

宋代统治者为了维护茶的垄断高额利润，自宋初就制定了严厉的茶法。太祖乾德二年（964年）八月规定：民匿茶"不送官及私贩鬻者，没入之。计其值百钱以上者，杖七十，八贯加役流。主吏以官茶贸易者，计其直五百钱，流二千里，一贯五百及持仗贩易私茶为官司擒捕者，皆死"⑧。太宗时茶禁稍放宽，"民间私茶减本犯人罪之半"⑨，官吏盗贩官茶，"论直十贯以上，黥面配本州牢城"；"巡防卒私贩茶，依本条加一等"，如卖"伪茶"，"一斤杖一百，二十斤以上，弃市"⑩。

宋代对茶叶"民私蓄贩皆有禁"，"告捕私茶皆有赏。然约束愈密，而冒禁愈蕃"。虽是"岁报刑辟，不可胜数"⑪，然而和私盐一样，禁而不止。尤其南宋时，由于引价、茶价不断增长，贩私茶者日多，官府虽密设巡防，严于追捕，但"盗贩茶者多辄千余，少亦百数，负者一夫，而卫者两夫，横刀揭斧，叫呼

---

① 《宋会要》食货18之8。
② 《宋会要》食货18之19。
③ 《宋会要》食货18之27。
④ 《欧阳修全集》卷45《通进司上书》。
⑤ 《宋会要》食货32之22。
⑥ 《叶适集·水心别集》卷11《财总论二》。
⑦ 《叶适集·水心别集》卷11《茶盐》。
⑧ 《长编》卷5。
⑨ 《长编》卷18。
⑩ 《宋史·食货下五》。
⑪ 《长编》卷188。

踊跃，以自震其威"①。甚至从私茶商贩，走上了武装反抗政府的斗争。

宋代，盐利是国家财政的重要来源。为维护国家对盐利的独占，政府制定了各种禁榷法令，禁止私人经营和侵犯国家专利，并以严刑酷法打击各种违法犯罪行为。

宋自立国初，就立峻法严禁私盐。宋太祖建隆二年（961年），诏："私炼盐者，三斤死；擅货官盐入禁法地分者，十斤死。"② 尔后虽然放宽对私盐的惩罚，私盐之罪已无死刑，但太宗太平兴国二年（977年）仍然规定："持杖盗贩私盐者，三人已上持杖及头首并处死。若遇官司擒捕，辄敢拒捍者，虽不持杖，亦处死。"③ 即对结伙武装私贩和拒捕者一律处以死刑。

南宋初年，朝廷"养兵全仰茶盐课入"，所以对私盐之罪"常法外重行断治"④。如宋廷规定："亭户辄将煎到盐货，冒法与私贩军兵百姓交易，不以多寡，并决脊配广南牢城，不以赦降原减"⑤；"不系亭户而冒法私自煎盐，公行交易，即与亭户盗卖事体无异"，"所犯盐数不以多寡，并行决配"⑥；"官员、民庶辄于亭户或无引人处买到盐货，不以兴贩食用，皆是私盐"⑦。

宋廷不仅对私盐的生产、贩运、销售、消费予以严厉禁止，而且还制订了严密的法规，防范私盐的生产与贩运，从源头上杜绝私盐。南宋孝宗乾道七年（1171年）六月，提领榷货务都茶场叶衡就建议禁私盐当从禁私盐生产开始："今日财赋之源，煮海之利实居其半；然年来课入不增，商贾不行者，皆私贩有以害之也。欲禁私贩之害，当自煮海之地为之限制……如此则虽不必禁捕私贩，而私贩当自绝矣。"⑧ 这种思想是很有见地的，即禁私盐贩运是治标，禁私盐生产是治本，因为如私盐生产禁绝了，货源没了，私贩自然而然也消失了。他的思想反映了两宋禁绝私盐的治理措施：如宋廷在各盐场设官置吏，"且每场必有巡检，以为警察"⑨，加强对盐生产的监督。"诸场将亭户结甲递相委保觉察。如复敢私买卖，许诸色人陈告，依条给赏，同甲坐罪。如甲内有首者免罪，亦与支赏。"⑩ 官府在非产盐区的碱卤之地，派兵巡防，"巡捉私盐"⑪，以防百姓私煎私贩卤盐。

---

① 王质：《雪山集》卷3《论镇盗疏》，台湾商务印书馆影印文渊阁《四库全书》。
② 《宋会要》食货23之18。
③ 《宋会要》食货23之20。
④ 《宋会要》食货26之5。
⑤ 《宋会要》食货26之15。
⑥ 《宋会要》食货26之15—16。
⑦ 《宋会要》食货26之15。
⑧ 《宋会要》食货27之33。
⑨ 《宋会要》食货27之11。
⑩ 《宋会要》食货27之23。
⑪ 《长编》卷330。

除严防生产私盐外，宋廷亦采取了防范私盐贩运的措施，广置巡检、县尉，以缉私盐贩运。地方巡尉既有"捉贼"职责，又负责"巡捉私茶盐"①。南宋绍兴初年更明确规定"诸路添置武尉衔内并带兼巡捉私茶盐"②，使巡尉缉捉私盐成为其重要的职责。

宋廷为了督促官吏尽职尽责防治私盐，并鼓励知情人告奸举报，制定了一系列的奖惩法规。如神宗元丰二年（1079年）规定："捕盗官获私盐最多者"，"于常法外论赏"③。南宋孝宗淳熙三年（1176年）八月亦诏："诸处弓兵获到私贩茶盐，如事状明白，依时给赏。"④ 与此相反，官吏如在缉捉私盐中失职，则要受到惩罚。如徽宗政和敕规定："诸巡捕使臣透漏私有盐一百斤，罚俸一月，每五十斤加一等，至三月止。及一千五百斤仍差替，二千五百斤展磨勘二年，每千斤加半年，及五千斤降一官，仍冲替，三万斤奏裁。"⑤ 南宋绍兴元年（1131年）十二月诏："盐地分巡检不觉察亭户隐缩私煎、盗卖盐者，杖一百；监官、催煎官减二等；内巡检仍依法计数冲替，余路依此。"⑥

宋廷在缉拿私盐中重视采用告奸举报的手段，以提高缉拿破案率，并对生产和贩卖私盐者形成高压态势。如哲宗元祐五年（1090年）规定："应告捕获私盐，除准价支赏外，将别理赏钱，如不及十斤一贯，十斤倍之；每十斤加二贯，至百贯止。"⑦ 南宋时又提高了赏格，《庆元条法事类》卷28《茶盐矾》规定："诸色人告获私有盐茶及将通商界盐入禁地，官盐入别县界者，准价以官钱支给；不满一百斤全给，一百斤以上给一百斤，二百斤以上给五分。""告获知情、引领、交易、停藏负载私茶盐者，笞罪钱二十贯，杖罪钱五十贯，徒罪钱一百贯。"

宋代私盐禁法不可谓不详备，即既有严厉的惩罚生产、贩卖私盐禁法，又有严密的防范生产、贩卖私盐之法，还有奖励告奸举报者、奖惩缉捉私盐中尽职或失职官吏的条例，但宋代私盐不但禁而不止，甚至有愈演愈烈之势。究其原因，最主要的问题是巨额的利益使人冒死犯禁，铤而走险。正如朱熹所言："其私盐常贱，而官盐常贵，利之所在，虽有重法不能禁止。故贩私盐者百十成群，或用大舡搬载。"⑧ 而且宋代吏治腐败，官吏玩忽职守，甚至"通同隐庇私贩，或自行贩卖"⑨。其结果形成这样的局面："刑重，则民思苟免而竭力拒捕；不分强

---

① 《宋会要》职官48之122。
② 《宋会要》职官48之69—70。
③ 《宋会要》食货24之19。
④ 《宋会要》职官48之78。
⑤ 《宋会要》食货26之4。
⑥ 《宋会要》食货26之3。
⑦ 《宋会要》食货24之29。
⑧ 《晦庵先生朱文公文集》卷18《奏盐酒课及差役利害状》。
⑨ 《宋会要》食货27之12。

窃，则民知等罚而务结群党。是故贩盐之人千百为群，州县之力无能禁止。"[1]
而且"捕盗者既畏其威众，或得其赂，故多纵而不言"[2]。

2. 对外贸易管制思想

宋代的对外贸易，从地域上分为周边贸易和海外贸易。由于两宋特有的政治、军事形势，其两种贸易均呈现出明显的时代特征。前者主要指与北边的契丹辽国、女真金国和西北的党项夏国开展缘边榷场贸易。宋与辽、西夏、金的周边贸易，皆置榷场，派官专掌，在双方官府的监督下，根据双方官府的需要互通有无。由于两宋与辽、夏、金处于敌对状态，所以禁条甚多。后者主要指与亚、非、欧三大洲50多个国家和地区的海外贸易。由于北方和西北方辽、夏、金的阻隔，唐朝时盛极一时的陆上丝绸之路在宋代已不通畅。宋廷为了增加财政收入，积极开辟海上丝绸之路，海外贸易在前代的基础上有了明显的扩大。宋政府为了垄断海外贸易，独占这项贸易的高额利润，强化海外贸易的管理，通过市舶司，制订了专门的"市舶条例"，对海外贸易及相关事项作了详细的规定。以下就宋代对周边贸易和海外贸易的管制做一简要介绍。

（1）周边贸易管制

北宋为控制与辽国的边贸，相继在雄州、霸州、安肃军、广信军置河北四榷司，立法严禁民间"非法贸易"。由于"北界别无钱币，公私交易，并使本朝铜钱"[3]，所以自宋初就严禁铜钱入北界，凡"载钱出中国界及一贯文，罪处死"[4]。古代马匹在战争中发挥着重要的作用，因此，在边贸中马匹是禁止买卖的。宋仁宗皇祐元年（1049年）诏：雄州容城、归信县民，"毋得市马出城，犯者以违制论"[5]。宋神宗熙宁九年（1076年），因边境"私贩者众"，又"立与化外人私贸易罪赏法"[6]。宋与西夏由于经常处于交战状态，边贸时停时开，当时所谓民间的"非法贸易"主要指西夏以青白盐与汉"交易谷麦"。私盐本就是宋代的违禁商品，为法律所严厉禁止。更不用说外盐走私入境，那所受到的处罚又重于内地私盐。太宗淳化二年（991年）诏："自陕以西有私市青白盐者，皆坐死。"[7] 哲宗元祐五年（1090年），刑部对"犯外界青白及颗盐"的惩罚又做了详细的规定："一两杖八十……一百二十斤绞。再犯杖，邻州编管；再犯徒，一犯流，皆配本城。"[8]

---

① 范纯仁：《范忠宣奏议》卷上《奏减江淮诸路盐价》，台湾商务印书馆影印文渊阁《四库全书》。

② 《建炎以来系年要录》卷179。

③ 《苏辙集·栾城集》卷42《论北朝所见于朝廷不便事》。

④ 《乐全集》卷26《论钱禁铜法事》。

⑤ 《长编》卷167。

⑥ 《宋史·食货下八》。

⑦ 彭百川：《太平治迹统类》卷2《太祖太宗经制西夏》，台湾商务印书馆影印文渊阁《四库全书》。

⑧ 《长编》卷450。

宋代雕版印刷技术发达，图书贸易兴盛，辽、夏、金以及周边日本、朝鲜均十分需要购买宋朝的图书。但宋廷对边贸的图书交易也有严格的限制。宋真宗景德三年（1006 年）规定："民以书籍赴沿边榷场博易者，非九经书疏悉禁之"①，违者案罪，其书没官。即九经以外的书禁止出境。

南宋与金国的缘边贸易是在"绍兴和议"之后，在宋金边界设场进行官方贸易。当时对于民间贸易，也有许多限制。宋廷规定："商人资百千以下者，十人为保，留其货之半在场，以其半在泗州榷场博易，俟得北货，复易其半以往"；如系大商人，则拘于榷场，"以待北贾之来"；两边商人交易，"各处一廊，以货呈主管官，牙人往来评议"②。总之，榷场贸易必须在双方场官的管制下进行。南宋边贸民间的"走私"贸易，不仅冒禁贩卖米、茶、帛、牛，甚至连硫磺、筋角、铜钱、武器等严禁物品，亦多从海上运往北方。因此，南宋对走私兴贩禁约甚严。如绍兴二年（1132 年）三月规定："禁江浙之民贩米入京东及贩易缣帛者……犯人并依军法。"③ 三年（1133 年）十月再禁"筋鳔漆货过淮"，犯者"并行军法，所贩物充赏外，其当职官吏等……并流三千里，不以去官赦降原减"④。五年（1135 年）又下令："沿海州县应有海船人户，以五家为一保，不许透漏海舟出界，犯者籍其资，同保人减一等。"⑤

宋代周边贸易禁令不谓不严，但走私贸易禁而不止，其主要原因也是巨大的利益驱动。如苏辙指出："沿边禁钱条法虽极深重，而利之所在，势无由止。"⑥ 又如当时由于各类书籍"贩入虏中，其利十倍"⑦，所以始终是无法禁止。

（2）海外贸易管制

宋朝为了有效地管理海外贸易活动，在京师设置了榷易院，这是中国历史上最早的专业性中央外贸机构。地方上先后在广州、杭州、明州、泉州、密州、秀州、温州、江阴等八大港口设立了市舶司或市舶务，作为招徕互市、管理舶商、征收舶税、收买舶货的专门机构。

宋代历朝不断颁布法令，严格禁止私人未经批准擅自出海贸易。如宋太宗端拱二年（989 年）五月诏："自今商旅出海外蕃国贩易者，须于两浙市舶司陈牒，请官给券以行，违者没入其宝货。"⑧ 即出海贸易，必须向两浙市舶司申请，经批准给券后才能起航，否则，没收其货物。宋神宗元丰八年（1085 年）九月敕

---

① 《宋史·食货下八》。
② 徐乾学：《资治通鉴后编》卷 115，台湾商务印书馆影印文渊阁《四库全书》。
③ 《宋会要》刑法 2 之 106。
④ 《宋会要》刑法 2 之 107。
⑤ 《建炎以来系年要录》卷 89。
⑥ 《苏辙集·栾城集》卷 42《论北朝所见于朝廷不便事》。
⑦ 《苏辙集·栾城集》卷 42《论北朝所见于朝廷不便事》。
⑧ 《宋会要》职官 44 之 2。

节文规定："诸非杭、明、广州而辄发海商舶船者，以违制论。"① 此敕令明确规定不经杭州、明州、广州三处市舶司签发而擅自出海的商船，均属于非法，应以违制论处。宋哲宗元祐五年（1090 年），根据刑部的建议详细地规定：商贾由海道兴贩，"并具入舶物货名数，所诣去处申所在州；仍召本土物力户三人委保，州为验实牒送愿发舶，州置簿给公据听行。回日许于合发舶州住舶，公据纳市舶司"。如不请公据而擅乘舶，及往高丽、新罗、登莱州界者，"徒二年，五百里编管"；"并许人告捕，给舶物半价充赏；其余在船人虽非船物主，并杖八十"②，以限制私自非法出海和超越禁地。

宋代海外贸易与周边贸易一样，对一些商品予以严厉禁止，其中最重要的是禁止贩运人口、兵器与铜钱。如宋廷规定：私贩男女者，"舶商、船主、纲首、事头、火长各杖一百，船物没官，有首告者，以没官物内一半充赏"③；"诸以堪造军器物卖与化外人及引领者，并徒二年"，"物没官，知情、停藏、负载人，减犯人一等"④。宋代钱荒严重，故政府尤行钱禁，对贩运铜钱出海者予以严惩。如《庆元条法事类》卷 29《铜钱下海》和《铜钱金银出界》规定："诸将铜钱入海船者，杖八十，一贯杖一百，三贯杖一百编管五百里，五贯徒一年……十贯流二千里"。

宋廷对外商来中国贸易，一直采取"来远人、来远物"的欢迎政策，另一方面，为了独占外贸高额利润，对外来商品起初采取权卖制，后来通过"抽解"进口税及"博买"（又称"和买"）垄断进口商品利润，余货才准许民间与外商交易。

宋初，朝廷规定："诸番国香药、宝货至……不得私相市易。"太宗太平兴国元年（976 年）五月诏："敢与蕃客货易，计其值满一百文以上，量科其罪，过十五千以上，黥面配海岛。"⑤ 七年（982 年）对权卖物有所放宽，除了珠贝、玳瑁、犀牙、乳香及军用物品宾铁仍权卖外，"余听市货与民"⑥。这些"市货与民"的商品，经过"抽解"及"博买"之后，才准许民间与外商交易。淳化二年（991 年），朝廷规定在"十先征其一"的同时，对外商货物"官尽增常价买之"，"除禁权货，他货择良者止市其半，如时价给之。粗恶者，恣其卖勿禁"⑦。宋神宗熙宁变法时，减轻了抽解定数，实行"十五取一"⑧，"所贵通异域之情，来海外之货"⑨。宋徽宗时，依据不同的商品规定不同的抽解定数，即

---

① 《苏轼文集》卷 31《乞禁商旅过外国状》。
② 《宋会要》职官 44 之 8。
③ 嵇璜：《续文献通考》卷 26《市籴考》，商务印书馆万有文库十通本。
④ 《庆元条法事类》卷 29《兴贩军须》。
⑤ 《宋会要》职官 44 之 1—2。
⑥ 《宋会要》职官 44 之 1。
⑦ 《宋会要》职官 44 之 2。
⑧ 《宋会要》职官 44 之 27。
⑨ 《宋会要》职官 44 之 7。

以"十分为率，真珠、龙脑凡细色抽一分，玳瑁、苏木凡粗色抽三分……象牙重及三十斤并乳香抽外，尽官市，盖榷货也"①。南宋绍兴时，又提高了抽解定数，并进行博买。朝廷规定："择其良者，谓如犀象，十分抽二分，又博买四分；真珠十分抽一分，又博买六分之类。"② 这样，十分之六七的外商货物，尽被官府垄断。至宋理宗宝庆时，"各人物货分作一十五分，舶务抽一分起发上供，纲首抽一分为船脚靡费，本府又抽三分低价和买，两倅厅各抽一分低价和买，共已取其七分，至给还客旅之时，止有其八，则几于五分取其二"。这种抽解和买取利太重，使客旅无利可图，故宁可"冒犯法禁透漏，不肯将出抽解"③。

宋代，由于海外贸易获利巨大，故市舶官吏、海关监官、海防巡捕等，利用职务之便与蕃商私相交易，文武官僚亦"遣亲信于化外贩鬻"；南海官员及经过使臣多请托市舶官，"如传语蕃长，所买香药，多亏价值"④。更有甚者，一些官吏"罔顾宪章，苟循货财，潜通交易阑出徼外，私市掌握之珍，公行道中"⑤。因此，宋太宗太平兴国元年（976年）五月诏："敢与蕃客货易，计其直满一百文以上，量科其罪，过十五千以上，黥面配海岛，过此数者押送赴阙。"⑥ 至道元年（995年）六月又诏：知通诸色官员并市舶司官、使臣等，"今后不得收买蕃商杂货及违禁物色"⑦。如违，"并除名，使臣决配，所犯人亦决配"⑧。南宋绍兴五年（1135年）亦诏："市舶务监官并见任官，诡名买市舶司及强买客旅舶货，以违制论，仍不以赦降原减。许人告，赏钱一百贯，提举官、知通不举劾，减犯人罪二等。"⑨ 宋宁宗开禧三年（1207年）再次申饬：泉、广市舶司，如所隶官司对蕃货"择其精者，售以低价，诸司官属复相嘱托"抑买者，"许蕃商越诉，犯者计赃坐罪"⑩。

三、货币管理思想

（一）强化朝廷垄断货币制造发行的思想

1. 垄断货币制造发行的指导思想

宋朝建立后，最高统治者鉴于唐末五代藩镇割据局面的教训，采取一系列措施，把地方行政权、财权、军权、监察权收归中央。到了宋神宗时期，由于钱荒

---

① 朱彧：《萍州可谈》卷2，台湾商务印书馆影印文渊阁《四库全书》。
② 《宋会要》职官44之27。
③ 《宝庆四明志》卷6《市舶》。
④ 《宋会要》职官44之3。
⑤ 《宋会要》职官44之3。
⑥ 《宋会要》职官44之1。
⑦ 《宋会要》职官44之3。
⑧ 《宋会要》职官44之9。
⑨ 《宋会要》职官44之19。
⑩ 《宋会要》职官44之33—34。

日益严重，是否松弛铜禁下放钱币铸造发行权的思想又有所抬头。时任宣徽南院使判应天府的张方平论钱禁曰："钱者，国之重利，日用之所急，生民衣食之所资。有天下者，以此制人事之变，立万货之本。故钱者，人君之大权，御世之神物也。窃观自汉以来，名臣高识者之笃论，皆以为禁铜造币，通开塞轻重之术，此济民之切务，保邦之盛业也。故钱必官自鼓铸，民盗铸者抵罪至死，示不与天下共其利也。"① 南宋叶适也坚持这种主流观点，强调"利权（指铸币权）当归于上，岂可与民共之！"②

宋朝廷之所以把货币制造和发行大权牢牢掌握在自己手中，主要基于两个方面的考虑：一是统治者认为："钱为国之利柄，以方圆铢两，而寄富贵贫贱之权，若为众庶所操，则利柄失矣。"③ 因为货币本身具有价值或代表着价值，占有控制货币也就取得了对社会财富的支配权。正如熙宁二年（1069 年）二月，神宗就陕西边境钱币贬值一事询问王安石："何以得陕西钱重可积边谷？"王安石答道："欲钱重，当修天下开阖敛散之法"，"泉府一官，先王所以摧制兼并、均济贫弱，变通天下之财而使利出于一孔者以此也"，"今欲理财，当修泉府之法，以收利权"④。这里所谓"泉府"，就是指国家货币管理机构；所谓"开阖敛散之法"，就是指货币的发行、流通、调节、回笼等管理制度。王安石所说话的意思是：国家通过对货币管理制度的整顿和改革，来稳定提高币值，避免贫民因货币贬值而破产，抑制豪强地主对他们的兼并，同时通过运用货币政策把全国财权集中到中央。二是垄断货币制造和发行权，把自己的权力铸入货币中，通过货币的超经济发行来解决国家的财政困难，从而巩固封建政权的物质基础。宋代，财政上严重的入不敷出，迫使统治者在横征暴敛之外，强化货币的财政支付职能，从货币铸造发行中扩充国家的财力。对此，宋神宗曾明确表示："行交子诚非得已，若素有法制，财用既足，则自不须此。"⑤ 这就是说，货币发行的指导思想已经转变成"敷足财用"了。北宋晚期，国家财政状况急剧恶化，"户部岁入有限，支用无穷，一岁之入，仅了三季，余皆仰朝廷应付"⑥，因而扩大货币发行无疑成为挽救封建统治危机的重要手段，"自来遇岁计有阙，即添支钱引补助"⑦。货币发行的指导思想已经由便民利国变为弥补财政赤字，从而造成北宋货币制度的异化。到了南宋，国势日薄西山，民力困竭，国库告罄，朝廷却以半壁江山供养着几乎与北宋时数量相当的军兵、官吏，只得通过发行纸币来解决

---

① 《乐全集》卷 26 《论钱禁铜法事奏》。
② 《文献通考》卷 9 《钱币二》。
③ 《宋大诏令集》卷 184 《告谕民户投纳不依样钱御笔手诏》。
④ 黄以周：《续资治通鉴长编拾补》卷 4，中华书局，2004 年。
⑤ 《长编》卷 221。
⑥ 《宋史·食货下一》。
⑦ 《宋史·李迨传》。

巨额军费开支。正如宋高宗所说："行会子诚不得已，他时若省得养兵，尽消会子。"①

货币学理论认为，货币发行在性质上可分为经济发行和财政发行。经济发行是根据社会经济发展情况，按照商品流通的客观需要来发行货币，财政发行是为了弥补财政赤字的需求而增加的发行。宋代，由于绝大部分时期财政危机严重，因此，如前所述，通过朝廷垄断货币制造和发行权以"敷足财用"的思想占主流地位，而且在实践中予以具体应用，成为挽救封建统治危机的救命符。在宋代货币政策运行实践中，从宋仁宗时期开始，由于"三冗"痼疾日益恶化，加上对西夏长期的战争，费用浩繁，"一岁之入，仅能充期月之用，三分二在军旅，一在冗食"②，迫使宋朝廷开始把货币政策部分地纳入解决财政困难的轨道上，通过增加铸币和实行铸币贬值政策（即铸造当十大钱）来增加国家财力。宋神宗熙丰时期，政府视铸币为增加财政收入的一条途径，大规模地铸造铜钱和铁钱，扩大纸币的流通区域，强化纸币的非信用支付职能。北宋晚期，内蠹外耗导致国库空虚，民穷财尽。大观时，"户部岁入有限，支用无穷，一岁之入，仅了三季，余仰朝廷应付"③。在这种情况下，政府不仅变本加厉重施铸币贬值的手法，铸造发行当十钱和夹锡钱，而且滥发纸币，"自来遇岁计有阙，即添支钱引补助"④。至此，货币财政发行已经成为北宋货币政策的主导动机，货币政策的经济功能日趋萎缩，财政功能却不断强化，导致北宋货币政策内在机制的失调和紊乱，诱发出一系列负面影响，其中也使国家财政面临无法克服的矛盾。有关这方面的问题，时人已有察觉。宋徽宗时期，周行己认识到，国家发行不足值货币，不但会引起物价上涨，而且物价上涨的程度，会比货币增发的程度更高，速度更快。他说：

> 自行当十以来，国之所铸者一，民之铸者十，钱之利一倍，物之贵两倍。是国家操一分之柄，失十分之利，以一倍之利，当两倍之物。又况夹锡未有一分之利，而物已三倍之贵。是以比岁以来，物价愈重，而国用愈屈。⑤

由此可见，周行己对通货膨胀影响的认识比前人更深了一步，但他对这种现象产生原因的解释，却带有片面性。这里，他把物价上涨比货币增发更快的原因归结为民铸（即封建官府所谓的盗铸），认为由于铸造不足值货币可得重利，官府一铸，民间必群起仿效，结果，增铸的数量就会比官铸多许多倍，因而物价的增长，也会比官铸的增长许多倍。其实，在国家发行不足值铸币的情况下，尤其

---

① 《宋史·食货下三》。
② 《宋史·食货下一》。
③ 《宋史·食货下一》。
④ 《宋史·李迨传》。
⑤ 周行己：《浮沚集》卷1《上皇帝书》，丛书集成本。

是继续把不足值铸币投入市场的情况下，即使没有民间仿铸，物价的增长也会比货币数量的增长更快。因为民众看到铸币的实值在下降，就会担心手中所持有的铸币不能保存财富的价值，因此不愿久存手中，而是急于脱手。这种情况在老百姓中会形成一种社会心理，就会使货币的转手次数即货币流通速度增加。而在一定时期内，一枚货币的流通速度加快一次，其结果就等于流通中增加一枚货币。这样，物价的增长倍数将等于货币数量的增加同货币流通速度的乘积，从而必然大大快于货币数量的增长。如公式所示：

$$物价增长倍数 = 货币数量增加 \times 流通速度$$

总之，周行己把"物之贵两倍"归因于民铸的增加，说明他还没有认识到流通速度的作用。因此，他对通货膨胀过程的分析，虽然已察觉到了物价增长快于不足值货币增长的现象，却未能予以正确解释。但是这并不妨碍他在此基础上进一步指出："物出于民，钱出于官。天下租税常十之四，而籴常十之六。与夫供奉之物、器用之具，凡所欲得者，必以钱贸易而后可。使其出于民者常重，出于官者常轻，则国用岂能不屈乎？"① 这里，周行己看到，国家铸造不足值货币以增加财政收入，其结果不惟不能改善财政状况，反而会使财政更加恶化，使"国用愈屈"。因为国家铸造不足值货币，造成物价腾贵，而国家最终必须用货币向百姓购买所需物品，这样物价腾贵意味着国家手中拥有的货币贬值，必须支付更多的货币进行购买，那么财政支出不是越来越大，国库越来越空虚，财政越来越危机了吗？

宋代，商品经济有了显著的发展。一方面，百姓以货币形式缴纳的赋税多了，另一方面，国家以货币向民间采购物品的种类和数量也大大增加。在这种情况下，国家铸造不足值的货币，必将因百姓用不足值货币交纳赋税，或者在国家采购物品时提高价格，而使国家自身减少收入或增大开支，最终受害最大的是国家自己，结果是适得其反，使国用愈屈，财政更加困难。总之，从总体和结局来说，周行己对通货膨胀加重财政困难的思想是切中时弊的，尽管分析还过于简略和不完善，但毕竟从货币流通过程揭示了这种恶化的机制。到了南宋后期，财政入不敷出日益严重，统治集团妄想通过滥发纸币挽救危机，其结果是搬起石头砸自己的脚，纸币贬值，"楮贱如粪土"②，通货膨胀。社会经济无可逆转地恶化，最终导致国家财政崩溃，南宋朝廷覆亡。正如宝祐年间大臣高斯得上奏所言："国家版图日蹙，财力日耗，用度不给，尤莫甚于迩年。闻之主计之臣，岁入之数不过一万二千余万，而其所出，乃至二万五千余万，盖凿空取办者过半而后仅给一岁之用。其取办之术，则亦不过增楮而已矣。呜呼！造币以立国，不计其末

---

① 《浮沚集》卷1《上皇帝书》。
② 刘克庄：《后村先生大全集》卷51《备对札子（三）》，四部丛刊本。

流剥烂糜灭之害，而苟焉以救目前之急，是饮鸩以止渴也。"①

2. 垄断货币制造发行的措施

宋代统治集团中以强化朝廷垄断货币制造发行为主流思想，其在具体对货币管理中主要体现在以下 6 个方面：

（1）从中央至地方建立各级管理机构。元丰改制前，宋朝中央管理铸钱的机构是三司中盐铁司之下的铁案掌管；元丰改制后，铸钱事务归入工部之下的虞部负责。宋代地方路级行政区管理铸钱事务的主要是提点坑冶铸钱司，州之下设有钱监，是铸钱的基本生产单位。宋代设有交子务、会子务专门负责纸币的印制和发行等事务。南宋时期，由于纸币在财政上的地位越来越重要，朝廷经常设有"提领官"管理会子，遇到重大决策之事，则由宰相、参政、侍从等讨论研究。南宋后期，往往令一位执政大臣专门负责会子事务，如薛极、余天锡、吴潜等都曾受此委托。②

（2）统一钱币的规格、币材和重量。作为价值尺度的铜钱和铁钱，其价值、形制、品位、成色、重量必须相对规范和稳定。开宝四年铸造"宋元通宝"，圆形方孔，径一分、重一钱，统一了宋代铜钱的钱体规格。太宗时铸造"太平通宝"年号钱，确立了宋代铜钱的钱文式样。仁宗景祐年间，对铜钱和铁钱的成色、重量标准作了严格的规定："凡铸铜钱，用剂八十八两，得钱千，重八十两十分。其剂，铜居六分，铅锡居三分，皆有奇赢。铸大铁钱，用铁二百四十两，得钱千，重一百九十两。"③ 从总体上看，宋代铸钱所使用的铜、铅、锡比例是比较精确稳定的。如近年来有学者通过对北宋铜钱化学成分测定表明：北宋铜钱大多数铜含量在 62%—68% 之间，铅含量在 22%—29% 之间，锡含量在 7%—12% 之间。

（3）调节货币的流通。宋朝政府重视调节流通中的货币，主要表现在增加铸币，划分货币流通区域、调节纸币流通数量等方面。如北宋由于持续钱荒，鉴于铜钱供应量不足，政府以增设钱监、提高铜钱和铁钱的铸造量作为解决钱荒的一个重要措施。宋代政府根据国家经济实力状况、社会流通需求及对外斗争的需求，不断调整铜钱和铁钱的流通区域。如宋仁宗时期，对西夏、西蕃作战，为筹措军费，在陕西、河东实行铁钱，使之成为铜、铁钱兼行区。在宋代纸币的流通中，政府最关注的是其流通量。纸币发行之初，朝廷规定每次发行额为 125 万缗。后来由于财政每况愈下，政府逐渐增加其发行量，作为弥补财政赤字的手段，最后导致一发不可收拾。此外，政府还通过种种措施回笼纸币，以控制其流通数量。有关详细情况，留待下文讨论。

---

① 高斯得：《耻堂存稿》卷1《轮对奏札》，丛书集成本。
② 汪圣铎：《两宋货币史》（下册），社会科学文献出版社，2003 年版，第 769 页。
③ 《长编》卷 116。

（4）严厉实行铜禁和钱禁，禁止私铸钱币和伪造纸币。宋代政府为了保证铸造铜钱的原料供应，颁布了一系列的禁令，禁止私自开采和冶炼原铜，禁止私自贩运原铜，禁止私自制造铜器等。如法律规定："凡山川之出铜者，悉禁民采，并以给官铸。"① 民间使用的一切铜制品，举凡宫廷寺观法器、军器、铜镜、铜锣等，均由官府制造出卖，官府不宜制造的个别铜器，也由政府官员监督私人技工铸造。所谓钱禁，主要指政府为了解决钱荒，保证铜钱流通量，颁布法令禁止铜钱外流，禁止私自销熔铜钱，禁止过量储藏铜钱，禁止铜钱出京城等。如北宋中期规定："阑出铜钱，视旧法第加其罪，钱千，为首者抵死。"② 有关伪造纸币的问题，下文有专节讨论，兹略。

（5）提高钱币价值，使盗铸者无利可图。针对私铸严禁不止的难题，有识之士从另一个思维角度提出对策。私铸者为什么有厚利可图，主要是因为钱币的币面值大大超过了它的币材值，如果币面值与币材值大致相等，那么盗铸者无利可图，盗铸自息。仁宗庆历八年（1048 年），"翰林学士张方平、宋祁、御史中丞杨察与三司使叶清臣先上陕西钱议曰：'关中用大钱，本以县官取利太多，致奸人盗铸，其用日轻。比年以来，皆虚高物估，始增值于下，终取偿于上。县官虽有折当之虚名，乃受亏损之实害。救弊不先自损，则法未易行。请以江南、仪商等州大铜钱一当小钱三。'又言：'奸人所以不铸小铁钱者，以铸大铜钱得利厚，而官不必禁。若铸大铜钱无利，又将铸小铁钱以乱法。请以小铁钱三当铜钱一。'既而又请河东小铁钱如陕西，亦以三当一，且罢官所置炉，朝廷皆施用其言。自是奸人稍无利，犹未能绝滥钱也。其后诏商州罢铸青黄铜钱，又令陕西大铜钱、小铁钱皆一当二，盗铸乃止。"③ 由此可见，铸币考虑币面值与币材值的一致，是禁绝盗铸治本方法之一。

南宋时期，思想家吕祖谦对南齐孔𫖮的铸钱不惜铜爱工思想做了进一步的发挥。他说："国家之所以设钱，以权轻重本末，未尝取利。论财计不精者，但以铸钱所入多为利，殊不知权归公上，铸钱虽多，利之小者，权归公上，利之大者。南齐孔𫖮论铸不可以爱铜惜工。若不惜铜则铸钱无利，若不得利则私铸不敢起，私铸不敢起则敛散归公上，鼓铸权不下分，此其利之大者。徒徇小利，钱便薄恶，如此奸民务之皆可为。钱不出于公上，利孔四散，乃是以小利失大利。南齐孔𫖮之言乃是不可易之论。"④ 这里吕氏深刻地总结了宋代统治者为了通过铸钱增加财政收入，不惜偷工减料，铸造不足量品质差的铜钱，其实这只是小利。而恰恰朝廷正是为了这些小利而引起私铸，私铸则使国家对钱币制造发行的

---

① 《宋史·食货下二》。
② 《宋史·食货下二》。
③ 《长编》卷 164。
④ 吕祖谦：《历代制度详说》卷七《钱币》，台湾商务印书馆影印文渊阁《四库全书》。此自然段引文不注出处者均见于此。

282

垄断权遭到破坏，而国家对钱币制造发行的垄断权却是大利，所以国家因谋小利而铸劣质钱引发盗铸成风而破坏对钱币的垄断权这个大利，"乃是以小利失大利"。他指出统治者不从不惜铜爱工下手，而企图用其他办法解决恶钱问题，"或是立法以禁恶钱，或是（以）恶钱为国赋，条目不一"，都是"不揣其本而齐其末"的做法。他认为：从汉至隋，以"五铢之钱最为得中"，"惟五铢之法终不可易"；从唐至五代，"惟武德时初铸开元钱最得其平"，"惟开元之法终不可易"。

从总体上说，宋代对盗铸的惩罚是严厉的，但是在盗铸泛滥、犯罪者数以万计的情况下，严惩又显得法不责众。这不得不引起统治者的担忧，进行一些政策调整，采取较灵活的对策。如宋徽宗时，"盗铸遍天下，不可禁……冒禁而破家身死者众"①。崇宁四年（1105 年）九月，宋廷不得不下诏："近铸当十钱，以权轻重，而民愚无知，冒利犯禁私铸抵罪。其又捕获人可特与免罪，仍免出纳赏钱，仰所在州军并收充铸钱户，倍加存恤，依法给了官屋，支物料不得减克。候铸到钱，限三日支给四分钱，无令失所。如该载不尽事件，并依东南铁钱已得指挥施行。其未获人展两月，赴官陈首，准此收充铸钱户。"② 这确是一个积极的正面引导办法，通过赦免已被捕获的盗铸者，鼓励未被发现的盗铸者赴官自首，把这些人都妥善安置，发挥他们的一技之长，为官府铸钱。其思路是既避免大规模的杀戮，使社会矛盾激化，又为官府增加一批有技艺的铸钱工匠，达到化私铸为官铸，化害为利的目的。

（二）纸币管理思想

宋代至北宋仁宗时期官方开始发行纸币，至南宋一二百年中，发行纸币中产生的弊端也逐渐显现出来，不少人对此进行了探讨。有的人以此为理由主张停止纸币的发行，有的人认为发行纸币有利有弊，可趋利避害，提出可继续发行，但必须采取有效的改进措施，等等，不一而足。有关纸币发行得失利弊兴废的议论较多，而且大多比较分散，笔者用归纳的方法条分缕析如下。

1. 纸币发行中存在的主要问题

（1）缺乏足够的准备金。《长编》卷 272 的附录中，记载了吕惠卿于熙宁八年（1075 年）八月十三日记录的宋神宗与群臣论交子的一段对话。"上曰：'交子自是钱对，盐钞自以盐对，两者自不相妨。'石曰：'怎得许多做本？'上曰：'但出纳尽，使民间信之，自不消本。'金曰：'始初须要本，俟信后，然后带得行。'"这说明当时人们已经意识到发行纸币，要有一定的"本"作为准备金。当纸币获得人们的信用后，才可以超过"本"而发行了。南宋著名抗金将领李纲基本上反对发行纸币，其依据主要有两个方面，其中之一就是"目今户部财

---

① 朱翌：《猗觉寮杂记》卷下，台湾商务印书馆影印文渊阁《四库全书》。
② 《群书考索》后集卷 60《财用门·铜钱类》。

用窘迫，必无数百万桩留钱本，交子之行，止凭片纸……其为害有不可胜言者"①。这就是说，发行交子，如没有钱本，将为害无穷。南宋初年礼部尚书李光认为发行交子如果没有钱本，是皇帝欺骗百姓的行为："有钱则交子可行。今已谓桩办若干钱，行若干交子，此议者欲朝廷欺陛下，使陛下异时不免欺百姓也。"②

（2）纸币驱逐铜币，铜币退出流通而被贮藏。李纲反对发行交子的另一个原因是他在宋徽宗大观年间任真州司法参军时，"兼管常平仓库，是时朝廷推行交子之法，豪民挟形势户，竞以贱价得之，以代见钱输纳……应系官钱，悉是交子……仓库见钱，为之一空。由此观之，非独不便于民，而官司尤甚"③。有关这个问题阐述最为深刻的是叶适的"夫造楮之弊，驱天下之钱，内积于府库，外藏于富室"。叶适还预感到，"十年之后，四方之钱亦藏而不用矣，将交执空券，皇皇焉而无所从得，此岂非天下之大忧乎？"④

（3）交子发行后引起物价上涨。南宋初要在东南推行交子，议论很多，其中有3人均认为发行交子会引起物价上涨而加以反对。《建炎以来系年要录》卷101载：一位"言者"认为发行交子会使"市有二价，百物增贵"。另一位"言者"则进一步指出："若行交子，而使百物倍贵，万一如军兵所请或言养赡不足，则又将何以给之。"可见，这位"言者"认为发行交子引起物价上涨会影响军需供给，后果严重。右谏议大夫赵霈则从市场交易的角度认为："市井交易，必立私约，用见钱则价直必平，用交子则价值必倍。"

（4）发行纸币是对老百姓的掠夺。南宋末年思想家许衡指出："夫以数钱纸墨之费，得以易天下百姓之货，印造既易，生生无穷，源源不绝，世人所谓神仙指瓦砾为黄金之术，亦何以过此？……但见称提之令每下，而百姓每受其害，而贯陌亦落矣。嘉定以一易二，是负民一半之货也；端平以一易五，是负民四倍之货矣，无义为甚！"⑤

（5）发行纸币使伪造猖獗，狱讼繁兴。在南宋初关于东南推行交子的讨论中，三位"言者"及赵霈、胡交修都谈到这个问题。《建炎以来系年要录》卷101载：一位言者讲："如官告、度牒，且犹有伪，数寸之纸，其无奸伪乎？货财不通，狱讼繁兴，当自兹始矣。"翰林学士胡交修亦言："今之交子，较之（崇宁）大钱，无铜炭之费，无鼓铸之劳，一夫日造数十百纸，鬼神莫能窥焉。真赝莫辨，转手相付，旋以伪券抵罪，祸及无辜。"

宋代发行纸币，遭到了不少人的反对，反对者提出的理由也并非都无道理，

---

① 李刚：《梁谿集》卷104《与右相乞罢行交子札子》，台湾商务印书馆影印文渊阁《四库全书》。
② 《宋史·李光传》。
③ 《梁谿集》卷104《与右相乞罢行交子札子》。
④ 《水心别集》卷2《财计中》。
⑤ 许衡：《许文正公遗书》卷7，中州名贤文表内集本。

许多弊端也的确是纸币发行中存在的，反对者的认识是客观的。但是纸币作为宋代商品经济发展到一定高度的产物，它的出现是必然的，是历史发展的趋势。这些弊端其原因的关键不在于纸币本身的缺陷，而是在于纸币发行者的人为性政策是否正确。这不仅被两宋当时现实所证明，更为后世纸币被全世界国家和地区沿用至今所证明。这里仅举宋代两个时期纸币发行取得成功略加说明。如纸币在北宋时期最初行于四川时，由于敛散得宜，获得了"居者以藏镪为得，行者以挟券为便"和"钱重而楮亦重"的良好效果。① 南宋孝宗时期，最高统治者对会子发行持十分谨慎的态度，较好地控制会子发行量，并采取了一系列有效称提措施，使会子发行取得成功，"此间军民不要见钱，却要会子"②，这种局面在宋代是相当难能可贵的。

2. 加强纸币管理的对策

宋代纸币的发行也获得一些人的肯定和支持。较早对发行纸币予以肯定的是北宋官交子的主要倡议人薛田。他认为："川界有铁钱，小钱每十贯重六十五斤，折大钱一贯，重十二斤，街市买卖至三五贯文，即难以携持，自来交子之法，久为民便"，"自住交子后，来市肆经营买卖寥索，今若废私交子，官中置造，甚为稳便"③。可见，人们对交子的最初认识，也是交子最为本质的长处就是便于携带，有利于促进商品经济的繁荣。对于发行交子的好处做出比较深刻分析的是南宋著名词人辛弃疾。他认为："世俗徒见铜可贵而楮可贱，不知其寒不可衣，饥不可食，铜楮其实一也。今有人持见钱百千以市物货，见钱有搬载之劳，物货有低昂之弊；至会子，卷藏提携，不劳而运，百千之数，亦无亏折，以是较之，岂不便于民哉！"④ 这里，辛弃疾主张发行纸币的理论基础是货币名目论，纸币和铜币一样都是没有价值的，即"寒不可衣，饥不可食"，那么作为货币来说就没有贵贱之分。作为货币流通手段职能来看，纸币更具优越性，即"卷藏提携，不劳而远"，便于长途携带，不像铜钱有"搬载之劳"。总之，辛弃疾认为使用纸币"便民"，其实就是便于商品流通。但是，必须指出的是，辛弃疾所谓"百千之数，亦无亏折"，是不符合当时实际的，因为当时会子已有轻度贬值，这里，辛氏是片面地为官府发放纸币寻找理论依据。其实，辛弃疾自己本身也不能回避当时纸币贬值的现实："往时应民间输纳则令见钱多而会子少，官司支散则见钱少而会子多，以故民间会子一贯换六百一二十足，军民嗷嗷，道路嗟怨，此无他，轻之故也。近年以来，民间输纳用会子、见钱中半，比之向来则会子自贵，盖换钱七百有奇矣。此无他，稍重之故也。"⑤ 很明显，他看到了政

① 林駉：《古今源流至论》续集卷4《楮币》，台湾商务印书馆影印文渊阁《四库全书》。
② 《皇宋中兴两朝圣政》卷63。
③ 李攸：《宋朝事实》卷15《财用》，丛书集成本。
④ 《历代名臣奏议》卷272。
⑤ 《历代名臣奏议》卷272。

府重钱轻会，收入时多收钱，贷放时却多放会子，结果导致会子的贬值。

两宋时期，随着纸币发行流通中出现的一些问题，许多有识之士献计献策，提出了不少应对措施，兹介绍其主要的一些观点。

（1）发行纸币必须有准备金。如前所述，《长编》卷272所载吕惠卿于熙宁八年（1075年）八月十三日记录的宋神宗与群臣论交子的一段对话，就说明了人们当时已经认识到，发行纸币要有一定的"本"，即准备金。宋徽宗大观年间，周行己对准备金的具体数量提出了自己的独到见解。他认为：发行纸币"国家常有三一之利，盖必有水火之失，盗贼之虞，往来之积，常居其一。是以岁出交子公据，常以二分之实，可为三分之用"①。所谓"水火之失"，是指意外毁于水火等自然损耗；"盗贼之虞"是指纸币被抢被偷，影响了兑现；"往来之积"是指一部分纸币经常在流通过程中被当作资金和财富储积起来，不能兑现。这三条原因中，第一条自然损耗的数量不会很大，可以不予考虑；第二条如纸币被抢被偷，仍有可能拿来使用或要求兑现，不能作为准备金可以低于纸币发行额的理由。只有第三条才是纸币发行准备金低于发行额的最主要原因，这是占不能兑现的纸币中最主要比例的部分。周行己估计三者占纸币发行量的1/3，所以认为只要有2/3的准备金，就可以保证全部纸币的流通。周行己2/3准备金的理论虽然不一定是最恰当的比例，但他提出的纸币发行不需要十足准备金的理论则是对货币管理思想史的重要贡献。

南宋初期，李纲在纸币准备金的数量上有了比周行己更准确的估计。他说："当时设法者措置得宜，常预桩留本钱一百万贯，以权三百万贯交子，公私均一，流通无阻，故蜀人便之。"② 李纲认为准备金的比率1/3左右合适，这与实际的28%已很接近。

综观史籍，北宋时期，纸币的发行大多预留有准备金。据《宋史·食货下三》载，"大凡旧岁造一界，备本钱三十六万缗，新旧相因"③。因此，其大部分时间里纸币的发行还属正常，没有引起社会与经济的大波动。南宋孝宗时纸币发行比较成功，就与统治者重视预留准备金有关。如淳熙元年"三月二十八日，诏左藏南库给降会子二十五万贯，分下临安、平江、绍兴府，明、秀州主管盐事，措置收买额外浮盐，报交引库印钞，召客算请，将息钱赴封桩库别项桩管，以备循环收换会子"④。到了南宋后期，由于国库空虚，财政赤字巨大，统治者也只能饮鸩止渴，滥发纸币，根本谈不上准备金。正如端平年间大臣李鸣复上奏所言："今日之财用匮矣……府库已竭而调度方殷，根本已空而耗蠹不止。庙堂

---

① 《浮沚集》卷1《上皇帝书》。
② 《梁谿集》卷104《与右相乞罢行交子札子》。
③ 此自然段引文未注出处者，均见于《宋史·食货下三》。
④ 《宋会要》食货28之1。

之上，缙绅之间，不闻他策，惟添一撩纸局以为生财之地。穷日之力，增印楮币，以为理财之术而已。"①

（2）主张钱楮并用，使纸币取信于民。《建炎以来系年要录》卷 101 载：绍兴年间一位臣僚说："欲乞应印造交子，先令库务桩垛见钱，行使之日，赍至请钱者，不以多少，即时给付，则民无疑心，而行之可久矣。"② 换言之，政府发行纸币，如有充足的准备金，随时随地供百姓兑换，那人们一定对纸币深信不疑，乐于使用。

南宋光宗时期，杨万里提出"母子相权"论，主张金属币（铜钱、铁钱）与纸币并行。他说："盖见钱之与会子，古者母子相权之遗意也。今之钱币，其母有二：江南之铜钱，淮上之铁钱，母也。其子有二：行在会子，铜钱之子也；今之新会子，铁钱之子也。母子不相离，然后钱、会相为用"③。他认为两淮有铁钱为母，所以可以流通代表铁钱的会子；江南有铜钱为母，所以可以流通代表铜钱的会了。这叫做"母子不相离"。杨万里主张纸币必须同金属货币同时流通，纸币能够和金属货币相兑换，这样才能被人民所接受，实现流通。

（3）控制纸币流通量，稳定物价。宋代滥发纸币，引起货币贬值，物价上涨，对国家财政、社会经济和人民生活造成十分严重的负面影响。一些有识之士对此纷纷提出了应对策略：一是通过限制发行纸币来控制其流通量；二是通过各种回笼来控制流通量，从而达到稳定物价的目标。

有关纸币发行量与价值关系的认识，南宋初年，四川转运使赵开就发现"楮多则轻"④，这短短的 4 个字，就言简意赅地表达了纸币发行量过多，会使其单位币值下降的思想。到了南宋景定年间，宋理宗在其诏书进一步把物价与纸币发行量、币值这三者的关系做了精炼明晰的表述："物贵原于楮轻，楮轻原于楮多。"⑤ 换句话说，楮币发行多了，就会引起单位币值下降，单位币值下降，就会引起物价上涨。

针对这种滥发纸币引起币值下降物价上涨的情况，比较多的人还是倾向于通过各种手段进行回笼，如上引四川转运使赵开就提出"楮多则轻，必用钱以收之"⑥。袁燮更是主张应经常采取间断性的回笼政策，借此来调节单位币值，控制物价。他说："其（楮币）贱耶，亟从而收之，何忧其不贵？既贵矣，日月浸

---

① 《历代名臣奏议》卷 273。

② 文中"四川交子行之几二百年"有误，因官交子从仁宗天圣元年（1023 年）发行至绍兴六年（1136 年）仅 113 年。

③ 《诚斋集》卷 70《乞罢江南州军铁钱会了奏议》。

④ 戴埴：《鼠璞·楮券源流》，丛书集成本；又见《宋史·食货下三》。

⑤ 《续文献通考》卷 7《钱币一·会子》。

⑥ 《鼠璞·楮券源流》。

久，价将复贱，则又收之。非常收也，贱而后收也。"① "贱而后收"其实是亡羊补牢式被动的救济措施，并不能算作完善的纸币管理思想。完善的纸币管理思想应该是首先注意纸币的投放量，使币值保持稳定，然后再通过回笼调节，掌握主动权。如宋孝宗稳定纸币价值的主要措施不是"贱而后收"，而是着眼于限制发行量。宋孝宗清醒地认识到"大凡行用会子，少则重，多则轻"，"会子之数不宜多"②。只要对纸币投放量采取谨慎的态度，会子流通数量不至于太多，即使有时偏多，采取各种措施回笼也较容易收效。宋理宗景定年间，丞相贾似道上奏言："救楮之策莫切于住造楮"③，更明确地认识到解决楮币发行弊端最迫切的措施是停止印制楮币，换言之，即减少或限制发行量。

宋代纸币的超限额发行从北宋徽宗朝开始，除孝宗、光宗朝还算正常外，一直延续到南宋灭亡，其趋势是有增无减，愈演愈烈。不言而喻，一切限制纸币发行量的主张和思想都成为一纸空文。在此情况下，要控制纸币在流通领域的数量，只能靠多种手段进行回笼，以缓解纸币泛滥、物价飞涨的危机。宋人有关回笼纸币的主张和措施较多，以下介绍其主要者。

（1）以金属货币、实物、茶盐钞引等，回笼纸币。要保持纸币币值的稳定，最可靠的办法是兑现。北宋徽宗大观年间，周行己就强调纸币必须兑现。他指出："前日钞法、交子之弊，不以钱出之，不以钱收之，所以不可行也。"只要实行兑现办法，"则交、钞为有实而可信于人，可行于天下"④。

到了南宋中期，袁燮更进一步提出以见钱收楮，即以铜钱收兑纸币，以减少流通中的纸币数量，即"楮之不售者，以钱收之"⑤。他认为国家以金属货币收回纸币，是宋孝宗时称提纸币成功的唯一经验："我孝宗皇帝颁楮币于天下，常通而不壅，常重而不轻，无他道焉，有以收之而已。"⑥

南宋时期纸币的发行量日趋增多，铜钱的数量则因钱荒的严重而急剧减少，因此，利用金属货币回笼纸币已无异于杯水车薪。这时，一些其他回笼纸币的思想和措施就应运而生。如马端临《文献通考》卷9《钱币考》议论创行初期的会子时就说："正以客旅算请茶盐香矾等岁以一千贯，可以阴助称提，不独恃见钱以为本，又非全仰会子以估国用也。"绍兴末年，四川总领王之望也谈到这种情况："今节次增添钱引，凡四千一百四十七万余道，只有铁钱七十万贯，其所以流通者，盖缘盐酒等物阴为称提。"⑦ 这一措施受到人们的欢迎，对缓解纸币

① 《历代名臣奏议》卷273。
② 《皇宋中兴两朝圣政》卷62。
③ 《宋史·食货上一》。
④ 《浮沚集》卷1《上皇帝书》。
⑤ 《历代名臣奏议》卷60。
⑥ 《历代名臣奏议》卷273。
⑦ 《建炎以来系年要录》卷193。

发行量过多带来的危机起了积极的作用。

（2）以出卖度牒和官告回收纸币。度牒是官府发给僧侣证明身份的文件，可以使持有者免交赋税或服劳役。官告是古代授官的凭证，也称告身。宋制规定官告视官职大小，用各色绫纸，盛以锦袋。南宋，较早产生以出卖度牒、官告回笼会子的思路是在乾道三年（1167 年），孝宗"诏先次给降度牒并助教帖各五百道"以收买会子①。宋宁宗开禧北伐后，三界会子并行，会子发行量空前增加，会价大跌。嘉定三年（1210 年）春，受命主持称提事务的刑部尚书曾焕提出了一个兑收会子的初步方案，其总共九项"名件"中，除卖官田、卖乳香等两件共约 280 多万贯以外，其余七项共 2200 多万贯是通过卖官告、度牒等得来的②。这说明当时出卖官告、度牒已成为政府回笼纸币的一个重要手段。

（3）扩大纸币流通区域以"稀释"流通量。辛弃疾在分析会子贬值的原因时提出了一个独到的见解，认为："大会子之所以轻者，良以印造之数多，而行使之地不广。"③ 这说明他对纸币发行数量与流通中纸币必要量之间的关系，已有所认识。他认为会子贬值是因为发行太多，而流通区域仅限于军队驻地和京城附近州县，广大农村和边远地区没有流通，便使会子在有限的地域内积而不泄，形成量多贬值。于是，他提出扩大会子的流通区域，把会子推广到江、湖、福建等地。他看到一定的流通区域内所需的纸币数量是有限的，会子在某一特定区域发行超过流通中的需要量，就会引起币值下降。因此，辛弃疾主张通过扩大流通区域，达到"稀释"会子在某一区域的流通量，即在某种意义上实际已减少了会子的数量，从而提高会子的价值。辛弃疾的这一想法大胆新颖，从理论上来说是正确科学的，但在当时似乎并没有受到应有的重视。

除以上所述 3 个方面回笼纸币，减少其流通量，提高币值的主要思想和措施外，宋代还有一些其他措施。如用旧会打折兑换新会来回收纸币、履亩征会来回收纸币、强制百姓按田产、资产贮藏会子等方式，来减少会子的流通量；嘉定、端平年间则强制人们按照会子面额进行会子与铜钱间的兑换和计价。但是，这些措施往往既违背经济规律，又给广大民众带来祸害。

综上所述，回笼纸币各项思想和措施中较具可行性的是金属货币、实物、茶盐钞引等回笼纸币和以出卖度牒和官告回收纸币，比较有理论价值的是扩大纸币流通区域以"稀释"流通量，而以旧会打折兑换新会来回收纸币以及用履亩征会来回收纸币则是政府转嫁纸币贬值的损失而对广大人民的豪夺。其最野蛮的措施是强制藏会和强制会价，政府无视经济发展的客观规律，用行政手段强制推行，但最终都因遭到强烈的反对而半途而废。从总体来说，宋廷回笼

---

① 《皇宋中兴两朝圣政》卷 46。
② 《建炎以来朝野杂记》乙集卷 16《东南兑收会子》。
③ 《历代名臣奏议》卷 272。

纸币的措施还是起了一定的作用，对纸币超限量发行引起的币值下降、物价上涨问题起了缓解的作用，有利于货币价值的稳定和商品交换的顺利进行。但是，宋代纸币的超限量发行不属于发行中预计不准确而造成的，而且属于为解决财政危机饮鸩止渴式的恶性循环，其纸币投放量大大多于回笼量，大大多于流通领域所需要的货币量，所有回笼手段都是回天无力。正如《宋史》卷181《食货下三》所云："自是其（纸币）数日增，价亦日损，称提无术。"因此，要解决宋代纸币贬值物价上涨的关键是从源头上限制纸币的发行量，否则一切措施将是只治标不治本，甚至连标也治不了，最终只能搬起石头砸自己的脚，自食其带来的恶果。

（4）纸币防伪思想。宋代纸币自出现以来，就伴随着作伪问题。四川交子在私人发行时，伪造现象即已存在，史称"亦有诈伪者，兴行词讼不少"[1]。以后随着交子官方发行，作伪并不因政府介入而停止，反而日渐严重。仁宗庆历年间，交子的伪造使政府"以伪造犯法者多，欲废不用"[2]。南宋初期，仍然是"诈伪多有，狱讼益繁"[3]。南宋东南会子的伪造问题，尤以孝宗、宁宗、理宗三朝为最严重。

据史料所载，当时纸币作伪的手段主要有3种，这就是"伪造新会、揩改旧会、盗卖会底"[4]。所谓"伪造新会"，大致就是作伪者按会子的版式重新描模雕刻印刷，然后把伪造的会子投入使用。"揩改旧会"可能是将旧币涂改界数或面额，而再投入流通的作伪方法。"盗卖会底"则是印刷纸币的官吏利用职权，将会底（尚未加盖官印正式发行的会子）卖给他人，买得会底者自行雕刻官印加盖其上，然后投入流通。

宋廷针对当时纸币作伪比较严重的局面，主要从防范与严惩两方面思路入手对此进行治理，其具体措施有以下3点：

（1）提高纸币的质量，使作伪者难以仿造并加大作伪的成本。有关通过提高纸币质量来防范纸币作伪比较有代表性的论述是《宋史》卷181《食货下三》所载：

> （淳祐）三年，臣僚言："今官印之数虽损，而伪造之券愈增；且以十五、十六界会子言之，其所入之数，宜减于所出之数。今收换之际，无额既溢，来者未已，若非伪造，其何能致多如是？大抵前之二界，尽用川纸，物料既精，工制不苟，民欲为伪，尚或难之。迨十七界之更印，已杂用川、杜之纸，至十八界则全用杜纸矣。纸既可以自造，价且五倍于前，

---

① 《宋朝事实》卷15《财用》。
② 朱熹《宋名臣言行录》前集卷9《孙甫》，台湾商务印书馆影印文渊阁《四库全书》。
③ 《皇宋中兴两朝圣政》卷19。
④ 《续文献通考》卷7《钱币考一·会子》。

故昔之为伪者难，今之为伪者易。人心循利，甚于畏法，况利可立致，而刑未即加者乎？臣愚以为抄撩之际，增添纸料，宽假工程，务极精致，使人不能为伪者，上也；禁捕之法，厚为之劝，厉为之防，使人不敢为伪者，次也。"

这段话表述了宋代纸币防伪的比较重要的 4 点思想：一是防伪的上策是提高纸币质量，"使人不能为伪"；下策是制定法律严禁，"使人不敢为伪"。二是探讨了人们作伪的动机是利益的驱动，在获利五倍的诱惑下，人们敢于铤而走险。三是伪币越来越多的一个主要条件是纸币质量下降，作伪者易于伪造。四是提高纸币的质量主要从纸料、雕刻、印刷等诸方面加以改进，使作伪者难以伪造。而且纸币质量提高，使民间作伪成本太高，无利可图，就会停止伪造。综观史籍，这是提高纸币质量防范作伪思想的一个总结。

（2）加强纸币制造发行过程的管理。熙宁元年（1068 年），监官戴蒙"请置抄纸院，以革伪造之弊"①。其目的是通过设立专门负责币纸生产的部门，将币纸经营权统一收归官营，以杜绝民间伪造纸币的币料来源。

宋代交子务设立之初，仅设主管监官 1 人。大观元年（1107 年）五月，"改交子务为钱引务……所用之纸，初自置场，以交子务官兼领，后虑其有弊，以他官董其事"②。这里显然是为了防止官吏作弊，运用管理中不相容职务的原则，通过分设纸币制印官员和币纸制造官员，使他们互相牵制监督，以避免一人兼管而很可能导致作伪的弊端。

宋代，有的官员还提出："其当时所放散造会工匠，并宜尽行拘上，廪给加厚，勿惮小费，务在集事。"③ 其思想上是把制造纸币的工匠集中起来管理，可防止因工匠散布民间，而造成纸币制作技术外传，被不法之徒利用；并且改善工匠的待遇，也可提高工匠的积极性，使纸币制作更有效率，质量更有保证。

宋代纸币管理中的一个重要特点是分界发行。南宋规定：当会子换界时，要设内外两场官吏鉴定，"外场辨验到一贯伪会，追赏至七十贯；内场辨验到一贯伪会，所追赏钱视外场又倍之。凡赏钱皆置历拘榷，专以激犒官吏，断断不敢侵移他用"④。由此可见，纸币分界发行是防范作伪的一个重要管理环节，并能限制纸币的发行量。

（3）颁布刑律，处罚伪造者，奖赏陈告者。神宗熙宁初年，"立伪造（交子）罪赏如官印文书法"⑤。依照宋刑律，"诸伪写官文书印者，流二千里"⑥。

---

① 《蜀中广记》卷 67《方物记第九·交子》。
② 《蜀中广记》卷 67《方物记第九·交子》。
③ 袁甫：《蒙斋集》卷 7《论会子札子》，光绪二十五年广雅书局本。
④ 《蒙斋集》卷 7《论会子札子》。
⑤ 《宋史·食货下三》。
⑥ 《宋刑统》卷 25《诈伪律》。

换言之，伪造交子的处罚等同于伪写官文书印者，处以流放二千里的惩罚。大约在神宗朝至哲宗朝时，朝廷加重了对伪造交子者的处罚，"若伪造官文书，律止流二千里，今断从绞。近凡伪造印记，再犯不至死者，亦从绞坐"①。南宋时，将伪造犯人处斩已成定例，支赐陈告人的奖赏也增加了。如绍兴三十二年（1162年），"定伪造会子法：犯人处斩，赏钱千贯，不愿受者补进义校尉。若徒中及庇匿者能告首，免罪受赏，愿补官者听"②。

宋廷为使严禁伪造纸币之令家喻户晓，还将禁伪赏罚文字刊印于纸币票面。南宋谢采伯曾记载北宋徽宗崇宁年间发行的小钞票面"上段印准伪造钞，已成流三千里，已行用者处斩"③等字句。至于南宋会子，其票面样式，上半部分不但印有会子名称及面额，更以56字详示禁伪赏格："敕伪造会子犯人处斩，赏钱壹阡贯。如不愿支赏，与补进义校尉，若徒中及窝藏之家，能自告首，特与免罪，亦支上件赏钱，或愿补前项各目者听。"④

从宋代历朝对纸币作伪者及其相关人的处理上看，其处罚逐步由轻变重，惩治的范围也逐渐变宽，即从刑罚上从流刑变为死刑，处罚对象从伪造者、包庇者，到转用伪币者、知情不报者，甚至于那些对伪纸币、伪造者失察的官员也得受到惩罚。另一方面，对于陈告者的奖赏由少至多，从五百贯提高至一千贯。统治者立法思想是通过严惩重赏，一方面威慑作伪者，加大其犯罪成本，使其不敢以身试法；另一方面加大对知情者、负有督察责任官员等的赏罚力度，提高纸币作伪案的发现概率。提高纸币作伪的发现概率，比加大对纸币作伪的打击力度，对作伪者更具威慑力。还有宋朝将禁伪赏罚文字刊于纸币票面，这是一种最广泛的普法活动，并对妄图作伪者时时敲起警钟。

从上述可以看出，宋代有关严禁纸币作伪的立法比较严密，并具有较强的针对性。但是，在具体执行中难免存在着偏差。"今伪造有禁，刊之印文，编之敕令，非不严具，而愚民无知，抵冒自若。意者朝廷过于仁厚，前后犯禁之人，未必尽论如法。"⑤更有甚者，吏治腐败也影响了对纸币作伪的执法。伪造会子"一有败露，纳贿求免，不曰字画之不尽摹，则曰贯索之不尽类，法当重戮，仅从末减。似此姑息，何以戢奸"⑥。正由于执法不严，有法不依，致使"伪造（会子）者所在有之，及其败获，又未尝正治其诛，故（会子）行用愈轻"⑦。

---

① 《宋史》卷201《刑法三》。
② 《宋史·食货下三》。
③ 谢采伯：《密斋笔记》卷1，丛书集成本。
④ 彭信威：《中国货币史》图版"南宋的会子"，上海人民出版社，1988年。
⑤ 《宋会要》刑法2之145。
⑥ 王迈：《臞轩集》卷1《乙未馆职策》，台湾商务印书馆影印文渊阁《四库全书》。
⑦ 洪迈：《容斋三笔》卷14《官会折阅》，台湾商务印书馆影印文渊阁《四库全书》。

第六节　元代管制思想

一、户口与土地管理思想

（一）户口分等级管理

元朝建立后，在全国实行民族歧视政策，将其统治境内的民众分为蒙古人、色目人、汉人、南人4个等级。据《元典章》卷17记载，元政府还进一步将其统治境内的官民细分为诸多等级进行户口管理，如诸王公驸马并诸官员户，五投下户，各投下军、站户，随路壬子年抄过诸色人等户，军户，站赤户，诸色人匠，驱良，军户驱，诸色户驱良，放良户，断案主户，斡脱户，畏吾儿户，答失蛮，迭里威失户，打猎户，儒人户，析居户，招女婿，诸奴婢嫁、娶、招召良人等。元代统治者之所以不厌其烦地将全国官民划分为诸多等级，其目的是根据不同的等级制定各种不同的统治政策。

元代划分等级的依据繁杂，其中有按民族及阶级进行划分，如为了维护蒙古王公贵族和各级官员的特权及优待，法律规定，"诸王公主驸马并诸官员户计：诸附籍、漏籍诸色人户，如有官司明文分拨隶属各位下户数，曾经查对，不纳系官差发，别无经改者，仰依旧开除"①。最高统治者通过法律来保障蒙古王公贵族和各级官员所拥有的诸色民户，从而依靠诸色人户的供奉来维护自身的优裕奢侈生活和各种特权。另一方面，最高统治者也限制蒙古王公贵族和各级官员无限制地不断占有诸色民户，以防止其势力膨胀，影响国家财政收入和威胁中央王朝。如"至元元年（1264年）诸王共议定圣旨条画内一款：'依着先帝圣旨，诸王、公主、驸马并诸投下不得擅行文字招收户计。'除将各位下已招人户，照依累降圣旨改正，分付各路收系当差，仍常切禁约投下人员，无得似前乱行招收。如有违犯之人，仰管民官捉拿取问是实，申解赴部，呈省究治。如管民官今后不肯用心收拾，及看循面情，纵令诸人招收人户，定是解任断罪。"

与此相反，元朝统治者也通过法律确定那些达达、回回、契丹、女真等少数民族及"汉儿人"（汉族）被虏民户为驱口（奴隶）。如"照得甲午年钦奉合罕皇帝圣旨：'不论达达、回回、契丹、女真、汉儿人等，如是军前掳到人口，在家住坐，做驱口。因而在外住坐，于随处附籍，便系是皇帝民户，应当随处差发。'"乙未、壬子二年规定："本使户下附籍驱口，因而在外另作驱口，或寄留种田人等附籍，依例收系科差，仰于本使户下除豁重籍人丁差役。"可见，元朝将俘虏的各族民户分为王公贵族拥有的"在家住坐"驱口和皇帝拥有的"在外住坐"驱口。并且，无论是"在家住坐"驱口和"在外住坐"驱口，都必须承

---

① 《元典章》卷17，本目以下未注出处引文均见于此。

担差役，服从主人的奴役。

元朝划分民户等级的另一重要依据是职业，如军户、站赤户、诸色人匠、打捕户、儒人户等，并根据民户不同的职业，分别制定不同的管理条规。如军户是元朝政权依靠的武装力量，对他们实行不当差的优待："蒙古、探马赤投下军人不在当差额内，无问附籍漏籍、应役不应役，今次取勘到官，发与枢密院收系，就便定夺。汉儿军户不在当差额内。"元朝统治者以程朱理学作为全国的主导思想，提倡子弟学习儒家经典，因此在划分户等时特别另立儒人户，并对其予以"免差"的优待："中统四年（1263 年）分拣过儒人内，今次再行保勘到委通文学，依旧免差；不通文学者，收系当差。中统四年不经分拣附籍、漏籍儒人，或本是儒人，壬子年别作名色附籍，并户头身故，子弟读书，又高智耀收拾到驱儒，仰从实分拣，能通文学者，依例免差。不通文学者，收系一例当差。外，诸色人户下子弟读书深通文学者，止免本身杂役。"又如元朝统治者将各种手工业者划为"诸色人匠"，对他们另有不同的当差规定。如"诸投下壬子年元籍除差畸零无局分人匠，自备物料造作生活，于各投下送纳或纳钱物之人，依旧开除。外，不当差役人户，收系科差。""诸投下蒙古户并寄留驱口人等习学匠人，随路不曾附籍，每年自备物料，或本投下五户丝内关支物料，造作诸物，赴各投下送纳者，充人匠除差"。而对于那些"打捕户"，由于打猎的职业特点，他们必须以"送纳皮货"来代替交纳丝料、包银等："壬子年附籍打捕户应当丝料、包银，替头里送纳皮货到今，别无定夺。若有争差户计，经官陈告者，仰照乙未年元籍名色归着。"

元朝在统一全国的战争中，南宋是它最后灭亡的政权。而且在灭亡南宋的战争中，元军曾遭到南宋军民的顽强抵抗。因此，元朝在实行民族歧视的政策时，把南宋境内的汉族列为最低一等，即南人，对其进行残酷的镇压和掠夺。在这样一种历史背景下，时人胡祗遹以过人的胆略和见识，提出了"江南平定，通为一家，南民即我民，南兵即我兵也"[①]，要求元朝统治者应安抚江南民众，不可滥杀，应制止滥官污吏对南民的掠夺盘剥，从而缓和社会和民族矛盾，巩固元朝对南宋原统治地区的统治。他提出："江南民心未甚结固，不可屡失。自收附以来，兵官嗜杀，利其反侧叛乱，已得从其掳掠，货财子女则入于军官，壮士巨族则殄歼于锋刃，一县叛则一县荡为灰烬，一州叛则一州莽为丘墟，然则于国何益矣？申院申省，反以为功。朝廷不究诘所以反叛之由，而惯赏其将卒定乱之勇。人情孰不欲安？屋粟火食，夫耕妇织，赋役之外，养老慈幼，乐享太平，此亿兆之一心也。今也弃此遐福，去生就死，甘为肝脑涂地，父母妻子骈首受戮者，是何心哉？是盖牧民者有以激之使然。前省所选人员，例以贿赂得官，屠沽驵侩、市井无赖、群不逞之徒十居七八。《诗》云：'恺悌君子，民之父母。'使若辈之

---

① 胡祗遹：《杂著·民间疾苦状》，载《吏学指南》外三种，第 245 - 246 页。

民，欲民之安则不可得矣。淫夺人妻子，强取人财产田宅、马牛羊畜，听讼之间，恣情枉法，以是为非，以非为是，百计千方，务在得钱。民之冤抑无所控告，司县州府上下一律，哀声怨气郁积而不能发，所以冒死而不顾。国家自平金以来有事于宋，五六十年而后混一，岂不艰哉！良将精卒经营战斗于数世，一旦以滥官污吏恣其贪残而坏之，惜哉！"[1]

（二）治理逃户流民

元代同古代其他朝代一样，当遇到天灾人祸之时，往往就会出现流民或逃户，甚至在风调雨顺、太平无事之年，一些民众为逃避繁重的赋税、徭役，也纷纷逃离自己的家园，另找谋生出路。流民、逃户问题既影响国家的财政收支、徭役的征发，也影响到社会秩序的稳定。因此，历朝统治者都比较重视解决流民、逃户问题。从总体看来，元政府对流民、逃户问题还是采取比较宽容的政策，通过减免赋役、恢复流民、逃户家业等鼓励流民、逃户回乡生产，安居乐业。

时人胡祗遹撰写了《论逃户》《论复逃户》两篇文章[2]，对逃户产生的原因、逃户问题难以解决的因素及解决逃户问题的对策做了探讨。他在《论逃户》中指出，元代之所以出现逃户现象，最重要的原因是苛捐杂税和繁重的徭役使广大民众无以为生，迫使本安土重迁的农民纷纷背井离乡，到异地他乡谋求生路。而当地的贪官污吏乘民众逃离之机，典卖、瓜分逃户的房屋、田地，并将逃户的赋税、徭役分摊给同村的其他住户。结果，形成恶性循环，使其他住户也纷纷逃离，最后形成一村空无一人。

对于逃户现象严重问题，元政府也曾采取了一些措施，但未收到预期的效果。胡祗遹认为，其主要有10个方面的因素制约了逃户问题的较好解决：

> 为政者首以召集逃户为亟务，明示黜陟，劝惩府州司县牧民之官，广推恩惠，复业者一年租庸调皆免，二年征其半；劳心画策，可谓勤矣。以愚观之，似救其末而不救其本，口惠甘美，而实德未洽，以此为计，正犹以无枝之木来众鸟，潢污行潦聚群鱼，不为不集，集则何以为巢为穴乎？……然则招来复业而无业可复。木之无枝尚不能集鸟，水之行潦尚不能聚鱼，而况童山涸辙乎？愚熟思之，逃民之不能还业，其难有十：无抛下事产，来无所居，欠少钱债，来不能偿，一也；他处得生理，二也；……元籍非本乡，己得迻乡，漂流已久，地理窎远，无力提挈移徙，四也；流移远方，为商贾，为工匠，五也；元抛产业已为他人所有，六也；夫亡，妻适他人，七也；父母已老死，子孙不知原籍，八也；子孙作赘于人，九也；因流寓而户绝，十也。复业则有此十难，而况无业可复。就令还家，便得所遗事产，舍屋推倒，垣墙无有，反若异乡。兼一年之内能作何活，来岁又复当差，租税从何

---

① 《杂著·民间疾苦状》，载《吏学指南》外三种，第245—246页。
② 以下所引胡祗遹有关逃户言论，均见于此，两文载《吏学指南》（外三种）第210—213页。

而出？论至于此，无惑乎逃窜之不复。

总之，胡祗遹认为，尽管逃户返乡复业有 10 个难处，但最重要的还是逃户家乡的房屋、田地、产业等已荡然无存，就像"童山涸辙"一样，已没有飞鸟游鱼栖身的巢穴。因此，胡祗遹提出，要解决逃户难题，"上策莫若再籍，以籍为定；中策莫若勒令守土官、邻佑人供责逃户元抛土田事产，官为见数招人种佃，所得子粒，官为收贮，复业者连产业与所收子粒并给之，三年全免差役；下策信从虚文，今年招到复业户若干，明年却报逃窜，公私无益，虚费纸笔，为奸吏所弄"。这就是胡祗遹主张，上策是对逃户重新编写户籍，编入新居住地的户籍；中策是命令逃户原居住地的官员、左邻右舍提供逃户原抛弃的土地、产业等，当地官府出面招人种佃，所得地租官府代为收贮，等待逃户回乡复业时，将其土地、产业连同代为所收的地租一起归还逃户，并免除其三年差役，以此来鼓励逃户回乡复业；下策是走走过场，今年虚报招徕到逃户复业若干户，明年再虚报又逃窜若干户，自欺欺人，对公对私都没好处，只是虚费纸张笔墨，被奸吏所糊弄。

与胡祗遹同时代的陆文圭则对当时的流民问题提出自己的解决主张。元代的逃户一般指因无法承担繁重的赋税、徭役而逃离自己家园的农民，而流民则指因自然灾害而逃离家乡的民众。陆文圭认为，要解决流民问题，必须采取择令守、轻赋役、议赈贷 3 个方面的措施：

救流民之策三：一曰择守令，二曰轻赋役，三曰议赈贷。天灾流行，国家代有区画，备御在得其人。古之循吏所至郡邑，浚陂渠、立堤防，课农桑，广储蓄。四民乐业，安土重迁，设遇旱潦，恃以无恐。今也为人择官，不为官择人。千里之师，帅教令不先百里之父母，抚字不职，郡邑无承流宣化之人；朝廷无考课黜陟之法，常平之政不修，社仓之义不劝。劳徕不息、召集有功者，不闻显赏；阖境逃移，户口稀散者，不必受罚。何异受人之牛羊，立而视其死欤？此守令不可不择也。小民难保，天亦哀矜，本固邦宁，若古有训。升平之时，犹宜轻徭薄赋；灾歉之后，岂堪虐使苛征？且乡田同井谁，甘死徙；维桑与梓，岂不怀归？而余粮栖亩，责之全租；一室悬磬，算之口赋。检覆之额未宽，追呼之费已重。役半饥之氓隶，兴不急之工役。良由此邦之人，莫我肯谷，所以逝将去女，适彼乐郊。九重勤恤之旨屡颁，田里愁叹之声未息，是谓上慢而残下，不能己溺以视人，何异扼饥者之吭而夺之食乎？此赋役不可不轻也。民以食为天，不再食则饥。方其遇灾之始，倘为措置之方，通商、劝分、薄敛己责，但有苟旦夕免沟壑之计，谁无恋坟墓、保妻孥之心？惟其守死之余，遂起逃生之念，山墙野水，露宿草行，蒙袂嗟来，傍人门户，岂得已哉？而所至之处，不能存恤，官吏便文自营，封廪不发，驱之出境，委曰无他。愚谓宜留者给之闲田，贷之牛种；行者与之裹粮，续其口券；复业者返其田宅，正其疆界，利其家，复其身可也。凡此破除之费，一出公上之储，国家富有四海，仁圣视民如子，岂与琐兮尾兮，流离之子较是区区者哉！此赈贷不可不议也。①

在此，陆文圭主张，如选任地方守令得当，这些守令于平时带领境内民众疏浚陂塘沟渠，修筑堤防，劝课农桑，广积粮食，使士农工商安居乐业，地方经济繁荣，就能大大提高抗御自然灾害的能力，即使遇到灾荒，也没什么可担心的。因此，选任好地方守令是防范流民最根本的措施。倘若某一地区遇到自然灾害，朝廷必须实行轻徭薄赋措施。否则，如在灾荒之年仍然苛征繁重赋役，那么，许多无以为生贫民就会背井离乡，成为流民。为了不使社会上大量流民出现，朝廷不仅要轻徭薄赋，还要对灾民实行赈济。如流民愿在新的流徙地定居，政府就给予田地，借贷给他们耕牛、种子；如果流民继续寻找安身之地，政府就给予他们干粮；如果流民想返回家乡，政府就归还他们的田野、住宅，并免除他们的徭役。如政府切实采取了这些措施，就能解决遇到自然灾害时大量出现流民的社会问题。

据《元典章》卷17《逃亡》记载，元政府对逃户采取较宽容的政策，尽可能保护逃户在家乡的田地、房屋，以鼓励逃户回乡复业。至元二年（1265年）正月，元政府规定："今后，如有似此于签军时避当军役在逃抛下事产，改除见充军户代当时，所抛事产官司给予公据，摽拨见充军户为主。本人复业，却行争要元抛事产者，止断付见当军人户为主。如军民在逃抛下事产有他人佃种，若本主复业，照依已降条画，给付本主。"由此可见，元政府规定，除逃避军役而抛下的事产，政府已改拨给见充军户外，其余逃户抛下的事产，如逃户回乡复业，政府均归还本逃户。

当时，一些亲民官吏、豪势往往乘逃户在逃之时，将逃户田地据为己有，并租佃给贫民耕种，以收取地租。对于这种现象，元政府明令予以禁止，以保护逃户田产不被侵占，使他们回乡时能够顺利复业，不至于因失去田产而再次被迫背井离乡，又重新沦为逃户。至元十年（1273年）闰六月，元政府规定："如在逃军民抛下田桑园圃水陆事产，各处亲民官吏、乡司、里正、主首并在官一切人等不无射佃，虽云出备租课，中间情弊多端，以致在逃军民畏避官司权势，不能还业。此弊不革，害民非浅。合无遍下诸路京府州县，将逃户事产止令无力贫民射佃，似为防奸革弊。使远近年分在逃户计，襁负其子，却归闾里，军民安堵如故，则无逋流之患。此端事理，似为官民两便，乞参详施行。——前件，户部公议得：据在逃军民户抛下地土事产，拟合召诸色户计种佃，依乡原例出纳租课，无令亲民官吏、豪势之家射佃，似为相应。"

① 陆文圭：《墙东类稿》卷4《流民、贪吏、盐、钞法四弊》，台湾商务印书馆影印文渊阁《四库全书》。

（三）限制占田，清查田亩

元朝建立之后，就面临着土地兼并严重的问题，并由此引发种种社会矛盾。正如元人赵天麟所指出的："今王公大人之家，或占名田近于千顷，不耕不稼谓之草场，专放牧放孳畜。又江南豪家，广占农地，驱役佃户，无爵邑而有封君之贵，无印节而有官府之权，恣纵妄为，靡所不至，此而弗治，化实难行。又贫家乐岁终身苦，凶年不免于死亡。荆楚之域，至有雇妻鬻子者，虽土风之常，然亦衣食不足之所致也。衣食不足，由豪富之兼并故也。"① 针对这种土地兼并严重而引发的种种社会矛盾，他主张："方今之务，莫如兴复井田，尚恐骤然骚动天下豪富之家，宜限田以渐复之。伏望陛下一新田制，凡宗室王公之家，限田几百顷；凡无族官民之家，限田几十顷。凡限外退田者，赐其家长以空名告身。每田几顷，官阶一级，不使之居实职也。凡限田之外，蔽欺田亩者，坐以重罪。凡限外之田，有佃户者，就令佃户为主。凡未尝垦辟者，令无田之民占而辟之，且全免第一年租税，次年减半，第三年依例科征。凡占田不可过限。凡无田之民，不欲占田者，听。凡以后有卖田者，买田亦不可过限也。私田既定，乃定公田。公田之法，凡九等：一品者，二十顷；二品者，十八顷；三品者，十五顷；四品者，十二顷；其下俱以二顷为差，至九品，但二顷而已。庶乎民获恒产，官足养廉。《易》曰：'君子以裒多益寡，称物平施'，此之谓也。如是而行之，五十年之后，井田可以兴复矣。"由此可见，赵天麟认为，解决土地兼并最好的办法是恢复先秦西周时期的井田制，但由于当时如骤然实行井田制会触犯豪富之家的利益，引起社会动荡，因此只能先实行限田，经过 50 年之后，就能顺利过渡到实施井田制。虽然他还具体规定了宗室王公、从一品官员到九品官员等占田的数量，但其主张与历代的限田主张一样，最终在实践中都是难以推行的。但是其思想的可贵之处是看到贫穷之家的衣食不足及种种社会问题，其根源都在于豪富的土地兼并。因此，他主张应将豪富限外之田归耕种此田的佃户所有，如限外之田还未开垦，就让无田之民加以开垦并归其所有，全免第一年租税，次年减半，第三年再按规定科征租税。

元代一些有识之士认识到土地兼并严重不仅使贫穷之家衣食不足及引发种种社会问题，而且大土地所有者隐瞒自己所占有的大片土地，借以逃避所应承担的赋税和差役，使政府的财政收入和差役的征发受到很大的影响。对此，元政府采取了"经理"（即清查田亩）的措施，以达到"税入无隐，差徭亦均"。正如《元史》卷 93《食货一·经理》所指出的："经界废而后有经理，鲁之履亩，汉之核田，皆其制也。夫民之强者田多而税少，弱者产去而税存，非经理固无以去其害。"

---

① 以下这一自然段有关赵天麟限田言论，均见于黄淮、杨士奇等：《历代名臣奏议》卷112，上海古籍出版社，1989 年。

"仁宗延祐元年（1314 年），平章章闾言：'经理大事，世祖已尝行之，但其间欺隐尚多，未能尽实。以熟田为荒地者有之，惧差而析户者有之，富民买贫民田而仍其旧名输税者亦有之。由是岁入不增，小民告病。若行经理之法，俾有田之家，及各位下、寺观、学校、财赋等田，一切从实自首，庶几税入无隐，差徭亦均。'于是遣官经理。以章闾等往江浙，尚书你咱马丁等往江西，左丞陈士英等往河南，仍命行御史台分台镇遏，枢密院以军防护焉"[①]。由此可见，元朝建立之初，就已出现大片土地欺隐不实，以逃避赋役的问题。元世祖时就曾着手清查田亩，但效果不大，大土地所有者用种种手段隐瞒，以逃避赋役。仁宗延祐元年（1314 年），在平章章闾的倡议下，元政府又开始大规模地清查田亩。从朝廷派遣高官平章章闾、尚书你咱马丁、左丞陈士英等到地方主持清查，行御史台分台镇遏，枢密院以军队进行防护可以看出，最高统治者对清查田亩十分重视，并下了很大的决心，同时进行周密布置，以防止大土地所有者的阻挠和反抗。

据《元史》卷93《食货一·经理》所载，清查田亩的具体做法是："其法先期揭榜示民，限四十日，以其家所有田，自实于官。或以熟为荒，以田为荡，或隐占逃亡之产，或盗官田为民田，指民田为官田，及僧道以田作弊者，并许诸人首告。十亩以下，其田主及管干佃户皆杖七十七。二十亩以下，加一等。一百亩以下，（杖）一百七；以上，流窜北边，所隐田没官。郡县正官不为查勘，致有脱漏者，量事论罪，重者除名。此其大略也。"由此可见，元政府清查田亩主要从 3 个方面着手：一是限期令土地所有者如实申报其所占有的田地面积，如不如实申报，一经查出，就按隐瞒田地的面积大小予以不同的处罚。二是鼓励知情人检举告发。三是督促郡县官员如实认真查勘，如不如实认真查勘，致有脱漏者，有关官员必须受到惩罚，重者除名。

据《元典章》卷19《民田》记载，至元二十六（1289 年），元政府就颁布法令，对富豪兼并之家不如实申报所占田地进行惩罚，对告发者则予以奖赏："富豪兼并之家多有田土，不行尽实报官，或以熟作荒，诈冒供报，许限内出首改正。如限外不首，有人告发到官，其地一半没官，于没官地内一半付告人充赏，仍验地亩多少约量断罪……犯人十亩以下，笞四十七下。一百亩以下，杖五十七下。三百亩以下，杖六十七下。五百亩以下，杖七十七下。一千亩以下，杖八十七下。二千亩以下，杖九十七下。已上地亩虽多，罪止一百七下。""田多之家，多有诡名分作数家名姓纳税，以避差役，因而靠损贫难下户。许令依限出首，与免本罪，依理改正。限外不首，有人告发到官，验诡名地亩多寡断罪，仍于犯人名下量征宝钞，付告人充赏。"从以上《元史》和《元典章》的记载，我们大致可以推断，元政府在清查田亩中更多的是使用惩罚的手段，迫使土地所有者如实申报自己的田产，并通过奖惩告发者，使隐瞒田产者无处藏身，从而达到

---

① 《元史·食货一》。

清查田亩、税入无隐、差徭亦均的目的。

但是，让元朝最高统治者始料不及的是由于那些从事清查工作的官吏奸贪苛酷，在具体实施中常出现弄虚作假、以无为有、报复陷害等现象，更加重了对民众的盘剥，致使民不聊生、盗贼并起，社会动荡不安。正如《元史》卷93《食货一·经理》所指出的："经理之制，苟有不善，则其害又将有焉者矣。"清查田亩"期限猝迫，贪刻用事，富民黠吏，并缘为奸，以无为有，虚具于籍者，往往有之。于是人不聊生，盗贼并起，其弊反有甚于前者。仁宗知之，明年，遂下诏免三省自实田租。二年（1315年），时汴梁路总管塔海亦言其弊，于是命河南自实田，自延祐五年（1318年）为始，每亩止科其半，汴梁路凡减二十二万余石。至泰定、天历之初，又尽革虚增之数，民始获安。"

（四）典卖田地必须申报官府办理相关手续

在元代，田地依然是承担赋税的依据。那些富豪兼并之家往往乘购买田地之时，营私舞弊，隐瞒新兼并的田地，或由卖田者继续承担所卖田地的赋税，从而造成产去税存，富者愈富，贫者愈贫的严重社会弊端，并影响国家的财政收入。对此，元政府对民间典卖田地进行严密管理，规定必须申报官府办理相关手续，否则，买卖双方就要受到惩罚。

据《元典章》卷19《典卖》记载，元贞元年（1295年）三月，元政府规定，田宅不得私下成交："切谓诸人典买田土，不经本管官司给据，一面私下成交。又有权豪势要人等，不问有无告官凭据，辄便收买，其卖主又不经合属陈告过割。拟合立限，令买卖田地人将在先不经官过割田粮数目，经所属司县出首推收。如违限不首，许令诸人首告，或官司体察得知，取问是实，将犯人枷令，痛行断罪。所该田粮，一半没官，一半付人充赏。以后典卖田地，须要经诣所属司县给据，方许成交，随时标附，明白推收，各司县置簿附写，专委主簿掌管提调，每岁计拨税粮，查照推收。所据文簿，候肃政廉访司依例照刷。如此，免致诡名迷失官粮，亦免产去税存之弊。"同年六月，元政府又规定："江西产去税存，富者愈富，贫者愈贫，大为民害。今后典卖田宅，先行经官给据，然后立契，依例投税，随时推收，免致人难，常切关防，出榜禁治。若委因贫困必合典卖田宅，依上经官给据出卖，买主、卖主一月随即具状赴官，将合该税石推收与见买地主，依上送纳。如有官豪势要之家买田产，官吏人等看循，不即过割，止令卖主纳税，或科摊其余人户包纳，或虚立诡户，更行取受分文钱物，有人告发到官，取问是实，犯人断五十七下，于买主名下验元买地价钱追征，一半没官，于内一半付告人充赏，当该正官断罪，典史、司吏断罪罢役。"

大德四年（1300年）九月，元政府对民间典卖田地做了更详细的规定："今后亲民州县每处委文资正官或同知或主簿科一员，不妨本职，专掌典卖田地、过割钱粮，明置文簿。凡有诸人典卖田地，开具典卖情由，赴本管官司陈告，勘当得委是梯己民田，别无规避，已委正官监视，附写元告并勘当到情由，出给半印勘合公据，许令交易。典卖讫，仰买主、卖主一同赍契赴官，销附某人典卖合该税粮，就取典买之人承管，行下乡都，依数推收。若契到务，别无官给公据，或契到官，却无官降契本，即同匿税法科断。如不经官给据，或不赴务税契，私下违而成交者，许诸人首告是实，买主、卖主俱各断罪，价钱田地一半没官，没官物内一半付告人充赏。仍令税务每月一次开具税讫地税、买主卖主花名、乡都村庄田亩价钞，申报本管官司，以凭查照。年终止验实推收，定姓名科催。元委民得替，与新官相沿交割，仍委本路总管提调。廉访司照刷之日，将州县所置文簿用心检勘，有不如法、因循废弛者，随事理罪。"①

从上引元政府有关典卖田地的 3 条规定可以看出，元政府主要从 4 个方面对民间典卖田地进行管理，从而革除买田者通过隐瞒田地、转嫁赋税等而产生的产去税存、减少国家财政收入的弊端。其一，严厉禁止民间私下交易田地，政府如发现私下交易田地，就将买卖双方的田地、买地钱没官，甚至还要对犯人处以"断五十七下"的刑罚。其二，鼓励知情人告发，如有人告发到官，取问是实，即将买卖双方没官田地、买地钱的一半作为告发人的奖赏。其三，制定了严密的田地买卖申请、审核、出给公据、交易、将地税转给买主、税契申报官府备案查照、廉访司监督审查等程序。首先，典卖田地者必须向官府提出典卖田地申请，说明典卖田地的情况和原因。有关官府经过审核后，出给公据，同意双方交易。其次，买卖双方交易成功后，一起带着税契赴官府，卖主将有关这块田地应承担的赋税转给买主，并将载有买主、卖主名字、乡都村庄、田亩价钞的税契上交官府备案查照。这样，田地交易事宜基本完成。再次，年终，官府根据田地买主进行科催。廉访司则通过照刷文卷进行审查监督，如发现有不法或因循废弛的事情，则予以处理或处罚。其四，元政府在地方州县指定官员负责办理田地典卖事务，即"亲民州县每处委文资正官或同知或主簿科一员，不妨本职，专掌典卖田地、过割钱粮、明置文簿"。

（五）鼓励开垦荒地和屯田

经过宋末元初战争，人口锐减，大片田地荒芜。为了发展农业生产，元政府颁布了一系列鼓励开垦荒地的政策。其一，荒田开耕，三年之后开始收税。早在元朝初年，赵天麟就建议，豪富之家所兼并的土地，"凡未尝垦辟者，令无田之民占而辟之，且全免第一年租税，次年减半，第三年依例科征。"② 至元二十三年（1286 年）四月，元政府命令："都省除已札付户部，钦依圣旨事意，多出文榜，招募诸人开耕。若有前来开耕人户，先于荒闲地土内，验本人实有人丁约量标拨，每丁不过百亩。如是不敷，于富豪冒占地土内依上标拨。据开耕人户，三

① 《元典章》卷 19《典卖》。
② 《历代名臣奏议》卷 112。

年外依例收税。"① 大德四年（1300 年）十月，元政府又推迟了开垦荒田收税年限一年："江北系官荒田，许给人耕种者，元拟第三年收税。或恐贫民力有不及，并展限一年，永为定例。"② 其二，开垦荒地，蠲免杂泛差役。至元二十三年（1286 年）十一月，元政府又规定："江南系官公围、沙荡、营、屯诸色田粮，诸路俱有荒芜田土，并合招募农民开垦耕种，若不少示宽恩，难以召集。合无将荒芜田土蠲免一切杂泛差役，似望不致荒芜，官民两便。"③ 其三，官有荒地分给贫民开种，禁止官豪势要冒占。至元二十八年（1291 年）《至元新格》规定："诸应系官荒地，贫民欲愿开种者，许赴所在官司入状请射，每丁给田百亩。官豪势要人等不请官司，无得冒占。年终照勘已给数目，开申合属上司，类册申部。"④ 其四，将荒闲田地给还招收逃户。中统二年（1261 年）四月，元政府为了"安集百姓，招诱逃户"，规定："逃户复业者，将元抛事产不以是何人种佃者，即便分付本主。户下合着差税，一年全免，次年减半，然后依例验等第科征。"⑤

元朝是蒙古贵族依靠武力征服建立的统一王朝，因此，特别重视军队在国家政权中的作用。他们的治国指导思想是"兵者，城之守也；食者，兵之给也。非兵，无以守城；非食，无以给兵。兵足而城安，食食而兵壮。兵、食二者强，国之计也"⑥ 早在元朝建立之初，东平布衣赵天麟上书元世祖，就提出必须借鉴前代历史经验，广泛开展军队屯田："今国家大业已定，不忘武备，江湖、岭海、闽广、川蜀、西北、东北边塞之地，皆有军兵以戍之，坐食粮粟，淮南北等处有屯田官府，而屯田实未之广也。为今之计，宜广屯田，况属承平之秋，非同征伐之日，须立久长之妙法，庶几威德之并行，使先偏后伍之流，务南亩、东皋之事。一朝有事，则历戈卯甲，而奋其战胜攻取之能；群寇销声，则力稸服田，而求其千仓万箱之积。畋于农隙，以讲大事，完营垒以防不虞，亦既免飞刍挽粟之劳，而又有用寡生多之益也。义归一致，功可双成，伏望陛下念兹在兹。凡戍兵之处，命戍卒为农，开垦旷田，每百人限几顷，凡所用之牛，官为出直于南方、西方市买，而分给之。凡所用之田器，官为于诸冶铸造而分给之。凡力田及不力者，明立赏罚，以劝惩之。可也，虽一时劳费，而实惟永逸之基，借众军余力而建此富强之业，庶乎军民皆以自赡，而各得其所矣。"⑦ 赵天麟认为，元朝建立之后，国家基本上进入安定时期，因此，应该让戍守全国各地的军队进行屯

---

① 《元典章》卷 19《荒田》。
② 《元典章》卷 19《荒田》。
③ 《元典章》卷 19《荒田》。
④ 《元典章》卷 19《荒田》。
⑤ 《元典章》卷 19《荒田》。
⑥ 《元典章》卷 19《荒田》。
⑦ 《历代名臣奏议》卷 260。

田农业生产。政府分配给戍守士兵农田，为他们提供耕牛、农具，让他们开荒种田。通过发挥他们的生产潜力，使广大军民自食其力，从而建成元朝的富强大业。

至元十四年（1277 年）三月，元朝廷颁布命令，将全国荒闲无主的田地作为军民的屯田："据淮西道宣慰使昂吉儿奏：'淮西庐州地面，为咱每军马多年征进，百姓每撇下的空闲田地多有。若自愿种田的人教种呵，煞便当。教种时分与了限次，教他田地主人来者。主人每限次里不来，愿种田的人每教种者。种了之后主人每来，道是俺的田地来么道，休争占者。更军每合请的粮食搬运呵，百姓生受，更费了官粮。教军每做屯田呵，于官有益，粮食也容易。'么道，为这般奏的上头，与圣旨去也。圣旨到日，田地的主人限半年出来，经由官司，若委实是他田地，无争差呵，分付主人，教依旧种者。若限次里头不来呵，不拣甚么人，自愿种的教种者。更军民根底，酌酌与牛具、农器、种子，教做屯田者。种了的后头，主人出来，道'是俺的田地来'么道，休争要者。"[1] 在此，元政府规定，那些因战争而荒闲的田地，鼓励愿意耕种的人前往耕种，或作为军队的屯田用地。原耕地的主人如在半年之内前来认领，经官司查实，应该归还；如超过半年期限，就归后来耕种的人所有。如是军民屯田，政府应酌情给予屯田者牛具、农器和种子等。

据笔者所见，古代论屯田之利，往往从兵食足民的角度予以阐述。元代王恽在《论屯田五利事状》一文中[2]，不仅认为屯田可使 "兵食足民，无转输之劳；边有备，官无和籴之弊"，而且从军事战略角度看，屯田还有五利："今者宋人出没，不时恃山林险阻，虽云深入如涉虚境，今者如复令边民分田杂耕，上自钧化，下至蔡息，不数年剪去荒恶，荡为耕野，一利也。民则什什伍伍相望，三时种艺，甲兵在旁，彼欲内寇，野战实非所长，复欲伺便鼠窃，又无潜伏出入之便。而复严烽燧，谨斥堠，少有警急，我则收合余力，据守要害，而似前日之寇盗，不可得矣。彼纵来寇，如战处平野，猎者麋而杀之，获之无不利矣，二利也。至于我军征进，适当农隙，丁力有余者，许随大军入讨，所获悉付本人，是民因私利勇于公斗，三利也。又令向里一切蒙古、奥鲁亦编民间屯，使之杂耕，不惟调习水土，可使久居，且免每岁疲于奔命之役，四利也。不数年，根数深固，使奥鲁军人倒营而下，近则杂两淮之间，远则抵大江之北，所谓长江之险，我与共之矣，五利也。"简言之，屯田可使荒山密林成为田野，南宋残余抗元力量无处藏身；通过屯田把民众通过什伍组织起来，进行农业生产，再加上设置烽燧、斥堠等军事设施，能有效地防范寇盗侵扰；蒙古军队如进行征讨，碰到农闲时机，可允许屯田剩余劳力随军战斗，所获战利品皆归官兵，使他们因能得到私

---

① 《元典章》卷 19《荒田》。
② 这一自然段王恽言论均见于《秋涧集》卷 86《论屯田五利事状》。

利而勇于战斗；如命令奥鲁军人也编入民间屯田，使他们也进行农耕，适合当地水土，免于奔命之役；数年之后，奥鲁军人大规模南下，进入两淮、长江流域，巩固了元朝对这些地区的统治。基于屯田有这些好处，王恽主张："将河南旧有屯田户计及一切沿边之民，尽拆丝银，使之输谷，其屯事于山川，出没要害区处，首为耕垦，官给牛畜，自办农具，其余法且一依经略司元行，然后选近侍为大司农官，及内设屯田员外郎中，专领其事，使通其奏请，趣其应赴，岁时令按察司或督军御史按行屯所，察其成否而赏罚之。不数年，田事可成，坐收必胜之道矣。"

元政府除了将荒闲田地作为屯田外，还将官有田地租给一般农民耕种，收取租税。当时一些贪官污吏依仗权势，侵夺农民租种的官田，或自行种佃，不纳官租，或转租给别人，从中获取地租。针对这种情况，"大德五年（1301 年）七月，江西行省准中书省咨：御史台呈：备山南廉访司申：'体知得一等农民，将见种官地私下受钱，书立私约，吐退转佃。佃地之家，又不赴官告据，改立户名。又诸衙门见勾当大小官吏，于内一等不顾廉耻营利之徒，于任所恃势诡名佃种官田，不纳官课，更占夺百姓见佃官田，自行种佃，或转与他人，分要子粒。如蒙禁治相应。'具呈照详。得此，都省议得，江南各处见任官吏，于任所佃种官田，不纳官租，及夺占百姓已佃田土，许诸人赴本管上司陈告是实，验地多寡，追断黜降，其田付告人并佃人种佃。外，据佃种官田人户欲转行兑佃与人，需要具兑佃情由，赴本处官司陈告，勘当别无违碍，开写是何名色官田顷亩、合纳官租，明白附簿，许立私约兑佃，随即过割，承佃人依数纳租，违者断罪。咨请依上施行"[①]。由此可见，元政府鼓励百姓向上级官府告发不法官吏侵占百姓见佃官田，不纳官租，如上级官府核查告发属实，即将不法官吏黜降，并将所占官田给告发人或原耕种者种佃。如原耕种者要将官田转给其他人种佃，需向官府申报，说明转佃情况和缘由，经官府审查无误后，开写官田名色、面积、应缴纳的官租等于簿籍内，然后做好转佃交割手续，以后由新的承佃人依数向官府交纳租税。

二、赋税思想

元代赋税征收，就其总体上说，主要有税粮（包括丁税、地税和秋税、夏税）、科差（包括丝料、包银）、商税、杂税等，以下就这些税种征收所反映的赋税思想及免税、匿税等思想缕述如下：

（一）税粮思想

元代税粮的征收，《元史》卷 93《食货一·税粮》有一概括性的总结："元之取民，大率以唐为法。其取于内郡者，曰丁税，曰地税，此仿唐之租庸调也。

---

① 《元典章》卷 19《荒田》。

取于江南者，曰秋税，曰夏税，此仿唐之两税也。"可见，元代的税粮按地区不同分为两种：一是北方、内地按唐朝前期租调的形式征收丁税、地税，江南地区按唐朝后期两税法的形式征收秋税、夏税。

元代丁税、地税的征收，始自元太宗时期。起初，太宗朝规定，"每户科粟二石，后又以兵食不足，增为四石。至丙申年，乃定科征之法，令诸路验民户成丁之数，每丁岁科粟一石，驱丁五升，新户丁驱各半之，老幼不与。其间有耕种者，或验其牛具之数，或验其土地之等征焉。丁税少而地税多者纳地税，地税少而丁税多者纳丁税。工匠僧道验地，官吏商贾验丁。虚配不实者杖七十，徒二年。仍命岁书其数于册，由课税所申省以闻，违者各杖一百。"① 从这一记载，我们可以了解到，元代丁税、地税虽取法于唐租调制，但从太宗朝开始，又有自身的特色：其一，从太宗朝开始，元朝就设有课税所，负责全国丁税、地税的登记和统计，然后上报中书省。其二，丁税、地税的征收起初以户为单位征税，后改以丁为单位征税。最后采取就高的原则，即如丁税少而地税多者就以地为单位征收，地税少而丁税多就以丁为单位征收。其三，征收丁税、地税的主要对象是农民，除此之外，对于官吏、工匠、商贾、僧道等另定征税单位，即"工匠僧道验地，官吏商贾验丁"。其四，无论是征收丁税还是地税，纳税者和经办官吏必须如实申报，否则，就要受到处罚。

元代丁税、地税征收，至元世祖时期，逐渐趋于成熟定型。史称："逮及世祖，申明旧制，于是输纳之期、收受之式、关防之禁、会计之法，莫不备焉。"元世祖时，对丁税、地税的征收主要做了以下4个方面的规定：其一，规定了对各种不同纳税对象的征收标准。至元十七年（1280年），元世祖"遂命户部大定诸例：全科户丁税，每丁粟三石，驱丁粟一石，地税每亩粟三升。减半科户丁税，每丁粟一石。新收交参户，第一年五斗，第三年一石二斗五升，第四年一石五斗，第五年一石七斗五升，第六年入丁税。协济户丁税，每丁粟一石，地税每亩粟三升。"其二，规定加征脚钱、轻赍钱、鼠耗等。"中统二年（1261年），远仓之粮，命止于沿河近仓输纳，每石带收脚钱中统钞三钱，或民户赴河仓输纳者，每石折输轻赍中统钞七钱"。至元十七年（1280年），又规定："随路近仓输粟，远仓每粟一石，折纳轻赍钞二两。富户输远仓，下户输近仓，郡县各差正官一员部之，每石带纳鼠耗三升，分例四升。"其三，规定了输纳丁税、地税的期限。至元十七年（1280年）规定："输纳之期，分为三限：初限十月，中限十一月，末限十二月。"成宗大德六年（1302年），对输纳期限根据地区远近做了更合理的规定："复定上都、河间输纳之期：上都，初限次年五月，中限六月，末限七月。河间，初限九月，中限十月，末限十一月。"其四，对缴纳丁税、地税中的一些不法行为明令予以禁止，违者将受到处罚。至元十七年（1280年）

---

① 《元史·食货一》，本目引文未注出处者，均见于此。

规定："凡粮到仓，以时收受，出给朱钱。权势之徒结揽税石者罪之，仍令倍输其数。仓官、攒典、斗脚人等飞钞作弊者，并置诸法。"至元三十年（1292 年）四月，朝廷规定："税粮初限十月终，中限十一月终，末限十二月终。违限者，初限笞四十，再犯杖八十。"①

元代在江南征收秋税、夏税，始于元世祖平定南宋后。当时，"除江东、浙西，其余独征秋税而已"。其原因是"江南的多一半城子里百姓每，比亡宋时分纳的，如今纳秋税重有。谓如今收粮的斛，比亡宋文思院收粮的斛抵一个半大有。若再科夏税呵，莫不百姓根底重复么？两广这几年被草贼作耗，百姓失散了有。那百姓每根底要呵，不宜也者"②，也就是当时江南大部分地区只征秋税，是因为战争的破坏，使百姓流离失所、土地荒废。

元代真正开始既征秋税又征夏税，是元成宗元贞二年（1296 年）。当时朝廷根据江南各地区粮食产量的高低以及社会经济发展的不同，来确定各地区的秋税、夏税不同征收率。这种制度安排还是较合理的。史载："成宗元贞二年，始定征江南夏税之制。于是秋税止命输租，夏税则输以木绵布绢丝绵等物。其所输之数，视粮以为差。粮一石或输钞三贯、二贯、一贯，或一贯五百文、一贯七百文。输三贯者，若江浙省婺州等路、江西省龙兴等路是已。输二贯者，若福建省泉州等五路是已。输一贯五百文者，若江浙省绍兴路、福建省漳州等五路是已。皆因其地利之宜，人民之众，酌其中数而取之。"

元政府在定秋税、夏税时，还注意通过以税收为杠杆，给予地广人稀地区税收上的优惠，来促进这一地区荒地的开垦，农业生产的发展。大德三年（1299年），朝廷规定："其在官之田，许民佃种输租。江北、两淮等处荒闲之地，第三年始输。"大德四年（1300 年），"又以地广人稀更优一年，令第四年纳税。凡官田，夏税皆不科。"

（二）科差思想

科差是唐宋元封建政府征收的代徭税，相似于更赋、力庸，初兴于唐宋，至元代成为正式赋税赋目。元代科差有两种：一为丝料，即交纳丝；二为包银，即交纳包银，有的部分包银可用丝绢代替。元太宗丙申年（1236 年）开始征收丝料，"每二户出丝一斤，并随路丝线、颜色输于官；五户出丝一斤，并随路丝线、颜色输于本位"③ 元宪宗乙卯年（1255 年）开始征收包银。"初汉民科纳包银六两，至是止征四两，二两输银，二两折收丝绢、颜色等物。"

元世祖中统元年（1260 年），"立十路宣抚司，定户籍科差条例"，对科差做了十分详尽、具体的规定。其内容中最主要的特点是把科差户分为许多类型，

---

① 《元典章》卷 24《纳税》。
② 《元典章》卷 24《纳税》。
③ 《元史·食货一》，本目引文未注出处者，均见于此。

每种类型各自承担不同数量的丝料和包银：

> 其户大抵不一，有元管户、交参户、漏籍户、协济户。于诸户之中，又
> 有丝银全科户、减半科户、止纳丝户、止纳钞户；外又有摊丝籍户、储也速
> 觯儿所管纳丝户、复业户，并渐成丁户。户既不等，数亦不同。元管户内，
> 丝银全科系官户，每户输系官丝一斤六两四钱、包银四两；全科系官五户丝
> 户，每户输系官丝一斤、五户丝六两四钱，包银之数与系官同；减半科
> 户，每户输系官丝八两、五户丝三两二钱、包银二两；止纳系官丝户，若上
> 都、隆兴、西京等路十户十斤者，每户输一斤，大都以南等路十户十四斤
> 者，每户输一斤六两四钱；止纳系官五户丝户，每户输系官丝一斤、五户丝
> 六两四钱。交参户内，丝银户每户输系官丝一斤六两四钱、包银四两。漏
> 籍户内，止纳丝户每户输丝之数，与交参丝银户同；止纳钞户，初年科包
> 银一两五钱，次年递增五钱，增至四两，并科丝料。协济户内，丝银户每
> 户输系官丝十两二钱、包银四两；止纳丝户，每户输系官丝之数，与丝银
> 户同。摊丝户，每户科摊丝四斤。储也速觯儿所管户，每户科细丝，其数
> 与摊丝同。复业户并渐成丁户，初年免科，第二年减半，第三年全科，与
> 旧户等。然丝料、包银之外，又有俸钞之科，其法亦以户之高下为等，全
> 科户输一两，减半户输五钱。于是以合科之数，作大门摊，分为三限输
> 纳。被灾之地，听输他物折焉，其物各以时估为则。凡儒士及军、站、
> 僧、道等户皆不与。

元政府之所以将科差户分得如此详尽细致，其主要目的就是使科差负担尽可能合理，换言之，就是科差负担"皆先富强，后贫弱；贫富等者，先多丁，后少丁"。如上引纳科差最多的就是所谓富强的丝银全科系官户、全科系官五户丝户等，而因灾荒等原因逃亡而回乡的复业户以及渐成丁户等，则是属于贫弱之户，可以享受"初年免科，第二年减半，第三年全科"减免待遇。元政府还规定，儒士及军、站、僧、道等户免除科差，说明对儒士等知识分子、僧道等宗教人士的优崇，军、站户则已承担着军役、驿站之役，故也免除科差。中统元年的户籍科差条例虽提出"合科之数，作大门摊，分为三限输纳"，但"三限"如何输纳还不明确，中统二年（1261年）对此做了明确规定："复定科差之期，丝料限八月，包银初限八月，中限十月，末限十二月"。中统三年（1262年），"又命丝料无过七月，包银无过九月"。

元代在交纳科差时不可避免出现弄虚作假行为，以逃避科差。对此，中统二年（1261年）四月，中书省奏准："中统元年（1260年）科讫差发，多有不尽户计。所据今岁科差，须管仔细照勘，各要尽实科征，不致隐漏。兼各路投下户计差发，钦奉见降圣旨，亦从各路总管府验数科征。仰各路管民官照勘本管地面内住坐人户，及不以是何人等应合收系当差者，须管从实尽数科征见了数目，开坐关部，转行申省闻奏。若是中间却有漏落不尽实去处，事发到官，定将当该官

吏严行断罪。外，宣抚司有失体究者，亦行治罪。"①

元代在科差中虽然坚持"皆先富强，次贫弱"的原则，将科差户划分得详尽细致，以达到科差负担尽可能合理。但是，在现实操作中，"应当差发，多系贫民，其官豪富强往往侥幸苟避"。针对这种弊端，至元十九年（1282 年）五月，朝廷采取防弊措施："据元管、交参、协济等户合着差发，通济验人户气力产业，品搭高下，贫富科摊，务要均平，出给花名由帖，并不得多余搭带。各于村庄置立粉壁，开写各户所有差发数目，及于临民府州司县各衙门首，将概管村坊科定花名差发数目分头榜示。如中间官吏、坊里正人等因而作弊、轻重不均者，有人陈告或因事发露到官，究问得实，严行惩诫。将本路州县村坊鼠尾花名合着数目，依上年体例攒造备细文册申部。及将所纳差发，仰本路照依上年，于酌中牢固处置库收受。合设库官，大者三员，小者二员，攒典库了，大处三名，小处一名，自开库日为始给俸。除都省差设监纳、大使各一员外，其余人员仰各路依上于近上有抵业、不作过犯户计内保差。官司不得设立写抄人等，或从纳户，或诸人抄写。其所纳差发，并要两平依理收受，画时印押，给付官民户朱钞各一纸，亦不得搭带加耗，取要分例，刁蹬涩滞。仰更为行下各道按察司体察施行。"② 简言之，朝廷主要采取了两方面的措施：一是征收科差公开透明制度，即将各户所有差发数目，公开书写公布在村庄公共场所墙壁上，供人监督。如有官吏、坊里正人作弊，使贫富负担不均，被人告发，将严肃查处。二是加强对收纳科差官库官吏的选任和管理，严禁他们营私舞弊、额外征取和勒索。朝廷命令各道按察司对此进行监察。

（三）商税管理思想

元代商税管理的指导思想，仍然遵循中国古代重农抑商、增加国家财政收入为出发点，即"商贾之有税，本以抑末，而国用亦资焉"③。元代初期，商税税率并不高，有时甚至对上都商旅免征商税。从元世祖后期开始，才大幅度增征商税，以资国用。从至元七年（1270 年）开始"遂定三十分取一"，至天历年间（1328—1330 年）约 60 年里，商税竟增加了 100 倍！④

元政府为了保证商税的如实征收，十分重视税务官的选任与考核激励。"太宗甲午年（1234 年），始立征收课税所，凡仓库院务官并合干人等，命各处官司选有产有行之人充之。其所办课程，每月赴所输纳。"至元二十年（1283 年），"诏各路课程，差廉干官二员提调，增羡者迁赏，亏兑者陪偿降黜"。这里，选择"有行之人""廉干官"是以德行为标准，因为管理税务官吏有很多寻租机

---

① 《元典章》卷 25《差发》。
② 《元典章》卷 25《差发》。
③ 《元史·食货二》，本目引文未注出处者，均见于此。
④ 《元史·食货二》。

会，选德行廉正之人管理税务能避免许多营私舞弊、敲诈勒索现象的发生。选有产之人任税务官是以提高犯罪成本来避免营私舞弊、敲诈勒索现象的发生，拥有较多财产的人为保住自己的财产，不敢胆大妄为，以身试法。朝廷对税务官采取"增羡者迁赏，亏兑者陪偿降黜"，其目的是督促税务官在征税中勤勉负责，能完成国家规定的征税任务就给予奖赏，不能完成征税任务的就必须受到罚款或降职的处罚。

元政府为防范税务官在征收商税中营私舞弊、敲诈勒索，采取一些措施，对征收商税过程进行监控：

> 商税各处若不关防，中间作弊百般，欺隐课程。今拟除府城门外吊引，入城赴务投税，附历收课外，据在先杂税，于税务门内置局，亦吊引税。今发下千字文号贴，仰令当该攒典人于上将税物货先行从实抄写数目，亦依号附历给发，标写某物该税钞若干，令税物人赍把号贴，赴务投税。仰税官将吊到号贴当面收受合该税钱附历监收准备，日晚依号照勘，收计施行。毋得再令拦头人等虚抬高价，口喝税钱，刁蹬百姓。仍仰已委官常切用心提调，每日具报单状，十日一次呈押赤历，每月不过次月初五日呈省，亦与酒课一就解省。[1]

从此我们可以了解到，对征收商税的监控主要有 3 个环节：其一，吊引税，即官吏在府城门外设税务局，将该征收商税的货物如实进行登记，然后发给商人号贴，标写某货物该缴纳税钞若干。然后命令商人带着号贴，赴税务缴纳税收。其二，税务官吏根据号贴所标写该缴纳的税钞数目，向商人征收商税，当晚再与吊引税时登记商税货物的历相核对，以防止那些收税的拦头虚抬高价，肆意多征税钱，以刁难商人，进行敲诈勒索。其三，税务官员每天必须上报登记征收商税的单状，每 10 天必须上报汇总商税的会计账簿赤历，每月必须在初五前向行省呈报上个月的征收商税情况，并与酒课一起向行省上缴税款。

元代为防止税务官员借征税营私舞弊，亦制定了一些法律条文，对不法或失职官吏进行惩罚。如规定："其所办课程，每月赴所输纳。有贸易借贷者，并徒二年，杖七十；所官扰民取财者，其罪亦如之"。"诸办课官，估物收税而辄抽分本色者，禁之。其监临官吏辄于税课务求索什物者，以盗官物论，取与同坐。诸办课官所掌应税之物，并三十分中取一，辄冒估直，多收税钱，别立名色，巧取分例，及不应收税而收税者，各以其罪罪之，廉访司常加体察。诸在城及乡村有市集之处，课税有常法。其在城税务官吏，辄于乡村妄执经过商贾匿税者，禁之。诸办课官，侵用增余税课者，以不枉法赃论罪。诸职官，印契不纳税钱者，计应纳税钱，以不枉法论。"[2] "凡随路所办，每月以其数申部，违期不申及虽申

---

① 《元典章》卷 22《课程》。

② 《元史·刑法三》。

不圆者,其首领官初犯罚俸,再犯决一十七,令史加一等,三犯正官取招呈省。"另一方面,元政府为保证纳税人能如实纳税,对逃税、匿税人进行惩罚。如"世祖中统四年,用阿合马、王光祖等言,凡在京权势之家为商贾,及以官银卖买之人,并令赴务输税,入城不吊引者同匿税法"。至元七年(1270 年)又规定:"凡典卖田宅不纳税者,禁之。"至元十三年(1276 年)规定:"匿税者,其匿税之物一半没官,没官物内一半付元告人充赏。外,犯人仍答五十。入门不吊引者,同匿税法科断。"①

(四)杂税管理思想

元代所收杂税涉及面还较广,兹简略介绍 4 种比较常见的杂税:

其一,和买诸物依例纳税。和买虽然是政府购买行为,但卖方必须纳税。"至元四年(1267 年)五月,平章政事制国用使司:来申:'每季上司和买纸札,其纸户不曾赴务投税。并制府见买牛一百只,合无官收税钱'事。制府相度,虽是官买物件,亦合投税。仰照验,如有和买诸物,依例收税办课施行"②。"大德十年(1306 年)和买木绵布匹,吉州路收到税钱中统钞二百六十三定一两二钱一分,既于各月正课内结解,年终作数考较了当。失收布税四十六定二十八两五钱一分,亦已着落务官追陪到官,另项起解"③。可见,政府和买木绵布匹,没向卖方征收布税 46 锭 28 两 5 钱 1 分,被发现后要求有关官员进行追赔,征收到税款后另行起解。但是,政府和买毕竟与民间私人贸易有所不同,因此,元政府规定:"凡官司和买官物,难同客商人等私相买卖,合该税钱拟合另项作数起解。"④

其二,典当房屋需纳税。《元典章》卷 22《杂课》载有两例典当房屋需纳税的案例。一是高二买陈县丞房屋,不肯出纳典价税钱,制国用使司下文要求其缴纳。"至元四年(1267 年)四月,制国用使司:'来申:高二买陈县丞房屋,该价钱市银三十一定,合税钱三十四两四钱四分。有高二男高大言,契上先典价钱市银六百五十两,已经税讫,外据贴根契价市银九百两,合该税钱二十两,即时纳讫。余上先典价合出钞一十四两四钱四分,不肯出纳。乞明降。制府合下,仰依验实该价钱市银三十一定取要税钱。'承此。"二是段阿李质当人户房舍,不缴纳税收,属犯罪行为,必须补缴。"至元四年(1267 年)十二月,制国用使司:'来申:段阿李质当人户房舍,不行投税,取讫招伏。合得罪犯,已经赦恩原免。本路拟:段阿李质当房舍,不系漏税。制府相度,段阿李终是立到文契,钦遇赦恩,止合免罪。据断到钞数,合行结课。'承此。"

---

① 《元典章》卷 22《课程》。

② 《元典章》卷 22《杂课》。

③ 《元典章》卷 22《杂课》。

④ 《元典章》卷 22《杂课》。

其三，贸易田宅、奴婢、畜产等要缴税。"至元七年（1270 年）十月，尚书户部奉尚书省札付：来呈：'检到旧例：私相贸易田宅、奴婢、畜产，及质压交业者，并合立契收税，违者从匿税科断，乞遍行'事。都省准呈，遍行各路，依上施行。"①

其四，婚姻聘财要纳税。"至元八年（1271 年）三月，尚书户部：据真定路申：'人户张增等告：收管到亲家取女聘财绢匹，税务作漏税拘管事。'呈到省札该：'制司讲究到：中都路运司备在城税使司申：从来婚姻财礼。若允所议，表里不曾收税。若将布绢等物依价准折财钱，合行投税，随路不曾奉到省府明文。合无拟将各人今次物色验价收税，遍牓各路照会，使民易避难犯。呈准省札，依例收税施行。'"② 此案例表明：元朝规定男女婚姻财礼钱是要缴税的，张增收到亲家娶自己女儿的聘财不是钱，而是绢匹，但也要按收到财礼钱一样缴税。

（五）免税思想

元政府所征收的商税虽然涉及面较广，但有些商品交易还是免税的。以下简要介绍数种免税的规定。

其一，农具买卖、灾民货物不收税。元政府为鼓励农业生产，规定农具买卖不收税；当遇到自然灾害时，为赈济灾民，规定灾民货物不收税。"自来但有铸镉农器犁铧等物，并不投税，有税使司不容分说，便要收税公事。省府送法司检会得旧例：蚕织、农器及布帛不成端匹，灾伤流民物货，并不在收税之限。"③ 至元八年（1271 年）王明、焦大押、崔良弼等人因贩卖农器而被税务官要求交税，他们提出状告，最终依据买卖农器不收税旧例而被免税。

其二，借丝还绢虽似交易，但可免税。"至元八年（1271 年），尚书户部：来申：'李和于本家借讫自抽搔到丝一百两，却还朱齐驴出举丝一百两、绢一十匹。理同交易，合行依例投税，今赵长留首告。据所获绢匹，官司不合受理，难作匿税科断。'今据见申，合下，仰照验施行。"④

其三，不属于买卖的物品不收税。如元政府规定，那些留作自用不卖的日用品、农产品等，不予收税。"至元二十八年（1291 年），江西行省禁治扰民榜内一款节文：各处院务、有自来不曾收税物件，及庄农鸡、猪、牛、羊等各家畜养自用不卖之物，毋得收税扰民，如违痛断。本管转运司官、提调官有失钤束，亦行连坐。"⑤ 又如倒死的牛，牛肉分给社人食用，不属于买卖牛肉，也可以免税。"至元七年八月，司农司：据冠州申：'社长工伟等告：社户内有倒死牛只，除

---

① 《元典章》卷 22《杂课》。
② 《元典章》卷 22《杂课》。
③ 《元典章》卷 22《免税》。
④ 《元典章》卷 22《免税》。
⑤ 《元典章》卷 22《免税》。

牛皮官为拘收外，牛肉俵散社众人，却令补助。今有务官须要赴务投税。乞明降' 事。本司得此。备呈奉到尚书省札付该：'省府相度，既是俵散社众食用，却令补助，不系买卖，不须纳税。合下，仰照验施行。'"①

其四，站户购买马匹，用于国家役使，不须收取税钱。至元、大德年间，嘉兴路陈九二、楚丘县站户郭代、姑苏马站户吴绍宗等均因购买马匹用于国家役使而被强行征税，因此，他们向上级官府提出申诉，最后使元政府做出统一规定，站户购买马匹供国家役使，有关税务官"不得妄于站户处取要税钞"。②

其五，不得重复收税。至元八年（1271 年），通州盖仓敖，派陆章等人到蔚州购买木材。当木材运至檀州时，已缴纳三十分之一的商税，但运到通州时，都税务又要征税。对此，元政府指出，这批木材檀州已经征收商税，如通州再征，就是"重复收税"，是不对的。③ 又如"元贞二年正月，福建行省：体知各院务将果木生、熟二次，并地税一次，如此三次取要钱物，刁蹬百姓，重并生受。省府出榜，发下合属，于凑集处张挂，省谕务官人等，须要钦依已降圣旨事意三十分中取一，毋得重并收取税钱违错"④。元贞二年（1296 年），福建税务官员对百姓果木三次征税，勒索百姓。对此，福建行省发布告示，命令税务官吏应遵照圣旨，征取 1/30 税收，不得重复征税。

三、茶、盐、酒专卖和市舶思想

（一）茶专卖思想

据《元史》卷 94《食货二·茶法》记载："世祖至元五年（1268 年），用运使白庚言，榷成都茶，于京兆、巩昌置局发卖，私自采卖者，其罪与私盐法同。六年（1269 年），始立西蜀四川监榷茶场使司掌之。十三年（1276 年），既平宋，复用左丞吕文焕言，榷江西茶，以宋会五十贯准中统钞一贯。"元代茶课，"大率因宋之旧而为之制焉"⑤，其中最主要的就是继承了宋代的茶引制，尽管在实际执行中屡经变化，但通过茶引而达到专卖的思想却没有变。

至元十三年（1276 年），元政府"定长引短引之法，以三分取一。长引每引计茶一百二十斤，收钞五钱四分二厘八毫。短引计茶九十斤，收钞四钱二分八毫。"⑥ 可见，长引、短引的区别主要在于每引茶的重量不一样，因此所收的钞的数量也不一样。到了至元十七年（1280 年），"置榷茶都转运司于江州，总江淮、荆湖、福广之税，而遂除长引，专用短引。每引收钞二两四钱五分，草茶每

---

① 《元典章》卷 22《免税》。
② 《元典章》卷 22《免税》。
③ 《元典章》卷 22《免税》。
④ 《元典章》卷 22《免税》。
⑤ 《元史·食货二》。
⑥ 《元史·食货二》。

引收钞二两二钱四分"①。由此可见，至元十七年取消了长引，专用短引，而且每引所征钞的数量大幅度提高，从每引收钞四钱二分八毫提高到每引收钞二两四钱五分，在短短的 4 年时间里，竟然提高了 5.7 倍多。至元三十年（1293 年），"又改江南茶法。凡管茶提举司一十六所，罢其课少者五所，并入附近提举司。每茶商货茶，必令赍引，无引者与私茶同。引之外，又有茶由，以给卖零茶者。初，每由茶九斤，收钞一两，至是自三斤至三十斤分为十等，随处批引局同，每引收钞一钱"②。由于榷茶制度严密，严格规定有茶定要有引相随，无引之茶即为私茶，就要受到惩罚。因此，元政府就必须给零售茶叶商人发茶由，作为其所卖茶非私茶的凭据。茶由所收钞数量更大，"每由茶九斤，收钞一两"，而至元十七年（1280 年），每引茶九十斤，则收钞二两四钱五分。由此可见，茶由收钞数是茶引的 36.7 倍。

由于茶引在榷茶中的重要性，因此，元政府对贩茶中如何使用茶引有更详细的规定。至元十八年（1281 年），元政府规定："客旅兴贩茶货，纳讫正课宝钞，出给公据，前往所指山场装发茶货出山，赍据赴茶司缴纳，倒给省部茶引，方许赍引随茶。诸处验引发卖毕，限三日已里，将引于所在官司缴纳，即时批抹。违限匿而不批纳者，杖六十。因而转用，或改抹字号，或增添夹带斤重，及引不随茶者，亦同私茶断。仍于各处官司，将客旅节次纳到引目，每月一次解赴上司缴纳。"③ 至元二十五年（1288 年），元政府又规定："诸人应有卖过茶袋、合纳旧引，依限赴所在官司缴纳，每月缴申总管府，每季将缴纳旧引申报尚书省，咨省照勘。如违限，及不经由所在官司，或与茶司通同作弊，再行赴场支茶，许诸人告首到官，或因事发露取问是实，依条治罪。"④ 由此可见，元政府所规定的在贩茶中使用茶引的程序是十分严密的。商人贩卖茶叶之前，就必须向有关部门缴纳钱钞，然后凭借有关部门发放的缴纳钱钞凭据，前往所指定的山场装运茶叶出山，再将凭据缴纳茶司换取茶引，然后商人带着茶引将茶贩运到各地销售。各处销售地管理部门检验茶引属实后准许商人卖茶，并限制商人卖完茶 3 天之内将旧茶引、装茶的茶袋等缴纳给所在地的官府，以防止商人用旧茶引、茶袋贩运私茶。所在地官府收到旧茶引、茶袋后，即时批抹注销，定期上缴总管府，并上报尚书省。为了严防私茶，禁止官商勾结在榷茶中营私舞弊，元朝规定有关部门如隐匿旧茶引不即时批抹注销，杖六十。因而再重复使用，或改抹茶引字号，或超过，或夹带茶引所规定的茶叶重量，以及茶引不随所贩卖的茶叶，都按贩运私茶罪进行处罚。据至元二十四年（1287 年）五月，元政府规定："但犯私茶者，杖

---

① 《元史·食货二》。
② 《元史·食货二》。
③ 《元典章》卷 22《茶课》。
④ 《元典章》卷 22《茶课》。

七十，所犯私茶一半没官，一半付告人充赏。应捕人亦同。如茶园磨户犯者，及运茶车船主知情夹带装载无引私茶，一体科断。本处官司禁治不严，致有私茶生发去处，仰将本处当该官吏勾断。"①

尤其值得注意的是，元政府一方面以严厉手段禁止私茶，另一方面也制定不少措施，保护商人在政府规定的榷茶范围进行茶叶贩卖，免遭贪官污吏、军队、地方豪强恶霸的勒索、侵夺和强迫征用运茶车船、马匹，阻挠榷茶事务，将榷茶厚利据为己有等。至元二十五年（1288 年）三月，榷茶运司条画规定：

——诸路应管公事官吏、军民人匠打捕诸色头目人等，常切禁约，无得纵令歹人虚桩饰词，妄行煽惑，搅扰沮坏见办课程。如有违犯之人，并行断罪。

——经过使臣人等，不得将运司催办课程人等骑坐马匹、贩茶车辆船只头匹夺要走递。如有违犯之人，听于所在官司课陈告，开具姓名，申省闻奏。

——旧来茶园，诸人不得研伐，恣纵头匹啃咬损坏，违者重行断罪。

——诸局院人匠、鹰房打捕并军人奥鲁诸色人等，如是不有朝廷法度，专擅地利，以国家榷货看为私家永业，贪图厚利，聚成群党，恃势打夺，私酒曲货匿隐，不畏公法之人，事发到官，如或各处占恡不发，仰转运司、本路宣慰司、总管府将犯人及占恡人一同依条归断，不得妄分彼我。

……

——茶司周围蒙古军万户、千户、头目人等，无得非理于取茶司取要饮食、盃酒、撒花等物。②

（二）盐专卖思想

1. 盐专卖制度思想

元代，榷盐是国家财政的重要收入。"国之所资，其利最广者莫如盐"③。因此，政府十分重视对榷盐的管理。朝廷在户部之下设有管理各地榷盐的机构，如大都河间等路都转运盐使司、山东东路转运盐使司、河东陕西等处转运盐使司，在各县设常平盐局，负责榷盐的贩运和销售。

元政府还于榷盐交易市场设立批验所，"专责批凿盐引，发运办课，欲使无扰盐商，交易快便"。并"于本土诸行铺户内，选到有抵业、慎行止、不作过犯、知商贾、信实之人，以充盐总部辖，专一说合卖盐交易"。

元代榷盐与榷茶一样，盐引、盐袋是榷盐的重要工具。客商在贩卖盐之前，必须先"入状运司买引"，"每引纳官中统钞六十七两五钱"。然后"运官监视，挨次交检数足，送库收讫，支引出库。随于引面上书填客名，次于引背上墨印批

---

① 《元典章》卷 22《茶课》。
② 《元典章》卷 22《茶课》。
③ 《元史·食货二》。

凿'两淮都转运盐使司发引,赴某处盐仓支盐',于墨印上再用本司正印讫,出给下仓勘合,同引当官给付客旅,赴仓关盐。本司另置花名销簿,于上附写一贴'几年月日某人买盐若干,几年月日用某字号勘合',行下某仓放支,仍于贴项后余留空纸。已后盐仓、批验所申到出仓卖过月日,并于本客名下相续销付。"

"盐仓从运司置立关防号簿,每号余留空纸半张,印押过,预发诸仓收掌。如承、司勘合,比对元发字号相同,辨验引上客名印信别无诈冒漏落,即于簿上附写'几年月日,承奉运司几年月日某字几号勘合,放支客人某人盐若干',然后照依资次,拨贷支盐"。"如承盐仓关到客人出仓盐袋,即于簿上附写'几年月日某仓关到某人出仓盐若干',仍于客名后余留空纸。每日卖过盐数,牙人、盐商赍引同赴本所批凿"。"如匿不批引,私自发卖者,依条追断。仍将盐仓元关客名、盐数、卖过花名月日、收到官钱数目,随于前簿本客名下销附,每月一次开申运司照验"。"诸贩盐客旅卖过盐袋、退引,限五日赴所在官司缴纳。如违限匿而不批纳者,同私盐法"。从以上《元典章》卷22《盐课》记载可知,在元代盐的专卖中,盐引自始至终贯穿着整个过程,从盐商向官府买盐引支盐,到盐仓领取榷盐,贩运盐到销售地,再将盐卖出,并在卖后限定的时间内缴纳旧盐引,盐引与盐如影相随。正如元政府所规定的:"诸人贩盐,引不随行,依私盐法。"不言而喻,盐引在榷盐过程中的不可或缺。

此外,元政府还严格规定装盐必须用政府指定的盐袋,盐袋与盐引一样,也自始至终贯穿着榷盐的整个过程。这是因为使用政府特定的盐袋,一是可以更好地辨别私盐,防止商人夹带私盐;二是防止官商作弊,如贪官污吏少支盐给商人,克扣斤两,或商人用大袋装盐,从而夹带私盐。如《至元新格》规定:"诸场盐袋,皆判官监装,须要斤重均平,无有余欠。运使以下分转检较,仍于袋上书写监装检较职位姓名,以千字文为号,如法编垛。凡遇商客支请,验其先后,从上给付。行省、户部差官不测体验,但有搭带余盐,或克除斤重,及支给失次、刁蹬盐商者,随即追问是实,各依所犯轻重理罪,仍听察官纠弹。"[1] 至大四年(1311年)闰七月,行台准御史台咨云:"其装盐袋法,以四百斤为则,多则亏官,少则损民……合令行省、腹里各处运司设法关防,用心钤束场官、秤子人等,须要依法,每引盐四百斤。出场已后,宜从都省选官前去掣挈秤闸,若有短少,运官及仓场官等依条追断,仍议黜降,似望少革其弊。"

元代,盐的生产者称灶户,政府通过统购灶户生产的盐,来进行盐的专卖。为了防止盐司官吏在统购灶户盐时进行克扣,或以他物来代替原应支付给灶户的工本钱,元政府加强对统购灶户盐的管理和监督:"诸灶户中盐到场,皆须随时两平收纳,不得留难。其合给工本,运官一员监临给付。若盐司官吏因而有所克减,或以他物移易准折者,计其多少论罪,仍勒赔偿。每给工本时,肃政廉访司

---

① 《元典章》卷22《课程》。

差人暗行体察。"

灶户生产的盐由官府统购后，必须集中储藏，妥善保管。元政府规定："诸场积垛未桩盐数，须于高阜水潦不能侵犯去处，如法安置，仍委运官时至点检。若堆垛不如法、防备不尽心，以致损败者，并勒赔偿。"为了使国家榷盐不被侵盗，元政府特制定了严密的支盐手续："诸盐法，并须见钱卖引，必价钞入库，盐袋出场，方始结课。其运司官，如每事尽心，能使盐额有余、官吏守法、商贾通便、课程增多者，闻奏升赏。"① 榷盐支出，商人必须先用钱钞买到盐引，然后凭盐引到存盐仓库支领。"盐仓从运司置立关防号簿，每号余留空纸半张，印押过，预发诸仓收掌。如承运司勘合，比对元发字号相同，辨验引上客名印信别无诈冒漏落，即于簿上附写'几年月日，承奉运司几年月日某字几号勘合，放支客人某人盐若干'，然后照依资次，拨袋支盐……仍将出仓月日、客名、盐数、收到官钱，各于前簿本客名下销付，每月一次，开申运司照验"。由此可见，盐仓还必须将盐引与关防号簿核对查验属实后，再依照先后顺序，拨支盐给盐商，并将支盐出仓时间、支领榷盐商人姓名、支领榷盐数量、收到官钱，各于关防号簿下注销，并每月一次，申报运司审核。

元代，由于贩卖私盐能获取高额利润，因此食盐走私成为一种较严重的榷盐管理问题。大德四年（1300 年）十一月，两淮都转运盐使司称："比年以来，诸人盗卖私盐，权豪多带斤重，办课官吏贿赂交通，军官民官巡禁不严，以致侵衬官课。"对此，元政府采取措施，查禁私盐。如"真州采石依旧设官批验，置军巡捉，江淮海口私盐出没去处，添拨车船。附场闲杂船只，不许往来湾泊。军民捕盗等官，常切用心防禁，毋致私盐生发。""煎盐之所，皆为禁地。在前诸人闲杂船只通行往来，因而搬贩私盐。今后除灶户搬运柴卤等船、运盐纲船、巡盐船只，运司印路行使外，其余诸人船只，并不许于附场江淮海口并场边港汊往来湾泊。违者捉拿到官，犯人决杖五十七下，断讫牒发元籍，仍将船只拘没入官。"可见，对于海盐的查禁，主要是禁止未经准许的闲杂船只进出往来盐场，并派军巡视，以达到禁贩私茶。对于一些屡惩不改的走私盐罪犯，元政府在其居住的房门前予以标记，责令有关官吏重点管制："败获盐徒，多系累经配断，视为寻常，不改前过。一番事发，一遍诈人，诸场富上灶户、有司殷实良民，多被妄行通指。此等之徒，纷乱淮甸。今后犯盐经断贼徒，各于门首粉壁，大字书写'犯盐经断贼徒'六字，官为籍记姓。责令巡尉、捕盗等官，每月一次点名抚治，务要改过，别求生理。出入往回，须使邻佑得知。三日之外不归者，即报捕盗官究问。三年不犯，邻佑保举，方许除籍。"

元政府一方面发布禁令、派遣军队巡视，以禁私盐，另一方面又对查禁私盐有关人员进行约束，防止他们借查禁私盐扰民生事。至大四年（1311 年）十一

---

① 《元典章》卷 22《课程》。

月，御史台称："本台看详，除运司依例差委有职役请俸巡盐人员每道不过二人，约会所属提点官，一同依理巡禁私盐外，其余盐司不许滥设无职役之人，豪强巡禁，亦不许灶户人等擅自搜捉，扰民生事，诚为便益，宜令合干部分定拟相应。"《至元新格》则规定："诸盐司凡承告报私盐，皆须指定煎藏处所，详审查明，计会所在官司同共搜捉。非承告报，其巡盐人员止许依例用心巡捕，不得妄入人家搜捉。诸捉获私盐酒曲，取问是实，依条追没。其所犯情由，并追到钱物，皆须明立案验，另附文历，每月开申合属上司。"① 这就是搜捕私盐，必须有真凭实据，否则，不能妄入民宅搜捕。搜捕到私盐，还必须审问明确，才能依法予以追没。并将罪犯事实及追到钱物，每月申报上级官府。搜捕私盐必须由官府指定的提点官和巡盐人员负责，无职役之人、豪强、灶户等不许擅自搜捕。

元政府为了禁止私盐，特制定了严厉的刑罚，对贩卖私盐者进行威慑。如《至元新格》规定："诸犯私盐者，科徒二年，决杖七十，财产一半没官。决讫，发下盐司带镣居役，满日疏放。若有告捕得获，于没官物内一半充赏。如获犯界盐货，减犯私盐罪一等。仍委自州府长官提调禁治私盐罪。如禁治不严，致有私盐并犯界盐货生发，初犯笞四十，再犯杖八十，三犯已上开具呈省，闻奏定罪。若获犯人，依上给赏。如有盐司监临官与灶户私卖者，同私盐法科断。"② 这里，一方面对三类犯私盐罪进行处罚：一是贩卖私盐者，二是禁治私盐不严、以致私盐犯罪不断发生的有关官吏，三是盐司官吏和灶户私卖盐者。元政府通过对私盐犯罪者的严惩使其不敢以身试法，对失职官吏的惩罚使他们不敢玩忽职守，认真负责查禁。另一方面对告发、抓捕私盐犯罪者予以奖赏，有利于对私盐犯罪的揭露和惩治，使私盐犯罪者无处藏身。至元二十年（1283 年），元政府扩大了私盐犯罪的惩罚对象：一是实行连坐法，如私卖盐者的邻居知情而不告发，必须受到惩罚："如灶户人等私卖盐者，同私盐法科断。两邻知而不首者，减犯人罪一等。"二是"场官失觉察者，初犯笞四十，再犯杖八十，三犯杖一百、除名"。由此可见，政府通过惩罚知情而不告发者和失觉察的官吏，来提高破案率，从而更能起到对私盐者的威慑，使他们不敢心存侥幸而贩卖私盐。

元政府一方面对贩卖私盐者予以严惩，另一方面对在国家规定的榷盐限制范围内守法经营的商人进行保护。如元政府就严厉禁止不法官吏对盐商进行刁难、阻挠，乘机进行敲诈勒索："诸仓遇客支盐，若留难不给，随即理断，因而受财者，并从枉法科断。其运官人等给散工本、脚价及席索等钱而有侵兑者，各如之"。"客旅买到官盐并官司纲运盐货经由河道，其关津、渡口、桥梁妄生事故邀阻者，取问是实，杖一百。因而乞取财物者，徒二年。官司取受故纵者，与同罪。失觉察笞五十。如有拘当客旅取利者，徒二年，盐付本主，买价没官"。朝

---

① 《元典章》卷22《课程》。
② 《元典章》卷22《课程》。

廷还责令地方官府清理河道内桩橛，保持运盐船只顺利通航；如因桩橛损坏运盐船只，当地官府应予赔偿："随处河边，旧有钉立桩橛，阻碍运司船只，沿河官亲行点视拔去。若有因而沮坏贩盐船只，其工本一切损失之物，当处官司赔偿，仍行断罪。"政府不仅对盐商，而且对生产盐的灶户、搬运盐的纲船、工脚以及制造生产盐的工具铸盘、包装盐的织席的手工业者也制定法规予以保护，使其免受勒索骚扰："盐商、灶户、纲船、工脚、铸盘、织席之家，运司常加照管，无令有司拖拿骚扰，违者究问。"

2. 革除盐专卖弊端思想

（1）陆文圭革除盐专卖弊端思想

陆文圭在《流民、贪吏、盐、钞法四弊》中提出，当时"拯盐法之策三：一曰减官额，二曰省职员，三曰恤亭户"[1]。

其一，陆文圭认为，当时盐的生产受自然条件和生产技术的限制，产量不稳定，但一些官吏不断加重对盐户的盘剥，提高盐的专卖收入，以此来使自己获得晋升。对此，陆文圭提出应当降低政府所定的盐额。他说："上损下益，于计曰宜，此官额不可不减也。"

其二，陆文圭认为，当时管理榷盐官吏太多，而且这些官吏贪污受贿、盘剥盐户，使官府盐利亏损。对此，陆文圭提出应当精简榷盐官吏。他说："设使尽汰冗员，正亦何妨国计，此职员不可不省也。"

其三，陆文圭认为亭户生产海盐极为艰辛，如遇天灾人祸，则往往亏损，因此而逃散弃业。对于政府采取迁拨之令，有些亭户通过行贿而规避，弱者则忍气吞声受奴役，有的则奋起反抗，有的则因破产而轻生。官府则仍然严禁私贩，纵容巡兵横行。对此，陆文圭主张："莫若效古之法，听其与商人为市，而官收其税。数年之间，亭户稍得苏息，而官亦无不利焉。而其法又当熟议而行之，此亭户不可不恤也"，罢除盐专卖，让商人自行贸易，官府征收盐税，使亭户生产海盐能维持生计。

（2）王恽革除盐专卖弊端思想

王恽在《论盐法》一文中提出，当时榷盐弊端主要有 5 个方面，对此，他提出了一些具体对策：

其一，官府卖盐所得钱粮，五七年还无法收回。对此，他主张加速官盐流通："今者止合明出榜文招募诸人于所措仓分，先行送纳粮斛，纳获米钞，然后赴规措所支引，次后来关盐，厘勒监主毋得刁蹬停滞，立便支发，似此别无阻碍。盐法大行，仓廪充实，不须和籴和中，岂小补哉？"[2]

其二，官府卖盐所得诸物没什么用处，其交易有作弊之嫌。因此，他建议官

---

① 陆文圭：《墙东类稿》卷 4《流民、贪吏、盐、钞法四弊》，此目陆文圭言论引文均见于此。

② 王恽：《秋涧集》卷 90《论盐法》，此目王恽言论引文，均见于此。

府卖盐"止收宝钞","若以收钞、纳钞，其便有三：一则钞法通快；二则革去旧弊；三则官民两便"。

其三，官吏参与买卖盐引，营私舞弊。对此，他主张："便商贾为利者，许诸人赴场买引关盐，厘勒监主不得刁蹬客旅，最为急务。盖禁官吏不得买引、卖引是也。"其理由是"盐场天下号为争利之所，况本管官吏乎？盖防微杜渐，尚有不能禁者，以官物为己有之资，放纵由我，我不戒哉！"不言而喻，官吏不能利用权力和官盐与商人竞争，否则，只能使国家利益受到损害，民间商人破产。

其四，当时管理榷盐官吏太多。对此，王恽建议精简榷盐官吏：运司"可易为提举盐使司大使、副使各一员，次以管勾催煎，足以办集，自然官减俸省，亦便利之一端也"。

其五，解盐价格太高，百姓购买不起。对此，他建议降低盐价："若于见定解盐价直内更为减免分数，使民易得食用，亦国家惠民而不费之一端也。"

（三）酒专卖思想

元代对酒、醋也实行专卖，并成为国家财政收入的一项较重要来源。据《元史》卷94《酒醋课》记载，"元之有酒醋课，自太宗始。其后皆著定额，为国赋之一焉，利之所入亦厚矣。初，太宗辛卯年，立酒醋务坊场官，榷沽办课，仍以各州府司县长官充提点官，隶征收课税所，其课额验民户多寡定之。甲午年，颁酒曲醋货条禁，私造者依条治罪。世祖至元十六年（1279年），以大都、河间、山东酒醋商税等课并入盐运司。二十二年（1285年），诏免农民醋课。是年二月，命随路酒课依京师例，每石取一十两。三月，用右丞卢世荣等言，罢上都醋课，其酒课亦改榷沽之制，令酒户自具工本，官司拘卖，每石止输钞五两。"由此可见，元代榷酒源自太宗时期，至元世祖时期就已屡经变革。

有关元代反映酒专卖思想的史料，据笔者所见并不多。《元典章》卷22《课程》是保存相对较多的，其内容也较具体。兹据这些有限的史料，对此略加分析。

> 酒醋课程，须酌量居民多寡，然后厘勒各官置赤历，开写每月炊荡浆米石斗、可用曲货斤重，造到清酒味醇薄、发卖价直、除工本外每月实办息钱钞、每石可留息若干。当日晚具单状，于已委定提调官处呈照。十日一次呈押赤历，每月一次打勘办到课程，不过次月初五日呈省。据办到课程数目，每月解赴宣慰司，每季差官起运赴省交纳施行。

从这条记载可以知道，元朝的酒专卖曾采取这样的方式：由官府自办酿酒作坊，根据这一地区居民人数的多少，酌情决定所酿造酒的数量。从而计划每月应备多少石斗的米、多少斤的酒曲用来酿酒，并待酒酿好后，根据酒味醇薄、质量好坏定价销售。元朝已十分重视酒专卖的经济效益，注意核算除工本费用外每月"实办息钱钞、每石可留息若干"。并且命令管理酿酒作坊官吏设置赤历会计簿籍，将这些核算详细记载，每天晚上向提调官上报，十天一次编成赤历会计簿籍，每月一次审核办到课程，于次月初五前上报行省。提调官还必须将办到课程，每月上缴宣慰司，每季再由宣慰司派官押运上缴行省。

元政府注重榷酒的经济效益，以榷酒收入的多少、酒的质量等作为考核管理榷酒官吏的政绩，酒课收入增加者给予奖赏，亏损有过者予以罢免降级。至元十三年（1276 年）十月，元政府规定："各道申到月办课程，省府亦验各处户计多寡，再行比较得本处户计数多办到课程数少，务官人等税物刁蹬百姓，及酒味淡薄，虽不侵欺，亦仰禁治。已委提调官，亦取有失钤束招伏。如恢办向前，课程额羡，年终考较定有功者，闻奏。有过者，黜降。"①

元代曾有一些有权势的人家，设立酒库，采取多酿酒出卖、少交规定课额的办法，损害国家酒课收入，使自己牟取更多的卖酒利润。对此，元政府一律予以禁止取缔，改为官酿官卖。至元十三年（1276 年）十月，行中书省称："体知得随处多有势要之家，设立酒库，恃势少认办到课额，恣意多造醋酒发卖。办到息钱，除认纳定官钱外，余上尽行入己，实是侵衬官课。仰截日尽行罢去，止委总管府选差人员造酒，依例从实办课。据罢讫酒库应有见在米曲、浆米、酒醋、浸清酒并一切什物，官为拘收作本。合该价钱，官吏保结，申省定夺，支拨施行。"②

元政府为了维护榷酒专利，也制定了一些法规，对犯私酒曲货者进行惩罚："诸犯私酒曲货者，取问是实，科徒二年，决七十，财产一半没官，于没官物内一半付告人充赏。""随州府司县应立酒务办课去处，无得将别行酝造到只应使客醋酒沽卖，仍委自酒务官关防体究。如是因而沽卖，便同私酒法科断施行。"③

（四）市舶思想

元代疆域辽阔，最高统治者重视海外贸易，在继续宋代市舶制度的基础上，进一步不断加以调整，使其更符合于当时海外贸易实际的需求。《元史》卷 97《食货二·市舶》载："元自世祖定江南，凡邻海诸郡与蕃国往还互易舶货者，其货以十分取一，粗者十五分取一，以市舶官主之。其发舶回帆，必著其所至之地，验其所易之物，给以公文，为之期日，大抵皆因宋旧制而为之法焉。于是至元十四年（1277 年），立市舶司一于泉州，令忙古𥖙领之。立市舶司三于庆元、上海、澉浦，令福建安抚使杨发督之。每岁召集舶商，于番邦博易珠翠香货等物。及次年回帆，依例抽解，然后听其货卖。时客船自泉、福贩土产之物者，其所征亦与蕃货等，上海市舶司提控王楠以为言，于是定双抽、单抽之制。双抽者蕃货也，单抽者土货也。十九年（1282 年），又用耿左丞言，以钞易铜钱，令市舶司以钱易海外金珠货物，仍听舶户通贩抽分。二十年（1283 年），遂定抽分之

---

① 《元典章》卷 22《课程》。
② 《元典章》卷 22《课程》。
③ 《元典章》卷 22《课程》。

法。是年十月，忙古觯言，舶商皆以金银易香木，于是下令禁之，唯铁不禁。二十一年（1284年），设市舶都转运司于杭、泉二州，官自具船、给本，选人入蕃，贸易诸货。其所获之息，以十分为率，官取其七，所易人得其三……二十九年（1292年），命市舶验货抽分。是年十一月，中书省定抽分之数及漏税之法。凡商旅贩泉、福等处已抽之物，于本省有市舶司之地卖者，细色于二十五分之中取一，粗色于三十分之中取一，免其输税……凡金银铜铁男女，并不许私贩入蕃。行省行泉府司、市舶司官，每年于回帆之时，皆前期至抽解之所，以待舶船之至，先封其堵，以次抽分，违期及作弊者罪之。三十一年（1294年），成宗诏有司勿拘海舶，听其自便。元贞元年（1295年），以舶船至岸，隐漏物货者多，命就海中逆而阅之……延祐元年（1314年），复立市舶提举司，仍禁人下蕃，官自发船贸易，回帆之日，细物十分抽二，粗物十五分抽二……（至治）三年（1323年），听海商贸易，归征其税。"

综观元代市舶制度的变化，其形式主要有两种：一是由民间舶商自行从事海外贸易，政府对其抽分；二是禁止民间舶商自行从事海外贸易，由官府组织发船贸易，政府甚至还提供船只、资金，待回帆之时进行抽分。虽然两种市舶制度形式不同，但目标却是一致的。其一是通过抽分获取财政收入。至元三十年（1293年）八月，福建行省称："今定例抽分，粗货十五分中一分，细货十分中一分。所据广东、温州、澉浦、上海、庆元等处市舶司，舶商回帆，已经抽解讫物货，并依泉州见行体例，从市舶司更于抽讫物货内，以三十分为率，抽要舶税钱一分，通行结课。般贩客人，从便请给文遣，买到已抽经税物货，于杭州等处货卖，即于商税务内投税。"① 为了防止"市舶去处行省、行泉府司、市舶司、权豪势要之家，与贩舶船不依体例抽分，恃势隐瞒作弊"，亏损国家财政收入，至元三十年（1293年）四月，元政府规定："行省官人每、行泉府司官人每、市舶司官人每、不拣甚么官人每、权豪富户每，自己的船只里做买卖去呵，依着百姓每的体例，与抽分者。私下隐藏着不与抽分呵，不拣是谁，首告出来呵，那钱物都断没，做官的每根底重要了罪过，勾当里教出去。于那断没来的钱物内，三分中一分与首告人充赏呵。"② 其二是禁止舶商贩卖违禁货物。元政府规定："诸市舶金银铜钱铁货、男女人员、丝锦缎匹、销金绫罗、米粮军器等，不得私贩下海，违者舶商、船主、纲首、事头、火长各杖一百七，船物没官，有首告者，以没官物内一半充赏，廉访司常加纠察。"③ "诸下海使臣及舶商，辄以中国生口、宝货、戎器、马匹遗外番者，从廉访司察之。诸商贾收买金银下番者，禁之，违

① 《元典章》卷22《市舶》。
② 《元典章》卷22《市舶》。
③ 《元史·刑法三》。

者罪之。诸海滨豪民，辄与番商交通贸易铜钱下海者，杖一百七"①。元政府为达到这两个目标，在市舶管理中采取了一系列的措施，主要者有以下6个方面：

其一，市舶船只必须按原申报的地点、时间从事海外贸易。由于海外贸易范围辽阔，远涉日本、朝鲜、东南亚诸国，甚至非洲东海岸，元政府要进行有效的管理是相当困难的。因此，元政府就采取在市舶船只出海前，就预先定好其前往贸易的地点以及回帆的时间和地点，这样就能对市舶船只进行有效管理。《市舶则例》规定："诸处市舶司舶商，每遇冬汛北风发时，从舶商经所在舶司陈告，请领总司衙门元发下公据、公凭，并依在先旧行关防体例填付。舶商大船请公验，柴水小船请公凭。愿往番邦，明填所往是何国土经纪，不许越过他国。至次年夏汛南风回帆，止赴元请验凭发船舶司抽分，不许越投他处舶司，各舶司亦不许互拦他处舶司舶商。如本处舶司依见定例抽税讫，从舶商发卖与般贩客人，亦依旧例就于所在舶司请给公遣，从便于各处州县依例投税货卖。其元指所往番邦国土，如有不能得到所指去处，委因风水打往别国，就博到别国物货。至回帆抽分时，取问同伴在船人等相同，别无虚诳，依例抽分。如中间诈妄，欺瞒官司，许诸人首告是实，依例断没，告人给赏。"②

其二，加强对市舶船只船上人员，所载货物及船只大小的登记，并召人作保，使官府便于稽查。《市舶则例》规定："舶商请给公验，依旧例召保舶牙人，保明某人召集到人伴几名下船收买物货，往某处经纪。公验开具本船财主某人、纲首某人、直库某人、梢工某人、杂事等某人、部领等某人、人伴某人，船只力胜若干、樯高若干、船面阔若干、船身长若干。每大船一只止许带小船一只，名曰柴水船，合给公凭。如大小船所给公验、公凭，各仰在船随行。如有公验或无公凭，即是私贩，许诸人告捕，给赏断罪。所载柴水船，于公凭内备细开写，亦于公验内该写力胜若干，樯高若干、船面阔若干、船身长若干，召到物力户某人委保，及与某人结为一甲，互相作保。如将带金银违禁等物下海，并将奸细、歹人回舶，并元委保人及同结甲人一体坐罪。公验后空纸八张，泉府司用讫印信，于上先行开写贩去物货各各名件、斤重若干，仰纲首某人亲行填写。如到彼国博易物货，亦仰纲首于空纸内，就地头即时日逐批写所博到物货名件、色数、斤重，至舶司以凭照数点秤抽分。如曾停泊他处，将贩到物货转变渗泄作弊，及抄填不尽，或因事发露到官，即从漏舶法断没。保内人能自首告，将犯人名下物货以三分之一给予充赏。如舶司官吏容庇，或觉察得知，或因事发露到官，定将官吏断罢不叙。所给公验，行泉府司置半印勘合文簿，立定字号，付纲主某人收执，前去某处经纪，须要遵依前项事理。所有公凭小船，并照公验一体施行。"

其三，加强对海外来船的监督管理，不许他们在中途随意停泊、装卸货物，

---

① 《元史·刑法四》。
② 《元典章》卷22《市舶》，本目以下引文未注出处者，均见于此。

以防范其私贩货物，躲避抽分。《市舶则例》规定："番船、南船请给公凭、公验，回帆或有遭风、被劫事故，合经所在官司陈告。体问的实，移文市舶司，转申总府衙门，再行合属体复。如委是遭风、被劫事故，方与消落元给凭、验字号。若妄称遭风等搬捱船货，送所属究问断没施行。或有沿途山屿滩屿海岸停泊，汲水取柴，恐有梢碇、水手、搭客等人乘时怀袖偷藏贵细货物，上岸博易物件；或有舶商之家，回帆将到舶司，私用小船推送食米接应舶船，却行辄取贵细货物，不行抽解，即是渗泄，并许诸人告捕，全行断没，犯人杖一百七下，告捕人于没官物内三分之一给赏。仍行下沿海州县，出榜晓谕屿岙等处，责在官吏、巡检人等常切巡捉，催赶船只，随即起离彼处，不许久停。直至年例停泊如东门山等，具申各处市舶司廉能官封堵坐押，赴元发船市舶司，又行差官监搬上舶，检空船只，搜检在船人等怀空，方始放令上岸。如在番阻风住冬不还者，次年回帆，取问同船或同伴船只人等是实，依例抽分。若便妄称风水不便，转指买卖，许诸人首告，依例断没，告人给赏。"

对于海外来的商船，元政府依据其国所开具的货物种类及重量进行核对抽税。如海外商船回国，也必须在其公验内填写所带去的货物，并不允许他们带去违禁货物。有关部门必须派官负责发卖货物给海外商人，并办理有关事项。《市舶则例》规定："夹带南番人将带舶货者，仰从本国地头，于公验空纸内明白备细填附姓名、物货名件斤重，至市舶司照数依例抽税。如番人回还本国，亦于所坐番船公验内附写将去物货，不致将带违禁之物。仍差谙练钱谷廉干正官，发卖其应卖物货，将民间必用并不系急用物色，验分数互相配搭，须要一并通行发卖，管限四月终了毕。并不许见任官府、权豪势要人等诡名请买，违者许令诸人首告得实，将见获物价尽数没官断罪，于没官价内一半付告人充赏，仍令拘该肃政廉访司体察。"

其四，海外贸易船只启航前，市舶司官吏必须对船只进行检查，确定无违禁货物之后，才能开船。《市舶则例》规定："舶商下海开船之际，合令市舶司轮差正官一员，于舶船开岸之日，亲行检视各各大小船内有无违禁之物。如无夹带，即时开洋，仍取检视官结罪文状。如将来有人告发，或因事发落，但有违禁之物，及因而非理骚扰舶商、取受作弊者，检视官并行断罪。肃政廉访司临时体察。"

其五，在元代海外贸易中，任何出海船只必须持有政府发给的验凭，否则就要遭到处罚。如上文所引，所谓验凭即公验、公凭，其记录出海船只前往贸易的地点、回帆的时间和地点、船上人员、所载货物、船只大小等重要信息，是元政府稽查出海贸易船只的重要依据。因此，任何出海贸易船只如没持有政府发给的验凭，就是违法行为，必须受到处罚。如《市舶则例》规定："海商不请验凭，擅自发舶船，并许诸人告捕，犯人断罪，船物没官，于没官物内以三分之一充赏，犯人杖一百七下。如已离舶司，即于沿路所在官司告捕，依上追断给赏。"

"海商贸易物货，以舶司给籍用印关防，具注名析斤数，纲首、杂事、部领、梢工书押，回日以物籍公验纳市舶司。""金、银、铜钱、铁货，男子妇女人口，并不许下海私贩诸番物。如到番国，不复前来，亦于元赍去公验空纸内明白开除，附写缘故。若有一切违犯，止坐舶商船主。"

其六，出海贸易人员必须结成"甲"，互相作保，保内如有一人违法犯罪，其余互保之人也要坐罪。《市舶则例》规定："海商每船募纲首、直库、杂事、部领、梢工、碇手，各从便具名呈市舶司申给文凭。船请火印为记，人结五名为保。"如"召到物力户某人委保，及与某人结为一甲，互相作保。如将带金银违禁等物下海，并将奸细、歹人回舶，并元委保人及同结甲人一体坐罪"。

四、钞法思想

元代是中国古代第一个在广袤的幅员中全面使用纸币的王朝。元代对纸币不用宋人的"交子""会子"之类的称谓，而是袭用金人"交钞"的名称。元朝最初只在某些地区发行交钞，到了元世祖时才开始发行"中统元宝交钞"（简称中统钞），形成了全国统一的纸币流通制度。元代禁用金、银，又不铸铜钱（后期曾一度铸造），事实上纸币成为唯一合法流通的货币。元政府规定：凡一切交易、支付均完全用钞，"所纳酒醋税、盐引等课程、大小差发，一以元宝为则"[①]。由于纸币在元王朝经济生活中的这种特殊重要的地位，纸币问题理所当然引起元代朝野人士的普遍重视。人们对纸币问题的议论之广，参加议论的人士之多，在中国古代史上是较突出的。元代在宋、金纸币管理思想的基础上，对纸币管理思想和制度做了进一步探讨和完善，使之达到一个新的水平。

（一）钞本思想

据《元史》卷93《食货一·钞法》所载，元代发行纸币的钞本先后经历了丝、银、金为本的阶段，其中银又是最主要的钞本："世祖中统元年（1260年），始造交钞，以丝为本。每银五十两易丝钞一千两，诸物之直，并从丝例。是年十月，又造中统元宝钞。其文以十计者四：曰一十文、二十文、三十文、五十文。以百计者三：曰一百文、二百文、五百文。以贯计者二：曰一贯文、二贯文。每一贯同交钞一两，两贯同白银一两。又以文绫织为中统银货。其等有五：曰一两、二两、三两、五两、十两。每一两同白银一两，而银货盖未及行云。五年（1264年），设备路平准库，主平物价，使相依准，不至低昂，仍给钞一万二千锭，以为钞本……然元宝、交钞行之既久，物重钞轻。（至元）二十四年（1287年），遂改造至元钞，自二贯至五文，凡十有一等，与中统钞通行。每一贯文当中统钞五贯文。依中统之初，随路设立官库，贸易金银，平准钞法。每花银一两，入库其价至元钞二贯，出库二贯五分，赤金一两，入库二十贯，出库二十

---

① 王恽：《秋涧先生大全文集》卷80《中堂事记上》。

五百文……至大二年（1309 年），武宗复以物重钞轻，改造至大银钞，自二两至二厘定为一十三等。每一两准至元钞五贯，白银一两，赤金一钱。元之钞法，至是盖三变矣。"由此可见，元代发行纸币以丝为钞本的时间十分短暂，仅数个月，即被银所取代。到至元二十四年（1287 年），元朝廷除以银为钞本外，又增加以金为钞本，从"每花银一两，入库其价至元钞二贯"和"赤金一两，入库二十贯"来看，银和金的比价是 1∶10。

元代纸币虽以银、金为钞本，以银、金为发钞准备并可和银、金兑换，纸币的"贯"也规定有银、金价值；但事实上纸币并不是在银已成为流通中主要货币的基础上，作为银的代表进入流通的，而仍是从宋、金以钱为本的纸币的基础上发展而来的。在元代商品经济贸易中，银、铁铸币同大额贸易、远途贸易的矛盾难以协调，而国内的银、金产量及输入量又远不能解决这种需要。因此，纸币就作为银、金的价值符号应运而生。如中统钞是银的价值符号，以银价计算。中统钞虽然仍以"贯"为单位，钞面书"贯""文"字样，但朝廷规定"两贯同白银一两"，"每花银一两，入库其价至元钞二贯"[1]。同时还规定以银为发钞准备，即以银为钞本，中统钞可按规定比价同白银相兑换。各路钞库存储的钞本即准备金，必须应持钞人的要求以银兑换交钞："如有诸人赍元宝交钞，从便却以赴库倒换白银物货，即便依数支发，并不得停滞。每两止纳工墨钞三分外，别无尅减添答钱数。"[2]

（二）面值思想

元代禁用金银，又不铸铜钱（后期曾一度铸造），民间虽然还沿用前代旧铜银，但事实上纸币是官方发行的唯一合法流通的货币。为了便于零星交易，元代在纸币面值的设计上既有一贯文、二贯文的大面额，又有五文、十文的小面额。如中统元年（1260 年）十月所发行的中统元宝钞，其面额"以十计者四：曰一十文、二十文、三十文、五十文。以百计者三：曰一百文、二百文、五百文。以贯计者二：曰一贯文、二贯文。每一贯同交钞一两，两贯同白银一两"。至元十二年（1275 年），元政府因为中统钞面额最小者是十文，不便于民间零星交易，因此"添造厘钞。其例有三：曰二文、三文、五文。初，钞印用木为版，十三年（1276 年）铸铜易之。十五年（1278 年），以厘钞不便于民，复命罢印。"到了至元二十四年（1287 年），元政府又对至元钞进行改造，其面值"自二贯至五文，凡十有一等"[3]。

元代纸币在实际流通中，由于民间零星交易数量巨大，因此，面值小的纸币时感不够。如《元典章》云："访闻民间缺少零钞，难为贴兑。今颁行至元宝

---

① 《元史·食货一》。
② 王恽：《秋涧先生大全文集》卷 80《中统元宝交钞·榜省谕》。
③ 《元史·食货一》。

钞，自二贯至五文，凡一十一等，便民行用。"甚至一些权势之家与库官、库子等管理纸币官吏相互勾结，囤积倒卖小额纸币，从中牟利。这不仅使一般民众受到损害，也使商品贸易、纸币正常流通受到影响。对此，至元三十一年（1294年）三月，御史台监察御史建议多发行小面值纸币，以满足零星商品交易的需要："切见至元钞法，自二贯至五文分为一十一等，大小相权，官民甚以为便。即今所在官关到钞本甚多，小钞极少，又为权势之家及库官、库子人等结揽私倒，得及细民者能有几何？致使民间以物易物，及私立茶帖、面帖、竹牌，转相行使，非惟小民生受，亦且涩滞钞法。卑职参详，宜于印造宝钞一十一等料例内，酌酌多降下六料零钞，发付随处官库，仍令提点正官厘勒库官、库子人等常川开库，听从人户随意倒换，毋致权势之家揽倒。所据私立茶帖、面帖、竹牌、酒牌等类，省会合属禁断相应。乞照详施行。"①

元人程文海在《江南买卖微细宜许用铜钱或多置零钞》一文中指出，小面额纸币太少是造成物价上涨、纸币贬值的一个原因："比来物贵，正缘小钞稀少，谓如初时直三五分物，遂增为一钱，一物长价，百物随例。省府虽有小钞发下，而州郡库官不以便民为心，往往惮小劳而不领取，提调官亦置而不问。于是小经纪者尽废，民日困而钞日虚"②。针对这种情况，程文海主张，政府应该允许民间使用铜钱并多发行小面额纸币，以满足民间零星商品交易的需求。他说："若尽发在官之钱，使民间以钞一贯就官买钱若干添贴使用，其有民间窖藏未入官者，立限出首纳官免罪；如限外不首，私自发掘行用，许邻右、主首诸色人捕告验实，坐以元罪。有诬告者，亦反坐之。试行一二年，如公私果便，永远行用，如其不便，然后再禁，公私亦无所损。如不复用铜钱，更宜增造小钞……宜令增造小钞数倍，常年分降江南州郡，特便细民博易，亦利民重钞之一端也。"从此我们可以了解到，程文海主张政府允许民间使用铜钱也是有条件地使用，即不允许民间使用私藏的前代铜钱，而只允许民间使用以钞向官府购买的铜钱。还有从程文海主张"宜令增造小钞数倍"来看，当时小面额钱币的缺口是相当大的。

元人胡祗遹则认为，朝廷发行的纸币中，小面额的零钞太少，而民间绝大多数商品交易又是零星的贸易，对小面额的零钞需求量很大，流通领域零钞缺乏，对民间日常商品贸易带来很大的不利影响。因此，他建议，百文以下零钞应占纸币总发行量的十分之七八。他说："近年零钞销磨尽绝，至于百文者亦绝无而仅有，所以元直十文五文之微，增价数倍，交易之间不能割绝，以致即当寄留欺谩涩滞。如诸路钞库关请十分为率，百文以下零钞当发七八分，以救积弊，以便市

---

① 《元典章》卷20《钞法》。
② 程文海：《雪楼集》卷10《江南买卖微细宜许用铜铁或多置零钞》，这一自然段程文海言论引文均见于此。

易。兼交钞所以便于交易者，以其比之丝绢麻布金银缎匹能分零也。且小民日生旅求升合者十盖六七，图锱铢之利者十盖七八，若无零钞，何以为生，何以为成市？"①

（三）防止纸币贬值思想

中国古代自宋代政府发行纸币之后，物价上涨，纸币贬值就与纸币发行形影相随。在封建专制政权财政收支不平衡时，发行超量的纸币是掠夺民财最方便的工具。如宋、金就是如此，当财政出现赤字时，就以发行大量纸币来平衡财政收支，从而越来越走上了恶性通货膨胀的道路。元代在初发行纸币时，重视对发行纸币的管理，纸币价值比较稳定。但不久以后，由于财政入不敷出，纸币发行管理制度逐渐遭到破坏，终于造成日益严重的物重钞轻之势。面对这种情况，元代政府和一些大臣对防止纸币贬值提出了一些应对措施。

（1）国家发行纸币必须有充足的准备金，并承担兑换的责任。元代，中统钞的发行，以银为准备金，称为"钞本"。当时，对"钞本"的规定为：

> 随路设立钞库。如发钞若干，随降银货，即同见银流转。据倒到银课，不以多寡，即桩垛各库作本，使子母相权，准平物估。钞有多少，银本常不亏欠。②

如前章所述，宋人在发行纸币中，就已认识到国家发行纸币，必须有一定数额的准备金。如北宋末年的周行己就提出：发行交子应"常以二分之实，可为三分之用"③。这就是说准备金如达到纸币发行量的2/3就够了。元代对中统钞的发行则要求准备金必须与钞本相等，即达到100%，这就是"发钞若干，随降银货"，"钞有多少，银本常不亏欠"。中统钞的准备金必须与钞本相等，虽然其做法不尽科学合理，未能充分接受宋人的经验，但从中也可看出，当时朝廷对发行纸币所持的审慎态度，把国家拥有100%准备金作为稳定纸币币值的重要保证。

在此认识的基础上，中统五年（1264年），朝廷"设各路平准库，主平物价，使相依准，不至低昂，仍给钞一万二千锭，以为钞本"。至元二十四年（1287年），"遂改造至元钞……依中统之初，随路设立官库，贸易金银，平准钞法"④。各路钞库存储的钞本即准备金，必须应持钞人的要求以银兑换交钞："如有诸人赍元宝交钞，从便却以赴库倒换白银物货，即便依数支发，并不得停滞。每两止纳工墨钞三分外，别无剋减添搭钱数。"⑤ 由此可见，中统钞发行初期，同宋、金纸币不同，不是不兑换纸币，而相当于可兑换的银行券。

---

① 《史学指南》（外三种）第202页。
② 王恽：《秋涧先生大全文集》卷80《中堂事记上》。
③ 周行己：《浮沚集》卷1《上皇帝书》。
④ 《元史·食货一》。
⑤ 王恽：《秋涧先生大全文集》卷80《中统元宝交钞·榜省谕》。

元政府在发行纸币初期，为了维护纸币信用，让持币者随时可以兑换到金银，规定官库必须经常开库，不得任意闭库，库中必须随时备有金银兑换。如库中一缺金银，必须迅速报告，户部及时予以调配。至元二十年（1283 年），御史台咨：奉中书省札付："体知得随路平准行用库官典，往往苟延月日，闭库不行倒换。拟令户部行下各路，须要常川闭库，倒换金银、昏钞。比及倒尽，预为申复关支。各路提点官常切关防，不致停闭。据日逐倒换数目，即便退印，检使料倒。起解日，提点官封记桩入包子，复封开坐钞包字号个数、提点官职位姓名并起纳押解库官姓名，一就申部，仍先入递飞申。平准库亦具一同文解，另申提举司照会。"①

（2）国家应禁止使用银钞和铜钱，防止其对中统、至元钞造成的冲击，使它们贬值。元仁宗继位后，至大四年（1311 年）四月，颁布诏书曰："昔我世祖皇帝参酌古今、立中统、至元钞法，天下流行。公私蒙利，五十年于兹矣。比者尚书省不究利病，辄意变更，既创至大银钞，又铸大元、至大铜钱。钞以倍数太多，轻重失宜；钱以鼓铸弗给，新旧恣用。曾未再期，其弊滋甚。"② 由于"至元钞五倍于中统（钞），至大（银钞）又五倍于至元（钞）"③，以及民间所藏前代铜钱大量与大元、至大铜钱通用，对中统、至元钞形成巨大冲击，使中统、至元钞"轻重失宜"，即大幅贬值。对此，元仁宗在至大四年（1311 年）四月诏书中"住罢银钞铜钱使中统钞"："比者尚书省所发新旧铜钱，具有缗数。其民间宿藏者，所在充溢，不可胜算。虽畸零使用，便于细民，然壅害钞法，深妨国计。据大元、至大铜钱，诏书到日，限五十日内赴各处行用钞库依例倒换，无致亏损。其历代旧钱，有司所发者与百姓宿藏既不可辨，仰截日住罢不使。违者治罪。"④

（3）国家控制纸币的发行量，是防止纸币贬值的一个重要措施。元初陆文圭就指出，"称钞法之策三，一曰住印造"，把停止印发纸币作为防止纸币贬值的第一条措施。他说："今中统之造，五十余年矣。物以少而贵，多而贱，贱则折阅，贵则宝重，此势然也。易之以至元，以五准一，犹云可也；更之以至大，低昂太骤，民听惶惑，已行辄罢，亦势然也。故虑楮之轻，莫若住造，民间鲜得，市价自平；取数既多，后何以继。或虑经用之阙，则又有说矣。此印造不可不住也。"⑤ 这里陆文圭以比较直观的认识，即"物以少而贵，多而贱，贱则折阅，贵则宝重"的道理，来说明要使纸币不贬值，莫若停止印发纸币，市面纸币少了，自然就会升值了。

---

① 《元典章》卷 20《钞法》。
② 《元典章》卷 20《钞法》。
③ 《元史·食货一》。
④ 《元典章》卷 20《钞法》。
⑤ 陆文圭：《墙东类稿》卷 4《流民、贪吏、盐、钞法四弊》。

尔后，王恽则从钞（纸币）与钞本（准备金）的关系来阐述纸币的发行如超出其准备金，就会导致纸币的贬值，这无疑在理论上比陆文圭深刻了。王恽指出："其无本钞数，民间既多而易得，物因涌贵而难买，此致虚二也。"基于这种认识，王恽主张用银回笼纸钞，减少民间所持有的纸钞，纸钞自然就会升值。他说："今谓救其虚，莫若用银收钞，大路止用得课银一二千余锭，小处一二百锭，民间钞俭，必须将银赴库以倒换钞货，是钞自加重，银复归于官矣。"①

（4）厉行节俭务农，可抑制纸币的贬值。胡祗遹认为，当时农业凋敝，衣食匮乏，是导致纸钞贬值、物价上涨的重要因素："方今之弊，民以饥馑奔窜，地著务农者日减日消，先畴畎亩抛弃荒芜，灌莽荆棘何暇开辟……生之者寡，食之者众，物安得而有余哉？由是观之，五谷衣帛常苦于不足，不足则不得不贵。失胎无母之钞十已六七，加以川流海溢，泛滥四出，已苦于有余，有余则安得不贱？为今之计，可敛者钞而无法以敛，可增者农而无法以增，饥寒日用之物日益不足，权信之楮币日益有余，贵者益贵，贱者益贱，虽使桑弘羊、刘士安之徒复出，亦无以为计矣。"②因此，他主张，要使物价下降、纸币升值的最有效办法："上策莫若务农，务农则地无遗利，粟麦布帛如水火，斗米三钱，其祥自至……为农者众，布帛五谷丰足，百物之价不劳估计均平而日自减贱。不妄费赏赐，支发兼以银两粟帛，则钞价日实。"③

（四）严禁伪钞思想

古代由于防伪技术的限制，国家发行的纸币还是易于作伪的。为了严禁伪钞，封建国家主要还是通过制定法律，对造伪者予以严厉惩罚，以达到严禁伪钞的目的。元代也不例外，至元二十四年（1287 年）三月，至元钞法规定："伪造通行宝钞者处死。首告者赏银五定，仍给犯人家产。"④

至大四年（1311 年）四月，仁宗即位初，颁布"住罢银钞铜钱使中统钞"诏书中较具体详细地规定了对制造伪钞、买使伪钞、知而不首者的处罚，以及对告发伪钞、捕获伪钞者的奖赏。兹节录如下：

一，诸伪造宝钞，首谋起意之人并雕版、抄纸、收买颜料、书填字号、窝藏印造，但同情者，并行处死，仍没家产，会赦不原。

一，挑剜禅凑宝钞，以真作伪者，初犯，杖一百七下，徒一年。再犯，断罪流远。

一，买使伪钞者，初犯杖一百七下。再犯断罪，加徒一年。三犯依上科断，流远。

---

① 《秋涧先生大全文集》卷 90 《论钞法》。
② 《史学指南》（外三种）第 195—196 页。
③ 《史学指南》（外三种）第 196 页。
④ 《元典章》卷 20 《钞法》。

一，印造伪钞，两邻知而不首者，杖七十七下。坊里正、主首、社长失觉察，并巡捕军兵各决四十七下。捕盗正官及镇守兼巡捕军官，各决三十七下。未获贼徒，依强盗例捕限缉捉。

一，告获印造伪钞者，赏银五定，仍给犯人家产，应捕人减半。告捕挑剜裨凑者，赏中统钞十定，犯人名下追给。应给而不给者，肃政廉访司纠察。

一，诸造伪钞，其事未发自首者，除其罪。能自捕获同伴者，减半给赏。①

元代严禁伪钞的法律条文有以下 4 点值得注意：一是为了切实全面地严禁伪钞，法律所涉及惩罚的对象相当广泛。如在惩罚"伪造宝钞"罪中，涉及的罪犯有"首谋起意之人"，即主谋者；"雕版"，即雕刻印制伪钞木版者；"抄纸"，即生产提供印刷伪钞纸张者；"收买颜料"，即生产提供印刷伪钞油墨、彩墨者；"书填字号"，即为伪钞填写字号者；"窝藏印造"，即窝藏那些印刷好的伪钞者；"同情者"，即除上述参与印制伪钞者外，其余与此情况相同的或相似的参与者，统统处以相同的刑罚。元代之所以在惩罚"伪造宝钞"罪中涉及罪犯如此之多，意在从印制伪钞的主谋策划领导环节、雕刻印制环节、提供纸张、颜料环节、填写字号环节、窝藏伪钞成品环节以及其他有关环节，毫无遗漏地通过严惩加以威慑制止。二是印制伪钞犯罪者之所以甘冒杀身之祸，铤而走险，其目的是让伪钞大量被人购买、使用，从而获取巨额的经济收益。元政府通过对"买使伪钞者"的惩罚，使民众不敢购买、使用伪钞，从而从使用者的角度遏制伪钞被人大量购买、使用，在社会上大量流通，严重扰乱市场，损害国家经济利益。三是为了使印刷、购买、使用伪钞者无处藏身，元政府在立法中一方面对知情而不向政府告发的左邻右舍、同坊间的里正、主首、社长以及负责巡捕印制、使用伪钞者的官兵加以惩罚，另一方面对向政府告发印制、使用伪钞者的民众、成功捕获印制、使用伪钞者的官兵，予以奖赏。甚至对于原参与印制伪钞的罪犯，只要在官府发觉此案之前自首的人，均免除其罪；如不仅自首，还能捕获同案罪犯，则减半给予奖赏。从而使企图印制、购买、使用伪钞者处于严密的人人监督之中，而不敢轻易以身试法。四是元政府已经注意到根据伪钞犯罪或与犯罪相关者的不同性质，处以各种等级不同的刑罚。如：首先，对印制伪钞中的"首谋起意之人"、雕刻印制之人、提供纸张、颜料之人、填写字号之人、窝藏印造之人以及其余与此情况相同或相似的参与者，均处以死刑，并没收其家产，即使遇到大赦之年，也不予以赦免。因为这些印制伪钞参与者是性质最严重的犯罪，是伪钞犯罪出现的根源，因此，必须通过严惩从源头上加以制止。其次，"挑剜裨凑宝钞"虽然也属于伪钞犯罪，但是这在性质上是"以真作伪者"，即将政府发行的真钞"挑

① 《元典章》卷 20《钞法》。

补钞的，一两挑补做二两、五钱挑补做一两使的"①，其犯罪性质是把真钞上的面值通过"挑补"作伪改大，不如完全印制伪钞严重，因此，仅处以"初犯，杖一百七下，徒一年；再犯，断罪流远"的刑罚。再次，"买使伪钞者"，其犯罪性质显然又轻一等，因为其不是伪钞的印制者，而只是使用者，因此处罚相比轻于前两者，"初犯杖一百七下。再犯断罪，加徒一年。三犯，依上科断，流远"。最后，最轻的处罚分别是"知而不首者，杖七十七下"，而那些坊里正、主首、社长"失于觉察"，巡捕官兵"未获贼徒"，同属于失职，故更轻，分别处于"决四十七下"，"决三十七下"等。

（五）倒换昏钞思想

元代，所谓昏钞就是指纸钞在流通过程中难免会损坏破烂，这些损坏破烂的纸钞，就称作"昏钞"。对于这些昏钞，元代制定了一系列倒换的措施。至元二十四年（1287 年）三月，《至元宝钞通行条例》就规定："民间将昏钞赴平准库倒换至元钞者，以一折五，其工墨依旧例每贯三分。"② 这就是说元代昏钞倒换新钞，按 5∶1 的比例兑换，另加工墨钱 3 分。

元政府在倒换昏钞的规定中，首先对需倒换的昏钞做了详细明确的界定。如果纸钞面值清晰，只是稍微有些破损者，一般不予倒换，并令行用。如果民众拒绝使用，或官吏将还可使用纸钞倒换新钞，都必须受到法律的制裁。

元代在倒换昏钞中一个关键的环节就是认定破损昏钞是否符合倒换条件。据《元史》卷 93《钞法》记载："大德二年（1298 年），户部定昏钞为二十五样。"这"二十五样"就是昏钞倒换体例，十分具体详细地规定了 25 种昏钞破损情况，以及各种情况是否符合倒换条件。《元典章》卷 20《钞法》所保存的倒换昏钞体例 25 样林林总总，篇幅较长，但归纳起来，其最主要的衡量昏钞是否倒换的标准是看昏钞上是否保存面额的大小，即所谓"贯伯俱全""字贯分明""字贯可以辨认"；否则，如果昏钞其余部分保存再好，再完整，而"贯伯""字贯"部分损毁或不清晰，均不能倒换。因为纸币的核心就是由其面额来决定在市场流通的价值，所以，在代表面额的"贯伯""字贯"中，数目字又是最重要的。

为了便于民众倒换，节省管理成本，元政府简化倒换昏钞手续，精简倒换昏钞机构，废罢州郡钞库 43 处及多余官典，将倒换昏钞事务归各处掌管课程的茶盐运司官、路府州县提点官兼职负责："江南镇店，买卖凑集，每倒昏钞，直须远赴立库去处倒换，不惟钞法涩滞，或被盗失事，于民不便。若许令课程内收受昏钞，带收工墨，随解本管上司，令办课官赴库续倒好钞纳官，公私便当。外，州郡见设钞库四十三处，将近下库分并罢，革去冗设官典，省减俸钱，一举兼得

---

① 《元典章》卷 20《钞法》。
② 《元典章》卷 20《钞法》。

数利……今后应据诸处差发、课程，许受昏钞，每两依例带收工墨二分，委自各处茶盐运司官，路府州县提点正官厘勒当该官典人等，不得多收工墨。如违，追陪断罪。"①

元政府对倒换的昏钞，还要统一集中烧毁。至元二十二年（1285 年），元政府规定："所倒之钞，每季各路就令纳课正官，解赴省部焚毁，隶行省者就焚之。"② 为了防止昏钞在烧毁前被人偷盗重新使用，或挖去其中的面额数字、贯伯文字等接补于其他纸钞上，大德五年（1301 年）四月，元政府规定："各路平准行用库倒换昏钞，随即使讫退印，配成料例，库官检数，别无挑剜、接补、诈伪、短少，提调正官封记，每季不过次季孟月十五日已里，就委起纳课程官，将引行用库官、库子，一同管押起运，前来烧纳。"③ 这就是对倒换到官的昏钞，行用库首先立即加盖退印注销，库官清点数目，并检查昏钞上是否有挑剜、接补、诈伪、短少等不法行为，然后提调正官将昏钞封存标上印记，每季于次季第一月十五日之前，起纳课程官会同行用库官吏一同押运省部烧毁。

为了禁止不法官吏在倒换昏钞中多收工墨钱、侵盗昏钞或挑剜、接补等犯罪行为，元政府制定了有关法律条文，对此进行惩罚。至元十九年（1282 年）十月，整治钞法条画规定："钞库内倒换昏钞，每一两取工墨三分，不得刁蹬，多要二本。库官、吏人等令人于街市暗递添搭工墨，转行倒换，一十两以下决杖五十七下，一十两之上决杖七十七下，一定之上决杖一百七下、罢职。两相倒钞之人同罪。于犯人名下追钞五定，给付捉事人充赏。专委管民官常切提调，如不用心提调，治罪施行。""收倒钞，当面于昏钞卜就使讫毁印，封记，将昏钞每季解纳。如不使毁印者，决杖五十七下，罢职。"④

第七节　明代管制思想

一、户口与土地管理思想

（一）户口管理思想

1. 户帖制

中国古代，对户口的管理是历代政府的重要工作，明代也不例外，因为对户口的普查、登记、分等及管理是国家要求民众交纳赋税并提供劳役的依据，即户籍关系到"纳粮当差"。由于元末以来连年战争，民户流散，户籍或毁于兵火，或严重失实，因此，对于一个新建立的政权来说，查清户口数目、建立新的户籍

---

① 《元典章》卷 20《钞法》。
② 《元史》卷 93《食货一·钞法》。
③ 《元典章》卷 20《钞法》。
④ 《元典章》卷 20《钞法》。

制度成为刻不容缓的一项重要工作。《明史·食货志》载：朱元璋在明朝建立之初，就着手建立户帖制，"太祖籍天下户口，置户帖、户籍，具书名、岁、居地。籍上户部，帖给之民。有司岁计登耗以闻。及郊祀，中书省以户籍陈坛下，荐之天，祭毕而藏之"①。明初户帖的内容主要是记录户主姓名、年龄、籍贯；全家口数，分为男子成丁、不成丁、妇女大口、小口，亦俱记各人姓名、年龄及其与户主之亲属关系；最后登录事产，包括房屋、田地等不动产及船只、耕牛等动产的种类和数量。户帖制从洪武三年（1370 年）起在全国全面实施，到洪武十四年（1381 年）编造赋役黄册，并被后者取代为止，共实行了十余年之久，是当代明政府用以管理户口、征派赋役的主要依据，并为实行赋役黄册制度准备了条件。

但是，明初的户帖制不载户丁等则及田地科则，容易造成赋役征调轻重失准，加之户帖上所登记的人口、事产又都是静态的，不能及时反映出民户的动态变化，也未涉及人口和财产如何管理问题。这就要求必须建立一种更合理有效的户籍管理制度，保证国家赋税的征收和徭役的征调，又更能均平百姓的赋役负担，从而稳定社会秩序，使国家长治久安。

2. 赋役黄册

明初的户帖制虽然使全国的人口管理基本上走上了正轨，但户帖制本身的缺陷使漏口脱户、隐瞒丁产的现象仍然较为严重，这使民众赋役负担不均，容易激化社会矛盾，而且也直接影响到政府的赋役征派。在此背景下，改革户籍管理制度势在必行。洪武十三年（1380 年）之前，有些地方就开始编置"小黄册"来管理赋役。尔后各地相互仿效，并不断探索完善。"洪武十四年（1381 年），诏天下府州县编赋役黄册，以一百一十户为里。推丁多者，十人为长，余百户为十甲。甲凡十人，岁役里长一人，管摄一里之事。城中曰坊，近城曰厢，乡都曰里。凡十年一周，先后则各以丁数多寡为次，每里编为一册，册首总为一图。鳏寡孤独不任役者，则带管于百一十户之外，而列于图后，名曰畸零。册成，一本进户部，布政司及府州县各存一本。"② 由此可见，当时地方府州县编制赋役黄册，农村以 110 户为一里，推丁、粮多者 10 户为里长③，其余 100 户分为十甲，每甲 10 户；每年役使里长 1 人，甲首 1 人，负责管理一里一甲之事，里长、甲首轮流担任，其先后次序以丁、粮多寡为定，每 10 年为一个周期，重新核实编造。城镇也同时实行这种户籍赋役管理体制，只是名称不同，乡村称"里"，城中称"坊"，城乡结合部称"厢"，坊、厢的钱粮差役及其余公共事务由坊长、

---

① 《明史·食货一》。

② 《明会典》卷 20《户部七·黄册》。

③ 上引《明会典》"先后则各以丁数多寡为次"，而《明史》卷 77《食货一》则云："先后以丁粮多寡为序"，兹依后者所述。

厢长督责，差役由坊、厢内的居民按丁轮充。凡编造黄册，每里编为一册，册首前面绘有总图。鳏寡孤独不担任徭役者，附 10 甲后列于图尾，称为畸零。黄册一式四份，一份送户部，其余三份分别保存于司、府、县。由于"上户部者，册面黄纸，故谓之黄册。年终进呈，送后湖东西二库庋藏之。岁命户科给事中一人、御史二人、户部主事四人厘校讹舛"①。

明朝赋役黄册强调人户统计与控制，侧重于户口管理，其目的是使政府能更好地向民众征派赋役，使民众的赋税徭役负担尽可能与他们的丁粮多少、产业厚薄相符合，以达到征派赋役的公平，并且通过核查隐漏、逃亡民户，杜绝逃避赋役的现象。鉴于这个目的，明政府三令五申，对于在编造黄册中民众隐漏、逃亡，官吏营私舞弊予以惩罚。如洪武二十六年（1393 年）规定："各布政司、府州县攒造黄册，编排里甲，分豁上中下三等人户，遇有差役，以凭点差。若有逃移者，所在有司必须穷究所逃去处，移文勾取赴官，依律问罪，仍令复业。"②景泰二年（1451 年）奏准："凡攒造黄册，如有奸民豪户，通同书手，或诡寄田地、飞走税粮，或瞒隐丁口、脱免差徭，或改换户籍、埋没军伍匠役者，或将里甲那移前后应当者，许自首改正入籍，免本罪。其各司府州县委官，并当该官吏，提督书算，从实攒造，仍先以提调委官，并书算姓名贯址，造册一本缴部。如有似前作弊者，事发，问罪充军。"③

明朝规定，赋役黄册编定后，民众不得随意改动户籍，不得擅自流动，外出百里之外者必须持有政府发给的"路引"，总之，全国所有的人户都处于政府的严密管控之下。但是事实上，这种层层控制的高压政策很难长期有效执行，杜绝人户逃亡、移徙，隐瞒人户的现象历朝屡见不鲜，迫使明政府不断做出相应的政策调整。

3. 抚绥人户

终明一代，逃户和流民从未间断，是一个较严重的社会问题。其不仅影响政府的赋役征派，而且不同程度地威胁社会的稳定。明代逃户和流民的出现，有复杂的政治、经济、文化、社会以及历史、地理等因素，但总而言之，其最主要的原因是为了躲避赋税徭役、饥荒或战乱。对此，《明史》卷 77《食货一》简洁明了对此做了总结和区别："其人户避徭役者曰逃户。年饥或避兵他徙者曰流民。有故而出侨于外者曰附籍。朝廷所移民曰移徙。"这里对逃户和流民的区分就是依据其产生的原因不同为依据。附籍则是对流动人口的一种安置管理方式，即原先外来的人户附入后来所在地的户籍而成为当地正式的编户民。移徙则是政府通过主动迁移民户来调整各地方人口布局。

---

① 《明会典》卷 77《食货一》。
② 《明会典》卷 20《户部七·黄册》。
③ 《明会典》卷 20《户部七·黄册》。

明政府对于因饥荒、战乱而出现的流民，一般都采取宽恤、抚辑的政策。如成化六年（1470 年）准奏："流民愿归原籍者，有司给予印信文凭，沿途军卫有司每口给口粮三升；其原籍无房者，有司设法起盖草房四间，仍不分男妇每大口与口粮三斗，小口一斗五升，每户给牛二只，量给种子，审验原业田给予耕种，优免粮差五年，仍给下帖执照。"① 可见，明政府对于流民，主要采用给予口粮、住房等保证他们基本的生活条件，然后再量给种子、耕地，甚至耕牛等，让他们尽快恢复生产，并通过优免粮差等政策鼓励农民积极开荒种粮。

而对于逃避赋税徭役的逃户，明政府则采取暴力强制和抚绥相结合的政策措施。如洪武二十四（1391 年），山西繁峙县奏言："逃民三百余户，累岁招抚不还，乞令卫所追捕"。朱元璋认为应善加抚恤，说："民窘于衣食，或迫于苛政，则逃。使衣食给足，官司无扰，虽驱之使去，岂肯轻远其乡土？今逃移之民不出吾疆域之外，但使有田可耕，足以自赡，是亦国家之民也。即听其随地占籍，令有司善抚之。若有不务耕种，专事末作者，是为游民，则逮捕之。"②

尔后，明代历朝对于逃户基本上都采取抚辑宽恤的政策，对于那些严重触犯法律的逃户才予以惩治。如永乐十六年（1418 年），民有告言："湖广随州及枣阳县藏各处逃民五百余户，有出入官府、蠹政害民者，有左道惑众者。"成祖云："人孰不欲保聚乡里为良善，此盖厄于饥寒，而有司不能抚绥故耳。"并命令监察御史欧阳和前去抚慰，不治其逃徙之罪，民众皆"欣欣出，首服"，"惟出入官府蠹政害民及惑众劫掠者，论之以法"③。

明政府在对待流民、逃户问题上，主要有 4 个层面的治理目标。其一，最佳的治理目标是防患于未然。如成化四年（1468 年）刑科给事中白昂在《灾异六事疏》中也指出："修治化以此流民。即今河南、荆襄附籍流民，已有六万三千余户，未附籍者，犹不知数。皇上简任宪臣，往彼抚治，然犹有仍前流往者。盖因新收逃户，既得赈恤，复业流民又免粮差，惟安土重迁、始终不逃者，每代逃户赔粮服役，反不能存。今宜严加禁约府卫州县，务在敷宣德化，抚军民，使之各安其业，不致流移可也。"④

其二，把流民、逃户遣送回原籍安置。如成化四年（1468 年），巡抚陕西右副都御史陈价奏云："平凉、延安、庆阳等府所属人户，为因年荒贼扰，逃移外郡十有七八，所遗田土、粮草、纱绢，俱责见存人户代纳。存者被累，亦欲思逃；逃者惟虑追陪，不愿复业。臣愚欲将逃于河南、山西、湖广、四川地方者，或行文彼处官司差人送回，或令回文原籍府县发人起取，无分彼此，悉与口粮。

---

① 《明会典》卷 20《户部七·黄册》。
② 《明太祖实录》卷 208。
③ 《明太宗实录》卷 197。
④ 《明经世文编》卷 80《白彭二公奏疏·兵略陈言疏》。

其代逃户陪纳者，悉与蠲除。凡公私逋负一皆停免，庶逃者乐于复业而存者不致思逃。"宪宗下令下户部商议，于是决定："逃民近而知所向者，宜如拟起取；远而无定在者，宜行各该巡抚官勘实遣回。于粮差则实免二年，于陪纳则量蠲其半。"①

其三，就地安置流民、逃户。如成化十二年（1476年）左副都御史原杰上《处置流民疏》，称："湖广、荆襄、河南、南阳等处流民……合将近年逃来，不曾置有产业，原籍田产尚存流民戴广等一万六千六百六十三户，男妇共四万五千八百九十二丁口，并平昔凶恶、断发原籍者，照例遣回。其本分营生流民张清等共九万六千六百五十四户，男妇共三十九万二千七百五十二丁口，仰遵圣谕编附，各该州县户籍应当粮差，仍严立禁条，用杜将来流徙。"② 又如弘治十七年（1504年）朝廷下令："抚按官严督所属，清查地方流民，久住成家不愿回还者，就令附籍，优免粮差三年；如只身无产，并新近逃来军匠等籍，递回原籍。仍从实具奏稽考。"③

其四，将流民、逃户安置到田多人少的地区。如景泰年间，兵部左侍郎商辂上《招抚流民疏》，称："河南开封等府并南直隶凤阳府等处地方，近年为因水患，田禾无收，在彼积年逃民，俱各转徙往济宁、临清等处，四散趁食居住……臣切照畿内顺天等八府，所属计一百三十余州县，所在除官府草场并官员庄田及军民见种田地不计外，其余多有抛荒并空闲无碍田地。如蒙敕户部计议，出给榜文，遍行山东等处逃民聚集之所，张挂晓谕，前项逃民有志复业者，即令复业，其不愿复业，无所依归之人，许令于顺天府等八府所属州县分投，从便居住。有司照名拨田，设法赈恤……其口粮、种具等项，或暂借官储出给，或劝令富民假贷，俟有收成之日，照数追还。"④ 在此，商辂主张将河南开封、南直隶凤阳府等处不愿回原籍复业逃民安置到顺天等八府田多人少的州县，拨给田地、口粮、种子、农具等，使其从事农业生产，从而解决数以万计的逃民问题。

综上所述，明政府在治理流民、逃户问题上，无论是遣回原籍安置，还是就地安置、迁往田多人少地区安置，其总的原则是一致的，即人户都必须编入户籍，不得脱产，若离开原籍，应随地附籍，纳入政府管理范围，以便随时根据需要纳粮当差；否则，如脱离户籍，就要受到惩罚。

4. 调整人口布局

明朝初年，由于长期的战争使社会经济遭到严重的破坏，许多地方，尤其是久罹兵革的山东、河南、河北等省，受祸最重，大量民众死亡或逃离，乡村萧

---

① 《明宪宗实录》卷52。
② 《明经世文编》卷93《原襄敏公奏疏·处置流民疏》。
③ 《明会典》卷19《户部六·流民》。
④ 《明经世文编》卷38《商文毅公文集·招抚流移疏》。

条，人烟断绝，田地荒芜，许多地方竟然成为无人之地。这加剧了全国各地人口分布的不平衡，北方一些地方"多是无人之地"，地多人少，时称"宽乡"，另外一些地方则"地狭人稠"，地少人多，时称"狭乡"。为了改变这种人口分布不均局面，促进社会经济的全面发展，朱元璋在全国范围内开展大规模的移民垦荒运动，其参与的人数之多为前代所罕见。

洪武三年（1370年）六月，朱元璋以"苏、松、嘉、湖、杭五郡地狭民众，细民无田以耕，往往逐末利而食不给。临濠，朕故乡也，田多未辟，土有遗利"，"令五郡民无田产者往临濠开种。就以所种田为己业，官给牛、种、舟粮，以资遣之，仍三年不征其税。于是徙者凡四千余户"①。尔后，朱元璋采纳了户部郎中刘九皋的建议，有计划地让狭乡之民迁移到宽乡，使"地无遗利，人无失业"，于是，"迁山西泽、潞民于河北"；"屡徙浙西及山西民于滁、和、北平、山东、河南。又徙登、莱、青民于东昌、兖州。又徙直隶、浙江民二万户于京师，充仓脚夫"②。洪武以后，移民垦荒虽然还继续了一段时间，但规模逐渐缩小，至永乐末年基本结束。正如《明史》卷77《食货一》所说的："太祖时徙民最多，其间有以罪徙者。建文帝命武康伯徐理往北平度地处之。成祖核太原、平阳、泽、潞、辽、沁、汾丁多田少及无田之家，分其丁口以实北平。自是以后，移徙者鲜矣。"

从以上太祖至成祖明初移民可以看出，其调整人口布局的思想有以下3点值得注意：其一，移民的主要对象是"无田以耕""无田者""无产业者""民贫无产者""地狭民稠"地区的人，把这些人迁到"旷地耕种"或"屯垦"，既使无田、无产业者获得了田地等生产资料，解决了他们最基本的生活出路问题，又使那些"闲旷之地"地多人少地区得到开发，从而使"地无遗利，人无失业"，即土地和劳动力资源得到较合理的配置，促进了明初社会经济的恢复和发展。其二，明初浙江、江苏、山西等地是地少人多、经济较发达的地区，而河北、河南、山东、安徽、云南等地则是地多人少、经济较落后的地区，地少人多、经济发达地区富余劳动力向地多人少、经济较落后地区的迁移，既缓解了经济发达地区的地少人多矛盾，也使经济较落后地区地多人少矛盾得到一定程度的解决，从而使全国各地区人口分布趋于合理，各地区经济发展差距缩小。其三，明初移民绝大部分是经济目的，但也有少部分带有政治目的和军事目的。如洪武二十四年七月徙浙江等省、应天诸府富民以实南京和明成祖分太原、平阳、泽、潞等地丁多田少及无田之家以实北平，其目的都在于加强首都的力量。而洪武二十年命陕西土军往云南屯种听征，显然是为了加强西南边疆的军事力量。

---

① 《明太祖实录》卷53。

② 《明史·食货一》。

(二) 土地管理思想

明代土地总体上分为两种类型，即官田、私田："土田之制，凡二等：曰官田，曰民田。初，官田皆宋、元时入官田地。厥后有还官田，没官田，断入官田，学田，皇庄，牧马草场，城壕苜蓿地，牲地，园陵坟地，公占隙地，诸王、公主、勋戚、大臣、内监、寺观赐乞庄田，百官职内，边臣养廉田，军、民、商屯田，通谓之官田。其余为民田。"① 明代官田和民田不仅所有制性质不同、种类不一，而且征税的名目、税粮科则也各有差别。官田曰租，民田曰税；官田租重，民田税轻；官田多由贫民租种，民田多归豪右所有。明代初年全国官田少而民田多，中叶以后官田逐渐私有化，其赋税科则与民田合而为一。

1. 编定鱼鳞图册

明朝建国之初，由于长期的战争，户籍、田籍等事关军国大计的图版文籍或毁于战火，或残缺不全，"版籍多亡，田赋无准"②。朱元璋在编制赋役黄册加强户口统计、管理中，发现"里胥或不谙书算"，导致"天下郡县所进赋役黄册，丁粮之数，类多错误"③，尤其是其偏重于户口，那些田产多者往往从中钻空子来减轻其赋役负担。如"两浙富民畏避徭役，往往以田产诡托亲邻、佃仆，谓之'铁脚诡寄'。久之，相习成风，乡里欺州县、州县欺府，奸弊百出，谓之'通天诡寄'。于是富者愈富而贫者愈贫"④。这不仅使逃避、拖欠税粮的现象日趋严重，影响国家的财政收入，而且也威胁到社会的稳定。朱元璋清楚地认识到："牧民之官，苟非其人，则赋役不均而贫弱者受害尔……凡赋役必验民之丁粮多寡、产业厚薄，以均其力。赋役均则民无怨嗟矣"⑤，"民有田则有租，有身则有役，历代相承，皆循其旧。今民愚无知，乃诡名欺隐以避差役。互相仿效，为弊益甚"⑥。因此，欲验"丁粮多寡、产业厚薄，以均其力"，使民无怨，就必须同时将户口和田地之数量弄清楚，并登记在册，即不仅在查清人口的基础上建立户籍，也要在清丈田地的基础上建立田籍，使二者相辅相成，以保证国家对民众赋税徭役的征派，均平民众赋役负担，稳定社会秩序。

洪武十三年（1380 年）二月，朱元璋令户部核实天下土田⑦。洪武十九年（1386 年）开始先后派遣国子监生武淳等人分行全国府县乡里，经理田赋图籍，"随粮定区。区设粮长四人，量度田亩方圆，次以字号，悉书主名及田之丈尺，编类成册，状如鱼鳞，号曰鱼鳞图册。先是，诏天下编册，以户为主，详具旧

---

① 《明史·食货一》。
② 《明史·食货一》。
③ 《明太祖实录》卷 144。
④ 《明太祖实录》卷 180。
⑤ 《明太祖实录》卷 163。
⑥ 《明太祖实录》卷 165。
⑦ 《明太祖实录》卷 135。

管、新收、开除、实在之数为四柱式。而鱼鳞图册以土田为主，诸原坂、坟衍、下湿、沃瘠、沙卤之别毕具"①。由此可见，编定鱼鳞图册首先必须指派专人负责，随税粮多寡定区，区设粮长。"粮长者，太祖时，令田多者为之，督其乡赋税。岁七月，州县委官偕诣京，领勘合以行。粮万石，长、副各一人，输以时至，得召见，语合，辄蒙擢用。末年更定，每区正副二名轮充。"② 即"定区"的依据是以税粮 1 万石为一区，每区设粮长 4 人。其次，丈量每家每户田地面积，编上字号，并记录田主姓名、每户田地尺寸，以及各种田地类型和土质，如平原、山地、低洼地、新开田土、田地肥沃与贫瘠、沙荒地、盐碱地等的差别。由于鱼鳞图册以图绘出每家每户田地，状如鱼鳞，所以称之为鱼鳞图册。再次，赋役黄册以户为主，以"四柱式"详列旧管（原登记的户口）、新收（新出生或迁入的户口）、开除（死亡或迁出的户口）、实在（现在实有的户口），对户口进行动态管理，作为征调差役的依据。而鱼鳞图册以土田为主，详载田地面积及类型、土质，作为征收租税的依据。史载："鱼鳞册为经，土田之讼质焉。黄册为纬，赋役之法定焉。凡质卖田土，备书税粮科则，官为籍记之，毋令产去税存以为民害。"③ 可见，鱼鳞图册的编制使田地产权明晰，不仅民间田地纠纷减少了，而且隐瞒田土、转稼税粮、产去税存的现象也有所制止。明政府通过建立户籍和田籍，将鱼鳞图册与赋税黄册互相配套，经纬结合，并行实施，实现了既控制全国户口，又掌握全国土地，赋役征纳也有据可依的目的④。

在编制鱼鳞图册，建立田籍制度中，朱元璋根据各地的不同情况，在田地分配与开发上实行不同的政策，较好地体现了原则性与灵活性的结合：朱元璋"以中原田多芜，命省臣议，计民授田。设司农司，开治河南，掌其事。临濠之田，验其丁力，计亩给之，毋许兼并。北方近城地多不治，召民耕，人给十五亩，蔬地二亩，免租三年。每岁中书省奏天下垦田数，少者亩以千计，多者至二十余万。官给牛及农具者，乃收其税，额外垦荒者永不起科"⑤。明政府在制定田籍制度中的灵活性主要体现在两个方面：一是针对地多人小、田地大片荒芜的地区，给予农民优惠政策，如"免租三年""额外垦荒者永不起科"等，鼓励农民往这些地区开垦耕作。二是限制农民占田数量，禁止兼并土地，如"验其丁力，计亩给之，毋许兼并"，"人给十五亩，蔬地二亩"等。总之，明政府通过建立新的田籍制度，充分调动了农民的生产积极性，有利于加速土地的开发，耕地面积迅速增加。洪武二十六年（1393 年），核天下土田，"总八百五十万七千

① 《明史·食货一》。
② 《明史·食货二》。
③ 《明史·食货一》。
④ 龚贤：《明代管理思想》，经济管理出版社 2013 年版，第 129 页。
⑤ 《明史·食货一》。

六百二十三顷，盖骎骎无弃土矣"①。另外通过编制田籍，清理出一些漏脱、欺隐的土地，并通过禁止兼并土地，打击了豪强地主，暂时局部地调整了生产关系，对缓解社会矛盾、稳定社会秩序和促进生产的发展，起了一定的积极作用。

明初的鱼鳞图籍制度在永乐之后开始遭到破坏。明中叶以后，法制松弛，吏治腐败，土地兼并之风盛行，大亩、小亩制使田地亩数随意性大，鱼鳞图册在北方成为一纸空文，田土不少被隐瞒漏报，见籍纳税者日趋减少。

面对这种田制弊端，嘉靖以后统治阶级中的一些有识之士纷纷上书请求核实田亩，江南、江西、河南等处的地方官员首先身体力行，履亩丈量，均平赋役，但由于"法未详具，人多疑惮"②。万历六年（1578年），内阁首辅张居正针对豪强地主大量欺隐田地，致使国家田赋收入大量减少，坚决进行丈量田亩。这项工作首先在福建试点成功，之后进一步在全国推广。万历八年（1580年）十一月，户部下令在全国通行丈量田亩，并具体规定8条丈量细则："一明清丈之例：谓额失者丈，全者免。一议应委之官：以各右布政使总领之分，守兵备分领之，府州县官则专管本境。一复坐派之额：谓田有官、民、屯数等，粮有上、中、下数则，宜逐一查勘，使不得诡混。一复本征之粮：如民种屯地者即纳屯粮，军种民地者即纳民粮。一严欺隐之律：有自首历年诡占及开垦未报者免罪，首报不实者连坐，豪右隐占者发遣重处。一行清丈之期。一行丈量磨算之法。一处纸札供应之费。"③从这8条丈量细则可以看来，朝廷对全国丈量田亩工作做了周密的部署：其一，制定了丈量工作的细则，作为丈量工作的统一依据，如丈量的对象是"额失者丈，全者免"，并把丈量对象分为"田有官、民、屯数等，粮有上、中、下数则"。其二，明确了各级官员在丈量工作中的职责："右布政使总领之分，守兵备分领之，府州县官则专管本境"。其三，规定了丈量工作的计算方法、纸张经费等。其四，规定了完成丈量工作的期限，"限三载竣事"④，即在3年内完成。其五，明确重申丈量后的田亩按"民种屯地者即纳屯粮，军种民地者即纳民粮"的交纳税粮规则。其六，规定了对欺骗、隐瞒田亩者惩罚，"有自首历年诡占及开垦未报者免罪，首报不实者连坐，豪右隐占者发遣重处"。

对于8条丈量细则，明神宗全部允准实施，并"令各抚按官悉心查核，着实举行，毋得苟且了事，及滋劳扰"⑤。由于丈量工作事前做了周密的部署，全国绝大部分省份都在3年内按期完成了清丈任务，并基本上达到了预期的目的："于是豪猾不得欺隐，里甲免赔累，而小民无虚粮。总计田数七百一万三千九百

---

① 《明史·食货一》。
② 《明史·食货一》。
③ 《明神宗实录》卷106。
④ 《明史·食货一》。
⑤ 《明神宗实录》卷106。

七十六顷，视弘治时赢三百万顷"。① 随着为国家纳税田地的增加，税粮收入也随之增加。

2. 屯田管理

屯田始于汉代，至明代，屯田的规模和重要性超越前代，成为农业生产的一个重要组成部分。明代"屯田之制，曰军屯，曰民屯"②。军屯，顾名思义即军队屯田。民屯，"其制，移民就宽乡，或召募或罪徙者为民屯，皆领之有司"③。民屯中又可分为商屯，"明初，募盐商于各边开中，谓之商屯"④。当时一些商人在开中中认为运粮到路途遥远的边境，费用巨大，且多危险，于是改变做法，直接招募劳力在边境开垦土地种植粮食，自设保伍，就地以收获粮食换取盐引。这就形成商屯，不仅对商人有利，获得开中利润，而且将商业资本引到边疆粮食生产领域，对开发边疆发挥了积极的作用。

在明代屯田中，军屯出现较早，并在屯田中占最重要的地位。朱元璋起兵以后，就高度留意军屯，尝云："吾京师养兵百家，要令不废百姓一粒米。每以远田三亩，易城外民田一亩，为屯田不足，则移数卫于江北，今江浦六合诸屯是已。其法每一军拨田三十六亩，岁收一十八石为子粒，除与月粮岁十二石，闰加一石，余六石上仓，其分番宿卫上直并打差应役，一应军人于数内支给口粮，又余以充仓廒之费。行之数年，仓廒苦盖完备，而储偫丰足。"⑤ 此后，军屯在各地便迅速推广开来，并出现民屯。洪武六年（1373年），"大仆丞梁埜仙贴木尔言：'宁夏境内及四川西南至船城，东北至塔滩，相去八百里，土膏沃，宜召集流亡屯田。'从之。是时，遣邓愈、汤和诸将屯陕西、彰德、汝宁、北平、永平，徙山西真定民屯凤阳。又因海运饷辽有溺死者，遂益讲屯政，天下卫所州县军民皆事垦辟矣"⑥。

明政府十分重视屯田，在中央工部下设屯田清吏司，置郎中一人、员外郎一人、主事二人"典屯种、抽分、薪炭、夫役、坟茔之事。凡军马守镇之外，其有转运不给，则设屯以益军储"⑦。地方各省屯田事务主要由各省按察司、监察御史、都御史、清军御史等兼职负责，有的地方还设专官负责，如屯田副使、巡屯御史等。值得注意的是负责监察的十三道监察御史在外巡按，其监察的重点之一就是屯田。如"嘉靖八年（1529年）题准：在京并直隶各卫所屯种，照南直

---

① 《明史·食货一》。
② 《明史·食货一》。
③ 《明史·食货一》。
④ 《明史·食货一》。
⑤ 陆深：《俨山外集》卷28《同异录上》，台湾商务印书馆影印文渊阁《四库全书》。
⑥ 《明史·食货一》。
⑦ 《明史·职官二》。

隶事例，差御史一员领敕清查，三年一替，其原设屯田金事裁革"①

省级之下府州县政府，设有专官管理屯田。如"北直隶、山东、山西、河南近边去处，宜令各卫所、府州县官专委一员提督。春农布种，仍与设法置买牛具、种子，俱从巡按御史管屯金事比较。其有用心勤、得谷多者，指实具奏，量加褒赏，以劝其余。"②

明代民屯还在基层设有屯老、屯总、甲头等，负责管理屯田事务。如钦州屯田则例规定："十人为一甲，甲为头；五甲为一屯，屯有总；一屯种田一十五顷，共田二十顷，该米二百五十五石。一屯设屯老一名，专理其事，给田四十亩，用酬其劳，不任其税。五屯之田，计一百顷八十亩。督责耕种，征收税粮，则屯老责之屯总，屯总责之甲头，甲头责之屯丁。以本州判官掌之，而总督于知州。"③

明代的军屯在各府州设都指挥统管屯田事务。洪武元年（1368年），朱元璋下令诸将分军于直隶滁州、和州、庐州、凤阳等地开垦屯田，凡屯所均各设都指挥一员统管。建文四年（1402年）九月，朱棣即位后，下令五军都督府移文各都司，命令各卫所遵洪武旧制，卫所长官专职负责提调，都指挥负责督察，年终奏报屯田收入数量以稽勤怠，有效地使军屯制度在永乐年间推行下去。当时军屯虽然由府州都指挥统管，但卫所是明代军队的基层单位，具体负责实施屯田。因此，《明史》卷77《食货一》称"军屯则领之卫所"。永乐二年（1404年），"令各处卫所，凡屯军一百名以上，委百户一员；三百名以上，委千户一员；五百名以上，委指挥一员提督；不及一百者，亦委百户一员提督。"④。可见，军队卫所基层组织依据屯军人数多少设有百户、千户、指挥等具体管理屯田事务，并在年终接受御史、巡按御史等官的盘查比较。

明代军队屯田主要集中在边疆地区，尤其是被称为"九边"的辽东、蓟州、宣府、大同、榆林、宁夏、甘肃、太原、固原9个边陲要地。九边既是军事重镇，也是军屯的重点地区。在边防重镇军队屯田的管理中，一个重要的工作是确定屯、守的兵员比例，因为屯、守比例关系到如何最佳地处理好士卒戍守和军队生产自给两者的最有效配置。如戍守士卒人数太多，则影响到军队生产自给；如屯田士卒太多，则削弱戍守军队力量。通常情况下，屯、守兵员比例的确定主要根据地理险易、田土肥瘠、卫所军与王府护卫军的不同任务以及敌情等来决定。从总体上看，最基本的比例差别是按边地和内地来划分："边地，三分守城，七分屯种。内地，二分守城，八分屯种。"⑤《明会典》卷18《户部五·屯田》则

---

① 《明会典》卷210《都察院二·屯田》。
② 《明经世文编》卷33《于忠肃公文集·议处边计疏》。
③ 《明经世文编》卷164《林次崖文集三·钦州复屯田疏》。
④ 《明会典》卷122《户部五·屯田》。
⑤ 《明史·食货一》。

载：军屯的屯、守兵员比例更为多样化，即最常见的是"军士三分守城，七分屯种"，除此之外，"又有二八、四六、一九、中半等例，皆以田土肥瘠、地方冲缓为差。又令少壮者守城，老弱者屯种，余丁多者，亦许其征收则例，或增减殊数，本折互收，皆因时因地而异云"。至于卫所军与王府护卫军屯、守兵员的比例是在明太祖时就已做了规定。洪武二十一年（1388年）十月，朱元璋命五军都督府更定屯田法："凡卫所系冲要都会及王府护卫军士以十之五屯田，余卫所以五之四。"① 正统十四年（1449年）土木堡之变后，"边方多事"，明代宗"令兵分为两番，六日操守，六日耕种"②。

在明代军屯管理中，另一个重要工作是确定屯田征折，即根据各地的不同情况、土地的肥瘠、政府是否提供牛种等因素征收不同的租税。如洪武三十五年（1402年），始定科则："每军田一分，正粮十二石，收贮屯仓，听本军支用；余粮十二石，给本卫军官俸粮。每卫以指挥一员，每所以千户一员提督，都司不时委官督查，年终上仓，并给过子粒数目，造册赴京比较。"③ 弘治十七年（1504年）议准："成都右等卫所屯地，山冈瘠薄，难纳本色，每石折银三钱。"又议准："山东登莱沿海瘠地，照轻科则例，每亩三升三石。"④

明初，由于长期战乱，许多农民一贫如洗，缺乏最起码的生产资料耕牛、种子、农具等，为了鼓励农民积极开垦，官府为屯田垦荒者提供牛种，并按官给牛种、自备牛种征收不同的租税。洪武四年（1371年），中书省奏云："河南、山东、北平、陕西、山西及直隶淮安诸府屯田，凡官给年种者十税五，自备者十税三。"⑤

明朝廷为了让不同类型、土地肥瘠不同的土地缴纳租税更加符合实际情况，更加合理，还以不同类型、不同肥瘠土地的"样田"作为征收租税的依据。这就是"以田肥瘠不同，法宜有别，命官军各种样田，以其岁收之数相考较。太原左卫千户陈淮所种样田，每军余粮二十三石，帝命重赏之"⑥。

据方日乾在《抚恤屯田官军疏》中称，嘉靖年间屯田曾实行三等纳税粮制度："照得屯田之则有三，曰比较，曰改科，曰新增。比较之田，每亩纳粮一斗二升；改科则减其半，每亩五升三合五勺；新增每亩纳银一分六厘，盖又轻矣。"⑦ 当时如遇灾荒屯田歉收，或久荒之田召人开垦，都可以将该田地原税粮等级降低。如当时"计算勘实各卫塌江田地四十五顷二十一亩一分，委实崩塌，

---

① 《明太祖实录》卷194。
② 《明史》卷77《食货一》。
③ 《明会典》卷18《户部五·屯田》。
④ 《明会典》卷18《户部五·屯田》。
⑤ 《明史·食货一》。
⑥ 《明史·食货一》。
⑦ 《明经世文编》卷210《方侍御奏疏·抚恤屯田官军疏》。

合应除豁抛荒。比较田地四百七十亩，的系久荒，难于开垦，若非薄税改科，必无愿佃之人矣。合无照依都御史杭淮等官所议，将前项塌江田亩，悉为除豁，比较荒田，俱减作改科"①，即减轻税粮一半，从而鼓励军民积极屯种。

明代提倡屯田，其主要目的就是鼓励军民垦荒，以达到人尽其力而地无遗利。因此，在边疆土地大片荒芜的地区，鼓励军民尽力开垦荒地。有的地方还根据本地的具体情况，规定军士授田亩数："每军种田五十亩为一分，又或百亩，或七十亩，或三十亩、二十亩不等"②。有的边地甚至出台十分优惠的政策，承认军民开垦荒地成为私人产业，并永不征收税粮。如嘉靖二十二年（1543 年）题准："各边抛荒地土，不拘将帅军民开垦成业，即为己产，永不起科。其旧曾起科，积荒年久者，仍要用力开垦成业，应纳子粒，一体蠲免。成熟地土，递年纳粮，管业者照旧耕种征收，以足边饷。"③ 有的边陲地方，由于经常遭受敌方的骚扰抢劫，许多田地无人敢屯种。明朝廷就在这些地方修筑城堡、派遣军队保护屯田，给予牛种，缓缴税粮，以这些措施鼓励军民前往耕垦。如嘉靖十三年（1534 年）题准："陕西、河西地方，多有可耕之地，限于境外无人敢种，通行巡抚等官查照，国初壕墙边界筑浚高深，可耕之田尽令开垦，给予牛种，拨人佃种。岁熟但收牛种原值，应纳税粮，缓以年岁，然后量地起科。"④

明代朝廷为鼓励军民垦荒屯种，不仅给予屯种者各种优惠，而且对领导管理组织屯田有政绩的官员予以奖赏激励。如永乐年间的奖惩措施是："岁食米十二石外余六石为率，多者赏钞，缺者罚俸。又以田肥瘠不同，法宜有别，命官军各种样田，以其岁收之数相考较。太原左卫千户陈淮所种样田，每军余粮二十三石，帝（朱棣）命重赏之。宁夏总兵何福积谷尤多，赐敕褒美。"⑤ 嘉靖八年（1529 年）题准："其奖领垦田百顷以上者，抚按奖励；三百顷以上者，奏请擢用。备御官军，每年正月初一日上班，愿垦者，分拨永昌、左浪、甘肃、山丹等卫所，荒田尤多去处。查给牛种、犁铧，给予本色行粮。即委领班官员统率团种，领班官能垦田者，照前例奖励擢用。"⑥

永乐年间，明成祖"其于屯田，尤为注意，创置红牌事例，示以激劝良法"⑦。有关红牌事例的具体内容，《明会典》卷18《户部五·屯田》有一简要记载："（永乐）三年（1405 年），更定屯田则例，令各屯置红牌一面写刊于上，每百户所管旗军一百一十二名或一百名、七八十名，千户所管十百户或七百户、

---

① 《明经世文编》卷 210《方侍御奏疏·抚恤屯田官军疏》。
② 《明会典》卷 18《户部五·屯田》。
③ 《明会典》卷 202《屯田清史司·开垦》。
④ 《明会典》卷 202《屯田清史司·开垦》。
⑤ 《明史·食货一》。
⑥ 《明会典》卷 202《屯田清史司·开垦》。
⑦ 《明经世文编》卷 63《马端肃公奏疏二·清屯田以复旧制疏》。

五百户、三四百户，指挥所管五千户或三千户、二千户，总以提调屯田都指挥。所收子粒多寡不等，除下年种子外，俱照每军岁用十二石正粮为法比较，将剩余并不敷子粒数目通行计算，定为赏罚。令按察司、都司并本卫隔别委官点闸是实，然后准行。直隶卫所从巡按御史并各府委官及本卫隔别委官点闸，岁收子粒，如有稻谷、粟、薯秋、大麦、荞麦等项粗粮，俱依数折算细粮。如各军名下除存种子并正粮及余粮外，又有余剩数，不分多寡，听各该旗军自收，不许管屯官员人等巧立名目，因而分用。"① 从此可以看出，红牌事例的激励措施主要有两种：一是对军队屯田中生产粮食有剩余者实行奖励，不能自给者予以惩罚；二是剩余粮食不必上交，由该旗军自行支配。

明政府还规定屯田机构必须编置文册、簿籍等，记录田地位置、亩数以及生产粮食数量，作为稽查、考核的依据。如 "正统十一年（1446 年），令各处卫所类造屯田坐落地方四至、顷亩、子粒数目文册，一本缴合干上司，一本发该管州县，以备查考。弘治十五年（1502 年）奏准：后湖并南京户部及各卫所俱无屯册，将今次清过屯田，行令管屯官，各造册送后湖交收"②。这里造屯田文册两本，一本上缴上级管理部门，一本交所在州县，其目的是通过日后互相核对，稽查是否有弄虚作假、营私舞弊行为。嘉靖二十四年（1545 年），"令各该管粮郎中主事严督监收委官，及仓攒人役，收受完日，填写循环文簿，季终送管粮官处，倒换稽考。如有插和情弊，事发从重问拟。亏折之数，就令监收委官及经该官攒人役均赔；其盘查官受贿容隐，一体究治"③。明政府还注意对这些屯田文册、簿籍的保存，后湖是明政府专门负责保管各种档案的地方，故上引管屯官对屯田情况造册后，"送后湖交收"。弘治年间，兵部尚书马文升在上《清屯田以复旧制疏》中就称："卫所备造文册，户部及都、布、按三司并该卫所，各收一本，仍造黄册一本，赍送南京户部，转发后湖官库，如法收贮，每十年一次，照民册事例造缴，庶使册籍明白，将来有所持循，而祖宗旧制不致废坠矣！"④

如前所述，在管理明代屯田的事务中，御史充当着重要的角色，负责清查被卫所军官、地方豪强侵占、隐瞒的田地，或被屯田官员侵吞、贪污的税粮等。如弘治年间，"屯田政废，册籍无存，上下因循，无官查考，以致卫所官旗势豪军民侵占盗卖，十去其五六，屯田有名无实。所以各该卫所军士月粮，有一二年不得关支者"。鉴于这种情况，"廷臣会议奏准，差给事中、御史并户部官一员，请敕前去，清查各卫所屯田，随该户部郎中等官王勤等，将清查过在京并在外保定等卫所屯田顷亩及该子粒数目，奏行户部会官计议定夺"。通过这次清查，共

① 《明会典》卷 18《户部五·屯田》。
② 《明会典》卷 18《户部五·屯田》。
③ 《明会典》卷 18《户部五·屯田》。
④ 《明经世文编》卷 63《马端肃公奏疏二·清屯田以复旧制疏》。

"清出在京在外卫所屯田，被人侵占等项，共四万一千余顷，该征子粒四十万八千余石，中间尚有未能清出者"，避免了屯田被势官豪军侵占，使屯田之制能长期坚持下去①。

明朝廷之所以重视屯田管理，其原因是屯田在强兵足食、巩固边防以及调整全国人口布局，使人尽其力、地无遗利，发展农业生产上发挥了巨大的作用。早在明朝建国之初，朱元璋就看到了这一点。他说："兴国之本，在于强兵足食。昔汉武以屯田定西戎，魏武以务农足军食。定伯兴王，莫不由此。"② 尔后，明代历朝都面临着北方、西北方游牧民族的军事威胁，不得不在九边屯驻重兵，因此，军粮供给成为一个亟待解决的问题。当时，虽然解决军粮供给问题有多种选择，但多数人认为屯田是一项较好的选项。如明代宗时期名臣于谦就指出："今之计边储者，或曰军运，或曰民运，或曰纳粟冠带，或曰开种盐粮，或曰银货杂买，言者纷纷，而皆不求其本。夫有播而后有获，春耕而后秋敛，奈之何不务其本，而惟末之图？古人屯金城、屯渭滨、屯塞下，具有成法。实边之道，无以逾此。"③ 又如明神宗时，大臣李廷机也指出："夫边计最重且亟者，莫之屯政矣。国家九边之地，肥沃可种者，悉为屯田。甲盾之所栖，耒耜之所刺。绵亘数千里，于焉耕耨，于焉捍御，盖即古寓兵于农之遗，而汉赵充国、诸葛亮、晋羊祐、唐郭元振、韩重华诸臣之所尝收其利者。二百年来，圣明忧勤于上，耆硕擘画于下，将臣经略于外，谋士讲求于内，则惟屯政为孜孜顾其间，或举或废，或利或否，非壤地不同，则政之得失异也。"④

明代屯田制度不受重视，逐渐遭到破坏，自英宗正统年间渐露端倪，到孝宗弘治年间已较严重，尔后每况愈下，屯丁逃亡日多，田地荒芜，屯田终于名存实亡。据《明史》卷77《食货一》载："自正统后，屯政稍弛，而屯粮犹存三之二。其后屯田多为内监、军官占夺，法尽坏。宪宗之世颇议厘复，而视旧所入，不能什一矣。弘治间，屯粮愈轻，有亩止三升者。沿及正德，辽东屯田较永乐间田赢万八千顷，而粮乃缩四万六千余石……及是，屯军多逃死，常操军止八万，皆仰给于仓。而边外数扰，弃不耕。刘瑾擅政，遣官分出丈田责逋。希瑾意者，伪增田数，搜括惨毒，户部侍郎韩福尤急刻。辽卒不堪，胁众为乱，抚之乃定"，"屯粮之轻，至弘、正而极，嘉靖中渐增，隆庆间渐增，隆庆间复亩收一斗。然屯丁逃亡者益多。管粮郎中不问屯田有无，月粮止半给、沿边屯地，或变为斥卤、沙碛，粮额不得减。屯田御史又于额外增本折，屯军益不堪命。万历时，计屯田之数六十四万四千余顷，视洪武时亏二十四万九千余顷，田日减而粮

---

① 《明经世文编》卷63《马端肃公奏疏二·清屯田以复旧制疏》。
② 《明太祖实录》卷12。
③ 《明经世文编》卷33《于忠肃公文集一·议处边计疏》。
④ 《明经世文编》卷460《李文节公文集·九边屯政考》。

日增，其弊如此"①。

二、赋役管理思想

（一）赋役征派思想

明代的赋役征派思想，《明史》卷78《食货二》有一概括性的介绍：

> 赋役之法，唐租庸调尤为近古。自杨炎作两税法，简而易行，历代相沿，至明不改。太祖为吴王，赋税十取一，役法计田出夫。县上、中、下三等，以赋十万、六万、三万石下为差。府三等，以赋二十万上下、十万石下为差。即位之初，定赋役法，一以黄册为准。册有丁有田，丁有役，田有租。租曰夏税，曰秋粮，凡二等。夏税无过八月，秋粮无过明年二月。丁曰成丁，曰未成丁，凡二等。民始生，籍其名曰不成丁，年十六曰成丁。成丁而役，六十而免。又有职役优免者，役曰里甲，曰均徭，曰杂泛，凡三等。以户计曰甲役，以丁计曰徭役，上命非时曰杂役，皆有力役，有雇役。府州县验册丁口多寡，事产厚薄，以均适其力。

从《明史》的这段记载，我们再结合其他一些史料，可以了解到明代征派赋役的一些思想：其一，赋役征派的最基本原则是"丁有役，田有租"，通过赋役黄册登记每户的人丁（如男子成丁、不成丁、妇女大、小口等）、事产（如田地、税粮与田土买卖推收事项以及房屋、孳畜、车船等），以此作为征派租税调派徭役的依据。明代的"丁有役"具体指男子年满16岁就算成丁，开始服徭役，至60岁才能免除服役。为了防止民户逃避徭役，明政府十分重视人口登记，每个人一出生就登记在黄册中，只有未满16岁称为不成丁，不必服徭役。"田有租"具体指征收租税以田地作为依据，由于黄册侧重于登记户口，对田地等产业的登记不够具体详细，容易导致隐瞒田产、逃避租税之弊，因此，洪武二十年（1387年）二月，朱元璋派人到全国各州县进行土地大普查，"躬履田亩以量度之，图其田之方圆，次其字号，悉书主名及田之丈尺四至，编类为册。其法甚备，以图所绘状若鱼鳞然，故号'鱼鳞图册'"②，作为征收租税的主要依据。其二，明代对赋役数额的划定。其中租税额的确定，基本上承袭唐代的两税法，为十税一，分夏、秋两季征收，即夏税、秋粮。具体而言，由于田地性质、肥瘠、区域的不同，其租额在实际征收中有较大的差别。如"洪武初，令官田起科，每亩五升三合五勺，民田每亩三升三合五勺，重租田每亩八升五合五勺，芦地每亩五合三勺四抄，草塌地每亩三合一勺，没官田每亩一斗二升"③。又如时人何瑭提出"丈地均粮法"，认为"田有上下，则粮有重轻，《禹贡》之田，分

---

① 《明史·食货一》。
② 《明太祖实录》卷180。
③ 《明会典》卷17《户部四·田土》。

为九等，税粮之轻重，往往因之。天下之田，吾未能知。河内之田，上田岁收，亩不下两石，多或至三四石，下田岁收，亩不及一石，少或至三四斗，大抵上田一亩之收，抵下田五亩。国初定粮，失于分别，一概定作每亩八升五合……今不论田土上下而一概均之以粮，何以异此？往尝与巡抚徐公论之，徐公深以为然。故令丈量田地，分为三等，均粮之额，初则通以中田为准，下田则少损之，上田则少增之，以下田所损之数为上田所增之数，盖亦所谓称物平施之意也。若他县之田无甚上下，犹可言也，河内之田，果不分上下，一概均粮，此则名虽均粮，而实则不均，此利害之大者也"①。

明代确定每亩税粮是一项相当复杂的工作，除按田地性质、肥瘠、区域不同分等级外，还要综合考虑其他各种因素，这就是所谓的"八事定税粮"。《明史》卷78《食货二》载："履亩清丈，定为等则。所造经赋册，以八事定税粮：曰元额稽始，曰事故除虚，曰分项别异，曰归总正实，曰坐派起运，曰运余拨存，曰存余考积，曰征一定额。"其理念就是虽然征收税粮的主要依据是丈量田地面积，然后根据田地面积大小征收不同的租税。但还有其他各种因素，即这些田地初始所收的税粮；如遇到天灾人祸等事故，必须免除一些无法缴纳的税粮；对一些税粮征收，既要分门别类，按不同田地情况征收不同数额的税粮，又要把某一区域税数数额归总，落实好征收总量；征收税粮时还要考虑路途远近，运输费用、库存情况等；有的地区可先计算应征收税粮的总数，然后再平均分摊到每一亩田地上。

明代徭役虽然是"丁有役"，"以丁计曰徭役"，但也"计田出夫"，即考虑承担徭役人户的贫富，主要根据人户田土的多少，分为上中下三等，分别不同的徭役。如"洪武十七年（1384年），令各处赋役，必验丁粮多寡、产业厚薄，以均其力，违者罪之。十八年（1385年），令有司第民户上中下三等为赋役册，贮于厅、事，凡遇徭役，取验以革吏弊……二十六年（1393年）定，凡各处有司，十年一造黄册，分豁上中下三等人户，仍开军、民、灶、匠等籍，除排年、里甲依次充当外，其大小杂泛差役，各照所分上中下三等人户占差"②。这就是祖宗之法："人户有上中下三等，盖以其贫富不同也。贫富难明，田土多者必富，少者必贫，则照田土编差。盖法外意也，似无不可，曰户有上中下三等，盖通较其田宅、赀畜而定之，非专指田土也。""凡各处户口，每十年各布政司府州县攒造黄册，编排里甲，分豁上中下三等人户，遇有差役，以凭点差。"③

对于传统的以田宅、赀畜定上中下三等户来摊派徭役的做法，时人何瑭提出了质疑，认为这种做法有它的盲点，不能覆盖"工商之家"和"放债居积者"，

① 《明经世文编》卷144《何柏斋先生文集·均粮私议》。
② 《明会典》卷20《户口七·赋役》。
③ 《明经世文编》卷144《何柏斋先生文集·均徭私议》。

即以田宅、赀畜为依据不适合于经营工商业和高利贷行业的人。他说："户有上中下三等，盖通较其田宅、赀畜而定之，非专指田土也。若专指田土，则施于农民可矣，工商之家及放债居积者，皆不及矣。古人立法，原本抑末，今人立法，厚末抑本，岂知治道者哉！"①

一种制度实施时间长了，出现一些弊端，这是很正常的。明代的赋役制度也不例外，正如《明会典》卷20《赋役》所云："国初因赋定役，每十年大造黄册，户分上中下三等，差役照册签定。迨法久弊生，历朝每月厘正更创，如银差、力差、听差、十段锦、一条鞭及南北派田之异。"这种户分上中下三等摊派徭役的制度，其不足的地方是"稽册籍，则富商大贾免役，而土著困；核人户，则官吏里胥轻重其手，而小民益穷蹙。二者交病。"于是，正统年间，明政府对此进行改革，"令以旧编力差、银差之数当丁粮之数，难易轻重酌其中。役以应差，里甲除当复者，论丁粮多少编次先后，曰鼠尾册，按而征之。市民商贾家殷足而无田产者，听自当，以佐银差"②。可见，明政府实行银差制度，主要是解决徭役不均问题，尤其针对那些"商贾家殷足而无田产者"承担相应的徭役问题。嘉靖九年（1530年），"令各该司府州县审编徭役，先查岁额各项差役若干，该用银若干，黄册实在丁粮。除应免品官、监生、生员、吏典、贫难下户外，其应役丁粮若干，以所用役银，酌量每人一丁，田几亩，该出银若干，尽数分派。如有侵欺余剩听差银两入己者，事发查照律例，从重问拟"③。嘉靖十五年（1536年），朝廷又题准："今后凡遇审编均徭，务要查照律例，申明禁约。如某州县银、力二差原额，各该若干，实该费银若干，从公查审，刊刻成册，颁布各府州县，候审编之时，就将实费之数，编作差银，分为三等九则，随其丁产，量差重轻，务使贫富适均，毋致偏累，违者纠察问罪。"④ 实施差银的具体做法，就是将某一州县该用役银的总数统计汇总，然后将其摊派在这一州县所辖的每户人丁身上。为了使每户人丁承担役银数额合理平均，各府州县将人户按财产多寡分为三大等九小等，各等缴纳不同数额的役银。

嘉靖四十四年（1565年），明政府又议准在江南行十段锦册法："筭该每年银力差各若干，总计十甲之田，派为定则。如一甲有余，则留二三甲用，不足，即提二甲补之。乡宦免田，十年之内，止免一年，一年之内，止于本户。寄庄田亩，不拘同府别府，但已经原籍优免者，不许再免。"⑤ 可见，十段锦册法是调剂十里之内各甲之间银力差的征派，其遵循的原则是损有余补不足，并且，具体规定了乡宦免田，只能免于一小部分，即十年只能免一年，而且仅限于免本户，

① 《明史·食货二》。
② 《明史·食货二》。
③ 《明会典》卷20《户口七·赋役》。
④ 《明会典》卷20《户口七·赋役》。
⑤ 《明会典》卷20《户口七·赋役》。

在原籍已享受优免的人，到其他地方不许再享受优免。除此之外，十段锦法把均徭役从里甲轮当，改为通计一县丁粮，重新均分为十段，按段轮流服役，十年一次。

总之，明代赋役制度的制定和改革，其中心思想是"抚民之道，要在均其赋役；均赋役之道，尤在核其户口"①。

（二）丘浚、海瑞和张居正的赋役思想

1. 丘浚的薄赋役和配丁田法思想

丘浚认为"治国者不能不取于民，亦不可过取于民。不取乎民，则难乎其为国；过取乎民，则难乎其为民"②。这就是说国家向民众征收赋税是必要的，因为如果没有赋税收入，一个国家是难以维持其运转的；但是国家又不能过分地向民众征收赋税，因为"财者，民之心，得其财则失其心"③，君主如"过取乎民"，就会失去民心。所以他主张君主如"不得已而取之，所取者皆合乎天理之公，而不咈乎人情之欲，如是而取之，则入之既以其义，而出之也，亦必以其道矣。如是，则是能与民同好恶，而以民心为己心"④。

在此基础上，丘浚进一步指出，君主要做到不过取于民，"所取者皆合乎天理之公"，关键的是必须"用之有节"。如果君主能节用，"则薄取而有余"；如果君主奢侈，"则尽取而不足"⑤。同时，他还认为"薄取"有利于发展生产，这就是"轻敛得财愈多"。他引用了唐代李翱在《平赋书》中的论述来说明这一点："人皆知重敛之为可以得财，而不得轻敛之得财愈多也。何也？重敛则人贫，人贫则流者不归，而天下之人不来。由是，土地虽大，有荒而不耕者，虽耕之而地力有所遗，人日益困，财日益匮。"反之，如果"轻敛"，"则人乐其生，人乐其生，则居者不流，而流者日来，则土地无荒，桑柘日繁，尽力耕之，地有余利，人日益富，兵日益强"。因此，他认为李翱的这一论述，"其所谓人皆知重敛之可以得财，而不知轻敛之得财愈多，其言尤为警切"⑥。丘浚赞同李翱的"重敛则人贫，人贫则流者不归"的观点，是针对明朝当时的现实情况。由于一些地区赋税负担过重，迫使一部分农民逃亡，这就使这一地区纳税人减少了。为了保证税收不减，当地官府就将逃亡户应纳的税，摊到其他存留户上。这样，就造成逃亡的户愈多，存留户的负担愈重，促使存留户也相继逃亡。这就是丘浚所揭露的：

> 摊税之害尤毒，非徒一竭而已，且将竭之至再至三而无已焉，不至水脉

---

① 《明经世文编》卷 134《胡端敏公奏议二·为定籍册以均赋役疏》。
② 《大学衍义补》卷 22《贡赋之常》。
③ 《大学衍义补》卷 22《贡赋之常》。
④ 《大学衍义补》卷 20《总论理财之道上》。
⑤ 《大学衍义补》卷 22《贡赋之常》。
⑥ 《大学衍义补》卷 24《经制之义下》。

枯而鱼种绝不止也。何则？中人一家之产仅足以供一户之税，遇有水旱疾厉不免举贷逋欠，况使代他人倍出乎？试以一里论之，一里百户，一岁之中一户惟出一户税可也，假令今年逃二十户，乃以二十户税摊于八十户中，是四户而出五户税也；明年逃三十户，又以三十户税摊于七十户中，是五户而出七户税也；又明年逃五十户，又以五十户税摊于五十户中，是一户而出二户税也。逃而去者遗下之数日增，存而居者摊与之数日积，存者不堪，又相率以俱逃，一岁加一岁，积压日甚，小民何以堪哉？非但民不可以为生而国亦不可以为国矣。①

丘浚认为厚敛是造成社会动乱的一个重要根源："秦、汉之际，其所以兴亡者非止一端，大要在得民心与失民心而已。秦取民大半之赋，汉则十五而取一，其后乃尽除之焉。盖财者民之心，得其财则失其心，苟得民心，吾虽不得其财而其所得者乃万倍于财焉。"②

丘浚除反对政府通过摊税政策横征暴敛外，还反对政府通过重复征税来加重民众赋税负担。他说："民种五谷已纳租税，无可再赋之理，非他竹木牲畜比也。竹木牲畜之类，原无征算，故商贾货卖于关市也，官可税之。今民既纳租于官仓矣，而关市又征其税，岂非重哉？此不独非王政，亦非天理也……谷麦既已纳税，用谷以为酒又税之，造麦为曲以酝酒又税之，用米与糟以为醋又税之，是则谷麦一类，农耕以为食，官既取之，商籴于农以为酒、为曲、为醋，官又取之，此一物而三四出税也。"③

丘浚不仅痛斥政府通过摊税和重复征税对民众竭泽而渔征收税，而且也反对赋税征收的不平均不合理。他举苏州府为例来说明各地区税负的严重不均："苏州一府七县，其垦田九万六千五百六顷而居天下八百四十九万六千余顷田数之中，而出二百八十万九千石税粮于天下二千九百四十余万石岁额之内，其科征之重、民力之竭可知也已。"④ 在此，丘浚做了统计计算，苏州府垦田占全国垦田数的约 1/90，但其交纳的税粮却占全国税粮的 1/10，这使苏州府税负过于沉重，导致民力衰竭，连简单再生产都难以维持，其后果是相当严重的。"盖以取税于民如取鱼于泽也，泽以养鱼必常有所养斯常有所生，苟取具目前，竭其所养之所，空其所生之物则一取尽矣，后何所继乎？"⑤

从明中叶之后，土地兼并严重，大批农民失去土地逃离家园，致使政府征发徭役对象减少，既影响了国家徭役征发和财政收入，也给社会稳定带来严重的威胁。在此情况下，丘浚提出"配丁田法"，把土地兼并与征发徭役两者结合起来

---

① 《大学衍义补》卷 22 《贡赋之常》。
② 《大学衍义补》卷 22 《贡赋之常》。
③ 《大学衍义补》卷 3 《征榷之课》。
④ 《大学衍义补》卷 24 《经制之义下》。
⑤ 《大学衍义补》卷 22 《贡赋之常》。

共同加以解决：

> 请断以一年为限，如自今年正月以前，其民家所有之田虽多至百顷，官府亦不之问。惟自今年正月以后，一丁惟许占田一顷（余数不许过五十亩），于是以丁配田，因而定为差役之法：丁多田少者许买足其数；丁田相当则不许再买，买者没入之；其丁少田多者，在吾未立限之前不复追咎，自立限以后惟许其鬻卖，有增买者并削其所有（民家生子将成丁者即许豫买以俟其成）。以田一顷配人一丁，当一夫差役，其田多丁少之家，以田配丁足数之外，以田二顷视人一丁，当一夫差役，量出雇役之钱（富者出财）；田少丁多之家，以丁配田足数之外，以人二丁视田一顷、当一夫差役，量应力役之征（贫者出力）。若乃田多人少之处，每丁或余三五十亩或至一二顷，人多田少之处，每丁或只四五十亩、七八十亩，随其多寡尽其数以分配之。此外又因而为仕宦优免之法，因官品崇卑量为优免，惟不配丁纳粮如故，其人已死，优及子孙，以寓世禄之意（如京官三品以上免四顷，五品以上三顷，七品以上二顷，九品以上一顷，外官则递减之。无田者准田免丁，惟不配丁纳粮如故）。立为一定之限，以为一代之制，名曰配丁田法。既不夺民之所有，则有田者惟恐子孙不多而无匿丁不报者矣。不惟民有常产而无甚贫甚富之不均，而官之差役亦有验丁验粮之可据矣。行之数十年，官有限制，富者不复买田，兴废无常而富室不无鬻产，田值日贱而民产日均，虽井田之制不可猝复，而兼并之患日以渐销矣。[①]

丘浚的配丁田法有以下几点值得注意：其一，明代征发徭役不仅依据人丁，而且也依据田地多寡，因此，丘浚把土地制度改革与徭役制度改革结合起来。他的土地制度改革方案是：确定一个期限，在此期限之前，不管私人占有多少土地，"虽多至百顷，官府亦不之问"。在此期限之后，以一丁占田一顷为限田标准，丁多田少，每丁不足一顷的，还许再买，直至每丁占田一顷为止。田多丁少，每丁占田已超过一顷，即不许再买，只可出卖，如果再买，不仅没收再买部分，而且对其原来超过部分也要"并削其所有"。如丁田已相匹配的户，即一丁已占田一顷，则也不许再买，如再买就要没收。

其次，在这种限田制度的基础上，丘浚提出了改革徭役的办法，即一丁占田一顷，出一夫差役（即每年对国家承担一个成丁应承担的徭役）。田多丁少人户，除以田配丁，每丁每顷出一夫差役外，多余的田，按二项田合一丁，出雇役钱。田少丁多人户，以丁配田，一丁一顷出一夫差役，多余的丁，以二丁视田一顷，当一夫差役。

再次，这种土地制度和徭役制度，在某种程度上既限制了土地兼并的日益严重化，也使徭役负担相对合理公平，而且也保证了国家对民众征派徭役。同时，

---

① 《大学衍义补》卷14《制民之产》。

这种限田实行既往不咎，以往多占田的国家不予过问，而且又实行"仕宦优免之法"，一定程度上保护了权贵富豪阶层的既得利益，避免改革遭到激烈的反对，从而也缓和了社会矛盾。

2. 海瑞均赋役思想

海瑞（1514—1587），字汝贤，一字国开，号刚峰。嘉靖二十八年（1549年）中举人，自嘉靖三十二年（1553年）后历任福建南平县教谕、浙江淳安县知县、江西兴国县知县、户部云南主事等。四十四年（1565年）因上疏批评嘉靖皇帝而下狱。穆宗继位后出狱，官复原职。隆庆三年（1569年）升任右佥都御史总督粮储，巡抚应天十府，因打击豪强遭弹劾报复，告老还乡。万历十二年（1584年）重被起用，任南京都察院右佥都御史、南京吏部侍郎、署吏部尚书。海瑞是著名清官，刚正不阿，敢于言事，为民请命。著有《海瑞集》。

海瑞主张均赋役，认为均赋役的原则应是百姓的赋役负担应与其贫富差别相匹配，如"均徭，富者宜当重差，当银差；贫者宜当轻差，当力差"①。这样，才算真正做到均赋役，而所谓贫富承担相同的赋役并不是均赋役。更有甚者，当时赋役不均的主要表现是富人有田不税，而贫民无田却当重税重差，因此导致百姓困苦逃亡。这就是："有田者无税，无田者反当重差"②，"富豪享三四百亩之产，而户无分厘之税；贫者产无一粒之收，虚出百十亩税差。不均之事，莫甚于此"③。

海瑞认为，当时之所以形成赋役严重不均的问题，主要原因是赋役按丁征派。对于有丁无田的贫民来说，让他们与有田富民一样按丁承担赋役，是极不合理的。海瑞主张"不许照丁均役"④，征派赋役的主要依据应是田产，丁、田在赋役中的权重是"田亩应其十，人丁应其一"⑤。赋役"仍照各贫富各田多少，贫者轻，富者重；田多者重，田少者轻，然后为均平也"⑥。

在古代农业社会里，田产的多少，是当时衡量贫富的主要标志。因此，要使贫富分担赋役均平，就要按田产均税，必须首先对土地进行清丈。海瑞认为清丈土地对均赋役十分重要，"一丈田而百弊清矣，士君子为部民久长之计，无过于此"⑦，"盖不得（徒）平差赋于今日，抑可以止争夺于将来，井田限田今不可得，法行而良，无过于此"⑧。"若丈量成事，则税与亩敌"⑨。他提出，要解决

---

① 《海瑞集·兴革条例·户属》，中华书局1962年。
② 《海瑞集·量田申文》。
③ 《海瑞集·兴革条例·户属》。
④ 《海瑞集·兴革条例·户属》。
⑤ 《海瑞集·兴革条例·户属》。
⑥ 《海瑞集·兴革条例·户属》。
⑦ 《海瑞集·奉分巡道唐敬亭》。
⑧ 《海瑞集·复唐敬亭》。
⑨ 《海瑞集·兴革条例·户属》。

当时的社会问题，上策是实行井田，"井田不可得矣，而至于限田，限田又不可得，而均税行焉，下下策也"①。实行均税虽是下下策，但仍有井田遗意，可以减轻贫民负担："是虽贫无立锥，犹自先日，而可以己一时飞诡之痛。千百而取其一，是亦井田之遗也"②，"反初日之不均者，与民均之，民之利也"③。

海瑞不仅提出清丈土地的思想，而且还在任地方官时身体力行。他在任淳安与兴国县令时，都把清丈土地作为头等大事来做。他在淳安县时向百姓发布告示："今本县丈量田山，必有一亩之收成者，方与一亩差税，无则除豁。"④ 他在兴国任知县时，"兴国地故单薄，岁税不入，民苦浮粮为患，公（海瑞）自为八事，上之中丞台，次第施行，而独急于清丈，以苏贫民而均其赋"⑤，"故自为县以至巡抚，所至力行清丈，颁一条鞭法"⑥。

海瑞的均赋役不仅主张在贫富之间要均平，而且还主张在一县之内或几县之间均平差役。他建议琼州一些县将棉花、槟榔之利编入差徭，这样既可以使该地区无田之民减轻负担，还可以"存有余，补不足"⑦，将少役之年所余钱粮作为备用，供多役之年使用。同时，可稳定百姓赋役负担，"小民输官，岁岁此数"⑧，又可杜绝胥吏向百姓额外勒索。海瑞还提出在各县之间通过调剂均平差粮："今后当粮役之先，伏望批行司府查议，清查各县之丁粮虚实，各县之人户富贫，将各县实征丁粮并原赋役委官磨算，要见某县止当尽某县差粮，某县差粮当取某县津贴若干，又某县当津贴某县若干，上下四旁，均齐方正"，如差粮能在各县之间予以调剂，"而天下之情无不平矣"⑨。

海瑞认为当时的赋役不均不仅是因为势豪隐瞒田地，而且势豪隐瞒丁口、拖欠钱粮也是造成赋役不均的重要原因。他指出，一甲一都一县的差徭总量是一定的，原来"丁多则散于众人而轻"，现在势豪隐瞒了丁口，则变成"丁少则积于数人而重……如户有二三百丁，只报五六丁；户有三四丁者报二三丁，户只一丁者尽报之。隐者五六十丁役一丁，不隐者丁丁着役。孤丁得重役，由多丁欺隐者使之。一甲隐丁则害及二三甲人，一都隐丁则害及二三都人"⑩。所以海瑞主张对于势豪隐丁的现象决不能姑息放纵。海瑞还指出，势豪拖欠官府钱粮，会加重贫民的赋役负担，也必须予以坚决惩治："访得拖欠钱粮，其在小民无几，大抵

① 《海瑞集·兴革条例·户属》。
② 《海瑞集·赠罗近云代丈安定田序》。
③ 《海瑞集·贺兵宪见庵陈公荣膺三朝锡命序》。
④ 《海瑞集·招抚逃民告示》。
⑤ 《海瑞集·海忠介公传》。
⑥ 《明史·海瑞传》。
⑦ 《海瑞集·均徭册式》。
⑧ 《海瑞集·均徭册式》。
⑨ 《海瑞集·兴国八议》。
⑩ 《海瑞集·兴革条例·户属》。

包揽侵欺，势豪抗拒。包揽之人，府县得而治之。若势豪则袖手听之矣。本院法之所行，不知其为阁老尚书家也。"①

海瑞还认为，对官绅特权之家的赋役优免过滥，也是增加百姓赋役负担的一个因素。地方官违反朝廷优免赋役规定，擅自扩大官绅特权人家的优免范围，提高优免数量，而这些官绅特权人家被优免的赋役，最终统统转嫁到贫民身上。所以，海瑞主张严厉制止滥行优免现象："其有数外编余银及优免不照则例，妄将人半丁粮一升作乡官生员人情，及先年优免，今再免者，官吏坐赃问罪。"② 海瑞指出，如果官绅特权人家优免赋役过滥现象能得到制止，那么百姓就可得到实惠。这是因为官绅特权人家多承担了一些赋役，也就意味着贫民少承担了一些赋役，赋役负担得到减轻，从而使赋役严重不均情况得到缓解。正如他所说的："节制其优免一丁之数，则贫民受一丁之惠；节制其优免十丁之数，则贫民受十丁惠。与其滥免以滋富民之奸，孰若节制以苏贫民之困。"③

海瑞还指出，百姓所困苦的，主要不是国家正赋，因为正赋以什税·为定额，还不至于有很大的偏差；百姓所困苦的主要是各级官吏加在百姓头上的额外征敛。他说："天下事都被秀才官做坏了……穷竭膏脂，博交延誉，乃辄归咎朝廷征赋烦不可为，何也？征赋即烦，各有定额，去什一未远。而额外无名，可省不省，朝廷为之，抑诸臣为之耶？"④ 他认为，均徭里役之费，由于没有定额，故日甚一日，比国初增加十倍百倍，以致"富者破产，贫者逃亡"，"是以民间不苦朝廷正差，独苦均徭里役"⑤。因此，海瑞主张必须消除对百姓的各种额外征敛，禁止府县官任意"借口上司，科派里甲"⑥。

为了解决额外征敛的弊端，海瑞在为官期间身体力行，采取一些具体措施，以减轻百姓的额外负担。如为了杜绝催科吏胥以加耗名义搜刮百姓，海瑞对全县耗银征收数量做了统一规定，"凡各项钱粮尽是正数外别加二分作耗"⑦，并将其公布于众，任何人不得额外增加。他还针对府县官吏任意役使百姓的现象，在巡抚时明确规定，自今以后，府县再于规定之外，"私役一人，本院决不轻贷"⑧。

同时，海瑞针对当时吏多而贪的官场弊端，主张裁革冗员，整顿吏治，减少财政支出，从而减轻百姓的赋役负担。他指出："今府县官日不暇给，非府县事诚多也，大概是送迎参谒，重复文移。若减去一衙门则省一衙门伺候，省了一衙

① 《海瑞集·督抚条约》。
② 《海瑞集·督抚条约》。
③ 《海瑞集·兴革条例·户属》。
④ 《海瑞集·海忠介公行状》。
⑤ 《海瑞集·均徭申文》。
⑥ 《海瑞集·督抚条约》。
⑦ 《海瑞集·定耗银告示》。
⑧ 《海瑞集·督抚条约》。

门文移……事体归一，无十羊九牧之弊，且省民财"①，"夫有一官则有一官之费，若一官不安分，则又有一官需索之扰。一官之费，分也，理也，于民不无所妨。一官需索之扰，时变然也，通弊也，于民则为大害。昔人谓宽一分民受赐一分，窃谓捕盗责之典史，主簿一员当革；清军并之管粮主簿，县丞一员当革；儒学当革训导一员，衣锦巡检司巡检一员，回龙巡检司巡检一员非要害，均当裁革"②。

明代，驿运役是百姓的又一项重负。当时各地的水、马站及驿递所、急递铺，负责飞报军务，递送使客、转运军需物资等，其所需的船、马、人夫及吃、住等，均由沿路地方官府摊派百姓负担。由于官场腐败，驿运中官吏假公济私现象严重，如一些本非公差、属于官员个人的私物，也通过驿递运载；一些来往官员利用权势，乘机于沿途横加勒索；许多地方官员为了巴结往来官员，也尽力搜刮民财，奉迎过路官员。这些弊端使"民间百端苦费，皆为过往使客也……遂至私意沿袭，答应过往礼费，日增一日，小民困苦，亦日增一日"③。对此，海瑞提出了3条解决措施：其一，要求地方政府按朝廷规定标准供应往来官员，不得搜刮百姓，提高供应标准："忠介（海瑞）在江南，一意澄清……如缙绅之升补及奉差者，藩臬之入贺万岁者，俱赍有勘合，而鼓吹旌旗八人者改为一人，舆夫扛夫二十四名改为四人。"④ 其二，规定过往官吏路经其辖区内，地方官不得出城迎送，不得公款招待和馈赠送礼："过客至驿，虽去城去关咫尺，道府州县官亦不得出见，各驿逆不许遣人传报，送下程、送礼"，"纵出俸金，事当严禁"⑤。其三，对勒索下官和百姓的过往官员，海瑞号召驿递官吏予以控告，对违法乱纪过往官员严加惩处，决不姑息："若过客敢有凌虐，生端索取，先拿家人送府县监治，停应付，走申本院按临。有此，驿递击鼓禀。本院知惜民财，知有国法，不知其为京堂、为科道、为部属也！"⑥

海瑞还反对包税制，认为包税人旨在谋利，必然会利用手中的收税权，对百姓加倍征敛，使百姓横遭盘剥："包当人指名倍取，厉阶不改，剥民为毒。"⑦ 他在批评江西"红站马船又编正户正名，募人自征取"时说："夫募人为利而来，积年趋利人也。少有可投之隙，必生倍取之奸"，因此，"禁募人私自征取"⑧，是减轻百姓额外负担的一个重要措施。

---

① 《海瑞集·兴革条例·户属》。
② 《海瑞集·兴国八议》。
③ 《海瑞集·兴革条例·兵属》。
④ 沈德符：《万历野获编·海忠介抚江南》。
⑤ 《海瑞集·督抚条约》。
⑥ 《海瑞集·督抚条约》。
⑦ 《海瑞集·均徭册式》。
⑧ 《海瑞集·兴国八议》。

海瑞在当时赋役制度改革中坚持推行一条鞭法，认为一条鞭法对解决赋役制度中的各种弊端具有重要作用："江西钱粮俱入一条鞭法，小民既知一定之数，官亦得通融缓急，应解两便"①，"江西均徭均平，尽以一条鞭法行之。银止总数，役无指名，以此小民得止输正数，较之他省有一倍再倍三倍十余倍输当者相远，便民良法也"②。

3. 张居正的赋役改革思想

张居正（1525—1582），字叔大，号太岳。嘉靖二十六年（1547 年）中进士，选庶吉士。尔后，历任翰林院编修、国子监司业、翰林院侍读学士、礼部右侍郎、吏部左侍郎兼东阁大学士、礼部尚书兼武英殿大学士、吏部尚书、建极殿大学士等官。隆庆六年（1572 年），明穆宗去世，子朱翊钧嗣位，是为明神宗。当时神宗仅 10 岁，张居正任首辅秉政。

张居正任首辅时，由于君主幼小，不能干预、掣肘，因此，在他掌握大权的十年中，大力进行改革，在政治、军事、经济、财政各方面改善了明王朝的统治。但是，他的改革触犯了权贵人物的既得利益，遭到了权贵人物的强烈抵制和攻击。在他去世后，改革成果遭到清算，几乎荡然无存。张居正的遗著，被编为《张太岳集》《张江陵集》等版本。

张居正生活的明中叶，土地兼并与赋役不均的情况已相当突出，并已对社会造成严重的后果。由于张居正认识到土地兼并者隐匿土地和人口是赋役不均的根本原因，因此，他把清丈土地、计亩征税作为均赋的最重要措施。他指出，丈田"实均天下大政"③，"清丈事，极其妥当，粮不增加，而轻重适均，将来国赋既易办纳，小民如获更生"④。他于万历六年（1578 年）下令度田，将"天下田亩，通行丈量，限三载竣事，用开方法，以径围乘除，畸零截补"⑤。通过清丈，查出了大量隐匿的田地，"总计田数七百一万三千九百七十六顷，视弘治时赢三百万顷"⑥。虽然在清丈中，有些官员以田亩溢额为功，所增之田有不实之处，但从总体上看，查出大量隐田却是事实，并在均赋中取得效果，"于是豪猾不得欺隐，里甲免赔累，而小民无虚粮"⑦。

张居正之所以重视均赋役，因为他认为均赋役在治理国家中有重要的意义：其一，均赋役可以使国家财政收入增加。他指出，赋役不均是国家财政收入减少的重要原因。如吴中富豪之家有田至七万顷，粮至二万石者，却不依法向国家缴

① 《海瑞集·复淳安大尹郑》。
② 《海瑞集·兴国八议》。
③ 《张太岳集》卷 33《答江西巡抚王又池》。
④ 《张太岳集》卷 33《答山东巡抚何来山言均田粮核吏治》。
⑤ 《明史·食货一》。
⑥ 《明史·食货一》。
⑦ 《明史·食货一》。

纳赋税："吴中财赋之区，一向苦于赋役不均，豪右挠法，致使官民两困。"① 如果富豪和平民一样，均按田产多少纳税，赋役均平，那国家财政收入自然会大量增加。

其二，均赋可减轻贫民负担，缓和矛盾，稳定社会秩序。他指出，权贵豪绅"恃顽不纳田粮，偏累小民"②，把赋役转嫁到平民百姓头上，造成赋役负担严重不均，贫民不堪重负，亡逃山林，聚众反抗政府。"夫民之亡且乱者，咸以贪吏剥下而上不加恤，豪强兼并而民贫失所故也"③。如果能使赋役均平，让富豪承担他们本该承担的大量赋役，使贫民减轻沉重的赋役负担，得以维持生存，那他们就不会铤而走险，造反为乱的。

其三，均赋役同样可以保障富豪的根本利益。张居正指出："夫富者，怨之府；利者，祸之胎也。而人所以能守其富而众莫之敢攘者，恃有朝廷之法故耳。彼不以法自检，乃怙其富势，而放利以敛怨，则人亦将不畏公法而挟怨以逞忿。是人也，在治世则王法之所不宥，在乱世则大盗之所先窥，乌能长有其富乎？今能奉公守法，出其百一之蓄，以完积年之逋，使追呼之吏，足绝于门巷；驯良之称，见旌于官府，由是秉礼以持其势，循法以守其富，虽有金粟如山，莫之敢窥，终身乘坚策肥，泽流苗裔，其为利也，不亦厚乎？"④ 张居正的理由是富豪的财富之所以不会被人抢夺，关键的原因是得到国家法律的保护。如果富豪自己先不按照法律缴纳赋役，破坏了法律的尊严，那贫民也乘机不畏惧法律，抢夺富豪的财富。这样，富豪的财富也就得不到法律的保护了。因此，张居正主张富豪应依法纳税，使社会都能遵纪守法，维护法律的尊严，那富豪的财富就能得到法律的保护，世代享受荣华富贵。

张居正在清丈土地的基础上，万历九年（1581 年），又在全国推行一条鞭法：

> 总括一州县之赋役，量地计丁，丁粮毕输于官。一岁之役，官为佥募。力差，则计其工食之费，量为增减；银差，则计其交纳之费，加以增耗。凡额办、派办、京库岁需与存留、供亿诸费，以及土贡方物，悉并为一条，皆计亩征银，折办于官，故谓之一条鞭。⑤

一条鞭法在中国财政赋税管理思想史上具有重要的地位：其一，它将田赋、徭役合并，均按田亩征收，土地多的地主豪族要多纳税，无地少地的农民可以少纳税，实现了赋役多少以田地大小为依据的均平，不仅使纳税服役均为公平合理，减轻了农民负担，而且也增加了国家财政收入。其二，一条鞭法改变了以前赋与

① 《张太岳集》卷 29《答应天巡抚胡雅斋言严治为善爱》。
② 《张太岳集》卷 36《陈六事疏》。
③ 《张太岳集》卷 26《答应天巡抚宋阳山论均粮足民》。
④ 《张太岳集》卷 29《答应天巡抚胡雅斋言严治为善爱》。
⑤ 《明史·食货二》。

役分开征收的办法，使两者合而为一，并出现了"摊丁入亩"的趋势，简化了赋役的征收手续。其三，一条鞭法实行徭役征银的办法，使农民对封建国家的人身依附关系有所松弛，比较容易离开土地，为城镇手工业提供较多的劳动力。由于田赋征银，田赋中除政府需要征收的米麦外，其余所有实物都改为用银折纳。这对货币地租的产生和部分农作物的商品化起了一定的促进作用。徭役和田赋征银，都有利于商品经济的发展和资本主义生产关系的萌芽。

明代的一条鞭法并不首创于张居正，早在嘉靖九年（1530 年），大学士桂萼就已经提出。第二年，御史傅汉臣也上疏建议实行。当时，朝臣对一条鞭法的看法不一，有拥护者亦有反对者，因此，嘉靖、隆庆两朝，个别地区曾经"忽行忽止"。其中拥护者中执行比较有成效的是浙江、应天和江西的地方官庞尚鹏、海瑞、王宗沐等。

一条鞭法在当时也遭到一些人的批评和反对。其中隆庆年间任户部尚书的葛守礼就三番五次撰文，提出废除一条鞭法。他的理由主要有两点：一是一条鞭法复杂多变，平民百姓难懂，容易使书手营私舞弊。"一条鞭法，夏税、秋粮及杂派黄蜡等项，总在其中，无复仓口斗升之数，且岁岁不同。小民茫然不知所谓，该多与少，无从究诘，书手愚弄，出口为是。且一时兼并，人甚不堪。自此法行，穷民日见逃亡，土田日益荒芜……书手得以上下作弊，一条鞭则庶可以革弊，是见一面尔。"① 其二，一条鞭法使奸民、富商大贾得逃税。"一条鞭乃阖县通流，漫无界限，其头绪之多，巧历不能遽算，而况乡间愚氓乎。于是埋没飞洒之弊，奸民可以全不纳，贫民又受加派之累矣。又黄蜡、柴炭、颜料之属，旧规皆派于均徭，逐末者亦应有分。今入田赋中，则惟农家独苦，而富商大贾乃得脱然无与焉。"②

（三）减免赋役和防止逃避赋役思想

1. 减免赋役思想

明代一些皇帝在位时，曾实行一些减免赋役的措施，虽然其最终的效果均是达到减轻农民的赋役负担，但其出发点则有所不同，以下简要分析历朝减免赋役的不同出发点。

其一，通过减免赋役鼓励农民积极垦荒种田。明代一些皇帝以赋役作为政策杠杆，采取减免赋役的办法，鼓励农民踊跃垦荒种田，从而达到发展农业生产，繁荣社会经济的目的。如洪武三年（1370 年），"令北方府县近城荒地召人计垦，每户十五亩，又给地二亩种菜，有余力者不限顷亩，皆免三年租税。十三年（1380 年），令各处荒闲田地，许诸人开垦，永为已业，俱免杂泛差徭，三年后，

---

① 《明经世文编》卷 278 《葛端肃公文集·与沈对阳方岳论赋役》。
② 《明经世文编》卷 278 《葛端肃公文集·与姜蒙泉中丞论田赋》。

并依民田起科。"①。嘉靖八年（1529 年），"令陕西抛荒田土最多州县，分为三等。第一等招募垦种，量免税粮三年；第二等许诸人承种，三年之后方纳轻粮，每石照例减纳五斗；第三等召民自种，不征税粮。抛荒不及三分，有附近及本里本甲本户人丁，堪以均派带种者，劝谕自相资借牛种，极贫无力者，官为措给，责令开垦，不必勘报。又令陕西抚按官，将查勘西安、延庆等府田土，果系抛荒、无人承种者，即召人耕种，官给予牛具、种子，不征税粮。若有水崩沙压、不堪耕种者，即与除豁"②。明政府在减免赋役鼓励农民垦荒中，根据各地区田地抛荒面积的大小、程度的不同和时间的长短，采取不同的减免赋役措施；如照减轻则例起科，即按比通常规定的税额少征税粮；或免三年租税，然后再按规定起征；或免三年租税后，再按较轻的税额起征；或干脆任民自由垦荒，不征税粮。

其二，通过减免赋役较重地区百姓的负担，以防止他们不堪重负而逃亡。如"宣宗即位，广西布政使周干，巡视苏、常、嘉、湖诸府还，言：'诸府民多逃亡，询之耆老，皆云重赋所致。如吴江、昆山民田租，旧亩五升，小民佃种富民田，亩输私租一石。后因事故入官，辄如私租例尽取之。十分取八，民犹不堪，况尽取乎。尽取，则民必冻馁，欲不逃亡，不可得也。仁和、海宁、昆山海水陷官，民田千九百余顷，逮今十有余年，犹征其租。田没于海，租从何出？请将没官田及公、侯还官田租，俱视彼处官田起科，亩税六斗。海水沦陷田，悉除其税，则田无荒芜之患，而细民获安生矣。'帝命部议行之。"

其三，免除新归附地区租税，以笼络人心，使这一地区百姓尽快归顺新政权。如朱元璋在西吴元年（1364 年）下令："今特命中书省：凡徐、宿、濠、泗、寿、邳、东海、安东、襄阳、安陆郡县，及今后新附土地，人民桑麻谷粟税粮徭役，令有司尽行蠲免三年。"③ 减免新附地区人民的税粮，除笼络该地区人民民心、使其尽快归顺新政权的政治目的之外，也有恢复发展该地区社会经济的目的。因为这些地区往往刚遭受战争蹂躏，民不聊生，经济遭到极大破坏，亟需新政权予以优恤，以便尽快恢复生产，稳定社会秩序，并巩固新建立的政权。正如洪武三年（1370 年），朱元璋在下诏免除"应天、徽州等十六府州，河南、北平、山东三省税粮"时说："河南、北平近入版图，重念其民久罹兵革，疲困为甚，山东、河南壤地相接，宜优恤其民，使懋迁有无，相资为生，今年三处租税再行蠲免，以苏民力"④。

其四，对遭受天灾人祸严重地区的人民减免赋役。如元末明初，山东、河南

---

① 《明会典》卷 17《户部四·田土》。
② 《明会典》卷 17《户部四·田土》。
③ 《明太祖实录》卷 23。
④ 《明太祖实录》卷 50。

等地是遭受战火最惨烈的地区，加上山东、河南又是黄河水患最严重的地方，因此，这一地区明初几成无人之地。据《明太祖实录》所载，明初期，朱元璋为恢复这一地区的农业生产，发展社会经济，多次下令减免山东、河南地区租税。如西吴元年（1364 年）下令，免安徽、河南一些地方三年税粮、徭役。洪武二年（1369 年）下诏免除山东、河南等干旱地区夏秋税粮。洪武三年（1370 年），免除应天、徽州等十六府州，河南、北平、山东三省税粮。洪武九年（1376 年），免河南税粮。洪武十五年（1382 年），免除山东税粮。洪武十七年（1384 年），全免除河南等省拖欠的赋税。洪武十八年（1385 年），免除河南税粮237500 余石，山东、北平 2555900 余石。洪武二十二年（1389 年），免除山东受灾田租。洪武二十四年（1391 年），免除山东登、莱、青、兖、济南受水灾田租。洪武二十八年（1395 年），免除山东官民田秋粮，免除河南、山东自洪武二十六年（1393 年）以后栽种桑枣果树以及新垦田土租税。

其五，对一些特定群体减免赋役。如各级官吏是明王朝统治的依靠力量，皇帝为笼络各级官吏的人心，使他们效忠于朱姓王朝，分别给予各级官吏不同程度的减免赋役。如嘉靖二十四年（1535 年），议定优免则例："京官一品，免粮三十石，人丁三十丁；二品，免粮二十四石，人丁二十四丁；三品，免粮二十石，人丁二十丁；四品，免粮十六石，人丁十六丁；五品，免粮十四石，人丁十四丁；六品，免粮十二石，人丁十二丁；七品，免粮十石，人丁十丁；八品，免粮八石，人丁八丁；九品，免粮六石，人丁六丁。内官、内使亦如之；外官各减一半；教官、监生、举人、生员，各免粮二石，人丁二丁；杂职、省祭官、承差、知印吏典，各免粮一石，人丁一丁；以礼致仕者，免十分之七；闲住者，免一半；其犯赃革职者，不在优免之列。"①

古代儒家提倡尊老敬老，明王朝尊崇儒家程朱理学为其统治思想，因此，在社会上广泛推崇尊老敬老思想，在减免赋役上也规定："民年七十之上者，许一丁侍养，免杂泛差役"，"凡民八十之上，止有一子孙，若系有田产，应当差役者，许令雇人代替出官；无田差者，许存侍丁，与免杂役"②。程朱理学还提倡妇女贞节，因此，明王朝亦通过减免寡妇赋役来倡导妇女为亡夫守节："凡民间寡妇，三十以前夫亡守志，至五十以后，不改节者，旌表门闾，除免本家差役。"③ 明王朝尊崇程朱理学为其统治思想，使儒家创始人孔子的地位日益提高。为表达对孔子的崇敬，洪武四年（1371 年），明王朝规定："免阙里孔氏子孙二十六户徭役。"④ 正统元年（1436 年），"令先圣子孙流寓他处，及先贤周敦颐、

① 《明会典》卷 20《户口二·赋役》。
② 《明会典》卷 20《户口二·赋役》。
③ 《明会典》卷 20《户口二·赋役》。
④ 《明会典》卷 20《户口二·赋役》。

程颢、程颐、司马光、朱熹之嫡派子孙，所在有司，俱免差役"①。

2. 防止逃避赋役思想

明代成化、弘治年间，"河南地方……富者田连阡陌，坐享兼并之利，无公家丝粒之需；贫者虽无立锥之地，而税额如故，未免缧绁追并之苦，尚冀买主悔念，行庸乞怜。直至尽力计穷，迫无所聊，方始挈家逃避，负累里甲，年年包赔。每遇催征，控诉不已。地方民情，莫此为急"②。

面对这种贫者卖田与富者，贫者无田仍要承担原来田地所要承担的赋役，而富者买了贫者田地，却无需承担原来田地所要承担的赋役的现象，弘治年间，右副都御史徐恪提出解决的办法："天下司府州县卫所，及各王府长史司，但有典卖民间地土者，各照原额税粮，随即推收过割。若系王府人员及卫所别州县军民，悉照造册事例，寄庄纳粮，如仍倚势恃顽，挟制有司，不于今次册内明白过割，负累包赔，向后事发，断还原主耕种，惟复仍将卖绝地土，依律入官。"③徐恪提出解决办法的关键是民间田地买卖时必须及时把卖主田地所应承担的赋役审核清楚并转到买主名下，由买主全部承担所买田地的赋役。如果买主不按此规定办理，一旦被发现，所买田地由官府没收，并由原卖主耕种。

从明王朝建立之初，由土地兼并而出现的逃避赋税徭役现象就已出现，并愈演愈烈。王府权贵、官僚缙绅不但例得优免特权，而且勾结地方吏胥，用"诡寄""投献""飞洒"等手段，隐瞒优免额之外的田地，把赋税转嫁给穷苦农民。这不但引起社会矛盾的激化，而且也影响国家财政收入。对此，明代历朝颁布了一些法令，严厉禁止这类逃避赋役现象的发生。如洪武十五年（1382年），"令各处奸顽之徒，将田地诡寄他人名下者，许受寄之家首告，就赏为业"④。洪武十八年（1385年），又"令将自己田地，移丘换段，诡寄他人及洒派等项，事发到官，全家抄没。"⑤弘治三年（1490年），"出榜晓谕，禁约军民人等，敢有投托势要之家，充为家人，及通同旗校管庄人等，妄将民间地土投献者，事发，悉照天顺并成化十五年（1479年）钦奉敕旨事例，问发边卫，永远充军"⑥。

明政府不仅通过没收诡寄田地、全家抄没、永远充军等严厉手段禁止诡寄、投献、飞洒等不法行为的发生，而且加强对买卖田地的管理监督，编制买卖田地田粮簿册，以便官府稽查。如嘉靖四十三年（1564年）"令河南各王府、郡王而下，但有置买民田者，尽数查出，附与原卖各里甲项下，即以佃户的名，编立户籍，凡正杂差役，俱要与平民一体派编。先将查过田粮，造册二本，一本启亲

① 《明会典》卷20《户口二·赋役》。
② 《明经世文编》卷81《徐司空奏议·修政弭灾疏》。
③ 《明经世文编》卷81《徐司空奏议·修政弭灾疏》。
④ 《明会典》卷17《户部四·田土》。
⑤ 《明会典》卷17《户部四·田土》。
⑥ 《明会典》卷17《户部四·田土》。

王，一（本）留有司，以便稽查。民间有愿将田地卖与宗室者，先将田粮数目报官，以凭附册编差，违者以投献论"①。

三、商业贸易管理思想

（一）商业管理思想

1. 对商人管理的历史背景

自明代中叶以后，商品经济繁荣，在广度和深度上都有长足的发展。全国有较多的劳动力从农业转移到工商业，商人数量不断增加。

随着商人数量的大幅增加以及活动范围的扩展，一些地区性的商帮开始崛起，如徽州商帮、山陕商帮、广东商帮、福建商帮等。

明代在封建专制主义进一步强化的历史背景下，对商人的管理是较为严厉的，除了对他们进行经济剥削之外，还对他们进行严格的人身控制，实行超经济的强制。这在一定程度上阻碍了商品经济的发展，使资本主义萌芽成长缓慢。

2. 占籍和清审

明政府无论对行商还是坐贾，都实行占籍制度，即对他们的户籍进行归类、登记，以掌握其个人、家庭人口及资产等情况，便于金派徭役。坐贾又称铺户、行户或铺行，是在城镇开店设铺卖货者。政府对坐贾单独编排，注籍登记后，才允许他们取得合法的居住权和经营权。如明人沈榜云："盖铺居之民，各行不同，因以名之。国初悉城内外居民，因其里巷多少，编为排甲，而以其所业所货注之籍。遇各衙门有大典礼，则按籍给值役使，而互易之，其名曰行户。"② 行商由于流动性大，通过在其原籍贯地注籍登记，并承担相关的徭役和义务。明前期对行商的占籍制度并不十分严格，明中叶后逐渐加强管理，若行商定居某地年久，并置下房屋、产业后，政府就要强迫他们在新地或常居地附籍。

由于商人占籍费用高，且要接受政府金派的庸役，因此，他们竭力逃避入籍，有的改名更姓，有的逃离占籍地，有的冒充其他职户等，使入籍商户的数目大大小于实际人数。大批商贾逃匿，沉重的负担被摊派到少数入籍商户身上，结果使少数入籍商户不堪重负，也只得逃匿，形成恶性循环。朝廷为制止这种情况，对未占籍的商贾，如隐、脱、漏、逃避市籍者，许其自首，而对不自首者，"令户部登记天下户口并发户帖，着有司点闸比对，有不合者发充军"③，或惩罚后再逐出城。铺户未占籍者过多，对政府税收、派役带来较大影响，于是永乐年间，明政府制定了定期清审制度："铺行清审，十年一次，自成祖皇帝以来则已

---

① 《明会典》卷17《户部四·田土》。
② 王圻：《续文献通考》卷20《户口考》，现代出版社1986年版。
③ 沈榜：《宛署杂记》卷13《铺行》，北京出版社1961年版。

然矣。"① 这就是每 10 年清查核对一次商贾的占籍情况，将亡故、破产者除名，重新登记注籍新开店铺或未占籍者，并编排在册。清审制度强化了官府对商贾的人身控制。进入明中叶后，随着商品经济的日趋发展，商贾队伍变得很不稳定，新开店铺者、暴发户、破产者、逃匿者、迁徙者、冒名顶替者层出不穷。原来制定的 10 年一审的制度已无法适应形势的变化，政府很难及时掌握商贾的变动情况，致使弊端丛生。嘉靖四十年（1561 年），明政府下令："应天府各色商人清审编替五年一次，立为定例。如遇该审年份，该部预先一年题请。不分军民之家，一体编审。"② 万历年间，两京之外的其他地方甚至边防重镇，亦都不同程度地实行清审制度。

3. 路引和店历

行商长途贩运，流动性大，给管理带来许多困难。明政府针对行商流动性大的特点，通过路引和店历制度，加强对行商的控制和盘剥。所谓路引制度，就是行商出外贩卖货物之前要向政府交纳一笔钱，申请路引（也称关券），取得政府批准并领到政府签发的凭证后，方可外出经商。这个凭证就叫"路引"，这笔交给政府申请路引的钱就是"路引钱"。正如时人丘浚所云："凡商贾欲赍货于四方者，必先赴所司起关券。"③ 程春宇亦云："凡出外，先告路引为凭。"④

政府发给行商路引不仅增加了财政收入，而且也有效地控制了行商贩运的路线和规模。路引上要注明行商的姓名、乡贯、去向、出行日期、资本数目、货物重轻、水运还是陆运等以及监运者的体貌特征，以便沿途关卡和旅店的查验。运货的客商每到一处码头、关卡或停靠地，都有专门负责的牙行查验路引，并登记行商及所带货物，这些登记簿册每月都要"赴官查照"，即与官府所掌握的路引核实，防止弄虚作假。行商每到一地出卖货物也要向当地政府呈上路引，无引或引目不符、持假引者，官府都要逮捕治罪。据明代刘辰《国初事迹》记载，洪武年间，南京检校高见贤与兵马指挥丁光眼等，"巡街生事，无引号者，拘拿充军"。成化年间，京师曾对商铺无引者进行大规模搜索，凡遇寄居无引的商户，"辄以为盗，悉送兵马司"惩罚。到了明朝中后期，随着经商的队伍日益庞大和官场腐败日盛一日，商人贿买官文及假充亲族势要、无引经商以及官员私出、伪卖路引的情况层出不穷，明廷对此制定了一系列措施，加重对不法官吏和商贾的惩罚。如规定："凡不应给路引之人而给引，及军诈为民，民诈为军，若冒名告给引，及以所给引转与他人者，并杖八十；若于经过官司停止去处，倒给路引，及官豪势要之人，嘱托军民衙门，擅给批帖，影射出入者，各杖一百；当该官吏

---

① 《宛署杂记》卷 13《铺行》。
② 《明会典》卷 42《户部二十九·铺行》。
③ 《大学衍义补》卷 30《治国平天下之要》。
④ 《士商类要》卷 2，载《商家智谋全书》第 29 页。

听从及知情给予者，并同罪……若巡检司越分给引者，罪亦如之。其不立文案，空押路引，私填与人者，杖一百，徒三年；受财者，计赃以枉法，及有所规避者，各从重论。若军民出百里之外，不给引者，军以逃军论，民以私度关津论。"①

行商贩卖货物，尤其是在陆路贩运中总要投店住宿，因此，旅店、客栈成为官府管理行商的一个重要可控环节。明政府规定，凡行商住店都必须备有官府署发的"店历"，"凡客店每月置店历一扇，在内赴兵马司，在外赴有司署押讫，逐日附写到店客商姓名、人数、起程月日，月终各赴有司查照"②，即客店要详细登记投宿的商人的相关情况，并按月上报所辖官衙进行查照。官府通过核查客店所上报的"店历"就可以全面掌握客商贩运路线和经营情况。与店历制度相似，明朝还规定在行商贮存货的塌房详细登记商人姓名、字号、货物品类、数量、货源等内容，并定期上报官府。塌房登记制度除了可掌握行商的相关情况外，还可通过塌房向行商代征商税。

（二）海外贸易管理思想

明王朝建立后，前期由于朝廷进行严禁私人从事海外贸易，朝贡贸易成为当时对外贸易的唯一合法形式。明成祖时期，在郑和七次下西洋的推动下，这种朝贡贸易从永乐至宣德年间达到鼎盛，郑和所经各国纷纷与明王朝建立朝贡关系。但是这种朝贡贸易主要是服务于政治目的，严重背离经济规律，其贸易原则是厚往薄来，目的是怀柔远人，因此必须以强大的国力作为后盾。正统以后，朝贡贸易逐渐趋于衰微。在朝贡贸易衰落的同时，私人海外贸易逐渐发展起来，中央政府在隆庆元年（1567年）部分解除海禁，这样，一直被视为非法的私人海外贸易取得了合法地位并进入一个新的发展阶段。

明代的海外贸易时禁时弛，使当时的一些官员就开展海外贸易的利弊得失进行讨论，从总体上看，大致分为禁止海外贸易派和有限制地开展海外贸易派。以下就其中比较有代表性的观点做一简要介绍：

嘉靖年间，冯璋针对都察院提出的"通海舶以资物货"的建议，认为通番舶有害无利，应予以禁止。其理由是：第一，福建等沿海水域辽阔，岛屿众多，难以管理。他指出："本省（福建）四府沿海地方二千余里，汪洋无际，四散岛屿，尽可泊船，与荆州、芜湖江上关锁去处不同"③，这种自然环境使番舶很容易逃避官府稽查、征税，官府很难对其实行有效的监控和管制。第二，从事海外贸易之人往往是不法亡命之徒，容易引发与官府对抗事件。这就是"通番之人，必是积年在海强徒恶少，舍命轻生，藐视官法。货船到岸，倘不赴官，四散湾

---

① 《明会典》卷167《刑部九·关津》。
② 《明会典》卷35《户部二十二·商税》。
③ 以下冯璋言论均见于《明经世文编》卷280《冯养虚集·通番舶议》。

泊，躲名匿税，官府不免拘拿，因而拒捕伤人，又须调兵征剿，恐其利未得而害先至也"。第三，海外商品对民间实用性不大，销路有限，加上奸猾商人逃税，使海外贸易征税收入徒有虚名。当时"商贩所来，不过胡椒、苏木等件，民间用之不多，食之有限，贩来既盛，价值必轻，二三年后，商人无利，势将自息，徒有开税之名，而未见开税之利。所可预料者也，又有奸猾商人将带中土丝绵、段布、磁铁贵货到彼番国，不换货物，止卖金银，回还之时，将船烧毁，潜地逃归，徒有开税之名，而终无可税之实，势所难禁者也。"第四，海外贸易走私军火，威胁明王朝安全。"若今明开通税之门，略同互市之法，火铳、火药公然交易，得番人无用之物，济番人有用之器，是持其柄而授之兵也。"第五，海外贸易使生人混淆、夷夏无别，结党成风，严重影响社会治安。冯璋认为："今若大开纳税之门，直启交通之路，生人混淆，夷夏无别，其害将不可收也。又况泉漳风俗，嗜利通番，今虽重以充军处死之条，尚犹结党成风，造船出海，私相贸易，恬无畏忌，设使宽立科条，明许通税，顽民藉口势宗擅权，出海者愈多，而私贸私易者，不过治以笞杖之罪而已。自此益无禁忌，恐其法坏于上，利归于下，无补国计之分毫也"。

基于这些理由，冯璋坚持明初海禁的做法：其一，加强沿海边防建设，于腹里军卫之外，增置边海卫所，增筑边海城垣，"所以重边计而防后患也。"其二，严防、重惩奸细，"凡缘边开塞，及腹里地面，但有奸细走透消息、探听事情者，盘获到官，须要鞫问接引起谋之人，得实皆斩。经过去处，守把之人，故纵隐匿者，与犯人同罪。"其三，严禁私人从事海外贸易，尤其是贩卖军器等军需物品。"凡将牛马、军需、铁货、铜钱、段匹、绸绢、丝棉私出外境货卖及下海者，杖一百，物货、船车并入官；若将人口、军器出境及下海者，绞；因而走漏事情者，斩。""官员、军民人等，私将应禁军器，卖与夷人图利者，比依军器出境，因而走泄事情者，律各斩为首者，仍枭首示众。"其四，严禁建造桅式大船并勾结海盗。"官民人等擅造二桅以上桅式大船，将带违禁货物下海，往番买卖，潜通海贼，同谋结聚及为向导劫掠者，正犯处以极刑，全家发边远充军。"

胡宗宪则认为，当时倭患猖狂，主要是因为倭寇侵扰得到内地奸人的接济。"倭奴拥众而来，动以千万计，非能自至也，由内地奸人接济之也。济以米水，然后敢久延；济以货物，然后敢贸易；济以向导，然后敢深入。海洋之有接济，犹北陲之有奸细也。奸细除而后北房可驱，接济严而后倭夷可靖。"[1] 具体而言，"接济严"就是加强稽查沿海"船式"和"装载"："其一曰稽其船式。盖国朝明禁，寸板不得下海，法固严矣。然滨海之民，以海为生，采捕鱼虾，有不得禁者，则易以混焉。要之双桅尖底始可通番，各官司于采捕之船，定以平底单桅，别以记号，违者毁之，照例问拟。则船有定式，而接济无所施矣。其二曰稽其装

① 以下胡宗宪言论均见于《明经世文编》卷267《胡少保海防论·广福人通番当禁论》。

载。盖有船虽小，亦分载出海，合之以通番者，各官司严加盘诘。如果采捕之船，则计其合带米水之外，有无违禁器物乎；其回也，鱼虾之外，有无载番货乎。有之，即照例问拟，则载有定限，而接济无所容矣。此须海道严行设法，如某寨责成某官，某地责成某哨，某处定以某号，某澳束以某甲。如此而谓通番之不可禁，吾未之信也。"在此，胡宗宪主张通过两个途径来禁止民间海外贸易：一是双桅尖底船抗御风浪能力强，适合于远洋航行，因此，禁止民间建造、使用双桅尖底船，就使民间失去了海外贸易的交通工具。同时，为了给沿海居民一条谋生之路，只允许他们建造使用抗御风浪能力差的平底单桅船，用于近海采捕鱼虾。二是严格稽查来往船只所运载的货物，严禁船只运载"番货"。为了使这两条措施能得到切实的执行，胡宗宪还建议，分区域将稽查责任落实到某官、某哨、某号、某甲等个人或机构。

相对于禁止海外贸易派来说，明代主张有限制地开展海外贸易派的似乎在人数上更占多数，其观点显然也更符合当时的历史发展潮流。在明代，尤其是明中后期，封建商品经济空前发展，海外贸易呈现出不可阻挡的历史趋势，有识之士认识到这一点，因此对海外贸易只能采取因势利导的政策，而依靠政治权力予以严禁是行不通的。

如果对主张有限制地开展海外贸易派进行细分，大致又可分为3种类型：一是主张与东、西二洋通商，但禁止与日本进行贸易；二是主张与东、西二洋通商，对日本只能进行政府间的朝贡，禁止民间贸易；三是主张对日本也可开展民间贸易。兹简要缕述如下：

其一，明代自嘉靖年间起，东南沿海倭寇侵扰日益严重，因此，一些大臣提出，海禁应主要禁止与日本的贸易，而与东南亚各国仍然可以进行贸易往来。"维时当事，议以吕宋素不为中国患者，题奉钦依，许贩东西二洋。"而漳泉滨海居民，"往往多至越贩诸番，以窥厚利，一行严禁，辄便勾倭内讧，嘉靖季年，地方曾受蹂躏之惨"。[①] 沈一贯甚至主张，不仅要严禁民间与日本的贸易，而且连国与国之间的朝贡贸易也要禁止。其理由是：第一，日本通过朝贡以窥探中国内地虚实，收买奸民为其所用。"自古倭奴无贡，贡亦不过数十年偶一来，不知吾土虚实，所以祸少。自永乐来有贡，贡辄数来，则限以十年一贡，又不遵约，或数年 来。涉吾土若故乡，识吾人如亲旧，收吾宝物诸货如取诸寄。尤嗜古今图籍，凡山川之险易，甲兵之朽利，人性之刚柔，国纪之张弛，无不熟知。而吾民之顽黠者，利其贿，负其债，反为之用。嘉靖中，两以非期拒还，因泊海岛经岁，奸阑出入，益生心焉。是时谋国者昧大计，以为贡可以示广大，明得意。其悠悠小民，又不恤远，以为贡可以利金钱得异物。虽倭之始贡，岂遽有他

---

① 《明经世文编》卷433《徐、杨二公奏疏·报取回吕宋囚商疏》。

心而势之所渐，不祸不止。其病中人，如蟊蟘之食心而不觉。"① 第二，如对日本贡市将使朝廷对日政策处于客、防两难境地，引起动乱。沈一贯指出："贡市，则吾之于倭，当客之也。苟吾方客之，而彼实以盗自为；吾推心以置其腹，彼剚刃以向吾腹。于斯时也，不防则有患，防之则示以疑，将防之乎，不防乎？丧乱以来，上下讲求，沿海数千里，用兵者四十年矣，士气始奋，民生始安。贡市成，则此兵直当撤去，将撤乎，不撤乎？又岂将增兵以卫贡市乎？海上之兵，非有他防，独防倭也。而今既客之矣，客之，则不当防；防之，则不当客。防之不已，则客之不诚，是召乱也。"第三，贡市将引狼入室，使倭寇在陆战中处于优势。当时，"大抵杀倭之术，于陆难，于海易，故须出海远哨，而扼之于门户之间，虽失无大患，众寡相当，即胜之矣。一登陆，则彼跳梁咆哮之势，非我兵所及，即吾之众，不能敌彼之寡也。贡市成，彼傥以选兵数百来，出吾不意，则吾数万兵，皆失势披靡无用。又况彼战于死地，吾战于生地，胜败之势悬可知"。第四，贡市将使内地反朝廷势力与倭勾结为乱。"向也，吾民与倭通，勾倭为乱。四十年来，民与倭绝，乱本始拔。贡市成，则民复与倭合。宁独倭也，王直、徐海之流，草莽之戎且伏。从此言之臣，所谓数十年后，无宁波，犹远言之也，恐不待数十年之久也。"

有鉴于此，沈一贯提出，要坚持明太祖朱元璋洪武年间的对倭政策，禁止对倭贡市，而时刻防范倭寇的侵扰，"无岁无倭患，无岁不与倭战"。"况今海上法弥密，兵弥练，将士日索倭而奏功，何忧其来？若放析就绪，毁坏成策，而倒持太阿，以予狡夷，启无穷之患。"

据许孚远《疏通海禁疏》载，"漳州府海防同知王应乾呈称，查得漳属龙溪、海澄二县，地临滨海、半系斥卤之区，多赖海市为业。先年官司虑其勾引，曾一禁之，民靡所措，渐生邪谋，遂致煽乱，贻祸地方。迨隆庆年间，奉军门涂右佥都御史议开禁例，题准通行，许贩东西诸番，惟日本倭奴，素为中国患者，仍旧禁绝。二十余载，民生安乐，岁征税饷二万有奇，漳南兵食，藉以克裕"②。由此可见，隆庆年间，右佥都御史就提出，准许民间与东西二洋诸国进行贸易，但禁止与日本贸易。此政策实行二十余年之后，闽南沿海居民安居乐业，国家每年又能征得二万多的税饷，解决漳州南部驻军的粮食供给。但是，"近奉文禁绝番商，民心汹汹告扰"，许孚远"目击时事"，认为如再"禁绝番商"，会给漳州地区带来4个方面的祸患：一是如禁止海外贸易，沿海居民无以为生，将聚众为乱。"夫沿海居民，凭藉海滨，易与为乱。往者商舶之开，正以安反侧杜乱萌也。乃今一禁，彼强悍之徒，俯仰无赖，势必私通，继以追捕，急则聚党遁海，据险流突，如昔日之吴曾、林何变且中起。此其患一。"二是如禁止海外贸易，

---

① 以下沈一贯言论均见于《明经世文编》卷435《沈蛟门文集·论倭贡市不可许疏》。
② 以下许孚远言论，均见于《明经世文编》卷400《敬和堂集·疏通海禁疏》。

会使一些商人滞留海外，勾引外夷入寇。"东西二洋，商人有因风涛不齐、压冬未回者，其在吕宋尤多。漳人以彼为市，父兄久住，子弟往返，见留吕宋者盖不下数千人。一旦舟楫不通，归身无所，无论弃众庶以资外夷，即如怀土之思既切，又焉保其不勾引而入寇也？此其患二。"三是如禁止海外贸易，朝廷就无法获得海外诸国情报。"迩者关白阴畜异谋，幸有商人陈申、朱均旺在番探知预报，盛为之防，不至失事。今既绝通商之路，非惟商船不敢下水，即如宣谕哨探之船，亦无由得达。设或夷酋有图不轨如关白者，胡由得而知之？此其患三。"四是如禁止海外贸易，朝廷失去关税，即使重敛于民也难解决军队供给。"漳南沿海一带，守汛兵众数千，年费粮赏五万八千有奇，内二万则取足于商税。若奉禁无征，军需缺乏，势必重敛于民，民穷财尽，势难取给。此其患四。"

许孚远认为，如允许民间进行海外贸易，不仅能使以上"四患"迎刃而解，而且有利于明朝联合暹罗、吕宋诸国对抗日本。"且使中国商货通于暹罗、吕宋诸国，则诸国之情尝联属于我，而日本之势自孤。日本动静虚实亦因吾往来诸国，侦得其情。可谓先事之备。"还有发展海外贸易，可促使商人建造坚固商船，供朝廷不时征用调遣，所征收关税可用于军需供给。"商船坚固数倍兵船，临事可资调遣之用。商税二万，不烦督责，军需亦免搜括之劳。"同时，许孚远清楚地看到，禁止民间海外贸易，很难达到阻止日本得到铅硝等军用物资的目的。"臣又访得铅硝等货，接济倭夷，其途非一。在广东香山澳佛郎机番装贩最多，又有奸商在长芦、兴济等处预行匿载，取便过倭，并宜一体设法严禁。若夷国之柬埔寨，多产铅硝，暹罗亦有之，倭奴每岁发船至交趾、吕宋地方买运而去，此又非禁令之所能及。"

基于以上理由，许孚远明确指出："禁不便，复之便，急复之为尤便！"他认为对民间海外贸易只要管制得当，就能化害为利，反之，禁止民间海外贸易是因噎废食的做法。既然接济倭奴者"不尽番舶，而番舶于通之之中寓禁之之法，岂得肆为接济乎？或者谓沿海商民假之利权，往来番国，异日将有尾大不掉之患。夫使处置得宜，制御有术，虽番夷不足虑，而况吾民。如其不然，事变无常，殆不知其所出。至虞倭奴一日狂逞，遂归咎市舶，则往事可鉴。"因此，"若缘此而禁绝商路，不几于因噎而废食乎？"所以，他主张"通之便，无已则于通之中，申禁之之法。日本例不得往，无论已。凡走东西二洋者，制其船只之多寡，严其往来之程限，定其贸易之货物，峻其夹带之典刑，重官兵之督责，行保甲之连坐，慎出海之盘诘，禁番夷之留止，厚举首之赏格，蠲反诬之罪累，然而市舶诸人，不恬然就约束而顾身家者，未之有也"。他认为，只有"明开市舶之禁，收其权而归之上，有所予而有所夺，则民之冒死越贩者，固将不禁而自止。臣闻诸先民有言，市通则寇转而为商，市禁则商转而为寇，禁商犹易，禁寇实难，此诚不可不亟为之虑"。总之，在明代，许孚远比较系统、全面地分析了与东西二洋诸国通商，但禁止与日本贸易的利弊得失，并且其主张对东西二洋诸国的通商也予以严格的管制，即对通商贸易船只的数量、往返时间、所贸易的货物都有明确的限制，违反者必须受到严厉处罚。同时，督促官兵尽职尽责稽查，实行保甲连坐法，对出海贸易商人严加盘查，禁止番夷随意逗留，给举报者予以重赏，免除诬告之罪。这样，就能转害为利，转寇为商，从而使沿海经济发展，社会安定，巩固明王朝对沿海地区的统治。

其二，钱薇则主张明朝应保持对日本的朝贡贸易。只有维持中日的朝贡贸易，才有可能避免倭寇的侵扰。否则，要消除倭寇的侵扰是很难的。钱薇认为，倭奴"嗜中国物，犹西蕃之嗜茶也。西番不得茶，必寇掠；倭奴亦假寇通商，始得所欲。否则，沿海为寇，势所必至也"①。他还列举了历史上的事例，来说明只要维持与日本的朝贡，满足他们对中国一些物品的需要，就能使他们不来侵扰掠夺。"吾尝观史，唐宋以来但修贡而不闻寇抄，中国亦加优恤，不为防御。如汉赐以印绶，魏封亲魏倭王，晋使都督百济等六国，唐赐燕麟德殿，授使臣官左补阙或赐书籍、佛经，自宋雍熙至嘉定，贡使不绝。时或失风，诏给常平米钱赡养，何尝为寇而防之哉。"

因此，钱薇认为朝廷应允许倭奴来中国"贡而商焉，互市而两利焉，海徼消而夷祸息"。而且，他还进一步主张不必拘泥于让倭奴十年一贡的旧例，"盖倭既仰籍化物，必资商为利，贡限十年，彼不能待也。谚谓闰月风便舶至，非闰月风便，三年一闰，彼适来，正其候耳。况华人亦利其货，交相觊觎，而时禁特严，则旁蹊曲径，潜相勾引，势在必然。奸人乃或从中梗之，官不达其利害，而搜治稍急，彼欲脱身以解，必至弄兵，沿海之忧方大耳"。因此，"若彼称贡而来，纵不合十年之期，挈重赍，涉溟涛，无复回之理。况内地所需，亦有必仰之物。昔韩昌黎送海州刺史有曰：海外之国，驭得其道，处中其情，则夷贾之货，皆可为中华用。而海上之患，亦可潜消。今日之计，在巡抚大臣，知我知彼，识其机宜而善应之耳。"

钱薇还就当时人们担心的日本"各道争贡"和海上近舶之家"冒利启衅"两个问题提出解决办法。他分析当时发生"各道争贡"的原因是"倭国有七道，道各统郡数十，倭王政令行，则不敢擅求贡。自原义植主国，幼冲无道，势不能制，遂令各道强请勘合，争先求贡。及抵宁波，互相诋毁求胜，致屠戮衅开，而兵戈贻害"。所以他建议："今当谕彼，照先年各道轮贡，不得交争。违者照洪武事例，却其贡物，安置其使于川陕，则祸端可息矣。"至于海上近舶之家"冒利启衅"的原因，他认为是"沿海之奸，嗜利无纪，必投势豪之家以为奥主。始则诱赊舶货，既而不偿，又谬托贵势，转辗相蒙，激其愤怒。"对此，钱薇主张："严宪典辄擅通番之禁、督抚司下海捕缉之条，方番舶之至，必报官阅视，方得议估。既入其货，立限以偿。凡势要之家，不得投托，务选谨厚之人，自顾

---

① 以下钱薇言论，均见于《明经世文编》卷214《承启堂文集·海上事宜议》。

家身者，乃得与之交易。则狡猾失势，当自敛戢。且舶船不许入港，令彼不得觇我虚实。市易之际，差官检押，不得乘机亏负。如此，华夷各获其利，衅何自生？"

钱薇很自信地认为，朝廷如能按他设想与日本保持贡市，"则不惟杜祸萌，且各受益"。具体说来，益处有3个方面："限以十年之贡，既不拒夷人向义之心，而彼国亦不数劳费，一利也；抑其争贡之端，既以礼义治彼，又以尊严事我，二利也；仿国初市舶之意，而不绝其情，在我则以通夷方之百货，在彼又以慰仰藉之贪心，三利也。"

其三，唐枢则认为，如朝廷允许日本前来贡市，就必然会引发中日民间之间的贸易。这种趋势是禁止不了的，朝廷应该顺势而为，化害为利。具体而言，主要有3个方面的原因：一是趋利是人的本性，互通有无的贸易对中日双方都有利，是禁止不了的。他指出："华夷同体，有无相通，实理势之所必然。中国与夷，各擅土产，故贸易难绝，利之所在，人必趋之。本朝立法，许其贡而禁其为市，夫贡必持货与市兼行，盖非所以绝之。"[1] 而且，这种海外民间贸易成为一种无法禁止的趋势，成为沿海居民不可缺少的一种谋生手段。如禁止海外贸易，将使一些人无以为生，转而成为盗贼。"其私相商贩，又自来不绝。守臣不敢问，戍哨不能阻。盖因浩荡之区，势难力抑，一向蒙蔽公法，相延百数十年。然人情安于睹记之便，内外传袭，以为生理之常。嘉靖六七年后，守奉公严禁商道，不通商人，失其生理，于是转而为寇。嘉靖二十年后，海禁愈严，贼伙愈盛。许栋、李光头辈然后声势蔓衍，祸与岁积。今日之事，造端命意，实系于此。"

二是如允许与日本民间贸易，可增加国家关税收入，用于海防开支。唐枢认为："开市，必有常税。向来海上市货暗通，而费归私室。若立官收料，倍于广福多甚。况今海上戍额，即令事平，必欲如九边故事，定立年例，以充饷费。旧时两浙，北起乍浦，南迄蒲门，萦纡二千里卫所巡司，各衙门兵卒，约二十万有奇，岁费五十万有奇。各县征发旧额已定，见今客兵大增，何以处给？且兵荒之余，百姓贫苦，不忍加赋。若得海上之税，以济海上年例之用，则一举两得。战守有赖，公私不困矣。"

三是如允许与日本民间贸易，使盗贼转而为商，消除社会不安定因素。"凡海上逐臭之夫，无处无之，恶少易动之情，亦无处无之。樵薪捕鱼、逞侠射利者，原无定守，不得安于其业。则随人碌碌，乃常情之所必至。使有力者，既已从商而无异心，则琐琐之辈，自能各安本业，无所效尤，以为适从。"

以今人的眼光来看，明代对海外贸易弛禁的不同思想和主张，其中主张开放海外贸易的思想是值得肯定的。其理由是：其一，明代商品经济比前代又有所发

---

[1]　以下唐枢言论，均见于《明经世文编》卷270《御倭杂著·复胡梅林论处王直》。

展，商业资本的发展促进了民间海外贸易的发展，开展海外贸易成为历史的必然趋势。尤其是明代中后期资本主义的萌芽，更需要同海外互通有无，发展商品经济。当时及后来，那些首先出现资本主义生产关系的国家，绝大多数都积极开展海外贸易，不断扩大商品市场，从而使资本主义迅速发展，经济实力增强而进入世界强国之列。其二，利之所在，人必趋之。对于沿海山多地少的居民来说，开展海外贸易是一项重要的谋生手段，尤其是从事海外贸易虽然有较大的风险，但却有巨额的利润，因此，沿海居民对此趋之若鹜。正如顾炎武在《天下郡国利病书》卷93中所指出的："其去也，以一倍而博百倍之息；其来也，又以一倍而博百倍之息。愚民蹈利如鹜，其于凌风破浪，直僵息视之。违禁私通，日益且盛。"即使统治者制定了许多严刑峻法来禁止海外贸易，但还是有好多人越界犯禁，实际上是禁止不了，而且政府还因此丧失了巨额的关税收入。因此，政府最理性的政策是因势利导，这样就能达到官民共利双赢。政府因海外贸易而获得关税收入，并能使社会稳定，其统治巩固；而民间百姓从海外贸易中获利，求得生存，少数人还能发财致富。其三，明代主张禁止海外贸易的人，最重要的理由是认为海外贸易会影响国家的安全，尤其是招致倭寇的侵扰。历史的规律告诉我们，落后弱小就要挨打，一个国家要捍卫自己的主权和安全，最重要的途径就是要使自己先进强大。闭关锁国是捍卫不了自己的主权和安全，相反，只会使自己封闭，落后于时代而愈益弱小，其结局就是愈益容易遭受强国的侵略和掠夺，甚至走向亡国。

（三）市舶司负责海外贸易思想

据《明史》卷75《职官四》记载，明代市舶提举司的官员配置是"提举一人，从五品；副提举二人，从六品；其属，吏目一人，从九品。"其职"掌海外诸藩朝贡、市易之事，辨其使人、表文、勘合之真伪，禁通番，征私货，平交易，闲其出入而慎馆谷之"。具体而言，明代市舶司负责海外贸易的事务主要有以下3个方面：

一是管理朝贡事务。来华的外国贡船进港后，市舶司会同所在地的地方官员查验来者及表文，辨别真伪，确认无误后督令下属钉封船舱、货物，防止贡品、私货偷运上岸，随即将上述物品运进贡厂（即存放贡物的仓库）。当货物全部运进贡厂后，市舶司通知地方官员到场监督封仓。然后，市舶司会同当地驻军安排仓库周围的巡逻保卫，防止夷人擅自出入私拿货物售卖。同时，将贡使及其随从安排在驿馆住宿，并按规定设宴席招待。随后，市舶司将此事奏报朝廷，待接到朝廷命令后，再会同当地官员监督贡品装箱、封钉和起运，并负责造册，开列贡品详细清单，差人与贡使同行赴京交办。贡使朝贡完毕，市舶司在他们上船离港之日逐一检验，然后护送出港。

二是负责海外贸易的关税征收。明初确立的朝贡贸易主要是为政治服务的，因此其原则是厚往薄来，目的在于怀柔远人。当时虽然已有抽分之名，但明政府在抽分之后又"给价偿之",即按高于时价的价格收买,故实际上并未征税。正如丘浚在《大学衍义补·市籴之令》所云:"本朝市舶司之名虽沿其旧,而无抽分之法,惟于浙、闽、广三处置司以待海外诸藩之进贡者,盖用以怀柔远人,实无所利其入也。"

这种厚往薄来的朝贡贸易使来朝贡者有厚利可图,故朝贡货物剧增,次数增多,日益成为明政府的财政负担。于是,到了弘治年间,明政府不得不对抽分作出具体规定:

> 凡番国进贡内,国王、王妃及使臣人等附至货物,以十分为率,五分抽分入官,五分给还价值。必以钱钞相兼,国王、王妃钱六分,钞四分;使臣人等钱四分,钞六分……如奉旨特免抽分者,不为例。凡番国进贡船内搜出私货,照例入官,俱不给价。其奉旨给予者,不为例。[①]

明政府推行抽分政策后,抽分收入成为地方政府一项重要的财政收入。嘉靖初年,由于倭寇猖獗,明政府再次实行海禁,这对广东地方财政收入影响很大,许多地方官员上疏陈述抽分之好处,要求重开海禁。如嘉靖八年(1529年)七月,两广巡抚林富上《请通市舶疏》云:

> 旧规,番船朝贡之外,抽解俱有则例,足供御用,此其利之大者一也。除抽解外,即充军饷。今两广用兵连年,库藏日耗,藉此可以充羡,而备不虞,此其利之大者二也。广西一省,全仰给于广东,今小有征发,即措办不前,虽折俸折米,久已缺乏,科扰于民,计所不免。查得旧番舶通时,公私饶给,在库番货,旬月可得银数万两,此其为利之大者三也。贸易旧例,有司择其良者,如价给之,其次资民买卖。故小民持一钱之货,即得握椒,辗转交易,可以自肥。广东旧称富庶,良以此耳,此其为利之大者四也。助国给军,既有赖焉,而在官在民,又无不给,是因民之所利而利之者也,非所谓开利孔为民罪梯也。[②]

可见,当时官员清楚地看到对海外贸易实行抽分的重大经济意义:一是抽解的货物可供皇室御用,二是关税可以充当军饷,三是广东所征关税可以资助贫瘠的广西,四是平民百姓在海外贸易中获利,丰衣足食,甚至发家致富。

三是协助海禁、海防的职责。上引《明史》所云,市舶司"禁通番……闲其出入而慎馆谷之"就有协助海禁、海防的职责。在实行海禁、海防中,市舶司对于进行非法海外贸易的商人,有权予以追捕。

明代市舶司管理海外贸易的思想与实践在明代前、后两个时期有较大的变化。前期,主要是管理、监督朝贡贸易。明代朝贡贸易中抽分后剩余的货物是允许贡使及其随从交易的,但地点限制在京师会同馆和市舶司两个地方。会同馆隶

---

① 《明会典》卷113《礼部七十一·给赐番夷通例》。
② 林富:《两广疏略》。

属于礼部，不受市舶司管辖。而有关市舶司对海外贸易的管理，明代胡宗宪《筹海图编》卷12主要提及3个方面：一是海外贸易被严格限定在朝贡范围之内，"是有贡舶即有互市，非入贡即不许其互市"。二是海外诸国来华贸易规定由不同地点的市舶司对口负责："凡外夷贡者，我朝皆设市舶司以领之。在广东专为占城、暹罗诸番而设，在福建专为琉球而设，在浙江专为日本而设。"三是相关贸易必须在政府的牙行组织下进行，"其来也，许带方物，官设牙行，与民贸易，谓之互市"。这里必须指出的是，随着海外贸易的兴盛，市舶司难以对其进行全面的管理，其原有的管理职能与经营职能逐渐分离，其检验进出口船舶与征收关税的管理职能被市舶司继续拥有，而"平交易"的经营职能则由行人执行。牙人经市舶司挑选，领有政府颁发的执照（牙帖），随贡而来的商品必须经过他们才能进入市场交易。牙人通过收取交易双方的佣金（牙钱）而赢利。而后，这些官牙逐渐取得了垄断海外贸易的特权，到了清代最终发展为行商制度，行商们完全垄断了海外贸易市场。

在明代前期的市舶司制度下，政府控制了朝贡商人的全部货物或大部分货物，使中国民间商人极少能直接与外国朝贡商人进行交易，而且相关交易必须在会同馆或市舶司的严格监督下进行。但是，随着抽分制的推行，勘合制遭到破坏，市舶司的官方贸易性质被削弱，被限制的民间贸易却逐渐兴起。按照抽分制度，海外商货只要经市舶司抽分后，即可与中国商人交易。

（四）茶马贸易管理思想

明代在与北方游牧民族的战争中，战马成为明朝军队重要的装备，但以农耕为主的中原却不能出产大批的优质战马。而西番畜牧业发达，能够源源不断出产数量众多的优质战马。但是，对于这些番人来说，以青稞、肉类和奶酪等乳制品为主食，故需要茶来助消化、解油腻，茶成为他们不可或缺的生活必需品。由于地理环境的限制，这一地区无法种植茶树，生产茶叶，只能依靠从明王朝统治区域内输入。因此，明王朝以茶叶向西番交换战马，互通有无，茶马贸易成为双方最佳的选择。明代官营茶马贸易就是明政府运用国家权力，以官营垄断形式与西番进行交易活动。

为了保障茶马贸易的官营垄断地位，历代统治者想方设法，设置了机构，制订实施了相应的茶马贸易管理体系。对茶叶的种植、生产、收藏、运输、交易、检验等环节实施了更严密的管理。

（1）明政府设置茶马司作为专门管理、经营茶马贸易的行政机构。明王朝对设置茶马司的思想和实践有以下4个方面值得注意：一是明政府重视茶马贸易，从其政权建立伊始，就着手设置茶马司，管理茶马贸易。洪武四年（1371年），明政府"设茶马司于秦、洮、河、雅诸州"①。二是茶马司设置于漫长的

---

① 《明史·食货四》。

茶马贸易线上："自碉门、黎、雅抵朵甘、乌思藏，行茶之地五千余里。山后归德诸州，西方诸部落，无不以马售者。"① 三是茶马司设置地点因茶马贸易情况的变化而有所变动。如"初制，长河西等番商以马入雅州易茶，由四川严州卫入黎州始达……严州卫以为言，请置茶马司于严州，而改贮碉门茶于其地，且验马高下以为茶数"②。四是茶马司长官级别不高，大使正九品，副使从九品，但职责重要，全权掌握茶马贸易中茶马交易比价、交易地点时间等。

（2）创制了"金牌信符"制度。据《明史》卷80《食货四》载：洪武年间，"制金牌信符，命曹国公李景隆赍入番，与诸番要约，篆文上曰'皇帝圣旨'，左曰'合当差发'，右曰'不信者斩'。凡四十一面：洮州火把藏思囊日等族，牌四面，纳马三千五十匹；河州必理卫西番二十九族，牌二十一面，纳马七千七百五匹；西宁曲先、阿端、罕东、安定四卫，巴哇、申中、申藏等族，牌十六面，纳马三千五十匹。下号金牌降诸番，上号藏内府以为契，三岁一遣官合符。其通道有二，一出河州，一出碉门，运茶五十余万斤，获马万三千八百匹"③。可见，所谓的"金牌信符"制度，就是明初政府与番人各部约定的茶马交易，即明政府将"金牌"一式两面中的一面颁给了番人各部，番人各部则以此面金牌为符，按金牌规定的数额向明政府交纳马匹；明政府将一式两面中的另一面存于内府，也按金牌规定的相应数额给予番人茶叶。为了使这项制度落实，明政府"三岁一遣官合符"；"每三年一次钦遣近臣赍捧前来，公同镇守三司等官，统领官军深入番境扎营，调聚番夷，比对金牌字号，收纳差发马匹，给予价茶"④。洪武年间，该制度得到有效施行，西番各部都能够如约纳马。自永乐后，该制度时废时复。金牌信符制度是明代中央王朝以武力为后盾与诸番约定的一成不变的茶叶、马匹交易比价，无视茶叶、马匹的供求关系和价格上的时间变化，是违背了市场经济规律，因此是无法长久坚持下去的。但是，该制度在一定程度上维护了当时茶马的发展，加强了汉番民族间的经济联系，也巩固了明王朝对广大西部地区的统治。

（3）三番五次制定禁约，严格禁止私茶通番，以保障国家垄断茶马贸易。明王朝建立伊始，洪武初年议定："若茶无由引，及茶引相离者，听人告捕。其有茶引不相当，或有余茶者，并听拿问……诸人但犯私茶，与私盐一体治罪。如将已批验截角退引，入山影射照茶者，同私茶论。出园茶主将茶卖与无引由客兴贩者，初犯笞三十，仍追原价没官；再犯笞五十，三犯杖八十，倍追原价没官……伪造茶引者，处死，籍没当房家产。告捉人赏银二十两。"⑤ 明初的这一

---

① 《明史·食货四》。
② 《明史·食货四》。
③ 此记载又见于《明会典》卷37，文字略有不同。
④ 《明经世文编》卷115《杨石淙文集二·为修复茶马旧制以抚驭番夷安靖地方事》。
⑤ 这一自然段引文未注出处者均见于《明会典》卷37《户部二十四·茶课》。

立法有 4 个特点值得注意：一是继承宋代蔡京茶法，注重通过茶引来控制、禁止私茶，即贩茶一定要有茶引相随，茶叶数量要与茶引所载相当，严禁重复使用茶引、伪造茶引。二是对违犯者的处罚，量刑相对较适中。如在对无引私贩茶叶者的量刑中考虑到初犯、再犯、三犯的不同，而且仅处以笞三十、五十，杖八十，笞、杖在五刑中算最低的两级；经济上也仅处以"追原价没官"的惩罚。只有对"伪造茶引"性质严重者，才予以"处死"，并"籍没当房家产"。三是从"追原价没官"和"籍没当房家产"可以看出，明政府注意到采用经济惩罚手段来禁止经济上的违法乱纪行为。四是明政府通过赏银来鼓励告发和捕捉私贩茶叶者。但是，明初这一比较适中的禁律似乎没能有效制止私茶，私贩茶叶的高额利润使人甘冒笞、杖之刑而为之，甚至官民勾结私贩。因此，明成祖永乐六年（1408 年）下令："各关把关头目军士务设法巡捕，不许透漏缎匹、布绢、私茶、青纸出境。若有仍前私贩，拿获到官，将犯人与把关头目各凌迟处死，家迁化外，货物入官。有能自首免罪。"将走私茶叶犯人与失于查获的把关头目都处于凌迟（凌迟在封建社会一般用于处罚谋反和大逆不道等最严重的犯罪）酷刑，这在古代是罕见的。到了景泰、弘治年间，为使私茶无处藏身，朝廷又颁布新的刑罚，扩大了惩罚对象，对参与私茶运输的车船主人、挑夫，参与私茶交易的中介牙行、牙人以及停放、贮藏私茶的人家，都要给予处罚，使朝廷禁私茶法令还是得到较好的执行。

明代之所以在立法上严私茶之禁，主要有两个方面的原因：一是如前所述，明王朝面对北方游牧民族的长期侵扰、掠夺，在与北方游牧民族的军事对抗中，战马是一个十分重要的军事装备。而中原地区不产良马，明王朝得到良马的重要途径就是与西部诸番的茶马交易。而如果茶禁不严，私茶泛滥，将严重影响国家从西番获得良马，从而威胁到边境的安全。二是明中央王朝通过西番不可或缺的茶叶来控制、羁縻西番诸部，把他们作为抵御北方游牧民族侵扰的屏障。正如时人梁材所云："祖宗好生之德，不嗜杀人之心，而私茶通番辄以极刑凌迟论罪，其意之所在可知已。盖西边之藩篱，莫切于诸番；诸番之饮食，莫切于吾茶，得之则生，不得则死。故严法以禁之，易马以酬之；禁之而使彼有所畏，酬之而使彼有所慕。此所以制番人之死命，壮中国之藩篱，断匈奴之右臂者。其所系诚重且大，而非可以寻常处之也。故在当时茶法通行，而无阻滞之患。"[①] 总之，两个方面的原因一言以蔽之，即茶马贸易事关明王朝的安危，而私茶严重影响损害茶马贸易，故必须通过严刑峻法加以禁止。

（4）在产茶区设置茶课司，专管征收茶课，收购茶叶，以保证政府有足够的存茶进行茶马贸易。《明史》卷 80《食货四》载："（洪武）四年（1371 年），户部言：'陕西汉中、金州、石泉、汉阴、平利、西乡诸县，茶园四十五顷，茶

---

① 《明经世文编》卷 106《梁端肃公奏议五·议茶马事宜疏》。

八十六万余株。四川巴茶三百十五户，茶二百三十八万余株。宜定令每十株官取其一。无主茶园，令军士薅采，十取其八，以易番马。'从之。于是诸产茶地设茶课司，定税额，陕西二万六千斤有奇，四川一百万斤。"

茶课司在对产茶区茶叶的征课中，会根据茶园的开辟或荒废，茶叶产量的增加或减少，适当调节茶课征收的数额。如成化年间以来，各省逃移人民聚集栽植，"茶株数多，已经节次编入版籍，州县里分，俱各增添，户口日繁，茶园加增不知几处，而茶课仍旧。"这使许多新开辟的茶园没有承担茶课，茶叶生产多有盈余。

明代历朝茶园新开辟或荒废导致茶课不均的现象，在陕西、四川地区普遍存在，因此，茶课司肩负着最基层适时调整课茶数额的任务，从而以便于各州县汇总课茶总数，有效保障茶税征收及进行贸易所需的充足茶源，为官营垄断茶马贸易提供了根本保证。

（5）明政府对茶叶的贩运环节进行严密的管制。在明代茶马贸易中，由于茶叶贩运流动性大，涉及地区很广，是政府最难以管理控制的环节。因此，政府采取了多项措施，加强对贩运环节的管制。

其一，明政府在运茶沿途设有茶运所，负责茶叶运送途中的具体事务。各茶运所之下设有专职负责递送茶叶的茶夫。明代梁材在《议处茶运疏》中云："自汉中府至徽州，过连云栈，俱由递运所转行。徽州至巩昌府，中间经过骆驼巷、高桥、伏羌、宁远，各地方偏僻，原无衙门，添设四茶运所官吏管领，通计一十一站，每处设茶夫一百名。巩昌府至三茶司，复由递运所三路分运，计三十站，每处设茶夫三十名。"[1] 这种庞大的官办运输体系虽然确保了茶叶运输过程的安全，但每次运茶达数百万斤，动用军夫数万名，耗费巨大。因此，明政府着手将茶叶运务逐渐由官运改为商运。如弘治三年（1490年），"令陕西巡抚并布政司出榜招商报中，给引赴巡茶御史处挂号，于产茶地方收买茶斤，运赴原定茶马司，以十分为率，六分听其货卖，四分验收入官"[2]。

其二，明政府加强对茶叶贩运环节管制的一项重要措施是推行严格的茶引制度，防止私茶贩运。《明会典》卷37云："凡引、由，洪武初议定：官给茶引，付产茶府州县。凡商人买茶，具数赴官纳钱给引，方许出境货卖。每引照茶一百斤，茶不及引者谓之畸零，别置由帖付之。仍量地远近、定以程限，于经过地方执照。若茶无由、引，及茶、引相离者，听人告捕。其有茶、引不相当，或有余茶者，并听拿问。卖茶毕，即以原给引、由赴住卖官司告缴。该府州县俱各委官一员管理。"为了严格执行茶引制度，明政府专门设置了批验茶引所作为管理检验茶引、茶由的机构。根据茶叶贩运流动性大、涉及地区广、难以管理的特点，

① 《明经世文编》卷106《梁端肃公奏议五·议处茶运疏》。
② 《明会典》卷37《户部二十四·茶课》。

采取了一些针对性的措施：一是所有贩运的茶必须有引、由相随，如没有引、由相随，或贩运茶的数量超过引、由记载，那就是私贩茶叶，被查出就要遭到严厉的惩罚。二是政府实行茶引制度的目的就是迫使商人向政府纳钱买引或为官府免费运送茶叶。从"纳铜钱一千文，照茶一百斤"，"纳铜钱六百文，照茶六十斤"计算，商人每贩卖一斤茶就要纳铜钱十文。这是政府一笔十分可观的财政收入。此外，政府通过茶引制度，将官运茶叶至西部遥远地区进行茶马贸易的巨大耗费转嫁给商人，这就是商人将茶运至茶司，官商对分，官茶易马，商茶给卖。三是为了防止茶商弄虚作假、重复使用茶引，以逃避向政府纳钱买引或为官府免费运送茶叶，明政府十分注意及时登记、回收、销毁已卖完茶的茶引。

其三，派遣官吏到各地巡查，把隘关口，严禁私茶出境。洪武三十年（1397年），明太祖下诏："榜示通接西番经行关隘并偏僻处所，着拨官军严谨把守巡视，但有将私茶出境，即拿解赴官治罪。"① 同年，又令："自三月至九月，每月差行人一员于陕西河西、临洮、四川碉门、黎雅等处，省谕把隘关口头目，禁约私茶出境。"② 由于贩茶路途遥远，涉及区域广，因此明政府稽查、关防的重点是通番的要道、关口。明代在巡查私茶中，御史、按察司等监察官和边防军官起了主要作用。如永乐十三年（1415年），明中央差御史三员巡督陕西茶马③。

在严禁私茶出境中，监察官主要是进行巡视督查，而在通番关口把守稽查私茶的则主要是边防官员。正如上引洪武三十年（1397年）明太祖下诏，就命令防守通番关隘官军把守巡视私茶，把隘关口头目禁约私茶。明宪宗时大臣梁材也建议："通番道路，洮岷、河州责之边备道，临洮、兰州责之分巡陇右道，西宁责之兵备道，务要选委勤慎官员，昼夜严加防守，拿获私茶；通番之徒，及防守官员不行觉察者，仍照祖宗旧例，处以极刑。边备、分巡等道，不行严谨，致有私通者，事发听臣参劾，即以罢软罢黜，虽有他美不得论赎。"④

明政府之所以对私茶出境稽查如此之严，是因为朝廷上下意识到，如果政府能做到"正茶之外，分毫不许夹带，如此则非惟通番者无所资而自止，将茶价涌贵，番人受制而良马亦有不可胜用者矣。"⑤

（6）利用私商经营来弥补官营茶马贸易的不足。明代的茶马贸易由官府垄断经营，必然产生官府垄断经营的固有弊端，如低效率，高损耗，因此，就继承发展宋代的入中制，有限制地把茶马贸易纳之市场化的运作轨道，利用私商经营高效率低损耗的长处来弥补官府垄断经营茶马贸易的不足。终明一代，政府主要

① 《明会典》卷37《户部二十四·茶课》。
② 《明会典》卷37《户部二十四·茶课》。
③ 《明会典》卷37《户部二十四·茶课》。
④ 《明经世文编》卷106《梁端肃公奏议五·议茶马事宜疏》。
⑤ 《明经世文编》卷106《梁端肃公奏议五·议茶马事宜疏》。

采取了纳米中茶（或纳粟中茶）、运茶支盐例、招商中茶和招商买茶 4 种方式。

其一，纳米中茶（或纳粟中茶）。《明史》卷 80《食货四》载："洪武末，置成都、重庆、保宁、播州茶仓四所，令商人纳米中茶。"所谓纳米中茶（或纳粟中茶）就是由于某一时期或某一地区发生自然灾害或兵荒马乱而饥荒，政府为了救灾，招募商人运送粮食（大米或粟）到指定地点救灾，然后政府根据商人运送粮食的多少、路途的远近给予商人一定数量的茶叶，并由商人运送至茶马司，其中正茶交与茶马司进行茶马贸易外，商人可以将其余茶叶出卖而获得经济利益。但是纳米中茶（纳粟中茶）只是应急措施，并未形成制度化。

从宣德年间开始，明政府实行运茶支盐例，即商人向官府纳钱后，领到一定数量的茶引、由，然后依据这些引、由运送相应的茶叶到指定的茶马司。官府验收商人运来的茶斤后，根据商人运茶路途的远近给予他们一定量的盐引，商人再持盐引赴产盐的浙、淮地区领取相应的盐作为运茶的报酬。实行运茶支盐例的主要原因是当时大量川茶要运往西北地界茶马司，路途遥远，行走艰难。如果采取官运，运用军夫数万名，耗费巨大，成本很高，于是明政府采取运茶支盐例的措施，以支盐为报酬，招募商人运茶。但是，运茶支盐例并没改变长途运输茶叶的难题，因为商人费尽周折行茶五千余里，但是所得报酬不高，利小事大，往往导致"官课数年不完"，因此，渐渐失去运茶支盐的积极性。另一方面，一些不法商人则借为官府运茶的名义，暗中乘机贩卖私茶，损害了政府对茶马贸易的垄断经营，于是朝廷"罢运茶支盐，令官运如故"。

如前所引，弘治三年（1490 年），御史李鸾奏请"于西宁、河西、洮州三茶马司召商中茶"。明孝宗批准李鸾所奏，"令御史巡抚并布政司出榜召商报中，给引赴巡茶御史处挂号，于产茶地方收买茶斤，运赴原定茶马司：以十分为率，六分听其货卖，四分验收入官"[1]。这成为明代招商中茶的开始。明政府之所以在废除运茶支盐例外又实行招商中茶，一方面是在民间私茶贩运的有力冲击下，政府营运茶叶、垄断茶马贸易已处于窘境，所以，政府只能通过向商人适当让利，即官商四六分成，来提高商人中茶的积极性，解决政府长途运茶的难题，使西部边境茶马司有充足的茶叶储备用于茶马贸易；另一方面也不能让商人随意中茶导致运送茶叶数量过剩，因而采取限制运茶总数的办法，即"数足而止"[2]。

但是，明政府招商中茶的措施并没有取得预期的效果，反而使私茶泛滥，再次影响官营茶马贸易的茶源。弘治十二年（1499 年），御史王宪奏称："自中茶禁开，遂令私茶莫遏，而易马不利。请停粮茶之例，异时或兵荒，乃更图之。"[3] 这就是在招商中茶中，当政府将商人资本引入茶马贸易体系中后，商人资本在逐

---

① 《明会典》卷 37《户部二十四·茶课》。

② 《明史·食货四》。

③ 《明史·食货四》。

利的本性驱动下，便冲破了政府的限制，即"私茶莫遏，而易马不利"，冲击了官营垄断茶马贸易体系，而不可能像李鸾所预料的政府在招商中茶中可以即收即放，顺利管控。事实上，随着明中后期商品经济的日益发展，政府已不可能完全压制商人势力的崛起。在此背景下，都御史杨一清提出了招商买茶。

杨一清的招商买茶主张，主要见于《为修复茶马旧制第二疏》①。他首先分析了明政府原有茶政的两个偏差：一是洪武三十年（1397年）规定的"本地茶园人家，除约量本家岁用外，其余尽数官为收买，若卖与人者，茶园入官"。但是，这种严禁的做法，使茶农生产茶叶无利可图，就会放弃生产，使茶叶产量大大减少，政府无从征收茶课，自然导致茶马贸易的茶源不足，这就是"私茶严禁，在山茶斤无从售卖，茶园人户仰事俯育，何以资藉？彼见茶园无利，不复葺理，将来茶课亦亏失。夫在茶司则病于不足，既无以副番人之望，在茶园则积于无用，又恐终失小民之业"。二是弘治三年开始的招商中茶，却使园户和商人掌握了绝大部分的茶叶用于私相贸易，而政府运用国家权力垄断的茶叶只占园户茶产量的很小部分。如"汉中府产茶州县递年所出茶斤百数十万，官课岁用不过十之一二，其余俱为商贩私鬻之资。"不言而喻，招商中茶中的私茶泛滥，同样也使政府失去了茶马贸易中的茶源。而且，招商中茶并没有解决官方运茶的难题，官运几乎停止，"欲查照旧例征远，四川课茶缘川陕军民兵荒之后，创残已甚，宁能增此运茶之役？"总之，无论是明初洪武、永乐年间的严禁私茶，还是弘治年间的招商中茶，其措施虽然不同，但后果一样，即明政府不但没有取得预期的效果，反而使官营茶马贸易的茶源更加不足。为了解决这一难题，使政府主导的茶马贸易能正常进行下去，督理马政都御史杨一清提出招商买茶法：

> 臣今年正月间，量发官银一千五百七十余两，委官前去收买茶七万八千八百二十斤，计易过儿扇骒马九百余匹。若用银买，须得七千余两，其利如此。但犹未免用官夫运送。止如前数，固可支持，必欲广为收易。汉中、巩昌、河西一带人民，将不胜其劳扰。又恐行之既久，官司处置乖方，亏价损民，似非经常之计。如欲官民两便，必须招商买运，给价相应。臣于今年闰四月内，又经出给告示，招谕陕西等处商人买官茶五十万斤，以备明年招番之用。凭众议定，每茶一千斤，用价银二十五两，连蒸、晒、装篓、雇脚等项，从宽共计，价银五十两。令其自出资本，前去收买，自行运送各茶司交收明白，听给价银去后。且官钱一万两，买战马不过一千匹。如前所拟，买茶二十万斤，分别三等马匹，勘酌收买，可得马几三千匹。买一马者，将买三马；给一军者，可给三军。但所给茶价，出自公家，岁岁支给，亦非可继之道。若运到官茶，量将三分之一，官为发卖，以偿商价，尤为便益。此与

---

① 《明经世文编》卷115《杨石淙文集二·为修复茶马旧制第二疏》，以下这一自然段引文未注出处者，均见于此。

开中商茶不同，开中商茶，其利在商，未免阻坏茶马；招商买茶，其利在官，专为易马之资。借曰官卖，不过十之二三，较之商茶，岁百余万，以通番境者何如？合无自弘治十八年为始，听臣出榜招谕山陕等处富实商人，收买官茶五六十万斤，其价依原定每一千斤给银五十两之数，每商所买不得过一万斤。给予批文，每一千斤给小票一纸，挂号定限，听其自出资本，收买真细茶斤，自行雇脚转运。照商茶事例，行令沿途官司，秤盘截角。如有多余夹带茶斤，照私茶拟断。运至各该茶马司，取获实收，赴臣查验明白，听给价银。仍行委廉干官员，分投于西宁、河州二卫，官为发卖，每处七八万斤至十万斤为止。价银官库收候，尽勾给商，如有盈余，下年辏给。行之数年，茶可不卖。夫如是，茶出于山而运于商。民不及知，以茶易茶；官不及知，不伤府库之财，不失商民之业。而我可以坐收茶马之利，长久利便之策，宜无出此。

从这段引文，我们可以得出以下 4 点认识：一是杨一清的招商买茶思想是从其督理马政的实践中逐步摸索出来的。他的第一步实践是派官员用官银 1570 余两向商人买茶 78820 斤，然后再用这些茶向番人换得骠马 900 余匹。当时若直接用官银向番人购买，须费官银 7000 余两。可见，他为朝廷节省了 5000 多两的官银。但是，从茶商手里买茶易马也有缺陷，就是必须调动大量官夫运送，并给汉中、巩昌、河西一带人民带来沉重负担。如果长期实行这种措施，官吏如经营处置不当，会发生亏损害民。因此，这种从茶商手里买茶易马的做法不是长久之策。第二步实践是招谕陕西等处商人自出资本，前往产茶地收买官茶，然后自行运送到边地各茶马司，卖给茶马司作为茶马交易的茶源。这种做法是政府将收买茶叶、远程运输交给商人，从而使政府原来只能买一千匹马的官钱现在能买三千匹马。但是，官府付给商人买茶的钱毕竟是一批不小的开支，如年年如此支出，很难长期持续。杨一清从实践中得出：最理想的办法是"以茶易茶"，即商人自出资本收买、运送茶叶，政府待商人运茶到各茶马司后，只将商人运来茶叶总数的 1/3 投入市场发卖，用这笔所卖茶叶的收入来偿还商人买茶、运茶的全部费用，其余 2/3 茶叶收到茶马司用于与番人易马。这种"以茶易茶"的招商买茶措施，既"不伤府库之财"，即不增加政府的财政支出，又"不失商民之业"，即使商人亦可得到一定的商业利润，可谓是"长久利便之策"。但是，商人只得到 1/3 茶价的分配使他们没有获得什么商业利润，无利可图，因此出现了"商人有不愿领价"的现象。对此，杨一清代表政府对商人作出让步，与商人对半分成，并直接给予商人茶叶，让他们自己出卖，增加了商人的利润和经营自主性。据《明史》卷 80《食货四》载："正德元年（1506 年），一清又建议：商人不愿领价者，以半与商，令自卖。遂著为例永行焉。"

二是在招商买茶中，政府利用市场性政策工具，与茶商基本上处于较为平等的双赢互利关系。明政府基本上没有使用国家权力强迫商人在茶马贸易中承担收买、运送茶叶的任务，而是通过价格杠杆，让商人有利可图，招募商人自愿买运。这就是"招商买运，给价相应"。如果政府所出价格让商人觉得无利、少利、商人就会退出与政府的合作，"不愿领价"，直至政府作出让步，从政府占有2/3茶叶调整到"以半与商"，使商人重新与政府合作。

三是政府之所以通过让利的形式让商人参与原国家垄断经营的茶马贸易，其原因是国家垄断经营必然会带来高投入、低效率的弊端，因此，政府被迫利用私商经营的低投入、高效率来克服官府垄断经营的弊端。明代，随着商品经济的日益发展，私营经济自由竞争日益凸显出它的优越性和活力，这为明代有识之士所认识，所以在官府垄断茶马贸易中，注入私商经营的活力，改变原官府全部垄断经营为部分垄断经营，将其中收买、运送茶叶让私商经营，并由商人自卖其拥有的那部分茶叶。从而达到政府与私商的共利双赢；政府因此节省了购买马匹的费用，如原来要用七千余两官银买九百余匹骒马，现只用1570余两官银就可买到；原来用官银一万两，买战马不过一千匹，现用官银一万两买商人茶叶，然后再用茶叶与番人易马，可得战马几三千匹。而对于商人来说，他们在参与政府茶马贸易中也有赢利，少数人还能发家致富，这就是所谓"不失商民之业"。

四是明代官员在管理茶马贸易中，已有很清晰的成本、核算观念。如督理马政都御史杨一清在招谕陕西等处商人买官茶时，在制定价格时，就进行了经济核算：其中茶本身市价是一千斤用价银二十五两，再加上蒸、晒、装篰、雇脚等加工、包装、运送费用，"从宽共计银五十两"。所以一千斤茶价银五十两是政府付给商人运到茶马司茶叶最起码的价银。

（7）明政府在茶马贸易中为了掌握交易的主动权，除了严禁私茶出境外，也严禁境内民间与西番私下交易番马，以确保其国家垄断经营权。这就是"严贩马之禁，以便招易，今后通番道路，如前如开者，责令各道防守等官，但有兴贩番马入境，拿获马匹入官，犯人以通番论，亦照前例问罪。如此则番汉不得交通，番马不得私贩，息生既蕃，招易自广，云锦成群之盛，庶乎其可致矣"①。

当时兴贩番马牟利的大多是将官或富商，他们利用职权或雄厚的资金私贩马匹。因此，明朝廷特别下禁令："凡夷马尽数官买之，将官富商不得私买一马。有私买者，即以私出境外、走泄事情论。凡军马尽数官给之，将官富商亦不得私卖一马，有私卖者，即以私卖战马论。"侯先春认为："此法行而后弊可革，弊革而利在其中矣。私买既禁，收马自良，利一；价无高抬，马价自省，利二；马少疲驽，操马充实，利三；马由官给，军免稍银，利四；倒死渐少，军不赔偿，利五；马无私收，军不受累，利六；收马愈多，子银愈积，利七。"总之，禁将官、富商不得私自买卖马匹，是"官与民两利"的事情②。

---

① 《明经世文编》卷106，《梁端肃公奏议五·议茶马事宜疏》。
② 《明经世文编》卷429，《侯给谏奏疏二·清马政以裨边疆重务事》。

（五）商税管理思想

明代，尤其是明中叶以后，随着商品经济的繁荣和资本主义的萌芽，商税在国家财政收入中的权重越来越大。为了保证国家这一重要财源的收入，政府建立了专门的征收商税机构，制定了比较完善的商税征收和管理制度。

明代商税的征收机构比较繁杂，如税课司、竹木抽分局、钞关、河泊所、茶课司、盐课司等，分门别类就不同的税种进行征收，简而言之，税课司"征商估物货"，竹木抽分局"科竹木柴薪"，钞关，主要收"船料钞"，河泊所"取鱼课"，茶课司收茶税，盐课司收盐税等。以下简要介绍前三者：

其一，税课司、局。早在元至正二十四年（1364年），朱元璋就在其辖区内建立宣课司、通课司作为商税征收机构。明朝建立之后把宣课司、通课司统一改称税课司，州县称税课局，都隶属于户部管理。同时，明政府还在一些大的市镇及交通要道、桥梁、渡口等客商云集之地设立分司、分局征税。税课司、局的职责是"以司市廛"，就是制定各类商品的纳税细则并收取商税，"其办课衙门所办钱钞、金银、布绢等物，不动原封，年终具印信文解明白，分豁存留，起解数目，赴所管州县，其州县转解于府，府解布政司，布政司通类委官起解，于次年三月以里到京"[1]。各税课司、局主管官员称大使、副使。洪武年间，大使、副使多由儒士担任，归属地方州县政府管辖。永乐以后，逐渐改由朝廷直接派御史、主事、监生等到各处税务机构"闸办课程"[2]，从而加强了中央对地方商税的征管。大使、副使之下还设有攒典、巡栏等征税人员。明朝规定，各税课司、局的巡拦"只取市民殷实户应当，不许金点农民"[3]，即巡拦等税务人员必须由市镇中富裕商民担任，他们不仅具体负责收税，还协助管理市场。如"洪武二十三年（1390年），榜谕各处税课司、局，巡拦令计所办额课，日逐巡办，收于司、局，按季交与官攒，出给印信收票，不许官攒侵欺，致令巡拦陪纳，违者重罪"[4]。

其二，竹木抽分局（厂、场）。洪武初年，朝廷在通往竹木柴薪盛产区道路的关卡处设立竹木抽分局，从商人贩运的竹木等货物中抽取若干实物供朝廷土木营造之需。抽分起初为抽取实物，之后渐转化为缴纳所抽取实物的等值货币，实际上就是商税。抽分局、厂起初也设大使、副使处理日常行政事务，后来在一些比较重要的地方由朝廷直接委派中央官员，如工部主事、给事中、御史等官监办抽分。竹木抽分局、厂之下还设吏役人员攒典、巡军、老人、书手等，从事具体的抽分征税工作。竹木抽分局、厂大抵隶属于工部，故有"明世竹木之税属工

---

[1]《大明诸司职掌·户科》，上海古籍出版社影印《续修四库全书》，2002年版。
[2]《明会典》卷35《商税》。
[3] 王圻：《续文献通考》卷16《职役考》。
[4]《明会典》卷35《商税》。

部"① 之说。宣德年间，钞关普遍设立后，竹木抽分局有时又被称为工部钞关。如"成化七年（1471 年）增置芜湖、荆州、杭州三处工部官。初抽分竹木，止取钞，其后易以银，至是渐益至数万两。寻遣御史榷税。孝宗初，御史陈瑶言：'崇文门监税官以掊克为能，非国体。'乃命客货外，车辆毋得搜阻。又从给事中王敞言，取回芜湖、荆州、杭州抽分御史，以府州佐贰官监收其税"②。

其三，钞关。据《明史》卷 81《食货五》载："宣德四年（1429 年），以钞法不通，由商居货不税，由是于京省商贾凑集地、市镇店肆门摊税课，增旧凡五倍。两京蔬果园不论官私种而鬻者，塌房、库房、店舍居商货者，骡驴车受雇装载者，悉令纳钞。委御史、户部、锦衣卫、兵马司官各一，于城门察收。舟船受雇装载者，计所载料多寡、路近远纳钞。钞关之设自此始。其倚势隐匿不报者，物尽没官，仍罪之。于是有漷县、济宁、徐州、淮安、扬州、上新河、浒墅、九江、金沙洲、临清、北新诸钞关，量舟大小修广而差其额，谓之船料，不税其货。"根据《明史》的这一记载，再结合其他一些史料，我们大致可以了解到，宣德初年，由于朝廷滥发纸币而造成宝钞大肆泛滥和大幅贬值，为挽救宝钞，朝廷采取措施疏通钞法，其一就是在一些道路、关津处设立关卡对过往客商征收宝钞以强令宝钞流通，同时也缓解国家财政之急。钞关主要向行商所雇舟船，按其舟船的大小、长短、宽窄征收不同数量的税钞，不税船中的货物，所以称为"船料"。除此之外，有的地方也对货物存放地塌房、库房、店舍，运送货物的骡驴车以及货物等征税钞。由于钞关所收之税归户部，主要由户部官员和御史负责征收，因此，钞关是户部的分司，故又称户部钞关。钞关也置有众多吏役人员，如嘉靖年间浒墅钞关有府吏、老人、阴阳生、库夫、门子、馆夫、银匠、船埠头等 106 人③。

明代中央和地方政府都制定过许多商税"则例""事例"，如《起条纳税例》《户部议定船料则例》《竹木征收则例》《折收商税事例》等，规定了当时商税的税种、税率、征课对象、征取办法等。明代商税税种主要可分为买卖交易税（即营业税）、关税、门摊税、储藏税等。据景泰二年（1451 年）收税则例载：顺天府及大兴、宛二县征税商品有罗、缎、绫、绵、布匹、肉类、蔬菜、水果、毛皮、糖、铜铁、盘、碗、竹帚、药材、各种海产、水产等约 300 余种，"其余估计未尽物货，俱照价值相等则例收纳"④。明政府规定，税及百姓日常各种必需品税率概为三十税一。洪武二十三年（1390 年），"令各处税课司、局商

---

① 刘洪谟：《芜关榷志》卷上，黄山书社 2006 年版。
② 《明史·食货五》。
③ 李龙潜：《明代钞关制度评述——明代商税研究之一》，载《明史研究》第 4 辑，合肥：黄山书社 1994 年版。
④ 《明会典》卷 35《户部二十二·商税》。

税，俱三十分税一，不得多收"①。

所谓门摊税，就是政府向坐贾或摊贩征收门面或摊位税。据《明史》卷81《食货五》记载，"洪熙元年（1425年）增市肆门摊课钞。宣德四年（1429年），以钞法不通，由商居货不税，由是于京省商贾凑集地、市镇店肆门摊税课，增旧凡五倍……正统初，诏凡课程门摊，俱遵洪武旧额，不得藉口钞法妄增"②。

明代的商税，虽然总体上说是"三十分税一"，但也不是一成不变的，其根据不同征税对象、地点、时间而有所不同，有的相差还很大。如永乐十三年（1415年），通州、白河等抽分局规定，松木、杉木板、水竹等"三十分取六"，蒿柴、豆楷等"三十分取三"，杉木、白藤等"三十分取二"，稻草、茅草"三十分取一"，芦苇"三十分取五"③。

明代在商税征收、管理方面确立了不少制度，其中比较重要的有以下几个方面：

一是明政府规定，所有商贾都要向税务机构如实申报其出售、贩运的物货及其数量，向国家税务机构交纳税收，然后才能售卖货物。如洪武年间，"令天下府州县镇店去处，不许有官牙私牙，一切客商应有货物，照例投税之后，听从发卖。"④ 坐贾在申请占籍时，须向当地官府或税课司局自报所货所业。行商持货出发前，在向当地申办填写路引时必须将其资本、货物等"明于引间"。途经水陆关卡，在钞关设置前须在广济、长淮等关填写商船物货，并送税课司征税；建立钞关后，须填写船单，船单中须开列船户籍贯、姓名、货物名称、数量、起止地点以及船只式样、梁头尺寸和该纳钞银若干等。船户报单后，钞关据报单征税后放行。行商住店时，必须在店历上填清经销货物名称，牙店主人及船埠头还要对过关的报单进行核查并上报，税课司局照报单所填商品数量、品种，与本部门纳税登记互为参照确定税银。客商交税后，持司局开出税票才能进入市场进行交易。

明政府为了保证商贾能如实缴纳税收，制定了一些惩罚商贾匿税、逃税的规定。如规定"凡客商匿税及卖酒醋之家不纳课程者，笞五十；物货酒醋，一半入官，于入官物内，以十分为率，三分付告人充赏"，"凡泛海客商舶船到岸，即将货物尽实报官抽分。若停塌沿港土商牙侩之家，不报者，杖一百；虽供报而不尽者，罪亦如之，货物并入官，停藏之人同罪；告获者，官给赏银二十两"，"凡民间周岁额办茶盐商税、诸色课程，年终不纳齐足者，计不足之数，以十分

---

① 《明会典》卷35《户部二十二·商税》。
② 《明史·食货五》。
③ 光绪《荆州府志》卷10。
④ 《明会典》卷35《户部二十二·商税》。

为率，一分笞四十，每一分加一等，罪止杖八十，追课纳官。若茶盐运司，盐场茶局及税务河泊所等官，不行用心办课，年终比附上年课额亏兑者，亦以十分论，一分笞五十，每一分加一等，罪止杖一百，所亏课程著落追补还官"①。

二是时估制。明代所谓时估制最初是应用于政府购买民间商品时与商人共同确定商品的价格。永乐六年（1408 年），朱棣下令顺天府及宛平、大兴二县集中铺户估定各商品时价，然后按时价收取 1/30 的交易税②，这就将原官府购买民间商品的时估制与征税法结合起来。明中叶以后，政府为支付庞大的军费支出，对商贾实行重征政策，以官商合作对商品估价再征税的时估制与征税相结合的办法已不合时宜，加之朝廷召商买办大宗货物的会估制也逐渐名存实存。因此，税前的时估制终究被弃置而消亡。

三是起条预税制。明中期后，朝廷为防止商人偷漏税，强制推行预先征收部分税款的起条预税制。弘治元年（1488 年），朝廷下令："客商贩到诸货，若系张家湾发卖者，省令赴局投税。若系京城发卖者，以十分为率，张家湾起条三分，崇文门收税七分；如张家湾不曾起条，崇文门全收。"③ 这就是张家湾的货物若要发往京师出卖，则先在张家湾交 3/10 的商税，并由张家湾税课司开具税票（起条）：商货到京城崇文门税课司，凭张家湾税票再交剩余的 7/10。按规定，预税并不会增加纳税数额，只是预先缴纳部分税款，但在具体实施中，往往多增加一次纳税就多一道搜刮，故嘉靖十年（1531 年），朝廷特别颁布例令强调：凡经"崇文门客货，例该二百五十贯以上起条，赴店者止照分司原税之数送纳，不许加收"。④ 从"不许加收"可知，当时起条预税制加收税款是曾较普遍出现的，所以朝廷才会颁布例令予以禁止。

第八节 清代管制思想

一、户口与土地管理思想

（一）编审人丁思想

中国古代历朝都十分重视对户口的管理，因为对户口的管理直接关系到国家对民户徭役的征发和人头税的征收。清代也不例外，正如陆世仪所指出的："此（户口丁田册籍）作邑致治之根本。根本一立，以行政教，以比追胥，以诘讼狱，以简师徒，万事皆原于此。治邑者，不可不知"⑤。满洲贵族入主中原伊始，

---

① 《明会典》卷 164《刑部六·课程》。
② 《古今图书集成》卷 223《杂税部》。
③ 《明会典》卷 35《户部二十二·商税》。
④ 《明会典》卷 35《户部二十二·商税》。
⑤ 《清经世文编》卷 29，陆世仪《论赋役》。

就十分重视编审人丁。"顺治五年（1648年）题准：三年一次编审天下户口，责成州县印官，照旧例攒造黄册。以百有十户为里，推丁多者十人为长，余百户为十甲。城中曰坊，近城曰厢，在乡曰里，各设以长。每遇造册时，令人户自将本户人丁，依式开写，付该管甲长；该管甲长将本户并十户，造册送坊厢里各长；坊厢里各长，将甲长所造文册，攒造送本州县；该州县官将册比照先次原册，攒造类册，用印解送本府；该府依定式别造总册一本，书名画字，用印申解本省布政使司。造册时，民年六十以上者开除，十六岁以上者增注。十一年（1654年）复准，每三年编审之期，逐甲逐甲查审均平，详载原额、新增、开除、实在四柱。每名征银若干，造册报部。如有隐匿捏报，依律治罪。"①。从以上记载我们可以了解，顺治五年（1648年），满洲贵族入主中原伊始，就开始依照明朝旧例，由州县掌印官负责，每三年一次审核天下户口，编造户籍黄册。清代编造户籍黄册以基层组织甲和里、坊、厢为基础，每11户推举人丁多的1户为甲长；每110户（即10甲），在城中称为"坊"，在近城周围称为"厢"，在乡村称为"里"，并各设坊长、厢长或里长。每次审核户口、编造户籍黄册时，先由各家各户将本户人丁，依照朝廷规定的格式开写，然后上交给所管辖的甲长；该甲长再将本户与所管辖10户的人丁情况，造册上报所属坊长、厢长或里长；坊长、厢长或里长则将下辖甲长上报的簿册汇总，再上报所属州县；州县官员则将坊长、厢长或里长上报的簿册与先前的簿册进行对比，汇总后分门别类再编造成册，然后盖上印章上报所属府；府再按照朝廷规定另外编造总册一本，写上名字画押，盖印后上报所属省布政司。清代顺治年间政府编制黄册，其目的主要是用于国家向民户征收丁银和科派徭役。审核、编制黄册时，必须逐乡逐甲仔细审核，防止民户隐瞒，而且以原额、新增、开除、实在四柱记账法详细记载各甲人丁在3年或5年中原来人数、新增人数、减少人数、当时实际人数的动态变化。由于审核、编制户籍黄册关系到国家财政收入和徭役的征派，因此朝廷高度重视，明确规定，如在审核、编制黄册时有隐瞒捏报的，必须依照法律予以惩处。州县官在审核、编制黄册时，如所辖地区增加人丁2000名以上的，予以记功。如各省官员不在规定的期限内审核、编制、上报黄册的，经管官必须按规定受到处罚；督抚不行参劾的，也一并受到处罚。总之，对于各级地方官员来说，审核、编制户籍黄册不仅是一项十分重要的工作，而且也十分烦琐艰巨。正如陆世仪所说的："凡户口丁田册籍，最为难定，非县官坐于堂上，着正吏胥奔走于堂下，便可支吾办事也。必须简求一县人才，县官亲临讲究，既得其道，则授之以法，俾之逐乡逐里，一一踏勘报明，无分毫渗漏，方为得法。"② 康熙年间，随着社会经济的恢复与发展，地方豪强地主大肆兼并土地，并倚仗特权或勾结官

---

① 《大清会典事例》卷157《户部·户口》。
② 《清经世文编》卷29，陆世仪《论赋役》。

府，逃避赋役而转嫁给广大农民，加上州县胥吏在赋役征收上也巧取豪夺，致使农民丧失土地，被迫逃亡日益增多。另一方面，商品经济的发展促使土地买卖更为频繁，人口流动已成为不可抑止之势。这些情况，无不造成土地关系复杂、混乱，户丁编审愈益困难。总之，康熙年间丁银征收的混乱与弊端，成为人丁编审制度进行重大改革的开端与前奏，也是里甲制度行将终结的先兆。康熙五十一年（1712 年）二月，朝廷宣布滋生人丁永不加赋的重大决定。这一决定不仅以法律的形式宣告滋生人丁永不加赋，在中国古代赋役制度史中具有重要意义，而且随着雍正二年（1724 年）的开始实行摊丁入地，使人丁编审大大失去原来赋役上的意义。正如乾隆三十七年（1772 年）上谕所言："旧例原恐漏户避差，是以五年编造。今丁既摊入地粮，滋生人丁又不加赋，则编审不过虚文。"① 人丁编审制度原为里甲组织执行其征收赋役的职能所必需，同时也是通过定期规划人户，以整顿、维护里甲组织结构的重要方式，既然里甲的重要职责编审人丁已成为"虚文"，也就标志着里甲制度的消亡。必须指出的是，自康熙五十一年（1712年）之后，虽然滋生人丁永不加赋，但是并不意味着编审人丁、编制黄册工作完全终止。编审人丁、编制黄册工作还继续进行，其目的之一就是各家各户人丁随着时间的推移会增加或减少，虽然自康熙五十一年之后滋生人丁永不加赋，但为了保持康熙五十年人丁的总数，朝廷仍然必须对人丁总数进行动态管理，如各家各户、各里甲有出现减少不足现象，必须以新增人丁补足。乾隆年间，虽然已实行丁银摊入地粮，但为了达到对户口的管理控制，仍然要求地方官员"编审造报"黄册，以便对各府州县户口增减，"有册籍可稽"。康乾时期，朝廷编制黄册，周悉户口人丁之数，其另一个目的是能够统筹全国的粮食供给，尤其在灾荒之年，这一点显得尤其重要。乾隆五年（1740 年）谕："朕朝夕披览，心知其数，则小民平日所以生养，及水旱凶饥，可以通计熟筹，而预为之备。"②

（二）洪亮吉、恽敬和吴铤的人口思想

清代乾嘉年间，人口增长迅速。至乾隆五十五年（1790 年），全国人口数在历史上首次突破 3 亿。与此同时，土地兼并现象也日益严重。乾隆十三年（1748年），湖南巡抚杨锡绂就指出："近日田之归于富户者，大约十之五六；旧时有田之人，今俱为佃耕之户。"③ 人口的短时期内急剧膨胀，带来了许多社会问题，尤其是对土地产生了很大的压力，而土地兼并则雪上加霜，使人地矛盾愈加严重。这引起了当时朝野人士的普遍关注，纷纷提出自己的见解，其中较为突出的是洪亮吉、恽敬和吴铤。

1. 洪亮吉的人口思想

洪亮吉（1746—1809），字君直，又字雅存，号北江，晚年号更生。出身于

---

① 王庆云：《石渠余记》卷3《纪停编审》，北京古籍出版社1985年版。

② 《大清会典事例》卷99《吏部·处分例》。

③ 《清经世文编》卷39，杨锡绂《陈明米贵之由疏》。

没落的官僚士大夫家庭，自幼好学，才华出众。他早年屡试不中，长期以教读、卖文和当幕僚为生。至44岁，才考中一甲第二名进士（榜眼），授职翰林院编修，充国史馆纂修官。尔后又出任贵州学政、咸安宫官学总裁，不久奉旨在上书房行走，侍教皇曾孙奕纯读书。最后在充实录馆纂修官任内因上书批评弊政而激起民变，触怒了嘉庆皇帝，被革职拟斩，经赦免改为发配伊犁。未及一年，又被释放回籍，以授徒著书终了一生。洪亮吉的主要著作有《春秋左传诂》《三国疆域志》《东晋疆域志》《洪北江诗文集》等，后人辑有《洪北江遗集》。

洪亮吉在《意言》一书的"治平篇"和"生计篇"中阐述了他的绝对人口过剩论思想，对当时的人口迅速增长做了分析，并提出了自己的看法。其一，他指出当时"治平"之世人口增长的迅速："人未有不乐为治平之民者也，人未有不乐为治平既久之民者也。治平至百余年，可谓久矣。然言其户口，则视三十年以前增五倍焉，视六十年以前增十倍焉，视百年、百数十年以前不啻增二十倍焉。"[1] 洪亮吉在此对当时人口增长速度的估算虽然有明显的夸大其词成分，但增长速度之迅速则是可以肯定的。这里有两方面的因素：一是"治平"之世社会安定、经济发展，人口自然增长是迅速的。二是清代在乾隆六年（1741年）之前的人口统计是人丁数，即只统计16岁至60岁需交纳丁银的男子数，而在这之后人口统计数字则是总人口数，当然，其所统计的人口增长就异乎寻常了。

其二，洪亮吉指出，当时的生产资料、生活资料的增长速度远慢于人口的增长速度，因此，前者越来越满足不了后者的需要。洪亮吉分析说："或者曰：高、曾之时，隙地未尽辟，闲廛未尽居也。然亦不过增一倍而止矣，或增三倍、五倍而止矣，而户口则增至十倍、二十倍。是田与屋之数常处其不足，而户与口之数，常处其有余也。"这就是说当时自高祖、曾祖以来五代人的时间里人口增长了十倍、二十倍，而生产资料土地的开垦只增加了1—5倍，显然造成了生产、生活资料满足不了人口增长的需求，从而造成人口过剩。他以当时一个家庭的普遍情况来剖析当时人口过剩的现象："试以一家计之，高、曾之时有屋十间，有田一顷，身一人，娶妇后不过二人。以二人居屋十间，食田一顷，宽然有余矣。以一人生三计之，至子之世而父子四人各娶妇，即有八人。八人即不能无佣作之助，是不下十人矣。以十人而居屋十间，食田一顷，吾知其居仅仅足，食亦仅仅足也。子又生孙，孙又娶妇，其间衰老者或有代谢，然已不下二十余人。以二十余人而居屋十间，食田一顷，即量腹而食，度足而居，吾以知其必不敷矣。又自此而曾焉，自此而元焉，视高、曾时口已不下五六十倍。是高、曾时为一户者，至曾、元时不分至十户不止。其间有户口消落之家，即有丁男繁衍之族，势亦足以相敌。"他在此以当时一般的家庭从高祖、曾祖、祖、父、孙五代的人口增长情况计算，起初高祖时"二人居屋十间，食田一顷"，当然是衣食住都很宽裕，

---

① 洪亮吉：《洪北江遗集·意言·治平篇》，华文书局1969年版。本目引文未注出处者，均见于此。

但到了孙辈，一家人繁衍"已不下二十余人"，这时"二十余人而居屋十间，食田一顷"，那当然衣食住都满足不了需求了。

其三，洪亮吉分析了人口迅速增长而造成人口过剩的原因。他认为，当时人口迅速增长而造成人口过剩的主要原因应是自然原因，即人类的自然繁殖使人口"增至十倍、二十倍"。除此之外，土地兼并和贫富分化加剧等社会原因加剧了人口过剩的社会问题。他指出："又况有兼并之家，一人据百人之屋，一户占百户之田。何怪乎遭风雨、霜露、饥寒、颠踣而死者之比比乎！"

其四，洪亮吉指出当时人口过剩给社会带来的一系列问题。一是人口过剩引起物价大幅度上涨，民生困苦。洪亮吉认为，数十年来人口在急剧的增长，而耕地面积没有相应扩大，市场商品也没有相应增多，士人谋生的"佣书、授徒之馆"也没增加，这必然因供不应求而引起价格上涨。"为农者十倍于前而田不加增，为商贾者十倍于前而货不加增，为士者十倍于前，而佣书、授徒之馆不加增。且昔之以升计者，钱又须三四十矣；昔之以丈计者，钱又须一二百矣"。在此基础上他进一步指出，人口过剩引起物价腾贵，"布帛粟米，又各昂其价以出市"，从而又导致人们的生活开支大大增加，"所出者益广"。同时，人口过剩又引起士、农、工、商在失业的威胁之下，被迫降低自己的劳动报酬以谋求生计，即"各减其值以求售"，从而使"所入者愈微"。总之，在物价上涨和收入减少的双重作用下，不言而喻，一般民众的生活日益贫困艰苦，虽然"终岁勤动"，也不免"毕生皇皇"，甚至"有沟壑之忧"。与此相反，在洪亮吉祖父和父亲在世时的50年之前，当时物价低而人们的收入高，一个人外出谋生养活一家10口人而绰绰有余。"米之以升计者，钱不过六七；布之以丈计者，钱不过三四十。"每人年年消费布五丈，值钱二百，消费米四石，值钱二千八百。而一般人的收入，"除农本计不议外"，从事士、工、商者，每人"一岁之所入，不下四十千"。因此，"一人食力，即可以养十人。即不耕不织之家，有一人营力于外，而衣食固已宽然矣"。二是人口过剩带来社会不稳定。洪亮吉指出，人口过剩造成大量的人找不到生计，成为无业游民，成为社会不稳定的潜在威胁。他说："户口既十倍于前，则游手好闲者，更数十倍于前。此数十倍之游手好闲者，遇有水旱、疾疫，其不能束手以待毙也明矣。是又甚可虑者也。"三是人口过剩导致非生产性的吏和僧、道等数量增多，加重了社会负担。他指出："今州县之大者吏胥至千人，次至七八百人，至少亦一二百人，此千人至一二百人者，男不耕、女不织，其仰食于民也。"尤其是江南地区的寺庙众多，大量的僧、道是依赖"小民用典衣损食之钱以养之"。本来江南"地狭而人众，民之无业者已多"，而这些僧、道"使耕夫织妇奉之如父母，敬之如尊长，罄其家之所有而不惜，俗安得不贫，民安得不困"①。

---

① 《洪北江遗集·卷施阁文甲集补遗·寺院论》。

在洪亮吉的人口思想中，主要是探讨人口过剩的数量问题，不过也对人口质量问题略有涉及。他认为，当时人类物质生活的丰富，科学技术的进步，反倒对人类的身心两方面都造成不良的影响，从而使人口质量下降。他指出，当时许多商品"不特古人所不及见，亦古人所不及闻矣"；在科技方面，"今之时，天文地理之学，以迄百工技艺之巧，皆远甚于昔时"[1]，但是，人的素质不但没有提高，反而"形质日脆"，"性情益漓"[2]，即体质越来越脆弱，性情也越来越怪异。

对于当时人口过剩的问题，洪亮吉主张通过两种"调剂之法"可以缓解人口过剩所带来的社会问题。一是所谓"天地调剂之法"，即依靠水旱、疾疫等各种自然灾害造成的人口死亡，使人口减少，但这种自然的调剂方法，使所减少的人口很有限，"不过十之一二"。二是"君相调剂之法"，即国家通过人为的干预，鼓励督促百姓努力劳动生产，移民开垦荒地，减轻百姓赋税负担，禁止奢侈浪费，抑制土地兼并以及赈济灾民等各种措施，来开源节流，缓和人口过剩与生产、生活资料不足之间的矛盾，改善民众生活。但是，另一方面，洪亮吉也清醒地意识到，他的两种"调剂之法"的作用是很有限的，由于找不到解决人口问题的根本办法，人口只会越来越过剩，生产资料和生活资料只会越来越满足不了人口快速增长的需要，那么整个社会也必然不可能长治久安了。他指出："要之，治平之久，天地不能不生人；而天地之所以养人者，原不过此数也。治平之久，君相亦不能使人不生，而君相之所以为民计者，亦不过前此数法也。然一家之中，有子弟十人，其不率教者常有一二。又况天下之广，其游惰不事者何能一一遵上之约束乎！一人之居，以供十人已不足，何况供百人乎！一人之食，以供十人已不足，何况供百人乎！此吾所以为治平之民虑也。"

2. 恽敬的十四民论思想

恽敬（1757—1817），字子君，号简堂，清代古文家。乾隆四十八年（1783年）中举人，曾任浙江富阳、山东平阴、江西新喻等县知县。著有《大云山房文稿》《子居决事》等。

恽敬在人口思想方面提出"十四民"论，即先秦有士、农、工、商"四民"的说法；而至唐代韩愈则在"四民"基础上增加僧、道"二民"，成为"六民"论；他则提出"十四民"论。所谓"十四民"就是在韩愈"六民"之外，又增加"八民"，即"一人为贵而数十人衣食之，是七民也。一人为富而数十人衣食之，是八民也。操兵者一县数百人，是九民也。践役者一县复数百人，是十民也。其数百人之子弟姻娅，又数十人皆不耕而食，不织而衣，是十一民也。牙者互之，侩者会之，是十二民也。仆非仆，台非台，是十三民也。妇人揄长袂、蹑

---

① 《洪北江遗集·意言·形质篇》。
② 《洪北江遗集·意言·形质篇》。

利屩，男子傅粉白、习歌舞，是十四民也"①。他认为，在"十四民"中，只有农、工、商三民才是生产财富的生产者，即"为之"者，其余贵族的依附者、富人的依附者（门客、帮闲之类）、士兵、隶役、商业贸易的中介人牙和侩、娼妓和优伶等与士、僧、道共十一民，都是不从事生产的财富消费者，即"享之"者。显而易见，在当时社会，"农工商三民为之，十四民享之"，即少数人生产物质财富，而供全社会的人共同消费享用，势必造成"天能养，地不能长，百物不能产，至于不可以为生"的人口过剩而生产、生活资料愈益满足不了需求，人们无法生存的局面。

在此认识的基础上，恽敬进一步分析说："三代之时十四民者皆有之，非起于后世也。"那么，为什么在古代社会"农工商三民之力能给十一民而天下治?"他认为关键问题在于古代与清代对待农工商三民生产者与其余十民（士除外）消费享受者的态度不同。古代"不病农工商"，使"四民（加上士）日增其数，十民日减其数"。也就是说在古代，国家采取有利于农工商发展的政策，使从事生产的农工商和士的"四民"人数日益增多，而不从事生产的"十民"人数日益减少，因此人口过剩问题不严重。而清代则恰恰相反，国家的政策不利于农工商的发展，使当时"农病""工病""商病"，造成了"四民之数日减，十民之数日增"，即农工商三民生产者日益减少，而其余十民消费享用者日益增多，其结果当然是越来越少的生产者养不活日益增多的消费享受者，最终只能恶化到全社会民不聊生的境地，这就是"农工商三民之力不能给十一民，而天下极矣"，"夫以十四民之众资农工商之民以生，而几乎不得生，而三民又病。若此，虽有上圣其若之何?"

对于清朝政府"病农工商"政策的偏差，恽敬提出"不病农工商而重督士"的对策措施。他说："不病四民之道奈何？曰：不病农工商而重督士而已。夫不病农工商则农工商有余；重督士则士不滥。士且不滥，彼十民者安得而滥之？不能滥，故常处不足。十民不足，而农工商有余，争归于农工商矣。是故十民不日减不能。"这就是政府如不采取不利于农工商发展的政策，监督士这一阶层人数的增加，那么其余不从事生产的"十民"就会争先恐后回到农工商行业中来，农工商人数自然就增加而有余了。而且政府如能监督士这一阶层的人数，使之不增加过多而太滥，那其余不从事生产的"十民"的数量肯定也不会因增加过多而太滥，而只会日益减少。不言而喻，从事生产的农工商日益增多，而不从事生产的"十民"日益减少，那么人口过剩而导致的"不可以为生"的严重社会问题将得到缓解。

---

① 恽敬：《大云山房文稿·三代因革论五》，上海商务印书馆《四部丛刊》影印本。本目引文均见于此。

3. 吴铤的十四民与定田制思想

吴铤（1800—1833），字耶溪。科举应试未中，33 岁就英年早逝。他著有《因时论》，对当时的一些政治、经济问题发表自己的见解。

吴铤在继承恽敬"十四民"论的基础，提出了自己独到的见解。他认为，在十四民中，先王以工商为逐末，惟农为衣食之源。换言之，十四民之众，皆仰给于农，农以其所入与共享之，而农病。农病则十三民俱病。如十四民均有了"病"，除百姓陷入民不聊生的境况外，社会上还出现了大量流离失所的浮民（流民）。大量浮民是社会动荡不安、引起农民起义的潜在危险因素，是直接威胁清王朝统治的最严重的社会危机。

吴铤认为"农病而十三民俱病"[1] 的原因是多方面的，他从"生之、制之、分之、取之、为之、用之者，未得其道"等方面对其进行探讨。

他的所谓"生之者未得其道"，是指国家用财，饶于东南，但是东南民溢地寡，而田不足给。西北荒地多不给，民皆游手坐视，无以为生。吴铤认识到，东南人多地少，而西北地广人稀，但后果是一样的，即劳动力与土地配置不当，影响农业生产，导致农产品供给严重不足。

他的所谓"制之者未得其道"，是指"山泽之错，园廛漆林之饶，其利与田相表里，先王听其出入而无征。今也设为关市，夺其利而归之上，民所赢得无几，所藉仅在于田，而田又不足给"。这就是古代以山泽、园廛、漆林等物产作为田地所生产的农产品的补充，而且国家不对这些物产征税，所以百姓生活就能自给自足。而清代则不同，各地设关市对山泽、园廛、漆林等物产征税，老百姓所剩无几，所以其生活主要来源只能靠田地所产，但田地所产农作物又严重供给不足，遂使民不聊生。

他的所谓"分之者未得其道"，是指"田制听民自卖，不为限制，故豪强兼并。一人而兼十数人之产，一家而兼十数家之产，田无定数，以其所入与民为市，益附其富，而无田者半天下。"这就是说国家对土地占有不加限制，使豪强地主大肆兼并土地，贫富分化日益严重，全国有一半的农民失去田地，故势必出现大量的流民。

他的所谓"取之者未得其道"，是指"西北田无可耕，税入无几。三江税最重，苏、松率五取一。轻重异程，厚薄殊轨，无以定其衡"。吴铤认为全国税制不统一，尤其是江南苏州、松江一带税率过重，大大影响了当地的农业生产。

他的所谓"为之者未得其道"，是指"田多者，募民为佣，率亩入三取一，以其二为佣，又分所取一半以供税；田主不知耕，耕者多无田"。由于土地兼并严重，大部分农民自己没有耕地，只能租种地主的土地。但是当时地租一般征收田地收成的1/3，然后地主还要将这1/3的地租的一半作为赋税缴纳给国家。

---

[1] 《清经世文续编》卷35，吴铤《因时论十·田制》。以下引文未注出处者，均见于此。

他的"用之者未得其道"是指"吏民商贾，次于士无等，故得与封君大僚争胜，仿效淫靡，用无常轨，上至僭拟于君长"。吴铤认为，当时社会上"吏民商贾"破坏封建等级制度，与"封君大僚"攀比，互相比拼淫侈、奢靡，挥霍财富。这种挥霍、浪费，无疑加剧了全社会"农病而十三民俱病"的严重社会危机。

吴铤在分析了造成"农病而十三民俱病"的具体原因后，指出：正是上述这些原因，造成了当时"欲天之生，地之养，百物之产，虽至贤有所不能"的困境。他认为，要摆脱这种困境，其最关键的措施在于定田制。因为土地制度是最根本、最核心的问题：田不足给，田无定数，无田者半天下，农以其所入越益减少，与共享者日益增多。因此，他提出："为政之道，莫先于定田制。田制定则为农者多，为农者多而十三民乃得日减其数，斯民皆知务本而不逐农末。田制不定，而欲求其财用之足，不可得也。"吴铤主张，治理国家首先必须制定土地制度。如国家制定的土地制度有利于农民，那么从事农业生产的人就会多起来，而其他十三民的人数就会日益减少，百姓就会知道必须致力于农业根本而不想去追逐工商等末业。因此，如果不制定有利于农民的土地制度，而要让国家财用充足，是不可能达到的。

吴铤田制思想的核心是主张均田。当时，人口的迅速增长和土地高度集中，必须迫使更多的农民脱离土地而成为流民。吴铤认为国家如能实行均田制，让农民有田可耕，就能解决流民问题，使农业生产得到发展，人民富庶，国家长治久安。他主张，在井田制无法恢复的情况下，只能实行均田制："近世田既不可井，而欲定田制，莫如行均田法而去其弊。"他相信，如能实行均田制，"则民安得而不富，国安得而不治？"[①]

吴铤认为实行唐朝均田法最好，但也有不足之处，故"行之未久而废"。他指出唐均田制有5个方面不足：一是唐朝规定官受田多至百顷，少亦不下数十顷，且为世业田。田有尽而官无穷，使官受田难以为继。二是庶人可以任听其徙，可以卖掉世业田，这使豪强地主可以兼并庶人之田。三是唐朝名曰均田，但由于狭乡、宽乡人均占地情况不一，故很难实施真正意义上的均田。四是人口增加致使户口众而财用乏。五是西北水利失修，大量地力无法利用，只能"坐失其利"。对于如何克服唐朝均田法的这5个方面不足，吴铤语焉不详。他对清代现实中的田制问题，提出"限民田"的主张，"限民田无得过五十亩"，边疆限田三百亩；对"士、工、商尤必重督之"，使之不得逾五十亩的限额[②]。他还主张在西北地区开沟洫，扩大耕地面积，缓和"田不足以给民"的问题。总之，让较多的人有田可耕，发展农业生产。

---

① 《清经世文续编》卷35，吴铤《因时论十·均田、限田》。
② 《清经世文续编》卷35，吴铤《因时论十·均田、限田》。

(三) 户籍思想

清朝对户口实行户籍管理："正天下之户籍，凡各省诸色人户，有司察其数而岁报于部，曰烟户。凡户之别，有民户，有军户，有匠户，有灶户，有渔户，有回户，有番户，有羌户，有苗户，有猺户，有黎户，有夷户。凡民，男曰丁，女曰口，未成丁，亦曰口。丁口系于户，凡腹民计以丁口，边民计以户……凡民之著于籍，其别有四：一曰民籍，二曰军籍，三曰商籍，四曰灶籍。察其祖寄，辨其宗系，区其良贱。冒籍者，跨籍者，越边侨籍者，皆禁之。"① 在清代，"满洲、蒙古、汉军丁档，则户部八旗俸饷处专司之，外藩札萨克所属编审丁档，则掌于理藩院"。各省诸色人户，"由各省亲辖府、直隶厅、直隶州厅州县，分管民户之州县佐贰官、营官、卫所、盐提举司盐课司"。由此可见，清代满洲、蒙古、汉军军户由中央户部八旗俸饷处直接管理，而地方各省则管理所属府厅州县，州县佐贰官、营官、卫所、盐提举司盐课司等分别管理民户、军户、灶户等。

清代的所谓民户，主要指"土著者，流寓入籍者，八旗销除旗档者，汉军出旅者，所在安置为民者，皆为民户"。所谓军户，主要指"原编屯卫或归并厅州县，或仍隶卫所官。其屯丁皆为军户。凡充发为军者，其随配之子孙及到配所生之子孙，亦为军户"。可见，清代的军队将士编为军户，并且是子孙世代皆为军户。所谓匠户，主要指"原编丁册，各省皆有匠户，轮班供役。嗣改为按户征银解京代班，曰匠班银。后各省渐次摊入地丁征收，惟于《赋役全书》仍存其目"。清代的手工业匠另编为匠户，起初是轮班到官府服匠役，后改为按户征收匠班银来代替服匠役。雍正年间行摊丁入地后，匠班银也摊入地丁银征收。所谓灶户，主要指"各盐场、井灶丁，是为灶户"。由于各盐场、盐井必须用灶煮盐，所以生产盐者称为灶户。所谓渔户，主要指"原编渔户，皆隶河泊所，后渐次归并入州县"。可见，清代打鱼为生的民户另编为渔户，起初隶属于河泊所管理，后来逐渐归并到各州县管理。所谓回户，主要指"各省散处之回民，皆列为民户。惟甘肃撒拉尔等回户，仍设土司管辖"。由此可见，清代对回民的管理采取两种政策，如是散居全国各地的回民，则列入民户，作为一般民众管理；惟在甘肃撒拉尔集中居住生活的回民，则另设回户，设土司专门管理。所谓番户，主要指"甘肃循化、庄浪、贵德、洮州，四川懋功、打箭鑪，云南维西、中甸等处同知，通判所属，为番户"。所谓羌户，主要指"甘肃阶州，四川茂州所属有羌户"。所谓苗户，主要指"湖南乾州、凤凰、永绥、城步、绥宁，四川酉阳、秀山，广西龙胜、怀远、庆远、泗城，贵州都匀、兴义、黎平、松桃等处所属有苗户"。所谓猺户，主要指"湖南、广东理猺同知等所属为猺户"。所谓黎户，主要指"广东琼州所属有黎户"。所谓夷户，主要指"云南云龙、腾越、

① 《大清会典》卷 17《正天下户籍》，新文丰出版公司 1976 年版。本目引文未注出处者，均见于此。

顺宁、普洱等处所属有夷户"。

清代的"籍"没有"户"分得那么细，只分为4种：所谓民籍，主要指"诸色人户，非系军、商、灶籍者，皆为民籍"。所谓军籍，主要指"军户即为军籍，亦有注称卫籍者"。所谓商籍，主要指"商人子弟，准附于行商省份，是为商籍"。所谓灶籍，主要指"灶户，即为灶籍"。

从以上"户""籍"的分类可以看出，其依据主要是两个方面：一是以职业来分类，如"户"中的军户、匠户、灶户、渔户，"籍"中的军籍、商籍、灶籍等，而且"户"与"籍"中职业分类有的还有对应关系，如军户对应军籍、灶户对应灶籍。民户与民籍大致说来也有对应关系，即指一些特殊职业以外，所有其他职业人的总称。唯有商籍比较特殊，在"户"中则没有把商户独立出来。二是以民族分类，这是专门就"户"的分类来说，"籍"中没有按民族来分类。如"户"分类中的回户、番户、羌户、苗户、猺户、黎户、夷户等。

清代的"户"主要是用来统计人口的，这就是上引所谓的"丁口系于户"。但是"户"用于统计人口有内地与边地的区别。所谓"腹民计以丁口"是指"直省民数，督抚饬所属按保甲门牌册实在民数，岁以十月同谷数造册送部。户部于年终汇缮黄册具题，每年开除滋生多寡不齐"。也就是说，各省统计人口，由总督、巡抚负责，命令所属府州县按照保甲门牌册进行统计登记，每年十月将人口数与谷子数目编造簿册上报户部。户部再于年终汇总编成黄册上奏朝廷，以此让朝廷知悉各省人口与谷子数量的增减情况。所谓"边民计以户"是指"番、回、黎、苗、猺、夷人等，久经向化者，皆按丁口编入民数……至土司所属番夷人等，但报明寨数、族数，不计户者，及外藩人丁编审，隶理藩院者，不与其数"。可见，即使是边疆少数民族统计人口，也针对不同情况，采取不同方式。如是"久经向化者"，即与内地民众没有多大区别的少数民族，在统计人口时也按内地做法，按丁口进行统计；如是未"久经向化者"，即还保留较多少数民族特征的，即按户进行统计；如是隶属于土司管辖的少数民族，则按寨数、族数进行统计；如是外藩少数民族，隶属于理藩院管理的，则不进行人口统计。

清代"籍"的作用主要有3个方面：一是"察其祖寄"，即确认、记载人户的籍贯："人户于寄居地方，置有坟庐，已逾二十年者，准其入籍。出仕令声明祖籍回避，文员罢职不准寄居别省。如本身已故，子孙于他省有田土、丁粮，愿附入籍者，听。军、流人等子孙，随配入籍者，准其考试。十年限满后，由配所督、抚报部查核。"由此可见，确认、记载人户籍贯的目的是如出仕当官，必须回避祖籍；文职官员罢职，必须回祖籍居住，如官员本身已故，子孙在其他省有田土、丁粮的，才可批准子孙附入其他省籍。籍贯还关系到科举考试，一般士人必须在祖籍地参加科举考试，如是军人、流犯子孙，随配加入其他省籍的，才准予在其他省籍参加科举考试。二是"辨其宗系"，即分辨明确人户宗族承继关系："民人无子，许立同宗昭穆相当之侄为嗣。先尽同父周亲，次及五服之内。

如俱无，准择立远户，或择立贤能及所亲爱者。于昭穆伦序不失，不许宗族指以次序争告。如非同姓者，及尊卑失序者，独子出继者，本生父母有子所后之亲无子而舍去者，皆论如律。惟嫡妇无子，虽独子亦准出继，无子而女婿、义男为所亲爱者，听其相依。准酌给财产，仍立同宗应继之人承祀。乞养异姓义子愿归宗者，听，不得以所得财产携回本族。收养三岁以下小儿，即从其姓，准酌给财产，不得遂以为嗣。"由此可见，分辨明确人户宗族承继关系的目的主要有两个方面：首先是明确宗族之中的昭穆辈份关系，维护宗族祭祀等封建礼教；其次是维护同宗的经济利益，特别是防止异姓人因出继进入本宗族而获得该宗族的财产。三是"区其良贱"，即通过"籍"来区别各种职业人的社会地位。"四民为良，奴仆及倡优、隶卒为贱。其山西、陕西之乐户，江南之丐户，浙江之惰民，皆于雍正元年、七年、八年先后豁除贱籍。如报官改业后已越四世，亲支无习贱业者，即准其应考出仕。其广东之蜑户，浙江之九姓渔户，皆照此例。凡衙门应役之人，除库丁、斗级、民壮，仍列于齐民，其皂隶、马快、步快、小马、禁卒、门子、弓兵、仵作、粮差及巡捕、营番役，皆为贱役，长随亦与奴仆同。其奴仆经本主放出为民者，令报明地方官咨部复准入籍。其入籍后所生之子孙，准与平民应考出仕，京官不得至京堂，外官不得至三品"。从上引"四民为良"来看，清代已将士农工商同等对待，已没有贱商的规定。清代所遭受歧视的贱籍，主要是奴仆、倡优、隶卒等，其最主要的歧视体现在贱籍子孙不能参加科举考试而作官。即使这些贱籍子孙批准进入良民四籍（即民籍、军籍、商籍、灶籍），被准予参加科举考试而出仕，但做官级别也受到限制，"京官不得至京堂，外官不得至三品"。

由于"籍"关系到一个人的籍贯、宗族承继关系、社会地位和待遇，因此，清政府禁止民众冒籍、跨籍、越边侨籍等。清廷规定："奉天地方，非贸易营运人，不准前往，准往者仍不得冒滥入籍。

（四）保甲制对户口的管理

清代保甲制对户口的管理范围十分广泛，涉及"绅衿之家""旗民杂处村庄""边外蒙古地方种地民人""在内地开张贸易或置有产业"的"客民"、盐场工人、矿厂工人、棚民、寮民、"沿海等省商渔船只"的"船主、舵工、水手""内河一切船只""渔船网户""苗疆寄籍内地久经编入民甲者""云南省有夷人与民人错处者""外省入川民人""寺观僧道"等等。在编查户口、维持地方基层治安方面发挥了旁者不可替代的作用，其体现的对户口管理控制思想相当严密、广泛。

乾隆二十二年（1757年），清廷规定："顺天府五城所属村庄暨直省各州县城市、乡村，每户由该地方岁给门牌，书家长姓名、生业，附注丁男名数。出注所往，入稽所来。有不遵照编挂者，治罪。十户为牌，立牌长；十牌为甲，立甲长；十甲为保，立保长。限年更代，以均劳逸。士民公举诚实、识字及有身家者，报官点充。地方官不得派办别差，以专责成。凡甲内有……面生可疑、形迹诡秘之徒，责令专司查报。户口迁移登记，并责随时报明，于门牌内改填换给。牌、甲、保各长果能稽查详慎，首报得实，酌量奖赏。傥应查不查，应报不报，按律分别治罪。"① 这是清代保甲制对户口管理的最基本情况，其中有以下 3 个方面值得注意：一是保甲制对户口的管理遍及清代各省州县的城市与乡村，政府通过 10 户为牌，设一牌长（又称牌头），10 牌为甲，设一甲长，10 甲为保，设一保长（又称保正），逐级对地方基层户口进行管理控制。二是地方官员和牌长、甲长、保长通过门牌制度，对辖区内户口进行登记、稽查。政府规定，门牌必须书写每户家长姓名，所从事的职业，并附注家中丁男名数。如家中有人外出，必须及时注明家人外出的地方；如家中有客人来，必须查明其来自何方。如有某个家庭迁移，必须及时登记，随时予以上报，并把原门牌改填调换。牌长、甲长、保正有责任对辖区内陌生人、形迹可疑之人进行稽查、上报。三是清政府重视对牌长、甲长、保长的选任和奖惩。为了让保甲制度能得到切实的贯彻和实行，清政府重视选任"诚实、识字及有身家者"充任牌长、甲长和保长。"诚实"能避免他们营私舞弊、鱼肉百姓；"识字"能保证他们有一定的办事能力，如填写门牌、统计登记户籍等；"有身家者"即有一定的家产，防止他们易于犯罪潜逃。担任牌长、甲长、保长没有俸禄，所以"限年更代"，轮流担任。如任职期间，尽职尽责，"稽查详慎，首报得实"，政府则"酌量奖赏"；如果渎职失责，"应查不查，应报不报"，则按法律规定予以惩罚。

清代规定，全国民众不管贵贱富贫、从事何种职业、城乡都市僻壤、境内各种民族，一般都要通过保甲制度进行管理控制，从而确保朝廷对全国各地的统治。如清廷规定："绅衿之家，与齐民一体编列，听保甲长稽查。违者，照脱户律治罪。地方官徇庇，照本例议处。凡佥充保甲长，并轮直支更、看栅等役，绅衿免充。""旗民杂处村庄，一体编次，将旗分户口并所隶领催屯目，注明牌册，旗民有犯，许互相举首。地方官会同理事同知办理，至各省驻防营内居住之商民，以及官员雇用之人役，均令另编牌册，由同知查核。"在清代，绅衿与八旗均是社会的上层，但不能例外，均要接受保长、甲长按门牌制度进行管理。

清廷规定："蒙古地方种地民人，设立牌头、总甲，及十家长等，凡系窃匪逃人，责令查报，通同徇隐，一并治罪。""苗猺寄籍内地，久经编入民甲者，照民人一例编查。其余各处苗猺，责令千百户及头人峒长，稽查约束。傥有生事犯法，不行举报，分别定罪。""云南省夷人与民错处者，一体编入保甲。其依山傍水，自成村落及悬崖密箐内，搭寮居处者，责令管事头目，造册稽查。如有窝藏汉奸，即时禀报。扶同徇隐，查出究革。""甘肃省番地民户，责成土司稽查，系地方官管辖者，令该管头目编查。地方官给牌，另册造报。其四川省改土

① 《大清会典事例》卷 158《户口·保甲》。本目以下引文未注出处者，均见于此。

改流各番寨，责成乡约甲长稽查，仍均听抚夷掌堡管束。"从以上所引可知，清朝政府对边地的少数民族也采取保甲制度进行户口管理，有的由地方州县官负责，有的则由少数民族土司、管事头目等负责。

清廷还特别重视对一些特殊职业、潜在威胁清王朝统治的人群加强保甲制度的管理与控制。如清廷规定："客民在地方开张贸易、置有产业者，与土著一例顺编，至往来无定商贾，责令客长查察。凡客商投宿旅店、船埠、寺庙，该店主、埠头、住持询问来历，并将骑驮伙伴数目及去来日期，逐一注明送官。若有疏纵，各治以罪。""盐场井灶，另编牌甲，所雇工人，随灶户填注，即令约束，责成场员督查。如容留匪类，灶户照牌头例治罪，场员参处。矿厂丁户，责成厂员，督率厂商课长、峒长、炉头等编查。各处煤窑，责令雇主将佣工人等，册报地方官查核。如有藏匿奸匪，分别查参究处。""各省山居棚民，按户编册，责成地主并保长结报。广东省寮民，每寮给牌，互相结报，责令寮长钤束。倘窝藏奸宄，容隐不报，查出治罪。其业主招佃，及寮丁垦种官山，俱赴官报明查验，方可搭寮耕种。违者，招佃之山主，照违令律治罪；垦种寮丁，照盗耕田亩律治罪；文武员弁参处。""沿海等省商渔船只，取具澳长、族邻保结报官准造。完日，由官验明结照，系商船，于照内注明船主姓名、年貌、籍贯，兼注舵工、水手名数，仍于出洋时取具各船互结，由汛口验照放行。系渔船，将船甲字号，于大小桅篷及船旁大书深刻，照内止填注船主年貌、籍贯，其舵工、水手名数，由汛口官随时查注放行。地方员弁滥给匪人执照，及照内查填不实者，分别参处。"清代，客民、盐场工人、矿厂工人、棚民、寮民、商渔船只的船主、舵工、水手等职业人群有其特殊性，如流动性大、群居沿海、深山的偏远地区，其人群中单身男性多，易于藏匿不法分子等，因此针对其不同情况，采取不同的保甲制度进行管理控制。

清廷对于一些游离主流社会边缘的人也不放松户口管理。如清廷规定："寺观僧道，责令僧纲道纪按季册报。凡有游方僧道，形迹可疑及为匪不法者，禀官查逐。若混留滋事，住持治罪，僧道官革究。其各省回民，责令礼拜寺掌教，稽查约束。有出外为匪者，将掌教之人，一并治罪。""外来流丐，保正督率丐头稽查。少壮者询明籍贯，禀官递回原籍安插，其余归入栖流所管束，不许散处滋事。"

总之，清朝保甲制度对户口的管理，其主要目的是要达到"各州县乡镇村庄，设立门牌保甲，俾其互相认识稽查，原所以诘奸宄而弭盗贼"。

二、赋税、徭役与财政管理思想

（一）赋税管理思想

1. 田赋管理思想

清朝建立之初，在赋税征收方面，废除了明末的各种苛捐杂税，"明季一切累民之政，既尽予黜革。征之有则，取之有经，不惟蠲缓之诏，史不绝书"①。至顺治十三年（1656 年），"各州县开征（地丁钱粮），预颁由单，定于十一月初一日颁发"②。

至康熙年间，丁银征收的混乱与弊端，促使朝廷不得不进行改革与整顿。康熙五十一年（1712 年）二月，朝廷宣布滋生人丁永不加赋的重大决定："今海宇承平日久，户口日繁，若按见在人丁加增钱粮，实有不可。人丁虽增，地亩并未加广。"所以"应令直省督抚，将现今钱粮册内，有名丁数勿增勿减，永为定额，其自后所生人丁，不必征收钱粮，编审时止将增出实数察明，另造清册题报"③ 这一决定以豁免新增人丁丁银的方式，避免进一步激化丁银征收中的矛盾，并为其后摊丁入地的实施创造了条件。它以法律的形式宣告滋生人丁永不加赋，在中国古代赋役制度史中，具有重要意义。

雍正即位后，摊丁入地被正式提上议事日程。雍正二年（1724 年），直隶省开始实行摊丁入地（康熙晚期广东、四川两省的大部分地区已经实行），其他各省也纷纷效法。"雍正四年（1726 年）奉旨，以各色丁粮，均派入各邑地粮之内，无论绅衿富户，不分等则，一例输将，以昭画一，以垂永久"④。雍正末年，除个别省分外，赋役制度中的这一重大变革，已经在全国范围内基本完成。摊丁入地使中国古代延续了两千多年的人头税被取消，赋役内容大为简化，以地为标准征收赋税派发徭役，减轻了无地少地贫农的赋税徭役负担，使财税征收制度更加合理。

但是，雍正年间行摊丁入地后，"匠价亦向系另征。乾隆三年（1738 年）奉旨，均摊入本邑地粮之内，无论绅衿富户，不分等则，一例输将。由是地丁匠银，统归一则，真所谓一条鞭矣"⑤。至此，清代的赋税制度改革基本完成。

从总的说来，清代的赋税征收中以田赋最为重要。"摊丁入地"后，地赋与丁银合一，故又称地丁银，是为正赋。地丁银按亩征收。由于各地田土肥沃贫瘠不一，所以在征收时，先得区别田地山荡，然后再分等则，即通常所说的三等九则，也叫金银铜铁锡的。同样是上则田，此地和彼地的征收额也不尽相同。另外，不同的田土类别，如官田、民田，科则也相差较大。田赋有征银和征实物两种，实物包括征收米、麦、豆、草之类。江苏、安徽、浙江、江西、湖北、湖南以及山东、河南等省份，在正赋之外，还要征收米、麦、豆等漕粮。关于地丁银粮的征收情况，黄六鸿的《福惠全书》有一较简要、全面的记载：

> 田之所税为粮，人之所供为丁，统正赋之名曰地丁。然南北繁简之不

① 《清经世文编》卷 29，朱云锦《田赋税》。
② 《大清会典事例》卷 107《吏部·处分例》。
③ 《清圣祖实录》卷 249，康熙五十一年二月壬午。
④ 《清经世文编》卷 29，朱云锦《田赋税》。
⑤ 《清经世文编》卷 29，朱云锦《田赋税》。

同，各处款项之不一，如直隶、山东止一条编，总归地丁；江南、浙江财赋甲天下，银则有地亩，有漕项、耗增，有渔、芦等课，牙、杂等税银。米则有漕粮，有耗增，有白粮、白耗、南粮、南耗等米。至于定额之外，或又有本年开垦之新增，有闰年之加闰，有淹荒、豁除、奉赦、奉蠲等银米，则本年征收之额，《赋役全书》、"易知由单"尤必预为改刊。今"由单"停刊，惟"全书"与司核会计册，东南必不可少，州县实征，里书遵照攒造。其攒造之法，本县一年银米，某项某项若干，共该若干；都图里甲共若干，该银米若干，各里甲花户银米若干，共该若干，要必各甲花户之银米，与甲总合各甲之银米，与图总合各图之银米，与县总合所谓一县之总撒相符，然后照此册征收，庶无增多减少之弊。

除此之外，州县经征钱粮，在时间上每年分为上忙、下忙两季。上忙定2月至5月、下忙定8月至11月征收，这是根据农业中夏秋两收而规定的。由于我国幅员辽阔，各地气候差别大，所以各省征收时间又有所不同。如福建下忙开征于7月，山东、河南及安徽庐州、凤阳两府并颍、泗等州则开征于6月。甚至同一个省份，各州县开征的时间也不尽相同。如浙江省规定，宁、绍、台、金、衢、严、温、处8府并富阳、昌化、嘉善、平湖、安吉、孝丰6州县为2月开征，6月停征，8月接征；余下17县为2月开征，清明后停征，6月补征，7月停征，8月接征。

从以上我们对"摊丁入地"征收地丁银的总体情况可以看出，"摊丁入地"虽然大大简化了田赋征收的手续，但在实际操作中仍然还是颇为复杂的。其一，由于田地肥沃贫瘠不一，征收前首先要把田地分为三等九则，然后再按不同的等级征收不同数额的田赋。但是按田地肥沃贫瘠也只是一个主要的标准，田地的不同位置、田地的不同类别，如官田、民田，都会使征收的田赋数额不同，甚至还相差甚远。因此，确定不同田地的科则是一件相当复杂困难的事情。其二，田赋征收的东西、名目也较繁杂。田赋有征银、征实物两种，其中征银较简单，但名目还较多，如江南征银有地亩、漕项、耗增，渔、芦等课，牙、杂等税银；如征实物，主要有征收米、麦、豆、草之类，名目也较多，如漕粮、耗增、白粮、白耗、南粮、南耗等米。其三，在每年开征之前，必须预先编制、刊定《赋役全书》、"易知由单"[1] 作为征收数额的依据。尤其是《赋役全书》必须详细记载某县一年该征收银米数额，各都图里甲一年该征收银米数额，各甲花户该征收银米数额。然后在征收时，有关人员按《赋役全书》，"易知由单"中的规定数额

---

[1] 《赋役全书》是清全国赋役总册，总载地丁原额，次列土地荒芜、人口逃亡，再次列征税数量及起运地点、存留细数。易知由单是清代征收钱粮通知单，单内填注纳户姓名及应交钱粮之数，以杜滥派。由单之式，各州县开列土地上、中、下三等，正杂本折钱粮，及米、豆、麦、荞、麻等诸项，最后编成总数，刊成定式，每年开征前一月发给纳户。

进行征收，从而避免多征或少征的弊端。其四，各个地方开征、停征、接征、补征等时间不尽相同，如碰到闰月，有时开征时间还要进行调整。

清代田赋征收完毕，必须逐级自下而上起解。一般是州县起解至府，府起解至省布政使司。地方各级官府在起解征收到田赋时，批文和批回在明确责任人、防止侵冒和迟延中发挥了重要的作用。府州县在起解时，必须在布政使司发给的空白批文中填写领解姓名，从而明确此次起解的责任人。省级官府收到州县起解的钱粮后，必须在规定的期限内给予州县起解人批回（即回执），一般是巡抚亲自验收州县起解的银两数，在批回中注明所收到的银数目，然后发回给州县。批回还必须注明钱粮起解到布政使司的时间、兑现银两的时间以及发回批回的时间。批回"注收银数目"，是为防止有关官吏侵冒；"三注日期"，是为防止有关官吏迟延。

清代，田赋地丁银的征收是国家重要的财政收入，朝廷对此高度重视，历朝都采取奖惩相结合的办法，督促地方官员尽职尽责地按时按量完成地丁银钱征收工作。

清政府对田赋地丁钱粮征收的主要指导思想是：其一，充分认识到田赋地丁钱粮征收工作的重要性，"国家经费，以地丁为大宗"，"各省丁赋，关系度支经费"，总之，这是国家财政收入的重要项目，因此，清代历朝均予以高度重视，不断颁布诏令，用奖惩相结合的方式督促各级地方官员按时按量征收。其二，在地方田赋地丁钱粮征收中，清政府主要关注两个方面：一是必须按时，即要在规定的期限内征收完毕，并上报中央户部；二是必须按量，即按规定的数量征收到官。如地方各级官员不能按时按量征收，就必须依据程度的不同受到处罚。相反，如能按时按量征收到官，则要受到奖励。其三，清政府对地方各级官员的奖惩主要采用以下几种方式：如不能按时按量完成征收地丁钱粮任务的，可按程度不同予以罚俸、降俸、降级、降职、降级留任、降级调用、革职等处罚。值得注意的是清政府对官员的处罚主要目的还是起儆戒的作用，因此在处罚的同时，往往允许受罚官员"戴罪督催"，并依据地方各级官员职务的大小，可延长期限一年、一年半、二年。如地方各级官员能按时按量完成征收工作，则依据程度不同予以记录、加级的奖励。按清代议叙法规定，凡官员考核成绩优秀，或有功绩者，均交部议叙，以资奖励。议叙之法分纪录、加级两种，其中纪录又分一次、二次、三次三等，纪录三次之上为加一级。加级亦有加级一次、二次、三次之别，凡加级有指明随带者（军功之级）、食俸者（照所加之级支俸）、予衔者（照所加之衔换给顶戴）三种。纪录、加级两者合之，共有十二等。清政府对按时的计算标准主要是以月为单位。按量的计算标准主要有两种：一是以十分为率来计算未征收到的地丁钱粮占总数的十分之几，如占 2/10，即二分，占 5/10，即五分；二是直接以银两为单位来计算地丁钱粮数额，如五万两、十万两、五十万两、一百万两等。其四，清代，地方官员往往利用新旧官员交接时弄虚作假，来规避因未完成地丁钱粮征收而本该受到的惩罚。对此，朝廷一再重申，地方官员在离任时，必须向户部申报清楚任内地丁钱粮征收情况，只有当该官员完成地丁钱粮征收时，户部才知照吏部予以办理离任事宜。如地方官员不按此规定擅自离任者，有关官员将受到惩罚。

此外，清政府为保证地丁钱粮如数征收到官，对抗交田赋民众予以惩治。如顺治十六年（1459 年）规定："民抗田赋，逃窜隔属，许本管官申请府道，径行票据。如有阻挠，督抚究治。"① 有些地方绅士、进士、举人等利用自身的社会地位，拖欠地丁钱粮，对此，清政府也颁布诏令，予以禁止："文武乡绅进士、举人、贡监生员及衙役，有拖欠钱粮者，各按分数多寡，分别治罪。如州县官徇庇，督抚题参；督抚容隐，科道纠劾。"②

另一方面，清政府为了避免因征收地丁钱粮而导致社会矛盾激化，禁止官吏科敛百姓、中饱私囊。如顺治十二年（1655 年）规定："各地方钱粮，凡横敛私征，暗加火耗……严行禁革，违者究治"。清政府不仅禁止官吏私派加征，而且甚至禁止提早预先征收。如顺治九年（1652 年）复准："直省钱粮，应按期征解。有预征滋扰者，督抚指参。"康熙十七年（1678 年）复准："州县官隔年预征钱粮，照私征例治罪。司道府明知不报，或已申报，督抚不题参者，皆照例议处。"清代征收地丁钱粮的弊端，有些是由于有关官员将征收工作外包给其他人或让下属代办，这些经办人乘机营私舞弊、盘剥百姓。对此，清政府亦屡次予以禁止。如顺治十二年（1655 年）复准："江南财赋繁多，经收诸役，包揽侵渔，保长歇家，朋比剥民，令严行查访，勒石永禁。"康熙五年（1666 年）复准："征收钱粮，原系州县印官专责，不得滥委府佐及州县丞倅协征滋扰。如道府私委，督抚指参；督抚滥委，科道纠劾。"

2. 商税管理思想

清代的关税即商税，所谓"商贾有货，则设关以稽之，立税以敛之"③。清政府在全国各地设关口，"凡陆路往来及海洋进口商货，均分地道，按斤、匹、件、副、箱、篓、包、担科税，有论车驮者，各因其物，照部颁现行条例征收"④。所谓"各因其物"，就是依照各种货物的不同形态，采取不同的计算方式，如按斤、按匹、按件、按副、按箱、按篓、按包、按担等征收商税。

由于所税商品、货物的种类极其繁杂、琐碎，税务机关和官吏无法对商品、货物逐一进行盘查、清点，只能采取抽查的办法。如雍正二年（1724 年）议准："崇文门查验缎纱等物，令该商将各物丈尺报明，随手抽一二匹验看，若以多报

① 《大清会典事例》卷 172《户部·田赋》。
② 《大清会典事例》卷 172《户部·田赋》。
③ 《清经世文编》卷 28《户政三》，许承宣《赋差关税四弊疏》。
④ 《大清会典事例》卷 234《户部·关税》。

少，将该商照例治罪。"①

清政府为了确保商税能如实征收到官，对纳税者偷税、漏税和抗税行为严行禁止，如有查获，则予以惩处。清政府对于偷税、漏税的治理主要通过派军队巡查、在一些关口、交通要道增设税局进行稽查等办法加以禁止。清政府还规定，对于一些重大的偷税、漏税案件，还要追究有关官员的责任。如是发生公开抗税事件，则属于性质严重的案件，清政府明令予以严惩。同治九年（1870 年）谕："乡会试文武举贡生监人等，赴京赴省应试，概不准包揽客货私盐等项，傥仍敢故违例禁，闯关抗税，即著严密查拿。先将士子扣考，船户严惩，照例分别究办，以端士习而重国课。该督抚即将此谕勒石河干，永为定例。"②

另一方面，清政府在确保商税如数征收到官的情况下，也禁止有关官吏滥征商税、勒索商人、讹诈、受贿卖放等违法乱纪行为的发生。如道光十年（1830 年）谕："御史寅德奏，崇文门税务，请仿照仓库等例，特派御史专司查察一折。崇文门设立税局，原以稽察行商，盘诘奸宄，应税货物，固不容稍有偷漏，而往来行旅，尤不可任令胥吏等恣意婪索。若如该御史所奏，近来税局巡役过多，该役等所有亲戚及熟识闲杂人等，每向该管委员请讨谕帖，因此藉端影射，辄用白役多人，需索讹诈，以致往来官民人等，视为畏途。且闻各门税局，遇有装载行李车辆到门，每一衣箱，索取银四两至八两、十两不等；其奸商私贩违禁等物，夹带进城，胥吏等转得受钱文，私行卖放。京师为万方辐辏之区，似此滋扰舞弊，不可不严行查禁。嗣后著都察院堂官，拣选满汉御史，拟定正陪带领引见，候旨派往该处专司查察。其更换之期，以 年为满。如胥役人等，于不应盘查之人，故事勒掯迟留，而于例应访拿违禁货物，辄行受贿卖放，该御史等一经查出，即行指名参奏惩办。所有该处税务，不准该御史等干预，傥该御史等有心挽越，或受人请托，有授意免税，及纵容家丁需索滋扰情事，即著该管大臣等据实参奏。务须各循职守，互相稽核，于国课民生两有裨益，不可日久视为具文。"③

清政府对负责税务官吏的监督是十分重视的，这项工作由地方最高长官督抚及御史负责。其对税务官吏的监督主要通过"不时访参""稽察"等方式进行，如"一经查出，即行指名参奏惩办"。朝廷为了使御史等能够秉公监察税务官吏，规定御史等不得干预税务工作，不得受人请托，为人免税及纵容家丁向人索取等。

清政府为了防止税务官吏在征收商税中营私舞弊、勒索商民，实行税务公开透明制度，即向商民公布征税货物种类、税率等详细规定，从而杜绝不法官吏上

---

① 《大清会典事例》卷 239《户部·关税·禁令一》。
② 《大清会典事例》卷 240《户部·关税·禁令二》。
③ 《大清会典事例》卷 240《户部·关税·禁令二》。

下其手，从中进行操纵，乘机向商民勒索、敲诈。如不法官吏利用征税之时以权谋私，商民可依法向朝廷控告。如雍正二年（1724 年）谕："凡商贾贸易之人，往来关津，宜加恩恤，故将关差归之巡抚，以巡抚为封疆大吏，必能仰承德意，加惠商旅也。但各关皆有远处口岸，所委看管之家人，贤愚不一，难免额外苛求，及索取饭钱等弊，稍不如意，则缚送有司。有司碍巡抚之面，徇情枉法，则商民无所控诉矣。嗣后著将应上税课之货物，遵照条例，逐件刊刻详单，印刷多张，各货店均给一纸，使众人知悉。其关上所有刊刻条例之木榜，务令竖立街市，使众人人共见，不得隐匿屋内，或用他纸掩盖，以便高下其手，任意苛索。立法如此，自能剔除弊端，各省兼管关税之巡抚，受朕委任之重，尤当仰体朕心，遴选诚实可信之人，以任稽察之责，必期商民有益，方为称职。"① 在当时的科技条件下，清政府充分利用当时的传播手段，通过刊印小册子，在街头闹市、交通要道竖立木榜等，尽量使征税货物种类、税率等让人人知晓，使不法官吏无法暗箱操作，勒索、额外抑派商人，从而保护了商民的经商消费权益。清政府将征税货物种类、税率以商税条例的形式颁布，从而将保护商民经商、消费权益上升到法规的高度。清政府还明令地方最高长官督抚负责商税征收，稽察、查禁税务官吏的违法乱纪行为，以保障商民经商、消费权益免受不法官吏的侵害。所有这些都说明清政府对征收商税工作、保护商民经商、消费权益的重视。

清政府在以重农抑商、民以食为天思想的指导下，屡次明令米豆等粮食买卖不收税，从而鼓励粮食的生产和流通，降低价格，以保障民生。乾隆七年（1742 年）谕："第思小民朝饔夕飧，惟谷是赖，非他货物可比……今特降谕旨，将直省各关口所有经过米豆应输额税，悉行宽免，永著为例。俾米谷流通，民食充裕，懋迁有无者，不得藉以居奇，小民升斗之给，不致有食贵之虞，以昭朕惠养黎元之至意。"②

清政府除对米豆等粮食免交商税外，还对一些价值微小、百姓日常生活用品等琐细货物免税。如康熙二十八年（1689 年）谕："采捕鱼虾船及民间日用之物，并糊口贸易，悉免其收税。"③ 嘉庆十九年（1814 年）奏准："簸箕、竹帚、竹筛、布鞋、布袜、皮靴、大屉、香草各项到务纳课，为数甚微，嗣后，崇文门均免其纳税。"④

（二）徭役管理思想

1. 储方庆的田役思想

储方庆（1633—1683），清诗文家。字广期，号遁庵，宜兴人。康熙五年

---

① 《大清会典事例》卷 239《户部·关税·禁令一》。
② 《大清会典事例》卷 237《户部·关税·考核一》。
③ 《大清会典事例》卷 239《户部·关税·禁令一》。
④ 《大清会典事例》卷 238《户部·关税·考核二》。

（1666 年）乡试第一，六年成进士，授清源知县。一生作各体诗千首，皆散佚，文二百篇，刊为《遁庵文集》。

储方庆田役思想最有价值的是"以役限田"，"限役之法即所以限田也"，即按田之多少，规定服役的多少，田多者多服役，田少者少服役，这样就会使田多者因承担太多的徭役而自动放弃其占有的田地，从而达到限田的目的。他指出："今日限役之法，即所以限田也。何则，昔人以田限田，田多者既不能骤减，而欲分富民之田，以与贫民，则又拂于人情而不可行。若今日以役限田耳，以役限田，固不禁民之有田也。而田多者，苦于奔命之不暇，势不能以多占，而兼并之弊自绝，岂非不言限田，而限田之法，莫善于此哉。"① 但是，这种做法也有一定的弊端："凡今之所以限役者，以其有一定之田也。有一定之田，则田之任役者，既不可逾限而多，亦不可不及限而少。逾限而多者，必以法裁之，而使一人任数役；不及限而少者，亦必以法合之，而使一役有数人。夫一人任数役，人不胜役之烦也；一役有数人，役亦不胜人之累也。人不胜役之烦，而豪强隐占之弊绝；役不胜人之累，而朋党牵累之患生。牵累始于一人之身，而均摊遍于里甲之内，方今立法之始，流弊已至此，又安能保数十年之后乎？"这就是"以役限田"虽然能抑制豪强地主的兼并土地，但也使一些贫民因几户联合承担徭役而受到牵累。因此，储方庆提出："愚以为限役之利，利在分富民之田，而限役之弊，弊在合贫民之田……故夫利在分者，法以分治之；弊在合者，法亦以分治之，合其户而分其田，田之外不以同户累也。分其田而仍合其户，户之制不以多寡乱也。多寡定于画一之令，而富民不得施盈缩之才，同户判于催科之日，而贫民不至陷于赔累之辜。如此，则田不必限而已收限田之实，役未尝不限，而又有不限者存乎其中，将所谓限田之说，莫善于此。"由此可见，储方庆主张"分其（贫民）田而仍合其户"，即不将贫民之田合在一起数户共同承担赋税，而仍将数户合在一起共同承担徭役，这样，既可通过"以役限田"，限制豪强地主兼并，广占田地，又可避免贫民因田地合在一起有时会无辜受到牵累，而数户联合又能减轻徭役负担。这是两全其美的田役制度。

2. 章九仪的均役思想

清人章九仪的均役思想核心是主张田役、里役并行，就能达到均役；田役、里役两者不可偏废，缺一都会导致徭役不均。他指出："田有田役，里有里役，如经催粮长等项，所谓田役也；如支应大兵经过，承值各项衙门及稽察奸宄、提防火盗，所谓里役也。田役应从田起，里役应从户起。"② 在此，他首先指出田役、里役的区别主要有两个方面：一是所承担的徭役事项不同，田役主要承担"经催粮长"等项，即地丁税粮的征收与运送；里役主要承担军队经过时的供

---

① 《清经世文编》卷 33，储方庆《田役》。本自然段引文均见于此。
② 《清经世文编》卷 33，章九仪《均役议》，本自然段引文均见于此。

给、负责各级官府的杂务、稽察社会治安、防水灾、火灾和盗窃等。二是所谓田役，顾名思义按田地多少征发；所谓里役，按户丁多少征发。章九仪认为，田役、里役两者并行，就能达到均役，如偏废其一，就会使徭役不均。他尤其反对当时将里役合并于田役，如果将里役合并于田役，将导致田多者一人而承担数人之役，民众不敢买田，使城乡居民承担徭役混淆不清，使民众放弃农业而争着从事商业。他说："向以田役尽归之于户，而役不均；今则欲矫其弊，因以里役尽归之于田，而役亦不均必也。两得其平，而民始不至大困，则莫如分而二之，经催粮长诸役，从田起；见年、总甲诸役，从户起。从田起者，计田之多寡，以为役之差等，此易行者也；从户起者，应循编审之旧例，十年大更，五年小更，衰耗者减之，贫乏不能自振者去之，逃亡废绝者汰之，择里中殷厚有力之家，必周咨耆老，询谋佥同，即榜示其姓氏而登之于册，不许营脱。凡为守令者，毋徇情面，毋受财贿，归于至公而后已。如是则贫富均，贫富均，则役不均而自均矣。若计田受役，田多之人，每以一人而兼数人之役，一丁而征数丁之银，其不便一也。小民之受田者，其冠婚丧祭、疾病讼狱，力不能胜，则举田而售于富室，固有无相通之道也。今买田即以买役，人而畏役即畏田而不敢售，其不便二也。至昔之见年、总甲，率多土著附近之民，其盗贼奸宄，易为耳目。若论田不论户，则有身在乡而其役在城者，身在城而其役在乡者，居址窎远，即有地方之事，无由而知，其不便者三也。昔晁错论贵粟，意在崇本抑末。今有田之家，赋役鳞集，而富商大贾，土著于兹者，列廛盈肆，操其奇赢，收倍称之息，吏卒不一至其门，是教天下之民，皆将弃本业而趋负贩也，岂国家重农之至意乎？"鉴于这些理由，他建议："如以田役归之于田，里役归之于户，俾有田者，得尽力于输将，而土著者，亦使知有地方之责于以清逋赋而遏盗源，莫善于此。晋督所称粮因地出、徭按丁差，诚不易之论也。"

3. 陶正靖的均役思想

陶正靖（1682—1745），字筠中，号晚闻、贞一弟，雍正八年（1730 年）进士。撰《常熟县志》，著《晚闻存稿》。

陶正靖的均役思想与章九仪不同。首先，他认为，当时徭役不均是造成贫富分化日益严重的重要原因，因此，他主张必须以占有田地多少来摊派徭役，田多者多摊派，田少者少摊派，无田者不必承担。他指出："徭役困苦，莫甚今日豪强兼并之家，膏腴满野，力能花诡避役，以致富者益富，贫弱无告之民，役累随身，每至逋负流离，将见贫者益贫，是皆有司不念民瘼，编审无法，任凭胥蠹作奸，流弊莫可究诘。近奉旨均编，当亟遵条例，通计合邑田亩，按图衷益，品搭停匀，凡图外官庠自兑附户花诡等项，尽行裁派，一惟论田起役，俾户无无田之役，田无不役之人，庶几积弊顿除，穷檐苏息。"[1]

---

[1] 《清经世文编》卷 33，陶正靖《徭役考》，本目引文均见于此。

陶正靖主张田多者多摊派徭役，并非要求田多者本人去服徭役，而是要求田多者交纳免役钱，然后以免役钱雇人服役。他提出："凡业田之家，田多者或一家而占数甲，田少者或数家而占一甲。其户名曰排年，有事则里役督之，排年任之，此法之定于官者也。排年之田不必同阡陌，居不必接里闾，役有远近，不必偕作息，力有赢绌，不能通有无。临期鸠集，不免误事，于是预储以待，亩率银一分有奇，畀诸役代任其事，而排年遂若无与，方之古法。排年则出免役钱者也，里役则任雇役之事者也，变而通之，有利无害。其或有大役，则另议科率，然以通县数十万户之所同也，虽黠猾亦不能上下其手，厚有侵渔。而其役于官府，则排年必不能如里役之练习，故民相与安之，此法之便于私者也。"

陶正靖认为，征派徭役"不如论田起役之为均也。田有东西，役分远近，且如田在东而役兴于西，则西逸而东劳；田在西而役兴于东，则东逸而西劳。且临期调发，转滋隐漏，吏胥必缘以为奸，不如归之图甲易核，属之里役不为扰也。立法之初，实为尽善，设有变更，则宿弊立见矣"。

陶正靖还对古代三种役法做了批评，认为"差役之弊，差役不公，渔取无艺；雇役之弊，庸钱白输，苦役如故；义役之弊，豪强专制，寡弱受凌"。因此，他觉得"均田均役之法，为不可易也"，换言之，是历史上自古以来最完善的役法。

4. 张杰的均徭减差思想

清代，对徭役议论最多的是徭役不均问题。对此，张杰有比较深刻的了解，认为徭役摊派按门户出钱、按牌甲段落出钱、按村出钱、按牲畜出钱，都不公正公平，而且绅士与一般民众承担徭役也不公正公平，绅士承担 3/10，甚至都不承担，而民众承担 7/10，甚至全部都承担。正是这种徭役制度的不公正公平，使不承担徭役的人户越来越多，而承担徭役的人户越来越少；另一方面，承担徭役的费用有增无减，州县地方官乘机进行浮派，中饱私囊。总之，当时徭役不均所产生的弊端，使一般民众已无法忍受了。

针对以上弊端，张杰提出"均徭""明白晓谕"和"减差"的主张。其一，所谓"均徭"①，张杰认为"若遵照摊丁于地之例，无论绅民，地多则多摊，地少则少摊，其法为至公也"。按田地多少摊派徭役，还可以防止官吏营私舞弊，使征发徭役较为公平、公正。正如张杰所总结的："按地均派，则地亩载在《赋役全书》，易于稽考，而向日杂乱无章之弊，可除矣；绅民同办，则无分贫富，众擎易举，而向日豪强包揽之弊可除矣；定以一分，则明立限制，不能逾越，而向日官吏浮派之弊可除矣。"②

其二，均徭应公开透明，向官民明白晓谕，就可防止官吏浮派，刁绅恶役包

---

① 《清经世文编》卷 33，张杰《均徭文》。本目以下引文未注出处者，均见于此。
② 《清经世文编》卷 33，张杰《均役辩》。

揽。张杰指出："傥能明定章程，使旗汉绅民，按地均匀办差，则民困可以立苏。诚如是，由司道先将差次一切动用，无论车马、桥道、支应工程，概行折算，共需银若干两，再查通省粮租，各地无论旗汉绅民，共有地若干亩，约计每亩应派差钱几文，详请总督明出告示，即将每亩派钱几文，填注示内，钤用印信，颁发各州县实贴城乡。该州县遵照派敛，将钱易银解省，再行给发丞倅佐贰，及候补牧令，分别承领办理。如此，按地均派，明白晓谕，通省皆知，则州县官吏，无从浮派，刁绅恶役，无从包揽，而地少穷民，亦不致独任其累，如出水火而登衽席。"① 张杰认为，如各地征派徭役能做到如此公开透明，使人人知晓，那不法官吏就无从浮派，刁绅恶役也无从包揽，贫穷百姓就不会深受其害了。

其三，所谓"减差"，就是要减轻民众差役负担。张杰认为，民众差役重的第一个原因是当时应差服役的人越来越少，而需要交纳的差钱日见增加，因此，必须实行"均徭"，让原优免差役的人也要承担差钱，并使每亩所摊派的差役钱有一定的限制，就能真正做到"减差"。

张杰认为，地方州县政府办公费用无着落，因此使地方州县通过浮派来解决地方办公费用，这是民众差役重的第二个原因。针对这种弊端，张杰主张院司道府不能再向州县摊捐，增加州县负担，同时还应酌量给予州县津贴，作为州县的办公费用，这样使民众承担每亩一分的差钱之外，没有其他额外的征派了。他说："院司道府即不复以摊捐再累州县，而又复酌量州县之冲僻、事务之繁简，分别给予津贴，则州县办公有资，即不复再出一票，百姓交纳有数，即不复再办一差，此诚减差均徭实惠及民之善政也。"②

张杰还特别强调，当时民众差役重的第三个原因是杂差繁多，而且往往由贫穷百姓独自承担，使他们益不聊生，因此，对于这些杂差，张杰主张坚决予以革除。他指出："至于杂差累民尤甚，如米车、如煤车、如酒车、如委员过境、如草、如料……种种名目，离奇古怪，悉难枚举。俗云衙门一点朱，民间一片血，良不诬也……是州县派取民间各项杂差，于此时尤当革除净尽，不可稍留萌芽者也。"③

（三）理财思想

1. 财权集中中央思想

清朝统治者在政治上实行专制主义中央集权制度，与之相对应，在经济上实行财权集中中央，每年的赋税收入，除按规定数额存留地方或协济邻省外，其余均得上缴户部。正如康熙帝所言："一丝一粒，无不陆续解送京师"，以致省府

---

① 《清经世文编》卷33，张杰《论差徭书》。
② 《清经世文编》卷33，张杰《均役辩》。
③ 《清经世文编》卷33，张杰《论差徭文》。

州县"无纤毫余剩可以动支"①。至于地方从省到州县，虽各设有库储，但主要是供额内所需，即使有余剩需作额外开销，则必先请旨，待批准后才可经领（也可从其他地方拨支）。

清政府的财权集中中央，主要是通过建立一套完整的奏销制度来实现的。地方各级政府奏销钱粮时最主要的工作就是"全凭册结磨对"，即对账复核。康熙十一年（1672 年）题准："奏销册，直省布政司总数，府州县细数，皆载旧管、新收、开除、实在四柱，以凭稽核。"②岁终奏销时，督抚将通省钱粮完欠、支解、存留之款，汇造清册，岁终报户部核销。

逐级奏销一般是各省攒造奏销册籍，于例限之前，令所属州县先造草册一本，申布政使司核对无讹，发回照造。各州县呈送布政使磨对的是日收钱粮流水簿和奏销文册，如款项舛错，数目不符，即于草册内分析指出，计路途远近，定限发回，别缮补送。布政使复造总册后，申呈该督抚细加考核。该省有总督者，令总督监同巡抚，亲身盘查；无总督者，责成巡抚亲身盘查。钱粮无缺，出具印结，于奏销本内，一并保题，送户部复查；如有亏空，该督抚即行题参。奏销时，如造册舛错遗漏，或册结迟延不送，均要受到罚俸、降职等处分。

清政府还规定，地方各级政府于每年奏销时还要进行钱粮盘查。盘查是自上而下进行，州县钱粮，责成该知府、直隶州盘查；各府钱粮，责成该道盘查；直隶州钱粮，责成分巡道盘查；粮驿道钱粮，责成布政使盘查；藩库钱粮，该省有总督者，督抚会同盘查，无总督者，巡抚盘查。盘查时各级地方政府中有关钱粮事项均在审核之列。康熙二十八年（1689 年），清廷规定每年清查库存银两的制度，以免积久生弊。康熙三十九年（1690 年）复准："州县府道收存钱粮，于地丁正项及常平仓谷外，一切杂项钱粮，该管上司一并照例盘查。"③盘查的重点是查明各级政府经管钱粮是否有侵挪亏空。如乾隆二十六年（1761 年）复准："直省粮驿道库，令各督抚于每年奏销时，亲往盘查。每岁支存款目，有无亏缺挪移，仍责令藩司核明，于督抚未经盘查之先，出具保结，详送督抚。盘查之后，如有亏挪等弊，将藩司照例革职分赔。"④

清代，地方各省钱粮申报户部奏销后，还要报送都察院下户科进行审计监督。"直省钱粮，每岁终该抚造具奏销册，开载田赋款项数目，并造具考成册，开列已未完数目，送户科察核"⑤。清代地方各省的钱粮奏销，只有经过户科的察核审计后，才算最终完成。清代的奏销制度，固然失之过于琐细，而且在当时

① 《清圣祖实录》卷240。
② 《大清会典事例》卷177《户部·田赋》。
③ 《大清会典事例》卷101《吏部·处分例》。
④ 《大清会典事例》卷101《吏部·处分例》。
⑤ 《大清会典事例》卷1015《都察院·六科》。

的官僚制度下，无法避免贪赃冒滥之弊，但从制度所体现的财政管理监督思想，对于保障财权集中中央，还是发挥了一定的作用。

2. 易学实的去害财者即丰财思想

易学实生卒年均不详，号犀崖，雩都人。约清世祖顺治十一年（1654 年）前后在世。幼颖悟好学，明崇祯十二年（1639 年）举人。后奉母入山，杜门三十年，卒。著有《犀崖文集》《云湖诗集》，并传于世。

易学实继承了宋代苏辙"所谓丰财者，非求财而益之，去事之所以害财者而已"的思想，提出当时"以害财者日多而日工，故生财者日劳而日拙；以生财者日劳而日拙，当此害财者日多而日工，吾恐虽欲生之而生之不暇矣，亦将欲取之而取之不给矣，民生安得不促，国用安得不匮哉"[①]。他指出，当时必须除去的害财之事有以下 6 项：

其一，"征敛之不时也"。"夫天之生财有时，人之进力有候，春事二十五日之内耳，乃土膏未释，追呼在门。前代之法，夏税必于八月，秋粮必于十二月，兹顾新蚕未吐，新畲未播之时，催科何太急，刻限何太促，而剜补何所措耶。"易学实指出，农业生产是有严格的时间季节的，因此，前代征收税粮必于夏季八月秋季十月收成之后，而现在却在春耕之时收税官吏就已登门追征。

其二，"奸胥之中饱也"。"有一图必有一图之簿承，有一户必有一户之勾管。公赋未入，私觊先之，正供未半，旁费过之。问何以逋者终逋抵欺有人也，问何以逋者非逋推移有术也，甚或放赦虽出于朝廷，恩膏尽肥其私囊，官如虎而吏如鬼，虎可搏而鬼之魁魉可影测耳。"易学实认为在征税中不法官吏营私舞弊，敲诈勒索，中饱私囊。公赋还未征收，必须先贿赂征税官吏，正供还未征收一半，其他杂费也要求缴纳。即使朝廷赦免一些税收，但少征的税收也尽入官吏私囊。

其三，"杂派之横流也"。"夫京运存留，条鞭具在，增之不得，损之不得，然无如军兴旁午，使客往来，陆需夫役，水索舫舻，虽糇粮刍秣，动曰开销，而不知朝廷虽悉为销算，郡县仍派于民间。至若供帐厨传，与凡衙前官物之类，又其科派之小者也。是朝廷虽曰禁私派，而私派已公行矣；大吏虽曰禁杂科，而杂科且益甚矣。轺车入境，旌旃在郊，官吏笑而一路哭。三空四尽之时，其何以堪此乎？"易学实指出，当时政府杂派很多，在战争时军队供给，使客往来，都需要摊派百姓承担陆路大役，水路船只运送，小至供给帐棚、食物，以及衙前官物之类，也要百姓承办。朝廷虽然明令禁止私派、杂科，但私派已公开大行其道，杂科日益增加，使民不聊生。

其四，"功令之烦琐也"。"夫保甲者，古今之良法，奈何保甲之令一行，乡亭之悉索尽矣。以兴水利为爱民，而簿尉之溪壑，即在陂塘；以散官盐为普利，

---

① 《清经世文编》卷26，易学实《理财》，本目以下引文均见于此。

而户口之苦海，深于蘖政。故兴一利，不如除一害；多一令，不如省一事，小民乃得享治生之暇日也。"易学实认为，朝廷治国理政，多一事不如少一事，与民休养生息。如兴修水利看似爱民，为民兴利，但县里簿尉等官吏，乘修建陂塘等水利工程，乘机盘剥、勒索百姓。散发官盐给百姓，看似对百姓都有利，但因户口管理给百姓带来的苦处，大于百姓得到盐的好处。

其五，"贪吏之酷烈也"。"贪酷之吏，在所宜惩。盖近日认贪为干济，执酷为风采，人人自喜，在在成风，是以奸胥之中饱，贪酷之分甘也。"易学实认为，当时朝廷把贪官当作有才干的人，把执政苛酷的人当作有原则的人，因此造成官场上贪官污吏共同分赃，中饱私囊。他主张，对于这些贪官酷吏，朝廷应予以严惩。

其六，"本源不清也"。"盖近日……杂派之横流，贪酷之渔猎也；功令之烦琐，贪酷之奇货也。且小臣以茧丝之能否为殿最，大臣又以苞苴之厚薄为幽明，黜陟无凭，赏罚不当。本源之地，僭差若是，又安望守令之能休息元元，乐田里而勤树畜，以成国家之大储哉？"易学实指出，当时贪酷官吏把杂派、功令作为自己以权谋利的途径。朝廷以明哲保身作为考核小官的标准，以送礼之厚薄作为考核大官的标准，官场上官员升降没有正确的标准，因此导致赏罚不当，是非颠倒。治理国家没有正确考核激励机制，又怎么可能使地方守令能让百姓休养生息，乐于耕种，勤于种树饲养牲畜，为国家创造财富呢？

易学实最后总结说："呜呼！六害不除，而丰财是亟，虽有善者，如之何哉？"这就是说，以上6项害财之事如果没有除去，而急着让国家增加财政收入，即使再能干的人，也是无可奈何，做不到的。

3. 程含章的节财思想

程含章（？—1832）字月川，云南景东人，清朝大臣。乾隆五十七年（1792年）举人。曾历任知县、知州、按察使、布政使，官至山东巡抚。为官期间，重视兴修水利。著作有《岭南集》《山左集》等。

在清代理财思想中，程含章的节财思想较有特色。他不是就节财而谈节财，而是跳出节财，从更高的一个层面来探讨当时朝廷应如何节财。首先，他能从纷繁复杂的各种节财措施中抓住最关键的最主要的问题，即当时清政府最大的财政开支是军需和河工，而军需中最大的支出就是"禁教匪"（镇压义和团运动），而河工中最大的支出就是治理黄河。其次，更为难能可贵的是，他指出："禁教匪"不是一味地派军队武力镇压，而是应该任用好地方省道府州县各级官吏，使地方省道府州县得到很好的治理，"禁教匪"自然就成功，就不必花费巨大的军事开支派军队镇压，从而得到"用人与理财相为表里"的精辟论断。他对治理黄河也有独到的见解，认为清以前治理黄河由于违背水往低处流的水性，使治理黄河花费巨大而效果欠佳，因此他提出治理黄河应顺应水往低处流的水性，就能收到花费少而治理效果好的结果，从而节省巨额的治河开支，故"欲理财者，当自河始"①。以下对其这一思想做简要分析介绍：

首先程含章指出，要解决当时国家财政入不敷出危机，关键在于节流，而不是开源，并进一步指出，节流的重点在军需、河工，因为这两方面的开支在整个国家财政支出中是最大的。他说："帝王生财之道不外乎开财之源与节财之流。今之财源无可议开也，亦在乎节流而已矣。今之财流，别无可议节也，亦节乎军需、河工而已矣。国家出入有经，用度有制，自灾伤赈恤而外，无虚糜也，惟军需、河工，动辄费数百千万，不此之节，将安用节。

其次，程含章进一步指出：当时，所谓军需主要是用于"禁教匪"，因为国家"内无思乱之民，外无边疆之扰，所谓军需，不过教匪，能禁教匪，则兵革不试，而财用足矣"。他认为，"欲禁教匪，在乎择贤能之吏，而使州县皆得其人。州县者，亲民之官也，风俗之醇漓，宜所深知，民气之静躁，宜所素讲。吏果贤也能也，则防维之道、教化之方，皆可随地见效。彼教匪者，何自而起，即有一二倡乱之徒，亦无难立就诛灭，而军需可以不作矣。"。

再次，程含章指出，当时河工中，治理黄河花费最大，"国家岁费数百万以防之，及其决也，又费数百万以塞之"。而且由于治河不顺应水性，效果不好，屡治屡决。因此，他认为，治理黄河效果最好、最省财力、物力、人力的做法是黄河决口之后，不必强行堵塞使复故道，而是顺其水性别行新道，黄河之水自然就数百年安澜无灾。

在此基础上，程含章进一步推断，如黄河以最小的代价得到治理，那将为国家节省了巨额的财政开支，不言而喻，朝廷"用度不足"的问题就能得到解决。这就是"欲理财者，当自河始"。

三、商业贸易管理思想

（一）国内商业贸易管理思想

1. 商品买卖管理思想

清代，对商品贸易的管理，其最基本是对商品价格与质量的管理。清政府规定，凡商品贸易，其价格的制定必须公平合理。如商人操纵物价，故意抬高或降低物价，必须受到法律的惩罚。朝廷规定："凡诸物，行人评估物价，或以贵为贱，或以贱为贵，令价不平者，计所增减之价，坐赃论（一两以下笞三十，罪止杖一百、徒二年），入己者准窃盗论（查律坐罪），免刺。"② 商人操纵物价处以同"坐赃""窃盗"罪一样的处罚，可见对其惩处是相当重的。清政府除规定商品的价格要公平合理外，还规定商品的质量要符合要求："凡民间造器用之物，不牢固正实，及绢布之属，纰薄短狭而卖者，各笞五十。"可见，如出售的

---

① 《清经世文编》卷26，程含章《论理财书》。本目以下引文均见于此。
② 《大清会典事例》卷765《刑部·户律市廛》。本目引文未注出处者，均见于此。

商品质量不符合要求，如"不牢固正实""纰薄短狭"，那要受互"笞五十"的惩罚。

清政府为了保障粮食等关系国计民生的商品供给，禁止商人倒卖官米，或囤积居奇各种米麦杂粮等。朝廷规定："五城平粜米石时，如有贩卖收买官米十石以下者，将贩卖之人，在于该厂地方枷号一月，杖一百；收买铺户，照不应重律，杖八十；米石仍交该厂另行粜卖。至十石以上者，贩卖之人，枷号两月，杖一百，铺户杖九十。如所得余利，计赃重于本罪者，计赃治罪。各铺户所存米麦杂粮等项，每种不得过一百六十石，逾数囤积居奇者，照违制律治罪（若非囤积居奇，系流通粜卖者，无论米石多寡，俱听其自便，不在定限一百六十石之例）。"

清政府还严厉禁止各级官府和权贵等欺行霸市，强行低价收买商品，严厉禁止在商品买卖中坑蒙拐骗等，以保证商品贸易的正常进行。如"康熙六年（1667年）议准：凡在外王公、将军、文武官员家人，有霸占要地关津，用强贸易，欺压诈害商民者，事发，在原犯之处枷号三月；系民，责四十板；系旗下，鞭一百；其主系王，罚银一万两；系公，罚银五千两；管理家务官，俱革职；系将军、都统、护军、统领、副都统及督抚、提镇文武官员，俱革职；其该汛文武各官不行查获者，各降一级调用。如兵民商人，据称王公文武官员之名，强行欺压者，为首之人，照光棍例治罪，货物入官。此等事发，委官稽查，徇庇不据实回报者，俱革职"。即使是政府购买，如不按市场价格购买，有关官员也要受到处罚。嘉庆八年（1803年）谕："各衙门需用铺户货物，自应各照市价平买，安得辄立官价名目，向铺户等纷纷科取物件，倚势病民。嗣后著将官价之名，永远禁革，违者照例惩处不贷。"①

清政府对于民间把持行市、坑蒙拐骗等不法行为也予以惩处："凡买卖诸物，两不和同，而把持行市，专取其利，及贩鬻之徒，通同牙行，共为奸计，卖己之物以贱为贵，买人之物以贵为贱者，杖八十。若见人有所买卖，在旁混以己物，高下比价，以相惑乱而取利者，笞四十；若已得利物，计赃重者，准窃盗论，免刺。"雍正十三年（1735年）复准："民间开设铺面，听民间便益，不得私分地界，不令旁人附近开张，更不得以本身无力开设，将地价议价若干，然后允其所顶。至酒坊卖酒，应听雇车载运，毋许车户设立车牌，开写姓名，认定一店，不令别人揽运。"②

2. 统一度量衡思想

由于度量衡关系到商品贸易和国家赋税的征收，因此中国古代历代王朝建立之初，都重视对度量衡的统一，清朝也不例外，其建立之初，即对度量衡进行统

---

① 《大清会典事例》卷106《吏部·处分例》。
② 《大清会典事例》卷106《吏部·处分例》。

一。"顺治五年（1648 年）定，户部较准斛式，照式造成，发坐粮厅收粮。又定工部铸铁斛二张，一存户部，一发仓场侍郎，再造木斛十二张，颁发各省"①。雍正"十一年（1733 年）议准，法马由部审定轻重，工部铸造，各布政使司遣官赴领，户部司官与工部司官面加详较，将正副法马封交赴领官赍回。各布政使将部颁副法马收存，行用正法马。如正法马年久，与副法马轻重不符，即用副法马弹兑，以正法马送部换铸，虚捏不符者，交部议处"。从以上记载我们可以了解到，清朝在入主中原之初，即在顺治年间，就先后对升斗斛、法马、尺秤做了统一规定，并颁发全国各地严格实行，不得任意改变。如有违反者，必须受到追究处罚。尤其是其中的权重砝码，由于频繁使用容易磨损，使重量变轻，朝廷还颁发给各省正、副两副，日常使用正法马，以副法马作为较定之用。如正法马因年久磨损变轻，与副法马不符，即将正法马送户部换铸。由此可见，清政府对度量衡在全国的统一和实行是如此的重视和严格。同时，我们必须看到，清政府对度量衡在全国的统一和实行除了上引征收和发放钱粮的需要外，还有一重要目的是为了规范、方便全国的商业贸易。如：康熙四十三年（1704 年）谕："朕见直隶各省民间所用戥秤，虽轻重稍殊，尚不甚相悬绝，惟斗斛大小迥然各别，不独各省不同，即一县之内，市城乡村，亦不相等，此皆牙侩评价之人，希图牟利之所致也。又升斗面宽底窄，若稍尖量，即致浮多；若稍平量，即致亏损，弊端易生，职此之故，于民间甚属不便。嗣后，直省斗斛大小作何画一，其升斗式样，底面一律平准，以杜弊端。至盛京金石金斗关东斗，亦应一并画一。"

清政府为了保证度量衡的统一与标准，禁止民间私造度量衡并在市场上流通使用；同时禁止在官府制造的度量衡上营私作弊，如有关官吏在度量衡上失于较定，或度量衡虽然符合标准，但没有经过有关政府机构较定并烙上印记而使用的，均要受到不同程度的处罚。如朝廷规定："凡私造斛斗秤尺不平，在市行使，及将官降斛斗秤尺作弊增减者，杖六十，工匠同罪。若官降不如法者，杖七十；提调官失于较勘者，减一等；知情与同罪。其在市行使斛斗秤尺虽平，而不经官司较勘印烙者，笞四十。若仓库官吏私自增减官降斛斗秤尺，收支官物而不平者，杖一百；以所增减物计赃重者，坐赃论；因而得物入己者，以监守自盗论；工匠杖八十；监临官知而不举者，与犯人同罪，失觉察减三等，罪止杖一百。"②

3. 管理牙行思想

牙行作为古代商业贸易的中介机构，其作用是一支双刃剑。一方面，能够促进买卖双方成交，并在赊欠贸易中充当担保人，从这方面看，牙行对商业贸易的健康发展，有积极作用。但另一方面，牙行作为贸易中介机构，有的会伙同买卖

---

① 《大清会典事例》卷 180《户部·权量》。本自然段引文均见于此。
② 《大清会典事例》卷 765《刑部·户律市廛》。

中的一方，欺诈、坑骗另一方，从而大大影响了商业贸易的正常开展。鉴于牙行在商业贸易中的这一特点，历代王朝都重视对牙行的严格管理，使其在商业贸易中发挥积极作用。清朝也不例外，颁布了一系列的法规对牙行进行管理。兹主要据《大清会典事例》卷106《吏部·处分例》"清查牙行"① 条的记载，对管理牙行思想做一分析。

其一，民间设立牙行必须经过政府的审查批准，牙行作为中介机构，诚信十分重要，因此开办者必须"为人诚实"，而且还必须"家有产业者""保邻甘结"等作担保。经政府审查符合条件者，才准予开设牙行。牙行必须取得牙帖（即类似经营执照）后才能开始营业，而且牙帖必须由省级布政使盖上印信后颁发，如各州县政府私自发给牙帖，未经省布政使盖上印信颁发的，牙行就不能营业，私自发给牙帖的州县官吏还必须受到督抚的题参，降一级调用。那些申请开办牙行者如平时属于市井无赖，家中没有产业者，是不准经营牙行的。如地方官对这些人审查不严，致使这些人开办牙行欺骗侵吞客商资本的，有关责任人必须降一级调用。牙行经营的执照牙帖，必须五年重新审查一次，然后换给新的牙帖。经营牙行，还必须"每年纳有牙税"，才能营业。

其二，经营牙行之人，不能欺行霸市，不能逼勒商人只能与自己牙行贸易，而不允许商人与其他牙行贸易；牙行不得拖欠客商资本，不得向买卖双方额外索取、敲诈、勒索，不得伙同买卖中的一方欺诈另一方。如牙行有发生违法乱纪行为，有关官吏予以包庇、纵容，必须受到降二级调用的处罚；如有关官吏有接受牙行贿赂而予以包庇、纵容的，那必须按受赃枉法罪予以惩罚。如清政府规定："牙行侵欠控追之案，审系设计、诓骗、侵吞之己者，照诓骗本律计赃治罪：一百二十两以上，问拟满流，追赃给主；若系分散客店，牙行并无中饱者，一千两以下，照例勒追，一年不完，依负欠私债律治罪；一千两以上，监禁严追，一年不完，于负欠私债律上加三等，杖九十，所欠之银，仍追给主。承追之员，按月册报巡道稽查，逾限不给者，巡道按册提比。如怠忽从事，拖延累商者，该巡道据实揭参，照事件迟延例议处；有意徇纵者，照徇情例降二级调用；如有受财故纵者，计赃从重以枉法论。"②

其三，清政府规定，各级政府不得纵容服役之人经营牙行，以低于市场价格，购买公私所需货物。如有在官府服役之人，阳奉阴违，私自经营牙行，与此有关官吏，如系纵容服役之人经营牙行，那就照纵容服役之人犯赃罪例，予以革职处罚；如系失于觉察者，则照失于觉察服役之人犯赃罪例处罚。

（二）盐务思想

在中国古代，大部分王朝实行盐专卖制度，清代也不例外。由于到了封建社

---

① 本目引文未注出处者，均见于此。
② 《大清会典事例》卷765《刑部·户律市廛》。

会末期，许多封建制度愈益显出它的落后性和腐朽性，专卖制度就是其中之一。在清代，盐政是清廷治理国家的三大难题之一，即当时所谓的河工、漕运、盐政是"老、大、难"的问题。因此，朝野上下纷纷对盐政提出自己的见解和主张，有关盐政的文献在清代是比较丰富的，兹据笔者所见择其要者做一简要介绍。

1. 实行盐引制度

清代在盐专卖中继承了宋以来的盐引制度，即盐商在贩运、销卖盐的整个过程中必须持有政府发放的盐引，这就是所谓的盐、引相随。否则，盐商所贩运、销卖的盐如没有盐引，那就是私盐，查获者必须受到处罚。为了防止盐商重复使用盐引，清政府还规定，盐商售卖完盐后，必须在 10 日之内将盐引交还给政府，如重复使用，其罪等同于贩卖私盐。清政府还严厉禁止伪造盐引，如有人胆敢伪造盐引，将被处以极刑。同治十二年（1873 年）规定："凡客商卖盐，每引行盐若干斤为一引，给半印引目，每引完纳引价，随即给引支盐。""凡客商兴贩盐货，不许盐引相离，违者同私盐追断。如卖盐毕，十日内不缴退引者，笞四十；将旧引影射盐货，同私盐论罪。伪造盐引者，处斩。"[1]

清政府为了促进盐引快速流通，使盐贩运、销售正常进行，还禁止盐商将盐引增价转卖："凡客商赴官中买盐引勘合，不亲赴场支盐，中途增价转卖，以致转卖日多，中买日少，且诡冒易滋，因而阻坏盐法者，买主、卖主各杖八十，牙保减一等。买主转支之盐货，卖主转卖之价钱，并入官。"[2]

清代在盐专卖中，也出现盐引发行过多、滞销的问题。对此，汪姓提出计算户口之数而适量发行卦引和严查私盐使官盐增加销售的办法来解决盐引发行过多、滞销的问题。他指出："盐之为物，民生日用之需，少则淡食，多则必壅，故立法之始，必先计户口之数，而后定盐斤之数；定盐斤之数，而后定额引之数。引无溢额，盐不停留，商恃民以销盐，国恃商以办课，呼吸相通，首尾相应，一兴利而利无不兴……而其为害，私盐夹带为尤甚。盖私盐多一引，则官盐壅一引，夹带多一斤，则正盐壅一斤，故立法之详，内而产盐地方自场至所，节节盘查，以防私贩，仪所摆马，宗宗称掣，以防夹带；外而行盐地方，所在有司，处处申饬，以捕奸犯。凡此者，所以保此额盐不使之多，正保此额地之民，尽归而食额引之盐，民与盐符，运销自速，盐疏课裕，理固然也。"[3]

2. 盐价制定

在清代，盐的专卖虽然是垄断性的，但政府也必须制定适宜的价格。当时盐价的制定主要关系到 3 个方面的问题：一是如盐价制定太高，会影响民众的购买与食用；二是如官盐价格太高，会导致盐走私更加猖獗，民众舍价格高官盐而食

① 《大清会典事例》卷 231《户部·盐法》。
② 《大清会典事例》卷 763《刑部·户部课程》。
③ 《清经世文编》卷 50，汪姓《盐法刍言》。

用价格低私盐；三是平衡官盐的地区差价。以下对这三方面问题略做缕析：

其一，增加食盐供应和节省成本以降低盐价。雍正年间，"浙江滨海地皆斥卤，向来盐价甚贱，居民称便。余年来盐价增长，近则加至二三倍不等，夫以小民日用必需之物，而昂贵若此"①，致使许多穷苦百姓终年盐淡。针对这种情况，朝廷采用"增斤改引之法"，增加食盐供给，即在杭、嘉、绍地区，每引加盐50斤，而在松江一带，改征收盐课为"行票引"，共发票引九万余，每引给盐400斤，从而增加了杭、嘉、绍、松地区盐的供给，使一度不断上涨的盐价回落，百姓从盐价降低中得到益处。

清政府还通过节省食盐运输费用和禁止滥行开销、摊派来减轻成本，从而降低食盐价格。咸丰三年（1853年），朝廷三申五令，允许商民自行贩鬻官盐，借拨转运成本较低的川盐接济湖北急需食盐，禁止运盐途中的滥行开销和摊派，其目的在于减轻食盐成本，从而降低食盐价格，以济民众食用。②

其二，通过降低官盐价格来达到禁私盐。当时，民间之所以走私食盐盛行，其最主要的原因是官盐比私盐价格高得很多，因此导致民众冒禁违法贩卖私盐和食用私盐，贩卖私盐者能获取高额的利润，而食用私盐能节省较大的开销。在这种情况下，卢询认为，讲求盐政的人，都以查禁、缉捕私盐为首要的工作，但私盐终究禁绝不了，因为这只是治标不治本的方法。他建议，禁私盐的最好治本方法是政府抛售官盐，让原一引分作二引三引支取官盐，而不增加原定的课银，使盐商减少官盐成本而降低价格销售，让百姓选择购买、食用官盐，这样使贩卖私盐的人无利可图，私盐将不禁而自止。在此，卢询认识到私盐不能靠强制性的行政手段加以禁绝，而必须依靠市场性的价格手段，通过降低官盐价格把私盐挤出竞争市场，从而达到禁绝私盐的目的。③

时人朱轼也提出，应将官盐价格降到与私盐价格相等，那民众就不会选择冒禁而购买食用私盐，从而私盐不禁而自绝。他指出："食盐之家，每冒禁而买私盐者，不过以其价贱于官盐耳。与其严拿而滋扰，不若平价以杜绝。凡附近出盐地方，百里之内将官盐价值减与私盐之价相等，则民间皆食官盐，私盐不禁而自绝矣。"

其三，盐价地区差价太大应予以平衡。清代，由于交通工具的限制及地区盐政的不同，使盐价地区差价有的悬殊太大，这导致价格贵的地区，穷困民众因买不起盐而淡食，或冒禁从邻省偷偷购买，食用价格较便宜的私盐。对此，沈起元提出了具体的解决措施：一是通过行政命令，要求扬商按照朝廷规定的额数，足额运淮盐到江西以保障供给。二是通过减轻淮盐成本而降低盐价。他指出：种种

---

① 《大清会典事例》卷225《户部·盐法》。本自然段引文均见于此。
② 《大清会典事例》卷228《户部·盐法》。
③ 《清经世文编》卷49，卢询《商盐加引减价疏》。

苟捐杂税使淮盐成本日益加重盐价日益提高，应予以废除："宜将种种归公之项，尽请蠲除……本既轻，盐价自贱，于民间日用亦大有关系矣。"①

3. 查禁私盐

在中国古代实行盐专卖中，毫无例外都要查禁私盐，从而才能保障政府在盐专卖中垄断巨额商业利润。清代查禁私盐，首先从盐的生产源头抓起，即禁止百姓"私晒"。清朝廷认为，民晒盐官销售容易使官盐、私盐混淆不清，政府难以防范查禁私盐，因此，恢复了原来的盐引制度，从道光十一年（1831年）开始查禁私晒，使官盐畅销。为了让那些晒盐户维持生计，政府将商人的代赋银、津贴银按户发给他们。清政府为了防止灶户将生产的盐私自藏匿，卖给走私者，规定在盐场设立"公垣"，灶户必须把生产的盐堆放在垣中，等待商人持引赴盐场领盐，经盐官验明后放行。

其次，从盐的流通环节禁止私盐。清政府一再颁布禁令，禁止夹带、贩运私盐，在流通环节查禁私盐主要采取了4个方面的措施：一是禁止夹带私盐。清代夹带私盐最严重的是船只夹带，因此，从顺治年间开始，政府就采取各种措施。如船只装好官盐后，即时封闭货舱，并用火烙印记，以防不法之徒擅自开启，夹带私盐。清政府还规定运盐船只应装满整个船舱的9/10，不许留有空舱，使船只不留有夹带私盐的空间。二是规定运盐船只在路途上航运时间，使船只没有时间在沿途装卸私盐进行走私。政府依据船只每天行走的里程，以及路程的远近，计算出船只需要的航运时间。三是委派有关官员沿途进行巡视盘查，缉拿夹带、卖私、捏报、淹消等不法之徒。四是在一些交通要道、口岸等船只必经之路、关卡，派官员前往盘查，缉捕走私者，并予以惩处。

再次，对涉及私盐各个环节的责任人均要予以不同程度的处罚，以此铲除食盐走私链。清政府在查处私盐时，尤其是查处大宗食盐走私案中，特别注意查明各个走私环节的责任人，并予以不同程度的处罚，如食盐走私中的买方、卖方、经纪人、窝藏之家、脚夫、水手、灶丁以及失职的官吏管盐司道、管场员等。如顺治十七年（1660年）题准："凡获大伙私盐，必究讯窝家、经纪，所过地方有无徇纵，管盐司道扶同不举，一并参究。"② 雍正六年（1728年）议准："拿获私贩，本犯脱逃者，即将装带私盐之脚夫、水手拘获到案，详究本犯踪迹，勒限务获，照例于私贩上加治逃罪，售与之人，亦照私贩例治罪。其脚夫、水手，分别惩治。若大伙兴贩，照强盗例勒限严缉，地方文武官弁，照溺职例议处。"嘉庆二十三年（1818年）议准："凡拿获私盐，数在三百斤以上者，将买自何人何地及窝顿之人，讯明确据，关提审究，按律惩治。若审出买自场灶，将该管场员并沿途失察各官，一并题参；灶丁按私贩例治罪，承审官率混详结者，并予参

---

① 《清经世文编》卷50，沈起元《上督院赵公论淮盐疏》。本自然段引文均见于此。
② 《大清会典事例》卷231《户部·盐法》。本自然段引文均见于此。

处。"清代食盐走私，尤其是大规模的食盐走私，往往形成一个有组织的走私链，不仅有买卖双方，而且有中间充当搭桥牵线的经纪人，藏匿私盐的窝顿之家，以及负责运输的脚夫、水手等，如私盐买自场灶，还会涉及管场员、灶丁等，有的甚至连沿途负责稽查的官吏也被走私食盐团伙收买。因此，清政府通过彻查走私食盐大案，惩处有关环节的涉案人员，对于铲除食盐走私链，禁止私盐，是大有裨益的。

第四，清政府为督促有关官吏认真负责稽查私盐，颁布了奖惩条例，不能觉察私盐者必须受到处罚，能缉拿私盐者则受到奖赏。如"康熙十五年（1676年）题准：官员该管界内，有本官衙役私行煎贩，或私卖者，本官不能觉察，别经发觉者，革职。其军民人等，在伊界内私行煎盐，或私卖者，不能觉察，别经发觉，降三级，调用；兼辖官降一级，罚俸一年；如该管官自行拿获者，免议。又题准：凡旗人兵民，聚众十人以上，带有军器，兴贩私盐，失于觉察者，将失事地方专管官革职，兼辖官降二级，皆留任，限一年缉拿；获一半以上者，复还官；若不获者，照此例革职降级。该督抚、盐政御史，如有失察官员，徇庇不行题参，照徇庇例议处。专管官一年内拿获十人以上，带有军器大伙私贩一次者，纪录一次；二次者，纪录二次；三次者，加一级；四次者，加二级；五次者，不论俸即升。兼辖官一年内拿获三次者，纪录一次；六次者，纪录二次；九次者，加一级；拿获次数多者，均照次数纪录加级"①。

（三）对外贸易思想

1. 政府的对外贸易思想

从总的来看，清朝长期实行闭关锁国政策，不重视对外贸易，但是有限制的对外贸易依然存在，大致主要有3种形式。

一是朝贡贸易。清朝规定："凡外国人朝贡到京，会同馆开市五日，各铺行人等，将不系应禁之物入馆，两平交易，染作布绢等项，立限交还。如赊买及故意拖延骗勒远人，至起程日不能清还者，照诓骗律治罪，仍于馆门首枷号一月。若不依期日及诱引远人潜入人家，私相交易者，私货各入官，铺行人等以违制论，照前枷号。"② 从这条记载我们可以看出，清代朝贡贸易有时间、地点、货物的限制，外国人朝贡到北京，只限制"开市五日"，即贸易五天；其地点限制在会同馆，不得"诱引远人潜入人家，私相贸易"，即外国人不能到中国人家中，私自进行贸易；所交易的货物，应是"不系应禁之物"，即应属于不是政府禁止的货物。清朝廷强调在朝贡贸易中应坚持"两平交易"，特别禁止国人通过赊买、拖延时间等来欺骗远道而来的外国人。

二是与西北番夷的贸易。雍正三年（1725年）奏准："甘肃、西宁等处，遇

---

① 《大清会典事例》卷105《吏部·处分例》。
② 《大清会典事例》卷765《刑部·户律市廛》。

有番夷到来，本都司委官关防督查，听军民人等两平交易。若势豪之家，主使弟男子侄、家人头目人等，将远人好马奇货包收，逼令减价，以贱易贵，致将粗重货物并瘦损头畜拘收，取觅用钱，方许买卖者，听主使之人，问（发）附近卫分充军，干碍势豪及委官知而不举，通同分利者，参问治罪。"[1] 从这条规定我们可以看出，清朝民间与西北番夷的贸易，必须在有关官吏的监督与稽查之下，才能进行。在民间与西北番夷的交易中，清政府也强调必须"两平交易"，而且特别强调那些权势、豪强之家不得指使家里弟男子侄、家人头目等包收番夷的好马奇货，然后强迫其减价卖给自己，以很低的价格购买其贵重的物货，或将番夷粗重货物、瘦损牲畜等扣押，向其勒索钱财后，才允许他们出售。如果有发生上述情况，当事人必须发配到附近卫所充军，势豪及有关官吏知而不举，通同分得好处者，必须被参问治罪。

三是海上贸易。清初，为封锁郑成功领导的海上反清力量，曾实行海禁政策，不许片帆下海，甚至还实行大规模的迁徙沿海居民的政策，史称"迁海"。自康熙年间，清朝统一台湾后，海上贸易才逐渐放开。康熙二十三年（1684年）复准："福建、广东两省，许用载五百石以下船出海贸易。地方官登记人数，船头烙号，给发印票，令防守海口官弁验票放行，拨船巡哨。如有双桅八桨、载五百石以上大船，出洋夹带禁物，及文武官弁藉端需索者，皆从重治罪。其进海口内、桥津地方贸易舟车等物，停止征税。"[2]（康熙）二十三年（1684年）题准："山东、江南、浙江、广东各海口，除夹带违禁货物，仍照例治罪外，商民人等，有欲出洋贸易者，呈明地方官，登记姓名，取其保结，给发执照，将船身烙号刊名，令守口官弁查验，准其出入贸易"[3]。由此可见，康熙二十三年（1684年）的开海禁，虽然允许民间开始从事海外贸易，但其限制还是严格的。如只允许载重500石的船出海贸易；商民要出海贸易，必须向地方官提出申请，出具担保，经过地方官登记，发给通行印票和执照，将船头烙印号码，刊刻船名，然后由防守海口的官兵查验无误后，才准于出海贸易。如果船只载重量超过500石，系双桅杆八桨的大船，或出海贸易时带有禁止贸易的货物，那就要受到从重惩处。

清代的海外贸易是有选择，很有针对性地考虑到本国的需求。如东南沿海人多地少，粮食供给不足，清政府就鼓励通过海外贸易，从东南亚等国输入大米。道光四年（1824年）谕："阮元等奏请定洋米易货之例一折。广东粤商海关准洋米进口粜卖，免输船钞，粜竣回国，不准装载货物。近年以来，该夷等因回空时无货压舱，难御风涛，且无多利可图，是以米船来粤者少。自应将成例量为变

---

① 《大清会典事例》卷765《刑部·户律市廛》。
② 《大清会典事例》卷239《户部·关税》。
③ 《大清会典事例》卷120《吏部·处分例》。

通，著照所请，嗣后各国夷船来粤，如有专运米石，并无夹带别项货物者，进口时照旧免其丈输船钞，所运米谷，由洋商报明起储粜卖。粜竣，准其原船装载货物出口，与别项夷船一体征收税课，汇册报部以示体恤。"① 由于进口洋米能解决东南沿海粮食供给不足问题，因此清政府给予洋米进口免输船钞的优惠，并且特准其回国时装载中国货物，使外国米商往返都有利润可赚，从而鼓励更多的外国商船运米到中国东南沿海销售。又如当时国内官银紧张，清政府就规定在海外贸易中，除以货易货外，可用番银交易，不许用官银交易，从而避免大量官银外流。道光九年（1829 年）议准："夷商与内地行商交易，除以货抵货外，价银不敷，彼此均以番银找给。嗣后行商找与夷人货价，有挪用官银者，除充公外，仍照私运例治罪。各口员弁丁役人等，查获船载赴洋官银，先交地方官讯明，在何处起获，即将该船经过上游各口员弁丁役，照扶同隐漏例，严行究治。"②

在海外贸易中，清政府通过"抽分"来征收关税，以增加财政收入。如泛海客商通过藏匿货物来避税漏税，将要受到法律惩处。清政府还鼓励知情人告发，给予告发者奖赏。朝廷规定："凡泛海客商舶船到岸，即将货物尽实报官抽分。若停藏沿港土商、牙侩之家不报者，杖一百；虽供报不尽实，罪亦如之，货物并入官；停藏之人同罪。告获者，官给赏银二十两。"③

2. 慕天颜的开海禁思想

慕天颜，字拱极，甘肃静宁人。顺治年间中进士，曾任钱塘知县；康熙年官至江苏巡抚。其任地方官注意兴修水利，发展江南农业生产。其著作主要有《慕天颜奏疏》。

清康熙年间早期，朝廷由于大规模的战争，使国家财政出现危机，"资饷甚殷，所在告急"④。在这种情况下，当时朝廷"议节省则事款通裁，几于节无可节矣；议捐输，则事例多案，几于捐无可捐矣"。在朝野上下一筹莫展之时，慕天颜上《请开海禁疏》，提出解决当时财政危机唯一可在短期内见效的是"开海禁"："军马之供亿，每患不敷，度支之经营，尚苦莫措者，良由讲求之术，徒循其末，而未深探其本也……于此思穷变通久之道，不必求之天降地出，惟一破目前之成例，曰开海禁而已矣。"

慕天颜认为，开海禁，即开放海外贸易，可从两个方面解决当前财政危机。一是他指出，理财主要就是增加"金钱"，即货币："国用之征求，惟以金钱为急，上下相寻，惟乏金钱之是患也久矣"。而当时，生银之途绝，"止有现在之银两"，且"消耗者去其一，湮没者去其一，埋藏制造者又去其一，银日用而日

---

① 《大清会典事例》卷 240 《户部·关税》。
② 《大清会典事例》卷 240 《户部·关税》。
③ 《大清会典事例》卷 763 《刑部·户部课程》。
④ 《清经世文编》卷 26，慕天颜《请开海禁疏》。本目引文均见于此。

亏，别无补益之路"，所以才导致财用匮乏。他认为，当时国家要增加银两的途径有两条："银两之所生，其途二焉，一则矿砾之银也，一则番舶之银也"。其中"矿砾之开，事繁而难成，工费而不可必，所取有限，所伤必多，其事未可骤论也。惟番舶之往来，以吾岁出之货，而易其岁入之财，岁有所出，则于我毫无所损，而殖产交易，愈足以鼓艺业之勤……银两既以充溢"。在此，他认为开银矿是一项十分繁杂困难的大工程，花费了很多钱还可能挖不到银矿，因此非一日之功可成，难以立即解决清政府面临的财政危机，唯有通过海外贸易，以中国的货物换取海外的银钱，是可以马上见效的，使国库银两充溢，财政危机就可得到克服。二是他认为，开海禁进行海外贸易，可以促进社会经济的发展，从而增加财政收入。他指出："殖产交易，愈足以鼓艺业之勤，岁有所入，则在我日见其赢，而货贿会通，立可以祛贫寡之患。银两既以充溢，课饷赖为转输，数年之间，富强可以坐致。"而且海禁一开，使原来因迁海政策而被迫迁徙的沿海民众回到故乡，从事农业生产，交纳赋税，这也可增加财政收入。"今若开禁，并可勒令复归故土，垦种补课，又系生财之一端"。

另一方面，慕天颜也对一些对外海上贸易招致外患的论调进行驳斥。当时有人认为朝廷之所以实行海禁，是因为"海氛未靖，方事剿除，若一通洋，势多扞格"。对此，慕天颜以明清两朝的海疆史，说明开海禁与海疆安全并没有必然的联系，换言之，开海禁并不会导致海疆安全受到威胁，而只会在经济上为国家带来好处。他指出："更请衡今昔事势而言之，按故明海岛诸国，并许朝贡，惟以倭夷犷悍，绝不使通，然而市舶之往来，于彼不废，故有舶商匿货之禁，原以专计泛海之船，行之累朝，深得其利。其后虽有倭患，原非兆于商舶也。再以本朝而言，闽海之余孽未殄，而荷兰、琉球等国之贡仍至也，粤地之风帆接闽，而暹罗、红毛等国之贡自若也。贡船本外夷所来，犹且无碍，商舶由内地所出，翻谓可虞，又事理之必不然者矣。犹记顺治六七年间，彼时禁令未设，见市井贸易，或有外国货物，民间行使，多以外国银钱，因而各省流行，所在皆有。自一禁海之后，而此等银钱，绝迹不见一文，即此而言，是塞财源之明验也。可知未禁之日，岁进若干之银，既禁之后，岁减若干之利，揆此二十年来，所坐弃之金钱，不可以亿万计，真重可惜也。"

鉴于以上这些认识，慕天颜主张朝廷应开海禁，其具体做法是："今则盛京、直隶、山东之海船，固听其行矣，海洲、云台之弃地，亦许复业矣；香山、澳门之陆路，再准贸贩矣。凡此，庙谟之筹略，岂非见于海利之原可通融，而故弛其禁邪。今所请之开禁，亦即此意推广之而已。惟是出海之途，各省有一定之口，税赋之入，各口有一定之规，诚画一其口岸之处，籍算其人船之数，严稽其违禁之货，察惩其犯令之奸，而督率巡防，并资文武，统之以兼辖，责之以专汛，弹压之以道官，总理之以郡佐，一切给票稽查，抽分报纳诸例，皆俟定议之日，可逐一妥酌举行也。"慕天颜认为，所谓开海禁，就是将现有的盛京、直隶、山东、海洲、云台、香山、澳门等地的海外贸易加以推广，并根据各省出海口岸的不同情况，制定不一样的制度规定。但其共同点是在对海外贸易的管理中，必须严格登记其人员、船只数量，稽查其是否夹带违禁之货物，缉拿惩处不法之徒，商船出海必须持有通行印票，到岸必须将货物如实报官抽分。

3. 海禁思想

清初，明延平郡王郑成功在福建厦门一带坚持抗清。顺治十三年（1656年），清廷断绝沿海居民对海上抗清力量的接济，首颁海禁令，严禁商有船只私自出海。十八年（1661年），郑成功率部驱逐荷兰人，收复台湾，清廷再颁海禁令，并在广东、福建、浙江、江南、山东沿海五省将沿海居民内迁15—25公里，尽烧民居及船只，不准片板入海。康熙十七年（1678年）清廷再严申禁令。二十二年（1683年）统一台湾后，清廷才开海禁。据《大清会典》卷49载，清代海禁有岛屿之禁、船桅之禁、商渔之禁、器物之禁，除此之外，还有人员之禁等，朝廷并对在海禁中尽职或不尽职的官吏实行奖惩。

所谓岛屿之禁，就是"海滨居民不得潜往岛屿，招聚耕垦，致藏奸匪，其零星渔户搭寮暂住者，听。仍令沿海及巡洋员弁严加稽察，年终将有无增添专折奏闻"[1]。显而易见，岛屿之禁就是清廷禁止沿海居民长期居住岛屿并耕田种地，以防止沿海居民与海上抗清力量联络，将岛屿作为抗清据点。"康熙十七年题准：凡官员兵民私自出海贸易，及迁移海岛，盖房居住，耕种田地者，皆拿问治罪。该管州县知情同谋故纵者，革职治罪；如不知情，革职，永不叙用。"[2]

所谓船桅之禁，就是规定出海船只的大小规格、使用双桅或单桅以及船上水手的数量，因为船的大小、双桅单桅关系到船只出海的远近及航行速度。除此之外，为了便于船只管理、稽查，清廷规定出海船只必须在帆樯上用大字书写船隶属于某省某府州县的编号、船户姓名，并且还要将船的编号、船户姓名深刻于船樯两旁。所有船只必须申报官府批准，出具邻里族人保结，方可制造，禁止私人擅自造船。康熙四十二年（1703年）复准："商贾船许用双桅，其梁头不得过一丈八尺，舵水人等不得过二十八名；其一丈六七尺梁头者，不得过二十四名；一丈四五尺梁头者，不得过十六名；一丈二三尺梁头者，不得过十四名。未造船时，亦具呈该州县，取供严查，确系殷实良民，亲身出洋，船户取具澳甲里族各长并邻右当堂画押保结，然后准其成造。造完，该州县亲验烙号刊名，然后给照。照内将在船之人，详开年貌、履历、籍贯，以备汛口查验。其有梁头过限并多带人数，诡名顶替，以及汛口盘查不实卖放者，罪名处分，皆照渔船加一等。惟夹带违禁接济物件，其罪名处分，与渔船一例。其有谋利之富民，自造商船，租与他人，及寒薄无赖之人租船者，失察之州县官，罚俸一年；明知造船受租，

---

① 《大清会典》卷49。本目引文未注出处者，均见于此。
② 《大清会典事例》卷120《吏部·处分例》。

而容其造者，降二级调用"①。康熙四十二年（1703 年）除规定船只大小，准许商船使用双桅、各船依据大小所配备水手数量外，在造船条件方面规定更为严格，除必须申报州县批准，出具里族各长及邻右保结，方许制造外，还规定造船者必须亲身出洋，如富民所造船只租与他人谋利，尤其是租给寒薄无赖之人，那就必须受到处罚，连失察之州县官，也要受到处罚。还有商船出海贸易，必须详细开具船上所有人员年龄、体貌、履历、籍贯等，以备各口岸查验。

所谓商渔之禁，就是"直隶、山东、江南、浙江、福建、广东等省民人，许令海上贸易；江南、浙江、福建、广东商民，许往东洋、南洋贸易。各于沿海州县，领给照票，填明籍贯、年貌，系住何处，于出口、入口时，呈守口官查验。福建、广东商船出洋，均令营员押送。俟其放洋，方许回汛。渔船不许出本省界内，欲出洋者，取其十船连环保结。出口时，将该船前往何处，及舵水人数，填照登号，准其出入。商船换其渔照者，取具保结互结，准其出海捕鱼。遇期不归，查讯治罪。沿海小船，赴就近汛口挂号，进口愆期者，取结存案。江南小洋山无照民人，海口员弁严行查禁。奉天洋面商船，令赴旅顺口水师营挂号，粘贴印花，无者不准入口。外省民人往奉天贸易，及由奉天往别省者，船只出入均由坐卡官验票放行。佣工人等，亦给有印票，方准航海"。由此可见，商渔之禁就是清廷规定沿海州县商船在海上贸易，必须向政府领取照票，在其上面填写清楚船上人员籍贯、年龄、体貌，往何处贸易，于出、入口岸时，呈守卫口岸军官查验。福建、广东商船出洋，还要命令军队人员押送，等到商船出洋后，才允许回来。渔船只允许在本省洋面内捕鱼，欲出洋者，要 10 艘渔船连环担保。出口岸时，要将渔船往何处，及水手人数，填写在照票上，才准其出洋。商船要出海捕鱼，必须换取渔船照票，并且出具保结互相担保，才准其出海捕鱼。如到了规定期限还未归来，就必须查究治罪。沿海小船，在附近洋面捕鱼，也要到口岸挂号，归来过了期限的，也要收取保结存案。奉天省洋面的商船，令赴旅顺口水师营挂号，粘贴印花，如没有挂号、贴印花，不准进入口岸。外省商船来奉天贸易，或奉天商船往别省贸易，船只出入均要经过坐卡官查验照票后才能放行，即使是船上佣工等，也要发给印票，才准予出海。

所谓"器物之禁"，就是"内洋商船及渔樵船只，概不许配带炮械，出贩东洋、南洋大船，准其酌带军器。每船炮不得过二位，鸟枪不得过八杆，腰刀不得过十把，弓箭不得过十副，火药不得过三十斤。广东广州、廉州、肇庆三府饷渡船只，照出洋商船之例，酌给鸟枪四杆，每次酌给火药三斤。凡枪炮，俱报官给票，赴官局制造。完日，由地方官亲验，凿名编号。腰刀、弓箭、火药等项，同牙行制造，完日，报官查点。俱由执照内注明，回日依数点验。有沉失者，于所在地方官报明，取同船人结状，呈缴备案。有将外夷钢炮带回者，地方官给予时

---

① 《大清会典事例》卷 120《吏部·处分例》。

价收买，以充鼓铸。硝、硫磺、钢铁、头蚕、湖丝，毋许私载出洋货卖，铁锅除每日煮饭之锅外，亦严禁出洋；食米计人定数，多带及带麦豆杂粮者并禁；钉、油灰、麻等物，酌量携带，足备船用而止。均于照内注明，以备查核。其内地商民领照往暹罗等国，运回米石者，按数议叙。各省洋船有将硫磺运回者，准其压带呈缴，随时收买。"这里的器物之禁有3种情况：一是有限制地允许到东洋、南洋的商船携带枪炮、刀箭、火药等军器，作为防范海盗之用。这些枪炮等军器必须报官申请，经过批准后给票，然后到官局制造。制造好后，还要由地方官亲自查验，凿上使用者姓名，并予以编号，才能正式使用。其他腰刀、弓箭、火药等由同牙行制造，制造好后，报官查点。这些军器在船只出洋时于执照内注明，回来时要依数点验，如有沉失者，于所在地方官府申报说明，并出具同船人员担保结状，一并呈缴备案。由此可见，清政府对民间军器控制之严。二是禁止硝、硫磺、铜、铁、钉、油灰、麻等军用物资及麦豆杂粮等出海，以杜绝内地民众接济海上抗清力量。三是鼓励商船从海外购入外夷钢炮、硫磺军用物资和大米等粮食，政府将予以收买。到了清代末期，随着西方殖民者的入侵，"器物之禁"转而禁鸦片和官银，以防止鸦片毒害国人和官银的大量外流。道光九年（1829年）奏准："凡夷船来粤贸易，停泊黄浦，即令夷商写立并无夹带鸦片字据，交洋行保商加结，复由洋商轮查无异，方准开舱起货。如夹带鸦片，即将该夷船驱逐出口，永远不准来粤贸易。倘有任令夷人夹带鸦片入口，即将该洋商等照例治罪，并严饬巡洋舟师及地方文武派拨巡船，于夷船来粤湾泊之时，严密巡查。如有民船拢近夷船，立即拿办，以防代运鸦片及违禁货物。至夷船进口，仍饬守口员弁逐一严查，倘有鸦片等物，即时飞票查办。如有隐匿，从重惩处。"同年又议准："澳门地方，向许内地民人在彼与夷商交易，责成澳门同知就近稽查。凡民人向夷人买物，不许使用官银，亦不许将官银换给夷人。如有前项情弊，拘拿治罪。该同知漫无查案，别经发觉，将该同知严参。"①

清代海禁除《大清会典》卷49所载岛屿之禁、船械之禁、商渔之禁、器物之禁外，还有人员之禁。如康熙二十三年（1684年）题准："山东、江南、浙江、广东各海口，除夹带违禁货物，仍照例治罪外，商民人等，有欲出洋贸易者，呈明地方官，登记姓名，取具保结，给发执照，将船身烙号刊名，令守口官弁查验，准其出入贸易。"②康熙四十二年（1703年）复准："出洋海船……其照内仍将船户、舵水年貌、籍贯开列，以便汛口地方官弁查验。如有违例，将给照之州县，降二级调用。船户、舵水人等，如有越数多带，或诡名顶替者，汛口文武官员，盘查不实，亦降二级调用。"清政府不仅对国内民众出海做严格限制、管理，同时，也禁止外国人擅自未经批准、检查进入国内。康熙三十三年

---

① 《大清会典事例》卷240《户部·关税》。
② 《大清会典事例》卷120《吏部·处分例》。本自然段引文均见于此。

（1694 年）议准："内地商人往外国贸易……如坐去船不曾损坏，竟造船带来，或暗带外国之人，偷买违禁之物者，海关监督并防守海口地方官，不行查出，皆降一级调用。"

4. 禁洋货思想

（1）管同禁用洋货思想

管同（1780—1831），字异之，江苏上元（今南京）人。道光举人，但一生没任过官职，以做幕僚和教书维持生活。管同是著名的桐城派古文家之一，兼治经学，负经世之志，所发议论皆切中时弊。其著作有《因寄轩文集》《七经纪闻》等。

管同写有《禁洋货议》一文，主张要彻底禁绝洋货，认为清王朝实行严厉的封关禁海政策还不够，应该"令有司严加厉禁，洋与吾商贾皆不可复通；其货之在中国者，一切皆焚毁不用，违者罪之"[1]。由此可见，他的主张比清政府的封关禁海政策走向更加极端。管同之所以提出如此极端的主张，其理由有如下 4 个方面，代表了清代朝野上下一批保守排外人物的思想。

其一，管同认为当时中国开展对外贸易，会使国家贫困，因为在当时对外贸易中，外国以奇巧无用的昂贵时尚奢侈品倾销中国，赚取了大量的中国外汇，使国家日益贫困。他指出："天下之财统此数，今上不在国，下不在民，此县贫而彼州不闻其富，若是者何与？曰：生齿日繁，淫侈愈甚，积于官吏，而兼并于大商，此国与民所以并困也。虽然，是固然矣，而犹有未尽……凡洋货之至于中国者，皆所谓奇巧而无用者也，而数十年来天下靡靡然争言洋货，虽至贫者亦竭蹶而从时尚。夫洋货胡为而至于吾哉？洋之货十分而入于吾者一，而吾之财十分而入洋者三矣。"

其二，外国同中国贸易，不仅使中国贫困，而且更严重的是要侵略、颠覆中国，必须引起国人的警惕。管同指出："夫欲谋人之国必先取无用之物以匮其有用之财，故表饵交关互市之事，古之人常致意焉。洋之乐与吾货，其深情殆未可知；就令不然，而中国之困穷固由于此，则安可不为之深虑也哉！"

其三，洋货进口会败坏中国人心和社会风气。管同认为："昔者圣王之世，服饰有定制，而作奇技淫巧者有诛。夫使中国之人，被服纨绮，玩弄金玉，其财固流通于中国之中，而圣王必加之厉禁者，为其坏人心而财势偏积也。今中国之人，弃其土宜，不以为贵，而靡靡然争求洋货，是洋之人作奇技淫巧，以坏我人心。"管同尊崇封建正统的"黜奢崇俭"思想，把西方的新技术、新产品不加区别地与奢侈品都当作奇技淫巧，会败坏中国人心，使社会风气奢靡，因此主张予以禁绝。

---

① 管同：《因寄轩文集》初集卷 2《禁洋货议》，《续修四库全书》，上海古籍出版社 2002 年版。本目引文均见于此。

其四，洋货对于中国无用，所以也没必要与外国贸易，进口洋货。管同认为："天下之物取其适用而已矣。洋有羽毛之属，而中国未尝无以为衣也；洋有刀镜之属，而中国未尝无以为器也。仪器、镜、表彼所制诚精于吾，而为揆日观星之所必取矣，然而舜有璇玑，周有土圭之法，彼其时安得是物而用之？然则吾于洋货何所赖而不可绝焉？"管同在此虽然承认外国仪器、镜、表等制造先进于中国，但他却认为中国早也就有璇玑、土圭、衣、刀、镜等可以取代这些洋货，天下之物只要够用就可以了。

总之，管同在鸦片战争前把当时外国来华贸易看作使中国民贫、国贫的重要原因，并清醒地意识到外国侵略者披着对华贸易的外衣包藏着侵略、颠覆中国的狼子野心，这是有一定的预见性的。但是他因对外国殖民者侵略怀有戒心，因此而主张禁绝对外贸易，排斥禁用一切洋货，实行比当时清廷闭关自守更极端的对外封闭政策，这只能是因噎废食，自己锢闭自己。而且他虽然承认西方的天文观测仪器"诚精于吾"，但又固步自封，自甘落后，盲目排外，宁可使用中国数千年前的璇玑、土圭等落后工具和方法。这种思想，阻碍了中国近代政治经济制度和科学技术的进步。

（2）程含章的禁鸦片思想

程含章写有《论洋害》一文，也提出洋货都不是中国所必需的，不言而喻，不必与外国贸易洋货。更有甚者，他认为当时危害最大的洋货是鸦片，不仅使国人身体受到致命的伤害，而且也使中国白银大量外流，几近枯竭。他指出："天下之大利在洋，而大害亦在洋。诸番所产之货，皆非中国所必需，若大呢、羽毛、哗吱、铜锡、绵（棉）花、苏木药材等类，每岁约值千万金，犹是以货换货，不必以实银交易，于中国尚无所妨，惟鸦片一物，彼以至毒之药，并不自食，而乃卖与中国，伤吾民命，耗吾财源，约计每岁所卖，不下数百万金，皆潜以银交易，有去无来。中国土地所产，岁有几何，一岁破耗数百万，十岁破耗数千万，不过二三十年，中国之白金竭矣。近来白金日渐昂贵，未始不由于此，实堪隐忧。"[1]

当时鸦片危害如此之大，必须对此严加禁止，这是朝野上下一致的看法，但是具体采取什么措施进行严禁，却存在着许多不同的看法。如有人提出"严海口，谨关津"，不让鸦片进入国内。但是"沿海数千万里，处处皆可登岸，虽有十万兵，不能守也。利之所在，不胫而走，不羽而飞，岂必定由关津？"又有人提出通过"禁兵役之包藏，拿烟馆之售卖，有犯者重治其罪"进行禁鸦片，但程含章认为，这些"皆系皮毛之治，无益于事"。又有人认为"必欲正本清源，惟有绝其人，不与交通贸易，而后可然"。但是程含章又担心，不与这些外国人交往贸易，必然会使这些外国人联合起来，挑动对中国的侵略战争，严重威胁清

---

① 《清经世文编》卷26，程含章《论洋害》。本目引文均见于此。

王朝的统治。他很有预见性地指出："试思其人之能绝焉，否耶！彼诸番之与中国交易，已数百年矣，一旦绝之，则必同心合力，与我为难，兵连祸结，非数十年不定。而沿海奸民，素食其利，且将阴为彼用。海滨僻静，不可胜防，且胜负兵家之常，但令中国小有挫败，则谣诼纷乘，群起而攻之矣。天下事自我发之，须自我收之，岂可以兵为戏，而浪开边衅哉？"

基于这些考虑，程含章提出了禁鸦片必须多管齐下，系统治理："为今之计，止可严谕各国，不许夹带鸦片，某船有犯者，即封其舱，不许贸易。而于沿海口岸，及城市镇集，严密察访，有屯卖大贩，即置于法。没其财产入官，妻孥配边。其关津口岸之查禁，自不待言，又广为教戒，使民回心向道。或者其稍止乎事，有明知其害而不能即去，必姑俟之异日，以待其几之可乘者，此类是也。"由此可见，程含章认为，当时应采取3个方面的措施禁止鸦片：一是继续保持与外国商人贸易，但应明确告诉他们不许夹带鸦片，如一旦发现谁夹带鸦片，就封闭其船舱，不许其进行贸易。二是在沿海口岸、城市集镇严密察访，如一旦发现不法之徒屯积贩卖鸦片，就立即予以严惩，没收其所有财产，妻子和儿女发配边疆。三是广泛宣传教育，使民众醒悟走正道，不吸食鸦片。程含章清醒地认识到，当时要完全禁止鸦片是很难的，必须有个过程等待时机成熟，他所提出的3条措施只能起到控制吸食鸦片在中国蔓延的作用。

四、对边疆少数民族管理思想

（一）对西南土司地区管理思想

1. 改土归流思想

土司地区主要存在于西南云南、贵州、广西、四川等少数民族聚居区，除此之外西北的甘肃等省，也有实行土司统治的。所谓土司制度，就是得用当地各族头领或权威人士，授以他们大小不等的官号，并列入朝廷行政序列的一种特殊的对地方少数民族统治的形式。正如时人所说的："今之土司，即昔之酋长"①，是"修其教不易其俗，齐其政不易其宜"②。土司除因大事故被朝廷革斥外，通常可世代承袭。这是与州县流官统治最明显的不同。土司长官统称土官，分为文、武二职，文职有土知府、土同知、土通判、土知州、土州同、土州判、土知县、土县丞、土主簿等，武职有指挥使、指挥同知、宣慰使、宣抚使、安抚使、长官司长官等。均由中央政府任命，发给号纸。其承袭事，文职隶史部，武职隶兵部。分别管理各自所辖地区及土兵，听地方长官约束，并有奉征调、纳贡赋之责。

土司制度大约形成于元代；到了明代有了较大的发展，制度也更加完备；清

---

① 乾隆《贵州通志》卷7《苗蛮》，台湾商务印书馆影印《四库全书》本。
② 嘉庆《黄平州志》卷3《土司》，嘉庆六年刻本。

代实行土司制度，基本沿袭了明代，同时在许多方面又有所厘革。土司制度虽较元朝之前的羁縻统治是一大改进，是元、明、清我国对少数民族地区进行统治的一种行之有效的制度。但是，随着内地与边疆的联系日益紧密，汉族与少数民族之间的交往增多，这种相对割据独立的土司制度，也日益显出了其局限性，同时也与当时加强中央集权制相矛盾。从明代起，朝廷常常借着土司反叛，或相互仇杀和本支故绝的机会，推行"改土归流"的活动，即取消当地的土司，实行与内地相同的流官制度。清代继续了明代的改土归流，特别是到了雍正年间，中央专制主义政权得到进一步发展，社会经济也有新的提高，西南土司地区少数民族受汉族影响更为明显，在云贵总督鄂尔泰的提议下，于西南的滇、黔、桂、川等开展了一场大规模的改土归流活动，很多土司遭到斥革，改置流官。清代的改土归流，在雍正以后继续不断，直至光绪、宣统年间，四川建昌道臣赵尔丰（后升总办川滇边务大臣、驻藏办事大臣），亦授命在川、滇、藏边地，通过武力，大规模地实行改土归流活动。在改流地区，清政府设兵驻防，实行屯田，兴办学校，编造户口，废除过去土司的残暴统治，杜绝土司之间的纷争，对增进各该地区的安定与进步，不无裨益。

当时，倪蜕就主张，云南内地的土官可通过罢免、废除世袭或让其升迁为流官的方式进行改土归流，而地处遥远偏僻与缅甸相邻的边地土官，由于当地流行瘴病、运送粮米困难，朝廷难以驻兵控制，可继续实行土司制度。他提出："边缴多土官，子孙世守……而云南内地土官，消磨亦易，暴横不法者，参劾而去之；老病死亡者，停袭而免之；苟有贤者，荐而达之，与流官一体升迁。如此二十年，而土官皆可以尽。既不利其所有而起意驱除，又不坐之无名而恣情斩杀……独是相邻交缅各司，仍须羁縻系属，不宜轻有更改。亦非谓其尾大不掉而虞之也，特以地居荒远，瘴疠特甚，设流官不谙风土，立防兵难免瘴病，运粮米又恐劳民，即其渠帅而用之，此固诸葛武侯经营简易之宏模也。"[1]

刘彬也主张内地土司应改土归流，因为内地土司长期存在会影响到国家的长治久安，那些土司没有理由数百年来一直享受着世袭的特权，也起不了护卫边疆的藩篱作用，并且，如改土归流，可以使土司统治下的少数民族百姓摆脱土官的残暴统治。因此，内地土司必须改土官为流官。他指出："内地之土司，可裁也，虽在沿边，而实同于内地之土司，亦可裁也。宋祖云，卧榻之旁，岂容他人鼾睡，顾使侏儒异类，深根固蒂，分踞郡县中，岂国家久安长治之善策乎？且考此辈先人受职之始，皆非有开疆辟土、不世之勋，治乱扶危、非常之绩也。……若所谓藩篱者，乃边境之外者也，岂有在内地者，而亦藉以为藩篱乎？"[2] 鉴于以上理由，刘彬建议，对有罪之土官予以革职，以汉族流官代替之，废除土官世

① 《清经世文编》卷 86，倪蜕《土官说》。
② 《清经世文编》卷 86，刘彬《永昌土司论》。以下两自然段引文，均见于此。

袭；如土官有缺，不予补充。然后统计登录土官辖下户口、田地，减轻他们赋税徭役，给予耕牛、种子，选任清廉官吏予以管理，不要一百年，就能全部完成改土归流，使土司辖地少数民族摆脱土司的残暴统治。他说："若一旦尽去（土官）之势，又不能必有道焉。参处降调，一依流官之例，悦罪应斥革，即以汉官代之，停其承袭，善哉令狐绹所以处宦官者曰，有罪不赦，有缺不补，则以渐而去耳。毋务为姑息养痈之计，而兼不失乎燥急，然后录其人民，籍其田地，减赋役以甦其力，给牛种以裕其源，选用循良，善加抚恤，不出百年，内地可以肃清，肘腋可以无虞，使数千万众，蠢蠢穷夷，悉得变禽兽而隶编氓，出汤火而见天日，其于固边境、安夷猓，岂曰小补之哉？"

同时，刘彬也主张对于边境的土司，仍保留土官制度，朝廷对其采用恩威并济的统治策略：一方面善待安抚土司，禁止镇防军队贪赎索贿，汉奸流棍勾结教唆，附近豪强侵渔凌侮，奸商欺骗扰害；遇有灾荒，朝廷必须予以救助。另一方面，严于法治，使土司知道惧怕，不敢肆无忌惮。这样，就会使土司之下少数民族百姓安居乐业，国家长治久安，并由近及远，使缅甸安定，边境无忧。"若沿边之土司，则宜存也。彼既不在我腹里之地，与我土地不相错杂，城郭不相逼近，无事则藉为藩篱之用。设或有事，犹可一面御之，非若内地者，一有不虞，即在心腹之间也。然非徒存之已也，必有以渐变之，必有以善抚之，禁有司镇防之贪黩，绝汉奸流棍之勾唆，邻近豪民，毋使有侵渔凌侮，出入宾商，毋使有欺骗扰害，祸患必援，毋因其有事而弃之，荒歉必拯，毋因其被灾而绝之。于是申之以法，而彼知惧，则其恶无敢肆，严之以威，而彼知警，则其乱何由生。为之百姓者，既获免于荼毒，为之统驭者，又不病于掣肘，复为之潜消焉，默化焉。又养之以恩，恤之以惠，使彼得以生息焉，久之久之，鲜不为我良民矣。然后由近而推之，由渐而被之，举缅甸八百郡县之可也，夫何虑于永哉？"

雍正四年（1726年），云南巡抚兼云贵总督事鄂尔泰提出改土归流的方针和办法是"计擒为上策，兵剿为下策；令自投献为上策，勒令投献为下策"[1]，即对土司计擒为主，兵剿次之，设法令其主动献土。清世宗为了统一事权，调整有关省区的行政区划，接受此建议，并于雍正六年（1728年）任鄂尔泰总督云、贵、广西三省。鄂尔泰自雍正四年起，即进兵贵州长寨，设长寨厅（今长顺县）；派哈元生用兵云南乌蒙、镇雄二土府，改设府州；又任用张广泗为贵州按察使，深入都匀府、黎平府等处建设流官。至雍正九年（1731年）底，基本完成改土归流。与此同时，广西、湖南、湖北、四川也实行改土归流。总计当时改流所添设的府州县，约有六十多个。与此相并行的是，清廷也保留一些安份守法的土司，不必改土归流，以示鼓励。

---

① 《清经世文编》卷86，鄂尔泰《改土归流疏》。

2. 对西南土司地区的政策措施

（1）蔡毓荣治理云南土司思想

蔡毓荣（1633—1699），字仁庵、竹庵。康熙九年（1670 年）调川湖总督，吴三桂叛陷湖南，总统湖广绿旗兵进剿。云南平，调云贵总督，区画善后诸事。蔡毓荣曾就云南土司地区的治理提出了较系统的政策措施，兹缕述如下：其一，削夺土司的军权，给予他们虚衔，这是加强对土司治理的关键。他提出："滇省土司，亟宜请旨追夺武衔，权给衔札，无分文武，概行追缴，各照旧袭职衔，量加一等服色。既夺其嚣凌之气，复牖以章服之荣，有不畏威而怀德者乎？此制之安之之一大关键也。"① 其二，对土司明以朝廷法制。他提出："土人有犯，俱不关白流官，土官径自处决，土人知有土官，而不知有国法久矣。则请著之令曰：无萌故智，勿悖王章，其犯罪至死者，械送督抚，明正其罪，务使土人遵朝廷，土官不得擅威福。"其三，禁止各土司之间互相仇杀侵犯，维护社会安定。他指出："土官各有土地人民，而其性各不相下，往往争为雄长，互相仇杀，一不禁而吞并不已，叛乱随之。故明沙普之祸可鉴也，则请著之令曰：各守常度，毋相侵犯，其有称兵构衅者，歼厥渠魁，捣其巢穴，务申锄强扶弱之义，用遏乱萌。"其四，利用土司攻打犯法土司，如土司不听朝廷指挥，立即处以军法，如有立功表现，则论功行赏。他主张："土司有犯，即令众土司环而攻之。匪直分义宜然，亦取其熟于山箐，易为力也。则请著之令曰：一乃心力，备我声援。其有事则征调不赴，或观望迁延者，立逮而置之军法，一面奏闻。如果著有成劳，仍准论功行赏，使彼乐为我用，而控纵在我矣。"其五，在土司地区兴学教化，移风易俗。他认为："土情多诈，未始不可以信孚；土性至贪，未尝不可以廉格。臣仰体皇上怀柔至意，开诚布公，信赏必罚，革馈遗之陋习，禁采买之烦扰，亦既骎骎向化矣。彼其强凌众暴，斗很（狠）操戈，岂尽天性然与？良由教化未明，徒议招讨无益也。臣请以钦颁六谕，发诸土司，令郡邑教官，月朔率生儒耆老，齐赴土官衙门，传集土人，讲解开导，务令豁然以悟，翻然以改，将见移风易俗，即为久安长治之机。"其六，土官子弟世袭者，必须经过儒学教育，并加以考试，由儒学推荐承袭；土官本人每年必须经过督抚考核，对优劣者进行奖惩。他指出："土官以世系承袭，不由选举，其祖父势利相传，其子弟恣睢相尚，不知诗书礼义为何物，罔上虐下，有由然矣……臣请著为定例，嗣后土官应袭者，年十三岁以上，令赴儒学习礼，即由儒学起送承袭。其族属子弟，有志上进者，准就郡邑一体应试，俾得观光上国，以鼓舞于功名之途。古帝舜敷文德以格有苗，由此志也。其土官于岁终开列所行事实，申报督抚，察核具题。不肖者降革有差，贤者增其秩，或赐之袍服，以示优异，使知以朝命为荣辱，自不以私心为向背。"其七，将战乱中流离失所的少数民族部落安置回原地，恢复原

---

① 《清经世文编》卷 86，蔡毓荣《筹制滇边土民疏》。本自然段引文，均见于此。

土司进行管理。他主张："两迤土司之中，昔为沙普并吞，继为吴逆殄灭者，变乱之后，其枝裔各回故土。土人俱恋恋以主事之，历有年矣。今使付之有司，编入里甲，则汉夷杂处，必有隐忧，若以归附邻近土司，无论必不相安，尤恐所附者益强大而难治。臣请稽其宗派，取其邻司保结，果无虚冒，准其一体报部，照袭原职，按其原管之地，责令供办粮差。斯安置得宜，葛藤自断，兴灭继绝，固旷世之殊恩，亦众建而少其力之意也。"

总之，蔡毓荣从削夺土司军权、对土司明以法制、禁止土司之间互相仇杀侵犯、利用土司攻打犯法土司、在土司地区兴学教化移风易俗、改进土官世袭制度、安置离散土司回原地恢复其原土司管理等 7 个方面对云南边疆土司进行管理，其思想系统合理，较符合当时云南边疆各少数民族的实际情况，并具有较强的可操作性。如他认为当时削夺土司的军权是治理土司的关键，因为只有削夺土司的军权，就铲除了土司拥兵自重、对抗朝廷治理的基础。他主张对土司明以法制，意味着土司必须服从清廷的统一管理，不得割据一方，搞独立王国。他提出清廷应禁止土司之间互相仇杀侵犯，目的在于以维护云南边疆少数民族地区的社会安定。清廷应利用土司攻打犯法土司、安置离散土司回原地恢复其土司管理，其用意在于对土司分而治之，防止其联合起来反抗清廷统治，并达到以土司治土司的目的。他认为如在土司地区兴学教化，移风易俗，让土官子弟承继者接受儒学教育，对土官本人每年进行考核奖惩，可从文化思想上对土司进行潜移默化的改造，这是保证清廷对云南边疆少数民族长治久安的关键。

（2）鄂尔泰治理云贵、广西、楚川地区土司思想

鄂尔泰（1680—1745），字毅庵。雍正三年（1725 年）任云南巡抚，管云贵总督事。次年建议实行改土归流，并请调整西南行政区划，以统一事权。旋升云贵总督，亲临少数民族地区，推动改流。雍正六年（1728 年）擢云贵、广西总督。在此期间，鄂尔泰上奏《改土归流疏》《云贵事宜疏》《分别流土考成疏》《正疆界定流土疏》《招抚生苗以安三省疏》等①，以较系统地阐述他治理云贵等省少数民族土司的政策措施与思想。兹缕述如下：

雍正四年（1726 年），鄂尔泰上《改土归流疏》。在此疏中，首先，他提出改土归流的必要性："为蒯除夷官，清理田土，以增租赋，以靖地方事。窃以为苗猓逞凶，皆由土司，土司肆虐，并无官法，恃有土官、土目之名，行其相杀相劫之计，汉民被其摧残，夷人受其荼毒，此边疆大害，必当蒯除者也……故不尽改土归流，将富强横暴者渐次擒拿，懦弱昏庸者渐次改置，纵使田赋、兵刑尽心料理，大端终无头绪。稍有瞻顾，必不敢行，稍有懈怠，必不能行。不敢与不能之心，必致负君父而累官民。故以臣愚昧统计滇黔，必以此（改土归流）为第一要务。"由此可见，鄂尔泰认为，当时云贵少数民族地区土司主要有 3 个方面

---

① 本目所引鄂尔泰 5 个奏疏引文，均见于《清经世文编》卷 86。

的危害：一是影响朝廷对该少数民族地区租赋的征收；二是土司之间相互残杀、劫掠，影响该地区社会安定；三是土司压迫、摧残该地区汉族、少数民族百姓。因此，他认为，如不实行改土归流，上负皇帝朝廷，下使官民受到损害，改土归流为国家第一等大事。

同年，鄂泰尔还上《分别流土考成疏》，指出当时云贵少数民族土司地区经常发生杀人抢劫、偷盗案件，其根源在于朝廷没有对土司进行严格考核，使土司没有安境保民的责任意识，致使社会治安混乱。因此，他建议，如少数民族地区发生社会治安问题，应分别追究土司、武职流官和文职流官的责任。"事各有专责，应分为三途：盗由苗寨，专责土司；盗起内地，责在文员；盗自外来，责在武职。责在土司者，末减流官；责在文员者，末减武职；责在武职者，亦末减文员。参罚虽俱不免，轻重各有攸分。盗由苗寨者，是平时不行钤束，而临事又不行防闲，此土司之罪也；盗起内地者，是乡保不能稽查，而捕快又不能缉获，此文员之罪也；盗自外来者，是塘汛不能盘诘，而兵丁又不能救援，此武职之罪也。以此三者分别议罪，土司无辞，流官亦服。"

鄂尔泰认为，要维护云贵少数民族土司地区社会秩序稳定，除了对流土之官分别考成外，还要在该地区实行保甲法，这是防止盗贼的根本。"所以清盗之源者，莫善于保甲之法"。鄂尔泰根据云贵少数民族土司地区人稀地广、各民族杂处的特点，将汉族地区的保甲法加以改造实施。"按保甲之法，旧以十户为率，云贵土苗杂处，户多畸零，保甲不行，多主此议。不知除生苗外，无论民夷，凡自三户起，皆可编为一甲，其不及三户者，令迁附近地方，毋许独住。则逐村清理，逐户稽查，责在乡保、甲长，一遇有事，罚先及之，一家被盗，一村干连，乡保甲长，不能觉察，左邻右舍，不能救护，各皆酌拟，无所逃罪。此法一行，则盗贼来时，合村百姓，鸣锣响应，互相守望，互相救护，即有凶很（狠）之盗，不可敌当。而看其来踪，尾其去路，尽力寻缉，亦无所逃"。这里的保甲法改造，主要就是因云贵少数民族土司地区人稀地广，不硬性要求必须10户为一甲，只要3户就可编为一甲，而且不许一两户独住，必须迁到一起居住，组成一甲。保甲既发挥住户之间互相监督举报又相互救助保护的功能，这对于清朝地方政府强化对各民族杂处的云贵少数民族土司地区的管理，是有其积极的意义和作用。

鄂尔泰还提出，与保甲法相辅而行的是必须加强捕快和汛兵，这样才能真正确保云贵少数民族土司地区社会秩序的稳定。"至于保甲之外，最重者莫如严责捕快与汛兵。盖内地之盗，捕快多有知情，外来之盗，塘兵且为通气。平时缉盗之捕快，皆宜分定乡村，某方失盗，罪在某捕快，而捕快之中，亦有奸良不一，能否不齐，又须每十人立一快头。如缉盗不获者，捕快与快头一同治罪，大抵盗情未有能欺捕快者。其塘兵之设，原以昼则盘诘，夜则巡防，伊等平日毫无所事，每昼则看牌赌钱，夜则饮酒酣睡，甚或乘空偷窃，出人不意，种种非为，又或伙众结强，唆使劫掠，阳防阴助，其恶不可胜言。必须严加号令，定为成法，使不得不留心尽力，盘诘稽查，则盗贼既弭，而兵丁亦皆可用矣。"

雍正六年（1728 年），鄂尔泰上《正疆界定流土疏》，提出对云贵少数民族土司地区土地重新进行查勘，以确保清政府对该地区钱粮赋税的征收，防止不法之徒逃避、藏匿。"田土疆界一事，臣查汉夷地方，多有互相搀杂、隔涉弯远者。论田土亦不独军田，论隔属亦不独楚省，论黔省之内，亦不独镇远、施秉、玉屏、清溪，大抵鞭长不及，互相推诿，难于稽查者，所在皆是。臣自奉近归并之谕旨，已概行委员分路查勘。不论隔省、隔府、隔州、隔县，通令查勘明确，就近改并，以归画一。庶几钱粮易于征输，奸究无从逃匿，于地方极有裨益"。

雍正七年（1729 年），鄂尔泰上《招抚生苗以安三省疏》，主张对楚、川生苗土司实行招抚，保持该地区的社会安定。他提出："伏查楚属之容美，川属之酉阳两土司，实属顽劣，为边境隐忧。然论其目前，尚未竟至狂悖，用兵惩创，不但非时，亦暂可不必。在臣愚见，原欲先事预筹，逐渐化导，俾得备悉情形，熟知道路，或可以不须兵力，依次就绪，固属上策。即或仍须用威，则既有成算，然后相机而动，亦不难布置，是以仅遣数人，前往招抚，好言劝谕，以觇其动静，并非敢遽欲清理，以徒滋惶惑也。"

（3）蓝鼎元治理边省苗民土司思想

蓝鼎元（1680—1733），字玉霖，别字任庵，号鹿州。他自幼丧父，家贫，力学负才，尤"喜经济之学"[1]。康熙四十年（1701 年），入邑庠读书，拔童子试第一。康熙四十五年（1706 年），受聘于福州鳌峰书院，参加纂订前辈儒家著作，受到时任福建巡抚的张伯行赞赏，被誉为"经世良材"。康熙六十年（1721年）随其族兄提督蓝廷珍入台湾，镇压朱一贵起义。雍正三年（1725 年），受命校书内廷，分修《大清一统志》。雍正间任普宁知县、署广州知府。著有《鹿洲初集》《平台经略》《东征集》《鹿洲公案》等。他曾上《论边省苗蛮事宜书》，阐述了他治理边省苗民的政策措施和思想，兹简单介绍如下：

蓝鼎元指出，当时边省苗民野蛮嗜杀，而其土司则纵容苗民行凶，使其肆无忌惮。另一方面，土司对苗族百姓实行残酷的剥削压迫，使他们处于水深火热之中。"土民之顽顺，惟视土司。土司多冥顽不法，坐纵其行凶杀夺，而因以为利。即使事迹败露，大吏督责，无参罚处分之加乎其身，是以无所忌惮，而敢于无所不为也。苗民受土司荼毒，更极可怜，无官民之礼，而有万世奴仆之势。子女财帛，总非本人所自有。愚闻黔省土司，一年四小派，三年一大派，小派计钱，大派计两，土民岁输土徭，较汉民丁粮加多十倍，土司一日为子娶妇，则土民三载不敢婚姻。土民一人犯罪，土司缚而杀之，其被杀者之族，尚当敛银以奉土司，六十两、四十两不等，最下亦二十四两，名曰玷刀银。种种腌削，无可告

---

[1] 蓝鼎元：《鹿洲全集·行述》，厦门大学出版社 1995 年版。

诉。闻昔年有阖村离散，呈请地方大吏，改土籍归流官管辖，遂有更生之庆。曾未几时，而土司辇赂关说，又复改还，土属丁壮举家屠戮，妻子没卖为奴，其他土部不得不吞声饮泣，忍受摧残。然其望见天日，愿如汉民沾被皇恩，则千万人如一心，四五省如一辙也"[①]。针对这种情况，蓝鼎元提出3条治理措施：一是对苗族百姓加强儒家伦理道德和奉公守法教育，使其改变野蛮嗜杀本性。"愚以为苗猺獞黎，均属朝廷赤子，当与汉民一例轸恤教化，惟在地方大小吏，加意绥辑，使知孝弟礼让，奉公守法，自然不敢行凶杀夺。"二是制定土司削土则例，对暴虐土司进行惩罚，使其不敢为非作歹。"倘土司暴虐太甚，或其民有行凶杀夺，俱将该土司照汉官事例参罚处分。第汉官有罚俸降级革职，而土司无俸可罚，无级可降，革职则子孙承袭，仍旧为太土司，得以暴虐其民。愚以为惟有削土之一法，可令土司畏惧，请题定削土则例，照所犯重轻，削夺村落里数，以当罚俸降级，所犯重大，至革职者，相其远近强弱，可以改土为流，即将土地人民，归州县官管辖，勿许承袭"。三是准许苗民改土籍为汉籍，摆脱土司剥削压迫，或将近削土司之土分给苗民，使他们另立土司，从而分而治之。"土民有不甘受土司毒虐，愿呈改土籍为汉民者，亦顺民情，改归州县。其深山穷谷流官威法所不及之处，则将所削之土，分立本人子弟为众土司，使其地小势分，事权不一，而不能为害。将来教化日深，皆可渐为汉民，至山中生苗，责成附近土司，招徕响化，一体恩抚。如此数年之间，生苗可化为熟苗，熟苗可化为良善，不特五六省地方，享宁静和平之福，而自唐虞以来，仅传七旬舞干一格者，至我皇上而悉为衣冠礼义户口贡赋之区，此日之尧舜，贤于唐虞远矣"。

（4）加强对少数民族地区军事控制思想

孙鹏提出，在云南少数民族地区加强军事控制，主要应采取4个方面的措施：一是在军事要地派兵把守："备兵以卫民也，而未雨绸缪，尤在山川要害之地。滇、古西南夷，于唐为南诏，西北距吐蕃，东北际黔巫，东南达交桂，西南扼缅甸，环境之夷，十居其七，王公设险，于斯要矣，岂可一日不备哉？而备之之要，莫若先防外夷诸关口……今永北厅，考其处，则丽江、曲靖、永北三口，皆昔日进兵之地，尤为紧要，防之宜密。"[②] 二是训练乡兵，与正规军相表里，共同保境安民："请于正军之外，郡州县之内，鸠集乡间之勇者，蠲其徭租，给以弓刀，令管辖佐贰官督帅，于农暇团练，以备有事驱用。则民间既无游闲流为盗贼之人，而国家亦得收精兵之用，则乡兵岂不与正军相表里哉？"三是改善驻滇军队武器装备："兵之所恃，在器；而器之所用，贵精……查滇省见储军器，计军分给，而藏其余者于官若干。分给则各知爱护，藏余则应用不穷，所给者或坏，则计年告换，所藏者或损，则挨年渐修。又于每岁军局所造，必拣选良工，

---

① 《清经世文编》卷86，蓝鼎元《论边省苗蛮事宜书》。本自然段引文，均见于此。
② 《清经世文编》卷87，孙鹏《滇中兵备要略》。本自然段引文，均见于此。

如昔人请甲人于安定，弓人于河中，弩人于浙西之类，减其数而责其精，有不堪用，则罪其主者。如是，则军器皆精而可用也。" 四是教习驻滇军队战阵之法："战阵之法，不可不熟习于平日。论兵于滇……当此险要之区，首尾难援，百步之间，前后莫救，岂容不先为之防。惟用连珠倒卷之法，敌来攻我，中则两山出兵夹攻之，彼攻在左之营，则右营复如喷珠而出，又连布营，更番迭战，敌劳我逸，则敌人欲来前面攻我，势不能矣。设继我后，则以退而进，后哨作前哨，倒卷而回，敌亦难以邀截。倘遇大江关隘之地，我必先留兵把守，切忌轻进，使无归路。考古证今，谷战行营，断无有过于此者。"

魏源在《防备》一文中根据苗族居住区山高林密以及苗民步战技艺高强等特点，提出了在军事上克苗的战术。其一，在苗族居住区建边墙、碉堡、炮台以御苗。"御之之法曰：近其防闲，遥其声势，边墙以限疆界，哨台以守望，炮台以堵敌，堡以聚家室，碉卡以守以战，以遏出，以截归；边墙亘山涧，哨台中边墙，炮台横其冲，碉堡相其宜。凡制碉堡之法：近石以石，远石以土，外石中土，留孔以枪，掘濠以防，碉容五人，堡乃众藏。有三固：矢不洞，火不焚，盗不逾。有三便：族聚故心固，扼要故数敷，犄角故势强。壁坚野清，乃可以攻"[1]。其二，以苗攻苗。"攻之之法曰：征兵不如募勇，募勇不如土蛮，土蛮不如苗攻苗；习技艺，习登陟，习径路，习虚实，习劳渴，习苗情"。其三，攻苗以步战、火枪、分攻、速攻为宜。"攻之之法曰：骑不如步，矢战不如火枪。山丛径仄，箐密涧曲，故骑射不宜，步利猋捷，枪利仰攻。攻之之法曰：合攻勿如分攻，缓攻勿如速攻，悬深巢不如屯沿边。夫鸷鸟之将击也，必盘空而出不意，其视审，其至捷；有不击，击必中，中必逝。苗窟若狡兔，然专则聚，聚则坚，缓则备，备则延；分攻故不能相顾，来去不测，故备勿及；不株及，故党与离；屯边故进退如意，声东击西如意，水土粮饷如意。"其四，攻苗还必须采取威慑、收买、离间、向导等战术。"攻之之法曰：因其信鬼而威之，因其贪利而购之，因其仇猜而离之，因其乡导而用之"。

（5）加强对少数民族地区教育和移风易俗

傅鼐认识到苗族之所以反叛、臣服无常，是因为其性好斗，其俗桀悍，难以统治。"湖南红苗，最为犷悍……惟有以移其习俗，奠其身家，格其心思，苗乃可得而治也。"[2] 针对这种情况，傅鼐提出必须在苗族地区兴办苗馆，聘请教师传授儒家道德思想，移风易俗，使苗民与汉人尤异，那苗族地区就长治久安了。"凡干法者置重典，夫如是，则苗之身家无扰，苗之心思亦渐驯矣。然不申之以教，恐其心犹未格也。今则添修苗馆若干处，延师训讲，使知孝亲敬长，进退揖让之礼，而其中苗生尤俊秀者，取入书院肄业，使知奋勉，久之则今日书院之苗

---

① 《清经世文编》卷88，魏源《防苗》。本自然段引文，均见于此。
② 《清经世文编》卷88，傅鼐《治苗》。本自然段引文，均见于此。

生，即可为异日各寨之苗师。以苗训苗，教易入而感动尤神，则礼义兴而匪僻消，苗与汉人无异矣。夫苗异于民，叛服无常，由来旧矣，今一旦习俗移，身家安，心思格，始则内民外苗，贪残革而畏服神，继且即苗即民，畛域化而文教洽，更何必斤斤防范之为事哉？"

清政府为强制土司子弟学习儒家思想，尤其强制承袭土司位子的子弟学习儒家思想，规定土司子弟必须如期参加有关考试，如无故逃避考试，违者应受到革去生员身份的惩罚。乾隆二十九年（1764年）议准："《学政全书》开载，土司应袭子弟，令该学立课教训，俾知礼义，俟父兄卸事之日，回籍袭职等语，嗣后边省土司地方，凡由生员袭职者，如事务繁多，自揣不能应试，即具呈告退。其愿应试者，饬令如期应试，不能托故避考。违者，该学政即照定例褫革。"

（6）土官承袭及考核思想

清朝初年，朝廷就明确规定了土官承袭制度：各级土官承袭必须报朝廷吏部备案，由吏部给予号纸。再由督抚察实，具题请袭。承袭者一般为嫡长子；如无子，可由弟继承；如无同族继承者，才能由妻或婿承袭。如承袭者年幼，由督抚题明，选本族土舍护理，俟承袭者满15岁后承袭。如土官犯罪而被革职，不准亲子承袭，可选择伯叔兄弟或其子继承。

清廷为加强对少数民族土司的管理，还制定了"土司大计"制度，每三年对土司进行一次考核，并根据考核结果予以奖惩。"康熙五十九年（1720年）议准：广西巡抚所属土司，遇三年大计之期，其中果有清廉爱民、并无掳杀及贪残不职、恣意侵害之员，行令该管官据实确查，具题举劾，其升赏降革之处，分别轻重，仍照土司定例遵行。"雍正时期，为了鼓励土司奉公守法，朝廷规定，对奉法守职、对地方贡献突出的土司，可随时荐举恩奖，不必拘泥于三年大计时奖励。"雍正四年（1726年）谕：各省所属土司，有奉法称职、裨益地方者，该督抚不必拘三年大计之例，随时荐举，朕当酌加恩奖，以昭鼓励，钦此。遵旨议定，照同知以下卓异官员之例，恩赏朝衣一袭"。但是，由于在具体实施中，对土官卓异者的奖励不容易做到公平，容易引起土官的不满怨恨，以致滋生事端，至乾隆时期，对土官卓异者的奖励被废止。

（二）理藩院思想

理藩院是清代管理少数民族事务的机构。掌内外蒙古、新疆、青海、西藏及四川地区的蒙、回、藏族等事务。咸丰十一年（1861年）前并办理与俄罗斯、廓尔喀等国的交涉、通商及其入贡事宜。理藩院初设于崇德元年（1636年），原称"蒙古衙门"，三年更名理藩院，置承政，左右参政以及副理事官、启心郎等。顺治元年（1644年），改承政为尚书，参政为侍郎，副理事官为员外郎，并增设堂主事、校正汉文官、司务、副使、笔帖式等职。顺治十八年（1661年），定理藩院官制体统与六部同，尚书入议政之列，位在工部之后，理藩院的地位提高。其下置录勋、宾客、柔远、理刑四司，增设郎中等官分司共事。其后，内部机构、设官屡有增裁变易，至乾隆二十九年（1764 年）基本定制。理藩院额设满尚书一人，综理院务；左右满侍郎（间以蒙古人充任）各一人及额外蒙古侍郎（以贝勒、贝子之贤能者拣任）一人佐之；并特简王、公、大学士一人兼管院事。下设旗籍、王会、典属、柔远、徕远、理刑六司，以及满档房、汉档房、蒙古房、司务厅、当月处、督催处、银库、饭银库、俸档房等机构，并附设内馆、外馆（内外蒙古人来京人员住处）、蒙古官学、唐古特学、托忒学、俄罗斯馆、喇嘛印务处、木兰围场等机构，各设官掌事。光绪三十二年（1906 年），改理藩院为理藩部。宣统三年（1911 年），改尚书为臣，侍郎为副大臣。

清代的理藩院是中国古代以前任何朝代所没有的。其设置是清代的创新，说明了清政府对边疆少数民族事务的高度重视，故设专门机构予以处理。清代作为幅员辽阔的统一的多民族国家，民族问题与边疆安全问题往往交织在一起，因此，有必要设置一个位高（与六部平列）权重（统掌民族事务）的机构专门进行办理。正如顺治十八年（1661 年）三月福临去世不久，清廷颁布诏令称："太宗皇帝时，蒙古各部尽来归附，设立理藩院，专管外藩事务，责任重大，今作礼部所属，于旧制未合。嗣后不必兼礼部衔，仍称理藩院尚书、侍郎，其印文亦著改正铸给。"[①] 同年八月，清廷在给吏部的谕旨中，再次重申"理藩院职司外藩王、贝勒、公主等事务，及礼仪、刑名各项，责任重大，非明朝可比，凡官制体统，应与六部相同"。并将理藩院尚书与六部尚书一样，归于"议政之制"。随即吏部又遵旨按着六部设官例，议复置郎中 11 员，员外郎 21 员[②]。

理藩院虽然掌蒙、回、藏族事务，但其中特别重视满蒙之间的事务。清廷由满洲贵族建立，其在与其他民族的关系中，与蒙古族最为密切，满、蒙贵族长期通过联姻结成政治同盟。理藩院初设称"蒙古衙门"，就是专掌满蒙关系的。后来虽然改名理藩院，但蒙古族在理藩院居于仅次于满族的地位。如理藩院中左右满侍郎可由蒙古人充任，并专设额外蒙古侍郎一人佐之。理藩院中还特设蒙古房、蒙古官学和招待内外蒙古人来京居住的内馆、外馆。康熙二十八年（1689 年）之前，理藩院只用满洲、蒙古两种文字作记录。这年十一月，清廷鉴于都察院左都御史马齐的意见，同意"于事竣之后，兼用汉文注册"，才改变了一向只用满洲、蒙古两种文字作记录的习惯[③]。清廷之所以重视满蒙之间的政治同盟关系，一个很重要的原因是巩固北方边疆安全，通过安抚蒙古，化害为利，将蒙古部落作为北疆的屏障。康熙三十年（1691 年）五月，玄烨在蒙古多伦诺尔地方完成了一次与喀尔喀的盟会，在返京途中说："昔秦兴土石之功修筑长城，我

---

① 《清圣祖实录》卷 2。
② 《清圣祖实录》卷 4。
③ 《清圣祖实录》卷 134。

朝施恩于喀尔喀，使之防备朔方，较之长城更为坚固"①。显然，康熙对秦以来，汉族历朝在北边兴修长城消极防御战略不以为然，他改变为与北疆蒙古族友好相处，通过安抚施恩的笼络手段使边疆和平安定巩固。当时，驻古北口总兵官蔡元升提议修葺长城，但立即遭到玄烨的否定。他指出："帝王治天下"，应"不专持险阻"，"惟在修德安民"。换言之，即通过安抚蒙古族使之归附，就是最好的"边境自固"的战略方针②，而通过修长城巩固北疆，其效果是很有限的。后来他又指出："朕阅经史，塞外蒙古多与中国抗衡，自汉、唐、宋、明，历代俱被其害，而克宣威蒙古，并令归心如我朝者，未之有也。"③ 玄烨到了晚年，仍然认为："柔远能弥之道，汉人全不理会，本朝不设边防，以蒙古部落为之屏藩。"④

清代乾隆时期，因平定准噶尔和规复回疆，理藩院的职司亦随之延伸到西北各民族地区。乾隆二十六年（1761年），弘历指示理藩院兼办"回部"事务，并增设了徕远清吏司，负责新疆"回部"地区伯克年班、贡赏，以及哈密、吐鲁番上层爵位的袭封、俸禄，并有关札萨克事务。清代西藏地区的事务，除朝廷派两名驻藏大臣总理前藏、后藏事务外，还由理藩院之下的典属司负责西藏等地喇嘛发放度牒，监临活佛转世和行施各种赏罚，并参与对西藏各僧侣官员选补以及有关军务营寨、课税、铸钱、刑罚、入贡的核定和监督。柔远司则负责西藏噶伦俸银、驻京喇嘛月禀以及年班、围班等事。

总之，在清代，之所以最终完成边疆统一大业，而且在内部各民族间基本上保持了团结向心的局面，应该说与清政府对边疆民族问题的重视，在政策的掌握和处理方式上比较平稳适度有很大的关系。在这中间，理藩院扮演了一个非常重要的具体执行者的角色⑤。

（三）清廷对蒙古、新疆、西藏等地区管理思想

清代作为我国古代史上一个幅员辽阔的统一多民族的封建主义中央集权制国家，其对蒙古、新疆、西藏等地区民族政策有其成功的地方，兹将其中主要特点做一简单介绍。

其一，在对这些地区民族事务中，清廷抓大放小，维护大局稳定。古代，由于交通和通讯的限制，而少数民族往往居住在幅员辽阔的边疆地区，与中央政府距离遥远。这种情况决定了朝廷对边疆少数民族的管理，不可能事无巨细，统统予以掌控，而只能抓大放小，对其影响边疆安全稳定的大事予以控制，而一些无关大局的小事则由当地民族头领等自行管理，根据当地民族的具体情况，享有不

---

① 《清圣祖实录》卷151。
② 《清圣祖实录》卷151。
③ 《清圣祖实录》卷180。
④ 《清圣祖实录》卷275。
⑤ 《中国政治制度通史》（第10卷），第155页。

同程度的"自治"权。如清廷之所以对边疆少数民族拥有绝对的统治权，其中一个重要的原因是拥有强大的军事力量。因此，清廷在边疆少数民族地区，都必须驻扎有清朝军队，尤其在一些山川关隘等军事要塞，更要部署重兵。而且清廷还重视利用各民族的军队，通过安抚笼络，以达到以番治番。又如在对边疆少数民族的治理中，清廷重视制订法律制度、官僚行政机构以及对上中层官员的选任，从而保证中央政府的方针、政策能在边疆少数民族地区得到贯彻执行。如清廷制定各少数民族地区法令、章程、制度，特设与六部并列的理藩院对蒙古、新疆、西藏等蒙、回、藏族进行专管，同时派出将军、都统大臣等职，驻扎各地，代表朝廷统筹各少数民族地区军政事务，监督中央政令制度的推行。清廷通过军事权、立法权、行政权和人事任免权来牢牢掌握对边疆少数民族地区的统治权。

清代边疆少数民族地区绝大多数都是地广人稀、经济落后，因此，中央政府对这些地区的统治主要意义在于政治与军事方面，而不在经济方面。一般说来，对于这些地区的人丁编审、赋税征收、差徭金派等并不重视，往往由朝廷任命的当地民族头领自行编审、征派。

总之，这种抓大放小策略，是对当时边疆少数民族地区的实际情况做出的科学合理的制度安排。这既保证了中央朝廷对边疆少数民族的有效控制，防止他们脱离中华民族大家族，或分裂割据，同时又维护了边疆的稳定、安全，制止了外国的侵略活动，维护了国家各民族的团结和领土完整。而且，这在一定程度上也照顾到边疆各民族的特殊情况，使之享有一定的自治权，保护本民族的利益和特色，而又不致因小事而影响到国家各民族团结与边疆安全的大局。

其二，依据各民族的特点，循其俗，施其政。我国广袤的边疆地区，散布着众多的少数民族，他们因居住的地理环境不同，历史传统不同，产生了不同的生活习俗和民族宗教信仰，不同的政治、经济制度。清廷在对他们实行统治时，一般对他们原有的习俗、信仰和制度予以尊重保留。这样有利于减少各少数民族对清廷满族统治的抵触和矛盾，消除双方交往、融合的障碍。如边疆少数民族都有与满族、汉族不同的表现本民族特征的衣冠装饰等，所崇拜、信仰的宗教神灵和仪式与满族、汉族也大不相同，清廷一般都不加干预。清廷甚至在政治体制上也尽量保留利用原来各民族的模式，只是在此基础上稍加改造，纳入清朝官制的体系，而予以实施。如清廷在新疆维吾尔族中实行伯克制，在西藏藏族中实行噶伦制，都是在承袭当地官制的基础上，将其列入清廷官制等级序列，有的还要授予品衔，并且规定必须经过朝廷的任命，才具有法定的权力有效性，同时还要对朝廷承担相应的义务，如承担朝廷分派的贡赋、差派等，有的还要定期进京朝觐。总之，循其俗、施其政既保留了各民族土官、族长、姓长、宗教领袖等的特权和统治，以及各民族的历史文化传统，又消除了他们分裂割据、脱离清廷统治的倾向，对巩固边疆安全和各民族团结有积极意义。

其三，笼络少数民族头领人物，实行和亲政策。清廷对各少数民族头领人物，一般都予以优待，保留他们原有的地位和各种特权，尽力加以笼络，将他们作为清廷统治该民族的代理人。清廷笼络各少数民族的头领人物，在"绥抚蒙古"方面表现得最为突出。其原因是蒙古贵族较早投靠清廷，实行满蒙结盟，在清廷入主中原，统治全国中发挥了巨大的作用。而且，蒙古是清代北方势力最强大的民族。因此，清廷对蒙古影响较大的人物，一般都恩宠备至，根据他们在蒙古族中原地位的高低，以及对清廷的效忠程度和功劳的大小，分别授予亲、王、郡王、贝勒、贝子、台吉、塔布囊等爵位，有的还被任命为扎萨克和大扎萨克，成为一方之长，享受各种政治、经济特权。清廷每年还要拨出大量的缎匹、银两，作为俸赉，犒赏蒙古贵族。

清廷还通过联姻来巩固满蒙联盟，通过和亲政策拉拢蒙古族头领人物，以加强和扩大清廷在蒙古的势力。在蒙古诸部中，最早与清（金）结盟，关系最为密切的是内蒙古的科尔沁部。如努尔哈赤和皇太极一共娶了9个蒙古妻妾，其中内科尔沁部的博尔济吉特氏占了6人。与此相对应，蒙古的科尔沁、巴林、敖汉、喀剌沁、苏尼特、阿鲁科尔沁等上层分子，也娶了不少满族亲贵的女儿，成为满洲人的"额驸"。清廷入主中原后，面对着众多的汉人和并不定安的北疆，仍然继续重视与蒙古的和亲政策，藉此来加强自身的势力，巩固在全国的统治。如顺治帝的2个皇后和7个妃子都是蒙古人，而在顺治帝的姐妹中，有6个嫁往蒙古。尔后在康熙、雍正、乾隆三朝，又有14个公主嫁到蒙古。此外，还有不少宗室的女儿以郡主、县主、郡君、县君、乡君的名义嫁到蒙古。这些蒙古的"额驸"，有的在日后为清廷立下了大功。

清代的和亲政策，不止限于蒙古，在东北"边民"中，不论姓长、乡长、子弟或白人，只要准备足够的聘礼，经皇帝批准后，就可以进京迎娶"宗女"。这些"宗女"，多由清廷预购民女顶替，但毕竟身份不同，婚礼大典由礼部亲为其主持，回归后，被"边民"们尊为"皇姑"。这对促进清廷与边疆少数民族的友好关系和融合，起了很好的作用。

清廷笼络各少数民族头领人物，实行和亲政策，其最终目的都是使这些人为清朝统治效力。对于一些有特殊功劳忠于清廷的人，清廷更是破例提拔为心腹重任。如赛音诺颜部首领超勇和硕亲王策凌，以及阿拉善额鲁特旗扎萨克多罗郡王阿宝，阿宝子和硕亲王罗卜藏多尔济，因立有大功，都被授予将军、大臣之职。西藏的颇罗鼐原为四噶伦之一，因平定叛乱有功，又忠诚于朝廷，便接连进爵至郡王，命总揽西藏政务。新疆哈密和吐鲁番两地的封建主，也因同样缘故而取得世爵郡王的地位。清军统一新疆后，南疆各城的阿奇木伯克，大多是从这两个地区的封建主中挑选的①。

其四，对各少数民族分而治之。清廷为了防止各少数民族联合起来反抗其统

---

① 《中国政治制度通史》（第10卷），第298页。

治，禁止他们私行往来，使之互相隔绝，甚至同一个民族各个部落之间也不得私下来往，从而不能集众成势，达到分而治之的目的。如蒙古的盟旗制度规定有严格的界线，蒙古贵族被限制在旗的小圈子里，不得随意活动和往来，各部都听命于皇帝，不能联合起来，构成对中央政府的威胁。清廷对蒙古族一方面采取和亲政策进行笼络，另一方面又对格格、额驸进行严格的管制，禁止他们之间私自往来，如一经查出他们之间私自往来，除将格格、额驸一并治罪外，并将该扎萨克照失察例议处。清廷还规定蒙古人不得与外地人随意联络，"外藩人出境，令在本旗管旗章京处陈明，违者将失察之管旗章京、副章京、参领、佐领、什长，一并议处"①。又如在西藏地区，清廷派驻藏大臣监督达赖、班禅与外番部落、外国之间的交往。外番部落来西藏通问布施、讲论事务、进呈土物，甚至书信来往，达赖或班禅都必须报告驻藏大臣，由驻藏大臣主持、酌定回谕或予以办理。禁止达赖喇嘛属下的办事人员噶布伦与各部落私自通信，如有需要通信，必须将信件呈送驻藏人臣与达赖商定回信。如噶布伦违背规定，将遭到革职的处罚。清廷在西藏的这些规定用意十分明确，就是防止他们里外互相串通勾结，威胁清廷在西藏的统治。

清廷在分而治之中还注意严格区别移民（主要针对汉族、回族移民）和原住民，对他们分别实行不同的管理。康熙以后，几乎每年都有大批内地居民流徙到口外、关外以及新疆地区。对此，清廷对那些流徙到口外、关外的内地居民，仍然用设府州县厅的办法，对他们实行管理，以区别于原住民的蒙古盟旗制度。清廷的这种办法，虽然有沿袭习惯、简便管理的用意，但更重要的是通过分别管理，阻隔各民族或移民与原住民之间的交往，达到分而治之的根本目的。

在分而治之中，清廷还常常采取"众建以分其力"的办法，即将势力人的部落、盟旗、土司等，通过在其内部增编新的盟旗、土司、土官等，来分散削弱其势力。如雍正二年（1724年），清廷以其首领罗卜藏丹津叛乱，将其编为21旗，并不设盟长，连同其他各部蒙古29旗，统归西宁办事大臣辖领。喀尔喀原来是3部37旗，后来因陆续增编，到乾隆时已有4部82旗了。旗数增加，意味着每旗的势力被削弱。乾隆三十六年（1771年），土尔扈特部回归祖国后，清廷也将其部分为新旧2部，分地进行游牧。

清廷在对各民族分而治之中一项很重要的措施是在军事方面。如清廷将蒙古各部军队分别由科布多参赞大臣、伊犁将军、西宁办事大臣分别统领其中一部分，遇用兵时，各由该处将军、大臣奏调。这样使蒙古军队力量分散，无法形成一个统一的指挥，大大削弱了其联合起来，共同抗衡清廷军队的力量。

其五，清廷大力扶植喇嘛教为其统治服务。喇嘛教发端于西藏，亦称藏传佛教。明朝初年，僧人宗喀巴创立新派，形成藏传佛教中的黄教新派。明末清初，

---

① 《大清会典事例》卷993《理藩院·禁令》。

黄教不仅在西藏地区举足轻重，而且广为传播，影响遍及青海、甘肃、天山北路以及大漠南北广大藏蒙牧区。黄教在这一地区传播的一个重要特点是呈现出政教合一的趋势，一些上层喇嘛不仅传习教义，而且还利用其特殊的身份，参与各项政治活动，扮演特殊角色。清廷统治者清楚意识到这一点，早在入主中原之前，就注意与喇嘛教上层结好。入主中原后，清廷更明确指出，"兴黄教即所以安众蒙古，所系非小"①，大力予以倡导、扶植，为其统治广大蒙藏地区服务。

在清代西藏地区，达赖和班禅，是黄教中的两大宗教领袖。顺治时，清廷特敕请五世达赖进京，封他为"西天大善自在佛所领天下释教普通瓦赤喇怛喇达赖喇嘛"，给金册金印。康熙时，清廷又封班禅为"喀尔德尼"，也授金册金印。雍正六年（1728年）重新划定班禅在后藏辖区，与达赖喇嘛同为西藏政教领袖。乾隆十六年（1751年），清廷授权达赖七世格桑嘉措掌管西藏地方政权，达赖喇嘛遂成为西藏地方实力最大的政教领袖。西藏政教合一的体制，就是在清廷的大力扶植下确立发展起来的。

清廷虽然将达赖和班禅作为其在西藏地区统治的代理人，但另一方面也对他们加强监督控制，以防止他们脱离清廷统治，建立独立王国。雍正五年（1727年），初置"驻扎西藏办事大臣"2人，统掌前藏、后藏军政。乾隆五十七的（1792年）规定：驻藏大臣督办藏内事务，应与达赖喇嘛、班禅额尔德尼平等。自噶布伦（总办藏务之西藏官员）以下番目及管事喇嘛，均系属员，事无大小，均应禀明驻藏大臣办理。驻藏大臣还从各方面监督达赖、班禅甚至其属下噶布伦与外番部落、外国的交往，严禁他们私下交往。外番部落来西藏通问布施、讲论事务、进呈土物，甚至书信来往，达赖或班禅都必须报告驻藏大臣，由驻藏大臣主持、酌定回谕或予以办理。

清廷对蒙古地区的喇嘛也大力优待、扶植，封各大庙住持为"呼图克图"（活佛），发给俸禄廪给，授予各种特权。清廷还拨巨款，在各地修建黄教寺院，其中较为著名的有热河外八庙，多伦诺尔的汇宗寺、善因寺，喀尔喀的庆宁寺，五台山的咸通寺，青海佑宁寺、广惠寺，北京的雍和宫等。喀尔喀大喇嘛哲卜尊丹巴呼图克图和章嘉呼图克图，都因清廷的册封而势力大增，地位提高。前者成为喀尔喀地区的最高宗教领袖；后者则负有总管内蒙古及京师、盛京、热河、青海、甘肃、五台山等地黄教寺院之责。哲卜尊丹巴和章嘉两大活佛，与西藏的达赖、班禅，成为喇嘛教中黄教派的四大领袖。

清廷在蒙古、青海等，通过设置喇嘛旗，利用喇嘛教对地方实行统治。当时所设喇嘛旗共有7个，即内蒙古的锡埒图库伦旗、喀尔喀的哲卜尊丹巴呼图克图旗、额尔德尼班第达呼图克图旗、扎牙班第达呼图克图旗、青苏珠克图诺们罕旗、那鲁班禅呼图克图旗、青海察罕诺门罕旗。各喇嘛旗均由大小喇嘛主持，除

① 《清高宗实录》卷1427。

主持宗教事务外，还与普通扎萨克一样行施行政、司法权。有的大寺庙虽然没有编立喇嘛旗，但鉴于僧徒多、势力大，在当时有举足轻重的影响，清廷也常委授扎萨克喇嘛进行管理，"治其事如扎萨克"①。

清廷通过喇嘛教对藏、蒙地区实行管理，其一个关键的措施掌握大喇嘛的确认权。清廷规定，凡喇嘛寺庙、僧徒得登记注册，包括达赖、班禅在内的各大喇嘛（呼图克图）转世（称呼必勒罕），需经清廷认可才算有效。乾隆五十七年（1792 年），清廷颁布了确认黄教大活佛转世所特定的金瓶掣签制度。清廷颁发两金瓶，一贮拉萨大昭寺，一贮北京雍和宫，规定达赖、班禅、哲卜尊丹巴、章嘉呼图克图及其他黄教大活佛转世时，须将所觅若干"灵童"名字用满、汉、藏三种文字缮写在象牙签上，置金瓶中，由驻藏大臣在大昭寺、理藩院尚书在雍和宫监督掣定，以防止藏、蒙贵族操纵。此后遂成定制。其经特别奏准者，亦可免于掣签，如达赖九世、十三世。但是，无论是否掣签，藏、蒙地区大活佛转世必须经过清廷认可方为有效。总之，清廷在活佛转世问题上归权于己，就能有效利用喇嘛教，维护其在藏、蒙地区的统治。除此之外，清廷还对各大寺庙的喇嘛规定了年班制度，要求他们定期赴京朝觐，以表示在政治上对清中央政府的从属关系。

清廷在倡导、扶植喇嘛教为其统治服务的同时，另一方面，对于胆敢抗拒清朝统治的大小喇嘛，则采取残酷的镇压。如雍正初年，厄鲁特蒙古和硕特部罗卜藏丹津叛乱，青海不少寺院的喇嘛参与，清军捣毁了负隅抵抗的郭隆等寺院，斩杀喇嘛数千人。平叛之后还限令，"寺庙之房不得过二百间，喇嘛多者三百人，少者十数人，仍每年稽察二次，令首领喇嘛出具甘结存档"②，并禁止寺庙直接向属民征收粮银。乾隆时，阿睦尔撒纳在伊犁起兵反清，朝廷即下令，对喇嘛中"起意倡乱之人，即行正法"③。清廷对大小喇嘛的反清叛乱残酷镇压，决不姑息，其意在于以威显权，起到一种威慑的作用，使一些心怀反清的大小喇嘛，不敢轻举妄动。总之，清廷采用倡导、扶植和残酷镇压恩威并济的手段，使藏蒙大小喇嘛认识到顺清者昌、逆清者亡的现实，使他们只能忠实地充当清廷在该地区的统治工具。

清廷在藏、蒙地区通过倡导、扶植喇嘛教来巩固自己的统治，基本上消除了藏、蒙对清朝中央政府抵触的心理，加强了他们对中央政府的向心力，对促进统一多民族国家的巩固发展，稳定边疆，发挥了积极的作用。但另一方面，清廷在藏、蒙地区对喇嘛教的倡导、扶植，也使当地人大量出家当喇嘛，形成一个庞大的僧侣寄生群体，各地寺庙林立，许多社会财富耗费在宗教迷信活动中，严重阻

---

① 《大清会典》卷 63。
② 《清世宗实录》卷 20。
③ 《清高宗实录》卷 502。

碍了藏蒙地区社会经济的发展。

其六，通过年班、围班和贡赏表示该边疆民族诚顺归服清廷。我国自夏代开始，就有"任土作贡"制度，就是各地方向上贡献方物，以表示该地方向中央政府诚顺归服，从而体现了中央政府对该地方的统治权力。基于这种传统，清廷通过年班、围班或贡使等制度，要求蒙古、新疆、西藏等地区定期到京师朝觐，并向朝廷贡献，表示忠心，然后朝廷赐以朝会宴飨、按品秩供给路费、廪饩及赏赍，以示恩宠。从而巩固清廷与边疆各少数民族之间的友好君臣关系，维护民族团结和边疆安定。

所谓年班，就是蒙古各王公首领及回伯克、四川土司、蒙藏喇嘛等，各按人数多寡编定若干班次，每年各以一班于年节时轮流入京朝觐，故称年班。

参加年班，对各部上层人士来说，是向朝廷"以尽执瑞之礼"①，所以一经排定，就得"按期朝集"，无故不至者，本人连同所管扎萨克，都要"题参治罪"。

清代，除因子孙繁衍，人数太多而分班隔5年、6年、10年轮流来京朝觐外，还有更现实的原因是因路途遥远，很难隔一两年就来京朝觐一次。如像新疆回部和大小金川，因距离京师万水千山，跋涉辛苦，朝廷规定以6班为制，即6年赴京朝觐一次。除此之外，还有一种特殊情况，在蒙古各部中，有少数王公台吉被选拔为御前乾清门行走。对于这些特加恩宠的王公台吉，通常分作两班，轮流朝觐。如嘉庆二年（1797年）奏准："现在乾清门行走之喀尔喀王、贝勒等有十三人，除图什业图汗、扎萨克图汗二人，每年一人赴热河朝觐外，所余十一人，仍照旧例分为两班，一年一班，轮流来朝。"

参加年班进京朝觐者，都随带土宜贡物。如清廷规定，回部贡物有鹰、羊角弓面、布、乾瓜、小刀、砺石、葡萄、手巾、金丝缎、果膏等。西藏喇嘛贡物"有哈达、铜佛、舍利、珊瑚、琥珀数珠、藏香、氆氇之属"。甘肃河州等处喇嘛贡物有"舍利、铜塔、佛像、番犬及马、驼、氆氇、豹皮、酥油等物"。

清廷对于参加年班进京朝觐者，都给予优待，藉此进行笼络，收买人心，使他们臣服、效忠。如清廷规定年班人员的沿途费用都由政府承担。有的年班人员在进京途中，还需地方官妥为护送。抵京后的安排也十分周到，并采取严格的保安措施。朝见时，皇帝还有颁赏赐宴，除夕宴于保和殿，正月初三宴于紫光阁，十五日元宵节宴于正大光明殿，而且每次都有文武大臣陪宴，规模宏大。赏赍的物品都是蒙、藏、回民族所喜爱的，如缎匹、茶叶、布、腰刀、鞍辔、衣帽、缴袋等。

为了照顾来班的头领人物及其跟从人役，清廷还特允准他们根据品秩不同随带不同数量的货物进行贸易。如新疆回部亲王、郡王准随带8000斤，贝勒6000斤，贝子4000斤，三品伯克4000斤，公及四品伯克3000斤，五品伯克2000

---

① 《啸亭续录》卷1《除夕上元筵宴外藩》，上海图书公司铅印本。

斤，六品伯克 1000 斤，各伯克子弟 600 斤。他们出卖货物后，可采购所需商品带回。这样，使每次年班进京朝觐，都可在经济上获得很大利益。

清代康熙二十年（1681 年），在内蒙古卓索图、昭乌达二盟之牧地，东西三百余里，南北二百余里，周围千余里地，置木兰围场（在今河北围场县），供皇帝、贵旗演习马弓、合围射猎之场地。清圣祖、高宗、仁宗等皇帝，每年秋季均在此大规模的围猎，以满洲八旗兵为营卫，凡内外蒙古各扎萨克均率左右分班扈猎，称"秋狝大典"。清廷因鉴于蒙古等北方民族害怕传染"痘症"，特规定，凡经出痘者，归入年班进京；未曾出痘的，一律到热河觐见皇帝，并扈从围猎，即参加围班。

围班的班次与年班基本相同，参加围班者的贡品和清廷的赏赐、招待，亦与年班大同小异。其中较有差异的是由于参加围班是在"秋狝大典"之时，因此其时间不是如同年班安排在十二月，而是安排在七八月间，并随皇帝来往于避暑山庄和木兰围场两地。此外，有时因故停止木兰秋狝，那么围班的间隔也要相应拉长。咸丰之后，秋狝之礼废弛，围班之制也随着停止。

清代除了年班、围班进贡外，还有各少数民族地区专门派贡使进京向清廷进贡的。如西藏距京师路途遥远且崇山峻岭阻隔，所以虽然是每年一次进贡或两年一次进贡，但一般不是年班或围班进贡，而是遣使进贡。

清廷对于贡使来贡同样予以赏赐，以示恩宠。清廷赏赐主要分为两种：一是以俸禄形式向来贡者头领人物按品秩、爵位高低颁发不同数量俸银、缎等。二是随贡的赏赐。从清廷赏赐来贡者俸禄、物品之多可知，这种贡献与赏赐明显是薄来厚往，其主要意义在于政治上，清廷通过来使贡献，重赏遣使来贡者，而对其进行笼络，使其臣服，尽忠于清廷。这对巩固统一的多民族国家和维护边疆安定，还是有积极意义的。

第五章　古代协调思想

第一节　先秦协调思想

一、劝学思想

（一）重视教育思想

周初统治者吸取商朝灭亡的教训，认识到仅靠神权和暴力不足以维系统治，必须注重对民众的道德教化，因此提出了"皇天无亲，唯德是辅"的治国方略。据《周礼·司徒》记载，周朝德教的内容广泛，共有12个方面："施十有二教焉：一曰以祀礼教敬，则民不苟；二曰以阳礼教让，则民不争；三曰以阴礼教亲，则民不怨；四曰以乐礼教和，则民不乖；五曰以仪辨等，则民不越；六曰以俗教安，则民不愉；七曰以刑教中，则民不虣；八曰以誓教恤，则民不怠；九曰以度教节，则民知足；十曰以世事教能，则民不失职；十有一曰以贤制爵，则民慎德；十有二曰以庸制禄，则民兴功。"如以当今的思维对这十二教进行概括，大致周朝德教内容为三大方面：一是教导民众要恭敬谦让，相爱和睦；二是教导民众要安分守己，勤劳知足；三是教导民众靠技艺、职事谋生，相劝为善。总之，周朝统治者企图通过德教，建立一个和谐有序、勤勉行善、自食其力的社会。

孔子论治国之道，认为"道之以政，齐之以刑，民免而无耻；道之以德，齐之以礼，有耻且格"[①]。孔子反对统治者试图以刑杀威吓人民来减少犯罪，维护统治秩序，这种"道之以政，齐之以刑"的做法最多只能暂时地禁人为非，但却不能使人民懂得犯罪是可耻的，因而不可能使人不再犯罪。只有"道之以德，齐之以礼"，才能使人民"有耻且格"，自觉地不再犯罪。孔子讲的不是不要政刑，而是反对独任政刑，迷信政刑，其宗旨即为重德教轻刑罚。

儒家十分重视教育，并主张民众不分贵贱都要接受教育。孔子就主张"有教无类"，首创私人讲学之风，弟子三千，其中杰出者有72人，自缙绅子弟以至驵侩大盗，皆"归斯受之"。法家教育，教人做理想中之国民；儒家教育，则

---

① 《论语·为政》。

是人格的教育，教人做人。因此，儒家教育以智仁勇为教本，以礼乐射御书数为教学内容。其教育目标是"唯天下至诚，为能尽其性；能尽其性，则能尽人之性"①，从而使"君子学道则爱人，小人学道则易使也"②。

在《论语·子路》中记载有这样一段话："子适卫，冉有仆。子曰：'庶矣哉。'冉有曰：'既庶矣，又何加焉？'曰：'富之。'曰：'既富矣，又何加焉？'曰：'教之。'"在孔子治国的"庶""富""教"3个层次目标中，"富"是最主要的，这是儒家"富民"思想在治国理念中的具体体现。这三个层次是有机联系的统一体：人口多了意味着整个国家劳动力的增加，使土地得到更多的开垦；生产发展了，社会财富增多，人民就富裕起来；人民富裕了，还必须进行教育，使之富而好礼，那就标志着国家得到很好的治理。总之，"庶""富""教"3个层次完整而系统地反映了儒家以"仁政德治"为核心的管理国家思想体系。

从此我们还可以看出，在庶、富、教治国的3个层次目标中，"教"是最高层次的。人口众多了，人民富裕了，最终还必须教育好他们，这才真正达到治国的目标。因此，孔子重视教育，并不只体现在口头上，他还身体力行，创办私学。他学而不厌，诲人不倦，在游说各国，意识到自己的政治理想不能实现后，专心致志于教育文化事业，成为中国历史上最伟大的文化名人。

孔子打破官学垄断的局面，兴办私学，使平民子弟也有了受教育的一些机会。到墨子时，平民中的"贤良之士"涌现出不少，并在国家政治中发挥作用。孔、墨的教育目标主要着眼于政治方面，培养治国的人才，即"学而优则仕"。这是先秦教育的一大特点，对后世影响深远。

孟子也十分重视教育，提出："不教民而用之，谓之殃民。殃民者，不容于尧舜之世。"③ 这里，孟子把不先教导老百姓就让他们打仗，称之为加害于百姓。并认为这种行为如发生在尧舜至治的时代，是不被允许的。可见，孟子认为"教民"是治理好一个国家重要的前提和标志之一。

《管子》明确了教育的目的："政教相似而殊方。"④ 其意云教化臣民与行政命令是为了同一个目标，只是方法不同罢了。统治者意识到，为了把国家治理好，巩固自己的统治，除了用法令进行赏罚外，还必须通过教化让民众拥护、服从君主的统治，并从中选拔出优秀的人才进入统治阶层，为其效劳。这就是《管子·五辅》所说的："得人之道，莫如利之；利之之道，莫如教之以政。"

（二）教育内容与选任教师思想

孔子重视的教育内容，主要包括两大部分，即道德教育和知识教育，而以前

---

① 《礼记·中庸》。
② 《论语·阳货》。
③ 《孟子·告子下》。
④ 《管子·侈靡》。

者为重点。他主张"文、行、忠、信"四教，其中后三者都是属于道德教育范围。他的具体教育科目，即"礼、乐、射、御、书、数"六艺，所用教材，即"诗、书、礼、乐、易、春秋"六经。从孔子的教育内容可以看出，他把礼教和乐教视作政治的重要手段，把它们看作政治和刑罚的基础。他说："礼乐不兴，则刑罚不中，则民无所措手足。"① 孔子把亲自修订的《春秋》作为教材，也是出于政治上的考虑。《春秋》是一部政治色彩极为浓厚的历史教科书，自始至终充满大一统与正名分的精神。《春秋》充分体现了孔子的政治观与历史观，表明了孔子对历史人物与事件的褒贬，其目的是使当时的"乱臣贼子"惧。孔子的"射御"教学内容，不言而喻是培养民众射箭、骑马的军事技能，使民众体魄健壮。总之，从孔子的教育内容可以看出，孔子的教育目标具有浓厚的政治色彩，把学生培养成治国安邦的人才。

荀子重视教育，认为"君子博学而日参省乎己，则知明而行无过矣"②；"我欲贱而贵，愚而智，贫而富，可乎？曰：其唯学乎！"③ 可见，学习可以使人明于道理而行为不会产生过错，能使贱者变贵，愚蠢而变聪明，贫困而变富裕。荀子重视教师人选，他指出："农精于田，而不可以为田师；贾精于市，而不可以为贾师；工精于器，而不可以为器师。有人也，不能此三技，而可使治三官。曰：精于道者也，精于物者也。精于物者，以物物；精于道者，兼物物。故君子壹于道，而以赞稽物。"④ 其大意是农民精通于种田，可是不可以作为田师；商人精通市场买卖，但不以作为市师；工匠精通于器物，但不可以作为器师。却有这样的人，他们并不精通这三种技术，可是可以作为这三种技术的主管。这就是说，有精通于道的人，有精通于事物的人。精通于事物的人，只能单纯认识事物；精通于道的人，才能全面认识事物的规律。

法家承认教育之必要及其功用，但其教育的内容与途径则有自己的特征。韩非主张："无书简之文，以法为教；无先王之语，以吏为师。"可见，其欲将教育的内容规定为学习法律条文，教师不用学者，而用政府官吏。韩非的理由是："今有不才之子，父母怒之弗为改，乡人谯之弗为动，师长教之弗为变。夫以父母之爱，乡人之行，师长之智，三美加焉，而终不动其胫毛……州部之吏，操官兵，推公法，而求索奸人，然后恐惧变其节易其行矣。故父母之爱不足以教子，必待州部之严刑者。民固骄于爱听于威矣。"⑤ 韩非认为父母、乡人、师长三者作为教育者，其教育效果都不好，只有官吏以强制手段进行法律教育，才能让被教育者"变其节易其行"，成为政府需要的人才。

---

① 《论语·子路》。
② 《荀子·劝学》。
③ 《荀子·儒效》。
④ 《荀子·解蔽》。
⑤ 《韩非子·五蠹》。

二、劝农思想

（一）周王籍田思想

周初规定了国王亲耕籍田的制度，并把它作为国家的一项十分隆重的典礼。每年在立春之前的九日，就开始做各种准备。到了立春开耕之日，天子带领百官和庶民亲临籍田。在盛大礼节仪式下，天子翻土一下，公三下，卿九下，大夫二十七下，最后由"庶人终于千亩"①，将籍田全部耕完。天子率领百官亲耕，表示对农事的重视，在治理国家时不忘关心农业生产这个国之大事，并通过做出象征性的榜样，劝勉带动农业生产者努力劳动，不敢懈怠。这就是"民用莫不震动，恪恭于农，修其疆畔，日服其镈，不解于时"②。周王的亲耕籍田的制度，在后代一直为历代帝王所仿效。周宣王即位后，"不籍千亩"，废弃籍田礼，卿士虢文公对此发表了民之大事在农的议论。他说："夫民之大事在农，上帝之粢盛于是乎出，民之蕃庶于是乎生，事之供给于是乎在，和协辑睦于是乎兴，财用蕃殖于是乎始，敦庞纯固于是乎成。"③ 其大意是说，民之大事在农，祭祀上帝的供品出于农，人民之生活蕃殖依赖农，各种事情的供给由农业提供。农业生产发展了，人们就能协和辑睦，农业是国家财政的基础，农业能使民众敦厚淳朴。

虢文公提出的"民之大事在农"的思想是后世农本思想的先河。农业是一切社会活动的基础，民众的祭祀、生育繁衍、各项事务、国家财政收入，甚至连淳朴的民风，都离不开农业生产的发展。因此，王的政事最重要的是保障农业生产，不能随便使役、用兵，干扰农业生产。

（二）不违农时思想

先秦各学派思想家都重视农业生产，并意识到遵守农时是搞好农业生产的基本前提。

管仲最早把保证农时作为一项制度提出来，即"无夺民时，则百姓富"④，所谓"无夺民时"，即指国家在征调百姓从事各种徭役时，不要在农忙季节征调。同时还规定"山泽各致其时，则民不苟"⑤，也就是国家应规定农民入山泽采伐捕捞的时间，在农忙时禁止入山泽，以保证农业生产劳动的"不苟"。

孟子指出："不违农时，谷不可胜食也。"⑥ 荀子也说："春耕，夏耘，秋收，冬藏，四者不失时，故五谷不绝而百姓有余食也。"⑦《吕氏春秋》更具体

---

① 《国语·周语上》。
② 《国语·周语上》。
③ 《国语·周语上》。
④ 《国语·齐语》。
⑤ 《国语·齐语》。
⑥ 《孟子·梁惠王上》。
⑦ 《荀子·王制》。

地提出了不违农时的制度和措施：正月"天气下降，地气上腾，天地和同，草木繁动"，这时，天子就要布告农事，命令田官"皆修封疆，审端径术，善相丘陵、阪险、原隰，土地所宜，五谷所殖，以教导民，必躬亲之"①。这就是说正月是万物复苏之时，一年农事刚刚开始，国君命令田官整修开辟田地，因地制宜，种植五谷。必须特别提出的是国君还要亲自做出榜样，以教育引导农民不违农时，努力春耕。这就是后世所谓的帝王籍田之礼。二月，天子"无作大事（指征战徭役），以妨农功"②。四月则是农忙季节，天子"命野虞出行田原，劳农劝民，无或失时，命司徒循行县鄙，命农勉作，无伏于都"③。八月，有关官员"趣民收敛，务蓄菜，多积聚"④，督促农民及时种麦。由此可见，自先秦时期开始，国家就十分重视劝勉、督促农民勤于耕作，甚至连贵至天子也要躬亲农事，为民做出榜样。

（三）《吕氏春秋·上农》引导鼓励民众务农思想

《吕氏春秋》卷26《上农》所论述的国家通过引导鼓励的政策使民众重视农业生产的思想，对后世历代王朝劝农思想和政策有深远的影响。

《上农》篇首先开宗明义指出："古先圣王之所以导其民者，先务于农。"即国家施政，必须把发展农业放在首位。《上农》篇把国家优先发展农业放在政治的视角予以考虑，与法家商鞅所说的农民朴实听话、安土重迁以及易于驱使征调等，而工商者见多识广、复杂灵活以及不易驱使征调等基本一样：

> 民农则朴，朴则易用，易用则边境安，主位尊。民农则重，重则少私义，少私义则公法立，力专一。民农则其产复，其产复则重徙，重徙则死（其）处，而无二虑。（民）舍本而事末则不令，不令则不可以守，不可以战。民舍本而事末则其产约，其产约则轻迁徙，轻迁徙，则国家有患，皆有远志，无有居心。民舍本而事末则好智，好智则多诈，多诈则巧法令，以是为非，以非为是。

《上农》篇主张国家必须主要通过引导、鼓励的办法，而不是强迫的办法，使民众自觉从事农业生产，这就是先古后稷之官的"务耕织者，以为本教也"。具体地说，统治者必须从以下4个方面来引导鼓励民众从事农业生产：一是最高统治者及贵族、官僚必须做出表率："天子亲率诸侯耕帝籍田，大夫士皆有功业。是故当时之务，农不见于国，以教民尊地产也。后妃率九嫔蚕于郊，桑于公田。是以春秋冬夏皆有麻枲丝茧之功，以力妇教也。是故丈夫不织而衣，妇人不耕而食，男女贸功，以长生，此圣人之制也。"二是国家督促民众努力耕作，充

---

① 《吕氏春秋·孟春纪》。
② 《吕氏春秋·仲春纪》。
③ 《吕氏春秋·孟夏纪》。
④ 《吕氏春秋·仲秋纪》。

分发掘土地的潜力增加产量："敬时爱日，非老不休，非疾不息，非死不舍。上田，夫食九人。下田，夫食五人。可以益，不可以损。一人治之，十人食之，六畜皆在其中矣。此大任地之道也。"三是国家限制和制止妨害农时的政令和习俗："当时之务，不兴土功，不作师徒，庶人不冠弁、娶妻、嫁女、享祀，不酒醴聚众，农不上闻，不敢私籍于庸，为害于时也。然后制野禁，苟非同姓，农不出御，女不外嫁，以安农也。"四是限制在农时从事各种非农业的生产活动，以保证尽可能多的劳动力用于农业生产："制四时之禁：山不敢伐材下木，泽人不敢灰僇，缳网置罦不敢出于门，罛罟不敢入于渊，泽非舟虞，不敢缘名，为害其时也。"

最后必须指出的是《上农》篇虽然主张国家施政，必须把发展农业放在首位，但并没有抑末。《上农》篇一方面强调农业的重要性，认为关系到国家的存亡："若民不力田，墨乃家畜，国家难治，三疑乃极，是谓背本反则，失毁其国。"另一方面又指出：国家施政，必须农工商全面发展，否则某个部门不能正常发挥其功能，那将有大灾难："民自七尺以上，属诸三官。农攻粟、工攻器、贾攻货。时事不共，是谓大凶。"

三、用经济手段导民而治思想

（一）无为而治思想

1. 老子治大国，若烹小鲜思想

先秦道家的"德治"主要体现在"无为"上，如少私寡欲、无言之教等等；儒家的"德治"则把功夫下在个人的修身养性上，主张修身齐家治国平天下，实行仁政；法家则认为实行严刑酷法是最大的德政，这样就可以刑止刑、以暴制暴，使社会秩序安定；而管子的德治观念则建立在满足人民欲望，顺民意，得民心之上。

"道"是道家自然哲学的最高范畴，被道家看作宇宙万物的根源和归宿，世界上一切事物都是由它主宰和派生出来的。老子认为："人法地，地法天，天法道，道法自然。"[①] 这是说，人是效法地，地是效法天，天是效法道，而道则是效法自然的。也就是说，一切事物不能违背自然，而要顺乎自然。

老子认为人的本性是恶的，但没有明说。他认为："五色令人目盲，五音令人耳聋，五味令人口爽。驰骋畋猎，令人心发狂。难得之货，令人行妨。是以圣人为腹不为目，故去彼取此。"[②] 显然老子认为人的本性是有欲、有私、贪财货的，特别受不得外界五色、五音、五味、田猎和难得之货的刺激，人类社会的一切矛盾和争斗都源于此。不言而喻，老子应属于"性本恶"范畴中的思想家。

---

① 《老子》第 25 章。
② 《老子》第 12 章。

"道法自然"是道家哲学的核心思想，在此基础上，"无为而治"成为道家治理国家的指导思想。道家认为，治理国家要顺其自然，不可强作妄为；有道的圣人"处无为之事，行不言之教"①，即以"无为"态度来处理国家大事，而不干涉民众的行为，对民众"行不言之教"。相反，"民之难治，以其上之有为，是以难治"②。所以，"以身为天下，若可托天下"，即只有主张"无为而治"的人，才可以把治理天下的重任托付于他。在老子看来，最好的政府是最不管事问事的政府，"其政闷闷，其民淳淳；其政察察，其民缺缺"③，其意为政治宽厚，人民就淳朴；政治严苛，人民就狡猾。"我无为，而民自化；我好静，而民自正；我无事，而民自富；我无欲，而民自朴"④。这里的"我"指的是统治阶级，或者说就是国家和政府。统治阶级如无所作为，人民就自我化育；统治阶级如贵静，即不扰民，人民就自然走上自治的轨道；统治阶级不搅扰，不干预人民的经济事务，人民自然就富足；统治阶级没有贪欲，人民就自然朴实。因此，老子寓意深刻地总结了一句治国的名言："治大国，若烹小鲜。"⑤ 他告诫统治者治理国家要像烹煎小鱼那样少折腾，统治者为政要安静无扰，扰则害民。虐政害民，灾祸就要来临；若能清静无为，则人人可各遂其生而相安无事。

老子的所谓无为，并不是说不为，而是顺其自然，依据事物自身的必然规律运行和发展，动合无形，而不凭加任何外来的力量。老子的无为是作为一个政治管理理念提出的，他认为"法令滋彰，盗贼多有"⑥，因此国家要减少颁布法令规章，实行政简刑轻，反对以繁复苛重的政治、法律手段来治理国家。

老子在管理理念上最著名的是"无为而治"。他说："圣人之治……为无为则无不治"⑦，"圣人之道，为而不争"⑧。老子的"无为"与"有为"其实都是"为"的表现形式，他认为"无为"的效果比"有为"好，即在治理国家中把采用有形的干预更多地转变为通过无形的手进行调节，充分发挥人和万物的自身积极性、能动性，从而达到天下大治。这就是老子管理思想中的最高境界："道常无为而无不为，侯王若能守，万物将自化。化而欲作，吾将镇之以无名之朴。无名之朴，亦将不欲。不欲以静，天下将自定。"⑨

中国古代自先秦开始，已初步形成两种政府管理模式：一是采取放任主义的善因论，主张政府尽量不管、少管，尤其把社会经济活动看成私人的事情，听任

---

① 《老子》第 2 章。
② 《老子》第 75 章。
③ 《老子》第 58 章。
④ 《老子》第 57 章。
⑤ 《老子》第 60 章。
⑥ 《老子》第 57 章。
⑦ 《老子》第 3 章。
⑧ 《老子》第 81 章。
⑨ 《老子》第 37 章。

私人按自己的意愿、按经济规律进行。二是采取干涉主义的轻重论，主张政府尽量依靠行政手段，用法令、禁罚来管理民众，加强对社会经济活动的调控和干预。先秦道家提倡无为，是放任主义的先驱，主张尽量减少国家政权的活动，包括它的经济管理活动；先秦法家是干涉主义的先驱，主张法治，加强对民众的管制，使百姓除从事农战外别无出路。

道家的无为和法自然思想，在战国末至秦汉之际形成了黄老之学，并在西汉初一度占据了主导地位，对当时经济的恢复和发展发挥了很大的积极作用，并为后世一些朝代，在战后不同程度地推行"与民休息"的政策，产生了深远的积极影响。

2. 《管子》不烦不扰，而民自富思想

同样是人性好利的基础理论，但《管子》则得出了与商鞅截然相反的政策主张。《管子》认为，人们由于利己心的驱使，会自动选择最适当的方式，进行生产、流通等经济活动，取得和积累私人财富，完全不需要国家采取人为的办法实行干预和控制。这就是"不推而往，不引而来，不烦不扰，而民自富——如鸟之覆（孵）卵，无形无声，而唯见其成"①。因此，他们主张，国家在制定政策时，必须顺应和允许私人的追求财利活动，不要任意干预，否则就会束缚和妨碍私人正常的经济活动，不利于富国富民。"政之所兴，在顺民心；政之所废，在逆民心"②，"不事心，不劳意，不动力。而土地自辟，困仓自实，蓄积自多"③。总之，治理国家"无为者帝"④，对私人经济活动应采取"无为"的政策。

《管子》的无为与道家的无为有明显的不同：道家的无为是让人安于简单、原始的自然状态，同寡欲、无欲联系在一起，而《管子》的无为则着眼于社会经济的发展与进步，通过减少对百姓经济活动的干扰以利于发挥他们的生产积极性，把较多的人力、物力和财力用于发展生产，这种无为以承认人的欲望并顺应人的欲望为前提。

《管子》在治理国家中，主张尽可能使用经济的手段，引导人民自动地遵循，而少采用强制性的行政手段。《管子·轻重丁》载：桓公曰："五衢之民衰然多衣弊而屦穿，寡人欲使帛、布、丝、纩之贾贱，为之有道乎?"管子曰："请以令沐途旁之树枝，使无尺寸之阴。"桓公曰："诺。"行令未能一岁，五衢之民皆多衣帛完屦。桓公召管子而问曰："此其何故也?"管子对曰："途旁之树未沐之时，五衢之民男女相好往来之市者，罢市相睹树下，谈语终日不归。男女

① 《管子·禁藏》。
② 《管子·牧民》。
③ 《管子·任法》。
④ 《管子·乘马》。

当壮，扶辇推舆，相睹树下，戏笑超距，终日不归。父兄相睹树下，论议玄语，终日不归。是以田不发，五谷不播，桑麻不种，茧缕不治。内严一家而三不归，则帛、布、丝、纩之贾安得不贵？"桓公曰："善。"这一事例不一定是历史事实，但它说明了《管子》的治理国家的理念。《管子》作者看到当时齐国人民衣敝履穿的原因是百姓不分男女老少喜欢在树阴下聊天嬉戏终日，因而耽误了农活和纺织，他巧妙地采取令人剪掉树枝，不使树有一尺一寸的遮阴，人们就无法再在树阴下聊天嬉戏终日了，从而引导人民致力于农活和纺织。果然不到一年，五衢之民就都穿上完好的衣服和鞋子。

（二）君主利民思想

1. 君主必须为民众兴利思想

先秦时期，君主利民思想比较流行，成为君主治理国家的一种理念。早在商代，盘庚就把自己标榜为民利的代表者，他在迁都殷发布的训辞中，一方面说是上帝的旨意，另一方面又讲"视民利用迁"①。西周初期，周公也常常以"保民"为己任。

春秋时期，君主利民思想有了进一步发展，其中较具典型意义的是邾文公的言论。《左传》文公十三年载：邾文公卜问迁都，史曰："利于民而不利于君。"邾文公对此答道："苟利于民，孤之利也。天生民而树之君，以利之也。民既利矣，孤必与焉。"由此可见，邾文公视民利高于君利，而且立君是为了利民，因此，邾文公做出了利民的选择。当然，这一时期的君主们是否真的会把利民放在首位，还很难说，但至少在口头上、宣传上表达了这种思想。

当时，除了君主之外，一些著名思想家在不同程度上也表达了这一思想。孔子认为具备"五美"才可以从政，而"五美"之首便是"因民之所利而利之"②。他的学生子贡曾问他："如有博施于民而能济众，何如？可谓仁乎？"孔子回答说："何事于仁，必也圣乎！尧、舜其犹病诸。"③ 可见他是相当重视利民的，把尊重和照顾民利的统治者誉为圣人，并且认为利民是君主们应该做而难于做的事。

墨子认为："天子者，固天下之仁人也。"④ 而仁人最主要的品质是"必务求兴天下之利，除天下之害"⑤。墨子还指出："民生为甚欲，死为甚憎，所欲不得，而所憎屡至，自古及今，未尝能有以此王天下、正诸侯者也。"⑥ 墨子从正反两方面阐述了他的君主利民思想，君主作为仁人，必须为天下民众兴利，如果

---

① 《尚书·盘庚中》。
② 《论语·尧曰》。
③ 《论语·雍也》。
④ 《墨子·尚同中》。
⑤ 《墨子·兼爱下》。
⑥ 《墨子·尚贤中》。

不为民众兴利，违背了他们的意愿和利益，就可能失去天下。

战国时期，孟子的"仁政"论则更深入地论述君主应该以利民为己任。同"以德服人"相联系的，孟子还提出"以佚道使民"的主张，其内容包括3个方面：其一，"取于民有制"①，对租税徭役的征发应依制度而行，并有一定的限制；其二，"勿夺其时"或"不违农时"②，对徭役的征发应避开农忙季节，不打乱正常的农业生产上的时间安排；其三，"制民之产"③，就是要让普通民众拥有一定的私有产业，使其"仰足以事父母，俯足以畜妻子，乐岁终身饱，凶年免于死亡"④，能有最低的生活保障。如能做到这3个方面对民有利的事，就能得民心，百姓"虽劳不怨"⑤。

2. 君主以利导民思想

先秦儒家主张效法自然，既要尽人之性，亦要尽物之性。《中庸》云："唯天下至诚，为能尽其性；能尽其性，则能尽人之性；能尽人之性，则能尽物之性；能尽物之性，则可以赞天地之化育；可以赞天地之化育，则可以与天地参矣。"此处的"天"，就是大自然，所以，天道就是自然法则。"性"既是天道，因此，"尽其性"，亦就是顺乎自然法则。孔子说："天何言哉？四时行焉，百物生焉，天何言哉！"⑥ 又说："取法于天。"⑦ 这些言语反映了孔子推崇自然法则、效法自然的思想。

在效法自然哲学观的基础上，儒家认为对国家的治理应"因民之所利而利之，斯不亦惠而不费乎！"⑧ 可见，他们已认识到对国家的治理应以对民有利的政策措施进行引导，这样就既能给民众带来实惠，又能大大节约管理成本。

先秦儒家在承认基本人性"自利"的基础上，主张统治者在治理国家中，应顺应这种天性，善于引导，把人类劣根性化为推动社会的原动力，使社会趋向和谐。孟子曰："天下之言性也，则故而已矣。故者以利为本。所恶于智者，为其凿也。如智者若禹之行水也，则无恶于智矣。禹之行水也，行其所无事也。如智者亦行其所无事，则智亦大矣。"⑨ 可见孟子也认为对民众要因势利导，天下众人对人性的探讨，只要能推求其所以然就行了。推求其所以然，基础在于顺其自然之理。我们厌恶使用小聪明的人，因为使用小聪明的人容易陷于穿凿附会。假如小聪明的人能像大禹使水运行一样，那就不必对小聪明的人有所厌恶。大禹

---

① 《孟子·滕文公上》。
② 《孟子·梁惠王上》。
③ 《孟子·梁惠王上》。
④ 《孟子·梁惠王上》。
⑤ 《孟子·尽心上》。
⑥ 《论语·阳货》。
⑦ 《礼记·郊特牲》。
⑧ 《论语·尧曰》。
⑨ 《孟子·离娄下》。

的使水运行，就是行其所无事，即顺其自然，因势利导。假如小聪明的人能行其所无事，那就不是小聪明而是大聪明了。

荀子认为政府必须与人民合作，做一些对人民有益的事，才能把国家治理好，反之，其政权可能不稳固，甚者被人民所推翻。他说："马骇舆，则君子不安舆；庶人骇政，则君子不安位。马骇舆，则莫若静之；庶人骇政，则莫若惠之。选贤良，举笃敬，兴孝悌，收孤寡，补贫穷，如是，则庶人安政矣。庶人安政，然后君子安位。传曰：君者，舟也；庶人者，水也。水则载舟，水则覆舟，此之谓也。"① 荀子这里把君、民关系比作舟、水关系成为至理名言，对后世历朝统治者影响深远。

正由于荀子看到国君与人民的这种舟水关系，因此他主张国君必须爱民、利民，才能使人民为己所用，为己而死。他指出："故有社稷者而不能爱民，不能利民，而求民之亲爱己，不可得也。民之不亲不爱，而求其为己用，为己死，不可得也。人不为己用，不为己死，而求兵之劲，城之固，不可得也。兵不劲，城不固，而求敌之不至，不可得也。敌至而求无危削，不灭亡，不可得也。"② 荀子还进一步提出，国君治理国家，必须依次争取达到3个层面："君人者，欲安，则莫若平政爱民矣；欲荣，则莫若隆礼敬士矣；欲立功名，则莫若尚贤使能矣。"③ "故人主欲强固安乐，则莫若反之民；欲附下一民，则莫若反之政"④。在荀子看来，君主只有爱民、利民，人民才能为其所用，为其所死，从而使兵力强劲，城郭坚固。君主如果要使国家强固、安乐，就不如回过头来看看自己的人民；如果愿意依靠臣下、统一人民，就不如回过头来看看自己的政令。由此可以看出，荀子认识到统治者管理国家不能离开老百姓，所谓"用国者，得百姓之力者富，得百姓之死者强，得百姓之誉者荣"⑤。因此，统治者就必须实行一些"惠民""裕民"的"宽政"，要"生民则致宽，使民则极理"⑥，这样就能使"生民宽而安"⑦，"庶人安政，然后君子安位"⑧。这就是老百姓安定下来，统治者才能安于其统治地位。

荀子基于君舟民水、君木民鸟的认识，十分重视君主应处理好爱民与使民的关系。他与其他儒家相同，主张对民先爱之利之而后使之。《荀子·富国》中则分析了君主对民的三种不同态度和不同后果："不利而利之，不如利而后利之之

---

① 《荀子·王制》。
② 《荀子·君道》。
③ 《荀子·王制》。
④ 《荀子·君道》。
⑤ 《荀子·王霸》。
⑥ 《荀子·王霸》。
⑦ 《荀子·致士》。
⑧ 《荀子·王制》。

利也。不爱而用之，不如爱而后用之之功也。利而后利之，不如利而不利者之利也；爱而后用之，不如爱而不用者之功也。利而不利也，爱而不用也者，取天下矣。利而后利之，爱而后用之者，保社稷也。不利而利之，不爱而用之者，危国家也。"其大意是不给人民利益而索取人民，不如先给人民利益而后再向人民索取更有好处。不爱护人民而使用人民，不如先爱护人民而后再使用人民更有功效。给了人民利益而索取人民，不如给了人民利益而不索取人民更有好处；先爱护人民而后再使用人民，不如先爱护人民而后不使用人民更有功效。给了人民利益而不向人民索取，爱护人民而不使用人民的，这是取得天下的君主；给了人民利益而后向人民索取，爱护人民而后使用人民的，这是保有社稷的君主；不给人民利益而向人民索取，不爱护人民而使用人民的，这是危害国家的君主。

《管子》主张在治理国家中，政府通过实施对民有利之事来引导民众，使民众按照政府的政策命令行事。《管子·形势解》云："民利之则来，害之则去，民之从利也，如水之走下，于四方无择也。故欲来民者，先起其利，虽不召而民自至，设其所恶，虽召之而民不来。"《管子·形势解》还云："人主之所以令则行，禁则止者，必令于民之所好，而禁于民之所恶也。民之情莫不欲生而恶死，莫不欲利而恶害。故上令于生利人，则令行；禁于杀害人，则禁止。令之所以行者，必民乐其政也，而令乃行，故曰：贵有以行令也。"所以，《管子》提出政府制定政令，必须考虑是否对人民有利，因为对人民有利，才能得到他们的拥护和贯彻执行，即"民之所利立之，所害除之，则民人从"①。

《管子》之所以提出以利引导民众的主张，是基于其法自然的哲学观。他们认为："凡将立事，正彼天植……法天合德，象地无亲，参于日月，伍于四时。"②"版法者，法天地之位，象四时之行，以治天下。"③ 这种哲学观应用于治理国家的政治上，就是要顺应民心："政之所兴，在顺民心；政之所废，在逆民心。民恶忧劳，我佚乐之；民恶贫贱，我富贵之；民恶危坠，我存安之；民恶灭绝，我生育之。"④ 因此，善于治理国家者，应顺势而为，善于因势利导，这样政府就能以最少的管理而达到最好的治理效果。正如《管子·禁藏》所云："故善者势利之在，而民自美安，不推而往，不引而来，不烦不扰，而民自富，如鸟之覆卵，无形无声，而唯见其成。"

（三）通过财政性政策工具治国思想

1. 通过赋役制度调节控制经济活动

先秦时期，人们已经知道政府通过财政性的政策工具对社会经济活动实行

① 《管子·幼官》。
② 《管子·版法》。
③ 《管子·版法解》。
④ 《管子·牧民》。

调节、控制。如《周礼·司徒下》载："凡宅不毛者有里布，凡田不耕者出屋粟，凡民无职事者出夫家之征。"这里，国家通过赋税杠杆来督促老百姓勤于生产劳作，促进经济发展。政府法令规定：宅旁不种桑麻之家，就必须向国家额外交纳"里布"；某家有田不耕种，任其荒废，就要向国家额外交纳"屋粟"；某家如有劳动力而任其游手好闲，就要向国家额外交纳赋税或服徭役。总之，政府通过对不生产者实行一定的赋役制裁来督促引导这些人从事必要的生产劳动，正如东汉郑玄在注文所云："欲令宅树桑麻，民就四业，则无税赋，以劝之也。"

《周礼》设计的国家管理机构与政策、措施相当完备、系统，其国家治理思想当倾向于干涉主义的轻重论。但《周礼》与先秦法家的干涉主义思想又有明显不同，除主张采用行政、法律手段外，也重视通过经济手段，如价格、赋税、借贷等市场性、财政性政策工具对国家进行治理。如前所述，《周礼》主张对工商业的管理主要是采用政府颁布法规，设置市场，限定物价，检查商品质量，征收赋税等进行管理，并不主张单纯依靠禁罚，政府也不直接参与经商牟利。政府对农业的管理也只是管颁田、修水利等为生产提供条件的活动以及技术指导、奖勤罚懒等指导、督促工作，并不直接参与组织具体农业生产。

春秋时期，管仲的"相地而衰征"思想，进一步完善公平合理征税。他提出："相地而衰征，理道之远近而致贡，通流财物粟米，无有滞留，使相归移也。"[1] 这里明确提出了国家征收贡赋不仅要考虑到土壤的肥瘠，而且还要考虑到被征地区离京都的远近，并且征收贡赋应不影响全国粮食、货物的流通。

同一时期，郑国子产的第二项改革是"作丘赋"，即原由每甸（64 井田）负担的军马、粮草、兵甲等军赋现由每丘（16 井田）负担。这一方面意味着人民军赋负担加重了 4 倍，但另一方面也意味着"作丘赋"改革使私田的土地所有权得到了进一步的承认，地主和自耕农的社会政治地位有所提高。

这一时期，齐国晏子提出"幅利"的思想，对统治者追求财富的活动加以限制，使其不超过一定的界限或幅度。他主张："且夫富如布帛之有幅焉，为之制度，使无迁也。夫民生厚而用利，于是乎正德以幅之，使无黜嫚，谓之幅利。"[2] 同时，他把节俭作为限制统治者追求财富和减轻对民众剥削的前提，大力加以倡导。他认为，如果统治者纵欲无度，就必然会不断加重百姓的赋税徭役，"用力甚多，用财甚费"[3]，就会激化社会矛盾。因此，他要求统治者要"薄于身而厚于民"，"约于身而广于世"[4]，即"冠足以修敬，不务其饰；衣足

---

① 《荀子·王制》。
② 《左传》襄公二十八年。
③ 《晏子春秋·内篇谏下》。
④ 《晏子春秋·内篇问上》。

以掩形御寒，不务其美"①；"身服不杂彩，首服不镂刻"②。

2. 老子寡欲崇俭思想

老子反对纵欲，排斥对奢侈品的欲望，指出："五色令人目盲，五音令人耳聋，五味令人口爽，驰骋田猎令人心发狂，难得之货令人行妨"，主张"为腹不为目"③，即消费是为了维持生存和健康而不是为了享乐，以满足人的生理的、自然的基本需要为止。正因为如此，老子把"俭"作为他"持而保之"的"三宝"之一④。

老子主张寡欲、崇俭，要求从统治者做起，主张统治者以俭率下。只有统治者率先少私寡欲，"去奢去泰"⑤，以此对百姓"行不言之教"⑥，才能在整个社会中形成寡欲、崇俭、素朴的风气。这就是"我无欲而民自朴"⑦。

先秦诸子在消费问题上几乎都主张节用或崇俭的，而他们又各有自己的特点：儒家以礼作为节用的标准，墨子以小生产者劳动力再生产的需要为节用的标准，老子的节用则以回复到最简单、最原始的自然生活需要为依归。

《老子》没有正面提出薄税敛的主张，但从他对厚敛进行的猛烈抨击，斥责当政者如同大盗可以看出，他是反对厚敛而主张薄税敛的。他指出："民之饥，以其上食税之多，是以饥。"⑧ 民众遭受饥饿，是因为政府征收粮食税太多的缘故。"朝甚除，田甚芜，仓甚虚，服文采，带利剑，厌饮食，财货有余，是为盗夸。"⑨

3. 孔子、孟子轻徭薄赋思想

孔子认为，当时妨碍民富的一个重要原因是人民的赋税负担过重，因此他提出："薄赋敛则民富。"⑩ 他反对鲁国执政季康子"用田赋"的政策，主张恢复"周公之籍"。他提出："先王制土，籍田以力，而砥其远迩；赋里以入，而量其有无；任力以夫，而议其老幼。于是乎有鳏寡孤疾，有军旅之出则征之，无则已。其岁收田一井，出稯禾秉刍缶米，不是过也，先王以为足。若子季孙欲其法也，则有周公之籍矣，若欲犯法则苟而赋，又何妨焉。"⑪ 从这段记载我们可以了解到，孔子对国家赋税的征收在具体措施上也有许多科学合理的想法：其一，

---

① 《晏子春秋·内篇谏下》。
② 《晏子春秋·内篇谏下》。
③ 《老子》第 12 章。
④ 《老子》第 67 章。
⑤ 《老子》第 29 章。
⑥ 《老子》第 2 章。
⑦ 《老子》第 57 章。
⑧ 《老子》第 75 章。
⑨ 《老子》第 53 章。
⑩ 《说苑·政理》。
⑪ 《国语·鲁语下》。

国家征收赋税时，必须考虑到被征地区距离的远近，田地的肥瘠以及人丁的数量和年龄的老幼；其二，对于鳏寡孤疾，国家必须予以照顾，平时不征，有战争时才征；其三，征税按"井"为单位进行计算。

孔子强调治国要"节用而爱人"，个人生活应该是俭胜于奢，因为"奢则不孙（逊），俭则固；与其不孙也，宁固。"①

孔子的赋税思想的主要特点是反对重税，主张轻税，提出"敛从其薄"的主张②，在税率方面坚持"彻"法，十分取一③。

管仲把"无夺民时"作为国家政策的指导思想，孔子则在限制徭役方面提出"使民以时"的观点，两者是一脉相承的。

古代在农时征调民众从事徭役，必然会影响在农业生产中劳动力的投入，从而对农业造成一定程度的破坏。这不仅对农民的生产和生活造成困难和损害，也会破坏国家的财政基础，甚至可能激化社会矛盾，危及统治秩序。因此，孔子的"使民以时"主张，对于保证农民的基本生活和农业生产的正常进行，减轻农民负担，缓和社会矛盾，维护国家和谐安定，具有积极的意义。

孔子"百姓足，君孰与不足"的思想，已较为明确地指出富民是富国的基础；而"因民之所利而利之"，则已在一定程度上把富民和富国家联系起来。

孔子的轻徭薄赋思想对后世影响深远，成为两千余年封建社会中一个不容置疑的"圣训"，是历代王朝施行仁政的一项不可缺少的政策措施。

孟子一再提倡的仁政是："昔者文王之治岐也：耕者九一，仕者世禄，关市讥（稽）而不征，泽梁无禁，罪人不孥。"④ 显而易见，他的仁政内容与商鞅施政思想几乎是相反的："耕者九一"主张农民交纳十一之税后可拥有十分之九的劳动所得，这与商鞅的"家不积粟"⑤ 相左；"仕者世禄"认为"仕者"有世袭的职业与俸禄，与商鞅主张通过农战得到爵禄，即"粟爵粟任"，"武爵武任"⑥ 以及"宗室非有军功论不得为属籍"⑦ 格格不入；"关市讥而不征"主张工商业者不纳税，不收关市之税，"则天下之旅皆悦而愿出于其路矣"⑧，有利于招徕天下商旅，这同商鞅"重关市之赋"⑨ 的抑末政策截然不同；"泽梁无禁"主张解除虞、衡等采伐渔猎的禁令，与商鞅"壹山泽"⑩ 背道而驰；而"罪人不孥"

---

① 《论语·述而》。
② 《左传》哀公十一年。
③ 《论语·颜渊》。
④ 《孟子·梁惠王下》。
⑤ 《商君书·说民》。
⑥ 《商君书·去强》。
⑦ 《史记·商君列传》。
⑧ 《孟子·公孙丑下》。
⑨ 《商君书·垦令》。
⑩ 《商君书·垦令》。

恰是同商鞅的严刑峻法治国主张针锋相对。

孟子把老百姓有自己的"恒产"作为"仁政"的基础和首要条件。他的所谓"恒产",具体说就是维持一个8口之家（一般指1个男丁和他的父、母、妻与4个子女）所需要的百亩之田、五亩之宅、若干株桑树以及五母鸡、二母猪等。如每个农户有了这样恒产,就可以达到"老者衣帛食肉,黎民不饥不寒"的仁政。

孟子轻徭薄赋思想的原则是:"取于民有制"①。所谓"取于民有制"就是国家的赋税征收、徭役的摊派必须有明确的规定,不能由统治者任意而为。孟子认为合理的赋税应是十一之税,并按不违农时的原则征派徭役。如他提出:"易其田畴,薄其税敛,民可使富也"②;"不违农时,谷不可胜食也"③;"百亩之田,匹夫耕之,八口之家可以无饥矣"④。

孟子一再提出薄税敛是一个政府施行仁政的重要内容:"省刑罚,薄税敛,深耕易耨"⑤;"是故贤君必恭俭,礼下,取于民有制"⑥。究竟怎样的税敛才算薄呢,才算取民有制?孟子遵循孔子的主张,认为什一税制最为适中。他既不赞成重于什一之税,但也反对轻于什一之税。《孟子·告子下》载:有个周人名叫白圭问孟轲:"吾欲二十而取一,何如?"孟子曰:"子之道,貉道也……夫貉,五谷不生,惟黍生之。无城郭宫室宗庙祭祀之礼,无诸侯币帛饔飧,无百官有司,故二十取一而足也。今居中国,去人伦,无君子,如之何其可也……欲轻之于尧舜之道者,大貉小貉也。欲重之于尧舜之道者,大桀小桀也。"可见,孟子把轻于什一之税视为大貉、小貉之类少数民族的税制,那城郭、宫室、宗庙祭祀、政府机构等都因无经费开支而不存在了。这在中国是行不通的。反之,如重于什一之税,那就像夏桀一样重敛百姓,使他们无法生存,揭竿而起。以后,儒家把什一税制思想奉为经典。如《春秋公羊传》在解说:"初税亩"时说:"什一者,天下之中正也。多乎什一,大桀小桀,寡乎什一,大貉小貉。什一者,天下之中正也,什一行,而颂声作矣。"⑦

4. 荀子开源节流、轻徭薄赋思想

荀子的理财基本原则是"开源节流",即"必谨养其和,节其流,开其源,而时斟酌焉"⑧。荀子所说的"开源",不仅包括财政收入之源,即以各种手段

---

① 《孟子·滕文公上》。
② 《孟子·尽心上》。
③ 《孟子·梁惠王上》。
④ 《孟子·尽心上》。
⑤ 《孟子·梁惠王上》。
⑥ 《孟子·滕文公上》。
⑦ 《春秋公羊传》宣公十五年。
⑧ 《荀子·富国》。

增加赋税，而更重要的是指广开社会财富之源，即通过大力发展社会生产，培养财源，以增加国家的财政收入。他说："田野县鄙者财之本也，垣窌仓廪者财之末也；百姓时和、事业得叙者货之源也，等赋府库者货之流也。"① 显然，此处荀子所说的"田野县鄙""百姓时和""事业得叙"指的是社会生产；而"垣窌仓廪""等赋府库"则是贮藏国家钱粮的场所，即指国家财政。只有社会生产发展了，社会财富才会增加，国家才有可靠的财政收入来源，"潢然使天下必有余，而上不忧不足"②。荀子所说的"节流"，则更直接明确地指节约财政开支，以保证轻徭薄赋政策的实施，防止上层统治者奢侈靡费而横征暴敛、赋役繁苛，从而促进社会经济的发展。他认识到："士大夫众则国贫"③，上层统治者在"声色、台榭、园囿"方面奢靡无度必然"伤国"④。因此，主张"天子诸侯无靡费之用"⑤，治国要"使衣服有制，宫室有度，人徒有数，丧祭械用皆有等宜……莫得不循乎制数度量然后行"⑥。总之，荀子把社会生产看作是国家财富的"本"和"源"，那些堆积国家财富的"仓廪""府库"则是"末"和"流"。只有在增加社会生产的基础上才能增加整个国家的财富，从而实现"上下俱富，交无所藏之"⑦ 的广义富国。

荀子对"富国"的定义是"兼足天下"或"上下俱富"⑧，即既包括"足君"或"上富"，又包括"足民"或"下富"。其中"足君""上富"即"富国库"，这是狭义的富国；"足民""下富"即"富民"，这其实也是富国的另一方面。真正广义的富国应是既富国库又富民，即"兼足天下""上下俱富"。荀子以其广义的富国概念把富国与富民统一起来。

荀子继承了孔子"百姓足，君孰与不足"的思想，主张藏富于民："王者富民，霸者富士，仅存之国富大夫，亡国富筐箧，实府库。筐箧已富，府库已实，而百姓贫，夫是之谓上溢而下漏。"⑨ 要富国，首先要富民，富民的根本就是要发展农业生产，增加社会财富，那么国家的财政收入就有了保证。因此，荀子提出："下贫则上贫，下富则上富……潢然使天下必有余，而上不忧不足，如是，则上下俱富，交无所藏之，是知国计之极也。"⑩

基于藏富于民的指导思想，荀子同孔子、孟子一样，主张轻征农业税，不征

---

① 《荀子·富国》。
② 《荀子·富国》。
③ 《荀子·富国》。
④ 《荀子·王霸》。
⑤ 《荀子·君道》。
⑥ 《荀子·王霸》。
⑦ 《荀子·富国》。
⑧ 《荀子·富国》。
⑨ 《荀子·王制》。
⑩ 《荀子·富国》。

关市商税，开放山林泽梁不收税，少征徭役。他说："王者之法，等赋、政事，财（裁）万物，所以养万民也。田野什一，关市几而不征，山林泽梁以时禁发而不税"①；"轻田野之税，平关市之征，省商贾之数，罕兴力役，无夺农时，如是则国富矣。夫是之谓以政裕民"②。总之，轻徭薄赋，放水养鱼，让老百姓先富起来，积极从事社会生产，那国家就有充足的税源，不言而喻，国家肯定也会富起来。

荀子认为农业是最主要的生产部门，是"财之本"，社会财富的多少，国家人民的贫富，主要取决于农业生产的好坏，因而首先必须确保农业生产，尽力"强本"，才能达到富国的目标。他看到如果工商业发展过快，从事工商业的人太多，就势必会与农业生产争夺劳力，使农业因劳动力不足而受到负面影响。因此，为保证农业生产的优先发展，他提出"省工贾，众农夫"③，"省商贾之数"④的主张，通过限制工商业的发展规模和从业人数，以保证农业生产有足够的劳动力。

荀子与他之前的儒家一样，也主张国家必须制定和执行轻徭薄赋政策，其主要目的是减轻农民的负担，保证农民有足够的时间和财力发展农业生产。他提出"轻田野之税……罕兴力役，无夺农时"⑤，"田野十一……山林泽梁以时禁发而不税"⑥。在征税的具体方法上，荀子也主张删繁就简，废除"须熟尽察"的烦琐手续，采取"宽饶简易"的办法⑦，以减少征收活动对农业生产时间的影响。

对于富国的路径，荀子提出"强本节用"的政策。所谓"强本"就是发展社会生产，主要指发展农业生产，因为他认为"田野县鄙"是"财之本"；所谓"节用"就是节约各种费用。他一再强调："务本节用财无极"⑧，"强本而节用，则天不能贫……本荒而用侈，则天不能使之富"⑨。荀况是中国历史上第一个把"节用"同生产的发展和增长联系起来进行考察的思想家⑩。他认为："节用裕民，而善臧（藏）其余。节用以礼，裕民以政。彼裕民故多余。裕民则民富，民富则田肥以易；田肥以易，则出实百倍……不知节用裕民则民贫，民贫则田瘠以秽；田瘠以秽，则出实不半。"⑪ 荀子认识到，统治者节省费用，就可以减轻

① 《荀子·王制》。
② 《荀子·富国》。
③ 《荀子·君道》。
④ 《荀子·富国》。
⑤ 《荀子·富国》。
⑥ 《荀子·王制》。
⑦ 《荀子·富国》。
⑧ 《荀子·成相》。
⑨ 《荀子·天论》。
⑩ 赵靖《中国经济思想通史》第 1 卷，第 332 页。
⑪ 《荀子·富国》。

百姓的赋税徭役负担，使他们富裕起来，用于生产性投资，改良土壤，改善生产条件，就会获得"出实百倍"的效益，从而大大增加社会财富。反之，统治者如不知道节省费用，就会加重百姓的负担，使他们贫困，无力改良土壤，田地瘠薄荒秽，则只能得到原收益的一半，那社会财富当然就会大大减少。

《论语·子路》载：孔子治国的主要目标是使国家"庶"和"富"，即人口繁衍和百姓富足，这是政治修明、国家兴旺的标志，但是，如何使国家"庶"且"富"，孔子没有提出具体的措施。

战国时代的荀子，在《荀子·富国篇》中提出了"开源节流"的主张，认为社会生产是国家财政之源，社会生产发展了国家财源自然充裕，另一方面国家财政开支注意节省，那么就可达到富国的目标。但是，荀子的"开源节流"主张仍然没有具体化。

5. 墨子"生财密、用之节"的富国思想

春秋战国时期，兼并战争不断，极大地破坏了社会经济，许多人丧失了最起码的衣食之利。墨子指出："饥者不得食，寒者不得衣，劳者不得息"①，是人民的三大患。他大声疾呼，应该给人民以食、衣、息的起码条件，并针对"民生为甚欲，死为甚憎；所欲不得，而所憎屡至"的情况，强烈要求统治者保障人民生命的基本生存权。

墨子的兼爱思想希望社会做到"强不执弱，众不劫寡，富不侮贫"，"贵不傲贱，诈不欺愚"②。其非攻思想则指责"攻伐邻国"的战争，"春则废民耕稼树艺，秋则废民获敛"，使"百姓饥寒冻馁而死者不可胜数"，使"丧师多不可胜数"，使为战争从事各种后勤徭役的百姓劳累饥饿以及"疾病而死者不可胜数"。战争除征调百姓外，还强征百姓的大量牲畜作为战马和运输动力，结果"马牛肥而往，瘠而反，往死亡而不反者，不可胜数"③。

墨子继承了孔子要使百姓"庶"和"富"的思想，把"国家富"和"人民众"作为治国的两项目标。他一再说："古者王公大人为政于国家者，皆欲国家之富，人民之众"④。"天下贫，则从事乎富之；人民寡，则从事乎众"⑤。

墨子说的富国，主要指增加国民财富，即增加一国财富的总量。同时，也指增加国库的收入，如"收敛关市山林泽梁之利，以实仓廪府库"⑥，并把这看作是国家公职人员守职尽责的表现。墨子富国的途径是"生财密，其用之节"⑦，

---

① 《墨子·非乐上》。
② 《墨子·兼爱中》。
③ 《墨子·非攻中》。
④ 《墨子·尚贤上》。
⑤ 《墨子·节葬下》。
⑥ 《墨子·非乐上》。
⑦ 《墨子·七患》。

也就是主张一方面多增加生产，另一方面节约消费。具体而言，墨子的"生财"是指增加食衣住行各种生活必需品的生产，主要指"耕稼树艺""纺绩织纴"等食衣之财的生产。墨子尤其重视粮食的生产，认为粮食丰裕是国家政治能够稳定的基础："凡五谷者，民之所仰也，君之所以为养也。故民无仰，则君无养；民无食，则不可治，故食不可不务也，地不可不力也。"①

在当时的科技条件下，墨子的增加生产（生财密）主要通过"强从事"和增加一国的人口两种办法。"强从事"指延长劳动日和增加劳动强度，如他所说的"早出暮入，耕稼树艺，多聚升粟"；"夙兴夜寐，纺绩织纴，多治麻、丝、葛、绪、綑布、縿"以及"竭股肱之力"等②。墨子认为"强从事"是"生财密"的主要途径，是否"强从事"是能否致富的关键："强必富，不强必贫；强必饱，不强必饥……强必暖，不强必寒。"③ 同时，他认为增加一国的人口也会增加农业生产。在当时地旷人稀的历史背景下，人口多，劳动力就多，因而就可以"生财密"。墨子是先秦思想家中最强烈主张增殖人口的。

墨子靠"强从事"和增加一国的人口等办法来增加生产，其效果是有限的。从理论上说，增加生产的最有效最科学的办法是提高生产力，即改进生产工具和生产技术。墨子自身在手工技术方面是很精的，甚至把当时最著名的能工巧匠鲁班（公输般）都比输了，但遗憾的是他似乎没有觉察到也没提出通过提高劳动生产率来作为"生财密"的主要办法。

墨子富国途径的另一方面是"用之节"，即节用。墨子十分重视节用，在《墨子》一书中，《节用》《节葬》《非乐》《七患》《辞过》等篇都涉及节用问题。

墨子认为节用可以富国，即"因其国家，去其无用（之费），足以倍之"④，这就是依靠本国已有的财富，去掉不该用的费用，就可实现财富的成倍增加。墨子为节用规定的标准是"有用"，认为财富使用在"有用"的地方，就符合节用原则，否则就是奢侈、淫僻。如在饮食方面，节用的标准是"足以充虚继气，强股肱，耳目聪明则止；不极五味之调，芬香之和，不致远国珍怪异物"⑤。在衣服方面，节用的标准是"冬以圉（御）寒，夏以圉暑"；"冬加温，夏加清"⑥；"适身体，和肌肤……非荣耳目而观愚民也"⑦。相反，他认为在衣饰方面"为锦绣文采靡曼之衣，铸金以为钩，珠玉以为珮，女工作文采，男工作刻

---

① 《墨子·七患》。
② 《墨子·非乐上》。
③ 《墨子·非命下》。
④ 《墨子·节用上》。
⑤ 《墨子·节用中》。
⑥ 《墨子·节用上》。
⑦ 《墨子·辞过》。

镂……单（殚）财劳力，毕归之于无用"①。在居住方面，节用的标准是"高足以辟润湿，边足以圉风寒，上足以待雪霜雨露"②，而不可追求"台榭曲直之望，青黄刻镂之饰"③。在交通工具方面，节用的标准是"全固轻利，可以任重致远"，而不可"饰车以文采，饰舟以刻镂"④。墨子所谓"有用"不仅指人们食、衣、住、行等各方面，还包括用于防御战争，如制造甲盾、五兵的费用等。

墨子把节用作为对社会上各阶层人物的共同要求：既反对"奢侈之君"，也谴责"淫僻之民"⑤；既劝告"圣王""人君"做到"用财节，其自养俭"⑥，也要求平民百姓不可"恶恭俭"，"贪饮食"⑦。在当时贫富差距悬殊，统治者生活骄奢淫逸的背景下，墨子的节用论还是主要针对上层阶级。他认为：统治阶级的上层奢侈，不但会使"左右象之"⑧，上行下效，造成奢靡的社会风气，而且必然导致"厚作敛于百姓，暴夺民衣食之财"⑨，使广大民众更加贫困。他指出实现节用的关键在上不在下，因此特别要求统治阶级在生活享用方面实行全面的节俭："为宫室不可不节"，"为衣服不可不节"，"为饮食不可不节"，"为舟车不可不节"⑩。由此可见，墨子的节用主张主要还是针对统治阶级、社会上层的奢侈淫佚而提出的。他主张国家要限制上层统治者的奢侈浪费行为，把统治者节制消费的财物用在人民的生活上，以增加普通百姓的生活必需品："去大人之好聚珠玉、鸟兽、犬马，以益（百姓）衣裳、宫室……舟车之数。"⑪ 他还进一步提出，统治阶层除在平时要注意节用节俭外，如遇到灾荒歉收的年份，国家应降低他们的生活享用标准，根据受灾程度的不同，以行政手段分不同等级减少他们的俸禄。墨子把歉收年景分成5等，即馑、罕（旱）、凶、馈、饥。在正常年份，官吏的俸禄可以照发，若遇灾荒之年，就要采取相应的减俸措施："岁馑，则仕者大夫以下皆损禄五分之一；旱，则损五分之二；凶，则损五分之三；馈，则损五分之四；饥，则尽无禄，禀（赐谷）食而已矣。故凶饥存乎国，人君彻鼎食五分之五（三）。"⑫ 这种设想，在当时虽然很难实现，但荒年官吏减俸，与人民同甘共苦，即使是国君本人，也要把自己享有的菜肴减少3/5，对后世仍然产

---

① 《墨子·辞过》。
② 《墨子·辞过》。
③ 《墨子·辞过》。
④ 《墨子·辞过》。
⑤ 《墨子·辞过》。
⑥ 《墨子·辞过》。
⑦ 《墨子·非命中》。
⑧ 《墨子·辞过》。
⑨ 《墨子·辞过》。
⑩ 《墨子·辞过》。
⑪ 《墨子·节用上》。
⑫ 《墨子·七患》。

生了一定的积极影响。

墨子的节用思想还体现在实行节葬、非乐等方面。当时统治阶级及上层社会在丧葬方面追求厚葬久丧，务求"棺椁必重，葬埋必厚，衣衾必多，文绣必繁，丘陇（坟墓）必巨"①。丧期短者数月，长者数年，造成人力、物力、财力的极大浪费。王公贵族为了追求音乐上的享受，不惜耗费大量钱财，去制造大钟、鼓、琴、瑟、笙、竽等乐器。湖北随州曾侯乙墓葬中编钟和其他大量乐器的出土就是当时厚葬及"繁饰礼乐以淫人"②的真实写照！

对于这种现象，墨子予以深刻的批判："厚葬久丧，实不可以富贫众寡，定危治乱"，如果以"厚葬久丧者为政，国家必贫，人民必寡，刑政必乱……衣食之财必不足"③。而追求音乐上的享受，耗费大量的钱财、人才，"将必厚措敛乎万民"，"废大人之听治"，"贱人之从事"④。因此，墨子提出实行薄葬短丧，甚至大胆主张火葬："亲戚死，聚柴薪而焚之。"并缩短丧期，"死者既已葬矣，生者必无久哭，而疾而从事"⑤。墨子认为葬后不服丧，赶快从事自己的工作，这才是"不失死生之利"的圣王之道。显然，墨子把节葬看作是符合人民利益的仁义之举。墨子"非乐"，系指反对有害之乐，是反对追求无用奢侈之乐给人民财产造成的浪费，因为追求那种音乐享受，上"不中圣人之事"，下"不中万民之利"⑥。

崇俭黜奢是我国古代的优良传统，也是先秦诸子百家最普通的主张之一。不过，墨子是先秦各学派中对节俭论述最多的，节用抑奢在其整个思想中具有突出的地位，并带有鲜明的特色。正如《史记·论六家之要旨》中对墨子所评价的："要曰强本节用，则人给家足之道也。此墨子之所长，虽百家弗能废也。"

墨子在《墨子·节用》篇开宗明义指出治国安天下，要在发展生产的同时，实行节用，才能使社会财富成倍地增长。他说："为政一国，一国可倍也；大之为政天下，天下可倍也。其倍之，非外取地也。因其国家，去其无用（之费），足以倍之。"在当时生产力水平较为低下的条件下，单靠"强从事"还很难达到使财富"倍之"（即增加一倍）的目标，只有再加上"节用"，才有可能实现财富倍增。因此，墨子说："去无用之务，行圣王之道，天下之大利也。"⑦由此可知，墨子的管理思想是既重视增长、开源，又重视节用、节流，二者是同一事物的不可分割的两个方面，彼此相辅相成，才能达到社会财富的成倍增长。

---

① 《墨子·节葬下》。
② 《墨子·非儒下》。
③ 《墨子·节葬下》。
④ 《墨子·非乐上》。
⑤ 《墨子·节葬下》。
⑥ 《墨子·非乐上》。
⑦ 《墨子·节用上》。

墨子还认为节用不仅可以实现社会财富的成倍增长，而且还可以由此带来国家的长治久安。因为如果国家财用充足，人民生活富裕，国家就可得到很好治理；如果国家财用匮乏，"富贵者奢侈，孤寡者冻馁，欲无乱，不可得也"①。

先秦其他学派的节用、崇俭主张，多是以维持政治、社会秩序，防止矛盾激化，或者留有储备，以备灾害饥荒等方面考虑的。墨子的节用论自然也有这些方面的考虑，但他与众不同的是还有更深一层次的考虑，即保证小生产者的简单再生产能正常进行，达到劳动力、生产资源能较合理的配置。他所以提倡节用，反对奢侈，是因为要防止"男子离其耕稼，而修刻镂""女子废其纺织，而修文采"②。他指责王公大人们在丧葬方面的奢侈耗费了巨大财富和占用众多的劳动力，致使农夫们"不能早出夜入，耕稼树艺"，使妇人"不能夙兴夜寐，纺绩织纴"，使百工"不能修舟车，为器皿"③。他指责王公大人们在声色方面纵欲无度，不但要"夺民之衣食之财"来置"大钟、鸣鼓、琴瑟、竽笙"，还要挑选大批"耳目之聪明""股肱之毕强"的青年男女，从事乐舞，供王公大人们赏心悦目。这些本来是最优秀的青壮年劳动力，不用于社会最需要的农业、手工业生产，而用于为贵族享乐服务，还要从其他劳动者征收财物以保证他们的"甘食美服"，这必然会对社会再生产造成破坏，即"废丈夫耕稼树艺之时"，"废妇人纺绩织纴之事"④。

综上所述，墨子提倡节用，认为生产发展了，但消费还要节用。他的"节用"思想主要有3个方面的内容：其一，消费以满足生活的基本需求为宜。《墨子·节用中》对此做了具体说明：比如饮食："足以充虚继气，强股肱，耳目聪明则止。"衣服："冬服绀緅之衣，轻且暖。夏服絺绤之衣，轻且清，则止。"器用："凡天下群百工，轮车鞼鞄，陶冶梓匠，使各从事其所能。曰：凡足以奉给民用，诸加费不加，民利则止。"除此之外，墨子还对宫室住宅、交通工具、军器等都做了具体规定和说明。其二，消费要有利于再生产。墨子提出："圣王为政，其发令兴事使民用财也，无加用而为者"⑤，"诸加费，不加于民利者，圣王弗为"⑥。可见，墨子认为圣明的君主主持政务，发布命令，兴办事业，使用民力和钱财，必定是能增加财富才肯去干；如果所增加的费用，对人民没有利益的，圣明的君主就不会去做。其三，节用是积财之道。《墨子·节用上》说："圣人为政一国，一国可倍也。大之为政天下，天下可倍也。其倍之，非外取地也，因其国家，去其无用（之费），足以倍之。"这就是圣人主持一国的政治，

---

① 《墨子·辞过》。

② 《墨子·辞过》。

③ 《墨子·节葬下》。

④ 《墨子·非乐上》。

⑤ 《墨子·节用上》。

⑥ 《墨子·节用中》。

这个国家就可以得到加倍的利益；如扩大起来主持天下，天下也可得到加倍的利益。得到加倍利益的原因，并非向外扩展土地，而是就本国内，省去无谓的费用，就足够增加一倍的利益。由此可知，墨子认为节省费用其实也可增加国家和民众的收入。

6. 商鞅利用经济手段推行重农抑商思想

战国时期，秦国商鞅也很懂得利用财政性政策工具和市场性政策工具来推行他的重农抑商国策。他以鼓励与限制相结合的手段，引导民众从事农战，其鼓励限制措施主要有以下 8 个方面：

其一，以官爵鼓励农战。他说："善为国家者，其教民也，皆作壹而得官爵。"当时，取得官爵意味着可以免除徭役和享受廪食，并有很高的政治荣誉和社会地位，可以光宗耀祖，是人人都渴望得到的。因此，商鞅认为："凡人主之所以劝民者，官爵也"。他反对"今民求官爵皆不以农战，而以巧言虚道"，主张用官爵来鼓励农战，对民众有巨大的诱惑力①。

其二，对生产粮食、布帛多者免除徭役。商鞅主张："大小僇力本业耕织，致粟帛多者，复其身。"② 徭役在当时对广大民众来说是一项沉重的负担，不仅影响民众的农业生产时间，而且使服役者苦不堪言，甚至家破人亡。因此对生产粮食、布帛多者免除徭役，使其有更多的时间从事农业生产，其诱惑力不亚于赐予官爵。

其三，提高粮食价格，刺激更多农民种植谷物。商鞅认为当时"农之用力最苦，而赢利少"，不言而喻，人们当然不愿从事农业生产。因此，必须改变从事农业艰苦而获利少的不合理局面。他提出："欲农富其国者，境内之食必贵……食贵则田者利，田者利则事者众。"③ 这就是粮食价格高了，那种田人的收入就多了，自然种田的人就会多起来。

其四，利用国家租税政策使民众积极从事农业。商鞅主张对农业税征收实物并实行较轻的税率，即"征不烦，民不劳，则农多日。农多日，征不烦，业不败，则草必垦矣"④，以直接鼓励更多的人从事农业生产。

其五，督促农民分家以发展小农经济。他规定每户有两个以上成年男子的必须分家，否则就要加倍征收他们的口赋，以此促进小农经济的发展。

其六，商鞅主张对游手好闲之人征收重税，迫使他们务农。他不主张："禄厚而税多，食口众者，败农者也。则以其食口之数，贱而重使之，则辟淫游食之民无所于食。民无所于食则必农，农则草必垦矣。"⑤ 对游手好闲之人征收重税，

---

① 《商君书·农战》。
② 《史记·商君列传》。
③ 《商君书·外内》。
④ 《商君书·垦令》。
⑤ 《商君书·垦令》。

使他们缺乏粮食，就会迫使他们从事农业；从事农业生产的人多了，农田就被开垦得越来越多，农业也就发展了。

其七，商鞅用加重商人赋税、徭役的办法来抑制商人。他指出："重关市之赋，则农恶商，商有疑惰之心。农恶商，商疑惰，则草必垦矣。"① 因为关市征税高了，经商无利可图，农民就不会弃农经商，商人也对经营商业产生怀疑，那从事农业的人就多了，农田必定会开垦得越来越多。商鞅还主张对出售酒、肉征收重税，使酒、肉价格提高 10 倍，借此来打击酒、肉商人，并使农民因酒肉价格高而少饮酒作乐，把更多的时间与精力投入农业生产。

其八，商鞅通过徭役杠杆来抑制商人。其具体做法是："以商之口数使商"，即商人家中所有的人口，包括奴隶、仆役在内都要服徭役，做到"农逸而商劳"②，从而鼓励人们从事农业而不愿经营商业，促进农业的发展。

7.《管子》薄税敛和市场带动生产思想

《管子》已有意识地把财政作为政策性工具来治理国家。他们认为好的财政政策有利于生产的发展，并能同时增加百姓和国家的收入。如"予无财，宽政役，敬百姓，则国富而民安矣"③。因为赋税徭役减轻，"民恶忧劳，我佚乐之；民恶贫贱，我富贵之"④，就能使百姓有较多的劳动力和财富用在农业生产上。生产发展了，社会财富增加了，国家财政就有了丰厚的来源。相反，不好的财政政策一味搜刮敛取民财，就会对生产力造成破坏。这就是"国地大而野不辟者，君好货而臣好利者也；辟地广而民不足者，上赋重、流其藏者也"⑤。因为"取于民无度"⑥ 的赋税徭役，不仅"竭民财""罢民力"⑦，在经济上破坏了百姓进行再生产的条件，而且会加剧社会矛盾。正如《管子》作者所指出的："地之生财有时，民之用力有倦，而人君之欲无穷。以有时与有倦养无穷之君，而度量不生于其间，则上下相疾也。是以臣有弑其君，子有弑其父者矣。"⑧ 总之，《管子》认为：财政作为政策性工具，"取于民有度，用之有止，国虽小必安；取于民无度，用之不止，国虽大必危"⑨。

《管子》也主张薄税敛，轻徭役，认为如对人民征收重税，会造成 4 个方面负面影响：其一，"凡农者月不足而岁有余者也，而上征暴急无时，则民倍贷以

---

① 《商君书·垦令》。
② 《商君书·垦令》。
③ 《管子·小匡》。
④ 《管子·牧民》。
⑤ 《管子·八观》。
⑥ 《管子·权修》。
⑦ 《管子·正世》。
⑧ 《管子·权修》。
⑨ 《管子·权修》。

给上之征矣"①。农民一年只收成一次，从全年来看可能有余，从一月来看则可能不足，国君征税暴急无时，农民被迫要借年息高达一倍的高利贷来交纳统治者的征敛。其二，"关市之租，府库之征，粟什一，厮舆之事，此四时亦当一倍贷矣"②。3 种赋税加上徭役负担，百姓等于又借了一次高利贷。其三，"舟车饰，台榭广，则赋敛厚矣；轻用众，使民劳，则民力竭矣。赋敛厚，则下怨上矣；民力竭，则令不行矣。下怨上，令不行，而求敌之勿谋己，不可得也"③。从上引其一、其二可知，赋税征敛重对人民的第一个负面影响是赋税徭役负担重，征税暴急无时，加上高利贷盘剥，造成农民的贫困。从上引其三可知，第二个负面影响是使"民力竭"，破坏农业生产。第三个负面影响是造成"下怨上"，加剧政府与民众之间的矛盾；第四个负面影响是使"令不行"，削弱了国家的战斗力，给敌国以可乘之机。正由于厚赋敛会带来这 4 个方面的负面影响，威胁到国家政权的巩固，因此，荀子告诫统治者要："取于民有度，用之有止。"④ "用之有止"是"取于民有度"的前提，统治者只有节约了开支，才有可能实行薄赋敛的政策。

《管子》也很重视政府财政性政策工具的使用，特别强调征税对社会经济的消极作用。《管子·国蓄》篇说："夫以室庑籍，谓之毁成；以六畜籍，谓之止生；以田亩籍，谓之禁耕；以正人籍，谓之离情；以正户籍，谓之养赢。"可见，《管子》反对政府向民众征收太多的赋税，除担心遭到民众的反对外，更着眼从对社会经济发展不利来考虑，即如征收屋税会使人们毁坏房屋；征六畜税会使人们屠杀六畜，不再饲养；征田亩税会使人们不肯耕种，更不用说开垦荒地；征收人头税会使人们隐瞒人口；征收户口税会使穷人依附于大户，扩充大户实力。

《管子·权修》云：地力与民力有一定限度，而人君之欲望是无穷的，"以有时与有倦养无穷之君，而度量不生于其间，则上下相疾也。是以臣有弑其君，子有弑其父者矣。故取于民有度，用之有止，国虽小必安；取于民无度，用之不止，国虽大必危。"由于资源的有限制，君主向民众索取必须有个限度，如超出这个限度，君主与民众的矛盾就会激化，从而导致国家的危亡。同书《正世》篇亦云："治莫贵于得齐。制民急则民迫，民迫则窘，窘则民失其所葆；缓则纵，纵则淫，淫则行私，行私则离公，离公则难用。故治之所以不立者，齐不得也。齐不得，则治难行。故治民之齐，不可不察也。"这里的所谓"齐"，与上文的"度量"意思基本相同，大意指限度或平衡点，即君主在治国中必须掌握

---

① 《管子·治国》。
② 《管子·治国》。
③ 《管子·权修》。
④ 《管子·权修》。

好民众索取的限度或平衡点，即不能使民穷困得无法生存，又不能使民富裕得不听从政府管理。

《管子》多处阐述"藏富于民"的思想，认为"民富君无与贫，民贫君无与富"①。取民之所以要求要适度，是因为生产者被看作是税源，如果取民无度，将会造成劳动力再生产过程的中断，从而使税源枯竭。在这种思想的指导下，《管子》主张"薄税敛，毋苟于民"②，因为征敛无时，诛求不止，只能伤农害本，带来严重的后果。"薄税敛"体现了取民有度的财政收入原则，所谓薄征，实质上是要求税额不要超过纳税人可以容忍的限度。《管子》一书中多处提到减轻各种税率，虽然各种规定的税率不尽一致，但都主张轻征。如一种是主张"田租百取五"③，另一种则主张"二岁而税一，上年什取三，中年什取二，下年什取一，岁饥不税"④。

《管子》在征收赋税中还主张按财富消费累进交纳不同数量的租税，即财富多、消费大者多交，财富少、消费小者少交。《管子·山国轨》云："以租其山：巨家重葬其亲者，服重租；小家菲葬其亲者，服小租。巨家美修其宫室者，服重租；小家为室庐者，服小租。上立轨于国，民之贫富如加之以绳，谓之国轨。"其意为《管子》作者主张大户人家重葬和修建豪华住宅要加重征收租税，小户人家薄葬和盖普通住房租税则应少收。统治者对一切都有条条框框的规矩，把老百姓束缚得紧紧的，就像是用绳子捆绑着一样，使他们贫也贫不下去，富也富不起来，这就叫国家按经济规律办事。

四、通过市场性政策工具调控经济活动思想

（一）许行、孟子价格思想

战国时，农家许行主张对物价进行管理，提出商品按数量进行定价，即"布帛长短同，则贾相若；麻缕丝絮轻重同，则贾相若；五谷多寡同，则贾相若；屦大小同，则贾相若"。许行实行物价管理统一定价的目的，是要达到"市贾不贰，国中无伪。虽使五尺之童适市，莫之或欺"。可见，许行的物价管理，不仅仅只是出于经济上的考虑，更重要的似乎要使社会风气诚实淳朴。对此，孟子进行批评，认为许行按商品数量定价是行不通的，不但达不到使社会风气诚实淳朴的目的，反而会使社会"相率而为伪"，根本治理不好国家。因为"夫物之不齐，物之情也。或相倍蓰，或相什伯，或相千万"。如果强求价格一致，就会"乱天下"⑤。例如同样大小的鞋子会有粗糙和精细的差别，如果价格相同，谁还

---

① 《管子·山至数》。
② 《管子·五辅》。
③ 《管子·幼官》。
④ 《管子·大匡》。
⑤ 《孟子·滕文公上》。

愿意造精细的鞋子呢？因此，孟子主张应按照商品质量的好坏来定出不同的价格。

（二）《管子》通过价格、消费调控经济活动思想

《管子》已认识到供求决定价格："有余则轻"，"不足则重"，或者"多则贱，寡则贵"①。这就是说当市场上的商品太多有剩余、供过于求之时，价格就会下降；而当市场上的商品太少而匮乏、供不应求之时，价格就会上涨。在供求决定价格的基础上，《管子》对日常生活中某些物价的变化有了清楚的认识。如年成的丰歉很大程度上影响粮食的价格："岁有凶穰，故谷有贵贱。"② 当遇到歉收年份，农民收获少，粮价就会上涨；反之遇到丰收年份，农民收获多，粮价就会下跌。因此，国家应储备大量货币和粮食，操纵市场，贱买贵卖，以此来平衡粮价，稳定社会。又如《管子》还认识到政府法令可以左右物价，"令有缓急，故物有轻重"③，即国家征调某种物资愈急，时间愈紧迫，百姓就会纷纷抢购这种物资，这种物资价格就会暴涨；反之，征调某种物资愈缓，时间愈宽裕，百姓就不必抢购这种物资，这种物资价格就会下跌。还有一些人为的聚散、藏发因素，也会造成市场上某种商品的供求关系变化，从而引起价格的涨跌。如把某种商品囤积起来，使之供不应求，价格就会上涨；相反，如把某种商品大量抛售，使之供过于求，价格就会下跌。这就是"藏则重，发则轻"④；"守之以物则物重，不守以物则物轻"⑤。

另一方面，《管子》还认识到价格影响供求："重则见射，轻则见泄。"⑥ 在市场活动中，当某种商品的价格呈上升趋势时，人们往往就会抢购、囤积这种商品，待价格上涨到更高水平时出售，以获取高额利润，这就是"重则见射"。人们争相"见射"的结果，就会形成市场需求猛增，导致这种商品供不应求。而当某种商品的价格呈下降趋势时，人们为了避免进一步跌价带来的更大亏损，就会争着向市场抛售自己手中的这种商品，这就是"轻则见泄"。人们争相"见泄"的结果，就会形成市场上需求萎缩锐减，导致这种商品供过于求。

《管子·国蓄》篇对物价波动的因素、影响以及国家对物价调节的必要性进行了比较深入的论述。它说："岁有凶穰，故谷有贵贱。令有缓急，故物有轻重。然而人君不能治，故使蓄贾游市，乘民之不给，百倍其本。分地若一，强者能守。分财若一，智者能收。智者有什倍人之功，愚者有不赓本之事。然而人君不能调，故民有相百倍之生也。"由此可见，《管子》认为引起物价波动的主要

---

① 《管子·国蓄》。
② 《管子·国蓄》。
③ 《管子·国蓄》。
④ 《管子·揆度》。
⑤ 《管子·轻重甲》。
⑥ 《管子·山权数》。

因素是年景有丰穰与凶歉、政府的法令有缓有急。如果国家对此不予有效干预，那么富商巨贾就会乘机哄抬物价，进行投机兼并，从而扩大贫富差距。《管子》建议君主必须实行调节政策予以干预："夫民有余则轻之，故人君敛之以轻；民不足则重之，故人君散之以重。敛积之以轻，散行之以重。故君必有什倍之利，而财之橫可得而平也。"① 当市场上商品的价格低贱时，国家要进行收购；而当市场上商品的价格上涨时，国家就进行抛售。这样，国家既可大获其利，又可使市场的物价保持平稳。

《管子》在价格与供求相互关系的基础上，进一步提出在市场经济中，政府必须充分利用价格的杠杆作用，对商品经济活动进行调控。这就是"以重射轻，以贱泄平（贵）"②。当市场上某种商品过剩而价格下跌时，政府商业机构为稳定价格，维护正常的市场秩序，就会以略高于市价的价格及时收购这种商品，使市场上这种商品减少，价格有所回升。当市场上某种商品短缺而价格上涨时，商人往往囤积居奇，以图继续哄抬价格，牟取更大暴利。这时，政府商业机构就把过去收购进来的这类商品以略低于市价的价格大量抛售，阻止价格上涨。

鉴于商业行情瞬息万变，《管子》进一步指出，政府在调节市场物价时，必须注意把握有利时机，"物发而应之，闻声而乘之"③。即随着市场供求状况的变化，政府及时做出反应，对物价进行调节。如不"乘时进退"④，当物价下跌时，还不愿及时大量收购；相反，当物价上涨时，也不肯及时大量抛售，那就会坐失良机，失去对市场和物价控制的主动权，从而"重而不能轻"，"轻而不能重"，最终导致"不能调民利者，不可以为大治；不察于终始，不可以为至矣"⑤。因此，《管子》主张："善者委施于民之所不足，操事于民之所有余。夫民有余则轻之，故人君敛之以轻；民不足则重之，故人君散之以重。"⑥ 这样政府既能获得巨额财政收入，又能控制、调节市场物价，遏制富商大贾操纵市场，"杀正商贾之利"⑦。

《管子·国蓄》主张国家在向广大民众征敛钱物以增加财政收入时必须采取"见予之形，不见夺之理"。这就是国家向民众征敛应充分注意方式，尽力做到虽然实际上是征夺，但却要让百姓察觉不出自己被征夺了，反而会认为国家是给予了自己。这种形式上的给予，并不妨碍征夺，而是更有利于征夺，甚至能够征夺的更多或更顺利，而不会引起民众的抵制和反抗。他们认为，政府本身如以工

---

① 《管子·国蓄》。
② 《管子·国蓄》。
③ 《管子·轻重甲》。
④ 《管子·山至数》。
⑤ 《管子·揆度》。
⑥ 《管子·国蓄》。
⑦ 《管子·轻重乙》。

商业经营者的身份进入市场，通过向广大百姓销售官营商品的形式，巧妙地寓税于价格之中，从而"不见夺之理"，而政府从经营工商业利润中获得巨额的财政收入。这种征夺在商品交换外衣的掩护下，具有较强的隐蔽性，不易被广大民众发现。因为这种征夺表面上看来是一种商品交换关系，国家并没有像强制征税那样夺而不予，而是在交换中也给了百姓一定的商品。从广大民众的心理角度分析，"民予则喜，夺则怒，民情皆然"①，民众对于国家给予自己东西总是高兴的，而对于自己钱物被国家白白被征夺走总是不满怨恨的，因此通过商品买卖不等价交换的形式寓税于价可以一定程度上避免财政收入上的只夺不予而引起的各种形式的抵制和反抗。而在当时，社会上"盗暴之所以起，刑罚之所以众也"②的一个重要原因就是政府在财政收入上的只夺不予而导致的。

在君主专制主义国家里，政府直接经营工商业，不可避免地会凭借手中的权力，运用行政命令、强制性规定和下达指令性任务等行政手段，来达到自己的政治、经济目的。如当时《管子》作者所说的"籍于号令"，即国家通过政令对百姓进行征籍。国家通过这种手段，不但可增加财政收入，还可以使某些阶层百姓得利、某些阶层百姓吃亏甚至破产，从而达到"予之在君，夺之在君，贫之在君，富之在君"③的调通民利的目的。《管子·轻重乙》载：国家为了抑压商人资本，推动农业生产，发布命令，强迫卿、诸侯、大夫、富商大贾都要储存粮食，"使卿、诸侯藏千钟，令大夫藏五百钟，列大夫藏百钟，富商蓄贾藏五十钟"。这些人为了执行命令，纷纷争购粮食，使粮价上涨，"农夫辟其五谷三倍其贾，则正商失其事，而农夫有百倍之利矣"。

《管了》作者还认识到国家通过一些行政手段，还可以左右物价，操纵控制市场。如前所述，他们看到"令有徐疾，物有轻重"④，政令的缓急可以人为地操纵物价的涨跌。如《管子·国蓄》就记载了这种现象："今人君藉求于民，令曰十日而具，则财物之价什去一。令曰八日而具，则财物之价什去二。令曰五日而具，则财物之价什去半。朝令而夕具，则财物之价什去九。"

管子学派在治理社会经济活动中，重视调查统计的作用。他们认为："不通于轨数而欲为国，不可。"⑤换言之，就是如要把国家治理好，就必须"通于轨数"，即必须对有关社会经济情况进行周密精细的调查统计。然后政府根据所掌握的资料数据，运用各种手段，在经济领域进行宏观控制、调节，以保持健康有序地运行，即"国轨布于未形，据其已成，乘令而进退，无求于民"⑥。从《管

① 《管子·国蓄》。
② 《管子·臣乘马》。
③ 《管子·国蓄》。
④ 《管子·地数》。
⑤ 《管子·山国轨》。
⑥ 《管子·山国轨》。

子》轻重诸篇中可以看出，《管子》作者主张对当时全国的有关许多经济指标都要进行相当具体细致的调查统计和记录，如全国土地的数量、肥硗情况，人口数量及构成，粮食产量和价格，粮食消费量及余粮数量，妇女中能从事纺织的人数、纺织品的产量、需要量和剩余量，各地对货币的需求量等。《管子》对全国社会经济各项指标的调查统计与记录，其目的是力求政府在制定各项经济政策或规划采取各种具体措施时，提供可靠的数据参考。

难能可贵的是《管子》看到市场在经济活动中的刺激作用："国富而鄙贫，莫尽如市。市也者，劝也；劝者，所以起本善而末事起。不侈，本事不得立。"[①] 他们认为，国都富裕而乡村贫穷，是因为国都发挥市场的作用。市场对生产来说是一种刺激鼓励因素（某种商品在市场上走俏，生产者就会尽量多生产）；由于受到市场的刺激，生产便发展了。农业发展了，工商业便会被带动起来随之趋于繁荣。

《管子》不仅看到市场对经济活动有刺激鼓励作用，而且还认为消费能带动就业与生产，《管子·侈靡》篇有两处表达了这一思想。其一，"富者靡之，贫者为之"。校正云："言富者能不恤其财，则贫者不惮其劳也。"意即富人生活侈靡会给穷人带来就业机会。二是该篇云："长丧以毁其时，重送葬以起其财，一亲往，一亲来，所以合亲也。此谓众约。问：用之若何？世瘗培，所以使贫民也；美垄墓，所以文明也；巨棺椁，所以起木工也；多衣衾，所以起女工也。犹不尽，故有次浮也，有差樊，有瘗藏。作此相食，然后民相利，守战之备合矣。"《管子》提倡丧期延长和厚葬可以带动就业和生产，因为墓坑尽量挖大一点，使贫民多了活干；墓道、墓壁尽量装饰得美一点，使艺术工匠多了活干；棺椁尽量制作得大一点，使木工多了活干；衣饰服装尽量多一些，使女工多了活干。这还不算，还有各种各样的殉葬仪仗、器物及用品等。富有者为着厚葬必须花费大量钱财，钱财便因此分散而流通开来。百姓借此赚得衣食，所以，对百姓是有利的；百姓有了衣食，便对卫国和出战也都有好处了。

《管子·乘马数》甚至主张，即使在凶荒之年也要鼓励消费，如大兴土木工程，以促进就业与提高所得："若岁凶旱水泆，民失本，则修宫室台榭，以前无狗后无彘者为庸。故修宫室台榭非丽其乐也，以平国策也。"这就是在因水旱而歉收的坏年景里，农业生产搞不成了，便修建宫室亭台楼阁，雇佣连狗和猪也喂养不起的贫民去做工，使贫民可以从做工中得到报酬维持生计。所以，有时国君大兴土木，并非是为着奢侈淫乐，而是在执行平稳物价的政策，通过以工代赈来救助贫民。

《管子》虽然认为消费会刺激就业和生产，但却是有限制的，即富国与大国可以如此，贫国与小国、危国则不可行，这一思想见于《事语》中他与齐桓公

---

① 《管子·侈靡》。

的对话："桓公曰：'秦奢教我曰：帷盖不修，衣服不众，则女事不泰。俎豆之礼不致牲，诸侯太牢，大夫少牢，不若此，则六畜不育。非高其台榭，美其宫室，则群材不散。此言何如？'管子曰：'非数也。'桓公曰：'何谓非数？'管子对曰：'此定壤之数也。彼天子之制，壤方千里，齐诸侯方百里，负海子七十里，男五十里，若胸臂之相使也。故准徐、疾、赢、不足，虽在下也，不为君忧。彼壤狭而欲举与大国争者，农夫寒耕暑芸，力归于上，女勤于缉绩徽织，功归于府者，非怨民心伤民意也，非有积蓄不可以用人，非有积财无以劝下。秦奢之数，不可用于危隘之国。'桓公曰：'善！'"① 在这里，秦奢的消费能刺激经济发展的观点与管仲是相一致的，即君主如不把车的帷幔和顶盖修饰得豪华一些，如果不制作许许多多的衣服，那么女工纺织便发展不起来；君主在举行祭祀仪式时如果不宰杀牲畜，即诸侯杀牛、大夫杀羊，六畜便不必繁衍；君主如果不把亭台及游乐场所尽量修建得高大一起，宫殿居室尽量装点得华丽一点，那么各种建筑材料便会积压。这是发展生产、繁荣经济的最佳途径，没有比这更好的办法了。但是，《管子》作者认为秦奢所说的办法只是在一定范围内适用。因为按照制度，天子管辖的地区方圆远达千里，诸侯国地区方圆百里，滨海地区的子爵70 里，男爵 50 里。天子统治的区域广阔，诸侯统治的区域狭小；天子指使诸侯就如同躯体运用臂膀那样，得心应手，有必要时，无论是缓是急，是积压是不足，需用的物资即使是分散在下面，也可以随时征调上来，不耽误应用，君主完全用不着担忧。但是那些小国地域狭小，而且又必须应对大国的争夺，君主把农夫一年到头不避寒暑辛勤劳动所得，全部收归己有，把妇女们用丝麻纺织成的布帛织物，全部纳入国库，并非是故意伤害民情人心，而是因为君主手中如果没有储备物资便无法任用人，没有钱财就无法鼓励下级。因此，秦奢用高消费刺激生产的办法对形势险恶而国土狭小国家来说，财力上根本负担不起，所以是行不通的。换言之，只有大国、富国，财力雄厚，才能像秦奢所说的通过高消费刺激生产。

除此之外，《管子》作者通过大兴土木来刺激经济、以工代赈来救助贫民也是有条件的，那就是要不失民时："今至于其亡策乘马之君，春秋冬夏，不知时终始，作功起众，立宫室台榭。民失其本事，君不知其失诸春策，又失诸夏秋之策也。民无鬻卖子数矣。猛毅之人淫暴，贫病之民乞请，君行律度焉，则民被刑戮而不从于主上。此策乘马之数亡也。"② 可见，《管子》作者认为，某些不懂得筹算经济的国君，不顾季节时令，无论春夏秋冬都在调集民众兴建宫室亭台；弄得老百姓春天播不上种，夏天地里没庄稼，秋天无收成，把作为国家根本的农业生产全耽误了。没有粮食吃，许多人只好鬻儿卖女。性格凶猛刚烈的人便铤而

---

① 《管子·事语》。
② 《管子·乘马数》。

走险，侵淫暴虐；贫困有病的人只好去乞讨要饭。君主仍在执行法度律令，于是人民遭受刑罚但并不听从君主。这就是经济离开了正常轨道，缺乏应有政策所造成的结果。

《管子》虽有通过消费刺激就业和发展生产以及在灾荒之年大兴土木、以工代赈等思想，但就总体来看，其思想基本上还是主张政府应该节约其消费性支出。他提出："国侈则用费，用费则民贫；民贫则奸智生，奸智生则邪巧作。故奸邪之所生，生于匮不足；匮不足之所生，生于侈；侈之所生，生于毋度。故曰审度量，节衣服，俭财用，禁侈泰，为国之急也。不通于若计者，不可使用国。"① 由此可知，《管子》作者认为某些奸邪行为之所以会产生，乃是由于社会财富物资匮乏，奢侈无度则是造成匮乏的原因之一。所以说，量入为出，节用禁侈，是治理国家所最要紧的，不懂得这一点的人就不能让他治理国家。

《管子·法法》也提出："明君制宗庙，足以设宾祀，不求其美；为宫室台榭，足以避燥湿寒暑，不求其大；为雕文刻镂，足以辨贵贱，不求其观。故农夫不失其时，百工不失其功，商无废利，民无游日，财无砥墆。故曰：俭其道乎！"显然，《管子》作者这里主张英明的君主规划宗庙，只要能够设立牌位和举行祭祀仪式就行了，不要求十分美观；修建宫殿住室亭台楼阁，只要能够避燥湿暑热和抵御寒冷就行了，不要求过分宽大；在服装、居室、用器上雕刻织绣花纹，能够显示出高贵身份就行了，不要求外表壮观。君主能在宗庙、宫殿、服装、用器等方面珍惜民力，便可使农夫不耽误农时，工匠能正常做工，商贩不必停业，民间没有闲人，财货能流通而不阻滞。所以说，节俭是一件具有原则性的重大事情，是关乎治国与为人之道的重大事情。

综上所述，管子学派重视研究社会经济运行的规律性，并把它们作为政府治理国家经济的指导。他们提出治理国家经济应以经济手段为主，不能单纯依靠暴力和行政命令，必须把经济手段同行政手段、法律手段相结合对社会经济进行管制、控制和调节。他们主张通过政府对社会经济活动的调控，调节各阶层的利益分配，缓和因贫富过于悬殊而引起的社会矛盾，达到长治久安。他们在对国家经济的治理中，把粮食和货币作为最主要的对象，通过价格杠杆保持供求关系的平衡，稳定市场经济秩序。他们提出财政收入不可损害社会生产力，要在发展社会经济的基础上增加财政收入，并通过寓税于价，避免因增加赋税而遭到民众的抵制和反抗，使社会矛盾激化。他们注重调查统计，为政府制定各项经济政策和规划，提供可靠的资料数据参考。总之，所有这些思想和主张，都具有积极的意义。

但是，我们也必须看到，管子学派的经济治理思想也存在着一些局限性。如他们过分夸大了政府在调控社会经济活动中的作用。他们主张利用粮食和货币作

---

① 《管子·八观》。

为控制整个社会经济的杠杆，设想通过官营商业和高利贷把全国余粮大部分掌握在国家手中，使"谷十（七）藏于上，三游于下"①，再利用粮食支配万物，并靠大幅度提高粮价以增加国家财政收入。这种思想其实不符合当时的社会现实，不具有可操作性。众所周知，古代中国是自给自足的自然经济占统治地位，货币与商品粮的作用很有限，国家也无法把70%的余粮集中到自己手中，更遑论利用粮食支配万物。

从政策工具的视角来看，《管子》对粮食、货币与各种商品之间的比价关系、供求与价格之间关系等的认识，为国家进入商品流通领域、控制和干预社会经济活动提供了理论上的依据和实践中的指导。

《管子》既重视行政、法律手段在治理国家经济中的作用，更重视经济手段的作用，主张以经济手段为主，把经济手段和行政、法律手段密切结合加以使用。这无疑比其他法家单纯注重用行政、法律手段治理国家经济，显然是一大进步。因为如果单纯依靠行政、法律手段来治理国家经济，那主要是靠直接的暴力强制来维持的，必然会引起政府与民众的矛盾不断升级，甚至激化为武装冲突，使社会处于动荡不安之中。而且强制的实施范围是十分有限的，它不能调动广大民众主动积极地参与，无形中增加了政府的巨大管理、监督成本。而《管子》以经济手段为主，则会避免或缓和靠直接暴力强制带来的政府与民众的矛盾，并使广大民众在经济活动中有某种程度的主动性和积极性，就会大大减少政府的管理、监督成本。

当然，另一方面我们也必须看到《管子》的所谓经济手段也不同程度地存在着强制性。作为一个君主专制主义的国家，不可能同任何私人经济活动者保持地位上的平等。无论是政府对社会经济活动的宏观管制、控制与调节，还是政府以商品流通当事人和商品生产者的身份，直接进入商品流通领域以至部分商品生产领域，亲自在市场上从事经营工商业的活动，政府都是保持着强势的地位。因为政府的经济力量远远大于民间的任何个人，即使它在商品市场上完全按照商品交换的原则办事，不强买强卖，但它对商品价格和供给、需求所发生的影响，不是任何个人所能比拟的。如政府的经济手段同行政、法律手段相结合，那就更带有强制性了。譬如国家要保持对盐铁等的垄断经营，就必须运用行政、法律手段强行禁止民众经营，违反者将受到严厉的制裁和惩罚。

（三）芮良夫反专利思想

《国语·周语上》载西周末年，周厉王以荣夷公为卿士，遭到贵族们的反对。其中大夫芮良夫批评荣夷公"好专利而不知大难"，提出了利不可专的思想："夫利，百物之所生也，天地之所载也，而或专之，其害多矣。"如果国家实行专利政策，必然导致"所怒甚多"，将会影响周王朝的统治，使其不能长

---

① 《管子·山至数》。

久。他说："夫王人者，将导利而布之上下者，使神人百物无不得其极（中），犹日怵惕，惧怨之来也。"芮良夫认为"布利"和"惧怨"使周王朝长治久安，如实行专利，就会招致祸乱。"匹夫专利，犹谓之盗。王而行之，其归鲜矣。"天子实行专利政策，将不得人心，归附的人就会很少。因此他预言："荣公若用，周必败。"

由于史籍记载简略，荣夷公"好专利"之"利"究竟具体指的什么利，后世不很清楚。但从芮良夫所云："夫利，百物之所生也，天地之所载也"可以推断，其"利"当指山泽之利。芮良夫主张周王朝应该布利于上下，调节好各种利益关系，这样就会避免招来各种怨恨，从而巩固自己的统治。他甚至把"专利"尖锐地批评为是一种强盗行为，也是不无道理，因为这些"利"是天地所生，每个人都有权享用，而不能被周王室所独占。如果周王室独占，不言而喻就是一种强盗行为，必然会遭到各阶层人的共同反对，最终导致周王室的灭亡。芮良夫的预言最后得到证实，周厉王的倒施逆行遭到国人反对，导致发生"国人暴动"，推翻厉王统治。

芮良夫反专利思想对后世影响深远，后来者的反对国家专卖政策，反对专山泽之利的言论，无不从中得到启发，有的甚至还直接予以引用，作为后世应该予以吸取的历史教训。

（四）郑国政府与商人合作的思想

西周末年，周宣王封地建郑国时，把一些属于商族后人的商业奴隶分给了郑桓公。郑桓公率领这批商人开发了分封的郑地（今陕西省华县一带）。可见，郑国的创建与商业有十分密切的关系，商人在创业中做出了一定的贡献。

尔后，郑桓公破例给了这批商业奴隶一系列优惠政策：一方面给这批商业奴隶解除了奴隶身份，让他们有了自由民的地位；另一方面给这批商业奴隶一定的经营自主权，减少对他们的直接控制。为了正确处理国家与商人的关系，郑桓公还与商人订立了一个盟约："尔无我叛，我无强贾，毋或匄夺。尔有利市宝贿，我勿与知。"[1] 意思是说只要商人不背叛国家，国家就不强买或夺取商人的货物，也不干涉商人的经营活动。

这个盟约在先秦时期具有重要的意义，表明政府与商人之间基本上平等友好的合作关系，这在当时是比较罕见的。其后，在郑国政府与商人一直合作得很好，郑国公室与商人互相依存、互相支持。其中，著名的弦高犒师之事就说明这一盟约发挥了积极的作用，郑国惠商、与商人平等合作的政策与思想是相当进步和难能可贵的。公元前627年，秦国发兵偷袭郑国，商人弦高正准备去洛阳做生意，路上遇到秦军。弦高料定秦军去偷袭郑国，于是一面派人回郑国报警，一面拿出牛和皮革，假装奉郑国君之命前来犒师。秦国将领一听郑国有了准备，便不

---

① 《左传》昭公十六年。

再进攻，班师回国。由此可见，由于郑国平时与商人平等合作，关系友好，因此商人在危急关头能以国家利益为重，不顾安危，不计小利，为国家排忧解难；另一方面正由于国家平时对商人采取宽松的惠商政策，使商人的活动能力很大，所以才有可能假国君之命犒师而使秦军放弃进攻郑国。

郑国著名国君子产（前574—前522）执政20余年，思想开明，继续坚持国家与商人平等友好合作，执行惠商和保护商业的政策，注意保护商人的权利和利益。《左传》载晋国使者韩起于公元前522年专门谒求郑国国君子产为其向郑国一位商人索取一只玉环以拼成一对。面对大国使者的这一要求，子产向韩起强调200多年前郑国先君与商人立盟的规定，说明自己不能背弃盟约，不能强买商人手中的宝物，从而委婉拒绝了晋国使者的要求，保护了商人利益。这件事虽小，但说明郑国与商人的盟约，与商人平等合作、互利共赢的关系，对商人利益的重视与保护，从郑桓公至子产，坚持了200多年而没有改变。

当然，郑国对商业及商人的保护也是有条件的。国家扶植的是正当经营的商业，对买卖中的欺骗行为是不允许的。如子产执政期间就严禁商人在市场上玩弄价格，欺诈民众。史载子产为相"二年，市不豫贾。三年，门不夜关，道不拾遗"①。

从上述"市不豫贾"记载也可看出，春秋时期，郑国子产对商人的经营既采取严禁其不法经商，又采取自由放任的态度，包括对市场价格也不干预。这就是政府不事先规定价格，让其根据市场的情况而自由波动，这个政策在当时是有利于商人的，对商品经济的发展也是有利的。

（五）孔子、孟子、荀子对商业、手工业采取宽松政策思想

孔子虽然很少谈商品经济和商业问题，但不反对商业，并主张自由通商，发展商品流通。他的高足子贡（端木赐）就是一个善于经营的商人，孔子称赞说："赐不受命，而货殖焉，亿则屡中。"② 孔子还曾反对鲁大夫臧文仲设置"六关"征收商品税，把这列为臧文仲"三不仁"③ 行为之一，提出"关讥市廛皆不收赋"④ 的主张。

战国时代的孟子对商业的态度比孔子更为积极，提出把"市廛而不征""关讥而不征""泽梁无禁""天下之商皆悦而愿藏于其市"等列为"王道"或"仁政"的一个重要内容⑤。孟子把放松对商业的管制看作是治国的最高境界——"王道""仁政"的重要内容之一，这在当时必须具有卓越的见识和非凡的勇气。他之所以有这种思想，是因为他认为手工业、商业与农业一样，对社会经济生活

① 《史记·子产列传》。
② 《论语·先进》。
③ 《孔子家语·颜回》。
④ 《孔子家语·王言解》。
⑤ 《孟子·公孙丑上》。

具有不可替代的作用。"通工易事"可"以羡补不足",如果"不通工易事",则会造成"农有余粟,女有余布",这对双方都是不利的①,从而肯定了农业和手工业之间分工、交换的必要性,亦即肯定了商品交换的必要性。

荀子主张对商业、手工业和农业均采取宽松的政策,这样就会使它们得到正常的发展:"关市几而不征;质律禁止而不偏,如是则商贾莫不敦悫而无诈矣。百工将时斩伐,佻其期日,而利其巧任,如是则百工莫不忠信而不楛矣。县鄙将轻田野之税,省刀布之敛,罕举力役,无夺农时,如是则农夫莫不朴力而寡能矣。""商贾敦悫无诈,则商旅安,货通财,而国求给矣。百工忠信而不楛,则器用巧便而财不匮矣。农夫朴力而寡能,则上不失天时,下不失地利,中得人和,而百事不废"②。由此可见,荀子对商业、手工业和农业宽松政策的主要内容是:政府对于关口和集市,只纠察坏人,而不征收赋税;买卖的券书契约法律是用来禁止奸人而不偏差,这样,商人就无不老老实实而无诈骗行为了。政府要求百工按季节砍伐树木,放宽他们的日期,而利用他们的技术,这样,手工业者就没有不忠信诚实而不出质量差的产品了。县官要减轻田地的租税,减少钱财的征敛,少征发劳役,不耽误农民的耕作时间,这样,农民就没有不实实在在地致力耕作而很少逞能争斗的。商人老老实实,没有诈骗行为,那就贸易有序,财货通畅,国家财物充足。手工业者忠诚信实,而不出质量差的产品,那就器用工巧便利,而财用不匮乏了。农民实实在在地出力耕作,而很少逞能争斗,那就出现天时地利人和的局面,百事都不会废止。

战国时期,荀子通过反对墨家节用的观点,也提出了与《管子》重视消费颇有相通之处的思想。他说:"我以墨子之非乐也,则使天下乱;墨子之节用也,则使天下贫……墨子大有天下,小有一国,将蹙然衣粗食恶,忧戚而非乐,若是则瘠,瘠则不足欲,不足欲,则赏不行。墨子大有天下,小有一国,将少人徒,省官职,上功劳苦,与百姓均事业,齐功劳,若是则不威,不威则赏罚不行。赏不行,则贤者不可得而进也;罚不行,则不肖者不可得而退也,则能不能不可得而官也。若是,则万物失宜,事变失应,上失天时,下失地利,中失人和,天下敖然,若烧若焦。墨子虽为之衣褐带索,嚼菽饮水,恶能足之乎?"③可见,荀子认为墨子的否定音乐,就会促使天下混乱;墨子的节约物用,则会促使天下贫穷。墨子在大的方面掌握了天下,在小的方面掌握了一国,他就忧心忡忡地吃坏的、穿坏的,只知道发愁,而非难音乐的效用。这样,人们就必然享受微薄;享受微薄,就不能满足人们的欲望;不能满足人们的欲望,有功的人就得不到应有的赏赐。墨子在大的方面掌握了天下,在小的方面掌握了一国,他将要

① 《孟子·滕文公下》。
② 《荀子·王霸》。
③ 《荀子·富国》。

减少用人，省略官职，上层人实行劳动，和百姓的工作完全等齐。这样做，上层人就失去了威严；失去了威严，有功和有罪的人就得不到应有的赏罚。赏赐行不通，贤人就不可能得到进用；刑罚行不通，坏人就不可能得到黜退。贤人得不到进用，坏人得不到黜退，那就有才能的和没才能的得不到适宜的安排。这样，万物就要失掉时宜，事变就要失掉顺应。在上方，失掉了天时；在下方，失掉了地利；在中间，失掉了人和。天下人民，愁眉苦脸地就像被烧焦枯了的一般。墨子纵然教人民身穿粗布衣，腰束绳索，吃野菜，喝白开水，怎么能够富足起来呢？

先秦儒家多主张免征商税，如孟子、荀子都把"关市几而不征"作为统治者实行"仁政"或"王政"的一项重要内容。《周礼》作为儒家的经典，虽然不主张免征商税，而是既征关税又征市税，但其对商业的态度基本上与孟子、荀子儒家是一致的，即不抑商。《周礼》对商业和市场的管理，并收取一定的关税、市税，其主要目的不在于抑商和牟利，而在于使商业经营和活动能正常进行。如上述《周礼》设官禁止奸商出售伪劣商品、操纵物价，只是打击不法商人，而不是抑商。这些措施不仅不会限制或妨碍商品经济和商业的发展，实际上反而会保障和促进商品经济和商业的健康有序发展。泉府收购滞销货物和发放贷款，虽然政府带有营利的性质，但主要还是利用协调性的政策工具，来稳定物价和限制私人高利贷活动。

第二节　秦汉魏晋南北朝协调思想

一、秦代农工并举、经济利益引导思想

从总的说来，秦朝是实行重农抑末政策的。如《琅琊刻石》有"勤劳本事，上农除末，黔首是富"的记载。秦朝也采取了一些歧视、限制商人的政策措施。但在这总体治国理政方略下，秦朝也有政策的灵活性。如秦国在统一全国前，曾经采取商鞅的农战政策，重农抑商，但是，统一全国后，农战政策有所调整。李斯在《焚书奏》中说："今天下已定，法令出一，百姓当家，则力农工。"这里他农工并举，不仅提到了农，而且也强调工，工与农处于同等重要的地位。《史记·货殖列传》则记载，秦始皇重视因畜牧而致富的乌氏倮和因开采丹穴致富的寡妇清。他"令倮比封君，以时与列臣朝请。而巴寡妇清，其先得丹穴，而擅其利数世……清能守其业，用财自卫……秦皇帝以为贞妇而客之，为筑女怀清台"。中国自先秦开始，就是一个农业经济为主的国家。上古就有神农教民稼穑和艺五谷的传说。《尚书·无逸》亦记载先民"稼穑之艰难"。可见以农业经济为主的国民经济以及在此基础上产生的农本思想是我国固有的传统思想。李斯在《焚书奏》中并非一般地强调以农为本，而是主张农工并重；秦始皇将因畜牧而致富的乌氏倮与众朝廷大臣同等对待，为因开采丹穴而致富的寡妇清修筑女怀清

台，这是对他们极高的褒奖，也是一个很明确的政策导向，即秦王朝不仅重视发展农业，而且也鼓励发展畜牧业和矿冶业。这是有其特定历史意义的。

因为到了秦代，不但以副业形式出现的农村手工业大量存在，而且还出现了独立于农业之外的冶铁、煮盐等手工业生产，这些独立于农业之外的手工业往往规模大、经济实力强，影响力广泛，所以才会引起最高统治者和朝廷重臣的注意和重视，对治国方略做出适当的调整，即农工并重，通过皇帝的褒奖来提高他们的政治地位和社会地位，目的在于引导民众积极参与农业之外的其他生产行业，如畜牧业和矿产开采业。

秦朝统一全国后，在田地和赋税制度上实行"黔首自实田"，进一步将战国时期秦国商鞅变法的废井田，开阡陌进行下去。清人俞正燮在其《癸巳类稿》卷3《王制东田名制解义》中就指出，"黔首自实田"实际上是"续开商鞅未开之阡陌"。《睡虎地云梦秦简》中大量关于秦代法律的记载，统称《秦律》，其中与土地制度直接有关的《田律》，有这样一段条文："入，顷刍，以其受田之数，无恳（垦）不恳，顷入刍三石、稿二石。"其意是说，老百姓经过"自实田"，可以得到田地若干顷，但受田之后，不论开垦与不开垦，一律要按受田顷数以每顷刍三石、稿二石的税率向国家缴纳租赋。《淮南子·氾论训》有"秦之时，入刍稿"的记载，《田律》的出土，证明《淮南子》的记载是可信的。这反映了秦统一全国后，进一步以立法形式确定了封建地主土地所有制，并且以实物地租取代劳役地租。农民已获得了相对"自由"的身份，并得到了有关法律的保障。这对提高广大农民的生产积极性，解放农业生产力，发挥了巨大的积极作用。正如《吕氏春秋·审分》所深刻指出的："今以众地者，公作则迟，有所匿其力也；分地则速，无所匿迟也。"这就是说，过去土地国有，奴隶为奴隶主耕作，生产积极性不高；现在一旦土地归农民所有，农民向国家交纳完赋税，其余收入归自己所有，生产积极性就会大大提高。总之，"黔首自实地"对提高农生产积极性，有很大的推进作用，促进了社会生产力的发展。

秦统一全国后，也并不一味地采取暴力的手段肃清六国的残余势力，而是常常也采取恩威兼施、文武并用的策略，既有用暴力强制，又有用经济利益引导。如始皇二十六年（前221年），战乱方休，天下始定，为了镇压六国残余势力，防止叛乱阴谋，秦王朝曾"徙天下豪富于咸阳十二万户"，[①] 所采取的措施十分严厉果断。但是，尔后的数次迁徙民众，则又采取相对温和的策略，给予一定的经济优待，加恩行惠，以安定人心。始皇二十八年（前219年）对迁往琅邪的三万户各给以"复十二岁"，即免除十二年徭役的优待；始皇三十五年（前212年），又对迁往郦邑的三万户和迁往云阳的五万户各给以"复，不事十岁"的优惠，即免除徭役十年；始皇三十一年（前216年），还"赐黔首里六石米、二

---

① 《史记·秦始皇本纪》。

羊"的物质奖励，以示在经济上优惠、安抚百姓。这种怀柔政策的应用，收到了良好的效果，出现了"平定海内，放逐蛮夷，日月所照，莫不宾服"① 的安定的大一统局面，形成了一种"皆遵度轨，和安敦勉，莫不顺令"② 的社会和谐景象。很遗憾，秦王朝的这种治国方略没有得到很好的坚持贯彻。

李斯在秦统一全国后采取以经济手段为政治目的服务的思想，源于战国时期的荀子。李斯是荀子的学生，故师承其老师的这一思想，荀子是这一策略的最早倡导者。③《荀子·王制》主张："勉之以庆赏，惩之以刑罚"，就是这种治国方略的总原则。在这种总原则指导下，"以善至者，待之以礼；以不善至者，待之以刑"。这就是通过一手以经济利益诱导，一手暴力强制的手段，来消除瓦解全国不安定的因素，使民众服从秦王朝的统治，巩固大一统的局面。

二、汉代休养生息、无为而治思想

（一）汉初的休养生息思想

由于战国时期的长期兼并战争以及秦末的农民大起义和后来的楚汉战争，使中国北方地区成为一片焦土，再加上秦统一后的暴政，繁重的徭役和赋敛，使社会经济遭到严重的破坏，农村凋敝，田地荒芜，城市萧条，人口锐减。"汉高祖定天下，人之死伤亦数百万……方之六国，十分无三"。④ 物资奇缺，物价飞涨，"米石至万钱，马一匹则百金"，广大百姓"无盖藏"，陷入"大饥馑"以至"人相食，死者过半"⑤ 的惨况。

在这样的历史背景下，汉高祖刘邦博采众议，特别是听取了谋臣陆贾"居马上得天下"而不能"以马上治天下"的意见后，决定改变秦朝"马上治天下"的暴力统治，实行"与民休息"的政策，来代替秦王朝的农战政策。西汉初年，所谓"与民休息"的政策主要包括 3 个方面，即重农、轻徭薄赋和崇俭。以下分别予以简要阐述：

其一，重视农业生产。西汉初年，农村残破，田地荒芜，粮价飞涨，灾荒时人相食，死者过半。因此，西汉王朝要维持统治，首先必须恢复和发展农业生产，解决普通百姓的最起码的衣食问题。楚汉战争时期，丁壮劳动力大部分被征从军打仗，农业劳动力极度缺乏。刘邦打败项羽军队、建立西汉王朝后，即时大量地复员将士回乡务农，并给予免除徭役若干年、分配给土地和宅园的优惠待遇。"夏五月，兵罢皆归家。诸侯子在关中者复之十二岁，其归者复之六岁，食之一岁。"对解甲归田的有功将士，还按军功大小奖赏给不同数量的土地和宅

---

① 《史记·李斯传》。
② 《史记·李斯传》。
③ 《秦汉经济思想史》，第 29 页。
④ 《通典·食货七》。
⑤ 《前汉书·食货志》。

舍，"以有功劳行田宅"。①

西汉政府除了通过复员军队将士来增加农村劳动力外，还多方采取措施，鼓励民众到乡下务农。如朝廷以优惠政策引导战争时期流亡山泽的百姓返乡从事农业生产，将那些因饥饿无法生存而卖身为奴的人，恢复其自由人的身份。朝廷下令"复故爵田宅"，"民前或相聚保山泽，不书名数。今天下已定，令各归其县，复故爵田宅，吏以文法教训辨告，勿笞辱。民以饥饿自卖为人奴婢者，皆免为庶人"。②

秦末汉初，由于连年战争，人口锐减，汉高祖刘邦采取鼓励人们多生育的措施，以增加劳动力。公元前200年，他下令：凡"民产子，复勿事二年"。③ 公元前189年，朝廷又规定："女子十五以上至三十不嫁，五算。"总之，通过对生育一个儿子免除2年徭役和女子到15岁至30岁还不嫁人要承担赋税5算的惩罚来鼓励人们早婚、多生育，以此来解决农村缺乏劳动力的问题。

西汉政府除采取各种措施增加农村劳动力来发展农业生产外，还通过各种途径来鼓励百姓的农业生产积极性。皇帝一再颁发"劝农"诏书，并亲自参加籍田大礼，以表示重视农业生产，号召广大民众努力耕作。从汉文帝二年（前178年）至汉景帝三年（前141年）的37年中，朝廷就颁发了10次劝农诏书，并且一再强调农业生产是立国之本，皇帝亲自籍田，做出表率，鼓励百姓努力生产粮食。"农，天下之本，其开籍田，亲率耕，以给宗庙粢盛。"④

西汉政府还通过各种奖励办法来引导百姓努力耕种。如让各地保举"孝弟力田"者，给予"复其身"的奖励，即如果某人孝敬父母、努力耕种，就会受到免除徭役的优待。汉文帝还采纳了晁错的建议，实行"入粟拜爵"的政策，以百姓交纳粟到边疆数量的多少，相应奖励给不同级别的爵位。"于是文帝从错之言，令民入粟边，六百石爵上造，稍增至四千石为五大夫，万二千石为大庶长，各以多少级数为差。"⑤ 西汉政府不仅用奖励的办法鼓励人们纳粟边疆，而且还实行"入粟赎罪"的政策，即允许按犯罪的重轻缴纳不同数量的粮食，即可赎免刑罚。

西汉王朝的重农政策与秦朝农战政策的相同一点是通过"抑末"来达到重农。即通过降低商人的社会地位，歧视商人，加重商人的税收，使一些人放弃经商而从事农业生产。如汉高祖建立西汉王朝之初，就明令"禁商人不得衣丝乘

---

① 《史记·高祖本纪》。
② 《史记·高祖本纪》。
③ 《汉书·高祖本纪》。
④ 《史记·孝文本纪》。
⑤ 《汉书·食货志》。

车，重租税以困辱之"。① 惠帝、高后时，仍规定 "市井之子孙不得仕宦为吏"。②

其二，实行轻徭薄赋政策。汉初统治者吸取秦朝赋役繁苛严重破坏了农业生产，激起农民大起义，从而导致秦朝迅速覆灭的历史教训，实行轻徭薄赋的政策，其目的是既能减轻农民赋役负担，缓和社会矛盾，又能通过减轻农民田赋，鼓励百姓从事农业生产。汉高祖刘邦即位以后，"约法身禁，轻田租，什五而税一，量吏禄，度官用，以赋于民"。③ 但是，由于汉初对匈奴战争的需要，什五税一赋税政策并没有得到切实的贯彻。到了惠帝时，才明确执行什五税一，"减田租，复什五税一"。④ 这个税率比起秦王朝的 "泰半之赋"，"二十倍于古" 的田赋要轻多了。汉文帝、汉景帝时期，社会经济得到迅速恢复和发展，国家财政收入增加，国库逐渐充裕，西汉政府就进一步减轻田赋。汉文帝二年（前178年）和十二年（前168年）又两次下诏减当年田赋为三十税一。汉文帝十三年（前167年），甚至下诏全免天下田赋。到了景帝二年（前155年），三十税一终于确定为西汉一代田赋定制。汉初小土地所有者较多，自耕农大量存在，土地兼并不严重，因此，田赋较轻，对农业生产的恢复与发展是有利的。

相比于西汉的十五税一、三十税一的田赋来说，徭役还是比较重的。西汉朝廷规定，男丁一生要到郡国服役一年，戍边或到京城服役一年。但是由于西汉前期数十年相对和平稳定，朝廷对匈奴实行和亲政策，对南越也采取和平统一的方略，这就大大减轻了战争对民众所带来的沉重徭役负担。相对于秦王朝滥征大量劳役修长城、阿房宫、秦始皇陵、驰道、灵渠等，"力役二十倍于古" 的超负荷徭役来说，应该说已经大大减轻了。

其三，汉初统治者崇尚 "俭朴"。西汉初期的几位统治者，对秦王朝穷奢极欲所造成的赋役繁苛、民不聊生而最终葬送在农民大起义之中有切身的深刻的认识，懂得要轻徭薄赋、让民众有基本的生存和再生产条件，统治者应该以俭治国、撙节开支。如汉高祖刘邦就曾责问萧何营造未央宫过于华丽，忘记了 "天下匈匈，劳苦数岁，成败未可知，是何治宫室过度也？"⑤ 文景之治时的汉文帝更是在历代帝王中一向以 "俭朴" 著称。"孝文帝从代来，即位二十三年，宫室苑囿狗马服御无所增益，有不便，辄弛以利民。尝欲作露台，召匠计之，直百金。上曰：百金中民十家之产，吾奉先帝宫室，常恐羞之，何以台为！上常衣绨衣，所幸慎夫人，令衣不得曳地，帏帐不得文绣，以示敦朴，为天下先。治霸陵

---

① 《汉书·食货志》。

② 《史记·货殖列传》。

③ 《汉书·食货志》。

④ 《汉书·惠帝纪》。

⑤ 《史记·高祖本纪》。

皆以瓦器，不得以金银铜锡为饰，不治坟，欲为省，毋烦民。"① 这些记载虽然有夸大溢美之辞，但西汉初期君臣为了减轻民众赋役负担，崇尚俭朴，应该还是符合历史事实的。

西汉初期的统治者，吸取秦王朝仅历二世而亡的历史教训，改弦更张，采取"与民休息"的政策，历史证明对恢复和发展社会经济，改善民生，稳定社会秩序，发挥了重要的积极作用。经过几十年的时间，至汉武帝即位前的文景之治，西汉社会呈现出一片繁荣景象。"汉兴七十余年之间，国家无事。非遇水旱之灾，民则人给家足，都鄙廪庾皆满，而府库余货财，京师之钱累巨万，贯朽而不可校。大仓之粟陈陈相因，充溢露积于外，至腐败不可食。众庶街巷有马，阡陌之间成群，而乘字牝者，摈而不得聚会。守闾阎者食梁肉，为吏者长子孙，居官者以为姓号。"②

（二）汉初黄老之学"无为而治"思想

西汉前期与民休息政策的思想基础是黄老之学的"无为而治"思想。所谓黄老之学，学界有不同的认识。多数人认为，黄老之学起源于战国后期而盛行于西汉初期。其学派假托黄帝立言，对老子之学也有汲取改造，属于一种新道家，成为汉初治国理政的指导思想。1973 年 12 月，长沙马王堆三号汉墓出土的帛书《老子》乙本卷前有《经法》《十六经》《称》《道源》4 篇古佚书，可能就是黄老之学的著述。

黄老之学虽然对先秦道家有所继承，保持了"无为而治""无为而无不为"的命题，但是从性质与出发点上与先秦道家有很大的不同。先秦道家面对春秋战国时期社会的大变革，采取消极的办法来应对，防止社会矛盾的发展和激化，反对诸侯国之间的战争。他们主张在物质生活方面倡导"寡欲"和"知足"，憎恶工艺技巧，要"绝圣弃智"，甚至幻想人类社会回到"小国寡民""鸡犬之声相闻，老死不相往来"的原始状态。而汉初的黄老之学则融合了先秦阴阳家、儒家、墨家、名家、法家的观点为己所用，并且与时俱进，使自己的学说能适合时代的变迁与需求，主张简约而易于操作，事半而功倍。这一思想适应了汉初社会经济凋敝，亟待与民休养生息，恢复与发展农业生产的需要。正如司马谈在《论六家要旨》中所说的："道家使人精神专一，动合无形，赡足万物。其为术也，因阴阳之大顺，采儒墨之善，撮名法之要，与时迁移，应物变化，立俗施事，无所不宜，指约而易操，事少而功多。"③

黄老之学"无为而治"思想，体现在管理方面就是对私人的经济活动不要"烦"和"扰"，国家不要过多地干预，应当顺其自然；应当节用民力，使农民

---

① 《史记·文帝本纪》。
② 《史记·平准书》。
③ 《史记·太史公自序》。

生产有时，薄赋敛，使百姓富裕。"人之本在地，地之本在宜，宜之生在时，时之用在民，民之用在力，力之用在节"。"知地宜，须时而树，节民力以使，则财生。赋敛有度，则民富"。①

黄老之学反对繁刑苛法，主张"号令成俗"，让老百姓自觉遵守国家法令政策，省刑少罚。"刑无罪，祸皆反自反也"。② "民富则有耻，有耻则号令成俗而刑罚不犯，号令成俗而刑罚不犯则守固战胜之道也"。③

黄老之学还反复告诫统治者要崇俭，不要奢侈无度，否则，将会导致动乱，王朝覆灭。"知王术者，驱骋驰猎而不禽荒，饮食喜乐而不湎康，玩好睘好而不惑心"。④ "黄金珠玉藏积，怨之本也。女乐玩好燔材，乱之基也。守怨之本，养乱之基，虽有圣人，不能为谋"。⑤

总之，黄老之学的无为而治（轻徭役，薄赋敛；简刑轻罚；崇奉节俭，反对奢侈无度）思想与西汉前期的与民休息（重农，轻徭薄赋，崇尚俭朴、撙节开支）政策是相一致的。这一思想由汉初的陆贾倡议，刘邦、萧何制定制度和政策，实行"清静无为"和"与民休息"的治国方略。惠帝在位时，丞相曹参"萧规曹随"，继续实行"无为而治"和"与民休息"的国策。尔后，文帝、景帝和窦太后（文帝皇后）都尊崇黄老。刘向说："文帝本修黄老之言，不甚好儒术，其治尚清静无为。"⑥ 长期担任丞相的陈平"本好黄帝、老子之术"。⑦ 景帝生母窦太后"好黄帝老子言，帝及太子，诸窦，不得不读黄帝老子，尊其术"。一直到汉武帝即位初期，由于祖母窦太后的干预，朝廷治国理政仍然以黄老之学思想为指导，儒学博士仍然得不到重用。"孝文帝本好刑名之言。及至孝景，不任儒者，而窦太后又好黄老之术，故诸博士具官待问，未有进者"。⑧

（三）陆贾、刘安、贾谊、晁错、董仲舒协调思想

1. 陆贾道莫大于无为思想

西汉初年，汉高祖刘邦和朝廷大臣认为如何避免重蹈亡秦覆辙、稳定和巩固汉政权统治，成为亟待解决的治国理政问题。在这关键的历史抉择时机，陆贾提出了著名的"居马上得之，宁可以马上治之"的论断。这就是说秦王嬴政"奋六世之余烈"，奉行自商鞅变法以来的法家农战政策，凭借雄厚的经济和军事力量，以武力征服了六国，统一了天下，这就是"居马上得天下"，从而证明法家

---

① 《经法·君正》。
② 《经法·亡论》。
③ 《经法·君正》。
④ 《经法·六分》。
⑤ 《经法·四度》。
⑥ 《风俗通·正失》。
⑦ 《史记·陈丞相世家》。
⑧ 《史记·外戚世家》。

农战政策的有效性。但是，"离战国而王天下"之后，秦始皇变本加厉，继续坚持把兼并战争时期推行的一套政策推向极端，"以马上治天下"，最终导致秦二世而迅速灭亡。秦统一中国后，"设为车裂之诛，以敛奸邪。筑长城于戎境，以备胡越。征大吞小，威震天下，将帅横行，以服外国。蒙恬讨乱于外，李斯治法于内"。"骄奢靡丽，好作高台榭广宫室"。① 穷兵黩武，开疆拓土，奢侈靡费，不恤民力，仍然以"坚甲利兵，深刑刻法"的暴力来镇压民众的反抗。这种严刑暴政只会给民众带来深重的灾难，从而激起更大更激烈的反抗，将秦王朝葬送在农民大起义之中。历史昭示"马上治天下"是行不通的。

陆贾深刻分析了秦迅速灭亡的历史教训，提出了马上得天下而不能马上治天下的名言。即夺取政权和巩固政权是性质不同的两个问题，因此必须采取不同的方式加以解决。在这种认识下，陆贾提出治理国家必须"道莫大于无为"② 的理念。他通过正反两方面的历史事例对"无为而治"做出诠释。"昔虞舜治天下，弹五弦之琴，歌南风之诗，寂若无治国之意，漠若无爱民之心，然天下治"。周公是"师旅不设，刑格法悬，而四海之内，奉供来臻。越裳之君，重译来朝"。他们都是实行无为而天下大治的典范。相反，秦王朝统一中国后，则继续兴作兵革，赋役繁苛，严刑峻法，其结果是"事愈繁，天下愈乱。法愈滋，而奸愈炽。兵马愈设，而敌人愈多"。陆贾主张实行"无为而治"，就是不要"举措暴众"，不要"用刑太极"。必须以道德教化民众，使他们远离犯罪，从心里自觉遵纪守法。"民不罚而畏罪，不赏而欢悦，渐渍以道德"。

陆贾在无为而治思想中还主张"采儒墨之善"，实行仁义之治。"故圣人怀仁仗义，分明纤微，忖度天地，危而不倾，佚而不乱者，仁义之所治也。""握道而治，据德而立。席仁而坐，杖义而强……夫谋事不并仁义者后必败，殖不因本而立高者后必崩"等等。③ 他主张在无为而治中实行儒家的仁义之治，其目的就是要求统治者"省法约禁"，"与民休息"，不要过多地干涉老百姓的正常生活。

陆贾在《新语》一书中没有专门篇章正面阐述重农的措施，但从多处对"弃本趋末"行为的谴责可以看出，他是重视农业生产的。他对于那些"五谷养性而弃之于地，珠玉无用而宝之于身"，"释农桑之事，入山海，采珠玑，求瑶琨，探沙谷……散布泉以极耳目之好"的行为，都认为是"以快淫邪之心"的荒谬之举。④ 所以"舜弃黄金于崭岩之山，禹损珠玉于五湖之渊"，都是为了杜绝淫邪之欲。陆贾认为，治天下之道应当对背离本业趋向末业的行为"调其本"

---

① 《新语·无为》。
② 《新语·无为》，本自然段引文未注出处者，均见于此。
③ 《新语·道基》。
④ 《新语·本行》。

"正其形"，因为"养其根者则枝叶茂"。①

陆贾在《新书》中，崇俭的观点十分鲜明。他指出，在"古今成败之国"的历史借鉴中，统治者的骄奢纵欲是国家灭亡的一个重要原因。如秦始皇"骄奢靡丽，好作高台榭广宫室"；"楚平王奢侈纵恣……驾百马而行，欲令天下人饫"；鲁庄公更是"一年之中，以三时兴筑作之役……刻桷丹楹，眩曜靡丽，收十二之税，不足以供回邪之欲……财尽于骄淫，人力罢于不急，上困于用，下饥于食……于是为宋、陈、卫所伐"。② 因此，他认为治国者治理奢侈的办法，必须"应之以俭"。③

陆贾之所以把统治者奢侈纵欲作为亡国的重要原因，是因为统治者奢侈纵欲必然要"疲百姓之力"，结果引起社会动荡不安。他主张"富安天下"，即圣明的君主如能崇俭，"不兴无事之功"，"不藏无用之器"，就可以"希力役而省贡献"，实行轻徭薄赋政策。④ 面对西汉初年社会经济凋敝的情况，陆贾主张"损上而归之于下"，⑤ 应当让百姓富裕起来，藏富于民，国家财政自然也会富足起来。总之，陆贾的理念是统治者如果能够崇俭，就必然反对奢侈纵欲，就不会横征暴敛来满足自己的奢侈纵欲，相反，就会不兴无事之功、不藏无用之器，实行轻徭薄赋政策，让农民努力从事农业生产，富裕起来，从而国家也会富强起来，天下太平安定。

2. 刘安等人的"省事""节欲"思想

淮南王刘安与其门客撰写的《淮南子》一书也反复阐述黄老之学的天道无为，不为物先，清心寡欲思想，并对无为作了新的诠释。刘安等人批判了把"无为"消极地理解为"无所作为"或"漠然不动"的思想："或曰无为者，寂然无声，漠然不动，引之不来，推之不往。如此者，，乃得道之像。吾以为不然。"⑥ 刘安等人认为，所谓无为，就是不要让"私志""嗜欲"妨碍"公道"或"正术"，就是要去私去欲，循理而动。"若吾所谓无为者，私志不得入公道，嗜欲不得枉正术，循理而举事，因资而立功，推自然之势，而曲故不得容者，事成而身弗伐，功立而名弗有，非谓其感而不应，迫而不动者。"⑦

刘安等人的"无为"体现在治国理政上就是主张"省事""节欲"，以而达到"足用""安民"。他们提出："为治之本，务在安民；安民之本，在于足用；

---

① 《新语·术事》。
② 《新语·至德》。
③ 《新语·无为》。
④ 《新语·无为》。
⑤ 《新语·辨惑》。
⑥ 《淮南子·修务训》。
⑦ 《淮南子·修务训》。

足用之本，在于勿夺时；勿夺时之本，在于省事；省事之本也，在于节欲。"①
刘安等人还特别强调，圣君明主只要减政省刑，廉洁崇俭，取用有节，不随意干
涉老百姓的经济活动，那么广大人民就有发展经济的积极性，充分发挥自己的聪
明才智，进行农业生产，增加社会财富。"清静无为，则天与之时；廉俭守节，
则地生之财"。②"天有明，无忧民之晦也，百姓穿户凿牖，自取明也；地有财，
无忧民之贫也，百姓伐木芟草，自取富焉"。③

与此同时刘安等人对商鞅、申不害、韩非所谓富国强兵、严刑酷法的治国思
想进行猛烈的批判："若夫申、韩、商鞅之为治也，抟拔其根，芜弃其本，而不
穷究其所由生……斩艾百姓，殚尽大半，而忻忻然常自以为始，是犹抱薪而救
火，凿窦而止水。"④"商鞅之法亡秦，察于刀笔之迹，而不知治乱之本也。"⑤
他们认为商鞅、韩非、申不害之流不知道"安民之用"是治国之本，而"嗜欲
多事"是动乱之源。

刘安等人把"节欲""省事"与"嗜欲""多事"作为评判"仁君明主"和
"贪主暴君"的重要标准。指出前者"取下有节，自养有度"，而后者则"侵渔
其民，以适无度之欲"。如他们指出，汉初以来实行"无为""省事""节欲"
的政策，采取了劝农、轻徭薄赋、崇俭不为物欲所惑、顺乎天地之性的措施，成
功地实现了"安民足用""国固邦治"的治国目标。相反，刘安等人对历代统治
者的"多事"和"嗜欲"进行严厉的批判。"人主好高台深池，雕琢刻镂，黼黻
文章，绨绤绮绣，宝玩珠玉，则赋敛无度，而万民力竭矣。"⑥"末世之政，田渔
重税，关市急征，泽梁毕禁，网罟无所布，未耜无以设，民力竭于徭役，财用殚
于会赋。"统治者为了满足自己的嗜欲奢侈，对民众赋敛无度，竭于徭役，其结
果是使民众"居者无食，行者无粮，老者不养，死者不葬，赘妻鬻子，以给上
求"。⑦ 如果统治者迷途不知返其本，求其源，变本加厉，在政治上再实行严刑
苛法，那就等于火上浇油，招致动乱覆灭。"上好取而无量，下贪狠而无让，民
贫苦而忿争，事力劳而无功。智诈萌兴，盗贼滋彰……削薄其德，曾累其刑，而
欲以为治，无异于执弹而来鸟，挥棁而狎犬也，乱乃愈甚。"⑧ 因此，刘安等人
主张西汉王朝要轻徭薄赋，"除刻削之法，去烦苛之事"。⑨ 朝廷向老百姓征收赋
税，要以他们的实际承受能力为依据，"人主租敛于民也，必先计岁收，量民积

---

① 《淮南子·诠言训》。
② 《淮南子·诠言训》。
③ 《淮南子·齐俗训》。
④ 《淮南子·览冥训》。
⑤ 《淮南子·泰族训》。
⑥ 《淮南子·齐俗训》。
⑦ 《淮南子·本经训》。
⑧ 《淮南子·览冥训》。
⑨ 《淮南子·览冥训》。

聚，知饥馑有余不足之数，然后取车舆衣食供养其欲"。①

3. 晁错的贵粟劝农思想

晁错（约前205—前154），早年学习申不害、商鞅的学说，文帝时曾任太子舍人、门大夫太子家令，曾先后向文帝上言兵事疏、贵粟疏、守边劝农疏、募民实塞疏等。景帝时，先后任内史、御史大夫。因上疏"削藩"，吴楚七国以诛晁错清君侧为名发动叛乱，晁错因此而被杀。晁错有著述31篇，现仅存奏疏8篇于《汉书》中。

晁错贵粟思想的基础是衣食是人们一刻也离不开的生存必需品，不仅关系到每个人的饱暖饥寒，也关系到国家的治乱存亡。他认为，人们都把珠玉金银当作宝贝，其实没有任何实际作用，衣食才是最宝贵的生活必需品，一刻也不能离开。"夫珠玉金银，饥不可食，寒不可衣"。② 唯有衣服可以御寒，食物可以充饥，是每个人每天都不可或缺的。"人情，一日不再食则饥，终岁不制衣则寒"。

在此认识的基础上，晁错进一步指出，粟帛蓄积不仅关系到每个人的饱暖饥寒，而且关系到国家的治乱存亡。"民贫则奸邪生"，百姓"饥寒至身，不顾廉耻"，人如果"腹饥不得食，肤寒不得衣"，那么，父母都管教不了亲生的子女，君主怎么可能约束得了老百姓呢？所以，他认为，"粟者，王者大用，政之本务"。国家必须有大量粟米和布帛蓄积，才能"蓄积多而备先具"，防患于未然。

晁错在当时之所以提出贵粟论，其目的在于劝农，即鼓励广大民众积极参与农业生产。他认为当时百姓不愿意从事农业生产，其原因主要有两个方面：其一，国家没有在实际上贵五谷而贱金玉，引导民众从事农业生产。晁错指出，当时老百姓之所以放弃农业而转向从事商业，其原因就在于国家把金银珠玉当作货币。一旦人们拥有金银珠玉，就拥有巨大财富，而且便于携带和储藏，就可以走遍天下而不愁吃穿。当时正是由于现实社会中贱五谷贵金玉的价值取向，使得"臣轻背其主，而民易去其乡，盗贼有所劝，亡逃者得轻资"。如果国家不用珠玉金银而用粟米布帛作货币，真正落实贵五谷而贱金玉，那么人们必然会致力于农业生产。因为"粟米布帛生于地，长于时，聚于力，非可一日成也；数石之重，中人弗胜，不为奸邪所利，一日弗得而饥寒至"，如粟米布帛切实取代了珠玉金银的贵重地位，人们为了得到粟米布帛，只能弃商务农也。

其二，农民生活困苦，商人暴富，使得民众弃农务商。晁错认为，当时百姓不愿从事农业生产而热衷经商的另一个重要原因是农民生活极端困苦，终年劳碌而不得温饱；而商人在法律上受歧视，但却靠囤积居奇、贱买贵卖而暴富。他指出：当时农民"春不得避风尘，夏不得避暑热，秋不得避阴雨，冬不得避寒冻，四时之间，无日休息"，但所得甚少，"其能耕者不过百亩，百亩之收不过百

---

① 《淮南子·主术训》。
② 《汉书·食货志》。本目引文均见于此。

石"。如果扣除农民的日常生活负担，"迎往送来，吊死问候，养孤长幼"，以及沉重的赋役负担，五口之家"其服役者不下二人"，"治官府，给徭役"，"急政暴虐，赋敛不时"，那么所余剩的粮食，是很难养活一家人的。如果不幸再遭受商人和高利贷剥削，农民为了缴纳赋税，"当具有者半价而卖，无者取倍称之息，于是有卖田宅，鬻子孙以偿债者矣"。与此相反，商人"亡农夫之苦，有仟伯之得"，他们或者靠囤积居奇，贱买贵卖发财，或者靠高利贷盘剥暴富，过着"衣必文采，食必粱肉"，"乘坚策肥，履丝曳缟"的奢华生活。他们还凭借巨大的财富谋求政治上的势力，"因其富厚，交通王侯，力过吏势"。他们还乘农民被迫"卖田宅，鬻子孙"之时，兼并农民的田产。"此商人所以兼并农人，农人所以流亡者也"。

显而易见，当时商人由于拥有巨大的财富，过着奢华的生活，因此虽然在法律上社会地位上受到歧视，但仍然为社会所重视羡慕；农民由于贫穷劳累，虽然名义上为国家所尊重，但却被社会看不起。晁错指出，如果这种情况没有得到扭转，政府要让广大民众安心务农是不可能的。"今法律贱商人，商人已富贵矣；尊农夫，农夫已贫贱矣。故俗之所贵，主之所贱也；吏之所卑，法之所尊也。上下相反，好恶乖迕，而欲国富法立，不可得也"。晁错认为，之所以会出现这种现象，与国家的政策导向密切相关。这就是国家贱五谷而贵金玉，粟帛不为国家所贵，所以农民日益贫贱；珠玉金银为国家所贵，所以商人日益富贵，势力迅速膨胀。不言而喻，民众必然要弃农经商，从而使农业生产缺乏劳动力。而在当时的生产力条件下，农业生产主要依靠大量劳动力致力于耕作，必须"务民于农桑"，才能使粟帛丰富，百姓富足。因此，他认为，当时之所以农业经济得不到发展，政府粮食蓄积不足，就是因为"地有遗利，民有余力，生谷之土未尽垦，山泽之利未尽出也，游食之民未尽归农也"。

针对这种现实问题，晁错认为，首先，"欲民务农，在于贵粟"，政府的政策导向就是要提高五谷的地位，使社会上下从以珠玉金银为贵转变为以五谷为贵，就会使广大民众回归到农业生产上来。具体而言，就是政府应以粟为赏罚："贵粟之道，在于使民以粟为赏罚。今募天下入粟县官，得以拜爵，得以除罪。"即如果百姓向政府缴纳粟，政府就根据百姓缴纳粟的数量多少，授予高低不同的爵位。犯罪人员可以依据罪行的轻重缴纳不同数量的粟米予以免除刑罚。如果国家制定出这样的规定，那粟米就立即变成民众最宝贵的财富。人们为了纳粟拜爵或免罪，就必须努力从事农业生产，增加粟的产量。所以，晁错推断，实行纳粟拜爵或免罪可以贵粟，而贵粟可以促进农业生产，使农民多产粟，即"劝农功"。

其次，政府通过纳粟拜爵或免罪，引导农民多向国家缴纳余粮，就可以增加国家的粮食储备，保证边疆军队的供给。"使天下入粟于边。以受爵免罪，不过三岁，塞下之粟必多矣"。再次，如果国家得到富人所缴纳的粮食多了，国家粮仓储备充足，就可以减免农民的赋税负担，改善农民的生活。"取于有余，以供上用，则贫民之赋可损"。另外，富人，特别是商人为了拜爵、免罪，必须大量购买粮食上缴国家，从而使粮价上涨，农民获得更多的卖粮货币收入。农民富裕了，就可以消除"卖田宅，鬻子孙以偿债"的悲惨境况。

晁错的贵粟劝农论，如果从当代的货币理论上来看，是不正确的。其思想既不理解货币的属性，也不理解商品的属性，不懂得商品在使用价值之外还有价值；即使在对使用价值的理解上，这种说法也是过于狭隘的、片面的，因为评断一种物质的使用价值，不能以可食可衣作为唯一标准。但是，晁错建议西汉政府以贵粟政策作为导向，引导农民积极从事农业生产，增加粮食产量和国家粮食储备，在当时还是发挥了应有的积极作用，深刻影响了文景时期的经济政策，对西汉文景之治时期的封建经济繁荣，起了重要的促进作用。

4. 晁错的"人情论"思想

晁错的治国理政思想的理论基础是"人情论"，即国家的一切法令、政策、措施都必须顺应"人情"，才能得民心，才能使民众服从，得到民众支持，才能取得成功，否则，如逆"人情"，就失去民心，从而遭到民众抵制、反对，最终只能失败。"其为法令也，合乎人情而后行之；其动众使民也，本于人事然后为之。取人以己，内恕及人。情之所恶，不以强人；情之所欲，不以禁民。是以天下乐其政，归其德，望之若父母，从之如流水；百姓和亲，国家安宁，名位不失，施及后世。此明于人情终始之功也。"[1]

晁错的所谓"人情"，主要指人的求生存（寿）、求富足（富）、求安定（安）、求逸乐（逸）这四种欲望需求。"人情莫不欲寿，三王生而不伤也；人情莫不欲富，三王厚而不困也；人情莫不欲安，三王扶而不危也；人情莫不欲逸，三王节其力而不尽也"。如果人的这些欲望得到满足，社会就会安定，天下就会太平。所以，他又指出："计安天下，莫不本于人情。"[2] 执政者在治国理政时，制定法规、政策、措施，最根本的出发点就是从满足人们普遍追求的寿、富、安、逸等欲望着眼，才能把国家治理好，从而达到天下太平。

在晁错的寿、富、安、逸四种人的欲望之中，他认为"富"又是最重要的，是其他三者的基础。"夫寒之于衣，不待轻暖；饥之于食，不待甘旨；饥寒至身，不顾廉耻。人情，一日不再食则饥，终岁不制衣则寒。夫腹饥不得食，肤寒不得衣，虽慈母不能保其子，君安能以其民哉！"[3] 在此，晁错所指的"富"的具体物质对象就是能解决民众饥寒问题的"粟米布帛"，而不是"珠玉金银"，因为他认为"珠玉金银，饥不可食，寒不可衣"。[4] 从现代的眼光看，人们如果

---

① 《汉书·食货志》。
② 《晁错集注释·贤良对策》。
③ 《晁错集注释·论贵粟疏》。
④ 《晁错集注释·论贵粟疏》。

没有一定的财富作基础，即没有最起码的衣食作为生活的必要条件，怎么可能求得生存、安定和逸乐呢？因此，晁错凭直观的感觉，把"粟米布帛"作为"富"的最重要物质内容，成为"人情"所欲的最重要方面，是不无道理的。

正因为晁错把"富"看作是人们最主要的欲望，是寿、安、逸的基础，所以他提出，治国者要顺乎"人情"，就是首先要为民众"开资财之道"，让民众富起来。他说："圣王在上而民不冻饥者，非能耕而食之，织之衣也，为开其资财之道也。"这就是说，一个圣明的君主，不是靠自己参加耕作、织布来养活民众的，最为重要的是要通过治国理政为人民开辟取得资源财富的道路。在晁错看来，能否为人民开辟取得资源财富的道路，正是区别君主贤愚的分水岭。晁错的"重农贵粟""募民实塞"等思想，其理论基础都是"人情论"。

如晁错"重农贵粟"的逻辑思路是朝廷应当以生产粟的多少作为赏罚的依据，这样民众就会以粟为贵重的物品；民众以粟为贵重的物品，就会努力务农多生产粟，这样农业生产就发展了。他的"募民实塞"论也是以"本乎人情"，充分利用"富家""拜爵"为手段，激发民众的守战积极性。他指出，求富是产生于人的本性的一种欲望，满足这种欲望才是守战的真正动力。"凡民守战至死而不降北者，以计为之也。故战胜守固则有拜爵之赏，攻城屠邑则得其财卤以富家室，故能使其众蒙矢石，赴汤火，视死如生"。[1] 他认为，秦朝之所以失败即在于忽视了这个求富的"人情"。"秦之发卒也，有万死之害，而无铢两之报，死事之后不得一算之复，天下明知祸烈及己也"。[2] 所以，他的看法是：民之守战，"非以德上也，欲全亲戚而利其财也"，[3] 因此，朝廷应将人民抗击敌人侵略的积极性同人民捍卫自身生命财产的利益紧密联系在一起，才能取得成功。

5. 董仲舒盐铁皆归于民思想

董仲舒反对当时政府实行盐铁酒官营和平准、均输政策，认为政府"颛山泽之利，管山林之饶"，垄断最有利可图的工商业经营，会杜绝人民的谋生之路，是凭借国家的权力与民争利，是不义的。他从"天道论"来寻找理论依据，反对盐铁酒官营和均输平准，主张"盐铁皆归于民"，[4] 由民间经营盐铁可以给人民提供一条赢利谋生的活路。

董仲舒的"盐铁皆归于民"的主张有 3 个方面值得注意：一是他的这一思想继承了先秦儒家的不与民争利和不患寡而患不均的思想。孔子听说臧文仲之妾织蒲，曾经指责说这是一种"不仁"的行为，之所以"不仁"，就是因为与民争利。董仲舒在提出"盐铁皆归于民"时，一个重要的理由就是"受禄之家，食

---

① 《晁错集注释·守边劝农疏》。
② 《晁错集注释·守边劝农疏》。
③ 《晁错集注释·守边劝农疏》。
④ 《汉书·食货志》。

禄而已，不与民争业"。① 此外，董仲舒主张"盐铁皆归于民"的另一个重要理由是"利可均布，而民可家足"，这就是他主张对社会有限财富的分配要相对平均，即在满足统治阶级奢侈生活需要后，使一般民众也能维持起码的生存，以求得上下相安，而不打乱封建社会士农工商的分业秩序。这是对孔子不患寡而患不均思想的继承与发展。

二是董仲舒的"盐铁皆归于民"主张，换言之，就是反对官府垄断经营盐铁，再具体地说，就是反对"受禄之家""诸有大俸禄""居君子之位""食禄之君子"与民争业、与民争利的。他屡次提到"受禄之家，食禄而已，不与民争业"；"使诸有大俸禄亦不得兼小利"；②"居君子之位而为庶人之行"；等等。这里的所谓"食禄之家""有大俸禄"者、"居君子之位"的人就是当时的权贵和官僚等。董仲舒之所以反对他们经营盐铁，就是因为会破坏"利可均布，而民可家足"的上下相安的社会秩序，所以这是一种不仁不义的行为。正如当时文学贤良在盐铁会议上所说的："食禄之君子违于义而竞于利"。③

董仲舒反对盐铁由权贵官僚垄断经营、主张由民间自由经营的思想，对发展当时社会经济有积极的促进作用。如果由权贵官僚垄断经营，这就是将行政权力用于完全控制经济活动，一切经济规律、市场规律在政治权力之下都难以发挥作用，高成本、低质量、高价格成为常态，影响消费者购买意愿，损害消费者利益，最终导致市场功能失灵，不是供不应求、就是供过于求，经营者只好利用行政权力强买强卖。因此，权贵官僚的垄断经营比起富商大贾的垄断其行为更为恶劣，其消极后果更为严重！唯有让盐铁回归民间自由竞争经营，才能克服以上弊端，使社会经济得到发展繁荣，民众生活得到改善，社会安定有序。

三是董仲舒的"盐铁皆归于民""不与民争业"的思想从他的"天道论"里寻找理论依据，以警示统治者。他在对策中说："夫天亦有所分予，予之齿者去其角，傅之翼者两其足，是所受大者不得取其小也。"④ 显然，在此他用自然现象有利齿的猛兽就不能再有尖角，有翅膀的飞鸟就不能再有四条腿来附会说明人类社会也不能强者大小通吃，应当让弱者也有生存空间。他从"天人关系"的角度对此加以解释，指出"天不重与"，"予之齿者去其角，傅其翼者两其足"。天是这样做的，不言而喻，圣人也要依照天理处理人间事情，"象天所为，为制度，使诸有大俸禄亦不得兼小利"，即"不与民争业"，否则，"居君子之位而为庶人之行，其祸患必至也"。这正是荀子所说的"上好富则民死利矣"。⑤ 换言之，社会财富分配极端不均，贫富差距过于悬殊，民不聊生，必然严重威胁西汉

---

① 《汉书·董仲舒传》。
② 《春秋繁露·度制》。
③ 《盐铁论·错币》。
④ 《汉书·董中舒传》。
⑤ 《荀子·大略》。

王朝统治。

三、司马迁、刘向的善因论思想

司马迁（前145—约前86），字子长。西汉杰出的史学家、文学家和思想家。武帝元封四年（前107年），司马迁继父亲司马谈为太史令，开始整理、充实历史资料，进行撰写《史记》的准备工作。天汉二年（前99年），李陵兵败投降匈奴，司马迁为其辩护，引起武帝的怨恨，被处以腐刑。太始元年（前96年）他被赦出狱，任中书令。司马迁以刑后余生，发愤著述，完成我国史学名著—第一部纪传体通史《史记》。

（一）司马迁善因论内容

司马迁在国家经济管理方面提出善因论，就是主张封建国家对国民经济不要过多干预和控制，应采取放任的政策。司马迁将国家经济管理政策按其优劣分为5个层次，即"善者因之，其次利道之，其次教诲之，其次整齐之，最下者与之争"。[①] 这里，"善者因之"，就是说封建国家最佳的经济政策就是应当顺应经济发展的自然规律，听任私人进行生产、贸易等活动，国家不要任意加以干预和抑制。由此可见，就是主张国家对经济活动采取放任主义的政策。

司马迁其次的国家经济政策是"利道之"。所谓"利道之"就是在顺应、听任私人进行经济活动的基础上，由国家对其中的一些经济活动进行一定的引导、协调，以鼓励人们按国家的需求从事这方面的经济活动。这种引导应以一定的经济利益、政治利益、社会利益等来劝导，而不采取强制性的手段。这种"利道"的方式司马迁认为仅次于"因之"的方式。

司马迁认为又次一等的方式是"教诲之"，就是国家通过教化的方式诱导民众从事国家需要的某些方面的经济活动，或劝导民众不要从事国家不需要的某些方面的经济活动。这种"教诲"的方式不仅次于"因之"，也次于"道之"。

司马迁认为更次一等的国家经济管理方式是"整齐之"，即国家运用行政权力、法律规定、政策措施等，采取强制的手段来禁止、限制民众对国家不利的经济活动。这种"整齐"的方式次于"因之""利道"和"教诲"，属于第四等。

司马迁认为国家经济管理政策排在最下等的就是"与之争"，即封建国家直接经营工商业获取利润，"与民争利"。显然，司马迁反对汉武帝时期实行的盐铁官营、酒榷、均输、平准等政策，把"与之争"视为最不好的经济管理方式。

如果我们进一步考察司马迁对当时国民经济管理方式的等级划分排序时，就会发现其划分等级优劣的标准就是依据黄老之学的无为有为对经济活动的作用程度。先秦道家的无为而治思想，主要是从最宏观的一般治国理念着眼，主张治理国家要"法自然"，实行无为而治，才能"无为而无不为"，把国家治理好。到

---

① 《史记·货殖列传》。

了战国末期黄老之学，才开始把无为思想具体应用于指导经济活动。尤其是到了西汉初年，面对社会经济凋敝的情况，朝廷吸取秦朝横征暴敛导致迅速覆灭的教训，更是用黄老之学的无为思想指导经济活动，采取了放任主义的政策，与民休养生息，轻徭薄赋，尽量不干预民间的经济活动，使社会经济得到恢复和发展。到了文景之治时期，西汉封建经济走向繁荣，历史证明黄老之学的无为思想对恢复和发展当时社会经济起了巨大的积极作用。司马迁作为一位卓越的历史学家，深刻地洞察到无为思想对经济活动的积极作用，因此对此进行总结，探讨规律，最后将其提升到对国民经济进行管理普适性的理论高度，即无为程度越高就越顺应经济发展规律，越有利于经济发展。详言之，"因之"就是顺应、听任，是放任主义的一种经济管理思想，属于最无为的一种管理方式，因此效果是最好的。"利道"则需要国家以一定的经济利益（如减免赋税徭役）、政治利益（如以赐给官爵奖励）等来引导、鼓励民众积极从事某些国家需要的经济活动，这比起"因之"的顺应、听任来说，国家已经有所作为了。但是"利道"顾名思义就是因势利导，仍然是顺应人的趋利避害本性，以顺应自然之势为前提，属于乘势而为，所以人为干预的成分很少，故仅次于"因之"。"教诲"即采用教化的方式，就不一定是顺应人的本性。如不顾国家、集体利益，损人利己不顾道德底线的求利活动，就是国家法规、政策所不允许的，就要通过教化使广大民众意识到认识到，从而在经济活动中从内心自觉地去遵守，而不违反。显然，这比"利道"顺势而为来说，通过教化让人们克服人性的一些弱点，扭转人们自发性的求利行为，显然国家人为干预的因素又多了。"整齐"则是国家主要通过制定法规、政策，规定禁止什么经济活动、限制什么经济活动、允许什么经济活动、鼓励什么经济活动，设置职能机构，配备各种官吏，通过行政权力，以奖、惩、禁、限等手段，强制民众执行。显然，在"整齐"即国家管制之中，国家人为的程度已经相当高，几乎没有多少无为的空间让民众自由进行经济活动了。最后是"与之争"，即国家垄断经营赢利性最高最大的行业，"令吏坐市列肆，贩物求利"，垄断生产、贩运、出售等一系列活动或其中的一些关键环节，通过严刑酷法禁止老百姓经营，以此获得垄断经营权。这就意味着民众在这些行业的自由经营活动完全被剥夺，如汉武帝时期的盐铁官营和酒榷。国家在这些经济活动中处于完全的有为状态，无为的放任自由经营已经荡然无存。因此，司马迁认为这是最下等的国民经济管理方式，并予以反对。

我们今天对司马迁5种方式的国民经济管理思想必须有一个全面整体的认识，即司马迁并非主张孤立采用其中的某种方式，而只是从总体上来说，对国民经济进行管理时，应采取某种方式，其中仍然可以以其他方式作为补充。如前所述，司马迁是以黄老之学无为而治思想作为经济管理的指导思想，作为划分5种经济管理方式的优劣等级，不言而喻，他是积极倡导"因之"即放任主义的国民经济管理方式，反对"与之争"即国家垄断经营的国民经济管理方式，而对于"利道之""教诲之""整齐之",则是主张作为"因之"的补充,有条件地加以使用。如他认为,"夫粜,二十病农,九十病末",因为粮食的价格,如果过低,农民出卖粮食的收入不能补偿生产投入成本,那么农业再生产就会遭到破坏,将导致无人再愿意生产粮食,不久粮食将会紧缺。当粮食供不应求,价格腾贵时,既增加消费者的负担,又带来粮食供给短缺,一些贫困群体将挨饿或因饥饿死亡。粮食销售额下降,也危及商业利润。因此,司马迁主张,政府在治理国家时,必然调节粮食价格,使其保持稳定,"平粜齐物,关市不乏,治国之道也"。① 政府调节粮价,就必须使用"利道"或"整齐",甚至"与之争"(即平准)的方式。又如司马迁曾明确主张:"民倍本多巧,奸宄弄法,善人不能化,唯一切严削为能齐之。"② 这就是说,对在经济活动中那些"倍本多巧,奸宄弄法"的人,善良的人是教化不了他们遵纪守法的,当然更不能"因之"即放任他们,只能"严削"即严厉打击以"齐之"。显然,就是采取"整齐之"的办法。

(二)司马迁善因论依据

司马迁之所以认为"因之"是最好的国民经济管理方式,是基于他对整个社会经济的深刻认识。他认为,人类社会经济的活动是自发有序地运行和发展。人们"各劝其业,乐其事,若水之趋下,日夜无休时,不召而自来,不求而民出之"。这种社会经济的自发运行和发展,是符合自然规律和人的本性的,这就是"道之所符"和"自然之验"。③

其一,求利求富是人的本性,国民经济管理应顺应这种本性。司马迁认为,社会经济发展自有其内在的动力,这种动力就是人的求富的欲望。因为世人都想追求满足更好的物质享受,所以必须不断地追求利,追求财富。这种追求是人的本性决定的,"富者,人之情性,所不学而俱欲者也"。"人各任其能,竭其力,以得所欲"。正是人们在追求财富中各尽其能,发挥自己的气力和聪明才智,创造出大量的财富,从而推动社会经济的发展和繁荣。对于人们追求财富与社会经济的发展现象,司马迁做了大量经典生动的描述:"天下熙熙皆为利来,天下攘攘皆为利往"。"壮士在军,攻城先登,陷阵却敌,斩将搴旗,前蒙矢石,不避汤火之难者,为重赏使也。其在闾巷少年,攻剽椎埋,劫人作奸,掘冢铸币,任侠并兼,借交报仇,篡逐幽隐,不避法禁,走死地如骛者,其实皆为财用耳。今夫赵女郑姬,设形容,揳鸣琴,揄长袂,蹑利屣,目挑心招,出不远千里,不择老小者奔富厚也……弋射渔猎,犯晨夜,冒霜雪,驰阬谷,不避猛兽之害,为得味也。博戏驰逐,斗鸡走狗,作色相矜,必争胜者,重失负也。医方诸食技术之

---

① 《史记·货殖列传》。

② 《史记·太史公自序》。

③ 《史记·货殖列传》。

人，焦神极能，为重糈也。吏士舞文弄法，刻章伪书，不避刀锯之诛者，没于赂遗也。农工商贾畜长，固求富益货也"。① 司马迁通过农工商贾、官吏军士、赌徒歌女、猎人渔夫、医士工匠、贤人隐士、勇士游侠、流氓恶棍等不分何种职业、贵贱等级、君子小人等，其所从事的活动，无论合法非法、体面下贱、艰难闲适，其共同目的都是为了求利致富。这就是社会经济发展和繁荣的内在驱动力，因此国家经济管理方式必然顺应、听任人的这种求利本性，才能不断促进社会财富的增殖，促进经济的发展。

先秦的儒家和法家，都已提出求富贵求利是人的本性。如儒家代表人物孔子说："富与贵，是人之所欲也。"荀子也认为人有"生而有好利"的天性。法家代表人物商鞅指出，"民之欲富贵也，共阖棺而后止"。韩非也说："好利恶害，夫人之所有也。"司马迁继承发展了这一思想，从各种职业不同阶层的人，其所从事的活动，都是为了求富求利，来论证这一观点，使之更有说服力，并用以论证经济管理应顺应人的本性，才是最好的管理方式。

先秦的思想家把求富求利说成是人的本性时，总是持批判的态度，把这种本性说成是恶的，主张应以礼或法予以限制。但是司马迁不这样认为，他认为这既然是人的本性，就是自然的，并不是恶的、坏的，政府在管理经济活动中，只能"因之"。司马迁吸收了黄老之学道法自然的思想，既然求富求利是自然的，那就顺应、听任它，如人为地加以压制、禁止，也是不可能和有害的。

司马迁在论述取得财富的手段上，将其分成3等，即"本富为上，末富次之，奸富为下"。② 他认为，农业生产收入稳当，以本致富，又有"身有处士之义"的好名声，因此是上等的致富途径。商人在流通领域以末致富，虽然"不害于政，不妨百姓"，但商人是从"转毂百数，废居居邑"，贱买贵卖，"乘时射利"中致富的，与农业为社会创造财富相比还是要次一等的。但是，不管是农业还是商业致富，"皆非有爵邑俸禄，弄法犯奸而富"，而是靠着经营的本事，"取与以时息财富"。因此，他们的致富是正当合法的，是无可指责的。至于奸富，是指"弄法犯奸而富"，如从事"劫人作奸，掘冢铸币"等违法乱纪活动而攫取非法致富。对此，司马迁坚决反对，并主张予以"严削"而"齐之"。司马迁把人们求富途径分为上、次、奸三等，其目的是强调绝大部分人们求富途径都是"纤啬筋力治生之正道也"。在他看来，农畜、工虞商贾为权利以成富都是正当的，只要"治生不待危身取给，则贤人勉焉"。不言而喻，这种正当的求富求利途径应该顺应、听任之。

先秦时期，思想家对社会贫富分化多持否定态度。如法家商君学派认为，百姓太贫或太富都不利于国家农战政策的推行。儒家创始人孔子更明确提出治国是

---

① 《史记·货殖列传》。
② 《史记·货殖列传》。

不患寡而患不均；孟子则把"庖有肥肉，厩有肥马，民有饥色，野有饿莩"的贫富分化悬殊看作是国家政治昏乱的表现。因此，他们往往主张把损有余补不足作为治国理政的一条基本原则。但是，司马迁在这一问题上却一反前人的看法，认为社会上存在着贫富分化是自然的合理的，因而主张国家没必要对此加以干预调控。

司马迁认为，"富者人之情性"，人人都求富，但是不可能人人都能富裕，有人求得富，"富至巨万"，但有的人却求不得，"长贫贱"，贫富差别是必然的，其原因是个人才智、能力差别造成的。"贫富之道，莫之夺予，而巧者有余，拙者不足"，"贤者辐辏，不肖者瓦解"。① 富人的钱财，不是别人给予的，贫者也不是因为别人抢走了钱财而贫困，其所以有人富裕有人贫困，主要是由于个人的巧、拙或贤、不肖造成的。在允许人们自由从事经营活动求富求利的情况下，"巧"和"贤"者的人就会因经营好而兴旺、富裕起来，而"拙"或"不贤"的人就会因经营不善而陷入破产、贫困。

司马迁不仅认为贫富差距、贫富分化是必然的合理的，而且还认为因贫富差距而引起的社会地位和权利的不同、富人对穷人的奴役剥削也是正常的天经地义的。他指出："凡编户之民，富相什则卑下之，伯则畏惮之，千则役，万则仆，物之理也。"他认为，如果国家对富人进行限制和打击，那是违背"物之理"的。因此，他对汉武帝时算缗钱、算车船、告缗令等打击富商大贾的政策不以为然，认为这些政策产生了两个后果：一是国家得到了大量钱财，"得民财物以亿计，奴婢以千万数，田大县数百顷，小县百余顷，宅亦如之"；二是"民偷甘食好衣，不事畜藏之产业"。② 这就是说，汉武帝实行这些政策，短期看国家得到很多钱财，解决了一些财政困难问题，但从长期看，却使民众失去了通过求利求富而积累大量财富的积极性，大家都苟且偷安，今朝有酒今朝醉，如果有些余钱，就随即吃好穿好消费掉。显然，这使社会经济发展的驱动力受到严重的打击。因此，司马迁认为，只有顺应人们求利求富的欲望，不加干预压制，才能保有社会经济发展的驱动力，使经济发展和繁荣。

其二，农虞工商缺一不可，应让其自然发展。司马迁认为，自然界各种各样资源，并不能直接满足人们的需要，而要通过农、虞、工、商等经济活动，才能被人们所享用。因此，他认为，农、虞、工、商是"民所衣食之原"，人们生活离不开这四个部门，这就是"待农而食之，虞而出之，工而成之，商而通"。换言之，人们生活生产所需的财富来源途径是，首先是自然资源，通过农虞工的种植、开采和加工，变成人们所需要产品，然后还要经过商的贸易流通，才能到达各家各户各人手中消费。因此，人们日常生活生产离不开这四个部门。"原大则

---

① 《史记·货殖列传》。

② 《史记·平准书》。

饶，原小则鲜"。这四个部分兴旺发达，人们的生活就富足了；这四个部门狭窄衰败，人们的生活就贫困了。因此，农、虞、工、商四个部门发达繁荣，对国家、人民都有好处，"上则富国，下则富家"。在司马迁看来，当时整个国民经济主要就是由这四个部门组成的。这四个部门各自发挥着不同的作用，缺一不可，不能互相替代。他在《史记·货殖列传》中引用《周书》来论证这四个部门的不可或缺："农不出则乏其食，工不出则乏其事，商不出则三宝绝，虞不出则财匮少"。这四个部门的形成和发展是自然而然形成的，而不是由哪个治国理政者有意创造的，"此宁有政教发征期会哉？"因此他反对人为地厚此薄彼，主观地压制哪个部门。其中最大的区别在于，先秦的思想家往往以农为本，以商为末，重农轻商，重本抑末，但是司马迁却与此不同，不但没有抑工商的思想，而且连荀子的"省工贾，众农夫"的思想也没有。基于这种认识，他主张国家对农、虞、工、商四个部门应顺应其自然发展，不要人为地进行干预，这种主张也促成了他在国家经济管理中"因之"即放任主义思想。

其三，社会经济内部具有自发调节的机制，基本可以调节其有序地运行和发展。司马迁指出："故待农而食之，虞而出之，工而成之，商而通之。此宁有政教发征期会哉？人各任其能，竭其力，以得所欲。故物贱之征贵，贵之征贱，各劝其业，乐其事，若水之趋下，日夜无休时，不召而自来，不求而民出之。岂非道之所符，而自然之验邪？"① 在此，他通过市场对物价变动的自然调节，来说明社会经济内部有自发调节机制使经济活动能有序地进行。

司马迁这里所说的"物贱之征贵，贵之征贱"，其在同篇介绍范蠡、计然所讲的"贵上极则反贱，贱下极则反贵"的表述更好理解。这就是一种商品的价格当低到一定的水平时就会再回升，而其价格高到一定的水平后又会回落。其原因是：当一种商品供过于求时，价格就会降低；因为价格降低，生产者得利少，甚至无利可图或亏本，就会减少或停止生产这种产品，从而使这种产品满足不了需求，反而形成供不应求的现象，这时价格则又开始上涨了。而当这种商品价格上涨到获利超过社会平均利润时，人们就增加生产这种产品，从而又导致供过于求，价格又要下跌。总之，司马迁通过揭示商品价格自发波动对生产、流通和供求的调节作用，从而主张政府应听任价格的自发波动，不必加以干预、控制，然后进一步推而广之，即社会经济内部也有自发调节机制，可以使社会经济活动自动有序地运行和发展，政府不必人为地干预、限制，最好的管理方式就是顺应、听任其自然运行和发展。

综上所述，司马迁的善因论国民经济管理思想是在其对历史的研究中取得的一个卓越成果。春秋战国时期的百家争鸣，各种学派都不同程度地对国民经济管理提出自己的主张，重农抑商论、轻重论、农战论、民有恒产论、恢复井田论

---

① 《史记·货殖列传》。

等。其中比较突出的是：法家商鞅提出重农抑商、通过国家机器高度全面管制的农战政策，并加以实践，取得了很大的成效，为秦打败六国、统一全国奠定了经济和军事基础。但是秦始皇统一全国后，仍然奉行这种通过暴力手段强制民众服从、横征暴敛的治国方略，从而导致秦王朝的迅速灭亡。西汉王朝建立后，面对凋敝的社会经济，深刻吸取秦亡的教训，以黄老之学的无为而治为指导思想，实行与民休养生息的政策，从而巩固了新建立的政权，并使社会经济得到恢复和发展，并迎来了文景之治的繁荣。历史证明，自春秋战国时期以来的各种国民经济管理思想，有的过于理想主义，不可能实现，如恢复井田制思想，有的在统一战争中发挥了巨大作用，但在统一全国后的相对和平环境中，却成为经济建设的障碍，甚至在极端的情况下导致王朝的迅速覆灭，如最典型的就是农战思想。司马迁就是在全面深入考察这些历史现象后提出善因论思想，指出最好的国民经济管理方式就是顺应、听任社会经济自然有序地运行和发展，西汉初年至文景之治时期社会经济的恢复、发展和繁荣，就雄辩地证明了当时政府所采取的无为而治、与民休养生息的政策是正确的。从某种意义上说，秦朝和汉朝就是对春秋战国时期"有为"的农战政策和"无为"的休养生息政策两种截然不同的国民经济管理思想进行实践检验，最后证实后者是有成效的，大大优于前者，司马迁在此基础上做了理论上的归纳总结。

（三）刘向的因人所欲论

刘向本名更生，字子政，约生于昭帝元凤四年（前77年）卒于哀帝太初元年（前5年）。曾任辇郎、谏大夫、郎中给事黄门、散骑谏大夫给事中、散骑宗正给事中、中郎、使领护三辅都水、光禄大夫、领校中五经秘书，官至中垒校尉。著作有《别录》《洪范五行传论》《列女传》《新序》《说苑》《五经通义》以及辞赋、书、疏、封事、议对等。刘向是西汉著名的经学家、目录学家、文学家，其最大成就是奉命校书天禄阁，历时12年撰成《别录》，后经其子刘歆继承父业，撰成《七略》，创图书分类七分法，成为目录学之祖。

刘向生活在西汉末年，面对当时的社会危机，为西汉王朝提出了关于"富国安民"的治国目标。他认为，要实现这个目标，必须重新审视义利观。他的义利观既不像儒家创始人孔子那样"君子喻于义，小人喻于利"，[1] 也不像墨子那样"义者利也"，更不象董仲舒的"正其谊（义）不谋其利，明其道不计其功"。[2] 刘向提出的义利观是："义"不能离不开"利"，如果离开"利"来讲"义"，那么所谓"义"只不过是一句空话。所以他说："凡管子书，务富国安民，道约言要，可以晓合经义。"[3] 既然"义"离不开"利"，追求正当的"利"

---

① 《论语·里仁》。
② 《汉书·董仲舒传》。
③ 刘向《管子书录》，见严可均《全汉文》卷37，第3—4页。

才能有"义"，也就是说，在保证人们基本生活资料不匮乏的条件下，让人们吃得饱，穿得暖，才可能追求更美好的"义"。也就像日常生活中，人们"食必常饱然后求美，衣必常暖然后求丽，居必常安然后求乐"。因此，治国理政首先必须顺应人民追求衣食、居住的"利"，然后才能让人民懂得礼节、荣辱的义。"管子既相，以区区之齐，在海滨通货积财，富国强兵，与俗同好丑，故其书称：'仓廪实而知礼节，衣食足而知荣辱。'上服度则六亲固，四维不张国乃灭亡。下令犹流水之原，令顺人心，故论卑而易行。俗所欲，因予之；俗所欲否，因去之。"①

由于刘向肯定食、衣、住是人们日常生活所必不可少的，所以他认为人们追求物质利益，或者说进行"求利"的活动，是必然的。他指出："蠋欲类蚕，鳝欲类蛇，人见蛇、蠋，莫不身洒。然，女工修蚕，渔者持鳝，不恶何也？欲得钱也！逐鱼者濡，逐兽者趋，非乐之也，事之权也。"②"钱"者，"利"也；"欲得钱"者，为食、衣、住也。人们为了获得食、衣、住等基本生活资料而"欲得钱"，就得去做那些哪怕不乐意、甚至令人恶心的事，这没有其他原因，只是"事之权也"。如果人们求利不得，饥寒交迫，在这种情况下，人们不生"奸邪之心"，那是很难做到的。

刘向在《说苑》卷20中用魏文侯与李克的一段对话来说明衣食饥寒与道德民安的关系："魏文侯问李克曰：'刑罚之源安生？'李克曰：'生于奸邪淫洪之行。凡奸邪之心，饥寒而起；淫洪者，久饥之诡也。雕文刻镂，害农事也；锦绣纂组，伤女工者也。农事害，则饥之本也；女工伤，则寒之原也。饥寒并至而能不为奸邪者，未之有也。男女饰美以相矜，而能无淫洪者，未尝有也。故上不禁技巧则国贫民侈。国贫穷者为奸邪，而富足者为淫洪，则驱民为邪也。民以为邪，因以法随诛之；不赦其罪，则是为民设陷也。刑罚之志有原，人之不塞其本，而替其末，伤国之道乎？'文侯曰：'善！'以为法服也。"③ 刘向在此认为，"奸邪之心，饥寒而起"，"国贫者为奸邪"。所以，治国者只有顺应人们求利的欲望，让人民富裕起来，有了富的物质基础，然后才能谈到封建道德，即义的问题，也就是先有"国富"，然后才能"民安"。

刘向在因人所欲论的基础上，不仅提出了"国富民安"的治国理政目标，而且也提出了所应遵循的原则和所应采取的措施。他在《说苑》卷1中主张："河间献王曰：禹称，民无食，则我不能使也；功成而不利于人，则我不能劝也。故疏河以导之，凿江通于九派，酾五湖而定东海，民劳矣，然而不怨苦者，利归于民也。"刘向在此借禹之口，主张治国理政的原则是：民无食不能使，功

---

① 刘向《管子书录》，见严可均《全汉文》卷37，第3—4页。
② 刘向《说苑》卷16。
③ 刘向《说苑》卷16。

不利人不能劝。这个原则与他的义利观是直接相联系的，因为他认为保证人民获取基本生活资料，是政府"使民"和要求人民遵循封建道德的前提，而食、衣、住则是人们生活的基础，是社会安定的首要条件。在他看来，如果民无食，政府固然不能要求他们做什么，而且如果政府所做的事情对人民没有好处，也不能激发人民参与的积极性，如果强迫人民去做，就会招致人民的怨恨。人民对政府有怨恨，社会就不可能安定。基于这种思想，刘向进一步提出了几点实现"国富民安"的具体措施：

其一，"勿夺农时"，"勿夺农功"。刘向在《说苑》卷6卷3中借文侯、文公之口，主张治国要把人民的"食"置于首位，发展农业生产，增加粮食产量。而要发展农业生产，治国者必须爱惜民力，勿在农时滥征农民服徭役，从而保障农民的耕作时间。"魏文侯见箕季其墙坏而不筑。文侯曰：'何为不筑？'对曰：'不时。'……文侯出。其仆曰：'君亦无得于箕季矣。'文侯曰：'吾何无得于季也？吾一见季而得四焉：其墙坏不筑，云待时者，教我勿夺农时也……'""文公见咎季，其庙傅于西墙……其墙坏而不筑。公曰：'何不筑？'对曰：'一日不稼，百日不食。'公出而告之仆……乃令曰：'毋淫宫室以妨人宅；板筑以时，勿夺农功。'"

其二，"减吏省员，使无扰民"。刘向在《新序》中说了这样一则故事，来说明当时裁减官员的必要性。"昔者，邹忌以鼓琴见齐宣王，宣王善之。邹忌曰：'夫琴所以象政也。'遂为王言琴之象政状及霸王之事……邹忌既为齐相，稷下先生淳于髡之属……乃相与往见邹忌……淳于髡等曰：'三人共牧一羊，羊不得食，人亦不得息，何如？'邹忌曰：'敬诺，减吏省员，使无扰民也。'"[①] "三人共牧一羊，羊不得食，人也不得息"，这句话生动地说明了当时官僚机构庞大，人浮于事，增加了财政支出，政府只能夺民力，殚民财，加重了老百姓的负担，以应付庞大的财政开支；另一方面官员太多，为减少财政支出，只能降低官员俸禄，使官员也难以养家糊口。最终导致国困民穷，社会不安。所以刘向认为，只有通过"减吏省员"，改变"羊"少人多的状况，才能使"羊"得食，使人"得息"。

其三，慈爱民，薄赋敛，轻徭役。刘向在《新序》卷2中讲到晋文公出田逐兽迷于大泽，后由渔者指路得以还家的故事。由于文公愿受渔者之教，渔夫对他谈了为君之道，其中之一就是"慈爱万民，薄赋敛，轻租税"。《说苑》卷7则记载了周武王问政于姜太公，姜太公主张治国之道要"爱民"，反对"重赋敛""多徭役"。"武王问于太公曰：'治国之道若何？'太公对曰：'治国之道，爱民而已。'曰：'爱民若何？'曰：'利之而勿害，成之勿败，生之勿杀，与之勿夺，乐之勿苦，喜之勿怒。此治国之道，使民之义也，爱之而已矣。民失其所

---

① 刘向《新序》卷2。

务则害之也，农夫失其时则败之也，有罪者重其罚则杀之也，重赋敛者夺之也，多徭役以罢民力则苦之也，劳而扰之则怒之也。善为国者，遇民如父母之爱子，兄之爱弟，闻其饥寒为之哀，见其劳苦为之悲。'"

其四，提倡"爱民节财"，"欲禁自亲"。刘向认为，治国者要使国富民足就要爱惜民力、民财，反对骄奢淫逸，并且要从君主自己做起。而且，他还将俭与奢提升到事关"得国"还是"失国"的高度来认识。他举例说："秦穆公闲问由余曰：'古者明王圣帝得国失国者何也?' 由余曰：'臣闻之，当以俭得之，以奢失之。'"①

刘向为了说明这一道理，在《新序》一书中，设"刺奢"专篇，列举了许多历史事例来分析证明。如他在《新序》卷6中记述："桀作瑶台，罢民力，殚民财，为酒池糟堤，纵靡靡之乐，一鼓而牛饮者三千人……伊尹知天命至，举觞而告桀曰：'君王不听臣之言，亡无日矣。'桀拍然而作，哑然而笑曰：'子何妖言? 吾有天下，如天之有日也；日有亡乎? 日亡吾亦亡矣。'于是接履而趣，遂适汤。汤立为相。故伊尹去夏入殷，殷王而夏亡。"

刘向当时反对骄奢淫逸，提倡爱民节财是有现实针对性的。西汉后期，社会风靡厚葬风气，刘向强烈反对"奢侈失本，淫泆趋末"② 的各种行为，

四、汉代引导性移民思想

（一）晁错的募民实塞思想

西汉文景时期，匈奴不断侵扰边境，掳掠人畜，毁坏庄稼。针对这种局面，文帝十一年（前169年），晁错三上书，在《言兵事疏》《守边劝农疏》《复言募民徙塞下疏》中③，提出了抗击匈奴的战略设想以及徙民边塞以巩固边防的一系列措施。晁错为了使移民在边疆能"乐其处而有长居之心"，主张对移民在政治上、经济上、生活上进行优待，而不是采取行政权力强制进行移民。晁错基于这种思路，对"募民实塞"（"徙民实边"）做了比较全面具体的规划，主要有以下5条措施：

一是晁错确定了移民的具体对象。他提出："募罪人及免徒复作令居之；不足，募以丁奴婢赎罪及输奴婢欲以拜爵者；不足，乃募民之欲往者。"④在此，移民的第一种对象是流放罪人，这在汉代之前早已有之。第二种对象是"以丁奴婢赎罪"和"输奴婢欲以拜爵者"，与他的"输粟赎罪""输粟拜爵"性质是一样的，即犯罪者或一般民众以向政府交纳粟或奴婢来赎罪或获取爵位。所不同的

---

① 刘向《说苑》卷20。
② 刘向《说苑》卷20。
③ 《言兵事疏》《守边劝农疏》《复言募民徙塞下疏》均见于《汉书·晁错传》。
④ 《守边劝农疏》。

是交纳的对象不同，一种是人（奴婢），一种是物（粟）。第三种对象是自由民，大致是破产失去耕地的自耕农和手工业者、无业游民等。从三种对象看，前两种对象是政府强迫其移民，第三种对象是带有自愿性，但也有无以为生，被迫背井离乡的意味。虽然这些移民带有不同的强制性，但晁错认为也不是没有条件限制，谁想去都可以移民。由于政府移民的目的是垦殖守边御敌，因此政府要挑选那些"壮有材力"者，因为"所徙之民非壮有材力，但费衣粮，不可用也"。①

二是晁错主张对移民边境垦殖守边予以经济上、生活上、政治上的优待，使他们在边疆能"乐其处而有长居之心"。②首先，在经济上要"予冬夏衣，廪食，而自给而止"。移民初到一个艰苦、陌生的边境地区，政府应先给予他们基本的食物、衣服等生活必需品，直到他们在生产中能够自给自足为止。由此可见，这种移民垦殖守边与原来戍卒军屯守边是不同的，前者政府补助移民衣食只到他们能自给自足为止，而后者戍卒守边是主要依赖政府供给，军屯只是一种辅助性的补充。不言而喻，移民垦殖守边会减少国家的大量漕粮供给，节省财政支出。

晁错为了让移民能长久安心在边境地区垦殖，生息繁衍，担负起守疆御敌的艰巨任务，不仅在经济上让移民衣食来源有保障，而且在生活上也做周到的安排。让移民"先为室屋，具田器"，③甚至对"室屋"的具体居住标准都提出较高的要求，"家有一堂二内，门户之闭，置器物焉"。而且还要求政府考虑解决移民的医疗、祭祀、婚姻等问题，"为置医巫，以救疾病，以修祭祀，男女有婚"，④"其无夫妻者，县官买予之"。⑤

晁错除了在经济、生活上予以移民优待外，还在政治上给予移民鼓励，让他们提高社会地位。如对自由民"皆赐高爵，复其家"，鼓励"郡县之民得买其爵，以自增至卿"。⑥而对有罪的人加以赦免，属奴婢身份的恢复其自由。

三是严密移民组织，以适应在边境地区守边御敌的需要。晁错根据边境地区地广人稀，移民居住分散，但又肩负着守边御敌重任的特点，主张按照古制，在边境地区移民中实行军事化的组织体制，而且不准随意迁徙。使移民世代同居住生活在一个军事组织中，形成一个坚强团结的整体，守望相助相救援："使五家为伍，伍有长；十长一里，里有假士；四里一连，连有假五百；十连一邑，邑有假侯。"这样"卒伍成于内，则军正定于外。服习以成，勿令迁徙，幼则同游，长则共事。夜战声相知，则足以相救；昼战目相见，则足以相识；欢爱之心，足

---

① 《复言募民徙塞下疏》。
② 《复言募民徙塞下疏》。
③ 《守边劝农疏》。
④ 《复言募民徙塞下疏》。
⑤ 《守边劝农疏》。
⑥ 《守边劝农疏》。

以相死"。①

四是从移民中选拔良吏进行管理。晁错认为选拔良吏对"募民实塞""徙民实边"成功与否关系重大。"虽有材力，不得良吏，犹无功也"。而且，他还进一步很具体地提出了选拔良吏的标准："诚能称厚惠，奉明法，存恤所徙之老弱，善遇其壮士，和辑其心而勿侵刻"，能够"使先至者安乐而不思故乡"，"贫民相慕而劝往"。换言之，就是选拔的良吏要有很强的凝聚力，厚道、守法、能善待老弱壮士。晁错的选拔良吏能够根据"徙民实边"的最关键问题是首先让移民到艰苦的边疆能够扎根下去，不会因生活不下去而转徙其他地方或返回内地。而且，晁错主张要选拔这种标准的良吏最好是从移民中选拔，"择其邑之贤材有护，习地形知民心者"，因为这种就地从移民中选拔的良吏，"居则习民之射法，出则教民于应敌"，②能够承担起守边御敌的重任。

五是晁错主张政府在移民前应充分做好一切准备工作，包括移民点的选择，城邑、里宅、道路的建筑，田界的划分，移民住房、粮食、器物等的准备。因为只有做好了这些准备工作，才能使"民至有所居，作有所用"，让移民乐意离开故乡而到新的移居地点，并在移居地安心快乐地长期居住下来："轻去故乡而劝之新邑"，"使民乐其处而有长居之心"。③

综上所述，晁错的"募民实塞""徙民实边"中的垦殖、守边、御敌思想，不仅有原则性的主张，也有具体周密的措施，把经济、生活、军事、政治等作为一个系统统筹进行考虑，其思想是比较全面系统，并具有可操作性。晁错可谓是中国历史上第一个系统提出垦殖思想的人，对后世有重大的影响。④在晁错逝世后百余年，汉代著名将领赵充国军屯取得巨大成功，他在《屯田疏》中所阐述的具体措施和十二大好处，总的精神亦源自晁错"募民实塞""徙民实边"思想。

（二）王符的移民实边思想

东汉末年，由于"羌胡反乱，残破并、凉"，⑤形势十分紧急，朝廷在"羌叛十余年间，兵连师老，不暂宁息"，⑥兵力疲于应付。而且"羌反以来，户口减少"，⑦边郡千里空无一人。针对这种情况，王符提出了移民垦荒的主张："土多人少，莫出其材，是谓虚土，可袭伐也。"边境荒无人烟，必然出现"门有寇戒之心"。因此，他认为，移民垦荒不仅是一种经济上的措施，而且更重要的是一种充实加重边防力量的战略措施。王符还指出，土多人少，固然容易遭到袭

---

① 《复言募民徙塞下疏》。

② 《复言募民徙塞下疏》。

③ 《复言募民徙塞下疏》。

④ 上海社会科学院经济研究所经济思想史研究室：《秦汉经济思想史》，中华书局 1989 年版，第 88 页。

⑤ 《后汉书·虞诩传》。

⑥ 《后汉书·西羌传》。

⑦ 《潜夫论·实边》。本目以下引文未注出处者，均见于此。

伐。但如果是"土少人众，民非其民，可匮竭也"。原因是人口如果太多，则边防供给就跟不上。"是故土地人民必相称也"。也就是说，在制定移民实边计划时，应注意考虑边境土地与人口的比例匹配问题。否则，"边郡多害而役剧，动入祸门……诚大忧也"。

王符提出的移民垦荒具体措施也是基于通过给予移民政治上、经济上优待，诱导移民自愿移居边疆垦荒，以加强边防力量。他提出："募运民，耕边，入谷。运郡千斛，近郡二千斛。拜爵五大夫。有不欲爵者，使食倍价于内郡。"由此可见，王符提出的这个措施，不仅给予移民政治、社会地位上拜爵的奖励，如果有人不愿意接受爵禄地位，就可通过使其经济收入加倍来奖励。历史证明王符这个办法，收到了很好的效果，当时参加移民的人，"虽令无往，弗能止也"，可见，在当时这种政治、经济上的优待条件很有吸引力，使民众踊跃自愿迁徙边疆垦荒，说明政府移民垦荒政策是成功的。

晁错、王符的用政治、经济上的优待诱导移民的思想，西汉政府在实践上也曾予以推行。如汉武帝曾通过"衣食皆仰给县官，数岁，假与产业"，"徙民于关西"。这就是汉武帝通过给予移民关西的百姓数年的衣食，并且借贷给他们粮种、农具、耕牛等，帮助他们垦荒种田。汉平帝时，也曾"募徙贫民，县次给食，至徙所，赐田宅什器，假与耕牛、种食"。[1] 这条记载更具体地反映了历朝西汉政府基本上都是采取给贫民数年衣食，并且到移居地后，给予起码的生活、生产条件，即田地、住宅、农具，借给耕牛、种子等，让他们能够在新移居地通过逐渐开展农业生产，达到自给自足，从而扎根下来。

(三) 崔寔的移民解决土地兼并和多种经营思想

东汉中期，土地兼并问题日趋严重，其结果是造成极端的贫富分化，这就是"富者田连阡陌，贫者亡立锥之地"，[2] 使社会各种矛盾尖锐。崔寔为了缓和当时的各种社会矛盾，承袭了董仲舒限民名田塞并兼之路的思想，并且另辟蹊径，通过将人稠地狭的民众移民到人稀地广的地区进行垦荒，从而缓和因土地兼并使许多农民失去土地的社会问题。他提出："古有移人通财，以赡蒸黎。今青、徐、兖、冀，人稠土狭，不足相供，而三辅左右，及凉、幽州内附近郡，皆土旷人稀，厥田宜稼，悉不肯垦发。小人之情，安土重迁，宁就饥馁，无适乐土之虑。故人之为言瞑也，谓瞑瞑无所知，犹群羊聚畜，须主者牧养处置，置之茂草则肥泽繁息，置之硗卤则零丁耗减。是以景帝六年诏郡国，令人得去硗狭就宽肥。至武帝遂徙关东贫人于陇西、北地、西河、上郡、会稽，凡七十二万五千口，后加徙猎吏于关内。今宜复遵故事，徙贫人不能自业者于宽地，此亦开草辟土振人之

---

① 《史记·平准书》。
② 《汉书·食货志》。

术也。"① 崔寔在此提出的政府以移民来缓和当时土地兼并问题还是比较切实可行的，即将人稠地狭的青、徐、兖、冀等州失去耕地的贫苦农民迁移到人稀地旷的三辅左右及凉、幽等地区，这样既解决了青、徐、兖、冀等州劳动力过剩而土地不够的矛盾，又同时解决了三辅左右及凉、幽州劳动力不足而土地无人耕垦的矛盾。总之，当时的人稠地狭和人稀地旷虽然表象截然相反，但实质上都是劳动力与生产资料土地配置不协调的人地矛盾，政府通过鼓励移民来解决人稠地狭和人稀地旷的人地矛盾问题，既调剂人口密度，又缓解土地兼并，从而缓和了当时的社会矛盾和朝廷的统治危机。

崔寔为了进一步解决民众的生存和发展问题，在《四民月令》中相当具体地提出了以农为主、多种经营的农村发展设想。中国古代自给自足的封建自然经济，生产的主要目的是更好地满足农民的自身的生活需要。因此，农民不仅要以农业生产为主，还要发展副业、手工业、商业。他在《四民月令》中提出：一是按照时令气候，安排耕、种、收获粮食、油料、蔬菜；二是养蚕、纺织、织染、漂练、裁制、浣洗改制等"女红"；三是食品加工及酿造；四是修治住宅及农田水利建设；五是收集野生植物，特别是中草药材，并将其配制成"法药"；六是经营买卖。如安排春夏卖粮，秋冬买粮，这就是粮价高时卖，粮价低时买，显然这样的买卖已不是属于以有易无、以余易缺性质了，而是属于通过从事粮食贸易以获利的商业行为。又如敝絮布帛也是又买又卖，春夏收，秋冬卖，同样属于通过买卖获利的商业行为。《四民月令》中提出的农村发展以农业为主、多种经营的思想，不仅是两汉以来农村经济发展的要求，而且也体现了在当时的农村自然经济情况下，农业必须占据主导地位，但也要有手工业、商业经营作为补充，才能维持农村生活的正常运转。

五、《管子》轻重论思想

有关《管子》一书的作者及其成书年代，学术界众说纷纭，莫衷一是。但大多数学者认为，《管子》一书并非成于一人一时之书。其中《管子·轻重篇》成书年代主要有以下 5 种看法：一是胡寄窗在《中国经济思想史》上册第十章中认为《管子》"大约到战国中期，其全部体系即已完成"。不言而喻，《轻重篇》至迟成书于战国中期。二是王国维、郭沫若认为《轻重篇》成书于西汉文景时期。如郭沫若在《管子集校》中断言："《轻重》诸篇成于汉文景之世。"三是罗根泽在《诸子考索·管子探源》中认为："轻重十九篇，并汉武昭时理财学家作。"四是马百非在《管子轻重篇新诠》认为，《管子·轻重篇》成书于王莽时期。五是赵靖认为，《管子》轻重诸篇是在"从汉文帝直到汉武帝时期八、

---

① 《全上古三代秦汉三国六朝文》第一册《政论》726—727 页。

九十年间逐渐积累起来的"。① 拙作采纳赵靖的观点，并主要参考其对轻重论的分析。

（一）轻重论产生的历史背景

西汉王朝建立后，在黄老"无为而治"思想的指导下，经过数十年休养生息，社会经济逐渐恢复发展，至文景之治时期，出现繁荣景象。随着封建经济的发展繁荣，封建制度固有的各种矛盾也日益显现，有的还趋于尖锐化，其中主要有以下几个方面：

一是在轻徭薄赋政策中，国家向土地所有者所收的赋税很轻，为十五税一、三十税一，而土地所有者向租种其土地的佃农所收的地租则很高，达十分之五。因此，薄赋政策的主要受益者是拥有地广粟多的大地主，而众多的农民由于地租重而日益贫困。其结果是社会贫富分化日益悬殊，土地兼并也日趋严重。

二是随着社会经济的发展繁荣，西汉地方诸侯势力也发展膨胀，严重威胁汉中央政权。在经济上，由于汉初取消了对山泽的封禁，盐铁和其他一些山泽之利以及工商税收等，都划归各地诸侯私人所有，汉文帝时期又开放铸钱禁，允许私人铸钱。这样，各地诸侯国"盗铸钱，煮海水为盐，以故无赋，国用富饶"。② 诸侯国大量财富的积聚，为他们抗拒中央朝廷、分裂叛乱提供了雄厚的经济基础。

三是封建国家政权同富商大贾之间的矛盾日趋尖锐化。随着西汉前期社会经济的发展和繁荣，商人势力膨胀。他们依仗自己雄厚的财力，操纵市场，盘剥农民，谋取暴利，使广大农民通过农业生产难以为生，纷纷脱离农业生产，严重冲击国家以农为本的国策。商人资本还大量兼并土地，使农民破产流亡，动摇了封建国家的经济基础。拥有巨大财富的富商巨贾非但不支持封建国家政权，而且反而扰乱社会经济，企图左右经济，"转毂百数，废居居邑，封君皆低首仰给，冶铸煮盐，财或累万金，而不佐国家之急，黎民重困"。③ 更为严重的是，一些有政治野心的富商大贾，"因其富厚，交通王侯"，④ 与地方诸侯相互勾结，图谋不轨，对中央政府构成严重的威胁。

西汉中央政府面临着这三个主要社会矛盾以及其他一些问题，使人们感到，当时仍然占指导地方的"无为而治"思想和政策，已经无法有效地解决由社会经济所诱发的这些新矛盾和新问题。这促使人们认识到，必须审时度势、改弦更张，提出新思想新政策，以有效地解决新出现的矛盾和问题。在这样的历史背景下，轻重论思想应运而生。

---

① 赵靖：《中国经济思想通史》第1册，第546页。
② 《史记·吴王刘濞列传》。
③ 《史记·平准书》。
④ 《汉书·食货志》。

所谓轻重论，就是主张封建国家直接经营工商业和参与市场活动，通过经济手段与行政手段相结合，以控制工商业，并进而对整个国民经济实行调节、干预和控制，使政府在社会经济活动中取得举足轻重的支配地位，以增加财政收入，限制打击商人势力和地方诸侯，巩固中央集权专制主义的封建政权。[1]

西汉时期出现的轻重论思想，其来源较为复杂，其中最为主要的有 3 个方面的思想：一是先秦法家的思想，如法家强化国家控制的主张、"利出一空""重本抑末"等思想，均为轻重论者所继承。轻重论主张国家直接经营工商业，因此必须学习经商，了解市场行情变化规律、商品供求变化以及竞争手段等，因此，掌握商家思想也是不可缺少的。俗话说商业竞争如同一种特殊的战争，因此经营商业者必须懂得兵家权谋之学。《管子》的轻重诸篇很强调国家在实行经济控制时运用权谋，其受兵家权谋学说的影响较为明显。

（二）轻重论的内容

西汉时期的轻重论主要有 3 个方面的内容，即轻重之势、轻重之学和轻重之术。[2] 以下就其 3 个方面做一简要介绍：

1. 轻重之势

所谓轻重之势就是强调实行轻重政策者所必须具备的地位和权力，即权势。先秦法家强调"势"对治国的重要性，如韩非就提出法、术、势的思想，认为"法"和"术"是统治国家的重要手段，但必须以"势"作为先决条件，就是统治者必须首先拥有足够的地位和权力，即"势"，才能有效地使用"法"和"术"来管理国家。因此，在轻重论中，轻重之势居于举足轻重的支配地位，决定轻重之学、轻重之术运用的基本前提，而轻重之学则是取得轻重之势、运用轻重之术的理论指导和依据，轻重之术则是取得轻重之势、实施轻重之学的手段。

如前所述，从总体上说，西汉前期中央政府的"势"，即地位与权力还是比较弱的。汉初大封同姓诸侯王，使他们拥有广大的封土和强大的军事、政治和经济力量。到文景时期，出现了同姓诸王分裂割据、对抗中央朝廷的危险局面。对此，贾谊提出"众建诸侯而少其力"、晁错提出"削藩"的应对策略。他们的主张均着重从政治角度来削弱地方诸侯加强中央政府地位和权力。贾谊、晁错等人虽然也意识到当时商人势力的膨胀和西汉政府的重本抑末政策无力控制商人以及货币放铸政策所带来的封建国家经济上的权力下移的严重后果，但对此还未给予足够的重视并提出系统全面的对策措施。在这样的情况下，轻重论提出了 系列较为系统全面的应对策略。

其一，他们主张以君主为代表的封建王朝必须掌握控制、支配国民经济活动的轻重之势，中央集权专制主义封建王朝的地位和统治权力才能真正强大巩固：

---

① 参见赵靖《中国经济思想通史》第一卷，第 539 页。

② 《中国经济思想通史》第一卷，第 550 页。

"圣人理之以徐疾，守之以决塞，夺之以轻重，行之以仁义，故与天壤同数，此王者之大辔也。"① "出准之令，守地用、人策，故开阖皆在于上。"② "国有十年之蓄，而民不足于食，皆以其技能望君之禄；君有山海之金，而民不足于用，是皆以其事业交接于君上也。故人君挟其食，守其用，据有余而制不足，故民无不系于上也。"③ 在此，轻重论者强调国王、人君等最高统治者必然牢牢掌握"大辔""开阖"等统治国家的大权，并且在经济上掌握了轻重之势，才能确保在政治上的"势"，否则，只不过是"名罗于为君"④ 毫无实际的权势可言。

轻重论者更重视统治者在经济上所拥有的"势"，认为比在政治上拥有的"势"更重要。他们认为政治上的"势"是直接依靠暴力来强制维持的，虽然有效，但有可能引起更大冲突反抗，并且不可能全面覆盖；而经济上的"势"，能够不必通过直接的暴力强制，而采取支配广大民众生活命脉的方式，使老百姓服从国家的意志，听从国家的驱使。这就是如果广大民众在生活上依靠君主，"予之在君，夺之在君，贫之在君，富之在君"，⑤ 那么君主就能在管理国家中，让他们服服帖帖听从指挥，"善为天下者，毋曰使之，使不得不使；毋曰用之，使不得不用"。⑥这种经济上的间接强制，要比政治上的直接暴力强制，虽然见效慢，但会更少遇到冲突反抗，更有实效。

轻重论者还从反面来论证封建国家在经济上掌握轻重之势的重要性，如果封建国家在经济上丧失轻重之势，将会产生以下3个方面负面影响：一是如果封建王朝不坚持经济上的中央集权，就不能有效地控制整个国民经济，"君不守以策，则民且守于下，此国策流已"。⑦ 这就是经济大权下移，不由朝廷控制，会使国家财源枯竭，"委积则虚"，"下富而君贫"。二是如果国家经济大权下移，最大的受益者是地方诸侯和富商大贾。地方诸侯就会依仗手中的经济权力，与中央朝廷争夺人力、物力，实行分裂割据，"天子以客行，令以时出，薮谷之人亡，诸侯受而官之，连朋而聚与，高下万物以合民用。内则大夫自还而不尽忠，外则诸侯连朋合与，薮谷之人则去亡，故天子失其权也"。⑧ 如果富商巨贾掌握了轻重之势，利用和控制工商业，也会产生离心力，离散国家的凝聚力，对中央朝廷形成威胁，"万乘之国有万金之贾，千乘之国有千金之贾，然者何也？国多失利，则臣不尽其忠，士不尽其死"。⑨ 三是封建国家如丧失了轻重之势，国计

---

① 《管子·山至数》。
② 《管子·乘马数》。
③ 《管子·国蓄》。
④ 《管子·国蓄》。
⑤ 《管子·国蓄》。
⑥ 《管子·揆度》。
⑦ 《管子·乘马数》。
⑧ 《管子·山至数》。
⑨ 《管子·国蓄》。

民生将会遭到极大损害，造成贫富分化严重，贫民饱受饥寒，影响社会稳定。"民人所食，人有若干步亩之数矣，计本量委足矣；然而民有饥饿不食者，何也？谷有所藏也。人君铸钱立币，民庶之通施也，人有若干百千之数矣；然而人（民）事不及，用不足者，何也？利有所并也"。① 基于以上这些认识，轻重论者提出封建国家应从 3 个方面着手取得轻重之势：一是从富商大贾手中夺取轻重之势。轻重论者认为，商人尤其是大商人囤积居奇、操纵市场，"物适贱，则半分而无予，民事不偿其本；物适贵，则十倍而不可得，民失其用"。② 从而直接剥削和兼并农民，"蓄贾游市，乘民之不给，百倍其本"。③ 结果造成"贫者失其财"，"农夫失其五谷"。④ 为了限制、打击富商大贾的势力和剥削、兼并行为，轻重论者主张，封建国家要掌握国民经济大权，从富商大贾手中夺取轻重之势："故像夺其途则民无遵，君守其流则民失其高下。故守四方之高下，国无游贾，贵贱相当，此谓国衡。以制相守，则数归于君"。⑤ 轻重论者提出的从富商大贾手中夺取轻重之势的主张，既不同于先秦法家至秦始皇那样通过沉重的赋税、徭役和严刑峻法来达到抑末的目的，也不像西汉前期抑末论者主张的从政治、法律和社会地位上"贱商人"和"困辱"商人，而是在用国家的权力限制私商的同时，由封建国家直接参与市场经济活动，经营工商业，对"大贾蓄家"进行压制排挤，使"大贾蓄家不得豪夺吾民"，⑥ 从而确保国家在经济上的轻重之势。

二是从地方诸侯手中夺取轻重之权。西汉吴楚七国之乱后，汉中央政府继续贯彻削弱同姓诸侯王的政策。汉武帝时，又采纳了主父偃的建议，颁布"推恩令"，规定各诸侯王除由嫡长子继承王位以外，其他诸子都可以在封国范围内分到封地，作为封国中的封国。这样封国越封越小，各地诸侯王的势力大为削弱。并且，朝廷又"作左官之律，设附益之法"，⑦ 规定凡在诸侯王国任官者，地位低于朝廷官员，并不得进入朝廷任官，以防止诸侯王插手中央朝廷。严禁封国官吏与诸侯王串通一气，结党营私。从而进一步限制和剥夺地方诸侯的政治、军事权力。

轻重论者认为，当时削弱诸侯国势力，不仅要从政治、军事方面，而且还要从经济方面，因此他们提出了"毋予人以壤"⑧ 和"立壤列"⑨ 的主张，即必须

---

① 《管子·国蓄》。

② 《管子·国蓄》。

③ 《管子·国蓄》。

④ 《管子·轻重甲》。

⑤ 《管子·揆度》。

⑥ 《管子·国蓄》。

⑦ 《前汉书·诸侯王表》。

⑧ 有关"毋予人以壤"有多种说法，兹依赵靖《中国经济思想通史》第一册第 557 页的说法。

⑨ 《管子·轻重乙》。

限制各地方诸侯国的占地面积，明确规定各封国疆域面积的等级序列，其中最大的诸侯占地"三百有余里"，其次百里，小的七十里。这样封国土地占有面积受到限制，占有面积小了，人口、赋税收入少了，势力相应也小了，中央朝廷就容易控制他们。"如胸之使臂，臂之使指也……虽在下不为君忧"。这就是贾谊"众建诸侯而少其力"在经济上的具体措施。轻重论者所谈的"势"，不是一般的政治上、军事上的"势"，而是经济上的"轻重之势"；他们也不是单纯依靠国家的政治、军事手段来为自己取得轻重之势，而是更强调使用经济手段。

他们认识到，地方诸侯国之所以能与中央朝廷在政治上相抗衡，其中很重要的一个因素是地方诸侯国拥有雄厚的经济实力。如果中央朝廷不削弱和剥夺诸侯国的经济实力，不铲除诸侯国的物质基础，是很难消除地方诸侯国对中央朝廷的威胁。"物无主，事无接，远近无以相固，则四夷不得而朝矣"。① 在中国古代，除了土地作为最大的财富资源外，还有地方山海川泽、矿产等也是重要的财富资源，因此，轻重论者认为也必须由中央朝廷控制。他们提出，中央朝廷必须控制山海等自然资源，独占山泽之利，禁止诸侯冶铁煮盐，中央政府应垄断经营盐铁；中央政府应垄断铸币权，不许地方诸侯铸钱牟利；中央政府应通过贡赋、地区贸易等削弱地方诸侯的经济实力。

三是对广大人民的轻重之势。西汉轻重论者主张从富商大贾、地方诸侯手中夺取轻重之势，其从本质上来说，就是与富商大贾、地方诸侯夺取对广大民众的轻重之势，从而在经济上取得对广大民众的支配权，通过赋税、专卖等敛取民众的钱财，并强化在政治上对民众的统治。为了取得对广大民众的轻重之势，轻重论者提出两个基本条件：一是调通民利："不能调通民利，不可以语制为大治"。② 轻重论者认为，"民富不可以禄使也，贫则不可以罚威也"。③ 这就是说，赏罚虽然是治国的重要手段，但是必须在一定的经济条件下才能起作用。如果很富有的人，就看不起国家的一点奖赏，不愿为了国家的一点俸禄或奖赏，而为封建国家卖力效命。而对于那些过于贫穷而无法生存的人来说，往往会因为生计所迫而做出违法乱纪的事情。对于这些因生计而铤而走险的人，国家刑罚是不容易起到儆戒禁止的作用。由此可见，太富裕太贫穷的人，会影响国家取得对广大民众的轻重之势，从而进一步导致社会的不安定，动摇封建国家的统治。"法令之不行，万民之不治，贫富之不齐也"。④ 正由于贫富分化严重，引起法令难以得到执行、国家无法得到治理，因此，治理国家首先必须做到"调通民利"，防止贫富悬殊，必须让广大老百姓不至于太富，也不至于太贫，这样国家的赏罚手段

---

① 《管子·轻重甲》。
② 《管子·国蓄》。
③ 《管子·国蓄》。
④ 《管子·国蓄》。

就会对广大老百姓发生作用,从而达到封建王朝的天下"大治"。二是"不通于轻重,不可为笼以守民"。① 轻重论者继承和发展了先秦法家"利出一孔"的思想,认为"利出一孔"不是先秦法家所说的通过赏罚手段驱使人民从农战唯一途径获取名利,而是要求封建政府直接对社会经济活动进行干预和严格控制,"塞民之羡,隘其利途",使人民只能在国家绝对控制、支配下的经济领域或范围之内从事经营活动,以获取财富或生活来源,而不得经营国家所不允许的"利途",即经济活动领域。这种对民众经济活动领域或范围的限制,就称为"为笼以守民"。这个经济方面的"笼"既然是经济方面的而不是政治、法禁方面的,因此轻重论者认为,治国者必须熟悉商品流通和商业经营方面的知识,否则,"不通于轻重,不可为笼以守民",就不能治理好国家。

2. 轻重之学

轻重论者认为,在商品经济活动中,货币、商品、价格、供求等关系,是变化有"数"的,即有一定的规律性。封建政府如要取得轻重之势,直接经营工商业,进入社会经济活动领域,影响和控制整个国民经济,就必须"通于轻重之数",熟悉商品经济活动的规律性,这就是"轻重之学"。其主要内容有以下3个方面:

其一,关于货币和粮食在社会经济生活中的决定作用及其相互关系。轻重论者认为:"五谷食米,民之司命也;黄金刀币,民之通施也。"② 所谓"司命",就是命运支配者,这是指粮食作为最基本的生活资料,决定着广大人民的生存。所谓"通施",《管子》一书另一处又作"通货",③ 即民间通用的流通手段。在商品流通中,货币作为流通手段是人们普遍接受的。因此,在封建社会经济中,粮食和货币作为两种最重要的商品,如果由封建政府掌握,不但能控制市场,而且对支配整个社会经济生活,安全社会秩序,都会起着举足轻重的作用。因此,粮食和货币,是"以轻重御天下"④ 的两个主要杠杆。

对于粮食与货币的比价变化,轻重论者得出的结论是:"粟重而黄金轻,黄金重而粟轻"。⑤ 这就是如果处于流通中的粮食数量减少而货币数量相对增多,那么货币购买力降低而谷物价格上涨,即"粟重而黄金轻";相反,如果处于流通中的货币数量减少而粮食数量相对增多,则表现为货币购买力的提高而谷物价格下跌,即"黄金重而粟轻"。货币与粮食相互关系的认识是全部轻重论的基础和主要支柱,但是如果轻重论者不把粮食、货币关系同其他商品联系起来,孤立地讨论粮食与货币的比价关系,那是没有意义的。因此轻重论者在此基础上又进

---

① 《管子·国蓄》。
② 《管子·国蓄》。
③ 《管子·轻重乙》。
④ 《管子·山至数》。
⑤ 《管子·国蓄》。

一步探讨了货币、粮食与其他商品的相互关系。

轻重论者指出，货币与其他商品的相互比价关系是："币重而万物轻，币轻而万物重。"① 谷物与其他商品的相互比价关系是："谷重而万物轻，谷轻而万物重。"② 由于货币作为一般等价物，谷物作为关系百姓生存的最基本生活资料，在中国古代自然经济占主导地位、商品经济很不发达的情况下，经常也作为一般等价物，因此，轻重论者把货币、谷物等同看待，探讨它们与其他商品的相互比价关系，即当处于流通中的货币、谷物数量减少而其他商品数量相对增多，则表现为货币、谷物购买力的提高而其他商品价格下跌；反之，当处于流通中的货币、谷物数量增多而其他商品数量相对减少，则表现为货币、谷物购买力降低而其他商品价格上涨。明确了货币、谷物与其他商品的比价关系，封建政府就可以通过货币、谷物为杠杆，调节和控制其他商品的价格和供求关系，从而控制社会经济活动。

轻重论者还通过探讨商品价格与供求的关系，进而为封建国家进入商品流通领域，直接经营商业，干预和控制国民经济，提供了理论依据。轻重论者指出："有余则轻，不足则重"，或者"多则贱，寡则贵"。③ 这就是说商品供求决定价格。当市场上的商品供过于求时，价格就会下降；而供不应求时，价格就会上涨。在此基础上，轻重论者进一步分析了商品多寡与价格高低的两类不同因素。一种是客观的因素。如年成丰歉影响粮价高低："岁有凶穰，故谷有贵贱"。④ 遇到丰收年景，农民的收获多，粮价就下跌，反之，粮价则上涨，"岁适凶则市籴釜十锾"。另一种是主观的因素，人们的活动引起的供求及价格变化。如政府法令会影响物价，"令有缓急，故物有轻重"。⑤ 封建国家征调某物资愈紧迫，人们纷纷购买这种物资以应征调，这种物资就愈贵。还有人为地聚、散、藏、发也会影响某种物资的供求关系，进而引起价格的高低。如把某种商品囤积起来，使之供不应求，价格就会上涨；反之，往市场抛售某种商品，使之供过于求，价格就会下跌。"藏则重，发则轻"，⑥ "守则重，不守则轻"。⑦

轻重论者指出供求关系决定价格的同时，又认识到价格波动也会影响供求变化。"重则见射，轻则见泄"。⑧ 在市场活动中，当某种商品价格上涨，即所谓"重"时，必然"见射"，成为人们抢购、囤积的对象。因为，当人们预测到这

---

① 《管子·山至数》。
② 《管子·乘马数》。
③ 《管子·国蓄》。
④ 《管子·国蓄》。
⑤ 《管子·国蓄》。
⑥ 《管子·揆度》。
⑦ 《管子·轻重甲》。
⑧ 《管子·山权数》。

种商品的价格会继续上涨时，就会大批购进并囤积起来，待价格上涨到更高水平时出售，就会获得厚利。人们争相"见射"即抢购的结果，就会使商品需求猛增，出现供不应求。反之，当某种商品价格"轻"即下跌时，人们预测它会进一步下跌，就会争着向市场抛售这种商品，这就是所谓"轻则见泄"，导致这种商品过剩，在市场上供过于求。

3. 轻重之术

轻重论者主张封建国家以经济手段为主，兼用行政手段，自上而下地宏观干预、调控国民经济活动，并且国家直接经营工商业，在市场上通过垄断与市场竞争并举，既谋求国家对整个国民经济的支配即轻重之势，同时又尽可能地增加财政收入，从而巩固封建王朝的统治。为达到这种目的的具体措施，就是当时的轻重之术，主要有以下 7 个方面：

其一，"执其通施，以御其司命"。[1] 这就是说，封建国家首先要掌握作为流通手段的货币，利用它来控制和调节作为人的命根子的谷物的价格和供求，并且进而运用货币和谷物来取得和保持在经济领域中的举足轻重之势，以维护对全国的统治。"人君操谷、币准衡而天下可定也，此守天下之数也"。[2] 这里所谓"执其通施"，就是针对西汉前期由于允许私铸而造成的货币流通混乱以及所引起的中央集权受到严重削弱的后果，轻重论者提出中央政府应垄断货币的铸造和发行，"人君铸钱立币"。[3] 并且，还要控制铸币材料的来源，即掌控出产币材金属的矿山，"矛戈之所发，刀币之所起也"，[4] "君有山，山有金以立币"。[5] 这实际上就是对贾谊的"上收铜勿令布"思想的发展和具体化。这里的"御其司命"就是国家利用农民春季青黄不接的时候，通过春借秋还，把农民粮食收到国家手中，造成市场粮食稀小，粮价高涨。然后，国家再乘机抛售粮食，收购纺织品，待纺织品价格上涨时，再予以售出。国家通过这种方式经营商业，取得对农民、城市居民和商人、高利贷者的轻重之势，既排挤打击了商人和高利贷者利用粮食操纵市场、盘剥农民，又能控制和支配粮食、纺织品等生活必需品市场，并增加财政收入。

其二，"官山海"[6] 和"官天财"[7] 轻重论者把国家是否能够垄断山海之利作为治国成败的一个重要因素："为人君而不能谨守其山林、菹泽、草莱，不可

---

① 《管子·国蓄》。
② 《管子·山至数》。
③ 《管子·国蓄》。
④ 《管子·地数》。
⑤ 《管子·山至数》。
⑥ 《管子·海王》。
⑦ 《管子·山国轨》。

以立为天下王"。① 因此主张封建国家对山海资源要"谨封而为禁",绝不能让人们染指,"使乘者下行,行者趋","有动封山者,罪死而不赦;有犯令者,左足入左足断,右足入右足断,然则其与犯之远矣,此天财、地利之所在也"。② 先秦时期,国家封山禁泽主要是限制农民在农时入山泽采伐捕捞,影响农业生产;或者禁止平民开采贵重自然资源(如金、玉等);有的也借以对开采山泽征税,以增加国家财政收入。西汉时期的轻重论者"官山海"的主要对象是煮盐和开采铁矿冶铁。

当时食盐、铁器是广大百姓最普遍的日常生活必需品,封建国家垄断了盐铁,通过加价的办法寓税于价,表面上没增加税收,不会引起民众的反对,但实质上使国家财政收入增加。

轻重论者还对盐和铁的垄断经营提出不同的方式。对于盐,他们主张国家不仅要垄断其流通,还要控制其生产,只能由封建国家组织劳动力"伐菹薪煮沸水以籍于天下",③ 而禁止民众私自"聚佣而煮盐"。④ 对于铁,他们则主张国家仅垄断其流通,而不直接经营其生产。因为国家如直接经营铁的生产,"今发徒隶而作之,则逃亡而不守;发民则下疾怨上,边境有兵,则怀宿怨而不战。未见山铁之利而内败矣"。⑤ 显然,对国家不利。因此,让私人自行生产,国家按照产量进行抽成,与私人生产者三七分成,"善者不如与民量其重,计其赢,民得其七,君得其三,有(又)杂之以轻重,守之以高下。若此,则民疾作而为上虏矣"。⑥

其三,"以重射轻,以贱泄平(贵)"。⑦所谓"以重射轻",就是当市场上某种商品供过于求而价格下跌时,国家商业机构就以略高于市场价的价格及时予以收购,改变供过于求的现象,使价格回升,以防止私商趁机压价。这就是"夫民有余则轻之,故人君敛之以轻"。⑧ 所谓"以贱泄贵",就是当市场某种商品因供不应求而价格上涨时,商人往往囤积不售,待价格继续上涨后再出售,以牟取更大的利润。这时,国家商业机构应把过去收购进来的这种商品以略低市场价的价格大量抛售,阻止价格继续上涨,迫使商人因资金周转困难,不得不把囤积的商品出售。这就是"民不足则重之,故人君散之以重"。⑨ 总之,国家通过这

---

① 《管子·轻重甲》。
② 《管子·地数》。
③ 《管子·地数》。
④ 《管子·地数》。
⑤ 《管子·地数》。
⑥ 《管子·地数》。
⑦ 《管子·国蓄》。
⑧ 《管子·国蓄》。
⑨ 《管子·国蓄》。

种供求关系与价格涨跌的调节，既打击了投机不法商人，"杀正商贾之利"，① 也使国家获得巨额的商业利润，调节了市场物价，"君有十倍之利，而财之櫎可得而平也"。②

轻重论者还将国家调节供求关系和商品价格视为十分重要的治国理政内容，认为治国者如果不能做到这一点，就不能把国家管理好。当物价上涨时，却珍惜财货而不肯及时抛售，"民重而君重"；③ 当物价下跌时，还轻视财货而不愿大量收购，"民轻而君轻"，④ 必致坐失良机，丧失市场和物价管理的主动权，"重而不能轻"，"轻而不能重"，⑤ 并因管理物价的失败而导致整个轻重之势的丧失。"不能调民利者，不可以为大治；不察于始终者，不可以为至矣"。⑥

其四，"见予之形，不见夺之理"。⑦轻重论者认识到，从心理角度看，民众对国家给予自己什么总是高兴的，而对夺走自己什么总是不满的。因此，国家把财政税收上的只夺不予往往会引起这种或那种形式的抵制或反抗，"此盗暴之所以起，刑罚之所以众也"。⑧ 这种民众心理使国家在财政税收上面临着两难的境地：一方面国家必须取民才能获得和增加财政收入，否则国家政权失去财政支持而无法存在；另一方面，夺民或取民又会引起民众抵制和反抗，使政权面临威胁，因此，轻重论者提出，要讲求"夺"的方法，虽然实际上向百姓夺取，但又要使百姓觉察不到自己被夺取了，甚至认为国家已经"予"了自己。这种形式的"夺"，避免了被夺者的反感，甚至认为国家也给予了自己，能够使民众心甘情愿被夺，使国家能够夺得更多或更顺利。

国家这种形式的"夺"，最常见的做法就是在商业上国家垄断某些赢利最大、又是百姓日常生活必需品的商品，国家直接经营这些商品的生产、贩运和出售或某些关键环节，巧妙地寓税于价，使百姓"见予之形，不见夺之理"，而国家则从与百姓的商品交易中，获得巨额的商业利润作为财政收入。这种隐蔽的不易察觉的"夺"，表面上看来是一种商品交换关系，国家并没有像强制征税那样夺而不予，而是在交换中"予"了百姓一定的东西。

轻重论者还认为，封建国家的财政收入，在征收数量上要控制在有利于生产力的发展的范围之内。他们以农业生产为例，财政收入要充分考虑农民收成的承受力，要保证能够"三其本"，农民才能"若为食"，即有饭吃，能够生存进行

---

① 《管子·轻重乙》。
② 《管子·国蓄》。
③ 《管子·揆度》。
④ 《管子·揆度》。
⑤ 《管子·揆度》。
⑥ 《管子·揆度》。
⑦ 《管子·国蓄》。
⑧ 《管子·臣乘马》。

简单再生产；如果农民只能"再其本"，那就会"无□者卖其子"，① 即连简单的再生产都无法进行；如果农民"事不能再本"，② 封建国家又强行征收不止，那就会造成农业生产遭受破产，百姓流离失所，无法生存，"轻重不调，无膻之民不可责理，鬻子不可得使，君失其民，父失其子"。③ 如果国家财政依靠这种掠夺式的"不能再其本"的征收，那就是"亡国之数"了。

其五，"籍于号令"。轻重论者继承法家的思想，也相当重视依靠行政权力，即"籍于号令"，强制性地规定或下达指令性的任务等来控制、支配民间经济活动。因此，他们一再强调："君以令为政"，④ "令重于宝"。⑤ 他们认为，政府采取这种"籍于号令"的方式，不但可以使国家财政收入增加，而且也可使某些百姓得利，某些人亏损，甚至破产，从而达到"予之在君，夺之在君，贫之在君，富之在君"的调通民利的目的。如国家为了压制商人，鼓励农民的生产积极性，推动农业生产发展，发布政令，要求卿、诸侯、大夫、富商大贾都要按其社会地位储存相应的粮食，"使卿、诸侯藏千钟，令大夫藏五百钟，列大夫藏百钟，富商大贾藏五十钟"。这些人为了执行命令，不得不大量购进粮食，使粮食供不应求，粮价上涨，"农夫辟其五谷三倍其价，则巨商失其事，而农夫有百倍之利矣"。⑥ 其结果是农民坐而待沽，不必通过商人卖粮，农民直接卖粮食收入大增，而商人无钱可赚。在此，政府通过行政手段，影响商品价格和供求，加强国家在市场的主导地位和控制力，从而体现出"籍于号令"中的"号令"即国家的政令，是"籍"的行使手段，是为国家进行"征籍"并使百姓"服籍"而采用的。

其六，"斗国相泄"⑦ 和"可因者因之，乘者乘之"。⑧ 轻重论者主张，在同别国进行斗争中，应把对外贸易作为一种重要的手段，以取得经济上的轻重之势。其中主要内容是在同别国斗争中，应千方百计地争夺重要物质，尤其是关系到广大民众生存的粮食，使别国财富外流，以此来破坏别国经济，增加本国的财富，加强自身的经济实力。具体来说，在同别国斗争中，要竭力守住本国所拥有的粮食和其他重要物资，不让其通过贸易外流到别国，即"不吾泄"；另一方面，对别国所拥有的粮食或其他重要物资，要想方设法让其"泄"，即让其流到自己国内来。这样，自己国家在同别国斗争中，掌握、垄断了粮食和其他重要物

---

① 《管子·揆度》。

② 《管子·揆度》。

③ 《管子·揆度》。

④ 《管子·山权数》。

⑤ 《管子·揆度》。

⑥ 《管子·轻重乙》。

⑦ 《管子·乘马数》。

⑧ 《管子·轻重丁》。

资，就能在经济上取得对别国的轻重之势，进而在政治、军事上战胜别国。

轻重论者在"斗国相泄"的对外贸易斗争中，十分重视价格杠杆的作用，提出"天下下我高，天下轻我重，天下多我寡，然后可以朝天下"。① 他们认识到，因为商品总是从低价格的国家流向高价格的国家，因而强调"谨守重流"，即使本国的商品价格高于他国，这样就能防止本国商品外流别国，"守"住本国商品，并且还会诱使他国商品大量外泄，流入本国，使他国经济遭受重大损失。轻重论者尤其重视提高本国的粮食价格，因为其作为重要的战略物资，更不能让其外流到他国。

轻重论者认为，对外贸易主要目标是应通过提高粮价而购进粮食，"滕、鲁之粟釜百，则使吾国之粟釜千。滕、鲁之粟四流而归我若下深谷"。② 这样不仅使本国粮食不会外流，而且还会使外国粮食流入本国，从而使他国因大量粮食外流而严重缺粮，连人民的日常粮食需求也难以满足。这时，本国再将所储存的大量粮食以更高的价格出售，使别国在经济上陷入困境；进而进一步利用粮食，对别国施加压力，迫使他们因缺粮饥饿而屈服投降。"国谷倍重，故诸侯之谷至也。是藏一分而致诸侯之一分，利不夺于天下……故诸侯服而无止。"③

在对外贸易的轻重之术中，轻重论者还提出："可因者因之，乘者乘之，此因天下以制天下"。④ 所谓"因者因之，乘者乘之"就是善于利用本国的经济优势，寻找和利用别国的经济劣势，从而迫使其就范。如本国拥有海盐资源，高价推销给"用盐独甚"的一些国家，使这些国家因购买盐流失了大量财富，经济上遭到重创。或善于将别国的经济优势，通过巧妙的手段加以"因"或利用，使之转化为劣势，然后乘其处于劣势时，迫其屈服。如某些国家擅长织绨，就故意先高价大量购买，诱使这些国家民众为获得暴利"释其农事而作绨"。⑤ 然后突然同其中断经济贸易，"率民去绨闭关"，⑥ 致使这些国家绨卖不出去又缺乏粮食，"民饿馁相及"，⑦ 最后被迫归属本国。

其七，"通于轨数"。⑧ 轻重论者相当重视在经济管理中，必须对社会经济情况进行周密细致的调查和统计，并将此作为各项管理决策和措施的依据。他们把这种调查统计称之为"国轨"或"国会"，并指出"通于轨数"是实行轻重之术，进行国家管理的一项基本前提，"不通于轨数而欲为国，不可"⑨

---

① 《管子·轻重乙》。
② 《管子·轻重乙》。
③ 《管子·山至数》。
④ 《管子·山至数》。
⑤ 《管子·轻重戊》。
⑥ 《管子·轻重戊》。
⑦ 《管子·轻重戊》。
⑧ 《管子·山国轨》。
⑨ 《管子·山国轨》。

西汉时期，轻重论者对调查统计的对象作了相当具体的规定：如全国土地的数量和肥瘠情况、人口数量和构成、粮食产量和粮价、粮食消费量及余粮数量、妇女中能从事纺织的人数、纺织品的产量、需要量和剩余量、各地对货币的需要量等，都要求调查清楚。这与汉代地方郡国上计中每年"秋冬岁尽，各计县户口垦田，钱谷入出，盗贼多少，上其集簿"，① 经济统计项目如出一辙，即人口（丁男、纺织女，即劳动力）、田地（土地数量、肥瘠）、钱谷（粮食、货币）等统计数据。然后封建国家根据这些数据资料，运用轻重之术，进行宏观调控，在经济领域取得和保持轻重之势，"国轨，布于未形，据其已成。乘令而进退，无求于民"。②据 1997 年中华书局出版的《尹湾汉墓简牍》所载，尹湾六号汉墓出土的木牍中的集簿，主要内容就是记载汉代地方统计的户多少，口多少，提封多少顷亩，园田多少顷亩，种宿麦多少顷亩，春种树多少亩，一岁诸钱入多少，一岁诸钱出多少，一岁诸谷入多少石斗升，出多少石斗升，有些项目还与以前相比来说明增加或减少情况。

综上所述，轻重论是西汉时期重要的一种管理思想，并且在汉武帝时期得到了全面的推行，对解决当时封建国家的财政困难，打击富商大贾势力和同姓诸王的分裂，加强封建中央集权制度，发挥了巨大的积极作用。以今人眼光来看，轻重论思想具有不少可借鉴之处，如它强调国家在经济管理中必须采取经济手段与行政手段相结合以干预、调节和控制社会经济生活；国家财政收入不可损害生产力，要在发展经济的基础上增加财政收入；在经济管理中应重视调查统计，为国家制订经济政策，采取措施提供可靠的统计数据；在对外贸易中，应善于了解竞争对手的长处与短处，并巧妙地运用"因"或"乘"的手段，来击败对方。但是，轻重论思想往往在经济管理中过分迷信权力，片面夸大了行政权力的作用，错误认为君主专制的权威可以违背客观经济规律，无所不能地解决一切经济问题。例如他们企图利用货币和商品粮作为控制全国经济活动的杠杆，通过国家直接经营商业和高利贷把全国余粮的大部分控制在国家手中，再利用粮食支配"万货"，并依靠大幅度提高粮价来增加财政收入，这些设想其实不符合中国封建社会的自然经济情况，历史证明是不可能做到的。

六、北魏贾思勰的农业治生思想

中国古代最早的治生思想发端于春秋战国时期的商业治生思想，其代表人物是著名的大商人陶朱公范蠡和白圭。他们在长期经商的经历中总结出了如何通过经商而发财致富的经验，从而形成了商业治生之学。北魏时期，贾思勰著《齐民要术》，标志着中国古代农业治生之学的形成。所谓齐民要术，其意就是平民

---

① 《后汉书·百官五》注文。
② 《管子·山国轨》。

百姓谋求生计的重要方法。"齐"与"平"同义,"齐民"即"平民";"要术"就是谋生的重要方法。在中国古代封建社会,农业是最重要的生产部门,"民以食为天"。平民百姓谋求生计不仅需要研究、总结农业生产技术知识,还必须讲求以家庭为单位的农业生产经营管理问题。

贾思勰,北魏时人,生卒年月及生平事迹不详,只知其曾担任过北魏高阳太守。他是我国古代著名的农学家,其撰写的《齐民要术》成为我国现存的最早、最全面的农学著作,在世界农学史上也占有重要的地位。同时,北魏时期,北方广大地区的统一与安定,农业生产的恢复与发展,"齐民"特别是富裕"齐民"的剩余产品的增多,使得长期以来衰落、萎缩的商品经济和商业,也逐渐活跃和增长起来。《齐民要术》有相当的篇幅讲论商品农作物的种类和生产管理,并计算了种植商品农作物的收益。因此,《齐民要术》还是中国封建社会比较全面论述农业经营管理的第一部著作,是农业治生之学的奠基之作。

贾思勰在《齐民要术》中所阐述的农业治生之学由三个部分组成:其一是治生之道。他的治生之道有广义、狭义之分。广义治生之道即为治生之学;狭义治生之道指私人经营对象或经营途径的选择及与此有关的理论说明。其二是治生之理,指关于私人经营管理的一些原理和规律性认识。其三是治生之策,指私人经营管理的方法和措施。经营对象或途径确定之后,就要围绕这个对象,展开理论研究,探求其经营规律,并提出经营管理的手段或措施。所以,治生之道、治生之理、治生之策这三者是密不可分、相互依存的,从而形成治生之学的整个理论体系。以下就治生之道、治生之理、治生之策三个方面分别予以阐述:

(一) 治生之道思想

先秦时代陶朱公范蠡和白圭等人创立的商业治生之学,还没有涉及经营对象的选择问题,对此也谈不上有治生之道的理论探讨,他们从实践经验中认识到经营工商业是私人发财致富的主要途径或手段。较早提出并研究治生活动中经营对象问题的是司马迁。他认为,经营农、虞、工、商是既能富国、也能富家的治生正道,并进一步分析比较说,一方面,当时经营封建地产、收取地租而致富比较稳定可靠,而且比较体面,社会政治地位比较尊贵、荣耀;而经营工商业则风险比较大,被人歧视,社会政治地位比较低贱。这就是"本富为上,末富次之"。[①]另一方面,经营"末业",发财致富速度却比"本业"更迅速、更有效,尤其是经商最容易赚钱发财,"用贫求富,农不如工,工不如商"。[②] 在此基础上,司马迁提出一个比较理想的经营之道是,把经商与务农联系起来,"以末致财,用本守之"。[③] 既能迅速致富,又能稳固守住拥有的财富。从司马迁关于经营对象选

---

① 《史记·货殖列传》。

② 《史记·货殖列传》。

③ 《史记·货殖列传》。

择的论述可以看出，他并没有把经营工商业排除在治生之道之外，而是把工商业作为治生活动中相当重要的经营对象或途径加以肯定、强调的。

贾思勰在有关治生之道的论述中，同司马迁相比，其在经营对象的选择问题上，发生了根本性质的变化。他的基本取向是"夫治生之道，不仕则农。若昧于田畴，则多匮乏"。① 显然，在此他把治生活动中的经营对象或途径，归结为做官和务农。换言之，只有做官和务农，才是"治家人生业"，取得并保持、扩大私人财富的正当途径。并且还特别强调指出，如果不重视农业生产，不讲求封建地产的经营管理问题，就会导致贫困。如果说，司马迁关于经营对象的理论探讨，表现出商业治生之学向农业治生之学的转化趋势，那么，贾思勰"不仕则农"的思想主张，则把经营工商业从治生之道中排斥出去。正如他所说的："舍本逐末，贤哲所非。日富岁贫，饥寒之渐。故商贾之事，阙而不录"。故在《齐民要术》中，商业治生之学的痕迹完全消失不见了，已经转变为纯粹的农业治生之学了。

司马迁把靠做官获得爵邑俸禄而富家排除在"治生正道"之外，因为他所界定的治生正道，是以能增大"衣食之源"为条件的。他认为，做官得到的财富，不过是社会已有财富的再分配，是已有社会财富在所有权方面的转移；做官的人得到这部分财富，社会上其他的人就相应地减少了财富。司马迁把这种情况称为"夺予"，强调"贫富之道，莫之夺予"。② 由夺予得到的财富，都不能算治生之道。从现在的眼光看，做官其实就是从事国家和社会等各个方面的管理，对发展经济至关重要，其管理的好坏直接关系到经济发展的上升速度或停滞、倒退等。因此，司马迁把做官靠爵邑俸禄而富家排斥在治生正道之外，这是一种误解，在理论上也是说不通的。

贾思勰与司马迁在治生之道的经营对象选择上正好相反：一方面他把工商业致富排除在治生正道之外，反映了他受传统的重农抑商思想的影响，对工商业的歧视。另一方面，他把做官致富看作治生正道，对其可做两方面的分析。做官参与国家和社会管理，如是靠爵邑、俸禄致富，这是正道，无可非议。但是，在封建社会，吏治腐败，许多官员除爵邑、俸禄收入外，更多的是利用势力和特权，通过对百姓巧取豪夺和贪污受贿等而迅速获得暴富。因此，贾思勰如把做官参与国家和社会管理而靠爵邑、俸禄致富当作治生正道是正确的，但如果把利用势力和特权对百姓巧取豪夺和贪污受贿而暴富也当作治生正道，显然是错的。如果这样也算治生之道，岂不是将敲诈勒索学、贪污经、贿赂术也都冠冕堂皇地当成治生正道了。

贾思勰虽然把"仕"作为治生之道，但是对怎样做官发财没作任何分析、论述，更没提出任何具体的做法。他的《齐民要术》只是对怎样以农治生的问

---

① 《齐民要术·杂说》。

② 《史记·货殖列传》。

题进行了研究。因此，虽然他提出"治生之道，不仕则农"，但在实际中他探讨的治生之道只是农业治生之学。

贾思勰认为，农业是老百姓的衣食之源，是人们赖以生存和发展的最基本条件，因此，充分利用天时、地利、人力，重视和加强对农业生产的经营管理，对于治国安邦具有头等重要的意义。"食者，民之本；民者，国之本；国者，君之本。是故人君上因天时，下尽地利，中用人力，是以群生遂长，五谷蕃殖。"①

贾思勰还从前人的许多著作中引经据典地反复申论发展农业、解决百姓生计问题的极端重要性。他以神农、尧、舜、禹为上古贤明帝王为例，指出治理国家必须"食为政首"，劝民农桑，才能使百姓丰衣足食，安居乐业，国家稳定。"要在安民，富而教之"。他称赞战国时期"李悝为魏文侯作尽地力之教，国以富强；秦孝公用商君，急耕战之赏，倾夺邻国，而雄诸侯"。②

贾思勰在此强调的重农思想，似乎都还是从宏观角度即从国民经济管理的角度来强调"重农"问题的。也就是说，它只是传统的国家层面的"以农富国"论，而不是民众家庭层面的"以农治生"论。但是，贾思勰与以往传统的"以农富国"论不同的是，他通过"家、国一义"论作为链接，将传统的"重农"论从宏观的富国之学转化为微观的富家之学，即治生之学。他指出，私人地主家庭的经营管理与封建国家的国民经济管理有许多相通之处，存在着共同的原理和规律。"家犹国，国犹家，是以家贫则思良妻，国乱则思良相，其义一也"。这样，通过这个链接，贾思勰就把传统的宏观重农富国论移植、引进到他的重农富家论，即治生之学中来，为微观的"以农治生"论提供了理论依据。

贾思勰的"家、国一义"链接虽然只是寥寥数语，没有什么较具体详细的理论阐释，但是却为后来的治生之学的发展提供了重要的启迪。他从宏观的富国之学中为微观的富家之学—治生之学寻找理论依据的做法，为明清之际的张履祥、张英等人所继承和发展，逐渐走向完善。

（二）治生之理思想

治生之道的变化，必然带来治生之理的变化。不同的经营对象有不同的经营原理和方法。首先对农业治生之学进行探讨和论述的是贾思勰。其主要内容有以下3个方面：

（1）勤俭以致富。贾思勰认识到，在家庭农业经营管理中，勤劳是很重要的，不耕作就没饭吃，不织布就没有衣服穿，如果想通过"以农治生"来取得、增殖财富，就必须辛勤耕耘，努力生产。"《传》曰：'人生在勤，勤则不匮。'《语》曰：'力能胜贫，谨能胜祸。'盖言勤力可以不贫，谨身可以避祸。"他还引用仲长统的话来说明，同样的自然条件，由于勤与惰的不同，反映在劳动收获

---

① 《齐民要求·种谷第三》。
② 《齐民要术·序》。

物上就有极大的差别。"天之为时，而我不农，谷亦不可得而取之。青春至焉，时雨降焉，始之耕田，终之簠簋，惰者釜之，勤者钟之。矧夫不为，而尚乎食也哉？"①

贾思勰还认为，在"以农治生"中，除了勤奋劳动以"强本"外，还必须提倡节俭，强调"节用"。因为"财货之生既艰难矣"，付出艰辛劳动才得到的财富，应该倍加珍惜，"用之以节"。如果家庭因充裕而奢侈浪费，就会慢慢地陷入困境。"既饱而后轻食，既暖而后轻衣。或由年谷丰穰而忽于蓄积，或由布帛优赡而轻于施与。穷窘之来，所由有渐。"一旦天灾人祸，后果不堪设想，"用之又无节……加以政令失所，水旱为灾，一谷不登，胔腐相继。古今同患，所不能止也"。②

由于古代科学技术的限制，人们与自然灾害抗争的能力较弱，基本上是靠天吃饭。剩余产品较少，就连中小地主家中的剩余储备也不多，一般佃农更是终年辛勤耕作，却是食不果腹、寒不蔽衣。在这种情况下，广大农民只有把尽力耕作与厉行节俭结合起来，才能在不愁衣食的基础上使财富微弱地有所增殖。贾思勰面对当时农业治生的实际情况，把勤俭持家、勤俭致富作为农业治生之理的一条重要原则，是符合客观现实的。

（2）对佃户要督课与抚恤相结合。贾思勰认为，在家庭农业生产中，不仅要做到勤俭致富，而且还要重视对佃户或雇工的管理。一方面，要对佃户或雇工"督课有方"，严加督促考课。如佃户或雇工因偷懒而使庄稼、桑果、牲畜生长不好，仓储不牢固、打扫不干净的，地主可对他们处以鞭打的惩罚。"稼穑不修，桑果不茂，畜产不肥，鞭之可也；杝落不完，垣墙不牢，扫除不净，笞之可也"。另一方面，为了防止地主与佃户或雇工矛盾激化，还应该注意地主应"抚恤其人"，③采取怀柔的手段收买人心，以调动佃户或雇工的生产积极性，处理和协调好地主和佃户、雇工的关系。贾思勰在治生之理中，把对佃户和雇工的督课与抚恤放在地主家庭农业生产管理的重要位置，并将其作为一项基本管理原则，从理论上加以说明和论证，从现存文献来看，这还是有首创价值的。

（3）因时因地求效益。贾思勰认识到各种农作物都有其生长、成熟、蕃育的规律，而且有很强的季节性和地域性。因此，他主张经营农业生产必须按照自然规律的要求，根据天时地利的特点来进行。这样才能事半功倍，以较少的人力、物力耗费而得到较大的经济效益。他提出："顺天时，量地利，则用力少而成功多。"④

---

① 《齐民要术·序》。
② 《齐民要术·序》。
③ 《齐民要术·杂说》。
④ 《齐民要术·种谷第三》。

先秦著作中有不少重视天时和地利的思想，不过主要是从富国的宏观角度提出来的。贾思勰则从家庭农业经营的微观角度提出来，把遵循农业生产规律，讲求天时地利与"以农治生"的经济效益联系起来，有其独到的地方。

（三）治生之策思想

（1）精耕细作，集约经营。农业生产上精耕细作、集约经营思想早在战国时代已经出现。魏国李悝就提出："治田勤谨，则亩益三升，不勤则损亦如之。"① 在此，李悝强调农业生产的勤惰对产量关系很大，如勤于耕作，一亩而增产三升；相反，如懒于耕作，会减产三升。荀况也提出："今是土之生五谷也，人善治之，则亩数盆，一岁而再获之。"②荀子则更强调精耕细作对农作物产量的影响，如精耕细作，一亩可增产数盆，甚至可以一年两熟，产量翻一倍。晋代傅玄主张："不务多其顷亩，但务修其功力。"③ 他更明确地主张不赞成单靠扩大耕地面积来增加农业产量，而是要在一定面积的土地上多投入劳动来提高产量，增加农业收益。贾思勰在前人的基础上，更重视在农业生产上精耕细作、集约经营，反对广种薄收的粗放型农业经营方式。他一再强调，"谚曰：'顷不如亩善'，谓多恶不如少善也"。④ "凡人家营田，须量己力。宁可少好，不可多恶"。⑤ 他提出的"宁可少好，不可多恶"以更明确、更为概括的表述将农业集约经营原则总结出来。

贾思勰不仅提出精耕细作、集约经营的原则，而且还总结出一整套精耕细作的具体制度和措施。如他强调在农作物种植中，必须抓好开荒、选种、播种、耕耘、收获、贮存到加工各个环节的管理，并对各个环节提出严格的要求。如他很重视锄耘的作用，认为锄耘可以松土保墒、清除杂草和防止病虫害。他不仅主张多耘，而且还进一步要求在不同的耕作季节，应采取不同的耕耘方式。"春锄起地，夏为除草"，⑥ "秋耕欲深，春夏欲浅"，⑦ 这种不同季节采取不同的耕耘方式有利于充分利用自然肥力和促进农作物的生长。

（2）多种经营，农贸结合。贾思勰主张在家庭农业生产中要多种经营，不要将以农治生狭义地等同于单一地种粟。所谓多种经营就是要农、林、牧、副、渔、手工、贸易的全面发展，如种菜、植树、养鱼、酿酒、制醋等，而且尤其重视各种商品农作物的种植和经营。

贾思勰看到，经营商品农作物往往投资少、风险小却收获快、获利大。他用

---

① 《汉书·食货志》。
② 《荀子·富国》。
③ 《晋书·傅玄传》。
④ 《齐民要术·种谷第三》。
⑤ 《齐民要术·杂说》。
⑥ 《齐民要术·种谷第三》。
⑦ 《齐民要术·耕田第一》。

实际数据，通过投入与收益的比较来说明从事商品农作物生产的巨大效益。例如，种植百亩蔓青，一年可收三茬，叶、根的收入暂且不说，仅收籽换谷的盈利就超过千亩种谷的收入。又如从事林木的种植，只需一人守护，"既无牛犁种子人功之费，不虑水旱风虫之灾，比之谷田劳逸万倍"。① 但是，其经济效益却很可观。林木生长过程中所得到的枝叶，在解决自家的薪柴之用外，还可将多余的出售，就足以收回成本，林木成材后的销售收入更是"其利十倍"。② 由此可见，他不是用狭隘的自给自足的自然经济眼光来看待家庭农业生产，而是把商品农作物的生产作为重要的致富途径，加以分门别类地精心计划和科学合理的安排。

如前所述，贾思勰对完全脱离农业生产、专门经营商业的"舍本逐末"是持排斥否定态度的，认为经商虽然在短时间内可能暴富起来，但不能解决长期乃至终生的饥寒问题。因此，他明确表示不谈专职商贾的经营之事。但是，他认为，农业生产中自产自销的经营方式，与专职商贾单纯的买卖不同，是属于以农治生的范畴。所以，他对农业生产为基础的商品农作物的贸易十分赞同，积极予以提倡。

经营商品农作物，必然要同商品价格涨跌、市场供求、商品交易等问题发生关系。如他运用农产品季节差价的变化规律，主张在收获季节购入五谷和蔬菜种子，认为这时粮食刚上市，供给量较多，价格较低；而在播种季节时，市场上种子需求量大，价格必然上涨，这时就可卖出原先收购、储存的种子。这就是要根据季节的变化、市场供求多寡、价格涨跌的情况来从事农产品的贸易。如果能及时抓住有利时机，通过贱买贵卖，就可赚取较大的差价。"凡籴五谷菜子，皆须初熟日籴，将种时粜，收利必倍。凡冬籴豆谷，至夏秋初雨潦之时粜之，价亦倍矣。盖自然之数。"③

（3）改进生产工具和提高劳动者的生产积极性。贾思勰在农业生产中，既强调物（生产工具）的重要性，同时又重视劳动者（人）的重要性。他指出："欲善其事，先利其器；悦以使人，人忘其劳。"④ 换言之，要搞好以农治生，必须重视物力、人力的作用，要努力改进生产工具和提高劳动者的生产积极性。

贾思勰通过举例来说明，要提高劳动生产率，必须采用先进的生产工具。如当时九真、庐江两地"不知牛耕，每致困乏"，这两郡太守积极推广铁器、牛耕，"教之垦辟，岁岁开广，百姓充给"。⑤ 还有敦煌地区"不晓作耧犁，及种，人牛功力既费，而收谷更少"。⑥ 当地官员"乃教作耧犁"，⑦ 人力少用一半以

---

① 《齐民要术·种榆白杨第四十六》。
② 《齐民要术·种榆白杨第四十六》。
③ 《齐民要术·杂说第三十》。
④ 《齐民要术·杂说》。
⑤ 《齐民要术·序》。
⑥ 《齐民要术·序》。
⑦ 《齐民要术·序》。

上，收获却增加五成。

贾思勰不仅认识到采用先进的生产工具对发展农业生产的重要意义，而且还进一步指出，应当调动劳动者的生产积极性，使之与先进的生产工具结合起来，才能更好地发挥作用。具体而言，如果生产工具完好，把耕牛喂养得壮实强健，这是农业生产顺利进行的前提条件。只有做到"调习器械，务令快利，秣饲牛畜，常须肥健"，① 才能使劳动者减轻劳动强度，心情舒畅，从而使劳动生产更有效率。

贾思勰认识到，由于农作物生长季节性强，在播种或收获期间，必须不违农时地完成农活，否则耽误了农时，将不利于农作物的生产和收获，从而大大影响经济效益。但是，在农忙时期，地主仅仅依靠平时所役使的劳动力是不够的，必须临时再增加许多劳动力，而雇用季节性的临时帮工则是解决劳动力临时不足的最佳办法。他以采摘红蓝花为例，说明雇用临时帮工的必要性。由于红蓝花花期很短，并且要求必须在清晨露水未干前采摘，"花出，欲日日乘凉摘取，摘必须尽"。如果不组织大量劳动力抓紧时间采摘，等到露水干了才采摘，不仅多费功夫，影响劳动效率，而且也会严重影响花的质量。因此，这就要求采花期间必须雇请较多的短工来帮忙采摘。正如他所说的："一顷花日须百人摘，以一家手力，十不充一。但驾车地头，每旦当有小儿僮女十百余群，自来分摘。"②

贾思勰主张通过善待雇工，使他们在辛苦的劳动中，心情愉悦，从而提高他们的劳动积极性。这就是"抚恤其人"，使其"常遣欢悦"。③ 他提出，要利用雇工对物质利益的关心和追求来刺激其生产积极性以提高劳动生产率。雇工的报酬多少，宜与其劳动成果多少密切挂钩，即可采取产品分成或用副产品支付。如采摘红蓝花，每个雇工可获得其采摘的数量的一半，"中半分取"；④ 伐树则"指柴雇人"，即用树的树叶作为报酬支付给伐树者。这种支付报酬的形式，与雇工的完成工作量紧密结合，即多劳多得，少劳少得。因此，雇工在物质报酬的激励下，对生产劳动有较高的积极性，能表现出某种程度的自觉性和主动性，从而减少雇主的管理监督成本。

在中国封建社会，地主一般很少直接组织农业生产，而绝大多数是将大片土地分割成一块一块，然后出租给无地少地的农民。他们凭借地产，利用封建人身依附关系和超经济强制，收取佃农高额的地租。他们的地租收入多少，一般不取决于产品产量和劳动生产率，而主要取决于其占有的土地数量和所控制的依附农民的数量。因此，封建地主所关心的主要是兼并更多的土地把更多的农民变成佃农，而不关心土地的改良和农业生产技术的改进，也不会考虑农、林、牧、副、

① 《齐民要术·序》。
② 《齐民要术·种红蓝花栀子第五十二》。
③ 《齐民要术·杂说》。
④ 《齐民要术·种红蓝花栀子第五十二》。

渔、手工业、贸易等多种经营的发展，更遑论对家庭农业生产中如何通过经营管理来更好发挥生产工具和劳动者的作用，从而提高劳动生产率。贾思勰的治生之策，对这些长期被忽视的家庭农业生产经营管理问题进行探讨，提出了很有价值的思想，在中国封建社会时代，是难能可贵的。

第三节　隋唐五代协调思想

一、刘晏发挥私商经营积极性的思想

刘晏（716—780）字士安，曹州南华（今山东菏泽市东明县）人，是唐中后期杰出的理财思想家，他的一生有近 20 年从事理财工作，并担任户部侍郎，兼任度支、铸钱、盐铁诸使以及户部尚书同平章事（宰相）等中央理财要职，封彭城县开国伯。安史之乱对唐代社会经济的破坏严重，使国家财政困难，人民负担沉重。政府的横征暴敛激化了社会矛盾，迫使许多百姓逃到山泽，进行武装抗争。在这种统治危机下，朝廷擢用刘晏理财。刘晏经过富有成效的改革，促进了社会经济的恢复，使唐朝财政状况有了明显好转，社会矛盾有所缓和。刘晏是一位理财实干家，在 20 年的理财生涯中，勤勉廉明，把全部精力投入烦琐复杂的日常理财工作中，没有留下著述和多少言论。因此，后人只能从他的理财实践中发掘分析他的理财思想。在他的理财思想中，最可贵的、与经营管理思想关系最密切的是他注重通过发挥私商经营的积极性来提高经济效益，促进社会经济发展，增加财政收入。

（一）改革榷盐为民产官收商运商销思想

唐朝安史之乱爆发后，财政困难，唐肃宗乾元元年（758 年），第五琦担任盐铁使，采用桑弘羊以来的官收官销的榷盐办法，并把盐价由每斗 10 钱一下子猛涨到每斗 110 钱。这种措施虽然一时能解财政危机燃眉之急，但实际上从长远眼光来看，由于盐价太高，极大限制了盐自身的销路；官府榷盐必须增设机构，任用大批的官吏，开支庞大，贪污舞弊严重，效率低下，其增加财政收入的成效是很有限的。同时，大幅度提高盐价也很大程度加重了人民的负担，并导致食盐走私，触犯政府禁令，社会矛盾和冲突加剧。

唐肃宗乾元三年（760 年），刘晏兼任盐铁使，对榷盐进行改革，其中心是将第五琦实行过的官产、官运、官销体制，改变为民产、官收、商运、商销体制，其具体做法可能有 3 种①：

其一，采取官收、商运、商销的做法。刘晏改变第五琦原来"就山海井灶

---

① 由于史籍记载简略，笔者只能根据极其有限的史料予以分析。

收榷其盐，官置吏出粜"的做法，实行"官收盐户所煮之盐，转鬻于商人"①。这就是盐仍由亭户（煮盐民户）生产，生产出来后的食盐全部由国家收购，然后国家加价后批发给商人，再由商人自主经营，"纵其所之"②，即运往何地销售、价格高低、销售多少，听其自便。由于把运销、零售的繁重复杂的工作环节交由商人承担，国家只要通过向亭户收购然后加价批发给商人就可以达到赚取巨额差价，增加财政收入的目的，同时通过裁撤大批榷盐机构和官吏而节省了财政支出。

其二，亭户在官吏的监督下，交纳一定的盐税后，直接将盐出售给商人，然后再由商人自主运销经营。《新唐书·食货志》载："亭户粜商人"，这一记载虽然极其简略，但我们还是可以了解到这与第一种"官收盐户所煮之盐，转鬻于商人"做法不同，变"官收"为"官监"，政府赚取差价为征收盐税。这两种做法虽然有所不同，但效果应该是不相上下的，即通过征收高额盐税同样也可增加财政收入，同时减少政府的收购、运销、零售环节，也可裁撤大批榷盐机构和官吏而节省财政支出。

其三，增加牢盆，广招商人自行煮盐，然后运往各地销售。《旧唐书》卷49《食货志下》载："自淮北列置巡院搜择能吏以主之，广为牢盆以来商贾。"牢盆是煮海水为盐的大锅，是生产食盐的重要工具。官府控制牢盆，目的就是为了垄断盐的生产。这里官府增加牢盆，广招商人直接参与生产食盐，更是减少了政府收购、运销、零售等环节，能更大批地裁撤榷盐机构和官吏，从而节省管理成本。这里，官府给予商人牢盆，究竟如何收取商人获得盆牢而生产盐的费用，并没有明载。据推测，可能有两种形式：一是直接收取商人获得一个牢盆所要付出的费用；二是根据商人获取牢盆后生产盐的数量征收盐税。总之，不管采取何种形式，官府增加牢盆，广招商人自行煮盐的做法比上述两种做法可能更会节省政府管理成本，减少财政支出，同时有利于扩大盐的生产，更能增加财政收入。

刘晏在改变第五琦对盐全面直接专卖为部分间接专卖的同时，为了确保国家榷盐收入和合法盐商的利益，在主要产盐区设立涟水、湖州、越州、杭州四个盐场，嘉兴、海陵、盐城、新亭、临平、兰亭、永加、太昌、侯官、富都十个盐监。盐场负责存贮及收发盐的堆栈；盐监则负责对亭户、盐商的管理及对亭户统购盐、对盐商批发盐。商人向盐监纳钱办理购盐手续后，即可向盐场领取盐自由运销。为了严禁私盐的运销，加强查捕私盐，政府还设了十三巡院："自淮北置巡院十三，曰：扬州、陈许、汴州、庐寿、白沙、淮西、甬桥、浙西、宋州、泗州、岭南、兖郓、郑滑，捕私盐者，奸盗为之衰息。"③

---

① 《资治通·鉴》卷226。
② 《新唐书·食货四》。
③ 《新唐书·食货四》。

刘晏的榷盐改革，使唐朝财政收入得到了很大提高："晏之始至也，盐利岁才四十万缗，至大历末，六百余万缗。天下之赋，盐利居半。宫闱服御、军饷、百官禄俸，皆仰给焉。"① 刘晏实行民产官收（官监）商运商销的方式，发挥亭户和盐商经营的积极性，提高了劳动生产率。同时，刘晏把国家对盐的垄断价格变为竞争价格，利用商人的竞争使盐价保持比较低廉、稳定的水平，并使盐的质量有所提高，对广大民众对盐的消费不无裨益。

（二）改漕运为官督雇佣制

唐朝建都长安，关中虽号沃野，然其土地狭小，所出不足以供京师众多人口。唐初中央机构还不算庞大，每年由东南转运到京的粮食不过 20 万石。开元时期随着京师人口的不断增加，江南地区供应长安的粮食增至每年 100 余万石。在粮食特别紧张之时，甚至连皇帝也要幸东都洛阳就食。

安史之乱后，洛阳残破，河南一带成为军事争夺区域，破坏严重地区甚至在五百里内仅有千余户农家，很难找到运输所需要的劳动力。另一方面在镇压安史叛军中，出现了大批骄兵悍将，在漕船经过的地方，"屯戍相望，中军皆鼎司元侯，贱卒仪同青紫……挽漕所至，船到便留"②，恣意截留漕船所运粮食。这使长安的粮食供给陷入更严重的危机。

刘晏接手漕运事务后，面临的运粮任务十分重大和艰巨，既关系到封建王朝的安危，又需要克服巨大的困难。他亲自对漕运路线、仓库及其有关问题做了仔细考察，拟定了改革漕运制度的方案。

刘晏改革漕运的方案主要有两方面：一是恢复和完善了裴耀卿的分段运送制，并把过去粮食散装入船改为袋装入船，不但省工减耗，如遇翻船也易于打捞。有关这一方面与本书主题关系不大，兹不详析。二是实行官吏督运，雇佣水手，依靠私人船户造船。改革之前，官府指派富户负责督运，称为"漕头"；所需水手、民伕，则征调农民无偿服劳役。这对人民是一种非常沉重的负担，而且效率很低，船翻粮没的事情时有发生。针对这些弊端，刘晏废除了"漕头"督运制，改为官吏督运；不再无偿征调农民充当水手、民伕，改为雇佣船工、水手自行督运。他又用盐利向私人船户订造了大批能运米千斛的官船。为保证船的质量，刘晏付给比市价更高的造船价，如市价造一艘五百金时，他出价一千金。

刘晏改革漕运思想所表明的最重要意义是废除了无偿的劳役，采取了付给船工、水手、民伕工资的雇佣劳动方式。所以他能"不发丁男，不劳郡县"而完成了艰巨的漕运任务，史称其为"古之未有"的措施③。他的改革更具管理意义的是他对雇佣的船工、水手、民伕优给报酬，提高了他们的劳动积极性，增进了

① 《新唐书·食货四》。
② 《旧唐书·刘晏传》。
③ 《旧唐书·食货志下》。

效率，加强了责任心，减少了事故。史载刘晏以雇佣劳动代替强制服劳役之后，每年转运至太仓的粟达 110 万石，无升斗的损失。按以往 20% 的损耗计算，即每年减少损失 22 万石。还有专门雇佣船工、水手、民伕经办，运输的时间也大大缩短。以往江南粮食运送至东都需要八九个月时间，改革后自扬州运至京师的商品只需 40 天，"人以为神"①。从表面上看，刘晏优给船工、水手、民伕报酬，以高价向私人船户订造运粮官船，似乎增加了漕运成本。其实，由于节省了大量的损耗，减少了事故，缩短了运输的时间，提高了效率，使运费不增反减。改革前自江南润州（今镇江）运米至扬子（镇江对岸），每斗运费 19 钱，经刘晏改革后，每斗运费减到 15 钱；由此运至河阴，改革前每斗运费原 120 钱，改革后则减至每斗运费 30 钱。而且每年运送长安的米粮"无升斗溺者"②。

刘晏的漕运改革不仅基本解决了唐都长安地区面临的粮食危机，而且使关中地区的商品供给得到全面改善，"自是关中虽水旱，物不翔贵"③。并且"舟车既通，商贾往来"④，促进了漕运沿线地区的经济发展。刘晏的漕运改革还减轻了"京师三辅"百姓的徭役负担，使沿途残毁的"村落邑廛"因"饥人皆附"⑤而得到恢复。

（三）以商赈灾和平准思想

古代由于交通工具的限制，在赈灾中，农村穷乡僻壤的边远地区，官府很难将救灾粮食或物资运到那里，如常平仓在粜粮时，就很难顾及这些边远受灾地区，而那里的农民要奔走几十里甚至上百里进城购买常平仓赈济粮也是相当艰难的。再加上封建官府机构及人员作风懒散、拖沓，甚至乘机通过赈灾寻租贪污，中饱私囊，因此，赈灾效果不好。

刘晏主持理财工作后，把发挥私商经营积极性的思想也应用于赈灾工作中。他在受灾地区实行以商赈灾，即政府以较市场优惠的比价用粮食同商人交换农村的副业产品，利用商人趋利的本性，诱使商人积极贩运农副产品进城同官府交换粮食，然后再运送粮食到受灾地区换取农副产品，从而使商人积极主动地往返于城乡之间从事农副产品和粮食的交易销售，"不待令驱"，以致使"（水旱）二害灾渗之乡"出现了水旱灾害均能克服的"二胜"局面⑥。这样，政府利用商人解决了边远农村地区运送赈灾粮食的困难，农民在灾荒中获得最起码的生存保障，另一方面商人在贩运救灾粮食和农副产品中获得商品利润，从而达到政府与商人共利双赢的效果。

---

① 参见杜佑：《通典》卷 10，《新唐书·刘晏传》。
② 《新唐书·食货三》。
③ 《新唐书·刘晏传》。
④ 《旧唐书·刘晏传》。
⑤ 《旧唐书·刘晏传》。
⑥ 《新唐书·刘晏传》。

刘晏在主持理财工作中还实行平准政策，但他的平准政策与汉代桑弘羊的平准政策有所不同。汉代桑弘羊的平准政策有抑制打击商人的一面，即"县官不失实，商贾无所贸利"①，而刘晏的平准政策是既要做到"朝廷获美利"，"使天下无甚贵贱而物常平"②，又不主张使"商贾无所贸利"，换言之，就是使商人也能得利。他的平准政策也体现了发挥私商经营积极性的思想，即通过适当照顾商人的利益以调动其积极性，从而通过他们来解决政府理财活动中遇到的困难。

综上所述，刘晏在理财活动中许多方面体现了发挥私商经营积极性的思想。如在改革榷盐为民产、官收（官督）商运、商销、改革漕运为官督雇佣制和高价向私人船户订造运粮官船以及以商赈灾和平准思想等，都注意通过发挥私商经营的积极性来克服官营的高成本、低效率，刘晏改变了以往在政府理财活动中重农抑商的传统观念，开始将私商从限制打击的对象变成利用保护的对象。私商的自由竞争经营能够降低官府的管理成本，提高产品质量和数量，促进社会经济的发展，同时又能提高政府的财政收入，或解决政府在漕运、赈灾和稳定市场商品价格中遇到的难以克服的问题，其效果真可谓是公私共利双赢。刘晏的注重发挥私商经营积极性的思想标志着古代经营管理思想的一个重要发展，这一思想在宋代入中、买扑、雇募制中得到进一步发扬光大，是我国中古管理思想到近古管理思想转变的一项重要标志。

二、买扑思想的萌芽

买扑制度始于何时，史学界看法不一。裴汝诚、许沛藻认为"至迟在唐代晚期，两浙地区已经存在着买扑的事实"③。其根据是罗浚《宝庆四明志》所载两条资料：

小溪酒务：句章乡，去（鄞）县四十里，唐谓之光溪镇。本人户买扑，皇朝元丰元年复置监官趁酒税课额。

公塘巡检：听事（奉化）县西北三十里公塘市中，旧地名高公塘，唐文（当为"武"）德元年置镇。民户买扑名课管纳官钱。皇朝熙宁六年添置巡检驻扎，巡捕私茶、盐、矾、盗贼等事，庆元四年罢镇税，止存巡检。④

刘森认为："小溪与公塘民户买扑确属宋代事，裴、许之说，根据似不足。"⑤袁桷《鄞县小溪巡检司记》载："城南门折行四十五里曰小溪镇，宋元丰置焉，唐曰光溪镇，以监酒税、烟火得名。治平元年罢酒税以便民，独掌烟火。"⑥如

---

① 桓宽：《盐铁论》卷1《本议》，天津古籍出版社，1983年。
② 《新唐书·刘晏传》。
③ 裴汝诚、许沛藻：《宋代买扑制度略论》，《中华文史论丛》1984年第1辑。
④ 罗浚：《宝庆四明志》卷12、卷14，台湾商务印书馆影印文渊阁《四库全书》。
⑤ 刘森：《买扑始年之我见》，《中国史研究》1986年第4期。
⑥ 袁桷：《清容居士集》卷19，《四部丛刊》本。

果综合《宝庆四明志》和《鄞县小溪巡检司记》的记载，笔者认为买扑始于唐晚期的观点基本上还是站得住脚的：鄞县小溪镇在唐代名曰光溪镇，是因为此镇在当时因监酒税、烟火而得名，从"本人户买扑"可以推断，当时酒税应是通过买扑而收取。宋代英宗治平元年（1064年）为了便民废除酒税，即取消人户买扑。神宗元丰元年（1078年）恢复设置监官通过人户买扑收取酒税。

从历史发展的脉络来看，买扑制度当源于唐末五代间接专卖的榷酒政策。据《通典》记载，唐代榷酒始于广德二年（764年）唐政府向特许酒户征收专卖税，实行间接专卖制；建中三年（782年），改为实行直接专卖制："广德二年十二月赦，天下州各量定酤酒户，随月纳税，除此外，不问官私，一切禁断。大历六年二月，量定三等，逐月税钱，并充布绢进奉。建中三年制，禁人酤酒，官司置店，收利以助军费。"[1] 此后贞元二年（782年），唐朝的酒政便是官酤、征收榷酒钱、榷曲或多项制度并行，或交替实行。正出于唐后期榷酒政策的频繁变动，因此，出现"人户买扑"收取酒税的间接专卖制完全是有可能的。

刘森还认为"买扑是出现于后唐长庆（案：'长庆'应为'长兴'）二年（931年）的'扑断'演变而来"[2]。如前所述，买扑当始于唐晚期，扑断最早也不是出现于后唐长兴二年，而至迟在天成四年（929年）之前已出现扑断："其天成四年十二月终已前……应诸道商税课利扑断钱额去处，除纳外，年多蹙欠，枷禁征收，既无抵当，并可放免。"[3] 但是，刘森认为宋代的买扑与后唐扑断的演变关系则是符合历史事实的。

后唐的这种扑断制度，最初只在三京和诸道州府城市中实行，乡村则放任并未实行。长庆二年（931年）五月赦："应三京、诸道州府，苗亩上所征曲钱，便从今年夏并放。其曲官中自造，委逐州减旧价一半，于在城扑断货卖，除在城居人，不得私造外，乡村人户，或要供家，一任自造。"[4] 但是，仅过了两个月，或许是城市扑断制度能节省官府管理成本，提高财政收入，抑或是后唐财政困难，必须进一步扩大扑断制增加财政收入，同年七月三司奏请城乡酤酒一律实行扑断制："诸道州府申论，先有敕命，许百姓造曲，不来官场收买，伏虑课额不迨，请准前曲法，乡村百姓与在城条法，一例指挥。"[5] 由此可见，后唐这时已是全国城乡都实行扑断制了。

五代时，除了中原政权中的后唐外，处于江南经济较为发达的吴越政权也实行酒课的买扑制度："先是，钱俶（948—978年在位）日，募民掌榷酤，酒醨坏，吏犹督其课，民无以偿。湖州万三千三百四十九瓶，衢州万七千二百八十三

---

① 《通典》卷11《榷酤》。
② 刘森：《买扑始年之我见》，《中国史研究》1986年第4期。
③ 《全唐文》卷112《南郊改元赦文》。
④ 王溥：《五代会要》卷26，上海古籍出版社，1978年。
⑤ 《五代会要》卷26。

瓶，台州千一百四十四石，越州二千九百四石七斗，并毁弃之，勿复责其直。"①
这里，钱俶时的吴越政权实行的"募民掌榷酤"其实就是北宋初年"募民主之"
买扑制②。而且从当时湖州、衢州、台州、越州酒醨坏的巨大数额来看，当时吴
越平民买扑的规模已经很大，范围很广。这也可从一个侧面证实唐后期浙江鄞县
出现买扑制度完全是可能的。尔后经过数十年的发展，才有可能形成如此规模并
达到如此普及。

唐晚期至五代有关买扑（或扑断）的记载，一般都很简略，后人对其具体
内容都无法了解。但王溥的《五代会要》卷 26 却保存了一段珍贵的资料，使我
们可以大致知道这一时期买扑（或扑断）的具体内容，并从中可以窥视其蕴含
的经营管理思想。后唐天成三年（928 年）七月十三日敕：

> 其京都及诸道州府县镇坊界及关城草市内，应逐年买官曲酒户，便许自
> 造曲，酝酒货卖，仍取天成二年正月至年终，一年逐户计算，都买曲钱数内
> 十分祇纳二分，以充榷酒钱，便从今年七月后，管数征纳。榷酒户外，余诸
> 色人亦许私造酒曲供家，即不得衷私卖酒。如有故违，便仰纠察，勒依中等
> 酒户纳榷。其村坊一任估卖，不在纳榷之限。③

这一敕文虽然没有出现"扑断"之词，但其具体思路和做法就是上引天成
四年（929 年）敕文中所提到的"扑断"。其理由有两点：其一是敕文规定买官
曲酒户，只要向官府缴纳仅为上年度 20% 的曲钱便可获得自由酿造并售卖酒的
权利。其二是后唐政府征收到官曲酒户的榷酒钱后，有义务保护酒户所取得的酿
酒和卖酒特许经营权，明令其余未交榷酒钱的人不得"衷私卖酒"。宋代的买
扑，简而言之，就是私人通过向官府交纳课利，承包经营官府的酒坊、河渡、商
税场、盐井、田地等，其中酒的买扑等于民户用缴纳课利的代价，从官府手中买
断某个领域某段时间的酒类生产销售权，把原先官府的垄断经营变成私人的垄断
经营。以上所引天成三年七月十三日的敕文中所规定的两条本质特征正符合宋代
的酒类买扑制，即酒户交纳 20% 的曲钱便取得了垄断生产和出售酒的经营权。

唐晚期五代时期的买扑或扑断都有一"扑"字，"扑"之字义，唐朝人有多
种解释。释玄应引《通俗文》："争倒曰扑"，引《字林》云："手相搏曰扑"④。
李善引《方言》曰："扑，尽也。"⑤

从唐人对"扑"的释义来看，这时的买扑、扑断可能也具有宋代实封投状
法中通过类似现代的竞标，以出较高的价钱、提供较多的抵当，战胜竞争对手，

---

① 《长编》卷 32。
② 《长编》卷 17 太祖开宝九年冬十月载："先是，茶盐榷沽课额少者，募豪民主之，民多增额求
利，岁或荒歉，商旅不行，至亏失常课，乃籍其资产以备偿。于是诏以开宝八年额为定，勿辄增其额。"
③ 《五代会要》卷 26。
④ 释玄应：《一切经音义》卷 6、卷 11，清嘉庆宛委别藏本。
⑤ 萧统、李善：《文选》卷 11，胡刻本。

取得对某行业在某地区某时段的特许经营权或使用权等，而且这种特许经营权或使用权是对某地区某时段的完全占有，具有很强的排他性，一旦为中标者拥有，就不许其他人经营或使用，具有私人垄断经营或使用的性质。从"扑"字意为"争倒曰扑"，"手相搏曰扑"来看，其具有竞争的性质；从"扑"字意为"尽也"来看，其又具有完全占有、垄断经营的性质。

三、"和市"改革与轻重之策调控社会经济思想

（一）裴耀卿的"和市"改革思想

裴耀卿（681—743），字焕之，绛州稷山（今山西省稷山县）人。中童子举，历任秘书正字、相王（李旦）府典签，出任长安县令，迁济宣冀刺史，拜户部侍郎，迁京兆尹。开元二十一年（733年），授黄门侍郎、同平章事，迁侍中，成为宰相，封赵城侯。天宝元年（742年），拜尚书左仆射。

唐玄宗开元初年，裴耀卿担任长安令。在他任职前，长安实行"配户和市之法"。所谓"和市"，就是唐王朝利用权力强买民间商品的一种制度。"和市"从字义上说，原是政府与民众双方自愿平等的交易，政府出价购买，民众同意出售。但是，封建政权的专制性，使在进行和市时，封建官府及官吏所面对的是社会政治地位低下，仍然具有很强的人身依附关系的"商民"。双方这种严重的不对等的关系，使得商品交换所要求的平等性无法在具体的商品交易中实现。封建官府借"和市"之名，在向民众购买商品时，任意压价、压等，巧取豪夺，成为唐代一项严重病商、病民的弊政。所谓"配户和市"，即按户配给一定数额的"和市"任务，而不管该户拥有多少这种商品，或是否拥有。这种规定，使拥有这种商品的人，只好忍痛与官府"和市"，不拥有这种商品的人，或拥有这种商品量不足的人，则只好自己先出钱购买，然后再贱价卖给政府。为了买到供"和市"的商品，常常免不了受商人、高利贷的乘机盘剥。

裴耀卿深知，对这种"和市"使"百姓苦之"的现象，他自己作为一个小小的长安令是无权罢除"和市"的。于是，他对先前的"和市"方式进行改革，"一切令出储蓄之家，预给其值"，[1] 也就是说，对一切朝廷下达的"和市"任务，不再按户强制摊派，而是只向"储蓄之家"即储存大量有关商品的大商人购买，并且事先付给货价。这就是把市场的自愿平等交易原则运用到官府垄断的商业中来，把"和市"中官府"强市"变成了一种正常的商品交易，或者接近于正常的商品交易的行为。结果，"公私甚以为便"。[2]

从裴耀卿的这次"和市"改革思想可以看出，他是用一般正常的自愿平等的商品交易原则，来改革封建政权利用自己手中的权力所进行的强制、不平等的

---

① 《旧唐书·裴耀卿传》。
② 《旧唐书·裴耀卿传》。

政府购买，这种理念对刘晏后来改革唐朝榷盐制度起了直接的影响，二者对政府理财工作的思路是一致的。

（二）陆贽运用轻重之策调控社会经济思想

先秦、汉代的轻重论思想，至唐代时又呈现活跃的局面。唐代一些有识之士对轻重论甚感兴趣，盛唐时期的刘彤、刘秩、裴耀卿等人，或多或少在其经济管理思想中涉及这方面的问题。唐中期的著名理财大臣刘晏，则在实践中运用轻重之策，并取得了很大的成效。陆贽也十分重视轻重问题，在他的论著中多次提到运用轻重之策调控社会经济问题。在中国封建社会中，受自然经济的影响，官吏习惯用行政的强制手段来处理社会经济问题，但是，陆贽则与众不同，他不主张国家运用行政手段对社会经济进行强制控制，而主张顺应商品经济和市场活动"趋利"的本质特征，利用人们的"趋利"心理，运用轻重之策，让国家尽可能多地参与商品交换过程，如通过"和籴""和雇"等商品交换形式来获取所需的人力、物力，于不知不觉之间实现对社会经济的调节控制。"交易往来，一依市利。勿令官吏催遣，道路遮邀。但不抑人，自当趋利。"①

通过对流通领域中货币流通量的调节来有效地干预社会经济，是陆贽通过轻重论来调控社会经济思想的中心内容。陆贽指出，国家赖以行使轻重之权的一个最重要的工具就是货币。"先王……立货泉之法，以节轻重之宜，敛散弛张，必由于是"。② 由于陆贽意识到货币作为"御财之大柄，为国之利权"的重要性，因此坚决主张国家必须垄断货币的发行权。"古之圣人，所以取山泽之蕴材，作泉布之宝货，国专其利，而不与人共之者，盖为此也"。

陆贽的通过对流通领域中货币流通量的调节来有效调控社会经济的思想，是基于其对商品与货币之间因果关系的认识。"物贱由乎钱少……物贵由乎钱多……物之贵贱，系之钱之多少。"而流通领域之中钱之多少，又是取决于国家货币发行量的大小。"钱之多少，在于官之盈缩。"换言之，国家通过对流通领域中货币流通量的控制，就可以有效地控制市场各种商品的价格水平。在陆贽看来，国家在这方面的调控能力非常巨大："少则重，重则加铸而散之，使轻……多则轻，轻则作法而敛之，使重"。"敛轻为重……散重为轻，弛张在官，何所不可"。在此理论认识的基础上，陆贽还进一步提出国家增加或减少流通领域货币流通量的具体措施。当流通领域中货币流通量不足时，国家应通过"广即山殖货之功，峻用铜为器之禁"的手段，即国家应多开采铜矿、禁止用铜铸造器皿等手段来多铸造钱币予以发行；而当流通领域中货币流通量过多时，国家则应通过榷盐、榷酒等专卖来回笼流通中的货币。

陆贽一方面主张国家通过调节货币流通量来调控社会经济，另一方面又反对

---

① 《陆宣公全集》卷 21《论度支令京兆府折税市草事状》。
② 《陆宣公全集》卷 22《均节赋税恤百姓》，以下三自然段引文未注出处者，均见于此。

国家以货币形式征税和以货币来作为计税标准，主张将国家财税收入的活动与国家调节货币流通量的活动严格区分开来。他认为，"谷帛者，人之所为也；钱货者，官之所为也"，"人之所为者，故租税取焉；官之所为者，故赋敛舍焉"。因此，"人不得铸钱，而限令共（供）税，是使贫者破产，而假资于富有之室。富者蓄货，而窃行于轻重之权。下困齐人，上亏利柄"。在此，陆贽认为，因为民众所生产的东西是谷子、布帛，所以缴纳租税也只能以谷子、布帛的实物形态；钱币为国家所铸造，所以国家通过货币调控社会经济活动，而不应该以货币形式向民众征税。如果国家强迫民众以货币形式缴纳租税，就会被富有之家通过货币进行操纵，使物价下跌，民众税负大大增加，生活困苦，国家掌控的货币权力也受到损害。陆贽在此的推理不一定科学正确，但他认为在当时国家如按货币形式征税会使民众税负加重、生活困苦却是符合当时客观现实的。

如果我们以当代经济学的眼光来看待陆贽实物税主张与国家通过货币来调控社会经济思想，两者之间实际上存在着矛盾。唐朝由于还是处在自给自足的自然经济，社会经济中商品化、货币化程度不高，在当时市场上货币量不足的情况下，物价不断下跌，所以如果国家坚持以货币形式征税，民众就必须贱卖自己的生产品纳税，从而大大增加了税负。陆贽从"养民"的民本思想出发，理所当然反对以货币形式征税，坚持以实物形态征税。但是，另一方面，陆贽又主张国家通过控制货币流通量来调控社会经济，而这一主张的首要条件就是要有较高的社会经济的商品化、货币化。只有将整个国民经济纳入商品、货币经济的轨道，国家才可能有效地对货币流通领域中的货币流通量进行有效的调节。社会经济的货币化程度越高，调节的作用也越明显。但是，陆贽又主张国家赋税的征收采取实物形式，却意味着一部分的社会产品不经过商品交换就直接进入消费领域，这无疑降低了社会经济的商品化、货币化程度，进而势必影响国家对货币流通量的调节作用，使国家通过货币调控社会经济的作用减弱。陆贽的实物税主张对减轻百姓税负有积极作用，但却削弱了国家货币政策对社会经济的调控作用，也使其轻重理论的光彩大为逊色。此外，财政分配本身也是国家推行轻重政策的重要工具。国家通过财政收支的规模差及时间差也能对流通领域中的货币流通量进行有效的调节。在以金属作币材的客观条件下，受币材的制约，仅靠增加铸币发行量以及国家专卖来调节货币流通量，其效果毕竟是很有限的，财政分配工具的运用将会大大增强轻重政策的调节力度，扩大轻重政策的调节范围，使其对社会经济的发展产生强有力的调控作用。

陆贽继承发展了先秦西汉时期的轻重之策，将轻重之策理论广泛应用于治国理政的各个方面，不仅运用于流通领域的货币流通量的调节上，而且还广泛应用于实边垦荒、漕运乃至对国家财政收入结构的调节等诸多方面。如在实边垦荒方面，陆贽不赞成传统的强制性徙民实边的屯田法，批评其有"课责之劳"。他主张国家以轻重之术，为那些失去土地、生活无着的农民提供衣食住所，贷给农具、种子，招徕民众自愿到边疆开荒种地。当收获粮食后，国家以布帛等生活用品换取垦荒农民的粮食，以作为戍边将士的军粮。这样可使农民和戍边将士双方受益，丰衣足食，"戍卒忘归，贫人乐徙"。[①] 国家可从中收到"可以足食，可以实边；无屯田课责之劳，而储蓄自广；无征役践更之扰，而守备益严"诸多益处，即解决边境军队粮食供给，对百姓来说，不必被政府强迫迁徙到边境屯田，但边境粮食储备充足，军队守卫更加严密。陆贽利用轻重之策招募民众自愿到边境开荒种地，实际上就是以经济利益引导农民自愿到边境垦荒实边，取代传统的军事苦役性质的屯田制，提高了屯田农民的生产积极性，使他们乐于长期在边境从事农业生产，解决了边境地区军队粮食供给难题。

陆贽还把轻重理论应用于财政分配领域，主张运用轻重之术来调节财政收入结构。他指出，"聚人以财，而人命在食"，财（指货币）与粮食均为国家最基本的需要，二者之间应保持一定的比例，国家机器才能正常地运转。当国库钱多粮少或钱少粮多、财政收入结构失衡之时，则应当运用轻重之术进行调节。"将制国用，须权重轻。食不足而财有余，而弛于积财，而务实仓廪；食有余而财不足，则缓于积食，而啬用货泉。"而当国库钱粮俱充足时，国家则可以利用充足的财力，一方面与民休养生息，减轻赋税征收和徭役征调；另一方面可以大兴漕运，以调整财政分配的区域结构。"若国家理安，钱谷俱富。烝黎蕃息，力役靡施；然后恒操羡财而务广漕运。"陆贽之所以以国家富余的财粮用于大规模的漕运，其理由是漕运虽然会耗费国家巨额的资财，但由于漕运多由大量穷苦的劳动力承担，因此大兴漕运虽然多花费财，但却有利于广大劳苦大众获得养家糊口的收入。"务广漕运，虽有厚费，适资贫人"。

陆贽从立国首务在养民的思想出发，主张将国家富余的资财用于耗资巨额的漕运，从而使贫苦百姓得到养家糊口的收入，其实，这就是通过调节财政分配，来解决广大劳苦民众的生存问题。虽然漕运并不属于生产领域，不会带来社会财富总量的增加，但在隋唐时期，由于各地区政治、经济、军事、文化、人口发展的不平衡，使各地区粮食供给的富裕与贫乏也很不均匀，在当时的历史条件下，漕运比起通过移民平衡各地区人口分布、在地广人稀地区屯田等，是解决这个问题比较直接、容易短期内见效快的办法。陆贽的通过大兴漕运主张，既解决了缺粮地区的粮食供给，又使劳苦大众从漕运中获得养家糊口收入，是成功的一举两得的应用轻重理论的案例。

（三）白居易调控国民经济思想

白居易（772—846），字乐天，号香山居士，又号醉吟先生，祖籍山西太原，生于河南新郑。是唐代伟大的现实主义诗人，唐代三大诗人之一。白居易与

---

① 《陆宣公全集》卷18《请减京东水运，收脚价于缘边州镇储蓄军粮事宜状》。以下两自然段引文未注出处者，均见于此。

元稹共同倡导新乐府运动，世称"元白"，与刘禹锡并称"刘白"。白居易的诗歌题材广泛，形式多样，语言平易通俗，有"诗魔"和"诗王"之称。官至翰林学士、左赞善大夫。白居易有《白氏长庆集》传世。

1. 尚宽简，重改作

安史之乱及其后，唐王朝长期处于动乱之中。当时连首都长安也数次失守，社会经济凋敝，百姓饥寒交迫，备尝"时难年荒""骨肉流离"之苦。人们盼着得到一段安定平静的日子，以便休养生息。白居易正好生活在这个时代，饱受战乱之害，因此特别向往安定，把"人情俭朴，时俗清和"作为一种理想的社会风尚。而"欲使人情俭朴，时俗清和，莫先于体黄老之道也"。他认为所谓黄老之道就是"在尚宽简，务清静"，"我无为而人自化，我好静而人自正，我无事而人自富，我无欲而人自朴"。① 对于经济活动，他主张"从宜随俗"。"从宜随俗"和"尚宽简，务清净"是一致的。白居易认为："《论语》云：因人所利而利之。盖明从宜之义也。"② 其实，儒家的"因人所利而利之"与道家的"从宜随俗"是相通的。为政者不能"驱天下之人，责其所无，强其所不能"，而只应做必须做的事，关键是"使各利其利"，"各得其所"。"圣人辨九土之宜，别四人之业，使各利其利焉，各适其适焉。犹惧生生之物不均也，故日中为市，交易而退，所以通货食，迁有无，而后各得其所矣"。③

白居易所说的黄老之术"尚宽简""从宜随俗"，具体而言，就是省刑罚、薄税敛，顺应人的求利之心而因势利导。除此之外，还主张"重改作"，即在治理国家中尽量维持现状，不轻易进行重大改革。他引用前人反对变革的观点时说："君子为政，贵因循而重改作""利不百不变法"，④ 认为行黄老之术就必须对变革现有法制持慎重的态度。

2. 操一节三的调控国民经济思想

白居易虽然提倡行黄老之行，甚至也涉及"无为而治"，但是他却并不是像黄老之术所主张的那样尽量减少国家的行政管理活动，在经济方面也不是一味地采取"因之"的做法，反对以国家的力量对经济活动予以干预。他在主张"尚宽简""从宜随俗""重改作"的同时，也十分推崇《管子》的轻重之学，主张以国家的力量对社会经济活动做适当的调控，这是有为而不是无为。由此可见，白居易虽然主张"体黄老之道"，但并不否定国家对社会经济活动的调控，而且认为这种调控是十分必要的。社会经济之所以需要调控，是因为社会经济往往出现不平衡，其表现即百货之价不平。这种不平衡主要原因有两个方面：一是农业

---

① 《策林一·十一》。
② 《礼部试策五道·第一道》。
③ 《礼部试策五道·第一道》。
④ 《策林三·五十三》。

生产受到天时的影响，丰收之年谷物收成多、价格低，农民要受到损失；灾荒之年谷物收成少、价格高，贫困百姓因买不起谷物而成为"饿殍"。因此，丰收之年与灾荒之年的谷物价格都需要调控。他称赞历史上"管氏之轻重，李悝之平籴，耿寿昌之常平"是"不涸之仓，不竭之府"。① 二是由于各种原因造成的农、工、商之间的重轻失调，必然通过国家的调控来实现三者之间关系的平衡。白居易认为社会经济必须经过国家的调控，"平均其贵贱，调节其重轻"，才能使社会经济活动能够正常地运行，做到"敛散得其节，轻重便于时，则百货之价自平，四人之利咸遂"，②"百货通流，四人交利"，③"然后上无乏用，而下亦阜安"。④

以上白居易无论是对谷物价格的调控，还是对农、工、商三者重轻的调控，归根结底，其实质上就是调控农、工、商三者之间的利益关系。他认为农、工、商三个经济部门，都是社会经济不可缺少的，三者的利益必须兼顾。他指出："谷帛者，生于农也；器用者，化于工也；财物者，通于商也。""钱刀重则谷帛轻，谷帛轻则农桑困"。"谷帛贵则财物贱，财物贱则工商劳"。⑤ 他在此揭示了物价与农、工、商三者的关系，这就是如果农民生产的谷子、布帛等农产品价格太低，则对农民是不利的；如果谷子、布帛等农产品价格太高，则对工商业者不利的。他还指出："籴甚贵，钱甚轻，则伤人；籴甚贱，钱甚重，则伤农。农伤则生业不专，人伤则财用不足。"⑥ 他这里所说的"人"，不是指一般的民众，而是特指工商业者。因为"器用者，化于工也；财物者，通于商也"，只有工、商才能为民众提供"器用"和"财物"。白居易在此进一步指出，农民因谷帛农产品价格太低而受到损害，会影响今后的农业生产；工商业者则因谷帛农产品价格太高而受到损害，会影响今后的器用、财物供给不足。

我们必须看到，白居易的调控农、工、商三者的关系，其实际上是以农业作为本位，在重农的基础上，调控农、工、商的关系。白居易谈论调控社会经济中农、工、商关系问题，主要见于《策林》中的《十八·辨水旱之灾，明存救之术》《十九·息游堕》和《二十·平百货之价》三篇文章之中。第一篇是从水旱之灾对社会影响出发，提出调控社会经济问题，由于水旱之灾对社会的影响，主要就是对农业的影响，因此，其实主要就是谈论农业问题。第二篇、第三篇则都是从农业受到工商业的冲击，而提出调控农、工、商关系。如他意识到当时弃农逐工商者日益增多，而影响到农业生产："人多游心，地有遗力，守本业者，浮

① 《策林一·十八》。
② 《策林二·二十》。
③ 《策林二·十九》。
④ 《策林二·十九》。
⑤ 《策林二·二十》。
⑥ 《策林一·十九》。

而不固，逐末作者，荡而忘归。"其原因主要是谷物、布帛等农产品价格太低，导致农民日益贫困，而从事工商业者，则日益富裕的现实。"田畴不加辟，而菽粟之估日轻，桑麻不加植，而布帛之价日贱。是以射时利者，贱收而日富；勤力稼者，轻用而日贫。"白居易正是基于这种社会经济问题，而提出通过调控农、工、商三者关系，来引导广大农民回归农业生产。

我们还可以进一步从白居易的文章中看出，他所谓的调控农、工、商三者的关系，其实只是调控农业与工商业两者的关系。他所谓的调控，就是使游离于农业生产的原农业劳动力能够回归，从而为农业的生产提供足够的劳动力。"游手于道途市肆者，可易业于西成；托迹于军籍释流者，可返躬于东作"。① 然后，在农业发展的基础上，工商业也获得正常进行的条件，使农、工、商"三者和钧"。可见，白居易的国家调控社会经济思想，还是传统的以农业为本，带有明显的农业社会的特点。

白居易不仅提出国家应当调控农、工、商三者之间的关系，从而使社会经济得到更好的发展，而且，还具体主张，国家应通过掌握钱币的发行、流通，作为调控社会经济的工具。他提出，钱币"实当今权节轻重之要"。②因此，国家要有效地调控社会经济，使农、工、商各部门保持良好的正常的相互关系，就应当掌握住钱币这一关键的调控工具。"君操其一，以节其三。三者和钧，非钱不可也。"③

《管子》轻重诸篇在论述调控国民经济时均把"黄金刀币"即货币和"五谷粟米"即粮食作为调控经济的两个重要工具，而白居易与前人不同，则只把钱币作为"权节轻重之要"，即上引所谓的"君操其一"。这应当是唐代商品、货币经济有了长足的发展，货币在社会经济生活中的作用有了举足轻重的表现。但是，白居易虽然强调"君操其一"，却在具体论述调控手段的运用时，仍然是以钱币与谷帛相提并论的。"钱刀重则谷帛轻，谷帛轻则农桑困。故散钱以敛之，则下无弃谷遗帛矣。谷帛贵则财物贱，财物贱则工商劳。故散谷以收之，则下无废财弃物也。"④ 由此可见，国家调控社会经济生活时，如遇到钱币价值太高谷帛价格太低时，就会使农民贫困，国家就应该多发行钱币，以提高谷帛的价格。相反，如果钱币价值太低谷帛价格太高时，就会使工商业者受损失，国家就应该多投放谷帛到市场出售，以降低谷帛的价格。

国家在调控农、工、商轻重失衡时需要钱币或谷物，如果在调控不同年份因丰歉而造成的谷物供给多寡、价格高低时，更需要谷物和钱币作为调控的工具。

① 《策林一·十九》。
② 《策林二·二十》。
③ 《策林二·二十》。
④ 《策林二·二十》。

从某种意义上说，这种调控，有时谷物的作用更为重要。因为，灾荒之年缺乏谷物的情况与丰收之年谷物太多价贱相比较，前者形势更为严重，更迫切需要调控。而且这种调控，关键在于国家是否有充足的谷物储备。"廪积有常"，"备以储蓄，虽凶荒而人无菜色"。而"储蓄"，要"聚于丰年，散于歉岁"。调节的办法是"丰稔之岁，则贵籴以利农人；凶歉之年，则贱粜以活饿殍"。① 从此可以看出，尽管白居易认为钱币"实当今权节重轻之要"，但他实际在具体措施中不仅把谷物和货币一起作为调控社会经济的手段，而且其重要性甚至超过货币，把谷物的"储蓄"看作是调控社会经济的物质基础和保证。民以食为天，谷物是国计民生最重要的产品，也是市场上最重要的商品，关系到每个人的生存问题，从而影响到社会的安定和封建王朝的安危。

白居易的操一节三论，虽然受到先秦、西汉轻重论的深刻影响，他自己也认为是对《管子》轻重理论的运用与阐发。但如果我们仔细将二者进行对比，发现白居易的操一节三论在继承《管子》轻重理论的基础上又有所发展，其主要有以下 3 个方面：

其一，《管子》轻重论的出发点是以增加国家财政收入为目的，强调国家操轻重之权的目的是"国利归于君"。② 而白居易调控社会经济的主要目的则是使农、工、商之间的利益能够平衡，社会经济正常运行。这就是"百货流通，四人交利"。他认为，如果农、工、商利益均衡了，社会经济正常运行了，经济繁荣百姓富裕了，国家财政税收肯定也充足了，自然而然"上无乏用"。由此可见，他只是把"上无乏用"作为调控农、工、商三者关系、社会经济正常运行的客观结果，而不是作为目的，起码来说不是主要目的。在财政税收问题上，白居易是反对"利壅于上"，而主张"利散于下"，③ 反对封建国家过取于民。换言之，他是主张藏富于民的，自然不赞成《管子》轻重论所主张的国家借控制经济来垄断取利的政策。

其二，正由于《管子》轻重论与白居易操一节三论的出发点和目的不同，因此两者所主张的政策也有明显的差异。《管子》轻重论者为达到"利壅于上"的目的，主张国家直接垄断经营矿冶业、盐业，以获取巨额的垄断利润。这就是所谓的"官山海""官天财"。《管子》轻重论者还主张国家直接经营工商业，"寓税于价"，使国家从直接经营工商业中获得巨额利润以代替税收，这样不致引起百姓强烈反对和抵制国家通过征税而增加财政收入。这就是所谓"见予之形，不见夺之理"。④ 白居易虽然赞赏《管子》国家调控社会经济的理论，但却

---

① 《策林一·十八》。
② 《管子·国蓄》。
③ 《策林二·二十二》。
④ 《管子·国蓄》。

不赞成"利壅于上"的国家直接垄断经营矿冶业、盐业和工商业。他主张工商业私有、民营,而由国家通过钱币、谷物来宏观调控工商业与农业的关系,从而促进社会经济的发展,使百姓生活富足,国家财政收入自然也充足了。

其三,正由于《管子》轻重论者要追求"利壅于上"的目标,那自然要把最大的利,即富商大贾的工商之利作为国家夺取分割之利。不言而喻,轻重论者必然将商人,特别是富商大贾看作轻重政策的打击剥夺对象,强调要"杀正商贾之利"。① 由于白居易的操一节三论主要目的是调控农、工、商三者关系,促进社会经济正常运行,因此他虽然也谈到"商贾大族,乘时射利者,日以富豪",② 但是他是想通过限制商贾大族而防止其破坏农、工、商三者利益的"和钧",而不把普通商人作为打击的对象,甚至他还将普通商人作为"三者"或"四人"之一,是作为通过国家调控社会经济时实现"交利""咸遂"的扶持、保护的对象。

唐朝在白居易之前,著名理财家刘晏已对传统的轻重论做了重大的修正,如重视通过国家对经济的调控,发挥私人经营的积极性。但这种修正主要反映在理财实践方面,并且主要还是以增加国家财政收入为目的。白居易不仅对传统的轻重论修正的范围超过了刘晏,而且对国家调节经济的目的、手段、意义等,进行了一系列理论上的探讨和论证,提出了许多明显不同于前人的轻重论新观点。汉代以后,对轻重论有所修正、创新的人不少,但能对轻重论有所发展的,则只有白居易一人。③

四、通过土地、赋税政策促进农业生产思想

(一) 皮日休的"励民成业"赋税思想

皮日休(约838—约883),字袭美,一字逸少,复州竟陵(今湖北天门)人。曾居住在鹿门山,道号鹿门子,又号间气布衣、醉吟先生、醉士等。咸通八年(867年)进士及第,在唐时历任苏州军事判官、著作佐郎、太常博士、毗陵副使。后参加黄巢起义,或言"陷巢贼中"④,任翰林学士,起义失败后不知所踪。

皮日休是晚唐著名诗人、文学家,与陆龟蒙齐名,世称"皮陆"。其诗文兼有奇朴二杰,且多为同情民间疾苦之作。《新唐书·艺文志》录有《皮日休集》《皮子》《皮氏鹿门家钞》多部,对于社会民生有深刻的洞察和思考。传世有《皮子文薮》。

---

① 《管子·轻重乙》《管子·轻重丁》。
② 《策林二·十九》。
③ 赵靖主编《中国经济思想通史》第3卷,第53页。
④ 《唐才子传》。

对于国家征收赋税的目的和意义，唐末皮日休别开生面，提出了一个独特的见解："征税者，非以率民而奉君，亦将以励民而成其业也。"① 数十年前，以儒家正统自居的韩愈把百姓纳税奉养封建君主和官吏视为应尽的义务，如有人胆敢不尽此义务，则要遭到诛杀！"民者，出粟米麻丝，作器皿，通货财，以事其上者也"。"民不出粟米麻丝，作器皿，通货财，以事其上，则诛"。韩愈作为唐朝大名鼎鼎的封建卫道者，他的这一观点被后人尊奉为天经地义的正统思想。皮日休对此则不以为然，提出了与此截然相反的叛逆性见解。他公然说征税"非以率民而奉君"，如果不是故意与韩愈的封建正统观点唱反调，也是由于他对当时的封建统治者横征暴敛民脂民膏以供自己骄奢淫逸挥霍享受的不满。

皮日休认为，国家之所以向民众征税，其主要目的在于对占有生产资料或具有劳动能力的人，如果不把自己的生产资料和劳动能力用于生产而为社会创造财富，使民众无衣食之忧，则国家应通过征税来迫使其用于从事生产。"今之宅，树花卉犹恐不奇，减征赋惟恐不至，苟树桑者必门嗤而户笑，有能以不毛而税者哉？如曰：必也，居不树桑，虽势家亦出里布，则途无裸丐之民矣。今之田，贫者不足乎耕耨，转而输于富者，富者利广占，不利广耕。如曰：必也，田不耕者，虽势家亦出屋粟，则途无馁毙之民矣。今之民，善者少，不肖者多，苟无世守之业，必斗鸡走狗，格簺击鞠以取食于游闲……如曰：必也，凡民无职事者出夫家之征，则世无游惰之民矣。此三者，民之最急者也，有国有家者可不务乎？"②

皮日休文中的宅不树桑出"里布"（25 倍的住宅税）、田不耕种出"屋粟"（2 倍的田税）、无正当职业者出"夫家之征"（人头税），这些做法都出自儒家经典《周礼》。在中国古代，知识分子都习惯采用引经据典的方式，来论证自己的一个观点。皮日休也是如此，他在上引论述当时的征收赋税目的时，就将此文篇名定为《请行周典》，并引用了《周礼》中的"里布""屋粟"以及"夫家之征"的说法。他的这种做法，绝不是鼓吹复古，而是具有很强的现实针对性，引用《周礼》只是借用古代儒家经典来阐发自己的赋税思想，并增加自己观点的权威性。他的主张首先是针对当时的权贵、豪富而发的。他一再强调说"虽势家亦出里布""虽势家亦出屋粟"，其矛头指向十分明显，当时所谓"势家"，即贵族官僚、豪强地主、富商大贾等有权有势有钱之人。对"斗鸡走狗，格簺击鞠"课以"夫家之征"，固然不是直接针对势家，但靠"斗鸡走狗，格簺击鞠"以求食的，主要是为贵族官僚、豪强地主、富商大贾这些"势家"奢侈淫逸生活服务的。所以对这些人课以"夫家之征"，主要也是间接针对"势家"的，通过对他们的征税，来削减为"势家"奢侈淫逸生活服务的人，从而限制

---

① 《皮子文薮》卷 7《请行周典》。
② 《皮子文薮》卷 7《请行周典》。

势家对社会财富的大肆挥霍。

皮日休"励民成业"的主张，又是针对当时土地和财富的大量兼并及其严重后果而提出的。均田制瓦解后，土地兼并发展迅速。唐德宗时的陆贽，从分配不均、贫富分化的角度，已尖锐指出土地兼并之害，企图用限田、减租的办法缓和贫富之间的对立。皮日休则进一步从土地兼并对生产影响的角度，来缓解土地兼并对社会生产的破坏。首先，他指出，那些势家兼并大量的土地，只是希望通过广占土地来收取地租，而不关心农业生产的改进。这就是所谓"利广占，不利广耕"。土地兼并使广大农民土地"不足于耕耨"，不能把自己的劳动力充分使用于农业生产，削弱了社会生产力，使土地兼并者的土地利用率低下。其次土地和财富的大量兼并，使本来应该用于农业、手工业生产的大量生产资料和劳动力转用于满足势家奢侈淫逸生活的需要，这也是对社会生产力具有很大的削弱和破坏作用。许多具有劳动能力的人变成"斗鸡走狗，格篾击鞠"以供势家耳目之娱的"游闲"之人，使从事社会生产的劳动力供给不足。当时许多势家将资金用于"树花卉犹恐不奇"，广植奇花异草修饰府第园林，而不用于种植桑树扩大农业生产。总之，从劳动力和资金方面削弱了社会生产力。对此，皮日休主张对种桑的民宅只课以常征，而对广植奇花异草的势家课以 25 倍的宅税。这是对浪费劳动力和生产资金、土地的兼并势力的打击。

皮日休文中所说的"里布""屋粟""夫家之征"，都是《周礼》书中所提到的税种。《周礼》主张实施这些税种，自然其本意有奖勤罚懒之意。但《周礼》多是在制度设计中蕴含着这种意图，并未明确从理论上加以阐述或论证。并且，《周礼》所以要做这些规定，还具有维护冠、婚、丧、祭等宗法礼制的需要。因而，除征税外，还有"祭无牲""祭无盛"以及不得衣帛，居丧"不衰"等处罚。这与皮日休说的"励民成业"，更是没有关系的。

皮日休提出征税要"励民成业"的观点，这在赋税理论方面是一个创新。赋税如作为一种政策工具，可以用作鼓励、保护生产的一种手段，这在前人早已有认识。如战国时期荀子就提出"以政裕民"的见解，强调"以政裕民则民富，民富则田肥以易"。[1]所谓"以政裕民"，其内容就包括"轻田野之税"[2] 这类财政、赋税政策在内。韩非反对重征富人救济贫人，认为富人之所以富，是由于"力俭"，而贫人之所以贫，则由于侈惰。因此，征富济贫的政策只能是"夺力俭而予侈惰"，[3] 对社会生产的发展、国家的富强，都是不利的。唐朝中期的理财大臣刘晏，重视以财政性政策工具引导民众"耕耘织纴"，[4] 通过财政、赋税

① 《荀子·富国篇》。
② 《荀子·富国篇》。
③ 《韩非子·显学》。
④ 《新唐书·刘晏传》。

来刺激人们的生产和经营积极性，从而活跃社会经济。

但是，前人的这些认识和做法，只是在某些方面看到了财政赋税政策对生产的积极作用，而没能从赋税的理论高度明确提出问题。皮日休则不仅从多方面分析了赋税政策能够促进生产力的发展和发挥这种促进作用的机制，而且还明确把赋税的这种作用概括为"非以率民奉君，亦将以励民而成其业"。他不仅把赋税看作是国家政权生存的经济基础，还把它看作国家干预、调控经济，促进社会经济发展的重要手段。这是前人未曾道及、后人也少能表达得如此简练、如此明确的一个崭新的赋税理论观点。①

这里还必须指出的是，前人在论述赋税对经济发展的积极作用时，多是主张以减税免税的轻税政策来鼓励引导生产者积极从事生产来发展生产，这就是于史籍中屡见不鲜的"轻田野之税""平关市之征"。而皮日休"励民成业"则从逆向思维，以重税打击不参与生产或消极生产者。他看到当时土地兼并者"利广占，不利广耕"的状况，因为两税法是按田地大小财产多少征税的，所以以轻税只会使那些广占田地的势家兼并者得到更多的好处，坐享其成。因此他反对一般地实行轻税。他批评唐王朝对势家"减征赋主张惟恐不至"，主张重征势要和游闲，而对勤劳的生产者只征常赋，鼓励引导民众致力于农业生产，以"励民成业"，从而促进社会经济的发展。

前人在谈论轻徭薄赋来鼓励、保护农业生产时，多是笼统地将轻徭薄赋对象称为"农"或"民"，认为只要减轻"农"或"民"的赋役负担，就能促进他们的农业生产积极性。皮日休则不同，把纳税人分为两种类型：一是"势家"，二是"贫者"。他将纳税人分为两类的目的是，分别对他们课以不同的赋税。他所说的以征税来"励民成业"的对象是势家及为势家奢侈淫逸生活服务的游闲，换言之，即对那些拥有土地、生产资料和劳动力，而自己又不从事耕作或经营的人课以重税，以此来强制、督促他们参与耕作或经营等生产活动，使土地和劳动力发挥更好的效用。

东汉末年的荀悦就已指上，汉代轻田赋的政策，在土地兼并和土地集中严重的情况下，"适足以资富强"，②即对拥有大片田地的豪强地主有利。但是，他并未提出如何以赋税来抑制当时土地兼并的主张。唐末皮日休则意识到了土地兼并对农业生产的破坏作用，但他没有从土地制度本身入手来解决这个问题，而是企图通过赋税制度改革入手来抑制土地兼并对农业生产带来的消极作用。这是别开生面的。

唐朝末年，土地兼并和土地集中的社会问题已经十分严重，大批农民失去了耕地，陷于无田可耕或耕地不足的境地，而兼并了大量土地的人又"利广占，

---

① 赵靖：《中国经济思想通史》第3卷，第82—83页。
② 《汉纪》卷8。

不利广耕"。封建农业生产中的两个要素——劳动力和土地的配置越来越不协调，互相脱节，使生产日益凋敝衰落。那些土地兼并者由于广占耕地，积聚了大量财富，更加追求奢侈淫逸的生活，使更多的财富和劳动力浪费在非生产用途，加剧了生产力的破坏。皮日休的励民成业论，正是这种历史现象的反映和必然产物。

唐末农民起义，对士族豪门和势家兼并势力给予沉重的打击，但土地兼并、土地集中的历史趋势并没有被遏制，在有些地区，甚至还更加严重。因此，这种土地兼并、土地集中的现象仍然成为严重的社会问题。有关类似皮日休"励民成业"论的思想，在五代时期仍然有人提出。五代后汉乾祐二年（947年），朝臣梁文赞指出，当时"诸道州府吏及人户广置田园，不勤耕稼"。为制止这种状况的"渐染"、滋长，他建议令各地"搜求此色户民，令出代耕钱纳官，以督农务"。[1] 在此，梁文赞所说的"广置田园，不勤耕稼"的吏民，也就是皮日休所指责的"利广占，不利广耕"的势家，这说明五代后汉时期与唐末时期土地兼并的问题是一样存在的。对于这种社会问题，梁文赞则主张让这些吏民"出代耕钱，以督农务"。这种主张从实施角度来说，比皮日休的征收"里布""屋粟"和"夫家之征"来说，更为简便易行，可操作性更强。但是，如从理论角度来说，皮日休的"励民成业"比梁文赞的"出代耕钱"更具有理论高度，因为皮氏提出了一种新颖的赋税观点，从新的角度赋予赋税政策工具的功能，突破了自西汉董仲舒以来主要从分配的角度来考虑解决土地兼并问题。他的这种新思想，对宋代李觏对土地兼并的批判，产生了直接的影响。

（二）周世宗招垦荒地，均平赋役思想

柴荣（921—959），本姓柴，后曾改姓郭 。邢州尧山县（今河北隆尧）人。五代后周第二位皇帝。柴荣自少"器貌英奇"，擅长骑射，略通书史及黄老之术，且为人谨慎笃厚，因而被姑父郭威收为养子。后周建立，周世祖郭威委任柴荣治理澶州。他为政清肃，使盗不犯境。广顺三年（953年），入朝任开封府尹，进封晋王。

显德元年（954年），郭威驾崩，柴荣登基为帝，即周世宗。柴荣励精图治，致力于统一大业。在位期间，对内整军练卒、裁汰冗弱、招抚流亡、减少赋税、修订礼乐、制度、刑法，使得后周政治清明、百姓富庶，中原地区经济开始复苏。对外南征北战，西败后蜀，收取秦、凤、成、阶四州；南摧南唐，尽得江北淮南十四州；北破辽国，连克三关三州 。史家称赞其"神武雄略，乃一代之英主也"

周世宗十分重视农业生产，"刻木为耕夫、蚕妇，置之殿庭"[2]。他一再说："自古厚农宝谷，故家给人足。"告诫群臣要"厚农桑，薄伎巧，优力田之夫，

---

① 《册府元龟》卷476。
② 《资治通鉴》卷294。

禁末游之辈"①。后周政府把中原无主荒地分配给逃亡人户耕种，规定自广顺元年（951年）以后，来自幽州、淮南、西川、河东等界军人、百姓投降者，"所在有无荒闲田土，一任请射住佃为永业"②。他还免除两京及诸道州府人民所欠广顺三年（953年）以前秋夏税租及沿征物帛。政府对逃户庄田颁布处理办法：凡流亡户的庄田，当地农民均可向政府申请承佃耕种；若田主流亡归来，在法定年限内可取回大部或部分土地。如在中原地区，本户在3年内回来，可取回桑田和庄田各一半；5年内回来，可取回1/3，但承佃户自己盖的房屋和种的树木园圃，不再交还；5年以外回来，除本户的坟地外，其余一律不予取回，但佃户无力栽种的荒废桑田，仍可取回。在北方边境地区，人民常遭契丹掳掠，人口流动较大，情况复杂，承佃办法更为通融。如本户在外5年内回来，可取回桑田和庄田的2/3；10年内回来，可取回1/2；15年内回来，可取回1/3，但承佃户自盖的房屋和种的树木园圃，不再交还；15年以外回来，除本户坟地外，其余一律不予取回，而承佃户无力栽种的荒废桑田，仍可取回。但如果是冒佃而不交纳租税者，则本户无论何时回来，均可认领③。这种措施，使逃户的庄田有人继续耕种，恢复了农业生产，安定了社会秩序，同时又增加了政府的租税收入。诏书另一方面又照顾到不同地区和逃亡者的不同情况，以及庄田主回归故里的可能性，给他们在一定年限内如回乡取回部分土地的权利。这在一定程度上也鼓励逃亡者回归故乡从事农业生产，免于在外长期流亡。

后周政府为了保证赋税收入，改变"赋租不等，贫者抱虚而无告，富者广植以不言，州县以旧额为规，官吏以相承为准"④的弊病，实行"均定天下赋役"，减轻农民负担。显德五年（958年），朝廷颁发均田图，派官吏均定河南六十州赋税，仅开封府就查出隐匿土地42000多顷。连历代被奉为"圣人"而免征的曲阜孔府，"至周显德中，遣使均田，遂抑为编户"⑤，也编入户口，与平民一样缴纳租税。均田的结果，一方面使民户赋役负担较为公平合理，另一方也增加了政府的财政收入。

第四节　宋代协调思想

一、务农为本思想

中国古代传统的观念是务农是最体面、最稳定的谋生手段，以"耕读传家"

---

① 《册府元龟》卷70《帝王部·务农》。
② 《册府元龟》卷167《帝王部·招怀五》。
③ 《五代会要》卷25《逃户》。
④ 《册府元龟》卷158《帝王部·诫励三》。
⑤ 马端临：《文献通考》卷4《田赋四》，商务印书馆万有文库十通本。

为美德，而且主张"以末致财，用本守之"。南宋初，叶梦得主张，"有便好田产可买则买之，勿计厚值"。他认为买田"譬如积蓄一般，无劳经营，而且自然之利，其利虽微而长久。人家未有无田而可致富者"①。在务农为本的观念支配下，人们视田地为家族的基业，必须世代相传，甚至禁止后代分割田产。如南宋的赵鼎就在《家训笔录》中规定："应本家田产等，子子孙孙并不许分割。"②陆游也主张子孙经营农业最稳定、体面，因为"仕宦不可常"，宦海浮沉，前程难料；经商为市井小人，社会地位低贱，因此，子孙择业"不仕则农"，"切不可迫于衣食，为市井小人事"③，还是经营农业好。

宋代，人口急剧增加，最多时达到1亿大关，对土地的压力加大，人多地少的矛盾比较严重。对此，解决人地矛盾的一条重要措施就是改进和加强对农业的经营管理，进行精耕细作，努力提高劳动效率，增加田地亩产量。

北宋南宋之交的陈旉在其著作《农书》卷上《财力之宜篇第一》中介绍了按土地肥硗不同进行轮种的上、中、下三种上地的划分方法。他说："古者分田之制，一夫一妇，受田百亩，草莱之地称焉，以其地有肥硗不同，故有不易、一易、再易之别焉。不易之地，上地也，家百亩，谓可岁耕之也。一易之地，中地也，家二百亩，谓间岁耕其半，以息地气，且裕民之力也。再易之地，下地也，家三百亩，谓岁耕百亩，三岁而一周也。"陈旉在《农书》卷上《地势之宜篇第二》中根据自然地势，把土地分为5种类型，并针对不同类型提出不同的规划利用方案。第一种类型为高田，一般常风寒旱干，蓄水保水当为治田关键。陈旉指出：可视其地势，在"高水所会归之处，量其所用而凿为陂塘，约十亩田即损二三亩以潴蓄水"。这样，就可以在春夏之交雨水较多时归入陂塘，"不致弥漫而害稼"，而在旱时又得以"决水以灌溉"。第二种类型为下地，最易被水淹没，而应"必视其水势冲突趋向之处"，按其流向筑起高大圩岸，环绕包围。第三种类型为欹斜坡陀之地，"可种蔬茹、麻、麦、粟、豆，两旁亦可种桑牧牛"。第四种类型为深水薮泽，则有葑田，可以用于人工造田。方法是用木头做成木排，浮于水面，在木排上放置"葑泥"而种艺之。其好处是随水高下浮泛，自不淹溺。第五种类型为湖田，等芒种时节大水已过的时候，可以把"黄绿谷"种在湖田里。因"黄绿谷"自种至收不过六七十日，可避开水溢之患。陈旉在《农书》卷上《地势之宜篇第二》中把自然界各式各样的因地势不同形成的田地归纳为五大类型，并针对各种类型采取不同的耕作方式，体现了他注意在利用土地资源时，尊重自然特点，顺应各种条件并以人力来合理利用，"治之各有宜也"。这反映了他尊重自然规律，能动地充分利用土地资源，因地制宜开展合理

---

① 叶梦得：《石林遗书·石林治生家训要略》，台湾商务印书馆影印文渊阁《四库全书》。
② 赵鼎：《忠正德文集》卷10《家训笔录》，台湾商务印书馆影印文渊阁《四库全书》。
③ 《忠正德文集》卷10《家训笔录》。

经营的思想。

陈旉在发展农业中反对粗放经营方式，主张采取集约经营方式。"凡从事于农者，皆当量力而为之，不可苟且，贪多务得，以致终无成遂也。《传》曰：'少则得，多则惑。'况稼穑在艰难之尤者，讵可不先度其财足以赡，力足以给，优游不迫，可以取必效，然后为之。傥或财不赡，力不给，而贪多务得，未免苟简灭裂之患，十不得一二，幸其成功，已不可必矣。虽多其田亩，是多其患害，未见其利益也。若深思熟计，既善其始，又善其中，终必有成遂之常矣，岂徒苟缴一时之幸哉！"① 在他看来，采用粗放经营的方式，其结果必然是农作物收获量的减少，即"贪多务得"，"十不得一二"。因此，他主张采取集约经营的方式。集约经营又分为资金集约经营和劳动集约经营，陈旉的"财足以赡"，即资金集约经营，"力足以给"，即劳动集约经营。因此，他提出："则农之治田，不在连阡跨陌之多，唯其财力相称，则丰穰可期也审矣！"② 他进一步指出，从事农业如能"财力相称"，就可以进行精耕细作，丰收就有保证，从而达到"国裕民富"。"抑欲其财力优裕，岁岁常稔，不致务广而俱失，故皆以深耕易耨，而百谷用成，国裕民富可待也，仰事俯育可必也。谚有之曰：'多虚不如少实，广种不如狭收。'岂不信然！"③

陈旉认为要做到集约经营、精耕细作，在技术层面上必须注意以下 4 个方面：

（1）《耕耨之宜篇第三》探讨因地制宜进行耕作。他主张早田收获后应种上麦、豆或蔬菜，既可使土壤肥沃，又可多得一季收获。晚田则待来春残茬腐烂后再耕种，可省牛力。山川环绕和排水不畅之地，秋后要深耕排水，使土壤苏碎，再烧以腐草败叶，则土暖而苗易发。平地深耕浸水，残茬杂草在水中沤烂可使土壤增肥。

（2）《天时之宜篇第四》认为："农事必知天地时宜，则生之、蓄之、长之、育之、成之、熟之，无不遂矣。"因为"阴阳有消长，气候有盈缩"，所以要"顺天地时利之宜，识阴阳消长之理，则百谷之成，斯可必矣"。这些表达了陈旉遵循自然规律，又能动地认识与把握自然规律、更多地为农业生产服务的"法自然"的思想。

（3）《粪土之宜篇第七》阐述了土壤可以通过施肥保持地力不减的理论，不赞成地力衰竭的说法。他说："或谓土敝则草木不长，气衰则生物不遂，凡田土种三五年，其力已乏，斯语殆不然也，是未深思也。若能时加新沃之土壤，以粪治之，则益精熟肥美，其力当常新壮矣，抑何敝何衰之有？"在对土壤进行施肥

---

① 陈旉：《农书》卷上《财力之宜篇第一》，丛书集成本。
② 《农书》卷上《财力之宜篇第一》。
③ 《农书》卷上《财力之宜篇第一》。

时，陈旉提出了应针对各种不同土壤施加不同的肥料，"视其土之性类，以所宜粪而粪之，斯得其理矣"。因为"土壤气脉，其类不一，肥沃硗埆，美恶不同，治之各有宜也。且黑壤之地信美矣，然肥沃之过，或苗茂而实不坚，当取生新之土，以解利之，即疏爽得宜也。硗埆之土，信瘠恶矣，然粪壤滋培，即其苗茂而实坚栗也。虽土壤异宜，顾治之如何耳，治之得宜，皆可成就"。

（4）《六种之宜篇第五》提出不违农时，增加复种指数，提高土地利用率的思想。他认为："种莳之事，各有攸叙，能知时宜，不违先后之序，则相继以生成，相资以利用。种无虚日，收无虚月，一岁所育，绵绵相继，尚何匮乏之足患，冻馁之足忧哉？"尔后，他安排了一个种植各种农作物的时间表，如正月种麻枲，五六月可刈矣；二月种粟，七月可济乏绝矣；三月种早油麻，七八月可收也；四月种豆，七月成熟矣；五月种晚油麻，九月成熟矣；七夕以后，种萝卜菘菜，即科大而肥美也；八月社前，即可种麦，麦经两社即倍收。除此之外，他在其他篇章还表达了注意土地的综合规划兼顾利用，充分发挥土地资源潜力的思想。如在《种桑之法篇第一》中讲"若桑圃近家即可作墙篱，仍更疏植桑，令畦垄差阔，其下遍栽苎。因粪苎，即桑亦获肥益矣，是两得之也。桑根植深，苎根植浅，并不相妨，而利倍差。"在《居处之宜篇第六》谈到"制农居五亩，以二亩半在廛……以二亩半在田"，好处在于"方于耟，举趾之时，出居中田之庐，以便农事，俾采茶薪樗，以给农夫。治场为圃，以种蔬茹……墙下植桑，以便育蚕，古人治生之理，可谓曲尽矣"。总之，他的充分发挥土地潜力的思想是"作一事而两得，诚用力少而见功多也"。

陈旉在农业生产上反对粗放经营，主张集约经营的思想有着深刻的历史背景。南宋时期，南方人口的迅速膨胀，使人地矛盾趋于尖锐，人们不得不加大土地开发利用的深度与广度。一方面与山争地、与水争田；另一方面则必须提高土地利用率。陈旉的集约经营就是企图解决人多地少问题，通过提高单位面积产量和土地的利用率使有限的土地能承载更多的人口。其因地制宜、因时制宜进行耕作；通过施肥保持地力不衰；不违农时增加复种指数，提高土地利用率等思想就是集约经营的具体措施。这表明宋代土地经营管理思想已由土地的平面开发向立体开发、深度开发的转变。

陈旉在农业集约化经营的思想指导下，从农业生产的技术性层面反对广占田畴的行为和土地高度集中带来的灾患。他深刻地指出：农业生产如"财不赡、力不给"，即财力与土地不相称，那么如果"贪多务得"，"虽多其田亩，是多其患害，未见其利益也"。因为地主占田多了，"未免苟简灭裂之患，十不得一二，幸其成功，已不可必也"。这既浪费了自然资源，收益也不理想，是不应该的。这种思想比起一般思想家从经济、政治层面要求平均田地、限田均税、抑制兼并等，可谓独树一帜。

在农业经营管理方面，南宋袁采提出要善待佃农，以达到佃农愿意尽心竭力种好地主土地的目的。他说："人家耕种，出于佃人之力，可不以佃人为重？"基于这种思想，他主张地主应采取一些宽恤佃农的具体措施："遇其有生育婚嫁，营造死亡，当厚周之。耕耘之际，有所假贷，少收其息。水旱之年，察其所亏，早为减除。不可有非理之需，不可有非时之役。不可令子弟及干人私有所扰。不可因其仇者告语，增其岁入之租。不可强其称贷，使厚供息。不可见其自有田园，辄起贪图之意。视之爱之，不啻于骨肉。"① 简言之，袁采就是劝告地主，当佃农遇到生育婚嫁、营造死亡时，应当给其接济。当佃农青黄不接时，佃农向地主借贷，应当少收其利息。遇到水旱灾害，地主应当评估佃农歉收的情况，早早为其减少地租。地主对佃农不可有非理的需求，不可有不合时宜的劳役，不可以让子弟或手下的人骚扰佃农，不可因佃农的仇人来告状，就增收其地租，不可强迫佃农借贷，以获取高利贷收入，不可以见到佃农还有自己少量的田园，就想霸占。地主对待佃农，应当像对待自己的亲人一样。当然，袁采所提出的这些主张，在当时的条件下，很多是难以做到的，但袁采这种通过善待佃农，提高佃农劳动积极性，从而发展农业生产的思想却是十分难能可贵的，与现代管理中注重对员工的激励来提高生产效率是不谋而合的。

在发展农业生产方面，袁采注重多种经营，并重视发展有长期效益的行业。他指出："桑果竹木之属，春时种植，甚非难事。十年二十年之间，即享其利。"桑果竹木虽然不像种植稻谷麦菽之类，一年一熟或两熟，需一二十年才能长大成材或结果，但它们易于种植于荒山闲地，十年二十年后，其收入也相当可观。他批评有些人"于荒山闲地，任其弃废"，而又往往为一点小利而"忿争失欢"，"兴讼连年"。因此，他认为"若以争讼所费，雇工植木，则一二十年间，所谓材木不可胜用也"②。

二、农工商士，治生之途思想

中国古代的重农抑商、贵义贱利思想，严重地压抑着以追求私人财富为目标的治生之学的发展与传播，尤其对私营商业的治生之学起着窒息的作用。其表现在司马迁《史记·货殖列传》中所记载的先秦至西汉时期曾相当兴盛的工商致富思想自此销声匿迹，难以在史籍中见到其记载。即使极少数工商之士经营致富的"治生之术"偶有所见，但往往亦是片言只语，更难以从思想理论层面上加以系统论述。北宋末年，叶梦得著《石林治生家训要略》，其中对湮没已久的治生之学重新做了较具创见的探讨。

叶梦得（1077—1148），字少蕴，宋代词人。绍圣四年（1097 年）登进士第，历任翰林学士、户部尚书、江东安抚大使等官职。晚年隐居湖州弁山玲珑山

---

① 《袁氏世范》卷下。
② 《袁氏世范》卷下。

石林，故号石林居士，所著诗文多以石林为名，如《石林燕语》《石林词》《石林诗话》等。

叶梦得在《石林治生家训要略》中，首先旗帜鲜明地肯定了治生的客观必要性和重要性。他指出："一人之为人，生而已矣。人不治生，是苦其生也，是拂其生也。"① 这就是说，人之所以为人，就在于其生命的形式存在。要维持人的生命，人就必须治生。人如果不治生，就对不起自己的生命，使自己的生命受苦，这是违背人的天性的。

对治生客观必要性的认识使叶梦得的工商治生思想较之先秦工商致富思想前进了一大步。先秦工商致富思想，主要是探究工商获取财富的方法与手段，属于治生战略战术层面的思想，而缺乏对工商致富产生及存在的理论依据方面的论述，其后果是在正统重农抑商、贵义贱利思想的指责下，工商害农、商无奸不富等观念使工商致富的思想和实践失去了其存在的合法性和合理性，致使秦汉之后数百年之中，工商致富治生思想几乎成为绝学。叶梦得这种观点，为工商治生致富的社会实践提供了新的、更有说服力的理论依据，充分肯定了工商致富治生思想和行为的合法化和合理化，这是对传统占主导地位的重农抑商、贵义贱利思想的挑战。

中国古代自先秦以来，就有关于富国、富民和治民之生、治己之生的讨论，许多人往往将富国与富民、治民之生与治己之生割裂对立起来，或重视、讲求富国，忽视甚至反对富民，或即使重视、讲求富民，但忽略甚至鄙视、压制治己之生。总之，不管持何种观点，从总体上，绝大多数人都主张富国，一小部分人主张通过富民（即治民之生）达到富国，几乎没有人主张治己之生（即治私人一己之生业，尤其是通过私营工商业）而达到富民富国的。

宋代，私营工商业空前繁荣，在此历史背景下，叶梦得提出，富国、富民（治民之生）与治己之生并不矛盾，治己之生是最根本的，是富民（治民之生）、富国的基础。为官者，欲使国富、民富，首先必须学好治己之生。"治国当自齐家始，教孝即所以教忠"②，不言而喻，富国必须从富己开始。他反对那种"圣贤不治生，而惟以治民之生是从"③ 的观点，认为圣贤既然能为民治生，焉有不治己生之理？不会治己之生，又如何为民治生？所以他指出："民之生急欲治之，岂己之生不欲治乎？"④ 否定"治己之生"的看法不全面，并非圣贤本身品德的反映，"非圣贤之概也"⑤。

叶梦得在肯定治生的基础上，进一步对治生的内涵外延做了诠释，认为凡是

---

① 《石林遗书·石林治生家训要略》。
② 《石林遗书·石林公家训序》。
③ 《石林遗书·石林治生家训要略》。
④ 《石林遗书·石林治生家训要略》。
⑤ 《石林遗书·石林治生家训要略》。

有益于人生的活动均为治生之属，治生之途有多种，传统的士农工商四业，均为治生之途。他说："治生不同，出作入息，农之治生也；居肆成事，工之治生也；贸迁有无，商之治生也；膏油继晷，士之治生也。"①

中国古代士农工商的社会分工，早在先秦时期就已明确，但在绝大多数人的心目中，士农工商各业的社会地位并非平等的。从总体社会观念来看，人们普遍认为农是衣食之本，故称其为本业；而相对农业来说，工商业是末业，虽然在民众生活中也需要，但不能任其自由发展，与农业争夺人力、物力资源，影响农业的发展，因此必须实行抑末。叶梦得在此将农工商同视为治生之途，并予以同等看待，其区别只是其谋生的方式不同而已。

更为大胆和富有卓见的是，叶梦得不仅将农工商一视同仁地看作治生之途，而且竟然把"士"也认为治生之一途。即"膏油继晷，士之治生也"。这种观点更是突破了上千年来传统儒家对士的定位。在传统儒家理论中，虽然也承认"士农工商，四民分业"的社会分工，但在他们的眼里，士与农工商有本质的区别。"士"属于君子之列，是"劳心者"，是"食于人""治人"之人，即农工商必须养活并接受其管理的人；而"农工商"则统归于小人之列，是"劳力者"是"食人""治于人"之人，即养活士并被士管理的人。"君子喻于义，小人喻于利"，也就是说，农工商等小人才孜孜以求利，才忙于治生，而君子则不应亦不屑于谋利。孔子叮嘱士人道："士志于道而耻恶衣恶食者，未足以议也。"② 西汉名儒董仲舒则更直截了当地说："夫皇皇求财利常恐乏匮者，庶人之意也；皇皇求仁义常恐不能化民者，大夫之意也。"③ 在儒家这种对士与农工商根深蒂固传统定位的背景下，叶梦得竟然把士与农工商等同看待，虽然士是"劳心者"，是"食于人""治人"之人，但从社会分工角度上看，同农工商是"劳力者"，是"食人""治于人"之人，其治生的本质是一样的，都是为了谋求生存，其不同的只是治生的方式有所不同罢了。

叶梦得认为，士"膏油继晷"读书、求功名一途是一种治生手段，而且也可以把农工商作为自己的治生手段。他以儒家先圣为例，来说明士人从事农工商治生并不是可耻之事，也不是不守本分之举，只要是以正当手段治生，而不是以非法手段谋利，就无可指责。古代圣贤所鄙视、反对的是那种不择手段、一味剥民以自富的聚敛之徒。他指出："圣门若原宪之衣鹑至穷也，而子贡则货殖焉。然论者不谓原宪贤于子贡，是循其分也。季氏之聚敛，陈子之蟊李，俱为圣贤所鄙斥，由其矫情也。"④ 他还认为士不仅应该关心和参与治生，而且在治生活动

① 《石林遗书·石林治生家训要略》。
② 《论语·里仁》，十三经注疏本。
③ 《汉书·董仲舒传》。
④ 《石林遗书·石林治生家训要略》。

中对农工商等应起表率的作用："士为四民之首，尤当砥砺表率。"① 叶梦得对士人带头治生予以很高的评价，说这是"效古人体天地、育万物之志"② 的行为。

叶梦得不仅认为士人参与农工商治生活动是天经地义的，而且还批评那些不知或不愿治己生业的士人，认为这些人算不上是大丈夫："今一生不能治，何云丈夫哉！"③ 也就是说，作为一个士人，连治己生业的事都做不来，那怎么称得上是大丈夫呢？他的这一思想与西汉司马迁讥笑那些没有能力养活自己，却还以所谓"安贫乐道"相标榜的迂儒"亦可羞也"④ 的观点是一脉相承的。司马迁的这一观点，在东汉时遭到以儒学正统思想自居的班固的批评。宋代尊崇儒学之风盛行，由此兴起新儒学——理学，并逐渐在思想界占主导地位。叶梦得是当时士大夫中有很高地位和很大名声的人物，却敢于主张"士"与农工商一样亦为治生之一途，士大夫参与农工商治生活动是天经地义的，而且公开批评安贫乐道的思想，认为"一生不能治"的儒生为非"丈夫"，这不仅需要真知灼见，而且还需要无畏的勇气。

最后必须指出的是，叶梦得虽然认为士农工商四者均是治生之途，只是手段有所不同罢了，但在具体向子孙传授治生要诀时，却又强调农业为最佳的治生手段。他叮嘱子孙说，土地是最稳定的治生资源，其特点是"无劳经营而有自然之利，其利虽微而长久"⑤。因此，要尽可能多购置些土质肥沃的良田，而不必计较其价格贵贱："有便好田产，可买则买之，勿计厚值。"⑥ 相反，如果没有田地就不可能致富，"人家未有无田而可致富者也"⑦。

叶梦得之所以在治生思想上既承认士农工商四者均是治生之途，只是手段有所不同，又强调农业为最佳治生手段，其实际上是当时现实在管理思想上的深刻反映。宋代私营工商业繁荣，商品经济空前发达，官吏经商现象比较普遍，出现士商、官商结合的趋势。因此，社会上传统的重农轻商、重本抑末的观念已开始发生变化，出现了农工商并重的思想，而且官吏（士人）经营工商业致富也不再被人鄙视、指责。传统的"贱商"观念，此时得以突破，"抑末厚本，非正论也"⑧。这时的士大夫们虽没有摆脱传统的"士为首民"的思想束缚，但已不是完全的"重才轻财"。他们认为科举仍是择业的第一选择，但当无法金榜题名时，亦鼓励子孙从事工商行业，作为谋生的选择之一。"士大夫之子弟，苟无世

---

① 《石林遗书·石林治生家训要略》。
② 《石林遗书·石林治生家训要略》。
③ 《石林遗书·石林治生家训要略》。
④ 《史记·货殖列传》。
⑤ 《石林遗书·石林治生家训要略》。
⑥ 《石林遗书·石林治生家训要略》。
⑦ 《石林遗书·石林治生家训要略》。
⑧ 叶适：《习学记言序目》卷 19。

禄可守,无常产可依,而欲为仰事俯育之资,莫如为儒。如不能为儒……则医卜、星相、农圃、商贾、伎术,凡可以养生而不至于辱先者,皆可为也。"① 南宋陈耆卿更明确提出工商皆本:"古有四民,曰士、曰农、曰工、曰商。士勤于学业,则可以取爵禄;农者皆百姓之本业。自生民以来,未有能易之者也……不能此四者,则谓之浮浪游手之民。"② 叶梦得的治生思想正是这种思潮的典型代表。另一方面,从总体上说,宋代毕竟依然是以自给自足为基本特征的封建社会,社会产品的商品化程度很低,市场发育极不完善,加上封建政府对市场的经常干预,使私人经营工商业具有很大的动荡性和风险性,碰巧遇到好时机可能日进斗金,但弄不好亦可能倾家荡产于一瞬间。工商业的这种高风险高收益性,使从事工商业者产生很大的投机心理,往往只把从事工商业作为一时之计,一旦经营致富,就转身购置良田沃壤,成为坐收地租、高利贷的地主。"以末致财,用本守之",被封建社会治生者奉为圭臬。

三、勤俭思想

勤俭是中国自古以来的优良传统。勤即指勤劳、勤奋,俭即指节俭、节约。就治生范畴来说,宋代政府和地方官员最竭力提倡勉励农民勤于耕作。宋代地方官员在劝农文常常向农民说明勤劳使人富足安乐,懒惰使人贫穷饥饿的道理。真德秀在福州任知州时指出:"凡为农人,岂可不勤!勤且多旷,惰复何望。勤于耕畬,土熟如酥。勤于耘籽,草根尽死。勤修沟塍,蓄水必盈。勤于粪壤,苗稼倍长。勤而不惰,是为良农。良农虽苦,可养父母。父母怡怡,妻子熙熙。勤之为功,到此方知。为农而惰,不免饥饿。一时嬉游,终岁之忧。我劝尔农,惟勤一字。"③ 陈著知嵊县时,"告民以勤为本,嵊之民当加勤。嵊山多水浅,其土瘠,土瘠故物不滋,物不滋故种薄,收种薄故民多贫。彼富者食肥饶犹云不给,今反此而不加勤,可乎?勤则瘠可肥,贫可富,不勤则瘠愈瘠,贫愈贫,其何以生?"④ 可见,他认为嵊县收成不好是由于土地瘠薄。要想改变这种状况,使土地瘠薄变成肥沃,农民贫困变为富足,只有比其他地区更加勤劳才行。土地已经瘠薄,如果还不勤劳,生活将会愈来愈贫困。

有的官员在劝农文中则通过不同地区的比较,来说明勤惰对于农业生产的重要性。陈傅良在湖南桂阳军劝农时说:"闽、浙之土,最是瘠薄,必有锄耙数番,加以粪溉,方为良田。此间不待施粪,锄耙亦希,所种禾麦,自然秀茂,则知其土膏腴,胜如闽、浙。然闽、浙上田收米三石,次等二石,此间所收却无此

---

① 《袁氏世范》卷中。
② 陈耆卿:《嘉定赤城志》卷 37《风土门·重本业》,台湾商务印书馆影印文渊阁《四库全书》。
③ 《真文忠公文集》卷 40《福州劝农文》。
④ 《本堂集》卷 52《嵊县劝农文》。

数，当是人力不到，子课遂减，奉劝自今更加勤勉，勿为惰农，坐视丰歉。"① 这里，陈傅良比较了桂阳军和闽、浙地区的土地肥瘠和农业生产量，指出桂阳军的土地比闽、浙肥沃，但是单位面积产量却不及闽、浙高，原因在于桂阳军的农民不够勤劳，因此，劝谕他们今后必须更加勤勉。

崇宁二年（1103 年）四月三日，徽宗在下诏县令劝农十二事中指出：农民要勤于耕作，具体要做到以下 5 个方面：一是"兴地利，谓旷地有可以垦辟者，积水有可以疏决者，皆宜耕种，庶使地无遗利"；二是"广栽植，谓麻、麦、粟、豆、果、瓜、蔬菜，凡可以为养生之资者，广务栽种，则自然农足"；三是"谨时候，谓农时一违，诸事废败，尤在所谨。故耕以时则土膏，种以时则苗秀，敛以时则无禽兽之耗，无盗贼之侵，无霖雨之坏"；四是"诫苟简，谓耕欲熟，耘欲足，则田土膏腴，禾稼茂实。盖农事最为劳苦，人易怠惰，多致苟简，尤宜戒勉"；五是"戒游手，谓群饮聚博，放鹰走犬，游惰之事，皆废农业，为人父兄，理当戒谨，为人子弟，尤宜遵禀"②。

在宋人有关勤的论述中，叶梦得的观点较有特点。他告诫子孙，"一要勤，每日起早。凡生理所当为者须及时为之，如机之发，鹰之搏，顷刻不可迟也"。③ 他所说的勤包括两层含义：其一"每日起早"，就是通常所说的勤劳。其二"须及时为之"，则含有迅速抓住机遇，掌握主动权之意。叶梦得的这一观点与先秦商家治生理论中的"趋时若猛兽鸷鸟之发"④ 如出一辙。先秦商家所以重视时机，强调"任时""趋时"，是由于经商必须从事激烈的市场竞争，而市场竞争的成败，往往取决于能否抓住市场上转瞬即逝的机遇。叶梦得这里所说的"及时为之"，当是指及时抓住进行土地兼并的有利时机。所谓"有便好田产，可买则买之"，就是其"及时"二字的注脚⑤。

在古代治生和家庭生活中，节俭是最被推崇的原则。就开源与节流相比来说，人们更重视节流。如赵鼎在《家训笔录》说："古今遗法子弟固有成书，其详不可概举，唯是节俭一事，最为美行。"叶梦得在《石林治生家训要略》中也说："夫俭者，守家第一法也。"

宋人之所以如此重视推崇"俭"，一个重要的原因是他们将"俭"与其对立面"奢"进行比较，从而得出"俭"会使立身、持家、做事成功，"奢"则会使立身、持家、做事失败。如：

> 由俭入奢易，由奢入俭难……侈则多欲。君子多欲，则贪慕富贵，枉道

---

① 陈傅良：《止斋先生文集》卷 44《桂阳军劝农文》，四部丛刊本。
② 《宋会要》职官 48 之 31。
③ 《石林遗书·石林治生家训要略》。
④ 《史记·货殖列传》。
⑤ 赵靖：《中国经济思想通史》第 3 卷，第 287 页。

速祸；小人多欲，则多求妄用，败家丧身。①

俭则足用，俭则寡求，俭则可以成家，俭则可以立身，俭则可以传子孙。奢则用不给，奢则贪求，奢则掩身，奢则破家，奢则不可以训子孙。②

天下之事，常成于困约，而败于奢侈。③

宋人在家训中不仅通过俭与奢的对比来说明俭的重要性，而且还对如何节俭提出了一些具体的建议。如陆九韶说："今考古经国之制，为居家之法，随资产之多寡，制用度之丰俭"，关键是把握好费用的"度"④。他所说的"经国之制"指的是国家制定财政收入计划时的"量入为出"的原则，这个原则成为数千年中国古代历朝治国居家的不二法则，也是衡量俭奢的最基本标准。袁采也持相同的看法，认为消费应当视自己家的财力而定，超过了家庭经济的承受能力就是奢侈："丰俭随其财力，则不谓之费；不量力而为之……皆妄费也。"⑤ 同时，还要有因时而变的准备，"家资厚薄不常，方当盛时虽可办，贫则必废"⑥，这就是一个家庭资产厚薄变化不常，家产多时可以办的事，到了家产少时就不能办了，不能总是按一个标准来衡量俭奢。

宋代不少人还主张，即使在经济力量允许的情况下也不能搞奢侈的浪费，"或虽财力可办，而过于侈靡，近于不急，皆妄费也"⑦。正确的用钱原则是该花的花费再多也应该，不该花的多花一文也不行："合用万钱者用万钱，不谓之侈；合用百钱者用百钱，不谓之吝，是取中可久之制也。"⑧ 所谓"取中"，就是把握一个适当的度，不多也不少。叶梦得说："自奉宜俭，至于往来相交，礼所当尽者，当及时尽之，可厚而不可薄……然开源节流，不在悭琐为能，凡事贵乎适宜。"⑨ 这里的"贵乎适宜"，也就是"取中"，即"自奉宜俭"，坚持节俭的原则，但如果是"礼所当尽者"，即该花费的，就"可厚而不可薄"。

宋人家训中之所以大量出现告诫子孙必须节俭的内容，是因为当时商品经济的繁荣，使社会上奢侈之风盛行。这种风气是对传统儒家崇尚节俭思想的挑战，引起了一些固守传统节俭思想的士大夫的担忧和警惕，故在家训中谆谆教导子孙必须恪守节俭的传统家风。如北宋司马光在《训俭示康》中说，"众人皆以奢靡为荣，吾心独以俭素为美"，从内心对"近岁风尤为侈靡"不以为然。他还用北宋大官僚寇准的子孙奢侈败家的例子来教训子孙，"近世寇莱公豪侈冠一时，然

---

① 《传家集》卷69《训俭示康》。

② 《经鉏堂杂志》，载《说郛》卷75上。

③ 陆游：《放翁家训》，载叶盛《水东日记》卷15，台湾商务印书馆影印文渊阁《四库全书》。

④ 陆九韶：《居家正本制用篇》。

⑤ 《袁氏世范》卷中。

⑥ 陆游：《放翁家训》，载叶盛《水东日记》卷15。

⑦ 《袁氏世范》卷中。

⑧ 《居家正本制用篇》。

⑨ 《石林遗书·石林治生家训要略》。

以功业大，人莫之非。子孙习其家风，今多穷困。其余以俭立名，以侈败家者多矣，不可遍数"①。这里，司马光明确告诫子孙，必须牢记节俭成家、奢侈败家的道理。南宋陆游对当时的奢侈之风也表示忧虑，在家训中告诫子孙不能奢侈。他说，当时"风俗方日坏，可忧者非一事"；"徒为重费，皆不须为也"②。

中国古代至迟从西周开始，在国家财政上就实行"量入为出"的原则，即根据财政收入的情况，在留足储备之后，再决定财政支出的多少。这一原则同样也适用于家庭治生，并同节俭是密切相关的。一个家庭必须根据收入来有计划地安排消费，否则"好丰者妄用以破家，好俭者多藏以敛怨"③，即用多了超出收入就会使家业破败，太节俭了一味聚敛积累财富则会招致抱怨。所以，宋人在家庭治生中，几乎是异口同声都推崇，贯彻量入为出原则。如司马光要求子孙持家应"制财用之节，量入以为出"④；倪思也认为"富家有富家计，贫家有贫家计，量入为出，则不至乏用矣"⑤；陆九韶则提出，"凡家有田畴，足以赡给者，亦当量入以为出，然后用度有准，丰俭得中"⑥；袁采在《袁氏世范》中则把"用度宜量入为出"列为专门条目。

宋人文献中保存了珍贵的史料，使我们大致了解到宋代家庭治生中如何具体贯彻量入为出的原则。陆九韶在《居家正本制用篇》中谈到，自己家庭的收支安排是：所有的田亩收入扣除租税和种子之外，剩下的部分"以十分均之，留三分为水旱不测之备，一分为祭祀之用，六分为十二月之用"，可支配性纯收入分为储备、祭祀和日常消费三大类，三者的比例为3：1：6。随后陆九韶又把其中用来日常消费的六分作更详尽的计划，"取一月合用之数，约为三十分，日用其一，可余而不可尽用"，把计划细订到以"天"为单位，可见计划细致之至。他还具体解释说，"可余而不可尽用"的含义是"非谓必于其日用尽，但约见每月每日之概。其间用度，自为赢缩。惟是不可先次侵过，恐难退补"⑦。可见，他计划订到以"天"为单位，只是大致估计每天可消费多少，然后根据每天具体的开支情况再灵活掌握，但总的原则是不可超支太多，如超支太多了以后就很难弥补过来。倪思也主张制订家庭消费计划须细致具体，他虽然没有像陆九韶那样细致到以"天"为单位，但认为细致到以"月"为单位是很有必要的。因为每月的计划制订好了，能量入为出，那整年的计划就不会有很大的出入，就不可能出现很大的缺口。他指出："已作岁计簿，复作月计簿。盖先有月计，然后岁

---

① 《传家集》卷69《训俭示康》。
② 陆游：《放翁家训》，载叶盛《水东日记》卷15。
③ 《居家正本制用篇》。
④ 司马光：《涑水家仪》，台湾商务印书馆影印文渊阁《四库全书》。
⑤ 《经鉏堂杂志》，载《说郛》卷75上。
⑥ 《居家正本制用篇》。
⑦ 《居家正本制用篇》。

计可知；若月之所用多于其所入，积而至岁，为大缺用矣。"①

陆九韶还提出在制定家庭消费计划时，必须根据家庭经济条件的不同，分别做出不同的支出计划。一是对于"家有田畴，足以赡给"的家庭，"可余而不可尽用，至七分为得中，不及五分为啬"，即家庭经济条件好的，日常可消费到总支出的五至七成为适中，超过了就奢侈，不够五分就太吝啬了。剩余的部分再用作"伏腊裘葛、修葺墙屋、医药、宾客、吊丧问疾、时节馈送"等费用，再有节余可以用来周济本家族的穷人。二是对于"田畴不多，日用不能有余"的家庭，那就要注意开源节流，在节俭的同时努力发展生产以增加收入，"裘葛取诸蚕绩，墙屋取诸蓄养，杂种蔬果，皆以助用"，这就是除日常消费开支外，冬天穿裘衣、夏衣穿褐衣、修葺墙屋等开支就必须另外通过纺织、蓄养家畜、家禽等收入来补足。三是对于"田少而用广"的家庭，除了节俭，努力开发解决生计的财源外，对于"接待宾客、吊丧问疾、时节馈送、聚会饮食之事"，一概应当免去，不能死要面子活受罪②。

中国古代的"量入为出"原则从它产生起就是与储蓄紧密相连的。《礼记·王制》载："冢宰制国用，必于岁之杪，五谷皆入，然后制国用。用地小大，视年之丰耗，以三十年之通制国用，量入以为出……国无九年之蓄，曰不足；无六年之蓄，曰急；无三年之蓄，曰国非其国也。三年耕，必有一年之食，九年耕，必有三年之食。以三十年之通，虽有凶旱水溢，民无菜色。"周朝以国家 30 年粮食生产的平均数来规定国家财政的支出数，而且收入必须大于支出。其收入大于支出的具体量化标准是一个国家 3 年的粮食生产量扣除支出消费外，其盈余必须能供全国吃一年。一个国家如没有 9 年的粮食积蓄，就算不上富足；如没有 6 年的粮食积蓄，就应该着急了；如没有 3 年的粮食积蓄，就有灭国的危险了。量入为出的结果就是达到国家要有充足的粮食储备，这样才能达到长治久安。这一思想对中国古代无论是治理国家，还是持家治生，均产生极其深远的影响。

宋代，人们为了应付天灾人祸，也经常在持家治生活动中谈论储备问题。诸如持家治生"常须稍有盈余，以备不虞"③；"用常有余，则可以为意外横用之备矣"④；"宁使家有盈余，毋使仓有告匮"⑤；"今岁计常用，则与夫备仓卒非常之用，每每计置万一，非常之事，出于意外，亦素有其备，不致侵过常用，以致阙乏"⑥。总之，宋人都一致主张持家治生必须稍有盈余积储，以备不时之需，这样才不致败家破产，忍冻挨饿。

---

① 《经鉏堂杂志》，载《说郛》卷 75 上。
② 《居家正本制用篇》。
③ 《涑水家仪》。
④ 《经鉏堂杂志》，载《说郛》卷 75 上。
⑤ 《石林遗书·石林治生家训要略》。
⑥ 《农书》卷上《节用之宜篇》。

宋人在量入为出以达到有所储备的具体量化上，也深受《礼记·王制》"三年耕，必有一年之食"的影响，即所谓"耕三余一"的传统，多数人主张一年留三分之一左右作为储备。陆九韶对"耕三余一"的传统进一步做了修正，使之更符合不同家庭的实际情况。他说，留十分之三主要针对富裕家庭，如果中下层家庭收入少，"所余不能三分，则有二分亦可；又不能二分，则存一分亦可；又不能一分，则宜樽节用度，以存盈余"。总之，要视各家的经济实力来确定储备方案。但他要求无论贫富都应当有一定的储备，否则"一旦有意外之事，必遂破家矣"①。

四、反对官府垄断经营，主张私商自由竞争经营思想

（一）私营工商业自由竞争经营优于官府垄断经营

宋代，一些有识之士已初步认识到，在官榷制下，生产者的积极性不高，责任心差，效率低下，对社会经济造成破坏。只有罢黜官榷，才能提高生产者的积极性和生产效率，促进社会经济的恢复和发展。张洎认为："官榷茶山，利归公室，衣食之源日削……所以出茶之处，郡县凋残，民不聊生，职由于此。"如能"罢榷山行放法"，"造茶之户既专物产，必能经营地利，爱养茶园，封殖箽条，防护山泽。十年之内，茶货大兴，通商惠农，王赋增集"②。王安石也反对榷茶，而且还反对大商人的包卖制度。他认为：如实行榷茶或由巨商包卖，则会导致层层盗窃损耗，积压变质，"皆以非己而致货不善也"。如采用小商品经营方式，经营者就会直接关心商品质量，质佳则容易销售。这就是"货利己则精心，精心则货善，货善则易集"③。

宋代，不少人都意识到官府垄断经营必然造成管理不善，损耗浪费严重，经营效率低下，从而导致高成本；官营之下的粗制滥造、掺杂造假，使产品质量低劣。李觏认为，当时官盐在储运上耗损和管理费用甚大，成本高，"舟有坏，仓有堕，官有俸，卒有粮，费已多矣"。而且经办官盐的军吏营私掺假使盐质次价高，"公盐常失其半，而半它物焉"，"以倍价取半盐矣"④。公茶也是如此，掺杂太多，"草邪，木邪，唯恐器之不盈也。尘邪，煤邪，唯恐衡之不昂也"。其结果是盐茶都因质量太差而滞销，造成大量积压，"仓储之久，或腐败也，则水火乘之矣"，最终因无法出售只好毁掉，"息未收而本或丧矣"⑤，造成惨重的经济损失。针对这种垄断经营的弊端，李觏主张私商经营盐茶。他认为："夫商人众而务售，则盐不淆杂。所至之地又以赏于市人，则列肆多得斥卖。卖者多而务

---

① 《居家正本制用篇》。
② 《宋朝诸臣奏议》卷108《上太宗乞罢榷山行放法》。
③ 《临川先生文集》卷70《茶商十二说》。
④ 《李觏集》卷16《富国策第九》。
⑤ 《李觏集》卷16《富国策第十》。

售，则盐亦不淆杂。昔唠粪土者，今皆食盐；昔喜窃贩者，今皆公行。盐之用益广，是以无滞也。公利不减而盐无滞，财用以足。"① 这里，李觏揭示了小商品经济市场上的自由竞争，使盐的质量高，销路好。他还建议：如果封建官府"藉茶山之租，科商人之税"，放弃专卖政策，让茶通商，由"商人自市，则所择必精；所择精，则价之必售；价之售，则商人众；商人众，则入税多矣"。总之，李觏反对专卖政策，坚持私商自由竞争经营，"今日之宜，亦莫如一切通商。官勿卖买，听其自为"②。这样，就可以通过商业的自由竞争，提高商品质量，扩大商品的销售量。而且商人多了，国家的税收也会增多，这对朝廷也是有利的。

宋代买扑制不仅在增加国家财政收入中发挥了独特的作用，而且在节约国家财政支出中同样发挥了作用。如熙宁三年（1070 年）五月，"制置条例司言：'诸路科买上供羊，民间供备几倍。而河北榷场博买契丹羊岁数万，路远抵京则皆瘦恶耗死，屡更法不能止，公私岁费钱四十余万缗。近委著作佐郎程博文访利害。博文募屠户，以产业抵当，召人保任，官豫给钱，以时日限口数、斤重供羊，人多乐从，得以充足岁计。除供御膳及祠祭羊依旧别圈养栈外，仍更栈养羊常满三千为额，以备非常支用。'从之。博文所裁省冗费凡十之四，人甚以为便"③。又如熙宁五年（1072 年）冬十月，神宗皇帝称："前宋用臣修陵寺，令行人揽买漆，比官买减半价。"④ 从此可窥一斑，行人买扑政府采购物资比政府自己到市场上购买，节约了 40% 至 50% 的采购费用。

（二）私营工商业自由竞争能廉洁吏治和稳定社会

宋代，还有一些人认识到榷卖、官营会导致官吏营私舞弊、贪污盗窃和权力寻租。宋太宗时，张泊指出：茶叶"搬运尽出公家……风涛没溺，官吏奸偷，陷失茶纲，比岁常有。若行放法，此患自除"⑤。神宗熙宁四年（1071 年），苏轼批评市易法设置大量官吏，政府必须为此付出数额巨大的管理与监督费用，加上官吏的贪污受贿、营私舞弊，使官营商业高成本运作，亏本是必然的。他指出："今官买是物，必先设官置吏，簿书廪禄，为费已厚，非良不售，非贿不行，是以官买之价，比民必贵，及其卖也，弊复如前，商贾之利，何缘而得。"⑥ 不言而喻，官营商业是行不通的，必须改为私营。

宋代不少有识之士，从社会稳定的广阔视角，考察专卖制度使民众违法私产私贩，动辄触禁，社会矛盾尖锐，甚至发生武装对抗。因此，纷纷主张弛禁通商，还利于民，缓和社会矛盾。张泊指出："禁榷之地，法令斯严，铢两之茶，

① 《李觏集》卷 16《富国策第九》。
② 《李觏集》卷 16《富国策第十》。
③ 《长编》卷 211。
④ 《长编》卷 239。
⑤ 《宋朝诸臣奏议》卷 108《上太宗乞罢榷山行放法》。
⑥ 《苏轼文集》卷 25《上神宗皇帝书》。

即该宪网，公私追扰，狱讼繁兴。大则破族亡家，小则身陷牢户。州县公事，太半为茶；朝禁夕刑，系缧相继。户口由兹减耗，田野为之汙莱。蠢尔蒸民，坠于无告。狱连祸结，莫甚于斯。"有鉴于此，他主张："榷山既放，密网减除。爱人而义在必行，画象而民将不犯。普天之下，实省刑章。利用厚生，莫先于此。"① 范仲淹在庆历四年（1044 年）任参知政事时，曾向仁宗皇帝奏言："天下茶盐，出于山海，是天地之利，以养万民也。近古以来，官禁其源，人多犯法。今又绝商旅之路，官自行贩，困于运置。其民庶私贩者，徒、流；兵稍盗取者，绞、配，岁有千万人罹此刑祸。是有司与民争利，作为此制，皆非先王之法也。及以官贩之利，较其商旅，则增息非多。"其结果是盐茶榷酤，对私对公都不利。因此，他请求朝廷："诏天下茶盐之法，尽使行商，以去苛刻之刑，以息运置之劳，以取长久之利。"②

（三）私营工商业能在某些方面发挥政府不可替代的作用

宋代封建商品经济高度发达，庞大的商品流通体系，是封建政府难以一手包揽的，许多领域必须由众多的大中小商人承担。范仲淹就认为山海之货的流通要靠商人："尝闻商者云，转货赖斯民。远近日中合，有无天下均。上以利吾国，下以藩吾身。"③ 为了发挥商人流转货财的作用，他力主废除国家对茶盐等山海之货的垄断，由私商经营。

宋代以前，常平仓平抑谷价的最主要功能历来受到主流观点的推崇。但是到了宋代，由于商品经济的空前繁荣，人们对物价的敏感度增强，对商人的作用不断重视，因此对常平仓平抑谷价的功能认识加深，看法更加客观全面。王觌在《乞稍贵京师常平仓米疏》中指出："在京诸仓粜常平米，每斗六十文至六十五文省，有以见朝廷不惜亏损官本，而惟以利民为务也。然臣窃虑贱粜如此，于小民足为一时之利，于国计乃非长久之策。何以言之？夫京师者众大之居也，生齿之繁，何可胜计？民所食者军粮之外，则皆商贾所运，自外而至也。今官粜甚贱，非所以致商贾也，彼商贾所贩虽新米，其价乃与陈米相视而低昂者也。京师之民旧多食麦，而今多食米，以米贱故也。使旁郡之米麦入京师者浸少，岂长久之策哉？常平米固有限，不常粜也，虽有时而不粜，商贾亦必以为疑而不肯多致，恐一旦常平害之也。夫物价不独甚贵之为害，而甚贱之亦所以为害，故所谓常平者不欲其甚贵甚贱而已。今贱常平之米，为小民一时之利，以疑商贾，使民间无高廪陈粟以为长久之备，孰为得计哉？臣愚以谓不若稍贵常平之米，使无定，著以为令，而示信于商贾也。假如著令曰：京师常平米一斗，其价以百钱为定，毋辄增损，籴者若干斗以下勿拒也。行之既久，商贾信之，则稔岁必厚畜以

---

① 《宋朝诸臣奏议》卷 108《上太宗乞罢榷山行放法》。
② 《范文正奏议》卷上《奏灾异后合行四事》。
③ 《范文正集》卷 1《四民诗·商》。

待价，使旁郡之米麦入京师者浸多，而京师可实也。"① 常平仓贵籴贱粜以平抑谷价，限制商贾的囤积居奇而牟取暴利，其积极意义是被大量历史事实所证明的。但是王觌却看到了另外一面，即常平仓所粜谷价太贱，那商贾贩米到京师无利可图甚至亏本，其结果是商贾不再贩米到京师。但是由于常平仓储米有限，只能起临时性的平抑谷价的作用，而京师人口众多，主要靠商贾所贩米为生。如商贾因谷价太低而不贩米到京师，那靠商品粮为生的京师居民将无米可食。因此，王觌认为常平仓米价太低会带来京师缺米的严重后果，应稍微提高常平仓谷价，并保持稳定，通过价格杠杆使商贾有利可图（但又不能牟取暴利），源源不断贩米到京师。的确，在京师居民口粮基本上商品化的条件下，常平仓通过贵籴贱粜平抑谷价的措施也必须尊重价格规律，充分考虑商贾的利益，只能在当时价格的基础上适时适度地进行调控。否则，很可能适得其反，干扰了正常的价格规律，打击了商贾负责京师主要粮食供应的积极性（这是政府很难取代的），从而影响了京师商品粮的供给，引起社会的动荡不安。

终宋一代，北方、西北方战火延绵不断，宋辽、宋西夏、宋金、宋蒙战争时有爆发。尤其在旷日持久的战争中，军需供给成为朝廷急待解决的难题。如淳化五年（994年）柳开知幽州时，见州县"调民送军储环州，岁已再运，民皆荡析产业，而转运司复督运。民数千人入州署号诉，且曰：'力所不逮，愿就死矣。'……今农蚕方作，再运已劳，老幼疲敝，畜乘困竭"②。可见，战争给沿边民众带来沉重的负担和灾难，对农业生产造成巨大的破坏。宋仁宗时期，宋与西夏的战争更为艰难，战线长，时间久，朝廷财政拮据民力困竭。政府只好通过商人入中来解决西北的军需供给。如天圣七年（1029年），"上封者言，天下茶盐课亏，请更议茶法"时，三司使寇瑊上奏宋仁宗反驳说："议者未知要尔。河北入中兵食，皆仰给于商旅。若官尽其利，则商旅不行，而边民困于馈运矣。法岂可数更？"③ 从"皆仰给于商旅"可知，西北军需供给几乎全部依靠入中解决。当时，河北"并边十一州军岁计粟百八十万石，为钱百六十万缗，豆六十五万石，刍三百七十万围，并边租赋岁得粟、豆、刍计五十万，其余皆商人入中"④。这里沿边11个州军总计一年开支粟豆刍615万石，其中只有50万是本地租赋所得，余下565万石靠商人入中，约占总数的92%，足见沿边军需供给对商人的依赖。商人对宋西夏战争的胜负发挥了不可替代的作用⑤。

---

① 杨士奇：《历代名臣奏议》卷245，台湾商务印书馆影印文渊阁《四库全书》。

② 《长编》卷35。

③ 《长编》卷170。

④ 《长编》卷184。

⑤ 有关商人入中解军需燃眉之急的记载于史籍屡见不鲜，兹再举2例以为佐证：《长编》卷86载：宋真宗大中祥符年间，"西北急于军粮，入中之际，添估加耗"。同书卷135载："自元昊反，聚兵西鄙，并边入中刍粟者寡。县官急于兵食，且军兴用度调发不足，因听入中刍粟"。

宋代，军费开支庞大，政府常调用买扑酒务收益用于军费。宋真宗咸平五年（1002 年），度支员外郎李士衡"请增（酒）课以助边费"①。宋仁宗庆历初，三司言："陕西用兵，军费不给，尤资権酤之利。"② 南宋时期，军费也多从坊场钱中移用。高宗建炎三年（1129 年），两浙转运使王琮等言："本路利源，唯酒务与买扑坊场课利钱所收最多。"③ 由于坊场钱收入最多，故常用来补充军费。总之，买扑坊场收益对军费的支持也是不可小觑的。

宋代财政收支浩大，经常入不敷出，政府通过开源节流、集中财权等解决财政危机，其中在开源方面的一条重要措施就是改变传统直接与商人争利，国家全面垄断经营的做法，注意通过发挥商人独特的作用，在官府难以赢利的领域，与商人共利，从而增加财政收入。

宋代商品经济发达，大中小商人在商品流通中发挥着政府不可替代的作用。在现实中国家要想把商人完全从流通中排挤出去，由官府垄断和控制商业活动，已是不可能，而且对国家财政收入也不利。面对这种情况，欧阳修反对商业贸易由国家完全垄断经营，国家对商业贸易不应专利，而应该采取国家与商人分利的方式经营，以提高效益，从而达到同商人共利，增加国家收入。欧阳修认为：实行与商共利政策，一来对国家有利。因为"利不可专，欲专而反损"，"夫欲十分之利皆归于公，至其亏少十不得三，不若与商共之，常得其五也"，"与商贾共利，取少而致多之术也"④。二来可以促进商品流通和经济繁荣。因为"夫兴利广则上难专，必与下而共之，然后流通而不滞"，"使商贾有利而通行，则上下济矣"。欧阳修把国家与商人共利的方式比之为大商人与小商小贩的关系，"夫大商之能蓄其货者，岂其锱铢躬自鬻于市哉？必有贩夫小贾就而分之。贩夫小贾无利则不为，故大商不妒贩夫之分其利者，恃其货博，虽取利少，货行流速，则积少而为多也。今为大国者，有无穷不竭之货，反妒大商之分其利，宁使无用而积为朽壤，何哉！故大商之善为术者，不惜其利而诱贩夫；大国之善为术者，不惜其利而诱大商。此与商贾共利，取少而致多之术也……若乃县官自为鬻市之事，此大商之不为，臣谓行之难久者也。诚能不较锱铢而思远大，则积朽之物散而钱币通，可不劳而用足矣"。这里，欧阳修所谓国家与商贾共利，其实就像大商人让利于小商小贩。因为大商人往往经营大宗批发业务，然后通过把自己的利润让一小部分给小商小贩，使他们零售那些批发的商品给消费者。国家与大商人的关系也是如此。国家拥有大量的物资货源，也必须以让利的方式诱导商人进行分售。这样，国家虽然获利的比率减少了，但由于物货流通加速，范围扩

---

① 《宋史·食货下七》。

② 《宋史·食货下七》。

③ 《宋会要》食货 21 之 12。

④ 欧阳修：《欧阳修全集》卷 45《通进司上书》，中华书局，2001 年。此自然段引文均见于此。

大，连许多积压的货物都被销售，所以获利总额却比自售自销多得多。而且，商品繁荣了，国家征收的商税也会增加，自然国用充足。这就是"大商贾为国贸迁，而州郡收其税；今大商富贾不行，则税额不登，且乏国用"。①

（四）对私营工商业应因势利导，达到官民共利

宋代商品经济高度发展，城市经济繁荣，商业活动在空间上已打破了坊与市的界限，在时间上已出现了大量的夜市。随着市场在时空上的开放，价格的开放也就成了历史的必然。因为在市场交易活动从空间到时间都受到政府严密控制的情况下，政府对价格的控制措施也就可能行之有效，一旦时空界限被打破，价格控制就显得力不从心，不得不进行改革。在商业活动中，宋代最常用的就是放任价，即除了直接禁榷专卖品外（其中一些间接禁榷专卖品亦可由商人定价），对一般商品的价格采取了放任自由的政策，原则上不加干预，通常是由商人根据市场行情自主定价。时人谓："市价起于何人？不出于民，不出于官，而出于牟利之商贾。"② 这集中反映了宋代统治者在平时对商业实行放任价的管理思想。宋代的不少官员，甚至在一般的灾荒年份，不是到万不得已，也都主张采取放任价。这体现了宋人尊重市场客观规律，懂得如何应用市场性的政策工具，因势利导，化害为利。如"范文正治杭州，二浙阻饥，谷价方涌，斗钱百二十。公遂增至斗百八十，众不知所为。公仍命多出榜沿江，具述杭饥及米价所增之数，于是商贾闻之，晨夜争进，唯恐后，且虞后者继来。米既辐辏，遂减价还至百二十。包孝肃公守庐州，岁饥，亦不限米价，而商贾载至者遂多，不日米贱"③。这里，宋代统治集团中的一些有识之士，已清楚地认识到利用价格杠杆和商人逐利的本性，引导商人往受灾地区运送粮食，从而部分地代替了政府的赈灾职能，缓解因受灾而粮食匮乏粮价暴涨的难题，达到保证灾区的基本粮食供给、平抑物价、稳定社会秩序的目的。这种思想的出现并不是个别偶然的现象，它与利用价格杠杆，通过虚估、加抬的高商业利润，引导商人入中西北，解决沿边军需供给难题的思想，如出一辙！

面对宋代商品经济高度发展，政府已难完全控制的现实，司马光认为："彼商贾者，志于利而已矣。今县官数以一切之计变法更令，弃信而夺之。彼无利则弃业而从佗，县官安能止之哉！是以茶盐尽捐，征税耗损，凡以此也。"④ 司马光清楚地看到随着商品经济的发展，商人的交易活动、行业的选择，政府已无法令行禁止。如违背经济规律，用行政手段强行加以改变，背信弃义进行掠夺，只会导致两败俱伤，国家的茶盐专利、赋税征收将大大损失，商人也将被迫放弃商

---

① 《文献通考》卷18《征榷考五》。
② 黄干：《勉斋集》卷12《复吴胜之湖北运判》，商务印书馆影印文渊阁四库全书。
③ 《能改斋漫录》卷2《增谷价》。
④ 司马光：《温国文正司马公文集》卷23《论财利疏》，商务印书馆四部丛刊初编。

业。不言而喻，要使"商贾流通"，必须从长远的公私共利双赢的视角来考虑问题，即"公家之利，舍其细而取其大，散诸近而收诸远"，而对于商人应"将取之，必予之；将敛之，必散之。故日计之不足，而岁计之有余"。① 如前所述，宋代的入中、买扑制及招募制无不在政府已难完全控制工商业活动情况下做出的政策调整，从官府夺取强制到官民平等自愿，从官府独利到官民共利。

（五）变直接专卖为间接专卖

在私商自由竞争经营思想的影响下，宋朝廷虽然意识到私商自由竞争经营会克服官府垄断经营的诸多弊端，但其也会弱化政府对经济和社会的直接控制，有时短期内还会减少财政收入，削弱政府的权力。因此，朝廷必须在增加财政收入、促进经济发展、保障民众基本生存条件三者中寻找一个平衡点，即在保证封建政府收入的情况下，让工商业得以有一定程度的发展，民生有最基本的保障，从而达到社会稳定，长治久安。如在茶的专卖中，入中法由于滥发茶引而实行不下后，改行贴射法，增加了茶商经营自由，但国家茶利受到富商大贾的侵夺；改行通商法，虽然商人得以自由竞争经营，降低了成本，提高了茶叶质量，但国家利源浸销。最后蔡京改革茶法，变直接专卖为间接专卖，即一方面政府通过茶引、笼部和合同簿对商人贩茶的全过程实行严密的控制，达到专卖的目的，获取专卖高收入；另一方面政府允许商人与园户直接交易，充分发挥商人在茶叶流通中的作用，避免了因官府直接专卖导致的茶叶质量粗劣，运输与保存中的损耗浪费，经营效率低，管理成本高等问题。

宋代的酒坊、盐井、矿冶的买扑制，其实就是一种变直接专卖为间接专卖的方式，政府通过出售转让经营权达到获取专卖高收入，其效果如一些时人所说的，达到了官民共利双赢，是达到增加财政收入、促进经济发展、保障民众基本生存条件较适中的平衡点。正如王栐在《燕翼诒谋录》卷3所云："盖民自鬻则取利轻……人易得酒……官无讥察警捕之劳，而课额一定，无敢违欠，公私两便。"由于宋代统治集团中的一些有识之士看到私商自由竞争经营优于国家垄断专卖经营，因此把一些官营亏损、无利或少利的行业通过买扑转让给私营工商业主经营，借此收取转让经营权的课利。如太平兴国初，自京西转运使程能"建榷酤之议，所在置官吏局署，取民租米麦给酝酿，以官钱市樵薪及官吏、工人、役夫俸料，岁计所获利无几，而主吏规其盈羡。又酝齐不良洁，酒多醨坏不可饮。至课民婚葬，量户大小令酤，民被其害，州县苦之。岁或小俭，物贵，殆不偿其事。上知其弊，戊申，下诏募民自酤，输官钱减常课十之二，使其易办。民有应募者，检视其资产，长吏及其大姓共保之，后课不登者，均偿之。是岁，又取诸州岁课钱少者四百七十二处，募民自酤，或官卖曲收其值"②。从此可知，

① 《温国文正司马公文集》卷23《论财利疏》。
② 《长编》卷35。

官府酿酒，成本高、质量差，获利无几，甚至亏损，而且强卖给民众，使民深受其害。因此，宋太宗下诏募民自酤，收取课利，或通过官卖酒曲获得收益。宋代买扑制在酒业最为流行，其最主要的一个原因是官府自营酒坊，由于经营不善，效率低下，或管理中损耗浪费严重，"主吏规其盈羡，及酝齐不良"①，致使"诸官监酒务亏本者，召人承买"②。还有许多在乡村边远地区或人烟稀少之处，"岁或荒歉，商旅不行"，官府经营酒务收入细微，"岁课不登"，故也召人买扑③。正是这些亏损、无利、少利的酒务，转由私人买扑经营，则时有赢利，国家亦增加出卖经营权的收入。南宋有人对酒务买扑经营的好处做了归纳：其一，"籴买制造，因时视宜，里社通融，为费已约"；其二，"执役者非其弟子，既其仆厮，无佣资之费"；其三，"家人妇子，更相检柅，无耗蠹之奸"；其四，"工精业熟，酝造得法，费省而味胜"；其五，"洞达人情，谙知风土，发卖亦易"④。总之，私人买扑便于管理，损耗浪费少，成本低，而且酒的质量好，迎合消费者的需求，易于销售。正由于如此，买扑经营成功的酒坊不仅扭亏为盈，可以赢利，甚至有的还可以赢大利。如开封府界"诸县酒务，为豪民买扑，坐取厚利"⑤。

五、买扑承包经营和入中思想

（一）酌中定额，由著价最高者承买⑥

买扑制又称扑买，唐代晚期就已出现，宋代广泛流行。这一制度是私人通过类似现代流行的投标竞价承包的方式，向官府交纳课利，承包经营官府的酒坊、田地、商税场、盐井、河渡等。宋代买扑制集中体现了当时政府以市场性自愿平等订立契约的原则来代替行政性强制执行的原则。

在买扑制中，官府估定的最低出价，即买扑名数（类似于现代投标竞价中的标的）有待于市场来决定。这就是标的物的价值不是由政府说了算，而是由市场价值规律来客观确定的。

元祐元年（1086年）六月敕文规定：买扑名钱数"若累界有增无减，即取累界中次高一界为额；如增亏不常者，即取酌中一界为额"。这种取次高或酌中一界为额的办法比较适中合理，防止买扑名钱数偏高或偏低，"参酌中道，立为定额，不使愚民贪得忘患"⑦。这既避免了买扑人的承包风险，又防止了买扑人

---

① 《宋史·食货下七》。
② 谢深甫：《庆元条法事类》卷30《上供》，中国书店《海王村古籍丛刊》。
③ 《宋史·食货下七》。
④ 罗浚：《（宝庆）四明志》卷5《叙赋上·酒》，商务印书馆影印文渊阁《四库全书》。
⑤ 《宋会要》食货20之6。
⑥ "著价"又称"着价"，为保留引文原貌，书中不予统一。
⑦ 刘安世：《尽言集》卷2《论买扑坊场明状添钱之弊》，中华书局，丛书集成本。

获得过高的承包利润。但是，在激烈的竞价承包中，"小民争得务胜，不复计较实利，自始至末，添钱多者至十倍，由此破荡家产，傍及保户，陪纳不足，父子流离"。针对这种情况，苏辙提出了改进的方法："乞取累界内酌中一界为额，除元额已足外，其元额虽未足，而于酌中额得足者，并与释放，唯未足者依旧催理，候及酌中额而止。"① 这一主张比较合情合理，取累界内酌中之额作为买扑者所应交纳课利的底数，不会是很苛刻的要求；而通过实封投状竞标所添课利钱，则是政府利用买扑者之间的竞争加价而获取最大的承包收益，这也是无可厚非的。

买扑中中标人的确定。投标人在投标时，在公布的最低出价的基础上，"听自立价"②，"任便着价"③。然后，"据所投状开验，著价最高者方得承买"④。从"听自""任便"可以看出，投标人与招标人（即政府）的关系基本上是平等的，即建立在自愿、公平、公正的基础上。通常情况下，如有最低出价的招标，一般要求投标人的出价必须高于最低出价。如竞价承包坊场，"有课利买，名净利钱，恣民增钱夺买"⑤。但有时如最低出价过高，而无人投状，则由官府降低价格继续招标。或根据情况允许投标人低于最低出价投标，"不以着价及与不及体减分数，但拆封日，取着价最高者给付"⑥。

（二）三种人有承包优先权

如前所述，在一般情况下承包权给著价最高之人。但是宋代规定原承包者有优先权，即其愿意以出价最高者的条件承包时，应继续由其承包。如绍兴二十八年（1158 年）规定：实封投状拆封后，"以时比较，给赏（'赏'字疑衍）着价高人……或见佃赁人愿依著价高人承买者，限五日投状听给"⑦。在中标人的确定上，原承包人具有优先权，这使场务生产具有连贯性，并能鼓励保护原承包人在生产资料上投入的工力与财力。基于这种理念，宋朝廷甚至规定在承包期限满前一年，即征求承包者愿不愿意继续承包，如不愿意再进行招标。如元祐元年（1086 年）六月规定："如界满前一年，见买扑人不拖欠，即先限一月取问愿与不愿接续承买。如不愿，即出榜，限一季内许人投状。"⑧ 为了鼓励原承包人继续承包，宋朝廷不但给原承包人优先权，而且在价格上也给予一定的优惠。如绍兴五年（1135 年）规定："限满折封，给著价最高之人……仍具最高钱数，先次

---

① 苏辙：《龙川略志》卷 5《放买扑场务欠户者》，中华书局点校本，1982 年版。
② 《长编》卷 217 注。
③ 《宋会要》食货 61 之 27。
④ 《长编》卷 220。
⑤ 《叶适集·水心文集》卷 1《平阳县代纳坊场钱记》。
⑥ 《宋会要》食货 21 之 14。
⑦ 《宋会要》食货 61 之 17。
⑧ 《尽言集》卷 2《论买扑坊场明状添钱之弊》。

取问见佃赁人愿与不愿依价承买，限五日供具回报。若系佃赁及三十年已上，即于价钱上以十分为率，与减二分价钱，限六十日送纳。"① 当时由于土地租佃权流转频繁，所以"佃赁及三十年已上"的优惠条件过于苛刻，不久，朝廷又规定："见佃赁未卖田宅已满一年"，便可享受"减二分价钱"的优惠；"未及一年者"，则只能享受同等条件下的优先权②。

宋代，在出价最高数相同的情况下，除了原承包人首先享有优先权之外，其次是按投标的时间顺序，先投标人享有优先权。绍兴二十八年（1158年）规定："以时比较，给著价高人。内著价同者，即给先投状人。"③ 再次是家业抵当最多人也享有优先权。元祐元年（1086年）规定："若二人已上价同，并择己业抵当最多之人，依所著价给卖。""两人已上下状，为（'为'当为'惟'）给己业抵当最多之人。盖因其有自爱之心，必能为防患之虑，委之场务，可无他虞。"④ 由此可见，在所出最高价相同时，让家业抵当最多的人承包，能使官府在转让经营中所承受的风险降到最小。

（三）竞标底价与招标、开标的公开性

买扑制度中出现了政府与投标人之间讨价还价的博弈关系。一方面，如前所述，政府在竞标中让出价最高的买扑人承包，目的是获得最大的转让经营收益。另一方面，买扑人作为理性的经济人，最大的考虑是其出价获得承包经营权后，是否能够获利。因此，当政府竞标底价太高时，将出现无人参与竞标。这时，政府只得逐步降低竞标底价以召人承买。元祐六年（1091年）春规定："诸场务界满未交割者，且令依旧认纳课利，及过日钱，若委因事败阙，或一年无人投状承买，经县自陈申州，本州差官，限二十日体量减定净利钱数，令承认送纳，仍具减定钱数出榜，限一季召人承买。无人投状，本州再差官减定出榜。限满，又无人投状，依前再减出榜。若减及五分以上，无人投状，申提刑司差官与本州县官同共相度，再减节次，依前出榜。如减八分以上，无人投状承买，委是难以出纳净利钱，即所差官与本州县保明申提刑司审察，保明权停闭讫奏。"⑤ 这里非常明确具体地规定三个层次减定钱数出榜召人承买的审批权限，朝廷完全依照市场价值规律决定竞标底价，直至减及八分以上，实无赢利可能时，只得决定关闭该场务。这里没有任何使用封建行政性手段，强迫买扑人承包的做法。

买扑中招标、开标的公开性。宋代，当官府转让经营权时，为了让更多的人知晓，参与承包竞争，规定："酒税等诸般坊店场务之类，候今界满拘收入官，于半年前依自来私卖价例要闹处出榜，召人承买，限两月内，并令实封投状，置

---

① 《宋会要》食货61之7。
② 《宋会要》食货61之24。
③ 《宋会要》食货61之17。
④ 《尽言集》卷2《论买扑坊场明状添钱之弊》。
⑤ 《苏轼文集》卷34《论积欠六事并乞检会应诏所论四事一处行下状》。

历拘管。"① 这样在交通要道热闹之处经过两个月的宣传招标，招人实封投状时，"令州军造木柜封锁，分送管下县分，收接承买实封文状"。当竞买人投状时，官府"仍置印历，抄上承买人户先后资次姓名"②。限满后，各县停止接收投状，"倚郭县分将柜申解赴州，聚州官，当厅开拆。其外县委通判，县分多处除委通判外，选委以次幕职官，分头前去开拆。并先将所投文状当官验封，开拆签押"③。哲宗元祐年间甚至还出现了公开投标报价的竞争机制，即投标人不是将"状"（即标书）密封投送，而是类似于当代的公开报价方式，"明书钱数，众各见闻，又择价高之人便行给付"④。总之，无论是于"要闹处出榜"，还是"聚州官当厅开拆"，抑或"明书钱数，众各见闻"，都体现了买扑公开性的原则思想。这有利投标人的公平竞争，防止贪官污吏营私舞弊。

（四）对买扑承包经营思想的评价

宋代买扑制在酒业最为流行，有其具体的原因：其一是因官府自营酒场，由于经营不善，效率低下，或管理中损耗浪费严重，"主吏规其盈，及酿齐不良"，致使"诸官监酒务亏本者，召人承买"⑤。其二是乡村边远地区或人烟稀少处，"岁或荒俭，商旅不行"，官府认为收入细微，"岁课不登"，故召人买扑。这正如欧阳修所指出的："衙前百姓买扑者，皆是利薄之处。"⑥

宋代酒业中的买扑制，较官府自己造卖有不少长处，宋人对此有较客观的看法，并将此归纳为五个方面：其一，"籴买制造，因时视宜，里社通融，为费已约"；其二，"执役者非其子弟，即其仆厮，无佣资之费"；其三，"家人妇子，更相检柅，无耗蠹之奸"；其四，"工精业熟，酿造得法，费省而味胜"；其五，"洞达人情，谙知风土，发卖亦易"⑦。总之，私人买扑便于管理，损耗浪费少，成本低，而且酒的质量好，迎合消费者的需求，易于销售。

买扑制在宋代也遭到一些人的反对，尤其是实封投状法。如刘安世就指出："买扑场务，其弊莫大于实封投状。盖无知之民，利于苟得，竞立高价，务相倾夺，止快目前之欲，不为后日之计。然而一界之内，丰凶不常，或遇水旱之灾，即有败阙之弊，往往破家竭产，不偿逋欠，身陷刑禁，家族流散。至于抵当之物，亦多假于亲知，因缘同保，沦胥失业，若此之类，不可胜数。"⑧ 刘安世所述情况在当时是存在的，但我们今天如从经济学的眼光来看待这些现象，这是很

---

① 《长编》卷220。
② 《宋会要》食货61之5。
③ 《宋会要》食货61之17。
④ 《尽言集》卷2《论买扑坊场明状添钱之弊》。
⑤ 《庆元条法事类》卷30《上供》。
⑥ 《欧阳文忠公集》卷116《乞免蒿头酒户课利札子》。
⑦ 《（宝庆）四明志》卷5《叙赋·酒》。
⑧ 《尽言集》卷2《论买朴坊场明状添钱之弊状》。

正常的。因为在封建商品经济高度发达的宋代，把自由公平竞争的机制引进官府专卖制中，能够克服官营工商业的种种弊端，改善经营管理，促进社会经济的发展。但是经济上的竞争也存在着很大的风险，竞争是十分激烈的，人云商场如战场，有时竞争是残酷的，达到你死我活的程度。竞争的结果是成功者有之，失败者更有之。因此，每一个竞争者必须有风险意识和竞争策略，那些"利于苟得，竞立高价，务相倾夺，止快目前之欲，不为后日之计"的人，在激烈的竞争中被淘汰，这是必然的。对此，也有人提出改进的方法。如苏辙提出："予为户部侍郎，有言买扑场务者，人户自熙宁初至元丰末，多者四界，少者三界，缘有实封投状添价之法，小民争得务胜，不复计较实利，自始至末，添钱多者至十倍，由此破荡家产，傍及保户，陪纳不足，父子流离，深可悯恤。乞取累界内酌中一界为额，除元额已足外，其元额虽未足，而于酌中额得足者，并与释放，唯未足者依旧催理，候及酌中额而止。"① 苏辙的这一主张比较合情合理，取累界内酌中之额作为买扑者所应交纳课利的底线不会是很苛刻的要求，而通过实封投状竞标所添课利钱，则是政府利用买扑者之间的竞争加价而获取最大的承包收益，这也是无可厚非的。

无可讳言，在封建政治体制制约下，买扑制也难免存在一些问题。如在实封投状竞标中，弄虚作假；一家承包破产，殃及四邻；或因债务而诉讼纷起，系狱为囚，家破人亡。对于政府来说，如较多的买扑者因经营不善而亏本或破产的话，那么国家的承包收益将也大受影响。正如吕陶所揭露的："盖小人之情，竞利而不虑患，实封投状，务在必得。既妄添所买之直，又虚增抵产之数……坊场多有破败，乃至出卖抵产，以偿官钱；或抵产价高，出卖不行，则强责四邻承买；或四邻贫乏，承买不尽，则摊及飞邻、望邻之家，抑令承买；或本户抵产罄尽，尚欠官钱，则勒保人代纳，亦须破坏产业；或虚指债负，妄起讼端，横赖论索。郡县急于官课，不问有无逋欠，遂使平人承认。械颈受箠，道路相望，囚系坐狱，殊无虚日。其甚者，至于自经沟渎，鬻及男女，而犹不能免。大率一县之内，中户以上，因买坊场或充壮、保而破散拖欠久者，十常四五。官方如此百计督责，极力掊聚，而逐界所得实钱，十分只及五六。一则因元买价高，虚张其数；二则为物轻钱重，酒无厚利；三则日趋困穷，难以偿纳。以此天下坊场钱积压少欠，其数极多。"② 此外，宋代财政入不敷出的危机使朝廷在买扑制中违背立额取酌中之数的原则，常常是诛敛不已，立额只求增盈，不管减损。正如太平兴国八年（983年）十二月，权知相州、右补阙、直史馆田锡上疏所言："所谓网利太密者，酒曲之利，但要增盈，商税之利，但求出剩。或偶有出剩，不询出

---

① 《龙川略志》卷5《放买扑场务欠户者》。
② 吕陶：《净德集》卷2《奏乞放坊场欠钱状》，丛书集成本。

剩之由，或偶有亏悬，必责亏悬之过。递年比扑，只管增加，递月较量，不管欠折。"① 其结果是由于立额太高，搭克过重，致使官民多坐责罚，甚至倾家荡产，或沦为阶下之囚。立额过高，或使百姓畏于亏本，不敢投状承买，坊场不得不关闭停产。

（五）以虚估、加抬诱使商人入中

北宋时期，边患频仍，相继爆发宋辽、宋夏战争。沿边重兵驻戍，军需供应成为关乎战争胜负、国之存亡的首要问题。西北沿边由于道路险阻遥远，又无水路可供漕运，更增加了运输军需的困难。而且战争连绵不断，运输费用成为沉重的财政负担。鉴于这种情况，自宋太宗雍熙年间开始，朝廷利用茶盐等榷货换取民间商人运送军用粮草到沿边以保障军队后勤供给。这种制度史称入中，又称为折中。

据《长编》卷30记载，朝廷"自河北用兵，切于馈饷，始令商人输刍粮塞下，酌地之远近而优为其值，执文券至京师，偿以缗钱，或移文江、淮给茶盐，谓之'折中'"。由此可见，折中的基本思想是：政府利用商人逐利的本性，以市场性的工具，解决沿边军需供应的难题。即让商人运输粮草到边境军中，官府根据运程远近给以优厚的价格，付给"券"或"交引"作为凭证，商人凭此既可至京师领取缗钱，亦可至江淮地区领取茶盐。由于"茶之为利甚博，商贾转致于西北，利尝至数倍"②。因而在当时商人入中之后大多数取茶于江淮，售之西北以获巨额利润。正如时人所概括的：入中"以茶引走商贾，而虚估加抬以利之"③。

在战争期间，军用粮食和物资（如马料等）的需求量巨大，而且往往时间紧迫。因此，宋政府不惜用"虚估""加抬"的手段，吸引商人入中。所谓"虚估""加抬"的实质是：宋政府为了满足战争的需要，有意识地利用价值规律，以价格作为有力的杠杆，对商人入中到边境地区的粮草等商品的定价远远高出其实际价值或当地的市场价格，并以现钱或茶盐支付，从而使入中商人在除去本钱、运输费用、商税等之外，仍可获取较高的商业利润。朝廷这种以重利诱使入中商人，把沿边军需供给纳入市场化体系来加以解决的思路，可谓独辟蹊径。这是宋代商品经济高度发展与长期战争环境的产物，在中国古代史上实为罕见。

宋代商人之所以不辞长途跋涉之艰辛，踊跃入中，主要原因就是"虚估""加抬"能给他们带来高额的商业利润。因此，"虚估""加抬"是促进商人入中的根本动力。如咸平六年（1003年）正月，度支使、右谏议大夫梁鼎就指出："陕西沿边所折中粮草，率皆高抬价例，倍给公钱。止如镇戎军米一斗，计虚实

① 《长编》卷24。
② 《宋史·食货下五》。
③ 《文献通考》卷18《征榷五》。

钱七百十四。而茶一斤，止易一斗五升五合五勺，颗盐十八斤十一两止易一斗粟，米一斗，计虚实钱四百九十七。"① 王安石更是一语破的："陕西陆地无可漕，惟厚与价，使民竞入中以供军粮尔。"②

在入中法下，"凡茶入官以轻估，其出以重估，县官之利甚博，而商贾转致于西北，以致散于夷狄，其利又特厚"③；"凡茶之利，一则官卖以实州县，一则沿边入中粮草算请以省馈运，一则榷务入纳金银钱帛算请以赡京师……而其大者，最在边备"④。正可谓国家、商人双赢：一方面国家借商贾之资力和经营才干懋迁，使手中掌握的大量茶叶无所积滞，销售渠道大为畅通，较直接专卖获得更多的财政收入，而且更重要的是解决了沿边军需运输供给难题；另一方面商人亦从中分得一杯羹，获得较丰厚的商业利润。

（六）滥发茶引使入中无法进行

在宋夏战争中，政府为供给西边驻军的急需粮草，大量发行茶引招商人入中。发行茶引过多，其储备的茶叶不足以支付入中商人手中持有的茶引，因而官府不能及时足额支茶给茶引持有者，大量茶引便滞留于流通领域，从而使"券之滞积，虽二三年茶不足以偿"⑤，引起了茶引的贬值。茶引价格的下降，使入中商人的利润大大减少。"京师交引愈贱，至有裁得所入刍粟之实价者，官私俱无利"⑥，有的甚至还要白白搭上运输费。因此，入中商人"以利薄不趋"⑦，失去了入中的动力。宋政府为了控制茶引的数量以防止其过分贬值，有时以市场价或略高于市场价收购茶引，进而保护入中商人的积极性，挽救入中法，保障沿边军队的粮草供给。但是由于在宋夏战争中宋朝廷消耗巨大，财政困难，因此官市交引数量有限，不可能从根本上挽救入中茶法的危机。总之，"虚估""加抬"并不是引起入中茶法危机的根本原因，而应是宋夏战争中宋廷为保障军队供给而滥发茶引的结果，大量茶引无法兑现茶叶，毫无疑问将引起茶引贬值，商人入中无利可图甚至亏本，当然入中就无法进行了。对此，宋人已有认识。如文彦博在分析北宋茶法频繁变动时就指出："非茶法弊，盖昔年用兵西北，调边食急，用茶偿之，其数既多，茶不售则所在委积，故虚钱多而坏法也。"⑧ 吴充亦说："茶法因用兵而坏。"⑨

---

① 《宋会要》食货 39 之 2。
② 《长编》卷 214。
③ 《文献通考》卷 18《征榷五》。
④ 《文献通考》卷 18《征榷五》。
⑤ 《宋史·食货下五》。
⑥ 《长编》卷 60。
⑦ 《宋史·食货下五》。
⑧ 《长编》卷 220。
⑨ 《长编》卷 220。

六、劝课农桑、兴学、息讼思想

宋代的劝课农桑就是鼓励民众多种粮食和树木，辛勤耕作，努力发展农业生产；兴学就是在地方兴办各级学校，引导社会形成浓厚的读书风气，百姓通过读书知书达礼；"息讼"则是倡导在人与人交往中以和为贵，如遇到纠纷，努力以调处的方式予以解决。劝课农桑、兴学、"息讼"虽然性质不同，但其方式都是政府以鼓励、引导的手段，让民众自觉而为之，从而使社会经济发展，文明程度提高，生活和谐稳定。

（一）劝课耕垦、植树思想

中国古代籍田（又作藉田）之制，源远流长。《诗经·载芟序》云："载芟，春籍田而祈社稷也。""籍"之意为借也，借民力治之，故谓之籍田。古时帝王于春耕前亲耕农田，以奉祀宗庙，且寓劝农之意。如《汉书·文帝纪》载文帝下诏云："其开藉田，朕亲率耕，以给宗庙粢盛。"

宋代帝王重视农业生产，承袭前代仍行籍田之礼。太常寺之下设有籍田司，凡皇帝行籍田礼，掌筹备耕耨出纳之事；籍田以一千亩为规制，所种植五谷蔬果，藏冰块以备用，为供应岁中祠祀礼料之一部分①。如宋仁宗就十分重视籍田之礼，"敦本务农，屡诏劝勉，观稼于郊，岁一再出；又躬耕籍田，以先天下"②。明道元年（1032 年），他又对身旁宰臣说："朕观古之兴王，皆重农桑以为厚生之本，朕欲躬耕籍田，庶驱天下游食之民尽归南亩。"③

宋代皇帝不仅自己亲行籍田之礼，以示劝课农桑，而且还十分重视地方各级长官的激劝农耕作用。景德三年（1006 年）二月，宋真宗诏："诸州长吏……少卿监、刺史、合门使以上知州者，并兼管内劝农使，余及通判并兼劝农事。"④天禧四年（1020 年），宋廷"改诸路提点刑狱为劝农使，副兼提点刑狱公事，所至取州县民版籍，视其等第，税科有不如式者，惩之。劝恤耕垦，召集逃亡，检括隐税，凡隶农田事，并令管勾"⑤。由此可见，地方长官的劝课农桑就不是像帝王那样象征性地通过行籍田礼以寓劝农，而是通过对户口版籍、田租赋税的整顿，召集流离逃亡农民，通过劝勉抚恤使他们重新回到农业生产上来。宋徽宗时期，朝廷更是多次明令地方长吏必须亲自劝农。政和元年（1111 年），徽宗下诏："守臣于倚廓，县令于境内，岁终耕敛，并须亲诣田畴，劝沮勤惰，以为力耕之倡。"二年（1112 年），又令县令"出乡就见父老，播告国家务农重谷、恻

---

① 参见《宋史·职官四》，《宋会要》礼 14 之 94。
② 《宋史·职官四》。
③ 《宋朝事实》卷 15《籍田》。
④ 《长编》卷 62。
⑤ 《宋会要》职官 42 之 2。

恒爱民之意",以"敦本业""戒游手""恤佃户""无妄讼"等十二事劝谕百姓①。南宋高宗绍兴十五年(1145年),规定州县守、令"以来春耕籍之后,亲出郊外,召近郊父老,劳以饮酒,谕以天子亲耕劝率之诚"②。朱熹在《知漳州劝农文》中说:"是以国家务农重谷,使凡州县守倅,皆以劝农为职。"③ 南宋末年陆文圭也说:"州县长官以'劝农事'三字系之职衔之下,于事为重。"④ 总之,朝廷的目的旨在通过地方长官守令的亲身倡导,关心民生疾苦,宣扬务农重谷国策,使广大农民安心于农桑根本之业,勤劳本分,无纠纷诉讼,经济发展,社会稳定。

宋代,除了劝勉农耕之外,历代皇帝还重视通过奖赏激励农民植树造林。因为植树不仅能够改善自然生态环境,起到水土保持的作用,而且树木可作为百姓生活上必不可少的烧火的薪柴,其中桑树更可养蚕织布、枣树可供食用。宋初,面对战后百业凋零的衰败景象,宋太祖于建隆元年(960年)即位伊始就下诏令广为植树,并规定了植树的品种、数量以及考核的方式。诏令称:"课民种树,定民籍为五等,第一等种杂树百,每等减二十为差,桑枣半之……令佐春秋巡视,书其数,秩满,第其课为殿最……野无旷土者,议赏。"⑤ 按此规定:第一等户必须种杂树100棵,桑枣树50棵,共计150棵。至第五等户,也须植杂树20棵,桑枣树10棵,共计30棵。而且县令佐要进行考核,能做到该种树的地方都种上树的,将给予奖赏。宋太宗至道元年(995年)也下诏:"令诸路州府各据本县所管人户,分为等第,依原定桑枣株数,依时栽种。如欲广谋栽种者,亦听。其无田土及孤老残疾女户无男丁力者,不在此限。如将来增添桑土,所纳税课并依原额,更不增加。"⑥ 至道二年(996年)再次下诏:"耕桑之外,令益树杂木、蔬果。"⑦ 由此可见,宋太宗也十分重视植树造林,连续两年下诏督促植树,并给予增添桑土者不增税的优惠。宋神宗时期,朝廷对于植树更强调的是成活率,并以差减户租作为奖励。熙宁二年(1069年)规定:"民种桑柘毋得增赋……令民即其地植桑榆或所宜木……官计其活茂多寡,得差减在户租数,活不及数者罚,责之补种。"⑧ 到了南宋,朝廷仍采取鼓励植树的规定,并提高了官吏和百姓的植树棵数。宋孝宗乾道元年(1165年)都省言:"淮民复业,宜先劝课农桑。令、丞植桑三万株至六万株,守、倅部内植二十万株以上,并论赏

① 《宋会要》食货1之32,职官48之31。
② 《宋会要》礼之1—5。
③ 《晦庵先生朱文公文集》卷100《知漳州劝农文》。
④ 陆文圭:《墙东类稿》卷10《劝农文二首》,台湾商务印书馆影印文渊阁《四库全书》。
⑤ 《宋史·食货上一》。
⑥ 《宋会要》食货63之163。
⑦ 《宋史·食货上一》。
⑧ 《宋史·食货上一》。

有差。"①

宋廷无论是劝勉农民耕垦，还是课民植树，其主要还是采取正面奖赏激励或给予优惠条件的办法，一般不采取行政性的强制手段，也极少对懒惰或不予合作者给予惩罚。因为只有采取奖赏激励和劝勉的方式，才能提高生产者的积极性，收到耕垦、植树的最佳效益。如一味地采取强制或惩罚的方式，是很难收到预期的效果。当然，地方守令在劝农耕垦或植树中也难免存在一些问题。如南宋绍兴年间，地方守令出郊劝农时，常"将带公吏，及因而游玩、饮酒"②，骚扰民众等，背离了劝农的初衷。

宋代在对地方长吏进行考核时，"劝课农桑"是其中必不可少的内容。据《宋史·职官三》记载，宋廷以"七事"考核监司，其第二事即为"劝课农桑、增垦田畴"；以"四善""三最"考核守令，"三最"中第二最即为"农桑垦殖、水利兴修为劝课之最"。南宋《庆元条法事类》卷5《考课》更是详细地规定有监司考校事件，其中涉及劝课农桑的内容是：

考课式

某官职姓名任内

……

一、劝农桑

劝课栽植桑柘枣之类

某官职姓名任内劝诱人户栽植到下项：

桑若干

柘若干

枣若干

余官任内依前闻

增垦田亩

某官职姓名任内增垦到田若干顷亩

创修堤防水利

……

从此可以知道，南宋在对地方行政长官的考核中，劝农桑、增垦田亩为最重要的内容，摆在诸项考核指标的首位，而且还对其进行较准确的量化评估，充分体现了宋朝最高统治者对此的重视。

（二）劝农文中劝农、重农思想

在宋代务农重谷国策的指导下，朝廷和各级地方官员常发布劝农文，使大量的劝农文传诸后世，反映了宋人劝农、重农的思想，主要有以下几个方面：

---

① 《宋史·食货上一》。
② 《宋会要》职官47之33。

其一，把农业作为国家根本之业，积极引导民众务农。北宋崇宁二年（1103 年）四月三日，徽宗下诏县令劝农以十二事为主，其第一事就是强调 "敦本业：谓农桑为衣食之本，工作之类乃是治末，虽获厚利而无本源，故于本业切宜敬尚"①。在这种思想指导，宋代地方官员在劝农文中纷纷引导、鼓励民众以务农为本。如薛季宣在越州劝农时，要求人们 "毋失天时，毋事末作"②。蔡戡在永嘉为官时告诫百姓 "无游手以趋末"③。陆游在严州任上要求当地人 "语子若孙，无事末作，无好终讼，深畎广耤，力耕疾耘"④。

除劝导农民毋事工商末作之外，地方官员还教导人们毋从事有妨务农的各种陋习，如耽酒、溺赌、喜争、好闲、徇巫鬼等。如南宋严州人 "好饮博" "喜兴词诉" "好嬉游" "喜事鬼神" 等，高斯德在严州时，谆谆告诫人们 "若能去此四害，惟专惟勤，田之无收，吾不信也"⑤。真德秀在隆兴府为官时，向百姓力陈："兄弟宗族恩义至重，不可以小利致争；乡党邻里缓急相须，不可以小忿兴讼。喜争斗者，杀身之本；乐词讼者，破家之基；赌博乃偷盗之媒，耽酒是丧生之渐。凡此数事，为害至深，有一于此，必致祸败。"⑥ 戴复古在《房陵劝农文》则谓："毋耽道释，毋徇巫鬼。凡吾所见，耽道释必贫，徇巫鬼必贫，或误其命，非吉凶不得已。毋非时聚饮，非农隙毋遨嬉。聚饮多费，遨嬉则子弟浮惰。"⑦ 总之，这些劝农文都是在向农民说明诉讼、争斗、饮酒、赌博、侍奉鬼神、游手好闲等行为足以荒废农事，耗费钱财，败家破产，损害健康，甚至招来杀身之祸，故不得为之。

其二，勉励农民勤于耕作。宋代地方官员在劝农文常常向农民说明勤劳使人富足安乐，懒惰使人贫穷饥饿的道理。真德秀在福州任知州时指出："凡为农人，岂可不勤！勤且多旷，惰复何望。勤于耕畬，土熟如酥。勤于耘籽，草根尽死。勤修沟塍，蓄水必盈。勤于粪壤，苗稼倍长。勤而不惰，是为良农。良农虽苦，可养父母。父母怡怡，妻子熙熙。勤之为功，到此方知。为农而惰，不免饥饿。一时嬉游，终岁之忧。我劝尔农，惟勤一字。"⑧ 陈著知嵊县时，"告民以勤为本，嵊之民当加勤。嵊山多水浅，其土瘠，土瘠故物不滋，物不滋故种薄，收种薄故民多贫。彼富者食肥饶犹云不给，今反此而不加勤，可乎？勤则瘠可肥，贫可富，不勤则瘠愈瘠，贫愈贫，其何以生？"⑨ 可见，他认为嵊县收成不好是

---

① 《宋会要》职官 48 之 31。
② 《浪语集》卷 15《劝农文》。
③ 《定斋集》卷 13《永嘉劝农文》。
④ 陆游：《渭南文集》卷 25《丁未严州劝农文》，台湾商务印书馆影印文渊阁《四库全书》。
⑤ 《耻堂存稿》卷 5《严州劝农文》。
⑥ 真德秀：《真文公文集》卷 40《隆兴劝农文》，四部丛刊本。
⑦ 陈造：《江湖长翁集》卷 30《房陵劝农文》，台湾商务印书馆影印文渊阁《四库全书》。
⑧ 《西山先生真文公文集》卷 40《福州劝农文》。
⑨ 陈著：《本堂集》卷 52《嵊县劝农文》，台湾商务印书馆影印文渊阁《四库全书》。

由于土地瘠薄。要想改变这种状况，使土地瘠薄变成肥沃，农民贫困变为富足，只有比其他地区更加勤劳才行。土地已经瘠薄，如果还不勤劳，生活将会愈来愈贫困。

崇宁二年（1103 年）四月三日，徽宗在下诏县令劝农十二事中指出：农民要勤于耕作，具体要做到以下 5 个方面：一是"兴地利，谓旷地有可以垦辟者，积水有可以疏决者，皆宜耕种，庶使地无遗利"；二是"广栽植，谓麻、麦、粟、豆、果、瓜、蔬菜，凡可以为养生之资者，广务栽种，则自然农足"；三是"谨时候，谓农时一违，诸事废败，尤在所谨。故耕以时则土膏，种以时则苗秀，敛以时则无禽兽之耗，无盗贼之侵，无霖雨之坏"；四是"诫苟简，谓耕欲熟，耘欲足，则田土膏腴，禾稼茂实。盖农事最为劳苦，人易怠惰，多致苟简，尤宜戒勉"；五是"戒游手，谓群饮聚博，放鹰走犬，游惰之事，皆废农业，为人父兄，理当戒谨，为人子弟，尤宜遵禀"[1]。

其三，提倡恤民节俭，保护小农经济。小农经济就个体来说，是十分脆弱的，很容易被天灾人祸所摧毁。因此，宋代统治者在劝农中不仅强调"重农务谷"，而且还注意"恻怛爱民"。如徽宗在下诏县令劝农十二事中就强调："恤佃户，谓佃客多是贫民，方在耕时，主家有催旧债不已，及秋收时，以其租课充折债负，乃复索租，愈见困穷，不辞离，即逃走，宜加以宽恤。"[2] 朱熹则主张："佃户既赖田主给佃先借以养活家口，田主亦藉佃客耕田纳租以供赡家计，二者相须方能存立。今仰人户递相告诫，佃户不可侵犯田主，田主不可挠虐佃户。如当耕牛车水之时，仰田主依常年例应副谷米，秋冬收成之后，仰佃户各备所借本息填还。"[3] 朱熹在此首先告之田主（富户）与佃户，二者互相依存，劝谕田主在佃户生产困难之际应予以贷款，佃户则要量力而借并及时还贷。陈傅良在《桂阳军劝农文》中亦表达了相类似的思想，即贫者借贷在所难免，但必须量力而行，不要借贷太多而还不起，最终赖债；另一方面富家也不能太贪婪，应该量本适当收取利息，甚至免除长年积欠。他说："生借种粮，贫者不免，先须量力，莫据眼前，借贷太多，债还不易，及至空穷，却谋昏赖。所是富家亦合量本收息，除豁积欠，难以递年登带，恣为贪婪。"[4]

有些地方官在劝农文中则劝谕农民节约，不可奢侈。因为生活节俭，就可以使用度常足不匮，减少借贷，免受高利贷盘剥之害而陷入贫困。如真德秀云："福生于俭，祸生于奢。影响相随，毫厘弗差。惟朴惟素，富贵之具。惟多惟借，因穷之渐。广用多求，心劳且忧。寡求省用，其乐休休。以约失之，其亦鲜

---

① 《宋会要》职官 48 之 31。

② 《宋会要》职官 48 之 32。

③ 《晦庵先生朱文公文集》卷 100《漳州劝农文》。

④ 《止斋先生文集》卷 40《桂阳劝农文》。

矣。我劝尔民，宁俭毋侈。"①

其四，劝谕禁杀耕牛，备置农具。在机械动力出现之前，牛是耕田的动力。宋人已清楚地认识到"农家以牛为耕种之本"②，"牛最（为）农事之急务，田亩赖是而后治"③。基于这种认识，宋代从中央到地方的劝农文中，均劝谕农民勿杀耕牛。崇宁二年（1103 年）四月三日，宋徽宗在下诏县令劝农以十二事中就提出"戒宰牛，谓牛为耕稼之本，当务孳生，况其功力最大，尤不当杀"④。朱熹在《漳州劝农文》中更以严厉的口气告诫农民不得宰杀耕牛，应该妥为照管，否则将受到处罚。他说："耘犁之功，全藉牛力，切须照管，及时喂饲，不得辄行宰杀，致妨农务。如有违戾，准敕科决，脊杖二十，每头追赏五十贯文，锢身监纳，的无轻恕。今仰人户递相告诫，毋致违犯。"⑤

《论语》云："工欲善其事，必先利其器。"生产工具是人们进行劳动生产必备的物质技术手段。对此，宋人也有一定的认识，故在劝农文中劝谕农民应舍得花钱购置农具。崇宁二年（1103 年）四月三日徽宗在下诏县令劝农以十二事中提出："置农器，谓农家器用，缺一不可，与其废用，修饰车服，不若以财广置农器。"⑥ 基于这种认识，早在大中祥符六年（1013 年），宋真宗就废除五代宋末以来征收农器税的政策，下诏"自今农器并免收税"⑦。以后宋代各朝皇帝，又多次重申了这一规定。这对农具的生产与销售，对于普通农户的工具添置，促进农业生产技术的提高，都是有所裨益的。

其五，推广先进的农业技术。宋代，许多地方人多地少，人口对土地的压力甚大，人们解决人地矛盾的一个重要途径就是通过改进农业技术来增加亩产量。宋代，许多地方官在劝农文中推广先进的农业技术。

宋代由于复种指数的提高，迫切需要解决土壤肥力与连年耕种之间的矛盾。宋人已清楚地认识到，人们如能够时常加入新而肥沃的土壤，施用肥料，可使土壤更加精熟肥美。这就是著名农学家陈旉提出的"地力常新壮"的理论。宋人这种施肥能保持土壤肥力的思想在地方官的劝农文中得到实践和推广。如黄震在《咸淳八年春劝农文》中推崇"浙间终年备办粪土，春间夏间，常常浇壅"⑧。这就是说两浙农民在农业生产实践中，已懂得大量使用有机肥，加速土壤熟化，提高土壤肥力。程珌在《壬申富阳劝农》中建议农家应像衢州、婺源之人收集

① 《真文公文集》卷40《劝农文》。
② 《长编》卷274。
③ 《农书》卷上《祈报篇》。
④ 《宋会要》职官48之32。
⑤ 《晦庵先生朱文公文集》卷100《漳州劝农文》。
⑥ 《宋会要》职官48之32。
⑦ 《宋会要》食货1之18。
⑧ 黄震：《黄氏日抄》卷78《咸淳八年春劝农文》，台湾商务印书馆影印文渊阁《四库全书》。

肥料不遗余力。他说:"每见衢、婺之人,收蓄粪壤,家家山积,市井之间,扫拾无遗。"①

宋人在耕作中已讲求深耕细耙,并懂得利用冻融这种自然力改良土壤。朱熹在《知南康军劝农文》中向农民介绍了这种技术:"大凡秋间收成之后,须趁冬月以前,便将户下所有田段一例犁翻,冻令酥脆。"② 这种冻晒,既可使土壤酥碎,又能起自然松土与杀虫的作用。高斯得在《宁国府劝农文》中向当地农民推广两浙地区的深耕细耨技术,明确指出其不仅能提高土壤肥力,而且能够增强抗旱保墒能力,提高种子发芽率。他说:"浙人治田,比蜀中尤精,土膏既发,地力有余,深耕熟犁,壤细如面,故其种入土坚致而不疏。"③

在宋人劝农文中,反映了当时已具有较成熟的田间管理思想,已把育秧、中耕、除草、壅根、增肥、保水和烤田等田间作业进行了有机的结合。如选好良种后,培育壮秧是水稻丰产的先决条件之一,"拣选肥好田段,多用粪壤,拌和种子,种出秧苗";浸种卜秧,深耕浅种后,秧苗既长,"便须及时趁早栽插"④。在禾苗生长过程中,杂草丛生,"浙间三遍耘田,次第转折,不曾停歇"⑤。"大暑之时,决去其水,使日曝之,固其根,名曰靠田;根既固矣,复车水入田,名曰还水";而"还水之后,苗日以盛,虽遇旱暵,可保无忧"⑥。

宋人为了解决人多地少、粮食不足的问题,充分利用不适合稻作的旱地,栽种粟、豆、麻、蔬菜等耐旱作物。地方官在劝农文中要求人们因地制宜种植这些作物,如韩元吉在婺州与建宁府劝农时,建议农民"若豆与粟,度地所宜,犹可致力焉","以多耕荒废之壤,高者种粟,低者种豆,有水源者艺稻,无水源者播麦,但使五谷四时有收"⑦。朱熹在南康军与漳州劝农时也反复要求百姓予以种植,并告诉他们可以预防饥荒。他说:"山原、陆地可种粟、麦、麻、豆去处,亦须趁时竭力耕种,务尽地力,庶几青黄未交之际,有以接续饮食,不至饥饿";"种田固是本业,然粟、豆、麻、麦、菜蔬、茄、芋之属,亦是可食之物,若能种植,青黄未交,得以接济,不为无补,今仰人户更以余力广行栽种"⑧。

桑是养蚕的饲料,木棉、苎麻则是织布的直接原料,都是解决人们温暖,免遭寒冻的衣着之源。宋廷对推广这些作物十分重视,诏令地方官劝谕百姓种植,并把其作为考核官员经济政绩的重要依据。地方许多官员秉承朝廷的旨意,在劝

---

① 程珌:《洺水集》卷19《壬申富阳劝农》,台湾商务印书馆影印文渊阁《四库全书》。
② 《晦庵先生朱文公文集》卷99《知南康军劝农文》。
③ 《耻堂存稿》卷5《宁国府劝农文》。
④ 《晦庵先生朱文公文集》卷99《知南康军劝农文》。
⑤ 《黄氏日抄》卷78《咸淳八年春劝农文》。
⑥ 《耻堂存稿》卷5《宁国府劝农文》。
⑦ 韩元吉:《南涧甲乙稿》卷18《婺州劝农文》《建宁府劝农文》,台湾商务印书馆影印文渊阁《四库全书》。
⑧ 《晦庵先生朱文公文集》卷99《知南康军劝农文》、卷100《漳州劝农文》。

农文中反复告谕百姓种植桑麻、木棉、苎麻的益处，并予以具体的技术指导。如陈造在《房陵劝农文》中指出："房之原陆弥亘数百里，而桑柘绝少，蚕事灭裂，饲守缫织皆未得法，端匹狭燥，丝绵席暗，无可取贵。与其植他木，不若多植桑、柘，每岁春办，为四十日夙夜之勤，缫织饲守，求尽其技，精其事，将不止温暖取给，亦可货以自赡。"① 这里，他建议房陵农民兼营蚕桑业和丝织业，其好处不仅可以解决衣着御寒问题，而且可以出售图利，补足家计。程珌、朱熹则意识到一些地区不种少种桑树，不是地区不适宜，而是栽种不得法，所以在劝农文中介绍科学的种植法，以提高种桑效益，从而激发农民栽种的积极性。程珌在《壬申富阳劝农》文中向富阳农民推广太平州老农种桑的经验："彼间之种桑者，每人一日只栽十株，务要锄掘深阔，则桑根易行，三年之后即可采摘。盖桑根柔弱不能入坚，锄掘不阔而拳曲不舒，虽种之十年亦可摇拔，此种桑之法也。低山平垄，更当添种，则蚕丝之利博矣，此令所以劝农者一也。"② 可见种桑的关键是土坑要挖得深阔，这样才有利于桑树长得繁茂坚实，从而带来丰厚的蚕丝收入。朱熹也有类似的栽种桑树方法，除了土坑挖得深阔之外，他还强调要多加施肥，并适当进行剪枝。如实在不宜种桑的地方，就多种吉贝（即木棉）、麻、苎等，这样也可以解决衣着原料问题。他说："蚕桑之务，亦是本业，而本州从来不宜桑柘，盖缘民间种不得法。今仰人户，常于冬月，多往外路买置桑栽，相地之宜，逐根相去一二丈间，深开窠窟，多用粪壤，试行栽种，得其稍长，即与削去细碎拳曲枝条，数年之后，必见其利。如未能然，更加多种吉贝、麻、苎，亦可供备衣着，免被寒冻。"③

其六，宣传、贯彻朝廷的惠农政策。一些地方官在劝农文中将朝廷的惠农政令周知百姓，以提高他们务农垦荒的积极性。如朱熹在《漳州劝农文》中出台了一些优惠条件，消除垦荒者的顾虑，鼓励农民积极开垦荒地："本州管内荒田颇多，盖缘官司有俵寄之扰，象兽有踏食之患，是致人户不敢开垦。今来朝廷推行经界，向去产钱、官米各有归着，自无俵寄之扰。本州又已出榜劝谕人户陷杀象兽，约束官司不得追取牙齿蹄角，今更别立赏钱三十贯，如有人户杀得象者，前来请赏即时支给，庶几去除灾害，民乐耕耘。有欲陈请荒田之人，即仰前来陈状，切待勘会，给付永为己业，仍依条制，与免三年租税。"④

宋代封建商品经济发达，从事工商业活动的收益普遍高于农业，加之不少地方人多地少，因此使不少农民放弃农业而从事工商业。这是历史发展的趋势，是社会经济进步的表现。但是，古代在科学技术的限制下，依靠耕作技术的进步来

---

① 《江湖长翁集》卷30《房陵劝农文》。
② 《洺水集》卷19《壬申富阳劝农》。
③ 《晦庵先生朱文公文集》卷100《漳州劝农文》。
④ 《晦庵先生朱文公文集》卷100《漳州劝农文》。

增加农业单位面积的产量是有极限的，故要增加粮食作物的总产量，一方面必须多投入劳力，精耕细作，另一方面必须多投入劳力，扩大耕作面积。如果有太多的劳动力离开农业生产而从事工商业，那将产生粮食供给不足的问题。因此，有宋一代，封建统治者都十分重视农业生产，除沿袭前朝皇帝例行亲耕籍田之外，在中央设立了劝农机构——劝农司，又在地方官的官衔上加上劝农职事，以务农重谷为指导思想。地方官秉承朝廷的旨意，以劝农文为主要形式，用诱导的方式，劝谕农民多投入劳力，以增加农业生产的劳动量；提倡恤民节俭，禁杀耕牛，备置农具，以保护小农经济；推广先进的农业技术，以提高农民的生产水平；宣传、贯彻朝廷的惠农政策，提高农民的生产积极性。总之，政府的劝农思想和政策收到了较明显的效果，耕地面积比汉唐扩大，全国垦田数达八百万顷左右①；人口突破一亿大关，约为唐代人口的两倍；粮食亩产量比过去也有明显的提高，大致在三五石左右。总之，这些成就与宋代的劝农、重农政策都有密切的关系。

另一方面，我们也必须看到宋代的劝农也难免存在一些问题。如宋朝一些地方官履行劝农之职时"循习之久，但为空文"②，其劝农文或为官样应景文章，无病呻吟，空洞说教，使得"父老听来似不闻"③；或故作高深，强附风雅，"古语杂奇字，田夫莫能读"④，"行行蛇蚓字相续，野农不识何由读"⑤，使劝农成为一种形式，走走过场。更有甚者，一些官员借劝农之名，乘机宴游作乐，"辄用妓乐及宴会宾客"⑥，"自携酒肴、妓女，宴赏竟夕"⑦。有的官员出郊劝农不但不能解决农民的问题，反而增加农民的负担，骚扰地方，纵容属下勒索百姓。正如时人廖行之所说："凡次舍宿顿之所，苟有所需，一取诸民。且什物之备犹可为也，而米粟酒肴，餍饫吏卒，以为未足。又奉之缗钱，满欲乃已。不然，捶骂罗织，必加之罪。"⑧

（三）劝勉世人重视读书学习

宋代，右文重学崇儒是其基本国策。宋太祖开国后，很快由一介武夫变为尊儒重文之君，享有"性好艺文"⑨的称誉；宋太宗更以"锐意文史"而见著史

① 参阅华山：《宋史论集》，齐鲁书社1982年版，第10—11页。

② 《止斋先生文集》卷44《桂阳军劝农文》。

③ 刘爚：《云庄集》卷1《长沙劝耕》，台湾商务印书馆影印文渊阁《四库全书》。

④ 《真文忠公文集》卷40《泉州劝农文》。

⑤ 陈起：《江湖小集》卷82《野农谣》，台湾商务印书馆影印文渊阁《四库全书》。

⑥ 《庆元条法事类》卷49《劝农桑》。

⑦ 胡太初：《昼帘绪论·临民篇第二》，台湾商务印书馆影印文渊阁《四库全书》。

⑧ 廖行之：《省斋集》卷5《论迎送出郊科敛乡保排办钱物札子》，台湾商务印书馆影印文渊阁《四库全书》。

⑨ 《能改斋漫录》卷4《崇政殿说书》。

册①；宋真宗则"道遵先志，肇振斯文"②。经过太祖至真宗三朝的大力倡导，宋代右文重学崇儒蔚然成风。

宋代之所以具有浓厚的读书风气，其中一个重要的原因是上至帝王贵族官僚，下至平民百姓，都劝自家子弟应该勤奋学习，虽然读书的目的不尽相同，但提倡读书却是一致的。

宋代皇帝提倡读书最为人所知的是宋宗真。史载："宋真宗《劝学文》云：书中自有黄金屋，书中自有千钟粟，书中车马多如簇，书中有女颜如玉。"③"又曰卖金买书读，读书买金易。"④宋真宗的这一《劝学文》赤裸裸地告诉世人读书可以升官发财，享尽荣华富贵，因此遭到后人的批评诟病。如明代高拱指出："诚如此训，则其所养成者，固皆淫佚骄侈、残民蠹国之人，使在位皆若，人丧无日矣。而乃以为帝王之劝学，悲夫！"⑤陶宗仪也认为："自斯言一入于胸中，未得志之时，已萌贪饕；既得志之后，恣其掊克，惟以金多为荣，不以行秽为辱，屡玷白简，恬然自如。虽有清议，置之不恤，然司白简持清议者，又未必非若而人也。毋怪乎玩视典宪为具文，一切置廉耻于扫地，气习日胜，若根天真。惟知肥家庇族而已，亦不知其为蠹国害民也。得非蔽锢于《劝学文》而然耶，是因不可不深责贪饕之徒，亦不可不归咎于《劝学文》有以误之也。"⑥明人的这种批评是一针见血的，抱着升官发财、享受荣华富贵的目的读书，一旦中举得志，其多数人确实将成为淫佚骄侈、残民蠹国的贪官污吏。因此，宋朝廷的这种读书导向是有严重的消极面。但是，另一方面我们也必须看到，宋真宗劝勉世人读书的良苦用心！其实，食、色作为人之本性，宋真宗以此劝诱世人读书，也有无可厚非的一面。黑格尔说存在就是合理，宋真宗的《劝学文》一千多年来流传至今，并为一些人经常引用，就说明了这一点。

与此相类似，宋人亦通过学而优则仕的道理来劝谕世人读书。北宋以正统自居的名儒陈襄就说："今天子三年一选士，虽山野贫贱之家所生子弟，苟有文学，必赐科名，身享富贵，家门光宠，户无徭役，休荫子弟，岂不为盛事……今汝父老归告其子弟，速令来学。予其择明师而教诲之，庶几有成。"⑦由此可见，宋人把读书入仕看作是世人脱贫脱贱致富致贵的一条捷径。

宋代朝廷上下之所以如此苦口婆心地劝勉世人勤于读书，这是因为他们看到学习对于培养人才、治理国家和形成良风美俗的作用。陈襄就认为："学校之

① 《事实类苑》卷2《祖宗圣训·太宗皇帝》。
② 《册府元龟·考据》。
③ 高拱：《本语》卷6，台湾商务印书馆影印文渊阁《四库全书》。
④ 《说郛》卷73下《劝学文》。
⑤ 《本语》卷6。
⑥ 《说郛》卷73下《劝学文》。
⑦ 陈襄：《古灵集》卷19《仙居劝学文》，台湾商务印书馆影印文渊阁《四库全书》。

设，非以教人为辞章取禄利而已，必将风之以德，行道艺之术，使人陶成君子之器，而以兴治美俗也。"① "人之为善，莫善于读书为学，学然后知礼义孝悌之教。故一子为学，则父母有养；一弟为学，则兄姊有爱；一家为学，则宗族和睦；一乡为学，则闾里康宁；一邑为学，则风俗美厚。虽有恶人，将变而为善矣。"② 由此可见，读书学习不是只教会人们写文章获取利禄，更重要的是能陶冶人们的思想情操，使之成为道德高尚的人，从而国家得到治理，父母兄弟姐妹友爱，宗族闾里和睦康宁，风俗美厚。周行己也认为："天地之性，莫贵于人；四民之长，莫贵乎士。士之所贵者，以学而已……诸生生于富有之家，复赖父兄之贤，使得从师为学，一身亦幸矣。然而父兄之所以愿望于子弟者，岂幸一身而已哉？亦期于有成，将以幸一家、幸一乡，又推而广之，幸一国、幸天下也。"③ 这里，周行己看到，士人之所以比一般普遍人尊贵，列于士农工商四民之首，关键是他们通过读书学习，比一般人有知识有文化有教养，即知书达礼，这不仅是读书者一人的幸运，也是一家、一乡、一国，甚至是整个天下的幸运。反之，"或不得学者，盖由出乎贫贱之家，日迫于饘粥之不暇，所以沈为下愚，终身不灵，以贻笞戮，无所不至，此人之不幸也"④。

基于这种认识，宋代有识之士都希望世人能勤奋读书学习。朱熹《劝学文》就向人们呼吁：要珍惜时光，时不我待，努力学习。他说："勿谓今日不学，而有来日；勿谓今年不学，而有来年。日月逝矣，岁不我延。呜呼老矣，是谁之愆。"⑤ 张咏也劝勉世人要闻鸡起舞，苦学成材。他在《劝学》文中谆谆教导人们："大化不自言，委之在英才；玄门非有闭，苦学当自开……晨鸡固自勉，男子胡为哉！胸中一片地，无使容纤埃；海鸥尚可狎，人世何嫌猜。勤慎君子职，颜闵如琼瑰。"⑥

宋代有些人甚至认为世人如不读书学习，是一种过错，其父兄应承担责任："诸公为人父兄，有子弟而不教，教而不择其师，谁任其咎之道。故敢以此闻下执事传道授业，其为子弟加意焉，毋怠！"⑦ 有的人还认为平时不读书学习，到了人生尽头后悔就来不及了。"古人有临渴掘井之喻，痛其平昔不读书也。临渴掘井，犹有得泉之理，至渴不肯掘井者，是终渴死无悔也。"⑧

（四）兴办各级学校

宋代，较早提出通过兴办学校发展全国教育的是范仲淹。庆历四年（1044

---

① 《古灵集》卷19《杭州劝学文》。
② 《古灵集》卷19《仙居劝学文》。
③ 《浮沚集》卷6《劝学文》。
④ 《浮沚集》卷6《劝学文》。
⑤ 《御定渊鉴类函》卷201《劝学五》，台湾商务印书馆影印文渊阁《四库全书》。
⑥ 张咏：《乖崖集》卷2《劝学》，台湾商务印书馆影印文渊阁《四库全书》。
⑦ 王之道：《相山集》卷28《劝学文》，台湾商务印书馆影印文渊阁《四库全书》。
⑧ 吴儆：《竹洲集》卷14《劝学文》，台湾商务印书馆影印文渊阁《四库全书》。

年），他与翰林学士宋祁，御史中丞王拱辰，知制诰张方平、欧阳修，殿中侍御史梅挚，天章阁侍讲曾公亮、王洙，右正言孙甫，监察御史刘湜等 9 人一起上奏，提出兴办学校对发展全国教育、培养人才的重要性。范仲淹等人认为："今教不本于学校，士不察于乡里，则不能核名实；有司束以声病，学者专于记诵，则不足尽人材。此献议者所共以为言也。谨参考众说，择其便于今者，莫若使士皆土著而教之于学校，然后州县察其履行，则学者修饬矣。故为设立学舍，保明举送之法。夫上之所好，下之所趋也。今先策论，则文辞者留心于治乱矣；简程式，则闳博者得以驰骋矣；问大义，则执经者不专于记诵矣。其诗赋之未能自肆者杂用今体，经术之未能亟通者尚如旧科，则中常之人，皆可勉及矣。此所谓尽人之材者也。故为先策论过落，简诗赋考试，问诸科大义之法，此数者其大要也。"① 范仲淹等人在全国州县兴办学校，以经术教授士人、定期课试策论的思想对宋代历朝影响深远。

嘉祐二年（1057 年），知扬州刘敞在《上仁宗请诸州各辟教官》中指出："必欲人安其居，皆有常心，渐之于仁，摩之于义，化民成俗，则莫若开庠序以收养之，设师弟子以教诲之，月考时试以劝勉之。教定俗成，然后贤不肖立见而真伪不杂矣。" 相反，如 "游士归乡而不为设学，则无以收之；设学而不置师，则无以率之；置师而不立课试讲习之法，则无以成之。三者名存实亡，则学者不归，虽欲别贤不肖，兴廉让，崇乡党之化，不可得矣"②。熙宁二年（1069 年），翰林学士吕公著综合了范仲淹、刘敞等人的兴学思想，提出了兴学的 4 项关键，即设学校、置老师、习经术、试大义。他说："所谓学校之法者，天子自立太学于京师，取道德足以为天下师法者主之。自开封府及天下州县皆立学，取道德足以为人师者主之。然学校教化，所以一道德、同风俗之原，今若人自为教，则师异说，人异习。故宜博选天下所谓有道德可以为人师，先集于太学，使讲议所以教育之法，而朝廷以道揆其得失。讲议既定，然后取其得者，置之要会州府，使主其学……将以经术教养，则代赋以经……自后次科场，明经止用正文填帖，更不以注，而增试大义。如此，应明经者渐多而诸科之弊自消矣。"③

如以现代教育理念来看，四者中的学校是为教授与学习者提供教学活动的空间；老师则是教学的主导，起表率与传授知识的作用；经术则是教学的内容，关系到培养封建治国人才和一道德、同风俗的教学目标的实现；课试则能检验教学成果，并起引导教学方向的作用。

宋朝仁宗、神宗朝所形成的这种兴学思想，在北宋的三次大模规模兴学以及南宋的某些时期，均得到了较好的实践，并取得了一定的效果。

---

① 《长编》卷 147。
② 《宋朝诸臣奏议》卷 78《上仁宗请诸州各辟教官》。
③ 《宋朝诸臣奏议》卷 78《上神宗答诏论学校贡举之法》。

北宋时期，先后三次大规模兴学。第一次是宋仁宗以来，宋廷在推进学校普及方面进行了不遗余力的努力。"仁宗即位之初，赐兖州学田，已而又命藩辅皆得立学；其后，诸旁郡多愿立学者，诏悉可之，稍赠赐之田如兖州，由是学校之设遍天下。"① "庆历四年（1044 年），参知政事范仲淹等建议：精贡举，请兴学校本行实，乃诏州县立学；本道使者，选属部为教授，不足则取于乡里宿学之有道业者；士须在学三百日，乃听预秋赋，旧尝充者百日而止。"② 可见，仁宗时期第一次全国性兴学，是以赐学田的优惠政策，劝导全国州郡普遍设立了学校，并配备了学有所长的教师，初步规定了学制。

宋代第二次大规模兴学是在宋神宗时期。王安石在兴教办学方面施政的力度更大。他亲自编写教学大纲，编著新的科举教材《三经新义》，力排众议统一思想。熙宁四年（1071 年），立太学生三舍法，将学生分为上舍、内舍、外舍三等。初入学为外舍，名额不限，春秋考试两次，从而扩大了生源。外舍选升内舍，名额二百员；内舍选升上舍，百员。上舍生优异者直接授官。这样，加强了选拔淘汰力度，提高了学生的学习积极性。如乾道二年（1166 年），朝廷下诏云："学校教养士人，除科举外，惟每月私试用以激励，今若无公试可为升补内舍之阶，即外舍私试校定，并为无用，无以诱劝。"③ 学生各习一经，随所属讲学官学习。元丰二年（1079 年），订出三舍法一百四十条，进一步规定太学补试、私试、公试、舍试方法和升舍方法，使太学学制不断完善严密。

宋代第三次大规模兴学是在宋徽宗时期。这次兴学把基层县学放在重要的地位，崇宁三年（1104 年）规定县学学生名额，大县 50 人，中县 40 人，小县 30 人。州、县学不仅有学舍提供学生食宿，还有学田及出租"房廊"的收入作为经费。大观三年（1109 年），北宋 24 路共有学生 167622 人，校舍 95298 楹；经费年收入钱 305872 贯，支出 267878 贯；粮食收 640291 斛，支出 337944 斛；校产中有学田 116990 顷，"房廊" 155454 楹。在校学生之多，校舍之广，经费之多且如此充裕，不仅是空前的，在宋代也是绝后的④。从此可见，徽宗时的兴学着眼点在于解决基层县学办学的经费、校舍、食粮问题，从而为地方县学的兴盛提供了雄厚的物质基础。

南宋高宗时期，虽然战火连绵、动荡不安，但朝廷仍然不忘把兴学作为重要的国策。绍兴二十五年（1155 年），秘书省正字张震就提出："陛下（即指宋高宗）临御以来，兴学校，制礼乐，天下学士靡然乡风……天下学校，禁专门之学，使科举取士，专以经术渊源之文，其涉虚无异端者，皆勿取，庶几士风

① 《文献通考》卷 46 《学校七》。
② 《文献通考》卷 46 《学校七》。
③ 《宋会要》崇儒 3 之 36。
④ 参见陈振主编：《中国通史·五代辽宋夏金时期》，上海人民出版社 1999 年版，第 988—990 页。

近古。"①

宋代除了大规模兴学之外，历朝还不同程度地采取了一些措施，鼓励地方州县兴办学校，广泛开展文化教育。如真宗咸平四年（1001 年）六月，"诏诸路郡县有学校聚徒讲诵之所，赐《九经》书一部"②。这种赐书兴学的方式虽然能解决学校的教材问题，但作用毕竟有限。地方州县兴学的关键当是经费、校舍等问题。如前所述，徽宗时大规模兴学，基本上针对这些关键问题，所以学校在全国州县得到广泛的普及。南宋初年，由于连年战乱，地方州县学校遭到很大破坏。绍兴十三年（1143 年）十一月，"诏诸州军将旧赡学钱粮拨还养士，令监司常切觉察，不得辄将他用。仍令逐州军各开具养士并见标拨钱粮数目，申尚书省。以知信州刘子翼言学粮至微，无以资给故也"③。在动荡不安的环境下，地方要坚持办学，最起码的条件是首先要保证广大师生的温饱问题。

徽宗大规模兴学时期，不仅对全国地方州县普遍办学校投入大量的财力、物力，而且还注意到资助那些孤贫儿童中值得培养的人。政和七年（1117 年）七月，"成都府路提举常平司言：本路州县居养院有孤贫小儿，内有可教导之人，欲令小学听读，逐人衣服襕裙。欲乞于本司常平头子钱支给置造，仍乞与免入斋公用。从之，余路依此"④。

宋代兴学除了注重经费、校舍、学制之外，还意识到学校师资也是一个关键的问题。仁宗嘉祐年间，知扬州刘敞认为："今州郡幸皆有学，学皆有生徒，而终患无师以教之，但令掾曹杂领其事。职既不专，教用不明。"因为在办学中，师资是一个关键，没有优秀的师资，地方州县是很难办好的。因此，他奏请："欲乞州郡有学处，听长吏各奏辟教授一员，于前任判司簿尉中，选有文行堪为人师者充。仍令以四年为一任，与理考数，官资俸禄，同之掾曹。则学有常师，教有常业，士子竞劝矣。"⑤

同时，朝廷重视对教师的考核与奖惩，以此来提高教学质量，培养人才。这就是"设学校，重学官之选，而厚其禄。凡欲以诱诲学者……自今有敦行谊、谨名节、肃政教、出入无悖、明于经术者，有司其以次升之，使闻于朕，将考择而用之，以劝于尔众士。有偷懦怠惰，不循于教，学不通明者，博士吾所属也。其申之以诱导，使其能有易于志，而卒归于善，固吾之所受也。予既明立学之教，具有科条，其于学者，有奖进退黜之格，以昭劝诫。至于学官，其能明于教率，而详于考察，有得人之称，则待以信赏。若训授无方，而取舍失实，亦将论

---

① 《建炎以来系年要录》卷 169。
② 《宋会要》崇儒 2 之 2。
③ 《宋会要》崇儒 2 之 36。
④ 《宋会要》崇儒 2 之 29。
⑤ 《宋朝诸臣奏议》卷 78《上仁宗请诸州各辟教官》。

其罚焉"①。

如前所述，宋人在兴学中以经术教授学生，在具体教材的采用上，为达到培养治国人才和促使良风美俗形成的教学目标，主张使用儒家经典著作，即四书五经。如为了培养治国之才，陈襄主张学生必须"首明《周官》三物之要，使有以自得于心而形于事业，然后可以言仕，此所谓学之序也"②。南宋理学名臣真德秀更具体详细地规划了学生学习儒家经典教材的课程安排。他主张："南轩之《论》《孟》说，晦庵之《大学》《中庸》章句，或问《论》《孟》集注，则于学者为尤切，譬之菽粟布帛，不容以一日去者也。迩来士子急于场屋科举之业，往往视为迂缓，置不复观。殊不知二先生之书，旁贯群言，博综世务，犹高山巨海，瑰材秘宝，随取随足。得其大者，固可以穷天地万物之理，知治己治人之方。至于文章之妙，浑然天成，亦非近世作者所能仿佛，盖其本深末茂，有不期然而然者。学者诚能诵而习之，则于义理之精微，既有所得，发之于文，亦必意趣深长，议论精确，以之应举，直余事尔……自今以始，学校庠塾之士，宜先刻意于二先生之书，俟其浃洽贯通，然后博求周、程以来诸所论著，次第熟，复而温公之《通鉴》与文公之《纲目》，又当参考而并观焉。职教导者，以时叩击，验其进否。上中二旬，当课之，日则于所习之书，摘为问目，俾之援引诸儒之说，而以己意推明之。末旬则仍以时文为课，如此则本末兼举，器业日充，上足以追续先贤之正脉，次足以为当世之实用。"③

（五）追求儒家的"无讼"理想

在复杂的社会生活中，人与人交往中产生分歧与矛盾是难免的，这就必然出现纠纷与争讼问题。中国古代传统的儒家主导思想是以和为贵，所以官府在审理民事纠纷诉讼时，努力以调处的方式加以解决。正如两千多年前儒家创始人孔子所倡导的："听讼，吾犹人也，必也，使无讼乎。"④

宋代，由于封建商品经济的发展，人们的交往日益频繁复杂，社会关系纷繁错综，民事诉讼大量增加。这要求政府必须妥善加以解决协调，化解矛盾，稳定社会秩序。同时推动了民事诉讼制度的发展，民事调处也随之有了长足的进步，呈现出制度化的趋势。宋代的民事调处在一定程度上体现了政府的治理思想，即以追求儒家的"无讼"为理想，以客观公正、自愿平等为原则，调处的协约应有法律作为保障。

宋代地方州县的官员，大都是经过科举考试而走上仕途的，因此，当他们为官一方时，往往以宣扬维护封建的伦理纲常为己任，追求儒家的"无讼"理想，

---

① 《曾巩集》卷26《劝学诏》。
② 《古灵集》卷19《杭州劝学文》。
③ 《真文忠公文集》卷40《劝农文》。
④ 《论语·颜渊》。

把它作为一种致治。他们认为词讼之兴，有损封建的纲常礼教，伤风败俗，而布宣德化，训迪人心，正是地方官的一种职责。所以，他们在任地方官审理民事诉讼时，特别重视以调处的形式息讼，以此作为教化的一种方式。如南宋著名理学家朱熹的高足黄干判张运属兄弟互诉基田案时云："祖父置立基田，子孙封植林木，皆所以致奉先追远之意，今乃一变而为兴争起讼之端。不惟辱及祖父，亦且累及子孙……自祖而观，本是一气，今乃相诋毁如此，是自毁其身何异……今乃于骨肉之中，争此毫末，为乡间所嗤笑，物论所厌薄，所争者小，所失者大，可谓不思之甚。"因此，黄干认为：自己"职身为县令，于小民之愚顽者，则当推究情实，断之以法，于士大夫则当以义理劝勉，不敢以愚民相待"。所以，好言劝告张氏兄弟，"运干、解元各归深思，幡然改悔，凡旧所仇隙，一切湔洗，勿置胸中。深思同气之义，与门户之重，应愤懑事一切从公，与族党共之，不必萌一毫私意。人家雍睦，天理昭著，他日自应光大，不必计此区区也"。在明以封建纲常之大义后，黄干建议："两状之词，皆非县令所愿闻，牒运干，并告示解元，取和对状申。"①

又如南宋时期，百姓沈百二、傅良两家原本邻里关系甚好，后因地界纠纷引起争讼。官府经审理查明是非后，当堂劝告双方和解。理由是"所争之地不过数尺，邻里之间贵乎和睦"，因此，最后达成的和解协约为："若沈百二仍欲借赁，在傅良亦当以睦邻为念。却仰明立文约，小心情告，取无词状申。再不循理，照条施行。"②

从以上判词可以管窥，宋代县官审理民讼时重视调解的殷殷之情，劝告息讼的依据大都是直接引用儒家传统的三纲五常伦理道德。如在黄干的眼里，如果百姓都能孝敬父母，悌于兄长，人家雍睦，天理昭著，那整个社会就会变成儒家的"大同"理想世界。

宋代官府在具体的民事调处程序中，注意首先要查明案件的事实真相，清楚当事人之间的是非曲直，然后，在此基础上，才能进行合情合理的调解，易于促使当事人达成协约。如南宋时期，百姓沈百二、傅良两家因地界纠纷引起争讼，官府经调查审理后，从契书、地势、邻里证词3个方面雄辩地证明了在这纠纷中沈百二理亏。但是，官府因考虑到"所争之地不过数尺，邻里之间贵乎和睦"，所以建议双方协商和解，此地产权属于傅良，傅良"亦当以睦邻为念"，继续让沈百二借赁③。

其次，宋代民事调处必须以法律为依据，一些由民间亲邻宗族自行调处的纷争，往往还必须由官府认可。这样，所达成的协议才具有法律效力，才能获得政

---

① 《勉斋集》卷33《张运属兄弟互诉基田》。
② 《名公书判清明集》卷6《争地界》，中华书局点校本，1987年。
③ 《名公书判清明集》卷6《争地界》。

府强制力的保障。如《名公书判清明集》卷 7《下殇无立继之理》载：朱司户与族人朱元德因立继之事起争，朱司户不欲争讼到官府，从族人调解和议，捐钱 500 贯足与朱元德。双方达成和解协议，订立书面和议书及领钱文约，并规定对于违反协议者处以 2000 贯的罚款，朱氏全体族人以朱修炳为首做见证人，"一一签押于其后"。而且，这一协议得到官府的认可。但是，事后朱元德悔约，并到官府起诉。官府经审理后认为朱元德系无理妄状，因此做出判决，肯定了原来所签协议的法律效力，并以行政权力保障朱司户的权益。

再次，宋代官府认识到调处时双方当事人必须在自愿平等的基础上协商，所达到的协议双方必须认可，调处方为有效。调处不同于判决，不能以强制性的手段使当事人接受。如果采取强迫的方式，违背当事人的意愿，便难以达成协议。如《名公书判清明集》卷 10《兄弟之争》载：蔡杭判黄居易兄弟三人争家产案，官府为之达成协议，"示三名取无争状"。但在宣读协议内容后，三人"并不伏"，结果使调处不能成立，依然只能照法判决，予以强制执行。

宋代官府在从事民事调处时，十分重视当事人双方在公平、公正的情况下签订协议，强调双方"务要两平""不得偏党"等。如前所述，对于合法、公平的协议，官府以国家强制力保障其执行；对于显失公平的协议，则为官府所否认，并且要重新做出判决。如《名公书判清明集》卷 6《谋诈屋业》载：乡村教师陈国瑞家贫无房可居，后来典到沈姓房屋三间，有涂适道者欲诈取此房，引致纠纷，乡邻楚汝贤为之调解。但"乡曲亲戚，略无公论。楚汝贤等皆涂之党，阳与和对，阴行倾陷"，协议结果显然不公平。但陈国瑞父子柔懦，起初"似不能言者，一时为涂之亲戚所迫，竟俛首从和"，后来，考虑到实在"无所栖止"，遂不愿遵照协议退赎离业。涂适道经县投词，但官府经审理认为协议内容"显见违法背义之甚"，遂判涂适道败诉，所订协约无效。

宋代官府在进行民事调处时，重视发挥民间宗亲、邻里的作用。中国古代传统社会中，血缘、地缘关系具有重要的作用，往往是官府不能替代的。由于宗亲邻里一般比较熟悉当事人的情况，或者与当事人关系密切，他们参与调处更易使当事人达成和解。宋代民事调处往往采取 3 种方式：一是对于比较简单的民事诉讼案件，官府一般将事实审理清楚后，便直接进行调处。如胡颖审理奉琮兄弟争论田产诉讼时，在给双方当事人说一番"圣贤教人，皆以睦族为第一事"的道理之后，当场令二人和解，"在前如果有侵夺，私下各相偿还。自今以后，辑睦如初，不宜再又纷争，以伤风教"①。这种官府直接调处，常常快刀斩乱麻，立竿见影。正如真德秀所云："遇亲戚骨肉之讼，多是面加开谕，往往幡然而改，各从和会而去。"② 二是有些民事诉讼，官府虽也直接参与调处，但在更多的情

---

① 《名公书判清明集》卷 10《兄弟侵夺之争教之以和睦》。
② 《名公书判清明集》卷 1《劝谕事件于后》。

况下，却是由官府谕令当事人双方的亲族邻里从中调解，效果可能更好。如刘克庄审理德兴县董党诉立继一案，查明纠纷的是非曲直之后，虽然认为曲在董党养母赵氏一方，但因是养子与继母之间的争讼，事关伦常，"当以恩谊感动，不可以讼求胜"，"董党亦宜自去转恳亲戚调停母氏，不可专靠官司"，所以谕令双方亲族从中调解①。这种由官府谕令当事人亲邻参加的调处，因已经起诉到官府，所以基本上仍属官府调处的性质。三是宋代最为常见的调处息讼形式是在发生纠纷之后，当事人双方并不到官府起诉，而是由宗亲邻里自行调处。这与前二者相比，就属于完全由民间调处的性质。如上引朱司户与族人朱元德因立继之事起争一案与涂适道谋诈屋业一案，起初均属于民间调处。最后都因协约没有执行，其中一方告到官府，故改变性质，由官府判决，强制执行。

宋代封建统治者所着力提倡的调处息讼，从一个侧面反映了政府管理思想从统治到治理的转化。朝廷对民事诉讼尽可能用自愿平等协商的办法加以解决，而不采取强制性的判决方式。这对于缓和社会各种矛盾，防止激化，维护封建纲常伦理，稳定社会秩序发挥了应有的积极作用。基于这种治理理念，宋代地方官员每遇家人、亲戚、族党、邻里等的争讼，尤其重视调处。"每遇听讼，于父子之间，则劝以孝慈，于兄弟之间，则劝以爱友，于亲戚、族党、邻里之间，则劝以睦姻任恤。委曲开譬，至再至三，不敢少有一毫忿疾于顽之意。"②

宋代的调处息讼意味着政府从统治到治理的转化，某种程度上有利于防止贪官污吏在司法审判中权力寻租，贪赃枉法。宋代在司法诉讼中，贪官污吏勒索受贿、舞文弄法的现象屡见不鲜，尤其是那些低级胥吏被百姓"目为立地官人"，遇到狱讼，"官司曲直皆出彼之手"③，严重地影响了司法审判中的公正性。正如庆元四年（1196 年）臣僚上言批评当时司法审判中的弊端所云："百姓有冤，诉之有司，将以求伸也。今民词到官，例借契钱，不问理之曲直，惟视钱之多寡。富者重费而得胜，贫者衔冤而被罚，以故冤抑之事，类皆吞声饮气。"④ 所以一些稍有良知的地方官员常常告诫百姓尽量不要涉讼，"且道打官司有甚得便宜处，使了盘缠，废了本业，公人面前陪了下情，着了钱物，官人厅下受了惊吓，吃了打捆，而或输或赢，又在官员笔下，何可必也"⑤。不言而喻，百姓遇到纠纷争讼之事，理智的做法是调处息讼，这是双赢的选择。否则，如选择到官府打官司，很可能是两败俱伤，肥了那些贪官污吏。

---

① 《名公书判清明集》附录 3《德兴县董党诉立继事》。
② 《名公书判清明集》卷 10《母讼其子而终有爱子之心不欲遽断其罪》。
③ 《州县提纲》卷 1《防吏弄权》。
④ 《宋会要》刑法 3 之 38。
⑤ 《名公书判清明集》卷 10《乡邻之争劝以和睦》。

第五节　元代协调思想

一、多种经营思想

元代王结在《善俗要义》①中不仅阐述了自己的管理家族思想，而且还阐述了自己的多种经营思想。王结在继承传统的以农为本思想的基础上，也重视"殖生理"，即发展工商业。即使是以农为本，他的所谓"务农"除传统的农桑之外，还包括"课栽植""治国圃"等，即种桑养蚕纺丝，栽植榆、柳、杨等树木及各种果树、蔬菜等，可供柴薪、建房屋梁柱、食用等。还可以"育牝牸""畜鸡豚""养鱼鸭"等，通过养牛羊、鸡、鸭、猪、狗、鱼类等来发展养殖业。王结还强调，无论是从事农业，还是工商业，都必须"戒游惰""致勤谨"，才能取得良好的经济效益。以下对王结的多种经营思想做一简要缕析：

其一，王结认为，治国养民，务农为先。务农不仅要勤力耕桑，还要讲究方法，经常学习农桑之书，深耕匀种，常常锄耨。如条件不宜种粮食的地方，可种瓜菜、桑麻，妇女还可在家织绢沉蜜。如能这样，一家温饱不愁。"夫治国之道，养民为本；养民之术，务农为先。盖人生所资，惟在五谷布帛，所以累奉条画，劝民敦本抑末、勤修农业者，以此故也。然闻所在民众通晓务农、勤力耕桑者不为无人，其苟且之徒未尽地利，游惰之辈荒废本业者，亦多有之。今后仰社长劝社众常观农桑之书，父兄率其子弟，主户督其田客，趁时深耕匀种，频并锄耨，植禾艺麦，最为上计。或风土不宜，雨泽迟降，合晚种杂田瓜菜者，亦可并力补种，更宜种麻以备纺织。蚕桑之事，自收种浴川生蛾喂饲以至成茧缫丝，皆当详考农书所载老农遗法，遵而行之。家长率一家男女，劝用心用力，四十日间干系一年生计。若妇人得闲，伏中便可织绢沉蜜，胜似余月。如此上可以办纳差税，下可以一家温饱。苟有蓄积，虽遇凶年，亦免饥寒之患也。"

其二，王结认为，栽桑养蚕，就可使丝绢繁盛。如栽种榆、柳、杨等树，可供柴薪、梁柱之用，种植果树，则可食用。这些都是民众生活所必需的，并可使民殷富。"古人云：'十年之计，种之以木。'若栽桑或栽地桑，何必十年，三五年后便可享其利也。更能修治得法，久远则益无穷。本路官司虽频劝课，至今不见成效，盖人民不为远虑，或又托以地不宜桑，往往废其蚕织，所以民之殷富不及齐鲁。然栽桑之法，其种堪移栽，压条、接换，效验已著，苟能按其成法，多广栽种，则数年之间丝绢繁盛亦如齐鲁矣。如地法委不相宜，当栽植榆、柳、青白杨树，十年之后，枝梢可为柴薪，身干堪充梁柱。或自用，或贸易，皆为有益之事。其附近城郭去处，当种植杂果货卖，亦资助生理之一端也"。

---

① 本目王结言论引文未注出处者，均见于《文忠集》卷6《善俗要义》。

其三，王结认为，牛羊经济价值高，牛可用于耕种，羊的毛、奶都可卖得好价钱。因此，要想较快富裕起来，可多牧养牛羊。"陶朱公曰：'欲速富，养五牸。'如各县乡有宜畜牧去处，仰有力之家多养牸牛、母羊，随时牧放，如法栅圈。养育得所，孕字必多，牛供耕种，羊堪货卖，剪毛饮酪，皆为利益。善于治生者，所宜斟酌遵行也。"

其四，王结认为，养殖鸡、猪、狗，可供人们肉食。饲养鸡、猪要注意挑选良种。养猪可选择近山林和地面窄隘去处；养鸡应一雄鸡配四五只母鸡，可多蕃息。"孟子曰：'鸡豚狗彘之畜无失其时，七十者可以食肉矣。'且五牸之中，鸡豚易置。猪种取短嘴无柔毛者良。若近山林，宜多豢养牧放；地面窄隘去处，随宜养牧。鸡种取桑落时生者良，一雄可将四五牝鸡笼内着栈，如法畜养。如此则鸡豚蕃息，上可以供老者之养，下可以滋生理之事也。"

其五，王结主张，河渠、池沼之地，可以多养鱼、鸭，还可栽种莲藕、蒲苇、菱角、鸡头等，这也是治生的好办法。"陶朱公曰：'治生之法，水畜第一。'鱼池是也。仰附近河渠有地有力之家，疏凿池沼，中溜洲渚，求怀子鲤鱼及牡鲤鱼纳于其中，二年之后，其利无穷。鸭尤易养，无所不食，水傍育之，滋孕蕃息。更有可栽种莲藕、蒲苇、菱角、鸡头去处，亦仰多广栽植，亦治生之良法也。"

其六，王结主张，农民除栽种粮食之外，还应该种韭、瓜、茄、葱、蒜、芋、蔓、菁、苜宿等蔬菜，除自用助味外，有多余还可出卖以增加收入，有的还可以在饥荒之年用于救饥馑。"谷麦充饥，蔬菜助味，皆民生日用不可阙者。昔龚遂守渤海，劝民每口种薤百本、葱五十本、韭一畦，及课农桑、畜牧之事，吏民渐皆富实。张忠定公为崇阳令，遇农夫买菜出城者，执而笞之，谕使自种。今农民虽务耕桑，亦当于近宅隙地种艺蔬菜，省钱转卖。且韭之为物，一种即生，力省味美，尤宜多种。其余瓜、茄、葱、蒜等物，随宜栽植，少则自用，多则货卖。如地亩稍多，人力有余，更宜种芋及蔓菁、苜蓿，此物收数甚多，不惟滋助饮食，又可以救饥馑度凶年也。"

元人徐元瑞在《吏学指南》中出简略谈到农业的多种经营思想："劝农为政。周公曰，谷不熟为饥，菜不熟为馑，果不熟为荒。牛不安农困。一夫不耕一家饥，一妇不蚕一室寒；养亲祭祀，租税差役，则皆废矣……鸡豚狗彘，羊猪鹅鸭，二社冬年，足可养老祭祀矣"①。

其七，王结虽然坚持传统的以农为本思想，但却不排斥工商业，认为工商业也是人们生活中不可或缺的，城市居民子弟也可把工商业作为本业。各家父兄应训导子弟不要吃喝玩乐、奢侈淫放，勤于工商本业。"增郭之民，类多工商。工作器用，商通货财，亦人生必用之事，而民衣食其中。勤谨则家道增长，怠惰则

---

① 《吏学指南》（外三种），浙江古籍出版社，1988年，第149—150页。

生理荒废。家道增,上可以办差役,下可以足衣食。然城居子弟易为游荡,各家父兄当严加训导防制,常使勤修本业,勿令无故饮宴及游行非理之地,以致奢侈淫放,费用赀财。"

其八,王结提出,每个人无论是从事士农工商中何职业,都要戒游惰、致勤谨。如有人家子弟游手好闲、惹是生非,父兄应严加训诫,社长应叮咛劝谕,让其悔过自新,勤力谨身。"士农工商,各有常业,谨身勤力,衣食自充,前已屡言之矣。颇闻人家子弟多有不遵先业,游荡好闲,或蹴踘击毬,或射弹黏雀,或频游歌酒之肆,或常登优戏之楼,放恣日深,家产尽废,贫穷窘迫,何恶不为。乡村之民亦有不务耕锄,不勤蚕织,呼召党类,趁集饮酒者,甚至与妻同往,以致男女混淆。今后果有似此游荡之人,父兄严加训诫,社长丁宁劝谕,庶能悔过自新。若循袭不改,仰申报所在官司,依法惩戒。""古语云:'勤能胜贫,谨能胜祸。'盖言勤力可以不贫,谨身可以免祸。务耕桑,修蚕织,茸园圃,栽树株,利沟渠,理堤堰,通货财,皆勤力之事也。孝于父母,顺于兄长,言行慎密,出入安详,非善勿友,非义勿取,不学赌博,不作盗贼,不好争讼,不竞贪淫,皆谨身之道也。人能如此,不惟胜贫免祸,乡党识者必皆爱重,称为善人君子矣。"

其九,王结认识到兴修水利工程对于农业生产至关重要,不仅能够使农业旱涝保收,而且能够提高农业的经济效益。因此,各地要因地制宜,积极兴修水利工程。"自昔水田号为常稔,盖旱干则引水灌溉,霖雨则开堰疏放,宜收数倍于陆田,而粳糯又比谷麦常贵。邢台、南和等县濒澧河乡村,从前分引沟渠浇灌稻田,近水农民久蒙利益。然闻南和、任县之境,澧河上下,尚有水势可及之处,居民惮于改作,不知开引调度,湮塞农利,良可惜也。仰濒河有地之家,果然水势可及,当计会通晓水利之人,凿渠引水,改种稻田。若独力难成,或无知水利者,可采画地形水势,陈说堪以兴修事理,申告上司,添力开挑。如地高,泉脉不能上流,仰成造水车,设机汲引,浇灌田苗。有不解制造者,亦听申复上司,开样颁降。此皆江淮已验良法,条画许令举行,虽南北风土不同,亦有可为之处。农民慎勿乐因循,惮改作,视为迂阔而不之信也。又闻其余县分附近沙、洺河及漳、漯旧河渠地面,每岁五六月霖雨连旬,诸水泛滥,平地漫流,淹没禾稼,各宜以时修理堤防,备御水害。若私己难办,必资众力成就者,亦听申报官司,相度差拨,以为一劳永逸之计"。

元人徐元瑞在《吏学指南》中记载了一则民间脱贫致富的谚语,颇切合当时的现实情况,对现代也有一定的借鉴意义。"谚云,由人而贫,穷者有十:一要贫,学烧银;二要贫,孝空门;三要贫,好相论;四要贫,好移坟;五要贫,置宠人;六要贫,陪女门;七要贫,要宅新;八要贫,酒赌频;九要贫,宴贵宾;十要贫,好赛神。其犯一者,未有不贫也。又云人有十可富:一可富,孝亲族;二可富,少奴仆;三可富,省追逐;四可富,效勤苦;五可富,不高屋;六可富，长忍辱；七可富，粗衣服；八可富，养六畜；九可富，多粪土；十可富，没名目。为之三五，无不可富足也"①。徐元瑞的十贫十富归纳起来，大致有以下5个方面：一是不搞迷信活动，浪费钱财，如不要烧银钱、孝空门、移坟、赛神等。二是不要贪恋女色，频繁饮酒赌博，如不要置宠人、陪女门、宴贵宾、酒赌频等。三是不要互相攀比，追求住宅要新、高大，奴仆要多，如不要追逐，不要追求宅新、高屋、奴仆多。四是在家要孝敬亲族，在外要少议论别人，遇事要忍让，能受得了屈辱，才能和气生财。如孝亲族，不要好相论，应该长忍辱等。五是应该勤劳节俭，多养六畜，多积粪土，穿粗布衣服。显然，在元代民间的脱贫致富思想中，节俭是最重要的，如果不厉行节俭，搞迷信活动，浪费钱财；贪恋女色，饮酒赌博；互相攀比，追求宅新高屋、奴仆众多，再富有的人家，也会沦为贫困。而要发财致富，则要和气生财，勤劳致富。

徐元瑞在《吏学指南·时利第九》中提出农业生产必须不误农时，努力耕作；栽种多种作物，可弥补一些作物歉收。这样，才能做到温饱无忧。"教农民栽接园林，广种蔬菜，拆洗晾衣，多作鞋脚，挂备绳索、农器、镰担、车仗，饱饲牛畜，趁时布种不致荒闲田地。保庇农民，禁止诸色杂人游乐甘闲，乞觅投散，提绳把索，三教九流，师巫乐戏排场。兵卒官吏不得聚敛骚扰诱说，不惟吞食民财，大误国家徭役，利害甚大。二麦三青一黄，催督火速收敛，般载上场，不分昼夜，打碾子粒，曝晒入仓，方属民物。山东、吴不知熟麦青钞自然子粒圆实，幽燕但过焦雨水顿放多，十去其三四矣。夏麦薄收，火速劝谕多种荞麦、黍、谷、豆、晚田蔬菜、果木、苜蓿、野菜、劳豆、蓬子、稗，可备春首饥荒。加力锄刨三五次，亦能倍收。十月收打荞麦、黍、豆，积垛草秸以备官草牛食，不致风雨损坏……三冬人闲，收敛干桑叶，搭苫积聚，以备蚕场。桑叶饲蚕，亦成救敛，其方亦得丝锦。大救生民，蚕桑也"②。

二、许衡的治生思想

许衡（1209—1281），字仲平，号鲁斋，怀州河内（今河南沁阳）人。宋末元初理学家、教育家。许衡师从大儒姚枢及窦默，学习"程朱理学"。元宪宗四年（1254年），应忽必烈征召，出任京兆府提学、国子祭酒。至元二年（1265年），受命议事中书省。至元八年（1271年），拜集贤殿大学士，兼国子祭酒，择蒙古子弟以教。至元十三年（1276年），领太史院事，主持修历，与郭守敬等制仪象圭表，日测晷景，编定《授时历》。许衡推重理学，被誉为"朱子之后第一人"。著有《读易私言》《鲁斋遗书》等

许衡作为著名理学家，在经济思想方面，坚持传统儒家的重义轻利、义主利

---

① 《吏学指南》（外三种），第150页。
② 《吏学指南》（外三种），第152—153页。

从的观点。但是，他对儒家的"君子喻于义，小人喻于利"做了独到的诠释：把统治者中"损上以益下"的人称为君子，其"损上以益下"的行为即"喻于义"；而把统治者中"剥下以奉上"的人称为小人，其"剥下以奉上"的行为即"喻于利"①。他不仅没有借重义轻利来限制、指责百姓的求财利言行，甚至还认为百姓求财是人之本性，"生者以利为本"②。因此，治理国家只有"益下"，使百姓得到财利，才能"遂万物之生，顺万物之情"③。

许衡在此认识基础上，把百姓治生与富国紧密联系起来。他认为，治国必须让百姓家家都能自谋生计、自治生业。这样，就能使"土地辟，田野治，年谷丰登，盖藏充溢"，那么，国家自然富裕，绝不会有"国贫"！

许衡的治生，并不局限于农业生产，而是包括古代社会经济活动中的各种行业，概括地说，主要就是他所归纳的："治生者，农、工、商贾而已。"④ 值得首先注意的是，他的治生论，一是不包括传统士农工商四业中的士，二是他的治生论，只局限于论述一个士人如何治生问题。以下就其治生论的要点做一缕述：

其一，许衡认为，士人要为学，首先必须治生，这是基础和前提；否则，不会治生，解决不了生活问题，就会妨碍为学。他提出："为学者治生最为先务，苟生理不足，则于为学之道有（缺'所'字）妨。"⑤ 在中国古代士农工商四业中，士是唯一不生产、出售生活物资的行业。但是，士人为学却必须有一定的物质作为基础，如必须有起码的食、衣、住作为前提，不然，连生存都难以维持，学业是无法进行下去的。

其二，许衡认为，士人治生当以农为业，即"士子多以务农为生"⑥，从事工商业，不如务农为宜，尤其从事商贾是"逐末"，这对士人来说，是不大适宜的。但是，许衡也并不绝对反对士人经商。在他看来，"商贾虽是逐末"，但士人只要"处之不失义理，或以姑济一时，亦无不可"⑦。可见，士人如能以义理经商，取财有道，或只是一时救济生活而为之，也未尝不可。

其三，许衡认为，士人不应以教学及做官作为治生的行业，"若以教学与做官规图生计，恐非古人之意也"⑧。可见，他一方面要求士人从事农、工、商贾以治生，给为学创造物质条件；另一方面，他又反对士人通过教学与做官治生。因为他认为如靠教学与做官治生谋利，就会有损于官守（廉洁）或师德；如从

---

① 《许文正公遗书·楮币札子》。
② 《许文正公遗书·楮币札子》。
③ 《许文正公遗书·国学事迹》。
④ 《许文正公遗书·国学事迹》。
⑤ 《许文正公遗书·国学事迹》。
⑥ 《许文正公遗书·国学事迹》。
⑦ 《许文正公遗书·国学事迹》。
⑧ 《许文正公遗书·国学事迹》。

事农、工、商贾治生谋利，那就是正当的，因为这些经济活动本身就是带有赢利性质的。

在传统儒家思想中，士应该是"志于道"的人，应是以"不谋食""罕言利"来要求自己。后来这种传统观念越来越僵化，越来越走向极端，造成了士人轻视农、工、商的偏见。但是，许衡却能打破这种观念，要求士人应该亲自从事治生活动，并把治生作为为学的先务。而且在治生中，他虽然强调"士子当以农为业"，但士人也可为商贾，只要"处之不失义理，或以姑济一时，亦无不可"。司马迁在《史记·货殖列传》中的治生之学，在其后的千余年之间似乎成为绝学。到了宋元时期，治生之学才又重新出现。宋代的叶梦得首续其学，元代的许衡则继其学，对改变治生之学千余年来沉寂的局面，发挥了应有的作用。

三、私商承包经营思想

元代有关私商承包经营思想的史料，保存至今的极少，兹举 3 则有关史料，并略作分析。

(元太宗时)，富人刘忽笃马、涉猎发丁、刘廷玉等以银一百四十万两扑买天下课税，楚材曰："此贪利之徒，罔上虐下，为害甚大。"奏罢之。常曰："兴一利不如除一害，生一事不如省一事。任尚以班超之言为平平耳，千古之下，自有定论。后之负谴者，方知吾言之不妄也。"……

自庚寅定课税格，至甲午平河南，岁有增羡，至戊戌课银增至一百一十万两。译史安天合者，谄事镇海，首引奥都剌合蛮扑买课税，又增至二百二十万两。楚材极力辨谏，至声色俱厉，言与涕俱。帝曰："尔欲搏斗耶？"又曰："尔欲为百姓哭耶？姑令试行之。"楚材力不能止，乃叹息曰："民之困穷，将自此始矣!"[1]

(元太宗时)，燕京刘忽笃马者，阴结权贵，以银五十万两扑买天下差发。涉猎发丁者，以银二十五万两扑买天下系官廊房、地基、水利、猪鸡。刘庭玉者，以银五万两扑买燕京酒课。又有回鹘以银一百万两扑买天下盐课。至有扑买天下河泊、桥梁、渡口者。公曰："此皆奸人欺下罔上，为害甚大。"奏罢之。尝曰："兴一利不若除一害，生一事不若减一事。人必以为班超之言，盖平平耳。千古之下，自有定论。"……

初公自庚寅年定课税，所额每岁银一万定。及河南既下，户口滋息，增至二万二千定。而回鹘译史安天合至；自汴梁倒身事公以求进用。公虽加奖借，终不能满望。即奔诣镇海，百计行间。首引回鹘鄂噜喇哈曼扑买课税，增至四万四千定。公曰："虽取四十四万亦可得，不过严设法禁，阴夺民利耳。民穷为盗，非国之福。"而近侍左右皆为所啖，上亦颇惑。众议欲令试

---

[1] 《元史·耶律楚材传》。

行之，公反复争论，声色俱厉。上曰："汝欲斗搏耶？"公力不能夺，乃太息曰："扑买之利既兴，必有蹑迹而篡其后者，民之穷困将自此始。"①

至元三十一年（1294 年）四月，钦奉诏书内一款：诸处酒税等课，已有定额，商税三十分取一，毋得多取。若于额上办出增余，额自作额，增自作增，仍禁诸人扑买②。

扑买又称买扑，自五代时开始出现，到了宋代兴盛一时。据目前有限史料记载，扑买制至元代可能只在前期课税中实行。到了元世祖后期，就明令予以禁止。如上引至元三十一年（1294 年）四月，诸处酒税等课，"仍禁诸人扑买"。比较《元史·耶律楚材传》与《元文类·中书令耶律公神道碑》有关耶律楚材极力反对富商巨贾承包国家课税的记载，其在细节上略有不同，如其中最明显的是所载数字上有较大的差异。但是其对整个事实过程的记载则是基本相同的。从这两处有关记载我们大致可以得到以下 5 点认识：

一是元代的扑买主要由富商大贾向政府承包课税。其承包时完全靠富商大贾雄厚的经济实力，实行全国性对某一课税领域垄断性的承包。并且不采取数家商人投标式的竞争，而是通过非正当性的"阴结权贵""近侍左右皆为所啗"等贿赂手段，来获取特许课税权。

二是虽然《元史·耶律楚材传》与《元文类·中书令耶律公神道碑》所载数字不同，但却都是数额庞大。如《元史·耶律楚材传》载戊戌年全国课税银增至 110 万两，但奥都剌合蛮却愿意出价 220 万两来承包全国课税。《元文类·中书令耶律公神道碑》则载戊戌年全国课税 22000 锭，而奥都剌合蛮（即原文中鄂噜喇哈曼）却愿意出价 44000 锭来承包全国课税。虽然两处所载数额不一，但有一点是一样的，即奥都剌合蛮愿意以高出全国课税格 1 倍的价格来承包。

三是富商大贾斥巨资承包国家课税权，笼统地说，就是"扑买天下课税""扑买课税"，如具体地说，就是承包"差发""系官廊房、地基、水利、猪鸡、酒课、盐课、河泊、桥梁、渡口等课税权。从富商大贾所开承包价钱可以看出，其中盐课税额最大，银 100 万两；其次差发，银 50 万两；再次系官廊房、地基、水利、猪鸡"，银 25 万两；最少者是燕京酒课，银 5 万两。

四是富商大贾扑买课税，其主要诉求当然是为了获取巨额的经济利益，但有的也有进一步的政治上的诉求。其中最为典型的就是回鹘人奥都（鲁）剌合蛮。其通过买扑课税大发横财，然后再"以货得政柄，廷中悉畏附之"③，掌握了朝廷大权。"（皇后）以御宝空纸，付奥都剌合蛮，使自书填行之。楚材曰：'天下者，先帝之天下。朝廷自有宪章，今欲紊之，臣不敢奉诏。'事遂止，又有旨：

---

① 《元文类》卷 57《中书令耶律公神道碑》，台湾商务印书馆影印文渊阁《四库全书》。
② 《元典章》卷 3《薄税敛》。
③ 《元史·耶律楚材传》。

'凡奥都剌合蛮所建白，令史不为书者，断其手。'楚材曰：'国之典故，先帝悉委老臣，令史何与焉。事若合理，自当奉行，如不可行，死且不避，况截手乎！'后不悦。"① 由此可见，奥都剌合蛮通过贿赂皇后，获得了她的宠信，在朝廷为所欲为，干预朝政。

五是大臣耶律楚材之所以极力反对富商大贾承包全国课税，甚至以死抗争，其理由是：这实际上是严设法禁，阴夺民利耳，民穷为盗，非国之福，"扑买之利既兴，必有蹑迹而篡其后者，民之穷困将自此始。"耶律楚材的这一担忧是不无道理的。国家的权力（包括征税权）是不能有偿转让的，如当权力与经济利益直接联系在一起时，权力为获取利益而加以滥用，将会对社会和民众造成巨大的伤害。这也就是奥都剌合蛮愿意以高出全国课税格 1 倍的价格来承包全国课税权的秘密之所在。当奥都剌合蛮获得课税权后，将利用手中的权力，大肆盘剥掠夺，从中获取巨大的经济利益。正如耶律楚材所揭露的，其出价增至 44000 锭，但其收益"虽取四十四万亦可得"，是其出价的 10 倍！

四、劝课农桑和学校教育思想

（一）劝课农桑思想

1. 以农桑为本思想的确立

蒙古族在进入中原之前，是逐水草而居的游牧民族。正如《元史》卷 93《食货一·农桑》所云："太祖起朔方，其俗不待蚕而衣，不待耕而食，初无所事焉。"他们对汉族地区的农耕生产是不了解的，更不懂得农耕生产对中原地区社会经济生活的决定性作用，以及对蒙古贵族巩固其中原统治秩序的重要影响。因此，当蒙古军队征服中原伊始，就有些人根据游牧民族的思维，主张从耕地上驱逐汉族农民，把耕地均变为牧地，用以放牧，变农耕生产方式为游牧生产方式。其中最著名的就是成吉思汗手下的蒙古贵族别迭所提出的："汉人无补于国，可悉空其人以为牧地"②。

在中国古代，汉族的农耕生产方式无疑先进于蒙古的游牧生产方式，而且也适合当时的中原地理条件。因此，如在中原以落后的蒙古游牧生产方式强制取代先进的汉族农业生产方式，将是对社会经济造成巨大破坏的倒退。在这种历史背景下，一些有识之士以超人的胆略，敢于同蒙古贵族中坚持落后的游牧生产方式、排斥和破坏被征服地区先进经济和文化的当权人物展开斗争，以蒙古君主容易理解、接受的方式和语言婉转陈辞，向其说明中原地区农业经济有雄厚的财力支持蒙古军队进行大规模的征服战争。如大臣耶律楚材针对别迭等人所谓"可悉空其人以为牧地"的言论，上奏太祖成吉思汗曰："陛下将南伐，军需宜有所

---

① 《元史·耶律楚材传》。

② 《元史·耶律楚材传》。

资，诚均定中原地税、商税、盐、酒、铁冶、山泽之利，岁可得银五十万两、帛八万匹、粟四十余万石，足以供给，何谓无补哉？"① 不言而喻，耶律楚材向成吉思汗表明中原的农业经济并非像别迭等人所言"无补于国"，而恰恰相反，这一地区的地税、商税、盐、酒、铁冶、山泽所提供的财政收入，远远超过游牧经济的收入，足以供蒙古军队南伐所需。后来，事实向成吉思汗证明耶律楚材的观点是正确的，中原农业经济"能使国用充足"。耶律楚材因此得到成吉思汗的重用，被任命为中书令，他的重视农桑思想和保持中原先进的汉族农业经济的努力初步取得了成功。

元代以农桑为本的思想在元世祖即位后得到确立，史称："世祖即位之初，首诏天下，国以民为本，民以衣食为本，衣食以农桑为本。于是颁《农桑辑要》之书于民，俾民崇本抑末。"② 此后，元世祖采取了一系列的政策和措施，提倡和发展农业生产。中统元年（1260 年），元世祖"命各路宣抚司择通晓农事者，充随处劝农官。"中统二年（1261 年），"立劝农司，以陈邃、崔斌等八人为使"③。至元七年（1270 年）"特设司农司，劝课农桑，兴举水利。凡滋养栽种者，皆附而行焉。仍分布劝农官及知水利人员，巡行劝课，举察勤惰。委所在亲民长官不妨本职，常为提点。年终通考农事成否，本管上司类申司农司及户部照验。任满之日，于解由内明注此年农桑勤惰，赴部照勘，以为殿最。提刑按察司更为体察，期于敦本抑末，功效必成"④。由此可见，元世祖提倡和发展农业生产的措施是首先颁布《农桑辑要》，广为宣传农业生产的重要性，引导民众崇本抑末，并通过《农桑辑要》使民众学习先进的农业生产知识和技术，用于农业生产之中。其次设立组织、领导农业生产的专门机构。起初只是各路宣抚司设劝农官，后又设专门机构劝农司、司农司，专掌农桑水利。再次，指派劝农官及知水利人员巡行郡邑，考察地方州县农业生产情况，以此作为考核地方长官政绩的主要依据，分别评出等级进行赏罚。最后，命令提刑按察司加以监督审查，以保证发展农业生产的政策和措施的贯彻实行，使其真正收到实效。

至元三十一年（1294 年）四月，元政府颁布命令，重申以农为本的治国方略，禁止农耕时役使农民，规定军队如纵放军马啃食、践踏庄稼桑果造成损害的，必须予以赔偿："国用民财，皆本于农。所在官司，钦奉先皇帝累降圣旨，岁时劝课。当耕作时，不急之役一切停罢，无致妨农。公吏人等非必须差遣者，不得辄令下乡。仍禁约军马不以是何诸色人等，毋得纵放头匹，食践损坏桑果田禾，违者断罪倍还。"⑤

---

① 《元史·耶律楚材传》。
② 《元史·食货一》。
③ 《元史·食货一》。
④ 《元典章》卷2《劝农桑》。
⑤ 《元典章》卷2《劝农桑》。

在元世祖确立以农桑为本的治国方略中，大臣刘秉忠发挥了重要的作用。刘秉忠作为元世祖手下"参帷幄之密谋，定社稷之大计"① 的心腹谋臣，以"马上取天下，不可以马上治"一语建议元世祖把施政中心由取天下转向治天下，其中在经济上即恢复农业生产。他认为百姓从事农业生产是国家财政收入的主要来源："民有身者，营产业，辟田野，亦为资国用"，因此，强调治国必须使民能够"力耕耨而厚产业"。为此，他针对当时"地广民微""民不聊生"的战乱后萧条情况，建议派农官"率天下百姓务农桑，营产业"。他认为当时由于"差徭甚大"，"民不能当"，因此流亡众多。对此，必须大幅度减差税三分之一至一半，并且"就见在之民以定差税"，而不要把逃户的差税摊征于"见在之民"，才能使百姓安于农桑，并"招逃者复业"。他还主张免去百姓以前所欠的官债：过去百姓因差税过重所欠官债，"凡赔偿无名，虚契所负，及还过原本者，并行赦免"。

元世祖之后，元成宗、元武宗、元仁宗诸皇帝都遵循以农桑为本的治国方略，以地方州县农业生产情况，作为考核地方有关官吏政绩的主要依据，对孝悌力田者予以奖赏，以此督促地方积极发展农业生产。颁布命令，罢免不急之役，保证农民生产时间；禁止军队在围猎、放牧马、驼中损坏田禾、树木。如元成宗大德七年（1303 年）三月，朝廷派遣奉使宣抚，并降诏戒饬："农桑衣食之本，比闻劝农官司率多废弛，仰依已降条画，常加劝课，期于有成。"② 大德十年（1306 年）五月，朝廷在钦奉整治恤民诏书中强调："农桑，衣食之源，经费从出，责任管民劝课，廉访司提调。近年往往懈弛，殊失布本裕民之意。仰照依累降条画，依时劝课，游惰者惩戒。路府州县不急之役，毋得妨夺农功。"③ 大德十一年（1307 年）十二月，朝廷在钦奉至大改元诏书内又强调："农桑者，国家经赋之源，生民衣食之本。世祖皇帝以来，累降诏条，诫谕劝课，而有司奉行不至，加之军马营寨飞放围猎，喂养马驼人等纵放头匹，食践田禾，损坏树木，以致农桑隳废。今后路府州县达鲁花赤、长官常切禁约，若有违犯之人，断罪赔偿，各管头目有失钤束，具以名闻。仍依时劝课，务要实效，大司农司年终考其殿最，以凭黜陟。孝悌力田之人，有司申明，量加旌赏；游隳废弛者，就便惩戒。肃政廉访司并行纠治。"④

元武宗至大二年（1309 年）九月，朝廷在钦奉改尚书省诏书内申明："农桑天下之本，比岁游民逐末，害本实繁。宜令所司依时用心劝课，毋得事虚文。力田农夫，常切存恤。农务未停，不得妄有差扰，以夺其时。违者重治。"⑤ 至大

---

① 本自然段引文，均见于《元史·刘秉忠传》。
② 《元典章》卷 2《劝农桑》。
③ 《元典章》卷 2《劝农桑》。
④ 《元典章》卷 2《劝农桑》。
⑤ 《元典章》卷 2《劝农桑》。

四年（1311 年）三月，朝廷在登宝位诏书内又重申："农桑衣食之本，仰提调官司申明累降条画，谆切劝课，务要田畴开辟，桑果增盛，乃为实效。诸官豪势要，经过军马，及昔宝赤、探马赤喂养马驼人等，索取饮食草料，纵放头匹食践田禾桑果者，所在官司断罪赔偿。仍仰监察御史、肃政廉访司常切纠察，考其殿最，以凭黜陟。"①

元仁宗延祐四年（1317 年）闰正月，朝廷在钦奉建储诏书内要求劝农正官应督促百姓及时耕种，开辟田地，种植桑枣，发展农业生产："农桑衣食之本，公私岁计出焉。比闻各处农事，正官失于劝课，致有荒废，甚失重本之意。今后仰各处劝农正官严切敦劝，务要耕种以时，田畴开辟，桑枣茂盛。廉访司所至之处，考其勤堕而举劾之。"②

2. 立社劝农思想

元代农村立"社"，作为基层生产组织、组织、督促、指导、帮助农民进行农业生产劳动。至元二十八年（1291 年），元政府颁布"劝农立社事理"③ 15 款，规定了"社"的组织结构、职责及应发挥的作用等。兹依据其内容，简要分析其立社劝农的思想。

"劝农立社事理"规定社的规模是以 50 家为一社，如某村农户增加超过 100 家，就可分为两社，另设社长一员；如某村农户不及 50 家，可将附近村农户合并为一社；如是地远人稀的村，不宜合并的，即使农户较少，也可自行独立为一社。每社的社长，由社众推选年岁大，通晓农事、家中有两个以上男丁的人担任，专门管理本社的农业生产。如社众有不听社长劝导教育的，社长可记下其姓名，等政府提点官到来时，当众进行责罚。由此可见，元代的社是一个自治性的农村基层生产组织，由社长率领、督促社众进行农业生产劳动。另一方面，政府也对社进行管控监督，社长不得"率领社众非理动作聚集"，也不得擅自"聚众作社"。

元政府要求各社长教导农民遵循农时种田，不要因懒惰而误了农时。社长应该带头率先趁农时耕作，起表率作用。如不得已误了农时，就补种晚田瓜菜。各家农户于地头道边各立牌子，写明每块田地属于某社长之下某人，便于社长时时往来巡视，奖励勤谨劝诫懒惰，使田地不致荒芜。指导农户在缺水的地方实行区田种植法，凿井灌溉，并将区田种植法印刷成册，广为散发推广。社长应告诫农户农忙时不得无故聚集一起饮宴喝酒，以免耽误农时影响生计。

元政府要求农户每个男丁每年栽种桑、枣 20 株，或在住宅附近栽种地桑 20 株，以供小蚕食用。如其土地不宜种桑、枣，可改种榆、柳等 20 株，或种杂果

---

① 《元典章》卷 2《劝农桑》。
② 《元典章》卷 2《劝农桑》。
③ 本目引文，未注出处者，均见于《元典章》卷 23《立社》。

树 10 株，皆以种活了才算数。如自愿多种者，任其多种。今年必须如实向官府申报上年栽种的桑、果树数目，不得弄虚作假虚报。如申报不实，必须受到责罚。各社还应广为种植苜蓿，不仅用以喂养马匹，饥荒之年，人亦可以食用。

元政府在发展农业生产中十分重视对水利的开发和管理利用。如水利工程，民间财力、人力能自行解决的，就由民间承担开发；如民间财力、人力无法自行解决的，就上报官府，由提举河渠官审查属实后，由政府负责开发。在有安置水碾磨的地方，如碰到浇田的月份，应停止使用水碾磨，保证灌溉田禾用水。等到灌溉农田用水结束，才允许使用水碾磨。对于一些地势较高的田地，不能用河渠灌溉的，可利用水车灌溉。如富裕的农户，有财力自备材木造水车的，让其自己制造水车灌溉；如贫困的农户，没有财力自备材木造水车的，官府先垫钱帮他们造水车，待收成之后，再让使用水车的农户均摊返还官府造水车的费用。

元政府除了督促农户种植庄稼、桑枣之外，还鼓励近水人家养鱼、鸭、鹅和栽种莲藕、鸡头、菱角、蒲苇等经济作物，进行多种经营，以增加衣食来源。如拥有这些自然资源的主人自己无力耕种，应召人依惯例种佃，不要让这些自然资源因无人种佃而白白浪费掉。由此可见，元政府十分重视通过充分利用自然资源来发展社会经济。

元代社作为农村基层生产组织，其一重要功能是互助，这对于中国古代农村以小农经济为主体的农业生产来说是十分必要的。元政府要求社内如有农户遇有病患凶丧不能按时耕种者，社内其他农户应自备粮饮器具，帮助其耕种，使其田地不致荒废。如社内养蚕户遇到病患凶丧一时无法饲养者，社内其他养蚕户也必须帮助饲养。这种互助不仅在社内农户之间，也在社与社之间。如一社中遇到灾病的农户较多，那么其他社就要帮助耕种。社内如有农户耕牛倒伤，就依照乡村惯例均助补买，并牛助工。如有剩余耕牛之家，可让社里农户协商租赁。

义仓是元代社的互助功能另一重要表现。义仓创置于元代，每社均设置义仓，如遇丰收之年，各家按人口数，每口存粟一斗，如无粟，可存留其他粮食代替，用以荒歉年份各个人自行食用。义仓存贮粮食形式灵活，可以统一集中存贮，也可分散由各家自行存贮。义仓存贮粮食由社长置文历管理，用于灾荒之时赈济，官府不得借贷、动用，经过军队也不得强行取要。

元政府为了充分利用土地资源，发展农业生产，规定除了军队用地和政府拥有的公田外，其余军官、政府官员和富豪势要私下侵占的荒地，经政府审查确实，分配给附近无地的农民耕种，其顺序是先给贫民，有剩余再给其他农户。在分配中如有争议，申报上级官府定夺。另外祖业或订立契约买到的土地，如近年抛荒，应督促田主在规定的期限内开耕或租佃给人家耕种，必须使之不被荒闲。如系因土地瘠薄，需要抛荒轮种的，也必须依照惯例存留轮种田地，不得多留。

元政府赋予社长向官府报告社众善恶的职责。如社内勤务农桑、增置家产孝友之人，社长报告官府审查确实后，给予优待抚恤。如社长报告不实，则要受到责罚。社内如有不务正业、游手好闲、不遵父母兄长教令的凶恶之人，社长应该对其进行教育。如其不改，记下其姓名，等到提点官来社时，当着社众审问属实，就在其居住的门首粉壁大字书写"不务本业""游惰凶恶"等。如其知耻改过，社长就报告官府，抹掉门首粉壁上的"不务本业""游惰凶恶"等字。如始终不改，但遇本社合着夫役，就罚其承担。等到其悔过自新，才许免除其夫役。

元政府规定，每年十月各州县派正官一员，巡视管辖区域，专门负责灭除蝗虫卵子。如在熟地，并力翻耕除去蝗虫卵子；如在荒野，则先行耕围，籍记地段，待来春虫卵变为幼蝗时，派官监视，用草烧除。如荒地窄狭无草可烧，待来春捕捉去除。灭蝗务必要想方设法，消灭干净。

元代社兼有基础教育功能，每社设学校一所，择通晓经书者为学师，以儒家经典《孝经》《小学》，次及《大学》《论》《孟》、经、史等教育入学子弟，其目的是从小培养农民子弟知道孝悌忠信、崇本抑末的道理。

元代农村基层生产组织社虽然属于自治性质，但仍然接受地方府州司县的管理。地方府州司县派出提点官进行管理，定期到村社巡视。每年终县将各社长管理农事成功与否报告其上级官府，进行考核比较。上级官府将州县提点官管理农事成功与否分成等级，申报司农司及户部审核。等到提点官任满，在其档案中写明每年管理农事功过、勤惰事迹，赴户部考核后呈报中书省，评定等级。除此之外，提刑按察司加以监督。

元代政府对社的管理考核在具体实行中也存在着弊端，如许有壬就指出，政府对村社的考核不仅加重了地方的负担，而且没有收到实际的效果，只是一纸空文，走走过场："各道比及年终，令按治地面依式攒造，路府行之州县，州县行之社长、乡胥，社长、乡胥则家至户到，取勘数目，幸而及额，则责其答报之需。一或不完，则持其有罪，恣其所求，鸡豚尽于供饷，生计废于奔走，人力纸札，一切费用头会箕敛，罔以为市。卑职向叨山北宪幕，盖亲见之，而事发者亦皆有按可考。以一县观之，自造册以来，地凡若干，连年栽植，有增无减，较其成数，虽屋垣池井，尽为其地，犹不能容，故世有纸上栽桑之语。大司农岁总虚文，照磨一毕入架而已，于农事果何有哉？"[①]

（二）学校教育思想

1. 重视学校教育思想

蒙古族是游牧民族，在入主中原之前，其文化教育水准与中原汉族相比，有较大的差距。入主中原之后，蒙古统治者面临着是否要接受汉族先进学校教育制度的选择。有些大臣公开排斥、拒绝接受汉族的学校教育制度。正如至元年间翰

---

① 许有壬：《至正集》卷74《风宪十事·农桑文册》。

林集贤学士程钜夫所指出的：当时"主国论者，恬不知怪，视学校为不急，谓诗书为无用，不知人才盛衰张本于此。"① 基于这种认识，他建议元世祖应重视学校教育，选德才兼备、堪为人师表者为教官，培养治国人才，以解决当时人才断层问题："臣愚欲望陛下明诏有司，重学校之事，慎师儒之选。京师首善之地，尤当兴建国学，选一时名流，为国人矜式，优以饩廪，隆以礼貌，庶四方观感有所兴起外，而名都大邑教官有缺，不但循常例取庸人而已，必使廷臣推择，可以为人表仪者，条具闻奏。令有禄可养而不匮，职比亲民而加优视，教化之废兴为考第之殿最，其诸生有经明行修者，特与蠲免赋役，依已降诏旨施行。似望国家教育有方，多士鼓舞不倦，他日随取随足，无临事乏材之叹，天下幸甚！"

元世祖时期，地方各道儒司曾因缺少官员和教师而被废除。"浙西道儒学提举叶李召至京师，上奏曰：'臣钦睹先帝诏书，当创业时，军务繁夥，尚招致士类。今陛下混一区宇，偃武修文，可不作养人才，以弘治道。各道儒学提举及郡教授，实风化所系，不宜罢。请复立提举司，专提调学官，课诸生讲明治道，而上其成才者于太学，以备录用。凡儒户徭役，乞一切蠲免。'帝可其奏"②。

程钜夫、叶李的上奏，一致请求元世祖应重视学校人才教育，设立有关教育机构和学校，配备教官和教师；注意选拔德才兼备、堪为人师表者为教师，并给予优厚的待遇，蠲免徭役；对教师培养学生的绩效进行考核，为国家培养人才。元世祖同意了他们的奏请，从而在全国大力提倡学校教育。尔后，元成宗、元武宗、元仁宗继承了世祖重视学校教育以培养人才的国策，改变了元初排斥、拒绝汉族重视学校教育的文化传统。兹举《元典章》卷2《兴学校》数则诏书以窥一斑：

至元三十一年（1294 年）四月□日，钦奉登位诏条内一款：学校之设，本以作成人才。仰各处教官、正官钦依先皇帝已降圣旨，主领敦勤，严加训诲，务要成才，以备擢用。仰中书省议行贡举之法。其无学田去处，量拨荒闲田土给赡生徒，所司常与存恤。

大德十一年（1307 年）五月□日，钦奉登宝位诏书内一款：学校，风化之原，人材所在。仰教官、提调官勉励作养，业精行成，以备擢用。应系籍儒户杂泛差役，依例蠲免。

大德十一年（1308 年）十二月□日，钦奉至大改元诏书内一款：兴举学校，乃王政之所先。爰自累朝教养不辍，迄今未见成效。今后路府州县正官、教官，照依累降条画，主领敦劝，廉访司常加勉励，务要作成人材，以备擢用。其贡举之法，中书省续议举行。

至大四年（1311 年）三月十八日，钦奉登宝位诏书内一款：国家内置

---

① 《历代名臣奏议》卷 115，此自然段引文均见于此。

② 《历代名臣奏议》卷 115。

监学，外设提举、教授，将以作养人材，宣畅风化。今仰中书省自国子监学为始拯治，各处州郡正官、肃政廉访司申明旧规，加意敦劝。若教官非才、学校废弛者，从监察御史、肃政廉访司纠劾。

延祐四年（1317 年）闰正月□日，钦奉建储诏书内一款：学校为治之本，风化之源。仰各道肃政廉访司官、管民提调正官常加勉励，务要作成人才，以备擢用。

延祐七年（1320 年）三月□日，钦奉登宝位诏书内一款：农桑、学校，王政之本。盖务农所以厚民，劝学所以兴化。累圣相继，具有典章。仰各处提调官常切加意，勉求实效，勿事虚文。其科举贡试之法，并依旧制。

从以上所引，我们可以了解到，元代最高统治者重视学校教育的一些思想：其一，把兴办学校教育提高到是治理国家的根本国策，因为通过学校教育不仅能培养各种人才，而且能促成社会美风善俗的形成。其二，办好学校教育的关键是设立从中央到地方的各级教育机构和学校，选拔好教官和教师，敦促他们致力于人才的培养。其三，地方路府州县长官、监察御史、肃政廉访司官员负责对地方学校教育进行管理监督。其四，地方拨荒闲之田作为学田，以作为地方办学的经费，供养前来学习的生徒，蠲免儒户的徭役，在经济上优待读书人。其五，兴办学校教育是一个长期的过程，元代历朝皇帝坚持这一国策。从元世祖至元年间（1264—1294 年）至元成宗大德年间（1297—1307 年）40 多年间，虽"教养不辍"，"迄今未见成效"，但是元世祖、元成宗、元仁宗仍然致力于推行"贡举之法"，即"累圣相继，具有典章"。并且采取自上而下的方法，"中书省自国子监学为始拯治，各处州郡正官、肃政廉访司申明旧规，加意敦劝"，从而建立从中央到地方的学校教育体系。

2. 学校设置体系与经费思想

由于蒙古族有自己的文字和文化传统，其文化水准与中原汉族相比又有较大的差距，因此，蒙古统治者入主中原之后，在学校设置体系方面采取双重结构，即既设立从中央到地方的蒙古学校，又设立从中央到地方的汉族学校，根据蒙古族与汉族文字和文化水准的不同分别开展教学活动。蒙古统治者在学校设置体系上的另一突出特点是重视设置医学和阴阳学专科学校。兹缕述如下：

（1）蒙古学

元朝在中央设置的蒙古学是蒙古国子监和蒙古国子学。"世祖至元八年（1271 年）春正月，始下诏立京师蒙古国子学，教习诸生，于随朝蒙古、汉人百官及怯薛歹官员，选子弟俊秀者入学"[1]。

元朝在地方设置的蒙古学是蒙古字学和教授学。"至元六年（1269 年）秋七月，置诸路蒙古字学。十二月，中书省定学制颁行之，命诸路府官子弟入学，上

---

[1]《元史·选举一》。

路二人，下路二人，府一人，州一人。余民间子弟，上路三十人，下路二十五人。愿充生徒者，与免一身杂役。以译写《通鉴节要》颁行各路，俾肄习之。"① 至元八年（1271 年）正月，元世祖圣旨："随路所设教授学，有愿充生徒者，与免一身差役。上路额设生员三十人，下路二十五人。仍委本路按察司兼提举学校，一同选择生徒俊秀者充，应据中选，仍受官职。外，随路达鲁花赤、总管以下，及运司、诸役下官员子孙弟侄堪读书者，并听入学。随路居住回回、畏吾、河西人等愿学者听，不在额设之数。据学校房舍，令所在官司给付"②。

（2）汉族儒学

元朝在中央设置的汉族儒学是国子监和国子学。其中"国子监。至元初，以许衡为集贤馆大学士、国子祭酒，教国子与蒙古大姓四怯薛人员。选七品以上朝官子孙为国子生，随朝三品以上官得举凡民之俊秀者入学，为陪堂生伴读。至元二十四年（1287 年），始置监祭酒一员，从三品，司业二员，正五品，掌国之教令，皆德尊望重者为之。"③ "（至元）二十四年（1287 年），立国子学，而定其制。设博士，通掌学事，分教三斋生员，讲授经旨，是正音训，上严教导之术，下考肄习之业。复设助教，同掌学事，而专守一斋；正、录，申明规矩，督习课业"④。

元朝在地方设置的汉族儒学是路府州县学校和书院。"世祖中统二年（1261 年），始命置诸路学校官，凡诸生进修者，严加训诲，务使成材，以备选用。至元十九年（1282 年）夏四月，命云南诸路皆建学以祀先圣。二十三年（1286 年）二月，帝御德兴府行宫，诏江南学校旧有学田，复给之以养士。二十八年（1291 年），令江南诸路学及各县学内，设立小学，选老成之士教之，或自愿招师，或自受家学于父兄者，亦从其便。其他先儒过化之地，名贤经行之所，与好事之家出钱粟赡学者，并立为书院。凡师儒之命于朝廷者，曰教授，路府上中州置之。命于礼部及行省及宣慰司者，曰学正、山长、学录、教谕，路州县及书院置之。路设教授、学正、学录各一员，散府上中州设教授一员，下州设学正一员，县设教谕一员，书院设山长一员。中原州县学正、山长、学录、教谕，并受礼部付身。各省所属州县学正、山长、学录、教谕，并受行省及宣慰司札付。凡路府州书院，设直学以掌钱谷，从郡守及宪府官试补……自京学及州县学以及书院，凡生徒之肄业于是者，守令举荐之，台宪考核之，或用为教官，或取为吏属，往往人才辈出矣。"⑤

---

① 《元史·选举一》。
② 《元典章》卷 31《蒙古学》。
③ 《元史·百官三》。
④ 《元史·选举一》。
⑤ 《元史·选举一》。

（3）回回国子学、国子监

元朝除在中央和地方设置蒙古学和汉族学校外，还在中央设回回国子学和国子监。尚书省大臣认为，回回的亦思替非文字有其使用价值，尤其可以用于数目字上的防伪。"世祖至元二十六年（1289 年）夏五月，尚书省臣言：'亦思替非文字宜施于用，今翰林院益福的哈鲁丁能通其字学，乞授以学士之职，凡公卿大夫与夫富民之子，皆依汉人入学之制，日肄习之。'帝可其奏。是岁八月，始置回回国子学。至仁宗延佑元年（1314 年）四月，复置回回国子监，设监官，以其文字便于关防取会数目，令依旧制，笃意领教……学之建置在于国都，凡百司庶府所设译史，皆从本学取以充焉。"①

（4）医学

"世祖中统二年（1261 年）夏五月，太医院使王猷言：'医学久废，后进无所师授。窃恐朝廷一时取人，学非其传，为害甚大。'"② 中统三年（1262 年）九月，元世祖"差太医院副使王安仁悬带金牌，前去随路，设立医学。据教授人员丝线、包银等差发，依例除免。所有主善一名俸给及学校房舍，本处官司照依旧例分付。如教授阙，盖非承袭职位，仰别行举。据医学生员，拟免本身检医差占等杂役，将来进学成就，别行定夺。每月试以疑难，以所对优劣，量加劝惩。若有民间良家子弟才性可以教诲，愿就学者听。仍仰本路管民正官，不妨本职，提举勾当"③。"后又定医学之制，设诸路提举纲维之。凡宫壶所需，省台所用，转入常调，可任亲民，其从太医院自迁转者，不得视此例，又以示仕途不可以杂进也。然太医院官既受宣命，皆同文武正官五品以上迁叙，余以旧品职递升，子孙荫用同正班叙。其掌药，充都监直长，充御药院副使，升至大使，考满依旧例于流官铨注。诸教授皆从太医院定拟，而各路主善亦拟同教授皆从九品。凡随朝太医，及医官子弟，及路府州县学官，并须试验。其各处名医所述医经文字，悉从考校。其诸药所产性味真伪，悉从辨验。其随路学校，每岁出降十三科疑难题目，具呈太医院，发下诸路医学，令生员依式习课医义，年终置簿解纳送本司，以定其优劣焉"④。

元朝相当重视医学生员的教学质量，注重从卖药、行医子孙弟侄中选拔医学生员，并且对医学生员、医户等每月朔望两次集中进行业务研讨、培训，以提高他们的医术，年终进行考核，然后予以擢用，防止庸医误人。至元二十二年（1285 年），朝廷规定："诸路官医提举司或提领所，委正官一员专行提调，同医学教授，将附籍医户并应有开张药铺、行医货药之家子孙弟侄，选拣堪中一名赴

---

① 《元史·选举一》。
② 《元史·选举一》。
③ 《元典章》卷 32《医学》。
④ 《元史·选举一》。

学。若有良家子弟才性可以教诲愿就学者，听……拟将见教医学生员籍贯、姓名、攻习是何科目经书、有无习课医义，开申尚医监，以备擢用"，"各路并州县，除医学生员外，应有系隶籍医户，及但是行医之家，皆以医业为生，拟合依上，每遇朔望诣本处官，聚集三皇庙圣前焚香，各说所行科业、治过病人，讲究受病根因、时月运气、用过药饵是否合宜。仍令各人自写曾医愈何人病患、治法、药方，具呈本路教授。外据州县医人，每月具呈本县教谕，候年终类呈本路医学教授，考较优劣，备申擢用，以革假医为名之弊"①。

（5）阴阳学

元代的阴阳学，即指天文历法之学。古代天文历法关乎农业生产、观测天象以预测吉凶盛衰等，因此，朝廷往往专门立学，以培养通晓阴阳学人才。"世祖至元二十八年（1291年）夏六月，始置诸路阴阳学。其在腹里、江南，若有通晓阴阳之人，各路官司详加取勘，依儒学、医学之例，每路设教授以训诲之。其有术数精通者，每岁录呈省府，赴都试验，果有异能，则于司天台内许令近侍。延祐初，令阴阳人依儒、医例，于路府州设教授一员，凡阴阳人皆管辖之，而上属于太史焉"②。

元代，朝廷规定对阴阳学生员也进行考核。"中书省咨：延祐二年（1315年）四月廿八日，也先帖木儿怯薛第一日，嘉禧殿里有时分，速古儿赤也奴院使、火者撒札儿、帖木迭儿等。李平章特奉圣旨：'如今太臣每试了有，后头人每肯学也者。阴阳人不曾试，未便。试呵，他每不知道也者。如今您行与管他的衙门里文书，先教他每知道了，秋间依体例试者。'么道，圣旨了。钦此"③。

从元朝学校设置体系我们可以了解到其办学思想的一些特点：其一，元政府虽然因蒙古族与汉族人语言的不同，文化水准的差距而将学校设置体系分为蒙古学和儒学双重结构，但蒙古统治者为了确保对广大汉族的有效统治，不得不让蒙古人学习汉语和汉文化，同时也强迫汉族官宦子弟学习蒙古语和蒙古族文化。因此，蒙古学不仅招收蒙古族生员，也招收汉族生员；另一方面汉族所兴办的儒学不仅只招收汉族生员，同时也招收蒙古族生员。蒙、汉两族在学校教育上的互相渗透有利于当时的民族融合和蒙古统治者对广大汉族的统治。其二，重视对各级教官的选任，并给予各种官员品级。元政府认识到各种学校教育质量的好坏，教师是一个关键的因素，因此，十分重视选任德才兼备的人担任各级学校的教官。如选任汉族儒学国子监祭酒，必须是"德尊望重者为之"；选任地方路学、县学内小学教官，必须是"老成之士教之"。朝廷对于从中央到地方的各级教官，授予从正三品至八、九品的官员品级。即使是当时地位较低的医户，也通过考核，

---

① 《元典章》卷32《医学》。
② 《元史·选举一》。
③ 《元典章》卷32《阴阳学》。

授予各种品级。其三，对各类学校的学生给予生活上的优待，使他们无后顾之忧，保质保量地完成学业。如对各类学校的学生免除徭役、赋税，给予生活费（饩廪）等。

3. 教学内容和考试升级思想

元朝根据各类不同学校所规定的教学内容和考试升级制度有所不同。有关蒙古学的教学内容和考试升级制度，史籍记载不是很多。据《元典章》卷 31《蒙古学》记载，蒙古学教学内容的最大特点是必须学习蒙古文字。至元二十一年（1284 年）五月，中书省称：翰林直学士行龙兴路提举学校官呈："切谓字者国子之所要，法不可无。先圣以字而能材，以材而誉，故愚民稚子悉皆攻习，流传广远，是其字之效不小。今者大元一统，蒙古字虽兴，而南北之民寡于攻习，盖因施不广、用不切之故也。今以愚诚，略举数端，如蒙准拟，可望激励人心，勉力而学，不待期年而四方传遍，教化大行，则非惟学校小补之万一，实为圣文绵远以传流。"[1] 由此可见，蒙古族在入主中原之前，其文字倒是在其统治区域内广为学习和使用，但在其入主中原之后，在汉族先进文化的冲击下，蒙古文字却逐渐不被广为学习和使用。因此，当时翰林院呈请中书省批准，应加强蒙古文字的使用，以此促进对蒙古文字的学习。"应凡奏目，并用蒙古字书写"，"今后拟令各处大小衙门，将应系贡进表章，并用蒙古字书写"。至元八年（1271 年）正月，元世祖圣旨称："《通鉴节要》事，就翰林院见设诸官并译史译作蒙古言语，用蒙古写录，逐旋颁降与国子学、诸路教授"。可见，当时蒙古学生员即使学习汉族历史，也要译作蒙古文字来学习。

元初，赵天麟上奏元世祖论清阀阅，建议元世祖应下令要求见任官员 8—30 岁子孙弟侄必须学习儒家经典、通晓文法，否则，见任官员必须受到惩罚。赵天麟认为，这关系到国家人才的培养，因此必须通过强制手段，使官员子孙弟侄学习儒家经典。由此可见，当时蒙古学生员教学内容当涉及儒家经典，并在教学内容中居于重要地位。他说："臣闻治国之方，得贤为首；齐家之本，教子为先；立身之法，务学为贵。此三者天理之极，人事之大也。三代之隆，人生八岁，自王公以下至于庶人之子弟，皆入小学，而教之洒扫、应对、进退之节，礼乐射御书数之文；及其十有五年，则自天子之元子、众子，公卿大夫元士之适子，皆入大学而教之，以穷理、正心、修已、治人之道，所以备委任也。今国家荫叙宦门之子弟，上至朝臣下及外职，莫不各有其格也。其用之则不计贤愚，其崇之则有逾才德，若其资禀峭异，学问优长，乃足以负荷宠光，增崇阶陛。傥有幼习骄气，家振豪风，借势吹声，行空顾影，耀衣服之鲜靡，竞仆马之繁华，走犬飞鹰，弯弓挟弹，岂识圣贤之道哉？于是父兄既不能教之以义方，又有使习吹弹歌舞之艺，从而矜衒其疏丽妙绝也，厥后行文经营资荫，职司王事，不亦难哉？及

---

① 《元典章》卷 31《蒙古学》，本自然段引文均见于此。

陷乎罪，正欲置于法邪，则子文之治犹在，不可以忘之，而使人臣解体也……更望陛下载宣天旨，凡见任宦官之家子孙弟侄八岁以上三十以下，不通经书而父兄不令习经书、不晓文法而父兄不令习文法者，委宪职纠察见任官而罚之，使居官者惧宪职之纠察，而钦师以教其子弟矣。为宦门子弟者知富贵之不可幸希，须先学而后获，则甘嗜于学问矣。国家得天下之英材而乐育之，以备他日之用可无遗恨矣。"①

至元十三年（1276 年），不忽木与同舍生等上疏元世祖，建议蒙古国子监"下复立数科，如小学、律、书、算之类，每科设置教授，各令以本业训导。小学科，则令读诵经书，教以应对、进退、事长之节；律科，则专令通晓吏事；书科，则专令晓习字画；算科，则专令熟闲算数。或一艺通，然后改授；或一日之间，更次为之。俾国子学官总领其事，常加点勘，务要俱通，仍以义理为主，有余力者，听令学作文字"②。由此可见，蒙古国子学除学习蒙古文字外，其余学习的内容，应该与汉族国子学的学习内容，基本上是一样的。

至元十三年（1276 年），不忽木与同舍生等上疏元世祖时还建议对蒙古国子学生员进行考试，然后根据考试结果进行升级或降级；学业有成后再由学官保举入仕："日月岁时，随其利钝，各责所就功课，程（惩）其勤惰而赏罚之。勤者则升之上舍，惰者则降之下舍，待其改过，则复升之。假日，则听令学射；自非假日，无故不令出学。数年以后，上舍生学业有成就者，乃听学官保举，蒙古人若何品级，诸色人若何仕进。其未成就者，且令依旧学习，俟其可以从政，然后岁听学官举其贤者、能者，使之依例入仕。其终不可教者，三年听令出学。凡学政因革、生员增减，若得不时奏闻，则学无弊政，而天下之材亦皆观感而兴起矣。"③

元代汉族国子学的教学内容，更是为儒家经典。国子学生员，"凡读书必先《孝经》《小学》《论语》《孟子》《大学》《中庸》，次及《诗》《书》《礼记》《周礼》《春秋》《易》。博士、助教亲授句读、音训，正、录、伴读以次传习之。讲说则依所读之序，正、录、伴读亦以次而传习之。次日，抽签，令诸生复说其功课。对属、诗章、经解、史评，则博士出题，生员具稿，先呈助教，俟博士既定，始录附课簿，以凭考校。"④

从元代众多的儒学记、府学记、州学记、县学记、书院记可知，地方学校的教学内容与中央国子学是相同的。如《东山存稿》卷 4《商山书院学田记》载，地方学校教学内容主要是儒家六经，兼及诸子之书，朱子之学遍行天下："新安

---

① 《历代名臣奏议》卷 152。
② 《历代名臣奏议》卷 115。
③ 《历代名臣奏议》卷 115。
④ 《元史·选举一》。

自南迁后，人物之多、文学之盛，称于天下。当其时，自井邑田野，以至于远山深谷，民居之处，莫不有学有师有书有史之藏。其学所本，则一以郡先师朱子为归，凡六经传注、诸子百氏之书，非经朱子论定者，父兄不以为教，子弟不以为学也。是以朱子之学，虽行天下，而讲之熟说之详守之固，则惟新安之士为然。"

元代汉族国子学的考试及升级制度，《元史》卷81《选举一·学校》有一较详细全面的记载，其有以下4点值得注意：其一，元代国子学按其教学内容的深浅分为3个等级，即下中上斋。下斋为游艺、依仁，教学内容为"诵书讲说、小学属对"，属初级阶段；中斋为据德、志道，教学内容为"讲说四书、课肄诗律"，属中级阶段；上斋为时习、日新，"讲说《易》《书》《诗》《春秋》科，习明经义"，属高级阶段。学生通过考试，合格者依次升级。其二，考试升级采取积分法，类似现在的学分制。生员入斋满两年以上，没有犯错误的，才允许参加考试。年四季，汉人每季第一个月考经疑一道，第二个月考经义一道，第三个月考策问、表章、诏诰；蒙古、色目人每季第一、二个月各考明经一道，第三个月考策问一道。文辞、义理都优者为上等，给一分；义理优文辞一般者为中等，给半分。每年总分12分，生员一年考试积分达到8分以上就可升入高一级。每级生员名额限制在40名，其中蒙古、色目人各占10名，汉族人占20名。生员宁缺毋滥，不必招满；如生员分数相同名额不够时，则以入斋学习时间长短来决定，先招入斋时间长的生员。如当年考试未升级，积分清零，从下一年考试开始，重新计算积分。其三，考试由博士、助教主持，每月初二早上，当场发给应试生员印纸、题目，生员用楷书在印纸上作答，禁止生员夹带或由别人代笔。考后试卷由学正、录弥封誊录，助教、博士先后批改试卷。第二天，由监考官重新考核，在学籍簿内登记分数，并予以保管，待年终时统计一年得分。其四，如应试生员有不好好学习及违反规定者，初犯扣积分1分，再犯扣2分，第三次犯就予以除名。如是属于要升高一级的生员，其有违反规定者，初犯就延迟一年升级，再犯就予以除名。在学生员，如一年内入斋学习时间不满半年的，也要予以除名。除每月规定假期外，其余即使请假，也算缺课。除蒙古、色目生员可另当别论外，汉人生员三年不能通一经和不努力学习的，勒令其退学。

元朝相当重视医学的教学内容与质量。大德九年（1305年），礼部在呈文中称，医学与刑法一样，关乎人的生死存亡，是人命关天的大事，因此，对其教学内容和质量必须严格把关，不精通医学典籍和儒家《四书》者，不得行医："平阳路泽州知州王祐所言：窃闻为世切务，惟医与刑，医者司命于人，刑者弼教于世。惟人也，以寒风暑湿遘其疾，以放辟邪侈陷于罪，深其疾须用医以治，陷于罪当施刑以断。然而医有明不明，刑有滥不滥。医不明，则不审气血虚实，而妄许药饵；刑或滥，则不详咎恶轻重，而妄加鞭朴。药饵妄许，则无益反害；鞭朴妄加，则无辜受殃。无益反害，死生相去不远；无辜受殃，存亡未知若何。嗟呼! 不死则已, 死则不复生; 不亡则已, 亡则不复存。可不慎哉! 可不戒哉! 是故医欲明, 须玩味前贤之经训; 刑不滥, 在讲究本朝之典章。经训精, 则许以为医; 典章通, 则用之为吏。今各路虽有医学, 亦系有名无实。参详: 莫若今后督责各处有司, 广设学校。为医师者, 命一通晓经书良医主之, 集后进医生, 讲习《素问》《难经》、仲景、叔和《脉诀》之类。然亦须通《四书》, 务要精通。不精通者, 禁治不得行医。"① 这是因为 "夫《四书》实为学之本, 进德之门, 凡文武医卜, 俱当习而知之, 何止医者而已。且为医之, 必须通晓天地运气、本草药性, 运气则必当洞晓《易》道之玄微, 药性则博通《毛诗》《尔雅》之名物。又医者论病以及因, 原诊以知证, 凡《尚书》《春秋》《三礼》等书, 固当通晓……况业医者艺不精明, 不能为上工; 业不专科, 则不能入妙"②。这就是说学医者学习儒家经典《四书》《五经》, 不仅能提高自身的道德修养, 而且对治疗、用药有理论上的指导意义。更重要的是医生必须学习、精通医学经典, 才能使自己医术精妙。基于这种认识, 礼部建议 "都省令太医院讲究到程试太医合设科目一十三科, 合为十科, 各有所治经书篇卷、方论条目"。

从元代医学教学内容可以知道③, 元朝医学教学内容指导思想有 3 点较为突出: 其一, 医学关乎人命, 因此政府对医学教学内容和质量相当重视。其二, 医学生员不仅要学习医学典籍, 而且还要学习儒家经典《四书》《五经》, 因为后者能提高行医者的道德修养, 而且对治疗、用药有理论上的指导意义。其三, 对当时医学十科所开列的学习经书既有相同的书目, 又有不同的书目或同一书目的不同卷数。相同的书目一般是有关诊断、治疗、用药方面基础的书籍, 如《素问》《难经》《神农本草》等; 而不同的书目则依据各科目的特点而开列的, 如针灸科就特别开具《铜人针灸经》, 祝由书禁科就特别开列《千金翼方》; 同一书目的不同卷数则以《圣济总录》最为典型, 不同的科目则开具同书的不同卷数。

元代对行医者的考试评级模仿科举考试: "赴试人员, 从路府州县医户并诸色内, 选举三十以上, 医明行修, 孝友信义著于乡间, 为众所称, 保结贡试。倘举不应, 监察御史、廉访司体察。俺与省部家文书, 行将各处去。乡试不限员数, 教各科目通取一百人, 赴都会试。取中的三十人, 所课医义, 照依至元十一年 (1274 年) 例量减二道。第一场本经义一道、治法一道, 第二场本经义一道、药性一道, 不限字数。候有成效, 别议添设。于试中三十人内, 第一甲充太医, 二甲副提举, 三甲教授。"④ 可见, 元政府对行医者的考试评级首先重道德品质,

---

① 《元典章》卷 32《医学》。
② 《元典章》卷 32《医学》。
③ 《元典章》卷 32《医学》。
④ 《元典章》卷 32《医学》。

即"行修，孝友信义著于乡间"；其次，重考核医学中的治疗、用药，即"治法""药性"；再次，重医疗实践，"候有成效，别议添设"。

古代，由于阴阳学（天文历法之学）的一个重要作用是观测天象以预测吉凶盛衰，因此，政府往往禁止民间私自学习、传播阴阳学，以防止一些心怀叵测之人借此造谣惑众，阴谋煽动民众推翻当权者。为了使阴阳学为当权者所利用，政府垄断、控制对阴阳学的学习、传承，由政府指派教师、挑选生员，印制教材。元代也是如此，据《元典章》卷32《阴阳学》所载①，元政府一方面"禁约阴阳人"，"禁私造授时历"，"拘收旧历文书"，"禁收天文图书"，禁断《太一雷公式》《七曜历》《五公符》《推背图》《血盆》等书，"将旧历文书用心拘收，须要尽绝，不致隐匿。仍常切体究关防，毋令歹人生发"。另一方面在诸路置阴阳学，"设教授以训诲之"②．其教学的内容，当就是这些被禁收的天文图书。元代阴阳学的考试模仿医学考试，"太医每试了有，后头人每肯学也者。阴阳人不曾试，未便。试呵……秋间依体例试者"③。

4. 学规思想

元朝为保证学校教育质量，促进人才的培养，制定了一系列的学规，对教师、学校管理者、学生，甚至勤杂人员进行制度化的约束，对工作有成绩者进行奖励，有过失者予以惩罚。

元政府规定，中央和地方学校中的官员和教师，如培养的学生成才人数多，成绩突出，则予以奖赏升迁；如工作不认真负责失职，违背师德甚至行为不端，违法乱纪，则要受到处罚、黜退。如"诸蒙古、汉人国子监学官任内，验其教养出格生员多寡，以为升迁"④。"诸随路学校，计其钱粮多寡，养育生徒，提调正官时一诣学督视，必使课讲有程，训迪有法，赏勤罚惰，作成人材，其学政不举者究之。诸教官在任，侵资钱粮，荒废庙宇，教养无实，行止不臧，有忝师席，从廉访司纠之；任满，有司辄朦胧给由者究之。诸赡学田土，学官职吏或卖熟为荒，减额收租，或受财纵令豪右占佃，陷没兼并，及巧名冒支者，提调官究之。""诸各处学校，为讲习作养之地，有司辄侵借其钱粮者，禁之。教官不称职，廉访司纠之。""其教之不以道者，监察御史纠之。""诸在任及已代教官，辄携家入学，亵渎居止者，从廉访司纠之。"诸官员、教师如在学校教育中疏于管理，必须承担责任，受到处罚。如"诸各路医学大小生员，不令坐斋肄业，有名无实，及在学而训诲无法，课讲卤莽，苟应故事者，教授、正、录、提调官罚俸有差"。诸国子监生员"有违戾规矩……正、录知见不纠举者，从本监议

---

① 《元典章》卷32《阴阳学》，此自然段引文未注出处者，均见于此。
② 《元史·选举一》。
③ 《元典章》卷32《医学》。
④ 《元史·刑法二》，以下3个自然段引文未注出处者，均见于此。

罚"。在学校教学管理中，即使是勤杂人员失职或不违守规定，也要受到惩罚："其厨人、仆夫、门子，常切在学，供给使令，违者就便决责。"

元政府十分重视国子监博士、教授、太医院太医及内外郡县医官的考试选拔，如选拔不当，有关官员和推荐人必须负连带责任。"博士教授有阙，从监察御史举之，其不称职者黜之，坐及元举之官"。"太医院不精加考试，辄以私妄举充随朝太医及内外郡县医官，内外郡县医学不依法考试，辄纵人行医者，并从监察御史、廉访司察之"。

元代的学规内容更多的是对学生行为、纪律和学业等的约束和要求。如元政府规定"诸国子生悖慢师长、及行礼失仪、言行不谨、讲诵不熟、功课不办、无故废学、有故不告辄出、告假违限、执事失误、忿戾斗争，并委正、录纠举。除悖慢师长别议，余者初犯戒谕，再犯、三犯约量责罚"。"诸国学居首善之地，六馆诸生，以次升斋，毋或躐等。其有未应升而求升，及曾犯学规者，轻者降之，重者黜之"。"诸国子监私试积分生员，其有不事课业，及一切违戾规矩，初犯罚一分，再犯罚二分，三犯除名。已补高等生员，其有违戾规矩，初犯殿试一年，再犯除名，并从学正、录纠举"。"在学生员，岁终实历坐斋不满半周岁者，并除名。除月假外，其余告假，不用准算，学正、录岁终通行考较"。"诸奎章阁授经郎生员，每月朔望上弦下弦，给假四日；当入宿卫者，给假三日；余有故须请假者，于授经郎禀说，附历给假。无故不入学，第一次罚当日会食，第二次于师席前罚拜及当日会食，第三次于学士院及师席前罚拜及当日会食，三次不改，奏闻惩戒黜退"。"汉人生员，三年不能通一经，及不肯笃勤者，勒令出学"。"诸医人于十三科内，不能精通一科者，不得行医"。

第六节　明代协调思想

一、士农工商、各治所生思想

把士农工商都作为人们的谋生手段，加以平等对待的思想，至迟在宋代已经比较被社会认同。到了明代，这种思想更加普及，并有所发展。首先，值得注意的是在社会上层，一些深受儒家正统思想教育、位高权重的官僚在他们的家训中，都认为经营工商业也是治生的正常途径，同士农相提并论。如明代广东南海人霍韬，明武宗正德八年（1513 年）进士，官至礼部尚书，就在家训指出"居家生理，食货为急"，即在平民百姓家庭生活中，衣食住是最重要的。要解决百姓的衣食住问题，不仅要从事农业，还要通过"窑冶""炭铁""木植"等方面的经营，"入利市"，"可以便民同利"。因为百姓家庭生活不仅只是通过农业解决吃穿问题，而且还要通过冶铁制造农具、种树伐木等获得盖房子、烧饭取暖的木材，同时必须通过市场贸易互通有无，这既方便了百姓的生活，又能从中获利。总之，士农工商以百姓的生活来说，都是重要的。但是，霍韬又指出："盖本可以兼末，事末不可废本。"① 可见，他认为农业为本还是第一位的，工商为末是第二位的，必须在从事农业的基础上兼工商业，从事工商业时不要荒废了农业。又如浙江海宁人许相卿，明武宗正德十二年（1517 年）进士，官至兵科给事中，在谈到教育子弟时说，"教子正是要渠做好人"，认为除了"农桑本务"之外，"商贾末业"也是治生的"常业"，"可食力资身"，并且"人有常业则富不暇为非，贫不至失节"②。这就是说，农工商都是人们谋生的"常业"，百姓通过从事农工商就可养家糊口。而且，百姓如果都忙于农工商赚钱养家糊口，即使发家致富也没空闲为非作歹，贫穷也不致失去节操，因为他有一技之长可以谋生而活得尊严。换言之，农工商都可以使人走正道，自食其力，安身立命。

在此，霍韬与许相卿只是把农工商作为百姓的谋生手段，而未把士阶层列入，与农工商同作为一种谋生的手段或职业。明代福建同安大儒苏浚在《诫子书》中则明确把士与农工商相提并论，教育子弟并非一定要读书做官，在他看来，子弟如不是读书的料子，务工和经商同样都可以赚钱养家糊口，过上幸福生活。③ 他认为年轻子弟最不成材的是好逸恶劳，游手好闲，既读不了书，又无气力务农，也不吃苦花钱经商。其实，除读书做官求富贵外，务农虽然辛苦，但丰衣足食，其乐融融；经商虽然孤身闯荡江湖，但能发家致富，因此，都是不错的选择。他谆谆告诫子弟趁年轻就要做好人生规划，早早定下读书、务农或经商的职业，不要碌碌无为，虚度时光，一事无成。

但是，由于明代士大夫阶层受"万般皆下品，唯有读书高"和"农本工商末"传统观念的影响很深，因此，他们在提出士农工商、各治所生思想的同时，仍然认为士农工商四业中士是最尊贵的，其次是农，再次是工商。如广东南海人庞尚鹏，明世宗嘉靖三十二年进士，官至左副都御史，在关于治生之道的论述中，更加强调经营工商业的重要性，更加肯定工商业在治生活动中的作用。他把工商业同农业并列为治生的正常途径，认为都可以使人发财致富。他说："民家常业，不出农商。通查男妇仆几人，某堪稼穑，某堪商贾……各考其勤能果否相称，如商贾无厚利，而妄意强为，必至尽亏资本，不如力田。"④ 从这里，我们可以推断庞尚鹏择业的价值取向以是否能获得"厚利"为衡量标准，因此，他在此认为选择职业首选商业，因为商业最容易取得"厚利"。当经商赚不到"厚利"，甚至亏本时，再选务农。但是另一方面，庞尚鹏从社会地位的标准来衡量，他又认为"士农工商，各居一艺。士为贵，农次之，工商又次之。量力勉

① 霍韬：《霍渭崖家训·货殖第三》，涵芬楼秘笈 第二集 。
② 许相卿：《许云村贻谋·郑氏规范及其他两种》。丛书集成初编本。
③ 里人何求：《闽都别记》（下），第 379 回，福建人民出版社 1987 年版，第 506 页。
④ 庞尚鹏：《庞氏家训·务本业》，道光丙戌手抄本。

图，各审所尚，皆存乎其人耳。予家训首著士行，余多食货农商语，皆就人家日用之常，而开示涂辙，使各有所执循"①。在此，他在肯定士农工商社会地位差别的同时，却提出要"量力""审所尚"，即根据各人的能力和兴趣来选择家庭经营的对象或途径，而不以社会地位贵贱作为择业的标准。因此，他在自己家训中虽然"首著士行"，但实际上其家庭择业教育"多食货农商语"，对从事农业或者经营工商业都提出了"有所执循"的治生训示。

明代也有少数有识之士认为，士农工商只各是一种谋生的职业，无法说明其社会地位的高低贵贱，一个人的高低贵贱，是由他的知识修养水平决定的。一个有知识修养的商贾与一个知道孝悌的秀才，懂得农业知识的公子，其地位是一样的，甚至前者更加难得。如温以介在《温氏母训》中指出："治生是要紧事"，"士农工商，各执一业，各人各治所生"。并且认为"通文义的商贾"与"学孝弟的秀才""知稼穑的公子"的地位一样，"此尤难得也"②。

明代，随着商品经济的发展和资本主义萌芽的出现，从商人数比以往任何一个时期都大大增加，在全国各地形成许多地域性的商帮，如徽商、晋商、闽商、粤商、浙商、秦商等，在经济发达的地区已形成一个相当规模的市民阶层。如在明嘉靖、万历年间，商业在徽州的地位，已经彻底改变，"昔为末富，而今为本富"③。随着商业和商人作用的加强，在经济思想领域内人们对待工商业，特别是对商业的态度和观念有了明显的转变，突出表现在对商业的地位和作用的认识比以前深刻了，传统的重农抑商思想受到了进一步的批判和冲击。尤其是商人本身，面对传统价值观的强大压力，他们为求得自身的发展和对社会对他们价值的肯定，就必须以新的价值观作为群体成员的心理依据，必须对传统的士农工商四业重新进行定位。

明代，徽商在全国与晋商并称两雄，因此，徽州地区最鲜明地颠覆了传统对商业和商人的看法。徽州"谚语以贾为生意，不贾则无望，奈何不亟亟也。以贾为生，则何必子皮其人而后为贾哉。人人皆欲有生，人人不可无贾也"④。徽州地区万山之中，地狭人稠，人们经营农业很难生存，因此一条重要的出路就是男子外出经商谋求生路。自明中叶以后，"自安太至宣歙，其民多仰机利，舍本逐末，唱棹转毂以游帝王之所都，而握其奇赢，休歙尤夥，故贾人几遍天下。良贾近市则利三倍，次倍之，最下无能者逐什一之利。其株守乡土而不知贸迁有无，长贫贱者，则无所比数矣"⑤。正因为外出经商能获取巨大的利润，发家致富，而株守乡土不懂得经商的人只能长久贫贱，因此，谚语反映了明代徽州人普

---

① 《庞氏家训·端好尚》。
② 温璜：《温氏母训》。
③ 万历《歙志·风土》。
④ 万历《歙志·货殖》。
⑤ 《松窗梦语》卷4《商贾纪》。

遍的观念，即人人都想生活得富裕，人人都不能不经营商业，如果不经营商业，那生活就没有指望。在当时人们的心目中，"农事之获利倍而劳最，愚懦之民为之；工之获利二而劳多，雕巧之民为之；商贾之利三而劳轻，心计之民为之；贩盐之利五而无劳，豪猾之民为之"。可见，传统的重农贱商观念在明代民间被完全颠覆了，从事农业劳动的人被看作是"愚懦之民"，因为务农获利最少而最劳累，只有那些愚蠢懦弱的人才会去干，而从事商业贸易的人则被看作是"心计之民"，因为经商获利三倍而轻松，所以吸引了那些聪明有心计的人来经营。所以，在徽州人们不以经商为耻，就是"士大夫之家"也"以畜贾游于四方"①。

在这种社会思潮下，出身于商贾世家的名儒汪道昆由于受到社会和家庭的影响，对传统的"重本抑末"观进行了有力的批判。他认为，从远古神农氏日中为市开始，农与商就是并重的，农与商都能各自为国家做贡献。他把商贾对国家税收方面的贡献做了具体的阐述："今制大司农岁入四百万，取给盐策者什二三。淮海当转穀之枢，输入五之   ；诸贾外饷边，内充国，儳力以应度支。"②因此，他主张农与商不应有"轻""重"之分，而应当是"交相重"，不应"抑商"而应"便商"，特别是在税收上应"一视而平施之"，不应该轻征农税而重征商税。

在中国古代，重本抑末作为思想界的主导思想，使大多数人认为商业在社会经济中的作用是消极的，或主要是消极的，妨碍农业的发展；即使承认商业是社会分工的一部分，商人作为四民之一，但多数也不对商在富国中有什么积极作用做过较为明确具体的分析、探讨。

明嘉靖、隆庆、万历时期是商品经济有了较大发展、资本主义萌芽已比较明显出现的时期，工商业在社会经济中的地位和作用日益加强，这使人们对工商业的认识逐渐有所改变。作为官至明代首辅大臣的张居正（1525—1582）是一位务实的政治家，他敏锐地看到现实生活中农工商地位的变化，从而在富国问题中重视农商关系，提出了"厚农资商"和"厚商利农"这两个互相联系的观点。重农抑商是把农商对立起来，通过抑商来发展农业，"厚农资商"和"厚商利农"则把农商统一起来，通过两者相辅相成来共同发展，从而达到富国的目标。

张居正认为农业和商业是密切相关，互相促进的。农业发展了，可以为商业提供更多更充足的商品，促进商品的繁荣；反之，商业发展了，农民的剩余产品可以及时卖出，并从市场购买自己需要的物品，从而促进农民努力生产更多的农产品，使农业得到发展。如果商品流通不发达，农业生产就会受到影响。商业发展有赖于农业，农业发展也有赖于商品，二者互相促进，不可分离。张居正指出："古之为国者，使商通有无，农力本穑。商不得通有无以利农，则农病；农

① 归有光：《震川先生集》卷13《白庵程翁八十寿序》，上海古籍出版社2007年版。
② 《太函集》卷66《摄司事裴公德政碑》。

不得力本稸以资商，则商病。故农商之势，常若权衡然。至于病，乃无以济也。"① 所以，要富国富民，在重视农业生产的同时，也必须重视商业的发展。他指出，影响商业发展的主要因素，和农业一样，是官府的关市之征日益加重，所以，轻关市之征与省田亩之税，同是农商并举，国富民足的前提条件："故余以为，欲物力不屈，则莫若省征发以厚农而资商，欲民用不困，则莫若轻关市以厚商而利农。"②

"厚农资商"和"厚商利农"，这是张居正发展经济，富国富民的两翼双轨。他仍然认为农是本，所以认为越是"厚农"，就越能加强商的基础；另一方面，商对农的作用已不是消极的，不会妨农、病农，已是积极的，只会利农。

唐宋时期，随着商品经济的发展，商人的社会地位逐步得到提高，开始出现士商合流的趋势。正如北宋王安石所说："方今制禄，大抵皆薄，自非朝廷侍从之列，食口稍众，未有不兼农商之利而能充其养者也。"③ 到了明代，这种趋势进一步加强，在那些商品经济发达的地方表现得十分明显。如在徽州"人庶仰贾而食，即阀阅之家，不惮为贾"④，"故虽士大夫之家，皆以蓄贾游于四方"⑤。

明代士商合流趋势的加强，促使贾儒相通思想的形成。山西商人王观，早年读书应试失败后，改志经商，蓄财抚养幼弟读书中举。他是一位以义取利、不牟取不正当利益的儒商善贾，在他的墓志铭中有一段训子弟的话，反映了明代贾儒相通的思想：

> 夫商与士，异术而同心。故善商者，处财货之场，而修高明之行，是故虽利而不污。善士者，引先王之经，而绝货利之经，是故必名而有成。故利以义制，名以德修，各守其业，天之鉴也。⑥

在王观看来，业儒与服贾，只是职业上的不同。他们各守其业，"异术而同心"，即同样讲义、修德，其价值观和道德修养是相同的。利而不污的商人与名而有成的士大夫相比，是可以等量齐观的，没有优劣高低之分。

明代贾儒相通的观念，在实践中有利于业儒和服贾的相辅相成，相得益彰。他们或先儒后贾，或先贾后儒，或亦儒亦贾。儒贾结合，使业儒者提高经济实力，服贾者有更高的文化水准，这对于促进明代经济、文化的发展都是有积极作用的。明人汪道昆对当时儒贾结合的历史现象做了记述：

> 新都三贾一儒，要之文献国也。夫贾为厚利，儒为名高。夫人毕事儒不效，则弛儒而张贾；既侧身飨其利矣，及为子孙计，宁弛贾而张儒。一弛一

---

① 张居正：《张太岳集》卷 8 《赠水部周汉浦榷竣还朝序》，上海古籍出版社 1984 年版。

② 《张太岳集》卷 8 《赠水部周汉浦榷竣还朝序》。

③ 王安石：《临川文集》卷 39 《上仁宗皇帝言事书》，《四部丛刊》本。

④ 《唐荆川文集》卷 15 《程少君行状》。

⑤ 《震川先生集》卷 13 《白庵程翁八十寿序》。

⑥ 李梦阳：《空同集》卷 44 《明故王文显墓志铭》，台湾商务印书馆影印文渊阁《四库全书》。

张，迭相为用，不万钟则千驷，犹之转觳相巡，岂其单厚计然乎哉，择术审矣。①

在中国传统的价值取向中，名利是最重要的驱动力。人们往往首先追求名而业儒，读书科举之路走不通，才改而追求利，弃儒服贾。经商发财致富后，又希望子孙追求名，弃商再业儒。许多家庭就是在这样的追求中，最终名利双收，既家财万贯，又功名显赫，成为业儒与服贾良性循环的成功典范。

二、对农业生产的管理思想

（一）对佃户、雇工的管理

明代随着商品经济的发展，农村的封建生产关系发生了变化。明中叶，大部分佃户对地主的人身依附都有所松弛，一般说来，今年佃耕，"明年可以弃而不种"②。江南一些地主除使用佃户、僮仆之外，还使用大量的雇工。雇工分长工、短工两种，大致情况是，雇主与长工之间还有"主仆名分"，而短工"止是短雇日月，受值不多者，依凡人论"③，即短工人身与凡人一样自由。

在这样的时代背景下，张履祥把对待佃户、雇工的管理作为其治生思想的重要内容。他把治生中的佃户、雇工的管理提到与治国中任用人才一样的高度，强调"用人之道，自国与家，事无大小，俱当急于讲求"④。他说："孟子曰：'诸侯之宝三，土地、人民、政事。'士庶之家亦如此。家法，政事也；田产，土地也；雇工人及佃户，人民也。"⑤ 在此，他把治生中对佃户、雇工的管理与治国中的任用人才、管理民众相提并论，可见其对佃户、雇工管理的重视。因此，在治生活动中，如何管理佃户与雇工，就是他所关心的用人之道的主要内容。他认为农业生产和经营中最重要的内容有 3 个方面，其中之一就是对劳动力的管理："农桑之务，用天之道，资人之力，兴地之利"⑥。

在中国古代，一个传统的观念是富人养活穷人。如南宋叶适就认为："小民之无田者，假田于富人；得田而无以为耕，借资于富人；岁时有急，求于富人；其甚者，庸作奴婢，归于富人；游手末作、俳优技艺，传食于富人……富人为天下养小民"⑦。难能可贵的是，张履祥一反传统的富人养活穷人的思想，认为地主如仅广占土地，没有佃户、雇工为之耕田交租，就不可能过上不劳而获、安享

---

① 《太函集》卷 52《海阳处士金仲翁配戴氏合葬墓志铭》。
② 《西园闻见录》卷 40《蠲赈前》。
③ 《明律集解附例》卷 20《斗殴》；《明神宗实录》卷 191、194。
④ 《杨园先生全集·补农书下》。
⑤ 《杨园先生全集·补农书下》。
⑥ 《杨园先生全集·补农书下》。
⑦ 叶适：《水心别集》卷 2《民事下》，中华书局 1960 年版。

其成的寄生生活。他说："有土不能垦，贫户为之垦，垦则赋役足供，衣食足给"①，如果没有佃户、雇工的劳动，地主的生活就会失去来源，忍冻挨饿，甚至因无法向国家交纳赋税服役而遭受刑罚，连身家性命都受到威胁，"不垦赋役不能供，衣食不能给。赋役缺则刑戮加，衣食匮则寒饿至，则是豪家之命悬于贫户也"②。既然佃户、雇工对地主是如此重要，但在现实生活中，那些地主并没意识到这点，肆意对他们进行剥削掠夺，两者之间矛盾尖锐。对此，张履祥清醒地意识到问题的严重性："恃目前之豪横，陵虐劳民，小者勒其酒食，大者逼其钱财妻子，置之狱讼，出尔反尔，可畏哉！"③ 这样长此以往，必然会激化矛盾，引起佃户"怨恣载道"④，最终危及地主家业，造成破产败家，"其祸败可翘足也"⑤。因此，为了缓和地主和佃户、雇工之间的矛盾，使"厥业可永，子孙有赖"⑥，张履祥再三强调地主治生管理的主要任务，就是处理好地主和佃户、雇工的关系，以便更有效地选择、组织、笼络、监督佃户或雇工从事农业生产，其内容主要包括两个方面：

其一，挑选好佃户、雇工。他特别强调要审慎地挑选佃户或雇工，认为"种田无良农，犹授职无良士也"⑦。在他看来，选用良农的最重要标准是"惟善为宝"⑧，即挑选那些老老实实，易于使唤听话的人。这是必须坚持的首要前提条件。而那些"有才智者，害多利少，且于义未当也，总不宜多畜"⑨。这就是挑选那些老实听话的农民比挑选聪明能干的农民为好，因为聪明能干的人十有七八有不义之心，不听使唤，容易与地主抗争，即"今之小人刁悍成风，十人之中，未必二三良善也"⑩。

在挑选佃户、雇工以"惟善为宝"为总标准的基础上，张履祥又具体将挑选佃户、雇工标准分为4个等级："力勤而愿者为上，多艺而敏者次之，无能而朴者又次之，巧诈而好欺、多言而嗜懒者为下。"⑪ 这就是那些肯出力干活、驯服听话的为上等，有技艺、比较聪明的为第二等，没有才能但老实听话的为第三等，奸诈、喜欢欺骗、花言巧语、懒惰的为下等。同时，他又指出，由于"近

---

① 《杨园先生全集·赁耕末议》。
② 《杨园先生全集·补农书下》。
③ 《杨园先生全集·补农书下》。
④ 《杨园先生全集·补农书下》。
⑤ 《杨园先生全集·赁耕末议》。
⑥ 《杨园先生全集·补农书下》。
⑦ 《杨园先生全集·补农书下》。
⑧ 《杨园先生全集·补农书下》。
⑨ 《杨园先生全集·训子语下》。
⑩ 《杨园先生全集·与徐敬可书》。
⑪ 《杨园先生全集·补农书下》。

来农人朴心亦少"①，真正能达到他上等标准的农民很少，因此，对挑选佃户或雇工的要求不能过高，"无求备于一人"②，要全面衡量，灵活考虑，总体上好就行，不能求全责备，如果那样，就无人可供选用，"不可便说无人可用，人无全好，亦无全不好"③。

张履祥主张在选择佃户、雇工时，必须注重平时对他们的访求考察，强调地主平时要深入农家，细心了解摸底，"访求选择，全在平时"④，"至其室家，熟其邻里，察其勤惰，计其丁口"⑤。这样在需要佃农的时候，就可以根据平时所掌握的情况，对照标准"择其勤而良者，人众而心一者，任之"⑥。如果不重视平时的访求考察，对佃户的底细心中没数，不能"举尔所知"⑦，临时选择，仓促用人，就会使人选不当，对今后管理、使用佃农不利。"平时不知择取，临事无人，何所归咎？因其无人而漫用之，必致后悔"⑧。对此，张履祥还主张最好选用原先租佃关系较好的佃户，彼此间比较了解，不会出大问题，让人比较放心，"惟求旧用惯之人，彼知我，我亦知彼，既无大利，终无大害，坦然任之"⑨。

其二，要善待佃户、雇工。张履祥认为，与佃户的关系还较好处理，而与雇工的来往则需多加留意，"与世人相交，农终易处，以雇工而言，口惠无实，即离心生"⑩。因为佃户租种地主的田地，期限较长，比较稳定，而雇工往往是短期的雇佣，稍对地主不满，即会离去。对此，他提出了对雇工要"三好""三早"的措施："做工之人要三好，银色好、吃口好、相与好；作家之人要三早，起身早、煮饭早、洗脚早。三好以结其心，三早以出其力。"⑪ 这就是地主要主动、及时地付给雇工银子，成色要足，不能变相克扣工钱，"不求而与之，宜也；求而与之，斯已后矣；可令屡求而后与乎？"平时地主要稍微改善雇工的伙食，就可以借此加紧督促他们干活，"饱其饮食，然后责其工程，彼既无词谢我，我亦有颜诘之"⑫。不然，因伙食恶劣，雇工就会在生产中怠工反抗，造成"灶边荒了田地"的后果。地主应搞好与雇工的关系，要做到"在者无不满之

---

① 《杨园先生全集·与何商隐书》。
② 《杨园先生全集·补农书下》。
③ 《杨园先生全集·补农书下》。
④ 《杨园先生全集·补农书下》。
⑤ 《杨园先生全集·补农书下》。
⑥ 《杨园先生全集·补农书下》。
⑦ 《杨园先生全集·补农书下》。
⑧ 《杨园先生全集·补农书下》。
⑨ 《杨园先生全集·补农书下》。
⑩ 《杨园先生全集·补农书下》。
⑪ 《杨园先生全集·补农书下》。
⑫ 《杨园先生全集·补农书上》。

心,去者怀复来之志。切不可乘人之急,将低作好,措少为多,使人有伤心之痛"①。同时,地主本身在清晨要早早起床,把饭煮好,让雇工早吃饭早出工干活,而晚上收工回来,让雇工早点洗脚后上床睡觉休息,以利恢复体力,明天好干活。另外,张履祥还主张对雇工中的"惰者与勤者",要讲究策略,分而治之。因为如一视同仁,"则勤者怠矣",而待遇不同,"则惰者亦能不平",如勤劳者没有得到奖励,与懒惰者一样待遇,那勤劳者将也变为懒惰;而如果勤劳者得到奖励,懒惰者心里也会不平衡。因此,最好的办法是暗中给勤劳者奖励,"阴厚之",从而使"勤者既奋,而惰者亦服"②。

张履祥还主张对佃农要"以至诚恻怛之意待之"③。在佃户遇到自然灾害、疾病死丧、水火盗贼时,要减免田租,并"有所称贷,量力应之"④;如丧失劳动力而年老失所者,为田主干些杂活,"养之终其身"⑤;佃户遇有喜庆之事,"给米一斗"⑥;上门交租"给予酒饭",平时有事远道而来"亦与便饭",尤其对"行善事"的佃户要"特具酒食酬劳"⑦;需要佃户的鸡鸭瓜果时,要按时价,公平购买;佃户来地主家中效力帮忙,"仍计工值酬劳"⑧;地主对佃户中丧父母而无所依靠的年幼者,加以收养,地主家中所聘请的教师也可为佃户子弟施教;等等。总之,用儒家的仁义思想来善待佃户,从而笼络他们的感情,自觉地尽力为地主耕种田地,"教其不知而恤其不及,须令情谊相关如一家之人"⑨,提高佃户的劳动自觉性、积极性,以减少管理成本,获取更大的经济效益。

张履祥不赞成地主对佃户、雇工漠不关心,认为"劳苦不知恤,疾痛不相关,最是失人心之处"⑩。他更反对地主对待佃户及雇工过于残暴、苛虐,"今士庶之家,骄蹇呵詈,使人不堪。毋论受者怨之,自顾岂不可耻"⑪。反对地主对佃户、雇工任意敲诈勒索,"每存不足之意,任仆者额外诛求……必欲取盈,此何理耶?"⑫ 他认为地主如果如此对待佃户、雇工,必然会恶化租佃关系,激化矛盾。因此,地主在治生活动中,"务以仁义固贫户",对佃农要怀柔、笼络,这样租佃关系搞好了,"多费心力以抚御之,使其感惠而不忍耕他人之土,则永

---

① 《杨园先生全集·补农书下》。
② 《杨园先生全集·补农书下》。
③ 《杨园先生全集·与何商隐书》。
④ 《杨园先生全集·赁耕末议》。
⑤ 《杨园先生全集·赁耕末议》。
⑥ 《杨园先生全集·赁耕末议》。
⑦ 《杨园先生全集·赁耕末议》。
⑧ 《杨园先生全集·赁耕末议》。
⑨ 《杨园先生全集·补农书下》。
⑩ 《杨园先生全集·补农书下》。
⑪ 《杨园先生全集·补农书下》。
⑫ 《杨园先生全集·补农书下》。

久无患矣"①。

张履祥还主张地主不要轻易退佃、换佃，"更易佃户为至不得已之策也"②。其理由是地主如用退佃、换佃的手段来加重对农民的剥削和压制农民的反抗，结果往往适得其反，不但不能达到目的，反而使矛盾尖锐化、扩大化，"今愤疾其顽而惩治之，小人不知自反，则不免弗服于心而有辞于口矣。是则不足以警顽，而余人不知其故者，反为其所鼓惑"③。并且，"另召耕佃，未必遂得其良"④。如果新佃户"物以类从""同恶相济"，那后果会更加严重，即"益增其困，而适足以快顽梗之心"⑤。张履祥在此分析，如果地主用退佃、换佃方式来惩治那些懒惰、不听话的佃户，不但达不到警示佃户的作用，反而会激起其他佃户联合起来共同反抗地主；而且如果另外召人耕佃，可能会使新佃户与旧佃户也联合起来，那地主的处境会更加不妙。因此，出于对农民斗争的恐惧，为缓和租佃关系，他一再说："无大过恶，切不可轻于进退"⑥，"宽恤租户，不敢退佃"⑦。但是，对少数富有反抗精神的佃户，他认为还是要毫不留情，坚决退佃、换佃，"犯上作非……不务本业者，租课虽不亏欠，其田亦行别授"⑧。

明代除了张履祥提出要善待佃户、雇工思想外，在一些家训提出的治生之策中，抚恤善待佃户、雇工也往往有所提及。如庞尚鹏就提出，遇到荒歉之年，佃户交租时，"慎勿刻意取盈"⑨。他主张："雇工人及僮仆，除狡猾顽惰斥退外，其余堪田者，必须时其饮食，察其饥寒，均其劳逸。"⑩ 他还强调："其有忠勤可托者，尤宜特加周恤，以示激劝。"⑪ 可见庞尚鹏认为，在荒歉之年，地主要求佃户交租不必一定要交足；平时地主必须注意观察佃户、雇工饮食，不能使他们过分挨饿受寒，过度劳累，对于那些忠诚、勤劳的佃户、雇工，应该特别予以周济抚恤，以此作为激励。许相卿也有类似的主张，他说："一应臧获亦人子也，宜常恤其饥寒，节其劳苦，疗其疾痛，时其配偶，情通如父子，势应如臂指。"⑫ 也就是说地主对待佃户、雇工应该像对待自己儿子一样，不能让他们挨饿受寒，过度劳累，他们有疾病应该予以治疗，帮他们及时娶老婆，这样就能使地主与佃

① 《杨园先生全集·与徐敬可书》。
② 《杨园先生全集·与徐敬可书》。
③ 《杨园先生全集·与徐敬可书》。
④ 《杨园先生全集·与徐敬可书》。
⑤ 《杨园先生全集·与徐敬可书》。
⑥ 《杨园先生全集·补农书下》。
⑦ 《杨园先生全集·补农书上》。
⑧ 《杨园先生全集·赁耕末议》。
⑨ 《庞氏家训》。
⑩ 《庞氏家训》。
⑪ 《庞氏家训》。
⑫ 《许云村贻谋》。

户、雇工关系情同父子，那么地主就很容易使唤佃户和雇工，佃户和雇工也会心甘情愿为地主效劳。这就是"我则广吾仁心，而彼自竭其情力矣"①，"欲得人死力，先结其欢心"②。

其三，合理安排劳力、督促考核思想。霍韬认识到在农业生产、经营中选配专职管理人员的重要性。他说："凡居家，事必有统乃不紊。故立田纲领一人，司货一人。"③ 纲领、司货均为管理人员，由家族中的子侄担任。其中纲领负责管理农业生产，主要职责为："岁春初，即分田工，量肥硗，号召使力耕；夏获秋获，人稽其入，储之一室；俟完入，乃咨家长，稽其勤惰。"④ 由此可见，纲领负责每年农业生产的全过程，春秋分配每个人的工作量，号召大家努力耕耘；夏秋谷物收获时，稽核收入，并将谷物储藏稳妥；待都完全收藏好了，纲领向家长报告，考核所有生产、管理人员勤惰。尔后，纲领还要将农业生产的情况，"岁会其功，第其人之数，咨禀家长，行赏罚"⑤。司货则主要负责窑冶、炭铁、木植等方面的经营。

霍韬不仅主张"稽其勤惰""行赏罚"，而且规定了督促考核的标准："凡耕田三十亩，获禾，季给人功三十"；"凡耕田三十亩，岁收亩入十石为上功，七石为中功，五石为下功。"⑥ 此外，对具体负责农业生产的管理者纲领，也要进行稽查考核，赏勤罚懒："凡岁终，家长考纲领田事者勤惰行程，考其会计，考其出纳，考其分派工作当否，以验能否，行赏罚。"⑦ 这里，对耕田者的考核是以亩产量为标准，而对管理者纲领的考核是考察其办事勤惰和分派工作是否恰当，稽核财务会计出纳，然后实行赏罚。

霍韬还提出，为了使农业生产取得更好的效益，必须注意家庭成员与土地较好地结合，使土地资源得到合理的配置："凡家中计男女口凡几何，大口种田二亩，小口种田一亩，大口百口种田二百亩，小口百口种田百亩"；"凡子侄，人耕田三十亩……年二十五受田，五十出田"；"凡耕田三十亩，如力不任耕，或志在大不屑耕，听自雇人代耕，考功最"⑧。同时他还主张人员的兼职，充分挖掘人力资源："司窑冶者犹兼治田，非谓只司窑冶而已……司木、司铁亦然。"⑨

许相卿强调在家庭农业生产管理中，管佃、收租等重要环节"须主人亲自

---

① 《许云村贻谋》。
② 《庞氏家训》。
③ 《霍渭崖家训》。
④ 《霍渭崖家训》。
⑤ 《霍渭崖家训》。
⑥ 《霍渭崖家训》。
⑦ 《霍渭崖家训》。
⑧ 《霍渭崖家训》。
⑨ 《霍渭崖家训》。

细检""亲自查算"，"须主人心目一一经历酌量，延访处置"①。在日常的经营管理中，要做到"程督必详，勤惰必察"，"因时访问稽查"②；对桑柘、果蔬、牲畜等不同农活，还要"择人分任，置籍计功"③，根据监督考核的情况有赏有罚。

庞尚鹏也强调在家庭农业生产管理中，地主本人及其子弟"要亲身踏勘耕管，岁收稻谷及税粮徭差，要悉心磨算"，因为"若畏劳厌事，倚他人为耳目，以致菽麦不辨，为人所愚，如此而不倾覆，吾不信也"④。地主本人或其子弟亲自参加管理，就能对农业生产情况了解，不致被人欺骗、愚弄。庞尚鹏对农业生产管理的目标是要达到人地潜力的充分发挥："人无遗力则地无遗利。各派定某管某处，开列日期，不时查验，毋令失业"，"各考其成，某人种某处，某人种某物。随时加察，以验勤惰"⑤。

（二）霍韬、许相卿、庞尚鹏等的农业生产经营管理思想

霍韬、许相卿、庞尚鹏与张履祥一样，也重视农业生产，他们把农作为本业，为民生第一务，把"力农""亲农事"作为地主或子弟们"守家""起家""资身""立身"之本，主张地主或子弟们要亲自参加农业生产和经营管理。如霍韬就主张"务农力本……本家子侄兄弟入社学，耻力田……初犯责二十，再犯责三十，三犯斥出，不许入社学"，"凡子侄必责之力农，以知艰苦；必严考最，以别勤惰贤不肖"⑥。霍韬是用严厉的惩罚手段督责子弟必须力农，把子弟是否力农作为衡量他们勤、惰和贤、不肖的标准。许相卿把务农置于各种社会经济活动中的最高地位，认为地主本人亲自"悉课农圃"，是"民生第一务"⑦。庞尚鹏也指出，必须教育子弟"亲农事"，才能使其"思祖宗之勤苦，知稼穑之艰难，必不甘为人下矣"⑧。

在具体从事农业生产、经营中，庞尚鹏也主张多种经营，除了对耕田栽种谷物进行管理外，还费心筹划、经营养鱼、种菜、植果树，用柴草等。他提出："池塘养鱼，须要供粪草，筑塘墙；桃李荔枝，培泥铲草"，"柴用耕田稻草，如不足即于收获时并工割取，用船载回"，"菜蔬各于园内栽种，分畦浇灌"⑨。

许相卿在合理安排农业生产的基础上，提出了精耕细作的要求："风土气候必乘，种性异宜必审，种植耕耨必深，沃瘠培灌必称，芟草去虫必数，壅溉修剪

① 《许云村贻谋》。
② 《许云村贻谋》。
③ 《许云村贻谋》。
④ 《庞氏家训》。
⑤ 《庞氏家训》。
⑥ 《霍渭崖家训》。
⑦ 《许云村贻谋》。
⑧ 《庞氏家训》。
⑨ 《庞氏家训》。

必当必时。"① 他的精耕细作具有初步的系统论思想，即包括必须利用好土壤、气候条件，审慎辨别种子是否适合种植，耕耨土壤一定要深，施肥、培灌一定要恰到好处，芟草、去除害虫要做到心中有数，对农作物壅溉、修剪一定要掌握好时候。

在农业生产中，土地是最重要的生产要素之一。在明代，地主土地私有制有了更充分的发展，霍韬、许相卿、庞尚鹏等都认识到田产的重要性，主张要加强对田产的管理。霍韬认为，如果地主不关心自己田产的经营，不亲自了解和过问，"而坐食租入，久则田业消乏，求为人奴不可得"②。许相卿则更具体提出对田产管理的措施，"家传田地山林界限"，务必要"总立户簿"③，亲自掌管，以做到心中有数。庞尚鹏把"亲身踏勘"土地田产列为家庭经济管理的一项重要内容，并极力反对家庭成员中有人分割、变卖土地等财产，"有故违者，声大义攻之，摈斥不许入祠堂"④。

霍韬、许相卿、庞尚鹏等一方面竭尽维护自己的田产，防止被人变卖、兼并，另一方面也反对以"非义"的手段吞并、占有别人的田产，尤其是反对兼并邻近的田地。霍韬反对"放债准折人田宅"，认为这是"非义置田土"⑤。许相卿强调说，"勿以非义求其足"，"邻田接畛却毋设心计取"⑥。庞尚鹏也认为："田地财物，得之不以义，其子孙必不能享。"⑦ 沈鲤教育子孙的"垂涕衷言"是："田已多而务广，强之鬻，不出其本心，与之直，不合乎公道……多藏者亦复厚亡，室虽广而不得宁居，田虽多而不能安享。"⑧ 他在此提出的以"合乎公道"的价格购买田产的思想，在明代家训中是屡见不鲜的。姚舜牧甚至主张不仅在买进土地时要做到"价用足色足数，不可短少分毫"⑨，而且提倡"增价"购买邻近的田产。他的理由是"今旁近去处或有来售，应买者宁畛多价与之，使渠可无后言"⑩。曹子汴也主张："其邻欲售之者，辄再倍其直，于是售之者若不及。"增价购买邻近的田产，其目的是防止日后卖主反悔或引起田产纠纷。

在古代农业生产经营中，由于科学技术的限制，生产水平难有质的飞跃，因此，古代要发展农业生产，很重要的途径是多投入劳动力或节省开支，这导致中国古代历朝勤于农作、俭以持家思想在民间十分广泛深入，明代也不例外。在明

---

① 《许云村贻谋》。
② 《霍渭崖家训》。
③ 《许云村贻谋》。
④ 《庞氏家训》。
⑤ 《霍渭崖家训》。
⑥ 《许云村贻谋》。
⑦ 《庞氏家训》。
⑧ 沈鲤：《垂涕衷言》，转引自张又渠《课子随笔》卷1。
⑨ 《药言》。
⑩ 《药言》。

代家训所提出的治生之策中，勤和俭处于核心或枢纽的地位①。许多人都认为，勤俭对家庭的兴衰成败具有关键性的重大影响，对家庭经营管理的具体措施、方法起着决定性的指导作用。霍韬就指出："家之兴，由子侄多贤；家之败，由子侄多不肖。子侄贤不肖，莫大于勤惰奢俭"，"守家惟勤与俭，由为庶人、为士、为大夫卿佐，道则不同，本诸勤俭一也"②。许相卿强调："须勤俭资身以免求人。"③ 庞尚鹏指出："勤俭……最为立身第一义，必真知力行。"④ 姚舜牧认为："一生之计在于勤，起家的人，未有不始于勤而后渐流于荒惰……起家的人，未有不成于俭而后渐废于侈靡……居家切要在勤俭二字。"⑤《温氏母训》说："六口之家，能勤能俭，得八口赀粮，便有二分余剩，何等宽舒，何等康泰。"⑥ 总之，勤与俭是立身立家的根本，坚持勤与俭就能起家、守家，流于惰与奢就会败家、毁家。

霍韬、许相卿、庞尚鹏在农业生产经营、家庭生活开支中提出统筹规划，量入为出，重视积贮，以备凶荒以及用之有节，精打细算和注意簿记的管理作用等思想，保障了家庭农业再生产的正常进行。

霍韬在家训中规定，负责农业生产的纲领，每年年底都要将收支情况、盈余情况等等，上报家长，以便下一年的统筹规划。"岁终，纲领田事者，会计一岁入若干，岁出若干，羡余若干，预备若干，咨禀若干。元旦集众，申明会计，乃付下年纲领田事者收掌。"⑦ 霍氏家族将农业生产收入分别存入各仓，分门别类地用于各项支出。"凡纲领田事者，岁验耕获，储之一仓，以给家众口食"。"凡佃人租入，储之一仓，以供赋役。又储一仓，以备凶荒赈给。又储一仓，以供粢粢，供祭祀"⑧。对于各仓所需储备量，霍氏家族都做了测算："凡租入，预计税粮岁需几何，民壮岁几何，水夫岁需几何，均平徭役十年之需，一年几何，皆预储以备。"⑨ "凡佃人租入百石，别储二十石备凶荒"⑩。

许相卿推崇南宋陆九韶的一段话："今家计亦当量入为出，然后用度有准，丰俭得中……子孙可守。"⑪ 许相卿把这段话和陆氏提出的日常生活的具体方案抄录于家训之中，作为许氏家族持家的规定："每岁约计耕桑艺畜佃租所入，除

---

① 赵靖：《中国经济思想通史》（第4卷），北京大学出版社1998年版，第456页。
② 《霍渭崖家训》。
③ 《许云村贻谋》。
④ 《庞氏家训》。
⑤ 《药言》。
⑥ 《温氏母训》。
⑦ 《霍渭崖家训》。
⑧ 《霍渭崖家训》。
⑨ 《霍渭崖家训》。
⑩ 《霍渭崖家训》。
⑪ 《许云村贻谋》。

粮差种器酒醋油酱外，所有若干以十分均之，留三分为水旱不虞……七分均十二月，有闰加一，取一月约三十分，日用其一"，"留三分为水旱不虞，专存米谷，逐年增仓……所谓存十之三分者不能则存二分，不能则存一分……不然一旦不虞，必遂破家矣"①。许相卿持家以自先秦以来的量入为出为指导思想，把每年全家的收入分为十分，留其中三分以备水旱荒年，然后将七分再均分于十二个月开支。如果年成不好，无法从十分中留三分备荒，那就留存二分或一分，总之，都要留存一点备荒，否则一旦遇到水旱荒年，必然会使家业破败。庞尚鹏在《庞氏家训》中所制订的家庭开支规则是："每年计合家大小人口若干，若计食谷若干，预算宾客谷若干，每月一次照数支出，各令收贮……其支用谷数仍要每次开写簿内，候下次支谷之日，查前次有无余剩若干，明白开载查考"，"每年通计夏秋税粮若干，水夫民壮丁料若干，各该粮若干，即于本年二月内照数完纳，或贮有见银，或临期粜谷，切勿迁延"。庞氏家族也很重视在规划开支时必须留贮余粮以备灾荒，告诫子孙切勿遇到灾荒再临时抱佛脚，应该在平时就注意积贮以防患于未然，万万不能遇到灾荒向人借高利贷，那离家业荡覆已不远了。庞尚鹏告诫子孙说："租谷上仓，除供岁用及差役外，每年仅存十分之二，固封积贮，以备凶荒。如出陈易新，亦须随宜补处"，"预算积贮，以备应用。若待急迫而后图，或称贷于人，则荡覆无日矣"②。

中国古代由于生产力水平的限制，物质总体说来还是比较匮乏的，即使是拥有一片田产的中小地主，如果不遵循用之有节、精打细算的原则，生活奢侈无度，也难逃家业破败的命运。因此，要保住家族的一份产业，节俭是很重要的。霍韬在家训中就分析了"末俗尚浮，以侈相高"的家庭生活所带来的"败身""灭族"的严重后果："凡人家居，久则衰颓。由习尚日侈，费用日滋，人竞其私，纵恣口腹，逾礼日甚。得罪天地，积致罪殃，小则败身，大则灭族，不可不畏。"他向家人敲起警钟："凡我兄弟子侄，服食器用已有定式，只许量议撙节，不许增添毫发，以长侈风，败我家族。"基于这种思想，他具体提出了在衣布、酒醋、会膳、冠婚、器用等方面的节用要求："凡男子未四十，不许服纱罗缎绫"；"会膳日许肉食，非会膳日、复非宾至，不许肉食"；"凡会膳，三十以上乃用酒，三十以下不许饮酒……三十以下不许精白米"；"凡男二十而冠，给冠帽银五钱，绢衣一领"；"生员许擎尺五寸雨伞，非生员举人，不许用仆人执伞"③。

许相卿则强调节俭对于治家、保家的重要性："若身节用，稍存盈余，然后家可长久。"因此，他也主张在日常生活中要厉行节俭："早晚菜粥，午食一肴。非宾祭老病不举酒、不重肉。少未成业，酒毋入唇，丝毋挂身"；"器用但取坚

---

① 《许云村贻谋》。

② 《庞氏家训》。

③ 《霍渭崖家训》。

整，舟舆鞍辔但致远重，勿竞雕巧绚丽，以乖素风"①

庞尚鹏提倡"以俭约为贵"，"尺帛半钱不敢浪用，庶几不至于饥寒"。他在家训中制订了不少"禁奢靡"的规定："子孙各要布衣蔬食，惟祭祀宾客之会，方许饮酒食肉，暂穿新衣，幸免饥寒足矣"；"亲戚每年馈问多不过二次，每次用银多不过一钱"；"亲友往来，拜帖、礼帖、请帖、谢帖，俱单束，不用封筒"。他还在节省日常生活费用上精打细算，如要求家人以稻草为柴，认为"若用银买柴，必立见困乏，岂能常给乎?"又如他主张利用"家有余地"种菜蔬，以供日常之用，不赞同"买菜给朝夕"，批评说："彼冗食者何事乎?"②

从以上霍、许、庞在家训中的有关节俭规定可知，即使是较富裕的官僚地主家庭，平时对族人的食衣行方面的节俭要求也是比较严格的。如不到三十或四十岁的年龄，不许饮酒穿纱罗缎绫等丝织衣服；平时不吃肉，只有年节、会膳之时才允许吃肉；出门乘舟骑马只要求能走远路就行，不要追求装饰上的精巧华丽；日常开支能省则省，如请束不用封筒，为节省买柴的钱以稻草当柴，为节省买菜的钱自己种菜等。

明代家训都比较注意簿记在家庭经济管理中的作用。如霍韬提出："有田则有粟。粟入有储，聚之于公，以稽岁入；散之于用，以稽岁费。不可无统纪。"③这里所谓稽核岁入、岁费，就是审查、核对簿记、实物等，因此，簿记在家庭农业生产、消费中是不可缺少的。许相卿更具体地主张，对租赁、杂货、积贮等收入，既要"总立家储簿"，又要各项分立账簿；同时对宾师、婚丧、修造等等支出，也要"每年立家用簿"④。可见，在家庭经济管理中，必须根据管理对象、内容的不同，分别设置不同的簿记予以记录、审核，并且根据簿记功能的不同，已有总簿、分项簿的区分。庞尚鹏在家训中也把家庭经济管理簿记分成3种，但他划分的依据与许相卿不同，其划分的3种是岁入簿一种，岁出簿分公费簿、礼仪簿两种；其记录钱谷收支方法是按时间顺序登记，岁入簿每两个月结账一次，"量入为出，务存盈余"，岁出簿每一个月结账一次。其具体规定是"置岁入簿一扇。凡岁中收受钱谷，按顺月日，逐项明开，每两月结一总数；终年经费，量入为出，务存盈余，不许妄用"，"置岁出簿二扇。一扇为公费簿，凡百费皆书；一扇为礼仪簿，书往来庆吊、祭祀、宾客之费，每月结一总数于左方，不许涂改及窜落"⑤。明代家训之所以在家庭经济管理中重视簿记，其原因是"懒记账籍，亦是一病。奴仆因缘为奸，子孙猜疑成隙，皆繇于此"⑥。这就是如果家庭收支

---

① 《许云村贻谋》。
② 《庞氏家训》。
③ 《霍渭崖家训》。
④ 《许云村贻谋》。
⑤ 《庞氏家训》。
⑥ 《温氏母训》。

等经济活动，没有在簿记中记录清楚，奴仆就会乘机弄虚作假、营私舞弊、而子孙之间也会互相猜疑。

三、丘浚的自为论思想

丘浚利用为官之暇，编写《大学衍义补》，名为补南宋真德秀《大学衍义》。其实，这是两部性质不同的书。《大学》本来包括格物、致知、正心、诚意、修身、齐家、治国、平天下的内容，"浚以真德秀《大学衍义》于治国平天下条目未具，乃博采群书补之"[①]。他自己称，"因采六经诸史百氏之言，汇辑十年，仅成此书，用以补真氏之阙"[②]。因此，《大学衍义补》一书的内容相当广泛，凡政治、经济、军事、教育、外交、吏治、礼仪等均有涉及，其意为明王朝的统治提出各种治国之策。丘浚在书中分门别类地辑录了大量前人的有关言论，然后以按语的方式表达了自己的见解，其中包含了丰富的管理思想。丘浚认为《大学衍义》和《大学衍义补》两部书是不同的："前书主于理，而此则主乎事。"[③]"主于理"就是着重于义理之学，"主乎事"就是侧重于治国平天下之事。

丘浚在《大学衍义补》一书中，反复强调国民经济管理自为论的主张。这一思想的提出，有其深刻的历史背景。明代中叶城市工商业出现比较繁荣的局面，商品经济迅速发展，资本主义萌芽已经明显出现。面对这种社会经济现象，统治者在制定治国方略中，是对此采取限制、禁止的政策，还是采取宽容、引导的政策，必须做出明智的选择。丘浚的国民经济管理自为论就是这种形势下的产物。

丘浚十分重视理财，认为"财用国之常经，不可一日无者"，不能由于反对聚敛财富而讳言理财，如果不重视理财，就会造成"国用不给"，最终反而会导致"横取诸民"的"聚财"[④]。丘浚还认为，所谓理财有狭义、广义之分，狭义的理财就是管理国家财政，广义的理财即为对整个国民经济的管理。丘浚称理国家财政之财为理国财，而称理国民经济之财为理民财。而且他指出，理民财与理国财的关系其实就是经济与财政之间的关系，经济决定财政，国民经济发展了，就为财政的增长提供了雄厚的基础。因此，"善于国富者，必先理民之财，而为国理财者次之"，这就是首先必须理好民财，使广大民众富足了，然后就能理好国财，使国家财政富余，"民财既理，则人君之用度无不足者"[⑤]。

丘浚的国民经济自为论，是以好利论和安富论作为其理论基础。所谓好利论

---

① 《明史·丘浚传》。
② 丘浚：《大学衍义补·序》，台湾商务印书馆影印文渊阁《四库全书》。
③ 《大学衍义补·序》。
④ 《大学衍义补》卷20《总论理财之道上》。
⑤ 《大学衍义补》卷20《总论理财之道上》。

是指社会上各等级的人都是要追求财富的，"财者，人之所同欲也"①，求利是人的本性决定的，是没有限度的，"人心好利，无有纪极"②。这是因为人类的生存和发展，必须以物质财富为基础，"人之所以为人，资财以生，不可一日无焉者也"③。"一失其养，则无以为生矣"④。在此，丘浚明确肯定了人类好利的正当性。同时，丘浚又把整个国家、整个社会看作是个人的总和，"天下之大，由乎一人之积"⑤，这样，个人利益的总和就等于整个国家、整个社会的利益，追求私人财利与整个国家、整个社会追求财利是一致的，并不矛盾冲突。换言之，允许、听任私人追求财利不仅对个人有好处，而且对整个国家、整个社会也是有利的。因此，丘浚主张，国家要顺应"人情之俗"⑥，放手让私人追求财利，"人人各得其分，人人各遂其愿"⑦，满足人们获得和积累财富的欲望，以使整个社会富裕起来，"而天下平矣"⑧。同时，丘浚也提出用义来制约利，必须"使其于财也，彼此有无之间，不得以非义相侵夺"，对于"民有趋于利而背于义者，又必宪法令，致刑罚以禁之"⑨。

丘浚的所谓安富论是指国家要保护富民的利益，发展他们的经济力量，听任富民自为、自便，允许私人不受限制地占有和转让土地，任凭富商大贾自由经营工商业以发财致富。"使富者安其富，贫者不至于贫，各安其分，止其所得矣。"⑩ 丘浚之所以认为国家要安富，其理由有两个方面：其一，"天生众民，有贫有富"⑪，社会上有贫富差别是正常的、合理的，"夺富与贫"是没有道理的，"乃欲夺富与贫以为天下，乌有是理哉！"⑫ 其二，富民上"富国"下"养民"，是国家和平民百姓的依靠。"诚以富家巨室，小民之所依赖，国家所以藏富于民者也……富者非独小民赖之，而国家亦将有赖焉。"⑬ 只要富人"得其分""遂其愿"，能够维护、利用自己的财富，按照自己的愿望来追求、增殖更多的财富，贫穷小民就有了依靠，就能够得到满足最低生活需求的必要财物，其"得其分"，"遂其愿"也就不难解决了。他甚至认为高利贷也是有利于人的，"通有

---

① 《大学衍义补》卷20《总论理财之道上》。
② 《大学衍义补》卷20《总论理财之道上》。
③ 《大学衍义补》卷20《总论理财之道上》。
④ 《大学衍义补》卷1《总论朝廷之政》。
⑤ 《大学衍义补》卷20《总论理财之道上》。
⑥ 《大学衍义补》卷20《总论理财之道上》。
⑦ 《大学衍义补》卷20《总论理财之道上》。
⑧ 《大学衍义补》卷20《总论理财之道上》。
⑨ 《大学衍义补》卷1《总论朝廷之政》。
⑩ 《大学衍义补》卷25《市籴之令》。
⑪ 《大学衍义补》卷25《市籴之令》。
⑫ 《大学衍义补》卷25《市籴之令》。
⑬ 《大学衍义补》卷13《蕃民之生》。

无以相资助，使人不至于匮乏"①。政府禁止民间借贷，虽然本意上是"抑富强"，但实际上使"贫民无所假贷，坐致死亡多矣"②。所以，他主张保护债权人的利益，对于债务，"虽有死亡，苟有佐证，亦必追偿"③。这就是说，对于高利贷，也应"听民自便"。还有，富人是国家的主要税源，安富使国家财政收入的来源有了保障。因此，封建国家损害富人的利益，"夺之而归之于公上"，更是不可取的。"贫吾民也，富亦吾民也，彼之所有，孰非吾之所有哉！"④ 他认为"抑富"是那些"偏隘"之人干的，"彼偏隘者，往往以抑富为能"。丘浚以儒家经典《周官》中所讲"安富"为依据，批评那些主张"抑富"的人是不懂"《周官》之深意"⑤。他一反抑商的传统，反对"摧抑商贾"，认为不能因为富商大贾富有而"摧抑"。

丘浚认识到，农业在整个国民经济中占最重要、最突出的地位，而土地则是发展农业生产以"养民""安富"的基础。他说："人君之治莫先于养民。而民之所以得其养者，在稼穑树艺而已"，"民之所以为生产者，田宅而已。有田有宅，斯有生生之具。所谓生生之具，稼穑、树艺、牲畜三者而已"⑥。因此，他特别重视土地的管理，其管理方针是"听民自便"⑦。

丘浚认为"田不在官而在民"⑧ 的土地私有制由来已久，上古土地国有的井田制"绝无可复之理"⑨。并且"限田之议、均田之制、口分世业之法"⑩ 等限制土地兼并的方案只能"可以暂而不可以常也"⑪。因为这些解决土地问题的办法都"不免拂人情而不宜于土俗"⑫，也就是说，违背了一般地主和富裕农民保有和扩大自己土地数量的要求，不符合土地私有制的历史趋势。在他看来，土地制度应顺应民情习俗，"听民自便之为得也"⑬。这意味着封建国家要维护和听任土地私有制的存在和发展，任凭土地兼并"自便"地进行而不要加以干涉或禁止。

但是，丘浚也意识到，对土地兼并如一味地放纵，任其自由进行，不仅会使大量的自耕农、半自耕农失去土地，而且会使一般地主富户包括一些兼营工商业

---

① 《大学衍义补》卷106《详听断之法》。
② 《大学衍义补》卷106《详听断之法》。
③ 《大学衍义补》卷106《详听断之法》。
④ 《大学衍义补》卷25《市籴之令》。
⑤ 《大学衍义补》卷13《蕃民之生》。
⑥ 《大学衍义补》卷14《制民之产》。
⑦ 《大学衍义补》卷14《制民之产》。
⑧ 《大学衍义补》卷14《制民之产》。
⑨ 《大学衍义补》卷14《制民之产》。
⑩ 《大学衍义补》卷14《制民之产》。
⑪ 《大学衍义补》卷14《制民之产》。
⑫ 《大学衍义补》卷14《制民之产》。
⑬ 《大学衍义补》卷14《制民之产》。

的地主，都将成为大地主兼并的对象。显然，这会缩小封建王朝的统治基础，不利于国家的长治久安。于是，他提出，土地管理制度应在放任中有所控制、有所干预，在"听民自便"的总原则下，再辅以并不完全放任的"配丁田法"来限制土地兼并。其方案是：确定一个期限，在此期限之前，不管私人占有多少土地，"虽多至百顷，官府亦不之问"①。在此期限之后，以一丁占田一顷为标准，丁多田少、每丁平均不足一顷的户，允许再买，达到平均一丁一顷即止。丁田已相当的户，即一丁平均一顷的户，则不许再买，如再买就要没收。田多丁少的户，每丁平均已超过一顷，只许卖田不许再买田，否则，不仅没收再买部分，而且对其原有超过部分也要"并削其所有"②。

丘浚认为"配丁田法"既贯彻了"听民自便"的土地管理方针，维护了土地私有制，保证了私人占有土地不受任何侵犯，"不夺民之所有"③；但又能在放任的同时，起到限制兼并的作用。他说："行之数十年，官有限制，富者不复买田，兴废无常，而富室不无鬻产。田直日贱，而民产日均……兼并之患日以渐销矣。"④

丘浚十分重视商业和市场，认为商品交换和市场是适应人民的需要产生的。他指出，"食货者，生民之本也。民之于食物，有此者无彼。盖以其所居异其处，而所食所用者，不能以皆有"，所以需要交换，"故当日中之时，致其人于一处，聚其货于一所。所致所聚之处，即所谓市也"⑤。人们在市中"持其所有""而相交换焉，以其所有易其所无。"市场使"有者得以售，无者得以济"，百姓"各遂其所欲"，"人无不足之用"⑥。商品交换和市场不仅互通有无，可以满足人民日常生活的需要，而且也能增加政府的财政收支，"民用既足，则国用有余矣"⑦。他还认为市场上出售的商品的品种、规格、质量与"风俗之奢俭，人情之华实，国用之盈缩"，有密切的关系。因此，管理好市场，"是亦王政之一端也"⑧。

在工商业管理上，丘浚的基本主张是"民自为市"⑨，即对绝大多数的商品，采取放任政策，允许工商业者自由生产和买卖，反对封建官府直接参与经营和控制工商业。他尖锐地抨击了历史上的官营商业措施，如桑弘平的"平准"、王安石的"市易"等等，认为这是对私人权益的侵夺，"争商贾之利，利民庶之有"，

① 《大学衍义补》卷14《制民之产》。
② 《大学衍义补》卷14《制民之产》。
③ 《大学衍义补》卷14《制民之产》。
④ 《大学衍义补》卷14《制民之产》。
⑤ 《大学衍义补》卷25《市籴之令》。
⑥ 《大学衍义补》卷25《市籴之令》。
⑦ 《大学衍义补》卷25《市籴之令》。
⑧ 《大学衍义补》卷25《市籴之令》。
⑨ 《大学衍义补》卷25《市籴之令》。

"为人君而争商贾之利，可丑之甚也"①。主张国家经营商业的人，历来都强调两点理由：一是可以打击商人操纵市场以牟取暴利；二是可以稳定物价，保证市场供给。丘浚对这两点都进行反驳。

他指出，官营商业抑制了私营工商业者的生产和流通，使"商贾无所牟利"。"商贾且不可牟利，乃以万乘之尊而牟商贾之利，可乎？"② 因此，封建国家不应自己直接从事市场活动，应当让商贾自己经营，"大抵立法以便民为本，苟民自便，何必官为"③。他还主张，封建官府乃至宫廷自用的各种商品，也不能设立场务，强行向民间收买，而应该由官府派人到民间市场上购买。这些官府采购人员也必须遵守商业惯例进行公平交易，"赍现钱，随时价，两平交易，而不折以他物，不限以异时（不赊购），不易以坏币"④。

丘浚认为，官营商业不仅不能调节商品的供求和保持物价的稳定，相反，官府通过行政权力，在与民交易中，强行要求老百姓供应的商品质量要良好的，而价格又由官府决定，加上交易中官吏营私舞弊、私心诡计层出不穷，因此，要使官营商业推行有利而无害，是根本做不到的。他说："官与民为市，物必以其良，价必有定数，又有私心诡计百出其间，而欲行之有利而无弊，难矣！"⑤ 他认为只有通过私人之间的市场自由竞争，才能使商品的质量、价格和数量都得到合理的调节："民自为市，则物之良恶，钱之多少，易以通融，准折取舍。"⑥ 而且，民间贸易活动自由进行，市场上的商品多了，竞争会对商品价格自发地进行调节，使"其价自然不至甚贵"⑦。根本无需封建官府人为地干预市场、平抑物价。

在"民自为市"的基本思想指导下，丘浚反对封建官府与大盐商共同垄断食盐产销的"榷盐"制度。他指出，食盐等自然资源都是"天地生物"，不能由少数人"擅其私"而加以垄断，应该用于"利民""养人"，使全国人民"公共之"⑧。他批评封建官府实行榷盐，"立官以专之，严法以禁之，尽利以取之"，是违背了"天地生物之意"，也失去了"上天立君之意"⑨。同时，他还分析说，盐是老百姓日常必需品，需求量很大，经营盐业获利大："盐之在天地间，无处不有，故生民之食用，亦无日可无也。惟其无处无有，故其为利也博，惟其无日

---

① 《大学衍义补》卷 25《市籴之令》。
② 《大学衍义补》卷 25《市籴之令》。
③ 《大学衍义补》卷 28《山泽之利上》。
④ 《大学衍义补》卷 25《市籴之令》。
⑤ 《大学衍义补》卷 25《市籴之令》。
⑥ 《大学衍义补》卷 28《山泽之利上》。
⑦ 《大学衍义补》卷 28《山泽之利上》。
⑧ 《大学衍义补》卷 28《山泽之利上》。
⑨ 《大学衍义补》卷 28《山泽之利上》。

无有，故其为用也广"。所以"有国者，于常赋之外，首以此为富国之术焉"①。封建国家"有天下之大，尚资盐以为利"，而那些"无寸尺之土、隔宿之储"的人，"见利之所在"，当然要"趣赴"的，禁私盐是禁不住的。如果采取严刑的办法来"禁遏"，"刑愈严，而害愈甚"。丘浚还提醒朝廷，"唐之黄巢、王仙芝，元之张士诚辈，皆贩盐之徒也"②。

但是，丘浚也并非主张盐完全自由经营。他只是反对在盐的生产销售上"立官以专之，严法以禁之，尽利以取之"，而对另外一种"禁"，他是赞成的。他说："天地生物以养人，君为之禁，使人不得擅其私而公共之可也。"③ 这就是说，如果官府之"禁"，是禁止少数人垄断盐利，那是可以的。因此，他提出"盐之为利，禁之不可也，不禁之亦不可也，要必于可禁可不禁之间，随地立法，因时制宜，必使下不至于伤民，上不至于损官，民用足而国用不亏，斯得之矣"④。看来，丘浚对盐的生产销售不赞成完全放开经营的原因是，他担心完全放开经营会使少数人"擅其私"，这样既伤害了平民百姓，又会使官府的财政收入减少。

在此思想指导下，丘浚具体提出了盐政的改革措施：在官府的严格监督管理下，由私人生产运销。煮盐的灶户先要向官府申请生产证明以及煮盐用的"牢盆"，在交纳了一定数量的"举火钱"之后，官府就"听其自煮自卖"，"煮而不闻官者有罪"。盐商可以直接"赴场买盐"，买后向官府申报，并按所买引数，交工墨钱，"官给钞引，付之执照"，按官府指定的"行盐地方发卖"。如果盐商到官府指定的地区之外销售，就"没入之"。丘浚认为这个办法"不必追征于灶户也，不必中纳于商贾也，不必官自卖也，不必官自煮也。非惟国家得今日自然之利，亦可以销他日未然之害矣"⑤。这个办法不仅省去很多经营中的麻烦，减少了管理成本，并提高了灶户和商贾的积极性，使国家财政收入增加，而且可以避免如黄巢、王仙芝、张士诚这些"盐贩之徒"的起义。

丘浚不仅反对榷盐，而且对于唐中叶以后开始的榷茶制度，更加反对，认为实行榷茶，"遂为天下生民无穷之害"⑥。他指出，榷茶比榷盐更不合理，食盐是"不可一日缺焉者也"，"民食淡则不能下咽"⑦，并且不容易找到替代品，国家实行专卖，就能"夺民之利"，较多增加财政收入；而茶并不是人民生活所不可缺少的，"民之日用可无者"，官府加以垄断，价高质劣，就会造成人们对茶的

① 《大学衍义补》卷28《山泽之利上》。
② 《大学衍义补》卷28《山泽之利上》。
③ 《大学衍义补》卷28《山泽之利上》。
④ 《大学衍义补》卷28《山泽之利上》。
⑤ 《大学衍义补》卷28《山泽之利上》。
⑥ 《大学衍义补》卷29《山泽之利下》。
⑦ 《大学衍义补》卷29《山泽之利下》。

消费量大大减少，或"以他物代之"①。因此，榷茶不仅损害茶叶的种植、生产和销售，而且也起不到增加国家财政收入的作用。

明代自洪武年间开始，就禁止海外贸易。丘浚却一反明太祖定下的制度，主张开放海禁，允许私人出海经商。他的理由主要有两个方面：一是从事海外贸易有利可图，"虽律有明禁，但利之所在，民不畏死"，海外贸易是禁不住的。禁止海外贸易的结果只是使不少人陷于法网，"民犯法而罪之，罪之又有犯者，乃因之以罪其应禁之官吏"。这样，"则吾非徒无其利，而又有其害焉"。二是如果开放海禁，使民在国家管理之下，公开从事海外贸易，官府可以征税，"则岁计常赋之外，未必不得其助"。这就可以"不扰中国之民，而得外邦之助，是亦足国用之一端也"②。在丘浚看来，开海禁不仅满足了"人心好利"的欲望，使人不因海外贸易而陷入法网，而且又能增加国家财政收入。丘浚提出开放海外贸易的具体建议是：恢复"市舶司"，管理私人出海贸易和征收关税。准备出海贸易的商人，要把所有船只的情况、经营商品的种类数量，经行哪些国家以及何时返国，事先向市舶司呈报。从海外运回货物时，须经市舶司检查征税，才能进入国内市场销售。

丘浚开放海外贸易的主张，是他对经济活动"听民自便""听其自为"思想在对外贸易上的体现，反映了私人工商业者开拓海外市场的要求，顺应了资本主义萌芽发展的趋势。

丘浚管理工商业的基本原则是"民自为市"，但这绝不意味着他主张对整个市场完全听之任之，盲目排斥国家对工商业活动的适当调控和干预。他认为，在市场主体上，绝大部分的商品可以让私商自由竞争和经营，其价格和供求由市场自发调节。但是，对当时于国计民生最为重要的商品——谷，丘浚却不主张听任"民自为市"，而主张由国家以轻重敛散之术对谷物的价格和供求进行调控。"天生万物，惟谷于人为最急之物，而不可一日无者，有之则生，无之则死，是以自古善为治者，莫不重谷。"③ 并且，各种商品的价格又"恒以米谷为本"④。因此，封建国家对于谷物的控制是不能放松的。封建国家掌握了足够的谷物，控制了谷物价格，就掌握了大局。丘浚提出，为了使"民自为市"的活动能够顺利进行，国家必须采取 3 种措施来保证谷价的稳定：

其一，国家根据谷物生产的丰歉情况，运用轻重敛散之术，来调节市场供求，实现"米价常平"。他主张："岁穰，民有余则轻谷，因其轻之之时，官为敛籴则轻者重。岁凶，民不足则谷重，因其重之之时，官为散粜则重者轻。上之

---

① 《大学衍义补》卷 29《山泽之利下》。
② 《大学衍义补》卷 25《市籴之令》。
③ 《大学衍义补》卷 25《市籴之令》。
④ 《大学衍义补》卷 26《铜楮之币上》。

人制其轻重之权，而因时以散敛，使米价常平以便人。"①

其二，建立谷物价格的逐级上报制度。丘浚认为，"国家定市价，恒以米谷为本"②，"在内，俾坊市逐月报米价于朝廷；在外，则闾里以日上于邑，邑以月上于府，府以季上于藩服，藩服上于户部，使上之人知钱谷之数。用是而验民食之足否，以为通融转移之法"③。这就是谷物价格上报制度使各级官府和朝廷能及时了解各地谷物价格的变化，就可以随时采取措施，在各地之间调剂盈虚、移低就高，以平衡谷物价格。

其三，国家应控制货币的流通量，注意协调货币投放量与谷物数量两者比例的关系。"务必使钱常不至于多余，谷常不至于不给，其价常平。"货币的投放量与粮食供求相适应了，就不会造成谷价的过大波动，使"其价常平"。丘浚认为谷价稳定了，"民无苦饥者矣"，其余就不足虑了。"其余货贿，民之可以有无者，不必计算"④。显然，在他看来，由于谷在经济生活中的特殊重要地位，如果能使谷"价常平"，其他商品任其自发涨跌，"其价自不至甚贵"。可见，丘浚建议国家对谷物的轻重散敛的管理，其实是为其他商品"民自为市"创造了条件。

丘浚在经济管理上的"自为"论与西汉司马迁的"善因"论是一脉相承的，两者都反对国家控制、干预私人经济活动，尤其否定国家直接经营工商业；都主张国家应允许私人经营工商业，允许和促进私人求利活动的发展。但是，"自为"论并不是"善因"论的简单翻版，而是在"善因"论的基础上从国家政策层面予以具体化和丰富。司马迁在我国封建社会早期根据国家政权在经济活动中的过度管制，如盐铁专卖，而排列各种国民经济管理办法的优劣等次，提出"善者因之，其次利道之，其次教诲之，其次整齐之，最下者与之争"⑤。可见，司马迁认为人为的控制、干预因素越多，则越"次"。司马迁只是在理论上做了简要论述，至于如何具体在国民经济管理中制定政策和实施方案，他却未提及。丘浚的"自为"论则在封建社会的后期，针对明代中后期土地兼并日益严重、商品经济发展和资本主义萌芽的历史背景下，提出在土地管理上的"听民自便"，实行"配丁田法"；在工商业管理上的"民自为市"，反对官府完全垄断盐、茶的生产和销售，主张在官府的监督和征税下由民自己生产和销售，同时开放海禁。总之，丘浚认为理民财是百姓自己的事，没有必要事事由国家为民操办，更不能通过理民财为借口与百姓争利，国家对经济的管理主要是尽量听任私人自己进行获得财富的活动，而不要过多地加以控制和干预。这些思想在当时的

---

① 《大学衍义补》卷 25 《市籴之令》。

② 《大学衍义补》卷 26 《铜楮之币上》。

③ 《大学衍义补》卷 26 《铜楮之币上》。

④ 《大学衍义补》卷 26 《铜楮之币上》。

⑤ 《史记·货殖列传》。

历史条件下，是有着重要的积极意义的。

丘浚的"自为"论思想对后世也有一定的影响。如明清之际的唐甄在经济思想方面主张"富民"论，认为"治国之道无他，惟在于富，自古未有国贫而可以为国者"。唐甄所重视的富，主要已不是"本富"，而恰是传统富民思想所反对或不重视的"末富"。他把听民自利，即让市场调节看作是富民的根本途径。他认为财富的产生和增殖是一个能够自然而然进行的过程，"海内之财，无土不产，无人不生，岁月不计而自足，贫富不谋而相资"①。这一过程不需要国家插手，国家所应该做的唯一事情，就是听任这一过程的自然进行："圣人无生财之术，因其自然之利而无以扰之，而财不可胜用矣。"②

四、开中思想

明太祖朱元璋建立明朝后，于洪武元年（1368 年），在各产盐地设官，整理盐场生产。对盐实行直接全面专卖，将盐民登记成灶户，按户计丁，称"盐丁"；按丁计盐，称"额盐"。灶户分给草荡采薪煮盐，又发给工本米或宝钞，作为灶户生活及生产费用，并免其杂役。灶户所产除额盐必须按时缴足外，另有超产的余盐也不准私卖，全部由政府收购。

洪武三年（1370 年）六月，"山西行省言：大同粮储，自陵县、长芦运至太和岭，路远费重。若令商人于大同仓入米一石，太原仓入米一石三斗者，给淮盐一引。引二百斤，商人鬻毕，即以原给引目赴所在官司缴之。如此，则转输之费省而军储之用充矣"③。明初的开中法基本上承袭宋代入中法（又称折中法），把对边疆地区的军粮等军用物资的供给通过市场化的手段，国家出卖盐的部分专卖权给商人，引导鼓励商人往北部边关输送粮食，从而旨在解决军粮供应中的"路远费重"问题。因为边关路途遥远艰难，如由政府运送军用物资，不仅需要征用大量的运夫，而且要花费不少的路费盘缠。另一方面，商人通过纳粮边关中盐，再将盐贩运各地销售，从中可获得巨大利润。正如时人章懋所言："圣祖以边城险远，兵饷不充，而粮运劳费，乃命商人输粟边仓，而多给引价，以偿其费。商人喜得厚利，乐输边饷。公私两便，最为良法。"④

尔后，开中法逐渐形成制度化："每遇开中，南京户部印制勘合，发各边，填写商人姓名并所中引盐数目，俱用印盖，不许洗改，编置底簿并流通文簿，发运司。候商人交到勘合，比对写号相同，派场支盐，及刷印引目，运司关领，给付商人发卖。"⑤ 凡缺粮的边关，由户部出榜召商，编置勘合及底簿，分立字号，

---

① 唐甄：《潜书·富民》。
② 《潜书·富民》。
③ 《明太祖实录》卷 53。
④ 《明经世文编》卷 95《章枫山文集·议处盐法事宜奏状》。
⑤ 冯达道等：《（新修）河东运司志》卷 2《盐法·附引粟》，书目文献出版社 1998 年版。

一发各布政司并都司、卫所及收粮衙门收掌，一发各转运司及盐课提举司收掌。商人纳粮后，由收粮衙门填写所纳粮数及应支盐数，付商人持投各运司及盐课提举司，查验勘合相符，就让他们如数到盐场领盐，自行运售。明代中盐则例对各仓每盐一引的纳粮数都有不同的规定，并不时有所增减，大致是根据边境形势的缓急、米价的高低、运输道路的远近难易而定①。

由于纳粟中盐对公私都有利，明朝廷曾努力为商人开中销盐提供方便。如洪武二十五年（1392 年），"置山西解州运盐站，命户部遣官相治道路，设法转运，以便商贾"②。"其后，各行省边境，多召商中盐以为军储，盐法、边计，相辅而行"③。事实证明，这种旨在结合盐政与边政的制度在成化、弘治以前是相当成功的。明初开中法于官于民都有利，正如洪武年间人所言："自中盐之法兴，虽边陲远在万里，商人图利，运粮时至，于军储不为无补。"④ "洪武间召商中盐……官之征至薄，商之获至厚"，"故盐价平贱，民亦受赐"⑤。由此可见，开中法对政府、商人和消费者都有好处：政府通过出卖部分食盐经营权给商人，解决边地军队粮草供给难题；商人在贩卖食盐中获得厚利，发家致富；商人运盐到各地销售，使食盐供应充足，价格下降，消费者得到实惠。总之，可以说开中法是明初盐政立法成功的一大标志，故《明史》在提到开中制时赞扬说："有明盐法，莫善于开中。"⑥

商人在纳粟中盐的实践中，为了减少长途运输粮食的费用和辛劳，得到价格更便宜的粮食，从而获取更大的开中利润，创造了商屯这一形式。这就是商人经政府允许，在距纳粮边镇较近的地方招雇劳力，垦荒种地，然后将收获的粮食就近上纳边仓，换取盐引。"永乐中，下实粟于边之令，富商大贾竞于三边出财力，招游民，筑墩台，立堡伍，荒土膏沃，稼穑衍植。及乎成化，甘肃、宁夏粟石二钱，边用大饶"。当时商屯地处边关，为安全起见，所以商人斥资"筑台堡自相保聚"⑦。"富商大贾，悉于三边，自出财力，自招游民，自垦边地，自艺菽粟，自筑台堡，自立保伍"⑧。由于商屯是"商人自募民耕种塞下，得粟以输边，有偿盐之利，无运粟之苦"⑨，因此，在边地大为推广。商屯最早出现于大同，其次扩展到宁夏、四川，再次为云南、辽东、陕西，而以陕西三边为最盛，岁产

---

① 《明会典》卷 34《盐法三·盐法通例》。
② 《明太祖实录》卷 215。
③ 《明史·食货四》。
④ 《明太祖实录》卷 197。
⑤ 庞尚鹏：《百可亭摘稿》卷 2《清理盐法疏》，清道光十二年刻本。
⑥ 《明史·食货四》。
⑦ 《明史·食货四》。
⑧ 《明经世文编》卷 186《霍文敏公文集二·哈密疏》。
⑨ 《明经世文编》卷 431《刘文艺公集·盐政考》。

米十八万石或粟二十八万石①，为解决北方边镇军粮供给起了很大的作用。"富商得以私财募人开垦塞下，输纳盐粮，故当时公私饶裕，不籍内帑而给"②。如宁夏镇，"军储只取给屯盐等数，未有民运"③。正统三年（1438 年），"宁夏总兵史昭又以边军缺马，而延、庆、平凉官吏军民多养马，乃奏请纳马中盐"④。这表明，就当时的宁夏而言，军队粮食供给已经过关，紧缺的不是粮，而是马匹了。以开中盐法为媒介，商屯把盐商的资本引向了边疆的开发，引向发展当时边防所急需的农业生产，使荒凉的边地得到开发，"荒土膏沃，稼穑衍植……边用大饶"，经济发展，并且对解决边镇军队粮草供给起了很大作用，"军储只取给屯盐等数，未有民运"，故意义不可低估。可以说，商屯纳粟，是开中法的巅峰时期⑤。

从管理思想的角度来看，明代初期的开中法有几点值得注意：一是明代开中法将政府对盐的全面直接垄断，变为对盐的局部间接垄断。政府将盐的运输、销售权通过要求商人纳粮边关而转卖给商人经营，这样既发挥了私商自由竞争的优越性，又将边关军需供给纳入市场化轨道，解决了边关路途遥远艰险的供给难题。二是政府主要通过引导、鼓励的手段，通过市场价格机制使私商积极、自愿地纳粟中盐，而不是通过行政的强制手段。如永乐（1403—1423 年）以后，随着全国基本安定，开中纳粟主要集中在北方九个边镇，这样，纳粮边镇与主要产盐区距离远了，纳粮、支盐的运作难度增大，商人不愿报中。为此，朝廷大幅度下调纳粮额，给予商人更大的赢利空间，以鼓励商人纳粟中盐的积极性。永乐时，"一引输边二斗五升"⑥，宣德时以中盐旧则太重，商贾少至，政府下调纳粮额，"定每引自二斗五升至一斗五升有差，召商纳米北京"⑦。这种引导、鼓励的政策性工具，既提高了商人纳粟中盐的积极性，也降低了政府管理盐政、军需供给的成本。三是商人在边地招游民垦荒种粮中盐，这是一种属于商品粮性质的农业生产。商人招雇游民，应属自愿的雇佣劳动，商人与被招游民之间，是雇佣者与被雇佣者之间的关系。朝廷招募盐商在边地商屯，朝廷与盐商之间归根到底是一种商品交换的契约关系。商人与政府订立契约，到边地垦荒种粮，纳粟中盐，仅仅只是商业目的。一旦政府不需要商人纳粟中盐，或商人无法从商屯纳粟中盐中获得利润，商屯就随时有可能不复存在，商人会放弃这些商屯土地，解雇那些游民，撤回内地。如"明初，募盐商于各边开中，谓之商屯。迨弘治中，叶淇

① 王守义：《明代的商屯》，《南开大学学报》1956 年第 2 期。

② 余继登：《典故纪闻》卷 18，中华书局 1981 年版，第 327 页。

③ 《明会典》卷 28《边粮》。

④ 《明史·食货四》。

⑤ 王雄：《从纳粟中盐到纳银中盐》，《广播电视大学学报》2003 年第 2 期。

⑥ 《西园闻见录》卷 35《户部·盐法前》。

⑦ 《明史·食货四》。

变法，而开中始坏。诸淮商悉撤业归，西北商亦多徙家于淮，边地为墟"①。四是开中法助推了一批地域性商人（即商帮）势力的兴起。明代最显赫的西北商（也称山陕商人）和徽商的兴起直接得益于开中法的实施和嬗变。由于开中盐法最早是在山西实行，其中西北地区一直是开中的重要区域，所以最早有西北商的形成。明代初期尚无徽商称谓，当时徽商以淮商的名义参与开中法，"淮盐直贵，商多趋之"②。当时西北商和淮商的竞争格局是：西北商获得盐引后，要下到两淮盐场支盐；而淮商获得盐引后，又需到西北去开中。弘治五年（1492年）叶淇变法后，"诸淮商悉撤业归，西北商亦多徙家于淮"③，从而在明代中叶，逐渐形成以徽商和西北商为骨干的淮商新体系④。正如万历《扬州府志》所言："内商多徽歙及山陕之寓籍淮扬者。"商人势力的兴起与发展，为明代经营管理思想注入新的活力，尤其大大丰富了经商思想的内容。

明政府为了吸引商人多纳粟中盐，解决边镇军粮供给，不断滥发盐引，下调中纳额。由于中纳盐引猛增，而课盐产量却有定数，于是引起了开中盐引与支盐场分课盐支付能力的矛盾。在总体供盐不足的情况下，供盐场分所负担的开中边镇纳粟多，该盐场课盐供不应求的矛盾就越突出。商人持引赴指定盐场支盐，该盐场却没有现盐，只好等待有盐才予以支领，这就叫作守支。当时守支严重者达到等待数十年都支领不到盐，有的商人永乐（1403—1423）时中得盐引，到成化十六年（1580年）还支不到盐，即史书所说的"祖孙相代不得者"⑤。明末清初的著名学者顾炎武也说："商人有守候数十年，老死不得支，而兄弟妻子代之支者矣。"⑥ 守支使商人付出了很大的代价输边纳了粟，并中到了盐引，但却支不到盐，严重地挫伤了商人中盐的积极性，使纳粟中盐面临着严重的危机。为此，明政府多次派人清理盐法，主要是解决守支问题，同时摸索改进盐法。当时采取的措施主要有以下4个方面：

其一，政府出钞给盐商，冲消盐引。这就是政府出钱，回收商人手中多年支不到盐的盐引。成化十六年（1480年），朝廷"令永乐、宣德、正统年间客商所中引盐全未支者，各造册送部，于原籍有司关给资本钞，每引三十锭。景泰元年以后未支引盐，愿关资本钞者听，愿守支兑换者，两淮兑福建、山东，两浙兑广东，俱每引加半引。不愿者听照旧守支"。十九年（1483年）奏准，"正统十四（1449年）以前客商中盐未支者，淮盐每引给资本钞三十锭，两浙、广东、四川、云南，每引二十五锭，河东、长芦、福建、山东，每引二十锭。其景泰元年

---

① 《明史·食货一》。
② 《明史·食货四》。
③ 《明史·食货一》。
④ 汪崇筼：《以商品经济观念论开中盐法及其嬗变》，《盐业史研究》2000年第3期。
⑤ 《明史·食货四》。
⑥ 《天下郡国利病书》卷28《江南十六·盐法考》。

（1450 年）以后愿关资本钞者及今告代支故商引盐者，亦照此例"①。

其二，政府对于积欠时间不太长的盐引，给予加额的优惠，动员商人转场支盐，或兼场支盐。正统二年（1437 年），朝廷"令两淮运司永乐年间两淮客商该支引盐，以十分为率，支与淮盐四分，其六分兑与山东运司支给，不愿兑者听守支"。正统三年（1438 年）又定："客商中纳官盐支给不敷者，令两淮运司、云南提举司于河东、陕西、福建、广东各运司、提举司兑支。河间、长芦及河东、陕西运于广东、海北盐课司兑支。"八年（1443 年）奏准，"永乐、洪熙、宣德年间客商原中淮、浙、长芦运司引盐愿兑支河东、山东、福建运司者，每支一引支与二引，不愿者听其守支"②。

其三，政府收买灶户余盐以充正引，供开中。这就是政府在盐课供不应求场分，收买灶丁纳课之后剩下的盐，支给纳粟中盐商人，解决守支问题。正统十三年（1448 年）规定："凡灶户若有余盐，送赴该场，每二百斤为一引，给予米一石，年终具奏，造册申报，其盐召商于开平、辽东、甘肃等处开中，不拘资次给予。两浙运司及松江、嘉兴二分司，仁和、许村等场，亦准照此例。"③景泰元年（1450 年）又规定："灶丁余盐每引给米，淮盐八斗，浙盐六斗，长芦盐四斗。"④此外，还将灶户应向国家交纳粮、草等科差也折以余盐交纳。灶户除了办盐外，也经营一些土地，这些土地的科差，通常是以粮草交纳的。这时为了增加边盐额，以解决守支，就把这些粮草也折为盐上纳。

其四，政府定常股、存积之制，解决因盐引积滞影响紧急开中之弊。正统五年（1438 年），"令两淮、两浙、长芦运司每岁额外办盐课，以十分为率，八分给予守支客商，二分另为收积在官，候边防急缺粮储召中。以所积见盐，人到即支，谓之存积，其八分年终挨次给守支客商，谓之常股。凡中常股价轻，存积价重"⑤。可见，存积就是积有现盐，可供商人引到即支，用于在边关紧急用粮之时，召商人纳粟中盐时予以粮食一到边镇即可支盐的待遇；常股则是按照商人平时所中盐引的先后次序，依次来支付积年所欠商人开中引盐和一般正常开中引盐。常股、存积既考虑到解决长期存在的守支问题又不影响边镇紧急用粮时的召商纳粟中盐，可谓是较好的权宜之计。但商人因苦于多年守支，尽管存积盐价高于常股，但仍然争趋开中存积盐。这使存积盐也渐渐出现供不应求。到了成化末年，"存积之滞遂与常股等"，"两淮积欠五百余万引"⑥。

从以上明政府解决守支的主要措施来看，当时政府对多年困扰开中法的守支

---

① 《明会典》卷 34《盐法三·盐法通例》。
② 《明会典》卷 34《盐法三·盐法通例》。
③ 《明会典》卷 32《盐法一·两淮》。
④ 《明会典》卷 34《盐法三·盐法通例》。
⑤ 《明会典》卷 34《盐法三·盐法通例》。
⑥ 《明史·食货四》。

问题，其态度还是认真负责的。虽然其措施不可能完全解决守支难题，但却收到了一定的效果，在一些地区甚至可以说得到基本的解决。如弘治四年（1591年），朝廷派李嗣清理淮盐。李嗣先把召商报中暂时停止，集中力量解决积欠商人盐引问题。他采取让商人买余盐补官引的办法，在以余盐充正引的同时，又从商人买余盐收入的银中抽出 1/3，支付过去商人已经中引而未支盐的盐价，逐步回收了积欠的盐引，基本上解决了淮盐中守支的问题。

明政府在实施开中法中，为了使商人能在相对公平的条件下进行竞争，特制定了"抢上之法"：

> 遇开到引盐，定拟斗头，分派城堡，尽数开列，揭榜通衢。听各有本商人抢先上纳。凡银两粮，但以先入仓库为定，出给实收，按其先后填给勘合。不惟奸人不得虚报卖窝，高坐罔利，即司饷诸臣亦不得以意所憎喜，高下其间。比之验银准报，可以假借应点者，不可同日语矣。请著之令甲，下各镇从实举行，亦今日通商利国一道也。①

由此可见，所谓"抢上之法"就是实行类似当代的公开竞标制度，如政府需要商人中盐之时，就将所需中盐"尽数开列，揭榜通衢"，让所有百姓知晓，召商人前来竞标。在竞标价相同的情况下，商人最先抢到，纳粮于政府指定仓库者即为中标者。这种公开竞标制度既保证了商人开中的公平竞争，防止官吏营私舞弊，又促进了商人争先报中的积极性。

开中法实行不久，明太祖为了防止权贵势要利用权力干预垄断盐利，破坏开中法，"洪武二十七年（1394年），令公、侯、伯及文武四品以上官，不得令家人、奴仆行商中盐，侵夺民利"②。这种制度设计对保障普通商人的公平竞争、健康有序地推行开中制无疑起到了积极的作用。但是明中期以后，随着明王朝政治上的腐败，权贵势要往往利用手中的权力，中盐行商与民争利，"每当户部开纳年例，方其文书未至，则内外权豪之家，遍持书札，预托抚臣。抚臣畏势而莫之敢逆，其势重者与数千引，次者一二千引。其余多寡各视其势大小而为差次，名为买窝"③。这使盐商要经营盐业，取得盐引，就必须从拥有盐引的权贵势要手中购买，实际上权贵势要在商人和政府之间扮演了中介角色。盐商为取得行盐资格，不得不忍受势要的高价，加重了其行盐成本。更有皇亲、王府和内臣，"奏讨之内，又有夹带；奏讨者一，夹带者十"④。这种正盐为特权人物所垄断的情况不但使私盐泛滥，侵占了盐商的行盐市场，打击了中盐盐商的同时也使开中制受到极大的损害。到了成化、弘治时，权贵势要及各色人等奏讨占窝、垄断开

---

① 《明世宗实录》卷 278。
② 《大明律》卷 8《户律·盐法》。
③ 《西园闻见录》卷 36《盐法后》胡松语。
④ 《明书》卷 81《盐法》。

中、多支夹带、贩卖私盐，在相当程度上占去了中盐商人的销售市场和所能取得的货源，本色开中基本上实行不下去了。以致嘉靖时人们发出了"盐法之害，莫甚于买窝卖窝，累拟禁革而弊不除者，以未得其术耳"① 的感慨！

明代开中法从纳粟中盐为主过渡到纳银中盐为主有一发展的过程，并且是历史的必然趋势。明初，由于国家处于战时经济状态，为了维持"九边"的军事防御，就必须有足够的实物粮草供应，所以明初开中制之下，商人以纳粮开中为主，间或也有纳马、纳铁的，但很少有折银的例子。从本色开中到折色开中演化的情况，寺男隆信认为："在英宗复辟的天顺至成化间，与蒙古的关系处于比较缓和的状态……由于民运粮的纳银及京运年例银的支付，北部边塞地区的银货流通量在逐渐增加，以银货为中心的边饷筹集体系也逐渐建立起来。与此同时，开中法也适应这种变化，开始采取以纳银来代替纳粮、纳草的办法来发给仓钞了。"② 换言之，明初"召商输粮于边而与之盐"就其本质而言，是一种临时性的非常态的政府通过出让盐的特殊经营权给商人而利用商人来解决边镇军队的粮草供给难题。当明初大规模的军事行动基本结束，全国大致平定后，边镇的军队数量减少，就不需要先前那么大数量的粮草供给，纳粟中盐为主必然要转化为纳银中盐为主。从宪宗成化以后，"内府供用日繁"③，盐税锐减而开支增多，国库因而日益枯竭。为解决财政赤字，政府就打盐课的主意，起用叶淇，实行盐法变革，以食盐专卖作为财政搜刮的手段。"粟贵征粟，粟贱征银"，明政府不再把开中主要作为解决边镇军需供给的依靠，而是把它作为致力充实国库、增加帑银的工具。总之，边镇军需供给压力的减小和财政赤字是纳粟中盐转变到纳银中盐的最主要原因。

如以更广阔的视野考察明代开中从纳粟中盐为主到纳银中盐为主的转变，这与明代社会经济的发展也有必然的联系。成化、弘治时，硬通货银在流通领域的地位越来越重要，银在经济领域的地位几乎已超过了实物，全国的主要税收都以货币银交纳，这不可能不影响到盐法领域。当时，纳银中盐就是将朝廷规定的各盐司济边课盐，让商人直接在盐司纳银，换取盐引，而后在本运司支盐。

纳银中盐成为盐法的主流后，国家的盐课收入大大增加，"每引输银三四钱有差，视国初中米值加倍，而商无守支之苦，一时太仓银累至百余万"④。巨额的盐课解决了国家财政赤字，但也出现了一些弊端。从商人上纳盐银开始，经运司解户部，再分解各边，其间损失、消耗、干没者不在少数。特别是由于官吏腐败，在济边问题上，不如商人那样精打细算，用银很多，办事却少，致使时人有

① 《明世宗实录》卷278。
② ［日］寺田隆信：《山西商人研究》，张正明等译，山西人民出版社1986年版，第79页。
③ 夏燮：《明通鉴》卷34，中华书局2009年版。
④ 《明史·食货四》。

"然不以开边而以解部，虽岁入巨万，无益军需"① 之叹。

在纳银中盐成为主流之后，纳粟中盐并未完全废止，在粮草紧缺的边镇，仍经常强调纳粟开中。如正德五年（1510 年）规定："盐课不许于腹里地方中卖，亦不许奏开残盐，以遂商人奸计。待各边奏有缺乏，户部开送各边报中本色粮草，不许折纳银两。"嘉靖二十七年（1548 年）又规定："自二十八年为始，开中引盐无论常股存积，不分淮、浙、山东、长芦，俱照原定价则，止令纳本色粮草。"②

纳银中盐实施后，盐商逐步分成边商、内商两部分。边商是指籍居九边诸镇一带的商人。他们久在边境中盐，就近纳粟中引较为方便。后来，由于内商不赴边报中，政府就把应纳盐粮强行摊派到每个边商名下。由于他们居处远离盐场，资本也不太雄厚，在盐法日益阻滞、守支无期的情况下，无力赴场关支，于是另辟蹊径，开卖引于内商一途。边商在边镇上纳盐粮，换取勘合、仓钞，赍赴运司，以稍高的价格售与内商，取利而还。内商是指居住在内地盐场附近的大小商人。他们有较雄厚的资本。实行开中制度的初期，他们也得赴边纳粮中引，开发屯田。纳银中盐之例一开，他们就撤回内地，纳银运司，换取盐引。当朝廷因边镇缺乏军粮强调纳粟开中时，他们也不再赴边，经营起收买边商引的生意。这样，边商得卖引之便，省去赴场关支之苦，内商得买引关盐，免去赴边上纳粮草之劳，亦庶几两便。这是纳粟开中在当时还能得以维持的一种方式③。

总之，无论是纳粟中盐还是纳粮中盐，明政府均是将盐的全面直接专卖转变为部分间接专卖，既在运销环节发挥了私商经营的优越性，又节约了政府管理成本，增加了财政收支。纳粟中盐还在解决边镇军队粮草供给中发挥了重要作用。但是，由于明王朝中后期政治上的腐败，权贵势要依靠权力占窝，多支夹带，私盐泛滥，在相当程度上侵占了中盐商人的销售市场和所能取得的货源，使本色开中难以实行下去。纳银中盐成为主流后，边商纳粟中盐几乎失去了其商业性质，而成为一种赋役。如宁夏，派往该镇的盐引，由于远商不至，就将本地商人金籍登记，坐名摊派，"年复一年，追并上纳，迄无宁时"④。商人在中纳过程中，又受到官府和奸商的掊克盘剥。边商交纳盐粮，非得上足一万引才给填写勘合，使边商资本消折，旧粮未纳足，新粮又派走，困苦不堪。想得到通融，就得上下使费。这样，边商个个视中盐为畏途，百般规避，不愿中纳。有的商人通过门路，告减斗头，四六交纳，有的是商人与边仓通同作弊，不纳粮而且虚出仓钞，因此，所收不及半数。纳粟中盐至此，已经是名存实亡了。

---

① 《明史·食货四》。
② 《明会典》卷 34 《盐法三·盐法通例》。
③ 王雄：《从纳粟中盐到纳银中盐》，《广播电视大学学报》2003 年第 2 期。
④ 《明经世文编》卷 360 《庞中丞摘稿四·清理宁夏屯盐疏》。

五、重农助商重教兴学思想

(一) 重农助商思想

1. 重农劝农思想

从总体趋势看，明代前期重农劝农，积极鼓励农民耕作，垦荒种田，发展农业生产。到了明中后期，随着社会经济尤其是商业的发展，政府已很难限制工商业的发展，甚至还从政策上给予商人某些优惠，一些有识之士时有恤商、惠商、助商的言论。中国作为传统的农业大国，重农思想根深蒂固，明中后期虽然有不少重商助商思想，但重农思想仍然占主导地位。

明代开国君主朱元璋就十分重视农业生产，其思想对明朝推行重农劝农政策影响深远。早在元至正二十六年（1366 年）四月，朱元璋就指出："今日之计，当定赋以节用，则民力可以不困；崇本而祛末，则国计可以恒舒。"[1] 这里，基本上确定了明朝薄赋重农的治国方略。洪武十八年（1385 年）九月，朱元璋对其重农政策做了进一步阐发："人皆言农桑衣食之本。然弃本逐末，鲜有救其弊者。先王之世，野无不耕之民，室无不蚕之女，水旱无虞，饥寒不至。自什一之途开，奇巧之技作，而后农桑之业废。一农执末而百家待食，一女事织而百夫待衣，欲人无贫，得乎？朕思足食在于禁末作，足衣在于禁华靡。"[2] 由此可见，朱元璋的重农思想仍然沿袭主流的重农抑商思想，即通过抑商达到重农兴农。

明人林俊在《务政本以足国用疏》中对"本"提出自己的见解："地有余利，应垦而不垦；民有余力，宜务而不务，此其本之失也。"[3] 用今天的话来说，就是土地和劳动力资源不能有效地配置，农业这一根本就丧失了。他具体指出，当时"本之失"的具体表现是济兖之地"荒沙漠漠，弥望丘墟，间有树艺，亦多卤莽而不精，缓急而不时。至于京畿之间，亦复如是。往往为之伤心饮泣，抚掌深叹。计此度之，虽边郡应屯之地，目所不击、足所不到之处，夫亦是耳。"造成这一现象的原因是"大抵官非其人，理非其要。膏腴之区，贪并于巨室；硗确之地，荒失于小民；而屯田坏矣，务贪多者失于卤莽，困赋税者一切抛荒，而农业隳矣。所谓地有遗利，民有余力，此之谓也。"

针对这种情况，林俊提出治国之策应"务政本以足国用疏"。他说："臣闻国犹家也，理家犹理国也。理家之道，力农者安，专商者危。入不逮所出者，贫；剥人以肥己者，亡。有人于此，千金之产置弃不理，顾乃逐商贾之微赢，渔闾阎以取息，日出其箧箧以御外侮，不待知者亦决，知其不可矣。是故政本之说，力农之谓也；盐铁之说，专商之谓也；发帑藏之说，入不足而日出之谓也；

---

[1] 《明太祖实录》卷 20。

[2] 《明太祖实录》卷 175。

[3] 以下林俊言论均见于《明经世文编》卷 86《林贞肃公集一·务政本以足国用疏》。

巧取之说，剥人以肥己之谓也。即此论之得失利害，固有不较而自明者。今日之事，臣愚以为，莫若取一于农，务力其本，大为一劳永逸之图。"由此可见，林俊的"务政本以足国用"说也是重农，但他并不抑商。他根据当时各个地区地理环境的不同，提出4种方案来发展农业，达到地尽其利，民尽其力：其一是沿边诸郡实行军屯，组织将士务农习武；其二是内地西北诸路，召民垦荒耕种，减免一定的赋税，待田地收成提高后，再恢复正常的赋税；其三是濒海之地，筑堤募耕，使其逐渐自给，一年可省去海运粮食数百万石；其四是京城四面土地，可划分为区或屯，募人耕种。

林俊最后在《务政本以足国用疏》中谨慎建议皇帝："请举一隅之地，小小试之，或要而边关之地，或近而京畿之外，如臣所陈者，经画区分，而又益求众议以润泽之，数年之内，所得若何，所失若何，则其是非利害，居然可见矣。"这就是先划一块小地方，将其所提方案予以试行，然后再广泛征求意见予以改进，最后才予以大范围推广。

2. 通商助商思想

明代中后期，随着商品经济的发展，商业在人们日常生活中日益显得重要，人们对商业及商人的看法越来越趋于客观。如嘉靖初年，国子祭酒陆深就指出，通商程度与获利大小成正比，通商程度越高，获取的利益越大。他说："祖宗时，设立各处转运、提举等司，金灶以办税，置仓以收盐，建官以莅政，设法以开中，其要在于通商而已。大抵商益通则利益厚，此立法之本意也。且穷边绝塞，输转极难之地，而能使商贾挟货负重以往，随令而足……商通课足而盐法不行者，未之有也。"① 浙江巡按庞尚鹏则提出通商可以互通有无，彼此兼济，交易双方可以两利俱全："辽东地当濒海，士人以力农为本业。自嘉靖三十六七年，灾歉相仍，米价腾涌，人且相食，盖舟楫不通，商贩鲜至。丰年积粟之家既不能贸易以规利，一遇荒歉又不能称贷于他方，此生计萧条，闾里丘墟，职此故也。查得山东海运，自登莱达金州旅顺口，仅一昼夜，往迹具存，可按也……夫海道通行，不独商贾辏集（辽东一镇附山东省，圣祖创制，本欲其相通，故时行海运以赡给之），一如通都。且辽东饥则以移粟望山东，山东饥则以移粟望辽东，彼此兼济，岂独辽人之利耶……今惟开其禁，使商贾通行……庶乎官不劳而民不扰，辽东、山东两利俱全矣。"②

随着人们对商业、商人活动重要性的认识有所提高，各级官吏提出了一些助商、惠商、恤商的具体政策和措施，目的旨在使商业得到正常健康的发展，在社会经济中发挥应有的作用，商人能够受到更公正、公平的待遇。如隆庆四年（1570年）四月，大臣高拱提出对商业进行改革："先朝公用钱粮俱是招商买办，

① 《明经世文编》卷155，陆深《陆文裕公文集·拟处置盐法事宜状》。
② 《明经世文编》卷358，庞尚鹏《庞中丞摘稿二·清理辽东屯田疏》。

有所上纳，即与价值，是以国用既不匮乏而商又得利。今价照时估，曾未亏小民之一钱，比之先朝固非节缩加少也，而民不沾惠，乃反凋敝若此。虽屡经题奏议，处宽恤目前，然弊源所在，未行剔刷，终无救于困厄，恐凋敝日甚一日。辇毂之下，所宜深虑，必不可谓其无所处而任之也。臣愿陛下特敕各该衙门备查先朝官民如何两便，其法安在，题请而行。其商人上纳钱粮，便当给予价值。即使银两不敷，亦须那移处给，不得迟延。更须痛厘夙弊，不得仍有使用打点之费，此为体恤人情。就中尚有隐情亦须明言，一切惩革不得复尔含糊，则庶乎商人无苦，而京邑之民可有宁居之望也。"① 他认为，要恢复发展京城的商业，必须痛革陈规陋习，保护商人应有的权益；借鉴前朝，切实具体地推行便民便商的措施；政府各部门招商买办必须及时付给商人钱款，不得拖欠；严禁刁难、勒索商人，收受打点之费；进一步查清当前的弊端，坚决予以惩革，不得半点含糊。

　　同年六月，户部条议恤商"六事"："定时估。言物价，与时低昂，而钱粮因时办纳。若先期估计，则贵贱无凭；或仓场远近、傔费多寡，遥度悬断，岂尽合宜？此后，九门盐法委官与十三司掌印官及巡青科道估价，上半年定于五月，下半年定于八月，俱以十六日为期，务在随时估价，不得执一。其内库监局召买物料价亦仿此。议给价。将御马、三仓坝上等马房钱粮原属山东、河南、督理京粮道者，俱改于太仓关领；各仓场料草，原派数少者给以全价，数多者预给三分之一，完日补给，皆以时估为率。其两省督粮官既无关领之扰，则催督宜严，如有怠玩者，劾治。严禁革。各库监局，及牛、羊、象、马房等仓，西安等门典守官吏，有需求抑勒者，悉治其罪。裁冗费。量减各仓场草束斤数，及脚夫库秤之冗食者。酌坐买。凡料草数多，一时难以卒办者，量于秋冬二孟收成之月坐买，不得仍前全坐，致费高价，陈草悉令发买，或如数补放，未给价者，速给之。公金报。各商果贫困不能供役者，具通状告部，转行巡青衙门，验实方许举报。富户更代输入。"② "六事"中对商人有利的是由于商品经济发展，物价容易波动，定时估价，合理调整物价，对稳定市场有益。政府在召商买办中，对数量少的交易"给以全价"，一次性付清钱款，而对于数量大的交易，则"预给三分之一"，待交易完成后，再全部付清钱款。价格均以"时估为率"，保护了商人的权益。朝廷严厉禁止管仓库和城门的官吏勒索商人钱财，不得高价发买多余草料。贫困商户不能供役的，政府查证属实，寻找富户代替供役。对于户部上奏"六事"，穆宗都批准实施。同月，工部答复高拱所陈恤商之事云："贫商困累，惟多给预支银，可以拯之。乞将年例钱粮办纳之数以难易定其多寡，以迟速定其先后，多者预支十分之四，递减至一分。半年之内全给，一年以外先给其半。"穆宗也诏

---

① 《明经世文编》卷301《高文襄公文集一·议处商人钱法以苏京邑民困疏》。
② 《明穆宗实录》卷46。

准施行①。隆庆五年（1571年）四月，"免林衡署果户房号税。初，永乐时有果户三千余，后渐逃窜，仅存七百余户。嘉靖间复征其房号。至是，果户奏诉贫难，帝亦悯之，故有是命"②。明代政府通过富户替代贫困商户供役、免果户房号税，减轻了贫困商户的赋役负担，并采取"惟多给预支银"来挽救因资金短缺而将破产的贫商，这种恤商、助商思想和实践，在历史上是罕见的，相当难能可贵。这种政策措施使许多商户免于破产，改善了商人的生存和发展空间，对明代商业乃至社会经济的发展具有相当的积极作用。

当时，政府之所以自觉地实施惠商、助商政策，是因为有识之士抛弃了传统的把农商对立起来的重农抑商思想，认识到惠商助商有利于兴商，商兴则足国。万历年间，湖广巡抚郭惟贤上《申明职掌疏》，就提出："足国莫先于惠商。所谓惠商者，岂必蠲其常课，而可取之利，尽置之于不取哉？兴一利，莫若除一害；而省一分，则商受一分之赐。惟去其所以害商者，而其所以利商者自在也。"因此，他主张应当革除损害商人利益的各种弊端，"如此，则宿垢尽刬而实惠暨沾，富商辐辏而赴掣恐后"③。

当时，一些有识之士不仅主张积极扶持、发展内地商业贸易，而且也大力提倡边境民间贸易，认为这对于国家来说是"两利之道"。如隆庆年间高拱就极力促成"俺答封贡"，推行与鞑靼的边境贸易，促进了北部边境经济的发展。明末梅国桢对此做了中肯的评价，充分肯定了内地汉族与边境鞑靼的边境贸易："自隆庆五年，北虏款贡以来，始立市场。每年互市，缎布买自江南，皮张易之湖广。"④此王鉴川所定通夷而不费国，兼收其税，两利之道。彼时督抚以各部夷人众多，互市钱粮有限，乃为广召四方商贩，使之自相贸易，是为民市之始。间有商税，即以充在市文武将史一切廪饩、军丁犒赏之费。

明代中后期以后，随着商业在社会经济中的作用日益凸显，商人的地位也得到很大的提高。明初，朱元璋曾规定："商贾之家止许穿布，农民之家但有一人为商贾者，亦不许穿绸纱。"⑤显然明代最高统治者通过对商贾的歧视达到重农抑商的目的。但是，到了明中后期，这种规定已成为一纸空文，许多商贾生活奢华，逾礼而无所顾忌，不必担心受到处罚。商人的政治地位也逐步上升，官商合流的趋势进一步发展。一方面，商人可以通过科举入仕，甚至可以通过多纳钱粮进入国子监，或者纳货得官，以此提高自己的社会地位。如"成化中，太监张敏卒，侄太常寺丞苗，倾赀上献，乞侍郎。上曰：'苗本由承差，若侍郎，六部执政不可，可授南京三品。'左右急持官制请，竟得南京通政使。是时四方白

① 《明穆宗实录》卷46。
② 王圻：《续文献通考》卷29《征榷考》。
③ 《明经世文编》卷406《郭中丞三台疏草·申明职掌疏》。
④ 《明经世文编》卷452《梅客生奏疏·请罢榷税疏》。
⑤ 《农政全书》卷3《国朝重农考》。

丁、钱虏、商贩、技艺、革职之流,以及士夫子弟,率夤缘近侍内臣,进献珍玩,辄得赐太常少卿、通政、寺丞、郎署、中书、司务、序班,不复由吏部,谓之传奉官"①。另一方面,在高额商业利润的诱惑下,明朝的皇亲国戚、高官权贵也纷纷放下身段,加入经商的队伍。他们凭借权势,或"行商中盐",或自开店铺,或从事边境贸易和海外贸易,从而获取暴利,发家致富。正德年间,南京给事中陈江说,通州张家湾"密切京畿,当商贾之辏,而皇亲贵戚之家列肆其间,尽笼天下货物,令商贾无所牟利"②。嘉靖、万历年间的严嵩、徐阶、张居正、张四维等多位首辅,都因经商而成一时之富。而一般的各级官吏,也纷纷凭借自己的手中权力,经营工商业而致富。正如明末清初顾炎武所指出的:"自万历以后,水利、碾硙、渡场、市集无不属之豪绅,相沿为常事矣。"③

明代中后期官商合流的趋势使明初对商人歧视的社会风气彻底发生变化。明初的清贫士子也能得到人们的钦羡,而富有的商人却会遭到人们的鄙视。但到明中后期,那些以才学自高的士子们也对商人的社会作用刮目相看,许多文士为富商巨贾撰写传记、寿序、碑铭,一些进步思想家也公开提出"工商皆本"的观点,批判传统的重农抑商,重农轻商观念。

(二) 重教兴学思想

明朝开国君主朱元璋不仅重农,而且重视教育。洪武二年(1369 年)十一月,他敕谕中书省官吏,确立了"重教兴学"的治国方略:"治国之要,教化为先;教化之道,学校为本。今京师虽有太学,而天下学校未兴。宜令郡县皆立学,礼延师儒,教授生徒,以讲论圣道,使人日渐月化,以复先王之旧,以革污染之习,此最急务,当速行之。"④ 朱元璋清楚意识到教育对人的素质、社会风气起潜移默化的作用,对巩固封建王朝的统治意义重大。而且要搞好教育,关键在于兴办学校,因此,不仅在京城要办太学,而且应该在全国各郡县创办学校,礼聘精通儒学的老师,教授学生,以培养人才,扭转社会风气。为此,明政府制定并推行一系列的政策措施,设立管理教育的机构,加强对学校教育的指导和监管,劝学兴学,大力发展教育事业,为提高国民的文化水平,形成良好的社会风气,维护明王朝的统治,发挥了积极的作用。

1. 教育机构和学校设置思想

明代,主管全国教育的最高行政机构是礼部,掌管全国的教育行政,其主要职能有以下 4 个方面:一是主持全国的科举考试并实施监督。每逢乡试年,礼部尚书要会同翰林院奏请皇帝择定主考、同考、监考、读卷官员,并完成出题、录

---

① 郑晓:《今言》卷 2,中华书局 1984 年版。
② 《明世宗实录》卷 4。
③ 《日知录》卷 13《贵廉》。
④ 《明太祖实录》卷 46。

取、公榜、赐宴等一系列事宜，在考试期间对考官和考生实施严密的监督。二是审查各地官员的上报请求，奏请皇帝批准创建或恢复各级各类学校。三是考选教官，提出国子监祭酒和各省提学人选。明代教官的选用由礼部提名，吏部考察，然后报请皇帝钦定；对国子监祭酒和分管各省教育行政的提学，由礼部会同吏部提出候选人，然后报请皇帝钦定。四是对全国知识分子的思想进行监控、钳制、限制、禁止不符合明朝统治需要的文化活动和言论。

在地方，明政府在各承宣布政司设"提学官，每省各一员，或副使，或佥事，无定衔"①，掌管地方教育事务。提学官直接对中央负责，不受地方政府干预，总督、巡抚、都指挥使、布政使等地方领导，不许干扰侵夺提学事权。提学官奉中央政府的政令行事，其主要职责有3个方面：一是巡察属地考选生员，考定教官。二是组织举行地方岁考和科考，三是督察地方办学，黜退违纪生员。

明朝监察机构都察院对监察教育负总的责任。明初，中央选派巡按御史和省监察官按察使共同负责监察地方教育。如御史"出巡事宜"规定："学校，仰提调官，凡遇庙学损坏，即为修理完备；敦请明师教训生徒，务要作养成材，以备擢用。毋致因循弛废，仍将见在师生员名缴报。"②"巡按御史满日造报册式"规定：巡按御史"提督过学校生员，要将作养过人材，后日堪为世用者，若干名开报"③。"出巡事宜"甚至规定："府州县儒学教官、生员初见行拜礼，御史、按察司官出位中立答拜，教官、生员相见之后，不许每日伺候作揖，有妨肄业。"④ 由于对生员的考课、各省的乡试关系到对人才的选拔，朝廷更是赋予御史亲临府、州、县学，当场考课生员的学业，甚至代表皇帝会同按察使巡视各省乡试考场，对考场全面监察的权力。

明代学校分为官学和私学两大类。官学有京城的国子监、宗学、武学、医学，郡县的府学、州学、县学、卫学；私学有书院。社学介于官学与私学之间，属官督民办。

明代国子监又称太学，是全国的最高学府。国子监祭酒主要负责国子监内部教学行政事务的管理，国子监司业是祭酒的副官。监丞具体分管纪律，对有过错师生进行处罚。博士、助教、学正、学录负责具体教学，典簿管理财务收支，典籍管理书籍，掌馔管理膳食。

宗学是明代为宗室贵族子弟设立的学校。《明史》卷69《选举一》载："宗学之设，世子、长子、众子、将军、中尉年未弱冠者俱与焉。其师，于王府长史、纪善、伴读、教授等官择学行优长者除授。万历中，定宗室子十岁以上，俱

---

① 《明会典》卷4。
② 《明会典》卷210《都察院二·出巡事宜》。
③ 《明会典》卷211《都察院三·回道考察》。
④ 《明会典》卷210《都察院二·出巡事宜》。

入宗学。若宗子众多，分置数师，或于宗室中推举一人为宗正，领其事……寻复增宗副二人。子弟入学者，每岁就提学官考试，衣冠一如生员。"由此可见，宗学由宗正、宗副负责管理教育行政，由长史、纪善、伴读、教授等官员挑选才学、品行优秀者作为教师负责教学。每年由提学官负责对入学子弟进行考试。

明代府学、州学、县学、卫学属于地方学校。洪武二年（1369 年），朱元璋下令大建学校。在地方，"府设教授，州设学正，县设教谕，各一。俱设训导，府四，州三，县二。生员之数，府学四十人，州、县以次减十……生员专治一经，以礼、乐、射、御、书、数设科分教，务求实才，顽不率者黜之"①。可见，地方学校的管理，府学由教授负责，州学由学正负责，县学由教谕负责。学校设有专职教师，分科教学。其对教官的考核主要以学生科举成绩为标准。洪武二十六年（1393 年），朝廷颁布《学官考课法》："以科举生员多寡为殿最。县生员二十名，教谕九年任内有举人三名，又考通经者为积职，升用；举人二名，虽考通经为平常，本等用；举人不及二名，又考不通经者为不称职，黜降别用。州学生员三十名，学正九年任内举人六名，又考通经者，升用；举人三名，虽考通经，本等用；举人不及三名，又考不通经者，黜降别用。府学生员四十名，教授九年任内举人九名，又考通经者，升用；举人四名，虽考通经，本等用；举人不及四名，又考不通经者，黜降别用。府、州、县学训导分教生员九年，任内举人三名，又考通经者，升用；举人二名，或一名，虽考通经，本等用；举人全无，又考不通经者，黜退别用。先是，教官考满，兼核其岁贡生员之数。至是上以岁贡为学校常例，故专以科举为其殿最。"②可见，对教官考核的内容主要包括两个方面：一是在规定的 9 年时间内教官所教学生考取举人的数量；二是教官本人的学养。但是，由于这两条考核标准过高，宣德五年（1430 年）重定 9 年内教官所教学生考取举人的数量："教授五名为称职，三名为平常，不及三名为不称；学正三名为称职，二名为平常，不及二名为不称；教谕二名为称职，一名为平常；训导一名为称职，不及者皆为不称。称职者升，平常者本等用，不称者降。"③

社学是明代地方官奉朝廷诏令在乡村设立的"教童蒙始学"的学校，大致可分为普通型社学和特殊型社学两种。明代社学中最常见的是普通型社学，其中大多数为普及教育性质的社学，少数为培养科举人才的社学。社学作为普及教育性质的最基层学校，特别注重少年儿童的伦理道德教育，以敦厚风俗，保持社会生活的稳定有序，巩固明王朝的统治基础。所以明朝廷曾要求各地官员晓谕百姓，凡子弟到学龄之年，都要送入社学。为了普及社学教育，社学往往收费低，

---

① 《明史·选举一》。

② 《明太祖实录》卷 227。

③ 《明会典》卷 12《吏部十一·教官》。

对贫穷学生有所照顾，甚至可免交学费，因此收录的学生较多。少数为科举而建立的社学，则重视对入学生徒的选择，目的是为府、州、县学输送人才，生徒学习优秀者可选入府、州、县学，教学内容也完全为科举考试而制定。

明代社学没设专官负责管理，一般由提学官及司府州县官兼管。正统元年（1436 年）令："各处提学官及司府州县官严督社学，不许废弛，其有俊秀向学者，许补儒学生员。"[1] 社学设社师教育学生："每处选社师一人，月给饩粮一石，以教贫民子弟之堪教者。"[2] 从总的说来，明代的社学虽然遍布全国各地，但并未形成一种稳定、完备的教育体制。究其原因，主要有 3 个方面：一是办学经费难以保证，中央和地方都没有专门财政支出来创建和维持社学。如社学的校舍就难以得到解决，地方多利用没官的寺庙和废弃的官廨，有的则是将取缔的淫祠改建成社学。二是朝廷未将社学兴废列入对地方的考核，因此，一些地方官员并不认真督办社学，使社学疏于管理。正如吕坤所指出的："近日社学不以童蒙为重，虽设有社学社田，专听无行衣巾生员乞请，以为糊口之资，不拘童子有无，不问曾否教训，遂令居官舍而冒官谷，掌印官如醉梦人，全不照管"。因此，他建议："凡社学废而不修，与夫有社学而拥虚器者，有司以不职参罢。"[3] 三是明代社学大多属于普及性教育，以淳厚社会风尚为目的，因而偏重道德教育，不以科举考试为目的。这对于希望子弟读书入仕的家长来说，往往不愿选择子弟入社学，而多愿意花费钱财送子弟到传授科举知识的村塾、家塾学习。

明代书院相当于私立的高等学校。明初朱元璋重视官方教育，全国只有洙泗、尼山两座书院。明代中叶，随着官学的衰败，以书院为代表的私学兴起，到嘉靖、万历年间达到鼎盛。书院由于是私立学校，政府一般不插手管理，而由知名儒学学者兴办主持，讲学授徒。

2. 教育方法、内容、考核和师资思想

《明史》卷 69《选举一》载："其（国子监）教之之法，每旦，祭酒、司业坐堂上，属官自监丞以下，首领则典簿，以次序立。诸生揖毕，质问经史，拱立听命。惟朔望给假，余日升堂会馔，乃会讲、复讲、背书，轮课以为常。所习自《四子》本经外，兼及刘向《说苑》及律令、书、数、《御制大诰》。每月试经、书义各一道，诏、诰、表、策论、判、内科二道。每日习书二百余字，以二王、智永、欧、虞、颜、柳诸帖为法。"

由此可见，国子监采取的教学方法是多样的，有质问、会讲、复讲、背书、习字、作文等各种形式，其中教师讲解应该还是主要形式，如会讲、复讲都是教师以讲解为主，质问则是学生提出问题，教师进行解答。而且学术有专攻，教师

---

① 《明会典》卷 78《礼部三十六·社学》。
② 万历《项城县志》卷 2《建置志·社学》。
③ 吕坤：《实政录》卷 3《兴复社学》，齐鲁书社 1995 年版。

所讲解的课程分得很细，如五经中每个教师分讲一经。"博士掌分经讲授，而时其考课。凡经，以《易》《诗》《书》《春秋》《礼记》，人专一经，《大学》《中庸》《论语》《孟子》兼习之。助教、学正、学录掌六堂之训诲，士子肄业本堂，则为讲说经义文字，导约之以规矩。"① 明代的教学方法保持古代教学方法的传统，重视背书、习字、作文等基本功的训练。当时的教学内容不仅有《四书》《五经》等儒家经典，而且还有法律、数学、道德、历史等方面的内容，如上述引文中提及的律令、书、数、《御制大诰》《说苑》等，此外，明朝宗学"令学生诵习《皇明祖训》《孝顺事实》《为善阴骘》诸书，而《四书》《五经》《通鉴》、性理亦相兼诵读"②。

明代对国子监学生的考核是相当严格的："每月试经、书义各一道，诏、诰、表、策论、判、内科二道。"其考核次数每月一次，内容包括经、书义、诏、诰、表、策论、判、内科等。据《明会典》卷 220 记载，国子监通过考核对监生学业分等级进行管理："正官严立学规，定六堂（率性、修道、诚心、正义、崇志、广业六堂）师范高下。六堂讲诵课业，定生员三等高下"。然后"以二司业分为左右，各提调三堂"，"博士五员，虽分五经，共于彝伦堂西设座教训，六堂依本经考课"。"凡生员通《四书》，未通经者，居正义、崇志、广业堂。一年半之上，文理条畅者，许升修道、诚心堂。坐堂一年半之上，经史兼通、文理俱优者，升率性堂"。"生员坐堂，各堂置立勘合文簿，于上横列生员姓名，于下界画作十方，一月通作三十日，坐堂一日，印红圈一个。如有事故，用黑圈记。每名须至坐堂圈七百之上，方许升率性堂"。"凡生员日讲，务置讲诵簿，每日须于本名下书写所讲所诵所习，以凭稽考"。"凡生员遇有事故者，须置文簿。但遇生员请假，须至祭酒处呈禀批限，不许于本堂擅请离堂"。"凡生员升率性堂方许积分。积分之法，孟月试本经义一道，仲月试论一道、诏诰表章内科一道；季月试经史策一道、判语二条。每试文理俱优与一分，理优文劣者半分，文理纰缪者无分。岁内积至八分者为及格，与出身，不及分者仍坐堂肄业。试法一如科举之制。果有才学超越异常者，取自上裁"。从此可知，国子监对生员的考核，既注重考试，又注重平时的诵习、出勤情况，将两者结合起来加以考查。然后依据综合考查结果评出 3 种等级。只有达到最高等级"率性堂"，并且积分达到 8 分者才算及格，给予"出身"。如分数达不到 8 分者，则必须继续"坐堂肄业"。

国子监除举行监内考试外，每年还进行入监选拔考试。如"每岁天下按察司选生员年二十以上、厚重端秀者，送监考留。会试下第举人，入监卒业。又因谏官关贤奏，设为定例。府、州、县学岁贡生员各一人，翰林考试经、书义各一

---

① 《明史·职官二》。
② 《明史·选举一》。

道，判语一条，中试者一等入国子监，二等达中都，不中者遣还，提调教官罚停廪禄。"明朝初期名臣解缙提出新学校之政："每县学生员三十人，府学百人，每岁春秋二季，县之儒士试于学，试中曰俊士，始入县学，县设公宴迎榜至其家，县官亲送；二年，各县之生员试于府，以八月试，中曰选士，始入府学，宴请之礼亦如之；三年，乡试、会试、殿试如今制，始曰进士。每岁，府学贡十人于国学，曰贡士。县官传榜名至其家"。①

明初曾对各级学校招生数量予以规定，但以后随着地方府州县学的普及以及考生的增加，"未几，即命增广，不拘额数"。之后屡次增加，至"宣德中，定增广之额：在京府学六十人，在外府学四十人，州、县以次减十。成化中，定卫学之例：四卫以上军生八十人，三卫以上军生六十人，二卫、一卫军生四十人，有司儒学军生二十人；土官子弟，许入附近儒学，无定额。增广既多，于是初设食廪者谓之廪膳生员，增广者谓之增广生员。及其既久，人才愈多，又于额外增取，附于诸生之末，谓之附学生员。凡初入学者，止谓之附学，而廪膳、增广，以岁科两试等第高者补充之。非廪生久次者，不得充岁贡也。士子未入学者，通谓之童生"。②明政府还通过考试从地方府、州、县学选拔优异者为"举人"，奖励成绩优秀的学生，淘汰成绩不合格者。

明代政府重视选拔各级学校中的师资，要求必须德才兼备，能为人师表。"其师，于王府长史、纪善、伴读、教授等官择学行优长者除授"。③"司教之官，必选耆宿。宋讷、吴颙等由儒士擢祭酒，讷尤推名师"。④而且，如某老师所教的学生在科举中取得好成绩，那其师将得到奖赏。明初，"历科进士多出太学，而戊辰任亨泰廷对第一，太祖召（宋）讷褒赏，撰题名记，立石监门。辛未许观亦如之"。⑤

明政府不仅注重对教师的选任，而且还注重对他们进行考核。"太祖时，教官考满，兼核其岁贡生员之数。后以岁贡为学校常例。（洪武）二十六年，定学官考课法，专以科举为殿最。九年任满，核其中式举人，府九人、州六人、县三人者为最。其教官又考通经，即与升迁。举人少者为平等，即考通经亦不迁。举人至少及全无者为殿，又考不通经，则黜降。其待教官之严如此。"⑥可见，明政府对教师的考核主要以学生科举成绩为标准，即其所教学生的中举人数，此外，也考核教师的学养，即是否通经。

---

① 《明经世文编》卷11《解学士文集·献太平十策》。
② 《明史·选举一》。
③ 《明史·选举一》。
④ 《明史·选举一》。
⑤ 《明史·选举一》。
⑥ 《明史·选举一》。

3. 学规思想

明朝建国者朱元璋十分重视各级学校中的道德教育和纪律约束："太祖高皇帝，以天纵之圣，膺君师之任，深知其弊，故于建学立师，凡若此者，一切禁戒而痛绝之，本道德以为之训，通典礼以为之法，严教条以示之约束，品节防范，周至详密，俾过不及者，一归于中正。故为师者，得以振其纪纲；为弟子者，得以安其礼分。"① 明初的统治者之所以重视学生的道德教育和纪律上的约束，是因为看到这不仅关系到教育的成败，而且会影响社会风尚美恶甚至国家的安危。如李贤就认为："太学者，天下贡士所萃，乃育贤成材之地，故天下之士所以贤、所以才，胥此焉出？所以盛、所以衰，胥此焉系？然则生民之休戚，风俗之美恶，国家之安危，岂不皆关于此哉？"②

在此认识的基础上，洪武十五年（1382 年），朝廷颁学规 12 条于天下，镌立卧碑，置明伦堂之左。其不遵者，以违制论。

洪武学规 12 条③有 3 点值得注意：其一，这 12 条禁例不仅约束在学的生员，而且也约束不在学的知识分子。其二，劝诫知识分子不要惹是生非，服服帖帖遵从封建礼教。尤其禁止在学生员就治国方针大政等发表言论，甚至禁止在学生员帮人打官司，只允许生员为自己或全家被人残害、无人申诉的邻近亲戚打官司。当生员年龄到了 30 岁，并想出仕当官，才允许其作文谈论治国方针大政，呈禀教官、提调正官，所论果有可取之处，允许其赴京奏闻、面试。其三，要求学生要尊敬教师，虚心努力学习；教师要勤勉教导学生，通过考核抚善惩恶；管理学校的官员要对师生常加考核，奖励敦厚勤敏者，淘汰愚顽狡诈者。

除了 12 条禁例之外，明朝对于各层次的学生还有许多具体要求。如规定"师生每日清晨升堂，行恭揖礼毕方退，晚亦如之。生员会食肄业，毋得出外游荡"④。国子监学生"衣冠、步履、饮食，必严饬中节。夜必宿监，有故而出必告本班教官，令斋长帅之以白祭酒。监丞置集愆簿，有不遵者书之，再三犯者决责，四犯者至发遣安置。其学规条目，屡次更定，宽严得其中。堂宇宿舍，饮馔澡浴，俱有禁例。省亲、毕姻回籍，限期以道里远近为差。违限者谪选远方典史，有罚充吏者"⑤。"生员入学十年，学无所成者，及有大过者，俱送部充吏，追夺廪粮。至正统十四年申明其制而稍更之。受赃、奸盗、冒籍、宿娼、居丧娶妻妾所犯事理重者，直隶发充国子监膳夫，各省发充附近儒学膳夫、斋夫，满日为民，俱追廪米。犯轻充吏者，不追廪米。其待诸生之严又如此"⑥。"生员不拘

① 《明经世文编》卷 19《二胡文集·送赵季通调北京国子司业序》。
② 《明经世文编》卷 36《李文达文集·论太学疏》。
③ 《明会典》卷 78《礼部三十六·学规》。
④ 《明会典》卷 78《礼部三十六·学规》。
⑤ 《明史·选举一》。
⑥ 《明史·选举一》。

廪增附学，敢有傲慢师长、挟制官府、败伦伤化、结党害人者，本学教官具呈该管官员查究得实，依律问罪，合充吏者发本布政司衙门充吏，役满为民当差"；"生员内有刁泼无耻之徒号称学霸，恣意非为，及被提学考校，或访察黜退，妄行讪毁，赴京奏扰者，奏词立案不行，仍行巡按御史拿问"；"士子文字敢有肆为怪诞、不遵旧式者，提学官即行革退"①。

明朝廷在严格管理各级学校学生的同时，给予国子监等学生优厚的待遇，以此来笼络他们，通过软硬兼施使知识分子为朱姓王朝效劳。"洪武元年（1368年）令品官子弟及民俊秀通文义者，并充学生……天下既定，诏择府、州、县学诸生入国子学。又择年少举人赵惟一等及贡生董昶等入学读书，赐以衣帐，命于诸司先习吏事，谓之历事监生。取其中尤英敏者李扩等入文华、武英堂说书，谓之小秀才。其才学优赡、聪明俊伟之士，使之博极群书，讲明道德经济之学，以期大用，谓之老秀才……学旁以宿诸生，谓之号房。厚给廪饩，岁时赐布帛文绮、袭衣巾靴。正旦、元宵诸令节，俱赏节钱。孝慈皇后积粮监中，置红仓二十余舍，养诸生之妻子。历事生未娶者，赐钱婚聘，及女衣二袭，月米二石。诸生在京师岁久，父母存，或父母亡而大父母、伯叔父母存，皆遣归省，人赐衣一袭，钞五锭，为道里费。其优恤如此。"② 地方府州县学"师生月廪食米，人六斗，有司给以鱼肉。学官月俸有差。"③ 由此可见，从明初开始，明政府就注意选拔优秀人才入国子监学习，并提供良好的学习条件，其中优秀者还可以边读书边到六部诸司任职实习，特别优异者还给予文华、武英堂说书的高规格待遇。在生活上给予生员优裕的食、衣、住条件，甚至还资助学生婚娶、省亲等。

从总体上看，明代的学规虽然严厉，但在具体实施中，并未在各朝得到严格、切实的贯彻。"然其后教官之黜降，生员之充发，皆废格不行，即卧碑亦具文矣"④。如对生员的考核选拔就未能持之以恒，长期推行："诸生上者中式，次者廪生，年久充贡，或选拔为贡生。其累试不第、年逾五十、愿告退闲者，给予冠带，仍复其身。其后有纳粟马捐监之例，则诸生又有援例而出学者矣。提学官岁试校文外，令教官举诸生行优劣者一二人，赏黜之以为劝惩。此其大较也。"⑤ "卧碑"是明朝钦定最具权威的学规，但有时"亦具文矣"，可见，其约束力有时也是很有限的。如："洪熙、宣德以来，因仍未举。至其教戒居养之道，颓然废弛，不遑介意。师儒之职，率皆庸常，学行荒疏，无从矜式。虽有遗规，不过承虚名，为文具，踵因循，应故事而已。于是天下之士，入太学者，蔑教戒之严，无居养之正，置礼义为外物，轻廉耻如锱铢。杂处于军民之家，浑住于营巷

---

① 《明会典》卷78《礼部三十六·学规》。

② 《明史·选举一》。

③ 《明史·选举一》。

④ 《明史·选举一》。

⑤ 《明史·选举一》。

之地，与市井之人为伍，与无籍之徒相接，同其室而共其食，暶其夫而私其妇。易君子之操，为鄙夫之行，改士夫之节，为穿窬之心。所习如此，一旦居官，不过志于富贵而已，尚何望其尊主庇民，建功立业乎？夫近朱者赤，近墨者黑，居处所致，无怪其然也。"①

总之，明代的重教兴学思想在继承宋元的基础上略有变化：其一，其重教兴学的出发点和落脚点，不仅是为了提高广大民众的文化水准，更是为了大量培养忠心耿耿为封建王朝效劳的知识分子，使国家长治久安。其二，提出建立比较系统完备的教育行政管理体制的思想，并将其付诸实践。中央由礼部、地方由提学官具体负责教育行政管理。在学校的设置上，以公办为主，中央有国子学、宗学、武学等，地方有府学、州学、县学、社学，以及府亦曾设武学；私学有书院、家塾、私塾等。这说明明政府是相当重视教育，使学校教育在全国相当普及兴盛。史载：明代学校全盛之时，"盖无地而不设之学，无人而不纳之教。庠声序音，重规叠矩，无间于下邑荒徼，山陬海涯。此明代学校之盛，唐宋以来所不及也。生员虽定数于国初，未几即命增广，不拘额数"②，"天下府、州、县、卫所，皆建儒学，教官四千二百余员，弟子无算，教养之法备矣"③。其三，在教学方法、内容、考核和师资选任等方面的思想基本遵循唐宋以来的传统，以教师讲授方法为主，学习内容主要为《四书》《五经》，并增加当朝的《御制大诰》《皇明祖训》等，实行国子学、府州县学自下而上逐级考核选拔制度，重视选任德才兼备的人作为各级学校的教师，并定期进行严格的考核。其四，明王朝对各级学校学生的管制是相当严密的，尤其是能针对知识分子的特点，从思想、言论上对他们进行控制，其典型代表就是明初 12 条禁例卧碑的颁布。但是，其效果还是有限的，"即卧碑亦具文矣"。一方面"其教戒居养之道，颓然废弛"，学生的封建道德规范缺失，"置礼义为外物"，"改士夫之节"；另一方面，知识分子并未都服服帖帖地成为朱姓王朝的统治工具，学生也未都如卧碑所规定的对军民一切利病，不许建言，明末东林党人和太学生对朝政的品评、干预，是卧碑制定者始料未及的。

第七节　清代协调思想

一、张英保田产为核心的治生思想

张英（1637—1708），字敦复，号乐圃，又号梦敦。康熙进士。康熙十六年（1677 年）任侍讲学士，入值南书房，备顾问，掌机要，深为康熙帝所信任和重

---

① 《明经世文编》卷 36《李文达文集·论太学疏》。
② 《明史·选举一》。
③ 《明史·选举一》。

用。二十九年（1690 年），晋礼部尚书，兼翰林院掌院学士。三十八年（1699年）晋文华殿大学士。旋致归仕。著有《笃素堂文集》。

张英一生仕途顺利，高官厚禄，富贵荣华，原根本无需亲自经理家计，去关注家庭经济经营管理的治生之学。但是，与此相反，他对家庭经济经营管理颇为关心兴趣，还专门写了研究地主治生之学的专著——《恒产琐言》①，对保田产为核心的治生思想做了较多的阐述。张英利用"亚圣"孟子的权威，把孟子的恒产论作为阐述自己治生思想的理论依据。他强调说：《孟子》一书，"言病虽多端，用药只一味，曰：'有恒产者有恒心'而已，曰：'五亩之宅，百亩之田'而已"。为了充分表明对恒产问题的重视，张英把自己关于治生之学的著作命名为《恒产琐言》，并在书中反复强调，占有和保持恒产是地主家庭经营管理的基础和前提，讲求治生之道必须把解决恒产问题作为关键的、决定性的内容。

孟子的"恒产论"指的是治国者必须使百姓获得足以维持个人和家庭生活的"恒产"，百姓才会因留恋自己的恒产而服从统治，才肯为统治者出力、交纳赋税；否则，百姓没有恒产就会产生离叛之心，而破坏统治秩序。孟子的所谓"恒产"就是指维持一个八口之家（一个男丁和他的父、母、妻子以及四个子女）日常生活所必需的百亩（约合今 31.2 亩）之田和五亩之宅；国家如授予农户这样的"恒产"，使其男耕女织、自给自足，他们就能成为"养君子"并可供国家驱使的有"恒心"之民。显然，孟子的"恒产论"是通过"制民之产"来解决农民土地问题，大力扶植和广泛发展自耕农经济。

其实，张英的"保田产"思想与孟子的"恒产论"有根本的不同，他自己也意识到这点。他认为，夏商周三代田在官而不在民，所以需要由国家"制民之产"以做到使百姓有恒产；三代之后田不在官而在民，"有田者必思保之"，所以必须由地主私人"保己之产"。显然，孟子的"恒产论"是从封建国家如何"制民之产"的角度考虑问题的，是一种以国家为本位的宏观经济管理思想。而张英提出恒产问题，则是着眼于地主家庭如何"保田产"，是为建立地主私人的居家治生之学服务的，是一种以个人为本位的微观经济管理思想②。此外，孟子的恒产论虽然着重解决的是农民的田产问题，但他却没有否定工商业财产的用意，对工商业和商品经济也不持反对态度，甚至还提出"市廛而不征""关讥而不征""泽梁无禁""天下之商皆悦而愿藏于其市"③ 等利商思想。张英则把恒产等同于田产，以此为基础，进一步把治生之道即经营对象或途径问题单纯归结为取得和保持封建田产及地租问题，而对工商业的发展抱有明显的敌意，工商业财产及其经营收入被完全排斥了。

---

① 张英《恒产琐言》收入《笃素堂文集》，本目引文未注出处者，均见于《恒产琐言》。
② 赵靖：《中国经济思想通史》第 4 卷，北京大学出版社 1997 年版，第 478 页。
③ 《孟子·公孙丑上》，中华书局《十三经注疏》本。

在中国古代农业社会里，耕地是主要的生产资料，田产是财产的主要部分。张英则从另一个角度，论证了封建地产的重要性：其一，地产持久、常新。他指出："天下之物有新则必有故，屋久而颓，衣久而敝，臧获（奴仆）牛马服役久而老且死。"他认为地主的其他财产，如房屋住久了就会倒塌，衣服穿久了就会破烂，奴仆、牛马干活久了就会衰老死亡，只有田产最持久、最不容易损坏，并且具有"常新"的活力。如果田地耕种太久了造成肥力减退，或者农事不勤导致荒芜，"一经垦辟"，"一经粪溉"，就又更新恢复活力。因此在一切财产中，只有田产才是最可宝贵的，"独田之为物，虽百千年而常新"。

其二，地产不畏天灾人祸，不会丧失。田地与其他财产相比，既不怕为水火所破坏，又不惧为盗贼所劫夺，"可以值万金之产，不劳一人守护"。如果土地所有者因战乱、天灾而逃亡外乡，即使其他财产都荡然无存，土地所有权却不会丧失，返乡后仍然可以凭契据认产收回，"张姓者仍属张，李姓者仍属李"。

其三，地租收入持久稳妥、正当安全和舒适。在古代社会里，土地的所有权是通过收取地租这种经济形式来实现的。张英认为地租收入比起经营其他行业收入具有它的优越性。他分析说，经营商业、开当铺"生息速而饶"，但风险大，容易发生亏损破产，"断无久而不弊之理"，"虽乍获厚利，终必化为子虚"。相比之下，"惟田产、房屋二者可持以久远。"地租收入比起经商赚钱来，虽然"生息微而缓"，但月计不足，岁计有余；岁计不足，世计有余，是最少风险、最持久稳妥的收入。在地租与房租两者之间，前者又比后者更为持久稳妥。如前所述，田产持久常新，而房屋住久了就会倒塌。还有房产多在城市，房客又不像佃农那样愚懦老实，房东索讨房租往往会引起争吵纠纷，甚至"别生祸殃"。如果房东较为懦弱，甚至连房租也收不回来。而乡村佃农"皆愿民，与市廛商贾之狡健者不同"，向他们收租就容易顺利得多，即使派遣仆人上门，佃户也不会拖欠不交，"不敢藐视之"。

张英还宣扬说，靠经营典当、贸易取得的利息和商业利润是"取财于人"，会使人"怨于心"，容易招灾惹祸，"无论愚弱者不能行，即聪明强干者，亦行之而必败"。地租收入是"取财于天地"，因而更正当、安全，不会招致人们怨恨，引起不满和反抗，"受之者无愧怍，享之者无他虞"，"虽多方以取，而无罔利之咎"。

张英还认为从事家庭经营管理活动以收取地租是人间最"可乐"之事。他引《诗经·七月》宣扬田园之乐，如士人"有祖父遗产，正可循陇观稼，策蹇课耕"，是"流风余韵，有为善之乐"，"雅颂之景，如在目前"。他对一些士人"不事家人生产"提出批评，认为"人家子弟最不当以经理田产为俗事、鄙事"。

正由于张英把田产看作一切财产中最持久、常新、可靠的财产，把地租收入视为一切收入中最持久稳妥、正当安全和舒适的收入，因此，把保田产作为唯一的治生正道。他对如何有效、长久地"保田产"，提出了3条重要的建议。

其一，"防鬻产"。张英认为，保田产的最大威胁是来自因负债而被迫卖田还债，"其根源则必在乎债负"。而"债务之来，由于用度不经，不知量入为出"，因此"欲除鬻产之根，则绝自经费始"。他主张，平时家庭生活方面要"简要"，并从"小处节俭"做起。只有这样，才能防止因入不敷出而负债卖田，"凡有费用，尽从吝啬，千辛万苦，以保先业"。他还建议，除了财力特别充裕的大地主外，一般地主都应尽量在乡村居住以节省开支。"若千金以下之业，则断不宜城而居矣"，"有二三千金之户，方能城居"。地主乡居既可获得地租之外的收入，"在城不过取其额租，其山林湖泊之利，所遗甚多。此亦势不能兼，若贫而乡居，尚有遗利可收，不止田租而已"。还有富家子弟如果城居，受城市奢靡之风的影响，"鲜花怒马，恒舞酣歌，一裘之费动至数十金"，如果让富家子弟在乡村居住，就会防止这种挥霍浪费行为的发生。他还特别强调，在大灾之年，地租收入减少了，尤其要防止负债卖田。这时候"当大有忍力，咬定牙根"，以千方百计保护田产。如果万不得已而非卖产不可，宁可卖衣服、首饰、存粮等财产，决不可将田产出售。总之，张英看到田产是农业经营最基础的条件，因此再三强调"鬻产有害"，有针对性地把"防鬻产"作为农业治生之理的最重要的一条建议和措施。

其二，"择庄佃"。张英认为："欲无鬻产，当思保产，欲保产，当使尽地利"。"尽地利"包括两个方面："一在择庄佃，一在兴水利"。对"兴水利"，张英谈得很笼统，只是泛泛提到，而主要是谈了"择庄佃"。这反映了张英敏锐的经济学眼光，因为在古代农业生产中，耕地是最主要的生产资料，关系到农业收入的分配，其次就是生产者，关系到农业产量的大小。他认为，良佃易于役使，"用力如此，一亩可得两亩之力，地不加广，亩不加增，佃有余而主人亦利矣"；劣佃难以驾驭，"主人之田畴美恶，彼皆不顾，且又乐于水旱，则租不能足额，而可以任其高下"。基于这种情况，张英引用了一句谚语加以总结："良田不如良佃。"他指出，良佃与劣佃在农业生产上的区别是：良佃"一在耕种及时，一在培壅有力，一在畜泄有方"，而"劣农之病有三，一在耕稼失时，一在培壅无力，一在畜泄无方"。这就造成在同一块田地上，由良佃或劣佃耕作，其产量差别是很大的。张英提出选择良佃的标准是："家必殷实"、性必"梗直朴野""饮食必节俭"等等。

其三，"善经理"。张英很重视地主亲自从事家庭经济管理活动以保田产。他说："守之有道，不可不讲，不善经理，付之僮仆……田瘠而亩不减，人少而赋不轻……田本为善生之物，变而为累生之物。"在这里，张英指出了"不善经理"而只依靠管家、僮仆等人来管理田务的危害性，强调了加强改善地主的经营管理对于保田产的重要性。张英主张，对于平常的例行管理活动，如管佃、收租等，地主要亲自了解和过问。由于这类活动每年都要重复进行，故可以建立一定的程序，实行规范化、制度化管理。如果只让管家、僮仆来管佃、收租，就会使自己"目不见田畴，足不履阡陌"，以至受手下人"恫吓"，"为其所窘"。地主要亲自经理家计："第一当知田界"，"第二当察农夫用力之勤惰"，"第三当细看塘堰之坚窳浅深"，"第四当察山林树木之耗长"，"第五访稻谷时值之高下"等。

张英认为，地主对于非例行管理活动要有心计。这类活动不是经常发生的，就不能用平时例行的办法来处理。如在灾荒之年，不仅要防止负债卖田，还应做"有心计之人"，采取特别的家庭经营管理手段，兼并、扩充土地，趁灾年地价低贱时购买田产，是最容易发财致富的，"其益宏多"。同时，不要与人争购良田，而要去购买人们不愿意买的劣田。因为良田之价数倍于劣田，水旱之年，良田也要减产，丰收之年，劣田也能增产。另外，良田如不善经营，"不数年变而为中田，又数年变而为下田"；而劣田只要善于经营，"则下田可使之为中田，中田可使之为上田，虽不能大变，能高一筹"。所谓善于经营劣田，其实就是在役使、利用佃农为其改良田地："荒瘠之地，其一二土著老农之家，则田畴开辟，陂池修治，禾稼茂郁，庐舍完好。"

张英不仅主张地主要亲自参加家庭经营管理，而且教育子弟也要积极参与。如在地主收租、粜谷时，要让自己的子弟在旁"持筹握算"，进行实践锻炼。这可防止子弟因不善于经理家计和任意挥霍而卖田败家。

综上所述，张英的以"保田产"为核心的治生思想，首先是必须拥有古代农业社会最基本的生产资料——田产，然后通过善于经营管理，充分发挥劳动者的生产能力，来保持和扩大田产，即通过"尽人力"而达到"尽地利"。这说明其治生思想中对产权和经营管理的重视。

二、重商思想

（一）黄宗羲的工商皆本思想

黄宗羲（1610—1695），字太冲，号南雷，人称黎洲先生。明末清初杰出的启蒙主义思想家。他自幼好学，苦读经史，"于书无所不窥"①。年轻时代，就参加了东南士人反对明代阉党的斗争，亲自经历了明末农民大起义和清朝统治者武装征服等空前剧烈的社会大动荡。清军南下，明朝覆灭，他毁家纾难，集合志士，起兵抵抗。后入四明山，组织"世忠营"，结寨自固。复追随南明鲁王于海上，任左副都御史，辗转流徙，坚持抗清达8年之久。事败后，隐居不仕清廷，毕力著述。他一生著述宏富，达数十种之多，主要者有《明夷待访录》《明儒学案》《易学象数论》《授书随笔》《律吕新义》《孟子师说》《南雷文案》《南雷文定》《南雷文约》《宋元学案》等。

黄宗羲的工商皆本论，有其独到之处。他通过对本、末概念的界定，来表明

---

① 全祖望：《鲒埼亭集》卷11《黎洲先生神道碑文》，商务印书馆《四部丛刊》本。

他的工商皆本思想。他指出：

> 今夫通都之市肆，十室而九，有为佛而货者，有为巫而货者，有为倡优而货者，有为奇技淫巧而货者，皆不切于民用，一概痛绝之，亦庶乎救弊之一端也。此古圣王崇本抑末之道。世儒不察，以工商为末，妄议抑之。夫工固圣王之所欲来，商又使其愿出于途者，盖皆本也。①

在此，黄宗羲重新界定了本末概念，指出那些为社会生产和人们日常生活服务的一般工商业，它们同农业一样是国家和人们所需要的，是圣王所要鼓励和招徕的，而不是什么末业。黄宗羲认为，工商业同农业一样，都是有利于社会财富增长的生产和流通的行业，都是"本业"；反之，浪费和耗损社会财富的行业都是"末业"。具体地说，在他看来，当时浪费、耗损社会财富的活动和行业主要有：一是"习俗"，即婚丧礼仪方面的陋习所引起的财富靡费，如送礼、宴会、祭祀、"含殓"（往死人口中填珠宝）、"刍灵"（纸人纸马）、佛事等等，"富者以之相高，贫者以之相勉"，凡围绕这些活动而为之服务和进行生产及流通的行业，应视为"末业"。二是"蛊惑"，指由于迷信、愚昧所引起的各种财富耗损，如庙宇、祭品、香烛、纸钱、陈设等。三是"奢侈"，指贵族、富人所挥霍、浪费的财富，如"倡优""酒肆""机房"（织造高档衣料的作坊）等。这些奢侈的享受，"一夕而中人之产"，"一顿而终年之食"，"一衣而十夫之暖"。自然，提供这些服务、生产和流通的行业，也应视为"末业"。黄宗羲认为，如果不解决民间之"习俗未去""蛊惑不除""奢侈不革"这三个问题，则"民仍不可使富也"。他指出，当时社会上的"末业"盛行，"今夫通都之市肆，十室而九"都是生产和流通耗费社会财富的"作业"或"行业"。这些"作业"或"行业"，大都是生产和流通非人民生活所必需的奢侈品和有害物品，"皆不切于民用"，它们才是真正的"末业"，应"一概痛绝之"，否则，就无法使人们富足起来。

黄宗羲以自己对本末的重新界定，认为"古圣王崇本抑末之道"抑的末业就是指的那些奢侈品和有害物品，并批评"世儒不察，以工商为末，妄议抑之"。他的这一看法虽然不符合历史事实，但却表明他坚决反对把"末"等同于工商的观点，认为这不是"古圣王"的思想，而是"世儒"对古圣王"崇本抑末之道"的歪曲。

总之，黄宗羲在重新界定"本""末"的基础上，进而提出了与"重本抑末"论相对抗的"工商皆本"论。他的这一思想的出现，反映了明代中后期以来商品经济和私人工商业有了较大发展，资本主义生产已萌芽的历史现象。工商皆本论的提出，是这种历史现象在意识形态领域中的反映，它表明：体现商品经

---

① 黄宗羲：《明夷待访录·财计三》，中华书局1981年版。以下阐述黄宗羲工商皆本思想的引文，均见于此。

济和工商业发展要求的社会力量，即工商业者、市民阶层已在为保障自己的利益，提高自己的社会地位制造舆论了。

（二）唐甄的重视末富思想

唐甄（1630—1704），原名大陶，后改名为甄，字铸万，别名圃亭。他于顺治十四年（1657 年）中举人，后经过吏部考试，分发山西当过 10 个月的长子县知县，因与上司意见不合而被革职。从此离开官场，经商失败，最后靠设馆授徒来维持清苦的生活。唐甄一生著述颇多，《潜书》是他的主要著作。

唐甄继承了中国古代"仓廪实而知礼节"，"民富而后国治"的思想，认为"治国之道无他，惟在于富，自古未有国贫而可以为国者"①。他的经济管理思想的出发点和主要内容是"富民"。

在唐甄看来，求富避贫是第一位，因为人只有拥有一定的财富，才能安立于世，正所谓"有恒产者恒其心"。至于采用什么手段，通过什么行业来求富，则是第二位的。他当然也希望有田产"以遗子孙"，才是"立身垂后之要道"。但是，如无法做到时，通过为商贾为牙人致富，也是无可厚非的。他认为：自己"以贾为生"，"人以为辱其身，而不知所以不辱其身也……溺而附木，孰如无溺?"② 他针对当时社会上"士为贵，农次之，惟贾而下……夫贾为下，牙为尤下"③ 的舆论风气，批评说："吕尚卖饭于孟津，唐甄为牙于吴市，其义一也"，"善贾之徒，善优之徒，善使命之徒，善关通之徒……多因之以富贵矣。此其技，士能之乎? 即能之，其可为乎? 子若有可得之途，吾不及缨冠而从之矣"④。可见，他认为士人如没有致富的一技之长，或不屑从事能致富的一技之长，那实际上还不如握有一技之长致富的商贾、牙人、倡优等人。

唐甄的富民论带有明显的市民阶级的特点。他所重视的富，主要已不是"本富"，而恰是传统富民思想所反对或不重视的"末富"。他更关心的致富途径是"末富"，即同商品交换、同市场相联系的致富行业。他所同情、关心并希望其致富的人，更多的是从事商品生产和流通的"末民"。他在谈到可以致富的行业时，广泛列举了"陇右牧羊、河北育豕、淮南饲鹜、湖滨缫丝、吴乡之民编蓑织席"⑤ 等所谓的"至微之业"。值得注意的是，他所讲的牧羊、养猪、养鸭、缫丝、编蓑衣织席子已不是农村自然经济组成部分的副业，而是"操一金之资，可致百金之利"的商品生产专业户。他们所生产的产品不是为了自给自足，而是通过市场销售给消费者而获取一本百利的利润。唐甄看到了这些过去不为人关注的"至微之业"的广阔市场和很高的利润："里有千金之家，嫁女娶

---

① 唐甄：《潜书·存言》，中华书局 1984 年版。

② 《潜书·养重》。

③ 《潜书·食难》。

④ 《潜书·食难》。

⑤ 《潜书·富民》。

妇，死丧生庆，疾病医祷，燕饮赍馈，鱼肉果蔬椒桂之物，与之为市者众矣。缗钱锱银，市贩货之，石麦斛米，佃农货之；匹布尺帛，邻里党戚货之，所赖之者众矣。此赖一室之富可为百室养者也。"① 唐甄还注意到了当时已出现的资本主义生产方式，其中兖（今山东兖州）东门外的一个"鬻羊餐者"雇用了十余个工人，潞（今山西长治县）西山中的铁冶户贾氏雇用了百余个工人。

唐甄还进一步指出，市场只是致富的条件，如要致富，还必须勤快能干，才能充分利用市场提供的致富条件。他看到当时吴地有一些有技艺者反而贫于无艺者，其原因就是由于懒惰。他为此写了《惰贫》一文，以警戒那些懒惰者。他在文中举震泽严氏一家为例，指出在一般情况下，一个手艺人只要勤快工作，一定会有好的收入。但严氏夫妇空有技艺，却"桑不尽土，不剪不壅，机废不理，不畜不蔬"，因而"其贫甚于无艺者"②。他认为要使吴地地尽其利，必须使民勤劳，去除懒惰。

唐甄的勤劳致富、懒惰贫困，是从工商业生产者的主观原因来分析的，他认为当时影响生产者致富的客观原因是官府的重赋和虐取。唐甄把官府的重赋和虐取看作是实现富民的最大障碍，认为它比盗贼的害民还要严重得多，因为"盗不尽人，寇不尽世，而民之毒于贪吏者，无所逃于天地之间"③。他把从皇帝到各级官吏对百姓的虐取，比作树之蠹，体之痈，"蠹多则树枯，痈肥则体敝"④。这种虐取，施之于生产者，不仅使生产者本人受害，还势必连带害及于靠这种生产维持就业和生活的更多的人。他举潞之西山以冶铁成业的苗氏为例：由于官吏垂涎其富有，诬其窝藏匪徒而加以攘夺，"上猎其一，下攘其十"，结果，这家经营已数世的冶铁手工工场迅速陷于破产，"流亡于漳河之上"。唐甄通过苗氏冶铁业的兴亡，说明官府对生产者的虐取之害乃是"取之一室，丧其百室""取之一金，丧其百金"⑤。唐甄还借一祭墓而哭的妇女的话，指出当时吴地手工业者普遍遭受重赋之害的惨境："昔也，吾舅织席，终身有余帛；今也，吾夫织帛，终身无完席，业过其父，命则不如！"⑥

唐甄大胆指出，清廷的重赋和贪官的虐取，已经造成了四海困穷的局面："清兴五十余年矣，四海之内，日益困穷，农空、工空、市空、仕空。"⑦ 按照儒家"四海困穷，天禄永终"⑧ 的说法，清廷既已造成了四海困穷，那就也该步明

---

① 《潜书·富民》。
② 《潜书·惰贫》。
③ 《潜书·富民》。
④ 《潜书·富民》。
⑤ 《潜书·富民》。
⑥ 《潜书·大命》。
⑦ 《潜书·存言》。
⑧ 《论语·尧曰》。

朝后尘，天禄永终了。对此，他提出了"君俭官清民富"的拯救危机的建议："人君能俭，则官化，庶民化之，于是官不扰民，民不伤财。人君能俭，则因生以制取，因取以制用，生十取一，取三余一……可使菽粟如水火，金钱如土壤，而天下大治。"①

从上述可以看出，唐甄十分重视末富，即通过经营工商业致富，尤其可贵的是他特别关注到那些过去为人所不屑的"至微之业"的致富途径。他认为工商业的致富路径，从主观方面来说就是生产者必须勤快能干，从客观方面来说，就是要"君俭官清"。

（三）王源的重商思想

王源（1648—1710），字昆绳，号或庵。康熙举人，但中举后始终不求仕进，一直以书写、代笔维持着清苦的生活。王源少有经世之志，与李塨、刘献廷相友善，51岁始拜颜元为师，成为颜李学派重要成员。王源曾参与修《明史》，著作有《居业堂文集》《平书》《兵法要略》《舆图指掌》等。所著之书除《居业堂文集》流传后世外，其余原著均未保存下来。其所著《平书》写成后曾交与李塨为其删改修订。李塨据此作《〈平书〉订》十四卷。该书不仅基本上保留了王源政治、经济思想的原貌，而且在每卷后辑录了李塨及同门恽皋闻等人的评论、商榷意见。该书留传至今，为我们研究王源及颜李学派的政治、经济主张提供了宝贵的资料。

中国自古在传统上将民划分为士农工商四民。唐中叶府兵制逐渐瓦解，募兵制出现，兵农合一也转变为兵农分离，当兵成为一种专门职业，自是开始有"五民"的说法。唐元稹对吏、农、工、商、军的划分，是"五民"说的滥觞。王源沿袭了元稹的划分方法，把"吏"改为"士"（因为官吏非民），并调整了五民的顺序为士、农、军、商、工。王源把商置于工之上，表明了他重商倾向，另一方面也说明当时商的社会、经济地位有所提高，而且在资本主义萌芽中出现的包买商，就是一种支配手工业者的商人。

王源不仅将商置于工之前，而且将商与农相提并论。他认为："嗟夫，重本抑末之论固然，然本宜重，末亦不可轻。假令天下有农而无商，尚可以为国乎？"② 他将商与农同视为立国之本，缺一不可，充分说明了王源对商业的重视程度。

他不但反对轻商，而且主张商人须侪于士大夫之列："夫商贾之不齿于士大夫，所以来远矣。使其可附于缙绅也，入资为郎且求之不得，又肯故漏其税而不得出身以为荣哉。"

---

① 《潜书·富民》。
② 王源：《〈平书〉订》卷11《财用》，学识斋1868年版。本目（三）王源的重商思想部分引文，未注出处者均见于此。

　　王源还要求统治者充分重视商业的重要性，加强对商业的管理和保护。为此，他主张对政府机构进行改革，将六部中的吏部去掉，代之以专管商业的"大司均"。他说："吾欲于建官之法去吏部……置大司均以备六卿。货财者，与食并重者也，乌可置之六卿之外乎！"

　　王源重商思想中最系统具体的是要求国家改革现行商税制度，减轻商人商税负担，以促进其发展。王源认为，当时商税最大的弊端是侧重于就货物征收过往关税，且关税税负极重，已使商人不堪承受，故应尽行革除。他说："今之所恃以征商者，榷关耳。税日增而无所底，百数十倍于旧而犹不足。官吏如狼虎，搜及丝忽之物而无所遗。商旅之困惫已极。其为暴不几杀越人于货哉！宜尽撤之，以苏天下而通其往来。"

　　王源为清廷设计了一套全新的商税制度，用以取代税负极重且不合理的旧商税制度，其内容主要有以下 3 个方面：

　　（1）对坐商按以资本额估算的盈利额征收商税，对行商则直接按资本额大小征税。王源首先将商人分为坐商、行商两大类，分别制定不同的商税征收办法。"其征之也，分行商、坐商"。王源主张对坐商按资本及相应的"息"来征收商税。所谓"息"，李塨对其诠释为扣除本钱及各种杂费之后的余额："凡票税路费，俱作本除之，余才方为息。"由此可见，李塨所言之"息"，类似现代经济学中的"企业利润"。王源设计的对坐商征税的程序是：先由县政府发给坐商类似于现代的营业执照"印票"，印票上载明该商人的姓名、籍贯、年龄、相貌及其业务内容，并在票上注明其所拥有的资本额，由官府将其盈利率核定为10%，据此算出其年利润额，按利润额的10%征收商税。时间是按年征收，于年底一次性缴清。所缴税额由官府记载在发给商人的印票上。这就是"坐商也，县同给以印票，书其姓名里籍，年貌与所业。注其本若干，但计其一分之息而取其一……即注于票中，钤以印而还之"。若坐商的资本发生增减变化，或业务有所调整时，则随时报请调换印票："如本增减则另给，改业亦另给。"对于行商，王源主张简化征收程序，不考虑其盈利状况，直接按资本额大小征10%商税："行商也，亦给以票如坐商，但不计其息，惟本十贯即纳百钱。任所之，验其票于彼县，同，注日月而退。鬻所贩，司市评之，鬻已，乃计息而纳其什之一。亦注之票，钤以印以还之。"这里，"鬻已，乃计息而纳其什之一"，已经是征收坐商税了。

　　王源为了让政府扶持商业，使其不致因亏本破产，主张对没有盈利者免纳税："仅足本者则免其税"。甚至对那些经营亏损的商人，政府不仅免征其商税，而且还应建立类似于常平仓的制度体系对其加以保护扶持，使其在经营时如市价下跌超过商品本钱，则政府以本钱之价购买，使商人不致连本钱都亏掉而破产，而政府待商品价格上涨后再以低于市价出售，这既能稳定市价，对消费者有利，官府又能有一定赢利。即"预计其不足本者，则官如其本买之，使商无所亏其本者，便商也。贵则减价以卖，又便民也，而官又收其利也"。

（2）鼓励商人如实申报资本进行纳税。实施按资本额或资本盈利数征收商税的制度，最关键的难题是如何使商人能如实、足额地申报资本。商人唯利是图，为了减轻税负，必然要尽可能地少报资本，以偷税漏税。对此，王源也提出了应对措施。他主张，对本小利薄的行商，如瞒报、少报资本，就没收其隐漏额作为惩罚。"其有欺隐，固可按其数，没其隐而惩也。"而对于本大利厚的坐商，政府可通过按其资本大小分为九等，不同等级享受的待遇不同、所授官阶大小不同，来鼓励商人如实申报自己的资本，以争取更高等级的待遇和更大的官阶，从而有更高的社会地位。其具体做法是："至于坐商有匿其本，不以实者，奈何？曰：有道焉。使之自不肯隐，不待立法以防之也。分商为九等。"分商的具体内容是，将商人按申报资本额的大小划分为九个等级，分出尊卑贵贱。申报资本额越大者，地位越高，可以享受的待遇越优厚，官阶也越大。王源将商人分为九等的资本额最低不少于一百贯，"分商为九等，本不足百贯者为散商"，超过一百贯资本的商人才有资格参与评定等级，享受待遇，而最高的上上等商人资本额必须在八万贯以上。其各等享受的不同待遇包括商人所穿衣服的面料质地、出行乘坐的坐骑、蓄养奴仆的数额等，其具体标准是："衣则下商以布，中商可绸，以绵丝，上商以绉线；乘则下商以骡，中商以骡，上商以马；奴仆则下商不得蓄，中商可一二，上商可三四。违者治以法。"而"散商不得与九等为伍"，即不入这九等商人之列，所以不能享受上述待遇。除九等商人分别享受以上不同待遇外，王源还提出对实纳税收超过一定数额的商人授予官阶，以示表彰："勿问其商之大小，但税满二千四百贯者，即授以登仕郎九品冠带，以荣其身，以报其功。"王源强调，该项待遇必须按商人实际应纳税额计算，够标准者方准授予，不许靠捐纳充任。"必按票计税方许，若欲捐纳者不听"。所授官阶最高可至五品，还可将祖孙三代交纳的税额累计相加，据以授官。王源认为，求胜好强是人的天性，这种制度恰好利用了商人的这种心理，使其不甘示弱而如实申报资产、多缴纳商税。"夫欲胜者，人之同情也。分之等杀而限之制，孰肯自匿其实而甘为人下哉！"在王源看来，他的这项政策措施对国家和对商人都有好处：国家给予商人待遇，所授商人官衔皆为虚衔，不发俸禄，因此，可以说国家毫无破费，却可以使偷税漏税现象得到有效遏制，财政收入增加；而商人通过如实申报资本，交纳税收，甚至多纳税收，使自己能享受到国家允许的相应待遇，得到官阶，社会地位大大提高。这正如王源所指出的："噫！此虚衔也，又无禄，名器不滥，国帑不糜，去卖官鬻爵者不万万哉！""夫商贾不得齿于士大夫，所以来远矣。使其可附于缙绅也，入资为郎，且求之不得，又肯故瞒其税，而不得出身以为荣哉！所谓不待立法以防其弊者此也。"

（3）对少数商品实行按物征税的制度，以抑制这些商品的消费。从上文可知，王源主张商税应针对商人的收益征收，但对少数商品则可例外，仍可计物征收，而不论其实际收益高低，其目的是寓禁于征，通过较重的税收负担来限制诸如烟、酒之类的生产和消费。他认为，适用计物征收的商品包括盐、茶、烟、酒等："且夫商税，从来论物为轻重，吾不欲其然也。然亦有论物者，盐茶酒烟而已。"不过，在设计税率时，王源对盐、茶、酒等商品所采用的仍是按资本收益征税的办法，只不过茶、酒的税率较其他商品高。只有对烟类商品真正实行计物征收，不考虑其实际盈利情况。

> 盐者，官卖之商，故与他物异。及其贩也，无不同。茶者，旧所重，则许其一分之息而取其二。酒者，前代所禁，宋且官卖之，今通行于天下矣，禁之或官卖之，恐滋扰，则计其二分之息而取其十之二。至于烟，当在所禁，然遍天下人皆用之，禁之难，惟士大夫可禁耳。而其税也，不计其本，不计其息，但用今法。其贩也，每斤纳钱五文；其卖也，每斤纳钱十文。其非不可田之地，不许种烟，而又重其税，则鬻者少，鬻者少则贵，贵则人不能买，久之庶可绝矣。

盐茶酒在古代大部分时期是由封建政府专卖，政府通过垄断经营获取高额利润。王源主张对盐、茶、酒的征收税率为20%，比一般商品10%税率高出一倍，其用意也有对盐、茶、酒不赞成政府专卖，主张私商自由竞争的倾向，即"禁之或官卖之，恐滋扰"。

在中国古代史上，提出重商思想的人也有少数，如司马迁、范仲淹、苏轼、黄宗羲等，但是他们的重商思想往往比较笼统。王源的重商思想与他们相比显然是明确具体多了，为商业的发展提出了系统而又具体的实施措施。在王源的各种重商措施中，最具有历史意义的是他为发展商业而制定的那套商税制度。其所设计的以计"息"征税为主、以计物征税为辅的税制体系，与现代经济发达国家普遍实行的收益课税为主、商品课额为辅的税制结构已十分接近。从王源所言计物征税的具体征收办法"不计其本，不计其息……其贩也，每斤纳钱五文，其卖也，每斤纳钱十文"来看，这种税制与现代各国普遍开征的以商品总额为课税对象的消费税征收制度正好相吻合。而且王源设计此税的目的，亦与现代各国开征此税的目的相一致，即限制某种商品的生产和消费。

以资本利润、个人纯收入为课税对象的所得税制度于1799年才在当时最发达的资本主义国家英国诞生，其后经历了百余年的坎坷历程，直至20世纪20年代以后，所得税才在发达国家逐渐取得了主体税种的地位。而王源的这套以"计息"征税为主、计物征税为辅的，具有现代直接税税制结构特征的税收制度，则是在十七八世纪之交就已经设计出来了的。由此可见，王源的商税思想是具有很强的超前性①。

---

① 《中国经济思想通史》第4卷，第331—332页。

（四）蓝鼎元的开放对外贸易思想

清初，出于军事上的原因，曾实行严厉的迁海、禁海措施达 20 余年之久。至清康熙二十二年（1683 年），清廷统一台湾，迫于舆论，于次年宣布"令开海贸易"。但这并不是完全开放海外贸易，而是附加严格限制条件的海外贸易。比如，对中国商船，限 500 石以下；对外国商人，限于广州等口岸贸易。更为甚者，康熙五十六年（1717 年），康熙帝下旨，禁止中国商人前往南洋吕宋、噶啰吧等地贸易；对于外国商人亦令地方文武官员严加防范，并且严申了对中外商人的种种限制，如船只报官等。虽然到雍正五年（1727 年），南洋开禁，但各种管制却没有放松，清廷动辄实行"禁运"或关闭口岸。蓝鼎元正是在这种背景下大胆提出开放对外贸易的思想和主张，因此具有很强的现实针对性。

蓝鼎元的开放对外贸易思想，集中体现在雍正二年（1724 年）写的《论南洋事宜书》①一文中。他依据确凿的事实，以精辟的见解，阐述了自己的观点。

1. 反对闭关自守论

清王朝禁止海外贸易的一条重要理由是防范国内人民同外部串通，危及清廷统治。康熙五十六年（1717 年）禁南洋的理由就有"汉人"难治及"西洋等国千百年后，中国恐受其累"的说法，因此禁南洋贸易是为"加意防范"。对此，蓝鼎元认为，为患中国的是西洋诸国和日本，而不是吕宋、噶啰吧等。南洋这些国家在历史上从未进攻中国，而只是同中国"货财贸易，互通有无"。"南洋诸番不能为害，宜大开禁网"。所以，以招致外患为理由，不禁日本而禁南洋，难以自圆其说。

康熙时，南洋的吕宋、噶啰吧已被西洋的荷兰、西班牙占据，对此，蓝鼎元是了解的。康熙帝禁南洋的目的之一是在禁西洋诸国，即禁止中国商人到西洋诸国的占据地贸易，给西洋诸国提供危害清王朝安全的机会。蓝鼎元在《论南洋事宜书》中回避了这一点，可能是认为当时西洋诸国在东南亚的势力尚不足为中国患，也可能认为封关禁海并不是有效的防范办法，所以他以历史上吕宋、噶啰吧从未进攻中国为理由，要求对南洋贸易"宜大开禁网"。

康熙对禁止海外贸易的第二条理由是中国商人卖船给外国，致使中国独有的珍贵木材——铁梨苏木外流。蓝鼎元指出，所谓商人借出海贸易卖船给外国，更是"从来无此事"。他的理由有 3 条：其一是中国船造价高，在东南亚没有市场。东南亚盛产木材，加顶麻椀一条，在东南亚不过值银一二百两，而在中国值银千两。所以，"内地造一洋船，大者七八千金，小者二三千金，能卖价值几何？"其二是东南亚木材比中国木材质地更坚硬，"番人造船，比中国更固"，因此，"即以我船赠彼，尚非所乐，况令出重价以买耶？"其三是"商家一船造起，

---

① 《鹿洲初集》卷 2《论南洋事宜书》。本目（四）蓝鼎元的开放对外贸易思想部分引文未注出处者，均见于此。

便为致富之业，欲世世传之子孙，即他年厌倦不自出，尚岁收无穷之租赁，谁肯卖人？"

康熙时对禁止海外贸易的第三条理由是中国商人输出粮米，影响国内民食。蓝鼎元认为，这条理由也是难以成立的。其一是"闽广产米无多，福建不敷尤甚。每岁民食，半藉台湾，或佐之以江浙"，所以不可能有米粮剩余以供出口。其二是运米费用高，"一石之位，收船租银五两"，而"一石位之米，所值几何"，所以，商人从求利本性出发，不会干这种蠢事。蓝鼎元还指出，事实恰恰与米粮出口说相反，中国不但没有出口米粮到南洋，相反，"南洋未禁之先，吕宋米时常至厦，番地出米最饶，原不待仰食中国"。

康熙时对禁止海外贸易的第四条理由是"汉人"难治。南洋吕宋、噶啰吧等地汉人移民多，是"海贼渊薮"；台湾人民"时与吕宋地方人互相往来"，须"加意防范"。蓝鼎元认为，海盗船小，只能近海出没，不能到大洋中行劫，"远出无益"。而且，由于商船高大，人数也多于海盗许多倍，因而"何行劫之足虑！"蓝鼎元甚至主张，清廷应"弛商船军器之禁"[1]，以使商船具有自卫防御能力。

2. 开放对外贸易的益处

蓝鼎元在批判清廷禁止海外贸易理由难以成立的同时，也从正面阐述开放对外贸易的益处。蓝鼎元指出，第一，开放对外贸易可以遂民生。他看到南洋"既禁之后，百货不通，民生日蹙"。因为"闽广人稠地狭，田园不足于耕，望海谋生十居五六"，所以，清廷封关禁海政策给沿海人民的生活带来严重的后果，"沿海居民，萧索岑寂，穷困无聊"，"富者贫，贫者困"。鉴于这种情况，他主张，沿海居民特别是闽广沿海居民，在单靠农业已不能维持生计的"穷困无聊"之下，必须恢复和发展对外贸易来遂民生。这就是福建"山多田少，农圃不足于供"，所以有从事海上贸易的必要性。而且事实上也是如此，"所赖舟航及远"，海上贸易已为民生之重要依赖。

在此基础上，蓝鼎元还进一步指出，开放海外贸易不仅可以解决民生问题，使"百万生灵仰事俯畜之有资"，而且对稳定社会秩序，巩固清廷统治也是有益的。他认为禁南洋不仅导致"民生日蹙"，而且还可引起一系列不良反应。原来从事海上贸易的人，由于长期职业习惯，"不能肩挑背负以博一朝之食"，海禁会造成结构性失业。这些人尤无法一时改行从事农业生产，为生存所迫，有人就进行走私活动，或"游手为盗贼"，更为严重的是"群趋台湾，或为犯乱"。这都会给社会安定和民生带来很大的危害，甚者给清朝统治带来威胁。而开禁南洋贸易便可"外通财货，内消奸宄"，从根本上解决上述问题。

蓝鼎元经济思想的一个重要内容就是"遂民生"论，他在主张开放南洋贸

---

① 《鹿洲初集》卷1《论海洋捕盗贼书》。

易时，就是以因其地利而遂民生来解决闽广沿海居民的生活问题。如他在《福建全省图说》中，对福建从事海外贸易的有利地理条件做了分析："大海汪洋，万里无际，江浙、登莱、关东天津，视若庭户；琉球、吕宋、苏禄、噶啰吧、暹罗、安南诸番，若儿孙绕膝下，气象雄壮，非他省所可比伦。"① 也就是说，福建省拥有天然丰富的海洋资源，具有从事海上内外贸易的天然有利条件。

第二，开放对外贸易可以为中国手工业品开辟市场，解决国内银铜钱币不足问题。蓝鼎元认识到，当时中国手工业比南洋诸国发达得多，在技术上比南洋先进，进而造成劳动生产率高和生产成本低，使得在同南洋进行贸易时具有绝对的优势。这就形成"内地贱菲无足轻重之物，载至番境，皆同珍贝"。不言而喻，清廷如开放南洋贸易就会为中国手工业品开辟了广阔的市场，从而促进了中国手工业的发展："是以沿海居民，造作小巧技艺，以及女红针黹，皆于洋船行销。"相反，实行海禁则破坏了手工业、商业的生存和发展，造成劳动力和生产资料的闲置与浪费。"居者苦艺能之罔用，行者叹致远之无方，故有四五千金所造洋艘，系维朽于断港荒岸之间"。

蓝鼎元还指出，开放对外贸易不仅有利于国内手工业、商业的发展，而且还能解决国内银铜钱币不足问题："闽地不生银矿，皆需番钱，日久禁密，无以为继，必将取给于楮币皮钞，以为泉府权宜之用，此其害匪甚微也"。如果开放对外贸易，中国大量手工业品输出海外，就会借贸易顺差从外国输入银币，使中国"岁收诸岛银钱货物百十万……所关为不细"。同时，通过对外贸易进口洋铜在闽省铸钱，以解决闽省无铜铸钱的问题。

第三，开放对外贸易可以增加国库收入。蓝鼎元认为，开放对外贸易，"各处钞关，且多征税课，以足民者裕国，其利甚为不少"。开展对外贸易，可以增加国库收入，这点已为前人所论及和实践，但蓝鼎元把对外贸易能"足民"与"裕国"联系在一起，这比以往单纯从增加财政收入角度来说，还是一个进步。

蓝鼎元的对外贸易思想是中国古代最值得重视的对外贸易思想，它具有以下3个特点：

其一，蓝鼎元从遂民生的角度，把对外贸易作为发展国民经济的一个重要手段，并主张民间自由经营。在蓝鼎元之前，谈论对外贸易多从政治角度，贵族、官僚消费角度，以及增加财政收入角度来分析、主张对外贸易；而在具体管理上也多主张采用政府干预甚至严厉垄断的手段，如朝贡贸易、市舶贸易等。而蓝鼎元从发展国民经济、有利民生角度来看待对外贸易，并主张民间自由经营思想是极为罕见和可贵的。正如他所指出的"国家东南沿海，万里汪洋，舟楫利涉，为民生大利"，因此朝廷应该"顺民欲而除其害"②，即应顺应民众愿望让其自

---

① 《鹿洲初集》卷12《福建全省图说》。
② 《鹿洲初集》卷1《读西门豹传》。

由经营，并打击"岁岁为商民之患"的海盗，"弛商船军器之禁"①，以使商船具有防御能力抗击海盗。

其二，蓝鼎元从因其地利而遂其民生的观点出发，初步提出在闽广沿海地区建立依存于对外贸易的手工业、商业经济区的设想。他指出：福建、广东等地，人多地少，不能单靠农耕维持生活，"望海谋生，十将五六"，只有进行对外贸易，尤其是同南洋的互通有无，才能维持这一带手工业者、商人、水手、船民的就业和生活，维持这一带的经济繁荣。所以地理条件决定了这一带不可能成为自给自足的农业区，而只能根据地理条件的特点和优势，尽可能发挥对外贸易在经济生活中的作用。

其三，蓝鼎元在主张开放对外贸易的同时，对西方殖民势力的入侵保持警惕。他认识到："英圭黎、千丝腊、佛兰西、荷兰、大西洋、小西洋诸国，皆凶悍异常。其舟坚固不畏飓风，炮火军械精于中土，性情阴险叵测，到处窥视，图谋人国。"因此，一再强调要"防微杜渐""曲突徙薪"，以免重蹈吕宋、噶啰吧被西洋荷兰、西班牙占据的覆辙。他不赞成闭关自守的消极防范做法，主张收回澳门，消除西方国家未来利用澳门作为侵略基地的可能；对国内天主教堂中以宗教外衣为掩护进行不法活动的传教士保持警惕，加以防范②。

（五）民间重商和贾儒相通思想

清代思想家的重商思想并不是无源之水、无木之本，他们的思想源于民间重商观念和风尚之中，是民间重商思潮的集中体现。

清代，徽州商人在全国居重要地位。这一地区"地狭人稠，耕获三不赡一"③，民众为生计所迫，外出经商谋求生路，故"俗重贸易，男子成童，即服贾四方，视农工为贱业，劳力而不可谋蓄积"④。这就是所谓"天下之民，寄命于农，徽民寄命于商"⑤。在当时人们心目中，"农事之获利倍而劳最，愚懦之民为之；工之获利二而劳多，雕巧之民为之；商贾之利三而劳轻，心计之民为之；贩盐之利五而无劳，豪猾之民为之"⑥。经商获利大，这为人们指出了一条摆脱贫困的道路。所以人们并不以经商为耻，如徽商倪慕麟习儒不得志，废书叹曰："男子生桑弧蓬矢以射天地四方，不贵则富，安事毛锥子终老乡井乎？寻仿鸥夷狗顿术，遨游江湖……不数载，辄拥素封。"⑦ 歙商许秋也说："男子生而桑弧蓬矢以射四方，明远志也，吾虽贾人，岂无端木所至国君分庭抗礼志哉？且吾安能

---

① 《鹿洲初集》卷1《论海洋捕盗贼书》。

② 《中国经济思想通史》第4卷，第347—349页。

③ 康熙《休宁县志》卷7《汪伟奏疏》，康熙三十二年刻本。

④ 民国《黟县乡土地理·风俗》，新华印务局民国十四年版。

⑤ 康熙《休宁县志》卷7。

⑥ 顾炎武：《天下郡国利病书》卷5，上海古籍出版社2012年版。

⑦ 《祁门倪氏族谱》卷下《慕麟公纪略》。

效农家者流，守镃基，辨菽麦耶？"① 祁门商人倪仰文，"少食贫，入塾读书，月余辄止，徒劳劳于山樵野牧，以为糊口之谋。已而怃然曰：人生贵自立耳，不能习举业以扬，亦当效陶朱以致富，奚甘郁郁处此乎！于是跪请堂上，远游淮泗，服贾牵车用孝养厥父母"②。可见，当时社会的职业选择是，首选是读书求取功名，其次是经商致富，而都不愿效农家者流，山樵野牧以糊口。清代甚至还有士不如商的说法，归庄为太湖洞庭山严舜工所作的《传砚斋记》中就说："士之子恒为士，商之子恒为商。严氏之先，则士商相杂，舜工又一人而兼之者也。然吾为舜工计，宜专力于商，而戒子孙勿为士！盖今之世，士之贱也，甚矣。"雍正二年（1724 年）五月，山西巡抚刘於义向皇帝奏疏："山西积习重利之念，甚于重名。子弟俊秀者，多入贸易一途，其次宁为胥吏，至中材以下，方使之读书应试，以故士风卑靡。"③

自唐宋商人社会地位提高，开始出现士商合流的趋势后，至清代，这一趋势进一步加强，出身于商人家庭的士已是比比皆是。商品经济的发展造成了簪缨望族与商贾世家的合流，以致士商的界限已经不能划分得很清楚。这种变化在那些商业发达的地区表现得尤为明显。清末翰林许承尧在《歙风俗礼教考》中载："商居四民之末，徽俗殊不然。歙之业鹾于淮南北者，多缙绅巨族。其以急公议叙入仕者固多，而读书登第，入词垣跻膴仕者，更未易卜数。且多名贤才士，往往出于其间，则固商而兼士矣。"④ 当时，山西和陕西出身的高级官僚中亦多有商人子弟，虽然他们本人不是商人，但如果从一家乃至一族去观察，士与商也是一体化了的。郭正域的《大司马总督陕西三边魏确庵学曾墓志铭》中说："盖秦俗以商贩为业，即士类不讳持筹"⑤。官至都察院左都御史陕西三原人温纯亦说："吾三原士半商贾。"⑥

清代士商合流趋势的加强，使贾儒相通的观念更加普及。徽州休宁商人汪尚宁说："古者四民不分，故傅岩鱼盐中，良弼师保寓焉。贾何后于士哉！世远则殊，不特士贾分也，然士而贾，其行士哉，而修好其行，安知贾之不为士也。故业儒服贾各随其矩，而事道亦相为通，人之自律其身亦何艰于业哉？"⑦ 汪尚宁认为，古代士农工商四民不分，傅岩经营鱼盐生意，也仍然能官至宰相三公。商人是不会比士人差的。儒士读书为官或授徒，商人经营商业只是职业上的不同，其在遵守各自的职业道德上，道理是相通的。人们只要能在道德上自律，商人能

---

① 歙县《许氏世谱》（五），《平山许公行状》。

② 光绪《祁门倪氏族谱》卷下《爕堂公传》。

③ 《雍正朱批谕旨》第四十七册，雍正二年五月十二日朱批，北京图书馆出版社 2008 年版。

④ 许承尧：《歙县闲谈》第 18 册《歙风俗礼教考》，黄山书社 2002 年版。

⑤ 焦竑：《国朝献征录》卷 57，广陵书社 2013 年版。

⑥ 光绪《三原新志》卷 8，温纯《温恭毅公雅约序》，光绪六年刻本。

⑦ 《汪氏统宗谱》卷 168。

以义取利，就可以与重义的士人在人格上的地位平等，又何必因职业上的不同而有高低之分。所以他们又说："士商异术而同志，以雍行文艺，而崇士君子之行，又奚必缝章而后为士也。"①

清代贾儒相通的新观念，在实践上有利于业儒和服贾相得益彰，相辅相成。在徽州、山陕、洞庭商人家族中，这种业儒与服贾迭相为用的情况是很普通的。他们或先儒后贾，或亦贾亦儒，或先贾后儒。业儒能提高商人的道德修养和文化水平，服贾能为业儒提供雄厚的经济基础。如徽州休宁商人吴天衢，"初业制举，屡试郡邑弗售，乃弃儒而商。周游湖海，数岁未克展志。遂远游百粤，寓于昭璋，以信义交易，运筹数载，贾业大振，遂称素封"②。休宁商人汪錞，"性颖悟，过目终身不忘……以父卒，家中落，弃儒服贾走四方，供母甘旨者十余年。复习举子业，读书江汉书院，癸卯、庚戌登两榜，甲寅考授中翰"③。上引两例就各是一种典型：吴天衢先儒后商，以儒家讲信义经营商业，数年后发家致富。汪錞则是因父亲亡故家贫而无法读书，弃儒经商十余年，即供奉母亲又积累了家产，遂重新攻读终于取得功名。

虽然重商思想、贾儒相通观念在清代已逐渐普及，但也有不少商人在经商取得巨大成功后，仍然以不能业儒引为终身憾事。如黟县商人胡际瑶，"晚年虽授例捐职，生平实以不习儒为憾，因以二子就儒业，属望甚殷"④。休宁商人汪镗，临终弥留之际，仍谆谆教育子孙："吾家世着田父冠，吾为儒不卒，然篋书未尽蠹，欲大吾门，是在若等。"⑤ 只有业儒入仕才能荣宗显祖，光耀门楣，所以富商巨贾中的一些人，对科举还怀有如此眷恋之情，就不难理解了。在中国古代，商人的政治、社会地位低下，即使在明清，重商观念有所发展，但传统的贵儒贱商社会风气，相沿数千年，仍然根深蒂固。因此，许多商人在经商成功后，仍不忘怀科举功名。虽然弃儒经商后重又习儒科举得到功名的人是极个别的，但更多的人则寄希望于自己的子弟能够弃商返儒，取得功名；即使做不到，也要凭自己财力捐官，附庸风雅，以便结交官绅，为自己经商取得更有利的政治、社会条件。

三、改官营工商业为私营思想

（一）李雯的盐政改革思想

李雯（1608—1647），字舒章。他虽出身世家，生活条件优越，但少年时摒弃养尊处优的生活，担囊负笈寄馆苦读，遂得才学过人，学涉古今，为明崇祯十

---

① 《汪氏统宗谱》卷 115。
② 新安《休宁名族志》卷 3，黄山书社 2007 年版。
③ 康熙《休宁县志》卷 6。
④ 同治《黟县三志》卷 15《艺文·人物·胡君春帆传》，同治九年刊本。
⑤ 《休宁西门汪氏宗谱》卷 6。

五年（1642 年）举人。清初荐授内阁中书舍人，顺治初年的诏诰书檄多出自他手。

李雯在学术思想上，重视治国经邦之实学，反对死读诗文，咬文嚼字。在他的政治性文章中，对经济问题的探讨占很大篇幅，侧重于盐政、赋役、奢俭等方面的讨论，较明显地反映了资本主义萌芽进一步发展的客观要求。李雯的著作辑为《蓼斋集》。

李雯认为，在古代社会经济生活中，盐同粮食一样，是关乎国计民生的最重要的两种资源："尝闻力田者本谋而盐铁为奇利。菽粟者资粮而山海为宝藏，舍是二者而欲讲于足国之术，愚未之见也。"① 可见，他认为粮食和盐铁都是国家财富的重要来源，离开这两者就谈不到什么足国之术。而且，从国家财政收入上看，盐利收入超过粮食收入。如果国家财政收入倚重于丰厚的盐利，远胜于从农民口中夺取粮食："夫天下之用莫博于盐，利莫多于盐。人主广仁义之风，贱刀铢之算，能尽捐之于民则捐之于民，不能，则以法笼之而佐国家之经费，其术犹贤于浚刻农民，扼其吭而夺之食也。"

但是，李雯认为，当时的盐政存在着弊端，盐利既不在官，又不在商，而被豪强权贵垄断了。"自钞法坏……权豪擅煮海之利，官盐也利夺之，割没为奸商之地"，"今盐法利商贾，商贾有愁叹矣；利朝廷，朝廷无羡入矣。然则数百万之金钱，古之所以当租赋大半者皆将安归乎？故愚认为，利有所蠹而法有所敝也"。盐利原可以代替"租赋大半"以"佐国家之经费"，现在被豪强权贵垄断，成为"末利欺于下则为豪强之资"，因此，李雯借鉴《管子》的轻重理论与桑弘羊的盐铁国营政策，主张政府掌握盐业的轻重之权，使盐利尽归于国家控制，"利出于一孔而有以操其轻重之权也"，使"末利笼于上则代百姓之赋"。

李雯的政府掌握盐业的轻重之权、"利出于一孔"同古代的轻重论者有本质的不同，《管子》、桑弘羊的做法是通过国家垄断盐的生产、销售来获取巨额盐利，而李雯则是主张政府将盐利从豪强权贵手中夺回，将盐业生产经营权交给商人，由商人自主经营，政府对盐商经营进行宏观调控并为盐商提供各种服务，然后对盐商征税，作为财政收入。李雯认为唐代刘晏之所以能够使盐业为国家提供多达 1/2 的财政收入，其原因就在于放手让商人进行食盐的生产和经营。"晏之治盐不过广盆牢以招商贾，置巡院以搜奸盗，非有奇谋异术也"。"夫盐之为利一也，与其权于官，不如通于商"，"朝廷为之设官，以平其价值，理其讼狱，辨其行盐之地分，然后度其岁之所出者重为之额而一税之"。

李雯认为当时国家盐利流失的另一个重要原因是官吏的腐败。从表面上看，盐政大权掌握在国家手中，实际上却操纵在少数官吏手中，盐专卖已成为他们中饱私囊的渊薮。国家财政从盐政中收入甚少，而商人却感到负担沉重，严重影响

---

① 李雯：《蓼斋集》卷 45《盐策》，顺治十四年石维崑刻本。本目引文未注出处者，皆见于此。

了从事盐业生产经营的积极性。"今吾朝举天下之盐不及二百万，此太祖高皇帝之所藏于民也。至于法久蠹生，上至部院之大吏，而下至场所之末隶，内至委验之职，外而禁捕之司，无人不得以渔猎其间。每一左右，金钱万数……故今之为盐商，虽大而无不闲者。今之为盐官，虽小而无不乐者。然则国家之课止有此数，而商人之所费固十倍于兹矣。"商人为逃避过重的、纷杂的负担，往往走上贿赂官吏、营私舞弊的违法犯罪之路。因此，李雯主张，国家向商人征收盐税后，让商人自由经营盐的生产销售，不仅使以前中饱于权贵、吏胥的盐利，都以税收的形式归入国库，增加财政收入，而且对商人也有利，即使国家采用增收盐税的方式对商人进行征收，商人也绝不会有反对意见，因为商人摆脱了各级官吏的层层加派，其实际负担反倒有所减轻。"夫使商人为无名之费而入于多门，不若使为有羡之课而入于朝廷。诚能省官吏，一法制，一税之后，从其所之，不为苛细，则虽多倍其额……要不夺之商贾，而夺之于官吏又何伤哉！"

在此认识的基础上，李雯设计了一套中国盐政史上前所未有的自由经营理想蓝图①。其具体内容是：

> 盖其法莫若使天下商贾得自煮盐，分海滨之场，或为万亩，或为数顷，划其疆里而尽给之，使得自养其灶丁。向者豪强侵利之家亦不必为之禁绝，皆使之列于商贾而得置牢盆以自便。彼得辞私盐之名，必有所甚乐。朝廷为之设官以平其价值，理其讼狱，辨其行盐之地分，然后度其岁之所出者重为之额而一税之……一税之后，从其所之。

这就是政府将盐滩按面积全部分给商人，由商人自行购置生产资料，自主雇佣灶丁，自由经营生产。以往侵占盐利的豪强权贵视同一般商人，同样分给一定数量的盐滩，让他们与普通商人一样从事经营活动。政府除了设置机构、官吏调控盐的价格、解决纠纷、指导盐的行销地区之外，最关键的就是掌握向商人征收盐税的权力，按盐商的每年产盐数量征收一定额度的税收。征收盐税之后，任由盐商自由销售。

李雯认为，实行盐政改革能带来3个方面的好处。一是使"私煮盗犯皆坦然于民间"，即没有私产私贩盐的罪名，一切私煮私贩只要按国家规定交纳了盐税，就合法化了。这就是李雯提出的在中国盐政史上十分著名的论点，"天下皆私盐则天下皆官盐也。"不言而喻，私盐的合法化有助于社会秩序的稳定。二是使盐商摆脱了私盐的罪名，有利于调动盐商、灶丁的生产经营积极性。"彼得辞私盐之名，必有所甚乐"。三是"此法行而强家豪族皆可使为商贾"，即使豪强权贵之家不能再凭借权势侵吞国家盐利，而只能与一般商贾一样依靠自身的经营能力赢利。

李雯盐政改革的核心思想是盐商交纳盐税之后自由经营，但在实际操作中如

---

① 《中国经济思想通史》第4卷，第268页。

何保证制止盐商偷税、漏税行为，确是一个必须认真对待的问题。李雯对此也做了较详尽的论述。他指出，盐田与农田一样，分给了谁、分了多少都有案可稽，因此，纳盐税可参照纳田赋的办法，盐税的征纳工作也就并非难事了。另外，他还提出，政府可以用授予官职的手段鼓励引导盐商及时足额交纳盐税。

李雯在《盐策》一文中还指出，他的盐政改革方案比较适宜于在东南各产盐区实行。至于西北各地盐业生产则应该仍由政府经营。因为当时西北边疆屯戍的大量军队的粮食供给必须依赖政府用其所生产的盐来换取粮食。显然，"此特论东南之盐耳。若西北之盐，或近京师，或近塞下，则仍使官办之，而官积之以与商为市，市必以菽粟"。

李雯还建议，东南地区实行盐业私营后，政府盐利收入将大大增加，可将东南所获盐利用于支持西北水利及农业发展。"而东南之盐利既盛，待以其余财与西北之水利"。如此一来，可收到"末利举而本富兴"的双重效果。

李雯的盐政私商经营改革思想，在当时具有较重要的历史意义。中国古代至迟从西汉开始，除个别时期外，盐业生产经营均由政府严格控制。其中，有些朝代还实行官府全面垄断盐业的榷盐制度。少数朝代虽允许商人经营，但也只是将其中的运输、销售环节通过特许经营权的方式转让给商人经营，政府则牢牢控制盐业的生产。盐业生产的主要生产资料——牢盆，由政府投资建造；盐业的生产者——灶户由政府直接招募管理，甚至灶户对封建国家有很强的人身依附关系，官给生产资料，产品归官，类似于封建农奴式的生产者。许多朝代为垄断巨额盐利，有意识地将灶户与盐商隔离开，防止盐商插手盐业生产。而李雯的盐政改革则将整个盐业，从生产到运输、销售全部交给商人经营，商人控制了盐业的生产资料和生产者。商人通过自行购置生产资料，自主雇佣灶户，自由生产经营。如果商人与灶户之间是一种自由雇佣的劳动关系，那就是类似于包买商同雇佣工人的资本主义生产方式萌芽。在中国古代，盐业是封建经济中市场最广大、赢利率很高的行业之一。这一行业如能全面实施李雯的盐政私商经营的改革方案，就可能使盐业普遍实行资本主义生产方式，对加速明清之际资本主义萌芽的发展壮大，其历史意义是相当重大的。李雯的盐政改革思想，对后世有较大的影响。顾炎武在《日知录》就对其"一税之后，从其所之"的主张大加赞赏。后来，清中叶以后的包世臣、魏源也赞同李雯的盐政改革思想，并在实践中借鉴他让商人自由运销的观点。

（二）包世臣的漕运、票盐改革思想

包世臣（1775—1855），字慎伯，号倦翁。年少时因父病家贫，曾租种蔬菜瓜果，出售养家。嘉庆十三年（1809年）中举人，曾长期担任官员的幕僚，在社会上颇有名气。60岁谋得江西新喻知县，但不久即被劾去官，寓居金陵、扬州等地。

包世臣平生注意经世致用之学，"潜心研究兵、农、名、法治人之术"，"游

学四方"，"体察人情之所极，风土之所宜"①。因此，他不仅熟悉社会，了解民情，而且对当时的水利、赋税、漕运、盐务、法律、军事等方面的实际情况和历史沿革十分熟悉，常能提出切中时弊的改革主张。包世臣具有爱国进步思想，痛陈鸦片输入之害，主张"厉禁烟土"，抵抗侵略。包世臣著有《中衢一勺》《艺舟双楫》《管情三义》《齐民四术》，合辑为《安吴四种》，其中论述河、漕、盐等的《中衢一勺》和论述《农》《礼》《刑》《兵》的《齐民四术》，都有相当篇幅论述经济管理思想。

清代，漕运、盐政是积弊很多"老、大、难"问题。由于清朝官僚机构的腐败与行政效率的低下，漕运的运费和耗损很大，加之征收与运送过程中官吏、兵丁等从中勒索、贪污，致使运一石粮食要花几倍的代价。这一切的负担最终都落在农民身上，使农民受官漕的盘剥不堪重负。对此，长期身为地方官员幕僚的包世臣深有体察："今年又收十分租，摘银折漕骨髓枯，石米块八价在市，官漕石折六块四……折色倍蓰何能胜……田租粜尽税未清"②。对此，包世臣提出改革漕运的主张，其要点是改河运为海运，以船商代替官府。

包世臣为了说明自己改革漕运主张的正确性，反复强调雇佣商船、海运南漕的好处。他在《安吴四种·海运南漕议》中说："海运大便"，"官费之省，仓米之增者无数。又使州县不得以兑费、津贴旗柁名目，藉词浮勒，一举而众善备焉"。他在《安吴四种·海运十宜》中指出："黄河情形既至此极，舍海更无他道"，"商户殷实"，"为人信服已久"；"大户之船""必精善"，并配有"著名好手"；雇佣商船"防科敛染指之弊"等。他在《安吴四种·中衢一勺目录序》中也指出："海运则公费大省"，"将以纾民困也"。由此可见，包世臣认为雇佣商船、海运南漕的好处主要有：一是节省官府运费支出；二是由于所雇佣的商户富裕老实，商户船只质量精良，并配备航海技术高超的水手、船工，运输粮食安全性大；三是正是由于海运粮食安全性大，所以能保证京师的漕粮供给有增无减；四是雇佣商船海运能避免官运机构的一些弊端，如"藉词浮勒""科敛染指"，即官运机构寻找借口勒索或增加苛捐杂税等；五是可以减轻江南一带的民众负担，"以纾民困"。

清代的"纲盐"制度，是沿袭明朝的盐政，由封建国家给予特定的商人收购和运销食盐的垄断权利，把一定产区生产的食盐分成若干"纲"。这些具有购销特权的特许盐商称为"纲商"。这种"纲盐"制度的弊端主要有两个方面：其一，各产盐区的"纲商"与政府委派的征收盐税和管理盐政的盐官相互勾结，形成许多势力很大的官商勾结的盐业垄断势力。一方面，"纲商"按规定交纳盐税之外，还要对封建朝廷、地方官吏以及盐官，承担各种名目的捐派和"报

---

① 包世臣：《小倦游阁集》卷9正集九《答钱学士书》，清小倦游阁抄本。
② 《小倦游阁集》卷21别集二《己卯岁朝松江即事》。

效";另一方面,封建国家和各级官吏作为回报,保护"纲商"在一定范围内的垄断权利,禁止私盐,允许"纲商"屡加盐价和额外加带无税盐斤,以增加"纲商"的额外盐利。这种官商勾结,无疑增加了食盐运营成本,使盐价昂贵,养肥了不法官吏和"纲商",侵夺了百姓的钱财。

其二,昂贵的盐价,使走私盐能获取高额的利润,走私盐的活动日益严重。不仅普通的私盐贩者——"盐枭",而且"纲商"、盐船水手,甚至连缉私盐的官兵以及漕运回空的粮船,都夹带私盐。私盐成为人们发财致富的抢手货,无孔不入,充斥着人们的日常生活。还有当时由于交通工具的限制,盐价各地区不一致,地域性差价较大。盐价低的"官盐",违反划分销区的规定,向盐价高的地区倾销,形成所谓"邻私"。这样就造成了严重的"私畅官滞"的局面,不仅直接影响百姓的日常生活,还直接使封建国家财政收入减少。包世臣曾长期在两江总督辖区(今江苏、安徽、江西三省)游幕,耳闻目睹私盐活动的猖獗以及对社会生活的严重危害。他在《安吴四种》卷3《庚辰杂著五》一文中揭露:"枭徒之首名大仗头,其副名副仗头","争夺码头,打仗过于战阵,又有乘夜率众贼杀者,名曰放黑刀","巨枭必防黑刀,是以常聚集数百人,筑土开濠,四面设炮位,鸟枪、长矛、大刀、鞭、锤之器毕具","拒捕则官兵必伤"。

面对这种武装走私盐的严重局面,当时,多数人主张全力禁缉私盐。包世臣则提出与众不同的见解,认为"说者皆谓私枭充斥,阻坏官引,遂以缉私枭为治盐之要,此下策也"。他主张:"若夫上策,则裁撤大小管盐官役,唯留运司主钱粮,场大使管灶户,不立商垣,不分畛域,通核现行盐课,每斤定数若干,各处虽难划一,断不可致悬殊","听商贩领本地州县印照赴场官挂号缴课买盐,州县发照后,即可运售"[1]。包世臣改革盐政的思路是,盐走私猖獗的根本原因是"纲盐"制中官商勾结使盐价昂贵,走私盐可获高额利润,故促使走私盐活动猖獗。因此治本的上策是以"票盐"制取代"纲盐"制,取消"纲商"的垄断特权,大大裁撤大小盐官、盐吏,禁绝或尽量减少盐政中的各种额外勒索和中饱现象。这样就可大大减少食盐运营成本,使盐价降低,食盐的销量增加,走私食盐没有暴利可图,还可减少非法夹带,促使"枭徒化为小贩",使国家盐税收入增加。包世臣对自己的盐政改革方案颇为自信,"是一举而公私皆得,众美毕具,千年府海之陋,一朝尽革"[2]。他的盐政改革思想,在更大程度上表现了他对私营商业的重视与支持。

(三)魏源的工商业私营思想

魏源(1794—1857),原名远达,字默深。他29岁中举后做了十余年的

---

① 包世臣:《安吴四种》卷3《庚辰杂著五》,沈云龙编:《近代中国史料丛刊》,文海出版社1966年版。

② 《安吴四种》卷3《庚辰杂著五》。

幕僚。道光二十四年（1844 年），51 岁时中进士，后在江苏任知县。咸丰三年（1853 年）任江苏高邮知州，不久感愤"世乱多故"而弃官事佛，"不与人事"。

魏源曾师从刘逢禄学《公羊春秋》，究心于经世致用之学，属今文经学派。道光六年（1826 年）应江苏布政使贺长龄聘，襄辑《皇朝经世文编》；继为江苏巡抚陶澍筹议漕运、水利、票盐诸事，撰《筹漕篇》《筹鹾篇》《筹海篇》等。第一次鸦片战争后，感愤而著《圣武记》，以推求盛衰之理，筹划海防之策。曾受林则徐嘱托，以《四洲志》为基础，编成《海国图志》，主张"师夷之长技以制夷"。其著述还有《古微堂集》《元史新编》《老子本义》《诗古微》《春秋繁露注》等 10 余种。今人辑有《魏源集》。

魏源在工商业的生产经营方式上，极力主张私营而反对官营。自两宋以来，主张工商业私营者代不乏人，但多数是针对盐、茶等政府专卖行业而言。魏源主张私营的范围相当广泛，凡如采矿、盐业、造船、器械制造、漕运乃至于屯垦，无不鼓励或委托私人经营。

他认为，矿业"禁民采而兴官采"会"利不胜弊"，"民开而官税之，则有利无弊"，总之，"许民开采，二十分取一为税，此开采最善之法"①。他主张，对盐业应改变具有垄断性的"纲商"而为具有自由竞争性质的"票商"②，盐商只需照章纳税后即可自由领票运销食盐，进一步消除官府对经营盐业商人的封建盘剥。他与包世臣看法类似，对复杂的盐务改革应主要解决降低食盐生产经营的成本问题。他指出淮盐的根本问题是"邻私"（即邻省官盐向淮盐专卖区的私销）与滞销，只有降低淮盐价格才能抵制"邻私"和使食盐畅销，而要降低价格必先减低淮盐运销的成本。纲商经营食盐成本居高不下的主要原因是由于浮费和各级贪官污吏勒索太多，如废除纲商专卖制度以散商凭票自由运销方式取代，就能减少成本以降低食盐价格。因为散商"本轻费轻"，从而能大大降低盐价，这就可以抵制"邻私"和食盐的走私，可以使食盐畅销而不致停滞，可以增加国家的盐税收入。总之，降低食盐运销成本就能解决当时淮盐所存在的各种问题。由此可见，魏源与包世臣一样，认为降低食盐运销成本是解决当时纲盐诸多弊端的根本性问题。

在清代，所谓器械除军用器械外，还包括许多可能制造的民用器械在内，实质上是指机器制造业而言。而当时清廷官营造船厂或火药局仅在广东各设一处。对此，魏源提出："沿海商民，有自愿仿设厂局以造船械，或自用或出售者，听之"③。魏源的这一主张意味着军用民用器械均许可私人广泛经营制造。这和那

---

① 魏源：《圣武记》卷 14《军储篇二》，中华书局 1984 年版。
② 魏源：《古微堂外集》卷 7《筹鹾篇》《淮北票盐志叙》，淮南书局光绪四年刊本。
③ 魏源：《海国图志》卷 2，岳麓书社 2011 年版。

些怕"聚众为乱"而且坚持矿禁的顽固思想比较，魏源鼓励军用民用器械私营的建议，确实是一个极其大胆而又彻底摆脱了传统局限的新观点。而他主张除广东设官营造船厂或火药局之外，福建、上海、宁波、天津等地则让私商自由经营，此法如果实行，则私厂之数必大大超过官厂。他之所以提出制造器械、造船私营，是因为他把器械、船只商品化，即使是军用目的造船造炮也要了解"工料之值，工食之值"，然后才能确定船与炮的价格①。

关于漕运、魏源的主张更体现了他认为私营工商业比官营工商业具有优越性的思想。如前所述，比魏源稍早的包世臣就力主雇用海商船只运送漕粮，但包氏解决漕运的私营主张还只是初步的建议。而魏源除在解决漕运问题上精密筹划外，更表达了他认为私商经营方式的优越性是解决当时漕运弊端的最佳途径。如改革漕运采用雇船海运方式，可以节省官府河运时所必不可少的数百万公私靡费，以极低的运送成本即可完成每年的漕运任务。他指出"官告竭，非商不为功"②，"以商运决海运，则风飓不足疑，盗贼不足虞，霉湿侵耗不足患也。以商运代官运，则舟不待造，丁不待募，价不更筹也"③。也就是说除依靠私商承运外，"别无事半功倍之术"，并应定为"一劳永逸"④的长远制度。从这些主张看来，在他的心目中，生产经营的私有形式已是无可置疑的完美形式⑤。

魏源还提到"公司"的私营经营组织形式。他的公司概念与当时在西方已盛行了约3个世纪的公司制度并不相同，主要是指合伙经营方式，认为"公司者，数十商辏资营运，出则通力合作，归则计本均分，其局大而联"，并将广州十三行也比作公司与英国东印度公司等同起来⑥。

由于魏源在生产经营方式上力主私营而反对官营，因此，在使用劳动力方面也提倡采取雇佣的劳动形式。如他主张无论是官营还是私营船厂及火药局都必须采取雇佣劳动的形式，海运商人所用纤夫"令自雇以免勒索"⑦。甚至他还主张屯垦的基本原则"按名给地，永为世业"，以避免屯垦者把土地"视为官产，久而生懈"⑧之弊，并允许屯垦旗民"兼雇汉农以为之助"⑨，即在农业生产上也采取雇佣劳动形式。

---

① 《海国图志》卷2。
② 《古微堂外集》卷7《海运全案序》。
③ 《古微堂外集》卷7《道光丙戌海运记》。
④ 《古微堂外集》卷7《复蒋中堂论南漕书》。
⑤ 胡寄窗：《中国经济思想史》（下），上海人民出版社1981年版，第669页。
⑥ 《海国图志》卷2。
⑦ 《古微堂外集》卷7《道光丙戌海运记》。
⑧ 《圣武记》卷14《军储篇四》。
⑨ 《圣武记》卷14《军储篇四》。

四、劝农与兴学思想

（一）劝课农桑思想

1. 政府督课、奖励农桑

清朝满族在入主中原之前，虽然处于农牧混合的经济，但是入主中原之后，相当重视发展农耕生产。顺治年间，连续颁布了一系列诏令，劝课、保护农桑："国初定：低田种稻、黍、秫、苘麻，高阜种粟、谷。又定纵马食人田禾者，牧长、牧副等各鞭责，照所践谷数追赔。顺治八年（1651 年）题准：农民力耕，甚赖牛力，有屠宰耕牛者，照律治罪。十二年（1655 年）复准：民间植树以补耕获，地方官加意劝课，如私伐他人树株者，按律治罪。十五年（1658 年）复准：桑柘榆柳，令民随地种植，以资财用。"① 由此可见，清朝入主中原之初，就采取恢复和发展农业生产的措施，规定农民广种稻、黍、秫、粟、谷等粮食作物，种苘麻、桑树等，以保证百姓有基本的衣食米源。鼓励百姓随地种植柘、榆、柳等树木，作为烧柴火、盖房子之用。并颁布法令，禁止纵马食人田禾，禁止屠宰耕牛，私伐他人所种树木。尔后，康熙、雍正年间，朝廷继续颁布了劝课农桑的诏令。"康熙十年（1671 年）复准：民间农桑，令督抚严饬有司，加意督课，毋误农时，毋废桑麻"。"雍正元年（1723 年）恩诏：直省府州县卫所农民，果有勤于耕种，务本力作者，令该地方官不时嘉奖，以示鼓励。二年（1724 年）谕：国家休养生息，数十年来，户口日繁，而土地止有此数，非率天下农民竭力耕耘，兼收倍获，欲家室盈宁，必不可得。《周官》所载巡稼之官，不一而足，又有保介、田畯，日在田间，皆为课农设也。今课农虽无专官，然自督抚以下，孰不兼此任，其各省率所司悉心相劝，并不时咨访疾苦，有丝毫妨于农业者，必为除去。仍于每乡中择一二老农之勤劳作苦者，优其奖赏，以示鼓励。再舍旁田畔，以及荒山不可耕种之处，度量土宜，种植树木，桑柘可以饲蚕，枣栗可以佐食，柏桐可以资用，即榛楛杂木，亦足以供炊爨。其令有司课令种植，仍严禁非时之斧斤，牛羊之践踏，奸徒之盗窃。至孳养牲畜，如北方之羊，南方之豕，牧养如法。乳字以时，于生计不无裨益。所赖亲民之官，委曲周详，多方劝导，庶踊跃争先，人力无遗，而地利可尽。不惟民生可厚，风俗亦可还淳。该督抚等各体朕惓惓爱民之意，实力奉行。又谕：农民勤劳作苦，手胼足胝，以供租赋，养父母，育妻子，虽荣宠非其所慕，而奖赏要当有加。其令州县有司，择老农之勤劳俭朴，身无过犯者，岁举一人，给以八品顶戴荣身。又议准：督抚率府州县官举行劝农，春至劝耕，秋至劝敛。如有轻视民隐，不实力奉行者，照例议处。四年（1726 年）议准：直省设立先农坛籍田，每岁仲春亥日，督抚及府州县卫所等官，率所属耆老农夫，恭祭先农之神，其耕籍照九卿行九推

---

① 《大清会典事例》卷 168《户部·田赋》。本自然段引文，均见于此。

之礼。"由此可见，雍正朝更加强了劝课农桑的力度。雍正皇帝即位后，就连续颁布了数道诏令，把劝课农桑从各方面将其落实到实处。其一，对勤于耕种，及时、足额缴纳租赋者予以奖励，并命令地方州县每年推举一位勤劳俭朴老农，授以八品顶戴。农民勤劳耕作得到官品，这在封建社会是极高的荣耀，由此可见清政府对劝课农桑的高度重视，并以此来激励广大农民的生产积极性。其二，朝廷明确规定地方最高长官总督、巡抚以及知府、知州、知县等各级地方长官对所辖各地区的劝课农桑负总的责任。每岁仲春，督抚及府州县卫所长官，亲自率领所辖地区耆老农夫举行劝农籍田之礼，然后平时再加意督课，使农民毋误农时，毋废桑麻，并负责选拔勤于耕作农民，予以奖励。其三，在发展农业经济中注意多种经营。朝廷不仅鼓励农民多种粮食作物，而且引导、鼓励农民栽种各种树木，如栽种桑柘养蚕，发展丝织业；栽种枣栗，可供食用；栽种柏、桐，可作建筑用材、生产桐油；即使栽种榛楛，也可作为柴火。朝廷还鼓励农民饲养牲畜，如北方饲养羊，南方饲养猪，可以补贴生计。其四，朝廷命令地方官员必须为农民创造发展农业生产的良好条件。如地方各级官员必须不时咨访农民的疾苦，及时去除妨碍农业生产的弊端，如严禁非时砍伐树木，禁止牛羊践踏庄稼，严防不法之徒盗窃农民财物等。

2. 开垦荒地思想

清代，人口增长迅速，在过亿大关后还在不断呈几何级数上升，人口的增长，使人口对土地的压力日益增长，尤其是东南人众地狭，这种人地矛盾更加突出。一些少地、无地的农民无法维持生计，给社会安定带来很大的威胁。对此，一些有识之士纷纷提出政府应鼓励民众垦荒，尤其是鼓励、支持无地、少地的农民垦荒，从而使他们获得一定数量的耕地，解决生计问题。如广东总督鄂弥达指出，应发挥商人的作用，出资给予贫民住房、口粮、工本等，政府承认所垦荒地归垦荒者所有，从而使惠州、潮州贫民纷纷前往垦荒，既使荒地得到了利用，也使无地贫民获得耕地，解决了生计问题，消除了社会不安定因素。他说："谕令有力商民，招集惠、潮等处贫民，给以庐舍、口粮、工本，每安插五家，编甲入籍，即给地百亩。复念各佃远来托居，虽有可耕之业，仍恐日后予夺凭由业户，不能相安，应为从长计议。凡业户领田百亩外，并令各佃俱带领地五亩，一例纳粮，永为该佃世业，田主不得过问。庶佃户稍有余资，无偏枯之叹，亦可无通租之虞。今惠、潮二府贫民，就居鹤山耕种，入籍者已有三百余户，现在陆续依栖，日益增聚，兼闻先到之人，安顿得所，无不踊跃趋赴，其各属未报贫民，亦必陆续报出。其高、雷、廉等各府州县可垦荒地，容俟一并丈出，设法安插。使穷民皆有恒产，足以资生，不数年间，野无旷土，地无遗利，全粤深山穷谷，无复有失业游手之民，风俗淳美，夜户不闭。"

清政府还根据全国各地区的不同情况，因地制宜，制定各种不同的优惠政策，鼓励民众积极垦荒。如畿辅地区有荒地千百顷，朝廷屡次下令招民垦荒，但却很少人愿意前去开垦。原因是这里土地瘠薄，稍有水旱之灾就无收成，而政府却又规定开垦六年之后就要征收赋税，因此开垦者平常收成已少，遇到灾荒，还要赔本缴纳赋税。针对这种情况，陆陇其建议，政府应给垦荒者更优惠的条件，至少让垦荒者觉得有利可图，不致赔本，如新垦田地复荒，政府应以其他新垦之地补偿；如遇灾荒，赋税予以免除；新垦荒地改 6 年起科为 10 年后起科。这样，民众就会踊跃前来垦荒。他说："职窃谓此等荒地，原与额内地土不同，与其稽查太严，使民畏而不敢耕，何若稍假有司以便宜，使得以熟补荒，如有额外新垦之地复荒者，听有司查他处新垦地以补之，其荒粮即与除免，不必如额内地土。必达部奉旨，始准豁除。无赔累之苦，无驳查之烦，民不畏垦之累，自无不踊跃于垦矣。其已垦成熟者，或更请宽至十年起科，使得偿其牛种、工本之费，然后责其上供，亦所以劝垦也。"

在清代，边疆地区仍有许多荒地无人耕垦。张宸指出，当时边疆荒地，政府招募贫民前往耕垦，但贫民缺耕牛、粮种，无力进行耕垦，如由政府帮他们解决耕牛、粮种，由于数量庞大，政府也无法通过财政筹办。如由满族兵士或汉族兵士屯田，但满族兵士皆精锐部队，负责保卫朝廷，汉族兵士人数少，负责守卫地方尚且不够，因此，满、汉兵士也无法通过屯田耕垦。唯一可行的就是仿效明代的开中法，令盐商到边地招募游民开垦，政府转让部分盐利给盐商作为报酬。他说："今天下之计，莫大乎开垦荒田，而开垦荒田，则必使富人为之，何以言之？国家亦尝设官置吏，议屯田矣，然民屯则恒产殷足之人，必不赴令，而其应募者，必贫民、浮户，欲自备牛种，则无其力，欲官为之备，则无此财。且朝令而夕课效，田未就垦，而考成已迫，于是董其事者，必于邻近熟田，指为隐占、为漏税，强取籽粒以塞期会。由是荒者未熟，而熟者先累，国未利而民已困，屯之无效，盖以此也。言兵屯，则今之满兵，皆禁旅也，势无久暴原野，胼手胝足之理。而汉兵则汰之又汰，方隅未靖，以之守汛了望，尚且不给，而又课之耕屯，无牛种之备，有籽粒之迫，与其勤苦力作，贻后日之追呼，何如坐食县官，享目前之宴安乎。即使复卫所屯操之设，而现在屯粮，尚烦敲扑，又何力以办此乎？故议屯于今日兵与民，俱有所不可，而莫善于使富民为之。夫所谓富民者，制田里，供赋税，给徭役者也。使其舍现有之业，耘不耕之田，谁则为之？……其最善者，莫如明初开中之制。明永乐时，下盐商输粟于边之令，每纳米二斗五升，给盐一引，小米每引四斗。复令近边荒闲田地，得自开垦，使为永业。商人惮转粟之劳，无不自出财力，招致游民，以事耕作。既有田产之利，遂为家室之谋，由是守望相助，墩台保伍，不令而具。田日就熟，年谷屡登。至天顺、成化间，甘肃、宁夏粟石直银二钱，军国大裕。盖其时国家之府库、仓廪，仅以给都中，而其余尽委之商人。无修边之费，无远输之劳，国富而强，职此故也……愚故曰：欲省漕富民，莫大乎复开中之制，而开垦荒地，必使富人为之也。"① 由此我们可以看出，张宸看到清代商人在财力和经营管理方面的潜力，朝廷通过转让部分盐利给商人，从而发挥商人的潜力，将边疆荒地耕垦交由商人经营，从而既节省了政府大量的军事开支，减免了民众运输粮食到边疆以给军需的劳苦，又使商人有利可图，这可谓是三全其美的开垦边疆荒地之策。

清代在垦荒中，已较重视通过调查研究，把荒地分成不同类型，因地制宜，对各种荒地采取不同的开垦措施。如乾隆五年（1740年），河南巡抚雅尔图在《勘报开垦虚实疏》中就将荒地分为4种，并针对不同的荒地提出相应的措施。其中一曰"河滩地亩，此项原议，滩涨靡定，止酌分籽粒充公，免其升科"②。这就是那些河滩田地，水涨高了被淹后就成荒地，水涨低时被人开垦就成田地，而且水涨高低变化无常，因此政府只能根据水涨情况，酌情收取一些粮食充公，而免除征收固定的赋税。二曰"盐碱荒地……难以垦治……必俟四五年后勘明地气，果否尽转，另议升科"。盐碱地在当时的科技条件下，是很难开垦种植的，因此雅尔图认为，必须让农民试种四五年后，再看其收成情况，确定征收赋税的多少。三曰"夹荒地……系零星垦辟，荒熟相杂者。夫小民既知此地可耕，岂有垦治一段，抛荒一段，错综间杂之理。盖缘豫省地土，有一种沃野之地，年年可耕，即《禹贡》所谓厥土惟壤也；又有一种硗瘠之地，树艺一两年，则其土无力，不能生发，必另耕一处，将此处培壅一两年，然后复种。如此更番迭换，始得收获，即《禹贡》所谓下土坟垆也。前人立法，不分高下等则，一体纳粮，止于弓丈之间，准其独大，以恤民力。《赋役全书》开载弓数，班班可考，俗所谓大弓地是也。乃王士俊即指此项为夹荒地，勒令普例耕治，捏指为新垦。是以此项地亩，多至七千余顷，已经升科纳粮在案。臣查此项果若大为民累，欣逢尧舜在上，臣亦何敢因循不请减豁"。雅尔图指出，所谓"夹荒地"不是荒地，而是一些土地瘠薄地方的休耕地。但是，有人别有用心地说这是荒地，令人耕种，向上谎报说是新开垦的荒地。雅尔图还指出，这种轮耕地，应按照政府《赋役全书》规定缴纳赋税。四曰"老荒地……多系村头沟尾，道左坟旁，沙冈水滨，庙墓屋角，或砂砾之区，或确硗之处，皆非人力所能施者。开垦本属虚名，荒芜不知凡几，臣若因循玩视，现在尚未征粮，犹属纸上空谈。将来一成额赋，便属闾阎永累矣……容臣将此项老荒地亩，设法清厘，一面令民自首，一面委员抽查，不使有丝毫滋扰。其实在垦熟者，即按年报升，果系虚捏，则请旨豁免。嗣后永定章程，不必再言升科，亦不得复言减豁，庶民心安而元气复"。雅尔图认为，所谓"老荒地"情况复杂，多是村头沟尾、道左坟旁沙冈水滨、庙墓屋角等贫瘠之地，如一旦征收赋税，将成为农民的负担。他主张对"老荒

---

① 《清经世文编》卷34，张宸《商屯议》。
② 《清经世文编》卷34，雅尔图《勘报开垦虚实疏》。本自然段引文，均见于此。

地"要想办法清厘，一方面令农民自己申报，另一方派人抽查。具体问题具体分析，按不同情况分别处理。如现在已是熟地，就按年征收赋税；如是徒有虚名的耕地，则请旨后予以豁免赋税。然后制定管理章程，不得再随意征收或豁免赋税。

黄六鸿在《养民四政》中将荒地分为"老荒"和"新荒"。所谓"老荒"，就是战争后抛荒很久的田地。对于这类土地，他主张由原土地主人的子孙亲友领种，5年后缴纳赋税，或原田主无子孙，可由人领种，经过政府批准后即可耕垦。所谓"新荒"，就是灾荒时农民逃离后抛荒的土地。对于这类土地，他主张政府贴出告示，招徕原田主复业，如告示2年后没人复业，即由人领种，3年后开始征收赋税。当农作物成熟之后，原田户不得再来争夺。他说："盖荒田有老荒，又有新荒。老荒乃兵燹之后，人亡地弃，久成榛莽；新荒乃偶值岁凶，人民流散，渐致抛废。有司宜亲为相度，老荒之内，尚有可耕者，其原主若有子孙亲友，情愿领种者，准其开垦，照五年之例承粮。若无子孙，听人具呈领种，批准给票令垦。其新荒，或原主流寓他处，安土重迁，宜出示晓谕，招徕复业。如示后二年不归，即为无主，听人具呈领种，亦照三年之例起科。成熟之后，原主不得争竞。"[1]

3. 因地制宜思想

清代在继承前代的基础上，对各种自然条件下各种类型的田制认识更加清晰，并能因地制宜，根据各种不同的自然条件采取不同的田制，充分发挥土地的潜力，增加农作物的产量。杨芳在《田制说》中胪列了区田、围田、柜田、沙田、涂田、架田、梯田、圃田等各种田制，比较集中地说明了我们应该根据各地区不同的自然条件，因地制宜，采取不同的田制的思想。

其一，区田法。区田法在清代之前已广泛流行于全国各地。其最早载于汉成帝时的《氾胜之书》，特点是在小面积土地上集中使用人力、物力，精耕细作，采取开沟点播和坑穴点播，所开的沟和坑就称为"区"。这种点播方法有利于防风防旱、保墒保肥和作物根系的发育。区田法还注重点播密植、中耕除草和灌溉。这样一种园田化的集约耕作方法，大大提高粮食的亩产量，适用于北方旱作地区。杨芳指出：清康熙年间，"桂林朱公龙耀为蒲令，取区田法试之，后为太原司马，在平定亦然。收每区四五升，亩可三十石，爰为图说刊布之。近衢州詹公文焕监督大通，试之于官舍隙地，一亩之收，五倍常田。又聊城邓公钟音，于雍正末亦曾行此，一亩多收二十斛"[2]。总之，区田法高产，在清代是得到证实的。

其二，围田，又称圩田。"四周筑长堤而护之，内外不相通，江以南地卑多

---

① 《清经世文编》卷28，黄六鸿《养民四政》。
② 《清经世文编》卷36，杨芳《田制说》。

水，田皆筑土为岸，环而不断，随地形势，四面各筑大岸以障水，中间又有小岸。或外水高而内水不得出，则车而泄之，以是常稔不荒。今北方地坦平无岸，潦不能御水，旱不能蓄水，焉能不荒？须令有力之家，度视地形，各为长堤大岸，以成大围，岸下须有沟泄水，则外水可护，而内悉为腴地，何虑水旱也"。江南滨湖、河边低洼地带，用土堤包围田地，防止外边河湖的水侵入。如干旱时，放外边的水流入堤内灌溉，洪涝时用水车把堤内的水汲到外边。因此，这种围田成为旱涝保收的良田。杨芳建议北方平坦的田地也可模仿江南的围田，筑长堤大岸把田围起来，并开沟渠，干旱时引水灌溉，洪涝时长堤能抵御洪水。这样，堤内田地悉变成肥沃良田。

其三，柜田。"其法筑土护田，俱置灋穴，顺置田段，便于耕莳。若遇水荒，田制差小，坚筑高峻，外水难入。内水则车之易涸，浅没处宜种黄穋稻，此稻自种至收，不过六十日，能避水溢之患。如水过，泽草自生，糁稗可收。高涸处亦宜陆种诸物。此救水荒之上法，因坝水溉田，亦曰坝田"。柜田与围田相似，也是筑堤坝护田，防止洪水淹没。其不同的是其面积小于围田，并且挖有排水的灋穴，并分置田段，便于耕作移植。柜田面积小，如积水容易用水车汲干，水浅的地方宜于种黄穋稻。此稻从种植到收成，只要60天，所以能避开洪水季节。洪水过后，泽草自生，农民又可收获糁稗。柜田中地势高干燥的地方，可适宜种植耐旱的作物。柜田适宜于抗御水灾。

其四，沙田。沙田顾名思义就是"沙淤之田地，今通州等处皆有之。此田迎水，地常润泽，四围宜种芦苇，内则普为塍岸，可种稻秫，稍高者可种棉花、桑麻。旱则便溉，或旁绕大港，潦则泄水，所以无水旱之虞。但沙涨无时，未可以为常也。"沙田就是泥沙淤积的田地，这种田渗水性强，比较湿润，四周适宜种芦苇，里面则常用土埂子分割，可种稻秫，地势稍高的田可种棉花、桑麻等。沙田干旱时便于灌溉，洪涝时又易于泄水，所以没有水旱之虞。但缺点是沙的淤积变化无常。

其五，涂田。涂田是"濒海之地，潮水往来，淤泥常积，土有咸草丛生。此须挑沟筑岸，或树立桩橛以抵潮汛。其田形，中间高，两边下，不及数十丈，即为一小沟，数百丈，即为一中沟，数千丈，即为一大沟，以注雨潦，谓之甜水沟。初种水稗，斥卤既尽，可种粱稻。此因潮涨而成，与沙田无异者也"。沙田是因江河泥沙淤积而成，而涂田则是因海潮泥沙淤积而成。因此涂田也要筑堤或树立桩橛抵挡潮汛，另外也要开沟以储蓄或排泄雨水。所不同的是涂田由于是海潮泥沙淤积而成，有盐分，因此要先种水稗，待田地盐分消失后，再种粱、稻。

其六，架田。"架犹筏也。《农书》云：若深水薮泽，则有葑田，以木缚为田坵，浮系水面，以葑泥附木架上而种艺之。其木架田坵，随水上下浮泛，自不淹没。自初种以至收艺，不过六七十日。水乡无地者，宜效之。以上皆近水而为之制者也"。架田就是在木筏上铺上泥土，浮于水面，然后在上面种庄稼。由于木筏会随着水位的高低而上下浮泛，因此不会被水淹没。架田一般种植生长周期短的作物，从播种到收成一般六七十天。架田是水乡缺乏耕地，向水要田，自己制造耕地的一种田制。

其七，梯田。梯田"成于山多地少之处，除峭壁不可种，其余有土之山，裁作重磴，皆可艺种。如土石相半，则须垒石相次，包土成田。若山势峻极，人须伛偻蚁沿而上，耨土而种，自下登陟，俱若梯磴，故名梯田。如上有水源，则可种旱稻、秔稻，如止陆种，亦宜粟麦。盖田尽而地，地尽而山。山乡细民，求食若此之艰也"。所谓梯田，就是山多地少的地方，农民沿着山势，层层开山为田，用土、石垒起一块块田地。如是山势险峻，农民登山耕种，就像爬梯磴，所以称为梯田。梯田上面如有山泉，则可以种旱稻、秔稻，如没有山泉，则也可以种耐旱的粟麦。

其八，圃田。"自围田以至梯田，俱可植谷，至种蔬果之田，谓之圃田。其田绕以垣墙，或限以篱堑，负郭之间，但得十亩，足赡数口。若稍远城市，可倍添田数，至一顷而止。结庐于上，外周以桑，课之蚕利，内皆种蔬，惟务取粪壤，以为膏腴。临水为上，否则量地掘井，以备灌溉。地若稍广，可兼种麻苎果物。比之常田，其利数倍。此园夫之业，可以代耕"。所谓圃田，有别于上述围田至梯田七种类型的田，是专门种植蔬菜、水果的。圃田在城市附近，或田地绕着城墙，或以篱笆、沟堑分割。这种田经济效益高，只要有十亩就可养活一家数口人。如离城市稍远些的，可拥有数十亩，但最多一顷也就够了。住房盖在田地上，田地外围四周栽桑养蚕，田内种植蔬菜。圃田如靠水最好，不然就要掘井用于灌溉。圃田土地如较大，还可以种植麻苎、水果等。圃田的经济效益，往往高于一般田地数倍。

从杨芳《田制说》所介绍的8种田制，我们可以看出，除区田法是通过集约耕作方法，提高北方旱作地区的粮食亩产量，圃田是城市周边田地，专门用于种植蔬菜、水果，以供城市居民食用外，其余六种田地均是向水向山要田，以缓解清代人口的大量增加对土地形成的巨大压力。围田、柜田是把低洼的土地用堤围起来，以防止该低洼地被水淹没，从而将低洼地改造成良田。沙田则是将江河边被泥沙淤积的荒地改造成耕地，涂田则是将海边被泥沙淤积的盐碱地改造成耕地。架田更新奇大胆，将飘浮在水面上的木筏复盖上土壤，用于种植农作物。总之，上述围田、柜田、沙田、涂田、架田都是人们向水要田。梯田则是人们向山要田，在地少人多的山区，人们将山地开凿成层层梯田，用于种植农作物。

4. 劝种甘薯，禁种烟叶、罂粟

甘薯自明代引入中国后，人们认识到甘薯易种易生，产量高，能很大程度上解决民众粮食供给不足的问题，因此，有识之士纷纷主张多种甘薯，以佐食用。如陈宏谋就提出"劝种甘薯"："陕省高地多而水田少，民食多资杂粮，每虞岁歉。惟甘薯一种，易种易生，水旱冰雹，均不能伤，以充民食，与米麦同，功非寻常果品可比。陕西高地沙土，最属相宜，而向来未见此种。本都院敬采钦定《授时通考》所载，并访种薯诸法，刊刻分布，广行劝种。夫事每难于图始，易于观成，苟能觅得此种，如法栽植，一经发生，转相传习，到处延蔓，人人争种，以佐民食，讵不美欤！特用刷印二千张，饬发该司，可酌量分发通省府厅州县，并佐杂等官及士民人等，其中必有留心利济，觅种试栽，以为民倡者，是亦尽地利以广资生之端也。"① 明代甘薯传入中国后，首先是在福建沿海栽种。清代，陈宏谋敏锐地觉察到"陕西高地沙土"，最适宜于种甘薯，能很好地解决"民食多资杂粮，每虞岁歉"的难题。由于陕西民众对甘薯不了解，从来没人种过，因此陈宏谋建议采用广为宣传的办法，刊刻种薯诸法，广为"分发通省府厅州县，并佐杂等官及士民人等"，劝种甘薯。他相信，只要有人开始试种，民众一旦见到好处，就会"人人争种，以佐民食"，从而提高了土地的利用率，解决了陕西民众粮食供给不足的问题。

与提倡种甘薯相反，清政府明令禁止民间栽种烟叶、罂粟，其理由是栽种烟叶、罂粟占用大量农田，影响粮食生产，尤其是罂粟，还严重损害人们的身体健康。如乾隆八年（1743年）议准："民间种烟一事，废可耕之地，营无益以妨农功，向来原有例禁。且种烟之地，多系肥饶，自应通行禁止。惟城堡以内闲隙之地，可以听其种植，城外则近城奇零菜圃，愿分种烟者，亦可不必示禁。其野外山隰土田阡陌相连，宜于蔬谷之处，一概不许种烟。凡向来种烟之地，应令改种蔬谷。"② 同治四年（1865年）谕："沈桂芳奏请严禁种植罂粟等语，三农畎亩服劳以生九谷，自宜专务稼穑，藉为仰事俯育之资。乃近年以来，山西人民多以种植罂粟为业，始而山坡地角，偶尔试栽，继且沃壤腴田，种植殆遍，遂致产米愈少，粮价增昂。设遇收成歉薄之年，民间储蓄毫无，奚由得食？著沈桂芬即行刊刻告示，将种植罂粟严行禁止，并著各直省督抚通饬所属，一律严禁。俾小民服田力穑，共庆有秋。庶丰年有仓箱之积，歉岁无匮乏之虞，于国计民生，均有裨益。"

5. 广种树木

清代，人们对种植树木的好处有更系统全面的认识。如俞森在《种树说》一文中提到种树有八利："一亩之地，树谷得二石足矣，一亩之地，而树木所入，不数十石乎？其利一。岁有水旱，菽麦易伤，榛柿栗枣，不俱残也。年丰贩易，岁凶疗饥，其利二。贫人无薪，至拾马粪，掘草根，种树则落其实，而取其材，何忧无樵苏之具，其利三。造屋无木，工垩覆草，久雨屋颓，率多露处，种树则上可建楼居，下不同土隅，其利四。树少则生无以为器具，死无以为棺椁，种树则材木不可胜用，其利五。豫土不坚，濒河善溃，若栽柳列树，根枝纠结，

① 《清经世文编》卷28，陈宏谋《巡历乡村兴除事宜檄》。
② 《大清会典事例》卷168《户部·田赋》。本自然段引文，均见于此。

护堤牢固，何处可冲，其利六。五亩之宅，树之以桑，宅之不毛者有里布，今汴州四野之桑，高大沃若，若比户皆桑，大讲蚕务，其利七。五行之用，不克不生，今树木稀少，木不克土，土性轻飏，人物粗猛。若树木繁多，则土不飞腾，人还秀饬，其利八。"① 这八利如加以归纳，大致可概括成两个方面：一是种树有很好的经济效益。如同样是一亩地，种谷物只有"二石"的收获，但如种树，可能有"数十石"的收入；树木比菽麦等粮食作物有更强的抗灾能力，如遇水旱之灾，菽麦可能歉收严重，但果树可能影响不大，粟枣收成后可以用于度过饥荒，如遇丰收年份，可以当水果卖；穷苦的人可拣树叶、树枝作为烧火煮饭的柴火；木材可以用于造房屋，木结构房屋比土墙草屋坚固，不易倒塌；木材还可以作家具、棺椁等；种植桑树可养蚕织丝布。二是可保持自然环境。如河南省土质疏松，在堤上种柳树等，可固堤防洪；北方地区如多种树，可防止大风来时沙土飞扬；种树可使气候湿润，人就长得秀气润泽。

黄六鸿在《养民四政》中，有两政是关于种树的，可见他对种树的高度重视。他在第三政中主张"植果木"，在村庄空隙地均可种植各种果木，认为种果木比起种粮食作物，有不要纳税粮、不要耕作、不担心水旱灾害又能坐收厚利的好处。他说："夫民之当种者，岂独五谷哉？即果木之树，亦宜广为栽畜也……财不患多，以有余而后丰；土不患生，以遍植而愈足。为民司牧者，于方春之时，宜晓谕四方居民，择其土地所宜果木，及实繁而易成者，无论池傍隙畔，悉行栽植，不使地有空闲寸土。较之田亩所种，不纳税粮，不烦耕耨，不忧水旱，因其地力而坐收厚利者也。如此而蚩蚩愚民，又何惮而不广栽植乎？须令村长、庄头等，严饬所在居民，及时栽种。如官长单骑亲勘，仍有寸土荒闲者，本主重惩，村长、庄头并责，庶有所责成，而懒民不致自失其资矣。"②

黄六鸿在养民第四政中主张种桑榆柳槐松等树木，认为桑可供养蚕，其余榆、柳、槐、松可作为柴火、制作器用，也可种于道路旁荫庇行路之人。他指出："桑榆则以供饲蚕之用，且以给炊爨之需，况乎制器用，荫行路，皆吾民之取益乎……为司牧者，宜出示晓谕，墙间隙壤，广种柔桑以供蚕事，于女红衣服不为无助。其郭外以及庄村，由川涂以及孔道，约通车马者，中留二丈许，通负贩者，中留丈许，左右两畔，悉栽榆柳槐松之属。每树相间五尺，不成者去之。其茂盛者，枝干挺舒，阴繁而荫远。时当炎暑，无风自凉，行者坐憩其下，不忍遽去，其益多矣。"

黄六鸿广植树木的主张有 3 个方面的特色：一是主张利用城乡的空隙地种树，即所谓"池傍隙畔，悉行栽植"，"墙间隙壤，广种柔桑"，川涂孔道"左右两畔，悉栽榆柳槐松之属"。二是对民众晓谕种树好处，引导他们广为种植。如

① 《清经世文编》卷 37，俞森《种树说》。
② 《清经世文编》卷 28，黄六鸿《养民四政》。以下 3 个自然段引文，均见于此。

种果木，可以"不纳税粮，不烦耕耨，不忧水旱，因其地力而坐收厚利"。栽种桑榆柳槐松"则以供饲蚕之用，且以给炊爨之需，况乎制器用，荫行路"。"如此，而蚩蚩愚民，又何惮而不广栽植乎？"三是也适当采用行政的强制手段，督促"懒民"种树。"令村长、庄头等，严饬所在居民，及时栽种。如官长单骑亲勘，仍有寸土荒闲者，本主重惩，村长、庄头并责，庶有所责成，而懒民不致自失其资矣"。

（二）兴学思想

1. 兴办各级学校思想

清代的学校制度，基本上沿袭明代，并在此基础上增加满族的色彩。朝廷于京师设国子监（又称国学、太学），为全国最高学府，地方则设府、州、县儒学。为优待八旗和满洲宗亲子弟，又特设有八旗官学、宗学、觉罗学、景山官学和咸安宫官学等。它们的规制与国学大体相仿，而隶属关系不同。除此之外，在省会或不少州县还有书院，镇集、乡村则有社学、义学；在八旗及礼部义学、健锐营、火器营、圆明园、护军营等特设学校，学习满、蒙语言文字。上述各类学校中，书院有"导进人才""兴贤育才"之意，社学和义学更多偏向于教育乡民，其余均系官办，且与进举入仕有密切的关系。

从《大清会典》卷76记载，我们再结合其他一些文献记载，可以了解到，清代国子监在继承明代的基础上，增添了满族统治的色彩。其最高长官为"管理监事大臣"，从大学士或尚书侍郎中特简；其下设祭酒满、汉各一人，掌国学之政令，并管祭孔典礼等事宜；司业满、蒙、汉各一人，负责组织观听皇帝的御讲。国子监的六堂为率性堂、修道堂、诚心堂、正义堂、崇志堂、广业堂，为国子监贡生、监生学习场所，前四堂每堂设助教、学正各一人，后两堂每堂设助教、学正各一人，负责教授贡生、监生。八旗官学每旗官学则设助教三人（满洲二人、蒙古一人）、教习九人（满洲一人、蒙古二人、汉四人、额外汉二）负责教授学生。国子监中的算学另设管理大臣一人、助教一人、教习二人，教授算法。

国子监的学生有3种类型：一是贡生，从府、州、县学生员（秀才）中通过科举选拔学行兼优者，贡入京师，入国子监读书者称贡生。贡生又分遇恩诏出贡的恩贡生、逢酉年各省学政选拔的拔贡生、各省乡试中式副榜的副贡生、各学廪生资深者挨次出贡的岁贡生、每三岁各省学政选学中优行者贡之的优贡生以及廪、增、附的例贡生等6种。二是监生，为国子监肄业者。监生又分为由皇帝恩赐国子监生资格者称恩监生；官员子弟不经考试，凭借祖父余荫取得监生资格的荫监生；由附生或武生举报入监者的优监生和廪、增、附生及俊秀援例捐纳取得监生资格的例监生等4种。三是学生，分为八族学生和算学生2种。

清代国子监之下设有一些机构，负责管理教学等工作，其中主要者有：一是绳衍厅，负责国子监肄业之规制，考核师生之勤惰，并办理释奠释菜事务。二是博士厅，掌教经义，立贡监生肄业之课程并考核其学业。凡颁发的御制文字，均录册存储。三是典簿厅，掌收发章奏文移及收储祭祀礼器、管理吏役等事。四是典籍厅，掌收藏图书典籍碑板等。五是档子房，专门掌管满文奏折文移档案。六是钱粮处，负责支领钱粮报销，凡发给学生的津贴费用、奖赏、接济救助等开支，均登记入册上奏。七是笔帖式，负责翻译满、汉章奏文书、汉文书籍等事宜。

清初沿明制，各省设督学道，并规定凡由翰林科道出身任用者为学院，由部属等官任用者为学道。雍正四年（1726 年），各省督学俱改为学院，称提督某省学政，简称学政。学政掌一省之学校、教习及教育行政、考试诸事，三年任满更代。

清朝廷重视地方教育，因此尤其注重对关乎各省教育的地方最高教育长官学政的任用。清康熙十八年（1679 年），朝廷就地方提学的"积习十弊"展开整顿。从康熙十八年整顿提学"积习十弊"的内容可以知道，其整顿的主要问题就是地方童试中考试、录取所出现的弊端。童试是儒童入学考试，又称童生试、小考、小试，是科举考试制度之一。清代规定，通过考试取得生员资格以前，不论年龄大小，皆称童生，别称文章或儒童。童试包括县试、府（或直隶州、厅）试和院试三个阶段。三年内举行两次。童试合格的方能入官学读书，取得生员资格。由于在童试中，录取名额十分有限，因此，各种营私舞弊现象就不可避免地出现。如有些人通过贿赂学政，未经府考，就直接入官学读书；有的省份则超出朝廷规定的名额录取；有的考试官员则接受贿赂，在批改试卷时弄虚作假，私自更改成绩等级，或向富家考生敲诈勒索；有的省份因文童名额不够，武童名额有余，将文童先按武童名额招收，入学之后，再将其改为文童；朝廷禁止录取倡优隶卒子弟，有的省份就违反规定录取，而把善于骑射的武童摈弃而不录取；主持考试的官员，害怕远途奔波辛苦，将应试生童从远处调来考试，使生病应试者，困苦难堪；地方学政纵容教官，包揽生童考试，私下瓜分生童给予的好处费，使考试风气败坏；在录取生童时接受上司、同僚、同乡官员及亲属朋友的请托，录取那些托关系肯贿赂的生童，使那些没关系、贫寒人家的子弟不被录取；各省向中央礼部上报学册时，将额外滥取入学的童生，未经考试录取的童生，通过冒名顶替的办法，向礼部上报。对于各省提学的"积习十弊"，朝廷要求在考核学政时，必须注明该学政剔除这十弊，如该学政不能剔除这十弊，该督抚必须对此指参；如该学政有贪赃行为，必须依照贪赃例予以革职提问；如无贪赃行为，那就依照才力不及例予以降二级调用；如在考核中，不注明剔除此十弊，或还没剔除这十弊而作假注明已剔除这十弊，由礼部查出，或科道官纠参属实，则将该督抚照不报劣员例，降三级调用。如督抚有向学政需索钱物的，被科道纠参属实，则将该督抚照贪赃例处分。至于那些请托的上司、同僚、京官、同乡官员、亲族朋友以及府州县帮助投递私书请托的官员、乡绅等，如有官职的将遭到革职的处罚，无官职的将交予刑部治罪。①

乾隆年间，朝廷又重申督抚对各省学政负有监督之责。如所辖学政有考试不公、贿卖生童等不法行为，督抚必须据实闻奏，否则，一旦被科道官参劾，该督抚必须受到徇隐之罪的处分。如乾隆五十九年（1794年）谕："前因学政考试生童，于衡文取士，未必悉能公当，是以降旨令各省督抚，将该学政在任有无劣迹之处，于年终陈奏一次，原以重防闲而严查核，乃近年以来，各督抚于学政考试，多以并无劣迹，一奏了事，竟若具文。若果如所奏，则从前如谢墉、吴玉纶、潘曾起、徐立纲之声名平常，致滋物议者，又独非该督抚具奏无劣迹之学政乎。是各省学政中，清慎自矢、甄拔得当者，固不乏人，而关防不密、约束不严，甚或有败检营私之事者，恐亦在所不免。各督抚近在同省，无难访察得实。于年终陈奏时，自应就见闻所及，据实直陈，方为核实之道。若不问其平日声名若何，率以并无劣迹具奏，竟成印板文章，又安用该督抚查奏为耶？今各该督抚相沿故套，率以虚词敷衍塞责，朕亦姑置不论。设将来学政中有营私舞弊之事，或经朕访闻，或被科道参劾，一经发觉，惟该督抚是问，不仅治以徇隐之罪也。"②

清代"凡学皆设学官以课士，州曰学正，县曰教谕"③。朝廷重视地方教育，通过对地方学官的考核来加强地方官学的管理。如康熙四十三年（1704年）议准："教职部选后，由抚臣考核。一二三等者，给凭赴任，四五等者，解任学习，三年再行考试，六等者革职。"④ 朝廷还规定教职每六年任满时，必须由该省督抚、学政共同考核，以决定是否继续留任还是退休。乾隆十八年（1753年）谕："向例各省教职，六年俸满，该督抚、学政公同甄别，堪膺荐举者保题送部引见。其年力衰迈者，咨部休致。但督抚陋习，既不肯轻保举，亦不肯多咨革，是以保题者固属寥寥，而休致者亦不多见，惟使龙钟衰老之辈，滥竽恋栈，无所区分。盖视教官为无足轻重，初不计及为造士之根本也。前以选拔贡生为教职之阶，曾降旨训谕各督抚学政，令其加意慎重。嗣后教职除有劣迹者，随时参劾外，至六年俸满，堪膺民社者保题，其年尚强壮、精力未衰、可以留任者，出具考语送部引见。若准留任，俟六年再满，仍如是甄别。如年老人员，即著咨部休致。有愿来京引见者，照大计之例，该督抚声明给咨引见。至训导一官，例止得升县佐，该上司尤多忽略。嗣后，甄别之例，与教职同，著为令。"

清朝规定，各级教官对其所属生员的学业、日常行为负责，如教官对生员失于管教，生员耽误学业或出现不端违法行为等，教官必须负责，也要受到处罚。

---

① 《大清会典事例》卷116《吏部·处分例》。

② 《大清会典事例》卷116《吏部·处分例》。

③ 《大清会典》卷31。

④ 《大清会典事例》卷116《吏部·处分例》，本自然段以下引文，均见于此。

如雍正十二年（1734年）覆准："各学教官按月月课、四季季考，除实在丁忧、患病、游学有事故外，其余生员照定例严加考试。如有托故三次不到者，该教官即行严传戒饬；其有并无事故，终年不到者，详请褫革。如教官内不力行课试，经上司查出，揭报咨参，计其月课、季考废弛次数，每一次罚俸三月，二次罚俸六月，三次罚俸九月，四次罚俸一年。若视为具文，将月课、季考竟不举行者，革职。"① 雍正十三年（1735年）覆准："文武生员，如有犯聚赌、诱赌等事，该管教官，自行查出详报者，免其议处。其失于稽察者，罚俸一年。若明知赌博，不行查报，别经发觉者，将该教官革职留任。至教官失察，士子造卖赌具，即照溺者例，革职。"乾隆五十八年（1753年）奏准："文武生员，有犯奸及酗酒、斗殴致酿人命者，失察之教官，降一级调用；无关人命者，降一级留任。如有代作枪手、顶名冒考等弊，系在本地方考试，教官当时举发者，免其议处；知情故纵者，革职；失于查察者，降一级调用。有在别处枪、冒犯案者，原籍教官，罚俸一年。"清朝为了明确府、州、县学和各级教官对生员的责任，道光三年（1823年）规定："直省拨入府学文武生员，除由附郭州县拨入者，概归府学管束外，其余各州县拨府生员，无论距府远近，即令本州县学严加管束，该府学一体稽查。如该生犯法滋事，将州县学教官议处，傥有徇私情弊，将府学教官一并查参。"

清代书院的设置，其定位是弥补官学的不足。正如乾隆元年（1736年）朝廷所指出的："书院之制，所以导进人材，广学校所不及。我世宗宪皇帝命设之省会，发帑金以资膏火，恩意至渥也。古者乡学之秀，始升于国，然其时诸侯之国，皆有学。今府州县学并起，而无递升之法，国子监虽设于京师，而道里辽远，四方之士不能胥会，则书院即古侯国之学也。居讲席者，固宜老成宿望，而从游之士，亦必立品勤学，事自濯磨，俾相观而善，庶人材成就，足备朝廷任使，不负教育之意。若仅攻举业，已为儒者末务，况藉为声气之资，游扬之具，内无益于身心，外无裨于民物，即降而求文章成名，足希古之立言者，亦不多得，宁养士之初旨耶。"② 由此可见，清代的书院多为官办，其主要目的不是为了科举而设，而是以导进人材，补学校之所不及。京师国子监路途遥远，招收生员名额有限，因此在地方设书院，以培养地方各省人才。

清代官办书院，在管理上有3个特点值得注意：一是书院由地方督抚创办，主要经费由官府负责。如雍正十一年（1733年）谕："近见各省大吏，渐知崇尚实政，不事沽名邀誉之为，而读书应举之人，亦颇能屏去浮嚣奔竞之习，则建立书院，择其省文行兼优之士，读书其中，使之朝夕讲诵，整躬励行，有所成就。俾远近士子，观感奋发，亦兴贤育才一道也。督抚驻扎之所，为省会之地，著

---

① 《大清会典事例》卷116《吏部·处分例》，本自然段以下引文，均见于此。
② 《大清会典事例》卷395《礼部·学校》，以下两自然段引文，均见于此。

该督抚商酌举行，各赐帑金一千两，将来士子群聚读书，豫为筹画，资其膏火，以垂永远。其不足者，在于存公银内支用。封疆大臣等，并有化导士子之职，各宜殚心奉行，黜浮崇实，以储国家菁莪棫朴之选。如此则书院之设，有裨益于士习民风而无流弊。"二是书院教师由督抚、学政等严格选任。乾隆元年（1736年）议覆："嗣后书院讲席，令督抚、学臣悉心采访，不拘本省、邻省，亦不论已仕、未仕，但择品行方正、学问博通、素为士林推重者，以礼相延，厚给廪饩，俾得安心训导，仍令于生徒学业，时加考核，并宽其程期，以俟优游之化。如果六年著有成效，该督抚、学臣酌量题请议叙，毋得视为具文，亦不准滥行题请。"三是注意选拔品学兼优人才进入书院学习。"（乾隆）九年（1744年）议覆：'通行各省督抚会同学政，将现在书院生徒，细加甄别，务使肄业者皆有学有品之人，不得莠良混杂，即令驻省道员专司稽查。'又议覆：'嗣后各省书院肄业之人，令各州县秉公选择报送，各布政司会同专司稽查之道员，再加考验，其果才堪造就者，方准留院肄业，毋得滥行收送。'"

清代义学是最基层的官办学校，京师及各省、府、州、县都设有义学，实行免费教育。清入主中原后，就重视基层教育，择文行优者充社师，免其差徭，量给廪饩。教育生童读书习礼，以广文教。如顺治九年（1652年）题准："每乡置社学一区，择其广义通晓、行谊谨厚者，补充社师，免其差役，量给廪饩养赡。提学案临日，造姓名册申报查考。"[①] 古代由于交通的限制，清廷特别注意在僻远农村及苗、彝、黎、瑶等少数民族聚居地办义学，以普及基础教育。如雍正元年（1723年）议准："州县设学，多在城市，乡民居住辽远，不能到学。照顺治九年例，州县于大乡巨堡，各置社学，择生员学优行端者，补充社师，免其差役，量给廪饩。凡近乡子弟，年十二以上、二十以内，有志学文者，俱令入学肄业，仍造名册，于学臣案临之日，申报查考。如社学中有能文进学者，将社师从优奖赏；如怠于教习，钻营充补，查出褫革，并该管官严加议处。"清廷不仅在汉族偏远农村兴办义学，也屡次下诏在苗、彝、黎、瑶等西南少数民族乡村兴办义学。如雍正三年（1725年）议准："云南威远地方，设立义学，令彝人子弟有志读书者，入塾诵习。"又议准："贵州省各府州县设立义学，嗣后苗人秀良子弟，情愿读书者，许各赴该管府州县报名，送入义学，令教官严加督察。"（雍正）十三年（1735年）议准："广东省凡有黎、猺之州县，悉照连州之例，多设官学，饬令管理厅员督同州县，于内地生员内，选择品行端方、通晓言语者为师，给以廪饩，听黎、猺子弟之俊秀者，入学读书，训以官音，教以礼义，学为文字。每逢朔望，该学师生率其徒众，亲诣附近约所，恭听宣讲《圣谕广训》，申明律例，务令通晓，转相传诵。俟其观摩日久，渐通文字，该督抚另行酌量题请设学，以示鼓励。"

---

① 《大清会典事例》卷396《礼部·学校》，本自然段引文，均见于此。

2. 制定教学内容思想

清政府在兴学中，非常重视制定教学内容。其在入主中原之初，就开始制定各级学校的教学内容。如"顺治九年（1652年）题准：今后直省学政，将《四子书》《五经》《性理大全》《资治通鉴纲目》《大学衍义》《历代名臣奏议》《文章正宗》等书，责成提调教官，课令生儒诵习讲解，务俾淹贯三场，通晓古今，适于世用。坊间书贾，止许刊行理学政治，有益文业诸书，其他琐语淫辞，通行严禁"①。"康熙四十五年（1706年）谕：朕制《古文渊鉴》《资治通鉴纲目》等书，皆已刷印，颁赐大臣。此等书籍，特为士子学习有益而制，可速颁行直省，凡坊间书贾，有情愿刊刻售卖者，听其传布。"

据《大清会典》卷32记载，清廷颁布的各级学校的教学内容相当广泛，兹限于篇幅，不能原文照录。总而言之，大致有以下两个方面特征。其一，以先秦儒家经典和宋代理学作为最主要的教学内容，如《十三经》《朱子全书》等。除此之外，再涉及一些正史、典章制度及唐宋诗文等，如《二十四史》《三通》《大清会典则例》《唐宋诗醇》《唐宋文醇》等。值得注意的是清廷所开列的教学内容几乎未涉及子书，如先秦的墨家、道家、法家等著作。总之，独尊儒术的色彩十分明显。正如嘉庆七年（1802年）谕："经史为学问根柢，自应悉心研讨，至诸子百家，不过供文词涉猎，已属艺余。"其二，清代最高统治者十分重视各级学校教学内容的制定，几乎所有书籍都冠以"钦定""御制""御定""御纂"等。如《钦定孝经衍义》《御制律书渊源》《御定全唐诗》《御纂周易述义》《御选古文渊鉴》等。还有的甚至是清代当朝皇帝亲自主持编纂的书籍，如《圣谕广训》《御纂性理精义》《钦定大清通礼》等。

3. 诸生考课思想

清朝，为了保证各级学校教学质量，朝廷重视对各级学校中生员的考试。清初，随着各级学校的建立，朝廷也相应颁布了考试制度。如"顺治九年（1652年）题准：府州县提调官员，宜严束生徒，按季考校"②。顺治十二年（1655年）谕："各学生员，令提学御史、提学道严饬府州县各学教官，月加课程，不得旷废。"其考试主要是考作文和策、论。如雍正六年（1728年）议准："嗣后各该学政严饬教官季考月课时，于书文一篇外，或试以策，或试以论，务期切近时务，通达政治，严立课程，分别优劣，以示劝惩。"而且各学校的教官在生员考试后，必须将考试日期及优等试卷定期申报学政查核。如乾隆九年（1744年）议准："嗣后各学校教官，训迪士子，每月照例面课，《四书》文外，即于赴课时，将士子专经令其分册诵习，纲目必分年详解，面加谆劝，务期实力讲贯。或间月，或每季，试以本经疑义及吏策，并二场表判。仍将课期及取列优等试卷，

---

① 《大清会典事例》卷388《礼部·学校》，以下两个自然段引文，均见于此。
② 《大清会典事例》卷382《礼部·学校》。本目引文未注出处者，均见于此。

按月按季报解学政查核。"

清朝各级学校在对生员进行考查时，不仅考查文化课，还注意考查生员的道德品质。如雍正元年（1723年）覆准："嗣后各省学政转饬教官，实心访查，有居家孝友、品行端方者，列为上等，至若武断把持、过恶彰闻者，列为下等，造具实行清册，于学臣案临未经考试之前，申送查核。学政衡文时，阅其文理优长而品行端方者，拔置上等，给以奖赏；至册开下等生员，廉访得实，即行褫革。报满之日，将任内举黜之数，别造清册，与考册一同报部查核。"① 乾隆十三年（1748年）谕："士人以品行为先，学问以经义为重，故士之自立也，先道德而后文章，国家之取士也，黜浮华而崇实学。我朝养士百年，渐摩化导，培护甄陶，所以期望而优异之者，无所不至。为士者当思国家待士之重，务为端人正士，以树齐民之坊表，至于学问，必有根柢，方为实学。治一经必深通一经之蕴，以此发为文辞，自然醇正典雅。"② 当时，对优秀生员的奖赏往往是将其推荐到中央国子监学习。如雍正元年（1723年）覆准："饬令各省学政，务细加查核，生员有品行端方、行谊表著，即奖赏列荐，送入国学。"③ 清朝对于各级学校生员考核后的奖惩有的是通过钱粮予以奖励，如考核列为一、二、三等，政府给予钱粮以供其继续学习，如列为四等，政府不提供钱粮，如其不愿再参加考试，即将生员除名。雍正二年（1724年）覆准："八旗生员，特恩给予钱粮，赡养读书。各该旗都统于岁考前，将领钱粮生员，备造清册咨部，转交学政严加校阅。考居前等者，照常领给，居四等以下者，停其给发。遇下次考居一等、二等、三等，照汉廪生开复例，仍给原领钱粮，如四等不愿再考，即将学册除名，听其复归护军骁骑当差。"

清代对各级学校生员的考试相当严格，如有生员因故缺考，必须予以补考。如乾隆四年（1739年）议准："欠考各生，各学政务令按次补考，即于汇报岁科学册内，分别注明，以凭查核。如有欠考数次，只补一次，及径附正考等第者，照徇情蒙混例议处。"

清政府之所以对各级学校生员考试如此重视，是因为通过考试，能端正学风，从而影响民风，并能从考试中真正选拔出德才兼备的人才。乾隆七年（1742年）议准："学政案临时，务令密察各生素行，举优斥劣，寓励行之意于衡文之中，并谕所属教官，时时奖劝诱掖，务期敦崇实学，勉为醇儒。"④ 雍正四年（1726年）谕："为士者乃四民之首，一方之望，凡属编氓，皆尊之奉之，以为读圣贤之书，列胶庠之选，其所言所行，俱可以为乡人法则也。故必敦品励

---

① 《大清会典事例》卷383《礼部·学校》。
② 《大清会典事例》卷388《礼部·学校》。
③ 《大清会典事例》卷383《礼部·学校》。
④ 《大清会典事例》卷383《礼部·学校》。本自然段引文，均见于此。

学，谨言慎行，不愧端人正士，然后以圣贤诗书之道，开示愚民，则民必听从其言，服习其教，相率而归于谨厚。"正由于学风推而广之影响到民风，因此雍正七年（1729 年）又谕曰："士子者，百姓之观瞻，士习不端，民风何由得厚，是以考课士子，设为举优黜劣之典，以为移风易俗之道，所关亦綦重矣。而无如教官学政，往往视为具文，奉行不力。每当按试之时，教官则以无优无劣具文申详，如此则善者何由而劝，不善者何由而惩？"

4. 对生员的训诫和优恤思想

清朝采取训诫与优恤相结合的方式对生员进行严格管理。清朝对生员的训诫在古代史上是十分突出的，其中最有名的就是所谓"卧碑"。史载："顺治九年（1652 年）题准，刊立卧碑置于明伦堂之左，晓示生员，朝廷建立学校，选取生员，免其丁粮，厚以廪膳，设学院学道学官以教之，各衙门官以礼相待，全要养成贤才，以供朝廷之用。诸生皆当上报国恩，下立人品，所有教条开列于后：生员之家，父母贤智者，子当受教；父母愚鲁，或有非为者，子既读书明理，当再三恳告，使父母不陷于危亡。生员立志，当学为忠臣清官，书史所载，忠清事迹，务须互相讲究，凡利国爱民之事，更宜留心。生员居心忠厚正直，读书方有实用，出仕必作良吏。若心术邪刻，读书必无成就，为官必取祸患，行害人之事者，往往自杀其身，常宜思省。生员不可干求官长，结交势要，希图进身。若果心善德全，上天知之，必加以福。生员当爱身忍性。凡有司官衙门，不可轻入，即有切己之事，止许家人代告，不许干预他人词讼，他人亦不许牵连生员作证。为学当尊敬先生，若讲说皆须诚心听受。如有未明，从容再问，毋妄行辩难；为师者亦当尽心教训，毋致怠惰。军民一切利病，不许生员上书陈言，如有一言建白，以违制论，黜革治罪。生员不许纠党多人，立盟结社，把持官府，武断乡曲。所作文字，不许妄行刊刻，违者听提调官治罪。"① 卧碑八条规定，如加归纳，大致对生员有 3 个方面要求：一是要求生员要忠君清廉；如父母有非为之举，生员必须恳告劝阻；对老师必须尊敬，诚心向老师学习。这就是儒家所宣扬的"天地君亲师"。二是要求生员修身，从各方面严格要求自己，如必须忠厚正直，专心读圣贤之书；应当爱身忍性，不许为自家或他人打官司；不许干求官长、交结势要，以求当官，应当心善德全，自然会有福报。三是清朝鉴于明代生员的结党干预朝政，严厉禁止生员过问政治，上书陈言朝政得失；严禁生员纠党结社，把持地方官府；严禁生员私自刊刻、传播各种言论。

顺治之后，清朝历朝皇帝都十分重视卧碑的宣传和贯彻。如雍正七年（1729 年）议准："令直省各督抚转饬地方官，将钦定卧碑、御制训饬士子文，敬谨刊刻，装潢成帙，奉藏各学尊经阁内，遇督抚等到任，及学臣到任案临，于祗谒先师之日，该教官率生员贡监等诣明伦堂，行三跪九叩礼毕，教官恭捧宣

---

① 《大清会典事例》卷 389《礼部·学校》。以下两自然段引文未注出处者，均见于此。

读，令其拱听。如有无故规避者，行学戒饬。其有居址遥远者，令其轮班入城，恭听宣读。至生员贡监内，有唆讼抗粮，缘事曾经戒饬者，令其阶下跪听，以示惩戒。傥该教官不实力奉行，或藉端需索，奉行不善者，许该管上司题参议处。”乾隆四年（1739 年）又议准："顺天府儒学，一例刊立卧碑于明伦堂，以垂永久，俾诸生咸知恪遵。"对于违背卧碑规定的生员，历朝也一再重申必须予以惩罚。如康熙九年（1670 年）题准："嗣后生员如果犯事情重，地方官先报学政，俟黜革后治以应得之罪。"① 乾隆元年（1736 年）又议准："生员有应戒饬者，地方官会同教官将事由具详学政，酌断批准，然后照例在明伦堂扑责。"②

清政府除对生员予以严格训诫之外，另一方面也采取优恤的方式，鼓励生员努力专心学习，将来成为国家有用之才。其优恤措施主要有两个方面：其一，优免生员丁粮，资助贫困生员。顺治十三年（1656 年）谕："各省提学，将各学廪增附名数，细查在学若干，黜退若干，照数册报，出示各该府州县卫张挂，俾通知的确姓名，然后优免丁粮。"③ 康熙二十二年（1683 年）覆准："各省学租，有发给贫生将所余以充兵饷者，有竟不给发者，嗣后令各直省督抚给发廪生贫生，以助膏火之费。"为了使资助贫困生员钱粮如实发放到他们手中，防止教官、学霸、豪强私占，清政府规定，每年必须将学田租赋发放账目申报朝廷查核。康熙二十七年（1688 年）议准："嗣后学田租赋，除通稽各学田原额若干，每年租额若干，先造清册报部外，每年终将用过某费若干项，赡过贫生某某若干名，详开旧管、新收、开除、实在造册报部。如册报隐漏迟延，赈贫虚名无实，及教官、学霸、豪强之家私据侵占者，查出按法追究。"而且为了使朝廷钱粮能真正发放到需要资助的贫困生员手中，清廷还规定必须当着全体生员面公开向贫困生员发放，以便于互相监督，防止弄虚作假、冒领混开等。乾隆十年（1745 年）谕："江苏各属，向有学租一项，以供给发廪生并赈恤贫生之用，此固国家体恤士子之恩也。但闻向来学臣赈贫，每于考试事竣，始据各学册报给发，其中弊端种种，不一而足。朕思与其散赈于考试将竣之日，何如散给于士子云集之时，则耳目众多，贫者不致遗漏，而不贫者亦难以冒支。嗣后著该学政转饬各学教官，确查极贫、次贫，造具花名细册，于案临之日，投递该学政核实，即于三日内逐名面赈，则贫生均霑实惠，该教官等如有混开等弊，亦易查出参处。"其二，优免生员杂色差徭。乾隆元年（1736 年）谕："作士作贡，国有常经，无论士民，均应输纳。至于杂色差徭，则绅衿例应优免，乃各省竟有令生员充当总甲图差之类者，殊非国家优恤士子之意。嗣后举贡生员等，著概免杂差，俾得专心肄业。傥于本户外别将族人借名滥充，仍将本生按律治罪。"

---

① 《大清会典事例》卷 392《礼部·学校》。

② 《大清会典事例》卷 392《礼部·学校》。

③ 《大清会典事例》卷 392《礼部·学校》。本自然段引文，均见于此。

国家社科基金项目：政策工具视角下的古代政府治理思想及其当代价值研究（项目批准号：17BGL223）

政策工具视角下的
古代政府治理思想及其当代价值研究
（下）

方宝璋◎著

新 华 出 版 社

目　录

第六章　古代服务思想

第一节　先秦公共事业与社会救助思想

一、水利工程思想

中国古代的农业社会和特殊的地理环境所造成的水旱之灾频繁使先民很早就重视水利工程的兴修。相传在夏朝，大禹就组织民众兴修水利，淘挖沟渠，采用疏导的办法把洪水引到海里。西周的井田制，田间道路沟洫纵横，既是田地的分界，又起灌溉的作用。

春秋战国时期，随着铁制工具的广泛应用和治水经验的积累，水利工程的兴修于史籍屡见不鲜。如楚国"孙叔敖决期思之水"①；蒍掩"规偃猪（潴）"②，进行蓄水灌溉防旱。郑子产改革的一项重要措施是"作封洫"，"使都鄙有章，上下有服，田有封洫，庐井有伍"③，即整顿城乡秩序，严肃等级职事，整修田地疆界和灌溉水道，按什伍编制建立农村基层组织。魏国西门豹"发民凿十二渠"④，引漳水改良碱田。这一时期最有名的是李冰父了在四川修筑都江堰防洪灌溉水利工程。

（一）水利工程养护思想

《管子·度地》篇比较详细具体地论述了当时水利工程养护的一些措施，主张对于堤坝，必须"岁埤增之，树以荆棘，以固其地，杂之以柏杨，以备决水。民得其饶，是谓流膏"。由此可见，当时人们已认识到河堤每年都要增高加固，种植荆棘和柏树、杨树，用以稳定表土，防止水土流失和河堤决口。有了这样的水利工程，人民可因之而富饶，如同河里流着油膏。《管子》建议政府"置水官，令习水者为吏，大夫、大夫佐各一人，率部校长、官佐各财足。乃取水左右各一人，使为都匠水工。令之行水道、城郭、堤川、沟池、官府、寺舍及州中，当缮治者给卒财足……水官亦以甲士当被兵之数，与三老、里有司、伍长行里，

---

① 《淮南子·人间训》。
② 《左传》襄公二十五年。
③ 《左传》襄公三十年。
④ 《史记·滑稽列传》。

因父母按行。阅具备水之器，以冬无事之时。笼、臿、板、筑，各什六，土车什一，雨萆什二。食器两具，人有之，锢藏里中，以给丧器。后常令水官吏与都匠，因三老、里有司、伍长按行之。常以朔日始，出阅具之，取完坚，补弊久，去苦恶。常以冬少事之时，令甲士以更次益薪，积之水旁。州大夫将之，唯毋后时。其积薪也，以事之已；其作土也，以事未起"①。"常令水官之吏，冬时行堤防，可治者章而上之都。都以春少事作之。已作之后，常按行。堤有毁作，大雨，各葆其所，可治者趣治，以徒隶给。大雨，堤防可衣者衣之；冲水，可据者据之。终岁以毋败为固。此谓备之常时，祸何从来？所以然者，独水蒙壤，自塞而行者，江河之谓也。岁高其堤，所以不没也。春冬取土于中，秋夏取土于外，浊水入之不能为败。"②

从管仲的建议我们比较细致清晰地了解到其维护水利工程的思想主要有以下3点：其一，必须设置专职的治水官员。这些官吏中水官为其最高长官，由熟谙水性的人担任，即必须有治水的专业知识。大夫和大夫佐各1人，率部校长和其他附属人员（官佐）要配备齐全。其二，当要对某一水利工程进行修缮或治理时，政府必须拨给足够的人力和财物。水官要把具备应征服兵役条件的甲士们，即必须参加服治水劳役的人，和三老、里有司、伍长行里等地方基层管理人员，连同各户家长（父母）共同最后核定，这样，治水时需要的劳动力就有了保障。检查防备水灾的器材情况，应在冬天已无农事活动时进行。筐、锹、框、板、夯等，每10户准备6件，运土车每10户1辆，篷布每10户2件，炊具2套。这些器材，平时应集中妥善保管在里中，不要损坏丢失了，并应该常查看，完好的继续保留，破坏的要修补，不能使用的便丢掉。冬天农闲少事时，要经常命壮丁们轮流砍柴，堆积在水道旁边，以备堵塞水道缺口或治水时使用。州里的有关官员要注意抓紧这项工作，不要耽搁了。堆积薪柴是准备在水患已经发生后使用，土方工程则是用于修筑堤坝等防止水患发生时使用。其三，平时治水官吏要巡视堤防，划分各自责任区，经常对水利工程进行养护，防患于未然。《管子》建议：治水官吏冬季必须巡视堤防，发现应当采取治理措施的，要书面报告都一级的官府；由都官府在春季农闲时组织民众实施完成。工程完竣后，还要经常检查察看。倘若堤防遭毁坏而又恰逢大雨，要按段划分责任区，需抢修的要立即抓紧抢修，劳动力不够用的可以调拨罪犯和奴隶。为减轻雨水冲刷，下大雨时，如堤防有条件覆盖，可加覆盖。河水冲击的要害处，可以屯堵的要屯堵，以缓解水的冲击力。总而言之，一年到头，目标就是对水害的防治只许成功不许失败；时时刻刻都在防治着，便不会有什么意料之外的祸害。混浊的河水中含有泥沙，不必有任何外来因素，河水在流动中会因自然沉积而造成淤塞，致使水道不畅通，这

---

① 《管子·度地》。
② 《管子·度地》。

是江河的本性。所以，只有每年都增高堤防，才能保证堤防不被河水淹没。为加高堤防，春季和冬季河水枯浅，可从河道中取土，既可增高堤防同时也疏浚了河道；秋季、夏季河中水满，那就在河道外取土。如果能坚持这样做，即使是混浊的洪水进入河流也不至于把堤防冲毁。

（二）水利工程作用思想

这一时期，在兴修水利工程的实践中，人们对水利工程作用的认识逐步深化。《周礼·司徒下》载："稻人，掌稼下地。以猪（潴）畜水，以防止水，以沟荡水，以遂均水，以列舍水，以浍写水。"由此可知，至迟在战国时期，人们对水利工程的作用有了更细致具体的认识，即知道以蓄水池来蓄水，以堤防来挡住外来的水，以沟排水，以遂分导水，以田中小沟放水，以浍泄水。如果把《周礼》对当时水利工程的作用加以归纳，其实主要者也就两个方面：其一通过修筑堤堰，把水挡住或储蓄；二是通过挖沟、遂、列、浍等，进行排水或引水，从事农业灌溉。

《管子·立政》云："决水潦，通沟渎，修障防，安水藏，使时水虽过度，无害于五谷，岁虽凶旱，有所秽获，司空之事也。"由此可知，当时人们意识到兴修水利工程主要有两种形式：一是通过挖沟渎，把洪水排泄；二是通过修筑堤堰，把水拦住或蓄藏，待干旱时用于灌溉。其目的是即使遇到水旱之灾，但尽量避免其对五谷生长的伤害，保证每年有较好的收成，让广大民众免遭饥寒之苦。正由于认识到兴修水利的重要性，因此《管子》把其列为"六兴"之一及治国中的富国项目。《管子·五辅》篇提出"德有六兴"，其中之一为："导水潦，利陂沟，决潘渚，溃泥滞，通郁闭，慎津梁，此谓遗之以利。"正由于兴修水利对国计民生大有好处，因此《管子·立政》认为："沟渎遂于隘，障水安其藏，国之富也。"

战国时期，人们已很清楚地认识到水利工程的综合性功能。据《汉书·沟洫志》记载："自是之后（指夏商周之后），荥阳下引河东南为鸿沟，以通宋、郑、陈、蔡、曹、卫与济、汝、淮、泗会于楚……蜀守李冰凿离堆，避沫水之害；穿二江成都中。此渠皆可行舟，有余则用溉，百姓飨其利……至（魏）文侯曾孙襄王……以史起为邺令，遂引漳水溉邺，以富魏之河内。"从此记载可以看出，当时的水利工程有 3 种功能：一是从"有余则用溉""引漳水溉邺"可以看出，水利工程可用于农业灌溉。二是从"避沫水之害"可知，水利工程还用于防洪。三是从"此渠皆可行舟"可知，较大型的水利工程还可用于水运。正由于水利工程有这三大功能，因此是为民造福的公共工程，故史称"百姓飨其利"。

从现存的史籍来看，在这三大功能中最普通的功能还是灌溉。如战国秦王政元年（前246年），韩国"使水工郑国间说秦，令凿泾水，自中山西邸瓠口为渠，并北山，东注洛三百余里……渠就，用注填阏之水，溉泽卤之地四万余顷。

皆亩一钟，于是关中为沃野，无凶年，秦以富强，卒并诸侯。因命曰郑国渠"①。魏文侯至魏襄王时代（前446—前296年），西门豹与史起主持引漳水灌溉邺田，这在当时是较大型的专门水利灌溉工程。据《水经注》蜀漳水条记载："漳水之别自城西南与邯山之水会，今城南犹有沟渠存焉……昔魏文侯以西门豹为邺令也，引漳以溉，邺民赖其利。其后至襄王，以史起为邺令，又堰障水以溉邺田，咸成沃壤，百姓歌之。"当时人们认识到这种较大型的水利灌溉工程对社会经济带来的积极作用是巨大的，郑国渠不仅灌溉了大片田地，更重要的改造了4万余顷的"泽卤之地"，使之成为旱涝保收的"沃野"，并"无凶年"；西门豹、史起主持的引漳水以溉邺田工程，也使邺田"咸成沃壤"。有的水利灌溉工程甚至关系到国家的贫富弱强，如上引班固就认为秦国因修郑国渠而使"关中为沃野"，"秦以富强，卒并诸侯"。这虽有夸大其词之嫌，但水利工程对国家的富强的确关系重大。

先秦的水利工程实践与思想在现实生活中确实发挥了巨大的积极影响。如郑子产主张为政、治国要"爱人"，要"视民如子"②。他重视帮助百姓发展农业生产，强调治国要对农业生产"日夜思之，思其始而成其终，朝夕而行之"③。他的"作封洫"，首先就是从整修田地疆界和灌溉水道来促进农业生产的。郑子产重视水利以发展农业生产的思想和政策，使社会经济得到发展，百姓生活有所提高，因此，当时郑国百姓歌颂道："我有田畴，子产殖之。"④ 孔子也一再称赞他"惠人"⑤，"养民也惠"⑥。秦昭公时李冰"壅江水作塴，穿二江成都中，双过郡下，以通舟船，因以灌溉诸郡。于是蜀沃野千里，号为陆海"⑦。总之，都江堰的水利工程大大改善了蜀地的经营农业条件，促进了农业的发展，把偏僻的西南边陲变成秦国富庶的后方。50年以后，秦王政又接受韩国水工的建议，在关中开筑郑国渠，使4万余顷舄卤之地变成良田，收"皆亩一钟"⑧，粮食产量大增。

二、保护生物资源思想

我国很早就产生了保护生物资源的思想。现存的最早记载是尧时设虞官管理草木鸟兽，大禹发布禁令保护生物资源。周初，周公介绍"禹之禁"说："春三

---

① 《史记·河渠书》。
② 《左传》襄公二十五年。
③ 《左传》襄公二十五年。
④ 《左传》襄公三十年。
⑤ 《论语·宪问》。
⑥ 《论语·公冶长》。
⑦ 《文献通考·田赋六》。
⑧ 《史记·河渠书》。

月，山林不登斧，以成草木之长。夏三月，川泽不入网罟，以成鱼鳖之长。"①
周文王也提出："山林非时不入斤斧，以成草木之长；川泽非时不入网罟，以成
鱼鳖之长。不麛不卵，以成鸟兽之长。"② 这说明我国至少在 4000 年以前就产生
了保护生物资源的思想，大禹时主要从适时角度进行保护，即砍伐草木、捕猎鱼
鳖必须在特定的时间段，从而保护草木、鱼鳖的正常生长。周文王在此基础上增
加了适度角度进行保护，即不捕小兽不取鸟卵，从而保护鸟兽的生育繁衍，生生
不息。可见在 4000 年前，中国先民已认识到生物有自己的成长规律，只有保证
它们有一定的生长时期，让它们顺利正常地成长，才能得到最有效的利用。

春秋时，管仲指出："山泽各致其时，则民不苟。"③ "各致其时" 就是规定
开发山泽资源的时间，不到生物成熟之时不加以采捕。《国语·鲁语上》载：鲁
宣公在夏天时于泗水上张网捕鱼，遭到了臣子里革的制止，将其网丢在一边。里
革向鲁宣公指出：夏天是鱼鳖孕育的时节，应禁止捕捞；同样，在鸟兽孕育的时
节，则禁止捕杀鸟兽。同时，"夫山不槎蘖，泽不伐夭，鱼禁鲲鲕，兽长麑麌，
鸟翼鷇卵，虫舍蚳蝝，蕃庶物也，古之训也。今鱼方别孕，不教鱼长，又行网
罟，贪无艺也"。里革在此表达的仍然是适时适度保护的思想，即不能在鱼鳖鸟
兽孕育时节对它们进行捕杀，以保护它们的繁殖生长。并禁止捕杀猎取一切小兽
小鸟、鱼卵鸟卵、砍伐树芽、初生草木，甚至连蚁卵、蝗卵，也禁止猎取。总
之，其目的是让万物得到繁衍，以避免生物资源枯竭。而且里革称这些禁令是
"古之训"，可见这种保护生态环境是由来已久，可反证上述西周文王时完全有
可能已产生系统的适时适度保护生态环境的思想。

据《管子》一书记载，战国时期，政府 "修火宪，敬山泽林薮积草，夫财
之所出，以时禁发焉，使民于宫室之用，薪蒸之所积，虞帅之事也"④。意思是
山川河泽的自然资源要遵循生态规律，合理利用，按其生长时间禁放，就能够保
证盖房子所需要的木材和做饭所需要的柴草，这是虞师的职责。

战国时期，孟子指出："数罟不入洿池，鱼鳖不可胜食也。斧斤以时入山
林，材木不可胜用也。"⑤ 捕鱼不能用密网，使未长大的小鱼不致落网，这是适
度；砍伐树木应在适当的时令，使未成材的正在生长的树木得到保护，这是适
时。孟子还把保护生态环境上升到 "王道之始" 的高度，与 "不违农时，谷不
可胜食也" 相提并论，认为采取这些措施能 "使民养生丧死无憾"⑥。

孟子是我国古代最早提出保护资源环境，实现资源永续利用的思想家之一。

---

① 《逸周书·大聚》。
② 《逸周书·文传》。
③ 《国语·齐语》。
④ 《管子·立政》。
⑤ 《孟子·梁惠王上》。
⑥ 《孟子·梁惠王上》。

其一，孟子在保护自然资源方面提出："苟得其养，无物不长；苟失其养，无物不消"的深刻思想，自然万物如得到很好的保护，就会生长繁衍；如得不到保护，就会消亡。他的这番话，是针对当时的森林树木遭到严重破坏而提出的："牛山之木尝美矣，以其郊于大国也，斧斤伐之，可以为美乎？是其日夜之所息，雨露之所润，非无萌蘖之生焉，牛羊又从而牧之，是以若彼濯濯也；人见其濯濯也，以为未尝有材焉，此岂山之性也哉？"①

其二，他提出人类的生产活动要遵循自然界万物的生长规律，有节制地适时适度地进行，使自然界能不断恢复自身的平衡，实现资源的永续利用。这就是"数罟不入洿池，鱼鳖不可胜食也。斧斤以时入山林，材木不可胜用也。"②

其三，孟子提出了亲、仁、爱的思想，已包含有尊重和珍爱万物生命，承认自然界万物的生命权、生存权的生态伦理观念。他从儒家"仁"的观念出发，提出了"亲亲而仁民，仁民而爱物"③的命题，认为人们爱得最深的是自己的亲人，其次是自己的同类——民，再次是作为异类而有生命的万物。他还说："君子之于禽兽也，见其生，不忍见其死；闻其声，不忍食其肉。"④可见，这里已表明了他珍惜生命、尊重生命的宝贵思想。

荀子的保护生态环境思想与孟子相似，也是强调要适时适度保护，并把不误农时和保护生物资源上升到"圣王之制"的高度。荀子对孟子保护生态环境思想的发展主要体现在其论述更为具体，并在孟子反对密网捕鱼的基础上又增加了反对用毒药捕杀鱼类。他说："草木荣华滋硕之时，则斧斤不入山林，不夭其生，不绝其长也；鼋鼍鱼鳖鳅鳝孕别之时，罔罟毒药不入泽，不夭其生，不绝其长也；春耕、夏耘、秋收、冬藏，四者不失时，故五谷不绝而百姓有余食也；污池渊沼川泽谨其时禁，故鱼鳖优多而百姓有余用也；斩伐养长不失其时，故山林不童而百姓有余材也。"⑤

《礼记·王制》有较强的环境保护意识，主张渔猎、砍伐、烧田等必须注意时节，禁止在动植物繁殖、生长季节对此进行捕猎、采伐等："獭祭鱼，然后虞人入泽梁；豺祭兽，然后田猎，鸠化为鹰，然后设罝罗；草木零落，然后入山林；昆虫未蛰，不以火田。不麛，不卵，不杀胎，不夭夭，不覆巢。"渔猎、采伐注意时节限制，有利于动植物的繁殖生长，使它们生生不息，不因为人类的捕猎、采伐而使动植物资源枯竭。

《礼记·王制》还从另一种思路对生态环境进行保护。由于人们捕杀禽兽鱼鳖、砍伐树木、采集果实的目的除了自己食用外，大部分是拿到市场上出卖交

---

① 《孟子·告子上》。
② 《孟子·梁惠王上》。
③ 《孟子·尽心上》。
④ 《孟子·梁惠王上》。
⑤ 《荀子·王制》。

易，如对市场上的这些商品进行严格管制，将会大大减少人们对此的捕杀、砍伐或采集。因此，《礼记·王制》规定："五谷不时、果实未熟不粥于市，木不中伐不粥于市，禽兽鱼鳖不中杀不粥于市。"可见，未到食、用时期的五谷、果实、禽兽鱼鳖、树木等市场禁止买卖。这种从源头保护生物资源措施从某种意义上说比直接禁止捕杀、砍伐或采集更为有效。

《吕氏春秋》十二纪把保护生物资源的时令重点放在春季，因为春季是万物复苏生长的季节。如《孟春纪》规定正月"禁止伐木，无覆巢，无杀孩虫胎犬飞鸟，无麛无卵"；《仲春纪》规定二月"无竭川泽，无漉陂池，无焚山林"；《季春纪》规定三月各种网具和捕兽毒药"无出九门"，即不得出城狩猎。由此可见，《吕氏春秋》在前人保护生态环境的思想基础上又有一定的发展，即反对竭泽而渔，禁止焚烧山林，因为这两者都会对生态环境造成严重的破坏。

1975 年在湖北云梦睡虎地秦墓中发现了竹简，秦国的《田律》规定："春二月，毋敢伐材木山林及雍（壅）堤水。不夏月，毋敢夜草为灰，取生荔、麛鷇（卵）鷇，毋……毒鱼鳖，置阱罔（网），到七月而纵之。"[1] 这说明战国时期秦国已将保护生物资源思想上升为法律条文，其原则仍然是坚持适时适度的保护。

三、社会求助思想

（一）社会救灾思想

从政策工具的视角看，《周礼》的作者认为：政府在治理国家中一个重要的工作是"荒政"，即政府为备荒、抗灾、救灾而施行的政策和措施。中华文明的主要发源地黄河流域是一个天灾多发的地区，尤其是水旱之灾特别严重，因此，我们的祖先早在先秦时期就有很系统的防灾、抗灾、救灾思想，这种思想在《周礼》中有较充分的体现。

《周礼》提出了 12 项措施，用于救助已发生的灾害："以荒政十有二聚万民，一曰散利，二曰薄征，三曰缓刑，四曰弛力，五曰舍禁，六曰去几，七曰眚礼，八曰杀哀，九曰蕃乐，十曰多昏，十有一曰索鬼神，十有二曰除盗贼。"[2]其中"散利"指政府向灾民发放救济物资或贷给粮食等；"薄征"就是减征赋税；"缓刑"是减省刑罚；"弛力"则是减轻徭役负担；"舍禁"是放宽或取消山泽之禁，使民进入山泽采伐渔猎而度荒；"去几"是指在各关口对客商免去检查，以鼓励商贸往来和物资流向灾区；"眚礼"是简化礼仪以节省开支；"杀哀"即缩短丧礼的期限；"蕃乐"是暂时停用一部分乐舞。"杀哀"与"蕃乐"都是"眚礼"的具体措施。"多昏"则鼓励人们结婚生育，以弥补因灾荒而人口减少；"索鬼神"是求索并祭祀更多的鬼神，以禳灾求福；"除盗贼"则加强剿灭盗贼

① 刘海年主编《中国珍稀法律典籍集成》甲编第一册，科学出版社 1994 年版，第 406 页。
② 《周礼·大司徒》。

活动，以维护受灾期间社会的稳定有序。

从这 12 项措施可以看出，《周礼》的赈灾思想主要体现了以下 4 方面的理念：一是通过"散利""舍禁""去几"等为灾民开辟度荒谋生的途径；二是通过"薄征""弛力"等减轻民众的赋税、徭役负担，同时通过"眚礼""杀哀"与"蕃乐"等节省国家和贵族、官僚的礼仪开支，其实也间接减少了对百姓的征敛。三是通过"缓刑"缓和社会矛盾，同时又通过"除盗贼"严厉镇压一些犯上作乱者，通过软硬两手达到稳定社会秩序，巩固王朝的统治。四是通过"索鬼神"为灾民求得精神上的安慰。

综观全书，《周礼·大司徒》中有关救助灾害的措施不仅包括这 12 项，如同卷还提出："大荒、大札，则令邦国移民，通财，舍禁，弛力，薄征，缓刑。"这里"移民、通财"就是 12 项措施中所没有的。"移民"顾名思义就是迁移灾区居民到其他地区避灾，"通财"大致指受灾民众向政府或富人借贷钱粮或无偿募捐救灾。可见，"移民"与"通财"应当是比"多昏""索鬼神"更有效的赈灾手段。

墨子主张在遇到灾荒时则要首先降低统治阶级上层的生活享用标准："一谷不收谓之馑，二谷不收谓之旱，三谷不收谓之凶，四谷不收谓之馈（匮），五谷不收谓之饥。岁馑，则仕者大夫以下，皆损禄五分之一；旱，则损五分之二；凶，则损五分之三；馈，则损五分之四；饥，则尽无禄，廪食而已。故凶饥存乎国，人君彻鼎食五分之五（三），大夫彻县，士不入学，君朝之衣不革制，诸侯之客，四邻之使，雍食而不盛，彻骖騑，涂不芸，马不食粟，婢妾不衣帛，此告不足之至也。"[1] 由此可见，墨子的所谓降低统治阶级上层生活享用标准包括俸禄、饮食、乐悬、入学、朝服、对客人使者的招待、马的饲料、婢妾服装的精简限制等。

《管子》一书中还多次记载了齐国不同时期的具体低税率和荒年减免税的办法，虽然这些主张和具体税率不大一致，但总的说来其税率绝大多数低于儒家所提倡的什一之税。齐桓公三会诸侯时提出"田租百取五，市赋百取二，关赋百取一"[2]，这里单就田租来看，就比什一之税低了一半。齐桓公十九年（前 667年），"弛关市之征，五十而取一。赋禄以粟，案田而税。二岁而税一，上年什取三，中年什取二，下年什取一；岁饥不税，岁饥弛而税"[3]。这里的田税税率基本上就是什一之税，由于是两年收一次税，因此"中年什取二"其实就是什一之税，"上年什取三"与"下年什取一"的平均数也是什一之税。"市赋百取二，关赋百取一"，"关市之征，五十而取一"基本上就是象征性收取，因此，

---

① 《墨子·七患》。
② 《管子·幼官》。
③ 《管子·大匡》。

有时干脆就"关，几而不征。市，廛而不税"①。此外，《管子·乘马》还对荒年的减免税做了比较细致具体的规定：旱年，水位降低，地下一仞见水的土地减税 1/10，二仞见水的减税 2/10……五仞见水的减税 5/10；涝年，水位上升，地下五尺见水的减税 1/10，四尺见水的减税 2/10……一尺见水的减税 5/10。

（二）社会福利思想

《管子》认为，搞好社会福利是缓和各阶层矛盾、稳定社会秩序的一项重要措施。《管子·五辅》制定了社会福利措施："养长老，慈幼孤，恤鳏寡，问疾病，吊祸丧，此谓匡其急；衣冻寒，食饥渴，匡贫窭，赈罢露，资乏绝，此谓赈其穷。"可见，《管子》认为赡养老人，慈爱幼小孤独之人，抚恤鳏夫寡妇，关心疾病，吊慰祸丧，这叫作救人之危急；给寒冷的人以衣服，给饥渴的人以饮食，救助贫陋，赈济破败人家，资助赤贫，这叫作救人之贫困。

《管子》的社会求助思想除在《管子·五辅》"六兴"之"匡其急""赈其穷"中有所论述外，还散见其书中其他一些地方。如《管子·轻重己》云："民生而无父母，谓之孤子；无妻无子，谓之老鳏；无夫无子，谓之老寡。此三人（人字疑衍）者，皆就官而众（食），可事者、不可事者，食如言而勿遗。多者为功，寡者为罪。是以路无行乞者也。路有行乞者则相之罪也。"可见，《管子》主张对孤儿、老鳏、老寡这三种人应由政府供养，无论是能劳动或不能劳动，都要养起来；能不能劳动听本人自愿，不可强迫。而且供养的人数多算是有成绩，有功劳；供养的人数少，该供养的不供养，便是罪过。一定要使道路上没有讨饭的乞丐；如果有乞丐，便应由辅相承担责任，因为这是政府应做的工作，而他没有做好。

《管子·轻重甲》则提出：当时如政府做好社会救助工作，就会使各国民众纷纷前来投奔，国家就会变得强大。"桓公曰：何谓致天下之民？管子对曰：请使州有一掌，里有积五窌。民无以与正籍者予之长假，死而不葬者予之长度。饥者得食，寒者得衣，死者得葬，不资者得振，则天下之归我者若流水。此之谓致天下之民。故圣人善用非其有，使非其人，动言摇辞，万民可得而亲。桓公曰：善。"《管子》作者认为，国君如要招致天下民众，可以在每个州设置一名主管官员，每个里都积贮五窖粮食。对民众中无力正常交纳赋税的贫困户给予长期借贷，死后无力办理丧葬的由公费开支；能够做到使饥饿者有饭吃，寒冻者有衣穿，死者得安葬，生活有困难的能得到赈济，天下人前来投奔我们的，自然就会如同水往低处流那样。因此，绝顶聪明的人最善于利用原来并非属于他所有的财富物资，善于任用原来并非属于他的人才。他发号施令便会得到响应，人们全都乐于亲近他。《管子》作者看到实行社会求助会为政府赢得民心，使政府得到广大民众的拥护，民众自觉纷纷前来为该政府效劳出力，因此国家就会走向富强。

---

① 《管子·乘马》。

《管子》作者还通过杀鸡儆猴的巧妙方法，迫使国内富裕的士大夫们把自家囤积的物资和钱财拿出来救济贫病孤独、缺衣少食的贫民。《管子·轻重丁》载：桓公曰："大夫多并其财而不出，腐朽五谷而不散。"管子对曰："请以令召城阳大夫而请（谪）之。"桓公曰："何哉？"管子对曰："城阳大夫嬖宠被绤紘，鹅鹜含余粖，齐钟鼓之声，吹笙篪，同姓不入，伯叔父母远近兄弟皆寒而不得衣，饥而不得食。'子欲尽忠于寡人，能乎？故子勿复见寡人。'灭其位，杜其门而不出。"功臣之家皆争发其积藏，出其资财，以予其远近兄弟。以为未足，又收国中之贫病孤独老不能自食之萌，皆与得焉。故桓公推仁立义，功臣之家兄弟相戚，骨肉相亲，国无饥民。此之谓缪数。齐桓公时，管仲见到大夫们都把钱财隐蔽着而不肯拿出来，宁可让粮食腐烂掉也舍不得救济贫民。管仲就建议齐桓公对其中最为典型的城阳大夫进行处罚，取消他的职位，封闭他的家门，不准他外出。齐桓公按照管仲的建议处罚了城阳大夫之后，起到了杀鸡儆猴的作用，各功臣之家都争先恐后地把囤积的物资和钱财拿出来，救济同族的远近兄弟，甚至还救济其他贫病孤独和年老而缺衣少食的贫民。所以，桓公倡导仁义，功臣之家亲属之间都很亲密，国内没有人挨饿。齐桓公的这种做法，没有直接谴责处分众大夫们，而是通过杀鸡儆猴的办法，迫使他们把钱财粮食救济同一家族成员及社会上贫病者，对大夫们是一个很好的教育，树立了扶贫救困的社会风尚，并且使国内饥民都得到了救助，稳定了社会秩序。

另一方面，我们也必须看到，社会救助的负面影响是易养成一些人的懒惰。对此，管仲也提出了一定的防范措施："君终岁行邑里，其人力同而宫室美者，良萌也。力作者也，脯二束、酒一石以赐之；力足荡游不作，老者谯之，当壮者遣之边戍。民之无本者贷之圃疆，故百事皆举，无留力失时之民，此皆国策之数也。"① 可见，管仲主张年终时，君主到各地巡视，如果发现有的人家劳动力条件与别家相同，但住房却格外好的，那一定是肯吃苦耐劳的好百姓，便应该赏赐给他两束干肉和一石酒。体力充沛但却游荡而不务正业的，年纪已老的要批评教育，尚属壮年的可派去戍守边境。民众中因缺乏土地资金无法谋生的，可以借贷给土地资金。这样，才能使各项事业都不致停滞，没有无事可做的劳动力，能不误农时。所有这些，都是国家规划谋虑所应该完成的经常性任务。管仲通过赏赐劝勉、借贷资金等鼓励民众勤于劳作，另一方面则通过批评教育、适当惩罚懒惰者，从而使整个国家人尽其力，地尽其利。

韩非反对"征敛于富人以布施于贫家"。他的理由是"今夫（富人）与人相若也，无丰年旁入之利，而独以完给者，非力则俭也；（穷人）与人相若也，无饥馑疾疚祸罪之殃，独以贫穷者，非侈则惰也。侈而惰者贫，而力而俭者富。今上征敛于富人以布施于贫家，是夺力俭而与侈惰也，而欲索民之疾作而节用，不

---

① 《管子·揆度》。

可得也"①。韩非的看法是假设在正常的情况下，富人没有丰年等额外增加的收入，之所以能富足，靠的是平时既勤劳而又节俭；相反，穷人没有饥荒、疾病、人祸等侵袭，之所以贫穷，其原因是平时奢侈懒惰。因此，韩非得出的结论是奢侈、懒惰者贫穷，勤劳、节俭者富裕。如果国家通过向富人征税以救济穷人，那就等于鼓励奢侈懒惰，无法调动人民的勤劳与节俭了。在古代社会，科学技术水平普遍低下的情况下，的确，韩非的勤劳节俭者致富、懒惰奢侈者贫穷的前提假设是带有一定的普遍性的，因此，他的征富人税救济穷人会鼓励奢侈懒惰的思想有其合理的一面。但是问题在于，当时社会上并不是所有的富人都是靠勤劳节俭而发财致富的，所有的穷人都是因奢侈懒惰而贫困的，造成贫富差距往往是多种因素共同作用的结果，因此他反对"征敛于富人以布施于贫家"的思想又带有较大的片面性，有以偏概全之嫌。另外，如从缓和社会矛盾的视角来看，韩非的这一思想不利于解决因贫富差距悬殊而引起的诸多社会问题，不管穷人因何因素贫困，必要的社会救济和福利还是不可或缺的，对保障人的基本生存条件、维护社会安定有序都是至关重要的。

（三）粮食储备思想

中国地处欧亚大陆的东部，濒临世界最大洋——太平洋，季风气候显著，水旱之灾频繁。因此中国自先秦以来，统治者都十分重视积储粮食，以备灾荒不时之需。《礼记·王制》规定："冢宰制国用，必于岁之杪，五谷皆入，然后制国用。用地小大，视年之丰耗，以三十年之通制国用，量入以为出……国无九年之蓄，曰不足；无六年之蓄，曰急；无三年之蓄，曰国非其国也。三年耕，必有一年之食，九年耕，必有三年之食。以三十年之通，虽有凶旱水溢，民无菜色。"这里反映了先秦统治者在使用服务性政策工具进行防灾时的3方面理念：一是以国家30年粮食生产的平均数来规定国家财政的支出数，而且收入必须大于支出。二是进一步对收入大于支出进行量化，即一个国家3年的粮食生产量扣除支出消费外，其盈余必须能供全国吃上一年。三是一个国家如没有9年的粮食积蓄，就算不上富足；如没有6年的粮食积蓄，就应该着急了；如没有3年的粮食积蓄，就有灭国的危险了。

《周礼》中的防灾思想主要是设计了一套颇为完备并对后世产生深远影响的粮食储备制度："乡里之委积，以恤民之艰阨；门关之委积，以养老孤；郊里之委积，以待宾客；野鄙之委积，以待羁旅；县都之委积，以待凶荒。"②《周礼》中的这一粮食储备制度有两点值得注意：其一，粮食储备制度主要有5种用途，除其中"以待宾客"用以接待宾客之外，其余4种均用于社会救助。其二，实行分散储备、专项专用的原则，如乡里的粮食储备，用于接济贫穷的民众；"门关"的粮食储备，用于救恤孤老之人；"县都"的粮食储备，则用于灾荒救济；

---

① 《韩非子·显学》。
② 《周礼·司徒下》。

而"野鄙"的粮食储备，用于帮助陷入困境的旅客。

《管子》认识到，古代农业由于受到生产技术水平的限制，谷物只能一年收获一次，而消耗却是无时无刻不在进行。农业不增产，粮食不储备，一旦遇到天灾人祸，百姓就会流离失所。因此，十分重视粮食的储备。《管子》一书中讨论储粮的方法多种多样，主要者有以下3种：

其一，岁藏法："岁藏一，十年而十也；岁藏二，五年而十也。谷十而守五，绨素满之，五在上。故视岁而藏，县时积岁，国有十年之蓄。"① 国家按年景的好坏，每年储备一定比例的粮食，如一年储备 1/10 的粮食，10 年就有 1 年的储粮；如一年储备 2/10 年的粮食，那 5 年就有 1 年的储粮；如碰上大丰收的年份，一年储备 5/10 的粮食，那 2 年就有 1 年的储粮了。

其二，货币购储法："岁丰五谷登，五谷大轻，谷贾去上岁之分，以币据之"②；"春秋，子谷大登……币之在子者，以为谷而廪之州里"③。这就是丰收年景，粮价下跌，国家就要动用货币大量收购粮食，使粮食为君主所占用，储藏于地方州县的粮仓里，以备荒歉之需。

其三，鼓励民间储粮。管子曾对齐桓公说："今者夷吾过市，有新成囷京者二家，君请式璧而聘之。"齐桓公采纳了管仲的建议，奖赏了这两户建仓储粮者。使这两家"名显于国中，国中莫不闻。是民上则无功显名于百姓也，功立而名成；下则实其囷京，上以给上为君，一举而名实俱在也，民何为也?"④ 管子采用这种树榜样给重奖的办法，既有荣誉又有实惠，使全国人人效法，全民存粮，一为己用，二为国家。民间储粮可减少国家大量投资收购粮食建仓库，减少管理成本和损耗，藏粮于民，是最经济、方便的储粮方法。

墨子重视储备问题，认为国家和百姓都应该经常保持一定的粮食储备，把这看作是一个关系到国家安危存亡的大问题。他认为如无储备或储备不足，"国离（罹）寇敌则伤，民见凶饥则亡"⑤。他还具体提出"国备"的思想，即"国无三年之食者，国非其国也；家无三年之食者，子非其子也"。国家和百姓家庭至少要有 3 年的粮食储备，这就是抗御天灾、兵祸所需的最低限度的储备⑥。为了增加粮食储备，墨子还提出"力时急，而自养俭"⑦ 的主张。"力时急"就是抓紧生产，"自养俭"就是自身要养成节俭。可见他的储备思想与生财、节用思想是相互联系的。

---

① 《管了·事语》。
② 《管子·山至数》。
③ 《管子·臣乘马》。
④ 《管子·轻重丁》。
⑤ 《墨子·七患》。
⑥ 《墨子·七患》。
⑦ 《墨子·七患》。

第二节 秦汉公共工程和赈灾思想

一、秦代公共工程思想

（一）秦代修建公共工程思想

秦始皇统一中国后，为了巩固幅员辽阔的封建中央集权制统一国家，修建了一系列的公共工程。秦始皇灭楚之后，派屠睢率军，南攻百越，在那里建立郡县，派官管理，并使监禄开凿灵渠，第一次沟通了长江与珠江两大水系，加强了岭南与中原地区的联系。先秦时期，中国北方农业民族就经常遭受到北方匈奴等游牧民族的骚扰。公元前 215 年，秦始皇派蒙恬等举兵 30 万北伐，夺回被匈奴占领的河套地区。紧接着，征发军民数十万人，在原赵国、燕国等北边城墙的基础上，增筑了东起辽东西至陇西临洮的绵延万里的长城，阻挡了北方游牧民族南下对农业民族的侵扰，为中原地区农业经济的发展创造了一个安定的环境。同时，秦始皇拆毁了六国原有的城郭，夷平可据以反抗秦军的关隘、要塞以及其他壁垒险阻等，以削除反秦势力据险抵抗割据的条件。秦始皇在中原地区，修建了以咸阳为中心，东穷齐、燕，南极吴、楚的车马大道—驰道；修建了从咸阳以北的云阳直达九原的"直道"；修建了从今四川宜宾至云南昭通的"五尺道"和今湘赣与两广之间的"新道"。这些贯通全国各地的道路的修建，大大便利了东西南北各地的经济文化联系，同时也为秦王朝迅速调遣军队镇压反秦武装提供了交通上的便利。秦始皇还利用这些四通八达的道路网，五次出巡，足迹遍及黄河、长江中下游的许多地方，显示了秦王朝的赫赫声威和强大力量，震慑各地的反秦势力。

秦始皇除了修建这些公共工程之外，为了满足其骄奢之欲，还建了阿房宫、骊山墓。总之，在秦始皇当政的 10 多年间（前 221—前 206 年），其征发大量人力花费巨额资金筑长城，开灵渠，修驰道、直道、五尺道，建阿房宫、骊山墓等，使广大民众的徭役和赋税负担无法承受。广大人民，尤其是农民，有田不能耕，有家不得归，社会生产遭到严重破坏。"当此之时，男子不得修农亩，妇人不得剡麻考缕，羸弱服格于道，大夫箕会于衢，病者不得养，死者不得葬。"①残酷的奴役和剥削，激起了农民的逃亡与反抗。为了镇压农民的反抗，维护秦王朝的残暴统治，秦王朝推行"轻罪重罚""繁密苛酷"刑罚，其结果是广大民众动辄触禁，造成了"赭衣塞路，囹圄成市"，②"劓鼻盈蒌，断足盈车，举河以西，不足以受天下之徒"③的惨状。

---

① 《淮南子·人间训》。
② 《汉书》卷 23《刑法志》。
③ 《盐铁论》卷 10《诏圣》。

（二）秦代工程管理思想

由于秦祚短暂，史籍中对秦代的管理思想资料记载不多。1975 年，湖北省云梦县睡虎地秦简的出土，为我们提供了秦代经济管理思想方面极为珍贵的资料，其中《效律》有关于工程方面管理思想的内容。所谓《效律》上的"效"字，当为"校"的意思。《效律》开宗明义就指出"为都官及县效律：其有赢、不备，物直（值）之，以其贾（价）多者罪之，勿赢（累）"，"官啬夫、冗吏皆共赏（偿）不备之货而入赢"。①由此可见，《效律》是检验财物、账目的法律，其中包含惩罚的原则等。

从秦律中我们可以了解到秦政府已对建筑工程实行事前审计监督。《徭律》载："县为恒事及谳有为殹（也），吏程攻（功），赢员及减员自二日以上，为不察。上之所兴，其程攻（功）而不当者，如县然。度攻（功）必令司空与匠度之，毋独令匠。其不审，以律论度者，而以其实为繇（徭）计。"这里规定县和县以上的工程必须由司空与匠人一起对工程量进行准确的估算，如所估不实，则要依法论处，再按实际情况计算所需服徭役徒众的数量。可见估算后还要进行审计，看其是否准确。而且秦政府对工程估算的准确性要求很高，如审计出施工时间超出或不足原估算的两天以上，则以不察论处。

这些公共工程往往规模巨大，需要征发大量劳力和花费巨额资金。秦政府为了监督这些资金的使用，不被不法分子贪污侵吞，必须对此进行严密的审计。如"县上食者籍及它费大仓，与计偕。都官以计时雠食者籍"。这就是当时负责监督钱粮发放的官员都官，在每年结账时应核对领取口粮人员的名籍，并对照实物核验账目中所记载的各种物资。大仓、内史等中央主管财经的部门，对县级机构的钱粮支出采取定期送达审计的监督方式，即每年年终，县、都官呈送会计账簿及其簿籍和物资到中央，由主管经济部门进行审计。

（三）秦朝保护和利用自然资源思想

战国时期，孟子在论仁政时说："不违农时，谷不可胜食也；数罟不入洿池，鱼鳖不可胜食也；斧斤以时入山林，材木不可胜用也。谷与鱼鳖不可胜食，材木不可胜用，是使民养生丧死无憾也。"孟子的这一段话，是对梁惠王说，充分反映了他通过保护鱼鳖、山林等自然资源，禁止滥捕滥伐，不使自然资源枯竭，使之生生不息，从而达到永续地利用自然资源。但是，孟子的这一思想只是他个人的见解，并没上升到国家战略管理层面。自睡虎地云梦秦简中《田律》出土后，人们才了解到，秦朝统一全国前后，封建国家已将保护和利用自然资源思想上升到国家战略层面，并且将其作为法律条文，颁布全国，让广大民众知晓遵守。

《田律》中有关保护自然资源的条文，主要内容就是禁止人们对自然资源的

---

① 《睡虎地秦墓竹简·效律》，中华书局 1977 年版。本目以下引文均见于。

滥用和破坏，诸如山林、材木、飞禽、走兽、犀角、象齿，以至沟渠水道等自然资源和环境，都列入国家法令的保护对象，禁止任意采伐、捕捉和破坏。如《田律》规定：勿论官吏和平民，一律"毋敢伐材木、山林及雍（壅）堤水"，"有不从令者，有皋（罪）"。其有特殊需要，如有人死亡，需要材木制作棺椁者，即"唯不幸死，而伐绾（棺）、享（椁）者"，得向官府申请，批准后才可采伐。

（四）李斯的节约与薄赋思想

秦代统治集团的侈靡浪费，是历史上罕见的，既见于史籍记载，也见于考古发掘。如据史籍所载，秦王朝建阿房宫，修骊山秦始皇陵，其规模之宏大壮观，实属罕见。当代考古发掘，也证实了史籍记载的真实性，如出土的秦代铜车铜马，画乘雕镂，头皆金饰。秦始皇陵兵马俑，规模之大，数量之多，也是史上仅见。李斯当时目睹如此侈靡豪华的现象，痛切指出："凡古圣王，饮食有节，车器有数，宫室有度，出令造事，加费而无益于民利者禁，故能长治久安。"①而今"大为宫室，厚赋天下，不爱其费"，乃是亡国之兆。因此，他主张，"夫节俭仁义之人立于朝，则荒肆之乐辍矣"，荒肆之乐辍，"则国家富"；国家富，"则君乐丰"，君乐丰，"则帝道备"。② 李斯站在忠君治国的高度反对侈靡浪费和提倡节俭，在当时是难能可贵的。李斯的节俭思想不只是把节俭单纯作为"制欲"来看待，而是要通过节俭措施达到"兴利致富""诸产繁殖"的"国家富"目的。他强调国家财政开支必须以"于民有利"为出发点，凡国家"出令造事，加费而无益于民利益，禁。"③ 处于秦朝那样横征暴敛的时代，李斯能有这种思想，应当说是相当可贵的。

秦王朝淫靡奢侈，浪费无度，至二世尤甚。秦二世即位后，下诏"增始皇牺牲及山川百祀之礼"，④ 进一步扩大了财政支出，加重了民众的赋税负担。秦二世还继续完成秦始皇未竟的工程，大兴土木，"复作阿房宫"，⑤使百姓雪上加霜，"赋敛愈重，戍徭不已"。⑥ 人民不堪其苦，纷纷揭竿而起，相继起义。朝廷虽屡发兵镇压，"然犹不止"。⑦

面对秦王朝统治的这种危机，李斯认为，其主要原因就在于人民不堪忍受赋敛漕戍之苦。"盗多，皆以戍漕转作事苦，赋税大也"。⑧对此，他劝谏秦二世"缓

---

① 《史记·李斯列传》。
② 《史记·李斯列传》。
③ 《史记·李斯列传》。
④ 《史记·李斯列传》。
⑤ 《史记·秦始皇本纪》。
⑥ 《史记·秦始皇本纪》。
⑦ 《史记·李斯列传》。
⑧ 《史记·秦始皇本纪》。

刑罚，薄赋敛，以遂主得众之心"，① 并 "请止阿房宫作者，减省四边戍转"。② 不料秦二世对李斯的劝谏大为不满，非但不接受，还斥责他 "欲罢先帝之所为，是上毋以报先帝，次不为朕尽忠力"，③ 李斯最终被下吏治狱，"就五刑"。④

李斯身为秦王朝重臣，官至丞相，因此其思想对秦朝的治国理政方略产生重要影响。云梦睡虎地出土的秦简，大约是秦始皇三十年前后的法律条文，这时正值李斯当权，所以用此来说明李斯节俭和薄赋敛思想对秦朝治国方略和政策、措施的影响，还是比较适当的。

李斯提倡节俭，秦简《田律》规定：为了避免粮食浪费，一般人不得任意作曲酿酒，"百姓居田舍者，毋敢酤（酤）酉（酒）"。秦政府为了切实贯彻这一法令，还指派 "田啬夫、部佐" 等基层官吏经常深入民间 "谨禁御之"，倘发现 "有不从令者，有罪（罪）"。李斯主张轻徭薄赋，秦简《为吏之道》规定："凡为吏之道"，必须 "安静毋苛……兹（慈）下勿陵……善度民力，劳以率之"，不得 "赋敛无度"，鱼肉百姓。如果官吏 "临事不敬……苛难留民者"，"须身遂过"，即要受到法律的惩罚。综观秦朝的统治，其主要面还是表现出骄奢淫逸、横征暴敛，民不聊生，这些法律规定并未得到切实的贯彻，但我们也并不能否定这些积极的节俭、薄赋思想的存在。

二、汉代公共工程和赈灾思想

（一）汉代漕运思想

秦汉两代为了加强封建中央集权制，都采取 "强干弱枝" 政策，尽徙天下富强豪族聚居于帝都长安为中心的关中地区，以便就近监视这些潜在的威胁。西汉自高祖以后元帝以前的各个皇帝，每于即位不久便在长安附近预造陵寝，并选东方高资望族徙居置邑以奉之。这样，经过近百余年的经营，到西汉中后期，关中地区不仅财富集中，"量其富则十居其六"，而且人口密集，消费需求大大提高。尽管关中地区农业生产比较发达，但其产量远不能满足需要，因此有大量的粮食和其他消费品仰赖关东供给。正如时人所指出的："河、渭漕挽天下，西给京师"，⑤ "漕从山东西，岁百余万石"。而且当时西汉西北边境多事，驻扎将士甚多，军需供给很大，也都要依靠内地供应，所以说 "转漕甚远，自山东咸被其劳"。⑥

据《史记·平准书》和《汉书·沟洫志》记载，武帝元封年间从关东漕运

---

① 《史记·秦始皇本纪》。
② 《史记·秦始皇本纪》。
③ 《史记·李斯列传》。
④ 《史记·李斯列传》。
⑤ 《汉书·张良传》。
⑥ 《汉书·食货志》。

粮食到关中曾达到每年 600 万石。这样巨大的漕运量，加上"渭水道九百余里，时有难处"，"更底柱之艰，败亡甚多而烦费"，可见，当时为了养活关中地区密集的人口，漕运问题成为西汉政府十分重大而又相当棘手的难题。为了解决漕运难题，西汉政府做了多种尝试。武帝时朝廷企图通过开凿运河、缩短交通线和扫除交通障碍等途径来解决。如当时接受郑当时的建议："引渭穿渠起长安，并南山下至河三百余里，径易……损漕省卒，而益肥关中之地得谷。"① 经过三年开凿，解决了一些局部问题，"通以漕，大便利"。② 但是从全局看，并没有真正解决问题，因为新开的漕渠，实际上仅限渭水一段漕路的整理，仍然无法避开黄河砥柱之险。以后又接受河东守番系的建议，试图打通三门峡，引黄河和汾河水灌溉今河津、永济一带，避开三门峡的航运险阻。经发卒十万开凿，但因河道改徙不定，引水口进水困难，最终没有达到预期的效果。最后，西汉政府又试图开出褒斜道，绕过三门峡转运，征发人力几十万，但终因河谷过于陡峻，水流过急，并且水中多礁石，终于无法成功。实践证明，通过开河省漕来解决漕运是行不通的。而且，官运漕夫都是强征来服劳役的农民，且不说广大农民终年辛劳，而且还要冒"底柱之艰，败亡甚多，"的巨大危险，因此，他们视漕运为畏途，漕运要"率十余钟致一石"，得不偿失，效率之低实为罕见！

（二）耿寿昌的漕运和常平仓思想

耿寿昌，生卒年不详，约活动于汉宣帝在位时期（前 73 —前 49 年），曾在汉宣帝五凤年间（前 57 —前 54 年）任大司农中丞，"以善为算，能商功利，得幸于上"。③ 后因"奏设常平仓以给北方，省转漕，赐爵关内侯"。④

"五凤中，（耿寿昌）奏言：故事，岁漕关东谷四百万斛以供给京师，用卒六万人。宜籴三辅、弘农、河东、上党、太原郡谷足供京师，可以省关东漕卒过半……漕事果便。"⑤ 就当时的情况来看，解决漕运的办法有两条：一是如前所述，按传统的办法就是扫除漕运的障碍、缩短漕运路线，但是在当时的科技条件下，实践证明，这种办法耗费大，给民众带来沉重的负担，功效小，难以行得通。二是改变思路，顺应当时已经发展繁荣的商品经济形势，放弃或减少官方漕运，利用当时商品的地区差价和季节差价，顺应商人和商业资本逐利的本性，用利润来推动商运，促进地区间的物资交流，调剂供求关系，来解决关中三辅地区和边境军队的粮食供给。耿寿昌因"以善为算，能商功利"和"习于商功分铢之事"⑥ 著称，敏锐准确地判断，在当时条件下，只有放弃前一条传统途径，重

① 《史记·河渠书》。
② 《史记·河渠书》。
③ 《汉书·食货志》。
④ 《汉书·宣帝纪》。
⑤ 《汉书·食货志》。
⑥ 《汉书·食货志》。

新开辟后一条途径，才能解决漕运难题。

耿寿昌围绕解决漕运的措施有3个方面，其中有直接的措施就是上引的放弃从远地官方漕运粮食，主张就近籴谷，即从首都长安附近的陕西、河南、山西等地购买粮食，就近供给京师，减少来自东部、南部远方地区的漕、转，既以省关东漕卒，减少远途运输的费用与损耗，减轻百姓负担，又可促进京师附近地区农业的发展，促进这些地区的粮食商品化。

从西汉时期商业发展的程度和人们的思想观念来分析，耿寿昌的这一设想是符合当时实际情况的。《史记·货殖列传》所载："汉兴，海内一，开关梁，弛山泽之禁，是以富商大贾，周流天下，交易之物莫不通，得其所欲。"由于商业发展，商业都会犹如雨后春笋般在全国出现。当时"燕之涿蓟，赵之邯郸，魏之温轵，韩之荥阳，齐之临菑，楚之宛邱，郑之阳翟，周之三川"，无不"富冠海内，皆为天下名都"。①

随着商业的发展，商业资本的积累也达到了相当的规模。至成、哀间，"訾（资）五十万"，"訾亦十千万"，②"訾至巨万"以至"随身数十百万"③的富商大贾比比皆是。商业资本的规模扩张，使商业内部又出现了更细的分工。专门从事运输业的运输商，在西汉中后期势力很大。他们"蹛财役贫，转毂百数"，④拥有的运输工具是"船长千丈，辎车百乘，牛车千两"。⑤如当时洛阳（周）的师史氏"转谷以百数，贾郡国，无所不至"。⑥而且当时积货逐利、从事长途贩运赢利的商业理念，正在社会上流行。"洛阳街居，在齐秦楚赵之中，贫人学事富家，矜以久贾，数过邑不入门"。⑦这样的社会商业条件，为政府依靠民间商业力量解决关中三辅地区居民和边境军队粮食供给提供了条件。以后的实践也证明，耿寿昌的"宜籴三辅、弘农、河东、上党、太原郡谷足供京师，可以省关东漕卒过半"的措施是取得成效的，即"漕事果便"。⑧

耿寿昌解决漕运难题的第二条措施是"增海租三倍"。⑨由于耿寿昌主张放弃从关东漕运大量粮食的传统做法，而是改为就近而籴。不言而喻，关中附近地区因粮食需求增加而粮价必定上涨，那么政府用于购买粮食的财政开支必然增多，因此，必须依靠"增海租三倍"来弥补为增价就近籴谷而增加的财政货币支出。

---

① 《盐铁论·通有》。
② 《史记·平准书》。
③ 《史记·平准书》。
④ 《史记·平准书》。
⑤ 《史记·货殖列传》。
⑥ 《史记·货殖列传》。
⑦ 《史记·货殖列传》。
⑧ 《汉书·食货志》。
⑨ 《汉书·食货志》。

还有耿寿昌建议边郡筑仓"增其贾而籴",① 筑仓同样也需要更多的财政货币支出。此外,即使是就近籴谷以供京师,也要造船运输粮食。古代漕运历来是"河不入渭",也就是说黄河的漕船不适于在渭水行驶。耿寿昌的主张就近而籴,当然还得大量增加近途运输的船只,也就意味着造船也要巨额的财政支出。

西汉武帝时实行榷盐,对盐民生产的盐统一由国家收购,不再对生产者征税,但对其他海产,可能仍沿用过去的海租方式征收。到汉宣帝时期,汉王朝在长期统一的局面下,社会安定,生产增长,海上捕捞业也有长足的发展,所以耿寿昌才有可能适时地用提高海租三倍的途径来增加国家财政收入,用于解决关中地区居民和边境军队的粮食供应难题。

耿寿昌解决漕运难题的第三条措施是创立常平仓制度。"(五凤)四年(前54年)……大司农中丞耿寿昌,奏设常平仓以给北边,省转漕"。②"寿昌遂白:令边郡皆筑仓,以谷贱时增其贾而籴以利农,谷贵时减其贾而粜,名曰常平仓,民便之"。③由这两条记载可知,耿寿昌设常平仓的初衷,是为了解决北方边郡因漕运困难而导致粮食供给不稳定从而出现粮价上下波动太厉害的问题。后来因常平仓制度对保障粮食供给、稳定粮价很有成效,因此推广到全国各地,并为西汉以后历代所沿袭。

在中国古代封建社会里,农业生产以自给自足的自然经济为主,但是,农民为了购买生产资料和某些必要的生活必需品(如铁农具、盐)等,也不得不卖一定数量的粮食,越靠近城市商业经济越发达的地方,往往出售的粮食越多。由于农业生产具有很强的季节性,在收获季节,农民出售粮食多,供过于求,商人就会乘机对农民压低粮食收购价,使农民遭受到卖粮困难和损失,收入减少,这就是"谷贱伤农"。相反,在农业耕作季节,尤其在春耕季节,农民出售余粮较少,市场上粮食供不应求,粮价就会上涨,这时商人就乘机哄抬粮价,给靠商品粮生活的城市居民造成困难,其收入不够购足粮食,这就是"谷贵伤民"或"谷贵伤末"。而且由于古代农民生产的落后性和地租、高利贷的盘剥以及繁重的赋税和徭役的负担,广大农民自留的粮食往往不够维持到下一个收获季节,因此就出了所谓的青黄不接,这时候连农民自身也被迫以高的价格买进或以高利贷方式借入粮食,这又会发生了"谷贵亦伤农"④的情况。

面对因粮食供求关系所引起的粮价超正常波动给农民和城市居民造成的影响,中国古代很早就出现了国家干预粮食市场的"平籴"和"平粜"政策。所谓"平粜"较早出现在春秋末年范蠡辅佐越王勾践时所用的"计然之策"。"计

---

① 《汉书·食货志》。

② 《汉书·宣帝纪》。

③ 《汉书·宣帝纪》。

④ 《李觏集·富国策》。

然之策"从农业收获丰歉情况来推测粮价的变化,即丰收之年粮价下跌,歉收之年粮价上涨,必然会对农业生产和城市工商业者的生活产生影响,而且这种影响的承受力有一个限度,即"粜二十病农,九十病末"。为了使粮价的上下波动不超过人们的这个承受力,就要靠国家的力量来干预粮价的过度波动,将其波动限制在"上不过八十,下不减三十"的范围之内。这样就可达到"农末俱利,平粜齐物,关市不乏"。①

战国时期,魏国魏文侯时期的名臣李悝在《尽地力之教》中提及"平粜"的政策措施,即国家根据农业生产丰歉来推测粮价的变化,把丰收的情况按程度不同分为上孰(熟)、中孰、下孰三等,把歉收的情况也按程度不同分为小饥、中饥、大饥三等。然后将"孰"三等与"饥"三等一一对应,来平衡粮食供给,从而达到稳定粮价。具体做法是:国家在大孰时收购农民的余粮3/4,中孰时收购农民的余粮2/3,下孰时收购农民的余粮1/2。国家大量收购农民余粮的目的,是为了防止丰收时粮价大跌"谷贱伤农",同时将收购到的大量粮食用于因灾荒歉收时粮食供不应求所引起的粮食过度上涨。这就是"小饥则发小孰之所敛,中饥则发中孰之所敛,大饥则发大孰之所敛而粜之"。② 这样就能平衡丰歉年份的粮食供应,保障供给,从而稳定粮价。

西汉武帝时期,桑弘羊在首都长安实行平准政策,以稳定物价为宗旨,显然,所要稳定的商品价格不仅限于粮价,但稳定粮价无疑是平准的重要内容。因此,可以说平准已包含了平粜、平粜两方面的措施。

西汉宣帝时期,耿寿昌提出的常平仓制度,明显也包含了平粜、平粜两个方面的措施,即"谷贱时增价而粜……谷贵时减价而粜",并且为这一制度取名为"常平",鲜明地表封建国家干预粮食市场的根本目的是使粮食价格平稳。耿寿昌的常平仓制度,是汉代平粜、平粜制度发展到成熟阶段的产物。这一制度既有利于防止粮价超正常的波动对农业生产和城市居民生活的不利影响,又利于备荒救灾,对维护封建社会生产的正常运行和政治、社会秩序的稳定有重要的作用。常平仓制度自西汉创建后,几乎为后世历代封建王朝所沿袭,成为封建时代荒政的一项重要内容,影响至为深远。

(三) 贾谊、晁错的重视积贮思想

贾谊通过对历史经验和社会现实的观察与研究,十分重视经济力量在安定社会、加强国防方面的决定性作用。在此基础上他把蓄积粮食、财力看作是国家的"大命",认为民足可治,非足则不可治:"管子曰:仓廪实,知礼节;衣食足,知荣辱。民非足也,而可治之者,自古及今,未之尝闻。""苟粟多而财有余,

---

① 《史记·货殖列传》。
② 《新书·无蓄》。

何向而不济？以攻则取，以守则固，以战则胜，怀柔附远，何招而不至？"① 所以，在贾谊看来，粮食、财力是国家的命脉，是提高人民物质精神生活、社会安定、防止自然灾害、国防强大的基础。他说："王者之法，民三年耕而余一年之食；九年而余三年之食；三十岁而民有十年之蓄。故禹水九年，汤旱七年，甚也野无青草，而民无饥色，道无乞人。" 相反，"王者之法，国无九年之蓄谓之不足，无六年之蓄谓之急，无三年之蓄曰国非其国也"。贾谊认为，当时西汉的现实情况，正好与先秦的"王者之法"相反："今汉兴三十年矣，而天下愈屈……天时不收，请卖爵鬻子既或闻耳。顷不雨，令人寒心；一雨尔，虑若更生。天下无蓄若此，甚极也……且用事之人未必此省，为人上弗自忧！" 这就是说，汉朝已经建立三十年了，不但没有十年的积蓄，反而还在闹饥荒。如一遇到天不下雨，人人担心旱灾；如天一下雨，民众就高兴得如获再生。像这样没有一点积蓄的状况，已达到登峰造极的严重程度。更有甚者，负责这方面工作的官员仍然不闻不问，而皇帝自己也不重视忧虑！在封建君主专制制度下，皇帝至高无上，神圣不可侵犯，贾谊敢对文帝如此责难，并且把积贮提高到"天下之大命"高度，实在是具有难能可贵的胆识！

贾谊将积贮视为"天下之大命"，具体来说，有 4 个方面的原因：其一，贾谊认为，如果一个国家积贮不足，那么遇到天灾人祸，广大民众饥寒交迫，引发社会动荡，甚者武装起义，危机封建王朝统治。"民不足而可治者，自古及今，未之尝闻。" 他主张牧民之道在安民，要安民，首先就要让人民能生活下去；不仅年成好能生活下去，即使遇到饥馑灾荒也要能活下去。

其二，贾谊认为，积贮不足不仅会引起内忧，还会引起外患。如果"卒然边境有急，数十百万之众，国胡以馈之？" 相反，如果一个国家积蓄很多粮食，财力雄厚，那就能攻无不克，战无不胜，甚至敌人不战就会来投诚。"苟粟多而财有余，何为而不成？以攻则取，以守则固，以战则胜，怀敌附远，何招而不至？"

其三，贾谊认为，国家有充足的积蓄，人民的物质生活才有保障，然后才能提高民众的封建道德水平。他在《论积贮疏》中引用了《管子》中的一句名言："仓廪实而知礼节，衣食足而知荣辱"，用以说明国家粮食积蓄充足了，百姓丰衣足食，封建道德水平自然就会提高。贾谊认为，国家要做到积贮，就必须重视农业生产和提倡节俭、反对侈靡。而且他把反对侈靡与重视农业两者联系起来加以综合考虑。首先，他揭露当时社会上普遍存在侈靡的风气："今世以侈靡相竞，而上无制度，弃礼义，捐廉丑。"②接着，他指出，这种侈靡之风造成"百人作之，不能衣一人，欲天下无寒，胡可得也！一人耕之，十人聚而食之，欲天下

---

① 《新书·无蓄》。

② 《新书·俗激》。

无饥，不可得也。"

其四，他主张，要改变这种"奇巧末技，商贩游食之民"的"志苟得而行淫侈"的社会风气，必须"驱民而归之农，皆著于本……使末技游食之民，转而缘南亩，则民安性，劝业……无苟得之志，而人乐其所矣"。贾谊通过禁侈靡，减少浪费，增加农业生产，从而达到国家增多积蓄，而不是通过增加百姓赋税负担来增多国家积蓄，这在当时还是比较有积极影响的。

晁错的重积贮思想一言以蔽之，即"务民于农桑，薄赋敛，广畜积以实仓库、备水旱"。①在此，他把发展农业生产、减轻百姓赋税负担和增加粮食积蓄三件事情综合起来一起考虑。首先，他重视积蓄，认为粮食积蓄多了，贮存在仓库里，以备天灾人祸不时之需，是国家长治久安的根本保障。他以历史经验为例来证明自己的思想，"尧禹有九年之水，汤有七年之旱"，而未酿成灾害，乃由于蓄积厚而预有准备。相反，晁错认为，当时西汉时期的状态，论人口不比汤禹时少，又无接连几年的水旱之灾，但就是没有积蓄，关键原因在于，"地有遗利，民有余力，生谷之土未尽垦，山泽之利未尽出也，游食之民未尽归农也"。②

其次，晁错针对"地有遗利，民有余力"，"游食之民未尽归农"而造成西汉政府未有积蓄的现象，提出了"务民于农桑"的对策："方今之务，莫若使民务农而已矣。欲民务农，在于贵粟；贵粟之道，在于使民以粟为赏罚……夫能入粟以受爵，皆有余者也；取于有余，以供上用，则贫民之赋可损，所谓损有余而补不足，令出而民利者也。"他的逻辑思路是，如果国家以民众交纳粟多少作为赏罚的依据，那在社会生活中，民众都以粟为贵，就会努力务农，多生产粟了。而且广大民众都致力于农业生产，就会富裕起来，也不会轻易离乡背井，成为"游食之民"。"贫生于不足，不足生于不农，不农则不地著，不地著则离乡轻家……（虽有）严法重刑，犹不能禁"。因此，要改变西汉国家没有积蓄的现象，关键在于发展农业生产。

再次，晁错的重视积蓄，不仅要求封建国家要有雄厚的积蓄，而且希望民众每家每户都要有一定的积蓄，这样，如遇到天灾人祸，才有可能生存。晁错十分同情当时广大农民所过的悲惨生活，他从反面来阐述，当时的农民每年辛勤劳作，但在生活上还是难以为继，如遇到水旱之灾，那更是无法生存了。因此，他要求封建政府薄赋，改善农民生活。"今农夫五口之家，其服役者，不下二人；其能耕者，不过百亩；百亩之收，不过百石。春耕夏耘，秋获冬藏，伐薪樵，治官府，给徭役……四时之间，亡日休息。又私自送往迎来，吊死问疾，养孤长幼在其中。勤苦如此，尚复被水旱之灾，急政暴虐；赋敛不时，朝令而暮得，当

---

① 《汉书·晁错传》。
② 《汉书·食货志》。

具，有者半贾而卖，亡者取倍称之息。于是，有卖田宅，鬻子孙，以偿责者矣。"①不言而喻，晁错希望西汉政府能减轻百姓赋税负担，使他们有一定的积蓄，具有基本的生活条件和农业再生产能力。

（四）晁错"募民徙塞"思想

西汉文景时期，继承汉高祖的和亲政策，通过厚予馈赠匈奴，来求得北方边境的安宁。但是匈奴迄无餍足，不断侵犯边境，掳掠人畜，毁坏庄稼。"小入则小利，大入则大利"。而且匈奴为游牧民族，机动性强，行踪不定，作为农耕民族的汉中央军队，难以防范。晁错指出，"胡人衣食之业不著于地"，"食肉饮酪，衣皮毛，非有城郭田宅之归居，如飞鸟走兽于广野，美草甘水则止，草尽水竭则移"，"往来转徙，时至时去"。②他们忽而侵掠燕代，忽而侵掠上郡、北地，又忽而侵掠陕西，如果单靠有限的朝廷正规军队，在漫长的北方、西北方边境线上进行防御，则是防不胜防。因为匈奴机动性强，掌握主动权，是"卒少则入"，而汉朝是被动防守，"救之少发则不足；多发，远县才至，则胡又已去。聚而不罢，为费甚大；罢之，则胡复入。如此连年，则中国贫苦而民不安矣"。针对这种局面，文帝十一年（前169年），晁错三上书，在《言兵事疏》《守边劝农疏》和《复言募民徙塞下疏》中，提出了"募民徙塞下"，通过移民垦殖、守边御敌的战略设想。

晁错基于这种思路，对"募民实塞"（"徙民实边"）做了比较全面具体的规划，主要有以下5条措施：一是晁错确定了移民的具体对象。他提出："募罪人及免徒复作令居之；不足，募以丁奴婢赎罪及输奴婢欲以拜爵者；不足，乃募民之欲往者。"在此，移民的第一种对象是流放罪人，这在汉代之前早已有之。第二种对象是"以丁奴婢赎罪"和"输奴婢欲以拜爵者"，与他的"输粟赎罪""输粟拜爵"性质是一样的，即犯罪者或一般民众以向政府交纳粟或奴婢来赎罪或获取爵位。所不同的是交纳的对象不同，一种是人（奴婢），一种是物（粟）。第三种对象是自由民，大致是破产失去耕地的自耕农和手工业者、无业游民等。从三种对象看，前两种对象是政府强迫其移民，第三种对象是带有自愿性，但也有无以为生，被迫背井离乡的意味。虽然这些移民带有不同的强制性，但晁错认为也不是没有条件限制，谁想去都可以移民。由于政府移民的目的是垦殖守边御敌，因此政府要挑选那些"壮有材力"者，因为"所徙之民非壮有材力，但费衣粮，不可用也"。

二是晁错主张对移民边境垦殖守边予以经济上、生活上、政治上的优待，使他们在边疆能"乐其处而有长居之心"。首先，在经济上要"予冬夏衣，廪食，而自给而止"。移民初到一个艰苦、陌生的边境地区，政府应先给予他们基本的

---

① 《汉书·晁错传》。
② 《汉书·晁错传》，本目引文未注出处者，均见于此。

食物、衣服等生活必需品，直到他们在生产中能够自给自足为止。由此可见，这种移民垦殖守边与原来戍卒军屯守边是不同的，前者政府补助移民衣食只到他们能自给自足为止，而后者戍卒守边是主要依赖政府供给，军屯只是一种辅助性的补充。不言而喻，移民垦殖守边会减少国家的大量漕粮供给，节省财政支出。

晁错为了让移民能长久安心在边境地区垦殖，生息繁衍，担负起守疆御敌的艰巨任务，不仅在经济上让移民衣食来源有保障，而且在生活上也做周到的安排。让移民"先为室屋，具田器"，甚至对"室屋"的具体居住标准都提出较高的要求，"家有一堂二内，门户之闭，置器物焉"。而且还要求政府考虑解决移民的医疗、祭祀、婚姻等问题，"为置医巫，以救疾病，以修祭祀，男女有婚"，"其无夫妻者，县官买予之"。

晁错除了在经济、生活上予以移民优待外，还在政治上给予移民鼓励，让他们提高社会地位。如对自由民"皆赐高爵，复其家"，鼓励"郡县之民得买其爵，以自增至卿"。而对有罪的人加以赦免，属奴婢身份的恢复其自由。

三是严密移民组织，以适应在边境地区守边御敌的需要。晁错根据边境地区地广人稀，移民居住分散，但又肩负着守边御敌重任的特点，主张按照古制，在边境地区移民中实行军事化的组织体制，而且不准随意迁徙。使移民世代同居住生活在一个军事组织中，形成一个坚强团结的整体，守望相助相救援："使五家为伍，伍有长；十长一里，里有假士；四里一连，连有假五百；十连一邑，邑有假侯。"这样"卒伍成于内，则军正定于外。服习以成，勿令迁徙，幼则同游，长则共事。夜战声相知，则足以相救；昼战目相见，则足以相识；欢爱之心，足以相死"。

四是从移民中选拔良吏进行管理。晁错认为选拔良吏对"募民实塞""徙民实边"成功与否关系重大。"虽有材力，不得良吏，犹无功也"。而且，他还进一步很具体地提出了选拔良吏的标准："诚能称厚惠，奉明法，存恤所徙之老弱，善遇其壮士，和辑其心而勿侵刻"，能够"使先至者安乐而不思故乡"，"贫民相慕而劝往"。换言之，就是选拔的良吏要有很强的凝聚力，厚道、守法、能善待老弱壮士。晁错的选拔良吏能够根据"徙民实边"的最关键问题是首先让移民到艰苦的边疆能够扎根下去，不会因生活不下去而转徙其他地方或返回内地。而且，晁错主张要选拔这种标准的良吏最好是从移民中选拔，"择其邑之贤材有护，习地形知民心者"，因为这种就地从移民中选拔的良吏，"居则习民之射法，出则教民于应敌"，能够承担起守边御敌的重任。

五是晁错主张政府在移民前应充分做好一切准备工作，包括移民点的选择，城邑、里宅、道路的建筑，田界的划分，移民住房、粮食、器物等的准备。因为只有做好了这些准备工作，才能使"民至有所居，作有所用"，让移民乐意离开故乡而到新的移居地点，并在移居地安心快乐地长期居住下来："轻去故乡而劝之新邑"，"使民乐其处而有长居之心"。

综上所述，晁错的"募民实塞""徙民实边"中的垦殖、守边、御敌思想，不仅有原则性的主张，也有具体周密的措施，把经济、生活、军事、政治等作为一个系统统筹进行考虑，其思想是比较全面系统，并具有可操作性。晁错可谓是中国历史上第一个系统提出垦殖思想的人，对后世有重大的影响。① 在晁错逝世后百余年，汉代著名将领赵充国军屯取得巨大成功，他在《屯田疏》中所阐述的具体措施和十二大好处，总的精神亦源自晁错"募民实塞""徙民实边"思想。

（五）汉代水利思想

1. 召信臣水利思想

召信臣，字翁卿，西汉九江寿春（今安徽寿县）人。曾历任谷阳长、上蔡长、零陵太守、南阳太守、河南太守等。元帝竟宁元年（前33年），征为少府，列于九卿，后以官卒。召信臣不仅是出色的地方官，而且也是当时突出的水利专家。称"其治视民如子"，"为人勤力有方略，好为民兴利，务在富民，躬耕劝农，出入阡陌，止舍离乡亭，稀有安居"。②

召信臣的水利思想，主要有两个方面：一是水利工程建设思想。他在水利工程建设中讲究实际效益，注意工程配套，把汉水流域水利工程建成一个规模较大、效益显著的南阳灌溉区。召信臣在南阳太守任内，即在元帝建昭年间（前38—前34年）领导当地人民兴建以著名的六门堨（又称六门陂）为中心，包括周围数十处引水渠在内的农田灌溉水利工程。这一工程灌溉面积"岁岁增加，多至三万顷"，（约合今1200多万亩）仅仅"溉穰、新野、昆阳三县五千余顷"，（约合今200多万亩）使"民得其利"，③ 对汉水流域南阳地区的农业发展发挥了巨大的积极作用。

二是重视水利工程灌溉管理。为了合理地调配用水，"信臣为民作均水约束，刻石立于田畔，以防分争"。④ 这就是古代在干旱季节，人们因争夺灌溉水源而经常发生纠纷，甚至酿成暴力冲突事件。召信臣能预见到这种情况的发生，防患于未然，预先制定一个比较公平合理的各区域各家各户灌溉用水公约，然后将公约刻于石碑上，立于田地旁边为证。这样有效地防止了纷争的发生。这是继武帝时倪宽"奏开六辅渠，定水令以广溉田"之后，又一个水利管理条令。从"广溉田"和"防分争"来看，前者侧重于更充分更有效率地利用水源，而后者侧重于更和谐有序地利用水源。

2. 桓谭的治理黄河思想

桓谭字君山，西汉末期至东汉初期唯物主义思想家。他在成帝、哀帝时

---

① 上海社会科学院经济研究所经济思想史研究室：《秦汉经济思想史》，第88页。
② 《汉书·召信臣传》。
③ 《汉书·召信臣传》。
④ 《汉书·召信臣传》。

"任为郎"。王莽当政时，原是个"附莽"之徒，在王莽篡汉过程中，为之出力，而执笔帮助王莽"班行谕告，当反位孺子之意"，① 以期安定人心。不料王莽居摄之后，狂妄自大，刚愎自用，不肯信人，促使桓谭从原来"附莽"转变为反莽，从而显示了其耿介不阿，不苟流俗的应有气节。

桓谭"博学多通，所见多后人未见书"，② 思路十分开阔。"著书言当世行事二十九篇，号曰《新论》"。他反对谶纬、反对迷信的科学思想，显示了作为朴素的唯物主义思想家的立场。他在政治上切直忠正，反对因缘为奸；经济上禁民二业，重视科学技术。他因反对东汉光武帝信谶，遭到忌恨打击，几乎送了性命。最后在贬官途中因病而逝。

桓谭重视发展农业生产，特别关心水利建设，突出表现在对黄河的治理。至西汉东汉时期，由于黄河上游滥伐滥牧现象严重，植被遭到很大破坏，水土流失严重，造成中下游泥沙淤积，河床升高，决堤泛滥，一片汪洋，改道入海，水患频繁，给人民生命财产造成极大的危害，并使农业生产遭到毁灭性打击。当时，黄河泛滥次数最多，危害最大，这引起桓谭的极大重视，经过他的深入探讨，总结出当时黄河泛滥的两个主要原因：一是桓谭指出："四渎之源，河最高而长，从高注下，水流急峻，故其流急，为平地灾害。"③ 这是从黄河上下游河床水位落差悬殊方面找原因。因为上下游水位落差太大，水流自然湍急，就容易冲垮堤岸，决口成灾。二是桓谭认为"河水浊，一石水，六斗泥"④ 会造成河床淤积大量泥沙，造成河床因泥沙淤积而水位升高或塞河道，造成河水外溢，泛滥成灾。加之，黄河中游两岸人民多处黄土高原地带，终年大部分地区少雨干旱，因此，两岸民众"竞决河溉田"，⑤ 使水流量减少，水势平缓，加重了河水中泥沙的沉淀淤积，"令河道不通利"⑥ 滞塞严重。桓谭对黄河容易泛滥成灾的分析，是有价值的，成为后代历朝治理黄河的重要参考和依据。

第三节　隋唐五代公共工程和防灾思想

一、公共工程思想

（一）隋朝开凿大运河思想

隋朝大运河的开凿有其多方面的原因：一是隋朝以关中为本位，西京长安为

---

① 《汉书·翟方进传》。
② 《新论·序》。
③ 《水经·河水》注文。
④ 《太平御览·地部》。
⑤ 《太平御览·地部六一》。
⑥ 《太平御览·地部六一》。

全国的政治、经济、文化中心，人口稠密，但关中粮食短缺，不足以供给，故需要关东漕运供给。于是隋文帝在位时，即开始着手修筑广通渠，便利关中漕运。这是隋朝开凿修建大运河的开始。二是隋朝大运河的大规模全面铺开修建是在隋炀帝时期。隋炀帝开凿永济渠是为了军事运输的需要，是为沟通攻打辽东、征讨高丽的两个军事基地东莱和涿郡服务的。三是隋炀帝早年任扬州总管，当上皇帝后仍然十分怀念江南美景，因此他决定开凿通济渠和江南河，主要是为了能经常坐船巡视江南，省察地方风俗，游山玩水。

隋朝大运河的全面开凿，与隋文帝时期采取了一系列有利于发展社会经济的政策措施，使经济实力空前强大，国力强盛是分不开的。北魏孝文帝就曾提出沟通河、洛、汴、淮的计划，但是该计划由于条件不成熟而未能实施。到了隋炀帝即位时，经过 20 多年的努力，当时 "户口益多，府库盈溢"，①国家经济实力雄厚，具备了开凿大运河所必需的人力、物力、财力基础。在这样的经济、政治背景下，贯通中国南北、沟通五大水系的大运河便应运凿成。

隋炀帝时期，大运河全面开凿。由于运河贯通南北，沟通五大水系，全长2000 余千米，工程十分浩大，因此，隋朝采取分段凿通的方式。而且在隋之前的许多朝代，都有断断续续开凿沟通南北的运河部分河道，隋朝开凿时，就尽可能利用旧有的河道。大业元年（605 年），开凿通济渠和邗沟；大业四年（608年），凿通 1000 千米长的永济渠，这是大运河最长的一段；大业六年（610 年），凿通江南河，至此，贯通南北的 2000 余千米的世界最长运河基本竣工了。为了节省人力、物力和财力，提高效率，朝廷在开凿运河时，充分利用前人开凿的故道加以改造、修建或扩建。如大运河的邗沟段，基本上就是在春秋时期吴国邗故道的基础上修建扩大；通济渠段基本上沿袭西汉时期就已开凿的狼汤渠（即东汉的汴渠）的故道；江南河段充分利用曹魏时期开凿的广漕渠和东吴孙权时期校尉陈勋开凿的破岗渎运河的故道；永济渠段利用沁水、淇水、卫河以及天津以北的芦沟。隋朝在开凿运河时，还重视运河河道走向、路线的科学性和合理性。如开凿通济渠时，就改变了距离较远的汴水旧方向，而采取自汴河经商丘直接向南，经今夏邑、永城入淮的捷径。这样，既节省了工程的大量人力、物力、财力，又缩短了以后漕运的途程。还有，在开凿运河施工时，尽可能减轻工程对社会产生的负担和负面影响。如开凿永济渠时，征调约百万军队参与，减轻了百姓的徭役负担。在劳动力的征发上，采用就近征发的原则。如开凿通济渠、邗沟时，就调集河南、淮北诸郡民力；开凿永济渠时，就调集河北诸郡民力。同时，分段开凿，还有利于集中人力、物力、财力，打歼灭战，一段一段河道分期分批凿通。隋代大运河的凿通，虽然前后历经 6 个年头，但实际上真正用于开凿的时间总计起来只用了一年半，其效率是很高的，创造了世界开凿人工运河的一个奇

---

① 《隋书·食货志》。

迹。其中一个重要原因是工程管理者和指挥者采用了科学、高效的管理思想和方法。

隋朝开凿的大运河，以当时的东都洛阳为中心，全长 2000 余千米，沟通海河、淮河、黄河、长江、钱塘江五大水系，连接长安、江都、建康等中心城市和中原、江南两大经济区，成为当时我国南北最重要的水上通道，极大地促进了南北经济、文化的交流，为古代封建社会中后期的经济繁荣和社会发展，发挥了难以估量的作用。大运河开通后，南北商旅往返不绝，千帆竞发。唐代文学家皮日休《汴河铭》云："隋之疏淇、汴，凿太行……北通涿郡之渔商，南运江都之转输，其为利也博哉！"[①]

大运河作为南北水上交通的大动脉，唐代时就已充分显示出来，特别是通济渠、山阳渎和江南河，更是唐王朝的经济生命线。唐代诗人李敬芳在《汴河直进船》一诗中指出："汴水通淮利最多，生人为害亦相和。东南四十三州地，取尽脂膏是此河。"由此可见，唐王朝通过大运河，搜刮长江流域社会财富的事实。大运河的开凿，极大地延伸了以长江干流为枢纽的南北内河航运线，为后世的内河航运，尤其是长江航运的勃兴创造了重要的条件。唐代杜佑《通典·州郡》评价说："隋炀帝大业元年，更令开导，名通济渠。西通河洛，南达江淮……其交、广、荆、益、扬、越等州，运漕商旅，往来不绝。"[②]李吉甫的《元和郡县图志》记载了长江与南北运河的航运盛况："自扬、益、湘南至交、广、闽中等州，公家运漕，私行商旅，轴舻相继。隋氏作之虽劳，后世实受其利焉。"[③]

(二) 周世宗兴修水利，整顿漕渠

五代十国连年混战，原有河渠陂塘等水利灌溉系统失修荒废，有些封建军阀还故意决开黄河大堤，以水当兵，造成人为水患。周世宗即位后，在兴修水利中做的第一件大事，就是修治黄河。显德元年 (954 年) 十一月，他派宰相李谷到澶 (今河南濮阳县)、郓 (今山东郓城县东)、齐等州巡视河堤，发丁夫 6 万，修治了一个月，初步解决了黄河水患。显德六年 (959 年)，黄河又决口于原武 (今河南原阳县)，周世宗立即派宣徽南院使吴延祚调两万民工堵口，及时防止了水患。

汴水是东京开封心脏通向各地的大动脉，对灌溉和漕运均有重大作用。自唐末汴水决口之后，长期失修，造成"自埇桥 (今安徽宿县城南) 东南悉为污泽"。周世宗在位期间，连年修治汴水，使它东至泗上，北入五丈河、济水到梁山泊 (今山东寿张县东南)，"由是齐、鲁舟楫，皆达于大梁 (开封)"；南下淮

① 《皮子文薮》，第 41 页。
② 《皮子文薮》，第 177 页。
③ 《元和郡县图志》，中华书局 1983 年版，137 页。

河，"于是江、淮舟楫始通"；引导入蔡水，"以通陈（今河南淮阳县）、颍（今安徽阜阳县）之漕"；汴水口设立斗门，调节黄河入汴水的水量①。这样，便化汴水的水患为水利，促进了农业和漕运的发展，使开封又成为水陆交会的都市，日渐繁荣。

关中平原是后周的重要粮食基地。显德五年（958 年）十一月，周世宗命尚书司勋郎中何幼冲为关西渠堰使，在雍（今陕西西安）、耀（今陕西耀州区）两州界疏浚泾水，以灌溉农田②。此外，周世宗还于显德二年（955 年）疏浚了北部边境的胡卢河（今河北景县东北），并垒筑城堡，以限制契丹南侵。于是"敌骑虽至，不敢涉河，边民稍得耕牧焉"③。

总之，周世宗在位时连年对黄河、汴水、泾水和胡卢河等进行修治，对后周的农业灌溉，防止水旱之灾和契丹的南侵，保护人民生命财产安全，开展水上交通运输，均有重要的现实意义。

（三）周世宗扩建汴京，繁荣经济

五代以后，由于军阀割据混战，切断了江淮财赋的漕运，全国政治、经济中心东移，汴梁（开封）成为代替古都长安而新兴的大都市，变为全国政治、经济和文化的中心。后周时，东京（开封）日渐繁盛。但是，东京城市"多窄狭，百司公署，无处兴修。加以坊市之中，邸店有限，工商外至，亿兆无穷"，而且市内"屋宇交连，街衢湫隘，入夏有暑湿之苦，居常多烟火之忧"。因此，周世宗为"将便公私"，下诏"广都邑"④。显德二年（955 年）四月，开始扩建京城汴梁，到三年正月，又调发开封府和曹、滑、郑等州 10 万农民大规模地兴建外城。营建工程由政府统一规划，京城四面，别筑外城。京城内，街道阔至 50步者，许两边人户，各于 5 步内取便种树掘井，修盖凉棚；其阔 30 步以下至 25步者，各于 3 步为便。于是"千门万户，得遂安逸之心；盛暑隆冬，倍减寒燠之苦"⑤。汴梁迅速成为全国经济、政治、文化中心的大都会。

（四）白居易的自然环境保护思想

纵观中国古代自然环境变迁史，至隋唐时期，黄河中下游地区由于长期的滥垦、滥伐、滥牧，已对这一地区的植被及动物生存环境造成严重的破坏。生活在这个时代的白居易目睹这种生态环境恶化，撰写了《养动植之物》一文，重申了先秦保护自然环境的思想："天育物有时，地生财有限，而人之欲无极。以有时有限，奉无极之欲，而法制不生其间，则必物暴殄而财乏用矣。先王恶其及此，故川泽有禁，山野有官，养之以时，取之以道。"白居易在此认为，天地之

① 《资治通鉴》卷 292 至卷 294。
② 《五代会要》卷 27《疏凿利人》。
③ 《旧五代史》卷 115《周书·世宗纪二》。
④ 《五代会要》卷 26《城郭》。
⑤ 《五代会要》卷 26《街巷》。

间自然资源是有限的，而人的欲望则是无限的，永远是难以得到满足的。以有限的自然资源来满足人们的无限欲望，而不制定法规予以限制，那终究的结果是暴殄天物，糟蹋自然资源，使财物匮乏不够使用。因此，他主张必须遵循先秦的保护自然环境思想，制定有关保护法规，使保护河流湖泊山林原野动植物有法律规定，做到动植物繁衍生长有时，人们获取食用有节制限定。

其具体措施是："豺獭未祭，置网不布于野泽；鹰隼未击，矰弋不施于山林；昆虫未蛰，不以火田；草木未落，不加斤斧；渔不竭泽，畋不合围。至于麛卵蚳蝝，五谷百果，不中杀者，皆有常禁"。这样，"则禽兽鱼鳖，不可胜食矣；财货器用，不可胜用矣"。①白居易所说的这段话，与《孟子》所云几乎是一样的，重申了先秦儒家根据动植物的繁衍生长规律，一年之中必须严格按照规定的时间，进行捕鱼打猎、烧田耕作、砍伐树木。捕鱼打猎不能竭泽而渔、一网打尽，还没长大成熟的动植物，不许捕杀采摘。这样才能保护自然界各种动植物繁衍生长，生生不息，从而使自然资源不会枯竭，人类食用各种动植物、使用各种器物永远充足。

早在先秦时期，古人就十分重视保护自然环境和资源的思想，尤其是儒家经典著作《孟子》《荀子》《周礼》《礼记》以及杂家《吕氏春秋》等书，都有过这方面的论述。但是，秦汉至隋唐时期，历代王朝由于片面强调发展农业增加粮食产量，对自然环境和资源保护不够重视，致使森林、草原植被遭到严重破坏，水土流失严重，填塞河流，各种野生动物失去栖息之所，加上人类的滥伐滥捕，许多动植物已在黄河中下游地区绝迹。在此历史背景下，白居易重申先秦的保护自然环境和资源的思想，是具有重要的现实意义的。

二、防灾思想

（一）隋朝重视设置粮仓，备水旱之灾思想

隋朝建立之初，隋文帝在全国推行均田制，并多次减轻赋税，使农民生产积极性提高，促进了农业的发展。隋代以关中为本位，关中粮食短缺，需依赖关东漕运供给。隋文帝于洛州等地兴建大型粮仓，设立常平仓等官仓，储存关东运来的大量粮食。义仓始置于隋，当时民间普遍设立义仓，民众捐纳粮食以防凶年。所谓义仓，就是朝廷"令民间每秋家出粟麦一石已下，贫富差等，储之闾巷，以备凶年，名曰义仓"。②据《通典·食货》记载："隋氏西京太仓，东都含嘉仓、洛口仓，华州永丰仓，陕州太原仓，储米粟多者千万石，少者不减数百万石。天下义仓又皆充满，京师及并州库布帛各数千万，而赐赉助庸，并出丰厚，皆魏晋以降之未有。"

---

① 《策林二·二十六》。
② 《隋书·长孙平传》。

隋朝重视在全国各地设置粮仓，保障粮食供给，其主要是为了备水旱之灾。而且全国各地的粮仓可根据各地区粮食收成的丰歉，进行粮食的调拨，即"转相灌注"。开皇三年（583 年）"朝廷以京师仓廪尚虚"，为防水旱之年饥寒，文帝下诏蒲、陕、虢等 13 州置募运米丁，京师设太仓，"又于卫州置黎阳仓，洛州置河阳仓，陕州置常平仓，华州置广通仓，转相灌注"。①这些粮仓规模巨大，粮食储存数量巨大，达千百万石；各地府库储存的布帛也很多，如京都和并州（今山西太原）府库的布帛就各有数千万匹，有很强的赈灾能力。唐太宗贞观十一年（637 年），监察御史马周对李世民说："隋家贮洛口仓，而李密因之；东都积布帛，而世充据之；西京府库，亦为国家之用，至今未尽。"②贞观十一年（637 年）年，距隋朝灭亡已 20 年，可那时的粮食布帛还未用完，可见隋朝仓库储存粮食、布帛数量之多！又据吴兢《贞观政要·辩兴亡》估算，到开皇末年，"计天下储积，得供五六十年"。③

（二）刘晏备荒救灾思想

安史之乱是唐朝由盛转衰的转折点，对社会经济造成严重的破坏，给人民生活带来深重的苦难。而且历史上常常天灾与人祸相乘，"大军之后，必有凶年"，④这种形势给刘晏的备荒救灾工作造成极大的压力。刘晏对备荒救灾工作一方面继承了前人的规制和思想，另一方面又锐意进行改革与创新。

1. 防重于赈

刘晏认为，在灾荒已经发生后再进行赈济，人民所受的痛苦会更深，国家的劳费也更大，如能在灾害发生之前或灾情刚露出端倪之时就设法帮助人们防灾、备荒，以阻止或减弱灾害的发展，减轻对民众造成的伤害，就可收到事半功倍的效果。他将这种防重于赈的思想概括为"善治病者不使至危惫，善救灾者勿使至赈给"。⑤汉代耿寿昌创设的常平仓，是中国古代很有成效的防灾赈灾措施，为历代封建王朝所仿效。唐代繁盛时常平仓制也较为健全，各地常平仓储备充足，后来此制逐渐废坏，尤其在安史之乱后，许多地区不但不继续储粮，原来的仓储也多被挪用。刘晏担任理财大臣后即着手大力恢复常平仓，用榷盐收入购买大量粮食，使各地常平仓的储粮多达 300 万斛，为备荒救灾奠定了比较雄厚的粮食储备。

由于刘晏对备荒救灾工作有很充分的准备，加上有组织很好的经济管理机构和信息传递网，在他所管辖的地区内，无论什么地方出现了灾情，他都能及时察

---

① 《隋书·食货志》。
② 《旧唐书·马周传》。
③ 吴兢：《贞观政要·辩兴亡》。
④ 《老子》第 30 章。
⑤ 《新唐书·刘晏传》。

觉苗头，并迅速指示各地的财经管理机构——巡院"矙某物，贷某户"，①即用减免赋税或给予贷款的办法，以增强当地农民的防灾抗灾能力。

2. 组织生产自救

当灾情已经发生并蔓延的情况下，传统的救灾方法是由国家发放赈济粮、赈济款。刘晏不赞成这种消极的赈灾办法，认为赈济少了解决不了问题，多了国家财政负担不起，不得不向非灾区加征赋税，从而引起新的矛盾。他主张由国家扶助灾民生产自救，这就是"王者爱人，不在赐予；当使之耕耘织纴"。②这是对刘晏扶持灾民生产自救的积极赈灾思想的生动概括。用当今的语言来说，输血式的发放赈济粮、赈济款的救灾只能赈济一时，如果用造血式的扶助灾民生产自救的救灾才能使灾民消除灾害造成的损害，使灾民恢复正常的生活和生产。这就是积极的生产自救赈灾比起单纯发放赈济粮款的消极赈灾不仅可节省财政开支，而且是一个更有利于帮助灾民摆脱灾荒的办法。单纯的救灾最多只能减轻灾民的燃眉之急，只有帮助灾民自身起而恢复、发展生产，才能使其从灾荒中彻底摆脱出来。

扶助灾民生产自救从精神层面上看能够增强灾民自立、自救，与自然灾害抗争的坚强意志，并在社会上形成众志成城、团结一心共渡难关的氛围；相反单纯的赈济却会助长一些人不作为依赖思想，并且因僧多粥少而且分配不均引起灾民之间的矛盾甚至对政府的抱怨。刘晏扶助灾民生产自救的这种积极意义，即使对我们当代的救灾工作也有较重要的历史借鉴价值。

3. 以副补农

农业生产从广义上说不限于粮食生产，还包括牲畜、家禽养殖业、捕鱼狩猎、林业等以及作为农业补充的家庭手工业。所谓凶荒之年主要是指粮食生产受灾减产，而其他农作物及养殖、渔、猎、林等农村副业及手工业等并不一定受到影响，甚至还有可能增长。因此，早在先秦时期，人们就知道在凶荒之年实行某种以副补农的政策。如《周礼》荒政中的"舍禁"，就是主张在荒年暂停或放宽山泽之禁，使人们可以进入山区或江河湖海从事采伐狩猎捕捞等副业，来补充农业上的歉收，从而减轻受灾的程度。

刘晏在继承前人传统赈灾的思想基础上，更自觉也加以改进和发展，在"以副补农"的做法中更积极地发挥政府的作用。他运用自己所控制的粮食管理机构和商业管理机构，在受灾之年广泛收购农村副业产品，运往非灾区销售，同时购回粮食。这既可活跃农村经济，促进粮食从非受灾区流向受灾区，又可使受灾地区的民众能够卖掉自己的农副产品，买到粮食，减轻灾区民众缺粮的问题。同时，也可减少国家赈灾的财政支出，甚至政府在收购受灾地区农副产品运往非

---

① 《新唐书·刘晏传》。
② 《新唐书·刘晏传》。

灾区销售时，还有一定的商品利润收入。由于灾民在受灾时的最大困难是缺乏粮食，刘晏除依靠常平仓平价粜粮外，还灵活地实行以常平粮交换灾民的各种非粮产品，这既方便了灾民能便捷地换到粮食，同时也使政府获得必需的农副产品。

4. 以商助官

在刘晏之前，传统的赈灾工作通常由政府包揽，是政府行政职能中重要的一个方面，因此，赈灾工作又称为"荒政"。但是，仅靠政府单方面赈灾，有很大的局限性：一是如果单靠国家发放赈济粮、赈济款，如灾情严重，涉及人口数量多，国家的财政难以承受，就无法满足赈灾的需要。二是官府机构设置的限制。官府机构、人员往往集中在城市，而受灾地区则通常是广大农村。例如，古代受交通工具的限制，常平仓在粜粮时，就很难把粮食广泛运到穷乡僻壤销售，而农民要奔走几十里乃至上百里进城买粮，困难也是很大的。三是封建官府机构作风拖沓，办事效率低下，甚至贪官污吏借赈灾之名营私舞弊，中饱私囊，使荒政历来成为封建社会最易产生腐败的地方。

针对官府在赈灾中的这些弊端，刘晏采取了两个方面的措施：一是发挥私商的积极性，以协助政府赈灾；二是对政府的理财机构进行改革，提高其办事效率。在救灾中，刘晏以国家掌握的粮食同商人交换农副产品，并且在价格方面给予商人一定优惠。这样，商人就积极先到农村收购农副产品，然后到城里与政府交换粮食，接着再把粮食运到广大农村，与农民交换农副产品，从而获得双重利益。这使商人"不待令驱"，[1]积极主动地往返于城乡之间收购农副产品和销售粮食，成为政府救灾工作的重要助手，克服了政府广泛运粮下乡赈灾的难题，也避免了贪官污吏从中营私舞弊。

刘晏在赈灾中以商助官的做法，对减轻灾情，促进灾区经济的恢复和发展起了重要的作用，以致使"（水旱）二害灾渗之乡"出现了水旱灾害均能克服的"二胜"[2]的局面。在刘晏理财的辖区内，户口有了很大的增长，表明包括荒政在内的他的全部理财工作，取得了促进经济恢复与发展的显著效果。

5. 平准

平准，简而言之，就是封建政府通过调节供求关系稳定物价，是西汉武帝时期桑弘羊创立的封建国家经营和管理商业的制度。汉代平准通过轻重政策，除了控制物价、为国家取得财政收入的目的外，还具有强烈的排挤、打击富商大贾的性质。桑弘羊的平准是其轻重政策的重要组成部分，因此桑弘羊在解释"平准"含义时说："县官不失实，而商贾无所贸利，故曰平准。"[3]刘晏对商业的经营管理，继承发展了桑弘羊的轻重政策，其平准规模超过桑弘羊，制度设计更加周

---

① 《全唐文》卷684。
② 《全唐文》卷684。
③ 《盐铁论·本议》。

密、完善。史称刘晏"因平准法……制万物低昂,常操天下赢货"。①

刘晏的平准政策能取得较好的成效,在很大程度上是由于他有一套准确、及时地掌握市场动态和各种经济信息的机构和方法。他在理财辖区内各道设巡院作为市场管理机构,要求巡院把各地区商品供求、价格高低变化情况以及其他经济信息及时上报。他还改造原来的驿站,把靠征派徭役传送的"捉驿"制改为招募骑手传送,以重金招募善于快速奔驰的"疾足"(也称作"驶足"),以保证信息传送的及时。由于这套信息搜集与传送制度的高效率,对各地的市场动态和经济情况"虽极远不四五日知"。②刘晏就是凭借及时全面地掌握市场动态和各种经济信息,指挥各地巡院及时吞吐物资,调剂供求,"权万货轻重",控制物价涨跌,以保持物价的稳定和市场商品交易的正常秩序。

刘晏的平准政策,与汉代相比,保留了其控制物价、增加财政收入的目的,但并无汉代平准的抑商性质。刘晏在许多理财工作中都借助私商,并且总是多方面照顾私商的利益以调动他们的积极性。他的平准政策,要达到"朝廷获美利",并且"使天下无甚贵贱而物常平",③但却不主张使"商贾无所贸利"。总之,刘晏的平准政策能取得调剂市场供求、稳定物价,而且官府和私商双方均能互惠互利的成效。

(三) 陆贽的备荒、救灾思想

陆贽治国理政思路的一个重要方面是治国首先务在养民,养民又首在足食,而足食的基本要求是使百姓"丰歉无虞"。在当时经济、技术落后的条件下,农业生产主要还是"丰歉由天",所以要使百姓"丰歉无虞",主要还是在平时重视广储蓄以备灾歉。

陆贽在广储蓄思想方面较有特色的是,把储蓄分为公储和私储。他在解释先秦关于立国要有九年之蓄最低要有三年之蓄的主张时说,"古称九年、六年之蓄者,盖率土臣庶通为之计耳。固非独丰公庾,不及编氓"。④这里陆贽所说的"丰公庾"是指使国家粮仓中的粮食储备充足,而所谓"及编氓"则是同时要重视"率土臣庶""编氓",即臣下平民的私储粮食也要充足。陆贽之前的人,在谈到储粮备荒时,往往只涉及国家储粮,而忽略臣民的私人储粮,陆贽在此则注意到了臣民的私人储粮。

陆贽私储中的所谓"率土臣庶""编氓"是既包括农民、其他贫民,也包括大小地主、富农的。对于农民、贫民来说,平时如有一些私储粮食,灾荒之年是能对度荒、保命起作用的。但是,问题是他们平时受国家赋役和地主、高利贷者

① 《新唐书·刘晏传赞》。
② 《旧唐书·刘晏传》。
③ 《新唐书·刘晏传》。
④ 《陆宣公全集》卷23《奏议·请以税茶钱置义仓以备水旱》。

的盘剥，即使是丰收之年也是"乐岁终身苦"，所余无几，又怎能有多少余粮用于私储，以让自己"凶年免于死亡"呢？地主、富户虽然有许多余粮用于私储，但他们的私储是用在灾荒之年乘机向灾民进行高利贷剥削、囤积居奇牟取暴利。对此，陆贽心里是清楚的。他看到广大贫苦百姓都处于"穷岁汲汲，永无赢余"的状况，根本不存在储粮备灾的能力，"课之聚粮，终不能致"。于是，他又提出了一条官助私储的建议："将树储蓄根本，必借官司助成。"具体做法是：以国家的一部分赋税收入，购买粮食，在各地设置义仓，用于在灾荒时赈济百姓："望令转运使总计诸道户口多少，每年所得税茶钱，使均融分配……每至谷麦熟时……就管内州县和籴，便于当处置仓收纳……除赈给百姓已外，一切不得贷便支用。"

陆贽认为，朝廷用茶税收入购粮设置义仓可谓一举多得。其一，义仓的设置在灾荒之年可救助灾民的馁饿之苦。其二，用茶税钱购买粮食还可以起到常平仓平衡稳定粮价的作用："如时当人稳，事至伤农，则优与价钱，广其籴数；谷若稍贵，籴宜便停。所籴少多，与年上下；准平谷价，恒使得中。"其三，可借此打击高利贷者和囤积居奇的商人，遏制他们借荒歉之年盘剥百姓。"每遇灾荒，即以赈给……如此则蓄财息债者不能耗吾人，聚谷幸灾者无以牟大利"。总之，义仓的设置可以有助于整个社会"富不至侈，贫不至饥；农不至伤，籴不至贵"，能发挥多方面的功能，"一举事而众美具，可不务乎？"

但是，从严格意义上说，义仓用于备灾赈灾，从储粮用茶税钱购买来看，其性质仍然只能是官储，而不是私储。陆贽显然并不认为义仓是备灾赈灾的主要办法，只能是百姓无力私储时的一种权宜之计。他认为私储是荒政之本，在一般情况下，还应以私储为主，"俟人小休，渐劝私积"。他认为，以民间储粮为主，辅以平籴之法、社仓之制，不过十年，就会使国家"盈三岁之蓄"。如这样长期坚持下去，"弘长不已，升平可期，使一代黎人，永无馁乏"，从而达到"丰歉无虞"的"养民"目的。

但是，我们必须看到，在当时唐王朝由盛转衰的历史背景下，一般贫苦百姓是无力私储的，并不是仅在天灾人祸之时寅吃卯粮，即使在"小休"之时，对他们也难有什么"私积"可劝。真正能进行私积的，只能是那些地主、富户，但他们的私积，则是用于乘人之危、趁灾打劫的。因此，陆贽以私储为本进行备灾赈荒，使黎民百姓"永无馁乏"的想法，在当时是难以实施的。当然，另一方面我们也必须看到，陆贽的以私储为本思想，对前人的以公储为主的备灾赈灾思想有所发展，肯定了私储在备灾赈灾中的重要性。的确，在备荒救灾中，单靠国家的财力物力是不够的，尤其在重大的灾荒中，国家的财政是非常有限的，必须动员广大民众齐心协力一起备灾救荒，因此，平时动员鼓励广大民众私储粮食是很有必要的。陆贽把传统的藏富于民具体化为藏粮于民，并把传统的藏富于民的思想由财政思想领域移植到荒政思想领域，这在理论上富有创新意义，在备灾赈灾实践上有参考借鉴价值的。

(四) 周世宗安国利人思想

周太祖郭威出身贫寒,深知民间疾苦。他对大臣王峻说:"朕起于寒微,备尝艰苦,遭时丧乱,一旦为帝王,岂敢厚自奉养以病下民乎!"又下诏说:"朕生长军旅,不亲学问,未知治天下之道,文武官有益国利民之术,各具封事以闻,咸宜直书其事,勿事辞藻。"① 周世宗在周太祖"益国利民"的思想基础上,提出了"安国利人"的改革指导思想。他说:"既为万乘之君,宜去兆民之患,虽晨兴夕惕,每尝思于万机,而紫塞(指长城)、黄河犹未亲于经略,秋夏则波涛罔测,三冬则边鄙惊骚,将期安国利人?"②他从历代兴亡中认识到:"国以民为本,本立则国家安"③,因此时时不忘当时河(黄河)、边(契丹)两患,认为只有把黄河治理好了,修建好长城使其能有效地防契丹的骚扰,老百姓才能安居乐业。

三、漕运思想

(一) 裴耀卿的漕运思想

在中国古代封建社会中,由于各个地区经济、政治之间发展的不平衡,尤其对于在关中平原建都的各封建王朝来说,在关中平原建都,使人口大量集中于关中。虽然关中号称"八百里秦川",土地肥沃,适合农业生产,周、秦两朝都是靠关中农业而发展起来的,但是,关中地区毕竟狭小,农业产量对保证一个统一封建王朝首都的粮食供给来说,显然是不够的。因此,漕运问题成为历代封建王朝解决首都粮食供给的要政,无不予以高度重视。自秦始皇统一六国后,就开始从外地调粮食进首都咸阳,从此有了漕(水运)、转(陆运)之政。西汉定都长安,继续实行漕转之政,并出现了善于漕政的理财家耿寿昌。但是,秦汉时期,关中地区的农业生产条件还较好,而且江南地区还未开发,首都缺口的粮食数量不大,不足部分主要依赖漕运黄河中、下游地区的余粮,因此漕运问题还不十分突出。特别是到了隋唐时期,随着关中生态环境的恶性,农业生产更受到限制,其产量远不足以供给都城及周边地区,封建王朝更加依赖漕运解决首都粮食供给,漕运问题关系尤为重大。

隋唐时期,江南经三国吴、东晋、南朝的长期开发,加上适合农业生产的自然条件,已经发展成全国最重要的农业区,成为全国余粮最多的地区,自然成了漕运粮食的主要来源。而且江南地区水网密布,便于水运,又使漕运有了便利的交通条件。但是,当时淮河以北,水运条件远不如江南。面对这种地理条件,隋

---

① 《资治通鉴》卷290。
② 《册府元龟》卷118《帝王部·亲征三》。
③ 《册府元龟》卷158《帝王部·诫励三》。

朝征调大量人力、物力和财力，修凿贯通南北大运河，其中广通渠连接关中，通济渠连接洛阳、黄河、汴河而入淮，邗沟连接长江、淮河，在经济上为朝廷调运南方粮食和其他物资供应首都发挥了关键的作用。但是，在具体漕运操作中，从长江经水路至长安，须经过 5 条水道：邗沟、淮河为南水，水量大，漕船一年四季均可通行；汴河、黄河、渭河为北水，水量不如南水，而且各河水情不一，给漕运带来各种不同困难。其一，漕船自淮河上溯，在由淮入汴时，如果遇到汴河落水季节，漕船无法驶入，就必须停船等待汴河涨水季节。其二，由汴河驶至汴黄交接处，如在黄河涨水季节，洪水顶托，漕船无法进入黄河，又须泊船等待黄河水退。其三，自黄河上驶，须经三门峡之险，漕船经常覆溺。因此，南方漕船只能自黄河入洛河至洛阳，然后自洛阳改由陆运绕过三门峡，再转黄河漕船远至长安。这样，从长江流域漕运至长安一次就要经过八九个月，时间长、运费高、粮食损耗大。绕过三门峡的陆运须征调大批的民伕及成千头大牛马驴骡，劳费尤其浩大。黄河水急滩险，南船水手不熟悉航道，尤其易于发生船覆人亡的事故，所以必须雇请熟悉航道的"河师"领航。

当时这样的航运情况严重限制了漕运工作的顺利进行，使漕运的粮食数量及时间上的保障很难满足首都长安的供给要求。在唐初太宗贞观、高宗永徽年间，漕运粮食每年还不过二十万石，矛盾还不严重。而到了唐玄宗开元时期，首都长安的官僚机构膨胀，官吏及其家眷人数大量增加，工商业日益繁荣，从业人员也不断增多，使粮食的消费量剧增，每年漕运粮食需求量达到一百万石，上述漕运中的难题就愈来愈严重了。裴耀卿曾在开元十八年（730 年）担任宣州刺史时，就向唐玄宗提出改革漕运制度的建议，但未得到重视。开元二十一年（733 年），他担任京兆尹，关中受灾，粮价上涨，他再次向唐玄宗提出改革漕运的主张，终于被唐玄宗采用，开始了漕运制度的革新。

裴耀卿漕运改革主张的主要思路是：把漕运由南船直航东都洛阳的做法，改为分段航运的形式，并且尽量变陆运为水运，以增加运量并节省劳费。其具体措施是：把整个漕运路程分为三段：一是从漕运起点扬子至汴黄交界处河口为一段；二是从河口至三门峡为一段；三是从三门峡西至长安为一段。每段交接处各筑仓储粮。南船至河口，卸粮入仓，"便放船归"，即南船回归。然后粮食从河口再装船，"分入河洛"，即一部分运至东都洛阳存储，另一部分则运至三门峡东仓卸下，转陆运到三门峡西仓，然后第三次装船运至长安。这样，既避免了漕船由一河转入另一河的因水位涨落高低不同的停船等待稽留，缩短了运输时间，并使人有了一定的实排时间的主动性；同时又使各河道自有航船及了解水情的水手和领航的"河师"，从而可以提高效率，减少事故。三门峡东西各筑仓储粮，可使陆路运输路程缩短到仅有十余里，大大节省了陆运的人力、畜力以及费用。

裴耀卿的漕运改革实行 3 年后，共运粮达 700 万石，单陆运缩短路程一项就节省费用40万贯。①裴耀卿也因功升为黄门侍郎同中书门下平章事（宰相）。

历史上，唐玄宗以好大喜功、生活奢靡闻名，当时一些理财大臣为了讨好皇帝，常以各种名义搜刮钱财"进奉"。有人劝裴耀卿将漕运改革所节省的运费进奉给唐玄宗，但他认为，这是国家管理漕运工作中的节余，应归国库，而不应向皇帝个人进奉以求宠。于是，他以节省的运费"奏充所司和市和籴等钱"，②即用作有关官府机构购买粮食和其他物资的经费。裴耀卿漕运改革的一些基本思路，如改全程直运为分段接运，船运与仓储配套，尽量以水运取代陆运等，均为二十余年后的刘晏所继承与发展，其先驱作用是显而易见的。

（二）刘晏的改革漕运思想

安史之乱前，裴耀卿所创行的分三段接运制，还有些不完善的地方。他把扬子至河阴划为一段，将汴河航道同南水划在一起。实际上汴河在水落期水道浅窄，南船并不能随时入汴，仍然难免存在停船等待稽留的问题。三门峡西至长安，要经过黄河和渭河两河，但是两河水情不同，渭河缺水时漕船也难以随时驶入。三门峡一段陆运，虽然路途缩短至十余里，但毕竟仍保留了一段陆运。严格地说，裴耀卿漕运改革，仍然不是全程漕运，而是一种以漕为主，漕、转兼行制。

裴耀卿所创立的漕、转兼行制，因安史之乱而遭到严重的破坏，河道年久失修，许多河段因淤浅难行；各段交接口处的粮仓毁损，不能使用。原三门峡陆运地段，因兵荒马乱使民众流离失所，政府难以征调到足够的民伕畜力，使陆路运输无法进行。

此外，裴耀卿在漕运制度改革中并未涉及到人力的征集、组织和管理方面，使这方面的弊端日益显现：如官府指派富户负责督运，称为"漕头"；所需水手、民伕，则征调农民从事无偿劳役。这种典型的封建徭役劳动，扰民极深，服役者极其艰辛，生活困苦，没有劳动积极性，甚至怠工逃亡，劳动效率很低。而且在安史之乱中，出现了一批骄兵悍将，他们分布各地，劫掠行旅，在漕船经过时，也往往恣意截留。这些困难和阻碍，使得漕运步履维艰，长安的粮食供给陷入严重的危机，威胁着唐王朝的存在。

在这样漕运百废待兴的背景下，刘晏临危受命，接手了漕运工作，亲自对漕路、仓库以及其他有关问题做了细致考察，拟定了漕运制度的改革方案，主要内容有两个方面：

一是在漕路和运送方式方面，恢复和完善了裴耀卿的分段运送制。刘晏把整个粮运河道由裴耀卿的三段改划分为四段，即南水（长江、运河、淮河）、汴河、黄河、渭水，继续在每两段交接处修筑粮仓，并把三门峡一段陆运也改为水

---

① 《旧唐书·食货志》。
② 《旧唐书·裴耀卿传》。

运，从而实现了漕粮全程水运。每段运至接口处，卸粮入仓，原船即返回，等下一程漕船来再装粮食上船接运。从而"江船不入汴，汴船不入河，河船不入渭；江南之运积扬州，汴河之运积河阴，河船之运积渭口，渭船之运入太仓"。①为了防止三门峡一带水流湍急容易翻船，刘晏用高价购买优质材料制造极坚韧的纤索，雇佣有经验的纤夫拉船，使漕船能安全顺利地通过三门峡水域。

过去在漕运中粮食装船均采取散装，装卸费时费工，容易霉变，损耗大；一遇翻船，则全船颗粒无存。针对这种情况，刘晏改为"囊米而载以舟"，即采用袋装入船的办法，不但省工防霉减耗，遇翻船时也易于整袋打捞，减轻损失。

二是在人力组织方面，刘晏废除了"船头"督运制，改由官吏督运；停罢无偿征发徭役运送制，改为雇佣水手制。他又用盐利收入订造了大批能运粮千斛的漕船。为了保证官船质量，刘晏付给比市价更高的造船价。当时造一艘千斛漕船通常要花费500金，而刘晏则出价1000金；对所佣水手也优给报酬。这样高价造船和雇佣水手，保证了漕船的用料、制造工艺以及水手的航船技术都是一流的，并提高了造船工和水手的工作积极性，大大提高了效率，减少了事故的发生。

实践证明刘晏的漕运制度改革取得了很大的成效：改革前自江南润州（今镇江）运米至扬子（镇江对岸），每斗运费19钱，改革后每斗减省15钱；由此至河阴，斗米运费由120钱减至30钱。每年运送长安的米粮"无升斗溺者"。②除漕运外，刘晏还把新的转运制度用于其他货物的运输，"轻货自扬子至汴州（今河南开封），每驮费钱二千二百，减九百。岁省十余万缗"。③刘晏的漕运制度改革，不仅解决了唐王朝面临的首都粮食供给危机，而且促进了商品经济的发展，使关中的商品供应状况也得到了全面的改善，"自是关中虽遇水旱，物不翔贵"。④

第四节　宋代公共事业与政府救助思想

一、公共工程建设思想

宋代重视对公共工程的修建，单就农田水利工程的兴修来说，在中国古代是比较突出的。公共工程往往规模较大，需花费大量的财力、物力和人力，但两宋财政则常常处于入不敷出的危机中。宋廷本着少花钱、多做事的理念，通过各种方式筹集经费，征调人力，修建了不少公共工程。其中所体现的一些思想与理

---

① 《新唐书·食货志》。
② 《新唐书·食货志》。
③ 《新唐书·食货志》。
④ 《新唐书·刘晏传》。

念，值得我们重视与研究。

宋代修建的公共工程，与民生关系重大的，主要有以下 5 种类型：一是农田水利工程。宋代规定：无论官吏还是百姓，凡"有能知土地所宜、种植之法及可以完复陂湖河港，或不可兴复只可召人耕佃，或元无陂塘、圩埠、堤堰、沟洫而即今可以创修，或水利可及众而为之占擅，或田土去众用河港不远为人地界所隔可以相度均济流通者。但于农田水利事件，并许经管勾官或所属州县陈述"。经各级官员商量或察视清楚，如确属有利，即由州县实施。如工程浩大，或事涉数州，要奏请朝廷裁定①。由此可知，宋代有关农田水利工程所包括的范围较广，如完复陂湖河港，创修陂塘、圩埠、堤堰、沟洫，疏通河港等。二是治河。北宋时，黄河水系经常泛滥成灾，治河在当时社会生活中是朝野关注的大事。如太宗雍熙元年（984 年），"塞房村决河，用丁夫凡十余万，自秋徂冬，既塞而复决"②。仁宗天圣五年（1027 年），"发丁夫三万八千，卒二万一千，缗钱五十万，塞（滑州）决河。转运使五日一奏河事"③。宋神宗元丰元年（1078 年），修筑曹村附近新堤，"凡兴功一百九十余万，材一千二百八十九万，钱米各三十万"④。三是修建城池。如皇祐四年（1052 年）十月二十九日，朝廷下诏"知广州魏瓘、广东转运使元绛，凡守御之备，毋得苟且而为之，若民不暂劳，则不能以久安。其广州城池，当募蕃汉豪户及丁壮并力修完之。若无捍敌之计，但习水战，寇至而斗，非完策也"⑤。熙宁元年（1068 年）四月，张田知广州，"筑东城，环七里，赋功五十万，两旬而成"⑥。四是修建桥梁道路。如真宗大中祥符八年（1015 年），诏："开封府界诸县镇桥，自今盖造添修，并要本府勾当。"⑦徽宗政和年间，修建滑州浮桥，计用"兵士八万一千余工，钱二十二万八千余贯"⑧。五是治理港口。宋代海上贸易繁荣，为了让商船更好出入港口以及在飓风来临时躲避风难等，市舶官员对港口的治理非常重视。如大中祥符四年（1011 年），邵晔知广州时，针对"州城濒海，每蕃舶至岸，常苦飓风"的情况，组织人员"凿内濠通舟"，使飓风不再影响蕃舶靠岸⑨。乾道二年（1166年），两浙转运副使姜诜会同知江阴军徐蒇"开通波塘，置张泾堰闸，浚申港、利港"，修蔡泾闸⑩。

---

① 《宋会要》食货 1 之 27。
② 《长编》卷 25。
③ 《宋史·河渠志》。
④ 《宋会要》方域 14 之 25—26。
⑤ 《宋会要》方域 9 之 27。
⑥ 《宋史·张田传》。
⑦ 《宋会要》方域 13 之 20。
⑧ 《宋会要》方域 13 之 25。
⑨ 《宋史·邵晔传》。
⑩ 张内蕴：《三吴水考》卷 15《水绩考》，台湾商务印书馆影印文渊阁《四库全书》。

　　宋代在修建众多的公共工程中，政府能根据各种不同类型的公共工程以及其规模大小，采取不同的方式筹集经费，征调人力、物力等。从整体上看，主要有以下 3 种方式。

　　其一，兴修公共工程中财力、物力、人力取之民者。在宋代，兴修农田水利设施所需的财力、物力、人力，原则上是由受益农田所有者均摊，即受益多者多摊，受益少者少摊。如至和元年（1054 年），光州仙居县令田渊上奏，请令江淮地区官府于农闲组织百姓兴修水利，有关各县"每年检计工料，各具析合系使水人户各有田段亩数，据实户远近，各备工料，候至春初，本县定日如差夫例点集入役"①。熙宁三年（1070 年），有官吏上言，请江淮荆楚各地官府组织兴修水利，"官司予行计度，俾因岁丰暇，据占以植地利人户，以顷亩多少为率，劝诱出备工料兴修"②。"若渠堰应修者，先役用水人家"③。由此可见，兴修农田水利设施的基本方式是由政府牵头组织，但财力、人力、物力则由民间根据受益农田面积的大小和是否用水等情况自行分摊筹措。当然如一些农田水利工程规模浩大，民间一时无力兴办，则可向官府借贷，有时也可向富户借贷。但其原则还是受益者自己承担，借贷必须按期归还，并且还要加付利息。如熙宁五年（1072 年），宋神宗推行农田水利新法，特下诏书规定："应有开垦废田、兴修水利、建立堤防、修贴圩埠之类，工程浩大，民力所不能给者，许受利人户于常平仓系官钱斛内连状借贷支用，仍依青苗钱例作两限或三限送纳，只令出息二分。如是系官钱斛支借不足，亦许州县劝诱物力人户出钱借贷，依乡源例出息，官为置簿，及时催理。"④ 南宋时期，兴修农田水利设施出人集资的原则仍沿袭北宋。绍兴四年（1134 年），浙西路宣谕上言："乞行下两浙诸州军府委官相度管下县分乡村，劝诱有田产上中户量出功料，相度利害，予行补治堤防圩岸等，以备水患。"⑤ 绍兴十五年（1145 年），"两浙转运判官吴炯条具便民事，乞令常平司支借钱谷，劝民浚决华亭等处沿海三十六浦，以泄水势，庶无潴损民田之患。诏可"⑥。

　　其二，兴修公共工程中财力、物力主要取之官者，人力则视情况征调民工或士兵。宋代黄河经常决口泛滥，其危害大，受灾范围广。对黄河的治理往往时间紧迫，投入的财力、物力、人力往往以十万、百万甚至千万计。不言而喻，治河的财力、物力的筹集，人力的征调，依靠民间的力量，在短时间内是很难做到的。因此，主要应由政府依靠国家的力量加以解决。史载："旧制，岁虞河决，

① 《宋会要》食货 61 之 94。
② 《宋会要》食货 61 之 98。
③ 《庆元条法事类》卷 49《农田水利》。
④ 《宋会要》食货 61 之 100。
⑤ 《宋会要》食货 61 之 105。
⑥ 《建炎以来系年要录》卷 154。

有司常以孟秋预调塞治之物、梢芟、薪柴、楗橛、竹石、菱索、竹索凡千余万，谓之春料。诏下濒河诸州所产之地，仍遣使会河渠官吏，乘农隙率丁夫水工，收采备用……所费皆有司岁计而无阙焉。"① 这就是说，治河所用物资，大部分是列入国家财政预算的，通常通过赋税折科的办法筹办，是有保障的。治河人力的征调，包括兵士和民工。如太宗雍熙元年（984年），"塞房村决河，用丁夫凡十余万，自秋徂冬，既塞而复决。上以方春播种，不可重烦民力，乃发卒五万人"，继续施工②。开始为秋冬农闲季节，朝廷征发民工十万治河，后来塞而复决，已到来年春，碰上农忙季节，故改征调士兵五万人代替民工。

宋代修建城池、桥梁、道路等，所用财力、物力、人力的解决办法与治河类似，即财力、物力一般由官府开支，人力则视情况征发民工或征调士兵。如神宗熙宁三年（1071年）五月一日，"知明州卫尉卿王罕言：'州滨大海，外接蕃夷，城壁颓圮。比岁邻郡荐饥多盗，而戍卒不满二百，乞降度僧牒以完州城。'诏止以役兵修筑"③。熙宁十年（1077年），宋廷命各路州县"检视城壁合修去处，计会工料，于丰岁分明晓谕，劝谕在城中、上等人户，各出丁夫修筑……应合用修城动使桩木博子椽之类，并委转运司勘会有处移那支拨，其椽木亦许于系官无妨碍地内采斫充使。一、应城门并检计合用物料、人工，差官覆检，支破官钱收买，应副使用"④。政和年间，朝廷修缮滑州浮桥，计用"兵士八万一千余工，钱二十二万八千余贯"⑤。

如前所述，宋代兴修农田水利设施一般由民户自行筹资，但有时官府亦视情况无偿予以拨付。如北宋时，越州"有鉴湖租三十万，法许兴修水利支用"⑥。南宋绍熙四年（1193年），知太平州叶翥言："近一二十年以来，官司出钱，每于农隙之际鸠集圩户增筑岸埂"，本年"已于本州去年州用米内取拨米三千石，趱积到钱一千贯专充修圩使用"⑦。

其三，以公共工程赢利来扩建养护该公共工程。苏轼知杭州时，曾对西湖埋塞其半进行了综合治理。对于经费的筹集，他提出以湖养湖的思想："朝廷近赐度牒一百道，每道一百七十贯，为钱一万七千贯。本州既高估米价，召人入中，又复减价出粜，以济饥民，消折之余，尚有钱米约共一万贯石……今乞用上件钱米，雇人开湖，候开成湖面，即给与人户，量出课利，作菱荡租佃，获利既厚，岁岁加功，若稍不除治，微生菱荇，即许人划赁，但使人户常忧划夺，自然尽

---

① 《宋史·河渠志》。

② 《长编》卷25。

③ 《长编》卷211。

④ 《宋会要》方域8之5—6。

⑤ 《宋会要》方域13之25。

⑥ 《宋会要》食货61之104。

⑦ 《宋会要》食货61之136。

力，永无后患。今有钱米一万贯石，度所雇得十万工，每工约开葑一丈，亦可添得十万丈水面，不为小补……所有新旧菱荡课利钱，尽送钱塘县尉司收管，谓之开湖司公使库，更不得支用，以备逐年雇人开葑撩浅，如敢别将支用，并科违制。"① 这里苏轼通过出卖度牒、赈粜等筹集到最初的开湖启动经费，待湖面开成之后，作为菱荡租佃，以所得课利钱逐年雇人开葑撩浅，以湖养湖。这是一种既不增加国家财政负担，又能为民办实事的思想，是难能可贵的。

总之，宋代对公共工程修建中财力、物力、人力的集筹，其总的指导思想正如王安石所指出的："兴农事不费国财，但因民利而利之，财亦因民财力而用也。"这在国家财力匮乏的窘况下，仍能大规模在全国展开，并取得较好的效果。如农田水利新法的实施，全国各地相继兴建湖陂、疏通河道、扩大水田、改造盐碱等，使多年埋塞的陂湖河港得到了兴修、重建和扩建，恢复或扩大了排灌机能，不仅南方的水田得到了旱涝保收，北方靠河的土地也变成了水田。熙宁年间兴建的 10793 处水利工程，民田受益达 36117888 亩，官田受益达 191530 亩②，其效果是相当突出的。

二、对公共工程的管理和利用思想

宋代不仅重视公共工程的建设，而且还注意平时对其管理和利用，制定有具体的法令章程。如两宋南方不少地区，人多地少，人地矛盾、湖田矛盾比较突出。为合理协调、解决这些矛盾，朝廷出台了不少有关农田水利的法规。"祥符、庆历间，民始有盗陂湖为田者，三司、转运使下书切责州县，复田为湖。当时条约甚严谨，水之蓄泄，则有闭纵之法，禁民之侵耕，则有赏罚之法。"③ 为了合理用水，防止在用水时损人利己，发生争水纠纷等，朝廷规定："诸大渠灌溉，皆置斗门，不得当渠造堰，如地高水下，听于上流为斗门引取，申所属检视置之。""诸以水溉田，皆从下始，仍先稻后陆……其碾硙之类壅水于公私有害者，除之。"④ 在水资源缺乏的季节，宋代首先保证农田灌溉用水的需要，然后再考虑其他用水的需要。如《庆元条法事类》卷 49《农田水利》规定："诸小渠灌溉，上有碾硙即为弃水者，九月一日至十二月终，方许用水，八月以前其水有余，不妨灌溉者，不用此令。"由此可见，碾硙用水，在水源充足的地方，不妨碍农田灌溉的，不受季节的限制；但在水源不充足的地方，如其用水影响农田灌溉，则必须在农田收获后九月一日至十二月终休耕期间允许使用。

南宋时期，南方一些地方人多地少，民众侵耕河陂湖泽，严重影响水利工程

① 《苏轼文集》卷 30《申三省起请开湖六条状》
② 《宋会要》食货 61 之 68。
③ 李光：《庄简集》卷 11《乞废东南湖田札子》，台湾商务印书馆影印文渊阁《四库全书》。
④ 《庆元条法事类》卷 49《农田水利》。

储水灌溉、蓄洪排涝的功能。对此，朝廷规定："河道不得筑堰或束狭以利种植，即潴水之地，众共溉田者，官司仍明立界至注籍。"如果"诸潴水之地，辄许人请佃承买，并请佃承买人，各以违制论，许人告，未给未得者，各杖一百"。① 为了防止豪强地主占湖为田合法化，朝廷规定：对于非法围湖垦田者，"县令毋给据，尉警捕，监司觉察。有围里者，以违制论；给据与失察者，并坐之"②。这里明确指出占湖为田是违制行为，如官吏给非法围湖垦田者凭据，以及监司对此行为失于觉察，都要受到连坐处罚。

三、生态环境保护思想

（一）对林木资源保护和利用的思想

1. 重视植树护林

宋代，自开国君主宋太祖开始，历朝皇帝都重视植树造林，这种思想成为朝廷上下的主导思想。宋初，面对战后百业凋零的衰败景象，宋太祖于建隆元年（960 年）即位伊始就下诏令广为植树，并规定了植树的品种、数量以及考核的方式。诏令称："课民种树，定民籍为五等，第一等种杂树百，每等减二十为差，桑枣半之……令、佐春秋巡视，书其数，秩满，第其课为殿最……野无旷土者，议赏。"③ 按此规定：第一等户必须种杂树 100 棵，桑枣树 50 棵，共计 150 棵。至第五等户，也须植杂树 20 棵，桑枣树 10 棵，共计 30 棵。而且县令佐要进行考核，能做到该种树的地方都种上树的，将给予奖赏。开宝五年（972 年）正月，宋太祖又下诏重申："应缘黄、汴、清、御等河州县，除准旧制种蓻桑枣外，委长吏课民别树榆柳及土地所宜之木。仍案户籍高下，定为五等：第一等岁树五十本，第二等以下递减十本。民欲广树蓻者听，其孤、寡、茕、独者免。"④ 宋太宗至道元年（995 年）也下诏："令诸路州府各据本县所管人户，分为等第，依原定桑枣株数，依时栽种。如欲广谋栽种者，亦听。其无田土及孤老残疾女户无男丁力者，不在此限。如将来增添桑土，所纳税课并依原额，更不增加。"⑤ 至道二年（996 年）再次下诏："耕桑之外，令益种杂木、蔬果。"⑥ 由此可见，宋太宗也十分重视植树造林，连续两年下诏督促植树，并给予增添桑土者不增税的优惠。宋神宗时期，朝廷对于植树更强调的是成活率，并以差减户租作为奖励。熙宁二年（1069 年）规定："民种桑柘毋得增赋……令民即其地植桑榆或所

---

① 《庆元条法事类》卷 49《农田水利》。
② 《宋史·食货上一》。
③ 《宋史·食货上一》。
④ 《宋史·河渠一》。
⑤ 《宋会要》食货 63 之 163。
⑥ 《宋史·河渠一》。

宜木……官计其活茂多寡，得差减在户租数，活不及数者罚，责之补种。"① 到了南宋，朝廷仍采取鼓励植树的规定，并提高了官吏和百姓的植树棵数。宋孝宗乾道元年（1165 年）都省言："淮民复业，宜先劝课农桑。令、丞植桑三万株至六万株，守、倅部内植二十万株以上，并论赏有差。"②

两宋时期，人们还注意到虫害对林木资源的破坏，探索以生物防治办法来保护林木资源。据庄季裕的《鸡肋编》卷下记载：宋人曾使用了"买蚁除蛀养柑"的方法。当时，"广南可耕之地少，民多种柑桔以图利。常患小虫损食其实，惟树多蚁，则虫不能生，故园户之家，买蚁于人。遂有收蚁而贩者，用猪羊脬盛脂其中，张口置蚁穴旁，俟蚁入中，则持之而去，谓之'养柑蚁'"。这种利用生物界的生物链来防治虫害，保护林木资源的思想，反映了我国古代劳动人民在保护林木资源方面的高度智慧。

宋代统治者一方面鼓励督促百姓植树，另一方面又颁布许多法律，对林木进行保护，严禁私自砍伐林木，必须依法进行开采，禁火烧林等。

宋初规定："毁伐树木、稼穑者，准盗论。"③ 毁伐树木与盗取同罪，可见处罚是相当严厉的。宋徽宗政和时规定："诸系官山林辄采伐者，杖八十。"④ 宋宁宗庆元年间仍规定：采伐"官山林"者，"杖八十，许人告"，给告者"钱三十贯"⑤。

《庆元条法事类》卷 80《采伐山林》规定："诸因仇嫌毁伐人桑柘者，杖一百，积满五尺，徒一年，一功徒一年半（于木身去地一尺，围量积满四十二尺为一功）。每功加一等，流罪配邻州。虽毁伐而不至枯死者，减三等。"如即使是自家栽种的桑柘等，"非灾伤及枯朽而辄毁者，杖六十"。

虽然上述法令条文禁止随意砍伐林木，但现实生活中因建房造屋、造船、柴薪等需要，砍伐树木又是必然存在的事实，只是这些砍伐必须依照规定在法令许可的范围内进行。其一，因建筑需要砍伐树木要事先申请，即"官司兴造须采伐者报所属"，经有关部门批准后才可砍伐。⑥ 其二，要按照规定的时间、地点进行采伐。如春夏是林木生长的季节，为保护其正常生长，法律规定"春夏不得伐木"⑦。宋朝规定：军队伐木在二月十三日以前，如其后缺少薪柴，则必须申请，被批准后，才可在指定地点限量砍伐。如果擅自砍柴，则"当依军法。

---

① 《宋史·食货上一》。
② 《宋史·食货上一》。
③ 《宋刑统》卷 27《杂律》。
④ 《宋会要》方域 10 之 7。
⑤ 《庆元条法事类》卷 80《采伐山林》。
⑥ 《宋会要》方域 10 之 6—7。
⑦ 《庆元条法事类》卷 80《采伐山林》。

将佐不钤束，重置典宪"①。其三，南宋军队砍伐林木时需要有专门的"号"。绍兴元年（1131年）规定，诸军及三衙得旨可打柴，兵士需要持有长官所发给的"号"，而且另有专官监督。如果士兵没有"号"，或砍伐坟地的林木，巡尉、乡保可将其捕获送枢密院听候裁决，随行官员也要受到一定的处罚。②其四，宋朝十分重视林地被采伐后要即时种植，"以时补足"③。因为采伐不可避免，重要的是采伐后的林地应及时再造，这样才有源源不断的林地供子孙后代采伐，而且不因采伐毁坏树林而影响水土生态。

山林如因人们不慎或故意而引火焚烧，其损失是极其巨大的。对此，宋朝廷一般都予以严惩。宋初规定："延烧林木者，流二千里。"如果是在外失火而延烧到林木时，减一等论罪。为了保持土地的肥力，宋代农民每年冬季要烧田。政府规定烧田只能在十月三十日以后到第二年二月一日之前，非时烧田是法律所禁止的。大中祥符四年（1011年），宋真宗曾重申火田之禁，下诏说："火田之禁，著在《礼经》，山林之间，合顺时令。其或昆虫未蛰，草木犹蕃，辄纵燎原，则伤生类。诸州县人畲田，并如乡土旧例，自余焚烧野草，须十月后方得纵火。其行路野宿人，所在检察，毋使延燔。"④按规定，除开荒垦田处在冬季可焚烧野草外，其他地方不得焚烧。即便是荒田，只要其上有"桑枣"，也不能放火⑤。《宋刑统·杂律》载："诸失火及非时烧田野者，笞五十。"南宋宁宗庆元年间规定："诸因烧田野致延烧系官山林者，杖一百，许人告。其州县官司及地分公人失觉察，杖六十。"⑥而对"告获故烧官山林者：不满一亩，钱八贯；一亩，钱一十贯，每亩加二贯（五十贯止）"⑦。

2. 植树护林的目的

宋代朝廷之所以如此重视林木的种植与保护，主要是基于环境保护的目的，宋人虽然没有明确提出环境保护这个概念，但其行为已具有这方面的思想意识。除此之外，宋人对林木的种植与保护还具有经济和军事上的目的等。

（1）宋人对树木能保持水土、防止洪涝的作用已经有了认识。如宋人魏岘认为："四明水陆之胜，万山深秀，昔时巨木高森，沿溪平地竹木，蔚然茂密，虽遇暴水湍激，沙土为木根盘固，流下不多，所淤亦少。"后来由于木材价高，人们竞相砍伐，结果"靡山不童，而平地竹木，亦为之一空"，一旦下起大雨，"大水之时，既无林木少抑奔湍之势，又无包缆以固沙土之积，致使浮沙随流而

① 《宋会要》刑法2之109。
② 《宋会要》刑法2之109。
③ 《庆元条法事类》卷49《种植林木》。
④ 《宋史·食货上一》。
⑤ 《宋刑统》卷27《失火》。
⑥ 《庆元条法事类》卷80《失火》。
⑦ 《庆元条法事类》卷80《失火》。

下，淤塞溪流，至高四五丈，绵亘二三里。两岸积沙，侵占溪港，皆成陆地……由是舟楫不通，田畴失溉……旱势如焚，田苗将槁"①。所以他提出应该"植榉柳之属，令其根盘错据，岁久沙积，林木茂盛，其堤愈固，必成高岸，可以永久"②。

（2）宋人懂得通过植树壮堤防，防河决。宋太祖建隆三年（962 年）十月，即诏"沿黄、汴河州县长吏，每岁首令地分兵种榆柳以壮堤防"③。宋太宗时，王嗣宗通判澶州，在河东西，"植树万株，以固堤防"④。宋真宗时，谢德权在汴河"植树数十万以固岸"⑤；荆湖北路江陵府"濒大江，岁坏为巨浸，民无所托"，知府袁枢调兵民"种木数万，以为捍蔽，民德之"⑥。咸平三年（1000 年）真宗"又申严盗伐河上榆柳之禁"⑦。可见，早在宋真宗咸平三年之前，宋朝就有禁伐堤岸树的法令。宋徽宗重和元年（1118 年）三月诏："滑州、澶州界万年堤，全藉林木固护堤岸，其广行种植，以壮地势。"⑧ 宋孝宗乾道八年（1172年）还令沿海塘堰种植芦苇，"所筑华亭捍海塘堰，趁时栽种芦苇，不准樵采"⑨。南宋时，结合圩田建设，圩岸"高广坚致，濒水种柳榆，足捍风涛，实为水利"⑩。总之，宋人认识到江河塘堰堤防上种植林木可以起到固定沙土，加固河堤，减缓洪涝灾害发生的作用。

（3）宋人种植行道树，既可养护道路、荫庇路人，又可增补官用木材。真宗大中祥符九年（1016 年），"太常博士范应辰言：'诸路多阙系官材木，望令马递铺卒夹官道植榆柳，或随地土所宜种杂木，五七年可致茂盛，供费之外，炎暑之月，亦足荫及路人。'从之"⑪。仁宗时，陶弼在广西阳朔，"课民植木官道旁，夹数百里，自是行者无夏秋暑暍之苦。它郡县悉效之"⑫。由此可见，道旁植树的好处普遍被人们了解，因此其他郡县才会纷纷效仿陶弼在阳朔道旁植树。宋徽宗政和六年（1116 年）时，福州行道树"共栽植杉松等木三十三万八千六百株，渐次长茂，已置籍拘管"。从"置籍拘管"可知，宋人对行道树已登记成册进行管理。

---

① 魏岘：《四明它山水利备览》卷上《淘沙》，台湾商务印书馆影印文渊阁《四库全书》。
② 《四明它山水利备览》卷上《防沙》。
③ 《宋会要》方域 14 之 1。
④ 《宋史·王嗣宗传》。
⑤ 《宋史·谢德权传》。
⑥ 《宋史·袁枢传》。
⑦ 《宋史·河渠一》。
⑧ 《宋史·河渠三》。
⑨ 《宋史·河渠七》。
⑩ 阎镇珩：《六典通考》卷 64，江苏广陵古籍刻印社影印本，1990 年版。
⑪ 《长编》卷 87。
⑫ 《宋史·陶弼传》。

（4）宋人通过植树来美化环境。宋代皇亲国戚和富商大贾往往凭借自己的地位或经济实力大兴土木，营造园苑，并植树予以美化。据李格非《洛阳名园记》所载，洛阳就有名园19个，栽有牡丹、李、桃、杏、竹、菊、莲等，园中繁花似锦，古木参天。此外，其他州县的园林也都以栽植树木作为园苑的主要景色。如河北路真定府之潭园，"园围九里，古木参天"①。定州众春园位处"郡城东北隅，潴水为塘，广百余亩，植柳数万本，亭榭花卉之盛，冠于北垂"②。而相州康乐园内，"南北二园，皆植名花杂果、松柏杨柳所宜之木，凡数千株"③。宋代，释道两教盛行，僧侣、道士往往占山兴寺，建院植树。如宋真宗景德年间，庐山黄龙寺和尚大超，手种杉木万株，皇帝赐名为"万杉"。宋末诗人张孝详为此吟诗曰："老干参天一万株，庐山佳处看浮图。"

（5）宋人充分认识到林木的经济价值。宋人重视栽培经济林木，首先最重要的是桑树、枣树。这是因为桑树可以养蚕织丝布，枣树则是北方最常见的果树。宋太祖就曾多次表示"永念农桑之业，是为衣食之源"④，故常诏"所在长吏谕民，有能广植桑枣、垦辟荒田者，止输旧租"⑤。此后，宋代历朝皇帝都注重"设劝课之法，欲重农桑，广种植也"⑥。各级地方官吏也教民农桑并举，积极种树，"十年二十年之间，即享其利"⑦。据《庆元条法事类》卷5《考课》记载，宋代对地方官经济政绩的考核，第一项就是考核"劝农桑"，其内容要求官员填写出"某官职姓名任内劝诱人户栽植到下项：桑若干、柘若干、枣若干"。

宋代随着造纸、造船和建筑行业的发展，木材的需求大量增加，价格不断上涨，刺激经济林木的生产。当时，松、杉、柏、桧、漆、皂荚、椿等已为人们认识到具有较高的经济价值，并被广泛种植。如皖南歙州、徽州地区很适宜杉木的生长，"土人稀作田，多以种杉为业，杉又易生之物，故取之难穷"⑧。种椿木的经济收益也很可观，"三年一斫，种三十亩，一年斫十亩，三年一遍，岁收绢百匹，永无尽期"⑨。而在浙江平原、丘陵地带则广种乌桕。徐光启《农政全书》卷38说："乌桕树收子取油，甚为民利。他果实总佳，论济人实用无胜此者。江浙人种者极多，树大或收子二三石。"

果树的种植到宋代也日益增多，成为农业中的一个独立生产部门。我国南方的"橘园甚多"，形成了产橘的中心。如洞庭山一带，"地占三乡，户率三千，

① 吕颐浩：《忠穆集》卷8《燕魏杂记》，台湾商务印书馆影印文渊阁《四库全书》。
② 韩琦：《安阳集》卷21《定州众春园记》，台湾商务印书馆影印文渊阁《四库全书》。
③ 《安阳集》卷21《相州新修园池记》。
④ 《宋会要》食货1之15。
⑤ 《宋史·食货上一》。
⑥ 《宋史·食货上一》。
⑦ 《袁氏世范》卷3《桑木因时种植》。
⑧ 范成大：《骖鸾录》，四部丛刊本。
⑨ 韩鄂原：《四时纂要校释》卷4，农业出版社，1981年版。

环四十里……皆以树桑栀甘柚为常产"①，"地方共几百里，多种柑橘桑麻"②。如前所引，庄绰《鸡肋编》卷下就提到："广南可耕之地少，民多种柑橘以图利。"由此可见，人们把种柑橘作为生活的主要来源。宋代荔枝的种植也日益推广。荔枝是果中珍品，盛产于南方、西南，"岭南及巴中，今泉、褚、淳、嘉、蜀、渝、涪州、兴化军，及二广州军皆有之"③。宋人十分重视荔枝的经济价值，不仅贩运国内各地，还远销海外。每年荔枝成熟之时，"水浮陆转，以入京师，外至北戎、西夏。其东南舟行新罗、日本、琉球、大食之属，莫不爱好，重利以酬之，故商人贩益广，而乡人种益多，一岁之出，不知几千万亿"④。

除此之外，至宋代时期，林木是薪炭的主要来源，"民可享其利"。与欧阳修同修《新唐书》的宋祁，在四川益州（今成都）为官时，号召人们广种桤木、楠木。他说：桤木"厥植易安，数岁辄林，民赖其用，实代其薪……亦得所宜，民家莳之，不三年材可倍常，（斧而）薪之。疾种亟取，里人以为利"⑤。

总之，宋人注重栽种桑枣以及各种果树等，其主要是为了获取其经济价值，但对保护农作区的林木资源，保护其生态平衡的客观作用也是显而易见的。

（6）宋人植树造林，用于军事防御。北宋王朝自建立以后就一直面临着北方契丹和西北方西夏的威胁，这两个富有进攻性的游牧民族政权，多次发起战争，宋王朝一直处于被动防御的态势。由于宋辽边界位于今华北平原北部一带，这里"地广平，利驰突"，而辽兵恰好多善骑战，边界地区广阔的平原正好为其提供了方便，利于骑兵疾驰而下。如果有众多林木为阻隔，则可形成天然屏障，在一定程度上可以阻挡敌骑南下的速度。宋立国后，多次诏令保护边界地区的林木，"差官领兵遍植榆柳，冀其成长，以制敌骑"。直至南宋初期，金兵已南下，但这种军事防御林还起着作用。宋高宗曾多次指出："河东黑松林，祖宗时所以严禁采伐者，正为藉此为阻，以屏捍外夷耳。"⑥总之，宋人善于保护、利用林木，作为边防要地的军事防御林，在"以制敌骑"中发挥了作用。当时，河北边界地区一度榆柳广布，所种树木达300余万棵，宋人认为"此中国万世之利也"⑦。宋朝廷还专门绘制了《北面榆柳图》，真宗曾得意地向大臣出示该图，并说："此可以代鹿角也。"⑧

---

① 苏舜钦：《苏学士文集》卷13《苏州洞庭山水月禅院记》，台湾商务印书馆影印文渊阁《四库全书》。

② 庄绰：《鸡肋篇》卷中，中华书局点校本，1983年版。

③ 唐慎微：《重修政和经史证类备用本草》卷23《荔枝》，四部丛刊本。

④ 蔡襄：《荔枝谱》，百川学海本。

⑤ 宋祁：《益部方物略记》，台湾商务印书馆影印文渊阁《四库全书》。

⑥ 《建炎以来系年要录》卷100。

⑦ 《宋史·王汉之传》。

⑧ 《宋会要》方域12之8。

（二）对动物资源保护和利用的思想

保护野生动物资源，是维护生态平衡的重要环节之一。宋代在保护野生动物资源方面所体现思想，至今值得我们借鉴。

（1）告示百姓，进行宣传，做到家喻户晓。古代没有像今天这么发达的报纸、广播、电视、网络等宣传媒体，主要是通过在重要场所或交通要道处粉刷墙壁，于其上贴写诏书，告示百姓，不得违时滥捕禽兽，非法猎杀野生动物等。如宋太宗太平兴国三年（978年）诏曰："方春阳和之时，鸟兽孳育，民或捕取以食，甚伤生理，而逆时令。自（今）宜禁民，二月至九月，无得捕猎，及持竿携弹，探巢摘卵，州县吏严饬里胥，伺察擒捕，重致其罪。仍令州县，于要害处粉壁，揭诏书示之。"①

（2）禁止非时滥捕禽兽。如春夏之时正是动物繁殖生育之时，禁止这一时期捕猎，有助于动物的正常生长繁殖。特别是成年鸟兽鱼类正在孵卵育雏，如捕杀成年，还会害及大量幼年鸟兽或卵子的生育孵化，因此，这一时期不应对野生动物进行捕猎，是合乎禽兽繁殖生长的自然规律。只有保护好动物的繁殖生长，合理地利用自然动物资源，才可能使其取之不尽，用之不竭。建隆二年（961年）二月，宋太祖就曾下诏："禁春夏捕鱼射鸟。"② 宋真宗时，为了使百姓不在禁猎期随意捕杀动物，要求地方长官每年春夏时都要向民众重申这一禁令。大中祥符三年（1010年）二月诏："禁方春射猎，每岁春夏所在长吏申明之。"③

（3）在围猎中，反对一网打尽、竭泽而渔，使野生动物资源耗竭，主张网开一面，让它们生生不息。《癸辛杂识·癸辛杂识续集上》载："北客云：'北方大打围……猎将竟，则开一门，广半里许，俾余兽得以逸去，不然则一网打尽，来岁无遗种矣。'"

（4）最高统治者做出表率，停止各地进献珍禽异兽，不在禁猎季节出猎。宋代时期，由于其自然生态环境与社会环境与当代不同，所以许多今天我国境内多已不存或稀少的野生动物资源在当时还较多，如大象、老虎等，但其数量却已明显地减少，甚至有的已很少见。因此，宋代皇帝多次诏令更革传统习惯，禁止向朝廷上贡驯象及其他珍贵动物。大中祥符五年（1012年），真宗特地诏令："罢献珍禽异兽"④，并强调"仍令诸州依前诏，勿以珍禽异兽为献"⑤。史载，庆历七年（1047年）三月庚午，宋仁宗出猎，因是禁猎季节，从而引起御史何郯等人的强烈净谏，认为"田猎之事，具有礼文，行之以时"，要求皇上"动遵法度，不喜弋猎"，结果经"群臣抗言，随即停罢"。在中国古代君主专制社会

---

① 《宋大诏令集》卷198《二月至九月禁捕猎诏》。
② 《宋史·太祖一》。
③ 《宋史·真宗二》。
④ 《宋史·真宗三》。
⑤ 《长编》卷79。

里，皇帝能有如此的诏令发布和从谏罢猎的行动，对于保护野生动物资源，无疑是有积极意义的。

（5）注意从滥捕乱杀的根源上加以制止。从古代到当代，滥捕乱杀的根源往往是经济利益，如有的是获取动物珍贵的皮毛，有的是为了享用其美味。宋仁宗时期，官宦争奇斗艳，竞相奢侈，盛行戴鹿胎冠之风，致使鹿类横遭劫难，被大量捕杀。对此，宋仁宗于景祐三年（1036 年）六月十五日下诏说："令刑部遍牒三京及诸路转运司辖下州、府、军、监、县等，应臣僚士庶之家，不得戴鹿胎冠子，及今后诸色人，不得采捕鹿胎，并制造冠子。如有违犯，并许诸色人陈告，其本犯人严行断遣。告事人如采捕鹿胎人，支赏钱二十贯文，陈告戴鹿胎冠子并制造人，支赏钱五十贯文，以犯事人家财充。"① 宋仁宗通过下诏书通令全国，一律不准戴鹿胎冠，不得捕鹿取胎，不许以鹿胎制造冠帽，如有违犯即处以重罚。诏令还鼓励告发，凡告发捕采鹿胎属实者，获赏钱 20 贯；凡告发戴鹿胎冠或制造鹿胎冠者，赏钱更高，达 50 贯，可见仁宗的用意是想从源头加以制止。因为如无人敢戴鹿胎冠或制造鹿胎冠，那捕鹿采胎之事自然消失。这道诏令的下达，的确一度刹住了乱捕滥猎鹿类的歪风，保护了动物资源。还有为了禁止因食用野生动物而滥捕，宋真宗还严格规定：为保护飞禽走兽，"粘竿弹弓等物，不得携入宫观寺院，及有屠宰，违者论如法"②。宋神宗时甚至规定："内庭泊宗室"，不得入市买禽兽以为食，"使民知禁"③。正是这种严格的禁令，使许多滥捕乱杀的行为从源头上得到了一定的遏制，从而受到了约束和制止。

（6）重视保护害虫的天敌，以造福于人类。宋人已有十分明确的利用动物界的食物链防治害虫的思想。五代乾祐元年（948 年）发生蝗灾，阳武、雍丘、襄邑三县"蝗为鸜鹆聚食，诏禁捕鸜鹆"④。这是历史上保护益鸟以防治害虫的较早记载。青蛙吞食大量害虫，对农作物生长有利，这是童叟皆知的事实。宋代禁民捕蛙。宋神宗时彭乘的《墨客挥犀》卷 6 记载："浙人喜食蛙，沈文通在钱塘日切禁之。"

（三）对水土资源保护和利用的思想

1. 对长江流域水土生态的综合治理思想

宋代以来，由于植被的破坏，水土流失严重，江河湖泊等淤积使蓄水泄洪的能力降低，南北水患频繁。宋辽、宋金的先后对峙，使宋统治者对北方黄河的决、溢、徙所引起的严重水灾，只从借河御敌或漕运的需要出发，着重防治下游河患，对黄河的治本工作没有予以认真思考。而南方长江流域的水土生态系统，

---

① 《宋大诏令集》卷 199《禁鹿胎诏》。
② 《宋会要》刑法 2 之 159。
③ 《宋会要》刑法 2 之 159。
④ 《旧五代史·隐帝纪上》。

由于人口的剧增以及土地的开发，其平衡渐形失调，有的陷入干旱与洪涝的恶性循环中。生态平衡的破坏，直接威胁农业的发展，影响了漕运，对民众生活产生很大的冲击。因此，不少人对此进行思考和探讨，发表了有关对水土资源的保护和利用的思想。

宋人认为南方长江流域中水土生态平衡遭到破坏最主要的是两个方面的问题：其一，围湖为田，使水旱之灾加剧。"（绍兴）五年，江东帅臣李光言：'明、越之境，皆有陂湖，大抵湖高于田，田又高于江、海，旱则放湖水溉田，涝则决田水入海，故无水旱之灾。本朝庆历、嘉祐间，始有盗湖为田者，其禁甚严。政和以来，创为应奉，始废湖为田。自是两州之民，岁被水旱之患。'"① 绍兴二十三年（1143年），"谏议大夫史才言：'浙西民田最广，而平时无甚害者，太湖之利也。近年频湖之地，多为兵卒侵据，累土增高，长堤弥望，名曰坝田。旱则据之以溉，而民田不沾其利；涝则远近泛滥，不得入湖，而民田尽没。望尽复太湖旧迹，使军民各安，田畴均利。'从之"。由此可见，宋人已清楚地认识到湖泊在水土生态中的重要性，它们起着干旱时蓄水灌溉、洪涝时泄水分流的作用，如果人类一味地为着扩大耕地面积，围湖为田，事实则证明将受到自然界的惩罚。因为湖泊的消失，使水无处蓄积，干旱时就无水可以灌溉，洪涝时则又无处分流排泄洪水而泛滥成灾。其二，荒废陂塘，也会使水旱之灾加剧。陂塘类似于当代的水库，起着重要的蓄水排洪功能，对农业作用甚大。对于陂塘与农业的关系，宋人也有清楚的认识。《宋史·食货上一》载："初，五代马氏于潭州东二十里，因诸山之泉，筑堤潴水，号曰龟塘，溉田万顷。其后堤坏，岁旱，民皆阻饥。（绍兴）七年，守臣吕颐浩始募民修复，以广耕稼。""庆元二年，户部尚书袁说友等言：'浙西围田相望，皆千百亩，陂塘溇渎，悉为田畴，有水则无地可潴，有旱则无水可戽。不严禁之，后将益甚，无复稔岁矣。'"宋人在实践中懂得，耕田必须与一定面积的陂塘配套，才可能获得丰收，否则，把陂塘也变成耕地，非但不能增加总产量，反而得不偿失，减少该地区的总收获量。

针对上述情况，宋人就围湖废塘垦田所带来水土生态失调而影响农业的问题提出了许多对策和措施，主要有以下6点：

（1）还田为湖。如"隆兴二年八月，诏'江浙水利，久不讲修，势家围田，堙塞流水。诸州守臣按视以闻。'于是知湖州郑作肃、知宣州许尹、知秀州姚宪、知常州刘唐稽并乞开围田，浚港渎。诏湖州委朱夏卿，秀州委曾愭，平江府委陈弥作，常州、江阴军委叶谦亨，宣州、太平州委沈枢措置。九月，刑部侍郎吴芾言：'昨守绍兴，尝请开鉴湖废田二百七十顷，复湖之旧，水无泛滥，民田九千余顷，悉获倍收。今尚有低田二万余亩，本亦湖田，百姓交佃，亩直才两三缗。欲官给其半，尽废其田，去其租。'户部请符浙东常平司同绍兴府守臣审细

---

① 《宋史·食货上一》，以下七个自然段引文未注明出处者，均见于此。

标迁。从之"。这里，刑部侍郎吴芾算了一笔账，把鉴湖废田 270 顷还田为湖，可使民田 9000 余顷无水灾之患，增产一倍，其实际的收益是：

$$9000 \ 顷 \times 亩产 - 270 \ 顷 \times 亩产 = 8730 \ 顷 \times 亩产$$

吴芾还进一步建议把低田 2 万余亩再还田为湖，政府补贴田地卖价的一半给百姓，并去掉田租。这种以半价收买的方式将民间的田地还为湖泊，在封建社会也是相当可取的政策，既解决水土生态系统平衡失调的问题，又能考虑到被淹田的田主生计问题。

（2）修复养护陂塘。绍兴年间，"比部员外郎李泳言，淮西高原处旧有陂塘，请给钱米，以时修浚。"乾道九年（1173 年）八月，"臣僚言江西连年荒旱，不能预兴水利为之备。于是乃降诏曰：'朕惟旱乾、水溢之灾，尧汤盛时，有不能免。民未告病者，备先具也。豫章诸郡县，但阡陌近水者，苗秀而实；高卬之地，雨不时至，苗辄就槁。意水利不修，失所以为旱备乎？唐韦丹为江西观察使，治陂塘五百九十八所，灌田万二千顷。此特施之一道，其利如此，矧天下至广也。农为生之本也，泉流灌溉，所以毓五谷也。今诸道名山，川原甚众，民未知其利。然则通沟渎，潴陂泽，监司、守令，顾非其职欤？其为朕相丘陵原隰之宜，勉农桑，尽地利，平繇行水，勿使失时。虽有丰凶，而力田者不至拱手受弊，亦天人相因之理也。朕将即勤惰而寓赏罚焉。'"从宋孝宗诏书可以看出，宋最高统治者十分清楚地认识到陂塘其利至广，对农业灌溉至关重要，因此修复、养护陂塘是地方监司、守令的一项职责，朝廷把这项职责作为考核赏罚地方官员的重要依据。

（3）不使豪强地主围湖垦田合法化，加强管理与处罚。淳熙十年（1183 年），"大理寺丞张抑言：'陂泽湖塘，水则资之潴洩，旱则资之灌溉。近者浙西豪宗，每遇旱岁，占湖为田，筑为长堤，中植榆柳，外捍菱芦，于是旧为田者，始隔水之出入。苏、湖、常、秀昔有水患，今多旱灾，盖出于此。乞责县令毋给据，尉警捕，监司觉察。有围里者，以违制论；给据与失察者，并坐之。'既而漕臣钱冲之请每围立石以识之，共一千四百八十九所，令诸郡遵守焉"。这里明确规定了乘干旱时占湖为田是违制行为，如官吏给非法围湖垦田者凭据，以及监司对此行为失于觉察，都将受到连坐处罚。《文献通考·田赋六》载淳熙三年（1176 年）傅淇奏言也提到类似的情况，当时浙西"豪右之家"肆意围湖垦田，计亩纳钱，而官司"利其所入，给据付之"，使其围湖垦田合法化，对此，朝廷"条约诸县，毋得给据与官民户及寺观"。

（4）完善水利设施，使湖泊陂塘更好发挥灌溉排涝的作用。湖泊陂塘要更好地发挥灌溉排涝的作用，必须有一定的水利设施配套，其中最重要的是设置闸门，才能做到干旱时蓄水洪涝时分流泄水。如镜湖由于水利失修，设施不齐备，所以"濒湖之民始得增高益卑，盗以为田"。对于这种情况，徐次铎提出"使其堤塘固，堰闸坚，斗门启闭及时，暗沟禁窒不通"，就能使"民虽欲盗耕为尺寸田，不可得也"①。乾道二年（1166 年）六月，"知秀州孙大雅代还，言：'州有柘湖、澱山湖、当湖、陈湖，支港相贯，西北可入于江，东南可达于海。旁海农家作坝以却咸潮，虽利及一方，而水患实害邻郡；设疏导之，则又害及旁海之田。若于诸港浦置闸启闭，不惟可以洩水，而旱亦获利。然工力稍大，欲率大姓出钱，下户出力，于农隙修治之。'于是以两浙转运副使姜诜与守臣视之，诜寻与秀常州、平江府、江阴军条上利便。诏'秀州华亭县张泾闸并澱山东北通陂塘港浅处，俟今年十一月兴修；江阴军、常州蔡泾闸及申港，明年春兴修；利港俟休役一年兴修；平江府姑缓之。'三年三月，诜使还，奏：'开浚毕功，通洩积水，久浸民田露出墈岸。臣已谕民趁时耕种。恐下户阙本，良田复荒，望令浙西常平司贷给种粮。'又奏措置、提督、监修等官知江阴军徐藏等减磨勘年有差"。由此可见，宋人已充分认识到置闸启闭可有效地调节旱涝之灾，使受灾之田及时耕种并获得丰收，效果是显著的，有关官员都受到朝廷的破格提升。

（5）对湖泊陂塘及其水道进行疏浚。宋代由于植被的破坏，水土流失严重，造成湖泊陂塘及其水道淤积，水流不畅，使湖泊陂塘逐渐失去灌溉和排涝等功能。因此，宋代朝廷上下不时必须对淤积问题进行治理。这些治理大多工程浩大，需花费大量的人力、财力，或在技术层面上施工困难，因此，往往成为官府施政的一个重要议题。绍兴二十八年（1158 年），"两浙转运副使赵子潚、知平江府蒋璨言：'太湖者，数州之巨浸，而独洩以松江之一川，宜其势有所不逮。是以昔人于常熟之北开二十四浦，疏而导之江；又于崑山之东开一十二浦，分而纳之海。三十六浦后为潮汐沙积，而开江之卒亦废，于是民田有淹没之患。天圣间，漕臣张纶尝于常熟、崑山各开众浦；景祐间，郡守范仲淹亦亲至海浦，浚开五河；政和间提举官赵霖复尝开浚。今诸浦湮塞，又非前比，计用工三百三十余万，钱三十三万余缗，米十万余斛。'于是诏监察御史任古复视之。既而古至平江言：'常熟五浦通江诚便，若依所请，以五千功，月余可毕。'诏以激赏库钱、平江府上供米如数给之。二十九年，子潚又言：'父老称福山塘与丁泾地势等，若不浚福山塘，则水必倒注于丁泾。'乃命并浚之"。从赵子潚、蒋璨所言可知，太湖通江海诸浦在北宋一百六十余年间至少有四次重大的疏浚。人们之所以投入巨大的人力、财力进行治理，因为认识到水土系统的平衡关系到沿湖百姓的生存问题。这是宋代人民认识生态环境的重要性并尽力加以保护和利用所进行的不懈努力。

当时，除了水土流失造成淤积之外，人为的侵占围垦，也是使湖泊、陂塘淤积的一个因素。嘉定十七年（1224 年），臣僚言："越之鉴湖，溉田几半会稽，兴化之木兰陂，民田万顷，岁饮其泽。今官豪侵占，填淤益狭。宜戒有司每岁省

---

① 徐次铎：《复镜湖议》，载徐光启《农政全书》卷 16《水利·浙江水利》，台湾商务印书馆影印文渊阁《四库全书》。

视，厚其潴蓄，去其壅底，毋容侵占，以妨灌溉。"这里"厚其潴蓄，去其壅底"就不单是疏通水道，而是要对陂塘湖泊淤积部分进行深挖，清除淤泥，增加其蓄水能力。

（6）在不破坏水土系统平衡的前提下，广辟圩田以发展农业。北宋仁宗时期，范仲淹就提出在江南地区广泛修举圩田，其理由是圩田"中有河渠，外有门闸。旱则开闸，引江水之利；潦则闭闸，拒江水之害，旱涝不及，为农美利"①。可见，圩田具有旱时引水灌溉，涝时防洪淹灌，使农田旱涝保收的优势。南宋孝宗乾道九年（1173 年），"户部侍郎兼枢密都承旨叶衡言：'奉诏核实宁国府、太平州圩岸，内宁国府惠民、化成旧圩四十余里，新筑九里余；太平州黄池镇福定圩周四十余里，延福等五十四圩周一百五十余里，包围诸圩在内，芜湖县圩周二百九十余里，通当涂圩共四百八十余里。并高广坚致，濒水一岸种植榆柳，足捍风涛，询之农民，实为永利。'于是诏奖谕判宁国府魏王恺，略曰：'大江之壖，其地广袤，使水之蓄洩不病而皆为膏腴者，圩之为利也。然水土斗啮，从昔善壤。卿聿修稼政，巨防屹然，有怀勤止，深用叹嘉。'"滨湖之地低洼，十分容易受湖水的浸灌。为了防止湖水侵入耕地，宋人在田地四周筑起土堤，这种防止湖水侵入而在四周筑堤的田地就称作圩田。宋人认识到圩田的垦辟必须以"水之蓄洩不病"作为前提，这是在长期合理保护和利用水土资源实践中的真知灼见。

2. 苏轼综合治理西湖的思想

苏轼（1037—1101），字子瞻，又字和仲，号铁冠道人、东坡居士，世称苏东坡。文学上为唐宋八大家之一，书法上为宋四家之一。嘉祐二年（1057 年）进士。宋神宗时曾在凤翔、杭州、密州等地任职。宋哲宗即位后，曾任翰林学士、侍读学士、礼部尚书等职，并出知杭州、颍州等地。卒后谥号文忠。有《东坡七集》《东坡易传》《东坡乐府》等传世。

据笔者目前所知，在宋人中把水土环境作为一个系统进行综合考察，其思想比较深刻突出的当推苏轼。他在《杭州乞度牒开西湖状》和《申三省起请开湖六条状》②两篇文章中集中阐述了自己的水土系统综合治理思想，以下笔者就此做简要分析阐发。

首先，苏轼在《杭州乞度牒开西湖状》中以朴素的系统生态学的眼光阐述了西湖堙塞其半，但不可废的 5 个原因：一是西湖"一旦堙塞，使蛟龙鱼鳖同为涸辙之鲋"，这就是说如西湖消失了，那些以西湖作为生存环境的野生动物将全部无法存活。二是"杭之为州，本江海故地，水泉咸苦，居民零落，自唐李泌始引湖水作六井，然后民足于水，井邑日富，百万生聚，待此而后食。今湖狭

---

① 《范文正奏议》卷上《答手诏条陈十事》。
② 《苏轼文集》卷30。以下三个自然段引文未注出处者，均见于此。

水浅，六井渐坏，若二十年之后，尽为葑田，则举城之人，复饮咸苦，其势必自耗散"。可见，西湖作为杭州全城百万居民的饮食用水，关系到城市的兴衰，如西湖不复存在，那么全城百姓将要重新饮用咸苦之水，必然导致居民迁往他处。三是西湖之水"若蓄洩及时，则濒河千顷，可无凶岁"，"而下湖数十里间，茭菱谷米，所获不赀"。如西湖埋塞，此蓄水灌溉之利不复存在。四是"西湖深阔，则运河可以取足于湖水。若湖水不足，则必取足于江潮。潮之所过，泥沙浑浊，一石五斗。不出三岁，辄调兵夫十余万功开浚，而河行市井中盖十余里，吏卒骚扰，泥水狼藉，为居民莫大之患"。显然，湖水有利于水运，如靠江潮行船，河床三年就会淤积需要开浚，那将花费大量人力、财力，还给城市居民带来莫大生活上的不便。五是"天下酒税之盛，未有如杭者也，岁课二十余万缗。而水泉之用，仰给于湖，若湖渐浅狭，水不应沟，则当劳人远取山泉，岁不下二十万功"。也就是，如西湖水浅无法在水道流动，那么人们酿酒用水要到远处汲取山泉，将付出"二十万功"的劳动力，必然影响国家一年"二十余万缗"的酒课收入。总之，苏轼认为杭州如没有西湖之水，那么滨湖地区生存的生物、居民饮水、农业灌溉、水运以及酿酒用水都将出现问题，也就是水土生态系统中只要一个基本子系统出现故障，将导致整个系统的正常运行。这种用综合性的系统思维来说明西湖不可废，见解深刻，视角独特，比较有说服力。

在这种综合性系统思维探讨西湖不可废的 5 种原因的基础上，苏轼提出了治理西湖所要达到的目标及措施。其一，苏轼"自去年（元祐四年）七月到任，首见运河干浅，使客出入艰苦万状，谷米薪刍，亦缘此暴贵，寻划刷捍江兵士及诸色厢军得千余人，自十月兴工，至今年四月终，开浚茅山、盐桥二河，各十余里，皆有水八尺以上。见今公私舟船通利"。其二，"今宜于钤辖司前创置一闸，每遇潮上，则暂闭此闸，令龙山浙江潮水，径从茅山河出天宗门，候一两时辰，潮平水清，然后开闸，则盐桥一河过阛阓中者，永无潮水淤塞、开淘骚扰之患……茅山河既日受潮水，无缘涸竭，而盐桥河底低茅山河底四尺，则盐桥河亦无涸竭之患"。总之，置闸既可阻挡潮水侵入淤塞，又可放水流入茅山河和盐桥河，避免两河涸竭之患，有利于灌溉。其三，"宜于涌金门内小河中，置一小堰，使暗门、涌金门二道所引湖水，皆入法慧寺东沟中，南行九十一丈，则凿为新沟二十六丈，以东达于承天寺东之沟，又南行九十丈，复凿为新沟一百有七丈，以东入于猫儿桥河口，自猫儿桥河口入新水门，以入于盐桥河，则咫尺之近矣。此河下流，则江潮清水之所入，上流，则西湖活水之所注，永无乏绝之忧矣。而湖水所过，皆阛阓曲折之间，颇作石柜贮水，使民得汲用浣濯，且以备火灾，其利甚博"。这一工程解决了滨湖地区居民的生活用水和消防用火。总之，苏轼的 3 条措施始终紧紧围绕解决西湖之水这一关键根本问题，从而带动西湖整个水土生态系统中的生物生存环境、居民生活用水、农业灌溉、水运等相关问题的迎刃而解。

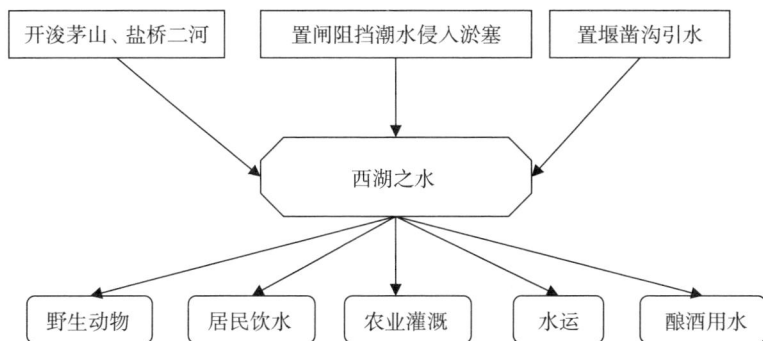

苏轼综合治理西湖思想框架图

最后值得一提的是苏轼不仅从朴素的系统生态学的角度阐述了治理西湖的重要性和治理的工程规划，而且还就经费的筹集也提出了切实可行的建议。他主张："朝廷近赐度牒白道，每道一百七十贯，为钱一万七千贯。本州既高估米价，召人入中，又复减价出粜，以济饥民，消折之余，尚有钱米约共一万贯石……今乞用上件钱米，雇人开湖，候开成湖面，即给与人户，量出课利，作菱荡租佃，获利既厚，岁岁加功，若稍不除治，微生菱荇，即许人划赁，但使人户常忧划夺，自然尽力，永无后患。今有钱米一万贯石，度所雇得十万工，每工约开葑一丈，亦可添得十万丈水面，不为小补……所有新旧菱荡课利钱，尽送钱塘县尉司收管，谓之开湖司公使库，更不得支用，以备逐年雇人开葑撩浅，如敢别将支用，并科违制"，"勘会西湖葑田共二十五万余丈，合用人夫二十余万功。上件钱米，约可雇十万功，只开得一半。轼已具状奏闻，乞别赐度牒五十道，并于前来所赐本路诸州度牒二百道内，契勘赈济支用不尽者，更拨五十道，通成一百道，充开湖费用"。这里苏轼通过出卖度牒筹集最初的开湖启动经费，待湖面开成之后，作为菱荡租佃，以所得课利钱逐年雇人开葑撩浅，以湖养湖。这是一种既不增加国家财政负担，又能为民办实事的思想，是难能可贵的。

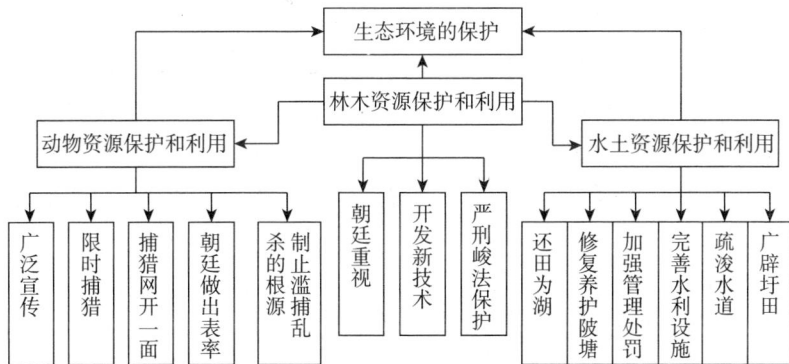

宋代的生态环境保护思想框架图

四、城市治理思想

(一) 城市人口管理思想

宋代随着封建商品经济的繁荣，城市人口迅速发展，对城市人口的管理，成为城市治理的一个重要内容。

宋代继续前代的户籍制度，对城市的人口管理首先实行户口登记制度。宋廷对人口的统计上报对象主要是成年男子，同时对被统计男子的年龄范围也有限制。乾德元年（963 年）十月，宋太祖颁布置造版籍的诏书："令诸州岁所奏户账，其丁口，男夫二十为丁，六十为老，女口不须通勘。"①

与户口登记密切相关的是，城市居民按财产的多少分为十等。正如欧阳修所说的："往时因为臣僚起请，将天下州县坊郭人户分为十等差科。"② 政府将城市居民划分户等的目的很清楚，即依据户等的不同，负担不同的赋役。神宗熙宁元年（1068 年），判寺邓绾、曾布指出："畿内乡户，计产业若家资之贫富，上下分为五等。岁以夏秋随等输钱，乡户自四等、坊郭自六等以下勿输，两县有产业者，上等各随县，中等并一县输。析居者随所析而定，降其等。"神宗对此表示赞同，并进一步指出："然输钱计等高下，而户等著籍，昔缘巧避失实"，并令郡县"坊郭三年，乡村五年，农隙集众，籍其物产，考其贫富，察其诈伪，为之升降"。如"故为高下者，以违制论"③。元丰二年（1079 年），宋神宗又下诏"两浙路坊郭户役钱，依乡村例随家产裁定免出之法。初，诏坊郭户不及二百千，乡村户不及五十千，并免输役钱。续诏乡村合随逐县民户家业裁定免出之法。至是提举司言，乡村下等有家业不及五十千而犹输钱者，坊郭二百千以下乃悉免输钱，轻重不均。故有是诏"④。从"输钱计等高下"，"坊郭自六等以下勿输"，"依乡村例随家产裁定免出之法"等可知，户等不同，所承担封建国家赋税、徭役的量也是不同的，坊郭前五等按等出钱，六等以下免出钱。除此之外，没有财产的城市居民亦与乡村一样通称为客户，属于等外户，不再进行分等，原则上不承担赋税。

宋代坊郭划分户等在实际操作中主观随意性较大，标准不易掌握。"当定户之时，系其官吏能否。有只将堪任差配人户定为十等者，有将城邑之民不问贫穷孤老尽充十等者，有只将主户为十等者，有并客户亦定十等者。"⑤ 但是尽管如此，宋代政府对城市户口的登记及坊郭户等划分体现了政府治理思想中力求真实、可靠、合理、公平的理念，即户口的登记必须真实、可靠，户等的划分涉及

---

① 《长编》卷 4。
② 《欧阳修全集》卷 116《乞免浮客及下等人户差科札子》。
③ 《宋史·食货上五》。
④ 《长编》卷 299。
⑤ 《欧阳修全集》卷 116《乞免浮客及下等人户差科札子》。

到不同的户等承担不同的赋税徭役，故必须划分得合理、公平。

宋代，城市流动人口众多，其来源主要有以下 3 个方面：一是大量乡村居民因饥馑、战乱或赋役租税过重，或因土地被豪强地主兼并而背井离乡，成为城市流民。如"久饥之民，相比而集于城郭"①。二是宋代封建商品经济发达，不少行商往返于城市与城市、城市与乡村之间，经营各种贸易活动。这些商人不断涌入城市中，使城市较前代集中了更多的人口。如南宋临安因"江商海贾"的汇集而在百万人口以上②。三是暂居在城市的部分流氓、无赖等流动人口。宋人钱彦远曾对皇祐以后社会上游手之多做了揭示："是田畴不辟而游手多矣。"③ 一些游手进入城市，整日惹是生非，偷鸡摸狗，打架斗殴，成为社会不稳定的重要因素之一。

针对城市大量流动人口的存在，宋廷采取了一些措施加以治理，主要者有以下 5 点：

其一，吸引流民回归原籍。宋廷采取减免赋税、给予返乡口粮、安排住房、提供耕地等优惠政策，鼓励流民回归原籍，以减轻城市的压力。如明道二年（1033 年），仁宗下诏："开封府及京东西、淮南、江东、河北、河东路，明道二年以前流民去乡里者，限一年令归业者，仍蠲赋役一年，限满不至者，听人请佃之。"④ 减免赋税，对广大流民来说具有较大的吸引力。但是流民返乡，因路途遥远，缺乏口粮盘缠而无法成行。对此，朝廷发给口粮，或安排沿途州县给予饮食。如绍圣元年（1094 年），"诏府界京东、京西、河北路应流民所过州县，令当职官存恤诱谕，遣还本土。内随行别无资蓄者仍计口给历，经州县排日给食"⑤。隆兴二年（1164 年），赵令良为官绍兴，城内外流民甚多，死者不可胜计。赵令良于是"计其地里之远近，日数之多寡，人给两月之粮，令归治本业"。此令实施后，"城市无一死人，欢呼盈道"⑥。政府劝导在城流民返乡，意在让他们能在原籍重新生存下去，不至于不久之后又倒流回城市。因此，政府必须切实解决他们起码的居住问题与再生产能力。有鉴于此，有些地方政府出台这样的优惠政策：若在城流民愿往乡村谋生，"仰耆壮尽将引领于趲那下房内安泊讫，申报本县，及当职官员躬亲劝诱，逐家量口数，各与桑土或贷种救济，种植度日，内有见在房数少者，亦令收拾小可材料，权与盖造应付"⑦。

其二，设立临时户籍管理在城流民，并给予米钱。宋政府为了掌握流民的情

① 《宋会要》食货 68 之 149。
② 《中国经济通史·宋代经济卷》，第 1065 页。
③ 《鸡肋篇》卷下。
④ 《长编》卷 113。
⑤ 《宋会要》食货 57 之 11—12。
⑥ 董煟：《救荒活民书》卷 3《赵令良赈济法》，丛书集成本。
⑦ 《救荒活民书》卷 3《富弼青州赈济行道》。

况，以便更好地管理和救助，注意对流民实行登记。《救荒活民书》卷 3 载：当时在城各厢官吏，"每见流民，逐家尽底唤出本家骨肉，亲自当面审问的实人口，填定姓名口数。逐家便各给历子一道收执，照证准备，请领米豆"。在登记过程中，在城流民不得重复登记，多领米钱。一经发现，原有的"历子"要销毁。流民离开时，居停住人要主动报告厢官，销毁流民的临时户口。

宋代，一些流民由于资产雄厚，转变为该城的坊郭户。如南宋初年，西北许多富室大贾寓居临安府，"辐凑骈集，数倍土著"。面对这一事实，绍兴二十年（1150 年），朝廷下令："钱塘、仁和两县在城民户与西北人衮同推排等第，各已注籍。"① 这就使一部分西北富商取得了临安府坊郭户的身份。

其三，为城市流民解决住宿问题。对于滞留城市长期未返乡的流民，宋政府充分利用空闲官房、仓库、邸店，修建临时简易棚屋等，来安置他们。皇祐元年（1049 年），京东各州县大饥，富弼知青州，"择公私庐舍十余万区，散处其人，以便薪水"②。宣和六年（1124 年），面对秀州城内外流民众多的情况，朝廷乃"立屋于西南两废寺，十人一室，男女异处，防其淆伪"③。有时流民很多，没有足够的空置房安顿，政府就用行政手段，强迫城乡主户提供住房：坊郭第一等户五间，第二等户三间，第三等户两间，第四等、第五等一间；乡村人户第一等七间，第二等五间，第三等三间，第四等、第五等二间。流民到城后，由专人引领至所腾出的空房内，"其在州则引于司理处出头，其在乡即引于知县处出头，其在镇内即引于监务处出头，各仰逐官相度人数，指定那趦房屋主人姓名，令干当人尽将引押于抄点下房屋内安泊"④。

总之，设立临时户籍管理流民，给予米钱，安置住宿，让广大流民有起码的生存条件，这是城市管理流民最基本，也是最重要的措施。

其四，对城市雇工和外来商贩的管理。宋代城市里普遍存在雇工，其中有一部分为流动人口。宋廷限制雇工的自由，规定他们在受雇年限内不得随意迁出。如宋真宗时规定："自今人家佣赁，当明设要契及五年"⑤；"雇人为婢，限止十年"⑥。雇工若在契约约定的时间内逃匿，就会有人跟随寻找。"如有逃闪，将带东西，有元地脚保认人前去跟寻。"⑦

宋廷规定流入城市的农民受雇于人或独立从事工商业，必须得到政府的准许，同业行会的认可并交纳免行钱，方可营业。如"京城诸行……有指挥：元

---

① 《宋会要》食货 38 之 19。
② 《长编》卷 166。
③ 《救荒活民书》卷 3《洪浩救荒法》。
④ 《救荒活民书》卷 3《富弼青州赈济行道》。
⑤ 《文献通考》卷 11《户口二》。
⑥ 罗愿：《罗鄂州小集》卷 5《鄂州到任五事札子》，台湾商务印书馆影印文渊阁《四库全书》。
⑦ 吴自牧：《梦粱录》卷 19《顾觅人力》，丛书集成本。

不系行之人，不得在街市卖坏钱纳免行钱人争利；仰各自诣官投充行人，纳免行钱，方得在市卖易；不赴官自投行者有罪，告者有赏。此指挥行，凡十余日之间，京师如街市提瓶者必投充茶行，负水担粥以至麻鞋头发之属，无敢不投行者"①。连市井卖茶水、米粥的都要得到官府的批准，同业行会的认可并交纳免行钱，才能予以营业，可见其控制之严！

对于外来商贩的管理，宋廷除了设立层层商税场务进行征税外，还利用店户监督商旅。政府规定：凡行商客旅住店，客户必须"仔细说谕，只可令系籍有牌子牙人交易，若或不曾说谕商旅，只令不系有牌子牙人交易，以致脱漏钱物及拖延稽滞，其店户当行严断"。同时，必须"说谕客旅，凡出卖系税行货，仰先赴务印税讫，方得出卖，以防无图之辈恐吓钱物"。另外，店户必须"说谕客旅，不得信凭牙人说作高抬价钱，赎卖物色前去拖坠不还，不若减价现钱交易"②。外地商贩流动性很大，政府无法也没必要进行户口登记或建立临时户口簿，而利用店户劝诱、监督商旅贸易，既保证了城市商业贸易的正常有序进行与封建国家的商税收入，又为商人的贸易活动提供了一定的保障，促进了社会经济的发展。

其五，对市井中流氓、无赖等的管制。对于任何社会来说，城市中的流氓、无赖等均是社会的毒瘤，对社会安定有序构成巨大的威胁。因此，对政府来说，必须对其实行严密的管制，不使这股恶势力蔓延，欲除之而后快。宋廷对市井流氓、无赖主要采取两方面的措施：一是对其中违法乱纪者予以严惩。如开宝四年（971年），"开封府捕获京城诸坊无赖恶少及亡命军人为盗并尝停止三百六十七人。诏以其尤恶二十一人弃市，余决杖配流"③。大中祥符二年（1009年），"乙未，诏如闻京城多有无赖辈妄称禀命侦察，诸司宣令三班捕而惩之"④。二是通过募兵把社会上游手好闲之徒吸纳到军队里，消除他们对城市治安的压力，并化害为利，派他们戍守边防等。

（二）城市社会保障思想

宋代统治者重视社会保障工作，尤其注重对城市人口中的鳏寡孤独者、贫民以及乞丐、弃婴等实施政府救助，建立和发展了救助弱势群体的常设机构，采取了一系列措施，以缓解弱势群体面临的困境，缓和社会矛盾，稳定社会秩序，以达到长治久安。

宋代对政府城市救助总体指导思想是"鳏寡孤独，古之穷民，生者养之，病者药之，死者葬之，惠亦厚矣"⑤。宋代在城市设置的救助鳏寡孤独者的机构

---

① 《文献通考》卷20《市籴一》。
② 《作邑自箴》卷7。
③ 《长编》卷12。
④ 《长编》卷71。
⑤ 《宋会要》食货60之6。

主要包括福田院、养济院、居养院等，这些机构虽然救助的侧重面有些不同，但总的说来还是大同小异的。其救助的原则和措施正如元符元年（1098 年）十月八日详定一司敕令所言："鳏寡孤独贫乏不得自存者，知州、通判、县令、佐验实，官为居养之；疾病者仍给医药。监司所至检察阅视，应居养者，以户绝屋居，无户绝者以官屋居之；及以户绝财产给其费，不限月份，依乞丐法给米豆，阙若不足者以常平息钱充。已居养而能自存者罢。"① 这里，救助的对象限定在"鳏寡孤独贫乏不能自存者"，救助的程序是先由知州、通判、县令佐审查核实，然后政府予以供养，有病的给予医治。路级监司巡视监督州县政府救助情况。供给的经费来自户绝房屋、财产，所提供的食粮依据常平法的标准。如经费不足，可以常平息钱补充。原先靠政府供养，后来能自存的人，取消政府供养。到了徽宗年间，朝廷扩大了供养对象。崇宁四年（1105 年）规定："非鳏寡孤独而癃老疾废委是贫乏不能自存"者，亦许居养②。

冬季是社会弱势群体最难过的日子，那些流入城市的"不能自存者"，往往饥寒交迫。因此，政府特别关注冬季的救助。如熙宁六年（1073 年），诏："开封府雪寒，京城内外老疾幼孤无依者，并收养于四福田院，自今准此。"③ 南宋绍兴年间，每遇冬寒，临安府有许多乞丐及寒饿之人，朝廷令临安府两通判体认朝廷惠养之意，行下诸厢地分，都监将街市冻馁乞丐之人尽行依法收养。仍仰两通判常切躬亲照管，毋致少有死损，如稍有灭裂，所委官取旨，重作施行，仍日具收养人数以闻。从临安府通判亲自主管和每日报告收养人数可以看出，朝廷非常重视冬季对冻馁乞丐之人的救助。

宋代，南方不少地区人多地少，许多家庭因生活困难和重男轻女的观念，普遍采取弃婴、溺婴的办法来解决生育子女过多的问题。弃婴、溺婴是极不人道的，有背传统儒家的仁爱观念，对社会道德底线是严峻的挑战。宋代统治者和一些封建士大夫极力反对弃婴、溺婴，建立了专门机构，采取一些措施，来解决这一严重的问题。

宋代对婴幼儿的救助机构主要有婴儿局、慈幼局和慈幼庄等，出现于南宋中期以后，分布在全国许多府、县。宁宗嘉定末年，袁甫首创婴儿局于湖州（今浙江吴兴）。婴儿局救助弃婴的主要做法是："有弃儿于道，人得之，诘其所从来，真弃儿也，乃书于籍，使乳母乳之，月给之粟。择媪五人为众母长，众乳各哺其儿，又一人焉以待不时而来者。"④ 由此可见，婴儿局救助弃婴首先是确定其是否为弃儿，确定后予以登记，然后让乳母哺乳。乳母每月给予一定数量的粟

---

① 《长编》卷 503。

② 《宋会要》食货 68 之 131。

③ 《长编》卷 248。

④ 袁甫：《蒙斋集》卷 12《湖州婴儿局增田记》，台湾商务印书馆影印文渊阁《四库全书》。

作为报酬。婴儿局选择五位老妇人为众乳母之长，众乳母各自哺养一人，剩一位乳母以备不时有新的弃儿送来。理宗淳祐七年（1247 年），"临安府创屋为慈幼局，应遗弃小儿民间有愿收养者，月支钱一贯，米三斗，尽三岁止。其无人收养者，官为雇倩贫妇，就局乳视。惟谨续有愿子之者，从官请仍给钱米如式"①。慈幼局救助弃婴的措施主要是两方面：一是让弃婴由民间人家收养，政府补助钱米三年；二是无人收养者，官府雇贫穷妇人来局哺乳，这样更便于管理。

宋代主要以救治贫民患病者的机构为安济坊。《夷坚志·支志·乙集》卷 4《优伶箴戏》载："不幸而有病，家贫不能拯疗，于是有安济坊，使之存处，差医付药，责以十全之效。"安济坊创置于崇宁元年（1102 年），其创置伊始，主要目的就是"养民之贫病者"②。尔后，朝廷要求凡户数上千的城寨镇市，都要设置安济坊，凡境内病卧无依之人，都可送入安济坊医治。由此可见，宋朝廷重视对有病无力医治者的救助。这不仅体现了宋代救死扶伤的人道主义思想，而且对控制疾病的传播发挥了积极的作用。

中国传统儒家思想强调：慎终追远，民德归厚。在这种观念的指导下，历代朝廷的主导思想是非常重视丧葬，强调入土为安。统治者认为，养生送死是一个社会达到治理的最基本标准。一个国家如生不得养，死不得葬，那就将走向灭亡了。

两宋时期，因疾疫或贫穷，往往使一些人客死他乡，有的无家可归者甚至死于道旁。对于这些贫困无力埋葬的人，官府出钱置买土地，用来安葬无主尸骨。如真宗"天禧中，于京畿近郊佛寺买地，以瘗死之无主者"③。仁宗嘉祐七年（1062 年），"诏开封府市地于四郊，给钱瘗民之不能葬者"④。由此可以看出，真宗、仁宗时期，官府出钱安葬无主尸骨的救助行为大致仅局限于都城开封及周边近郊地区。宋神宗以后官置公墓才开始建立起来，并推向全国。熙宁元年（1068 年）诏："诸州军每年春首，令请县告示村耆，遍行检视，应有暴露骸骨无主收认者，并赐官钱埋瘗。"⑤ 徽宗崇宁三年（1104 年），"诏诸州择高旷不毛之地，置漏泽园。凡寺观寄留槥椟之无主者，若暴露遗骸，悉瘗其中"。"绍兴十四年，诏临安府措置漏泽园……选僧二名主管，月给常平钱五贯，米一石"。⑥一直到南宋灭亡，漏泽园一直存在，并遍布全国各地。

宋代官府出钱安葬无主尸骨的救助行为所体现的一些思想值得注意：一是此事"选僧二名主管，月给常平钱五贯、米一石"。僧人日常的主要宗教活动之一

---

① 潜说友：《咸淳临安志》卷 88《恤民》，台湾商务印书馆影印文渊阁《四库全书》。

② 《宋史·徽宗一》。

③ 《宋史·食货上六》。

④ 《宋史·仁宗四》。

⑤ 《宋会要》食货 68 之 112。

⑥ 《咸淳临安志》卷 88《恤民》。

就是超度亡灵，因此此事由僧人主持是最合适的。二是"择高旷不毛之地"收葬，不会占用日益紧张的耕地。三是官府根据埋瘗人数多少给予僧人奖励，使他们有长期从事这项工作的积极性。熙宁三年（1070 年），神宗下诏："开封府界僧寺旅寄棺枢，贫不能葬，令畿县各度官不毛之地三五顷，听人安厝，命僧主之。葬及三千人以上，度僧一人，三年与紫衣；有紫衣，与师号，更使领事三年，愿复领者听之。"①

（三）城市防火灭火思想

在宋代城市经济的飞速发展中，城市火灾频繁发生。据学者研究，宋代城市火灾有 3 个特点：一是频繁出现，持续时间较长；二是受灾地域广；三是灾情严重。宋代火灾多发，其原因是多方面的，但最主要的原因应是随着城市经济的发展，城市居民数量大幅增加，人口密度较大，住房拥挤。加上宋代房屋大多数以木结构为主，所以很容易引起火灾，而且一烧火就酿成大灾。如南宋都城"临安城郭广阔，户口繁伙，民居屋宇高森，接栋连檐，寸尺无空，巷陌壅塞，街道狭小，不堪其行，多为风烛之患"②。宋宁宗嘉泰元年（1201 年）和宋理宗嘉熙元年（1237 年）临安府两次火灾，延烧房屋竟达三五万家，灾情非常严重。孝宗淳熙十四年（1187 年）成都府失火，因"府有棋盘市，俗言孔明八阵营也，居民栉比，一燎无遗"③。

宋代城市火灾的频繁发生，严重威胁着市民的生命和财产的安全，成为城市经济发展的障碍。为此，宋朝政府制定了一套防火救火制度，加强城市管理，其措施主要有以下几个方面：

其一，宋政府为防止火灾发生，建立了一套严密的防火规章制度。宋代京师和州郡严格限制燃火，特别是夜间燃火，防患于未然。北宋"京师火禁甚严，将夜分，即灭烛。故士庶家凡有醮祭者，必先关白厢使，以其焚楮币在中夕之后也"④。对于一些重要机构，宋廷还另外有更严厉的防火规定。如宋真宗大中祥符八年（1015 年），"诏皇城、内诸司、在京百司库务、仓草场无留火烛，如致延燔，所犯人及官吏悉处斩"⑤。当时的秘书省也实行很严格的火禁。宋高宗"绍兴十四年（1144 年），秘书郎张阐言：'本省自来火禁并依皇城法。遇有合用火烛去处，守门亲事官一名专掌押火洒熄。除官员直舍并厨司翰林司监门职级房存留火烛，遇官员上马，主管火烛亲事官监视洒熄，其余去处并不得存留。'有旨依"⑥。由此可见，秘书省的火禁相当严密，合用火烛的地方必须有亲事官

---

① 《宋史·食货上六》。
② 《梦粱录》卷 10《防隅巡警》。
③ 《建炎以来朝野杂记》乙集卷 8《丁未成都火》。
④ 魏泰：《东轩笔录》卷 10，中华书局点校本，1983 年版。
⑤ 《宋会要》刑法 2 之 12。
⑥ 陈骙：《南宋馆阁录》卷 6《故实》，台湾商务印书馆影印文渊阁《四库全书》。

专门掌管，当用完火烛官员离开之际，必须亲自监视用水洒熄。除一些需用火烛的地方外，其余一律不准留用火烛。

从宋代防火的法规条文可以看出，其立法指导思想是禁火、限火，具体而言，主要抓3个方面：一是一些重要的地方禁火，即不许用火；二是如需用火的地方要有专人看管，用完火后在人离开之前，要用水熄灭，并有专人监视；三是用火受时间限制，如规定"夜分即灭烛"，"焚楮处在中夕之后也"。

其二，宋政府设置专门防火机构，负责防火灭火事宜。北宋都城开封的防火、灭火设施较为完备。史载："每坊巷三百步许，有军巡铺屋一所，铺兵五人，夜间巡警，收领公事。又于高处砖砌望火楼，楼上有人卓望。下有官屋数间，屯驻军兵百余人，及有救火家事，谓如大小桶、洒子、麻搭、斧锯、梯子、火叉、大索、铁猫儿之类。"[①] 南宋临安城"官府以潜火为重，于诸坊界置立防隔官屋，屯驻军兵，及于森立望楼，朝夕轮差，兵卒卓望"[②]。除两宋都城外，全国府州治所也设有防火机构。如宣州"潜火队在官衙南，绍兴二十一年，王侯晌置，为土瓦屋三间，收贮梯、桶、钩、搭、绳索、锯斧之属，以备不虞。兵百人，每旬各执其物以陈，例差提督指使一员"[③]。南剑州设有"水铺，在签厅之前。本州与山争地，民多楼居，瞰虚凭高，荛连栋接，一遭回禄，扑灭艰良。绍兴戊寅（1158 年）秋，创造防虞器具，种种毕备，置之水铺。月差禁军看管，轮兵官一员点检，民随时修葺，以为不测之防。今旬呈潜火器者，即水铺之制也"[④]。

由此可见，宋代城市专门防火机构的设置已注意到区位分布的网状化、合理化，即每坊巷三百步许设一所巡铺屋，或诸坊界置立防隔官屋，从而形成严密的城市防火布局。每屋设铺兵、士兵若干人，夜间巡警，随时待命灭火。城内高处还用砖砌成一高楼，名曰望火楼、望楼等，由兵士朝夕轮流在楼上瞭望，察看全城火情。望火楼往往是全城最高的楼塔，成为该城市地标性的建筑。如宋遗民汪元量有诗云："丞相催人急放舟，舟中儿女泪交流。淮南渐远波声小，犹见扬州望火楼。"[⑤] 望火楼下通常还有官屋数间，屯驻军兵百余人，并配备装运水、攀爬、拆房子、牵拉、捆绑等救火工具。望火楼成为全城灭火的中心。如当时临安城内"如有烟燎处，以其帜指其方向为号，夜则易以灯。若朝天门内，以旗者三；朝天门外，以旗者二；城外以旗者一；则夜间以灯如旗分三等也"[⑥]。每当火灾发生，"帅臣出于地分，带行府治内六队救扑，将佐军兵及帐前四队、亲兵

---

① 孟元老：《东京梦华录》卷3《防火》，丛书集成本。
② 《梦粱录》卷10《防隔巡警》。
③ 《永乐大典》卷15140《队》引《宣城志》，中华书局影印本。
④ 《永乐大典》卷14576引《延平志》。
⑤ 汪元量：《水云集》卷1《湖州歌九十八首》，台湾商务印书馆影印文渊阁《四库全书》。
⑥ 《长编》卷354。

队、搭材队，一并听号令救扑，并力扑灭，支给犒赏"①。

宋代大城市除了以望火楼为中心的网状专门防火机构布局外，政府还在一些重要或火险等级高的地方另设巡铺，加强防患于未然。如宋哲宗时，"宣仁既修北宅以奉亲，其母两国太夫人李氏入谢，因请置潜火一铺"②，并引宋仁宗曹后修南宅时创潜火铺为先例。其事后来虽不果，但说明宋廷曾有为皇亲国戚住宅设置专门防火机构的制度。神宗熙宁八年（1075 年）御批："斩马刀局役人匠不少，所造皆兵刃。旧东西作坊未迁日，有上禁军数百人设铺守宿。可差百人为两铺，以潜火为名，分地守宿。"③ 斩马刀局锻造兵刃，火险等级甚高，故专门派遣一百名灭火兵士分两铺防卫。

宋代负有防火灭火职责的军队有两类。一类就是上述巡铺屋、防隅官屋、望火楼下官屋中屯驻的军兵，一般称之为潜火队。他们属于专职消防兵，"每旬各执其物（即梯、桶、钩、搭、绳索、锯斧）以陈"，随时待命救火。这种专职消防兵在宋代城市中数量已不少。如嘉定以后，临安府增置潜火军兵，总计十二隅、七队。十二隅潜火兵士每隅 102 人，共计 1224 人，七队潜火兵士分别为水军队 206 人，搭材队 118 人，亲兵队 202 人，帐前四队 350 人，共计 876 人。另外城南北厢尚有潜火隅兵 1800 人，城外四隅潜火隅兵有 1200 人。据此可知，临安府 23 隅潜火军兵共计 5100 人④。其专职消防兵数量实为惊人！超过现代一座大城市的消防兵总数量。由此可以窥见宋政府对城市消防兵配备的重视以及城市的消防实力。

另一类是当地驻军，往往在火灾发生时听从统一调度指挥，赶赴火灾现场灭火。如北宋后期，开封府"每遇有遗火去处，则有马军奔报军厢主，马步军、殿前三衙、开封府各领军级扑灭，不劳百姓"⑤。北宋时参加京城救火的主要是三衙禁军及京城巡检司，南宋时主要是马步军司及府兵。如宋真宗大中祥符二年（1009 年），诏"令开封府今后如有遗火，仰探火军人走报巡检，画时赴救。都巡检未到，即本厢巡检先救。如去巡检地分遥远，左右军巡使或本地分厢界巡检员僚指挥使先到，即指挥兵士、水行人等与本主同共救泼"⑥。而且三衙禁军对防火有区域分工："捧日四厢都指挥使管旧城里左厢烟火……天武四厢都指挥使管旧城里右厢烟火……龙卫四厢都指挥使管新城里左厢烟火……神卫四厢都指挥使管新城里右厢烟火。"⑦ 南宋绍兴年间，高宗"诏自今临安府遗火，止令马步

---

① 《梦粱录》卷 3《防隅巡警》。
② 《长编》卷 354。
③ 《长编》卷 262。
④ 施谔：《淳祐临安志》卷 6《军营》，宛委别藏本。
⑤ 《东京梦华录》卷 3《防火》。
⑥ 《宋会要》兵 3 之 1。
⑦ 《山堂群书考索》后集卷 47《兵门·三衙》。

军司及府兵救扑，仍预给色号，他军非奉御前处分者，毋得擅出营"①。但是区域分工太严明，则会出现一厢火灾突发后，另一厢袖手旁观，延误了扑救。为了弥补这种缺陷，宋真宗时期规定："在京人户遗火，须候都巡检到方始救泼，致枉烧屋，先令开封府今后如有遗火，仰探火军人走报……巡检地分遥远，左右军巡使或本地分厢界巡检员僚指挥使先到，即指挥兵士、行人等与本主共同救泼，不得枉拆远火屋舍。"② 南宋淳熙四年（1177 年），"诏临安府居民或遇遗火，盖拨马军司潜火官兵，缘地步遥远去处，人力奔趁迟误。自今如众安桥以北，就便令殿前司策选锋军、后军，各差二百五十人，逐急先次前去救扑，仍委统制官部押"③。

从宋代负有防火救火的两类军队可以看出，潜火队等专职消防兵负责平时的警戒、报警及小规模火灾的扑灭等，如遇到较大的火灾，那就调度指挥三衙禁军、京城巡检司、马步军司及府兵救扑。后者均是护卫京都的精锐部队，由此可知最高统治者对城市救火工作的高度重视。宋代主要依靠军队灭火，这种决策是正确的。因为军队训练有素，组织纪律性强，服从命令听指挥，调遣迅速。这些都有利于尽快扑灭火灾，尽可能减少损失。而且如前所引，又可达到"不劳百姓"的效果。军队救火划分各军先后顺序、各自所负责的区域，有利于明确各自的责任，防止遇事互相推诿。

其三，宋政府设火保、创火巷、拆茅屋建瓦屋、备救火用水。宋代设保甲之法，其中就有防火的内容。如《庆元条法事类》卷 8《失火》载："诸州县镇寨城内，每十家为一甲，选一家为甲头，置牌具录户名，印押付甲头掌之；遇火发，甲头每家集一名。救扑讫，当官以牌点数。" 如前所述，宋代城市救火以军队为主，但民间火保组织的救火队有时能发挥军队难以替代的作用。如社会上一些不法之徒以救火之名行趁火打劫的勾当，火保组织的救火队熟悉当地的情况，可以有效地制止这种犯罪行为。如宋神宗时石牧之知温州，"始莅永嘉，病火政素怠，飓风至则燄焰绵亘，奸人利救焚攘夺，吏恬不怪，寝以成弊。因举行火保之令，预为约束，使知有犯联坐。一日火作，亲率部伍，视畚捔缲缶之不悉力者收之，余悉竞前，倾顷而扑灭。自是其弊遂革"④。石牧之利用结火保救火，从中抓捕趁火打劫者，使其余救火者个个奋勇当先，很快就把火灾扑灭。

宋代由于城市人口密集拥挤，加上多数为木结构房屋，鳞次栉比，故很容易一旦失火，就酿成大火灾。为了防止火灾的蔓延，宋代创防火墙或空留隔离带作防火巷。宋神宗熙宁九年（1076 年），提举在京寺务司鉴于大相国寺泗州院失

① 《建炎以来系年要录》卷 56。
② 《宋会要》兵 3 之 1。
③ 《宋会要》瑞异 2 之 37。
④ 苏颂：《苏魏公文集》卷 55《朝议大夫致仕石君墓碣铭》，台湾商务印书馆影印文渊阁《四库全书》。

火，奏请："绕寺庭高筑遮火墙。"① 宋哲宗元祐七年（1092 年），开封府发生火情，礼部侍郎范祖禹建议："当申严火禁，或筑墙以为隔限，亦可以备患矣。"② 绍兴三年（1133 年），宋高宗对辅臣说："被火处每自方五十间，不被火处每自方一百间，各开火巷一道，约阔三丈，委知、通躬亲相视，画图取旨。"③ 宋孝宗淳熙年间，宗室赵善俊任知鄂州，"未至，南市大火，焚万室，客舟皆烬，溺死千计。君驰往视事，辟官舍出仓粟以待无所于归之人，弛竹木税，开古沟，创火巷，以绝后患"④。由上可见，筑火墙开火巷是防火灾的有效措施，当时已被普遍使用。

除筑火墙开火巷外，宋人把易于失火的茅竹木屋翻盖成瓦屋，也是有效的防火措施。如宋初大将曹克明在率兵平定广南后，发现"岭外民居结茆而已，虽严火禁不能弭患。克明……命北军教以陶埴，民始为瓦舍，自是其患遂平"⑤。总之，通过陶瓦代替茅草屋顶，大大减少了火灾事故。

在宋代当时的科技条件下，灭火的主要手段就是用水洒熄。因此，宋人很注意备水防火灭火。如北宋初，王祐在宿州"课民凿井修火备"⑥。宋太宗时，秘书丞王懿任知袁州，"时州多火灾，疏唐李渠以备之。民歌曰：李渠塞，王君开，四民惠利绝火灾"⑦。南宋时，州县"治舍及狱须于天井之四隅，各置一大器贮水。又于其侧，备不测取火之器。市民团五家为甲，每家贮水之器各实于门，救火之器分置，必预备立四隅，各隅择立隅长以辖焉"⑧。可见，宋代备水防火灭火的办法较多，可通过凿井，疏通水渠，用器皿水桶贮水等。

更为难能可贵的是，宋人在城市建设规划中，把贮水以备火灾也考虑在内。如苏轼知杭州时，在治理堙塞其半的西湖时，"湖水所过，皆阛阓曲折之间，颇作石柜贮水，使民得汲用浣濯，且以备火灾，其利甚博"⑨。

其四，宋政府对火灾的赈恤与奖惩。宋代城市失火后，朝廷往往采取一些救助性措施，帮助灾民渡过难关。其主要措施有以下 3 个方面：一是为灾民提供临时住房，帮助他们尽快修建房屋。火灾最直接严重的后果是让被灾之家无处可居，因此政府救助的当务之急就是安置灾民，并帮助他们重建家园。如宋高宗绍兴二年（1132 年）八月，诏："临安府被火百姓，许于法慧寺及三天竺寺等处权

---

① 《宋会要》职官 25 之 10。

② 《长编》卷 469。

③ 《宋会要》瑞异 2 之 36。

④ 周必大：《文忠集》卷 63 《中大夫秘阁修撰赐紫金鱼袋赵君善俊神道碑》，台湾商务印书馆影印文渊阁《四库全书》。

⑤ 曾巩：《隆平集》卷 18 《武臣·曹克明》，台湾商务印书馆影印文渊阁《四库全书》。

⑥ 《宋史·王祐传》。

⑦ 《江西通志》卷 60 《名宦》，台湾商务印书馆影印文渊阁《四库全书》。

⑧ 《州县提纲》卷 2 《备举火政》。

⑨ 《苏轼文集》卷 30

安泊,应客店亦许安下,免出房钱。"① 二是为灾民发放粮食钱款。火灾往往不仅烧掉的是灾民房屋,甚至连家里的粮食、财产等也付之一炬,所以发放救灾粮食、钱款也是重要的赈济措施。如宁宗嘉定十三年(1220年)十二月七日,"诏令封桩库支拨会子二万八千一百一十六贯,仍令提领丰储仓所取拨米三千四百三十九石八斗,并付临安府,照应供到数目,逐一等第给散被火全烧、全拆并半烧、半拆及践踏人户"②。理宗嘉熙元年(1237年),临安府失火,朝廷"出内库缗钱二十万给被灾之家"③。三是减免被火之灾的赋税和差科,蠲免救灾物资的商税。高宗绍兴二年(1132年)八月,诏:"临安府被火百姓……其四向买贩木植、芦箔、竹筏,并不得抽分收税。官私房钱不以贯百,并放五日。"④ 宁宗嘉定十三年(1220年)九月,诏"庆元府将被火官民户及寺观未纳嘉定十三年分秋料、役钱,特与蠲放,其已纳在官,理充嘉定十四年分合纳之数"⑤。

宋政府为激励将士奋勇扑灭火灾,对救灾有功人员予以升官或赐钱的奖赏。如宋英宗治平二年(1065年),开封府新城巡检杨遂率兵扑灭濮王宫火,被擢升邓州防御使、步军都虞候⑥。高宗绍兴二年(1132年),临安府火灾被扑灭后,"赐神武中右军忠锐第五将马步军、修内司救火卒三千人钱各一千"⑦。与此相反,对于失火事故责任者以及坐视不救或救火不得力的官员等予以惩罚,以示儆诫。如高宗绍兴三年(1133年),保义郎李珙"置火楼上,不用心看顾,致延烧民居四百六十余间",诏降一官放罢⑧。理宗淳祐十二年(1252年),临安火灾,诏:"行失火家罚,成忠郎刘世显除名编管。"⑨ 宋人在处罚失火事故责任人时已充分注意到失火造成的损失大小以及故意放火或无意失火的区别。如高宗绍兴四年(1134年),"诏临安府失火,延烧官私仓宅及三百间以上,正犯人作情重法轻奏裁,芦草竹板屋三间比一间,五百间以上取旨"⑩。后又以火灾损失轻重比附定罪,烧毁财产价值万缗,与烧毁瓦屋三百间同罪,财产价值五千缗,与烧毁茅屋五百间同罪。宋代法律对故意放火与无意失火的处罚轻重大不相同。对故意放火犯罪者量刑较重:"诸故烧人舍屋及积聚之物而盗者,计所烧减价,并赃以强盗论。"⑪ 按照这条法律规定,烧毁和盗窃总计绢值十匹者,处以绞刑。而只

---

① 《宋会要》食货59之23。
② 《宋会要》食货58之32—33。
③ 《宋史全文》卷33。
④ 《宋会要》食货59之23。
⑤ 《宋会要》职官4之51。
⑥ 《宋史》卷349《杨遂传》。
⑦ 《建炎以来系年要录》卷61。
⑧ 《宋会要》职官73之14。
⑨ 《宋史全文》卷34。
⑩ 《建炎以来系年要录》卷74。
⑪ 《宋刑统》卷19《贼盗律》。

烧不盗的,故烧人屋舍、蚕簇及五谷财物积聚者,首处死,随从者决脊杖二十①。对无意失火的责任人处罚相对较轻:"诸失火及非时烧田野者,笞五十"②;"诸官府廨院应住家处失火者,论如非时烧田野律"③。

宋代对失火部门或地区玩忽职守的官吏追究责任。宋真宗时,监在京百万仓、职方员外郎李枢"坐不谨火禁,谪监真定府酒税"④。宋仁宗宝元元年(1038年),"三司言:'山场、榷务自今火焚官物,其直万缗以上者,监官并勒停,主吏配别州牢城。'从之"⑤。对于坐视不救和救火措施不得力的官员,治以渎职之罪。宋仁宗庆历八年(1048年),江宁府失火,知府李宥以为骄兵叛乱,闭门不敢救火,延烧殆尽。朝廷"寻责宥为秘书监,直令致仕"⑥。宋孝宗乾道三年(1167年),"诏武德大夫、侍卫步军司武锋军统制官钱卓特降三官,坐真州、六合遗火,不措置救扑故也"⑦。宋代对各种失火事故责任的追究处治,在一定程度上起到了惩戒劝勉作用⑧。

(四) 城市市政管理与建设思想

1. 城市交通管理与建设思想

宋代商业的发展大大超过前代。大城市十分繁华,贸易活动突破了坊与市、白昼与黑夜的界限。从孟元老的《东京梦华录》记载可以看出,街衢上到处可以开设店铺,而且由于店铺越来越多,有的店铺为了扩大营业面积,连通衢大道也要侵占。为了保证街道的交通畅通,宋政府屡下诏书,对侵街进行治理。如开宝九年(976年),宋太祖"宴从臣于会节园,还经通利坊,以道狭,撤侵街民舍益之"⑨。天圣二年(1024年),宋仁宗规定:"京师民居侵占街衢者,令开封府榜示,限一岁依元立表木毁拆。"⑩ 但是,侵街的现象似乎很难杜绝,经常是拆了又盖,死灰复燃。一直到南宋时期,官府仍不时采取强硬的措施,一律拆除侵街的民舍。如淳熙三年(1176年),宋孝宗下诏:"临安府都亭驿至嘉会门里一带居民,旧来侵占官路,接造浮屋。近缘郊祀大礼拆去,旋复搭盖。如应日前界至,且听依旧。其今次侵展及官路大段窄狭去处,日下拆截。其余似此侵占去

---

① 《宋刑统》卷27《杂律》。

② 《宋刑统》卷27《杂律》。

③ 《庆元条法事类》卷80《失火》。

④ 《忠肃集》卷13《职方员外郎李君墓志铭》。

⑤ 《长编》卷121。

⑥ 《长编》卷162。

⑦ 《宋会要》职官71之17。

⑧ 本目主要参考汪圣铎:《宋代火政研究》一文,载《宋代社会生活研究》(人民出版社2007年版)。笔者在此基础上,提出一些自己的见解。

⑨ 《长编》卷17。

⑩ 《长编》卷102。

处，令本府相度开具以闻。"① 宋代不仅京师居民侵街，甚至连地方州县城里，也有此类现象。如柴成务知河中府日，"尝患府衢狭隘，市民岁侵，簷间节密，几辋之不容……遂奏乞撤民居以广街衢，可之"②。

宋代居民侵街不仅影响城市交通，而且还是消防的隐患，因此，一些地方官颇重视对侵街现象的治理。如嘉祐四年（1059 年），"右谏议大夫周湛知襄州。襄人不善陶瓦，率为竹屋。岁久，侵据官道，簷庑相逼，故火数为害。湛至，度其所侵，悉毁撤之，自是无火患"③。

宋廷除了对侵街采取强硬的撤除措施外，有时对一些侵街现象也采取经济手段加以控制。如元丰二年（1079 年），朝廷开始征收"侵街钱"④。到了宋徽宗时期，则征收"侵街房廊钱"⑤。

在拆除沿路侵街民房的同时，宋廷为了给行人遮风挡雨雪，在城市某些街道两旁建"廊"。如汴京"坊巷御街，自宣德楼一直南去，约阔二百余步。两边乃御廊，旧许市人买卖于其间，自政和间官司禁止。各安立黑漆杈子，路心又安朱漆杈子两行。中心御道，不得人马行往，行人皆在廊下朱杈子之外"⑥。南宋临安府也有"廊"的建筑。如绍兴三年（1133 年），臣僚奏称："勘会行宫南门里并无过廊，百官趋朝冒雨泥行。"高宗便令"梁汝嘉同修内司官就东廊旧基营盖"⑦。

宋代，政府已有较强的交通安全意识，在街路及河流岸边设置安全标记或设施，以防交通事故，保证过往行人和车马安全。如在汴京，"汴水湍急，失足者随流而下，不可复活。旧有短垣以限往来，久而倾圮，民佃以为浮屋"⑧。元祐年间，方达源为御史，建议朝廷应重修短垣，得到批准。当时杭州"城中旧无门栏，沿河惟居民门首各为栏障，不相联属。河之转曲，两岸灯火相值。醉者夜行经过，如履平地，往多溺死，岁以数十百人计。自王宣子尹京，始于抽解场材置大木栏。城内沿河皆周匝，每船步留一门，民始便之"⑨。这些安全措施对于保障人民生命与财产安全，减少交通事故，保证人流、物流畅通，发挥了应有的作用。

宋代，许多城市都处在水陆交通要道，因此桥梁和河流水道成为城市的重要交通设施。据《东京梦华录》所载，汴京城有蔡河、汴河、五丈河和金水河穿

---

① 《宋会要》方域 10 之 8。
② 《玉壶清话》卷 3，中华书局点校本，1984 年。
③ 《长编》卷 190。
④ 《长编》卷 297。
⑤ 《文献通考》卷 19《征榷六》。
⑥ 《东京梦华录》卷 2《御街》。
⑦ 《宋会要》方域 2 之 11。
⑧ 王明清：《挥麈后录》卷 7，丛书集成本。
⑨ 《说郛》卷 30 上《行都纪事》。

过，其中横跨于汴河之上的桥有 13 座，蔡河之上有 11 座、五丈河之上有 5 座、金水河之上有 3 座。这些桥梁附近往往是商业交易集市，车马、舟船、行人往来频繁，容易造成交通拥挤堵塞。这就要求在修建桥梁时，必须考虑载重、通航与泄洪等因素。如景德二年（1005 年），"改修京新城诸门外桥，并增高之，欲通外濠舟楫使人故也"①。大中祥符元年（1008 年），"诏在新旧城里汴河桥八座，令开封府除七座放过重车外，并平桥只得座车子往来"②。显然，汴京建桥要考虑桥拱的高度，使舟船能顺畅通过，并计算桥梁的承载能力，使"重车"能够安全往来。

除此之外，宋廷还对桥梁实施交通管理。如大中祥符二年（1009 年），"诏京城汴河诸桥差人防护，如闻邀留商旅舟船，官司不为禁止，自今犯者坐之"③。对于一些妨碍交通、违规修建的桥梁，一般予以拆除。如大中祥符五年（1012 年），"帝曰京城通津门外新置汴河浮桥，未及半年，累损公私船，经过之际，人皆忧惧。寻令阎承翰规度利害，且言废之为便，可依奏废拆"④。宋政府还规定，桥面不得搭盖铺屋，从事商业活动，以造成交通拥挤堵塞。如天圣三年（1025 年），田承税进言："河桥上多是开铺贩鬻，妨碍会篝及人马车乘往来，兼损坏桥道，望令禁止。违者，重置其罪。"⑤

北宋时期，朝廷采取守内虚外、强干弱枝的国策，汴京周围屯驻重兵。这些军队的供给，主要依靠河流漕运。故张方平说："国依兵而立，兵以食为命，食以漕运为本，漕运以河渠为主"，而且"汴河之于京师，乃是建国之本，非可与区区沟洫水利同言"⑥。因此，保持漕运畅通是国家大事。宋初，"汴都仰给漕运，故河渠最为急务。先是调丁夫开浚淤浅，糇粮皆民自备"⑦。

北宋杭州城内有茅山河、盐桥运河、市河、清湖河等穿过。尤其是盐桥运河，横贯全城达十四五里，因"日纳湖水，泥沙浑浊，一汛一淤，比屋之民，委弃草壤，因循填塞"⑧。每次开凿之后，因泥沙堆放不当，致使"房廊、邸舍，作践狼藉，园圃隙地，例成丘阜。积雨荡濯，复入河中，居民患厌，未易悉数"⑨。元祐年间，苏轼知杭州，亲率士民开浚茅山、盐桥二河。尔后，他又奏

① 《宋会要》方域 13 之 19。
② 《宋会要》方域 13 之 19。"重车"究竟承载多重，目前还不清楚。但据《东京梦华录》卷 3《般载杂卖》所载，宋代"东京般载车，大者曰'太平'……前列骡或驴二十余，前后作两行，或牛五七头拽之……可载数十石"。
③ 《宋会要》方域 13 之 19—20。
④ 《宋会要》方域 13 之 20。
⑤ 《宋会要》方域 13 之 21。
⑥ 《长编》卷 269。
⑦ 《长编》卷 1。
⑧ 《宋史·河渠七》。
⑨ 《宋史·河渠七》。

请朝廷"于钤辖司前置一牐，每遇潮上，则暂闭此牐。候潮平水清复开，则河过阛阓中者，永无潮水淤塞、开沟骚扰之患"①。

南宋时期，官府也组织过几次大规模的清理河道工程。如绍兴八年（1138年），"命守臣张澄发厢军、壮城兵千人，开浚运河湮塞，以通往来舟揖"②。乾道四年（1068年），"守臣周淙出公帑钱招集游民，开浚城内外河，疏通淤塞"③。

2. 城市供水、排水与卫生管理思想

从古至今，在城市市政建设中，供水、排水均是十分重要并不易解决的问题。宋政府重视这些问题，采取了一些措施，动员了大量的人力、物力、财力，把供水、排水设施纳入城建规划之中。

北宋时期，汴京城内人口众多，凿井汲水是百姓生活用水的重要来源。如大中祥符二年（1009年），官府在汴京城内开挖方井，"官寺、民舍皆得汲用"④。庆历六年（1046年），宋仁宗"诏开封府久旱，民多喝死，其令京城去官井远处益开井。于是八厢凡开井三百九十"⑤。此外，朝廷还派人负责管理。如大观四年（1110年），慕宗亮向徽宗进言："天下当过街路与旅店中，有井无栏木。其上件坑井若是阴黑，无眼人或有酒人遗身在内，必害性命。臣今欲乞天下当过往街路有井无栏木，令地主修置……如井栏损动，即令修补，常要牢固。"⑥ 尔后，朝廷采纳了他的奏言，规定：各州城的井栏维修由地方负责，汴京城内的井栏由工部、将作监、都水监共同管理，负责维修。

杭州城因濒江临海，水呈咸味，城内淡水供应常常不足，历代知州都很重视水井设施。北宋时期，城内著名的水井有六眼。井水之源取汲于西湖，用瓦筒装在石槽之内，引西湖之水输往各井。南宋时期，"杭城内外，民物阜蕃。列朝帅臣，常命工井撩井泉，以济邦民之汲，庶无枯涸之忧"⑦。

但是，由于井水毕竟水量有限，很难满足日益增多的城市人口生活用水，因此，宋廷组织建设规模宏大的调水工程。建隆二年（961年）春，宋太祖命陈承昭率水工凿渠，"引水过中牟，名曰金水河，凡百余里，抵都城西，架其水横绝于汴，设斗门，入浚沟，通城濠，东汇于五丈河，公私利焉"⑧。大中祥符二年（1009年），宋真宗又命供备库使谢德权决金水，"自天波门并皇城至乾元门，历天街东转，绕太庙入后庙，皆甃以碏甓，植以芳木，车马所经，又累石为间梁"⑨。

---

① 《宋史·河渠七》。
② 《宋史·河渠七》。
③ 《宋史·河渠七》。
④ 《宋史·河渠四》。
⑤ 《长编》卷158。
⑥ 《宋会要》方域10之6。
⑦ 《梦粱录》卷11《井泉》。
⑧ 《宋史·河渠四》。
⑨ 《宋史·河渠四》。

除京城之外，一些州县城也有规模较大的调水工程。如连州城，因群山环抱，土质干涸，故而水源不足。当地政府便征调民夫，引湟水入城，"仓廪、府库，官之廨宇皆得以周济，岁旱则引其流环之城中。盖民屋、吏家、僧居道室、军士之垒，与夫沟池之浸润，园圃之灌溉，鲜不赖其施者"①。

城市排水，主要指排放城市的生活污水与雨水，是城市公共设施不可缺少的部分。宋政府为了保证水道畅通，注重改造和疏浚旧河道。从史书记载可知，汴京城内大街小巷均有明沟暗渠等排水设施。城中有四条主要干线称为御路，其中心为街道，两边均有砖砌的水沟。这些街巷的沟渠与穿城河道、三重城濠组成一个完善的排水系统。江西赣州城内至今仍有宋代地下排水系统遗址。

宋代严禁房舍侵压水口，也是完善城市排水设施的一项重要内容。如建康城内有一条河流称作"青溪"，与长江相通。后来，豪富之家多缘河筑屋，并截断水口，营建花圃，结果是"每水流暴至，则泛溢浸荡，城内居民，尤被其害"②。到了宋孝宗乾道年间，才得以开浚。又如杭州，房屋侵压河道的现象也很严重。元祐五年（1090年），苏轼指出："盐桥运河岸上，有治平四年提刑元积中所立石刻，为人户屋舍侵占牵路已除拆外，具载阔狭丈尺。今方二十余年，而两岸人户复侵占牵路，盖屋数千间，却于屋外别作牵路，以致河道日就浅窄。准法据理，并合拆除。本州方行相度，而人户相率经州，乞遍逐人家后丈尺，各作木岸，以护河堤。仍据所侵占地量出赁钱，官为桩管准备修补木岸。"③ 这些措施，对于维护河道畅通发挥了应有的作用。

宋代，由于城市人口的大量增加和工商业的兴盛以及战乱等，使城市的生活垃圾与污物日益增多，由此造成城市卫生和环境的恶化。这不仅影响市容市貌，而且极易引起疫疾的流行，危及居民的健康乃至生命。如庆元府城江东米行河，"两岸居民节次跨河造棚，污秽窒塞，如沟渠然，水无所泄，气息薰蒸，过者掩鼻"④。该府慈溪县城的市河，"雨集则溢溢沉垫，已则污秽停蓄，气壅不宣，多起疫疫"⑤。常州城的后河，自南宋初"复罹兵祸，夹河民居荡为瓦砾，悉推纳其中，又继居者多冶铁家子，顽矿余滓，日月增益，故其地转坚悍"⑥。不仅是一般城市，甚至连都城的卫生环境也差强人意。淳熙"七年，守臣吴渊言：'万松岭两旁古渠，多被权势及百司公吏之家造屋侵占，及内砦前石桥、都亭驿桥南

---

① 《西塘集》卷3《连州重修车陂记》。
② 《宋史·河渠七》。
③ 《苏轼文集》卷30《中三省起请开六湖状》。
④ 《宝庆四明志》卷12《鄞县志一·叙水》。
⑤ 楼钥：《攻媿集》卷59《慈溪县兴修水利记》，台湾商务印书馆影印文渊阁《四库全书》。
⑥ 张国维：《吴中水利全书》卷24载邹补之《武进县重开后河记》，台湾商务印书馆影印文渊阁《四库全书》。

北河道，居民多抛粪土瓦砾，以致填塞，流水不通'"①。面对严重的环境卫生问题，宋政府采取了一些治理措施。

其一，注意垃圾、污秽的日常清理。在南宋临安府城政府雇人专门从事街市、沟渠垃圾、污物的清理，"有每日扫街盘垃圾者，每日支钱犒之"；"街道巷陌，官府差顾淘渠人沿门通渠；道路污泥，差顾船只搬载乡落空闲处"②。洪迈的《夷坚志》提到卜者戴确，"居临安三桥，为卜肆。有乞丐者，结束为道人，褴褛憔悴，以淘渠取给"，"日日从役污渠中"③。除了政府直接雇人进行日常清理外，民间也有从事收集垃圾、粪便、馊水的人员。他们或从垃圾中挑拣破旧物品，或用馊水来喂养家畜，或将粪便运至农村作肥料。临安城内，"人家有泔浆，自有日掠者来讨去。杭城户口繁伙，街巷小民之家，多无坑厕，只用马桶，每日自有出粪人瀽去，谓之倾头脚，各有主顾，不敢侵夺。或有倾夺，粪主必与之争，甚者经府大讼，胜而后已"④。

其二，禁止居民乱倒垃圾。宋人已认识到要维护城市的环境卫生，禁止居民随意倾倒垃圾、废物是关键。对此，不少城市官府均颁布了有关禁令。如绍兴四年（1134 年），刑部上言："临安府运河开撩，渐见深浚，今来沿河两岸居民等，尚将粪土瓦砾抛掷已开河内，乞严行约束。"由是朝廷下大理寺立法，禁止这种行为的发生，如"辄将粪土瓦砾等抛入新开运河者，杖八十"⑤。宝庆三年（1227 年），袁州官府疏浚李渠后，明令"弃粪除、破缶及架厨溜溷溜于渠上者，皆有禁"。同时，又组织民众进行日常维护和检查，将沿渠 200 户居民编为甲户，"令五家结为一甲，互相纠察"，每三甲推举一人为甲首，"常切点检，遇有此等及渠岸颓圮之类，甲首即报知渠长"⑥。

其三，重视对城市中沟渠、湖泊等水系的大规模清理、疏通和保护。城市由于人口的密集，加上卫生习惯不文明，许多垃圾、污物被随意抛置，或倾倒入沟渠里。这些垃圾、污物量大，清理困难，单靠由官府雇人或民间对垃圾的日常清理往往难以清除干净。时间一长，垃圾成堆，沟渠淤积。因此，每隔一段时间，官府往往还要对城区沟渠进行全面彻底的清理，才能确保城市的环境卫生。如南宋温州"生养之盛，市里充满，至于桥水堤岸而为屋，其故河亦狭矣，而河政又以不修。长吏岁发闾伍之民以浚之，或慢不能应，反取河滨之积实之渊中。故大川浅不胜舟，而小者纳污藏秽，流泉不来，感为厉疫，民之病此，积四五十年

① 《宋史·河渠七》。
② 《梦粱录》卷 13 《诸色杂货》。
③ 《夷坚志》乙志卷 20 《神霄宫商人》。
④ 洪迈：《梦粱录》卷 13 《诸色杂货》，中华书局点校本，1981 年版。
⑤ 《宋会要》方域 17 之 21。
⑥ 《江西通志》卷 15 《水利二》。

矣"①。淳熙四年（1177 年），新任知州"用州之钱米有籍无名者合四十余万，益以私钱五十万，命幕僚与州之社里长募闲民，为工一万三千有奇，举环城之河以丈率者二万三百有奇，取泥出壍，两岸成丘。村农闻之，争喜负去，一日几尽。毕事，则天雨两旬，于是洒濯流荡，而水之集者，深漫清泚，通利流演，虽远坊曲巷，皆有轻舟至其下，民既得以舒郁滞，导和乐"②。

江南城市或郊区大多分布一定数量的湖泊，是居民生活用水的主要来源，也是人们休闲的好地方。宋代不少地方官员重视对这些湖泊的治理与保护。如北宋的杭州（南宋改称临安）西郊的西湖是全城居民最基本的供水源，也是著名的风景区，北宋哲宗时期已埋塞其半。元祐年间，苏轼知杭州时，对其进行了较为彻底的治理③。尔后又采取以湖养湖的办法，以西湖每年"所有新旧菱荡课利钱，尽送钱塘县尉司收管，谓之开湖司公使库，更不得支用，以备逐年雇人开葑撩浅"④。进入南宋以后，临安成为都城，朝廷更重视对西湖的治理与保护。政府设置撩湖军兵，专一负责日常的开撩事务，防止其埋塞。如绍兴十九年（1149 年），知府汤鹏举向朝廷条具两项开撩西湖事宜：其一，"检准绍兴九年八月指挥，许本府招置厢军兵士二百人，现管止有四十余人。今已措置拨填，凑及原额。盖造寨屋、舟船，专一撩湖，不许他役"；其二，"契勘绍兴九年八月指挥，差钱塘县尉兼管开湖职事，臣今欲专差武臣一员，知、通逐时检察，庶几积日累月开撩，不致依旧埋塞"⑤。

五、政府救助思想

（一）宋代的灾害及影响

宋代的灾害，根据王德毅的研究，有十余种，即水灾、旱灾、火灾、蝗灾、鼠灾、疫疠、风灾、地震、山崩与兵灾等，其中除兵灾和部分火灾是人为的外⑥，其余均是自然灾害。据不完全统计，两宋时期，水灾、旱灾、蝗灾、地震、疾疫，以及风、雹、霜灾等六类主要自然灾害共发生 1219 次。其中，水灾465 次，占 38%；旱灾 382 次，占 31%；蝗灾 108 次，占 9%；地震 82 次，占7%；疾疫 40 次，占 3%；风、雹、霜灾 142 次，占 12%⑦。在以上各种灾害中，又以水旱之灾最为频繁，是最具危害性的两种灾害。

宋代灾害所造成的后果是严重的。一般说来，大多数灾害都会引起粮食歉

---

① 《叶适集·水心文集》卷 10《东嘉开河记》。
② 《叶适集·水心文集》卷 10《东嘉开河记》。
③ 参见本节第四目"对水土资源的保护和利用的思想"。
④ 《苏轼文集》卷 30《申三省起请开湖六条状》。
⑤ 《咸淳临安志》卷 32《山川志·湖》。
⑥ 王德毅：《宋代灾荒的救济政策》第 11 页，台北：中国学术著作奖助委员会，1970 年。
⑦ 康弘：《宋代灾害与荒政述论》，载《中州学刊》1994 年第 5 期。

收，造成饥荒。如熙宁六年（1073 年）七月至次年三月，连晴无雨，干旱长达 8 个月，受灾地区遍及北方诸路及淮南地区。"中户以下，大抵乏食，采木实草根以延朝夕。"①

灾害不仅给民众带来饥荒，有的还大量毁坏民舍，使百姓居无住所，失去庇身之地。如仁宗嘉祐元年（1056 年），京师自五月起一直到六月，大雨连绵不断，结果水冒安上门，"坏官私庐舍数万区"②。地震次数虽不及水灾，但对房屋的破坏是最具杀伤力的。如徽宗宣和七年（1125 年）七月，甘肃熙和路发生强地震，土地"有裂数十丈者，兰州尤甚，陷数百家，仓库俱没"③。火灾，尤其是特大火灾，对民居的吞噬也是相当残酷的。如绍兴十年（1140 年）七月，"临安大火，延烧城内外室屋数万区"④。淳熙十二年（1185 年）十月初十日夜，鄂州"居民遗火延烧万家，焚溺者千余人"⑤。

饥荒和失去庇身之所的最直接连锁反应是出现大量流民，或更有甚者就是导致死亡。灾害造成人员的伤亡有两种情况：一是灾害发生时直接就导致大量人员伤亡，如景祐四年（1037 年）十二月，忻、代、并三州"地震坏庐舍，覆压吏民。忻州死者万九千七百四十二人，伤者五千六百五十五人，畜牧死者五万余。代州死者七百五十九人，并州千八百九十人"⑥。又如元祐六年（1091 年），苏轼在杭州报告说："浙西二年诸郡灾伤，今岁大水，苏、湖、常三州水通为一，杭州死者五十余万，苏州三十万，未数他郡。"⑦ 二是灾害发生后引起饥荒或疾疫，最后导致灾民饿死或病死。如干旱、洪涝、病虫害等造成的大量人口死亡，多是在灾害后的饥荒中死去的。如明道二年（1033 年），"南方大旱，种饷皆绝，人多流亡，因饥成疫，死者十二三"⑧。又如元祐五年（1090 年）七月十五日，苏轼在《奏浙西灾伤第一状》中说：熙宁浙西灾伤，"天旱米贵……饥馑既成，继之以疾疫，本路死者五十余万人，城郭萧条，田野丘墟，两税课利，皆失其旧"⑨。

无论是灾害带来的饥荒、毁坏民舍，还是因此而逃移、病死或饿死，都会给社会造成很大的冲击，从而引起动荡不安，甚至爆发激烈的暴力对抗。如当灾害带来严重的饥荒时，民众为了使最低的生存条件得到维持，便会采取一切可能的手段来获取食物，甚至不惜冒着酷刑砍头的风险。由此，必然导致社会的失序和

---

① 《长编》卷 252。
② 《宋史·五行一》。
③ 《宋史·五行五》。
④ 洪迈：《夷坚志再补·裴老智数》，中华书局点校本，1981 年版。
⑤ 《宋会要》食货 58 之 18。
⑥ 《长编》卷 120。
⑦ 《文献通考》卷 26《国用四·振恤》。
⑧ 《文献通考》卷 304《物异十·恒阳。》
⑨ 《苏轼文集》卷 31《奏浙西灾伤第一状》。

失衡状态。

灾害即使没有引发强烈的暴力冲突，但是只要数量巨大的流民群进入一定的地区，必然急剧地改变这个地区的衣、食、住、行、人口构成以及社会秩序等等状态。原来的平衡一下子被打破，社会于是处于动荡之中。总之，无论是激烈的暴力冲突，还是一般的社会秩序失衡等，对统治者的政权来说都是十分不利的，他们是不愿意看到这种局面出现的。

宋代统治者把具有稳定社会、加强社会控制作用的政府救助作为长治久安的一项施政重点。因此，宋代统治者重视政府救助工作，正如《宋史·食货上六》所载：

> 水旱、蝗螟、饥疫之灾，治世所不能免，然必有以待之，《周官》'以荒政十有二聚万民'是也。宋之为治，一本于仁厚，凡振贫恤患之意，视前代尤为切至。诸州岁歉，必发常平、惠民诸仓粟，或平价以粜，或贷以种食，或直以振给之，无分于主客户。不足，则遣使驰传发省仓，或转漕粟于他路；或募富民出钱粟，酬以官爵，劝谕官吏，许书历为课；若举放以济贫乏者，秋成，官为理偿。又不足，则出内藏或奉宸库金帛，鬻祠部度僧牒；东南则留发运司岁漕米，或数十万石，或百万石济之。赋租之未入、入未备者，或纵不取，或寡取之，或倚阁以须丰年。宽逋负，休力役，赋入之有支移、折变者省之，应给蚕盐若和籴及科率追呼不急、妨农者罢之。薄关市之征，鬻牛者免算，运米舟车除沿路力胜钱。利有可与民共者不禁，水乡则蠲蒲、鱼、果、菇之税。选官分路巡抚，缓囚系，省刑罚。饥民劫囷窖者，薄其罪；民之流亡者，关津毋责渡钱；道京师者，诸城门振以米，所至舍以官第或寺观，为渖糜食之，或人日给粮。可归业者，计日并给遣归；无可归者，或赋以闲田，或听隶军籍，或募少壮兴修工役。老疾幼弱不能存者，听官司收养。水灾州县具船筏拯民，置之水不到之地，运薪粮给之。因饥疫若厌溺死者，官为埋祭，厌溺死者加赐其家钱粟。京师苦寒，或物价翔踊，置场出米及薪炭，裁其价予民。前后率以为常。蝗为害，又募民扑捕，易以钱粟，蝗子一升至易菽粟三升或五升。诏州郡长吏优恤其民，间遣内侍存问，戒监司俾察官吏之老疾、罢软不任职者。

简而言之，宋朝在灾荒发生时通过各种途径筹集粮食救济灾民，减免或暂缓赋税的交纳和徭役的征派，减轻刑罚，安顿流民，给予起码的吃住，灾后遣归回乡，或就地给田安置，或招募从军和兴修工程，因饥疫死亡者政府予以收埋，募民捕捉蝗虫予以奖励。这里虽然未涉及宋代的所有政府救助工作，但其主要工作已基本提到。在各式各样的政府救助工作中，宋人提出了不少十分可贵的政府救助管理思想，下面分灾前政府救助思想、受灾时期政府救助思想和灾后与平时政府救助思想三部分简要予以介绍。

（二）灾前政府救助思想

层出不穷的灾害往往造成严重的社会问题，引起社会的无序和混乱，更有甚者发展成为声势浩大的农民起义，带来严重的社会动荡，对国家政权造成强有力的冲击。为了安定社会，维护统治，宋代统治者企图从源头遏制灾害的发生。正如司马光所指出的："是以稍遇水旱蝗螟，则糇粮已绝，公私索然，无以相救。仰食县官，既不能周，假贷富室，又无所得。此乃失在于无事之时，不在于凶荒之年也。"① 基于这种认识，朝廷采取了一系列防患于未然的措施，主要有兴修水利、灭蝗和完善仓储制度三个方面。

1. 重视兴修水利思想

如前所述，宋代最频繁的灾害就是水旱之灾，占 6 种常见自然灾害总数的 69%。因此，兴修水利防范水旱之灾是所有抗灾措施中的重中之重。也就说如水旱之灾能得到有效的防范，那么就有一半以上的灾害得到了有效的防范。

宋代统治者十分重视兴修水利，认为"陂塘水利，农事之本"②，"修利堤防，国家之岁事"③，水利是国家的大事。一般的官员也重视水利问题，如苏轼把水利事业视作"事关兴运"④ 的大事。北宋初年三司度支判官陈尧叟提出发展农业在于"修田地之利，建用水之法"，因为"陆田命悬于天，人力虽修，苟水旱之时，则一年之功弃矣；水田之制由人力，人力苟修，则地利可尽也"⑤。可见，他要求发展灌溉事业以求旱涝保收，发挥"人力"的作用，改变"命悬于天"的局面。王安石认为："养民在六府，六府以水土为终始，治水土诚不可缓也。"⑥ 在《策问十一道》中，他提出："伯夷降典，折民唯刑。禹平水土，主名山川。稷降播种，农殖嘉谷。以功次之，禹也、稷也、伯夷也，其可也。以事次之，民之灾也、富之也、教之也，其可也。"在王安石的观念中，治水是重于一切的头等大事，不能治水防灾就谈不上"富之、教之"于民；不能治理水土，就无法播种收获，更谈不上维护统治秩序了。在他的水利思想中，除了强调水利重要性之外，还进一步分析了加重灾害的原因有人为的作用。他说："故今之邑民最独畏旱，而旱辄连年。是皆人力不至，而非岁之咎也。"他以郑县为例予以说明：郑县那个地方原来设置"营田吏卒"，"岁浚治之，人无旱忧，恃以丰足"，后来营田废置，"吏者因循，而民力不能自并"，所以旱情严重，"方夏历旬不雨，则众川之涸，可立而须"。这些人为的原因加重了旱情，因此，他建议

---

① 《温国文正公文集》卷 36《赈赡流民札子》。
② 《晦庵先生朱文公文集》卷 100《漳州劝农文》。
③ 《宋大诏令集》卷 182《沿河州县课民种榆柳及所宜之木诏》。
④ 《苏轼文集》卷 30《杭州乞度牒开西湖状》。
⑤ 《文献通考》卷 7《田赋七》。
⑥ 《长编》卷 214。

乘丰收闲暇之时，"大浚治川渠，使有所潴，可以无不足水之患"①。在王安石的水利思想中，他不仅把水旱看作百姓在生产生活中最大的忧患，而且指出旱灾会连年发生，因此兴修水利是当务之急，防范水旱之灾最积极的办法是防患于未然，才能有备无患。他还认为不能有效地兴修水利以防灾伤，"皆人力不至，而非岁之咎也"，因此主张选用得力的官吏，趁丰收之时和农闲之际，积极修筑水利设施，以防灾为主。

2. 重视灭蝗思想

除水旱之灾外，蝗灾也是对农业生产危害极大的灾害，宋朝也采取积极的预先防治的措施，以防止蝗灾的频繁爆发。宋仁宗时期，为了防止蝗过之后，来年再生，朝廷不断下诏，令民挖掘蝗子，并以粟相易进行鼓励。如景祐元年（1034年），仁宗皇帝下诏："去岁飞蝗所至遗种，恐春夏滋长。其令民掘蝗子，每一升给菽米五斗。"② 康定元年（1040年）再次诏令天下诸县，"凡掘飞蝗遗子一升者，官给以米豆三升"③。熙宁八年（1075年），宋神宗下诏除蝗："有蝗处委县令佐亲部夫打扑。如地里广阔，分差通判、职官、监司提举。仍募人得蝻五升或蝗一斗，给细色谷一升；蝗种一升，给粗色谷二升。给价钱者，依中等实值。仍委官视烧瘗，监司差官复按以闻。即因穿掘打扑损苗种者，除其税，仍计价，官给地主钱谷，毋过一顷。"④ 崇宁二年（1103年），徽宗下诏："府界、诸路监司前去亲诣蝗虫生发去处，监督当职官多差人夫，部押并手打扑。本司及当职官并仰专任地分，候打扑尽净，方得归任。人户多方收打蝗虫赴官，即时依条支给米谷。"⑤ 南宋淳熙八年（1181年）九月，孝宗又颁布严饬捕蝗诏令："诸虫蝗初生若飞落，地主邻人隐蔽不言，耆保不即时申举扑除者，各杖一百。许人告，当职官承报不受理，及受理而不即亲临扑除，或扑除未尽而妄申尽净者，各加二等。"⑥

从这些诏书的颁布可以看出，宋代历朝皇帝对通过捕蝗防止蝗灾的发生越来越重视。宋仁宗时只是单纯地规定了奖励的条例，并没有相应的措施。宋神宗和宋徽宗时则明确规定了路监司、府州通判和县令必须亲自组织人员进行捕杀，不仅对捕捉到蝗虫的人员及时进行奖励，而且对因捕捉蝗虫而遭到苗种损失的主人给予赔偿。到了南宋孝宗时，捕蝗诏令则变得相当严厉，蝗虫刚出现时，如发现者没有及时报告，或发现者已报告，有关官员不予受理或已受理没有亲自组织人员捕杀，以及捕杀未尽的，均要受到杖刑的处罚。

---

① 《临川先生文集》卷75《上杜学士言开河书》。

② 《长编》卷114。

③ 《长编》卷129。

④ 《长编》卷267。

⑤ 《宋会要》食货68之115，"净"原作"静"，今改。

⑥ 《救荒活民书》拾遗《除蝗条令·淳熙敕》，"净"原作"静"，今改。

3. 完善仓储制度思想

宋代灾害所造成的后果是多方面的，其中最为常见涉及面最广的严重影响是引起粮食歉收，发生饥荒。因此，宋代救荒的首要工作是平时广设各种仓储，囤积粮食，以备饥荒之需。正如宋仁宗时期余靖所言："臣以古者'三年耕必有一年之蓄，九年耕必有三年之蓄。无三年之蓄，曰国非其国。'故虽尧水汤旱，民无菜色者，有备灾之术也。方今官多冗费，民无私蓄，一岁不登，逃亡满道，盖上下皆无储积故也。"① 宋朝的仓种名目繁多，其中大多是为了防灾备荒而设。诸如常见的常平仓、义仓、惠民仓、广惠仓、社仓、丰储仓、平籴仓、平粜仓等，不常见的平济仓、永利仓、州济仓、平止仓、通惠仓、广济仓、籴纳仓等。从这些仓的设置情况看，有由宋廷直接下诏建立，行政关系上直接隶属中央的仓种，有由各地自行设置，经费及管理都由地方负责的仓种。尽管宋代仓种繁多，但其目的绝大部分是为了"以备凶灾""以平谷价"②。在宋代诸多仓种中，设置最为普遍、作用最大的当是常平仓，"恤民备灾，储蓄之政，莫如常平、义仓"③。正如董煟在《救荒活民书》卷2所言："救荒之法不一，而大致有五：常平以赈粜，义仓以赈济，不足则劝分于有力之家，又遏籴有禁，抑价有禁，能行五者，则不庶乎其可矣。"因此，宋代在完善仓储制度以防治灾害的议论中，涉及最多的是有关常平仓的管理问题。

有关常平仓的功能，议论最多的主要集中于两个方面：一是平抑谷价。司马光云："勘会旧常平仓法，以丰岁谷贱伤农，故官中比在市添价收籴，使蓄积之家无由抑塞农夫，须令贱粜。凶岁谷贵伤民，故官中比在市减价出粜，使蓄积之家无由邀勒贫民，须令贵籴。物价常平，公私两利，此乃三代之良法也。"④ 二是以备饥荒。余靖言：常平仓"每遇灾伤赈贷，使国有储蓄，民无流散者，用此术也"⑤。其实，常平仓的这两个基本职能是相辅相承的，正如哲宗时期赵君锡所言："诸常平钱斛，州县遇价贱，量添钱籴，价贵，量减钱粜……丰年不至伤农，凶年不忧艰食，公可以实仓廪，私可以抑兼并，安国裕民，无以过此。"⑥ 宋神宗时，陈均则认为：常平仓"所蓄既丰，名亦不一。有曰贷粮种子者；有曰借助赈贷者，以息赈济者也；有曰赈粜者，减价粜谷以赈之也；有曰赈济者，直与以赈之也"⑦。依陈均的看法，常平仓具有赈粜、赈贷、赈给三项功能，其实赈粜就是平抑谷价，而赈贷、赈给则是以备饥荒。因为赈贷、赈给只是救灾程

---

① 《宋朝诸臣奏议》卷106《上仁宗乞宽租赋防盗贼》。

② 《宋史·食货上四》。

③ 《建炎以来系年要录》卷130。

④ 《温国文正公文集》卷54《乞趁时收籴常平斛斗白札子》。

⑤ 余靖：《余襄公奏议》卷上《论常平仓奏》，广东丛书本。

⑥ 《长编》卷462。

⑦ 《九朝编年备要》卷19。

度的不同，前者是借贷，以后是要偿还的，而后者是免费给予，以后不必偿还。

常平仓的平抑谷价从历史渊源上说，是其最原始的功能，到了宋代，人们逐渐在此基础上对其进行延伸，将其作为赈灾救荒之备，甚至也赋予它平时济贫的功能。如四明之常平仓，不但"老疾贫丐者、囹梏者、流徙者，率以是济之"，而且还以常平钱作为买地置漏泽园之经费①。平抑谷价作为常平仓的最原始功能历来受到主流观点的肯定。其理由是"民间每遇丰稔，不免为豪宗大姓乘时射利，贱价收蓄，一有水旱，则物价腾踊，流亡饿莩，不可胜计"②。平抑谷价可以改变这种状况，做到丰年不至于谷价太贱伤农，凶年不至于谷价太贵使贫民买不起粮食挨饿。但是宋代由于商品经济的发展，人们对物价的敏感度增强，对常平仓平抑谷价的功能提出了质疑。常平仓贵籴贱粜以平抑谷价，限制商贾的囤积居奇而牟取暴利，其积极意义是被大量历史事实所证明的。但是王觌却看到了另外一面，即常平仓如所粜谷价太贱，那商贾贩米到京师无利可图甚至亏本，其结果是商贾不再贩米到京师。但是由于常平仓储米数量有限，只能起临时性的平抑谷价作用，而京师人口众多，主要靠商贾所贩米为生，如商贾因谷价太低而不贩米到京师，那京师居民将无米可食。因此，王觌认为常平仓米价太低会带来京师缺米的严重后果，应稍微提高常平仓谷价，并保持稳定，通过价格杠杆使商贾有可利图（但又不能牟取暴利），源源不断贩米到京师。的确，在京师居民口粮基本上商品化的条件下，常平仓通过贵籴贱粜平抑谷价的措施也必须尊重价格规律，只能在当时价格的基础上适时适度地进行调控，否则，很可能适得其反，干扰了正常的价格规律，影响了京师商品粮的供给。③

常平仓的平抑谷价其实从某种意义上来说是与商贾在价格上的一种博弈。元祐五年（1090年），苏轼知杭州时就看到"浙西诸郡，米价虽贵，然亦不过七十足"④。他预测到"来年青黄不交之际，米价必无一百以下，至时，若依元价出粜，犹可以平压翔踊之患，终胜于官无斛斗，坐视流莩"。因此，苏轼"指麾杭州不得减价，依旧作七十收籴"。因为他已"访闻诸郡富民，皆知来年必是米贵，各欲广行收籴，以规厚利。若官估稍优，则农民米货尽归于官。此等无由乘时射利，吞并贫弱"。这里，苏轼运用价格杠杆提高常平仓收籴农民米价格，使农民米尽归常平仓，诸郡富民"广行收籴，以规厚利"的计划落空。

总之，从王觌和苏轼的思想可以看出宋人已充分认识到在常平仓平抑谷价的实际运作中，必须尊重价格规律，应该适时适度地运用价格杠杆来调节市场的供求关系，从而才能真正达到常平仓平抑谷价的功能，否则一味单纯机械地只知道

---

① 《宝庆四明志》卷6《常平仓》。
② 《长编》卷462。
③ 《宋朝诸臣奏议》卷245。
④ 《苏轼文集》卷31《相度准备赈济第三状》，此自然段引文未注出处者，均见于此。

贵籴贱粜，而不知根据实际情况具体问题具体分析，灵活应用价格规律，结果可能是适得其反，反而会扰乱正常的粮食市场，导致更大的粮食供求矛盾。

宋代常平仓在赈灾备荒中采取战国时期李悝的平籴法进行宏观调控，这就是"常平法本无岁不籴，无岁不粜。上熟籴三而舍一，中熟籴二，下熟籴一，此无岁不籴也。小饥则发小熟之敛，中饥则发中熟之敛，大饥则发大熟之敛，此无岁不粜也"①。此种调控原则是在长期实践中所做的一种合理假设：上熟籴三补大饥歉收三，中熟籴二补中饥歉收二，小熟籴一补小饥歉收一。这种通过把丰年与灾年各自划分为三个等级进行互补的方法，从总体趋势来看，可以大致达到平衡丰年与灾年的粮食产出与消费，从而使丰年储备粮食以应灾年之需，做到未雨绸缪，防患未然。这种朴素的、行之有效的平衡互补调控方法一直被古代奉为灾前防治的圭臬，至今仍有借鉴意义。

为了确保灾前赈灾钱粮的到位，防止有关部门挪用，宋人提出常平仓钱粮必须由专门机构管理，专款专用，二司及转运司等中央与地方最高理财机关也无权过问与使用。"景德三年，言事者请于京东西、河北、河东、陕西、江南、淮南、两浙皆立常平仓，计户口多寡，量留上供钱自二三千贯至一二万贯，令转运使每州择清干官主之，领于司农寺，三司无辄移用。岁夏秋视市价量增以籴，粜减价亦如之，所减不得过本钱。"② 常平仓钱物由司农寺管理，三司、转运司不得移作他用，专门用于赈灾的制度设置，直到南宋一直得到坚持。

（三）受灾时期政府救助思想

1. 赈灾制度建设和"尽早""就地"赈济思想

赈灾必须有一套完善的行之有效的制度建设作为保障，这是十分必要的。苏轼认为在赈灾中，"以物与人，物尽而止，以法活人，法行无穷"③。他的这一精辟思想，是在对朝廷征收五谷力胜税钱影响赈灾工作而提出的。他认为，原来"法不税五谷，使丰熟之乡，商贾争籴，以起太贱之价；灾伤之地，舟车辐辏，以压太贵之直。自先王以来，未之有改也。而近岁法令，始有五谷力胜税钱，使商贾不行，农末皆病"。他"在黄州，亲见累岁谷熟，农夫连车载米入市，不了盐茶之费；而蓄积之家，日夜祷祠，愿逢饥荒。又在浙西，亲见累岁水灾，中民之家有钱无谷，被服珠金，饿死于市"。其原因就是"此皆官收五谷力胜税钱，致商贾不行之咎也"。因为繁重的五谷力胜税钱的征收使商贾从丰熟之地运五谷到饥荒之地无利可图，甚至亏本，所以就出现了苏轼所谈到的怪现象，即丰收之地米太多卖不出去，饥荒之地有钱买不到米，发生"被服珠金饿死于市"的惨状。有鉴于此，苏轼提出了与其花费大量的财力、物力和人力救灾，不如废除不

---

① 《救荒活民书》卷2《常平》。
② 《宋史·食货上四》。
③ 《苏轼文集》卷35《乞免五谷力胜税钱札子》，此自然段引文未注出处者，均见于此。

合理的五谷力胜税钱对赈灾更有帮助。他说:"今陛下每遇灾伤,捐金帛,散仓廪,自元祐以来,盖所费数千万贯石,而饿殍流亡,不为少衰。只如去年浙西水灾,陛下使江西、湖北雇船运米以救苏、湖之民,盖百余万石。又计籴本水脚官钱不赀,而客船被差雇者,皆失业破产,无所告诉。与其官私费耗,为害如此,何以削去近日所立五谷力胜税钱一条,只行《天圣附令》免税指挥?则丰凶相济,农末皆利,纵有水旱,无大饥荒。虽目下稍失课利,而灾伤之地,不必尽烦陛下出捐钱谷,如近岁之多也。"总之,在救灾中一项好制度的设置或一项不合理制度的废除比单纯钱粮物资救助更为重要。因为政府钱粮物资有限,不可能源源不断一直供给,只要救灾物资一用完,政府救灾工作也就停止了,但是如有好的科学合理的制度安排,就能动员各方面的力量,源源不断向灾区输送钱粮物资,帮助灾区战胜灾害。

对于已发生的灾荒,宋人主张应尽早赈济,否则灾荒如越来越严重,蔓延范围越来越大,引起灾民流移,甚至发生武装对抗等,局面就将难以控制,或者要付出更大的代价才能使灾民得到安置,社会恢复稳定。如司马光主张救济灾民"若于未流移之前早行赈济,使粮食相接,不至失业,则比屋安堵,官中所费少而民间实受赐"。否则,"若于既流移之后方散米煮粥,以有限之储蓄待无穷之流民,徒更聚而饿死,官中所费多而民实无所济"①。苏轼在《奏浙西灾伤第一状》也表达了相同的思想。他说:"臣闻事豫则立,不豫则废,此古今不刊之语也。至于救灾恤患,尤当在早。若灾伤之民,救之于未饥,则用物约而所及广,不过宽减上供,籴卖常平,官无大失,则人人受赐,今岁之事是也。若救之于已饥,则用物博而所及微,至于耗散省仓,亏损课利,官为一困,而已饥之民,终于死亡,熙宁之事是也。"司马光和苏轼共同认为及早赈灾,官府花费少而效果好;如拖延时日,官府花费大而效果差。

与司马光、苏轼不同的是,范祖禹主张加强平时的政府救助,尽可能及时收容处于死亡边缘的老幼废疾之人,使他们不至于一有灾害来临就大量冻馁而死。范祖禹说:"京师之众,孤穷者不止千二百人。又朝廷每遇大冬盛寒,则临时降旨救恤,虽仁恩溥博,然民已冻馁,死损者众。夫救饥于未饥之时,先为之法,则人不至于饥死;救寒于未寒之时,预为之备,则人不至于冻死。今每岁收养与临时救济,二者等为费用,不若多养之为善也。"②

宋朝在进行大规模赈灾活动时,主张就地赈灾为宜。如治平四年(1067年),河北发生旱灾,流民大量南下逐熟,宋廷乃于京师各门散发米粟给流民。司马光指出:"或闻河北有人讹传京师散米者,民遂襁负南来。今若实差官散米,恐河北饥民闻之,未(流)移者因兹诱引,皆来入京。京师之米有限,而

---

① 《温国文正公文集》卷52《赈济札子》。
② 范祖禹:《范太史集》卷14《乞不限人数收养贫民札子》,四库珍本初集本。

河北流民无穷，既而无米可给，则不免聚而饿死，如前年许、颖二州是也。"①
这里，司马光认为流民的集中逐食，会使得某一地区灾民越聚越多，最后造成粮食供应不上，最终一起饿死。董煟《救荒活民书》卷下《曾巩救灾议》中比较详细地记载了曾巩的就地赈灾思想，反映了宋人在多年的救灾实践中，已摸索出不少切实可行合乎救灾规律的措施。宋仁宗年间，河北地震水灾，有司仍依旧制请发廪集中赈济灾民，壮者人日 2 升，幼者人日 1 升。曾巩指出：此举将使百姓"相率日待二升之廪于上，则其势必不暇乎他为。是农不复得修其畎亩，商不复得治其货贿，工不复得利其器用，闲民不复得转移执事，一切弃百事，而专意于待升合之食以偷为性命之计，是直以饿殍养之而已，非深思远虑为百姓长计也"。据曾巩推算，受灾户以中户计之，每户以 10 人为率。其中，壮者 6 人，每月将受粟 3 石 6 斗；幼者 4 人，每月将受粟 1 石 2 斗。总计每户每月将受粟 5 石。自今至麦熟，长达 10 个月时间，一户当受粟 50 石。今受灾 10 余州，以 20 万户计，中户以上不与赈济外，需要赈济者 10 万户。若按该标准赈济，则 10 个月需发放粟米 500 万石。如此庞大的数目，是难以筹集的。而且，这么多人聚居受粟，将不可避免地发生疾疫，修筑安置饥民屋舍的费用又将从何开支？如果不就地赈灾的话，饥民聚居州县受粟，必弃其故庐，其中"有颓墙坏屋之尚可全者，故材旧瓦之尚可因者，什器众物之尚可赖者，必弃之而不暇顾。甚则杀牛马而去之者有之，伐桑枣而去之者有之，其害又可谓甚也"。今后边地空虚，一旦有警，该如何应付？因此，曾巩建议将集中赈给改为每户借贷钱 5 贯、米 10 石，总费不过钱 50 万贯、米 100 万石。对于灾民来说他们不出故乡，即有了生活来源，而且还有了修理房屋、开展生产之资，可谓一举多得。对于官府来说，钱 50 万贯、米 100 万石只是借贷于民，今后是要归还的，并未带来多少财政损失。总之，曾巩从灾民粮食的供给、住处的安置、规避疾疫的发生、灾后生产的恢复以及政府财政的支出等各方面阐述了就地赈灾的长处，在一般情况下，就地赈灾的确比聚集赈济在灾民的安置、防止传染病的流行，灾后恢复生产以及保障社会稳定方面比较主动和容易做到，聚集赈济只能在就地赈灾无法解决时的一种被动的灾民寻求政府救济的方式。如大量的灾民聚集在某一地方，在安置、防病以及在维护社会稳定方面都带来诸多难以克服的问题，并对灾民聚集地的非受灾民众的生活和生产也是一种巨大的冲击。

2. 以工代赈思想

宋代一些官员在赈灾中主张以工代赈。如范仲淹知苏州时提出："荒歉之岁，日以五升（米），召民为役，因而赈济，一月而罢，用米万五千石耳。"②
这里说的"召民为役"是召集饥民从事"开畎之役"，即兴修水利设施。又如

---

① 《温国文正公文集》卷 36《赈赡流民札子》。
② 《范文正集》卷 9《上吕相公并呈中丞咨目》。

"熙宁七年正月，河阳灾伤，常平仓赈济，斛斗不足，乞更发省仓。诏赐常平谷万石，兴修水利，以赈饥民"。对此，董煟评论曰："以常平谷万石，兴修水利，以济饥民，此以工役救荒者也。"① 总之，这种以工代赈既解决了灾民的生活困难，稳定了社会秩序，又借此兴修了水利设施，为灾后恢复生产及以后的防灾奠定了基础，还为国家节约了救灾的财政开支。《管子·乘马数》云："岁凶旱水泆，民失本，则修宫室台榭，以前无狗后无彘者为庸。"显然，早在距宋一千多年前就有在荒年以工代赈的思想，但却是以灾民修宫室台榭，满足贵族骄奢淫侈的生活。而宋代则把"修宫室台榭"改为兴修水利，为日常恢复农业生产和防灾奠定基础，意义和作用迥然不同。

在古代封建社会，传统的主流赈灾思维是限制消费，提倡节俭，紧缩开支，把节省的钱粮物资用于赈灾。范仲淹在杭州赈灾时，却大胆突破旧的赈灾思想樊篱，采取鼓励消费，推动生产，增加就业机会等来对付灾荒。沈括《梦溪笔谈》卷11《官政一》载：

> 皇祐二年，吴中大饥，殍馑枕路。是时，范文正领浙西，发粟及募民存饷，为术甚备。吴人喜竞渡，好为佛事，希文乃纵民竞渡，太守日出宴于湖上。自春至夏，居民空巷出游。又召诸佛寺主首谕之曰："饥岁工价至贱，可以大兴土木之役。"于是诸寺工作鼎兴。又新敖仓吏舍，日役千夫。监司奏劾杭州不恤荒政，嬉游不节，及公私兴造，伤耗民力。文正乃自条叙所以宴游及兴造，皆欲以发有余之财，以惠贫者，贸易、饮食、工技、服力之人仰食于公私者，日无虑数万人，荒政之施，莫此为大。是岁两浙唯杭州晏然，民不流徙，皆文正之惠也。

范仲淹的鼓励宴游与兴造其真正用意是促进消费，使社会财富存量得到释放，"以发有余之财"，并为灾民提供了数万人的就业机会，灾民通过从事贸易、饮食以及建筑业等找到了生活出路。因此，当时整个吴中闹饥荒，社会动荡，人民流亡，但只有杭州居民生活安定，没有人口外流。可见，范仲淹这一赈灾思想在实践中获得了成功，取得了较好的效果。

3. 利用价格和税收杠杆赈灾思想

灾荒的发生，往往会造成农业大幅度的欠收或无收，形成区域性或季节性的粮食价格落差。这对于商人来说，无疑是一个牟取暴利的绝好机会。因此，一旦发生灾荒，商人便囤积居奇，哄抬粮价，以获厚利。对此，当饥荒发生粮价腾贵时，宋代通常的做法是政府通过两种方式平抑粮价：一是利用行政手段强制规定粮价的最高限额，超过限额者将受到处罚；二是通过常平仓的平时增价籴买，饥荒时平价出粜来调节粮价。但是，与传统的思想相反，宋人提出了两种不同的利用价格杠杆赈灾的措施。

---

① 《救荒活民书》卷1。

宋代商品经济的繁荣，使人们对价格与供求关系有了进一步的认识，人们开始通过价格杠杆因势利导，变害为利，利用商人求利的本质，动员他们进行赈灾。如熙宁中，赵抃以大资政知越州，"两浙旱蝗，米价踊贵，饥死者十五六。州饬衢路，立赏禁人增米价。阅道独榜衢路，令有米者任增价粜之，于是诸州米商辐凑诣越，米价更贱，民无饿死者"①。"范文正治杭州，二浙阻饥，谷价方涌，斗钱百二十。公遂增至斗百八十，众不知所为。公仍命多出榜沿江，具述杭饥及米价所增之数，于是商贾闻之，晨夜争进，唯恐后，且虞后者继来。米既辐凑，遂减价还至百二十。包孝肃公守庐州，岁饥，亦不限米价，而商贾载至者遂多，不日米贱。"②

如前所述，常平仓在宋代是救荒的一项重要举措，但是宋人对常平仓的过分干预市场价格提出了质疑。宋哲宗时，右司谏王觌看到京师常平仓以低价出售粮食，提出常平仓贱粜损害了商贾的利益，商人无利可求，便不再贩运粮食到京师，这样一来，京师的粮食供给不足，从长远来看，常平仓贱粜同样损害了百姓的利益。所以，王觌反对常平仓贱价出售粮食，主张"不若稍贵常平之米，使无定价，若以为令，而示信于商贾也。假如著令曰：京师常平米一斗，其价以百钱为定，毋辄增损，粜者若干斗，以下勿拒也。行之既久，商贾信之，则稔岁必厚畜以待价，使旁郡之米麦入于京师者浸多，而京师可实也"③。

每当灾荒发生时，粮价必然上涨，如此时政府再实行官籴，无异于火上加油，粮价更是腾贵。因此，有识之士提出饥荒年份停止官籴，不失为平抑粮价的好办法。如苏辙于元祐中负责上供米之官籴，"六年，两浙大旱，米价涌贵，上供米百万斛无所从得。官不罢籴，则米价益贵；籴钱不出，则民间钱荒，其病尤甚。忧之无以为计。予偶止殿庐中，谓知枢密院韩师朴曰：'浙中米贵，欲于密院出军阙额米中借百万斛，如何？'师朴曰：'安敢借？'曰：'米陈不免贱卖，今欲逐时先借，而令浙中以上供米价买银折还，岂不两便？'师朴曰：'如是，无不可。'遂奏行之。是岁，浙中依常岁得钱，而米不出，故米虽贵，不至甚"④。

总之，宋代有识之士抓住商人逐利的本性，尊重市场客观规律，利用价格杠杆，因势利导，化害为利，引导商人往受灾地区运送粮食，解决因受灾而粮食匮乏粮价暴涨的问题，达到保证灾区的基本粮食供给、平抑物价、稳定社会秩序的目的。正如董煟在《救荒活民书》卷2《不抑价》中所云："常平令文，诸籴粜不得抑勒。谓之不得抑勒，则米价随时低昂，官司不得禁抑可知也。比年为政者不明立法之意，谓民间无钱，须当藉定其价，不知官抑其价，则客米不来，若他

---

① 江少虞：《事实类苑》卷23《官政治绩·赵阅道》，台湾商务印书馆影印文渊阁《四库全书》。
② 《能改斋漫录》卷2《增谷价》。
③ 《宋朝诸臣奏议》卷245《乞稍贵京师常平仓米疏》。
④ 《龙川略志》卷8《两浙米贵欲以密院出军阙额米先借》。

处腾涌，而此间之价独低，则谁肯兴贩？兴贩不至，则境内乏食，上户之民，有蓄积者，愈不敢出矣。饥民手持其钱，终日皇皇，无告籴之所，其不肯甘心就死者，必起而为乱，人情易于扇摇，此莫大之患。何者，饥荒之年，人虽卖妻鬻产，以延旦夕之命，亦所不顾，若贩客不来，上户闭籴，有饥死而已耳，有劫掠而已耳，可不思所以救之哉？惟不抑价，非惟舟车辐凑，而上户亦恐后时，争先发廪，而米价亦自低矣。"

宋代，除了以价格为杠杆外，还以税收为杠杆引导商人往受灾地区运送粮食。宋廷规定：对贩往灾荒地区的物品，尤其是粮食，给予减免商税的优惠，以此鼓励商人积极向灾荒地区贩运粮食物品。如元符三年（1100年）三月二十六日，"户部言：'河北被灾诸郡……其行商兴贩斛斗往灾伤去处粜卖，乞依已得朝旨与免商税至五月终。'从之"[1]。南宋时，对商人兴贩灾区粮食物品减免商税的规定更加具体详细，并严禁官吏违反规定多向商人征税，官吏如违反规定，商人可予以申诉。绍熙五年（1194年）十一月诏文规定："客贩米斛前来两浙路荒歉去处粜，经过税场，依条免纳力胜钱，仍不得巧作名色，妄有邀阻……客人附带物货，许所经过场务量与优润，从逐处则例以十分为率，与减饶二分，日下通放，即不得虚喝税数。其招诱到客船，仰所委官出给行程文历一道，批写所载米斛若干，舟船几只，客人、稍（梢）工乡贯姓名，指定前往出粜州军。经过场务照验放行，仍批写到发日时，至往粜处缴纳。如奉行灭裂，许客人越诉，仍仰所委官多出文榜晓喻。"[2]减免商税与不抑粮价的方式不同，但目的和效果是一样的，即减免商税是使商人降低成本，不抑粮价是使商人提高价格，其目的都是通过让商人贩运粮食到灾区有利可图，从而解决灾区的粮食供给，稳定社会秩序，达到赈灾的效果。

4. 禁遏籴和劝分思想

（1）禁遏籴

禁遏籴是招商救荒的配套措施，以行政手段保护粮食以商品流通的形式自然聚汇到受灾地区。遏籴是一种狭窄的地方保护主义，在遇到灾荒时，某一地区由于担心粮食过多流向受灾地区致使本地区粮食供给紧张而采取的禁止粮食出境的措施。宋代由于水旱无常，各地为了备灾，甚至于丰年稔岁，也往往不允许本地粮食出境。对此，宋代不少有识之士屡倡"禁遏籴"之议，其比较早的是北宋中期的李觏。他在谈到这一现象时说：

> 大抵东南土田美好，虽其饥馑之岁，亦有丰熟之地。比来诸郡，各自为谋，纵有余粮，不令出境。昨见十程之内，或一斗米粜五六十价，或八九十，或一百二三十，或二百二三十价。鸡犬之声相闻，而舟楫不许上下，是

---

① 《宋会要》食货57之13。
② 《宋会要》食货58之20—21。

使贱处农不得钱，贵处人不得食，此非计也。况于境内，又有禁焉，止民籴以待官籴是也。且贾人在市，农人在野，籴之则米聚州县，不籴则谷留乡村，徒为日日修城池而不算其中蓄积，亦可笑矣。若曰官籴数足然后放民籴，俟河之清耳。官籴价一定，民籴价渐高，难易如何哉？愚谓当弛一切之禁，听民自便，仍谓著令，以告后来。[①]

李觏看到了遏籴的不良后果是人为地造成小范围内米价相差至三四倍，更为严重的是丰熟之处农民卖不出米，得不到需要的钱，灾荒地区人们却有钱买不到米。因此，他主张应以法令的形式废除一切遏籴的规定，使粮食能自由流通。

北南宋之交的董煟也反对遏籴。他认为遏籴论者担心"他处之人，恣行般运，不加禁止，本州本县自至艰籴"的观点是"见识狭陋之论"[②]。因为"天下一家，饥荒亦有路分。今邻郡以吾境内丰稔，而来告籴，义所当恤。此宜物色上流丰熟去处，劝诱大姓，或本州发钱，差人转籴，循环贩籴，非惟可活吾境内之民，又且可活邻郡邻路之饥民，尚何艰籴之有？脱使此间之米，不许出吾界，他处之米，亦不许入吾界，一有饥馑，环视壁立，无告籴之所，则饥民必起而作乱，以延旦夕之命，此祸乱之大速者也"。董煟以"天下一家"全局的眼光反对狭陋的遏籴，因为每郡每路都有可能丰稔或饥荒，无论从道义上还是从利害关系上都不能遏籴，而应互通有无。否则，某一地区如出现饥荒就处于孤立无援的境地，很容易招致祸乱。

南宋理宗宝庆三年（1227 年），"监察御史汪刚中言：'丰穰之地，谷贱伤农；凶歉之地，济粜无策。惟以其所有余济其所不足，则饥者不至于贵籴，而农民亦可以得利。乞申严遏籴之禁，凡两浙、江东西、湖南北州县有米处，并听贩鬻流通；违，许被害者越诉，官按劾，吏决配，庶几令出惟行，不致文具。'从之"[③]。汪刚中认为禁遏籴对于丰穰之地和凶歉之地是互惠互利、双赢的好事，因为以丰穰之地有余之谷救济凶歉之地饥民，不仅使受灾者可买得起粮食，而且丰穰之地农民亦可通过出卖谷物而获利。因此，他主张要严厉落实禁遏籴，允许民众举报，违反禁遏籴之令的官吏要受到处罚。

（2）劝分

宋代在赈灾中所实行的劝分，是利用民间力量的赈济措施。"所谓劝分者，盖以豪家富室，储积既多，因而劝之赈发，以惠穷民，以济乡里，此亦所当然。"[④] 劝分起源甚早，春秋时已有类似做法，西汉时正式采用，而至宋代才开始大量实行。

---

① 《李觏集》卷 28《寄上孙安抚书》。
② 《救荒活民书》卷 2《禁遏籴》。此自然段引文未注出处者，均见于此。
③ 《宋史·食货上六》。
④ 《救荒活民书》卷 2《劝分》。

宋代，劝分思想最具代表性的是南宋黄震。他说："天生五谷，正救百姓饥厄；天福富家，正欲贫富相资。米贵不粜，人饥不恤，天其谓何？况凡仰籴之人，非其宗族则其亲戚，非其亲戚则其故旧，非其故旧则其奴佃，非其奴佃则其乡邻。彼其平日敬我仰我者果为何赖？今一旦遇歉，竭彼苦恼无所措办之钱，博我从容尽可通融之粟，此之粜与否，彼之死与生，君子以仁存心，宁不重为矜恻切几莩体？"① 基于这种贫富相资和伦理道义的基础，黄震进一步提出："照对救荒之法，惟有劝分。劝分者，劝富室以惠小民，损有余而补不足，天道也，国法也。富者种德，贫者感恩，乡井盛事也。"②

在宋代劝分思想中，最有意义的当是董煟的"惟以不劝劝之"。他说："民户有米，得价粜钱，何待官司之劝？只缘官司以五等高下，一例科配，且不测到场检点，故人户忧恐，藉以为名，闭籴深藏，以备不测。"③ 可见，董煟认为民户有米，如果价钱适合，他自己会主动卖掉，是不需官府劝谕的。现在民户有米而不敢出售，只因是官府办理不善，加重粮食紧张情况。因此他提出："人之常情，劝之出米，则愈不出，惟以不劝劝之，则其米自出。"其具体措施是"莫若劝诱上户、富商巨贾，俾之出钱，官差牙吏，于丰熟去处，贩米豆，各归乡里，以济小民。结局日，以本钱还之。村落无巨贾处，许十余家率钱其贩，或乡人不愿以钱输官，而愿自粜者听。官不抑价，利之所在，自然乐趋，富室亦恐后时，争先发廪，则米不期而自出矣。此劝分之要术，更宜斟酌而行之"。可见，董煟的"以不劝劝之"，也是抓住一般人的趋利避害本性，因势利导，运用市场手段，而不是运用行政手段，使有米之家能在饥荒时主动卖米。

宋代，劝分之所以在赈灾中能发挥较大的作用，与政府能较好地使用这一政策工具是分不开的。其一，政府中的官员起了表率作用。如向经知河阳，遇"大旱蝗，民乏食。经度官廪岁支无余，乃先以己圭田所入租赈救之"。由于受到向经表率的感召，"已而富人皆争效慕出粟，所全活甚众"④。其二，朝廷对劝分有功的官吏进行奖励。如天禧元年（1017 年）三月，"诏诸州官吏如能劝诱蓄积之民以廪粟赈恤饥乏，许书历为课"⑤。其三，朝廷对响应政府劝分的富豪之家实行奖赏。如天禧元年（1017 年）四月，"登州牟平县学究郑巽，出粟五千六百石振饥，乞补第巽。不从。晁迥、李维上言，乞特从之，以劝来者，丰稔即止。诏补三班借职。自后援巽例以请者，皆从之"⑥。以后，此项奖励措施称作"纳粟补官"。

---

① 《黄氏日抄》卷78《四月初一日中途预发劝粜榜》。
② 《黄氏日抄》卷78《四月十三日到州请上户后再谕上户榜》。
③ 《救荒活民书》卷2《劝分》。此自然段引文均见于此。
④ 《救荒活民书》卷3《向经以圭田租赈饥民》。
⑤ 《宋会要》食货57之6。
⑥ 王林：《燕翼诒谋录》卷2，中华书局标点本，1981 年。

宋代劝分赈灾实质上是政府力量不足而动员民间富人参与的一种方式，其中赈救饥民的作用是显而易见的。如高穆武王知赢州，"属岁大饥，谷价翔起，即召诸里富人谓曰：'今半境之人，将转而入之沟壑。若等家固多积粟，能发而济赈之，若将济州将之命。'于是皆争出粟，王亦以其值予之，蒙活者万余人"[1]。罗彦辅在溧阳，"岁不登，道馑至相枕藉"。罗乃"亟请发常平米，又劝有米家，量力而出，下皆乐输。而就哺者，至不远百里地，赖公以生者，不可胜计"[2]。

5. 多方筹集赈灾经费和赈粜、赈贷、赈济思想

宋代在赈灾中，从经费的来源来划分，主要有 3 种形式，即现钱籴粜、买田置庄收租助粜、放贷生息助粜。高斯得在《耻堂存稿》卷 4《永州续惠仓记》中对其进行评析。他认为现钱籴粜，方法简便，但苦于贵籴贱粜，不赢利而日见亏损，赈灾经费得不到补充而逐渐耗尽。这就是"不裁其直，则无益于民；裁之则日损一日，岁亡一岁，必至于尽耗而后已"。买田收租助粜，经营得好，可保长久。"然缗钱有限，岁入必微，不足于粜，非磨以岁月不溃丁成。况官市民田为弊至多，水旱不时，复且难保，其法亦未得为尽善"。可见，高氏认为买田收租助粜有两方面缺陷：一是经费有限；二是其用于收租助粜之田本身也会遭到水旱之灾，故其作用难以保证。在 3 种形式中，高氏觉得放贷收息助粜比较好，如季晞颜在永州设置的续惠仓，其经济后盾是所开设的一个平价抵当库。每岁之息入，尽拨付为续惠仓之赈粜补贴。从高斯得的评判思想可以看出，宋人已注意到多渠道筹集赈灾经费，而且其经费来源已经从纯财政消耗性的方式向自我循环甚至自我增殖方式转变，并且已意识到自我循环或自我增殖优于纯财政消耗性的方式。

宋代在赈灾中最主要的活动是为灾民提供食粮，时人按形式不同把其分为 3 类，即所谓"朝廷荒政有三，一曰赈粜，二曰赈贷，三曰赈济，虽均为救荒，而其法各不同"[3]。

其一，赈粜。宋人认为："市井宜赈粜。""歉岁谷价翔踊，多缘市井牙侩与停积之家观望遏粜，增价以困吾民。而赈粜亦不官米，若能劝谕拘集牙侩铺户米，官为置场差人营干，随市价出粜，或有客贩及乡村步担米，则官出钱，在场循环收籴，一从民便粜米，更不给历。遇市上大段阙少，然后出官米，亦以市价量减三二文粜之，使市上常有米，米价自平。官米既从市价，所减不多，奸民无所牟利，而诡名给历之弊自无，此赈粜之法也。"由此可见，赈粜主要指在歉收之年，谷价一直上涨之时，政府出面组织米源，动员商人、富户人家出粜，设置

---

① 《华阳集》卷 49《穆武高康王（继勋）神道碑铭》。

② 李之仪：《姑溪居士前集》卷 48《罗大夫（彦辅）墓志铭》，台湾商务印书馆影印文渊阁《四库全书》。

③ 《宋会要》食货 68 之 98—100，以下 3 个自然段引文，未注出处者，均见于此。

专门场所,按市价出售。如遇到米源大量缺口,再出官米,以低于市场价二三文的价格出售。这样,既能维护市上有米可售,米价平稳,又不使官米售价过低,不法官吏和奸商从中舞弊投机,牟取暴利。

其二,赈贷。宋人认为:"乡村宜赈贷。""赈贷,自来官司常患民间不能偿而失隐,每都各请忠信有物力材干上户二名,先令机察都内阙食主户,劝谕邻里有蓄积之家接济,秋熟依乡例出息倍还。若不能遍,即令结甲具状赴官借贷,仍令所请管干上户保明,县照簿税,量其产业多寡与之。若客户,则令主户与借,自行给散,至秋熟则令甲头催纳。所借既是有产业人,又有上户保明,甲头催理,安得失陷。纵有贫者不能尽纳,计亦不多,此赈贷之法也。"由此可见,赈贷最让官府担心的是民间借贷后不能偿还。对此,臣僚提出了规避这一风险的4点措施:一是由民间有物力材干上户操办或作保;二是按主户产业多寡决定借贷数量;三是先动员民间有蓄积粮食的富户借贷,如数量不够,再由官府借贷;四是官府不直接借贷给无产业的客户,应由有产业的主户出面与借,再转借给客户。不言而喻,这种赈贷虽然能规避了不少风险,但却不能救济到那些最需要接济的最饥寒交迫的客户。而且从"依乡例出息倍还"来看,其利息是相当高的,达100%。

其三,赈济。宋人认为:"贫乏不能自存者宜赈济。""赈济则户口颇众,不惟不能遍及寻常,官吏多与上户为奸弊,虚作支破入己,而贫民下户初不及,纵欲稽察,而人户已流移,亦无可询究。今乡村既行赈贷,上户有米无缘更来官司借贷,村落下户既有借贷,自不须赈济。所合赈济者,鳏寡孤独不能自存之人,抄札既有定数,则纽计合用米分作料次发下所请管干上户处,令积聚寺观给历,五日一给散,分明批历都分,虽多所给,必同日,以防两处打请。如此,则赈济用米不多,官吏亦无缘作弊,而虚破官米,此赈济之法也。"如按上述所言,宋代市井有赈粜,乡村有赈贷,所剩鳏寡孤独不能自存之人予以赈济,那么其受救济的面不是很广。而且,赈济是无偿地给予,故尤其容易被不法官吏、上户等贪污盗窃。揆之史籍,其实宋代赈济者不只是鳏寡孤独不能自存之人。赈济与赈粜、赈贷的区别在于受灾程度的不同,换言之,受灾程度严重,即予以赈济,受灾程度不严重,即予以赈粜或赈贷。如嘉定二年(1209年)十二月,"臣僚言:都城内外一向米价腾踊,钱币不通,闾阎细民饘粥不给,为日已久。今又值大雪,无从得食,赢露形体,行乞于市,冻饥号叫,仅存喘息,累累不绝,闭门绝食,枕籍而死,不可胜数。甚者路傍亦多倒毙,弃子于道,莫有顾者。乞将府城内外已抄札见赈粜人户,特与改作赈济半月,其街市乞丐,令临安府支给钱米,责付暖堂日收房宿钱之类,官为量行出备,毋复更于乞丐名下迫取……如此则目前冻饿之民,均被陛下仁心,感召和气,而丰稔之祥可以必致矣。从之"①。

---

① 《宋会要》食货68之106。

宋人还有一种观点认为，赈贷、赈粜、赈济的区别在于："有产业无经营人，赈贷；无产业有经营人，赈粜；无产业无经营及鳏寡孤独之人，赈济。"① 这里，赈济的对象与上述基本相同，不同者在赈贷与赈粜，前者区别在市井与乡村，后者区分在有无产业与经营。用有无产业与经营来区分，可能更能规避赈贷的还贷风险。赈贷于有产业无经营人，因为有产业抵押，借贷风险当然较小；而对于无产业有经营人，由于无产业抵押，借贷风险当然较大，那就选择赈粜。

6. 救济、抚恤外商海难思想

宋代，陆上丝绸之路阻隔，朝廷重视通过海上丝绸之路，从事海外贸易，为财政增加巨额的收入。海上贸易频繁，在当时的海船、天气预报等条件的限制下，海难于史籍记载中屡见不鲜。宋廷重视对海难的救济、抚恤，主要基于两方面的考虑。

其一，中国古代作为以儒家思想立国的国家，从救济、抚恤外商海难中显示自己作为仁爱、礼义之邦。如曾巩知明州时，"有高丽国界托罗国人崔举等，因风失船，飘流至泉州界，得捕鱼船援救"。后自泉州来到明州，受到曾巩热情周到的招待。曾巩认为：自己之所以如此，是"存恤举等，颇合朝廷之意……窃以海外蛮夷，遭罹祸乱，漂溺流转，远失乡土，得自托于中国。中国礼义所出，宜厚加抚存，令不失所……欲乞今后高丽等国人船，因风势不便，或有漂失到沿海诸州县，并令置酒食犒设，送系官屋舍安泊，逐日给与食物，仍数日一次别设酒食。缺衣服者，官为置造。道路随水陆给借鞍马舟船。具析奏闻。其欲归本国者，取禀朝旨，所贵远人得知朝廷仁恩待遇之意"②。

其二，实行招徕蕃商政策，以吸引更多的外国商船来宋朝贸易，以增加财政收入。如绍兴二年（1132年）六月二十一日，广南东路经略安抚提举市舶司官员指出："广州自祖宗以来，兴置市舶，收课入倍于他路。每年发舶……遣其蕃汉纲首、作头、梢公等人，各令与坐，无不得其欢心，非特营办课利，盖欲招徕外夷，以致柔远之意。"不言而喻，"营办课利"是招徕蕃商重要的目的之一。

宋代在救济抚恤外商海难中实行了种种措施，主要者有以下4个方面：

其一，给遇难者以食粮，并予以遣还。如淳化年间，明州"言高丽国民池达等八人，以海风坏船，漂至鄞县。诏付登州给资粮，俟便遣归其国"③。大中祥符二年（1009年）三月一日，"登州言女真国人锡喇卜等遇风飘船至州"。朝廷下诏"给其资粮，候风便遣还"④。

其二，借钱给遭遇海难的蕃商。如胡则任广西路转运使时，"有番舶遭风至

---

① 《宋会要》食货68之102。
② 《曾巩集》卷32《存恤外国人请著为令札子》。
③ 《长编》卷47。
④ 《长编》卷71。

琼州，且告食乏，不能去。则命贷钱三百万，吏白夷人狡诈，又风波不可期。则曰：'彼以急难投我，可拒而不与邪？'已而偿所贷如期"①。

其三，参与海难的救援工作。如元符二年（1099 年）五月十二日，"户部言：蕃舶为风飘着沿海州界，损败及舶主不在，官为拯救，录物货，许其亲属召人保任认还，及立防守盗纵诈冒断罪法。从之"②。

其四，慰问遭遇海难的蕃商。如天禧三年（1019 年）十一月，"明州、登州屡言高丽海船有风漂至境上者，诏令存问，给度海粮遣还，仍为著例"③。

宋代救济遭遇海难外商的措施是朝廷招徕外商来华贸易政策的一个组成部分，它与犒设蕃商、保护外商财产、奖励外商、设来远驿、怀远驿接待外商、设蕃坊管理外商、设蕃学教育外商子弟等在招徕外商来华贸易中发挥了应有的作用，使宋代海外贸易空前繁荣，财政收入大为增加。

7. 荒年募兵思想

荒年募兵是宋代间接性赈灾的一项基本国策，其思想来自宋太祖"凶年饥岁，有叛民而无叛兵，不幸乐岁而变生，则有叛兵而无叛民"④ 的名言。宋真宗时，适"岁大饥，民有欲隶官军以就廪食，而兵有定数。吕公夷简为提点刑狱，公白之曰：'温民饥且死，势将聚而为盗，岂若署壮强以尺籍，且消患于未萌，而公私交利乎？'吕即移文于州县，点七千人"⑤。又如庆历八年（1048 年）到皇祐元年（1049 年），富弼为赈济河北水灾，即招募了不少流入京东饥民。并且说"既悯其滨死，又防其为盗"⑥。显然，宋代荒年募兵的指导思想十分明确，在饥荒时招募强壮者为兵，既防止他们饿死，更重要的是消除他们因无生路而聚集在一起为盗，影响社会安定与宋政权的统治。

从政府救助和社会稳定的角度看，募饥民强壮者为兵也可算作一种权宜之计。如宋神宗皇帝虽忧心于财匮之实，但对于募饥民为兵这一政策却大加赞赏，称其为"太平之业"，"自古未有及者"⑦。但是对于这一思想与措施，宋代也有朝臣持有异议。如欧阳修说："吏招人多者有赏，而民为穷时争投之。故一经凶荒，则所留在南亩者惟老弱也。而吏方曰：'不收为兵，则恐为盗。'噫！苟知一时之不为盗，而不知终身骄惰而窃食也。"⑧ 司马光也说："近闻朝廷于在京及诸路广招禁军，其灾伤之处，又招饥民以充厢军。臣愚以为，国家从来患在兵不

---

① 《宋史·胡则传》。
② 《长编》卷 510。
③ 《宋史·高丽》。
④ 晁说之：《嵩山文集》卷 1《元符三年应诏封事》，四部丛刊本。
⑤ 《端明集》卷 37《光禄少卿方公神道碑》。
⑥ 《文献通考》卷 156《兵八》。
⑦ 《长编》卷 327。
⑧ 《文献通考》卷 152《兵四》。

精，不患不多……自景德以来，中国既以金帛绥怀戎狄，不事征讨，至今已六十余年。是宜官有余积，民有余财，而府库殚竭，仓廪空虚，水旱小愆，流殍满野，其故何哉？岂非边鄙虽安，而冗兵益多之所致乎？此乃天下所共知，非臣一人之私言也。"① 这里，欧阳修反对荒年募兵的理由是饥荒时招募强壮者为兵，使农业生产只剩下老弱者，缺少青壮年劳动力，而强壮者为兵只能使其成为不劳而食的骄惰者。司马光则认为荒年募兵导致冗兵，而冗兵又使国家财政匮乏、仓廪空虚，因此一有水旱之灾，国家缺少钱粮财物赈济，致使大量饥民流亡或饿死。

综观史籍，荒年募兵虽然难免会减少农业生产中的青壮年劳动力，使"连营之士日增，南亩之民日减"②，并增加军队数量，加重财政负担，但这些负面作用也不能估计得过高。一是在军人社会地位急剧下降的北宋，荒年募兵下入伍的农民毕竟只是少数。荒年之下饥民的各种选择中，应募为兵为倒数第二位，仅次于为盗贼的选择："大南亩之民，储一岁之备者，十鲜一二；其次榷钱富室，出倍称之息；其次质产入租，充为人庸；下乃转徙他郡，壮者丐兵，弱者丐食，不幸为盗贼，穷矣。"③ 宋仁宗庆历八年（1048年）富弼因河北水灾而主持的募灾民充厢军是北宋规模较大的一次荒年募兵，但在"河北流民百万，转徙京东""流民入京东者不可胜数"的情况下，最终入伍当兵者才不过"万余人"④。可见，占饥民总数的比例是很低的。二是在为数有限的荒年应募为兵者中，并非都是整体素质较高的农业生产劳动力。李觏说："今之卒伍，例非劲健，必也少有材力，自己别营衣食，安肯涅墨而就拘哉？唯无聊之人，填壑是惧，不得已而为之耳。"⑤ 可见那些荒年入伍的农民，尽管不能说其中没有壮劳力，但绝大多数当是行不得为商、居不得为农的"无聊之人"，因此，对农业生产的影响可能不是很大。三是北宋荒年所募之兵多数是以充当厢军为主，所谓"其灾伤之处又招饥民以充厢军"⑥。而厢军是以承担劳役为主的军种，宋代重要的夫役与职役日益由厢军承担。正如时人章如愚所说："古者，凡国之役皆调于民。宋有天下，悉役厢军，凡役作、营缮，民无与焉。"⑦ 马端临也认为："宋朝凡众役多以厢军给之，罕调丁男"⑧，"自五代无政，凡国之役皆调于民，民以劳弊。宋有天下，悉役厢军，凡役作、工徒、营缮，民无与焉，故天下民力全固"⑨。应当说，

---

① 《温国文正公文集》卷33《招军札子》。

② 《乐全集》卷23《再上国计事奏》。

③ 尹洙：《河南先生文集》卷2《原刑》，四部丛刊本。

④ 《长编》卷166。

⑤ 《李觏集》卷28《寄上富枢密书》。

⑥ 《宋朝诸臣奏议》卷121《上英宗乞罢招军》。

⑦ 《山堂群书考索》后集卷41《兵制门·州兵》。

⑧ 《文献通考》卷12《职役一》。

⑨ 《文献通考》卷156《兵八》。

"悉役厢军""民无与焉"的评介难免有溢美和不实之处，像宋祁所说的"朝廷每有夫役，更藉农民以任其劳"[①] 的情况也不是绝对没有，但从总体上看，宋朝廷直接掌握的数十万厢军对劳役的分担，对减轻和替代民众徭役的负担，从而保证了农民生产所必需的劳动时间，其作用是应充分肯定的。

综上所述，宋代荒年募兵的间接赈灾思想，总的来说，应当是利大于弊，对于那些挣扎于死亡线边缘的农民来说，无疑仍是一条生路，有效地防止他们铤而走险走上武装对抗的道路，对稳定社会秩序产生积极的作用。同时，他们大多数被招募为厢军，分担了民众的徭役，等于间接为农民生产提供所必需的劳动时间。

（四）灾后和平时政府救助思想

1. 安置流民，恢复生产思想

宋代灾后最突出的最亟待解决的矛盾是由于流民的大量出现，大片土地荒废使农业生产劳动力和土地这两大生产要素分离。有关这一灾后现象，宋人已经十分清楚地看到。如宋仁宗时，钱彦远指出："今国家户七百三十余万，而垦田二百一十五万余顷，其间逃废之田，不下三十余万，是国畴不辟，而游手者多也。劝课其可不兴乎？"[②] 庆历七年（1047 年），知邓州富弼也谈道："今水灾之后，农民大半流徙，从来沃壤，尽为闲田。又河朔所占地土至多，无由耕稼。臣切计见入之赋，不过三分之一……民力不得不困，国用不得不窘……河朔逃田，尽成废弃；河朔军需，无以供亿。若不早为擘划，恐朝廷财用殚耗，遂至不支，甚非为国之计也……若河北逃田不废，则人自足食，京东之民亦得息肩。"[③] 由此可见，灾后一方面是流民无法返乡，散落异地他乡，另一方面家乡大片土地无由耕稼，尽成废弃。这种农业生产劳动力与耕地的分离不仅使灾后农民生产得不到恢复，而且进一步造成国家赋税收入锐减，军需无以供给，安置流民地区的百姓负担沉重。

在封建自给自足的自然经济历史条件下，灾后恢复农业生产的较佳途径就是尽快使劳动力与土地重新组合，从而实现灾民的自给，减少赈济支出，在恢复和发展农业生产的基础上增加国家的财政收入。宋朝廷基于这种思想，采取了一系列措施，招抚逃移人户尽快回原籍或就地安置，以恢复农业生产。

（1）为帮助流民能顺利返乡，朝廷给予流民程粮、免除津渡之税等优惠，以解决他们在归途上的经济困难。如宋太祖在开宝六年（973 年）正月曾下诏："诸州流民所在计程给以粮，遣各还本贯。"[④] 熙宁八年（1075 年）正月，宋神

---

① 《宋朝诸臣奏议》卷 101《上仁宗论三冗三费》。
② 《宋会要》食货 6 之 42—43。
③ 《宋朝诸臣奏议》卷 105《上仁宗乞拨河北逃田为屯田》。
④ 《长编》卷 14。

宗就当时流民问题也下诏说:"方农作时,雨雪颇足,流民所在令州县晓谕,丁壮各愿归乡者,并听保结,经所属给粮。每程人给米豆一升,幼者半之,妇女准此,州县毋辄强逐。"① 从这两次诏书均在正月以及"方农作时"可知,朝廷资助流民粮食返乡的用意是尽快让他们赶上春耕的季节,恢复农业生产。宋哲宗时期,为减轻流民沿途负担,还改发放米粮为发给路券,可以沿路领取食物。如绍圣元年(1094 年)十月,哲宗诏:"河北东西路被灾……令流民在他路者,官吏以至意谕晓,使归业给券,使所过续食,不愿者所在廪给之。"② 除政府给予流民返乡程粮外,有的地方官还劝谕豪富给予路粮资助。如大中祥符二年(1009 年),知邓州右司谏直史馆张知白言:"陕西流民相续入境,有欲还本贯而无路粮者,臣谕劝豪民出粟数千斛,计口给半月之粮,凡就路者总二千三百家,万二百余口。"③ 为了方便流民尽快返乡耕种,朝廷还下令沿途免收渡钱等。如淳熙九年(1182 年)正月六日,知建康府范成大言:"近降指挥,流移之人如愿归业耕种,即量支钱米给据津遣,今欲移文两淮安抚司漕,行下所属,约束沿江渡口,遇有江浙流移归业之人,其人口、行李、牛畜等并与免收渡钱,无致邀阻。其江浙津渡亦乞一例免收。"④

(2)流民返乡初期,由于农业生产刚刚处于恢复期,粮食还未收成,往往缺乏食物,因此,政府给予复业流民一定的食物救济,使他们不再逃移,以便能安心生产。如天禧元年(1017 年)九月十六日,"诏河东流民有复业者发仓粟赈之"⑤。庆元元年(1195 年)正月,临安守臣徐谊在遣返流民的同时,"诏候到本贯州县,令日下支给常平米赈济,毋致失所"⑥。失去房屋的流民返乡后,寻找安身之处也是必不可少的。有些地方官员就通过"作室庐"的方式招徕流民。如宋仁宗时期,元绛除江南西路转运判官,请得知台州。"大水昏垫之余,公出库钱就民作室数千区,许人自占,与之期,三岁偿所费,于是流亡皆复业"⑦。有些地方,则是临时将流民安置在官屋中,并给予生活和医疗救济。如绍圣元年(1094 年)三月二十二日,三省言:"昨已降指挥应流民支与口食,遣还本土,所在官司辟官屋权令宿止,疾病者医治,仍不限户口米豆硕斗赈济。令户部指挥灾伤路分监司严加督责,州县推行,务要民受实惠。如更有合行赈恤事,令速施行。"⑧

---

① 《救荒活民书》卷1。

② 《宋会要》食货 57 之 12。

③ 《宋会要》食货 57 之 5。

④ 《宋会要》食货 69 之 66。

⑤ 《宋会要》食货 57 之 6。

⑥ 《宋会要》食货 58 之 21。

⑦ 王安礼:《王魏公集》卷 8《资政殿学士太子少保致仕赠少师谥章简元公(绛)墓志铭》,台湾商务印书馆影印文渊阁《四库全书》。

⑧ 《宋会要》食货 57 之 11。

（3）在流民返乡后饮食和住宿得到基本解决的前提下，政府再通过给田、还田等，使流民恢复原来的田产或能得到一块耕地。农民拥有耕地，是使农业劳动力与土地最终有效结合，恢复农业生产基本条件之一。对于那些失去土地的流民，政府如果能够提供土地，他们必然愿意返乡。如绍兴十八年（1148年），王镇知安丰军六安县，"江南猾民冒佃荒田，辄数千亩。君躬按户籍，丁给百亩，于是流逋四归，愿耕者众"①。而对于那些原来占有土地，而是因流亡在外，土地已被作为户绝田充公或被他人侵占，朝廷也制定了一些法规，尽可能对流民田产予以保护。一般来说，对于流民田产的保护年限，因不同逃移缘由而有所不同，但目的相同，即对流民的田产保护设置一定的年限，既可招诱督促他们在一定的期限内尽快返乡复业，又可为逾限之后政府对流民田产的利用提供法律依据。总之，在尽可能短的时间内使荒废的土地与流亡的劳动力重新予以结合，恢复农业生产，使流民自给，从而减少国家赈灾支出，恢复和增加赋税收入，稳定社会秩序。

（4）宋朝对归业的流民实行减税免税或除积欠，适当减轻他们归业后的赋税负担，以调动他们重新投入生产积极性。而且对流民的这种赋税优惠政策，根据逃移的原因不同而有所差别。如庆历五年（1045年）三月，仁宗下诏云："因灾伤逃移限一年令归业，与免三料催科及支移折变，不因灾伤逃移限半年，与免一料支移折变。"② 皇祐五年（1053年）闰七月，仁宗又下诏："广南经蛮寇所践而民逃未复者，限一年复业，仍免两料催科及蠲其差役三年。"③ 这里因灾伤逃移可享有三料，即一年半赋税放免的优惠；不因灾伤逃移却只有半年的放免优惠；而因战乱逃移人户归业，优免的赋役最多，包括一年免税，三年免役。为了鼓励和督促逃移人户尽快返乡复业，宋政府还规定越早返乡归业者所享受的优惠越多："应逃亡人户，自降绍兴二年下半年以前复业者与免四料，绍兴三年上半年以前复业者免三料，下半年以前复业者免两料，绍兴四年以前复业免一料。"④

宋朝廷对流民归业者除积欠包括清除以前所欠各种租赋以及倚阁缓征两种方式。前者如宣和五年（1123年）十一月十九日，"诏京西路累年灾伤，民力匮乏，州县失于措置，颇多逃移……应逃移未归业人户仰转运常平司官督责守令，多方措置招诱归业，仍将归业人户未归以前见欠租税及系官诸般欠负并特与免除"⑤。后者如绍圣元年（1094年）十月二十一日，"诏河北东、西路被灾经放税户虽不及五分，所欠借贷钱斛并抵当牛钱等倚阁，候丰熟日分十料输。其非被

---

① 《文忠集》卷77《朝议大夫赐紫金鱼袋王君镇墓碣》。
② 《宋会要》食货69之40。
③ 《长编》卷175。
④ 《宋会要》食货69之51。
⑤ 《宋会要》食货69之43。

灾放税户所欠钱斛视此。仍除结保均陪之令"①。

（5）对缺乏生产资料的归业流民，政府提供粮种、农具和耕牛等。如绍圣元年（1094年）三月二十二日，"上曰：'闻京东、河北之民乏食，流移未归本土，宜加意安恤。给粮种，差官就谕，使还农桑业。'范纯仁等对曰：'今已给常平米，又许旨所养牛质取官缗钱，免租税，贷与谷麦种矣。'"② 隆兴二年（1164年）三月二十七日，诏高、藤、雷、容四州逃避"寇难"人户，"仰守令多方招诱归业，内阙食不能自存之人，依灾伤法赈恤；即虽归业，而无力耕种者，令提刑司以牛具种粮借贷之"③。

中国古代农民普遍安土重迁，怀念故土，大部分流民灾后还是希望返乡复业。因此，政府灾后的救济工作以尽快遣返流民还乡复业为主。围绕着灾后的这一工作，政府与一些官员纷纷建言献策，形成了一套灾后尽快顺利地遣返流民还乡复业的救济思想。首先，给予返乡复业流民以程粮，并免除沿途津渡钱等，使流民尽快顺利回到家乡。其次，应使回到家乡的流民有一个最起码的生存条件，否则，就会出现再次逃移。其措施是给予流民基本的口粮，并使他们有庇身之所。再次，要使流民返乡后能尽快恢复农业生产，政府必须帮助流民具备起码的生产资料要素，即土地、种子、农具、耕牛等，这样才能使劳动力与土地尽快重新结合。宋代政府采取灵活的流民田产保护政策，并想方设法解决流民缺乏粮种、农具和耕牛等问题，还通过减免税收、除积欠等措施，鼓励并督促流民尽快恢复农业生产，实现灾后重建和发展社会经济。

宋代遣返流民一般采用自愿原则，如不愿返乡的，就采取就地安置（也称异地安置），无偿给予或租佃土地给流民，使其在家乡以外的地方安居下来。这是区别于遣返还乡的另一种安置方式。对安置流民颇有自己独到见解的富弼认为，流民一旦流徙出来，除了"情愿人归还本贯"之外，强制遣返并不可取，倒不如"或放令前去别州，或相度口数给与田土，或自令樵渔采捕，或计口支散官粟，诸般救济，庶几稍可存活"。本着这样的安置流民指导思想，富弼即向朝廷请求，将京西一路的"系官荒闲田土及见佃人剩占无税地土，差有心力徇公官员，四散分俵，各令住佃，更不得逼逐发遣却归河北"④。除富弼之外，许多官员也采取就地安置流民的方式。如南宋初赵善俊知庐州时，"岁旱，江浙饥民麇至。君既竭力周恤，仍括境内荒熟官田三万六千余亩，分三十六圩，请凡土著、流移视力均给，而贷以牛种。生者予屋，死者给棺……时土旷人稀，招耕户一率费缗钱数十。君因流民仰食，为裁其直，主客俱利，户口日增"⑤。

---

① 《宋会要》食货57之12。
② 《宋会要》食货57之11。
③ 《宋会要》食货59之39。
④ 《宋朝诸臣奏议》卷106《上神宗论河北流民到京西乞分给田土》。
⑤ 《文忠集》卷63《中大夫秘阁修撰赐赐紫金鱼袋赵君善俊神道碑》。

对于流民就地安置这一方式，其实对于政府来说更为节约安置成本，起码来说节省了给予流民返乡的程粮开支。但是这一安置方式却给安置地带来了挑战。如果新的安置地如前所述庐州为"土旷人稀"，那么流民的安置正弥补了这一地区的"土旷"，其结果是"主客俱利，户口日增"，显然对于这一地区的经济发展和社会安定均是有利的。但是这一地区如果是"地狭人稠"，那么流民的到来将对这一地区造成很大的冲击。面对这种局面，政府往往予以劝阻，多方进行引导。如神宗熙宁七年（1074年），河北西路镇、赵、邢、洺、磁、相等州，出现总数达46000多人的流民群，迤逦南下，涌入当时人口密度甚大的汴京。宋朝廷随即命令有关州县劝阻，"约回本贯"。其中有农村力及人户，只是由于客户率先逃移，他们"不敢安处田里"，也随之搬迁。宋朝廷在通知各地劝阻时，对此等人户，"用心安辑。如在村野，难以独居处之人，多方开谕，暂迁就附近城郭安泊"①。

2. 收养救济贫困人口思想

宋朝常设收养救济贫困人口的机构有多种，如福田院、居养院、安济坊、漏泽园、养济院、安乐坊、安养院、安济院等。从功能上看，这些机构大致可分为4类，一为收养贫困人口与病患者的综合性机构，二为收养贫困人口的机构，三为养济贫困病患者的机构，四为救济贫困死者的助葬机构。其代表为福田院、居养院、安济坊和漏泽园，这正是"鳏寡孤独，古之穷民，生者养之，病者药之，死者葬之，惠亦厚矣"②。"若丐者育之于居养院；其病也，疗之于安济坊；其死也，葬之于漏泽园，岁以为常。"③ 总之，宋代平时的政府救助工作就是围绕着收养贫困人口、医治贫困病患者和埋葬贫困死者的指导思想展开的。

宋人对平时的政府救助工作，一般多持肯定赞赏的态度，认为是行仁政的表现。如范祖禹认为："古者为政，必先恤困穷之民。国朝祖宗以来，惠恤孤寡，仁政非一……朝廷自嘉祐已前，诸路有广惠仓以救恤孤贫，京师有东、西福院以收养老幼废疾。至嘉祐八年十二月，又增置城南、北福田，共为四院，此乃古之遗法也……国家富有四海，每岁用系省钱一二万缗，于租赋之入，无异海水之一勺。而饥穷之人，日得十钱之费、升合之米，则不死矣。此乃为国者所当用，王政之所先也。况朝廷幸不惜费，唯更增修旧法，推广祖宗仁政，以副陛下惨怛爱民之意，夫何难哉！臣切惟陛下近日所行，万万于此，而臣之所陈，事乃至微，然古之圣人，莫不以此为先务。所以拯生民之性命，其法不可不备也。"④

虽然大多数宋人对平时政府救助持肯定意见，但也有一些人持反对意见，认

① 《长编》卷256。
② 《宋会要》食货60之6。
③ 《宋史·食货上六》。
④ 《范太史集》卷14《上哲宗乞不限人数收养贫民》。

为行仁政有过分之嫌。如周密认为都人所受施惠过多，"贫而无依者则有养济院，死而无敛者则有漏泽园。民生何其幸与!"因此，颇有养成"骄民"之嫌①。杨时也认为居养、安济之法乃是"养游手"之法②。陆游则更具体地指出："崇宁间……置居养院、安济坊、漏泽园，所费尤大。朝廷课以为殿最，往往竭州郡之力，仅能枝梧。谚曰：'不养健儿，却养乞儿。不管活人，只管死尸。'盖军粮乏，民力穷，皆不问，若安济等有不及，则被罪也。"③

根据现代高福利国家的社会情况来看，过高的政府救助的确会养成"骄民"和游手好闲者。但是，宋朝政府救助是否过高了呢？对此张文先生做了分析。据他估计，北宋崇宁年间开封府人口总数当在百万以上，而济贫机构所收养的人数约有3000左右，最多不会超过5000人。据此，开封府济贫机构所收养的人数与总人口的比例约为1∶330和1∶200。若以开封府百万人口中有一半属于生产性人口推算，则两者比例也在1∶165和1∶100之间。也就是说，以100至165名生产者负担1名收养者，这比例无论如何也不算高。还有，"健儿"们的兵食是否被"乞儿"夺去呢？答案是否定的。因为"乞儿"的人数与"健儿"的人数几乎是完全不可相比的。宋太祖时期，宋朝拥有30余万军队，而到了宋仁宗皇祐初年，军队人数上升到160万。南宋时期，每年的养兵费用，基本上占财赋总收入的50%，甚至80%以上。如此巨大的养兵费用，与少量的济贫费用相比，孰重孰轻，一目了然。因此，宋人对于济贫费用过高的批评，并不足取。

第五节　元代公共事业管理和政府救助思想

一、公共事业管理思想

(一) 漕运思想

元代定都大都（今北京），大都作为当时的政治、文化、经济中心，人口众多，其粮食供给却主要依靠江南的农业区。因此，贯穿南北的京杭大运河成为漕运的主要交通路线。但是，大运河由于许多河段是人工开凿，河水深度不够，加上河中泥沙淤积，因此，严重影响了漕船的运行，尤其是在干旱无水季节更是如此。面对这种局面，朝廷要保持漕运的通行无阻，必须对京杭大运河进行治理。换言之，元政府对京杭大运河水系的治理，首先是为了漕运，其次才顾及农业上的灌溉。正如《元史》卷64《河渠一》所指出的："元有天下，内立都水监，外设各处河渠司，以兴举水利、修理河堤为务。决双塔、白浮诸水为通惠河，以济漕运，而京师无转饷之劳。导浑河，疏滦水，而武清、平滦无垫溺之虞。浚治

---

① 四水潜夫（周密）:《武林旧事》卷6《骄民》，台湾商务印书馆影印文渊阁《四库全书》。
② 《黄氏日抄》卷41《龟山先生文集·语录》。
③ 陆游:《老学庵笔记》卷2，中华书局点校本，1979年。

河，障滹沱，而真定免决啮之患。开会通河于临清，以通南北之货。疏陕西之三白，以溉关中之田。泄江湖之淫潦，立捍海之横塘，而浙右之民得免于水患。"为了保障京杭大运河漕运的畅通无阻，元政府采取了 7 项措施，对京杭大运河进行治理。

其一，禁止私决堤堰，引运河水用于灌溉、水碾等，以保证运河水位。太宗七年（1235 年）岁乙未八月敕："近刘冲禄言：'率水工二百余人，已依期筑闭卢沟河元破牙梳口，若不修堤固护，恐不时涨水冲坏，或贪利之人盗决溉灌，请令禁之。'刘冲禄可就主领，毋致冲塌盗决。犯者以违制论，徒二年，决杖七十。"[①] 文宗天历三年（1330 年）三月，"中书省臣言：'世祖时开挑通惠河，安置闸座，全藉上源白浮、一亩等泉之水以通漕运。今各枝及诸寺观权势，私决堤堰，浇灌稻田、水碾、园圃，致河浅妨漕事，乞禁之。'奉旨：白浮、瓮山直抵大都运粮河堤堰泉水，诸人毋挟势偷决，大司农司、都水监可严禁之"。

其二，疏浚河道淤积泥沙，使运河淤浅河道水位变深，便于漕船航行。"延祐六年（1319 年）十月，省臣言：'漕运粮储及南来诸物商贾舟楫，皆由直沽达通惠河，今岸崩泥浅，不早疏浚，有碍舟行，必致物价翔涌。都水监职专水利，宜分官一员，以时巡视，遇有颓圮浅涩，随宜修筑，如工力不敷，有司差夫助役，怠事者究治。'从之。至治元年（1321 年）正月十一日，漕司言：'夏运海粮一百八十九万余石，转漕往返，全藉河道通便，今小直沽汉河口潮汐往来，淤泥壅积七十余处，漕运不能通行，宜移文都水监疏涤。'工部议：'时农作方兴，兼民多艰食，若不差军助役，民力有所不逮。'枢密院言：'军人不敷。'省议：'若差民丁，方今东作之时，恐妨岁事。其令大都募民夫三千，日给佣钞一两、糙粳米一升，委正官提调，验日支给，令都水监暨漕司官同督其事。'四月十一日入役，五月十日工毕。"

其三，建置坝牐节水以通漕运。人工开凿的运河水浅，难以承载较大的漕船，元代政府除了疏浚河道淤泥，挖深河道使水加深外，还在沿河建置许多坝牐，逐段蓄水，使河水加深。"至元二十六年，寿张县尹韩仲晖、太史院令史边源相继建言，开河置牐，引汶水达舟于御河，以便公私漕贩。省遣漕副马之贞与源等按视地势，商度工用，于是图上可开之状。诏出楮币一百五十万缗、米四百石、盐五万斤，以为佣直，备器用，征旁郡丁夫三万，驿遣断事官忙速儿、礼部尚书张孔孙、兵部尚书李处巽等董其役。首事于是年正月己亥，起于须城安山之西南，止于临清之御河，其长二百五十余里，中建牐三十有一，度高低，分远迩，以节蓄泄。六月辛亥成，凡役工二百五十一万七百四十有八，赐名曰会通河。""至元二十八年，都水监郭守敬奉诏兴举水利，因建言：'疏凿通州至大都河，改引浑水溉田，于旧牐河踪迹导清水，上自昌平县白浮村引神山泉，西折南

转，过双塔、榆河、一亩、玉泉诸水，至西水门入都城，南汇为积水潭，东南出文明门，东至通州高丽庄入白河。总长一百六十四里一百四步。塞清水口一十二处，共长三百一十步。坝牐一十处，共二十座，节水以通漕运，诚为便益。'从之。首事于至元二十九年之春，告成于三十年之秋，赐名曰通惠。"从以上记载我们可以看出，京杭大运河的最北一段会通河和通惠河，坝牐在保持河道水深、保证漕船通行方面发挥了重要作用。正由于如此，元政府对会通河、通惠河的开河置牐工程十分重视，不惜投入大量人力、财力。如开凿会通河和置坝牐等配套设施共役工 2510748，开支楮币 150 万缗、米 4 万石、盐 5 万斤；开凿通惠河和置坝牐等配套设施共役军士 19129 人、工匠 542 人、水手 319 人、囚徒 172 人，共计 2580000 工，开支楮币 152 万锭、粮食 38700 石。朝廷在动工开凿通惠河时，还命令承相以下官员都亲自携带畚、锸等工具参加开工典礼，以示朝廷对开凿通惠河的重视。从长 250 余里的会通河建有牐 31 座，根据地形的高低、距离的远近而科学合理地设置，从而达到节水、蓄水和泄水的功能，以调节运河水位，保障漕运的通畅，以及长 164 里的通惠河设坝牐 10 处，共建有 20 座，以节水通漕运可以看出，元代的建坝牐以保持河道水深而达到通漕运的工程已达到较高的工程建筑水平，能根据地形的高低、距离的远近而逐级节水、蓄水，然后在漕船经过时泄水，从而使漕船顺利通行。这种复杂的系统工程使有限的水源得到充分的利用。至元二十八年在疏凿通惠河时，朝廷任命著名科学家郭守敬主持。郭守敬发挥了其杰出的水利知识，所勘定的河道和需置牐的地点，往往与前代不谋而合，充分证明了郭守敬所勘定河道和置牐地点的科学性，从而也说明元政府尊重科学技术尊重人才的用人思想。元政府在兴建大规模公共工程时还重视前期的工程本身规划和经费开支论证，如动工开凿会通河和沿河置牐之前，派遣大臣马之贞与边源到实地察看地形，计算工程经费，并且通过画成图来论证开凿会通河和沿河置牐的可行性。

会通河、通惠河开通并完成沿河坝牐的配套设施建成后，元政府还重视对其管理，禁止王公贵族、权势之人、不法官吏利用权势滥用坝牐牟利或勒索过往客旅，必须依法利用好牐坝。"天启三年三月，诏谕中外：'都水监言：世祖费国家财用，开辟会河，以通漕运。往来使臣、下番百姓，及随从使臣、各枝斡脱权势之人，到牐不候水则，恃势捶挞看牐人等，频频启放。又漕运粮船，凡遇水浅，于河内筑土坝，积水以渐行舟，以故坏牐。乞禁治事。命后诸王驸马各枝往来使臣，及斡脱权势之人，下番使臣等，并运官粮船，如到牐，依旧定例启闭，若似前不候水则，恃势捶拷守牐人等，勒令启牐，及河内用土筑坝坏牐之人，治其罪。如守牐之人，恃有圣旨，合启牐时，故意迟延，阻滞使臣客旅，欺要钱物，乃不畏常宪也。'仍令监察御史、廉访司常加体察。"

其四，在会通河置小牐和石则，限制大船入运河，以防大船搁浅阻塞河道。元政府尽管采取了禁止私决堤堰、疏浚河道、置坝牐节水蓄水等措施来维护漕运畅通，但是由于会通河水量十分有限，河水不深，仍然承载不了载重量较大的漕船，经常发生大船搁浅河中，阻滞官民船只来往通航。对此，元政府不断采取措施，限制大船入运河。元代开凿会通河之初，就根据会通河有限的水深，仅允许通航载重量 150 料的船只。但是至延祐年间，权势之人、富商大贾为了牟利，不断违规建造大船，直至造出 300—500 料的船只用于会通河航行。此严重超载的后果是河道阻塞，影响官民过往船只通行。对此，元政府于沽头、临清两处置小牐，禁止 200 料之上船进入会通河。但是置小牐主要是通过限制船的宽度来禁止大船进入会通河，一些嗜利之人就改造宽度隘、船身超长的大船，即小牐宽 9 尺，这些人就将船造 8 尺 5 寸宽度，一般载 150 料船长 65 尺，这些人就加长 80—100 尺，可载五六百料。这种加长之船进入运河，比原超重船带来更严重的后果，即船身太长，"不能回转，动辄浅阁，阻碍余舟"。针对这种情况，元政府在小牐（隘牐）边加立石则，用以丈量船身长度。如船身长度超过 65 尺，即为超长，必须受到处罚，并且不得进入会通河航道。

其五，大船无法航行时，改用小船进行搬载。元代，当某段运河在枯水季节水深不到二尺时，连政府规定的载重 150 料的漕船都无法通航时，就只得改用小船进行搬载。如"至元三十年（1293 年）九月，漕司言：'……访视通州城北通惠河积水，至深沟村西水渠，去乐岁、广储等仓甚近，拟自积水处由旧渠北开四百步，至乐岁仓西北，以小料船运载甚便。'都省准焉。"

其六，元代漕运管理的重点是保持漕运河道的通畅，除此之外，也必须对漕船及负责漕运官吏、船夫等实行管理。元代的漕船，主要是雇用民间的船只。为了有效对雇船进行管理，对雇船船户的籍贯、姓名进行登记，并由管船、饭头人等说合，订立雇船合同，并由饭头等人作保。至元三十一年（1294 年），元政府规定："今后凡雇乘船之人，须要经由管船、饭头人等，三面说合，明白写立雇船文约。船户端的籍贯、姓名，不得书写'无籍贯'并'长河船户'等不明字样。及保结揽载之后，倘有疏失，元保饭头人等与贼人一体断罪。仍将保载讫船户并客旅姓名、前往何处勾当、置立文簿，明白开写，上下半年于所属官司呈押，以凭稽考。"①

元代在雇用民间船只中，一些不法官吏依仗手中权力，强行拘刷捉拿过往船只，剥卸船中所装货物，勒令装载官府粮食，敲诈客旅钱财，使客船深受其害，导致运河沿岸米货不通、物价飞涨，社会动荡不安。对此，元政府一再下令予以禁止，命令御史台、按察司纠察，对不法官吏进行惩处，并规定雇船必须官、民双方公平交易，官府必须预先支付船主价钱。如至元十九年（1282 年）十一月，行御史台札付："近为拘刷船只扰民不便，宪台与扬州行省官议过，出榜自谕各处官吏上下人等：'今后须管两平和雇五六百料以下、二百料之上堪以装粮好

---

① 《元典章》卷 59《船只》。

船，先行放支脚价。毋得将客人装茶盐米麦柴薪重船，并不得雇觅大小船只，依恃官府一概拘刷，强行剥卸，厘勒装粮，使船户人等至甚生受。除已暗行差官捉拿外，如有违犯之人，捉拿到官，取问是实，定将犯人对众号令，严行断罪，仍取所在官司有失钤束招伏究治。'如此禁约去讫。今体知得沿河上下官司，差人搬贩米麦物斛，重载船只，指以雇船为名，强行剥卸拘撮，致使客旅不通，因而诸物涌贵。若不禁约，深为未便。仰速为差委能干人员，前去拘该去处，暗行体察。如有违犯之人，捉拿到官，依上严行治罪，仍取所在官司有失钤束招伏申台。"① 至元二十年（1283年）六月，行御史台据监察御史呈"钦奉圣旨条画节文：'所在官司，却不得依前强行拘刷船只，骚扰百姓，如违并行究治。'钦此。上年江淮上下及淮浙等处小河，往来客船相望不绝水来。诸处官司指以雇船装载官粮官物为名，故纵公吏、祗候、弓手人等，强行拘刷捉拿往来船只，雇一扰百，无所不为，所以客船特少，以致物价腾贵，盗贼公行，实与官民为害"等事。得此。宪台相度：仰行下合属，果若各路起运官物，必须本处就便和雇船只者，并依例两平和雇，先支价钱，不得以和雇为名强行桩配拘刷，阻当客旅。如有违拒去处，令本处纠察施行。"②

元代负责漕运的船夫是"各路元拨船户军夫，除免差税，官给船只，专一漕运粮斛，别无余事"③。由于船夫生活艰苦，并经常受官吏的侵渔、盘剥，因此经常发生逃亡的现象。为了加强对船夫的管理和严密控制，"元逃户内有已招集人户，即便发付当该纲官收管着船，依上附簿关防。每月一次，开具元管、逃亡、复业、实在各各户数，不过次月初十日以里，申报到部，以凭差官计点，仰望少革纲官人等奸贪扰民之弊，不致靠损见在当役船户"④。如果发生运粮船户大批逃亡，有关官吏必须受到惩罚。大德六年（1302年）四月，户部呈："运粮船户，节次逃亡一千余户。究其源由，盖因漕运司失于拘钤，纵令纲官人等恣意侵渔；或将近上有力之家影占，不令上船当役；或将已招复业逃户，不行申官起遣，以致靠损在船人户。本部参详：合令漕运司取勘实在船户，置簿开写纲官各管船只料例同船户花名，时复委官点勘。若有阙役或破说事故之人，先行着落纲官雇人代替，须要勾捉正身到官，断罪当役。受赃者验赃多寡追断，纲官有犯仍除名……纲官头目中间作弊，齐敛钱物，放富差贫，及自行代替，本管上司亦不点视关防究问，以致如此。今后若有违犯，许诸人首告，取问是实，痛行追断。本管上司失检举者，亦行治罪。除外，仰严加体察。"⑤

其七，派官员巡视维护运河，以保障漕运的畅通无阻。在元代，运河沿岸经

① 《元典章》卷59《船只》。
② 《元典章》卷59《船只》。
③ 《元典章》卷59《船只》。
④ 《元典章》卷59《船只》。
⑤ 《元典章》卷59《船只》。

常会发生河岸坍塌，阻塞河道；沿河居民，掘堰堤作井，就堤取土，破坏堤堰，走泄水势，使漕船搁浅；河道内暗藏桩橛，使漕船碰破等影响漕船正常安全航行的事情，因此，政府必须派官不时巡视整治，及时制止影响漕运的行为，排除阻塞河道、损坏漕船的危害因素，从而保障漕运的畅通无阻。"至元三年（1266年）七月六日，都水监言：'运河二千余里，漕公私物货，为利甚大。自兵兴以来，失于修治，清州之南，景州以北，颓阙岸口三十余处，淤塞河流十五里。至癸巳年，朝廷役夫四千，修筑浚涤，乃复行舟。今又三十余年，无官主领。沧州地分，水面高于平地，全藉堤堰防护。其园圃之家掘堤作井，深至丈余，或二丈，引水以溉蔬花。复有濒河人民就堤取土，渐至阙破，走泄水势，不惟涩行舟，妨运粮，或致漂民居，没禾稼。其长芦以北，索家马头之南，水内暗藏桩橛，破舟船，坏粮物。'部议以滨河州县佐贰之官兼河防事，于各地分巡视，如有阙破，即率众修治，拔去桩橛，仍禁园圃之家毋穿堤作井，栽树取土。都省准议。"

（二）水利、桥梁道路工程思想

1. 修建堤堰防水灾

元政府充分认识到堤堰在防范水灾中的重要性，因此要求各级地方官吏必须在农闲时组织农民修建堤堰。如官吏在组织民众修建堤堰中不负责任，使堤堰缺坏，而在水灾中淹没民田、使百姓流离失所的，该官吏必须受到处罚。《元史·刑法二》规定："诸有司不以时修筑堤防，霖雨既降，水潦并至，漂民庐舍，溺民妻子，为民害者，本郡官吏各罚俸一月，县官各笞二十七，典吏各一十七，并记过名。""至元二十一年（1284年）二月，准御史台咨该：……今合于农隙之时，委各路总管以至州县长官，各各督察管内堤堰等事。应濒河旧有堤堰去处，差拨附近人夫，修筑废缺。如有功绩不遍，致令今后飘流居人，任满于解由内开具，到部之日，约量大小责罚"① 大德年间，元政府又重申，州县官吏在修建堤堰中不负责任，致使堤堰不坚固而造成水灾危害的，必须追究该官吏的责任。州县官吏必须在农闲时组织民众修筑堤堰，并且将堰堤修筑坚固，以预防水患。②

2. 修建桥梁、道路

元代政府还重视各地桥梁、道路的修建，以及修建的桥梁、道路的质量，以保证各地交通的畅通。《元史·刑法二》载："诸有司桥梁不修，道塗不治，虽修治而不牢强者，按治及监临官究治之。"政府在修建桥梁时，为保证所修桥梁的坚固，很重视对桥梁木结构部分木料的保管，以避免木料因保管不善而腐烂，从而影响桥梁质量。"至元五年（1268年）八月，中书右三部呈奉中书省札付：为随路官钱，议到事理内一款：盖起桥梁造船，仰各路拘该驿站桥梁，自五月一

---

① 《元典章》卷59《桥道》。
② 《元典章》卷59《桥道》。

日合拆时分，令县尉并设簿尉去处，依时拆卸。如有缺员，委自以上官兼管。将木植等物备细数目，移牒本县簿尉，于高阜处苫盖停顿，无致糟烂漂流遗失，候八月一日搭尽，须要如法坚固，不致垫塌损坏。"①

对于道路，元政府规定，每年9月1日开始定期修建，至11月1日修建结束。如主要道路有出现塌陷、损害、积水等影响交通的，必须随时进行修建，并由各地按察司检察。"至元八年（1271年）八月，尚书省：据大司农司呈：都水监申：'会验中书省奏奉圣旨数内一款节该：都水监所管河渠、堤岸、道路、桥梁，每岁修理。钦此。除钦依外，照得旧例：九月一日平治道理，令佐贰官监督附近居民修理，十一月一日修毕。其要道陷坏、停水，阻碍行旅者，不拘时月，量差本地分人夫修理。仍委按察司以时检察。今已相近九月，须合预为申覆，乞行下各路平治'事。省府除已札付大司农司，就便行下各路依上施行，仰行移各道提刑按察司检察施行。"②

元代，政府还十分重视在道路两旁、城廓周围、堤堰河渠两岸栽种树木，鼓励民众栽种，所种树木归种植者使用。并强调所栽树木的成活率，禁止马匹啃咬，百姓任意砍伐等。"延祐元年（1314年）正月，江浙行省准中书省咨：大司农司呈：会验钦奉圣旨节该：'……自大都随路州县城廓周围，并河渠两岸急递铺道店侧畔，各地随宜，官民栽种榆柳槐树，令本处正官提调点护成树。系官栽到者，营修堤岸桥道等用度；百姓自力栽到者，各家使用。委自州县正官提点，春首栽植，务要生成。禁约蒙古、汉军、探马赤、权豪诸色人等，不得恣纵头匹咽咬，亦不得非理砍伐。违者，各路达鲁花赤、管民官依条治罪。'钦此。"③

3. 胡祗遹水利思想

在元人有关水利的议论中，胡祗遹的思想与主流水利思想颇有不同之处。胡祗遹（1227—1295），字绍闻，号紫山，河南武安人。世祖中统年间初为员外郎。至元年间因忤阿合马，出为太原路治中。历任河东山西道提刑按察副使、荆湖北道宣慰副使、济宁路总管、山东东西道提刑按察使、江南浙西道提刑按察使，因病致仕。他著有《紫山大全集》，其中《杂著》部分论及元代一系列政治、经济与社会问题，能从当时现实发论，独具见地。因此，被誉为元初"经济之良材，时务之俊杰"④ 扬历中外，颇具政绩。以下对其水利思想做一简要介绍。

其一，胡祗遹从自然界观察到，水性各不相同，有的水有益于作物生长，有的水不利于作物生长，因此，直观地认为，不能盲目地开渠引水灌溉。他说：

---

① 《元典章》卷59《桥道》。
② 《元典章》卷59《桥道》。
③ 《元典章》卷59《桥道》。
④ 王恽：《秋涧先生大全文集》卷91《举明宣慰胡祗遹事状》。

"均为一水，其性各不同，有薄田伤禾者，有肥田益苗者。怀州丹、沁二水相去不远，丹水利农，沁水反为害。百余年之桑枣梨柿，茂林巨木，沁水一过，皆浸渍而死，禾稼亦不荣茂。以此言之，利欤害欤？似此一水，不唯不可开，当塞之使复故道，以除农害。此水性之当审，不可遽开，一也。"

其二，胡祗遹认为，兴修水利应当看各地区是否需要，如该地区没有需要，就不必劳民兴修，而影响农业生产。他指出："荆楚吴越之用水，激而使之在山，此盖地窄人稠，无田可耕，与其饥殍而死，故勤劬百端，费功百倍，以求其食。我中原平野沃壤，桑麻万里，雨风时若，一岁收成得三岁之食，荒闲之田，不蚕之桑尚十之四，但能不夺农时，足以丰富，何苦区区劳民，反夺农时，一开不经验之水，求不可必之微利乎？此二不可也。"[1]

其三，胡祗遹反对越山逾岭，动辄数百里开凿运河，因为这么巨大的水利工程如没有耗费大量的财力、人力，是很难完成的。他指出："前年在京，以水上下不数里，小民雇工有费钞数贯，过于一岁所有丝银之数，竟壅遏不能行，何况越山逾岭，动辄数百里，其费每户岂止钞数贯，其功岂能必成？有天地以来，历数千万年之久，经千万有智之士，其事既不举行，足见其不可为用，此三不可也。"

其四，胡祗遹指出，有些河流河岸很深，难以用于灌溉，如要用于灌溉，又能避免水害，必须开凿很宽的河道，那又要占用很多农田，而不一定就能用于灌溉。他说："且如滏水、漳水、李河等水，河道岸深不能便得为用，必于水源开凿，不宽百余步不能容水势，霖雨泛溢尚且为害，又长数百里，未得灌溉之利，所凿之路先夺农田数千顷，此四不可也。"

其五，胡祗遹指出，大都附近如开渠引河水灌溉，就会使原本水量不足的运河更加浅涩，势必影响漕运粮食和食盐。他说："十年以来，诸处水源浅涩，御河之源尤浅涩，假诸水之助，重船上不能过唐庄，下不能过杨村，傥又分众水以灌田，每年五六百万石之粮运，数千只之盐船，必不可行，此五不可也。"

其六，胡祗遹认为，朝廷设劝农、水利官吏既扰民又增加国家俸禄开支。他指出："四道劝农已为扰民，又立诸道水利官吏，土功并兴，纷纷扰扰，不知何时而止，费俸害众，此六不可也。"

从《元史·河渠志》及其他史籍考察，元朝是古代比较重视兴修水利的朝代。正如《元史》编撰者所言："元有天下，内立都水监，外设各处河渠司，以兴举水利、修理河堤为务……一代之事功，所以为不可泯也。"[2] 但是，正是在朝廷上下热议兴修水利的氛围中，胡祗遹却清醒地提出不可盲目兴修水利工程。他具体列举出6种情况下不可盲目兴修。胡祗遹以朴素的辩证唯物主义思想，实

---

① 《吏学指南》外三种，第207—208页，以下胡祗遹言论引文均见于此。

② 《元史·河渠一》。

事求是，从实际情况出发，比较客观冷静地分析了 6 种不同盲目兴修的水利工程。其分析虽然不尽科学，但观点具有独到之处。

（三）治理黄河中管理思想

1. 设置专职官吏治河

在中国古代治理江河中，黄河是最难以治理的，其原因是多方面的。如黄河中上游流域土质疏松，植被破坏严重，水土流失造成河道泥沙淤积严重，在一些河段，黄河水位高于河岸两边平地，形成地上河。而且黄河流域的降水很不平均，当降水过多时，就会形成水灾，严重时河水冲决岸堤，就会淹没周围地区民居、农田，对人民生命和财产造成严重危害。

正由于治理黄河难，元代政府认识到治理黄河是一项技术性科学性很高的水利工程，必须由精通水利专业知识的官员来主持这项工程，才能收到预期的效果。武宗至大三年（1310 年）十一月，河北河南道廉访司言："今之所谓治水者，徒尔议论纷纭，咸无良策，水监之官，既非精选，知河之利害者，百无一二。虽每年累驿而至，名为巡河，徒应故事。问地形之高下，则懵不知；访水势之利病，则非所习。既无实才，又不经练。乃或妄兴事端，劳民动众，阻逆水性，翻为后患。为今之计，莫若于汴梁置都水分监，妙选廉干、深知水利之人，专职其任，量存员数，频为巡视，谨其防护，可疏者疏之，可堙者堙之，可防者防之。职掌既专，则事功可立。较之河已决溢，民已被害，然后卤莽修治以劳民者，乌可同日而语哉。"①

尔后，工部针对黄河"其势愈大，卒无成功，致连年为害，南至归德诸处，北至济宁地分，至今不息"的严重情况，也提出必须选用廉干奉公、对黄河流域地形水势深有研究的人，作为治河官员，专门负责治理黄河水患："黄河为害，难同余水，欲为经远之计，非用通知古今水利之人专任其事，终无补益。河南宪司所言详悉，今都水监别无他见，止依旧例议拟未当。如量设官，精选廉干奉公、深知地形水势者，专任河防之职，往来巡视，以时疏塞，庶可除害。"②在河北河南道廉访司和工部的请求下，中书省"准令都水分监官专治河患，任满交代"③。

2. 《至正河防记》中治理黄河管理思想

元顺帝至正四年（1344 年）夏五月，"黄河暴溢，水平地深二丈许，北决白茅堤。六月，又北决金堤。"④。这是元代黄河泛滥受害面积最大、最为严重的一次水灾。至正九年（1349 年），丞相脱脱举荐都漕运使贾鲁治理黄河。至正十一

---

① 《元史·河渠二》。
② 《元史·河渠二》。
③ 《元史·河渠二》。
④ 《元史·河渠三》，本目以下引文均见于此。

年（1351 年）四月，朝廷命贾鲁以工部尚书为总治河防使，进秩二品，授以银印。这次治理黄河，参与人数之多，规模之大，治理成果之迅速见效，都是在元代治理黄河史上最突出的。

治河大功告成后，元顺帝命翰林学士承旨欧阳玄制河平碑文，以旌劳绩。欧阳玄在为河平碑文时，"乃从（贾）鲁访问方略，乃询过客，质吏牍，作《至正河防记》，欲使来世罹河患者按而求之"。因此，可以说，《至正河防记》是元代治理黄河经验的总结，它不仅汲取了前代沿理黄河的成功做法，而且也对至正十一年最大规模治理黄河进行最全面的总结。《至正河防记》在治理黄河思想史上具有特别高的价值。兹将与管理思想有关的内容缕述如下：

其一，贾鲁在治河中能够运用激励机制，充分调动官吏、工匠的积极性。尤其在堵塞黄河决口最关键的时刻，贾鲁镇定指挥，不断对官吏、工匠进行奖励、鼓劲，终于在大家的共同奋战努力下，使决口堵住。当"船堤距北岸才四五十步，势迫东河，流峻若自天降，深浅叵测。于是先卷下大埽约高二丈者，或四或五，始出水面。修至河口一二十步，用工尤艰。薄龙口，喧豗猛疾，势撼埽基，陷裂欹倾，俄远故所，观者股弁，众议腾沸，以为难合，然势不容已。鲁神色不动，机解捷出，进官吏工徒十余万人，日加奖谕，辞旨恳至，众皆感激赴功。十一月十一日丁巳，龙口遂合，决河绝流，故道复通"。

其二，《至正河防记》中的记载体现了贾鲁在治理黄河中卓越的组织和协调思想。至正十一年的治河共"发汴梁、大名十有三路民十五万人，庐州等戍十有八翼军二万人供役，一切从事大小军民，咸禀节度，便宜兴缮"。这样一支 17 万人的浩浩荡荡治河大军，其在治河作业中的人力调配、后勤供应等能做到科学合理、有条不紊，其本身就体现了作为治河总指挥的贾鲁具有高超的组织和协调能力。由于科学技术的限制，在一些治河作业中，必须投入大量的人力才能达到工程预期效果，这就要求在作业现场必须对大量人力进行井井有条的指挥调度。如在修筑两岸埽堤时，"相间复以竹苇麻檾大纤，长三百尺者为管心索，就系绵腰索之端于其上，以草数千束，多至万余，匀布厚铺于绵腰索之上，蒉而纳之，丁夫数千，以足踏实，推卷稍高，即以水工二人立其上，而号于众，众声力举，用小大推梯，推卷成埽，高下长短不等，大者高二丈，小者不下丈余"。更有甚者，在龙口最终合围的最关键时刻，整个作业工地"进官吏工徒十余万人"，贾鲁"神色不动，机解捷出……日加奖谕，辞旨恳至，众皆感激赴功。"贾鲁不仅要激励官吏工徒在"喧豗猛疾，势撼埽基，陷裂欹倾"的洪水之前奋不顾身，而且还要让他们明白自己对整个工程的设计，使他们消除"众议腾沸，以为难合"的顾虑，最终克服艰难险阻，使"龙口遂合，决河绝流，故道复通"。

其三，工程完工后，在经费开支方面进行全面精确的决算。至正十一年的治河工程是"朝廷不惜重费"的大规模公共工程，所用各种材料不计其数，支出大量官吏俸给、军民衣粮工钱以及医药、祭祀、赈恤、驿置马乘、和买民地为河、应用杂物等支出。虽然经费支出十分庞杂巨大，但仍然做出全面精确的决算，这从《至正河防记》所载可见一斑，充分说明贾鲁在主持治河工程中对经费支出管理的重视，以防止建筑工程中常见的贪污工程经费现象的发生。兹节录有关工程决算如下：

> 其用物之凡，桩木大者二万七千，榆柳杂梢六十六万六千，带梢连根株者三千六百，藁秸蒲苇杂草以束计者七百三十三万五千有奇，竹竿六十二万五千，苇席十有七万二千，小石二千艘，绳索小大不等五万七千，所沉大船百有二十，铁缆三十有二，铁猫三百三十有四，竹篾以斤计者十有五万，硾石三千块，铁钻万四千二百有奇，大钉三万三千二百三十有二。其余若木龙、蚕橼木、麦秸、扶桩、铁叉、铁吊、枝麻、搭火钩、汲水、贮水等具皆有成数。官吏俸给，军民衣粮工钱，医药、祭祀、赈恤、驿置马乘及运竹木、沉船、渡船、下桩等工，铁、石、竹、木、绳索等匠佣赏，兼以和买民地为河，并应用杂物等价，通计中统钞百八十四万五千六百三十六锭有奇。

二、政府救助思想

（一）防灾、备灾思想

1. 捕蝗灭蝗思想

元代的防灾思想如同古代其他朝代一样，是多方面的，如兴修水利工程、植树造林、捕蝗灭蝗等，由于前二者在公共事业管理思想中已介绍，因此此目就仅对捕蝗、灭蝗思想做一介绍。

"至大三年（1310年）二月，尚书省：据监察御史呈：'据监察御史呈：近奉御史台札付该：为涿州等处飞蝗生发，仰督责各处捕蝗官吏并力捕除尽绝等事。检照得至元七年（1270年）二月钦奉圣旨定到思农条画内一款：若有虫蝗遗子去处，州县正官一员，于十月内专一巡视本管地面。若在熟地，并力番耕。如在荒坡大野，先行耕围，籍记地面，禁约诸人不得烧燃荒草，以备来春虫蝗生发之时，不分明夜，本处正官监视就草烧除。若是荒闲地面窄狭，无草可烧去处，亦仰从长规划，春首捕除，仍更为多方用心，务要尽绝。若在煎盐草地内虫蝗遗子者，申部定夺。钦此。今检阅古书，略陈治蝗方法，具呈照详。'得此。都省除外，请遍行合属，照会施行。一、古书云：蝗不食豆苗，且虑遗种为患。劝民于飞蝗坐落去处，广种豌豆，非惟番耕杀虑遗种，次年三月四月，民获大利。一、古书云，取腊月雪水煮马骨，放水冷浴诸种子，生苗虫蝗不食。"[1] 由此可知，元代在捕蝗、灭蝗中主要注重3个方面的问题：其一，注意在虫蝗生发之前或刚生发之时捕蝗、灭蝗，因为蝗虫具有非常强的繁殖力，如不及时在其处于虫卵之际或刚生发之时消灭，一旦大量繁殖，就如星火燎原，其局面就会失

---

[1] 《元典章》卷23《灾伤》。

控。特别是在春天季节，更是蝗虫大量繁殖时期，"仍更为多方用心，务要尽绝"，才能有效防范蝗灾的发生。其二，注意采用科学的方法捕蝗灭蝗。当时根据已开垦耕种的熟地、未开垦耕种的荒坡大野以及煎盐草地3种不同的蝗虫生长繁殖的自然条件，采取不同的灭蝗方法，从而收到最佳的灭蝗效果。如对于开垦耕种的熟地，采用翻耕的方法，把虫蝗幼虫翻埋在土里。如在未开垦的荒坡大野，则由官吏监督烧草除蝗；如是窄狭的荒地，没有野草可烧，则在春天刚来时捕捉，务必将蝗虫幼虫消灭干净。如在煎盐草地灭除蝗虫幼虫，则要上报有关部门决定。王恽在《秋涧集》卷88《为蝗旱救治事状》中也提到一种科学的灭蝗方法："尝闻飞蝗虽甚难打捕，遇夜即须停止，于坐落广厚处旁挑坑堑、燃薪草，使之明照四远，然后惊飞赶逐，群蝗自必望明投赴，众力从而扑灭。此说比比得济，合无举行。"其三，重视吸取前人的治蝗灭蝗经验。如前人观察到蝗虫不食豆苗，因此可建议农民于蝗虫出没地广种豌豆，可达到除蝗的目的。又如取腊水雪水煮马的骨头，然后将这种水冷却后浸泡各种庄稼的种子，长出的庄稼蝗虫就不吃。

元人张养浩在《牧民忠告》卷下《救荒第七·捕蝗》中提出："蝗生境内，必驰闻于上，少淹顷刻，所坐不轻。然长民者亦须相其小大多寡，为害轻重。若遽然以闻，莅其上者羣集族赴，供张征索，一境骚然，其害反甚于蝗者。其或势微种稚，则当亟率众力以图之，不必因细虞以来大难于民也。故凡居官，必先敢于负荷，而后可以有为。"[1] 张养浩认为，由于蝗虫繁殖力极强，在很短时间内，就会酿成蝗灾，因此，朝廷规定，地方官所辖境内，如遇蝗虫出现，要马上报告，如拖延不报，酿成蝗灾，地方官吏要受到不轻的处罚。但是地方长官也必须观察蝗虫出现数量的多少，形成灾害的大小。如一见到所辖境内出现蝗虫，不管蝗虫数量多少，为害大小，就立即上报，朝廷征发民众灭蝗，地方疲于供给，骚扰辖境内的民众，其造成对民众的伤害比蝗灾还严重。因此，作为地方官，如发现境内出现蝗虫，当蝗虫数量不多、为害不大时，应当先迅速组织民众灭蝗，不要在蝗灾还很微小时就上报，骚扰民众。作为地方官应该敢于担当，然后才能有所作为。

2. 义仓、常平仓思想

元代较有特色的设仓储备灾是义仓。至元六年（1269 年）开始设立。其法："社置一仓，以社长主之，丰年每亲丁纳粟五斗，驱丁二斗，无粟听纳杂色，歉年就给社民。"[2] 至元二十八年（1291 年），尚书省奏奉圣旨条画内一款："每社立义仓，社长主之。如遇丰年收成去处，各家验口数每口留粟一斗，若无粟，抵斗存留杂色物料，以备歉岁就给各人自行食用，官司并不得拘检、借贷、动支，

---

① 《吏学指南》（外三种）第 298 页。
② 《元史·食货四》。

经过军马亦不得强行取要。社长明置文历，如欲聚集收顿，或各家顿放，听从民便。社长与社户从长商议，如法收贮，须要不致损坏。如遇天灾凶岁不收去处，或本社内有不收之家，不在存留之限。"① 由此可见，元义仓是农村以"社"为单位设立的备灾仓储，由社长负责管理。义仓存粮主要源于丰收之年由社里每家每户按丁男人数缴纳。至元六年成立之初，所纳数量较多，到至元二十八年，则所纳数量大幅度减少。义仓所储粮食供社众在歉收之年返还给各家食用，官府不得动用，军队也不能强行取用。义仓存储方法较灵活，由社长设置会计簿历管理，粮食可集中统一存储，也可各家各户自行存储。

到了元成宗大德年间，由于元世祖至元六年自义仓设立之后，连年丰收，所以义仓制度不为人们重视，有所废弛，使民众稍遇荒年，就出现饥馑流离。郑介夫之所以认为义仓制度废弛，使民众饥馑流离，理由有3个方面：一是古代受交通、通信条件的限制，从灾荒发生，官员报告朝廷，朝廷做出赈灾决策，至地方官员执行，往往拖延数日，已造成受灾民众饿死或流亡。二是朝廷给予受灾民众仅两个月的赈济粮，怎么可能使民众支撑至明年秋收之时。三是政府赈灾发给灾民钱钞，但灾民持钞买不到粮食，故花钱虽多，但收效甚微。鉴于这3个方面的理由，郑介夫主张最好的备荒之策是恢复至元年间的义仓制度："宜于各处验户多寡，或一乡一都于官地内设立义仓一所，令百姓各输己粟，自掌出入之数，不费官钱，可免考较。民入一石之粟，自得一石之价，不费于公，亦无损于私。虽不若官支价钱之为便，然为仿古酌今之良法也。"② 但是，由于当时"风俗不古，急义者少，豪家巨室为富不仁，惟想望饥年可以闭籴要价，谁肯以阴德济人为心，若令自愿，必无应者。"因此，郑介夫主张，政府必须制定法规，要求占田百亩之家一年出粟一石作为义仓存储之粮；政府必须利用行政权力，参与义仓管理，对一些侵占义仓存粮行为进行惩处；出卖敕牒、度牒购买丰年民间余粮，作为义仓存储之粮。这样，义仓在自然灾害中才能真正发挥作用。

元代的常平仓也始设立于元世祖至元六年（1269年）。其法："丰年米贱，官为增价籴之；歉年米贵，官为减价粜之。"③ 可见，元代的常平仓完全承袭前代常平仓的做法。元代一些贪官污吏利用常平仓籴粜之际，上下其手，营私舞弊，侵公害私。对此，元政府明令予以禁止。

《至元新格》对仓库管理做了一些规定，其中一些条文同样适用于义仓、常平仓管理，兹缕述如下：

其一，仓库官吏必须互相监督，以防止侵盗钱粮事情发生，如有官吏侵盗钱粮，必须以强盗罪处罚，其损失钱粮由有关官吏均赔。"诸出纳之法，须仓库官

---

① 《元典章》卷3《救灾荒》。
② 《历代名臣奏议》卷67，此目郑介夫言论引文，均见于此。
③ 《元史·食货四》。

面视称量检数，自提举、监支纳以下，攒典、合干人以上，皆得互相觉察。有盗诈违法者，陈首到官，量事理赏。其有侵盗钱粮并滥伪之物，若犯人逃亡，及虽在无财可追者，并勒同界官典、司库、司仓人等一体均赔"①。"诸仓库钱物，监临官吏取借侵使者，以盗论。与者，其罪同。若物不到官而虚给朱钞者，亦如之。仍于仓库门首出榜，常川禁治。"

其二，诸仓库收纳支出钱粮，必须及时办理，如超出规定的期限，必须重新申报原有关部门批准，才能予以收支。"诸支纳钱粮一切官物，勘合已到仓库，应纳者经十日不纳，应支者经一月不支，并须申报元发勘合官司，随即理会。其物已到仓库未得勘合者，亦如之"。

其三，诸仓收纳米粮，必须符合干、圆、洁净的标准。上级官府必须派官拿取收纳米粮样本，与原规定的样本比对。如不符合原样干圆、洁净标准，有关官吏必须受到处罚。"诸仓收受米粮，并要干圆洁净。当该上司各取其样，验同封记，一付本仓收掌，一于当司存留，仍须正官时至检校。其收支但与元样不同，随即究治"。

其四，仓库收支会计账历，上级官府每月查核一次。如会计账历记录不明确，收支发生错误，必须追究问责。"诸仓库赤历单状，当该上司月一查照。但开附不明，收支有差，随事究问"。

其五，仓库如有损坏疏漏，必须迅速申报修理。如下雨不止，必须经常巡视，以免损坏所储粮物。如收贮不如法、不尽心，曝晒不及时，而损坏粮物，必须根据情节轻重论罪，并予以赔偿。"诸仓库局院疏漏，速申修理。霖雨不止，常须检视，随宜备御，不致官物损坏。若收贮不如法，防备不尽心，曝晒不以时，致有损败者，各以其事轻重论罪。所坏之物，仍勒赔偿"。

其六，仓库官吏新旧交接，必须由上级派官监视。凡钱粮收支会计账籍、现有储存官物，必须盘点计算交接清楚。由旧官开具，新官验收，然后共同签署上报。新旧官交接之后，如有短少滥伪，由新官负责。"诸仓库官新旧交代，在都，本管上司委官监视。在外，各路正官监视。沿河仓分，漕运司官监视。凡应干收支文凭，合有见在官物，皆须照算交点明白，别无短少滥伪之数。旧官具数关发，新官验数收管，仍须同署申报合属上司照会。既给交关之后，若有短少滥伪之物，并于新官名下追理。"

（二）检踏灾伤思想

所谓检踏灾伤是古代政府对于受灾地区派官进行实地察看，从而判断受灾严重情况，然后根据受灾严重程度减免不同程度的租税。如"至元九年（1272年）六月，中书省：据御史台呈，河北河南道按察司申该，随路至元六年、七年透纳灾伤粮数。送户部议拟得：'今后各路遇有灾伤，随即申部许准，检踏是实，验

---

① 《元典章》卷21《仓库》，以下所引《至元新格》条文均见于此。

元申灾地体覆相同，比及造册完备，拟合办实损田禾顷亩分数，将实该税石权且住催听候。如此，不致透纳。'都省准呈"①。至元二十八年（1291 年），《至元新格》规定："诸水旱灾伤，皆随时检覆得实，作急申部。十分损八以上，其税全免。损七以下，止免所损分数。收及六分者，税既全征，不须申检。虽及合免分数，而时可改种者，但存堪信显迹，随宜改种，毋失其时。"② 由此可见，元代检踏灾伤主要由道按察司负责，然后将检踏的受灾情况上报户部，由户部批准后予以减免租税。元政府规定，如粮食生产因自然灾害损失八成以上，其租税全免；如损失七成以下，仅免去所损失的成数。如收成达到六成，租税就要全征，不需检踏申报。

元政府还规定，按察司官员检踏灾伤必须及时，不得拖延时日，这样，灾民所遭受的疾苦，就能及时得到赈恤，减免租税。"至元十九年（1282 年），御史台咨，承奉中书省札付：户部呈：'照得各处每年申到蚕麦秋田水旱等灾伤，凭准各道按察司正官检视明白，至日验分数，依例除免。近年以来，按察司官不为随即检踏，直待因轮巡按检勘，已是过时，又是番耕改种，以致积累合免差税数多。上司为无检伤明文，止作大数一体追征，逼迫人民，甚至生受。按察司官所至之处，职当问民疾苦，岂可因循如此。今后各道按察司如承各路官司申牒灾伤去处，正官随即检踏实损分数明白，回牒各处官司，缴连申部，随即除免，庶使百姓少安，呈乞照详。'都省仰照验施行。"③ 另一方面，朝廷也要求地方如遇灾荒要及时申报，以一月作为限期，超过限期就不予受理。因为如拖延不予申报，百姓没有及时得到赈恤，减免租税，就有可能被迫流亡，于民于官都是不利的。"大德元年（1297 年）五月，中书省：江浙行省咨：'照得近准中书省咨：各处遇有水旱灾伤田粮，夏田四月，秋田八月，非时灾伤一月为限，限外申告并不准理。例合随即委官检踏，行移廉访司体覆，获到牒文，以凭除免。准此。已经遍下合属，依上施行去讫。今来本省议得：江南天气风土，与腹里俱各不同。稻田三月布种，四、五月间插秧，九月、十月才收成。若依腹里期限，九月内人户被灾不准申告，百姓无从所出，致使逼迫流移。连年皆有此弊，非惟于民有损，抑且于官无益。合无量展限期，秋田不过九月，非时灾伤依旧一月为限，限外申告并不准理，庶望官民两便。咨请定夺。'准此。送户部照拟得：'江南风土既与腹里不同，合依行省所拟。具呈照详。'都省准呈，咨请照验施行。"④

元代在检踏灾伤中也出现一些弊端，如官吏借检踏灾伤敛取于民，民众为避免官吏借检踏灾伤为名骚扰，宁可遇灾而不申报，或不等到官吏检踏，就进行翻

---

① 《元典章》卷 23《灾伤》。
② 《元典章》卷 23《灾伤》。
③ 《元典章》卷 23《灾伤》。
④ 《元典章》卷 23《灾伤》。

耕。对此，元朝廷要求官吏在检踏灾伤中必须及时如实申报受灾情况，如有弄虚作假、营私舞弊的，必须严加追究惩治。"至元二十八年（1291 年）十一月，御史台承奉中书省札付：据随路人民，但被旱涝等灾伤，依期申报，体覆是实，保申到部呈省，合该税石未尝不免。近年以来，有司遇人户申报，不即检踏，又按察司遇期不差好人体覆，中间转有敛取。人民避扰，不肯申报；虽报，不待检覆，趁时番耕。以致上下相耽，官粮不得到官，民间虚被其扰。都省除已札付户部，遍行合属，今后但遇人民申告灾伤者，令不干碍官司从实检踏。及就便行移肃政廉访司，随即差官体覆虚实，须管依期申部呈省。若有检踏体覆不实，违期不报，遇期不检，及将不纳税地并不曾被灾捏合虚申者，挨问严加究治。仰依上施行。"①

（三）赈灾思想

元代继承了前代的赈灾思想，其赈灾方式是多种的，主要有蠲免、赈济粮食、山场河泊听饥民采捕、安置流民、劝分、禁遏粜等，兹缕述如下：

1. 蠲免

蠲免是古代比较常用的赈灾方式，无论是重灾还是轻灾都可使用，尤其是轻灾中更常使用。"大德元年（1297 年）十月，钦奉圣旨：中书省奏：'随处水旱等灾，损害田禾，疫气渐染，人多死亡。'今降圣旨，被灾人户合纳税粮，损及五分之上者，全行倚免。有灾例不该免，以十分为率，量减三分。其余去处，普免二分。病死之家，或至老幼单弱，别无得力之人，并免三年赋役。贫穷不能自存者，官为养济。江南新科夏税，今年尽行倚免。已纳在官者，准算来岁夏税"②。元政府甚至把蠲免灾民租税作为国家的法定政策。"延祐七年（1320 年）三月，钦奉登宝位诏书内一款：恤灾拯民，国有令典，应腹里路分被灾去处，曾经赈济者，据延祐七年合该丝线，十分为率，拟免五分。其余诸郡丝线并江淮夏税，并免三分"③。

2. 赈济粮食，山场河泊，听饥民采捕

蠲免一般是轻灾所采取的赈灾方式，如灾情严重，蠲免仍维持不了灾民的生存，就必须赈济粮食给饥民，或开放山场河泊等，听饥民采捕，使饥民不至于饿死。如"大德五年（1301 年）八月，钦奉诏书内一款：各处风水灾重去处，今岁差发、税粮，并行除免。贫破缺食之家，计口赈济，乏绝尤甚者另加优给。其余灾伤，亦仰委官省视存恤"④。大德八年（1304 年），钦奉诏书内一款："禁断野物地面，除上都、大同、山北等处，大都周回百里，其余禁断去处并山场、河

---

① 《元典章》卷 23《灾伤》。
② 《元典章》卷 3《复租赋》。
③ 《元典章》卷 3《复租赋》。
④ 《元典章》卷 3《赈饥贫》。

泊，依旧例并行开禁一年，听从民便采捕。其汉儿人毋得因而执把弓箭，二十人之上不许聚众围猎。各处管民官司提调，廉访司常加体察，违者治罪"①。

3. 安置流民

古代，当饥荒较为严重，往往就会出现一些灾民为求生存，背井离乡，沿路乞讨，流离失所。对此，元政府命令沿途地方官必须想方设法安排流民住宿，给予食物，掩埋死于道路者。当灾害过去后，尽量动员流民还乡生产，供给行粮，免除差税。如至大二年（1309 年）二月，钦奉上尊号诏书内一款："诸处流移人民，仰所在官司详加检视。流民所致之处，随给系官房舍，并劝谕土居之家、寺观、庙宇权与安存。其不能自存者，计口赈济。还乡者，量给行粮。据元抛事产、租赁钱物，官为知数，复业日给付。未经赈济去处，从中书省定夺。"② 至大二年（1309 年）九月，钦奉改尚书省诏书内一款："各处人民，饥荒转徙，疾疫死亡，虽令有司赈恤，而实惠未遍。今岁收成，如转徙复业者，有司用心存恤，元抛事产依数给还，在官一切逋欠并行蠲免，仍除差税三年。田野死亡，遗骸暴露，官为收拾，于系官地内埋瘗。"③

4. 劝分、禁遏籴

元政府在救灾中，如遇到灾情严重，官仓粮食不够救济之时，就用奖赏的办法，动员富户出米赈济饥民。如"大德十一年（1307 年），御史台咨该：'照到监察御史呈：据各道廉访司申：江南诸处连年水旱相仍，米粮涌贵，见建康路米价腾涌。奈何官仓无粮，及无客旅贩到米粮，是致贫民夺借米谷，致伤人命。若不救济，利害非轻。所有本台五月终见在赈钞四千余定，添助救济，专差令史梅鼎驰驿赍咨计禀，希咨回示。'准此。照得先准咨文条陈荒事内，劝率富民出米赈济饥民、验数立赏，权宜禁酒，开禁山场、河泊听民采捕，量为救民急务"④。元人王结在《善俗要义》中也主张，政府应以赏官爵的奖赏来鼓励富实多田、廪有余粟之家能在饥荒之年施米赈饥，或减价平粜。他说："近年水旱为灾，民多流亡冻馁，朝廷散钱给米，所活甚多，又常著令，如所在人户能施米赈饥、减价准粜者，量其多寡，赏以官爵。当时江南、山东之人已有能奉行者，随即受命作官人矣。若不幸遭遇饥馑，富实多田之家或廪有余粟，果能施平粜，不惟仰承德意，荣取官爵，而冥冥之中又积阴庆。"⑤ 富人灾荒之年以余粟赈济饥民，既能当官封爵，又能积阴德、益子孙，可谓两全其美的事。

元政府为协调灾荒之年各地区的粮食供给，禁止丰收地区的官员不让本地区的粮食运往灾荒地区，这就是禁遏籴。大德十一年（1307 年），江西行省南康路

---

① 《元典章》卷 3 《赈饥贫》。
② 《元典章》卷 3 《恤流民》。
③ 《元典章》卷 3 《恤流民》。
④ 《元典章》卷 3 《救灾荒》。
⑤ 《吏学指南》（外三种）第 359 页。

报告："本路达鲁花赤关：切照本路今春以来，雨雪连绵，冰冻洹结，二麦无收，米谷艰籴。秋、夏之间，亢阳不雨，虫旱相仍，田产所收，仅及分数。五谷不登，百物皆贵。税家无蓄积之米，细民有饥馑之忧。山城小郭，产米有限，余靠荆、湘、淮、浙米谷通相接济。比闻所在官司妄分彼我，禁止米谷毋令出境。所当听从民便，许令客旅通行兴贩，庶几米谷周流，荒稔通济。"中书省得到江西行省转呈的南康路报告后，"除已移咨湖广、江浙、河南行省，并下合属，听从商民便益外，更乞行移，禁治施行"①。

元政府为了使灾荒得到及时救助，规定各地方官必须及时如实上报辖区受灾情况："诸郡县灾伤，过时而不申，或申不以实，及按治官不以时检踏，皆罪之。"② 如因不及时申报救助，而使灾害严重以致灾民流离饿死的，那有关官吏就要受到笞刑和降职的处罚："诸水旱为灾，人民艰食，有司不以时申报赈恤，以致转徙饥殍者，正官笞三十七，佐官二十七，各解见任，降先职一等叙。"有关官吏在检覆灾荒中，如弄虚作假，申报不实，强迫灾民纳粮等，必须依据不实程度处以不同的处罚："诸有司检覆灾伤，或以熟作荒，或以可救为不可救，一顷已上者罚俸，二十顷者笞一十七，二百顷已上者笞二十七，五百顷已上笞三十七，惟以荒作熟，抑民纳粮者，笞四十七，罢之。托故不行，妨误检覆者，笞三十七。"在受灾期间，如各级地方官吏救灾灭灾不力，必须受到惩罚："诸虫蝗为灾，有司失捕，路官各罚俸一月，州官各笞一十七，县官各二十七，并记过。"如地方官在邻近地区受灾时闭籴，不让本辖区粮食贩往受灾地区，必须受到惩处："诸救灾恤患，邻邑之礼。岁饥辄闭籴者，罪之"。

（四）赈恤鳏寡孤独思想

元代对鳏寡孤独的赈恤，其方法与前代一样，也是较为周全详备的。《元史》卷 96《食货四·赈恤》有一较为简要详细的记载：

> 鳏寡孤独赈贷之制：世祖中统元年（1260 年），首诏天下，鳏寡孤独废疾不能自存之人，天民之无告者也，命所在官司，以粮赡之。至元元年（1264 年），又诏病者给药，贫者给粮。八年（1271 年），令各路设济众院以居处之，于粮之外，复给以薪。十年（1273 年），以官吏破除入己，凡粮薪并敕于公厅给散。十九年（1282 年），各路立养济院一所，仍委宪司点治。二十年（1283 年），给京师南城孤老衣粮房舍。二十八年（1291 年），给寡妇冬夏衣。二十九年（1292 年），给贫子柴薪，日五斤。三十一年（1294 年），特赐米绢。元贞二年（1296 年），诏各处孤老，凡遇宽恩，人给布帛各一。大德三年（1299 年），诏遇天寿节，人给中统钞二贯，永为定例。六年（1302 年），给死者棺木钱。

---

① 《元典章》卷 3《救灾荒》。
② 《元史·刑法一》，本自然段引文均见于此。

从此可以看出，元代赈恤鳏寡孤独废疾不能自存之人，首先要解决他们的吃、穿、住问题，即"衣粮房舍""给粮""给布帛""以居处之"等。其次对生病者予以治疗，即"病者给药"。再次给零用钱，如"遇天寿节，人给中统钞二贯"；大德四年（1300 年）又规定："孤老幼疾不能自存者，每名给中统钞二两"①。最后，设立济众院、养济院等，专门安置鳏寡孤独废疾不能自存之人。

元人王结在《善俗要义·恤鳏寡》中提出，鳏寡孤独的亲戚对收养鳏寡孤独负有不可推卸的责任；孤穷乞丐之人如年未衰老、还有一定劳动力的话，应当让他们做佣工，以自食其力；同里之人死亡，如家贫无力埋葬，左邻右舍应出资置买棺椁，助其安葬。他说："鳏寡孤独，天民之穷者也，尚赖官给衣粮，仅能保养以终天年。其余悼独之人，不在收系赡养之数者，亦间有之。然城郭之内，乡村之中，岂无疏远宗族、中表亲戚，若衣食仅能自足者，固所不论，其稍有赢余之人，亦安忍坐视其操瓢挈囊哀号叩哭乞丐于市，而不救恤之哉？况上司明文，鳏寡孤独，亲戚不行收养者有罪。今后仰所在人户家业稍完者，若中外亲戚有孤穷乞丐之人，即当收恤，随时量给粮食，使之粗充口腹。其人如年未衰老，耳目或存，手足不废，仍为分付农家，令其佣作以自赡给。女子可嫁者，聊备衣服，即与嫁之。盖所以广孝友之道，布惠泽之施，又可以免官府惩治之责也。若同里之人死亡，家贫不能营葬者，亦仰众家随其多寡资助钱物，置买棺椁、衣服，众力共为埋瘗，庶免骸骨暴露，亦仁者用心之一端也。"②

（五）王恽的救灾思想

王恽（1227—1304），字仲谋，号秋涧，卫州路汲县（今河南卫辉市）人。元朝著名学者、诗人兼政治家。一生仕宦，刚直不阿，清贫守职，好学善文，成为元世祖忽必烈、元裕宗真金和元成宗皇帝铁穆耳三代著名谏臣。其书法遒婉，与东鲁王博文、渤海王旭齐名。著有《秋涧先生全集》。

元人王恽在《秋涧集》卷 88《为蝗旱救治事状》中比较系统地提出了救灾的思想，在元代救灾思想中较具有代表性，兹缕述如下：

其一，王恽认为，当遇到灾荒之年，朝廷应该停止宴乐，酌量减免各地供应的酒肉，以表示存恤受灾的民众。"随路总管府，今岁伏遇天寿节，除祝延万寿礼数外，请权宜停罢公宴，庶表朝廷优恤元元，不以己为乐也。若然，则虽古者圣王遇灾减膳撤乐，无以加此"。"随路站赤祗应如酒肉等物，亦宜酌量减免。不然，照依中书省札付，与顺天路事理一体施行；不然，是则燕南二万余户独不被存恤之意也"。

其二，王恽认为荒年期间，朝廷应派清廉能干官吏严加管理御河上下粮仓囤粮，并令兵士巡防。对于以前借贷和上年河运未到仓的粟，督促有关官员限期交

---

① 《元典章》卷 33《惠鳏寡》。
② 《吏学指南》（外三种）第 360 页。

827

纳。这些粮食用于赈济的确缺粮无法生存的饥民，按人口予以发放。"请御河上下有粮仓分，宜差清干官检括实有见在数目外，据借贷装散变碾及上年河运未到仓粟数，督勒所司严限闭纳。其通州李二寺等处，应有露囤粮斛，就水潦未动，亦宜许诸人搬运赴都城仓，其脚价止支本色，亦以实京师，可便济穷民之一端也。如换陈者，其阙食无生计之家，验口赈济。不然，令所在弓兵，早暮兼为巡防，以备疏虞"。地方储存的备荒钱粮，必须由上级官司批准，才能动用赈济缺食灾民。"随路存留祗应银粮，如已到官者，须上司明文，然后动支。若百姓阙食紧迫处，仍作急飞申，听候，许令其赈济。其未纳到官者，尽行蠲免"。

其三，王恽提出，灾荒之年政府应禁止商贩囤积居奇，哄抬物价。如商贾囤积粮食百石以上不售卖，就必须受到追究惩治；如官仓售卖粮食，民户购买不得超过十石，若假借别人名义购买者，立刻予以追究惩治。"随路商贩积蓄之家，官宜出榜验彼中时估量，添价直发卖。仍禁不得擅恣高增物价，如百石以上不出粜者，究治。如官仓发卖，其权豪富户所籴不过十余石，若诡名转籴者，仍为究治"。

其四，王恽建议河间路转运司应收到的粮食五七万石，不宜用于回笼银钞，应输往河间路粮仓，作为灾荒时，政府以平价粮卖给缺少粮食的百姓。"河间路转运司应收到物斛不下五七万石，宜无令回易银钞，验原价直输河仓，使充正课，以备军国经费，似为两便。不然，如本路百姓缺食，官定平价发卖"。王恽还建议，随路交钞库、铁冶所如存有官粮，"亦理合酌会现数，仰所在支司出榜，照依元价粜卖"。

其五，王恽主张灾荒之年，政府应蠲免山林河泊税课，允许百姓采捕。待粮食稍有收成之年，再予以禁止。"山林河泊之地，所在皆办外课，有无权宜蠲免，听民采取以供不给，兼前世已常施行，稍足，复禁如初"。"凡山林原野系禁地去处，如猪、鹿、凫、雁、鸡、兔之类，亦宜许令打捕，期以岁稍稔，复禁如初。"

其六，酿酒需用大量粮食，因此，王恽主张灾荒之年，政府应停止酿酒，并免征酒醋等税课，使有更多的粮食用于赈济饥民。"在都酒务开沽者，应有现在稻糯官司，亦宜见数，权令停止酿造。此等事宜亦系前世屡常施行"。"庄农之民所认六色课程，如酒醋等课，今蝗旱如此，有无权时停免，或从实结办，稍安，复旧如初"。

其七，在古代农业社会中，耕牛在农业生产中发挥着重要的作用。因此，王恽建议元政府禁止在饥荒时宰杀耕牛食用，只允许灾民在缺乏粮食时用耕牛换取粮食。"庄农之民缺粮食者，所在官司预宜出榜禁示，不得推称病疫，私宰耕牛为食。如博易粟米者，听。准备翻耕出曝蝗子，参详最为急务"。

其八，元朝幅员辽阔，急递铺士兵与马匹在维护国家交通、通信方面发挥了重要的作用。因此，王恽提出，即使在灾荒之年，政府也必须保障急递铺士兵与马匹的供给。"急递铺兵俱系贫难下户，若一处断绝，即见阻滞，合无与中都迤北递铺一体给予粮食养济，仰所在官司专一存恤，勿致饿困逃散"。"每岁应办官草收成，尚然不敷，今秋谷草显见俭少，宜趁时于无蝗去处收刈秋青等草，将来兼带支持用度"。

其九，王恽建议，政府对在灾荒之年能率领众人灭灾、妥善安置灾民的官员予以奖赏、提拔任用。"捕蝗之际，不论诸色等人有才能识见，规画出众者，籍记姓名，事定量加赏用"。"州府司县官其被灾重处，有能规措存恤，百姓不致流移饿殍者，仰按察司考核得实，申台呈省，以凭不次升用"。

其十，灾荒之年，灾民缺食少衣，社会动荡不安。王恽建议朝廷应在重要关口等地设立巡检，在村堡设置鼓面，加强防范，维护社会安定。"凡随路自省减并隶州县以后，极有宽阔去处，或有尉处多系主簿兼摄，至有尉簿全缺去处，如山东州郡所在，虽有专尉，其地广物众，委系难于照管。又体知得省部亦为此事，先于东都路已行添设专尉了当。今蝗旱灾重既如此，百姓嗷嗷，窃虑迫于饥寒，势必多有盗贼，不无生事惊扰。宜约量随路紧要地面，添设巡检，使之镇遏巡防，以备不虞，及村堡设置鼓面，遇有警，便互相应护"。

其十一，王恽建议朝廷通过旌赏或授官，鼓励富户在灾荒之年救济灾民。"随路如富户有力之家，能周赡贫乏或设粥糜于道以济流民，至千人以上者，官为旌赏，或听一子临官"。

其十二，王恽主张在灾荒之年，官府到坛庙祭祀社稷、蜡神，可给民众带来精神上的安抚。"随路州府宜建立社稷、蜡神、坛庙，令有司岁时致祭，亦悯恤为民之一事也"。

第六节 明代公共事业和社会救助思想

一、公共工程建设思想

明代政府所进行的公共工程建设还是较多的，其中较著名的公共工程建筑有万里长城及北方的军事重镇、城堡体系，南京、北京城市建设，水利、河防、河道建设、改造，从京城到全国各地的驿道、驿站建设，地方府州县衙署、仓库、府州县学、道路桥梁建设等。

（一）设置公共工程建设机构思想

明代中央政府中掌管公共工程建设的机构主要是工部，"掌天下百工营作"。其下属有 4 个司，其中营缮清吏司"分掌宫府器仗、城垣坛庙、经营兴造之事"[1]。如"永乐二年（1404 年）奏准：今后大小衙门，小有损坏，许令隶兵人

---

[1] 《明会典》卷181《工部一·工部》。

等随即修葺；果房屋倒塌，用工浩大，务要委官相料，计用夫工物料数目，官吏人等保勘申部，定夺修理"①。"嘉靖二十三年（1544年）题准：各衙门应修理者，小修用银一百两以下，大修五百两以下，估计到部动支节慎库官银，上紧修理。以工完日为始，小修以三年为限，大修以五年为限，不得先期辄便议修。又议定：各有钱粮衙门损坏，工部委官估计物料，转行动支，无碍银两，私自修理。惟原无钱粮者，工部议估兴工。"②

明代中央政府在南京设有南京工部及下属机构营缮清吏司。"凡南京大小衙门损坏，俱申达本部（南京工部），工程大者，具奏修理，委官监督。工完将用过物料、工程数目开报，以备查考"③。"隆庆四年（1570年）题准：南京各衙门公宇墙垣损坏坍塌，系小修者，听以本衙门，无碍银两，自行修理。如满百两，照例题知。若衙门原无公费，及应该大修者，径自题行工部覆行。南京工部会计兴工修完，造册奏缴。"④

从以上记载可知，中央政府下属工部（或南京工部）对全国公共建设工程的管理主要有3个方面：一是规模较大的工程或需要朝廷拨款的工程一般在动工前必须申报工部（或南京工部）议估，同意后才能动工兴建。二是工程兴建期间，工部派官监督。三是工程完工之后，必须将用过物料、工程数目开报工部，以备审核稽查。

明代，地方府州县政府担负着修建、维护公共工程的职责。据《明史》卷75《职官四》记载："知府，掌一府之政……若籍账、军匠、驿递、马牧、盗贼、仓库、河渠、沟防、道路之事，虽有专官，皆总领而稽核之。同知，通判分掌清军、巡捕、管粮、治农、水利、屯田、牧马等事。"可见，明代府级地方行政机构负责修建、维护和管理驿递、仓库、河渠、沟防、道路、治农、水利、屯田等。《明史》卷75《职官四》并未明载县级政府在相关公共工程建设方面的职责，但《大明律》《明会典》则常将府州县在修建、维护公共工程方面的职责和管理权力放在一起论列。如《大明律集解附例》卷30《河防》规定："凡桥梁、道路，府州县佐贰官提调于农隙之时常加点视修理，务要坚完平坦。若损坏失于修理，阻碍经行者，提调官吏笞三十。若津渡之处，应造桥梁而不造，应置渡船而不置者，笞四十"，"凡不修河防，及修而失时者，提调官吏，各笞五十。若毁害人家、漂失财物者，杖六十。因而致伤人命者，杖八十。若不修圩岸，及修而失时者，笞三十。因而淹没田禾者，笞五十。其暴水连雨损坏堤防，非人力所致者，勿论。"由此可见，明政府对河防等公共工程建设是相当重视的，因为

---

① 《明会典》卷187《工部七·营造五·公廨》。
② 《明会典》卷187《工部七·营造五·公廨》。
③ 《明会典》卷208《工部二十八·南京工部·营缮清吏司》。
④ 《明会典》卷208《工部二十八·南京工部·营缮清吏司》。

其关系到人民生命、财产的安危，因此，朝廷要求府州县官员必须认真负责，如果该修不修、修而失时以及因此而造成人民生命财产损失的，那就要处以各种不同程度的惩罚。

由于公共工程往往关乎国家和人民生命财产安危，而且建筑规模浩大、需要耗费巨大的财力、物力、人力，因此，明政府重视派遣御史、六科等官员予以监督，以保证工程质量，并防止不法官吏贪污舞弊、中饱私囊。如《明会典》卷210《出巡事宜》规定，御史出巡地方，必须监察的对象就有："圩岸坝堰陂塘，仰行府县提调官吏，查勘该管地面应有圩岸坝堰坍缺，陂塘沟渠涌塞，务要趁时修筑坚完，疏洗流通，以备旱潦，毋致失时及因而扰害于民，先具依准回报"，"桥梁道路，仰令提调官常加点视。但有损坏去处，即于农闲时月并工修理，务要坚完，毋致阻碍经行，具依准回报"，"仓库房屋，仰行本府提调官常川点视。若有损坏，即便修理，及设法关防斗级人等作弊。仍将见在钱粮等物分豁上年旧管，今岁收除实在备细数目，同官吏结罪文状缴报"。同书卷211《巡按御史满日造报册式》也规定，巡按御史巡按地方结束时必须报告的事项中有："督修过城濠、圩岸、塘坝共若干所，要将某官于何年月日修过某处塘圩等项，明白开报"。《按察司官造报册式》则规定，按察司官"每年终将所属地方疏通过水利缘由造册申报。"

明代六科中工科则对口监督工部，"凡营建监工，本科与各科官轮差"，"凡工部各项料，每年上下半年，本科差官一员，同巡视科道四司掌印官，会估时价一次，造册奏报"，"凡京通二仓，每年工部修理仓廒。工完，开具手本送科，本科官一员查验有无冒破，年终造册奏缴"[1]。南京工科则对口监督南京工部，"凡南京内府衙门及皇城门铺等处损坏，合该修理工程大者，本科官与南京工部等官，会勘具奏修理"，"凡南京工部营缮等四司钱粮，每三年一次，差本科官及南京该道御史，同本部堂上官查盘，具造本册奏缴"[2]。

（二）河防、水利工程修建、维护和管理思想

明代的公共工程建设，从总体上看，大致可分为4种类型：一是对城墙、道路、街道、桥梁、河防、水利、津渡等的修建、维护和管理；二是对诸祠、神庙的修建、维护；三是对政府办理衙舍、公廨的修建、维护、管理；四是对仓库、营房的修建、维护和管理。查阅《明经世文编》，明代对河防、水利工程修建、维护和管理的议论较多，其思想较为丰富。兹就明代河防、水利工程修建、维护和管理思想做一简要介绍：

1. 吕光洵的水利思想

吕光洵（1518—1580），明浙江新昌人，字信卿，号沃洲。嘉靖十一年进

---

① 《明会典》卷213《六科·工科》。
② 《明会典》卷213《南京六科·南京工科》。

士。擢御史。巡按苏、松，浚湖修圩，筑堤开川，以祛水患，益岁收。历右都御史，巡抚云南，平定武定土官凤继祖乱事，升工部尚书，致仕。有《三巡奏议》《皆山堂稿》《可园诗钞》。

吕光洵在治理苏、松地区水利中，提出了 5 条措施，其中前 3 条是有关治水的具体措施，后 2 条阐述治水工程管理的关键问题。其一，"广疏浚以备潴泄"①。吕光洵针对三吴之地低洼，"近年以来，纵浦横塘，多湮塞不治"的情况，提出疏浚的方法是"当自要害者始，宜先治淀山等处一带茭芦之地，导引太湖之水，散入阳城、昆承、三泖等湖；又开吴淞江并大石、赵屯等浦，泄淀山之水以达于海，浚白泖港并鲇鱼口等处，泄昆承之水以注于江；开七浦、盐铁等塘，泄阳城之水以达于江；又导田间之水，悉入于小浦；小浦之水，悉入于大浦。使流者皆有所归，而潴皆有所泄，则下流之地治，而涝无所忧矣"。

其二，"修圩岸以固横流"。吕光洵认为，苏松之地居东南最下流，单靠疏浚还不行，还要筑起圩岸，才能使田不被江湖之水淹没，并且能提高江湖水位，有利于引水灌溉高地农田。"每岁农隙，各出其力，以治圩岸。圩岸高而田自固，虽有霖涝，不能为害。且足以制诸湖之水不得漫行，而咸归于河浦，则河浦之水自高于江，江之水自高于海，不待决泄，自然湍流，而冈陇之地亦因江水稍高，又得亩引以资灌溉，盖不但利于低田而已"。

其三，"复板闸以防淤淀"。吕光洵指出："河浦之水，皆自平原流入江海，水漫而潮急，沙随浪涌，其势易淤，不数年即葭茹成陆，岁修之则不胜其费。昔人权其便宜，去江海十余里或七八里，夹流而为闸，平时随潮启闭，以御淤沙。岁旱则闭而不启，以蓄其流；岁涝则启而不闭，以宣其溢。"于是，他建议："以是推之，凡河浦入海之地，皆宜置闸，然后可以久而不壅，盖不独数处为然也。"

其四，"量缓急以处工费"。水利工程，如果规模稍大，往往需要耗费大量的财力、人力、物力。对此，吕光洵提出了多种解决办法。一是把多项水利工程综合考量，分出轻重缓急，先修较急较重的工程，后修较缓较轻的工程，分批分期兴修。他说："为今之计，宜令所在有司检勘，某水利害大，某水利害小，某水利最急，某水利差缓。其最大而急者，则今岁修之，次者明年修之，次者又明年修之，则兴作有序，民不知劳，而其工费之资亦可以先时而集矣"。二是经费可取于清追粮解大户侵欺和赃款，然后通过以工代赈的方式募饥民兴修。这样一举两利，既节省财政支出，又不增加民众徭役负担。他主张："今岁时荒歉，公私俱绌……将见查节年未完钱粮，系粮解大户侵欺者，督令有司设法清追。自嘉靖二十四年（1545 年）以后者照旧起解，二十三年（1544 年）以前者量支数十余万两，存留在官。略仿宋臣范仲淹以官粮募饥民修水利之法，行令有司查审应

① 以下吕光洵言论均见于《明经世文编》卷 211《吕龚二公奏疏·修水利以保财赋重地疏》。

赈人数，籍其老病无力者为一等，壮健有力者为一等。无力者日给米一升，听其自便；有力者日给米三升，就令开浚，通将前项官银及赈济钱粮，一体通融给散，各另造册查考，则官不徒费，民不徒劳，所谓一举而两利也。以后年分每于冬月募民兴作，至次年二月而罢，其费用皆取于侵欺，不足则继之以赃赎。大约三四年而止，通计所费不过三四万，而水利大治矣"。

其五，"专委任以责成功"。吕光洵考察了明代先朝治理吴中水利的大臣数十人，其中"有功于水者殆不过数人"，其一个重要原因是成功者往往是因为"先朝委任特专而历年又久"。因此，他建议朝廷委任治水大臣应"务为长久之计，凡一应钱粮夫役，与夫疏治经略之宜，工成缓急之序，听其以便宜从事，而责成功焉。其府州县有司官员，凡遇升迁行取给由者，皆必考其水利有效，方许离任。其迁延玩愒，及处置乖方，费财而偾事，仍听臣等随事纠治，以惩不恪。如是，则事有定规，人有定志，而成功可期矣"。

2. 潘季驯的河防思想

潘季驯是明代乃至古代著名的水利专家，在治理黄河、淮河的实践中，提出了一系列河防思想。其河防思想大致可分为修建和维护两个方面，其中有关治河技术性方面的思想兹略，以下主要介绍与管理思想有关的几个方面。

潘季驯在主持治理黄河、淮河中，不仅积累了丰富的修建河防工程的经验，而且也总结了不少管理修建河防工程的思想。兹缕述如下：

其一，"议支放"[①]。潘季训认识到，修建河防工程，"鸠工聚材，出纳甚琐，收掌销算，头绪颇多，稽核不严，必滋破冒"。因此，他主张加强支前审核和事后核算制度："将请发银两，俱解淮安府贮库，各工应给工食，应买物料，府佐等官，开数赴各该分督司道官核实给票，赴两淮巡盐衙门复核挂号，方许开支。每季终，该府将票类送巡盐衙门比对，号印数目相同，发回附卷，通候工完类核，造册奏缴。"

其二，"议分督"。潘季驯指出："照得河工浩繁，道里遥远，若非多官分理，不免顾此失彼。分工之后，钱粮出入，工程次第，皆其首尾。遇有升调等项，若听其离任，则本官所分之工，又须另委补替。文移往来，便至逾月。及到工所，茫然无措，何以望其竣事而底绩也？"鉴于河防建设工程中，钱粮出入、工程次第管理的复杂性，潘季驯主张："俯念河工重大，如遇前项，相应离任官员，容臣等暂留完工，稽其勤惰，别其功罪，请旨处分，方得离任。庶人心专定，觊觎不萌，而事易责成矣。"

其三，"议责成"。明代，州县长官大多"视河患如秦越，视管河官如赘疣，既以分司部属临之，蔑如也。妨工偾事，实由此"。鉴于这种情况，潘季驯提

---

① 以下其一至其七潘季驯言论均见于《明经世文编》卷375《宸断大工录一·题为条列河工事宜疏》。

出："目今大工肇兴，诸务丛挫，若非责成各掌印官，鲜克有济。合无兴工之后，一应派拨夫役，买办物料，俱以责之各掌印正官，躬亲料理。仍选委贤能佐贰，管押夫役赴工，不许将阴医等官搪塞。如有仍前玩愒，派办失宜，以致夫役逃散，物料稽迟，该司道官实时参呈，以凭奏治。事完之日，仍与管理河工诸臣，一体分别题请施行。"

其四，"议激劝"。潘季驯认为，负责河防工程建设的官吏，工作十分艰苦，而且责任十分重大，但是对他们的赏罚并不合理："各工委官出入泥淖，栉沐风雨，艰辛毕萃，殊可矜悯；有功而薄其赏，误事独重其罚，此人心之所以懈弛，而事功之所以隳堕也。"对此，他主张："完工之后，容臣等逐一精核，如有实心任事、劳苦倍常者，俯赐破格超擢，庶人心争奋，而百事易集矣。"

其五，"议优恤"。同样，潘季驯认为，参与河防工程建设的广大民工，其劳作更是艰辛无比："贫民自食其力，冲寒冒暑，暴风露日，艰苦万状。"因此，对他们也应予以优恤："各工夫役，计工者，每方给银四分，计日者，每日给银三分，而本籍本户帮贴安家银两，有无听从其便，兹亦不为薄矣……纵使稍从优厚，亦不为过。合无每夫一名，于工食之外，再行量免丁石一年，容臣等出给印信票帖，审编之时，许令执票赴官告免，州县官抗违，许其赴臣告治。如此，则惠足使民，民忘其劳矣。"

其六，"议蠲免"。潘季驯看到，淮扬河患频仍，民遭昏垫，称最苦者，有11州县，"一望沮洳，寸草不长，凋敝极矣"。但是，现在此地大兴河防工程，役使大量当地贫苦民夫，因此，潘季驯建议应对这些民夫蠲免一半赋税，以提高他们服役的积极性："适今大工兴举，用夫颇多，舍近取远，邻封未免有词。而此中流移贫民，亦赖做工得食，少延残喘。应派夫役，既不容已应输赋税，复加责办，实为繁苦。合无轸念灾极民穷，姑将前十一州县，本年见征夏秋起运钱粮，特蠲一半。行臣等揭示通知，俾催科少宽，人乐趋役。"

其七，"议改折"。当时黄淮河防工程浩大，"大工肇兴，费用不赀，帑藏空虚，既难搜括，闾阎穷困，又难加派"，广大修河防民夫粮食供给发生困难。对此，潘季驯提出"改折"的办法加以解决，即动用军队储备粮："太仓之粟，可备八九年之食，积愈久，而粟愈朽。故官军之情，有不愿本色而愿折色者，稍加变通，未为不可。合无暂将今岁漕粮，除淮北及河南、山东照旧兑运外，其淮南并浙江等省，姑准改折。照例正兑每石，连耗米轻赍折银七钱；改兑每石，连耗米折银六钱。即以五钱给军，正兑尚余银二钱，改兑余银一钱。兑运停止，官军应得行月粮，俱可免给。以正额解京，而以余银并行月粮，留发河工支用，总计可得九十余万两。以运军应得之数而济国家大工之需，在内帑无支发之烦，在闾阎无征派之苦，在朝廷为不费之惠，在河工免缺乏之虞，所谓两利而俱全者也。"

其八，"备积贮以裕经费"①。潘季驯指出："河道起自丰沛，至于淮扬，延袤千有余里，以葺修则工料浩费，以防守则用度钜艰，乃恃岁额不满数百之银，而支持千里之河道，坐视大坏极敝，而后请发内帑，似为失计"。"照得防河之法，全在固守堤岸，而堤岸止是土筑……能保不损乎？岁修之工，必不可缺，则工料之费，必不可少，故积贮实治河第一义也"。因此，潘季驯主张：治河维护经费"宜多方措处，约每岁三万两，积贮淮安，以便支费"。尤其通过"带盐征银，以济工用"，"计每岁止带征银一万八千两，解淮安府贮库，听两河岁修之用"。

其九，"重久任以便责成"。潘季驯十分赞成给事中尹瑾的提议："河道关系最重，类非可以穿凿于聪明，勾干于仓卒者。全在得人任久，乃可责成，及要大小官员，俱令久任。或考满加升，或积劳超叙，与夫就近遴补，交代亲承，最为治河先务。"

其十，潘季驯还就完工的河防工程提出"四防""二守"② 的维护措施。所谓"四防"："一曰昼防堤岸。每遇黄水大发，急溜扫湾处所，未免刷损，若不即行修补，则扫湾之堤，愈渐坍塌，必致溃决。宜督守堤人夫，每日卷土牛小埽听用。但有刷损者，随刷随补，毋使崩卸。少暇，则督令取土堆积堤上，若子堤然，以备不时之需。是为昼防。二曰夜防。守堤人夫，每遇水发之时，修补刷损堤工，尽日无暇，夜则劳倦，未免熟睡。若不设法巡视，恐寅夜无防，未免失事。须置立五更牌面，分发南北两岸协守官，并管工委官，照更挨发各铺传递，如天字铺发一更牌，至二更时前牌未到，日字铺即差人挨查系何铺稽迟，即时拿究，余铺仿此。堤岸不断人行，庶可无误巡守。是为夜防。三曰风防。水发之时，多有大风猛浪，堤岸难免撞损，若不防之于微，久则坍薄溃决矣。须督堤夫细扎龙尾小埽，摆列堤面，如遇风浪大作，将前埽用绳桩悬系附堤水面，纵有风浪，随起随落，足以护卫。是为风防。四曰雨防。守堤人夫，每遇骤雨淋漓，若无雨具，必难存立，未免各投人家，或铺舍暂避。堤岸倘有刷扫，何人看视？须督各铺夫役，每名各置斗笠蓑衣，遇有大雨，各夫穿带，堤面摆立，时时巡视，乃无疏虞。是为雨防。"所谓"二守"："一曰官守。黄河盛涨，管河官一人，不能周巡两岸，须添委一协守职官，分岸巡督。每堤三里，原设铺一座，每铺夫三十名，计每夫分守堤一十八丈。宜责每夫二名共一段，于堤面之上，共搭一窝铺，仍置灯笼一个，遇夜在彼栖止，以便传递更牌巡视。仍画地分委省义等官，日则督夫修补，夜则稽查更牌，管河官并协守职官，时尝催督巡视，庶防守无顷刻懈弛，而堤岸可保无事。二曰民守。每铺三里，虽已派夫三十名，足以修守。

---

① 以下其八、其九潘季驯言论均见于《明经世文编》卷 376《宸断大工录二·复议善后疏》。

② "四防""二守"均见于《明经世文编》卷 378《宸断大工录四·四防》《宸断大工录四·二守》。

恐各夫调用无常，仍须预备，宜照往年旧规，于附近临堤乡村，每铺各添派乡夫十名，水发上堤，与同铺夫并力协守。水一落，即省放回家，量时去留不妨农业。不惟堤岸有赖，而附堤之民。亦得各保田庐矣。"

3. 曹时聘河防管理思想

曹时聘，河北获鹿县人，明隆庆五年（1571）进士，授都察院右佥都御史。万历二十九年（1601 年）巡抚应天（今南京），反对宦官增税害民，"公疏直陈，拯民涂炭"，"吴人德之"，建生祠于茅山（江苏金坛县西，今称大茅山）四时行祀。自南京北归后，出守临洮（今甘肃省临洮县），被巡抚弹劾，遭罢黜。后复凤阳府任军务提督，因赈灾有功又擢山东副宪，随后升任徐州兵备。

曹时聘在泇河工程完工之后，提出了善后维护管理事宜，其一些思想值得提及：

其一，"画地分管以便责成"①。河防工程的一个特点是随着河流漫长而延绵许多府州县地区，这就给维护、管理带来困难。对此，曹时聘提出应科学划分地区管理，明确各地区的责任。如他指出：泇河"自刘昌庄至黄林庄，量长一万九千一百六十二丈，约百有十里。其中有岁修之工，须得府官料理；有出没之盗，须得府官弹压；有岁运之舟，须得府官催攒。将归之徐沛同知，则虑隔属之难行；将归之运河同知，则虞遥制之难遍。合于万家庄建驿处，专设管河通判一员为便"。

其二，"增设官夫，以司闸务"。曹时聘指出："看得泇河之内，建有韩庄、台庄、顿庄石闸三座，节宣水利，则启闭官夫，委不可少。合将已废之闸，如所谓黄家、留城、马家桥遗下员役，即补前项新闸之缺，专司启闭……斯闸座之启闭有人，而水利之节宣无误矣。"

其三，"添一驿递以便应付"。曹时聘提出："看得泇河告成，安澜利涉，趋夷避险，舟楫通行。自去岁至今，贡舫使舟，无不由此出入。据议赵村为邳宿适中之地，宜设一驿，令邳州驿厂分拨人夫、钱粮在彼应付。"

其四，"设立巡司以备干捆"。曹时聘指出："看得泇河行运最称重地，且东南财赋捆载而北者，悉出其途。非复昔日荒凉景象，但长途旷野，村疃稀疏，距县颇遥。捕官难顾盗窃之警，委应预防。据议于峄县台家庄添设巡检一员，弓兵四十名，专在新河巡缉盗贼，防护粮艘。"

其五，"申严闸禁以节水利"。曹时聘同意各司道对泇河水闸严加禁约的 3 项管制：一是"直口为泇、黄交会之处，即今黄归故道，全河东下，直口之外，清黄交接，倒灌可虞。业于直口议建闸座，倘遇黄水暴发，即下板以遏浊流之入，而闸以内﹒无灌淤之患。黄水消落，则启板以纵泉水之出，而闸以外有冲淤之功。是此闸乃泇河门户，启闭最宜严谨"。二是"王市闸居沂河之上游，系全

---

① 以下曹时聘言论，均见于《明经世文编》卷432《曹侍郎奏疏·泇河善后事宜疏》。

洳之命脉。每岁粮船由直口而入，全藉闭闸积水以浮舟。官民船只，由沂河而进，却擅启板，泄水以误运道。是此闸乃洳河权舆，启闭亦应严谨"。三是"其他顿庄、台庄、韩庄等闸启闭之例，自有定规。但河渠新创，闸禁未严，每被势要座船擅启闸板，有将锁钥击碎者，有将闸板带去者，有将管闸官牌横加嗔责者。不思漕河关系国计，乃以一人之私图而阻四百万石之重务，可不可也？合无请照淮安镇口闸座禁例，严行申饬……必须以时启闭，方得利济漕舟。"

其六，"议加裁展以收全功"。曹时聘指出："照得洳河草创，行运三年，鱼贯往来，已睹成绪。第此河之通，原因水冲旧迹，广隘不等，高下不齐，有残缺应筑之堤，有弯曲应裁之岸，有淤浅应浚之沙。虽连岁开挑，而渠长工剧，未得深广如式，且大泛口湍溜未平，独须力挽而上，与夫钜梁、直河等处，旧议闸座未建，吴冲、猫窝二处，新议闸座应增，皆未竟工程……以上（工程）钱粮，分毫无措。"对此，他建议酌量缓急，分为两期，"分作两岁鸠工。先将一等最急者，趁今秋防事竣，檄行司道督令管河府佐州县掌印佐贰等官，补筑残堤，裁削湾觜，展辟陋岸，疏浚浅沙。与夫新旧闸座，势不可缓者，刻期建造，自十一月初筑坝兴工，限至次年正月尽开坝放水，漕舟一至，务令鼓楫而前。其二等工程，候至来年运毕再举，合用工价，移咨工部，将河工事例，尽数解发，以抵其费，不敷即再开二三年佐之，工完之日，核实奏报"。

曹时聘对洳河工程的维护管理主要是为了保障漕运的畅通，其措施可归纳为3个方面：一是"画地分管"以明确各河段的责任；二是"增设官吏以司闸务""申严闸禁以节水利""议加裁展以收全功"等是为了防止河道游积，提高河道水位，以便于漕船通行无阻；三是"添一驿递，以便应付""设立巡司以备干拥"等为了保障漕船通行的安全。总之，"漕河关系国计"，一年承担着"四百万石之重务"，因此，必须引起高度重视，认真予以维护、管理。

4. 徐恪的兴水利以备旱荒思想

徐恪（1431—1503），字公肃，南直隶苏州府常熟（今属江苏）人。成化二年进士，授工科给事中。弘治四年官右副都御史、巡抚河南。帝命与湖广巡抚韩文易任，吏民泣送。遭诬，改南京工部侍郎。

上文曹时聘的河防思想主要着眼于漕运，而徐恪的兴水利以备旱荒思想主要着眼于农业生产。首先，徐恪认为兴修水利是以备旱荒的最有力措施："岁事无常稔，旱荒居多；荒政非一端，水利为急。"[①] 他通过列举历史上的水利工程和著名历史人物的水利思想来说明水利在抗旱中的重要性："先王疆理井田沟洫之制，遍及中国，虽有旱溢，不能为患，其利博矣。下至战国，魏用史起凿漳河，秦用郑国引泾水，亦皆富国强兵，卓有成功。此宋儒朱熹水利之说，胡瑗水利之教，所由起也。"他从历史的经验中深刻地总结出，旱灾是人力不能左右的，但

---

① 以下所引徐恪言论，均见于《明经世文编》卷82《徐司空巡抚河南奏议·地方五事疏》。

人可以通过兴修水利来抗击旱灾："窃照河南郡县，自去秋八月不雨，至于今夏闰五月，赤地相望，流移载道，和气乖隔，祷祈罔应，所谓旱荒，无大于此。伏念天意所在，固非人力可回，而水利之兴，乃吾人所能致力者。"

其次，徐恪提出对历史上一些荒废的水利设施进行修建，使它们在抗旱中发挥作用："与其徒悔于已往，不若预图于方来。访得河南府有伊、洛二渠，彰德府有高平、万金二渠，怀庆府有广济渠、方口堰，许州有枣祇河渠，南阳府有召公等渠，汝宁府有桃坡等堰。自此之外，故渠废堰，在在有之，浚治之功，灌溉之利，故老相传，旧志所载，不可诬也。但岁久堙芜，难于疏导。间有谈者，率多视为迂阔。臣尝以为当此大旱时月，若得一处之水，可济数顷之田，不致袖手待毙，如是之无策也，岂可惮其难而不为乎？比虽行令分守分巡官提督修举，然百责攸归，未免顾此失彼，况中间经行去处，多被王府屯营侵塞，及势要之家，占作碾磨。非专委任，而止付之守巡，更代不一，臣恐难以责成也。看得河南布政司抚民右参政朱瑄，素有才谋，不避艰险，委之专理其事，臣愚窃以为可。合无请敕朱瑄，不妨抚民，亲诣前项渠堰，再行相度，寻古之迹，酌今之宜，量起得利，并附近居民，次第兴举。原置闸处，仍旧置立，以时启闭。各道缺官，不许辄委分守，俾得从容往来，展尽心力，期以三年，必能就绪。"

再次，徐恪主张平时加强水利管理和维护："将得利之家地土顷亩，逐一勘明，籍记在官。遇旱则官为斟酌，验亩分水，以杜纷争。其豪强军民，敢有仍前截水，安置碾磨，占作稻田者，依律究问，枷号示众。以后堙塞，就二得利军民，并工开浚。有溃决处，亦就培筑堤防，务图经久。如此虽不泥于井田沟洫之制，将见远近闻风，争求密利，而旱荒不足忧矣。"

（三）公共工程建设经费筹措思想

公共工程建设往往规模浩大，需要大量的财力、物力和人力的支持，因此在公共工程建设中，经费的筹措经常成为公共工程建设面临的难题。一般说来，明代的公共工程建设，其经费主要来源是中央和地方的财政支出，除此之外，由于中央和地方政府常常面临着财政困窘的情况，因此就通过劝募、摊派、罚赎、权宜等途径来筹集公共工程建设经费，以下缕述其中比较重要的 5 种途径：

1. 政府财政支出，即"官钱""官为支给"等

"凡修理营房，洪武二十六年（1393 年）定：凡在京各卫军人营房，及驼、马、象房，如有起盖修理，所用物料，官为支给。若合用人工，隶各卫者，各卫自行定夺差军；隶有司者，定夺差拨囚徒，或用人夫修造；果有系干动众，奏闻施行"[①]。正统八年（1443 年）敕："凡岳镇海渎祠庙屋宇墙垣或有损坏，及府州县社稷、山川、文庙、城隍，一应祀典神祇、坛庙颓废者，即令各该官司修理，合用物料酌量所在官钱内支给收买，或分派所属殷实人户备办，于秋成时月

---

① 《明会典》卷 187 《工部七·南京工部·营房》。

起，起倩夫匠修理。"①

由政府财政支出的公共工程建设经费又可分为中央和地方两种，如嘉靖二十三年（1544 年）议定："各有钱粮衙门损坏，工部委官估计物料，转行动支无碍银两，径自修理。惟原无钱粮者，工部议估兴工。"② 从此规定可知，修理地方钱粮衙门，如系地方政府自出经费，可径自修理；如地方政府无力承担经费，需申报工部议估后兴工。

明政府对财政支出的管理是相当严格的，其支出必须符合有关规定，如制造军品、赈济饥民等，并经过审批，年终必须结算审核。如有不符合规定的支出以及挪用者，有关官吏必须受到处罚。成化十七年（1481 年）令："各处司府卫所大小衙门，如遇修理等项，只许设法措置。其在官钱粮，必须军器重务、赈济饥民及奉勘合应该支给者，方许会官照卷挨次支给，年终查算明白，造册缴部。若不应支给，并那移出纳者，经该官员降黜边远叙用，侵欺者从重归结。"③

2. 劝募

古代劝募与摊派的主要对象是地方的富户和士绅，一般由地方府州县长官知府、知州、知县等以身作则，"捐己俸为倡"，号召富户、士绅捐钱捐物，有的也涉及一般民众根据自己的能力出钱、出物、出力。这种形式多见于水利、河防、城墙、社（庙）学、书院等公共工程建设，因为这些工程直接涉及民众的生命财产安全和子弟教育，因此劝募和摊派对象也愿意出钱、出物、出力。如张宁《海宁县障海塘碑》载：

明成化十三年（1477 年），海宁县突遭海潮的袭击，县城受灾严重。地方长官身体力行，率众人奋战在抗灾第一线，对受灾群众"惠以薪米，大集医药，以疗病者"，同时察看地形，"量材度宜"，"作副堤十里"，"增高倍厚"海塘。其表率作用使"义声倡道，富人争自赈施"，捐资修建海防工程。④

明代，理学被尊奉为统治者的正统思想。地方各级长官为了弘扬儒学思想，标榜文治，都较为重视兴办地方的教育事业，乐于倡导捐资兴建地方儒学、庙学等。如成化《顺德府志·重修文庙志》载："唐山县为顺德府属邑，旧有庙学……平定守御千兵吕公俊辈，及邑中义士、耆老诸人何原等或乐相助金帛"，予以修复。⑤

3. 摊派

一般说来，所谓劝募是自愿性质的，如果劝募超出了一定的限度，带有某种的强迫性，就成为摊派了。如章懋《枫山集》卷 4《兰溪县新迁预备仓记》

---

① 《明会典》卷 187《工部七·南京工部·庙宇》。
② 《明会典》卷 187《工部七·南京工部·公廨》。
③ 《明会典》卷 30《户部十七·在外诸司库》。
④ 张宁：《方洲集》卷 18《海宁县障海塘碑》，台湾商务印书馆影印文渊阁《四库全书》。
⑤ 成化《顺德府志》卷 8《重修文庙志》。

记云：

> 宣正以来，岁或不收，而生灵嗷嗷，无所仰给……弘治壬子之春，昆山王侯倬以才进士两载，剧县皆著能声……侯（倬）于是以义劝富人之堪事者，授之规画，分其程度，俾各以力自占，撤其旧以即于新……然公不费官，私不扰民，经之营之，在侯一心。而义以感人，其应如响，凡富室之任其役者，运财效力如治其私，趋事赴工争先恐后……仓虽既成，人犹惧其储蓄之弗广，侯以是岁当重造版籍，推割产税，而受田之家皆物力富强者也，随其所收多寡，计亩而劝之，得白金二千七百余两，易谷万有千石，自足当前亏损之数而仓储不虚，非复向之名存实亡者矣。仓廪既成而储蓄不虚，备荒有具而困穷是赖，邑之父老欣然而来告。

这里"以义劝富人""以义感人，共应如响"等皆属于自愿性的劝募，而"计亩而劝之"则已属于带有强制性的"重造版籍，推割产税"，以"物力富强"之家所占有的田亩数目来摊派其该捐出的"白金"。

在一般情况下，地方府州县政府如能筹措到足够的经费，就不会向当地民众劝募，尤其不会进行摊派。但是，由于公共建设工程大多数规模浩大，所用经费数额巨大，而地方政府财政又十分有限，因此劝募、摊派就变成不得已而为之，当公共建设工程经费不足时，官府只得向当地富室、士绅劝募、摊派钱粮，向平民百姓征派夫役了。但是，当地政府的劝募、摊派通常必须事前向上级申报，获得上级有关官员的批准后才能进行。如明代著名清官海瑞知淳安县时，在谋划修筑淳安县城墙时，就先向道、巡按、总督逐级申请，然后按各里甲、贫富分别摊派城墙修筑的工程量。在申文上报得到批准后，淳安县才开始按计划实施。上级主管在批复中尤其强调即使是摊派各里甲，也必须慎重考虑"民情财力"，"通县粮里果愿筑城，才能动工：该县先议筑土墙，行催一年之上未见完报，今始改议筑城，何也？且筑城大事，未知民情财力若何。仰县再审通县粮里，果愿筑城，还须区划周当，通详上司具批词由缴。"海瑞又根据上级指示及担心，再上申议解释说："今蒙前因，清审粮耆里老黄叔亮等，众称原议筑城，各情允服……八十里中，好甲分计费出银五两，丑甲分计费出银三两二两。淳民喜讼，本县于词讼中酌处帮助，通以二年中为之，似或可以使民不觉劳费。"[1] 海瑞此处以"各情允服""于词讼中酌处帮助……可以使民不觉劳费"，消除了上级对"民情财力若何"的担心，使筑城墙工程顺利动工。

4. 罚赎

罚赎就是政府运用司法权力，允许罪犯通过向政府交纳罚金来免去刑罚。明代除犯死罪外，其余罪行皆可以赎代刑。《明史》卷93《刑法一》云："明律颇严，凡朝廷有所矜恤、限于律而不得伸者，一寓之于赎例，所以济法之太重也。

---

① 《海瑞集》，第 157 – 158 页。

又国家得时藉其入，以佐缓急。而实边、足储、赈荒，官府颁给诸大费，往往取给于赃赎二者，故赎法比历代特详。凡赎法有二，有律得收赎者，有例得纳赎者。律赎无敢损益，而纳赎之例则因时权宜，先后互异，其端实开于太祖云。"明代法律规定，赃、赎都必须登记上报，而罚可不入册籍，可以不上交而为地方所用①。因此，地方官对于罪轻者常以罚代刑，一般是春夏罚银，秋冬罚谷。明代中后期，地方府州县的赎金数额较为可观，因此，引起朝廷的注意，遂派官员到地方搜刮。万历年间内阁首辅王锡爵在《劝请赈济疏》中说："先时各布政司府州县，各有赃罚等项余积，今取解一空，有急尽靠内帑。"②此后，赃赎在中央与地方的分配大致形成八分上缴中央政府二分留存地方支用。

明代的罚赎收入除用在上文所引《明史·刑法一》中所提到的"实边、足储、赈荒"等方面外，也大量地用于府州县公共工程建设中。如吕光洵在"量缓急以处工费"中就主张通过清追粮解大户侵欺和赃赎来解决水利工程经费困难。③傅泽洪在《运河水》中所载直隶疏浚河道的经费有80%来自地方官府掌握的赃罚银。④

5. 权宜

所谓权宜，大致是指政府根据实际情况，审时度势，因地制宜，灵活运用各种方法，筹措公共工程建设所需的经费、劳力和物资等，而不使民众感觉到增加钱粮和劳役负担。如上文所引清官海瑞在修建淳安县城墙时，通过"于词讼中酌处帮助，通以二年中为之，似或可以使民不觉劳费"，⑤即以诉讼费来弥补修建城墙经费的不足，从而使民众不觉得增加了劳役和钱粮经费负担。又如潘季驯在主持黄淮河防工程中，提出"改折"的办法，即动用军队储备粮来解决河工的口粮，从而使"内帑无支发之烦，在闾阎无征派之苦，在朝廷为不费之惠，在河工免缺乏之虞"，从而取得了"两利而俱全者"的圆满效果。

由于权宜筹措经费的方法、途径灵活多样，除上文所引海瑞与潘季驯权宜筹措公共工程建设经费外，以下再举两例以窥一斑：如嘉靖《应山县志》卷上记述了湖广应山知县王朝璲用租赁官地的办法来筹集修理城墙的经费："修城即备，以为日久不无损坏，修补之费无所于出。除内外马道外，因有余剩空地若干，行令地方报拘近民，审各自愿造屋赁住，递年认纳租银，送官贮库，听候修补支用。"从而在不增加民众任何劳役和钱粮负担的情况下，利用官府掌握的"余剩空地"资源，轻松顺利地解决了"修补之费无所于出"的难题。

---

① 赃、赎、罚三者严格说来是有区别的：赃是对非法钱物所得的没收；赎是令罪犯出钱，来代替其被判的刑罚；罚是为惩戒，令犯过罪的人出钱谷所得。但古文献往往将三者不做严格区分，经常混称。

② 《明经世文编》卷395《王文肃公文集二·劝请赈济疏》

③ 《明经世文编》卷211《吕龚二公奏疏·修水利以保财赋重地疏》

④ 《行水金鉴》卷124《运河水》

⑤ 《海瑞集》，第157—158页。

二、生态环境保护思想

明代最高统治者尊奉儒家思想，将其作为正统的统治思想。朝廷依据儒家宣扬的"天地好生""帝王育物"的思想，延礼入法，继承和弘扬了自先秦以来的保护动植物的思想。《明史》卷72《职官一》云："水课禽十八、兽十二，陆课兽十八、禽十二，皆以其时。冬春之秋，置罘不施川泽；春夏之交，毒药不施原野。苗盛禁踩躏，谷登禁焚燎。若害兽，听为陷阱获之，赏有差。凡诸陵山麓，不得入斧斤、开窑冶、置墓坟。凡帝王、圣贤、忠义、名山、岳镇、陵墓、祠庙有功德于民者，禁樵牧。"

（一）植树造林、保护森林资源思想

明朝开国之君朱元璋十分重视发展农业生产，坚持"农为国本"的信条。同时在发展农业生产中，充分认识到必须多种经营，既不仅要栽种稻谷、麦子、小米等粮食作物，还要重视栽种桑枣柿栗等经济林木，以满足人民穿衣、果蔬和薪柴等方面的需求。据《明会典》卷17记载，朱元璋在位期间，多次下令要求百姓种植桑枣等经济林木，并以减免赋税作为奖励，而对不种、少种者予以惩罚：

> 国初农桑之政，劝课耕植，具有成法。初皆责成有司，岁久政弛，乃稍添官专理。其例具后。凡课种：国初令天下农民凡有田五亩至十亩者，栽桑、麻、木棉各半亩，十亩以上者倍之，田多者以是为差。有司亲临督视，惰者有罚，不种桑者使出绢一匹，不种木棉者使出棉布一匹。洪武元年奏准桑麻科征之额，麻每亩八两，木棉每亩四两，栽桑者四年以后有成始征其租。今出号令，此后止是各该里分老人勤督……（洪武）二十七年（1394年）令：天下百姓务要多栽桑枣，每一里种二亩秧，每一百户内共出人力挑运柴草烧地，耕过再烧，耕烧三遍下种，待秧高三尺然后分栽。每五尺阔一垄，每一户初年二百株，次年四百株，三年六百株。栽种过数目造册回奏，违者发云南金齿充军。

由此可见，朱元璋不仅通过赏罚的手段劝谕农民栽种桑、枣、木棉等，而且还派专门的官吏到地方督促，并在最基层的地方组织里分指定"老人"具体负责督促。为了提高桑、枣、柿树苗的成活率，朱元璋在诏令中还指导农民栽种树苗时应烧柴草灰作为肥料，并待树苗长到高3尺时再从苗圃移种到各个地方。

朱元璋还将各地方栽种粮食、桑枣情况作为考核地方官员政绩的重要依据。洪武五年（1372年）十二月，朱元璋下诏曰："农桑，衣食之本；学校，理道之原。朕尝设置有司，颁降条章，敦笃教化，务欲使民丰衣足食，理顺畅焉……有司今后考课必书农桑、学校之绩，违者降罚。民有不奉天时，负地利，及师不教导，生徒惰学者，皆论如律。"[1]

---

[1] 《明太祖实录》卷77。

在开国君主朱元璋的大力倡导下，朝廷上下重视农桑思想深入人心。叶伯巨在《万言书》中指出："农桑学校，王政之本。"① 范济在《诣阙上书》中对"农桑，衣食之本"思想做了进一步阐发："夫农桑，衣食之本。尝闻神农之教，有云虽石城十仞，汤池百步，带甲百万而无粟，弗能守也。由是言之，兵者，城之守也；食者，兵之给也。非兵无以守城，非食无以给兵。兵足而城安，食足而兵勇。兵食二者。有国之先务也。"② 换言之，衣食是治理国家最根本的基础，因为如没有衣食就不可能拥有军队，没有军队就不可能守住城墙保卫国家。大臣解缙在《献太平十策》中把发展农业、种植桑枣树木、兴修水利等作为长治久安的基本国策。他建议将《农桑集要》《齐民要术》及树艺水利等书，"类聚考订，颁行天下，令各家通晓"③。

明朝廷除了大力倡导、督促百姓种植桑、枣等经济树木外，还重视保护当时的森林资源。当时，西北地区由于滥砍滥伐滥牧和气候的变化，植被破坏严重。为了防止这一地区植被进一步恶化，朝廷颁布了禁止砍伐贩卖这一地区林木的规定："大同、山西、宣府、延绥、宁夏、辽东、蓟州、紫荆、密云等边，分守、守备、备御并府州县官员禁约该管官旗军民人等，不许擅自入山将应禁林木砍伐贩卖，违者问发南方烟瘴卫所充军。若前项官员有犯，文官革职为民，武官革职差操。镇守及副参等官有犯，指实参奏。其经过关隘河道，守把官军容情纵放者，究问治罪。"④

明初，政府制造、发行纸币"宝钞，需要砍伐大量桑树作为造纸原料"，"以造钞，岁买浙江、河南、北平、山东及直隶凤阳诸府桑穰为钞料，民间不免伐桑以供科索"，对桑树资源破坏严重。对此，洪武二十五年（1392 年），朱元璋为保护桑树资源，下诏"有司免输明年桑穰"⑤。

明王朝极为重视保护皇家陵园的树木，其主观上是为了保护朱姓皇朝的风水，但客观上对保护皇家陵园周围的林木起了积极的作用。《明会典》卷 170 规定："若于山陵兆域内失火者，杖八十，徒二年。延烧林木者，杖一百，流二千里。"成化十五年（1479 年），明宪宗下令："凤阳皇陵皇城并泗州祖陵所在，应禁山场地土，巡山官军务要用心巡视，不许诸色人等伐木、取土石、开窑烧造、烧山，及于皇城内外耕种牧放作践，有犯者正犯处死，家口俱发边远充军。"⑥

---

① 《明经世文编》卷 8《叶居升奏疏·万言书》。
② 《明经世文编》卷 29《范司训奏疏·诣阙上书》。
③ 《明经世文编》卷 11《解学士文集·献太平十策》。
④ 《明会典》卷 163《刑部五·盗卖田宅》。
⑤ 《明太祖实录》卷 234。
⑥ 《明会典》卷 90《礼部四十八·陵寝》。

（二）保护动物资源思想

明代，随着植被的破坏，动物的栖身之地逐渐缩小，数量减少。并且，上自皇室贵族、官僚，下至平民百姓，盛行食用野生动物，这更是严重威胁野生动物的生存。对此，明代最高统治者有所觉察，不少皇帝做出表率，或下达禁令，或停止进贡野生动物，采取了一些保护野生动物资源的措施。

洪武二十六年（1393 年）定："凡每岁祭祀，及供御并岁时筵宴合用野味，预先行移各司府州著落所属，于山林去处多办走兽，湖泊去处多办飞禽，照依坐定岁办数目，令各处猎户除春夏孕字之时不采外，当于秋间采捕。"[1] 这表明，明初皇室每年因祭祀、食用必须消耗不少野生飞禽走兽，但另一方面毕竟也意识到必须有节制地消耗，这就是每年按规定数目采捕，而且遵循先秦以来的好传统，即春夏是动物生育繁殖季节，禁止采捕，有利于保持其种群数量。"仁宗初，光禄卿井泉奏，岁例遣正官往南京采玉面狸。帝叱之曰：'小人不达政体。朕方下诏，尽罢不急之务以息民，岂以口腹细故，失大信耶！'宣宗时，罢永乐中河州官买乳牛造上供酥油者，以其牛给屯军，命御史二人察视光禄寺，凡内外官多支需索者，执奏。英宗初政，三杨当轴，减南畿孳牧黄牛四万，糖蜜、果品、腒脯、酥油、茶芽、稉糯、粟米、药材皆减省有差，撤诸处捕鱼官。即位数月，多所撙节……景帝时，从于谦言，罢真定、河间采野味、直沽、海口造干鱼内使。"[2] 从《明史》卷 82《食货六》这一记载可知，明代历朝皇帝对保护动物资源有益的行为从主观上看，其初衷、本意并不是为了保护野生动物，而是为了削减皇室开支，减轻民众负担，但客观上却起了保护动物资源的作用。又如英宗即位初下令："岁进野味，及买办追陪胖袄裤鞋……悉皆蠲免。"[3] 弘治十七年（1504 年），孝宗下令停止采贡"鹧鸪、竹鸡、白画眉、紫山鹧等禽鸟"[4]。世宗即位便"纵内苑禽兽，令天下毋得进献"[5]。穆宗即位之初亦下令"禁属国毋献珍禽异兽"[6]。很显然，英宗、世宗、穆宗即位之初的诏令，都是为了显示即位的新皇帝的仁德节俭，但其客观上为保护野生动物资源带来福音。

明皇室和官府还设有御苑、苑地等，作为禁猎区，并设有养地、栽地饲养家畜家禽，以供祭祀、宴请宾客、宫府饮食之用。尤其是禁猎区的设置，对保护野生动物是十分有利的措施。如《明史》卷 74《职官三》云："（上林苑）监正掌苑囿、园池、牧畜、树种之事。凡禽兽、草木、蔬果，率其属督其养户、栽户，以时经理其养地、栽地而畜植之，以供祭祀、宾客、宫府之膳羞。凡苑地，东至

---

① 《明会典》卷 191《工部十一·野味》。
② 《明史·食货六》。
③ 《明英宗实录》卷 1。
④ 《明孝宗实录》卷 207。
⑤ 《明史·世宗一》。
⑥ 《明史·穆宗》。

白河，西至西山，南至武清，北至居庸关，西南至浑河，并禁围猎。良牧，牧牛羊豕，蕃育，育鹅鸭鸡，皆籍其牝牡之数，而课孳卵焉。"当时，朝廷御苑"南海子"经多次修葺，禁猎区扩大到"周垣百二十里"，苑内置有专职守园的"海户"①。

(三) 保护水利资源思想

明代随着人口的增长和植被的破坏，人们已感觉到在某些情况下水利资源的紧张。如其一，农业上灌溉用水，尤其是在干旱时为了争夺水源，常常引起纷争。因此，徐恪曾提出干旱季节官府必须加强对水源的管理，"验亩分水，以杜纷争"②。其二，碾磨用水，即利用水的冲力作为碾磨动力。对此，徐恪也主张应依据法律予以严禁，"豪强军民，敢有仍前截水，安置碾磨，占作稻田者，依律究问，枷号示众"③。其三，漕运用水，即要使河道保持一定的水位，使漕船不至于因河道水位过浅而无法航行搁浅。如曹时聘在治理泇河时就提出，"王市闸居沂河上游，系全泇之命脉。每岁粮船由直口而入，全藉闭闸积水以浮舟"④。

在水利资源渐趋紧张的情况下，明政府重视保护、合理利用水利资源，制定颁布了一系列法规制度，大致有以下 3 个方面：

其一，严禁盗决河防等水利工程。《明会典》卷 172 规定：一是对于盗决、故决河防等水利工程的犯罪，处以杖八十、一百，徒三年等徒刑；二是如盗决、故决造成人民生命财产损失的，就要按犯赃罪加重处罚；三是为了保证漕运，对盗决山东、沛县、安山、扬州、淮安等湖堰等堤岸的犯罪，处以充军的处罚。

其二，禁止无节制地扩大圩田，以保护江河湖泊调节水利资源的功能。所谓圩田就是人们筑土堤围垦湖泊、河湾或湿地，如人们无节制地扩大圩田，就不同程度地破坏了江河、湖泊、湿地等调节水利资源的功能，使干旱无水灌溉，洪涝无处蓄水。对此，明代历朝颁布了一些相关禁令。如正统十一年（1446 年），巡抚周忱奏言："应天、镇江、太平、宁国诸府，旧有石臼等湖。其中沟港，岁办鱼课。其外平圩浅滩，听民牧放孳畜、采掘菱藕，不许种耕。故山溪水涨，有所宣泄。近者富豪筑圩田，遏湖水，每遇泛溢，害即及民，宜悉禁革。"明英宗从其奏，下令禁止继续筑圩田⑤。

其三，督促各地官吏重视兴修河防、水利工程，合理利用水利资源，对不修、修而失时者予以惩罚。"明初，太祖诏所在有司，民以水利条上者，即陈奏。越二十七年，特谕工部，陂塘湖堰可蓄泄以备旱潦者，皆因其地势修治之。乃分遣国子生及人才，遍诣天下，督修水利。明年冬，郡邑交奏。凡开塘堰四万

① 于敏中：《日下旧闻考》卷 74，北京古籍出版社 1983 年版，第 1231 页。
② 《明经世文编》卷 82《徐司空巡抚河南奏议·地方五事疏》。
③ 《明经世文编》卷 82《徐司空巡抚河南奏议·地方五事疏》。
④ 《明经世文编》卷 432《曹侍郎奏议·泇河善后事宜疏》。
⑤ 《明史·河渠六》。

九百八十七处，其恤民者至矣。嗣后有所兴筑，或役本境，或资邻封，或支官料，或采山场，或农隙鸠工，或随时集事，或遣大臣董成。"①《明会典》卷172则制定了法规条文，对不修河防、圩岸及修而失时者予以惩罚："凡不修河防，及修而失时者，提调官吏，各笞五十。若毁害人家、漂失财物者，杖六十。因而致伤人命者，杖八十。若不修圩岸，及修而失时者，笞三十。因而淹没田禾者，笞五十。"

明代在合理利用水利资源方面订有一个总的原则，就是最先保证漕粮用水，其次是灌溉农田用水，最后才是一般舟楫、砲碾者用水，并派遣专官进行管理："舟楫、砲碾者不得与灌田争利，灌田者不得与转漕争利。凡诸水要会，遣京朝官专理，以督有司。"②

三、城市管理思想

明代随着工商业的繁荣和人口的增加，全国出现了不少商品经济发达、人口众多和规模大的城市，如长江沿岸的南京、九江、武昌、荆州，京杭大运河沿岸的杭州、苏州、扬州、淮安、济宁以及北京、广州等。明代较大城市的人口已达数十万甚至上百万，城周长达数十里。城市中除了长期开设的店铺外，还有不计其数、分布四处的摊贩及一些定期的市集、庙会。大量手工业作坊也聚集在城市之中，并组成各种手工业行会。城市的发展要求政府对此要进行更加有效的管理，以保障城市社会秩序的稳定和社会经济活动的有序进行。

（一）坊厢管理思想

明政府为了更有条理对日益扩大城市的管理，把城市划分为坊厢两大部分。所谓坊，就是城墙之内的部分；所谓厢，就是城墙之外，围绕着城墙，与广大乡村相连接的部分。从顾起元的《客座赘语》记载可以看出，明代城市中坊、厢的划分虽然是按区域为依据，但由于同一职业、同一阶层的人往往聚居在一个区域内，因此其职业、阶层就成为划分坊厢的依据，这就是所谓的按职业划分的织锦坊、技艺坊、木匠坊、人匠坊、技艺一厢、技艺二厢、人匠厢、脚夫厢等，以及按阶层划分的贫民坊、贫民一坊、贫民二坊、富户厢等。并且从"人匠一坊、人匠二坊、人匠三坊、人匠四坊、人匠五坊"和"城南技艺一厢，城南技艺二厢"等可以推测，当时城市化进程很快，不断有新的、相同的坊厢产生，所以用一、二、三等序号给这些新产生的相同坊厢命名。在按职业划分的坊厢中，按手工业不同行业划分的最为常见，如织锦、木匠等，可见，明代南京手工业者人数之多。③

① 《明史·河渠六》。
② 《明史·职官三》。
③ 顾起元：《客座赘语》，中华书局1987年版，第58—59页。

在明代城市中，厢设厢长管理一厢之事，坊设坊长管理一坊之事。《明会典》卷20《黄册》载：

> 洪武十四年（1381年）诏：天下府州县编赋役黄册，以一百一十户为里，推丁多者，十人为长，余百户为十甲，甲凡十人，岁役里长一人，管摄一里之事。城中曰坊，近城曰厢，乡都曰里。

从此可知，坊长、厢长主要负责管理最基层城市居民的户口，通常情况下，明代以10户为一甲，10甲为一坊。坊长、厢长除管理本坊、本厢的户口外，还负责征收商税、看守商货等，并得到相应的报酬。如洪武二十四年（1391年）令："三山门外塌房许停积各处客商货物，分定各坊厢长看守。其货物以三十分为率，内除一分，官收税钱。再出免牙钱一分、房钱一分，与看守者收用。"①

（二）排水防火管理思想

明代，随着城市人口增加，规模的扩大，排水、防火问题日益突显。排水关系到城市的卫生环境，防火则更是关系到广大居民的生命财产安全。明代，京城的排水、防火工作由五城兵马司指挥负责，具有军事管理的色彩，可见，政府对排水、防火工作的重视。《明史》卷74《职官三》载："中、东、西、南、北五城兵马指挥司，各指挥一人，正六品；副指挥四人，正七品。吏目一人。指挥，巡捕盗贼，疏理街道、沟渠及囚犯、火禁之事。凡京城内外，各画境而分领之，境内有游民、奸民则逮治。"可见，明代五城兵马指挥既负责维护京城治安，巡捕盗贼，逮治游民、奸民，也负责京城的排水设施沟渠以及防火工作等。

明代，特务机构锦衣卫竟然也配合五城兵马指挥司巡视京城街道沟渠。如成化二年（1466年）令："京城街道沟渠，锦衣卫官校并五城兵马时常巡视，如有怠慢，许巡街御史参奏拿问。若御史不言，一体治罪。"② 他们在巡视过程中，若发现街道沟渠淤塞、桥梁损坏，必须责成相关负责人员修理。成化六年（1470年）令："皇城周围及东西长安街并京城内外大小街道沟渠，不许官民人等作践掘坑及侵占淤塞，如街道低洼、桥梁损坏，即督地方火甲人等并力填修。"③ 为了保证京城水道能及时得到疏通，成化十年（1474年）规定："京城水关去处，每座盖火铺一，设立通水器具，于该衙门拨军二名看守，遇雨过，即令打捞疏通。其各厂大小沟渠、水塘、河漕，每年二月令地方兵马通行疏浚，看厂官员不许阻当。"④ 同时，为了保障京城街道、沟渠的畅通，朝廷对淤塞沟渠、影响街道通行、破坏公共设施的人予以惩罚。如弘治十三年（1500年）奏准："京城内外街道若有作践、掘成坑坎、淤塞沟渠、盖房侵占，或傍城行车、纵放

---

① 《明会典》卷42《户部二十九·内库课钞》。
② 《明会典》卷200《工部二十·桥道》。
③ 《明会典》卷200《工部二十·桥道》。
④ 《明会典》卷200《工部二十·桥道》。

牲口、损坏城脚，及大明门前御道、棋盘街并护门栅栏，正阳门外御桥南北，本门月城将军楼、观音堂、关王庙等处作践损坏者，俱问罪，枷号一个月发落。"① 嘉靖十年（1531年）规定，即使权贵阶层也必须遵守相关规定："京城内外势豪军民之家侵占官街、堵塞沟渠者，听各巡视街道官员勘实究治。"②

中国古代房屋以木结构为主，容易引起火灾，因此，历代政府都重视城市防火工作。如政府要求城市居民平时做好防火工作："昼则互相谨省，夜则提铃坐更，各要谨慎火烛。但遇大风，不许贪夜张灯烧纸，纵狂饮酒。"③ 京城官员军民之家都要设置水缸、水桶储水以备不测，店铺内要置有水桶、麻搭、钩索等取水器具在灭火时使用。明代地方政府都极重视城市防火工作，有的城市针对城市木结构房屋鳞次栉比、连绵不断容易引起大范围火灾的特点，专门修建了便于施救或隔离的防火街巷。如江西九江府德化县，"郡城内外于大街之旁开设巷道，广约寻仞，以便救护（火灾）"④；又如九江府东乡县城，"街阔一丈八尺，巷阔一丈二尺左右，左右渠各一尺五寸，令民居疏阔，以远火灾"⑤。

对于已发生的火灾，明政府要求应迅速报该城兵马司及时扑灭；若火势较大，则各城兵马司督领弓兵、火甲人等并力扑救，不准推脱坐视，违者治罪⑥。

由于火灾造成的损失是惨重的，因此，明政府制定了许多法律条文，对失火者，尤其是故意放火者，予以严惩。《明会典》卷170规定："凡失火烧自己房屋者，笞四十；延烧官民房屋者，笞五十；因而致伤人命者，杖一百；罪坐失火之人。若延烧宗庙及宫阙者，绞；社，减一等……若于官府公廨及仓库内失火者，亦杖八十，徒二年。主守之人因而侵欺财物者，计赃以监守自盗论。其在外失火而延烧者，各减三等。若于库藏及仓厂内燃火者，杖八十……凡放火故烧自己房屋者，杖一百；若延烧官民房屋及积聚之物者，杖一百，徒三年；因而盗取财物者，斩；杀伤人者，以故杀伤论。若放火故烧官民房屋及公廨仓库系官积聚之物者，皆斩（须于放火处捕获，有显迹证验明白者，乃坐）。"而且，明政府还特别规定，对放火者与犯十恶、杀人等罪，"会赦并不原宥"⑦。可见，当时官方是把犯放火罪与犯谋反、大逆不道等十恶之罪和杀人罪等视为最严重的犯罪。

明朝政府不仅对放火罪进行严厉的刑事惩罚，而且也强迫放火罪犯在经济上予以赔偿。法律规定："其故烧人空闲房屋及田场积聚之物者，各减一等。并计

---

① 《明会典》卷200《工部二十·桥道》。
② 《明会典》卷200《工部二十·桥道》。
③ 《皇明条法事类纂》，科学出版社1994年版，第418页。
④ 嘉靖《九江府志》卷2。
⑤ 嘉靖《东乡县志》卷上。
⑥ 《皇明条法事类纂》，第418页。
⑦ 《明会典》卷161《刑部三·常赦所不愿》。

所烧之物减价，尽犯人财产折剉赔偿，还官给主。"① 成化八年（1472 年），宪宗下旨："各边仓场若有故烧系官钱粮草束者，拿问明白，将正犯枭首示众。烧毁之物，先尽犯人财产折剉赔偿。不敷之数著落经收看守之人，照数均偿。"②

四、漕运管理思想

明朝自永乐皇帝明成祖开始，定都北京。北京作为全国的政治、军事、文化、经济中心之后，人口激增，其居民口粮主要依靠江南地区通过漕运供给。因此，漕运成为事关京城安危，乃至全国长治久安的重要问题。明代漕运由于路途遥远，黄淮决徙，河道淤塞、吏治腐败等因素，成为一个颇为棘手的问题，对此，大臣们有较多的议论，此缕述其中较为重要的 4 个问题。

其一，造漕船。明人认识到要保证京城的粮食供应，必须有足够的质量好的船只用于漕运，因此，必须有管理良好、技术精湛的造船业，才能造出又多又好的漕船。马卿一针见血指出："造船皆漕运之急务，事当画一。"③ 他了解到"近来各掌印征料官员，多不以运务为重，任意因循，不惟拖欠，或遂侵那，致误造船。"因此提出："惟漕运必资于造船，而造船必先于办料……合无通行各该巡抚都御史，无巡抚处者，行巡按御史，严督各该司府州县卫所，各将年例军民料价，预为派征，务在上年九月以内给发。若征收未完，听将在库别项官银借给，候征完补还。如有违慢，十二月终不完给者，将府州县卫所收料官住俸；正月终不完给者，府州县卫所各掌印官住俸，收料官仍革去冠带，首领官吏提解漕运衙门问罪；延至四月终不完给者，都、布二司并府州县卫所各掌印并催料收料官，一体参奏提问，府州县卫所官降级，文职起送吏部别用，军职发回原卫带俸差操。中间若有侵那等项情弊，从重究问，比照迟粮事例，载在议单，永为遵守。庶法例严明而料价早完，船造及期而粮运不误矣。"

明朝供给京城粮食，不仅依靠运河漕运，也通过海运缓解漕运压力。但是"天津相距通州河道有二百五六十里，内多淤浅难行，军船到彼俱雇民船起剥。每米百石，远者要银三四两，近者二两八九钱。近年民船稀少，虽加水脚亦难雇觅"④。针对这种情况，马卿主张，在"通惠闸河置造剥船，设立经纪，甚为漕运大便。臣等查得淮安府库收，有上年扣还打造剥船余盐等项银两，合无借支三万两。大约每五十两造船一只，并随船桅蓬等件，共造剥船六百只。每只约装粮二百余石"，基本就能解决海运粮食到天津后转运北京的问题。

其二，设闸蓄水行舟。马卿看到运河"河道水势消长无期，沙淤浅阻不一，

① 《明会典》卷 170《刑部十二·放火故烧人房屋》。
② 《明会典》卷 170《刑部十二·放火故烧人房屋》。
③ 这一自然段马卿言论均见于《明经世文编》卷 169《漕抚奏议一·攒运粮储疏》。
④ 这一自然段引文均见于《明经世文编》卷 170《漕抚奏议二·攒运粮储疏》。

每因盘剥，遂致耽延，为害实深。若设置闸座，蓄水行舟，为利甚大。但地势水势，犹须详勘"。因此，他主张："择委习知水利官员，亲诣彼处督同管河等官，逐一踏勘。如果事件相应，公论允合，就便估计工料，修建闸座，亦利运之一端也。"①

明代"南北运河，止是汶水分流接济，春夏旱干，水源微细，必藉各闸积水，以时启闭，庶可行船。往往官员随到随开，以致粮运阻滞"。对此，刘大夏建议："申明列圣诏旨，严加榜示"，不得随意开启闸门，使水流泄，这样就可蓄积足够的水量，用于漕船航运，而不至于搁浅②。

其三，用囊盛米。明代，由于河床淤塞严重，漕粮"长运于窄浅之漕河者，何以能无溺哉？况今所兑，浮于所运之半，而岁岁有所损溺，官军赔偿，举债鬻产，无有已时。所以然者，正坐剥浅之费广，挨次之日多，不幸而沉溺，颗粒无余也"。对此，大臣丘浚建议："为今之计，宜如刘晏之法，所运之米，皆以囊盛。遇河浅涩，暂舁岸上，过浅而复舁归舟，或分载小船以过浅；亦有包封不致散失，不幸而沉溺，捞而出之，不致全失，纵有湆烂，亦可他用也。说者若谓囊米恐舟浅不能受，夫既实满艎中，加之艎板上护以竹簟芦席，以蔽雨水。其后船毁再造，量加大之可也。然则米皆用囊，如费将益多何？夫囊以布为之，可用数年；有山处可用竹篾，近江处可用蒲苇，其所费比所失散，亦为省矣。"③ 丘浚认为，以囊盛米有两个好处：一是如遇河水浅涩，漕船通不过时，以囊盛米便于将米搬到小船通过浅涩河道后，再搬到大漕船继续航运；二是万一漕船沉溺，以囊盛米便于打捞，不至于全部散失。当然，以囊盛米会增加运送成本，但其所增加费用比起万一沉溺、全部散失的损失，前者还是节省了许多。

其四，对负责漕运官吏进行考核和监督。马卿建议："自嘉靖十五年为始，通行各处抚按官，合同监兑部官，将运粮把总、卫总、所总官员贤否，俱一年一次体察实迹，明白开具揭帖，送户、兵二部，积候首尾三年之期，漕运都御史、总兵官，将各官贤否，三年得失事迹，开具揭帖，送部照例会考以定去留。中间若有贪残实迹，或被劾事发者，亦听不次黜罚，不在此限。如此，庶考察得真，人有定志，各思自励，而运政可修矣。"④

当时，湖广、浙江、江南、江西各处负责造船官员，"无所钤束，全不畏惮，往往作弊误事。如今岁镇江卫委官指挥张儒、千户李希贤，侵费料价，耽误造船，稽迟粮运。"因此，马卿主张："将湖、浙、江西、江南等五总，但系考定，或委管造船官员，自指挥以下，有犯照依江北清江厂事例，径自提问，补入

---

① 《明经世文编》卷 169《漕抚奏议一·攒运粮储疏》。
② 《明经世文编》卷 79《刘忠宣集·河防粮运疏》。
③ 《明经世文编》卷 71《丘文庄公集一·漕挽之宜一》。
④ 《明经世文编》卷 170《漕抚奏议二·攒运粮储疏》。

议单，庶漕规振举，人心畏服，而造船不误矣。"①

五、社会救助思想

（一）抚恤贫病、老寡和阵亡将士家属

明代与古代其他朝代一样，贫富悬殊巨大是社会普遍的问题，成为无法治愈的痼疾。明政府为了稳定社会秩序，巩固封建统治，在一定程度上采取了一些抚恤贫病、老寡和阵亡将士家属的措施，给予这些弱势群体起码的生存条件，以缓和社会矛盾。

1. 抚恤孤贫残病思想

明太祖朱元璋出身贫寒，深知社会底层民众生活之艰辛困苦，因此，在明王朝建立之初，就采取了一些恤养孤贫残病弱势群体的政策措施。"洪武初，令天下置养济院，以处孤贫残疾无依者"②。洪武二十六年（1393 年）定："鳏寡孤独，仰本府将所属养济院合支衣粮依期按月关给，存恤养赡，毋使失所，仍具孤贫名数，同依准状呈"③。在朱元璋的倡导下，尔后明朝多位皇帝都遵循太祖之训，重视养济院恤养孤贫残病的作用，不断增设养济院，以收养贫病无家可归者。天顺元年（1457 年），英宗下令："收养贫民于大兴、宛平二县，每县设养济院一所于顺便寺观。从京仓支米煮饭，日给二餐。器皿柴薪蔬菜之属从府县设法措办，有疾者拨医调治，死者给予棺木。"④ 嘉靖六年（1527 年），世宗下诏："在京养济院只收宛、大二县孤老。各处流来男妇笃废残疾之人，工部量出官钱于五城地方各修盖养济院一区，尽数收养，户部于在官仓库每人日给米一升。巡城御史稽考，毋得虚应故事。"⑤ 世宗还专门指派巡城御史负责安置流离失所者到养济院或寺院收养、给济："巡城御史行各城地方，有在街啼号乞丐者，审属民籍，送顺天府发养济院；属军卫，送幡竿、蜡烛二寺给济；外处流来三百里内者，验发本贯官司收养；三百里外及不能行走者，一体送二寺给济。每季轮差兵马副指挥一员看验饭食、有无弊端，随同内官给散，十日一次开报查考，并行南京礼部一体施行。"⑥ 万历元年（1573 年），神宗题准："宛、大二县鳏寡孤独及笃废残疾无依倚贫民，共五百六十一名口，照例收入养济院存恤，按月每名口支给粮米三斗，岁给棉布一匹，造册呈部放支。"⑦ 由此可见，养济院恤养孤贫残病的制度终明一代基本上还是坚持实行的。

---

① 《明经世文编》卷 169《漕抚奏议一·攒运粮储疏》。
② 《明会典》卷 80《礼部三十八·恤孤贫》。
③ 《明会典》卷 210《都察院二·出巡事宜》。
④ 《明会典》卷 80《礼部三十八·恤孤贫》。
⑤ 《明会典》卷 80《礼部三十八·恤孤贫》。
⑥ 《明会典》卷 80《礼部三十八·恤孤贫》。
⑦ 《明会典》卷 41《户部二十八·杂支》。

但是，明代设立的养济院毕竟十分有限，全国大部分府州县的孤贫残病之人必须另有措施予以抚恤。朱元璋对此也十分重视，屡次下诏，通过当地政府或由孤贫残病之人亲戚、邻里负责收养，政府予以补助等方法解决。如洪武元年（1368 年），朱元璋下诏："鳏寡孤独废疾不能自养者，官为存恤。"① 洪武七年（1374 年），他又下诏："各处鳏寡孤独并笃疾之人，贫穷无依不能自存，所司官给衣粮养赡。"② 而且，朱元璋把收养孤贫残病之人作为地方政府应尽的职责，如不切实执行将受到处罚："凡鳏寡孤独及笃废之人，贫穷无亲属依倚，不能自存，所在官司应收养而不收养者，杖六十。若应给衣粮而官吏克减者，以监守自盗论。"③ 对于一些鳏寡孤独之人，政府给予一定补助，然后由其亲戚、邻里收养："所在鳏寡孤独，取勘明白，田粮未曾除去差拨者，即与除去；若不能自养，官岁给米六石；其孤儿有田，不能自立，既免差役，责令亲戚收养；无亲戚，邻里养之；其无田者，一体给米六石。"④ 继朱元璋之后，明代历朝皇帝继续推行完善抚恤孤贫残病的措施，如解决贫困人口医药、穿衣问题等。宣德三年（1428 年），宣宗下令："天下军民贫病者，惠民药局给予医药。"⑤ 嘉靖十一年（1532 年），世宗下诏："顺天府发银二百七十五两，于五城市故衣，给民无衣者"⑥

2. 养老思想

尊老养老是中华民族优良的传统，明代也不例外，在儒家思想的指导下，制定并实施了一些养老政策，主要有以下 3 个方面：

一是免除老年人及其部分亲属的徭役。明政府规定："民始生，籍其名曰不成丁，年十六曰成丁。成丁而役，六十而免"⑦，"凡优免差役，洪武元年（1368 年）诏：民年七十之上者，许一丁侍养，免杂泛差役。（洪武）二年（1369 年）令：凡民年八十之上，只有一子，若系有田产应当差役者，许令雇人代替出官；无田产者，许存侍丁，与免杂役"⑧。男子年满 16 岁成丁，开始服役。至 60 岁年老体衰，免除徭役。如年龄达到 70 岁，不仅老人本身免役，还可免除一个儿子的杂泛差役，使其能服侍 70 岁以上的老年人。如年龄达到 80 岁，只有一个儿子，有田产的人家可雇人代替服役，无田产的人家可免除这个儿子的杂役，让其服侍 80 岁以上的老年人。明代，手工业工匠地位低下，编有匠籍，不仅工匠本

---

① 《明太祖实录》卷 34。
② 《明太祖实录》卷 92。
③ 《明会典》卷 163《刑部五·户役》。
④ 《明会典》卷 80《礼部三十八·恤孤贫》。
⑤ 《明会典》卷 80《礼部三十八·恤孤贫》。
⑥ 《明会典》卷 80《礼部三十八·恤孤贫》。
⑦ 《明史》卷 78《食货二》。
⑧ 《明会典》卷 20《户部七·赋役》。

身一辈子要服役，而且匠籍还世代相袭。宣宗时还特别下令，对年老有疾病工匠免除劳役："老疾之人所宜优恤，其悉免之。若诸色工匠有老疾者，即勘实，一体放免。"① 给所有年老疾病的工匠免除劳役，在一定程度上使年老有病工匠的生活条件有所改善，社会地位有所提高。

明代朝廷提倡妇女守节，因此对"民间寡妇三十以前夫亡守志，至五十以后不改节者，旌表门闾，除免本家差役"②。妇女虽然不必服差役，但如 30 岁之前守节，年龄在 50 岁以上，其家庭男性成员免除差役。

二是在物质上优恤老年人。明历朝皇帝都颁布诏书，给予 70、80、90 不同年龄段的老人米、肉、酒和帛、絮、绢、布等，甚至给予 90 岁以上老人冠带、宴饮、棺具等；特别是对那些退休的清廉而家贫的老年官员，更是给予优恤和慰劳。《明会典》卷 80 载："（洪武）十九年（1386 年）诏：所在有司审耆老不系隶卒倡优年八十、九十，邻里称善者，备其年里行实，具状奏闻。贫无产业者，八十以上，月给米五斗、肉五斤、酒三斗。九十以上，岁加给帛一匹、絮五斤。虽有田产仅足自赡者，所给酒肉絮帛亦如之……天顺二年（1458 年）诏：军民有年八十以上者，不分男妇，有司给绢一匹、绵一斤、米一石，肉十斤。年九十以上者倍之。男子百岁加与冠带荣身……八年诏：凡民年七十以上者，免一丁差役，有司每岁给酒十瓶、肉十斤。八十以上者加与绵二斤、布二匹。九十以上者给予冠带，每岁设宴待一次。百岁以上给予棺具。""弘治十八年（1505 年）诏：文职官员五品以上，以礼致仕在家者，各进阶一级。其二品以上大臣年及八十者，有司备采币羊酒问劳；年九十以上者，具奏遣使存问。"

三是继承乡饮酒礼的敬老习俗。乡饮酒礼是先秦以来的一种民间敬老尊老的民间习俗，明代由各级政府出面主持，以期达到敦化乡俗、敬老尊老的社会效果。开国君主朱元璋对此特别重视，屡下诏书强调。洪武五年（1372 年）定："在内应天府及直隶府州县，每岁孟春正月、孟冬十月，有司与学官率士大夫之老者行于学校。在外行省所属府州县亦皆取法于京师。其民间里社以百家为一会，粮长或里长主之，百人内以年最长者为正宾，余以齿序坐，每季行之于里中。"③ 洪武十六年（1383 年），颁行图式："各处府州县每岁正月十五日、十月初一日，于儒学行乡饮酒礼……里社每岁春秋社祭会饮毕，行乡饮酒礼……乡饮之设，所以尊高年、尚有德、兴礼让"④。洪武十八年（1385 年），朱元璋大诰天下，再次强调："乡饮酒礼，叙长幼，论贤良，别奸顽，异罪人。其坐席间，高年有德者居于上，高年淳笃者并之，以次序齿而列。"⑤

---

① 《明宣宗实录》卷 2。
② 《明会典》卷 20《户部七·赋役》。
③ 《明会典》卷 79《礼部三十七·乡饮酒礼》。
④ 《明会典》卷 79《礼部三十七·乡饮酒礼》。
⑤ 《明会典》卷 79《礼部三十七·乡饮酒礼》。

四是对犯罪的老年人适当减免刑罚。《明会典》卷 161 规定:"凡年七十以上、十五以下及废疾、犯流罪以下,收赎……八十以上、十岁以下及笃疾,犯杀人应死者,议拟奏闻,取自上裁;盗及伤人者亦收赎(谓既侵损于人,故不许全免,亦令其收赎)。余皆勿论……九十以上、七岁以下,虽有死罪,不加刑……凡军职犯该杂犯死罪,若年七十以上、十五以下及废疾并例该革职者,俱运炭纳米等项发落,免发立功;年七十以上、十五以下及废疾,犯该充军者,准收赎,免其发遣……凡老幼及废疾犯罪律得收赎者,若例该枷号,一体放免,照常发落。"①

3. 抚恤阵亡将士家属思想

明代是一个战争较多的朝代,明初开国战争,从洪武到正统年间与瓦剌鞑靼的战争,抗葡、抗倭战争,与后金的战争,终明一代,战争不断。连绵不断的战争造成明军将士大量伤亡,对阵亡将士家属的抚恤,不仅关系到社会的稳定,而且对军队士气和战斗力也会产生影响。因此,抚恤军队阵亡将士的家属成为明政府社会救助的一项重要工作。虽然明代各朝抚恤阵亡将士家属的具体措施有所不同,但其所体现的思想理念却是基本一致的,即给予阵亡将士家属生活上的保障、阵亡将士子弟继承父兄的职位与俸禄。如洪武四年(1371 年)规定:"军职阵亡,无子弟而有父母若妻者,给全俸,三年后给半俸;有子弟而年幼者亦同,候袭职,给半俸,有特旨令其子孙参随历练及未授职者,给半俸。其病故,无子弟而有父母若妻者,给半俸终身;有子弟年幼者,初年给半俸;次年又半之,俟袭职,给本俸,特旨参随及未授职者亦给半俸。军士阵亡,有妻者月粮全给,三年后守节无依者,月给米六斗终身;病故,有妻者初年全给,次年总小旗月给米六斗,军士给月粮一半,守节者给终身。将士守御城池、战没病故,妻子无依者,守御官计其家属,有司给行粮送至京优给,愿还乡者亦给粮送回,愿留见处者依例优给。"②

永乐、嘉靖年间,明政府还就阵亡将士年幼儿子的抚养做出规定。永乐元年(1403 年)令:"奉天征讨阵亡官员幼男送锦衣卫优给,总小旗幼男,锦衣卫食粮;出幼,原卫补役。其杂犯为事亡故并典刑之子,俱照祖职,与全俸优给。"③嘉靖三十年(1551 年)议准:"调卫病故子孙年幼,许令原卫暂与优给,候出幼袭职,仍去原调卫所。又议准各边阵亡,特旨荫子而年幼者,照所荫官与全俸优给,加以冠带。候出幼,呈详抚按,就彼授职,免其赴京。"④

明政府还对虽未阵亡,但已残疾的将士进行抚恤。如"洪武六年令:武官

---

① 《明会典》卷 161 《刑部三·名例下》。
② 《明会典》卷 122 《兵部五·优给》。
③ 《明会典》卷 122 《兵部五·优给》。
④ 《明会典》卷 122 《兵部五·优给》。

残疾者月给米三石优养十年，有子准承袭，无子为民。（洪武）二十年（1387年）令：京卫官老疾无子孙者全俸优养，已袭替而故、再无承袭者亦同"①。

此外，明政府还在民间设立义冢或漏译园，安葬因战争、自然灾害、疾病等亡故而无力安葬的人。"国初，立养济院以处无告，立义冢以瘗枯骨，累朝推广恩泽，又有惠民药局、漏泽园、幡竿、蜡烛二寺，其余随时给米给棺之惠，不一而足。"②"（洪武）三年（1370年）令：民间立义冢，仍禁焚尸，若贫无地者，所在官司择近城宽闲之地立为义冢……（天顺）四年（1460年）令：京城崇文、宣武、安定、东直、西直、阜城门外各置漏泽园，仍令通州、临清、沿河有遗骸暴露者，一体掩藏。"③

（二）明代备灾、防灾思想

明代是一个自然灾害发生比较频繁的朝代。据鞠明库从《明史》《明实录》《古今图书集成》统计，明代水灾、旱灾、地震、雹灾、蝗灾、风沙、疫灾、霜雪8种自然灾害共5614次。④ 如果加上各府州县方志的记载，去掉复重，上述8种自然灾害的总数当超过这一数字。如按5614次计算，终明一代277年，平均每年约发生20次。

自然灾害，尤其是严重的自然灾害，对农业生产的破坏是巨大的，并且引发大量灾民流离失所，甚至死亡。这大大影响了社会秩序的稳定，进而威胁到明王朝的统治。因此，明王朝与古代其他多数王朝一样，比较重视备荒、救灾工作。

1. 仓储备灾思想

明代的备灾仓储制度较为完备，有预备仓、常平仓、社仓、义仓、济农仓等，其中，预备仓为明代才出现的仓储。

（1）预备仓

预备仓始建于明太祖洪武年间，主要特点是：其一，预备仓存贮的粮食主要源于政府出钞购买，即"爰命所司，出官钞以易谷"⑤。其二，预备仓的粮食主要用于赈济、赈贷灾民，即既用于无偿赈灾又用于低息、无息、借贷。其三，预备仓设立于州县四境，一般在人口比较集中的地方，即"于居民丛集处置仓"，"而储之乡社，以备凶荒，以恤艰阨"⑥，便于就近赈灾。由年老、诚实、家庭富裕的人负责看守管理。其四，预备仓的籴粜敛散有严格的规定，并"严立簿籍，以凭稽考"⑦，即"官籍其数，敛散皆有定规"。

---

① 《明会典》卷122《兵部五·优给》。
② 《明会典》卷80《礼部三十八·恤孤贫》。
③ 《明会典》卷80《礼部三十八·恤孤贫》。
④ 鞠明库：《明代灾害与政治》，华中师范大学2008年博上论文，第39页。
⑤ 《明经世文编》卷95《章枫山文集·兰谿县新迁预备仓记》。
⑥ 《明经世文编》卷95《章枫山文集·兰谿县新迁预备仓记》。
⑦ 《明经世文编》卷98《乔庄简公文集·陈愚见以广圣聪疏》。

预备仓作为备灾性质的仓储，其能否发挥赈济功能，最重要的一个因素是平时要有足够的粮食存储。明政府主要通过 3 个途径，为预备仓囤积粮食：一是由政府直接出钱籴粮收贮，或将官仓粮食支作预备仓粮。预备仓在洪武年间建立之初，其仓粮来源就是"官为籴谷收贮，以备赈济"。而且从《明太祖实录》可以知道，朱元璋相当重视出钞购买预备仓存粮以备灾荒，其购买预备仓存粮的钱钞主要由中央财政支出。

洪武之后，中央政府减少预备仓储粮投入，主要改由地方政府存留的库藏钱银用于预备仓粮储的购买。

二是富民捐谷入仓是明代预备仓粮的主要来源之一。明政府通过给予富民褒奖、免役、给冠带办事、授予散官、免其考试直接充吏等奖励、优待，鼓励富民积极捐谷给预备仓，作为备灾储粮。如《明会典》卷 22《预备仓》载，"凡民愿纳谷者，或赐奖敕为义民，或充吏，或给冠带散官"。《明史》卷 78《食货二》则云："捐纳事例，自宪宗始。生员纳米百石以上，入国子监；军民纳二百五十石，为正九品散官，加五十石，增二级，至正七品止。武宗时，富民纳粟赈济，千石以上者表其门，九百石至二三百石者，授散官，得至从六品。世宗令义民出谷二十石者，给冠带，多者授官正七品，至五百石者，有司为立坊。"

三是赃赎所得粮食作为预备仓储粮，也是明代预备仓粮的主要来源之一。如正统五年（1440 年），"以大兴、宛平二县缺粮赈济，命法司见问罪囚俱纳米赎罪于二县预备仓收贮，杂犯死罪七十石，流罪五十五石，五徒各以五石递减，杖每一十二石，笞每一十一石五斗"[1]。

明预备仓储粮除上述 3 种主要来源外，还有其他一些途径供给仓储，如将官田地租转入预备仓，或召商中盐、中茶所得存入预备仓等。如正德二年（1507 年）令："云南抚按同三司掌印等官查勘各库藏所积，除军前支用银物外，其余堪以变卖及官地湖池等项可以召人佃种收租者，尽数设法籴买米谷上仓，专备赈济。又议准：各司府州县卫所问刑衙门，凡有例该纳米者，每石折谷一石五斗收贮各预备仓。"[2]

明政府为保证预备仓有合理的储积用于赈灾，逐渐将预备仓储粮定额化、合理化，其依据标准是以里分多寡来确定各个预备仓的储粮数量。如万历五年（1577 年）议准："行各抚按详查地方难易，酌定上中下三等为积谷等差，如上州县，每岁以千石为准，多或至三二千石；下州县以数百石为准，少或至百石。务求官民两便，经久可行。自本年为始，著为定额。"[3]

明朝预备仓粮在赈灾中采取赈贷、赈粜、赈济 3 种形式发放。其中最常见的

---

[1] 《明英宗实录》卷 73。

[2] 《明会典》卷《户部九·预备仓》22。

[3] 《明会典》卷 22《户部九·预备仓》。

是采取赈贷的方式，即"荒年赈贷"，"俟丰年偿之"。而且这种荒年赈贷往往是低息或免息借贷。如嘉靖六年（1527 年）令："抚按二司督责有司设法多积米谷以备救荒，仍仿古人平籴常平之法，春间放赈贫民，秋成抵斗还官，不取其息。"① 而赈粜则是在荒年平价或低价卖粮食给灾民。如嘉靖六年（1527 年）令："如见在米谷数少，各将贮库官钱并问过赎罪折纸银两，趁秋成时委贤能官一员籴买，比时估量添二三文，府以一万石，州以四五千石，县以二三千石为率，明立簿籍查考，岁荒减价粜与穷民。"② 赈济则是在灾荒时无偿发放粮食给灾民。如"洪武初，令天下县分各立预备四仓，官为籴谷收贮，以备赈济"。

明代的预备仓有一套系统的管理制度，并刻印成书，分发有关部门，作为管理依据。如嘉靖四年（1525 年）令："各处抚按官通查积谷、备荒前后议处过事宜，翻刊成册，分发所属，著落掌印等官时常检阅，永远遵守。"③ 明代初年，政府将预备仓委托"本地年高笃实民人管理"。至正德年间，预备仓改由州县及管粮仓官直接管理。"初，预备仓皆设仓官，至是革，（正德中）令州县官及管粮仓官领其事"④。按抚及府州县官员负责巡查监督，"查勘预备仓粮内有借用未还并亏折等项，著落经手人户供报追赔"⑤。"抚按清军官每年春季，各将所属上年收过谷石实数奏报户部，时常稽考，以凭赏罚"⑥。在稽考中，会计簿籍是重要审计对象："各纳米上彼处预备仓，严立簿籍，以凭稽考。年复一年，仓廪所积者渐自充足，遇有荒歉，随宜赈给，黎民免逃移冻馁之患矣。"⑦ 明代在预备仓管理中还重视新旧官员的交接盘查，以防止官员在其任内贪污、侵吞仓粮，并明确前后任官员的责任。万历七年（1579 年）议准："各省直抚按酌量所属知府地方繁简贫富，定拟积谷分数，其积不及数者与州县一体查参，其升迁离任者照在任一体参究。"⑧ 万历八年（1580 年）题准："各抚按官查盘积谷实数，分别府州县总撒填注主守职名，每年终奏报；其更代官候交盘明白，方准离任。"⑨ 古代由于保鲜技术的限制，仓储粮食时间太多就会霉变糜烂，因此，必须坚持不断以新易陈："如年久谷多，酌量出陈易新，以免浥烂。"⑩

（2）常平仓

明代的常平仓功能仍然以灾荒时平抑粮价为主。如成化十八年（1482 年），

① 《明会典》卷 22《户部九·预备仓》。

② 《明会典》卷 22《户部九·预备仓》。

③ 《明会典》卷 22《户部九·预备仓》。

④ 《明史·食货三》。

⑤ 《明会典》卷 22《户部九·预备仓》。

⑥ 《明会典》卷 22《户部九·预备仓》。

⑦ 《明经世文编》卷 98《乔庄简公文集·陈愚见以广圣聪疏》。

⑧ 《明会典》卷 22《户部九·预备仓》。

⑨ 《明会典》卷 22《户部九·预备仓》。

⑩ 《明会典》卷 22《户部九·预备仓》。

明中央"命南京粜常平仓粮。时岁饥，米价踊贵，而常平所储粮八万六千余石，南京户部请减价粜以济民，候秋成平粜还仓，其粜于民多不过五斗，务使贫民得蒙实惠"①。成化二十二年（1486年），旱灾造成"江北诸处流民四集"，南京守备成国公朱仪、兵部尚书王恕等奏请，将"南京常平仓见有粮五万六千余石，及各处每年起运，其数亦不下数百万石，若暂行平粜预支"，以平米价②。

常平仓不仅在灾荒年份平抑飞涨的粮价，而且在丰收之年也能提升过于低迷的粮价。正如明人倪岳所指出的：常平仓"遇岁凶米贵，减价粜卖银钱，收贮官库；岁丰米贱，增价籴买粮米，收贮本仓。良法美意，与古实同……且往年米价腾贵，至八九钱一石，民皆缺食，盗窃纷起，若使官廒有米，能粜数十万于市，则米不涌贵，民饥可疗矣。如今年米价极贱，至二三钱一石，民卖轻赍，亏损至极，若使官库有银，能籴数十万于仓，则米不狼籍，农力可苏矣。奈何坐视米价贵贱之机，莫救农末交病之苦，岂宜然也？"因此，倪岳认为，常平仓平抑粮价功能不仅在灾荒之年发挥作用，而且也在丰收之年发挥作用："使新旧相更，贵贱相济。仓有余粮，岁荒无缺食之忧；市有平价，年丰无伤农之虑，实为便益。"③

常平仓不仅通过赈粜在灾荒年份平抑粮价，而且在有时候对那些连赈粜粮也买不起的饥民则给予赈济。如"弘治十四、十五、十六三年，放过饥民稻谷，量追一半。如借一石者，追五斗，另廒收受。审实极贫，倍加贱粜，如时一钱四斗，则与六斗。果甚孤独无归，委难自粜，方与赈济，不必追还"④。

（3）社仓

社仓的设置最初始于宋代。明代社仓当在明初就已设置。据《明孝宗实录》卷158记载：弘治十三年（1500年）正月，巡按福建监察御史胡华言六事，其第二事即"实仓库。迩来各处仓库空虚，乞照洪武、永乐事例置立四门社仓。如宋朱熹领米赈贷，每石量收息米二斗，积至数千，每石只收耗米三升。岁歉则散，岁丰则敛，县仓以十万为率，府仓以二十万为率，验粮储之多寡为给由之升降，则人知劝惩，而仓库实矣"。由此可见，据胡华所言，明初洪武年间，地方州县就设有社仓，于丰收之年囤积粮食，灾荒之年时发放赈灾。

明代社仓一般采取官督民办的形式，储粮主要由民众筹集。如"嘉靖八年（1529年），乃令各抚、按设社仓。令民二三十家为一社，择家殷实而有行义者一人为社首，处事公平者一人为社正，能书算者一人为社副。每朔望会集，别户上中下，出米四斗至一斗有差，斗加耗五合，上户主其事。年饥，上户不足者量

---

① 《明宪宗实录》卷223。
② 《明宪宗实录》卷274。
③ 《明经世文编》卷78《青谿漫稿二·会议》。
④ 《明经世文编》卷87《林贞肃公集二·请复常平疏》。

贷，稔岁还仓。中下户酌量赈给，不还仓。有司造册送抚、按，岁一察核。仓虚，罚社首出一岁之米"①。由此可见，社仓最重要的特点是具有扶贫助弱的性质，即将民户二三十家组织成一社，并将民户按贫富分为上中下三等，富民为上户，既向社仓多交米，而在饥荒之年向社仓借贷时，要在丰收之年偿还。而贫民为中下户，平时向社仓少交米，但在饥荒之年向社仓借贷后，可不必偿还②。

由于社仓仓粮主要来源于民间，因此，其管理一般由社众具体负责，管理人的产生有两种途径：一是由抚、按等地方政府官员指派，如上文所引"择家殷实而有行义者一人为社首，处事公平者一人为社正，能书算者一人为社副"。二是由社众推选，如时人沈鲤所云："今拟各里先推举好善而公正、老诚而精敏者绅衿士民十余人，立为社正二人，社副四人，社直二人，社干八人。"③

社仓从其仓粮主要来源及管理者来看，基本上属于民办性质，但是，它必须受到官方的监督。一是如上所引，社仓的设置由抚、按确定，其管理者由官府选择："嘉靖八年乃令各抚、按设社仓。令民二三十家为一社，择家殷实而有行义者一人为社首，处事公平者一人为社正，能书算者一人为社副。"二是社仓必须受到官府的察核、监督，其负责人失职、侵欺等必须受到官府处罚。如上所引，社仓储粮收支，必须由"有司造册送抚、按，岁一察核。仓虚，罚社首出一岁之米"。《社仓条议》亦规定："社仓虽听民间措置，有司并不干预抑勒，但事成之日，必须呈明上台。设有侵欺等弊，或暗败公事者，许诸人直陈其奸，官司立行处分，务使惩一而警百，以杜乱法之萌可也。"④

社仓由当地社众推选社正、社副等人负责日常管理，因此，易于受到世家大族、乡绅等控制、操纵，从而给仓粮的筹集、发放带来消极影响，产生诸多弊端。鉴于这一原因，社仓的官督是必要的，正如隆庆四年（1570 年）二月，巡抚山西都御史靳学颜所指出的："社仓盖收民谷以充者，此虽中岁皆可以行，此二仓者社仓举之甚易，然非官府主持于上，则其事终不能成。"⑤

社仓粮储虽然主要源于民众筹集，但也有少数官为籴买，以罚赎买谷充之，或由富民捐纳劝借。加上社仓如在灾荒之年赈贷给富民，而到丰收之年要加息偿还所借粮食，所以通常情况下社仓的储备都比较充足。万历十八年（1590 年）十一月，吏部主事邹元标条陈四事，其第四事云："积荒之苦，凶荒流离饿殍赈贷莫

---

① 《明史·食货三》。

② 据成化九年（1473 年）都察院司务顾祥所奏："社仓之法，编定上、中、下三等人户，每于丰年征收之余，劝令小户出粟五斗，中户一石，大户二石，收贮官仓。如遇荒歉，足可赈济事。"（《明宪宗实录》卷 116）

③ 俞森：《社仓考》，载《中国荒政全书》（第 2 辑第 1 卷），北京古籍出版社 2004 年版，第 116 - 117 页。

④ 俞森：《社仓考》，载《中国荒政全书》（第 2 辑第 1 卷），第 121 页。

⑤ 《明穆宗实录》卷 42。

及，宜多建社仓，将抚按所留罚赎为买谷，张本或冠带尚义并生员、监生、吏典、富民欲进荣祖父者，各听纳谷预为贮积。"① 尔后，吏部同意了邹元标的建议。

由于社仓储粮较充足，因此在备灾、赈灾中发挥了重要的作用。如万历十五年（1587 年），"户部议：山西连岁荒旱，预备仓积谷甚少，其鬻粥赈济率多取助于社仓，以此见社仓有益于民，欲要将原有者照旧存积，数少及原无者亦要添设谷石，欲用纸赎籴买或劝借富民，及有情愿输粟者给予冠带、牌匾，在仓谷石春放秋收，加一出息以备亏折。"②

（4）义仓

明代义仓的设置最早见于永乐二十一年（1423 年），当时湖广"大旱，饥殍相望"，石首人程必达"捐谷一万八千石赈活邑人。次岁入稔，蒙赈者来偿，勿受。复捐材木为仓，以备后赈，名曰义仓"③。

义仓如按其设置地点来划分，大致可分为两类：一是设置于州县的义仓，二是设置于里社的义仓。嘉靖八年（1529 年）之前，义仓主要设置于州县，但在当时交通条件下，对于赈济偏僻农村的灾民来说，不是十分便捷，因此，在兵部侍郎王廷相的建议下，改在里社多设义仓。《明世宗实录》卷 99 载：嘉靖八年（1529 年），兵部左侍郎王廷相言："若立仓于州县，则穷乡下壤，百里就粮，旬日俟毙，非政之善者。臣以为宜贮之里社，定为规式，一村之间约二三百家为一会，每月一举，第上中下户捐粟多寡各贮于仓，而推有德者为社长，善处事能会计者副之。若遭荒岁则计户而散，先中下者后及上户，上户责之偿，中下者免之。凡给贷悉听于民，第令登记册籍以备有司稽考。则既无官府编审之繁，亦无奔走道路之苦，乃是可寓保甲以弭盗，寓乡约以敦俗，一法立而三善具！"这些设于里社的义仓，其功能已与社仓无异，故有"社仓即义仓"之说④。

明代除上述比较普遍设置的预备仓、常平仓、社仓、义仓外，还有个别官员在其任内特别创立的仓储，如比较有名的是周忱设立的"济农仓"。其仓不仅在灾荒之年起赈灾的作用，而且对平时的一些突发事件、水利工程建设等，也予以赈贷或赈济。史载："周忱抚南畿，别立济农仓。他人不能也。"⑤ "时宣宗屡下诏减官田租，忱乃与知府况钟曲算累月，减至七十二万余石，他府以次减，民始少苏。七年（1432 年），江南大稔，诏令诸府县以官钞平籴备赈贷，苏州遂得米二十九万石。故时公侯禄米、军官月俸皆支于南户部。苏、松民转输南京者，石加费六斗。忱奏令就各府支给，与船价米一斗，所余五斗，通计米四十万石有奇，并官钞所籴，共得米七十万余石，遂置仓贮之，名曰'济农'。赈贷之外，

① 《明神宗实录》卷 229。
② 《明神宗实录》卷 185。
③ 雍正《湖广通志》卷 64，台湾商务印书馆影印文渊阁《四库全书》本。
④ 《明穆宗实录》卷 42。
⑤ 《明史·食货二》。

岁有余羡。凡纲运、风漂、盗夺者，皆借给于此，秋成，抵数还官。其修圩、筑岸、开河、浚湖所支口粮，不责偿。耕者借贷，必验中下事力及田多寡给之，秋与粮并赋，凶岁再赈。其奸顽不偿者，后不复给。定为条约以闻。帝嘉奖之。终忱在任，江南数大郡，小民不知凶荒，两税未尝逋负，忱之力也。"[1]

2. 水利防灾思想

中国古代自然灾害频发，尤其以水旱之灾最为常见，破坏也最严重，明代也不例外。因此，政府高度重视通过兴修水利防范水旱之灾。

在水旱之灾中，破坏最为严重，对人民生命财产威胁最大的一般是江河之水泛滥，淹没田地，使庄稼颗粒无收。更为严重的是堤岸决口，千里一片泽国，大量百姓溺死，房屋倒塌。因此，政府在兴修水利工程中，首先重视疏浚河道，使洪水能顺畅排泄；修筑加固堤防，使洪水不横流泛滥。洪武二十六年（1393年）定："凡各处闸坝、陂池引水可灌田亩以利农民者，务要时常整理疏浚，如有河水横流泛滥损坏房屋田地禾稼者，须要设法堤防止遏。"[2]

在水利工程防灾中，陂塘湖堰也十分重要。它们在平时可以储水，用于旱灾时农田灌溉和生活用水；当发生水灾时，可起宣泄洪水的作用。洪武二十七年（1394年）敕谕：凡天下陂塘、湖堰可潴畜以备旱熯、宣泄以防霖潦者，皆因其地势修治之。勿妄兴工役，掊克吾民。又遣监生及人才分诣天下，督吏民修治水利。[3]

自明中期开始，明初修建的堤防因江河之水侵蚀而损坏、坍塌，陂塘因泥沙淤积而堙塞，有的还被当地豪强地主开垦为田，占为己有。针对这种情况，正统六年（1441年）十一月，英宗向全国颁布诏书，强调水利工程的重要性，对全国水利工程进行整顿、修复："农作以水利为要，各处堤防、闸坝或年久坍塌，不能蓄泄，陂塘淤塞及旧为豪强占据，小民不得灌溉，已令修复。或有未修复者，该管官司仍即依例整理，应修筑者悉令修筑，不许怠慢。敢有倚恃豪强占据水利者，以土豪论罪。布政司、按察司官、巡按御史、巡历提督务见实效，若苟具文书，虚应故事，一体论罪。"[4]

正统年间，在整顿、修复水利工程中，朝廷特别强调不要滥用劳力，影响农业生产；严格把住水利工程质量关，使所修工程坚固持久；并把兴修水利工程作为考核地方官政绩的重要内容。正统五年（1440年），英宗专门发布敕谕："凡各处闸坝、陂堰、圩田、滨江近河堤岸有损坏当修筑者，先计工程多寡，于农隙之时量起人夫用工，工程多者先修紧要之处，其余以次，用工不许迫急，其起集

---

① 《明史·周忱传》。
② 《明会典》卷199《工部十九·水利》。
③ 《明会典》卷199《工部十九·水利》。
④ 《明英宗实录》卷85。

人夫务在受利之处验其丁力，均平差遣，毋容徇私作弊。凡所作工程务在坚固经久，不许苟且。府县正佐官时常巡视，毋致损坏。各处陂塘、圩岸果有实利，及众比先有司失于开报，许令开陈，利民之实踏勘明白，画图贴说，具申工部定夺。如利不及众，不许虚费人力……所过州县仓廪谷粟充实，陂塘、堤岸完整者，必其正佐之官得人；若有空虚废坏等项，其正佐之官必不得人。悉具名奏闻，如或贪酷虐民，验有实迹，就便拿问。今后府州县官考满赴吏部者，并须开报预备官仓所储实数，及修筑过陂塘、堤岸等项，吏部行该部查考虚实，以凭黜陟。"①

在明代中央政府的重视和领导下，一些官员如夏原吉、周忱、崔恭、徐贯、何鉴、李充嗣、海瑞等人积极开展水利工程建设，使苏、松、常、嘉、杭等江南重要农业区的防灾水利工程建设取得较大成效。但是，明代后期，随着国家财政危机和吏治的日益腐败，防灾水利工程建设逐渐荒废，并对农业生产产生极大影响，农民困饿流离。正如时人吕光洵所指出的："苏松等府地方不过数百里，岁计其财赋所入，乃略当天下三分之一……近岁水路渐湮，有司者既不以时奏闻，而民间又不肯自出其力随处修治，遂至于大坏。而潴泄之法，皆失其常……虽素称沃壤之田，皆荒落不治，而耕稼之民困饿流离，无以为命。"②

（三）明代救灾思想

1. 减免赋税思想

（1）蠲免

在明代的救灾措施中，减免赋税是最常见的一种。因为一旦民众遇到灾害，政府往往首先就是减免赋税。如灾情严重，减免赋税不能帮助灾民渡过灾荒，那就根据灾情程度分别再予以赈粜、赋贷、赈济等。减免赋税大致又可采取蠲免、折征、缓征、停征等多种方式。

蠲免就是免除赋税。如洪武元年令："水旱去处，不拘时限，从实踏勘。实灾，税粮即与蠲免。"③ 洪武七年（1374 年），卫辉府汲县久不雨，麦苗枯槁，朱元璋下令："今年夏税并所给种麦，俱宜蠲免。"④ 洪武十二年（1379 年），"广平所属郡邑天久不雨，致民艰于树艺，衣食不给。"朱元璋下令："北平今年夏秋税粮，悉行蠲免。"⑤

明初的灾年蠲免并未形成一种较系统的制度，尤其是没有明确规定依据灾情程度的不同其蠲免的数额也有所不同。据笔者所见，至迟从成化年间开始，明政府对蠲免数额依据灾情程度做了量化规定。成化二十一年（1485 年），湖广襄阳

---

① 《明英宗实录》卷 69。
② 《明经世文编》卷 211 《吕司马奏疏·修水利以保财赋重地疏》。
③ 《明会典》卷 17 《户部四·灾伤》。
④ 《明太祖实录》卷 87。
⑤ 《明太祖实录》卷 127。

等府卫所州县因"去岁旱伤"，推行"灾至八分以上者蠲其常税，七分以下者仍征其十之二"①；真定、大名、广平、顺德等府州县卫所"去岁旱灾，应免税粮二十万八千余石"，亦是"灾至八分以上者"全免，"其七分以下者仍征其十之二"②。成化年间虽然对蠲免数额依据灾情程度不同做了量化规定，但依然显得粗略，因为只划分为两个等级，即八分以上者全免，七分以下者仍征二分（即十之二）。

至弘治年间，朝廷正式颁布了灾伤蠲免例则，对蠲免数额依据灾情程度不同做了更合理的量化规定："弘治三年（1490 年）议准灾伤应免粮草事例：全灾者免七分，九分者免六分，八分者免五分，七分者免四分，六分者免三分，五分者免二分，四分者免一分，只于存留内除豁，不许将起运之数一概混免。若起运不足，通融拨补。"③ 这一规定有 3 个特点：一是赋税蠲免的最高额度是七分，换言之，也就是没有全免的，且只能从存留内"除豁"，起运朝廷的部分是不能蠲免的。二是不管受灾程度如何，统一交纳三分，其余免除，因此，按其原则计算，受全灾（十分）者免七分，交三分；九分者免六分，亦交三分，以此类推，至受灾四分免一分，也交三分。三是这一蠲免例则从受灾十分到四分做了 7 个等级的划分，比成化年间只划分为两个等级显然合理细致多了。

万历十二年（1584 年），明中央对蠲免例则又进行改革："以后地方灾伤，抚按从实勘奏，不论有田无田之民通行议恤。如有田者，免其税粮；无粮免者，免其丁口盐钞。务使贫富一体并蒙蠲恤。"④ 这从政策层面上明确规定了对无田地灾民进行相应的蠲免，在中国救灾史上具有重要意义⑤。

（2）折征、缓征、停征

明代所谓折征就是政府在征收赋税时，根据需要将税粮、布帛及其他实物等折成钞、银等，其中以灾荒时折收税粮最为常见。如洪武二十一年（1388 年）春，青州旱蝗民饥，朱元璋"诏免贫民夏税麦一万六千四百七十余石，又令本年秋粮许以棉布代输，凡折粮三万六千四百九十五石"⑥。永乐元年（1403 年）十二月，河南、陕西"连岁蝗旱，人民饥困"，朱棣准许地方府州将"所亏秋粮二万七千余石"折输钞⑦。

当时在折征中税粮与银之间折算，通常是"每米四石折银一两"，即"每米一石折银二钱五分"，即使在受灾地区，粮价飞涨的情况，其税粮与银的折算仍

① 《明宪宗实录》卷 262。

② 《明宪宗实录》卷 262。

③ 《明会典》卷 17《户部四·灾伤》。

④ 《明会典》卷 17《户部四·灾伤》。

⑤ 龚贤：《明代管理思想》，经济管理出版社 2013 年版，第 256 页。

⑥ 《明太宗实录》卷 188。

⑦ 《明太宗实录》卷 26。

然与平时一样。如正统八年（1443年）三月，朝廷批准湖广布政使所请："州县每年秋粮除存留本处足用外，每米四石折银一两，以备官军缺粮支用。"① 灾荒之年，税粮与银折算比例与平时一样。这从一个侧面说明了折征的赈灾性质。

明代中后期，海外贸易迅速发展，外国白银大量输入中国，使国内白银贬值，正统年间折征中税粮与银的比例才被调整。弘治、嘉靖年间，折银标准从每一石米折银二钱五分提高到每一石米折银六至八钱，其所定的税粮与银折算标准基本一直维护到明末。

税粮之外的其他实税物，灾年也可折征，但较少见。正德五年（1510年）十一月诏："以苏、常、松江三府水灾，凡起运京库及南京各仓税粮、丝绢、棉布，俱量改折色，存留者本色折色中半征收，仍存省脚价以补应兑之数，各卫所屯田子粒俱视灾之轻重除免。"②

明代的因灾折征是公私两利的事情，尤其是税粮、棉布折征后实质上就是将税粮、棉布留在受灾地区以帮助遭受饥寒的灾民渡过生活难关，并免除了受灾地方政府、百姓运输税粮的负担及送输税粮途中的损耗，而对于政府来说，可以使税收不会因为灾害而大幅减少。正如嘉靖年间唐顺之所指出的："盖米自江南而输于京师，率二三石而致一石，则是国有一石之入，而民有二三石之输。若是以银折米，则是民止须一石之输而国已不失一石之入。其在国也，以米而易银，一石犹一石也，于故额一无所损；其在民也，以轻而易重，今之输一石者昔之输二三石者也，于故额则大有所减矣。国家立为此法，才相都于此事措置有方略，盖于不可减免之中而偶可以通融之意……一无损于国而万有利于民，此其法之尽善而可久者也。"③

与折征相比，缓征尤其是停征更能减轻灾民的负担。缓征是指暂缓正在征收或即将征收的税粮。景泰三年（1452年）闰九月，山东兖州府灾伤，百姓请求所欠马匹"悉为优免或侍次年赔偿"，兵部认为"先追十分之三，余候来年麦熟买补"，得到代宗批准；后军都督府都督同知孙安奏："独石马营等处田禾霜灾，军士艰窘，其给过银两，应还子粒乞缓其征"，代宗则同意"减半征之，余侯丰年"④。停征一般是指暂时停止征收，与缓征不同是，缓征往往有较明确的补征期限，如"粂侯来年麦熟买补""余侯丰年"，而停征则仅暂时停止征收，什么时候补征没有明确。如宣德十年（1435年）正月，直隶真定、大名、保定三府所属州县"各奏去年旱晹水涝，田禾薄收，逃移人户负欠粮草乞暂停征"，得到英宗批准⑤。正德十一年（1516年）十二月，侍郎赵璜奏："河间府所属沧州、

---

① 《明英宗实录》卷102。
② 《明武宗实录》卷69。
③ 《明经世文编》卷261《唐荆川家藏集三·与李龙冈论改折书》。
④ 《明英宗实录》卷221。
⑤ 《明英宗实录》卷1。

盐山、兴济、南皮、静海诸县灾伤，请发本府贮库银二千一百余两赈之，仍暂免今年应拨寄养马三千匹，停征备用马一千五百匹，及查拖欠倒失马匹之不能追赔者。"得到武宗批准①。

2. 赈粮、赈钱思想

在灾荒之年，当灾情严重，减免赋税无法使灾民维持最起码的生存条件时，政府就必须通过赈粮、赈钱，甚至直接施粥等让灾民能够生存下去。

（1）赈粮

赈粮是灾荒之年最重要、最常见的赈灾方式。灾荒之年对灾民最严重的威胁就是粮食短缺，灾民最迫切的需要就是获取粮食，因此赈粮是最直接、及时、有效的。如洪武五年（1372年）六月，山东登、莱二州旱灾，朱元璋下令"勿征（灾民）今年夏麦，其递年逋租及一切徭役，悉蠲之，又命以米六万六千余石赈莱州及东昌二府饥民"②。洪武十八年（1385年），朱元璋下令天下有司"凡遇岁饥，先发仓廪赈贷，然后具奏"③。由此可见，朱元璋对饥荒之中赈粮的重视，给予有关部门先赈后奏的特权。古代通信手段有限，如先奏准再赈粮，对于离京城较远的地方，往返要数日甚至一二十日，如没及时发放救灾粮食，将使大批灾民因饥饿死亡。

当大灾发生时，大批灾民为了解决温饱问题，常选择离开灾区，流向粮食丰足的地方。这种大规模的人口流动，灾民长途跋涉，饥寒交迫，很可能会造成大批死亡；而对于粮食丰足的地方，如短时间内涌入大量灾民，也会引起当地食物供给紧张。总之，大规模灾民流动会严重威胁社会的稳定，甚至危及明王朝的统治。因此，政府在某地方发生灾荒而本地储粮又不足供给时，必须运用行政权力从邻近地区尽快调运粮食到灾区赈济灾民，以防止灾民盲目大批流徙。如永乐元年（1403年）三月，北京、山东、河南、直隶徐州、凤阳、淮安民饥，"命户部遣官赈济，本处无储粟者，于旁近军卫有司所储给赈之"④。正统十年（1445年）十一月，镇守陕西右都御史陈镒奏"陕西连年荒旱、蝗潦，赈济饥民，支粮尽绝"，户部命与之临近的"河南府并潼关仓粮运至泾阳等处，将怀庆府仓粮运至华阳等处，以备赈济"⑤。

在中国古代，灾荒之年一些地方官员为了保证本地的粮食储备和供给，禁止将本地仓粮供给邻近受灾州县，此即遏籴，又称闭籴。这种地方本位主义会阻止粮食流向受灾地区，加剧灾区的粮食供给和粮价的上涨，因此历代遭到有识之士的反对和禁止。明代也不例外，一些大臣对此指出其危害并予以禁止。如万历九

① 《明武宗实录》卷 144。
② 《明太祖实录》卷 74。
③ 《明会典》卷 17《户部四·灾伤》。
④ 《明太宗实录》卷 18。
⑤ 《明英宗实录》卷 135。

年（1581 年），淮、凤告灾，张居正上疏云："近闻所在往往闭籴，灾民既缺食于本土，又绝望于他乡，是激之为变也。宜禁止遏籴之令，讲求平籴之法，听商民从宜籴买。"① 禁止各地遏籴、闭籴，可以通过价格杠杆，使丰足地区价格相对较低的粮食而流入价格相对较高的受灾地区，从而使受灾地区缓解粮食供给的紧张，粮价也因此有所回落。

明代另一种闭籴是一些积粮之家乘灾荒之时囤积居奇，以招高粮价，牟取暴利。对此，明政府不仅予以禁止，而且采取一些措施缓解粮食供给紧张，平抑粮价。成化二十年（1484 年）九月，山西、陕西灾荒严重，朝廷下令"山、陕大户积粮之家"，"以十分为率，官籴七分，本家留三分，其价比之丰年量为增添，不许抑勒亏人，亦不许固藏闭籴"②。弘治十七年（1504 年）十二月，再次"申严富豪大贾闭籴专利之禁"③。

政府在赈灾中不但禁止富商大贾"闭籴专利"，而且还要劝谕他们平籴其积蓄的粮食，并适当给予褒奖。嘉靖十年（1531 年）十月，命侍郎叶相赈陕西饥："令各州县戒谕富室，将所积粟麦照依时价籴与饥民。若每石减价一钱，至五百石以上者，给与冠带；一千石以上，表为义门。被灾人民逃出外境者招集复业，倍与赈济银两，官给牛种。"④ 而对不顾禁令，囤积居奇、牟取暴利的富户，朝廷则给予惩罚。宣德年间，山西、河南灾荒，于谦受命巡抚二省，他到任后，"首行平籴之法"，"劝谕豪富之家将所积米谷扣起本家食用之外，余者皆要籴与饥民。若仗义者，每石肯减价二钱，减至一百石以上者，免其数年差役；一二千以上者，奏请建坊旌表；有不愿减者，勿强"。但是，"若有奸民擅富要利，坐视饥民，不与平籴者，里老从实具呈，重罚不恕"。"一时富民乐捐而尚义者甚众"⑤。

（2）赈钱

赈钱就是由政府发放救助金给灾民，以帮助灾民渡过生活难关。由于钱钞是一般等价物，能满足灾民各种不同的生活需求，如购买粮食，解决食物匮乏问题；房屋因灾害坍塌，解决修缮问题；帮助灾民购买牛种，解决灾后恢复农业生产问题。

由于灾荒之时，往往是物资极度匮乏，出现有钱买不到东西，因此，赈钱有时解决不了问题。所以，政府在赈灾时主要还是赈粮，或赈粮与赈钱兼用。如洪武十年（1377 年）正月，"先是以苏、湖等府被水患，常以钞赈济之，继闻其米

① 陆曾禹、倪国琏：《钦定康济录》卷 3《临事之政计》，台湾商务印书馆影印文渊阁《四库全书》本。
② 《明宪宗实录》卷 256。
③ 《明孝宗实录》卷 219。
④ 《续文献通考》卷 32《国用考》。
⑤ 《钦定康济录》卷 3《临事之政计》。

价翔踊，民业未振，复命通以米赈之"①。此外，政府还根据灾民的具体生活需求，赈给布帛等其他物品。如洪武九年（1376年）七月，滦州、昌黎、卢龙、迁安、抚宁等县旱灾，"诏免田租，仍以布赈之"②。宣德二年（1427年）十二月，宣宗下令户部："今年陕西亢旱，秋田无收，其军屯子粒、民间秋粮，俱已蠲免，比闻军民之中多因缺食流离，岂可不恤！其令有司开仓赈济。仍于南京运绢五万匹，棉布十万匹，令隆平侯等用心拯救，勿令失所。"③

3. 施粥思想

施粥又称煮赈，即政府出粮食，组织人员煮粥供饥民无偿限量食用。施粥在灾情严重之时，对拯救因饥饿而处于死亡边缘的灾民来说，是一种应急而见效快的较简便的赈灾手段。正如明人席书所指出的："考古荒政，可行于今昔，唯作粥一法，不烦审户，不待防奸，至简至要，可以举行……未致太糜，赈恤有等，不致虚费，简直而奸欺难作，平易而有司可举……穷饿垂死之人，晨得而暮即起，其效甚速，其功甚大，扶颠起毙未有急于此者。窃谓此法非特宜丁南畿，实可推于天下。"④ 不言而喻，设厂施粥成为明政府赈灾的主要措施之一。而且随着施粥实践的积累，明代逐渐形成了一套关于粥厂设立、施粥管理人员的设置和施粥程序的安排等管理制度和思想。

其一，粥厂的设立。明人在施粥实践中已总结出粥厂的设立必须遵循两个原则：一是要注意选择合适的地点。为便于灾民的接受救济，粥厂必须设置在离灾民最近的地方，尤其必须考虑到离最需要救济的、人数最集中的饥民最近的地方。如耿橘条云："荒年煮粥，全在官司处置有法，就村落散设粥厂。若尽聚之城廓，少壮弃家就食，老弱道路难堪，一不便也。"⑤ 二是每个粥厂接济的饥民不宜太多，一般不超过二百人。每逢灾荒尤其是重大灾荒，受灾的饥民人数众多，分布也不均匀，如在饥民众多的地方所设粥厂太少，一个粥厂难以接纳太多的饥民，或粥厂设立太集中，使过多饥民聚在一起，就很容易发生饥民因争抢而发生挤踏、斗殴甚至变乱。陕西巡按毕懋康就指出："多设粥厂，众聚则乱，散处易治。昔富郑公设公私庐舍十余万区而安处其民，又多设粥厂。今议州县之大者设粥厂数百处，小者亦不下百余处，多不过百人，少则六七十人，庶釜爨便而米粥洁。"⑥ 万历二十二年（1594年）九月，钟化民在河南赈灾时，就命"各府州县正官遍历乡村集保甲、里老，举善良以司粥厂，就便多立厂所，每厂收养饥

---

① 《明太祖实录》卷111。
② 《明太祖实录》卷107。
③ 《明宣宗实录》卷34。
④ 《明经世文编》卷183《席文襄公奏疏·南畿赈济书》。
⑤ 《农政全书》卷44《荒政》。
⑥ 《钦定康济录》卷4《陕西毕巡按发刻张司农救荒十二议》。

民二百，不拘土著流移"①。

其二，粥厂管理人员的设置。当遇到重大灾害时，饥民众多，政府往往要设立较多的粥厂。如由政府一揽子全面管理这些粥厂，不仅人手不够，管理成本高，而且管理效果也不见得好。通常情况下，政府主要负责统筹、巡视、监督等工作，而粥厂的具体运作，则由政府选任地方基层组织中保甲、里耆、富户等较富有、具有善心、办事公正、有一定威信的人负责。这些人让饥民信服，有号召力，体现了以民治厂的理念，既节省管理成本，又能收到较好的管理效果。如毕懋康在陕西赈济时，"择百姓中殷实好善者三四人为正副而主之"，因为"数百贫民之命悬于粥长之手，不得其人弊窦丛生"②。钟化民也主张："司厂不用在官人，各本地方保甲、里耆、公举富而好义者，州县正官以乡宾礼往请……以实心任事，厂内利弊陈请，即行月给官俸，司一厂者能使一厂饥民所得。"③ 山西巡抚吕坤则认为："择煮粥之人，旧日监督主管多委里甲老人，嗟夫难言之矣，无迫切之心则痛痒不关而事必苟，无综理之才则点察失当而事恒不详，无镇压之力则强者多暴者先而惠不均，故定煮粥之法当选煮粥之人。先令之讲求，讲求既明，正印官亲与问难，如于立法之外另有良法者即行奖赏，则人人各奏其能而仁术益精详矣"④。除了谨慎精择粥长外，吕坤还主张粥长的助手也要选好："分管粥之役，大粥场立总管一人，掌簿二人，司积二人管米豆，俱以廉干者为之。每锅灶头一人，炊手一人，壮妇人更好；柴夫一人，水夫十人，皆以食粥中之壮者为之。但有惰慢及作弊者，即时杖逐。"⑤

其三，施粥程序的安排。明代施粥程序通常是：第一步审户，即审查灾民的贫困饥饿程度，尽量做到越贫困饥饿的人越能优先得到赈救。虽然嘉靖年间席书曾言："唯作粥之法，不烦审户，不待防奸"，但现实中国家用于施粥的粮食总是有限的，而需要施粥的饥民数量却是众多的，因此，不可能满足所有人的需求。审户能使真正贫困饥饿的人得到赈济，防止一些并不贫困饥饿的人通过欺骗、弄虚作假反而先得到施粥。林希元就指出："审户难者，盖赈济本以活穷民，夫何人情狡诈，奸欺百出，乃有颇过之家，滥支米食；而穷饿之夫，反待毙茅檐……廷臣建议赈粥，其说以为穷饿不得已者始来食，不须审户，可得饥民。臣始是其议。用意推行，不知岁既大饥，民多鲜耻，饥饱并进，真伪莫分，甚至富豪伴仆报名食粥，穷乡富人遣人关支。臣因痛加沙汰，追罚还官者无数，是赈粥之法亦难任也。"⑥ 鉴于这种情况，毕懋康提出具体的审户措施是："亲审贫

① 《荒政丛书》卷5《钟忠惠公赈豫纪略》。
② 《钦定康济录》卷4《陕西毕巡按发刻张司农救荒十二议》。
③ 《荒政丛书》卷5《钟忠惠公赈豫纪略》。
④ 《钦定康济录》卷4《山西巡按吕坤赈粥法》。
⑤ 《钦定康济录》卷4《山西巡按吕坤赈粥法》。
⑥ 《明经世文编》卷162《林次崖文集一·荒政丛言疏》。

民，先令里长报明贫户，正印官亲自逐都逐图验其贫窘，给与吃粥小票一张，填写里甲姓名，许执票入厂，仍登簿。万不可令民就官，往返等候。先有所费，要耐劳耐久，细心查审。"① 第二步标识，即将入粥厂食粥的凭证"粥票"发给饥民。凭票入厂食粥，既可以杜绝不符合条件之人冒领，也有利于食粥之人编排顺序入厂，有序顺利地散粥，使粥厂食粥之人井然有序。第三步排序，即编排饥民食粥的先后顺序。山西巡抚吕坤主张把食粥之人分为三等六班，然后再按等先后给粥："别食粥之人，凡来食粥者，报名在官立簿，一扇分为三等六班：老者不耐饿另为一等，粥先给；稍加稠病者，不可群，另为一等，粥先给；少壮另为一等，最后给，此谓三等。造次颠沛之时，男女不可无辨，男三等在一边，女三等在一边，是为六班。"② 毕懋康则采取另一种方法排序赈粥："择地聚人赈粥法，城四门择空旷处为粥场，盖以雨棚，坐以矮凳，绳列数十行，每行两头竖木橛系绳作界，饥民至，令入行中，挨次坐定，男女异行，有病者另入一行，乞丐者另入一行。"③ 虽然吕、毕排序方法各有不相同，但思想是一致的，即一是通过排序达到井然有序散粥；二是老病弱势群体为先。第四步散粥，即将粥分发给饥民。散粥一般一天两次，各人做法也不尽相同。如毕懋康的散粥做法是："预谕饥民各携一器，粥熟鸣锣，行中不得动移。每粥一桶，两人舁之而行，见人一口分粥一杓贮器中，须臾而尽。分毕，再鸣锣一声，听民自便。分者不患杂踩，食者不苦见遗，限定辰申二时，亦无守候之劳。庶法便而泽周也。"④ 王士性的做法是："夫煮粥之难，难在分散，待哺既众，彼我相挤，随手授之，不得人人均其多寡。当令饥民至者随其先后来一人则坐一人，后至者坐先至肩下，但坐下者即不许起。一行坐尽又坐一行，以面相对，以背相倚，空其中街可用走动。坐者令直其双足，不许蹲踞盘辟、转身附耳，人头一乱，查数为难。有起便手者，毕则仍回本处坐。至正午，官击梆一声，唱给一次食，即令两人抬粥桶，两人执飘杓、令饥民各持碗坐给之。其有速食先毕者或不得再与，再与则乱生，须将头碗散遍，然后击二梆，高唱给二次食，从头而散。亦如之又遍。然后击三梆，高唱给三次食，从头分散，亦如之三食而毕。纵头食者不得过多，但求免死而已。然后再查簿中，谁系有父母、妻子饥病在家不能自行者，以其所执瓶罐再给一人之食与之携归，如是处分俱讫，方令饥民起行。其有流民欲去东西南北，从此方过者，亦照此坐食。"⑤ 毕、王两种散粥法相比，王氏散粥法更显严谨有序，令饥民按先来后到顺序坐定后，即不许随意移动。散粥时按先后顺序分食三遍，以做到无人遗漏，也无人多给。最后再当场补发因饥病不能来现场领粥的人。整个散

① 《钦定康济录》卷4《陕西毕巡按发刻张司农救荒十二议》。
② 《钦定康济录》卷4《山西巡按吕坤赈粥法》。
③ 《钦定康济录》卷4《陕西毕巡按发刻张司农救荒十二议》。
④ 《钦定康济录》卷4《陕西毕巡按发刻张司农救荒十二议》。
⑤ 《农政全书》卷44《荒政》。

粥过程公开透明、井然有序、公平合理。

4. 帮助灾民生产自救思想

以工代赈是指政府组织灾民劳动而发给他们报酬来解决其遭受灾害的生计问题，从而实现救灾的目的。以工代赈是一种公私两利的赈灾方式：对于政府来说，通过组织灾民参与农田水利、公共设施的建设，无形中节省了这一方面的财政开支，又达到了赈灾的目的；而且把灾民组织起来参与劳动，可以消除因灾害造成大批灾民流徙而带来的社会不稳定因素。另一方面，对于灾民来说，灾民可以通过参与劳动获得相应的报酬来解决生计问题。因此，明政府高度重视以工代赈，经常采用这种赈灾方式。如弘治年间，河决汴城，灾民流离失所，时任河南巡抚孙需"乃役以筑堤，而予以佣钱，趋者万计。堤成而饥民饱，公私便之"①。万历年间，御史钟化民在河南救灾，"令各府州县查勘该动工役，如修学、修城、浚河、筑堤之类，计工招募，以兴工作，每人日给米三升。借急需之工，养枵腹之众，公私两便"②。

在自然灾害过后，政府的一个重要工作是帮助灾民恢复农业生产，向灾民贷放种子、耕牛、农具等生产资料。如洪武七年（1374 年）五月，苏州府诸县民饥，"命户部遣官赈贷，计户二十九万八千六百九十九，计给米麦谷三十九万二千一百余石，并以谷种、农具等贷之"③。正统五年（1440 年）二月，英宗批准兵部尚书兼大理寺卿王骥等所奏："太仆寺孳生牛计三万二千九百有奇，俱直隶凤阳等府州县人民牧养……且凤阳等府州县比因岁歉民贫，牛且缺少，田地荒芜，乞命太仆寺官同各府委官取勘无牛小民，就于原数内选取一万给与收牧耕种。"④

5. 抚恤灾民思想

当自然灾害发生后，灾民不仅饥寒交迫、流离失所，而且还会因此带来一些严重的后果。灾民饥寒交迫、流离失所引起身体健康水平下降、染上疾病，甚至由于灾民聚集在一起，卫生条件恶化，引起传染病流行。一些灾害如地震、雹灾会直接使灾民伤亡。灾民饥寒交迫，无以为生，有的被迫卖妻鬻子，遗弃老幼。饥寒交迫、瘟疫流行就会带来大量人口死亡，道路枕籍，饿殍遍野。对此，政府采取救治伤病、收养遗弃、赎还妻小、掩埋遗体等措施来解决这些社会问题。

（1）救治伤病

灾伤之年，救治伤病是十分必要的。洪武三年（1370 年）六月，朱元璋下令："置惠民药局，府设提领，州县曰官医，凡军民之贫病者，给之医药。"⑤ 成

---

① 《筹济篇》，载《中国荒政全书》（第 2 辑第 4 卷），第 202 页。
② 《筹济篇》，载《中国荒政全书》（第 2 辑第 4 卷），第 202 页。
③ 《明太祖实录》卷 89。
④ 《明英宗实录》卷 54。
⑤ 《明太祖实录》卷 53。

化七年（1471 年）四月，户部奏："近日饥民行乞于道，多有疲不能支，或相仆籍，已令顺天府二县委官收恤矣……病者，官为给药、饲粥。"① 这一时期，朝廷比较重视医务人员的培养。成化十七年（1481 年）十月议准："今陕西、甘肃等十余卫所医药俱缺，疾疫无所疗治，请敕所司各立医学一所，选精通医术者教军余子弟习业。"② 万历年间，朝廷灾年救治伤病制度已较系统化，设有专门医疗机构惠民药局，内有医生为灾民病患者免费诊治，然后根据病情给药，而不是泛泛地散发药品。政府对灾年救治伤病的投入是相当大的，可见其重视程度。政府灾年救治伤病的措施取得了较好的效果，控制了疫情的传播，挽救了许多伤病者的生命。正如万历十五年（1587 年）六月，礼部所奏报的："施药救京师灾疫，即于五城开局，按病依方散药。复差委祠祭司署员外郎高桂等五员分城监督，设法给散。随于五月三十日据中城等兵马司造册呈报：五城地方给散银钱，共散过患病男妇李爱等一万六百九十九名口，共用银六百四十一两九钱四分，钱十万六千九百九十文，五城会齐俱于五月二十一日给散。一切病民，委沾实惠。太医院委官御医张一龙等造册呈报：自五月十五日开局以来，抱病就医，问病给药，日计千百，旬月之外，疫气已解，五城共医过男妇孟景云等十万九千五百九十名口，共用过药料一万四千六百六十八斤八两，相应住止。仰惟皇上仁无不覆，施有所先，遂使疲癃之民悉蒙再造之赐，即今疫渐消减，人遂安宁，化愁叹为讴歌，易扎瘥为仁寿，不惟病急瞻依，实是蒸黎感悦。至于给散银钱虽只一次，而领药无算，计其所费，实数倍之，不但贫民得生，且于平民之家更益普济，此天地生成之仁也。"③

（2）收养遗弃

自然灾害使一些人无以为生，遗弃幼小子女；或使父母双亡，遗下幼小子女。两者结果一样，即出现许多孤儿。对此，明政府通常采用旌表、提供钱粮等方式，鼓励民间收养。宣德年间，山西、河南灾荒，于谦受命巡抚二省。他到任后，"首行平粜之法"，并通过旌表的方式鼓励民间收养遗弃的子女："若有遗弃子女，里老可即报与州县，着官设法收养，候岁熟访其父母而还之。如里内有贤良之民能收养四五口者，官犒以羊酒，给其匾额；十口以上者，加彩缎，免其终身差役；二十口以上者，冠带束身。一时富民乐捐而尚义者甚众。"④ 成化二十年（1484 年）七月，陕西秦州知州傅潇奏陈救荒事宜："民间小儿遗弃道路者，乞令所司给与民家收养，月给官粮三斗，赎者还之，不许留为奴仆，或附籍当差，亦听其便。"户部议准推行⑤。嘉靖八年（1529 年）朝廷定赈恤之令："令

① 《明宪宗实录》卷 90。
② 《明宪宗实录》卷 220。
③ 《明神宗实录》卷 187。
④ 《钦定康济录》卷 3《临事之政计》
⑤ 《明宪宗实录》卷 254。

灾伤地方凡军民等有能收养小儿者,每名日给米一升,埋葬一躯者给银四分,邻近州县不得闭籴。"① 但是,官府提供钱粮让民间收养虽然使百姓乐于收养,但也产生一些欺诈问题,民间百姓为得到官府提供的扶养孤儿钱粮,谎称自己亲生的子女是抱来的孤儿。正如正德、嘉靖时期的林希元就指出:"凡收养遗弃小儿者,日给米一升,一支五日,每月抱赴局官看验。饥民支米之外,又得小儿一口之粮,远近闻风,争趋收养。此欲其收养,不必责其挟诈也,甚至亲生之子亦诈称收抱以希米食。"② 因此,朝廷采取官府直接收养和官府资助民间收养两者兼行的方式来收养遗弃孤儿。如嘉靖十年(1531 年)七月,命侍郎叶相赈陕西饥,"(叶相)动支官银收买遗弃子女,州县设法收养。若民间有能自收养至二十口以上者,给与冠带"③。

(3)赎还妻小

明代与古代其他朝代一样,灾民在无以为生的境况下,卖妻鬻子也是常见的社会现象。据此,朝廷多次下令由政府出资赎还贫民因灾典卖的妻小。洪武十九年(1386 年)正月,朱元璋下诏:"河南府州县民,因水患而典卖男女者,官为收赎"④;八月,河南布政使司奏"收赎开封等府民间典卖男女,凡二百七十四口,计钞一千九百六十余锭"⑤。永乐八年(1410 年)正月,"以去年江北水患",朝廷下令"军民有迫于艰难典卖子女者,官为赎还"⑥。

明朝廷之所以多次下令由政府出资赎还贫民因灾典卖的妻小,是因为其深受传统儒家重骨肉之情、家庭团圆思想的影响,而采取了这种极重人情味的措施,因此而深得人心,化解社会矛盾。如正统二年(1437 年)六月,英宗批准四川马湖府同知杨礼所奏:"湖广黄州等府连年亢旱,人民流移,其子女或为人奴,或被略卖,深为可悯。今年已丰稔,而向之为奴被卖者如故,宜命有司赎还,令得完聚。"⑦

(4)掩埋遗体

自然灾害,尤其是那些重大的自然灾害,往往会引起大批灾民的死亡。如爆发瘟疫,因地震房屋倒塌而压死,因水灾而被淹死等。而这些灾民的遗体如不及时掩埋,腐烂后会加剧传染病的爆发流行。而且,传统的儒家思想认为死者入土为安,忌讳暴尸于野。基于这些原因,明政府十分重视及时掩埋灾民遗体,或鼓励民间掩埋,或政府出资掩埋。如天顺元年(1457 年)七月,英宗下诏:"水旱

---

① 《续文献通考》卷 32《国用考》。
② 《明经世文编》卷 162《林次崖文集一·荒政丛言疏》。
③ 《续文献通考》卷 32《国用考》。
④ 《明太祖实录》卷 177。
⑤ 《明太祖实录》卷 179。
⑥ 《明太宗实录》卷 100。
⑦ 《明英宗实录》卷 31。

灾伤去处……各处地方有因饥疫身死无人收葬者，所在军民有司即与掩埋，毋使暴露。"① 嘉靖八年（1529年）题准："灾伤地方军民人等有能收养小儿者，每名日给米一升；埋尸一躯者，给银四分。"②

（四）林希元的荒政思想

林希元（1482—1567）字茂贞，福建人。正德十二年（1517年）进士，授大理寺评事。嘉靖初，条上新政，切中时弊。寻谪泗州判官，竟以抗节不屈当路，弃官归。凡三年以荐累迁大理寺丞。寻以言事落职。知钦州，"兴利除弊，约身裕用，严正不挠，豪猾屏迹"。累升兵备佥事，世称次崖先生，著作颇丰，世传《林次崖先生文集》。

林希元撰《荒政丛言疏》，集中阐述了自己的荒政思想③。其总结的荒政思想，是明代较为系统的荒政思想。

1. "二难"思想

林希元认为救荒得人难，欲使救荒得人，必须"令抚按、监司精择府州县正官廉能者，使主赈济。正官如不堪用，可别择廉能府佐，或无灾州县廉能正官用之。盖荒事处变，难以常拘也。至于分赈官员，可令主赈官，盖就所属学职等官，及待选举人、监生等人员，择素有行义者，每厂一员为主赈。又择民间有行义者一人为耆正，数人为耆副，使监司巡行督察各厂，所至考其职业，书其殿最，并开具揭帖。事完，官上之吏部：府县学职等官，视此为黜陟；举人、监生等人员，视此为除授。民上之抚按：有功者，以礼奖劳，仍免徭役；有过者，分别轻重，惩治不恕。如此，则人人有所激劝，而荒政之行，或庶几矣"。在此，林希元认为荒政与其他行政工作的最大不同是常常处于不断变化中，难以用一种固定的制度约束。因此，选择主持荒政工作的官员一定要廉洁能干，才能胜任这一工作。并且上级官员要加强对救荒工作的督察、考核，有功者提拔任用，有过者降级免职。这样，就能把荒政工作做好。

林希元认为救荒第二难是审户难。他主张："分民为六等：富民之等三，极富、次富、稍富；贫民之等三，极贫、次贫、稍贫。稍富不劝分，稍贫不赈济。极富之民，使自检其乡之稍贫者而贷之银；次富之民，使自检其乡之次贫者而贷之种。非特欲借其银、种也，欲于劝分之中而寓审户之法也。何者？盖使极富之民，出银以贷稍贫，彼必度其能偿者方借，而不借者，即次贫也；使次富之民，出种以贷次贫，彼必度其能偿者方借，而不借者，即极贫也。不用耳目，而民为吾耳目；不费吾心，而民为吾尽心。法之简要，似莫有过于此者。责委官耆，逐都推勘，随户品题，既皆的实，然后随等处分赈济，则府库之财，不为奸雄之

---

① 《明英宗实录》卷280。
② 《明会典》卷17《户部四·灾伤》。
③ 以上有关林希元的言论，均见于《明经世文编》卷162《林次崖文集一·荒政丛言疏》。

资，而民蒙实惠矣。或曰：贫分三等，流民何居？臣曰：流移之民，虽有健弱不一，然皆生计穷尽，不得已弃乡土而仰食于外，与鳏寡孤独穷乏不能自存者，何以异？虽谓之极贫，可也。臣故曰不须审户，即当赈济者此也。"林希元认为审户最简便有效的办法就是把受灾地区的民众分为富三等、贫三等，通过让富户借贷给贫民银、种的办法分辨出极贫户，然后政府就可有针对地赈济极贫的受灾户。因为同一地区百姓之间最彼此了解各家各户的贫富，那些谁也不愿向其放贷的贫户就是最贫困的受灾户，这是因为知道他们还不起借贷而不愿借贷给他们。至于那些因灾荒流离失所的人，以及鳏寡孤独的人，都可视为是极贫的受灾户，政府都可将他们列入赈济的对象。

2. "三便"思想

林希元认为，"三便"中第一便是"极贫之民，便赈米"。这是因为"极贫之民，室如悬磬，命在朝夕，给之以米，则免彼此交易之艰、抑勒亏折之患，可济目前死亡之急，此其所以便也。其法：大口日支一升，小口半之。八口之家，四口给米；四口之家，二口给米。并不欲尽给之也，民无穷而米有限，穷饿之民，日得米半升，亦可以存活矣"。

"三便"中第二便是"次贫之民，便赈钱"。这是因为"次贫之民，自身既有可赖，而不甚急，得钱复可营运，以继将来，此其所以便也。其法：八口之家，四口支钱；四口之家二口支钱。每口所支，折银二钱。"

"三便"中第三便是"稍贫之民，便转贷"。这是因为"稍贫之民，较之次贫，生理已觉优裕，似不待赈济。然昔当荒歉，资用不无少欠，不可全不加念，是故不之济而之贷也。然欲官自借之，则二贫之给钱谷，亦或不敷，若使富民借之，则民度其能偿，必无不可。故使极富之民，出财以借，官为立券，丰岁使偿，只收其本，不责其息。贫民得财而有济，富民捐财而有归，官府无施而有惠，一举而三得备焉，此其所以便也。其法：八口之家，四口借银，每口二钱。自正月至四月，总四月之银，一次尽给之，待其展转营运，亦可以资其不足，而免于匮乏矣"。

3. "六急"思想

林希元认为，"六急"之中第一急是"垂死贫民，急饘粥"。这是因为"垂死之民，生计狼狈，命悬顷刻。若与极贫一般给米，则有举火之艰，将有不得食而立毙者矣。惟与之粥，则不待举火而可得食，涓勺之施，遂济须臾之命，此粥所以当急也。必于通都太衢，量搭小厂，亦设官者，令其领米作粥。流莩所过，并听就食。"

"六急"之中第二急是"疾病贫民，急医药"。这是因为"盖时际凶荒，民作疫疠，极贫之民，一食尚艰，求药问医，于何时取给？"因此，林希元主张："令郡县博选名医，多领药物，随乡开局，临证裁方。郡县印刷花阑小票，发各厂赈济官，令多出榜文，播告远近，但是饥民疾病，并听就厂领票，赴局支药……如是，则病者有药，而民免于夭札矣。"

"六急"之中第三急是"病起贫民，急汤米"。这是因为"盖疾病饥民，或不能与赈济，或与赈济而中罹疾病。逮疾病新起，元气初复，正当将息之时也。而筋力颓惫，不能赴厂支米。若非官为之所，则呻吟床箦之上，有枵腹待毙者矣。"对此，林希元建议："令各厂赈济官，遣人沿门搜访，但是患病新起贫民，俱日给米五合，一支五日，使其旦夕烧汤，不时餐饮。待元气既复，肤体既壮，方发饥民厂，照旧支米。则病起有养，而民免于横死矣。"

"六急"之中第四急是"既死贫民，急募瘗"。这是因为"大荒之岁，必有疾疫，流移之民，多死道路。不为埋瘗，则形骸暴露，腐臭熏蒸，仁者所不忍也。"对此，林希元主张："乃择地势高广去处，为大冢，榜示四方军民，但有能埋尸一躯者，官给银四分，或三分。每乡择有物力、行义者一人，领银开局，专司给散。各厂赈济官给与花阑小票，凡埋尸之人，每日将埋过尸数呈报该厂，领票赴局，验票支银。事完造报，以便查考。埋过尸骸，逐日表志，以待官府差人看验。此令一出，远近军民趋者如市，数日之间，野无遗骸。官不费力，而死者有归，至简至便。"

"六急"之中第五急是"遗弃小儿，急收养"。"盖大饥之年，民父子不相保，遑遑弃子而不顾。"林希元"为之恻然，因思宋刘彝知处州，尝给米令民收弃子。乃仿而行之，置局委官，专司收养。令曰：凡收养遗弃小儿者，日给米一升，一支五日，每月抱赴局官看验。饥民支米之外，又得小儿一口之粮，远近闻风，争赴收养。"

"六急"之中第六急是"轻重囚系，急宽恤"。林希元认为，"《周礼》荒政十有二，三曰缓刑，盖民迫于饥寒，不幸有过失，缓其刑罚，所以哀矜之也。况年当荒歉，疫疠盛行，狱囚聚蒸，厥害尤甚，若不量为宽恤，则轻重罪囚，未免罹灾横死。"所以，他主张："充军徒罪，追赃不完，久幽囹圄者，必量情轻重，暂为释放；绞、斩重罪，有碍释放者，必疏其枷杻，给以汤药。如此则轻重罪囚，各获其生，无夭札之患矣。"

4. "三权"思想

林希元认为，"三权"之中第一权是"借官钱以籴粜"。"盖年岁凶歉，则米谷涌贵，富民因之射利，贫民益以艰食"。因此，林希元主张："借官帑钱银，令商贾散往各处籴买米谷归本处。依原价量增一分为搬运脚力，一分给商贾工食。籴尽复粜，事完之日，籴本还官。官无失则之费，民有足食之利。非特他方之粟毕集于我，而富民亦恐后时失利，争出粟以粜矣。然籴粜之法专为济贫，商贾转贩所当禁革。又当遍及乡村，不得只及坊郭，则贫民方沾实惠。"

"三权"之中第二权是"兴工役以助赈"。"盖凶年饥岁，人民缺食，而城池、水利之当修，在在有之。穷饿垂死之夫，固难责以力役之事，次贫、稍贫人户，力任兴作者，虽官府量品赈贷，安能满其仰事俯育之需"。因此，林希元建议："凡圮坏之当修，湮塞之当浚者，召民为之，日受其直。则民出力以趋事，而因可以赈饥；官出财以举事，而因可以赈民。是谓一举而两得，于工役之中而有赈济之助者。"

"三权"之中第三权是"借牛、种以通变"。"盖饥馑之后，赈济之余，官府左支右吾，府库之财亦竭矣。民方艰食之际，只苟给目前，固不暇为后图。幸而残冬得度，东作方兴，若不预为之所，将来岁计，复何所望？故牛、种一事，尤当处置。"由此可见，林希元认为灾后恢复农业生产是十分重要的，关系到灾后百姓的生计。而且在农业生产中，解决农民缺牛少种是关键，所以他提出，要切切实实解决每家每户牛、种问题。"逐都逐图差人查勘，有牛有种者几家，有牛无种者几家，有种无牛者几家，牛种俱无者几家，有牛者要见有几具，有种者要见有多寡，通行造报，乃为处分。除有牛无种、有种无牛人户，听自为计外，无牛人户令有牛一具，带耕二家，用牛则与之共养，失牛则与之均赔；无种人户，令次富人户一人借与十人，或二十人，每人所借杂种三斗或二斗。耕种之时，令债主监其下种，不许因而食用；收成之时，许债主就田扣取，不许因而拖负。官为立券，付债主收执。此法一立，有牛、种者皆乐于借，而不患其无偿；缺牛、种者皆利于借，而不患其乏用。"

5. "六禁"思想

林希元认为，"六禁"中第一禁是"禁侵渔"。"盖人心有欲，见利则动。朝廷发百万之银以济苍生，而财经人手，不才官吏，不免垂涎，官耆正副，类多染指。是故银或换以低假，钱或换以新破，米或插和沙土，或大入小出，或诡名盗支，或冒名关领，情弊多端，弗可尽举。朝廷有实费而民无实惠者，皆侵渔之患也。"对此，林希元主张通过严刑峻法予以禁止："赈济钱粮，人民生死所系，若有侵盗，其罪较之盗宣大沿边等处钱粮者，为尤大，其情尤为可恶。合无分别等第，严立条禁，凡侵盗赈济钱粮，至一两以上者，问罪刺字，发附近充军；十两以上者，刺字发边卫永远充军；至二十两以上者，处绞。按律：杀人者死，侵盗赈济钱粮，至二十两以上，致死饥民不知其数，处之以死，岂为过乎？重禁如此，庶侵渔知警，饥民庶乎有济矣。"

"六禁"中第二禁是"禁攘盗"。"盖人有恒言，饥寒起盗心，荒年盗贼难保必无，纵非为盗之人，当其缺食之时，借于富民而不得，相率而肆劫夺者，遄遄有之于此。不禁，祸乱或由以起。"因此，林希元建议："各处灾伤重大，盗贼攘夺，难保必无。若官府赈济未及，必作急区处赈济，俾不至攘夺。若赈济已及而犹犯，是真乱法之民也，决要惩治。然不预先禁革，待其既犯，遂从而治之，是不教而杀，谓之虐也。必也严加禁革，攘盗者问罪枷号，为盗者依律科断。如有过犯，不得轻宥。如此，则人知警惧而不敢犯，祸乱因可以弭矣。"

"六禁"中第三禁是"禁闭籴"。林希元曾见到"往时州县官司，各专其民，擅造闭籴之令。一郡饥则邻郡为之闭籴，一县饥则邻县为之闭籴。"对此，他提出："今后灾伤去处，邻界州县不得辄便闭籴。敢有违者，以违制论。如此，则尔我一体，有无相济，非惟彼之缺食，可资于我，而已之缺食，亦可资于人矣。"

"六禁"中第四禁是"禁抑价"。林希元指出："盖年岁凶荒，则米谷涌贵。尝见为政者每严为禁革，使富民米谷皆平价出粜。不知富民悭吝，见其无价，必闭谷深藏；他方商贾见其无利，亦必惮入吾境。是欲利小民而适病小民也。"因此，他建议学习宋代范仲淹知杭州时，两浙阻饥，他不抑价反增米价以吸引商贾争先恐后运米至杭的做法，实行"抑价有禁"，"则谷价不患于腾涌，小民不患于艰食矣"。

"六禁"中第五禁是"禁宰牛"。"盖年岁凶荒，则人民艰食，多变鬻耕牛以苟给目前，不知方春失耕，将来岁计亦旋无望。按问刑条例，私宰耕牛，再犯累犯者，俱发边卫充军……然徒为之禁，而不为之处，彼民迫于死亡，有不顾死而苟延旦夕之命者，况允军乎？有同类之人，父子相食而不顾者，况牛乎？"因此，林希元认为单靠刑禁是不够的，还必须辅以解决饥民最起码的存活问题，才能使其不宰杀耕牛："凡民间耕牛，不许鬻卖宰杀，卖者价银入官，杀者充军发遣。如果贫民不能存活，欲变卖易谷，听其赴官陈告，官令富民为之收买，仍付牛主收养。待丰年贩买，或牛主取赎。如此，则牛可不杀而春耕有赖，民获全济而官本不亏。"

"六禁"中第六禁是"禁度僧"。林希元指出：当时岁饥，"多议度僧赈济。不知一僧之度，只得十金之入。一僧之利，遂免一丁之差。十年免差，已勾其本，终身游手，利不可言。况又坐享田租，动以千百。富僧淫逸，多玷清规，污人妻女，大伤王化。是谓害多于利，得不偿失，事不可行，理宜深戒"。因此，林希元提出："度僧之事，决不可行。今各处灾伤重大，恐有偶因费广，复建此议者，所当禁也。"

6. "三戒"思想

林希元认为"三戒"之中第一戒是"戒迟缓"。林希元指出："救荒如救焚，惟速乃济。民迫饥馁，其命已在旦夕，官司及迟缓而不速为之计，彼待哺之民，岂有及乎？此迟缓所当戒也。"对此，他建议：应当"严立约束，申戒抚按二司、府州县，各该大小赈济官，凡申报灾伤，务在急速给散钱粮，务要及时申报灾伤，与走报军机同限，失误饥民与失误军机同罚。如此，则人人知警，待哺之民，庶乎有济矣"。

"三戒"之中第二戒是"戒拘文"。林希文指出："往时州县赈济，动以文法为拘，后患为虑。部院之命未下，则抚按不敢行；监司之命一行，则府县不敢拂。不知救荒如救焚，随便有功，惟速乃济。民命悬于旦夕，顾乃文法之拘，欲民之无死亡，不可得也。"因此，他主张："各灾伤去处，宜告诚抚按、司府州县官，凡事有便于民，或上司隔远，未便得请，事有妨碍者，并听便宜处置。先发后闻，惟以济事为功，不得拘牵文法，致误饥民，有孤朝廷优恤元元之意。则大小官员得以自遂，而饥民庶乎有济矣。"

"三戒"之中第三戒是"戒遣使"。林希元指出："往时各处灾伤重大，朝廷必差遣使臣分投赈济，此固轸念元元之意，然民方饥饿，财方匮乏，而王人之来，迎送供亿，不胜劳费，赈济反妨，实惠未必及民，而受其病者多矣。"对此，林希元认为："各处抚按监司，未必无可用之人，顾委任之何如耳？莫若专敕抚按官员，令其照依朝廷议拟成法，仍随所在民情土俗，参酌得中，督责各道守巡等官分督州县，着实举行。事完之日，年稍丰稔，分遣科道各处查勘。王命所在，谁敢不尽心；黜陟所关，谁敢不用命。较之凶歉之际，差官往还，徒为纷扰者，万不侔矣。"

综观林希元的荒政思想，有3个方面的特征值得注意：一是他的荒政思想主要来自于救荒实践。他在任泗州判官时，"适江北大饥，民父子相食，盗贼蜂起之际，臣之官适当其任，盖尝精意讲求，于民情吏弊，救荒事宜，颇闻详悉"。因此，他的许多救荒思想均是从实践中探索总结出来的，往往切实可行，富有成效。如他的"借牛、种以通变"思想和措施，受到当时灾民的欢迎，"半月之间，凡处过牛千九百六十五具，种八百四十七石，银一百七十五两，处给一州缺牛、种人户，计四千八百五十六家。此于财匮之时，得通变之术"。正由于这一措施帮助许多无牛、种的灾民恢复了农业生产，因此，"江北州县多有仿行者"。他的"禁攘盗"思想和措施，也在"江北大饥，盗贼蜂起"之时在泗州尝试，"先赈济，次招抚，次斩捕，凡赈过饥民三千四百口，抚过饥民四百五十口，捕过抚而复叛饥民六十口，而盗始大靖。"二是他的荒政思想是在学习继承前代荒政思想基础上的进一步发扬光大。他自称：其《荒政丛言》"是皆往哲成规、昔贤遗论，臣尝斟酌损益，或已行而有效，或欲行而未得，或得行而未及，谓可施于今日者也"。他尤其推崇《周礼》中的"荒政十二"和宋代董煟的《救荒活民书》，认为前者以"先时预备"和"临时处置"二者并行，"然后为圣王之政"；后者是古代荒政思想"可谓兼备矣，元张光大取而续增之，本朝朱熊又被其遗，世称为完书"。但是，他又不盲目崇拜，而且根据明代现实情况加以批判性继承与创新。如前代的"恐惧修省、降诏求言、蠲租税以舒民困、散居积以厚黎元，皆人主救荒所当行，则陛下已先得之，不容臣言也。至于卖军职、卖监生、卖吏典，乃不得已救急之弊事，非盛世所当行，则大臣已先言之，不待臣言也。"即使他推崇的董煟《救荒活民书》，也有许多不足之处，"以臣观之，编次无伦，观阅不便，其间缺略不备，窒碍难行，盖亦有之"。如"董煟《救荒活民书》谓，支米最不便，弊病又多，不系沿流及产米去处，搬运脚费甚大，不如支钱最省便，更无伪滥之弊。小民将钱可以抽赎，典过斛斗，或一斗米钱可买二三斗杂料，以二三升伴和野菜煮食，则是二斗杂料可供一家五七口数日之费。其说是矣……然以臣观之，极贫之民，室如悬磬，命在朝夕，若与之钱银，未免求籴于富家，抑勒亏折，皆所必有。又交易往还，动稽时日，将有不得食而立毙者矣，可谓便乎？"又如度僧救灾，"宋人之策，不可复用，度僧之事，决不可行"。三是林希元的个别救荒思想和措施，也有显得过于烦琐，在实践中不具有可操作性。如他在审户中提出将灾民分为六等，其中富民三等（极富、次富、稍富）、贫民三等（极贫、次贫、稍贫），并进行富、贫对应贷银、贷种赈灾。其实在各地灾荒中，政府是很难制定出一个标准来划分富贫等级，也没有人力、精力和时间来从事这项工作，即使划分出富贫六个等级，要按林希元设想的民间富贫对应贷银、贷种也是很难普遍推行的。

第七节　清代公共事业和政府救助思想

一、水利工程思想

（一）重视水利工程思想

清朝十分重视水利工程，认为这是关系国计民生的大事。如陈宏谋指出：乾隆皇帝即位之初，就"上谕敕行兴修水利，以为民生养命之源"[①]。安徽布政使晏斯盛也提出："民生以农事为本，农事以水利为先。"[②]

1. 沈梦兰的兴修水利十五利三便思想

沈梦兰，字古春，乾隆四十八年（1783年）举人，官湖北宜都县知县。他博通诸经，实事求是，尤邃於《周官》，成《周礼学》一书。

沈梦兰在《五省沟洫图则四说》中也提出西北地区兴修沟洫有十五利三便："沟洫之设，旱涝有备，利一。淤泥肥田，硗确悉成膏腴，利二。沟涂纵横，戎马不能逾越，足资阻固，利三。商贾贸迁，舟载通行，车脚费省，物价可平，利四。蝗蝻间作，沟深易于捕治，不致越境，利五。东南耕田，人不过十余亩，西北人力无所施用，俗语所谓望天收。沟洫既开，缦田悉作畖田，利六。西北地广人稀，而岁入无多，家无盖藏，惟水利兴，将饶沃无异东南，利七。东南民奢而勤，西北民俭而惰，以西北之俭，师东南之勤，民食自裕，利八。邪教之起，由多游民，百姓皆从事于陇亩，风俗自靖，利九。东南转输一石，费至数石，故昔人谓西北有一石之收，则东南省数石之赋，利十。河流涨发，时忧冲决，使五省开沟洫，计可容涨流二万余千丈，利十一。涨流既有所容，河堤抢筑，岁费渐次可裁，利十二。军政莫善于屯田，沟洫通利，荒土开垦，悉可耕种，因此召募并屯，不费饷而兵额充足，利十三。经画一定，丘段分明，民间无争占之端，里胥无分洒之弊，利十四。每地方二十里，同沟共井，相救相助，联保甲，兴社仓，

[①] 《清经世文编》卷106，陈宏谋《请通查兴修水利状》。
[②] 《清经世文编》卷106，晏斯盛《复制府议农田水利书》。

诸事便易,利十五也。又似不便而实极便者三:每亩须折地四步,一不便,然无沟洫,车行皆在田间,蹂躏无算。今折地亩六十分之一,而禾稼无践踏之患,实一便也。每岁须挑淤三五十尺,二不便,然河淤足以肥田,故并河淹地,年来多得丰收,今东南种地,冬春必罱河泥两次,以粪田亩,以闲时三五日之功,而获终岁数倍之入,实二便也。沟洫既开,道塗或至迁远,三不便,然无沟洫,积潦不能宣泄,行旅困滞,有守至十数日者,有舍车复登舟者,有翻车被压损者,今迁远不过十余里,而道路无泥泞之患,实三便也。"① 概括沈梦兰的西北兴修沟洫十五利三便,大致有以下 6 个方面:

其一,西北兴修沟洫水利,可防止干旱水涝,沟洫中的淤泥,还可以给田地施肥,从而可以使西北田地变为旱涝保收的高产良田,其饶沃程度不亚于东南,民众自当丰衣足食。其二,西北田地变为良田,使民众安心于农业生产,游民和邪教不禁而自灭;沟洫使各人所占田地界限分明,消除了民间为田地而引起的争端,也使里胥无法多征赋税。这样,就会使社会安定。其三,田间沟洫、道路纵横,虽占用了一些田地,但却有利于舟车交通、商贸便利,物价平稳,并防止车马践踏庄稼。沟洫纵横,还有利于捕捉蝗虫,并阻止蝗灾蔓延。其四,田间沟洫纵横,有利于阻挡游牧民族骑兵长驱直入,同时有利于军队屯田,使国家不费军饷而兵源充足,有利于巩固边防。其五,西北田地变为良田,使当地粮食能够自给自足,免于千里迢迢从东南运粮到西北,减轻了东南民众的负担。其六,沟洫按每方圆二十里为单位纵横交叉,使每方圆二十里内的民众组织成保甲,建立社仓,相互救助。

总的说来,沈梦兰的兴修水利有十五利三便还是比较中肯切合实践的,但也有个别地方是牵强附会的。如沟洫纵横能阻止蝗灾蔓延,则有主观上夸大沟洫作用之嫌。

2. 黄与坚的建闸五利思想

黄与坚,字庭表,号忍庵。顺治十六年(1659 年)中进士,授知县。康熙十八年(1679 年),荐应博学鸿词科,授翰林院编修,与修《明史》及《一统志》。奉命典贵州乡试,迁左赞善。后辞官归,寓居陋巷,一心著述。

黄与坚在《刘河建大闸说》中提出,在刘河距海十一里处建闸,有五利:"潮上则闭,潮下则启,杨泾以南,得以乘水势,涤浮沙,一利也。浊泥不淀于闸内,使漕漕至盐铁,永无壅塞患,二利也。旱涝有所待,三利也。闸与海近,即有淤淀易淘浚,四利也。海闸无民船往来,不烦启放,并筑月河于其旁,五利也。从此以往,严职守,时启闭,岁功以成,民获宁息。"② 由此可见,黄与坚认为,在刘海出海处建大闸,其一可以控制潮水,利用水势冲刷河道淤积泥沙,

---

① 《清经世文编》卷106,沈梦兰《五省沟洫图则四说》。
② 《清经世文编》卷113,黄与坚《刘河建大闸记》。

保持河道畅通。即使河道有泥沙淤积，也便于疏浚。其二建闸能防止旱灾、水灾，即旱灾发生时，可以关闸蓄水，用于灌溉航运；水灾时可以开闸排涝，防止洪水泛滥。其三建闸后海闸附近没有民船往来，就无须频繁开闸关闸，并在闸旁可开通一条月河。

（二）修建水利工程思想

1. 勘度、设计、规划水利工程

水利工程在动工兴修之前，必须经过科学、周密的勘度、设计和规划。有关这种思想，清代晏斯盛在《饬查江北水利檄》一文中提出了较系统的阐述。他指出：其一，在动工兴建沟洫之前，应先勘明这一地区的山脉、河流的地理环境，这样才能因地制宜："一州县地方先观其山川大势，东西南北四面，来去何处，高低何向，各应蓄应泄，及其地之宜何若。"① 其二，在宽阔平坦地区，察看其是否适宜实行沟田法。如有坟墓，不必强令其迁改，可因其地形长短广狭，进行变通，不必强求每一块沟田面积、形状一致："境内宽平之区，先观其可否如沟田法行以沟田，次观其长短广狭，并有无坟墓，毋强令迁改。因其形便，作何变通，不必拘十亩二十畦，横斜曲直，可成沟洫若干。"其三，河渠港涧溪沟，一定要查清源头，流量多少，流经哪些乡村和距离，终点在何处，灌溉多少田地，是否要修建原先荒废的陂堰堤闸，或增加新的陂堰堤闸："河渠港涧溪沟，必观其有无来源，源来何处，经何乡，计若干里，归何处，可否沟行，灌溉若干亩，应否陂堰堤闸，有无湮废应修，并此外有无增置。"其四，湖塘泉潭沛荡，一定要察看其水源，属于何乡，深度广度以及一年四季有无泛滥或干涸，可灌溉田地多少亩，有无淤塞荒废需要疏浚，不要拘泥于其原来形状，强令挖掘填埋："湖塘泉潭沛荡，必观其有无本源，属何乡里，深广若干，四时有无盈涸，溉田可若干亩，有无湮废应浚，及有无新垦田地在内，毋拘泥旧形，强令挖填，并此外有无增置。"其五，察看陂堰坝闸堤埂，是否修建在控制水流的关键地方，在蓄水、泄水中发挥应有的作用，是否需要修建原来荒废的或建新的陂堰坝闸："陂堰坝闸堤埂，必观其是否扼水之要，得蓄泄之利，有无废圯应修，并此外有无增置。"其六，要统筹安排应兴建的水利工程，根据其发挥作用的大小，所需经费的多少，将其分为最要、次要、又次要三个等级，然后依轻重缓急安排动工的先后及经费的筹集："会计新旧各工，约费可若干，分别最要、次要、又次要三等，何缓何急，孰后孰先，仿古沟洫法，不限方圆，不拘多寡，不拘曲直横斜，随地势之高下曲折，而周通之。总以水之蓄泄为度，如所勘各州县三等工程，有益田畴者，一律修治。其次又二等，工在稍缓，虽难以一时并举，然因所利而利，择可劳而劳，将册存次。又二等，交各府州县，分年督率，劝令民间自行修治，计其功效之多寡，报明查核，设法旌奖。如遇各府州县内，偶有偏灾，

---

① 《清经世文编》卷106，晏斯盛《饬查江北水利檄》。以下本自然段引文，均见于此。

即将此等工程，归入寓赈于工条内，动用赈银办理。至于最要工程，利大而费多，为民力所不能举者，均请旨动项兴修，以惠民生，再工费浩大，急公有人，如愿出力助工者，不拘本地官民，听其助修。"

2. 水利工程计算土方

在修建水利工程中，计算土方是工程管理的一个重要项目。如计算土方不准确，甚至作弊，就会增加国家的经费开支。正如陆世仪所指出的："算土之弊在欺隐丈尺，假如河一千丈，彼则伪云一千二百丈，将此虚河卖与业户，名为开河而实不开。若十丈为篝。两篝一桩，处处可覆，则虚河之弊绝。"①

清朝还在水利工程建设中依据土方的远近、干湿、软硬等，制定挖运土方的报酬。如雍正十一年（1733 年）议准："豫省上南河、下南河、上北河、下北河、黄河、归河、沁河等七厅，东省黄河、运河、捕河、泇河、上河、下河、海赣等七厅需用土方，无论水旱，每方价银自八分一厘至二钱一分六厘。运河土方附近取土者，每方价银九分六厘，隔河取土者，每方价银一钱二分，隔河用船装运者，每方价银一钱二分，水内捞土者，每方价银二钱四分。"② 乾隆十九年（1754 年）议准："江南省挑河土方价值，先经核定成规，旱土每方银八分，水土每方银九分五厘。今据该督等将淤土各项，分为六则，淤土每方定价银一钱三分六厘；稀淤土、小沙礓土、瓦砾土，每方定价银一钱五分；大砂礓土，每方给银二钱；罱捞土，每方给银一钱七分五厘。"

3. 水利工程经费管理思想

水利工程兴建，往往需要巨额经费，筹集工程经费是一项重要的工作。清朝的水利经费筹集，有多种途径，其中主要的途径有以下 3 种：其一，政府向民间征收。如清朝入主中原之初，就向民间征收"河银"作为专项治河经费。"顺治初年定，经征河银三百两以上，岁内全完者，纪录一次。"③ 由于额外向民间征收"河银"不易，因此朝廷规定，有关官吏能在一年之内完成征收 300 两银子的任务，就能得到"纪录一次"的嘉奖。其二，将政府借贷息银和捐监银等用于水利建设。如"（道光）十七年（1837 年）奏准：浙江省海盐县塘工险要，岁修不敷，循照旧章，在藩库收存新工项下，提借银五万两发交盐商，按月一分生息，每年得息银六千两，以五千两添作岁修经费，以一千两提归原款。（道光）十九年（1839 年）奏准：浙江省东塘各工，日多一日，照前支银五万两，断不敷用。自本年为始，在该省捐监项下，每年提银五万两，添备岁修。"④ 其三，民间自费兴建水利工程。朝廷对于一些规模较小、经费开支不大的水利工

---

① 《清经世文编》卷 106，陆世仪《论开河》。
② 《大清会典事例》卷 907《工部·河工》。本自然段引文，均见于此。
③ 《大清会典事例》卷 904《工部·河工》。
④ 《大清会典事例》卷 922《工部·海塘》。

程，往往主张由民间自行筹资修建。如道光十三年（1833 年），御史帅方蔚奏称："直隶各州县，每当夏秋之间，大雨时行，田亩多被淹浸，道路亦且淤阻，或遇雨泽偶愆，又复难资灌溉，皆由沟渠不立所致。今南方民田陂塘渠堰，多系民修，直隶水利事宜，亦可令民间自行修建，势不能尽仰官办。现在停赈之后，应令民间次第修举，其赴工就役，各视地亩多少为差，大小沟渠，相度地势，随宜疏浚，务令水有所归，不使漫溢为害。"①

由于修建水利工程往往经费支出浩大，清政府为加强对经费的管理和监督，规定水利工程经费支出前必须经过预算审核，支出消费后必须及时销账，如支出前没有予以预算审核，那消费后是不予销账的。"雍正二年（1724 年）议准：嗣后岁修工程，于本年十月内题估，次年四月内题销，逾限不销者，令授受各官赔偿工费。"② 同治十年（1871 年）则议准："海塘办理岁修工程，均先行题估，后再题销。如未经题估者，不准径行题销。"③

清代，在水利工程开工前经费预算审核时，许多负责官员往往予以多预算，为日后销账时就能有节省工程经费开支的政绩。对此，清政府明令河道总督必须亲自前往察勘预算和销账。康熙四十七年（1708 年）谕："河工动用钱粮，辄以数万数十万计，河官当估计之时，先故浮估，以为日后节省之地，此皆河工积弊。嗣后，凡有修理工程，河道总督务亲诣察勘，确估具奏，不可一任河官浮冒估计。"④ 康熙五十二年（1713 年）覆准："嗣后一应岁修、抢修工程，均令河道总督亲勘，以杜冒销之弊。"⑤

由于有的水灾情况危急，如河堤被洪水冲垮，洪水四处泛滥，严重威胁人民生命和财产安全。当这种情况突发时，清政府就打破常规，允许负责官员不必进行经费的预算审核，可先投入财力、人力抢修，等抢险工程完工之后，再造册销账；或一面组织财力、人力抢修，一面对经费进行预算审核，上报批准。如嘉庆八年（1803 年）谕："工部奏河道抢险工程，请饬河臣于奏报情形折内，确计丈尺银两，以昭核实，系为慎重钱粮起见。但黄、运两河，遇有险要工程，临时急须抢护，多系刻不容缓，是以向来各该河臣奏报情形，均即一面兴造，迨各处工竣，分案造册题估。今若令其于估计后始行抢修，转致于河工有误，殊有关系。惟是各该河督奏报折内，凡遇抢险处所，往往用一半等处字样，并不确指起止地名，恐启厅汛各员影射浮开，及事后增添情弊，亦不可不防。嗣后凡有添筑埽坝等工，如勘明实系紧要处所，万难稍缓者，仍著各河臣一面上紧抢护，一面于兴工后，即将新工地名段落，确实声明，并各工长宽高厚丈尺，约需银数若干，逐

① 《大清会典事例》卷 925《工部·水利》。
② 《大清会典事例》卷 904《工部·河工》。
③ 《大清会典事例》卷 922《工部·海塘》。
④ 《大清会典事例》卷 904《工部·河工》。
⑤ 《大清会典事例》卷 904《工部·河工》。

一分开，详细具奏，以便交部查核，不得仍称一半等处，语涉含混。其寻常各工，仍俟估报后再行兴修，庶于国帑工程，均归核实而杜浮冒。"①

清代的水利工程建筑经费，在会计上采用四柱法进行管理，从而对经费的多少有一个动态的了解。如乾隆二十九年（1764年）规定："湖北省金沙州堤工，发商生息银三万两，以一分五厘生息，为岁修之资，每年造具四柱清册，报部查核。"②

4. 水利工程材料管理

清代在水利工程材料管理中，最重要的工作是对大批材料的采购。不法官吏在材料采购时，往往在估价时会高抬购买价格，然后以低于估价的实际价格购买，从中赚取差价，中饱私囊。对此，清政府详细具体地规定了各种水利工程建筑材料的基本规格。如清廷规定："河砖宽五寸、厚三寸、长一尺二寸，各厅一例定价，每砖银一分二厘，永为定例"，"杉木桩料围圆一尺一寸至三尺，每根价银自一钱七分至七钱，永为定例"，"石料，计丈给银，双料面丁石，每丈自九钱至一两九钱；双料里石，每丈四钱至九钱；单料面丁石，每丈自三钱六分至九钱五分，各有差；单料里石，各厅均照双料里石折半给银。石灰，每百斤价银自七分二厘至一钱四分四厘；汁米，每石价银一两二钱；熟铁，每斤价银四分；生铁，一分五厘；铁索、铁钉，每斤价银三分。自雍正十年（1732年）为始，凡岁修等工，均照此例估销"③。但是，由于建筑材料的价格因市场各种因素的影响，涨落不一，因此在实际采购时，清政府必须根据市场情况，做出调整。如嘉庆六年（1801年）谕："永定河采办料物……至所称需用料物，因附近地方多被淹浸，百物昂贵，例价不敷，恳请照市价购办一节。本年永定河决口漫溢，所需料物，较之往年多至数倍，而直隶州县多半被灾，秫稭等项，不无短少，兼之道路泥泞，远处一时不能运到，市价昂贵，自属实在情形。所有此次永定河工需用物料等项，著加恩准其照依市价购办，以济急需。但市价长落不一，此时虽属昂贵，转瞬水退道干，价值自必渐减，当随时确查料物贵贱情形，饬令承办之员据实报销，不得以目前最昂之价为准，藉口浮冒。"④ 尤其是时间紧迫的抢修工程，因急需建筑材料施工，其购买价格比平时按计划施工的工程，肯定会偏高。因此，清政府在规定建筑材料价格时，还分别制定岁修价和抢修价两种。如乾隆二年（1737年）谕："豫、东二省，河工所用岁修、抢修之柴，皆州县领银采办，交工应用。每斤价值，抢修给银九毫，岁修给银六毫，此十余年之例。昨据钦差条奏，豫省岁修六毫之价，不敷采办，请概给九毫，以裕民力。朕已允行，

① 《大清会典事例》卷908《工部·河工》。
② 《大清会典事例》卷931《工部·水利》。
③ 《大清会典事例》卷907《工部·河工》。
④ 《大清会典事例》卷908《工部·河工》。

但思东省与豫省，河道毗连，壤地相接，所需物料价值，大率相同。豫省既已加增，则东省岁修之价，亦应照豫省之例，给予九毫，俾运工车价敷足，小民益可踊跃趋事"。①

由于市场价格变化不常，即使清政府不断调整购买价格，但还是难以杜绝官吏的虚估浮冒弊端。对此，清政府屡下谕令，予以禁止。如嘉庆十一年（1806年）谕："河工应用夫土木石等项，向来因价值加增，承办厅员详请加价，该河督即照时价批准，复恐不能按例报销，遂任承办之员虚估工段，宽报丈尺，以符部价。是该河督明知所报不实，据册咨部，部中亦即照所开工段核销，竟系相率为伪。且厅员等以报部工程，俱系通融开报，势必藉称例价不敷，任意浮冒，其弊将何所不至，上下相蒙，不成政体。著照戴均元所奏，准其将应用物料，按照时价实用实报，不得稍有虚假。仍著将各项物料价值，由地方官详报督抚，按月咨部存查。至物价随时长落，原无一定，近日物料昂贵，人所共知，倘嗣后物价已就平减，而报部之数仍按价贵时报销，则系承办之员蒙混侵蚀，必当严参惩办。设将来物价，较此时复有加增，亦准其据实咨报，该河督等惟应督饬在工大小官员，各矢天良，确估核销，毋任丝毫浮冒。"②

清代，对于水利工程建筑材料的保管，也采取四柱法进行记录、监督、管理，以便于有关负责官吏能准确掌握材料的数量。如乾隆十六年（1751年）奏准："江南省木龙工程，累年新木、旧木，并淤损之木，详细分别，按年确核，以上年存工存厂之木为旧管，以本年增购及别工拨用之木为新收，以折损沙淤及移拨别工者为开除，以现在存工木龙并存厂木植为实在，造具四柱清册，送部查核。"③

5. 水利工程质量管理

清代汪志伊认为，影响水利工程质量最主要的原因是水利工程施工时施工人员的偷工减料。要保证水利工程质量，一项重要的措施就是在水利工程完工后对其进行严格的验收。要做好验收工作，必须制定严密的验收制度，有关验收官员必须亲身到现场察看，才能查出弊端根源，予以整改。他指出："今天下论筑堤疏河之弊者，莫不曰虚报丈尺，偷减工夫，而所以稽查虚报偷减之弊，往往临事茫然者，无他，不察舞弊之原，则失之浮；不立厘弊之法，则易于混；且不亲身周历，逐段勘丈，则亦不能使承办之员无所欺饰于其间。"④ 具体而言，验收堤坝等水利工程，必须察看堤坝是否按规定的高度、宽度和坚实度兴建，验收疏浚河道，必须察看疏浚河道的宽度、深度，其主要有以下 3 个方面：

---

① 《大清会典事例》卷 907《工部·河工》。
② 《大清会典事例》卷 908《工部·河工》。
③ 《大清会典事例》卷 907《工部·河工》。
④ 《清经世文编》卷 106，汪志伊《疏河筑堤工程记》。本目以下三个自然段引文，未注出处者，均见于此。

其一，察看堤坝的高度、宽度，并使堤基宽于堤身、堤顶，使完工后的堤坝必须符合原先的设计标准。"凡于验收堤工时，必先派役执画有丈尺之二杆，立于堤基之内外，将杆头长绳横牵平正以量之，则堤之身高、面宽、基宽各若干，是否与估册相符，立时俱见。至堤身陡峭，易致冲刷，必以二五收分为准，复将绳自依堤直垂以量之，则躺腰之弊亦见。又将绳自堤面横牵至两边以量之，则窐顶之弊亦见。甚至堤身之高，不及原估尺寸，转将堤旁挖深，以冒为高者，然距堤脚十数丈外，尚有未挖之处，形迹可验，一与新挖之坎较量高低，则挖深冒高之弊亦见。"

其二，察看堤坝的坚实度。"筑堤向例以土一尺为一层，必得层土夯硪，连环叠筑，始能融结坚实。而欲验其结实，则以锥试不漏为度，今用长铁锥于堤顶、堤腰锥试拔出，即以壶水灌之，土松者水即不能久注，则杂用沙土，及不加夯硪之弊亦见。"

其三，察看疏浚河道的宽度、深度。"至于收验挑挖淤河之工，必查其原估面宽若干丈，底宽若干丈，以一长绳按其丈数，上系红线数条，下临于河面河底，用两役执绳两岸分行，则面底宽窄之弊，不能混也。甚至河底河面，如式开挖，而河岸半腰，形如鼓腹，一经水刷，必卸成淤。饬役即于鼓腹处，抽挖三四寸宽小沟一道，俾与上下相平，然后量计，即知其少挖若干方，则两岸鼓腹之弊，不能混也……又或于工头工尾，如式开挖，其中间段落，有渐高渐低，巧为偷减者，饬令先行放水铺塘，以数寸为度，不得过尺。俟水面一平，而底之高者立见，则间段偷减之弊，不能混也。"

清廷为了使负责水利工程建设的官吏尽职尽责，确保水利建设工程的质量，规定了水利工程的"保固限期"，特别是一些较大规模的重要工程，关系到民众生命财产安全，无论是官修、民修，都规定有保固限期。如乾隆五十三年（1788年）谕："如系紧要处所，工程在五百两以上者，俱著一体报部查核，予以保固限期。兴修后，再行酌令百姓出赀归款。各工既有查核，承修各员自必有所顾忌，不敢任意侵克。且有保固限期，亦不敢草率办理，庶工程可期久固，而闾阎不致受苦，此正系朕为保护民生、节省民费起见"。"第不肖官吏，于官工尚思侵肥，矧此项工程，例归民修，并无保固，官员等不特藉端洒派，入其囊橐，而且草率从事，偷减侵渔，均属事所必有。其该管上司，又因系民修之工，遂尔漫无查察，殊非慎重堤防，保护民命之道。自应立定章程，并定以保固年限，庶工程可期永固，而官员亦不致有侵蚀情事，方为妥善"①。

清代水利工程保固期限因工程的不同情况而有所不同，一般在1—3年之间。如雍正四年（1726年）议准："直隶省子牙河、南运河新修工程，均照运河例，保固三年；北运河工程，较永定河稍平易，较南运河则为险要，立限保固二年。

---

① 《大清会典事例》卷931《工部·水利》。

限内冲决，照例赔修。"① 雍正十一年（1733 年）覆准："永定河贴砌片石等工，仍保固一年，别项加修新工，保固三年。漳河、滹沱河并太行堤工，照黄河例，保固一年。其余平易工程，照运河例，保固三年。" 一般说来，新建的工程保固期较长，而旧工程予以加固的保固期短；如工程建在较为平缓的地段，不易被冲垮，保固期长，而建在地势险要的地段，容易被冲垮，保固期短。

清政府还进一步规定，如水利工程在保固期内被毁坏，则由负责水利工程建筑的官员赔修，如在保固期之外被毁坏，则由管理水利工程的官员负责赔修。康熙三十三年（1694 年）议定："嗣后堤岸冲决河流迁徙者，照定例处分。若堤岸漫决河流不移者，免其革职，责令赔修。年限内漫决者，经修官赔修，年限外漫决者，防守官赔修。" 水利工程如发生赔修，清政府根据有关官吏所负责任的不同，承担不同的赔修责任。如康熙三十九年（1700 年）覆准："嗣后堤岸冲决河流不移者，管河各官皆革职，戴罪勒限半年赔修，分司道员各降四级督赔，工完开复。如限内不完，承修官革职，分司道员降四级调用，总河降一级留任，未完工程，仍令赔修。其应赔工程，已经奏明动帑者，仍将应赔银，亦照赔修例勒限处分。如限内不完，分司道员不揭报，总河不题参者，皆照徇庇例议处。" 雍正二年（1724 年）议准："嗣后给发钱粮，交与谙练河务之人修筑。如修筑不坚，致有冲决者，委官督令赔修，不能赔修者，题参革职。别委贤员，给发钱粮修筑。将所用钱粮，勒限一年赔完，准其开复。逾限不完，交刑部治罪，仍著落家属赔完。如力不能完，著落发钱粮之上司赔补全完。"

（三）管理水利工程思想

1. 漕运河道、水闸管理

清代漕运河道，在水多季节，一般允许漕粮、商船自由通行，而在水少季节，漕运河道载运量有限，为确保关乎粮食供给的国计民生，则规定漕船优先，其次才是商船、官船。雍正二年（1724 年）谕："运河之设，未尝禁商船之往来，但水少时则加意管束，水大时，听商船行走。京师百货，取给于东南之商贾，今若严禁，则各种载船，必一概阻滞，商贾安能流通，于民生日用，均属未便……令总河、总督、直隶、山东、河南各督抚，檄饬沿河地方官弁，遇有商贾客船，许于漕船先后乘隙而行，毋许漕船拦阻，亦毋许商船拥挤。"②

清代漕运用水经常与农田灌溉用水发生矛盾，即农田灌溉用水使漕运河道水位降低，影响漕船航行。对此，清政府规定，当二者发生矛盾时，首先应该保证漕运用水需要，其次才满足农田灌溉用水。乾隆五十年（1785 年）奏准："江南省运河，分段设立志桩，以水深四尺为度。如水深四尺以外，任凭两岸农民戽水

---

① 《大清会典事例》卷 917《工部·河工》。以下两自然段引文，均见于此。
② 《大清会典事例》卷 918《工部·河工》。

灌田；如止消存四尺，毋致车戽，致碍漕运。"① 为了确保漕运用水，清廷甚至禁止民众私自在漕运河道开凿渠口，引河水灌溉。康熙七年（1668 年）议准："畿辅堤岸，关系紧要，禁止附近庄佃私开渠口。"②

在漕运河道的管理中，河道闸门的开启和关闭关系到水位的高低，直接影响到漕船的航行，因此，对闸门的管理是一项重要的工作。顺治二年（1645 年）定："旗下军船，不许零星过牐，非时启闭，致妨漕运。"③ 因为如频繁启闭牐，就会使拦蓄在河道里的水迅速流失，致使水位降低，使漕船搁浅。基于这一原因，顺治十三年（1656 年）覆令："令河臣申明各牐启闭禁令，先放粮船，次放官船，又次放商民船。如有启闭不时泄水误漕者，指名题参。"康熙四年（1665 年），朝廷对河牐启闭又做了更合理的规定："如粮船、商船齐到牐，粮船先过，商船继过；如粮船未到，商船先到，牐官勿得指称粮船将到，强行拦阻，仍著放过，违者从重治罪。其一应往来官船，立有钦差牌扁，著永行禁止。如此等官船藉名紧急，擅行启闭，于粮船之前争先者，著该督抚指名题参。"这就是粮船、商船同时到牐，应先让粮船通过；如粮船未到，商船先到牐，就应让商船先通过，既不影响后到粮船通过，也可保持河道畅通，不妨碍商船行程。官船则不得以任何借口，擅自开启河牐，抢在粮船之先通过河牐。如有发生这种情况，由总督、巡抚上奏弹劾。

由于水闸（水牐）关系到漕运和农业灌溉，对于调节水位发挥着重要的作用，因此，清政府往往派专人予以管理，并定有管理规章制度。如黎世序撰有《练湖善后章程启》一文④，记录了练湖四闸的管理，兹简要缕述如下：

其一，派专职人员对练湖四座水闸开启关闭进行管理。"练湖既修闸座，涵洞启闭之法，宜委员照管，以专责成也……以便蓄泄湖水，救田济运。其每年春夏桃伏两汛，时雨连绵，各处山水汇注，应令专管委员沿堤察看，如水势过盛，欲漫堤埂，即勘明启板，酌量泄水，以免漫溢之患。一交秋后，农田无须放水之时，即将闸座涵洞，严行封闭，以备冬春粮船来往，放水济运。如遇亢旱之年，仅存湖心底水，不能由闸放出，即从较低之头二两涵，引水由支河王公闸、新河闸放出以达运河。"

其二，在湖中设立水位标志，以随时监控水位高低，防止私自开闸放水，蓄水以供漕运、灌溉之需。"湖水应立志桩，以杜偷放也。查练湖四闸，原备宣泄济运，涵洞为农民引水灌溉田禾，旧设涵长十三人，系民间自行选举。如遇农田需水之时，自应尽其启涵灌溉，惟秋成以后，即无须沾用水利，便应潴蓄充盈，

① 《大清会典事例》卷 919《工部·河工》。
② 《大清会典事例》卷 918《工部·河工》。
③ 《大清会典事例》卷 918《工部·河工》。本自然段引文，均见于此。
④ 《清经世文编》卷 104，黎世序《练湖善后章程启》。

以备济运。但湖中鱼草出息，向系征之鱼户，而鱼户利于水浅，以便捕捞，即不无偷放湖水之弊。卑府现于湖心亭之旁，竖立石柱，刊刻尺寸，以为志桩。农事毕后，管湖官量验水深尺寸申报，即取涵长、渔户不敢偷放切结备案，庶湖中积水尺寸，了若指掌，兼杜偷盗湖水之弊。"

其三，加筑上湖堤埂，并禁止下湖因蓄水稍多，为防漫溢偷放湖水。"上湖堤埂，宜一体加筑，并严禁盗放湖水也。查下湖周围堤岸，已由湖民照依旧制加培，其相连上湖之堤埂，凡过水处所，设堵御弗慎，不加筑堤岸，恐下湖蓄水稍多，必致漫淹上湖田亩。是上湖与下湖接连处所，并沟浍经由之处，均宜一体加筑堤岸，以免湖水上漫。卑府现已出示一体加修，现在业已逐渐加补，第恐上湖居民，懒费人工或见下湖蓄水稍多，恐致上溢，竟有黑夜盗放者，亦不可不防其渐。应责成地保、涵长、闸夫人等不时巡防，方为切近，每年山水初发之后，由地保随时查报。如需加土堵御，即便督率附近湖民，各照坐落田畴，按段培土坚厚，以防漫溢。"

其四，练湖水闸管理中闸夫报酬、闸板绳索损耗、闸夫住房等经费开支管理。"下练湖鱼草出息，岁收银六十五两零，系留抵修闸公用之款……此项银两可以就款开支，现拟四闸设夫六名，每名岁给工食银八两，共银四十八两，即在湖息项下动支，其余仍留抵闸座并闸板等项，岁修经费贴补之需。如有不敷，该县又有普生庄租息一款，在内添补支销，似以公济公，均无窒碍"。"查闸板常年堵截湖水，而绳索日夜暴露，风雨摧残，并易损坏，必须按年修换，所有更换木料、夫工、绳索并闸夫住房，日后修补，亦请于余存湖息及普生庄租息项下动用，据实造册报销。"由此可见，练湖水闸管理中的经费开支其原则是以湖养湖，即主要从练湖鱼草出息款项中支出，如有不足，再于该县普生庄租息中支用。

2. 护堤坝

堤坝是防止洪水泛滥的重要水利工程，清政府重视对其进行维护。佚名的《湖南水利论》载有护堤条议 4 点：其一，设堤夫、堤甲、堤长、堤老、垸长、垸夫分段守护河堤："每千丈金一堤老，每五百丈金一堤长，每百丈金一堤甲，凡堤夫十人，一应堤防事宜，官守之。而有垸处所，亦设有垸长、垸夫，其法与堤甲同，仍不论军屯、官庄，凡受利者，各自分堤若干丈。"其二，免其堤甲、堤长、堤老、垸长、垸夫等徭役，使他们专职守护河堤："凡堤老、堤长、堤甲及垸长、垸甲人役，各复其身，每遇编审，即与豁除别差，则彼得一意于堤防。"其三，在河堤上建铺舍，供守堤人住宿，使他们日夜防护："查照漕河事例，于堤上创置铺舍三间，令堤长人役守之，则往来栖止，不患无所，而防护事务，亦庶几不至妨误矣。"其四，对盗决、故决河堤之人予以严惩："凡有奸徒盗决、故决江汉堤防者，即照依河南、山东事例发遣，揭示通衢，以警偷俗。"①

---

① 《清经世文编》卷117《湖南水利论》。

如是在汛期，清政府则责令护堤士兵和堤夫、堡夫等严加防护，严防洪水决堤泛滥。顺治初年，定"分汛防守之法……其防守之法，则统于桃、伏、秋三汛。自清明节起阅后二十日为桃汛，自桃汛后至立秋前为伏汛，自立秋至霜降节为秋汛。汛临之时，该管官弁，责令河兵、堡夫加谨分防，每里设立窝铺，铺各标旗，编书字号，夜则悬灯鸣金以备抢防，昼则督率兵夫，卷土牛小埽听用。遇有刷损，随刷随补，毋使坍卸。至夜分巡守，易于旷废，应设立五更牌面，分发南北两岸，照更次挨发各铺递传。如天字铺发一更牌，至二更时前牌未到日字铺，查明何铺稽迟，即时拿究。再汛发之时，多有大风猛浪，堤岸难免冲激，应督令堤夫多扎埽料，用绳桩悬系附堤水面，纵有风浪，随起随落，足资防护。又凡骤雨淋漓，易致横决，应置备簑笠，令兵夫冒雨巡守。此外非时客汛及十月后槽汛，十一月十二月蹙凌汛，非三汛可比，止令兵夫照常巡守。凡黄运河工，一例遵行。"① 由此可见，清初在汛期对河堤防护主要是派河兵、堡夫、堤夫等日夜在堤上巡视，尤其在狂风暴雨时，更要派兵夫冒雨巡守。遇有堤岸被河水冲刷损毁，应随时加以抢修补牢，毋使堤坝垮塌。如遇大风猛浪之时，堤夫就用绳桩悬系埽料飘浮于堤坝附近水面，随风浪起落，使风浪不易直接冲击堤岸，造成堤岸受损。

清代在堤上栽种榆柳以固堤防。"顺治十三年（1656 年）定，滨河州县新旧堤岸，皆种榆柳，严禁放牧。各官栽柳，自万株至三万株以上者，分别叙录，不及三千株，并不栽种者，分别参处。康熙九年（1670 年）奏准：于沿河州县择闲散人，授以委官名色，专管栽柳。三年分别劝惩。十五年（1676 年）议准：河官种柳不及数者，免其处分。成活万株以上者，纪录一次；二万株以上者，纪录二次；三万株以上者，纪录三次；四万株以上者，加一级；多者照数议叙，分司道员，各计所属官员内，有一半议叙者，纪录一次；全议叙者，加一级，均令年终题报。"② 由此可见，清朝入主中原之初，就重视栽柳护堤，对于栽柳成活数高的官吏，朝廷给予记功、晋级的奖励。

3. 《水利条规十则》

清代庄有恭写有《水利条规十则》一文③，比较系统地阐述了对水利工程兴建的管理。兹缕述如下：

其一，疏浚河道前，应通过钉桩、牵绳等预估土方，并通过灰印标记，以防施工时偷工减料。"应浚工段，宜先钉桩牵绳量定也。查此番开浚河道，原期河道深通，畅流无阻，但恐偷减工程，办理草率，应令地方官，将估计应开各段，务必两岸钉桩，在于老土为准，牵绳坠下，定至水面若干尺，水面至河底若干

---

① 《大清会典事例》卷 913《工部·河工》。
② 《大清会典事例》卷 918《工部·河工》。
③ 《清经世文编》卷 106，庄有恭《水利条规十则》。本目以下引文，均见于此。

尺，应挑土若干深，登记册内，并于两岸钉立信桩，灰印标记。嗣后收工，看明原钉各桩，灰印有无更动，再照前法，将绳对岸牵平中间吊绳坠下，除去原空水面尺寸，则挑深若干，显然易见，而偷减土方之弊可杜矣。"

其二，准确估算、征募役夫，并设夫头对役夫进行管理，妥善安置役夫住宿。"募夫应照业食佃力之意，酌雇应役也。某县工段若干，需夫若干，核计土方之后，即有定数，地方官必将实征堂簿，吊齐内署，查明通邑田亩顷数，计亩计夫，核有定则，并谕令各业户，将圩号各佃姓名，据实开呈。按其佃田之多寡，核其应役之夫数，斟酌公平，均匀雇募。定额之后，即将通邑需用人夫数目，按照都图，明白出示晓谕，庶胥役无苛索折乾之弊，而业佃无偏枯派扰之累矣。所有应设夫头，即于所雇夫内，二十名设一夫头，散夫责成夫头管领，夫头着落圩甲保领。如有诓银逃逸，均可着落根追。其各夫夜间歇宿之处，或庙或船或厂，均于工所附近，设法安置，即于估工时，先为勘定，以免临时周章。"

其三，选派廉洁自好、精通业务人员专门监督工程质量，对工程中偷工减料、营私舞弊者从重惩罚，对按照设计要求保质保量完成工程人员予以奖励。"督工应责成委员，以防偷减也。贴坡垫崖、肥腮鼓腹诸弊，有一于此，不惟丈尺短少，水流不畅，而所贴所垫之土，一经雨淋，仍复坍卸河内。然此等诸弊，苟非书役圩保，欲图敛派银钱，串通夫头，主持卖工，互相包容，愚民亦断不敢为此。是惟在督工之员，清洁自好，明白劝谕，悉心查察。如有前弊查确，知会地方官，将该犯等分别枷号工所，候通工完日，从重发落。设委员不能禁除，经上司查出，或于收工之日，丈尺未足，验有贴坡等弊，除将该委员轻则记过，重则参革外，仍拿原办人夫著办，并将原办书役等，照前议枷号发落。若委员布置得宜，俾书差等不敢舞弊，照依估定丈尺，如式完竣者，随时先请记功，以示鼓励。"

其四，地方官负责水利工程施工人员报酬的发放，必须公开透明，防止当事人从中克扣。当地方官领到施工报酬银两时，必须公布各工段土方银、车水银、打坝银各若干，并召集董事、夫头当众亲自发分，并使董事、人夫等都知晓每人应领银钱数，并不时了解人夫银钱数是否被克扣。如有发现克扣现象，必须予以追究惩罚；如董事尽职办理，使工程早日竣工，地方官将颁布匾额嘉奖。"散给夫银，应责成地方官并须明白晓谕，以免扣短也。某县工段若干，应领帑若干，行知该地方官，赴司领回，即传集董事、夫头，当堂亲自分发，不得假手书役。仍须将逐段估定土方，自某处起至某处止，长若干丈尺，共估土方若干，每方上银若干，共估土方银若干，车水银若干，打坝银若干，每银一两，折钱若干，明白晓谕，俾使董事、人夫，共知应领之数。其董事、夫头，有无扣克，仍不时亲问各夫，如有扣短，立即究追枷示。该董事如果实力办理，依限早竣，地方官给匾嘉奖，以励勤劳。"

其五，将疏浚河道分为数小段，每段分派 20 名挑河泥人夫，设 1 名夫头管理，计算每小段河泥土方，分摊给每位挑土人夫，以考核其勤惰和工程进度。每50名挑土人夫设1位圩长，以监督每小段挑河泥人夫出勤和劳动情况。"挑河人夫应按段分工，以专责成，以分勤惰也。人夫众多，勤惰搀杂，若不分定小段，难以按名考核，滥竽多而勤者亦惰矣。应于每段之内，将前议二十名，设一夫头，划为一小段，用小号橛，签钉段首，上写夫头某人，领夫二十名，每名分土方若干，长阔深几丈几尺，限几日完工，先完者先归字样。另每夫五十名，签一圩长，专司督领，则人有专责，勤惰易明，此段人夫，断不肯为彼段挑土。而委员查工点夫，只须于河边往来，查看夫头某人段内，现在挑土者几人，抬土几人，一目了然，不必停工而后点夫，即圩甲雇夫数目，按段核计，亦难偷减也。"

其六，将挖挑的河工应堆贮在离堤岸十丈以外的堤外，按规定的地点、形状堆贮，并低于堤坝，以防止挖挑的河土在雨天之后重新滚落、流入河道内，使挑挖河土工程前功尽弃。"挑起之土应堆贮新岸十丈之外，以防淤积也。查挑夫贮土，乐近惮远，即工员亦但期副限，利于贮土近便，则往来较速。不知贮土近便，则雨水淋泻，人畜践踏，不久仍滚落河中，渐归淤积，而原挑丈尺之工半废矣。且向因田与岸平，致田主年年培筑田边，占出河面，今应除挑宽河面之外，再留十丈，将挑起之土，堆贮于此十丈之外。先画双条灰线，贮土于灰线之中，务要缕齐，一带如堤，不得任听乱倾，高低凹凸，应责成工员，勤为照看指示，令其如式倾贮。如离河太近，及不如式，责令该工员另办，所有堆土之堤，及堤外之路，如原系侵占者勿论。有粮者查明豁除，其堤应永留，不许铲除，务使堤高于田，将来脚割，只许帮堤使高，不许弃于堤外。则积土既免滚落河中，且可以杜侵估，亦可以防水患，于低田尤宜。一举而数善皆备，勿视为烦苛细故也。"

其七，工程竣工后，必须派官员协同地方官丈量核实施工土方及所费银两准确数目，并造册通报。"估计造册应檄委专员协同地方官核实办理也。各河港应开宽深之处，固已勘定，其宽深丈尺，亦经委员牵量册报，但土方确数，必须委员协同地方官覆勘，核实确估，且其中不无因地就势，酌量通变之处，应先委谙练佐贰四员，赴各县协同覆加勘丈，核实估计土方银两确数，连衔造册通报，庶工归实用，帑不虚糜。"

（四）修建城墙、道路、仓廒等公共工程思想

1. 修建城墙

在古代，城墙作为一种重要的防御性工程，关系到民众生命和财产安全，因此，在修建城墙中都高度重视城墙的质量。如清代陈大受就指出，城墙是民生的保障，在修建城墙时，最重要的是城墙的坚固性，应将其建成历经千百年都不倒的建筑工程。因此，对修建城墙的经费，应当予以充分保证，不能因担心被人贪污而任意减少。他认为："各项工程，委员估计，每多浮冒，若不严加核实，必

致虚耗帑金，然或意在节省，而不计工料之是否敷足，则工程究多苟且，难于经久，二者均非持平之道。愚以为浮冒侵蚀之弊，若委任得人，稽察严密，自可杜绝，倘用匪其人，漫无查察，即大为核减，而经手之员，复肆侵渔，则工程万不能坚固。现在虽有节省之名，而未久坍废，前功尽弃，其虚耗帑金，殆有甚焉。伏思城垣一项，内地则为民生保障，沿边沿海则为疆圉重务，应修应建，必期为千百年之计，而不可为目前苟且之图。所有工程应节省者，固不可不详为综核，而实需之费，亦当妥协勘估，勿令简率。但使地方大吏，留心稽察，遴干员而任之，其有不肖之员，偷减侵冒者，立予参劾，则工程自有实济，而巩固可期也。"①

为保证城墙质量，清廷规定城墙兴建完工后，必须进行验收，如有不合质量要求的地方，必须进行补建。"乾隆三十九年（1774年）议准：城垣修竣后，藩司道府各予限一月，勘验报销。如所修工程，间有增改之处，即照增改之工，酌量展限，于报销案内，分析声叙，不得牵扯通工，另为展限。"② 城墙修建完工验收后，还规定定有保固期，如在保固期内坍塌损坏，有关官员必须受到处罚，并予以赔修。"康熙元年（1662年）题准：损修城垣，务照旧式坚筑，取结报部。如不合旧式，并三年内塌坏者，将管工官指名参处。三年（1664年）定，凡捐修城垣谯楼、雉堞、房屋等项，督抚亲验保题，若三年内损坏者，监工官及该督抚皆降级赔修。"③ 在修建城墙时，如遇到旧官员离任、新官员上任，必须将所兴建的城墙有无坍塌损坏等情况交接清楚，如交接不清，而有坍塌损坏的，必须由旧官员负责修补。雍正七年（1729年）定："外省新修城垣，地方官遇有升转离任，将有无坍塌之处，交代与接任官。交代不明，致有坍坏，仍著前任官修补"。

清代兴建城墙，其经费必须经过估算和审批，而且按其经费数额的大小，大致分为两个等级。乾隆二十七年（1662年）议准："凡有应修城工，需费在三百两以内者，概令地方官设法办理，不得率行请帑。其需费在千金上下者，恐力不能办，先令地方官据实详报，由布政司亲往勘估兴修，开工之后，责成道府往来查察，工竣由督抚验收。"④ 即使是由各官捐修的城垣，也要经过经费估算，申报批准，才准其兴建，以防止借口经费不足科敛百姓。"（顺治）十五年（1658年）复准：各官捐修城垣，务将丈尺及用过工料，逐一详勘，方准具题。如藉端科敛累民，即行指参。"

清政府在修建城墙中，也注意到以工代赈，即利用灾荒之年动工兴建，让那

---

① 《清经世文编》卷26，陈大受《复部议禁米囤核城工疏》。
② 《大清会典事例》卷862《工部·城垣》。
③ 《大清会典事例》卷867《工部·城垣》。本自然段以下引文，均见于此。
④ 《大清会典事例》卷867《工部·城垣》。本自然段引文，均见于此。

些无以为生的灾民参与城墙兴建，既使灾民通过兴建城墙自食其力，度过灾荒，又使国家节省赈灾经费，并利用灾民劳动力兴建公共工程。乾隆二年（1737 年）谕："今年春夏之交，直隶、山东雨泽愆期，二麦歉收，虽屡降谕旨，蠲赈平粜，恐闾阎尚有艰食之虞。著巡抚悉心计开渠、筑堤、修葺城垣等事，酌量举行。使贫民、佣工就食，兼赡家口，庶免流离，再年岁丰歉难定，而工程之修理者，必先有成局，然后可以随时兴举。一省之中，工程之最大者，莫如城郭，而地方以何处为最要，又以何处为当先，应令各省督抚确查，分别缓急，预为估计，造册送部，将来如有水旱，欲以工代赈，即可按籍速为办理，于民生殊有裨益。"①

城墙作为古代城市重要的防御工程，统治者都重视对其进行保护，清代也不例外，颁布了一些"城垣禁令"②，以下缕述数条有代表性的规定：其一，城墙作为军事重地，禁止闲杂人登上城墙："顺治二年（1645 年）定：内外城楼及城上堆拨，不许闲人登视，违者交部治罪。"其二，如有城墙坍塌，应及时修补，如一时难以修筑，应禁止民众抄近路逾越："乾隆元年（1736 年）谕：各省城垣，自应加谨防范，以资保障。其残缺处所，修理虽有缓急，若地方官果能随时补葺，自不至介煞成路，岂可纵容民人登陟，不为查禁整理。朕从前经过地方，现有残缺之处，听民人逾越渐成路径者，令各省督抚董率有司，留心整饬，毋得仍前玩视。"其三，如有城墙坍塌，应妥善保管那些砖石，以备日后修建时再用。如乾隆十三年（1748 年）议准："陕西边墙……一切砖石，自不应听其倒塌，为闲人取去。若河西之墙，则尤不可使之渐坏。令陕西督抚将现在边墙，饬令该管官弁，加意保护，其有坍塌砖石，收储备用，毋许听人窃取，如漫不经心，即将该管官弁照例指参，凡有边墙各省，均照此例办理。"其四，禁止在城墙五丈内的地方挑取土方，以破坏墙基；禁止在城垣上缒物，以免缒绳磨损城垣。如嘉庆十三年（1808 年）奉旨："城垣切近地面，挑取土方，自应定以限制。著即照所议定例，以距城五丈为限，五丈以内不准取土。所有崇文门外，现在挑挖土坑，在五丈以内者，即令承修之员，勒限填筑完固，并补还低洼处所，以免积水。此次因向无成例，承修官免其议处。若定例以后，再有于近城五丈限内，取土修工者，即著该管官查禁参奏。"嘉庆十六年（1811 年）谕："前派兵、工二部堂官前往各城，周历四面城垣，详查有无缒物绳痕。兹据复奏，各城垣上绳痕，共有一千余道，其中有因兴举城工，缒取料物者，有因芟除城墙草木，系绳缒下者，并有堆拨官兵，乘便取用什物，以致日久牵曳绳迹滋多等语。京师重地，周围城垣，自应一律整齐，每遇兴举大工，例有架木天桥，可以转运，本不应于城上缒取。即寻常工程，或就近缒取料物，及芟除草木，所有牵曳

---

① 《大清会典事例》卷 867《工部·城垣》。
② 《大清会典事例》卷 868《工部·城垣》。本自然段引文，均见于此。

绳迹，事竣后著随时责令立加修整。至堆拨官兵，应用什物，各城均有马道可行，何得于城上乘便取物，毫无忌惮，实属貌玩。除旧有绳迹，著工部堂官等勘明修葺外，此后附近堆拨地方城垣，如再有缒物绳迹，即将该处堆拨官兵，治以应得之罪。其应如何酌定罪名，著刑部另议专条具奏。"

2. 修建维护桥梁道路

清政府重视对桥梁道路的修建和维护，以保持桥梁、道路的畅通无阻。清廷一入主中原，就颁发了有关诏令。"顺治元年（1644 年）定：凡直省桥梁、道路，令地方各官以时修理。若桥梁不坚完，道路不平坦，及水陆津要之处，应置桥梁而不置者，皆交部分别议处。"① 对于一些重要的道路，清政府还特别重视，明确规定用石头铺砌，并定有保固期。如"雍正六年（1728 年）奏准：京仓运道，一概修整石路，工竣令保固三年。又奏准：查勘石路，自广宁门外至小井村，土道自右安门外至草桥南，并夹石路之护土木钉荆笆，悉令平坦坚固，工竣，保固三年"。

为了庇荫行人，巩固路基，清政府还重视在道路两旁种树，并令有关部门予以巡护，以防止树木遭到损伤，影响成活率。乾隆二十九年（1764 年）复准："自新庄至土城德胜门至清河一带，新开大道，行旅辐辏，道旁柳株务令成活。大兴、宛平二县，将栽种数目报部，都察院、步军统领饬五城三营巡查看守，毋令损伤。又复准：德胜门外新开土道，所栽柳株，顺天府饬所属专差管理。又复准：阜成门外新开大道，自慈惠寺前起至两家店一带，大兴县所种柳株，交都察院饬该城看守，不时巡查，毋致损伤"。

任何道路桥梁在发挥交通作用的同时，损坏也是不可避免的。因此，清廷还重视派官吏负责道路的维护，对损坏道路、桥梁者予以惩处。顺治元年（1644 年）议准："京师街道，差本部汉司官一人专管，仍令五城司坊官分理。凡在京内外街道，若有作践掘成坑坎，盖房侵占，或傍城使车，撒放牲畜，损坏城脚，及大清门前御道正阳桥及各门月城等处作践损坏者，交刑部治罪。"同时，对损坏的道路予以维修，对死亡的树木予以补种。雍正十一年（1733 年）谕："由京师至江南道路，往来行旅繁多，朕于雍正七年（1729 年），特遣大臣官员前往，督率地方官修理平治，不惜帑金，成功迅速。又令道旁种树，以为行人憩息之所。比时河东总督，董率河南官种树茂密，较胜他省，经过之人，皆共见之。凡此道路树木，皆朕降旨交与地方官随时留心保护者。近闻官吏怠忽，日渐废弛，低洼之处，每多积水，桥梁小渐拆陷，车辆难行，道旁所种柳株，残缺未补，且有附近兵民砍伐为薪者，此皆有司漫不经心，而大吏又不稽察训诫之故。著传谕该督抚等，转饬有司照旧修理，务令平坦整齐。或遇雨水泥潦，随损随修，不得迟缓。其应补柳株之处，按时补种，并令文武官弁禁约兵民，不得任意戕害。倘

---

① 《大清会典事例》卷 932《工部·桥道》。本目引文，均见于此。

有不遵，将官弁题参议处，兵民从重治罪。"

3. 修建维护仓廒

中国古代历朝都重视储积粮食以备荒年之需，这是关系到国计民生的大事。而要储积粮食，就必须修建大量仓廒，以存放粮食，并防止粮食因风吹雨淋而霉变朽烂。清政府对此有充分的认识。如康熙"二十五年（1786 年）谕：闻得仓廒年久渗漏，米粮渑烂深厚，仓粮军民所需，关系綦重，毁坏漏雨，应修廒房，仓场侍郎亲身逐一细查具题，钦此。遵旨议定：动通济库银，交各监督修理。嗣后仓廒倒坏，即照此例修理，造入年终册内题销"①。"雍正四年（1726 年）谕：凡仓谷霉烂，皆由于仓廒不修之故。平日地方官所司何事，以致倒塌渗漏，亏折米粮，愈当加惩者。今若宽其处分，则有司于仓廒，平日必不加意修理，以便措辞，著九卿议奏，钦此。遵旨议定：凡该地方仓廒无多，将仓粮寄存僧道寺院者，或有露囷者，该地方官即行具详，该督抚确勘具题。倘州县官因循怠玩，不将仓廒葺补修治，又不详请建造，以致米谷霉烂，应照溺职例革职。仓廒既经修理，犹有托名霉烂亏空者，照侵蚀例治罪。"

正由于清政府对仓廒储积粮食的重要性有充分的认识，因此早在清朝入主中原之初，就建立了仓廒定期修建维护制度。"顺治初年定，（仓廒）三年一小修，五年一大修。工价属户部，办料属工部，自钱粮归并户部，所需料价银，并咨户部给发。"为了保证所兴建的仓廒坚固，清政府也制定了仓廒保固期和赔修制度。顺治十六年（1659 年）议准："修造仓廒三年内损坏者，令原修官役赔修；一年内坍塌者，除原修官役赔修处，仍照例治罪。"为了鼓励地方官吏在其任期内维护仓廒的完固，清政府委任都统或御史对仓廒的损坏、被盗窃等弊端予以稽察监督，及时予以补修和处置，如都统和御史失职迟延，则要与仓场监督等共同承担责任，予以分赔。雍正五年（1727 年）谕："京通仓廒，多有屋瓦渗漏，墙垣损坏者，在京各仓，每仓或都统或副都统各一人，御史中不论满、汉，每仓各委一人，专任稽察之责。其支放奏销等事，不必经管，惟仓房渗漏，墙垣损坏，与仓内铺垫，及匪类偷窃各弊，查出即行文仓场侍郎知之。若仓场侍郎迟延，不及时办理妥协，即据实奏闻。傥不能查出弊端，以致亏损仓粮，著落稽察之都统、副都统、御史与仓场监督等分赔。其通州三仓，即照此例，交与通永道通州副将稽查，其失察分赔之例，亦与京仓同。"

为确保仓廒能得到及时的维修，使仓廒储粮能妥善保存，清政府重视维修仓廒经费的落实。同时，为了使维修仓廒经费不被不法分子侵吞贪污，维修仓廒经费在工程竣工后，必须造册题销。如是经费达到百两银子以上的仓廒维修，还要事前进行工程预算，获得批准后才能动工。康熙三十八年（1699 年）复准："嗣后各仓廒及号房围墙，或有倒塌，仓场侍郎亲身验明，即令该监督等估计，动用

---

① 《大清会典事例》卷 871《工部·仓廒》。本目引文，均见于此。

通济库银，呈报户部，速行修理。工完，将用过银数奏销。"乾隆三年（1738年）复准："通州西、中、南三仓放空之廒，有应修者，所需工料银，照在京之例，预行估计报部。如百两以上者，题请动项，工竣造册题销。如不及百两者，就近在于通济库轻赍银两动支兴修，工竣据实造册、报部查核，仍于岁终将准销银数汇册具题。至扣存公费银，俟动用完工，将逐项准销细数，开单咨部。"

二、漕运、海运思想

（一）漕运管理思想

1. 重视漕船质量

清廷十分重视漕船的建造质量，这是保障漕运安全的最基础的工作。乾隆四十一年（1776年），朝廷制定了检查"成造漕船"质量的"查验九法"①，严格对建造完工的漕船进行质量检验，以使每艘漕船都能达到所规定的质量标准。"查验九法"规定："一验木。毋杂恶质，毋间旧料。"这就是造船首先要对木料严格把关，要选优质的木料，不能夹杂用恶质木料或旧料。"二验板。康板厚五寸，搪浪底板厚二寸，拖泥脚栈栈板厚一寸七分，下墨时查看锯路，解板下锯，如比较分寸不合程式，即行究换。"这就是造船必须讲究船体各个部位木板的厚度，以抵御外部力量的撞击，如礁石、风浪等对船体的撞击。"三验底。浅船底长不过五丈二尺、中间阔不过九尺五寸，铺底验量尺寸少差，即勒令改造。"第三是查验船只底部，丈量船只底部长度和中间宽度是否符合原设计规定。如有短少尺寸的船只，必须勒令制造者重新按造规定尺寸建造。"四验梁。浅船龙口梁阔不过九尺，高不过一丈四寸，使风梁阔不过一丈四尺，断水梁阔不过九尺，高不过五尺。一不合式，即勒减削。"第四是查验船梁，清政府对建造各种船只的船梁有严格的尺寸规定，其宽度、高度不能随意增加。如一发现不符合规定的，就要勒令予以减削。"五验栈。浅船栈长七丈一寸，深三尺六寸。"第五查验船只栅栏是否按规定尺寸建造。"六验钉。用钉之法，一尺四钉，逐眼稽查，内外审视，如有匿钉不用，及虚派钉眼而眼内无钉者，立即究治。"对于木结构船只来说，钉是固定船体的重要部件。因此，检验船上钉子的使用是查验船只质量的重要工作，如查验钉子是否按一尺钉四个钉的规定操作，是否有不按规定该用钉的地方而没用钉的。如有发现不按规定用钉的，立即追究予以惩治。"七验缝。合板时，查验板边俱净，缝口细合，不得稍有隙漏。"为了严防船只漏水，船板之间的合缝必须严密不留空隙，因此，查验船板合缝也是一项十分重要细致的工作。"八验舱。法以斧入凿，以凿入麻，缝满然后因以油灰。如有麻少缝阔，不能受灰，及油少灰生，旋上旋落者，立即究处。"船板合缝后，如中间尚有一些空隙，必须填满麻和油灰，使缝隙消除，确保不会漏水。如缝隙中麻填得不够

---

① 《大清会典事例》卷 202《户部·漕运》。本自然段引文，均见于此。

多，油灰就不能牢固粘合在缝隙中，很容易掉落。如有发生这种情况，必须立即追究惩处。"九验头梢。铁叶扒锯攀护头梢者，不许短少，铺头铺梢里料，不许滥恶充数，监造各官，均照成法详加审验。"船只重要附件不能短少；铺头铺梢里面用料，不许用质量差的材料充数。监督造船各官，必须按照建造船只规定详细查验。

2. 保证漕船安全

清政府为了保证漕船的安全，还重视漕船在航运中必须注意防止火灾烧毁船只，风灾使船只倾覆飘没，并且防范不法之徒沿途盗卖漕船粮食。《大清会典》卷22就规定，漕船在航运中必须"慎其风火"，"诘其奸慝"。如发生风火、飘没或盗卖现象，有关官员必须及时救助、查办。"河运漕船遇有风火事故，押运官即速报明沿河地方各官协同救护。船米全行损坏者，即令修固原船运通，尚无负重之虞。即将捞抖湿米，分洒通帮各船，易换食米，并将抢获干米，均匀洒带。如核计米数，恐致自重，即另行雇船载运。凡船在险要处所，遭风漂没，准由地方官将失事情节，查实结报。如系应行豁免者，该督抚先行奏明，一面确勘会题请豁。海运漕船遭风损坏，改派别船揽装，或分别加装别船，以符起运全数，于给发联单内逐一注明，分别办理。"[1] 乾隆二十三年（1758年）议准："粮船被窃，旗丁呈报本帮员弁，移知地方官，缉贼追赃。被窃之船，即随帮前行，不必守候，至强劫重案，必须待验，应令该领运官具报会勘后，州县立给印票，催趱前进，并将盗劫守候缘由，报明漕督及巡漕御史查核。"[2]

为了督促有关官员小心谨慎，防止漕船失于风火或盗窃，清廷制定了一些惩罚措施，对因失职导致漕船失于风火或盗窃的官员进行惩处。如"康熙二十一年（1682年）题准：押运官弁巡查不谨，以致失火烧毁漕船者，降一级留任，地方官不行协救，延烧别船者，罚俸一年。又题准：漂没船粮沿途催趱各官，及汛地文武官，亲临确勘是实，各出保结，取具运官结状。该督抚确查具题到日，照例豁免。如运粮官丁，未经漂没船粮，捏报漂没，并故将船放失漂没，及虽系漂没，损失不多，乘机侵盗者，照例治罪。米数照赔补，其沿途催趱各官，及汛地文武各官，不亲临确勘的实，遽出保结者，皆革职。如该督抚不缉查确实，遽行题豁，后致诈冒事露，将具题督抚，降二级调用"[3]。

清政府为了防范漕粮被盗，确保漕粮在运输途中的安全，委派通判专职对漕运进行押运。"顺治十六年（1659年）覆准：粮道在南董理运务，不能分身抵通。除山东、河南路近，照旧遵行。其浙江各省粮道，止令督押到淮，盘验后即回本省。令总漕会同该巡抚，于管粮通判内，每省遴委一人，专司督押，管束运

---

① 《大清会典》卷22。
② 《大清会典事例》卷103《吏部·处分例》。
③ 《大清会典事例》卷103《吏部·处分例》。本自然段引文，均见于此。

军，严加防范，以杜沿途侵盗搀和等弊。"①康熙年间，因一些押运官官职低权力小，不能有效弹压漕运中违法乱纪事件，曾改派官职较高官员担任押运官。康熙三十四年（1695 年），"以通判官官微职小，不能弹压，复令粮道押运"。

漕船经过的地方，有些属于穷乡僻壤、人口稀少、不法之徒出没之地，漕粮时而遭到抢劫。对此，清廷特别加派兵役，对这些易发生盗窃的地区加强护卫。"嘉庆五年（1800 年）谕：漕船经过地方，向有无赖棍徒，勾串漕船水手，沿途滋事。著沿途文武地方，于漕船经过时，多派兵役，认真查拿，务令棍徒知所畏惧，预为敛迹。倘以后仍行疏纵，致棍徒、水手再有勾串滋事之处，著漕运总督即将该处文武地方官，严参治罪。"②

3. 优惠漕运人员

清代漕运路途遥远艰险，漕运人员长途跋涉，历尽艰辛。为了鼓励民众参与漕运，清政府也出台了优惠漕运人员的政策，其中最重要的一条就是允许漕船沿途携带一些土特产，并免除关税。但是，漕船所携带的土特产必须严格限制在规定的数量内，其携带的土特产种类也有严格的限制，一些违禁商品是不准携带的。《大清会典》卷 22 规定："凡漕船经过各关，其例带土宜，得免税焉。"其在此条规定注中，清廷做了具体详细的规定："河运粮船，准带土宜二成，免其纳税。所带货物，应以装米轻重价值科算。如装米三百石，准带二成土宜六十石。其货物价值，不过银一百二十两，回空之船，准带成本银五百两之货。由粮道饬委查明，按船填给护照，俾于过关时呈验放行。如回空船货查有例外多带，照章输税，毋许巡役人等故意留难。江浙海运商船，准令八成载米，二成载货，按米石斤数计算，以一百二十斤为一石。如装米一千石，准带土宜二百石。由上海道填给免税执照。各关验明放行，如有二成以外之货，仍令输税。"由此可见，无论是河运粮船还是海运粮船，清政府允许其携带占粮食总重量 20% 的土特产货物，其货物价值不得超过 120 两白银。如果是回空之船，可允许带货物价值在 500 两白银以内的。如所带土特产货物重量或价值超过规定的限制，那么超过规定的部分就必须向政府交纳税收。

清政府在优待漕船海船携带 20% 土特产的同时，严厉禁止运粮船只携带一些违禁商品。如清代实行盐专卖政策，因此，政府禁止运粮船只携带盐。又如硝磺是制造火药的重要材料，清政府也禁止运粮船只携带。违者必须受到惩处，有关官吏失于觉察，也必须受到处罚。如"康熙三十七年（1698 年）题准：江广粮船回空乏时，总督差委官弁，在扬州仪征会同盐政委员查验私盐。如有夹带，即将押运官弁并失察各官，一并题参"③。雍正十年（1732 年）奏准："回空粮

---

① 《大清会典事例》卷 204《户部·漕运》。
② 《大清会典事例》卷 208《户部·漕运》。
③ 《大清会典事例》卷 208《户部·漕运》。本自然段引文，均见于此。

船过山东时，该抚预于晋省私矿入境之处，令地方官弁分路巡查，本省焰硝，亦实力稽查，毋许囤户偷贩河干，暗送入船。并令按检私盐之文武官带检硝磺，如查出私带硝磺，亦照私盐例究明参处。押运官弁失察，照粮船夹带私盐例议处"。另一方面，押运官在监督运粮船只中，如能使押运运粮船只不夹带私盐，或能拿获夹带私盐者，政府则予以奖励。雍正三年（1725 年）题准："押运官弁，一年之内，该管帮船，并无私盐事故，纪录一次；随帮能拿获首明私盐三次，及该帮三次回空并无私盐事故者，该管上司出具印结咨部，以千总推用。"

4. 重视对漕粮的征收和运输

清代，漕运是关乎国计民生的大事，清政府高度重视。为保证漕运海运的正常运转，一项根本的措施就是要确保粮食的供给以及要保证有足够的财力维护漕运和海运。对此，清政府十分重视对漕粮的征收。如康熙二年（1663 年）题准："各省随漕轻赍等项钱粮，经征州县卫所各官，初参未完不及一分者，停其升转，罚俸一年；一分降职一级，二分降职二级，三分降职三级，四分降职四级，皆戴罪征收；五分以上革职。督催粮道，知府各官，初参未完，不及一分者，停其升转，罚俸六月；一分罚俸一年，二分降职一级，三分降职二级，四分降职三级，五分降职四级，皆戴罪督催；六分以上革职。"由此可见，清廷主要采取惩罚的手段来督促有关官吏按时足额完成征收漕粮的任务。

漕粮征收到官后，为防止漕粮、有关经费被挪用、贪污，清政府还规定这些漕粮、银钱等必须专款专用，不得挪用，并定期进行盘查，以防因挪用、贪污等发生亏空。"康熙六年（1667 年）题准：漕项钱粮乃挽运急需，司府州县等官，如将征完之银挪动给发别项支用者，粮道详报总漕题参。二十八年（1689 年）题准：各省粮道存储钱粮，于年终及离任之日，责成藩司亲身盘查出结。如有亏空，立即揭报该抚题参。"①

据《大清会典事例》卷 1015《都察院·六科》载，六科之下的户科负责漕粮的审核稽察，以防止漕粮被不法分子贪污、侵盗。如户科负责漕粮奏销："凡漕粮兑定，该管粮道将开帮日期呈报，随造具各帮兑交粮米数目清册，呈送漕运总督。该总督具题，以册送户科，由科同全单磨对。"负责漕粮全单："凡起运漕粮白粮数目，由漕运总督办给全单，付于运官。该运官抵通，按单交卸，坐粮厅出具收完呈文。该运官将全单呈文，并送户科呈验，由科核对数目相符，钤印给发。"负责缴粮斛册："凡京通各仓监督，每岁收放米豆数目，造具旧管、新收、开除、实在四柱清册，呈送总督仓场侍郎具题，以册送户科磨对。"负责奏缴漕白粮册："凡坐粮厅监督，每岁抵通漕粮白粮数目，造具清册，呈送总督仓场侍郎具题，以册送户科磨对。"从《都察院·六科》的记载可以看出，在漕粮的兑定，从出发地起运，再到通州仓厂交卸、存储，最后到京通各仓厂的每年收

---

① 《大清会典事例》卷 209《户部·漕运》。

储与发放，其整个过程的每个环节，有关部门都必须逐级呈报会计账册、凭证等到户科，由户科审核稽察。

由于京仓、通仓平时收储、发放漕粮次数频繁，数额巨大，容易为不法之徒贪污，侵盗，对此，清政府严格制定了一套京仓、通仓漕粮收储、发放管理、监督制度。"每年粮米到通，坐粮厅将正兑、改兑、正耗米，及拨运、筹备各米数，造册送仓场核明报部。各仓进米，由仓场指廒饬收。俟收竣，会同御史亲丈核足封固，注册报部。仓监督于每月放米全完，各将原存新收、放过实在何项、何色各细数，并零廒、空廒字号，分析造具印册，呈报仓场汇总送部，以凭稽核。凡查仓御史一年期满，将所查之仓并无少收多放之处，奏明交部存案。仓储米石，如届盘查之年，务使验明盘放之陈米，颗粒不存，然后派进新粮。如某仓查有亏短，未经奏结，即毋庸再进米石，以杜掩挪。仍由仓场查明所存米数，据实报部"[1]。清代，每年漕运粮米到达通州时，坐粮厅将其中运往京仓的正兑米、运往通仓的改兑米、漕粮转输蓟、易二州之米、漕运中加征的损耗米等各具体数目，造册送仓场核对清楚后再申报户部。漕粮由仓场指定仓廒收储，收储完成后，仓场会同御史亲自核对储存粮食数量，再封存妥善保管，并注明会计账册报告户部。仓监督官吏于每月发放完粮米后，将原收到米、发放米共有多少项目，是何等级米等具体数目，以及零廒、空廒字号等，分别造册，呈报仓场汇总后呈送户部，供上级稽查审核。负责稽查仓廒的御史一年任期满时，将所负责稽查的仓廒并无少收多放的情况，上奏并交户部备案。如遇到盘查之年，有关官吏务必查验明确，使仓廒颗粒不存陈米，然后才能收进新米储存。这是防止有些仓廒储存的陈米有所亏空短少，借存进新米以掩饰侵挪亏空。因此，如某仓廒有亏空短少，应由仓场查明情况，据实报告户部，必须奏明结账，才能再存进新米。总之，漕运粮米从运送到通州登记造册，到进仓封存收储，再到每月开仓发放，再至年终盘点陈米派进新粮，每一个程序都必须审核，并编制会计账册，逐级上报至户部稽核存案，从而进行严密的管理和监督，以此确保漕粮不被不法之徒贪污侵盗。

5. 对负责漕运、海运官员的奖惩

清政府为了督促负责运粮官员尽职尽责完成漕运、海运任务，制定了一些奖惩规定，对运粮有功者实行奖励，对运粮有过者实行惩罚。如清廷规定："江南、江西、浙江、湖广粮多路远，运官限内抵通全完者，一运加衔一等，二运加衔二等；三运议叙即升，不复加衔；全三运后，仍按运数加衔。山东、河南粮少路近，运官限内抵通全完者，一运纪录二次，二运加衔一等，三运纪录二次；四运加衔一等，五运纪录二次；六运议叙即升，不复加衔；至六运后，仍按运数相间纪录加衔。其重运效力武举，系领运江南、江西、浙江、湖广远省者，每运全

---

① 《大清会典》卷22。

完，于补官日纪录二次；领运山东、河南近省者，每运全完，于补官日纪录一次；三运既满，咨部注册推用。"① 在此，清廷按照运粮的多少、路途远近以及次数的不同，对尽职完成任务或超额完成任务的官员进行奖励。奖励的方式一是纪录，纪录分一次、二次、三次三等，纪录三次之上加一级。加衔是封给官员高于本秩的官衔，无职掌，无员限，无专授，实为虚衔，主要是荣誉上的奖励。

清廷对于负责运粮官员更侧重于通过对失职者惩罚的手段，来督促他们必须尽职尽责完成漕运、海运任务。如清廷规定运粮官员不在规定的期限内完成漕运、海运任务，必须按延期时间的长短予以不同程度的处罚。处罚的方式主要是罚俸，严重者降级留任。"各省漕粮，山东、河南限三月初一日抵通，江北限四月初一日抵通，江南限五月初一日抵通，江西、浙江、湖北、湖南限六月初一日抵通，均于三月内完粮。限内完粮者，准其议叙。若山东、河南、江北完粮在三月之外，江南、江西、浙江、湖北、湖南完粮逾九月初十日者，均以违限题参。违限不及一月者，罚俸三月；一月以上者，罚俸六月；二月以上者，罚俸一年；三月以上者，降一级留任。内有因过淮违限已经议处者，将抵通完粮各日期扣除，免其议处。领运白粮官，亦照此例。"

清廷还规定，如果负责运粮的官员漕运粮食没完成规定的数量，有所挂欠，那就必须按挂欠的数量多少，处以不同程度的处罚。其处罚重于不按限期漕运粮食的，方式主要是责打和革职。"漕船抵通运官以通帮之粮计算，如有挂欠不及一分者，责二十，革职发南限一年追完，免罪复职，不完革职。挂欠一分者，责三十；挂欠二分者，责四十；挂欠三分者，责六十；皆革职，各按挂欠分数，发南限一年追完，免议，不完交刑部治罪。挂欠四分者，责四十；挂欠五分者，责一百；皆革职，各按挂欠分数，发南限一年追完，仍听刑部议结。挂欠六分以上者，即交刑部治罪。旗丁管驾一船，即以一船之粮计算，如有挂欠，各按其分数，发南限一年追完，不完，交刑部治罪。"

清廷为了督促官员在漕运中尽职尽责确保漕船安全，防止因风因冰凌等使船沉溺，因火烧毁船只，使国家财产粮食遭受损失，规定了有关惩处条文。如清廷规定："漕船……在内河失风，及冰凌擦漏沉溺，运官失于防范者，罚俸一年。若遇汛水涨发，猝不及防失事之船，果能戽救修艍，抵通全完，并无亏折，运官免议，仍照完粮例议叙；沿涂催趱之汛官，亦免议处。觉船非满号，米有挂欠，虽买补全完，仍照例议处。沿涂催趱之汛官，不能协同护救，以致漂没者，照失于防范例，罚俸一年。"康熙二十六年（1687 年）题准："运官巡察不勤，以致失火烧毁漕船者，降一级调用。该管专汛官，不实力扑救，以致延烧别船者，罚俸一年。"

---

① 《大清会典事例》卷 621《兵部·绿营处分例》。以下 4 个自然段引文，均见于此。

（二）改革漕运弊政思想

1. 理漕与治河相表里

清代，黄河频繁泛滥成灾，严重影响了漕运的畅通。因此，任源祥指出，要治理漕运，首先必须治理黄河，黄河治理好了，不泛滥成灾，漕运自然就畅通无阻了。"黄河迁徙倏忽，未有十年无变者。隆庆四年（1570 年），损船至八百，溺人至千余，失米至二十二万六千，则黄河之险，去海运之险几希矣。是故理漕与治河尝相表里，黄河之决，自古而有，至南徙而决益数……至明而堤其北，以全河赴淮，淮不足以当全河之怒，则溃决益多。故黄河以利漕，即以蚀漕，故曰：黄河者，运河之贼也。治黄河者，非不知支分派析，上疏下瀹，而此工甫毕，彼患方兴，靡金钱于无用，委民力于洪涛，良可浩叹。盖河性北，必强而尽南之，宜其屡决而不可治也。自今以往，河惟无决则已，河而有决，向之决而南者，未必不决而北，向之决而东南，决而正南者，未必不决而东北。若因其决而顺其性，导之东北，俾由汉王景所治德棣故道入海，则河性既顺，而河可无患。河可无患，则漕亦可无患矣。"① 在此，任源祥主张治理黄河必须"顺其性"，即必须因势利导，如不"顺其性"，那么就会既花费大量钱财，动用大量民力，而还是达不到治理黄河的效果，不言而喻，漕运也就受到黄河泛滥的影响，无法畅通。

陆陇其则认为，黄河影响漕运，主要是黄河易于溃决泛滥成灾，因此，如通过疏导的办法分流黄河之水，黄河水势减弱，自然就不易溃决而影响漕运。他指出："河之害漕者，在牵漕河诸水尽泻入海也。故河决之世，陆则病水，水则病涸；发则病水，去则病涸；齐鲁病水，漕河病涸。治之之法，以漕避河，不若以河避漕。夫河之势，合则易溃，分则自杀，诚于河之南北，相其地势，析其支流，条分而派别之，大者为川浍，小者为沟洫，则势分而河安，河安而漕安，此皆就漕论漕，今日之良策也。"②

2. 海运思想

清代的漕运是特指漕粮经由大运河运往京师与通州这种运粮方式。时人谓"有患莫大于漕"，漕运成为清廷之下积弊最多的"大政"之一。由于清政府官僚机构的腐败与无能，漕河的淤积与阻塞一直未得到妥善有效的解决，漕运的运费和耗损很大。加之征集与运送过程中官吏、兵丁等人从中贪污、勒索，致使漕运成本大大提高，并给广大民众带来沉重的负担。在此情况下，清朝一些有识之士主张改漕运为海运、漕海并运，来克服漕运的弊端。

但是，海运遭到一些思想保守人的反对，认为海运易使运粮船只遭狂风海浪而沉溺；运粮船只在茫茫大海航行，政府难以控制、监督；运粮船只容易遭受海

---

① 《清经世文编》卷46，任源祥《漕运议》。
② 《清经世文编》卷46，陆陇其《漕运》。

盗抢劫；海上运输漕粮易霉变。对此，主张海运的有识之士纷纷撰文予以反驳，并提出海运漕粮的好处。

谢占壬在《海运提要序》一文中指出，海运如能掌握气候变化规律，其实是很安全的："夏至后南风司令，海船自南赴北，鲜有疏失。立秋后北风初起，自北旋南，亦鲜疏虞……如运漕粮，则不在狂风险阻之时，只须夏季运装，可保万全。"① 谢占壬认为海运雇佣安分守己的船户、舵工水手，实行互保制度，并在沿海口岸加强管理稽查，实行赔偿制度，是可以保证漕粮安全运输的。他说："浙江海船水手均安本分，非同游手，每船约二十人，各有专司，规矩整肃……又皆船户选用可信之人，有家有室，来历分明。假使伤损一船，商货价值五六千金，船价亦值五六千金，无不协力同心，互相保重。不知者或恐货被盗卖，伪为人船尽失，夫货或盗卖，船可藏匿，船册上有名姓、年貌、箕斗之舵水人等二十名，终不能永匿而不出。或恐捏报船货失于内洋，人自海边登岸，既可登岸，则可就近报明营汛保甲，查验损船形迹。或恐捏报船搁浅沙，将货抛卸海中，以保人船，此惟冬季朔风紧急，偶或有之，亦必有前后众船消息可稽。若运漕粮，不在冬季狂风险逆之时，万无此事。总之，船户各保身家，舵水人等亦各有家眷保人，递相牵制，倘有情弊，一船二十人之口角行踪，万无不露之理。是以商贾货物，从无用人押运，惟以揽载票据为凭，定明上漏下湿，缺数潮霉，船户照数赔偿。惟风波不测，则船户商家各无赔抵。"对于海运漕粮易遭海盗抢劫之虑，谢占壬从国家海防布署、地理形势及押运制度等方面考察，认为可以有效予以防范。他指出："国家战舰、商船，便捷如飞，利钝悬殊，防御尤易。至其分驾散船，在闽广浅洋，犹可齐驱并驾，若至北海大洋，断难鱼贯而行，即如江南商船，同日扬帆出海，虽有百号之多，次日一至大洋，前后左右，四散开行，影迹莫指，直至朝见登州山岛，方能进岛会齐。而巡缉营船，星罗棋布，常在岛外巡查，不容匪船混迹，此海面之辽阔，捍卫之森严，可想而知矣。如运漕粮必欲筹及万全，只须江南战舰在浙江交界之尽山防护。南海悬山，至此而尽，故名尽山，中抱内港，或恐匪类潜藏。此外直至天津，并无悬海山岛，可以潜匿者，即登州紧对之大钦、小钦、大黑、小黑、大竹、小竹等山，皆系海面孤山，并无环抱内港，四面受风，不能停泊。且登州近在咫尺，登镇哨船巡查最密，或谓粮运大事，虽北洋无须为护送之计。而国家体制，亦宜有官兵押运，为稽查船户之需，似只须粮道大员，运粮千总以及各省水师千把百员，各省水师壮兵千名，分船押运，足资弹压。"至于海运易于霉变之说，谢占壬认为不会发生，理由是海船顺风北运，费时不多，加上采取安插气筒透气，能确保漕粮运到京城而不变质。他指出："海船顺风运北，为日无多，既无耗散，亦不蒸霉，且可安插气筒，露风透气，各令包封样米，可期一色无差。"总之，谢占壬认为，如海运制

度制定完善，船户、富商等必定积极参与运送漕粮，不仅能保证漕粮如期运到北方，并能促进南北货物交流，如北方发生灾荒，还可迅速运送南方粮食赈济。"果能立法之初，官事民情，妥为参议，予以平允，则船户莫不踊跃趋从，始终遵奉，且殷商富户，将必有添造海船以觅利者，虽全漕亦可装运，如现在商船，暂时赶运全漕，则须春夏两次装运，方资应用。至于东、直两省，所需南省货物，内河减运之后，海船装带南货，趋利如飞，更必易于充裕。即逢北地歉收，南省丰稔之时，更可额外添运川、广、台湾米石，源源接济，尤为迅速。"

　　道光五年（1825年），协办大学士、户部尚书英和认为海运有四善。其一，政府可利用上海富民所造大小船只海运漕粮，因有会馆保载牙行担保，安全可靠。"闻上海沙船有三千余号，大船可载三千石，小船可载千五百石，多系通州海门土著富民所造，立有会馆保载牙行，运货往来，并不押载，从无欺骗等情。关东一带数至，沙线风信，是所熟悉，不致歧误。"① 其二，政府雇民船海运，可节省造船经费，并可用短运开支支付海运费用。"雇船海运，无须制船之费。若令分载米石，应给脚价，仍可即于短运帮船之内，划出给与，不需多费。"其三，上海船商北上往往装不满南货，正好可以七分装粮，三分带货，政府可付一些运费给船商并免征货税，就能使船商积极参与北运漕粮。"上海船商以北行为放空，以南行为正载，海船装带南货，不能满载，往往取草泥、石块压船。今令赴津之船，每船酌准七分装粮、三分带货，给与脚价，免征货税，自必踊跃从事。"其四，北方洋面安定，加上海运采取担保制度，海上运输粮食安全有保障。"闽粤南洋，或有海氛，而由吴淞口迤北，北洋沙礁水浅，南洋鸟船断不能入，从无他虑，且该商等所得运费，与贸易之利相等，又经官取保结，必无意外之失。"正由于海运有四善，因此，英和主张"明年（道光六年）请暂停河运，将本年新征漕粮，酌分海运"。

　　道光年间，魏源也提出，海运"优于河运者有四利：利国、利民、利官、利商。盖河运有剥浅费、过闸费、过淮费、屯官费、催趱费、通仓费，故上既出百余万漕项以治其公，下复出百余万帮费以治其私。兹则不由内地，不经层饱，故运米百六十余万而费止百四十万金。用公则私可大裁，用私则公可全省，实用实销，三省其二，而河运所未有也"②。

　　魏源在《复魏制府询海运书》中不仅提出海运漕粮有三利三不利，而且对三不利之人反对海运的说法一一予以驳斥，最后提出当时海运漕粮是势在必行的结论。其一，他提出海运有三利三不利，从而说明海运漕粮的必要性。"海运之事，其所利者有三：国计也，民生也，海商也；所不利之人有三：海关税侩也，

---

① 《清经世文编》卷48，英和《筹漕运变通全局疏》。本自然段引文，均见于此。
② 《清经世文编》卷48，魏源《道光丙戌海运记》。

天津仓胥也，屯弁运丁也。"① 不言而喻，海运漕粮对国计、民生、海商有利，而对海关税侩、天津仓胥、屯弁运丁不利，因为海运能为国家节省财政支出，减轻民众负担，促进南北商业贸易，相反，改漕运为海运，使海关税侩、天津仓胥、屯弁运丁失去了借漕运敲诈勒索受贿、谋求私利的财路。其二，正由于如此，三不利之人提出反对海运："此三者之人，所挟海为难，使人不敢行者亦有三：曰风涛也，盗贼也，霉湿也；所离海为难，使人不能行者亦有三：曰商船雇价也，仓胥勒索也，漕丁安置也。" 对此，魏源一一予以驳斥：一是 "谓其不可行，则曰风涛。不知大洋风飓，率在秋冬，若春夏东南风，有顺利无暴险，商贾以财为命，既不难蹈不测，出万全，岂有海若效灵，独厚于商船而险于粮舶。且遭风搁浅，斫桅松舱，即秋冬亦仅千百之一二，何况春夏，其无可疑"。二是 "谓其不可行者，则曰盗贼。不知海盗皆闽浙南洋，水深多岛，易以出没，船锐底深，谓之鸟船。北洋水浅多礁，非船平底熟沙线者不能行，故南洋之盗，不敢越吴淞而北。今南洋尚无盗贼，何况北洋，此无可疑"。三是 "谓其不可行者，则曰霉湿。夫运河经数月抵通，积久蒸热，米或黯坏，而沙船抵津，则不过旬日。若谓盐风易霉变，盐水易潮湿，则最畏盐风，宜莫如茉莉、珠兰柔脆之花，见水立胀者，宜莫如豆麦，皆岁由沙船载之而北，运之而南。盐风盐水不坏花豆，而独坏米，庸有是理？盖北洋风寒，非似南洋风暖，而海船舱底有夹板，舷旁有水槽，其下有水孔，水从槽入，即从孔出，舱中无从潮湿，此无可疑"。四是对于 "商船雇价" "仓胥勒索" "漕丁安置" 这三个问题，魏源提出关键解决措施是上海关、天津仓必须选任适当的人来负责，漕丁可通过漕项银米来安置。"上海、天津两地得其人，则能行；不得其人，则不能行。海船南载于吴淞，而北卸于天津，两地为出口入口之总汇，实海运成始成终之枢要。苟上海关不得其人，则船数可以多报少，商情可使乐转畏，雇值可使省反昂。天津收兑不得其人，则米之干净者可潮湿，石之赢余者可不足，船之回空者可延滞。盖上海牙行以货税为庄佃，天津仓胥以运丁为奇货，海运行则关必免税、丁不交米，两处之利薮皆空，其肯甘心。故创议之始，出全力以显难之者，必上海关之人；既行之后，阻挠之使弃前功，畏再试者，必天津通仓之人也。此外尚有屯弁运军，亦以行海废漕为不利。然此时弁丁即欲运而不能，将来河道通行，即漕运复旧，而暂停一年，尚有漕项银米，可以安置，不致十分为难。" 其三，魏源认为海运漕粮在当时已是势在必行。这是因为：一是运河淤塞，无法通行，只能转为海运。"然使运道畅通，粮艘无阻，固可不行。今则运河淤塞日深，清口倒灌已甚，河身淤垫已高，舍海由河，万难飞渡，此不可不行（海运）者也。" 二是京城粮食借给紧张，必须依赖南方粮食海运到京城。"然使太仓充裕，陈陈相因，尚可不行，今则辇毂仰食孔亟，天庾正供有常，一岁停运，势所难支，此不可不行者

---

① 《清经世文编》卷48，魏源《复魏制府询海运书》。本自然段引文，均见于此。

也。"三是海运是运送南方粮食供给京师的唯一选择，别无他策。"然使别有他策，舍水可陆，亦可不行。今则漕运之弊，公私骚然，国病于费帑，漕病于耗粮，官病于督催，丁病于易舟卸载，民病于派车派船，舍逸即劳，利害相万，此不可不行者也"。

清代，也有一些人提出"海、河并运"、河运、海运相兼的北运粮食之策，对保障京城粮食供给更为稳妥。如道光五年（1825 年），江苏巡抚陶澍就提出："大抵专办海运，则恐商船之不足，专办河运，又恐清水之难恃，惟有两者相辅而行，可期无误全漕，且米运既分，则运道舒而治河亦易，于天储仍可扩充，揆之有备无患之道，更属相宜。"① 因此，他主张："来岁（道光六年）当以海、河并运为宜，广招商船，分作两次装载，计可运米百五六十万石，其余仍由运河而行，秋冬之间，即由河臣派员将运河挑挖深通，俾资顺利，计来春湖水益增，自可引导济运，不至如借黄之累矣。"

蓝鼎元则看到当时漕运"甚劳而为费甚巨"，海运则"最为便捷，节劳省费"，因此主张"漕粮兼资海运"。② 他指出："京师民食专资漕运，每岁转运东南漕米数百万，由江淮运河以达通州，百官禄廪，满汉军民之饔飧，无不仰给充裕，储积饶富，美矣盛矣。顾臣观山东、北直，运河水小，输挽维艰，有剥浅之费，有挨次之守，军夫尽日牵挽，行不上数十里，其为力甚劳，而为费甚巨。大抵一石至京，糜十石之价不止。臣思民食关系重大，千万苍黎家室之所资，仅恃运河二三尺之水，似宜多方筹画，广其途以致之，欲求节劳省费之策，以为国家宏远之图，莫如兼资海运之法……伏思海运最为便捷，节劳省费，而向来无有筹及者。"海运虽然节劳省费，但当时反对者认为海运不可行，理由有三："一则由不知海道，一则畏风涛漂溺，一则虑在洋盗劫。"对此，蓝鼎元一一予以驳斥：其一，"海道已为坦途，闽广商民皆知之。臣生长海滨，习见海船之便利。商贾造舟置货，由福建厦门开船，顺风十余日，即至天津，上而关东，下而胶州、上海、乍浦、宁波，皆闽广商船贸易之地，来往岁以为常。天津现有闽船可问……其运船以闽广赶缯为主，缯尖底之船，由崇明、三沙放洋，东行尽山、花岛，在五沙头直放黑水大洋，取成山转西，经刘公岛、登州沙门岛、莱州大洋，入界河，以至天津，顺风不过八九日。若用江南沙船，则由崇明溯淮、胶，皆在内洋行走。内洋多沙洲浅角，惟平底沙船可行。"由此可见，当时运粮船只有两条海道，一为外洋航线，适合吃水深的尖底船；二为内洋航线，适合于吃水浅的平底船。其二，建造缯舢板头等船，可抗海上风涛。"台湾舢板头船，于此处最为相宜。其船式短阔，止载六七百石，入水不深，轻快稳便，不论内洋外洋，不论风涛顺逆，俱可无虑。欲运漕粮数多，此船似不可少，宜于江南开厂，分造赶

---

① 《清经世文编》卷48，陶澍《复奏海河并运疏》。本自然段引文，均见于此。

② 《清经世文编》卷48，蓝鼎元《漕粮兼资海运疏》。以下两自然段引文，均见于此。

缯舻板头等船，募闽广舵工、水手，给以军粮，令其驾运。"其三，海船配备各种武器，以防海盗抢劫。"每船安置大炮、子母炮数位，鸟枪、火药、搭钩、牌刀足用，若遇贼船，便可顺手擒获。臣深知海洋宵小，伎俩情形，断断不能为患害也。"

蓝鼎元的"漕粮兼资海运"是以因地制宜为原则的。沿海江苏、浙江地区的粮食可采取海运的方式，而内地河南、湖广、江西、安徽可采用河运。"臣以为海运之法，在今日确乎可行。请先拨苏松漕粮十万石试之，遣实心任事之臣一员，雇募闽广商船，由苏松运到天津，复用小船剥载通州，视其运费多寡，与河漕相去几何。若试之而果可行，请将江南、浙江沿海漕粮改归海运，河南、湖广、江西、安徽仍旧河运。"

三、政府救助思想

（一）收养孤老流民思想

清政府重视收养孤老，认为这是地方官府应尽的责任。如有孤老不予收养，或克扣收养孤老衣粮，有关官员必须受到处罚。"凡鳏寡孤独及笃废之人，贫穷无亲属依倚不能自存，所在官司应收养而不收养者，杖六十。若应给衣粮，而官吏克减者，以监守自盗论"①当时政府收养孤老的生活待遇是每月给粮米三斗，每年给棉布一匹，地方政府还必须建养济院，以安顿孤老。地方政府为加强对孤老的管理，防止他人冒领政府发放口粮，发给每位孤老腰牌一面，上面印烙孤老年龄、相貌，以便于每季查验。"鳏寡孤独，每月官给粮米三斗，每岁给棉布一匹，务在存恤。""直省州县所属养济院，或应添造或应修盖者，令地方官酌量修造，据实估计，报明督抚，在于司库公用银内拨给，仍不时查勘。遇有渗漏之处，即行黏补完固，傥有升迁事故，造入交代册内，取具印结送部。其正实孤贫，俱令居住院内，每名各给印烙年貌腰牌一面。该州县按季到院，亲身验明腰牌，逐名散给口粮。如至期印官公务无暇，遴委诚实佐贰官代散，加结申报上司，毋许有冒滥扣克情弊。若州县官不实力奉行者，该督抚即行查参，照例议处。"

清政府重视尊老，尤其优待90岁以上的老人。"老人九十以上者，地方官不时存问，其或孤寡及子孙贫不能养赡者，州县查明赈恤，详报督抚奏闻，动用钱粮，务令得沾实惠。"为了保证老人能"得沾实惠"，清廷严厉禁止地方州县克扣发放给老人的钱粮。"雍正元年（1723年）谕：户部恩赐老人，原为崇年尚齿，而地方赏老人者，每州县动支数千金，司府牧令，上下通同侵扣，吏役复任意需索，老人十不得一，上负旷典，罪不容逭。今饬督抚严查，务令有司亲自沿乡访察照看，据实造册给发，不许丝毫侵扣。如仍蹈前弊，立即参处。如督抚奉

---

① 《大清会典事例》卷753《刑部·户律户役》。本目引文未注出处者，均见于此。

行不谨，朕若访出，必加以失于觉察之罪"。

清代雍正、乾隆朝的赡养孤老制度，随着时间的推移，而逐渐废弛。对此，陆世仪在《论盐粮赈贷诸法》中提出必须予以恢复改进："古人发政施仁，必先茕独。国朝体古人之意，设孤老院，给孤老粮，以养茕独，德可谓至矣。岁久法弛，县官漫不经意，孤老院坍废殆尽，孤老粮为富家乞作存留，茕独之被惠者，十无其一，岂不重负朝廷德意。愚谓为县官者，始莅任时，当即以此事为急。身临其地，亲为经理，凡院屋宜编号，稍加宽敞，井厕毕具。四等穷民中，惟寡妇宜独为一处，其余三等，当各因其所亲熟，束以伍法，使之老稚相依，聋瞽相济，送死养生，互为倚赖，是亦处茕独之法……凡孤老院中，县官宜择僧徒之有行者，使居其处，许之募化，俾朝夕看养茕独，有功则县官劳之。其茕独之人，愿为僧者亦听。盖垂死之人，其心别无所乐，使其注念西方，亦可消遣余生，解其愁苦。今僧徒中，往往建放生庵，开放生池，畜养鸡鱼豕畜，而独无有念及茕独者，真可异也。"① 陆世仪认为，设养老院收养茕独，是朝廷实行仁政的重要工作。当时，地方县官不重视这项工作，使许多孤老院废置。他认为，孤老院制度必须恢复，地方县官莅任时，就必须着手这项工作，把养老院房屋建得宽敞些，并进行编号，应有水井、厕所等设施。陆世仪还提出了两种看养孤老残疾之人的改进措施：一是将这些人按亲疏、熟悉程度编排在一起，使其中年纪轻的能照顾年纪老的，耳聋的与瞎眼的能互相关照。二是让佛教僧徒来看养孤老残疾之人，如看养尽心，政府对此予以奖励慰劳。也可使孤老信仰佛教，使其精神有所寄托。

清政府为防止民众因贫穷而弃养婴儿，特设立育婴堂等机构，收养无法自养的婴儿，同时严禁将婴儿遗弃。"康熙十二年（1673 年）题准：赤子关系人命，抛残有戾天和，凡旗下民人，有贫穷不能抚养其子者，许送育养婴儿之处，听其抚养。如有轻弃道涂致伤生命，及家主逼勒奴仆抛弃婴儿者，责令八旗佐领、五城御史严行禁饬。"② 朝廷还设置养济局，管理育婴堂经费，并派御史随时稽察。"嘉庆四年（1799 年）谕：官设养济局，自普济堂外，尚有育婴堂，向由顺天府派人经理，其中给发官项，支销用度，胥吏及乡耆等，多有侵渔。现在普济堂已派满汉御史监放稽察，育婴堂事同一例，即令巡视东城御史随时稽察，以昭核实。"③ 朝廷设立育婴堂收养婴儿，其最关键的是要有可靠的经费保障。当时育婴堂的经费主要源于地租银，除此之外还有借贷利息钱、房租钱、捐助银等。

清代，朝廷还在京城建有栖流所，安置流离失所的贫民。顺治时的五城栖流所共有六处，主要用于临时安置因霪雨倒塌房屋的贫穷民众，而到了雍正时期，

① 《清经世文编》卷28，陆世仪《论盐粮赈贷诸法》。
② 《大清会典事例》卷 753《刑部·户律户役》。
③ 《大清会典事例》卷 1036《都察院·五城》。本自然段以下引文，均见于此。

栖流所成为平时安置流民的常设机构，每天按规定发给每名流民米钱，并派员看守栖流所房屋、流民，医治病患者，收殓死亡者。栖流所由五城兵马司指挥、副指挥负责管理，御史不时巡视稽察。五城栖流所每年每城由户部预发经费200两银子，如有不足可赴户部再领，有剩余则留次年再用。每年年终时将经费开支造册送户部核销，如有虚冒、贪污及使用不当，由御史提出参劾。雍正十三年（1735年）议准："嗣后五城栖流所，每年令该司指挥估计修葺。如遇无依流民，及街衢病卧者，令总甲扶入所内，报明该司，发记循环簿，留心察看。每名日给小米一仓升，制钱十五文。再召募本城诚实民人一名，月给工食银五钱，令其看守房屋，料理流民。如有患病者，即具报该司拨医药饵调治。冬月无棉衣者，给布棉衣一件。病故及道路倒卧者，通行备棺收殓，埋于义冢，棺价定银八钱。该司指挥总理其事，副指挥吏目共相协理，该城御史仍不时巡察。至修理工料、口粮诸费，动支户部库项。每年每城预发银二百两，令该司指挥具领收存，随时给发，不足准其赴部再领，有余留为次年之用。统于年终将用过银数，造册送部核销。如有虚冒侵蚀及奉行不力者，该城御史题参。"

栖流所与育婴堂一样，在管理中最重要的问题是经费的发放与监督。如嘉庆年间，朝廷发现栖流所经费开支无度，而且由于五城栖流所各城流民数量不等，经费分配不均，显然不合理。因此，进行了改革，规范了经费开支制度，并依据五城栖流所各城流民数量的不同有差别地发放经费。"嘉庆十五年（1810年）议准：嗣后栖流所借用银两，每年五城准领银二千六百两。如有赢余，留于下半年备用，不得任意滥支，以归核实而昭慎重。其每城应就银二千六百两数内，分支银若干两之处，请旨令都察院就各城收养人数多寡，分别酌定报部立案。自此次酌定之后，不准再逾此数。如偶遇偏灾，实不敷用，令都察院自行奏明加增。丰稔之年，仍不得援以为例，至支销银两散给章程，仍照向例办理。二十二年（1817年）议准：五城栖流所，每年定额银二千六百两，前经酌定，中城分领银三百六十两，东、南二城各四百七十两，西、北二城各六百五十两。今查中、南二城虽所辖地面不宽，而商贾辐辏，乞丐流民，群趋觅食，是以残废僵毙者多，西、北二城，原定银数较多，尚有赢余。将西、北二城额定银内，各划出五十两，分给中城四十两，连原额共四百两，分给南城六十两，连原额共五百三十两，作为定额。西、北二城，即以六百两之数造报，统以嘉庆二十二年为始，按年报部核销"。朝廷在给流民发放粮米时，为防止冒领和官吏贪污，严格对流民登记造册，并发给签牌，按签牌领取，并随时派御史稽察官吏发放。"道光四年（1824年）谕：御史程矞采奏，五城停止饭厂，请将赏拨未领余米一千五百石分给五城栖流所，每城各领三百石。照放赈例大口五合，小口减半，逐日分别散给。著即交各巡城科道等，饬属领米散放，并将该流民等籍贯、姓名，询明注册，给予戳记签牌，随时稽察，妥为经理。务期实惠及民，毋许假手书役吏胥，致有侵渔克扣之弊。并著都察院堂官不时前往查察，如有弊端，立即严参惩办，毋稍徇隐"。

流民中一些不法之徒，在京师五城周边抢劫平民商贾，欺骗财物，对此，朝廷采取软硬兼施的策略，一方面对犯奸作科分子实施惩办，另一方面对老弱困苦之人予以妥善安置。"同治五年（1866年）谕：翰林院检讨董文焕奏，京师五城地面，穷民结群，白昼抢夺，平民商贾，均受其累，并有假装厮仆，撞骗财物，请饬妥为弹压安置等语。著五城御史顺天府会议章程，如查有无赖之徒，肆行抢夺，即著从严惩办。其老弱困苦者，迫于饥寒，情殊可悯。著栖流所、养济院等处酌加经费，妥为抚恤，用副朝廷除莠安良至意。"

与京师五城栖流所配套的是，清政府还在五城附近设置义冢，掩埋无主尸骸和无力安葬之人。清政府历朝秉承儒家传统"入土为安"思想，相当重视对无主尸骸和死后无力营葬者的收埋。如"乾隆六年（1741年）议准：五城地方，系民人辐辏之区，人稠地狭，若不设立义冢，则无主枯骸，必致终年暴露。嗣后各拨地亩作为义冢，令其收瘗"。"光绪四年（1878年），给事中夏献馨奏请修掩骼之政一折，京师五城地面，近来道毙颇多，著该管官随时迅速收埋，以示矜恤而平厉气"。

清代即使设置再多的栖流所，也无法安置所有的流民，更何况政府的财政是很有限的。因此，安置流民积极的做法是使流民参与生产，从事劳动，使其自食其力，并使集中的流民分而治之，从而从根本上消除社会不稳定的因素。鲁仕骥指出："游民者，民之蠹也，平日既无恒产，惟酗酒赌博为事，趋而日下，遂至流为盗贼，为乞丐，三五成群，百十为党，虽在丰年，此辈大为地方之害。不幸而遇饥馑，抢夺劫掠，将无所不至矣。是宜设法以安顿之，或有山薮水涯弃地，募之使耕，或劝富室多设闲役，如夜巡之类，藉以养之，俾之散其党与，渐归于正。其中鳏寡孤独废疾之人，又多方以廪给之，此皆备荒之要务也。"①

（二）备灾思想

1. 兴修水利思想

鲁仕骥指出，"备荒莫先于重农"②，重农事的一项重要措施就是兴修水利、种植树木，就能防范水旱之灾，保持水土。其一，"筹水利。两山之间，必有水焉，大者为溪，小者为涧，旱则可资以灌溉，而潦足为田害，蓄之泄之，陂塘沟圳，其不可忽者也。凡行部所至，问民疾苦，必详询其地方，山溪若何，有无陂塘沟圳，已坏者修之，废者复之，如或地势低洼，常虞泛溢为患，则筑堤捍御，当与地方有识者谘诹而慎行之"。其二，"培山林。山多田少之地，其田多硗。况夫山无林木，濯濯成童山，则山中之泉脉不旺，而雨潦时降泥沙石块，与之俱下，则田益硗矣。必也使民樵采以时，而广蓄巨木，郁为茂林，则上承雨露，下

---

① 《清经世文编》卷41，鲁仕骥《备荒管见》。
② 《清经世文编》卷41，鲁仕骥《备荒管见》。本自然段引文，均见于此。

滋泉脉，雨潦时降，甘泉奔注，而田以肥美矣"。

陆陇其认为，水利是发展农业、使民富足的基础。兴修水利虽然花费巨大，但可以防范水旱之灾。如果以经费难以筹措而放弃兴修水利，那么将来政府用于赈灾的经费可能大大超过兴修水利的经费。而且赈灾只能起作用于一时，兴修水利的作用则是长久的。因此，陆陇其主张，即使政府财政再困难，也必须逐年拨款兴修水利。同时，可以鼓励官吏、士绅捐修水利工程。他说："水利之当兴也，欲民之富，在于垦田；欲田之垦，在兴水利。北方土性燥烈，灌溉易涸，虽与南方不同，然使川泽流通，随便灌溉，犹愈于听其焦枯而莫之救也。但古人沟洫之制，随时修理，故不觉其烦费。今以久湮久塞之河道，一旦欲疏其壅而防其溃，工费浩繁，势难猝办。又当公私交困之时，州县钱粮，一丝一忽，皆有款项，不敢擅动，民间十室九空，正供尚难完办，安有余力，成此艰巨之事。若不量时势，不计赢绌，骤然兴举，其为扰害，必甚水旱。窃思屡年以来，朝廷悯恤灾荒，州县议蠲议赈，所费钱粮，不可胜数。与其蠲赈于既荒之后，何如讲求水利于未荒之前。蠲赈之惠在一时，水利之泽在万世。今宪台抚临畿辅，欲成久远之业，无有大于斯者矣。宜通查所属州县水道，何处宜疏通，何处宜堤防，约长阔若干，工费若干，汇成《畿辅水利》一书，进呈御览。请司农度钱粮之赢绌，以次分年举行，而不扰于民。以一时言之，虽若不免于费，以久远言之，比之蠲赈所省必百倍。或鼓舞官吏绅衿，能开河道若干者，作何优叙，作何奖励，此亦一策也。"①

李光地则认为，与其积储粮食备荒，不如兴修水利备荒。因为积储粮食的数量毕竟还是很有限的，如遇大荒之年是不足以应对的。而兴修水利则能大大提高粮食的产量，真正起到防灾、救灾的作用。他指出："近代讲备荒者，止于仓贮蓄积而已，岂知千有余里，有数十州县之寥阔，以百余万米谷，散在民间，大祲之年济一郡尚不足，况又有赴县城领给之烦，吏胥、乡长侵蚀之弊，将来又有追比还仓之扰，是仓米在今日殊不足赖也。本部院思北土地宜，大约病潦十之二，而苦旱者十之八，然北方苦旱，遂至于不可支，不能如南人补救者，非独惰农自安，盖根在于水利不修，束手无策故也……水利之兴，其与积谷备荒，其利不止于倍蓰而什伯也。用地利以济天时之穷，用人力以补天地之缺，自古为政，莫不以此为先。"② 因此，他主张北方各州县必须根据各地区山川地势，开沟渠引水灌溉，凿井汲水灌溉。各州县应该制定兴修水利规划，绘制图纸，然后一一予以落实。"今岁本部院，因春夏微旱，屡行通饬。凡州县各因其山川高下之宜，如近山者导泉通沟，近河者引流酾渠。若无山无河平衍之处，则劝民凿井，亦可稍资灌溉。若一县开一万井，则可溉十万亩，约计亩获米一石，十县之入，已当通

---

① 《清经世文编》卷28，陆陇其《论直隶兴除事宜书》。
② 《清经世文编》卷43，李光地《饬兴水利牒》。本自然段引文，均见于此。

直全属之仓储矣。一沟之水，又可当百井，一渠之水，又可当十沟，以此推之，水利之兴……自古为政，莫不以此为先。只因近来守令，但恤身谋，无能以民事为家事者，故视此等议论，邈若河汉。今直隶经皇上浚河筑堤、蠲灾释逋之后，孚诚下洽，吏习民安，有所兴利，莫便此时。仰该司道府厅，乘兹农隙，令各州县亲履境内，按视山川形势，何处可通沟渠，何处应修堤障，水之源委，何去何处，地之高下，何蓄何泄，何处平壤，宜劝穿井，何处水乡，应流河道，一一绘图具说，务须简洁详明，以俟檄发，画一遵行。"

2. 重视仓储备灾思想

清代朝廷对仓储备灾是十分重视的，这是传承了先秦以来"无三年之蓄，曰国非其国也"[1] 思想，充分认识到仓储备灾对政权稳定的重要性。雍正五年（1727 年）谕："地方积谷备用，乃惠济穷民第一要务。"[2] 同治三年（1864 年）谕："为政之要，首在足食，各直省州县设立常平社仓，国家承平，留以备凶荒之用，一旦有事，恃以为缓急之需，所以为未雨绸缪之计者，法至善也。"[3] 清政府在全国各地所设仓储主要有常平仓、社仓、义仓等。清初承明之制，在各省会至府州县都建有常平仓，储备粮食，以备灾荒。其所存储粮食定量，按大、中、小州县定额，来源一为官府购买，一为劝谕乡绅士民捐输。顺治十一年（1654 年），命各道员专管，每年造册报户部。十七年（1660 年）规定，春夏以平价出粜陈米，秋冬籴还新粮。康熙十九年（1680 年），谕该仓粮留本州县备赈，后又议定江南各仓以七分存储，三分发粜。如仓粮因仓房倾圮渗漏或管理不善霉烂，有关官员必须赔补，重者遭革职处分。清代社仓、义仓同为官督民办之仓。康熙十八年（1679 年），诏各地乡村设社仓，市镇设义仓。社仓、义仓所储粮食皆系地方官劝谕当地官绅士民捐输，用于春季支借，秋成还仓，遇灾荒则赈恤本地贫民。社仓设正副社长司其出纳，义仓由端正殷实士民二人充当仓正、仓副，经理收储出纳之事。地方官员行使监督稽察之权，而不得干预具体事项。

清代仓储的功能，主要有赈济、借贷和平粮价三种。对此，田文镜总结说："仓谷之设，偶因水溢旱乾，则当开仓赈济，此按其口之大小以授食，而不令民还仓者也。若夫收成稍歉，民食尚不致艰难，或至次年春麦未登之际，青黄不接之时，则当照例出借，至秋收后，每石加息谷分半还仓，以接济民食者也。至于岁当大有，户庆盈宁，可以无藉于仓谷矣。但至旧谷将没，新谷未升之时，谷价不尤少昂，贫民难于买食，此又当减价出粜，以平市价者也。如此转移，不但米谷流通，小民不致乏食，而朝廷仓粮，亦得藉此出陈易新，免于红腐，此诚一举

---

① 《礼记·王制》。
② 《大清会典事例》卷 189《户部·积储》。
③ 《大清会典事例》卷 193《户部·积储》。

而两得矣。"① 除此之外，清代仓储还有借种籽粒予农民播种的，使其不误农时。"小民终岁所仰，全在及时播种。每见岁功方兴，穷黎因籽粒无措，纵有田可耕，坐失东作者，所在多有。查种谷一石，可收新谷一二十石不等，是以民间借种籽粒，往往加倍偿还，借者帖服。今若于粜三数内，令州县酌量借给粒种，不收利息，春借秋还，每借一石，还仓时仍收一石，每交一石，酌收谷四五升，以为鼠雀出入诸耗之费，则农本既培，民力普赖，较减价以粜，更为有益。"②

清政府为了使仓储真正发挥赈灾、济贫和平抑粮价的作用，制定了管理仓储的规章制度，防止不法官吏侵渔贪污，以权谋私，以及被奸民冒支冒领，使真正需要赈济的贫民没有得到政府救助。常平仓管理中最重要的工作就是在常平米的出粜和籴买，对此，清政府做了严格的规定：

一是为防止常平仓米出粜或出借太多，使常平仓亏空，而在真正遇到灾荒时，却无米赈灾，清政府规定，常平仓米出粜或出借时，必须量入为出，不使仓储亏空，能随时应对灾荒用粮。嘉庆七年（1802年），御史杨昭谨提出，常平仓谷平粜、出借有亏，宜缓平粜、出借，必须通过买补、催征使亏空补足，再予以平粜、出借。"查常平仓，如常平出粜，定例概以存七粜三为率，其地方燥湿不同，则有存六粜四、存半粜半、存三粜七及不限额数，随时出粜。原为额贮充盈，恐米谷岁久朽蠹，所以因地酌量，出陈易新，且使市价平减，商贩不得居奇多索。惟是平粜已有亏缺，尚未买补如额，又将存仓谷石，接续再粜，不但亏缺繁多，一时难于买补，且恐挪新掩旧，私将粜价侵用，久之仓庾尽空，升斗不存。无论常年无可平粜，即水旱偏灾，亦无谷石以供动用。臣请于平粜有亏之仓，必勒限一二年内买补足额，勿得于未足之先，率请平粜"③。至于出借农民"作为口粮、籽种"，也存在着类似的情况，"惟是出借已有亏缺，尚未催收全完，又将存贮谷石，接续再借，不但陈欠积压，前后难于并征，且恐旧欠作为新借，日久无从催追，势必仓庾皆虚，升斗不存。无论常年无可出借，即水旱偏灾，必应借给，亦无谷石，可支散放"。因此，杨昭谨也主张，"于出借有亏之仓，必勒限一二年内催征足额，勿得于未足之先率请出借"。

二是常平仓米在一般年份出粜采买，主要是出陈谷进新谷，以防止仓储粮食霉烂。但是，由于年年出粜采买，难免增加了不法官吏侵渔、科派的风险。因此，杨昭谨主张，在一般年份，应依据各地方不同的燥湿情况，合理制定常平仓米出陈易新的年限，可从三四年至五六年出陈易新一次不等。"常平仓谷常年出粜……原为平减市价，而米谷亦藉以出陈易新，然使年年出粜，则必年年采买，吏胥侵渔，既可习为利薮，闾阎科派，实亦难免追呼。臣请嗣后除因灾以时平粜

---

① 《清经世文编》卷40，田文镜《请复仓谷借粜疏》。
② 《清经世文编》卷40，钱陈群《请减粜价借籽种疏》。
③ 《清经世文编》卷40，杨昭谨《常平仓谷章程疏》。本自然段引文，均见于此。

不拘例限外，其常年平粜，为因地方燥湿不同，酌定出粜例限。或三四年一次，或五六年一次，以省滋扰。"

三是常平仓谷出借时，由于吏胥里长等串通作弊，出现许多捏名冒借的情况，事后多半有名无人，无法催纳还仓。对此，杨昭谨主张，常平仓出借时，必须按照征粮红册查明借粮农民确实，才准予借给。这样使常平仓谷真正能救助贫穷农民，并防止吏胥里长中饱私囊，借出的常平仓谷能在限期内催纳还仓。"常平仓谷，每岁青黄不接之时，酌量出借，又或夏秋水旱成灾，酌量出借，定例查明借户果系力田之家，取具的保，平斛面给。惟是吏胥里长，互相勾串，往往从中弊混，捏名冒借，一时人数繁多，稽查难周，只凭保甲按名借给，迨岁底据册征收，半多有名无人，末由催纳还仓……臣请嗣后出借之时，将具呈借户，俱按照征粮红册，查系有粮农民，方准酌量借给。不但实惠及民，一颗一粒，吏胥里长，无从中饱，且凡出借谷石，尽归有著，一升一合，俱可照依例限，催完还仓，永无亏缺"。

四是常平仓谷在赈济受灾民众时，也会出现吏胥里长营私舞弊，虚开丁口，冒支钱米的现象。对此，杨昭谨认为更要严格发放制度，必须将受灾贫困民户与户口底册、粮册相核对无误后，才能予以支领。这样才能杜绝吏胥里长舞弊，将常平谷真正发放到受灾贫困民众手中。"如遇地方水旱偏灾，将存仓谷石，开放赈济，俾被灾小民，一夫不失其所。惟是极贫、次贫户口，多寡无定，百里十里村屯，远近各殊，往往吏胥里长，从中蔽混，不但瞻徇颠倒，且恐巧计侵渔，虚开丁口，冒支钱米。散放既时不容缓，体察亦势有难周，请嗣后办理常平赈务，凡系灾黎，俱按每年报部户口底册，逐一稽察，再将粮册核对，俱系无业无粮穷民与零星小户，方行认真散给。吏胥里长，无所施其伎俩，而常平之米谷，均可实惠编民"。

五是在采买常平仓谷时，由于吏胥里长舞弊，使富裕谷多之家反免摊派，而不富谷少之家则被摊派，甚至还被压低一半谷价采买。对此，杨昭谨主张，常平仓谷采买时，必须查照征粮红册，粮少及零星小户免于摊派，而将其摊派于粮多富户。这样，吏胥里长就无法营私舞弊，而常平仓谷又能完成采买任务。他指出：常平仓谷，"按照时价采买，事本因公，民情莫不乐输。惟是吏胥里长，从中舞弊，任意开报，殷实谷多之家，或蔽混隐漏，谷少之家，或抑勒科派，甚或私行倍折谷价，代为浮收充数。臣请嗣后采买之时，查照征粮红册，一切粮少之家及零星小户，悉予开除，惟按照粮多户口，将应买谷数分别均摊，面给价值，地方官稽察较易，吏胥里长无能肆其奸贪，所有采买谷石，自然依限全完，无有亏缺"。

清政府为了防止各级官吏失职，亏空、霉烂仓粮，制定了盘查仓粮制度。康熙四十一年（1702年）复准："凡官员将存仓米谷亏空、霉烂者，该督抚题参，照例革职留任，限一年赔补。赔完，仍准复职。如二年外不赔完者，照定例拟罪，著落家产追赔。"① "雍正元年（1723年）奏准：各省存仓米石，虽有司道、知府盘查，不能保其一无徇私，当责之督抚严加核实，造册具奏。督抚离任，将册籍交代新任，限三个月查核奏闻。如有亏空，即行题参，徇庇者议处，仍令分赔"。由此可见，清代对盘查仓粮高度重视，由地方长官司道、知府、督抚逐级盘查。如有亏空、霉烂，即由督抚题参，有关官员必须革职赔补。如一年内赔完，准予复职。

清代的社仓、义仓，属于官督民办，其在管理上与常平仓有所不同。乾隆五年（1740年），江西巡抚岳浚上《议社仓与古异同疏》②，将清代社仓与南宋朱熹所议论的社仓进行比较。我们从中可以较详细、具体地了解到清代对社仓管理的一些措施。

其一，保正编排保簿，给发每户门牌、烟牌③，悬挂门首。社正、社副查对门牌、烟牌，核算人口米数，总报州县，计口给发。"编排保簿，各属城乡市镇，皆系保甲专司……每年于冬季时，饬令各保正编排一次，造具各烟户清册，毋许遗漏增添，该地方照册给发门牌，各户悬挂门首。傥遇有赈借散给之事，核算人口米数，查对门牌、烟牌……每年社仓临放时，有愿借谷者，先期报明，社长总报州县，计口给发。"

其二，社仓出借社谷时，州县官只有监督稽查权，不能具体干预出纳事务。社仓"出借社谷，每年于青黄不接之时，正、副社长禀明州县，一面通报，一面即行借放……州县官止许稽查，毋许干预出纳。定例甚属周详，若又选差官吏斗子，公同支贷，诚恐转滋烦扰迟滞。"

其三，社仓谷米不借给游手好闲之人，应借给耕种田地的农民，以此来鼓励民众勤于农业生产。社仓对于"不务农业游手好闲之人，不必借给外，凡系力田农民，情愿借贷者，取具领状，同保借给状赴仓，著令正、副社长认识明确，即行照领借给"。

其四，社仓收纳出借谷子，必须用政府统一颁布的斗斛。"收放社谷……务照部颁斗斛，公平较量。现在各属每仓设有官斗，照收漕粮之例，纳户自行平量"。

其五，社仓谷米出借，一般年份按存六借四比例，但如遇到灾荒年份，可以全部借贷或赈济给灾民。社谷"每年出借，议定存六借四，是即存一开二之遗意也。设遇歉年，或尽数借贷，或尽行散赈，自应饬令有司，酌量轻重，随时办理"。

其六，社谷出借，一般年份借一石取息一斗，但是如遇灾荒之年出借，则予以免息。"每借社谷一石，取息谷一斗，设遇歉收，免其加息。傥本年不能还偿，即缓至次年免息交仓，民间称便"。

---

① 《大清会典事例》卷192《户部·积储》。本自然段引文，均见于此。
② 《清经世文编》卷40，岳浚《议社仓与古异同疏》。以下10个自然段引文，均见于此。
③ 所造烟户门牌，俱将男妇大小名口，作何生理，有无产业，逐一注明。

其七，每年秋收之后，社正、社副催促借户偿还借谷，而且负责验收，随到随收，不得阻拦不收或多收。如要规定统一收纳日期，必须事先广为告知。"每年秋收后，社正、社副催各借户纳谷还仓，俱系验明谷色，随到随收，毋许阻抑多取。若必示定日期，辗转告报"。

其八，每年年底，社仓必须将一年内仓谷按旧管、新收、开除、见在四柱汇总成清册，呈送户部查核。"各属捐贮社谷，现在每年岁底，取具动存各数清册，管、收、除、在四柱总册，送部查核。是事毕具总照会之意"。

其九，如社正、社副有缺，必须由乡约选择富有老成之人充任。"各属社正、社副缺出，即令地方乡约，公择殷实老成之人，报明有司充补"。

其十，社仓账簿共有两本，一本由社长保管，另一本由县官府保存备查。锁与钥匙则由正、副社长共同保管，以便平时查看，开启关闭仓门。"社仓事宜，俱系正、副社长，轮流收管，其社簿设立二本，一本社长收执，一本缴县存查。至于锁钥，即交正、副社长，公同分管，以便查看，不时启闭"。

乾隆十年（1745年），陕西巡抚陈宏谋在《筹办积贮情形疏》中也主要谈及社仓的管理。其一，陈宏谋指出，清朝用于赈济民众的仓储最重要的是贮之城中的常平仓和贮于乡村的社仓。如果对社仓管理得当，就能很好地发挥其接济贫民的作用。"积贮之法，不外常平、社仓二者。常平贮之城中，其出入也官主之；社仓散贮于乡，其出入也，社正、副主之。总在散敛及时，经理如法，然后可以源源借还，民获接济之益，官无霉变之虞"[1]。其二，建议社仓的出借比例不同于常平仓，可采取出半存半的比例。"常平之谷，存七出三，社仓之谷，出半行半，州县于每年封印后，酌定借期，一面通详，一面出借"。其三，为保证社仓谷米出借及时、公平，规定民众随到随借，禁止大斗入小斗出。"其出借之期，则按耕种迟早，以定先后，总在小民须借之时，不可延至麦收将届之后，并令先期出示，依次而放，随到随给，不许守候，平斛响挡，亦不许入多出少"。其四，为防止仓储粮食霉变，出借时应"先麦后谷，先陈后新"。其五，为鼓励民众耕种，以及出借的仓谷能如实偿还，陈宏谋也主张，仓谷不借游手好闲和无保的人。"所借之户，均须力田之家，兼有的保。如游手无益及无的保者，皆不准借"。其六，社仓出借粮食，必须依据具体粮价情况，决定出借及存贮数量，不必拘泥于存七出三、出半存半的规定，能以达到平稳粮价为目的。偿还时可于夏有麦还麦，秋有谷还谷。"倘民间无须多借，亦即留仓备贮，不必拘定出三出半。设遇粮价昂贵，即行详粜，以平市价。所借之粮，有麦者夏还麦，有谷者秋还谷"。其七，社仓由社正、副负责管理，出借时登记借户、保人姓名以及粮数，以防止营私舞弊。社正、副必须挑选富有、公正之人。如管理得法，社正、副必须予以奖励。"其社仓则仍责成社正、副经理，官给印簿，令将借户、保人

---

① 《清经世文编》卷40，陈宏谋《筹办积贮情形疏》。本自然段引文，均见于此。

姓名、粮数，以及完欠，逐一登记送查，一切出纳，虽责成社正、副，而稽查仍在于官，自无营私舞弊之患。并令慎选社正、副，务择殷实公正之人，优以礼貌。如能经理得法，遵照定例，分别奖赏请叙"。

乾隆三十五年（1770 年），江苏巡抚李湖提出 3 条改进社仓管理建议，颇为切中时弊。一是他建议改变社长一年一轮换的制度，实行社长 3 年一任期，可担任两任期 6 年。如两任期内社长尽职尽责，可升任乡饮，再选拔新任社长。如社长不胜任，可随时更换。"社长年限宜酌更也。社长一年一换，岁岁需人，不得不责之乡保开报，恐其所举，非尽端谨诚实之人。滥借侵渔，既不能免，即有一二小心谨饬者，又或慎守管钥，颗粒不放，冀迨一年期满，交卸脱累，亦属无裨农民。应请嗣后选充社长，永不许着落乡保举报，务令该州县在本社各村庄内，照例于不应试之殷实监生，选访举充。司事三年，出纳公平，社谷无弊，详报道府，给匾奖励，再令接管三年。如能始终如一，据实通详，将该社长举充乡饮，以示优眷。六年期满，另选充补。设或办理不善，即行随时更换，不必定以三年。倘本社各村，实无不应试之监生，即举诚实乡民充当，亦不必拘泥成例"①。

二是李湖认为，社长负责社仓出纳是不够的，社仓出借收纳之时，州县长官必须亲自或派员监督稽查，核准追讨，才能根除强借拖欠的弊端。"社仓定例，社长专司出纳，官役不得掣肘，但春借之期，官不为之稽查核实，则柔懦社长，土棍、乡保、胥役，皆得强借、重借。秋敛之期，官不为之查比，则欠户皆得拖延。应请凡遇春借之期，社长将应在本社借谷之户，取具押领，同正副簿票，送州县核准，示期开仓出借。该州县接到禀报，按照村庄门牌，核明应借之户，填入正副簿内。其不应借者，不准入簿借给，即于次日定期出示赴领。至期分委佐杂，或教职一员，亲赴看散，散毕封仓。如开仓出借时，有强梗之刁民，该委官即带交印官究处。至秋成后应行还谷时，社长禀明州县，示期开仓收纳。若按期交纳全完，州县或亲赴验明封仓，或委佐杂、教职赴验封仓。倘十月内不能全完，社长将簿内欠户标明，禀送州县，差传欠户比追。是收掌出纳，仍责之社长也，地方官严其查核，则强借拖欠之弊可除。"

三是李湖指出，社长一职又苦又累，吃力不讨好，易招人怨，因此，乡村忠厚老实之人都畏避担任社长。他建议社长日常工作要简明、制度化，州县官府应禁止以造册出结等事务增加社长负担。这既减轻社长苦累，又能使其职责更加专一。"凡系乡曲谨愿之人，无不畏避社长一役，盖缘经管出纳，不惟虑招乡里尤怨，与顽户之抗欠，而其最为苦累者，则交代盘查，按月按季册报、折报等事。地方官以社谷掌于社长，每遇造册结报事，总惟社长是问，奔走城乡，致多浮费，加以胥役之驳诘，差役之传催，一充社长，便无休息。此等弊累，亟应严行禁革。查每社俱定有正、副簿籍，出借时按户登记，有无存谷数目，一目了然。

---

① 《清经世文编》卷 40，李湖《酌定社长章程疏》。以下 3 个自然段引文，均见于此。

及至秋还，亦复登簿，一存州县，一存社长，一社之数目，灿然可稽。即通县之数目，较若列眉，不但州县造报月折季册，可按籍而稽，即遇交代盘查册结，亦无难按簿查办。嗣后社长除春借秋还，赴官禀报，及遇盘查，到仓开验外，如仍有以造册出结等事，苦累社长者，或经告发，或被访出，官则严参，胥役立拿重处。则社长之重累尽除，而责成亦专矣。"

清代"康熙十八年（1679 年）题准：地方官劝谕官绅士民捐输米谷，乡村立社仓，市镇立义仓"①。由此可见，清康熙十八年始设立的社仓、义仓，其区别主要在于设立的地点不同，社仓设在乡村，义仓设在市镇。乾隆十八年（1753 年），直隶总督方观承在《进呈义仓图说疏》中认为，社仓和义仓并没有什么区别："仓虽以社为名，事实与义同例。一切输受之法，条目兼该。而其要尤在地近，其人人习其事，良以官之为民计，不若民之自为计，故守以民而不守以官，城之专为备，不若乡之多为备。故贮于乡而不贮于城，其输之也不劳，其散之也易遍，其操之也不迫，其察之也易周。是以积久而蠹不生，施博而泽可继，虽有水旱不齐之岁，而无仓皇四出之民，制莫有善于此者也。"②

道光三年（1823 年），安徽巡抚陶澍在《劝设义仓章程疏》中又认为，义仓与社仓的不同，主要是义仓比社仓更倾向于民间自办，因此在管理上与社仓有所不同，更突出民众自我管理。"社仓春借秋还，初意未始不美，而历久弊生，官民俱累，变而通之，惟有于州县中，每乡每村，各设一仓，秋收后，听民间量力捐输，积存仓内，遇岁歉则以本境所积之谷，即散给本境之人。一切出纳，听民间自择殷实老成管理，不经官吏之手，以冀图匮于丰，积少成多，众擎易举，所以图便民也。各保各境，人心易齐，耳目亦周，所以免牵掣也。择人经营，立册交代，所以防侵蚀也。绅民自理，不经官员吏役之手，所以杜骚扰也"③。由此可见，陶澍的所谓义仓，是通过民众自我管理，不让官吏插手干预义仓具体事务，从而达到"便民""杜骚扰"的目的。基于这种目的，陶澍提出了"与社仓之法有异"的义仓管理章程，其要点有以下 11 个方面：

其一，义仓设置比社仓更灵活，以里居为单位，百余家十数家均可，在秋收之后，各家量力而行捐谷存仓备赈。选择一位富足、老实之人总管，再选一二人登记仓谷数目于四柱账簿，互相监督稽查。"一乡村无论百余家十数家，总以里居联络者，公设一仓，每年秋收后，各量力之盈绌，捐谷存仓。出者毋吝，劝者毋勒，或数十石，或十数石，多则一二百，少则数石数斗数升，均无不可。收谷时公同立簿登记，择一老成殷实之人总管，再择一二人，逐年递管，仍设立四柱交册，分别旧管、新收、开除、实在，明晰登记，互相稽查。连年丰稔，日积日

---

① 《大清会典事例》卷 193《户部·积储》。

② 《清经世文编》卷 40，方观承《进呈义仓图说疏》。

③ 《清经世文编》卷 40，陶澍《劝设义仓章程疏》。以下 12 个自然段引文，均见于此。

多，则谷不可胜食矣。"一些乡村零星民户，由于居住相隔较远，难以联络，甚至可以各家族、各房自设一义仓，也可并入邻近保甲义仓中。总之，义仓可因地制宜、不拘民户多少灵活设置。"乡村零户，有难于联络者，或每族各为一仓，或一族中每房各为一仓，或以散户归入附近邻保，共为一仓，均听民便，总在随时制宜，多多益善"。

其二，设置义仓的地点不宜靠近水边，以防潮湿；不宜靠近城市，以防离乡村太远，不便就近赈济。义仓可设在乡村神庙、公祠或老成富足有余屋的人家家里。"设仓宜择善地，不宜近水，不宜近市，以防不虞。建议之初，仓廒未立，或神庙，或公祠，或老成殷实之家、仓屋有余者，均可借储。但须本人情愿，不得强借。一俟谷石稍充，即可另自置仓。"

其三，由于捐输的仓谷干湿净秕不一，因此在收仓存贮之前，必须晒干车净，并当众登记损耗若干。如贮藏时间久了，还要再出仓晒干，并予以登记。"仓谷由于乐捐，间或有湿有秕，不能拘泥画一，应于收仓时，先为晒干车净，公同登记耗蚀若干。或收贮年久，又须公同出晒一次，复量上仓，再逐一登记实数，以便查考。"

其四，义仓属于公益事业，惟有看守义仓之人，给予报酬，负责巡查，如发现义仓损坏，及时报告经管之人，予以修缮。为防止守仓之人监守自盗，义仓钥匙不得由守仓之人保管。"设仓本系义举，司事之人，不容稍有侵蚀，亦不许籍端开销。惟所雇守仓之人，不能不给予工食。责令巡查，遇有风摧雨漏，仓板损破之处，立即告知经营之人，及时修理。其锁钥等项，不得交守仓人佩带"。

其五，捐输谷物最初总数，应向当地官府申报备案。以后捐输、给放数目，官吏、里长、甲长一概不予过问、干预。如有官吏借口稽查进行勒索，必须按敲诈受贿罪予以惩处。"捐谷既有成数，即赴地方官呈明立案，以免匪徒阻挠，扰乱章程。以后捐多捐少，收放出入，官吏概不与闻，即里长甲长，亦无许越俎。倘有吏役托名稽查，藉端需索，查出照诈赃例，从重惩治。"

其六，义仓贮积谷物多了，就必须加建仓廒。但不必通过推陈出新、借贷来收取利息，以求增加贮积的谷物。因为这样会导致纷争，并出现营私舞弊的事情，或有借无还，损失仓谷。义仓如贮积谷物太多，可将其用于购置田产，收取田租。但义仓必须保持一定数量的存谷用于赈济，因为如遇灾荒，田产也不能用于赈济救急。"积谷既饶，止须添建仓廒，不必推陈出新，以求滋长，亦不必春借秋还，以权利息。戢争杜纷，此为最要。惟余谷置田收租，尚可并行不悖。然必积谷实在充裕有余，以少半置田乃可，否则不必。盖此谷原为备荒而设，至捷至便。推陈出入，易滋朦混，借出难偿，渐归乌有。置买产业，虽属经久之计，然不能救济目前，亦非急务也。"

其七，如遇灾荒，除总管外，再临时增设办事公正的人当司事，共同主持发放仓谷。发放时依据仓谷数量，先放鳏寡孤独无依靠者，次发最贫困的人，再发中等贫困的人。或 5 天或 10 天发放一次，事后进行核算。家族经济尚可以的，不必赈济，如是遇到小灾荒，也不必动用义仓赈济。"每遇灾荒，总管分管外，添择公正司事，计谷之多寡，先尽本村中鳏寡孤独无告之人，次及极贫，又次及中贫。或五日一散，或十日一散，事竣凭众确算。至家计稍可支持者，不必分给，即小歉之年，亦不必动用以归实济"。

其八，捐输谷子之家，在灾荒时，不得以平时多捐就能多分，平时少捐就只得少分。分谷时按所在村庄来划分，各族各房义仓分谷，则不以村庄划分。如原在此村捐谷，后移居他村，灾荒时不得回原捐谷村庄分谷，应在新移居的他村分谷；新移居的他村应酌情分谷给刚移居该村的住户，不得因过去未捐谷而拒绝分谷给新住户。"捐谷之家，此谷既捐，即系公物。遇有灾歉，不得以从前甲多乙少，致启争端。或先在此村捐谷之家，其后移居他处，遇此村散放，不得以曾经捐谷，回向转索。新来之户，从前虽未捐谷，遇有散放，亦应酌给，不得独任向隅。盖各保各境以乡村为断，虽救恤无分彼此。而谷少人多，亦不得不稍为限制，其各族各房积谷者，则不必以乡村为断"。

其九，如遇连续几年丰收，义仓有三五年的存谷，可与乡村中的乡老等商定，添设抚恤寡妇、育婴等会，或于冬天赈济鳏寡孤独与外来无法生存的流民。"年丰和时，劝捐较易，果能积有三年五年之蓄，又不妨略为变通，邀同衿耆，划分若干，于乡间添设恤嫠、育婴等会。或于冬闲就村庄中鳏寡孤独与外来无告穷民，量为赈济，亦所以广任恤也"。

其十，乡村绅士，应带头捐谷，如能捐谷一千石以上，或捐银子一千两以购买谷子贮义仓，或建仓厫、买斗斛器具等用银千两以上，均可呈请朝廷予以旌表奖励，书吏不得索费阻挠。"乡村绅士，克知大义者多，自必首捐为倡。如有能捐谷千石者，或捐银千两以上，买谷归仓者，或捐置基产仓厫及斗斛诸器物，用银千两以上者，均当照例请旌，以资鼓励。倘虑书吏索费，即径赴院司衙门，呈明捐数，以便行查确实，立予请旌，断不令善举稍有阻格"。

其十一，应将民间演戏酬神、嫁娶、生日糜费折谷捐给义仓，就可安贫保富，使社会形成仁义礼让的风气。"劝捐之外，尚有因事乐施一节。如民间演戏酬神，及嫁娶喜期、庆祝生日，尽可将糜费折谷捐入义仓，扩而充之。不特安贫，即以保富，将型仁讲让之风，亦由此而兴起矣。"

乾隆十年（1745 年），晏斯盛看到汉口一带商旅辏集，"贸易而兴盛者有之，消乏者亦有之，其问负贩帮杂而流落无归者亦有之。兴盛之家，衣食足而礼义生，恒产裕而恒心不失；至于消乏之家，下及帮杂负贩、流落无归之徒，窘迫颠连者出其中……若遇荒歉之年，生意冷淡，市米顿希，常社之粮，莫分余粒，未能安堵而高卧也"①。因此，他建议，汉口"盐、当、米、木、花市、药材六行

---

① 《清经世文编》卷40，晏斯盛《请设商社疏》。本自然段引文，均见于此。

及各省会馆，随力之大小，各建义仓，积谷米数万石，存贮汉镇，听其情愿捐输，不得官为勒派，一遇米贵，即行平粜。其平粜价银，一遇川南米船积滞价贱之时，即行买补，所有盈余，亦即归仓，并在仓公用。一切出纳，择客商之久住乐善而谨厚者为义长，听其经理。仍报明地方官查考，地方官亦留心照管，不使折本侵渔，如社仓法。行之有效，即推广于各市镇一例通行，似亦保聚一方之一端也。夫农民力穑而积于其社，商贾牟利而积于其次，事亦相等也"。在此，晏斯盛主张市镇商贾云集的地方，应模仿乡村，也设置义仓，动员富商捐银，在米价低贱时购米屯储在义仓，并挑选客商中乐于行善事并谨慎忠厚的人担任义长，管理义仓。遇到灾荒米贵之时，将义仓米出售以平米价。

清代有关常平仓、社仓孰优孰劣问题，存在着不同的看法，其实，两者各有其优劣，正好可以互补，因此，两者在清朝始终存在，在备灾赈济中各自发挥着应有的作用。晏斯盛认为，常平仓和社仓由于所处地点和赈济方式不同，常平仓适合于城市，社仓适合于农村。这就是常平积储米谷在城市官府中，离乡村数十百里，如遇灾荒，乡村饥民往往得不到赈济，而常平仓米多数被米贩囤积。而且常平仓米是低价出售以平米价，但贫民大多数手中无银钱，所以最终仍然是无钱买到米。然而常平仓由政府管理，如社仓也能这样，就使地方豪强不能掌控社仓，贫弱之民就能在青黄不接之时，从社仓得到一些接济。因此，常平与社仓可相互为用。基于以上理由，晏斯盛主张，常平储积之米，如达到一万石，就将其中 7/10 分贮到乡村社仓中，城市中存储三千石即可。如城市常平仓存储不满三千石，即于省仓储积之米均拨到各社仓。然后严格要求州县官吏总体掌控，各社保长负责出纳，以一分利息借贷。如在出纳中出现不合理现象，保长必须受到处罚。他提出："请将各属常平积米至万石者，存三千外，各于近城四乡按社保设立社仓，将常平米七分均贮各乡，以为社本。其常平所积甚少，不满三千者，即于江宁省仓常积之米，均发该州县，以为社本。严谕州县，总其大成，各社保长按甲轮管，以时出纳，照现在加一出息。行之有效，而后推之远乡。其中或有出纳不均者，官晓谕之不率，仍追断如法。渐次行之，久必有效。"[1]

陆世仪则提出："社仓不如常平，常平仓不如常平田"[2] 的观点。他认为，社仓春借冬还，收取利息 1/10，但如用人不当，就会重蹈宋代青苗法的覆辙，敛取百姓。"社仓春散冬敛，取利什一，得先王春秋补助之意。然出入之际，最须得人，否则为青苗之续"。常平仓提高米的价格买进，降低米的价格卖出，就没有了社仓通过借贷追讨欠债的麻烦。但是，常平仓只利于市民，与农民无关。并且常平仓是以官钱作为买卖米谷的本钱，如遇贪官污吏，官钱被消耗殆尽，常平仓就无法运作了。"常平增价而籴，减价而粜，出入便捷，无追索之扰，然止

---

① 《清经世文编》卷40，晏斯盛《请分常平为社仓疏》。
② 《清经世文编》卷28，陆世仪《论盐粮赈贷诸法》。本自然段引文，均见于此。

利于市民，与农民无涉。且二者之粟，俱恃官钱以为工本，一遇贪墨，官钱耗散，二法便成废弃"。如用官钱买常平田，将常平田每年所收田租储存于仓厫。这些田租可用于赈济、借贷、平衡米价，其收入又可作为购置新的常平田本钱。这样就可源源不断，每年都可增置新的常平田。即使遇到贪官污吏侵吞仓粟，但常平田却依然存在。如碰到清廉勤政官吏上任，常平田就会发挥很大的赈济作用。因此，常平田优于社仓和常平仓。"若买田以为常平，岁收其所入之粟于仓，欲赈则赈，欲贷则贷，欲减价则减价。所粜之钱，又可籴粟为来年张本，源源无穷，岁有增益。即遇贪墨侵渔仓粟，而去任之后，一得良吏，田脚固在，修举不难。视前二法，兼之且胜之矣"。基于这种认识，陆世仪认为，社仓不如常平仓，但常平仓也只有低贱卖粮而没有无偿赈济。如用常平田的收入建立子仓和母仓，先将常平田收入存于母仓，然后在小灾荒之年通过借贷收取低息存入子仓。如在小灾荒之年，子仓、母仓均低息借贷；在大灾荒之年，母仓低价卖粟以降低粮价，而子仓则无偿赈济。"社仓不如常平，然常平之法，有粜而无赈。不如立子、母仓，先以千石或万石为母，遇小饥则减价粜之，薄收其息，以入子仓。使岁恒小饥，则子母俱减价收息。大饥则母仓备粜，子仓备赈。治国者能使子母常盈，则无忧饥矣"。

清代的常平仓、社仓、义仓等，虽或多或少有不足之处，但总体上说，在赈灾中都发挥了各自应有的作用。因此，清政府对常平仓、社仓、义仓都予以大力支持，并依据其不同的定位和特征，采取不同的措施。

对于常平仓，由于其属于地方官府的储粮仓库，因此，朝廷明谕各级地方官吏对常平仓的储粮、粜粜负有直接责任。如有关官吏失职，使仓粮霉烂，或被侵蚀、挪移等，则必须受到惩罚。如"雍正四年（1726 年）覆准：凡地方仓厫，有渗透及墙垣、木植不坚全者，所需工费无多，该地方官即为修补。若年久倾圮，砖瓦木植破碎朽坏者，该地方官详明上司，委官估计工费，报部即动支正项修盖。其有地方厫座无多，将仓粮寄存僧寺道院者，或并无寄存之处，将米谷露囤者，该地方官详请督抚查勘确实，将作何建仓之处酌量具题。傥州县官漫不经心，因循息玩，不修补仓厫，不详请修盖，以致米谷霉烂者，照溺职例革职，限一年内照动帑买补之数赔完。限内不完，照侵蚀钱粮例以未完米谷之数，依律治罪。仓厫既经修造，犹有托名霉烂亏空者，查出照侵蚀例治罪"①。在设置常平仓中，一个基本的条件是必须保障仓谷的来源。清政府通过各种渠道，使常平仓能筹集到足够的仓谷。其主要来源有：地方州县办理案件的赎金，富民、乡绅、官吏的捐输等。如"顺治十二年（1655 年）题准：各州县自理赎锾，春夏积银，秋冬积谷，悉入常平仓备赈，置簿登报布政使司，汇报督抚，岁终造报户部。其乡绅富民乐输者，地方官多方鼓励，毋勒以定数。"康熙三十六（1697 年）覆

---

① 《大清会典事例》卷 189《户部·积储》。以下 2 自然段引文，均见于此。

准："湖广三十五年分各官捐输之谷，储各属常平仓，以备赈济。"

清政府还重视对地方常平仓的监督稽查，如发现侵挪亏缺、勒买勒卖、短价克扣等弊端，就对有关官吏进行惩治，并予以整饬。乾隆五十七年（1792年）谕："各省督抚，每年俱汇奏，仓库无亏，遇有偏裉歉收，并未据奏闻动拨仓谷，以济饥民。即如本年直隶、畿南一带，因旱歉收，经朕降旨询问，何不将仓贮谷石，先行动拨。据该督奏，各该处额储谷石，除连年出借籽种及本年平粜外，所存无多，不敷散赈等语。可见各省仓贮，并不能足数收储，此皆由不肖官吏，平日任意侵挪亏缺，甚或借出陈易新为名，勒买勒卖，短价克扣，其弊不一而足。以古人之良法，转供贪墨之侵渔，而该督抚等并不实力稽察，惟以盘查无亏一奏了事。以致各省仓储，俱不免有名无实，备荒之义安在乎？该督抚等向来因循怠玩，此后务当认真整饬，实力稽查，使仓谷丰盈，以期有备无患。若再仍前玩忽，任令州县侵那短缺，将来朕特派大臣前往抽盘，一经查出参奏。恐督抚不能当此重戾，若因有此旨，复任地方官借词采买，有勒派短价情弊，将该上司及州县，一并从重治罪，决不宽贷。"

对于社仓，清政府则坚持由民间自行管理，不让官府插手，以防止地方官吏挪移、盗卖、侵肥等。但是社长必须于年终将社仓出入、储欠数目造成会计簿册，由地方官上报上司及户部，以接受监督。如社长管理妥善，予以奖励；如有出现侵蚀，经乡民告发，予以惩罚；如管理不善，由同社自行选人替换。"嘉庆四年（1799年）谕：社仓原系本地殷实之户，好义捐输以备借给贫民之用。近来官为经理，大半藉端挪移，日久并不归款。设有存余，管理之首士与书吏，亦得从中盗卖。倘遇俭岁颗粒全无，以致殷实之户不乐捐输，老成之首士不愿承办。是向来良法，徒为官吏侵肥。亦应一律查禁，并著各督抚等，将各省社仓，仍听本地殷实富户择其谨厚者，自行办理，不必官吏经手，以杜弊窦而裕民食。又议准：各省社长，于岁底将出入储欠数目造册结报一次，地方官转报上司，造册报部。一切出纳，听民自便。又议准：各省公举正副社长，止令呈官存案。如办理妥善，照例奖赏；如有侵蚀，经乡民告发，照例治罪。经理不善，仍听同社自择妥人请换，毋许官吏指名充补及藉端为难，违者，查出究办"①。

对于义仓，清政府亦坚持民间自办。对捐谷多者依据其数量给予不同的奖赏，以示鼓励。慎重选择管理义仓的仓正、仓副。为鼓励民众务农，政府规定游手好闲之人不得借贷义仓米谷。地方州县官离任交接时，必须核查其是否有私借挪移义仓米谷。如有，必须受到处罚。义仓出借米谷，春借秋还，收息1/10，并将其中10%利息作为仓正、仓副纸张、饭食开支。10%利息作为折耗，10%利息作为租借房屋开支。义仓在灾荒之年出借米谷免收利息，所有以上开支，于上年剩余利息中借支，等下年收到利息后，再原数拨还。乾隆十二年（1747年）

---

① 《大清会典事例》卷193《户部·积储》。以下2自然段引文，均见于此。

覆准："山西省义仓，士民捐谷，分别奖励。照直省社仓之例，其所收杂粮，按照米谷，折算奖赏。其州县能捐俸急公，首先倡率捐五十石者，记功一次；百石者，记功二次；百五十石者，记功三次；三百石以上者，别行注册。每逢奏报案内，并别有政绩卓越，遴选升调，别作一条事实汇册，送部察核。先予记功三次，三百石以上者，于现任内记录二次。至义谷照直省之例，分乡收储，春借秋还。照社仓例，每斗加息一斗，所需仓费，亦照直省于息谷内动用。傥士民情愿捐资建仓，或捐仓屋地基、木料等物，准其计价合算谷数，汇入捐谷内分别奖赏。再慎选仓正、仓副，分别劝惩。游惰民人，禁其滥借，均照社仓例办理所有义谷。每遇州县官交代时，照例盘查。如有私借挪移，分别参处。至储谷之乡附近村庄，如猝遇冰雹，例不成灾，农民有缺乏口粮籽种者，准其将谷借给。每年春借秋还，先尽杂粮出易，俟本息充裕之日，再照存七粜三办理。其义仓出谷，每百石收息谷十石，内一石为仓正、仓副纸张、饭食之需，一石为仓谷折耗，一石为赁房之费。如遇歉收免息之年，所需费用，于上年余剩息谷内借给，俟下年收有息谷，照数拨还原款。"

3. 灭蝗防蝗灾

乾隆十七年（1752 年），监察御史周焘提出在灭蝗防蝗灾中"捕蝗不如除蝻，除蝻不如灭种"①。这是因为如把蝗虫消灭在种子阶段是最省事的；其次是把蝗虫消灭在蝻阶段，因为蝻还没翅膀，不会到处飞，还较容易捕杀；最难消灭的是长成蝗虫，到处飞翔，蔽日遮天，如要将其消灭殆尽，将是很困难的。

乾隆三十五年（1770 年），副都御史窦光鼎就如何组织民众灭蝗提出了数条建议，其主要内容有以下 3 个方面：其一，组织民众捕杀蝗虫时，不必预先确定人数。但可预先编制一份捕蝗人员花名册，交州县备案，以供临时调拨。其捕蝗人员，尽量用本村或附近百姓，可按每户出夫一人或两三户出夫一人征派，也可临时雇用城市中无事可做的人。②。

其二，中村、大村设牌头 1—4 名，小村可二三村设牌头一名，负责率领民众捕蝗，平时率田户巡查各家田地是否滋生蝗虫。各州县还设护田夫数人，专门负责巡查各乡村海滨河淀偏远地区蝗虫。如某乡村出现蝗蝻滋生，必须及时报告官府，牌头率村民一起捕杀。如本乡村人手不够，还可联合附近村庄百姓协助捕灭。如蝗虫蔓延数个村庄，还可调拨士兵，由能干的吏役督促，迅速捕杀，以免使庄稼受损。如能及时扑灭蝗虫，有关人员将受到官府奖赏；民众捕到蝗子一升，可奖给米三升。如出现蝗虫，有关人员共同隐瞒，一经查出，田户、牌头都将受到惩罚。捕蝗时因人力不够调拨外村人，每人每天必须给米一仓升或钱 15 文的报酬，如调拨的外村人路途遥远，所给的米钱报酬必须多一倍。

---

① 《清经世文编》卷45，周焘《敬筹除蝻灭种疏》。本自然段引文未注出处者，均见于此。

② 《清经世文编》卷45，窦光鼎《条陈捕蝗酌归简易疏》。本自然段引文，均见于此。

其三，捕蝗器具以条拍、旧鞋底拍打蝗虫，效率最高，必须在蝗虫出现前准备好，不得以木棍、小枝等塞责。如捕杀不会飞的蝗蝻，可预先开沟，然后将其围赶到沟里，用土掩埋。如捕杀会飞的蝗虫，适合用人横排成一行，然后尾随蝗虫其后捕杀。尤其在黎明露水多时，更容易捕杀。如在生产庄稼的田地里，则宜在田陇上捕杀，不得合围喊叫，这样会让蝗虫惊飞四处，而且会损坏庄稼。捕杀蝗虫中以往依据蝗虫数量予以奖励，多采取边捕杀边掇拾收贮的办法，但这种办法费工，效率低。如要用这种办法，就让老幼妇女跟随其后掇拾收贮，或零星捕蝗时较为适合。如是大面积捕杀，就由精壮人手持捕蝗器具跟踪蝗群奋力扑打，将蝗虫尸体丢弃田地，不掇拾收贮。这样既大大提高捕蝗效率，又能让死蝗腐烂后成为麦苗肥料。

四、赈灾思想

（一）赈灾总体思想

1. 清政府赈灾总体思想

清政府赈灾总体思想有 12 个方面，即备祲、除蝗、救灾、发赈、减粜、出贷、蠲赋、缓征、通商、劝输、兴工筑、集流亡。其中备祲是政府奖励农耕，以农为本；除蝗是捕杀消灭蝗虫，似不属于赈灾范围，本章上文已有论及，兹不赘述。以下简述其余 10 个方面[①]。

其一，救灾。"水灾骤至，有司官即率众救济。漂毁房屋，给予搭运修费银；淹毙人口，给予葬银；淹伤人口，给予抚恤银；水冲沙压地亩，给予挑培修复银。皆按各省例定银数散给。"由此可见，这里的救灾，是专指救助水灾，其救助的方式是以发放货币赈灾。

其二，发赈。"题报成灾情形，即一面发仓，将乏食贫民，先散赈一月，是为正赈。及查明分数后，随分析极贫、次贫，具题加赈。灾十分者，极贫加赈四月，次贫加赈三月；九分者，极贫加赈三月，次贫加赈二月；八分、七分者，极贫加赈二月，次贫加赈一月。灾六分者，极贫加赈一月；五分者，酌借一月口粮。正赈、加赈米数，皆按日散给，大口日五合，小口半之。学中贫生，屯卫贫军，随坐落地方予赈。盛京旗地、官庄、站丁被灾，各先借一月口粮，不作正赈。及查明被灾分数，不论极贫、次贫，旗地灾十分、九月者，赈五月；八分、七分者，赈四月；六分、五分者，赈三月。官庄灾，十分、九分、八分者，赈五月；七分、六分者，赈四月；五分者，赈三月。站丁灾，十分、九分、八分、七分者，赈九月；六分、五分者，赈六月。米数皆按月散给，大口月二斗五升，小口半之。凡闲散贫民与力田灾民，一体给赈，米不足者，银米兼赈。"由此可见，这里的发赈，就是给灾民发放口粮。其发放的数量依据是发放对象的贫困程

---

① 《大清会典》卷 19。以下 10 个方面引文，均见于此。

度和灾荒的严重程度，发放对象越贫困、受灾程度越严重，所发放的口粮月数越多。除此之外，旗地、官庄、站丁受灾另外给予额外的优惠。发放口粮有按日、按月发放两种，按大口（成年人）和小口（未成年人）两种定额发放，未成年人是成年人的一半。赈粮分两种，如遇灾荒，先发放一月口粮，称为正赈；以后再依据灾民贫困程度和受灾不同程度加发的称为加赈。发赈以发放口粮为主，但是，如果粮食不足，也可同时发放银钱与粮食。

其三，减粜。"岁歉米价腾贵，出粜常平仓谷，督抚确核情形，于当年平粜。照市价例减之外，再酌定应减之数，具奏出粜。如仓谷不足，则动帑赴邻省采买出粜。事竣，动仓谷者籴谷还仓，动库帑者易银归库"。灾荒年份粮食歉收米价飞涨，政府就将常平仓谷降低价格出售。出售前督抚必须核实受灾情况，除依照规定降低米谷价格外，至于具体降低米价多少，督抚必须酌情确定，再向朝廷上奏批准后才能出售。如本省常平仓谷储备不足，可动用本省财政经费赴邻近省份购买。赈灾结束后，再购买谷子归还常平仓或归还银子于省库。

其四，出贷。"灾岁之明春，农民无力播种者，酌借籽种、口粮。或夏月风雹旱蝗水溢等灾，除不能复种秋禾者，即照秋灾办理外，如秋米尚可播种，应俟秋获时，确勘分数办理者，遇必需接济，亦先酌借籽种、口粮，皆于常平仓出借，秋灾麦熟后征还，夏灾秋成后征还，皆免息谷"。出贷就是在灾荒或青黄不接时，常平仓借贷种子或口粮给农民，待下一季粮食收成后归还，免收利息。

其五，蠲赋。"以灾户原纳地丁正耗，准作十分，按灾分之数蠲免。灾十分者，蠲赋十分之七；九分者，蠲赋十分之六；八分者，蠲赋十分之四；七分者，蠲赋十分之二；六分五分者，蠲赋十分之一。屯卫田地，随坐落州县分数蠲免。山西米经摊征之丁银，及无地灾户丁银，统随地粮分数蠲免。八旗官地，灾十分者，蠲租十分之五；九分者，蠲租十分之四；八分者，蠲租十分之二；七分者，蠲租十分之一；六分以下者，缓征。江苏吴县公田，蠲租照民田之例。至各省漕粮及漕项，或分年带征，或一律蠲免。奏明遵旨办理"。清代蠲赋包括3个方面：一是赋税，其遇灾蠲免较多；二是官地、公田地租，其遇灾蠲免较赋税少；三是漕粮作为漕运京师、通州的田赋和漕项作为漕运开销的银米，遇灾可分摊各年带征，一律蠲免。

其六，缓征。"灾地勘报之日，即行停征。所停钱粮，系被灾十分、九分、八分者，三年带征；系受灾七分、六分、五分者，二年带征；五分以下勘不成灾，有奉旨缓征，及题明缓征者，缓至次年麦熟后启征。其次年麦熟后，应征钱粮，递行缓至秋成。若被灾之年，深冬方得雨雪，及积水方退者，另疏题明，将应缓至麦熟钱粮，再缓至秋成，新旧并纳。又成灾五分以上州县中之成熟乡庄应征钱粮，亦一体缓征"。清代缓征就是受灾百姓暂缓向政府交纳钱粮，其缓征年限按受灾程度不同可缓2—3年，如受灾五分以下不严重的，如皇帝圣旨或题明准予缓征的，也可缓至第二年启征。总之，缓征可依据受灾情况灵活掌握缓征年限。

其七，通商。"灾区需米接济，奏明招徕商贩。有运米前往粜卖者，所过关口，免其纳税，给予印票。到境之日，呈送地方官盖印，回空核销。如米到被灾地方，先行粜卖，及偷运他省，加倍罚税，仍照违禁例治罪"。清代如某地区灾荒，即通过免关税的政策鼓励商人向灾区贩卖粮食。如商人运米到灾区未经官府盖印核销先行粜卖或偷运到其他未受灾省份粜卖，必须加倍罚税，并依照违禁例惩治。

其八，劝输。"绅衿商民于歉岁出资捐赈者，准亲赴布政司具呈。所捐之项，听其自行经理，不许州县抑派。事竣，督抚核实，捐多者题请议叙，少者给匾旌奖"。乡绅、富民、商贾如灾荒年份捐钱粮赈灾者，准许亲赴省布政司具呈。所捐钱粮，可由捐者自行管理，禁止州县抑派勒索。事后，督抚核实，捐多者可保举授予官职，捐少者颁布匾额奖励。

其九，兴工筑。"灾岁闾阎艰食，令督抚于地方应举之工，如沟渠、城垣、堤防，酌量提请办理。俾贫民佣工就食。""兴工筑"就是灾荒年份以工代赈，地方通过雇佣灾民兴建沟渠、城垣、堤防等，使灾民自食其力。

其十，集流亡。"被灾贫民，令该管官善为抚恤，毋令轻去乡土。其流亡外出闻赈归来者，即准入册，一体散给"。地方官应对本属地灾民妥善抚恤，不要使灾民轻易离乡背井。其流亡在外地的如听到赈济回来的人，即准其登记入册，一样给予赈济。

2. 张伯行赈灾总体思想

除清政府在《大清会典》卷19所记载的赈灾总体思想外，当时个人也有对赈济总体思想提出自己的见解，如张伯行的《救荒事宜十条》和方观承的《赈纪十五条》等。他们文中与《大清会典》卷19相似的就不再赘述，兹介绍其与《大清会典》卷19不同的一些看法。

张伯行（1651—1725），字孝先，号恕斋，晚号敬庵。理学家，康熙二十四年（1685年）进士。累官至礼部尚书，以清廉刚直称。去世后，朝廷追赠其为太子太保，谥清恪。

张伯行的《救荒事宜十条》① 是赈济、赈粜、赈贷、担粥法、劝捐、安流民、稽察、收养、掩埋和禁戏10个方面，其中较有特色的是担粥法、安流民、稽察、收养、掩埋、禁戏6个方面。

其一，担粥法。张伯行认为，担粥法适合于私人零星、小规模施粥给在灾荒中极贫困无以为食之人，可逐家逐户施粥，施完为止。如是成群、大规模施粥，则应由政府组织实施，乡绅富户私人成群、大规模施粥则效果不好。

其二，安流民。张伯行提出，应对流民按十余人一排组织起来，设立一排头

---

① 《清经世文编》卷41，张伯行《救荒事宜十条》。以下6个方面引文，均见于此。

进行管理,如住在庵观寺院,则再由僧人总监督,以防止流民死亡、拐带、盗窃、争斗等事故发生。如流民住在庵观寺院,男僧专门收养独身男人,女尼专门收养独身女人,不得男女混杂。如是一家有男有女数口,必须整家安顿,不得将其拆散。如流民安置在乡村空闲房屋之中,必须由乡村耆老、乡约主持;如安置在州县,必须平均安置,不要出现有的地方安置多,有的地方安置少或不安置,平均安置则易于赈济,防止拥挤。

其三,稽察。张伯行的救灾措施"稽察"很有特色。他主张,在灾荒严重时,政府必须派流民头、僧人、耆老、乡地等不时稽察所属地区,发现有将冻饿快死灾民,必须及时报告官府并给予粮食、棉衣、钱等救助。如没及时报告及救助而使饥民冻饿致死,有关人员必须受到处罚。如耆老、乡地发现冻饿死者,也必须及时报告官府,捐棺木埋葬。张伯行的稽察救灾措施,能使许多冻饿将死灾民挽回生命。

其四,收养。张伯行鼓励富裕人家在灾荒之年收养贫困人家无法养活而遗弃的子女。而且政府必须规定年限,如贫困之家在规定的年限之内无法收回养活自己的子女的,那子女就拜收养人家为父母,即使在丰年贫困之家也不得将自己子女收回。

其五,掩埋。张伯行主张在赈灾中,必须及时掩埋死者。这既使死者入土为安,也防止引起疾病的传染。

其六,禁戏。张伯行认为,灾荒时灾民忍饥受冻,而有钱人却演戏取乐,反差太大,不近情理,不仅受苦人不愿听,恐怕神明也不保佑,不如将演戏的钱用来赈济灾民。他建议,灾荒时应禁止演戏,如有人违反,每天罚谷 10 石,并按每增加演戏一天,递增罚谷数额,而且将罚谷用于赈济饥民。

3. 方观承赈灾总体思想

方观承(1698—1768),字遐谷,号问亭,一号宜田。雍正九年,初经举荐,任内阁中书。乾隆二年(1737 年),担任军机章京,转吏部郎中。历任直隶清河道台、直隶按察使、直隶布政使、直隶总督。逝世后谥恪敏,入祀贤良祠。著有《述本堂诗集》《问亭集》。

方观承的《赈纪十五条》① 是核户、勘灾、造册、恤农、严法、防弊、恤死、增廒、展赈、止流民、劝安业、粜米、借种、推广惠政、用人等 15 个方面,其中比较有特色是核户、勘灾、造册、恤农、严法、增廒、展赈、劝安业等 8 个方面,兹缕述如下:

其一,核户。核户是赈灾最重要的基础工作。方观承主张,在灾荒发生之前,地方州县必须尽早核定每户人口多少,从事何种职业,家中有无残疾之人,以及田地、粮食等情况。这样,在赈灾中就能针对各户具体情况进行有针对性的

---

① 《清经世文编》卷41,方观承《赈纪十五条》。以下 8 个方面引文,均见于此。

准确赈济，防止发生偏差，使该赈济的人没有得到赈济，而不该赈济的人却得到赈济。

其二，勘灾。方观承认为，在赈灾中，首先关键的第一步是勘灾，即评估灾荒的严重程度，这样，政府才能对赈灾做出正确的决策，不至于偏重偏轻。在勘灾中，如受灾很严重，达到九分十分损害，那还好评估。难得的是如受灾是七八分、五六分，那就比较难具体评估出达到多少分程度。而且灾情会随着时间的推移不断变化，有时会变得越来越严重，有时则会逐渐缓解，与勘灾时的评估结论不相吻合。因此方承观主张，勘灾时与其畸轻，毋宁畸重，这样能留有赈灾余地；地方官员应根据灾情变化情况，及时更正勘灾评估结论，这样才能把赈灾工作做好。

其三，造册。赈灾时，地方州县应督令受灾地区乡地，按照每村每户每个人登记，编造成草册，不许遗漏，到时移送给负责赈灾的官员。该官员核查其该赈济者，填入格册，其不该赈济者以及外出者，就直接在草册内注明。赈灾格册以草册为依据，草册又以原有门牌为依据。

其四，恤农。方观承指出，农民是国家财政收入的主要来源，国家在灾荒年份向农民赈济，其实这些财政经费就是丰年时国家向农民征收的赋税。因此，赈灾时应先赈济农民，先看其农田受灾情况，再看其住处、器用、耕牛、农具等。那些不是因灾荒而贫困的人，往往不是农民，对他们的赈恤会助长其懒惰。农民是国家的根本，农民挨饿则全体民众皆挨饿，谷价提高则其他物品的价格都会提高。因此，赈灾首先必须重视赈济农民，其余民众是不可与农相提并论的。

其五，严法。灾荒之年，政府对赈灾的许多事项，要制定出具体的法规。如赈灾中谁应赈给，谁应减少赈给；干旱时，如何分配灌溉的水源；赈灾时灾民在远近不同路途中的往返，赈灾场所的拥挤，等候赈给，粮食称量标准，米谷的干湿，发放赈给钱的短少，外出人口的遗漏冒领，邻里亲戚的弄虚作假等，都要有具体明确的法律、规章制度的规定。这样处处有法可依，地方官德法恩威并用，就不会引起争端，并能消除弊端。

其六，增厂。清朝在城乡设赈灾场所厂。当时由于交通工具的限制，方观承认为，其厂的设置必须注意两个方面：一是必须有足够的数量，二是厂的位置必须合理。其目标是要达到各地的灾民赴厂领取赈灾粮物，能在一日内往返，尤其在天寒地冻之时，不能让灾民露宿野外。据他估计，灾民住处距厂大约 10 余里左右较为合适。

其七，展赈。方观承认为，赈灾往往不能局限于受灾的月份，往往还必须展赈，即延续到灾后的数月，直到灾后农民粮食有所收成之后。尤其是那些极贫、次贫农户及茕独老疾者，更要依据具体情况延长赈济时间，这样才能做到在灾荒中没人饿死。

其八，劝安业。当时京师经常出现许多流民，影响京师社会稳定。对此，方观承主张，与其在京师沿途阻拦流民，不如各州县每一村庄，各选一二名乡地，负责稽查、劝导乡民不要离乡外出，如整村冬春两季没有全家离乡外出，则予以奖赏。如有游手无赖之徒诱惑村民成群结队离乡外出，地方官府应将为首之人重处枷示，那些隐瞒不报的乡地，也一并治罪。如果某人因漏赈而离乡外出，乡地应报告地方官，立即予以补赈。将地方冬春有无民众离乡外出作为考核地方官政绩优劣的依据，朝廷派遣老成有才干的佐贰教职数人，分州县前往基层，同当地官吏一起带着户籍，到各村庄巡察，查看村民有否领取赈给后又离乡外出，离乡归来的村民是否有遗漏赈给的，并劝导村民应安居乐业，不要离乡外出。各地方州县户口流动情况，应随时报告，如有民众离乡外出，巡察的佐贰教职应会同地方官报告办理，使村民安心在当地生活生产，不会轻易离乡外出。

（二）魏禧救荒先事为上、当事次之、事后为下思想

魏禧（1624—1680），字冰叔，一字凝叔，号裕斋，亦号勺庭先生。明末清初著名的散文家，与侯朝宗、汪琬合称"明末清初散文三大家"。魏禧论文主张经世致用，积理、练识，多颂扬民族气节人事，表现出浓烈的民族意识。著有《魏叔子文集》《诗集》《日录》《兵谋》《兵法》《兵迹》等。

魏禧在《救荒策》① 一文中提出，在救荒中如能做到防患于未然，未雨绸缪，在灾荒未发生时就采取一些防范措施，就能使灾荒的损害降到最少。其次，灾荒已发生，米价还未涨到很贵，民众还未饥饿致死，这时如采取一些救灾措施，虽然是治标，但还能使灾民不至于饿死。再次，如到了灾情十分严重，粮食匮乏，许多灾民已饿死，那时再采取措施救灾，效果就差了，很少人能够存活。"救荒之策，先事为上，当事次之，事后为下。先事者，米价未贵，百姓未饥，吾有策以经之，四境安饱，而吾无救荒之名，所谓美利不言是也。当事者，米贵而未尽，民饥而未死，有策以济而民无所重困，所谓急则治标是也。事后者，米已乏竭，民多殍死，迁就支吾，少有所全活，所谓择害莫若轻是也。"在此基础上，魏禧提出了较为具体详细的救荒策，其中"凡先事之策八，当事之策二十有八，事后之策三"。以下就其中较有特色的救荒思想做一简要介绍。

1. 先事之策

其一，重农。魏禧认为，农业是粮食供给的根本，如果平时重视屯田、兴修水利，或者帮助解决农民耕牛种子问题，或官吏亲自到田野鼓励农民种田，对游手好闲之徒予以责罚，不以劳役、官司妨碍骚扰农户，制定垦荒措施，那农业就会取得发展，粮食充足，为救荒奠定了雄厚的粮食基础。

其二，立义仓。魏禧认为，贫富分化会导致富民欺压贫民，贫民忌恨富民，如一遇饥荒，就会出现抢米、劫掠，甚至公然发动起义，以至于富民被贫民杀害，贫民则被官府处死，最终对贫民、富民都没好处。因此，他建议各地以坊、

---

① 《清经世文编》卷41，魏禧《救荒策》。本目引文，均见于此。

乡为单位设立义仓，让官吏捐俸，富人捐粮，用于赈济贫民，保护富人，缓和社会矛盾。

其三，严游民之禁。魏禧认为，乡村中游手好闲之徒，在饥荒时最容易饿死，或铤而走险为盗贼。因此，他主张，必须平时对游手好闲之徒予以责罚，督促他们自食其力，有最基本的谋生能力。

其四，输谷赎罪。魏禧建议，将罪犯输银赎罪改为输谷赎罪，政府将这些米谷分别寄存在义仓，在灾荒时用于赈济最为贫困的农民。义仓的米谷在赈济时必须用钱购买，而最贫困的灾民和鳏寡孤独者往往无钱买义仓的米谷，政府只能无偿地给予米或粥。

其五，预籴。魏禧认为，如某地发生水旱之灾，则一定随之发生饥荒，因此，地方官必须尽早核实辖区内人口数和存粮数。如存粮不足，则应多方筹集，派富商到产米谷多的地方购买，这样遇到饥荒就不至于措手不及。

其六，教别种。所谓教别种，就是使农民在水灾时，则种植不怕水多的粮食品种；在旱灾时，则种植不怕干旱的粮食品种。这样，比预先储备粮食效果更好。

2. 当事之策

其一，留请上供之米。如某地方发生大饥荒，可将本地应上供的米谷以及途经本地的米谷，截留下来用以赈灾，然后再向朝廷报告。在秋熟后再偿还。这样，虽然推迟了数月向朝廷上供米谷，但却可能救活了数十万人的生命。

其二，借库银。如遇大饥荒时，地方政府无钱购买粮食赈灾，可先挪借库中银钱购买，事后再想办法偿还。可委托诚实能干百姓负责购粮，也可鼓励富人自行贩卖，给予他们一些微薄利润。

其三，权折纳之宜。遇到灾荒时，政府应平衡灾荒地区和丰收地区的粮价，可将原计划在灾荒地区购买粮食的银钱，拿到丰收地区购买。这样，就不会使灾荒地区粮价更贵，而丰收地区粮价更贱。

其四，捐俸劝赈与酬奖劝赈。地方遇到饥荒时，官员必须首先带头捐俸赈灾，这样就能动员富人减价卖粮，或无偿施舍。另外，朝廷也可通过赐予官号、匾额，来鼓励富民大量出粟赈灾。

其五，兴作利民之务，或劝富室兴土木、举庶礼，以工代赈。地方发生灾荒，贫民大多无工可做，无以谋生，政府应乘这一时期，兴修桥梁、道路、水利，或鼓励富人兴土木、举行典礼，给贫民提供就业的机会，以此来养活自己，使社会安定，对富人、穷人都有利。

其六，灾荒时政府应做好平衡米价工作。魏禧认为，灾荒时，政府应做好以下4项平衡米价工作：一是均籴，即按每家人口数购买粮食，不得多买。二是严厉禁止囤积居奇，牟取暴利。三是严厉处死强行买米之人，以防止有米谷者不敢卖米，并发生抢米、掳杀现象。四是政府不得强行降低受灾地区米价，因为如强行降低米价，富户及外地米商就不来受灾地区卖米。强行提高米价也不好，如米价强行提高，外地米商一时不来，那受灾地区贫民怎么能承受起长时间的高米价。因此，还是让米价自发调节较好。

其七，核户口。赈灾时，地方政府必须核实户口，并计算好官府存粮共有多少，每丁可分得多少，这样就能平均分配灾民口粮，做到胸有成竹。

其八，赈济必须讲究时间，预先广为告示，然后根据城乡距离的远近，分别5日、10日、15日赈粮一次。

其九，赈粮时必须多设处所，必须按民户编牌顺序领给，以防止拥挤、混乱。

其十，赈粮时，官府应慎择公平、廉洁、能干之人负责发放，并不时巡视访察，以防止不法之徒克扣。如发现发放公平、廉洁者，予以奖赏，奸贪克扣者，则予以重罚。

其十一，灾荒时，应裁减服衙役时间，让他们自谋生路。狱中囚犯，轻者释放，次轻者保结，大罪重犯继续关押，稍给赈济，以减轻国家负担。

其十二，灾荒之年，除发生人命、盗贼、抢劫等案情，其余财产、婚姻等案情，官府不予受理，目的是不让民众因打官司而影响生产。官府还放宽税禁，山泽市货原要缴纳税收的，灾荒时可暂时免予交税，广开民众谋生之路，待粮食丰收后再恢复税收。

其十三，灾荒时，必须注音清理街道垃圾，保持卫生，以防发生传染病。

其十四，灾荒时，政府鼓励民众收养饥民遗弃子女。收养者必须向官府报告于何时、何地收养子女多少人，然后官府给印承认，其收养的子女就归收养者所有，亲生父母日后不得收回。如要收回，必须获得收养者同意，付钱赎回。灾荒时，收养者如收养多个饥民遗弃子女，将受到官府的奖赏。

其十五，灾荒时，贫民多数被迫卖草薪、衣服、器用以换取粮食自救，这时政府应挪移钱粮收买，给贫民谋生之路。这不仅能防止一些富人乘人之危压价收买，并能使政府在秋冬寒雨之时再卖还给贫民，从中得到一些利润。

其十六，灾荒时，政府应多安排处所，如寺观、公廨等，以安置流民。而且还必须派人制定法规，对流民住卧、出入、领米等进行管理，流民中壮健者，还必须让他们服役、做工，使之自食其力。

3. 事后之策

其一，施粥。如灾荒到了极其严重的时候，必须在乡里设厂赈施米粥，以挽救因饥饿而垂死之人。其方法是让饥民按先后顺序排好，背靠背坐在厂里。挑粥人在中午按顺序轮流给粥三次而止。如家中有父母妻子卧病不能来厂里的，可酌情多给粥使其带回。施粥不能多给，因为久饥之人如突然吃得太饱，会马上死亡，也不能用生水搀稀饭，或让其吃干饭，这都会导致暴死。施粥时还要注意清洁卫生，可用苍术、醋薰烧消毒，饥民自备碗、筷，以防止暴发传染病。

其二，施药。赈粥如不够，还可赈药，也可救饥民性命。

其三，葬殍。饿死之人，应随时收葬，否则，尸体秽气会传染疾病。

(三) 报灾、勘灾

清政府十分重视在发生灾害时，受灾地方政府必须如实及时报告灾情情况，便于朝廷及时组织人力、物力、财力救灾。地方政府如隐瞒灾害，或没及时报告，一旦灾害严重，灾民没有得到及时救助，大量因饥饿而死亡，就会铤而走险，成为盗贼，甚至发动起义。"地方遇灾不报，则民隐不上闻，膏泽无由下究，以致道殣相望，盗贼伺目，往往酿成事端。而朝廷不知，迨知之而百方绥辑，已无及矣。是讳灾者，国家之大患也，即经奏报，而稍涉迁延，嗷嗷者待命，须臾辗转间，已足残害生灵，亏损元气。此迟延之与讳饰其害，虽有重轻，皆足以殃民而蠹国也"①。基于这种认识，清廷自入主中原之初，就开始颁布诏书，要求地方官必须及时报告灾情，如迟延不报，必须受到处罚。"顺治十七年(1660 年) 覆准：直省灾伤，先以情形入奏，夏灾限六月终旬，秋灾限七月终旬，仍扣去程途日期。如详报到省在限外，而计算应扣之程途，亦已逾限者参处。州县官迟报，逾限一月以内者，罚俸六月；一月以外者，降一级调用；二月以外者，降二级调用；三月以外，革职。抚司道府等官，以州县报到之日起算，逾限一例处分。迨后定例，夏灾仍以六月为限，秋限以九月终旬，诚以报灾逾限，缓不及事，而秋收则恐临时或有变更，故稍宽其期也。"但是，及时报告灾害在具体执行中有一定难度，不好掌握。因为灾情是不断变化的，有时地方政府赶早向朝廷报告刚发生的灾情，但是报告后灾情却没有继续发展，反而消失，这就会使朝廷误以为地方官为了邀功获取荣誉而谎报灾情。有些地方官员为了避免朝廷误认为谎报灾情而邀功请赏，有意掩饰灾情而不肯及时报告。对此，乾隆皇帝认为与其地方官为了邀功请赏而谎报灾情，不如尽早向朝廷报告灾情，以便朝廷及时组织人力、物力、财力救灾，使灾民不至于流离失所。"乾隆六年 (1741 年) 上谕：向来各省报灾，原有定期，若先期题报，便不合例。朕思按期题报者，仍指具本而言，至于水旱情形，为督抚者察其端倪，早为区画，随时密奏，则朕可倍加修省，而人事得以有备。若过拘成例，则未免后时矣。至于督抚报灾，有故为掩饰不肯奏出实情者，亦有好行其德，希冀取悦地方者，惟公正之大臣，既不肯匿灾以病民，亦不肯违道以干誉，外此不能无过不及之失。朕恫瘝在抱再四，思惟匿灾者使百姓受流离之苦，其害甚大，违道干誉虽非正理，以二者较之，究竟此善于彼，宁使国家多费帑金，断不可令闾阎一夫失所"。

一些情况危急的灾害，清廷还要求地方官不仅要及时报告，而且还应该一边报告，一边就要及时组织救助，不得有丝毫的拖延。如乾隆五年 (1740 年) 规定："江海河湖居民，猝被水灾，该地方官一面通报各该管上司，一面赴被灾处

---

① 《清经世文编》卷41，杨景仁《报灾》。本自然段引文，均见于此。

所，验看明确，照例酌量赈济，不得濡迟时日"①。

清代灾荒时地方官员报灾之后，朝廷必须派人到受灾地区核实受灾程度，以决定赈灾的力度。这就是所谓的勘灾。但是，清代的勘灾有不少弊端，如受灾地区为等待朝廷派员来勘灾，特地将受灾田地荒着，不及时补种庄稼；官员来勘灾，实际上也对受灾地区增加骚扰，必须招待勘灾官员；勘灾时不法官吏乘机弄假，受灾以轻为重，以重为轻；富人通过行贿，将没受灾谎报受灾，乘机免去缴纳赋税，穷人没钱行贿，有受灾反而说没受灾，必须缴纳赋税。有些州县在办理灾荒钱粮补偿时，田地所有权混淆不清，引起纠纷。总之，勘灾的弊端使国家财政遭受到损失。

清代的勘灾虽然有许多弊端，但朝廷基本上还是坚持勘灾制度，一再强调勘灾官员必须亲自到受灾现场核实受害情况，并如实予以报告，因为对受灾地区的赈济，赋税的减免或缓交程度，均是以勘灾官员的报告为依据的。杨景仁指出："夫夏灾、秋灾，轻重不齐，非亲至出亩，无由定其分数。其勘报轻重之间，不惟核赈以此为根据，即钱粮蠲缓之等差，所由判焉，患辨之不早辨也。"②《大清会典事例》卷754《检踏灾伤田粮》规定，有关官吏必须亲自到受灾田地用心核实受灾程度，并如实向上级汇报。如不用心核实，或有弄虚作假，报告不实，必须依据不实程度处以不同惩罚。"凡部内有水旱霜雹，及蝗蝻为害，一应灾伤田粮，有司官吏，应准告而不即受理，申报检踏，及本管上司，不与委官复踏者，各杖八十。若初复检踏，官吏不亲诣田所，及虽诣田所，不为用心从实检踏，止凭里长、甲首朦胧供报，中间以熟作荒，以荒作熟，增减分数，通同作弊，瞒官害民者，各杖一百，罢职不叙。若致枉有所征免粮数，计赃重者坐赃论。里长、甲首各与同罪。受财者，并计赃以枉法从重论。其检踏官吏及里长、甲首，失于关防，致有不实者，计田十亩以下，免罪；十亩以上至二十亩，答二十；每二十亩加一等，罪止杖八十。若人户将成熟田地，移丘换段，冒告灾伤者，一亩至五亩，答四十；每五亩加一等，罪止杖一百。合纳税粮，依数追征入官"③。

（四）通商、广籴以抑米价

清代与古代其他朝代一样，每遇灾荒，粮食匮乏，加上一些不法奸商囤积居奇，使粮食价格大幅度提高，极大地影响了灾区的粮食供给，使许多贫民因粮价太高买不起粮食而挨饿。对此，惠士奇建议仿效前代的通商、广籴之法，以降低灾区粮价。所谓通商，就是给予米商一些贩米上的方便以及减免征税，鼓励米商贩米到灾区出售，使灾区增加粮食供给量，从而降低粮价。广籴是官府出本钱，招募诚实可靠的官吏、儒生、富商、乡老等往丰收粮多地区购买粮食运往灾区销

---

① 《大清会典事例》卷754《刑部·户律田宅》。
② 《清经世文编》卷41，杨景仁《勘灾》。
③ 《大清会典事例》卷754《刑部·户律田宅》。

售，从而增加灾区粮食供给量而降低粮价。惠士奇指出："浙东饥，宰相王淮荐朱熹为提举常平事以赈之，始拜命，即移书他郡，募米商，蠲其征，及至则客舟之米已辐辏，民用不饥。此通商之法也。江右饥，辛弃疾榜通衢曰：闭粜者，配；强籴者，斩。召官吏、儒生、商贾，各举有干实者，贷以官钱，蠲其息，俾出粜他郡，期终月全城下粜。由是连樯而至，米价自平。此广籴之法也……今山东丰而荆湖熟，江南赤地千里，贵者金，贱者土，则灌输之利权在米商，或不能蠲其征，当半减以招之，则楚帆湘柁，衔尾而来，大舻高樯，泊于水市者相望也。物聚价轻，又焉用抑？则通商之法可行也。广籴之法当聚耆老及乡先生，举富商之谨愿者，假官钱为本，而使出粜荆湖。籴十而粜二，则有二分息；粜三则有三分息，以本还官，剖其息而中分之，半赈饥，半予商，而稍优其直，其余则略仿真德秀之治潭而立惠民仓，辛弃疾之治福而置备安库，以为水旱盗贼之防。此广籴之法可行也。"[1]

杨景仁认为，在灾荒时，以通商平抑米价比政府通过行政手段强行遏籴或限制粮价效果好，使市场通过供求关系自动使粮食价格趋于平稳，灾民获得食物，社会秩序稳定。基于这种理由，他建议朝廷应采取乾隆时期通过税收减免的方法，鼓励米商将粮食运往受灾地区销售，以平抑粮价。"乾隆元年（1736年）议准：行令督抚转饬管理关务各官，凡有米船过关，询明各商，如果前往被灾各邑粜卖者，免税，给与印票，责令到境之日，呈送该地方官，钤盖印信，以便回空核销。如有免税米船，偷运别省，并未到被灾地方先行粜卖者，将宽免之税加倍追出，仍照违禁例治罪。（乾隆）十三年（1748年），谕以地方偶有偏灾，即将该处关口，应征米、豆税加恩宽免，则估舶闻风云集，市直自平，驵侩不得居奇，穷黎均沾实惠。转得权操自上等因，自后每遇灾年，米商应征关税，非免则减，几为常例"。

（五）赈粥

古代传统的赈灾方法之一赈粥，在清代的赈灾实践中遭到一些人的质疑。如陈芳生在《赈济议》中指出，赈粥有四大弊端："设厂之处少，穷民奔走以就食，必有荒于耕作，前后失据之患，其弊一。远近闻风，来者日多，恐不可以为继，其弊二。妇女老幼疾病之人，不能匍匐以奔命，其弊三。人多必有暴露疾疫之虞，其弊四。"[2] 因此，他认为，"至于赈粥之举，则惟大荒之年为极贫之户不能举火者行之"，即只能实施于灾荒非常严重时，那些揭不开锅的极其贫困的灾民群体。

黄懋在《施粥不如散米说》更是认为"施粥"有6个不好之处，而"散米"则恰恰相反，有6个好处，因此提出"赈饥之法，莫善于散米，莫不善于施

---

① 《清经世文编》卷41，惠士奇《荒政》。
② 《清经世文编》卷42，陈芳生《赈济议》。本自然段引文，均见于此。

粥"，其理由如下：其一，施粥往往局限于十里范围之内的灾民，而且每天往返于途中，对于那些饱受饥饿、疾病年老体弱之人，是难以承受的。如是散米，则各家各户可在家中等待分发。"施粥止可及十里之人，十里之外多不能及。即十里以内之人，其脏腑筋骨，已为饥馁所败，欲晨赴夕归，力不能堪，况日止一餐，而逐日奔驰往返，兼之风雨霜雪，道路泥泞，即使施粥不缺，亦必转填沟壑，至于疲癃残疾，极老太弱之人，而不能出而吃粥者，又不必言矣。若各里散米，则皆安居而受赈"①。

其二，施粥程序多，经办人难免营私舞弊，从中渔利，而且又增加柴薪器具等费用，饥民所得到的实惠，其实只有散米的十分之六七。"煮粥必多人料理，此曹或私其亲友，宽假其僮仆，有滥冒偷窃，或缩米添水，或宿馊种种诸病，又有柴薪器具之费，计米一石，饥民所食，不过六七斗耳。散米则一人之费，尽可供二人"。

其三，施粥对城市游手好闲地痞无赖等有利，他们可以霸占施粥，重复领取米粥，而对远地乡下农民不利，往往空走一趟，得不到米粥。如果是散米，本乡富户捐米赈济本乡贫民，富户救赈附近熟悉的亲邻，都较乐意，本乡贫困灾民按户籍分配，免受长途奔波而得不到米粥的痛苦。"城市得乡图苦索之捐，富户吐余膏之橐，城市游闲无赖，皆得谋筹积饱，乡愚远窵濒死之民，安能与争？强者则重飧连次，弱者或后时空返，不公不均，无从查考。若本图捐米，捐者乐从无憾，举目皆亲邻熟识，谁不愿利惠一方。若本图散米，则按籍分给，既无重飧之弊，亦无往返空嗟"。

其四，施粥时，全家少年、妇女都必须一起到厂吃粥，抛头露面，被人指手画脚评论，久之则丧失羞耻之心。如是散米，则只要家里男人前去领取，使妇女免遭羞耻之心。"一家几口，吃粥必须齐出，以少年妇女，出头露面，有志者羞愧饮泣，愚痴者习成无耻。甚至厂役之夫，丧心评泊，亡命之徒，调戏挨挤，事变丛生，言之足令发竖。散米则男人持票赴厂受给，妇女得全廉耻"。

其五，施粥使农民整日早出晚归，往返于城乡之间，耕田纺织皆废荒，因此只能救一时，而不能救长久。散米则每五天发放一次，并在本乡村发放，领取只要一会儿时间，使农民有时间耕田纺织，恢复生产。"受粥虽佳，只救目前之性命，至于救将来之性命，则在其农桑。若日日待餐于城市，早出暮还，荒耕废织，或废农桑。散米则五日一给，领在本图，仅费一时之工夫，仍不旷逐日之程，农安于畎亩，妇任于纺织，野无旷土，市乏游民，生计既裕，赈益省力"。

其六，灾荒时，饥民应该分散而不应该聚集在一起，应该呆在本地而不宜到处流动，以防止传染疾病。施粥集中在城市，就容易发生传染病，而散米各在本乡村就会防止传染病发生。"况饥民宜散不宜聚，宜静不宜动。日喧闹于市井，

① 《清经世文编》卷42，黄懋《赈粥得宜法》。以下6自然段引文，均见于此。

秽污之气最易蒸为疫疠，何如帖然受赈于本图村落之家"。

虽然施粥有诸多弊端，但是，在清代，许多人还是认为施粥是救灾的一个有效手段，只要应用得当，仍然可以发挥应有的作用，尤其是在大荒之年，在拯救因饥饿而垂死的饥民中起到了不可替代的作用。如徐文弼认为，施粥虽然"使四乡残弱奔走而就食于城，致多死于道路者矣；及扶挚而至赈所，或因拥挤，力不能胜而死者矣；或因守候，迫不及待而死者矣；或因聚处既久，日曝雨侵，蒸为疫疠而死者矣"①。但是，如果地方官吏处置有法，可以克服这些弊端，达到赈灾的目的。"今有最简易、不壅滞之良法，循而行之，诸虑皆免。备详其法，并图于后，法亦无他谬巧，只是免拥挤，免喧争，免错乱，免迟滞及领给不均而已耳。所以厂内分东西南北四处者，使一百人分于四处，每处二十五人，虽百人之众不见多，斯拥挤之虑免矣。所以厂之四处，用栅栏四扇，每扇二十五行者，又将四处之人，分作二十五处，虽百人之众，各限以排立之位，斯争喧之虑免矣。所以厂之四处，用四色之旗，又用四色小筹者，使之照筹认旗，各投其所。虽百人之众，自知各归各处，斯错乱之虑免矣。所以就栅栏用长桌，令各置领粥之器于其上者，使给粥速而得粥匀，斯迟滞及领给不均之虑免矣。至所以用大筹分双、单字者，本日给筹，次日领粥，如本日系单日，给以双字筹，领明日双日之粥，是本日乃单日，不能重领，则冒滥之弊并免矣。斯其所以善也"。

阮元也认为，粥赈之法虽有各种弊端，但不是其本身制度不好，而是人为因素造成的，因此，在粥赈时如果选用诚实绅士负责，就会发挥粥赈的应有作用。"始也，议者纷起，以为粥必有石灰，非救民，乃害民；又以为妇孺必相践而死；又以为人多必致疫；又以为司事者必侵蚀，民无实惠。余曰：此数弊，皆所素有，但在人为之耳。于是每厂皆延诚实绅士，委以钱谷煮赈之事，官吏不涉手，惟钩算弹压而已"。阮元举了硖川煮赈一例，由于任人得当，取得了很好的效果，每天粥赈数万人，井然有序，历时数十日，没有一人死亡。"硖石惠力寺厂其一也。海宁马君钰，以部郎居乡，平日好行其德，委以厂务，力任不疑。余又荐原任临海县令尹无锡华君瑞潢助之。其散筹分男女两厂，佛寺大芦篷，无雨淋日炙之苦，贫民荡舟而来，道路出入次第，皆以木栅梆炮为号令纪律，日赈数万人，无拥塞之虞。有疾者给以药，老病废疾者别有厂，妇女有厕篷。终数十日，无一人死于厂者。粥浓厚皆遵予令，以立箸不倒、裹巾不渗为度。马君及分司者，与饥民同食之，无一盎饐餲者。除领官银之外，凡可以格外便民者，马君皆力为之。以故硖石之赈尤尽善"②。除此之外，阮元还对"赈粥不如分乡散米"的观点提出不同的意见，认为救荒的各种方法无分好坏，只要能适合于当时当地就是好的。"或曰分厂赈粥不如分乡散米。余曰：分乡散米固善，但一二

---

① 《清经世文编》卷42，徐文弼《赈粥得宜法》。本自然段引文，均见于此。

② 《清经世文编》卷42，阮元《硖川煮赈图后跋》。本自然段引文，均见于此。

县之地，良有司善绅士为之，乃可，若数十州县，必有流弊。且赈粥专为下下贫民供朝夕也，若钱与米，则中中，中下人皆走索之，反使下下之民短其赈期矣。总之，赈灾无善策，惟相时地之宜，实惠及民而已"。

从总的说来，清代的赈粥在救灾中和平时的赈贫中还是发挥了作用，因此，终清一代，历朝都坚持了这一制度。

（六）赈灾贵得人

蒋伊认为，在赈灾中，地方知州、县令是关键。知州、知县如不廉洁、无能，坐视民众遭受灾害而不救助，一旦激起民众铤而走险，为贼盗，甚至发动起义。知州、知县如贤能，受到民众的信赖，其有所规劝，民众一定听从；其有所要求，民众也会尽力。知州、知县如能洞悉民情，在赈灾发放粮食之时，就会核查发现出纳时舞弊行为，杜绝侵渔灾民的弊端；就能招徕流民，让他们开垦荒地。因此，救荒没有什么好办法，关键在于能选任清廉、能干的地方官员，并对赈灾成效好的官员进行奖励。各省督抚可荐举二三位廉干官员，专门负责赈灾事务，如禁止地方虚报灾情、克扣救灾物资、不出售粮食、攘夺、宰牛等；如发生灾荒，必须及时赈济；必须不时亲身到灾区察访，如发现赈灾违法乱纪行为，必须向朝廷上奏相关地方官员。蒋伊指出："救荒之法，一在奖良吏。吏之于民，休戚利病，刻刻相关者，莫如守令。如其不廉不能，坐视其民之死而不救，一旦盗贼蜂起，民亦疾视其长上，而莫肯效命。如其果贤且能，民信之既深，有所劝谕，必能乐助，有所委任，必能尽力。其于民之顽良，必能洞悉，民之肥瘠周知；其于给散之际，必能核出纳之奸，必能杜侵渔之弊；转徙者可望其招徕，抛荒者可望其开垦。故天下无救荒之奇策，而有救荒之良吏。然择良吏必不可拘成格，盖不专其职，则吏无以行其志，不厚其赏，则吏未必尽其心。臣愚以为，被灾地方，全恃守令平日果能清廉洁己，守绝一尘，赈济之时，又能清查口数，按人给发，实惠均沾，不致克减，恤灾捍患，多方措画，使数十万户口，室虽悬罄，而人庆更生。许该督抚题请，廷臣公同核实，不拘钱粮盗案，特准即升，则廉吏益知所勉矣……然守令之廉能者不多觏，而贪残者比比皆是，捐瘠满沟，啼呼满路，守令不问也；上有赈贷之恩膏，欲知饥民实数，而守令素不知究也，委之胥吏，则所赈者，又非真实无告也。欲特遣使臣，察访灾伤，则徒滋骚扰之弊。且民情不相通，而侵渔如故也。然臣所谓赈济者，不过公文行下，造册报上，曰赈过若干而已，其生与死，固不得而知也。臣请敕下该督抚，于监司府厅中荐举二三廉干官员，总理荒政，分地任事。如虚报宜禁，扣克宜禁，闭籴宜禁，攘夺宜禁，宰牛宜禁，皆其职也。令各州县确勘饥民实数，一面赈济，不得迟缓，一面报明册籍，总理官据册按数，不时亲行察访。如至某里某村而无其人，是混开也；有其人而给散不以时不以实，是冒破也，即行揭参，以为不能抚字者之戒。如总理官不能承上恤下，反掣良吏之肘，该督抚即行指参，务俾地方各官，实心任事，朝夕经营，视为万命生死所关。凡束手待毙者，皆令全活而后已"①。

道光五年（1825年），江苏巡抚陶澍也提出，当时赈灾有10个方面的弊端，要克服10个方面的弊端，其最关键的一点是必须选任适当的官员负责赈灾工作，给予他们一定的报酬，使他们安心从事赈灾工作，不会通过浮冒克扣牟利，凭自己的良心拯救灾民。朝廷并对赈灾有功者予以奖励，玩忽职守者予以惩罚。"有是四端，可除十弊，然总以得人为第一要义。印委各员得人，虽诸弊丛积，不难埽除，否则或先存染指，或畏葸无能，本员已不可信，遑论其他。前经臣与督臣率同藩臬道府及州厅以上各员捐廉，共凑银三万余两，分拨灾区，作为办赈委员及吏役人等食用不敷之费，俾得安心查办，以清浮冒克扣之源……并迭札通饬各属，激发天良，屏除积习，拯救灾黎。现在体察情形，尚知奋勉。将来各员如果经理得宜，自当遵旨，加以鼓励；倘或办理玩忽，仍即随时参办"②。

（七）荒政不弛刑

早在两千多年前，《周礼·大司徒》提出的赈灾12项措施中，就有灾荒时通过"缓刑"，即减省刑罚来缓和社会矛盾的思想。这一思想对后世影响深远，"缓刑"成为历代赈灾的一项措施。如王安石为陈良器作神道碑云："知江州日，岁饥，有盗刈禾而伤其主者，当死。公曰：古之荒政，所以恤民者至矣，然尚缓刑，况今哉！即贷其死。"③ 欧阳修志王尧臣："知光州日，岁饥，盗发民仓廪，吏治当死。公曰：此饥民求食尔，荒政之所恤也，请以减死论。后遂著为令。"对此，顾栋高提出了不同的见解，认为荒政恤民，是体恤民众缺乏食物，而不是体恤民众变成强盗。如民众乘饥荒抢劫财物、伤害无辜之人而能得到减刑，那将使小盗变大盗，公然夺城掠财而无所顾忌。而且在灾荒时，穷人靠富人赈济，如富人遭到劫夺，不也是使穷人失去了赈济的来源。因此，如灾荒时弛刑，是引导民众为盗。当政者在灾荒时，必须威以济恩，如发生饥民抢掠，必须严禁，犯者必杀无赦，这样才能使不法之徒不敢以身试法，保持社会稳定。同时，政府发放粮食赈灾，富人平价出售粮食，使富民获得安全，贫民有了粮食维持生存。顾栋高指出："（宋人荒政弛刑）正与荒政相反。盖宋世尚忠厚，士大夫多务为纵，舍以市小仁，其实纵盗殃民，渐不可长，二公乌得列其事以为谈哉？且所谓恤民者，恤民之无食者也，非恤盗也。若乘饥劫人财，致伤害人，如此而不置于罪，则犷悍不轨之民，且以饥岁为幸，可以无所顾忌。万一有数千里之蝗旱，累岁不止，则将积小盗而成大盗，夺城寺，劫掠库财，势必草薙而禽狝之，其为诛杀，必更甚矣。此正子太叔之仁耳。且富人者，贫人之母也，岁大祲，则劝富民出粟佐赈，如湖泽之蓄水以待匮。今不禁民之劫夺，务先涸之，是使强梁得以恣肆，

---

① 《清经世文编》卷42，蒋伊《救荒贵得人疏》。
② 《清经世文编》卷42，陶澍《陈办灾各弊疏》。
③ 《清经世文编》卷90，顾栋高《荒政不弛刑论》。本自然段引文未注出处者，均见于此。

而良善无所假贷也……盗日益众，人心惊惶，讹言四起，此时加以赈恤，盗将曰：畏我耳！虽加赈恤，而劫掠仍未已也。古有因饥岁而宽其赋，薄其征者矣，未闻有因荒而弛其法。因荒而弛其法，是教民为盗也。小民趋利，如水赴壑，况有饥穷以迫之，复不为严刑以峻其防，当此而不为盗，乃士大夫之知耻者耳，非所望于饥民之无赖者也。是以为政者，必用威以济恩……凶歉之岁，饥民乘机抢掠，必设为厉禁以除之，有犯者杀无赦，使奸宄屏息，比户安枕，然后散财发粟，而大施吾仁焉。此时之富民，使之减价平粜，蠲粟赈贷，无不可者。彼将德吾之安全之，亦乐施惠以奉上之令。如此，则富民得安，贫民之良善者，有所得食，民气和乐，驯至丰穰，此王者大中至正之道。"

第七章 古代选任监察考核官吏思想

第一节 先秦人才选任、监察、考核思想

一、治国必须重视人才思想

（一）孔子贤人政治思想

中国古代基本上是人治的社会，因此，治国者的素质关系到国家的兴衰成败。孔子十分重视人才在管理国家中的作用。他说："其人存，则其政举，其人亡，则其政息"，"故为政在人"①。在中国古代人治为主的社会中，选任官吏成为政治良窳的关键。贤人在位，政绩显著，国家就管理得好。一旦贤人不在了，良好政绩就消失了，国家的管理就可能出现问题。因此，孔子认为，要管理好国家，最关键的问题是"举贤才"②。

孔子意识到在治理国家中，选拔正直的、有才学的人居于高位，民众就会悦服，反之，民众将不会悦服。他说："举直错诸枉，则民服；举枉错诸直，则民不服。"③ 他既重视任人惟贤，但又指出在选拔人才时，不要求全责备。对于一个人的品德，要看主流，看大节，对小过要有宽大的胸怀，即所谓"赦小过"④。

孔子十分重视治国者的思想道德品格的素养，认为对于实现有效管理具有决定的意义和作用。他提出"君君"的思想，要求君主要像个君主，合乎君道；俭约克己，勤政廉洁；礼贤下士，任贤使能；博施济众，造福于民；心怀天下，以德服人，就能把国家治理好。

孔子主张贤人政治，认为执政者只要是"君子""仁人"、贤人，一切问题就可以解决。孔子的贤人政治思想主要包括两个方面：一是士人要努力学习、修养，使自己成为贤人，然后在治理国家中起表率作用。他说："上好礼，则民莫敢不敬；上好义，则民莫敢不服；上好信，则民莫敢不用情。夫如是，则四方之

---

① 《礼记·中庸》。
② 《论语·子路》。
③ 《论语·为政》。
④ 《论语·子路》。

民襁负其子而至矣。"① 他认为治理国家是由己及人的一种关系和过程，即"修己以安人"，"修己以安百姓"②。这就是要严于律己，不断提高自己的道德修养，才能以德服人，使近者悦、远者来。因此，主张为政者必须从修身开始，榜样表率的作用是很重要的："其身正，不令而行；其身不正，虽令不从"，"苟正其身矣，于从政乎何有？不能正其身，如正人何？"③ 总之，执政者正，那在治理国家中便可不令而行，通行无阻。孔子从道德的角度把治理国家中的君臣关系、上下级关系作为上行下效的关系，强调榜样表率的重要作用，无疑具有积极的意义。但是从政治的角度看，治理国家中的君臣关系、上下级关系最根本的应是服从与被服从的关系，这是我们必须清醒认识到的。

二是执政者要选举贤人入仕。孔子的学生子夏说："富哉言乎！舜有天下，选于众，举皋陶，不仁者远矣。汤有天下，选于众，举伊尹，不仁者远矣。"④ 子夏的这一见解得到了孔子的赞同，反映了孔子的思想。孔子对当政者置贤人而不顾深表不满，臧文仲当政时不用贤人柳下惠，他批评"臧文仲其窃位者与？"⑤

孔子认为，在治理国家中，能否选拔、任用那些德才兼备的人是一项十分重要的措施。《论语·子路》载孔子的学生仲弓为季氏宰，问孔子如何才能处理好政事。孔子回答说："先有司，赦小过，举贤才。""先有司"，即当政者应该率先垂范；"赦小过"就是对人要宽容；孔子把"举贤才"放在与这两项措施同等的位置，作为从政最为重要的3项措施，可见其对人才问题的重视。

关于贤才的标准，孔子认为，应该是"志于道，据于德，依于仁，游于艺"⑥。这4条标准中，"道""德""仁"均属于道德品行方面的，"艺"则是指一技之长，可见，孔子最重视的是人才的品德，其次才是才能，总之是德才兼备。

孔子主张从文化素养较高的人中间选拔国家官吏，这就是"学而优则仕"。

（二）墨子尚贤事能思想

尚贤，是墨子重要的政治主张之一。《墨子·尚贤上》指出："古者王公大人为政于国家者，皆欲国家之富，人民之众，刑政之治。然而不得富而得贫，不得众而得寡，不得治而得乱，则是本失其所欲，得其所恶，是其故何也？子墨子言曰：是在王公大人为政于国家者，不能以尚贤事（使）能为政也。"墨子认为当时各国的王公大人在主观上都想把国家治理好，但是，其客观效果却往往适得其反，其中最主要的原因就是不得其人。墨子进一步指出，各诸侯国之所以在治

① 《论语·子路》。
② 《论语·宪问》。
③ 《论语·子路》。
④ 《论语·颜渊》。
⑤ 《论语·卫灵公》。
⑥ 《论语·述而》。

理国家中不得其人，是因为他们不知道尚贤的重要性："今王公大人，有一衣裳不能制也，必藉良工；有一牛羊不能杀也，必藉良宰。故当若之二物者，王公大人未知以尚贤使能为政也。"① 王公大人制衣屠牛都知道要借良工良宰之力，但是在治理国家这样重大的问题上，却不知尚贤使能。"亲戚则使之，无故富贵；面目佼好则使之，无故富贵。"②

针对当时这种任人唯亲、以貌取人的现象，墨子提出尚贤的原则应是任人唯贤，任人唯能。《墨子·尚贤中》指出：选用人才为政治国，应该是"不党父兄，不偏贵富，不嬖颜色。贤者举而上之，富而贵之，以为官长；不肖者抑而废之，贫而贱之，以为徒役。"同时，对于国家的官僚队伍，也应该实行优胜劣汰，"官无常贵，民无终贱"。

墨子的尚贤主张，较之儒家的尚贤主张又前进了一步。儒家虽然也主张尚贤，但是，亲亲、尊尊仍然是儒家治国思想中最重要的原则，他们并没有从根本上否定世卿世禄制度。而墨子主张不别亲疏，不论贵贱，唯才是举，显然从根本上否定了贵贱等级制和世卿世禄制。

正由于墨子看到当时"王公大人为政于国家者，不能以尚贤事能为政也"③，因此他十分重视贤士在治理国家中的作用："故国有贤良之士众，则国家之治厚；贤良之士寡，则治国之治薄。故大人之务，将在于众贤而已。"④ 一个国家治理的好坏，关键在于管理国家的贤良之士多寡。如贤良之士众多，那国家就能治理得好；如贤良之士寡少，那国家就治理得不好。因此君主治理国家的当务之急，就是要让贤良之士增多，这是"为政之本也"⑤。

他认为治理国家之所以需要贤良，是因为"贤良之士厚乎德行，辩乎言谈，博乎道术者乎。此固国家之珍，而社稷之佐也"⑥。

墨子提出贤良在治理国家中应起到"上下调和"的作用。对上："贤人唯毋得明君而事之，竭四肢之力以任君之事，终身不倦。若有美善则归之上。是以美善在上，而所怨谤在下；宁乐在君，忧戚在臣。"⑦ 对下："为贤之道将奈何？曰：有力者疾以助人，有财者勉以分人，有道者劝以教人。若此则饥者得食，寒者得衣，乱者得治。若饥则得食，寒则得衣，乱则得治，此安生生。"⑧

---

① 《墨子·尚贤中》。
② 《墨子·尚贤中》。
③ 《墨子·尚贤上》。
④ 《墨子·尚贤上》。
⑤ 《墨子·尚贤中》。
⑥ 《墨子·尚贤上》。
⑦ 《墨子·尚贤中》。
⑧ 《墨子·尚贤下》。

(三) 孟子尊贤使能思想

孟子认为贤者治国处于关键地位，主张"尊贤使能，俊杰在位"①。他继承了孔子"举贤才"的思想，明确提出了尊贤使能的思想，主张任用官吏要尊尚贤者，使用能者，让他们在位在职，这是治国的关键。

孟子重视"尊贤"，认为"贵德而尊士，贤者在位，能者在职"②，国家才能兴盛；反之，"不用贤则亡"③，"不信仁贤，则国空虚"④。孟子在治理国家的思想中十分注重人才的选拔和任用，把能否提拔重用贤能之士提高到决定国家存亡的高度，这在先秦时代是极具战略眼光的。孟子还认为尊重贤才不能停留在口头上，只有重用贤才，发挥他们的才能才是真正的尊贤。在任用人才时，孟子反对论资排辈，反对讲究贵贱尊卑，不应该论出身，更不应当计较个人恩怨。他主张对贤人可以不次拔擢，把"舜发于畎亩之中，傅说举于版筑之间，胶鬲举于鱼盐之中"⑤作为从下层平民中选拔贤人的佳话和典型。

先秦儒家提倡"内圣外王"之道，把个人修养看作治理好国家的前提。孔子就认为统治者品行的好坏将影响到政治的良窳："其身正，不令而行；其身不正，虽令不从。"⑥孟子在此基础上又演绎出一系列关于搞好个人修身同治理国家、取得事业成功的关系论述。他说："天下之本在国，国之本在家，家之本在身"⑦，做好天下、国家的事情，其基础在搞好统治者个人修养。这就是"君子之守，修其身而天下平"⑧。孟子有段名言说一个人如要成就一番事业，必须经受苦难的考验和生活的磨炼，培养出自己坚强的毅力和刚毅的性格："故天将降大任于是人也，必先苦其心志，劳其筋骨，饿其体肤，空乏其身，行拂乱其所为，所以动心忍性，曾益其所不能。"⑨

孟子认为君臣之间是一种双向互动的关系，而不是一种臣子绝对服从君主的单向关系。他对齐宣王说："君之视臣如手足，则臣视君如腹心；君之视臣如犬马，则臣视君如国人；君之视臣如土芥，则臣视君如寇仇。"⑩孟子的这种君臣关系思想不仅在当时，即使在整个中国古代史，都是振聋发聩的。

(四) 荀子尚贤使能思想

在用人问题上，荀子也主张尚贤使能，认为这是国家兴衰存亡的关键。"故

---

① 《孟子·公孙丑下》。
② 《孟子·公孙丑下》。
③ 《孟子·告子下》。
④ 《孟子·尽心下》。
⑤ 《孟子·告子下》。
⑥ 《论语·子路》。
⑦ 《孟子·离娄上》。
⑧ 《孟子·尽心下》。
⑨ 《孟子·告子下》。
⑩ 《孟子·离娄下》。

尊圣者王，贵贤者霸，敬贤者存，慢贤者亡，古今一也。"① 能不能尚贤使能，成为区分明君与暗君的重要标准之一，也是国家治乱的关键。《荀子·君道》指出："明主急得其人，而暗主急得其势。急得其人，则身佚而国治，功大而名美，上可以王，下可以霸；不急得其人，而急得其势，则身劳而国乱，功废而名辱，社稷必危。"

由于荀子认为贤者治国是关键，因此，主张"尚贤使能"，"无能不官"②，"贤能不待次而举，罢不能不待顷而废"③。可见，他也认为治国必须尊尚贤者，使用有才能的人。如果是贤能，应该破格提拔任用；发现没有才能的人，应该随时罢免。

关于贤能的衡量标准，荀子没有详细说明。在《荀子·臣道》篇中，荀子却确定了功臣与圣臣的标准，据逻辑推理，功臣与圣臣应是贤能不成问题，因此，功臣与圣臣的标准作为贤能的标准当也不会误差很大，基本上大致应该适用。荀子认为："内足使一民，外足使距难；民亲之，士倍之；上忠乎君，下爱百姓而不倦，是功臣者也。上则能尊君，下则能爱民；政令教化，形下如影；应卒遇变，齐给如响；推类接誉，以待无方；曲成制象，是圣臣者也。"以此类推，贤能的标准可能主要有两个方面：一是道德标准，上能忠于君主，下能仁爱百姓；二是个人的才能，即熟知国家内外政务，有应变、协调能力，足堪重任。

在用人的原则上，荀子主张"无德不贵，无能不官"，根据人的品德和才能而决定取舍任免。荀子反对西周以来的世卿世禄制，认为统治者应该"无恤亲疏，无偏贵贱，唯诚能之求"④。统治者如能不任人亲疏贵贱，唯贤是举，求贤若渴，那天下尚贤便能蔚成风气。

荀子认为，贤人到处都有，就在眼前，不存在人才难得问题，关键在于君主是否真的决心使用。他指出："人主之患，不在乎不言用贤，而在乎诚必用贤。"⑤ 君主对于贤人应该大胆提拔，不必历阶而上，"贤能不待次而举"⑥。选贤用能要出于公，君主可以把财货珍宝送给亲幸，但决不可委之以官。

荀子还指出：使贤任能中最紧要的是善于择相，因为相是百官之首。《王霸》说："强国荣辱在于取相矣！身能，相能，如是者王。"荀子还意识到君主要维护自己的威势光有以相为首的外朝官僚系统还不够，还必须有一套"便嬖左右"，进行贴身活动，如收集情报、暗里监督官吏、调查社情等。

荀子看到历史上败亡的君主多半是由于拒谏饰非造成的，因此，建议君主在

---

① 《荀子·君子》。
② 《荀子·王制》。
③ 《荀子·王制》。
④ 《荀子·王霸》。
⑤ 《荀子·致仕》。
⑥ 《荀子·王制》。

使贤任能中要"兼听"。"兼听齐明则天下归之","兼听齐明而百事不留"①。君主在决断时要仔细谨慎地分析事物的利弊，然后做出科学决策："见其可欲也，则必前后虑其可恶也者；见其可利也，则必前后虑其可害者也；而兼权之，孰计之，然后定其欲恶取舍，如是则常不失陷矣。"②

君主须有臣下的佐助才能成其事，如何对待选任臣下，荀子提出了"好同"的主张："正义之臣设，则朝廷不颇；谏争辅拂之人信，则君过不远；爪牙之士施，则仇雠不作；边境之臣处，则疆垂不丧。故明主好同而闇主好独。明主尚贤使能而飨其盛，闇主妒贤畏能而灭其功。"③"好同""使能"强调治理国家不能只靠君主一个人，君主应发挥臣下的不同才能，共同把国家治理好。

(五)《大学》《中庸》修身治国思想

一个儒者要实现自己治国、平天下的抱负，首先要严格进行"修身"，即做好自己的道德、学说方面的修养，其路径是从"格物""致知"入门，然后上升到道德思想的修养，即"诚意""正心"；从"修身""齐家"做起，扩展到"治国""平天下"④。这就是著名的儒家内圣外王之学，对后世影响极其深远，历代清廉正直勤政的官员无不从中汲取到精华。

《大学》继承发展了孔子治理国家者必须修身、由己及人的思想，提出："古之欲明明德于天下者，先治其国；欲治其国者，先齐其家；欲齐其家者，先修其身；欲修其身者，先正其心；欲正其心者，先诚其意；欲诚其意者，先致其知。致知在格物。"这就是为后世所一直传诵的格物、致知、诚意、正心、修身、齐家、治国、平天下的治国理念。其中修身是枢纽，格物、致知、诚意、正心是修身的方法与途径，是治己的内在修炼；而齐家、治国、平天下则是修身所要达到的目标，是治己的外在扩大。

《大学》之所以重视治国者（尤其是最高统治者）的个人修养与品质，是因为作者认为这是政治成败之本："一家仁，一国兴仁；一家让，一国兴让；一个贪戾，一国作乱，其机如此。此谓一言偾事，一人定国。"⑤ 其意思是说，统治者一家仁，一国跟着兴仁；一家兴礼让，一国跟着兴礼让；一人贪暴，一家跟着作乱。事情的关键就在于此。一句话就能坏事，一人就能使国家安定。历史证明，在中国古代封建专制君主统治之下，帝王一人往往对治理国家产生关键性的影响。

《中庸》作者认为，各种法规制度必须通过人才能得到执行："礼仪三百，

---

① 《荀子·君道》。
② 《荀子·不苟》。
③ 《荀子·臣道》。
④ 《礼记·大学》。
⑤ 《礼记·大学》。

威仪三千，待其人而后行。"① 礼是固定的、凝化的东西，而人是活的因素。所以"文武之政，布在方策。其人存，则其政举；其人亡，则其政息"。《中庸》作者在人与政治制度的关系中，认为人是第一位的，而制度、法律等是第二位的，政治制度只有通过人（管理者）才能发挥作用。

二、对人才选任思想

（一）对人才考察思想

先秦在选拔人才时，已注意对人才的考察。孔子说："今吾于人也，听其言而观其行。"② 墨子则云："听其言，迹其行，察其所能。"③ 这里，孔子强调考察人不仅听其言，更重要的还要看其行动；墨子则进一步认为不仅听其言、看其行动，还要考察其能力。《吕氏春秋·观表》则把对人的考察提高到哲学层面加以认识，通过人外露的言行来审知其内在本质，而又不为表面现象所迷惑，做到透过现象看本质。《观表》篇云："凡论人心观事传，不可不熟，不可不深……人事皆然，事随心，心随欲，欲无度者，其心无度，心无度者，则其所为不可知矣。人之心隐匿难见，渊深难测，故圣人于事志焉。圣人之所以过人以先知，先知必审征表。无征表而欲先知，尧舜与众人同等。征虽易，表虽难，圣人则不可以飘矣。"

在具体观察人的方法上，先秦思想家也提出了各种思路。如孔子在《论语·为政》篇提出："视其所以，观其所由，察其所安，人焉廋哉？人焉廋哉？"意思是说，考查一个人所结交朋友，观察他为达到目的所采取的手段，了解他们的心情，看他安于什么，不安于什么，那么，这个人的本来面目怎么隐藏得住呢？《逸周书·官人解》则从人的社会地位、年龄大小视角来观察人。就社会地位来看，"富贵者，观其有礼施；贫贱者，观其有德守；嬖宠者，观其不骄奢；隐约者，观其不慑惧"。就年龄来看，"其少者，观其恭敬好学而能悌；其壮者，观其廉洁务行而胜私；其老者，观其思慎而益强"。

《吕氏春秋·论人》则比较全面地提出从 8 个方面来观察一个人的好坏："凡论人，通则观其所礼，贵则观其所进，富则观其所养，听则观其所行，止则观其所好，习则观其所言，穷则观其所不受，贱则观其所不为。"此"八观"法如再进一步加以归纳，大致是 4 个角度，即一是从人所处的境况来观察，"通"指人的境况顺利时，"穷"则指人的境况坎坷时；二是从人的社会地位来观察，即"贵"与"贱"；三是从人的经济状况来观察，即"富"与"贫"（原文缺贫）；四是从人的日常行为来观察，即"听""止""习"。考察一个人，必须观

---

① 《礼记·中庸》。
② 《论语·公冶长》。
③ 《墨子·尚贤中》。

察其在境况顺利时是否得意忘形、不遵循礼节；社会地位尊贵时是否不思进取，不求上进；有钱时是否养尊处优，生活奢侈；听其说话时应注意他是否言行一致；当其休闲时观察他的兴趣爱好；当其在学习时听他发表了什么言论；在其贫穷时观察他拒绝不接受什么；当其社会地位下贱时观察他不做什么。

先秦时期，有的思想家还提出通过观察人在各种情感下的反应来考察人才。如《逸周书·官人解》提出："喜之以观其轻，怒之以观其重，醉之酒以观其恭，从（纵）之色以观其常，道之以观其不二，昵之以观其不狎。"《吕氏春秋·论人》则把观察人的各种情感反应来考察人才归纳为"六验"："喜之以验其守，乐之以验其僻，怒之以验其节，惧之以验其特，哀之以验其人，苦之以验其志。"

这一时期，对于考察人才中是否把群众的口碑作为一项重要的参考依据，各流派思想家有不同的看法。孔子比较重视老百姓的口碑，并提出了一个比较客观的判断方法。《论语·子路》载：子贡问孔子："乡人皆好之，何如？"孔子说："未可也。"又问："乡人皆恶之，何如？"孔子又说："未可也。不如乡人之善者好之，其不善者恶之。"可见，孔子认为并不是全乡人都说他好，他就真好；也不是全乡的人都说他坏，他就真坏。要全乡的好人都说他好，而全乡的坏人都说他坏，他才算是一个真正的人才。

《太公六韬》认为当时国君口喊举贤，而实际上却总举不出好的人才，"其失在君好用世俗之所誉，而不得其贤也"。其关键问题在于："君以世俗之所誉者为贤，以世俗之所毁者为不肖，则多党者进，少党者退。若是则群邪比周而蔽贤，忠臣死于无罪，奸臣以虚誉取爵位，是以世乱愈甚，则国不免于危亡。"① 的确，《太公六韬》的作者看到了问题的另一面，即国家如以世俗的毁誉为标准来选拔贤人，结果奸邪之人就会结党营私，互相吹捧，控制舆论，以虚誉得到国君的信任和重用，而那些真正的贤人忠臣则被诋毁，甚至死于无罪。这样就会造成政治上的混乱，甚至使国家危亡。

有鉴于当时曾出现过这种情况，因此，《晏子春秋·内篇问上》告诫统治者："君无以靡曼辩辞定其行，无以毁誉非议定其身。"孟子则进一步具体建议君主不能只听左右的人对人的褒贬，而应倾听群众的意见，然后还要进一步考察，发现确实贤，便可任用，发现确不贤，便可免去。《孟子·梁惠王下》载：齐宣王请教孟子："吾何以识其不才而舍之？"孟子回答说："左右皆曰贤，未可也；诸大夫皆曰贤，未可也；国人皆曰贤，然后察之；见贤焉，然后用之；皆曰不可，勿听；诸大夫皆曰不可，勿听；国人皆曰不可，然后察之；见不可焉，然后去之。"

---

① 《太公六韬·文韬·举贤》。

(二) 对人才试用思想

由于知人不易,要选拔出真正能担负治理国家重任的贤才相当困难,因此,先秦时期思想家有的主张贤才必须经过试用后,才能正式任用。相传人才试用思想在尧舜时代就已萌芽:"夫尧恶得贤天下而试舜,舜恶得贤天下而试禹。"高诱注曰:"恶,安试用也,何以得贤于天下能用舜禹?"① 其意是舜、禹都是在被试用于处理国事、民事的重职,经过试用考察合格后,才被正式委以治国的重任。

《国语·齐语》记载齐桓公把任贤作为一项基本的政策,发布命令,要乡长"进贤"。如有贤人而不报,谓之"蔽贤","蔽贤"是犯罪行为,要受到处罚。据说齐桓公还实行了"三选"制度。乡长所进的贤是不是真有本领呢?要在实际行政中考察。"役官"一年后,要进行评定,叫"书伐",这是第一选。"书伐"之后,对其中贤者"复用之",即提升,这是第二选。然后再加以考察,对其中有才干者委以大任,这是第三选。

孔子主张对君子、小人应分别用不同的事情进行试用、考察。他提出:"君子不可小知而可大受也,小人不可大受而可小知也。"② 这就是对于君子是不可用小事情来试用,而可以让其接受大事情的试用考察;对于小人,不可以重大事情来试用考察,却可以小事情来试用考察。

《逸周书·官人解》则具体地设计了5种不同性质的事情对人才进行试用考察,从而对人才的德才有一比较全面客观的评价:"设之以谋,以观其智;示之以难,以观其勇;烦之以事,以观其治;临之以利,以观其不贪;滥之以乐,以观其不荒。"可见,《逸周书》作者主张通过用有计谋的事情,来试用考察人才的智慧;用有危难的事情,来试用考察人才的勇敢;用十分繁杂的事情,来试用考察人才的条理;用能谋到私利的事情,来试用考察人才的贪廉;用能带来吃喝玩乐的事情,来试用考察人才是否荒淫。

战国末期韩非子也认为光是听言不足以察人,必须以官职来试用考察,才能判断一个人的愚智。他说:"观容服,听辞言,仲尼不能以必士;试之官职,课其功伐,则庸人不疑于愚智。"③ 可见,他认为如对一个人只看他的容貌、服装,听他的言辞,即使孔子也不能判断其是否为贤才;如果以官职试用他,然后考察其政绩,则平庸的人也能判断其是愚是智。

《韩非子·内储说上》中以"滥竽充数"这一著名寓言说明对人才逐一任用考察的重要性:"韩昭侯曰:'吹竽者众,吾无以知其善者。'田严对曰:'一一而听之。'"于是没有真才实学的南郭先生便混不下去了。

---

① 《吕氏春秋·谨听》。
② 《论语·卫灵公》。
③ 《韩非子·显学》。

（三）唯才是举思想

对人才的考察其目的是达到要选任贤才来治理国家。据《左传》和《史记·五帝本纪》记载，相传"昔高阳氏有才子八人，世得其利，谓之八恺"，"高辛氏有才子八人，世谓之八元"，"此十六族者，世济其美，不陨其名，至于尧，尧未能举，舜举八恺，使主后土，以揆百事，莫不时序。举八元，使布五教于四方，父义，母兹（慈），兄友，弟恭，子孝，内平，外成"。可见，早在舜时代，统治者就认识到通过荐举贤才为民众树立良好榜样，达到社会风尚正义、慈爱、恭敬、孝顺、平和、诚实等。

孔子也认识到"举贤才"对社会和国家治理的正面效应。他说："举直错诸枉，能使枉者直。"子夏进一步阐释道："舜有天下，选于众，举皋陶，不仁者远矣。汤有天下，选于众，举伊尹，不仁者远矣。"① 孔子及其弟子子夏的看法是把正直的人选拔出来，能对邪恶的人起矫正作用，并使那些邪恶的人远离权力中心。孔子还说："举直错诸枉，则民服；举枉错诸直，则民不服"②，"举善而教不能，则劝"③。即荐举了贤才就会使人才服从并互相勉励上进。

由于选拔贤才对于治理国家、社会风尚有很好的正面效应，因此，先秦时期，许多思想家都一致主张选拔贤才，黜退不用"不肖"者。《太公六韬·文韬·上贤》就提出"上贤，下不肖"的总原则。《礼记·王制》记述了西周时"上贤以崇德，简不肖以绌恶"的用人治国基本政策。战国时期商鞅则把是否选拔贤才看作国家政治良窳的一项重要举措："明主在上，所举必贤"；"不明主在上，所举必不肖"。举贤为"重治"，举不肖为"重乱"④。

还有更多的思想家从当时的现实情况出发，提倡举荐贤才不论亲疏贵贱贫富，不论资排辈，不以国君喜恶为依归，不避亲仇。

《管子》认为，君主驭臣之术，必须重视选臣。选臣要有一个标准，《管子·重令》篇把它总结为德、功、能 3 个方面，具体体现为 7 项标准：（1）"察身能而受官"；（2）"不诬于上"；（3）"谨于法令以治"；（4）"不阿党"；（5）"竭能尽力而不尚得"；（6）"犯难离患而不辞死"；（7）"受禄不过其功，服位不侔其能，不以毋实虚受者"。这 7 项标准中，最受重视的还是德，如第 2 条不欺蒙君主，第 3 条行事谨遵法令，第 4 条不结党营私，第 5 条竭尽能力办事而不计较报酬，第 6 条敢于面对艰难险阻而不惜牺牲生命等都是有关品德方面的。其次才是功、能，如第 1 条按照自身的才能接受相应的官职，第 7 条保持的职位与其才能相当均是要求官吏才能应与职位相当；而第 7 条中享受的俸禄与其功绩相称则是

---

① 《论语·颜渊》。
② 《论语·为政》。
③ 《论语·为政》。
④ 《商君书·画策》。

有关功绩方面的。

晏子则主张选拔人才不以国君的喜恶为依归："晏子相景公，其论人也，见贤而进之，不同君所欲；见不善则废之，不辟君所爱。"① 君主不喜欢的，只要贤，晏子照样提拔荐举他；君子喜爱的亲信，只要不贤，晏子照样罢免他。

《墨子·尚贤中》提出："古者圣王，甚尊尚贤而任使能，不党父兄，不偏贵富，不嬖颜色。贤者举而上之，富而贵之，以为官长；不肖者抑而废之，贫而贱之，以为徒役。"《墨子·尚贤上》中也说："古者圣王之为政，别德而尚贤。虽在农与工肆之人，有能则举之。""故官无常贵而民无终贱，有能则举之，无能则下之，举公义，避私怨。"这里，墨子大胆打破当时森严的等级制度，不仅不以尊卑贵贱作为选拔人才的依据，而且还提出"官无常贵而民无终贱"的思想，即贤者上之为官长，就变为富贵，不肖者废之为徒役，就变为贫贱。孟子也主张："国君进贤，如不得已，将使卑踰尊，疏踰戚，可不慎与？"② 只要是贤才，原来地位低的可以提拔超过原来地位高的，原来疏远的可以提拔超过原来亲信的。

在选贤任能中，墨子还特别强调对士（知识分子）的重视和选用。《墨子·亲士》篇第一句话就说："入（治）国而不存（优待）其士，则国亡矣。见贤而不急（任用），则缓其君矣……缓贤忘士，而能以其国存者，未曾有也。"可见，墨子认为治理一个国家，如果不关心和优待知识分子，那就要亡国了。如果能真正地选拔出贤人治国，让他们主持政务，就能"下施之万民，万民被其利"；贤者之道，"其为政乎天下也，兼而爱之，从而利之……爱利万民"③。从而使天下之民互利，"若此，则饥者得食，寒者得衣，乱者得治"④。

墨子尚贤思想中有一十分可贵的观点，就是反对贵族世袭制，反对仅仅从社会上层人士中选拔人才，而主张在社会各个阶层中荐贤举能，不问身世，只要是贤者，就应该举荐任事。他明确指出："圣王之为政，列德而尚贤，虽在农与工肆之人，有能则举之，高予之爵，重予之禄，任之以事，断予之令……故官无常贵，而民无终贱，有能则举之，无能则下之。"⑤

荀子则提出选拔人才不要论资排辈："贤能不待次而举，罢不能不待顷而废。"确是贤才，不用像排队一样按次序提拔；确是无德无能之人，不用等待须臾片刻而立即罢免。

《韩非子·说疑》提出了"内举不避亲，外举不避仇。是在焉从而举之，非在焉从而罚之"。并在同书《外储说左下》以几个著名的事例来说明这一原则。

---

① 《晏子春秋·外篇下》。
② 《孟子·梁惠王下》。
③ 《墨子·尚贤中》。
④ 《墨子·尚贤下》。
⑤ 《墨子·尚贤上》。

如晋国名臣赵武举荐仇人刑伯子任中牟令，又举荐自己的儿子任中府令，晋平公感到奇怪。赵武说："外举不避仇，内举不避子。"叔向对晋平公说，赵武算最贤的人了，赵武"所举士也数十人，皆得其意，而公家甚赖之"。

韩非子为了让国君能广纳贤才，做到野无遗贤，建议政府招贤时广开贤路、不拘一格："观其所举，或在山林薮泽岩穴之间，或在囹圄绁纆缠索之中，或在割烹刍牧饭牛之事。然明主不羞其卑贱也，以其能、为可以明法，便国利民，从而举之，身安名尊。"① 遗贤可能是深山湖泽中的隐者，如周初姜太公吕尚；可能是被囚禁在监牢里的罪犯，如春秋时期齐国的管仲；可能是在荒野牧牛羊的奴隶，如商朝的百里奚；可能是家中做饭的家奴，如商朝的伊尹；可能是一个普通的农夫或渔民，如尧时的舜。总之，不能因其卑贱而不求。《吕氏春秋》也指出，由于贤才难得，而对治理国家又极其重要，因此要不远万里偏僻，不辞辛劳，无因卑贱，广泛求贤。《吕氏春秋·谨听》篇云："故当今之世，求有道之士，则于四海之内，山谷之中，僻远幽闲之所。"《吕氏春秋·求人》篇则云："先王之索贤人，无不以也，极卑极贱，极远极劳。"没有这种广泛求贤的精神，是招致不了多少贤才的，"士其难知，唯博之为可，博则无所遁矣"②。

（四）贵爵重赏、恭敬有礼招致人才思想

俗话说：人才难得，良才难令。贤才并非一经荐举就愿意前来效劳，也非一经鉴别就乐意为君主所用。春秋战国时期，诸侯国并立，贤才的任用是一个双向选择的过程，即君主要选拔贤才，但贤才也要选择效劳的君主。如《大戴礼记·卫将军文子》载晏子之行："君虽不量于臣，臣不可以不量于君，是故君择臣而使之，臣择君而事之，有道顺君，无道横命。"《晏子春秋·内篇问上》也载：晏子说："士逢有道之君，则顺其令；逢无道之君，则争其不义，故君者择臣而使之，臣虽贱，亦得择君而事之。"正因为如此，《吕氏春秋·功名》概括君主招致贤士的第一前提为："人主贤则豪杰归之。故圣王不务归之者，而务其所以归。"君主要想广招贤才，就要被贤才瞧得起，也就是自己首先要是贤君。同书《应同》篇认为，如国君昏庸，即使去请贤才，贤才也不会来的。而且不但不来，甚至原在本国的贤才也会出走。正如"覆巢毁卵，则凤凰不至；刳兽食胎，则麒麟不来；干泽涸渔，则龟龙不往"③。

当时，一些有识之士已认识到政府必须通过优厚的待遇来招揽人才。春秋时，齐桓公问管仲怎样才能招致天下的精材、豪杰、良工，管仲回答说："假而礼之，厚而勿欺，则天下之士至矣"；致天下精材，"五而六之，九而十之，不

---

① 《韩非子·说疑》。
② 《吕氏春秋·报更》。
③ 《吕氏春秋·名类》。

可为数"；来工"三倍，不远千里"①。其意是说，招致贤才，应恭敬有礼，忠实厚待，而不可欺诈，则天下贤才都会纷纷前来；收集精良的材料，值五个钱的给六个钱，值九个钱的给十个钱，在付费时适当优惠；对工匠，能够出三倍于别人的工钱，远在千里之外的人也必然会来投靠。荀子也主张以"贵爵重赏"招致贤才。他说："人主欲得善射，射远中微者，悬贵爵重赏以招致之，内不可以阿子弟，外不可以隐远人，能中是者取之，是岂不必得之之道也哉！虽圣人不能易也。欲得善驭，及速致远者，一日而千里，悬贵爵重赏以招致之。"荀子批评有些君主，以贵爵重赏招致善射、善驭的一技之长者，却不肯悬贵爵重赏招致治国安民、保卫国家的贤才良将，"然而求卿相辅佐，则独不若是其公也，案唯便嬖亲比己者之用也，岂不过甚矣哉？"② 这些君主在选择卿相时，却不像招善射者、善驭者那样公道，而专用自己周围的亲信和迎合自己的人，这难道不是大错特错吗？

古代贤才往往自视清高，不是单单优厚的待遇就能招致而来，还必须对他们恭敬有礼，这样贤才才会从四面八方前来效劳。正如前引管仲所言："假而礼之，厚而勿欺，则天下之士至矣。"这里的"礼之"就是对他们要恭敬有礼；"勿欺"也包含有尊重的意思，因为如对人不老实、欺骗，其实是一种最大的不尊重。

西周初年姜尚较早提出对待贤人要"尊以爵，赡以财……接以礼"③，"信贤如腹心"④；切忌"伤贤""蔽贤""嫉贤"⑤。姜尚提出的对待贤人的"四要三不"，深刻、精辟、系统地总结了如何才能留住人才、用好人才，即君主必须授予贤人爵位，使之有很高的社会地位；必须给予贤人很高的物质待遇，使之生活优裕；必须十分恭敬礼貌地接待贤人，使之感觉有很大的荣誉感；必须把贤人当作最值得信赖的心腹，这样才能使之尽心尽力为国家效劳。另一方面，切忌伤害贤人、淹没贤人和嫉妒贤人。君主治国如能做到这两方面，就能使国家富强。

《吕氏春秋》也认为："有道之士固骄人主，人主之不肖者亦骄有道之士。日以相骄，奚时相得？""贤主则不然，士虽骄之，而己愈礼之，士安得不归之？"⑥ 该篇还记述了5个礼遇贤士的例子，来说明必须对贤才恭敬礼貌，才能把他们招致来为自己效劳。如："齐桓公见小臣稷，一日三至，弗得见。从者曰：'万乘之主，见布衣之士，一日三至，而弗得见，亦可以止矣。'桓公曰：'不然，士傲禄爵者，固轻其主；其主傲霸王者，亦轻其士。纵夫子傲禄爵，吾

---

① 《管子·小问》。
② 《荀子·君道》。
③ 《三略·上略》。
④ 《三略·上略》。
⑤ 《三略·下略》。
⑥ 《吕氏春秋·下贤》。

庸敢傲霸王乎？'遂见之不可止。"① 由此可见，齐桓公为礼遇贤士，三顾稷家，已创先例于三国刘备三顾茅庐之前几百年了。又如："魏文侯见段干木，立倦而不敢息。"君主去请教百姓中的贤者，站累了也不敢坐下歇息，可见礼贤下士之诚。

《吕氏春秋·报更》指出，优待贤才，贤才才会尽力竭智，因此，即使是小国财力不足，也要设法满足贤才的需求。"国虽小，其食足以食天下之贤者，其车足以乘天下之贤者，其财足以礼天下之贤者。"同书《不侵》还举了当时一个事例来说明：豫让在范氏中行氏门下时，衣食不得满足，在中行氏灭亡时他毫无报效之心；而他在智氏门下时，智氏待他很好，很有礼，豫让为智氏出了不少力。

（五）察能授官思想

先秦时期，在任用贤才方面，大多数思想家主张按其能力大小授以相应的官职。如《墨子·尚贤中》提出任贤应"察其所能而慎予官"。墨子在尚贤中提出官员的行政能力必须与他的职务相称，这是为政的根本。他说："何以知尚贤之为政本也？曰：用贵且智为政乎，愚且贱者则治；用愚且贱者为政乎，贵且智者则乱……且夫王公大人……不察其知而与其爱，是故不能治百人者使处乎千人之官，不能治千人者使处乎万人之官……夫不能治千人者使处乎万人之官，则此官什倍也，夫治之法将日至者也。日以治之，日不什修；知以治之，知不什益。而予官十倍，则此治一而弃其九矣。"② 墨子认为在治理国家中，如以能力差地位低的人来管理能力强地位高的人，那么后者就会不服管理而作乱，而且以能力差的人让其处于与能力不相称的较高管理职位上，那么就要增加许多官员来分担治理事务。

《管子·权修》也主张任贤的原则是"察能授官"。《荀子·君道》在这一原则基础上予以具体化："论德而定次，量能而授官，皆使其人载其事而各得其所宜，上贤使之为三公，次贤使之为诸侯，下贤使之为士大夫，是所以显设之也。"荀子在《荀子·儒效》篇中讲了小才大用的害处："能小而事大，辟之是犹力之少而任重也，舍碎折无适也。"小才大用会像力气小的人而负重物，使人碎骨折腰。因而，他观点鲜明地提出："无能不官。"③

在任用贤才方面，商鞅则与众不同，提出了另一种授官原则："国以功授官予爵"④，"论荣举功以任之"⑤。

韩非批判了商鞅的"以功授官"思想，指出商君之法曰："斩一首者爵

---

① 《吕氏春秋·下贤》。
② 《墨子·尚贤中》。
③ 《荀子·王制》。
④ 《商君书·靳令》。
⑤ 《商君书·算地》。

级，欲为官者为五十石之官。斩二首者爵二级，欲为官者为百石之官。官爵之迁，与斩首之功相称也。今有法曰斩首者令为医、匠，则屋不成而病不已。夫匠者，手巧也；而医者，齐药也。而以斩首之功为之，则不当其能。今治官者，智能也；今斩首者，勇力之所加也。以勇力之所加而治智能之官，是以斩首之功为医、匠也。"① 韩非子的批判是正确的，以依靠勇力斩首而立战功的人来当智能之官，就如同让一个战场勇士去当医生、工匠一样，这是不可能胜任的。因此，以功授官是不妥的。

对此，荀子提出了比较好的解决思路。他把功与赏相联系，把能与官相联系，主张"无能不官，无功不赏"②，换言之，即以能授官，论功行赏，立战功者如无能力就不能授予官职，通过行赏予以奖励。墨子也主张"量功而分禄"③，把任官与分禄区别开来，即有功的多给荣誉和享受，有能力的才授予官职。

韩非子还认识到现实生活中极其杰出的人才十分罕见，因此，在治国中大量的工作要靠众多的中等人才来做，国君必须重视任用现实中大量的中等人才。他批判了那种羡慕古时人才多而忽视现实中等人才的现象。他说："且夫百日不食以待梁肉，饿者不活；今待尧、舜之贤乃治当世之民，是犹待梁肉而救饿之说也。"他把这种崇古任才心理喻为"待古之王良以驭今之马"，"待越人之善海游者以救中国之溺人"④。他主张"无使近世慕贤于古"⑤。

既然以往杰出人才无法依靠，韩非进而提出："夫良马固车，五十里一置，使中手御之，追速致远，可以及也，而千里可日致也，何必待古之王良乎!"⑥ 千里马很少，现在像王良那样的好车夫也太少，但用一般的好车好马，每五十里换马，中等的驾御者也可以日行千里。正由于现实中大量使用的是一般的好车好马和中等的驾御者，因此，"伯乐教其所憎者相千里之马，教其所爱者相驽马。千里之马时一，其利缓；驽马日售，其利急"⑦。千里马要很长时间才会出现一匹，实用性不大，故伯乐把相千里马之术教给其不喜欢的人；驽马天天都在买卖，必须仔细鉴别，实用性很强，故伯乐把相驽马的技术教给自己所疼爱喜欢的人。

（六）任才所长思想

先秦许多思想家在任用贤才上还提出任才所长，不任其所短的思想。《管子·形势解》指出："明主之官物也，任其所长，不任其所短。故事无不成，而

---

① 《韩非子·定法》。
② 《荀子·王制》。
③ 《墨子·尚贤上》。
④ 《韩非子·难势》。
⑤ 《韩非子·用人》。
⑥ 《韩非子·难势》。
⑦ 《韩非子·说林下》。

功无不立。乱主不知物之各有所长所短也，而责必备。"同书《七法》则批判了"绝长以为短，续短以为长"的任官现象。同书《君臣上》还进一步提出："明君之举其下也，尽知其短长，知其所不能益，若任之以事。贤人之臣其主也，尽知短长与身力之所不至，若量能而授官。上以此蓄下，下以此事上，上下交期于正，则百姓男女皆与治焉。"可见，管子认为：不但用人者要知被用者的长短，而且被用者要自知其长短，如任己所长则接受此官，若任己所短就不要接受。同书《牧民》篇还主张把"各为其所长"用到全体民众身上："使民于不争之官者，使各为其所长也"；"使民各为其所长，则用备"。其意是说，使在各种不同岗位上的人，都有其各自相应的特长，没有不恰当的让人争议；如能够按照各自的特长使用人民，则一切事业都会有合适的人掌管而不会感到人才缺乏。

《晏子春秋·内篇问上》也主张要任人之长，不要勉强要求人家去做所短的官职："地不同生，而任之以一种，责其俱生不可得；人不同能，而任之以一事，不可责偏成，责焉无已，智者有不能给；求焉无厌，天地有不能赡也。故明王之任人，谄谀不迩乎左右，阿党不治乎本朝；任人之长，不强其短；任人之工，不强其拙。此任人之大略也。"

战国时期，孟子也批评了国君用人非所学、用人非所长的现象："夫人幼而学之，壮而欲行之，王曰：'姑舍汝所学而从我，则何如？'"[1] 君王以自己的权力命令幼有专学的人放弃所长的学问技能而听从君王的安排，这是浪费人才、荒废人才。这一时期，韩非子也以"使鸡司夜，使狸执鼠，皆用其能"的比喻，说明任人所长的思想："物者有所宜，材者有所施，各处其宜。"[2]

在先秦各思想家任人所长思想中，《墨子·尚贤中》和《大戴礼记·文王官人》比较具体地提出该如何用人所长。前者比较笼统地提出用人所长的原则："可使治国者使治国，可使长官者使长官，可使治邑者使治邑。"后者则比较详细地提出"九用"任人法，根据九种不同类型的人才分别委以不同的官职，可谓是当时国家任才的细则：一是"平仁而有虑者使是治国家而长百姓"，公正、仁义、有智慧的人才可作为国家治理民众的官员。二是"慈惠而有理者使是长乡邑而治父子"，仁慈、厚道而懂得事理者，可作基层和群众组织的领导。三是"直憨而忠正者使是莅百官而察善否"，正直、忠诚、信用者，可作为监察官员。四是"慎直而察听者使是长民之狱讼，出纳辞令"，公正、求实、善于明察者，可作为法官。五是"临事而洁正者使是守内藏而治出入"，凡事廉洁奉公者，可作为管仓库或财务的官员。六是"慎察而洁廉者使是分财、临货、主赏赐"，能谨慎、明察并廉洁公正者，可作主管分配和赏赐的官员。七是"好谋而知务者使是治壤地而长百工"，善于谋划和经营事务者，可作农业、手工业生产管理

---

[1] 《孟子·梁惠王下》。
[2] 《韩非子·扬权》。

人。八是"接给而广中者使是治诸侯而待宾客",善于交际并能广交朋友的人可作为与各地诸侯、宾客打交道的外交官。九是"猛毅而度断者使是治军事卫边境",勇敢、刚毅,善于估计形势而果断决策者,可作为军事统帅保卫边境。

慎到认为,君主驭臣之术应是善于发挥臣子的才智,让臣子去做各种具体的事务,而君收其利。相反,如君主事必躬亲,骋能恃才,把什么事都包揽下来自己干。这样,表面上君主很有权,实际上君主干的是臣子应该干的事,是把自己降低到臣子的地位。君主自以为自己最有本领,最聪明,其实是无本事、缺乏管理才能的表现。因为"人君自任,而务为善而先下,则是代下负任蒙劳也,臣反逸矣"①。既然君主自己动手做了,那么臣子们谁还敢"与君争为善以先君",只好把智慧藏起来,旁观君主的行动。一旦君主有失,"臣反责君",使君主处于尴尬的地位。如果君主是个平庸之辈,而又摆出无所不能的架势,那更是要出乱子。即使"君之智最贤",但一个人的能力、精力毕竟有限,"以一君而尽赡下则劳,劳则有倦,倦则衰,衰则复反于不赡之道也"。总之,君主的职责是用臣,而不是代臣行事。如代臣办事,"是君臣易位也,谓之倒逆,倒逆则乱矣"②。因此,慎子主张在治理国家中,应该"臣事事而君无事,君逸乐而臣任劳",即君子应该垂拱而治,进行宏观把握,善于发挥臣子的才智,具体事务由臣子去做,而君主"仰成而已"③。

(七) 权责明确思想

韩非子还提出,在任用人才时,要使各种官职责明确,就不会出现互相干涉、推诿或争权的现象。他打了两个比方来说明这个道理。王良、造父都是著名的驾车能手。若"令王良、造父共车,人操一鞭辔而入门闾,驾必败而道不至也"。田连、成窍都是著名的乐师,若"令田连、成窍共琴,人抚一弦而挥,则音必败曲不遂矣"④。

同时,韩非还主张给予官吏在职责范围的自主权:"用一之道,以名为首。名正物定,名倚物徙。故圣人执一以静,使名自命,令事自定,不见其采,下故素正。因而任之,使自事之;因而予之,彼将自举之;正与处之,使皆自定之。"⑤ 其大意说,国君将所任官职明确职责,让所任官在职责范围内"自命""自事之""自举之""自定之",国君只需按名督实,按照职责去考核并给予赏罚,即国君执赏罚之权以静观臣下之功就可以了,而不必过多地干涉官员的职责,给予他们职责范围内的自主权。

韩非认为作为一位领导人,对于自己所负责的事务,不可能事必躬亲,而是

---

① 《慎子·民杂》。
② 《慎子·民杂》。
③ 《慎子·民杂》。
④ 《韩非子·外储说右下》。
⑤ 《韩非子·扬权》。

要善于指挥，善于用人。如他说："救火者，令吏絜壶瓮而走火，则一人之用也，操鞭箠指麾而趣使人，则制万夫，是以，圣人不亲细民，明主不躬小事。"[1]而且韩非还进一步指出，在用人时，要用他人的智慧，而不是他的时间和气力，即"下君尽己之能，中君尽人之力，上君尽人之智"[2]。意谓只会用自己能力的人，算不上领导人；只能用他人气力的，则不过是普通的领导人；只有能激发部属竭尽其智慧的，才是杰出的领导人。

如前所述，韩非还提出国君在任用人才时，必须注意发挥各种人才的长处。与发挥人才长处思想相联系的是他还主张事有专属，人不兼差："明君使事不相干，故莫讼；使士不兼官，故技长；使人不同功，故莫争。争讼止，技长立，则强弱不觳力，冰炭不合形，天下莫得相伤，治之至也。"[3]"明主之道，一人不兼官，一官不兼事。"[4] 其所谓"使事不相干"，即于事有专属，职责分明，以致遇事不会互相推诿，故不会争讼；也不会遇到有了政绩大家互相争功，故不会争夺。"使士不兼官"，"一人不兼官"则使人才不兼差，故能全心全意做好一件事，以致业务熟谙，"故技长"。

（八）对人才应赏罚分明思想

先秦许多思想家都认识到在任用贤才中为更好地发挥人才的作用，必须给予人才较高的待遇，并进行考核赏罚，这样才能对人才形成很好的激励机制。

《太公六韬·文韬·赏罚》记载，周文王设赏罚的目的是："赏一以劝百，罚一以惩众。"他向吕尚请教如何达到这目的，吕尚回答说："凡用赏者贵信，用罚者贵必。赏信罚必于耳目之所闻见，则不闻见者莫不阴化矣。夫诚畅于天地，通于神明，而况于人乎。"可见，周文王与吕尚都认为赏罚并不只是针对被赏罚的一些人，其更深的用意是通过赏罚一些所闻见的人，达到对广大民众劝善惩恶的效果，使全社会形成一种向善弃恶的风尚。

墨子在选贤任能中主张，尊崇贤能不仅要"以德就列，以官服事"，还要做到"以劳殿（定）赏，量功而分禄"，即根据贤者的政绩和贡献的大小，来确定他们的报酬多少。他说："譬若欲众其国之善射御之士者，必将富之，贵之，敬之，誉之，然后国之善射御之士将可得而众也"。而"贤良之士"，"此固国家之珍而社稷之佐也，亦必且富之，贵之，敬之，誉之，然后国之士良亦将可得而众也"[5]。墨子认为，给贤士很高的待遇，主要还不是为了赐给他们，而是让贤才有必要的条件把治理国家的事业做好。只有适当的激励机制，才能使他们忠于职守，尽心竭力做好工作。他指出，国君在任用贤人的同时，要颁赐爵位使他显

---

① 《韩非子·外储说右下》。
② 《韩非子·八经》。
③ 《韩非子·用人》。
④ 《韩非子·难一》。
⑤ 《墨子·尚贤上》。

贵，分给土地使他富裕，才能使他竭尽全力事奉明君，为国家服务。墨子以古代贤君任人制禄为例来说明这一道理："古者圣王唯毋得贤人而使之，班（颁赐）爵以贵之，裂地以封之，终身不厌。贤人唯毋得明君而事之，竭四肢之力，以任君之事，终身不倦。"① 墨子还进一步指出，使贤者有显贵的社会地位、丰厚的俸禄另有更深层次的用意，因为"爵位不高，则民不敬也；蓄禄不厚，则民不信也；政令不断，则民不畏也"②。所以对真正贤能的人，君主必须"高予之爵，重予之禄，任之以事，断予之令"，这样，人民就会尊敬他，信任他，惧怕他，就能"欲其事之成也"③。这就是墨子所谓用贤要置"三本"，即使贤者有地位、有钱、有权，才能使他们有效地把国家治理好。

《管子》对贤才提出"爵授有德"，"禄予有功"④ 的待遇原则，要求做到"有功必赏，有罪必诛"⑤，以达到"使贤者食于能，斗士食于功"⑥ 的效果。但在授予爵与禄时，必须对将被授予爵禄者进行谨慎地考察："君之所审者三：一曰德不当其位，二曰功不当其禄，三曰能不当其官。此三本者治乱之原也。故国有德义未明于朝者，则不可加于尊位；功力未见于国者，则不可授以重禄；临事不信于民者，则不可使任大官。"⑦

荀子认为君主在实行赏罚时都不要过头，赏过了头，使小人占了便宜，罚过了头，使贤才受到伤害。如果过头有时是难免的话，那么宁可赏过头让小人占点便宜，也不要罚过了头使贤才受到冤枉。

在韩非心目中，赏与罚实乃领导人统御下属的二柄："明主之所导制其臣者，二柄而已矣。二柄者，刑德也。何谓刑德？曰：杀戮之谓刑，庆赏之谓德。为人臣者，畏诛罚而利庆赏，故人主自用其刑德，则群臣畏其威而归其利矣。"⑧ 韩非认识到用赏罚统御下属是由人的趋利避害本性所决定的："凡治天下必因人情。人情者有好恶，故赏罚可用。赏罚可用，则禁令可立，禁令可立而治道具矣。"⑨

在具体实施赏罚的措施中，韩非提出了5个法则：其一，奖赏的标准不宜太高，使人通过努力可以达到；惩罚的标准不宜太低，使人通过注意可以避免。这是因为奖赏标准定得太高，人们可望而不可即，以致形同虚设，那就失去奖赏的意义；惩罚要是定得太低，人们动辄得咎，那会使百姓手足无措，也失去惩罚的

---

① 《墨子·尚贤中》。
② 《墨子·尚贤中》。
③ 《墨子·尚贤中》。
④ 《管子·问第》。
⑤ 《管子·七法》。
⑥ 《管子·法法》。
⑦ 《管子·立政》。
⑧ 《韩非子·二柄》。
⑨ 《韩非子·八经》。

作用。正如韩非所说：“明主立可为之赏，设可避之罚，故贤者劝赏，而不见子胥之祸；不肖者少罪，而不见伛剖背，盲者处平而不遇深溪，愚者守静而不陷险危。如此，则上下之恩结矣！”① 即所设立的奖赏是人们通过努力可以做到的，所设的惩罚是人们通过努力可以避免的。如果君主所立的赏是人们经过努力做不到的，所设的罚是人们经过努力难于避免的，那么这样赏罚就达不到奖善惩恶的目的了，不但达不到目的，而且 “人主立难为而罪不及，则私怨生；人臣失所长而奉难给，则伏怨结”②。这种怨恨于国于君都不利，是隐藏的祸患。

其二，设定赏罚标准后，一定要付诸执行，否则，赏罚就失去作用。韩非指出：“必于赏罚，赏罚不阿则民用。”③ 他认为赏罚的作用是 “必罚明威”，“信赏尽能”④，“今有功者必赏，赏者不德君，力之所致也；有罪者必诛，诛者不怨上，罪之所生也。民知诛罚之皆起于身也，故习功力于业，而不受赐于君”⑤。

其三，必须厚赏重罚，才能较好地发挥劝惩的作用。韩非说：“赏厚而信，人轻敌矣；刑重而必，人不北矣。”⑥ 其用意不仅是强调信赏必罚，而且还要注意 “赏厚”“刑重”。他认为：“赏莫如厚，使民利之；誉莫如美，使民荣之；诛莫如重，使民畏之。”⑦

其四，赏罚必须得当。韩非提出：“明主赏不加于无功，罚不加于无罪。”⑧ 这是因为 “赏无功，则民偷幸而望于上；不诛过，则民不惩而易为非，此乱之本也”⑨。由此可见，韩非认为如果 “赏无功”，就会使民众侥幸希望得到国君的奖赏；有罪而不加惩罚，就会使民众易于违法乱纪。韩非还特别强调对官员更应该赏罚得当，如赏罚不当，其不良后果将更严重。他说：“明君无偷赏，无赦罚。赏偷则功臣堕其业，赦罚则奸臣易为非。”⑩ 所以，他建议：“诚有功，则虽疏贱必赏；诚有过，则虽近爱必诛。”⑪

其五，赏罚必出自君主。韩非认为赏罚是君主驭臣之二柄，因此，只能是君主独有，而不可与臣下共有。如果与臣下共有，那就可能威胁到君主的权势。正如《韩非子·二柄》所云：“今人主非使赏罚之威利出于己也，听其臣而行其赏罚，则一国之人皆畏其臣而易其君，归其臣而去其君矣，此人主失刑德之患

---

① 《韩非子·用人》。
② 《韩非子·用人》。
③ 《韩非子·六反》。
④ 《韩非子·内储说上》。
⑤ 《韩非子·难三》。
⑥ 《韩非子·难二》。
⑦ 《韩非子·八经》。
⑧ 《韩非子·难一》。
⑨ 《韩非子·难二》。
⑩ 《韩非子·主道》。
⑪ 《韩非子·主道》。

也。"同书《韩非子·内储说下》也说:"权势不可以借人,上失其一,臣以为百,故臣得借则力多,力多则内外为用,内外为用则人主壅。"因此,他强调:"赏罚共,则禁令不行。"① 并借文子之言说:"赏罚之为道,利器也,君固握之,不可以示人。"②

三、对官吏监察考核思想

(一) 君主治国必须重视对官吏的监察、考核

先秦时期的主流意识一般认为,君主是全社会最高和唯一的主人,世上的一切财物及所有的人都归君主所有。《诗经·北山》最早把上述观念做了表述:"溥天之下,莫非王土;率土之滨,莫非王臣。"对此,宋儒程颐做了进一步的诠释:"天子居天下之尊,率土之滨,莫非王臣……凡土地之富,人民之众,皆王者之有也。"③ 君主是整个国家的所有者,但君主即使有三头六臂,也不可能独自一人把国家管理好,必然要委托大量的各级官吏,为其对国家进行管理。这些接受委托的官吏,其在治理国家中政绩如何,是否有不忠于君主的行为,是否有贪污受贿、徇私枉法等行为,君主必须通过另派官员进行监督和考核才能知晓。

人才的选拔和使用离不开考核,《尚书·舜典》中记载:"三载考绩,三考,黜陟幽明,庶绩咸熙。"通过三年一次考核官吏,使昏庸者黜降,精明干练者升迁。《周礼·冢宰·小宰》中也记载小宰以六计课群吏:"一曰廉善,二曰廉能,三曰廉敬,四曰廉正,五曰廉法,六曰廉辨。"可见,当时对官吏考核的内容已相当详细具体,内容涉及被考核对象的个人品德、才能、工作态度等方面,即第一是审察他们是否把事情做好,第二审察他们是否能彻底推行政令,第三审察他们处理公务是否谨慎勤勉,第四审察他们是否公正廉直,第五审察他们是否守法,第六审察他们是否能明辨是非。

《管子》说:"成器不课不用,不试不藏。"④ 其意是说,即使是有能力有才干的人,不经过考核和试用,也不能轻易加以录用。

墨子也很强调对官吏的考核,提出:"古者圣王之为政……以德就列,以事服官,以劳殿赏,量功而分禄。故官无常贵,而民无终贱,有能则举之,无能则下之。"⑤ 可见,墨子更全面地主张君主治理国家,必须依据才德来安排官职,并考核其勤政程度、政绩大小来予以分等级赏罚,给予不同俸禄。有才的人就举荐升迁,没有才能的人就降黜免职,所以官员与平民之间的贵贱差别不是永远不

---

① 《韩非子·外储说右下》。
② 《韩非子·内储说上》。
③ 《伊川易传·周易上经》。
④ 《管子·七法》。
⑤ 《墨子·尚贤上》。

会改变的。

商鞅为了强化君主专制统治，初步提出了建立独立的监察机构的理论，即君主对众多官吏必须进行监督，而且他们不可能自己监督自己，必须派与这些官吏无利害关系的人对他们进行监督。他说："今恃多官众吏，官立丞、监。夫置丞立监者，且以禁人之为利也。而丞、监亦欲为利，则何以相禁？……今乱国不然，恃多官众吏，吏虽众，同体一也。夫同体一者，相（监）不可。"①

尔后，法家的集大成者韩非也一再强调对官吏进行监察、考核的重要性，认为这是圣明的君主在治理国家中不可或缺的："明君之道……计功而行赏，程能而授事，察端而观失，有过者罪，有能者得，故愚者不任事，智者不敢欺，愚者不得断，则事无失矣"②；"有道之主，听言、督其用，课其功，功课而赏罚生焉，故无用之辩不留朝"③；"明主听其言必责其用，观其行必求其功"④。由此可见，君主在治理国家中，通过对官吏的监察与考核，才能清楚了解他们的功过得失，从而进行赏罚，最终使有智慧才能的人不敢欺诈舞弊，愚笨无能的人无权做出决断处事，那君主在治理国家中就不会有什么失误。这正如韩非所说的："吏者，民之本、纲者也，故圣人治吏不治民。"⑤ 治吏的主要手段就是加强对官吏的监察和考核。

《吕氏春秋》中所说的"无为"是指"因而不为"。《任数》篇说："古之王者，其所为少，其所因多。因者，君术也；为者，臣道也。"《吕氏春秋·知度》篇明确指出："有道之主，因而不为。"这里所谓的"因"，是指由君主掌管决定大政方针，发号施令，实际上就是最高统治权。而各级官吏则不过是"治其事以待主"，即为君主负责处理日常事务。所以《吕氏春秋·圜道》篇指出："令者，人主之所以为命也，贤不肖安之危之所定也。""令出于主口，官职受而行之，日夜不休，宣通下究，灢于民心，遂于四方，还周复归，至于主所，圜道也。"在《吕氏春秋》作者看来，"万物殊类殊形，皆有分职，不能相为"⑥。君主既然居于最高统治地位，决定大政方针，也就不能亲身去做官吏的职事。如果"人主好治人官之事，则是与骥俱走也，必多所不及矣"⑦。那就是君主如去做官吏的职责，那就肯定许多事都做不好。君主所做事情就是驾驭群臣，只要"审分""正名""督名审实"即可，即加强对群臣的监督与考核，而具体事务则应放手由臣下去执行。反之，如果君主事必躬亲，"好以己为，则守职者舍职而阿

---

① 《商君书·禁使》。
② 《韩非子·八说》。
③ 《韩非子·八经》。
④ 《韩非子·六反》。
⑤ 《韩非子·外储说右下》。
⑥ 《吕氏春秋·圜道》。
⑦ 《吕氏春秋·审分》。

主之为矣。阿主之为有过，则主无以责之"。结果，"人主日侵，人臣日得。是宜动者静，宜静者动也。尊之为卑，卑之为尊，从此生矣，此国之所以衰，而敌之所以攻之者也"①。总之，《吕氏春秋》作者认为"善为君者，劳于论人，而佚于官事"，这就是"得其经也"。相反，"不能为君者，伤形费神，愁心劳耳目，国愈危，身愈辱"，这是由于"不知要故也"②。

《吕氏春秋》作者重视君主在治国中对臣下的任用、监督与考核，其纲要是"定分""核名实"与"督听"等。《吕氏春秋·慎势》说："治天下及国，在乎定分而已矣。"《吕氏春秋·处方》也说，治国有本，"其本也者，定分之谓也。"所谓"定分"，就是明确规定臣下的"职分"，即职责。然后君主根据臣下的职责进行监督、考核。《吕氏春秋·审分》提出："王良之所以使马者，约审之以控其辔，而四马莫敢不尽力。有道之主其所以使群臣者，亦有辔。其辔何如？正名审分是治之辔已。故按其实而审其名，以求其情；听其言而察其类，无使放悖。"这里，作者把君主对群臣的监督考核比喻为驾马车的辔，君主只有控制好了辔，对臣下进行约束和鞭策，才能使群臣为朝廷竭忠尽力。而且监督还能防范群臣违法乱纪、营私舞弊，"督听则奸塞不皇"③。在具体考核臣下的措施方面，《论人》提出了"八观""六验"之术："通则观其所礼，贵则观其所进，富则观其所养，听则观其所行，止则观其所好，习则观其所言，穷则观其所不受，贱则观其所不为。喜之以验其守，乐之以验其僻，怒之以验其节，惧之以验其特，哀之以验其人，苦之以验其志。"

（二）上计中所反映的对官吏考核的思想

春秋时期，国君对官吏的考核已正式称为"上计"。《说苑》卷7《政理》篇载："晏子治东阿三年，景公召而数之……晏子对曰：'臣请改道易行而治东阿，三年不治，臣请死之。'景公许之。于是明年上计，景公迎而贺之。"

战国时期，这种通过上计考核官员的办法进一步发展，记载也更为详细可靠。当时所谓上计，就是中央重要官员和地方长官每年要把所属地区的户口、垦田、租税收入等预算数字写在木券上，一式两份，木券从中一剖为二，国王执右券，臣下执左券。到了年终，官吏必须到国王那里如实报核一年来财政收支情况，国君根据右券亲自考核，或由丞相协助考核。最后根据考核结果，决定官吏的升降任免赏罚。这就是《荀子·王霸》中所说的"岁终奉其成功，以效于君，当则可，不当则废"。

战国时期人们已经把上计制度化，严格按照规定的期限进行。《周礼》已经设计对官吏的考核分为"月终""岁终""三岁"之计，除"月终"之计不见于

---

① 《吕氏春秋·君守》。
② 《吕氏春秋·当染》。
③ 《吕氏春秋·先己》。

其他古文献记载外，"岁终""三岁"之计则屡见不鲜。相反，王稽为河东守，"三岁不上计"，① 则被认为没有尽到职责，违反上计制度。在上计中，政府侧重于对官吏进行经济政绩考核，即"钱布十倍"②"而入三倍"，③ 以赋税收入的多少作为考核官吏政绩的主要依据。其考核的详细内容当是《商君书·去强篇》中所说的十三数："境内仓口之数，壮男壮女之数，老弱之数，官士之数，以言说取食者之数，利民之数，马、牛、刍、稿之数。"简言之，即粮食、人口、赋税、牲畜之数。上计也注意考核群吏是否廉洁奉公，田婴相齐辅王上计就是要知吏之奸邪得失。上计中政府对官吏的考核所采取方法主要是听计，即"王自听计，计不胜听"；④《周礼》中亦载有"听出入以要会"，"凡在书契版图者之贰，以逆群吏之治，而听其会计"。上计中，国君已清楚地意识到为了对考核者作出符合客观实际的评估，往往还必须采取查询的方法，进一步弄清事实真相，然后再进行实际分析，透过现象看本质，最后得出正确的结论，实行赏罚。如魏文侯在对东封解扁考核时，通过当面询问，了解到解扁上计时东封收入增加三倍，原因是他不爱惜民力，让人民冬天伐木春天卖，因此虽然"有功"，但不可取，应该受到处罚。⑤ 而魏文侯在对东阳上计时，发现了钱布收入增加十倍的反常现象，通过分析了解到东阳田不增广、民不增多，十倍收入是敛取于士大夫，这会引起社会动荡不安，并将危及自己的统治，并非好事，不应庆贺。⑥ 随着封建社会经济的发展，经济工作越来越受到重视，国王为了独揽财经大权，约束各级官吏，往往是亲自主持上计。韩昭侯时，任用申不害为相，申不害就主张任用官吏要使之称职，并要经常加以监督和考核。这为秦汉以后帝王所仿效，形成了一种延续近千年的考核制度，对于加强中央对地方财政的控制，巩固和发展中央集权制产生了深远的影响。另一方面，一些有识之士也认识到，上计制度也存在着难以克服的缺陷，在执行中的实际效果有时是大打折扣的。正如《商君书·禁使》所云："夫吏专制决事于千里之外，十二月而计书以定，事以一岁别计，而主以一听，见所疑焉，不可蔽，员不足。"的确，官吏在千里之外写定的一年政绩的计书，国君要在一次听断中明察虚实，这是不可能做到的。如西门豹为邺令上计，因甚简左右，而差点蒙受不白之冤，廉政者险遭处罚。⑦ 更有甚者，齐国在国王亲自主持上计期间，奸吏竟敢明目张胆地弄虚作假，乘齐王听计睡着时，尽

① 《史记·范雎蔡泽列传》。
② 《新序·杂事第二》。
③ 《淮南子·人间训》。
④ 《韩非子·外储说右下》。
⑤ 《淮南子·人间训》。
⑥ 《新序·杂事第二》。
⑦ 《韩非子·外储说左下》。

揄刀削其押券升石之计。① 从《韩非子》记载的这两个事例可知，韩非也认识到当时上计制度存在的弊端。

第二节　秦汉魏晋南北朝选任、监察、考核官吏思想

一、秦汉选任官吏思想

（一）秦朝选任官吏思想

秦朝选官的详细内容，目前因史料缺乏，仍然不大了解。《通典·选举典》云："秦自孝公纳商鞅策，富国强兵为务，仕进之途，唯辟田与胜敌而已，以至始皇，遂平天下。"这里所谓"辟田"，就是指民众如积极从事农业生产，生产的粮食多了，就可以通过纳粟买官而得到官职。如始皇四年（前243年），"天下疫，百姓纳粟千石，拜爵一级"。② "胜敌"指在战争中战胜敌人，立有军功，就可以得到拜爵的奖励，有了爵位就可以做官。秦国规定："斩一首者，爵一级，欲为官者，为五十石之官；斩二首者，爵二级，欲为官者，为百石之官。"③ 这说明，辟田与胜敌是秦国选拔官吏的重要途径。但是，具体如何进行选拔，目前还不大清楚，可能与西汉一样，主要通过"征召"和"荐举"等方式。

秦代对官吏的选任思想，最突出的就是李斯的《谏逐客书》。在战国末年，诸侯国相互攻伐战争、以强并弱的背景下，李斯将招贤用贤，提高到增强国家实力的高度来论证，认为秦国要重视和招揽天下贤才，敞开国门大胆接纳和重用非出生于本国的贤才（即客卿），国家才能更加强盛，而不能采取闭关锁国甚至驱逐客卿的政策。李斯的这一唯材是举，大胆选用客卿的思想，的确对秦国的富强并打败六国统一全国奠定了人才基础。

首先，李斯认为秦国之所以最终战胜其他诸侯国，统一全国，接纳并重用客卿发挥了应有的作用。他在《谏逐客疏》开篇以秦国历史上四位国君为例，以史实雄辩地说明秦穆公因得到由余、百里奚、蹇叔、丕豹和公孙支五位非出身于本国的贤才辅佐，得以"并国二十，遂霸西戎"。秦孝公重用卫国人商鞅并任命他为丞相。商鞅在秦国两次变法，使秦国民富国强，诸侯归附，还大破"楚魏之师"，为秦国开拓了大片疆土。秦惠王任命魏国人张仪为相，使秦国向各个方向开疆拓土，还瓦解了东方六国的"合纵"策略，使他们都"西面事秦"，其功劳延续至今。秦昭王任用魏国人范雎为相，才结束了穰侯、华阳君等权贵把持朝政的局面，巩固和加强了君主的权力；还削弱了诸侯，使秦国具备了兼并东方六国的力量和趋势。因此，李斯认为，"此四君者，皆以客之功"。这四位国君之

---

① 《韩非子·外储说右下》。
② 《史记·秦始皇本纪》。
③ 《韩非子·定法》。

所以在秦国发展壮大中起到如此重要的作用，都是因为他们敢于大胆重用客卿的结果。"向使四君却客而不内，疏士而不用，是使国无富利之实而秦无疆大之名也。"①

秦国不仅大胆用客卿，甚至还敢于重用降将制降国。秦灭六国，最先灭亡的是韩国。而韩国的灭亡，又是因为韩国南阳守腾投降秦国所导致的。

其次，应以"地无四方，民无异国"的宽广胸怀，打破门户偏见，招揽人才。李斯用秦国引进珍稀之宝和异国音乐来说明这个主张：秦国能有昆山之玉、随和之宝、明月之珠、太阿之剑、纤离之马、翠凤之旗、灵鼍之鼓，而"此数宝者，秦不生一焉"。但秦国都有上述各种珍宝，关键原因就是秦国能打破门户偏见，乐于引进对自己有用的东西。如果这些珍宝都要产于秦国才可使用，那么"夜光之璧不饰朝廷，犀象之器不为玩好，郑、卫之女不充后宫，而骏良駃騠不实外厩，江南金锡不为用，西蜀丹青不为采"。"所以饰后宫充下陈娱心意说耳目者，必出于秦然后可，则是宛珠之簪，傅玑之珥，阿缟之衣，锦绣之饰不进于前，而随俗雅化佳冶窈窕赵女不立于侧也。"同样，如果排斥异国音乐的话，在秦国就欣赏不到郑、卫等国动听的音乐了，只能欣赏本国"击瓮叩缶弹筝搏髀，而歌呼呜呜"那种简单的表演。珍稀之宝和异国音乐的引进是这样，招收人才也是如此。只有具备"地无四方，民无异国"的宽广胸怀，敢于引进和大胆重用异国贤才，秦国才能像五帝三王那样无敌于天下。如果"不问可否，不论曲直，非秦者去，为客者逐"，② 那么秦国就不可能控制诸侯一统天下。

秦国在打破门户偏见，不拘一格选拔人才中，特别重视从一般百姓中选拔人才。秦代法律规定："审能民，以赁（任）吏"。③ 这就打破了世族相胤、宦门相承的世袭性用人制度对于人的限制，用人一律以才能为准，为一般百姓为官受职、发挥自己的才干开辟了途径。

再次，李斯把当时招揽人才置于各诸侯国相互攻伐吞并的历史背景下，认为秦国如把异国人才拒之于国门之外，就是"资敌国"，"外树怨"，秦国就可能危亡。他指出："地广者粟多，国大者人众，兵彊则士勇。是以泰山不让土壤，故能成其大；河海不择细流，故能就其深；王者不却众庶，故能明其德。"所以要使国家强盛，就必须广招天下贤才，使之为秦国效力。相反，如果逐客，是"弃黔首以资敌国，却宾客以业诸侯"，被逐者必然怨恨秦国，逐客就等于派了许多仇恨秦国的人到其他诸侯国夫，这不仅削弱了自己，而且等于强大了敌人，成就了其他诸侯国的事业。逐客"使天下之士退而不敢西向，裹足不入秦"，如同把武器借给敌人，或把粮食送给强盗。这样，不要说吞并六国不可能，甚至连

① 《史记·李斯列传》。
② 《史记·李斯列传》。
③ 《睡虎地秦墓竹简·为吏之道》。

自身都难保。"今逐客以资敌国，损民以益仇，内自虚而外树怨于诸侯，求国无危，不可得也。"秦始皇接受了李斯的谏言，"乃除逐客之令，复李斯官"，并重用李斯。最后，秦国终于"二十余年，竟并天下。"①

（二）汉代选拔官吏思想

汉代选拔官吏的具体内容，就比秦汉详细多了，其主要原因有两个方面：一是汉代选拔官吏制度在继承秦制的基础上，有较大的发展；二是汉代延续时间长，历史记载丰富，所以后世对此了解较多。

1. 选拔标准与限制

西汉武帝元狩六年（117 年），为了"博选异德名士，称才量能"，② 命令丞相府设四科之辟，考选人才。此四科为："第一科曰德行高妙，志节清白。二科曰学通修行，经中博士。三科曰明达法令，足以决疑，能案章覆问，文中御史。四科曰刚毅多略，遭事不惑，明足以决，才任三辅令。"③ 此四科在汉代影响深远，直至东汉初光武帝时期，还颁布诏书重申坚持以这四科作为丞相府选士的标准，并称其为"丞相故事"。④ 四科之辟虽然是丞相府的选士标准，但由于丞相府是全国的行政中枢，"故事"又具有法律效力，所以说其"四科"反映了汉代选拔官吏的基本标准与价值取向。

其一，为官吏者必须有良好的道德修养。秦代就明文规定："凡为吏之道，必精絜（洁）正直，慎谨坚固，审悉毋（无）私。"⑤ 这就是要求为官吏者必须廉洁、正直、谨慎、坚强、无私。西汉诸帝频繁下诏举"贤良方正之士"，顾名思义，这里举"贤良方正"也是强调选拔道德品质上有德行的为人正直的人为官吏。西汉武帝时的四科之辟中第一科为"德行高妙，志节清白"，东汉初光武帝又予以重申，也是强调为官的首要条件就是品德必须高尚、志节必须清白。

其二，具有一定的文化素养。汉武帝四科之辟中的第二科第三科就是要求官吏必须明习经学，通晓法令。这是官吏参与国家管理的基本素质。汉代治理国家的指导思想是霸王道杂之，即儒法杂糅，反映在选任官吏上就是要求必须知晓一定的儒家和法家学说。

其三，具有一定的管理能力。官吏的管理能力直接影响到行政机构的决策、计划、组织、指挥、控制、协调等管理效果，因此，管理能力也是作为官吏一条不可或缺的基本条件。所谓"刚毅多略，遇事不惑，明足以决"，即要求为官吏者在管理中应当有决策主见，富有谋略办法，明智不惑，决断果敢，而非无能软弱，唯唯诺诺。在汉代官场文化中，从皇帝到普通官员，都崇尚有能力、果敢担

---

① 《史记·李斯列传》。
② 卫宏：《汉旧仪》卷上。
③ 卫宏：《汉旧仪》卷上。
④ 应劭：《汉官仪》卷上。
⑤ 《睡虎地秦墓竹简·为吏之道》。

当的官吏，而鄙视无能、胆小懦弱的官吏。如武帝时廷议灌夫骂詈案，内史郑当时不敢坚持己见，被武帝怒斥为"辕下驹"。①

汉朝除了确立选任官吏的 3 个方面基本标准之外，还贯彻 3 个方面的限制原则，虽然其中某些方面不尽正确，但其用意在于确保官吏队伍的素质，预防官吏之间拉帮结派。

其一，籍贯限制。籍贯限制主要是针对地方长吏。汉代规定，州郡长官不能录用本籍人士，三州人士，如甲州人士于乙州为官，乙州人士又于丙州为官，则丙州人士便不能至甲、乙二州为官，只能至他州为官。婚姻之家也不能交互为官。

其二，对曾犯罪官吏的限制。汉朝禁止犯罪官吏继续为官，称为"禁锢"。这种禁锢其实就是一种限制，其具体限制主要有 3 种类型：一是因为政治上犯罪，而被禁锢不得为官；二是因为经济上贪赃，而被禁锢不得为官；三是因为亲友犯罪受到连坐，而被禁锢不得为官。汉朝禁锢对象有官吏本人、亲族、朋友、婚姻之家。东汉党锢之祸严重，禁锢对象扩大到门生故吏、五服亲属。禁锢种类按时间长短可分为禁锢终身、禁锢二世、禁锢三世等。禁锢犯罪官吏本人不再为官，对纯洁官吏队伍还较合理，但实行连坐，禁锢子孙、亲族、朋友、姻亲、门生故吏则反映了封建连坐的落后性。

其三，身份限制。汉朝实行重农抑商政策，因此规定商人及其子弟，赘婿，即指因家境贫寒而无力娶妻而入赘妻家的男人不得入仕为吏。如汉文帝规定："贾人、赘婿及吏坐赃者，皆不得为吏。"② 这种以身份出身而被限制为官吏，也反映了封建等级制度的落后性，对广泛选拔优秀人才是不利的。

2. 汉朝选任官吏方式

汉朝选任官吏方式，主要有察举、辟除、功劳、超擢四种。

其一，察举，意为地方官府向中央政府察廉举荐。这种由下向上推荐人才的制度，在秦朝大致已得到广泛应用。如韩信年轻时"贫无行，不得推择为吏"的经历，③ 就说明当时已经普遍存在着这种推荐人才制度。到了汉朝，察举制已经成为最主要的选任官吏方式。具体做法是中央和地方官员按规定科目考察、推荐人才，经中央政府考核后委任官职。

汉代察举若以方式划分，大致可分为岁举与特举两种：

岁举。岁举每年举行一次，科目主要有孝廉、察廉、茂材 3 种。

（1）孝廉。孝廉本是二科，即孝子廉吏，意为举孝子，察廉吏。

孝廉科由郡国长官负责察举，西汉时期，其员额由中央政府以郡国为单位平

① 《汉书·灌夫传》。
② 《汉书·贡禹传》。
③ 《史记·淮阳侯传》。

均分配给全国地方各郡国。

（2）察廉。察廉主要适用于现任官吏，因为对于一般现任官吏来说，为官治民，廉最为重要，也更现实，所以，察廉与孝廉相比，前者因主要考察现任官，所以侧重于考察为政廉洁情况，后者主要考察未任官者，所以侧重于考察孝道情况。

廉吏一般由所在官署的行政长官察举，被察后多由现职迁为地方长官。

（3）茂材。西汉称秀才，东汉为避光武帝刘秀名讳而改称茂材。孝廉、察廉都注重孝道廉洁，属于道德品行层面的，而茂材则注重选拔有特殊才干的人，故初举时往往与"异等""异伦"连称。

特举又称诏举，顾名思义就是根据皇帝的诏令而确定察举者、察举对象及员额的一种不定期的察举方式。特举因根据临时不同需要而定，因此科目繁多。兹举6种比较常见者：

（1）贤良。西汉文帝二年（前178年）始设，终两汉之世一直存在。方正、文学、直言极谏、有道、至孝、敦朴诸科与之同类，故又称贤良方正、贤良文学，或贤良方正、直言极谏之士并称。汉朝皇帝最初颁诏求取贤良，往往是因为时政出现一些难以决策的问题，故征求民意，问民疾苦，从而匡补时政。东汉时期，贤良自察举策试后，多充任议论或言谏之官，但也有出为县令长者。

（2）明经。明经即明习经学，两汉均有。被举者或任博士、议郎、太子宫之佐属，或补郡国文学官、公府掾属。

（3）明法。明法即通晓法律。通晓法律由于专业性较强，故被举者一般进入司法、监察机构任职。

（4）尤异。尤异指官吏品德政绩优异者。被举尤异者范围比较广泛，既有郡守、县令等郡县长官，又有游徼、啬夫、亭长等乡级官吏。尤异既有官德方面"治行第一"的尤异，又有政绩方面"捕群盗"的尤异。

（5）能治剧。汉朝将地方县按管理的繁简难易分为剧、平两种，能治剧就是指善于治理政务繁杂、难于治理的县，又称理剧、案剧。举为能治剧者，往往升迁为太守、县令。

（6）勇猛知兵法。勇猛知兵法科主要用于察举武官。两汉都曾颁布诏书，令举明习兵法、武猛有谋者，以任将帅。

此外，朝廷还会根据某一时期形势的需要，临时设科特举某种人才以满足治理国家的需求。如某一时期灾异频现，皇帝认为天谴降临，便通过求贤诏或罪己诏设"明阴阳灾异"科，要求察举这方面人才来解释、化解灾异。又如某一时期洪涝灾害频发，皇帝就特设"能浚川疏河"科，选拔能治理江河的水利人才。

总而言之，察举法是汉朝最重要的选任官吏的方式，分为岁举与特举两种形式。岁举每年定期举行一次，常规科目主要有孝廉、廉吏和茂材三种。孝廉与茂材主要由地方长官面向官吏与平民选拔，员额为人口20万人选1人。廉吏察举的对象主要是官吏，中央与地方长官均可在所辖官署或地区内察举。被举者一般充任郎官或地方县级长吏。特举则根据需要不定期举行，科目较多，员额较多，比较灵活。其中尤异、治剧两科主要面向官吏，其余皆面向一般吏民。察举者为中央或地方长官，被举者通常根据其特长安排对口的职务。汉朝察举法既面向下级官吏，又面向平民，不讲身份门第，不论财富资历，唯以道德品行和实际才干为标准选任人才，为广大一般民众入仕参与国家管理开辟了途径，并且使汉朝廷广泛吸纳各阶层德才兼备的人才加入官员队伍，扩大和巩固了其统治基础。

其二，辟除，就是中央和地方高级长官可自行选用官吏，作为所辖官署的僚属，并且任职一段时间后，可再经举荐或察举后，升任中央及地方官吏。这是汉朝广泛延揽人才、补充官吏队伍的又一项重要制度，而且是与察举并行于两汉的重要入仕途径。汉代辟除可分为公府辟除与州郡辟除两途。

（1）公府辟除。汉朝所谓公府辟除，是指主要由中央朝廷丞相（司徒）、御史大夫（司空）、太尉（司马）、大将军（含诸将军）等最高级长官自行选用所辖官署的僚属。

公府辟除在员额限制上不见有明确的规定，但从汉律对太守府属吏的员额限制可以推测，公府员额限制也应该有明确的法律规定。

（2）州郡辟除。汉朝州郡长官也有辟除权："州郡辟召，举有道方正。"[1]

汉朝对太守府属吏员额的限制，有明确的法律规定："律：太守、都尉、诸侯内史各一人，卒史、书佐各十人。"[2]

3. 功次

汉朝功次又称积功、积功劳、积劳，是指官吏通过积功与年限资历而获得升迁的一种途径，也是汉代大多数官吏获得晋升的主要途径，与察举、辟除没有必然的联系。

汉朝功次选任官吏凭借积功与资历年限升迁的制度，总的说来，应是利大于弊。其利在积功重在考核官吏的才能和工作业绩，可以激励官吏勤勉尽责，克己奉公，并不断提高自己的工作能力，以此使自己不断获得升迁；并且使优秀的人才，能够脱颖而出。其弊在于以资历年限升迁，会使官吏不求有功，但求无过，通过混年限，不断升迁，形成旷废职守，人浮于事，良莠不分。对此利弊，时人董仲舒早已指出："古所谓功者，以任官职为差，非（所）谓积日累久也。故小材虽累日，不离于小官；贤材虽未久，不害为辅佐。是以有司竭力尽知，务治其业而以赴功。今则不然，累日以取贵，积久以致官，是以廉耻贸乱，贤不肖混淆，未得其真。"[3]在董仲舒的建议下，西汉武帝于元光元年（前134年）开始实

---

① 《后汉书·郎顗传》。

② 《史记集解·汲黯列传》如淳注。

③ 《汉书·董仲舒传》。

行郡国举孝廉法，用以克服功次选任官吏的弊端。

4. 超擢

超擢顾名思义就是对一些特别优异的人才，不按规定的程序、年限、资历，破格予以提拔升迁的一种选任官吏形式。当国家需要特殊人才或人才有突出表现或贡献之时，通常的制度不能满足不时之需，因此只能以超常规的选拔为特点的"不次之选"，作为国家及时选拔任用优异人才的补充。如"武帝初即位，征天下举方正贤良文学材力之士，待以不次之位"。颜师古注曰："不拘常次，言超擢也。"①汉朝超擢选任人才的原因不一，人才超擢后多任郎官、侍诏或军官。

（三）汉代考试思想

汉初对人才的选任可能还没有经过考试，因为察举中的廉吏、尤异、治剧各科，主要考察官吏的品德与治绩能力，没有必要通过考试。辟除则为中央和地方高级长官直接选用，功次、超擢则凭政绩与资历，或特殊贡献和能力。后来，由于对官吏学识才能的逐步重视，政府开始在选任人才中将考试方式引入，使选官程序更具可测量性、客观性与公平性，以此提高官僚队伍的素质和行政机构的有效运行。汉朝，考试种类依对象不同可分为3种：

1. 以贤良方正为对象的天子策试

汉朝皇帝举行察举贤良方正策试的原因，往往是因为需要对某一重大治国方略做出决策或因天灾异变而需要征询民意，二者均需朝廷倾听忠言良策。因此，皇帝便成为这种考试的主考官，通常亲自下策书出题，亲自阅览，史称"亲策""亲试""亲览"；贤良方正参加考试，对答策问，称"对策"。

2. 以孝廉为对象的公府之试

西汉时期的孝廉，是无须公府考试而直接任用。但这种选任方式行之既久，就显露出弊端，请托公行，弃贤才用不肖，州郡所举孝廉不堪其职，已失去了选拔人才的功能。

东汉顺帝时，尚书令左雄提出的公府之试制度实行后，在一定程度上克服了察举中的一些弊端，使在察举中违法乱纪者受到处罚，一些道德品质端正、有真才实学的人才脱颖而出，保证了这一选任官吏制度的公正性、有效性。

3. 以博士弟子为主要对象的太常之试

太常之试的考试方式，采用类似于当今对考题进行抽签的面试方式，即主考官将有关经学的疑难问题书写在简策上，依难易分为甲乙两科（或甲乙丙三科），《汉书·萧望之传》颜师古注："射策者，谓为难问疑义书之于策，量其大小，署为甲乙之科。"列而置之，不使显露。应试者抽取试策解释，中甲科者为郎中，中乙科者为掌故。史称太常之试的这种考试方式为"射策"。

除以上较为广泛常用的选任官吏方式外，还有一些偶尔一用，并非常制，而

---

① 《汉书·东方朔传》。

影响较大的选官方式。如毛遂自荐，上书拜官。由于汉武帝的提倡，在其统治时期，有约千人上书自荐，其中一些人经过审查而被录用授官。当时东方朔、主父偃、终军等有名于时的人物，都是通过这一途径而进入汉朝管理层的。

综合考察秦汉的选官思想和制度，有以下几个方面值得我们注意：其一，对选任官吏较为重视和严格。"秦之法，任人而所任不善者，各以其罪罪之"。① 汉朝也是如此，选任得人与否，选任者与被选任者都要负连带责任，功罪赏罚相同。汉武帝时，曾颁布诏书，要求郡国必须定期举荐人才。东汉初年，刘秀也一再颁布诏书，以纠正选举不实、官非其人的弊端："自今以后……务尽实核，选择英俊贤行廉洁平端于县邑，务授试以职，有非其人，临计过署，不便习官事，书疏不端正，不如诏书，有司奏罪名，并正举者。"② 明帝在中元二年（57 年）也下诏指出："今选举不实，邪佞未去，权门请托，残吏放手，百姓愁怨，情无告诉，有司明奏罪名，并正举者。"③ 西汉时期，朝廷一些命官，如何武、韩立、张勃、张谭、张当居、刘顺、王勋、杜业等，都曾因选举不实而受到降秩、免官或被刑的惩罚。相反，如果选举得人，则会受到奖赏。其二，朝廷对被选人与考试人的家庭出身、秩级、年龄、资历、才能、学识、体格等有具体的规定。如惠帝、高后时规定，"市井之子孙亦不得仕宦为吏"。④ 宣帝时规定吏六百石"有罪先请者"不得举。东汉桓帝时规定"臧吏子孙，不得察举"。⑤ 对资历的限制，安帝时规定三署郎官必须"视事三岁以上"才得察举。桓帝时又规定百石吏必须有十年经历且有"殊才异能者"才能参选。关于年龄与学识的限制，顺帝时规定，"郡国举孝廉限年四十以上"，⑥ 博士人选必须 50 岁以上。对于身体条件的限制，《后汉书、张酺传》记载，郡吏王青因为"身有金夷（创伤）竟不能举"。当然，这些规定和限制并非一成不变的，随着情况的变化或朝廷的需要，而可以进行变通。如上所述，所谓超擢，就是对有特殊才能的人才打破资格上的限制进行选任。这些限制大多数在当时历史条件下是有积极意义的，从制度方面保证选任出来的人在德智体方面是优秀的，使当时保证官吏队伍的纯洁性有一定的作用。但是，其中一些限制其实并不是针对选任人才本身而言，如规定商贾子孙不得为官，其实主要是朝廷在宣示重农抑商政策，起到政策导向的作用，对朝廷广泛选拔人才是不利的，并充满了封建等级制度十分落后腐朽的色彩。又如规定犯赃罪官吏子孙不得参加选拔，这是表明汉朝廷对惩治官吏贪污受贿等腐败行为的重视和决心，对选拔人才本身来说未必恰当，并且是一种落后的封建株

① 《史记·范睢传》。
② 《后汉书·百官一》注引应劭《汉官仪》。
③ 《后汉书·明帝纪》。
④ 《史记·平准书》。
⑤ 《后汉书·桓帝纪》。
⑥ 《后汉书·顺帝纪》。

连制度。其三，选举人的资历和地位必须符合规定条件。如西汉规定，郡国守相必须任职满 1 年才有察举资格。东汉顺帝时取消了资历的限制。从现代的眼光看，一般情况下，有一定的资历条件还是必要的，其实资历条件就是要求要有一定的实践经验。其四，选举必须由法定的机构主持。西汉前期，丞相、太常、光禄大夫为负责选举的主持官员，丞相司直、司隶校尉和刺史为监察选举虚实的官员。武帝建立中朝以后，尚书逐渐参掌选权。东汉时期，尚书逐渐参与选任官吏。东汉时期，尚书的权力增大。虽然郎官、博士弟子的选考还由太常和光禄大夫具体负责，但尚书却有最后的铨选决定权，地方郡国选举也由三府转归中央尚书。"旧典，选举委任三府。三府有选，参议掾属，咨其行状，度其器能，受试任用，责其成功。若无可察，然后付之尚书。尚书举劾，请下廷尉，覆案虚实，行其诛罚。今但任尚书，或复敕用，如是三公得免选举之负，尚书亦复不坐，责赏无归，岂肯空自苦劳乎！"后世吏部尚书所以位居六部之首，就是因为掌握了中下级官吏的人事大权，其渊源就可追溯于此。

西汉时期的选举制度由于选举对象范围较广，察举的科目较多，并且制定有严格的选举制度，再加上采取推荐与考试相结合的方式，并对推荐与考试过程进行严密的监控，因此，基本上使这一选任官吏制度处于较好的运作机制下，发挥了应有的选拔人才的作用。尤其在政治比较清白的时期，封建国家能够选拔出较多德才兼备的人才，在治国理政中发挥各自的聪明才智。如汉武帝在位时是新的选官制度确立的时期，也是选官制度运行较好的时期，当时朝廷求贤若渴，不拘一格选拔人才，所以这一时期涌现出一大批在历史上卓有建树的政治家、军事家、理财家、思想家、文学家、史学家和科学家等，形成了人才辈出的局面，出现了中国封建社会第一次大一统下的盛世气象。班固在《汉书·公孙弘等传》中赞曰："是时，汉兴六十余载，海内艾安，府库充实，而四夷未宾，制度多阙。上（武帝）方欲用文武，求之如弗及，始以蒲轮迎枚生，见主父而叹息，群士慕向，异人并出。卜式拔于刍牧，弘羊擢于贾竖，卫青奋于奴仆，日磾出于降虏，斯亦曩时版筑饭牛之朋已。汉之得人，于兹为盛。儒雅则公孙弘、董仲舒、儿宽；笃行则石建、石庆；质直则汲黯、卜式；推贤则韩安国、郑当时；定令则赵禹、张汤；文章则司马迁、相如；滑稽则东方朔、枚皋；应对则严助、朱买臣；历数则唐都、洛下闳；协律则李延年；运筹则桑弘羊；奉使则张骞、苏武；将率则卫青、霍去病；受遗则霍光、金日磾，其余不可胜纪，是以兴造功业，制度遗文，后世莫及。"历史雄辩地证明，中国古代的汉唐盛世与最高统治者对人才的重视选拔密切相关，在众多各领域人才和广大民众艰苦卓绝的奋斗下，创造了辉煌的汉、唐帝国盛世。

当然，另一方面，我们也必须看到，汉代选举官吏制度也存在着一些难以克服的弊端，其中最突出的问题是在选举中，一些权贵官僚为了安插私人，把持选举制度，结党营私。再加上东汉末年桓帝、灵帝时公开计钱卖官，使整个选举制度彻底败坏。如郡国举孝廉时，权门请托，贵戚书命，成为普遍风气。如当时"河南尹田歆外甥王湛名知人，歆谓之曰：'今当举六孝廉，多得贵戚书命，不宜相违，欲自用一名士，以报国家，尔助我求之。'"① 河南尹田歆可谓是少数良心未泯的官吏，既不敢违背权贵请托，但又不愿完全屈从他们的意志，只能在力所能及的情况下为国家选上个把称职的人才，以求自己不受良心的谴责。当时中央三署的郎官选举，也同样为权贵所把持。个别耿直的官吏如违背他们的意旨，则被降秩甚至遭到刑罚。如东汉末年黄琬、陈蕃掌三署选举，因拒绝权贵请托，结果陈蕃被免官，黄琬遭禁锢。时人王符在《潜夫论》卷2对东汉选官制度的腐败做了辛辣的揭露与批判："今当涂之人，既不能昭练贤鄙，然又却于贵人之风指，胁以权势之嘱托，请谒填门，礼赞辐辏，迫于目前之急，然且先之，此正士之所独蔽，而群邪之所党进也。"② "群僚举士者，或以顽鲁应茂才，以桀逆应至孝，以贪饕应廉吏，以狡猾应方正，以谀谄应直言，以轻薄应敦厚，以空虚应有道，以𫘝暗应明经，以残酷应宽博，以怯弱应武猛，以顽愚应治剧。名实不相符，求贡不相称，富者乘其财力，贵者阻其势要，以钱多为贤，以刚强为上。凡在位所以多非其人，而官职所以数乱荒也。"③ 由此可知，当时选官是权贵请托送礼，对人才的评价是颠倒黑白，结果是当时在位者多非其人，不言而喻，在这样的选官制度下，东汉末年的社会黑暗和民不聊生是不可避免的。

汉代对官吏任职的时间没有明确规定，从大量的史籍记载可以推测，似乎是提倡久任制，任职越久越好。当时，任职10年以上的丞相、20年左右的九卿郡守不乏其人。如西汉时期的萧何、曹参、公孙贺、张苍、陈平等人任丞相的时间都超过10年以上，徐自为、王恬启、张武等任职九卿则超过20年以上。东汉时期，冯鲂为魏郡太守27年，王霸为上谷太守20多年，祭肜为辽东太守近30年。一些地方小吏，竟然是父子相传，以致"以官为氏"，④ "居官者以为姓号"了。⑤ 当时，提倡官吏久任制，尤其是地方官久任制的理由是："太守，吏民之本也；数变易，则下不安。民知其将久，不可欺罔，乃服从其教化。故二千石有治理效，辄以玺书勉励，增秩赐金，或爵至关内侯，公卿缺则选诸所表以次用之。是故汉世良吏，于是为盛，称中兴焉。"⑥

东汉时期，官吏任职长久者虽也不乏其人，但中期以后，外戚、宦官相继擅权，从中央到地方安插自己亲信，调动频繁，任人唯亲，结党营私，把持朝政，由此吏治败坏。如朱浮早在东汉初就指出："间者守宰数见换易，迎新相代，疲

① 《后汉书·种暠传》。
② 《潜夫论·本政》。
③ 《潜夫论·考绩》。
④ 《汉书·王嘉传》。
⑤ 《汉书·平准书》。
⑥ 《汉书·循吏传序》。

劳道路，寻其视事日浅，未足昭见其职，既加严切，人不自保，各相顾望，无自安之心。"① 左雄在安帝时也指出："典城百里，转动无常，各怀一切，莫虑长久……故使奸猾枉滥，轻忽去就，拜除如流，缺动百数。"②

官吏任职时间长虽然有其优点，可避免官吏短期行为，为了一时的政绩而追求短期效益，或避免地方官将任职某方作为一个升迁的跳板，不好好对此地进行治理经营。但是，官吏久任制也有不可忽视的缺陷，这就是容易使长官与属下结成盘根错节的关系，既容易造成吏治的败坏，也容易形成长官把持一方，出现独立王国。

（四）汉代选贤任能思想

1. 陆贾任贤使能思想

陆贾认识到，在治国理政中，统治者用人是否得当关系到国家的兴衰安危，尤其是帝王身边的重臣，更是关系重大。他指出："昔者，尧以仁义为巢，舜以稷、契为杖，故高而益安，动而益固。处晏安之台，承克让之涂，德配天地，光被八极，功垂于无穷，名传于不朽，盖自处得其巢，任杖得其人也。秦以刑罚为巢，故有覆巢破卵之患；以李斯、赵高为杖，故有顿仆跌伤之祸，何者？所任者非也。故杖圣者帝，杖贤者王，杖仁者霸，杖义者强，杖谗者灭，杖贼者亡。"陆贾指出，尧以仁义为根本，舜以稷、契为辅佐，故能长治久安，功垂后世；而秦以刑罚为根本，以李斯、赵高为辅佐，故秦迅速覆亡。他从历史正反两面的经验和教训，得出最高统治者治国理政，如能任贤使能，就能使国家强大兴盛，如任用谗、贼之人，就会使国家衰败灭亡。因此，陆贾谏言汉高祖要以仁义为根本，以圣贤为辅佐，就能长治久安。"夫居高者自处不可以不安，履危者任杖不可以不固。自处不安则坠，任杖不固则仆。是以圣人居高处上，则以仁义为巢，乘危履倾，则以圣贤为杖，故高而不坠，危而不仆。"③

陆贾进一步又指出，要做到任贤使能，不仅要善于识别人才，还要善于任用贤才，只有知人善任，才能切实施行仁政。"今有马而无王良之御，有剑而无砥砺之功，有女而无芳泽之饰，有士而不遭文王，道术蓄积而不舒，美玉韫匮而深藏。故怀道者须世，抱朴者待工，道为智者设，马为御者良，贤为圣者用，辩为智者通，书为晓者传，事为见者明。故制事者因其则，服药者因其良。"④他认为，治国者要真正做到知人善任，应当注重用人实效，不必太注重名望。"良马非独骐骥，利剑非惟干将，美女非独西施，忠臣非独吕望"。⑤ 所用之人只要称职就好，不要追求人的虚名。

---

① 《后汉书·朱浮传》。
② 《后汉书·左雄传》。
③ 陆贾：《新语·辅政》。
④ 《新语·术事》。
⑤ 《新语·术事》。

陆贾鉴于秦朝因用人不当，谗佞误国的惨痛教训，因此提醒汉高祖要高度重视谗佞者对治理国家的严重危害："谄佞之相扶，谗口之相誉，无高而不可上，无深而不可往者何？以党辈众多，而辞语谐合。夫众口毁誉，浮石沈木。群邪相抑，以直为曲。视之不察，以白为黑。夫曲直之异形，白黑之殊色，乃天下之易见也，然而目谬心惑者，众邪误之。"① 因此，要善于识别谗佞者的真面目："谗夫似贤，美言似信，听之者惑，观之者冥。"② 只有真正做到辨惑杜谗，远离谗佞之臣，才能任贤使能，实行仁德之政。

2. 汉武帝选拔人才思想

首先，在选拔人才方面，汉武帝确立了察举制度，这是中国有系统选拔人才制度的滥觞，对后世影响很大。汉武帝十分重视选用贤良、孝廉之士。他即位当年的 10 月，就下举荐贤才的诏令："丞相、御史、列侯、中二千石、二千石、诸侯相举贤良方正直言极谏之士。"③ 尔后，又数次诏令各地举荐。对于举荐的人才，若他们的对策中展现了重要的经世治国思想和才干，如公孙弘、董仲舒等，武帝就委以重任；如官吏举荐不力，甚至妒能嫉贤，那么必须受到惩处。更为重要的是，武帝还对这种察举方式进一步完善，并制度化。如规定选士的科目门类以及依照各州各郡的人口数量比例来确定选拔人数。当时的察选制度，对选拔者没有任何财产上的限制，这为广大贫寒之士提供了进入仕途、施展其政治抱负的途径，从而扩大了西汉王朝的统治基础。

其次，汉武帝兴太学培养人才，作为文官的人才储备。董仲舒在《举贤良对策》中提议兴太学，为汉武帝所采纳。自此之后，全国各地的优秀学生，在太学修完学业之后，被中央政府派往各部门和地方各级政府任职。这是把教育与选官制度有机结合起来，与察举制、征召制不同的是，太学是朝廷通过办学来为政府培养官员，而察举和征召则是朝廷直接从民间选拔官员。兴太学创造了一种"以教为吏"的培养选拔官员的模式，在中国古代选拔官吏制度史上有开创意义。汉武帝通过一系列大胆而行之有效的改革，为各级政府机构输送了大批文官，出现了"公卿大夫士吏彬彬多文学之士矣"，④ 为西汉加强大一统政治体制提供了人才和组织上的保证。

再次，汉武帝在选拔人才时能不拘一格，选用各方面的人才，为西汉朝廷效劳。如当他见到主父偃力主削弱地方诸侯势力的奏章，及"徐乐、严安亦俱上书言世务"的奏章后，同时召见三人，慨然叹曰："公皆安在？何相见之恨晚也！"并拜三人皆为郎中。⑤ 东方朔初次卜书，"文辞不逊，高自称誉"，武帝非

---

① 《新语·辨惑》。
② 《新语·辅政》。
③ 《汉书·武帝纪》。
④ 《汉书·儒林传》。
⑤ 《汉书·主父偃传》。

但没有怪罪他，反而"伟之"。对各种各样的贤能之士，武帝能"程其器能，用之如不及"。如当时黄河水患严重，危及人民的生命财产安全。武帝采纳了大臣郑当时的建议，委派水利专家徐伯治河，征发兵卒数万开凿了漕渠，使自关东（函谷关以东）至长安的农田得到了灌溉，也使关东至长安的漕运时间，较之过去节省了一半的时间。又如征和四年（前89年），武帝任命著名农学家赵过为搜粟都尉，负责管理农业生产。赵过在总结了广大农民生产经验的基础上，创造了"代田法"："过能为代田，一亩三甽。岁代处，故曰代田，古法也。"这种新的轮种法，深耕细作，"用力少而谷多"。

武帝在不拘一格选人才时甚至还注意网罗天下艺能之士，"博开艺能之路，悉延百端之学，通一伎之士咸得自效，绝伦超奇者为右，无所阿私，数年之间，太卜大集"。① 他十分重视吏民上书，经常不厌其烦地亲自阅览所上奏章。如主父偃、朱买臣等人，均因公车上书而被武帝发现而受到重用。

总之，正由于汉武帝能加强、完善察举制度，兴太学，培养各种人才，不拘一格选拔，因此，其在位时期，人才辈出。正如班固在《汉书·公孙弘、卜式、儿宽传》中所指出的："是时，汉兴六十余载，海内艾安，府库充实，而四夷未宾，制度多缺。上方欲用文武，求之如弗及，始以蒲轮迎枚生，见主父而叹息。群士慕向，异人并出。卜式拔于刍牧，弘羊擢于贾竖，卫青奋于奴仆，日䃅出于降虏，斯亦曩时版筑饭牛之朋已。汉之得人，于兹为盛。儒雅则公孙弘、董仲舒、儿宽，笃行则石建、石庆，质直则汲黯、卜式，推贤则韩安国、郑当时，定令则赵禹、张汤，文章则司马迁、相如，滑稽则东方朔、枚皋，应对则严助、朱买臣，历数则唐都、洛下闳，协律则李延年，运筹则桑弘羊，奉使则张骞、苏武，将率则卫青、霍去病，受遗则霍光、金日䃅。其余不可胜纪。是以兴造功业，制度遗文，后世莫及。"此乃中肯之评也。

3. 董仲舒选贤授能思想

董仲舒认为，以德治国的关键，就是要选拔和任用贤能廉洁之士担任各级政府机构的官吏。他多次强调选贤授能的重要性。"治国者以积贤为道"。② "所任贤，谓之主尊国安；所任非其人，谓之主卑国危。万世必然，无所疑也……是故任非其人，而国家不倾者，自古至今，未尝闻也。故吾按《春秋》而观成败，乃切悁悁于前世之兴亡也，任贤臣者，国家之兴也"。③ 如果任用贤能的人为官吏，国家就会兴盛。否则，如果所任非人，国家就可能危乱覆亡。

在选贤授能思想中，董仲舒特别重视地方郡守、县令父母官的选拔。因为君主的恩泽必须通过郡守、县令布施于天下百姓，如果这些地方官贪得无厌，残害

---

① 《史记·龟策列传》。

② 《春秋繁露·通国身》。

③ 《春秋繁露·精华》。

盘剥百姓，那么百姓就会贫穷孤弱，冤苦无告，朝廷也就无法实现以德治国。因此，选拔和任用廉正贤能之人担任地方官员是实现以德治国的关键所在。

董仲舒还十分重视对才俊之士的培养，通过兴学校来教育培养贤能之才，对国家进行治理，使百姓安居乐业。他主张朝廷兴太学，培养德才兼备之人："太学者，贤士之所关，教化之本原也。今以一郡一国之众，对亡应书者，是王道往往而绝也。臣愿陛下兴太学，以养天下之士，数考以尽其材，则英俊宜可得矣。"①

董仲舒还认为要充分发挥皇帝身边重臣的积极作用，应该建立良好的君臣关系。要协调好皇帝与身边重臣的关系，首先君主应该做好表率："父不父则子不子，君不君则臣不臣"。② 因此，君主首先要礼贤下士，以礼待臣，以礼使臣。同时，臣要事君以忠，不专权不擅名不犯上，不夺君尊。忠君而不媚主，臣下要敢于进谏，纠正君主的过失。这就是忠臣所为。如果"主所为皆曰可，主所言皆曰善，谄顺主指，听从为比。进主所善，以快主意，导主以邪，陷主不义"，③这就是奸臣所为。

董仲舒提出在选任贤能之人时，还要重视对他们的为官政绩进行考核，循名责实，然后根据考核结果，评定政绩等级，德高才俊者进之，德才不称者绌之，赏罚分明，从而在官吏使用中进一步贯彻选贤授能，使优秀者得到提拔，不称职者降职黜退。"为人君者，其法取象于天。故贵爵而臣国，所以为仁也……任贤使能，观听四方，所以为明也；量能授官，贤愚有差，所以相承也；引贤自近，以备股肱，所以为刚也；考实事功，次序殿最，所以成世也；有功者进，无功者退，所以赏罚也。"④ 董仲舒进一步指出，朝廷在对官吏进行考核时，必须坚持公平公正，尊重事实，实事求是，讲求考核实效，不搞虚名，赏罚分明，这样，对官吏的考核才能起激励的作用，充分调动各级官吏的积极性。"考绩绌陟，计事除废，有益者谓之功，无益者谓之烦。絜名责实，不得虚言，有功者赏，有罪者罚，功盛者赏显，罪多者罚重。不能致功，虽有贤名，不予之赏；官职不废，虽有愚名，不加之罚。赏罚用于实，不用于名，贤愚在于质，不在于文。故是非不能混，喜怒不能倾，奸宄不能弄，万物各得其冥，则百官功职，争进其功。"⑤同时，考核时不以任职时间长短为依据，应考核官吏实际的才能是否称职；不要以官职高低作为衡量标准，而应考核官吏的德行廉耻。"古所谓功者，以任官称职为差，非谓积日累久也。故小材虽累日，不离于小官；贤材虽未久，不害为辅佐……毋以日月为功，实试贤能为上，量材而授官，录德而定位，则廉耻殊路，

---

① 《汉书·董仲舒》。
② 《春秋繁露·玉杯》。
③ 《春秋繁露·五行相胜》。
④ 《春秋繁露·天地之行》。
⑤ 《春秋繁露·考功名》。

贤不肖异处矣。"①

4. 仲长统的选贤任能思想

仲长统（180—220），字公理，山阳郡高平（今山东省邹城市西南部）人。东汉末年哲学家、政论家。仲长统从小聪颖好学，博览群书，长于文辞。才华过人，性卓异、豪爽，洒脱不拘，敢直言，不矜小节，时人称为狂生。州郡召他为官，称疾不就。到汉献帝时，尚书令荀彧闻其名声，举荐他为尚书郎。之后，曾参与丞相曹操的军事，但没有得到曹操的重用。其有《昌言》一书传世。

仲长统十分重视在治理国家中要选贤任能，而且这是治国的关键。他的理由是，君主制定的治理国家的法律，如果是贤能的君子依据法律来治理国家，就能使天下大治；如果是奸佞的小人依据法律来治理国家，就像是让豺狼看管羊群猪群，让盗跖管理征税，则会使天下大乱。这就是法律相同，但治理国家的官员不同，就会产生截然不同的效果。他说："君子用法制而至于化，小人用法制而至于乱。均是一法制也，或以之化，或以之乱，行之不同也。苟使豺狼牧羊豚，盗跖主征税，国家昏乱，吏人放肆，则恶复论损益之间哉！夫人待君子然后化理，国待蓄积乃无忧患。"②

仲长统选贤任能思想中最有特色的是主张在全国范围内，从地方最基层自下而上逐级选拔人才。"向者天下户过千万，除其老弱，但户一丁壮，则千万人也。遗漏既多，又蛮夷戎狄居汉地者尚不在焉。丁壮十人之中，必有堪为其什伍之长，推什长以上，则百万人也。又什取之，则佐吏之才已上十万人也。又十取之，则可使在政理之位者万人也。以筋力用者谓之人，人求丁壮；以才智用者谓之士，士贵耆老。充此制以用天下之人，犹将有储，何嫌乎不足也？故物有不求，未有无物之岁也；士有不用，未有少士之世也。夫如此，而后可以用天性，究人理，兴顿废，属断绝，网罗遗漏，拱押天人矣"。在此，他主张在全国一千万人丁壮内，按1/10比率，逐级筛选人才，从而逐级减少到百万人、十万人、万人，这逐级遴选出来的万人，就可作为治国理政的人才。当然，这万人不一定人人都委以官职任用，有的可以作为人才储备，这样治理国家就有了充足的人才资源。仲长统基于这种选贤任能思想，反对东汉后期只看重虚名不注重考察实际才干的选拔人才方式。"今反谓薄屋者为高，藿食者为清，既失天地之性，又开虚伪之名，使小智居大位，庶绩不咸熙，未必不由此也。得拘洁而失才能，非立功之实也。以廉举而以贪去，非士君子之志也"

仲长统主张人才选拔出来后重要的是还要量才录用，这就是要才称其位，胜任其职。"一伍之长，才足以长一伍者也；一国之君，才足以君一国者也；天下之王，才足以王天下者也。"而且用人要根据各人的特长，扬长避短，还必须对

---

① 《汉书·董仲舒》。
② 《全上古三代秦汉三国六朝文》第一册《昌言》，950—955 页，本目以下引文均见于此。

人才进行深入的了解，与其交谈，对其工作进行考察，才能知道其是否具有真才实干，是否有高尚的品德等。"论道必求高明之士，干事必使良能之人，非独三太三少可与言也。凡在列位者，皆宜及焉。故士不与其言，何以知其术之浅深？不试之事，何以知其能之高下？与群臣言议者，又非但用观彼之志行，察彼之才能也。"只有做到这些，就能对被任用的人适时升降任免，"善者早登，否者早去"，"下土无壅滞之士，国朝无专贵之人"。这样，不仅使人尽其才，而且也使官员队伍不断吐故纳新，保持高素质和活力，保障国家各级政府机构高效运行。

仲长统也主张增官俸养廉，要保障各级官吏的较高物质待遇，才能避免官员贪赃枉法。因为贤能之才往往出身贫寒，而且又不从事农业生产以自给自足，所得俸禄不足以养活全家老小。他指出："夫选用必取善士。善士富者少而贫者多，禄不足以供养，安能不少营私门乎？从来罪之，是设机置阱以待天下之君子也。""君子非自农桑以求衣食者也……俸禄诚厚，则割剥贸易之罪乃可绝也"。因此，国家应增加官吏俸禄就可以达到厚禄养廉的目的。至于达到什么标准才算厚禄，仲长统给出的标准是："舟车足以代步涉之艰，使令足息四体之役。养亲有兼珍之膳，妻孥无苦身之劳"。这个标准还算适中，因为如与当时的富豪地主相比，有天壤之别，但如与一般民众相比，那也已高出不少了。

二、魏晋南北朝九品中正制思想

（一）九品中正制的内容和积极作用

从西汉武帝推行察举制以后，古代对官吏选任的制度基本确立起来。魏晋南北朝时期，在继承察举制的基础上，创制了九品中正制，使古代选拔任用官吏制度进入一个新的发展阶段。

东汉末年，战乱不断，社会动荡，百姓流离失所，少数垄断乡议的名士，也多播迁外地，汉代察举制的基础"乡举里选"已经无法进行。为了适应这一变化和乡里评议的习惯，曹丕在继任魏王（220年）时，采纳吏部尚书陈群的建议，推行九品中正制。

所谓九品中正制，又称"九品官人法"。中正的主要职责是评定本郡国人物的品第，以取代原来的"乡议"，[①]作为吏部选任官吏的依据。刚实行九品中正制时，只在郡国设中正，后来州与县也设置。郡国中正起初由郡国长官推荐，报请司徒确认并予以任命。担任中正的条件主要有3个方面：一是本郡国人士，二是必须是京师现任官员，三是"德充才盛"。[②]郡国中正因为都是京师现任官员，所以均为兼职，其属员有"访问"。[③]

---

① 《晋书·卫瓘传》。
② 《通典》卷14《选举》。
③ 《晋书·孙楚传》。

具体来说，中正评定本郡人物的品第主要包括提供本籍人士 3 个方面的资料：一是被评定人的"家世"，又称"簿阀"或"簿世"，包括父祖官爵以及姻亲关系等。二是"状"，即对被评定人的道德、才能的简要评语。三是"品"，即依据"状"，再参考"家世"，对被评人评定品第。中正评定人物品第之后，将其评定结论用黄纸写定，上报朝廷，保存于司徒府以备用。此后，每隔 3 年重新评定 1 次，对品第进行一次大的调整。

中正评定的品第共分九品，但大的类别其实只有两等，即"上品"与"下品"，或称为"高品"和"卑品"。早在九品中正制建立之初，朝廷就规定，一品为皇族，是中正无法也不能评议的品级，除了皇族，无人能及，①对于一般贵族和官僚，评定二品、三品就属于上品了。当时中正评定的品第分九品，当时职官官品也分为九品，两者虽然是不同系列，但是，它们之间却有一定的关系。吏部委任职官时，官位必须与品第相当，卑品升迁官职时，必须同时提高品第，相反，如果降低品第，也就意味着降低官职。

九品中正制建立后，由于中正必须由现任中央职官兼任，不言而喻，这有利朝廷控制地方官员的选任，加强中央集权制。而且，中正评议虽有"家世""状""品" 3 项内容，但是评议重点在于"人才优劣"，而下是"世族高卑"，②即评议的目的是"不拘爵位，褒贬所加，足为劝励"，故称犹"有乡议余风"。③曹魏时，在评议人物时，遵循曹操"唯才是举"的思想，甚至重视才能超过重视品德。如王嘉为冯翊郡中正，称吉茂"德优能少"，其"状"甚下。④由此可知，即使品德优秀，但是缺乏才能，品级也只能评为下等，可见当时对才能的重视远超过品德。中正评议在一定意义上说，它取代了两汉的乡议，实际上是候补官僚的资格评定，使选任官僚这个环节得以完善。在察举、辟召制暂时停顿时期，它起着郡县向朝廷推荐人才的作用，吏部可以直接从中正评定的人物中选拔官吏。在察举、辟召制恢复时期，又起着制约推举的范围，使其免于流于形式的作用。郡县推举的人才，只能在中正评定的范围内进行选拔。总之，在曹魏前期，九品中正制在强化中央集权制、限制地方势力膨胀方面发挥了一定的作用。

（二）九品中正制的异化和消极作用

由于郡国中正任职条件是必须现任的京师职官，而且要"德充才盛"，因此，从中正品第而言，当然是上品即高品人物；⑤司徒在任命中正时，还要征求本郡二品人士的意见，也就是说，二品人士实际上把持了地方郡国推举中正的权力。而且能获得二品或高品的的人士，几乎都是大族名士。这样长此以往，品评

---

① 黄惠贤、聂早英：《魏书官氏志载太和三令初探》，载《魏晋南北朝隋唐史资料》第 11 期。

② 《宋书·恩幸传》。

③ 《晋书·卫瓘传》。

④ 《三国志》卷 23《魏书·常林传》注引《魏略·吉茂传》。

⑤ 《世说新语》下卷上《贤媛篇》注引王隐《晋书》。

人物既然确定官员的候补资格，那么选任官员的大权自然逐步为门阀世族所掌控。

魏明帝中叶以后，随着皇权的逐渐衰落，地方门阀世族的势力迅速膨胀。齐王曹芳正始元年（240年）至嘉平二年（250年）间，朝廷增置州中正（又称"大中正"或"州都"）州中正的权力很大，除了评定本州人物的品第外，还有一定的委任州主簿和从事的权力。它还取代郡国长吏而拥有向司徒府推举郡、县小中正的职能。

西晋统一（280年）后，中正评定的三品，日益不受社会人士的重视，实际上已流于"卑品"，只有二品，才是"上品""高品"。而且，在二品中的所谓"精英"，称为"灼然二品"，① 即名副其实的二品，有时干脆简称为"灼然"。②

魏晋之际，寒门庶族要上升为"上品"，并非易事。西晋时，品第人物高下的依据有了变化，不再是德、才和家世门第并重，而主要依据为家世门第，构成"状"的德和才，逐渐不被中正们所重视，从而出现了所谓"上品无寒门，下品无势族"③的局面。显然，西晋时期，中正对人物品第的评定，已经不再只是官僚候补资格的确定和对各种途径官僚选拔的决定性影响，而是转变为评定士人们带有世袭性质的崇高社会地位和政治特权，从而在士庶之间明确划定了官僚的培养、选拔、任免，以至于社会生活、婚丧嫁娶等各方面的等级制度，并且为门阀世族制度的确立，奠定了政治上的基础。因此，九品中正制已经从强化封建君主专制主义中央集权制转化为门阀世族取得并维护其政治、社会特权的重要手段。

秦汉以来形成的以世袭皇位为特征的君主专制主义"官僚政治"，由于九品中正制的异化和门阀世族制度的确立，使带有世袭贵族特权的门阀世族群体与世袭君主专制结合，使君主专制主义官僚政治变异为君主专制主义世袭贵族政治，从而出现了东晋时期的"王与马""庾与马""桓与马""谢与马"等"共天下"的政治格局④。也就是说，东晋王朝是皇族司马氏与当时最大门阀贵族王氏、庾氏、桓氏、谢氏共同主持朝政的王朝。在这一格局中，门阀贵族正是凭借异化了的九品中正制来维持其在政治上、社会上的世袭特权，偏安江左百年的东晋王朝官僚群，除少数是因军功起家者外，一般庶族几乎是见不到了。

三、秦汉魏晋南北朝监察官吏思想

（一）秦汉监察官吏思想

这一时期形成和巩固了统一的封建的中央专制主义制度。皇帝具有至高无上

---

① 《晋书·温峤传》。
② 《晋书·阮瞻传》《晋书·苻坚载记》。
③ 《晋书·刘毅传》。
④ 参见田余庆：《东晋门阀政治》。

的权力，全国的行政权、军权、财权、司法权都集中于皇帝，一切由其最后裁决。在中央官僚机构中，秦汉实行"三公九卿制"。丞相承天子之命，督率百官，助理万机，执行政务。太尉协助皇帝掌管军事。御史大夫是副丞相，掌图籍章奏，监察百官，辅佐丞相处理事务。丞相、太尉、御史大夫后来合称三公，他们之间互相制约，便于皇帝集权于一身。秦始皇统一六国后，实行郡县制，分天下为三十六郡，其后续有增置，达四十多郡。京都和各郡并设监御史，掌监察郡治，又叫郡监。监御史隶属于御史中丞，直属中央，是中央监临地方之官。

西汉时期，御史大夫以副丞相兼全国最高监察官，对监察负总的责任。正如《汉书·朱博传》所称："御史大夫，位次丞相，典正法度。以职相参，总领百官，上下相监临，历载二百年，天下安宁。"御史大夫属官有二丞：一为御史丞，是大夫的助理，不另有职务。一为御史中丞，是御史大夫的主要属丞，其禄秩虽不高（仅千石），地位却很重要，被称为"贰大夫"，"在殿中兰台，掌图籍秘书，外督部刺史，内领侍御史员十五人，受公卿奏事，举劾按章"。① 西汉哀帝元寿二年（前1年）改御史大夫为大司空，其掌管文书之职被尚书所侵夺，其监察职务，则名副其实地由其属官御史中丞承担。于是中丞代替御史大夫而成为一个专职的监察官，后隶属于少府，其官署"御史台"遂成为我国封建社会专职监察机构的开端。东汉初，监察官居于十分显要的地位，"光武特诏御史中丞与司隶校尉、尚书令会同并专席而坐，故京师号曰：'三独坐'。"②

汉朝初年，废除秦监御史，遣丞相史分刺诸州，但无常官。到汉武帝元封五年（前106年），全国分为十三个监察区域，叫十三州部，每州部设刺史一人。刺，谓刺举不法；史，即是使。刺史每年八月巡视所部郡国，"省察治状，黜陟能否，断治冤狱，以六条问事"③，"课第长吏不称职者为殿，举免之"④。他们对于郡国守相的举劾，必须通过年终回京师向中央汇报并经三公审核以后才能做出处理。如《后汉书·朱浮传》曰："旧制，州牧奏二千石长吏不任位者，事皆先下三公，三公遣掾史案验，然后黜退。"征和四年（前89年），武帝置司隶校尉。司隶校尉率官徒，"捕巫蛊，督大奸猾。后罢其兵。察三辅、三河、弘农"⑤，职权同部刺史相似。从西汉元帝开始，刺史制度开始发生一些明显的变化：在机构设置上，刺史创立之初，没有固定的掾属和幕僚，"择所部二千石卒史与从事"⑥。到元帝时，"丞相于定国条州大小，为设吏员，治中、别驾、诸部

---

① 《汉书·百官公卿表》。
② 《后汉书·宣秉传》。
③ 《汉书·百官公卿表》师古注引《汉官典职仪》。
④ 《后汉书·百官五》胡广注。
⑤ 《汉书·百官公卿表》。
⑥ 《汉旧仪》卷上。

从事，秩皆百石"①。从此，刺史正式设置了掾属和幕僚机构，哀帝时刺史的督察范围扩大，从当初规定的二千石守相扩大到六百石以上的长吏。成帝绥和元年（前 8 年），刺史更名为牧，秩由六百石提高到二千石。东汉光武帝又把刺史固定为州一级的地方长官："汉刺史乘传周行郡国，无适所治，中兴所治有定处"②，至此刺史的职权超出了监察的范围。

秦汉御史对地方的监察主要是监督上计制度的贯彻执行。两汉时每年全国上计，御史大夫为主持者之一，皇帝诏使御史问郡国上计长史、守丞以政令得失，令御史察计簿，按察虚实真伪。惠帝三年御史监三辅郡，察以九条③。汉武帝时规定部刺史以六条问事，非条所问，即不省④。九条和六条中"吏不廉者"，"倍公向私，旁诏守利，侵渔百姓，聚敛为奸"，"通行货赂"，就是监察官吏贪污受贿、营私侵夺等不法行为。而且刺史常以八月巡行所部郡国，岁尽诣京师奏事，其时正当郡国上计之时，故其奏事对于考课郡国有很大作用，借此可以甄别计簿的虚实真伪。如《汉书·召信臣传》云："荆州刺史奏（南阳太守）信臣为百姓兴利，郡以殷富，赐黄金四十斤。"这里，刺史当通过审核计簿得出为百姓兴利、郡以殷富的结论。因为召信臣的政绩是"郡中莫不耕稼力田，百姓归之，户口倍增，盗贼狱讼衰止"，而西汉计簿的主要内容就是有关户口、垦田、赋税、盗贼等情况。总之，西汉凡郡守治郡，就中央来说，要受丞相、御史的考核；就地方来说，要受刺史的监督。

东汉以来，刺史虽然由监察官逐渐变为最高地方行政长官，州成为郡的上级，但对所属郡县仍拥有监察权，如其中财经监督就是一个重要的方面。《后汉书·徐璆传》载："（徐璆）稍迁荆州刺史。时董太后姊子张忠为南阳太守，因执放滥，臧罪数亿。璆临当之部，太后遣中常侍以忠属璆。璆对曰：'臣身为国，不敢闻命。'太后怒，遽徵忠为司隶校尉，以相威临。璆到州，举奏忠臧余一亿，使冠军县上簿诣大司农，以彰暴其事。又奏五郡太守及属县有臧污者，悉徵案罪，威风大行。"

汉朝京师所在的州置司隶校尉，权力很大，可以纠察包括丞相在内的京师百官。如丞相匡衡"计簿已定而背法制，专地盗土以自益"，被司隶校尉骏、少府忠行廷尉事劾奏，免为庶人。⑤ 又如解光为司隶校尉，奏曲阳侯王根"行贪邪，臧累钜万，纵横恣意，大治室第"等，根被遣就国。⑥

汉朝，御史对百官的弹劾有 3 种方式：一为面劾，即当面对当事官吏提出弹

---

① 《太平御览》卷 263 引应劭《汉官仪》。
② 《通典》卷 32。
③ 《西汉年纪》卷三引《汉仪》。
④ 《汉书·百官公卿表》注引《汉官典职仪》。
⑤ 《汉书·匡衡传》。
⑥ 《汉书·元后传》。

劾。二为奏劾，即向皇帝递交弹劾官吏的奏章。三为案劾，即对违法官吏立案调查并提出弹劾。御史虽然可以对失职或违法乱纪的官吏提出惩办的建议，但惩罚的最后决定权却在皇帝手里。所以，御史对失职或违法乱纪官吏纠弹的效果如何，在很大程度上取决于皇帝是否明断和当时的整个政治环境。

（二）魏晋南北朝监察官吏思想

曹魏时期，御史台长官为御史中丞；其次是治书执法，掌奏劾；治书侍御史，掌律令，并分掌侍御史诸曹。又御史台遣二侍御史居殿中，监察违法者，故称殿中侍御史。蜀、吴亦有中丞。吴还有中执法、左右执法各一人，以及侍御史、督军粮御史及监农御史等。

两晋御史台的机构略有变化，长官御史中丞之下不置治书执法，置治书侍御史、侍御史、殿中侍御史。侍御史诸曹有所扩大，西晋时达十三曹之多。除此之外，还有因事临时设置的禁防御史、检校御史等。

南朝齐、梁与北魏、北齐的御史台称南司或南台，北周称宪司，这实际上都是从魏晋以来御史中丞独立为署发展起来的。御史台的长官仍为御史中丞（北魏称御史中尉），职权很大，"自皇太子以下，无所不纠。"[1] 北魏之制，"有公事百官朝会名簿，自尚书令、仆以下，悉送南台。"御史中尉威风凛凛，"督司百僚，其出入千步清道，与皇太子分路，王公百辟咸使逊避，其余百僚下马弛车止路傍，其违缓者，以棒棒之"。[2]

这一时期，御史监察制有两个明显的变化。一是秦和两汉时御史府兼管图书秘籍，不能算为一个专职的监察机构。东汉以来的御史台虽然已是专职的监察机构，但在组织上属少府节制。直到曹魏时，御史台才从少府中分离出来，正式成为一个由皇帝直接掌握的独立的监察机构。二是御史在纠察百官的同时，其本身却受到尚书的纠弹。《晋书·卞壶传》载东晋成帝初，尚书令卞壶弹劾录尚书事王导与御史中丞钟雅事："是时王导称疾不朝，而私送车骑将军郗鉴，壶奏以导亏法从私，无大臣之节；御史中丞钟雅阿挠王典，不加准绳，并请免官。虽事寝不行，举朝震肃。"但是至南朝刘宋之前，尚书令、仆弹劾百官该是不合制度的。刘裕当政初，王弘迁尚书仆射，弹奏世子左卫率康乐县公谢灵运、御史中丞王准之说："内台旧体，不得用风声举弹，此事彰赫，曝之朝野，执宪蒙闻，郡司循旧，国典既颓，所亏者重。臣弘忝承人乏，位副朝端，若复谨守常科，则终莫之纠正。所以不敢拱默，自同秉彝。违旧之愆，伏须准裁。"刘裕令曰："……端右肃正风轨，诚副所期，岂拘常仪。自今为永制。"[3] 正由于尚书令、仆射劾奏百官（包括御史）不符合制度，故王弘在弹劾时多方解释，自称有"违

---

① 《通典》卷 24。
② 《通典》卷 24。
③ 《宋书·王弘传》。

旧之怨"。经刘裕裁定之后，刘宋的尚书令、仆射才正式拥有监察权。除尚书令、仆射有纠弹御史之权外，尚书左丞也可纠弹御史失职者。东汉时，尚书左丞"总典台中纲纪，无所不统"①，但没有监察权。"魏晋以来，左丞得弹奏八座"②，可见，这时尚书左丞纠弹的对象只是台内"八座"，即五曹尚书、二仆射、一令。到了南朝刘宋时，尚书左丞纠弹的对象扩大了，也可纠弹御史失职违法者。刘宋太祖时，御史中丞何承天与尚书左丞谢元素不相善，二人竞伺二台之违，累相纠奏。③ 梁时，刘览为尚书左丞，为官清正，无所私。"姊夫御史中丞褚湮，从兄吏部郎孝绰，在职颇通赃货，览劾奏，并免官。"④

魏、西晋时期，地方监察仍承汉制，设置司隶校尉或刺史。自汉献帝置司州，以司隶校尉领司州，并察举百官及京师近郡违法者，魏因之。蜀司隶如汉制，督察京畿，不典益州事。吴无司隶。魏置十三州，于各州置刺史，蜀、吴于所辖诸州或置牧或置刺史，掌州事。这一时期，刺史虽然成为地方长官，但其属下设有郡国从事，劾治所部郡县官。如《三国志·吴书·刘繇传》载："州辟(繇)部济南(从事)，济南相中常侍子，贪秽不循，繇奏免之。"同书《潘浚传》也载："荆州牧刘表辟为部江夏从事，时沙羡长赃秽不修，浚按杀之，一郡震竦。"上引可以看出，部郡国从事对于所部郡国的贪官污吏，不仅可以弹奏免官，甚至可以按治，直至处死。曹魏沿汉制，刺史巡行所部郡国，亦以六条察事，其内容与汉略有不同。其中两条是"察墨绶长吏以上居官政状"，"察吏不簿入钱谷放散者"⑤。显而易见，曹魏刺史对地方财政财务的审计职能大大加强。

西晋以中央官员任司隶校尉，统领司州。司隶校尉及其属官司隶都官从事可以纠劾王侯、三公、尚书、九卿等。如《晋书·李憙传》载：司隶李憙上言："故立进令刘友、前尚书山涛、中山王睦、故尚书仆射武陔各占官三更稻田，请免涛、睦等官。"同书《傅咸传》也载："时朝廷宽弛，豪右放恣，交私请托，朝野溷淆。(司隶)咸奏免河南尹澹、左将军倩、廷尉高光、兼河南尹何攀等，京都肃然，贵戚慑伏。"

从东晋开始，地方监察制有所变化。东晋罢司隶校尉，置扬州刺史；又置检校御史，专掌行马外事⑥。以后历宋、齐、梁、陈无闻其职。后魏、北齐复置检校御史。隋初改为监察御史。

魏晋南北朝时期继承秦汉的传统，对监察人员的选任较严。大士族不得担任御史中丞，以防止株蔓相连，徇私枉纵。而且还要求监察人员能居正执义，明宪

---

① 《后汉书·百官三》注引蔡质《汉仪》。
② 《初学记》卷11。
③ 《宋书·何承天传》。
④ 《梁书·刘览传》。
⑤ 《文选·齐故安陆昭王碑文》注。
⑥ "行马外事"指门禁以外的违法乱纪事件。

直法，弹纠无所顾望。如刘宋时萧惠开为御史中丞，大明八年入为侍中，诏曰："惠开前在宪司，奉法直绳，不阿权威，朕甚嘉之。可更授御史中丞。"① 又如西晋侯史光为城门校尉，武帝泰始初诏曰："光忠亮笃素，有居正执义之心，历职内外，恪勤在公，其以光为御史中丞。虽屈其列校之位，亦所以伸其司直之才。"②

从总的说来，魏晋南北朝时期动荡不安，政治上亦较黑暗，监察官作用的发挥受到多方面的制约，主要有两个方面：

一是在封建专制主义统治下，最高监察权归于皇帝，监察官对违法官僚贵族提出弹劾，必须奏请皇帝批准才能生效。正如傅咸慨叹曰："故光禄大夫刘毅为司隶，声震内外，远近清肃。非徒毅有王臣匪躬之节，亦由所奏见从，威风得伸也！"③

二是魏晋南北朝是门阀制度确立鼎盛的时代，门阀士族为保住自己的特权，经常对监察官的监督加以非难、报复和迫害。如刘毅在曹魏末年担任司隶都官从事时，"将弹河南尹，司隶不许，曰：'攫兽之犬，鼷鼠蹈其背。'毅曰：'既能攫兽，又能杀鼠，何损于犬！'"④ 这说明监察官员为朝廷攫兽之犬，却可能遭到背后鼷鼠的暗算。又如南齐建元间刚任职年余的御史中丞刘休提出辞呈，曰："臣自尘荣南宪，星晷交春，谬闻弱奏，劾无空月，岂唯不能使蕃邦敛手，豪右屏气，乃遣听已暴之辜，替网触罗之鸟。而犹以此，里失乡党之和，朝绝比肩之顾，覆背腾其喉唇，武人历其嘴吻。怨之所聚，势难久堪，议之所裁，孰怀其允。臣窃寻宋世载祀六十，历职斯任者五十有三，校其年月，不过盈岁。于臣叨滥，宜请骸骨。"⑤ 可见，中丞履行职责，纠弹不法，不但没有效用，反而使自己成了众矢之的，遭到权贵的种种攻击。刘宋60年换了53位中丞，更说明在门阀士族把持政权的形势下，监察官难当！

当然，这一时期在短期之内局部地区，由于一些监察人员奉法直绳，敢于纠弹，使为非作歹者也有所收敛。如《晋书·载记·石季龙上》载："时豪戚侵恣，贿托公行，季龙患之，擢殿中御史李矩为御史中丞，特亲任之。自此百僚震慑，州郡肃然。季龙曰：'朕闻良臣如猛兽，高步通衢而豺狼避路，信矣哉！'"又如陈朝宗元饶为御史中丞，"性公平，善持法，谙晓故事，明练政体，吏有犯法，政不便时，及于名教不足者，随事纠正，多所裨益。"⑥

---

① 《宋书·萧惠开传》。
② 《晋书·侯史光传》。
③ 《晋书·傅咸传》。
④ 《晋书·刘毅传》。
⑤ 《南齐书·刘休传》。
⑥ 《南史·宗元饶传》。

四、秦汉魏晋南北朝考核官吏思想

（一）秦汉上计制度中考核官吏思想

秦简中有关秦上计的记载比较具体明确的有两条。

《仓律》云：“县上食者籍及它费大（太）仓，与计偕。都官以计时雠食者籍。”

《金布律》云：“受衣者”在“已禀衣”之后，“有余褐十以上，输大内，与计偕。”

这两条秦简表明，秦朝地方郡县的“与计偕”，是郡县领取口粮人员的名籍和其他费用，或者是剩余的褐衣，随同每年的账籍同时缴送，以便于审核。秦汉时财政机构上的一大特点是国家财政机构—治粟内史（大农令、大司农）和皇室私人财政机构—少府，两套班子分立，国家财政收支与皇室私人财政收支分别核算，泾渭分明。秦简《厩苑律》载：“内史课县，大（太）仓课都官及受服者。”据此推断，秦朝在经济上的考核可分为两个系统：一是都官所主管的各个部门，包括都官本人及其所主管的财物，由中央的“大仓”负责考核；二是县级官吏及由县主管的各个部门与财物，则由中央的“内史”来考核。这种治粟内史与少府两套财政系统在秦统一中国之前以及统一中国之初并没有严格区分和固定化，当是到了秦末，这种区分才逐渐严格和固定化。

汉朝时期，随着统一的中央集权制封建国家的巩固和完善，上计制度更加系统化。汉代的考课，可分为两个系统：一是丞相、御史考课九卿，公府考课掾史。由公卿守相各部门主官长官考核其掾史属吏，是属于上级长官对下属人员的考核。其考核的主要内容是掾史属吏的能力和功劳，以考核的结果作为升降赏罚的依据。如宣帝就十分重视对中央各部门官吏的考核：“自丞相以下，各奉职奏事，以傅奏其言，考试功能，侍中、尚书功劳当迁及有异善，厚加赏赐”。① 如班况“积功劳，至上河农都尉，大司农奏课连最，入为左曹越骑校尉。”② 对各类无具体职事的散官，依各自情况别立条格进行考核或考试。如光禄勋年终时须以敦厚、质朴、逊让、节俭等所谓四行考察郎官，以三科考察博士等。这是各部门上下级系统的考课，但两汉始终没有形成制度化。

二是中央课郡国，郡国课县，这是中央到地方的系统。西汉属县上计郡国是每年“秋冬岁尽，各计县户口垦田，钱谷入出，盗贼多少，上其集簿。”③ 首先，郡国守相依据集簿对其所属县令（长）进行审计考核，如《汉书·萧育传》载：“后为茂陵令，会课，育第六。而漆令郭舜殿，见责问，育为之请。扶风怒曰：

---

① 《汉书》卷8《宣帝纪》。
② 《汉书·叙传》。
③ 《后汉书·百官五》胡广注。

'君课第六，裁自脱，何暇欲为左右言？'及罢出，传召茂陵令诣后曹，当以职事对。"其次，对于县令（长）之掌管财政或与财政有关的部属也按上计簿进行审计考核，这些人随集簿到郡受课，分别殿最，予以奖惩。史载："丞尉以下，岁诣郡，课校其功。功多尤为最者，与廷尉劳勉之，以劝其后。负多尤为殿者，于后曹别责，以纠怠慢也。"①

属县上计结束后，由郡国进京上计。大约秦时是主管长官自奉计簿送上中央。西汉"旧法，当使丞奉岁计"②。《汉书·黄霸传》载："（张）敞奏霸曰：'窃见丞相请与中二千石博士杂问郡国上计长吏（'长吏'当为'长史'）守丞，为民兴利除害，成大化，条其对'"。可见，郡国上计工作郡由守丞，王国由长史担任。每年上计时，守丞、长史还常有僚属，如计掾、计史、计佐。东汉之制，略从简省，一般选派高级属吏如上计掾、上计吏、计佐等进京上计。如《后汉书·皇甫规传》："郡将知规有兵略，乃命为功曹……举规上计掾。"又《后汉书·百官五》载："诸州常以八月巡行所部郡国，录囚徒，考殿最。初岁尽诣京都奏事，中兴但因计吏。"

由于上计事关国家大政，汉朝统治者对此非常重视。在中央，有时甚至由皇帝亲自主持。受计的地点大多在京都，有时皇帝行幸郡国，也常就地受计。据《汉书·武帝纪》载汉武帝在位五十余年间，曾一次受计于京都，三次受计于方岳。东汉光武帝亦"尝召见诸郡计吏，问其风土及前后守令能否。"③ 但是，皇帝亲自受计终归是特例，西汉中央主管上计机关乃是丞相、御史两府。如谷永荐薛宣疏云："宣考绩功课，简在两府"，师古注曰："两府，丞相、御史府也。"④ 丞相、御史两府主持上计各有侧重，丞相主要负责岁终课殿最上闻，⑤ 御史大夫主要负责按察虚实真伪⑥，两府相辅为用。由于丞相、御史大夫事剧务繁，上计的事务则往往另有专人具体负责，如丞相属官计相掌郡国上计。《汉书·张苍传》载："（张苍）迁为计相，一月，更以列侯为主计四岁。是时萧何为相国，而苍乃自秦时为柱下御史，明习天下图书计籍，又善用算律历，故令苍以列侯居相府，领主郡国上计者。"《汉书·匡衡传》则云："衡位三公，辅国政，领计簿，"然而具体治计时又委派集曹掾陆赐主管，"主簿陆赐故居奏曹，习事，晓知国界，署集曹掾"。因为管上计的掾史多，所以还设有专门办事机构计室。《汉旧仪》载："郡国守丞长史上计，事竟遣，君侯出坐庭上，亲问百姓所疾苦，计室掾史一人大音者读敕毕。"

---

① 《后汉书·百官五》胡广注。
② 《汉书·严助传》如淳注。
③ 《后汉书·张堪传》。
④ 《汉书·薛宣传》。
⑤ 《汉书·丙吉传》："岁竟，丞相课其殿最，奏行赏罚而已。"
⑥ 《汉书·宣帝纪》载黄龙元年诏云："御史察计簿，疑非实者，按之，使真伪毋相乱。"

东汉时中央负责上计者通常是尚书、司徒，如蔡质《汉仪》所说尚书"典天下岁尽集课事。"①《后汉书·赵壹传》载："光和元年，举郡上计到京师。是时，司徒袁逢受计，计吏数百人皆拜伏庭中。"

两汉时上计一般是每年一次，岁终是诸县上计于郡国，郡国上计于中央。古代由于交通工具的限制，边远郡国路途遥远，赴京甚至需要数月，因此，外郡边陲则有三年一上计簿的。《汉书·严助传》载"愿奉三年计最"，沈钦韩注曰："汉法亦以岁尽上计，预岁首大会而遣归。此三年计最，盖远郡如此。"

关于两汉考课之殿最，注释家一般都只笼统说上功曰最，下功曰殿。其实，两汉上计中的考课不只是简单分为殿最两个等级，上引《汉书·萧育传》有"君课第六，裁自脱，何暇欲为左右言？"的记载，可见考课后是把官吏分为许多等级的。据董仲舒《春秋繁露·考功名》所云："考试之法……九分三三列入，亦有上中下，以一为最，五为中，九为殿。"显然，该分为九个等级：上等最至第二，中等第四至第六，下等第七至殿。萧育被评为第六等，才刚刚好及格，幸免被责罚，可见第六等之下还有不及格的，要受到不同程度的处罚。如按上上、上中、上下、中上、中中、中下顺推，那么中下刚好是第六等，其下则还有下上、下中、下下三等。汉有"九章律""九章算术"，皆以九为数；其后魏晋的九品中正制，北魏对官吏的考课分为九等，可能都源于汉朝。两汉上计中最常见的赏罚是对政绩殿最者实行升降任免，兹举两例："举（朱）博栎阳令，徙云阳、平陵县，以高弟入为长安令。"②"后有军发，左内史（兒宽）以负租课殿，当免。"③ 其次对政绩殿最者实行赏金、罚金：

召信臣，"迁河南太守，治行常为第一，复数增秩赐金。"④

□□□□□当罚金二千五⑤

□□□□亡人罚金五千⑥

综观史籍，秦汉上计是对地方郡县长官进行政绩的考核，即主要审核稽察地方的户口垦田、钱谷入出、盗贼多少，课校其功。这对于督促官吏勤于吏治，廉以自守，发挥了较积极的作用。

汉朝中央政府对地方郡国上计考核不仅起到对各级官吏的督责作用，而且也是上情下传、下情上达的重要途径。郡国上计吏常驻京师，参加朝会及其他大典，了解朝廷最新颁布的政策法令，同时备询政俗，向中央反映郡国的风土人情、地方长官治理政绩、民生疾苦等。如西汉宣帝就曾"诏使丞相、御史问郡

---

① 《后汉书·百官三》尚书注。
② 《汉书·兒宽传》。
③ 《汉书·召信臣传》。
④ 《汉书·兒宽传》
⑤ 《居延汉简甲乙编》下册，第 161 页。
⑥ 《居延汉简甲乙编》下册，第 161 页。

国上计长吏守丞以政令得失"。① 东汉光武帝 "尝召见诸郡计吏，问其风土及前后守令能否"。② 光和二年（179 年），巴郡板楯蛮反叛时，灵帝亲自 "问益州计吏，考以征讨方略"。③ 这些记载充分说明当时地方郡国派到中央朝廷的上计吏，是中央政府了解地方政情的重要对象。另一方面，地方郡国上计吏也是转达中央政府政策法令，即上情下达的重要中介。哀帝元寿二年（前 1 年）敕书："丞长史归告二千石：顺民所疾苦，急去残贼；审择良吏，无任苛刻；治狱决讼，务得其中。明诏忧百姓困于衣食，二千石帅劝农桑，思称厚恩，有以赈赡之，无烦扰夺民时。公卿以下，务饬俭恪。今俗奢侈过制度日以益甚，二千石务以身帅，有以化之。民冗食者请谕以法，养视疾病，致医药务治之。诏书无饰厨传，增养食，至今未变，或更尤过度，甚不称。归告二千石，务省约如法。且案不改者，长吏以闻。官寺乡亭漏败，垣墙阤坏所治，无办护者，不称任，先自劾不应法。归告二千石勿听。"④ 当时，御史大夫也是上计主持者之一，曾代表皇帝敕上计吏说："诏书殿下，布告郡国：臣下承宣无状，多不究，百姓不蒙恩被化，守丞长史到郡，与二千石同力，为民兴利除害，务有以安之，称诏书。郡国有茂才不显者言上。残民贪污烦扰之吏，百姓所苦，务勿任用。方察不称者，刑罚务于得中，恶恶止其身。选举民侈过度，务有以化之。"⑤

由上引的这两段资料可以了解到，汉朝中央朝廷通过上计吏向地方郡国长官转达政策法令，要求地方郡国长官体恤民生疾苦，平息地方盗贼，为民众提供一个安定的社会环境；重视选任德才兼备的地方官吏，善待广大民众；治理民间案件诉讼，必须公正；鼓励农民积极发展农业生产，使之丰衣足食，注意赈济贫困的百姓；地方长官应以身作则，提倡节俭，反对奢侈；对于百姓疾病，应提供医药治疗。如果地方长官不胜任，应让他们自劾而免职；那些残民贪污的官吏，一定不能任用。

但是，这种上计中下情上传、上情下达的途径因政治腐败而在某些情况下不能通畅。如一些郡国专门 "择便巧史书，习于计簿，能欺上府者，以为右职"，⑥ 让其伪造计簿，欺骗朝廷。元帝时，京房曾向皇帝提出考功课吏法，希冀挽回颓风，因受到当朝权贵韦玄成、中书令石显和尚书令五鹿充宗的阻挠作罢。东汉后期，由于地方军阀割据，中央朝廷失去了权威，对于官吏的考核制度完全废弛，结果是 "令长守相，不思立功，贪残专恣，不奉法令，侵冤小民，州司不治，令远诣阙上书诉讼。尚书不以责三公，三公不以让州郡，州郡不以讨县邑，是以

---

① 《汉书·王成传》。
② 《后汉书·张堪传》。
③ 《后汉书·南蛮传》。
④ 《汉官六种》，第 70 页。
⑤ 《汉官六种》，第 73—74 页。
⑥ 《汉书》卷 72《贡禹传》。

凶恶狡猾易相冤也"。①

(二) 魏晋南北朝考核官吏思想

从总体上看，魏晋南北朝时期对官吏的考课，其制度与实施，其发展趋势是秦汉时期的上计制度逐渐衰亡，某对官吏考核职能逐渐由尚书省下的考功、定课，即后来的吏部负责；其考课的对象基本上是重外官而轻内官。

1. 考课思想的演变

在曹魏末年司马懿专权时，就注重对官吏的考课。嘉平元年（249 年）"高平陵之变"后，司马懿杀曹爽，专制朝政，使王昶"撰百官考课事"。②其中有关尚书、侍中考课之制有 5 个方面：一是"掌建六材，以考官人"；二是"综理万机，以考庶绩"；三是"进视惟允，以掌说言"；四是"出纳王命，以考赋政"；五是"罚法，以考典刑"。③这 5 个方面是对朝廷高级官员的考课，不一定对中下级官吏适用。如前 4 条中考核官吏、辅佐皇帝综理朝政、上奏下达政令等，就不是一般官员的职责。但是，这 5 条比较准确、完整地反映了尚书、侍中之类高级官员的职责，能很好地发挥其作为对此类官员进行考核的标准作用。司马炎以晋代魏之后，泰始四年（268 年）六月和十二月，武帝先后颁布了两个有关官吏考课的诏令。六月丙申诏主要是要求"郡国守相，三载一巡行属县"，要"见长史，观风俗，协礼律，考度量，存问耆年，亲见百年"，还要"录囚徒，理冤枉，详察政刑得失"。从此所规定的郡国守相三年一次巡察所属县的工作来看，其中主要就是对属县的文化教育、经济生活和刑狱审判进行考核和监察。十二月的诏书则更直接规定了郡国考绩条格中对郡国长史的 5 个方面考核：一是"正身"；二是"勤百姓"；三是"抚孤寡"；四是"敦本息末"；五是"去人事"。④这 5 个方面对郡国长官的考课，与汉代对郡国守相的考核相比，显然有所不同。两汉上计主要考核地方郡国的人口、垦田、赋税以及刑狱盗贼 4 个方面，西晋则首先侧重于考察郡国长官个人的品德"正身"，其次关注到地方长官是否劝导百姓勤于耕种、抚恤好孤寡等弱势群体，再次才关注到是否贯彻落实好重农抑商的经济政策，即汉代的垦田、赋税等农业生产和赋税收入等经济问题。但是，由于西晋政治于武帝之后日趋于分崩混乱，泰始四年六月和十二月有关郡国考课的规定，事实上不可能付诸实施。

东晋南朝时期，各朝有时亦间有考课黜陟之诏令。如晋元帝曾令"二千石长吏，以入谷多少为殿最"。⑤刘宋元嘉二十年（443 年）十二月壬午，文帝诏

---

① 《潜夫论》卷 2 《考绩》。
② 《三国志》卷 27 《魏书·王昶传》。
③ 《艺文类聚》卷 48 《职官·尚书》引王昶"考课事"。
④ 《晋书·武帝纪》。
⑤ 《晋书·食货志》。

"考核勤惰，行其诛赏，观察能殿，严加黜陟"。①萧齐永明元年（483年）三月癸丑，武帝诏"莅民之职"，"厚加甄异，理务无庸，随时代黜"。②萧梁天监十五年（516年）正月己巳诏，四方"守宰，若清洁可称，或侵渔为蠹，分别奏上，将行黜陟"。③陈太建四年（572年），九月辛亥诏："通示文武，凡厥在位，其莅政廉秽，在职能否，分别矢言，俟兹黜陟"。④东晋南朝每个朝代都有此类诏令，除宋文帝、陈宣帝诏令中对考课的对象是及于内外文武百官外，其他都只是针对地方州郡县长吏，即"莅民之官"的，显而易见，其考核是重外官的，而不是朝廷内官。

总的说来，东晋南朝对官吏的考课没有得到很好地推行，其原因主要有2个方面：一是考课受到门阀制度的制约。如东晋的内政方针是"举贤不出世族，用法不及权贵"，在近百年的统治中最著名的宰相几乎都出身于世家大族，如王导、谢安。王导"阿衡三世"，以"政务宽恕，事从简易"自得;⑤谢安则以"厚德化物，去其烦细"著称。⑥即使诏令要求考核王公大臣，但又有谁去进行黜罚！当时的门阀贵族们可以"随牒推移"⑦、"依流平进",⑧在毫无竞争、不受任何诸如"考绩"之类的"干扰"下"坐致公卿"，可想而知，考课对这一类官居要职、尸位素餐的贵族官僚又有什么作用？而上至尚书令仆、中书监令、门下侍中黄门，下至秘书、著作佐郎，正是内官中最必要进行考课的一类职官。二是吏治的腐败。当时在门阀世族制度下，士族们之所以求为郡县守令，皆因可以搜刮致富。当时从皇帝到州郡县长吏，几乎无人不贪，地方长官的考课又如何进行。从皇帝到刺史守令都在拼命聚敛钱财，而刺史守令却正是外官中最主要的考课对象。所以，当时除了争权夺利、互相倾轧之外，确属为了澄清吏治，解民倒悬的黜罚事例却是十分罕见。

北朝与南朝相比，在对官吏的考课方面较有一定的成效。北魏从太武帝到孝文帝时，其对官吏的考课对象还是针对地方长吏刺史守令等外官，其考课的主要内容则是侧重于地方长官个人，即属于"奸吏"还是"贞良"；官员离任前夕，是否对政绩进行弄虚作假，虚增业绩；地方长吏在任上是"温仁清俭，克己奉公"，还是"贪残非道，侵削黎民"。然后根据考课的结果予以奖惩、陟黜。

北魏孝文帝时期，在对官吏的考课中，还特别注意到对官吏考核后奖惩制度

---

① 《宋书·文帝纪》。
② 《南齐书·武帝纪》。
③ 《梁书·武帝纪》。
④ 《陈书·宣帝纪》。
⑤ 《世说新语》上卷下《政事篇》注引徐广《历纪》。
⑥ 《世说新语》上卷下《政事篇》注引《续晋阳秋》。
⑦ 《晋书·王衍传》。
⑧ 《南史·王骞传》。

的规范，从而使考课制度更加趋于健全。朝廷对考课后的官吏依据其 3 种等级，分别予以上等升迁，下等降黜，中等保持原官位的奖惩。而且明确规定考课官吏制度要定期常态化，3 年一考核；考核的对象不再限于地方长官，而是遍及"百官"，即地方外官和朝中内官；考核后随即就进行奖惩；六品以下官由朝廷高级官员尚书主持，五品以上官则由皇帝亲自与公卿们讨论决定。这次改革显然大大提高了对官吏考课的激励和惩戒作用。

北魏孝文帝特别重视对地方长官的考课。太和十九年（495 年）十月定都洛阳后，他在新都下诏："诸州牧精品属官，考其得失，为三等之科以闻，将亲览而升降焉"。① 重申了朝廷必须重视对"州牧"得失的考核，并将考核结果评定为 3 个等，自己还要亲自予以审核并做出升迁或降黜的赏罚。

2. 上计与内官考课思想

魏晋循汉旧制，仍有上计之余风。县上计之情况，史籍没有明确的记载，大概是循汉旧法，县上计于所属郡国。三国、晋各郡属官皆有上计掾或上计吏。如《三国演义》作者罗贯中笔下叱咤风云的人物司马懿、邓艾、姜维、甘宁、皇甫规等，在发迹之前都曾当过上计掾，还有三国时文学家韦诞、孙该，晋竹林七贤之一山涛，也都曾作过上计吏。郡国计吏于岁末入京上计，如曹魏刘寔"以计吏入洛"。②《晋书·礼下》记晋元会仪亦云："百官及受赘郎官以下至计吏皆入立其次"，"乃召诸郡计吏前，受敕戒于阶下。"魏晋承东汉刺史之制，地方行政系统为州郡县三级制，魏刺史每岁遣计吏诣京师奏事。

魏晋时期上计的内容与汉代略同，仍然是以考核地方户口、垦田、赋调、盗贼情况为主。如曹魏时刘廙主张恢复汉朝上计制度，"岁课之能，三年总计，乃加黜陟。课之皆当以事，不得依名。事者，皆以户口率其垦田之多少，及盗贼发兴，民之亡叛者，为得负之计。"③ 郑浑为阳平、沛郡二太守，"比年大收，顷亩岁增，租入倍常……转为山阳、魏郡太守，其治放此。"明帝"下诏称述，布告天下"。④ 西晋时王宏为汲郡太守，"督劝开荒五千余顷，而熟田常课顷亩不减"，被称为"殊绩"。武帝下诏"赐宏谷千斛，布告天下，咸使闻知。"⑤

但是，这一时期军阀称雄，朝廷衰微，地方忠则上计，叛则不上。崔林就指出："案《周官》考课，其文备矣，自康王以下，遂以陵迟，此即考课之法存乎其人也。及汉之季，其失岂在乎佐吏之职不密哉？方今军旅，或猥或卒，备之以科条，申之以内外，增减无常，固难一矣。"⑥ 晋愍帝建兴四年（316 年），天下

① 《魏书·高祖纪》。
② 《晋书·刘寔传》。
③ 《三国志·魏书·刘廙传》松之注引。
④ 《三国志·魏书·郑浑传》。
⑤ 《晋书·王宏传》。
⑥ 《三国志·魏书·崔林传》。

大乱，但凉州刺史张寔仍"送诸郡贡计，诏拜寔都督陕西诸军事，以寔弟茂为秦州刺史。"① 可见这时各州绝大部分已不上计，凉州上计，则受嘉奖。到南北朝初期，史籍中有关上计的记载已十分少见，以后逐渐绝迹。

魏晋南北朝时期，随着三省六部制的逐渐形成，对官吏的考课制度发生了一定的变化，这些对隋唐考课有直接的影响。

这一时期，县、郡考课与汉相同，仍由郡守、刺史负责。如曹魏郑袤"出为黎阳令，吏民悦服。太守班下属城，特见甄异，为诸县之最。"② 西晋泰始四年（268 年）正月，守河南尹杜预为"黜陟之课"。杜预认为"魏之考课失之于细密"。因此，他提出"在官一年以后，每岁言优者一人为上第，劣者一人为下第，因计偕以名闻。如此六载，主者总集采案：其六岁处优举者超用之，六岁处劣举者奏免之，其优多劣少者叙用之，劣多优少者左迁之"。他认为这种"每岁一考，则积优以成陟，累劣以取黜"的考课法，是简而易行的最佳选择。③ 但是，由于西晋政治于武帝之后动荡不安，有关郡国考课的好建议，都不可能付诸实施。后魏孝昌元年二月，诏曰："劝善黜恶，经国茂典。其令每岁一终，郡守列令长，刺史列守相，以定考课，辨其能否。若有滥谬，以考功失衷论。"④ 隋开皇年间，吏部尚书牛弘曾问刘炫："魏、齐之时，令史从容而已，今则不遑宁舍，其事何由？"炫对曰："……往者州唯置纲纪，郡置守丞，县唯令而已。其所具僚，则长官自辟，受诏赴任，每州不过数十。今则不然，大小之官，悉由吏部，纤介之迹，皆属考功，其繁二也。"⑤ 由此可知，一直到隋朝，县令郡守之考课才归中央吏部主管。

这一时期，中央考课由尚书台（省年）总之，即"台阁临下，考功校否"⑥，"岁终台阁课功校簿而已"⑦。北魏太武帝太延元年（435 年），刺史"岁尽举课上台"。⑧ 尚书省下具体负责考课的部门略有变化，曹魏考功、定课二曹，主管官吏考课。晋无定课、考功郎，《唐六典》卷一《尚书都省左右司郎中》注曰："（晋氏）无农部、定课、考功"，考课当由吏部负责。北魏北齐中央考课皆由考功郎中主持。南朝吏部统吏部、删定、三公、比部四曹，据此推测，州郡之考课当由吏部负责。

这一时期，内官考课制度逐渐系统化。如上一章所述，秦汉时期，地方官的

---

① 《资治通鉴》卷 89。
② 《晋书·郑袤传》。
③ 《晋书·杜预传》。
④ 《魏书·肃宗纪》。
⑤ 《隋书·儒林》。
⑥ 《三国志·魏书·夏侯尚附玄传》。
⑦ 《晋书·刘颂传》。
⑧ 《魏书·世祖纪第四上》。

考课已逐渐完善，但内官考课却一直未形成完备的制度，内官一般由主管长官自课下属。曹魏时，杜恕主张实行考课之制，考课当分为课州郡和课公卿及内职大臣。① 王昶曾受诏作《百官考课事》，也比较具体地提出了内官考课的一些规定。② 但是，这些规定都未能实行，至晋代仍是由各主管长官考其下属，未见中央对内官统一进行考课。如《晋书·荀勖传》云：勖"及在尚书，课试令史以下，核其才能，有暗于文法，不能决疑处事者，即时遣出。"见于史籍，最早记载内官考课的是北魏太和十五年（491年），广陵王羽奏疏云："去十五年中，在京百僚，尽已经考为三等"③，至太和十八年（494年），规定内官三年一考，考即黜陟。此后，内考又有执事官、散官之分。高阳王雍上疏云："任事上中者，三年升一阶；散官上第者，四载登一级。"④ 总之，众内官由中央统一考课完备于北魏。

第三节　隋唐官吏选任、监察、考核思想

一、科举思想

（一）隋朝重视教育，开创科举思想

据《隋书》记载，隋文帝在位初年，曾重用儒生，厚赏诸儒。但是，到了晚年，他"精华稍竭，不悦儒术，专尚刑名，执政之徒，咸非笃好。既仁寿间，遂废天下之学，唯存国子一所，弟子七十二人"。⑤ 隋炀帝即位后，崇敬孔子，推崇儒学，重视儒生，着手恢复儒学儒教。《隋书》云："炀帝即位，复开庠序，国子郡县之学，盛于开皇之初。征辟儒生，远近毕至，使相与讲论得失于东都之下，纳言定其差次，一以闻奏焉。"⑥ 大业五年（609年）炀帝下诏云："先师尼父，圣德在躬，诞发天纵之姿，宪章文武之道。命世膺期，蕴兹素王，而颓山之叹，忽逾于千祀，盛德之美，不存于百代。永惟懿范，宜有优崇。可立孔子后为绍圣侯。有司求其苗裔，录以申上。"⑦

炀帝不仅重视儒学，也重视以儒学为主导思想的教育，恢复了被文帝废弛的国子监、太学以及州县学。并下令负责视察各州的专使，除了必须做好本职的监察工作外，还要负责发现道德超群、才华出众和学有专长的人才，并把他们送到京师，以备录用。这使一些有德有才的寒门士子得以施展自己的才华。

---

① 《三国志·魏书·杜恕传》。
② 《艺文类聚》卷48。
③ 《魏书·广陵王传》。
④ 《魏书·高阳王传》。
⑤ 《隋书·儒林传》。
⑥ 《隋书·儒林传》。
⑦ 《隋书·炀帝纪》。

隋朝时期，国家设立的学校有以下几种类型：第一类是国子监所属以儒学为主的学校，有国子、太学、四门、书、算五学。第二类是中央机构中附设的技术学校，有医学、按摩、祝禁（学习以咒禁驱除一切邪恶鬼魅）三个专业。第三类是贵族学校。

为了选拔人才，文帝开皇初年就废除了九品中正制，实行分科考试的办法选任官吏。开皇十八年（598年）七月，设立"志行修谨"和"清平干济"二科，令五品以上的京官和地方官总管、刺史以这二科推举人才。虽然仅开二科，但由于科目具体，标准也较明确，因此操作性强，容易将符合条件的人才选拔出来。隋文帝首开的科举，到隋炀帝时进一步发展。大业二年（606年），"炀帝始建进士科。又制，百官不得计考增级，其功德行能有昭然者乃擢之"。①大业三年（607年），他又下诏进一步明确了科学选拔的标准："夫孝悌有闻，人伦之本，德行敦厚，立身之基。或节义可称，或操履清洁，所以激贪厉俗，有益风化。强毅正直，执宪不挠，学业优敏，文才美秀，并为廊庙之用，实乃瑚琏之资。才堪将略，则拔之以御侮，膂力骁壮，则任之以爪牙。爰及一艺可取，亦宜采录，众善毕举，与时无弃。从此求治，庶几非远。文武有职事者，五品已上，宜依令十科举人。有一于此，不必求备。朕当待以不次，随才升擢。其见任九品以上官者，不在举送之限。"② 大业五年（609年），炀帝又下诏："诸郡学业该通、才艺优洽，膂力骁壮、超绝等伦，在官勤奋、堪理政事，立性正直、不避强御，四科举人。"③ 进士科的开设，选考科目由文帝初创的二科增至十科（后来又有所更改），文职武职兼有，选考的标准详细明确，标志着科举制的正式确立。

隋朝科举制度的主要科目有以下4种，其中前3种是常科，后1种是制科：其一进士科。这一科是隋科举中最主要的科目，始置于隋大业二年（606年）。炀帝时进士科只用"试策"举士。其二是秀才科。自汉代至南北朝，秀才为察举的科目之一。隋代以秀才为最高科目。《旧唐书》卷70《杜正伦传》载："隋仁寿中与兄正玄、正藏俱以秀才擢第。隋代举秀才止十余人，正伦家有三秀才，甚为当时称美。"其三明经科。自汉代至南北朝，明经为察举的科目之一。隋亦以明经举士，如韦云起开皇中举明经，授符玺直长；孔颖达大业初举明经，授河内郡博士。其四制科。在科举制度中，除了经制的常科之外，还有由皇帝临时设置的考试科目，称为制科或制举。其制源于汉代察举中的特科。隋炀帝在大业三年（607年）四月甲午，又下诏以孝悌有闻、德行敦厚、节义可称、操履清洁、强毅正直、执宪不挠、学业优敏、文才秀美、才堪将略、膂力骁壮十科选拔人才。五年（609年）又诏举学业该通才艺优洽、膂力骁壮超绝等伦、在官勤慎堪

---

① 《通典》卷15。
② 《隋书·炀帝纪》。
③ 《隋书·炀帝纪》。

理人事、立性正直不避强御四种人才。制科的特点在于其是出于皇帝的临时特诏，由皇帝亲自定科目，亲临策试，用以搜罗各种人才。

科举制度创立之前，人才选拔实行九品中正制，吏部主要是按照州郡大小中正所选拔和评定的等级来任用。这样，所选拔出来的人必然出身世族，而且门第愈高，品第也就愈高，显然，九品中正制使中央政府选拔人才的权力被削弱。而隋朝开始实行的科举制度，则主要通过礼部和吏部考核应考者的品德与才干，然后依据考核成绩的优劣来选拔任用官吏。这样使中央政府对人才的选拔权力得到了加强。同时，科举制度选拔人才重品德才学，九品中正制则重门第。隋朝规定，"百官不得计考增级，必有德行功能灼然显著者，擢之"。[①] "魏、周官不得为荫"。[②] 这种通过考试公平竞争、任人唯贤的选拔人才政策，为广大中下层优秀知识分子走上仕途，发挥自己才能，参与国家管理，提供了机会。这标志从隋朝开始，庶族地主从此参与国家政权，封建王朝扩大了其统治基础，使魏晋南北朝以来的门阀世族遭到沉重打击，逐渐走向衰落。总之，从隋朝开始，科举制正式作为国家选拔各类人才的考试制度，在中国古代史上一直沿袭了1300多年，直到清朝末年才被废除。

（二）唐朝改革和完善科举制度思想

唐朝建立后，高祖李渊立下每年科考的规矩，到太宗贞观年间得到确立和巩固。唐太宗十分重视科举考试，增加了进士录取人数。唐高宗时平均每科进士仅4.4名，而贞观时期平均每科就已达到10.25名。《唐摭言》载："（进士科）然彰于武德而甲于贞观。盖文皇帝（李世民）修文偃武，天赞神授，尝私幸端门，见新进士缀行而出，喜曰：'天下英雄入吾彀中矣！'"[③] 同书《后论》评论曰："文皇帝拨乱反正，特盛科名，志在牢笼英彦。"即唐太宗通过科举考试，选拔人才，从而使天下英才，均网罗到朝廷，为我所用。

唐太宗之所以十分重视科举考试，是因为他认识到科举考试在选拔人才中的作用，并且对人才在治国理政中的重要性有充分的认识。贞观年间，唐王朝已经建立了一整套科举考试选拔人才的制度，为士人进入国家管理层开辟了一条重要的途径。他开进士科以尊奖文词之士，张榜公布考中之士时，亲自前往考场参观，并亲题飞白体"礼部贡院"四字以作为榜头题词。唐太宗尤其重视进士科。进士科开始时与秀才、明经、明算、明法、明字等科并列，属每岁常举科目，但不久之后，就成为唐代科举中最受重视的科目。《唐摭言》云："进士科始于隋大业中，盛于贞观、永徽之际。缙绅虽位极人臣，不由进士者，终不为美，以至岁贡常不减八九百人。其推重谓之'白衣公卿'，又曰'一品白衫'；其艰难谓

---

① 《隋书·炀帝纪》。
② 《隋书·炀帝纪》。
③ 王定保：《唐摭言·述进士》，中华书局1959年。

之'三十老明经，五十少进士'。其负倜傥之才，变通之术，苏、张之辩说，荆、聂之胆气，仲、由之武勇，子房之筹画，弘羊之书计，方朔之诙谐，咸以是而晦之。修身慎行，虽处子之不若；其有老死于文场者，亦所无恨。故有诗云：'太宗皇帝真长策，赚得英雄尽白头！'"① 从此，贞观年间得到确立和巩固的进士科，成为广大士人一心向往的科名，为之奋斗终生，殚精竭虑，甚至老死科场亦无所憾。

自唐代开始，科举分为常科和制举两种。唐代的常科，其名目繁多，兹缕述如下：一是秀才科。唐代秀才科以博识高才，强学待问，无失俊逸者为秀才，要求高于明经和进士。秀才科试方略策五道，以文理优劣分为上上、上中、上下、中上凡四等。贞观中规定，凡被推荐应试而没有取中者，处分其州长。于是秀才科遂至无人敢应试。唐代取中秀才者总共才十余人。唐以后废绝。

二是明经科。唐朝明经科又分为五经、三经、学究一经、三礼、三传等。唐代把《礼记》《春秋左传》作为大经，《诗经》《周礼》《仪礼》作为中经，《易经》《尚书》《春秋公羊传》《春秋谷梁传》作为小经，而《孝经》与《论语》则是参加科举考试的人均须熟习的。凡通三经以上者为明经，其要求低于秀才而高于进士。明经考试是先帖经然后口试，经问经义十条，答时务策三道，分为甲乙丙丁四等录取。但自武德之后，明经只剩丁等录取。

三是进士科。进士科是唐代科举中最主要的科目。唐制以明娴时务、精熟一经者为进士，每年考试一次，分为甲、乙。但自武德以来，实际上只有乙科。考试初只试策，后乃帖经兼试杂文，开元以后并增诗赋。后又规定诗赋为第一场，论为第二场，策为第三场。唐科举最重进士，被看作是仕途中的正途。唐代进士从政，基本上垄断了省、部、寺、台（御史台）、府（京兆、河南府）各中央机构，以及中央所能控制的州县刺史、县令、参军、丞尉、主簿等职，在政治上形成了与宦官集团、地方军阀三足鼎立的进士集团。

四是明法科。唐明法科属于法律科目，试律七条，令三条，全通为甲第，通八为乙第。

五是明算科。明算科唐代始置。考明算科须通《九章》《海岛》《孙子》《五曹》《孙丘建》《夏侯阳》《周髀》《五经》《缀术》《缉古》诸经。以帖经的方式考试，《九章》三帖，《五经》等七部各一帖，《缀经》六帖，《缉古》四帖；兼试问大义，皆通者为及第。

六是史科。唐穆宗时始置史科，又分为一史与三史两科。一史为《史记》，三史为《史记》《汉书》《后汉书》。每史问大义百条，策三道。义通七十，策通二道以上者为及第。

七是开元礼科。唐德宗贞元年间设置，考唐玄宗开元年间定的礼仪制度。通

---

① 《唐摭言·散序进士》。

大义百条、策三道者，超资与官；义通七十、策通二道者，为及格。

八是道举。唐玄宗时始设置。开元二十九年（741 年）始于京师置崇玄馆，诸州置道学。其生徒应举，谓之道举。举送、课试与明经同。应道举者试《老子》《庄子》《文子》《列子》，及第待遇同明经。

九是童子科。唐童子科规定，凡童子 10 岁以下，能通一经，及《孝经》《论语》，每卷诵文十道全诵者，予官；通七者，予出身。

此外，武则天在长安二年（702 年）又创立了专为选拔武官而设的科目，称为武科，亦称武举。武科考试由兵部主持，考试内容有长垛、马射、步射、平射、筒射，又有马枪、翘关、负重、身材之选。自此以后，常以文、武举并称。地方州县，每年依照举明经、进士的办法，对于诸州初选合格者行乡饮酒礼，然后送到兵部参加全国考试。武举与文科举一样有高下的等级，如唐名将郭子仪曾以武科中高第，补左卫长史。

唐代制科的科目繁多，据统计，多达七十余科，大致可归纳为文词、军武、吏治、长才、不遇、儒学、贤良忠直七科。[1] 如文词类科目有辞殚文律科、蓄文藻之思科、文史兼优科等，军武类科目有将帅科、武足安边科、智谋将帅科、军谋越众科等，吏治类科目有才膺管乐科、才堪经邦科、清廉守节政术可称堪任县令科、达于吏理可使从政科等，长才类科目有文艺优长科、茂才异等科、绝伦科、多才科等，不遇类科目有才高位下科、藏名负俗科、乐道安贫科、抱器怀能科等，儒学类科目有抱儒素之业科、文儒异等科、博学通艺科、风雅古调科等，贤良忠直类科目有志烈秋霜科、疾恶科、贤良方正科、直言极谏科等。

唐朝科举考试的考生来源主要有两种：一是生徒，包括国子监六学、弘文馆、崇文馆、崇玄馆的学生。他们在学校内考试合格后便可直接参加尚书省礼部举行的考试，称为省试。二是乡贡，凡是不属于上述诸学的其他考生，须先持身份、履历证书向州县报名，经县与州逐级对他们进行考试，合格者被传送到京城参加省试。科举考试还有程式上的规定，即考试的方式：凡考核关于经史的内容，有帖文、口义、墨义三种程式；考核关于时务的内容，用"策试"的方式；考核关于文艺的内容，用诗赋、杂文（指箴、论、表、赞等）两种文体。大体上说，唐代制科，帖文、经义、策论三者并试；进士一科，其初只试策，后乃帖经兼试杂文，开元以后并增诗赋。

唐代科举考试为保证公平竞争，在防止考试舞弊方面也采取了一些措施：一是试卷糊名制，即将所有应试者的姓名全部密封，以防止评卷者徇私舞弊。这就是后世弥封制的起源。二是监试制，即考试时，朝廷必须派监考官进行严密监考，以防止应试者在考试时各种舞弊行为。这就是后世御史监试的起源。三是避亲移试。就是如果应试者与主持考试者、评卷者有血缘、亲缘关系等，必须实行

---

① 《中国政治制度通央》第 5 卷，第 430 页。

回避以避嫌。四是扃闱制，又分为封锁试官与关闭应试举子。封锁试官即主持考试官员与评卷官员在考试期间必须与外界隔绝，以防泄漏考试内容及与应试者串通作弊，即后世的入闱制；关闭应试举子就是使应试者在考试期间必须关闭在指定的住所，不得与外界接触，应试者之间也不得互相联系，以防止串通作弊，即后世的锁院制。

科举考试虽然在隋代创立，并在唐高祖时期得到一定的发展，但是，通过科举选拔官员的规模较少，加之受魏晋南北朝以来九品中正制的影响，科举选士在唐高祖时期还没有发挥应有的作用。唐太宗即位后，重视科举制度，提高了科举选拔人才的作用，扩大了科举考试的规模。尤其是他扩大了科举考试的录取对象，并且坚持考试选拔人才的公平性公正性，使得许多有才干的庶族寒门弟子可以入仕为官，"十年寒窗无人问，一举成名天下知"，从而扩大了唐王朝的统治基础。同时，唐太宗通过科举制度影响教育，引导士人学习四书五经和诗词文史，设立各个层次的学校，教授与科举考试相关的内容，使学校教育与科举考试结合起来，从而既控制思想又选拔人才为己统治所用。

（三）唐朝铨选制度

唐代铨选是指量材授官，被铨选的人称为选人。唐代选人的资格包括前资官和有出身人。所谓前资官指以前曾充任过某种职事官，因考满或其他原因停官而待选者。前资官选任时主要根据其原任职期间的"功过善恶"来决定升降任免。有出身（做官的资格）则有5种类型，即科举、门资、武功、艺术、胥吏：其中一是科举出身者，即科举被录取，即是有了出身。但是在唐代，即使科举被录取后，有了出身，但还不能立即授官，还必须经过吏部考试，合格后才可以授予官职。这种考试被称为"释褐式"。唐代科举出身者授官的品级很低，最高不过正八品上，一般都是九品。崇文学生一般都是贵族子弟，都有门荫，任官起点高，但要一下子任为五品官，也要皇帝批准。二是门荫出身者。唐朝门荫之制非常普遍，凡皇亲、高爵及高级品官均可荫其子孙。门荫主要体现在初授官的官阶因为有荫高的作用，可以比一般科举出身者要高。三是勋官出身者。勋官则是授与有军功者的官号。勋官的获得者，有的本来就是流内官，即有职事的官；如不是流内官，就必须番上兵部，宿卫京师，经过四五年后，经吏部考试合格，可以升为流内官。四是技术出身者。技术指依靠专门知识和技能，如医药、阴阳、卜筮、图画、工巧、造食、音声、天文、译语等而被选任为官的，但这类型的官一般为流外官，必须在官府任职若干年后，经过吏部考试，可转为流内官。但他们不能担任政务官，只能担任符合其某专长的技术官，而且升迁也受到一定的限制。五是流外出身官。在唐代国家机构中，流外官占有很大的比例，在各级衙门中办理各种具体事务。任职满年限后，经吏部考选，可以升为流内官，称作"入流"。不过因为流外官不算正途出身，一般只能担任低级的流内官，其升迁有所限制。

唐制，六品以下的官员由尚书省吏、兵二部对于有任官资格的人员按一定标准量材授官。由吏部主持的铨选称为文选，由兵部主持的铨选称为武选。岭南、黔中等地因距京城遥远，由朝廷派官到当地主持选官，称为南选。相对于南选来说，京师与东都进行的铨选便称为北选。按选授对象的不同，铨选又可分为任命职事官九品以上的官员称为流内铨与任命未入流的吏职称为流外铨。

唐朝铨选官员，文官标准有身（取其体貌丰伟）、言（取其词顺言正）、书（取其楷法遒美）、判（取其文理优长）四项。武官铨选"以五等阅其人：一曰长垛，二曰马射，三曰马枪，四曰步射，五曰应对。以三奇拔其选：一曰骁勇，二曰材艺，三曰可为统领之用，其尤异者，登而任之，否则量以退焉"。① 三铨以后定出留、放人名，向选人公布，称为"长名"，又称"长榜""长名榜"。得留者依诠注期限注官唱名。注拟时还得回避亲族。选人如不同意所注拟官职，可以要求重新注拟，经三次注官唱名仍不同意时，可以等下届冬集，届时可以免试书判，只需检旧判注拟。注唱完毕，铨选还得经过几道审查手续：首先，是吏部、兵部将所拟官以类相从，编为甲历，称为"团甲"，送尚书都省审核；都省审核后将选人注拟名单送门下省复审，称为"过官"；过官以后，便由中书省的中书舍人起草任命状——告身。铨选工作至此基本完成，被铨选的官员等着任命和赴任了。

唐制，五品以上官员的选授由中书门下办理，皇帝任命。任命时不须经过铨试的程序。其理由是"四品、五品官不复试判者，以其历任既久，经试故多，且官班已崇，人所共知，不复为伪滥耳。"②建中三年（782年）中书门下奏称："准贞观故事，京常参官及外官五品以上，每有除拜，中书门下皆主簿书，谓之'具员'，取其年课，以为迁授，此国之大经也。"具员簿除记载官员的功过、考绩之外，还记载官员乡贯、历任、官讳等内容，也就是五品以上官员的档案材料等，由中书门下掌握。五品以上官考满后，也得排序等待授官。待选期间，由所在州府或京兆尹每两月向中书门下申报一次。待有员阙时，依"具员簿"授官，而应入三品或尚书省四品官者，还得临时报请皇帝裁定。

唐代，朝廷为了广泛选任各种人才参与国家管理，除了上述一般的铨选制度外，还另外设置了特别的科目选、非时选和使府辟署等选官制度，作为一般铨选制度的补充。

科目选顾名思义通过与科举相同科目的考试，而打破年限制选拔人才任官的方式，其科目主要有开元礼、学究一经、三礼、三传、一史、三史、明习律令等。科目选由吏部主持，应试者必须是有出身或前资官，不限选数。考试合格后即予拔擢升迁。

---

① 《唐会要》卷5《兵部尚书》。
② 《通典》卷17《选举五》。

非时选是一种对于有特殊政绩的官员破格进行铨选。如太和七年五月敕节文称，"县令、录事参军，如在任绩效明著，兼得上下考及清白状、陟状者，许非时放选，仍优予处分"。①

使府辟署指由节度使府自行辟署僚属。使府辟署是把双刃剑，可能会使地方节度使府自辟僚属，权力过大，形成地方独立王国；但是另一方面，如禁止地方节度使府自辟僚属，地方没有一定的自主权，地方事务也难以管理好。唐朝自太宗开始派遣使职巡察地方，逐渐形成了以使职管理监督地方的制度。因为使职是临时派出的官员，作为中央朝廷的代表节制地方，可免专擅、权力过大之弊，故朝廷赋予他们以自辟僚属的权力。这一方面固然是因为使职是临时性的派遣而非正规官制之内的官员，无固定编制，任务完成即撤销；另一方面也是朝廷赋予他们一定的自辟僚属自主权，有利于他们形成团结精悍的团队，更好地完成朝廷赋予的使命。即使是唐中期以后普遍设立的节度使，也是作为中央在地方的代表，为"责其成效，专其事权"，② 仍然允许其自行辟署僚属。另一方面，当时科举制度取士名额少，录取后还要经过吏部考试，才能充任八品九品小官，并且科举以固定程式取士，难免使很多有才能的士人不能选上。其中最典型的例子就是唐著名散文家、思想家韩愈曾"四举于礼部方一得，三选于吏部卒无成"。③ 后来还是通过任幕职而崭露头角，最后当上大官。因此，使府辟署制度在一定程度上弥补了科举制度选任人才上的不足。由于入幕者"或以白丁命官，或自下僚擢进"，"惟其才能，不问所从来"，④ 可以给在科举场上失败的士人多一条仕进之路。如房仁宝，"始以文进，不得其志"，后来"以笺奏符檄之才，职居藩服"，⑤ 后任节度掌书记而检校礼部尚书。唐朝后期，藩镇幕职荐举给朝廷后，有不少人为官至宰相。五代后梁曾一度废除了使府辟署制度，但对于选拔人才产生了不好的效果，于是在后唐时又予以恢复。

（四）唐朝官吏任用限制

唐朝官吏任用有不少限制，兹举其中一些主要的限制：（1）出身和流品的限制。唐制规定，贵族子弟入仕的年龄低，初任的官职高；寒门入仕的年龄高，而且只能升至一定的官阶。官员的任用，根据不同的身份与流品，都有具体的限制规定。如神功元年（697 年）闰十月二十五日敕，"流外及视品出身者"，不得任"中书主书、门下录事、尚书都事"等七品官中紧要官。⑥（2）年龄限制。唐代任官年龄限制，以开元二十一年（733 年）为界，在此之前，年龄限制较

① 《唐会要》卷 74《论选事》。
② 《唐会要》卷 79《诸使杂录下》。
③ 王鸣盛：《十七史商榷》卷 81。
④ 曹彦约：《经幢管见》卷 4；李埴《阅史郄视》卷 4。
⑤ 《文苑英华》卷 412《授保大军节度掌书记检校散骑常侍房仁宝检校礼部尚书制》。
⑥ 《唐会要》卷 75《选部下·杂处置》。

严，依《循资格》规定，年三十始可出身，四十乃得从事；在此之后，年龄限制较松，凡有才优业异操行可明者，任吏部临时擢用。但是，对于莅民之官始终年龄限制较严：凡要官儿子，年少未经事者，不得作县官亲民。五代时亦有此规定。后汉乾祐二年（949年），右拾遗高守琼上言，仕官年未三十，请不除授县令。于是朝廷诏天下，"年少未历资考者，不得任注县令"。① （3）经历限制。唐制规定，一些重要官职，必须担任过县令才能充任。如"凡官不历州县者，不拟台省"。② 显然，其用意在于担任中央台省官职的人，必须有一定的地方行政经验。还有一些官职任职未满一定期限不得改任他官。如"进士及第后三年任选，委吏部依资尽补州府参军、紧县簿尉，官满之后，来年许选，三考后听诸使府奏用便入。协律郎、四卫佐，未满三考，不在奏改限"。③ （4）专业学识的限制。由于司法关系到广大民众诉讼、判案的公正性，唐代对于司法官员的人选，要求选拔熟法理者担任。开元十四年（726年）十二月二十五日敕："比来所拟注官，多不慎择，或以资授，或未适才，宜令吏部每年先于选人内精加简试，灼然明闲理法者略拟。其评事以上，仍令大理长官相加简择。"④ 对于秘书省、弘文馆、崇文馆、左右春坊、司经局、校书郎、正字诸官，亦要求精通专业，因为这些官员需要较高的文化水平和学识才能胜任。元和三年（808年）三月敕，上述诸官"宜委吏部，自今平流选人中，择取志行贞进艺学精通者注拟"。⑤ （5）对伎术官任用的限制。所谓伎术官，主要是指掌握特殊技能，如音乐、医药、天文等专业的官员。唐代规定他们只能在本专业部门任职。除非在职年久，否则不得外任。伎术官外迁他官，往往被人诟病，认为是"器用纰缪，职务乖违，不合礼经"。⑥ （6）对于犯罪官员再任的限制。《唐律疏议》卷2《名例》中规定，凡是除名的官员，官职与爵位全都免除，六年之后，依照除名官吏的任用规定，并照出身资格重新任用。唐朝重惩官吏贪赃枉法等犯罪，特别规定："内外官有犯赃至解免以上，纵逢赦免，并终身勿齿。"⑦ （7）亲属回避。唐制，凡职责相连或监临检察的官职，亲族内需要回避。如宰相之子不能任谏官，兄弟不可在同省任职。（8）籍贯限制。唐制，官吏不得在本籍及其邻近州县任职。咸亨三年（672年），特许雍、洛两州人任京兆、河南府官，可知在此之前，雍州人是不得任京兆府官，洛州人是不得任河南府官的。（9）居父母丧及亲丧未葬均不得为官。唐制，父母去世必须服丧27个月，在这期间不得任官，

---

① 《五代会要》卷22《杂处置》。
② 《文献通考》卷37《选举十》。
③ 《册府元龟》卷641《贡举部·条制三》。
④ 《唐会要》卷75《选部下·杂处置》。
⑤ 《唐会要》卷75《选部下·杂处置》。
⑥ 《唐大诏令集》卷100《厘革伎术官制》。
⑦ 《旧唐书·玄宗纪》。

违反此项规定要处以徒刑。此外，亲丧守制之期虽满，如未安葬而出仕，必须遭罢黜官职的处罚。如颜真卿曾劾奏朔方令郑延祚母死不葬 30 年，有诏终身不齿。至五代后周广顺中正式下诏规定，亲未葬者不许入仕。

二、监察官吏思想

（一）隋朝监察官对官吏监察思想

隋初的监察机关只有御史台，炀帝时增设了谒者、司隶二台，合为三台。文帝时御史台长官大夫 1 人，次官为治书侍御史 2 人，其下有侍御史 8 人，殿内侍御史、监察御史各 12 人。御史之职在纠察弹劾非法。隋朝官吏被御史弹劾的事例在史传中屡有所见。如隋文帝时京师闹粮荒，诏令禁酒。但舒国公使其妾租屋当垆卖酒，此事被治书侍御史梁毗所弹劾。① 同书卷 41《苏威传》载，尚书右仆射苏威数次遭弹劾：一是因不理政事，为御史弹劾；二是因在高阳典选，滥授人官，被御史大夫裴蕴弹劾；三是侍御史梁毗"以（苏）威领五职，安繁恋剧，无举贤自代之心"，抗表弹劾之。开皇时柳彧为治书侍御史，持节巡省河北五十二州，"奏免长吏赃污不称职者二百余人，州县肃然，莫不震惧。"②

隋朝谒者台长官大夫一人，"掌受诏劳问，出使慰抚，持节察授，及受冤枉而申奏之。"③ 司隶台掌诸巡察，长官也称大夫。下有别驾 2 人，分察畿内，1 人管东都洛阳，1 人管京师长安。有刺史 14 人，掌巡察京畿以外的全国郡县。诸郡从事 40 人，副刺史巡察。隋代刺史巡察，仿汉制以六条刺察郡县："一察品官以上理政能不；二察官人贪残害政；三察豪强奸猾，侵害下人，及田宅逾制，官司不能禁止者；四察水旱虫灾，不以实言，枉征赋役，及无灾妄蠲免者；五察部内贼盗，不能穷逐，隐而不申者；六察德行孝悌，茂材异等，隐而不贡者。每年二月，乘轺巡郡县，十月入奏。"隋代的六条监察，与汉代的六条问事，在内容有所不同：一是监察的范围比汉代扩大。汉代六条规定的监察范围是强宗豪右、二千右地方官及其子弟；隋代的监察范围是扩大到所有品官以上。二是监察的重点有所不同。汉代六条监察的重点是豪强的兼并和地方官是否阿附豪强，反映了汉代中央政府为防范地方官与豪强势力勾结，威胁刚刚建立不久的统一的中央集权封建君主制；而隋的六条监察的重点在于考察品官理政能力和纠察贪酷害政，而把刺察豪强奸猾放在相对次要的地位，反映了隋朝最高统治者对地方官能力与品德两方面考核的重视。《隋书·厍狄士文传》载："（贝州刺史）士文至州，发摘奸隐，长吏尺布升粟之赃，无所宽贷。得千余人而奏之，上悉配防岭南。"刺史巡察的职责是"激浊扬清"，贪黩的郡守可以免职，有功的则上报

---

① 《隋书·刘昉传》。
② 《隋书·柳彧传》。
③ 《隋书·百官下》。

其事迹加以旌勉。三是考察官吏行为的重点不同。汉代六条着重于考察地方官不奉诏书、违背典制、滥施刑罚、不遵法纪、依附豪强、蔽贤宏顽；隋朝六条着重考察地方官镇压盗贼、申报灾荒、征调赋役及荐举人才方面的政绩。总的说来，历史背景的不同，导致汉代六条与隋朝六条虽同为六条，但监察的侧重点不同。汉代是中国古代史上刚建立的统一的中央集权制的封建君主制，地方诸侯国对中央朝廷威胁很大，因此其监察重点是为防范地方官与豪强势力勾结，威胁刚刚建立不久的统一的中央集权封建君主制；而至隋朝时期统一的中央集权制的封建君主制已经较为成熟完善，因此转移到对地方官能力与品德两方面的考核，其在监察内容上也比汉朝广泛得多。

（二）唐朝御史监察制度的完备成熟

唐代的御史监察制度比较完备成熟。中央监察机关仍为御史台，已成为一个独立完整的监察机构。御史台长官为大夫，1人，正三品；次官为御史中丞，2人，正四品下。御史台内设有三院，即台院，侍御史4员，从六品下；殿院，殿中侍御史6人，从七品下；察院，监察御史10人，正八品上。三院御史共司监察，各有侧重，互相配合，构成了一个严密的监察体系。

唐代的御史监察制度比较完备成熟，其主要表现在以下6个方面：

（1）唐代以御史纠弹百官，御史监察的对象十分广泛，从一般官员到宰相，从朝廷的命官到亲王、外戚，从宦官到内常侍，从官吏个人到政府机构，从中央到地方，官吏无论已故或在世，都无例外要受到监察，如有违法乱纪行为，均要受到纠弹。甚至御史台本身的官员，如御史中丞、监察御史，也在被弹劾之列。如御史纠劾不当，尚书省左右仆射和左右丞兼得弹之，这是唐代监察机构完备成熟的表现之一。

五代时，朝廷仍然十分重视御史对百官的弹劾权。后汉乾祐二年（948年）五月，殿中侍御史窦文靖奏："台中纠弹过失，旧有十六慝事，节次不举明。臣访闻朝官有便服徒步城市者，既通阆籍，实污朝风。"隐帝敕令："宜令御史台常加察访，具以名闻，当行遣逐。隐而不言，与之同罪。"①

（2）唐朝的职官共分九品三十阶，大致又可分为三个大的等级。三品以上职事官是中央台省（包括六部）寺监的长官、诸卫将军、地方府尹、上州刺史等，绝大多数由皇帝亲自任命。四、五品官多半是中央各部门次官、要职以及其下属各司、局、署一级长官，他们一般由宰相提名经皇帝批准。至于六品以下，官多数卑，他们的任命只需通过吏、兵二部铨选注拟并经过例行的一些审报手续即可。根据以上三个等级的划分，查检《册府元龟·宪官部·弹劾三》（以下简称《弹劾三》），被御史弹劾的官员一般均在五品以上，只有御史除外。可能由于御史是宪官，执邦国刑宪典章，更需要正身守道。唐对地方州县长官的监察主

① 《五代会要》卷17《杂录》。

要由道按察使、观察使等负责，由他们弹奏，然后交御史或三司等推鞫判决。如"阳履为永州刺史，贞元十六年观察使吕渭奏履犯赃，令三司使推鞫。"① 查《册府元龟·牧守部·贪黩》载有 47 人贪黩，只有一起为御史直接弹劾，但也属于特殊情况，是御史因私憾而奏举；同书《令长部·贪黩》则没有一起为御史所奏。中央御史台对地方官吏的监察一般局限在地方各道节度使或观察使，以及京兆、河南等府尹，《弹劾三》所载被弹劾的地方官员均在此列。

（3）据《唐六典·御史台》载："凡中外百僚之事应弹劾者，御史言于大夫，大事则方幅奏弹，小事则署名而已。" 其实，唐朝有很长时期御史可不经大夫，而径直上奏皇帝弹劾的。早在武则天长安四年（704 年），萧至忠为监察御史，弹凤阁侍郎同凤阁鸾台三品苏味道赃污，贬官。御史大夫李承嘉尝召诸御史，责之曰："近日弹事，不谘大夫，礼乎？"众不敢对，至忠进曰："故事，台中无长官，御史人君耳目，比肩事主，得各自弹事，不相关白，若先白大夫，而许弹则可，如不许弹则如之何？如弹大夫，不知白谁也？"② 由此而知，御史这时已有直接向皇帝奏事弹劾的权力，这种权力虽御史大夫也不能夺，因此至忠才敢据理力争。但是大夫又可召诸御史责问之，可见不白大夫的事又未形成明确的制度。到了中宗"景龙三年（709 年）已后，（御史）皆先进状听进止，许即奏，不许即止。"③ 但是这种规定并没实行多久，到开元十四年（726 年）崔隐甫任御史大夫之前，"宪司故事，大夫已下至监察御史，竞为官政，略无承禀。"④ 可见中宗朝的规定已被取消。御史可以不通过宪台长官批准，直接向皇帝奏事，这种独立弹劾的权力，加强了御史对百官以及御史之间相互监察的职能。如敬宗宝历元年，"御史肖彻弹京兆尹兼御史大夫崔元略违诏征畿内所放钱万七千贯，付三司勘鞫不虚，辛丑，敕削元略兼御史大夫。"⑤

（4）据《唐六典》规定，御史台三院各有分工，一般的弹劾之事主要由台院的侍御史负责，即"掌纠举百僚"，"凡事非大夫、中丞所劾而合弹奏者，则具其事为状，大夫、中丞押奏。" 其实不然，弹劾的提出并非只是侍御史，由监察御史提出的也不少。仅据《弹劾三》统计，由御史大夫提出弹劾的有 11 人次，御史中丞提出的有 14 人次，侍御史提出的有 14 人次，监察御史提出的有 14 人次，殿中侍御史提出的有 2 人次。

在唐三院御史中，特别值得注意的是监察御史。其官品最低，为正八品上，然而地位重要，权力很大，事务繁重。监察御史 10 员，肩负着监察六部、司农

---

① 《册府元龟》卷 700《牧守部·贪黩》。
② 此条史料《唐会要》卷 61 和《册府元龟》卷 515《宪官部·刚正二》所载均有错简，兹综合两条史料叙述之。
③ 《唐会要》卷 61《御史台中》。
④ 《旧唐书·良吏下》。
⑤ 《旧唐书·敬宗纪》。

寺、太府寺等中央要害部门的重任。尚书省有会议亦监其过谬，还经常接受皇帝的委派，分察巡按郡县、屯田、铸钱、岭南选补等。其对百官的弹劾人次与侍御史不相上下，弹劾的对象可以是凤阁侍郎同凤阁鸾台三品、兵部尚书同中书门下三品这样的宰相。因此《通典·职官六》称"职务繁杂，百司畏惧"。特别是当他们分察地方时，更是"州县祗迎，相望道路，牧宰祗候，僮仆不若"。① 监察御史虽然品价低，但迁转年限要比其他官员短。唐制，一般官员须经四考（每年一考）之后，才能按格铨注，迁转他官。但监察御史的考限通常为 25 个月，殿中侍御史 15 个月，侍御史 12 个月。监察御史一般多选自京畿簿尉，以后逐级迁升为殿中侍御史、侍御史。如调任其他部门，则多为郎中、员外郎，最后提升为御史大夫、宰相的也不乏其人。

（5）唐朝是封建法制比较健全的朝代，对于官吏的弹劾必须以事实为依据。如无真凭实据，则按稽察失实论处，甚至反坐诬告罪。唐初，御史有"风闻弹事"的规定，就是御史台官员可以根据风闻所知，弹劾官吏，不公开告事人姓名，不需要有确凿的证据。到了唐高宗永徽四年（553 年），崔义玄为御史大夫，"始受定（'受定'当为'定受'）事御史，人知一日，劾状题告人姓名。"②

唐朝的御史弹劾百官，是以皇帝的诏令以及律令格式为准绳，来确定官吏是否违法乱纪。"景龙二年（708 年）十二月，御史中丞姚廷筠奏称：'律令格式，悬之象魏，奉而行之，事无不理。比见诸司僚寀，不能遵守章程，事无大小，皆悉奏闻……比者修一水窗或伐一枯木，并皆上闻旒扆，取断宸衷，岂代天理物，至公之道也。自今以后，若缘军国大事，及牒式无文者，任奏取进止，自余据章程合行者，各令准法处分。其故生疑滞，致有稽失者，望令准御史随事纠弹。'上从之"。③ 这里明确规定，对于律令格式，必须奉而行之，如不按律令格式办事，不能遵守章程者，事无大小，御史应予纠弹。史籍中屡见不鲜的"坐赃""受纳货贿""隐没""违格科率""违诏征钱""擅用官钱"等等，在唐律中均为经济上违法乱纪行为，都在御史弹劾之列，这里就不一一列举了。

唐朝监察御史在中央分察百官主要就是分察尚书省六部。《新唐书》卷 48《百官三》载："监察御史分察尚书省六司，縠下第一人为始，出使亦然。"其第一人、第二人的次第是指入察院的先后而言。兴元元年（784 年）以监察御史第一人察吏部、礼部，兼监察使；第二人察兵部、工部，兼馆驿使；第三人察户部、刑部。元和中，以监察御史之新任者不出使无以观察其能否胜任，乃命专察尚书省六部，号称"六察官"。

---

① 《唐会要》卷 62《出使》。
② 《册府元龟》卷 516《宪官部·振举一》。《唐会要》卷 60《御史台》载："至开元十四年（726年），始定受事御史人知一日，劾状遂题告事人名。"此又一说，待考。
③ 《唐会要》卷 61《弹劾》。

　　唐代的"六察御史"制在唐末后梁时废除，至后唐同光二年（924 年）又予以恢复。当时的六察职责是："吏察，应吏部南北两曹磨勘选人，各具驳放判成人名衔，牒报分察使，及三铨应锁铨注官后，具前衔名，拟报分察使点检。若有逾盗，即察使举追本行人推鞫。户察，应户部司诸州户账贡物，出给蠲符，具事件合报察使。兵察，应兵部公事，一一合报察使。刑察，应刑部法律、赦书、德音、流贬、量移、断罪轻重，合报察使。礼察，应酬礼部司补转铸印、诸祠祭料法物，合报察使。工察，应工部司工役，合报察使。"① 后唐的六察制度虽也是由御史台派遣御史 6 人分察六部，但主要是由六部主动向六察使分别汇报本部工作情况，接受六察使的检查监督，是一种自报和监督相结合的监察方式，与唐制有所不同。

　　唐代的御史在对地方官进行监察时，其形式有两种：一是监察御史"掌分察巡按郡县、屯田、铸钱"②；二是以十道巡按的方式监察。两者稍有不同。监察御史出按州县，一般是地方出了较大的案件，需要中央监察官前往处理，因此多带有敕命，兼有特使的性质。十道巡按则是一种经常性的地方巡回检查。安史之乱后，唐的"道"逐渐由监察区变为凌驾于州县之上的一级行政实体，那些观察使则成为地方行政长官了。担任十道巡按的官员可以是监察御史、殿中侍御史，也可由监察官之外的其他官员充任。据《新唐书·百官三》载，十道巡按以六条察事："其一，察官人善恶；其二，察户口流散，籍账隐没，赋役不均；其三，察农桑不勤，仓库减耗；其四，察妖猾盗贼，不事生产，为私蠹害；其五，察德行孝悌，茂材异等，藏器晦迹，应时用者；其六，察黠吏豪宗兼并纵暴，贫弱冤苦不能自申者。"唐朝巡察六条显然在继承隋朝六条刺察的基础上又有所发展：其一，唐朝巡察六条更是以惩治贪官污吏、察举为官优劣为总原则，以考核官吏的品德、政绩、文才作为监察文官的基本标准，因此巡察六条是御史和监察使职共同适用的举劾官吏的标准。其二唐朝巡察六条更具体侧重于对地方官吏经济上的考察，唐代对地方的巡按比起汉代刺史的六条问事，其经济监察的成分大大增加。第二、三条中所察户口、籍账、赋役、农桑、仓库等，都是封建政权赖以存在的基础。察户口流散、籍账隐没是为了能如实地征收赋税、加派徭役；察农桑不勤、仓库减耗则是为了发展农业生产，保持并不断增加封建国家的收入。

　　（6）唐朝御史在财经和司法上的监察思想。唐代御史在财经上的审计监督是其监察工作中的重要内容，《册府元龟·宪官部·弹劾三》上下记载了唐朝 54

---

① 《五代会要》卷 17《监察御史》。
② 《旧唐书·职官三》。

次弹劾，① 其中有 27 次涉及经济上的违法乱纪，占总数的 50%。唐御史对财经的审计监督，大致有 4 个方面的内容值得注意。

第一，监临户部、司农寺、太府寺等重要财经部门。最迟在玄宗开元年间，御史台监察六部已开始。监察御史"若在京都，则分察尚书六司，纠其过失"②。起初，由一个监察御史负责监察两部，后来大概事剧务繁，改由六个监察御史分察六部，号称"六察官"。监察御史对户部的监察，主要就是对国家财政财务的总收支进行监督。

唐司农寺、太府寺是国家重要的经济部门，亦由监察御史"知太府、司农出纳"。③ 其中司农寺的太仓是国家粮库，太府寺的左藏是国家的金库，二者分担着封建政府金谷贮藏的具体事务。这与户部掌财经政务但举大纲是大不相同的，更需要加强监督，以防止仓官库吏的出纳不如制。监仓库的工作由监察御史和殿中侍御史交替负责。从《唐会要》卷 60《殿中侍御史》记载的太和元年御史大夫李固言的奏文，可较具体地知道御史定期监察仓库的一些情况。"监太仓殿中侍御史一个，监左藏库殿中侍御史一人，台中旧例，取殿中侍御史从上第一人充监太仓使，第二人充监左藏库使，又各领制狱。伏缘推事，皆有程限，所监遂不专精，往往空行文牒，不到仓库，动经累月，莫审盈虚。遂使钱谷之司，狡吏得计，至于出入，多有隐欺。臣今商量，监仓御史，若当出纳之时，所推制狱稍大者，许五日一入仓，如非大狱，许三日入仓。如不是出纳之时，则许入库其左藏库公事，寻常繁闹，监库御史所推制狱大者，亦许五日一入库。如无大狱，常许一旬内计会，取三日入库句当，庶使当司公事，稍振纲条，钱谷所由，亦知警惧。"这里指出以前由于监仓御史空行文牒，没有亲自到仓库监督，以致莫审盈虚，狡吏得计，多有隐欺。现在李固言建议监仓御史在各种不同情况下，都得定期入仓库检校，监其出入，这的确是十分必要的。还有以《旧唐书·职官三》司农寺、监察御史条的记载与 1971 年出土的含嘉仓仓窑铭砖互证④，含嘉仓由司农寺派仓监掌仓窑储积之事，丞为之贰。凡出纳账纸，岁终上于寺司。监门负责禁卫，监仓御史负责监督。根据"京师仓库，三月一比"的规定，含嘉仓还要每季一勾会。届时除本仓、司农寺官员外，还有尚书刑部、御史台、东都府等部门的官员共同参加。由于御史对仓库的监督是卓有成效的，因此这项制度能持之以恒，终唐一世，没有什么改变。

第二，对官吏在经济上的违纪犯法行为进行弹奏纠察。有关这方面的监察又可分为以下两种类型：其一是对官吏的贪赃进行弹劾，如纠弹赃污、坐赃、盗隐

---

① 《册府元龟》卷 520《宪官部·弹劾三》（以下简称《弹劾三》）比较全面记载了唐代御史弹劾事件，下文将以此为依据，做一些统计分析。
② 《唐六典》卷 13。
③ 《唐六典》卷 13。
④ 《洛阳隋唐含嘉仓的发掘》，载《文物》1972 年第 3 期。

官物、克扣钱饷、受纳货贿等。这种弹劾在史籍中最为常见，《弹劾三》中 27 次涉及经济问题的弹劾就有 13 次是关于贪赃的。如 "马怀素为左台监察御史，时夏官侍郎李迥秀恃张易之势受纳货贿，怀素劾之，迥秀遂罢知政事。"① 官吏犯有赃罪，即使死后才被发现，照样也不能放过。如 "黄裳殁后，贿赂事发。八年四月，御史台奏：'前永乐令吴凭为僧鉴虚受托，与故司空杜黄裳，于故州邠宁节度使高崇文处纳赂四万五千贯，并付黄裳男载，按问引伏。'"② 其二是财政财务收支上的不如制，如违敕贡献、违制进羡余钱、违诏征钱、擅用官钱、违额加给等。这方面的弹劾仅次于贪赃，在《弹劾三》中占 7 次。财政财务收支上的不如制有的即使涉及皇帝，御史为正朝廷纲纪，取信于天下，照样弹劾不误。如 "卢坦为御史中丞，举奏前山南西道节度使柳晟、前浙东观察使阎济美违诏贡献，二人皆得罪于朝堂。宪宗召坦对，褒慰久之，曰：'晟等所献，皆以家财，朕已许原，不可失信。'坦曰：'数令陛下之大信也，天下皆知之。今二臣违令，是不畏法，陛下奈何受小信而失大信乎？'帝曰：'朕已受之，如何？'坦曰：'归之有司，不入内藏，使四方知之，以昭明德。'帝深善其言。"③

第三，唐代的御史还充任租庸使、税钱使、盐铁使等各种使职，督察征税；充任铸钱使，加强对铸钱业的监督。如代宗即位后，有人建议 "税亩有苗者，公私咸济"，于是 "乃分遣宪官，税天下地青苗钱，以充百司课料。至是，仍以御史大夫为税地钱物使，岁以为常，均给百官。"④ 唐后期有时因御史台人手不够，也委托诸道盐铁、转运、度支、巡院代为察访，上报台司，以便监督地方的财政财务收支。唐宪宗元和四年（809 年），御史中丞李夷简奏："知监院官多是台中僚属，伏请委以各访察本道使司及州县有违格敕不公等事"⑤，"诸州府于两税外违格科率，诸道盐铁、转运、度支、巡院察访报台司，以凭举奏"⑥ 宪宗同意了李夷简的奏请。到了文宗开成四年（839 年），御史中丞高元裕进一步奏请："自今以后，三司知监院官带御史者并属台司，凡有纪纲公事，得以指使。"⑦ 这样把三司和监院官正式纳入御史台的统辖之内，加强了朝廷对地方财政财务的监督。《弹劾三》记载了宪宗和文宗朝共 11 次的弹劾，其中就有 9 次是有关地方官在经济上违法乱纪的弹劾。

考察唐御史监察制度，御史对户部、司农寺、太府寺等重要经济部门的监督一般是定期的，采取事中审计的方式，如亲临仓库，监其出纳，防患于未然。与

---

① 《弹劾三》上。
② 《旧唐书·杜黄裳传》。
③ 《册府元龟》卷 515《宪官部·刚正二》。
④ 《旧唐书·食货上》。
⑤ 《册府元龟》卷 516《宪官部·振举一》。
⑥ 《旧唐书·宪宗上》。
⑦ 《册府元龟》卷 516《宪官部·振举一》。

此相反，对官吏个人的经济监察则是不定期的，并且采取事后审查监督的方式，即什么时候发现官吏在经济上有违法乱纪行为，就随时进行察访弹劾，借此对百官产生震慑作用，使其不敢为非作歹，以身试法。

第四，御史台还有部分的司法审判权和司法监督权。唐以前御史台对司法机关的监督较为微弱，主要体现在对于法律法令的监督。唐朝规定，御史台对于刑部、大理寺判刑不当的，可以提出异议。就是皇帝亲自处理的案件，如果御史认为不合法律规定，也可以进谏。这就加强了御史对司法的监督。唐代还赋予御史台部分司法审判权。在唐初，御史原不理词讼，通词的人须在台外等候，御史按时在门外收状，认为其事涉及官员应当弹劾的，就具情状上奏，但对通词者的姓名加以保密，托言风闻访知，这便是所谓"风闻论事"。但御史中疾恶如仇者毕竟少数，因循敷衍者多，渐使"通状"壅滞，或竟至无御史上劾状。永徽年间崔义玄为御史大夫，便开"受事"之例，由御史一人轮值，接受状词。劾状中亦得叙述告人姓名。开元以后，遂成定制。

御史台鞫审刑狱的形式有东推、西推和三司会审三种。东推由东推御史主持，掌推鞫京城百官的违法失职案件；西推由西推御史主持，掌推鞫各地方州县官吏的违法行为。东、西推均是御史台独家鞫审的诏狱。三司会审是由刑部、大理寺和御史台官员组成三司，共同鞫审大狱。御史台是由于职掌弹劾而取得司法职能的，在多数情况下，是直接受皇帝的旨令进行鞫审的，所以与纯粹的司法机关是有所区别的。唐朝御史台司法审判权的实施，是御史制度的一个发展。

此外，御史台尚有各种专门监察之权。隋末唐初，以御史为监军，至武后垂拱中停废。唐朝还以御史分察京城不法之事，称为知左右巡；以御史分巡天下黜陟官吏，称为黜陟使；以御史巡查馆驿，称为馆驿使；以御史监考，称为监考使；以御史监百官退朝后廊下就餐，称为廊下食使。此外，唐代的察院还有各种杂差，如监决囚徒及罪人之笞于朝者；战时大胜掌数俘奏功；国忌日与殿中侍御史分巡寺观；宴飨、习射，纠察不如仪者；蒐狩，监察断绝失禽。五代时，不以琐细之事差御史外出，故御史任使渐少。限制台臣外出，旨在整饬台纲，防止有失风宪之事的发生。

总之，御史对不法官吏的弹劾在肃正朝廷纲纪，整饬吏治，维护封建统治上，起了一定的作用。这就是"御史台朝廷纲纪，台纲正则朝廷理，朝廷正则天下理。"[①]

三、对官吏考课思想

隋唐时期，尚书省的吏部尚书、侍郎"掌天下官吏选授、勋封、考课之政

① 《旧唐书·狄兼谟传》。

令"，① 由考功司具体负责对中下级官吏的考课。高级官员的考课，则由皇帝亲自掌握。

（一）隋朝吏部与朝集

隋代吏部尚书统吏部、主爵、司勋、考功四司，其中考功司掌官吏考课，"大小之官，悉由吏部，纤介之迹，皆属考功"。② 隋制，九品以上的地方官，由吏部每年考核一次，于每年年终到中央报告工作，叫作"朝集"。《隋书·房彦谦传》载："尝因朝集，时左仆射高颎定考课，彦谦谓颎曰：'……比见诸州考校，执见不同，进退多少，参差不类。况复爱憎肆意，致乖平坦，清介孤直，未必高名，卑谄巧宦，翻居上等。直为真伪混淆，是非督乱。宰贵既不精练，斟酌取舍，曾经驱使者，多以蒙识获成，未历台省者，皆为不知被退。又四方悬远，难可详悉，唯量准人数，半破半成。徒计官员之少多，莫顾善恶之众寡，欲求允当，其道无由。明公鉴达幽微，平心遇物，今所考校，必无阿枉。脱有前件数事，未审何以裁之？唯愿远布耳目，精加采访，褒秋毫之善，贬纤介之恶。得直有光至治，亦足标奖贤能。'"从这段记载我们可以看出由于隋祚短促，考课未形成严密的制度，疏漏之处不少。

（二）唐朝对官吏考课制度

到了唐朝，随着封建政治制度更臻成熟，考课制度才逐渐健全完备起来。唐政府规定考课由吏部总领，吏部尚书、侍郎"掌天下官吏选授、勋封、考课之政令"③。吏部下属有四个部门，其一为考功，设考功郎中一员，从五品上，判京官考；考功员外郎一员，从六品上，判外官考。唐制，一般考功郎中只能判京官四品以下考，员外郎亦不能判节度、都督考，宰相、三品以上京官及藩帅等的考课由皇帝亲自或另派人审校，称为内考、内校，谏官、御史及翰林学士考第亦由内校。为了保证考课的公允确实，"贞观初，岁定京官望高者二人，分校京官、外官考，给事中、中书舍人各一人莅之，号监中外官考使……其后屡置监考、校考、知使考"④。

唐考课分为小考、大考。小考是每年进行一次，评定当年的为政优劣；大考是若干年（一般为三至四年）进行一次，综合被考人数年中的等第以决定升降赏罚。考课的方式是由下而上。首先，由中央诸司和地方各州长官考定下属官吏，"凡应考之官家，具录当年功过行能"，写一简要考状，由"本司及本州长官对众读，议其优劣，定为九等考第"⑤。如果被考人有异议，可以提出重新复核。考后还要"各于所由司准额校定"，即各州司应有多少上考、中考、下考，

---

① 《旧唐书·职官二》。
② 《隋书·刘炫传》。
③ 《旧唐书·职官二》。
④ 《新唐书·百官一》。
⑤ 《旧唐书·职官二》。

要由中央掌考机关确定一定的比例。初考后，京师各司直接送尚书省考功部门，地方则"附朝集使送簿至省"。"凡天下朝集使，皆以十月二十五日至京师，十一月一日户部引见讫，于尚书省与群官礼见，然后集于考堂，应考绩之事"。① 被考人的考状是吏部进行考核的主要依据。考状要求尽量具体，不得有虚美闲言。如"宪宗元和十四年（819年）十一月考功奏：自今以后应注考状，但直言某色行能，某色异政，某色树置，某色劳效，推断某色狱，纠举某色事，便书善恶，不得更有虚美闲言。其中以下考，亦各言事状，并不得失于褒贬。如违，据所失轻重，准令降书考官考。"② 除此之外，唐政府规定："每岁，尚书省诸司具州牧、刺史、县令殊功异行，灾蝗祥瑞，户口赋役增减，盗贼多少，皆上于考司。"③ 中央还常常派遣监察御史和特遣采访使或观察使等分道察访官吏的工作状况，于每年九月三十日以前具状报考功司。这两方面的材料都作为考功司决定等第的依据。当各地和各部门官员的材料汇总上来以后，考功郎中、员外郎带领主事、令史、书令史等数十人进行分类整理登录，并做出初步审核，分别评出考第。然后，由校考、监考官与考功郎中等汇集各考簿，并向各考使及各司长官了解情况，分别检复考定内外官等第。如有定等不当的，掌考官则予以驳回，如开元中，刑部尚书卢从愿充校京外官考使，"御史中丞宇文融承恩用事，以括获田户之功，本司校考为上下，从愿抑不与之。"④ 考定后，"京官则集应考之人对读注定，外官对朝集使注定"。⑤ 官吏考状存档于考功部门，以便日后凭此进行升降任免。考课官吏事情繁杂，等第难定，往往需要做过细的工作，"旧例皆委细参问，经春未定"。⑥

为防止京师中央机构各部门和地方府州报送于尚书省的考状有失实之处，故又设按察司，分京内外为两区。察京区者会同御史台分察使，察京外者会同诸道观察使，访察官吏善恶，限日具报考功司，以备校考时作为参证资料。如"（宝应）二年（763年）正月，考功奏：'请立京、外按察司，京察连御史台分察使；外察连诸道观察使，各访察官吏善恶，其功过稍大，事当奏者，使司案成便奏。每年九月三十日以前，具状报考功。其功过虽小，理堪惩劝者，按成即报考功，至校考日参事迹以为殿最。'"⑦

唐制，官员考课标准分为品德和业务两个标准，以此来评定等第，实行奖惩。"四善"是对官员个人品德、工作作风和态度方面的总要求，即"德义有

---

① 《旧唐书·职官二》。
② 《册府元龟》卷636《铨选部·考课二》。
③ 《新唐书·百官一》。
④ 《旧唐书·卢从愿传》。
⑤ 《旧唐书·职官二》。
⑥ 《旧唐书·崔隐甫传》。
⑦ 《唐会要》卷81《考上》。

闻""清慎明著""公平可称""恪勤匪懈"，这是对从九品至正一品所有流内官员个人政治素养和一般品质的共同要求。"二十七最"则是把政治、经济、司法、军事、文化、宗教等各方面的职官分为 27 类，根据官员不同的工作性质与职责，订出业务上的二十七种考课标准。例如 (1) 对于中书门下两省官员，由于在皇帝左右，所以对他们的要求是"献可替否，拾遗补缺，为近侍之最"。(2) 对于吏部、兵部中掌管文武官铨选官员的要求是"铨衡人物，擢尽才良，为选司之最"，其目的督促负责铨选的官员能真正为国家选拔出优秀的人才。(3) 对于中央和地方主管考核官员的要求是"扬清激浊，褒贬必当，为考校之最"，其用意是在对官吏的考核中，能评价公允恰当，发挥考课的激励与惩戒作用。(4) 对于太常寺和鸿胪寺主持礼仪官员的要求是"礼制仪式，动合经典，为礼官之最"，其目的是要求礼官所主持的礼仪必须严格按照儒家经典的要求进行操作，以维护上下尊卑礼仪制度。(5) 对于太常寺掌乐律官员的要求是"音律克谐，不失节奏，为乐官之最"，其目的是使乐官平时率领乐队练习奏乐要严格按照规定的音高、节拍，使音乐和谐。(6) 对于中央九寺五监的丞等事务长官的要求是"决断不滞，与夺合理，为判事之最"，其目的就是要求九寺五监的事务官在处理日常事务中要提高办事效率，公正合理。(7) 对于保卫京城和其他重要城市、军事要地的军队将领要求是"部统有方，警守无失，为宿卫之最"，其目的就是要求这些将领必须治军有方，做到警卫、防守万无一失。(8) 对于一般统军将领的要求是"兵士调习，戎装充备，为督领之最"，其目的就是要求一般统军将领平时要约束训练好士兵，并使部队武器装备等精良充足，这样才能随时打胜仗。(9) 对于刑部、大理寺及地方各级官府负责审判官吏的要求是"推鞫得情，处断平允，为法官之最"，其用意在于要求审判官吏要以事实为依据，对案件做出公平公正的判决。(10) 对于秘书省、弘文馆、崇文馆、司经局等负责文字官员的要求是"雠校精审，明于刊定，为校正之最"，其目的是要求负责文字官员要认真严谨对文字进行校勘，防止疏漏讹误发生。(11) 对于中央那些负责宣布诏令圣旨和接受奏疏官员的要求是"承旨敷奏，吐纳明敏，为宣纳之最"，其目的是要求那些官员在宣布诏令圣旨和接受奏疏时要表达简明敏捷，不会引起误解。(12) 对于各级教育机构和学校学官的要求是"训导有方，生徒充业，为学官之最"，其目的是要求各级学官对学生的教育方法得当，使学生学业优秀。(13) 对带领军队打仗将帅的要求是"赏罚严明，攻战必胜，为军将之最"，其目的是要求领军打仗的将帅对将士必须赏罚分明，才能激励将士冲锋陷阵，战无不胜。(14) 对地方州县官要求是"礼义兴行，肃清所部，为政教之最"，其目的是要求地方州县官努力做到所辖地区民众知礼守义，政治清明，社会和谐安定。(15) 对中央负责文史官员的要求是"详录典正，词理兼举，为文史之最"，其目的就是要求文史官员平时对国家历史的记录必须翔实正确，文辞与义理都要优秀。(16) 对御史等监察官员的要求是"访察精审，弹举必当，为纠正之最"，其目的就是要求御史等监察官员对官员违法乱纪行为的访察必须精确严密，从而对他们的弹劾检举纠正才会恰当。（17）对审计等勾覆官吏的要求是"明于勘覆，稽失无隐，为勾稽之最"，其目的就是要求审计等勾覆官吏在审核稽查中认真负责，应将所有财政财务收支中违法乱纪行为揭露出来。（18）对于负责维修、供给官吏的要求是"职事修理，供承强济，为监掌之最"，其目的就是要求负责维修、供给的官吏应将有关设备维修完好，随时能够满足供给。（19）对于负责建筑工程和手工业制作官吏的要求是"功课皆充，丁匠无怨，为役使之最"，其目的就是要求负责官吏要保证建筑工程和手工业产品的质量，并且使被役使的工匠不产生怨恨。（20）对负责屯田生产官吏的要求是"耕耨以时，收获成课，为屯官之最"，其目的就是要求负责屯田官吏要按照农时春耕秋收，并向国家交纳赋税。（21）对负责仓库保管官吏的要求是"谨于盖藏，明于出纳，为仓库之最"，其目的是要求负责仓库保管官吏应将储存的粮食、布帛、钱物等保管完善，收进或支出时账目清楚没错。（22）对负责制定历法官员的要求是"推步盈虚，究理精密，为历官之最"，其目的就是要求制定历法官员在时间上要精准推算，使历法越来越精密。（23）对负责行医占卜官吏的要求是"占候医卜，效验多者，为方术之最"，其目的就是要求方术官员提高行医的效果和占卜的灵验。（24）对负责把守关隘渡口码头官吏的要求是"检察有方，行旅无壅，为关津之最"，其目的就是要求把守关隘渡口码头的官吏既要严格盘查来往客旅，又要保持客旅来往畅通无阻。（25）对负责市场管理官吏的要求是"市廛不扰，奸滥不作，为市司之最"，其目的就是要求管理市场官吏既要不干扰市场交易，又能把市场管理得没有犯奸作科、坑蒙拐骗事情发生。（26）对管理放牧官吏的要求是"牧养肥硕，蕃息孳多，为牧官之最"，其目的就是要求管理放牧官吏要把牲畜饲养肥壮，并多繁殖幼崽。（27）对负责镇防部队长官的要求是"边境肃清，城隍修理，为镇防之最"，其目的就是要求负责镇防部队长官守护好边境，使边境安宁稳定，城墙坚固。①

除四善二十七最考课官吏标准外，唐朝对某些官员的考课还另外定有一些考核指标，如根据地方州县官任内其辖区户口增长、农业生产发展的情况，以十分为率，来评定政绩的优劣等级，并且再依据等级，对其进行升降赏罚："抚育有方、户口增益者，各准见户为十分论，每加一分，刺史县令各进考一等……抚育乖方，户口减损者，各准增户法，每减一分降一等。其劝课农田能使丰殖者，亦准见地为十分，每加二分进考一等，其有不加劝课以致减损者，每损一分降考一等。"②

唐国子监作为国家最高学府，朝廷也对其学官制定有另外补充的考课标准：

---

① 《旧唐书·职官二》。
② 《通典》卷15《选举三·考绩》。

"每岁终，考其学官训导功业之多少，为之殿最。"①

此外，还有一些考课标准是根据某段时期经济政治形势需要而临时增加的。如安史之乱后，人口大量减少，田地荒芜，社会经济遭到很大破坏，民不聊生。面对这种情况，朝廷急需恢复农业生产，因此，代宗两次下诏："其刺史县令宜以招辑户口，垦田多少，用为殿最。"②

唐代考课等第分为九等："一最以上，有四善，为上上。一最以上，有三善，或无最而有四善，为上中。一最以上，有二善，或无最而有三善，为上下。一最以上，而有一善，或无最而有二善，为中上。一最以上，或无最而有一善，为中中。职事粗理，善最不闻，为中下。爱憎任情，处断乖理，为下上。背公向私，职务废阙，为下中。居官谄诈，贪浊有状，为下下。"③

（三）唐朝对官吏离任进行交割和考核

唐代地方行政长官离任时要进行交割和考核："诸道节度、观察使去任日，宜具交割状，仍限新人到任一月，分析闻奏，并报中书门下据新旧状磨勘闻奏，以凭殿最"。④ 州县长官离任，则由其上级直接审查考核。太和七年规定："刺史得替代，待去郡一个月后，委知州上佐及录事参军，各下诸县取耆老百姓等状。如有兴利除害惠及生民、廉洁奉公、肃清风教者，各具事实申本道观察使检勘得实，具以事条录奏，不得少为文饰，其荐状仍与观察使判官连署；如事不可称者，不在荐限，仍望委度支、盐铁、分巡院内官同访察；各申报本使录奏。如除授后访知所举不实，观察判官、分巡院官及知州上佐等，并停见任一、二年，不得叙用。如缘在郡赃私事发，别议处分，其观察使奏取进止。敕旨依奏。"⑤ 各级地方官离任时，考核的主要内容是有关经济政绩的，如兴利除害，廉洁奉公，户口、垦田、租赋增减等，其中户口、垦田、租赋数目增减情况，必须交代明确。"如增加户口，须云本若干户，在任增加若干户；如称垦辟田畴，则云本垦田若干顷，在任已来加若干顷。并须申所司，附入簿籍。如荒地及复业户，自有年限，未合科配者，亦听申奏，明言合至其年，并收租赋。"⑥ 唐后期，社会动荡，人口流离失所。唐政府规定刺史、县令交割之时，非因灾沴，走失人户的按走失户数多寡予以不同的降级处理，增加户数者也予以相应升迁。如会昌六年五月敕，"自今以后，县令非因灾旱，交割之时，走失二百户以上者，殿一选；三百户以上者，书下考，殿两选。如增加二百户以上者，减一选；五百户以上者，

---

① 《旧唐书·职官三》。

② 《册府元龟》卷635《铨选部·考课一》。

③ 以上两段引文均见于《旧唐书·职官二》。

④ 《册府元龟》卷636《铨选部·考课二》。

⑤ 《唐会要》卷68《刺史上》。

⑥ 《唐会要》卷68《刺史上》。

书上考，减两选。可减者优与进改。"① 地方官离任除进行考核外，新旧官还要把钱粮等事交割清楚。如大中五年规定官吏任满必须"分明交割仓库及诸色事"②。由于诸州具体管理钱粮之事的一般是高级属吏，因此他们在长官交割时也必须申奏钱粮文案："今后诸州府钱物斛斗文案，委司录（录）事参军专判，仍与长史通判，每至交替，各具申奏，并无悬欠，至考满日递相交割。"③

总之，唐朝设立吏部考功司作为专职的官吏考课部门，兼以京官望高者校之，给事中、中书舍人监督之，以保证考课的公允确实。在考课中以四善二十七最以及户口、田亩、赋役的增减为标准，分别对各级各部门官吏工作成效进行考核，虽然有的还较空泛，但比前代系统、具体多了。特别是户口、垦田以十分为论，租庸以每年加数成分计算，对地方官的经济政绩进行较准确的量化考核评估，具有较重要的意义，为后代所效法。还有其以九等定考第，赏罚以考第为据，迁降以阶来衡量，这些也比前代更加严密、固定、统一。

唐代对官吏的考课也难免存在着一些局限性。严格说四善二十七最的标准还较空泛，加上考第定为九等，未免失之繁细。因此在实际考课中不易掌握，难以准确定出等第，甚者流于形式，走走过场。如《唐会要》卷58《尚书省诸司中·考功郎中》载："贞元六年正月，以司勋员外郎判考功赵宗儒复行贬考之令。自至德以来，考绩之司，事多失实，常参官及诸州刺史，未尝分其善恶，悉以中上考褒之。"

正由于考课的标准有的较空泛，考第难定，加上封建社会是人治为主的时代，所以在对官吏的考课中，主考官的主观随意性很大。掌考官往往不严格执行定考标准，以一己之见，个人好恶，随意取舍升降。其中最为典型的一个例子是《大唐新语》卷7《容恕第十五》所载："卢承庆为吏部尚书，总章初，校内外官考。有一官督运，遭风失米，承庆为之考曰：'监运损粮，考中下'。其人容止自若，无一言而退。承庆重其雅量，改注曰：'非力所及，考中中。'既无喜容，亦无愧词。又改曰：'宠辱不惊，考中上。'众推承庆之弘恕。"顷刻之间，竟然连升两级！

唐代考课中，官吏舞弊、弄虚作假的现象时有所闻，最常见的是虚美闲言，考语不实，严重的竟敢明目张胆揩改考簿所载考第。如王徽为考功员外郎，"时考簿上中下字朱书，吏缘为奸，多有揩改。徽白仆射，请以墨书，遂绝奸吏之弊。"④

唐制，考课以官职高卑进考，以年考为资历。考课中朝官、大官易得上第，

---

① 《唐会要》卷69《县令》。
② 《唐会要》卷69《刺史下》。
③ 《唐会要》卷58《户部侍郎》。
④ 《旧唐书·王徽传》。

外官、小官难得上考。三品以上清望官由皇帝内定，一般较为优惠。其他朝官，往往职居内署，考使既不尽了解情况，也不敢得罪他们，考第自然从优。《因话录》卷3载：肃宗时，裴充为太常寺太祝，"时京司书考官之清高者，例得上考。充之同侪以例皆止中考，诉于卿长，曰：'此旧例也。'充曰：'……本设考课，为奖勤劳，则书岂系于官秩，若一一以官高下为优劣，则卿合书上上考，少卿合上中考，丞合中上考，主簿合中考，协律合下考，某等合吃杖矣！'"至于地方县令等小官，僻居一隅，除极少数大功大过者，其余治绩难以上闻，虽公务繁剧，却多不得上考。

唐代继承了后魏以来，"累日以取贵，积久以致官"的"年劳之法"，凡居官以年为考，"但以资次为选，不以才能得职"[1]，而品阶更是"皆以劳考叙进"[2]。这使得官吏心怀苟且，不想致力于政绩，只混年考，等待考满迁代。以官秩、资历定考是唐考课制度中的严重弊病，使考课对官吏的扬清激浊和督责劝勉作用受到破坏。

四、唐代人才思想

唐代初期，唐高祖李渊、唐太宗李世民、武后则天、唐玄宗李隆基都十分重视选任人才，使唐初期社会安定，经济迅速发展，政治清明，国家富强，从而出现了贞观之治和开元之治的盛唐气象。

（一）唐高祖李渊用人思想

唐高祖李渊建立唐朝后，深知管理天下，必须依靠贤才，因此，屡次颁布诏书，表明自己要依靠贤才来治理国家。如《褒勋臣诏》云："经纶天下，实仗群材。"[3]《楚王杜伏威进封吴王赐姓附属籍诏》也云："方伯之任，实资贤哲。"[4]由于隋末唐初社会动乱，尤其缺乏管理人才，唐高祖善于从各方面吸纳人才。他用人不限于晋阳起兵时的旧部，甚至善于任用敌对集团中的才干之士，虽仇不弃。如隋朝名将屈突通，曾在河东、潼关等地力拒唐军。后来屈突通战败被擒，李渊因赏识其杰出的军事才能，当即授以兵部尚书之职。其他如李靖、李绩、秦叔宝、程知节、薛万彻、魏征、温彦博等贞观名臣，都是李渊从敌对集团中招纳来的。而且每当李渊从敌对集团中招纳到较重要的人才，就会亲自颁布诏书以表示自己重视人才。如《褒高开道来降诏》云："任贤赏善，列代通规。"《褒胡大恩来降诏》也云："任贤使能，有国通典。"[5]

李渊在任用人才时还能打破当时的门阀士族观念，重视量才录用一些庶族地

---

① 《唐会要》卷74《论选事》。
② 《资治通鉴》卷201。
③ 《全唐文》卷1。
④ 《全唐文》卷2。
⑤ 《全唐文》卷2。

主及出身低贱的贤才。谏议大夫褚遂良就称道说："大唐创历，任官以才；卜祝庸保，量能使用。"①如唐初名臣王珪，虽出身太原王氏，但到王珪时已家道衰落。年轻时的王珪"能安于贫贱，体道履正，交不苟合"。②正由于其不凡之才，得到李渊重用，官至太子中允。后来在太宗朝，又官至侍中（宰相）。其余出身较低的刘弘基、钱九陇、马三宝等，皆凭借个人的杰出才能而官位显赫。

（二）唐太宗用人思想

唐太宗不仅知人，而且善于用人。他认为，"官在得人，不在员多"，政府要管理好各项事务，关键在于要选用一批符合要求、德才兼备的官员，建立一支精干的官僚队伍。他即位后，十分重视对官员的选用，因为这不仅关系到被具体选用的人，而且更关系到朝廷选用人才的风气。他指出："为官择人，不可造次。用一君子，则君子皆至；用一小人，则小人竞进矣。"③基于这种认识，他在选用人才时反对任人唯亲，坚持任人唯贤。主张选用人才不该按关系的亲疏、资格的新老来确定官职的大小。如果疏人新人中有贤才，亲人旧人中有庸劣，是不可以舍贤才取庸劣的。

唐太宗在用人时，尤其在任用高级官员时，还采取试用的办法。这样，既可以在试用期间，便于发现人才，量才施用；又可以在较多的试用官员中，挑选最合适的人选。如唐承隋制，以尚书、中书、门下三省长官共议国事，行宰相之职。三省长官品位崇高，不轻易授人，但宰相又不可或缺。唐太宗特置参议得失、参知政事、参与朝政、同中书门下平章事、同中书门下三品等名号，职务都是宰相，不过品位不高，在其试用期间进退较易，任用或罢免比较便利。

唐太宗在选才用人时注重考察试用，相当慎重，但一旦加以任用，就信而不疑。一是他对犯过错误或受过处分的人才，不抱成见，用而不疑。如裴寂晚年因罪流放于静州，碰上当地羌人反叛。有人怀疑裴寂参与叛乱，太宗则认为："我国家于（裴）寂有性命之恩，必不然矣。"④ 事实上正如唐太宗所预料的，裴寂不仅没有参与叛乱，还亲率家僮平叛。

二是对于曾经的对手不念旧恶，信而用之。如唐太宗对曾为李建成、李元吉重要谋士的魏征、王珪等人，只要他们真心归顺拥戴自己，就如同对待自己的旧属一样，加以重用。如魏征就成为贞观之治时期的名臣，对唐太宗敢于犯颜直谏，勇于提出自己的看法，是贞观之治时期各项国家决策的重要参与者。魏征去世后，唐太宗悲伤地说："夫以铜为镜，可以正衣冠；以古为镜，可以知兴替；以人为镜，可以明得失。朕常保此三镜，以防己过。今魏征殂逝，遂亡一

---

① 《旧唐书·张玄素传》。

② 《旧唐书·王珪传》。

③ 《资治通鉴》卷194。

④ 《旧唐书·裴寂传》。

镜矣！"①

三是对于臣下的小过从不追究，不因此疑人；对不识大体，吹毛求疵，邀功请赏的人，则明令降黜。为了防止以进谏之名诋毁犯有小错的朝中百官，影响中央对重大事务的决策和管理，太宗明确规定："无识之人，务行谗毁，交乱君臣，殊非益国。自今以后，有上书讦人小恶者，当以谗人之罪罪之。"② 如"先是，萧瑀与宰相参议朝政，瑀气刚而辞辩，房玄龄等皆不能抗，上多不用其言。玄龄、魏征、温彦博尝有微过，瑀劾奏之，上竟不问。萧瑀由此怏怏自失，遂罢御史大夫，为太子少傅，不复预闻朝政"。③

四是充分信任文武大臣，并予以保护。如房玄龄、杜如晦作为太宗宰相，位高权重，太宗对他们始终笃信不疑，视为心腹，让他们参与最高的国家大事的决策，故史称为"房谋杜断"。又如文武全才的李靖，握有兵权，威望很高，唐太宗从不猜忌他。功臣侯君集因李靖不肯尽授其兵法而告发李靖有谋反意图，太宗查过后不予理睬。正因为太宗用人不疑，对臣下充分信任，文武大臣们皆感恩戴德，谋臣忠勤于内，团结协作，共管朝政；将帅效命疆场，出生入死，以报知遇之恩，共同缔造了贞观之治的太平盛世。

（三）武则天发展科举，广纳贤才思想

武则天主政时期，继续和发展了唐高祖、太宗时期的科举制，为庶族地主阶层知识分子进入官僚队伍，参与国家管理提供了新的途径，并且也在一定程度上压制了豪门世族的势力。一是她首创"殿试"制度。天授元年（690年），武则天亲自到洛成殿策问进士，以文词取士，不重经学，破格录用优异者。从此，皇帝亲自"殿试"进士成为后世科举制度不可或缺的环节，科举考试要经过州县的乡试、京师尚书省的省试以及皇帝的殿试三个环节，这种考试制度一直延续了千余年。二是首开武举。武周长安二年（702年）武则天创立武举，专门通过考试招收武人。"长安二年（702年）正月十七敕：天下诸州，宜教武艺，每年准明经、进士贡举例送"。④ 武举"其制有长垛、马射、步射、平射、筒射，又有马枪、翘关、负重、身材之选"。⑤ 武则天首创的武举制，打破了只有文人才能参加科举考试而进入仕途的限制，为武人通过武举考试进入仕途也开辟了途径。三是大幅度提高科举考试的录用名额。据清代徐松《登科记考》记载，唐太宗时录取进士仅205人，而在唐高宗、武后时期录取的进士则多达1000余人。

武则天多次颁布求贤诏书，广纳贤才。如她在《搜访贤良诏》中说："十室之邑，忠信尚存；三人同行，我师犹在。会须搜访，不得称无。荐若不虚，自从

---

① 《旧唐书·魏征传》。
② 《贞观政要·杜谗邪》。
③ 《资治通鉴》卷193。
④ 《唐会要》卷59《兵部侍郎》。
⑤ 《新唐书·选举制》。

褒异之典；举非其士，岂漏贬责之科。所司明为条例，布告远近。"① 她认为，人才肯定存在，只是未被发现。于是，下令五品以上文武内外官、五品七品以上清官及外官刺史都督等，应在其所管辖的地区举荐人才。如果举荐的的确是人才，将受到褒奖；如果举荐的不是人才，将受到处罚。又如，她在《求访贤良诏》中更明确具体地表明，天下之大，各种事务繁巨，不是单靠皇帝一人所能做完，而必须依靠各类人才共同完成，因此，皇帝管理天下，最重要的事情就是求贤，通过贤才实现对国家的治理。于是，她下令五品以上的官员举荐各类人才。"上之临下，道莫贵于求贤；臣之事君，功岂逾于进善。所以允凝庶绩，式静群方，成大厦之凌云，济巨川之沃日。故周称多士，著美风谣；汉号得人，垂芳竹素。历观前代，罔不由兹。朕虽宵分辍寝，日旰忘食，勉思政术，不惮劬劳，而九域之至广，岂一人之独化，必仗材能，共成羽翼……宜令文武官五品以上，各举所知。其有抱梁栋之才，可以丹青神化；蕴韬钤之略，可以振耀天威；资道德之方，可以奖训风俗；践孝友之行，可以劝率生灵；抱儒素之业，可以师范国胄；蓄文藻之思，可以方驾词人；守贞亮之节，可以直言无隐；履清白之操，可以守职不渝。凡此八科，实该三道，取人以器，求才务适。"② 武则天这里的以"八科"标准选拔人才，概言之，就是着眼于选拔德才兼备，文武有长，能治国理政，为民师范，保家卫国之才。

在武则天的倡导下，臣僚们形成了一种推荐人才的风气。如由娄师德荐举、并得到武则天重用的名相狄仁杰，也常以"举贤为意"；经狄仁杰引荐而被提拔的人才有"桓彦范、敬晖、窦怀贞、姚宗等，至公卿者数十人"。③ 同时，武则天还鼓励自荐。如垂拱元年（685 年）春正月，"诏内外文武九品已上及百姓，咸令自荐"。④ 为了避免在举荐人才中有贤才遗漏，武则天还派人到全国各地搜罗人才。据张𬭧《朝野金载》卷 1 记载："伪周革命之际，十道使人天下选残明经、进士及下村教童蒙博士，皆被搜扬。"

武则天对贤能之士量才录用，不计出身、资历，甚至不避仇怨。高宗、武后时期，武则天令许敬宗、李义府等人修改《氏族志》，二人于显庆四年（659年）修成《姓氏录》，以现任官职高低作为划分族姓等级的标准。当时五品以上的职事官、以军功获五品以上的勋官，都在谱中有名，而旧士族中未在当时任五品以上官的均被摒弃在外。武则天通过修订《姓氏录》，进一步打压了魏晋南北朝以来的高门大族，并打破士庶界限，从而更好地贯彻量才授职，不计出身、资历的选任人才政策。她在《求贤制》中提出："其有文可以经邦国，武可以定边

① 《全唐文》卷95。
② 《全唐文》卷95。
③ 《旧唐书·狄仁杰传》。
④ 《旧唐书·则天皇后本纪》。

疆，蕴梁栋之宏才，堪将相之重任，无隔士庶，具以名闻。若举得其人，必当擢以不次，如妄相推荐，亦置科绳。"① 在此，她明确提出选官任职应无分士庶，唯才是举。

在官员官阶晋升方面，武则天主张通常以年限和资历为依据，而不论出身门第的高低，如果属于奇才异行或有特殊贡献的人，则可破格晋升。《文武官计考进阶制》规定："文武官加阶应入五品者，并取出身历十三考以上，无私犯，进阶之时，见居六品及七品以上清官者。应入三品，取出身二十五考以上，亦无私犯，进阶之时，见居四品者。自外纵计阶应入，并不在进阶限。其奇才异行、别效殊功者，不拘此例。"② 在上述选任、晋升官员不讲门第高低，只依据才干、年限的思想指导下，武则天朝的宰相，有出身士族高门的，也有出身庶族地主的，甚至有来自衰微破落、役同厮养的下等户人家的。

为了达到治理国家的目的，武则天在选任官吏时不仅不计较出身，甚至不避仇怨。如当时北方的契丹军队经常骚扰唐朝边境，其将李楷固、骆务整骁勇善战，率军屡破唐军。后来李、骆二人兵败来降，一些朝臣主张处斩他们，为牺牲的将士报仇。但武则天却采纳狄仁杰的主张，不仅不予以处罚，还分别委任李、骆为左玉钤卫将军和右武威将军，让他们驻守边疆。圣历三年（700年），李、骆二将"讨契丹余众，擒之，献俘于含枢殿"。"则天大悦，特赐楷固姓武氏"。③ 又如光宅元年（684年）八月，李敬业举兵反对武则天，初唐四杰的骆宾王起草了《代李敬业传檄天下文》，以犀利的文辞，磅礴的气势，数列武氏罪状，揭露其隐私，痛批其残忍险毒，入木三分。武则天看了这篇檄文后，不仅没有发怒，反而称赞文章写得好，还说"宰相之过，安失此人？"④

（四）唐玄宗裁汰冗员、任用贤才思想

武则天当政时，为了笼络人心，授任官员较滥，这种状况到中宗景龙年间尤为严重。据《通典·职官》记载："景龙中，有太平、安乐、长宁、宜城等诸公主及皇后陆氏妹郕国夫人、李氏妹崇国夫人……皆树用亲识，亦多猥滥。或出自臧获，或由于屠贩，多因赂货，累居荣秩，咸能别于侧门降墨敕斜封以授焉，故时人号为'斜封官'。时既政出多门，迁除甚众，自宰相至于内外员外官及左右御史，多者则数逾十倍，皆无厅事可以处之，故时人谓之'三无坐处'，谓宰相、御史及员外官也。"到玄宗即位时，这种冗官冗员现象已经达到十分严重的程度。

因此，面对这种局面，玄宗即位后，一是着手裁撤冗官冗员，"大革奸滥，

① 《全唐文》卷95。
② 《唐会要》卷81《阶》。
③ 《旧唐书·狄仁杰传》。
④ 《旧唐书·李敬业传》。

十去其九"。开元二年（714 年），玄宗下诏："悉罢员外、试、检校官，自今非有战功及别敕，毋得注拟"。① 同时撤销了闲散诸司、监、署十余所。二是建立了严格的官吏考核制度，规定选拔京官才能卓著的到地方作都督、刺史，地方上都督、刺史政绩突出的选拔到中央作官，使这种制度"出入常均，永为恒式"。② 玄宗还采纳张九龄的建议："凡不历都督、刺史，虽有高第，不得任侍郎、列卿；不历县令，虽有善政，不得任台郎、给、舍；都督、守、令虽远者，使无十年任外。"③ 这种规定，对激励地方官吏的进取心，产生了积极的影响。同时，形成了中央官员与地方官员之间的对流机制，尤其是后者规定没担任地方都督、刺史、县令的官员不能到京城担任中央政府官员，表明朝廷重视使中央政府官员对地方行政、民情应有所实践与了解，从而也改变了以往"重京官，轻外任"的官场风气。三是重视地方官的选拔和考核，量才授官。唐玄宗认为，地方州县是国家的根本。地方官作为亲民的父母官，尤其关系到一个地方广大民众的社会生产和生息繁衍，因此特别要严格选拔，甚至唐玄宗亲自进行选拔。他在《戒牧宰敕》中指出："郡县者国之本，牧宰者政之先，朕每属意此官，有殊余职。顷来刺史、县令，我不得人，致令户口，未能安业，斯亦朕之不德，所以痌瘝劳想，辞命旁求，搜肠所知，亲加试择。"④ 开元四年（716 年）玄宗亲自策试吏部选用的县令，"上悉召县令于宣政殿庭，试以理人策。惟鄄城令韦济词理第一，擢为醴泉令。余二百余人不入第，且令之官；四十五人放归学问"，⑤ 还贬斥了主持选官的吏部侍郎卢从愿、李朝隐二人。

唐玄宗为了防止地方官吏利用本地人的条件通过亲友营私舞弊，拉帮结派，培植个人势力，明确规定"州市令不得用本市内人，县市令不得用当县人"。⑥ 唐玄宗还重视对地方官吏的政绩严加考核，然后根据考核结果升优黜劣。他在《整饬吏治诏》中规定，每年十月委派各道按察使对刺史、县令的政绩进行考察，分为最、中间、殿三等，作为改转升降的依据，力求做到"有善必赏，所以劝能；有罪必诛，所以惩恶"。⑦

唐玄宗一方面重视地方州县官吏的选拔任用，另一方面也十分重视政府最高行政长官宰相的选任。他执政伊始，便任用先后在武则天朝、睿宗朝为相的姚崇为宰相。姚崇"明于吏道，断割不滞"。⑧ 接着又任用刑赏无私、敢于直谏的宋

① 《资治通鉴》卷 211。
② 《资治通鉴》卷 211。
③ 《新唐书·张九龄传》。
④ 《全唐文》卷 35。
⑤ 《资治通鉴》卷 211。
⑥ 《唐六典》卷 30。
⑦ 《全唐文》卷 34《诛裴景仙敕》。
⑧ 《旧唐书·姚崇传》。

璟为相。北宋司马光评论说："姚、宋相继为相，崇善应变成务，璟善守法持正；二人志操不同，然协心辅佐，使赋役宽平，刑罚清省，百姓富庶。唐世贤相，前称房、杜，后称姚、宋，他人莫得比焉。二人每进见，上辄为之起，去则临轩送之。"① 姚、宋之后，唐玄宗在开元年间，先后任用了卢怀慎、张嘉贞、源乾曜、张说、李元纮、杜暹、韩休、张九龄等人为相，这些人都具有治国理政的卓越才能，又各具特点。对此，司马光也做了恰当的评价："上（玄宗）即位以来，所用之相，姚崇尚通，宋璟尚法，张嘉贞尚吏，张说尚文，李元纮、杜暹尚俭，韩休、张九龄尚直，各其所长也。"② 而且唐玄宗对这些正直能干之臣信任有加，优礼相待，授任有权，使他们充分施展各自的才干。如任姚崇、宋璟为相，只有军国大事玄宗才亲自参与定夺，其余非军国大事，如任用郎官及其他吏治之事，玄宗则放手让姚、宋处理。玄宗曾经说过："我任（姚）崇以政，大事吾当与决，至用郎吏，崇顾不能而重烦我邪？"③ 玄宗正是通过任用这些忠诚正直能干的宰臣们辅佐，稳定了武则天去世之后的多年混乱局面，并使社会经济继续保持发展势头，从而开创了开元盛世的局面。

（五）陆贽人才管理思想

陆贽的主要政治活动在德宗时期，当时藩镇割据，战乱不息，朝廷明显感到缺乏强有力有非凡才干的人才来平息叛乱，稳定政局。在此历史背景下，陆贽明确强调，国之治乱，在此得人，"人者邦之本也"，④"立国之本，在乎得众"，⑤"圣人之于爱才，不唯仄席求思而已，乃复引进以崇其术业，历试以发其器能，旌善以重其言，优禄以全其操。岁月积久，声实并丰，列之于朝，则王室尊；分之于土，则藩镇重"。⑥

基于这种认识，陆贽提出当时朝廷要克敌制胜，解决藩镇割据，使国家由危转安，一个重要的措施就是在于得人。"立国之安危在势，任事之济否在人"。⑦"伏以克敌之要，在乎将得其人；驭将之方，在乎操得其柄。将非其人者，兵虽众不足恃；操失其柄者，将虽材又为用"。⑧ 这就是朝廷既要得到将才，又会善于使用将才，就能平定藩镇之乱。陆贽还针对当时德宗在用人上的弊端，提出了在用人上的主张。

其一，他提出朝廷要广于求才，录长补短。陆贽从汉朝历史中得出，人才之

① 《资治通鉴》卷211。
② 《资治通鉴》卷214。
③ 《新唐书·姚崇传》。
④ 《全唐文》卷467《论两河及淮西利害状》。
⑤ 《全唐文》卷468《奉天论前所答奏未施行状》。
⑥ 《全唐文》卷465《论朝官阙员及刺史等改转伦序状》。
⑦ 《全唐文》卷467《论关中事宜状》。
⑧ 《全唐文》卷467《论两河及淮西利害状》。

多寡、特点与君主的好尚关系极大：“汉高禀大度，故其时多魁杰不羁之材；汉武好英风，故其时富瑰诡立名之士；汉宣精吏能，故其时萃循良核实之能。迨乎哀、平、桓、灵，昵比小人，疏远君子，故其时近习操国柄，嬖戚擅朝权。是知人之才性，与时升降，好之则至，奖之则崇，抑之则衰，斥之则绝，此人才消长之所由也。”① 而且当时朝廷缺乏人才，其原因有7个方面：“不澄源而防末流，一也；不考实而务博访，二也；求精太过，三也；嫉恶太甚，四也；程试乖方，五也；取舍违理，六也；循故事而不择可否，七也。”② 针对当时选任人才的弊端，陆贽主张选任人才不要求全责备，而应录长补短：“人之才行，自昔罕全，苟有所长，必有所短。若录长补短，则天下无不用之人；责短舍长，则天下无不弃之士。加以情有憎爱，趣有异同，假使圣如伊、周，贤如杨、墨，求诸物议，孰免饥嫌？”③ “凡今将吏，岂得尽无疵瑕？”④ 如果“以一言忤犯，一事过差，遂从弃捐，没代不复”，那么“人才不能不乏，风俗不能不偷。此所谓嫉恶太甚之患也”。⑤ 鉴于此，陆贽认为要广泛发现人才，就必须通过多种渠道选拔人才，这就是“求才贵广”。⑥ “求广在于各举所知，长吏之荐择是也。求不广则下位罕进，下位罕进则用常乏人，用常乏人则惧旷庶职，惧旷庶职则苟取备员”。⑦ 不仅宰相可以推选官吏，台省长官也可以荐举人才，“唯广求才之路，使贤者各以汇征，启至公之门，令职司皆得自达”。⑧ 如果上上下下能这样广求人才，那么朝廷何患没有人才！

其二，他提出“考课贵精”，⑨ 升优汰劣。陆贽认为，在用人时，必须依据规定的标准，对官吏进行深入的考察，准确、实事求是的考核，升优汰劣。“委任责成之道，听言考实之方，闲邪存诚，犹恐有阙……所谓听言考实，虚受广纳，宏接下之规；明目达聪，广济人之道。欲知事之得失，不可不听之于言；欲辩言之真虚，不可不考之于实。言事之得者，勿即谓是，必原其所得之由；言事之失者，勿即谓非，必穷其所失之理。称人之善者，必详征行善之迹；论人之恶者，必明辨为恶之端。凡听其言，皆考其实；既得其实，又察以情；既尽其情，复稽于众；众议情实，必参相得。然后信其说，奖其诚；如或矫诬，亦置明罚。夫如是，则言者不壅，听之不劳，无浮妄乱教之谈，无阴邪伤善之说，无轻信见

① 《全唐文》卷465《论朝官阙员及刺史等改转伦序状》。
② 《全唐文》卷465《论朝官阙员及刺史等改转伦序状》。
③ 《全唐文》卷472《请许台省长官举荐属吏状》。
④ 《全唐文》卷471《兴元奏请许浑瑊李晟等诸军兵马自取机便状》。
⑤ 《全唐文》卷465《论朝官阙员及刺史等改转伦序状》。
⑥ 《全唐文》卷465《论朝官阙员及刺史等改转伦序状》。
⑦ 《全唐文》卷465《论朝官阙员及刺史等改转伦序状》。
⑧ 《全唐文》卷465《论朝官阙员及刺史等改转伦序状》。
⑨ 《全唐文》卷465《论朝官阙员及刺史等改转伦序状》。

欺之失，无潜陷不辩之冤。此古之圣王，听言考实，不出户而知天下之方也。"①
并且，为了使考课官员落在实处，他还具体提出了考核的八项内容，以"八计
听吏治"："视户口丰耗以稽抚字，视垦田赢缩以稽本末，视赋役薄厚以稽廉冒，
视案籍繁简以稽听断，视囚系盈虚以稽决滞，视奸盗有无以稽禁御，视选举众寡
以稽风化，视学校兴废以稽教导。"②陆贽提出的考核地方官这 8 个方面的问题，
概括地说，其实就是中国古代地方州县官日常管理中最主要的 3 个方面的工作：
一是民生与财政问题，即户口、垦田和赋役。因为如民众生活安定富足，就会使
人口生息繁衍，数量增加。户口增加，也意味着劳动力增加，土地就会得到更多
的开垦，农业产量也相应增产。封建政府主要是依据户丁和田地的数量来向民众
征收赋税摊派徭役的，因此户口、垦田的数量直接关系到封建王朝赋役的征派。
二是案籍、囚系、奸盗则体现了社会治安稳定与否。其中案籍指诉讼、判决的档
案，囚系则指狱中囚禁的犯人，奸盗顾名思义就是指在逃的作奸犯科之人与强
盗。如果这三个方面的统计数据增加，就意味着某官辖区内社会治安状况恶化，
如果这 3 个方面的统计数据减少，就意味着某官辖区内社会治安状况稳定。三是
选举、学校则体现教育与人才选拔、社会风气等状况。如果某官辖区内学校增
加，则意味着教育发展发达，从而表现在该地区通过科举选拔的人才增多，也会
影响到社会风气变好，形成美风善俗；如果该地区学校减少，教育萎缩，肯定会
导致该地区科举选拔的人才减少，也会影响到社会风气变坏，出现陋俗。总之，
陆贽提出的"八计听吏治"，十分准确地抓住了考核古代地方官政绩的 3 个方面
的关键指标，既简明全面系统，便于实际操作，又能对地方官吏政绩进行量化，
从而使考核更加客观、准确。并且这种实事求是的考核方法能够有效防止一些官
吏徇私舞弊、弄虚作假等不良行为。同时，陆贽强调，考课不是目的，只是一种
手段，其目的是根据考课结果升优汰劣，使任得其所，才尽其用。因为"材如
负焉，唯在所授；授逾其力则踣，授当其力则行……焉有委非所任，置非所安，
而望其不颠不危，固亦难矣!"③ 朝廷必须根据考核结果任用官员，才能使才能
与所任之职相当。如果委非所任，就会对所用之人，因不胜任其职而被罢黜，并
且对社会也会造成危害。因此他主张朝廷必须切实贯彻对官吏的考核，才能发挥
其激励与惩戒的作用。"日者制度废隳，考课乖舛，淹速靡准，升降无名，欲令
庶寮，何所惩劝。自今以后，刺史县令，未经三考，不得改移。其余非在职绩效
殊尤，亦不得越次迁转。刺史停替，须待鱼书。内外五品以上，及常参官在任年
考已深者，即量才效用与改，中外迭处，以观其能"④ 因此，陆贽认为考课必

---

① 《全唐文》卷 472《许台省长官举荐属吏状》。
② 《新唐书·陆贽传》。
③ 《全唐文》卷 475《请不与李万荣汴州节度使状》。
④ 《全唐文》卷 461《冬至大礼大赦制》。

须求精，否则会产生诸多弊端，官吏能否优劣无法区分，不会产生劝惩的作用。"考不精则能否无别，能否无别则砥砺渐衰，砥砺衰则职业不举，职业不举则品格浸微。是以贤能之功，不克彰也"。① 因此，"考课百官，奉扬聪明，信赏必罚，庶乎人无滞用，朝不乏人，以此为酬恩之资，以此为致理之具"。② 总之，要治理好国家，就必然对官吏进行实事求是的考课，然后根据考课结果进行奖罚，升优汰劣，这样才会发挥考课对官吏的激励与惩戒作用。

在考课的基础上，陆贽还提出对官吏的奖惩可分为3种类型，他称其为"三术"："一曰拔擢以旌其异能，二曰黜罢以纠其失职，三曰序进以谨其守常"，这样才能"高课者骤升，无庸者亟退，其余绩非出类，守不败官，则循以常资，约以定限"，就能"殊才不滞，庶品有伦，参酌古今，此为中道"。这就是说，对官吏考课后，对有特别优异的人才立即予以晋升，对于失职平庸的人则立即予以罢免，而对于政绩才干一般的官吏则按正常规定依年限资历以及职数逐步提升。这样就能符合用人的正道，即优异者"骤升"，失职平庸者"亟退"，一般者按"常资""定限"提拔，从而澄清吏治，优化官吏队伍，提高管理国家效率。

陆贽还以历史经验告诫德宗，一个时代是否有人才，关键在于君主要懂得任用、培养、激励人才。如在一个王朝末年往往不会出现人才而紧接着在一个新王朝的建立之初则会涌现出一批人才，可见一个王朝是否会出现人才，关键因素取决于君主的用人、培养、激励人才政策。"当在衰季之时，咸谓无人足任，及其雄才御寓，淑德应期，贤能相从，森若林会。然则兴王之良佐，皆是季代之弃才。在季而愚，当兴而智，乃知季代非独遗贤而不用，其于养育奖劝之道，亦有所不至焉。"③

其三，陆贽劝谏德宗要诚信待臣。建中年间藩镇多乱，德宗多疑猜忌，曾自我表白说："朕本性甚好推诚，亦能纳谏。将谓君臣一体，全不提防，缘推诚信不疑，不多被奸人卖弄。今所致患害，朕思亦无它，其失反在推诚。又，谏官论事，少能缜密，例自矜衒，归过于朕以自取名。朕从即位以来，见奏对论事者甚多，大抵皆是雷同，道听途说，试加质问，遽即辞穷。若有奇才异能，在朕岂惜拔擢？朕见从前以来，事只如此，所以近来不多取次对人，亦非倦于接纳。"德宗在此错误地认为，自己过于诚信待臣，致使被奸人卖弄欺骗，应该不要过于相信臣下，多一点提防之心。但是，与此相反，陆贽则认为德宗猜防多疑之心太重。因此建议德宗不要因噎废食，因为一两个奸人而疑心太重。理由是诚则得人，疑则失众。他指出："昔人有因噎而废食者，又有惧溺而自沉者，自为矫枉防患之虑，岂不过哉？愿陛下取鉴于兹，勿以小虞而妨大道也。臣闻人之所助在

① 《全唐文》卷475《论朝官阙员及刺史等改转伦序状》。
② 《全唐文》卷475《论朝官阙员及刺史等改转伦序状》。
③ 《全唐文》卷475《论朝官阙员及刺史等改转伦序状》。

乎信，信之所立由乎诚。守诚于中，然后使众无惑；存信于己，可以教人不欺。唯信与诚，有补无失。一不诚则心莫之保，一不信则言莫之行。故圣人重焉，以为食可去而信不可失也……匹夫不诚，无复有事，况王者赖人之诚以自固，而可不诚于人乎？陛下所谓失于诚信以致患害者，臣窃以斯言为过矣。孔子曰：'可与言而不与之言，失人；不可与言而与之言，失言。智者不失人，亦不失言。'由此论之，陛下可审其所言，而不可不慎；信其所兴，而不可不诚……故驭之以智则人诈，示之以疑则人偷，接不以礼则徇义之意轻，抚不以恩则效忠之情薄。上行之则下从之，上施之则下报之，若响应声，若影从表；表枉则影曲，声淫则响邪。怀鄙诈而求颜色之不形，颜色形而求观者之不辨，观者辨而求众庶之不惑，众庶惑而求叛乱之不生，自古及今，未之得也。故'唯天下至诚，为能尽其性；能尽其性，则能尽人之性。'若不尽于己而望尽于人，众必绐而不从矣；不诚于前曰诚于后，众必疑而不信矣。今方岳有不诚于国者，陛下则兴师以伐之；臣庶有亏信于上者，陛下则出令以诛之。有司顺命诛伐而不敢纵舍者，盖以陛下之所有，责彼之所无故也。向若陛下不识于物，不信于人，人将有辞，何以致讨？是知诚信之道，不可斯须去身，愿陛下慎守而行之有加，恐非所以为悔者也。"① 陆贽在此认为，如果君主不以诚信待臣，就会出现上下猜疑的情况，臣下也不会为君主尽忠效力；如果君主以诚信待臣，就会出现君臣一体，则臣下咸愿尽忠。

陆贽还分析了君臣互相猜疑，上下声情不通的主要原因是上有"六弊"而下有"三弊"。所谓上有"六弊"即君主有六弊："好胜人，耻闻过，骋辩给，眩聪明，厉威严，恣强愎"；② 下有"三弊"即臣下有三弊："谄谀，顾望，畏懦"。③ 陆贽进一步指出，君上之六弊是源，即是根本原因，而臣下之三弊是流，即是枝末原因。"上好胜，必甘于佞辞；上耻过，必忌于直谏。如是，则下之谄谀者顺旨，而忠实之语不闻矣。上骋辩，必剿说而折人以言；上眩明，必臆度而虞人以诈。如是则下之顾望者自便，而切磨之辞不尽矣。上厉威，必不能降情以接物；上恣愎，必不能引咎以受规。如是则下之畏懦者避辜，而情理之说不申矣。"④

陆贽还认为，如果君臣互相猜疑，上下声情不通，就会导致国家衰败。"上情不通于下则人惑，下情不通于上则君疑；疑则不纳其诚，惑则不从其令；诚而不见纳，则应之以悖；令而不见从，则加之以刑。下悖上刑，不败何待？是使乱多理少，从古以然。考其初心，不必淫暴，亦在乎两情相阻，驯致其失，以至于艰难者焉。"⑤ 因为如果君臣互相猜疑，上下声情不通，就会导致君主的命令得

① 《全唐文》卷468《奉天请数对群臣兼许令论事状》。
② 《全唐文》卷468《奉天请数对群臣兼许令论事状》。
③ 《全唐文》卷468《奉天请数对群臣兼许令论事状》。
④ 《全唐文》卷468《奉天请数对群臣兼许令论事状》。
⑤ 《全唐文》卷468《奉天请数对群臣兼许令论事状》。

不到臣下的如实贯彻，而臣下的忠告得不到君主的采纳，这对管理国家会造成很大的危害。

德宗时期，朝廷不断派兵平定藩镇叛乱。陆贽特别强调在这种局面下，君主如不以诚信待将帅，不信任领兵将帅，不将军队指挥权彻底交给在外领兵的将帅，或数将并置而不设统帅，或别委中使（宦官）监临，使他们互相牵制监督，君主时刻加以防范，使将帅在战斗中不能专制，以应对瞬息万变的军情，致使师丧国蹙。"其或疑于委任，以制断由己为大权；昧于责成，以指麾顺旨为良将。锋镝交于原野，而决策于九重之中；机会变于斯须，而定计于千里之外。违令则失顺，从令则失宜，失顺则挫君之严，失宜则败君之众。用舍相碍，否臧皆凶，上有掣肘之讥，下无死绥之志，其于分画之道，岂不两伤哉！其于经纶之术，岂不都谬哉！自昔帝王之所以长乱繁刑，丧师蹙国者，由此道也。"①

其四，陆贽认为君主任用人才应用其所长，不要求全责备。每个人都有其独特性，应当善于发现其所长，好好加以利用，就不担心缺乏人才。"盖以人皆含灵，唯所诱致。如玉之在璞，抵掷则瓦石，追琢则圭璋；如水之发源，壅阏则淤泥，疏浚则川沼"；"天之生物，为用罕兼，性有所长，必有所短，材有所合，必有所暌。曲成则品物不遗，求备则触类皆弃。是以巧梓顺轮桷之用，故枉直无废材；良御适险易之宜，故驽骥无失性。物既若此，人亦宜然，其于行能，固不兼具。"② 虽然全国德大贤的圣人，千年才会出现一次；全贤的通才，五百年才会出现一次，但若不求全责备，并不一定非圣人、通才才用，那其实并不缺乏人才。"若夫一至之能，偏禀之性，则中人以上，迭有所长。苟区别得宜，付授当器，各适其性，各宣其能，及乎合以成功，亦与全材无异。但在明鉴大度，御之有道而已。"③ 用人应当录长补短，把人的长处充分发挥出来，弥补他的短处，如能任用得当，那么使用偏材与使用全材，其效果是一样的。"人之才行，自昔罕全，苟有所长，必有所短。若录长补短，则天下无不用之人；责短舍长，则天下无不弃之士"。④

第四节　宋代官吏选任、监察与考核思想

一、选任官吏思想

（一）通过科举取士和恩荫补官选拔官吏思想

选官任职历来是国家政权建设的关键，一个政府的任何政策工具必须通过各

---

① 《全唐文》卷471《兴元奏请许浑瑊李晟等诸军兵马自取机便状》。
② 《全唐文》卷475《论朝官阙员及刺史等改转伦序状》。
③ 《全唐文》卷475《论朝官阙员及刺史等改转伦序状》。
④ 《全唐文》卷472《请许台省长官举荐属吏状》。

级官吏加以执行，所以历代统治者都非常重视官吏的选拔。宋代选官途径主要有5个方面：一是科举取士，二是恩荫补官，三是流外出职，四是从军补授，五是纳粟摄官。其中又以科举取士和恩荫补官入仕的为最多，正如杨万里所说："仕进之路之盛者，进士、任子而已。"① 以下主要介绍这两者选官途径所体现的一些思想。

其一，宋代封建中央集权进一步加强，这在科举取士上也有所反映。皇帝为了对科举的控制，把唐代的殿试进一步制度化，规定每三年举行一次，并由皇帝亲自考选。宋代鉴于唐代座主、门生结成政治集团，互相攻讦、勾心斗角的朋党之争弊端，宋太祖时就下诏"禁谢恩于私室"②，以杜绝门第之弊。宋代规定考生只能作天子门生，而不许称主考官为"恩师""师门"，也不许自称"门生"。违者或由御史台弹劾，或按敕处分。这有利于加强皇帝对选官权的控制，使被选者感到皇恩浩荡，日后忠于皇帝，忠心耿耿为赵氏王朝效劳，而且也有利于防止主考官徇私舞弊，相对维护科举取士的公正性，尽可能选拔出优秀的治国安邦人才。

其二，宋初科举的内容仍以唐代的诗赋、经义为主。宋仁宗时，欧阳修、范仲淹等提出先试策论。至神宗熙宁变法时，苏轼坚持科举试诗赋，王安石则对科举考试内容进行改革，罢诗赋，以经义论策试进士。哲宗元祐时虽复诗赋、经义之科，但考论策一直受到重视。宋代考试内容上的一个突出变化是"明法科"终宋相沿不废。宋太宗倡导"经生明法，法吏通经"③，这表明最高统治者选取官吏时把明法、通经看作为吏之车之两轮、鸟之双翼，缺一不可。雍熙三年（986年），宋太宗下诏："应朝臣、京官及幕职、州县官等，今后并须习读法……其知州、通判及幕职州县官等秩满至京，当令于法书内试问，如全不知者，量加殿罚。"④ 宋神宗时期，明法科地位更加重要，朝廷规定试以律令刑统大义，断案中格即取。

宋代科举重经义、明法的思想对选拔官吏是有积极意义的。古代官吏，尤其是地方官吏最主要的工作就是两件事。正如宋人所云："州县之事，不过两端，一曰治民，二曰理财。"⑤ 经义能提高地方各级官吏以儒家治国安邦为指导思想的水平和行政能力，明法能使地方官吏在处理判决各种各样诉讼案件中比较公正、准确地执法。

其三，宋代统治者为保证科举中的公平竞争，更好地选拔人才，防止科场中徇私舞弊，把别头试、糊名法（封弥）制度化，并创立了誊录法。别头试是指

---

① 《诚斋集》卷90《冗官上》。
② 《曾巩集》卷49《贡举》。
③ 《燕翼诒谋录》卷1。
④ 《宋会要》选举13之11。
⑤ 吴儆：《竹洲集》卷1《论治民理财》，台湾商务印书馆影印文渊阁《四库全书》。

科举考试中凡应回避的官员子弟、亲戚、门客，则另派考官设别试进行考试。唐代虽行此法，但未制度化。宋太宗雍熙二年（985 年），始命礼部试考官亲戚移试别处。宋仁宗景祐四年（1037 年），各路亦行别头试。至此，别头试成为宋代各级科举考试中广泛实行的一种制度。

糊名法又称封弥法，即在应试者纳卷后，或密封卷头，或截去卷头，编成字号，送誊录所抄成副本，由初考官考校试卷，分定等级后，再密封所定等第送复考官。糊名法唐代已经出现，至宋代才形成制度，成为贡举考试中普遍实行的一种方法。

誊录法即应试者纳卷后，密封卷头，编成字号，发送誊录院，在宦官监督下，由誊录官指挥数百名书手抄录成副本，再送考官考校定第。此法始自宋真宗大中祥符八年（1015 年）礼部试，其后推广到殿试和各类解试，成为宋代科举考试中的一个法定方法，对防止考校官作弊，发挥了应有的作用。

宋代无论是实行别头试、糊名法，还是实行誊录法，其指导思想都是一样的，即通过另派与应试者无任何关系的考官设别试进行考试，或隐去应试者姓名、籍贯等个人信息，甚至派书手抄录试卷副本，连应试者的笔迹亦一概隐去，使考官完全处于"盲评"状态，以达到公平竞争，防止任何作弊行为，为国家选拔具有真才实学的人进入仕途，优化官僚队伍。

（二）任官中官职、差遣相分离和除官、铨试、连坐、回避思想

宋代的任官思想，是在强化中央集权的主导下形成的。朝廷为了加强对任官权的控制，采取了官、职、差遣相分离的任官制度。其中所谓"官"，是指定禄秩、序位著，表现官阶等级的一种虚衔，仅作为铨叙与升迁的依据，没有实际职权，故称"寄禄官"。所谓"职"，是指加给有才学名望之士的一种荣誉，也没有什么实际职权。所谓"差遣"，才是宋代官员获得实际职务的主要途径。只有获得差遣的官员，才是"治内外之事"的有职有权的官职，故称"职事官"。

宋代这种官、职、差遣相分离的任官思想，具有很强的封建人治色彩。最高统治者可随时以差遣的名义，派遣自己需要的官员去从事某项事务。这对于加强皇帝对用人权的控制发挥了作用，从某种意义上说，也提高了行政机关的统治效能。但是这种用人的随意性也破坏了人事制度的法治化，而且由于"官与职殊""名与实分"，使十之八九的官员"虽有其官，不举其职"，从而造成了宋代官制的冗滥杂乱，散弱无能，成为宋代官制中一个突出问题。

宋代任官制从任职主体与客体进行划分，大致可分为三个层面：一是皇帝特旨擢用法，二是中书堂除法，三是吏部铨选法。正如哲宗元祐元年（1086 年），殿中侍御史吕陶曾对选任文官制度进行了概括："朝廷差除之法，大别有三，自两府而下，至侍从官，悉禀圣旨，然后除授，此中书不敢专也。自卿监而下及已经进擢，或寄禄至中散大夫者，皆由堂除，此吏部不敢预也。自朝议大夫而下，

受常调差遣者，皆归吏部，此中书不可侵也。"① 以下就任官制的三个层面及与此相关的一些任职思想做简要的论述。

其一，皇帝特旨擢用法。在宋代，凡"执政、侍从、台谏、给舍之选，与三衙、京尹之除，皆朝廷大纲所在，故其人必出人主之亲擢，则权不下移"②。其中，台谏官的除授，依祖宗法，"必由中旨"③，"必出自宸翰"，不许"用见任辅臣所荐之人"④，不准"宰相自用台官"，以防止台谏以宰相为举主，包庇容隐宰相之过，有利于台谏官对宰相的弹劾和对行政部门的监察。

皇帝特旨擢用高级官员，不仅不拘资格，而且升迁速度快，确实能选拔一些年富力强的优秀人才充实到高层领导，并加强了封建中央集权制，防止用人大权旁落。但另一方面皇帝为了强化君权，也委任了不少易于控制的庸懦无能之辈或居心叵测之徒。

其二，中书堂除法。宋代，对于一些有特殊勋劳的官员，可由政事堂直接奏注差遣。文官由中书除注，堂除的范围除在京部分职事官阙，在外的监司、知州、通判，乃至其属官、库务监官及繁难知县等，皆可取为堂除；武官堂除包括诸路大帅兵官、军职、铨辖、总管，边要知州，边境知寨、巡检等，皆由枢密院堂除。

堂除原则上是宰执、枢密接受皇帝的委托，对一些清紧繁难职任，不拘资格擢用除授。这其实是一种权力的分配，使宰执、枢密对中级层次的官员享有一定的任免权，才能有效地行使行政或军事上的权力。堂除主要是针对有特殊勋劳的官员，因此比较重才干而不拘泥于资格，官员"一经堂除，便是资历"⑤，即不再归吏部除用，可以破格差遣，号为擢用。这使一些优秀人才任期短，升迁快，有利于他们的脱颖而出。所以宋神宗之后，把堂除当作一种激励手段，官员也视其为荣进之途。但由于对堂除之权缺乏监督约束机制，为宰执任人唯亲、行施私恩开了方便之门，尤其是在元祐朋党和宰臣专权之际，"以天爵市私恩"⑥ 的情况更为严重，而且进一步滋长了官员为乞求堂除而奔走请托的腐败之风。

其三，吏部铨选法。宋代吏部注授官员的最大特点是严守资格之法，即一般官员升迁时必须依据年限、资历、出身、举主等。如选人初入仕者，要经二任或三任判司簿尉后，再通过荐举，才能升县令或录事参军；再历二三任后，经荐举方可改京朝官差知县；知县两任有劳绩者升通判，通判两任后，经举主保荐升知

---

① 《长编》卷 370。

② 《宋史》卷 401《柴中行传》。

③ 《长编》卷 113。

④ 《长编》卷 151。

⑤ 俞文豹：《吹剑录外集》，知不足斋丛书。

⑥ 洪迈：《容斋四笔》卷 15《蔡京轻用官职》，台湾商务印书馆影印文渊阁《四库全书》。

州；"知州军有绩效，或有举荐名实相符者，特擢升转运使副、判官或提点刑狱"①。这就是所谓的常调，"并以资历，不容超越，资历当得，不容不与"②。这种常调在任官中也是必须有的制度，因为高层官员的皇帝特旨擢用以及特殊勋劳的中书堂除毕竟只是少数，而大多数官员只要不违法乱纪、稍有劳绩者都只能利用年限、资历来作为晋升的依据，对于一般官员来说，机会均等、平稳升迁是他们仕进的主要途径。当然，这种按资历用人的最大弊端就是缺乏激励机制，不利于人才的选拔。由于循资历升迁使"才与不才一途并进"，"资格既及，虽庸流不得不与，资格未至，虽异才无自得之"③，致使"养资以苟岁月"的因循苟且之风盛行，官僚队伍中"能政者十无二三，谬政者十有七八"④。

其四，八路定差法。宋代四川、两广、福建、湖南等八路边远地区，内地人不愿远任，朝廷允许本路安抚制置司、转运司在差遣州县文、武官员时，可按吏部资格法在当地差注、换易官员等。宋代的定差法，实际上是由当地安抚制置司、转运司代行吏部铨选职权，所以其定差权受到严格的限制。一是所差之官必须是吏部正式差派到本地有委任状的官员，不能定差无出身、无官告的人；二是定差官要接受吏部的审察，"请命于朝廷"，并受本路其他监司、帅司的监督；三是每年把定差官的详细档案"置籍申部"，以便吏部"得以稽考当否"。

定差法其实是吏部铨选的一种补充，将吏部铨选法地区化，其实质上仍受朝廷的严格控制与制约，以防止边远地区脱离中央政权控制。定差法对缓解边远地区的缺官矛盾有一定的积极作用。

其五，铨选考试法。宋代的铨选考试，是由铨选机构主持的一种考试，其目的为提高官僚队伍的整体素质和统治能力，并克服冗官之弊。宋代铨选考试是选人升改官资和换易差遣的一种手段。宋仁宗庆历三年（1043 年）规定："凡选人年二十五以上，遇郊，限半年赴铨试，命两制三员锁试于尚书省，糊名誊录。习辞业者，试论或诗赋，词理可采，不违程式为中格；习经业者，人专一经，兼试律，十道而通五为中格，听预选。以上经两试，九选以上经三试，至选满，有京朝官保任者三人，补远地判、司、簿、尉，无举者补司士参军；或不赴试，亦无举者，永不预选。京朝官二十五以上，岁首赴试于国子监，考法如选人，中格者调官。"⑤ 这条法令，使荫补入仕之人考试制度得到了进一步发展。宋神宗熙宁四年（1071 年），王安石为"公天下而治永久"，重定铨试之法，使铨试法更加完备。熙宁重定铨试法规定：不仅恩荫入仕者必须经铨试合格后才任用，"进士、选人之守选者，亦皆试而后放"；即使进士及第者，除第一名之外，并须试

① 文彦博：《潞公文集》卷 29《奏除改旧制》，台湾商务印书馆影印文渊阁《四库全书》。
② 《燕翼诒谋录》卷 3。
③ 《历代名臣奏议》卷 60。
④ 《范文正奏议》卷上《奏乞择臣僚令举差知州通判》。
⑤ 《长编》卷 145。

而后注①；而因过失被贬秩罢官重新叙用者，"亦许依得替人例收试"②。由此可见，熙宁重定铨试法使铨试范围扩大。熙宁变法时，为"求实用之才"，规定凡守选者首先"试断按二，或律令大义五，或议三道，后增试经义"③。即以测试具体断案、法律条文大义、时事议论等实际治民能力为主。"试之以刑统义，欲以观其知法律之意，试之以时议，欲以观其达古今之变"④。

宋代荫子入仕系祖宗所守之法，很难彻底废除。权宜之策是"令户部严铨试之法"，通过限制铨试不合格的荫补人缓解冗官之弊。这就是"近至于权贵，远至于寒畯，其子弟以门荫补官者，非中铨试不许出官"⑤。对不学无术的官僚子弟、宗室外戚及其他杂色补官之人的任用通过铨试予以限制，为更多有才之士的仕进提供了机会。而且铨试能督促官员平时注意不断学习，努力提高业务水平和自身素质。

其六，举官连坐法。宋初，就有被举荐之官违法乱纪、甚至不称职而连坐举主的规定。"太祖建隆三年二月，诏翰林学士、文班常参官、曾任幕职州县者，各举堪为幕职令录一人，如有近亲亦听内举。即于举状内具言除官之日，仍列举主姓名。或在官贪浊不公，畏懦不理，职务废阙，处断乖违，量轻重连坐。"⑥到宋太宗时，规定渐趋全面合理，即举主所举之人不当要受罚，但所举之人优异，则要受到奖赏。如"雍熙二年正月，诏翰林学士、两省、御史台、尚书省官保举京官、幕职州县官可升朝者各一人。所举人若强明清白，当旌举主；如犯赃贿及疲弱不理，亦当连坐"⑦。

举主连坐的具体处罚，历朝规定不一，一般较犯者为轻。如太平兴国七年（982年）规定："自今文武常参官所保举人有罪连坐者，犯私罪，无轻重减一等论，公罚即减二等论，仍著为令。"⑧宋代有时为确保被举荐之人清廉可靠，亦对举主实行重赏严罚。如大中祥符二年（1009年）四月，"诏自今诸路转运、发运使副使、提点刑狱官保举京朝幕职州县官使臣，如改官后一任或两任及五年无遗阙有劳绩干事者，其本官及举主并特酬奖；除私罪外虽有遗阙，系杖以下公罪者，亦别取进止。若历任内犯入己赃，并同其罪"⑨。但是，"并同其罪"未免连坐太严，正如绍兴十一年（1141年）六月臣僚所言："今使举主与犯赃者同

① 《文献通考》卷38《选举十一》。
② 《宋会要》选举10之5。
③ 《宋史·选举四》。
④ 《历代名臣奏议》卷169。
⑤ 《宋会要》选举26之15。
⑥ 《宋会要》选举27之1。
⑦ 《宋会要》选举27之3—4。
⑧ 《宋会要》选举27之3。
⑨ 《宋会要》选举27之10。

罪，是罚太重也"；"夫罚太重，则法难于必行"①。

荐举连坐，北宋时在时间界限上一般只连坐被举者本任，所举之人一旦改任他官，即不连坐。如景德四年（1007 年）七月，诏："群臣举官，例皆连坐，宜有区别。自今朝官、使臣、幕职、州县官，须显有边功，及自立规画，特著劳绩者，仍以名闻。如考复之际，与元奏不同，当行朝典。或改官后犯赃，举主更不连坐。如循常课绩历任奏举者，改官犯罪，并依条连坐。其止举差遣，本人在所举任中犯赃，即用连坐之制。其改官他任，纵犯赃罪，亦不须问。"② 南宋绍兴年间，由于荐举经常类皆徇私，荐非其人，所以朝廷一再严荐举之法，特别是对地方监司、郡守的荐举，甚至要求荐举者保任终身。如绍兴三十年（1160 年）正月，"诏诸州守臣间有厥官，可令六曹尚书侍郎、翰林学士、两省台谏官正言以上，各举曾任通判及通判资序、公勤廉慎、治状显著、可充郡守者二员闻奏，以备铨择。仍保任终身，犯赃及不职，与同罪"③。

宋代除了举官连坐法之外，如某官吏违法乱纪或不职，与其有牵连的干系人，以及长官、同僚、监察官等，均要连坐。如《庆元条法事类》卷 32《点磨隐陷》规定："诸隐落及失陷钱物，干系人知而不举，与犯人同罪，罪止徒二年，许人告。"《宋刑统》卷 5 规定："诸同职犯公坐者，长官为一等，通判官为一等，判官为一等，主典为一等，各以所由为首……若同职有私连坐之官，不知情者以失论。即余官及上官案省不觉者，各递减一等。下官不觉者，又递减一等，亦各以所由为首。检勾之官，同下从之罪。"宋代在官员之间连坐中，特别强调上级行政长官对下级行政长官、长官对僚属、监察官对一般官员的监督责任，失察者要受到连坐。如庆元二年（1196 年）正月二十四日，"臣僚言：'比年以来州郡监司务相蒙蔽，或市私恩，或植私党，或牵自己之利害，或受他人之嘱托，见赃不劾，闻暴不刺。乞令诸州专察属县，监司专察诸州，台谏则总其举摘。如令丞簿尉有罪，而州不按察以闻，则犯者亦论如律，而监司亦量轻（'轻'原作'经'，误）重与之降黜。州之僚属则并责之守倅之按察，监司之僚属亦并责之监司之按察，而其坐罪亦如之。如此则上下交制，小大相维，奸赃暴虐，无所逃罪。朝廷特举其大纲，而天下无不治，斯民无不被赐矣。'从之"④。

宋代的连坐法在具体实行中并没有始终如一贯彻，有时也徒为文具。如周必大所云："臣谓法令中明有连坐之文，而其奏牍亦云甘当同罪，然旷岁逾时，未闻有所惩治也。"⑤ 又如《建炎以来朝野杂记》甲集卷 8 载："保任京官犯赃连坐，旧制也，然近岁未有举者。"

---

① 《宋会要》选举 29 之 29。
② 《长编》卷 66。
③ 《宋会要》选举 30 之 7—8。
④ 《宋会要》职官 79 之 11—12。
⑤ 《文忠集》卷 140《乞申严荐举连坐之法》。

总的说来，连坐法在当时条件下对防止官吏违法乱纪或不称职是起了一定的作用。朝廷之所对官吏连坐如此之广，旨在对奸贪不法者形成一个严密的监督网络。这使得上司注意防范下属违法乱纪，监察官要勤于纠察，荐举者重视考察被荐者的操行，同僚们要互相监督。

其七，任官回避法。宋代任官回避法比起前代更加严格完善，主要有乡贯回避法、亲嫌回避法和避亲移任法三种。

乡贯回避法就是地方官不能在本籍贯地区任官。北宋前期，州县官主要回避本州，但知州、通判则要回避本路。宋神宗以后，又禁止官员在自己产业所在地任职。宋徽宗宣和二年（1120年）又规定：即使繁难县令缺，也"不得差在本贯及有产业并见寄居、旧曾寄居处"任官①。甚至临时性的差遣，也不得"往本乡里制勘勾当公事"②。南宋时，中原人多徙居南方，寄居官人数大增，对此，绍兴二十六年（1156年）规定："命官田产所在州，或寄居七年，并不许注拟差遣。"③宋孝宗时限制更加严格。淳熙九年（1182年）规定："寄居不必及七年，有田产不必及三等，凡有田产及寄居州县，并不可注授差遣。"④由此可见，宋代乡贯回避法所体现的管理官员思想渐趋严密完善主要体现在3个方面：一是依据官员级别的不同，合理确定本贯的区域范围，即一般州县官本贯局限本州，而知州、通判本贯则包括本路范围。二是将官员产业所在地等同于本贯，一并予以回避。三是南迁官员的寄居所在地，逐渐降低年限规定，亦视作本贯予以回避。

亲嫌回避法指有亲属关系的官员不能同时在同一部门充任职事相当或互相统属的职务。宋仁宗康定二年（1041年）制定的《详定服纪亲疏在官回避条制》规定："本族缌麻以上亲及有服外亲、无服外亲，并令回避。"⑤即本族缌麻以上亲及姻亲都要回避。古代丧服分为5个等，即斩衰、齐衰、大功、小功、缌麻五服，缌麻是最轻的一种，主要是男子为族曾祖父、族曾祖母、族祖父、族祖母、族父、族母、族兄弟，为外孙（女之子）、外甥、婿、妻之父母、舅父等服衰。如按康定二年的规定，缌麻以上亲及有服外亲、无服外亲并令回避的话，那几乎有亲缘的亲戚不管亲疏都要回避了。具体而言，宋代亲嫌回避法主要应回避的有以下这些关系：如"父子兄弟及亲近之在两府者，与侍从执政之官，必相回避"⑥；宰执与台谏官之间"若有妨嫌"，台谏官亲属"同在言路"者，枢密院与属官及三衙长官有亲嫌者，都必须回避；凡中央官员之间有职事相统关系，中央和地方官员间有直接职务联系者，亦行避亲之法；在地方凡有亲嫌关系者，避

① 《宋会要》职官48之32。
② 《宋会要》刑法3之53。
③ 《建炎以来系年要录》卷175。
④ 《宋会要》职官8之42。
⑤ 《宋会要》职官63之2。
⑥ 魏泰：《东轩笔录》卷5，台湾商务印书馆影印文渊阁《四库全书》。

免在同一路任转运使副、提点刑狱、提举常平、提举市舶等官；诸路监司与本路各司属官、与本路各州县长官及同路州县长官之间、监司属官与各州属官职务相关者之间有亲嫌关系，亦皆行回避之法①。

避亲移任法是作为避亲法的补充，保证亲嫌回避法的有效执行。宋代京朝官的避亲移任原则是小官回避大官，由本人申请，经特旨换授即可。地官方的改移原则是："京朝官有亲戚妨碍合回避者，如到任未及一年，即与对移。本县官相妨碍，于本州别县对移；本州官相碍，于邻州对移；本路职司相妨碍，于邻路对移。及一年以上者，除祖孙及期已上亲依此对移外，其他亲戚即候成资放罢。"②简言之，官员到任不满一年依法合回避之亲，皆与邻近路州县同等官对移，一年以上者，近亲移任，远亲待满二年即罢。宋哲宗元祐六年（1091年）还规定，凡地方官当避亲移任而不愿对移，或无阙可对移者，即"依省员法"由吏部重新参注③。

为保证任官回避法的实施，宋廷还对依法应回避而隐瞒不回避者予以惩罚。宋仁宗景祐五年（1038年）规定："京朝官受使遣时，隐匿不言亲戚妨碍，到任乞就移者，并与移远路小处。"④ 南宋《庆元条法事类》卷8《亲嫌》更详细地规定："诸在任避亲应移注或罢而不依限申陈，及官司行遣稽程者，各加官文书稽程二等，内不自陈，通元限满三十日，杖一百"；应避亲而辄赴任者，亦"杖一百"。

宋代任官回避法，对避免官员利用乡党关系、亲属关系拉帮结派、发展私人势力，对防止官员利用同乡、亲戚关系互相请托、营私舞弊，对澄清封建吏治、减少腐败等，发挥了应有的作用。

二、御史、监司、通判监察官吏思想

（一）御史机构设置思想

宋代的御史监察机构基本上承袭唐制，置御史台为监察机关，以御史中丞为长官，御史大夫为加官，不任命正员。御史台之下设三院：台院有侍御史，殿院有殿中侍御史，察院有监察御史。宋初常以御史为寄禄官，实任其责不多。咸平四年（1001年），以御史二人充左右巡使，分纠不如法者。元丰改制，始正官名，尽废诸使。

宋代自元丰二年（1079年）始置六案于御史台，"上自诸部、寺监，下至仓场、库务，皆分隶焉"⑤。六案具体分察的主要部门是"吏部及审官东、西院、

① 《庆元条法事类》卷8《亲嫌》。
② 《宋会要》职官63之3。
③ 《长编》卷467。
④ 《宋会要》职官11之3。
⑤ 《宋会要》职官17之20。

三班院等隶吏察，户部、三司及司农寺等隶户察，刑部、大理寺、审刑院等隶刑察，兵部、武学等隶兵察，礼、祠部、大常寺等隶礼察，少府、将作等隶工察"①。不久，又采纳权御史中丞李定的建议，"以户按察转运、提举官，以刑按察提点刑狱"②。据《宋会要》职官 17 之 2 记载，六察官的人员配备是"户察，书吏四人，贴司三人；刑察，书吏二人，贴司二人；吏、礼察，书吏各二人，贴司各一人；兵、工察，书吏、贴司各一人"。从此可知，由于钱谷之事最为繁杂，故户察人员配备最多。从总的看来，六察当是个相当精悍的组织，否则寥寥数人怎么能对庞大繁杂的中央诸部司进行有效的监督。正如元祐四年（1089 年）七月殿中侍御史孙升所言："盖六曹寺监二百四十余案，胥吏一千七百余人，其他官司二百七十余处，内外之事填壑纷委。而旧以察官六员、书吏十有四人钩考按核，虽使人人心力强明、智术精微，安能周见其故？……朝廷近年察官既不补足，而比因浮费所建言，更不自本台立法，直行减罢书吏六人，止存八人分治六案。吏员既少，则所择尤须精审。且以八人按察二百余案、千有余人胥吏、二百余处官司，而又更不精所择，若止欲名存实亡，则可矣。"③

六察设置不久以后，为了能监督六案御史失职，元丰六年（1083 年），都司下设御史房，主行弹纠御史按察失职，并置六察殿最簿，以六察官纠劾之多寡当否为殿最，岁终取旨升黜。宋代的御史监察系统是严密的，"朝廷以天下事分六曹以治之，都省以总之，六察以案之。六曹失职，则都省在所纠；都省失纠，则六察在所弹。上下相维，各有职守"④。

宋代御史台机构设置中最有特色的思想是六察的设置。宋代御史中丞、侍御史、殿中侍御史、监察御史均可对官员进行纠弹，但基本上是不定期的，即随时发现问题随时纠弹。而六察对京师六部诸司的监察则是采取定期巡视按察的方式，"上下半年分诣三省、枢密院点检诸房文字，轮诣尚书六曹按察；奉行稽迟，付受差失，咸得弹纠"⑤。六察主要按尚书省下吏户礼兵刑工六部对口监察，然后再将中央寺监，下至仓场、库务，以至地方监司分属各察，使御史监察的触角能覆盖所有部门及地方路级监司，其监察面是相当广泛全面的，并具有很强的条理性、系统性，分工明确，各负其责。都省下设御史房弹纠御史按察失职，并考核六察纠劾殿最。这是宋代御史监察思想进一步走向成熟的标志，因为御史监察工作本身理应也要受到监督。

（二）御史监察内容思想

宋代御史"职在绳衍纠缪，自宰臣至百官，三省至百司，不循法守，有罪

---

① 《宋会要》职官 17 之 9。
② 《宋会要》职官 17 之 9。
③ 《长编》卷 430。
④ 《长编》卷 330。
⑤ 《宋史》卷 164《职官四》。

当劾，皆得纠正"①；"纠察官邪，肃正纲纪。大事则廷辨，小事则奏弹"②。归纳史籍记载，御史监察百官的内容大致有以下 9 个方面：

（1）弹劾官吏贪赃枉法、行贿受贿与请托行为。宋代，御史弹劾官吏在经济上的违法乱纪行为是其监察百官的重要内容。如宋初，殿中侍御史雷德骧就敢弹劾开国元勋、宰相赵普"聚敛财贿"③。宣和七年（1125 年），宋徽宗"诏御史察赃吏"④。绍兴元年（1131 年）五月，高宗也下诏："如人吏受赂及故违条限，仍许御史台检送大理寺，依法断遣，所有京朝官、大使臣亦依此。"⑤

宋代御史不仅弹劾官员贪赃受贿，而且连其请托行为也要进行弹劾。因为许多行贿受贿犯罪是因为请托行为而引起的，古人云"赇"也，就是以钱财求人办事，故从贝从求。皇祐二年（1050 年）九月，仁宗下诏："自今内降指挥，百司执奏毋辄行。敢因缘干请者，谏官、御史察举之。"⑥ 元祐六年（1091 年）四月，宋廷规定："私请大臣堂除差遣"，由"御史台觉察弹奏"⑦。由此可见，弹劾请托行为是御史台的职能之一。

（2）弹劾官吏交结权近，朋比结党。宋朝鉴于唐后期朋党之祸，命御史弹劾官员交结权近、朋比结党行为。如大观四年（1110 年）闰八月，徽宗下诏："交结权近，饬巧驰辩，沽誉躁近，阴构异端，附下罔上，腾播是非，分朋植党"，"宜令台谏觉察弹劾以闻"⑧。绍兴三年（1133 年），高宗也下诏云："士大夫趋向尚多，趋附征利盖奔竞之不息，则朋比之势渐成，可令台谏伺察其微，即行纠劾。"⑨ 宋代御史往往迎合皇帝忌讳朋党的心理，以"朋党"的罪名弹劾百官。如熙宁八年（1075 年）十二月，御史中丞邓绾弹劾李定、徐禧、沈季长等人"皆有连朋结党，兼相庇护，对制不实之罪"⑩。绍圣中，殿中侍御史陈次升"论章惇、蔡卞植党为奸"⑪。

（3）弹劾官吏不忠不孝等违背封建伦理纲常的行为。熙宁八年（1075 年），御史中丞邓绾弹劾章惇"徇私作过，欺君罔上，不忠之罪"；"父年八十，不肯归养，隳伤教义，不孝之恶"⑫。元祐六年（1091 年）八月，宋哲宗诏令御史

① 《宋史》卷 164《职官四》。
② 《宋史》卷 164《职官四》。
③ 《宋史全文》卷 2《宋太祖二》。
④ 《宋史》卷 22《徽宗四》。
⑤ 《宋会要》职官 55 之 17。
⑥ 《宋史》卷 12《仁宗四》。
⑦ 《长编》卷 457。
⑧ 《宋大诏令集》卷 196《申饬百僚御笔手诏》。
⑨ 《皇宋中兴两朝圣政》卷 14。
⑩ 《长编》卷 271。
⑪ 《宋史》卷 346《陈次升传》。
⑫ 《长编》卷 269。

台："臣僚亲亡十年不葬，许依条弹奏。"①

（4）弹劾官吏违法购买田产。如仁宗时期，御史中丞包拯弹劾三司使张方平强买豪民产，罢张方平三司使②。神宗时，御史中丞邓绾弹劾参知政事吕惠卿"借富民钱买田产"，吕惠卿出知陈州③。

（5）弹劾官吏偷税漏税。官吏偷税漏税是违法行为，直接影响国家财政收入，宋廷规定由御史台弹劾。如转运使姚铉"纳部内女口及鬻扣器抑取直值，又广市绫罗不输税，真宗遣御史台推勘官储拱劾（姚）铉，得实，贬连州文学"④。

（6）弹劾官员失职，办事效率低下。宋代统治者还是比较注重办事效率的。如《宋刑统》规定官文书程限时，依唐律："小事五日程，中事十日程，大事二十日程。"⑤ 宋廷规定：监察御史必须定时到三省、枢密院、六部等京师各部门点检文簿，如发现官吏失职，办事效率低下，文书积压者要及时弹奏。否则，御史要受到处罚。如元丰三年（1080年）五月，御史台点检三司自熙宁八年至元丰二年的文簿，发现"不结绝百九十事"，神宗诏令"大理寺劾官吏失销簿罪"⑥。次年，司农寺积压"未了文字二千四百余件，未了账七千余道，失催罚钱三百九十余千，未架阁文字七万余件"，前任监察御史王祖道、满中行二人因未及时弹奏，分别给予罚铜十斤和六斤的惩罚⑦。

（7）弹劾举官非其人者。如前所述，宋朝规定举官非其人者必须连坐举主。而且，举官不当令御史台弹劾。皇祐五年（1053年）七月，仁宗下诏："荐举非其人者，令御史台弹奏。"⑧ 元丰改制后，宋廷规定：荐举官员，必须把举状关报御史台，以供御史考索弹奏⑨。

（8）弹奏越职论事和议改政府法令者。宋廷规定官吏越职论事和议改政府法令者，令御史台弹劾。如崇宁三年（1102年）六月，宋徽宗诏令："内外官毋得越职论事，侥幸奔竞，违者，御史台弹奏。"⑩ 政和二年（1112年），徽宗又下诏："应今日已行法令，三省恪意遵守，无容妄自纷更，非甚窒碍，而辄议改易者，以违制论，仍令御史台觉察弹奏。"⑪

（9）纠察私入三司、开封府及御史台者。北宋元丰改制前，三司是全国最

---

① 《宋史》卷17《哲宗一》。
② 《宋史》卷316《包拯传》。
③ 王称：《东都事略》卷98《邓绾传》，台湾商务印书馆影印文渊阁《四库全书》。
④ 《宋史·薛映传》。
⑤ 《宋刑统》卷9《职制律》。
⑥ 《长编》卷304。
⑦ 《长编》卷313。
⑧ 《宋史·仁宗四》。
⑨ 《宋名臣奏议》卷71《上哲宗乞举官限三日关报御史台》。
⑩ 《宋史·徽宗一》。
⑪ 《宋大诏令集》卷197《诫约不许更改已行法令诏》。

高财政中枢机构，开封府是京师的首脑机关，御史台则是全国最高监察司法机构。总之，三者都是很重要的国家机关。宋廷为防止官员私自进入，"别有寄嘱，妨废公务"，曾多次下令强调，不准官员私自进入三司、开封府和御史台，违者，"许御史台纠奏"①。

从以上所举基本上可以看出宋代御史对百官监察弹劾的内容非常广泛，几乎涉及官吏工作、生活及个人品德等诸方面的问题。不仅如此，甚至连官吏的上朝礼仪、出席重大典礼宴会的沐浴、着装等个人细节问题，都要予以监督纠弹。如"筵宴等臣僚戴花过数"②，"文武官于致斋日，并须沐浴浣濯衣服"③ 等，均令御史台专行纠察。总之，宋代御史台对百官的监察与弹劾对肃清封建吏治、维护封建国家机器的正常运转，发挥了重要的作用。

（三）御史的选任思想

由于御史职任甚重，故宋廷十分重视对御史的选任，采取了种种措施，逐渐形成了一套比较严密完备的制度。以下就其制度中体现的一些比较有价值的思想做一简略介绍。

（1）皇帝亲擢。御史作为皇帝的耳目之官，宋代自仁宗朝以后，代代君主基本上均把选任御史"必由中旨"作为祖宗之法来奉行，这是因为"宰相自用台官，则宰相过失无敢言者"④。尤其对御史台长官御史中丞的选任，更强调"当出圣意"⑤。

（2）臣僚荐举，皇帝从中选拔任命。侍御史、殿中侍御史、监察御史、侍御史里行、殿中侍御史里行、监察御史里行等御史台属官，一般由臣僚荐举，皇帝从中选拔任命。

北宋时期，首先对御史选任法提出比较全面改革的是欧阳修。庆历三年（1043 年），他上疏仁宗，提出：荐举御史"当先择举主"，只令中丞或朝廷特选举主；荐举御史，"不限资考，惟择才堪者为之"；用御史"里行之职，以待资浅之人"；制订"连坐举主，重为约束"法，"以防伪滥"⑥。欧阳修改革御史选任虽然没得到最高统治者的应有重视，予以实施，但其所体现的思想有以下几个方面值得注意：一是宋代御史的首要职能是弹劾纠察违法乱纪的官员，"上自宰相，下至百僚，苟有非违，皆得纠劾"⑦，因此，御史举主的选择至关重要，故欧阳修首先提出荐举御史"当先择举主"。只有选择有公心正直的举主，才能

---

① 《宋会要》刑法 2 之 21。
② 《宋会要》职官 55 之 20。
③ 《宋大诏令集》卷 190《诫饬郊庙行事官虔肃诏》。
④ 《御批历代通鉴辑览》卷 74，台湾商务印书馆影印文渊阁《四库全书》。
⑤ 《东轩笔录》卷 3。
⑥ 《欧阳修全集》卷 101《论台官不当限资考札子》。
⑦ 《长编》卷 415。

荐举出公正、敢于直言的御史；此外，举主的身份以不妨碍御史弹劾百官为宜。二是御史职在纠劾百官，以年轻敢于任事、不畏权贵者为合适人选，因此，欧阳修提出荐举御史"不限资考"，尤其是级别较低的"御史里行之职"，更以"资浅之人"为之。三是御史为天子耳目之官，责任重大，故更要实行"连坐举主"的规定，这样能更好地约束御史的行为，并能选拔出德才兼备的人担任御史一职。

王安石变法时期，对御史选任法进行了改革，主要措施有 3 项：一是"御史有阙，委中丞奏举"。二是荐举御史，"不拘职高下"。三是如果举主"所举非其人，令言事官觉察闻奏"①。其实王安石对御史选任法进行改革的 3 项措施与欧阳修的改革方案几乎是一样的：两者都主张由御史中丞举荐御史；荐举御史"不限资考"与"不拘职高下"是相同的；"连坐举主"与举主"所举非其人，令言事官觉察闻奏"都主张荐举御史实行连坐法。但是，王安石对御史选任法的改革却遭到反变法派的强烈反对。如侍御史刘琦上疏说："近又睹中书札子，今后御史中丞独举台官，不拘官职高下。此亦安石之谋也，不过欲引用门下之人置在台中，为己之助耳。己之有过，彼则不言，此得为朝廷之福乎？"② 吏部郎中刘述也攻击新的御史选任法云：荐举御史"专委中丞，则爱憎在于一己。若一一得人，犹不至生事；万一非其人，将受权臣嘱托，自为党援，不附己者得以中伤，谋孽诬陷，其弊不一"③。由上可见，反对派反对王安石御史选任法改革的主要理由是御史不能由御史中丞一人举荐，因为如御史中丞为权臣所控制，那御史台将成为权臣拉帮结派，攻击、诬陷异己的工具。反对派的这种担心是持之有理的。

宋代选任御史时，重视御史的地方基层行政经历。元祐时规定：殿中侍御史、监察御史以经两任知县、一年以上通判实历者担任④。南宋孝宗乾道二年（1166 年）三月更明确规定："县令非两任，毋除监察御史。"⑤ 宋代台谏合一，御史亦可谏言，选任御史要求实历知县和通判，有利于保证御史有丰富的地方行政经验，能更好地提出兴国利民的建议。正如时人袁说友所云："盖州县之官皆谙历民事之久，其利与害又前日之所备闻者，彼一旦有能言之隙，而陛下更责以爱民之事，将有竭诚罄虑，尽思其所以在民者以为说。一说行则一利在民，一利兴则天下受赐。"⑥ 但是，选任御史如硬性规定要求实历知县和通判，有时又会影响对一些有杰出才能但资历不够人的选拔。王安石变法时期，"以资深者入三

① 《宋会要》职官 17 之 8。

② 《历代名臣奏议》卷 176。

③ 《宋史·刘述传》。

④ 参见《长编》卷 412，《栾城集》卷 45《乞改举台官法札子》。

⑤ 《宋史·孝宗一》。

⑥ 袁说友：《东塘集》卷 8《论臣职当先民事》，台湾商务印书馆影印文渊阁《四库全书》。

院，资浅者为里行"① 的选任原则，既注意了御史的行政经验，又有利于突出御史人才的选拔，比较合理地兼顾到两者。此外，宋代皇帝亲擢御史不计资序，也可使杰出人才的脱颖而出不受资历的限制。

宋代选任御史还注意其个人品德，其中最强调的是必须廉洁。"御史之道，惟赃为最重"②，御史人选必须"自来别无赃"③。己所不正，而欲正人，自古至今未尝有也。朝廷规定，如果查出御史有赃滥罪者，举主要连坐。如宋太宗时，"膳部郎中侍御史知杂事滕中正责本曹员外郎"，其原因是他所荐举的监察御史张白"坐知蔡州日假贷官钱三百贯，籴粟麦居以射利，弃市，中正坐荐（张）白故也"④。

宋代选任御史，还注意其必须具有"刚明果敢"⑤、"公忠鲠切"⑥ 的品质。所谓"刚明果敢"，就是要刚正不阿，明察秋毫，果断敢言；"公忠鲠切"就是要出于公心，忠于朝廷，言事鲠切。如果其人品质性格"温和软懦，无刚鲠敢言之才"⑦，那么充任御史就不可能称职。

（四）路监司、州通判建置思想

1. 路监司建置思想

宋代路级监司究竟指哪些机构和官员，史学界说法不一。笔者认为监司也是一个动态发展的过程，但一般说来，人们习惯把转运司、提点刑狱司（以下简称提刑司）、提举常平司（以下简称常平司）统称为监司。

宋代监司制度在中国古代颇具特色，其反映的思想有 3 个方面值得注意。

其一，监司通过分割地方路级事权达到加强中央集权。宋真宗景德四年（1007 年）之前，转运司掌握一路的大权，但宋朝皇帝又疑其权太重，不愿把一路大权长期集中于转运使手中，陆续设置了提刑司、常平司等，以分割转运司的事权。大致说来，转运司为各路长官，经度一路全部或部分财赋，而察其登耗有无，以足上供及郡县之费；岁行所部，检察储积，稽考账籍；考察郡县，举刺官吏，并以官吏违法、民生疾苦情况上报朝廷。提刑司负责本路司法刑狱、巡察盗贼；督责一路无额上供、经总制钱物、封桩钱物等；监察举劾地方官吏。常平司掌各路役钱、青苗钱、义仓、常平仓、赈济、水利、茶盐等事，与转运使、提刑司分管各路财赋，并监察各州官吏。宋代强化封建中央集权制的一个重要理念是寓职权于集权与分权的对立统一之中，与军事上的强干弱枝、政治上的内外相维

---

① 叶梦得：《石林燕语》卷 9，中华书局点校本，1984 年。
② 陈次升：《谠论集》卷 3《奏弹钱通第一状》，台湾商务印书馆影印文渊阁《四库全书》。
③ 胡宿：《文恭集》卷 8《举台官状》，台湾商务印书馆影印文渊阁《四库全书》。
④ 《宋会要》职官 64 之 2。
⑤ 王安中：《初寮集》卷 3《辞免御史中丞奏状》，台湾商务印书馆影印文渊阁《四库全书》。
⑥ 《蒙斋集》卷 2《轮对札子》。
⑦ 《苏学士集》卷 11《诣匦疏》。

相互为用。一方面，宋代皇帝高度集权，大权独揽，无权不总。另一方面，臣下是事事分权，有权不专。其中一个重要的表现就是地方路级转运司、提刑司、常平司的职权有所分工，并各自隶属于中央不同的部门。南宋吕祖谦指出：景德年间置提刑司，"实分转运使之权"。提刑司"虽专以刑狱为事，封桩、钱谷、盗贼、保甲、军器、河渠事务浸繁，权势益重，而转运所总，惟财赋纲运之责而已"①。而且提刑司经常作为转运司的对立面，向中书（或尚书、尚书户部）、内库和枢密院负责。如《长编》卷292载："诸路上供金银钱帛应副内藏库者，委提刑司督之；若三司、发转运司擅折变、那移、截留致亏本库年额者，徒二年。"这里提刑司作为内库在路级的代理人，负责监督三司、发运转运司，以保证内库钱物的征调。又如常平司分夺转运司督察一路财赋大权中最重要的就是分领常平义仓，并向宰相的理财机构——司农寺负责。如元丰元年（1078年）十月，判司农寺蔡确言："诸路提举常平司旧兼领于转运司，极有擅移用司农钱物。自分局以来，河北东路提举司申转运司所移用钱二十余万缗，江东提举司申转运司所移用钱谷十二万余贯石，盖转运司兼领，则不能免侵费之弊。"② 这种分权有利于地方路级监司之间互相制衡牵制，防止大权旁落。

其二，监司通过互察、互申，共同参与某项事务达到互相监督。如宋代提刑司在监司互察中对转运司、常平司经手的钱粮账目进行驱磨点检。徽宗崇宁元年（1102年）九月二十八日，"仍令本司（转运司）各开析每岁钱谷出入名数，具册关提点刑狱司验实结罪保明，缴奏送尚书户部。若故为隐匿及虚立支费，论如上书诈不以实律"③。此外提刑司在监司考核互申中对转运司进行监督。崇宁元年（1102年），令"岁以钱谷出入名数报提刑司保验，以上户部；户部岁条诸路转运使财赋亏赢，以行赏罚"④。

由于常平司经常并入提刑司，或与提举茶盐司合为一司，因此，提刑司对常平司的监督在史籍中不多见。兹举一例以窥一斑。熙宁八年（1075年）八月，司农寺言："本司（常平司）点检诸路拘卖坊场、河渡、盐井、碾硙之类，簿书灭裂，欠失官钱。欲委提点刑狱司选官，取自拘卖以来至今年终文案并敕条驱磨，申寺点检，校其驱磨精粗，案为赏罚。"从之⑤。

同样在监司互察中常平司也可对转运司、提刑司进行监察，如常平司在分管诸路财赋中对提刑司所经手的钱物进行驱磨点检。政和三年（1113年）十月十七日，户部尚书刘炳等奏："近年以来，所收约八九十万贯，比旧大段数少亏损，省计缘无额上供，虽有寨名而各无定数。从前据凭场务收到数目申州驱磨报

---

① 《文献通考》卷61《职官考十五》。
② 《宋会要》职官43之5。
③ 《宋会要》食货49之24—25。
④ 《宋史·食货下一》。
⑤ 《长编》卷267。

提刑司，本司备申省部拘催起发，若供申隐落，止有断罪约束，即无点检告赏之文。兼近承朝旨令诸路常平司驱磨到崇宁元年至大观三年侵使隐落上供无额钱，总计一百七十余万贯，金银物帛一十万余斤两等，如此显有陷失钱物，盖为未有劝赏致所属不肯尽公点检驱磨。"①

宋代监司还通过对某些事务共同参与处置，使之同时与地方几个部门联系起来，有利于它们之间的互相制约和监督，防止由一个部门包办，易于隐瞒、营私舞弊等。如在财政分配上采取分隶制度，即州军一些项目的赋入按比例直接分隶本路转运、提刑、常平司等，或各项专款专用，特设专门账籍，与本州军别项赋入分开管理。如绍兴五年（1135年）每出纳一贯征头子钱三十文，"其十五文充经制窠名，七文充总制窠名，六文提、转两司，二文公使支用"②。又如宋徽宗时，"诏诸路凡奏户口，令提刑司及提举常平司参考保奏"③。以现代控制论的观点看，一些重要职权由数个部门共同负责，可以自动起到防弊纠错的作用。

其三，转运使、提刑司和常平虽然职权各不相同，但都拥有监察地方官吏的职责，号称"外台"。宋代监司的主要职能是"临按一路，寄耳目之任，专刺举之权"④，皇帝不断下诏强调监司的职能以刺举为主。如北宋咸平六年（1003年）十一月，宋真宗下诏："监司之职，刺举为常。"⑤ 宋代对地方各级官府的纠察是逐级负责，一般有较严格的职权界限，"州县令监司案劾，监司令御史台觉察"⑥。由此可见，监司按劾的对象是州县官吏。具体而言，宋代监司刺举州县官吏的内容主要包括以下几个方面：

一是刺举贪赃者。刺举部内官吏贪污，是宋代监司的首要职能。宝元二年（1039年）八月，宋仁宗下诏：转运使副、提点刑狱至所部百日，如果部下有犯赃者，则"坐失按举之罪"⑦。南宋绍兴四年（1134年）五月，高宗"诏监司郡守常切机察赃吏犯法"⑧。景定二年（1261年）正月，理宗诏令："监司率半岁具劾去赃吏之数来上，视多寡为殿最，行赏罚。"⑨ 由以上所引史料可知，按察赃吏是监司的主要职责，如监司失于按察举劾则要受到处罚，按劾赃吏是考核监司的重要内容。

宋代，监司按劾地方官贪赃的记载于史籍屡见不鲜，兹各举一例以窥一斑。如庆历四年（1044年），两浙路转运使邵饰和同提点两浙路刑狱公事柴贻宪，均

---

① 《宋会要》食货 51 之 41。
② 《建炎以来朝野杂记》甲集卷 15《总制钱》。
③ 《宋史·食货上二》。
④ 《宋会要》职官 45 之 21。
⑤ 《长编》卷 55。
⑥ 《建炎以来系年要录》卷 90。
⑦ 《长编》卷 124。
⑧ 《皇宋中兴两朝圣政》卷 15。
⑨ 《宋史·理宗五》。

因知秀州钱仙芝赃败不即按举而降黜，邵饰降知洪州，柴贻宪降宣州兵马都监①。南宋著名学者朱熹在为浙东提举常平官时，"按劾赃吏"，"一路肃然"②。

二是察举不尽职责者。熙宁四年（1071年）三月，神宗下诏：河北、京东路转运司和提刑司"察所部知州、通判、都监、监押、巡检、知县、县令不职者以闻"③。绍兴六年（1136年）四月，常平司奏劾筠州的高安、上高两县当职官"赈济乖方，至有盗贼窃发，殍亡暴露，田亩荒莱，饥民失所"。高宗下诏："筠州高安、上高两县当职官各先次特降一官放罢。"④

三是察举昏庸无能、年老病弱和怠惰政务者。皇祐年间，宋仁宗下诏："少卿监以下，年七十不任厘务者，外任令监司、在京委御史台及所属以状闻。"⑤南宋绍兴十五年（1145年）七月，宋高宗命监司"审察县令治状显著及老懦不职者，上其名以为黜陟"⑥。

四是举劾征收赋税中的不法行为。州县官征收赋税是一项政策性很强的事务，如征收不当，或许减少封建政府的财政收入，抑或会激化社会矛盾。因此，宋代历朝比较重视通过监司监督州县官的征收赋税，按劾其不法行为。宋代路这一级主要通过转运使考核监督地方官以及分管茶、盐、酒税、诸场务的官员，来督促管理地方财政收入。景德元年（1004年）规定："自今宜令转运司遍谕所部，批书历子，明具州县元管主、客户口，在任至替逐年流移归业，件析口数，招添赋税，明言实纳色额，不得衮同增加，并以在任走失户税次年归业者忘为劳绩。应监场务须具租额，及前界递年实收钱数增亏，比类批书，敢于庇覆隐漏，干系官吏悉论以违制，或官吏为形势所抑，徇情批书不实，亦许经新到任官陈首，令具奏闻，当行指挥。应会问之司宜专行点检，依理关报，不得辄有增减。"⑦宋代诸路常平司不仅要督责所属州县按时拘收常平钱谷，而且对不按时按量收籴者上奏朝廷。乾道四年（1168年）六月七日，孝宗"诏诸路提举常平官督责所部州县，候秋成日，将人户合纳之数，依条限拘催，尽实收桩，仍以见管钱，依时收籴，不得违戾，及依已降指挥，每岁春季躬历所部州县盘量见在米斛，具数闻奏"⑧。

宋廷一方面令监司督察州县按时按量征收赋税，另一方面又不允许州县违制加征、滥征，违者委监司按劾奏闻。高宗绍兴十年（1140年）九月，明堂赦文

---

① 《宋会要》职官64之44、48。
② 谢维新：《古今合璧事类备要·后集》卷70《提举》，台湾商务印书馆影印文渊阁《四库全书》。
③ 《长编》卷221。
④ 《宋会要》食货57之18。
⑤ 《宋史·职官十》。
⑥ 《宋史·高宗七》
⑦ 《宋会要》职官59之5—6。
⑧ 《宋会要》食货62之43—44。

规定：州县百姓输纳租税，监官勒索百姓多收者，"仰监司严加检察，如尚或蹈袭违戾，并仰按劾奏闻"①。孝宗淳熙三年（1176年）四月，诏云："诸路州县受纳人户苗米，往往过数多收斗面，重困民力，令诸路监司觉察以闻。"②

五是按劾州县残害百姓。宋代最高统治者意识到为了使赵氏王朝长治久安，必须缓和各种社会矛盾，其中一项重要措施就是令监司按劾州县残害百姓。如北宋至和年间，淮南地区发生蝗灾，山阳县尉李宗残害请求治蝗的百姓，强迫他们吞食蝗虫，致使吞食者"吐泻成疾"。提点刑狱孙锡奏劾李宗，仁宗罢免了其官职③。绍兴九年（1139年）四月，高宗诏令新复诸路监司、帅臣"按劾官吏之残民者"④。宁宗朝《庆元条法事类》卷7《监司巡历》则规定："诸监司每岁点检州县禁囚淹留不决，或有冤滥者，具当职官职位、姓名，按劾以闻。"

2. 州通判建置思想

宋代官制的一个突出现象是机构废置分合无常，职掌变动频繁。但通判相对稳定，终两宋一直存在。

元丰改制正式确定通判为州郡副长官，有很大的权力，监督知州及所部官吏，其内容主要有以下5个方面。

一是对知州及属下官吏皆可按察。如大中祥符年间，边肃"知镇州，以公费钱质易规利，又遣吏部强市民羊及买女口，通判东方庆等列状于州"⑤。为督促监察官勤于纠察，朝廷规定失察者要受到处罚。建炎三年（1129年）十月，"诏诸路按察官自通判至监司，岁具发摘过赃吏姓名，置籍申尚书省，以为殿最。即有失察而因事闻者，重谴之"⑥。

二是监视钱谷出纳，防止差错作弊等事。古代财经管理中最容易出漏洞的是财物的出纳。宋代规定："州郡仓库一出一纳，并须先经由太守判单押帖，次呈通判，呈金厅签押俱毕，然后仓官凭此为照，依数支出。"⑦ 南宋时，诸总领所属下审计院或审计司一般由通判兼⑧，诸官兵帮勘请给等，必须经审计官事先审核无误后，方准予支给。宋代，不仅支领钱物事先要受通判审查，而且钱物支出后，有关簿历还要经通判复核，方能准予注销。如开宝四年（971年）十月，"诏应州有公使处，知州与通判同上历支破"⑨。

宋代转运使虽然掌经度一路财赋大权，但在处置地方财赋时受到许多制约，

①　《宋会要》食货68之4。
②　《宋会要》食货68之12。
③　孙逢吉：《职官分纪》卷42《县尉》，台湾商务印书馆影印文渊阁《四库全书》。
④　《宋史·高宗六》。
⑤　《宋会要》职官64之22。
⑥　《建炎以来系年要录》卷28。
⑦　《名公书判清明集·仓官自擅侵移官类》。
⑧　《宋史·职官七》。
⑨　《长编》卷12。

其中也受到通判的监督。高宗朝规定转运使可以取拨的移用钱，由诸州军资库收纳保管，而州"军资库系通判提举"①，因此，也就是由通判收纳保管。转运使与地方州郡在财经上的一种关系是"山泽之利，归于转运，转运不自私也，尽给逐郡以用之；经费之钱，总于转运，转运不自有也，皆听知、通以支"②。

宋代仓管库吏往往利用仓库出纳之际，采用克扣、以次充好，重入轻出等办法从中渔利，对此，朝廷规定仓库出纳时通判须亲往监临。如"（天禧）四年五月，判司农寺张士逊言：'诸州常平仓斛斗自今每遇出粜，望委本州通判每日在仓提举，多方约束，以绝奸幸，使贫下缺食之人市籴，不至艰阻。'从之"③。绍兴三十年（1160年），经总制钱专委通判指挥，"仍令就本厅置库，躬亲出纳，不得付之属官"④。

三是巡历仓库，点检官物。通判设置之初，宋太祖下诏："诸州通判、粮料官至任，并须躬自检阅账籍所列官物，不得但凭主吏管认文状"⑤。太宗、真宗时期，具体规定了通判定期阅视所属仓库。大中祥符七年（1014年）夏四月庚辰，"诏诸路知州、通判，自今在城仓库则每季检视，在外县者止阅簿籍，不须巡行。初，淳化中，诏长吏每季行县，县有去州五七百里者，以烦扰故，罢之"⑥。

通判巡视仓库时主要是对照账簿点检见在官物。如徽宗时曾出现"账内官物与簿历不同，簿历内又与仓库见在不同，至有账尾见在钱物一二十万，而历与库内全无见在"⑦。针对这种情况，朝廷"令所属监司委诸州通判遍诣本州及管下仓场库务，将账检及逐处赤历、文簿取见在官物实数，于勾院置簿拘籍"⑧。通判诣仓库点检的制度一直保持到南宋，如《庆元条法事类》卷37《给纳》载："诸仓库见在钱物（诸司封桩者非），所属监司委通判岁首躬诣仓库点检前一年实在数，令审计院置簿抄上比照账状。"

四是拘收检察无额上供钱物和经总制钱。无额上供和经总制钱是南宋重要的财政收入，《庆元条法事类》卷30《经总制》规定："诸经总制钱物，知、通专一拘收。仍令通判（无通判处委签判）就军资库别置库眼，选差曹职官一员躬亲出纳，通判常切点检，郡守每月一次驱磨。逐季于次季孟月二十五日以前尽数起发，提点刑狱司拘催检察，如州县违限亏欠，并行按劾。"⑨ 这样知、通既同掌，又有所分工，两者之间的关系得到了较好的协调。

---

① 《宋会要》食货54之5。
② 林駉：《古今源流至论》续集卷7《郡守》，台湾商务印书馆影印文渊阁《四库全书》。
③ 《宋会要》食货53之7。
④ 《宋会要》食货35之27。
⑤ 《长编》卷9。
⑥ 《长编》卷82。
⑦ 《宋会要》食货62之60。
⑧ 《宋会要》食货62之60。
⑨ 《庆元条法事类》卷30《经总制》。

五是监督纲运。纲运在宋代是一个重要而又棘手的问题，官府物资在运输中经常被偷盗、抛失、损坏或留滞。对此，政府采取了许多措施加强监督管理，其中，通判也参与这项工作。如建炎二年（1128 年），为防止州军移用纲运物资，朝廷规定："诸路州军纲运……逐州府选委清强官受纳，专委通判监视，提点刑狱官常切点检。"① 通判除监视纲运出纳外，还不时到装发卸纳纲运的仓库盘量看验，稽查"亏损纲运"②，或以"粗弱不堪"③ 之物充作上供等。水运是宋代纲运中的难点，朝廷置催纲行程历，逐时抄上纲运入界时日、押人姓名、船只所载官物。如"地分官司遇抛失空船，限即时具船只、纲分、姓名申本州军通判，本厅置籍抄上，候岁终开具地分抛失只数，合干官吏姓名，申发运司责罚"④。

三、考核官吏机构、内容、方法思想

（一）考核官吏机构建置思想

宋代，在对官吏的考核中，中央主持考核的机构经历了多次变化。宋初设有流内铨，掌文官自初仕至幕职州县官之铨选注拟和对换差遣、磨勘功过等事。还设立三班院，负责对武官三班使臣的考课、注拟、酬赏等。太宗太平兴国六年（981 年），置京朝官差遣院，主管少卿监以下京朝官考课、注拟、差遣事宜。淳化三年（992 年），设立磨勘京朝官院和磨勘幕职州县官院，总称磨勘院，主管对京官、升朝官和幕职、州县官的考核事宜，并命中书或两制臣僚校其能否，以施赏罚。淳化四年（993 年），改磨勘京朝官院为审官院，并差遣院入审官院，掌考校京朝官殿最，叙其爵秩而诏于朝，分拟内外任使而奏之。同年，改磨勘幕职州县官院为考课院，其职掌仍磨勘幕职州县官功过，引对黜陟。不久，又以其事归吏部流内铨。熙宁三年（1070 年），改审官院为审官东院，主管文臣京朝官以下考核功过、定其官爵品级、注拟差遣等事。同时，设置审官西院，主管武臣阁门祗候以上到诸司使等磨勘、注拟差遣等。元丰改制后，改审官东院为吏部尚书左选，流内铨为吏部侍郎左选，审官西院为吏部尚书右选，三班院为吏部侍郎右选。于是，"文武官吏选试、拟注、资任、迁叙、荫补、考课之政令，封爵、策勋、赏罚殿最之法"⑤，皆归吏部掌管。

宋代对官吏考核的对象是上至京朝官，下至幕职、州县官，其经济政绩考核的重点是各级地方官和监临物务官。京朝官在任内由上级长官考核其功过，再由审官院、吏部等专门机构复查其考绩优劣，而后决定升黜。地方官的考课是

① 《宋会要》食货 47 之 14。
② 《宋会要》食货 42 之 8。
③ 《宋会要》食货 42 之 10。
④ 《宋会要》食货 47 之 11。
⑤ 《宋史·职官三》。

"守倅考县令，监司考知州，考功会其已成，较其优劣而赏罚之"①。

宋代在考核地方官和监临物务官的经济政绩时，必须先经过财计部门复核其帐籍，检验收支数额，比较岁课增亏，然后送主考部门详定升降。太平兴国七年（982 年）十月，"诏应监临物务京朝官及知州、军监、通判兼监物务者，替日令御史台晓谕，先赍御前印书于三司，仍件析以闻任内所收课利，委三司磨勘增亏，条报差遣院，一依五月诏旨详定升降，堪何任使以闻"②。咸平二年（999 年）冬十月，"令诸路转运使，自令管内增益户口，及不因灾伤逃移者，并书于历，委三司考较，报审官院，以为殿最"③。南宋时，国家的重要收入——经总制钱由户部岁终比较诸路增亏，分别殿最。如："（绍兴）十六年三月二十四日，权户部侍郎李朝正言：'诸路每岁所收经总钱依元降指挥，委本路提刑并检法干办官点磨勘催，岁终数足许比较推赏。本部欲将经总制钱数通兊纽计，比较递年增亏，依立定分数殿最……'从之。"④

宋代对地方守令的考课，一般由诸路监司负责，为了保证考课的如实公允，御史对其有复审之权。"每岁将诸路监司所定守令考课等第，令御史台重行审察，如有不当，重加黜责，不以赦原。"⑤ 特别是"守令课绩在优上等，即关御史台严加考察，如有不实，重行黜责"⑥。而且，御史对诸路监司则直接进行考核。宋神宗时规定："监司以上，则命御史中丞、侍御史考校。"⑦ 崇宁元年，采纳臣僚建议，"委御史台考察天下转运使、副、判官，有不胜任者，择能吏代之"⑧。南宋后期，在对地方官的考课中，御史台的作用逐渐重要。"宁宗以郡国按刺，多徇私情，遂仿旧制，于御史台别立考课一司，岁终各以能否之实闻于上，以诏升黜"⑨。到度宗时期，御史台更成为负责地方官考课的最高机构，"守倅月一考州县属官，监司会所隶守倅，制司会戎司、军垒，遵照旧制互用文移，会其兵甲、狱讼、金谷之数，及各司属官书拟公事、拘榷钱物、招军备器之数，次月置册，各申御史台上之课籍"⑩。

宋代对官吏的考核是治吏的重要工具之一，事关对人才的选拔任用，作为对官吏赏罚任免升降的重要依据。众所周知，宋代职官制度复杂多变，这在中央主持官吏考核的机构上也有充分的表现。但是在多变的表象下，其指导思想原则没

---

① 《宋史·选举六》。
② 《宋会要》职官 59 之 3。
③ 《长编》卷 45。
④ 《宋会要》食货 35 之 25。
⑤ 《宋会要》职官 59 之 14。
⑥ 《宋会要》职官 10 之 21。
⑦ 《宋史·选举六》。
⑧ 《宋会要》食货 49 之 24。
⑨ 《宋史·选举六》。
⑩ 《宋史·选举六》。

变，其基本机制则趋于逐渐完善，即这项工作涉及人事部门、财计部门和监察部门。这是因为在考核地方官和监临物务官的经济政绩时，其账籍必须先送计司审核比较户口、垦田、赋税、课利增亏，这使人事主考部门有较准确具体的考核依据。同时，计司参与考核说明了宋代对官吏经济政绩的重视，把它作为对官吏考核的主要内容。还有，在主持考课的官吏中，监察官的作用逐渐加强，这不仅保证了考核的如实公允，而且显示出考核具有督察官吏、肃清吏治的职能。明清科道官为考核官吏的主要主持者，即源于宋代。

（二）对官吏考核指标设计思想

宋代考核官吏的内容因职务而异，据《宋史·职官三》记载，以"七事"考核监司。七事为"一曰举官当否，二曰劝课农桑、增垦田畴，三曰户口增损，四曰兴利除害，五曰事失案察，六曰较正刑狱，七曰盗贼多寡"①。以"四善""三最"考核守令。四善为"德义有闻、清谨明著、公平可称、恪勤匪懈"②。三最为"狱讼无冤、催科不扰为治事之最；农桑垦殖、水利兴修为劝课之最；屏除奸盗、人获安处、振恤困穷、不致流移为抚养之最"③。至徽宗之后，对守令考核的"三最"发展成"四最"，即"一、生齿之最：民籍增益，进丁入老，批注收落不失其实；二、治事之最：狱讼无冤，催科不扰；三、劝课之最：农桑垦殖，水利兴修；四、养葬之最：屏除奸盗，人获安居，赈恤困穷，不致流移，虽有流移，而能招诱复业，城野遗骸无不掩葬"④。从以上所载我们可以看出宋代对地方官吏总的考核指标设计思想有 3 个方面值得注意：一是宋代"七事""四善四最"思想基本上与唐代"四善二十七最"相同。二是考核地方官的指标设计主要是两方面：其一有关经济方面的，如农桑、垦田、人口等；其二有关治民方面的，如狱讼、盗贼、赈恤等。三是考核监司与考核守令不同的指标主要有两个方面：其一监司负有举荐之责，故加考"举官当否"；其二监司负有监察州县之责，故加考"事失案察"。

综观宋代对官吏的考核指标设计，与前代最明显的不同是对官吏经济政绩的考核渐趋重要。众所周知，在中国封建社会里，朝廷要求地方繁衍户口、增垦田畴、劝课农桑的主要目的是为了增加国家的赋税收入，因此，地方官任内赋税的增减情况是作为考核其经济政绩的一个重要内容。宋初，循唐、五代旧制，以十分为率来计算地方户口、赋税增减情况，以为赏罚。"州县户口准见户十分增一，刺史、县令进考，若耗一分，降考一等。建隆三年，又以科赋有欠逾十之一，及公事旷违尝有制受罚者，皆如耗户口降考。吏部南曹又举周制，诸州县官

---

① 《宋史·职官三》。

② 《宋史·职官三》。

③ 《宋史·职官三》。据《宋会要》职官 10 之 20 载，此"三最"始于神宗熙宁元年（1068 年）所定《守令四善四最》考课法，其法虽称"四最"，但内容实则只有"三最"。

④ 《庆元条法事类》卷 5《考课》。

益户增税，受代日并书于籍。"① 南宋初年，州县遭兵火之灾，人口流散，田地抛荒，政府为劝诱人户归业耕垦，增加赋税收入，特制定守令岁考增亏格法，令"县令每岁终具措置招诱（人户）、垦辟田亩、增添税赋及有无抛荒田土实数，交割付后官，从后官保明申州，州限半月复实申转运司，转运司一月保明申尚书省户部"②，然后进行赏罚。南宋时，经总制钱是国家重要的赋税收入，为了督促州县能按时按量征收，朝廷规定："诸路州军所收经总制钱物，州委通判、县委知令检察，及令提刑司岁终比较亏欠赏罚。"③

宋代随着社会经济的发展，茶盐酒税等场务课利在财政收入中比重日益增大，因此，比较场务课利增亏成为考核地方官和监临物务官必不可少的内容。大中祥符六年（1013 年）秋七月辛亥，诏："茶盐酒税及诸物场务，自今总一岁之课合为一，以租额较之，有亏损，则计分数。其知州军、通判，减监临官一等区断，大臣及武臣知州军者，止罚通判以下。"④ 康定元年（1040 年），朝廷采纳三司使公事郑戬建议，行转运使考课格，其中心内容就是比较场务课利增亏："应诸道转运使、副，今后得替到京，别差近上臣僚与审官院同共磨勘，将一任内本道诸处场务所收课利与祖额递年都大比较，除岁有凶荒别敕权阁不比外，其余悉取大数为十分，每亏五厘以下罚两月俸，一分以下罚三月俸，一分以上降差遣；若增及一分以上，亦别与升陟。"⑤

在对官吏经济政绩的考核中，科学地设计一套考核指标体系是一个基础性的关键问题。首先，宋代继承了汉唐以人口为核心指标，辅以垦田、赋税的考核传统，这体现了抓住关键点和重点指标、以简驭繁、可操作性强的设计思路。这是因为古代封建经济结构决定了垦田、赋税等指标最终都会在人口指标上得到体现。如垦田数增加，在古代农业社会里意味着某个地区能养活更多的人口；另一方面人口增加，将进一步促进土地的开垦。总之，人口和垦田将呈现良性互动循环。而赋税的增加则意味着某个地区人口的繁衍，垦田面积的扩大，人头税和地租的增加，财源的拓展。由此可见，人口的多少很大程度上决定着某个地区垦田和赋税，正如南宋著名思想家叶适在《叶适集·民事中》所说："民多则田垦而税增"；"有民必使之辟地，辟地则增税，故其居则可以为役，出则可以为兵"；"财不理而自富，此当今之急务也"。除此之外，宋代随着封建社会商品经济的繁荣，茶盐酒税等成为国家财政收入的重要组成部分，这决定了朝廷特别注重督促地方官和监临物务官讲求场务课利增亏。中国封建社会对官吏经济政绩的考核中，宋代在这方面特别突出。

---

① 《宋史·选举六》。
② 《宋会要》食货 61 之 82，原文衍一"却"字。
③ 《宋会要》食货 35 之 26。
④ 《长编》卷 81。
⑤ 《长编》卷 127。

（三）对官吏考核的评估方法思想

宋代对地方官进行考核时，必须详细开具其任内农桑、田亩、户口、税租、场务课利等增减情况，以及某处某公事如何平反、某处某公事如何驳正冤滥、机察贼盗已获未获若干、按察某处某官职姓名任内某事犯赃流以上罪、失按察某处某官职姓名任内某事犯赃流以上罪、按察某处某官职姓名任内某事如何不当等，从而对官吏政绩进行较准确的量化评估，课其殿最。宋代在对官吏进行经济政绩考核时，尤其注意比较增亏，采取比较客观、具有可操作性的量化评估，其具体方法主要有 3 种：

（1）比祖额之增亏。如"咸平四年五月四日敕：诸州曲务自今后将一年都收到钱，仍取端拱至淳化元年三年内中等钱数，立为祖额，比较科罚"①。祖额又可称为租额，中华书局点校本《长编》卷 127 将康定年间三司使公事郑戬所建议的转运使考课格中的"租额递年都大比较"，据宋本、宋撮要本改为"祖额递年都大比较"，其实可不必改。此段文字又见于《宋会要》食货 49 之 13，亦称"租额递年都大比较"，《庆元条法事类》卷 5《考课》也均称比租额递年增亏。又上引《长编》卷 81 载大中祥符六年秋七月辛亥诏"以租额较之"，《宋会要》食货 17 之 16 同段文字则把"租额"称作"祖额"。像这样同一条史料，宋各史籍称祖额、租额不一的现象比比皆是，两者可以互换，租额就是祖额。从字义上推断，祖额可能也就是旧额、元额。如《庆元条法事类》卷 5《考课》对提举常平司考核项目中有一项是"场务净利比旧额有无增亏，限外有若干拖欠"。又《宋会要》职官 11 之 44 载隆兴二年三月臣僚言："户部点检所所立赏格以诸库卖到息钱为额，虽于元额二十万顷减一年磨勘，后添作二十三万贯。"

宋代确定祖额的最常见办法是取数年酌中之数，兹举三例说明：

（乾道）二年，诏："临安府安抚司酒库悉归赡军；并赡军诸库及临安府安抚司酒务，令户部取三年所收一年中数立额。"②

（绍圣）五年，令户部取天下税务五年所收之数，酌多寡为中制，颁诸路揭版示之，率十年一易；其增名额及多税者，并论以违制。③

景德四年，诏淮南、江浙、荆湖南北路以至道二年至景德二年终十年酌中之数定为年额，上供六百万石，米纲立额始于此。④

从上引可以看出，宋代定额取三年、五年直至十年酌中之数，其差别还较大。综合史籍大量记载，取三年五年酌中之数的最为常见。原因可能是定额年限太长，不宜适应于经济情况的变化；定额年限太短，缺乏稳定性，失去定额的意

---

① 《文献通考》卷 17《征榷四》。
② 《宋史·食货下七》。
③ 《宋史·食货下八》。
④ 《文献通考》卷 23《国用一》。

义，不利于调动积极性，并增加定额的工作量。还有取数年酌中之数，使立额相对比较客观，这样既避免立额偏高，"高者其额难及，不足则有罪"①，又避免立额偏低，低者其额易足，"一岁之内，率当五六迁，人皆指目谓之侥幸"②。除取酌中之数为额外，宋代也有径取数年中最高额者或某年为额的，如"银纲自大中祥符元年诏五路粮储已有定额，其余未有条贯，遂以大中祥符元年以前最为多者为额，则银纲立额始于此。钱纲自天禧四年四月三司奏请立定钱额，自后每年依此额数起发，则钱纲立额始于此"③。

宋代也有根据场务课利增亏的不同情况，灵活掌握确立新额的："诸课利场务比租额（闰月以租额所附月为准，无月额处比五年内本月分酌中者），并增亏各五年，并初置官监及五年者，本场务限次年正月上月（'上月'当为'上旬'）申州。增者取酌中，亏者取最高，初置者取次高，各以一年数立为新额，限二月内保奏，仍申转运司及尚书户部。"④

场务课利立额直接关系到国计民生，故要求颇为严格。宋规定："诸库利场务应立新额而申及奏违限者，各杖一百；增亏数不实致误立额者，徒一年。"⑤宋统治者对立额还采取慎重的态度，如"景德初，榷务连岁增羡，三司即取多收者为额，帝虑或致掊克，诏凡增额比奏"⑥。

（2）比递年（谓前一年）之增亏。如："景德元年五月，诏……应监场务须具租额及前界递年实收钱数增亏，比类批书，敢有庇覆隐漏，干系官吏悉论以违制，或官吏为形势所抑，徇情批书不实，亦许经新到任官陈首，令具奏闻。"⑦查阅《庆元条法事类》卷5《考课》，其中对场务课利的考核均要求开具租额、递年、本年几处收钱若干，然后再把本年与租额、递年相比较，即得出增或亏若干分厘的结论。

（3）确立多项增亏指标，达到某项者即给予相应的赏罚。南宋初年，政府为尽快医治战争创伤，恢复生产，曾根据知州知县任内增垦或抛荒田亩数目的大小，给予不同的赏罚。兹节录一段："知州增（谓到任之后，管属诸县开垦过见抛荒田土）一千顷，转一官；七百顷，减磨勘三年；五百顷，减磨勘二年。亏（谓到任之后，管属诸县见耕种田不因灾伤而致抛荒者）五百顷，展磨勘二年；三百顷，展磨勘一年。"⑧还有南宋局促于半壁江山，供养着几乎与北宋数量相

---

① 袁燮：《絜斋集》卷14《秘阁修撰黄公行状》，台湾商务印书馆影印文渊阁《四库全书》。
② 《宋会要》职官27之19。
③ 《文献通考》卷23《国用一》。
④ 《庆元条法事类》卷36《场务》。
⑤ 《庆元条法事类》卷36《场务》。
⑥ 《宋史·食货下一》。
⑦ 《宋会要》职官59之5—6。
⑧ 《宋会要》食货61之82。

当的军队和超过北宋的官员，加上战争频繁，故其财政之拮据不堪，可想而知。为了支持浩大的开支，南宋鼓励督促官吏诛敛，对拘收经总制钱也采取立额赏罚的办法。《庆元条法事类》卷30《经总制》规定："知、通考内收经制钱及额无拖欠违限（谓如额数二十万贯，收及二十万贯以上者，方合推赏）：二十万贯以上，减磨勘二年；一十五万贯以上，减磨勘一年半；一十万贯以上，减磨勘一年；五万贯以上，减磨勘半年；一万贯以上，减磨勘一季；一万贯以下，升一年名次。""诸州通判，无季（'无季'当为'每季'）收支经总制钱、无额钱物隐落失陷（谓应分拨而不分拨，应收而不收之类），不满一分，展磨勘一年；一分以上，展磨勘二年；一分五厘以上，展磨勘三年；二分以上，展磨勘四年。"

宋代在定额比较中，从量上确定增亏数之大小，往往采取十分为率的办法。如康定元年（1040年）诏三司："天下州县课利场务，自今逐处总计，大数十分亏五厘以下，其知州、通判、幕职、知县各罚一月俸；一分以下，两月俸；二分以上，降差遣。其增二分以上，升陟之。"① 除以十分为率来计算增亏数外，宋代在考核官吏经济政绩中已注意到场务课利的经济效益问题，即不仅注意到增额的大小，而且还特别留意收入与官本的关系。如《长编》卷66载："（景德）元年用旧（茶）法得五百六十九万贯，二年用新法得四百一十万贯，三年得二百八十五万贯。（林）特等所言增益，官本少而有利，乃实课也，所亏虚钱耳。于是，特等皆迁秩，仍下诏三司行新法，毋得辄有改更。"

从上述所引许多史料我们可以看出，对官吏经济政绩考核后的赏罚主要有两种类型：一是从经济上进行赏罚，这就是增俸、罚俸，或赏钱、罚钱；二是对官吏提前晋升或推迟晋升，即减磨勘或展磨勘若干年等，有的甚至直接予以升陟或降差遣。而且在赏罚中还根据官吏所担任的职务不同，所负的责任不同，其程度也不同。如"元丰七年六月二十四日敕：卖盐及税务监官年终课利增额，计所增数给一厘；卖盐务专副秤子税务专栏，年终课利增额，计所增数给半厘"②。

宋代对官吏的经济政绩考核经常采取十分为率的办法，比递年（去年）之增亏。这与当代增减某个百分点的计算十分相似，能比较准确地进行量化评估，并以此作为衡量赏罚等级的依据。如公式所示：

$$Y = \Delta X \div \frac{X}{10} = \frac{10 \cdot \Delta X}{X}$$

X 表示去年某地方赋税收入总量

△X 表示当年某地方赋税收入增减量

Y 表示增减的比率，作为衡量赏罚等级的依据

同时，在考核中，人们提出了比祖额之增亏的办法。为了使确定的祖额比较客观

① 《长编》卷127。
② 《苏轼文集》卷34《乞罢税务岁终赏格状》。

合理，不至于偏高偏低，宋代发明了取数年酌中之数的定额办法。其原理可用数学公式表示为：

$$C = \frac{S_1 + S_2 + \cdots\cdots S_n}{N} = \frac{\sum\limits_{i=1}^{n} S_i}{N}$$

C 表示祖额

S_1、S_2 表示第一年、第二年课利总额

S_i 表示第 i 年课利总额

$N \leqslant 10$ 年

宋代在考核官吏经济政绩中已注意到场务课利的经济效益问题，即不仅注意到增额的大小，而且还特别留意收入与官本的比率，这种思想与现代用生产率评估部门投资的经济效果十分相似：

$$获利率 = \frac{收入}{官本} \quad 类似于现在常用的 \quad 生产率 = \frac{产出量}{投入量}$$

总之，宋代在对官吏经济政绩的考核中采用十分为率的计算方法使增亏额与基数比较规范统一，可比性强；取数年酌中之数以平衡长短期效益，减少短期行为，并在数量上取加权平均数以减少偶然性；留意收入与官本的比率，使效益上不仅看产出，还要看投入与产出之比。所有这些使对官吏经济政绩的量化考核评估比较准确、客观公正和科学合理。

第五节　元代官吏选任、监察、考核思想

一、选任官吏思想

（一）举荐贤才思想

蒙古统治者入主中原后，为了巩固幅员辽阔的元帝国统治，尤其是为了达到对文化水准较高的汉民族的有效统治，十分注意选拔贤才参与各级官僚机构，在治国理政中发挥他们的作用。忽必烈在继承皇位之前，就十分重视网罗贤才为自己所用。当时，隐士李治被征召，向忽必烈提出广召人才的思想。据《历代名臣奏议》卷 158 载："元世祖在潜邸，闻李治贤，遣使召之。且曰：'素闻仁卿学优才赡，潜德不耀，久欲一见，其勿他辞。'既至……问今之人才贤否，对曰：'天下未尝乏材，求则得之，舍则失之，理势然耳。今儒生有如魏璠、王鹗、李献卿、兰光庭、赵复、郝经、王博文辈，皆有用之材，又皆贤。王所尝聘问者，举而用之，何所不可，但恐用之不尽耳。然四海之广，岂止此数子哉。王诚能旁求于外，将见集于明廷矣。'"在此，李治提出天下并不缺乏人才，只要用心访求就会得到人才，否则就会失去人才的思想，这对元初最高统治者网罗贤才为己所用具有指导意义。

忽必烈继承皇位后，布衣赵天麟上《太平金镜策》，依经考史断以己意，"条陈圣人之九征及当今所切二十六美之三十九类，与夫三要"①，相当具体、详细地向元世祖阐述了自己的选任贤才思想。

赵天麟的所谓九征者："一曰远使之而观其忠，二曰近使之而观其敬，三曰烦使之而观其能，四曰卒然问焉而观其智，五曰急与之期而观其信，六曰委之以财而观其仁，七曰告之以危而观其节，八曰醉之以酒而观其则，九曰杂之以处而观其色。"由此可见，所谓"九征"就是设置各种不同情景来测试人才的道德品质和才干。如派遣他到远离皇帝的地方任事而观察其忠心；相反，派遣他在皇帝身边任事来观察其敬业之心。可让他处理十分繁杂的事情来观察其才能，可通过突然向他提出问题来观察其机智，可通过让他管理财物来观察其是否廉洁，可通知告诉他危难即将来临来观察其气节。

赵天麟的所谓二十六美之三十九类者："一曰文史之美三类：草制饰诏，谆悉词情也；校书正字，可为定休也；教诲后学，德多成也。二曰礼官之美三类：补衮拾遗，将顺其美也；朝会祭祀，仪章丕举也；宣慰风俗，雍熙聿致也。三曰乐官之美一类：金石宫商，理协声正也。四曰知人之美一类：善恶周览，洞晓于心也。五曰敬贤之美一类：推毂进士，常若不及也。六曰考校之美一类：彰善瘅恶，照文无失也。七曰纠察之美一类：弹劾所至，不避权豪也。八曰廉访之美二类：廉察官吏，微惧肃清也；访问风俗，化成礼义也。九曰宿卫之美一类：小心周密，京辇增威也。十曰筹计之美二类：帷幄画计，遐冲倒戈也；排垒整阵，临时合权也。十一曰督领之美三类：器械精完，士卒闲习也；号令严明，部伍齐肃也；临敌耀威，身先仕位也。十二曰镇防之美一类：守坚持重，寇盗难窥也。十三曰屯田之美一类：劝励稼穑，勤事多获也。十四曰刍养之美一类：孳畜头匹，茁壮蕃滋也。十五曰使臣之美二类：喉舌宣纳，成美昭光也；委干事务，辨济平允也。十六曰决断之美三类：勾检考覆，瑕隙无隐也；要察圆明，囚无间言也；疑狱得情，处置合律也。十七曰农桑之美一类：董督树艺，水旱有备也。十八曰董役之美一类：监役合宜，丁夫悦事也。十九曰关津之美一类：奸诈不漏，行旅不壅也。二十曰营造之美一类：练事分功，捷于供奉也。二十一曰明利之美一类：出纳有常，簿籍易照也。二十二曰算数之美一类：多寡有方，了然胸臆也。二十三曰僧官之美一类：宏宣释教，守戒精严也。二十四曰道官之美一类：宏宣谞教，守德精严也。二十五曰医官之美二类：科品明分，举无不应也；开发后学，成材者众也。二十六曰阴阳之美二类：历法推步，授时无舛也；卜筮循经，不为诡异也。"

由此可见，赵天麟的所谓二十六美之三十九类就是封建国家各职能部门选任官员，被选者根据各职能部门的工作不同，所必须具备的各种不同专长或品质。

---

① 《历代名臣奏议》卷158，以下赵天麟有关九征、二十六美之三十九类、三要言论引文均见于此。

如担任文史之类的官员，必须擅长草拟诏书，具有深厚的文字功底，善于教育学生成材。担任礼类的官员，必须懂得历代宫廷朝会群臣、祭祀天地祖宗礼仪，能够在社会培育良风善俗。担任乐类的官员，必须熟悉各类乐器和声调，使乐曲协调、音调正确。担任人事部门的官员，必须善于知道人的善恶、洞晓人的内心思想。担任敬贤类的官员，必须善于发现贤才，积极推荐给朝廷。担任考核类的官员，必须善于表彰良善惩治恶劣，对人的评价准确无误。担任纠察类的官员，必须不畏权贵豪强，敢于弹劾。担任廉访类的官员，必须善于廉察，使贪官污吏儆诫畏惧，吏治清明，社会风气良善。担任安全保卫类的官员，必须小心周密，使京城安全威严。担任筹计类的官员，必须善于运筹帷幄、指挥调遣军队、屯兵布阵。担任督领之类的官员，必须善于使军队兵器装备精良完好、士卒养精蓄锐，号令严明、将士齐肃，面对敌人军威耀武。担任镇防的官员，必须懂得坚守重防，使寇盗无机可乘。担任屯田之类的官员，必须善于激励农民勤于耕作，提高产量。担任放牧的官员，必须善于使牲畜茁壮成长，通过多繁殖增加数量。担任使臣之类的官员，必须善于言辞表达、协调圆融，办事能干圆满。担任决断之类的官员，必须善于检查考核，使事物一丝一毫无法隐瞒；善于明察秋毫，囚徒没有冤情；善于处理疑难案情，符合法律规定。担任农桑之类的官员，必须善于督促农民栽种粮食树木，并能防范水旱之灾。担任征发徭役之类的官员，必须合情合理地监督民众服役，使服役丁夫能心甘情愿地服役。担任关津之类的官员，应该做到奸诈之徒不至于漏网，路上行旅不至于堵塞。担任营造之类的官员，应该善于安排工程、供给迅速。担任赢利之类的官员，善于使收支井井有条、簿记易于审核。担任算数之类的官员，必须使多少符合规定，善于把握全局。担任僧官之类的官员，必须善于宣扬佛教教义，严格遵守戒律。担任道官之类的官员，必须善于宣扬道教教义，严格遵守道教规定。担任医官之类的官员，必须通晓医学分科，做到药到病除，并能培养后继医学人才。担任阴阳之类的官员，必须善于推演历法，使四时节气制定没有差错，并使卜筮等遵循正道而不诡异。

赵天麟的所谓三要者："一曰公，二曰廉，三曰勤。径情服事不邀功利谓之公，贿赂在前不以为念谓之廉，服劳王室悉心竭力谓之勤。"这就是做事不谋私利不邀功请赏谓之公，贿赂送到面前而不为所动谓之廉，悉心竭力为王室服务操劳谓之勤。

赵天麒认为在选任官员中如能做到"九征之征尽矣，二十六美之类备矣，三要之要具矣，选法考校之源委终矣"，就能"使将兵牧民悉有治效"。

元初，由于国家亟需人才进行治理，赵天麟上奏元世祖，大胆提出朝廷应尊士轻财，籍没之家子孙弟侄亦可量能而用之。他上奏云："伏望陛下留心细虑，下令昭陈，凡当籍没之家内子孙弟侄，若有超然特异、足学知政之人，听有司公举，录德量能而用之，不在禁锢之限。若然，则士知国家之重贤，咸自厉身奋志以希寸禄而程功效实矣。"赵天麟意在朝廷通过录用籍没之家子孙弟侄中有才德之人，向天下表明国家对人才的重视，从而激励贤才能历身奋志为朝廷所用。因为在元以前历朝，封建国家往往采用株连、连坐政策，如某一家庭、家族成员犯罪而被籍没家产，那与其有关的子孙弟侄受其株连，即使再有才能，也根本不可能入仕当官，甚至因连坐也要受到处罚。

元成宗大德七年（1303 年），郑介夫上奏，论求贤治天下思想："求贤治天下，无他道，得人而已矣……自古及今，国家之兴废，世祚之长短，系乎君子小人之分。用君子必治，用小人必乱，不待缕数详陈，虽三尺之童，亦知此语也。钦睹明诏，有德行才能不求闻达者具以名闻，上意非不勤也，未有一山泽之贤、布韦之士得进于朝廷者，岂四海之广尽无其人耶？天之生才代不乏绝，何尝借才于异代，不患无才，所患求之之道未至耳。待其自求而后用之，求进者必非佳士，其有异才者必不肯自鬻其身也……古语云，达视其所举，又云惟贤知贤，荐引者已非好人，安能识一真好人耶？况贤才之生散在四方……广以取之，而后精以择之，则贤否判然矣。故贤者于此时不求而自至，非乐于求进也，乃耻于明时不见用也……宜令各道廉访司、随路文资官采访遗逸，无问已仕、未仕、见任、在闲，但德行可取、才能足称，卓然为乡里所敬及郡邑有声者，不限员数，具以名闻，待以不次之擢，任以繁要之职。"[1]

郑介夫的求贤治天下思想，有 3 点值得注意：一是求贤治天下是关系国家兴废、王朝延承长短的大事，这是因为任用君子治国，国家就会得到很好治理；相反，任用小人治国，国家肯定会动乱不安，以致亡国。二是天下贤才代不乏人，而当时却感觉没有贤才。其实不是没有贤才，而是求贤的正确途径没有找到。如当时朝廷下诏，贤才可毛遂自荐，但其实自我推荐者往往不是贤才，而真正有超群德行才能的人是不会自我推荐的。古人云，惟贤才知道贤才，当时荐引者大都不是贤才，又怎么可能发现真正的贤才。贤才往往产生于远离朝廷的偏远地方，出生于贫寒的家庭，因此，当时朝廷求贤才往往局限于眼前周围，往往很难得到真正的贤才。三是求贤才必须广泛求之，然后再精加选择。郑介夫针对当时朝廷既无广取之科，又无精选之法，所选取人才往往是投机钻营之人，使朝廷人才日少、纲纪日坏的情况，提出朝廷应命令各道廉访、随路文资官广泛访求人才，只要有德有才能的人，不限名额，均推荐到朝廷，以备选任。内外台监察御史每人每年推举保荐一人，并使其负有保荐不当连坐的责任。这样就能使贤才生逢其时，积极为朝廷效力；而朝廷能得到真正贤才，足以分担皇帝治国之忧。

（二）选任吏员思想

从狭义上来说，古代的官与吏是不同的。吏是政府机构中具体办事人员，类似于当代的公务员。吏作为具体的办事人员，与民众接触比官要多，因此，吏员素质的良窳，更能关系到某朝政治的清明或腐败。元代比较重视吏员的选拔与任

---

[1] 《历代名臣奏议》卷 67。

用，如徐元瑞的《吏学指南》就提出了选拔吏员的德才标准："行止：孝事父母，友于兄弟，勤谨，廉洁，谦让，循良，笃实，慎默，不犯赃滥。才能：行遣熟闲，语言辩利，通习条法，晓解儒书，算法精明，字画端正。"① 首先，古代无论是选拔官还是选拔吏，孝悌是考察其道德品质的一条最重要标准。因为儒家有移孝作忠的思想，即在家孝敬父母、友善兄弟的人，在外为官为吏也会忠于国君、爱护民众。其次，十分强调为官为吏的廉洁，不犯贪赃之罪。再次，才要求吏员为人处事必须遵循的基本原则，即循良，为人善良，对人谦让，办事勤勉谨慎踏实，多做事少说空话。《吏学指南》对选拔吏员才能方面的要求是：在组织能力方面行事调遣熟练，表达能力能说会道，通晓法律条文、儒家经典，算术精明、写字端正。

胡祗遹的《杂著·吏治杂条》则对任用吏员提出了许多要求，认为吏员要达到如下要求才算合格尽职。原文较长，兹节录其中重要者：

一是为吏者首先自身要正派，行为检点，办事公道、勤勉、谨慎，不扰民，不营私舞弊。"身正无私，门无杂人"②。"不投下好尚"。"钤束吏人，非事故白昼不得出离各房。卯酉历严谨，如私事公务妨夺，明白标附"。"差拨办集，推唱均平。劝率怠惰，务农者务农，杂业者杂业，精勤专一"。"承受凿发，委审慎公勤者主之，与朱销簿时复相对，以赏罚勤惰"。"公门人无故不得下村"。"循分。毋顾忌，毋妄申，毋妄下。当行者即行。部符不便于民者，当折申即申，毋便行下州县"。"不倒题日月，不押虚催，无益于事，徒使吏人欺怠"。"遇有造作，轮番斟酌勾唤。毋使吏人遍行骚扰，作奸受贿，虚夺工力"。

二是为吏者必须维护好社会治安，处理民间诉讼、案件等。吏员应使本辖区内"盗贼息。无不业之人，无外来浮脚之户，无不识姓名客寄、不成户单丁之人"。"更漏分明，依时夜巡如法"。"词讼省减"，"狱无滞囚"。"本命刑禁日，当直吏人明书于小银牌面，置在几案，曰今日某事某事"。"问狱以情。箠楚之下，何求不得。弓手及尉司官吏畏避逾限罚责，又本性粗暴残忍，率多执平人，妄恣箠挞苦楚，捏合指示，虚令招认。狱问初情如此，难以推究。今后尉司获贼，毋得监禁稽留，擅自箠楚，便当县令以次公厅群问得实，止于县司牢禁，申解所属有司。推问之法，止问今次所犯，使首尾情实。若犯人因推问其间情辞别有可疑，说出它事者，亦合鞫问。如无此情节，不得曲加凌虐，转生余事"。

三是吏员应促进本辖区内田野垦辟，安排好逃户复业，使游手好闲者参加生产劳动。"田野辟。开荒者五年勿役，仍减免杂役"。"复逃亡。到任便取实在并逃讫数目申部。复业者免三年差发；无事产，官给荒闲地土；元抛产业或为他人

---

① 《吏学指南》（外三种），第17页。
② 以下所引胡祗遹《杂著·吏治杂条》均见于《吏学指南》（外三种）。

所有，官为赎付"。"游手好闲者，邻社举弹。宣限不可不遵，毋迟毋速。迟则违限，太速则二月卖丝五月卖谷矣"。

四是吏员必须维护好本辖区内公共设施和民风良善。吏员应使本辖区内"馆舍修整具备，器皿全，酒食美，肉菜米面精致，铺马肥壮，馆人勤谨，毋捏名项"。"仓库完固，防慎火烛，巡护严密"。"桥梁以时修葺，须要五月一日拆，八月一日搭"。"街衢巷陌洁净无秽"。"牢禁严固洁净温凉"。"风俗淳俭。冠婚丧祭——从俭，祈祷义社即皆住罢，到任省谕"。"强宗大姓侵凌细民，体察禁治"。

五是吏员必须完成好国家征派的徭役、兵役。"工本管诸色，当明置簿籍，纪录户丁，标注应役不应役"。"户差发夫役不均。在家申逃，每于逃户处敛讫差发，却于见在户科摊"。"铺兵有人应役，频勾正身。本是铺兵守把城池，别无巡哨攻战，管军官为本人会手艺，不放交代，甚为良苦。近年以来，军人分拨，奇零辗转别隶部伍，新管官并无簿籍，或有逃亡事故，不知乡贯及户头，官名公文追勾，不无差错，以致吏人受贿作奸，文字来往，逗遛不发。"对此，胡祗遹建议将这些弊端"合申省、部、密院详察"，予以革除。

元代在选拔人才中有别于其他朝代的一个特色是从吏员中选拔官员。这反映元廷选官，特别重视官员处理实际政务的能力。元人姚燧《牧庵文集》卷4《送李茂卿序》载："大凡今仕惟三途：一由宿卫，一由儒，一由吏。由宿卫者，言出中禁，中书奉行制敕而已，十之一。由儒者，则校官及品者提举、教授，出中书，未及者则正录而下出行省、宣慰，十分一之半。由吏者，省、台、院中外庶司、郡县，十九有半焉。"由此可见，一方面元廷对吏员出职为官有着明确的规定，另一方面各级衙门的部分官员往往由吏员选拔任用。这说明元廷选拔官员重视人才的处理实际政务能力，因为那些被选拔的优秀吏员，往往具有娴熟、丰富的处理政务能力。

二、监察官吏思想

（一）监察方式

元代监察各级官吏的主要方式是照刷文卷，即监察官审核稽查各级政府机构和部门的公文、簿籍文册等。其对象是上自中书省以下诸司，下及地方行省、随路总管府。御史台中具体负责刷卷的主要是监察御史和廉访司。

照刷文卷的具体做法是：如照刷文卷有稽失，就于刷尾标写"稽迟"或"违错"；如无差错，就于刷尾标上"照过"二字。除此之外，还要在刷尾标写此文卷是否已经全部刷完。如未完成，则标写"未绝"；已完成则标写"已绝"。某项文卷全部刷完，还要在刷尾缝上盖上刻有"刷讫"的刷印，以及本司的官印。这样，照刷文卷工作才算基本结束。为了防止稽照过的文卷遗逸，有错误易于查明责任，世祖至元二十六年（1289年），"桑哥言：'省部成案皆财谷事，当令监察御史即省部稽照，书姓名于卷末，仍命侍御史坚童视之，失则连坐。'从之"①。王恽《秋涧集》卷83《乌台笔补牒呈》对照刷的操作过程，有较详细的记载："旧例照刷所司，先具事目到台，其文卷后粘连刷尾，具公事本末赴台照刷。监察御史于正位坐阅朱销簿。台令史一人在旁亦坐，执掌具到事目。其当该人员引卷通读。若系算数文卷，更设账科司吏一名，与台令史一同刷磨。其中但有违错稽迟，监察将文卷收讫，申台量情治罪。余无违错者，即令大程官于刷尾骑缝近下，先用刷讫铜墨印，然后盖以监察御史朱印，及于朱销簿上结尾后亦用刷讫铜墨印。"这里刷卷的主持者是监察御史，另有助手台令史1人，如是涉及会计账簿的文卷，还要专业审计人员账科司吏1人。刷卷结束时，又有掌印大程官加盖刷讫铜墨印及主持者监察御史朱印。从"赴台照刷"可知，刷卷主要采取送达审核稽查的方式，而且审核者与被审查者是面对面地审核稽查，这就是"监察御史于正位坐阅朱销簿"，"其当该人员引卷通读"。

元代监察官在审查文卷时主要关注文卷是否有"改抹日月，文义差错"，"涂注字样，补勘文字并倒题月日"，"虚调行移"；"照承受指挥日月有无稽迟"，"杂泛差役，验是何分数科差"，"和籴、和买已未支价，照时估合算体覆"；"磨算钱粮"，"应系远近年分和籴、和买、造作诸物未足价钱，保结开申"；"辨验印押"②等。

元代监察部门刷磨诸司案牍，从而发现问题进行纠弹，而不法官吏则采取各种手段逃避刷磨。对此，元政府规定了刷卷时应注意的许多事项，其中主要有以下4个方面：

其一，刷卷须见首尾。元制，文卷分上下半年两次照刷，"吏员往往多取己便，辄将未绝文卷绽去首尾取截，止将该刷纸幅出官照刷。如事之始末中间稽迟过错，不得具见"。一旦被追问，或称前任官吏已告满离役，非自经手。对此，至元二十八年（1291年）规定："今后刷卷，勒令粘类，首尾相见，通前照刷……首领官躬督，须与该吏眼同检勘……每遇照刷，（仍将前刷）未绝，一一查对，设或差漏，随事究治。"③

其二，文卷已绝编类入架。各处专管案牍人员，常常因为对文卷保管不善，不为用心关防，以致多有丢失文凭籍历，事后检寻不见。为了做好文卷的保管工作，以便随时可供稽查，元政府规定："诸已绝经刷文卷，每季一择，各具事目首尾张数，皆以年月编次注籍。仍须当该检勾人员躬亲照过，别无合行不尽事理，依例送库，立号封题，如法架阁。后遇照用，判付检取，了则随即发还

---

① 《元史·世祖十二》。
② 《元典章》卷6《照刷》。
③ 《元典章》卷6《照刷》。

勾销。"①

其三，人吏交代当面交卷。奸猾官吏平时营私舞弊，怕被查出，往往乘新旧官吏交代之时，偷走或毁掉作假的文卷。因此，官府丢失文卷，多因新旧人吏交付不明。至元二十五年（1288 年）规定："今后遇有人吏交代，责令当面对（卷），牵照完备，明立案验，依例交割。若有遗失，随即追究。不惟易为检寻，亦免日后递相推指。"② 交割之后，如有丢失，由见管之人负责；"吏员差除事故，其元管簿籍文卷，须与应代之人一一交点无差，连署呈报本属官司照验。后有失落，止著见管之人追寻。"③

其四，对钱粮文卷必须特别注意照刷："凡干碍动支钱粮，并除户免差事理，虽文卷完备，数目不差，仍须加意体察，有诈冒不实者，随事究治。"④

（二）监察内容

元代监察官监察的内容相当广泛，既监察官员本身是否有贪赃、枉法、失职等，又监察钱粮、刑狱、社会救助、军队等情况，从而达到对幅员辽阔的统一多民族中央集权制国家的统治。据《元典章》所载，监察官监察的内容相当详细、具体，兹缕述如下。

至元五年（1268 年），元朝廷颁布了《宪台格例》，对御史台的监察内容做了规定：其一，监察百官各种违法乱纪、失职行为。"弹劾中书省、枢密院、制国用使司等内外百官奸邪非违，肃清风俗"⑤。"诸官吏……如有污滥者，亦行纠察"。"诸官吏乞受钱物，委监察纠察"。"诸官吏将官物侵使或移易借贷者，委监察纠察"。"应合迁转官员，如任满不行迁转，或迁转不依格者，委监察纠察，仍令监选"。"非奉朝命，擅自补注品官者，委监察纠察"。"诸求仕及诉讼人，若于应管公事官员私第谒托者，委监察纠察"。"诸监临之官，知所部有犯法不举劾者，减罪人罪五等。纠弹之官知而不举劾，亦减罪人罪五等"。"诸公事行下所属而有枉错者，承受官司即须执申。若再申，不从不报者，申都辖上司。不从不报者，委监察纠察"。元代不仅对违法乱纪、失职官员进行纠劾，甚至对官员不称职也要体究。"职官若有老病不胜职任者，委监察体究"。

其二，监察钱粮事务。"随路总管府、统军司、转运司、漕运司、监司及太府监并应管财物造作司分随色文账，委监察每季照刷"。"诸官司……赋役不均，擅自科差，及造作不如法者，委监察纠察"。"官为和买诸物，如不依时价，冒支官钱，或其中克减给散不实者，委监察纠察"。"诸院务监当官办到课程，除正额外，若有办到增余，不尽实到官者，委监察纠察"。"应营造役工匠之处，

---

① 《元典章》卷 14《案牍》。
② 《元典章》卷 14《案牍》。
③ 《元典章》卷 14《案牍》。
④ 《元典章》卷 6《体察》。
⑤ 《元典章》卷 5《内台》，以下所引《宪台格例》内容均见于此。

委监察随事弹纠"。"私盐酒曲并应禁物货，及盗贼生发藏匿处所，若官司禁断不严，缉捕怠慢者，委监察随事纠察"。"沮坏钞法涩滞者，委监察纠察"。"户口流散，籍账隐没，农桑不勤，仓廪减耗，为私蠹害，黠吏豪家兼并纵暴，及贫弱冤苦不能自伸者，委监察并行纠察"。

其三，监察刑狱事务。"诸诉讼人等，先从本管官司陈告。如有冤抑，民户经左右部，军户经枢密院，钱谷经制国用使司，如理断不当，赴中书省陈告，究问归着。若中书省看循或理断不当，许御史台纠弹"。"诸官司刑名违错……委监察纠察"。"诸衙门有见施行枉被囚禁及不合拷讯之人，并从初不应受理之事，委监察从实体究。如是实有冤枉，即开坐事因，行移元问官司，即早归结改正。若元问官司有违，即许纠察。"诸囚禁非理死损者，委监察随事推纠"。"诸承追取合审重刑，及应照刷文案，若有透漏者，委监察纠察"。"诸鞫勘罪囚，皆连职官同问，不得专委本厅及典吏推问。如违，仰监察纠察"。"诸违御史台旨挥，及上诉御史台诉不以实，或诉讼人咆哮陵忽者，并行断罪"。"在都司狱司，直隶本台"。

其四，监察社会救助事务。"诸孤老幼疾人贫穷不能自存者，仰本路官司验实，官为养济。应养济而不收养，或不如法者，委监察纠察"。"虫蝻生发飞落，不即打捕申报，及部内有灾伤，检视不实，委监察并行纠察"。

其五，监察军队事务。"从军征讨或在镇戍，私放军人还者，及令人冒名相替，委监察并行纠劾"。"军官或有所获俘馘，申报不实，或将功赏增减隐漏者，委监察并行纠劾"。"边境但有声息，不即申报者，委监察随即纠劾"。"边城不完，衣甲、器仗不整，委监察并行纠弹"。

至元十四年（1277年），元朝廷颁布了《行台体察等例》，规定了行御史台的监察内容。其内容与至元五年颁布的《宪台格例》大同小异，以下亦略做介绍：

其一，《行台体察等例》在监察百官违法乱纪行为、失职、不称职方面的内容与《宪台格例》基本相同。如"弹劾行中书省、宣慰司及以下诸司官吏奸邪非违，刷磨案牍，行省、宣慰司委行台监察，其余官府并委提刑按察司"①。"自行御史到任日为始，凡察到诸职官赃罪，追问是实，若罪至断罢停职者，咨台闻奏。其余盗官财者，虽在行台已前，并听纠察。""各处官员……有贪暴不谙治体，败坏官事，蠹害百姓，及年老衰病不胜职者，并行纠察"。其不同的是《行台体察等例》规定"朝廷所行政令，承受官司稽缓不行，或虽已施行而不复检举，致有弛废者，纠察"。

其二，《行台体察等例》在监察钱粮事务方面与《宪台格例》基本相同的主要有："诸官司……赋役不均，户口流亡，仓廪减耗，擅科差发，并造作不如

---

① 《元典章》卷5《内台》，以下所引《行台体察等例》内容均见于此。

法、和买不给价，及诸官吏侵欺、盗用、移易、借贷官钱，一切不公等事，并仰纠察"。"钞法、茶、盐、酒曲，各处官司禁治不严，及沮坏诸色课程者，并行纠察"。其不同的是当时南宋刚灭亡，故增加了"大兵渡江以来，田野之民，不无骚扰，今已抚定，宜安本业。仰各处正官每岁劝课，如无成效者，纠察"。另外，增加了对屯田、营田事务的监察："管屯田、营田官司，不为用心措置，以致无成者，纠察"。

其三，《行台体察等例》在监察刑狱事务方面与《宪台格例》基本相同的主要有："枉被囚禁及不合拷讯之人，并从初不应受理之事，纠察"。"诸罪囚称冤，按验得实，开坐事因，行移元问官司，即行归结改正"。"诸鞠勘罪囚，连职官同问，不得专委本厅司吏及弓兵人等推问。违者纠察"。"诸罪囚……毋致非理死损。违者纠察"。其不同的是《行台体察等例》又增加了一些有关监察刑狱事务的内容。如"刑名词讼，若审听不明及拟断不当，释其有罪，刑及无辜，或官吏受财故有出入，一切违枉者，纠察。""司狱司直隶本台。非官府，不得私置牢狱"。"诸承追取合审重囚及应照刷文卷，漏报者，纠察。""提刑按察司，比至任终以来，行御史台考按，得使一道官政肃清、民无冤滞为称职，以苛细生事、谬于大体、官吏贪暴、民多冤抑、所按不实为不称职。皆视其实迹，咨台呈省"。由此可见，朝廷通过对官吏受财枉法、不得私置牢狱、审判重囚以及提刑按察司的纠察，来加强司法方面的管理。

其四，《行台体察等例》在监察军队事务方面主要增加了对军队纪律的纠察。如"随处镇戍，若约束号令不严，衣甲器仗不整，或管军官取受钱物，放军离役，并虚申逃亡，冒名代替，及私自占使商贩营运或作佃户，一切不公，并仰纠察"。"管军官不为约束军人，致令掠卖归附人口或诱说良人为驱，一切骚扰百姓者，纠弹"。

至元六年（1269年），元政府颁布了《察司体察等例》，规定了提刑按察司的监察内容。元代提刑按察司作为地方司法、监察机构，首先，最重要的职责就是监察地方的治安和刑狱。如《察司体察等例》规定："若有谋反逆叛、啸聚山林贼人，并许诸人火速告报所属官司，随即根捕，须管得获，其告首人闻奏旌赏。强切盗贼捕捉得获，钦依元奉给赏。如官司陈告，不即掩捕追理，及匿而不申者，仰提刑按察司究治"①。"边关备御不如法……并听纠察"。"沿边应禁物货，无得私相贸易，及奸细人等不致透漏过界。如所在官司防禁不严，仰究治施行。其关津因而故将行旅刁蹬阻滞，亦仰究治"。"随处凶徒恶党，不务本业，以风闻公事妄构饰词，告论官吏，恐吓钱物，沮坏官府，此等人并行究治"。"所在重刑，每上下半年亲行参照文案，察之以情，当面审视。若无异词，行移本路总管府结案，申部待报，仍具审过起数、复审文状申台。其有番异，及有疑

---

① 《元典章》卷6《体察》，以下所引《察司体察等例》内容均见于此。

似者，即听推鞫。若事关人众卒难归结者，移委邻近不干碍官司，再行磨问实情。若有可疑，亦听复行推问，无致冤枉。其余罪囚，亦亲录问，若有冤滞，随即改正疏放。""京府州县凡遇鞫勘罪囚，须管公座圆问，并不得委公吏人等推勘。据捕盗人员如是获贼，依理亲问得实，即便牒发本县一同审问。若有冤枉，画申本管上司，不得专委司吏、弓手人等私下拷问。据设定弓手，专一捕盗巡防，本管官员不得别行差占。如违，仰究治施行"。

其次，提刑按察司负责监察地方钱粮有关事务也比较突出。如《察司体察等例》规定，"诸路军户、奥鲁，仰所在官司常加存恤，非枢密院明文，不得擅自科敛。其管军官亦不得取受钱物，私放军人及冒名代替。如违，仰体究得实，申台呈省"。"各路在逃军民并漏籍户计，仰本处官吏、主管人等常切用心收拾，尽数申报。如有隐藏占使、私取差发者，仰究治施行"。"各路民户合纳丝银、税粮、差发，照依已立限期征纳，不得违限并征，仰常切体究。若百姓自愿并纳者，听"。"劝课农桑事，钦依圣旨，已委各处长官兼管勾当。如不尽心，终无实效，仰究治施行"。"随路官员诸色人等，但犯私盐酒曲及沮坏钞法，各处官司禁断不严，仰提刑按察司纠察。其巡盐官吏、弓手人等，所到之处依理巡察，若非理行者，亦行纠察"。

再次，提刑按察司也负责监察地方官吏违法乱纪、失职、不称职等。《察司体察等例》规定，"察到职官污滥罪犯，每上下半年类申御史台，合速申者，逐旋申覆。若年老，及虽未年老而病不胜职者，皆相验明白，申台呈省"。"各路府司州县任满官员，如中间实有赃污不称职任，当该官司徇情滥给解由，或本无粘带过犯，故行刁蹬留难者，仰提刑按察司体覆得实，申台呈省"。"诸公使人员，若非理骚扰各处官司、因事取受钱物者，仰体究得实，申台呈省"。"随处公吏人等，往往为达鲁花赤久任其职，结成心腹，却与新任官员中间间谍不和，凡有事务，沮坏不能得行。此等之人，并行纠治。""各路所管州县，若有取会文字，立式定限，急慢者随即究治，并不得乱行勾摄。如须合赴府类攒文字吏人，所用饮食油火、纸札，仰本管上司于祗应钱内酌酌从实应副。违者，仰提刑按察司究治"。

最后，提刑按察司还对地方站赤、急递铺、桥梁道路、教育、风俗等事务进行监察。《察司体察等例》规定，"总管府、统军司、转运司及诸衙门应起铺马，每季具起数行移提刑按察司，内有不应者，即便究治施行。仍委本处正官一员，不妨本职，提点站赤勾当及急递铺兵，厘勒各处官司常切刷勘走递文字，毋令稽迟"。"津梁道路，仰当该官司常切修整，不致陷坏停水，阻滞宣使、军马、客旅经过。如违，仰提刑按察司究治。""提刑按察司官所至之处……问民疾苦，勉励学校，宣明教化。若有不孝不悌，乱常败俗，豪猾凶党，及公吏人等紊烦官司、侵凌细民者，皆纠而绳之。若有利害可以兴除者，申台呈省"。

（三）监察官的纪律约束

元代为了实行廉政，对监察官特别定有许多严格的纪律，使风宪之官能以身作则。兹节录《元典章》卷6《体察》所载《禁治察司等例》中有关规定：其一，为了防止徇情，朝廷规定监察官不得以各种借口受人礼物、不得与被监察者私同宴饮，甚至不得拜识亲眷。如"不得因生日、节辰、送路、洗尘受诸人礼物，违者以赃论"①。"凡在司或巡按，并不得与各路府州司县应管公事官吏人等私同宴饮"。"任所并巡按去处，并不得拜识亲眷，因而受人献贺财物。如违，以赃论"。其二，为了防止监察官以权谋私，朝廷规定监察官不得因事取受钱物，不得在巡按去处买货物、带造物件，不得役使公吏人员，巡按途中不得携带亲属、求娶妻妾。"诸出使人员，若非理骚扰各处官司、因事取受钱物者，仰提刑按察司体究得实，申行御史台施行"②。"如遇巡按去处，不得买货物及阴使官吏置造私己应用诸物，或于系官局院带造物件。如违，计取得利息，以赃罚论"。"不得以私己事役使公吏人等"。"不得将带妻子、亲眷、闲人并长行马匹同行，如违治罪。""巡按去处，并不得求娶妻妾。如违，治罪"。其三，朝廷对巡按期间监察官员住宿地点，随带吏员、马匹数目，接待礼节等都有严格限制，不得铺张浪费、骚扰地方官员。如"遇巡按差役，止宜于各处馆驿或廨内安下，不得辄居本处吏民之家"。"遇巡按差使，验元定正从人数分例应副，不得于正支应外多余取要。如违，赃论"。"遇巡按将引书史、书吏人等，合骑铺马数目，钦依圣旨条画施行……如违治罪"。"监察御史、肃政廉访司官分司巡历去处，毋令有司官吏人等远出迎送，妨废公务，饮食供帐，不得过分"③。"巡按许见宾客例：诸监司巡案，许接见宾客，惟不亲谒"④。其四，朝廷要求监察官员必须严格约束下属人员。"不得将门下带行人员，分付各路府州司县官司委用。""书史、书吏、奏差人等宿娼饮会，已经遍行禁治。违者，依条断罪。"

（四）张养浩的监察思想

张养浩（1270—1329），字希孟，山东济南人。成宗时任堂邑县令，武宗时任监察御史，仁宗时升礼部尚书，英宗时参议中书省事。文宗天历二年（1329年）特拜陕西行台中丞，出赈饥民，卒于任。他写的《为政忠告》系《牧民忠告》《风宪忠告》《庙堂忠告》三书的合称。其中《风宪忠告》集中反映了他的监察思想，兹缕述如下。

其一，张养浩提出监察官必须严于自律，才能监察百官。"盖执法之臣将以纠奸绳恶以肃中外，以正纪纲，自律不严，何以服众？……为宪司者有则改之，

① 《元典章》卷6《体察》，以下这一自然段引文未注出处者，均见于此。
② 《宪台通纪》（外三种），浙江古籍出版社，2002年（下同）。
③ 《宪台通纪》（外三种），第190页。
④ 《永乐大典》卷2610《南台备要》，中华书局影印本，1986年。

无则益知所以自重"①。他认为监察官如自律不严,那其在纠劾官吏不法行为时是难以服众的。监察官只有严于自律,才能发挥弭奸贪、戢侵扰,以正纪纲的作用。

其二,张养浩提出监察官事后纠弹官吏违法乱纪,不如事先教谕官吏不想、不敢违法乱纪,从而防患于未然,这才是为治的最高境界。他说:"与其事败治汝,曷若先事而教之为愈哉?吾之此言,虽曰薄汝,实厚汝也;虽若毒汝,实恩汝也。'苟能如是论之,吾知退而必有率德改行,易凶恶为善良者矣。且刑罚不足致治,教之而使不犯,为治之道莫尚焉。"

其三,张养浩认为监察官的一个重要职责是询访地方官吏的廉贪,荐举廉者,纠劾贪者。他说:"通其情莫如悉心询访,小而一县一州,大而一郡一国,吏孰贪邪,官孰廉正,何事病众,何政利民,豪横有无,风俗厚薄,既得其凡,他日详加综核,复验以事,其孰得而隐哉?苟廉矣,即优之,礼貌之,荐举之,则善者劝矣。苟贪矣,虽极品之贵,即蔑之,威拒之,纠劾之,则为恶者惩矣。"

其四,张养浩认为监察官必须严加管好下属书吏、奏差等,才能发挥监察作用。他指出:"夫司官所亲者,曰书吏焉,曰奏差焉,曰总领焉,曰祗候焉。夫为人弥缝私罪,则何求不得,何请不随。为司官者,苟不深防预备,严为禁切,万一连己,悔将何及……大抵宪长得人,则司官不敢恣;司官得人,则书吏不敢恣……诚能设法以禁之,盛威以临之,小有所犯,即随以鞭扑,如此庶使精锐消沮,威福不张于外矣。"

其五,张养浩认为,监察官在审核刑狱案件时,应善待囚犯,不能逼供讯,才能了解案件真相,这是民众生死攸关的事情。"夫莅官之法无他,口威心善而已矣。口威则欲其事集,心善则不欲轻易害物。况久系之囚,尤当示以慈祥,召之稍前,易其旧所隶卒吏,温以善色,使自陈颠末,情无所疑,然后参之以按。若据按以求其情,鲜有不误人者。盖州县无良吏,所以不敢信其已具之文,毫厘或差,生死攸系。"

其六,张养浩指出,监察官荐举天下人才,应当大公无私,举天下贤才而治之。朝廷于监察官"委以黜陟百官之权,授以仪表百司之职,乃不思报效,惟假之以行己私,人则受其欺矣,天地鬼神其受欺乎?大抵求而后举,不若不求而举之;为公识而后荐,不若采之舆议之为博。夫己不求贤,必使人之求己者,皆非也。盖求则不必举,举则不必识矣。故古人有闻而举者,有见而举者,有举仇者,有举亲者,有集为簿者,有拜其剡者,有书之夹袋者,虽其举不一,要极于公当无私而已。于戏!诚如是,则为相为风宪者安有临事乏才之叹。"

其七,张养浩指出,监察官在纠弹时应尽公无私,不分内外远近,应爱护君子,排绝小人。"夫台宪之职,无内外远迩之分,凡有所知,皆得尽言以闻于

---

① 《吏学指南》(外三种) 第 315－322 页。本目张养浩言论引文未注出处者,均见于此。

上。虽在外，苟知居中非人，纠而言之，可也。虽在内，苟知外官者不法，纠而言之，亦可也。大率惟务尽公无私，斯得之矣……切尝谓荐举之体则宜先小官，纠弹之体则宜先贵官，然又当审其素行为君子为小人。如诚小人，虽有所长，亦不必举。何则？其平日不善者多也。况刑宪本以待小人，君子之过苟不至甚，殆不宜轻易加之，使数十年作养之功扫地于一旦也。盖人才难得，全才为尤难得。昔赵清献公……尝欲朝廷别白君子小人，其言曰：'小人虽有小过，当力排绝之，后乃无患；君子不幸而有诖误，则当为国家保持爱护，以全其德。'"

其八，张养浩认为，身为监察官危且难，在奏对言事时既要竭忠吐诚，置死生祸福于度外，又要讲究方式方法，平心易气，惟事之陈，才能收到好的效果。"中外之官，莫难于风宪，莫危于风宪。曷谓难？人所趋者不敢趋，人所乐者不敢乐，人所私者不敢私，所谓峣峣者易缺，皦皦者易污，非难而何？曷谓危？入焉与天子争是非，出焉与大臣辨可否，至于发人之奸，贬人之爵，夺人之官，甚则罪人于死地，一或不察，反以为辜，则终身无所于诉，非危而何。然君子居其官，则思尽其职，所谓危且难者，固有所不避焉，竭忠吐诚，置死生祸福于度外，庶上不负国，下不负所学。其或奏对于殿廷之上，平心易气，惟事之陈。理诚直，虽从容宛转而亦直；理诚屈，虽抗厉激切而亦屈。夫悻悻其辞色，非惟有失事上之体，而于己于事悉无所益。古之攀阑断鞅，曳裾轫轮者，皆势危事迫，不得已而为之；苟事不至是，殆不可执以为法。"

其九，张养浩指出，监察官言而无罪，才能更好地起监察作用。"夫国家之有台宪，犹边陲之有御兵，虽敌人远遁，而反侧之患不可不防；虽奸党敛踪，而专擅之谋不可不察。其或见敌人之来而攻之过惨，闻小人之僭而击之失实，在上者则当嘉其为国，优而容之，以伸其勇敢之气而收他日缓急之用……且责言于人而以言见罪，是犹饮人以酒，而以醉见疏。驭下之术，恐不如此。昔我世祖皇帝每戒饬台臣及下求言之诏，必曰：'其言可采，优加旌擢。如不可采，亦无罪责'。夫冕旒之前，言不中礼，宜若可罪，然国制不论者，盖因恐一人而沮天下之善，为细故而失天下百姓之计也。苟以一言不中，径加诛戮，则天下必将箝口结舌，无复告以善道者矣。"①

其十，张养浩认为，皇帝应该亲自精选监察官，才能有效地监督宰相。"中外之司，论其关系重者，无过省台。二者言之，台为尤重。盖省有宰执，为朝廷股肱；台有言官，为朝廷耳目。夫人必先聪耳明目，然后乃能运用股肱。若耳目有所蒙蔽，股肱虽能运动，讵得如其意哉？以是论之，则人主苟欲保全宰相，莫如精选言官。言官得人，则宰相必恒恐惧，修省不至颠危。言官不得其人，则宰相必肆行非度，卒与祸会。是知言官之严，乃宰相之福；言官之懦，乃宰相速祸之阶。臣尝观史籍所载，自古奸臣欲固结恩宠、移夺威福者，必先使台谏默然，

---

① 张养浩：《归田类稿》卷 2《时政书》，台湾商务印书馆影印文渊阁四库全书本。

乃行其志。为人上者，苟不时引台臣访以得失，则奸至前而不察，弊盈外而不知岸，伏中而不闻庶绩隳而群心摇矣"①。

三、考核官吏思想

（一）以五事、六事考核思想

元代的五事考核官员思想，承继唐宋时期。所谓五事，即"户口增（谓生齿之最，民籍增益，进丁入老，批注收落，不失其实，若有流离，而能招诱复业者）；田野辟（谓劝课之最，农桑垦殖，水利兴修者）；词讼简（谓治事之最，听断详明，讼无停留，狱无冤滞者）；盗贼息（谓抚养之最，屏除奸盗，人获安居者）；赋役平（谓理财之最，取办有法，催科不扰者）"②。至元九年（1272年），"以五事备者为上选，升一等。四事备者，减一资。三事有成者为中选，依常例迁转。四事不备者，添一资。五事俱不举者，黜降一等"③。由此可见，元代的五事考核与官员的升降是直接挂钩的，即五事考核都具备，可以破格升一等；如四事具备，可破格提早一次晋升；如三事具备，则按照常规升迁；四事不具备，则推迟一次晋升；五事都不具备，则降一等。

这种由来已久的考核官员制度，至元代则遭到大臣许有壬的大胆、中肯批评。他指出："五事之目因循，虽古实则虚文。户口之增，不过析居、放良投户、还俗或流移至此，彼减此增之数，夫何能哉？江南之田，水中佃种；齐鲁之地，治尽肥硗，虽有真才，五事不备。辽海之沙漠莽苍，巴蜀之山林溪洞，龚黄继踵，能使田野辟乎？欲盗贼之息者，有盗匿而不申；求词讼之简者，将应理之事亦付不问之。于赋役则上下贫富品搭，科派自有定规，尽能奉行亦分内事，况实效茫然，凋瘵日甚，惟其必以五事全备取之，则谁不巧饰纸上。且例文明谓，所举但有败阙，罪及元举察官。今败阙者何限，而黜责未闻，宜其玩习，苟且非恩，不举也。今后莫若令监察御史、廉访司官，凡路府州县官以各举所知，不必拘以五，明言其才能，事政著明实迹，以备采择。严其同坐之科，必罚无怨，则人才将自得也"④。在此，许有壬认为，以五事考核官员，虽来源甚古，但却是虚文。所谓户口增加，往往是一家分成两家；将奴仆释放，成为良民自立门户；僧道还俗，或流民逃亡到此，其实质上只是彼此减少、此处增加，总数并没有增加。所谓田野辟，在一些地方也很难做到，如江南之田，连水中的土地也已开辟耕种；齐鲁地区则不管是肥沃还是贫瘠，都已开辟殆尽，虽然再有才能的官员，在江南、齐鲁也很难做到田野辟了。还有辽海的沙漠，巴蜀山林中的溪洞，也是

---

① 张养浩：《归田类稿》卷2《时政书》。
② 《吏学指南》（外三种），第30－31页。
③ 《元史·选举二》。
④ 许有壬：《至正集》卷74《风宪十事》。

很难再开辟成田地了。官员想做到盗贼息，如辖区发生盗贼，就隐瞒不予申报；想做到词讼简，就将本应该过问的诉讼也不予过问，不就没有诉讼了。要做到赋役均，就将上下、贫富互相搭配，就能做到均平。总之，官员要使考核达到五事全备，就要在考核时巧于在文字上装饰作假。因此，许有壬主张，监察御史、廉访司考核路府州县官时，不要拘以五事来衡量，只要实实在在明言其才能、政绩就可以了，以供朝廷选任；并且严格执行荐举不当必须同坐的规定。这样，朝廷就可以得到真正的治国人才。

对于五事考核官员中的这种虚文巧饰现象，元成宗大德年间郑介夫也提出批评和改变的主张："格例：该诸县尹以五事备者为上选，三事成者为中选，五事俱不举者必黜。今各官解由之内，无有不备五事者，皆是满替之后，巧装饰词，私家填写。上司更不推问，但辨凭无伪，俸月无差，便给半印，依本抄连，到选之日，真伪无别。实备五事而无力者，止于常调；虚称五事而有力者，则引例升等。岂非虚文考绩之弊乎？宜从各官所属上司考察，其在任有无五事实迹，另行开申付部，以定升黜，斯为责效之实也。"[1] 在此，郑介夫不像许有壬那样认为五事考核官员制度本身不合理，而是认为五事考核官员制度在执行中出现"巧装饰词"，成为"虚文考绩"，甚至颠倒黑白。有些五事都具备的官员，由于没有背景靠山，而得不到破格升迁，只能按常规晋级；相反，那些弄虚作假称自己五事都具备的官员，由于有背景靠山，却能得到破格晋升。对此，郑介夫主张对于五事考核官员应该"核实"，而且较好的办法应由被考核官员的上司考察，并向吏部上报考核结论，作为官员升迁或降黜的依据。相对说来，由被考核官员的上司考察还是较真实的，因为一般说来，上司对下属还是较有了解的。但由上司考察下属也可能出现另一种倾向，即善于巴结讨好上司的下属往往会得到较好的考核评价，而真正踏踏实实做事的下属如不会巴结讨好上司，则可能难以得到较好的考核评价。

元顺帝至正四年（1344年）正月辛巳，诏"定守令黜陟之法，六事备者升一等，四事备者减一资，三事备者平迁，六事俱不备者降一等。"[2] 据许有壬《至正集》卷35《六事备要序》所载，"六事"为"农桑、学校、常平、法、户口、田野"。元朝末年，随着民族矛盾和阶级矛盾的日益尖锐，元政府为了缓和这些社会矛盾，维护自己的统治，采取了一些应对措施，这从对官员的考核从"五事"改为"六事"即可窥见一斑。"六事"合并"五事"的"词讼"与"盗贼"为"法"，淡化了社会矛盾，突出了以法治理社会矛盾。"六事"取消了对官员"赋役"的考核，显然对减轻农民的赋税徭役负担是有益的。"六事"增加了"农桑"，更突出了督促各级地方官员发展农业生产；增加了"学校"，

---

① 《历代名臣奏议》卷67。
② 《元史·顺帝四》。

则突出了督促各级地方官员重视文教事业；增加了"常平"，则强调了各级地方官员必须注意赈济灾民和贫困无以为生之人。

（二）对分管钱粮官吏的考核和交接

元代对掌管钱粮官吏的考核，采用增羡者迁赏，亏兑者赔偿黜降的原则，并把经济政绩考核作为理财用之道，以此来杜绝唯以货赂求升，无复以实获进的弊端。考核由"户部、吏部一同照勘，各路见办诸色课程正额、增余数目，分为等级，添取前代院务监当验筹数官之遗制，准以今日所宜，定立考较增亏法度，与夫升降赏罚格例"①。

对于分管钱谷场务等经济部门的官吏，元政府则继承唐宋以来以十分为率的考核方法，按钱物收入增减的比率来进行奖惩。如对税务官升转，至元二十九年（1292 年）定："省判所办诸课增亏分数，升降人员。增六分升二等，增三分升一等。其增不及分数，比全无增者，到选量与从优。亏兑一分，降一等。"② 武宗至大三年（1310 年）正月定税课法："诸色课程，并系大德十一年（1307 年）考较，定旧额、元增，总为正额，折至元钞作数。自至大三年为始恢办，余止以十分为率，增及三分以上为下酬，五分以上为中酬，七分以上为上酬，增及九分为最，不及三分为殿。"③ 除按增亏比率进行考课外，元代还采用定出具体增亏指标，以为黜陟。如元政府规定："在都并城外仓分，收粮五万石之上仓官，于应得资品上升一等，任满，交割别无短少，依例迁叙；收粮一万石之上仓官，止依应得品级除授，任满，交割别无短少，减一资通理。"④ 元代随路见办诸色课程，比除增亏，通常是"每月一次，不过次月初五日申报本省。仍将院务官每季小考，年终大比，视其增亏，以为黜陟"⑤。

元代对新旧官吏交接也有一套严格的规定，其中一项最重要的内容是钱粮必须交代清楚。如仁宗延祐时规定："今后各处提调钱粮官任满交割完备，方许给由，但有短少不完，依例究问追理。"⑥ 为了督促见任官司做好新旧官员钱粮交接，防止马虎了事，至元二十三年（1286 年）规定："自今后应去任人员，必须从实照勘，如有侵欺盗借官物，随即依数追纳还官，然后方许给由。若是给由之后，却有照出侵借系官钱粮等物，止勒当该给由官员代纳。"⑦ 诸仓库系国家钱粮重地，更须关防严密，"诸仓库官新旧交代，在都，本管上司委官监视。在外，各路正官监视，沿河仓分，漕运司官监视。凡应干收支文凭，合有见在官

---

① 《元典章》卷 22《课程》。
② 《元史·选举二》。
③ 《元史·武宗二》。
④ 《元史·选举二》。
⑤ 《元典章》卷 22《课程》。
⑥ 《元典章新集·吏部》。
⑦ 《元典章》卷 47《侵盗》。

物，皆须照算交点明白，别无短少滥伪之数。旧官具数关发，新官验数收管，仍须同署申报合属上司照会。既给交关之后，若有短少滥伪之物，并于新官名下追理"①。由此可知，元代仓官库吏在新旧交代之时，必须在上司的监视下，进行钱物盘点。为了督促新官认真查对接收，明确规定一旦交接清楚，以后若有问题，概由新官负责。元代仓库的各项数目，采用旧管、新收、已支、见在四柱法造册入账，以供照勘计点。

第六节　明代对官吏选任、监察和考核思想

中国古代对官吏的管理主要包含选拔、任用、监察、考核四个环节，此外还有薪俸和退休制度。明代对官吏的选拔、任用、监察、考核基本上承袭了唐宋以来的制度和理念，而稍有变化。本目对此略做简要的阐述。

一、通过考试、荐举、杂途对官吏选拔思想

从传统的划分看，明代从中央到地方的各级官吏基本上通过 3 种途径进行选拔，即一是进士监生之途，通过考试选拔；二是举贡之途，通过官员荐举；三是杂流，选择各类吏员。此外，还有征辟、任子、捐纳等选官途径。正如明末清初顾炎武所指出的："国初之制，谓之三途并用。荐举，一途也（天顺二年十二月庚辰，诏罢举保经明行修及贤良方正，以言者谓其奔竞冗滥，无裨实用也）；进士、监生，一途也；吏员，一途也。或以科与贡为二途，非也。"② 现在，如以选拔后所任职位的性质不同划分，大致可分为正途和杂途两大类：正途以科举为核心，包括进士、举人、监生、贡生、荐举、任子等，其选拔后的任职为官员；杂途以选拔各类吏员为核心，还包括捐纳、承差、知印、通事、书算等。

从明代选拔官吏的总体制度可以看出，其反映的当时朝野人才选拔思想观念有 4 个方面值得注意：一是重视考试选拔，尤其重视科举考试选拔。因为在当时，科举考试虽然有种种的弊端，但总的说来，又是全国相对最公正、公平的选拔人才考试，其选拔出来的人才总体上说是比较优秀的。二是重视人才的文化水准。科举考试之所以普遍受到朝野的重视，一个很重要的原因是其考试主要就是考查应试者的文化水准。从总体上看，文化水准高的人一般各方面的能力相对强些。三是非通过考试竞争的选拔方式逐渐不被人们重视或接受。正由于通过考试竞争的选拔为人们普遍重视和接受，那些没通过考试竞争的选拔方式，如荐举、捐纳、任子等就不被重视，甚至逐渐消亡。如荐举在明初是重要的选拔官员的途径，但是，随着明代科举制度的日趋完备，"自后科举日重，荐举日益轻，能文

---

① 《元典章》卷21《仓库》。
② 《日知录》卷17《通经为吏》。

之士率由场屋进以为荣。有司虽数奉求贤之诏，而人才既衰，第应故事而已"①。四是重官轻吏思想。中国古代重官轻吏思想根深蒂固，明代也不例外。当时选拔官员的途径被称为正途，而选拔吏员的途径被称为杂途、杂流，可见其重官轻吏思想之严重。

（一）考试选拔思想

明代，最重要的选官途径是通过考试选拔，其中最重要的是科举考试，其次是通过国子监考试选拔，此外还有武学、医学选拔考试等。

1. 科举考试选拔

明代科举考试承袭唐宋，仍然为最重要的官员选拔制度。明代的科举考试所体现的思想有以下 3 个方面值得提及：一是明代明确规定科举考试的内容以儒家经义为主，并主要以宋代程朱理学的注释为权威依据。并且，乡试与会试内容相同。科举第一场考试就是直接考儒家经典《四书》《五经》的内容；第二场所试的诏、诰、表、判虽属公文写作，但也不能违逆儒家经义；第三场所试的策论，要求结合儒家经义对时政提出自己的见解、观点。

明代科举考试内容限在儒家《四书》《五经》等经义的范围之内，考生答题受到严格限制，不许自由发挥个人的思想见解。如弘治七年（1494 年）令："答策不许引用谬误杂书。其陈及时务，须斟酌得宜，便于实用，不许泛为夸大及偏执私见，有乖醇厚之风。"② 加上自成化之后，自生员考试至殿试，几乎每一次考试都以八股文写作来决定去取，形式僵化，因此，对明代思想学说的发展带来了相当消极的影响，并助长了弄虚作假、投机钻营、沽名钓誉的不良风气。正如顾炎武所指出的："今日科场之病，莫甚乎拟题。且以经文言之，初场试所习本经义四道，而本经之中，场屋可出之题不过数十。富家巨族延请名士馆于家塾，将此数十题各撰一篇，计篇酬价，令其子弟及僮奴之俊慧者记诵熟习。入场命题，十符八九，即以所记之文抄誊上卷，较之风檐结构，难易迥殊，《四书》亦然。发榜之后，此曹便为贵人，年少貌美者多得馆选，天下之士靡然从风，而本经亦可以不读矣。予闻昔年《五经》之中，惟《春秋》只记题目，然亦须兼读四传。又闻嘉靖以前，学臣命《礼记》题，有出《丧服》以试士子之能记否（缺'者'字），百年以来，《丧服》等篇皆删去不读，今则并《檀弓》不读矣。《书》则删去《五子之歌》《汤誓》《盘庚》《西伯勘黎》《微子》《金縢》《顾命》《康王之诰》《文侯之命》等篇不读，《诗》则删去淫风变雅不读，《易》则删去《讼》《否》《剥》《豚》《明夷》《睽》《蹇》《困》《旅》等卦不读，只记其可以出题之篇，及此数十题之文而已。读《论》惟取一篇，披《庄》不过盈尺。因陋就寡，赴速邀时。昔人所须十年而成者，以一年毕之。昔人所待一年而

---

① 《明史·选举三》。
② 《明会典》卷77《礼部三十五·科举》。

习者，以一月毕之。成于剿袭，得于假倩，卒而问其所未读之经，有茫然不知为何书者，故愚以为八股之害等于焚书，而败坏人才有甚于咸阳之郊所坑者。"①

二是明政府为保证科举考试的公平公正，防止舞弊，在唐宋的基础上，制定了一套严密的科举考试管理制度，主要体现了以下 3 个方面的管理思想②：一是明政府在科举考试中设立众多的官吏，其目的是使整个科举考试过程每个环节都有专人负责，而且不许相互之间越权、串联，以达到互相监督制约。如提调官、监试官封钥内外门户，监视考场内外出入，但不得干预考场内的考试事宜。又如巡绰官只负责考场外的巡察，不允许进入考场内与举人交谈接触，如有违反，听从提调、监试官举问。再如监临官不许侵夺考官职掌，若场中有弊，照例举问。从总的说来，具体负责相关考务的官吏按职责分为内、外帘官系统，其中主考官、同考官为贡院的内帘官，居住在考场警戒之内；监临、提调、监试、巡绰、搜检、弥封、誊录、对读等官为外帘官，居住在考场之外。内、外帘官按其职责在考场特定的区域内活动，不得擅自超越活动范围，帘内事不许帘外干预。

二是各个考试环节环环相扣，交接严密，以防作弊者有机可乘。如举人入考场时，由口检、怀挟官一一检查是否有挟带舞弊。如举人已入席舍，巡绰在外巡察，不许应试者互相谈论。当举人作文完成，送受卷官收受，于簿上附名交纳，以凭稽数，毋致遗失。然后再由弥封官撰字号封记，密封举人姓名，用印关防，送誊录所誊录。为防止誊录官篡改试卷，明代规定试卷用墨笔，誊录对卷用红笔，考试官改卷用青笔。誊录后由对读官校对无误后，再送回内帘由考官评卷。明朝廷还特别强调不许任何人干预考官评卷，考官如评卷取士不当，则要受到处罚，并连坐荐举人。三是明朝科举考试中对参与管理的官吏严格选用。如提调官、监试官、供给官、收掌试卷官、弥封官、誊录官、对读官、受卷官等均要"选居官清慎者充之"，其中还特别强调"誊录、对读等官，取吏部听选年四十上下、五品至七品有行止者充之"。即使是考场内外的杂役人员，也有选用的规定。如考试官及帘内、帘外官，许各带随从人一名，但必须是不识字的，并不许随意出入。那些厨役、皂隶等勤杂人员，则必须严格审查是否本人，严防其他人冒名顶替。那些巡绰、口检人员，从外都司轮班京操官军选用，三场调用，即只各负责一场考试，不许其负责两场或两场以上，把门人也要时加更换。明政府之所以对科举考试管理如此严密，其目的是使应试者在考试期间处于与外界隔绝的状态，使其独立完成考试内容，才能客观、准确地测试出应试者的实际能力和水平。同时使考试官不得泄露任何考试信息，考官在评卷时完全处于"盲评"，不知道应试者的任何信息，使评卷做到客观、公平，所评成绩符合试卷实际水准，准确公正选拔出优秀人才。

① 《日知录》卷 16《拟题》。
② 《明会典》卷 77《礼部三十五·科举》。

三是科举考试成为最重要的选官途径，尤其是级别较高官员均由进士中选出。明朝规定，通过乡试的举人就可以为官，多限于地方基层的吏员；通过会试的贡士任官，也以基层的地方官为主，且上升为高级官员的机会甚小。而通过殿试的进士，则往往授以级别较高的官职，并有可能升迁为朝廷重臣。早在洪武三年（1370 年），朱元璋就下诏称："汉、唐及宋，取士各有定制，然但贵文学而不求德艺之全。前元待士甚优，而权豪势要，每纳奔竞之人，夤缘阿附，辄窃仕禄。其怀材抱道者，耻与并进，甘隐山林而不出。风俗之弊，一至于此。自今年八月始，特设科举，务取经明行修、博通古今、名实相称者。朕将亲策于廷，第其高下而任之以官。使中外文臣皆由科举而进，非科举者毋得与官。"① 永乐年间，观政进士（庶吉士）开始专从翰林院选拔，进士授官级别提高。《明史》卷70《选举二》云："庶吉士之选，自洪武乙丑择进士为之，不专属于翰林也。永乐二年（1404 年），既授一甲三人曾棨、周述、周孟简等官，复命于第二甲择文学优等杨相等五十人，及善书者汤流等十人，俱为翰林院庶吉士，庶吉士遂专属翰林矣。复命学士解缙等选才资英敏者，就学文渊阁。缙等选修撰，（曾）棨编修，（周）述、（周）孟简、庶吉士（杨）相等，共二十八人，以应二十八宿之数。""状元授修撰，榜眼、探花授编修，二、三甲考选庶吉士者，皆为翰林官。其他或授给事、御史、主事、中书、行人、评事、太常、国子博士，或授府推官、知州、知县等官……成祖初年，内阁七人，非翰林者居其半。翰林纂修，亦诸色参用。自天顺二年（1458 年），李贤奏定纂修专选进士。由是非进士不入翰林，非翰林不入内阁，南、北礼部尚书、侍郎及吏部右侍郎，非翰林不任。而庶吉士始进之时，已群目为储相。通计明一代宰辅一百七十余人，由翰林者十九。盖科举视前代为盛，翰林之盛，则前代所绝无也。"明代修撰、编修、翰林官均为清要之职，极有可能入阁参预国家机务，部分人也由此而成为朝廷重臣，其余则充作御史、太常、国子博士等京官，做地方官最小的也任知县。正如明人黄尊素所说的："宋之御试第一人，不过金书判官；第六人以下，司户簿尉而已。今则第一甲三人，即为清要官，最下者，亦不失守令。总而论之，宋之出身易而入官难，今之出身难而入官易。"②

2. 国子监选拔

国子监在明代官吏选拔中所占的地位仅次于科举考试。洪武年间曾直接从国子监中录取进士，尔后，国子监教育在明代历朝不断得到发展。凡在国子监学习的学生，通称为"监生"或"太学生"，根据其来源又可分为举监、贡监、荫监和例监 4 种。其中，举监即入监肄业的落第举人。"凡应试，洪武十八年令：会

---

① 《明史》卷 70《选举二》。
② 《明会要》卷 47《选举一》。

试下第举人，愿回读书以俟后举者，听"①。"嘉靖中，南北国学皆空虚，议尽发下第举人入监，且立限期以趣之"②。贡监即府、州、县学贡入国子监肄业的生员，根据其选拔的方式和途径又可分为岁贡、选贡、恩贡、纳贡4类：岁贡又称常贡，是每年由地方学校选拔贡入国子监的生员；选贡是岁贡之外，令提学、宪臣到教育发达、人才较多的地方直接选拔生员进入国子监；恩贡是根据皇帝特旨恩准，临时选拔入国子监的生员；纳贡是通过交纳规定数量的粟、马、银、钞等而进入国子监的生员。荫监即因为父祖官品或功劳而进入国子监的生员，又分官生和恩生两类：官生是因父祖官品而入国子监的肄业者；恩生是由皇帝特旨恩准而不受父祖官品限制的入监肄业者。例监即民间通过捐纳粮、马等而进入国子监的肄业者。

明代监生要获得被选拔为官员的资格，还要通过学业考试，在规定的时间内积累到足够的积分。国子监监生首先经过一系列的学习和考核，依次通过3个等级，进入率性堂；然后相关的考试才开始积分，一年之内积至八分者才获得"出身"，即取得出任官吏的资格。

监生取得"出身"后，还要被分派到政府各部门"历事"，即历练政事，也就是现在所谓的实习。若刚好碰上相关职位缺员，可以直接授予职务。明代监生实习的范围很广，包括中央各部门，如吏户礼兵刑工六部、都察院、六科、通政司、大理寺、五军都督府、行人司、光禄寺、锦衣卫、天财库、承运库、司礼监、尚宝司、正阳门、崇文门、宣武门、朝阳门、东直门、阜成门、西直门、安定门、德胜门等；其实习所从事的工作有到诸司教之政事、诸司写本以及诸色办事等，换言之，就是各种行政工作、文书工作以及各种勤杂工作等；其实习的时间从3个月至半年、一年不等，在各部门实习的人数也较多，一般有三五十人，最少有数人，最多达一百七十八人。一般情况下，实习后要进行考核，分为上中下三等或及格、不及格，上中等和及格者随才任用，下等或不及格者回国子监继续学习。但明代有些朝规定，监生实习后无论优劣都要回国子监继续学习，然后再通过科举考核后选拔任用。但是，绝大多数监生都希望实习后即被朝廷选任，不愿意再回国子监继续学习，然后参加科举考试。明代，随着国子监规模的扩大，生员人数的增多，"其后，以监生积滞者多，频减拨历岁月以疏通之。每岁拣选，优者辄与拨历，有未及一年者。弘治八年（1495年），监生在监者少，而吏部听选至万余人，有十余年不得官者……及至嘉靖十年（1531年），监生在监者不及四百人，诸司历事岁额以千计"③。可见，监生实习后，要在官府中谋个职位已是相当困难的了。

----

① 《明会典》卷77《礼部三十五·科举》。
② 《明史》卷69《选举一》。
③ 《明史·选举一》。

(二) 荐举思想

元末明初，由于长期战乱，各地的官吏不是死于战火，就是流离他乡、隐居山林，各级政府部门严重缺乏管理人才。面对这种局面，朱元璋采用扩大征辟、荐举规模的办法，来网罗各种人才。

从《明太祖实录》卷147洪武年间朝廷积极推行荐举以选拔人才可以看出，其反映的荐举思想有以下 3 个方面值得注意：一是对所荐举的人才既重视其德行，也重视其实际才干。刚开始时偏重德行，但后来发现"所谓孝弟力田、聪明正直者多非其人"，于是转而"必选通儒达吏、练事老成、明于治体可以任重者使居之"。二是荐举人才不拘一格。不管是"隐居山林，或屈在下僚者"，还是"山林岩穴、草茅穷居"之人，只要是人才，朝廷都予以选拔任用。朝廷还特别重视留用前朝有才学、廉慎、老成、有绩可称的官吏。而且，朝廷对治国人才的评价是多标准的，既可以是有德行的，如经明行修、人品俊秀，又可以是文化水准高的，如工习文词、通晓四书，也可以是有实际管理人力的，如言有条理、晓达治道。正是由于在荐举人才中不拘一格，所以其荐举范围广泛深入，在洪武时期的确选拔任用了不少治国人才，史称通过荐举"由布衣而登大僚者不可胜数"。据王圻《续文献通考》卷 48《选举考》统计，洪武年间由征荐任尚书的有 60 余人，侍郎 90 余人，御史中丞 2 人，左都御史、副都御史、佥都御史 30 余人，大理寺卿、少卿、寺丞 10 人，学士、大学士 10 余人。三是对荐举的人才实行试用考察，然后再根据试用考察结果量才授职。如对征至秀才"试其能否，考其优劣，然后任之以职"，"堪用者只宜量才授职，未可遽迁重任；其不堪任、遣还乡里者，可令为社师，明经老疾者，授以教官"。而对于一些优秀的人才，则"不次擢用"。这样，对荐举的人才，真正做到人尽其才，而不浪费。

洪武之后，虽然"科举日重，荐举日益轻"，但荐举依然作为国家选拔人才的一种途径，不断有人对其提出改进、完善，并弥补科举选拔人才两个方面的不足：一是科举使士人专攻一经，一旦科举成功入仕，就不再继续学习。因此往往知识面狭窄，见识差。如在科举之外荐举一些高明倜傥而又在科举中落第的人才，不仅使天下无遗才，又能激励士人在科举入仕后继续努力学习，克服知识面窄、见识差的不足。二是荐举能使一些习武人才得到施展才能和抱负的机会，消除了这些人"流落不遇，遂陷凶逆"，以谋不轨的风险。因此，陆粲建议朝廷应扩大荐举范围，令文武官凡到任后，各荐举所知一人。

由于洪武之后，科举制逐渐取代荐举制，洪熙元年（1425 年）八月，仁宗下诏重申荐举制不可废而不行，有关官员应积极向朝廷荐举贤才，同时又告诫荐举者不许徇私滥举，如所举之人犯赃罪，应连坐举者："即位之初，首诏求贤。今既数月矣，荐者无几，贤才之生，何地无之。惟贤知贤，各以其类，宁有不知者乎？荐贤为国，事君之义。其令在京五品以上，及监察御史、给事中，在外布政司、按察司、正佐官及府州县正官,各举所知,除见任府州县正佐官及犯赃罪者,不许荐举,其余见任及屈在下僚官员,并军中有廉洁公正、才堪抚字者,悉以名闻。务合至公,以资实用,不许徇私滥举。如所举之人受赃,有犯赃罪者,并举者连坐。蔽贤不举,国有明宪。"① 仁宗在此把荐举贤才提高到国家立法的高度,官员如蔽贤不举,是一种失职的行为,必须受到法律的惩罚。同时特别提及严禁荐举犯赃罪的官吏,如所举之人犯赃罪,必须连坐举者。并对所举之人的要求,首先是廉洁。由此可见,明朝廷对官吏赃罪的严厉惩治,以及对官吏廉政的重视。

另一方面,朝廷规定所举之人如有才能、政绩,对举主则予以奖励:"若举能其官,显有卓异政绩者,三年朝觐后,本部一次类查,奏请特旨褒谕,或增秩赐金以宠之。如此,则自公卿以至百执事,人人劳心,求贤见善,惟恐不举,举惟恐不先。"②

明末,吏治腐败,"荐举之弊甚矣。每抚按荐章,名称其实者固多,纰缪滥溢者不少。揆厥所由,有巡抚明知其不肖,以巡按庇护而不得不荐;有巡按明知其不肖,以巡抚推毂而不得不荐;有前官已举,而受代者不欲异同;有未履地方,而养交者已多延誉。种种弊窦,不可胜举。大抵抚按虽独任其权,而未尝不遍咨其实;司道亦阴操其柄,而又阳得以辞其名,故两相负也。"③ 对此,万历年间"巡抚李桢欲明开所举之人,深得集思布公之意。合无抚按荐疏,即明开系某官举,与臣某咨访相同。夫司道言之,而抚按即用其言。脱有不当,抚按固不得诿,然达视其所举,则因以甄别主人者之优劣得失,亦未必非激扬吏治之一机也。"④ 在此,李桢与陆光祖均主张在荐举人才时,抚按与司道官员均要在荐疏中载明所举之人是由某官荐举,某官对所举之人做过调查核实,以明确各自所承担的荐举责任,以杜绝当时荐举中的因人情关系而缪纰滥溢。

古代许多朝代,均重视地方州县长官的选择。明代也不例外,在荐举中尤其重视地方郡守县令的选任。"宣德七年(1432年),知府有缺,令在京三品以上官举保,量授以职,犯赃并坐。正统元年(1436年),知县有缺,令在京四品及国子监、翰林院堂上官,各部郎中、员外郎,掌科给事中,掌道御史各举一员,但犯贪淫暴刻及罢软不胜任,并坐举者。正统十四年(1449年),地方郡守,令在京三品以上官举保任用。又查得嘉靖五年(1526年)八月,该御史朱豹奏:本部复题,节奉圣旨,在京在外有堪任知府的,着两京文职三品以上官,各举所知,疏名上荐"⑤。

---

① 《明经世文编》卷15《杨文贞公文集一·敕谕吏部申明荐举》。
② 《明经世文编》卷197《潘简肃公文集一·申明守令条格疏》。
③ 《明经世文编》卷374《陆庄简公集·复湖广巡抚李桢肃吏治以奠民生疏》。
④ 《明经世文编》卷374《陆庄简公集·复湖广巡抚李桢肃吏治以奠民生疏》。
⑤ 《明经世文编》卷197《潘简肃公文集一·申明守令条格疏》。

明末，吏治腐败，贪腐之风盛行。万历年间，陆光祖提出通过举清吏，树立廉洁奉公官员典型，来改变官场风气。他上疏云："臣望陛下无举卓异，而举清吏，特诏臣等行抚按诸臣，廉访公论。以若节独行，饮冰茹蘖，如昔海瑞、丘橓、孟秋其人者，列为一等；以公廉寡欲，暗修实履，如昔袁洪愈、严清、宋纁其人者，列为一等。抚按同五花文册，揭报本部，臣等参酌佥同，于大察毕日，列名上请。如得其真，虽数十人不为多；如不得其真，虽数人不为少。皇上特赐宴赏，或敕本部纪录，举后如有改节，以负特恩，较贪之吏，诛戮倍之。夫举卓异，天下将矫虔鸷诡而骛于名；举清吏，天下必刻意厉行而修其实。化贪为廉，在此一举。愿陛下力行，无忽臣之言。"①

（三）杂途选拔思想

明代杂途选拔主要是针对中央到地方各级政府机构中经办具体事情的低级办事人员—吏员的选用。其主要有 3 种方式：佥充、罚充和求充（告纳）。明初以佥充为主；景泰以后求充逐渐替代佥充成为主要的选用方式；罚充则作为佥充的主要补充形式，成化以后逐渐停止。从严格意义上说，罚充不能算作一种选拔方式。

1. 佥充

佥充就是相关政府部门选取民人充当吏役。朱元璋出身贫寒，早年亲身经历前元基层吏员的盘剥欺压。因此，明朝建立后，他比较注意清理前元不合格的旧吏，并制定一些政策进行吏员选拔，以提高吏员队伍的整体素质。如明初规定："凡佥充吏役，例于农民身家无过、年三十以下能书者选用。但曾经各衙门主写文案、攒造文册，及充隶兵与市民，并不许滥充。"② 可见，选吏的首要条件是"身家无过"，并不许滥选前元盘剥欺压百姓的旧吏。朱元璋还不允许市民充作吏员。他在《御制大诰续编》"市民不许为吏卒第七十五"云："今后诸处有司衙门皂隶、吏员、狱卒，不许用市井之民。其市井之民多无田产，不知农业艰难。其良善者将本求利，或开铺面于市中，或作行商出入，此市中之良者也。有等无籍之徒，村无恒产，市无铺面，绝无本作行商。其心不善，日生奸诈，岂只一端，惟务勾结官府，妄言民之是非。此等之徒，设若官府差为吏卒，其害民之心哪有厌足。"③ 可见，朱元璋是担心那些不务正业、凶恶奸诈的市民通过为吏，与官员勾结，共同残害平民百姓。

从佥充方式看，明代佥充吏员以政府选取为主，即政府相关部门依照选吏标准和条件，从户口册中挑选适合的人户进行佥派。通常先由府、县选拔佥取，然后上报至布政司审批，批准后发文至府、县备案参充。明代吏员可以获得许多利

---

① 《明经世文编》卷 374《陆庄简公集·计吏届期敬陈惩治要务以重大典疏》。
② 《明会典》卷 8《吏部七·吏役参拔》。
③ 《御制大诰续编》卷 78，上海古籍出版社影印《续修四库全书》，2002 年版。

益，尤其是掌握国家重要资源的管理、支配、使用等权力部门的吏员更是如此，因此出现了一些营求充吏的情况。对此，政府明文予以禁止，并严格规定各部门吏员的名额，擅自增加吏员必须受到处罚。如《大明律集解附例》云："若吏典、知印、承差、祗候、禁子、弓兵人等额外滥充者，杖一百，迁徙；容留一人，正官笞二十，首领官笞三十，吏笞四十，每三人各加一等并罪，只杖一百。"① 所谓"额外滥充者"，通常是指相关官员收取贿赂后收留营求充做吏员的人。

2. 求充

求充也称为告纳，即军民子弟向政府相关部门交纳一定的钱物以求充吏。如上所述，由于某些部门的吏员掌握一定的政府资源，有一定的权力，可以为自己谋取利益。加上吏员可享受优免，又有薪俸，因此逐渐成为一些人追逐的职位。洪武年间，吏员由政府选用，禁止个人通过不正当手段谋求。

明代告纳求充为史政策的推行，虽然使得政府增加一些财政收入，暂时解决了一些财政困难，但却给吏治带来严重的危害：一方面，许多素质低劣的人员通过纳银钱进入吏员队伍，严重降低了政府行政管理效率；更为严重的是那些告纳者花费钱银成为吏员后，便大肆利用职位之便盘剥搜括、敲诈勒索以偿其本，使吏治愈加败坏。正如弘治元年（1488年）六月，吏科给事中林廷玉上奏云："在京诸司参补吏役当交承之际，新者出钱物偿送旧者，名曰顶头钱，多或至百余两，往往称贷于人以足其数。补役之后，便欲取偿于官，所司官口虽禁制，心实听容，甚者反为追索，以致纪纲废坠，苟且公行。"② 另一方面，许多民人纳钱银获得吏员资格后，享受优免一丁的权利，其赋役负担转嫁给那些贫穷无力告纳者，加深了贫富鸿沟，加剧了社会矛盾。对此，一些有识之士提出应予以禁止或限制。如宣德十年（1435年）八月，浙江布政司右参政俞士悦上奏"民情六事"，其一云："在外各衙门吏典多系无籍之徒，用财谋充。及着役之后，营求差使，于所属需索财物以偿谋充之费。乞行巡按御史考察，但有前项谋充者，编发北京为民。"③ 弘治五年（1492年）十月，刑科给事中王钦上奏云："各处农民近来往往营求知印、承差、吏典等役，在官以图脱免差役，益重民困。乞敕各处都、布、按三司及所属衙门，如遇知印、承差、吏典名缺，预于三月以里，扣数拣选民间子弟能书算者，量使出银贮库以备赈济。不许似前滥收，违者罪之。"④

3. 罚充

罚充指官员、进士、举人、监生、生员等地位高于吏员的人，因过错、违犯

---

① 《大明律附例注解》卷 2《吏律》。
② 《明孝宗实录》卷 15。
③ 《明英宗实录》卷 8。
④ 《明孝宗实录》卷 68。

律令、考试不合格等原因谪充为吏员。这种罚充为吏不属于选拔吏员的范畴，故兹省略，不予论述。

二、对官吏任用中集权、资格、内外、久任和回避思想

通过荐举、科举、吏员升迁等途径获得任何资格（出身）的人，要得到实际职位还须经过任用程序。当然，已有实职的官员升迁或调动也要经过这样的程序。这一任用程序称为"铨任"或"铨选"。明代，吏部总管文职官员的铨选，其下的文选司具体负责相关铨任事务。一般而言，重要职位由中央高级官员讨论推选，中级和低级职位由吏部直接铨任，然后经过皇帝批准即可。为了减少官员营私舞弊现象，明中央还建立了官员任职回避制度。

（一）高度集权的任官思想

明代官员都由吏部统一任用、管理，皇帝最终裁决任命，体现了高度集权的任官思想。嘉靖年间文学家归有光《送福建按察司王知事序》云："今天下之官，一命皆总于吏部。"① 一般而言，吏员由具体所在部门选拔，报送吏部通过备案即可，官员则必须经过吏部铨任。明代吏部铨选权力超越唐宋。时人于慎行曾对唐、明两代铨选之法进行比较："唐之选法，五品以上，宰相商议可否，以制敕行之，六品以下，吏部铨才奏拟，诏于告身上画闻，而无所可否。其后，宰相权日起，拾、补以下，皆不由吏部，非正法也。本朝卿贰开府、五军都督及各边大将，吏、兵二部会九卿推补；方面及将领，吏、兵二部各推二人名，诏用其一；守令以下，则径拟一人，诏旨报可，无所可否矣。法与唐略相似，而就中主持，皆由本部，九卿与会议，无所从违，视古之吏部，不啻重矣。"② 可见，明代吏部铨任官员的权力远高于唐代。具体而言，明代废除宰相制度，吏部铨选实权主要为吏部尚书及其所属文选司郎中掌握，而唐代宰相则有很大的任官权力，吏部权力甚小。于慎行《谷山笔麈》将明代与宋代对比："宋时，宰相省阅进奏文书，同列多不与闻。熙宁初，唐介参政，谓首相曾公亮曰：'身在政府而事不与知，上或有问，何辞以对？'乃与同视。后遂为常。介之请，公亮之从，皆政体也。朝廷防宰相之专，设参知以为陪贰，而不与省阅，职守安在？势之所归，不免专擅，有自来矣。本朝六部奏疏，例皆三堂同署，而谋画源委，左右二卿往往不得与闻，惟奏牍已成，吏衙纸尾请署，二卿以形迹顾避，亦不问所从，至于铨曹进退人才，颇关要秘，甚或在廷已闻，而两堂不知，惟太宰一人与选郎决之，此非与众共之之义也。正卿与郎吏为密，视同列为外人，及有不当上心，奉旨对状，左右二卿又难以不知为解，是不使之与其谋而使之同其谴也。"③ 宋代

---

① 《震川文集》卷10《送福建按察司王知事序》。
② 于慎行：《谷山笔麈》卷1《制典下》，中华书局1997年版。
③ 《谷山笔麈》卷4《相鉴》。

的宰相们可以相与省阅"进奏文书";明代则不然,铨任官员"惟太宰一人与选郎决之","正卿与郎吏为密,视同列为外人",吏部左右侍郎及本部他司郎中俱被排除在外。

当然,皇帝握有高级官吏的终任权。明代丘浚《公铨选之法》云:"今制:四品以上及在京堂上五品官,在外方面官,皆具职名,取自上裁。五品以下及在外四品非方面者,则先定其职任,然后奏闻。"① 即四品以上京官和地方首领官由皇帝任命,五品以下和地方副职由吏部任命后奏闻即可,在权限上有明确规定。

总之,在明代官员铨任权力分配上,吏部文选司郎中握有基本决定权;吏部尚书握有部内最高决定权;皇帝握有高级官员的终任权。当然,低级必须服从高级,这是基本前提。可见,吏部文选司郎中和吏部尚书掌握着明代文官铨任关键环节。

全国众多官员的铨任权力都高度集中到吏部和皇帝,必然滋生不少弊端:首先,掌选者难以做到知人善任。归有光《送福建按察司土知事序》云:"今天下之官,一命皆总于吏部。以数人之耳目,欲周知天下士人之众,则人才不能自达者有矣;其侥冒而莫为之觉,遭诬而莫为之理者有矣。"② 其次,难以做到对铨任对象全面、客观的考核。这样,只能采用循出身、资历任官。正统八年(1433年)五月,翰林院侍读周叙就上奏云:"掌铨选者贤否,未广于咨询,升黜每循于资格。"③ 因此,于慎行《谷山笔麈》评价明代铨选时说:"岂但政体有失,亦非人情矣,而积重难返,至于成习,不亦异哉!内阁本揭署名,体亦类此,往往复有密揭,则更无从与闻矣。台衡之地,遂树荆榛,可慨矣!"④

明代仁宣时期,铨任高级官员采用了宋代就已形成的"敕推"⑤、"廷推"⑥,铨任中下级官员的"吏部单推"⑦ 等模式,是为了保证皇帝对选任官员最高决定权,维护了铨选公平,防范选任弊端发生。但全国所有官员的选任都须经过皇帝最终裁定或批准,一旦皇帝怠政,就可能出现铨选停止的现象。如万历三十五年(1607年)十一月,叶向高入朝为相,"当是时,帝在位日久,倦勤,朝事多废弛,大僚或空署,士大夫推择迁转之命往往不下,上下乖隔甚。"叶向高上奏云:"自阁臣至九卿台省,曹署皆空,南都九卿亦只存其二。天下方面大吏,去秋至今,未尝用一人。陛下万事不理,以为天下长如此,臣恐祸端一发,不可收

---

① 《大学衍义补》卷 10《公铨选之法》。
② 《震川文集》卷 10《送福建按察司王知事序》。
③ 《明英宗实录》卷 104。
④ 《谷山笔麈》卷 4《相鉴》。
⑤ 杨士奇:《东里集续集》卷 35,台湾商务印书馆影印文渊阁《四库全书》。
⑥ 谷应泰编:《明史纪事本末》卷 46,台湾商务印书馆影印文渊阁《四库全书》。
⑦ 孙承泽:《春明梦余录》卷 34,台湾商务印书馆影印文渊阁《四库全书》。

也……臣进退可置不问，而百僚必不可尽空，台谏必不可尽废，诸方巡按必不可不代。中外离心，辇毂肘腋间，怨声愤盈，祸机不测，而陛下务与臣下隔绝。帷幄不得关其忠，六曹不得举其职，举天下无一可信之人，而自以为神明之妙用，臣恐自古圣帝明王无此法也……大臣者，小臣之纲。今六卿只赵焕一人，而都御史十年不补，弹压无人，人心何由戢？"①

（二）不拘资格与遵资循格思想

明初选拔人才的方式主要是荐举，没有明确的制度规定如何任用这些荐举上来的人才，一般由皇帝根据职缺随机因材授任。"盖是时，仕进无他途，故往往多骤贵者。而吏部奏荐举当除官者，多至三千七百余人，其少者亦至一千九百余人。又俾富户耆民皆得进见，奏对称旨，辄予美官。而会稽僧郭传，由宋濂荐擢为翰林应奉，此皆可得而考者也。"② 当时，对通过学校、科举选拔上来人才的任用也基本如此，可谓不拘一格。"洎科举复设，两途并用，亦未尝畸重轻。建文、永乐间，荐举起家犹有内授翰林、外授藩司者。而杨士奇以处士，陈济以布衣，遽命为《太祖实录》总裁官，其不拘资格又如此。"③

明代天顺年间之后，进士一途受到特别的重视，不同途径选拔上来的官员不仅始授官职高下有别，而且升迁高下迟速也不一样。《明史》云："自后科举日重，荐举日益轻，能文之士率由场屋进以为荣；有司虽数奉求贤之诏，而人才既衰，第应故事而已。"④ 对此，大臣丘浚在《公铨选之法》，较早讨论了资格任官问题："资格以用人，说者谓此法既立之后，庸碌者便于历级而升，不致沉废，挺特者不能脱颖而出，遂至遭迥，则是资格不可有也。然未有此法之前，选司注官，有老于下士，三十年出身，不得禄者，则又是资格不可无也。夫群千百人之才品，而决于一二人之耳目，苟无簿籍之稽考，法制之禁限，资次之循历，而欲一一记忆之，人人抡选之，吾恐其智有所不周，力有所不逮，日有所不给矣。而况夫伪妄诈冒，请托干求，那移蒙蔽，奸计百出者哉。由是观之，人固不可以不任，而法亦不可以不定，守一定之法，而任通变之人，使其因资历之所宜，随才器之所能，而量加任使。用资格亦不纯用资格，不用资格，所以待非常之才，任要重之职，厘繁剧之务；用资格，所以待才器之小者，任资历之浅者，厘职务之冗杂者。其立为法一定如此，而又得公明之人以掌铨衡，随才受任，因时制宜，而调停消息之，于常调之中，而有不常之调，调虽若不常，而实不出乎常调范围之外。我祖宗立法之善，文职四品及在京堂上官，在外方面官五品以上，员缺皆具名以闻；自五品以下，吏部始得铨注，此所谓用资格而有不用者

---

① 《明史·叶向高传》。
② 《明史·选举三》。
③ 《明史·选举三》。
④ 《明史·选举三》。

1086

也。自尚书侍郎以下，惟才是用，虽若不分流品，然翰林院、国子监非通经能文者，不授之，其余流品，又未尝不分焉。臣僚之在任也，则虽推举不次用之，既秩满到部，则必考其功绩，按常调以用焉。祖宗良法美意，有如此者。"① 在此，丘浚认为朝廷任用人才必须定有一套制度对官吏进行稽查、考核、记录资历等，作为任用的依据。如没有制度、规则，就会助长弄虚作假、请托干求之风。任用人才既要讲求资格，又不能都讲资格，对于杰出的人才，则可不讲资格，破格任用；对于一般人才，则要讲资格，使他们按资历深浅、才能大小加以任用。他认为，当时朝廷的任官制度已体现了这一精神，五品以上重要官职由皇帝惟才是用，就是不讲资格；五品以下一般官职由吏部铨注，就基本上讲资格，两者的配合是较完美的。

嘉靖、万历年间，官场任官重进士出身走向极端，产生了一些弊端，对此，一些有识之士提出了批评。如嘉靖名臣高拱《议处科目人才以兴治道疏》对此叙论曰："至于保荐，则进士未必皆贤，而十有其九；举人未必皆不贤，而十曾无其一也。至于升迁，则进士治绩之最下者，犹胜于举人治绩之最上者也。即幸有一二与进士同升，然要其后日则进士之俸少而升官又高，举人之俸多而升官又劣也。若夫京堂之选，则惟进士得之，而举人不复有矣。其偏如此。"② 万历十一年（1583年），左副都御史丘橓上奏吏治积弊八事，其六云："荐举纠劾，所以劝惩有司也。今荐则先进士而举监，非有凭藉者不与焉。劾则先举监而进士，纵有訾议者罕及焉。晋接差委，专计出身之途。于是同一官也，不敢接席而坐，比肩而行。诸人自分低昂，吏民观瞻顿异。助成骄纵之风，大丧贤豪之气。"③ 反映了任官独重进士出身所带来的弊端。

对于任官重视进士出身、重视资格之弊端，万历初年吏部尚书张瀚在《铨部纪》中认为："余以资格不可废，废之则簿籍可置，限制无禁，法不画一，何以遵守？况以群千百人之才品，取决于一二人之耳目，吾恐智虑难周，日且不给，启觊觎侥幸之心，务诈伪贪求之术，弊将如猬纷出，可胜道哉！然其间自有不泥于资格者，谓宜量才授任。以要重之任，宏巨之务，待非常之才，使得以见所长。以责任之轻，闲散之局，待才器之小，使循资叙迁。则用资格而不纯用资格，何至法之弊也。若夫守一定之法，须任变通之人。有治法而无治人，即成周纤悉具备之法，不能无弊，仅一铨曹资格云乎哉！"④ 张瀚在此完全承袭了丘浚的任官思想，即朝廷任用官吏必须要有制度规则，否则将助长官场觊觎侥幸、诈伪贪求之风；在仕用人才上"资格不可废""用资格而不纯用资格""量才授

---

① 《明经世文编》卷71《丘文庄公集一·公铨选之法》。
② 《明经世文编》卷310《高文襄公文集一·议处科目人才以兴治道疏》。
③ 《明史·丘橓传》。
④ 《松窗梦语》卷8。

任"相结合，即铨任官员应重视资格出身，但又不应惟出身是从。因为人才各具所长，不同岗位也需要不同人才，若唯资格出身是依，可能冤屈那些不具资格出身而有真正才干的人，也可能任用了具有资格出身却没有相应才能的人。张瀚正是以丘浚的任官思想为指导，提出了上述具体的授任官员办法，较为合理和具有可操作性。

（三）内外兼重与内重外轻的任官思想

从整体上看，明代铨任官员经历了一个从"内外并重"到"内重外轻"的过程。内外并重即铨任官员皆不拘资格，京官和地方官都可以升任重要岗位，无轻重之分。《明史》云："明初重监司守牧之任。尚书有出为布政使，而侍郎为参政者，监司之入为卿贰者，比比者。守牧称职，增秩或至二品。"① 这是因为朱元璋出身民间，对元末官贪吏横、民苦无告的现实有着切身体验，从建立政权开始就高度重视对官员的选任，尤其重视对地方官员的任用。《明史》云："吴元年（1367年），定县三等……凡新授郡县官，给道里费。洪武元年（1368年），征天下贤才为府州县职，敕命厚赐，以励其廉耻，又敕谕之至于再。（洪武）十七年（1384年），定府州县条例八事，颁示天下，永为遵守。是时，天下府州县官廉能正直者，必遣行人赍敕往劳，增秩赐金。"② 朱元璋给新授郡县官"道里费"及厚赐府州县职，目的是鼓励官员廉洁自律，勤政为民。

仁、宣之时，依然内外兼重。《明史》云："仁、宣之际犹然，英、宪而下日罕。自后益重内轻外，此风绝矣。"③ 即英宗、宪宗以后，逐渐重内轻外，士大夫们重视京官而轻视外官，待任者尤其是前三甲进士躲避外任。

官员不以担任地方官为荣，尽力避免外任，这也是明代中后期吏治败坏的原因之一。究其缘由：一方面，明朝高度集权中央，中央各部垄断了全国资源的管理、分配、使用等权力，即使是品秩较低京官也比地方官占有优势，突出表现为京官比外官仕途通达，且职任相对轻松。另一方面，天顺年间之后，督抚巡按等上位官员成为地方权力的核心，府州县官属于下位官员，处于被控制的局面。在这样的背景下，必然形成内重外轻局面。

对于明代中后期重内轻外的任官弊端，一些大臣纷纷提出批评，呼吁朝廷要重视地方官，尤其是地方守令的任命。因为地方守令是百姓的父母官，直接关系到老百姓的福害治乱。如乔宇就提出谨守令："伏以亲民之职，系于郡县得人，得其人则百姓蒙其福，不得其人则百姓受其害。今天下守令中间，履行洁白、才识优长者，固有其人，然亦有贪黩害政者，有巧饰诈伪以邀名誉者，有懵然不知民情、委法令于胥吏者，有暗懦不能制豪猾、使良善无所区别者，有严峻刑罚、

---

① 《明史·列传第四十九赞》。
② 《明史·职官四》。
③ 《明史·职官四》。

视人命如草芥者。若上之人无鼓舞惩劝之道，则中人之资，何所勉进，而苍生利病，谁为兴革？况山陕地方，连年兵荒，牧民者尤当慎择……仍将官员分为三等：廉而有为者，为上；慎于守己不能害民、而干才颇欠者，为中；守为俱欠、于干办虽优、巧于剥削者，为下。上等者必在旌举之列，中等者略加劳勉，下等者必行斥罢，如此庶人心知所劝惩，可以挽士风趋于正，百姓亦得沾实惠矣。"①尔后，范珠也提出重守令以施教养："（地方守令）每三年朝觐到部拣选之际，而部院二三大臣，岂能悉知天下之贤否？其去取进退，每徇于方面府正之一言。其间善于奉承者，贪墨指为公清，暴虐称为平恕；失于阿附者，发须微白，即目为老疾，钱谷少负，遂排为罢软。部院既云拣选，若不因以去人，又无从以塞责，致使熏莸莫辨，玉石俱焚……臣伏望陛下，痛惩此弊，特敕部院，今后拣选不宜泛，去其贪暴柔懦之尤著闻者，以示激劝。博访有司任内人和俗美，虽科征少缓，不害为良牧，则襃旌之恐后；若民穷盗聚，虽钱谷办集，未免为酷吏，则黜逐之必先。其方面府正，非宿德重望者不推；州具正官，非科目出身者不与。申风宪之职，严赃滥罚，使上下相维，革去俗弊，免去更代之频，冀收教养之绩。"②

（四）官员久任思想

古代各级官吏尤其是地方长官，如升迁、转岗太快，将会助长官吏短期行为，不重视甚至无视任期中所产生的长期效益。明代大致在弘治朝开始，出现官吏"迁徙不常矣，是故春为知府或佥事于南，秋升副使或参议于北，来春则又升参政或副使于东西矣。甚者初升布政使，惮远不行，在家稍候三二月，即改左而三迁矣。到任未及三二月，即望转而京堂矣。由是一岁之间，往来道路如织，日月过半，其能在任几何？至于进士为知县，亦惟持守三年有荐即行取，事在承上而不在恤下也。故今藩臬守令，皆过客也。其视地方之凋弊，若见驿舍之损漏，谁为之修也？视生民之饥困，若见驿马疲瘠，谁为之恤也？旧时责之以兴水利、劝农桑者，不屑为也；责之以积谷备荒者，不屑为也；至凡核户口、均赋役、除盗贼、抑豪强等事，皆不屑为也。乃惟巡按批问词状，或委勘事情，则禀其意而亟为之。虚实轻重，惟视彼所欲闻而报上耳，诬枉固不恤也……彼为布政者，则曰我姑卑巽数月，则有京堂之升矣；既为都御史巡抚，则又曰我姑谦逊数年，则有部堂之擢矣。不然，则劾随之，能得此乎？由是内外大小官员，皆以持循保位为贤，而慷慨任事者为不谨，忠正之人因是而黜者多矣，孰肯体国忧民，而为之兴利备患耶？今日致民饥困所由也"③。针对这种弊端，陆粲提出官员与其逐级快速升迁，倒不如在一个职位久任，如其的确优秀卓越，就破格跳级升

① 《明经世文编》卷98《乔庄简公文集·陈愚见以广圣聪疏》。
② 《明经世文编》卷122《姜范二公奏疏·修政弥灾疏略》。
③ 《明经世文编》卷136《胡端敏公奏疏四·守令定例疏》。

迁。而一般官员尤其是地方官员的升迁，至少要恢复弘治之前的 6 年一个任期。有担任过地方州县官的京官，可从优任用。他说："知府、知州应久任似也，彼布、按二司及府州佐贰，独何功而岁岁递升乎？且官至布政、按察亦尊矣，其志亦可行矣。稍令岁月稍久不为甚屈，何必未满辄迁，以滋侥幸，劳逸不均，迟速迥异，人心不服，窒碍难行。今欲行此，必内自部院监寺，外自藩司郡县，一概施之，纵不能尽复九年之制，亦必如弘治以前，实历六年。其贤能卓异者，与其逐级而亟升，不若久任而殊擢。如知府径升布政，副使或升四品京堂，按察使径升副都御史、侍郎，布政使径升侍郎或尚书。凡京官任内，曾历过知州、知县者，从优叙用。庶几彼此适均，小大竞劝，人各奋于事功，不敢希冀幸进，民生安而士习厚矣。"①

尔后，陈以勤在《披哀献议少裨圣政疏》中提出两种使官吏尤其是地方长官久任的方法。一是通过增秩加俸，让地方抚按等官久任；二是让政绩一般的官员按规定照常迁转，而对政绩优异的地方官则树立一些典型，予以久任，然后在任满后予以跳级升迁。他说："臣惟久任之法，其来已远。在今日凡内外臣工，均宜仿而行之，而施于郡县守令，尤为至切。盖守令者，亲民之官，其职专，其务剧，不可仓卒而效功者也。今之仕者，各偷为一切，因循觊迁，孰肯尽心于政教科条，为数世利者。故每视官职如传舍，视其民如胡越，循良善治，卒不可复，势使然也。左雄谓吏数变易，则下不安业，久于其事，则民服教化。以臣观之，实为至论。盖自隆庆元年以来，建议之臣，多及于此。比见吏部于抚按保留官，往往增秩加俸，仍令任郡县如故，是久任之法，亦略已修举矣。"② 陈以勤认为，这种久任法如普遍实施于府州县，并且使"天下府州县官，无论进士、贡举，一体待遇"，那就比较完备了。他提出另一种久任法是树立一些优秀官员典型，予以久任，并跳级升迁，从而来带动广大官员："所谓久任者，非必人尽久也。第举其声名藉甚者，以风其余而已。假如一时郡县有习常慢令、黩货残民者，即数月觉露，亦必以峻法处之；其官箴不失，而未尝有卓越之誉者，仍照常三年迁转。惟择其约己爱民，有异政在人耳目，课为一方最者，比及大计群吏之期，各抚按官疏名以闻。本部又按采舆论、综核名实，如果不谬所举，请玺书褒励，谕令久任，勿更转徙其任，亦不必限之九年也。大率以六年为则，知府即升内寺少卿，各省参政、知州即升郎中金事，知县即取为左右给事中，实授御史，即左右缺少，仍补给事中，随授以应得敕命。其佐贰官，果有廉谨敏干、治行殊常者，俱候六年，一体超升。如此则为吏者，皆安官乐职，计虑长远，不屑于旦暮可称之功，且其劳之虽久，擢之亦异，人孰不愿竭忠尽力，务治其业，以蒙上

---

① 《明经世文编》卷 289《陆贞山集一·去积弊以振作人才疏》。
② 以下这一自然段陈以勤言论，均见于《明经世文编》卷 310《陈文端公奏疏·披哀献议少裨圣政疏》。

之知遇也哉！臣见所拔用者，不过数十人，而天下郡吏，莫不争自洗濯，精白乃心，以承休德矣。行之不过数十年，而天下之贤守令，蒸蒸然布满郡邑矣。夫守令称职，则主德宣，恩泽流，百姓皆乐其所，而无愁叹怨恨之声，当今治平第一义，恐无以易此。"

（五）任官回避思想

1. 地理回避

明代任官的地理回避主要是籍贯回避。大明王朝建立伊始，就开始推行籍贯回避制度。洪武元年（1368 年）颁布的《大明令》云："凡流官注拟，并须回避本贯。"① 到洪武四年（1371 年），"南北更调，已定为常例"，当时 "有厌远喜近者往往以南籍改冒北籍，以北籍冒南籍"，朱元璋听说后 "谕吏部禁绝之"。② 到洪武十三年（1380 年），正式颁布了南北更调的实施细则："以北平、山西、陕西、河南、四川之人，于浙江、江西、湖广、直隶有司用之；浙江、江西、湖广、直隶之人，于北平、山东、山西、陕西、河南、四川、广东、广西、福建有司用之；广西、广东、福建之人，亦于山东、山西、陕西、河南、四川有司用之。考核不称职及为事解降者，不分南北，悉于广东、广西、福建汀漳、江西龙南安远、湖广郴州之地迁用，以示劝惩。"③ 实行官员南北更调任职的回避制度，使得相关官员为了做官远离故土，在交通极端困难的条件下要经过长时期颠簸才能到达任职地方，而且长期与亲人戚友分离，有悖于人道主义精神。于是洪武十八年（1385 年），朱元璋批准实施针对吏员的籍贯回避制度，原则是相邻的两省之间相互对调任职，"吏部言天下役满吏员凡千八十人，宜避贯用之，如湖广人用于江西、四川，江西、四川人用于湖广。其福建与浙江，广东与广西，直隶与山东，河南与陕西，北平与山西，皆互相迁用。从之"④

地理回避制度主要适用于交通比较方便或人口集中的地区，而对于云南、贵州等边远府县，除首领官外，可以选用本地人。《明会典》云："凡选除本处地方，旧例监生、吏员系广西人，除州县正官外，不拘本地，皆许选补；教官系云南人，许选本省。正德七年（1512 年）奏准：广西除方面知府外，其余大小职事，许本省别府州县人员相兼选用。嘉靖七年（1528 年）奏准：四川边远地方东川等处首领属官，许以本省别府人相兼选用。（嘉靖）八年（1529 年）题准：湖广永顺等宣慰司、施毛等宣抚司、南渭等安抚司、镇南等长官司经历吏目等官，以本省别府与邻省人员相兼铨补。"⑤ 另外，一些不容易舞弊的职位也可以在本省任职。隆庆五年（1571 年）七月，以内阁兼领吏部的高拱上奏云："国家

---

① 《明会典》卷 2《吏部一·大明令》，台湾商务印书馆影印文渊阁《四库全书》。
② 《明太祖实录》卷 70。
③ 《明太祖实录》卷 129。
④ 《明太祖实录》卷 174。
⑤ 《明会典》卷 5《吏部四·选官》。

用人，不得官于本省。盖为族闾所在，难于行法；身家相关，易于为奸，故必隔省而后可焉，然此惟有民社之寄者宜然。若夫学官司教，仓民守支，驿递官典应付，闸坝官管开闭，则非有民社之寄者也，而又其官甚小，其家多贫，一除远地，遂有弃官而不复之任者，焉有去任而不得归家者焉？其情亦良苦矣，而欲使在官者安心以修职亦难矣。查得近例学官系边远人者，得除本省地方，皆甚以为便。夫使于法果有不可，则安得以远方之故而遂碍于法乎？使于法果无不可，则虽近地固亦无碍于法也，而何独远方？学官既无不可，则仓官及驿递、闸坝等官又何独不可乎？相应酌量议处，合无今后学、仓、驿递、闸坝等官，俱得除本省隔府地方，不必定在异省，彼其道途易达，妻子易携，必重其官而安心于所职。如有败于职者即重惩之，彼亦且甘心也。”① 穆宗批准推行。这样，学官、仓官、驿递官、闸坝官等非关“民社之寄者”的职位，均可以在“本省隔府地方”任职。

2. 亲属回避

明代任命官员的亲属回避主要有以下三类：

首先，不允许具有亲属关系的官员之间构成管理与被管理的上下级关系。洪武元年（1368 年）规定：“内外管属衙门官吏有系父子、兄弟、叔侄者，皆从卑回避。”②《大明令》亦云：“凡内外管属衙门官吏有系父子、兄弟、叔侄者，皆须从卑回避。”③ 因为具有亲属关系的官员若构成管理与被管理的关系，可能对相关的政策、措施、法令的执行产生消极影响，甚至可能结党营私、包庇纵容，不利于官员之间监督制约和保持平衡。一般而言，这类亲属回避的原则是“依伦序，以卑避尊”，即辈分、排行低的回避辈分、排行高的。《大明律附例注解》云：“万历五年（1577 年），该吏部题称：从卑回避，一向依伦序，以卑避尊。”④ 但是，若排行低的担任的职位较高，则排行高而职位低的回避。如隆庆六年（1572 年）十一月，广东巡按杨一桂奏称有兄杨文明任本省参议，请求回避，吏部议论认为“卑临为重”，杨一桂职任高于兄杨文明，御史杨一桂照旧任广东巡按，杨文明候改；⑤ 又如，右参政庄国祯以堂兄庄浍担任思恩知县，请求回避，朝廷“将庄浍改补连出知县，庄国祯照旧”，并且规定今后该回避的都照此例执行。⑥

其次，不允许在京高级官员的亲属担任职掌法度的御史等官。洪武元年

---

① 高拱：《高文襄公集》卷 9《议处卑官地方以顺人情疏》，齐鲁书社影印《四库全书存目丛书》，1997 年版。

② 《明会典》卷 5《吏部四 · 改调》。

③ 《大明律附例注解》卷 2《吏律》。

④ 《大明律附例注解》卷 2《吏律》。

⑤ 《大明律附例注解》卷 2《吏律》。

⑥ 《大明律附例注解》卷 2《吏律》。

（1368 年）规定：“凡父兄伯叔任两京堂上官，其弟男子侄有任科道官者，对品改调。”① 科道官即负责监察的六科给事中和各道监察御史，“给事中、御史，皆有言责，上而君身朝政缺失，下而臣僚是非邪正，皆唯其所言是听。使非其人，人主误听其言，则聪明惑乱，是非邪正不明。”② 若父、兄、伯、叔在京担任高级官员，而子、弟、侄担任科道官，则后者很难秉公执法。《明史》云：“凡王官不外调，王姻不内除，大臣之族不得任科道。”③ 这一规定一直得到严格执行，唯“对品改调”逐渐演变为“不拘对品”④。

其三，不允许王府姻亲担任京官，也不准他们在王府所在地担任文武要职。这项规定是为了防止藩王与京官或地方要员结为朋党，对皇权构成威胁。宣德年间宣宗朱瞻基痛恨汉王朱高煦谋反，下令“汉府亲戚不许选京官”，但仅为特例。到弘治十三年（1500 年），正式推行不允许王府姻亲担任京官的规定，也不准他们在王府所在地担任文武要职。《明会典》明确记载：“凡京官以王亲外调。弘治十三年奏准：京官与王府结亲者俱改调外任。若王府官不拘军民职，但与王同城居住者俱改调。”⑤

三、以科道、督抚、按察司对官吏多重监察思想

（一）监察机构设置思想

明代监察的组织机构是指行使监察权的机关及其工作人员，包括中央的都察院、六科，这些机构的属员即各类御史和六科给事中；地方有巡按御史、督抚，以及按察司等。从总体上看，明代的监察机构设置十分严密。中央有都御史总负责；监察御史既分管十三道又带管中央各部门；六科给事中则作为一个独立机构，与监察御史配合，对六部等进行科道双重监察；各省按察使则常驻地方监察；在重要地区或部门还设有总督或巡抚进行督察，有事则随时派御史巡按。这样，御史可以随时随地对内外各个部门进行监察。

1. 都察院

明初，御史台即是都察院的前身。洪武十四年（1381 年），改都察院，正七品衙门。明代定制后的都察院，其职官设置更加完备。《明史》云：“都察院，左、右都御史，正二品；左、右副都御史，正三品；左、右佥都御史，正四品；其属，经历司，经历一人，正六品；都事一人，正七品；司务厅，司务二人，从九品，初设四人，后革二人；照磨所，照磨，正八品；检校，正九品；司狱司，司狱，从九品，初设六人，后革五人，各一人。十三道监察御史一百十人，正七

---

① 《明会典》卷 5《吏部四·改调》。
② 《明经世文编》卷 133《胡端敏公奏议一·知人官人疏》。
③ 《明史·职官一》。
④ 《明会典》卷 5《吏部四·改调》。
⑤ 《明会典》卷 5《吏部四·改调》。

品，浙江、江西、河南、山东各十人，福建、广东、广西、四川、贵州各七人，陕西、湖广、山西各八人，云南十一人。其在外加都御史或副、金都御史衔者，有总督，有提督，有巡抚，有总督兼巡抚，提督兼巡抚，及经略、总理、赞理、巡视、抚治等员……都御史，职专纠劾百司，辩明冤枉，提督各道，为天子耳目风纪之司……十三道监察御史，主察纠内外百司之官邪，或露章面劾，或封章奏劾。在内两京刷卷，巡视京营，监临乡、会试及武举，巡视光禄，巡视仓场，巡视内库、皇城、五城，轮值登闻鼓，后改科员。在外巡按，北直隶二人，南直隶三人，宣大一人，辽东一人，甘肃一人，十三省各一人……十三道各协管两京、直隶衙门；而都察院衙门分属河南道，独专诸内外考察。"① 大致而言，上述都察院官员可分为三大类：第一类，都御史、副都御史、金都御史为都察院正官，是都察院主管官员，一般在本院任事，谓之坐堂官。其中，都御史为都察院的正长官，相当于唐代的御史大夫，亦称堂上官，品秩与六部首领官相同，故左、右都御史与六部尚书并称七卿。副都御史为都察院副长官，相当于唐代的御史中丞。金都御史相当于都御史的助理。第二类，都察院正官的属官，包括经历、都事、司务、照磨、检校、司狱等。在都察院直属机构中负责相关院务工作。第三类，十三道监察御史，是监察院负责相关方面监察权的官员，他们虽然在组织上隶属于都察院，但具有相当的独立性，可以不受都察院约束而独立行事，甚至有权单独上奏皇帝。监察御史与都御史同为皇帝耳目，他们之间互相纠绳和监察。

2. 六科

为了加强对中央六部的监察，明代设立了六科，其正长官明初为六科给事中，之后官名多有变更，六科员额亦有变化。洪武十三年（1380年），朱元璋废除丞相制，分相权于吏、户、礼、兵、刑、工六部，六部升格为直接对皇帝负责的独立部门，六部尚书也升格为正二品。但是，朱元璋又担心六部权力过大会威胁皇权，于是洪武十五年（1382年）裁革谏议大夫，以六科给事中监察六部及百官，六科给事中成为直接对皇帝负责的独立监察机关。

据《明史》记载，六科给事中职掌："六科，掌侍从、规谏、补阙、拾遗、稽察六部百司之事。凡制敕宣行，大事覆奏，小事署而颁之；有失，封还执奏。凡内外所上章疏下，分类抄出，参署付部，驳正其违误。"可见，明代六科不仅掌谏诤规诲、封驳制敕；还可以纠举官吏的违法失职，拥有对百官的弹劾权，与御史的弹劾无本质区别。明代政治家于慎行云："本朝六科给事中沿门下旧僚，主于封驳，各道御史沿台官之旧，主于弹击，今皆以纠劾为事，亦非设官之意也。"②

---

① 《明史·职官二》。
② 《谷山笔麈》卷10《建言》。

3. 按察司

按察司，全称提刑按察使司，是明代省级地方监察的主体。按察司的职责，《明史》云："按察使，掌一省刑名按劾之事。纠官邪，戢奸暴，平狱讼，雪冤抑，以振扬风纪，而澄清其吏治。大者暨都、布二司会议，告抚、按，以听于部、院。凡朝觐庆吊之礼，具如布政司。副使、佥事，分道巡察，其兵备、提学、抚民、巡海、清军、驿传、水利、屯田、招练、监军，各专事置，并分员巡备京畿。"[1] 虽然按察使品级虽低于布政使，但不隶属于布政使管辖，二者之间是相互配合、互相制约、分工负责的关系。

明初，包括按察司在内的三司地位显荣，权力较重。《明史》云："初置藩司，与六部均重。布政使入为尚书、侍郎，副都御史每出为布政使。宣德、正统间犹然。"[2]《明伦汇编》亦云："明初置提刑按察司，谓之外台，与都察院并重。故大明按察司、都察院并列，不视之为外官也。"[3] 但是，从明代中叶开始，按察司的权势逐渐下降。究其原因：一是明代建立了多重管理、监察的体制，削弱了按察司的事权。根据明朝的管理体制，各府州县由布政司负责行政管理，按察司负责监察，分守道、分巡道负责定期监临。但是，巡按御史每年都要监临相应的府州县，巡按虽品位不及藩臬二司，但其代天子巡狩，"所按藩服大臣，府州县官诸考察，举劾尤专，大事奏裁，小事立断"[4]，其权势自然压倒布、按二司。二是总督、巡抚对按察司权力的抑制。总督、巡抚均为高级官吏，有的还加都察院正官职衔，可以"节制三司"。宣德以后，各省皆设巡抚，使得巡抚实际上成为省级行政首脑，凡中央指令须先达巡抚，再由巡抚转令三司；三司重大决议须先请示督抚，然后转呈中央。这样，布、按二司承宣布政、监察司法的职能很大程度上被巡抚取代。三是原先一些临时性的差遣逐渐固定化，分割了按察司的权力。由于明朝中叶以后社会矛盾日趋激化，镇守总兵官、镇守太监等临时性的差遣趋于固定化，逐渐削夺了地方都司所掌管军政权力。从明朝中叶开始，地方军政首脑为总督或巡抚、镇守总兵官、镇守太监，三者并称"三节帅"。三节帅各居一府，有时还组成三府会议——议事堂，发号施令。这样，地方三司在众多上级的管制下逐渐丧失了自主权。四是重内轻外的官场风气也逐渐使按察司失去了曾有的尊荣。从明代中叶开始，高级官员们率皆以内调为荣，外任为耻，甚至由品秩低的京官提升为品秩高的地方官也是这样，作为地方三司之一的按察司也就不再拥有往日的尊荣了。虽然如此，按察司毕竟是地方省级最高组织机构之一，其监察作用依然不可忽视。万历年间，大学士叶向高《禹门丁公领藩奏绩

---

① 《明史·职官四》。

② 《明史·职官四》。

③ 陈梦雷：《明伦汇编》卷600《臬司部艺文一》，《古今图书集成》，中华书局、巴蜀书社1985年版。

④ 《明会要》卷34《职官六》。

序》云："藩伯在国初号称行省，权任与六曹埒，其后乃压于台使者不得行其意。然而藩臬诸大夫奉以为督，郡邑诸守令视以为仪，地重位尊，为一方所瞻注。故其职事，虽若仅止于钱谷簿书，而其精神丰采常足以默摄吏民而纲纪其治。"①

4. 督抚

总督、巡抚正式成为官名，形成一种职官制度，是从明代开始的。明初承袭元制，在地方上设置行中书省。元代各行省长官为该省丞相，其权力很大且集中。这对欲强化皇权专制的朱元璋来说，是不能不改革的。因此，洪武九年（1376年）他废除行中书省，改置承宣布政使司（其辖区范围基本未变，习惯仍称之为行省或省），并将原来行省丞相权力一分为三：设置布政使管民政、财政，按察使管司法、刑狱，都指挥使管军事，三者均为封疆大吏，合称"三司"。三司互不统属，相互制约，凡省内重大军政事务，均须由三司会议讨论确定后，上报中央有关部院审核批准，方可施行。② 虽然朱元璋这一改革确实强化了中央对地方的控制，但地方上三司分权制度存在着自身的缺陷：在一省之中缺乏权力集中的强力领导，地方上的不少政务尤其是一些紧急事务，多因三司之间相互扯皮推诿而不能及时妥善处理，日益成为明代行省废除后地方管理体制的突出问题。地方上总督巡抚制度的建立，正是为了弥补上述缺陷。

明代总督、巡抚原是中央政府为了处理地方事务而派遣到地方临时办事的官员，并兼职执行监察任务。这种临时性的差遣逐渐制度化，到宣德以后，督抚由临时派遣逐渐改为专设、定设，成为明代地方管理的一项重要制度，督抚也逐渐向地方大吏过渡。虽然如此，朱元璋向地方派遣总督、巡抚的主要目的，并不是让他们去总领一方，成为凌驾在地方三司之上的首领，而是为了监察地方三司对相关政策措施的施行。因此，明代的地方长官地位终明一代没有得到朝廷的正式承认，督抚按同负监督地方的职责，督抚都带宪衔。《明史》也将督抚列入都察院系统介绍："都察院……其在外加都御史或副、佥都御史衔者，有总督，有提督，有巡抚，有总督兼巡抚，提督兼巡抚，及经略、总理、赞理、巡视、抚治等员。"③

明代总督、巡抚属于中央派遣的监察大臣，其产生初期并不是地方首领官。但是，从巡抚、总督的权责看，他们逐渐从代表中央监察地方的官员发展为总领一方、节制三司的地方首领，从而突破了明初地方三司分立的体制格局，与都察院所派出的巡按御史明显区别开来，以至于发展到巡按御史反过来对督抚也如同对待其他地方官员那样监控。因此，这一制度发展到各地普遍设置巡抚后，虽

---

① 《明伦汇编》卷598《藩司部艺文一》。
② 《明史·职官四》。
③ 《明史·职官二》。

然他们都挂带宪衔，但其职能已由中央官向地方首领官转化。也就是说，明代督抚在其设立初期，主要目的是对地方官吏监察，随着督抚制度的建立和完善，这一目的也基本得到实现。虽然明代自始至终都将督抚官列入中央都察院序列，均带宪衔，但到了明代中后期，督抚逐渐发展成稳定掌握地方军政大权的首领官。

督抚制度的建立改变了明代监察体制的格局，并对明代官员监察产生了重要影响。一方面，随着明代督抚制度的确立，不仅地方政治体制产生了新的制衡关系，而且中央和地方之间也产生了新的制衡关系。督抚不仅事实上作为地方首领官发挥作用，而且他们名义上还继续保留着中央官职衔（如带宪衔、部衔）以及受差遣这一形式，这就自然受到来自上下左右诸方面的有效制约。部院、督抚之间，巡按御史，乃至地方三司均对督抚具有不同的制衡。这种新的制衡关系不仅极为严密，而且相当有效，其结果是督抚虽然监察三司、节制总兵，统领一方，却始终服从中央调派差遣，没有发展成能抗衡中央的地方势力。事实上，督抚在地方和中央均可以发挥作用。《明伦汇编》云："督抚带风宪之衔，不独地方利弊可言，即朝廷大政无不可入告。万历中，晋抚魏允贞、淮抚李三才皆极论天下事，读其奏疏，即科道亦不多见。"[1] 有的督抚甚至直接调京掌院，成为中央要员。另一方面，明代督抚制度的建立加强了对军事的监察。《明会典》云："国初，兵事专任武臣，后常以文臣监督，文臣重者曰总督，次曰巡抚。总督旧称军门，而巡抚近皆赞理军务，或提督。"[2]《明史》亦云："巡抚兼军务者加提督，有总兵地方加赞理或参赞，所辖多、事重者加总督。"明代许多督抚肩负"提督军务"职责，总督更偏重于军务，这样就能有效地推行"以文制武"，防止地方武官专权。因此，督抚制度是明王朝皇权专制必然出现的现象，这一制度的建立进一步强化了皇权专制。

（二）监察机制思想

明代监察的范围，包括国家的各种决策行动、政策措施的实施、官员的选任与考核、司法活动、经济活动、军事活动、礼仪活动、教育与文化学术活动，甚至官员的家庭生活等，举凡国家各级公务人员参与的各项活动，都受到相应的监察；监察机构和官员拥有弹劾、谏净、封驳、检查、审计、司法、调查、纠举、监试、监军等多项重要权力，这在世界监察史上都属罕见。明代最高统治者赋予监察机构如此广泛的监察权，是为了巩固和强化皇权专制，监察机构的监察权实质是专制皇权的扩展延伸。明代监察制度作为明王朝政治法律制度的重要的组成部分，能否正常运行和有效发挥作用，不仅同明王朝吏治的清明与否、监察官员素质的高低有关，还同明代政治体制特别是监察体制本身密切关联。明代的监察

---

① 《明伦汇编》卷590《节使部杂录》。
② 《明会典》卷128《兵部十一·督抚兵备》。

机制在其产生和发展的过程中，形成了自身的一些特点。

1. 组织独立

为了实现对百官的有效监督，明代监察机构实行独立建制，不依附其他任何政府部门，与其他独立的政府部门平行。监察机构只对皇帝负责，独立行使监察权。因此，明代监察机构较好地实现了作为皇帝个人耳目工具的作用，有效地维护了皇权专制，限制了官权。明代中央和地方监察组织的独立性是明代监察的一个重要特征。

首先，明代中央监察组织具有独立性。明代监察机构继承了宋元时代的特点，中央监察机构实行独立建制。都察院长官左、右都御史，与六部尚书同为正二品。都察院监察官对在京各机构独立监察，直接对皇帝负责，不受其他行政部门干预。此点与前代相同，不同的是宋元时期分察六部的监察官员一般由御史台派遣，而明代除都察院监察御史可以监察六部，还专设六科给事中专门负责监察六部。明代的六科为专门监察六部的机构，其地位虽然较低，六科给事中品级最高时仅正五品，但也完全独立建制，不附属于任何机关，直接对皇帝负责，"凡制敕宣行，大事覆奏，小事署而颁之；有失，封还执奏。凡内外所上章疏下，分类抄出，参署付部，驳正其违误"①，位卑而权重。

其次，明代地方监察组织具有独立性。明代地方的最高监察长官是总督和巡抚，这一监察制度是明代首创。督抚一般都有节制一省乃至数省的行政、司法、军事等方面的权力，明代后期发展为地方行政上的实际负责人。但从其组织隶属上，督抚都领有副都御史、佥都御史等御史职衔，隶属都察院，而不作为地方行政机构建制。明代省级地方监察机构还设立十三道巡按御史和提刑按察司。巡按御史属于都察院派出监察地方的官员，与地方行政属于平行关系。《明伦汇编》云："明初置提刑按察司，谓之外台，与都察院并重。故大明按察司、都察院并列，不视之为外官也。"② 提刑按察司（掌监察）是与承宣布政司（掌行政）、都指挥司（掌军事）并立的省级三司之一，他们之间各不统属，亦属于平行关系。提刑按察司作为都察院派驻地方的监察机构，对所在省进行监察，只对都察院和皇帝负责，不受其他部门的干预。明代地方监察机构代表中央对地方进行垂直监察，在组织上直隶中央，在地方上独立建制，与地方政府无隶属关系。这种组织独立、垂直领导、自成系统的地方监察体制，有利于保障监察权的独立行使，增强其威慑效应，提高监察效率。

2. 垂直领导

中国古代的封建专制至明代达到极端。在监察机构的设置和管理方面，皇帝直接对监察组织进行垂直领导。

---

① 《明史·职官三》。
② 《明伦汇编》卷600《臬司部艺文一》。

首先，监察机构由皇帝下令设置，监察官员由皇帝亲自任免。一是选任监察官员的条件由皇帝亲自制定。吴元年（1367年），朱元璋置御史台，任命邓愈、汤和为御史大夫时就说，监察官员应当是"正己以率下，忠勤以事上"者①。永乐七年（1409年），"（明成祖）召御史张循理等二十八人至问，其出身皆由进士及监生，惟洪秉等四人由吏。帝曰：'用人虽不专一途，然御史为朝廷耳目之寄，宜用有学识、通达治体者。'黜秉等为序班，诏自今勿复用吏。明年冬，申谕吏部，着为令。"② 朱棣明确规定吏员出身的士人不能担任监察官员，须用"有学识、通达治体者"。洪熙元年（1425年），仁宗谕尚书蹇义曰："御史耳目之官，惟老成识治体者可任"；"都御史十三道之表"，必须廉清公正。③ 正统六年（1441年），明英宗下诏："中外风宪系纲领之司，须慎选识量端宏，才行老成任之。其有不谙大体，用心酷刻者，并从都察院堂上官考察降黜。"④ 这里强调了选用识量端宏、才行老成的官员担任监察官。二是监察官员最终须由皇帝任命。明代法规规定，监察官员通过"廷推"或考选程序产生后，再由考选机关提出具体建议，最后上呈皇帝，由皇帝决定是否任用。都察院是与六部平级的监察机构，都御史、副都御史和佥都御史的补选一般通过"廷推"产生，但最后必须上报皇帝定夺。科道官一般由六部尚书、通政使、大理寺卿、都御史及现任的科道官员依照相关条件先期察访，确定候补人选，接着由"吏部会同都察院考选"⑤，"或策以时务，或试以章疏，议论正大，见识宏远者"⑥，然后由吏部和都察院共同商议拟定名单，最后上呈皇帝批准，方算完成选任。监察官的升黜，也须由皇帝决定。洪武二十六年（1393年）定："监察御史系耳目风纪之司，任满黜陟，取自上裁。"⑦

其次，明代皇帝直接领导全国的监察机构和监察官员。朱元璋吴元年（1367年）置御史台，到洪武十五年（1382年）更置都察院，及之后六科等监察机构都不附属于任何机构，独立建制，直接由皇帝领导，对皇帝负责。如六科给事中在皇帝直接领导下监察六部，"六科给事中以掌封驳之任，旨必下科。其有不便，给事中驳正到部，谓之科察。六部之官无敢抗科察而自行者，故给事中之品卑而权特重"⑧。又如各道监察御史，虽然他们在行政上属于都察院统管：监察御史任用由吏部会同都察院审核；旧的巡按御史考满，需任用新的巡按御

---

① 《明史·职官三》。
② 《明会要》卷33《职官五》。
③ 《明会要》卷33《职官五》。
④ 《明会要》卷33《职官五》。
⑤ 《明会典》卷5《吏部四·选官》。
⑥ 吴亮辑：《万历疏钞》卷1，上海古籍出版社影印《续修四库全书》，2002年版。
⑦ 《明会典》卷12《吏部十一·官员》。
⑧ 《明伦汇编》卷404《官常典》。

史，由都察院"引御史二员，御前点差一员"①；监察御史巡察回京后都要向都察院述职，"都察院堂上官考其称否"②；监察御史升黜、复任等由都察院考察。但是，各道监察御史在实际监察工作中不受都察院掌控。他们"主察纠内外百司之官邪，或露章面劾，或封章奏劾"，"巡按（御史）则代天子巡狩，所按藩服大臣、府州县官诸考察，举劾尤专，大事奏裁，小事立断"③，实际工作直接对皇帝负责。明代丘浚《重台谏之任》云："六部官属皆书其部，如吏部属，则曰吏部文选清吏司；兵部属，则曰兵部武选清吏司之类是也。惟都察院则书其道，而不系于都察院焉。"④明代监察法规规定，都察院堂上官都御史、副都御史与各道监察御史同为天子耳目，比肩事主，他们各自不仅可以独立行使其监察权，而且还可以互相纠察。"正统四年（1439年）定：凡风宪任纪纲之重，为耳目之司，内外大小衙门官员，但有不公不法等事，在内从监察御史，在外从按察司纠举。其纠举之事，须要明著年月，指陈实迹，明白具奏。若系机密重事，实封御前开拆，并不许虚文泛言。若挟私搜求细事及纠言不实者，抵罪。凡纠举官员，生杀予夺，悉听上命。若已有旨发落，不许再劾。凡都察院、按察司堂上官及首领官，各道监察御史吏典，但有不公不法及旷职废事、贪淫暴横者，许互相纠举，毋得徇私容蔽。其所纠举，并要明具实迹，奏请按问明白，核奏区处。其有挟私妄奏者，抵罪。"⑤明代监察官员也反复强调其相互纠察之职。正德初年，南京御史陆昆曾上疏云："御史与都御史，例得互相纠绳，行事不宜牵制。"⑥嘉靖年间，礼科给事中李学曾亦云："太祖之设六科都给事中及诸给事中，关联六部诸司，出纳命令，封驳章奏，举正欺弊，以警畏百官。外列十三道监察御史，出则巡视方岳，入则弹压百僚，虽与都御史相涉而非其属官，直名某道，不系之都察院，事得专达，都御史不得预知也。此皆圣祖建官制事，防奸保治之初意。所以崇耳目之司，广聪明之德，其任六科、十三道者，亦非细也。"⑦明代监察官员互相纠察的职权，其根源在于他们都直接受皇帝领导，直接对皇帝负责。

第三，明代皇帝拥有最高的监察权和领导权。虽然明代相关法规规定，监察官员"自皇太子以下无所不纠"，但其职权的行使必须在皇帝的领导和监察之下。明代监察官员行使职权不仅要遵守相关监察法规，而且必须遵照皇帝谕旨。明人叶盛《水东日记》云："初，凡有弹纠，必六科先承密旨，十三道则因之"⑧；

---

① 《明会典》卷210《都察院二·奏请点差》。
② 《明会典》卷211《都察院三·回道考察》。
③ 《明史·职官二》。
④ 《大学衍义补》卷8《重台谏之任》。
⑤ 《明会典》卷209《都察院一·纠劾官邪》。
⑥ 《明史·陆昆传》。
⑦ 《西园闻见录》卷93《前言》。
⑧ 叶盛：《水东日记》卷1，中华书局1980年。

"天顺中，科道纠劾多出上旨，或召对面谕，且戒以勿泄，赐酒馔而退。抑或赐果核焉。"① 明代御史巡按，所按藩服大臣、府州县官的所有违纪违规行为都在其监察的范围内，处理时可以"小事立断"，常规工作报送吏部，但若遇重大事项则必须"奏裁"。《明会典》云："天顺元年奏准：每年巡按御史将司府州县见任官员从公诘察，除贪污不法者，就便拿问。其老疾疲软等项起送吏部，查例定夺……（嘉靖）二十一年奏准：御史论劾三司方面及有司五品以上，指实参纠；六品以下贪酷显著者，即便拿问。其才宜烦简者，疏请调用。"②

明代监察组织完全在皇权的绝对控制之下，皇帝直接领导监察机构，这种垂直型的监察体制有利有弊：一是这种监察体制增强了监察官的权威。明代绝大部分时间，六科给事中和各道监察御史品秩不过正七品，但是，他们却常常能够制衡当朝二三品权贵大臣，这毫无疑问是皇权赋予他们的权力。这样，监察官员权威的强弱就与皇权紧密联系在一起。如果皇权强势，并遵守相关法规，就能保障监察官员的权威，也就可以起到震慑不法、整饬吏治的作用，明代前期基本如此。反之，若朝纲败坏，权臣当道，皇权旁落时，监察官员们就失去了依靠，也就难以履行其职能，甚至名存实亡，或沦为权臣乱政的工具，宦官刘瑾、魏忠贤专权时期就如此。二是这种监察体制职能的发挥在很大程度上取决于君主的态度，而不仅仅是监察官员的职业操守。如果皇帝无心理政，甚至为一己之私包庇被纠弹者，监察官员无论怎样恪尽职守，都可能无济于事，甚或反遭打击迫害。明代监察体制的这一特点说明，皇帝依然是监察权力的主体，监察机构只是这一权力主体的具体实施者。

3. 立体网络，多重监察

明代是中国古代帝制极端集权的时代，这种集权程度超过了以往任何朝代。为了巩固和强化君权，明代进一步发展完善了监察制度，不仅皇帝亲自掌握最高监察权，还建立了多元、多层次的严密的监察网络，对各级官吏实行科道多重监察。

明代中央设置了都察院和六科两个监察机构，对中央各部门实行双重监察。明代创设了六科负责监察六部，强化了对因宰相制废除后权力获得提升的六部的监察。六科各自对接六部中的一部，专门监察该部。其中，吏科主要负责监察官吏的选任、考核等事项，具体包括监督吏部引选，签发外官文凭，监督官吏考核、任命、调用及升除等，凡吏部主要事务均属其监察范围；户科主要负责监督国家钱粮的收入、支出及盘查仓库等事项，具体包括监督钱粮收支、配给，盘查仓库，监督俸禄、赏赐的发放等，凡户部主要事务均属其监察范围；礼科主要负责监督奏本封进、大臣封赠、官员朝参，监督御史出巡、特使出国，监督庆典及

---

① 《水东日记》卷6。
② 《明会典》卷210《都察院二·出巡事宜》。

礼部填发勘合等，凡礼部主要活动均属监察范围；兵科的主要职责是监督武官的考选、任命，监视武职帖黄，清点京城各城门守军，稽考武官功次、贤否等事项，凡兵部主要活动均属其监察范围；刑科的主要职责为复奏死刑，上报罪囚数目，监督审判等事项，凡刑部主要活动均属其监察范围；工科的主要职责是监督工部工程营建及工料使用，监督兵部制造，阅视有关局库，估价工部料价，查对各省解纳钱粮，凡工部主要活动均属其监察范围。① 六部同时还须接受都察院的监察，都察院都御史及其下属的十三道监察御史都有监察六部官员的权力。明代监察法规规定，十三道监察御史"各理本布政司及带管内府监局、在京各衙门、直隶府州卫所刑名等事"，户部归福建道监察，工部归四川道监察，礼部归河南道监察，刑部归广东道监察，兵部归山东道监察，吏部归贵州道监察。② 都察院还设有吏、户、礼、兵、刑、工六房照刷吏，负责审查六部各衙门的各种文卷往来，适时有效监察六部工作③。这样，六部始终都受到都察院和六科两个中央监察机构监察。

科道双重监察的做法是遇事一般科道共同派人监临审查。如明代编制清查黄册、钱粮奏销等事关国计大事，往往由科道官共同参加，以保证其真实无误。如"凡清查后湖黄册，洪武二十四年（1391 年）差御史二员，同户科给事中一员、户部主事四员，督率监生比对。如有户口、田粮、军匠埋没差错等项，造册参奏问罪改正。事完复命"④。又如库藏仓廪关系到封建国家的经济命脉，明代对库藏仓廪也实行科道双重监督，以杜绝奸欺。如嘉靖三十一年（1552 年）奏准："差科道各一员，会同太仓管库员外郎等官，验日收放，同进同出，以后不必更委陪库主事。"⑤

明代的地方监察继承了宋元时期多层次、多轨道交叉的特点，建立了空前庞大复杂的地方监察机制：一是明代创立了督抚这一新型的地方监察机制。明代省级地方实行都、布、按三司制度，三司互不统属而各自对中央负责，其结果是在一省之内没有一个能够全面负责组织机构。其弊端是一旦有紧急情况或重大的事务时，三司之间会互相推诿，贻误处理时机，或因权力所限，不能调动有效资源应对。鉴于此，明代中央派遣都察院的都御史、副都御史、佥都御史或其他监察官员到地方担任总督或巡抚，给他们一定便宜行事的权力。最初只在少数地区设置了总督或巡抚，且多为临时性的机构。但是，随着时代的发展，总督、巡抚的职权逐渐扩大，派遣地区也逐渐增多。虽然明代各朝督抚的称谓并不统一，有总督、提督、巡抚，或总督兼巡抚，或提督兼巡抚，或经略、总理、巡视、赞理、

---

① 《明会典》卷 213《六科》。
② 《明会典》卷 209《都察院一·各道分隶》。
③ 《明会典》卷 210《都察院二·照刷文卷》。
④ 《明会典》卷 211《都察院三·抚按通例》。
⑤ 《明会典》卷 30《户部十七·太仓库》。

抚治等，但明代督抚都加有都御史、副都御史或佥都御史衔，在组织上隶属都察院，对地方担负着组织、协调、监察的权力，后来逐渐发展而具有一定的领导权。二是明代十三道监察御史是对地方监察的主要力量。十三道监察御史除监察在京各衙门之外，主要任务就是巡按地方，御史代表天子出巡，是皇权的延伸。监察御史监察地方的主要方式是照刷磨勘文卷，为了保证照刷磨勘文卷制度的规范化、制度化和实效性，专门颁布照刷文卷的实施办法，对照刷的时间、范围、程序、专门用语以及违规处理等方面都做出详细规定。这一制度的实施起到了有效监控各级政府部门及维护政令畅达和社会稳定的作用。三是除上述二类中央派出监察地方的机构外，明代还在省级地方设立了按察司，作为主管一省监察、司法的机构。明代按察司之下还设有许多派出机构，后来改为分巡道，总计四十一道，并逐渐发展为六十九道。每省之下还按事分设兵备道、提督学道、清军道、驿传道等，按察司副使、佥事分管各道事务，或驻省城，或驻地方。可见，明代地方监察至少由三层网络组成，即督抚、十三道监察御史和各省按察司及其分司，他们之间组成严密的地方监察网络，互不统领，根据需要监察有关事务。

明代这种多元、多层次、全方位的严密监察网络机制，能够发挥内外相维、左右相制、全面监察的功能，有效防止失监。在这样的监察机制下，内外百官无时无刻不处在严密监察之中，即使是众多监察官本人也如此。这不仅有利于皇权控制百官，也有利于皇帝控制监察机构。其不足之处主要是监察机构功能重叠，人事重复，容易产生互相推诿、纷争内耗之弊，这在明代后期吏治败坏，宦官厂卫当权的情况下更为严重。

4. 交叉分工，互为补充

明代不专设言事御史，论事谏正成为御史的当然职责，明初也鼓励御史行使言谏权力。洪武元年（1368 年）二月，朱元璋对侍御史文原吉等说："比来台臣久无谏诤，岂朝廷庶务皆尽善？抑朕不能听受故尔，嘿嘿乎？尔等以言为职，所贵者忠言日闻，有益于天下国家，若君有过举而臣不言，是臣负君；臣能直言而君不纳，是君负臣。朕每思一介之士于万乘之尊，其势悬绝，平居能言，临对之际，或畏避不能尽其词，或仓卒不能达其意，故尝霁色以纳之，惟恐其不尽言也。至于言无实者，亦略而不究。"① 《大明律》明确规定："凡国家政令得失、军民利病，一切兴利除害等事，并从五军都督府、六部官面奏区处，及听监察御史、提刑按察司官各陈所见，直言无隐。若内外大小官员但有本衙门不便事件，许令明白条陈，实封进呈，取自上裁。若知而不言、苟延岁月者，在内从监察御史、在外从按察司纠察。"② 可见，朝廷以法律的形式将御史的言谏权力确定下来，使御史获得了与给事中均等的言谏权。《明史》云："御史为朝廷耳目，而

---

① 《明太祖实录》卷 30。
② 《大明律附例注解》卷 12《礼律二》。

给事中典章奏，得争是非于廷陛间，皆号称'言路'。天顺以后居其职者，振风裁而耻缄默。自天子、大臣、左右近习无不指斥极言。南北交章，连名列署。或遭谴谪，则大臣抗疏论救，以为美谈。顾其时门户未开，名节自励，未尝有承意指于政府，效搏噬于权珰，如末季所为者。故其言有当有不当，而其心则公。"[1] 明代监察御史"自天子、大臣、左右近习无不指斥极言"，还有权参决军国大事的"廷议"。《明史》云："十三道监察御史，主察纠内外百司之官邪……凡朝会纠仪，祭祀监礼。凡政事得失，军民利病，皆得直言无避。有大政，集阙廷预议焉。"[2] 在参决国家高级官员选拔时御史有权参与"廷推"。朱元璋废除丞相制，之后明成祖朱棣设立内阁。内阁不掌官员铨选，铨选权主要在吏部，故吏部尚书被称为"六卿之长"。为制约吏部权力，明廷规定凡任用三品以上高级官员，必须经过有御史（主要是都御史或掌道御史）参与的廷推，其余参与廷推的官员因事而定，有六部尚书、六科给事中、通政使、大理卿等。

明代在都察院之外另设六科，六科给事中有部分言谏、封驳之权。这是因为朱元璋认识到"宰相专权，宪台报怨"是元代御史制度败亡的一个重要原因，他企图部分采用唐宋旧制来改变这种状况。虽然明代从表面上看分设监察机关和言谏机关，但事实上却进一步推进了台谏合一，专设的监察机构有言谏之权，言谏部门也承担监察职责。这样，明代六科给事中将议政、封驳、监察诸权集于一身，百司之事、百官之行皆受其监督，其纠察范围涉及明代官僚体系的一切组织，监察对象以六部官员为重点，包括上至皇帝，下至百姓的整个政治体系中的一切人员，监督内容涉及政治、经济、军事、司法、道德、文化等一切领域，甚至还在一定程度上监督、制约皇权。对于皇帝，给事中可以直言极谏，据理力争，而不算犯上。可见，明代六科给事中的监督权力最为彻底，也达到了其权力的巅峰。

明代虽然都察院与六科是各自独立的两个监察系统，但他们的职责却互有交叉，监察御史有言谏权，给事中也有相当大纠弹之权，使得明代监察网络更为严密。这不仅强化了监察系统内部的监察功能，而且也使得这两个监察机构之间的相互监察更加严密。一方面，十三道监察御史虽然在组织上受都察院节制，但在履行职责时却不受都察院掌控，而且监察御史和都御史同为天子耳目，比肩事主，有权互相纠察。据《明会典》记载，都察院分隶于河南道管辖，这样，都察院都御史等高级监察官都必须接受河南道监察御史的监控，都察院所有官员平常考察归河南道监察御史负责。[3] 六科给事中之间相对独立，但也相互监督。六科虽分别负责监察吏、户、礼、兵、刑、工六部，"虽分隶六科，其事属重大

---

① 《明史·列传第六十八赞》。
② 《明史·职官二》。
③ 《明会典》卷209《都察院一·各道分隶》。

者，各科皆得通奏。但事属某科，则列其科为首"①，这样，其中某一科在遇到重大事项时，其余五科都有权参与发表意见。同科之都给事中、左右给事中、给事中之中，都给事中为正长官，他们之间虽然品秩高低不同，但遇事都可以单独上疏，不需请示，甚至可以互相纠弹。另一方面，都察院与六科这两个监察组织之间的相互监察也更为严密。都察院虽然在名义上是国家的最高监察机关，但无权领导六科。六科完全独立且只对皇帝负责，六科各自有自己的衙署。其六科在工作中与都察院发生矛盾，都察院无权指令六科，"礼仪司并内府、六科，俱系近侍官员，与内外衙门并无行移"②，这种情况就只有皇帝才能充当仲裁人和协调人，"科道疏互驳，皆控御前"③。明代法律规定监察官员之间有权相互纠弹。如六科有封驳之责，诸司所上章疏发下，若其中有不正之处，"如六科不封驳，诸司失检察者，许御史纠弹"④。又如巡抚、巡按、监察御史皆有权举荐人才："凡内外衙门及巡抚、巡按等官保举官员未当，或交通嘱托、徇私滥保者……及有举无劾，或将已致仕官员混劾充数者，各差御史于本等职业之外滥保市恩者，俱听本科参出，请旨究处。"⑤ 如此，都察院与六科交叉分工，相互补充。都察院及各类御史以监察为主，兼责谏议；六科给事中以规谏、封驳为主，兼理监察，他们之间既分工负责，相互协作，相辅相成，又相互制衡，相互纠察。这种严密的监察体制，形成双重乃至多重的监察网络，可以有效避免了监察盲点，防止因分工过细而相互推诿，也可以防止某一部门因权责独揽而专断横行。明代多重监察机构组成的监察体制，使得皇帝可以总统其纲，督理协调国家机器有效运转，有效维护、巩固、强化专制皇权。

（三）明代监察官职责和纪律

明代最高统治者为强化封建专制皇权，重视对官吏的监督控制，因此，制定了特别详尽具体的监察官职责和纪律条例，使监察官明确自己的工作对象及行为准则，从而充分发挥监察百官的职能。

据《明会典》卷210《都察院二·奏请点差》记载⑥，御史出巡所涉及的监察工作主要包括提学、巡京营、印马、屯田、清军、巡盐、赞运、巡仓、巡茶马、巡关、巡光禄寺、巡青、巡库、巡视皇城、巡视五城、盐课、监试、杂差等18项。其中提学即监察学校教育，"凡提学御史进退人才奉有专敕，抚按官毋得干预，其师生廪饩及修理学校等项，提学御史止是督行有司转申抚按施行，不得擅支及那移仓库钱粮"。巡京营即"令给事中、御史巡察各营奸弊，凡有私役卖

---

① 《明史·职官三》。
② 《明会典》卷76《礼部三十四·行移署押体式》。
③ 李清：《三垣笔记》卷中，中华书局1982年版。
④ 《明史·骆问礼传》。
⑤ 《明会典》卷213《六科》。
⑥ 本自然段引文均见于《明会典》卷210《都察院二·奏请点差》。

放，及不行如法操练等项，指实劾奏"。印马则是"民间孳牧种马，南直隶差御史一员，北直隶及山东、河南地方共一员，同该管寺丞印俵（查点印烙马匹）"。屯田即巡视各地方屯田事宜，如"嘉靖八年（1529 年）题准，在京并直隶各卫所屯种，照南直隶事例，差御史一员领敕清查，三年一替"。清军即清理军伍、军役，如嘉靖二十九年（1550 年）题："差南北道御史一十四员往直隶各省清查军伍，兼照刷文卷，定以五年一次差遣。"巡盐就是御史监督禁革私盐、催督盐课。如"宣德十年（1435 年），选差御史一员，于直隶、扬州府、通州狼山镇、提督军卫巡司官、旗弓兵人等，巡捕禁革私盐。""正统三年（1438 年），令两淮、两浙、长芦等运司，每岁各差御史一员领敕巡视禁约，催督盐课。"儧运即监督漕运。如"隆庆元年（1567 年）题准，差监察御史一员前往浙江，并南直隶苏、松、常、镇四府监兑粮米，催儧运船，兼理济宁迤南一带河道。"巡仓即巡视仓廪，如"宣德九年（1434 年），差御史一员巡视在京仓，一员巡视通州仓"。巡茶马，即巡督茶马贸易。"永乐十三年（1415 年），差御史三员巡督陕西、洮州、河州西宁茶马司三处，收贮官茶易换番马"。巡关，即巡视关口。"宣德七年（1432 年），令居庸关直抵龙泉关一带，山海关直抵古北口一带，每年各差监察御史一员请敕前去，公同各该分守守备等项内外官员，巡视关口，点闸军士，整饬器械，操演武艺，并受理守关人等一应词讼，就彼发落，不许军卫有司擅便拘提，有误守把。如守备等官有罢软疾弱、不堪任事之人，指实具奏替换。"巡视光禄寺，监收钱粮，查刷一切供应物资。如"宣德四年（1429 年），差监察御史一员同给事中会同光禄寺堂上官，验收牲口、果品、厨料等物，并监收白粮"。"正统二年（1437 年），令巡视光禄寺御史同户部主事监收钱粮。嘉靖三十七年（1558 年），差御史一员查刷大官等四署，一切供应各项品物，每月具揭帖进览，一年更替"。巡青即巡视草场收草和象、牛、羊等房钱粮。"宣德九年（1434 年），差监察御史一员巡视各处收草，一员提督象、牛、羊等房钱粮"。巡库，"即差御史一员会同给事中巡视甲字等十库"。巡视皇城，"凡皇城四门官军，轮差掌道御史一员同给事中查点"。巡视五城，即"五城巡视御史，凡事有奸弊，听其依法受理送问"。盐课，即御史巡视提督盐课。监试，即会试、乡试、武举，差御史监试。杂差，凡恤军、捕盗、盘粮、监军纪功、监斩等，御史前往监督。总之，国家主要的政治、经济、文化教育、军事等各项活动，均在御史、给事中等监察官的监督控制之中。

为了督促御史等监察官认真监察，以恪尽职守，朝廷要求御史巡察工作完成后，必须非常具体地报告其所从事的各项工作。兹举《明会典》卷 211《都察院三·回道考察》中《巡按御史满日造报册式》部分条文以窥一斑。如要求巡按御史必须报告其"荐举过文武职官若干员，如各官廉勤公谨，俱要指摘所行实事若干件开报，不得用笼通考语塞责"，"纠劾过文武职官若干员，如各官污滥奸佞罢软等项，俱要指摘所行实事若干件开报"，"戒饬过文武职官若干员，将各官误事等项件数明白开报"，"问革过文武职官若干员，凡各官所犯情罪，俱要开具略节招由"，"查理过仓库钱粮若干数，旧管、新收、开除、实在逐项明白开报"，"提督过学校生员，要将作养过人才后日堪为世用者，若干名开报"，"兴革过军民利病共若干事，如某处兴某利，某处除某害，逐一开报"，"存恤过孤老若干名口，要将各府州县收入养济院见在人数各废疾并无依缘由开报"，"会审过罪囚若干起，如审允转详、处决，及办理过原拟罪名，俱将各犯略节招由开报"，"追过赃罚若干数，如还官入官赎罪，给主等项，逐一明白开报"，"督捕过境内盗贼若干名，凡各府州县官，于某年月日获过强窃盗名数，具实开报"，"督修过城壕、圩岸、塘坝共若干，要将某官于何年月日修过某处塘圩等项，明白开报"，"禁约过嘱托公事若干起，凡按属地方有无拿获权豪势要、本土刁民挟制嘱托者，具实开报"，"禁约过克害军士若干起，凡拿问过所属管军官旗人等，克减月粮索纳月钱等项情弊，逐项开报"，"禁约过仓粮奸弊若干起，凡各府州县仓廒处所，曾经拿获包揽侵盗之徒，具实开报"，"禁约过科害里甲若干起，凡所属州县等衙门官员，不休小民贫苦，专务奢侈行事，浪费民财，不知节省，甚至科取侵用，除拿问外，仍指实开报"，"禁约过淹禁罪囚若干起，凡司府州县卫所，如有不才，官吏受贿，听嘱及庸闇不能讯决，将轻重囚犯淹禁日久，除参问外，仍指实开报"，"禁约过科差奸弊若干起，凡各府州县掌印官派科点差，或有任用奸邪听受贿嘱、偏私不均者，除参问外，仍指实开报"，"禁约过土豪凶徒害人若干起，凡所属地方曾经拿获凶恶土豪倚恃族大，或假仕宦势力，聚众执持凶器，围绕房屋，欺打良善，或至抢检家财，奸淫妇女者，逐事逐名开报"，"完销过勘合共若干起，要将接管并自奉各项勘合，已未完数目缘由，明白开报"，"每季终将所属州县驿递等衙门，各应付过关文夫马船只廪给，并钱粮数目备细造报"，"每季终将巡按御史并布按二司官巡历地方，有无导从兵快、人马众多及随带官员人等，盛设饮食供帐之具以劳州县等项开报"，"每季终将巡按御史并布按二司官，各巡历地方及回省日期开报"，"每年终将本司官行过事迹、除举荐、礼待、纠劾、戒饬文武职官及举明孝义完销勘合外。其余与巡按御史同者，共二十一件，备细开报"，"每年终将奉到府部院一应勘合，已未完数目开报"，"每年终将各衙门见役吏典备细脚色，并问革过吏役招由，造册备考"，"每年终将所属府州县卫所等衙门，查盘过各仓积贮稻谷多寡数目造报"，"每年终将所属地方已未获盗贼数目开报"，"每年终将问过充军犯人姓名、乡贯要紧略节招由、编发过卫分、起程日期，造册奏缴"，"每年终将所属地方疏通过水利缘由，造册申报"，"每年终将追解过赃物数目，备造奏报"。

从《巡按御史满日造报册式》可知，御史的工作范围大大超过《奏请点差》中所规定的，不单只负责监督、纠劾不法官员和事宜，而且还参与荐举官员、提督学校生员、存恤孤老、审理罪囚、追取赃罚、督捕盗贼、兴修城壕水利、查理钱粮等事务。

　　监察官的主要职责是监察、纠劾各级官吏的不法违纪行为，这就要求监察官本身首先要遵纪守法，正身守道。有守者乃能执宪，无瑕者方可律人，己之不正，而欲正人，自古及今未之能行。为此，明政府对监察官特别制定了一系列的纪律和工作要求。如要求监察官必须持身端正、严肃、廉洁，注意避嫌："风宪持身端肃、公勤谨慎，毋得亵慢怠惰，凡饮食供帐，只宜从俭，不得踰分"①；"风宪之任至重，行止语默，须循理守法，若纤毫有违，则人人得而非议之。故所至州县取假分毫之物，即自玷涴，在我无瑕，方可律人"，"所至之处，须用防闲，未行事之先，不得接见闲杂人。凡官吏禀事除公务外，不得问此地出产何物，以防下人窥伺作弊"，"分巡所至，不许令有司和买物货，及盛张筵宴邀请亲识，并私役夫匠、多用导从，以张声势，自招罪愆"。监察官必须正直，办事守法公正，不徇私情，注意广泛听取民众意见："风宪存心须要明白正大，不可任一己之私，昧众人之公。凡考察官吏廉贪贤否，必于民间广询密访，务循公议以协众情，毋得偏听，及辄凭里老吏胥人等之言，颠倒是非，亦毋得搜求细事，罗织人过，使奸人得志，善人遭屈"，"巡按之处，不得令亲戚人等于各所属衙门嘱托公事及管勾充当"，"凡都察院官及监察御史、按察司官吏人等，不许于各衙门嘱托公事，违者比常人加三等，有赃者从重论"②，"凡都察院并监察御史、按察司纲纪所系，其任非轻，行事之际，一应诸衙门官员人等，不许挟私沮坏，违者杖八十，若有干碍合问人数，敢无故占恡不发者，与犯人同罪"③，"风宪为朝廷耳目，宣上德达下情，乃其职任。所至之处，须访问军民休戚及利所当兴、害所当革者，随即举行"。监察官在监察工作中必须尽职尽责，秉公直言："凡监察御史行过文卷，从都察院磨勘，按察分司行过文卷，听总司磨勘。如有迟错，即便举正。中间果有枉问事理，应请旨者，具实奏闻"，"凡告有司官吏人等，取受或出首赃私等事，直隶赴巡按监察御史，在外赴按察司并分司及巡按、监察御史外，陈告追问明白，依律施行。其应请旨者，奏闻拿问，若军官有犯，在京从都察院，在外从巡按、监察御史，按察司并公司密切奏请施行。其各都司及卫所首领官有犯，即便拿问"，"凡监察御史、按察司官巡历去处，所闻有司等官守法奉公、廉能昭著，随即举闻；若奸贪废事、蠹政害民者，即便拿问；其应请旨者，具实奏闻。若知善不举，见恶不拿，杖一百，发烟瘴地面安置，有赃从重论"，"凡国家政令得失，军民利病，一切兴利除害等事，并听监察御史、按察司官各陈所见，直言无隐。若建言创行事理，必须公司评议，互相可否，务在得宜，方许实封陈奏"。

---

　　① 《明会典》卷210《都察院二·出巡事宜》，这一自然段引文未注出处者，均见于此。
　　② 《明会典》卷209《都察院一·风宪总例》。
　　③ 《明会典》卷209《都察院一·风宪总例》。这一自然段以下引文均见于此。

四、以考满、考察对官吏进行考核思想

明朝建立后，朱元璋高度重视官吏考核，着手建设相关考核制度。《明会典》云："凡内外官考核，洪武二十六年（1393年）定：内外入流并杂职应考官员任满给由赴京，本部从实考校才能优劣，依例黜陟。果有殊功异能、超迈等伦者，取自上裁。"① 明代官员的考核制度，主要有考满与考察两个系统。

（一）考核方式思想

明代官员分九品，一十八级，四品以上为高级官员，五品以下为中下级官员；又有京官与外官之分，在京中央机构任职的官吏为京官，在各省地方机构中任职的为外官；另外，依其职责又有正官、首领官及属官之分。明代官吏考核由吏部和都察院共同负责。吏部设考功清吏司，设郎中一员、员外郎一员、主事二员；② "郎中、员外郎、主事掌文职官吏之考课，及内外官之考察。凡旌别访举及诸事故，皆得稽之。"③ 都察院都御史"遇朝觐、考察，同吏部司贤否降黜"④。

1. 考满制度

考满是按照官吏任职职责和任职期限对其工作情况的全面考核，是明代官吏最重要的考核方式，考满"论一身所历之俸"⑤，目的在于"旌别贤否，以示劝惩"⑥，作为升、留、降、免的依据。考满制度有严格的任职期限的规定。洪武九年（1376年）规定："自今诸司正、佐、首领、杂职官，俱以九年为满。"⑦ 且在这九年的任期内每年都须考核："每岁一考，岁终布政使司呈中书省监察御史，按察司呈御史台，俱送吏部纪录。"⑧ 同时又规定："各处有司知府以实历俸月日为始，每年一朝觐，其佐二官及知州、知县每三年一朝觐。"⑨

明代官吏考满大致可以区分为京官、外官、教官、杂职官、吏员等系统，每个系统内部又有比较细致规定和区别，任何一名官吏在考满时都必须经历必要的程序，履行相应的手续。但是，由于种种原因，如官吏品秩高低及工作性质相异等，考满官吏所享受的待遇及考核的严格程度都有许多差异。通常而言，品秩、职位越高以及与皇帝关系越近的官员，考满程序就越简单；反之，品秩、职位越低以及与皇帝关系较疏远的官吏，考满程序就比较严格。

---

① 《明会典》卷12《吏部十一·考核一》。
② 《明会典》卷2《吏部一·官制一》。
③ 《明会典》卷12《吏部十一·考功清吏司》。
④ 《明史·职官二》。
⑤ 《明史·选举三》。
⑥ 《明太祖实录》卷117。
⑦ 《明太祖实录》卷110。
⑧ 《明太祖实录》卷110。
⑨ 《明太祖实录》卷110。

2. 考察制度

《明史》云："考察，通天下内外官计之，其目有八：曰贪，曰酷，曰浮躁，曰不及，曰老，曰病，曰罢，曰不谨……明初行之，相沿不废，谓之大计。计处者，不复叙用，定为永制。"① 明代官员考察大致可分为京察和外察两个系统，外察又包括朝觐考察和巡视考察。此外，还有"因事考察"，即皇帝因发生某些事情如日食、星变、灾异等而敕令考察全体或部分官员，故也称"闰察"。考察与考满不同，考满多迁升，降黜者较少，考察则多罢黜。如年老有疾者致仕，贪者革职为民，不谨者冠带闲住，浮躁浅露才力不及者，降一级调外任。明代考察对罢黜不称职、不法官吏、肃清吏治起了一定的作用。如洪武十八年，"吏部言天下布、按、府、州、县朝觐官，凡四千一百一十七人，称职者十之一，平常者十之七，不称职者十之一，而贪污闒茸者亦共得十之一。帝令称职者升，平常者复职，不称职者降，贪污者付法司罪之，闒茸者免为民"②。宣德五年，"吏部考察天下朝觐官，黜无能者五十五人，罢归为民；贪污者二十五人，发戍边"③。

（1）朝觐考察

朝觐考察是地方文官亲赴中央接受吏部和都察院的考核。明代皇帝极端集权，各级官员名义上都由皇帝任命，他们每逢皇帝诞辰、正旦、冬至、万寿节、千秋节等重要节日都要到京师朝贺，或直接到京师汇报政务，吏部和都察院就乘此机会对他们进行考核，故称为朝觐考察。洪武十一年（1378 年）正月，朱元璋"征天下布政使司官及各府知府来朝"，他对大臣们说："古者帝王治天下，必广聪明以防壅蔽。今布政使司官即古方伯之职，各府知府即古刺史之职，所以承流宣化抚安吾民者也。然得人则治，否则瘝官旷职病吾民多矣。朕今令之来朝，使识朝廷治体，以警其玩愒之心，且以询察言行，考其治绩，以观其能否。苟治效有成，即为贤才，天下何忧不治？"④ 此次考核，朱元璋"命吏部课朝觐官殿最，称职而无过为上，赐坐而宴。有过而称职者为中，宴而不坐。有过而不称职者为下，不预宴，序立于门，宴者出，然后退"⑤。从这次开始，正式推行朝觐考核制度。

但是，洪武初年，考察"外官每年一朝"，古代由于交通工具的限制，如过于频繁，地方官员舟车劳顿，甚至数月奔波于考察途中，不利于履职为政。只有云南、广西等少数极为边远地方例外："凡边远及有事地方，免朝觐。洪武十七

---

① 《明史·选举三》。
② 《明史·选举三》。
③ 《明会要》卷 46。
④ 《明太祖实录》卷 117。
⑤ 《明史·选举三》。

年（1384年），令云南远在边鄙，特免来朝。"① 于是，洪武二十九年（1396年）正式确立外官三年一朝觐的制度："始定以辰、戌、丑、未年为朝觐之期。朝毕，吏部会同都察院考察，奏请定夺。其存留者，引至御前，刑部及科道官各露章弹劾，责以怠职。来朝官皆免冠，伏候上命，既宥还任，各赐敕一道，以申戒饬。若廉能卓异，贪酷异常，则又有旌别之典，以示劝惩。"②

（2）巡视考察

巡视考察是皇帝派专人对地方官员进行考核。洪武时期就确立了巡视考察制。洪武六年（1373年），"令御史台御史及各道按察司举有司官有无过犯，奏报黜陟，此考察之始也"③。明代巡视考察制度与监察制度密切关联，负责巡视考察的官员通常都是巡按、巡抚等负有监察职责的官员。其中，巡按由监察御史专任，他们"代天子巡狩，近按藩服大臣、府州县官诸考察，举劾尤专，大事奏裁，小事立断"④，具有重要的考核、处理权力。

（3）京官考察

京官考察又称京察，是对在京官员的考察，包括南、北两京官员。《明史》云："京官六年，以巳、亥之岁，四品以上自陈以取上裁，五品以下分别致仕、降调、闲住为民者有差，具册奏请，谓之京察。"⑤ 即京官每六年考察一次，四品以上京官考察时上书自陈，由皇帝裁定其升迁或降黜；五品以下京官须按规定的程序进行，视其过失情况分别给予致仕、降调、革职为民等处分。这种六年一考的京察制度实际上到弘治年间才形成。《明史》又云："京察之岁，大臣自陈。去留既定，而居官有遗行者，给事、御史纠劾，谓之拾遗。拾遗所攻击，无获免者。"⑥ 四品以上官员若品行不端，科道官员有权纠劾。

明代考察制度是吏治廉洁的重要保证。《明史》云："弘、正、嘉、隆间，士大夫廉耻自重，以挂察典为终身之玷。"⑦

（二）考核内容思想

1.《到任须知》与《诸司职掌》

为了考核官员任内各项政务事迹，朱元璋"御制"《到任须知》，作为地方官员考核的纲领性文件：第一部分《到任须知一》，明确规定了新官到任后首先必须上报的内容清单，详细列举了地方官到任须当推行的31款事务："祀神有

---

① 《明会典》卷13《吏部十二·朝觐考察》。本卷又云："正统九年，令广西临边县分系裁减衙门，免来朝。其须知文册，府、州、县类进。"

② 《明会典》卷13《吏部十二·朝觐考察》。

③ 《明史·选举三》。

④ 《明史·职官二》。

⑤ 《明史·选举三》。

⑥ 《明史·选举三》。

⑦ 《明史·选举三》。

几"；"养济院孤老若干"；"见在狱囚若干，已、未完"；"入版籍官军田地若干，官粮民粮若干"；"节次圣旨制书及奉旨榜文谕官民者若干"；"本衙门吏典若干"；"各房吏典不许那移管事，违者处斩"；"承行事务已完若干，已施行未完若干，未施行若干"；"在城印信衙门若干"；"仓库若干"；"所属境内仓场库务若干"；"系官头匹若干"；"会计粮储，每岁所收官民税粮若干，支用若干"；"各色课程若干"；"鱼湖几处，岁课若干，备开各湖多少"；"金银场分若干，坐落何山川，所在若干"；"窑冶各开是何技器及砖瓦名色"；"近海郡邑煮海场分若干"；"公廨间数及公用器皿裀褥之类若干"；"邑内及乡村系官房舍，有正有厢若干"；"书生员数若干；耆宿几何，贤否若干"；"孝子顺孙、义夫节妇，境内若干，各开"；"境内士君子在朝为官者几户"；"境内有学无学儒者若干"；"境内把持公私，起灭词讼者有几，明注姓氏"；"好闲不务生理、异先贤之教者有几"；"本衙门及所属该设祗禁弓兵人等若干，各报数目"；"境内士人在朝为官，作非犯法，黜罢在闲几人，至死罪者几人"；"境内民人犯法被诛者几户"；"境内警迹人若干"。① 朱元璋认为以上所列的都是"为官之要机"，是官员为官的纲领性事务，"若提此纲领，举是大意以推之，诸事无有不知办与不办。若人懒于观是纲领，虽是聪敏过人，官为之事，亦不能成。若能善读勤观，则永保禄位，事不劳而疾办"②。他要求官员们"凡到任那一日，便问先任官、首领官、六房吏典，要诸物诸事明白件数须知"；"凡除授官员皆由吏部关领赴任，务一一遵行，毋得视为文具"，甚至还要求"学生及野人辈皆可预先讲读，以待任用"。③《到任须知》颁布后，并未达到朱元璋所期望的效果，当时"所用布政司、府州县、按察司官，多系民间起取秀才、人才、孝廉，各人授职到任之后，略不以《到任须知》为重，公事不谋，体统不行"④。为此，洪武二十三年（1390 年），朱元璋特别在颁布的《责任条例》中申明："布政司治理亲属临府，岁月稽求所行事务，察其勤惰，辩其廉能，纲举《到任须知》内事目一一务必施行。稍有顽慢，及贪污、坐视恬忍害民者，验其实迹，奏闻提问。" 规定："此令一出，诸司置立文籍，将行过事迹逐一开写，每季轮差吏典一名赍送本管上司查考。布政司考府、府考州、州考县，务从实效，毋得诳惑繁文，因而生事科扰。每岁进课之时，布政司将本司事迹并府州县各赍考过事迹文簿赴京通考。敢有坐视不理，有违责任者，罪以重刑。"⑤ 从此，《到任须知》文册（后来简称《须知文册》）所列事项不仅成为官员们季考、岁考的基本内容，他们考满、考察时也必须按照该文册所列内容呈交材料，攒造功业册也以这些内容为依据。

---

① 《明会典》卷 9《吏部八·关给须知》。
② 《大明会典》卷 9《吏部八·关给须知》。
③ 《大明会典》卷 9《吏部八·关给须知》。
④ 《大明会典》卷 12《吏部十一·考核二》。
⑤ 《大明会典》卷 12《吏部十一·考核二》。

未完成《须知文册》所规定内容的官员会受到相应处罚。洪武时期，"九年通考"，在外布政司、府州县官须"填写纸牌，攒造功迹、功业、须知文册三本，亲赍给由"。但到建文时期，简化为"只令造进功业文册一本、纸牌一面"，其他考核也多有减省。朱棣靖难之役后，下令重新恢复洪武旧制，功业、功迹等文册与《须知文册》并行，考满以前者为主，考察以后者为主。① 从景泰年间开始，朝觐考察主要依照《须知文册》，地方官员因为战乱、灾异等事故请求免除朝觐时，多言"将《须知文册》付首领官赍进"②，"将布政司各属县所进《须知文册》付文府州官，通类类送部稽考"③，"将《须知文册》送部，以凭考究"④，将"《须知文册》付布按二司首领官赍赴本部，以凭考究"⑤，未再提及功业、功迹文册。

对居于辇毂之下的京官，皇帝容易了解他们为政的情况，可以随时予以黜陟，故较晚才出台对他们的考核措施。在中央各部门中，洪武四年（1371 年）朱元璋"亲加删定"，最先制定了考核御史台官员的宪纲⑥。洪武五年（1372 年），明中央制定了六部职掌，依据其职掌每年年终考课京官，"以行黜陟"⑦。这应当是明代以规定中央各部门的职掌，来作为考核官员常规内容的做法的开始。洪武二十六年（1393 年），朱元璋命令吏部和翰林院在已修订的职掌的基础上系统整理并规定了京官及外官的考满之法，"仿《唐六典》之制，自五府、六部、都察院以下诸司，凡其设官分职之务，类编为书"，取名为《诸司职掌》，颁布中外刊行。⑧ 弘治年间，阁臣徐溥等人奉敕"发中秘所藏《诸司职掌》等诸书，参以有司之籍册，凡事关礼度者，悉分馆编辑之，百司庶府以序而列，官各领其属而事皆归于职"，修纂成《大明会典》⑨。之后，随着朝代的更迭，各司题准新例也随之增加，嘉靖、万历年间又分别两次重修《大明会典》。《诸司职掌》《大明会典》内容繁多，不仅详细规定了明中央各部门的职责，可以作为考核官员的依据，而且更重要的是它作为明代完备的行政法典，规定了各类官员务必履行的各种事项，既是政府各部门推行相关工作的法律依据，也是检验各类官员履职情况的法定标准。

2. 地方守令，责以六事

洪武年间，朱元璋推行"养民者务其本"的政务，制定《须知文册》作为

① 《明太宗实录》卷 10。
② 《明英宗实录》卷 76。
③ 《明英宗实录》卷 188。
④ 《明英宗实录》卷 263。
⑤ 《明英宗实录》卷 265。
⑥ 《明太祖实录》卷 60。
⑦ 《明太祖实录》卷 74。
⑧ 《明太祖实录》卷 226。
⑨ 《明会典·御制明会典序》。

地方官员为政的指导和考核依据。《须知文册》详细列举了地方官到任须当推行的 31 款事务，内容很多，如按照《须知文册》的规定全面考核地方官员，在实际操作中是很难全面做到的。这样，被朱元璋认为徒具虚文的"以六事责守令"在地方官员的考核中实际通行起来。正德、嘉靖年间的林希元总结云："世道随时而迁变，帝王因时而制，治今之郡守即古之诸侯……廉以持身，仁以爱民，公以存心，勤以莅事，其大纲已举矣。至于学校、田野、户口、赋役、讼狱、盗贼之六事者，乃国朝督察守令之令典。"① 学校、田野、户口、赋役、讼狱、盗贼等六事是对当时地方官员职责最简明的概括，抓住了考核官吏最重要的一些指标。

但从一些史籍记载可知，事实上明代地方官在实际工作中主要将精力集中在赋税、刑狱等最棘手的事项上。弘治、正德年间，大臣王鏊丁忧回苏州，沿途"历数十郡县人，入其疆，其六事举者盖少也，独得三四人焉耳"，"三四人外，盖有环数城而不闻善政者，何其难也"，即使是"三四人者，其政赫然有闻，刑狱减，赋税集，斯已矣"②。嘉靖年间，权臣严嵩《赠严明府序》亦云："予闻今之最吏也，曰其赋集也，其讼理也，其役均也，其豪右戢而善良者植也。"③ 考核守令，只须"审罪囚，理词讼，检钱谷，如斯而已"，余者已难以顾全。万历年间，张居正推行新政，提出将地方守令最重要的四项任务作为考核的基本内容："夫均徭、赋役、里甲、驿递，乃有司第一议，余皆非其所急也。四事举则百姓安，百姓安则邦本固，外侮可无患矣。"④ 可见，随着时代的发展出现了新的社会问题，地方守令的考核内容也随着主要问题的转移而有所调整。

3. 考核评语，考语访单

考语是用简明的语言对所考核官员为政事迹的鉴定。明代考核官员的考语模仿唐代，且考核类别和程序更加繁复，考语使用的范围更广泛，作用也更大。除在京堂上官、正官、佐官考满，由皇帝直接考核，不开具考语。其余官员，"听于本衙门正官察其行能，验其勤惰，从公考核明白，开写称职、平常、不称职词语，送监察御史考核"，即一律由本管上司开写考语，并按程序规定层层覆考。弘治年间，对考满评语进一步做出更具体的规定。《明会典》云："弘治元年令：各衙门属官考满，堂上官出与考语，送都察院并本部覆考。如原来考语得当，续出考语不嫌雷同；不当，听覆考官从公考核。平常者，引奏复职；有赃者，罢黜为民；其有前考平常，后能惩艾，勉于为善者，亦宜书称；前考称职，后或放肆改节者，亦书平常，以凭黜陟。"⑤

---

① 林希元：《林次崖先生文集》卷 9《赠郡侯西川方公朝觐序》。清乾隆十八年陈胪声诒燕堂刻本。
② 王鏊：《震泽集》卷 10《送姜太守改任宁波序》。
③ 严嵩：《钤山堂集》卷 19《赠严明府序》。
④ 《张太岳集》卷 25。
⑤ 《明会典》卷 12《吏部十一·考核一》。

据《明会典》记载，明代凡京官考察，四品以上官员自陈，五品以下堂上官由吏部和都察院考核，其余各衙门属官由堂上掌印官考核并开注考语；朝觐考察开始由布、按二司共同负责开具考语，弘治年间则皆先期行文抚、按，命他们对所属官员一一开注考语，再经吏部、都察院在复核这些考语的基础上做出或留职或黜降的决定，最后奏请皇帝批准。由于考语事关每个官员职位升降大事，朝廷要求各级官员开具的考语必须准确恰当，不得徇情偏私或马虎了事，如所开考语不当，有关出具考语之官将受到劾奏和惩罚。明初，考语不是考核官员的唯一依据，它必须与《须知文册》等记载官员实政事迹的文件相结合。考语是在全面了解官员实政事迹的基础上所作的简明的总括性结论，是配合实政册的，在考核中处于从属地位。但是，由于官僚体制不可避免造成文牍丛生，攒造实政册所需查勘了解的案牍有增无减，形成了"案牍填委，往往淹积不行"①的局面，考语在考核官员过程中的作用和地位逐渐上升。到成化年间，"为因选调积滞，设法以疏通之，辄凭巡按御史开具揭帖以进退天下官僚，不复稽其实迹"②。这种情况到弘治年间更加严重，凭考语考核官员已是普遍现象，及至于"天下所造《须知文册》，只是空文，部、院虽或行查，亦不过虚应故事"③。事实上，考语多侧重于官员某一方面，或品行素质，或学识，或德性，或才智，大多以偏概全，以点代面，不能详列官员的政绩、过失，甚至浮华成风，模棱两可，是非颠倒，贤愚莫辨。考语脱离实政册，单凭考语自然无法了解官员的实政事迹。因此，一旦以考语为依据，明初朱元璋建立的考核官员重视实政的原则也彻底被抛弃了。之后，虽然部分有识之士提出一些改革之策，如海瑞、吕坤等，但考语"率为浮词"之弊积重难返，他们的努力并未取得明显成效。

考察，尤其是京察的依据还有"访单"。访单是考核时通过走访相关官员（主要是熟悉被考核者的官员，或有工作关系的官员），或相关官员主动提出意见而对被考核者所下的评语，由主管考核的官员出具。在考语与访单二者之中，哪一个应该是考核时的主要依据，在明代是有过争议的。客观地说，考语与访单各有长处，也有短处。考语出自主考官，有案可查，主考官相对还比较慎重，对某官的评价一般还不敢太离谱，但对于那些善于阿谀奉承、媚上欺下的官员来说，往往容易得到主考官较好的评价。访单出自同仁的评价，而且是不必实名，因此容易遭人毁谤和陷害，特别是那些正直、秉公办事的人更容易受到不白之冤，但访单也有可能代表着同事对某人的客观真实的看法，尤其使主考官了解到那些善于在领导面前伪装的两面派官员。但是，从总体上看，与考语相比，访单的主观性更强，甚至是非莫辨，毁誉杂出。陆光祖《计吏届期敬陈饬治要务以

---

① 朱睦㮮辑：《圣典》卷9，齐鲁书社影印《四库全书存目丛书》，1997年版。
② 《大学衍义补》卷11《严考课之法》。
③ 《明经世文编》卷289《陆贞山集一·去积弊以振作人才疏》。

重大典疏》又云："今谘访诸臣，平时漫不加意，时至事迫，道听一言，信若符契，虽私揭倾人，法之所禁，犹或藉以塞责，尚暇计真赝耶？此其过在讲求之不豫。众好众恶，未可为据则必断之于独，人品未尝变更，而可否初无定论，此其过在折衷之不断。"① 明代沈德符《考察访单》亦云："唯内外大计，吏部发出访单，比填注缴纳各不著姓名，虽开列秽状满纸，莫知出于谁氏。"② 其结果是："议论纷纭，毁誉杂出，虽孔圣复生，耻为乡愿之行，难必其满于人口矣，当事者非有洞世高见，千古定力，鲜不为所惑。"③ 到了明代后期，由于党派斗争，谘访甚至沦为打击对手的手段。沈德符《考察访单》还记载："浙江参政丁此吕以不谨罢，会有人言其枉，吏部竟以访单进呈，此吕遂追赃遣戍，人虽冤之，竟不晓单自何人。"④ 因此明人邹元标认为"京察年分，不必分单谘访"。这说明官员考核必须以实政事迹为主。

4. 入八察例，降黜有别

表面上，明代考察是在实政册、考语及访单等的基础上对被考官员进行全面评定，既要论功，也要计过，但事实上却带有深层的监察意味，每次考察除极少数特别优异的官员得到褒奖、赏赐、升迁外，绝大多数官员即便考察合格也不会得到奖励和提拔。与考满不同，考察的主要目的之一是检查各级官员是否有过误。《明史》云："考察，通天下内外官计之，其目有八：曰贪，曰酷，曰浮躁，曰不及，曰老，曰病，曰罢，曰不谨。"⑤ 此八察例即贪污纳贿、严酷残暴、浮躁浅薄、才力不及、年老力衰、疾病缠身、疲软懒惰、素行不谨。对入此八项察例的官员，处分有所区别，前后也略有不同。《明会典》云："凡考察降黜等第，宣德五年（1430年）令：贪污者发边卫充军，老疾鄙猥者为民。天顺四年（1460年）令：老疾者致仕，罢软者冠带闲住，有赃者发原籍为民。后分为四等，年老有疾者致仕、罢软无为、素行不谨者冠带闲住，贪酷并在逃者为民，才力不及者斟酌对品改调。"⑥

八项察例在具体实施中产生一些弊端。如成化年间，丘浚在《治国平天下之要·严考课之法》中对八项察例过于严苛之处提出了批评："本朝三年一朝觐，天下布政、按察诸司，府州县官吏各赍《须知文册》来朝，六部、都察院行查，其所行事件有未完报者，当廷劾奏之，以行黜陟。近岁为因选调积滞，设法以疏通之，辄凭巡按御史开具揭帖以进退天下官僚，不复稽其实迹、录其罪状，立为老、疾、罢软、贪暴、素行不谨等名以黜退之。殊非祖宗初意……彼哉

---

① 《明经世文编》卷374《陆庄简公集·计吏届期敬陈饬治要以重大典疏》。
② 《万历野获编》卷11。
③ 《西园闻见录》卷31《吏部二》。
④ 《万历野获编》卷11。
⑤ 《明史·选举三》。
⑥ 《明会典》卷13《吏部十二·朝觐考察》。

何人，立为此等名目，其所谓素行不谨者尤为无谓，则是不复容人改过迁善。凡经书所谓改过不吝，过则勿惮改，皆非矣！夫人自幼至壮，自壮至老，其所存所行安能事事尽善而无过举哉？不仕则已，一履外任，稍为人所憎疾，则虽有颜闵之行有所不免矣！"① 还有一些官员认为，这八项察例中，有的察例看似明晰，但实际上带有较强的主观性，如才力不及、罢软、素行不谨、浮躁浅露等项，就为考察时随意定性留下空间。隆庆阁臣高拱《详议调用条约以便遵守疏》云："若原非繁剧亦不堪以原职调用者，就注拟于才力不及，调闲散衙门项下；其迹涉瑕疵尚未太著者，姑注拟于才力不及降级项下。"② 可见，才力不及不一定与被考察官员的才干有关。如县令刘绍恤"平日招致门生，出入公廨，私相宴叙，既有以启钻刺之径，亦有以开嫌隙之门"，虽系遭人诬告，刘绍恤"亦照不及事例量调简僻，以示惩创，以为守令私受门徒之戒"③。又如江西布政使刘炌"性特暴戾，行更贪淫，库官为腹心，克扣靡厌；驿丞拔胡须，残虐有声"；江副使冯叔吉"志在肥家，癖于好货、盐船、挂号，大肆诛求"，"俱照才力不及例内"，刘炌"从重降用"，冯叔吉"量行降用"。④ 这些官员不法行为的情节差别较大，但都按同一察例处罚，可见其随意性。

（三）明人对官吏考核制度的批评

明代对官吏的考核在澄清吏治，优化官吏队伍，激励各级官吏廉政、勤政方面发挥了应用的作用。但由于时代的局限性和封建社会制度的痼疾，这一制度也不可避免存在着一些弊端，尤其在明代中后期随着政治腐败日趋严重，其中一些弊端也日益凸显。对此，明代一些有识之士对此提出批评，以下简要阐述其中比较有代表性的一些观点。

1. 考核不公，甚至人为操作，善恶混淆颠倒

景泰年间，大臣林聪就指出："各处巡抚大臣，考察官员，将罢软阘茸等项官员，起送赴部，中间或有善于守分而短于治才，作罢软者；或到任未久而以政绩无闻，为阘茸者，俱照例罢黜。及百官朝觐到京，而吏部又令布、按二司府州县官员，报其所属；南北直隶府州县官，并令报其同僚，一如前例黜罢。其间多有不公，往往下民保留，及自行申辨，不伏究厥所由。盖因察考之过烦，采纳之失实故也。臣等以为人才之长短不同，有长于才而短于德，有优于德而劣于才，有通敏而见事速者，有鲁钝而成功迟者。古人任人，各因其材，未尝求全责备，黜陟之典，必俟三考，未尝责其速成。今者各处考察官员，不论久近，不察实情，上官止凭各属长官及同僚开报者，或宿有仇嫌，甚者有以依稀阘茸之名为

---

① 《大学衍义补》卷11《严考课之法》。
② 《高文襄公集》卷9《详议调用条约以便遵守疏》。
③ 《高文襄公集》卷17《覆南京科道交论江西科场事变参提学副使陈万言等疏》。
④ 《高文襄公集》卷14《覆科道拾遗方面官疏》。

言，殊无妨政病治之实，即行罢黜。以致更代不时，去取不公，人心生怨，愈加烦乱，诚为不便。"在此，林聪认为在考察中由于程序过于烦琐、采纳考核意见失实，或由于与人关系不好，再加上人无完人，每个官员多多少少都有不足之处，因此容易造成不足或缺点被人为放大，最终造成考核不公，一些比较优秀的官员则反而被罢黜或降级。这使考核不仅起不了激励官员勤政、廉政的作用，反而使一些受到不公正待遇的官员心生怨恨，官场混乱。对此，林聪主张："乞敕该部，今后各处大臣考察官员，除贪酷显著，不拘久近，即时黜退外，其余阘茸等项，俱要实迹。果有守分爱民而干材或短，及到任未及一考，而莅事未熟者，并不得以罢软、阘茸等名黜退，其曾经巡抚、巡按官员考过存留在任者，后彼朝觐官报作罢软等名，并须行移巡抚、巡按官员体勘回报定夺，不许辄便信凭，一概黜退，有伤公论。如此则黜陟以公，人心畏服。而居官者知所劝矣。"① 可见，他认为考核后黜退官员要慎重，对罢软、阘茸的评价要有真凭实据，不要轻易黜退那些守分爱民或刚上任不久能力上还欠缺的官员。对官员的考核要公平公正，使人畏服，并对官员能起激励的作用。

明朝后期，大臣高拱也指出，当时对官吏的考核，也出现主考官不凭事实，动辄给被考者加上八项察例中的某项评价，其原因主要有两个方面：一是主考官不做认真的调查，对被考者没有真正了解；二是有意弄虚作假，以达到私意中伤被考者。这样考核是难以使众人心服的。他说：朝廷考核官吏之法，"可谓密矣！乃行事者不体朝廷之意，而皆袭为含糊暧昧不明之说，曰贪而已，更不列其贪之状；曰酷而已，更不列其酷之状；曰不谨而已，更不列其不谨之状；余皆然，徒加之名，不指其实。不止罔者无以压服其心，即当其罪者，亦无以压服其心。何者，未有以明之也。然此有二弊焉：访之不的，知之不真，若明指其实，则不符者多矣，此其一也；内阁部院之臣，于内有所私意中伤，若明指其实，则必将以无作有，以轻作重，私害昭然在人矣，此又其一也。夫是以止加空名，而不指实事，使天下徒有骇疑，而不得其故，言官纵欲指谪而不得其端，遂苟且了事之图，泯权奸倾陷之迹，便己以残人，假公以威众，莫甚于此也。而朝廷法度可如是举行，天下人才可如是摧折乎？"针对这种情况，他建议："今诚宜于考察时，令部院官务核名实，某也贪必列其贪之事，某也酷必列其酷之事，某也不谨必列其不谨之事，余皆然。明言直指，与天下共罪之，而又申饬先朝有不公者，科道指实劾奏之例，则庶乎私意中伤者，不敢公然肆其所为，而其平日体访，亦必务详慎的确，不敢卤莽塞责，以自取罪戾。斯不惟于惩汰不肖之中，存爱惜人才之意，而公道昭彰，人知劝惩，治理其可兴矣。"②

---

① 《明经世文编》卷45《林庄敏奏疏·修德弭灾二十事疏》。
② 《明经世文编》卷302《高文襄公文集二·再论考察》。

2. 考课拘于成规，不能实事求是，流于形式

明代，对官吏的考核，尤其是对高级官吏的考核，易流于形式。正如万历时左副都御史丘橓所说的："京官考满，河南道例书称职，外吏给由，抚按官概与保留，此考绩之积弊也。"① 但是，明朝对于官吏考核又制定有许多条条框框，如硬性规定每次考核必须调黜一定数量的官吏，这使主考官不得不做表面文章，只求达到硬性规定就算完成任务，而不实实在在地对每个官员进行认真细致的考核，以达到奖优汰劣的目的。更有甚至，一些大奸大恶者，在考核中反而得到好评，而一些没有过失的官员，反而为了充数而被黜退。这种做法使众人心中不服。正如高拱所指出的："查得历年考察调黜官员，多循以往定数，甚至掇拾暧昧之事，以充之，且虑数有不足，乃将半载以前被劾官员，不行题复，候临期凑补，此皆本部累年之积弊也。臣等窃惟人才之在天下，贤与不肖岂有一定之数，而国家用人，见贤即进，见不肖即退，亦岂有明知不肖，留以备斥之理。至其所谓不肖，必是大奸大恶、残民害政者，乃可当之，而细微之过，人所皆有，隐昧之事，人所难明，固不必网罗乎此也。况考察之典，所以惩汰官邪，风示有位，所关至为重大。而数十年来每遇考察，其惩汰之数，大较前后不相上下，以是袭为故常。其数既足，虽有不肖者，姑置勿论；其数不足，虽无不肖者，强索以充，可谓谬矣！乃其称为不肖者，又多苛求隐细，苟应故事。而所谓大奸大恶者，或有所不敢问，而佯若不知；或有所不能识，而反称高品。纵豺狼于当路，觅狐鼠以塞责，此人心所为不服也。又于考察半载之先，抚按论劾者俱不题复，留作明春之数。夫不善之人，面目未露，犹或有徼幸之心，少存顾忌；若面目已露，明知必去，则将无所不至矣。而乃留之，在位半载之间，民何以堪，此尤不通之甚也。"针对上述现象，高拱建议："自今以始，凡有纠劾官员，具本之日，即先革任听处，候有命下，本部即行题复。其所去者，照依考察事例，不得他日朦胧复用。其所留者，待文书到日，方许管事。至于考察惩汰者，必是大奸大恶真正不肖之人，一切隐细，俱不必论。果不肖者多，不妨多去；果不肖少，不妨少去。惟求至当，不得仍袭故常。如此，则官不得逞其且去未去之恶，民不至被其已甚更甚之残。恶者不得幸免，既皆有以自惧；善者不至滥及，亦皆有以自安。惩汰风示之道，庶乎有得矣。"②

3. 考核难以反映被考者的真实情况

考核由于受到人员、时间的限制，被考者的真实情况难以得到客观反映，有的甚至出现考满与考察自相矛盾的评价。高拱指出："自今言之，以六年之官而考于三二人，以六年之事，而核于三二日，则岂能得其善恶之真，所以毁誉肆出，飞语中伤，而行事者遂以为据。大奸任其弥缝，小过取其塞责，十分曾无一

---

① 《明通鉴》卷 68。
② 《明经世文编》卷 301《高文襄公文集··公考察以励众职疏》。

二之实，此一弊也。六年之间，其考满者率加以美辞，又数升迁有至二三品者，而考察之时，乃又以原官指摘，而黜谪之。夫使其不肖，固当处也，乃何以加以美辞，又数升迁；既加美辞数升迁，乃何又以原官黜谪之？先后不一，自相矛盾，非所以示劝惩于天下，此又一弊也。"对此，高拱主张，对官吏的考核必须做过细的调查、审核工作，必须由吏部考功司、河南道监察御史以及被考查长官等共同配合。他指出："彼一人也，考功一司官考之，又总之于堂上；河南一道官考之，又总之于堂上。耳目既多，实自难掩，又非一日而了，乃得以从容体访审核，是以众人而考一人，以数时而完一事，复者复，升者升，黜者黜，谪者谪，事自精确，必不至于亏人，而是非大相远也。"①

还有由于考语过于简略，或华而不实，没有事实依据，难以反映被考者的实际情况，使考核失去最基本的依据。陆粲指出："所谓考语者，大抵骈四俪六、两可难辨之词。夫古之圣贤，犹不能以一言尽一人，今区区数语，欲尽夫人之情状，难矣，况未必尽公乎。若谓官吏贤否，吏部所知有限，不得不属诸巡按，亦当使明著其迹，如昔人所谓某人廉吏也，有某事以知其廉，某人能吏也，有某事以知其能。仍计其所开报之虚实多寡，以为巡按之殿最。则皆知所警惧，不敢以喜怒之私，上下其手，使公道昭明，黜陟惟允，贤者不至于失职，而不肖者亦无所苟容，其为国家之益大矣。"② 由此可见，陆粲认为，如果考核官吏的评语如能以事实为依据得出廉能等各项的评价，就能使对官吏的黜降、升迁公平，贤者能得到任用，不肖者不会得到苟容，这对治国是大有益处的。

明代后期，陆光祖也指出："考语者，所以状其人之臧否、淑慝、才不才，贵于实录，岂以丽词蔓语，而竞藻以为工、谀词以为媚哉？如前贪后廉，犹曰改行自新，乃前考已称衰老，复注强壮，则悖之甚矣。又人臣报政，期于正直，是曰是，非曰非。古人用意忠厚，虽稍讳其词，曰簠簋不饬，曰帷薄不修，然未尝饰非以为是也。今摹拟无能，则曰长厚；摹拟衰迈，则曰老成。夫长厚、老成，岂所以为贬辞哉，而令人读之如射覆然。合无行各抚按官转行各司道及府县官，务要直书年貌才守，俾简明数语，洞悉平生。其有支蔓不切、谀媚不情，县以报府，府官即行驳回；府以报司道，司道即行驳回；司道以报抚按，抚按即行驳回，各令改正另注。抚按若不驳回，致荐剡并贤否册内，有仍前浮冗，听臣等及科道官参究，务使向来靡词陋习为之一变。"③ 在此，陆光祖认为，当时考语存在着华而不实、模棱两可甚至前后矛盾的问题。他主张府、司道、抚按对考语必须逐级严格把关，如不符合简明真实反映被考者的要求，就驳回令其改正重写。

---

① 《明经世文编》卷302《高文襄公文集二·论考察》。
② 《明经世文编》卷289《陆贞山集一·去积弊以振作人才疏》。
③ 《明经世文编》卷374《陆庄简公集·复湖广巡抚李桢肃吏治以奠民生疏》。

4. 官场腐败之风对官吏考核的消极影响

明代官场腐败之风严重影响对官吏的考核，尤其是明后期的党争使考核成为消除异己、争权夺利的手段。各朋党争夺主持"典察"大权，通过咨访等来打击对手、陷害政敌。如《明史·王图传》载："（王图）适将京察，恶东林及李三才、王元翰者，设词惑（孙）丕扬，令发单咨是非，将阴为钩党计。图急言于丕扬，止之，群小大恨。"这种情况至明后期甚至成为一种很恶劣的风气，其中最为典型、涉及面甚广的是万历四十五年的丁巳大计和天启三年的癸亥大计。如前者由吏部尚书郑继之主持，"一时与党人异趣者，贬黜殆尽"①。这种通过考核官吏排除异己的恶劣之风，不是单靠改革考核制度所能解决的。

还有，明代中后期官场贪污受贿盛行，这种风气也侵蚀着考课制度。如每当地方官入京朝觐，均需带许多金银绸缎分送京官。"王振时，每朝觐官来见者，以百金为率，千金者始得醉饱而出。是时贿赂初开，千金已为厚礼。"② "刘瑾时，天下三司官入觐，例索千金，甚至有四五千金者。"③ 不言而喻，在这种地方官贿赂权贵成为一种不成文的规定时，要维护考核制度的公正、公平是不可想象的。朝觐考察已异化为地方官向朝廷权臣的公开行贿。

第七节　清代对官吏选任、监察和考核思想

一、通过科举、荐举和捐纳对官吏进行选拔思想

清代对官吏的选拔，主要有 3 种形式，即科举、荐举和捐纳，其中以科举为主，辅以荐举、捐纳，兹简要缕述如下。

（一）科举选拔思想

清代的科举选拔人才，与明代基本一样，分为乡试、会试和殿试。乡试各在每省省城和顺天府举行，但囿于旧例，江苏、安徽同考于江南，湖北、湖南称湖广，甘肃附于陕西，都是合两省统一考试。乡试是选拔举人的考试，每逢子、午、卯、酉年为乡试期，3 年一科。另外，如遇到太上皇、太后、皇帝万寿，新皇登基等庆典，朝廷还常常加恩士子，诏谕加科，叫作"恩科"。但也有朝廷因急需用人，或因战争、天灾，或以"士习敝败"为缘由，特旨加科、停科和部分停科者，则属于非规制的特殊情况。

乡试的主考官和副主考官，由朝廷特派，一般选自进士出身的侍郎、内阁学士以上官。除此之外，还有同考官（也叫房考官）、监临官、提调官、监试官等等，例由具备一定资格的地方官担任。由于各省乡试录取的举人名额都有定规，

① 《明史·郑继之传》。
② 赵翼：《廿二史札记校证》卷 35，中华书局 1984 年版。
③ 《廿二史札记校证》卷 35。

所以送考的应试者也不是毫无限制。顺治二年（1645 年）定：各省每取举人 1 名，可送应试生儒 30 名。以后，随着清政权的日益稳固而被汉族士人逐渐接受，以及经济和文化事业的发展，应举者增多，其比例也不断提高，录取难度增大。乾隆初年，直隶、江南、浙江、江西、福建、湖广（湖北、湖南）等大省，每取举人 1 名，送儒生 80 名，其余山东、山西、河南、陕西、四川、广东是每取举人 1 名，送儒生 60 名，广西、云南、贵州是每取举人 1 名，送儒生 50 名。比例最大的是福建台湾府，"向来额中举人二名，录取乡试者约五百人"①。清代规定，参加乡试者必须是各儒学出学生员中经学政科考定为前三等的人，或在国子监肄业、经本监官送考的贡生和监生。这些应试者如中了举人，便可以通过拣选、大挑②等途径，进入官场。但是，对于大多数的科举者来说，乡试并不是他们的最终目标，在乡试的第二年，录取举人者还要赴京师参加会试，希望考中进士，以求取更好的前程。

会试在北京举行，也是 3 年一科，于丑、未、辰、戌年为会试期。会试除正科外，也有恩科。一般是乡试有恩科，会试相应也有恩科。会试的主考官称总裁、副总裁，由翰林院进士出身的大学士及一二品官担任。会试的应试者即为各省举人，与乡试稍有不同的是，会试取中的人数无确定的数额，一般情况下，每科取一百多人至三百多人。会试录取开始时沿袭明制，分南北中三卷，每卷各都规定取中名额。康熙五十一年（1712 年），取消分卷，按省分配名额，由数名至二三十名不等，目的是照顾边缘省份，不致因文化落后而无人取中。

会试中式后称贡士，第一名为会元。贡士需再经殿试，才能取得进士名号。殿试地点起初在太和殿丹墀前或太和殿内，乾隆五十四年（1789 年）起，改在保和殿。殿试专试策问，题目由皇帝钦定或圈点。考试名次，最后也由皇帝点定。进士登第计一甲 3 人，称状元、榜眼、探花，赐进士及第；二甲称进士出身，三甲同进士出身。宣布进士第登名单时，典礼十分隆重，皇帝礼服登殿奏乐，鸿胪寺官员唱名，故称太和殿传胪。传胪后，即颁上谕，授进士及第 3 人翰林院修撰、编修职。其余须经朝考后授官。

朝考于殿试后 3 日在保和殿举行。朝考内容历朝有所不同。雍正时考诏、论、奏议各一，乾隆时定论、奏议、诗、赋各一，嘉庆二十年（1815 年）又以论、疏、诗命题，光绪二十七年（1901 年）只考论、疏。朝考前列者选为翰林院庶吉士，入庶常馆学习 3 年，散馆时再加御试，优秀者留翰林院为编修、检

---

① 光绪《大清会典事例》卷 337《礼部·贡举》。

② 据陈康祺《郎潜纪闻二笔》载："举人大挑始于乾隆丙戌科，吏部新议选法，一等用知县者，又借补府经历，直隶州州同、州判，属州州同、州判，县丞，盐大使，藩库大使，凡九班；二等以学正、教谕用，借补训导，凡三班。时谓之九流三教。"又据高照煦《闲谈笔记》言："国朝定制，会试三次后，特设大挑一科，不试文艺，专看象貌，二十人为一排，挑一等三人，以知县用，二等九人，以教职用。象貌魁伟者挑一等，其次挑二等，余八人，俗呼为八仙。"

讨，次者改给事中、御史、主事、中书、推官、知县、教职等。凡留官任编修、检讨的，外任可以知府保送，迁调都特别受到优待。"有清一代，宰辅多由此选，其余列卿尹膺疆寄者，不可胜数。士子咸以预选为荣，而鼎甲尤所企望"①。其余朝考者分派各部以主事学习行走，3 年期满，分别补主事、知县、国子监助教等职。总之，考中了进士，就意味着进入仕途，并可以较快地得到晋升。由科举进入仕途，比荐举、捐纳等途径得官，发展前景要好得多。

清代的科举取士，便于清王朝从不同阶层中吸收优秀分子，参与其统治者行列，最大限度地招徕人才，扩大其统治基础，并借此收买笼络人心，维护社会稳定，以巩固清王朝的统治。如顺治二年（1645 年），浙江总督张存仁针对江南地区借反对剃发所兴起的一场反清斗争说："近有借口剃发，反顺为逆者，若使反形既露，必处处劳大兵剿捕。窃思不劳兵之法，莫如速遣提学，开科取士，则读书者有出仕之望，而从逆之念自息。"② 给事中龚鼎孳也进言："诸士身依辇毂，归顺最先，必亟开功名之门，乃益作从王之志，此课收士心也。"③ 可见科举在清初对于笼络人心、消除士人反清思想中所起的作用。清廷还继承明制，以"四书五经"作为考试的命题范围，以朱子的忠孝伦常说教来训迪士子，从而培养选拔了一批为清王朝竭忠尽力的人才，对于促进国家的治理和封建社会的稳定是有利的。但是，清代科举引导士人做代圣人立言、不切实用的八股文章，束缚了人们的思想，阻碍了科学技术的发展。许多士子为求得功名利禄，奔波于科场之路，以致困顿场屋，耗尽了英发的锐气，浪费和败坏了人才。

科举制度在清代所暴露出的种种弊端，表明其已走向穷途末路。时人梁启超就指出："夫近代官人，皆由科举，公卿百执，皆由此出……然内政外交，治兵理财，无一能举者则以科举之试，以诗文楷法取士，学非所用，用非所学故也。"④ 到了清末，随着西学东渐和新式学堂的兴起，行之千余年的科举制度，终于退出历史舞台。光绪三十一年（1905 年）八月，清廷下诏停罢科举："朝廷以近日科举每习空文，屡降明诏，饬令各省督抚广设学堂……兹据该督等奏称，科举不停，民间相率观望，欲推广学堂，必先停科举等语，所陈不为无见。著即自丙午科（光绪三十二年，1906 年）为始，所有乡、会试一律停止。各省岁、科考试，亦即停止。"⑤

（二）荐举选拔思想

1. 征召山林隐逸、贤良

清廷入关后，由于统治区域骤然大为扩大，中央和各地都急需治国理政人

---

① 《清史稿·选举三》。
② 《清世祖实录》卷 19。
③ 龚鼎孳：《龚端毅公奏疏》卷 1 《请宏作人之化疏》，文海出版社 1976 年版。
④ 《公车上书请变通科举折》，《戊戌变法》第 2 册，第 344 页。
⑤ 《清德宗实录》卷 548，中华书局 1986 年影印本。

才，加上为收买、笼络明朝旧臣、汉族士人，顺治帝不断下诏，要求各属大吏访求"隐逸""贤良"，及时荐举。于是，许多旧明臣僚，如前大学士谢升、冯铨，都因此进入内院。其他如明朝吏部尚书傅永淳、刑部右侍郎潘士良、户部侍郎党崇雅、副都御史房可壮、蓟辽总督丁魁楚、王永吉、陕西总督丁启睿、湖广巡抚王梦尹、郧阳巡抚苗胙土、陕西巡抚练国事等，也先后得到重用。除此之外，清初被荐举担任府州县官的明朝旧臣及士人就更多了。顺治年间的征召山林隐逸和访求贤良，对于解决清初人才匮乏，弥补中央至地方官员的空缺，缓和满族与汉族的民间矛盾，起了相当的积极作用。尔后，在康熙和雍正时期，征召山林隐逸活动仍不时举行，继续搜罗散失民间的人才。如"康熙九年（1670 年）恩诏：地方有才品优长山林隐逸之士，著该督抚核实具奏，酌予录用。雍正十二年（1734 年）议准：嗣后如有山林隐逸之士，该督抚具题覆准，令其赴部。其录用之处，具题请旨"①。

但是，另一方面也必须看到，由于此种荐举，多是各举所知，互为保结，加上明末以来"党争"的风气，仍有残余，所以党风沆瀣，呼朋引类，在所难免。如顺治十三年（1656 年），工科给事中梁鋐曾上疏指出，当时在引荐的人员中，有相当一部分是"名实相违"，"不过为梯荣之藉耳"，并不属于"品行迈论"，"怀才应聘"的"山林隐逸"②。

2. 大吏保举

在荐举人才中，清廷还经常要求地方督抚等封疆大吏，以及中央四品以上京官等定期推荐属员，包括佐贰、教官等。顺治初，规定省级官员升迁离任时，须荐举人才一次，后定每岁一荐举，大致大省限 10 人，小省限三四人。不久，又改两年一荐举。康熙时，注重整饬吏治，曾一再诏令群臣荐举天下廉能官。一些被当时公认为清官廉吏的人，如毕振姬、陆陇其、于成龙、邵嗣光、赵苍璧、格尔古德、彭鹏、赵仑、崔华、张鹏翮、郝浴等，都因此得到膺荐，有的人还被超擢重任。雍正时，随着密折陈奏制度的进一步推行，保举下属也多采取密折的形式，以防止在荐举中官员互相串通作弊。如康熙六十一年（1722 年）十二月，雍正帝刚即位，即谕令诸大臣将周围"品行端方，或操守清廉，或才具敏练"的属官，"密奏"荐举③。又以道府州县等官，均属"亲民要职，必才干素著廉洁自持者，方克胜任"，敕下督抚布按和将军、提督，"各举所知"，"密封奏闻"④。雍正朝之所以采取密折的形式，旨在使官员荐举时背靠背地进行，保证荐举的独立性、公正性，防止串通作弊。如雍正二年（1724 年），"著于各省道

---

① 《大清会典事例》卷 75 《吏部·除授》。

② 《清世祖实录》卷 104。

③ 《清史稿·选举四》。

④ 《大清会典事例》卷 81 《吏部·处分例》。

府官内，令督抚藩臬各举所知，保举一二员二三员，俱各密封具奏，不得会同商酌。如所保之人不当，日后劣迹败露，将保奏上司一并治罪"①。雍正七年（1729 年），胤禛甚至谕令在京、地方各大员，要他们"密保""可胜任督抚之任，或可胜藩臬之任"的人才，而且申明，可"不必拘定满汉，亦不限定资格，即府县等员，官阶尚远者"，只要"果有真知灼见，信其可任封疆大僚"的，都"准列荐牍之内"②。乾隆八年（1743 年），弘历诏令大学士们荐举翰林院编修、检讨中有才力的人，出任各省知府；十四年（1749 年），又命"侍郎以上举能任三品京堂者，尚书以上举能任侍郎者"，"明扬密保，并行不废"③。

清廷为确保所保举的官员廉正，对保举不当者予以处罚。如"康熙六年（1667 年）覆准：凡督抚保举府州县官，必开列实在政绩，倘并无实在政绩，妄行空填字样，及保荐不实，别经发觉者，将督抚各降二级调用。申详之司道府、直隶州知州等官，各降三级调用，加级纪录，不准抵销"。"康熙五十二年（1713 年）议准：九卿保举官员内，除因公诖误外，如有贪婪事发，将原保举官照督抚滥举例降二级调用；保举后自行访出揭参者，免议"④。

3. 荐举孝廉方正

荐举孝廉方正又称荐举贤良方正，最早始于康熙六十一年（1722 年）十一月，诏令"每府州县各举孝廉方正，暂赐六品顶戴荣身，以备召用"⑤。清廷荐举孝廉方正的目的主要是为了"振风俗而励人才""振拔幽滞用端风俗"，"广励人才"，因此对荐举对象没有很高的门槛限制。无论是在籍乡绅，还是一般布衣百姓，只要"有敦宗睦族，倡行义举等事，足为乡里所矜式者"，就可由"该地方绅衿耆庶邻里乡党合辞公举"，再由地方官中"采访公评，详稽事实，其所举或系生员，会同该学教官考核，造具事实册结，加具印甘各结，申详该官上司，逐加采访，督抚核实保题，给以六品顶戴荣身。如其中果有德行才识兼优、堪备召用者，准该督抚出具切实考语，破格保荐，给咨赴部，会同九卿翰詹科道，公同验看。如果众论相符，引见候旨简用"。由此可见，荐举孝廉方正为达到"振风俗而励人才"的目的，主要侧重于对荐举对象品德的考察核实，所给的六品官衔也属于荣誉性质的，只有少数德才兼优者，才授予实权的官职。

清政府为保证荐举孝廉方正活动的如实公允，防止徇私舞弊、荐举不实，对荐举不实、弄虚作假官员予以惩处。如雍正十二年（1734 年）覆准："保举贤良方正出身人员，如犯贪酷不法等事，审实，查明该员保举缘由，于疏内附参，将原保举之州县等官降三级调用；转详之司道府直隶州知州，降二级留任；不能查

---

① 《大清会典事例》卷 81《吏部·处分例》。
② 《宫中档雍正朝奏折》第 15 辑，故宫博物院 1977 年版，第 619 页。
③ 《清史稿·选举四》。
④ 《大清会典事例》卷 81《吏部·处分例》。
⑤ 《大清会典事例》卷 75《吏部·除授》。本自然段引文，均见于此。

出之督抚,降一级留任。"① 乾隆元年(1736 年)议准:"直省督抚,转饬府州县等官,保举孝廉方正,详稽事实,造册加结,申详该管上司,递加访察,督抚核实保题。傥所举不实,将平日并非敦崇实行之人,以夤缘奔竞,辄行保荐,或被旁人举发,或被访察题参,除本人斥革追究外,将滥行出结各官降三级调用,受财者从重论。如各衙门胥役,藉端需索,该管官失于觉察者,照失察衙役犯赃例,分别议处。"

4. 开设"博学鸿儒"或"博学鸿词"科

在清代的荐举活动中,影响面最大的,当首推博学鸿儒科(又称作博学鸿词科)。博学鸿儒科形式上虽然也要进行考试,但实际上并不看重答题的优劣,只要被举荐者有名望,就一律都在录取之列。

清廷自顺治帝入主中原后,通过科举和各种荐举活动,使很多汉族知识分子纷纷加入其各级政权,为新政权效劳。但是,仍有相当部分在学术上颇具名声的"硕儒""奇才",却埋名隐姓,或徘徊观望,不仕新朝。康熙帝在基本平定三藩之乱后,为了表示"振兴文教",争取更多的士人为我所用,兴起了一场推荐网罗人才的博学鸿儒科考试。他在给吏部的诏谕中说,"自古一代之兴,必有博学鸿儒振起文运,阐发经史,润色辞章,以备顾问著作之选"。"我朝定鼎以来,崇儒重道,培养人才,四海之广,岂无奇才硕彦、学问渊通、文藻瑰丽,可以追踪前哲者"。因此,他要求在京三品以上及科道官,在外督抚布按,各举所知。只要是"学行兼优,文辞卓越","不论已仕未仕",均可入选②。然后经皇帝亲自出题考试,录取后便可从优授予翰林院官职。

经过官员们的广泛推荐,到康熙十八年(1679 年)三月,共有 143 名士子被推荐到京师参加博学鸿儒科考试。经考试选拔后,康熙帝共录取了 50 名,其中一等 20 人,二等 30 人。录取者分别被授予侍读、侍讲、编修、检讨等职。康熙的博学鸿儒科,虽然未能把当时的所有名流罗致在清王朝各级政权中,如顾炎武、黄宗羲、李颙、孙奇逢、傅山、杜越诸人,仍坚持抗节不仕。但博学鸿儒科对于缓和汉族知识分子中的抗清思想,收买笼络人心,扩大清廷统治基础,还是起了应有的作用。康熙对于业经录取的名流,除授予翰林院官职外,大多数还被派往纂修《明史》,给那些有"故国之思"的士人以某种精神寄托。即使是那些抗节不仕者,康熙也一概置之不问,以示宽大。

由于康熙时较彻底地网罗"硕儒""奇才",因此至雍、乾朝短短的 50 多年间,应荐者的才学、名望远逊于康熙朝,故其录取者人数、影响很难与第一次相提并论了。而且,雍乾之际,清廷的统治在全国已经稳固,经济上正处于上升阶段,因此,雍正、乾隆热衷倡导的博学鸿词科,已不是以网罗人才为主要目的,

---

① 《大清会典事例》卷 81《吏部·处分例》。本自然段引文,均见于此。
② 《清圣祖实录》卷 71。

而是主要为了夸耀"盛世",点缀升平。

清代的博学鸿儒科,后来在道光和光绪年间,又曾有人提出。但由于今非昔比,那时的国运、文运都已江河日下,即使统治者有心装点门面,也很难实施。所以两次建议,都是不了了之。

5. 荐举优行生员

雍正年间,清廷认为,国家选拔人才,仅凭科举考试是不够的,因为科举考试也会因一些品学兼优的人才在考场发挥不好而未被录取,另外一些年迈力衰的人却因考试成绩优秀而被录取,却无法为国家所用。因此,雍正帝诏令,各省学政在三年任满之时,将品学兼优生员,各推荐2—5人,送部引见,由皇帝亲自考核后予以任用。这样能更好激励全国生员努力学习,注重品德修养。"雍正四年(1726年)谕:国家设学校以储养人才,乡会廷试,拔其尤者而用之,即古选士造士之遗意也。但士子作文,有一日之长短,纵使主司公明,搜罗岂能无遗,况去取惟凭文艺,其人品之高下,才能之优绌,无由得知。每有出群拔萃之才,屡试不售,即或晚得一第,而年力衰迈,不堪为国家任使。朕思各省学政,奉命课士,黜劣举优,系其专责。嗣后学政三年任满,将生员中实在人品端方,有猷有为有守之人,大省举四五人,小省二人,送部引见,朕亲加考试,酌量擢用。现在报满各学政,即遵照荐举,其到任未久者,如有所知,亦即举出。夫一省而举数士,不可谓无人。学政巡历各府,三年之久,日与士子相亲,考文察行,不得谓不知,但能虚公衡鉴,所举必得其人。且风声所树,凡读书士子,必皆鼓舞振兴,力学敦行,求为有用之儒,于士习人才,大有裨益。该学政其各实心奉行,毋得苟且塞责"①。

雍正皇帝是清朝诸帝中较重视人才的皇帝,他认识到"从来为政在乎得人,书曰:'野无遗贤,万邦咸宁。'盖贤材登进,在位者多,则分猷效职,庶绩自能就理,而民生无不被其泽也"。他基于这种认识,在雍正五年(1727年),再次谕令各省学政,并扩展到知州知县及各学教官,荐举直省府州县学贡生生员中德才兼优者,上报朝廷,以备任用。而且将失于荐举生员的州县教职等官,依照溺职例予以革职。

6. 举办经济特科

清朝末年,中国在西方列强的侵略下,民族危机严重,社会矛盾尖锐,整个国家处于内外交困的境地。一些有识之士,提出了维新自强的主张,其中在选任人才方面,提出改革官员选拔制度,举办经济特科思想。光绪二十四年(1898年)正月,清廷根据贵州学政严修的建议,下谕总理各国事务衙门,会同礼部讨论开设经济科事。但是,由于慈禧太后发动戊戌政变,百日维新失败,经济特科也就搁置不行了。

---

① 《大清会典事例》卷75《吏部·除授》。本自然段引文,均见于此。

光绪二十七年（1901 年），八国联军侵华后，强迫清政府签订了丧权辱国的《辛丑条约》，中国面临着被帝国主义瓜分的危险。在国家面临生死存亡的紧急关头，清廷被迫又实行改革，诏行经济特科，命各部院堂官及各省督抚、学政保荐"志虑忠纯，规模闳远，学问淹通，洞达中外时务"的各等人才。当时的中国，面临着西方列强的侵略，朝野上下有识之士已认识到，必须学习西方科技知识和政治制度，变革中国腐朽的封建制度，才能自强，实现救亡图亡。因此，当时的经济特科就是选拔懂得新政、新科技的专门人才。其选拔保荐的人才大致必须具备 6 个方面知识：一是懂内政，熟悉"方舆险要，郡国利病，民情风俗"；二是懂外交，了解"各国政事条约、公法、律例章程"；三是懂理财，能考求"税则、矿产、农工商务"；四是能经武，讲究"行军布阵，管驾测量"；五是懂格致，能运算"中西算学、声光、化电"；六是懂考工，能操作"名物象数，制造工程"①。

光绪二十九年（1903 年），政务处确定经济特科的考试方法，所采取的方式类似科举中的廷试，用策用论。考试后，录取一等 9 人，二等 18 人。录取者如原是举贤，以知县、州佐任用；如录取者原是京职、外任，都只比原职略加升叙。总之，对录取者的任用都较之原来设想的特加重用相差甚远。经济特科在拟定章程时，原计划每隔 10 年或 20 年举行一次，但不到几年，辛亥革命爆发，清朝被推翻，经济特科最终仅举办了一次。

（三）捐纳选拔思想

捐纳分为两种：一是朝廷为了赈灾、河工、军需而行捐纳，期满或事竣即停，此称暂行之例；二是捐纳贡监、衔封、加级、纪录无关铨政者，其为定制，称现行事例。文职捐途自小京官至郎中，未入流到道员；武职自千总、把总至参将。清代，捐纳授官的限制有所放宽，如现行事例可以捐职衔、贡监，以及捐加级、纪录、封典之类，由于主要捐虚衔，无实质权力，故对吏政的影响还不十分明显。暂行事例除捐纳上述现行事例所涉及的项目外，最大的不同是可以捐实官，京官自郎中、员外郎，外官文职自道府、武职自参将以下，直到从九品、未入流官，都可捐买。现行职官则可以捐升任、改任、免降，捐选补各项班次、分发指定省份。另外还可以将降革留任、离任、原衔、原翎加以捐复，或坐补原缺；试俸、历俸、实授、保举、试用、离任引见、投供、验看、回避，也可通过出钱予以捐免。乾隆以后，还陆续把某些原来只在暂行事例中施行的项目，也陆续实施于现行事例。在名目繁多的捐纳名目中，价格最高的当推捐实官，其对吏治的危害也最大。

清代捐纳名目虽然超过前代，但仍有一些限制。如朝廷规定，捐纳官不得分用于吏部、礼部，大概是因为吏部掌握人事大权，须得防微杜渐；礼部负责礼教

---

① 张寿镛：《清朝掌故汇编》卷 37《科举三》，广陵书社 2011 年版。

和教育、科举之事，须有较高文化水平，如让捐纳官充任，恐难以胜任，并有伤大雅。还有如捐纳道府职务的，若以前从未担任实缺正印官的，只能仅授简缺。

《清史稿》云：清王朝捐纳，"其始固以蒐罗异途人才，补科目所不及，中叶而后，名器不尊，登进乃滥，仕途因之淆杂矣"。如前赈灾、河工捐纳，捐垦荒地、捐栽芦苇树木等，的确在弥补科举选拔人才不足方面、网罗各种不同类型人才，培育社会良风美俗方面，发挥了一定的作用。但是，由于捐纳从一开始，就把解决财政困难放在重要位置，因此，难免被人诟病为朝廷卖官。而且愈到清王朝后期，口子开得愈大，卖官腐败、选官冗滥程度愈益严重，终于成为有清一代考选制度中的一大弊政。对此，有清一代不少官员对朝廷推行捐纳的做法，提出不同的意见。其中有主张禁止者，有主张有限制地实行，或加以完善者，兹举有代表性的观点数例：

康熙中，四川道监察御史陆陇其就捐纳之事上疏谏止："夫捐纳一事，原非皇上所欲行，不过因一时军需孔亟，不得已而暂开，复恐其贤愚错杂，有害百姓，故立保举之法以防弊，为虑深远矣。近复因大同宣府，运送草豆，并保举而亦许捐焉，则与正途无复分别，甚非皇上立法防弊之初意。且保举所重，莫重于清廉，故督抚保举，必有清廉字样，方为合例，若保举可以捐纳，则是清廉二字可捐纳而得也，此亦不待辨而知其不可矣……且捐纳先用之人，大抵皆奔竞躁进之人，故多一先用之人，即多一害民之人，此又不待辨而知其不可者矣……夫既以捐纳出身，又不能发愤自励，则其志趣卑陋，甘于污下可知，使之久踞民上，其荼毒小民，不知当何如。故窃以为不但保举之捐纳，急当停止，而保举之限期，更当酌定，不但目前先用之例，万不可开，而从前先用之人，不可不行稽核。伏乞敕部，查一切捐纳之员，到任三年而无保举者，即行开缺，听其休致，庶吏治可清，选途可疏，而民生可安矣。"[1] 但是，陆陇其的上疏被康熙帝斥责为"懵愦不知事情"[2]，险些被遣戍边疆。后来，李光地也从捐纳导致吏治腐败角度陈述了捐纳的弊端："虽市井负贩之人，用一百余金加一监衔，再用千金便得知县之职，层累而上，而用数千金遂致道府，而未尝一日办事也"。"臣所见同乡之人，有口未生髭，目不识丁，便已牧民者，或剖百里之符，或拥一道之节。而其为童騃无知自若也"[3]。这些靠金钱买官之徒，既出钱当官，那么在其任期之内，大多数人必然要贪污受贿，刻薄百姓，以求赚取比出钱买官更多的钱财。这些靠捐纳当官的人往往无德无才，没有治国理政的本领，但贪赃枉法之事却能干、敢干，因此，使清王朝官场腐败之风蔓延，吏治更加黑暗。

在清代，更多的官吏赞同捐纳，但是同时提出对捐纳制度进行完善或限制。

① 《清经世文编》卷17，陆陇其《请速停保举永闭先用疏》。
② 《三鱼堂文集》附《陆清献公本传》。
③ 《榕村全集》卷30《奏明开捐议稿未敢画题札子》。

如陈廷敬主张，对捐纳者必须进行考试，合格者再予以授官，只是考试时可以放宽要求，可不试八股经义，只试时务策、判。如在捐纳前已经过考试，那么一旦捐纳就可授官。他指出："自捐纳以来，有未经考试之人，辄授正印亲民之官者。夫古者以经术为吏治，必学古然后可以入官。今即不能尽然，而亦须略晓文义之人，委以民社之寄。臣查俊秀一项，初捐既是白身，有司曾未一试，而吏部辄与选补，则其文义通阁，何由得知。此项人若一概束之高阁，则既已尝许其得官，若尽数录用，则自古未有不晓文义之人，可以为民父母者也……臣愚谓知府知州知县，凡俊秀捐纳，有已经考职后捐纳者，依例选补；有未经考职遂行捐纳者，于补选之时，仍行考试。文义略晓者，即与选补，否则，且令肄业，听其再试。凡考试之时，若绳以八股经义，既非其所素习，亦难以猝然而能，合无试以时务策一道，判一条。但须严加防察，毋得令其代倩，徒应虚名。如此，则既不绝其功名仕进之路，亦使知有郑重名器之思，庶可以责吏治之实效也。"①

蒋伊赞成捐纳，但主张对捐纳者要从身言书判4个方面进行考察，合格者可授予知县，不合格者给以职衔，作为佐贰。并对捐纳授官者实行保举制，给予一年试用期，才长守慎者升转，贪残阘茸者罢斥。康熙十八年（1679年），他上《甄捐纳以恤人才疏》，指出："从来亲民之官，莫切于县令，县令贤，则一邑被其泽。推而言之，天下之民困矣，捐纳知县，原出于一时权宜之策。乃有先用，又有即用，更有小京职之一途，以为终南快捷。揆其欲速之心，莫非取偿之计，此辈欲望其毋侵渔百姓，岂可得乎？……夫捐纳之中，未必无贤能，而不可不选择。臣请将捐纳未选者，在内责成吏部行拣选之法，身言书判实加考验，取其文理才干堪为民牧者，照次除授；如文义荒谬，出身下贱者，给以知县职衔，作为佐贰以自效。其捐纳已选者，在外责成督抚行保举之法，一年之中，试之政事以观其能，稽之操守以定其品。如果才长守慎，许该督抚保奏，不拘资格，一体升转；其贪残阘茸者，亟请罢斥。如是则铨法澄，而吏治端矣。"②

徐元文也赞成捐纳，但他认为必须加强对捐纳为官者的考核，称职者升转，不称职者随时题参罢黜。而且必须使捐纳为官与科举为官者有所区别，前者必须经过保举才能升转。他说："凡捐纳授官及捐纳复职州县，到任三年后称职者，具题升转，不称职者题参，照例议处。其官箴有玷者，不时题参，是凡捐纳之人，无论称职不称职，皆当以三年为限，分别具题也……今吏途甚杂，所以令三年具题，盖欲使贤者劝而不肖者惧。""岁贡一项，所谓正途，自捐纳事例，渐推渐广，而生员俊秀，并得输纳，嗣又开捐纳生员之例。虽复目未识丁，而今日纳生员，他日即纳岁贡，名则清流，实多铜臭，公然冒滥，自诩正途。臣以为正

---

① 《清经世文编》卷17，陈廷敬《请考试正印官疏》。
② 《清经世文编》卷17，蒋伊《甄捐纳以恤人才疏》。

途非可捐纳而得，其由捐纳岁贡得官者，仍须保举，方与正途一体升转。"①

魏裔介则主张，对于捐纳为官者必须用其所长，分门别类加以任用："夫捐纳者之先用，当先用于捐纳者之本行耳。奈何将历科进士、举人，皇上临轩亲策之人而并先之也。进士为一行，举人为一行，例监捐纳为一行，丞簿捐纳为一行，教习为一行，斯可矣。"②

（四）考选御史思想

清朝"都察院各官皆朝廷谏诤之臣"③，非一般官员可比，因此，清廷重视考选御史，特别规定了考选御史的一些标准，主要有以下几个方面：

其一，御史必须才守兼优，敢于直言。清廷认为，御史为朝廷"耳目之官，关系最重，必须选用得人，方能称职"④。任源祥也认为，"科道职司言路，必使品行卓荦、娴历时务者居之"⑤。因此，朝廷对都察院各官的考选标准是"才守兼优"⑥；"勤敏练达，立心正直"⑦；"上之则匡过陈善，下之则激浊扬清，务求知无不言，言无不尽，乃称厥职"⑧。总之，才守兼优、敢于直言是考选科道官的必备条件。

其二，中老年人经验丰富，思想成熟，是考选御史的最佳年龄段。嘉庆四年（1799 年）规定："各衙门保送御史，其年龄过轻者，固不便率行保列，如年逾耆艾各员，精力尚强者，仍准保送，以六十五岁为率，过此者不准保送。"⑨ 大致说来，30—65 岁之间，身体健康、精力强壮者是理想的年龄人选。

其三，考选御史必须实行严格的回避制度。为了防止各级文武官员利用宗族、姻亲、师生、同乡等关系，结党营私，互相包庇，破坏法纪，清政府严格规定了考选御史的回避制度，以使任职者更好监察、弹劾百官，尤其是高官权贵，从而在肃清吏治中发挥作用。清初顺治时就规定，考选御史时，"汉人现任三品以上堂官子弟，不准考选"⑩。康熙帝时又规定，"汉人督抚子弟亦不准考选"。"父兄现任三品京官，外任督抚子弟，例不准考选科道。其父兄在籍起文赴补，及后经升任者，有子弟现任科道，令其呈明都察院具奏回避，移咨吏部，改补各部郎中"。乾隆时规定，既然都察院所属十五道，是"按省分道，专司稽察该省事务，则省之人，自应回避本省"。光绪时规定，满洲、蒙古御史，亦应参照

① 《清经世文编》卷 17，徐元文《酌议捐纳官员疏》。
② 《清经世文编》卷 17，魏裔介《复黄棐园书》。
③ 《大清会典事例》卷 998《都察院·宪纲》。
④ 《大清会典事例》卷 1029《都察院·各道》。
⑤ 《清经世文编》卷 17，任源祥《铨法》。
⑥ 《大清会典事例》卷 1029《都察院·各道》。
⑦ 《大清会典事例》卷 1029《都察院·各道》。
⑧ 《大清会典事例》卷 998《都察院·宪纲》。
⑨ 《大清会典事例》卷 1029《都察院·各道》。
⑩ 《大清会典事例》卷 1029《都察院·各道》。本自然段引文，均见于此。

汉御史之例，实行回避制度。

其四，考选御史讲究出身。清代官员出身有正途、杂途之分，正途受重视，杂途被轻视。清代大多数皇帝都讲究御史必须正途出身。如顺治时规定，汉官由贡生出身者，不准考选御史。康熙时又规定，汉官非正途出身者，虽经保举，不准考选御史。正途之中，又以科甲出身的最受优待。如康熙时规定，满洲给事中员缺，应升官内，先尽科甲出身之人升补。清朝唯雍正帝对科甲出身的人颇不以为然，而重视选拔有行政经验、德才兼备者为科道官。他规定，科道缺出，在京则令各部院堂官于各属司官内挑选，不论科甲贡监，择其勤敏练达、立心正直者保送。

其五，御史考选对象。清初规定，大理评事、太常寺博士、中书科行人等，凡历俸 2 年者，以及在外俸深有荐之推官知县，都可以是六科给事中和监察御史的考选对象。"御史由保举考试补授"[1]，这就是考选对象首先必须由大官员保举，在京由各部院堂官保举，在外省由督抚保举，然后经吏部奏请考试，合格者引见记名后，等待皇帝简用。后因保举官与御史结党营私，弄虚作假，损害了保举制度，康熙时曾一度停止了堂官和督抚保举御史的做法。直至乾隆时重新规定，由九卿于应行考选人员内秉公保举，请旨考试引见，等待皇帝简用。

二、任官中的官缺、条件审核、正途与杂途、回避思想

（一）官缺制度

清代考选合格，只是取得当官的资格，但并不意味着就已当了官。考选合格只是进入当官的门槛，还必须等待有官位空缺时，再予以任命，这样就需要有一定的候选和候补期。清代后期，由于通过捐纳的官愈来愈多，候选、候补的时间也越来越长，有的竟拖了一二十年也捞不上一个实缺官，也有的开缺官则长期无法递补。

清代的官缺，即指职官的额定设置，即现代的所谓职数。清代为满洲贵族建立的封建政权，在官缺上明显体现了对满族、皇室宗亲的优待。清制规定，凡内、外官之缺，分宗室缺、满洲缺、蒙古缺、汉军缺、汉缺、内务府包衣缺等。京内外各衙门官员额缺均有明确规定，一般不能随意更动。宗人府官员为宗室缺，内务府官员为内务府包衣缺，各直省驻防官、理事、同知、通判为满洲缺，京官大学士以下，翰林院孔目以上亦为满洲缺（但顺天府府尹、府丞、奉天府府丞及京府、京县官、司坊官不授满洲缺），唐古特司业、助教、中书、游牧员外郎、主事为蒙古缺，钦天监从六品秩官正为汉军缺。惟宗室京堂以上缺，满洲、汉军可互补；汉军司官以上缺，满洲、汉军可互补（但刑部司官，不授汉军缺）。外官蒙古可补满洲缺，满、蒙、汉军包衣可以补汉缺。此外还规定，满

---

[1] 《大清会典事例》卷 1029 《都察院·各道》。

洲、蒙古无微员（即从六品首领、佐贰以下官），宗室无外任（即外任道以下官员，但督抚、藩臬由特旨简放者，不在此例）。由此可见，清廷在官缺的设置上，即保证满族贵族和八旗子弟在政府机构中享有的特殊地位，同时又不致过分损害汉族等各民族上层分子的利益。

清代在地方府州县官缺的设置上，有两点值得提及：一是由于汉族人数众多，因此，府州县官基本上都由汉人充当，这样用汉人直接管理汉人，也避免产生满、汉之间的民族冲突，省去许多不必要的麻烦。二是根据地方府州县事务的繁简情况，对各地府州县官的缺分，规定出不同的等次。雍正时，广西布政使金鉷提出了冲、繁、疲、难4字标准。所谓冲，就是"地当孔道为冲"；所谓繁，就是"政事纷纭为繁"；所谓疲，就是"多逋欠者为疲"；所谓难，就是"民刁俗悍，命盗案多者为难"①。尔后，吕耀会又作了补充，在要、中、简3等中，"如遇要缺开，则于中、简之中，择才守兼优者，一面题达，即一面调补。所调之缺，或归部选，或以部发人员补用"②。经过廷臣讨论，雍正九年（1731年）十二月批准确定，凡四字俱全者为"最要缺"，四字中占三项者为"要缺"，占二字一字或无字者，分别是"中缺"或"简缺"。缺分的等次不同，补授的方式也不同。一般说来，新选知县授"简缺"或"中缺"，待有行政经验后再转"要缺"和"最要缺"。其中不少"最要缺"，选授权力不在吏部，须得请旨简放，或请旨特授。另外在边疆偏远地区，还有"烟瘴缺""苗疆缺"；因为那里条件艰苦，在题调补授上可得到适当照顾，以使"人地相宜"，"吏治民生均有裨益"③。

（二）任官的条件

清朝任官，不论铨选或保举，在领凭证赴任前，有关部门必须对任官条件逐一审核。

其一，"别其流品"，考究官员的身家。在中国古代，士被认为是四民之首，当官的必然清白，才得为人表率。为此，清朝规定：凡为人家奴、长随、倡、优、隶卒的子孙，或八旗户下人，均不得进入仕途。凡已服役三代，经主人同意拔出为民的八旗或汉人家奴，由有关衙门记档存案，再经三代所生子孙，方准出仕，但在任职上仍有京官不得到京堂，外官不得至三品的限制。

其二，官员铨选掣签后，吏部要会同九卿、科道官进行查验，也就是"观其身言"。具体查验内容包括行止、出身、年岁、身体状况、有无冒充籍贯、父祖有无亏空钱粮等。雍正时又规定，初除官员必须随同履历进呈考单，分别回答就任后"何以治民，何以厚俗"，有何"催科抚宇之术，谳狱息讼之方"等问

---

① 《宫中档雍正朝奏折》第10辑，第92页。
② 《宫中档雍正朝奏折》第12辑，第466页。
③ 《清世宗实录》卷113。

题。对于升任、补任之员，"令其将旧任地方利弊，明白敷陈于履历之后"，目的是"看其学问识见，以观将来之志向"①。

其三，对升任、补任官，必须考查先前有无降罚、住俸以及其他尚未了结之事，即所谓"核其事故"。

其四，"论其资考"。清代各官有论俸推升制度，不论京官、外官，升降调补均有一定的计算俸禄的方法，看是否符合规定发放俸禄。凡有裁缺、对调、回避、丁忧服满、终养事毕、病愈销假、新旧交接、往返候缺日期等等，均按例或予以扣除，或准许接算。

其五，"定其期限"。凡新进进士以及荫生、捐输、拔贡等员，分发到各部门行走和各省试用，依据其原科目出身和分授职务，分别规定一年二年三年，最多至九年的任期。待任期满后，由原衙门咨文吏部查核，以备升补调用。在这过程中，各衙门咨文，吏部查核后回文，该员接读回文后办理移交到引见赴任，都有严格的期限规定。

其六，"密其回避"。清代任官，定有回避制度，任官前必须考察是否有该回避而没有回避的。

其七，"验其文凭"。凡候选官员，必须有原任职衙门或有关部门等发给证明其身份的执照、咨文、印结，呈交吏部，以便赴京投供验到，或在籍选候。选后赴任，除京官由吏部直接发文知照各衙门，外官则领凭或给部照、咨文，以便各省督抚查验。待查证后，又咨吏部回复。

清代规定，任官前必须审查以上7条均符合条件，才能正式开始担任官职。

（三）入仕的正途与杂途

清代捐纳盛行，"登进乃滥，仕途因之淆杂矣"。但是，尽管进入仕途途径较多，但从总体上划分，大致分为正途出身和杂途出身两大类。所谓正途出身中，首推为"科甲出身"。清朝崇尚科举，在官员队伍中，凡是由举人、进士入仕的，均以有此出身为荣；其次经国子监培养的贡生出任外官的，叫学校出身，其出身仅次于科甲出身；再次由恩荫或难荫的荫生而授官叫恩荫出身。除此之外，如幕客等经保举而得官，"旗人并免保举"者，也视同"正途出身"。与正途出身相比的是杂途出身，又称异途、偏途。杂途出身大致是通过捐纳、荐举优行生以及吏胥迁秩而入仕的。

清代重视正途而轻视杂途，在委任官职时，正途一般会受到优待，而杂途则有一些限制。如按清制，"选班首重科目正途"②，在铨选官员时，科举等正途出身的，常受到优先待遇，甚至有些官职，只能由正途出身者担任，杂途出身者不能担任。如各级衙门的正印官，按规定，只能由正途出身的人担任，其中翰林院

---

① 《大清会典事例》卷44《吏部·汉员铨选》。
② 《清史稿·选举五》。

编修、检讨，汉内阁学士，各省学政，汉詹事府赞善以上官，国子监祭酒、司业、奉天府丞、汉吏部郎中、员外郎，宗人府及主事等，仅限于进士出身者。翰林院侍讲以上官，满州国子监祭酒及其礼部侍郎、尚书、顺天府丞、教授、训导、内阁侍读、典籍、中书、国子监监臣、博士、助教、学正、学录、起居注主事，限于科甲出身者。各汉科道官凡不属正途出身者，虽有人保举，也不得破例。各府州县教职官，定例只能由进士、举人、贡生和由廪膳生员进取的例贡生充当。清朝规定对于杂途出身者，往往只能授于品级较低或未入流的官职。如由"俊秀"捐输得官员，止授从九品和未入流官。至于医、视、僧、道，虽也有授予官爵的，但限制十分严格，而且只能在本行中迁转，不得别改他途①。

在清朝官场，正途出身与杂途出身、科甲出身与非科甲出身区分严格，而且根深蒂固，有时即使皇帝任用官员，也要遵守规定，不得随意违反。如乾隆时出任四川、江南总督的李世杰，"以廉能称职"，乾隆帝"屡欲以为阁臣"。但因为他是捐纳授官，属于杂途出身，有关人士进言道："不由科目，例不可官内阁"，于是乾隆帝只好作罢②。

但是，在清代，也有皇帝敢于打破这些清规戒律的。如雍正皇帝就主张任用官员既要重视官员出身，但不能限得过紧过死，主要还是要看实际才能。他宠用的田文镜，出身监生，不属于正途科甲，还有李卫由捐纳得仕，更是属于杂途出身。他指出："国家用人，但当论其贤否，不当限以出身。朕即位以来，亦素重待科甲，然立贤无方，不可谓科甲之外遂无人可用，倘自恃科甲而轻忽非科甲之人，尤为不可。自古以来，名臣良辅，不从科甲出身者甚多，而科甲出身之人，亦屡见有荡检逾闲者。"③ 还有在晚清时期，由于国家内忧外患严重，使清廷不得不打破常规任用各种才能的官员，使杂途出身的人不少也任职高官显宦。正如时人朱彭寿所指出的："迨咸丰辛亥（咸丰元年，1851 年）以还，以及光绪甲午（光绪二十年，1894 年）而后，国家多难，破格求才，一时奇杰之士，或效力戎行，或通知时务，其由诸生、布衣不次超擢官至督抚者甚多"④。

（四）回避制度

清朝继承古代任官规定，为了避免官员亲友、邻里同乡、师生等请托徇情，制定了一系列的限制条例，以防患于未然，这就是回避制度。清朝的回避制度，比较细致严密，主要有地区回避、亲属回避、师生回避、拣选回避 4 种。

地区回避是指文职官员不得在原籍和本籍任职，其回避的牵涉面较广。由于京官和地方官的情况有所不同，所以在具体实施中其规定又各有差别。

---

① 《中国政治制度通史》（第 10 卷），第 543 页。
② 昭梿：《啸亭杂录》卷 4《李恭勤公》，中华书局 1980 年版。
③ 《上谕内阁》，雍正四年七月十三日谕，台湾商务印书馆影印《四库全书》本。
④ 朱彭寿：《旧典备征》卷 4《汉大臣不由正途出身者》，中华书局 1982 年版。

在京任职主要是指任户部、刑部两部司官和道监察御史的籍贯，不得与所管省份相同。之所以特别规定这三个部门京官要进行地区回避，主要原因有两个方面：一是这三个部门分别掌管钱粮、刑名与监察，属要害部门；二是这三个部门均以省分设司、设道，并各按所称省名辖理或监督所在省份的钱粮、刑名等事，为防止所辖理或监督省份的官员利用亲友、同乡关系请托徇私，于是进行地区回避，如浙江籍不得任职户、刑二部浙江司和都察院浙江道监察御史等。

外官的地区回避包括自督抚至州县官，不许以本省人任本省职，有的虽非本省，但其原籍与任职地相距在 500 里以内，也得照例回避。如康熙四十二年（1703 年）议定："候补候选知县各官，其原籍在现出之缺五百里以内者，均行回避。"① 当时，地方官的回避止限于省道府州县厅的正印官，佐贰杂职不在规定的回避之内。雍正十三年（1735 年），扩大了回避面，规定"各省佐贰杂职，驻扎地方，在原籍五百里以内者，亦令回避"。

地区回避不仅限于省道府州县厅的官员，而且还涉及地方一些专业部门。如盐大使等盐场各员，向来"因无地方之责，并不回避本省"。乾隆五十二年（1787 年），以"盐场各员，与州县官专司民社者，虽属有间，然盐斤既关系民食，且所属晒丁、灶户钱粮、词讼，俱系该员整理，究恐有徇私瞻顾等弊"，因此决定也要"回避本省"。

在地区回避中，有的官员长期离开原籍，寄籍他省。对于这些人，乾隆七年（1742 年）议准："寄籍人员，凡寄籍、原籍地方，均令回避"。如浙江人寄籍顺天，则直隶、浙江两省，均应回避。另外还有一些人，有祖籍、原籍、商籍，对此，清廷规定原则上都要回避。稍有例外的是对盐场河工官员，可放宽不回避祖籍。至于寄籍回避，光绪十二年（1886 年）进一步限令："现任官员，任所地方属民，如有五服以内亲族寄籍，系属聚族而居，业已成村者，应令回避，以别府之缺，酌量对调。"也就是说，只要在辖下有近亲聚居寄籍，其官员就必须回避。

亲属回避是指直接血缘关系或姻亲关系的人员，避免在同一衙门，或有上下级关系的衙门，或互为监察的部门，或同一地方担任官职。回避的原则是，同辈的官员之间由官小的回避官大的；或系同一品级的官员，则由后任者回避先任者。不同辈分的官员之间，除京官出任堂官，例由官小者回避；若系相同官衔，或品秩稍有大小，则均由辈分小的回避辈分大的。至于地方官中，遇到有直系亲属为上司下属的，通常令官小者进行回避。清朝亲属回避大致是血亲范围限于"祖孙父子伯叔兄弟"之内，其同宗同支而不同祖父的远房兄弟，可不在回避之列。姻亲范围限于母之父及兄弟，妻之父及兄弟，己之婿、嫡甥，均属至亲，回避之列较严。至于母兄弟之子、姨母之子，亲属渐远，虽同任外官，"可毋庸回

---

① 《大清会典事例》卷 47 《吏部·汉员铨选》。本目引文未注出处者，均见于此。

避"。如"康熙三年题准：在京各部院尚书、侍郎以下，笔帖式以上，嫡亲祖孙父子伯叔兄弟，若在同衙门，令官小者回避"。"雍正七年（1729年）议准：外姻亲属，若母之父及兄弟，妻之父及兄弟，己之女婿、嫡甥，分属至亲，同在外官，亦令官小者回避。至母兄弟之子，姨母之子，虽服制三月，亲属渐远，毋庸回避"。

在亲属回避中，任官职司的重要与否，也与回避的严宽大有关系。如康熙十年（1671年）规定，"外官有关刑名钱谷，考核纠参者，不分远近，系族中均令官小者回避"。由于刑名钱谷，利害关系甚大，"而聚族一处者，情谊关切"，故必须倍加防范徇情舞弊，所以回避所及，不只是直系亲属，而且还应扩及一般同族之人。又如嘉庆十七年（1812年）议准："现充盐商人员，不准选户部司员"；"祖孙父子及嫡亲伯叔兄弟，有现充盐商者，亦令其回避户部"，即使堂兄弟以下的远近宗族，"虽无运本股分，但既系同族，亦应引嫌"，不准选补司管盐务的户部山东司缺分。原因是"户部总司各省盐务"，盐政牵涉到国家重要财政收入，为防止其利用亲属关系营私舞弊、中饱私囊，所以对有所干系者，回避从严。

师生回避主要指授业师生和乡试会试中座主与门生之间，在任官时应有所回避。在中国古代，社会普遍重视师生关系，一日为师、终身为父是普遍的观念。清代也不例外，因为在当时，"师生之谊，情同父子"①，其中在官场有不少人利用师生同年关系，"联络声气"，以致"徇势结党，互相排陷"②，所以清廷制定了师生回避规定，对此加以防范。

拣选回避是指清代某些职官出缺，依制调补时必须有所回避。拣选回避出现的时间较晚，嘉庆时，清廷发现有的拣选大臣在拣选官员时，竟将"本人至亲挑入"，以造成既成事实。为此，皇帝为防止类似情况再次发生，要求臣下制订法规，以为限制。经吏部等官员集议奏准，规定：凡与选人员和钦派大臣有宗亲或姻亲关系的，一般照京员回避之例，令官小者回避。其中某些特殊情况，像拣选满洲、蒙古和汉军的某些职位，可采取事先呈明或请旨多派大臣以便回避等方式，进行解决。

三、以科道、督抚、按察使和道员对官吏进行监察思想

（一）都察院

清代因袭明代，对官吏监察制度思想与明代一脉相承，而只在少数地方略做修改。在中央仍设都察院作为最高监察机关，"掌司风纪，查中央百司之职，辨其治之得失，与其人之邪正；率科道官而各矢其言责，以饬官常，以秉国宪；率

---

① 《清世宗实录》卷87。
② 《上谕内阁》，雍正四年十月十二日谕。

京畿道以治其考察处分辩诉之事；大政事下九卿议者则与焉；凡重辟，则会刑部、大理寺以定谳；与秋审、朝审；大祭祀则侍仪，朝会亦如之，皇帝御经筵亦如之，临雍亦如之"①。总之，清代的都察院与明代的都察院一样，是皇帝监察文武官员，整饬纲纪的最高机构。

清都察院下属机构有六科、二十道、五城察院、稽察宗室御史处、稽察内务府御史处等。其中六科在明代为独立机关，不隶属于都察院。清初沿明制，六科仍为独立机关。后惩明"廷论纷嚣，恣情自肆"，遂于雍正元年（1723 年）始隶都察院。

（二）六科

清代六科的职责与明代相似，"掌发科抄；稽察在京各衙门之政事而注销其文卷；皆任以言事；皇帝御门则侍班，御筵亦如之，临雍亦如之；朝会则纠其仪"②。据《大清会典事例》卷 1015、1016《都察院·六科》记载，六科的监察分工大体上如下：

清代吏科稽核人事，监察官员京察、大计，注销吏部和顺天府文卷。户科稽核财赋，如在京部院各衙门支领户部银物，直省钱粮奏销，交盘，赋税征收，漕粮奏销、盐课、户部文卷等，都要经过户科察核、磨对。礼科稽核典礼事务，察核磨勘岁科学册、岁科试卷和乡试、会试试卷，注销礼部、宗人府、理藩院、太常寺、光禄寺、鸿胪寺、国子监、钦天监等衙门文卷。兵科稽核军政、武职画凭、功加人员、武生考试、官兵俸饷、奏销朋桩、提塘、驿递、邮符等，注销兵部、銮舆卫、太仆寺等衙门文卷。刑科稽核刑名案、赃赎、私盐，注销刑部文卷，乾隆十四年（1749 年）还决定，都察院也由刑科稽察。工科稽核工程，船只、兵器制造，工关考核，工关领批，以及注销工部文卷等。

从以上记载可知，清代六科对国家各方面事务的监察远比明代周密系统。如户科审核稽查的范围相当广泛细致，包括在京各部院支领财物，直省钱粮奏销交盘，漕粮，盐课，各仓粮斛册等。由于工部诸工程、制造支出钱粮数额往往巨大，因此不仅要进行事后细致严密的稽核审查，而且还要进行事前料估、估修，符合规定者才予以动工，工程结束后再进行察销。总之，上自中央六部，下至地方直省，国家的各方面事务，均在六科的审核稽察之中。

（三）道监察御史

清代的道是按省划分的监察机构，原先只有十五道，至清末增至二十道。各道一般设掌印监察御史满汉各 1 人，监察御史满汉若干人。监察御史除掌核本省刑名外，并令稽查在京各衙门事务。如河南道照刷部院诸司卷宗，稽察吏部、詹事府、步军统领、五城；江南道稽察户部、宝泉局、左右翼监督、京仓、总督漕

---

① 《大清会典》卷 69《都察院》。
② 《大清会典事例》卷 1014《都察院·六科》。

运，磨勘三库奏销；山西道稽察兵部、翰林院、六科、中书科、总督仓场、坐粮厅、大通桥监督、通州二仓；陕西道稽察工部、宝源局，覆勘在京工程；江西道稽察光禄寺。监察御史的监察职掌是"纠察内外百司之官邪，在内刷卷、巡视京营、监文武乡会试、稽察部院诸司；在外巡盐、巡漕、巡仓等，及提督学政，各以其事专纠察。朝会纠仪，祭祀监礼，有大事集阙廷预议焉"①。监察御史稽察各衙门事务，主要是注销其文卷，与六科同。直到光绪三十二年（1767 年），改革官制，稽察注销之制始废。

在京各衙门所办事务（军机大事除外），除按定限注销外，并有照刷文卷制度。每年八月，将上一年有关钱粮案件汇造印册，送河南道照刷。河南道在稽查文卷中如有发现稽迟、失错、遗漏、规避、埋没、违枉等情况，予以参奏论罪。其余陆续磨对，限十二月封印前缮黄册进呈。乾隆后期，照刷文卷更是以审计钱粮有无"埋没"为重点。乾隆三十二年（1767 年）议准："在京大小各衙门，照刷文卷，凡有关系钱粮者，全行开送，毋得丝毫遗漏。其无关钱粮案件，概行停止送刷"②。各衙门文卷照刷经隔一季后，还要进行磨勘，即再送上级衙门查看是否遵照改正。如仍未遵行，则按钱粮分数（侵挪或欠征之款以十分为率）论罪。在京各衙门一般由主管之部院磨勘，惟户部三库奏销册，由河南道磨勘。

（四）科道双重监察

清代继承明代，在对官吏及有关部门和事务的监察中仍实行科道双重监察制。如六科给事中分别稽察吏户礼兵刑工六部，户部又由江南道带管，工部由陕西道带管。甚至六科本身也受到道监察御史的稽察，如清代六科由山西道带管。清代其他局、司、库、院等由科道双重监察的就不一一缕述了。

清朝科道双重监察的做法主要有两种方式：一是科道共同对宗人府、户部、工部、理藩院、通政使司、各寺监重要部门的日常钱粮收支以及政府官员、军队将官的升降等进行稽核审查。如道光十四年（1834 年）议准："各司处每月收发钱粮存稿，于次月初五日以前，径付稽察银库科道。该科道按库册逐款磨对，于初十日以前，将上月实收实发款数，是否相符，及库存数目，移送北档房备查。"③ 二是科道接受皇帝的指派，对官员一些违法乱纪行为，共同查勘纠参。如康熙四年（1665 年）谕户部："近闻守令贪婪者，多征收钱粮加添火耗，或指公费科派，或向行户强取，借端肥己，献媚上官。下至户书里长等役，次行妄派，小民困苦无所申告。以后著科道各官将此等情弊，不时察访纠参。"④

（五）督抚、按察使和道员监察

清代的总督、巡抚也是沿袭明制。顺治十二年（1655 年）谕吏部、都察院，

---

① 《清朝文献通考》卷 82。
② 《大清会典事例》卷 1017《都察院·各道》。本自然段引文，均见于此。
③ 《大清会典事例》卷 182《户部·库藏》。
④ 《清代文献通考》卷 2。

"直省地方设立督、抚、巡按，皆以振肃法纪，剔弊发奸，且使彼此互为纠察，竞砥公忠"①。清代与明代不同的是明文规定督抚为地方最高行政长官。雍正元年（1723 年）规定，直省总督除授为兵部尚书例兼都察院右都御史外，其余各省总督俱为兵部右侍郎兼都察院右副都御史。因此，都兼有监察地方之权。省巡抚亦例兼都察院右副都御史，也有监察本地方政务之权，考察全省地方官员。

清代各省设按察使，总管全省按劾之事，振扬风纪，澄清吏治。乡试时充监试官，大计时任考察官，秋审时当主稿官，并办理全省刑名案件，勘核词状，管理囚犯，遇重大案件则会议布政使办理，并上报部院。按察使的衙门称提刑按察使司，内设经历司掌出纳文移诸事，经历为衙门首领官；照磨所掌照刷宗卷；司狱司掌管理监狱。

清代在省与府、州之间还设有辅佐藩、臬二司的官员——道员。各道员或通辖全省地方，或分辖三四府州。此外，还有些没有地盘的专职道员，如粮储道、盐法道、管河道等，都是因事而置。道员有"守道"与"巡道"之分，一般是守道管钱谷，巡道管刑名，如其再兼某衔者，则再兼管某事。道员亦被称为"监司"，有监察所属地方或部门政务之权。

（六）地方行政与监察相结合的监督体系

清代地方各级衙门，上自督抚，下到府县，形成了一套行政与监察相结合的监督体系，尤其体现在对地方钱粮等事务的监督之中，其主要体现在以下 4 个方面：

其一，地方各级衙门于每年奏销时都要进行钱粮盘查。盘查是自上而下进行，州县钱粮，责成该知府、直隶州盘查；各府钱粮，责成该道盘查；直隶州钱粮，责成分巡道盘查；粮驿道钱粮，责成布政使盘查；藩库钱粮，该省有总督者，督抚会同盘查，无总督者，巡抚盘查。盘查时各级地方衙门中有关钱粮事项均在审核之列。

各级衙门奏销钱粮时最主要的工作是"全凭册结磨对"，即对账复核。康熙十一年（1672 年）题准："奏销册，直省布政司总数，府州县细数，皆载旧管、新收、开除、实在四柱，以凭稽核。"② 岁终奏销时，督抚将通省钱粮完欠、支解、存留之款，汇造清册，岁终报部核销。

清代的库藏也是逐级盘查。乾隆八年（1743 年）谕："各省定例，督抚盘司库，司库盘道库，道府盘州县库，所以杜亏空防挪移也。"③ 这种逐级盘查通常是一年一次。但仓储的逐级盘查似乎没有库藏那么严格，督抚往往直接对州县进行查核。如乾隆四十七年（1782 年），"仍令各州县将仓库实贮之数，三月汇报，

---

① 《清世祖实录》卷 95。

② 《大清会典事例》卷 177《户部·田赋》。

③ 《清朝文献通考》卷 41。

督抚随时督核"①。诸仓储经常有挪欠作还之弊，州县出借仓谷，每年秋成后不能催完，至春辄挪报还仓，旋即详请出借，不过令旧借之户换一新领等。因此，督抚对仓储的盘查要查明"现年实存若干、柴借若干、现存柴价若干"，"逐一分析，即缮折具奏"②。

其二，新旧官吏交接时逐级交代。《清史稿·食货二》载："又州县官钱粮交代，由接任官造具接收册结，同监盘官印结，上司加结送司，详请谘部，不得逾限。布政使升转离任，将库储钱粮并无亏挪之处附奏，其新任接收，亦具折奏闻，仍照例限详题。按察使交代，由巡抚会同藩司查核详题，且时其盘查，令各督抚於布政使司库钱粮奏销交代时，亲赴盘查，具结题报。督抚新任亦然。"

其三，监督建筑工程经费。清代建筑工程中贪污现象严重，奸贪狡猾官吏往往浮开冒估，任意侵肥。更难以关防的是地方兴建工程，建筑工料价格因时因地差异很大，如各省有不同，即使一省之中，各郡县也不一样。因此价贱之时之地，如开价多者，必有余赀以饱官吏之私囊；若价贵之时之地，则采办不敷，势必科派闾阎。中央对地方建筑工程的监督颇有鞭长莫及之感，往往不易随时随地掌握实情，因此更要依赖各省督抚进行监督。如乾隆三年（1738年）谕："各省督抚留心访查，详确综核，既不使恣意浮冒，虚糜国帑，又不至苛刻从事，贻累官民。"③ 清政府规定："凡各省修建一应工程，如物料价银五百两以上，工价银二百两以上，该督抚将动支银两及工料细数，预行确估题报。工部查明定议，会同户部指定款项题覆，准其动用兴修……其物料价银五百两以下，工价银二百两以下者，该督抚咨明工部定议，知照户部，令其动项兴修。"④ 这种事前确估题报有利于防患于未然，而且在临动工之前，督抚等亲往或派司员到现场查勘，更能防止蚀帑误工。

其四，追查经济大案。督抚除了负责上述例行的稽核审查外，对于地方发生的经济大案，皇帝往往严谕督抚加以追查。如康熙晚年，各地钱粮亏空严重。雍正即位后，即令"各督抚严行稽查所属亏空钱粮，限三年补足，毋得藉端掩饰，苛派民间。限满不完，从重治罪"⑤。雍正帝曾命王玑署江苏巡抚，兼管清查钱粮，后来查出苏松等处历年积欠1600余万两。

（七）对清代监察制度的批评

有清一代经济大案不断发生，涉及面之广，人数之多，金额之大，与监察人员对官吏监督不力是大有关系的。有的御史为保住禄位，对一些权贵在经济上的违法乱纪行为视而不见。"今科道于内外官员，亦有明知其不善者，或其人有所

---

① 《清史稿·食货二》。
② 《清朝文献通考》卷41。
③ 《清朝文献通考》卷41。
④ 《大清会典事例》卷854《刑部·工律营造》。
⑤ 《清史稿·食货二》。

倚仗，或其人素有声势，不可摇动，遂莫敢参劾。"① 有的监察官无专门的审计知识，哪怕在眼皮底下的经济案件，也毫无察觉。当时有人就已指出"钱粮数目烦琐，头绪牵杂，非精于核算、洞悉款项、熟知卷案者，万难得其要领。司官专司其事，设或稍欠精详，便为吏胥朦胧，况堂官不过总其大概，止据说堂数言，安能备知底里？"② 如乾隆五十五年（1790 年）句容县粮书历年侵蚀银三千七百余两、漕米八百余石一案，"该督抚漫无觉察，一任蠹书侵欺舞弊，而总督藩司驻扎江宁，竟同聋聩"③。

清代地方行政与监察相结合的审计系统具有较大的弊端，概而言之，即管理财政者不能同时监督财政。如督抚参与地方财政管理，本身就免不了侵贪钱粮。康熙二十三年（1684 年），就曾因为各省督抚侵欺库帑，户部无凭察核，而谕大学士、九卿详定条例④。但是由于没有找到根本的症结，问题并没有得到解决。督抚身为朝廷重臣，负有监督地方官员之责，但却同藩臬州县等官上下勾结，朋比为奸，抚同徇隐，侵吞公帑。如乾隆四十六年（1781 年）揭露出甘肃省官"捏灾冒赈侵吞监粮"一案，牵连者就有陕甘总督、甘省藩司。又如福建巡抚毛文铨掩饰亏空，虚报实贮在仓。雍正帝派员查得，福建所属仓谷、钱粮虚悬甚多，实贮在仓只有十之三四。因此，清历朝不断严谕督抚要对地方钱粮认真稽查，如实具奏，如有抚同徇隐，将革职拿问勒令分赔等。这种弊端，清统治者其实有所察觉。雍正三年（1725 年）曾谕："向来各部院动用钱粮，俱系各衙门自行奏销，往往无从稽考。朕办理之初，不得不加意经理，是以设立会考府，以司察核。自雍正元年以来，迄今将及三载，办过各部院奏销钱粮事共五百五十件，内驳回应改正者共九十六件，似此则部院事件之不能无误，而会考府之有益于察核可知矣。但恐设立日久，多一衙门即多一事端，嗣后著将会考府停止。凡尔部堂司官各宜秉公抒诚以尽职业，勿谓无人稽查，遂草率朦混，致自干罪戾。"⑤ 既然已知各衙门自行奏销，往往无从稽考，而设立专职察核钱粮机构——会考府三年，尚有成效，但却以多一衙门即多一事端的理由，将此取消，寄希望于堂司官各宜秉公抒诚以尽职业，岂不可笑可悲！这是清代审计工作上的一大教训。地方各级衙门的情况也是如此，由于钱粮逐级自行奏销，没有逐级相应设立审计监督机构稽察，致使申报户部销算时无从审核，科道官也无从参劾，因此只能风闻言事。如康熙十八年（1679 年）谕："如户部销算钱粮一事，因督抚所报不合时

---

① 《大清会典事例》卷 1030《都察院·各道》。
② 《清朝经世文编》卷 26，靳辅《苛驳宜禁疏》。
③ 《清朝续文献通考》卷 1，商务印书馆万有文库十通本。
④ 《清朝文献通考》卷 41。
⑤ 《清朝文献通考》卷 41。按：会考府成立于雍正元年（1723 年），与六部平级，负责审计全国钱粮奏销事务。其总理事务大臣或奏事郎中可直接向皇帝报告，这种特殊的地位使会考府能不受干扰地开展审计工作。雍正三年（1725 年），会考府被撤销。

价，故部议驳回，而科道辄有言者，以为督抚地方大臣，断无虚估价值，肥己行私，凡有销算，皆不应驳查。及部议已经准督抚之销算，不行更驳，则科道又以督抚冒销钱粮，如草豆马匹等项，事事皆有虚冒，部中不行详查，概徇情面。由此观之，应驳不应驳，何者为是，两说俱无定论，是皆大者，余难悉述。"①

总之，清代行政与监察相结合的对官吏监督系统，弊端丛生，全国形成了一个贪污行贿网。下级官吏取媚于督抚以为靠山，督抚拉拢京官以为奥援，而在京部院大臣则务求"迎合上意"以固权邀宠。他们之间上下攀援，互相庇护，分享赘赃。州县官吏把赃款的一部分据为己有，把剩余部分以种种名义馈送上司。"参谒上司，则备见面礼；凡遇年节，则备节礼；生辰喜庆，则备贺礼；题授保荐，则备谢礼；升转去任，则备别礼。以州县之大小，分礼物之多寡；以馈送之厚薄，定官品之贤否。"② 地方督抚司道又从自己的所得中抽出一部分，再送给中央官员。这种关系正如章学诚所揭露的："州县有千金之通融，而胥役得乘而牟万金之利；督抚有万金之通融，州县得乘而牟十万之利。"③

四、通过京察与大计对官吏进行考核思想

（一）京察与大计

清代官员的考核，京官与外官也不同。京官六年考核一次，名曰京察；外官三年考核一次，名曰大计。后来京察与大计均改三年一次，合称考满。京察三品以上官员向皇帝自陈，四品以下的部院司员由吏部、都察院长官考察，大学士同察。京察内容分为"四格"：守分廉、平、贪，政分勤、平、怠，才分长、平、短，年分青、平、老。一些特殊职官，则主要看其专业知识是否精通为定，如"奉祀等官，以礼仪是否娴熟，行走是否敬谨；鸣赞等官以举止是否安详，音节是否洪畅；钦天监官以数学是否精研；太医院官以医理是否通晓"，然后填注考语，分别定出一、二、三等。纠以八法：一贪，二酷，三罢软，四不谨，五年老，六有疾，七浮躁，八才力不及。并根据不同情况，分别予以处理：贪、酷者革职提问；罢软无为、不谨者，革职；年老、有疾者，勒令休致；浮躁、才力不及者，降调。"纠以八法"中把"贪"列为首位，可见清代与明一样，"惩贪"是考课官吏中的一项重要内容。如康熙就强调考绩要"重惩贪酷"④。据《清圣祖实录》记载，自康熙二十三年后的 30 多年间，经过考核受到惩处的贪官共500 余人。

清大计由藩、臬、道、府考察属吏的表现，上报督抚。督抚经核实注考绩册

---

① 《大清会典事例》卷 998《都察院·宪纲》。
② 《皇清奏议》卷 7，台北商务印书馆 1960 年影印本。
③ 《章氏遗书》卷 29，上海商务印书馆排印本。
④ 《清圣祖实录》卷 124。

报吏部，由吏部考功司、吏科、河南道详核。大计内容亦为政、守、才、年"四格"，主要以政绩的多少，结合所在地方荒残、冲疲、充实、简易四种不同情况，评定等第。

清代对官吏的考核以五等分别劝惩。一、二等为称职，加级纪录；三等为平常，留任；四等为不及，降调；五等为不称职，革职。考核中评为优异者有一定的比例，如"京察一等"定额是七比一，列为"京察一等"者，可以得到加级、记名、引见等奖誉。大计的优等称"卓异"。"卓异"官的标准是：无加派，无滥刑，无盗案，无钱粮拖欠，没有亏空仓库银米，"境内民生得所，地方日有起色"即可。道、府、厅、州、县评为"卓异官"定额是十五比一，佐杂教官为三十比一，评为"卓异官"可不次擢用。凡荐举"卓异"的，经吏部审核后，即需进京带领引见注册，并加一级，回任后等候升迁。不管京察或大计，都不许弄虚作假，徇私滥保。如发现情况不实，属于滥保者，不仅降级、罚俸或纠法，而且连原荐举上司也要受到处分。

清代对官吏的经济政绩考核主要有两种方式。一是定出钱粮征收指标，达到某个指标者，就给予相应的记功；对成绩特别突出者，可以提前升迁。如康熙五年（1666 年）复准："带征节年钱粮，原限二年全完者，如限内全完，州县官一万两以上，纪录一次；道、府、直隶州二万两以上，纪录一次；四万两以上，纪录二次。州县官二万两以上，道、府、直隶州六万两以上，均不俟俸满即升。布政使司十万两以上，纪录一次；二十万两以上，纪录二次；三十万两以上，不俟俸满即升。"① 二是将该收的钱粮以十分核算，然后根据官员拖欠的分数予以不同的处罚。如雍正五年（1727 年）复准："浙省南秋等米，每年额征共作十分核算，该抚另为一本题销。如各属完解不全，将已未完数目，分析造册，送部查核。户部会同吏部，将承督未完各官议处。初参，州县官欠不及一分者，免议；欠一分以上者，罚俸六月；二分以上者，住俸；三分以上者，降二级；四分以上者，降三级；五分六分以上者，革职。皆令戴罪催征，完日奏请开复。其参后违限不完者，加倍议处。"②

（二）新旧官员钱粮交接

清政府对地方官员经手钱粮的审计监督中，重视新旧官员交接时的清点查核。"大抵州县亏空，不畏上司盘查而畏后任接手，上司不能周知，盘查仍须书吏临期挪凑贿嘱签盘，况为期迫促，焉能得其真实？此所以不畏上司盘查也。惟后任接手，自顾责成，无不悉心查核，书吏亦自知趋向新官，不能隐藏册簿。"③官员调离升迁或任期届满时，有关钱粮审核稽查移交的规定详细严密。因为规定

---

① 《大清会典事例》卷173《户部·田赋》。
② 《大清会典事例》卷108《吏部·处分例》。
③ 《清朝续文献通考》卷64。

的条款繁多，不能一一详述，下面仅论述其重要者。

（1）清代与中国古代历代王朝一样，地方官任内最重要的两件事是钱粮和盗贼之案。清政府曾屡次严谕，新旧地方官员交接时必须把钱粮交代明白："升转官员，钱粮未清，不准即赴新任，违者革职。如该督抚蒙混徇庇，听其离任者，降三级调用。"① 其中钱粮簿册为了便于稽查，防止弄虚作假，规定要写明旧管、新收、开除、实在，并将"本任经征正杂钱粮之红簿、串票及解银之批回、库收等项，逐年吊核，并查其存解银款，是否符合，督令据实开报"②。交盘时"取本治《赋役全书》、会计册并着该房造《须知册》。俱于未到任之前，先行送阅。盖历年定额，载在全书；每年奉文增减，列在会计；有无民欠，开在须知。书册先已了然，然后到任之日，再与所送交盘册籍，逐年逐项，一一细心查核可耳"③。由此可见，新旧官吏交盘时，需查核《赋役全书》、会计册和须知。查《赋役全书》，主要是"先查地丁应征收共若干，次查项下本折应解支各若干，则钱粮之额款了然矣"。查会计册主要知道每岁之增减，"不查会计册，逐年之新增若干，奉减若干，何从而知？……此会计之所以必查也"。查须知，则"完欠大概，逐年开列，一览无余"④。《为政》卷一还胪列了交盘时应核查的具体钱粮项目，如正项交盘有实征、实收、实解、实给、递交、撮借、未完、民欠、侵欺、存留、扣空、蠲免、开垦地亩、漕粮、南粮，杂项交盘有税课、盐课、芦课、捐纳、积谷、杂解、库藏、驿站、荒限、河工、军器火药、修造等。新旧官员交代时如没把钱粮清查明白，新旧官以及上司均要承担不同的责任。《户部则例》卷14载："司道府州县新旧官交代，如前任官有侵欺、透支、挪移、垫解、拖欠未清等弊，接任官无论实任、署任，如有徇隐不行揭报及交代后始行查出者，该督抚题参，将亏空之员革职治罪。接任官照例议处，欠项照例赔补。如有侵挪等弊，接任官已经通详，而上司不行详报题参，徇庇旧任，抑勒新任接受者，许被勒之员直揭部科。部科据揭代奏请旨，饬交严审。审时，将抑勒交代各上司及亏空之本员从重治罪；审虚，将诬揭之员加等问拟。"

（2）清政府认识到新旧官员的交接，稽查引据，全以档案为凭。而不肖官吏要贪盗舞弊，总是千方百计对档案盗取文移，改易字迹，使人莫可究诘。因此，十分重视档案的保管移交。如雍正十三年（1735年）复准："各省州县交代时，将任内自行审理户婚、田土、钱债等项案件，粘连卷宗，钤盖印信，造入交盘册内。仍汇录印簿，摘取事由，照依年月编号登记，注明经承姓名，随同卷宗交代。并将累任递交之案，一并检齐，加具并无藏匿抽改甘结，交于交接之员。

交代完日，照例报明上司查核。倘有不肖胥吏违玩，不行查明交代，并有乘机隐匿增改作弊等情，将失查之该管官，照失于详查例，罚俸一年。"①

（3）在新旧官员交接时，经常会遇到这种情况，即旧官员升迁后，作为新接任官员的上司。为了防止新任官员畏于上司权势，不敢认真清查，清政府规定由旧任官员上司或邻封同级官员参与清查，并详报上级查考。如乾隆五十九年（1794 年）奏准："凡州县升任本府，及本府升任本道，所有任内经管钱粮等项，饬令接任之员，一面遵照例限，盘清结报，一面遴委邻封廉干道府，前往彻底清查。加结详报藩司，转详督抚，咨部查考。倘委员并不实力盘查，通同捏报，照盘查官偏袒之例，议处治罪。"② 道光二十七年（1847 年）奏准："直省布政使交代，定限两月，新旧任各分限一月。若升任本省巡抚，其任内经手钱粮，令总督确查。如无总督省份，令接任官核明具题。"③

（4）清政府为了防止新旧官员乘交接之机串通舞弊，大捞一把，还专门设有监盘官。如嘉庆十九年（1814 年）谕："著通谕各直省督抚等，嗣后州县官交代，务严饬前后任及监盘之员按限结算，毋得迟逾。前任一有亏缺，即令后任据实揭报参处。若前任所亏，后任已经查出，并未揭报，监盘官亦抚同徇隐，出结之后，别经查出，即将后任及监盘官严行参办，并将亏短各款，差落分赔，以示惩儆。"④

（5）清政府规定新旧官员交接之时，其钱粮交送有一定的期限。如交代迟延者，必须根据情况予以不同的处罚。如雍正五年（1727 年）议定："凡督抚核参交代迟延者，将迟延情由详细确查。如系旧任官希图掩饰，不于两月内将钱粮等项，彻底清白造册交送，则迟延之咎，专在旧任官，于新任官无涉。该督抚即将旧任官迟延情由，明白开注指参，将旧任官罚俸一年，新任官免议。如旧任官迟至例限将届，始将册籍造送，新任官又不上紧查核，以致迟延，则迟延之咎，固在旧任官，而新任官亦难辞责。该督抚将情由分别开参，旧任官罚俸一年，新任官罚俸六月。如旧任官已彻底清白造册交送，而新任官推诿不接，以致迟延，该督抚将情由指参，新任官罚俸一年，旧任官免议，其督催不力之上司，仍照定例议处。"⑤ 清政府还规定，如果交接时钱粮数目太大，可根据实际情况延长交送期限，"钱粮交代，五万两以上者，亦令展限一月；十万两以上者，展限两月；十五万两以上者，展限三月，著为定例。"⑥

综上所述，清政府如能行之有效地按新旧官员交接的规定去做，对防范官吏

---

① 《大清会典事例》卷91《吏部·处分例》。
② 《大清会典事例》卷91《吏部·处分例》。
③ 《大清会典事例》卷91《吏部·处分例》。
④ 《大清会典事例》卷175《户部·田赋》。
⑤ 《大清会典事例》卷91《吏部·处分例》。
⑥ 《大清会典事例》卷91《吏部·处分例》。

在经济上贪污盗窃是大有作用的。从史籍中我们考查这些规定的实施效果，往往成为一纸空文，没到达到预期的目的。如康熙晚年，各级地方政府经管的钱粮亏空严重，其中一个主要的原因就是没有做好新旧官吏交接。前任官吏贪污后将亏空移交下任，下任再加侵贪，又移交下任。这样任任亏空，越亏越多，上下欺蒙，互为掩饰，积重难返。如嘉庆十一年（1806 年）谕："督抚到任，及每年钱粮奏销后，例须盘查藩库一次，自当将各项款目及收支实数，详悉勾稽，方为有益。近来督抚等视为具文，不过到库略为抽验，虚应故事，日久酿成弊端。即如本年直隶、湖北俱有藩库侵亏重案，不可不详定章程，以资厘剔。"①

清代对官吏的考核在激浊扬清、整饬吏治上起了一定的作用，特别是政治比较清明时期，其作用更为显著。《清史稿·选举六》载："（康熙）六年（1667 年），从御史田六善请，卓异官以清廉为本，司、道等官必注明不派节礼、索馈送，州县等官必注明不派杂差、重火耗、亏损行户、强贷富民。以清吏之有无，定督、抚之贤否。其时廉吏辈出，灵寿令陆陇其擢隶宪府，吏治蒸蒸，称极盛焉。四十四年（1705 年），诏举卓异，务期无加派，无滥刑，无盗案，无钱粮拖久、仓库亏空，民生得所，地方日有起色。其他虚文，不必开载。乾隆八年（1743 年），命督、抚以务农本计察核属员，论者谓以劝农为劝吏之要，深得治本，兴汉诏同风。"此虽有溢美之词，但其作用还是应当肯定的。清代在对官吏的考核中也存在着一些弊端，最主要的问题是同以前历代一样，往往易流于形式，虚应故事。"虽有吏部、都察院填注考语之例，不过按册过堂，虚文应事。其中龙钟庸劣者既得姑容，即才具优长、精力壮盛堪供驱策者，亦无由自见，于培养人才、澄叙官方之道，盖两失之。"②还有在考核中经常瞻徇情面，凭印象滥保充数。乾隆十一年（1746 年）奉谕旨："三年京察之典，激浊扬清所以叙官方而明黜陟，自当矢慎矢公甄别允当。上次举行之际，恐各部院堂官有瞻徇情面滥列一等者，曾降旨令大学士于验看过堂时慎重分别，有不称一等者，俱行裁去。嗣经大学士等分别去留，此亦权宜办理之道，究之察核司员，惟堂官最为亲切，要在平日留心体察，临时举劾公平，方为允协。如上次定以一等者，三年中行走平常，即当改为二三等，不得稍存姑息之心。上次原列二三等者，三年以来知所奋勉，即当列为一等，亦不得仍拘已成之见。惟一秉至公，分别等第，庶察典肃而人人知所劝惩。"③

---

① 《清朝续文献通考》卷 64。
② 《清朝文献通考》卷 61。
③ 《清朝文献通考》卷 61。

第八章 军事管理思想

第一节 先秦军事管理思想

一、最高统治者必须掌握军权

（一）夏朝国王对军队的领导和指挥

先秦自夏朝出现奴隶制国家以来，君主之权就是武力征服的产物，武力凌驾于政治权力之上。先秦许多思想家对此都有清晰的认识。《商君书·弱民》说："今夫人众兵强，此帝王之大资也。"

夏朝时，夏王作为国家的最高统治者，也是军队的最高统帅。夏王不仅直接控制着中央王朝的军队，而且还可以调动地方侯、伯的军队参与征战。《尚书·甘誓》保存了非常珍贵的夏初夏王启与有扈氏在甘地的战争："大战于甘，乃召六卿。王曰：嗟，六事之人，予誓告汝：有扈氏威侮五行，怠弃三正，天用剿绝其命。今予惟恭行天之罚。左不攻于左，汝不恭命。右不攻于右，汝不恭命。御非其马之正，汝不恭命。用命，赏于祖。不用命，戮于社。予则孥戮汝。"

从这一记载中，我们可以了解到夏王启作为全国的最高军事统帅，对军队拥有绝对的领导权和指挥权。"大战于甘"，注引郑康成说："天子之兵，故曰大。"疏谓："未战称大者，谓天子亲征之师。"[1]夏王启对胆敢反对他的有扈氏，亲自率领王朝大军进行征讨。作为讨伐有扈氏大军的最高统帅，他在战前"乃召六卿"。"六卿者，郑云，六军之将"。[2]《史记·夏本纪》作"乃召六卿申之"。其意思都是说，夏王启召集六卿重臣，将自己有关对有扈氏作战的决策向他们宣布，并责令他们作为统军将领贯彻执行。接着，夏王启又转向下级军官及士兵发布誓令："王曰：嗟，六事之人，予誓告汝。"郑云："变六卿言六事，言军吏下至士卒也。"[3]这就是说，夏王朝的军队，从六卿、六事等军事指挥官，到参战的士卒，都必须听从最高统帅夏王的誓令。如果"用命，赏于祖。不用命，戮于社。予则孥戮汝"。夏王通过恩威赏罚，来激励将士服从自己的指挥，取得战争

---

① 孙星衍：《尚书今古文注疏》，中华书局1986年，第208页。
② 曾运乾：《尚书正读》，中华书局1964年，第86页。
③ 《尚书正读》，第86页。

的胜利。

据古籍记载，夏王朝的不少夏王，都曾作为最高军事统帅，亲自率领军队对一些方国诸侯，特别是夷人方国部落作战。如夏王启曾"征西河"。夏王相"征淮、畎"；"二年，征风夷及黄夷"。夏王"柏杼子（即帝杼）征于东海，及王寿，得一狐九尾"。夏王"不降即位，六年，伐九苑"。"后桀伐岷山"。①由此可以窥见，不少夏王在位期间，都发动对外征伐，并亲自统率军队作战。不仅如此，夏王还随时可调遣并指挥地方侯伯的军队单独作战，按照夏王的命令征伐有关方国部落。如夏朝中康时，曾派胤国之君前往征伐羲、和方国。夏桀时，曾"起"九夷之师伐商汤。这说明夏王不仅是中央王朝军队的最高统帅，而且也是地方侯伯军队的最高统帅，拥有对地方侯伯军队绝对的指挥、调遣权力。

（二）商朝国王对军队的领导和指挥

早在商朝，统治者就很重视军队的作用。在甲骨文，"國"字写成"或"，后来在金文中又发展成为"國"，其意象征着只有用武力（戈）才能占有和保卫人口、土地、城邑和国家。这折射出远在商朝统治者就已意识到军队在维护国家政权中的不可或缺性，一个国家的存在和发展必须依靠军队和武力。

商朝中央王朝军队是由商王亲自组建的，甲骨文中称为"王作"。②因此，商王对中央王朝军队有直接的领导和指挥权。如商王常亲自挂帅出征，甲骨文中称为"王伐""王征""王自征"。③商王不仅自己亲征，有时则命将领代其出征，称为"王令"某人征等。④商王对中央王朝军队的将士还拥有赏罚权。《尚书·汤誓》记载，成汤对将士宣称：你若一心辅助我征讨夏桀，我将大大地赏赐你，否则就将你们降为奴隶或杀死。

商王不仅对商代中央王朝军队拥有领导权和指挥权，而且对诸侯国和贵族的武装也拥有领导和指挥。这种权力主要表现在两个方面：一是商王对诸侯国和贵族军队的活动可进行干预。如商王让吴师涉水渡河，"呼涉吴师"。⑤商王亲自或派官员到诸国王、贵族军队中视察。"王往于鹿师"。⑥"令口往雀师"⑦ 二是商王命令诸侯国军队随王出征。如"王惟侯告从征夷"⑧"余步从侯喜征人方"⑨"余其从多田于（与）多伯征孟方伯炎"。⑩商代甲骨文中，"余"是商王自称。

---

① 李民等：《古本竹书纪年译注》第 13 页。
② 《甲骨文合集》33006。
③ 《甲骨文合集》6427、33023、33035。
④ 《甲骨文合集》32229、6480、31973。
⑤ 《甲骨文合集》5811。
⑥ 《甲骨文合集》8219 甲。
⑦ 《甲骨文合集》8006。
⑧ 《甲骨文合集》8219 甲。
⑨ 《甲骨文合集》36482。
⑩ 《甲骨文合集》36511。

"侯某从征"或"从侯某征"（从某伯征）意为商王率领某侯某伯军队。侯（伯）之随王出征，当不是侯（伯）一人随王，而是以其诸侯国的军队随王出征。古籍中所说的"元侯作师……以承天子"，①也就是指诸侯国的军队受王命出征。甲骨文中的"从侯某征"（从某伯征），就是地方诸侯拥有的军队，承接天子（商王）的命令而随从商王征战。这种关系，表明商王对诸侯国军队也拥有领导和指挥权。

商王之下，有各级武职官员，具体负责管理军队事务，如见于古文献和甲骨文的有师长、亚、射、使、马亚、马小臣、戍等。他们都要绝对服从商王的领导和指挥的。

（三）西周国王对军队的领导和指挥

西周时期，军队是国家的重要组成部分。西周王室拥有一支强大的军队，对内镇压民众或诸侯的反叛，对外防御外敌的入侵或发动开拓疆土、掠夺财富和奴隶的战争。这就是《左传》僖公二十五年所记载的"德以柔中国，刑以威四夷"。当时，全国军队皆由周天子统帅，只有周天子对国家军队有绝对的领导和指挥权。《国语·鲁语下》记载了叔孙穆子的一段话，深刻地反映了周天子牢牢掌握军队的必要性，而且自诸侯以下不得拥有军队，只有这样，周天子才能做到"上能征下，下无奸慝"。这就是"天子作师，公帅之，以征不德。元侯作师，卿帅之，以承天子。诸侯有卿无军，帅教卫以赞元侯。自伯、子、男有大夫无卿，帅赋以从诸侯。是以上能征下，下无奸慝"。

周王是西周王朝军队的最高统帅，有权调动中央王畿地区和各诸侯国的军队。每有发生重大的战争，往往由周王亲自率领王畿军队并征调各诸侯国军队从征。如周武王九年（前1038年），"东观兵，至于盟津"之时，就曾"诸侯不期而会盟津者八百诸侯"。二年之后，周武王又"遍告诸侯曰：'殷有重罪，不可不毕伐'"，征集天下诸侯出征。"十一年（前1036年）十二月戊午，师毕渡盟津，诸侯咸会"。周武王作为伐纣联军的最高统帅，"乃作《太誓》，告于众庶"。而在牧野决战前，又发布了战争动员令《牧誓》，指挥全军，并令"师尚父与百夫致师"，② 从而取得了牧野决战的胜利，推翻了商纣的残暴统治，建立了周王朝。

周王对于一些不是重大的战争，有时自己不亲自率军出征，而是派将领率军出征。如《诗经·江汉》载："江汉之浒，王命召虎，式辟四方，彻我疆土"，就是记载了周宣王命大臣召伯虎率军征伐淮夷之事。

（四）春秋时期国君对军队的控制和指挥

春秋时期军队的最高领导者是各国的国君，各国国君是本国军队的最高统

---

① 《国语·鲁语》。
② 《史记·周本纪》。

帅，有统帅军队、命令将领权。公元前 589 年，晋国在鞌战中大败齐军，晋军归国后，晋国国君景公奖励三军将士。当时晋国将领互相谦让，反映了晋军下军受上军节制，上军受中军节制，中军元帅统率三军的指挥系统。而且军队的最高将军中军元帅，却要接受国君的命令后方有权统兵出征，这是当时国君握有最高兵权的反映。齐国的管仲整顿三军，国氏、高氏帅左右军，齐桓公率中军①。中军是三军的核心，齐国的军权当然是握在国君桓公之手。

春秋时期，各国国君牢牢掌握着军队的控制权和指挥权。如鲁宣公十七年（前 592 年），晋国的郤克出使齐国，齐国君顷公母亲耻笑其为跛子。郤克非常生气，发誓要报复。郤克回到晋国后，立即向国君景公请求出兵攻打齐国，以泄其忿，晋景公不准。郤克又"请以其私属"，即请求用郤氏家族的私人武装去攻打齐国，景公也不同意。可见，当时无论是国家的军队还是私人的家族武装，其控制权都掌握在国君手中。没有国君的批准，国家的军队和私人武装都不能调遣参加战斗。将士出征，参战的兵员人数也需要得到国君的批准。如成公二年（前 589 年）晋齐鞌之战，郤克执政当国，将中军为元帅。这次战争，晋景公准许他带 700 乘战车，郤克认为太少，请求景公增加兵员，景公最后同意增加 100 乘兵车。可见，每次战争派遣多少兵力参战，必须由国君做出决定的②。春秋时期，一个国家对和、战的决策权也掌握在国君手中。定公十三年（前 497 年），齐、卫两国联合进攻晋国。这个仗究竟该不该打，当时在齐国国内引起一场争论。齐国"诸大夫皆曰不可"，都反对与晋战争。但是，仅有一位叫邴意兹的大夫却与齐国君景公看法一致，主张与晋打一仗。齐景公力排众议，决定出兵攻打晋国，"乃伐河内"③。

春秋时期，国君如果亲率大军打仗，军队的调遣进退也必须由其最后批准决定。如僖公二十二年（前 638 年），宋楚两国在泓水（今河南省柘城县北 15 千米）交战。掌军的大司马公孙固在开战前劝阻宋襄公不要与楚国交战，襄公不听。当时楚军正在渡河，宋军已在岸边排好阵势。大司马又建议趁楚军渡河时发起攻击，宋襄公又不同意。楚军先头部队渡过河以后，正在乱哄哄地列队排阵时，大司马再次建议宋襄公发起攻击，但宋襄还是不同意。等到楚军全部渡过河，整理好队列，宋襄公才下令进攻楚军。结果宋军一战即溃，根本不是楚军的对手。宋襄公的大腿被中了一箭，他的贴身卫士也被楚军全部歼灭，"公伤股，门官歼焉"。④宋军有主军的大司马在，但在此次战役中由于国君亲临战场，所以指挥权却不在大司马而在宋襄公。

① 《国语·齐语》。
② 《左传》宣公十七年、成公二年。
③ 《左传》定公十三年。
④ 《左传》僖公二十二年。

（五）战国时期国王军权的变化

战国时期，由于有了专职军官，国君对军队领导和指挥权力的运作发生了变化。军队内部的日常事务就全部委托给将军管理，一般不再过问，这就是"军中之事，不闻君命，皆由将出"，① 治军和治国一样，"国不可从外治，军不可从中御"，治理国家不应受外部干预，治军、作战不能由国君在朝廷中遥控指挥。

战国时期，国王一般不亲临前线指挥战争，这是与春秋时期不同的。春秋时期，只要稍大一点的战争，国君都必须亲临前线坐镇，所以有国君受伤、被俘、被追赶的事情发生。战国时期则相反，国王则不亲临前线了，而是坐镇于国都听候前线的战况。像秦赵长平之战这么大的战争，双方国王都未亲临战场。虽然如此，战国时期的军权，却仍然牢牢掌握在国君手中。国王控制军权通过两种制度安排：

一是国王掌握所有将领的任免权，三军统帅由国王任命并可随意罢免。孙子说："将受命于君"。② 《尉缭子·将令篇》云："将军受命，君必先谋于庙，行令于廷，君身以斧钺授将，曰：'左、右、中军，皆有分职，若逾分而上请者死。军无二令，二令者诛，留令者诛，失令者诛。'""逾分而上请者死"，即军中各级军吏有事只准逐级上报，最后总于将，不得越过将而直接上奏国君。如违反这个规定，违者将被诛杀。由此可见，通过这一规定，将军得以专军中之事。

国君任命将军后，还要举行隆重的命将仪式，以显示国君的绝对军事权力以及树立被命将军的统率军队权威。《六韬·立将》篇有关命将的仪式云："凡国有难，君避正殿，召将而诏之曰：'社稷安危，一在将军，今某国不臣，愿将军帅师应之。'将既受命，乃命太史卜，斋三日之太庙，钻灵龟，卜吉日，以授斧钺。君入庙门，西面而立，将入庙门，东面而立。君亲操钺持首，授将其柄曰：'从此上至天者，将军制之。'复操斧持柄，授将其刃曰：'从此下至渊者，将军制之。'"国君授将斧钺后，并嘱咐注意事项，将军乃"受命"统帅三军出征。

战国时期，治军由将，但将的任免权在国王，军队的调动权也在国王手中。所以，战国时的将军虽可统帅指挥数十万、上百万大军，但其军权不在将手而在国王手中。廉颇为赵国名将，长平之战初他实行固垒坚守战略，对秦军速决不利。秦国使用反间计，赵孝成王即免去廉颇的指挥权而任命赵括统军与秦国作战③。又如燕昭王任命乐毅为上将军，统率燕军攻齐。乐毅与昭王太子不合，昭王死后，太子继位为燕惠王，于是收回乐毅军权，以骑劫代替乐毅为燕将，乐毅只得出逃到赵国避难。④

---

① 《六韬·文韬·立将》。
② 《孙子·军争》。
③ 《史记·廉颇列传》。
④ 《史记·乐毅列传》。

二是国君实行调兵符玺制，以削弱将权。战国时期，军队数量大，且建立了一定数量的常备兵。每逢一次战争，常投入几万、十几万甚至数十万的将士作战。这样，将军的权力相应增大。军人作乱，危害性更大。为此，各国都实行调兵的符玺制度，以便国君直接控制军队的调动。玺即印玺，通常作为国君的权力象征，可用于调动军队。如公元前238年秦国长信侯嫪毐作乱，"矫王御玺和太后玺"，以征发县卒和卫卒攻击秦王政。[①] 但在战国时期，调动军队的正式凭信是符。秦国的虎符做成伏虎状，上铸铭文，分为两半，底有合榫，右半在国王处，左半发给将领。军队要调动时，必须有保存在国王处的右半与之会合，以作为凭信，左右符相契合，才能调动军队。目前考古已发现有秦国的虎符多件，1973年在西安市西郊山门口乡北沉村发现的杜虎符，其上铭文云："兵甲之符，右在君，左在杜。凡兴兵被甲，用兵五十人以上，必会君符，乃敢行。燔燧之事，虽无会符，行也。"[②] 杜虎符上的"右在君"的君即秦惠文君，惠文君十三年（前325）称王改元。此符称"君"，当是在此以前所造。杜是杜县，秦武公十一年（前687年）秦国在杜设县，秦在此驻扎军队。用兵50人以上就要合王符，可见国王对军队控制之严。历史上著名的孟尝窃符救赵，所窃的符就是这种调兵虎符。魏王亲自保管兵符，白天不离身，睡觉时放置在枕头下，由此可见国王控制军权之重视和严密。

（六）先秦时期君主掌握军事大权思想

先秦时期，人们对军队在治理国家中的重要作用有清楚的认识。当时，人们普遍认为："国之大事，在祀与戎"[③]，即国家最重要的两件大事就是祭祀与军事。《管子·参患》则指出："君之所以卑尊，国之所以安危者，莫要于兵。"换言之，军队决定君主的卑尊和国家的安危。因此，先秦思想家基本上都强调君主要亲自把握军事大权。如《管子·参患》主张："主不积务于兵者，以其国予人也。"同书《地图》篇明确规定："宿定所征伐之国，使群臣、大吏、父兄、便辟左右不能议成败，人主之任也。"可见，《管子》的作者极力主张军事大权应由君主独自掌握，群臣、父兄、左右侍从都不能过问。如果君主不亲自掌握军事大权，就等于把国家拱手送给别人。荀子也说："凡受命于主而行三军"[④]，即将帅必须接受君主的命令才能统帅三军。孔孟虽不言阵战之事，但从总体上看，他们并没有否定君主的最高军事统辖权。韩非认为，军队是君主权势的基础，必须由君主拥有，臣子不得擅专兵权。臣子"党与虽众，不得臣士卒"[⑤]。特别是对边疆大臣和领兵之将，更要警惕。《韩非子·亡征》指出："出军命将太重，边

① 《史记·秦始皇本纪》。

② 《文物》，1973年第9期。

③ 《左传》成公十三年。

④ 《荀子·议兵》。

⑤ 《韩非子·爱臣》。

地任守太尊，专制擅命，径为而无所请者，可亡也。"《韩非子·八经》把大臣封君的私人武装力量，列为臣下八奸之一，建议君主加以取缔。

《管子》认为权势最核心的部分是政令与军权。《管子·霸言》中提出："夫明王之所轻者马与玉，其所重者政与军。"同书《版法解》也指出：君主治理国家要掌握三器，这就是"号令也，斧钺也，禄赏也"。同书《重令》对政令的理解是"君国之重器莫重于令。令重则君尊，君尊则国安"。"军"或"斧钺"即指军队，君主的权势必须以强大的军队作为后盾，才能对臣民发号施令。

《管子·七法》作者认识到军队和战略在治理国家中的重要性："不能治其民，而能强其兵者，未之有也。能治其民矣，而不明于为兵之数，犹之不可。不能强其兵，而能必胜敌国者，未之有也。能强其兵，而不明于胜敌国之理，犹之不胜也。兵不必胜敌国，而能正天下者，未之有也。兵必胜敌国矣，而不明正天下之分，犹之不可。故曰：治民有器，为兵有数，胜敌国有理，正天下有分。"这就是在治理国家中，必须先治理好民众，并且建立起一支强大的军队，并精熟于战略；懂的军队之所以能够战胜敌国的道理，利用军事实力去匡正天下，这样才能使天下有一个各得其所的正常秩序。

二、选任将领思想

先秦时期，许多有识之士已经认识到在战争中，领军将领的重要性，其对于战争的胜负有最直接、根本的影响。"故将者，人之司命，三军与之俱治，与之俱乱。得贤将者，兵强国昌；不得贤将者，兵弱国亡。"[1]君主选任了贤能的良将，军队就会变得强大，国家就会昌盛；如果不能选到贤能的良将，军队就会变得弱小，国家就会衰亡。当时的各派军事思想家对如何判断德才兼备的良将、如何选拔任用良将等提出了自己的看法，兹缕述如下：

（一）良将应具备多种优秀的素质

《孙子兵法》认为良将必须具备 5 个方面的优秀素质，即智、信、仁、勇、严，就是说必须有智慧，守诚信，有仁爱之心，作战勇敢，做事严谨。《六韬》则对良将提出勇、智、仁、信、忠、明、精微、常戒、强力等 9 个方面的素质要求。其理由是"所谓五材者，勇、智、仁、信、忠也。勇则不可犯，智则不可乱，仁则爱人，信则不欺，忠则无二心"。"将不仁，则三军不亲；将不勇，则三军不锐；将不智，则三军大疑；将不明，则三军大倾；将不精微，则三军失其机；将不常戒，则三军失其备；将不强力，则三军失其职"[2]这就是说，作为一位优秀的将领，要具有勇敢的素质，下属与敌人才不敢侵犯，并为下属将士树立榜样，这样作战时军队才具有很强的战斗力；优秀的将领要具有很高的智慧，遇

---

① 《六韬·龙韬·奇兵》。
② 《六韬·龙韬》。

到事情不迷惑，做事情才不致手忙脚乱，这样下属将士才会信赖自己将领的沉着而有谋略，在危险的时候不会军心动摇；优秀的将领具有仁爱之心，就会关心爱护下属将士，下属将士就会亲近他，紧紧跟随他，为他效力卖命；优秀将领讲信用，下属将领就会效仿，不会欺上瞒下；优秀将领忠心耿耿，下属将领就不会有二心，上下一心，忠君爱国。相反，如果将领没有见识，是非不明，军队就会遭到惨败；如果将领做事不精微，做事粗心大意，军队在战斗中就会失去战机；如果将领不时刻保持警惕，军队就会放松戒备，易于遭到敌人偷袭；如果将领做事不坚强有力，军队就会变得懈怠涣散，将士玩忽职守。

值得注意的是先秦儒家提倡仁、义、礼、智、信，如孔子提倡的君子之德是"智者不惑，仁者不忧，勇者不惧"，[1]他特别强调"仁者爱人"，主张实行仁政。孟子则提出四端"仁、义、礼、智"。这与孙子对良将素质的要求"智、信、仁、勇、严"和《六韬》中的"五材者，勇、智、仁、信、忠"大部分有相似之处。如智与仁是孔子、孟子、孙子、《六韬》四者都有的，勇是孔子、孙子、《六韬》三者都有的。这就说明，无论是儒家所提倡的君子之道，还是兵家所提倡的为将之道，由于都是针对管理者的要求，因此有其共同之处，就是必须有仁爱之心，才能获得被管理者（民众或下属将士）的拥护支持；必须有智慧，才能遇到事情不迷惑，做出正确的判断和决策；必须勇敢，敢于担当，才会在被管理者面前有权威，民众或下属将士服从领导指挥。

但是由于管理的对象、内容不同，对管理者的要求侧重点又有所不同。如在智、仁、勇三个方面，儒家和兵家都提及，但是其侧重面则有所不同。如在智、仁、勇的排列顺序上，就体现了儒家与兵家强调的侧重面不同。孔子在《论语·子罕》中虽然三者的排序是智、仁、勇，但通观孔子在《论语》中的思想，从整体上来说，孔子是最重视仁的，所以其在治国理政思想中，其中心是实行仁政。孟子的四端，就是继承了孔子的仁爱和仁政思想，将仁列为管理者首要具备的素质。这就是儒家的民本思想"民惟邦本，本固邦宁"，"得民心者得天下"，治国者首先必须仁爱百姓，才能得到百姓的支持拥护，国家才能长治久安。而兵家则从军队将领的角度出发，在战争中将领必须具有超常的智慧，才能正确预见战场的瞬息万变，做出英明的战略决策，才能带领军队打败敌人，取得战争的胜利。而且战争光有智慧还不够，如果将士缺乏英勇作战的精神和气概，再好的战略都是空的，是无法实现的。正如克劳塞维茨所说的："勇敢能够替理智和知识添翼，此种翅膀越强，也就可以飞得越高，视界也越广，结果也越佳。"

除了智和勇之外，孙子还提出信、仁、严，《六韬》的"五材"则还有仁、信、忠。信主要指诚信、信任、信用。从军队管理来说，这是很重要的。治军打仗强调信赏必罚，即作战英勇杀敌，立有战功者必须依据战功大小予以不同奖

---

① 《论语·子罕》。

赏，如畏敌怯战，战败而逃者必须受到严厉的惩罚，只有这样，才能激励将士在战场上奋不顾身，勇往直前地打败敌人，取得战斗的胜利。

孙子提倡"仁"，其主要内容就是将领必须善待、爱护下属将士，这样就使军队内部官兵关系融洽，提高军队的凝聚力和战斗力。孙子说："视卒如婴儿，故可以与之赴深溪；视卒如爱子，故可与之俱死。"①意思是说，将领把士兵当成婴儿一样来好好照顾，当成自己的孩子一样好好爱护，那么士兵就会为将领赴汤蹈火，同生共死。但是，军队中将领对下属将士的仁爱，必须是有智慧的仁爱，不是讲人情、拉关系，拉帮结派，或小恩小惠，而是赏罚分明，以国家的利益为至上，不计较个人得失的仁爱和胸怀。《史记·淮阴侯列传》中记载了韩信对项羽的中肯评价："项王喑噁叱咤，千人皆废，然不能任属贤将，此恃匹夫之勇耳。项王见人恭敬慈爱，言语呕呕，人有疾病，涕泣分食饮，至使人有功当封爵者，印刓敝，忍不能予，此所谓妇人之仁也。"韩信一针见血地指出，项羽虽然对下属将士关爱有加，但是不懂得如何奖赏激励有功将士，因此，这只是妇人之仁，无法任用属下的良将，充分发挥他们的战斗力，只能是项羽一个人的匹夫之勇。不言而喻，项羽的妇人之仁是他无法成就大业的一个重要原因。

战争是严酷的生死搏斗，瞬息万变，变幻莫测，一个小小的疏忽，就可能带来惨痛的失败，甚至全军覆灭。因此，一个良将，必须具备"严"的素质，也就是说，在战争中，制定战略战术、指挥调度，必须严谨、滴水不漏，并且要求属下严格执行，遵守纪律，才能使军队立于不败之地。

《六韬》的"五材"还提到良将必须具备"忠"的素质。大致说来，忠与信的区别是，忠为下级对上级而言的忠诚，信为上级对下级、或平级之间的诚信。后来，忠还被特指为臣民对君主、国家和人民的忠诚。如孔子在《论语》中，多次提到"主忠信"，似乎不大注意忠与信的区别，泛指君子在交往过程中必须具备的忠诚、诚信的品德。《六韬》作者提到的"忠"，则已较明确是指将领必须忠于君主，"二心不可以事君，疑志不可以应敌"。《孙子兵法》虽然未提及"忠"字，但是孙子却提出"进不求名，退不避罪，唯民是保，而利于主"，这里要求将领"唯民是保，而利于主"，就是要求将领必须忠于国家和人民，忠于君主。一支军队，只有将领首先有忠于国家人民和君主，才能使广大下属将士也能忠于国家人民和君主，从而在战争中，才能够为了国家人民和君主而英勇作战。所以"忠"是一支军队存在的灵魂，是一支军队最高的价值取向。从信念的角度来说，军队打仗，将士必须有一种统一坚定的信念，才能使成千上万的将士在战场上团结一心，众志成城，兄弟齐心，其利断金，发挥军队的最大战斗力，以排山倒海、摧枯拉朽之势打败敌人。

---

① 《孙子兵法·地形》。

《六韬》还认为良将必须具有渊博的知识："将必上知天道，下知地理，中知人事。"《三略》则认为良将必须懂得政治、经济，熟知历史："仁贤之智，圣明之虑，负薪之言，廊庙之语，兴衰之事。"的确，一个优秀的将领对一场战争做出战略、战术上的决策，首先必须深入了解该战场所处的自然环境，如气候、预测近期天气变化情况，地形、关隘险要、地质结构、江河湖泊、植被情况等，这就是俗话所说的上知天文，下知地理。其次所谓"中知人事"，就是要正确判断战争的主体—人，换言之就是交战双方敌我的人数、士气、武艺、装备以及军需供给等。只有这样，优秀的将领才能打有把握之战，取得战争的胜利。正如《孙子兵法》所说的："知己知彼，百战不殆。"如果从更高的层面来说，战争是最高形式的政治斗争，当双方的矛盾无法通过协调谈判、互相妥协让步等解决的话，就只能通过暴力的手段—战争来解决。因此，国家的最高统治者及高级将领在对一场重大的战争进行战略决策时，不仅单从军事上，还要从政治上、经济上，甚至还要从历史上，全面对一场重大的战争的胜负得失进行全面的评判和权衡，从而做出最佳的战略决策。总之，战争是一场十分复杂的生死搏斗，其中又包含着许多难以预测、不可控的因素，而且瞬息万变，因此就要求作为一位优秀的将领，必须具有渊博的知识，英明的判断力，果断的决策勇气，才能担当起历史赋予的重任。

《孙子兵法》和《六韬》不仅从正面提出了良将应具备的素质，而且从反面告诫良将所必须克服的一些缺陷。只有两个方面都能做到的将领，才算得上真正的优秀将领。《孙子兵法》告诫将领应当注意克服 5 种危险的过失："将有五危，必死可杀，必生可虏，忿速可侮，廉洁可辱，爱民可烦。凡此五者，将之过也，用兵之灾也。覆军杀将，必以五危，不可不察也。"《六韬·论将》则进一步提出将领应当去除 10 种缺陷："所谓十过者，有勇而轻死者，有急而心速者，有贪而好利者，有仁而不忍人者，有智而心怯者，有信而喜信人者，有廉洁而不爱人者，有智而心缓者，有刚毅而自用者，有懦而喜任人者。勇而轻死者可暴也，急而心速者可久也，贪而好利者可遗（赂）也，仁而不忍人者可劳也，智而心怯者可窘也，信而喜信人者可诳也，廉洁而不爱人者可侮也，智而心缓者可袭也，刚毅而自用者可事也，懦而喜任人者可欺也。"

《孙子兵法》的"五危"和《六韬》的"十过"都充满着辩证法的思维，即良将所具有的一些好的素质，但如果过分了，就会走向反面，成为危险的过失或缺陷，并可能在战争中造成严重的后果，甚至招致全军覆没。这就是孔子所说的"过犹不及"，一种好的素质，必须不偏不倚，不能太过也不能不及，互相协调平衡，才能真正发挥积极的正面作用。如"勇"是良将可贵的品质，"必死"是勇敢的充分表现，在战争中，全军将士能抱着必死的决心，破釜沉舟，就能勇往直前，取得胜利。但是如勇敢过了头，每次作战都鲁莽地冒不必要的风险，轻敌冒进，那么就很可能落入敌人的圈套，而遭到全军覆没、将领被杀的后果。又如"爱民"是仁爱的表现，也是良将的好品德，如果搞好军民关系，在战争中得到民众的支持和帮助。但是战争毕竟是残酷的生死搏斗，良将如过分仁爱，打仗时就会因为爱民而使军队行动受到很多牵制，就容易裹足不前，束手束脚而贻误战机。再如廉洁也是良将的好品德，但是如果是过分的洁身自好，就容易被敌人的造谣污蔑、侮辱抹黑而激怒，中了敌人的奸计，使军队打了败仗。"五危""十过"中良将其余明显的缺陷更容易被敌人所利用，最终给战争带来严重的挫折和失败。如性情急躁的将领，容易被敌军的持久战所拖垮；贪财好利的将领，容易被敌军的贿赂所收买；有智谋但胆小的将领，容易被强大的敌人所吓倒；太讲究诚信的将领，容易被敌人所欺骗；有智谋而优柔寡断的将领，容易被敌人偷袭；刚愎自用的将领，容易被敌人所利用；懦弱而没有主见的将领，容易被人牵着鼻子走。总之，君主在选任将领时，这"五危""十过"都是必须加以全面细致地考察。

（二）选拔良将的方法

《六韬·龙韬·选将》中记载了周武王与姜太公有关辨别、选拔良将的对话，具有深刻的思想。"武王问太公曰：'王者举兵欲简练英雄，知士之高下，为之奈何？'太公曰：'夫士外貌不与中情相应者十五：有贤而不肖者，有温良而为盗者，有貌恭敬而心慢者，有外廉谨而内无至诚者，有精精而无情者，有湛湛而无诚者，有好谋而不决者，有如果敢而不能者，有悾悾而不信者，有恍恍惚惚而反忠实者，有诡激而有功效者，有外勇而内怯者，有肃肃而反易人者，有嗃嗃而反静悫意者，有势虚形劣而外出无所不至、无所不遂者。天下所贱，圣人所贵，凡人莫知，非有大明，不见其际，此士之外貌不与中情相应者也。'"这段周武王与姜太公的问答表明，正确辨别良将是不容易的，因为天下英才的外表与内在德才不符是很常见的，大致有15种情况：有的人外似贤良而内在不肖，有的外似善良而实为盗贼，有的外似恭敬而内心却傲慢不逊，有的外似廉洁谨慎而内心缺乏至诚，有的外似精干而内无才情，有的外似浑厚而内心却不诚实，有的外似足智多谋而内心不果断，有的外似果断勇敢而内无作为，有的外似老实而其实不讲信用，有的外似摇摆不定而内心忠诚，有的言行过激而做事却有成效，有的外似勇敢而内心却胆怯惧怕，有的外表严肃而其实平易近人，有的外貌严厉而内心温和厚道，有的外表虚弱、其貌不扬而受命出使却无往而不胜。总之，那些外表平常而内在德才不凡的人，往往被一般人所看不起，唯独为圣人所器重；一般人不了解其内在的卓越德才，只有独具眼力的有识之士，才能真正懂得这些人的才华。

姜太公认为要任用贤人，首先必须知人，建议周武王通过8种方法来考察将领。对此，他提出"八征"之法："一曰问之以言，以观其详；二曰穷之以辞，以观其变；三曰与之间谋，以观其诚；四曰明白显问，以观其德；五曰使之以财，以观其廉；六曰试之以色，以观其贞；七曰告之以难，以观其勇；八曰醉之以酒，以观其态。八征皆备，则贤、不肖别矣。"① 这就是说，一是向其提出问题以考察其语言表达能力和分析能力；二是通过不停地追问以考察其应变的能力；三是派出间谍暗中观察其是否诚实，表里如一；四是明知故问，考察其是否有所隐瞒，借以了解其人品；五是让其管理财物，考察其是否廉洁；六是以女色试他，考察其是否为好色之徒。七是把面临的危难告诉他，考察其是否勇敢无畏；八是用酒把他灌醉，考察其是否酒后失态，露出真面目。姜太公认为，如果这8种考察方法都用上了，就能把一个人的贤或不肖辨别清楚，从而选拔出真正的良将。这里，考察贤人的8种方法不尽科学有效准确，但其考察贤人的8个方面至今仍值得借鉴，至少说这是作为一位政府官员所必须具备的基本素质：善于言辞、随机应变、诚实不欺、忠厚有德、廉洁不贪、坚贞戒色、勇敢果断、风度形象。

（三）君主应发挥良将的作用

任用良将应扬长避短。《尉缭子·十二陵》论述了良将所应具备的12个方面的良好品质，君主在任用时，应充分发挥他们的这些长处，平时就能把军队管理好，战时就能率领军队打胜仗。"威在于不变，惠在于因时，机在于应事，战在于治气，攻在于意表，守在于外饰，无过在于度数，无困在于豫备，谨在于畏小，智在于治大，除害在于果断，得众在于下人。"这就是说，要使一位良将真正发挥其应有的作用，必须使其具备12种优良的品质：一是要具有威严，就必须做到意志坚定，始终如一；二是要给人恩惠，关键在于选择恰当的时机，如雪中送炭；三是要能随机应变，就必须学习适应各种不同情况；四是作战时，应善于激励全军士气；五是率领军队进攻时，要善于出其不意；六是在防守时，要善于迷惑敌人；七是要使自己不犯错误，关键在于学会周密思考；八是为了避免陷入困境，关键在于事先做好准备；九是要做到严谨，关键在于谨小慎微，防微杜渐；十是要做到明智，关键在于大处着眼，统筹全局；十一是清除祸害要果敢决断；十二是要想得到众人拥护，关键在于礼贤下士。另一方面，《尉缭子·十二陵》还指出，君主在任用将领时，应防止他们出现12个方面的短处，这样才能避免给国家和军队带来危害。"悔在于任疑，蘖在于屠戮，偏在于多私，不祥在于恶闻己过，不度在于竭民财，不明在于受间，不实在于轻发，固陋在于离质，祸在于好利，害在于亲小人，亡在于无所守，危在于无号令。"这就是说，作为军队的一位将领，必须避免出现以下12个方面的缺陷，才能成为一位良将，避免带来各种危害：一是避免产生后悔，产生后悔的原因在于优柔寡断、犹豫不决，这样容易错失良机，以至于后悔；二是避免造成罪蘖，造成罪蘖的原因在于杀戮太多，如果杀戮太多，就会激起众人的怨恨愤怒，以至于对立面越来越多，众叛亲离；三是避免出现偏袒，出现偏袒的原因在于私心太重，就容易对人对事

---

① 《太公六韬·龙韬·选将》。

不公正，以至于失去人心；四是避免出现不祥和，出现不祥和的原因在于不喜欢听逆耳忠言，不能兼听则明，所以容易偏信则暗，只有多听取不同的意见，才能减少错误；五是避免用度不足，用度不足的原因在于耗尽民财，如果对民众竭泽而渔，民众失去了再生产能力，军需供给就失去了来源；六是避免是非不分，是非不分的原因在于中了敌人的离间计，良将应时时警惕，不要偏信流言蜚语；七是避免不信用，让下属将士不信用的原因在于不慎重周密思考就轻易发布命令，朝令夕改，导致失去信用；八是避免产生固执偏见，产生固执偏见的原因在于看不清事物的本质；九是避免招致灾祸，招致灾祸的原因在于贪图眼前的利益；十是避免受人谋害，受人谋害的原因在于亲近小人，就容易遭人暗算；十一是避免招致灭亡，招致灭亡的原因在于平时不居安思危，时刻警惕戒备；十二是避免危险，出现危险的原因在于军队平时没有严明的纪律和管理制度，容易给敌人造成可乘之机。

（四）处理好君主与将帅的关系

自古以来，处理好君主与将帅的关系，是关系到国家长治久安非常重要的问题。如所有军队的领导权指挥权决策权都掌握在君主手中，那么将帅的才能难以得到施展，在瞬息万变的战场上，这样的军队不能灵活自主应对，肯定处处时时处于被动状态，是很难打胜仗的。另一方面，如果将帅的军事权力太大，又往往威胁君主的统治，容易形成尾大不掉，拥兵自重，甚至发动军事政变，或上演禅让的历史剧，取而代之。而且后者更是封建专制君主所担心的。因此，正确处理好君主与将帅的关系，既是一个重大的治国理政问题，又是一个为历朝历代帝王以及有识之士所深思熟虑的难题。先秦时期，这个问题就引起一些有识之士的关注和思考。

（1）君主与将帅应建立互信关系。《三略》认为君主与将帅之间军事权力的协调，其最基本的基础是双方要建立互信的关系。而要使君主能让大臣信任，大臣也能让君主相信，君臣双方必须正确把握"德"与"威"的度。对于君主来说，"无德则臣叛"，"无威则失权"。如果君主不对臣子施以恩惠，那臣子就会背叛；但是如果君主在臣子心目中没有权威，那就会失去统治权、驾驭权。而且在德与威之间，君主对臣子的威要比德稍多些，这样才可以更好地驾驭臣子，巩固自己的统治。对于臣子来说，"无德则无以事君"，"无威则国弱"。如果臣子没有对君主忠心耿耿、殚精竭虑，就不可能为国家为君主效劳；但如果臣子没有一定的权威，也很难指挥下属和民众为国家为君主效劳。在德与威之间，臣子应当多一点对君主的德而少一点对下属和民众的威，因为如果臣子的威太多了，不适可而止，就会因功高盖主而致祸，"威多则身蹶"。《三略》认为，如果君主与臣子没有建立互信的关系，"大臣疑主，众奸集聚"，即大臣对君主不信任，那么他们就会为了消除祸患，使用各种奸计阴谋来对付君主，这样国家就会陷入危险的境地。

《六韬·龙韬·立将》记载了通过隆重的立将仪式来完成君臣之间军权的授受和君臣互信关系的建立："将既受命，乃命太史卜，斋三日，至太庙，钻灵龟、卜吉日，以授斧钺。君入庙门，西面而立，将入庙门，东面而立。君亲操钺持首，授将其柄，曰：'从此上至天者，将军制之。'复操斧授柄，授将其刃，曰：'从此下至渊者，将军制之。见其虚则进，见其实则止，勿以三军为众而轻敌，勿以受命为重为必死，勿以身贵而贱人，勿以独见而违众，勿以辩说为必然。士未坐勿坐，士未食勿食，寒暑必同。如此，则士众必尽死力。'将已受命，拜而报君曰：'臣闻国不可从外治，军不可从中御。二心不可以事君，疑志不可以应敌。臣既受命专斧钺之威，臣不敢生还。愿君亦垂一言之命于臣，君不许臣，臣不敢将。'君许之，乃辞而行。军中之事，不闻君命，皆由将出，临敌决战，无有二心。"

我们从此记载可以看出：一是先秦立将形式隆重庄严，并蒙上一层神圣的色彩，以此来强化君主与将帅之间的互信关系是得到上天和祖先的保障的。当主将接受任命之后，国君就命太史来主持这项事宜，先斋戒 3 天，然后往太庙占卜，选择吉日来举行授权仪式。二是充分显示主将军权是由国君亲自授予的。国君将象征军事权力的钺、斧亲手交给主将，并向主将面谕。举行立将仪式那天，君主进入太庙，站在西面，主将进入太庙，站在东面。国君亲自手持象征军权的兵器"钺"，把其柄交给主将，并面谕说："从这里直到天上，一切军务都由主将你定夺。"然后，又将另一件象征军权的兵器"斧"亲手将其刃交给主将，并面谕说："从这里直到地下深渊，一切军务都由主将你定夺。"并且进一步嘱托说："见到敌人虚弱有机可乘，就前进攻击；遇到敌人强大难以取胜，就停止防守。不要因为自己率领的军队人多势众就轻敌，也不要因为责任重大而就轻易拼死，不要因为自己身份尊贵而看不起他人，不要因固执己见而不接受众人的正确意见，不要因为别人的花言巧语而自以为是。主将要礼贤下士，善待将卒。士兵没有坐下，主将也不要先坐下；士兵没有吃饭，主将也不要先吃饭。主将要和士兵同甘共苦，这样士兵们才会拼死效命。"

三是主将接受了军权后，必须向国君表示忠心，并开始行使自己的军事权力，率领军队出征打仗。主将接受了钺、斧，听了国君的嘱托后，就向国君下拜说："臣下听说国家大事不可以通过外部干预而处理，军中大事不可能依靠中央朝廷指示来解决。将领怀有二心不可以侍奉君主，心怀疑虑就不可以专心对付敌人。臣下既然接受了君王的权力，就会拼死效力以完成陛下的重托。"君主首肯后，主将就辞别，率军出征。战争期间，国君不再向军队发布命令，军中一切事务由主将决定。因此，将士们临敌作战时，就不会有任何疑虑。

（2）将在外，君命有所不受。战争是人类社会各利益集团、各民族、各个国家之间最残酷最激烈的生死搏斗，因此敌我双方都无所不用其极，尽全力打败对方以取得胜利。古代由于交通工具和通信技术的限制，对战争态势的变幻莫测、瞬息万变不能依赖远距离的判断和决策，而关键要依靠身临战场的主将及其他将领、谋士的随时随地的判断和决策。因此，一些有识之士就提出了将在外，君命有所不受的理念，以保证领军将领独立自主的指挥、决策权。

《孙子兵法》说："君之所以患于军者三：不知军之不可以进而谓之进，不知军之不可以退而谓之退，是谓縻军；不知三军之事而同三军之政，则军士惑矣；不知三军之权而同三军之任，则军士疑矣。三军既惑且疑，则诸侯之难至矣。是谓乱军引胜。"这就是说，国君影响军队取得胜利的情况有3种：一是不懂得军队不可以前进而命令其前进，不懂得军队不可以后退而命令其后退，这就是牵制军队。二是不懂得军队内部事务而干预军政，就会使军迷惑，无所适从。三是不懂得用兵权谋而干预军队指挥，就会使军士怀疑。如果军队将士迷惑怀疑，诸侯列国就会就会乘机派兵攻打，国家就会遭受灾难。其后果就是所谓扰乱军心，自取失败。因此，《孙子兵法》进一步指出："将能而君不御者胜。"英明的君主应该放心大胆地让将领在战争时期自主指挥调动军队，随机应变，充分发挥自己的军事才能，才能取得胜利。这就是所谓"出军行师，将在自专，进退内御，则功难成"。①也就是说，出兵打仗，主将应该具有独立自主决策指挥的权力，如果前进、后退等各种行动都要受到身在朝廷的君主的控制，那么主将是很难建功立业的。

作为国君要完全相信臣下，特别是相信手拥重兵的将领，这也是不容易的。因为历史上拥兵自重的将领为实现自己的个人野心，起兵篡夺政权，杀死当朝国君，自己登上皇帝宝座的事例屡见不鲜。因此，一些有智慧的优秀将领，要取得国君的信任，还必须采取一些巧妙的办法，使国君真正放手让自己发挥军事才能，率军打败强敌，建功立业。如战国时期秦将王翦率60万大军伐楚，为了让秦王不起疑心，王翦在出兵途中故意两次向秦王索取美田宅、园池，以供他和子孙世代享受，来使秦王认为他只知享乐，没有个人野心。因为他深知"秦王性强厉而多疑，今以精甲六十万畀我，是空国而托我也。我多请田宅园池，为子孙业，所以安秦王之心耳"。②

（3）国君要牢牢掌握对臣下的生杀大权，战争一结束就要收回领军将帅的兵权。另一方面，对于国君来说，要牢牢掌握对臣下的生杀大权，特别是要警惕位高权重的将领夺权篡位。《三略》指出："豪杰秉职，国威乃弱。杀生在豪杰，国势乃竭。豪杰低首国乃可久。杀生在君，国乃可安。"如果有胆略、武艺高强的英雄豪杰位高权重，那么国君的权威就会减弱。如果有胆略、武艺高强的英雄豪杰掌握了对官员的生杀大权，那么国君的权力就荡然无存了。如果有胆略武艺高强的英雄豪杰对国君俯首听命，那么国君的统治就能巩固。如果国君掌握了对

① 《三略》。
② 《史记·白起王翦列传》。

官员的生杀大权，国家就会长治久安。历史证明，武将权力太大，功高盖主，其权势和威望如超过君主，那对君主的威胁是很大的，即使他本来没有野心，但也有可能因下属"黄袍加身"，而对在位君主取而代之。

《三略》在此认识的基础上，为了使皇帝能够牢牢掌握军权，提出了"夫高鸟死，良弓藏；敌国灭，谋臣亡"的思想。这里的"良弓藏""谋臣亡"并不意味着国君要将有功之将帅谋害，而是可以通过将有功之将帅"封之于朝，极人臣之位，以显其功"；"中州善国，以富其家"；"美色珍玩，以悦其心"等手段"夺其威，少其权"。这样既可保证君主牢牢掌握军事大权，不受那些权力太大、功高盖主武臣的威胁，又可妥善安置那些有功的武臣，保全他们的功名和身家性命，君臣相安无事，国家昌盛繁荣。

三、治军思想

(一) 以法治军，重赏重罚思想

先秦时期，有识之士就认识到要使一支军队具有强人的战斗力，首先必须制定严格的法令与制度，必须赏罚分明，才能够令行禁止，才能够打胜仗。《孙子兵法·始计》指出，看一支军队能否打胜仗，要看治军者"法令孰行"，"赏罚孰明"，就是看法令执行没有，谁的赏罚分明。如果军队"罚不行，则不可用"，[1]必须要"施无法之赏，悬无政之令，犯三军之众，若使一人"，[2]即要施行破格的奖赏，颁布非常的法令，三军之众才能像一个人那样行动自如。

在此认识的基础上，《孙子兵法》进一步提出"令素行以教其民，则民服；令素不行以教其民，则民不服。令素行者，与众相得也。"所谓"令素行"，就是要平时治理军队时，法令的推行绝不打折扣，必须严格执行命令，久而久之，士兵就会养成服从命令的习惯。如果平时法令的推行经常打折扣，那么就是令素不行，这样老百姓就不能信服，就会使领导者威信下降，就得不到民众的拥护和支持。只有让任何人都遵守法令，大家才会对法令信服，才会对领导者拥护，产生"与众相得"的效果。

《六韬》则进一步对"令素行"提出了具体的做法："将以诛大为威，，以赏小为明，以罚审为禁止而令行。故杀一人而三军震者，杀之；赏一人而万人说者，赏之。杀贵大，赏贵小。杀及当路贵重之臣，是刑上极也；赏及牛竖、马洗、厮养之徒，是赏下通也。刑上极，赏下通，是将威之所行也。"这就是说，作为一位将领，如果敢于惩罚位高权重而违反法令的人，就会树立威严的形象；如果能够奖赏身份低微而有功劳的人，就会树立明察的形象。这样，就会使你通过赏罚分明而达到令行禁止。如果惩罚一个人能够让三军将士感到震撼，从

---

① 《孙子兵法·九变》。
② 《孙子兵法·九地》。

而使大家不犯类似的过错，那么就要坚决惩罚这个人；如果奖励一个有功劳的人能够让众人感到高兴，从而使大家都以此为学习的榜样，那么就一定要奖励这个人。所以说，惩罚违反法令的人，如惩罚位高权重的人，影响就更大。这就叫作处罚无所不及，什么人也不能搞特殊化，这样违反法令的人就很少。奖励有功劳的人，如奖励身份低微的人，效果就更好。这叫作奖赏无所不到，任何人只要有功劳就会得到奖赏，这样大家就会勇敢战斗，争取建功立业，得到奖励。

军队作为一支战斗的队伍，必须有严明的纪律，一切行动听指挥，才能打胜仗。因此，在军队管理中，对违反纪律者必须根据情节轻重予以不同惩罚。特别是在战争期间，对违反军纪者动辄处以极刑。如《尉缭子》载："吴起与秦战未合，一夫不胜其勇，前获双首而还。吴起立命斩之。军吏谏曰：'此材士也，不可斩。'起曰：'材士则是也，非吾令也。'斩之。"因此将领带领军队打仗，首先必须训练军队，使将士"居则有礼，动则有威……其众可合不可离，可用不可疲，投之所往，天下莫当"。而要做到这些，就必须对将士"进有重赏，退有重罚"，并强调"行之以信"。

《尉缭子·重刑令》对治军为什么要重赏重罚做了解释："使民内畏重刑，则外轻敌。故先王明制于前，重威刑于后。刑重而内畏，内畏则外轻矣。"要使全军将士对内畏惧重刑，这样他们就会对外藐视敌人了。所以从前英明的君主，都是首先申明法令，然后使用重刑。刑罚重则人心畏刑，人心畏刑就会英勇对敌了。《尉缭子·兵教上》还将重刑立威与赏罚分明、关爱士兵辩证地结合起来："战胜在乎立威，立威在乎戮力，戮力在乎正罚，正罚者所以明赏罚也。""夫不爱说其心者，不我用也；不严畏其心者，不我举也。爱在下顺，威在上立，爱故不二，威故不犯。故善将者，爱与威而已。"这就是军队能够打胜仗，原因在于将领能树立威严；而将领能够树立威严，原因在于下属将士肯听指挥卖命效力；下属肯听指挥卖命效力，原因在于将领能刑罚得当，而刑罚得当也就能赏罚分明了。将领如果不能以爱抚使士兵悦服，士兵就不会为将领所用；如果不能以威严使士兵惧畏，士兵就不会听从将领指挥。将领爱抚士兵就是使其驯服为自己效力，树立威严就是使士兵听从指挥。爱抚能使士兵不怀二心，威严能使士兵不敢违令。所以善于带兵的将领，就要熟知爱与威的运用。

《六韬》也主张将领治军要善于运用赏罚，而且要信赏必罚。"用赏者贵信，用罚者贵必。赏信罚必于耳目之所闻见，则所不闻见者莫不阴化矣。""所憎者，有功必赏；所爱者，有罪必罚。"唯有功过才是其唯一的标准。为了达到"赏一以劝百，罚一以惩众"的效果，《六韬》还提出"将以诛大为威，以赏小为明，以罚审为禁止而令行"。

先秦时期，治军中重视赏罚、赏罚分明、信赏必罚、重赏重罚的思想在战国时期得到了实践。各诸侯国都制定了赏罚条例，如齐国实行"隆技击"制，即贵勇士，"得一首赐赎锱金"。①一锱是 8 两，金即黄金。赵国有"百金之士"，能破敌擒将者赏百金。②商鞅在秦国制定的军队赏罚制度，最为完备、系统："能得爵首一级者，赏爵一级，益田一顷，益宅九亩，一除庶子一人，乃得入兵官之吏。"③商鞅在秦国实行农战政策，其奖励不仅是经济上的农田、宅地，而且还提高社会地位及政治上当官。秦国除了规定士卒个人斩首赏外，还规定有集体赏。如在攻城时，城的四面每一面组成一支先锋队，每队 18 人。若在攻城时能斩首 5 个，全队每人赐爵一级。值得注意的是，秦国对有爵位的官吏的奖赏规定与一般士兵不同。为了鼓励军队中各级在战场上率领士兵作战的长官在战斗中更好地发挥指挥士兵作战的作用，秦国规定，百将、屯长在作战时不准自己去砍杀敌人，他们的任务是负责指挥。百将、屯长指挥的部队斩首 33 个以上，就算达到规定的标准，指挥作战的百将、屯长赐爵一级。百将、屯长以上的军官则更要以整个战役的斩敌总数受赏。如在攻城战中，全军能斩首 8000 个，算达到规定标准。野战中斩首 2000 个，就算达到规定标准。达到标准后，"吏自操及校以上大将尽赏"。秦国之所以作如此规定，是由于提高爵位意味着其政治、经济地位增加的幅度大，为了限制高爵位人数，控制滥赏爵位，秦爵赏赐低级易得，而高爵不易得。

将士立功赏赐一般是在战役结束后，将所斩首级都摆出来，陈列 3 天以进行公示，将军认为没有差错，就把爵级赏赐给有功的将士。行赏是由县级官府负责进行，如果 3 天之内县里还不把大夫、兵士的赏爵落实，就要罢免县尉的官职，由县丞负责处罚事宜。

如有战功者死后，从小夫到大夫，他的官爵每高一级，坟上就多种一棵树，以示其战功多。如有功者战死，其爵由其子继承。云梦秦简《秦律杂抄》规定："战死事不出，论其后。又后察不死，夺后爵，除五人。"这就是说将士战死沙场，其子得受爵。

云梦秦简《法律答问》"广心条"还规定，在战场上能鼓励士气，使指挥的将军都知道他的名声的人，应给予特别的奖励。此奖由将军赏给钱或黄金，多少不定。

战国时期，战争规模越来越大，而且也越来越激烈，由于战争关系到各诸侯国的存亡，因此各诸侯国国君都制定严厉的惩罚条例，强迫将士在战场为其卖命打仗。尤其是秦国惩罚条例不仅多，而且极其严酷，故世称"酷烈"。以上缕述其主要者：

---

① 《荀子·议兵》。

② 《史记·赵世家》集解引《管子》语"百金之士"或说"良士直百金"，见《汉书·冯唐传》颜注引服虔语。

③ 《商君书·境内》，本目以下有关秦国军队奖惩规定，未注出处者，均见于此。

（1）连坐法。商鞅规定，作战时 5 个人编为一伍，登记在册，如有一人逃跑，其余 4 人得受到连坐惩罚。若谁能斩敌首一级，可免受处罚，但也不予奖赏了。如 5 人当中有 1 人虚报战死而其子受赏，后此人又未战死，则褫夺其子的爵，同伍的人也要受到惩罚，假报战死的人则要罚作隶臣。① 战国末年，《尉缭子·伍制令》则发展了商鞅的什伍连坐法："军中之制，五人为伍，伍相保也。十人为什，什相保也。五十为属，属相保也。百人为闾，闾相保也。伍有干令犯禁者，揭之免于罪，知而弗揭，全伍有诛。什有干令犯禁者，揭之免于罪，知而弗揭，全什有诛。属有干令犯禁者，揭之免于罪，知而弗揭，全属有诛。闾有干令犯禁者，揭之免于罪，知而弗揭，全闾有诛。吏自什长以上，至左右将，上下皆相保也。有干令犯禁者，揭之免于罪，知而弗揭之，皆与同罪。夫什伍相结，上下相联，无有不得其奸，无有不揭其罪，父不得以私其子，兄不得以私其弟，而况国人聚舍同食，乌能以干令相私者哉！"由此可见，秦国的什伍连坐法，从商鞅到尉缭，有了较明显的发展：一是连坐的范围从什伍扩大到属、闾，人数从 5 人连坐扩展到 100 人连坐的范围。二是商鞅时只要 1 人逃跑或虚报战死，其余 4 人就要受到连坐惩罚。尉缭时则更突出了互相监督的作用，即有 1 人"干令犯禁"，如果其余人检举揭发，就可免于惩罚；只有在其余人"知而弗揭"的情况下，才与"干令犯禁"者同罪。这样军队中在同一个伍、什、属、闾的人就能更好地互相监督，使企图"干令犯禁"者无法犯罪，如已犯罪者无处隐瞒藏身，即使父子兄弟也无法包庇，从而形成强大的震慑力量，有效地制止"干令犯禁"之人之事的出现。

秦国的军队什伍连坐法在出土的考古实物—秦简中也得到证实。如秦简《屯表律》中有律文规定，在军中议论最近攻城的功绩时，城已攻破，而有人迟到没有进入战场，却报告说在作战时阵亡。屯长、同什的人罚一副甲，同伍的人罚两副甲。

（2）作战不力罪。商鞅规定，在攻城时分别四面进攻，并约定期限，先攻入者为"最"，后者为"殿"，若两次均为"殿"，评不上功，指挥官就罢免永不叙用。在攻城时，先锋队都战死，而其中一人畏缩不前未死，则在城下让千人围观，并在脸上刺刻实墨，割去鼻子。攻城时，将军搭一木台，让国正监及御史登台瞭望战斗情况，看谁作战勇敢，谁怯懦，以便定赏罚。

（3）冒领军粮罪。云梦秦简《法律杂抄》"不当禀军中而禀者"条规定，如军中有人冒领军粮或变卖军粮，士兵、屯长、仆射知而不检举告发的，要被罚戍边一年。

（4）誉敌罪。秦简《法律答问》"誉敌以恐众心"条规定，在战场上赞扬敌人而动摇军心的人，先示众，然后斩首。在战斗期间，军队的士气十分重要，

---

① 《秦律杂抄》"战死事不出"条。

有时甚至关系到胜负。赞扬敌人是扬敌军之威、挫我军之锐，属于严重的犯罪，故要处以极刑。由此可见，秦律规定之严酷。

（5）军官失职罪。有大夫以上爵在战场上不专事指挥却去斩敌首者，处以流放刑。[①]这条规定反映了秦国十分重视将士在战斗中应各司其职，服从命令指挥。如果负责指挥的长官为了多斩获敌人的首级以请功领赏，而没有很好地指挥士兵进行战斗，可能会招致失败。所以，对这样的战场指挥官必须处以流放的刑罚。

秦军的惩罚条例严厉，士兵在战场上拼死命杀敌立功，但如一有受罚就前功尽弃。云梦秦简《军爵律》规定，受爵及赏赐的条件是本人或继承者没有耐以上的罪方可："从军当以劳论及赐，未拜而死，有罪法耐，迁其后；及法耐、迁者，皆不得受爵及赐。"这就是从军有功应授爵和赏赐，如有功未拜爵而本人已死，则其子受爵和赐。但若本人以及其子有罪依法应判耐迁刑的，就不能得到爵和赏赐。秦律中有许多受罚条款，士卒动辄触禁，所以能真正受赏得爵的人，恐怕不是很多。《商君书·境内》称"爵自二级以上，有刑罪则贬；爵自一级以下，有刑罪则已"，是以爵抵罪，秦因其刑严，夺爵、贬爵者亦不在少数。

（二）军队上下统一思想意志，并保持旺盛的斗志

《六韬·文韬·兵道》指出："凡兵之道，莫过于一。一者，能独往独来。"军队能"齐勇如一"，"上下同欲者胜"。军队如能万众一心，行动一致，就能使"三军之众，闻鼓声则喜，闻金声则怒。高城深池，矢石繁下，士争先登。白刃始合，士争先赴。"军队士兵们，听到进攻的战鼓声就非常高兴，听到后退的鸣金声就生气。遇到高大的城墙和深宽的护城河的阻挡，同时守城的敌军不停地抛石头，射箭，但士兵仍然会争先恐后地去攻城，短兵相接时，勇往直前。

先秦时期，一些军事思想家认为治军的理想境界是全军万众一心，犹如一人之兵。如《尉缭子》提出"使三军之众为一死贼"；《吴子》也提出"今臣以五万之众，而为一死贼"的治军思想。《尉缭子》还进一步具体提出如何才能使军队达到万众一心，犹如一人之兵。要做到军队万众一心，就应该"使什伍如亲戚，卒伯如朋友。止如堵墙，动如风雨，车不结辙，士不旋踵，此本战之道也。"换言之，也就是使同什同伍的人，像亲戚那样互相关照，上下级关系像朋友那样亲密无间，军队驻守就像铜墙铁壁一样坚固，行动起来就像疾风骤雨一样迅猛。战车勇往直前，士兵绝不后退。这就是战胜敌人的根本所在。如果治军能达到这样的理想境界，就能使军队"无天于上，无地于下，无主于后，无敌于前。一人之兵，如狼如虎，如风如雨，如雷如霆，震震冥冥，天下皆惊。"三军之众如能像"一人之兵"，这样的军队就会上不受天时的影响，下不受地形的限制，后面不受君主的制约，前面不受敌人的阻击。万众一心的军队，行动起来就

---

① 《秦律杂抄》"故大夫斩首"条。

像虎狼般的凶猛，狂风暴雨般的疾骤，雷电般的不及掩耳，声势浩大，变幻莫测，使天下惊惧。

（三）精选士卒，严格训练

先秦有些军事思想家认识到，要培养一支精锐的部队，对于士兵的选拔和训练是一项重要的工作。《吴子·料敌》就主张，应认真挑选士卒，对于武艺高强、勇敢无畏的人才，给予他们很高的待遇和社会地位以激励士气，同时进行艰苦的训练，提高战斗力。"选而别之，爱而贵之，是谓军命。其有工用五兵，材力健疾，志在吞敌者，必加其爵列，可以决胜。厚其父母妻子，劝赏畏罚，此坚陈之士，可与持久，能审料此，可以击倍。"

《六韬》将精选精兵强将、进行严格训练称之为"练士之道"。"军中有大勇、敢死、乐伤者，聚为一卒，名曰冒刃之士。"国家根据每个兵士的特点将他们分类培养，使之成为具有特殊才能的人。《六韬》还提出了一套与当今六西格玛管理培训体系中绿带、黑带、大黑带层层指导相类似的运作流程，颇具特色。"使一人学战，教成，合之十人；十人学战，教成，合之百人；百人学战，教成，合之千人；千人学战，教成，合之万人；万人学战，教成，合之三军之众。大战之法，教成，合之百万之众。"这种培养训练之法，就像滚雪球一样，即1人学会再教10人，10人学会再教100人，100人学会再教1000人，1000人学会再教1000人，以至于最后100万人都学会。这是一种几何级数式的增加，其效率是惊人的。

（四）将领身先士卒，激励士气

先秦的军事思想家在治军方面已注意到将领在治军中表率作用的重要性，强调将领对下属的模范带头作用，提倡各级长官应该与下属同甘共苦。《六韬·龙韬·励军》主张："将冬不服裘，夏不操扇，雨不张盖，名曰礼将。将不身服礼，无以知士卒之寒暑。出隘塞，犯泥涂，将必先下步，名曰力将。将不身服力，无以知士卒之劳苦。军皆定次，将乃就舍；炊者皆熟，将乃就食；军不举火，将亦不举，名曰止欲将。将不身服止欲，无以知士卒之饥饱。将与士卒共寒暑、劳苦、饥饱。"作为将领，必须与士卒同甘共苦，冬天不穿贵重的皮衣，夏天不让人为他打扇，下雨不让人为他撑伞，如果能做到这些，就可称为礼将。如果不能做到这些，就不能成为礼将，也无法知道士卒的寒暑之苦。在行军打仗中，出隘塞，走在泥泞的道路上，如果将领能先下车马步行，就可称为力将。如果将领做不到这点，就不能成为力将，也无法知道士卒行军打仗的劳苦。士兵都安顿好了，将领才开始休息；士兵的饭菜都煮熟了，将领才开始吃饭；军队还没举火，将领也不举火，这就可称为止欲将。如果将领做不到这些，就不能成为止欲将，也无法知道士卒的饥饱。总之，将领必须与士卒共寒暑、劳苦、饥饱，才能率领士卒打胜仗。

将领在治军中能够同下属同甘共苦，就能在战斗中起表率作用，士兵跟随将领冲锋陷阵，共生死。除此之外，国家必须用富裕的生活、赐给官职、死丧抚恤等激励民众英勇作战。"故战者，必本乎率身以励众士，如心之使四肢也。士不励，则士不死节。士不死节，则众不战。励士之道，民之生不可不厚也。爵列之等，死丧之亲，民之所营，不可不显也。必也，因民所生而制之，因民所荣而显之，田禄之实，饮食之亲，乡里相劝，死生相救，兵役相从，此民之所励也。"①这就是说，将帅指挥作战，必须用自己的表率行为来激励部队，这样才能像头脑指使四肢那样灵活自如。战斗意志如不加以激励，士兵就不会为国家效死，士兵不为国家效死，部队就没有战斗力。激励士卒的方法就是使民众过上富裕的生活，官职的等级、死丧的抚恤是民众所追求的，应当有明确的规定。必须根据民众生活的需求制定保障措施，根据民众的功绩给予表彰奖励，使他们在田地俸禄方面得到实惠，起居饮食方面得到照顾，邻里互助鼓励，死生互相帮助，战时携手应征入伍，这就是激励民众的办法。

先秦时期有些军事思想家则主张通过平时的教育来激励军队的士气。如提出"用兵之法，教戒为先"，"必教之以礼，励之以义，使有耻也"，"使有功而进拘之，无功而励之"。吴起认为"夫人有耻，在大足以战，在小足以守矣"。《论语》也认为"见义不为，无勇也"。可见，平时对将士进行"义""有耻"的教育可以激发将士作战的勇气。而且，对于那些有一技之长、英勇善战和为国捐躯的将士，要实行"加其爵列"及重赏优待其父母妻儿等方法来激励他们发挥最大的主观能动性，以达到"一人投命，足惧千夫"的效果。

（五）建立完善的制度

《尉缭子·制谈》论述军队制度建设和执行的重要性，认为"凡兵，制必先定。制先定，则士不乱，士不乱，则刑乃明。金鼓所指，则百人尽斗。陷行乱陈，则千人尽斗。复军杀将，则万人齐刃，天下莫能当其战矣"。即凡是统率军队，必须预先建立各种制度。各种制度建立之后，士兵就不会因无制度约束而混乱。士卒不混乱，纪律就严明了。这样，当命令一下，成百的人就一起尽力战斗。冲锋陷阵时，就成千的人一起尽力战斗。当歼灭敌军时，成万的人齐心协力砍杀。如果能这样的话，天下就没有任何力量能够与之抗衡。"吾用天下之用为用，吾制天下之制为制。修吾号令，明吾刑赏，使天下非农无所得食，非战无所得爵，使民扬臂争出农战，而天下无敌矣。故曰，发号出令，信行国内"。如果朝廷能够利用天下的财富来充实我们的国力，参考天下的制度来修订我们的制度。整肃号令，严明赏罚，使天下民众都知道我国的国策是不耕种的人不能得到食，无战功的人不能得到爵位，那么广大民众就会奋勇争先地投入农业生产和战斗，这样，我国就可以天下无敌了。所以说，号令一经发布，就必须取信于民而风行全国。

---

① 《尉缭子·战威》。

《尉缭子·制谈》还认为军队中严明的制度可以在战斗中防止贪生怕死、畏缩不前，目无军纪，逃亡溃散等情况的发生，从而加强军队的组织纪律性和战斗力。"古者，士有什伍，车有偏列。鼓鸣旗麾，先登者，未尝非多力国士也，先死者，亦未尝非多力国士也。损敌一人而损我百人，此资敌而伤我甚焉，世将不能禁。征役分军而逃归，或临战自北，则逃伤甚焉，世将不能禁。杀人于百步之外者，弓矢也；杀人于五十步之内者，矛戟也。将已鼓而士卒相嚣，拗矢折矛，抱戟，利后发，战有此数者，内自败也，世将不能禁。士失什伍，车失偏列，奇兵捐将而走，大众亦走，世将不能禁。夫将能禁此四者，则高山陵之，深水绝之，坚陈犯之。不能禁此四者，犹亡舟楫，绝江河，不可得也。"先秦时期，士兵有"什伍"编制，战车有"偏列"编制。当军队击鼓挥旗发起进攻时，首先登上敌人城墙的，往往是那些乐于为国家效力的勇士；首先在战场上战死的，往往也是那些乐于为国家效力的勇士。如果只杀伤一个敌人而我军却损伤了100人，这就等于大大加强了敌人而严重损伤了自己，平庸的将军不能制止此类情况的发生。士兵应征入伍后，刚编入部队就逃亡回家或者刚上战场就自行溃败，这就会出现大量的逃散伤亡，平庸的将领也无法制止这种情况的发生。两军对峙，敌人在百步之外，就应当用弓箭杀伤他们；敌人在50步之内，就应当用矛杀伤他们。但是如果将帅击鼓传命时，士兵们却互相吵闹，把箭、矛折断，把戈、戟抛弃，面对敌人而畏缩不前，战斗中出现这些情况，意味着自己先溃败了，平庸的将领不能对此有所制止。将帅如能制止这四种情况的发生，那么所率领的军队就可以攀登高山，跨越深水，也可以摧毁坚固的阵地。如果不能制止这四种情况的发生，要想战胜敌人，就好比没有船只而想渡过江河一样，是不能做到的。

（六）必须合理配备各种人才

一支军队出征打仗，必须合理配备各种人才，充分发挥他们的所长，才能应对各种各样复杂多变的情况，取得战争的胜利。《六韬》提出："命在通达，不守一术。因能授职，各取所长，随时变化，以为纲纪。故将有股肱羽翼七十二人，以应天道。备数如法，审知命理，殊能异技，万事毕矣。"也就是说，军队要打胜仗光靠将领一个人是不行的，将领必须根据职能和人才特长进行分工，建立起人才团队，以应对各种情况的变化。如军队打仗时，会碰到作战决策、预测敌情、实行赏罚、天气条件、各种地形、山河险阻、兵器粮草、安营扎寨、对敌宣传、侦探敌情、医治伤病、财务管理等诸多问题，都需要人才团队予以解决。在先秦冷兵器时代，当时军队所配备的人才大致有："腹心一人，主赞谋应卒，揆天消变，总揽计谋，保全民命；谋士五人，主图安危，虑未萌，论行能，明赏罚，授官位，决嫌疑，定可否；天文三人，主司星历，候风气，推时日，考符验，校灾异，知人心去就之机；地利三人，主三军行止形势，利害消息，远近险易，水涸山阻，不失地利；兵法九人，主讲论异同，行事成败，简练兵器，刺举非法；通粮四人，主度饮食，蓄积，通粮道，致五谷，令三军不困乏；奋威四人，主择才力，论兵革，风驰电掣，不知所由；伏旗鼓三人，主伏旗鼓，明耳目，诡符节，谬号令，闻忽往来，出入若神；股肱四人，主任重持难，修沟堑，治壁垒，以备守御；通材三人，主拾遗补过，应偶宾客，论议谈语，消患解结；权士三人，主行奇谲，设殊异，非人所识，行无穷之变；耳目七人，主往来听言视变，览四方之事、军中之情；爪牙五人，主扬威武，激励三军，使冒难攻锐，无所疑虑；羽翼四人，主扬名誉，震远方，摇动四境，以弱敌心；游士八人，主伺奸候变，开阖人情，观敌之意，以为间谍；术士二人，主为谲诈，依托鬼神，以惑众心；方士二人，主百药，以治金疮，以痊万病；法算二人，主计会三军；营壁、粮食、财用出入。"由此可见，要维持一支出征军队的每日正常运作，必须有以下十几种专业人才的分工协作：一是腹心之人，相当于长官的助手；二是谋士，相当于军队中负责日常安全、人事、行政事务的官员；三是懂得天文地理的人；四是懂得兵法的人；五是负责后勤粮草供给的人；六是先锋突击部队；七是迷惑敌人的机动部队；八是负责工程、营房建设的工兵部队；九是出谋献策的参谋人员；十是负责收集军事情报的侦察人员；十一是政治思想宣传人员；十二是间谍人员；十三是装神弄鬼的人员；十四是治疗伤病的医务人员；十五是负责会计收支的财务人员。

四、以军事实力为后盾但应慎重使用军事力量

（一）国家以军事实力作为后盾

《管子》认为，国与国之间的较量取决于实力，而不是什么仁义道德。《管子·重令》说："凡国之重也，必待兵之胜也，而国乃重。"《管子·兵法》也说："兵虽非备道至德也，然而所以辅王成霸。"通向帝王霸业之路，除了战争之外，别无他途。正如《管子·禁藏》所说："凡有天下者，以情伐者帝，以事伐者王，以政伐者霸。"这种认识是符合春秋战国诸侯国之间兼并、争霸战争的实际情况。

《管子》重视民意民心，也体现在其对民众在战争中作用的论述。《管子·重令》说："凡兵之胜也，必待民之用也，而兵乃胜；凡民之用也，必待令之行也，而民乃用。"《管子·参患》也指出，用兵在用众，用众在得心，"得众而不得其心，则与独行者同实"。民为兵本，不仅表现在要获得本国民众的支持，同时要得到敌国之民的支持。《管子·兵法》指出："得地而国不败者，因其民也。"

韩非也十分注重国家的实力，认为"力"是定乾坤的不二法宝。《韩非子·外储说左上》说："先王所期者利也，所用者力也。"因为"力多则人朝，力寡则朝于人，故明君务力"[1]。至于实力究竟为何？韩非有精辟的见解，认为真正

---

[1] 《韩非子·显学》。

的力量在臣民之中。《韩非子·制分》提出："死力者，民之所有者。"还有，韩非所说的"力"，不是简单指国家的军事力量，其包括劳力，又包括智力，既包括经济实力，又包括军事实力，可谓是综合实力。

战国末期，全国出现了统一的趋势，至于如何才能实现统一呢？《吕氏春秋》批判了墨家的非攻和公孙龙的偃兵，而主张采取武力统一的途径。作者从人的"争斗"本性和国家起源于"争斗"的暴力论观点出发，把战争作为解决当时诸侯国纷争的唯一办法，"兵不可偃"，如"天下无诛伐，则诸侯之相暴也立见"①。

在治理国家中，《吕氏春秋》作者十分重视以军事作为后盾。《吕氏春秋·荡兵》云："兵之所自来者上矣，与始有民俱。凡兵也者，威也；威也者，力也。民之有威力，性也。""未有蚩尤之时，民固剥林木以战矣，胜者为长。长则犹不足治之，故立君。君又不足以治之，故立天子。天子之立也出于君，君之立也出于长，长之立也出于争。争斗之所自来者久矣，不可禁，不可止。"从这一观点出发，作者主张君主在治理国家中，必须依靠"义兵"来"诛暴君而振苦民"，"攻无道而伐不义，则福莫大焉，黔首利莫厚焉"②。而且，君主只有通过"义兵"，才能获得荣耀与有利的结果。"凡兵之用也，用于利，用于义。攻乱则服，服则攻者利。攻乱则义，义则攻者荣。荣且利，中主犹且为之，况于贤主乎！"③

（二）国家应慎重使用军事力量

周穆王时，"王道衰微"④。可是周穆王不自量力，仍要征伐北方强大部族犬戎。祭公谋父不赞成征伐，讲了一番德、兵两者关系的道理。他说："先王耀德不观兵。"意思是说先王崇尚德化，不轻易显示兵力动干戈。所谓"耀德"，即"懋正其德而厚其性，阜其财求而利其器用，明利害之乡，以文修之，使务利而避害，怀德而畏威"⑤。祭公谋父认为，用德勉励民众，使其性情淳厚。尽量满足他们的物质要求并利其器用。讲清利害，用礼教化他们，使他们务利而避害，感怀德化而畏惧威慑。祭公谋公并不是不要兵。他主张如有违反王令者要先教育，教而不服者再以兵戎相见。如果用兵，一定要做充分准备，合"时"而"动"，不要耽误农时。兵不动则已，动则要"威"。用武非同游戏，轻举妄动非但无成，反而有损。这就是"观则玩，玩则无震"⑥。

祭公谋父先德而后兵的思想对后世影响深远，贤明的帝王一般都不轻易发动

---

① 《吕氏春秋·荡兵》。
② 《吕氏春秋·振乱》。
③ 《韩非子·名类》。
④ 《史记·周本纪》。
⑤ 《国语·周语上》。
⑥ 《国语·周语上》。

战争，即使在实施严厉管制政策时也尽量避免采取军事行动。因为战争往往会带来惨重的伤亡和巨大的经济损失，不战而胜人之兵一般是最佳的选项。

春秋时期，老子和孙子均对祭公谋父的这一用兵思想进一步予以发展。《老子》第31章云："兵者不祥之器，非君子之器，不得已而用之，恬淡为上。胜而不美，而美之者，是乐杀人。夫乐杀人者，则不可得志于天下矣。"可见，老子认为武力战争是带来灾难的不祥东西，不是君子所使用的。如万不得已而使用它，最好要淡然处之。胜利了也不要得意洋洋，如果得意洋洋，就是喜欢杀人。喜欢杀人的，就不能在天下得到成功。

当时，不仅主张清静无为的老子如此认为，即使作为杰出的军事家孙子也主张不要轻易发动战争。他在《孙子兵法》开篇就指出："兵者，国之大事，死生之地，存亡之道，不可不察也。"不言而喻，孙子认为战争关系到人民的生死、国家的存亡，因此必须予以十分谨慎地对待，切不可轻举妄动。基于这种思想，他在《谋攻》篇深刻指出："百战百胜，非善之善者也；不战而屈人之兵，善之善者也。"这就是即使发动战争百战百胜，但胜利一方也要付出沉重的代价，因此不是最佳的选择。只有不发动战争而使对方屈服，这才是最佳的选项。

《管子·参患》篇指出："君之所以卑尊，国之所以安危者，莫要于兵……兵者，外以诛暴，内以禁邪。故兵者，尊主安国之经也，不可废也。"君主治国，兵不可少，但兵也有致命的负面作用。《管子·法法》说："贫民伤财，莫大于兵；危国忧主，莫速于兵。"能导致人民贫困，资财损耗，没有比军队和战争更厉害的；能促使国家危亡、君主忧患的，没有比军队和战争更迅速了。可见兵是一把双刃剑，用兵关键在于"当"。"兵当废而不废，则古今惑也；不（当）废而欲废之，则亦惑也。"[1]

同时，《吕氏春秋》作者也看到军事对君主来说是双刃剑，"善用之则为福，不能用之则为祸"[2]。因此，用兵的关键是必须把握善与不善，即"乱则用，治则止。治而攻之，不祥莫大焉；乱而弗讨，害民莫长焉"[3]。可见，发动战争必须考虑是否符合正义原则，是否有利于长治久安，对人民生活有利。

第二节　秦汉魏晋南北朝军事管理思想

秦汉时期结束了春秋战国以来群雄割据的局面，建立了封建专制主义中央集权的统一帝国。多民族统一国家的形成，促进了社会经济繁荣发展。在这新的历史条件下，军事领域也发生了一些前所未有的变化和发展。随着生产力水平提

---

[1] 《管子·法法》。

[2] 《吕氏春秋·荡兵》。

[3] 《吕氏春秋·召数》。

高，冶铁炼钢技术进步，秦汉时期武器装备有了长足进步，刀、剑、矛、戟等主要兵器已基本由钢铁制成。戈、殳、铖等兵器因不合时宜逐渐被淘汰，弓、弩等远距离杀伤武器在很大程度上得到改良。秦汉时期，在建立及巩固多民族统一国家的过程中也爆发了一系列重要战争，规模较大的如秦末农民起义战争、楚汉战争、反击匈奴之战、绿林赤眉起义战争、黄巾军起义战争等。

本时期在专制主义中央集权政治制度建立的同时，在军事上也确立了以皇帝为首领的体制，建立了以皇帝为最高统帅的全国统一军队，皇帝掌握一切军务最后决断权。战时皇帝亲自下令调兵并临时指派将军统领，事毕即解除兵权回归朝中。这一制度为后来诸朝继承发展，成为中国帝制时代军制的核心。兵制方面，秦和西汉时期基本上沿袭战国郡县征兵制，以年龄为界定，凡适龄男子均须服兵役。征兵制由于兵源无法保证而衰落，募兵制兴起并成为兵制的主导形式。东汉末年还出现了父死子继、世代为兵的世兵制。军队一般分为中央军、地方军和边防军3大部分，步兵、骑兵为主要兵种，水（军）兵、车兵为辅助兵种。

魏晋南北朝长期军阀割据，战乱不已，军队具有特别重要的作用。一支政治势力，一个政治集团，甚至一个大家族，是否能够在社会中存在，无不与它是否直接拥有一支武装力量有关。因此，在这个一度从政治统治向军事统治转轨的过渡时期，从军队的领导体制来看，必然表现为多元化。除了民间普遍存在的"家兵"和"部曲"外，主要是由各王朝中央直接控制的所谓"中央军"和由地方控制指挥的"州郡兵"组成。

一、军事领导体制思想

（一）秦汉皇帝掌握最高军队指挥权

秦汉是我国古代专制主义中央集权制的国家，皇帝具有至高无上的权力，这种至高无上的权力，就是以拥有最高的军队指挥权作为基础的。秦汉王朝为了维护对幅员辽阔的统一多民族的封建帝国的统治，都建立了庞大的武装部队，组织起一个复杂的军事统驭系统。皇帝是军队的最高统帅，拥有对全国军队的最高控制权和指挥权。军队的最高将领，从秦朝的国尉到两汉的太尉、大司马、大将军一直至各类型的将军和位为列卿的卫尉、中尉，直至各郡的郡尉等高级军官，都由皇帝亲自任免。

秦汉皇帝还牢牢掌握军队的指挥权，军队的调动更必须出于皇帝的命令。秦朝延续战国的制度，只有皇帝才有权调发50人以上的部队用于军事行动。同时，军队调动还必须严格执行玺、符、节制度，玺为皇帝的御印，只有盖了皇帝御玺的军令才有效；符即虎符，是发兵信物，一分两半，一半由皇帝命专人保管，一半发给统兵将领或官吏，调动军队时，由皇帝遣专使持符验合，必须完全无误才可领命；节是皇帝颁发的出军信物，远程军队调动须持节才能一路畅通无阻，玺、符、节三者缺一不可。两汉时期的军队调动也大体上承袭秦朝的玺、符、节制度，以虎符为凭，而虎符则由皇帝指定的近臣亲信掌管，听命于皇帝的指令。如吕后死后，诸吕欲发动政变，丞相陈平、太尉周勃决定先发制人，以武力捕杀诸吕。为此，陈平、周勃必须先控制北军，掌握主动权。但由于手中无虎符，无法进入北军营垒。正好此时掌管虎符的大臣纪通投靠周勃，才使陈平、周勃得以持虎符，假朝廷之命顺利控制北军，从而成功地平定了诸吕叛乱，恢复了刘氏皇统。

秦汉政府直接掌管军事最高长官是太尉，由皇帝直接任命，负责全国军政和统领全国军队，但只有带兵权，无调兵权和发兵权。太尉属下的高级军官是郎中令、卫尉、中尉。战时皇帝直接任命作战统兵将领，事毕即回朝交出兵权。因此，秦代除统军屯守边塞的大将之外，其余将领均不专兵。秦朝地方军队由郡尉负责。郡守为行政长官，郡尉掌全郡军政，均由皇帝直接任命。郡下设县，由县尉掌管军政。县下设乡，由游徼掌管军政、治安。这种高度集权化的军事领导体制使全国军事力量最终都归由皇帝一人掌管。

秦汉时期，决定战和的大权也掌握在皇帝手中。对于战争，朝廷在进行重大军事行动前，一般都要召开御前会议，听取众臣的意见，但最终的决定由皇帝做出。如秦汉对匈奴的数次战争，其决策都由皇帝最终做出。当汉高祖决定对匈奴开战时，尽管娄敬提出了中肯的正确意见，但汉高祖还是一意孤行，最终遭到白登之围的惨败，刘邦差一点成为匈奴军队的俘虏。汉武帝决议改变对匈奴的和亲政策，对匈奴开战时，有不少臣子持反对意见。但当汉武帝力排众议，最后决定对匈奴开战时，臣子们还是毫无条件地服从汉武帝的决定，并义无反顾地率领军队奔赴战场。

汉朝一些皇帝还亲自率领大军，到前线指挥战斗。汉朝开国之君刘邦几乎一生都是在战场上度过的。他亲冒矢石，出生入死，多次中流矢。直至晚年，仍然亲自指挥平定英布叛军的战斗。刘秀为创建东汉皇朝更是经历了数百次战斗。即位皇帝后，仍多次御驾出征。即使一些非创业之君，也是牢牢掌握军队指挥之权，亲自决定和战之策。如汉元帝接受呼韩邪单于的请求，停止了对匈奴的战争，恢复"和亲"政策，实现了汉匈关系史上具有重大历史意义的转折。

（二）秦汉中央军队指挥思想

秦汉时期的军队大体上分成中央军与地方军两个指挥系统。秦朝中央军队指挥系统由皇帝根据实际需要随时任命的将军及其幕僚组成。如秦灭六国时派出的军队都由临时任命的大将军及其幕僚负责组织、指挥，讨伐楚的 60 万大军由王翦指挥，平定百越的 50 万大军由屠睢指挥，北伐匈奴的 30 万大军由蒙恬指挥。这些将军一旦受命，就握有战场指挥的全权。而如失去皇帝的信任，一纸撤职查办的命令，又可立即使之变为一介平民，甚至沦为待罪的囚徒。

西汉早期，太尉虽然已经是"金印紫绶"的三公级的朝廷高级武官，但其实际上的职责不过是皇帝的高级军事顾问，既不是一个常设的官职，也没有什么军政实权。汉武帝时，改太尉为大司马，其性质不过是加官，仍然没有什么军事实权。后来，不少大司马、大将军领、平、视、录尚书事，即兼管全国行政事务，成为中朝官，进入决策机构，权力才大起来，成为全国政务和军事的实际负责人，地位凌驾于百官之上，如霍光、王莽等。东汉光武帝时，将大司马、大将军恢复太尉名称，其实际权力进一步加大。太尉既是皇帝的军事顾问，又负责管理全国的军政事务，实际权力超过丞相，太尉府替代了丞相府。

两汉时期的中央军事指挥系统基本上承袭秦制，皇帝根据实际情况需要直接任命各类将军及其幕僚班子。自汉武帝以迄东汉，由于大司马大将军基本上都录尚书事，成为中朝的最高长官，因而在权势和地位上都超过丞相，东汉时更是位居上公。另外，与大将军平起平坐的还有不常设的骠骑将军，其次是车骑将军和前、后、左、右将军等将军。他们作为皇帝麾下的最高级别武官，经常率领一批"杂号将军"从事征战。如汉武帝时大将军卫青、骠骑将军霍去病都是著名的征伐匈奴的军事统帅，每次出征一般统帅三五个不等的将军与匈奴进行战争。如武帝元狩四年（前119年），"大将军卫青，将四将军出定襄"。[1]东汉大司马大将军吴汉经常率九将军或十二将军出征。西汉时期，见于史籍记载的杂号将军名称很多，大多数都是根据临时军事需要而设置的。如汉武帝在从事对匈奴的战争中任命李广为骁骑将军，韩安国为护军将军，公孙贺为轻车将军，李息为材官将军，公孙敖为骑将军，路博德为伏波将军，杨仆为楼船将军，李广利为贰师将军，赵破奴为浚稽将军等。这些将军，或以征伐的地名、对象，或以其所率领军队的兵种，或以其所担任的特别职务，确定将军的名称。他们出则握有军权，领兵打仗；入则解除军权，另有任用。

东汉时期，中央军队同样是前、后、左、右"将军众多，皆主征战，事讫皆罢"。[2]根据《东汉会要》卷19的记载，各类将军的名号达40个之多。比将军级别低一点的武将则单称将，如重将、厩将、城将、弩将、右林将等。高级武将之下的中级武官是校尉和都尉。"校者，营垒之称，故谓军之一部为一校"。[3]西汉朝廷特设的校尉和都尉级别都相当高，其秩二千石或比二千石，官阶相当于列卿。《汉书·百官公卿表》所列的校尉有十多个，即司隶校尉、城门校尉以及中垒、屯骑、步兵、越骑、长水、胡骑、射声、虎贲等八校尉。外有西域都护、西域副校尉和戊己校尉等。东汉时期，保留了西汉的司隶校尉和城门校尉，将西汉的八校尉合并成屯骑、越骑、步兵、射声、长水五校尉。见于《后汉书》记载的则有上军、中军、下军、典军、助军左、助军右、左、右等所谓八校尉。各类将军在指挥作战时，都会组织自己的幕府，配备各类文武职的参谋人员以助理军

---

① 《汉书·武帝纪》。
② 《续汉书·百官一》。
③ 《续汉书·百官一》。

务，形成一个阵前军队指挥组织。

校尉以下的基层军官，秦汉两朝略有不同。秦朝校尉以下的军官依次是（部）司马、（曲）军候、（官）长、（队）头、（长）火子、（列）头等。两汉时期的校尉以下军官依次是（部）军司马、（曲）军候、（屯）长、（队）率、队史、（什）长、（伍）长等。

总之，秦汉时期中央军队组织比较严密有序，形成了一个从上到下有效的指挥系统，在许多战役中，甚至在数十万军队的对峙战斗中，显示了有条不紊、迅速高效、灵活机动的指挥机制和高超深厚的军事指挥思想和素养。

秦汉时期，封建国家为确保皇帝与首都的安全，非常重视保卫皇帝和首都安全部队的组成和驻戍。秦朝的中央卫戍部队由皇帝的警卫部队、首都卫戍部队组成。其中皇帝的警卫部队又分为两部分：一部分是由郎中令统帅的皇帝贴身侍卫，成员全部是军官，负责禁中（省内）宿卫；另一部分是由卫尉统帅的皇帝亲军，称卫士或卫卒，分八屯驻扎于皇宫四周，负责宫门守卫及昼夜巡逻的任务。首都的卫戍部队由中尉统帅，分驻京城内外各重要关口，负责首都的安全和各重要中央官僚机构、仓库的守卫任务，并带有国家战略机动部队的性质，是秦军最精锐的部队和主力。

西汉时期，中央军是皇帝的禁卫军，亦分两部分：一部分屯驻长安城区南部的未央宫，称为南军。南军中又分为两支部队，一支由卫尉统帅的兵卫，担任宫殿外门署的警卫；另一支由郎中令（后改称光禄勋）统帅的郎卫，负责宫殿门户和宫殿内部的警卫。这两支军队互不统属，但在执行任务时则彼此协同行动。禁卫军另一部分屯驻长安城区北部，称北军。北军由中尉（后改称执金吾）统帅，担任首都长安及周围三辅地区的警卫，兵员较南军多。西汉南军北军征调士兵的地区也有讲究，南军士兵多征自国内地方郡县，而北军士兵由征自三辅地区的正卒组成。守卫京师的中央军之所以分为两支，并且其成员又分别来自不同的地区，显然是为了使之互相牵制。

汉武帝时期，为了加强封建君主专制的中央集权和对匈奴战争的需要，朝廷进一步扩大和加强了南北军。南军增加了期门军，士兵成员为河西六郡的良家子弟，人数多达千人，主要任务是充当皇帝的扈从。又增加羽林军和羽林孤儿两千多人，作为皇帝的宿卫和仪仗部队。期门军和羽林军地位比其他部队高，士兵皆为职业兵和贵族兵。汉武帝时，北军则增加了八校尉统帅的终身为伍、不轮番服役的职业兵。八校尉为：统管北军营垒日常事务的中垒校尉，负责训练骑兵的屯骑校尉，统驭上林苑屯兵的步兵校尉，负责训练材力超群的骑士组成的越骑校尉，负责训练管理降汉匈奴骑兵的胡骑校尉管训弓弩部队的射声校尉，训管车兵部队的虎贲校尉。元鼎四年（前112年）增设京辅、左辅、右辅三都尉，征和二年（前91年）又增设了城门校尉。西汉时期的南北军，将士素质好，武器装备精良，人数众多。他们屯驻首都及其周边地区，自然形成了居重驭轻、强干弱枝之势，对于加强封建君主专制的中央集权、维护全国的统一和稳定发挥了重大的作用。

东汉时期的中央军虽然在形式上仍然沿袭西汉时期的南北军制，但实际上已经发生了变化。虽然光禄勋和卫尉等武职官员仍然存在，但是南军的名称却取消了。东汉皇宫的宿卫部队由两部分组成：一部分由光禄勋统帅，下设七署：五官中郎将和左、右中郎将所统驭的郎官，为皇帝的侍从文官。虎贲中郎将所统帅的虎贲郎约1500人，为皇帝的侍从武官。羽林中郎将所统帅的羽林郎128人，为皇帝的宿卫侍从。羽林左、右监所统帅的羽林左骑800人、羽林右骑900人，担任皇帝的宿卫侍从和"出充车骑"，有时也出征作战。皇宫宿卫的另一部分由卫尉统帅，下设南宫卫士令、北宫卫士令、左右都候和七宫门司马，所统驭的士兵共有2000多人，负责各宫门和宫内的守卫。东汉的北军也分成两部分：一部分主要由缇骑（骑兵）和执戟（步兵）组成，由执金吾统帅，负责首都洛阳城内宫廷以外地区的巡逻、警卫，并负责皇帝出巡时的护卫和仪仗队。另一部分为五校尉（即屯骑、越骑、步兵、长水、射声）所统帅的北军主力，负责京城周围的守备以及扈从车驾，有时也要出征。五校尉互不统属，都直接听命于皇帝指挥和调遣。东汉时期五校尉所统领的士兵共约有5000人，与西汉时期八校尉统帅数万人士兵相比，力量已大大削弱了。并且东汉时的中央军士兵均来自洛阳及附近地区，自东汉安帝以后又大量招收商贾惰游子弟，在身体素质、吃苦耐劳上远不如在田间耕作的农家子弟，因此其战斗力远不如西汉中央军。

东汉除驻防首都的中央军外，还在一些重要军事地区驻扎中央直辖军。如黎阳营，以幽、冀、并三州的步、骑兵组成，屯驻黎阳（今河南凌县东），由谒者监军，负责黄河北岸的防守，构成洛阳北面的屏障。雍营驻雍（今陕西凤翔），又称扶风都尉部，负责三辅皇陵的守备。长安营，又称京北虎贲都尉部，驻长安。以上两营构成洛阳西边的屏障。另外，全国重要的边郡守兵和关隘守兵，也归属东汉中央直接管辖和指挥。光武帝以后，朝廷出于军事上的需要，又新设了几支中央直辖的常备部队。其中有：明帝时在五原曼柏（今内蒙古东胜东北）设置的为隔绝南北匈奴的度辽营，和帝时为镇抚南蛮反叛而设置的象林（今越南顺化）营，为对付鲜卑族的南侵而设置的渔阳（今北京密云西）营和扶黎（今辽宁义东县）营等。中平五年（188年），由于北军日益衰弱，加之宦官和外戚之间的矛盾逐步加剧，于是又在五校尉所统帅的部队之外增设了由宦官控制的西园八校尉，统由上军校尉蹇硕指挥。后因蹇硕被杀，西园八校尉的所属部队先后转入何进、董卓统驭，东汉至此也走向了灭亡。

（三）秦汉地方与边境地区军事指挥思想

秦朝地方实行郡县制，地方部队分驻在各郡县，由郡守、郡尉、县令长和县尉统辖。地方部队除负责本地区的治安外，平时的主要任务是训练，以便源源不断地为中央军提供兵源。由于秦的地方军处于分散和互不统属的状态下，而且只经过初步的选择，兵员素质良莠不齐，所以其战斗力远逊于中央军。秦末农民战争爆发时，陈胜、吴广领导的起义军能够迅速发展，后来刘邦领导的起义军能够在黄河以南胜利进军，一个很重要的原因是因为没遇到秦的强有力的中央军。当然，秦朝的某些郡守因治兵有方，训练的士卒比较有战斗力，如三川守李由指挥的郡兵就把吴广一军挡在荥阳一线，而南阳守指挥的郡兵也曾使刘邦一军在坚城面前无可奈何。

西汉的地方部队是郡国兵，其统辖长官是郡太守和都尉，以专职武官都尉为主。县级统辖长官是县令长和县尉，以专职武官县尉为主。诸侯王国的相与中尉辅佐诸侯王管理军事。西汉的郡太守和诸侯王权力虽然很大，但却没有任意调兵的权力。调遣军队时，必须有皇帝的命令，并且要以虎符和竹使符为凭。特别是景帝平定七国吴楚之乱后，诸侯王的权力大大被削弱，地方军队的调遣权力完全收归中央掌控。西汉建立初期，"高祖命天下，选能引关蹶张材力武猛者，以为轻车、骑士、材官、楼船……平地用车骑，山阻用材官，水泉用楼船"。①即朝廷根据各郡国的不同地理环境，因地制宜，发展不同的兵种，以适应当地的需要。

东汉初年由于光武帝刘秀推行"省兵减政"措施，取消了地方各郡国的都尉官和其他武职官员，废除了郡国常备兵以及郡国对丁男的定期军事训练和都试制度，使地方无常驻之兵，各郡国长官无军事权力。后来，随着国内社会矛盾的激化与边境地区民族关系的紧张，东汉朝廷又走向另一个极端，赋予刺史、太守较大的军事权力，以维持地方的安定。但是，事与愿违，东汉后期黄巾起义后，由于中央朝廷的衰微，对地方的控制力大大削弱，使刺史、太守大力组织自己私人的军队，郡守多自行募兵、调动军队来保守领地，这样又增加了募兵、发兵权，破坏了发兵的虎符制度，军事力量迅速膨胀。与西汉相比，东汉地方军事管理体系最大变化是刺史（州牧）成为地方最高军政长官，不少州牧逐渐成为拥兵自重的地方军阀，终于形成了东汉末年军阀割据混战的局面。

秦汉两朝作为中国封建社会最早的大一统王朝，幅员辽阔，因此十分重视维护边疆地区的安定，在边境地区设置了不同于内地的军事指挥系统。秦朝的边防戍守部队是每百里设一都尉，重要边塞还设关都尉，属吏也较内地为多。

西汉时期的边防守兵分为边郡兵、屯田兵和属国兵3类。由于边郡大多负有防备少数民族侵扰的重要职责，所以军事活动就成为日常工作的重要内容。每个边郡都有一支较内地郡人数多、质素优良的常备兵，作为保卫边疆的主要力量。郡太守是边郡兵的统帅，具有临事独断的大权，下属有长史、司马等多至数百甚至上千的官吏。边郡的指挥系统一般是太守—都尉—候官—障尉—候长—队长。汉朝屯重兵边境，由于路途遥远，边军粮草供给困难，因此，在边境地区设屯田兵，进行农业屯田生产，以解决粮草供给困难问题。西汉从文帝开始"移民实

① 《文献通考》卷150《兵考》。

边"，实行屯垦。到武帝时，由于对匈奴的战争，屯田规模扩大，以供给远征匈奴的重兵。当时在张掖、酒泉、上郡、朔方、西河、河西6郡共有屯田士卒60万人。宣帝时，为了对羌人作战，又派士卒到湟中（今青海湟水两岸）屯田。元帝时，设戊己校尉，屯田车师。后来，在冯奉世平定陇右羌人的反抗后，也留下许多士卒在当地屯田。这些有屯田兵的边郡，朝廷都特设农都尉，建立一个专门管理边郡士卒屯田事务的系统。西汉在武帝击败匈奴的战争之后，不断有归附的匈奴军民进入边境郡县居住。汉政府为了收容安置他们，特别在边境地区划出一些地方让其居住生活。这些地方遂称为属国。西汉中央政府设典属国作为管理他们的官员。武帝时共设陇西、北地、上郡、朔方、云中五个属国，宣帝时又在金城郡设置金城属国收容西羌归附的军民。朝廷在这些属国中都建立了由少数民族组成的属国兵，他们除了协助郡兵巩固边境安全外，有时也随汉军出征。属国兵归设在中央的典属国总统帅，而在每个边郡的具体属国中，则设立以属国都尉为首的统帅系统。

东汉时期，由于刘秀取消了地方常备兵，造成边防兵力量削弱。后来因边境形势紧张，除了由中央派遣军队常驻边境戍守外，又仿西汉在金城和伊吾卢增设屯田兵，并多次赦免刑徒，迁徙他们去边郡承担戍守边防的任务。此外，还以归附的南匈奴兵代守边防。对这些边郡兵的管理基本上都由边郡的行政系统兼任，或由中央常驻边境部队的指挥系统兼任。

秦汉作为中国古代史上最早的两个封建专制主义大一统王朝，十分重视维护幅员辽阔的全国统一局面，其中在地方军事指挥系统的设置上，尤其在边境地区军事指挥系统的设置上，中央朝廷直接牢牢掌握地方和边境部队的组织、训练、统御、作战等权力，地方和边境部队的指挥系统必须按照中央规定的制度和发布的命令行动。但是，另一方面，古代由于交通工具和通信系统的限制，为了迅速处置一些瞬息万变的突发事件或应对战争形势，中央朝廷又必须根据需要对制度作灵活的变通。如对边境地区的郡守和都尉赋予较内地的郡守和都尉更大的军事权力，在少数民族居住地区组织少数民族军队并赋予其较独立的权力等。

（四）魏晋南北朝军事指挥权

中央军有时也称"台军"：一部分负责京师的卫戍，称之为"禁军"或"中军""内军"；一部分由朝廷中央派遣，屯驻于军事要地或重镇，称之为"方镇兵"或"外军"。这一时期，总领"中军""外军"的通常是皇帝，但有时不是皇帝，而是由重臣或权臣充任的"都督中外诸军事"。如曹魏时的曹真和司马懿父子，东晋初年的王导，晋末的刘裕，宋末的萧道成，南齐末的萧衍，梁末的陈霸先，北魏末年的尔朱荣、尔朱兆，东魏的高欢、高澄和西魏的宇文泰，他们都称为"都督中外诸军事"。从这一时期重臣或权臣手握朝廷军事大权可以看出，在封建专制主义君主政体之下，作为最高统治者的皇帝，必须亲自手握军事大权，才能保证这个王朝的长治久安。如果军事大权旁落，被重臣或权臣掌控，皇权就会受到极大的威胁，直至被重臣或权臣篡夺，从而改朝换代。以上所列举的魏晋南北朝时期的这些重臣或权臣，几乎无一例外地导演着一幕幕相似的历史剧。

（1）禁军（中军、内军）的演变

魏晋时期，禁军空前兴盛。西晋时，京师中军数量激增，从城内驻扎到城外，使禁军在管理上发生了相应的变化。曹魏时，禁军以武卫营为主，既强又精，几乎全部驻扎在城内。西晋禁军在京师洛阳城内城外的不同统属，显然与曹魏时不同，更有利于禁军的互相制衡和协同。

禁军从西晋时扩大，在东晋虽一度因皇权衰落而削弱，但南北朝各政权基本上都依靠武力而取代前朝，因此都十分重视武装力量，极力扩大禁军，以巩固自己的统治。到北齐、北周时，大体上又恢复到禁军是常备军中最主要、最基本的两汉格局。

（2）方镇军（外军）的演变

一是方镇军演变：方镇军（外军）的长官，是各方镇的"都督诸军事"。封建君主之所以派遣都督统率一支中央军屯驻军事要地和重镇，其目的或是为了戍守边防，或是为了震慑一方民众，巩固封建王朝对地方的统治。这种都督率军临时驻扎防守某个地区，其所率领的部队当然属于中央军。

魏晋之际，全国形成了 10 个或 6 个相对稳定的都督区。西晋初，诸王的封国与方镇并不重叠一致，而且都督所统辖的十大或六大军区，一般也不由都督兼任驻地的州刺史。因此，都督所统辖的军队仍然是单一的、属于中央指挥的野战军，即"方镇兵"，或称"外兵"，与地方武装属于不同指挥系统，互不统属。这有利于双方互相制衡，防止军阀割据。

西晋之后，都督区在全国范围内逐渐固定化、制度化，都督兼领地方行政长官州刺史也逐渐普遍化，从而使都督成为州以上的一级地方行政长官，独揽一方军政大权。他们所统率的中央军与地方武装混淆不清，最终从中央军中脱离出来，成为实际上的地方武装。

二是州郡兵演变：魏晋时期的真正地方武装是州郡兵。东汉末年，"董卓之乱"时，关东州郡乘机扩军，各地豪强也纷纷组织私人武装，致使当时州郡乃至县乡，到处都是兵，拥兵割据，全国已无统一军制可言。

曹操在统一北方过程中，不仅通过战争打败各地割据军阀，而且大力改编地方割据武装，以铲除阻碍统一的社会基础。大约在建安十二年（208 年）前后，曹操改编地方割据武装取得了成功，全国基本上不存在"州郡兵"之类的地方武装，而由其派遣将领驻戍各地，从而牢固控制了其统治区。

（五）秦汉军事领导体制思想的评价

武装力量既是国家存在的最根本基础，又是国家机器的重要组成部分。它的存在和强大，而且由皇帝牢牢掌握是一个封建王朝能够长治久安的不可或缺的条件。由于秦朝、西汉和东汉三个王朝都是通过腥风血雨的武装斗争建立起来的封建王朝，因此，开国皇帝都亲身深刻体会到军队对一个王朝存在的重要性。

为了要达到皇帝直接掌握军权的目的，秦汉皇帝主要从两个方面着手确保军权牢牢掌握在自己手中而不旁落。其一是全国统领军队的所有权力必须掌握在皇帝手中。如秦朝前期，立有战功的武将在军队中占据举足轻重的作用，但是当统一战争结束后，都被一一解除兵权，如著名将领蒙恬、白起、章邯等。西汉刘邦之所以能够在楚汉战争中由弱变强、由小变大而打败项羽建立西汉王朝，一个很重要的因素是发挥了韩信、彭越、英布、周勃等勇敢善战、足智多谋的将领统率大军英勇奋战的结果。但是当西汉王朝建立巩固之后，朝廷就开始削夺这些将领的军权，甚至以谋反为名，铲除了这些异姓王诸侯，并立下规矩，非刘氏者不能称王，彻底解决了有功将领在战争结束后继续拥有军权威胁皇权的问题。

秦汉是中国历史上第一、第二个统一的专制主义中央集权的封建帝国。为适应这种政体，秦朝确立了高度集中统一的军事领导体制。秦朝首创皇帝制度，皇帝作为国家最高元首，独揽一切军政大权，既是国家首脑，又是全国军队最高统帅。全国军队只听命于皇帝，各级高级军事将官都由皇帝亲自任命。秦朝延续战国的制度，规定凡超过五十人的军队调动，必须经皇帝直接下令，其他人无此权力。同时还必须严格执行玺、符、节制度，三者缺一不可。秦汉直接掌管军事最高长官是太尉，由皇帝直接任命，负责全国军政和统领全国军队，但只有带兵权，无调兵权和发兵权。太尉属下的高级军官是郎中令、卫尉、中尉。战时皇帝直接任命作战统兵将领，事毕即回朝交出兵权。因此，秦汉除统军屯守边塞的大将之外，其余将领均不专兵。秦、西汉地方军队由郡尉负责。郡守为行政长官，郡尉掌全郡军政，均由皇帝直接任命。东汉由于郡都尉这一职位罢省，郡守军权增大，所以东汉郡守亦称郡将，拥有一郡军事领导、管理和指挥权。郡下设县，由县尉掌管军政。县下设乡，由游徼掌管军政、治安。这种高度集权化的军事领导体制使全国军事力量最终都归由皇帝一人掌管。

其二是皇帝之下的全国军事机构实行多头、多级、多层次的统率管理体系，下属的军事机构和将领必须互不统属互相制约。如秦朝的中央军分别由郎中令、卫尉、中尉等统率和管理；西汉的中央军则分为负责保卫宫廷的南军和负责戍守首都的北军。其中南军又分为两部分，一是由卫尉统帅的兵卫，担任宫殿外面的门署警卫；另一是由郎中令（后改光禄勋）统帅的郎卫，负责宫殿门户和宫殿内部的警卫。武帝时又增加了直接对皇帝负责的八校尉（中垒校尉、屯骑校尉、步兵校尉、越骑校尉、长水校尉、胡骑校尉、射声校尉、虎贲校尉）。西汉时北军则由中尉（后改称执金吾）统帅，负责首都长安及周边三辅地区的警卫。他们统帅的部队互不统属，都直接听命于皇帝。东汉的中央军在初期则分别由光禄勋、卫尉、执金吾、五校尉等统帅，其他黎阳营、雍营、长安营以及边防、关隘兵和后来设置的西园八校尉则分别由校尉、都尉之类的武官统帅管理。他们之间也彼此相互制约，对皇帝负责。

秦汉时期的地方军队分别由郡太守、郡尉和县令长、县尉管理。无论中央军或地方军，在和平时期还是在战争时期，将、校以下都以部、曲、屯、队、什、伍等的多层次进行统率和管理。

秦汉两朝军队的编制大体相同。全军大致分为中央军和地方军两部分。中央军负责京城和特定地区的防卫，地方军分散在全国各个郡县担任警卫勤务和进行军事训练。一旦战争发生时，即由皇帝下达命令，征调某些郡县的地方部队和退至预备役的正卒，到指定的地点集中，由临时任命的将帅率领出征。集合在一起的地方部队，按同一地方人员编在同一部队的原则，仍由原来的郡尉、县尉率领。

无论是中央军还是地方军，在将、校以下都以部、曲、屯、队、什、伍等的编制进行多层次的管理。有时候，太尉、大将军之类的高级武官接受皇帝的委派，对中央各部分的军队管理进行协调。但是，这种协调管理始终未形成一种制度，都是属于临时性地授予他们权力。如遇到有作战任务时，皇帝临时下令从中央和地方征调部队组成人数多少不等的军团，交由某将领统领，然后再由某将领通过他组织的幕僚班子进行战争时期的统率管理。军团同样以部、曲、屯、队、什、伍的编制实施多层次的管理，直至战争结束时，士兵都归还原单位的建制，该将领战时的统率管理某军团的权力也自然而然结束。秦汉两朝建立的这种军事管理体制，对于加强君主专制主义中央集权，防止武将拥兵自重反叛中央朝廷，维护国家统一，发挥了积极的作用。

秦军作战时，为了便于指挥，实行部曲制的编制。统帅之下设若干将军，每个将军统帅若干部，每部由校尉统率。每部分若干曲，曲由军候统率。曲以下为平时军队的编制。步兵有千人（二五百主）、五百人（五百主）、百人（百将）、五十人（屯长）、五人（伍人）。各级将领都有自己的直属卫队，人数约为所统兵力的1/10。西汉军队的编制，也以部曲为主要形式。部由校尉、曲由军候率领，其下为屯、队、什、伍等编制，分别由屯长、队率队史、什长、伍长等统率。将军出征时，各自建立自己的幕府班子。

总之，军权集中于皇帝是中国古代历代王朝存在和长治久安的重要基础，而军事机构和将领的互相制约是达到军权集中于皇帝的重要手段。只有在制度上保证军队的支配权牢牢地控制在皇帝手中，这种作用才能实现。秦汉的历史告诉我们，秦和西汉时期由于军权较牢固地被皇帝掌握，所以封建专制主义中央集权的大一统局面基本上得到维护。但是，到了东汉后期，当这种制度遭到破坏，地方武装力量迅速强大，而东汉朝廷又无法制定出一套使地方军阀就范的制度和措施之时，军权一旦旁落，立即危及东汉中央政权的存在，东汉王朝最终在地方军阀割据和混乱中覆亡。

二、军队后勤补给管理思想

秦汉时期军队后勤补给主要包括屯田备粮和军马牧养。其中，屯田是本时期保障军粮供应的创造性举措，被后来多个朝代继承和发展。

（一）屯田思想

粮食是战争的物质基础，要保证战争中粮草供应问题，发展农业生产是非常重要的手段。中国古代的一些战争往往持续很长时间，甚至可能长达到数十年。为了在这种旷日持久的战争中长期有效保障粮食供应，有必要建立稳定的粮食生产基地。这种基地最好建在交战区附近，这样才能有效减少粮食运输途中的损耗。这种方法就叫屯田。通常认为，秦代以前的战争持续时间都不很长，不必建立粮食生产补给基地。到了秦代，秦朝军队在与匈奴交战时遇到了这个问题，"始皇帝使蒙恬将十万之众北击胡，悉收河南地。因河为塞，筑四十四县城临河，徙適戍以充之"①。这应该是中国古代最早的屯田。

西汉屯田有民屯和军屯两种。民屯是以内地贫民徙边垦殖生产。当时移民实边规模很大。这些移民由政府派官员护送至驻屯边地，政府为他们建造房屋，并为他们提供公田、耕牛、农具等，初到时的生活资料也由政府供给，等他们有收成后向国家交纳租税。垦民通常按照原先的伍、里、连、邑等编成基层组织，农忙时耕作，农暇时军训，与驻边部队配合保家卫国。

军屯由戍边士兵和驻防西域各国吏卒垦田生产。军屯始于武帝元狩、元鼎年间，当时从东起罗布泊北，南到伊循，北到车师，西到姑墨乃至赤谷的广大西域地区都有西汉军屯。西汉军屯不仅密切了与西域联系，也切断匈奴右臂，而且生产的粮食还满足驻军及使者往来之需。

西汉政府为管理屯田建立了一套较为完备的屯田官吏系统，朝廷由大司农统管，边郡置隶属大司农并受郡守节制的农都尉；边郡郡都尉也有兼管屯田的，在其职衔上加"将兵护屯田"或"将屯"等字样；下设有护田校尉、守农令（候农令）、部农长丞、劝农掾、农亭长、田长、水长、仓长、仓佐（仓曹吏）、别田令史、事田等职。西域轮台、渠犁等地屯田由驻扎此地的屯田校尉管理，开始时独立行使职权，宣帝以后为西域都护的属官。军屯士卒内部分工也比较细致，有田卒、河渠卒、鄣卒、守谷卒、亭卒等各司其职，士卒每人垦田约二十亩，屯田所需农具、耕牛及粮料等也都由国家供给，收获全部上交屯地指定仓库保管。军屯除士卒外，还有许多刑徒及地位稍高的免刑罪人（称弛刑士）。随军士卒家属也参与屯垦，通常按民屯办法管理。

（二）军马牧养思想

历史上的秦是一个擅长养马的民族，其祖先非子掌管犬丘时，由于"好马

---

① 《史记·匈奴传》。

及畜，善养息之"，被周孝王召去"使主马于汧渭之间"，结果"马大蕃息"①。之后，养马始终是秦人社会经济生活的重要内容。

秦统一中国后，在全国建立了一套军马牧养机构，并颁行了一系列军马牧养的政策法规，太仆（九卿之一）是中央主管马政的最高官吏，下设副手丞二人。京师附近设有若干牧养机构如大厩、左厩、中厩、宫厩等，饲养着大量马匹。这些马匹就是供宫廷和战争之用的。秦朝还在西北边境游牧区域设置了六牧师令掌管国家牧场牧师苑，每个牧师令管理若干牧场、牧养军马。内地各县由县司马负责马政，其属吏有司马令史、司马令史掾等；边郡各县有县属牧苑和马厩，由县属吏苑啬夫或厩啬夫主管，规模较小。秦朝规定地方官马都要烙印标记、造册登记并定期上报数目，民间私马也要定期查验造册登记，统计数目错计一匹为"大误"，须受处罚。② 对工作不力，致使马匹生长状况不好、繁殖率低或批量死亡的官吏要给予严厉处罚甚至治罪。秦朝严格考核上交的军马：凡上交车骑部队的军马均须身高五尺八寸以上，奔跑羁系要得心应手，跋涉驮乘要有耐力，否则主管官吏即被视为训练调教不力而受到处罚，且在军马考核中成绩落后的主管官吏也要受到惩罚甚至革职。③ 秦法对军马管理也出台了一些具体规定，如厩养军马饲料来源、马病预防与治疗、对盗马者处罚等。秦朝军马牧养的机构设置及相关法律法规保证了骑兵、车兵、邮驿对军马的需求，初步估计秦朝军马总数二十万匹左右。

西汉骑兵比秦代发展更加迅速、规模更大，军马牧养制度也比秦代也更为完备。文帝时期随着社会经济恢复和匈奴侵扰加剧，对军马的需求更加紧迫。文帝前元二年（前178），朝廷采纳了晁错建议，颁行《马复令》："今令民有车骑马一匹者，复卒三人"④，即养军马一匹，免除百姓家庭三人徭役。这就极大提高了民众养马的积极性。之后景帝、武帝继续推行这项措施。武帝时期民间养马遍及城乡千家万户，乡野马群随处可见。

西汉马政与秦代一样由九卿之一的太仆统管，且这时太仆已成为皇帝的心腹近臣。太仆直接管理天子六厩和京师其他官厩，助手有两丞，"属官有大厩、未央、家马三令，各五丞一尉。又车府、路軨、骑马、骏马四令丞；又龙马、闲驹、橐泉、騊駼、承华五监长丞；又边郡六牧师苑令，各三丞；又牧橐、昆蹏令丞皆属焉。中太仆掌皇太后舆马，不常置也。武帝太初元年更名家马为挏马，初置路軨。"⑤ 中央还经常派遣护苑使者到各官厩视察。武帝时期设置水衡都尉一职掌管部分皇室财政，上述天子六厩也转属水衡都尉掌管，太仆不再管理。为了

① 《史记·秦本纪》。
② 睡虎地秦墓竹简整理小组编：《睡虎地秦墓竹简》，文物出版社1978年版，第125页。
③ 《睡虎地秦墓竹简》，第132页。
④ 《汉书·食货志》。
⑤ 《汉书·百官公卿表》。

提升养马效率，武帝还根据需要不时任命养马官吏，如金日磾输黄门养马"肥好"，"拜为马监，迁侍中、驸马都尉、光禄大夫"①。西汉郡县马政由马丞负责，封国由仆及其属吏厩长厩丞负责，平时养训军马并为驿传提供快马，战时按朝廷命令如数供给军马，否则有关官吏要受到处罚。边防驻军也设有马厩，按照相应需求牧养军马。

西汉政府重视牧养军马，不断发展完善马政，军马牧养业也发展很快。武帝时期厩马已扩充到40万匹。元狩三年（前120）霍去病出征漠北，一次动员战马竟达24万匹，规模之大前所未有。

三、汉魏军律思想

汉代制定有严厉的军队纪律，将士违反军律者，动辄处以极刑，幸免遇赦者，也得免去官爵。汉代军律，见于史书者，大致有以下9个方面：

其一，擅发兵。汉承秦制，皇帝掌握着军队的统率权和指挥权，调动军队，必须有皇帝的诏书、虎符，否则，就属于擅发兵，这是严重的犯罪，有图不轨之嫌，动辄就要处以极刑。如《汉书·袁安传》载：袁安"乃劾（窦）景，擅发边兵，警惑吏人，二千石不待符信，而辄承景檄，当伏显诛"。

其二，军士逃亡。古代军士待遇低，加上将帅军官克扣军饷、虐待兵士等，处境不好，发生士兵逃亡是经常的事情。汉魏时期对军士逃亡往往也是处以极刑，甚至连坐妻子。东汉末年，军阀割据，战争不断，征役频繁，民众不堪奴役驱使，上战场为统治者送死卖命，故纷纷采用逃亡的方式予以反抗。对此，曹魏"重亡士之法"，对士兵逃亡实行残酷的连坐法进行镇压。"时天下草创，多逋逃，故重军士亡法，罪及妻子"。②

其三，将领擅自离职。对此类违反军律行为，处罚较轻，往往处以免职或赎免。如"延和四年，嗣侯多卯，坐与归义赵文王将兵追反虏，到弘农擅弃兵还，赎罪免。"③

其四，将领亡失士卒。将领率军队打仗，如发生手下士卒逃亡，数量较多者，将领往往要处以极刑。如公孙敖"出代，亡卒七千人，当斩，赎为庶人。"④

其五，行军失期。失期，也就是部队超过规定的时间到达。军队行军没按规定时间到达，就要处以极刑。如汉代"以将军出北地，后票骑失期，当斩，赎为庶人"。⑤

---

① 《汉书·金日磾传》。
② 《三国志·魏志·卢毓传》。
③ 《汉书·功臣表》。
④ 《汉书·公孙敖传》。
⑤ 《汉书·公孙敖传》。

其六，偷盗战利品、谎报战功，重者处死，轻者削去爵位。"宜冠侯高不识，坐击匈奴增首不以实，当斩赎罪免"。①

其七，偷盗武库兵器。西汉武库在未央宫，以储藏兵器。封建王朝为防止民众武装起义，对武器管制甚严厉，偷盗者动辄处死。如西汉规定，盗武库兵当弃市。②

其八，行军打仗混乱行伍阵列。古代行军打仗讲究纪律严明，行伍阵列整肃。如果行伍阵列混乱，那么乱行者、有关责任人就会被处以极刑，以此来整肃军容军纪。魏文帝即王位，"迁魏郡太守。大军出征，复为丞相主簿祭酒。从至黎阳，津渡者乱行，（贾）逵斩之，乃整"。③ 由此可见，古代对乱行者的处罚是非常严厉的。

其九，乏军兴。古代乏军兴罪指战时不能按期完成封建官府或军队将领所指令的各项任务，如耽误军用物资的供给、人员的征集及调拨等，都可属于乏军兴之罪。在战争中，军队物资的供给、人员的调拨往往关系到战争的胜负，因此这种犯罪处罚也很重，动辄处死。汉朝规定："军兴而致缺乏，当死刑也。"④ 曹魏沿袭汉制，在《乏留律》中设有乏军兴之罪。此外，魏律还有"乏徭稽留""储峙不办"，也都属乏军兴之类。

第三节　隋唐五代军事管理思想

一、高度集权的军事体制思想

（一）皇帝统领军事权力思想

在中国古代社会，皇帝为了维护自己至高无上的权力，牢牢地亲自掌握最高的军事权力。隋唐五代时期也是如此，军队基本上由皇帝亲自统领，皇帝有将帅的任免权、军队的调遣权、兵制的制定权、战争的宣战权，所有的兵权集中在朝廷。隋唐时期，府兵各卫将领以及禁军的将领无不由皇帝任免，领兵打仗的统帅也由皇帝最后决定。举凡军队调遣均须奉皇帝的敕命。唐律规定，凡发兵10人、马10匹以上，由尚书省的兵部奉皇帝之命下达敕书、鱼符，经州刺史和折冲府都督核实后才能发调遣。如军情紧急，一时来不及奏闻，也必须在调遣军队之后立刻向朝廷报告。若违反规定，按情节轻重处以不同程度的惩罚。其处罚是相当严厉的，只要擅自调遣军队至千人者，就要处以绞刑。

隋唐皇帝都掌握着兵制的制定权。举凡各种兵制的建立、变革、废除，都必

---

① 《汉书·功臣表》。
② 《盐铁论·刑德》。
③ 《三国志·魏书·贾逵传》。
④ 《后汉书·章帝纪》。

须由皇帝批准决定，各级将领无权过问。如隋文帝时府兵十二卫府的建立，炀帝时扩大卫府的编制、骁果兵的招募组建，唐高祖时对府兵的重建，太宗贞观年间对兵制的改革，武则天时期在边疆设置团结兵，玄宗天宝八年（749 年）停止府兵上番、多次征发兵募，都是经过皇帝批准决定，然后以敕书通令全国执行的。即使唐朝后期，除割据型的藩镇公然对抗朝廷外，其余藩镇兵额仍由朝廷控制，如没有皇帝的敕令，藩镇不得擅自招募或裁减兵员的。隋唐时期举凡重大的战争，无论是对内战争还是对外战争，都要由皇帝决定和宣战。如隋文帝时的平陈之役，隋炀帝和唐太宗时的对高丽战争，以及讨伐叛乱、镇压农民起义等，都要皇帝最后决定并发敕书执行。

（二）协助皇帝处理军政事务思想

唐代，协助皇帝处理军政事务最高的机关是宰相决策会议。宰相作为朝廷决策集团的核心，也是协助皇帝对军国大事做出决策的主要人员。唐朝还规定，南衙十六卫由文臣主持兵事，宰相可以奉敕调遣十六卫的将领和军队。五代时，枢密院（后梁时改称崇政院）成为协助皇帝进行军事决策的机构，枢密使多由皇帝的亲信担任，取代宰相奉敕调遣军队，甚至其权力超过了宰相。如后唐时枢密使郭崇韬参决军国机要，处理军政大事，负责调动军队，并亲自统兵征伐前蜀。后汉时枢密使郭威不仅统率大军讨伐河中、永兴、凤翔三处叛乱，在他建立后周政权当上皇帝后，也曾任命武将王峻和郑仁诲为枢密使和副使，负责协助皇帝处理军政事务。由于自后唐开始，枢密使侧重于协助皇帝掌握军机决策、军政指挥和调遣军队之事，所以至宋代形成了宰相与枢密使分掌朝廷文武二柄的制度。

隋唐五代时期，协助皇帝处理日常军政事务的办事机构是尚书省之下的兵部。兵部的职掌主要有两个方面：一是协助皇帝选授武官："凡选授之制，每岁孟冬，以三旬会其人：去王城五百里，集于上旬，千里之内，集于中旬，千里之外，集于下旬。以三铨领其事，一曰尚书铨，二曰东铨，三曰西铨。以五等阅其人，一曰长朵，二曰马射，三曰马枪，四曰步射，五曰应时。以三奇拔其选：一曰骁勇，二曰材艺，三曰可为统领之用。其尤异者，登而任之，否则量以退焉。"① 兵部还以员外郎 1 人掌武举之事。武举始创于武则天当政之时，成为国家选拔军事人才的途径之一。唐朝名将郭子仪就是应试武举及第而从军的。

二是协助皇帝管理兵籍。凡各种武装力量的编制，军队人员编制的增减，兵马的调遣，均由兵部奉皇帝的敕令，下达到有关军事机构予以执行。事后各军事机构必须定期向兵部报告敕令的执行情况。如唐代前期各地折冲府须在每年十一月前将府兵籍册上报兵部，唐朝后期各藩镇须在每年秋末冬初向兵部报告本镇兵员数额。至于兵马调遣，在一般情况下，须待兵部下达敕书、文符后方得办理，然后执行，如未下敕书、文符，不得擅自调动军队、马匹和兵器，违者必须受到

---

① 《唐六典》卷 5《尚书兵部》。

惩罚。

(三) 军队统领系统思想

隋唐五代的军队统领系统，有中外军之分，即区分为中央军队和地方军队，各成系统：

1. 中央军队统领系统

唐、五代的中央禁军是保卫皇宫和都城的部队，也是封建国家的常备军，由精选的勇士组成，其装备精良，待遇优厚，战斗力强。朝廷在镇压敌对势力，防御外来侵扰时，除征发方镇兵外，主要依靠这支武装。中央禁军在需要时也出戍地方，因而禁军统帅权高震主和作乱之事屡见不鲜。为加强集权统治，禁军将帅多委任皇室成员或心腹大臣担任。

唐朝的禁军宿卫宫禁，或在京师诸衙执勤，或在王府上番，均屯于皇宫之南，因而称为南衙。由宰相掌管，隶于十六卫。十二卫所属的各折冲府，分内、外府两种。内府（亦称五府，即亲府、勋一府、勋二府、翊一府、翊二府）卫士由官僚子孙组成，宿卫内庑，除此之外的折冲府属外府。担任皇宫内警卫的另有禁军，屯于禁苑，称北衙禁军，由武将掌管，直隶皇帝。

2. 地方军队统领系统

隋唐时期，统领地方军队的武官名目还较多，主要有以下诸职：

（1）都尉。隋炀帝大业二年（606 年）始置都尉、副都尉，专领一郡兵马，都尉的品级高于府兵的鹰扬郎将。起初，鹰扬府"领兵与郡不相知"，[①]鹰扬郎将不受都尉统辖，各成系统，以此来分割地方军权。不过后来发现，两者在军事上互不统属，在指挥上不易协调，因此在大业七年（611 年）又"敕都尉、鹰扬与郡县相知追捕"。[②]

（2）总管、都督。隋朝继承北周地方军制，在沿边军事重地设镇、戍，并在其上再置总管，作为边境地区的军事统帅，统辖数州以至十余州的军队。唐承隋制，在国内及边境军事要地设置总管，兼负一个方面军的管理指挥责任。唐高祖武德七年（624 年），改总管为都督，如是统率十州以上军队的就设大都督府，当时设置大都督府的有洛、荆、并、幽、交 5 州，其次则设中都督府与下都督府。至唐太宗贞观十三年（679 年），全国 358 个州，共设 41 个都督府。都督府主要负责地方军队的统御，边境地区的军、镇、城戍都归都督府节制。都督府对所在地区的军府，负有督导之责，但无隶属关系。

（3）节度使。唐安史之乱后，除割据的藩镇之外，节度使所统之兵成为唐朝军队的主力，都是保卫唐朝边疆、拱卫朝廷的军事力量。节度使是其所在藩镇内最高军事统帅，统帅其辖区内的各种军官。五代时期的节度使仍沿唐制。

---

① 《隋书·炀帝纪》。
② 《隋书·百官下》。

（4）都护。唐朝时在边疆设都护府，分大都护府和上都护府两等。其军事职责是"抚慰诸蕃，缉宁外寇，觇候奸谲，征讨携贰"。①都护府长官为其辖区内最高军事统帅。五代时仍沿其制。

隋唐五代时期除设置以上地方军事长官外，还有一些因战争而临时设置的领兵作战的帅臣。

（1）行台尚书令。尚书行台为地方发生战争时临时设置的领导军事征讨的机构，主要职能是随着军情的进展而总理军民事务。魏晋以来就有这一军事机构与职官。隋朝继承北齐之制称行台省。隋文帝开皇二年（582年），于并州置河北道行台尚书省，于洛州置河南道行台尚书省，于益州置西南道行台尚书省。隋朝灭陈战争时，以晋王杨广为淮南道行台尚书令，统一指挥军事。唐承隋制，在初期统一战争时期亦置行台尚书令，如秦王李世民曾任陕东道大行台尚书令，其行台组织比隋朝时更加庞大。

（2）元帅。元帅一职，隋唐时一般是在战争时期设置，为领兵打仗，当战争结束，元帅之职即被取消。如隋朝置行军元帅，在攻灭陈朝战争中，隋文帝曾以杨广、扬俊、杨素为行军元帅。唐朝设置各种名目的元帅，如唐初设左右元帅、太原道行军元帅、西讨元帅、天宝末置天下兵马元帅，会昌中置灵夏六道元帅，天复三年（938年）置诸道兵马元帅等。这些元帅均于用兵时设置，事已即罢。唐朝初期元帅一般由亲王担任，后来资望高深的武臣也可充任；副元帅常以有威望的大臣担任。

（3）都统使。唐朝都统使一职为统领数道兵马，或三道或五道，兵已则罢，虽总诸道兵马，但不赐旌节。都统之号始于唐肃宗乾元元年（758年），都统使之官则始于上元二年（761年）。②

（4）讨击使。掌领兵征战。唐武则天时期始置。③有时讨击使与御使合而为一使，称防御讨击大使。如唐玄宗开元九年（721年）四月，"以太仆卿王毛仲为朔方道防御讨击大使，与王晙及天兵军节使度大使张说相知讨康待宾"。④

（5）招讨使。顾名思义，招讨使职掌招抚讨伐。唐德宗贞元末始置，事毕即罢。此职多由将帅或节度使兼任，如节度使"兼支度、营田、招讨、经略使，则有副使、判官各一人"。⑤唐代后期按招讨使行军方向又分为南面、东面、西南面等招讨使。

（6）制置使。唐宣宗大中五年（885年）始置。其主要职掌是在战争前后负责控制地方秩序。此职有时与安抚使合为一使，称安抚制置使。

---

① 《旧唐书·职官三》。
② 参见《中国政治制度通史》第5卷，第345页。
③ 参见《中国政治制度通史》第5卷，第345页。
④ 《资治通鉴》卷212。
⑤ 《新唐书·百官四下》。

（7）安抚使。顾名思义，安抚使主要职责就是领军打仗，并在战乱时安抚百姓。隋朝就曾设置安抚大使。唐代武则天时为了防备东突厥、契丹，或抚慰战后百姓，曾五次派遣安抚大使。

（四）宦官监军思想

为了加强皇帝对军队的绝对控制，隋唐实行监军制度，以防止军队将领的反叛和对皇权的威胁。隋及唐初以监察官御史监军，唐玄宗开元二十年（732年）以后，改派宦官监军，谓之监军使。监军使有时又称监军，其区别是出任监军宦官的品秩高低，带"使"的监军宦官品秩较高。正如胡三省所云："唐中人出监方镇，品秩高者为监军使，其下为监军。"①监军使之下有副使，又称副监。所属有判官若干人，分享各项具体事务；又有小使若干人供差遣驱使；同时还有自己的军队。如《旧唐书》卷153《卢坦传》载，义成军"节度使李复病笃，监军薛勇珍虑变，遽封府库，入其麾下五百人于使牙。"唐朝监军使任期一般为3年，由皇帝特敕，则可提前调动或继续留任。如果是在战争时随军监察将帅，则往往事毕即罢。唐朝宦官任监军使在开元天宝年间还不多见，到了天宝末年，才逐渐增多，但尚未普遍设立。此时的监军职责只是将帅领军打仗时随军监督。安史之乱后，由于全国普遍设立节度使，藩镇势力膨胀，朝廷如不加强监控绝大多数藩镇，是很难维持其统治的，于是把宦官监军制度加以推广，在节度使驻地普遍设立监军使院。唐德宗贞元十一年（795年），朝廷普遍颁给监军使印信。由宦官充任的监军使是监军使院的主官，其职责是代表皇帝"监视刑赏，奏察违谬"。②

由于宦官多为皇帝心腹亲信，派其监军对加强皇帝对军队的控制有一定作用，因此，宦官也充任监督出征将帅的特别使职，称为"观军容使"。观军容使的设置始于唐肃宗乾元元年（758年）。当时肃宗命九节度使统兵讨伐安庆绪，其时因诸将地位相当，相互之间难以统属，故不设主帅，而由宦官鱼朝恩为观军容宣慰处置使，对诸将实行监督。代宗广德元年（763年），更名为天下观军容宣慰处置使，仍然以鱼朝恩担任此职。咸通时黄巢起义军进攻长安，朝廷以神策军左军中尉田令孜为天下观军容处置使，专制中外。总之，观军容使之职由监军使发展而来，而且其职权、名分均高于一般的监军使，可见，宦官掌控军事的权力逐步扩大，成为唐朝宦官专权的基础。

宦官监军权力扩大后，不仅监督地方外军，而且也监督朝廷禁军。监督北衙六军的宦官，称为左右三军辟仗使，简称辟仗使。德宗贞元十二年（796年）六月改左右神策监军使为左右神策中尉，成为神策军的统帅。于是朝廷又以辟仗使的名义作为不由宦官统领的禁军监军之名。具体而言，三军辟仗使之职在于监左右龙武、左右神武、左右羽林诸军，与藩镇的监军使职掌相同。其初三军辟仗使

---

① 《资治通鉴》卷221《唐纪三十七》"肃宗上元元年十一月"条胡注。
② 《唐会要》卷72《京城诸军》。

无印信，宪宗元和十三年（818 年），"始赐印，得纠绳军政，事任专达矣"。①

宦官监军之权的逐渐扩大，最终发展到对统率军队之权的侵夺。宦官领兵之职，最主要的是掌控左右神策军，担任神策军中尉之职。在唐代后期，神策军是禁军的主力。唐德宗生性多疑，对领军将帅不信任，自贞元年间开始，由亲信宦官窦文场、王希迁分统，宦官统领神策军成为定制。宦官统领神策军所用的名义是左右中尉，员额各 1 人，分领左右神策。在中尉之下又设置中护军等一套直属的监军系统之官，直接为其服务。因为中尉控制着禁军，所以担任中尉的宦官就成为宫廷中最有权势的人物。而且由于神策军待遇优厚，远高于其他军队，与此相反，那些边兵衣粮供给不足，但亲卫临时外出驻防的，则颁赐特别丰厚，于是诸边将往往自请遥隶神策，遂使神策军之兵至 15 万。

唐代的宦官监军制度是在募兵制代替府兵制的过程中，中央皇权与地方藩镇两大势力的博弈中逐渐发展起来的。中央皇权为了控制地方藩镇节度使军权，指派亲信宦官作为皇帝特派员监军使，长驻藩镇，并在组织上又自成系统，不隶属于使府，不仅在军事上，而且还在司法及行政等诸方面，代表皇帝，作为皇权的延伸，对藩镇进行全面的监控。这对防止藩镇分裂割据，对抗朝廷，加强中央集权，发挥了一定的积极作用。但是，宦官势力与中央皇权既相互依赖，又存在着矛盾。皇帝借助宦官来控制臣下，尤其是监控掌握军权的节度使，防止安史之乱悲剧重演。另一方面，宦官则恃皇权自作威福，提高自己在朝廷中的地位，这是其依赖皇帝的一面；但是宦官权力膨胀后，又往往侵蚀皇权，甚至挟持皇帝，这又是矛盾的一面。唐代宦官出监藩镇，虽然有宦官在所驻扎的藩镇擅作威福之弊，但还不至于与皇权发生尖锐的矛盾。从总的来看，唐朝中央以宦官为监军使派驻藩镇，是利大于弊，但是如以宦官来监视中央禁军—六军，特别是把中央禁军主力神策军的统率权交给宦官，而且是在南北衙禁军失去相互制约的情况下实行这种制度，这无疑是倒持太阿，授人以柄，其对皇权的危害是不言而喻的。当宦官参与宫廷斗争，掌握神策军兵权之后，野心大为膨胀，就必然要专擅朝政，甚至操纵挟持皇帝，唐朝后期终于酿成宦官废立皇帝的严重后果。让人始料不及的是，初衷为加强皇权而设置的宦官监军、统军制度，最终走向反面，反而导致宦官专权，削弱了皇权。

二、府兵制思想

中国古代自西魏文帝大统十六年（550 年）宇文泰开创了府兵制，这一兵制一直沿用了两百年左右，直至唐中叶府兵制被募兵制所取代。府兵一般不入民籍，而是另立军籍。当府兵者，自备弓、刀、甲、槊、戈、弩由官府供给，有的自备资装，但不负担其他课役。当府兵的农民平时务农，农隙时讲武教战，有战

① 《资治通鉴》卷240。

事时朝廷临时点将率领从各地征发的府兵出征。战事完结，兵散于府，将归于朝。这样，兵不识将，将难专兵，避免了将帅长期拥兵作乱之弊，有利于巩固中央集权和国家统一。府兵制是兵农合一的一种制度。

府兵制创始于西魏，成熟于隋唐时期。在府兵制产生的西魏、北周时期，府兵不从事农业生产，并未寓兵于农，而是军民分籍的。西魏时期的府兵，兵士不但隶名军籍，世代为兵，而且兵士还要改从将领的姓氏，带有浓厚的部属私兵性质。周武帝时"筑武功、郿、斜谷、武都、留谷、津坑诸城，以置军人"。①这说明北周时在渭河上游筑城安置府兵及其家属，府兵集中居住在城坊，仍与民籍相分离。但是，北周时的府兵制已经开始与均田制联系在一起了，吸收在均田制下的农民来当府兵；与此同时，又改原府兵制中的军士为侍官，表明府兵已经逐渐改变了部属和私兵的性质，向国家直接领导指挥的军队转化。府兵军民分籍的情况一直延续到隋初。隋初的府兵，一部分居住在京师的军坊中，设坊主以检察户口；另一部分则居住在州郡，设团主以检察户口、劝课农桑。府兵的兵籍及其召集、训练和上番宿卫等，则由军府负责。直到开皇十年（590 年），隋文帝下令："凡是军人，可悉属州县，垦田籍帐，一与民同；军府统领，宜依旧式。"由此可见，从这时开始，府兵才实行军民同籍，府兵也要从事农耕垦田，均田制才与府兵制完全结合起来了。军民既已同籍，同样都要耕作垦田，原来管理军人的军坊、乡团系统不复存在，军人就地安家，一律也划归民户中的坊里组织之内管理。不过管理军籍的军府仍然存在，隋初称骠骑府，炀帝时改称鹰扬府，负责管理兵役的征集，府兵的训练和上番，并以兵役征集区域作为划分其辖区。

府兵制在军民分籍时，军户世代为兵，实行世兵制；军民同籍之后，兵役即在实行均田制地区的农民中征集。隋代府兵制规定，男子 20 岁为丁，即为应征的年龄，至 60 岁放免。被征集当府兵的农民可以受田而不必向国家交纳租赋，这就是当府兵的民户与一般民户的区别。府兵平时在家耕作，农闲时由军府统领进行训练。平时番上宿卫，称为卫士。"若四方有事，则命将以出，事解则罢，兵散于府，将归于朝，故士（府兵）不失业，而将帅无握兵之重。"②由于隋代实行了兵农合一的府兵制，兵役出自国家的编户，废除了南北朝以来兵为将有的部曲私兵之制，而且府兵制主要在关中地区实行，使中央的军事力量大为加强，造成了内重外轻的军事部署，强化了中央集权制下国家的统一。但是，隋代后期炀帝穷兵黩武发动征高丽的战争，"增置军府，扫地为兵"，③ 民众不堪横征暴敛，无法生存，终于爆发隋末农民大起义，府兵制也随着隋朝的覆灭而土崩瓦解。

---

① 《周书·武帝纪上》。

② 李繁：《邺侯家传》。

③ 《隋书·食货志》。

唐高祖李渊在开国前后统一关中地区时，曾先后收编了二十余万军队。为使改编的军队逐步纳入府兵的组织系统，他于武德二年（619 年）分关中为十二道，置十二军。十二军各以军将、军副为主官，军下有坊，设坊主 1 人，"以检察户口，劝课农桑"。①由此可见，这些都是驻屯的军队，集中居住在城坊，并且必须从事农业生产劳动。唐代的府兵从一开始就建立在均田制的基础之上。十二道之下又列置军府，以骠骑将军、车骑将军为正副主官，军府称为骠骑府。有些地方只以车骑将军统率军府，则称车骑府。这些以骠骑府、车骑府命名的军府分隶于十二道的十二军。十二军与十二卫的关系是十二卫将军高于十二军军将一级，两者可以互兼。武德六年（623 年），刚建立的唐王朝其时国内已经平定，于是下令废除关中十二军。一年多以后，因突厥的入侵，又恢复了十二军。武德八年（625 年），突厥威胁解除，又罢十二军，而以军府改隶十二卫，军府的长官改称统军，军府改称统军府。太宗贞观十年（636 年），又改统军为折冲将军，军府则改为折冲府。

唐朝规定，府兵每 3 年挑选一次，称为"拣点"。拣点的对象是"皆取六品以下子孙及白丁无职役者"，②即普通地主子弟、农民及手工业者。具体的挑选方法是"财均者取强，力均者取富，财力又均，先取多丁"。③由此可见，唐朝拣点府兵的条件，首先考虑资财多的人，其次再考虑材力较强的人，再次考虑家庭人丁多的人。其对年龄的要求与隋朝相同，即 21 岁入伍服役当府兵，至 60 岁退役。负责拣点卫士者如果取舍不按规定，不公平合理，就要受到处罚。《唐律疏议》卷 16《擅兴》规定：凡拣点卫士（包括征人），取舍不平者，有 1 人即杖责 70，满 3 人加一等，罪止处徒刑 3 年。入伍的府兵有受田的权利，而且免除其本身的徭役。不过府兵入伍必须自备某些武器和粮食，而且每 1 队（50 人）必须合备"火钻一、胸马绳一、首羁、足绊皆三"；每一伙（10 人）除了共"备六驮马"以外，还必须合备"乌布幕、铁马盂（即铁锅）、布槽、锸、钁、凿、碓、筐、斧、钳、锯皆一，甲床二，镰二"；每人还须自备"弓一，矢三十，胡禄（箭囊）、横刀、砺石、大觿（古代解结的用具）、毡帽、行縢（绑腿）皆一，麦饭九斗、米二斗"。④而且府兵自备的这些东西，如果没有带齐备的话，必须遭到处罚。《唐律疏议》卷 16《擅兴》规定："不忧军事者，杖一百。"这里的所谓"不忧军事"，《疏议》注疏说，如府兵"随身七事及火幕行具细小之物，监军征讨，有所阙乏，一事不充，即杖一百"。

府兵入伍后，他们的户籍仍属于所在州县，军籍州属于折冲府。平时家居耕

---

① 《新唐书·兵志》。
② 《旧唐书·职官志一》。
③ 《唐律疏议》卷 16《擅兴》。
④ 《旧唐书·兵志》。

作，从事农业生产，每年各季十一月农闲时，由折冲府召集，"教其军阵、战斗之法"。①府兵除在训练的时候离开家乡外，还有就是要到京师上番宿卫、去镇戍防守或出征时才会离开家乡。其中去京师上番宿卫是府兵最主要的任务。"凡当宿卫番上，兵部以远近给番，五百里为五番，千里七番，一千五百里八番。二千里十番，外为十二番，皆一月上。若简留直卫者，五百里为七番，千里八番，二千里十番，外为十二番，亦月上。"②唐朝，府兵番第，一般以千里内的规定作为计算的基础。五番是指一个折冲府的士兵分作五组，轮流上番；七番则指分作七组，轮流上番。每次上番的期限均为一个月。府兵虽然以军府远近而定番，但离京师路远的府兵每年上番的天数和花费在路上的天数合计起来看，要比离京师路近的府兵每年上番的天数和花费在路上的天数为多。所以唐朝规定，在近畿地区须亲身上番，远处地区可以纳资代番："凡诸卫及率府三卫，贯京兆、河南、蒲、同、华、岐、陕、怀、汝、郑等州，皆令番上，余州纳资而已。"③这一规定，显然照顾了距离京师路途遥远的府兵来回奔波的艰辛。

唐朝规定，府兵的调遣，其具体程序是由兵部下符契，州刺史和折冲府都尉勘契相合，然后发兵。府兵根据调遣兵士人数的多少，有 3 种不同的调遣方式：一是如果全府调发，自折冲府都尉以下一起出发；二是如果部分兵士调发，则由果毅都尉率领；三是如果兵士人数较少，则由别将带领。唐代的府兵由于主要来自关中地区均田制下的农民，给唐王朝造成居中御外的军事布局，加强了中央集权制的统治力量。但是由于唐中期土地兼并的加剧，导致均田制逐渐崩溃，使建立在均田制基础上兵农合一府兵制也随之瓦解。唐玄宗天宝六年（747 年），朝廷停止府兵上番。随着府兵制的瓦解，唐王朝也失去了内重外轻的军事布局，逐渐造成了藩镇割据的局面。

三、募兵制思想

唐中叶，随着土地兼并的发展，均田制日趋破坏，府兵之家因不免杂徭，贫弱不堪，大批逃亡，建立在均田制基础上的府兵制难以继续实行。为了解决宿卫缺兵，玄宗开元十年（722 年），宰相张说奏请募士。翌年，取京兆、蒲、同、岐、华府兵及白丁，加上潞州长从兵，共有 12 万人，号"长从宿卫"，每年二番。朝廷命尚书左丞萧嵩与州吏共同挑选前来应募兵士，州县不得任意驱使。开元十二年（724 年）"长从宿卫"更名"彍骑"。当时拣选彍骑的方式是"择下户白丁、宗丁、品子强壮五尺七寸以上，不足则兼以户八等五尺以上"。④实际上

---

① 《旧唐书·职官三》。
② 《新唐书·兵志》。
③ 《唐六典》卷 5《尚书兵部》。
④ 《新唐书·兵志》。

是"不问色役"，也就是说只要材力符合标准，什么人都可以入选。当时彍骑均选募下户白丁、宗子、品子中体格健壮、身高五尺七寸以上者，不足则取八等户五尺以上者，免其征镇、赋役。其户籍由兵部、州、县和卫分掌。入选者平时近营为坍，练习弓弩。10 人为火，五火为团，择材勇者为番头，率领习射，每年宿卫两番。彍骑的产生实际上使唐朝兵制已由府兵制转入募兵制，已具有雇佣兵性质。

府兵废弛之后，地方上有团结兵的崛起。团结兵的始置年代不详，广泛设置则在武则天当政之时。唐高宗上元二年（675 年），武则天摄政之初，在黎、雅、邛、翼、茂五州募镇防团结兵，设团练副使为帅。万岁通天元年（696 年）为防止奚、契丹，于河北各州设置团结兵。同年又在山东近边诸州设"武骑团兵"。开元八年（720 年），朝廷派人在两京及其附近各州招募拣取团结兵。诏书规定只求骁勇，不限蕃汉，免去一切番役和征赋。平时在家练习弓矢，按时集中阅试。安史之乱后，朝廷于诸州设有团练使、防御使、镇遏使等，以训练和统率地方团结兵。

唐朝在宿卫府兵被募兵取代的同时，边军也逐渐实行召募。唐玄宗开元二十五年（737 年）始有关于诸军镇招募长期戍守的军防健儿的规定："诸军镇量闲剧、利害置兵防健儿，于诸色行人内及客户中招募，取丁壮情愿充健儿长住边军者听，至军州各给田地屋宅。"①诸道节度使从征戍者及客户中召募愿作长征健儿的人，除一般待遇外，长年免赋；其家口若愿往，则给田宅。此后，代替防人的健儿成为长期从役的职业兵，亦称"长征兵"或"长征健儿"。以后发展到所有军队都招募健儿，由官给家粮和春冬衣，故称之为官健，成为军镇和有关州府的常备军。

总之，在府兵制度废弛过程中出现的彍骑、团结兵和官健，都是介于府兵与募兵之间的兵。三者都是官给身粮、家粮或其他赐予，都趋向于长期从军。其征取方式，彍骑是简点与招募并行，团结兵采用差点之法，官健则系招募。募兵在宿卫禁军和边兵中完全取代府兵，这是唐朝军制划进代的变革。虽然募兵之法早在唐朝建立之前，李渊父子晋阳起兵时，就已开始募兵。唐朝建立后，在继续实行府兵制的同时，辅行募兵之法用来弥补兵源不足，以适应对内对外战事的需要。募兵制作为一项正式的制度，在开元、天宝年间完全取代了府兵制。直至唐亡，宿卫禁军和边军等一切兵员均来自于召募。

五代时期各朝代的兵役制基本上沿袭唐中叶以后的募兵制，因五代十国多为节帅创建，故军人在社会政治生活中占有显著地位，有兵就有一切，因此当权者无不极端重视召募兵士，通过财物收买军心，使自己拥有一支听从命令指挥的强大军队。

---

① 《唐六典》卷 5《尚书兵部》。

军队实行招募制会带来两个方面的问题：一是增加国家财政负担，二是带兵将领易于发动军事政变，夺取政权。如唐玄宗天宝元年（742 年），天下健儿、团结、彍骑等已达 57.4733 万人；宪宗元和年间，达 83 万人，至穆宗长庆时，达 99 万人。实行府兵制的开元之前，每年供边兵的衣粮费 200 万两；改行募兵制的天宝以后，每年军衣用布 1020 万匹，粮食 190 万斛，平均三户或二户养一兵。庞大的军费开支成为朝廷和百姓的沉重负担。另一方面，由于招募之兵不是土著居民，无宗亲牵累，因而易徇利枉法，易被长期握兵的将帅所利用。五代十国政权多由拥有重兵将帅建立，募兵制是其中一个重要原因。

四、中央禁军思想

隋唐中央军队，也就是皇帝直辖的禁卫军。隋文帝时，中央禁卫军由府兵和招募来的禁兵混合组成。禁卫军继承了西魏、北周的制度，分为十二卫府：左右卫府、左右武卫府、左右武候府、左右领军府、左右领左右府、左右监门府。隋炀帝时把十二府扩大为十六府，其名称为：左右卫（或称左右翊卫）、左右武卫、左右候卫、左右屯卫（或称左右领军卫）、左右御卫、左右骁卫、左右备身、左右监门。禁卫军的组成仍然是府兵与禁兵混合编制，这有利于两者相互维系，又相互制约。大业初，炀帝巡行江都时所随从警卫的部队以府兵为主，由于卫大将军又常奉命出征，所以在禁卫力量中便有府兵独重之嫌。为了平衡府兵与禁兵的制约关系，大业八年（612 年），朝廷又募民为骁果兵，组建成骁果军，上属于左右备身府，从此骁果兵又成了皇帝的亲兵。大业十二、十三年（616—617 年），隋炀帝再次巡行江都时，随从的警卫就以骁果军为主了。其后，便发生了宇文化及利用骁果军发动政变，杀死隋炀帝，隋朝随后覆灭。当时由于江都府兵寡弱，而骁果军驻扎城中有万人之多，力量上占优势，府兵与骁果军的相互制衡关系一时在江都城被打破，所以使政变者有机可乘，政变因此得逞。

唐朝的禁卫军也分为府兵与禁兵两种，但与隋制不同的是不混合编制而是各成系统。在统领关系上，十六卫受宰相节制，而禁军以武臣统领，直辖于皇帝。十六卫是属于府兵系统的禁卫军，其名称在高宗、武后时曾数次改变，最后定名为左右卫、左右骁卫、左右武卫、左右威卫、左右领军卫、左右金吾卫（以上十二卫各领府兵），左右监门卫、左右千牛卫（以上四卫不领府兵）。禁兵是招募的雇佣军，高宗龙朔二年（662 年）置左右羽林军，其后又置左右龙武军、左右神武军、左右神策军、左右神威军，合称北衙十军，而其中羽林、龙武、神武诸军又合称为六军。十六卫屯驻于宫南，在长安太极宫前朱雀门内，称为南衙；禁兵屯驻于苑内，称为北衙。南北衙禁军的宿卫任务相互交叉、兵将相互渗透，从而使两者互相牵制，以达到制衡，有利于皇帝对禁军的掌控，维护至高无上的皇权。禁军的宿卫任务互相交叉，左右羽林军"大朝会则执仗以卫阶陛，行幸则夹驰道为内仗"，①与卫府的内仗交错在一起。而且北衙的禁兵也可以掺杂在南衙的府兵中上番，像隶属于北衙的飞骑，通过敕书也可直宿南衙。"其飞骑仗有敕上南衙者，则大将军、将军承墨敕，白移于金吾引驾仗，引驾仗官与监门奏覆，又降墨敕，后得入。"②

唐代时南北衙将领之间的互相渗透，还表现在卫府将领兼禁兵之职。如韦待价以右武卫将军兼检校右羽林军事；张延师以左右卫将军典羽林屯兵前后达30多年。③至于中下级军官相互渗透的事例则更为常见，如"薛仁贵以云泉府果毅，奉令北门长上；毛盛为游击将军、北门长上，领开福府果毅；马延徽为东宫鹤台府右果毅，右羽林军长上；张希古为尚德府折冲，左龙武军宿卫"。④在南北衙的关系中，兵将的相互兼职对两者的制约和牵制有一定的作用，但是南北衙系统的严格区分，不让臣下有同时指挥南北衙禁军的权力，则是防止发生军事政变，维护皇权对军队的绝对控制的最有效措施。因为在南北衙禁军势均力敌各不统属的情况下，任何一方如没有得到对方的支持，都不可能利用自己的军力来挟持宫廷，达到某种政治目的。一旦出现南衙十六卫削弱，南北衙禁军力量失去平衡，北衙禁军又归宦官掌控之时，就出现了宦官专权、挟持君主的局面。

五代除一般禁军外，亲军也是中央禁军的另一个重要组成部分。欧阳修说："五代为国，兴亡以兵，而其军制，后世无足称焉。惟侍卫亲军之号，今（北宋）犹因之而甚重"⑤。最初的侍卫马步军由梁太祖设置⑥，它是在宣武镇兵的基础上发展起来的。当时，选富家子弟有材力者置帐下，称"厅子都"，组成亲军。其配置的弩杀伤力很强，张一大机，则十二小机皆发，用连珠大箭。此外，亲军还有左右长直等。后梁所创这一军制，对后世影响很大。

梁太祖对侍卫亲军非常重视，经常亲至校场教阅、屡幸左右龙虎军，常自率亲军南征北伐。至梁末帝时，侍卫亲军已远非昔比，神威、龙骧、拱辰等军，由京师游民、小贩组成，不堪一击。

五、兵力分布上的内重外轻和内轻外重思想

唐前期，全国府兵约设有634个折冲府，均有名称，分布全国。其中，关中、河东和河南最多。其原因是：关中是都城长安所在地，必须屯重兵以拱卫中央，并可随时发兵征伐内外之敌，这就形成"举关中之众以临四方"的军事格局。当时，仅关中就有府261处，占全部折冲府的41%。河东是李唐王朝的发

---

① 《新唐书·兵志》。
② 《唐六典》卷25《诸卫府》。
③ 《旧唐书·韦挺附子待价传》；《旧唐书·张俭附弟延师传》。
④ 谷霁光：《府兵制度考释》，上海人民出版社1962年版，第171页。
⑤ 《新五代史·康义诚传》。
⑥ 《文献通考》卷155《禁卫兵》。

祥地，又是防御唐初劲敌——东突厥的要冲，不能不配置相当强的兵力。在河南的陪都——洛阳，处中原腹心，控制着东南一带的重镇和南北水陆交通线，同时也是粮食、物资的重要集散地，自当多置军府。当时，河东、河南的折冲府，约占全部折冲府的39%。总之，关中、河东、河南三地屯驻的折冲府，占全部折冲府的80%。显然，唐前期的军事布局思想是重内轻外，有效地保证了朝廷对全国武装力量的控制，从而使国家统一，政权稳固。

从唐玄宗开元年间开始，募兵制逐渐取代府兵制，当兵成为职业，士卒容易被掌兵将领利用。朝廷为防御吐蕃、南诏、契丹、奚等的侵扰，特地在边境地区派重兵把守，其将领的权势越来越大。玄宗时，诸道节度使尽用胡人，拥兵多达49万人，其中仅安禄山一人就身兼范阳、平卢和河东三镇节度使，有兵18.39万人。与此相反，由于唐玄宗在中原地区废武备，包戈甲，不许私自习武，中央禁卫军也由市井白徒组成，缺乏训练，遇有战斗则畏缩不敢向前，因此，唐初内重外轻，以关中制天下的军事布局，为内轻外重格局所取代。最终导致手握重兵、觊觎皇帝宝座的安禄山、史思明乘机起兵反叛，安史之乱爆发。

安史之乱虽然被平定，但各地藩镇拥兵自重，唐朝内轻外重的军事布局依然没有改变。北宋张洎指出："唐罢府兵，始置神武、神策为禁兵，不过三数万。郡国军额，除河朔三镇外，太原、青社各十万，邠宁、宣武各六万，潞、徐、荆、扬各五万，襄、宣、寿、镇海各二万，观察、团练据要害之地者不下万人。"[1]后来，在藩镇混战中，朱温的力量逐渐强大起来。光化三年（900年），朱温遣葛从周帅兖、郓、滑、魏四镇兵十万击刘仁恭；天复三年（903年）三月，朱温引四镇及魏博兵十万击青州王师范；五月，朱温将兵二十万出征。由于所领镇兵力量强大，连河东李克用也说"众寡不敌"，朱温得以篡唐自立。

后梁建立，朱温的镇兵变成禁军，其名号不一，但数量是相当大的，拥有绝对的压倒优势，因此，后梁改变了唐末内轻外重的局面，单中央禁军的力量，就大大超过了地方藩镇的军事力量。如乾化三年（913年）三月，袁象先率禁兵杀死友珪后，"诸军十余万大掠都市"，当时，杨师厚以都招讨使驻魏州，"宿卫劲兵，多在麾下"，而且东京开封还有龙骧、神捷等军。仅此几处合计，后梁禁军当在20万人以上。当时北方的藩镇，最强大的莫过于河东李克用父子，其兵力据李存勖自己所说，也才"数万之众"[2]。由此可见，地方藩镇的军事实力远不如中央禁军。

但是，由于河东军勇悍善战，后梁与河东晋军的战事一直没有停止，而且还愈演愈烈。后梁遣兵出征时，往往派大将以行营都统、行营招讨使或都招讨使的名义统军，到梁太祖朱温死后，当时身为都招讨使的杨师厚便因手握重兵而具备

---

① 王应麟：《玉海》卷138，台湾商务印书馆影印文渊阁《四库全书》。

② 《资治通鉴》卷271。

了左右局势的权力，京城的十余万禁军也唯其马首是瞻，后梁的军事布局又从朱温时的内重外轻变成了内轻外重之势。

后唐建国者李存勖，以河东兵起家，最初兵力才数万人，远少于后梁军队。但在与后梁的大战中，他西得凤翔李茂贞配合，河中朱友谦归顺，东取幽州，与镇州王镕、定州王处直结盟，又得魏博归顺，遂日渐强大。天祐十八年（918 年）八月，李存勖准备大举进攻后梁，在魏州大阅诸军，当时有十镇及少数族军队共 10 余万，号称"师旅之盛，近代为最"。灭梁后，段凝又率梁军 5 万投降。这些军队，后来就成为后唐的禁军，其数量也当在 20 万人以上。所以后唐建立后，中央的军力完全压倒地方，禁军成了国家最具实力的战斗队伍。但是，这种内重外轻的军事布局又出现另一个问题，后唐出现了五代第一位由禁军统帅而登上帝位的李嗣源夺权之事，而且又出现了禁军拥戴李从珂之事。

从唐后期至五代的历史可以看出，在古代国家军事的布局上应是内重外轻优于内轻外重，前者更能维系中央集权制，保证国家的统一和政权的巩固。当然，单单内重外轻的军事布局还是不够的，另一个重要的条件是最高统治者皇帝必须能牢牢掌握统率军队的权力，如统军权旁落领兵将领，那就会出现领兵将领发动兵变，夺取帝位。如后唐明宗李嗣源、末帝李从珂、后周太祖郭威、北宋太祖赵匡胤，都是以禁军夺权者。

六、兵律思想

《唐律疏议》卷 16《擅兴》[①] 制定有专门的兵律，对军队诸方面纪律做出规定：其一，擅发兵。唐朝规定，调遣军队 10 人以上，就必须持有铜鱼相当于秦汉的虎符、敕书。如果遇到紧急情况，来不及奏请朝廷发兵，可以权宜从事，一方面先调遣军队，另一方面立即上报朝廷。唐律规定："若无紧急，又不先言上，辄擅发十人以上、九十九人以下，徒一年；满百人，徒一年半；百人，加一等；七百人以上，流三千里；千人，绞。"另一方面，如果遇到反叛、盗贼等紧急情况，而不立即调兵镇压者，必须处以与擅发兵罪一样的处罚。"应机赴敌，急须兵马，若不即调发及虽调发，不即给与者，准所须人数，并与擅发罪同，谓须十人以上，不即调发及不即给与，各徒一年；百人，各徒一年半；每百人，各加一等；千人以上，各得绞罪。"如果军情紧急，先调动军队镇压，但没立即上报朝廷，也必须处以比擅发兵低一等的处罚。"其不即言上者，谓军务警急，听先调发给与，并即言上，以其不即言上，亦准所发人数，减罪一等。"

其二，调拨军需供给违规。各种军需供给，必须先向上级报告，等到获得批准，才能开始调拨。如果没有向上级报告，获得批准，就擅自调拨，有关责任人

---

① 以下所引原文，未注出处者均见于此。

必须受到徒一年的处罚。或者虽然已向上级报告，但还未得到批准，即调拨者，减一等刑罚，杖一百下。如果军情紧急，来不及报告上级获得批准，必须立即予以调拨，同时马上报告上级。如果不予以调拨，也必须处以徒一年的刑罚；如果调拨了但没有马上报告上级，减一等处罚。"随军所须，战具所用，供给军事，虽非人兵，皆先言上、待报，始得调发。""违者，徒一年。若知不先言上、虽言上不待报，即给与者，减一等，合杖一百。若事有警急，得便调发给与，并即言上。若不调发及不给与者，亦徒一年；不即言上者，各减一等。"

其三，给发兵符违规。唐朝规定，军队调动必须以鱼符作为凭证，发布军队调动命令者持左符，必须与领军将领所持右符相吻合，军队才能进行调动。如果应当发给兵符而不发，或发给兵符违反规定、不相符合，或发给兵符不相符合而不立即上报，各要处以徒二年的处罚；如果属于超过期限而不归还兵符者，处以徒一年的处罚；其余违反发给兵符规定的行为，各减二等予以处罚。"诸应给发兵符而不给，应下发兵符而不下，若下符违式，及不以符合从事，或符不合不速以闻，各徒二年；其违限不即还符者，徒一年。余符，各减二等。"余符指不用鱼符而用木契发兵的。

其四，征发挑选兵士取舍不公平。唐朝规定，征发挑选兵士，必须公平：如同属于征发对象，首先挑选财产最富有的；如财产一样富有，则取身强力壮者；如同样强壮，则取男丁较多的。如果在征发挑选兵士时，发生"舍富取贫，舍强取弱，舍多丁而取少丁"等不公平的事情，当事人就要受到处罚：取舍不公平一个人的，杖七十；不公平达三人的，就加一等处罚；最重的处罚至徒三年。如属于临时差遣不公平的，减罪二等处罚：取舍不公平一人的，笞五十；不公平达三人的，就加一等处罚；最重的处罚至徒二年。"诸拣点卫士，取舍不平者，一人杖七十，三人加一等，罪止徒三年。若军名先定而差遣不平，减二等"，即"一人笞五十，三人加一等，罪止徒二年"。

其五，征发士兵冒名顶替。唐代前中期实行府兵制，兵农合一。平时务农，战时征发为兵。战争结束后，卸甲归田。唐朝规定，当征发的士兵确定之后，不可冒名顶替。如果有人违反规定，冒名顶替，首犯的人，处以徒二年的处罚，从犯的人，减一等处罚。如果是居住在一起的亲属代替，减二等处罚。同时，一里辖区内如有发生冒名顶替兵役之事，冒名顶替一人，里正处以笞五十的处罚；人数增加一人，处罚加一等；人数增至九人，处以徒二年。如是一县辖区内发生冒名顶替兵役一人，典处以笞三十的处罚；人数增加二人，处罚增加一等；人数增至十五人，处以杖一百；人数增至二十一人，处以徒二年。而且在县级官府中，还要节级连坐尉、丞、县令及主簿、录事等官吏。州则依据所管县的多少，统计后予以处罚。如州管二个县的，二人冒名顶替兵役，州典就要处以笞三十的处罚，每四人增加一等；如州管三个县的，三人冒名顶替兵役，州典就要处以笞三十的处罚，每六人增加一等。其余以此类推。另一方面，军队那边如接受了冒名顶替者，对队正、队副的处罚，同于里正：如一人冒名顶替，队正、队副处以笞五十的处罚；如冒名顶替增加一人，加一等；最重处罚至徒二年。节级连坐也一样：旅帅、校尉，减队正一等；果毅、折冲，则依据所管校尉的多少，统计后予以处罚。"诸征人冒名相代者，徒二年；同居亲属代者，减二等。""部内有冒名者，谓里正所部之内，有征人冒名相代，里正不觉，一人里正笞五十，一人加一等，九人徒二年。若县内一人，典笞三十，二人加一等，十五人杖一百，二十一人徒二年。注云'佐级以上，节级为坐'，即尉为第二从，丞为第三从，令及主簿、录事为第四从。'州随所管县多少，通计为罪'，谓管二县者，二人冒名，州典笞三十，四人加一等；管三县者，三人冒名，州典笞三十，六人加一等之类。""其在军冒名者，队正同里正；旅帅、校尉，减队正一等；果毅、折冲，随所管校尉多少，通计为罪。""谓管三校尉者，三人冒名；管四校尉者，四人冒名；管五校尉者，五人冒名：各得笞四十。"

其六，部队检阅违期不到者。唐代，朝廷有定期举行部队大检阅之制，谓大集校阅。如队副以上、将军以下，届时不到者，必须处以杖一百的处罚；每超过三日，加一等处罚；如是主帅违期不到者，还要加二等处罚。如是主帅自己本身不到，而是派遣随从参加而违期者，各减少一等处罚。若是折冲府校阅，届时不到者，必须依据"违式"之罪处罚。如果主管部门不告发这种校阅违期不到者，罪在主管部门。"诸大集校阅而违期不到者，杖一百，三日加一等；主帅犯者，加二等。即差发从行而违期者，各减一等。"

其七，乏军兴者。所谓"乏军兴"，就是部队在战争中，兵马及军需供应、器械武器等如因没有及时供给而缺乏，那么有关责任人就要处以砍头的极刑。因为军需供给关系到战争的胜负，因此，即使是有原因或过失，也不得减刑。如果是一些细小之物在战争期间缺乏，有一种细小之物不够，就要处以杖一百的处罚。"调发征行，有所稽废者，名'乏军兴'。犯者合斩，故、失罪等：为其事大，虽失不减。""随身七事及火幕、行具细小之物，临军征讨，有所阙乏，一事不充，即杖一百。"

其八，士卒被征从军稽留。唐朝规定，士卒被征从军在路上逗留迟到，迟一天就要处以杖一百的处罚，两天加一等，至二十天处以绞刑。如果在两军就要开战时而逗留迟到者，就是处以流放三千里的处罚；逗留迟到至三天，就要处以砍头的极刑。"诸征人稽留者，一日杖一百，二日加一等，二十日绞。即临军征讨而稽期者，流三千里，三日，斩。"

其九，间谍。唐朝规定，唐军乘敌军没有防备、有机可乘之时，秘密准备征讨，但却有奸细报告敌军消息，其告密奸细必须处以砍头的极刑，妻子、儿子流放两千里。如果不是在战争时，本国人从事间谍活动，传递情报，刺探军情，以报告敌军，或者是外国人，来唐朝从事间谍活动，刺探情报，或传递书信到国外，接受国外送来的书信，知情包庇隐藏间谍者，均要处以绞刑。"或伺贼间隙，密期征讨，乃有奸人告贼消息者，斩；妻、子流二千里。其非征讨，而作间谍者，间谓往来，谍谓觇候，传通国家消息以报贼徒；化外人来为间谍者，谓声教之外，四夷之人，私入国内，往来觇候者，或传书信与化内人，并受化外书信，知情容止停藏者：并绞。"

其十，主将弃城而逃或为敌方而攻破。唐朝规定，主将守卫城市，不固守弃城而逃跑，或被敌方所攻破，主将就要处以砍头的极刑。如果与敌人军垒连接，旗帜相望，接受命令前去候望，因为不觉被敌偷袭，以致城墙被敌攻破或兵士败亡，主将也要处以砍头的极刑。"主将者，谓主领人兵，亲为主将者，或镇将、戍主，或留守边城，州县城主之类。守城为贼所攻击，不能固守，弃城而去；及守备不设，谓预备有阙，巡警不严，被贼所掩袭覆败者：斩。若连接寇贼，谓军垒连接，旗帜相望；被遣斥候，谓指斥候望，不觉贼来入境者，徒三年。以故致有覆败者，以其不觉贼来，为贼掩袭，致城及人兵有覆败者，亦斩。"

其十一，临阵而退及辄杀降兵。唐朝规定，主将以下，临阵战斗而先退却，或与敌军对阵战斗，敌人舍仗投降及虽然没有对阵而敌人前来投降的，如动辄将投降者杀死，将处以砍头的极刑。"主将以下，谓战士以上，临阵交兵而有先退；若寇贼对阵，而舍仗投军，谓背彼凶徒，舍仗归命及虽非对阵，弃贼来降，而辄杀之者：斩。"

其十二，私放征、防之人提早回家。唐朝规定，兵士在行军之所，或在镇戍之处，如还未到期限，提早将他们放回家，那就按照《捕亡律》的规定处罚有关责任人，提早放一人一日，处以徒一年，增加一日就加一等，至十五日处以绞刑。如果提早放十五人各一日，也等于十五日，责任人必须处以绞刑。"私放征、防人还者，谓征、防之人未合还家，辄私放者。各以征、镇人逃亡罪论，依《捕亡律》：从军征讨而亡者，一日徒一年，一日加一等，十五日绞。""若放人多者，一人准一日；放日多者，一日准一人。（谓放三人各五日，放五人各三日，累成十五日之类。）""若放十五人，一日亦合绞。"

其十三，战争前夕弄虚作假以逃避入征。唐朝规定，如在战争前夕，士兵通过弄虚作假，如故意诬告人发生官司，或故意犯轻罪被官府扣留，或故意把自己身体伤残，或欺骗说自己身体患疾病，或者在检阅测试时故意以能够做到而假装做不到，从而逃避入征从军参加战斗。对此种种通过弄虚作假而逃避入征的行为，如使军队行动迟到或误事的，一律按照"乏军兴"的规定，处以砍头的极刑；如军队行动没有迟到或误事的，减死刑一等处罚。"临对寇贼，即欲追讨，乃巧诈方便，推避征役。注云：'巧诈百端，或有诬告人罪，以求推对；或故犯轻法，意在留连；或故自伤残；或诈为疾患。'……临军之时，一艺以上，应供军用，军中校试。故以能为不能，以巧诈不能之故，故军有所稽迟及致阙乏废事者，以乏军兴论，故、失俱合斩。若于事未废，减死一等。"

第四节　宋代军事管理思想

一、释兵权、制将帅、立兵制思想

自唐中叶安史之乱开始，由于藩镇割据，将帅篡位，中原地区兵祸连结的状况持续了二百余年，骄兵悍将们演出了一幕又一幕叛乱、割据和混战的惨剧，"兵骄则逐帅，帅强则叛上"[1]，生灵涂炭，饿殍遍野，社会经济遭到严重的摧残。直到五代末周世宗时，中原地区开始由乱而治，后周显德七年（960年），赵匡胤乘周世宗刚去世，寡妻幼子主持朝政之际，发动陈桥兵变，黄袍加身，成为宋朝的开国太祖。

宋太祖行伍出身，由禁军小校逐步升迁到禁军将帅，进而通过兵变篡夺皇位，因此，深知五代军制的弊端。他当上皇帝之后，处心积虑地认真总结了藩镇敢于抗拒王室，将佐可以逐杀主帅以至称王称帝的历史教训，认识到"兵权所在，则随以兴，兵权所去，则随以亡"[2]。作为皇帝，必须牢牢掌握兵权，才能稳固帝位，使其长治久安。而要牢牢掌握兵权，就必须削夺武将的权力，改革兵制，改变武人左右政局的局面。为此，宋太祖实施"罢功臣，释兵权，制将帅，立兵制"的策略，采纳赵普罢免一批宿将掌管禁兵和"稍夺其权，制其钱谷，收其精兵"[3] 以削藩镇的政权、财权和兵权的建议，实行一系列的军制改革。

（一）杯酒释兵权，解除统军大将的兵权

建隆二年（961年）七月，宋太祖采纳赵普建议，利用设酒宴的机会，暗示石守信等统军大将交出兵权。石守信等领会皇帝的用心，称病辞职。这就是有名的"杯酒释兵权"[4]。有关这一史实，《续资治通鉴长编》卷2有比较详细的记载：

> 时石守信、王审琦等皆上故人，各典禁卫。（赵）普数言于上，请授以他职，上不许。普乘间即言之，上曰："彼等必不吾叛，卿何忧？"普曰"臣亦不忧其叛也。然熟观数人者，皆非统御才，恐不能制伏其下，苟不能制伏其下，则军伍间万一有作孽者，彼临时亦不得自由耳。"上悟，于是召守信等饮，酒酣，屏左右谓曰："我非尔曹力，不得至此，念尔曹之德，无有穷尽。然天子亦大艰难，殊不若为节度使之乐，吾终夕未尝敢安枕卧

---

① 《新唐书·兵志》。

② 范浚：《范香溪先生文集》卷8《五代论》。

③ 《续资治通鉴》卷2。

④ 有的学者对"杯酒释兵权"提出质疑。最有力的证据是杜太后逝世后，国丧期间，不得宴饮，故宋太祖不可能宴请石守信等人。但据《宋史》卷123《礼志》载，杜太后死后，行"以日易月"之制，二十七日后"服吉"。宋太祖酒释石守信等兵权正是在"服吉"之后。参见徐规和方建新《"杯酒释兵权"说献疑》（《文史》第14辑）；柳立言《"杯酒释兵权"新说》（《宋史研究集》第22辑）。

也。"守信等皆曰："何故?"上曰："是不难知矣,居此位者,谁不欲为之。"守信等顿首曰："陛下何为出此言?今天命已定,谁敢复有异心。"上曰："不然。汝曹虽无异心,其如麾下之人欲富贵者,一旦以黄袍加汝之身,汝虽欲不为,其可得乎?"皆顿首涕泣曰："臣等愚不及此,惟陛下哀矜,指示可生之途。"上曰:"人生如白驹之过隙,所为好富贵者,不过欲多积金钱,厚自娱乐,使子孙无贫乏耳。尔曹何不释去兵权,出守大藩,择便好田宅市之,为子孙立永远不可动之业,多置歌儿舞女,日饮酒相欢以终其天年。我且与尔曹约为婚姻,君臣之间,两无猜疑,上下相安,不亦善乎!"皆拜谢曰:"陛下念臣等至此,所谓生死而肉骨也。"明日,皆称疾请罢,上喜,所以慰抚赐赉之甚厚……皆罢军职。独守信兼侍卫都指挥使如故,其实兵权不在也。

这里且不论宋初"杯酒释兵权"是否确有其事,但宋太祖的确在宋初解除了大将石守信、韩重斌、刘延让的兵权,宋太祖自己就是以殿前侍卫军的首领地位爬上皇帝的宝座,所以特别留意殿前侍卫军的兵权。他"释兵权"的最先措施乃是把原来统率殿前、侍卫两军的屡立功勋大将陆续调离,换上一些资历浅、易于控制的人担任其首领,然后再有步骤地削减所谓节镇官(节度使、留后、观察使、防御使、团练使、刺史)的权力。

(二) 枢密院和三衙分权

宋朝的枢密院,"与中书对持文武二柄,号为二府"[1]。中书门下称东府,枢密院称西府。枢密院长官有枢密使和副使等。除宰相外,参知政事等副相和枢密长官合称执政。宋朝的宰执是最高行政长官。宋朝的枢密院与秦汉的太尉府较为相似,但也有两点不同:其一,秦汉时尚无尚书省兵部,而宋时有尚书省兵部,枢密院实际上侵夺了兵部的事权;其二,秦汉时的太尉一般由武将充当,而宋朝的枢密院长官基本上由文臣担任,特别是在宋仁宗时定型。宋朝枢密院的这种掌兵制度,正是贯彻了崇文抑武,以文制武,即用文臣监督和制约武将的思想,用以矫治晚唐、五代之弊。在晚唐,尤其是在五代,是武夫横行之世,文官们只能低眉拱手,听任他们摆布。到了宋代,宋太祖实行以文制武、崇文抑武政策后,这种情况就完全颠倒过来了。南宋初汪藻说:"祖宗时,武臣莫尊三衙,见大臣必执梃趋庭,肃揖而退,非文具也,以为等威不如是之严,不足以相制。"[2] 胡寅也说:"故事,宰相坐待漏院,三衙管军于帘外倒杖声喏而过。"宋仁宗时,"吕夷简为相日,有管军忽遇于殿廊,牟老皇遽,不及降价而揖,非有悖戾之罪也。夷简上表求去,以为轻及朝廷,其人以此废斥,盖分守之严如此"[3]。宋朝

---

① 《宋史·职官二》。
② 《浮溪集》卷1《行在越州条具时政》。
③ 《斐然集》卷6《上皇帝万言书》。

在宰执大臣与三衙武官之间，确立严格的尊卑名分，使三衙武官唯有俯首听命而已。

宋代的三衙全名是殿前都指挥使司、侍卫亲军马军都指挥使司和侍卫亲军步军都指挥使司。北宋后期，确定了三衙管军的品级，殿前都指挥使为从二品，副都指挥使为正四品，而侍卫马、步两司的都指挥使和副都指挥使仅为正五品，三衙的都虞候仅为从五品。宋朝之所以以品秩较低的官员来掌管三衙，其目的也在于贬抑武将的政治地位，使之不至于专横跋扈。

宋代不仅削弱三衙统兵官的权力，降低他们的品位，而且又将三衙的统兵权由中央扩大到全国，以使藩镇之后和三衙之兵统统成为天子之兵。禁兵原意是指天子亲兵，随着三衙统兵范围的扩大，事实上已成为北宋的正规军。"其尤亲近扈从者号班直"①，隶殿前司。

宋代枢密院是主管军机事务的最高机关，与中书省共同负责军国要政。枢密院负责制定战略决策，处理国防事务，招募、检阅、调遣军队。三衙是分掌全国军队的最高指挥机关，掌管全国军队的统制训练、番卫戍守、迁补赏罚。三衙互不统属，直接隶属于皇帝。北宋派禁军出师时，不用三衙将帅统兵，而是由皇帝临时任命其他官员为率臣（帅臣）。事定之后，兵归三衙，统兵将帅各还本职。由此可见，北宋军队的领导体制把调兵权、统兵权、握兵权一分为三。正像靖康元年（1126 年）知枢密院事李纲所说："枢密掌兵籍、虎符，三衙管诸军，率臣主兵柄，各有分守。"② 何坦也认为，因枢密院和三衙实现了"发兵之权"和"握兵之权"的分立，"历数百年而无兵患"："祖宗制兵之法，天下之兵，本于枢密，有发兵之权，而无握兵之重；京师之兵，总于三帅，有握兵之重，而无发兵之权。上下相维，不得专制，此所以百三十余年无兵变也"③。宋代这种以文制武、兵权分立的军制，对于消弭二百多年的兵祸，保障社会的安定，维持正常的生产和生活秩序，起了良好的作用。但另一方面，也产生了不少流弊，由于事不得专而互相掣肘，最后都听命于皇帝一人，甚至主帅在战场上，也得按皇帝事先钦定的阵图指挥作战，往往贻误战机，招致失败。

（三）强干弱枝、内外相制的军事布局思想

在军事布局上，北宋一开始即确立了"强干弱枝""内外相制"的方针，并据此来部署军队。

屯驻京城开封的，主要是殿前军，这是禁军中最精锐的部队，战斗力最强。北宋名臣包拯就指出："京师者，天下之本也。强本者，畿兵耳！本固且强，縻

---

① 《文献通考》卷 152 引《两朝国史志》。
② 《宋史·职官二》。
③ 范祖禹：《范太史集》卷 6《论曹诵札子》。

中制外，则天下何患焉。"① 京城兵强马壮，各州自知兵力不敌，一般不敢萌生异心，这就是"强干弱枝"。

驻屯各地的，主要是侍卫马军和侍卫步军。两军虽不及殿前军精锐，但相去不远，加上各地的厢兵、乡兵，其数量要超过京城兵力一倍以上。如京城有变，各地军马联合起来，足以平定京城之变。这种京城与地方兵力的分布体现了"内外相制"的思想。正如《曲洧旧闻》卷9所说的："艺祖养兵止二十万，京师十万余，诸道十万余。使京师之兵足以制诸道，则无外乱；合诸道之兵足以当京师，则无内变。内外相制，无偏重之患。"

即使在京城内外的兵力部署上，也体现着内外相制的原则。京城之内，有亲卫诸军，而京城之外，则屯驻大量禁兵，使京城内外互相制约。京畿地区的禁军共有数十万，一方面可以制约京城内的禁军，另一方面也可以制约天下之兵。宋代京城内外兵力部署上的双重制约之用意，《历代兵制》卷8做了揭示："京城之内，有亲卫诸兵，而京城之外，诸营列峙相望，此京城内外相制之兵也；府畿之营云屯数十万众，其将、副视三路者，以虞京城与天下之兵，此府畿内外之制也。非特此也，凡天下之兵，皆内外相制也。"

总之，在强干弱枝、内外相制的军事部署思想指导下，从整体上看，北宋90%的禁军驻屯于北方，10%的禁军驻屯于南方，南方不少州甚至无禁军驻屯。在北方，以驻屯开封的禁军最多，占驻北方的禁军1/3强，超过任何一路。如宋仁宗时期，由于对辽和西夏战争的需要，北方驻屯禁军1732个指挥，南方仅驻屯195个指挥。就北方驻屯禁军而言，开封府驻屯684个指挥，京东、京西、河北、河东、陕西驻屯1048个指挥。在对西夏战争后，"陕西、河北、京东、京西增置保捷一百八十五指挥，武卫七十四指挥，宣毅一百六十四指挥"②。即使如此，开封的兵力依然比北方任何一路强得多，仍足以内外相制。就三衙兵力分布而言，殿司的禁兵主要驻于开封及其附近，马司，特别是步司的禁军分布较广。但是作为马司和步司主力的龙卫、神卫、虎翼等军，仍驻于开封及其附近。由于三衙禁兵的分布是插花式的，故很多州府往往同驻三衙或侍卫两司的禁兵，实际上也起着互相制约的作用③。

（四）更戍法与收其精兵

宋朝统治者并不满足于禁兵驻扎的"内外相制"，自宋太祖始，又创设了所谓"更戍法"。北宋规定，除殿司的捧日和天武两军外，"自龙卫而下，皆番戍诸路，有事即以征讨"④，故"诸军少曾在营"⑤，事实上没有固定驻地，"更番

---

① 《包拯集》卷8《请留禁军不差出，招置士兵》。
② 《乐全集》卷18《对手诏一道》。
③ 王曾瑜：《宋朝军制初探》（增订本），中华书局2011年版，第66—67页。
④ 《文献通考》卷152《两朝国史志》。
⑤ 《司马文正公传家集》卷52《乞罢将官札子》。

迭戍"，"新故相仍，交错旁午，相属于道"①。

据宋人说法，设置更戍法的理由大致有两个方面：一是使"将不得专其兵"②。富弼说，宋太祖"尽削方镇兵权，只用文吏守土，及将天下营兵，纵横交互，移换屯驻，不使常在一处，所以坏其凶谋也"③。二是使军士"均劳逸，知艰难，识战斗，习山川"④。沈括说，宋太祖"制更戍之法，欲其习山川劳苦，远妻孥怀土之恋，兼外戍之日多，在营之日少，人人少子，而衣食易足"⑤。这两方面理由中，第一个方面自然是主要的，为防范军权威胁皇权，必须利用更戍法，造成将不知兵，兵不知将的势态，可算是煞费苦心⑥。

北宋禁兵移屯有三种方式，即"就粮""屯驻"和"驻泊"，三者有较明显的区别。就粮者，是将禁兵移驻粮草丰足的地区，并"许挈家属以往"⑦，而屯驻和驻泊一般是不许携带家眷的。屯驻和驻泊是军事性或政治性的移屯。《山堂群书考索》后集卷40称："其出戍边或诸州更戍者，曰屯驻；非戍诸州而隶总管者，曰驻泊。"可见屯驻与驻泊的主要差异在于隶属关系和指挥级别的不同。

北宋实行禁兵的"更番迭戍"，一方面固然有效地防止了武夫的叛变和割据，另一方面"将无常兵、兵无常将"也使宋军战斗力削弱。正如吕陶所说："出师数万，而以生杀存亡之柄，授人于仓卒之中，把旄赐钱，建灵旗以启行。而三军之士不知其谁何，莫敢仰视其面，而欲与之同死生，攻取战捷，不亦难乎？"⑧ 宋太宗时，宋军这方面的弱点，在对辽战争中已暴露得相当充分。雍熙三年（986年），曹彬在涿州大败，原因之一是"元戎不知将校之能否，将校不知三军之勇怯，各不相管辖，以谦谨自任，未闻赏一效用，戮一叛命者"⑨。宋仁宗时，蔡襄也上奏说："今之都部署及统帅之名，其钤辖、路分都监、都、同巡检等并是佐属裨校，各以宾礼相接。主帅等威既不尊异，向下官属更无节级相辖之理。及至出军，首尾不能相救，号令不能相通，所以多败也。"⑩ 此外，更戍的长途跋涉，给军士们带来痛苦和死亡，特别是北方禁兵移屯南方，常不服水土，"一往三年，死亡殆半"。"只如差二万人驻泊，及至当替，又须二万人，常须四万人可了办"，"军还到营，未及三两月，又复出军，不惟道路劳苦，妻孥

---

① 《文献通考》卷153。
② 《文献通考》卷153。
③ 《宋朝诸臣奏议》卷144《上仁宗乞选任转运守令以除盗贼》。
④ 《司马文正公传家集》卷52《乞罢将官札子》。
⑤ 《梦溪笔谈》卷25。
⑥ 《宋代军制初探》（增订本），第67页。
⑦ 《文献通考》卷152。
⑧ 《历代名臣奏议》卷221。
⑨ 《长编》卷30。
⑩ 《蔡忠惠公集》卷19《请改军法疏》。

间阔，人情郁结"①。

北宋初年，各地藩镇的军力已不如晚唐、五代时期，但对皇权并非全无威胁。按照赵普"收其精兵"的方略，宋廷"令天下长吏择本道兵骁勇者，籍其名送都下，以补禁旅之阙"，又命各地按身高标准招兵，"委长吏、都监等召募教习，俟其精练，即送都下。上每御便殿，亲临视之"②。故诸镇的强兵锐卒便统统转充三衙禁兵，剩下的老弱残兵成了专供杂役的厢兵，而厢兵后来也纳入侍卫马、步军司的系统。宋初的"收其精兵"，大大加强了中央禁军的战斗力，具有明显的强干弱枝的意义。

随着赵宋统治的巩固，"收其精兵"逐渐变成定期或不定期的拣选制，主要是旨在维持和加强军队的战斗力。精壮者经过拣选，可以填补较高的军种或军级，并相应增加军俸。"其自厢军而升禁兵，禁兵而升上军，上军而升班直者，皆临轩亲阅，非材勇绝伦，不以应募，余皆自下选补。"③ 至于老弱残疾者，自然要降军种或军级，退充剩员，以至削除军籍。

从总体上看，宋代的"收其精兵"到拣选制发挥了一定的积极作用。如宋太祖时，禁兵大体上保持了少而精的状态，尤其是中央禁军的战斗力大大加强，使其在实力上拥有绝对的优势，有助于威慑和防止军队叛乱和割据。

二、治军思想

军法是整肃军纪，维护和加强军队战斗力的重要制度保障。"法也者，驭兵之器也"④。袁燮说："《司马法》曰，'国容不入军，军容不入国'。'国容入军，则民德弱'；'军容入国，则民德废'。旨哉宽严异同，随所宜施，不可以相杂也。军旅尚严，不严，则法不立，何者？兵，死地也，人情谁不贪生而畏死，畏死之心重，则徇义之念轻，危机迫之，有走而已尔。古人深虑焉，故严为之法，使人心晓然，皆知进犹可以求生，退必不免受戮，虽白刃如林，矢石如雨，无敢却者，法使然也。"⑤ 袁燮这里指出，军队的任务是参加战斗，出生入死，所以军法必须严厉，这样才能使将士在随时有可能死亡的战斗中奋不顾身、勇敢向前，因为只有这样，才能求得生存，取得胜利；如果贪生怕死，退缩不前，就会遭到军法处置杀戮。

（一）阶级法

宋太祖出身行伍，依靠勇敢善战、屡立军功而成为后周大将。他深知军法对治军的重要性，登基当上皇帝后，为了革除晚唐和五代以来"藩镇跋扈，威侮

---

① 《蔡忠惠公集》《论兵十事》，《宋朝诸臣奏议》卷 121《上英宗论兵九事》。
② 《长编》卷 6。
③ 《宋史·兵八》。
④ 《雪山集》卷 6《兴国四营记》。
⑤ 《絜斋集》卷 7《边防质言论十事·论军法》。

朝廷，士卒骄横，侵逼主帅，下陵上替"的积习，亲自制订"阶级之法"①，作为宋朝治军的最重要军法。尔后，宋代历朝皇帝均奉"阶级之法"为百年不易的治军法典。

阶级法的基本精神，是确立各级军职的上下绝对命令服从的隶属关系，以防"下陵上替"。将校、节级可以凌辱兵士，而兵士只要稍有冒犯，即被处死或流放，连上告也得判刑。阶级法规定了下级"陵犯""违忤"和"论告"上级的各种刑罚。宋太祖开宝五年（972年）规定："诸禁军将校有带遥郡者，许以客礼见，自余厢都指挥使至员寮，各依职次，一阶一阶全归伏事之仪"②，故武官自"刺史以上无阶级法"③。宋朝的《斗讼敕》规定："诸军厢都指挥使至长行，一阶一级全归伏事之仪（虽非本辖，但临时差管亦是）。敢有违犯者，上军当行处斩，下军及厢军徒三年，下军配千里，厢军配五百里。即因应对举止，偶致违忤（谓情非故有陵犯者），各减二等，上军配五百里（死罪，会降者配，准此）下军及（厢军）配邻州，以上禁军应配者配本城。诸事不干己辄论告者，杖一百，进状，徒二年（并令众三日）。诸军论告本辖人，仍降配，所告之事各不得受理（告二事以上听理，应告之事，其不干己之罪仍坐）。诸军告本辖人再犯，余三犯，各情重者，徒二年，配邻州本城。"④

宋代的阶级法，虽然有极不合理的内容，如兵士上告将官，不管有理没理，均要遭到处罚，但是却在治军中发挥了作用，维护了将官的绝对权威和一切行动服从命令指挥。因此，阶级法受到君臣的充分肯定。北宋时，虎翼军长行武赞在皇帝按例引见之际，上告指挥使关元，韩琦为此上奏曰："朝廷不以大体断之，两皆获罪，必恐此后兵卒、将校渐废阶级之制，但务姑息，以求无过。"⑤ 也就是说，即使上告有理，为了维护"阶级之制"，也不能"两皆获罪"，而只能处罚长行武赞。宋孝宗时，执政梁克家奏："近诸将御下太宽，今统制官有敢鞭统领官以下者否？太祖皇帝设为阶级之法，万世不可易也。"宋孝宗也说："二百年来军中不变乱，盖出于此。"⑥ 李椿更高度评价阶级之法说："太祖皇帝创立军制，阶级之法，高出前古，万世不可易者也。"⑦ 叶适则引《神宗实录》说："太祖设阶级之法，什伍壮士，以销奸雄之心，兵制最明，而百余年无祸乱。"⑧

（二）逃亡法

在宋朝军法中，仅次于阶级法者，是逃亡法。宋朝军队中，由于深重的压迫

① 《司马文正公传家集》卷33《言阶级札子》。
② 《皇宋编年纲目备要》卷2。
③ 《建炎以来朝野杂记》乙集卷11《刺史以上无阶级法》。
④ 《宋会要辑稿》食货45之13。
⑤ 《皇朝文鉴》卷44《论骄卒诬告将校乞严军律》。
⑥ 《续资治通鉴》卷25乾道七年五月戊寅。
⑦ 《历代名臣奏议》卷52。
⑧ 《水心别集》卷11《兵总论》二。

和剥削，军士不堪忍受，逃亡和反抗事件层出不穷。徽宗时，有人总结军士大批逃亡的原因有 6 条："一曰上下率敛，二曰举放营债，三曰聚集赌博，四曰差使不均，五曰防送过远，六曰单身无火聚"，故 "虽具有条禁，而犯者极多"①。这里列举的 6 条，除最后一条是因某些单身军士，无家眷的牵累，更易于逃走外，其余 5 条全属军中弊政。宋理宗时，"诸军逃亡，多因掊刻无艺，役使非时"②。

面对大量军士逃亡，宋朝统治者制定了禁止军士逃亡的严刑峻法，即逃亡法。北宋初，"禁军逃亡满一日者，斩。仁宗改满三日"③，但 "逃至缘边，经一宿捕获者，斩"④，这是为防止军士逃亡到辽和西夏，泄露军情，故比一般逃亡加重处罚。宋神宗时，又改为 "诸禁军逃走，捉获，斩；在七日内者，减一等，刺配广南牢城，首身者杖一百"⑤。北宋之所以一再减轻军士逃亡的刑罚，正是兵士不断地、大量地逃亡之故，使朝廷甚感法不责众之难。苏轼就说："且今法令莫严于御军，军法莫严于逃窜，禁军三犯，厢军五犯，大率处死，然逃军常半天下。"⑥ 南宋初，李纲任相颁军制二十一条，第二条即重申北宋后期的逃亡法："禁军逃亡，上军处斩，在七日内者，流三千里，配千里，首身杖一百。下军第一度（徒）三年，首身杖九十；第二度流三千里，配邻州本城，首身徒二年。"⑦ 宋朝军士逃亡法的全文已经佚亡，南宋初的军制仅存其禁兵部分⑧。南宋中期的《庆元条法事实》卷 75《部送罪人》引《捕亡敕》，有关 "禁军兵级逃亡" 部分，也是抄录北宋后期的逃亡法。"诸厢军兵级及刺面人逃亡者，不以有无料钱，第一度杖九十，刺每度'逃走'字，首身者各减三等"。此外，如乡兵和蕃兵也有逃亡法⑨。

宋代的逃亡法虽然对军士逃亡处罚严厉，动辄处死，但仍然难以阻止大批的军士逃亡。很多军士为了求生，冒着被判刑和处死的危险，走上了逃亡之路，以至号称 "逃军常半天下"。由于军士脸部或手部刺字，很容易被认识而遭逮捕，故除了铤而走险，难得有其他出路。北宋时，规模较大的逃军变乱和士兵暴动达几十次之多。苏轼上书宋神宗说，"京东恶盗，多出逃军，逃军为盗"，"技精而法重"，"技精则难敌，法重则致死"，⑩ 因此，逃亡军士对官府实行武装反抗比民间的武装反抗更难对付，自然更严重地威胁了赵宋王朝的统治。

---

① 《宋史·兵七》。
② 《续资治通鉴》卷 35 宝祐五年十月庚戌。
③ 《宋史·兵七》。
④ 《长编》卷 176。
⑤ 《长编》卷 235。
⑥ 《东坡七集·东坡奏议》卷 1《上皇帝书》。
⑦ 《宋会要》刑法 7 之 29。
⑧ 《宋朝军制初探》（增订本），第 513 页。
⑨ 参见张明：《两宋士兵逃亡法新探》，《宋史研究论文集》第 11 辑，巴蜀书社 2006 年版。
⑩ 《东坡七集·东坡奏议》卷 2《上皇帝书》。

（三）其他军法

宋代除了阶级之法和逃亡之法外，其他军法还不少。如据《宋史》卷204《艺文志》所载，宋代还订有《熙宁将官敕》《元丰将官敕》《熙宁详定军马敕》《熙宁五路义勇保甲敕》《熙宁开封府界保甲敕》《武学敕令格式》《诸军班直禄令》等军法，但这些军法目前已经佚失。《宋刑统》卷16《擅兴律》中的"擅发兵""给发兵符""大集校阅""主将不固守城""巧诈避征役""出给戎仗"等，也都可属军法。宋代军法中值得提及其具体内容的尚有两种类型立法：

其一，北宋曾公亮《武经总要》前集卷14《罚条》所载行军作战立法，共计72条，内容丰富具体，处罚严酷，动辄斩首。如"临阵非主将命，辄离队先入者，斩"；"贼军去阵尚远，弓弩乱射者，斩，谓射力不及之地"；"临阵闻鼓声，合发弓弩而不发，或虽发而箭不尽，不尽谓若众射三箭，己独射二箭之类，及抛弃余箭者，斩"；"临阵，弓弩已注箭而回顾者，斩"；"下营讫，非正门辄出入者，斩"；"失旗鼓旌节者，全队斩；或为贼所取者，亦全队斩"；"不伏差遣者，斩"；"巧诈以避征役者，斩"；"避役自伤残者，斩"；"战阵失主将者，亲兵并斩，临阵擅离主将左右者，并科违制之罪"；"军中有火，除救火人外，余人皆严备，若辄离本职掌部队等处者，斩"；"军士虽破敌有功，擅掘冢烧舍，掠取资财者，斩"；"奸犯居人妇女，及将妇女入营者，斩"；"贼军弃仗来降而辄杀者，斩"；"贪争财物资畜，而不赴杀贼者，斩"；"破贼后，因争俘虏相伤者，斩"。从以上所举罚条可知，行师用兵之法主要是通过严酷的立法，迫使军士在战斗中效死力战，"使疲者勇，懦者决，进有幸生，退有必死焉"。同时保证军士在行军作战中有严明的纪律，一切行动听指挥，严禁掠取资财、奸淫妇女、杀害降虏等。

其二，军队日常行为禁令。如南宋王质在《雪山集》卷6《兴国四营记》中列的军队日常行为禁令"有斗伤之禁，有博戏之禁，有禽犬之禁，有巫卜之禁，有饮禁，有滥禁，有逃禁，有盗禁，有诡名之禁，有匿奸之禁，有敛财之禁，有弛艺之禁，有窃造军器之禁，有私传兵式之禁，有出法物之禁，有结义社之禁"。北宋张方平在《乐全集》卷18《再对御札一道》也提及对军士的一些日常行为禁令和要求：如禁军士兵不得衣皂，只许衣褐，且长不得过膝，红紫衣服更不许穿；葱韭不得进入军门，鱼肉和酒更是严禁入军营；禁军士兵，无故不令出班；每月请月粮时，营在城西者，即于城东支，营在城东者，即于城西给，不许雇车或请人帮助，必须由士兵自己背负。

（四）军队训练

综观古今军事史，军队训练是治军中的重要内容。一支军队是否能打胜仗，单从军事的角度看，在冷兵器时代，单兵单将发挥个人武技的作用固然是一个重要因素，但总的说来，主要还是依赖于军队作为有组织的武装力量，发挥整体作战的威力。所以军人的训练，既包括单兵的武技训练，也须训练军人团队性的整体作战能力。在宋代，人们清楚地看到军训对提高军队战斗力的重要作用。如曾公亮就指出："军无众寡，士无勇怯，以治则胜，以乱则负，兵不识将，将不知兵，闻鼓不进，闻金不止，虽百万之众，以之对敌，如委肉虎蹊，安能求胜哉！所谓治者，居则阅习，动则坚整，进不可以犯，退不可以追，前劫如节，左右应麾；可合而不可离，可用而不可疲；虽绝成阵，虽散成行，治之素也。"① 袁燮也指出："有兵而不教，与无兵同；教之而不精，与不教同。夫人未有不可教者，怯者可使勇，弱者可使强。"② 总之，只有通过严格训练，即治、教、阅习的军队，才能在战斗中立于不败之地。

宋代历朝皇帝都重视军队训练。如宋太祖就深知军训的重要性："器甲精坚，日课其艺，而无怠情者矣。选为教育，严其军号，精其服饰，而骄锐出矣。"③ 他尤其重视禁军的训练，亲自到郊外检阅部队，观看士兵的军事训练。又如南宋孝宗注重加强军训，整军经武。他对大臣说："朕闻宋军自来教习不辍，今我军专务游惰。卿等勿谓天下既安，而无预防之心，一旦有警，军不可用，顾不败事耶？"④

北宋政府规定，军队日常的常规训练是"禁军月奉五百以上，皆日习武技；三百以下，或给役，或习技"，"凡诸日习之法，以鼓声为节，骑兵五习，步兵四习，以其坐作进退非施于两军相当者然"⑤。除此之外，各军队根据兵种、不同情况还有一些专门的训练。如骑兵还有专门的六项训练："六事者，一曰顺骉直射，二曰背射，三曰盘马射，四曰射亲，五曰野战，六曰轮弄"⑥。宋哲宗初，枢密院建议，"马军教阅"之"马射法：先五人，次十人，次二十人，至全队射，皆重行'之'字，使马行数多者，即依此开行列，透空发箭。若接战之际，虽用人马众多，施放各不相妨。进则整齐，有迎敌之势；退则曲折，有待敌之形。马射之法，此为便利。近岁专用顺骉直射，抹鞭背射法，其散教'之'字马射，遂不教习。缘直、背射，若以轻骑挑战，即可施用。至如用众，则直、背射不能重行，盖以进退皆向前，取直发箭，过致相妨，则知'之'字马射，固不可废也"⑦。这是训练骑兵在整体作战中射箭，进攻、后退等队形。

宋代的单兵训练，主要是"击刺之技"⑧，"步射执弓，发矢、运手、举足、移步及马射，马使蕃枪，马上野战格斗，步用标排"⑨ 之类。宋仁宗康定年间，

---

① 《武经总要》前集卷2。
② 《絜斋集》卷7《边防质言论十事·论训习》。
③ 《挥麈录余话》卷1引《枢廷备检》。
④ 《金史·世宗纪》。
⑤ 《群书考索》后集卷42《兵制·教阅》。
⑥ 《长编》卷26。
⑦ 《长编》卷388。
⑧ 《宋史·董槐传》。
⑨ 《宋史·兵九》。

有人上封事说："诸军止教坐作进退，虽整肃可观，然临敌难用。请自今遣官阅阵毕，令解镫以弓弩射。营置弓三等，自一石至八斗；弩四等，自二石八斗至二石五斗，以次阅习。"①这说明光是练习"坐作进退"，虽然军容整肃可观，但是却打不败敌人，必须重视单兵的武技训练，两者相辅相成，军队才有战斗力。南宋时，单兵的武技训练还有很强的针对性，当时，金军铁骑是其精锐部队，宋军就专门颁布新的武技训练法，以对付金军骑兵。南宋初，"颁枢密院教阅（格）法，专习制御（铁骑），摧锋破敌之艺，全副执带，出入短桩神臂弓，长柄（膊）刀，马射穿甲，木梃（施用棍棒）。每岁傚春秋教阅法，立新格，（短桩）神臂弓日给箭二十射亲，去垛百二十步，刀长丈二尺以上，毡皮裹之，引斗五十二次，不令刀头至地"。②

宋代有些皇帝迷信阵图，重视对军队的阵法训练。据《武经总要》记载，宋朝军队在训练中还练习各种阵法。"盖阵法者，所以训齐士众，使其上下如一，前后左右，进退周旋，如身之运臂，臂之使指，无不如意。可与之俱生，可与之俱死。升天（险），赴深溪，莫有逆其命者。猝焉遇寇，莫有错乱。然后可以从事于勍敌，驰驱于绝域，同乎祸福存亡，则能决胜计矣"③。"凡教士，应进不进，应退不退，应坐不坐，应起不起，应簇不簇，应捺不捺，应卷不卷，应举不举，应合队而不合队，应擘队而不擘队，不应合队而误入他队，不应擘队而误入他队，言语讙哗，不闻鼓声，旗幡纷扰，疏密失次，并节级科罪。"④军训训练阵法，使军士在指挥官的号令下，迅速变化队形，发挥整体作战的优势，以克敌制胜。在阵法训练中，如军士不按要求进退、坐起、簇捺、卷举、合队、擘队等，或变化队形中误入他队、言语讙哗、不听指挥等，就要受到处罚。

宋朝的军训，在一定程度上发挥了正面作用。如南宋著名将领岳飞就十分重视对所部实施最严格的实战训练。其子岳云"以重铠习注坡，马踬而踣"，就受到岳飞严厉的责罚，说："前驱大敌，亦如此耶？"以严责儿子的范例，带动全军的军训。岳飞对部伍，凡"止兵休舍，辄课其艺，暇日尤详，至过门不入，视无事时如有事时。如注坡、跳壕等艺，皆被重铠，精熟安习"⑤他本人"能左右射，随发辄中。及为将，亦以教士卒，由是军中皆善左右射，屡以是破贼锋"⑥。又如南宋军训有专门对付金军骑兵的训练，在大仪镇、柘皋等战役中，宋步兵持大斧迎战金骑兵，"堵墙而进，上揕其胸，下斮其马足"⑦，大破金军

---

① 《长编》卷128。
② 《宋史·兵九》。
③ 《武经总要》卷8。
④ 《武经总要》卷2《教条十六事》。
⑤ 《鄂国金佗稡编》卷9《遗事》。
⑥ 《鄂国金佗稡编》卷4《鄂王行实编年》。
⑦ 《三朝北盟会编》卷218韩世忠墓志铭。

铁骑。

宋军的军训也存在着一些缺陷。宋仁宗庆历初，韩琦就指出，当时军训缺乏实战训练，一些训练项目为花拳绣腿，华而不实，故在对西夏作战中难以取胜。还有更为严重的问题是，由于军政腐败，军队对军训根本没有认真对待，甚至长期不进行军训，致使军士素质变差，战斗力下降。

三、武举武学思想

北宋先后设立武举和武学，其中武学之设尚是中国古代史上的首创。

（一）武举思想

中国古代的武举创始于唐朝武则天时，由兵部负责。宋真宗咸平时，宋廷开始讨论设立武举，当时设置武举呼声甚高。大臣们认为，在战争中选任将帅是十分关键的；选任将帅必须以武勇谋略为依据，而不是依据其职位高低；通过武举选拔熟悉战争、知晓敌情的人为参谋，咨谋筹划，以赞戎机；选定将帅后，应用之无疑，使他们在战争中充分发挥才能，取得胜利，建功立业。

真宗天圣七年（1029 年），宋廷正式设置武举，考试的科目主要有两个方面：一是策略，二是武艺。"英宗治平元年（1064 年）三月二日，翰林学士王珪等言：恭详复置武举，除依旧制，欲乞较试以策略定去留，以弓马定高下。其间以策略、武艺俱优者为优等，策优艺平者为次优，艺优策平者为次等，策、艺俱平者为末等，如策下艺平或策平艺下者，并为不合格。朝廷既设此科，必欲招来豪俊，推恩命官，直稍优厚。欲望中优等者与殿直，次优者与奉职，次等者与借职，末等者与殿侍、三班差使。如有策略虽下而武艺绝伦者，未得落下，别取旨。其已有官人并于旧官上比类推恩，仍并与三路沿边差遣，试其效用。诏可。"① 由此可见，当时武举考试根据策略、武艺两方面评为等级，然后依据等级高低授予不同的职务，并进行试用。武举也和进士一样，经历省试和殿试，合格者即算登第，第一名为武状元②。

具体而言，武举考策略，主要就是考兵书《孙子》《吴子》《六韬》之类；考武艺，主要就是考弓马武技。如熙宁八年（1075 年）七月二十七日，"诏武举人先试《孙》《吴》《六韬大义》，共十道，为两场；次问时务、边防策一道，限七百字以上成，仍与锁厅，人一处考试。马军司试弓马，差官监试"③。同年八月七日，"别试所言：武举人试《孙》《吴》《六韬大义》，《六韬》本非完书，辞理讹舛，无所考据。欲止于《孙》《吴》书出义题。从之"④。

---

① 《宋会要》选举 17 之 9—10。
② 《宋史·选举三》。
③ 《宋会要》选举 17 之 16。
④ 《宋会要》选举 17 之 16。

(二) 武学思想

宋仁宗景祐元年 (1034 年), 绛州通判富弼上书仁宗, 建议 "于太公庙建置武学, 许文武官与白身岁得入补。聚自古兵书置于学中, 纵其讨习, 勿复禁止。朝观夕览, 无一日离乎兵战之业, 虽曰不果, 臣不信也。" 他认为, 这些人才经过武学培养, "兵术既精, 史传既博, 然后中年一校, 三岁大比, 当杂问兵术、史传之策, 才者出试之, 不才者尚许在学。是国家常有良将布于四方, 夷狄、奸雄知我有大备, 安敢轻动? 动则威之"。①

宋仁宗庆历三年 (1043 年) 五月丁亥, 大约是在对西夏战争的触动下, 始设武学。但是不久, 同年八月戊午, 罢武学②。庆历四年 (1044 年), 参知政事范仲淹对此提出建议:

> 臣切闻国家置武学以来, 若未有人习艺。或恐英豪隐晦, 耻就学生之列。傥久设此学, 无人可教, 则虑外人窥觊, 谓无英材, 于体非便。欲乞指挥国子监, 不须别立武学之名, 如学生中有好习兵书者, 令本监官员保明, 委是忠良之人, 即密令听读。臣切见边上甚有弓马精强、谙知边事之人, 即未曾习学兵书, 不知为将之体, 所以未堪拔擢。欲乞指挥陕西、河东逐路经略司, 于将佐及使臣军员中, 拣选识文字、的有机智武勇, 久远可以为将者, 取三五人, 令经略、部署诸司参谋官员等, 密与讲说兵书, 讨论胜策。所贵边上武勇已著之人更知将略。或因而立功, 则将来有人可任。即不得虚张多教人数。③

范仲淹在此说得比较委婉, 其意是由于武学招不到学生, 会使外人觉得中国没有英材, 倒不如取消武学之名, 而行武学之实, 朝廷秘密招收一些识文字、机智武勇、久远可以为将者, 令他们讲说兵书、讨论胜策, 培养他们成为将帅之材。

宋神宗熙宁五年 (1072 年), "选文武官知兵者为教授。凡使臣未参班并门荫、草泽人, 许召京朝官保任, 试验人才、弓马, 应试武举合格者, 方许入学。" 在学期间, "习诸家兵法"。"在学及三年, 则具艺业保明, 考试, 等第推恩, 未及格者逾年再试。凡试中, 三班使臣与三路巡检、监押、寨主, 白身与经略司教押军队、准备差使。三年无遗阙, 与亲民或巡检。如至大使臣, 有大两省或本路钤辖以上三人保举, 堪将领者, 并与兼诸卫将军, 外任回, 归环卫班 (阙)"④。武学生的资格可以是 "白身", 也可以是使臣一类低品武官, 而其卒业后分配, 却可出任军事差遣, 也可任 "亲民" 官, 即从事与军事无关的民政。武学也设三舍法, 学生依水平分为外舍生、内舍生和上舍生, 与当今的年级相类

---

① 《宋朝诸臣奏议》卷 82 《上仁宗论武举武学》。
② 《长编》卷 141。
③ 《宋朝诸臣奏议》卷 82 《上仁宗乞选边上有智勇人与讲说兵书》。
④ 《长编》卷 234。

似。按学生的水平教育，由浅入深，由外舍升内舍和上舍。上舍生和内舍生的考试累次不及格，就降为外舍生，甚至取消学籍。宋徽宗崇宁时，又令各州设武学，但此后或废或置。武学设武学博士和武学谕，作为教官①。

宋代的武举和武学对军队的人才建设发挥了一定的作用，使一些训练有素的军事人才源源不断地补充到各级军队中去，在对敌战争中发挥骨干的作用。正如开禧二年（1206 年）十月二十五日臣僚所言：

> 武举设科政，将以搜罗方略之士，为异时储用将材之地。恭惟孝宗皇帝淳熙八年特降敕旨，今后武举及第出身人，许令从军愿与不愿者，听。自第一名以至第二十四名之人，各依名次高下，分拨殿步司、马军行司及沿江诸都统司军分，每司止许三人指占阙额管干职事，其余不在从军之数者，乃许注授在外巡尉差遣。嗣更两朝，率循旧章。凡登武举进士第者，莫不各随其资次，或授殿司同正副将，或授马步司与诸郡都统司同准备将。既从铨审，各供乃职，服劳戎事，悉闲教阅。②

综观宋代史籍，由武举、武学选拔和培养的人才，不少在对西夏、金的战争中英勇战斗，建功立业或为国捐躯。如徐量"元丰中，入武学，累试出诸生右，廷试策用字犯昌陵嫌名，才得三班借职，调台州海内松门巡检"。后在对西夏作战中立功，官至武功大夫、昭州团练使③。徐微言"赐武举绝伦及第"，历边任，南宋初，死守河东晋宁军而牺牲④。武举进士王士言"累立战功"，死守河东泽州，"巷战而死"⑤。方允武为"武学上舍，补官为常州宜兴巡检"，在建炎时抗金殉难⑥。出使金朝的马扩，也是武举出身，在金人面前不卑不亢，表现了高超的射技，后坚持抗金，在北方组织义军，官至沿海制置副使⑦。蔡延世"建昌人，应武举，得承信郎、阁门祗候"，金军入侵时，建昌军"无守臣，众推延世权知军事"，后各州县失守，唯有"建昌独全"⑧。武状元周虎，"倜傥有大将器，身兼文武……开禧间，守和州"，身率士卒"血战，敌骑几歼"，升任主管侍卫马军行司公事，侍卫马军都虞候⑨。南宋末年，文天祥的同都督府中，有宗室赵时赏和刘伯文，都是武举出身，追随文天祥抗元而牺牲⑩。武学生华岳，有相当的军事造诣，著有《翠微先生北征录》，既有对金作战的谋略探讨，也介绍

① 《宋朝军制初探》（增订本），第 348 页。
② 《宋会要》选举 18 之 15—16。
③ 《北山小集》卷 34《故武功大夫昭州团练使骁骑尉徐公行状》。
④ 《宋史·何徽言传》。
⑤ 《宋史·王士言传》。
⑥ 《宋史·方允武传》。
⑦ 《续资治通鉴长编纪事本末》卷 142，《三朝北盟会编》卷 4《茆斋自叙》。
⑧ 《三朝北盟会编》卷 135。
⑨ 《漫塘文集》卷 32《故马帅周防御圹志》，《四朝闻见录》戊集《周虎》。
⑩ 《文山先生全集》卷 19《文丞相督府忠义传》。

招募、兵器、马政、后勤、军俸、军费等与军制相关的内容，具有较高的价值。

宋代，武举、武学在具体实施中也不可避免地存在着一些问题，主要有 3 个方面：一是武举的考试方式难以选拔到真才实学的人。早在宋仁宗景祐元年（1034 年），绛州通判富弼就指出：

> 今选将之道，虽粗有律令，或列制科，或设武举，然皆法度齷齪，未必能致特起之士。何则？应制科者，必乐为贤良方正、材识兼茂，耻为将帅边寄之名，盖今人重文雅而轻武节也。又考试者欲使难其对，必求艰奥烦碎之事为问，故令所习不专为有用之学。既又限以日刻，责以文多，设有应者，视日足文之不暇，其暇究极韬略，运动谋猷哉？武举者，蹴张驰射，侪于卒伍，所得庸妄鄙浅，固不敢望得异士。但稍能警励有廉耻，则焉肯为卒伍之事乎？臣不知国家立此二道，姑欲示风采耶？必欲得将帅焉？示风采则可，如必欲选奇杰为将帅藩翰四方，则非臣所知。①

富弼认为，武举之所以难以选拔人才，原因有两方面：其一，朝廷上下重文轻武，真正优秀的人才不会来应试武举，来应试者多是庸妄鄙浅之士。其二，武举中所出试题往往艰奥烦碎，脱离实战，所以使应试者平时所学均为应试内容，而不去学习真正对实战有帮助的韬略、谋猷等。

除此之外，武举考试中的弄虚作假也难以选拔到真才实学的人才。熙宁八年（1075 年）三月九日，中书门下言：武举应试者"旋看兵法，权习弓兵马，意务苟进，就试日多怀匿文字，饰以虚辞，弓马不甚精习，不唯有误朝廷缓急使用，兼使学者不专其业"②。

二是武学的教学和武举考试内容多与实战需求脱节，空发议论，严重影响军事人才的培养。南宋后期刘克庄就指出："武举一科，弓马近于具文，所取不过解作《武经》七书义者。"③ 俞文豹也指出："如武举、武学，正以试其武艺，而除绝伦能挽二石弓外，其余则以弓矢鞍马为文具，于经义论策则极意加工，盖上以此取，则下以此应也。"④ 刘、俞两人均认为武举、武学均太偏重于考查经义论策，而忽略考查弓矢鞍马武艺，这种导向使应试者平时注重学习经义论策，而不学习弓矢鞍马，不言而喻，这样的人只能纸上谈兵，而缺乏真正的实战能力。

三是武举武学选拔培养的人才非所用。宋孝宗时，胡沂说："设武举、立武学，试之以弓马，又试之以韬略之文、兵机之策，盖将有所用之。除高等一、二名，余皆吏部授以榷酤、征商，所养非所用，所用非所养。"⑤ 到宋理宗端平时，

---

① 《宋朝诸臣奏议》卷 82《上仁宗论武举武学》。
② 《宋会要》选举 17 之 16。
③ 《后村先生大全集》卷 81《欧阳经世进中兴兵要申省状》。
④ 《吹剑四录》。
⑤ 《宋会要》选举 17 之 29—30。

大量武举出身者不用于军事部门的情况依然没有改变，正如刘克庄所说，吏部侍郎右选"在籍小使臣一万三千九百余人"，"吏职、军班各千人，而武举五百，军功不满千"①，可见，武举出身者所占比例还不小。

四、兵器配备与后勤供给思想

（一）兵器配备思想

在宋代战争中，宋军面临的对手主要是辽、西夏、金、元等游牧民族。游牧民族慓悍善战，尤其是骑兵，速度快、机动性强，因此，宋军要战胜强大的对手，不得不通过各种兵器合成的威力来克敌制胜。

据《武经总要》记载，宋军布"大阵"，"以步军枪、刀手在前"，"良弓劲弩居其后，以双弓床子弩参之。行伍厚薄，出于临时，务于坚整，戎马无以驰突"。"凡燔积聚及应可燔之物，并用火箭射之，或弓，或弩，或床子弩，度远近放之"②。南宋名将吴璘所率部队的布阵，与《武经总要》类似："逢敌欲战，必成列为阵，甲军弓、弩手并坐。视敌兵距阵约一百五十步，令神臂弓兵起立，先用箭约射之，箭之所至，可穿敌阵，即全军俱发。敌军距阵约百步，令平射弓兵起立，用箭约射如初，然后全阵俱发。或敌兵直犯拒马，令甲军枪手密依拒马，枕枪撺刺。"③ 宋军的布阵，之所以是枪刀居前，弓弩在后，主要是在实战中，在距敌 150 步至 100 步时，先向敌军射箭，以杀伤大部分敌军，如当敌骑冲到宋军阵前时，紧靠阵前拒马之后的枪手就冲上前去，与敌骑进行白刃战。而且，同样是射箭，宋代还根据其射程的远近分为 3 个层次。北宋末年，李纲负责开封守城，射击金军，"近者以手砲、檑木击之，远者以神臂弓、强弩射之，又远者以床子弩、座炮及之"④。

在宋代众多的兵器中，弓弩是最主要的兵器。南宋的《襄阳守城录》说："虏人最怕弩箭，中则贯马腹，穿重铠。"所以，军事理论家华岳指出："军器三十六，而弓为称首；武艺一十有八，而弓为第一。"⑤ 弓可步兵和骑兵通用，弩也是弓的一种，一般用足蹑开张，故只能由步兵使用。弩箭比弓箭射程远，洞穿力强，"然张迟，难以应卒，临敌不过三发、四发，而短兵已接"，也就是弩的每射一箭间歇要比弓长。所以宋军必须弓、弩并用，以增加射箭的密集程度，提高杀伤力。正由于弓、弩的重要性，自北宋至南宋，弓弩手一般在军队中人数最多，约占 60%至 80%。如南宋孝宗时，荆南府和鄂州两军"枪手已不及四分，

① 《后村先生大全集》卷 51《（轮）对札子二·贴黄》。
② 《武经总要》前集卷 7、卷 11。
③ 《说郛》卷 30《蜀道征讨比事》。
④ 《梁溪全集》卷 171《靖康传信录》。
⑤ 《翠微先生北征录》卷 7《弓制》。

弓、弩手各及三分以上，仍每人各教用短枪"①。当时，"诸路禁军近法以十分为率，二分习弓，六分习弩，余二分习枪、牌"②。淳熙后期，镇江府御前诸军"弓箭手正带甲一万六十二人，准备带甲二千三百八十六人，弩手正带甲八千八百四十二人，准备带甲一千八百二十八人"，"枪手正带甲五千六百八十人，准备带甲一千四百六十四人"。其中弓弩手约占76%，枪手约占24%。侍卫马军行司军"弓箭手八千三百六十一人，弩手四千三百一十七人"，"枪手共三千八百七十人"③，弓弩手和枪手的比例与镇江府御前诸军相近。这些兵器配置的比例，都反映了弓弩作为主要兵器的作战思想。

但是，弓弩手占军士的大部分，也有其软肋，如弓弩手"不学枪刀，虽各带剑一口，即元不系教习"，结果到短兵相接之际，"束手受害"。因此，宋仁宗时，尹洙主张"马、步军除弓弩外，更须精学刀、剑及铁鞭、短枪之类"④。宋光宗阅兵时，"弓箭手三百六十七人，各射凿子箭四只，腰悬手刀；弩手三百人，各射凿子箭四只；枪手六百五十人，牌手二百五十人，各腰悬手刀并软打草棒；刀手二百五十人，白旗子枪手一百二十人，各背手刀；金、鼓、角匠、门、角旗等一百一十四人"⑤。这说明宋军队中弓弩手已普遍装备手刀，作为两军短兵相接时白刃战之用。

宋代，除了弓弩外，宋军以步兵击败骑兵的利器是大斧和麻扎刀。在南宋大仪镇、柘皋等战役中，宋军步兵都是以大斧对付金军骑兵。宋步兵持大斧迎战金骑兵，"堵墙而进，上揕其胸，下捎其马足"⑥。完颜兀术曾说："宋用军器，大妙者不过神臂弓，次者重斧，外无所畏"⑦。可见，神臂弓和大斧是宋军对付金军，克敌制胜的法宝。除此之外，麻扎刀也在宋军中长期使用，主要用于劈断战马的小腿。宋神宗时，"造斩马刀"，"刀刃长三尺余，镡长尺余，首为大环"。"制作精巧，便于操击，实战阵之利器也"⑧。南宋的麻扎刀大概与北宋的斩马刀相似。在著名的郾城战役中，岳家军步兵就是以麻扎刀、提刀和大斧，大破金朝精锐骑兵⑨。吴泳谈到宋军"制马之具"时曾说，至南宋中期，"毕再遇、扈再兴之徒犹能募敢死军，用麻扎刀以截其胫"⑩。

宋代设有专门机构，管理兵器的生产，史称三司的盐铁部胄案掌管"给造

① 《历代名臣奏议》卷224虞允文奏。
② 《宋史·兵九》。
③ 《宋会要》兵20之36。
④ 《河南先生文集》卷20《奏阅习短兵状》。
⑤ 《宋会要》礼9之25—26。
⑥ 《三朝北盟会编》卷218《韩世忠墓志铭》。
⑦ 《三朝北盟会编》卷215《征蒙记》。
⑧ 《长编》卷233。
⑨ 《鄂国金佗粹编》卷16《龙虎等军捷奏》。
⑩ 《鹤林集》卷20《边备札子》。

军器之名物，及军器作坊、弓弩院、诸务诸季料籍"①。宋神宗熙宁六年（1073年），"置军器监，总内外军器之政"，"如案唐令，置监而废胄案焉"②。宋徽宗崇宁二年（1103年），在军器监之外，又设置都大提举投靠军器所。南宋绍兴时，曾一度另设军器局。从宋代历朝设生产兵器的管理机构可以看出，最高统治者非常重视对兵器生产的管理，以保障战争中兵器的供给。

宋代为提高兵器的制造质量和效率，大型兵器工场内部已实行较细的分工，其不同生产流水线称为"作"。开封制造兵器的南、北作坊，"其作总五十一，有木作、杖鼓作、藤席作"等③。宋孝宗时，福州都作院指挥"分十一作"，包括"箭作、弓弩作、甲作、皮作、铜作、漆作、旗作、条作、木作、磨锃作、铁作"④。庆元府作院"十有三作：曰大炉作，曰小炉作，曰穿联作，曰磨锃作、曰磨擦结裹作，曰头魁作，曰熟皮作，曰头魁衣子作，曰弓弩作，曰箭作，曰漆作，曰木弩桩作，曰木枪作"⑤。

当时，官营工场通常实行劳动定额制，称"常课"或"工程"，兵器生产工场也是如此。秦九韶的《数学九章》有一算题就以兵器生产为例："据工程，七人九日造弓八张，八人六日造刀五副，三人二日造箭一百五十只"，而分别由弓作、刀作和箭作生产⑥。

宋代军器监在管理兵器生产中的一项重要工作是将各种兵器制作的样式、规格及质量要求统一绘图，颁发诸路都作院制作。当时编撰的关于兵器制作的专著有《熙宁法式》《弓式》《军器什物法制》等⑦，如流传至今的《武经总要》前集卷13就绘制了各种床子弩的图样。这对于兵器规模的统一、兵器质量的提高，具有重要作用。

宋朝为了对先进武器的制作严格保密，防止外泄，规定各作的手工生产"皆有制度作用之法，俾各诵其文，而禁其传"⑧。如对克敌制胜的神臂弓，更是特别制订了不准私造、私习以及军士毁弃、战阵亡失的专门条法⑨。

（二）后勤供给思想

终宋一代，宋朝与辽、西夏、金、元不断进行战争。在战争中，军需后勤供给是保证战争胜负的关键问题，而要保证数额巨大、旷日持久的军需供给是相当

---

① 《宋史·职官二》。
② 《长编》卷245。
③ 《宋会要》方域3之50—52。
④ 《淳熙三山志》卷18《都作院指挥》。
⑤ 《开庆四明续志》卷6《作院》。
⑥ 《永乐大典》卷16343。
⑦ 《玉海》卷150《兵制》。
⑧ 《麈史》卷上《朝制》，《宋会要》职官30之7.
⑨ 《庆元条法事类》卷8《漏泄传报》，卷80《毁失官私物》。

艰难的。因此正如沈括所云，"凡师行，因粮于敌，最为急务"①。

宋朝通过税收、和籴、和买、科配等，征集与购买大量的粮秣、布帛、丝绵、钱银等以供军用。平时，军士的口粮标准一般是"人日食二升"②，但用兵之时，也有"逐日给米二升半"③的记录。故范纯粹说："正兵每遇差出，以至戍边，每人只日支口粮二升至二升五合。"④宋朝的军俸月粮往往超过以上标准，这是军士还须赡养家眷之故。宋军除供给军士口粮外，还要供给马料。如南宋湖州的侍卫步军司牧地，"四月，马一匹日支料穀一斗，自五月至八月，马一匹支料穀七升，九月回程，马一匹日支料穀一斗"⑤。

宋代军队自带粮食行军打仗，一般说来，最多只能坚持10—15天。如绍兴六年（1136年）冬，岳飞攻打蔡州，"有兵二万人，七分披带，持十日粮"⑥。可见，在战士仅有一万四千人，另有六千辎重兵、火头军等不入队人的情况下，也只能带十天口粮。可见光靠军队自携粮食，是根本不可能持久作战的。

根据沈括的估算，组织一次大规模的军事行动，需动用民夫和牲口的数量是非常多的，而且几乎是难以做到的。他指出："人负米六斗，卒自携五日干粮，人饷一卒，一去可十八日，若计复回，只可进九日。二人饷一卒，一去可二十六日，若计复回，止可进十三日。三人饷一卒，一去可三十一日，计复回，止可进十六日。三人饷一卒，极矣。若兴师十万，辎重三之一，止得驻战之卒七万人，已用三十万人运粮，此外难复加矣"。如果再加上其他一些因素，在实战中后勤供给比这种估计更为艰难："人负六斗，此以总数率之也。其间队长不负，樵汲减半，所余皆均在众夫，更有死亡疾病者，所负之米又以均之，则人所负常不啻六斗矣"；牲口"比之人运，虽负多而费寡，然刍牧不时，畜多瘦死，一畜死，则并所负弃之，较之人负，利害相半"。因此，沈括认为："凡师行，因粮于敌，最为急务。运粮不但多费，而势难行远。"⑦

为了便于携带和食用，宋军还大量制作各种干粮。如糜可作成糜饼，"切作棋子"大小，"曝干收贮"，"如路行及战阵中干食之，味美不渴"⑧。宋仁宗庆历时，"曾令陕西诸州制造干粮、皱饭，万数不少，后来既不出兵、其干粮、皱饭所在堆积，经年朽腐，不可复食，尽为弃物"⑨。干粮开始是"配坊郭户，人以为扰"，后来又改为"令就粮指挥有室家兵级分造干粮、麻饼，量给茶、酒、

---

① 《梦溪笔谈》卷11。

② 《梦溪笔谈》卷11，《长编》卷30。

③ 《温国文正司马公文集》卷44《申宣抚权住制造干粮皱饭状》，《建炎以来系年要录》卷192。

④ 《长编》卷343。

⑤ 《王双溪先生集》卷12《申省状》。

⑥ 《鄂国金伦续编》卷27黄元振编岳飞事迹。

⑦ 《梦溪笔谈》卷11。

⑧ 《武经总要》前集卷5《赉粮》。

⑨ 《温国文正司马公文集》卷44《申宣抚权住制造干粮皱饭状》。

柴、水钱"①。

宋代军需供给数额巨大，朝廷财力有限，为解决供给困难，采取了多种供给方式，主要有以下 3 种：一是中央库务出钱、帛等，收籴军粮之类。如宋真宗天禧时，"出内藏钱七万贯，付京西路市军粮"②。宋高宗绍兴后期，"出内库银十万两，下两浙转运司籴马料大麦"③。

二是中央库务直接供应军队所需钱物。如至和时，三司因"陕西、河东岁减西川所上物帛，而军衣不足。又河北入中粮草数多，未有绸绢折还。请贷内藏库绸十万，欲先输左藏库缗钱二十万，余计其日直，以限追偿"④。

三是发放关子之类信用券。如绍兴后期，湖广总领所上奏："节次降到临安府一合同关子共三十万贯，已卖到钱一万九千万贯，其余并无客人请买。却有降到三合同关子八十万贯，令本所卖钱桩管。比之一合同，颇为快便。乞许本所于三合同关子内已卖到银钱对换一十八万一千贯，应副支用。乞缴还一合同关子，却行换给支末茶长、短引，共二十八万一千贯，应副支遣。"⑤ 可见，当时发放给军队的信用券有两种关子和两种茶引。

宋代为保障军需后勤供给的正常运行，设有许多机构进行管理，其中比较重要的有马、步军两粮料院和勾当马步军专勾司。其中马、步军粮料院负责"诸军给受奉料，批书券历，诸仓库案验而廪赋之"⑥，即负责发放券历，诸军都是先领券，后取粮，券可称勘旁。为防止军队发放俸禄时伪冒欺弊等，朝廷又设马步军专勾司，"特掌骑兵、徒兵给受之数"⑦，"诸军兵马逃亡收并之籍，诸司库务给受之数，审校其欺诈，批历以送粮料院"⑧。元丰二年（1079 年）之前，马步军专勾司对军队给受进行事前审计监督；元丰二年之后，马步军专勾司改名为诸军专勾司，对军队给受进行事后审计监督。元丰二年六月丙午，"权发遣三司使李承之等言：'文武官诸司人请受及外县诸军衣赐赏给，先经专勾司直批勘于粮料院，今欲并令先赴粮料院批勘，次送专勾司勾磨。'从之"⑨。这就是元丰二年之前，军队给受必须先经专勾司审核，然后由粮料院支领；元丰二年之后，则改为军队给受先赴粮料院支领，然后再送专勾司审计。从《庆元条法事类》可知，专勾司（南宋建炎元年五月避高宗赵构同音讳，改称审计司）对粮料院军队给受的审计一直到南宋还存在。

---

① 《长编》卷 245。
② 《长编》卷 95。
③ 《建炎以来系年要录》卷 185。
④ 《长编》卷 176。
⑤ 《宋会要》职官 41 之 50。
⑥ 《宋史·职官二》，《文献通考》卷 60。
⑦ 《文献通考》卷 60。
⑧ 《宋史·职官二》。
⑨ 《长编》卷 298。

五、裁减军费思想

（一）张方平的去兵马之蠹思想

张方平（1007—1091），字安道，号乐全居士，谥"文定"，应天府南京（今河南商丘）人。景祐元年（1034 年），中茂才异等科，任昆山县（今属江苏）知县。又中贤良方正科，迁睦州（今浙江建德东）通判。历任知谏院、知制诰、知开封府、翰林学士、御史中丞、滁州（今属安徽）、江宁府（今江苏南京）、杭州（今属浙江）、益州（今四川成都）等地长官。神宗朝，官拜参知政事，反对王安石新法。

张方平在《原蠹》下篇指出：三蠹之三是"兵马"之蠹。"今自禁卫通于州郡之冗卒，不啻百万，恣口而食，舒臂而衣，数日为期，以取赐于赍，是日有万金之奉，无时休息，天下供待，安得勿困！"而且单就百万之师的口粮，就是广大农民和国家财政的沉重负担。"末耜之民寒耕暑耘，常无余粒，中人已下率无盖藏，强家之储鲜及新谷，罄地之力，穷农之功，悉卷而西，都为兵食。"针对"兵马"之蠹，张方平亦提出两点措施：一是组建"民兵"，寓兵于农，平时务农，不脱离生产，战时打仗；农忙种地，农闲练武。这样就可以削减职业兵的数目，大大减少农民与国家的负担。总之，组建"民兵"可使"上不阙武备，下不耗国财"。据《宋史》卷 187《兵一》所载："自元丰而后，民兵日盛，募兵日衰，其募兵缺额，则收其廪给，以为民兵教阅之费。"张方平组建民兵的主张得到朝廷的重视和实行。二是实行屯田。张方平认为军队屯田可收"足食足兵，不废训练"的效果，军队既可自给自足，又能坚持练武。张方平还专门著有《屯田》一文，指出：当今国家最沉重的财政负担是养兵。如果实行屯田，不仅可节省国家大量的财政开支，减轻百姓纳税负担，还可以改造军队自身，消除"宠将骄卒坐而蠹食"① 的状况，保证军队的供给。"则是募屯田夫，得屯田兵也。居则稼穑之人，用则战骑之士，不衣库帛，不食廪谷。是骄卒可放省，屯仓可待盈，虽有凶荒水旱之变，而军不乏乎储峙，民不增乎横赋，建屯之利，其亦博矣。"②

军队屯田，自古已有，而且已被宋代以前的历史证明是一项行之有效的节省军费开支、减轻国家财政负担的好办法。张方平借鉴历史的成功经验，提出军队屯田，曾在一定程度上被朝廷采纳，并收到某些效果。但是，从总体上看，终宋一代，屯田时兴时废，"今之军士，皆市井桀猾，去本惰游之民，至于无所容，然后入于军籍。且其骄也久矣，呴濡保息，莫敢拂其心者，是可使之寒耕暑耘者乎？"因此，宋代屯田的效果已大大不如三国两晋时期，往往是劳民伤财，入不偿费。

---

① 《乐全集》卷 14《食货论·屯田》。
② 《乐全集》卷 14《食货论·屯田》。

（二）蔡襄的缩减军费思想

蔡襄（1012—1067），字君谟。兴化军仙游县唐安乡连江里（今福建省仙游县枫亭镇）人。北宋名臣，书法家、文学家、茶学家。天圣八年（1030 年），蔡襄登进士第，先后任馆阁校勘、知谏院、直史馆、知制诰、龙图阁直学士、枢密院直学士、翰林学士、正授三司使等职，在朝为谏官时，以直言著称。后数度外出，历知泉州、福州、开封府事、杭州。有《蔡忠惠集》等传世

宋英宗治平元年（1064 年），时任三司使的蔡襄上《论兵十事》①，对裁减军队缩减军费提出了自己的看法。

蔡襄作为三司使，负责国家财政收支大政方针，他对当时军队一年支出总数做了一个估算："养兵之费，禁军一兵之费，以衣粮、特支、郊赉通计，一岁约费钱五十千，厢军一兵之费岁约三十千，通一百一十八万余人，一岁约费四千八百万缗，此其大较也。"通过这样的估算，蔡襄得出了这样的结论："一岁所用，养兵之费常居六七，国用无几矣。"因此，他提出了与众不同的"兵少而精"的改革思想。他认为："兵少则财用饶，财用饶则国富矣。兵精，以战则胜，以守则固，而兵强矣。"在宋代积弱积贫内外交困的背景下，宋廷既要裁减兵员，以减轻国家负担，但又要保持足够的军事力量，与辽、西夏等少数民族政权对峙。蔡襄的"兵少而精"思想就是在这样的时代要求下产生的。他的"兵少而精"不是通过单纯的裁减削弱军队而达到使国家减轻负担，而是企图通过"强兵"而"富国"，把二者统一起来，这就是"当今之急务，强兵为第一事，富国为第二事，欲修治道，自此而始。兵不强则国不富，国不富则民不安，是故始于强兵而终于安民，本末之论也"。

至于如何强兵，蔡襄提出了 5 个方面的措施："一曰消冗，谓冗兵不可以暴减，当有术以消之。二曰选择，谓老弱疾病不堪战阵之人即拣择而去之。三曰省兵，谓不应置兵处与置之过多者则省之。四曰训练，谓兵虽少壮，而训练不得其术，与不教同。五曰立兵法，今之兵法绝无统制，故不可用，用之则败。此五者备修，则兵少而精矣。"蔡襄提出的五个方面措施，前三个措施主要围绕"兵少"的主题，通过裁减冗兵、淘汰老弱疾病者以及讲求军队的部署等来减少兵员，这些多余或不能胜任者的减少并不影响军队的实力。后两个措施则主要围绕"兵精""兵强"的主题，通过加强军队训练、建立完善兵法来提高军队战斗力。

蔡襄在《论兵十事》中还进一步发展了范镇中书、枢密院与三司"通知民兵财利大计"的思想，提出："中书不与知兵，增兵多少不知也；枢密院要兵则添，财用有无不知也；管军将帅少兵则请，曾不计较今日兵籍倍多，何故用不足也；三司但知支办衣粮，日日增添，不敢论列，谓兵非职事也。四者各为之谋，以至于此。若通而为一，则可以计较兵籍多少、财用有无，不至于冗。臣欲乞招

---

① 《端明集》卷22《论兵十事》。以下4个自然段引文未注出处者，均见于此。

置增添兵数，枢密院、中书共议之，先令三司计度衣粮如何足用。管军每乞招添，边臣每乞增置，必须诘问其所少之因，必不得已，方可其奏。如此慎重，乃省兵之一端也。"这里，蔡襄构建了一个中书、枢密院、三司以及管军将帅四者在增添兵数上的运作机制，较好地协调增兵与军费供给的关系。如图所示：

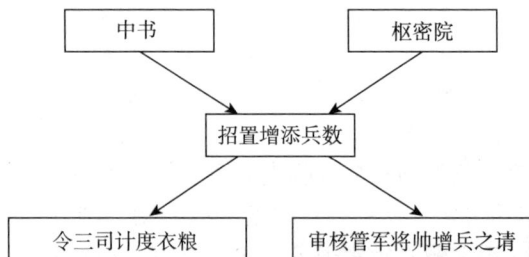

```
┌──────────┐              ┌──────────┐
│   中书   │              │  枢密院  │
└──────────┘              └──────────┘
       ╲                    ╱
        ╲                  ╱
      ┌──────────────────────┐
      │    招置增添兵数      │
      └──────────────────────┘
        ╱                  ╲
       ╱                    ╲
┌──────────────┐      ┌──────────────────────┐
│令三司计度衣粮│      │审核管军将帅增兵之请  │
└──────────────┘      └──────────────────────┘
```

蔡襄中书、枢密院、三司、将帅协调兵员与军费关系框架图

简而言之，朝廷每逢招置增添兵数，由中书和枢密院共同商议，然后一边责令三司计度衣粮供给，一边审核管军将帅增兵之请，最后决定是否予以批准奏请。

蔡襄在《论兵十事》中还就改革纲运节省军费提出 5 个方面的措施，可谓切中时弊。他说："今天下无名纲运，最为枉费兵士。边郡兵官替移，迎候送还，厢军动皆数百人，多者至千人。自来明有条制，州郡皆以人情，不敢自约，此一事也。南方替罢官员，近由江浙，远自湘潭，一舟十人至二十人，大者倍之，一岁往还京师可了。一次一舟之费，小者五百千，大者七百千，所载官物不过数千缗之直，衣粮所费几何？此二事也。天下州郡，自太平以来，廨宇亭榭，无有不足。每遇新官临政，必有改作，土木之功，处处皆是，不惟枉费财用，必须多役兵卒，此三事也。天下持送官物入京，如牛皮、兵器之类，多由陆路，若委本路转运司，不急用者罢省之，或令水路，可以减省兵役，此四事也。养兵挽船不若和雇，和雇则止于程限之资，养兵终岁给之，其费必倍，此五事也。大要举此五事，严与条约，厢军可省矣。"蔡襄这里一针见血地指出以上五事均由地方厢军服役承担，如能制定条约，进行改革，严格管理，可裁减很多厢军，节省大量军费开支。

综上所述，蔡襄作为理财大臣三司使，在具体工作中深入观察研究，从而对财政负担最为沉重的养兵之费提出了改革措施。其分析是客观的，符合当时现实情况；思想是深刻的，对减少军费开支、减轻财政负担具有宏观指导意义。尤其是在"兵少而精"原则的指导下，通过强兵而达到国富民安，既增强军队战斗力，又裁减军费减轻财政和百姓负担，尤显其辩证思维，化害为利，一举两得。

（三）苏辙的去冗兵思想

苏辙（1039—1112），字子由，一字同叔，晚号颍滨遗老。眉州眉山（今属四川）人。北宋时期官员、文学家，"唐宋八大家"之一。嘉祐二年（1057年），苏辙登进士第，历官试秘书省校书郎、商州军事推官、河南留守推官、右司谏、御史中丞、尚书右丞、门下侍郎等职，位列执政，以太中大夫致仕。去世后，追复端明殿学士、宣奉大夫。

苏辙与父亲苏洵、兄长苏轼齐名，合称"三苏"。擅长政论和史论，苏轼称其散文"汪洋澹泊，有一唱三叹之声，而其秀杰之气终不可没"。著有《栾城集》等行于世。

英宗治平年间，蔡襄就已提出了裁减军队人员的主张，但是，由于英宗在位仅 4 年，冗兵问题并没有得到明显的缓解，军队将士在百万以上，巨额军费开支仍然是国家财政最主要的负担。苏辙对于冗兵问题，提出了两个方面的对策：其一，"择任将帅，而厚之以财，使多养间谍之士，以为耳目。耳目既明，虽有强敌而不敢轻近。则虽雍熙之兵（仅 30 万），可以足用于今世"①。苏辙十分重视在战争中间谍的作用，"间者，三军之司命也。臣窃惟祖宗用兵，至于以少为多，而今世用兵，至于以多为少。得失之原，皆出于此"。他认为，宋太祖时用兵之所以能"以少为多"，是因为重赏这些间谍，使他们"贪其金钱，捐驱命，冒患难，深入敌国，刺其阴计而效之。至于饮食动静无不毕见，每有入寇辄先知之。故具所备者寡而兵力不分，敌之至者举皆无得而有丧。是以当此之时，备边之兵多者不过万人，少者五六千人"。而现在用兵之所以"以多为少"，是因为轻待间谍，"百饼之茶，数束之彩，其不足以易人之死也明矣。是以今之为间者，皆不足恃。听传闻之言，采疑似之事，其行不过于出境，而所问不过于熟户，苟有藉口以欺其将帅则止矣，非有能知敌之至情者也。敌之至情，既不可得而知，故常多屯兵以备不意之患，以百万之众而常患于不足，由此故也"。因此，苏辙主张利用关市征税之钱重赏间谍，以明敌情，减少边兵，"三十万之奉，比于百万则约"，从而节约巨额开支。其二，"土兵可益，而禁军可损"。苏辙认为："土兵一人，其材力足以当禁军三人。禁军一人，其廪给足以赡土兵三人。使禁军万人在边，其用不能当三千人，而耗三万人之畜。边郡之储，比于内郡，其价不啻数倍。"不言而喻，增加土兵，裁减禁军，既提高战斗力，又节省九分之八的军费。

禁军是北宋的正规军，是维护宋王朝统治的最重要武装力量，对其裁减必须慎之又慎。苏辙主张"使禁军之在内郡者，勿复以戍边。因其老死与亡，而勿复补，使足以为内郡之备而止。去之以渐，而行之以十年，而冗兵之弊可去矣"。苏辙的另一些改革又显得新奇大胆，如通过重金招募间谍以明敌情，有针对性有重点地布置兵力，从而达到裁减军队减少军费的目的。苏辙在解决三冗中有了比较明确的经济核算思想，他的益土兵损禁军就是从"材力"与"廪给"两方面加以估算，从而得出这一措施既能提高军队战斗力，又能大大节省军费开支的结论。又如他通过"权其轻重"，使皇帝清楚地认识到重金招募间谍所用的

---

① 《苏辙集·栾城集》卷21《上皇帝书》，以下 2 个自然段引文未注出处者，均见于此。

经费大大低于因明敌情所裁减掉军队而节省的军费。

（四）叶适的节省军费思想

叶适（1150—1223），字正则，号水心居士。温州永嘉（今浙江省温州市）人，南宋思想家、文学家、政论家、官员。生于瑞安，后居于永嘉水心村，世称水心先生。淳熙五年（1178年），中榜眼。历仕孝宗、光宗、宁宗三朝，历官平江府观察推官、太学博士、尚书左选郎、国子司业、知泉州、兵部侍郎等职，曾参与策划"绍熙内禅"。叶适对外力主抗金，反对和议；主张功利之学，反对空谈性命，对朱熹学说提出批评，为永嘉学派集大成者。他所代表的永嘉事功学派，与当时朱熹的理学、陆九渊的心学并列为"南宋三大学派"，对后世影响深远。著有《水心先生文集》《水心别集》《习学记言》等。

与朱熹差不多同时代的叶适对南宋使国家贫弱的冗兵、冗官问题也发表了自己的看法，并提出了改革的意见。

对于冗兵问题，叶适主张采取3个方面的措施：一是精简军队，招民屯垦。叶适提出：将四镇屯驻大军30万减为十四五万，地方上的厢军与禁军，"大州四五千人，中州二千人"，一律裁遣，并发给遣散费，"与之以一二年之衣粮，使各自为子本以权给之"①，使之自行经营工商业，糊口养家。由于当时处于宋金军事对峙局面，因此叶适在主张裁减军队的同时，根据自己曾任建康府知府兼江淮制置使在长江北岸建立堡坞的经验，建议在两淮及其他地区招募富商、地主，给以官爵，使之召集流民屯垦，以卫边防。他说："淮名千里，实可居七八万家……募浙西、江东西、湖南、福建厚资产及盐茶米商能以力居民者，自一里为差至五里止，计其费以官之……今自一里而至三四十里，所居百家，室庐、粮种、什器、浚濠约费三万缗。其能五里者，补宣教秉义郎，即理知县，监押资任，其下差次，关升改官。"② 二是买田养兵。叶适认为以田养兵比以税养兵可以大大节省财政支出，从而减轻人民的负担。据他估算："以田养兵，亩四十至百而养一；以税养兵，亩四百至千而养一。以田养者，可至百万；以税养者，过十万则困竭矣。"③"今岁买之，则来岁之获可永减民税十之三，官以其全赋给一郡之用，犹余十之五。"④ 因此，他主张"今欲傅（附）城三十里内，以爵及僧牒买田"⑤。我国在南宋之前以军队屯田方式解决官兵衣粮问题，是无偿占有土地的，叶适则以购买方式取得土地，试图用经济手段来解决。三是由募还农。叶适觉得宋代募兵制度最大弊端是巨大的军费开支是财政无法承担的。他说："边兵，募也；宿卫，募也；大将屯兵，昔有旧人而今募以补之使成军也；州郡守

---

① 《叶适集·水心别集》卷15《终论二》。
② 《叶适集·水心别集》卷16《后总》。
③ 《习学记言序目》卷17《孔子家语·正论解》。
④ 《叶适集·水心别集》卷16《后总》。
⑤ 《叶适集·水心别集》卷16《后总》。

兵，昔之禁兵消尽，而今募其人名之曰禁兵也。四者皆募，而竭国力以养之，是徒知募而供其衣食耳，此所以竭国力而不足以养百万之兵也。"① 对此，他在 "以田养兵" 的指导思想下，提出 "由募还农" 的解决方案。具体做法是："今自守其州县者，兵须地着，给田力耕；千里之内，番上宿卫，已有诸御前兵，不可轻改，因其地分募乐耕者以渐归本；边关捍御，尽须耕作，人自为战。三说参用，由募还农。大费既省，守可以固，战可以克，不必概募府兵。"② 叶适 "由募还农" 的主张，企图使州县守兵、御前大军、边兵都有田可以耕种。其耕种之田，除了上述 "以田养兵" 中所买之田外，还可以 "为沿江淮襄汉川蜀关外未耕之田，或可种之山（虽名民田而不能耕者皆是），使总领取而自耕自种（田一兵亩百，山一兵以所种粟计），以养屯驻大兵。"③ 这就是使军队开垦荒地荒山或耕种关外未耕之田。叶适认为这种军队营田的办法大有利于国家与人民："今岁行之，而来岁可减总领之赋矣。若行之数年，民不耕之田尽取而自耕，可种之山尽取而自种，则天下之赋皆可减矣。兵养至百万而不饥，税减至三十取一而藏其余，以待凶年及国之移用。如此，则天下始有苏息之望矣。"④

叶适 "由募还农"，军队通过营田自给自足，从而节省财政开支，减轻人民负担的设想，从理论上说是有积极意义的，也是可行的，历史上不乏有军队营田成功之例，如汉代军队屯田，曹魏军队屯田等。但是，宋朝廷对军队营田疏于管理，加上军队长期养尊处优，"终日嬉游廛市间，以鬻伎巧绣画为业，衣服举措，不类军兵，习以成风，纵为骄惰"⑤，不愿务农力田，因此，在实际中军队营田的效果有限，甚至还带来负面的影响。正如绍兴三十二年（1162 年）任湖北鄂州武昌（今鄂城县）县令的薛季宣所言："今之营田，异于古之营田也。强士以所不能，弃之而不复教，耕者犹不足自赡。" 更有甚者，"营田部吏豪横之迹，为民显患"，"夺民膏腴" 或 "侵耕冒种"，"或有水源，营田皆擅其利"，而且谷米外运，运输困难，费用巨大等⑥。当然，薛氏所言并非都有道理，如虽然 "耕者犹不足自赡"，但多多少少还是能解决一部分军粮问题，而且士兵在非战争时期耕田，总比游手好闲懒散为好。薛氏所言军队营田给民众带来的危害，如上述抢占民田、独霸水源等，这当是薛氏任县令时亲身见闻，当比较符合客观现实。

① 《叶适集·水心别集》卷 11《兵总论一》。
② 《习学记言序目》卷 39《唐书二》。
③ 《习学记言序目》卷 17《孔子家语·正论解》。
④ 《习学记言序目》卷 17《孔子家语·正论解》。
⑤ 苏舜钦：《苏学士文集》卷 10《谘目》二，文渊阁四库全书本。
⑥ 《浪语集》卷 19《论营田札》。

第五节　元代军事管理思想

一、军队体制思想

（一）枢密院、行枢密院和万户、千户、百户

元代的枢密院始设立于元世祖中统四年（1263 年）五月，"掌天下兵甲机密之务。凡宫禁宿卫，边庭军翼，征讨戍守，简阅差遣，举功转官，节制调度，无不由之"①。可见，元代的枢密院是全国最高的军事指挥机关，负责保卫宫廷皇帝住处，调发、管理全国军队，筹划军事部署，选任军队将领等。而中书省下的兵部则仅"掌天下郡邑邮驿屯牧之政令。凡城池废置之故，山川险易之图，兵站屯田之籍，远方归化之人，官私刍牧之地。驼马、牛羊、鹰隼、羽毛、皮革之征，驿乘、邮运、祗应、公廨、皂隶之制，悉以任之"②。这就是说调发、管理全国军队的权力在元代归枢密院掌握，而兵部仅主要负责军队的通信、马政、屯田等事务。

元代的枢密院直接向皇帝奏报军情要务，一般情况下不必经过中书省。如碰到重大的军事决策，皇帝则召集中书省、御史台等中枢机构的官员与枢密院长官共同讨论商议。皇帝每年夏季赴上都避暑时，枢密院长官大多随行，只在大都留守枢密院副使或佥院一二人，暂时代管枢密院事务。但是，如有重要的军事情况则必须随时转呈上都，由跟随皇帝的枢密院使负责处理。如有发生紧急军事情况，来不及转报上都的，也可由留守大都的副使或佥院采取应对措施，调遣军队处置。

从《元史·百官二》记载可知，元朝在设置枢密院较长时期内，有因人设官之嫌，因此从元世祖中统四年（1263 年）设立枢密院开始，至元仁宗延祐四年（1317 年）50 多年之间，官员设置变化无常。从枢密院官员定置之后的情况看，枢密院是一个相当庞大的军事机构，其原因是元朝是一个靠武力征服建立起来的幅员辽阔的王朝，故十分重视保持强大的军事力量。此外从一个官职数人担任情况看，如"知院六员，从一品；同知四员，正二品"等，元最高统治者试图通过分权来使武官互相牵制监督，以防止某一武官权力过大，威胁皇权。尤其是为了防止枢密院最高长官拥兵自重，元朝规定由皇太子兼枢密院。同时，为了使最高军事指挥权牢固掌握在蒙古贵族手中，元朝还规定，知院和同知必须由蒙古人或少数色目人担任，副使以下才参用汉族人。

由于元代幅员辽阔，为了加强各地区的军事力量，元朝还在许多地区设置了

①　《元史·百官二》。

②　《元史·百官一》。

行枢密院。"国初有征伐之事，则置行枢密院。大征伐，则止曰行院。为一方一事而设，则称某处行枢密院，或与行省代设，事已则罢。"① 可见，行枢密院是临时性的军事机构，有军事行动时就设置，军事行动一结束就予以取消。据《元史·百官二》记载，元代设立的行枢密院有西川行枢密院、江南行枢密院、甘肃行枢密院、河南行枢密院、岭北行枢密院等。

元朝基层的军事组织为万户、千户、百户。"考之国初，典兵之官，视兵数多寡，为爵秩崇卑。长万夫者为万户，千夫者为千户，百夫者为百户"②。可见，元代领兵打仗的将官以其统领士兵人数的多寡来区别其职位的高低，并形成了蒙古军队早期由大汗、宗王、万户长、千户长等一统到底和都元帅节制汉军的军事领导体制。"世祖时，颇修官制，内立五卫，以总宿卫诸军，卫设亲军都指挥使；外则万户之下置总管，千户之下置总把，百户之下置弹压，立枢密院以总之。遇方面有警，则置行枢密院，事已则废，而移都镇抚司属行省。万户、千户、百户分上中下"③。在此，元世祖改变了蒙古时期一统到底的军事领导体制，在中央设立枢密院，作为掌管全国军政的最高机构，总领各支军队的总管、总把、弹压。遇有军事情况，可临时设行枢密院，加强对某一地区军队的直接统领。后来，为了保证驻在漠北草原上的蒙古各部的军政统一，元世祖取消了蒙古左、右翼万户长，各蒙古千户的长官直接听命于枢密院。元廷曾长期委派一员枢密院知院坐镇漠北，就地处理军务。

成吉思汗建立蒙古国后，确定了蒙古军队的指挥系统。蒙古大汗亲征时，宗王、万户长、千户长等听从大汗的直接指挥。分军行动时，则由大汗指定一名蒙古宗王或万户长、千户长作为军队的指挥官。忽必烈即位后，将自己的几个儿子分派到漠北、陕西、云南、吐蕃等地作为出镇宗王，不再封给他们蒙古千户和封地，只授给宗王节制当地军队的权利，有战事时作为军队的最高指挥官。直至元朝中期，出镇宗王仍然多是忽必烈的后裔，更换袭任需由皇帝亲自决断。

忽必烈时为统一指挥对南宋军队的作战，将探马赤军和汉军的都元帅改建为统军司，后又改为行枢密院或行中书省掌军政。统军司和行枢密院或行中书省的官员，都由皇帝任命，具有指挥军队作战、调配军需物品、措置边防戍守等权力。全国统一后，行枢密院相继撤销，朝廷在全国设立了河南江北、江浙、湖广、江西、四川、云南、陕西、甘肃、辽阳、岭北等 10 个行省。各行省设平章二员，兼管军事，总督本省军马。行省内的万户府、元帅府等，是行省的下属军府。在远离行省中心的地区或少数民族聚居地区，设立宣慰司都元帅府掌军政和民政，作为行省和郡县的中介机构。各行省的军队调遣，需经枢密院批准传旨。

---

① 《元史·百官二》。
② 《元史·兵一》。
③ 《元史·兵一》。

行省内各军队的镇戍和屯田地点，也要由行省官员和枢密院协议商定。如在某一地区发生战乱，先由枢密院传旨所在行省平章，调派军队镇压，如不奏效，则再传命附近行省发军会剿。有时，也在战事频繁的地区设立行枢密院，临时提调从各省调来的军队，战事平复后则撤销①。

蒙元时期，军官职位实行世袭制度。蒙古千户长、百户长去职，由子孙袭任本职；探马赤军和汉军军官战死，子孙袭其原职；病死则子孙降二等袭职。与世袭制并行，朝廷也实行军官迁转法，一般是 3 年为满升迁，出征时则验功过决定升降。世祖时期，还规定了军官的品级。万户府、千户所分成上、中、下三等，侍卫亲军各卫指挥使司与上万户府等级相同；百户所分为上下两等。万户府设达鲁花赤、万户、副万户、镇抚；侍卫亲军各卫设都指挥使、副使；千户所设达鲁花赤、千户、副千户；百户所设百户。草原上的蒙古军，仍保持过去的千户长、百户长等职务。

（二）蒙古军、探马赤军、汉军和新附军

元朝的民族歧视政策，在军队编制上有明显的反映。其军队主要分为蒙古军、探马赤军、汉军、新附军，除此之外，还有一些地方少数民族的军队，如辽东的高丽军、女直军，云南的寸白军（又称爨僰军），湖广的土军、黎兵、洞兵，福建的畲军，吐蕃的吐蕃军等。

蒙古族本族是实行举族皆兵制度，各部的男子，从 15 岁至 70 岁，不分贵贱，也不管家中人口多少，都有服兵役的义务。他们平时放牧劳作，一旦战争，就根据国家的需要，随时上马参加战斗。15 岁以下的少年有时也要从军，以使他们早日熟悉军旅生活。这种少年兵称为渐丁军。蒙古军以草原上的蒙古各部人为主体，按十进制编成十户、百户、千户。即"自十而百，百而千，千而万，各有长"。十夫长称为"牌子头"。千户是蒙古军的基本军事组织，由大汗指定功臣或各部的贵族作为千户长，统率士兵作战。一部分千户分属于蒙古宗王（成吉思汗家族成员）之下，其他千户分编成左、右两翼，作为蒙古军中的主力，由大汗任命左、右翼万户长分掌。

蒙古在征服战争中，陆续招降或掳掠了哈剌鲁、畏兀兀、唐兀、阿速、钦察、康里、回回、阿儿浑等族人。这些人后来被统称为色目人，他们中的丁壮也大多"隶蒙古军籍"②，被编入蒙古军中。随着蒙古军征服中原地区后，蒙古统治者需要一支蒙古军队长期留守中原、西域等地区，于是从蒙古各千户中"签发"出部分士兵，组成专用于驻防镇戍的探马赤军。由于蒙古人大多不愿意远离草原和改变传统的游牧生活方式，长期到生活环境不适应的地区作战和镇戍，所以在选调探马赤军时，各千户往往以隶属于蒙古军籍或沦为私属人口的外族人

---

① 高锐主编：《中国军事史略》（中册），军事科学出版社 1992 年版，第 295—296 页。

② 《元史·也蒲甘卜传》。

充任，其中最多的就是色目人，因此使探马赤军的民族成分相当复杂。但尽管如此，探马赤军中的色目人较早臣服蒙古族的统治，在被派出镇戍中原或西域后，仍与蒙古各千户保持着密切的联系，因此，仍可属于蒙古军系统。

汉军主要是蒙古统治者进入中原后招降原金朝统治下的汉族及居住在中原地区各族人所组成的军队。其中主要来源有金朝末年出现在中原各地"守土自保"的地方武装，这些地方武装随着蒙古政权在中原的巩固而先后归顺。还有在蒙金战争中由于金朝失败，金朝下的契丹军、乣军向蒙军投降而被编成汉军。自窝阔台汗时期（1229—1241 年）起，蒙古统治者在中原汉人民户中签发的士兵达 10 万人以上。忽必烈即位之后，为了发动灭南宋战争，又从中原地区签军近 20 万人，补充汉军。

汉军军户的签发是以民户的财产和劳动力状况为根据的，一般取之于中户。针对部分军户无丁或无力服兵役的情况，政府推行正、贴户制。其中如是一户出一人当兵的，称独户军；如是二三户合力出一人当兵的，出人当兵的户称正军户，又称军头，其余各户出钱资助，称为贴军户。民户充当正军户还是贴军户，由政府指定，不能随意改变。如果正军户缺乏可以当兵的合适人丁，由有丁的贴军户顶替，改为由正军户出钱资助。一旦正军户中有了合适的人丁，便要继续出军。蒙古族还实行余丁军制，既对富商大贾之家，多征发一丁当兵。蒙古族在征战中，需一些手工匠随军制造、修理武器、车辆等军备，因此征发手工匠当兵，称匠军。蒙古族还征发归降的诸侯将校子弟随军充当人质，称质子军。

早在窝阔台汗时期，蒙古汉军中就有一部分降附于蒙古的南宋军队。忽必烈发动灭南宋战争后，随着战争的胜利，元廷招降了大量的南宋军队，与汉军编在一起，称为新附军。新附军没有财产依据，不实行几户合出一军的制度，没有贴户。

蒙元军队的兵种，大体上蒙古军、探马赤军以骑兵为主，汉军和新附军以步军为主。蒙古国时期，蒙古军、汉军士兵的武器装备都要自己筹备。"无论何时，只要抗敌和平叛的任务一下来，他们便征发需用的种种东西，从十八般武器一直到旗帜、针钉、绳索、马匹和驴、驼等负载的动物。人人必须按所属的十户或百户供应摊派给他的那一份"①。出征以前，要集合军队检索军需装备，如有不足或武器破损等情况，管军官长要受到惩罚。随着战争规模的不断扩大，进入元朝后，蒙古军、探马赤军一般仍要自备武器，而汉军军人服役期间，由政府发给冬夏军装，配备武器，并按月发给口粮，服装的不足部分以及其他装备与并支，由军户自理。正军户和贴军户凑齐出征、出戍军人的所有费用，定期送到军中，称为"封桩"钱。新附军的装备全由政府供给，家属还要每月由政府发放

---

① 志费尼著、何高济译：《世界征服者史》，中国人民大学出版社，2012 年，第 32 页。

口粮，作为军户承担兵役的补偿。元朝政府在赋役方面对军户实行豁免和优待。

蒙元在大规模的战争中，仅靠士兵自备鞍马兵器是不够的，蒙古汗廷时期招收一批工匠，制造炮具、弓矢和盔甲，同时在战争中尽可能掳掠敌方马匹和军备物资，用于补给己方在战争中的损耗。各降附国和蒙古政权属下的汉军将领必须定期向蒙古统治者输送军需物资，成为蒙古军队武器装备的重要来源。总之，由汗廷筹集的军事装备和物资，是蒙古军队出征打仗的军事储备，以供不时之需。蒙古进入元朝之后，还设立军器监（后改武备寺），专门管理各种兵器的生产、贮存和发放。元朝对武器的管理，有很严格的规定。除由政府组织的武器生产外，任何人都不许私造兵器。汉人、南人不得私藏武器，甚至连弹弓、铁棒等都在禁用之列，违者要受到惩罚。汉人和新附军人只有在作战或出戍时才允许持有武器，使用之后随即交纳仓库，统一保管。蒙古军和探马赤军人则不受此限制，平时可携带武器。

元代的蒙古族人是成年男子皆兵，而汉人的兵役制度不同于蒙古人，实行专门指定一部分人户出丁当兵的征兵制度。蒙古统治者在中原汉人民户中签发士兵的同时，即着手定立汉军军籍。凡列出军籍的人户，就要世代服兵役，不能随意改变。而且军户履行服兵役的义务，必须以"正身"（本人）应役，不得逃避或以他人代役。如军人在出征或出戍时逃亡，要到原籍勾取他的兄弟子侄来代替。军人阵亡或病死，军户可以享受"存恤"的待遇。

蒙古统治者为了保证军队出征时的食宿供应和管理留守军人家属，专门设有一种"奥鲁"组织。蒙古军、探马赤军出征时，都在统兵官下设置奥鲁军，管理随军出征的军人家属。后来，探马赤军中原设立的奥鲁官，建立都万户府后，陆续撤罢，由都万户府下属的万户府和千户所直接管理军人家属。汉军万户下后来也设置了奥鲁官，管理军人家属，为出征军队准备武器粮草。忽必烈即位后，从各汉军万户下分出奥鲁官，改由各路、府、州、县的管民官兼管。新附军户由所在军府的管军军官直接管理，不设置奥鲁官。

(三) 怯薛和侍卫军

成吉思汗时期，为了有效地控制刚刚统一起来的蒙古各部和确保蒙古汗廷的安全，最高统治者从蒙古各千户中抽调了 1 万名精锐士兵，作为大汗的常备护卫军，蒙古语称为 kesig，汉文音译为"怯薛"。后来忽必烈即位初年，又将怯薛军一分为二，一部分归属于阿里不哥，一部分归属于自己。不久，忽必烈很快从属下的蒙古千户中又征集了一批护卫士，使怯薛组织又达到了一万人的定额。中统元年（1260 年），忽必烈还组建了侍卫亲军。第一个卫军组织称为武卫军，兵员3 万人左右，士兵来源于中原各汉军万户属下的军队。以后又改名为左、右翼侍卫亲军，左、右、中三卫。至元十六年（1279 年），南宋灭亡，忽必烈调整军队布局，增加侍卫亲军兵力，将三卫军扩充为前、后、左、右、中五卫，后又增设了武卫、虎贲卫、忠翊卫、海口侍卫等卫军机构，以汉军为主体，称为汉人卫军；将原来隶于蒙古军籍的色目"诸国人之勇悍者聚为亲军宿卫"①，先后设立了唐兀、钦察、贵赤、西域（又称阿儿浑）、阿速、隆镇、龙翊、斡罗思等卫军机构，称为色目卫军。部分蒙古探马赤军人和从草原流散出来的蒙古人口，也被编入侍卫亲军组织，设立蒙古侍卫与宗仁卫等机构，称为蒙古卫军。

怯薛有两个方面的特征：一是怯薛最初由成吉思汗的4位功臣领兵组成，怯薛之长及其部下均是可汗（后为皇帝）最亲信的人。4位功臣分别组成4支护卫队，每支护卫队值宿3天，然后依次轮换下一支护卫队。怯薛之长职位可世袭，后来其中两支怯薛之长死后无嗣，一支由太祖自领之，另一支由右丞相领之，由此可见怯薛之长位置之重要。怯薛长如担任时间长了并有功劳，可晋升为一品官员。4位怯薛长一般直接属于可汗（后为皇帝）指挥，有时可汗（后为皇帝）也另派大臣总领四怯薛，但这种情况不常见。二是怯薛不仅仅负责护卫可汗（后为皇帝），而且还负责可汗的衣食住行、文书、娱乐、狩猎、府库、医药、占卜祭祀等。

侍卫亲军与怯薛虽然都有宿卫最高统治者的职责，但其还是有所不同：怯薛主要负责皇帝的贴身安全和衣食起居等，掌管宫城和皇帝大帐的防卫，一般不外出作战，是最核心层的防卫力量。侍卫亲军则既要负责元朝两个都城大都（今北京市）、上都（今内蒙古正蓝旗东）的安全和"腹里"元中书省直辖地区（今河北、山东、山西三省及内蒙古部分地区）的镇戍，又是朝廷用以"居重驭轻"的常备精锐部队，随时受皇帝的指挥前去镇压地方的起义、叛乱和抵御外来的侵扰。由于充当侍卫亲军的多是各军中的精锐将士，因此侍卫亲军逐渐成为元军的中坚力量，取代了蒙古国时期的怯薛作为全军"大中军"的军事地位。在军事隶属关系上侍卫亲军与怯薛也不相同。怯薛由怯薛长官领导，直接听从皇帝指挥。侍卫亲军由各卫都指挥使司掌管，除东宫卫军外，均隶属于专掌军政的枢密院指挥。在职责上，侍卫亲军不负责皇帝的衣食住行、文书、娱乐、狩猎、府库、医药、占卜祭祀等，但其有一重要职责是怯薛所没有的，即负责屯田。从其内部结构来看，前、后、左、右、中侍卫亲军更像一个个独立庞大的军团组织，不仅能行军打仗，还能驻防屯田自给，甚至配备蒙古字、儒学教授等，闲暇时学习文化知识。

元代的怯薛、侍卫军在维护国家安全中发挥了重要的作用，其居于中央朝廷，与镇戍在外的诸种军队，形成内外相维、轻重相制的全国军事布防，被史家称为"一代之良法"。正如《元史·兵二》所指出的："宿卫者，天子之禁兵也。元制，宿卫诸军在内，而镇戍诸军在外，内外相维，以制轻重之势，亦一代之良法哉。方太祖时，以木华黎、赤老温、博尔忽、博尔术为四怯薛，领怯薛歹分番宿卫。及世祖时，又设五卫，以象五方，始有侍卫亲军之属，置都指挥使以领

---

① 《元文类》卷41《经世大典序录·军制》。

之。而其后增置改易，于是禁兵之设，殆不止于前矣。"

元代的怯薛制度，也有其弊端，据史籍所载，最突出的弊端就是太祖成吉思汗之后，"其数滋多，每岁所赐钞弊，动以亿万计，国家大费每敝于此焉"①。时人郑介夫更具体详细地指出，当时由于对怯薛选拔不严，致使怯薛人员鱼龙混杂、人数太多，大大增加了国家的财政负担。因此，他建议，朝廷应严格选拔怯薛标准，裁减怯薛人数，使其中不称职者回乡务农，这既可减少国家的财政支出，又可减轻广大百姓的负担。他说："今则不然，（选拔怯薛）不限以员，不责以职，但挟重赏，有梯援投门下，便可报名字，请精草，获赏赐，皆名曰怯薛歹。以此纷至沓来，争先竞进，不问贤愚，不分阶级，不择人品……趋者既多，岁增一岁，久而不戢，何有穷已"②。怯薛人数的激增，大大加重了国家的财政负担："今一人岁支粮十石，表里段匹双马草料，或三年四年散钞一百三十锭，以有用之财，养此无用之人，实于朝廷有损无益。诸王公子例皆如此进身，既易为弊滋多。"针对这种弊端，郑介夫主张："今后宜限以名数，择其人品，又以所职贵贱高下，定其出身之例。遇有名阙，方许选补，则人心自无过望，而国家不至滥恩矣……更有皇太后位下各色怯薛，今已终丧，犹拥虚语，循例供给，费破不资，稽之古典，实出无名。所宜尽行放散，使之各务本业。如准所陈行之，自可免分拣之多事也。每岁国家省粮数十万石、段子数千万匹，岁收草料三中之一足了支持，而百姓亦免盐折草之料，官省其劳，民受其利，诚为两得矣。既有职役定员，则挟赏投入者无所容力；既有出身定例，则别里哥迭不禁自无，此国家无疆之休，子孙万世之利也"。

二、军事物资和通信思想

（一）军事物资思想

蒙元在长期的征战中，之所以能建立幅员辽阔的帝国，从军事角度来看，主要有两个方面的因素：一是蒙元军队的骁勇善战；二是蒙元在征战中重视屯田，对于久攻不下的战略要地，蒙元军队就在当地屯田，实行长期围困，直至攻占这一战略要地；对于已攻占的战略要地或重要地区，蒙元也派军队予以屯田，以便长期镇戍控扼。元朝统一全国后，军事屯田几乎遍布全国各地。史称："有国者善用其法，则亦养兵息民之要道也。国初，用兵征讨，遇坚城大敌，则必屯田以守之。海内既一，于是内而各卫，外而行省，皆立屯田，以资军饷。或因古之制，或以地之宜，其为虑盖甚详密矣。大抵芍陂、洪泽、甘、肃、瓜、沙，因昔人之制，其地利盖不减于旧；和林、陕西、四川等地，则因地之宜而肇为之，亦未尝遗其利焉。至于云南八番，海南、海北，虽非屯田之所，而以为蛮夷腹心之

---

① 《元史·兵二》。
② 《历代名臣奏议》卷67，以下郑介夫言论引文，均见于此。

地，则又因制兵屯旅以控扼之。由是而天下无不可屯之兵，无不可耕之地矣。"①

　　蒙元军事屯田，自蒙古国时期就已大规模开展。元朝统一全国后，侍卫亲军各卫和地方的镇守军队都拨出部分士兵从事耕作。军屯按照军队组织系统进行管理，设立屯田万户府、千户所等机构，各级官员都是军官。每年年底，朝廷要对军屯的耕田亩数、粮食收成和耕亩情况进行考核，奖优罚劣。元朝从事屯田的军队主要是新附军和汉军。屯田所用耕牛、农具和种子，大多由国家供给，少数由军人自备。屯田的收入，大部分上缴国家，少部分留作口粮和种子。

　　在元人的军事屯田中，由于官吏贪污和压迫屯军，使屯田军人生活状况较差，对屯田生产失去积极性，甚至采取消极怠工的办法进行抵制。从总体来看，军屯的经济效益较低，不能满足军队的粮食需求，政府每年还要从民户征收来的税粮中拨出部分粮食供给军队。但是，尽管如此，军事屯田在保障军事活动中的物资供给和边疆地区的开发中发挥了很大的作用。元人王恽在《秋涧集》卷86《论屯田五利事状》中指出，军事屯田除了有"兵食足、民无转输之劳、边有备、官无和籴之弊"外，对于当时新征服的南宋统治地区来说，还有"五利"：一是开辟南宋山林险阻偏僻地区之利。"今者宋人出没不时，止恃山林险阻，虽云深入如涉虚境，今者如复令边民分田杂耕，上自钧化，下至蔡息，不数年剪去荒恶，荡为耕野，一利也。"二是有利于蒙元军队镇戍被征服地区，维持社会秩序安定。"民则什什伍伍相望，三时种艺。甲兵在旁，彼欲内寇，野战实非所长；复欲伺便鼠窃，又无潜伏出入之便。而复严烽燧，谨斥堠，少有警急，我则收合余力，据守要害，而似前日之寇盗不可得矣。彼纵来寇，如战处平野，猎者麼而杀之，获之无不利矣，二利也。"三是可激励士兵勇于征战。"至于我军征进，适当农隙，丁力有余者，许随大军入讨，所获悉付本人，是民因私利勇于公斗，三利也。"四是使征战士兵久居驻地，免于长途疲于奔命。"又令向里一切蒙古、奥鲁亦编民间屯，使之杂耕，不惟调习水土，可使久居，且免每岁疲于奔命之役，四利也。"五是使蒙元军队深入到两淮、长江流域。"不数年，根数深固，使奥鲁军人倒营而下，近则杂两淮之间，远则抵长江之北，所谓长江之险，我与共之矣，五利也。"因此，王恽主张，朝廷应大力鼓励支持屯田："将河南旧有屯田户计及一切沿边之民，尽拆丝银，使之输谷；其屯事于山川出没要害区处，首为耕垦，官给牛畜，自办农具，其余法且一依经略司元行。然后选近侍为大司农官，及内设屯田员外郎中，专领其事，使通其奏请、趣其应赴。岁时令按察司或督军御史按行屯所，察其成否而赏罚之。不数年，田事可成，坐收必胜之道矣。"在此，王恽主要提出了3个方面政府鼓励支持屯田的措施：一是政府改征屯田户丝银为征谷物，从而鼓励屯田户多开垦土地进行农业生产。二是政府通过提供屯田户耕牛，让其自备农具，帮助鼓励屯田户到"山川出没要害区处"

---

① 《元史·兵三》。

开荒屯田。三是朝廷设立大司农官、屯田员外郎中专门负责全国屯田事务,并派按察司、督军御史巡视屯所,督察其屯田成功与否,然后予以奖赏或处罚。王恽认为,朝廷如能采取以上 3 个方面措施,在几年之内,就能收到屯田成功的效果。在元政府的大力鼓励支持下,元代的军事屯田遍布全国各地。

蒙元在长期征战中,骑兵是主力军,是克敌制胜的法宝,因此,十分重视骑兵建设,对马匹的繁殖、管理和调拨,逐步形成一套制度。元朝自元世祖开始,就在朝廷设专门机构,管理马政。"世祖中统四年(1263 年),设群牧所,隶太府监。寻升尚牧监,又升太仆院,改卫尉院。院废,立太仆寺,属之宣徽院。后隶中书省,典掌御位下、大斡耳朵马。"

元朝对政府所属马匹,主要采取以下 4 个方面的措施加以管理:一是对官马烙以各种不同名称的官印,对成千上万的马匹进行分类。"马之群,或千百,或三五十,左股烙以官印,号大印子马。其印有兵古、贬古、阔卜川、月思古、斡栾等名"。二是马群分散给牧民承包饲养。"牧人曰哈赤、哈剌赤;有千户、百户,父子相承任事。自夏及冬,随地之宜,行逐水草,十月各至本地"。三是政府每年九月、十月派遣太仆寺巡视查点,对新产的马驹烙上官印,并造册分别用蒙古、回回、汉字登记马匹数量。"朝廷岁以九月、十月遣寺官驰驿阅视,较其多寡,有所产驹,即烙印取勘,收除见在数目,造蒙古、回回、汉字文册以闻,其总数盖不可知也。"四是牧民在承包饲养官马中如有马病死,必须予以赔偿。"凡病死者三,则令牧人偿大牝马一,二则偿二岁马一,一则偿牝羊一,其无马者以羊、驼、牛折纳。"

蒙元时每当遇到重大的军事行动时,政府即临时在民间"刷马""括马""和买马",从民间强制征调马匹以供军用;蒙古人与各级官员可以得到一定照顾,汉人、南人百姓的马匹则往往全部征收。元政府通过这种方法来满足军马的需求,虽然比较便捷,但往往遭到人民的反抗,引起很多矛盾[1]。

(二)军事通信思想

《元史》卷 98《兵一》云:"今其典籍可考者,曰兵制,曰宿卫,曰镇戍,而马政、屯田、站赤、弓手、急递铺兵、鹰房捕猎,非兵而兵者,亦以类附焉,作《兵志》。"站赤、急递铺兵虽然严格意义上说是驿传、邮传,但与军事通信密不可分。如"元制站赤者,驿传之译名也。盖以通达边情,布宣号令,古人所谓置邮而传命,未有重于此焉。""古者置邮而传命,示速也。元制,设急递铺,以达四方文书之往来,其所系至重,其立法盖可考焉。"[2] 元代的站赤设置以大都为中心,通往全国各地,各站都备有马匹、粮食、肉食,备来往的信使使用。军队的通信联络,平时就通过站赤传递。如遇到紧急军情公文,则通过急递

---

① 《中国军事史略》(中册),第 300 页。
② 《元史·兵四》。以下论述站赤、急递铺兵的引文,未注出处者,均见于此。

铺加急递送。元代的站赤、急递铺兵制度较有特色，在维护幅员辽阔的帝国统一中发挥了重要的作用。兹缕述如下：

一是元代的站赤，充分利用当时所具有的交通工具。"凡站，陆则以马以牛，或以驴，或以车，而水则以舟"。在这些交通工具中，以马速度为最快。因此，"其给驿传玺书，谓之铺马圣旨"，皇帝的圣旨，就通过骑马来传递。二是站赤传递信息，最急的应是军情公文。元政府又将军情公文按紧急程度分为两个等级："遇军务之急，则又以金字圆符为信，银字者次之；内则掌之天府，外则国人之为长官者主之。"三是站赤设有驿令、提领官负责管理，又设脱脱禾孙在交通要道盘查过往行人，中央由通政院和兵部总管。"其官有驿令、有提领，又置脱脱禾孙于关会之地，以司辨诘，皆总之于通政院及中书兵部"①。四是元代站户艰辛，因此时有逃亡发生。由于站户的重要性，元政府随时予以补充，并对站户给予赈恤，以防止其逃亡。"站户缺乏逃亡，则又以时签补，且加赈恤焉"。在元政府的重视和有效管理之下，广袤的大元帝国，"四方往来之使，止则有馆舍，顿则有供帐，饥渴则有饮食，而梯航毕达，海宇会同，元之天下，视前代所以为极盛也。"

元代对全国的急递铺也实行有效的管理，其主要制度安排有以下 7 个方面：一是根据人数多寡，每隔 10—25 里设一急递铺，每铺配铺丁 5 人。"世祖时，自燕京至开平府，复自开平府至京兆，始验地里远近，人数多寡，立急递站铺。每十里或十五里、二十五里，则设一铺，于各州县所管民户及漏籍户内，签起铺兵。中统元年（1260 年）诏：'随处官司，设传递铺驿，每铺置铺丁五人。'"二是急递铺顾名思义，就是递送紧急军情公文等，因此，对于递送军情公文在时间上有很高的要求，各铺之间传递军情公文必须记录时间，递送者必须及时在各铺之间传递军情公文，延误者必须受到处罚。"各处县官，置文簿一道付铺，遇有转递文字，当传铺所即注名件到铺时刻，及所辖转递人姓名，置簿，令转送人取下铺押字交收时刻还铺。本县官司时复照刷，稽滞者治罪。"元代规定，"铺兵一昼夜行四百里"。三是由于军情公文多涉机密，因此元政府规定军情公文必须严密封装在绢袋或匣子里，并进行编号，在传递过程中严禁开拆、损坏或乱行批写等，"其文字，本县官司绢袋封记，以牌书号。其牌长五寸，阔一寸五分，以绿油黄字书号。若系边关急速公事，用匣子封锁，于上重别题号，及写某处文

---

① 元代站赤归属通政院或兵部，屡有变动。武宗至大四年（1311 年）三月，"省臣言'始者站赤隶兵部，后属通政院。今通政院怠于整治，站赤消乏，合依旧命兵部领之。'制可。四月，中书省臣又言：'昨奉旨以站赤属兵部，今右丞相铁木迭儿等议，汉地之驿，令兵部领之，其铁烈干、纳邻、末邻等处站赤，仍付通政司院。'帝曰：'何必如此，但令罢通政院，悉隶兵部可也。'闰七月，复立通政院，领蒙站赤……（仁宗延祐）七年（1320 年）四月，诏蒙古、汉人站赤，依世祖旧制，悉归之通政。十一月，从通政院官请，诏腹里江南汉地站赤，依旧制，命各路达鲁花赤、总管提调，州县官勿得预。'"（《元史》卷 101《兵四》）

字、发遣时刻，以凭照勘迟速。其匣子长一尺，阔四寸，高三寸，用黑油红字书号。已上牌匣俱系营造小尺，上以千字文为号，仍将本管地境、置立铺驿卓望地名，递相传报。""凡有递转文字到，铺司随即分明附籍，速令当该铺兵，裹以软绢包袱，更用油绢卷缚，夹版束系，赍小回历一本，作急走递，到下铺交割附历讫，于回历上令铺司验到铺时刻，并文字总计角数，及有无开拆、磨擦损坏，或乱行批写字样，如此附写一行，铺司画字，回还。若有违犯，易为挨问。"四是由于急递铺往往递送紧急军情公文，因此须选择身体健壮、善于行走之人充当；由于军情公文往往事关军国大事，因此，必须选择可靠之人充当铺兵，不得随意雇人代替。"铺兵须壮健善走者，不堪之人，随即易换。""初立急递铺时，取不能当差贫户，除其差发充铺兵，又不敷者，于漏籍户内贴补。今富人规避差发，求充铺兵，乞择其富者，令充站户，站户之贫者，却充铺兵"。"随路铺兵，不许顾人领替，须要本户少壮人力正身应役"。如是挑选急递铺的负责人铺司，还必须识字，能填写文历，并会辨别时辰。"铺司须能附写文历，辨定时刻。"五是铺兵递送军情公文不分昼夜，不避暴风雨雪等，行走于深山密林、荒漠地区，因此，必须有照明、抵御风雨、野兽、盗匪的基本设备。"凡铺卒皆腰革带，悬铃，持枪，挟雨衣，赍文书以行。夜则持炬火，道狭则车马者，负荷者，闻铃避诸旁，夜则以惊虎狼也。响及所之铺，则铺人出以俟其至"。每个急递铺还必须配有记时的轮子、牌额、铺历以及保护公文的净检纸、厚夹纸、囊板、漆绢等。"每铺安置十二时轮子一枚、红绰屑一座，并牌额及上司行下、诸路申上铺历二本。每遇夜，常明灯烛。其铺兵每名备夹版、铃攀各一付，缨枪一，软绢包袱一，油绢三尺，蓑衣一领，回历一本。各处往来文字，先用净检纸封裹于上，更用厚夹纸印信封皮"。"囊板以护文书不破碎、不襞积，折小漆绢以御风雪，不使濡湿之。及各铺得之，则又展转递去"。六是元政府对负责急递铺的官吏和铺兵、铺司定期进行考核，对有过失者进行惩罚，有功者进行奖赏。元世祖时规定："各路总管府委有俸正官一员，每季亲行提点。州县亦委有俸末职正官，上下半月照刷。如有怠慢，初犯事轻者笞四十，赎铜，再犯罚俸一月，三犯者决。总管府提点官比总管减一等，仍科三十，初犯赎铜，再犯罚俸半月，三犯者决。铺兵铺司，痛行断罪"。"英宗至治三年（1323 年），各处急递铺，每十铺设一邮长，于州县籍记司吏内差充，使之专督其事。一岁之内，能尽职者，从优补用；不能者，提调官量轻重罪之"。七是铺马是急递铺的重要交通工具，元政府制定了一系列措施，来保护铺马，使铺马在传递军情公文中，发挥应有的作用。如：其一，规定有关官吏、站户必须把铺马喂养肥壮，以致在紧急传递军情公文中不致频频倒死："诸站铺马，大概一体走递，其间或有马匹参杂瘦乏病患，气力生受去处。虽因走递使然，亦由站间不得其人，及本路官司有失照觑。今后委自本路管民正官，督勒管站官。常川计点草料槽具；各站户人等将所养马匹依时饮喂，须要肥壮，无令瘦弱。若是不禁走递，频频倒死，验数补买，不唯有损站户，抑亦失误邻站驿程紧急公事。省部不测差官前来检校，若有似此站官，就便断遣"①。其二，规定管站官吏私事不得骑铺马，不得用铺马搬运私人物品。"管站官不得私骑站马，及令般驰诸物。如违，痛行治罪"②。其三，规定皇族、官府不许滥差铺马。大德十年（1306 年）五月，钦奉圣旨条画内一款："诸处站赤消乏，盖因诸王、驸马、公主于内外官府，不详事体缓急巨细，动辄驰驿，以致站户逃移。今后非军情钱粮紧急之务必合乘驿者，毋得滥差。"大德十一年（1307 年）九月，都省议得："除军情紧急重事，及云南、四川、甘肃、和林极远去处，必合差遣乘驿者，许给铺马二匹，余准部拟。除外，咨请依上施行。"③ 其四，禁止借用铺马。至元三十年（1293 年）八月，都省针对"湖广等处行枢密院金书唆木剌，管押爪哇出征军人军器，前去泉州等路交割。本院别无见在铺马，用左右两江万户杨兀鲁歹之任铺马六匹圣旨一道"之事，提出："前项借用铺马，事属违错。既是军情急务，已行应付，别无定夺。仰速为照勘应付讫铺马几匹，是否相应。今后毋致似前借用违错。仍遍行合属，禁治施行。"④

三、军队纪律约束思想

在元代军队纪律约束中，处罚最严厉的是在打仗中临阵退缩、行动迟缓而延误战机、不听从号令指挥等。对于这些过犯，因影响到战局的胜负，故处罚严厉，往往动辄处死。"诸临阵先退者，处死。诸统军捕逐寇盗，分守要害，约相为声援，稽留失期，致杀死将士，仍不即追袭者，处死，虽会赦，罢职不叙。诸军民官，镇守边陲，帅兵击贼，纪律无统，变易号令，背约失期，形分势格，致令破军杀将，或未战逃归，或弃城退走，复能建招徕之功者，减其罪，无功者，各以其罪罪之"⑤。

其次，处罚较严厉的是平时对擅自离队或逃兵的处罚。"诸军官离职，屯军离营，行军离开部伍者，皆有罪"。"诸防戍军人于屯所逃者，杖一百七，再犯者处死。若科定出征，逃匿者，斩以徇。诸军户贫乏已经存恤而复逃者，杖八十七，发遣当军。隐藏者减二等，两邻知而不首者，又减隐藏罪二等"。"蒙古、汉军驱军逃窜者，圣旨到日，限一百日出首，与免本罪。限外不行出首者，各处官司严加缉捕得获，发付本使。诱说隐藏之人，两邻知而不首者，依例断罪。把隘人员明知逃躯受贿纵放者，依枉法例断罪。驱丁拒抗不伏，仰所在官司添力捉拿转送，违者究治"⑥。由此可见，元朝对逃兵的处罚仅次于临阵退缩、延误战

① 《元典章》卷 36《站赤》。
② 《元典章》卷 36《站赤》。
③ 《元典章》卷 36《铺马》。
④ 《元典章》卷 36《违例》。
⑤ 《元史·刑法二》。本目引文未注出处者，均见于此。
⑥ 《元典章》卷 34《正军》。

机，一般是再犯者才处死，或者是已决定出征打仗而逃亡，其性质等同于临阵退缩，所以要处以"斩以徇"。元政府还通过鼓励自首和惩罚隐藏逃兵者来制止逃兵现象。如逃兵在100天内出首归队，就可免罪。隐藏逃兵者以及左邻右舍知情而不告发的，都必须受到不同程度的处罚。还有把守关隘人员如发现逃兵，但由于收受贿赂而放走逃兵的，必须按官吏受财枉法罪予以严惩。

再次，军队中将士不得无故私下替换，如私下替换，根据替换人数或受贿钱数而予以不同程度的处罚。"诸各卫扈从汉军，每户选练习壮丁一人常充，仍于贴户内选两人轮番供役，其有故必合替换者，自万户至于百户，相视所换之可用，然后用之。百户、千户、万户私换者，验名数多寡，论罪解降"。"诸管军官吏受钱代替军官名者，验入己钱数，以枉法科罪除名。令兄弟子侄驱丁代替者，验名数多寡，论罪解降"。"诸翼军人并须选拣惯熟好汉，常加教练。管军官不得作弊，受钱放军离役，私令弟男、驱口冒名代替"①。由此可见，元朝廷禁止军中将士无故私下替换的目的是要使军队保持战斗力，防止体弱不堪战斗之人混入军中。

最后，朝廷为防止军队骚扰、侵害、掳掠民众，从而失去民心，制定了一系列约束军队将士行为的规定。如"诸随处军马，有久远营屯，或时暂经过，并从官给粮食，辄妨扰农民、阻滞客旅者，禁之"。"诸军马征伐，掳掠良民，凶徒射利，略卖人口，或自贼杀，或以病亡弃尸道路、暴骸沟壑者，严行禁止"。《元典章》卷34《正军》中"省谕军人条画"也对军队将士行为做了许多具体约束，如"省谕军官、军人，据好投拜官民宅舍、店铺、庄产田地、花果松竹菜园一切林木，不得强行占夺。如有占者，归付本主，及不得劫毁人家坟墓"。"军官、军人，于新附州城不得挟持强娶他人妻女。如有和娶者，或有亲属从人，或有典雇人等，不得昏赖为驱，及不得典卖聘嫁"。"管军官员严切禁治各管军马屯驻并出征经过去处，除近里地面先有圣旨禁治外，但系新附地面，不得牧放头匹、踏践田禾、啃咬花果桑树，不得于百姓家取要酒食，宰杀猪鸡鹅鸭，夺百姓一切诸物"。"军中遇有递运系官诸物，须管于官船内差拨官军，使驾递送，却不得因而拖拽官民梯己船只，及不得拖扯百姓人等驾船，妨夺生计"。

朝廷不仅禁止将士骚扰、侵害、掳掠民众，而且还制定"条画"，禁止军官骚扰、私役、勒索、克扣军户、士兵等。《元典章》卷34《正军》中"晓谕军人条画"规定："今后奥鲁官不得非理骚扰军户，擅科差役"。"军官除额设合使军数外，不得多余占使，私役军人造作营运。常加抚养，无得擅科钱物"。"借钱取息，已有定例。今后军前出放钱债，虚钱实契，不许归还；多余取利者，追征没官，约量治罪"。"各奕起军官，不得于军户处科取钱物、酒食、马匹草料，骚扰不安"。"军马、粮料、衣装、盘缠、钞定，并仰本翼正官公同尽实给散，

---

① 《元典章》卷34《正军》。

不得中间克减作弊。违者依条断罪"。

四、军事战略思想

（一）胡祗遹的军事战略思想

元朝是靠强大武力征服的大一统帝国，但当进入和平统治时期之后，武力逐渐衰弱，战备松弛。在这种历史背景之下，大臣胡祗遹提出，天下虽然太平无事，但国家不能削弱军队、松弛战备，平时必须坚持军队训练，饲养好战马，消解西南不安定势力，贮存粮食以备不时之需。他说："天下虽无事，不可无兵备。近年以来，京师奉卫之兵止知服役，战阵击刺之法则不知也。边陲之兵富厚者，本官得钱而放散；穷乏者为本官服土木之劳，亦不习战；一旦有警，皆不为用。向来萧县、宿州之败，岂非明效大验欤？当时差官点集精练，所主非其人则易之。北方强劲，所恃者马力。近岁马极衰耗，比之十五年前十去八九。国家易两平收买，制官择地而畜牧之，庶复滋息，以备一朝之急用。西南之衅，不可不虞。何则？恩荣太重，势均力敌，不相从命。强梁者宜置内地，渐易以他职，使莫知觉。疲软者宜渐振其权，毋致滋养姑息，以消东南。此消患未萌之良图也。仓廪储蓄，不可不广。乘其丰岁，包银中宜度分数收粟三之一，随远近贮积，毋致坏烂，以备有用。"①

但是，另一方面，胡祗遹又提出，兵贵精不精多，为了减轻国家和民众的负担，必须精简军队，将其中一些老弱病残、无产业、单丁者除去军籍，转而为民："兵贵精而不贵多，在强而不在众。果能如虎如貔如熊如罴，力扛鼎，射命中，古人已有以五千之卒战敌三十万，以三万之众御百万之师者。方今四方底平，鳏寡孤独、疲癃残疾、无产业、单丁者皆宜放罢为民，除去军籍。此数者在仁政之所当养济，虽合并十户为一户，二三十户为一户，亦不为用，徒费文墨。今年勾追，明年刷勘，后年起遣，保结勘当，止与吏人供酒食之赀、苞苴之费而已。其次年壮有妻室子孙，田亩及顷者，四丁并为一户，轮番周岁。当年或身故而子孙未成丁，或凶年食不足，官为赈济，不得货卖土田孳畜，消折气力。"②胡祗遹认为，兵之所以"贵精而不贵多，在强而不在众"，是因为战争的胜负是由多种因素决定的。"师克不在众，亦明矣。胜敌之道无他，知己知彼而已。彼以弱昧，我以强明；彼以众叛亲离，我以风集云会；彼以不足，我以有余；彼以某人为谋臣为将帅，我以此人为谋臣为将帅；彼之甲士若干，我之甲士若干；彼所恃者何物，我所恃者何物；彼所畏者何事，我所畏者何事；事事物物，帷谋庙算，如国手棋，持子不下，熟计多筹，万胜万全，然后下子，如是而不胜者，未之有也。大抵用兵之道，阙一不可者也：一、人情国势，二、君王，三、将帅，

① 《吏学指南》（外三种），第179—180页。
② 《吏学指南》（外三种），第232—233页。

四、徒卒，五、戈甲器刃，六、仓库供应，七、天时地形。七事皆尽其美，鲜有不胜者。"① 由此可见，要取得战争的胜利，必须知己知彼；必须深得人心，得到民众的拥护，这就是人情国势；君王必须善于任用谋臣、将帅，拥有众多兵士，并有精良的武器装备和充足的粮草供给，这就是君王、将帅、徒卒、戈甲器刃、仓库供应；必须拥有天时地利。这些因素都具备了，那就很少不会取得战争胜利的。

（二）赵天麟的军事战略思想

元初，赵天麟在上策元世祖中提出了"至重者将也，至险者兵也"以及如何将将、将兵的思想。他说："至重者将也，至险者兵也。虽系于将，而其原皆在于君也。君之任将得人，则用之如神，守之如山，驰之如风，整之如网之在纲矣。设或任非其人，则害有不可胜言者焉……于兵有六险，一天、二地、三敌、四间、五使、六卒是也。夫祁寒暑雨、疾风迅雷，卷雁塞之沙，飞荥阳之瓦，或忧积之气蒸为雾霭而蔽天，或愁恨之情腾为冰雹而截路，此天之险也。夫长山峻坂、深谷茂陵，或九折以升天，或千盘而入井，卒徒罢倦、辎重艰难，伏百万之敌于数步之间，降三六之军于九天之上者，此地之险也。夫佯奔诈北骤趋缓行，或当前而就后相袭，或在左而于右夹出，彼众我寡、彼强我弱者，此敌之险也。夫纵横之子、捭阖之徒，炫惑之言、迷冥之语，似忠而复佞，似实而还诳者，此间之险也。夫交兵之际，行人在中，出言一失，而难救其端，奉简误投，而遂形其衅，至有泄吾机事、谀彼逆流者，此使之险也。夫殄风偶扇、孽事由兴，机不定兮；兵事危，令不行兮，人意离者，此卒之险也。"②

正由于将、兵在战争中的重要性，并且将、兵对于战争来说都是双刃剑，使用得当，就会取得胜利；如使用不当，就会导致战争的失败，因此，最高统治者必须熟知将将、将兵之道。其一，赵天麟提出，将将之道有二："一曰分统，二曰专委。当其天下已定，将帅优游，以备爪牙之用，乃方方殊掌，位位各司，无使一员独为魁首，于是有分统之道焉，实万世之计也。如或边尘，暂起命将，兴师须立名将以总之，乃面告之：'去，阃以内，寡人制之；阃以外，将军制之。'于是有专委之道焉，但一时之事也。出征而不专委，则节制难齐；太平而不分统，则久生异事。高爵以宠之，厚禄以食之，二术以御之，举无遗策矣。伏望陛下立枢密院使一员，使与行省首官，品秩相同，其余员位，以次班之。今适太平，事无大小，须待同议，无或敢专。若夫卫、府、司、营，已有蒙古监军，不须别议。此即分统之道也。设或动兵，则暂行专委之道焉。更望陛下于中外卫、府、司，训示以愚臣所述攻战将兵、太平将兵之四德。如是，则事常谨于下，而权常归于上矣。权归于上，则人无觊觎，而民得安矣。"这里，赵天麟提出将将

---

① 《吏学指南》（外三种），第168页。
② 《历代名臣奏议》卷241，以下赵天麟言论引文，未注出处者，均见于此。

的一个很重要问题，即如何处理好"分统"与"专委"的关系。他主张，在太平无战事之时，应该让领兵将领"分统"，不让一人专权，而使诸将领之间有事共同商议决定，以便互相监督，就不会出现将领拥兵自重，威胁皇权，产生动乱。如在战争期间，则要暂时让一位将领专权，这样才能使将领有权威领兵指挥打仗，随时应对瞬息万变的战争形势。

由于将领在战争中的重要性，因此赵天麟提出，朝廷应慎选将军；对于选上的将军，朝廷应用高官厚禄殊礼对待他。这样，就会使将军在战争中对朝廷忠心耿耿，英勇杀敌，为国捐躯。他说："将军者，国家之爪牙，人命之关系，尤不可不慎选也……方其国家无事之时，遴选英雄，高爵以宠之，厚禄以食之，加之以殊礼，处之以闲职。一旦卒然有急，则行专委之遴焉，于是乃有折冲于樽俎之间，制胜于疆场之际，心口相誓而委命自甘，肝脑涂地而赤心无吝者，岂非王者善将将之所致而然邪。"

赵天麟在提出将将之道的同时，也提出将兵之道。他认为："将兵之道有四，而行之者八。何谓四，一曰忠，二曰计，三曰勇，四曰果。何谓八？见敌勒王之谓忠，闻敌制胜之谓计，饱直恃力之谓勇，进战期克之谓果，此盖攻战将兵之将也。劝主上以先之谓忠，严军律以养素之谓计，坐帷幄以折冲之谓勇，不生事以希幸之谓果，此盖太平将兵之将也。"这里，赵天麟主张将兵之道就是要培养士兵忠、计、勇、果的素质，而这四个方面的素质在战争和和平时期又有不同的要求。在战争时期的"忠"就是看到敌人就要立即挺身去保卫国王，"计"就是听到敌人就有克敌制胜的方法，"勇"就是斗志昂扬富有力量，"果"就是进攻战斗就能攻克敌人。在和平时期的"忠"就是能率先而出谏劝国君，"计"就是严守军队纪律生活朴素，"勇"就是处于帷幄之中训练冲杀敌人，"果"就是不招惹是非以得到上级喜爱。

对于兵之天、地、敌、间、使、卒六险，赵天麟认为善于领兵的将领可用"四术"驾驭："冒六险而行，向非良将，谁能当之？夫良将有四术，一曰定心，二曰饱气，三曰策胜，四曰身斗。故疾雷破山、飘风振海而不惊，驾士鼓卒、视众犹寡而不惧，随、贾不能说，廉、李不能攻，见小利而不趋，存大端而自厉，所谓定心之术也。养威蓄锐，饮直行仁，承王命徂征，御奸风而坐镇，其英可以上凌紫氛，其信可以下孚敌国，所谓饱气之术也。檄至而风从，旗指而草靡，洞穰苴之方寸，吐陈平之奇谋，所谓策胜之术也。挟匹夫之勇，而气肃勍敌，踊七尺之躯，而威加殊域，若仁贵之三箭，庚公之乘矢，所谓身斗之术也。臣谓得此四术之将，而六险不足以为险矣，非此四术之将，而未有不险之地也。"这里，赵天麟所谓良将驭兵四术是：一为定心，即良将在山崩海啸之前而不惊恐，在敌众我寡情况下指挥士兵作战而不惧怕；无论什么人怎么游说、给你什么好处也不动心。这样的良将就能稳定军心。二是饱气，即良将如能让士兵养精蓄锐，仁爱士兵让他们吃饱；奉国王命令出征，坐镇指挥而讨伐奸逆；其英勇之气上薄云霄，其诚信能使敌国臣服。这样的良将就能使士兵斗志昂扬。三是策胜，即良将能够一接到檄文就能迅速行动，旗帜所指之处就能使敌人望风披靡；洞察敌情之细微变化，能够谋划出如陈平一样的奇策。这样的良将就能率领士兵以计策胜敌。四是身斗，即良将能率领士兵敢于冲锋陷阵，英勇杀敌。赵天麟认为，良将如能掌握驭兵四术，不仅能使兵之六险化为不险，而且还能率领士兵取得战争的胜利。

第六节　明代军事管理思想

一、军队建制思想

明朝建立后，开国君主朱元璋及其继任者为强化封建专制主义中央集权的统治，进一步加强皇权对军队的绝对控制，对军队建制进行了一系列的改革，其主要有以下 5 个方面：

（一）中央设五军都督府和兵部

明初仿照宋元的枢密院制度，在中央设立大都督府，作为全国最高的军队管理机构，节制内外诸军。"凡天下将士兵马大数、荫授迁除与征讨进止机宜皆属之"①。洪武十三年（1380 年），为了防止大都督府军权太专，威胁皇帝对军队的绝对掌握，明太祖下令将大都督府分为中、左、右、前、后五军都督府，分领在京和在外各都司卫所。此外，明朝继承隋唐以来在朝廷设六部的做法，仍设兵部作为六部之一。这样，在中央、全国的军队就由五军都督府和兵部共同负责管理。但是五军都督府和兵部在管理全国军队时又有所分工，互相制衡、监督、牵制，以便于皇帝操纵和控制。朝廷明确规定，五军都督府负责军籍和军旅之事，而人事、军队调遣和政令发布则由兵部负责。"凡武职、世官、流官、土官袭替、优养、优给"，各府移文兵部请选，都司、卫所"首领官听吏部选授"②；如遇到战事，天子命将充总兵官，兵部签发"出兵之令"，调卫所军领之，"既旋则将上所佩印，官军各回卫所"③。这样，就形成了"兵部有出兵之令，而无统兵之权，五军有统兵之权，而无出兵之令"。两个机构"合之则呼吸相通，分之则犬牙相制"④。

到了永乐年间，明成祖朱棣将五军都督府管理军队军籍和军旅之权"尽归之兵部。所谓五都督者，不过守空名与虚数而已"⑤。明朝中后期，兵部尚书或

---

① 《弇山堂别集》卷 53《大都督府左右都督同知佥事表》。
② 《明史·职官五》。
③ 《明史·兵一》。
④ 《春明梦余录》卷 30《五军都督府》。
⑤ 《弇山堂别集》卷 53《大都督府左右都督同知佥事表》。

侍郎有时可提督或协理京营戎政，直接掌握京营训练，五府官实际上变成一种虚衔。

（二）地方设总督、巡抚和都指挥使司

明代于尚书、侍郎、少卿等官，加都御史或副、佥都御史衔者，到地方处理事务、执行监察或临时办事，其称号有总督、巡抚，提督、总理、巡视、抚治等，其中最为常见的是总督和巡抚，称为督抚制度。督抚原属于临时性的差遣，到明中叶以后成为常设的职务。终明一代，督抚的地方长官地位没有得到朝廷的正式承认，一直是都察院和兵部的"兼衔两属"之职。督抚参与地方军队管理较早见于明仁宗时期。洪熙元年（1425 年），朝廷为加强对武臣的节制，派文臣"于各总兵官处整理文书，商榷机密，于是有参赞参谋军务，总督边储"①。宣德、景泰之后，朝廷派往地方的总督和巡抚逐渐成为定设的官员。巡抚往往加有提督军务或赞理军务、参赞军务的头衔，总督更有总督文武、自总兵、巡抚以下皆听其节制的大权。这样，地方的布政使、提刑按察使、都指挥使都归其管辖，连总兵官也要听其指挥，督抚实际上成为地方的最高军事长官。正如大臣曾铣所指出的："国朝设官分职，各有所守。如各边镇去处，必设总兵一员以镇守其地。恐其不敢专也，则设巡抚一员，以赞理军务。又以各镇权无统设，难以调遣，近年特设总督一员，以总理军务。查得敕谕各官所载，如总督，则云经略边务，随宜调度，各镇将军相机战守，临阵不用命者，悉以军法从事。此总督之职守也。如巡抚，则云整饬边备，训练军马，督理粮草，抚恤士卒。此巡抚之职守也。如总兵，则云整饬兵备，申严号令，振作军威，相机战守。此总兵之职守也。职守既定，无事则各相遵承，无敢侵越，有事则各相分任，无敢推避。如此，则战守分明，而功罪各有所归。人思自勉，而边事亦无不济矣。"②

明朝初年，地方各省设立都卫管理军队。洪武八年（1375 年），明太祖改地方都卫为都指挥使司。各都指挥使司设都指挥使 1 人，作为地方各省的最高军事长官，掌一方之军政，各率其卫所隶属于中央五军都督府，同时听命于兵部。明初各省都指挥使与布政使、按察使"并称三司，为封疆大吏"③，且品级、地位比布政使、按察使还高，威权甚重。但在对内外的战争中，朝廷往往照例指派都督府官或公、侯、伯出为总兵官，指挥军队作战。战争结束后，总兵官还任交出兵权。"后因边境多事，遂留镇守"④。这样，逐渐使临时派遣的总兵官变为固定设置的地方军事官，形成了镇戍制。后来，在内地的军事要害地区也派总兵官镇守，独任一方之军务。各省都指挥使的地位日益下降，逐渐变成总兵官的

---

① 《今言》卷2。
② 《明经世文编》卷240《曾襄愍公复套条议四·复套条议》。
③ 《明史·兵二》。
④ 《春明梦余录》卷30《五军都督府》。

下属①。

在中国古代封建专制主义制度下，皇帝为防止将领拥兵自重，威胁其统治，往往通过各种分权来制约、牵制领兵将帅。明代是古代封建专制皇权空前强化的王朝，其从中央到地方的军事指挥系统也是过分强调制约、牵制，使具体领兵将领在战争中无法根据瞬息万变的战场情况及时调兵遣将。正如明朝大臣吴时来所指出的："凡天下要害去处，专设官统兵戍守，俱于公、侯、伯都指挥等官内推举充任，是镇守事权，专在总兵官矣。以后因各边设置未备，器械未精，军伍不足，乃兵部三年一次具题，差文武大臣一员阅实，又差御史二员分行巡视，是都御史添设之由也。当其时阅实而已，此后未知何因起巡抚地方之文，又不知何因起赞理军务之文。于是，巡抚得以制总兵，而事权在巡抚矣。又因巡抚事权轻，而各镇军马难于调遣，又设总督、都御史，如蓟辽总督，则嘉靖二十九年（1550 年）添设也。此皆一时权宜之计，因事而起，然自是总督得以制巡抚，而事权在总督矣。至于失事之后，查勘功罪，必行巡按，乃巡按不行自勘，必委兵备道，该道委府县官。又巡按有随营纪功监军之文，乃不自行随营，必委该道，该道转委府县官。是事权又在巡按矣。臣每思之，以为巡抚事权不如巡按，而本兵行事不如知府，何者行勘纪功之文一至，则兵备、府县官得以制巡抚矣。事有最难，莫难于九边巡抚，以其上下有制之者也。臣愚以凡督抚相近之地，既有总督，则巡抚徒拥虚名，无益地方，不如革去巡抚，其以地方事专属总督。至于总兵，则上自总督，下至通判、知县，无不制之。至于贼至，至调度掣肘更多。臣前任松江推官，正遇倭寇曾经战阵，备知其详。如总督调度之文，必两设也。既而巡抚橛之东，巡按橛之西；又或机当战，橛之守，机当守，橛之战；机当预布堵截于前，橛之合力追剿于后，此中制也。又报至兵部，兵部具请，兵科亦题请，或兵已东而调之西援，或兵既西而调之东守，此中制也。夫总兵官兵力既薄，事权又轻，又有中制之患，至于失事罪独归之将官，所由解体也。夫督抚职掌，不过调度，原无提兵杀贼之文也。巡按职掌，不过监军纪功，原无调遣之文也。兵部调遣，虚文也，缓不及事。兵机倏忽，一刻万变，乃欲以遥度之智、中制之权，纷乱听闻，使将官口实于此，诚非事体。古者军在外，君命有所不受，即今但宜选择总兵官一员，重其事权，假以礼貌，久其责任，督其练兵。兵部、总督临时调遣，但责其战不责其守。巡按不许调遣，勘事纪功，俱要亲自查勘，不许转委兵备及府县官，展转支吾，以虚委任之意。如此，则兵既厚集，而事权又明，为总兵者，必当勤操演、恤军士，以战为归，以死为生，以破虏为命。其有欲敌不战，则以逗留观望罪罪之。如临阵三次不能胜，又不能以身赴敌者，则总督径取其首，以献阙下，是重事权，乃鼓舞将官之术，亦旧制也。"②

---

① 高锐：《中国军事史略》，军事科学出版社 1992 年版，第 320 页。

② 《明经世文编》卷 384《悟斋文集一·目击时艰，乞破常格责实效，以安边御虏，保大业疏》。

（三）京军编制

明朝的军队，分为京军和地方军。京军的主要部分是京营，它由全国卫所军队中的精锐部队挑选组成，平时宿卫京师，战时为征战的主力。地方军的主力则是卫所军队。明朝京军与地方军的这种布局，其用意十分明显，即强干弱枝，得臂指权使之势。正如时人许国所指出的："古之王者尊居九重而控四海，薄海内外、靡不环向而归令者，此无他故焉，惟其有以握天下之重，而天下之令，制之在我。今夫猛兽在山，藜藿为之不采，故王者收天下之精兵，萃之京师，此所以蓄威而握天下之重也。今京营兵制是已……既得臂指权使之势，而又不失其轻重之宜，今卫所之兵，星罗棋布于天下，而独以三营握其威重于中，盖控弦者数十万焉，固亦唐人制府遗意。"①

洪武年间，明太祖就开始建五军营之制，将京营分为中军、左右腋（掖）左右哨。"当是时，五军之士皆百战之余，内卫京府，外备征讨，桓桓趫趫，不待征发调募于郡国，而此五军足矣"②。可见，当时的京师的五军营将士皆是身经百战的精锐部队，对内承担着保卫京城的任务，对外负责征讨，所向无敌。仅京城五军营，就足以保障全国安定无事。

明成祖时，仍然继承太祖时的五军营之制，并将太祖时的 48 卫增加至 72 卫。后来，收编边外少数民族骑兵 3000 人，独立建三千营；征讨交趾时，得神枪、火箭等火器，建立了一支火器部队，称为神机营。三千营、神机营与原来的五军营合称三大营，隶属于五军都督府，称五府兵。与此同时，朝廷每年调河南、山东、大宁（今内蒙古宁城西）、中都（今安徽凤阳）卫军至京师操练，称为班军，隶五军营。除了隶属于五军都督府的京营外，京军中还有两支不隶五府的亲军。一支是侍卫上直军，武洪时有锦衣、旗手、金吾、虎贲等 12 卫，后增至 22 卫，专门侍卫皇帝，归亲军都指挥使司统辖。另一支是宣德八年（1433年）建立的腾骧、武骧等四卫军，专职供养马役，"听御马监官提调"③。

正统十八年（1449 年），土木之变，标志着京营已今非昔比，往日的精锐已丧失殆尽。景帝时，兵部尚书于谦进行改革。他认为三大营各有总兵官，互不统辖，号令不一，"临期调发，兵将不相习"④，是一大弊端。景泰二年（1451年），朝廷从三大营中选出精壮骁勇军士 10 万人，分为 10 营。10 营共设总兵 1 人，受兵部尚书节制。总兵之下设都指挥，每都指挥统 5000 人；都指挥之下设把总，每把关统 1000 人；把总之下设队官，每队官统 100 人；队官之下设队长，每队长统 50 人。于谦还编设八阵，细分为六十四阵，用于编制训练京营之兵。

---

① 《明经世文编》卷 392《许文穆公集·论京营兵制议》。
② 《明经世文编》卷 392《许文穆公集·论京营兵制议》。
③ 《明史·兵一》。
④ 《明史·兵一》。

嘉靖二十八年（1549年）题准："行巡视京营科道合同提督听征等官，将营军简选精锐强壮，以备出战。在十二团营者选作八阵，以四阵为正兵，四阵为奇兵，专备紧急防卫京城。在东西二官厅者，分作十二枝，六枝出征，六枝休息，更番节力。"① 由此可见，至嘉靖年间，八阵已成为京营中精锐部队，担任着保卫京城的重任。

成化年间，朝廷选精壮军士12万人，分12营团练，命12侯掌之，称为选锋。选为选锋的军士，给予优惠的待遇，并在平时加强训练。明代选精锐强壮勇敢军士为选锋，其主要目的就是在战斗中以选锋作为冲锋陷阵的先锋，以此来激励广大军士英勇杀敌。如大臣王忬就指出，朝廷应收募奇勇为选锋，给予他们优厚的待遇，并选名将教习他们行阵击刺等战斗技法，在战斗中冲锋在前，率领三军奋勇冲杀，挫败敌人的嚣张气焰，以取得战斗的胜利。他说："臣闻三军之气，必有勇敢之士以为之倡。《诗》云'元戎十乘，以先启行'，《军志》所谓选锋也……合无特敕山西、河南、陕西、淮扬等处巡抚官，重悬募格，招集各地骁勇绝伦之人，如王邦直者，厚给衣粮，致之阙下，仍选边地名将统领，教以行阵击刺之法。遇有危急，鼓率而前，随以大军继之，则虏气自挫矣。此等人，非重赏不足以结其死力，非驾驭不足以驯其雄心，全在将领得人耳。"②

大臣侯先春则就选锋在战斗中具体如何有效发挥冲锋陷阵英勇杀敌的作用提出了自己的主张："虏人入犯，各自为战，不计功、不程卤，不取首级，奔腾蹂躏，纵横杀略，风卷雨骤，其锋不可当。中国人力，固已不敌矣，偶或幸胜，可以追逐，而一心系恋首级。群然争夺，自相戕害，遂至虏人乘机反击，而大败者十八九也。合令大小将官各择选锋若干名，五人为伍，二十五人为队，队有长。时加训练，记籍在官，凡遇虏人，即当前锋，若能败虏，齐力追杀，不许先割首级。收兵之后，公同割取，就于前锋内审系某队某人所杀，照例报功给赏，或二十五人分赏，庶无误事，且绝冒功之弊矣。"③ 侯先春在此吸取明朝军队在战斗中如打了胜仗，将士在战斗未结束时争先恐后割取敌人首级请功时，敌人乘机反击，致使明朝军队转胜为败的教训，建议将官选择若干名选锋，按5人成伍、25人编队，在战斗中冲锋陷阵、打败敌人。在胜利之时，应乘胜追击，禁止割取敌人首级请功。而是在取得彻底胜利之后，再共同割取，认定系由某人所杀，再报功给赏，或者也可按25人一队，集体给赏。从而发挥先锋在战斗中的冲锋陷阵作用，并防止其他人冒功争赏的弊端。

嘉靖年间，明世宗怒于京营军士在御敌中的怯弱无能，重新恢复三大营的建制，并将三千营改称神枢营，设总督京营戎政（武臣）和协理京营戎政（文臣）

---

① 《明会典》卷134《京营》。
② 《明经世文编》卷283《条陈末议以赞修攘疏》。
③ 《明经世文编》卷428《侯给谏奏疏一·安边二十四议疏》。

统辖，并募兵 4 万，"分隶神枢、神机"①。此后，募兵数量不断增加，逐渐取代京营担负起征战的重任。

（四）卫所制与营伍制

元末，在朱元璋建立明朝之前，其领导的农民起义军采取部伍法编制，规定"有兵五千者为指挥，满千者为千户，百人为百户，五十人为总旗，十人为小旗"② 明朝建立后，刘基奏立军卫法。一郡者设所，连郡者设卫。大抵以 5600 人为 1 卫，1120 人为 1 千户所，112 人为 1 百户所。百户所下设 2 个总旗，每个总旗下设 5 个小旗，每个小旗有军士 10 人，"大小联比以成军"③。全国的军队基本上按照小旗、总旗、百户、千户、编入所、卫。每个所卫驻地固定，军士皆有定数，将官设置也有定例。每个所卫官兵分别隶属于所在地方的都指挥使司，再上辖于中央的五军都督府。

明代地方军的主要部分是地方的卫所军队，卫所的军队皆统于都司而上隶于五军都督府。洪武、永乐年间组建的数百个卫所，主要分别驻守在北方的九边、东南的海防要地和内地的军事重镇。后来，江南军士多用于漕运，江北军士多作为班军，进京操备。卫所军士驻守九边的人数虽多，但分路把守，势分力单，"一旦有警，全借京兵"④。募兵制广泛推行后，各地如有战事，募兵组成的营伍，成为明军战斗的主力，"兵御敌而军坐守"⑤，卫所军主守或主屯，而由募兵负责征战了。

为了保证卫所的兵源，明朝实行世兵制，规定卫所军士和武官全部世袭，编入军籍，称为军户，属都督府管辖。只有五府军及都司官为流官，由世职卫所官及武举选授。但是，明中叶以后，作为卫所经济基础的军屯遭到破坏，军卒因粮食供给不足生活艰辛，不时大批逃亡，世兵制兵额严重不足。到万历末年，全国兵额只剩下"一百一十六万有余"⑥，还不到永乐年间的 1/2。而恰恰相反，明中叶以后，边境形势紧张，更显兵力单薄不敷应对，朝廷于是大规模募兵。嘉靖以前，朝廷所募的士兵，一部分由卫所代管，一部分归地方官府管辖。嘉靖以后，在原来镇戍制的基础上，逐渐形成营伍制，募兵实行统一的独立编制。招募来的士兵，一般都编入营伍，按伍、什、队、哨、总、营的形式自下而上归统，由伍长、什长、队长、哨官、把总、守备、都司、游击、参将、副总兵、总兵逐级统辖指挥，最后上辖于兵部。营伍制在营官和士兵的人数编制上比较灵活，没有统一的规制，视战事的需要而定。一般从总兵到把总，所领之兵皆可独立为

---

① 《明史·兵一》。
② 《明太祖实录》卷 14。
③ 《明史·兵二》。
④ 《西园闻见录》卷 63《京营》。
⑤ 万历《绍兴府志》卷 23《武备志》。
⑥ 《明神宗实录》卷 577。

营。营兵一般都是临时性的，战时招募入伍，战事结束就解除兵役，因此，服役期限都较短。营伍由于是应对战争的需要，所以一般没有固定的营地驻扎，皆随战事的需要调发，流动性较大。这种营伍制只在战事时募兵，在一定程度上减轻了明政府的平时军费负担。其作为一种临时性应急性的新的军事组织形式，与常备性的世兵制下的卫所同时并存，相互补充，不乏有其合理之处。

（五）民兵制

明朝的地方还有名目繁多的民兵。民兵平时农闲操练，战时征调为兵，战后恢复为民。如"洪武初，立民兵万户府，简民间武勇之人编成队伍，以时操练，有事用以征战，事平复还为民，有功者一体升赏。正统十四年（1449 年），令各处招募民壮，就令本地官司，率领操练，遇警调用，事定，仍复为民"①。民兵不入军籍，其来源有的是通过佥派，有的是通过招募。内地各府县的民兵一般称为民壮、乡兵，边地少数民族地区的民兵称为土兵、土司兵、达军、狼兵等。还有，各地的盐场、矿场甚至大的寺院也有盐徒、矿徒、僧徒等各种兵勇。明朝的各种民兵在抵御外敌、维护社会治安方面发挥了应有的作用，"边省凡有攻剿"，朝廷往往"就近调用民兵、土兵，故饷省而易兵集"②。明朝大臣张衮就指出，乡兵保卫乡土是出于热爱自己的家人和田舍，因此比起国家的正规军队，更会奋勇杀敌，并可节省大量军费。他说："团结训练，谓之乡兵……纠之以长，统之以官，时其训练，暇则归之于农，有事则召集营堡，籍其名，不终身用以为兵。给其口粮，使各同团，空间稍有力人户，量为津贴，拒贼之日，粮粮兵械，有功赏赐，官府厚为之处。人既知战，见贼不畏，亲上死长之心，孰不爱其父母妻子，爱其田畴庐舍，出死力与乡土捍哉。近日犁锄小民，遇零贼在野，奋力与敌，每杀贼数人，概可见也。使各郡邑尽为团结，不务虚名，务求实用，何至贼势滋大，仓皇告急。征七省之兵，重压三吴，坐食县官，大费公帑，若是不赀之可虑哉。先民有言，乡各为兵，人自为战，可以省招募之钱，可以省客兵之费，可以垂永久之利。臣愚故谓团结乡兵，便也。"③

鉴于民兵在保家卫国中的巨大作用，明代一些有识之士就如何组织、训练民兵，有效发挥民兵作用提出自己的主张。如大臣赵炳然就主张，应挑选精壮、强健之民为民兵，平时定期操练，使之精通武艺，就能在日后擒捕盗贼、抵御外寇中发挥作用。他指出："兹者盗贼横行，不止外寇，合将民壮弓兵，务选精健应役，责成该掌印巡捕等官，以时操练，习熟武艺，遇警协助军兵，并力战守。有功之日，各该官司，并行奖劝，各役重加犒赏。如有纵盗殃民，通行惩戒。果能练成，非但擒捕盗贼，即使大寇突来，而捍御有具，一役之练，一役之利也，郡

---

① 《明会典》卷 137《佥充民壮》。
② 《廿二史札记校证》卷 34《明边省攻剿兵数最多》。
③ 《明经世文编》卷 195《张水南集·题为献末议靖丑夷疏》。

邑不有所赖耶。"① 大臣杨博则进一步指出，不仅对民兵要进行选拔、训练，还要将民兵按正规军队予以编制组织，并派官员进行管理，就能更好地发挥其作用。他说："合候命下并行南北直隶并十三省巡抚、都御史，转行兵备、守巡该道，著落各府州县掌印官，照依弘治二年（1489年）事例，即查本州县原额守城民壮若干，见在若干，逃亡未备若干，中间守边抽军折银各若干。即今应该作何处置，或将本处见有快手机兵等项改补，只要查复原额之数，不必多增一人，以致劳民伤财。文书到日，通限两个月以里，开款奏闻。稍俟规画事定，编立队伍。每五十人为一队，设队长一名；一百五十人为一总，设总管一名，专理责之。该府掌印官各查空闲官地一区，立为民壮教场。春夏秋三季，月操六次，至冬操三、歇三。务使武艺精熟，器械修整。如遇草寇生发，即便督率剿捕。有兵备官处，听兵备官；无兵备官处，听守巡该道官。不时教阅，抚按官巡历至处，与同卫所官军一体操练。如果人强艺精，卓有成效，许其特为奏荐，重加奖赏；怠玩废弛者，指名参究。岁终，巡抚官将该管守巡、兵备、掌印、巡捕官开注勤惰送部查考。如敢占役，查照私役军人事例，重加降罚，一整饬之间，既无增饷之劳，立见足兵之利。"② 与此相反，大臣许赞则认为，民兵可自由结合，采取比较灵活的形式，与入侵敌人进行战斗，从而更有效地打击敌人。他指出："臣闻前岁虏众之寇山西也，联络四五百里，精强者厚集为阵，老弱者分布抢掳，不过数十成群，三五为队，抱原隰，依水草，以为固耳。使吾中国之人，昼或设伏以袭之，夜或潜出以击之。揆之理势，必见奇功……臣愚以为，莫若使各处乡民之有胆略谋勇者，自相团结，勿拘众寡，如十人即推一人为小甲，五十人则推一人为总甲，百人则推一人为保正之类。有司止许计名造册备照，不必时常查点，妨其生业。贼至之时，使得便宜相机审势。除得首级，仍照近日题准事例赏给外，但有所得马匹牛羊衣服银两之属，不拘多少，尽数犒赏，不必官为变卖，纵有隐瞒，亦不许追求禁治……如是，则人自为战，家自为备矣。岂能长驱而入，整旅而归，如蹈无人之境也。"③

二、兵役、军籍思想

（一）世兵制

明代卫所军士和武官，实行世兵制，即全部世袭。明政府将军民严格分籍，卫所军及武官皆入军籍，称为军户，属都督府管辖，不受地方政府的约束。军户优免1丁差徭，但需固定承担兵役，父死子继，世代为军，并随军屯戍，住在指定的卫所。若军户逃亡或全家死绝，由政府派员到原籍勾补亲族或贴户顶替，称

① 《明经世文编》卷252《赵恭襄文集一·海防兵粮疏》。
② 《明经世文编》卷277《杨襄毅公奏疏五·议选练州县民壮疏》。
③ 《明经世文编》卷137《许文简公奏疏·议防虏事宜疏》。

为"勾军"或"清军"，以此来保证国家有充足的兵员。朝廷设有专门的清军御史和清军官，来负责勾军和清军事务。《明会典》卷155《清理》载："国家承平以来，军士多逃亡故绝，及脱漏隐蔽，行伍益耗，乃遣御史分行天下，清理军役。各司府州县，仍设清军官，以修废行赏罚。"① 如"正统元年（1436年）奏准，清军御史按行所至司府州县，各委官一员，将应勾军丁，分投清解。御史往来巡督，除军政外，一应词讼，发该管衙门问理。每岁八月终，照巡抚官事例，具清解过军数回京。如有窒碍事理，会议奏请"。清军一般3、5、7年定期进行，清查完毕，清军官必须分别造册申报兵科和兵部，互相对照，以防差错或作假。成化七年（1471年）题准："差委清军官，先清卫所，后清有司，彼此互查分豁回报。事完各造册二本奏缴，一送兵科，一送兵部。清理之后，新有逃亡事故者，各取卫所呈报。依例行该有司作急清解完卷，或五年或七年一次清理，本部申明举行。"成化八年（1472年），"令在京军，每三年一清理，各营军士，仍分豁差遣等项名目，造册备照"。

明政府虽然不断实行清军、勾军，但由于世兵制下的卫所军卒，具有很强的人身依附关系，一人为军，全家便世代不能脱离军籍，而且与罪徒为伍，社会地位低下。他们需自备弓甲"胖袄"和入伍路费，"月粮"又十分低微，加上军官的克扣、虐待和役使，生活十分困苦。因此轮替、匿籍、自残等逃避军役现象屡有发生。明政府为制止逃避军役现象，制定了一系列惩处逃避军役的条文，兹略举较有代表性条文数条：

其一，军士服役不得私自轮替。"宣德三年（1428年）奏准，凡山西等处，抽丁等军有贿赂官吏，将幼弱私自轮替者，许原籍究补。同伍指陈，本军并事内作弊之人，依律论罪。"②

其二，不得隐匿丁口逃避军役。"凡因充及调卫军问招更调，有更易名贯、隐匿丁口者，其后逃故，卫所行勾有司回无名籍，似此迷失者，并许自首免罪。若他人发觉，军调烟瘴卫分，仍选户丁补充原伍。"

其三，不得自残肢体逃避军役。宣德四年（1429年），"令凡应继壮丁，故自伤残肢体者，许邻里拿首全家，发烟瘴卫所充军。"

其四，不得过继作赘冒籍逃避军役。"正统元年（1436年）奏准：凡逃军及已解军在家潜住者，父祖充军，子孙畏继，于别州县过继作赘冒籍，而以丁尽户绝回申，或充军在役，而原户人私开作民户者，并限两个月，具首免罪。如违，军杖一百，发烟瘴卫分，里邻窝家长解人等发附近充军。"

其五，不得隐瞒壮丁以躲避军役。"正德十年（1515年）题准：凡有军户通同里书，及官旗人等隐瞒壮丁，故将幼丁纪录躲避军役者，许自首免罪。如不自

---

① 《明会典》卷155《清理》，本自然段引文未注出处者，均见于此。

② 《明会典》卷155《禁令》，以下条文引文均见于此。

首，事发属有司者，比照逃军榜例问断，属军卫调边卫，官旗从重参问。"

在防止明逃兵的对策中，大臣唐顺之提出"清弊源以收逃卒"的主张较有特色，即他认为逃卒现象发生的根本原因是士卒由于受到各方的侵克、剥削，生计十分艰辛，甚至无法维持基本生活条件，所以导致大量逃亡。因此，防止逃卒现象发生的根本措施是解决士卒的生计问题，朝廷应保障士卒一家最起码的生计，士卒自然就不会逃亡了。他指出："臣阅军蓟镇，究军所以多逃亡之故，皆曰边墙之工，卒岁不休，转石颠崖，伐树深涧，力办不及，贷钱赔贩，加之各关夷人，乞讨无时，旬抚月赏，悉出穷军。将官侵克，毫厘剥削，文吏盘点，番增渔扰，穷军生计。止是月粮，斗割升除，而月粮得入军腹者几何矣。至如召募之军，多非土著，不缘身迫穷窘，谁肯自同罪谪。衣粮既不满望，工作又尽其力，势如鸟徙，亦何足怪。兼以石塘古北，本号苦寒，地既虏冲，土尤硗确，哨守之劳已甚，资生之计尽无。原与逸肥之军，一切衣粮不异，是以募军之逃，已甚于他军。而石塘古北之逃，又甚于他处也。窃惟国家岁出筑边，银数十万两，而又令穷军赔贩，岁给抚夷银三万两，而又以累穷军。臣不知其说也，今欲抽军操练，则一身不能两役，墙工自须别议。至于抚夷之费，合令督抚诸臣仔细计算，如国家岁给够用则已，不够则请于朝廷，别为区处，一毫不以累穷军。其将官文吏贪饕之辈，重法禁治。但使穷军全得一石月粮，长孤畜妻，自然不走。至于苦寒之辈，缘军士衣粮普天同例，纵欲加厚，其道无由。臣思得一说，京边折银给军，皆是六钱五分，蓟镇独是四钱五分，始者盖因本镇米贱，权为节减，原非经制。且夫籴之贵贱，因地瘠瘠，假如腹里籴价五钱六钱，则穷边断是八钱九钱，奈何使苦寒与逸肥一样同折，非称物平施之义也。合令户部量地均算，自蓟镇苦寒米贵之处，照例给予折色银六钱五分。在国计则本分之外，毫末不加；在穷边则同辈之中，已稍优厚，其逸肥米贱去处，自不得援此为例。若谓银不可增，则如前时总制杨博所题镇边横岭事例，每年十二个月，悉与本色，亦无不可。如此百方体悉，庶足系属其心，不然，虽终日撄以徽缠，犹难保其不掊锁而夜走也。"①

（二）募兵制

明代开国君主朱元璋在起兵反元时，就采取募兵制来作为扩大自己军队的重要途径。明朝建立后，主要实行世兵制，但也断断续续采用过募兵制，只是募兵数量都不多。明中叶以后，由于北方战事不断，朝廷深感兵力不足，故开始大规模募兵。正统十四年（1449年）土木之变后，朝廷"令各处召募民壮，就令本地官司统领操练，遇警调用"②。京师也"募四方丁壮，隶勇敢营"③。到了嘉靖

① 《明经世文编》卷259《唐荆川家藏集一·条陈蓟镇补兵足食事宜疏》。
② 陈仁锡：《皇明世法录》卷43，台湾学生书局1986
③ 朱健：《古今治平略》卷25，上海古籍出版社影印《续修四库全书》，2002年版。

年间，为了应对日益加剧的边患，明政府将募兵制推广到全国。嘉靖三年（1524 年）奏准："各卫所官军舍人余丁，三丁以上，及京城在外原无身役壮丁，准抽选招收二万四千名，以实营伍，止终本身。"① 嘉靖十六年（1537 年）议准："各该军卫有司衙门，凡官下舍余军下余丁，如果户族众多，不系应袭听继之人，或民间空丁，寄籍空户，不系逃犯听解军户人数内，有情愿投充军伍者，给拨空闲屯田佃种，责令办纳子粒，务使军屯领种适均，不致冒滥。事完之日，造册奏缴。"② 朝廷还积极鼓励各地武官召募军士，"视其所召多寡而轻重其赏"③。这使募兵的数量迅速增加，募兵制逐渐成为明朝的重要兵源途径。

募兵是一种雇佣兵，不入军籍，不世袭。刚开始时兵役只限本人终身，后规定无须终身服役，战时召募入伍，战事结束随即退伍去营。因此，军士没有世兵制中的人身依附关系。而且募兵制为了吸引丁壮从军，其待遇比卫所军优厚，除免本身各差役外，还享受比卫所军多的月粮，并可得到一笔相当数量的安家银、盔甲器械银和鞍马银，一人应募，一家可资以养。因此，不像世兵制下的卫所军士屡屡发生逃亡现象。

募兵由于挑选身强力壮的年轻男子入伍，并且跟随负责召募的将领统帅出征，兵将相习。因此，召募之兵的战斗力比卫所军强。到了明代后期，召募兵成为明军中的主力。

明代大臣倪岳则主张实行募兵制以代替世兵制，其理由是以募兵制代替世兵制可节省大量费用；而且募兵制能招募到勇悍纯实兵士，稍加训练，就能成为精锐之兵，具有较强的战斗力；募兵制还能招募到一些潜在的社会危险分子，这样既可增加军队战斗力，又可消除社会不安定因素。他说："所谓募民壮、去客兵以弭患。而省费者……明之以大信，示之以大仁，守御止在于本境，征调不至于远行，民知效劳之日有限，归闲之日无穷，则亦何所畏而不从乎？且关、陕之民，勇悍纯实，出于天性，稍加简练，悉为精兵，况其生长村疃，熟于采捕，劲弩药矢，尤其所长，守御之具，此不可缺。臣又闻比岁用兵，荐罹饥馑，延绥之民，逃窜终南，或开私矿以采银，或贩私茶以贾利，杀人劫掠，肆无忌惮，此实内患，岂独外防。亟宜简命信实之臣，厚立赏募之格，赦其既往之失，开其自新之途，应命而至，辄加优恤，沿途城堡，分隶以居，房屋器用，官为周给，量拨闲田，使自耕食。凡百科敛，悉与蠲除，诱之以利，结之以恩，但令训习，使充守御。既祛腹心之虞，且足边鄙之用。"④

（三）军籍思想

明朝对军籍的管理，主要是编造各种文册，作为登记、稽查将士人数、武器

---

① 《明会典》卷137《收补》。
② 《明会典》卷137《收补》。
③ 《明世宗实录》卷464。
④ 《明经世文编》卷77《青谿漫稿一·论西北备边事宜疏》。

装备数量、发放军饷、军用物资的依据，从而对军队进行管理。朝廷规定在军队中编制的文册很多，如《明会典》卷 155《册单》载："国初，令卫所有司，各造军册，遇有逃故等项，按籍勾解。其后编造有式，赍送有限，有户口册，有收军册，有清勾册；近年编造四册，曰军黄，曰兜底，曰类卫，曰类姓。其勾军，另给军单，法例益密矣。"如"洪武二十一年（1388 年），令各卫所将逃故军，编成图册，送本部照名行取，不许差人；各府州县类造军户文册，遇有勾丁，按籍起解"① 这里，"编成图册""类造军户文册"主要作为征发兵役的依据。嘉靖四十二年（1563 年）议准："扎委司官一员，会同巡视科道，督率各卫掌印官，备将各营正兵及原属卫所，每营每卫各攒造文册一本，营中据册稽查，卫中凭册支饷。后有逃亡事故，即行开报，在卫即与住粮，容隐者送问。"② 可见，这里的"攒造文册一本"主要是作为稽查士兵人数，发放支饷的依据。

明代用于军队管理的文册形式多样，除上引的图册之外，还有类似于当代表格的"格眼图册"。如"正德六年（1511 年）题准：凡造格眼图册，每一军户，限以两行，每行十格，每格十年，备填各军贯址，充调来历，子孙支派，卜自洪武十四年（1381 年）起，至正德七年（1512 年）止，用坚白纸造完。一本送部，司府州县各存一本备照。待后十年攒造之时，两行填满，益以三行，不许挨退远年格眼"。隆庆五年（1571 年）题准："凡巡按御史，务令所属州县将兜底、类姓、类卫格眼册，依期攒造。册前仍揭原额若干、新收若干、某年查明住勾若干、见今清勾若干，务要总撒，相投字无伪落，类送兵部，通将洪武以来旧册互查中间，如有以越称吴，以钱易赵，及埋没欺隐等弊，听本部从重参究。"从这两条引文我们可以看出，表格式的"格眼图册"主要记载士兵籍贯、住址，征调的地点，子孙情况等，并在图册前统计军队原额人数若干人，新征士兵若干人，某年查明逃兵若干人，当前清查逃兵若干人，并将此报送兵部。由兵部将"格眼图册"与旧册互相查证，如有发现冒名顶替、欺骗隐瞒等弊端，将予以从严惩处。

由于"格眼图册"记载士兵资料详细复杂烦琐，不便于核查，因此，明政府要求另造"简明清册"，只填写士兵姓名、征调地点及户产、军装等，以便于稽查。如"万历元年（1573 年）题准：凡清军御史，务查先今议定册式，照常攒造四册，以备考核。如式另造简明清册，以便稽查。其式仍照原题宽广，各一尺二寸，每板纵横各三格。其上格大书军伍姓名，注写充发解补来历；中格注开户产、军装军丁；下格空之，待填册后十年事故。下轮攒造，则以下格事故，归并上格之末，仍空下格以待后填。其间或改调分豁者，揭名类开册前不必填格，陆续发补者，照名序填册后，四册照旧解部。简明清册止存本省，不必解部"。

---

① 《明会典》卷 155《册单》，本目引文未注出处者，均见于此。

② 《明会典》卷 134《京营》。

　　为了便于清查军队士兵人数，明代的军册还采用会计中的旧管、新收、开除、实在四柱法来记录士兵人数的动态变化。明朝规定："凡勾军册式，以成化元年（1465 年）以前，原额及陆续收充为旧管，以后至该年终收充为新收，改调住勾为开除，食粮差操为实在。见今该勾逃故为清勾，分别屯所攒造花名总册，仍以该年分该勾军士名贯、充调接补来历、逃故年月日期，分别有司衙门，攒造底发册二本，并花名总册送部查收转发清解。"

　　明代的军册有一式两册、三册、四册，以便于互相查对备照，防止弄虚作假。如成化十一年（1475 年）题准："各处清军御史及兵部委官，督各卫所将原管旗军，不分见在逃故，备开充军改调来历，并节次补役姓名，每布政司、每直隶府，攒造一处，各一样二本送部，一本存留备照，一本送御史查对。如称某卫充军，而某卫册内无本军名伍者，解部定夺，或发附近卫所收操，以后遇发到清勾文册，只将前册查对清理。"同年，"又令各处清军御史，将兵部发去各卫所造报旗军文册，对查军民二册，以防欺隐。其册，府州县各誊一本备照"。嘉靖三十年（1551 年）题准："凡军士逃故，各卫所造单照旧，备造册底三本，一本送清军御史，二本随批文连单径送兵部，将底册一本兵部转送五军都督府知会，须清军御史挂号以防稽迟。虽隶都司者，离远不便，亦照此例，其无逃故军士者，各申呈清军御史年终类呈都察院咨送兵部查照。兵部发出勾单，亦令领赍人员，送清军御史，转发所属清勾。如有违误，听清军御史查究。如停差清军御史，行巡按御史"。嘉靖三十一年（1552 年）题准："凡大造之年，除军黄总册照旧攒造外，又造兜底一册，细开各军名贯、充调来历、接补户丁，务将历年军册底查对明白，毋得脱漏差错。又别造类姓一册，不拘都图卫所，但系同姓者，摘出类编。又别造类卫一册，以各卫隶各省，以各都隶各卫，务在编类详明，不许混乱。其节年问发，永远新军，亦要附入各册。前叶先查概县军户总数，以递合图，以图合都，以都合县，不许户存户绝有无勾单，务寻节年故绝，补足前数。每于造册之年，另造一次，有增无减，有收无除。每县每册各造一样四本，三本存各司府州县，一本送兵部备照。"

　　从上述引文，我们可以看出，军册一式两册、三册、四册数量的不同，主要由其负责管理部门的多寡决定的，换言之，即有权管理的部门，必须都要呈送一份存留备照。如成化十一年（1475 年）规定，清勾文册由布政司、直隶府编造，一样两本，其中一本送主管部门兵部存留备照，另一本送御史查对。嘉靖三十年（1551 年）所造的军册则要报送 3 个管理部门，其中一本送清军御史清勾，另两本呈送主管部门兵部，再由兵部转送一本五军都督府知会。嘉靖三十一年（1552 年）所造的军册则要一样四本，其中司府州县各留一本，剩下一本送主管部门兵部备照。这些军册之所以一式数份分送有关管理部门存留备照，是为了达到各部门之间互相监督查对，防止由某一部门包办，容易欺骗、隐瞒等。军册所记载的内容，主要是军士的姓名、籍贯、征调地点、候补兵役人员姓名等，即

"名贯、充调来历、接补户丁""备开充军改调来历、并节次补役姓名"等，以便于查追逃兵，并能及时补充兵员之不足。为了便于管理、检索、查阅军册，明朝廷还设计、编制各种不同用途的文册。其中主要者有四种：一是军黄，属于总名册的文册；二是兜底，详细记录"各军名贯、充调来历、接补户丁"；三是类姓，"系同姓者，摘出类编"，便于按姓氏笔画检索；四是类卫，"以各卫隶各省，以各都隶各卫"，便于按所属卫所检索。

由于编造、清查军册是军籍管理的重要环节，因此，朝廷规定有关官员必须认真负责地编造、清查军册，如有失误差错，有关官员任满考核时，不准发给合格证书。"嘉靖三十二年（1553 年）题准：凡清军官员，如遇三、六年考满，将任内清过军士、取获批收若干、未获若干、奉到原发勾单若干、未缴若干、完销勘合若干，其内外经历知事等官，亦将任内收掌军册卷案，造送军单等件，总计若干，通行攒造方册，类送吏部，转咨兵部查考。如有旷废职业及营谋别差，无益军政者，不准给由。"

三、边防思想

（一）选用将官思想

明代一些有识之士认为，战争时，将官在率领军队打仗中，其作用是十分重要的。如大臣于谦就指出："议得国之所恃者兵，兵之所赖者将。将得其人，则兵无不精；兵无不精，则国威自振，而虏寇之患自平矣。"[1] 大臣王骥也说："镇守山西都督佥事李谦言，欲严饬武备，莫若委任得人，则事无不举。成国公朱勇亦言，比者各都司卫所，俱缺老成能干之人掌事，多有托故，经年离职，不思在任，躬亲抚恤整齐，军伍逃亡愈多，虚费供亿。臣详勇等所言，宜行各处巡按、监察御史、按察司及总兵镇守官，从公推选，每都司卫所掌印官各一人，及选老成能干佐贰官二人，常留一人在任理事，专一整饬军马，缮修器械，完固城池，比较屯种，稽考勘合。"[2] 在此，于谦从宏观的视角，用逻辑推理的方式，说明国威自振、虏寇自平必须依靠兵精，兵精而必须依赖将得其人。显然，国威自振、虏寇自平的根本是将得其人。李谦则认为要严饬武备，没有比将得其人更重要的。朱勇、王骥则从微观的视角，指出都司卫所必须挑选老成能干之人掌事，才能防止军士逃亡，整饬军马，缮修器械，完固城池。

大臣林燫针对边防、战争的特殊性及武将人才的难得，提出朝廷必须重视武将人才的储备，并在储备的人才中选拔杰出的将才。他说："臣窃见国家之将兵者，虽有总兵、参游管官而参其权者，总督、巡抚、兵备也。夫此三臣者，其选未尝不以才也，然而任之或往往偾事，以不才废者有矣，屡易屡废者又有矣。其

---

① 《明经世文编》卷33《于忠肃公文集一·建置五团营疏》。

② 《明经世文编》卷28《王靖远忠毅侯奏疏·请选择卫所官员疏》。

才若是其难，何也？军旅之事，非书生所习，其边地山川要害，虏情变诈，未易知也。又其恩信不素孚，则士不愿附；威望不素著，则敌不知畏，又何怪其以才举者，而每以不才废也哉……今边郡可储而用者，其内则督饷边郎也，其外则各府州县守令也。乞敕该部特重其选，别作一途。用之必择其年力精强、廉能而有胆略者，往任其事。又时察其阘茸不才，及虽才不宜边地者，亟更易之。至于抚按所举，官虽至微，亦得露章显荐。又每为破格超擢，使人人皆不以资自限，而有上进之阶。是故为边郎、郡守而才者，则可以储兵备之选矣；为兵备而才者，则可以储巡抚之选矣；为巡抚而才者，则可以储总督之选矣；为总督而才者，出入本兵可也。如此行之数年，陛下择才于是乎取之，而才之不足者，未之有也。"①

大臣毛宪则更具体地指出，由于边境地理和战争的特殊性，选拔边将应是生长在边疆之人，而且应熟悉边疆事务、品德好、有谋略、武艺超群的，这样才能领兵打胜仗。他说："臣窃谓选举边将，不宜泥于常调，必生长边方、练达边务、贤能素著者，方堪任用。乞敕巡边宪臣会合总兵以下，或于偏裨，或于行伍，各举所知，明著其能。某人智略绝伦、骑射超众，某人气节卓越、勇力出群及有战功者，亦各开列奏行。兵部遇有员缺，自大将副参而下，推举之日，仍要开列贤能功次，量材补用，必能恩威兼著，料敌设奇，相机战守，不袭前弊，而制胜有道矣。"② 在此基础上，毛宪还提出具体选拔边将的测试方法："宜令文武臣僚各举所知，遇凡智勇之人，列名上请，下之兵部。其未用也，试之武举，较以武艺，以观其能；问以方略，以观其谋。其将用也，试之治兵，观其颜色，和易以知其气；窥其约束坚明，以知其威。不必限于名位，拘于世胄，随其智勇而选用之，则名将出矣。"③

将领选拔出来后，朝廷还必须善于任用，才能真正发挥将领的作用，在战争中取得胜利。在古代，最高统治者为防范将领军权过于专制威胁皇权，往往对领兵将帅予以多方牵制。这就使领兵将帅不能根据瞬息万变的战争形势及时迅速做出战术调整，重新调兵遣将进行部署。明代也不例外，因此，当时不少有识之士呼吁朝廷必须给予前线的领兵将帅较大的军事指挥权。如大臣王鏊就提出："将权贵专，将权贵殊，位不殊则混而无统，权不专则散而不一。今边方之重者，曰大同，曰宣府，曰延绥、榆林，其在边将之任，内臣则有太监，武臣则有总兵，文臣则有都御史。都御史欲调兵，总兵不可而止者有矣；总兵欲出兵，太监不可而止者有矣。大同有急，欲调宣府之兵而不能；延绥有急，欲调大同之兵而不可。权分于将多，威夺于位埒，欲望成功，难矣。故廷议之际，金以立总制为急

---

① 《明经世文编》卷 313《林学士文集·陈言边计疏》。
② 《明经世文编》卷 190《毛给谏文集·言备边患事》。
③ 《明经世文编》卷 190《毛给谏文集·陈言边患疏》。

……乞依祖宗时用王翱、马昂故事，起取本官，加以总制之名。沿边诸将，悉听节制，庶事权归一，无或阻挠。命出则出，命止则止。大同有急，宣府不得不援；延绥有急，大同不得不赴。号令严肃，声势增重，隐然有万里长城之势矣。"[1]

（二）募材勇、用土兵思想

大臣储巏看到，当时北方少数民族士兵"恃戎马足怀禽兽心，沉鸷有力，骑射精强"[2]，明朝军队根本不是其对手。因此，提出到沿边州县及内地召募材勇："夫骁勇材武之士，未必尽产于沙漠，在中国倍有之。彼挟其所负，亦岂肯帖然人下哉？在有司优异拔取之耳。臣愿敕兵部选差忠实明敏官员，前往沿边州县及腹里地方，悬赏格募，不拘士民军舍之余，但胆力过人、骑射可取五兵之中，能操一二技者，面试其能，起送赴部。置营房以安其室家，聚粟帛以足其衣食，军舍则改隶其籍、士庶则待考其功。平居则束之部伍，以变其习；有功则差其官级，以酬其劳。盖材勇之士聚之京师，既可以威敌制远，如民有啸聚弄兵之谋者，亦入吾彀中，可以坐消其患矣。"他认为，朝廷如召募到这些"胆力过人、骑射可取"材勇之士，给予其优惠的生活条件，将他们编入军队，平时以纪律约束他们，战时让他们建功升官。这样，朝廷就可以在边境打败来犯之敌，对内则可以消除不安定的隐患。

大臣李杰提出边疆防守军队应召募土兵，这是因为本地土兵自幼在战争环境中长大，对军事、敌情比较熟悉，善于骑射，而且其与入侵之敌战斗，是为了保卫自己的家园，勇于冲锋陷阵。因此，比内地派遣来的军士具有诸多优势。他说："用土兵何则，穷边之地，其民习兵，幼识战阵，知虏情状，骑射驰突，与虏争长。必也，捐重赏以招之，设勋格以劝之，类其部伍，而不违乎俗。即其豪杰，而使为之帅，授之田宅以安其居。虏入而能得其首级者，厚赐之；虏退而能止其所掠者，即予之。如是，则人内顾家业，如报私仇；外利赏给，勇于公战。其与调遣之兵，闻鼓角之音，则悲痛伤心，望毡裘之群，则振掉丧胆者，功相万万也。"[3]

大臣王鏊则认为，应召募边地土兵保卫边境，因为边地土兵比京师军士骁勇，善于骑射，能耐风寒冰雪，而且与入侵之敌有杀父子兄弟的仇恨，并有保护自己家园的责任。因此，召募土兵比起征调世兵更能打胜仗。而且召募土兵不像世兵世代为兵，平时在生活上给予优待，战争时有功就予以奖赏加官，战争结束就让他们复业还农，因此，应募者人数众多。他指出："边人之壮勇者，召募而善抚之，不患于无兵矣。盖土兵生长边方，骁勇骑射，往往绝人。山川险易，其

[1] 《明经世文编》卷120《王文恪公文集·上边议八事》。
[2] 《明经世文编》卷96《储文懿公集·防虏疏》，本自然段引文，均见于此。
[3] 《明经世文编》卷90《李董二公奏疏·论西北备边事宜三》。

素所谙；风寒冰雪，其素所耐。于虏有父子兄弟之仇，于内有室家庐墓之恋，驱之使战，人自护其家，家自报其仇。若夫京军，山川非所谙也，寒暑非所习也，未见敌则先去以为民，望人有功则攘夺以为己有，其弊岂唯无益，固亦有所扰也。古人云，征兵满万，不如召募千人。近者闻边方召募，亦已稍集，但恐为将者，不加抚御，则不肯效力，其余亦不肯应募。臣愚以为宜给之兵械，丰其粮饷，厚其赏赐，其官舍应募，有功即加以官，且许其并功论赏。事已兵休，许以复业还农，不著其名于籍，则应募者必众。先加之恩，而后齐之以法，则人人皆胜兵矣。"①

大臣张时彻则认为，召募乡勇比召募土兵更好，因为官军不如土兵，土兵不如乡勇，乡勇在胆略、武艺、善战等方面更胜一筹，而且在以往的战斗中已得到证实。他建议将原供养守卫边地军队的经费用于召募乡勇，给予他们行粮衣甲器械，组织他们守卫边地。他说："川中之兵，军快不如土兵，土兵不如乡勇。盖生长山谷，胆气既粗，逼近番寨，习尚略同，数经战阵，进退亦利，故前此官军一千，不能敌百余之番，而坝底五十乡勇，乃能冲锋破敌，其强弱可知也。平番失事之初，援兵未到，城堡空虚，兵备道访召村民，精选五百，授以甲兵，教以击刺，甚得其力，前项斩获功次，盖十之七八矣。及看得守备民快去堡窎远，往返艰难，以故俱系无籍之徒，积惯包揽，任意科索，工食花费，赤身到堡，不久脱逃。盖此辈专务诓讨工钱，多不在边操备，民财徒致糜费，而武备日见空虚，诚不便之大者。本道前议，免其解人，止追工食盘缠，发堡雇募乡勇代守。百姓得省科派，而关堡不致缺人。此不惟可行于一时，而实宜立为定法……选取精壮乡勇，照数顾役，分守关堡。听各该提督官按季造册，责令各乡勇亲自赴道支领，仍一体给与行粮。其衣甲等银，该道委官置造盔甲、器械给散，如遇更替查追。其收过乡勇，须逐名审验，籍记姓名年貌，一样造册二本，一存该堡，一送本道查考。仍照册书，写小木牌一面，该道押判给散，各兵时常悬带，以便稽查。其收充之时，备呈本院，照详施行。仍令各该提督掌堡等官，一体永为遵守。如此，庶土著之民，各怀自保之心，而熟知地利，亦不难于敌忾矣。"②

（三）训练士兵思想

在军队管理中，平时训练士兵是提高军队战斗力的重要途径。明代大臣方逢时就指出："臣闻训练者，治兵之良法也，不可一日亡所事事，时当无虞，尤易废弛。"③ 尔后大臣王任重更是从实战强调训练军队的重要性和基本内容："今三镇之兵，仅近十五万，且远近营堡棋布星分，诚若是其少矣。然古名善用兵者，每以少击众，则兵不在多明矣，所贵练而精之耳。夫兵所称练者，不过习攻杀击

---

① 《明经世文编》卷120《王文恪公文集·上边议八事》。
② 《明经世文编》卷243《芝园全集·处置平番事宜疏》。
③ 《明经世文编》卷321《方司马奏疏二·审时宜酌群议陈要实疏》。

刺之法，练艺也；鼓投石超距之气，练胆也。未有以练心之说闻者，练心之道无他，不过恩信素孚，将识士情，兵知将意是已；法令素明，上可至天，下可至渊是已。心果练矣，平时则如身使臂，如臂使指，是兵皆有勇知方之兵也。不逞而噪谞者，谁与？临阵则如指护臂，如臂护身，是兵皆亲上死长之兵也。望风而奔溃者，谁与？如是，则一可敌百，十可敌千，将无坚不破，无众不摧矣，岂亿人亿心者，可与之论多寡哉。"① 在此，王任重认为，用兵之所以能以少胜多，很重要的一个原因是平时对士兵进行精练。练兵主要可分为 3 个方面：一是训练武艺，即练习攻杀击刺的方法；二是训练胆量，即练习投石跳远等；三是训练思想，要使将士之间相互加深了解，将领要给予士兵恩惠，获得士兵信赖，使士兵明确知道朝廷颁布的有关法令。这样，就能做到将领指挥士兵如身体指挥手臂，手臂指挥手指，而在战场上士兵保护将领如同手指保护手臂，手臂保护身体。如果能这样，就可做到明军以一敌百、以十敌千，而无坚不摧。

大臣涂宗浚则指出在训练军队中，将领的选任很重要。将领选任好了，练兵有法，就能训练出很有战斗力的军队。在训练军士中，必须挑选精熟弓矢、火器、刀剑戈矛的将领分别教授士兵，并且使将领与士卒同甘苦，将领体恤士卒，严明军队纪律，使兵将同心，这样，才是真正做到了练习御敌之道。他说："御虏安边，全赖兵马；兵马操练，全赖将领；将领得人，始练兵有法，而营垒自可壮矣。今延镇兵马额设五万有奇，仅止二万堪用，其余占役者，徒寄空名于册籍。老弱者徒縻粮饷而无用，即有一二健丁将官，不能以实操练，徒眩耳目已尔，求其枪炮弓矢之术，十不能一二，营伍之虚，诚未有甚于今日。今议要革虚冒，汰老弱，工技艺，齐心志，勇胆气，择将以训之。使弓矢之精者，教一队之弓矢；火器之精者，教一队之火器；刀剑戈矛之精者，教一队之刀剑戈矛。如能闻鼓先登，捐躯用命，赏恤必加；临阵逗留，望尘奔北，诛罚不宥。与士卒同甘苦，勿为科敛之举，体恤边外墩军劳苦甚于内地，以食粮丰约之，以戍哨更番之。摧锋截杀，劳过传塘守堡，分别等地，以月粮鼓舞之。一概私逃，严禁以法。务使兵将合而为一心，纪律无少移易，此古人练兵御敌之道，至今称述。今之为将者，每事夤缘，而专以剥削为务，其于练兵之道，全未有闻，边事所以日至败坏也。必内外用人，择其可否，毋听请托。凡举荐将材，必要详察其廉勇，如内而守备以上，外而操守以下，有滥推混委，悉听科道纠劾，此诚正本澄源之确论。"②

（四）足边军粮饷思想

古代历朝在保卫边防中，粮饷的供给是十分重要的，从某种意义上说，甚至关系到战局的胜败。正如大臣梁材指出的："足食足兵，兵可去食不可去……我

---

① 《明经世文编》卷 413《王太仆集一·边务要略》。
② 《明经世文编》卷 448《涂司马抚延疏草二·奏报阅视条陈十事疏》。

朝诏立边镇，屯兵御虏，军食充足，是以能捍御外侮，内地得安。"① 而且当时边地环境恶劣，边军时常出现逃亡现象，因此，只有给予边军更优惠的衣粮，才能稳定军心。正如毛宪所指出的："各军离家日久，衣鞋不给，宜量加赏赐以安其心；仍行各原卫官司，按月支粮，以安其室家，庶不逃避。"② 明朝解决边地粮饷衣服等军需供给主要采取屯田（包括商屯）、盐法开中、山西陕西税粮派边、丰年籴粮储积军储等方法，兹缕述如下：

其一，通过屯田解决边地军队粮草供给。大臣梁材就指出："我朝天下卫所设立屯田，而六边尤为紧要……养军虽资于民而广屯种，时粮赏，禁剥削，修武备为急。屯种不广，则战守无资；武备不修，则屯种废业，粮赏不时；剥削不禁，则军士日困而屯种益难。伏愿陛下敕谕镇巡将领等官，持秉公廉，申严号令，烽堠必谨，器械必精，屹然有干城之壮；军饷必敷，科害必究，怡然有挟纩之恩。以战则威，以守则固，使进退有余，而耕作不致废业，制胜可以无虞矣。"③ 在此梁材认为，边防与屯田是相辅相成的关系，即边境如不大力推广屯种，则军队粮草供给不足，战守失去依靠；相反，如边境军队防守不力，敌军时常前来骚扰抢劫，屯田将荒废，使军队粮草供给困难。因此，他主张边境将领必须申严号令，谨慎防守烽堠，使军队武器装备精良，使边境守卫坚固，敌人无可乘之机；另一方面边境广为屯种，使军队粮草供给充足。这样，就能做到战守、进退自如，克敌制胜可以没有顾虑了。

大臣胡世宁则认为，要使边境粮食储备充足，推广屯种是一条有效的途径。原先屯种之所以无法推广，其原因是政府对屯种者所征收的租税太重，所以使屯种者不仅无法获利甚至带来损害，因此无人愿意开荒屯种。他建议应该对屯种者免征租税，这样就会鼓励大量民众前往边境开荒屯种，自然就会使边境粮食供给充足，粮价便宜。那时政府再用银钱贱价收购粮食，使边境粮食储备充足。他说："夫屯种孰不欲广，然每差官督劝，不能增者急于起科得利也。夫岁收不常而租有定额，则开垦者利未得而害已随，故人不敢开种。今若查此北直隶钦奉太宗皇帝圣旨事理，听令各屯原额抛荒及空闲地土，不拘土客官民军舍，尽力开垦，永不起科，则有利无害，而人乐于兴种矣。盖所贵广种多收，民间米谷价贱，发银可籴，则边储易足矣。"④

大臣魏时亮则不仅主张边境军民广为开荒屯田，而且也主张令商人进行商屯，并向政府交纳所种粮食。这样，边地的粮食储备日多，粮价日贱，广大将士马匹粮草供给日益充足。他说："伏乞敕督抚诸臣，趁此无事之时，谕令沿边军

① 《明经世文编》卷104《梁端肃公奏议三·议处陕西四镇边储疏》。
② 《明经世文编》卷190《毛给谏文集·陈言边患疏》。
③ 《明经世文编》卷104《梁端肃公奏议三·议处陕西四镇边储疏》。
④ 《明经世文编》卷135《胡端敏公奏议三·奏为尽沥愚忠以求采择事》。

1264

民，务广开种，善处零夷，悦之以和婉，啖之以微食，使我之屯种愈广，耕作愈安。至盐粮飞挽，亦责令各商屯粮于边，令各以子粒上纳，不许以籴买充数。如是，则边地之收入愈多，边粮之积储日贱，无米珠薪桂之忧，有士饱马腾之庆矣。"而且，他还建议政府应保护富家商贾在边地开荒屯田，认为商屯是保障甘肃地区军需供给的重要来源："申饬镇巡，责成属官，务兴屯利。葺墩塞以居，通渠坝以灌，召富家商贾以垦为己业，并不许军屯攀扯，官府搜求，庶甘肃之屯利大兴，甘肃之兵食大裕耳。"①

其二，通过开中盐课以济边地军需供给。大臣梁材建议通过改革开中盐课弊端，禁止私盐，降低商人贩盐成本，不得额外索取盐课，及时支给商人官盐等措施，提高商人开中盐课的积极性，从而接济边地紧急情况下的军需供给。他指出："各边召商开中，飞挽本色匀粮，接济紧急军饷。往岁收成颇好，粮草易集，商人得利。迩来灾伤踵至，本色价高，加以私贩盛行，斗头未减，科罚劝借，秤掣迟留，以此商人不乐开中。故济边虽资于盐，而禁私贩，减斗头，戒科罚，勤秤掣为便。夫私贩不禁，则官盐愈滞；斗头不减，则价色益高；科罚不戒，秤掣不勤，则商人赔费，而坐守益困，尤愿敕下各该巡抚巡盐，并管粮郎中等官，申明律例，禁私盐，引价虽有定数，斗头听其低昂；止令上纳本色匀粮，此外不许分毫多索；支盐出场，随到随掣，勿使久候，费累资本。商人称便，边饷有裨，盐法因以疏通，而紧急不致匮乏。"②

大臣胡世宁则提出，朝廷可通过官盐、私盐并行，防止权势之家包揽垄断开中，来增加国家的盐利收入，并以盐利收入来充足边疆粮食储备。同时，他认为如不禁止私盐，通过抽税的办法允许私盐交易，可减少禁私盐支出，并消除社会不安定因素，使军民都容易买到食盐，这是公私都有利的事情。胡世宁指出："今天下生齿，烦于国初数十余倍食盐者众矣。故今私盐盛行，而官盐未尝不售，其谓私盐不禁能沮官盐者，乃袭旧时之说也。故今宜于额外多开商中，听其买补。若房势要占窝专利，则每岁开中，止将引目发边，付巡抚、都御史并管粮郎中掌管，听其就彼召商，责限完粮而后填给，违限不完者，则转给他人。其若都御史、郎中召报容私、致缓粮饷者，听巡按参究，则自无此弊矣。至于私盐，不必深禁，只如近日都御史汪鋐奏议，官抽其半，而给照许卖，则公私盐利皆为国用，而边储可足矣。私盐不禁，则巡逻之卒可减，盐徒意外之祸可弭，盐广鬻而壮丁益劝于前，军民得易于食，其为上下之利，盖不一而足也。"③

其三，将靠近西北边境的山西、陕西税粮调拨边境储备，以供军队粮草之需。胡世宁还指出，朝廷如调拨河南等处粮食供给西北边境军饷，由于路途遥远

---

① 《明经世文编》卷371《魏敬吾文集二·题为摘陈安攘要议以裨睿采疏》。
② 《明经世文编》卷104《梁端肃公奏议三·议处陕西四镇边储疏》。
③ 《明经世文编》卷135《胡端敏公奏议三·奏为尽沥愚忠以求采择事》。

艰难，运粮百姓纷纷逃亡；如朝廷调拨银钱到西北边境购买军粮，则使边境粮价飞涨，老百姓财力枯竭。他主张最妥当的办法是将靠近西北边境的山西、陕西王府、将军、官员的俸米折成银两发放，而将山西、陕西税粮调拨边境储备，这样既避免长途运粮和边境粮价飞涨，又能使边储粮食充足。他说："臣闻今西北二边，备虏军多，粮储缺少，每岁拨河南等处民粮赍运到彼接应。此等粮米，若责运送到彼交纳，则路远艰难，民累逃窜，兵法所谓远输则百姓贫者此也。若许赍价钱就彼籴上，则边储踊贵，人益困穷，兵法所谓贵卖则百姓财竭者此也。臣念此事最为难处，乞敕该部计议，通算山西、陕西近边王府并将军仪宾禄米，及各府官僚，并司府州县官员本色俸米，通该若干，合无比照公侯伯或京官折俸事例，每石折银伍钱或七钱，每岁就于秋粮折银，或各样课银内定拨。总解各布政司交收，责令就彼分给缺官日月，扣除边用，却将下年山西、陕西粮税，尽派边方，或附近收贮。虏退事闲，则抽军就食；虏来事紧，则就近搬运。至于彼处岁办课物，亦乞留籴边粮。如系京用不可缺者，则乞改派别布政司代纳。如此暂行三年，则转运不劳，而边储自足矣。"①

其四，趁丰收之年粮价便宜时，政府出钱籴买粮食以充足军储。大臣邹守愚提出，当时隆庆诸仓军储匮乏，将影响边境守军的粮食供给，并可能造成严重的后果。他建议在七、八月丰收，粮价便宜之际，政府拨钱籴买粮食，使边境粮食储积充足。这样既能减少国家籴买粮食的财政支出，又能解决边境军需供给问题。他说："用兵之道，屯食最为急。今隆庆诸仓贮米，不过七千余石，而隆庆卫所官军月粮、口粮，岁该米八万七千余石，况兼闰月之余，而山东解户，运纳本色折色，岁供米四万六百石，仅供半年之用。夫召募之兵，有增而无减，岁额之派，缘旧以加新，寡失衰多，入非量出，积月移文，张颐待哺；又恐倚烽有旦夕之恐，仓卒有主客之供，其将何以待之？"针对这种情况，他建议："收成之际，多在于七、八月，米价之贱，多止于五六钱……审措置之宜，广储蓄之计，或岁先请发太仓银两，谨视丰耗，极力收积，以专主客兵之用。事至则日取之而有余，事去则岁增之而不动，施之有恒，积之既厚，非但九年之蓄，可谓万世之计也……乘时召商籴买，每石减一钱，则百可省十，千可省百，万可省千"。这样，"边仓有常积之粟，息费从省，一举兼得，虽有仓卒之变，亦不为患矣"②。

大臣胡世宁也主张，朝廷应责令边地管粮官员，每月报告当地粮价涨跌，每年报告收成好坏，政府应乘丰收米价便宜之时，籴买粮食储备，以供边地官民食用。他指出："每常边粮不肯趁贱预买，及临用兵，发银贵籴，且逼人强卖，公私劳费不赀。今宜妙选各边管粮部官，责其月报米价贵贱，岁报田收厚薄。如其丰收米贱之时，挪借官银十万两，到彼多籴米谷贮仓。或计今年所籴可为后二三

---

① 《明经世文编》卷136《胡端敏公奏议四·备边十策疏》。
② 《明经世文编》卷201《邹襄惠公侯知堂集·边储议》。

年之用，即扣后二三年该给粮银。又于他边米贱处所收籴，或查应解边粮地方时价，米贵则量令折银解边备籴。如此通融计处，务使远近官民皆便，而边粮易于措积。"①

（五）对将士应明赏罚思想

明代在管理军队中，重视对将士明赏罚，以此来激励将士英勇杀敌，守卫边防，为国建功立业。大臣倪岳就指出，明初皇帝奖赏将士虽薄，惩罚将士虽重，但由于公正分明，所以受赏者知感恩，受罚者无怨言。后来由于赏罚不公不明，使军队纪律涣散，无人想建立军功。因此，他认为，对于将士的赏罚，必须尊重广大将士的言论，必须公正有据。这样就能激励广大将士建功守纪。他说："人君以恩威驭将帅于内，将帅以赏罚驭士卒于外，故军政行而大功集也。我祖宗之时，名帅大将不为少矣，其间累树勋业者，或仅加其勋号，或止增其食禄，赏虽薄而人心知感者，命皆出于朝廷，而非希翼之可致也。及乎少误军机者，或削夺之必加，或诛戮之不赦，罚虽重而人心不怨者，命皆断于朝廷，而非谮毁之可移也……近者毁誉不出于至公，命讨或由于人力。冒昧希进者，累叨世及之爵；丧师偾事者，不蒙失机之诛。是由近及远，上行下效，三军之中，数万之众，权要亲昵者，功未成而先赏，罪虽著而不罚；孤寒寡援者，功高而后录，罪薄而先诛。以恩则无可怀，以威则无可畏，兵纪于是不立，边功何由可成乎。"于是，他建议："凡今边将之功过，宜秉赏罚之大权。左右皆曰有功，弗听，而赏必采乎群言；左右皆曰有罪，弗听，而罚必稽乎舆论。使人徼幸者不得以妄求，败律者不至于苟免。于是申饬沿边之将，一体赏罚之公。书上有功，必以其实；拿戮有罪，勿徇乎情。使人人喜于建功，而重于纪法，则奸宄无所容，绩绪有所稽矣。"②

大臣李杰则提出，赏罚将士时一定要严格依据战功或过失事实，派御史等监察官核实，防止冒赏或避罚。这样，赏罚就能真正起到激励和惩戒的作用。他指出："赏劝有功，罚威不迪，驭将之道，诚无越此。然上功之际，有杀被掠之人以冒赏者，如此，而罚弗及。战斗之际，有能奋挺前进以陨生者，如此，而赏弗及。是宜申敕宪臣核实赏罚，其虏入之时，某所守将某出兵与战，捕虏斩首若干，具以闻，而赏加焉。赏一人而千万人劝矣。某地守将某关壁不救，被掳生口若干，具以闻，而罚加焉。罚一人而千万人惧矣。赏罚既明，其有不思自励者乎？"③

大臣董越则进一步提出，为了防止冒赏避罚，朝廷应精选纪功官员，严格核实、记录将士功过。如所记录功过不实，纪功官员必须受到连坐。这样，赏罚就

---

① 《明经世文编》卷135《胡端敏公奏议三·奏为尽沥愚忠以求采择事》。
② 《明经世文编》卷77《青谿漫稿一·论西北备边事宜疏》。
③ 《明经世文编》卷90《李董二公奏疏·论西北备边事宜三》。

能真正起到激励和惩戒的作用。他指出："有功不赏，有罪不罚，虽尧舜不能治。盖赏罚国之大柄，于出师尤当重之。必赏一人而千万人劝，罚一人而千万人服，斯能奔走兵士而得其死力也。近者二边用兵，朝廷未尝不严赏罚之典，而贪功冒赏者，随举辄闻，虽曰功疑惟重，不必过求，然一于优容，恐亦不足以致人之服……臣愚以为，自今征伐，宜精选纪功官员，责以连坐，必献俘馘者，乃得论功，买获者一切不与，杜权贵幕下之私，作六军敢死之气；其失机丧师辱国者，则置于法，不为已甚者，则肆赦而责其立功。如此，则人皆思自奋，不患不得其用矣。"[1]

大臣储巏则针对当时战争中奖赏不公，有权势者强行争功领赏，以及赏功往往拖延很久，不利于激励将士奋勇杀敌的弊端，建议朝廷应当制定具体明确的赏功规定，并及时给予有战功将士奖赏。并且把士兵 25 人编为一队，有战功则一队同赏，有罪过则一队同罚。这样既可激励将士英勇杀敌，又可避免将士之间争功。他指出："夫好生恶死，人之常情。战阵相接，锋刃相交，使吾士卒忘生赴死以求胜，惟在赏罚公明，行之果且速耳。虽孙、吴、韩、白之善将，舍是亦无以成功也。今边境所患者，稍有功次，多为有力者夺去，及至行赏文移核实，动经岁月，又乖古人赏不逾时之意。将士解体，兵气不扬，弊实坐此。臣愚愿乞朝廷捐数十万之银，贮之受敌之所，付以记功之官。敕兵部定为赏功之格，能杀胡人一首者，赏银若干；两杀二首者，倍之；杀其酋长者，又倍之。提首而入，怀金而出，愿受官者，纳赏以为左验。如此则赏不逾时，士皆勠力，而兵威作矣。但两军鏖战，纷拿之际，既斩敌首，复进御他敌，何暇转而持之，恐为他人所有，则又当体士卒之情，而为之处。臣愚不知边事，窃以臆见筹之。凡军法五人为伍，五伍为队，一队共二十五人。昼则同战，夜则同守，有无相资，患难相恤，父子兄弟，不啻过也，故有功则宜同赏，有罪则宜同罚。若一队之中，有能杀敌，战不暇顾者，许本队军士乘间得便持取其首，解战之后，必不相欺。若疑似不明，即以所给赏银均散一队，绝其争端，彼此通行，亮无不服。如此则所斩之首，虽不能一一归于手刃之人，为本队所得者，十常八九，为他队所得者，十不过二三，亦体其情而结其心矣。"[2]

大臣胡宗宪则主张，朝廷必须严明军法，重惩将领贪黜，克扣军士自肥，剥下以奉上的行为，并严诛军士临阵退缩、逗留不进者，这样才能使军队平时是纪律严明的威武之师，战斗时是将士奋勇杀敌的常胜之师。首先，胡宗宪提出重科条以肃将领："夫廉则生威，欲则不刚，故必有抚绥之将，而后有节制之兵。今之边将，半是债帅，克军以自肥，剥下以奉上，既有豺狼无厌之心，必成猫鼠同眠之势。猾军悍卒，动辄挟制，平时法令既不能行，临敌指挥焉得如意，自非重

---

① 《明经世文编》卷 90《李董二公奏疏·论西北备边事宜一》。
② 《明经世文编》卷 96《储文懿公集·防虏疏》。文中"五伍为队"原作"五队为伍"，误。

立科条，申明禁例，则不能以挽颓风而祛积弊也……臣欲自今沿边将领等官，但有扣减军士衣粮马价入己者，俱照监守自盗沿边钱粮事例行；科敛军士财物入己者，俱照科索运军事例行。则将官皆知畏法，而贪黩之风自息。"其次，他又提出申军法以严部伍："臣前谓士卒之骄悍，由于将领之贪黩，此探本论也。使法例严矣，将领廉矣，而士卒犹有不用命者，此则怙强稔恶之流，刑戮不加，纪律废矣……近来边将临敌，士卒望尘而溃，曷尝见总兵官显诛一人哉？彼士卒者习知进则必死，退则必生，亦何苦舍生而求死也。所以然者，将官数易，上下异欲，平居无事，威令既不能行，临敌仓皇，军法又焉所施……臣愚以为宜申明条格，凡操练调遣，屯戍按伏，但有不遵约束者，俱许军法从事。则部伍严肃，军容整齐，威声既著于平时，号令必行于临敌矣。"①

（六）振作士气，禁息流言

明朝一些有识之士认识到，军队打仗，必须鼓舞士气，才能充分发挥将士的战斗力，取得战争的胜利。大臣毛宪认为，朝廷必须善待奖励奋勇作战之将领，让他们在战斗中带头冲锋陷阵，以振作士气，取得战斗的胜利。他指出："天子无皆勇之将，将军无皆勇之士，故怯者常千百，而勇者才一二，苟非择其人而厚待之，以作其勃然之气，孰肯尽死力以率众乎？两军相交，胜负未分，而三军之众，属目于一夫之先登，一夫倡之于前，则虽怯者亦勃然而进矣，其机固在振作之有方也。伏乞朝廷，凡遇独能奋勇之将领，宜时降玺书慰劳，优加赏赐，其或建立奇功，更须不次超擢。至于将官，遇有如此奋勇之偏裨，如此奋勇之军卒，亦宜厚待之，犒赏之，以作其气。设若怯懦不前，则辱之以巾帼，加之以刑罚，其或退避失机者，悉以军法从事。仍查上阵被伤官军，量行升赏，阵亡之家，厚加优恤，而又鼓之以武勇，道之以忠义，严之以节制，庶人心感而士气振，赏罚信而成功多矣。"②

大臣胡宗宪则主张朝廷广募勇敢之士以振作士气："臣闻一国无皆勇之将，三军无皆勇之士，故必广募枭雄以为选锋，多方鼓舞以振兵灵……伏乞皇上敕下兵部，移咨山东、西北、直隶等处，巡抚衙门转督各该兵备道，广为招募，无问军民诸色人等，及先年近日立功缘事，充军罢职等项将官，但有才力出众、骑射绝伦者，不拘名数多寡，俱限六月以前，各给文引路费，前赴总督军门听用。又于主客兵中精选艺勇超绝者，与之相配，专置一营，号曰冲锋；又于其中选一谋勇素著、老成持重者为之帅。优其廪、养其气，勿令轻用。遇有紧急，则大将统兵，与之犄角，相机投隙。或昼冲其锋，或夜劫其营，专主破阵，不论首功，贼退之后，冲锋破敌者为上，随后斩首者次之。果有奇勋，重加升赏，有罪将官，悉皆赦宥。如此，臣知两镇之士，素负刚劲，气虽暂馁，志亦不衰。彼见夺其首

---

① 《明经世文编》卷265《胡少保奏疏·题为陈愚见以裨边务事疏》。
② 《明经世文编》卷190《毛给谏文集·陈言边患疏》。

赏，必耻出其下风，亦将奋勇赴敌之恐后矣。兵法曰：'激水之极，至于漂石者，势也。'夫水至弱，而尚可激，况燕赵之士，有不可以势激而气鼓之乎。"①

大臣薛三才认为，将帅必须在平时与士卒同甘共苦、同仇敌忾，那么在战斗时就能使士卒赴汤蹈火，奋勇杀敌。他批评当时明朝将帅层层克扣军士，平时对他们疾苦漠不关心，而要指望军士战斗中奋不顾身，那是不可能的。他说："军力宜养三军之所作者，气也；所致者，力也。将帅之于士卒，必居平分甘共苦，常鼓其同仇之气，然后临事蹈火赴汤，能奋其必死之力。今将官之爱恤军士者有几乎，自大帅、裨将以至于中千把总等官，递相攫取，真所谓层层有窦，等等相食，而总出于军士之脂膏。夫平时痛痒不相关，又从而朘削之，一旦驱之锋镝，冀其奋不顾身，庸可得乎？"②

另一方面，明朝一些大臣还提出必须在边境军队中禁息流言、讹言，防止流言、讹言动摇军心、影响将士士气。大臣叶盛就针对当时边境一些逃兵、罪徒在军中散布流言、动摇军心的现象，提出必须严加禁约流言，对于故意散布流言者，必须予以彻查并处以极刑，以示儆诫。他指出："守穷边者，莫急于安人心；息流言者，莫重于严号令……乃有小人妄生异议，鼓煽愚人，或以为守边官员，走入虏境；或以为各堡官军，仍要掣回；或以边报贼情，如何严急，以致无知之人，不审虚实，辄便惊疑，一闻流言，忧惶无措。臣与都督孙安等再三询察，多是比先弃城逃走之徒，或托故存留在京，或怪恨拘发原卫，侥幸脱罪，不知感恩，乃更造言，以为得志。若不严加禁约，必致坏事方来。除会同孙安等晓谕，终是愚人，易惑难晓。臣愚欲乞朝廷特降圣旨榜文，谓此处边方，往事悉不追究，即今复守，内外文武官员统理，钱粮军马，日已增益，墩台城垣，渐已坚完，朝廷顾念边方，时刻不忘，在边之人，当竭忠固守，以为保障，如有倡为异议流言，摇惑人心，意在弃城逃走，误坏大事者，许臣等指实参处，以极刑示众，仍籍其家，赉捧前来，于各该城堡永远张挂。并戒饬内外官员，亦须洁己正身，镇静持重，以安下人，以图大功。"③

大臣曾铣则针对当时讹言影响朝廷收复河套，建议由科道、御史等负责查究处理，以熄讹言。他指出："臣闻询谋佥同，则功易就；讹言惑众，则事难图。今恢复河套，以安夏攘夷，事体重大，必假之岁月。方克有成，中间好事之人，谬为不根之说，以无为有，变黑为白。其色厉胆薄者，而讹言虏势之猖；其蹈常袭故者，而讹言安常之便。或讹言军马之弱，以危惧将领；或讹言战守之难，以恐吓士卒。夫讹言之始，一人倡之，十人和之，百千人翕然从而信之，由是上下惊疑，远迩摇撼，事沮于中止，功隳于垂成。是套之复也，百人成之而不足，一

① 《明经世文编》卷265《胡少保奏疏·题为陈愚见以裨边务事疏》。
② 《明经世文编》卷443《薛恭敏公奏疏·复议蓟镇事宜疏》。
③ 《明经世文编》卷59《叶文庄公奏疏一·边务疏》。

人坏之而有余。"针对讹言危害之大,他建议:"伏乞圣明敕下该部,严加禁约,申明文武官员说谎之典,军民讹言惑众之例,或特设随军科道,或专行巡按御史,纪录功过,兼察讹言,倘有仍蹈故辙,阻挠军机,阴坏成功者,根究所由,许臣并言官指名究治,庶讹言可熄,成功有期。"[1]

(七) 用间谍以了解敌情思想

古代早在先秦就有"知己知彼,百战不殆"的思想,所谓"知彼"就是了解敌情,而了解敌情的一个重要途径就是派遣间谍到敌方刺探军情。大臣胡世宁就指出,当时明朝军队在边境与敌人对峙中处处被动失利,其中一个重要原因就是明朝军队不懂得用间谍,不了解敌情,而敌人则善于用间谍,对明朝军队了如指掌。因此,他主张明朝军队应重视使用间谍,了解敌情,从而变被动为主动,对敌实行有针对性的打击,从而有效地保卫边境安全。他指出:"臣惟兵将虽练,然而不得地利,不知虏情,则动乖所之,为彼乘袭,有败无胜,譬如瞽者之射,虽挽强弓,发利矢,何益于中哉?臣切料各边军士不下数十万,虏骑控弦不过数万,然彼常寇我有余,我尝御彼不足者,盖由彼能用间,而事事得手,兵法之所利;我不能用间,而事事犯手,兵法之所忌……故臣以为,今之备边,莫先用间。然古人用间,非止一端。今则我军出外,辄为所获,彼之左右,我亦未知,则生间、内间,未可先用也。顾惟彼有掳掠探听入境之人,为我所获者,我惟不逞小忿,免其诛戮,不惜厚赏,悦其心志,因而用之。则彼中酋长有心慕中国者,我得以知而招怀之;有自相猜忌者,我得以知而携贰之。有阴为间谍者,我又得以知而诳惑之。由是五间可以次第毕用,而彼中事情,我无不知。我师所出,动中机会,蔑不济矣。"[2]胡世宁在此总结出5种人可利用作为间谍,即被敌军俘获的人、敌军将领左右的人、被我军俘获的人、与明朝关系好或内部发生矛盾互相猜忌的酋长以及暗中为敌军间谍的人。

大臣胡松则建议,朝廷应厚养一批敢死之士,让他们假投降到敌军,然后找机会刺杀敌军首领和骨干,或刺探敌军强弱虚实,使我军了解敌情,早定应对措施。他认为厚养一批敢死之士作间谍,比供养数千人无用的军队,其费用要少得多。他指出:"今山西郡县详得虏所遣间谍,前后不下数十人,且言人人殊,大抵要非一时一部所遣,则其俦党之未获,散在京畿与山东、河北者,各不下千余人可知己。臣始窃怪区区丑虏,地既苦寒,百物稀少,何以遽能得人之死力若是。其后参互译问,乃知彼虽夷狄,然其赏罚信必,无爱锡予。诸边谍得实者,大之则使统部人马,次之亦不失有妻孥牛马之奉,彼贫民无赖,安得不弃此而就彼,为之耳目以求利益哉?臣愚欲乞敕下抚臣厚养死士,诈充投降,设为教诱之辞,以耸彼听,使之得见亲幸,苟其得间,则斩其名王、酋长与用事之人。如不

① 《明经世文编》卷240《曾襄愍公复套条议四》。
② 《明经世文编》卷136《胡端敏公奏议四·备边十策疏》。

得间，亦必来听彼诸部强弱虚实，与其协和与否，而阴为之备。今说者欲以调到延绥诸处人马留之防秋，夫久集则有馈饷之难，多屯则耗困廪之积。苟养得数人焉，纵之以去，致之使来，则可以得其要领，早见而预为之图，即按伏当亦可罢，比诸数千人坐食之费，相距远矣。"①

大臣吴时来则提出，鉴于间谍在获取战争情报中的重要性，明朝廷必须与敌军展开争夺间谍的角逐。朝廷应善待曾当过敌军间谍的人，用重金收买他们，使他们投诚，成为明军的间谍，在战争中发挥作用。他指出："夫间谍，兵之先也。兵法曰：'明君贤将，所以动而胜人，成功出于众者，先知也。必取于人，知敌之情者也。故三军之事，莫亲于间，赏莫厚于间，事莫密于间。'今虏人往往得吾中国人之死力，间谍，吾中国人也，向道，吾中国人也……彼以善用间而胜，我以不善用间而败也。夫中国之大，九边十镇之雄，诸臣之略，不闻得一间人而用之，而区区丑虏苦寒之地，乃能得吾中国人之死力，其故何哉？盖其赏罚信必，吾中国之人往至其地，皆有牛羊妻孥之奉，其为所用者，即与统部人马。而无赖穷民，安得不弃此纲维，作彼耳目，是驱中国人为虏人间也。"针对这种情况，吴时来以其人之道还治其人之身，主张："中国在虏之人数多，或往年身负不义，及近日被其驱胁，或既逃回，又私自逃往者，许令来归自首，所带牛羊夷器俱听其自得，而又不爱金帛、不爱爵赏，间或给之空地，或容其统领人马，暗邀其心，得其死力。则此等可使为间，人无贤不肖，报恩则一，彼其先尽力于虏人者，以其厚利也，而吾以厚利易之，彼将以虏之间为我之间。故事有倒行逆施，而不失其正者，用间是也。"②

四、兵律思想

明朝为了加强对军队的管理，制定了一系列的法律条文，对军队进行约束。兹据《明会典》卷16《兵律一》的内容③，略做分析。

（一）禁止擅调官军

明朝最高统治者为维护封建专制统治，对军队进行严密的控制。为防止将帅拥兵反叛，兵律规定，军队的调遣必须经过朝廷的批准，必须以皇帝的御宝圣旨为凭。如无紧急情况擅自调动军队者，则要受到处罚。尤其是那些亲王所拥有的军队，未经朝廷批准，没有接到皇帝的御宝圣旨，更不得擅自调离自己的封地。但是另一方面，如遇到反叛、暴乱等紧急情况，来不及上奏朝廷，将帅可火速调遣军队征讨，邻近卫所也必须立即发兵策应，否则，其与擅自调动军队同罪。《兵律一·擅调官军》规定："凡将帅部领军马守御城池，及屯驻边镇，若所管

---

① 《明经世文编》卷246《明庄肃公奏议·陈愚忠效末议以保万世治安事》。
② 《明经世文编》卷384《悟斋文集一·目击时艰，乞破常格责实效，以安边御虏保大业疏》。
③ 本目引文未注出处者，均见于《明会典》卷166《兵律一》。

地方遇有报到草贼生发，即时差人体探缓急声息。须先申报本管上司，转达朝廷闻奏，给降御宝圣旨，调遣官军征讨。若无紧急，不先申上司，虽已申上司，不待回报，辄于所属擅调军马，及所属擅发兴者，各杖一百，罢职，发边远充军。""若亲王所封地面有警调兵，已有定制，其余上司及大臣，将文书调遣将士、提拨军马者，非奉御宝圣旨，不得擅离信地。若军官有改除别职，或犯罪取发，如无奏奉圣旨，亦不许擅动。违者，罪亦如之。""其暴兵卒至，欲来攻袭，及城镇屯聚军马之处，或有反叛，或贼有内应，事有紧急及路程遥远者，并听从便，火速调拨军马，乘机剿捕。若贼寇滋蔓，应合会捕者，邻近卫所虽非所属，亦得调发策应，并即申报本管上司，转达朝廷知会。若不即调遣会合，或不即申报上司，及邻近卫所不即发兵策应者，并与擅调发罪同。"

（二）必须及时申报军务、飞报军情

为了加强对军队的控制，明朝廷还规定将帅必须及时、如实向上级机关直至朝廷申报军务，以便朝廷能随时掌握军队的动态。如将帅不及时、如实申报，则将受到处罚。《兵律一·申报军务》规定："凡将帅参随总兵官征进，如总兵官分调，攻取城寨克平之后，随将捷音差人飞报。一申总兵官，一申五军都督府，一行兵部，另具奏本实封御前。若贼人数多，出没不常，如所领军人不敷，须要速申总兵官，添发军马，设策剿捕。不速飞申者，从总兵官量事轻重治罪。若有来降之人，即便送赴总兵官，转达朝廷区处。其贪取来降人财物，因而杀伤人及中途逼勒逃窜者，斩。"

在明朝军队中，经常发生争功、冒功的现象，因此，朝廷规定军队在纪功、报功中必须实事求是，严禁争功、冒功，否则，争功、冒功者必须受到惩罚。《兵律一》规定："凡临阵报有斩获贼级，纪功官从公审验，若用钱买者、卖者，俱问罪。官旗就在本卫军发边卫，民并军丁人等发附近，俱充军。若强夺他人首级，及妄割被杀汉人首级冒功者，军民舍余人等，亦照前发遣。官旗降原职役一级，京卫调外卫，外卫调边卫，边卫调极边卫，俱带俸差操。将官及守备、把总等官替人冒报功次者，亦奏请降调。若擅杀平人及被掳逃回人口，冒作贼级报功者，俱以故杀论。本管将官头目，失于钤束者，五名口以上，降级调卫，十名口以上，罢职充军。"

在战争中，军情往往瞬间万变，为了及时把握军情，以做出战略战术调整，朝廷规定将帅应飞速向上级机关逐级报告军情。《兵律一·飞报军情》规定："凡飞报军情，在外府州差人，一申布政司，一申都指挥使司，及行移本道按察司；其守御官差人，行移都指挥使司，都指挥使司差人，一行本管都督府，一具实封；布政司一差人行移兵部，一具实封，俱至御前开拆。按察司差人，具实封直奏。在内直隶军民官司，并差人申本管都督府及兵部，另具实封，各自奏闻。若互相知会，隐匿不速奏闻者，杖一百，罢职不叙，因而失误军机者，斩。"为了严守军事机密，朝廷还规定，在飞报军情时，必须严格保密，防止泄漏军情。

"隆庆六年（1572 年）题准，各边镇督抚等官，但系军机，俱要密封完固题奏，不得预先泄漏。通政司上本，与司礼监发本，俱要一体严密。"①

（三）禁止逃避军役

明朝由于军士粮饷不足，加上各级官军贪污、克扣，士兵生活艰辛，因此，逃避军役现象时常发生。对此，朝廷不断颁布法令，对逃避军役者予以惩罚。如《明会典》卷 154《军政一·根捕》规定："宣德元年（1426 年）奏准：凡逃军三月不首者，并里邻人等问罪。就点亲邻管解，窝家发附近充军，系军籍者发边卫。能自首者，止罪逃军。递送隐藏者，烟瘴卫分充军。官司故纵者，论如律。"由此可见，朝廷对逃军的处理，以鼓励自首为上策，一般可以免于处罚。为了使逃军无所藏身，朝廷注重对窝藏者及左邻右舍的处罚，以此来迫使逃军亲属不敢窝藏，并使左邻右舍知情者必须积极主动告发，从而避免遭到牵连。朝廷为了督促有关官吏清查、捉捕逃军，对知而故纵、失职的官吏也予以处罚。

明朝对于平时逃避军役的处罚相对较轻，而对于战争前夕征调军士违期者的处罚则较为严厉。《明会典》卷 166《兵律一·从征违期》规定："凡军官军人，临当征讨，已有起程日期，而稽留不进者，一日杖七十，每三日加一等。若故自伤残，及诈伪疾患之类，以避征役者，各加一等，并罪止杖一百，仍发出征。若军临敌境，托故违期，一日不至者，杖一百；三日不至者，斩。若能立功赎罪者，从总兵官区处。"

明朝为了减少军士逃亡现象，规定将官必须善妥安置新军食宿，三个月后再送营差操。如有过度役使新军，勒索新军财物，迫使新军逃亡者，有关将官依据所辖士兵逃亡人数，予以不同程度处罚。"在京在外，各都司卫所，勾到新军官吏旗甲附写名数，半月内帮支月粮，各照地方借房安插，存恤三个月，方许送营差操。如有指称使用等项名色，勒要财物，逼累在逃者，不问指挥、千百户、镇抚，俱照卖放正军事例，计一年之内，所逃人数多寡，降级充军拟断。若不及数，及不曾得财者，照常发落。"

（四）操练军士

操练军士是提高军队战斗力的重要环节，明朝廷重视对军队的操练，军队操练一般安排在每年秋冬两季，每月两次赴军卫教场，民兵与官军一起操练。到时分巡分守官到现场督视、点名。操练后，将官将军士按膂力、弓力骁勇、娴熟程度分为三个等级，其中第三等级衰老懦弱庸钝者黜退，另选精壮补充。

为了督促军士平时勤于操练，不偷懒怠惰，朝廷制定法律，对不按规定操练将士予以惩罚。如《兵律一·不操练军士》规定："凡各处守御官，不守纪律，不操练军士及城池不完、衣甲器仗不整者，初犯杖八十，附过还职；再犯杖一百，指挥使降充同知，同知降充佥事，佥事降充千户，千户降充百户，百户降充

---

① 《明会典》卷 132《各镇通例》。

总旗，总旗降充小旗，小旗降充军役，并发边远守御……各卫所京操官员，故行构讼，不肯赴操者，除犯该死罪，并立功降调罪名，另行更替外，其余悉听掌印官，申呈巡抚巡按衙门，锁项差人，解兵部发操。若有抗违不服，或挟私排陷者，参奏问调边卫，带俸差操。掌印官纵容不举，参究治罪。"

（五）功罪赏罚

明代不少有识之士都十分重视对将士的赏罚，以此激励广大将士奋勇杀敌。但是，由于战场情况复杂，在具体确定功罪进行赏罚时，则会遇到许多难以准确衡量功罪赏罚的问题。因此，明朝衡量功罪赏罚的条文较多，兹介绍一些较有代表性的条文："凡守边将帅，被贼攻围城寨，不行固守而辄弃去，及守备不设为贼所掩袭，因而失陷城寨者，斩。若与贼临境，其望高巡哨之人，失于飞报，以致陷城损军者，亦斩。若被贼侵入境内，掳掠人民者，杖一百，发边远充军。其官军临阵先退，及围困敌城而逃者，斩。""凡沿边沿海，及腹里府州县与卫所同住一城，及卫所自住一者，若遇大虏及盗贼生发攻围，不行固守而辄弃去，及守备不设被盗攻陷城池、劫杀焚烧者，卫所掌印与专一捕盗官，俱比照守边将帅失陷城寨者律，斩。府州县掌印并捕盗官，与卫所同住一城及设有守备官驻扎本城者，俱比照守边将帅被贼侵入境内、掳掠人民律，发边远充军，其兵备、守巡官驻扎本城者，罢职为民；若非驻扎处所，兵备守巡及守备官俱降三级调用。若府州县原无设有卫所，但有专城之责者，不分边腹，遇前项失事，掌印捕盗官，照前比律处斩。兵备守巡官，亦照前罢职降调。其有两县同住一城，及府州县佐贰首领，但分有守城信地，各以贼从所管城分进入，坐罪。若无城池，与虽有城池，被贼潜踪隐迹，设计越城，进入劫盗，随即逃散不系失陷者，止以失盗论，俱不得引用此例。"

从上引《兵律·主将不固守》条文可以知道，明朝在军事功罪赏罚中，首先，注意追究主要将帅的责任，如遇有城寨被贼攻陷，贼侵入境内、劫杀焚烧情况的，守边将帅、卫所掌印官、捕盗官、兵备守巡官等要承担主要责任，依据不同情况受到不同程度的严厉惩罚。其次，注意区分主要责任人是失职还是非失职所造成的失败。如因将帅不行固守、守备不设造成城寨被贼攻陷，那么将帅将受到最严厉的斩首极刑。如因贼潜踪隐迹、设计越城，进入劫盗的，将帅则只要依照失盗的律文进行惩罚，一般处以杖刑和发边远充军。再次，注意区分被贼侵害地方的防守条件，如被贼侵害地方有城池等防御设施，而被贼等攻陷，则失职将帅将要受到斩首的严厉处罚；如被贼侵入的地方没有城池等防御设施，则处以较轻的杖刑和发边远充军。又如"若无城池，与虽有城池，被贼潜踪隐迹，设计越城，进入劫盗，随即逃散不系失陷者，止以失盗论"。最后，注意区别被贼侵入城中兵备守巡官驻扎本城与非驻扎本城的不同责任。如兵备守巡官驻扎本城，则要罢职为民，如非驻扎本城，则要降三级调用。

明朝廷还对将帅在战斗中闭门不战，见贼先退，坐失军机，战术失误，损折兵马，不行设备，生事贪功者进行各种处罚。如成化九年（1473 年），令边军遇敌，"其闭门坐视，见贼先退者，乃坐失机"。"弘治六年（1493 年）奏准，主将、副参等官，统军杀贼，不能料敌制胜，轻率寡谋，致有损折军马，失误事机，则罪坐各官。而内臣、都御史，不曾与行者，各轻其罚，兵部临时奏请定夺。若各该分守守备等官，不行设备，被贼入境抢掳人畜，或生事贪功，损折军马，即系镇巡总兵官，平昔威令不行所致，当均受其罚。若互相隐匿，不行实报，许巡按御史、科道官并兵部访实奏劾，治以重罪"①。由此可见，对于军事的过失、罪过，朝廷不仅惩罚主要责任人领兵打仗的将帅，而且还对相关的其他责任人，如随部队负责监军的内臣、都御史，负责平时管理、训练军队的镇巡总兵官，都要连带受到处罚。如将帅与内臣、都御史、镇巡总兵官等为躲避责任互相隐瞒包庇，不向朝廷如实报告，巡按御史、科道官和兵部应查实奏劾，从重予以处罚。

　　另一方面，朝廷为鼓励军民英勇杀敌，建立功勋，对战斗中有功人员进行奖赏。如嘉靖三十一年（1552 年）题准："大同、延绥、宁夏、甘肃、宣府、辽东各路将领，今后但遇虏贼近边，即便相机设策，或打其账房，或杀其老小，或夺其马匹，或剿其畸零。凡有壮夫居民敢勇杀贼，俱照新例，从重升赏。赶来马匹多者，官收四分，本人六分，少者通给本人。"同年又题准，"保甲升赏罚治：每乡举殷实有力、人所信服者一人，立为头领倡率，有能把截山口，或固守城堡，保全地方，为首者，赏银一百两，授职一级，仍与冠带，为从者，各量加赏。官吏于本等资格上加升，生员增附，即与补廪，廪膳，送监肄业，义民、阴阳医官，各授七品散官，获有首级，照官军例升赏。所得牛马等项、尽给充赏。"嘉靖四十三年（1564 年）题准，"各处大小将领军官，果能捣巢邀击，获有奇功，不次升擢，斩有首级，照例升赏。如果深入虏营，冲锋陷阵，致有损伤，不坐将领之罪，止出格优恤死事之人，以示激劝"。隆庆元年（1567 年）题准，"辽镇各村居人，就近筑堡收敛，虏至，能捍拒保全者，堡长准给冠带。""隆庆二年（1568 年）题准，海洋有警，水兵果能奋勇邀击，即论水兵之功；若贼近内港，陆兵果能据险堵截，不致登岸，即论陆兵之功。抚按据实具奏，俱照平倭事例升赏。"隆庆三年（1569 年）又题准，"蓟昌三镇务要因墙拒守，以守为战，果能保无他虞，照斩首事例，题请升级世袭"。从以上奖赏军功条例可知，明朝对军功奖励的方式比较多样，如有功者可与朝廷分享战利品，缴纳敌军马匹者，"官收四分，本人六分，少者通给本人"；朝廷可赏赐有功者钱币，如"赏银一百两"；朝廷可授予有功者官职，破格晋升职位，如"授职一级"，"授七品散官"，"不次升擢"，"升级世袭"。朝廷对军功大小的衡量标准，其中很重要的一条是以斩获敌人首级的数量来衡量。如"获有首级，照官军例升赏"，

---

① 《明会典》卷 132《各镇通例》，以下两自然段引文，未注出处者，均见于此。

"斩有首级，照例升赏。"嘉靖三十二年（1553 年）题准，如将士在战斗中斩获敌人首级"五十名颗以上，授百户，仍赏银三百两；一百名颗以上，授千户，仍赏银五百两；至一百五十名颗以上，授指挥，仍赏银一千两。"大臣储罐甚至建议，在赏功之格中规定斩获敌人首级还要按其身份的不同予以不同的奖赏："能杀胡人一首者，赏银若干；两杀二首者，倍之；杀其酋长者，又倍之。"① 朝廷除按斩获敌人首级奖赏外，对于那些在战斗中奋勇杀敌，冲锋陷阵，建有奇功的将士还要特别从重予以奖励，如对于"敢勇杀贼"的壮夫居民，"从重升赏"；对"大小将领军官，果能捣巢邀击，获有奇功，不次升擢"。

（六）军队纪律

明朝为严明军队纪律，严禁将士肆意掳掠人口财物、劫夺杀人、占夺车船、作践田禾等，如有违犯，一般都处以较重的刑罚，直至处以极刑。如《兵律一·纵军掳掠》规定："凡守边将帅，非奉调遣，私自使令军人于外境掳掠人口财物者，杖一百，罢职充军。所部听使军官及总旗，递减一等，并罪坐所由，小旗军人不坐。若军人不曾经由本管头目，私出外境掳掠者，为首杖一百，为从杖九十；伤人，为首者斩，为从杖一百，俱发边远充军。若本管头目，钤束不严，杖六十，附过还职"。"若于已附地面掳掠者，不分首从，皆斩。本管头目，钤束不严，各杖八十，附过还职。其知情故纵者，各与犯人同罪"。"轮操军人军丁，沿途劫夺人财，杀伤人命，占夺车船，作践田禾等项，许被害之人，赴所在官司具告，拿解兵部，转送法司究问。除真犯死罪外，徒罪以上，俱调发边卫充军，其管操指挥、千百户等官，往回不许与军相离。若不行钤束，并故纵劫夺杀人等项者，参问调卫"。兵律对将士掳掠人口财物的惩罚分境外与境内，对境内的惩罚重于境外。如对"已附地面掳掠者，不分首从，皆斩"，但是对"外境掳掠人口财物者，杖一百，罢职充军"。朝廷为了鼓励将士在境外与敌人作战，还区分军人于外境掳掠者，是否经过长官批准，经过批准的惩罚轻于未经过批准的惩罚。如守边将帅，"私自使令军人于外境掳掠人口财物者，杖一百，罢职充军"，但"若军人不曾经由本管头目，私出外境掳掠者，为首杖一百，为从杖九十；伤人，为首者斩，为从杖一百，俱发边远充军。"如是在战争期间，军人如出现掳掠者，甚至可以不予追究："其边境城邑，有贼出没，乘机领兵攻取者，不在此限。"因此，在中国古代，战争期间出现军队掠夺百姓财物的现象，是屡见不鲜的。明朝为了督促将官平时约束军士，兵律规定，如军士犯掳掠罪，将官必须负连带责任，也要受到一定的处罚。如军人"私出外境掳掠者"，"若本管头目钤束不严，杖六十，附过还职"。如是"知罪故纵者，各与犯人同罪"。而且在对将官进行处罚时，官职大的将官所受的处罚重于官职小的将官。如"军人于外境掳掠人口财物者"，"所部听使军官及总旗，递减一等，并罪坐所由，小旗

---

① 《明经世文编》卷 96《储文懿公集·防房疏》。

军人不坐。"明朝兵律还规定，军队赴京城轮流操练时，带队将官必须跟随部队约束军士，不许在来回途中随意离开部队："其管操指挥、千百户等官，往回不许与军相离。若不行钤束，并故纵劫夺杀人等项者，参问调卫。"

在冷兵器时代，战马、武器均是十分重要的军备，朝廷规定战马不得私下出卖、宰杀，武器也不得出卖、毁坏。《兵律一》规定，将士不得私卖战马："凡军人出征，获得马匹，须要尽数报官。若私下货卖者，杖一百；军官卖者，罪同，罢职充军。买者笞四十，马匹价钱并入官。军官、军人买者，勿论。"买卖战马，不仅卖者买者有罪，而且还要连坐知情不报者和介绍买卖的牙人。如是宰杀及偷卖瘦弱的官马，其处罚与盗官马相同。"凡盗卖官马，宣德四年（1429年），令追罚马二匹，知情和买牙保邻人，各罚马一匹。宰杀及偷卖官赢者，亦如之。首告者，于犯人名下追钞五千贯充赏。"[①]《兵律一》还规定，将士不得私卖军器、毁弃军器，也不得私藏应禁军器。"凡军人，关给衣甲、枪刀、旗帜，一应军器，私下货卖者，杖一百，发边远充军。军官卖者，罪同，罢职充军。买者笞四十，应禁者以私有论，军器价钱并入官。军官、军人买者，勿论。""凡将帅关拨一应军器，征守事讫，停留不回纳还官者，十日杖六十，每十日加一等，罪止杖一百。若辄弃毁者，一件杖八十，每一件加一等，二十件以上，斩。遗失及误毁者，各减三等，军人各又减一等，并验数追赔。其曾经战阵而有损失者，不坐不赔"。"凡民间私有人马甲、傍牌、火筒、火炮、旗纛号带之类，应禁军器者，一件杖八十，每一件加一等；私造者，加私有罪一等，各罪止杖一百，流三千里。非全成者，并勿论，许令纳官。其弓箭、枪、刀、弩、及鱼叉、禾叉，不在禁限"。

明朝廷还要求各级将官必须在平时严格约束军士，如禁止军士出百里之外从事买卖活动、私种田地，私自出境，或因出境致死、被敌人拘执，也不许将官私自役使军士，如有违反，各级将官将根据违反规定军士的人数而受到不同的处罚。朝廷为了让各级将官互相监督，对于知情故纵或隐瞒不报告者实行连坐。《兵律一·纵放军人歇役》规定："凡管军百户及总旗、小旗、军吏，纵放军人出百里之外买卖，或私种田土，或隐占在已使唤，空歇军役者，一名杖八十，每三名加一等，罪止杖一百，罢职充军。若受财卖放者，以枉法从重论，所隐军人并杖八十。若私使出境，因而致死，或被贼拘执者，杖一百，罢职发边远充军，至三名者，绞。本管官吏知情容隐，不行举问，及虚作逃亡，符同报官者，与犯人同罪。若小旗、总旗、百户，纵放军人，其本管指挥、千户、镇抚，当该首领官吏，知情故纵，或容隐不行举问，及指挥、千户、镇抚故纵军人，其百户、总旗、小旗知而不首告者，罪亦如之。若钤束不严，致有违犯，及失于觉举者，小旗名下一名，总旗名下五名，百户名下十名，千户名下五十名，各笞四十；小旗

---

① 《明会典》卷 152《马政三·禁约》。

名下二名，总旗名下十名，百户名下二十名，千户名下一百名者，各笞五十，并附过还职，不及数者不坐。"

第七节　清代军事管理思想

一、军制思想

（一）议政王大臣会议、军机处和兵部

清代封建专制主义空前强化，最高军权由皇帝独揽。如皇帝年幼未亲政前，暂由摄政王代理，或由太后垂帘听政。协助皇帝管理军政的中央机构是议政王大臣会议、军机处、兵部等；清末，改革官制后，主要是军咨府、陆军部、海军部。

议政王大臣会议是清代前期宗室王、贝勒等旗籍大臣联席协议国政军政的制度。始于清太祖努尔哈赤筹建后金政权之际，时特置议政大臣五人佐理军国大事，与诸贝勒每五日集朝一次。天命七年（1622 年），实行八和硕贝勒"共议国政"制。十一年（1626 年）九月，太宗嗣位后，命所有贝勒参预议政。崇德元年（1636 年），又将参预议政的宗室贵族扩大到贝子，复令每旗增设议政大臣 3 人。此后，议政制度逐渐成为王大臣共同辅政、议决军国大事的一种形式。顺治元年（1644 年），于内廷设议政处，以为议政王大臣的办公处所。其议政形式有两种：一是廷议，即凡军国重务不由内阁票发者，由议政王大臣"坐中左门外会议，如坐朝仪"；二是交议，即奉圣旨交议政王大臣会议的事件，由内阁转交议政处，王大臣公同会议后核奏。雍正年间设立军机处后，无应办之事，遂于乾隆五十六年（1791 年）取消。

军机处全称办理军机事务处，或称办理军机处，简称军机处。因参决军国大事，又称枢垣、枢廷。军机处是取代议政王大臣会议的中枢机构，雍正八年（1730 年）设立（一说雍正七年设立），初名军机房，十年（1732 年）命铸予银印，名办理军机事务处。其机构位于宫中乾清门外西侧，隆宗门内。由皇帝特旨召三品以上满、汉大员各若干人（无定额）入值为军机大臣，由满、汉大学士各一员为其首领，并由各部、院考录四品以下官员入值为军机章京。军机处辅助皇帝处理军国大事，职掌机要，常侍皇帝左右，以备顾问，负责奏折文书的处理及谕旨的撰拟；并参预国家庶政的讨论及重大案件的审拟；凡文武官员的简放、换防、记名、引见、赐予及外藩之朝使者颁赐等事，亦由军机处办理。总之，军机处"掌书谕旨，综军国之要以赞上治机务"①。自其成立后，取代了议政王大臣会议的地位和作用，进一步加强了封建帝王的专制权力和对军权的绝对支配，

---

① 《大清会典》卷 3。

削弱了内阁的职权。直至清末宣统三年（1911年）四月，责任内阁成立，军机大臣改任总、协理大臣，执政长达180余年之久的军机处才被废止。

清代兵部成立于后金天聪五年（1631年），以贝勒一人总理部务，下设满、蒙、汉承政、参政、启心郎等职官。清崇德三年（1638年）改置承政、参政、理事官、副理事官、启心郎、额哲库等员。顺治元年（1644年）停贝勒管理部务，并承明制，改承政为尚书，参政为侍郎，理事官为郎中，副理事官为员外郎，额哲库为主事。雍正元年（1723年）后，以大学士兼理部务，均为特简，无常员。按定制，兵部设满、汉尚书各一人，综理部务；满、汉左、右侍郎均各一人，下有满、蒙、汉郎中、员外郎、主事、司务、笔帖式等官员。其下属机构有武选、车驾、职方、武库四清吏司，以及会同馆、捷报处、满档房、汉本房、司务厅、督催所、当月处和稽封厅等，分别办理部内各项事务。光绪三十二年（1906年）改为陆军部，练兵处和太仆寺并入其内。兵部在清廷入关后主要掌管全国绿营兵籍和武职官员任免、升降、考核、奖惩等政令之机构。八旗则主要由八旗都统衙门管理，军机要务由议政王大臣会议和军机处负责，所以"名为兵部，但司绿营兵籍、武职升转之事，并无统御之权"①。

清代各省的地方军队领导机构，有将军、都统、副都统、城守尉、防守尉等八旗将领主管的各级八旗驻防衙门。绿营以一省或数省为军区，省内最高武官是提督。提督有陆路和水路之分，也有水陆兼任的提督，或由巡抚兼任的提督，每省一至二人，管理一省军政，其办事机构为提督衙门。一省之内又分若干镇，每镇由总兵官统领，各镇守一方，其办事机构为总兵衙门。总兵也有陆路、水路之分，也有水陆兼任的，每省二至六人。唯东北三省不设绿营，故无提督和总兵。提督对各镇总兵有统领权，但无征调权。

（二）集权朝廷，分寄督抚，中外相维，大小相制

清朝对中央和地方的军事领导体制是实行集权朝廷，分寄督抚，中外相维，大小相制。换言之，全国性的军队征调权属皇帝；地方性的征调权由中央朝廷分寄于地方最高文官总督和巡抚；分统各镇的总兵受督抚和提督的双重节制，这是以大制小，另一方面，布政使、按察使、提督、总兵各分总督、巡抚的行政、军政大权，这是以小制大。

康熙《大清会典》云："国家军旅之事，专任武臣，其在直省者以文臣监督，曰总督，曰巡抚。"② 各省绿营的最高武官是提督，掌理全省军政，节制本省各镇总兵，官阶为从一品；其次是总兵，管辖本标及所属各协、营，镇守一方区域，官阶为正二品。总督、巡抚虽为地方最高文职官员，但官阶仅为正二品和从二品。总督比提督低一级，与总兵同级；巡抚比提督低二级，比总兵低一级。

---

① 《大清光绪新法令》，第20册，商务印书馆编译所宣统元年本。
② 康熙《大清会典》卷93。

在此情况下，清廷通过给总督和巡抚兼衔提级，然后分寄军令的办法，实现以文督武。这就是"总督俱兼兵部尚书、右都御史衔；巡抚俱兼兵部侍郎、右副都御史衔"①。兼衔后，总督的官阶升为从一品，与提督同级；巡抚的官阶升为正二品，与总兵同级。由于总督、巡抚所兼为兵部和都察院的官衔，故有身受中央派遣，统帅和监督各省绿营武官之命。所以，清朝官员认为，"我朝所定官制，各直省承流宣化责成布政使，若督抚原以寄将帅之任"②，"本朝督抚寄军令，即将军之制也"③。

总督、巡抚在地方上的军政之权主要有 6 个方面：一是对本辖区军队的征调权；二是对副将以下武官的题调黜免权；三是对文武官员的监督权；四是对绿营的疏定营制权；五是督理粮饷权；六是主考武科权。总之，督抚对于绿营军来说，平时有节制权，战时有征调权。督抚有节制权，则官兵畏威守法，知恩必报；督抚有征调权，则官兵服从命令，维护地方统治。所以说，军权虽集于中央朝廷，由皇帝独揽，但又"不可不分寄于督抚"④，以便实现"中外相维"⑤。

清代，"设官置吏，中外相维，是以万里之遥，若臂指之相使，兆民之众，若呼吸之可通，官习其事，民安其教，求之汉、唐，未闻整齐画一有如此者"。之所以能如此，除"内而八旗各部院，外而督抚提镇，满汉并用，文武兼资"外，就是"大小官制相维"⑥的运作机制。

总督、巡抚为封疆大吏，"疆臣奏事，虽直达天听，必经部核乃办。其批交部议之奏，部臣仍得奏驳撤销，此实集权中央之明证"。所以说，"将军、督抚分任各省兵政，其全权实操于部"⑦。兵部作为中央领导绿营军队机构，督抚为中央派驻各省的重臣，有节制和调遣地方绿营军队之权，同为代表中央朝廷负责管理地方绿营军队。这就是所谓"中外相维"⑧之意。

总督、巡抚，既是地方省级行政长官，又是地方监察长官、军事长官，因此有监督布政使、按察使、提督、总兵之权。这便是以大制小之意。另一方面，布政使主管本省民政和财政，按察使主管本省司法和监察，提督负责本省军政，节制各镇总兵，总兵又负责本镇军政。在这里，布、按、提、镇各分总督、巡抚的行政、司法、监察、军政之权，这便是以小制大之意。同样的道理，布政使、按察使与其下属府、厅、州县之间；提督、总兵与其下属副将、参将、游击、守备

---

① 《清朝文献通考》卷96。
② 《清史列传》卷76《尹耕云传》。
③ 胡林翼：《胡文忠公遗集》卷52《上皖抚王清苑师》，全国图书馆文献缩微复制中心2007年版。
④ 《宣统政纪》卷29，中华书局1986年影印本。
⑤ 《清朝文献通考》卷77。
⑥ 《清朝文献通考》卷77。
⑦ 《清朝文献通考》卷221。
⑧ 《清朝续文献通考》卷77。

之间，也存在着以小制大和以大制小的相互制衡关系。这就是"大小相制"①之意。

历代皇帝总揽军权的一个重要方面就是掌握军队的征调，清代皇帝即通过"中外相维"和"大小相制"，从而牢牢控制对各省地方军队的征调。康熙《大清会典》卷117载："凡将帅部领军马、守御城池，及屯驻边镇，若所管地方遇有报到草贼生发，即时差人体探缓急声息，须先申报本管上司，转达朝廷奏闻，给降圣旨，调遣官军征讨。若无警急，不先申上司，虽已申上司，不待回报，辄于所属擅调军官，及所属擅发给与者，各杖一百，罢职，发边远充军"。"事有警急，及路程遥远者，并听从火速调拨军马，乘机剿捕。若贼寇滋蔓，应合会捕者，邻近卫所虽非所属，亦得行文调发策应，并即申报本管上司，转达朝廷知会。若不即调遣会合，或不即申报上司，及邻近官军不即发兵策应者，并与擅调发罪同。其余上司及大臣将文书调遣将士，提拨军马者，非奉圣旨，不得撤离汛地"②。

从以上记载可知，军队征调权在中央由皇帝掌握，地方征调权由督抚掌握。提督、总兵等武官，一般情况下，"非奉圣旨，不得擅离汛地"，说明他们必须接到皇帝的命令，才能调遣所管军队离开驻防地。武官欲率兵出战，一般先经过督抚同意，然后获得皇帝命令，才能调动所属部队。只有在军情紧急的情况下，可以边出兵、边向督抚申报，由督抚转奏皇帝批准。督抚是封疆大吏，为皇帝的心腹大臣，有征调本省军队之权。一旦地方有警，便"征调官兵，呼应较灵"，便于"控制，以期连络声势"③，维护地方安定。其虽对本管军队有征调权，但也要同时奏报皇帝认可，只是不必等待回报便可征调所辖部队。

（三）八旗、绿营、防军、练军和新军

1. 八旗、绿营

八旗是满族军事、行政、生产三者相结合的组织。明万历十七年（1589年），努尔哈赤分其军为4部："一曰环刀军，二曰铁锤军，三曰串赤军，四曰能射军"④。后来，又用黄、白、红、蓝4种颜色的军旗作为识别的标志。军队的基层组织是以血缘和地缘为纽带建立起来的牛录（满语，意为"大披箭"，即佐领）。万历四十三年（1615年），又将原有四旗扩编为八旗：正黄、镶黄、正白、镶白、正蓝、镶蓝、正红、镶红⑤，正式建立八旗制度。后金天聪五年（1631年）正月，皇太极向众汉官庄重宣布：从今以后，"凡汉人军民一切事务，

---

① 《清史列传》卷63《袁昶传》。

② 康熙《大清会典》卷117.

③ 《清宣宗实录》卷171，道光十年七月丁巳。

④ 朝鲜《李朝宣祖实录》卷23.

⑤ 正，原意为整，即整幅旗帜都是同一种颜色；镶，即镶旗边，在原有黄、白、蓝三种旗的边上镶红色，在原角红旗的边上镶白色。

悉命额附佟养性总理，尔众官不得违其节制"①，于是开始创建汉军旗制，先成立"旧汉兵一旗"②。崇德七年（1642 年），最终扩编为汉军八旗。天聪八年（1634 年），皇太极创建蒙古二旗，分置左右两翼。崇德七年（1642 年），也将蒙军扩编为蒙古八旗，故满、蒙、汉各有八旗，共 24 旗。

满、蒙、汉八旗旗制大同小异，原为集军事、行政、生产职能于一身之组织，以兵民结合、军政结合、耕战结合为特点，实行以旗统人即以旗统兵，成年男丁皆可为兵的世兵制。八旗实行牛录（佐领）、甲喇（参领）、固山（旗）三级管理体制。初定以 300 丁为一牛录，由牛录额真（佐领）统领，牛录额真之下设代子 2 人为其副职。其下将一牛录 300 丁分为 4 个达旦，每达旦由 1 个章京率领，章京之下设 1 个管文书的拨什库。其上以 5 牛录为 1 甲喇，由甲喇额真（参领）率领。以 5 甲喇为 1 固山，由固山额真（都统）率领，固山额真之下设梅勒额真（副都统）2 人为其副职。汉语称固山为旗，八固山即八旗。

顺治八年（1651 年），多尔衮死后被罪，正白旗收为皇帝自领，遂以镶黄、正黄、正白三旗为上二旗，由皇帝直接统辖，其余正红、镶白、镶红、正蓝、镶蓝为下五旗。凡编审户籍、官制、兵制及宿卫扈从之等差，皆以上三旗、下五旗为辨。

清代还将皇室家仆和王公各府家仆编为八旗包衣（包衣即家仆），每旗设参领 5 人，下辖佐领、管领各若干，其中上三旗包衣分隶于内务府，下五旗包衣分隶于王公各府。

清代凡旗人均隶于各旗佐领或管领之下，政治地位高于州县所属之"民人"，然满洲、蒙古、汉军、包衣亦等级井然，汉军及包衣汉军尤不得"冒籍"满洲。

清廷入关后，八旗复别为京师八旗与驻防八旗，各 10 余万人。京师八旗是首都禁卫军，又称禁旅八旗。其中由领侍卫内大臣率领的侍卫和亲军，负责侍卫皇帝，保卫皇宫，称郎卫；由都统、统领、总统、管理大臣等率领的骁骑营、前锋营、护军营、步军营、火器营、健锐营、神机营等，负责拱卫京师，称兵卫。驻防八旗由将军、都统、副都统、城守尉、防守尉等率领，分驻于全国性的战略要地，负有震慑地方、监视绿营，保卫边防、海防的重任。除郎卫以直属于皇帝的正黄、镶黄、正白的满蒙官兵为主外，兵卫和驻防都由八旗满蒙汉共同承担，但京营巡捕营由绿营兵担任。

清朝入关后，由于人口的增加和形势发展的需要，八旗的某些制度和职能也发生了变化。如每牛录的丁数减少至百余人，而每甲喇的牛录数却有增加。旗主的实权被削弱，八旗全归皇帝统帅。八旗生计困难，牛录的军事职能削弱。

---

① 《清太宗实录》卷 8。
② 《清太宗实录》卷 13。

满蒙八旗以骑射为根本，在平川旷野冲锋陷阵是其长，而汉军八旗善用火器，围城攻坚和水上作战屡立功勋。因八旗官兵为清王朝的建立和巩固立下汗马功劳，故清朝实行首崇满洲优待八旗的政策，在各方面都给予特殊的照顾。但由于八旗官兵长期脱离生产，养尊处优，贫富分化，斗志消沉，以致一代不如一代。自康熙平定三藩之乱开始，八旗对绿营的依赖日益严重。至乾隆时期，乾隆皇帝感慨地说，打起仗来，八旗不过随众行走，还不如绿营奋勇，深为可恨。这表明，八旗的战略主力地位已逐渐被绿营取代了。

绿营兵又称绿旗兵，因使用绿旗，故名。清入关时只有八旗兵，后将明朝降军和新募汉兵改编而成的各省地方军，因以绿色旗帜为标志，以营为基本建制单位，故名绿营。绿营建立营制的第一个原则是因官设兵，故其兵因官分类：总兵所属称标志，居中镇守，以备征调；副将所属称协兵，本镇冲要，率兵协守；参将、游击、都司、守备所属称营兵，城邑关隘，领兵专守；千总、把总、外委所属称汛兵，道路边境，分汛备御。第二个原则是因地设兵，"量地形之险易，酌兵数之多寡"①。故其兵数因地而异，虽为同级之官，同营之制，所属之兵众寡悬殊，甚至相差十倍。第三个原则是"查各省地方，有水、有陆、宜步、宜马之不同"②，而酌定各马兵、步兵的比例。如南方多山多水之省，一般为马一步九，或马二步八；北方平原旷野之省，一般为马七步三，或马六步四。第四个原则是武官的设置，兵数的多少，马步的比例等，可根据当时当地的军事政治形势的发展变化，进行适当的调整。

绿营中"营"的类别虽分为标、协、营、汛四种，但只有标、协、营立营，而汛兵不立营。总兵和总兵以上的官员亲自率领的绿营兵称标兵，故除总兵的镇标外，又有八旗驻防将军的军标、总督的督标、巡抚的抚标、提督的提标、河道总督的河标、漕运总督的漕标。标对于协、营、汛虽无从属关系，却有统属的权力，是绿营的主力部队。协则从总督、提督、镇分出。督、抚、提、镇、协营对于从它分出的协、营、汛，都有管辖之权。而协、营不从标分出，故与标无从属关系，只有几个有分营的标例外。镇为绿营的战略单位，营为绿营的编制单位。营一般别以左、右、前、后、中营之名。全国绿营约有 60 万人，汛兵即占 1/3，每汛人数有数人至数十人不等。标兵为绿营的机动兵力，集中屯驻，装备较好，武器以刀箭为主，其次是枪炮③。

清代水师"循明代旧制，设提督、总兵、副将、游击以下各武员，如陆营之制"④。

---

① 康熙《大清会典》卷 86。
② 据中国社会科学院经济研究所整理档案，转引自罗尔纲：《绿营兵制》，中华书局 1984 年版，第 202 页。
③ 《中国政治制度通史》（第 10 卷），第 388—389 页。
④ 《清史稿》卷 135《水师》。

绿营遇有战事，则从"各营内预选精兵"，然后"派将弁管带前往"①。从各省、各镇、各标、各营抽调来的官兵多少不一，按照"本标与本镇可以相合，本省内有各营可以相合"的原则，"临时各统以大将偏裨，马步各成营伍，分合团练，乃可成臂指相使之势"②。实际上，这种战时临时组合的军队，因编制不完善，"将帅莫知营制"，所以，"将、士各不相习"，"诸将虽欲画一，率非所统，无所行其禁令"③，使绿营的军纪和战斗力受到影响。

绿营士兵无论陆营或水师，都区分为马兵、步兵、守兵3个等级，遇有缺额拔补时，按守兵、步兵、马兵顺序，由下往上，逐级而升。其目的是"按马、步、守分别成数，次第挑补"，"留此等级，升降之间，可以激劝"④，从而达到激励的效果。这三种兵，就装备而言，守兵也是步兵；就战守而言，步兵和马兵都属于战兵；就等级而言，守兵属于最低等级，步兵次之，马兵为最高等级。

清代中叶以前，绿营与八旗兵同为常备兵，在历次战争和巩固清廷统治中做出了应有的贡献。特别是"康熙以后，绿营屡立战功"，名将辈出。但毕竟绿营在地位上低于八旗，平时担负繁重的地方杂役，战时又为八旗打先锋、当后勤，而各种待遇又不如八旗，装备落后，处处受到压制。加上后因承平日久，一方面"各省提镇大员一味养尊处优，全不习劳，将劳务委之将备，而将备又复委之千把，因循玩愒，所谓训练操防全属有名无实"；另一方面，"武职大员不能实心办公，平居无事，往往令本标兵丁充仆隶厮养之役，或兼习手艺在署佣工"，并对兵饷"加以克扣，兵丁所得，仅能存活，又不按月支发，贫乏之兵，何以自支"，以致绿营的战斗力也相继衰弱下去，"一旦有事征调，其能知纪律陷阵冲锋者寥寥无几，势不得不募民充勇以供调拨"⑤。所以，嘉庆时平定5省白莲教起义，"官兵征讨，而乡兵之功为多"⑥。这表明，乡勇的地位日益重要，军政大权开始随之由满洲贵族手中向汉族地主阶级手中转移。

2. 湘军

咸丰初年，太平天国运动蓬勃兴起，八旗和绿营已成强弩之末，难以支撑清廷危局。清廷被迫命令各省官绅兴办团练助剿。湖南团练大臣曾国藩认为，官军腐败不能战，团丁力弱不可用，形势危急，必须改弦更张，"概求吾党质直而晓军事之君子将之，以忠义之气为主，而辅之以训练之勤"⑦，才有希望挽救危局。

---

① 王先谦：《咸丰朝东华录》卷7，咸丰元年二月辛巳，《东华录东华续录》，上海古籍出版社2007年版。

② 《明清史料》甲编第4本，《经略大学士洪承畴密疏稿》，台湾维新书局1972年版。

③ 王闿运：《湘军志》，营制篇第15，岳麓书社1983年版，第158页。

④ 见光绪时期陕甘总督左宗棠关于变通甘肃营制的奏疏，转引自罗尔纲《绿营兵制》第219—220页。

⑤ 《清朝续文献通考》卷212。

⑥ 《清史稿》卷133《乡兵》。

⑦ 李瀚章编：《曾文正公书札》卷2《与王璞山信》，中国书店2011年版。

于是他仿明朝名将戚继光编练戚家军的做法，力改绿营习气及其调遣成法，不求多，但求精，募团丁为官勇，编成湘勇，又称湘军。从此，湘军逐渐取代了八旗和绿营的战略地位，成为镇压太平天国运动的主力军。

八旗和绿营是清朝的正规军，称经制兵。除正规军外，清朝还有乡兵，即乡勇。在镇压太平天国运动中乡勇的异军突起，使其取代八旗、绿营正规军最终完成。同治初年，太平天国运动被镇压下去后，曾国藩为避免遭到清廷的猜忌，主动将湘军大部解散，但同时又大力扶植李鸿章的淮军来接替湘军。清廷虽然对曾、李等掌握汉族乡勇心存疑虑，无奈八旗、绿营已一蹶不振，只得面对现实，采纳湘军统帅左宗棠等人的建议，将未解散的湘军和淮军变为国家的正规军，屯防要地，称防军。又从绿营中挑选官兵，按曾国藩的勇营规制编制，提高战斗力，称练军。八旗、绿营亦存而不废，从此，清朝军制呈现多样多变，湘军、淮军、防军、练军并称，而且与八旗、绿营并存。

曾国藩以传统儒家仁和礼来治理湘军，提出"带勇之法，用恩莫如仁，用威莫如礼"。对此，他解释说："仁者，即所谓欲立，立人，欲达，达人也。待弁勇如待子弟，常有望其成立，望其发达之心，则人知恩矣。礼者，即所谓无众寡，无大小，无敢慢，泰而不骄也。正其衣冠，尊其瞻视，俨然人望而畏之，威而不猛也，则人知威矣。"① 这就是治军如以仁爱对待士兵，就像对待自己子弟一样，使士兵知恩图报，打仗就会勇敢。如以礼的尊卑上下对待士兵，就会使士兵对统帅产生敬畏，不敢怠慢，不敢骄横。曾国藩的以仁、礼治军，使湘军"上下相维，各护其长"②，在提高战斗力方面是有些效果的。正如李鸿章称赞曾国藩"所定营制、营规，博稽古法，辨等明威，其于军礼庶几近之"③。

3. 新军

从19世纪60年代开始，清军加快了向西方学习的步伐，连保守的京营八旗也对传统的骑射产生动摇，挑选精兵万名创建神机营，专习洋操洋枪。甲午战争中清军失败后，文臣武将纷纷献策，认为清军"讨内匪则可，御外侮则不能"④，只有改革军制，全盘西化，才是解决国防安全的途径。近代日本由弱变强，其一个重要原因就是学习西方军制，这是中国学习的榜样。于是清廷先命胡燏棻在天津小站练定武军，不久，袁世凯接管定武军后改称新建陆军。与此同时，张之洞在江南编练自强军。此为清朝仿西法改革军制练编新式陆军之始。光绪二十六年至三十一年（1901—1906年），清廷被迫推行新政，停止武童生考试，在京设立练兵处，在各省设立督练处，企图通过统一军制来加速新军建设，将各省兵权收

① 曾国藩：《曾文正公手书日记》第6册，咸丰九年六月初四日，凤凰出版社2010年版。
② 王闿运：《湘军志·营制篇第十五》，岳麓书社1983年版，第163页。
③ 李鸿章：《曾文正公神道碑》，见《曾文正公全集》卷首，中国书店2011年版。
④ 朱寿朋：《光绪朝东华录》，光绪二十一年十二月，《东华录东华续录》，上海古籍出版社2007年版。

归中央。并兴办陆海军各类学堂和贵胄学堂，选派军事留学生去英、德、日等国深造，培养发展新军所急需的各种军事人才。但因清末民族矛盾和阶级矛盾，中央与地方的矛盾，旧军与新军的矛盾，都在激化，政局动荡，人心思变，加之军费不足，所以军制改革困难重重，新军仅编成十余镇，计划未能完成，军权反落到大军阀袁世凯手中。随着辛亥革命的爆发，清朝终于灭亡，军制改革也胎死腹中。但清朝的军制改革却为中国军队的近代化开启了先声。

二、兵役思想

清代的兵役思想是与军制思想密不可分的，清前中期军制以八旗、绿营为主，其兵役为兵民合一的世兵制或职业的世兵制。清中后期，乡勇兵逐渐取代八旗、绿营，兵役转变为以将必亲选、兵必自募的募兵制。清末，清廷仿西方编练新军，兵役也仿效西方的募兵制。

（一）八旗——兵民合一的世兵制

清代的兵役制度最早源于女真人历史上的牛录制①。牛录制依据血缘和地缘为纽带进行编制，"凡遇行师出猎，不论人之多寡，照依族寨而行"。所谓"照依族寨"，就是以血缘和地缘为单位，"十人中立一总领，属九人而行，各照方向，不许错乱，此总领呼为牛录厄真"②。清朝从牛录发展到八旗制度，都是实行兵民合一的兵役，所有成年男性，出则为兵，参加战争，入则为民，耕作放牧。清太宗皇太极曾将后金的兵役与明朝兵役做了比较，明确指出后金兵民合一制度与明朝职业兵的不同："明国小民，自谋生理，兵丁在外，别无家业，惟持官给钱粮；我国出则为兵，入则为民，耕战二事，未尝偏废。先还之兵，俱已各整器具，治家业，课耕田地，牧马肥壮，俟耕种既毕，即令在家之人经理收获，伊等军器缮完，朕即率之前往。"③八旗制度建立后，清朝的世兵制是"以旗统人，即以旗统兵，隶乎旗者，皆可为兵"④。

"八旗子弟人尽为兵"⑤，具体而言，就是凡年龄在 15—60 岁的男性皆可为兵。在一般情况下，"满洲出兵，三丁抽一"⑥，蒙古八旗"每三丁一人披甲"⑦，而"汉人十丁，编兵一名"⑧，平均每牛录"以六十名为常数"⑨。如在战争等特殊情况下，则抽调每牛录 2/3 以上的男丁为兵。奴隶和未成年的男性，虽不列入

---

① "牛录"是满语的音译，意为射野兽用的大披箭。
② 《清太祖武皇帝实录》卷 2，民国二十一年北平故宫博物院版。
③ 《清太宗实录》卷 7。
④ 《八旗通志》2 集卷 32《兵制志》，吉林文史出版社 2002 年版。
⑤ 《清史稿》卷 130《兵志序》。
⑥ 《清太宗实录》卷 17。
⑦ 《清太宗实录》卷 55。
⑧ 《天聪朝臣工奏议》卷中《丁文盛谨陈愚见奏》，辽宁大学历史系 1980 年。
⑨ 《清太宗实录》卷 55。

正式的八旗兵数内，但他们可以根据情况需要随家主或家长出征。满洲贵族"出战时，则将卒家有奴者，不限多少，自以其意，甲骑偕行"①，"其带子弟甚多"②。他们"于战阵之间则奋力向前，到营则汲水造饭，夜则牧马匹"③。满洲贵族举家男子出兵打仗，其目的是"专为抢掠财物"④。

清军入关后，统治区域大大扩展，为保证有充足的兵源补充镇守各地的八旗兵，清朝规定，八旗3年比丁一次，凡年满15岁，或身高5尺的壮丁，都要编入佐领丁册，不许隐匿脱漏。同时，为了保证八旗军的纯洁性，清朝还规定，不许户下奴仆冒充正身旗人混入丁册，不许旗人抱养民人为子改入旗籍。后来，随着经济的发展和社会的安定，八旗人口大量增加，但八旗兵额有限，八旗子弟成丁后不一定都能当上兵，而对于生活贫困的八旗民众来说，当兵成为一种解决生计的不错选择。因此，众多的贫困民户又争着让成丁弟子能当上八旗兵，如能当上是很不容易的。

（二）绿营——由职业募兵制向职业世兵制的转变

清朝入关时只有八旗兵，后收编明朝降附官兵，另立为绿营。以后，随着各省绿营兵制的确立，就地招募壮丁为兵也就成了绿营的制度。各省营兵由总督、巡抚、提督、总兵、将军、河道总督、漕运总督统辖。总督、巡抚每年都要造具兵册，按照绿营的实在正额，分别马兵、步兵、守兵为一册，屯驻移防各兵为一册，上报兵部，存为兵籍。绿营兵为职业兵，一旦正式列入兵籍，便"终身不改"⑤，不得脱离兵籍，从事其他职业。兵籍上记载着绿营兵的籍贯、年龄、相貌特征等，如发生绿营兵逃亡或违犯军令之事，就按兵籍追查，本人难以逃脱，亲属也会受到牵连。

绿营最初是实行募兵制，但是，由于承平日久，兵皆土著，家属随营居住，就逐渐形成父兄在营当兵，子弟为余丁备补的现象。久而久之，又进一步形成兵额有缺，按级升补，骑兵拔于步兵，步兵拔于守兵，守兵拔于余丁，余丁不足再募于民的制度。这样，实际上使绿营募兵制转变为世兵制，"绿营兵丁世代以食钱粮为业"⑥。

绿营的职业募兵制在具体实施中也会产生两种偏差：一是如严格遵守父兄子弟世代为兵，就会出现许多子弟其实不适合当兵却在军队中滥竽充数，影响军队战斗力。因此，朝廷要求各省督抚、提镇严格挑选子弟入伍，如名额不足，再于民间选拔壮丁入伍。乾隆三十三年（1768年）谕："盖兵丁子弟见闻习惯，训练

---

① 李民宴：《建州闻见录》，中国人民大学出版社1991年复印本。
② 《清太宗实录》卷53。
③ 《八旗通志》2集，卷首十，《敕谕四》。
④ 《建州闻见录》。
⑤ 《曾文正公书札》卷7《致左季高》。
⑥ 《清朝续文献通考》卷214。

虽易见功，然使人才技勇本无足观。而徒藉父兄之力，滥食名粮，则钻营之弊，既不可禁防，而入伍者几成世及，又何以实戎行而惩冒滥。转不如兼收慎择，确程材艺之为得矣。著各省督抚并提镇等，各兵子弟内有实在可用者，务须详慎挑补，不得以曾奉谕旨通行，稍为假借。如果一时艰于足额，于外来壮丁，不妨量为变通，庶于营务有裨，倘因例许通融，或从中高下其手，以致补额滋弊，则惟于该管各官是问。"① 二是不优先招收有军事基础的兵丁子弟，而随意招收不合格的民间人员入伍，同样也影响了军队战斗力，朝廷重申了各省督抚必须优先招收有军事基础的兵丁子弟。乾隆三十三年（1768 年）谕："兵丁子弟补缺，向本著为成例。迩来绿营陋习，辄以外来无藉之徒，滥行充伍，人才技艺，既不足观，而巽懦狡猾之风，亦且因之日甚，何以作士气而励戎行。况此等兵丁子弟，既系生长兵家，则执锐披坚见闻习惯，尤易见功，自于营务有益。著传谕各省督抚挑选余丁，豫待备用，务使额鲜滥充，以收实效。"

（三）勇营——将必亲选、兵必自募的募兵制

清代自雍正、乾隆后，凡遇重大战事，如八旗、绿营等军队不敷调用时，就临时招募地方乡兵、乡勇协助官兵作战。但起初，这些乡兵、乡勇"旋募旋散，初非经制之师"，有功也不久留，属于临时性的军队。自从清末曾国藩在镇压太平天国运动中"练乡兵为勇营，以兵制部勒之"② 后，这些以乡兵、乡勇构成的勇营，在地位和作用上发生了巨大的变化，逐渐成为长期存在的正规军队，并取代了八旗和绿营的战略地位。不仅湘军、淮军、防军、练军同属勇营军制，而且清末的新军在军制上也受其影响，勇营的兵役思想在清代的兵役思想中有 4 个较鲜明的特征：

其一，将必亲选，兵必自募，饷必自筹，这是勇营兵役制的最基本特征。对于这一特征和长处，曾国藩做了准确的揭示："勇营之制，营官由统领挑选，哨弁由营官挑选，什长由哨弁挑选，勇丁由什长挑选。譬之木焉，统领如根，由根而（缺'生干'）、生枝、生叶，皆一气所贯通。是以口粮虽出自公款，而勇丁感营官挑选之恩，皆受其私惠，平日既有恩谊相孚，临阵自能患难相顾。"③ 由此可见，这一特征的关键是勇营中的将士是自上而下逐级挑选，从而形成在战斗中将士是自下而上逐级效忠，从而克服了绿营"军兴调发，而将帅莫知营制"④，"将与将不相习，兵与兵不相知；胜则相妒，败不相救"⑤ 的弊端。

其二，勇营制使兵将相亲，加强战斗力，但兵为将有，使军权下移。勇营的

---

① 《大清会典事例》卷714《兵部·兵籍》。本自然段引文，均见于此。

② 《清史稿》卷133《乡兵》。

③ 曾国藩：《曾文正公奏稿》卷28《复议练军事宜折》，《续修四库全书》，上海古籍出版社2002年版。

④ 《湘军志·营制篇第十五》。

⑤ 王定安：《湘军记》卷20《水陆营制篇》，岳麓书社1983年版。

将必亲选、兵必自募使"凡勇皆服原募之人"①，所以形成全军"上下相维，将卒亲睦，各护其长。其将死，其军散；其将存，其军完"②。勇营将士之间的这种亲密关系，在战争中能使军队上下同心，奋勇向前，大大提高了战斗力。但也使各级将士只为自己的上一级长官效忠卖命，从而产生军权下移，各军将领擅权跋扈的弊端。

其三，勇营兵籍掌握在将官手中，便于管理和指挥作战。勇营"招募兵勇，须取具保结，造具府、县、里居、父母、兄弟、妻子、名性、箕斗清册，各结附册，以便清查"③。这样便于将官对兵士的管理，因为"勇丁均系土著生长之人，有家室妻子之恋，故在营则什长、百长、营官、将领得而治之，散遣归籍则知县、团总、户长得而察之，遇有私逃，则营官、将领禀知本省，得按籍捕之"④。而且勇营兵籍掌握在将官手中，所以形成"兵部惟知绿营兵数，其勇营练军各督抚自为之"，指挥作战时，"朝廷皆拱手而待之督抚"⑤，从而形成清末督抚专政的局面。

其四，勇营募兵往往招募武艺娴熟，年轻力壮、朴实耐劳的农民为兵，比绿营招募游手无赖之徒为兵，更有战斗力。勇营募兵"须择技艺娴熟，年轻力壮，朴实而有农民土气为上。其油头滑面，有市井气者，有衙门气者，概不收用"⑥。农民，尤其是山区偏远的地方农民，为人诚实，吃苦耐劳，易于培养出服从命令、奋发勇敢的军人作风，所以入伍为兵，"在营则恪守营规，临阵则禀遵号令，较之随营招募游手无赖之徒以充勇丁者稍为可恃"⑦。

（四）新军——仿效西方的募兵制

清朝自北洋海军开始，就仿效西方实行较严格的募兵制。具体而言，招募兵士在年龄、身体素质、品行方面都有一定的要求，应募者还必须有做证人。如是应募有一定技术含量的海军，还必须具备一定的文化水平。如入选海军军官，还必须经过有关学堂培训。如当时应募新军陆军的条件是：年龄限 20—25 岁；身高 4.6 尺以上；凡五官不全，体质较弱，有目疾、暗疾者不收；膂力要能平举 100 斤以上。品行要端正，凡吸食洋烟及素不安分犯有事案者不收。应募者必须土著，有家属，应募时报明三代家口住址，登记箕斗数目。士兵应募入伍后，如发生逃脱事件，除责成该营认真查拿外，由兵备处行知原籍地方官，督饬各庄长、地保、逃兵家属等，严密查拿。又如当时招募海军士兵的条件是：年龄必须

① 曾国藩：《曾文正公家书》卷 6《致澄沅二弟信》，中国书店出版社 2011 年版。
② 《湘军志·营制篇第十五》。
③ 《曾文正公杂著》卷 2《营规》。
④ 骆秉章：《骆文忠公奏稿》卷 7《援军将领滥收游勇偾事请旨革讯折》，学识斋 1868 年版。
⑤ 康有为：《康南海文集》卷 4《裁行省议》，文海出版社 1972 年版。
⑥ 《曾文正公杂著》卷 2《营规》。
⑦ 《骆文忠公奏稿》卷 7《援军将领滥收游勇偾事请旨革讯折》。

在 16—18 岁，身高 4.6—4.7 尺，有一定的文化知识。应募者必须有父兄或保人画押做证人。选录合格后，还必须上船经过训练，才能正式成为海军士兵。如是入选海军军官，条件更为严格，必须经过有关学堂培训。官兵如要晋升，都必须按年限和资历，考验合格后，才能依秩提升。

当时，清政府还计划在新军中实施常备军、续备军、后备军 3 个级别的兵役制度。所谓常备军，即先选土著之有身家者，屯聚操练 3 年，发给全饷，称为常备军；常备军退伍归原籍后，分期操练，减成给饷 3 年，称为续备军；续备军递退后，仍分期应操，又减成给饷 4 年，称为后备军。当完后备军后，便完全退伍为平民。清廷的当时常备军、续备军、后备军设想，对于保证国家有充足的兵源，强化军队建设，壮大国防力量，是有积极意义的。但是，由于当时国家财政困难，军费不足，这一设想脱离现实情况，根本无法得到实施。

三、将士选任、考核思想

（一）将士选任思想

曾国藩对军队特殊人才的选拔极为重视，与一般性的军功选拔不同，有以下 5 个特点：一是广收人才，即衡才不拘一格，用才不限资地，招材不得不休。二是善用人才，即知人善任，用长避短，人尽其才。三是培养人才，即勤于教训，严加管束，统一思想。四是重用将才，即将才难得，有功必赏，超格超保。五是幕府储才，即幕府机要，人才渊薮，文臣武将，多由此出①。

在清代选拔将士中，往往容易以貌取人，那些身材魁梧，面宇明皙，手足轻飐以及力强艺高者往往得到重用。对此，鲁之裕对选任将士提出了自己独到的见解，颇为精到。他指出：

> 夫兵也者，储以备攻守战阵之用者也，非徒以壮督抚、提镇之观而已也。兹唯躯干魁梧、面宇明皙、手足轻飐者是择，其有进而衡其力之弱与强，按其艺之优与劣者，即日精选矣。彼乌知夫魁梧者之不便于疾趋，明皙者之多出于骄滑，轻飐者之工巧于规避乎，即力强而艺优者，仓皇之顷，往往以惊惧而莫知其所措。盖余之阅于是也久矣，然则选之将何如？曰：兵贵胆，不贵其皮肉也；兵贵朴，不贵其伶俐也；兵贵福，不贵其黠暴也；兵贵能劳能苦，不贵其言语委婉步趋周折也。何也？胆壮则无畏，无畏乃可以临敌；性朴则守法，守法乃可以训戢；相有福则其精神常足，可以久用不衰，虽有时不幸而置之死地，而能转败以为功；兵能劳则奉命，能苦则无怨言，奉命无怨，而后可以收臂指之效。虽然是犹选以人者也，不足以尽选兵之道，盖选兵莫善于选器，必明于选器，而选兵之道乃尽焉。人之生也，自二十以至四十者为壮，过此则血气不能不衰矣。就此壮者而论之，其中长短大

---

① 《中国政治制度通史》（第 10 卷），第 440—441 页。

小弱强之不同，势不能齐而一之也。故其用器也，各有所宜焉，得其宜而后用之，无不利。大约目睛灼而猿臂鹄立者，宜弓箭；身材短小精悍者，宜藤牌滚刀；其杀气蕴结于中而有时勃发于面者，宜腰刀、手枪。至于排枪、大刀、挡木、挠钩之用，则必老成有力者任之。苟少年健儿，筋力未定，而使习其艺，则未几而乏矣溃矣。长大丰伟者而使习圆径二尺之牌，握短刀，跪伏委曲，伸缩进退，于以出没于锋镝之间，其将能耶？是故选兵要矣，授之器而时以习之，尤不可不精而辨之也。①

鲁之裕在此主要表达了自己两个方面的选拔将士思想：一是选拔将士不是为了做摆设用于观看，而必须选拔适应于战斗的人才。如选拔身材魁梧的人其实不便于快速奔跑，选择面宇明皙的人多骄傲滑头，选择手足轻飚的人多擅长逃避，即使选择力气大武艺好的人，往往在临阵突发事件下，容易惊惧而不知所措。因此，他认为选择将士应选胆大无畏者，临阵可勇敢杀敌；选择性情朴实者，能够守法而易于训练；选择面相有福者，如不幸置于死地，可以转败为胜；选择耐劳吃苦者，可以服从命令听指挥。二是选择将士必须根据其特长，让他们使用不同的兵器，才能做到人尽其用，在战斗中充分发挥他们的长处，以克敌制胜。如眼力好手臂长的人，宜使用弓箭；身材短小精悍的人，宜使用藤牌滚刀；勇于拼杀有爆发力的人，宜使用腰刀、手枪；至于排枪、大刀、挡木、挠钩等，适合于老成有力气的人使用，不适合年龄小、未成熟老练的人使用；身材高大魁梧的人不适合使用圆径2尺小盾牌，握短刀，跪伏弯腰，伸缩进退，在躲避敌方箭矢中前进。

（二）武将考核思想

清朝对武将的考核一般是5年举行一次，称为军政，目的是通过对武将的考核，晋升优秀者，降黜罢免不合格者，产生激励机制，并整饬军队纲领。

八旗武官在接受全面系统考核时，必须开列四格，填注考语。其四格是：(1) 操守：分廉、平、贪三等；(2) 才能：分长、平、短三等；(3) 骑射：分优、平、劣三等；(4) 年岁：分壮、中、老三等。同时，该管大臣应将所属武职官员的履历，以及有无在军前行走、受伤、得功等情况注明，分别应留、应去，造册报送兵部。凡有职任的武官，必须注有行止端方、弓马娴熟、管辖严肃、当差谨慎、不扰下属、给饷无虚等考语，方准荐举。对于有贪、酷、不谨、罢软、年老、患病、才力不及，浮躁的武官，必须纠参②。

考核绿营武官也定以四格，纠以八法，但其内容与考核八旗的四格、八法略有不同。考核绿营的定以四格为才技、年力、驭兵、给饷，纠以八法为贪、酷、不谨、年老、有疾、浮躁、疲软无为、才力不及。绿营武官考核由兵部会同都察

---

① 《清经世文编》卷71，鲁之裕《选兵论》。
② 《八旗则例》卷2《旗员军政》，乾隆七年武殿英刊本。

院、兵科、京畿道核议后，汇疏上奏。提督、总兵由皇帝亲自裁定，贤者优叙、劣者罢黜。副将以下，才技优长、年富力强、驭兵有术、给饷无虚者，加之俸满3年，任内无罚，可准以卓异荐举。若是因公降罚，而廉能过人者，除盗案处分者外，亦准以卓异荐举。凡卓异荐举者，游击以上的武官，引见；阅俸未满3年的武官，则要具奏请旨；阅俸已满3年者，及都司以下的武官，檄令送兵部引见。凡奉旨准卓异者，便可注册候升。以卓异荐举的名额，各省不一，大致限制在每省守备以上的2—9名不等，千总1—4名不等。

北洋海军的官员分为战官、艺官、弁目三途考核升擢，其做法缕述如下：

（1）战官：凡海军学生出身，在校学习4年期满，考列优等，选上练船学习1年，如考核合格，请咨兵部以把总候补。再过1年，如考核合格，送回水师学堂学习6个月，再到枪炮练船学习3个月，如考核成绩列为1等，保以千总候补，列为次等，仍为把总候补。凡海军战官，自任命为守备之日起，按资推升，无论在船在岸当差供职，统以20年为限，未满年限者，不准无故提前告退。守备以上各官，遇升迁之日，由北洋大臣咨送海军衙门带领引见。提督缺出，在实缺总兵内择其资深劳多勋望素著者，由北洋大臣咨会海军衙门请旨简放。总兵缺出，在实缺副将内择其历外海战船俸已满3年者，并劳绩最多人缺相宜之员，由北洋大臣开单，咨会海军衙门拟定正陪，请旨简放。以下副将、参将、游击、都司、守备、千总、把总缺出，都遵循逐级考查升补的原则。

（2）艺官：凡管轮人员，由学生出身者，在学堂时学习几何、算术、代数、三角、格致、轮机理法；若成绩优等，再派入机器厂学习拆卸、合拢、修理锅炉、蒸汽机等；由管带战船官会同全军总管轮官考试厂艺，成绩合格才准上兵船练习，保以管轮把总候补，遇有管轮把总缺出，准其挑补。凡管轮把总计资5年，遇有管轮千总缺出，由管带战船官会同全军总管轮官考试，如能深明蒸汽机理法并能修理蒸汽机、锅炉，即准升补。管轮千总、守备、都司、参将之升补，皆以其成绩和资历逐级而上。凡管轮官员，自任命为把总之日起，以20年为限，未满年限者，不准无故提前告退。

（3）弁目：凡正炮弁，负责教练枪炮及药弹舱布置事宜，其职位从副炮弁或一等炮目中考核选任。凡参加炮目职位的应试者，必须具备以下条件：将以前考过优等凭单呈验，主试必须查明实系老练水手，善于驾驶、运舵之法，并熟知夜间悬灯避碰章程，能在船上值更，在枪炮练船上考过，略知算法等。其他如正炮弁、副炮弁、正巡查、副巡查、水平总目等，也皆根据其考核成绩和资历逐级升补。凡水手出身人员，只推升至实缺千总为止，如当差勤奋、无过，或有战功，准以奏保都司，守备以上官职，升补各省绿营水陆武职。

清末朝廷还规定，新军所有委用人员，必须先尽各军事学堂毕业生选充，其余按原委之官弁考核其才技优异、教练勤能，或功绩较多，或劳资较深者，分别擢用，不得在学堂新军之外随意任用。所有新军人员均由该管官出具切实考核评语，以及平时记注功过之多寡，在营年限之长短，咨练兵处、兵部立档，以资考覆官缺，分别准驳。

四、武科考试与军事学堂思想

（一）武科考试

清代武科考试与科举考试一样，也分为童试、乡试、会试、殿试4级。

（1）童试：清朝无论应试者年龄大小，只要是初试者，皆称武童。武童3年1试，属于最初始的武科考试，称童试。童试须经过县试、府试、院试3关，考试合格者称武生员，简称武生。

童试考3场。头场骑马射箭，如驰马射3箭，全不中者不续试，即被淘汰。第二场走步射箭，连射5箭，如仅射中1箭者不续试，即被淘汰。马射、步射之后，合格者再试硬弓和刀石。头场、二场称外场，第三场称内场，主要默写武经七书，即《孙子》《吴子》《司马法》《尉缭子》《李靖问对》《黄石公三略》《姜太公六韬》。

（2）乡试：武生在本省省城应武科考试称乡试，3年1试，子、午、卯、酉年为正科，每逢庆典为恩科。乡试合格者称武举人或武举。各省乡试以总督、巡抚为监临主考官；顺天乡试，外场由皇帝派大学士、都统4人为考官，内场由皇帝派翰林院官2人为正副考官。

（3）会试：各省武举按期赴京师向兵部投呈应试称会试。也是3年一试，每逢辰、戌、丑、未年举行。恩正科与文会试相同。会试外场由皇帝选派大学士、都统4人为考官，内场从内阁、六部、翰林院、詹事府各堂中选派官员2人为正副考官。

乡试与会试规制相同，武生、武举须具本省同考5人联名互结，方准入场。头场马射，树靶的3个于道旁，每靶的相距35步，驰马3次，射9箭，射中2箭以上为合格。二场步射，树布猴为靶的，在50—80步内，射九箭，射中2箭以上为合格。然后开硬弓、舞刀、掇石，以试其技勇。弓、刀、石各以头号、二号、三号分等考试，3项如皆得三号为不合格，必须有一二项得头号、二号者，方为合格，才准入三场考试。三场试策论，其中策考《孙子》《吴子》《司马法》等兵书，论考儒学经典《论语》《孟子》。后改为不考策论，只要默写武经百余字即可。

（4）殿试：武举会试合格后，由皇帝选派六部堂官二三员，按会试原册弓、刀、石斤重号数，逐一复试，并派亲王、郡王监试。复试合格后，再由皇帝与众大臣亲试马、步、弓、刀、石各项，中试者即为武进士。武进士第一甲3名，头名称武状元，第二名为武榜眼，第三名为武探花，皆赐武进士及第。第二甲若干名，皆赐武进士出身。第三甲若干名，皆赐同武进士出身。殿试第一甲虽定制取3名，但宁缺毋滥，如难得其人，亦可缺额，只取一二人。

（二）军事学堂

清末自改革军制以来，为培养各种新式的军事人才，清朝仿效西方，从中央至地方兴办了许多军事学堂，其大致可分为陆军学堂与海军学堂两大系列。

光绪十一年（1885 年），直隶总督兼北洋大臣李鸿章仿照西洋军事学院而创立北洋武备学堂，又称天津武备学堂、陆军武备学堂，以造就将材为宗旨，为中国第一所陆军学堂。学堂聘请德国军官为教官，以各营挑选精健聪颖、略通文义弁兵百余名入堂学习；其中有文员愿习武事者，一并量予录取；学制 1 年。主要课程有：天文、舆地、测绘、算法、军器、台炮营垒新法、行军接仗、设伏防守机宜，并逐日操练马队、步队、炮队、工队各技艺。另由汉教习讲授经史。光绪二十三年（1897 年）增设铁路工程科，招收学生 40 人，学制 1 年，结业后发回各营，饬由各统领量材授事。又如江南陆师学堂，光绪二十一年（1895 年）由两江总督张之洞在南京设立。学堂聘请德国军官为总教习和教习，招收年龄在 13—20 岁、文理通顺、能知大义之聪明子弟入学。学制 3 年，课程有兵法、绘图、舆地、地形、军器、历史、营垒、算学、测量工程、人伦道德、汉文、德文、英文、日文，以及步操、打靶、炮操、体操、马操等。江南武备学堂，光绪二十九年（1903 年）两江总督魏光焘在南京开办。由江苏省各营旗挑选合格者入学肄业，正额生 240 名，附课生 10 名，修业 1 年。课程有：军制、地形、测绘、战术、兵器、筑城、算学、日文、马学、卫生、兵旗、野外要务及马、步、炮、工各种操典。

清朝除创办了一批陆军学堂外，还创办了一批海军学堂，其中比较有名者有马尾船政学堂、天津水师学堂、黄浦水师学堂、江南水师学堂、北洋旅顺口鱼雷学堂、直隶北洋医学堂等，对发展中国近代新型海军，提供了人才和技术上的支撑。如马尾船政学堂，又名福州船政学堂，同治五年（1866 年）由闽浙总督左宗棠在福州创立，为中国近代最早的海军学校。初设前、后两堂，总名求是堂艺局。学堂除招收 16 岁以下的健壮聪明子弟外，还从香港中学选拔优等学生入学肄业，学制 5 年。前学堂学习造船，聘请法国人为教习，学法文法语，故又名法文学堂或法国学堂；基本课程除法文外，主要有算术、物理、化学、代数、画法几何和解析几何及机械学等。后学堂专习管轮驾驶，聘英国人为教习，学习英文英语，故又名英国学堂。基本课程除英文外，主要有算术、天文、地理、管轮、驾驶等，主要培养管轮与驾驶人才。前、后两堂生徒毕业后，授以水师官职或派充监工、船主等，或选送英、法留学。同治六年（1867 年）十二月和七年（1868 年）二月相继增设绘事院和艺圃，与前、后两堂一样为求是堂艺局的重要组成部分。绘事院主要培养绘制船图和轮机设计人才；艺圃主要培养青年技术工人或匠首人才。1913 年前学堂改为福州海军制造学校，后学堂改为海军学校。

清朝在国内创办陆军学堂和海军学堂的同时，还将其中的优秀生选派到国外留学，进一步深入学习西方军事技术和军队管理等。早在同治十年（1871 年），清政府就正式向西方派遣留学生，以后逐年增多，而以去日本学军事的人最多。光绪三十年（1904年），京师练兵处颁布《选派陆军学生游学章程》，规定选派留学生由各省、各旗分配名额，每年合计100名为一班，以4班为一轮，派选18—22岁的各军事学堂的优秀生去日本留学。经过日本成城军校（后改名振武）的3年学习后，可升入日本士官学校，毕业后再升入日本陆军大学或其他专门大学深造。如不再考日本陆军大学，回国后经练兵处考验，可授为守备、把总、千总出身，入营则以相当武职补用。大学或专门学校毕业的，回到本省以营队官或学堂教习酌用。军事留学生不许私派，一律为官费生，由清廷派监督管理，由驻日本公使节制。

总之，清政府为了培养各种新式的军事人才，从中央到地方，创办了许多西式陆军学堂和海军学堂，开设天文、舆地、测绘、算法、物理、化学、代数、几何机械、军器、台炮营垒、弹药、管轮、驾驶等自然科学和近代军事技术等课程，并聘请英国、德国等教师来我国授课，同时，选送其中优秀的学生出国进一步深造。这些各级军事学堂的毕业生以及从国外回国的留学生进入军队后，对清朝新军注入了新的军事技术和军队管理思想，对新军的近代化发挥了重要的作用，对时局产生了重大的影响。

五、军队武器装备、俸饷与供给思想

（一）军队武器装备思想

清代是处于火器逐渐代替冷兵器的转折时期，清朝前期军器以冷兵器为主，大致可分为三大系列：一是指挥系列，如金鼓类，金鼓以示进退之节制，海螺以定早晚之聚散；旗牌类，旗纛以一瞻礼，令旗、令牌、令箭以发号施令。二是进攻性武器系列，如弓矢、鸟枪、火炮是远程性射击武器，刀斧、矛戟、椎梃等为近距离砍杀、冲刺、敲击性武器，梯冲为攻城性武器。三是防御性武器，如甲胄以卫身体。当时，士兵的武器配备大致是马兵每名马1匹，甲胄1副，弓箭一副，箭40枝，腰刀1把；步兵每名甲胄1副，腰刀1把；弓箭兵每名有弓箭1副，箭30枝；长枪兵有长枪1枝；鸟枪兵有鸟枪1枝。武官的装备各按其官品级别规定，配备的战马、箭数等多少不一。骁骑营、护军营、前锋营、火器营等的装备也不一致。总的说来，八旗兵的装备比绿营兵的精良。

清初，"各处营伍，所习武艺，所用器械，操演队伍，向来原无一定之例，是以武弁到任，往往以己所好尚及素所熟习者操演所属兵丁，间或学习未久，而接任官又别有意见，将从前所习者更改调换，是兵丁之技艺每视该上司之去留为转移"①。由此可见，清初各处营伍所用器械向来无一定之例，往往以本部武官的爱好和习惯为转移，故士兵武艺难以精专，使清军的整体作战受到影响。为

---

① 《清朝文献通考》卷194，本自然段引文均见于此。

此，雍正五年（1727年）规定："除骑射最为紧要，天下通行学习外，其余各种学习，悉著该上司会同通省官弁细心斟酌，应用何军器，详悉定议奏闻，令各营永远遵行，接任官不得擅自更改，倘将来有应变通之处，具题请旨。"这种规定，杜绝了各部队使用武器的随意性，对于统一装备，并根据各部队的不同情况，配备一些不同武器，提高战斗力，协同作战是很有利的。此后，在清军中，鸟枪、弓箭、大炮、藤牌等成了主要的武器，其次为长枪、大刀、挑刀。水师武器有排枪、钩镰枪、标枪、火箭等。

清朝统治者号称"以武功开国，弧矢之利精强无敌"，对军器的制造和管理都较重视，认为"军器为武备所必需……一切皆归实用"，总的原则是"制度有定式，给发有定数，简阅有定期，年久朽损或出征残缺者以时修补，赢余者令官兵典守以备用，私卖私典者皆论如法"①。换言之，清朝的军器制造可分为中央和地方两级。八旗官兵的军器主要由兵部定式后交工部制造。绿营官兵的军器，经兵部和工部核准后，就地制造。各营军器由专人负责保存管理，按时检查、维修，如有损坏或丢失，责成有关人员赔补。如有人私自将武器出卖典当的，必须依法予以处置。

清代正处于火器取代冷兵器的转折时期。康熙时期火器营的建立表明，火器营的发展已受到一定的重视，但由于社会制度的落后和清朝统治者对前人经验和西方先进技术都重视不够，因此，对于一些很有发展前途的火器，如戴梓的连环铳、伍连登的爆炸弹等，虽然引起康熙皇帝的惊喜，但并未得到真正的重视和支持。火器在质量和数量上的发展，都受到极大的限制，制造日益落后。如各省炮位长短、大小、轻重不一，其制法互异。八旗和绿营的军器本有专官负责制造、保管和检查，但后来执行不严，形同虚设。这些，都使清朝的火器远远落后于西方各国。

清政府在镇压太平天国运动中，才意识到西式火器的先进性，于是加紧购买和仿制西式火器。尤其是淮军头目李鸿章，因见"洋人火器之精利，于是尽弃习用之抬枪、鸟枪，变而为洋枪队"②。从咸丰十一年（1861年）至光绪二十年（1894年），清政府通过户部拨款和各省督抚自筹经费，在全国各地共建立军用企业21个。其中较著名的有江南制造局、金陵制造局、福州船政局、天津机器局、兰州制造局、山东机器局等。这些随洋务运动而兴起的军用企业，由清政府官办，具有浓厚的半封建半殖民地特点，管理落后，技术上不去，所生产的军用产品质量较差，连清政府的官员也公开承认，这些武器"可以靖内匪，不能御外侮"③。

---

① 《清朝文献通考》卷194。
② 《清朝续文献通考》卷237。
③ 中国史学会编：《洋务运动》（二），上海书店2000年版，第393页。

清末，因发展新军，西式武器需求量大增，"需用枪炮约增数倍"，清政府令各省督抚"就地筹款，移缓就急"①，加紧扩充设备，制造新式枪炮。大致说来，这一时期，是新式火器取代旧式火器和冷兵器的关键阶段。各省督抚筹得经费后，"由该将军督抚咨商练兵处、兵部，核定式样，逐渐备换。概以新军编成后五年为限，其旧有军械或收藏该省武库，以备不时演习之需，或发交巡防各队，以供地方弹压之用"②。当时，各省设局自行制造，"初皆博收约取"，后来"益推陈出新，旧式军械均已停造"，只因"机器无多，经费有限"③，产品供不应求，仍需大批进口。清季输入的各国新式武器，都是当时世界上较先进的。如输入的步骑枪中，有德国的毛瑟、奥国的曼利夏、日本的三十年式等，口径在6.5—8毫米之间。重机枪有德国的马克沁、法国的哈乞开斯等。火炮主要是德国克虏伯、格鲁森等工厂的57毫米的山炮和75毫米的野炮。此外，清军已开始利用气球作为侦查工具。宣统二年（1910年）从法国买进双翼飞机1架，在北京南苑修筑机场，以供航空实习之用。虽说"规模简陋，殊无成效"④，但却是近代中国航空事业的开端。无论自造或进口，皆以当时"最新最利者"为标准，均用无烟火药，至少不准一标一营之中杂有两式之械。清政府认为，"行军利器以后膛快炮、小口径毛瑟枪为最"，故令各省督抚"将所制枪炮膛口子弹各局统归一律，以期通用，并将每年所造枪件子药若干据实奏报，并按季咨报户部、神机营查核"。同时，清政府还规定，颁布《陆军枪炮口径等项程式》⑤，作为各省制造枪炮的统一标准。

总之，清季的军备从旧式向新式的更新换代，已注意到采取高位嫁接，无论是向外购买还是模仿西式自造，都是以当时"最新最利者"为标准，并且采用统一的制造标准，"以期通用"。在旧、新军备的更新换代中，还本着节约的精神，将旧军备用于演习或交地方巡防各队使用。这使当时中国的军备有了长足的进步，并节省了军费开支，其做法与经验是值得借鉴的。

由于军事装备关系到国家的安危，清廷十分重视对军事装备的保管，规定由有关官员定期清点核查，如有缺少或朽坏、有关责任人必须受到处罚。如"顺治五年（1648年）题准：每年秋季奏请点验八旗护军营、骁骑营器械，春季奏请点验前锋营、步军营器械，令该管官互相稽查"⑥。雍正十年（1732年），更具体地规定了军事装备自上而下的逐级盘查制度："直省各营军装器械，属督抚所辖者，督抚委官盘查；提督所辖者，提督委官盘查，皆取本营并无缺少，及委

① 《清朝文献通考》卷239。
② 《洋务运动》（二），第393页。
③ 《洋务运动》（二），第393页。
④ 《清朝续文献通考》卷240。
⑤ 《清朝续文献通考》卷239。
⑥ 《大清会典事例》卷711《兵部·军器》。本自然段引文，均见于此。

官并无捏饰印甘各结存案，各于年终汇题一次。至于各镇有属督、提统辖者，由该镇委官盘查，取印甘各结并加具保结，送督、提查核，年终汇题。若无督、提统辖，各该镇委官盘查取结，亦于年终汇题。其汇题之时，各将所属军装器械数目，分析标营造册，并保结送部查核。如汇题之后，仍有缺少，将从前盘查之官，罚俸六月，督抚、提镇，罚俸三月；倘委官明知缺少，扶同捏结，报称并无缺少者，降三级调用。"清廷规定，如在清点核查时发现军事装备缺少、朽坏，有关责任人必须受到严厉的惩罚。清廷为了使军事装备得到妥善的保管，制定了一系列的军器禁令，如禁止军事装备被私自质当、出卖；确保火药储存的安全，不被擅行弃毁；严禁民间私自制造火器、私藏私售火器。

（二）供给思想

1. 后勤供应

清军的后勤供应，主要由户部和各省布政司负责，平时较为简单容易。清廷通过征购及兴办边地军屯、民屯、商屯等办法来解决军队粮食问题；通过设置驿站、粮台来转运军粮。

清军后勤供应在战争期间则变得相当艰难，尤其在西北地区，清军远征深入西北荒漠地带，战线漫长，沿途风沙肆虐，使后勤供应更加充满艰辛和危险。如康熙时，清军在遥远的西北沙漠地区用兵，"地尽陷沙，深者至三四尺，浅者亦一二尺，车不能前，凡军中辎重尽改装驼马，空车尚需三四马力始出陷中"[①]。由于清代西北战争频繁，故有"粮、运两事，为西北用兵要着"[②]，"军事莫重于转饷，而转饷莫难于塞外"[③] 之说。

清军解决战争时后勤供应的主要做法是，出征官兵都要配备一定数量的马驼和民夫，随身携带数月口粮，以解决出征前期的随军供应问题，如不足，再通过驿站、粮台来转运军粮。

出征官兵的口粮和马匹草豆，如有仓贮、厂贮可动则不必另行采买；若虽有仓贮、厂贮但道远费多，有关督抚临时查明情况外，确访时价奏明采买，一面将价格详细开报户部，以凭查核。采买牲口各地时价不同，有的地方差价还较大，更须准确估价。出征官兵乘骑马兵，如在口内，每匹月支10斤草，3升料，由地方官作正项开销；如在口外，无论骑马、驮马随地放牧，不供给草料，本营马乾由官兵家属承领。

清代的新军后勤供应，分随军输送和后路输运两大类。顾名思义，随军输运即跟随部队随时随地予以供应接济，速度快但数量有限。随军输运又根据跟随部队的规模大小及供应接济的物资不同而又分为3种：一是小接济，跟随步马队每

---

① 《圣武记》卷3《康熙亲征准噶尔记》附录《内大臣马思哈出师塞北纪程》。

② 左宗棠：《左文襄公全集》，《奏稿》卷43，文海出版社1979年版。

③ 《圣武记》附录卷11《兵制兵饷》。

营或炮工程每队之后，负责供应该队该营应补之枪炮子弹、工程器具等，以备战斗之急需。二是大接济，跟随每标协或全镇或每支队之后，负责供应每日应用之薪粮炊具及将校被具等，以备宿营之需。三是辎重队输运，负责供应全军应补若干次之枪炮子弹，应用若干日之粮食及随营医院、卫生队、桥梁队、电信队应用之器具，以备小接济和大接济之领取，以及战前战后之所需。

新军的后路运输根据其作用的不同亦分为3种：一是前敌转运分局，在接近前线部队之地，按道路远近酌设若干分局，以备辎重队领取。二是前敌转运总局，设于接近前线的水陆交通要地，随战地挪移，军需储备、后方医院、电报局、电信局、修械厂等，皆由其负责。三是总军需处，设于调遣战队之省份，或其他便于往来易于采买之后方，不随战地挪移，建有各种军需仓库。凡全军战场上的一切后勤供应，从物资到运送，前方后方的往来等，都由该处总体筹划和指挥①。

2. 军费奏销制度

清代直省军费奏销分为平时和战时两种。平时称兵马钱粮奏销，每年由布政使司在岁终结算一次，以所属计簿申报巡抚奏销，与地丁钱粮各为一疏，同时上报户部，户部审查合格才能报销，否则巡抚以下官员受罚。当时，直省官兵俸饷、驿递钱粮会计簿册还要报送六科中兵科察核。清廷规定，"直省官兵俸饷领结，不必按季赍送，应于奏销前一月，造册送兵科察核"；"凡直省驿递钱粮支销数目，令该抚年终造册，送兵科察核。如有浮冒舛错者，题参"②。

战时称军需奏销，即先将沿途安设粮台、驿站地名、里数，兵营何日改移，台、站何日裁并，何地为总汇，何地为旁通小路等，一一绘画造册送交户部，以备核对。报销时，采用四柱清册记账法，先将原拨银两数目作初案新收，次列开除若干、实存若干，以初案的实存作次案的旧管；支用数目逐次计算，分门别类以次题销。至于支用米石，应随本案尽收尽除，不采用四柱清册记账法，不必开列旧管、实存，以免混杂。如各案中有长支、借支、部驳核减、追赔等项，各照本案催追完项，声明收回原款字样，不必另外造拨。全部完成时，在汇总收支银粮册内分析准销，册减、追赔及收归银粮各项数目，并将尾案的存剩银数造报查核③。

清朝末期，督抚专政的局面逐渐形成，原有的军费奏销制度已名存实亡。新军的军费开支分别由中央和地方负责，督抚为争夺兵权，在军费问题上与朝廷分庭抗礼。由于清末政局不稳，军费短缺，新军的扩充受到很大的限制，编练三十六镇的计划尚未完成，清朝就寿终正寝了。

---

① 《清朝续文献通考》卷204《兵制》。
② 《大清会典事例》卷1016《都察院·六科》。
③ 《户部军需则例》卷9。

3. 军屯

从中国古代史上看，清代的军屯在"边防与屯政相维"① 方面，甚有成效。从《清经世文编》和《大清会典事例》所载可知，清代历朝朝野都重视军屯民垦，雍正、乾隆以来，"各省军屯民垦称极盛"②。

清初，战争频繁，军费开支巨大。为减少军费支出，缓和财政危机，清廷令各省有条件的地方兴办军屯，或实行计兵授田。而当时由于战乱，全国各地都有不少荒芜无主之地，正好为军屯提供了可耕之地。当时，清廷规定，绿营守兵每名给田 40 亩，牛具、籽种由官府提供。投诚官兵每人给荒田 50 亩；或每兵 10 亩，而每 100 亩贷官牛 2 头，籽种 3 石，官给农具，一年还牛，二年全交，开屯之初，岁发全饷，二岁减半，三年尽裁。为防止屯兵斗志消沉，有人主张公私两利，不裁屯兵之饷，而以屯利归公，再从屯利中抽出少部分来奖赏屯兵。

至清代中期，由于社会经济的发展，人口的增多，内地荒芜可耕之地愈来愈少，军屯只能向地多人少的西北、东北边疆地区发展。正如曾国藩、李鸿章所指出的，内地省份可耕之地有限，兵民杂处不宜开屯，军屯应在边疆人少地多的肥美之区大力发展。

由于清朝对军屯的重视，历朝都有对军屯的议论，史不绝书，但对军屯有独到见解的思想似不多见，其中左宗棠在新疆兴办军屯、民屯的思想值得提及。

同治十三年（1874 年），左宗棠派兵进入新疆时，就考虑到新疆路途遥远艰辛，沿途又有不少盗贼骚扰，转运军粮十分困难，因此必须通过屯田来解决驻新疆军队的粮食供给问题。他指出：新疆"既苦兵差，又被贼扰，驻军其间，自非力行屯田不可"③。他认为，在新疆推行军屯，有 4 个方面的好处："各营勇丁吃官粮做私粮，于正饷之外又得粮价，利一；官省转运费，利二；将来百姓归业，可免开荒之劳，利三；军人习惯劳苦，打仗更力，且免久闲致生事端，容易生病，利四。"④ 换言之，军屯能解决部分军粮供给；能大大节省从远处运粮到新疆的费用；军屯能使将来当地百姓免于开荒；军屯能使将士身体强健，更有战斗力。

左宗棠在新疆兴办军屯的同时，也很重视兴办民屯。他认为"要筹军食，必先筹民食，乃为不竭之源。否则，兵欲兴屯，民已他徙，靠兵力兴屯，一年不能敷衍一年，如何得济？"⑤ 如果民屯发展了，市场粮食供应充足，何愁军队没有粮食？他指出，办好民屯的关键是"由官给赈粮食，给种籽、牛力，秋后照

---

① 《清史稿》卷 120《食货一》。
② 《清史稿》卷 120《食货一》。
③ 《左文襄公全集》，《书牍》卷 14。
④ 《左文襄公全集》，《书牍》卷 14。
⑤ 《左文襄公全集》，《书牍》卷 14。

价买粮"①，政府应扶持百姓屯田，不许官兵扰累屯民，以公平的价格购买百姓粮食，使当地百姓有利可图，自愿将余粮卖给官民。

由于左宗棠在新疆屯田推行"屯田要策"的 3 条基本原则，即兼顾边防、官兵、百姓三方面的利益；奖勤罚懒，对勤于屯田官兵予以奖励，懒惰者予以惩罚；严格管理，禁止官兵侵害百姓，使他在新疆兴办军屯民屯获得很大成效，关内关外，"粮价大减，食物俱贱，金称与前承平时无异"②。

六、军队纪律、禁令思想

清军的纪律、禁令，初创于入关前的努尔哈赤和皇太极时期；入关后，经顺治、康熙的发展，完成于雍正、乾隆时期。雍正九年（1731 年），因承平日久，军纪松弛，雍正皇帝特令大臣酌议军令条约，由他亲自审定，终于制定出有清一代最为系统完备的军纪四十条。如略加归纳，军纪四十条（以下简称军纪）大约有以下 6 个方面的特征③。

其一，在战争期间，如将士不听从指挥、临阵畏缩、私改军令、泄漏紧急、秘密军令军机、探听敌情不实贻误军机等，均将受到最严厉的斩首惩处。

其二，将士同一种违纪犯法之事，如在平时，可能只遭到鞭打、棍责、插箭游营的处罚，但如在战时，则要遭到最严厉的斩首处罚。

其三，将士同一种违纪犯法之事，如没造成危害的，可以从轻处罚，如造成危害的，往往也要遭到最严厉的斩首处罚。

其四，严禁官兵欺压、侵夺、奸淫、滥杀百姓，防止清军失去民心。违者将遭到最严厉的斩首处罚。如官兵沿途欺压民番，恃强买卖，掠财物，毁房屋，淫污妇女者，斩。官兵杀伤良人冒功者，斩。

其五，对官兵日常行为进行约束，如违反者，必须遭到处罚。如规定，凡有倚强压弱，酗酒为非，不遵该管约束者，分别轻重，鞭责插箭。

其六，粮食、武器弹药是军队最重要的物资，关乎军队的生死存亡和战斗力。因此，清廷规定必须妥善保管，违者将受到处罚。

《大清会典事例》卷 769—778 为《刑部·兵律》部分，详细规定了清军的纪律与禁令，兹按其顺序，略举一些较有代表性的规定加以分析。

《大清会典事例》卷 770—773《兵律要政》对擅调官军、申报军务、飞报军情、泄漏军情大事、边境申索军需、失误军事、从征违期、军人替役、主将不固守、纵军掳掠、不操练军士、激变良民、私卖战马、私卖军器、私藏应禁军器、纵放军人歇役、公侯私役官军、从征守御官军逃、优恤军属、夜禁等各方面

---

① 《左文襄公全集》，《书牍》卷 14。
② 《左文襄公全集》，《书牍》卷 22。
③ 以下军纪四十条内容见《清朝文献通考》卷 179 所载《雍正九年申定军律》四十条。

的违反军政规定行为进行处罚。在中国古代封建专制主义制度下，皇帝掌握着最高的军事指挥权，任何军队的调动，必须经过皇帝的批准，任何将帅不得擅自调遣军队。但是，如属于军情紧急、路程遥远来不及上奏的情况，有关将领可不经皇帝批准调遣军队，同时通过上司向皇帝报告。

军情紧急必须迅速上报，并不得让敌方知悉，如紧急军情不迅速上报或泄漏者，因此而贻误军机，有关责任人必须受到斩首的处罚。

军需供给是军队打胜仗的基本保证，如军需供给违期，有关责任人必须受到处罚，如因此而失误军机者，必须受到最严厉的斩首处罚。

清廷严禁军队掳掠人口、财物，奸淫妇女，毁坏民居，从而使军队赢得民心，才能取得战争的胜利。反之，如地方驻军胡作非为，激起民众反抗的，有关责任人将受到严惩。清廷为防止民众反抗，维护社会稳定，严禁私卖战马、军器，严禁毁弃军器、私藏制造应禁军器。

清朝为防止军队出现大量逃兵，对逃兵的惩罚比较严厉，不仅惩罚逃兵本人，而且对知情人、窝藏者、里长、其上司等都要酌情予以处罚。其处罚涉及面之广，意在使逃兵无处藏匿，随时随地被人举报，从而杜绝逃兵现象的发生。士兵在军队出征前，借故推迟或躲避征役，以及雇人冒名顶替者，都要受到处罚。

七、治军思想

（一）制度为体、谋略为用思想

清朝"龙兴东土，以武功开国"，在入主中原，以强大的军事力量建立了统治全国的中央王朝的过程中，深刻体会到军事制度的重要作用。正如《清朝文献通考》所云："窃惟列圣相承，决策于庙堂之上，而制胜于万里之外，神机睿略，运用无方，固有非臣下所能揣测者；然即其外见之迹窥之，内外相维，远近相错，当其无事之时，养兵不试，屹然有金汤之固，及其不得已而用之，天戈所指，雷举霆发，无不立就削平。盖简练精纯，规制严密，自然之明效也。"① 由此可见，作者认为清军之所以能以雷霆万钧之力统一中国，固然与统帅具有卓越的谋略有关，但清军初期严密、炉火纯青的军事制度才是其克敌制胜的根本。清太祖努尔哈赤在统一女真各部中认识到，女真人虽然作战勇敢，但缺乏组织纪律，战局有利时，"四出掳掠牲畜财物，喧哗争夺"②，不利时四处奔逃，各不相顾。为了实现统一女真各部的理想，他逐渐创立了以兵民结合、军政结合、耕战结合为特点的八旗制度，从而加强了女真人的组织纪律，大大提高了军队的战斗力，不断取得战争的胜利。尔后，顺治、康熙在入主中原、统一全国中，也首推

---

① 《清朝文献通考》卷179。
② 《清太祖武皇帝实录》卷1。

清军"营制益复精详"① 之功。雍正、乾隆命将出征，"丰功伟烈，亘古罕闻"②，论其因，"申严戒律……兵制之善"③，亦属首位。总之，满洲的崛起，入主中原及统一全国走向强盛，从军事角度上说，军制上的优势，发挥了根本性的作用。

晚清，政治上的腐败导致了军制的破坏。当时，李鸿章等人则保持较清醒的认识，认为清军"靖内患或有余，御外侮则不足"，"外国利器强兵百倍中国"，今后中国主要面临外国的威胁。面对当时西方列强咄咄逼人之势，李鸿章深感到"兵制关立国之根基"，中国"若不及早自强，变易兵制，讲求军实，乃循数百年绿营相沿旧制，厝火积薪，可危实甚"。唯有变革兵制，"厚给粮饷，废弃弓箭，专精火器，革去分汛，化散为整，选用能将，勤操苦练，然后绿营可恃"④。换言之，李鸿章的变革兵制的主要内容就是提高将士待遇，采用西方先进枪炮火器，废除分兵驻守地方之制，选用有才干的将领，勤奋刻苦操练。李鸿章的这种变革兵制思想，在当时是较为先进的，但中日甲午战争中北洋海军的覆没，证明他的兵制改革思想还存在着保守、片面的致命弱点，无法使中国军力真正强大起来。

清末，袁世凯通过学习西方先进军事理论，再结合中国实际情况，在军制方面，提出了较全面系统的思想。其主要观点是：

（1）主张通过学习西法，改革兵制，使中国兵力变强，得以立国。袁世凯指出："立国之道，莫急于图存，当此各国环伺，虎视鹰瞵，非厚积兵力，无以自强，曷以立国。"列强之所以虎视眈眈，主要原因就是"由于我之兵力不竞而已"。而中国兵力之所以不强，又是因以"文明之邦"自诩，"专尚德教，加之承平既久，军政渐弛，弊端日生，驯至冗弱而莫能振。"袁世凯将中国与当时东洋强国日本进行比较，认为日本不过一岛之国，原比中国贫弱，也受西方列强欺凌，后因变法图强，改革兵制，"试锋于我，遂以雄视亚洲，泰西诸强国，近亦不能蔑视"。因此，中国"值此强邻逼处"之时，只有学习西方，改革兵制，"增练精兵"，才能使中国兵力变强，得以立国⑤。

（2）兵制为体，谋略为用。袁世凯反对"兵事，谋略为主，制度次之"的观点，认为正确的看法是"谋略，用也；制度，体也。未有体不立而用能行，即未有制度不善而谋略足恃者也"⑥。

---

① 《清朝文献通考》卷 179。
② 《清朝文献通考》卷 179。
③ 《清朝文献通考》卷 179。
④ 李鸿章：《李文忠公全集》，《朋僚函稿》卷 5《与陈筱舫侍御书》，文海出版社 1962 年版。
⑤ 袁世凯：《时局艰危亟宜讲求练兵折》，见《袁世凯奏议》上册，天津古籍出版社 1987 年版，第 26—29 页。
⑥ 《清朝续文献通考》卷 204，以下（3）—（9）引文均见于此。

（3）必须因时因地改革兵制。袁世凯认为，自古以来，"一代有一代之兵制，一时又有一时之兵制"。而今世界形势多变，"各国兵制日新月异"，中国必须"参仿各国之成法"，"弃短从长"，因时因地改革兵制，才能在数年之后，使军队"化散为整，转弱为强"。

（4）兵制的最重要内容就是营制和饷章。袁世凯指出，"兵事为专门之学，制度章程至为繁重，举其纲领厥有二端：曰营制，曰饷章。夫编订营制非徒以盛威容壮观瞻也，平时之强弱，临时之利钝，悉基于此。其要在本战法以立操法，又本操规以定营制"。营制必须做到"上下相承，大小相继，多寡相配，奇耦相生，务如身之使臂，臂之使指"。"饷章必须丰约得宜，储运有法，驻军无缺乏之虑，赴敌无牵顾之忧，典兵者无所藉以侵牟，莞饟者不敢咨为中饱"。

（5）军队属于国家，由国家统一管理、征调、编配，并由国家指定将领统率、指挥。袁世凯认为，"兵为国家之兵，非一人所能私，一隅所能限，故将帅不能擅立主名，军队亦不得自为风气。其编立号数大抵视辖境之遐迩，因其区域划分次第，而章制操法统归一律。遇有征调，无论何处兵队，均可编配成军，协力攻守；无论何军将领，均可统率节制，如法指挥。"

（6）兵役分为常备军、续备军、后备军3等。袁世凯主张，"军分三等：一曰常备军，选土著之有身家者充之，屯聚操练，发给全饷，3年出伍，退归原籍；一曰续备军，以常备军3年出伍之兵充之，分期调操，减成给饷，3年递退；一曰后备军，以续备军3年递退之兵充之，仍分期应操，饷又递减，4年退为平民"。

（7）在各省设立督练公所，专门负责管理地方军队。袁世凯主张，"各省将军督抚，本有督练营伍之责，惟地方事务繁杂，势难一意专注"，故于各省设立督练公所，以为地方"军政总汇之处"。

（8）设庶务专员，负责军中庶务，使将领能专心于军事。袁世凯认为，"将领之责在乎运筹帷幄，极远大亦极精微，宜专心考查敌情，布置攻守，最忌分心庶务，妨误机宜，又宜各专责成，层层节制，平时无相侵越，临事免生透误"，因此，主张于将弁之外，"仍设庶务专员分任佐理"。

（9）军令分详令、简令，全军必须服从听指挥。袁世凯指出，"军令者，所以定趋向、达意旨，齐耳目、一心志者也……欲令之惟行而无反汗，则必积诚信于平日，审事实于临时……令约分二类：一曰详令，授所部以详晰办法，使受令者逐条遵守也；一曰简令，授所部以扼要大意，使受令者相机筹办也……凡令一出，则全军随之，以故三军齐力，万众一心，战胜攻取基干此矣"。

（10）治军之道，首先是训诫纪律，其次是练习技艺。袁世凯指出，"治兵之道，纪律为先，而技艺亦在所当重，纪律存乎训诫，技艺资乎练习……将则训以忠勇廉洁之大闲，兵则训以恭顺勤奋之要义，使皆知奉法循理，以端其志而正其趋。至于技艺则由浅入深，循序递进，始练以步伐身手各法，次练以布阵变化诸方，再练以行军、驻扎、攻守、调度之道，此则步、炮、马、工各队之所同也。若夫步队以起、伏、分、合为主，炮队以攻坚、挫锐为期，马队以出奇驰骤为能，工程队以尽地利、备军资为事，则又在乎各致其精"①。

（二）防止武将久握兵权，拥兵反叛

在中国古代封建专制君主制度下，皇帝通过牢牢控制军队的统率权、指挥权，从而来维护其至高无上的权力。清代是中国古代封建专制君主制度空前强化的时期，君主更加重视对军权的绝对控制，其中一个重要方面就是防止武将久握兵权，拥兵反叛。清初，诸将领南征北战，手握重兵，极易引起骄将悍卒拥兵自重，不听朝廷指挥，甚至谋叛朝廷，割据一方。对此，南赣巡抚刘武元就提出不宜让武将久据兵权，以防患于未然。他说："今之将官素养悍卒，自备壮马，凡有不测，一呼即起，其应如响……臣以为，有功者亟当升调，然升一将，即补一将充其缺而统其兵，一转移间，则耳目新而骄悍驯，得免召衅之虞。"② 当时，由于清廷对他的上奏没有引起足够的重视，因此并没有采取有效的措施。直至平定三藩之乱后，康熙帝才从中得到深刻的教训。康熙二十二年（1683 年）四月，康熙帝对大学士等说："边疆提、镇，久据兵权，殊非美事。兵权久握，心意骄纵，故每致生乱，常来朝见，则心知敬畏。如吴三桂、耿精忠、尚之信辈，亦以不令来朝，心生骄妄，以致反叛，此等事关系甚大。况边陲将士惟知其统辖之主，不习国家法度。曩者朕曾降敕于广西将军马承荫，马承荫跪受，其下诸人皆惊曰：'我将军亦跪人耶？' 即此观之，兵权不可令久擅也。"③ 后来康熙又强调说："武官久任非善事，在昔唐朝藩镇骄蹇跋扈，皆由久典兵权之故耳。"④ 在此认识的基础上，康熙帝在军事制度方面采取了一系列的防御措施，使武官尤其是高中级武官"不致久任"⑤，不敢也不可能谋叛。

综观清朝防止武将久据兵权、拥兵反叛的措施，主要有以下 4 个方面：一是兵皆土著，将皆升转。武将由于不断升迁或转岗，就无法久据一支军队兵权。而且将兵相处时间不长，使兵将不亲，上下级之间很难结成牢固的同盟，能够官官相制。二是限年陛见，回避原籍，任职之地，不许置产。在规定的时间里来京朝见皇帝，使之心知敬畏朝廷，不敢骄妄，以致反叛。任官回避原籍，在任职之地不许置产，防止武官利用同乡、亲属、主仆关系，结党营私，对抗朝廷。三是非奉圣旨，不许调兵。皇帝拥有最高的军队统率权、指挥权，任何人非经皇帝批准，不得调动军队，从而使武臣无法拥兵反叛。四是功高震主，严密监视。朝廷对于建立很高功勋的武将更须严密监视防范，防止其功高自傲，权力太大，威胁皇权。

---

① 袁世凯：《进呈练兵图册折》，见《袁世凯奏议》上册，第 34—35 页。
② 《皇清奏议》卷 2，刘武元《谨陈安攘十计》。
③ 《清圣祖实录》卷 109。
④ 《清圣祖实录》卷 123。
⑤ 《清圣祖实录》卷 123。

清廷防止武将久据兵权、拥兵反叛的措施产生了应用的积极作用，有清一代，自康熙平定三藩之乱后，再也没有出现武将拥兵反叛的事件。"国家炽昌熙洽，无鸡鸣狗吠之警……事权之一，纲纪之肃，推效往古，无有伦比"①。另一方面也不可避免带来一些消极的影响，诸将"循资望得升擢，不求有功，第求无过，而天下之人才靡矣，求将才、边才日稀矣"②。

（三）用仁礼治军，上下相维，将卒亲睦，但求其精

清末，太平天国运动异军突起，势如破竹，八旗、绿营不堪一击，土崩瓦解。曾国藩募勇为兵，湘军镇压太平军，终成大功。曾国藩在率领湘军南征北战中，总结出用仁礼治军，上下相维，将卒亲睦，但求其精的思想。

曾国藩在创立湘军时别开新意，用儒家传统思想仁、礼治军，提出"带勇之法，用恩莫如仁，用威莫如礼"，用恩威并济与仁礼相结合。这是因为"仁者，即所谓欲立、立人，欲达、达人也。待弁勇如待子弟，常有望其成立，望其发达之心，则人知恩矣。礼者，即所谓无众寡，无小大，无敢慢，泰而不骄也。正其衣冠，尊其瞻视，俨然人望而畏之，威而不猛也，则人知威矣。"③曾国藩利用同乡、亲戚、师生、朋友等关系，通过兵必自募，将必亲选，饷必自筹等措施，用待弁勇如待子弟一般的仁爱，收买人心，使部下为其卖命打仗；坚持"以忠义之气为主，而辅之以训练之勤，相激相劘"④的方针，一切以"升官发财"为目的，从而激励将士英勇杀敌。另一方面，曾国藩以礼来代替军纪，在封建礼教中上下名分、尊卑等级的关系，贯穿到营制、营规中。所以，李鸿章称赞曾国藩"所定营制、营规，博稽古法，辨等明威，其于军礼庶几近之"⑤。曾国藩用仁礼治军，是要扭转"今日营伍之习气，与今日调遣之成法"⑥，所造成的"将与将不和，卒与卒不习，胜则相忌，败不相救"⑦的恶习，从而使"今日将欲灭贼，必先诸将一心，万众一气，而后可以言战"⑧。

咸丰二年（1852年）十二月，曾国藩接到皇帝任命他为湖南团练大臣的谕旨后，立即上疏指出："自军兴以来，二年有余，时日不为不久，靡饷不为不多，调集大兵不为不众"，官兵却一败再败，"皆由所用之兵未经练习，无胆无艺，故所向退怯"。官兵如此，团练更难望其成功。今后惟有"改弦更张，总宜以练兵为要务……宜参照前明戚继光、近人傅鼐成法，但求其精，不求其多，但

---

① 梅曾亮：《上方尚书》，见《柏枧山房文集》卷2，咸丰六年刊本。
② 《清史列传》卷63《袁昶传》。
③ 《曾文正公手书日记》第6册，咸丰九年六月初四日。
④ 《曾文正公书札》卷2《与王璞山信》。
⑤ 《曾文正公神道碑》，载《曾文正公全集》卷首。
⑥ 《曾文正公书札》卷2《与王璞山信》。
⑦ 《曾文正公书札》卷3《与彭筱房曾香海信》。
⑧ 《曾文正公书札》卷2《与王璞山信》。

求有济，不求速效"①，才能提高军队的战斗力。

总之，曾国藩以仁礼治军，从而使湘军"上下相维，将卒亲睦，各护其长，其将死，其军散，其将存，其军完"②，"但求其精，不求其多"，从而取代八旗、绿营，一时成为清军的主力。

---

① 《曾文正公奏稿》卷 1《敬陈团练查匪大概规模析》。
② 《湘军志》，《营制篇第十五》。

第九章　古代政府治理思想的当代价值

综观中国古代政府治理思想的变迁，其发展过程显示出很强的路径依赖，古代的一些政府治理思想，今人看来显得简单、粗糙，但其反映的一些理念、原理，至今仍有深刻的影响。因此，当前要建设具有中国特色的社会主义政府治理理论和制度，古代的历史经验值得借鉴。

第一节　民本思想的当代价值

一、古代政府治理指导思想——民本思想

民本思想渊源甚早，并对后世产生深远的影响。中国古代从先秦《尚书》中的重民、民惟邦本，周公的保民，孔子的爱民，孟子的民贵君轻论，荀子的君舟民水论。如先秦儒家重视民众、民心在国家治理中的重要作用，认为这关系到一个国家的治乱安危。《尚书·五子之歌》就提到"民惟邦本，本固邦宁"。最高统治者"重我民"，①即重视我民之意，在做出重大决策时，均考虑到是否对广大民众有利，有无违背广大民众的意愿。春秋时期一些当政者对民十分重视，把对民政策作为治理国家成败的关键。虢国的史嚚说："国将兴，听于民；将亡，听于神。"② 当政者之所以重视对民政策，是因为他们看到民心的向背决定治国的成败。因此，君主在制定对民政策时，重点在关注收买民心，如抚民、亲民、恤民、安民、利民、惠民、以德和民等。当时更激进大胆的言论是人民可以抛弃、推翻侵害百姓的残暴君主。战国时期，重民思想又有明显的发展，其中较为突出的是孟子最有名的一句言论是："民为贵，社稷次之，君为轻。"③ 据荀子称，君舟民水是孔子提出来的。"君者，舟也；庶人者，水也。水则载舟，水则覆舟，此之谓也。"④ 君舟民水论形象地阐述了一条真理：一方面民是君主赖以存在的基础；另一方面，看到了民的力量能够推翻君主的统治。基于天以民视听

---

① 《尚书·盘庚中》。
② 《左传》庄公三十二年。
③ 《孟子·尽心下》。
④ 《荀子·王制》。

为视听，以民欲恶为欲恶的思想，先秦一些具有民本思想的人都主张言论自由，尊重民意民情。《管子》进一步提出设立专门的机构和场所来倾听民众的心声，主张在治理国家中，政府通过实施对民有利之事来引导民众，使民众按照政府的政策命令行事。

汉代贾谊进一步提出"以民为命""以民为力""以民为功"等相关理念，继承了先秦儒家爱民仁政的思想，把此作为治国理政的核心思想。《淮南子》提出："食者，民之本也；民者，国之本也；国者，君之本也。"①因此，君主治国，首先要发展农业、畜牧业，种植桑麻竹木，让老百姓有基本的衣食住生存条件。到了唐朝时期，唐太宗的国以民为本，明清时期黄宗羲、顾炎武、唐甄等人的民本论，特别是王夫之"不以一人私天下"的民本思想，是从公与私的视角对君与民的关系做了分析

说到底，古代民本思想都是从治理者（最高统治者和各级官吏）的角度，重视、肯定被治理者（民众）在治理国家中的最终决定作用。在政治清明的盛世，民本思想成为政府治理的指导思想。民本思想本质是统治者重民思想，即意识到"民惟邦本，本固邦宁"，"治天下者，以人为本"的前提下，在治理国家、制定政策中首先必须考虑保民、养民、教民、抚民、利民、爱民、得民等。既然民众是国家的根本和基础，古代的民本思想家认为君主在治国理政中首先必须爱民。天、君、民三者的关系是上天爱护民众，所以委派君主管理民众，使民众生活安定富足，这样君主就得到广大民众拥戴。否则，如君主给民众带来危害，就会遭受上天惩罚，被民众所推翻。还有的民本思想家则论述了君、臣、民三者的关系：民众是国家的基础，失去了民众，君主就无法存在，因此，君主必须以仁爱之心待民。而臣子是君主的辅佐，应当处理好君臣关系，尽职尽责帮助君主管理好民众。

历史上历代民本思想家就如何在治理国家中贯彻以民为本的思想，提出了许多具体政策和措施，归纳起来，大致主要有以下3个方面：

其一，治理者认识到民心向背关系国家兴衰存亡，故治国必须顺民心，尊重民情、民意。这就是封建政府应视民心为天心，在治国理政中应该了解民心，顺民心，得民心；应该时时意识到人心向背关系到一个国家的兴亡。君主应当多做得民心的事，使民众亲附拥戴，国家才能长治久安。先秦时期，有些思想家甚至主张允许民众评论、批评朝政，以便更好地使统治者倾听民众的心声，作为治国理政的参考。

其二，养民富民，实施利民、惠民政策，而勿扰民、伤民，使民致富。这就是封建政府通过轻徭薄赋，保证民众的生产时间，减轻民众的负担，从而发展农业生产，使广大人民丰衣足食，财用充足，国家富裕。如遇到天灾人祸，政府应

---

① 《淮南子·主术训》。

保民、恤民，使广大民众不因天灾人祸而饿死、冻死，保障他们的基本生存条件。这样就可以得民心、得天下。

其三，政府通过实施对民有利之事来引导民众，重视通过教化、鼓励引导民众勤劳节俭、遵纪守法，使民按照政府的政策、命令行事。总之，古代的民本思想与当代的执政为民、为人民谋福祉，其思想是一脉相承的。

二、古代民本思想与近现代民主思想的比较

当前，中国的民主政治建设在进行过程中，一方面要考虑吸收西方近代以来民主思想和他们在民主政治方面所取得的成果，另一方面我们也必须考虑吸收本民族的一些优秀传统文化的精华，特别是中国传统的民本思想。如何才能做到洋为中用、古为今用，实现两者的科学合理的结合，符合中国的国情，一个很重要的任务就是我们必须正确客观地分析判断中国古代民本思想和近现代西方民主思想的相通点和区别。这样我们才能更好地取其精华弃其糟粕，实现党的十九大提出的提高国家治理能力和构建国家治理体系现代化的奋斗目标。

中国古代的民本思想，尽管与我们今天所讲的民主思想有巨大的差异，但其以民为本的基本要素，在相当程度上与民主思想是相通的。因此，认真学习汲取中国古代民本思想所内蕴的政治智慧和思想，这对于当代中国建设有特色的社会主义国家治理理论和制度，有相当重要的理论与实践意义。

如果我们从政治学、管理学的角度来简要比较中国古代的民本思想和近现代的民主思想，其区别大致有以下 3 个方面：

古代民本思想与近现民主思想的区别：一是权力产生的来源不同。民本思想认为君权神授。历史是由英雄创造的，国家最高统治者君主是由天任命的，委以知天命晓民意的君主管理国家的大任。其逻辑起点是君主拥有无出其右的地位和神圣不可侵犯的权威，统治着国家的一切事务。民主思想认为国家权力民授，由全国广大民众选举出领导者，代表民众管理整个国家，领导者的权力是民众赋予的。历史是人民创造的，人民能够根据自己可获得的益处和主观意愿选择国家机构和政治生活，强调民众应当在治国理政中当家做主，民众的意志决定治国的方针政策，这样才能保障绝大多数民众的利益，从而使国家有广大的民众基础，保持长久稳定有序发展。

二是管理者的定位不同。在民本思想中，君主以救世主自居，高高在上，其在管理国家中君主为民做主。君主的体恤民情、爱民、养民、利民、恤民等，都是一种由上而下的施舍。君主的权力是占绝对地位的，人民必须服从，如果人民违抗君主的命令，那必然要受到严厉的惩罚和谴责。虽然有少数的民本思想家主张人民可以推翻昏君暴君，拥护明君来安排管理国家，但这并不意味要人民当家做主。如《大学》要求被统治者（即被管理者）以孝悌的道德对待君主和长上，这是一种宗法主义的观念，有利于加强封建专制主义。而统治者（即管理者）

把人民当成赤子，则表现了一种高高在上、俯视民众的优越感和对百姓的轻视，与现代的平等和民主的观念格格不入。但是，《大学》竭力主张治国者应当像对家人那样，对人民有一种纯真、诚挚、深厚的爱，并以这种情感来治国，按照人民的愿望和意志来处理政务，努力使社会变得像美满的家庭那样和睦，充满温馨。这种主张虽然在封建专制社会难以实现，但反映了古人的美好的政治理想，有利于促进古代政治的改良，即使在现代社会也当作为政治进步和革新的目标。民主思想则认为人民是国家的主人，在政治和法律上，国家领导人、官员和民众是平等的，每个人都享有和行使政治的权力，承担公民应有的政治义务和执行国家政策的责任。在民主制度下，国家领导人和各级官僚只是管理者，由人民直接赋予其行使国家事务的权力，不可享受特权，并始终接受人民的监督。

三是对人民重视的出发点不同。民本思想由于认为君权神授，英雄创造历史，所以以救世主自居、高高在上，其重民思想是出于对人民强大力量的恐惧和对客观现实中"小民不可欺""君舟民水"的无奈承认，因此对人民的重视、体恤和让步是一种居高临下的施舍。君主代表上天的旨意来管理民众，通过实施养民、富民、保民、恤民、尊重民意民情、仁政爱民、教民、兼爱华夷等政策措施使民众丰衣足食，社会安定和谐，从而得到民众拥戴，长治久安。其最终目的还是为了巩固自己的统治，使人民为君主的一家一姓王朝服务。民主思想认识到人民群众是历史的创造者，是国家和社会的主人，领导者的权力是人民授予，国家各级统治者应该由广大民众选举产生，然后代表民众的意志，维护绝大多数民众的利益，进行治国理政。领导者应秉持为人民服务的宗旨，把人民的利益视为最高的利益，严格尊重人民的主观意愿，为人民谋福祉。其治国政策措施强调法治，主张平等自由，保护私有财产，通过竞争发展社会经济。只有这样，才能得到人民的支持和拥护。

古代民本与近现代民主的相通之处是：一是两者都认为人民是国家之本。民本思想认为，"民为邦本，本固邦宁"① 人民是国家的根本，国家和其执政者必须得到人民的支持和拥戴，才能长治久安。民主思想则强调国家是人民的国家，人民拥有国家的所有权力，人民是国家的主体和根源。二是两者都认为政治权力的基础是民意。民本思想认为民心向背决定国家的存亡，得民心者得天下，所以执政者必须尊重民情民意，才能得到人民支持和拥护，长治久安。民主思想主张民意基本理论，即政治权力的基础是大部分人的意志，即国家的权力必须符合人民的意愿，治国者不能自行决定有关人民利益的事情，这些事情必须由人民一起讨论，然后以少数服从多数的原则表决决定。三是两者都强调要爱护人民。民本思想主张执政者要爱民、利民，对人民轻徭薄赋、教育引导，使人民安居乐业，社会安定有序。民主思想则认为治国者应为人民谋福利，关心并解决人民群众的

---

① 《尚书·五子之歌》。

疾苦，才能争取人民的支持，从而实现国富民强的治国目标。总之，古代民本思想和现代民主思想的共同点是：治国理政的目标都是让广大人民生活富足、安定和谐，国家长治久安。真可谓条条道路通罗马，殊途同归！

三、古代民本思想对当代的启迪

中国古代民本思想是传统儒家思想不可或缺的组成部分，是古代安邦治国的重要理论基础，一直被视为中国历朝历代治国理政的指导思想。当代，对这一重要思想进行进一步的探讨，对于更好地建设社会主义民主法治国家，具有不可忽视的重要意义。

十八届三中全会提出的全面深化改革以增进人民福祉为出发点和落脚点，其历史渊源就是中国古代的民本思想。民本思想并不等于民主思想，但与民主思想又有相通之处，即执政者在治理国家中，尊重人民的主体地位，肯定民众的最终决定作用，一切政策的制定、执行以符合最广大人民根本利益为最高原则。具体而言，党和政府在制定各项制度和政策中，必须坚持、落实执政为民的思想，继承和发扬党的群众路线思想，尊重民情民意，找到全社会意愿的最大公约数。完善有中国特色的人民民主制度，即人民代表大会制度和人民政治协商会议制度，完善各级政府的民众信访制度，使下情能准确、顺利地上达。多做利民、惠民的事情，不做扰民、伤民的事情，少做、不做通过行政手段来强制民众的事情，应通过实施对民有利之事来引导民众，使民众按照政府的政策、命令行事。从而顺应民心、得民心，使国家长治久安。

2021 年 2 月 20 日，习近平在党史学习教育动员大会上指出："历史充分证明，江山就是人民，人民就是江山，人心向背关系党的生死存亡。赢得人民信任，得到人民支持，党就能够克服任何困难，就能够无往而不胜"。"要教育引导全党深刻认识党的性质宗旨，坚持一切为了人民，一切依靠人民，始终把人民放在心中最高位置、把人民对美好生活的向往作为奋斗目标，推动改革发展成果更多更公平惠及全体人民，推动共同富裕取得更为明显的实质性进展，把 14 亿中国人民凝聚成推动中华民族伟大复兴的磅礴力量。"[1]

古代民本思想把民生问题当作治理国家的重中之重，治国之道，必先富民，民富则易治，民贫则难治。正如两千多年前春秋时期齐国大臣管仲所说的：民众"仓廪足则知礼节，衣食足则知荣辱"。这是值得当代借鉴的。执政者应当让普通民众得到相对稳定充裕的生产资料和生活资料，不断提高广大民众的生活水平，满足人民对幸福美好生活的追求。这是国家和谐安定、长治久安的根本保证。如果一旦民生问题没有得到很好的关注和解决，就会给社会的安定和谐埋下隐患，甚至使整个社会和国家产生矛盾和冲突，以至于动荡不安。

---

① 习近平：《在党史学习教育动员大会上的讲话》，《求是》2021 年第 7 期。

古代民本思想在关注民生问题时，主要是以爱民、富民和利民作为出发点，倡导轻徭薄赋，保证农民的农业生产时间，减轻农民的赋税负担，从而保证农民的基本生产条件和生活水平。反之，如果对民众取之无度，横征暴敛，竭泽而渔，就会对小农经济产生巨大的破坏，使社会再生产无法正常进行，以至于引起广大民众的愤怒与反抗，使封建王朝被颠覆。当代，党和国家在关注民生中特别注意三农问题。据史料记载，农业税始于春秋时期鲁国的"初税亩"，到汉初形成制度。这一古老的税种，已延续了 2600 年的历史。从 2006 年 1 月 1 日起，农业税在全国被全面取消，这具有划时代的意义。现在，党和国家还广泛深入地对广大农村开展精准扶贫工作，至 2020 年，全国农村已经达到百分之百脱贫，扶贫工作取得举世瞩目的成就。取消农业税和全国农村达到百分之百脱贫，这是党和国家关注民生、以民为本思想的最典型体现。

传统的民本思想不仅关注普通民众的温饱问题，而且还重视对人民群众养成良好思想道德的引导和教育，使他们能够自觉恪守国家的法规政策，遵从社会的各项伦理道德，从而有助于提高人民群众基本道德水平，促进良好的社会风气的形成。当代，党和国家大力倡导广大民众学习和践行社会主义核心价值观，提高公民的文明观念和道德水平，在全社会形成良风美俗，把我国建设成文明富强的社会主义强国。

传统的民本思想高度重视治理国家中的民心向背，认为"得民心者得天下"，提出治国者在制定各项法规政策时，必须遵从广大人民的心声，尊重民情民意，以取得民众的支持和拥戴。当前，习近平精辟指出："人心向背关系党的生死存亡"，我们党只有"坚持一切为了人民，一切依靠人民，始终把人民放在心中最高位置、把人民对美好生活的向往作为奋斗目标，推动改革发展成果更多更公平惠及全体人民"，才能"赢得人民的信任，得到人民支持，党就能够克服任何困难，就能够无往而不胜"。① 这就是说，我们党和国家的各级领导要尊重、顺应广大人民群众的真实意愿，努力实现他们渴望创造美好生活的愿望，努力满足他们提出的合理要求；充分尊重他们的日常工作生活中所付出的辛苦劳动，认可并公平对待他们在工作、奋斗中获得的各种成果，给予相应的报酬，从而使党和广大人民群众心连心，从而使人民由内而外信赖、支持和拥护党的领导，实现人与人、人与社会的和谐，实现中华民族的伟大复兴。

中国古代的民本思想，尽管与我们今天所讲的民主思想有巨大的差异，但其以民为本的基本要素，在相当程度上与民主思想是相通的。因此，认真学习汲取中国古代民本思想所内蕴的政治智慧和思想，这对于当代中国建设有特色的社会主义国家治理理论和制度，有相当重要的理论与实践意义。

现阶段我国的社会主义民主，深刻地蕴含着传统民本思想中以民为本的思

---

① 习近平：《在党史学习教育动员大会上的讲话》，《求是》2021 年第 7 期。

想。在社会主义民主制度下，坚持人民群众是国家的主人，中国共产党是代表广大民众的先进政党，代表全国广大民众管理国家的各项事务。社会主义民主的必有之义是要关心百姓生活，维护人民群众的利益。因此在新的历史时期，在社会主义民主政治建设过程中，一方面要吸取传统民本思想的合理成分，使每个领导干部都树立全心全意为人民服务的理念，充分认识到自己手中的权力是用来为人民服务的，应该竭尽全力为人民谋福祉。

中国共产党在长期的革命斗争和经济建设中深刻地体会到，坚持一切为了人民、一切依靠人民的群众路线，是克服任何困难、无往而不胜的法宝。毛泽东就特别重视人民的作用，"人民群众是创造历史的动力"的思想，"全心全意为人民服务"的理念，以及在政治上的人民民主主义都是重视人民的重要体现。改革开放以来，邓小平在"三个有利于"中把"有利于提高人民的生活水平"作为改革开放的一个重要目标和标准，并把"富民、利民"作为社会主义的本质和原则，把实现人民的共同富裕作为中国社会发展的最终目标和理想。江泽民在"三个代表"重要思想中，总结出中国共产党的一个基本特征是"代表最广大人民群众的根本利益"。胡锦涛的科学发展观的核心是"以人为本"，重视人民的主体地位，坚持"权为民所用，情为民所系，利为民所谋"。①所谓"权为民所用"，实际上是指中国共产党的领导干部对自己手中的权力要有一个正确的看法，并且在实际生活中能用好权，为人民谋福利。所谓"情为民所系"，就是指中国共产党的领导干部要倾听群众的呼声，关心群众疾苦，把人民群众的安危冷暖放在心里，能帮助广大人民群众切实解决一些困难，实实在在为人民做好事。所谓"利为民所谋"，就是不要与人民争利，要为人民做实事、好事，坚持所做的一切都是为了人民群众，一切工作都要依靠群众，始终维护好、实现好、发展好最广大人民的根本利益。党的十八大以来，党作为实现中华民族伟大复兴中国梦的领导者，中国共产党被人民群众赋予了更高的要求与期待。面对新条件、新问题、新困难、新变革，习近平提出了"以人民为中心"的发展思想，强调发展为了人民，发展依靠人民，发展成果由人民共享，发展成效由人民检验。他指出："中国共产党及其领导的国家是代表最广大人民根本利益的，其一切理论和路线方针政策，其一切工作部署和工作安排，都应该来自人民，都应该为人民利益而制定和实施。"②综观中国共产党的百年历史，在革命、建设、改革各个阶段，党打破了历史上"民本"是为了维护封建君主王朝统治的逻辑，以彻底实现了人民当家做主为目标，继承发展了"养民、富民、教民"的儒家思想传统，开辟了马克思主义科学理论为指导的富有中国特色社会主义的"民本"新路径。

---

① 胡锦涛：《做好当前党和国家的各项工作》，载《十六大以来重要文献选编》（中），中央文献出版社 2006 年，第 317 页。

② 《习近平谈治国理政》第二卷，外文出版社 2017 年，第 295 页。

　　中国共产党执政为民思想是对传统民本思想的扬弃而创造性地提出的一种符合时代需要的先进治国理政思想理念，其具体表现在以下三个方面：一是社会主义民主思想不可回避的一个根本性问题是权力的来源问题或者说权力的产生方式问题。古代民本思想认为君权神授，君主接受上天的指派来统治全国人民，为民做主。马克思主义的唯物史观则提出"权力民授"，人民群众是历史的创造者，社会财富的创造者。因此，政治权力应当为人民群众所拥有。为了保证公共安全和利益，同时由于受政治状况、经济水平、文化结构及社会发展水平等方面的限制，人人不可能直接行使政治权力，而要把权力委托给能够忠实代表人民利益、为人民办事的人。中国共产党代表广大人民群众的最高利益，代表先进的社会生产力，代表先进的文化，历史性地担负起这个神圣的历史重任。党的一切权力来之人民，是属于人民的，党和政府只是受人民的委托来行使执政和管理的权力。党的一切权力都是为了人民的利益，发展依靠人民，发展为了人民，由人民来共享发展的成果。这就是习近平深刻指出的"人民就是江山，江山就是人民"。二是古代民本思想虽然重视民众在国家中重要地位，但始终把民众框定在封建君主既有的政治需要的位置中，即封建君主至高无上，各级官僚高高在上统治民众，为民做主，而广大民众则处于下层被动接受统治，乞求得到恩施。相反，在社会主义民主制度下，人民群众是国家的主人，是社会政治的主体，执政者是接受人民的委托管理国家。三是古代的民本思想在具体的施政措施中主要是在经济上采取轻徭薄赋的政策，在文化上重视教育引导民众，培养良好的社会风尚，在政治上尊重民情民意。所有这些都是我们当代所要继承发扬的，如在民生上党倡导走共同富裕的社会主义道路，实行精准扶贫的国策，至 2020 年实现全国贫困人口全部脱贫的令世人瞩目的伟大成就。在文化教育上大力开展精神文明建设，对全民实施 9 年义务教育，大力推进社会上良风美俗建设。在政治上，党坚持树立人民至上、权力神圣的理念，尊重人民的主人翁地位和各种民主权力，使人民的各项基本权力得到尊重和保障，使他们在宽松的环境中充分施展自己的智慧和能力，调动人民进行社会主义建设的积极性，为中华民族的伟大复兴贡献每个人应有的力量。

第二节　德法并用思想的当代价值

一、古代政府治理思想总原则——德法并用

　　中国古代治国理政的思想，总而言之就是德法并用。这里的"德"，主要就是指通过礼、教化等引导民众遵纪守法、服从统治。具体来说，礼就是要求别君臣、上下、父子、兄弟、内外、大小，以仁、义、信引导民众，从而达到整个社会和谐有序，国家长治久安。所谓教化，就是通过教育的手段，使民众自觉遵循

儒家三纲五常等道德规范，从而在社会上形成良风美俗，社会和谐安定，天下太平。这里的法主要指刑法。中国古代的法与西方古希腊、古罗马的法在概念上不同。前者的法是单轨法，主要指刑法，即专门为惩治臣民违法乱纪而制定的刑法；后者则是双轨法，即不仅有惩治臣民违法乱纪的刑法，同时也有保护臣民权益的民法。

德法并用是古代政府治理思想的总原则。所谓实行德法并用的治国方略有两层意思：第一层意思是以德治为主，刑罚为辅。这就是治国要明德慎罚，重视通过教化、鼓励引导民众勤劳节俭、遵纪守法；慎用刑罚，用法要公平、宽简，反对用法不公，繁刑酷法。因为后者只会导致社会矛盾的更加尖锐和动荡，使社会动荡不安，人人自危。第二层意思是以德治为先，刑罚为后。综观中国古代史，历代统治者和思想家绝大多数都遵循孔子"道之以政，齐之以刑，民免而无耻；道之以德，齐之以礼，有耻且格"的思想，都侧重于先德后刑，以德治为先，法治为后，教而后诛，即先教导民众安分守己，不犯罪，然后再通过刑法禁民为非，对犯罪者予以惩罚。总之，以仁义教化"劝善"，以法制刑杀"诛恶"，二者相济为用。"霸王道杂之"成为千古帝王治国思想的真谛。

中国古代的德法并用思想总的来说，可分为两大类：一是先秦的法家，如商鞅、韩非等，主张治国应以严刑酷法为主，通过严刑酷法，使民众服服帖帖服从统治，从而达到富国强兵。但是这种以刑法为治国的主要手段思想至秦代以后鲜有统治者采用。秦代的繁刑酷法是秦王朝短命的主要原因，以后历代统治者绝大多数都意识到秦亡的历史教训，所以一般不主张以严刑酷法治理国家。二是综观中国古代史，历代统治者和思想家主张德刑并用都侧重于德主刑辅或先德后刑，顾名思义就是治国理政应当以德治为主，然后辅以刑治，或者是先采取德治，然后再对不服从德治的少数人采用刑法。历史上有的人也主张在太平之世采用德治为主，而在乱世时则要刑治为主，而有的人则主张对良民、顺民采取德治，对恶民、刁民则采取刑治。

中国古代德法并用思想的理论依据是人性论。主张以严刑酷法为主治国的人通常认为人性是恶的，因此主张应当以刑法惩恶，才能维护国家的统治。相反，主张以德为主或为先治国的人则一般认为人性是善的，所以主张通过教化，宣传仁义礼智信、忠孝廉耻等，引导民众从善，自觉遵守道德规范，从而达到天下太平。当然，刑法也不可或缺。如没有刑法，则不能威慑企图违法犯罪者。只有以德为主以刑为辅，或先德后刑，才是治国之正道。除此一般规律，历史上也有例外。如战国时期荀子，他认为人性是恶的，但却主张治国要制礼明分。

综观中国五千多年的文明史，历史证明，专主严刑酷法治理国家是行不通的。有时虽然会取得短暂的成功，但也是不长久的。其最典型的就是战国秦代时的秦王朝。秦国通过战国时期的商鞅变法，在短时间内崛起，实现富国强兵，并在嬴政在位时打败六国，统一中国。但是，由于秦始皇实行繁刑苛政，横征暴敛，在短短的十几年后，秦政权至秦二世就土崩瓦解，留下了深刻的历史教训。与此相反，德治虽然见效不快，但是从民众素质、民心等根本上着手治理国家，其效果能够稳定长久。西汉与唐王朝实施德主刑辅、先德后刑的治国方略，实行仁政礼治，与民休养生息，轻徭薄赋，先富庶后教化等政策，开创了文景之治、贞观之治、开元盛世等汉唐辉煌文明，从而也为后世治国理政留下了宝贵的历史经验。

中国古代的国家立法基本上是单轨法，从夏禹时期国家出现开始，刑法的制定就是基于对"乱政"的治理，即对各种违法乱纪行为进行禁戒、惩罚，体现了管制性政策工具的导向。古代"德"的含义主要有3个方面：一是教化、引导民众安分守己，服从统治，勤劳谋生；二是调节、化解社会各种矛盾；三是保民、恤民，让民众有基本的生存条件。由此可见，德体现了引导协调、服务性政策工具的导向。德法并用与政策工具的关系是：协调、服务侧重于德，通过调节化解、引导鼓励、兴办公益、救助赈济等使民众安居乐业、经济文化发展和社会安定和谐；管制侧重于法，即通过命令、禁戒等强制性手段解决社会矛盾的激化和冲突，以保证整个社会的正常运转。

二、当代德治与法治相互促进

在中国历史上，道德和法律都是社会上层建筑的重要组成部分，都是规范人们行为的重要手段。但二者又有各自不同的特点和作用。德治和法治，一直是治理国家的两种根本手段，如同车之两轮、鸟之双翼，对调整社会关系、维护社会秩序发挥了重要的作用。

德治与法治是相互促进的。在当代中国，加强德治是十分必要的。一方面，加强德治能有效提高人们的思想政治素质和精神境界，从而在根本上防范和减少违法乱纪现象的滋生。没有德治支持的法治，是没有根基的。当然，另一方面，加强法治能赋予社会道德规范以权威性，促进社会道德法制化。这也是十分必要的。

首先，我国当代社会治理的现代化进程把德治提到了更突出的地位。一是社会结构和人与人之间关系的变化凸现出德治的重要性。在人类社会的不同时期，公共社会规范的内容和控制方式是不同的。社会结构和人与人之间关系的复杂程度直接决定了公共社会行为规范的内容和控制方式。在人类社会中，人们生存的彼此依赖性和巨大的共同利益、紧密的社会关系，迫使人们不得不自觉地遵守社会组织内部的各种规则。在结构简单的社会中，人们从事社会生产活动、生活活动的空间相当有限，政治组织、经济组织、家族组织等往往合而为一。这时的公共社会行为规范是以族规、习惯和宗教体现的。在这种规模狭小、结构简单、自给自足的社会里，社会成员道德自律的重要性还未充分凸现。随着生产规模的扩大、人口的增加、生产和交易方式的变更以及社会生活的多样化，社会组织结构的复杂程度不断提高，维持公共社会行为规范的控制手段也随之改变。

在现代社会这种历史背景下，德治的重要性日益凸现。一是社会结构和人与人之间关系越复杂，社会活动的空间越广阔，个人行为所影响的对象就越多。而且，在社会幅员广大、组织结构复杂、人口众多而且流动量大的社会背景下，个人的隐匿条件（如居住分散、固定交往率下降、网络交往的日益普遍化等）却不断增加。这时，社会成员的道德自律在公共社会行为规范维护中的重要性就日益凸现出来。二是科技的现代化呼唤着德治的强化。如生物学"克隆"技术的发展所产生的人类伦理、网络技术发展所带来的网络安全以及企业伦理、地球生态等问题的提出，都把科技发展所产生的道德问题提到更为重要的地位。高科技的发展需要更加完善的德治。此外，人的现代化、政治的高度民主化也对德治提出了更高的要求：人的现代化造就现代人，首先是人的观念现代化，首要前提在于培育现代主体意识。人的观念现代化包含崇高道德理想信念的确立、高尚道德品格的培养、理想人格的塑造。这是现代主体意识的核心。民主政治的高度发展正需要以大量具有高尚道德的现代人为基础，因为只有这样的现代人才能具备现代的民主意识。现代主体意识涉及人与人、人与社会、人与自然各种关系以及政治、经济和文化各领域，具有广泛的深刻性和复杂性，更需要每个现代人的高度道德自律性。

其次，当代中国社会处于经济转型期的现实需要强化德治的作用。社会主义市场经济的深入改革和对外开放的逐步扩大，极大促进了我国社会经济的飞速发展，增强了人们的改革意识、民主法制意识和开拓创新精神。然而与此同时，我国意识形态领域也面临着更为严峻复杂的状况，如西方资产阶级的政治主张、价值观念和生活方式对我国的渗透也进一步加大。商品交换的法则一旦侵蚀到人们的精神领域、社会政治和经济生活，势必引发唯利是图、权钱交易、见利忘义等不良现象，导致奉献精神、互助精神、集体意识和国家意识的弱化和丧失。经济转型期错综复杂的各阶层群体利益调整、社会矛盾产生以及一些难以预测的突发事件，难免会引发人们思想的波动。尤其是随着我国改革开放进入深水区和社会主义市场经济体系的建立，人们的价值观念也趋向多样化。面对新形势，如何在各种价值观和思想文化相互碰撞，特别是西方敌对势力加紧对我国渗透的情况下，巩固中国特色社会主义思想在意识形态领域的指导地位，在广大社会成员中确立起健康向上的精神风貌，为实现中华民族伟大复兴的宏伟目标提供强大的精神动力和思想保证，在依法治国的同时强化以德治国，是一个关系到我国前途和命运的重大战略举措。

再次，以德治国在我国社会可持续发展中将居于更重要的地位。社会可持续发展战略的一个重要内容是实现社会经济、政治、文化的协调发展。现代社会的综合国力是包括自然资源、经济、政治、文化、军事、科技、教育、外交、国民素质、民族意志力、凝聚力等各种物质因素和精神因素相互作用的综合体。文化是社会可持续发展的重要保证。在社会发展中，文化始终是民族的血脉和灵魂，是凝聚全国各族人民的精神纽带。文化是精神力量的代表，它以精神财富的形式及对别国的影响力、辐射力显示其综合国力。在现代社会中，文化更是综合国力的重要组成部分和突出标志。当今日益激烈的综合国力的竞争，越来越突出地表现为文化力量和科技知识力量的竞争。而道德信念、道德理想作为文化的核心，在综合国力中尤显其重要性。在当今世界文化日益多元化的时代背景下，文化矛盾和文化冲突是社会不安定的重要因素，而先进文化对于整合民族力量，调节社会矛盾，协调社会运行，推动社会全面进步，有着不可替代的作用。一个社会经济的发展，如果没有相应良好文化环境的形成、人的精神世界的完善，必定是不完美的。

几年前，学术界关于经济学"帝国主义"的讨论，曾经引起人们对市场运行机制的反思。然而，曾几何时，人们又矫枉过正，崇尚法学的"帝国主义"，恨不得用法律将社会的一切行为规范化，法律的重要性被强调得无以复加。但是，无情的事实让我们清醒地认识到，无论是市场机制还是法律制度，都无法彻底改变当代人们道德信念和社会信用的危机。市场上坑蒙拐骗行为屡见不鲜，伪劣商品依然不时出现，不仅市场主体言而无信，甚至一部分政府机关也不遵守对市民的承诺。

即使主张市场经济运行机制的学者也已意识到，社会在这一机制运行下很难产生高尚的人格，他们甚至提出了"不讲道德的经济学"这样的判断。在市场经济社会里，遵守承诺应该是基本的行为准则。但这里的守信是建立在利己的基础上的。当遵守承诺将会损害自己的利益时，市场主体宁愿做出违约的选择。这种利己的运行机制与社会和谐发展的互助精神存在着天然的隔阂，于是人们越来越依赖法律对市场的制约作用。消费者权益保护运动的兴起，为市场中弱者权益的保护提供了充足的理论，而"消费者权益保护法"的出现则使文明社会的互助精神从法律上找到了依据。然而，单一依赖法律对市场的制约是无法解决社会信用的危机，当整个社会迷信市场作用的时候，互助精神在法院的司法判决中无法体现。处于弱者的消费者面对一个又一个貌似公正却完全不同的判决无所适从。法律的实施依然需要道德的土壤，我们不缺少市场经济运行的机制，也不缺乏对法律的依赖，我们缺少道德理念的支撑。

在这样的背景下，重提道德理念的力量，并且将古代德法并用治国作为治国的方略就很有必要了。因为这是对市场经济运行机制进行纠偏补缺，也是为法治的实施提供有益的基础。在德治的光辉下，法治的阴影会消除，市场的局限会得到弥补，整个社会将健康有序和谐地发展。

法律体现着管理者的意志，体现着治国者对被管理者在政治、经济、社会等各个领域的行为的要求，体现着保障国家安全、保护人民生命财产安全、维护社会稳定的要求。国家靠军队、警察机关、法院等带有强制性的国家机器来保证法律的实施，用强制的手段来约束人们的行为，强调用法律制度来治理国家。这是"法治"的主要内涵。从维护社会的秩序、保障国家安全、保护人民生命财产安全、维护社会稳定来说，法律具有不可或缺的重要作用。特别是在社会大变革时期，旧有的各种制度已不能适应社会发展的要求，建立新的法律法规和各种规章制度有着更为迫切的意义。因为没有完备的法律体系，就不可能保证改革开放的顺利进行和社会主义市场经济的健康有序发展。改革开放以来，为了适应社会主义市场经济发展的要求，我们十分重视运用法律的手段来规范人们的行为，并把依法治国确立为治理国家的基本方略。

总之，从维护和保障国家安全和社会稳定来说，道德和法律有着同样重要的作用。它们相互联系、相互补充。道德规范和法律规范应该相互结合，共同发挥作用。有了良好的道德素质，人们就能自觉地扶正祛邪，扬善惩恶，有利于形成追求高尚、激励先进的良好的社会风气，从而促进整个民族素质的提高，保证社会主义市场经济的健康发展。我们在发展社会主义市场经济，建设有中国特色社会主义制度的过程中，要坚持把以德治国与依法治国紧密结合起来的治国方略，不懈地加强和完善社会主义道德建设，以德治国，同时也要坚持不懈地加强和完善社会主义法制建设，依法治国。对一个国家的治理来说，德治和法治，从来都是相辅相成、互相促进的。二者不可偏废，缺一不可。德治属于思想建设、属于精神文明，法治属于政治建设、属于政治文明。二者范畴、作用方式和功能不同，但其地位都是非常重要的。我们要把以德治国与依法治国紧密结合起来，把道德建设与法制建设紧密结合起来，为国家和社会保持安全稳定的秩序和营造良好高尚的思想道德风尚发挥二者应有的作用。

"以德治国"与"依法治国"是建设社会主义现代化国家的必然要求，是社会文明、社会进步的一个重要标志。这两个理念的提出以及对两者互相关系的阐述，是中国共产党人国家管理理论上的一个重大创举，是对中国古代德法并用思想以及世界上其他国家政治文明成果的吸收和创造。它对处在社会大转型时期的中国国家和社会事务管理具有重要的现实意义。

在建设有中国特色社会主义的过程中，我们不仅需要德治，而且也需要法治，如忽视其中的任何一个方面，都不可能达到使我们的国家长治久安的目的。但是，一个时期以来，我们对法治的重要性看得比较清楚，而对德治的重要性却认识得不够，甚至忽视了德治的作用，结果法治也没能收到预期的效果。道德与法律作为上层建筑的组成部分，都是维护社会秩序、规范人们思想和行为的重要手段，它们互相联系、互相补充。德治以其说服力和劝导力提高社会成员的思想认识和道德觉悟，法治以其权威性和强制手段规范社会成员的行为。道德规范和法律规范应该互相结合，统一发挥作用。这是党在我国社会经济步入新的发展时期所提出的重要治国方略，是在深刻总结古今中外治国经验的基础上做出的科学论断，是对古代德法并用治国思想和马克思主义、毛泽东思想、邓小平理论的重大发展。

2016 年 12 月 9 日中共中央政治局就我国历史上的法治和德治进行第三十七次集体学习。中共中央总书记习近平在主持学习时强调，法律是准绳，任何时候都必须遵循；道德是基石，任何时候都不可忽视。在新的历史条件下，我们要把依法治国基本方略、依法执政基本方式落实好，把法治中国建设好，必须坚持以德治国和依法治国相结合，使德治和法治在国家治理中相互补充、相互促进、相得益彰，推进国家治理体系和治理能力现代化。

习近平指出，要强化道德对法治的支撑作用。坚持依法治国和以德治国相结合，就要重视发挥道德的教化作用，提高全社会文明程度，为全面依法治国创造良好人文环境。要在道德体系中体现法治要求，发挥道德对法治的滋养作用，努力使道德体系同社会主义法律规范相衔接、相协调、相促进。要在道德教育中突出法治内涵，注重培育人们的法律信仰、法治观念、规则意识，引导人们自觉履行法定义务、社会责任、家庭责任，营造全社会都讲法治、守法治的文化环境。

习近平强调，要把道德要求贯彻到法治建设中。以法治承载道德理念，道德才有可靠制度支撑。法律法规要树立鲜明道德导向，弘扬美德义行，立法、执法、司法都要体现社会主义道德要求，都要把社会主义核心价值观贯穿其中，使社会主义法治成为良法善治。要把实践中广泛认同、较为成熟、操作性强的道德要求及时上升为法律规范，引导全社会崇德向善。要坚持严格执法，弘扬真善美、打击假恶丑。

如何才能把道德建设与法制建设紧密结合起来，把以德治国与依法治国紧密结合起来呢？就目前的情况来看，应当注意以下 3 个方面基本的问题：

第一，道德建设是治本，刑罚是治标。"德治"与"法治"、"以德治国"与"依法治国"、"道德建设"与"法制建设"之间的紧密结合，应当成为我们治国的一个基本方略。由于道德是重在教育那些尚未违法犯罪的人，提高他们的道德素质，使他们不去犯罪，而法律重在惩罚已经违法犯罪的人，因此，从一定意义上来说，道德建设才是治本的，而刑罚是治标的。也就是说，只有通过大力加强道德教育，提高人们的道德素质，才能使法制建设和法治得到有力的保证，才能从根本上维护社会的稳定。

第二，使法治和德治能够相互渗透、相辅相成。立法要注意法律的道义基础，把一些最重要、最基本的道德要求，直接纳入法律的规范中；同时，道德建设特别是道德教育则要把遵纪守法作为社会主义国家公民的最基本的道德要求提出来，使法治和德治能够相互渗透、相辅相成，更加紧密地结合在一起。对那些在社会公德、职业道德、家庭美德等方面出现的严重违反道德的行为和现象，比如"见死不救""醉驾""恶性安全事故""破坏家庭""虐待父母"等，就可以在立法时予以适当注意。这对提高人们的道德素质，改善社会风气，进一步推动法制建设，都是非常有益的。

第三，建立与发展社会主义道德体系和法律体系。在建立与发展社会主义市场经济相适应的社会主义法律体系的同时，还要努力建立与发展社会主义市场经济相适应的社会主义道德体系，这已经成为现实生活向我们提出的一个光荣而艰巨、紧迫而重要的任务，是关系到我国能否保持社会的稳定、能否更好地发展社会主义市场经济，以至于能否更好地建设有中国特色社会主义的一个具有重大现实意义的历史使命。社会主义市场经济的发展，给道德建设提出了一系列新问题，特别是怎样对待公平和效率问题，如何走共同富裕道路，如何正确处理各种利益关系和矛盾，等等。我们应当按照"社会主义道德建设要以为人民服务为核心，以集体主义为原则"的指导思想，动员各个方面的力量，为早日建立与社会主义市场经济相适应的道德体系而努力。

第三节　对官吏选任、监察与考核思想的当代价值

一、古代政府治理思想关键——对官吏的选任、监察与考核

众所周知，在政府治理中，各种政策工具必须通过各级官吏加以执行。因此，历代最高统治者为维护自己的统治，高度重视治吏。正如《韩非子·外储说右下》所指出的："吏者，民之本、纲者也，故圣人治吏不治民。"治吏的主要手段就是加强对官吏的选任与监察、考核。

（一）选任官吏思想

中国古代重视人才的选任，其中比较重要者有以下 5 个方面：一是主张唯才是举，注意选任德才兼备的贤才；二是注重对人才的考察，重视百姓口碑和对人才的试用；三是提出按德才授官，任人所长；四是任用人才应赏罚分明；五是实行铨选考试法、举官连坐法、任官回避法等。这些思想和措施对于公正选贤任能，肃清吏治，优化官僚队伍，防止腐败、徇私舞弊等，发挥了一定的积极作用。

古代历朝对监督官的任用主张遵循秩卑权重赏厚的原则：秩卑使其爱惜自身之念轻，敢于纠弹；权重使小官能监督大官，小大相制；赏厚使其多能自励，竭忠尽力。

（二）监察官吏思想

古代在中央设御史台（或都察院）为监察机关，对百官随时发现问题随时纠弹。其最有特色的是设六察（或六科）对京师六部诸司采取定期巡视按察，设监察御史监督地方。御史作为皇帝的耳目之官，尤其重视对其选任。御史一般由皇帝选任，以便更好地对宰相及高级官员进行监察；任御史者必须廉洁，不畏权贵，刚正不阿，果断敢言，有地方行政经验。

（三）考核官吏思想

古代对官吏的考核是治吏的重要工具之一，事关对人才的选拔任用。这些工

作涉及人事部门、财计部门和监察部门。在主持考课的官吏中，监察官的作用逐渐加强，这不仅保证了考核的如实公允，而且显示出考核具有督察官吏、肃清吏治的职能。

古代考核官吏的内容因职务而异，其考核地方官的指标设计主要有两方面：其一有关经济方面的，如农桑、垦田、人口、赋税等；其二有关治民方面的，如狱讼、盗贼、赈恤等。

古代在对地方官进行考核时，比较注意对官吏政绩进行较准确的量化评估，课其殿最。尤其在对官吏经济政绩考核时，采取比祖额之增亏、比递年（谓前一年）之增亏、确立多项增亏指标给予相应奖惩等 3 种方法。这些方法使对官吏经济政绩的量化考核评估比较准确、客观公正和科学合理。

（四）古代对官吏控制思想框架

古代对官吏的选拔、任用、监察、考核从时间序列上看体现了这样一种控制思想，如下图所示：

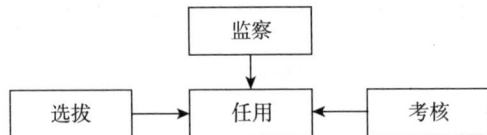

古代对官吏控制思想框架图

其中，任用是核心。选拔侧重于事前控制，属于积极控制，因为如选拔出的官吏均是德才兼备的优秀人才，那就大大减少了在任用官吏环节的失控，防患于未然。监察侧重于事中同步控制，基本上仍可属于积极控制，即在官吏任职期间，如随时发现问题随时提出纠弹，及时制止任用官吏环节出现的失控，防患于萌芽。考核侧重于事后控制，属于消极控制，即在官吏某一阶段任职期结束时进行检查评估，这对官吏虽然有激励机制，但如发现任用官吏失控问题，很难弥补其造成的危害损失，同时也毁掉了一批官吏，因此，只能起惩弊于后的作用。

二、建设廉政、高效的政府

当前，我国面临的最危险的威胁是党和政府的腐败问题，这已引起党和国家的高度重视。政府的协调、服务、管制等政策工具再好，但如果治理者（执政党和政府）腐败堕落，以权谋私，搞权钱交易，贪污受贿，那么这些政策工具同样发挥不了作用，甚至异化为他们以权谋私的工具。因此，要发挥好这些政策工具的作用，最关键的是必须解决好党和政府的腐败问题。

古代政府治理理念告诉我们，官员作为政策工具的执行者，事关政府治理好坏的关键，因此，必须充分重视官员的选任，尤其是各级地方政府中第一把手的选任。某地方长官选任好了，这一地方的吏治就有了保证。

古人重视通过科举考试、业绩考察来选任官员，这种理念至今没有过时，当今的公务员考试、官员晋升职位考试制度就说明了这一点。但是我们必须看到公务员考试、官员晋升职位考试有它的盲点。其一，在选任德才兼备的干部时，官员的"德"很难通过考试检测出来，"德"必须通过具体细致的考察。在考察干部的德行时，干部生活作风、群众口碑等应作为重要的参考。从目前发现的官员腐败问题来看，绝大多数官员贪污受贿等经济问题与平时生活奢侈、道德败坏等密切相关，而且其劣迹在群众中早已传闻。其二，即使"才"能通过考试得到大致了解，但也并不全面，还要通过考核平时的业绩、实际才干才能得出比较全面客观的结论，最终作为选任干部的依据。

当前，党和政府的腐败问题，与权力过于集中和权力缺乏制约监督，尤其是各级政府中第一把手权力过大、监督缺位有很大的关系。其中很重要的一个因素是目前我国的监察、监督机关设置体制是上级业务机关和同级政府的双重领导。这就造成如宋代郑伯谦所深刻指出的"焉有其官长理财，而其官属能考之者？"其结果是监察、监督机关"位卑权轻，难举其职"。要改变目前监察、监督机关对同级党政领导监督制约弱化的问题，御史监察机关直属皇帝领导和郑伯谦让监察、监督机关位高、权重的思想值得借鉴。我国监察、监督机关设置体制的改革可分两步进行：第一步是先变双重领导为垂直领导，监察、监督机关不再受同级党政领导，就可处于相对独立的地位，更好地行使自己的权力。第二步是逐步强化和完善各级人民代表大会，使之承担和充分发挥立法机关的作用，真正负起监督各级政府的作用。待这一制度成熟完善后，再将各级监察、监督机关隶属各级人民代表大会管辖，从而实现各级人民代表大会对政府的监督，稳妥解决各级党政领导，尤其是第一把手监督缺位、权力无法得到制约和监督的问题。

当代在对官员的考核中，科学地设置一套考核指标体系是一个基础性的关键问题。政府管理活动的日益复杂性，考核指标因考核对象的不同类型、不同级别层次而有所不同，使考核指标体系的设置困难化，实际难以操作化。古代以人口、垦田、赋税、狱讼、盗贼、赈恤等作为考核指标体系体现了抓住关键点和重点指标，以简驭繁、可操作性强的设计思路。当今，我们在设置考核指标体系时，更应该化繁为简，从纷繁复杂的各项指标中找出核心指标，找出能准确反映官员政绩的关键指标，这样才能避免胡子眉毛一把抓，设计出科学合理切实易行的考核指标体系。

在对官员的考核中，只有各项考核指标的量化才能使评估科学化、准确化，从而避免考核的主观随意性，达到评价结果的客观性、公允性和权威性。古代对官吏考核中提出的"十分为率"，定额"取数年酌中之数"，并把达到某级指标与赏罚等级直接对应，正体现了这种量化原则。尤其是对官吏的考核在时间上"取数年酌中之数"（一般取 3 至 5 年时间段的平均数）以平衡长短期效益，某种程度上可防止官吏的短期行为，取加权平均数还可减少偶然性，使对官吏政绩的量化考核评估比较科学合理、客观公正和准确。今天，我们在对干部考核中，可用百分制进行量化考核，根据评价内容分项确定权重，依据考核结果计算得分，按照得分多少评定优秀、良好、及格、不及格等各个等级，然后依据等级予以奖惩。

古代对官吏的考核内容包括经济（人口、垦田、赋税）、社会安定（盗贼、狱讼、赈恤）以及个人道德品质（廉、贪、勤、惰）等，而且其结果作为对官吏赏罚、任免、升降的重要依据，因此，这项工作涉及财计部门（户部或三司）、人事部门（吏部）和监督部门（御史台或都察院）。当今对领导干部的考核内容涉及范围更为广泛，并且事关干部的选任，其复杂性、艰巨性和重要性使这项工作单靠一个部门很难达到预期的目标。我们可借鉴古代的理念，由组织人事、纪检、监察、审计等部门联合行动，既合作又分工，互相协调，密切配合，才能切实发挥考核干部在提高各级领导干部执政能力、廉政勤政、优化干部队伍等方面的应有作用。

第四节　军事力量作为政府治理基础思想的当代价值

一、古代重视和慎重使用军事实力思想

国家必须拥有一支强大的军队，随时对被治理者的反抗实行镇压，对外敌的入侵进行反击，以此确保政府的治理意志能够得到贯彻执行和国家的安全。

古代的军事管理最根本最重要的是强调最高统治者，即国王或皇帝要亲自掌握全国军队的领导权、指挥权和任命将帅的最高权力。因为任何国家管理者的统治权力的基础是必须拥有一支强大的武装力量作为其后盾。如果一旦失去对军队的控制，那么管理者将变成被管理者，甚至沦为阶下囚或连身家性命都不保。《管子·重令》说："凡国之重也，必待兵之胜也，而国乃重。"所以，军事管理的一切主要措施，如将领选任、军队建制、领导体系、兵种建置、兵役制度、武器装备、后勤供给保障、军队纪律等，都是为了加强作为后盾的武装实力，以维护国家的长治久安，各项治国理政措施和政策才能得到贯彻和执行。

古人治国既以军事力量作为后盾，但是，另一方面，最高统治者又要十分慎重使用军事力量。兵者，凶险无比也，它会带来大量人员的伤亡，财产的损失，使千里沃野成为焦土废墟。《老子》第 31 章云："兵者不祥之器，非君子之器，不得已而用之，恬淡为上。胜而不美，而美之者，是乐杀人。夫乐杀人者，则不可得志于天下矣。"可见，老子认为武力战争是带来灾难的不祥东西，不是君子所使用的。如万不得已而使用它，最好要淡然处之。胜利了也不要得意洋洋，如果得意洋洋，就是喜欢杀人。喜欢杀人的，就不能在天下得到成功。当时，不仅主张清静无为的老子如此认为，即使作为杰出的军事家孙子也主张不要轻易发动战争。他在《孙子兵法》开篇就指出："兵者，国之大事，死生之地，存亡之

道，不可不察也。"不言而喻，孙子认为战争关系到人民的生死、国家的存亡，因此必须予以十分谨慎地对待，切不可轻举妄动。基于这种思想，他在《谋攻》篇深刻指出："百战百胜，非善之善者也；不战而屈人之兵，善之善者也。"这就是即使发动战争百战百胜，但胜利一方也要付出沉重的代价，因此不是最佳的选择。只有不发动战争而使对方屈服，这才是最佳的选项。

二、古代重视和慎重使用军事实力思想对当代的启迪

改革开放以来，我国虽然综合国力日益强大，但也存在着一些令人担忧的隐患，如官员腐败问题屡惩不绝；东突恐怖、"台独"势力破坏民族团结，从事民族分裂活动，阻挠祖国和平统一。当今，党和政府代表中国最广大人民的根本利益，对严重危害广大民众生命和财产安全，严重威胁国家独立统一、安定团结的犯罪分子，外部侵略势力，实行严厉管制和坚决还击，最关键的是必须拥有一支听党指挥、能打胜仗、作风优良的人民军队，不断加强现代国防力量，捍卫国家主权、领土完整，防备外来侵略和颠覆。

中国古代国防，是从公元前 21 世纪夏王朝的建立，至公元 1840 年鸦片战争爆发，其间大约经历了 4000 年的历史。在漫长的国防历史发展过程中，中华民族经历了无数次血与火的洗礼，培养铸就了民族的凝聚力和自强不息、不畏强暴、不怕流血牺牲、卫国御侮的尚武精神，最终形成了多民族、大疆域的国家。

从当代的眼光来看，现代国防与古代国防不能同日而语。现代国防是指为捍卫国家所进行的军事及与军事有关的政治、外交、经济、文化、教育、科技等方面的建设和斗争，是国家的防务，也是一门求生学问。现代国防又叫全民国防、社会国防、大国防，包括军队武装建设、军事科技和工业、国防体制、人力动员、国防法规、国防工程、军事交通通信、国防教育诸多方面，是一个复杂而庞大的系统。一个国家的国防体系，涉及广泛：从军事到政治、外交、经济、文化、教育、科技，从最高元首到每个公民，都与之密切相关。现代国防以军事力量为核心，还包括有关的非军事力量；它是以科技和经济为主的综合国力的竞争；现代军队是科技和知识密集的武装集团，强调高科技建军胜过"人海战术"；它重视国家的战争潜力，特别是战时的动员效率。

所谓军事实力，就是一个国家有关军事方面实在的力量。古今中外军事实力的概念不是一成不变的，不同的时空有不同的内容。例如战国时期处于奴隶制社会崩溃封建制社会建立的大变单时期，此时的"军事实力"的概念与以往夏商周奴隶制国家相比更加复杂，但同近现代相比又显得简单。纵观历史上的大大小小战争，战争时期一国的军事实力就是其军队在战争中的作战能力。而作战能力又取决于军事战略、军事武器、后勤供给、军队士气以及军事制度等方面。军事战略是一国军队战斗力的决策保障，军事武器是一国军队战斗力的装备保障，军事后勤供给是一国军队战斗力的物质保障，军队士气是一国军队战斗力的思想精

神保障，军事制度是一国军队战斗力的制度保障。按照平战一体、常态运行、专司主营、精干高效的要求，履行联合作战指挥职能，担负应对本战略方向安全威胁、维护和平、遏制战争、打赢战争的使命。

当代，国际形势日渐缓和，但是，敌对势力亡我之心不死，霸权主义和强权政治依然横行。我们要居安思危，立国之道是既要确保国家安全，又要加速经济、文化的发展。历史经验告诉我们，"国富""兵强"是我国维护国家安全，屹立于世界民族之林的两大支柱。中国奉行永不扩张，也不容别国侵犯我国一寸土地的国策，坚持和平自主的防卫原则，采取积极防御自卫型的国防，主要依靠本国力量，广泛争取国际支持，防止外敌入侵，维护本国安全。我国现代国防的主要作用是：国防是保障国家安全的主要力量，是捍卫国家主权独立自主的前提，是国家繁荣发展不可或缺的条件。现代国防作用的发挥形式是：在和平时期，国防作用的发挥形式是威慑，要求不战而胜；在战争时期，国防作用的发挥形式是实战，目标是战无不胜。

中国古代的兵制建设包括军事领导体制、武装力量体制和兵役制度等方面的内容。在军事领导体制上，各朝代在军事领导体制方面的做法虽然不尽一致，但皇权至上，军队的指挥、调动、高级将领的任免等大权始终掌握在皇帝手中，这是国家长治久安的重要保证。在武装力量体制上，我国古代一般区分为中央军、地方军和边防军三种。

当代，中国的武装力量领导体制，是在汲取古代军事领导体制思想和党长期领导革命战争中形成和发展起来的。坚持党对军队的领导和建立一支忠于党、忠于人民的现代化革命军队是建设强大国防、维护国家安全稳定的根本保证。中华人民共和国成立后，根据中央人民政府 1949 年 10 月 19 日的命令，我国成立了中央人民政府人民革命军事委员会，作为全国武装力量的最高统帅机关。国家的中央军委设立后，中共中央军委同时存在，为避免机构重叠，保证党对军队的领导，中共中央决定，国家军委与党的军委是"一个机构，两个牌子"，其组成人员完全相同，而且全体军委委员都由共产党员担任。党的中央军委与国家中央军委并存，同时向党中央和全国人大及人大常委会负责。这种领导体制，体现了中国共产党作为唯一的执政党在国家政治生活中的领导地位和作用。这标志着中国人民解放军的革命化、正规化和现代化建设有了突破性的进展。中华人民共和国成立后，人民解放军在毛泽东关于建设现代化革命武装力量的战略思想和邓小平新时期军队建设思想的指引下，不断向革命化、正规化和现代化迈进。特别是改革开放以来，我国国防实力得到进一步加强，国防现代化建设，尤其是军队现代化的建设，有了飞跃式的进展，取得了一系列重大成就。

古代军事管理思想告诉我们，优良先进的军事武器、可动员兵员数量、国家的经济、科技实力等，是加强国家军事实力的重要内容。当前中国军事实力居于全球前列，加上发展迅速，军事实力正在继续迅速上升。中国是拥有核武器的军事大国，具有强大的核威慑力，其核武器是用于捍卫国家、人民利益和领土完整的。军事工业的科技水平，在技术和管理方面，都在世界上处于高水平。现代战争，钢铁制造是一个绕不开的能力。中国的基础工业尤其是钢铁制造世界第一，远超第二名及以后的总量。就国防潜力来说，中国的人口总量世界第一，可动员兵员数最多，可动员的人数超过美国总人口，而且这里面还有几千万退役军人，真的全面开战了，这些是很宝贵的财富。中国作为一个具有悠久中央集权传统的国家，大部分中国人都有浓厚的家国情怀，坚信国破家必亡，所以政府一旦动员，那个个都会踊跃为了国家和民族而英勇战斗。至于其他方面比如国防纵深之类的，中国也是世界顶级的。整体来看，中国军事实力处于和美、俄同等的水平，战备兵员和钢铁制造方面更胜一筹，至于国家的动员能力就更不用说了，

现代战争打的是高科技化战争，高科技成为克敌制胜的重要法宝。国防科技是衡量一个国家综合国力的重要标志之一，也是国防现代化建设的一个重要方面。党和国家高度重视国防科技现代化建设。新中国成立以来，在党中央、国务院、中央军委的关怀和领导下，几代人一如既往，坚持艰苦卓绝的奋斗，经过70多年来的建设和发展，中国的国防科技工业从无到有，从小到大，从落后到先进，建立起了包括航空、航天、核能、电子计算机、网络、激光、船舶和常规兵器等门类齐全、综合配套的科研实验生产系统，已形成了全面系统、先进发达的国防科技工业体系，取得了一大批具有国内或国际先进水平的科研成果，为国防现代化建设和切实增强我国的综合国力做出了重大贡献。

国家的综合国力包括：国家实力、国家潜力、把潜力转化为实力的能力。无论是古代国家军事实力，还是现代国防，都是国家综合国力的体现。这是国家综合国力强弱的重要标志。随着现代国防的日益复杂化，其斗争形式也越来越多样化。现代国防，虽然仍以军事斗争为基本形式，但与此同时，在政治、经济、科技、外交等非军事领域，其斗争也愈演愈烈，作用日益重要，并越来越依靠于国家综合国力。因此，我国应充分利用国家综合国力的各种条件和能力，尽快而有效地将各种条件和能力转化为国防实力，

党和国家历来十分重视国防后备力量建设。经过几代人的努力，中国国防后备力量的建设，形成了一整套行之有效的制度和优良作风，为今后的进一步发展打下了坚实的基础，国防后备力量建设在各个方面都取得了长足的发展。尤其是党的十一届三中全会以来，党和国家越来越高度重视国防后备力量的建设。从1985年开始，党中央、国务院、中央军委明确提出"精干的常备军和强大的后备力量相结合，是建设现代化国防的必由之路"这一基本指导方针之后，作为一支伟大战略力量的我国国防后备力量，在全国范围内形成了一个各级地方党政领导关心后备力量建设，各级军事机关狠抓后备力量建设，社会各界和广大人民群众积极支持后备力量建设的党政军民共同参与、综合发力的局面。中国国防后

备力量建设，经过一系列的调整改革，全国党政军民的共同努力，各项工作均取得了明显的成绩。

走进 21 世纪的人民解放军将按照"政治合格、军事过硬、作风优良、纪律严明、保障有力"的总要求，坚持党对军队的领导，继续优化体制编制，改善武器装备，更新教育训练内容和手段，加强军队的政治思想素质，提高技术水平，狠抓军队质量建设，提高诸军兵种的合成化水平和体系作战能力，向精兵、合成、高效的方向发展。可以预见，人民解放军将以新的面貌勇敢地面对任何挑战而不辱使命，战无不胜。

第五节 政府治理中协调、服务、管制思想的当代价值

一、完善以政府协调为主的政策性工具

（一）古代政府协调为主的治理思想

1. 政府协调为主治理思想的内容

古代政府以协调为主的治理思想主要体现在特许经营与契约治理、劝勉与调解这两方面。

根据我们的初步研究，古代政府管理思想从统治到治理的转化是从唐宋开始的，其重要标志就是政府协调为主治理思想的出现。从先秦至隋代，政府对财政性和市场性政策工具的使用仅限于通过赋役政策引导民众从事农业生产，限制工商业，调整社会财富的分配；通过价格杠杆，买跌卖涨，实行平准，平衡市场物价。唐宋封建商品经济发达，为顺应这一历史潮流，政府治理开始逐渐把市场激励机制、自由竞争机制和民营部门的管理方法与手段引入到政府的管理中来，以最大限度提高财政收入进而稳定其统治地位。唐宋政府治理思想开始逐渐发生划时代的变化，从单纯的管制性工具向市场性、财政性工具转变（当然这一转变还是相当微弱的）。在特许经营与契约治理方面，对一些传统的政府经营领域，如对盐茶酒的专卖，从唐代刘晏发其端，至宋代朝廷全面有意识地引进市场机制，逐步探索从直接全面专卖到间接部分专卖的实践。宋代政府创造性地以高商业利润诱使商人入中，把解决沿边军需供应难题纳入市场化的体系中，明代的开中法继承了宋代的这一做法。五代宋朝廷在酒坊、官田、盐井、河渡、商税场务等推行买扑承包制，通过投标竞争，激活经营机制，压缩政府管理成本，保证国家财政收入最大化，并促进市场的公平竞争和资源的合理配置。唐宋在手工业和漕运方面完成了从官府垄断经营到承买制、从劳役制到雇募制、从定额制到抽分制的转化，激活了生产者的主动性和积极性，克服了官营垄断的僵化体制和低效率，降低管理成本，从而提高矿冶业的经营效益。在政府救助方面，顺应商人逐利的本性，利用价格杠杆，引导他们参与赈灾，从而部分解决了救灾经费和物资

不足问题，节省了财政支出。

古代，封建政府鼓励兴办各级学校，以传统儒家思想教化民众，在社会上提倡右文重学崇儒的风尚，构建封建道德规范，劝勉农民耕垦植树，发展社会经济。宋代以后，由于封建商品经济的发达，人们的交往日益频繁复杂，社会关系纷繁错综，民事诉讼大量增加。朝廷对民事诉讼尽可能采取自愿平等协商的调处方式，而不采取强制性的判决方式。这对于缓和社会各种矛盾，防止激化，以封建纲常伦理教化民众，稳定社会秩序方面发挥了应有的作用，从一个侧面体现了政府管理思想从统治到治理的转化。

2. 政府协调为主治理思想的特质

政府以协调为主治理思想的特质主要体现在以下两个方面：

其一，自愿平等合作。在政府以协调为主治理思想中，治理者与被治理者之间的关系是相对自愿平等的合作关系。如政府以市场价格为杠杆，高价诱使商人入中。在买扑承包经营中，只有当政府所出竞标底价低到一定的程度，使买扑承包者感觉有较大的赢利空间时，才会竞相加价，争取在竞标者中以最高价夺标，取得经营权，从而通过经营获得承包收益。又如在劝课农桑中，政府通过示范、说服或采取减免赋税等优惠措施来鼓励农民勤于农桑，使农民收入增加，生活得到改善等，从事农业才有生产的积极性。如农民勤于农桑的收获绝大部分被政府通过各种名目巧取豪夺，最终所剩无几，生活得不到改善，那么农民宁可游手好闲，也不勤于农桑了。政府在民事诉讼中采取调处息讼的方式，与当事人双方也是处于自愿平等的基础上，只有这样，当事人双方才能达成和解协议。

总之，无论对于特许经营与契约治理来说，还是对于劝勉与调解治理来说，自愿平等合作是最基本的原则。正由于协调为主的治理是建立在自愿平等合作的基础上，不带有行政强制性，因此，治理者的任何治理政策和措施必须得到被治理者的认可和响应，才能得到贯彻和执行。如上述的入中、买扑承包、劝课农桑与调处息讼均说明了这一点。

其二，共利双赢。政府以协调为主的治理必须以共利双赢为前提，否则自愿平等合作就无法实现。如入中法能顺利进行，其基本前提是商人能从入中中获取厚利，而政府则借助商人长途贩运解决沿边军需供给难题。买扑承包经营也是如此，在买扑中最后所定竞标价必须适中，即一方面竞标者以这一竞标价进行承包后，通过经营可以获取承包利润，另一方面政府作为招标者，以这一竞标价转让经营权后可以尽可能地获取财政收入最大化。总之，如有一方不能从中获得好处，就有可能中止双方的合作。

古代的调处息讼从某种意义上说也是以双赢共利为前提，这就是官府在谕令民事诉讼双方当事人时经常所强调的"务要两平""不得偏党"等语，即双方在调处中都必须妥协、让步，这样才能达成协议。如果只是一方妥协、让步，而另一方始终保持强势，丝毫不予让步、妥协，那是很难协商成功的。总之，调处的本质特征就是非对抗性的，不是以当事人一方击败另一方为结局，而是要通过双方妥协、让步，最终取得双赢共利的结果。

3. 政府协调为主治理的途径

政府在以协调为主的治理中，首先，必须坚持公平、公开竞争。如买扑中的招标、开标公开进行，入中的茶引明码标价，都有利于参与者公平竞争，防止贪官污吏营私舞弊。其次，有意识地将价格作为政府治理的有力杠杆。如政府利用商人逐利的本性，以高价诱使商人入中，从而把沿边军需供给难题纳入市场化体系加以克服。在买扑承包经营中，官府把承包权给着价最高之人，这是政府利用价格杠杆使竞标人在相对公平、公正的情况下进行竞争。再次，通过劝谕说服或奖励引导。由于协调治理以自愿平等为原则，因此，政府不能采取行政性的强制手段，只能采用劝谕说服或奖励引导的方式，使被治理者按照政府的意愿、政策、方针行动。如在劝课农桑中，朝廷通过宣传务农重谷的国策、农桑为本的理念，皇帝和地方各级长官做出表率示范以及减免赋税、为流民提供耕地、农具、种子、耕牛等奖励措施来引导农民勤于耕织。又如在劝学兴学中，朝廷通过宣传儒家尊师重教的思想以及赐田、赐书，提供经费、学舍，通过科举取士等引导、鼓励民间养成重学、好学的风尚。在调处息讼中，官府以"贵乎和睦""孝悌""正名分、厚风俗"等儒家的伦理纲常对当事人双方进行开谕，使他们"幡然而改，各从和会而去"。其四，政府与民众或民众之间订立契约。政府与民众或民众之间如就某项事务在自愿平等的基础上达成合作关系后，往往还要订立书面契约，以此作为双方共同遵守的凭据。如在买扑承包经营中，当中标人确定后，承包者必须以家产作抵押，召人作保，订立承包合同。在民间调处息讼中，当纠纷得到调解后，往往需要签订书面协约以为凭据，并报经官府认可，才能以国家强制力保障其执行。

(二) 古代政府协调为主治理思想的启示

从现代的政府治理理论来看，如何应用好以协调为主的政策性工具，是衡量政府管理能力和水平的关键性指标，也是政府管理从统治到治理的标志。

古代的政府治理理念告诉我们，政府在以协调为主的治理中，治理者与被治理者以及被治理者之间必须处于自愿平等合作的关系，必须共利双赢。只有这样，才能动员全社会力量共同参与，提高参与者的主动性和积极性，降低政府管制成本，有效配置资源，提高效率，促进经济发展，避免社会与政府以及社会各阶层间的对立引起的内耗，保持社会高效运行。只有以共利双赢为前提，最大限度地增进共同利益，治理者与被治理者以及被治理者之间的自愿平等合作关系才能长久持续地存在，并进一步互动发展。如在社会主义市场经济背景下，政府在经济管理中，应坚持与企业平等对话，不强制，不包办，充分尊重企业的合理利益与经营自主权，尊重市场经济规律。政府既不缺位，但也不能越位、越俎代庖，坚持政企分开，重在宏观调控，积极引导，帮助企业解决遇到的问题。古代的历史经验告诉我们，在社会经济的发展中，政府如能为企业创造一个平等宽松的生存环境，尽量减少对微观经济活动的直接干预，激发企业的积极性与主动性，尊重客观经济规律，充分利用市场性的工具，发挥市场经济的自动调节作用，使市场在资源配置中起决定作用，推动资源配置依据市场规则、市场价格、市场竞争实现效益最大化和效率最优化，社会经济就会得到越快速健康的发展，从而达到企业经济效益与政府税收的双赢。否则，政府干预的越多，强制、包办的越多，经济规律在各种行政权力的干扰下无法正常发挥作用。同时在行政权力的控制下，寻租现象将屡禁不绝，越禁越多，从而也使企业经济运作成本大大提高，效率低下，失去竞争力，最终在激烈的竞争中被淘汰出局，政府也因此使税源枯竭。

在政府以协调为主的治理中，要维护治理者与被治理者以及被治理者之间的自愿平等、共利双赢的合作关系，必须营造一个公开、公正、公平竞争的环境，讲求政务公开，注重法治建设。政务公开，有利于保护群众的知情权、参与权与监督权，才能真正做到动员全社会力量的共同参与，并能防止暗箱操作，杜绝不法官员的寻租行为。市场经济的一个重要特征是讲求公平竞争，市场性工具能使治理者与被治理者以及被治理者之间在相对公平、公正的情况下进行竞争。注重法治建设使治理者与被治理者以及被治理者之间更好订立契约，达成自愿平等合作关系。公平、公正的竞争环境必须靠法治才能得到保障，才能健康有序地不断完善和发展。

政府以协调为主的治理，本质上主要是解决非对抗性的矛盾，因此，不采取行政性的强制手段，一般采取劝解、说服或奖励、引导的方式，使被治理者按照政府的意愿、政策、方针行动，或使被治理者之间的矛盾在谈判、协商、互相妥协让步中达成和解、协调。如对因利益分配的变化引起的社会各阶层的矛盾，因贫富差距悬殊引起的不安定因素等，政府应积极主动地予以协调平衡，如采取税收性工具予以调节，对中高收入的人群征收所得税，多收入多征，少收入少征，从而达到公平与效益的兼顾，既要考虑缩小收入分配的差距，又要贯彻按劳分配、多贡献多得的激励机制。由于因发展经济而引起的环境生态问题，政府应从市场性工具入手，环境污染应计入企业生产成本，企业应承担治理环境的费用。同时，政府在宏观调控中应鼓励企业科技创新，增加产品的科技含量、知识含量，从而提高产品的附加值，倡导低碳经济，治污减排，保护生态环境，走可持续发展的道路。

协调为主的政策性工具在创建社会文明风尚中也发挥着关键性的作用。古代通过政府的劝诱奖励在民间形成勤于耕织、尊师重学、和睦淳厚的风尚。当前，知识经济时代的政府，则应通过发达的媒体，大力宣扬重知识、重科技、重人才的社会价值观；应重视社会主义的精神文明建设，应在社会树立社会主义核心价值观，从而形成文明健康向上的社会风尚。

二、完善以政府服务为主的政策性工具

（一）古代政府服务为主的治理思想

1. 政府服务为主治理思想的内容

古代政府以服务为主的治理思想主要体现在公共事业和政府救助思想两方面。

中国古代不少王朝经常面临内外交困的境况，国内接连不断爆发农民起义和战争，边境则时时遭受北方、西北方、东北方游牧民族的侵扰。同时，几乎年年都会遭遇到大大小小的水旱、地震、瘟疫等各种自然灾害，甚至一年数灾或十几灾，而且有的一灾延续很长时间。

作为一个政府，为了使社会和谐稳定，巩固自己的统治，必须为全体民众提供必要的公共产品，尤其必须通过社会救助、兴建公共建设工程等保障弱势群体的最起码生存条件。对此，历朝统治者有比较清醒的认识，把以服务为主的政府治理作为长治久安的一项施政重点。

古代不少有识之士在天灾人祸频繁的情况下，提出了不少十分可贵的政府救助思想：一是平时的政府救助工作主要围绕收养贫困人口、医治贫困病患者和埋葬贫困死者的指导思想展开。二是在灾害发生之前，古人通过兴修水利、重视灭蝗、植树造林、完善粮食仓储等防患于未然。三是在灾害发生期间，古人主张尽早就地赈灾、以工代赈、多方筹集赈灾经费、荒年募兵等。四是在灾害发生之后，古人主张政府应帮助灾民返乡或就地安置，并尽快恢复生产。

历代朝廷在不同程度上重视对公共工程的兴建，其中与民生关系重大的，主要有5种类型：一是农田水利工程；二是治河；三是修建城池；四是修建桥梁道路；五是治理港口。公共工程往往规模较大，需花费大量的财力、物力和人力，政府在一般情况下总是本着少花钱、多做事的理念，通过各种方式筹集经费，征调人力，修建了不少公共工程。

古代由于人口的不断增加，人们加速了对山区的开发，也加大了对森林植被的破坏。随着天然植被的变迁，人们更加注意对生态环境的保护。古人重视植树护林，从公共事业的角度来看，主要有以下5方面的意义：一是树木能保持水土，防止洪涝；二是通过植树壮堤防，防河决；三是种植行道树，既可养护道路、荫庇路人，又可增补官用木材；四是通过植树美化环境；五是植树造林，用于军事防御。

古代随着商品经济的繁荣，城市有很大的发展，在对城市的治理中，主要有以下3个方面涉及政府以服务为主的治理思想：一是对城市人口户籍的管理，以及城市社会救助体系的建立。二是古代在许多城市建立了较完善的防火灭火体制。三是古代政府重视市政管理与建设，并把居民供水、排水列入城市规划中。

2. 政府服务为主治理思想的特质

政府以服务为主治理思想的特质主要体现在以下两个方面：

其一，以强助弱、保护救助。在政府以服务为主的治理思想中，治理者与被治理者之间的关系是以强助弱、保护救助的关系。政府通过所拥有的人力、财力、物力，对广大民众，尤其是其中的弱势群体，实施保护救助。如政府通过兴建农田水利工程、治河、植树造林等，使民众避免遭受水旱之灾；通过修建城池、种植树木形成军事防御带，以抵御外敌的入侵；通过修建桥梁道路、疏通河道、治理港口、市政建设与管理以维护交通畅通、行旅安全；通过城市防火灭火体制建设，来保护市民生命与财产的安全；通过将供水、排水系统纳入城市规划中，为市民生活提供方便。

古代最典型的政府救助是政府在受灾时期与灾后对灾民的救济，为灾民提供最起码的生存条件，帮助灾民尽快恢复生产。古代天灾人祸频仍，但由于历代朝廷一般都较重视社会救助工作，因此社会在各种各样天灾人祸的巨大冲击下，绝大多数情况下还是避免了失控的状态。

其二，政府为全体民众，尤其是其中的弱势群体提供公共产品或准公共产品。古代兴修农田水利、道路、城池等大型工程，因需耗费大量的财力、物力和人力，不是民间力量所能承办的，一般均由国家主要承担。此外，一些治河工程，如堵塞黄河决口泛滥等，由于情况紧急，且工程浩大，更是需要政府倾全国之力而毕功。只有一些局部的小水利工程，才采取民办公助或谁得利谁出资的民办形式。因此，古代的大部分较大规模的公共建设工程应属于政府提供的公共产品或准公共产品，供全体民众免费无偿使用。

古代常设收养救济贫困人口的机构，如福田院、居养院、养济院、安济坊、安乐坊、安养院、安济院、漏泽园等，均是免费无偿供养、医治、安葬贫困无助群体。城市的防火灭火经费、市政管理等一般也由政府财政开支。政府的这种服务，一般也可算作公共产品。

3. 政府服务为主治理的途径

政府在以服务为主的治理中，首先，必须拥有较雄厚的财力物力，才能使财政性政策工具得以执行。因为服务的一个重要特征是以强助弱，因此，政府如果没有足够的财力物力，就很难作为一个强者，对弱者实施保护、救助等。如黄河决口泛滥，政府必须在非常短的时间内做出反应，组织大量的财力、物力和人力，用于实施堵塞、救援等，否则，这一灾难就很难得到有效的控制，广大人民的生命和财产安全无法得到保障。又如政府如果没有足够的财政经费支持，就无法建立众多的收养救济贫困人口的机构，对社会上的鳏寡孤独、贫困无助者实施救助。其次，正由于服务的重要特征是以强助弱，因此，其服务的主要方式是免费或部分免费向全体民众或弱势群体提供。如上述公共建设工程中公办、公办民助、民办公助等就属于这种类型。又如古代赈灾中的赈济就是无偿向灾民提供粮食，赈贷属于无息或低息借贷粮食给灾民，赈粜则是低价或平价把粮食卖给灾民。

总的说来，古代政府一般还比较重视服务性政策工具的应用。如中国水旱之灾频繁，政府广建仓储积粮备荒，兴修水利防灾；遇到灾荒之年，政府发放钱粮赈济灾民，动员鼓励民间富民参与赈灾等。

（二）古代政府服务为主治理思想的启示

作为治理者的政府，必须对被治理者民众进行某种程度的保护与救助。一旦政府没有提供有效的保护与救助，使社会某一群体陷入困境甚至无法生存，这一政府的存在合理性就要遭到质疑。因此，服务性政策工具中的保护救助是政府应尽的职责。

古代的政府治理理念告诉我们，政府在以服务为主的治理中治理者与被治理者是以强助弱、保护救助的关系。政府作为治理者，是强势方，必须拥有强大的人力、物力、财力等，才有可能对广大民众实施有效的保护救助。如古代十分重视广设各种仓储、囤积粮食，以备饥荒之需。当前，我国作为一个拥有13亿人口的世界第一人口大国，粮食依然是立国的基础。中国的粮食供给永远只能靠自己，世界上其他任何一个国家都无法帮助解决中国14亿人口的粮食供给问题。即使哪一个国家能解决中国14亿人口的粮食供给，我们也不能依靠它，因为那意味着我们把自己国家的命运交予别人主宰。古代广积粮食以备荒年的思想至今没有过时，政府应居安思危，重视粮食生产，并有足够的储备。

政府实施保护救助的主要途径是政府免费或部分免费向全体民众，尤其其中的弱势群体提供公共产品或准公共产品。如对于地震、火灾、水灾等对民众造成的重大伤害，由于情况紧急且耗资巨大，往往要由政府动员组织全国的力量，对受灾地区和灾民提供免费无偿援助。所谓部分免费可以多种形式，如公办民助、民办公助、部分减免费用、低息无息贷款等。同时，当突发性的灾害得到有效的控制后，政府应尽可能动员和组织灾民进行生产自救，或为广大灾民提供就业机会。这就是在突发性的救灾工作中应采取"输血式"为主的方式，而当突发性的灾害得到控制后，应变"输血式"为"造血式"。这既可以减轻国家的财政负担，又可以充分发挥灾民生产自救的积极性。

古代政府在平时收养贫困人口、医治贫困病患者和埋葬贫困死者的救助理念值得借鉴。当前，随着贫富差距的拉大、就业难、看病难、刑事犯罪率高等问题的凸显，完善社会保障制度，逐步建立社会保险、社会救助、社会福利、慈善事业相衔接的覆盖城乡居民的社会保障体系，成为构建和谐社会的重要举措。政府应重视服务性政策工具的使用，加强对困难群众的救助，完善城市低保、农村五保供养、特困户的救助、城市生活无着的流浪乞讨人员救助等制度，完善优抚安置政策。在提供最低生活保障线的基础上，通过职业介绍机构为他们提供再就业的机会，通过职业培训提高他们再就业的能力，提高社会总体就业率，尤其是弱势群体的就业率，从而尽可能达到生产自救。政府应发展以扶老、助残、救孤、济困为重点的社会福利，提高福利水平，保障弱势群体基本的生活条件。鼓励发展慈善事业，完善社会捐赠免税减税政策，增强全社会的慈善意识。政府还要完善城镇职工基本医疗保险，建立大病统筹为主的城镇居民医疗保险，发展社会医疗救助，加快推进新型农村合作医疗。

服务性的政府，应该为民排忧解难，为民办实事。如政府应有效控制日益高涨的房价，筹资建设经济适用房，解决城市居民住房难的问题；应注重基础设施的建设，改善交通，有效解决道路拥堵问题；应完善城市防水、供水、排水系统，防止洪涝灾害，杜绝水源污染，确保饮水安全；应大力倡导低碳经济，治污减排，保护生态环境，走可持续发展的道路。

三、完善以政府管制为主的政策性工具

（一）古代政府管制为主的治理思想

1. 政府管制为主治理思想的内容

古代政府以管制为主的治理思想主要体现在政府命令与禁戒、财政赋税治理思想这两方面。

中国古代历朝都面临着不同程度的内忧外患，社会矛盾比较尖锐，为了保持社会有序稳定，维护自己的统治，统治者对谋反叛逆、杀人、贼盗、官吏贪赃等严重的社会犯罪采取严厉的禁戒与镇压；古代隐瞒户口与土地兼并严重，影响国家的赋税征收，并使田赋负担不均，朝廷通过登记统计人口、划定户等以及限田、均田、核查田地等进行治理；为了保证财政收支的正常运转，朝廷对盐铁茶酒等专卖实行严密的管制，使国家成为垄断利润的独占者；朝廷垄断货币制造与发行，借此取得对社会财富的支配权。

古代有关财政赋税治理思想的中心是开源、节流和集中财权。开源虽然有通过发展生产增加国家财政收入的一面，但主要的还是通过行政性强制手段，颁布各种法令、法规，巧立名目向广大百姓征敛。同时，为避免社会矛盾的过度激化，引起武装反抗等社会大动荡，朝廷也在某种程度上约束官吏横征暴敛。古代不少有识之士认识到节流的关键是崇尚节俭，反对奢侈。从政府层面上看，还必须精简机构、军队，裁减多余的官吏、将士和经费，其中一个最有效措施就是通过行政性手段强制执行。

古代集中财权的思想由于受中央集权制政治体制的深刻影响，主要是朝廷通过颁布法令，改革财政体制，协调中央与地方在财经管理上的集权与分权，即从机构运行机制层面入手，通过集中财权达到有效地统筹调配全国钱物，控制财政收支平衡，开源节流，防范财政财务收支上的不法行为，从而解决财政困难。同时，通过"利出一孔"，国家控制粮食、货币，垄断盐铁、茶酒、矿山等之利，把社会财富尽可能地集中到朝廷。

2. 政府管制为主治理思想的特质

政府以管制为主治理思想的特质主要体现在以下两个方面：

其一，强制、以强胜弱。在政府以管制为主治理思想中，治理者（政府）与被治理者（民间组织、企业、个人）之间的关系是强制、以强胜弱的关系。如朝廷依靠军队和手中握有的权力，作为强势的一方，对谋反叛逆、杀人、贼盗、官吏贪赃等社会犯罪予以禁戒与镇压；对百姓强制实行户口登记统计和划定户等，颁布法令限制占田，对田地进行核查，以此作为征收赋税的依据；严厉禁止和打击私产私贩盐铁茶酒、私铸货币等，以强权保障国家的垄断权。

在财政赋税治理思想中，政府虽然没有采取像命令与禁戒那么刚性的强制，但总的倾向还是一致的，即通过国家命令、政策等予以实施。如政府要按时足额征收赋税，必须采用催科，惩治拖欠不交、拒绝交纳者等各种强制手段。节流中精简机构、裁减官吏将士以及集中财权等，更要依赖君主通过颁布诏书，强制性地命令有关部门或军队予以执行。

其二，垄断独占、胜负对抗。在政府以管制为主的治理中，治理者之所以对被治理者采取行政性强制，以强胜弱，其目的是政府以胜利者的姿态垄断独占某些资源，巩固自己的统治地位。如通过对户口的登记、统计和划定户等，限制占田与核查田地，来保证国家赋税的征收；通过严厉查禁私产私贩盐铁茶酒、私铸钱币，从而独占巨额的禁榷利润。政府如不采取行政性的强制，以胜利者的强势出现，就很难垄断独占某些资源，甚者其政权被推翻，将从治理者转变为被治理者。

3. 政府管制为主治理的途径

政府在以管制为主的治理中，首先，必须制定各种法律法规，因为管制的一个重要特征是要求被治理者遵守服从，因此政府必须制定出各种符合自己统治意志的法律法规，来规范约束被治理者的行为。其次，国家必须拥有一支强大的军队，随时对被治理者的反抗实行镇压，以此确保政府的治理意志能够得到贯彻执行。古代，国君拥有统率、指挥军队和任命将帅的最高权力。

适度的管制其"度"如何量化，这是本课题的一个难点。初步探索是通过对古代法律中的量刑规定进行考察。如一些朝代末年的严刑峻法，使人动辄触禁，甚至遭到杀身之祸，株连九族，从其量刑过重可以推导政府管制已大大超过正常的民众可容忍的度，其结果只会激化矛盾，导致农民起义与战争。又如对赋税的管制，古代一般以十一之税为适度，如超过十一之税，高达"泰半"（1/2）之赋，就大大超过百姓可承受的度，连农业简单再生产都无法进行，社会经济遭到严重的破坏。

（二）古代政府管制为主治理思想的启示

我们在完善政府协调、服务为主的政策性工具之时，丝毫不能放松以管制为主的治理。2014年1月24日，中共中央政治局召开会议，决定设置中央国家安全委员会，统筹协调涉及国家安全的重大事项和重要工作，这是当前我国强化管制为主治理的重大举措。

古代的政府治理理念告诉我们，在以管制为主的治理中，治理者必须以拥有强大的权力作为基本前提，即政府通过拥有军队、官员、司法权等，强制被治理者按其意志行动，否则，违抗者将受到不同程度的惩罚，直至被消灭。以管制为主治理的一个重要特征是要求被治理者遵守服从，因此，政府往往通过命令、禁戒甚至惩罚等手段强制执行，必须制定出各种符合自己统治意志的法律法规，来规范约束被治理者的行为。当前，政府必须坚持法制建设，不断完善社会主义法制体系，坚持以法律作为政府管制为主治理的依据。坚持以法治国，是维护广大人民利益、社会安定有序、国家长治久安的重要保证。

对于治理者来说，管制并不意味着局限于处理对抗性的矛盾和冲突，有些非对抗的矛盾在采取协调、服务为主的治理时，也可适当辅以管制性的治理。如当代面临的严重的资源耗竭、环境污染问题，政府可以协调性政策工具为主，引导鼓励企业发展低碳经济，治理污染，自觉维护生态环境。此外，也可适当运用管制性政策工具，强制执行节能减排，关闭或迁移一些污染严重的企业。这对于建设节约型的社会，节约能源，保护生态环境，走可持续发展的道路，都是很有必要的。又如政府重视粮食生产，存储足够的粮食以备荒年是属于服务性的政策工具。另一方面，政府为保证粮食的生产与充足的供给，必须对那些大片占用良田的行为予以管制，严格用地审批制度，特别是对非农业用地更要从严审批，可不用农业耕地的尽量不用农业耕地，确保有足够的良田沃土用于农业生产。

如前所述，以管制为主的治理，带有很大的局限性。因此，当代随着社会的不断文明进步，国民素质的日益提高，国内外环境的总体稳定，政府应尽量少用管制性政策工具，多运用协调和服务性政策工具，从而实现政府管理的重心从统治到治理的转移，建立新型的服务型有限政府。

四、古代政策工具三个层面综合使用思想

第一层面是以政府管制为主的治理，通过命令、禁戒等手段强制民间组织及个人遵守、服从。管制较容易实施和管理，效果具有直接性，更适应于作为处理危机的工具。但管制会限制自愿性和私人活动，可能导致经济上的无效率性，高成本，低质量，并可能产生社会与政府的对立，甚至恶化为冲突等。古代政府治理思想认为，过分强调管制，会使整个国家和社会处于高度紧张状态，内部缺乏调节和弹性。故貌似强大巩固，其实充满危机脆弱。第二层面是以政府协调为主的治理，通过市场化、契约、劝勉、调解等途径使政府与民间组织、个人自愿平等合作，动员全社会力量共同参与，最大限度增进共同利益。政府协调为主的治理能降低政府管制的成本，提高积极性和产品质量，有效配置资源，促进经济发展，避免社会与政府、社会各阶层之间的对立引起的内耗。从短期效益看，虽然

协调治理会弱化政府对经济和社会的直接控制，有时短期之内还会减少财政收入，削弱政府的权力，但从长远的眼光来看，协调富有调节机制，能缓和化解各种矛盾，使内部富有修复机制和弹性，整个国家和社会易于趋向安定和谐。第三层面是政府通过对社会的服务，即通过救助进行赈灾、救济，采取公办、公办民助、民办公助等形式，兴办公共事业等。其政策着眼点是保障弱势群体的最起码生存条件，为全体民众提供必要的公共产品，从而使社会和谐稳定。

从管理控制论的角度看，治国理政无论从主体还是从客体来说，都是人（治理者）进行的控制和对人（被治理者）进行的控制。说到底，人是核心的要素，所有的治理活动都是通过人的行为来完成的。总的说来，古代的治理者依据被治理者的3种不同性质的行为分别采取3种不同的治理政策工具：其中对严重威胁封建统治和社会稳定的行为，政府采取镇压、禁戒等严厉管制政策，主要为达到有序的控制目标；对日常民众的经济、文化活动，政府通过价格机制进行反馈和调节，采取鼓励和引导等协调政策，从而提高全社会自愿参与的积极性，主要为达到高效的控制目标；对于灾民及老弱病残、孤独无助者，政府采取救助和兴办公共事业等服务政策，为弱势群体提供公共产品或准公共产品，保证他们的基本生存条件，主要为达到和谐的控制目标。总之，古代政策工具暗含着这样的思想理念：治理者对被治理者对抗性、非对抗性和求助性的3种行为分别采取刚性（管制）、柔性（协调）和人道（服务）的3种性质的政策工具进行控制，从而达到长治久安的控制目标。

政策工具治理的基本原则是在尊重民众基本权利的适度管制下，维护社会稳定有序，国家领土完整。坚持公平协调，调节化解各种社会矛盾，引导民众向善，激发民众的创造力和积极性；着眼于利民的兴办公共事业和社会救助，保障民众的基本生存条件，使国家安全和谐，民富国强，经济和文化繁荣。从新中国成立至改革开放前，我国由于受"极左"思潮的影响，在政府管制体制中，对协调为主的政策性工具重视不够，很少使用，过分强调了管制为主的政策性工具，即所谓的加强无产阶级专政。从总的说来，当前我国政府在政策工具的应用上，还是管制性工具用得过多。我们应该减少管制性政策工具的应用，把政府不该管的事项交给企业、社会和市场，逐步理顺政府与市场、政府与社会的关系，减少政府对微观经济活动的直接干预，使市场在资源配置中起决定性作用和更好发挥政府作用。政府的主要精力进一步向经济调节、市场监管、社会管理和公共服务四项基本职能集中。

在古代政府治理的实践中，协调、服务和管制性的政策工具往往是综合起来使用，并非只单纯地使用其中的某一政策工具。如人与土地矛盾走向两个极端：一是人众地狭，许多人无地可耕；二是地广人稀，大片土地得不到开垦。这两种极端虽然表现形式不同，但后果相同，即人地冲突使得劳动力和生产资料土地不能有机结合。除此之外，古代土地自由买卖，兼并之风盛行。土地兼并严重使人口对土地的压力进一步加剧。历朝政府在解决人口与土地的矛盾时，往往采取了综合协调、管制与服务性的政策工具进行治理。

对于人口增长过快、分布不均导致的劳动力与土地得不到合理配置的问题，有识之士主张采取两种政策工具予以治理：一是"因人之情"，侧重于协调为主的治理，即通过劝诱的手段引导民众迁徙到人口比较稀疏的地区；二是"因时之势"，侧重于服务为主的治理，即通过向灾民提供田地、农具，缓交租税而鼓励他们迁徙到地多人少的地方。从而达到全国各地区人口合理布局，实现劳动力与生产资料土地的合理配置，使社会经济得到发展，国家赋役供给得到增长。

对于土地兼并导致的人口与土地的矛盾进一步加剧，古代一些有识之士主张通过政府管制性的政策工具，用行政手段强制实行限田、均田制或恢复井田制等，以遏制土地兼并的不断恶化。但为了缓和社会矛盾，维护政权的稳定，还有人对于超过限田额数的田地，主张不予强制剥夺或收买，而让其自动出售或众多子孙分产而自然消亡。其目的是使耕者有其田，提高生产者的劳动积极性和土地利用率。

古代不少人还意识到要解决人地矛盾，通过提高劳动生产率、尽力开垦荒地也是一条重要的途径。如有人主张通过政府强制性限田，让耕者占有土地，从而提高生产者的积极性和劳动生产率，并鼓励生产者开垦荒地归为己有而扩大耕地面积。政府则采用协调与服务相结合的政策性工具，通过劝勉与抚恤使失去耕地无以为生、甚至流离逃亡的农民重新回到农业生产上来，使劳动力与土地重新组合，以恢复农业生产；通过修建水利工程、圩田、还田为湖等提高耕地生产率、扩大耕田面积，从而缓解人口对土地的压力。

根据上述思想，我们可构建如下模型与假设：

$$P \times GD = CL \times GY / (JB \times FB) \tag{1}$$

式中，P 为人口总量；GD 为满足人口基本营养需求的人均粮食年需求量；CL 为耕地面积；GY 为耕地年生产率；JB 为土地兼并程度；FB 为人口分布状况。

式（1）说明在人口增长条件下，实现人地关系平衡的途径有两个：一是扩大耕地面积和提高耕地生产率，这两个因素可以增加社会供养人口，缓解人地矛盾，也即二者成正比。当仅靠提高耕地生产率不能实现上述平衡时，耕地面积必然要扩大，进而引起草地、湖泊和森林转化为耕地。另一个途径是土地兼并程度和人口分布均匀程度，这两个因素将减少社会供养人口，也就是说土地兼并程度越大，人口分布程度越不平均，人地矛盾就越紧张，各种社会矛盾可能越激化。

现实情况下人—地关系总是不平衡的，这种不平衡的程度可以表示为：

$$f = P \times GD - CL \times GY / (JB \times FB) \tag{2}$$

式（2）中，f 值表示人口对土地利用变化的压力，在特定的耕地生产率条件下，$f=0$，现有土地利用覆盖格局保持不变，也说明人地矛盾很小；$f>0$，人口增长迫使人们扩大耕地面积，或者必须降低土地兼并程度和均匀人口分布；$f<0$，土地利用覆盖格局可向有利于生态环境的方向发展。

根据式（1）可做如下几个重要的理论推算：

①一定耕地面积和生产率条件下第 i 年的人口承载能力为：

$$P_i = CL_i \times GY_i / (JB_i \times FB_i \times GD_i) \tag{3}$$

第 i 年的人口承载能力压力：

$$fP_i = P_{io} - P_i = P_{io} - CL_i \times GY_i / (JB_i \times FB_i \times GD_i) \tag{4}$$

式中，P_{io} 为第 i 年的实际人口数。

②一定人口和耕地生产率条件下第 i 年的耕地面积需求：

$$CL_i = P_i \times GD_i \times JB_i \times FB_i / GY_i \tag{5}$$

第 i 年的耕地面积需求压力：

$$fCL_i = CL_{io} - CL_i = CL_{io} - P_i \times GD_i \times JB_i \times FB_i / GY_i \tag{6}$$

式中，CL_{io} 为第 i 年的实际耕地面积。

③一定人口和一定耕地面积条件下第 i 年的耕地生产率：

$$GY_i = P_i \times GD_i \times JB_i \times FB_i / CL_i \tag{7}$$

则第 i 年的耕地生产率压力：

$$fGY_i = GY_{io} - GY_i = GY_{io} - P_i \times GD_i \times JB_i \times FB_i / CL_i \tag{8}$$

式中，GY_{io} 为第 i 年的实际耕地生产率。

综合式（3）—（8），我们可以得出初步结论，即影响古代人地矛盾的主要因素包括土地面积、土地兼并程度、人口分布和劳动生产率等几个方面。古代正是通过缓解土地兼并程度，均衡人口分布和提升农村劳动生产率、扩大耕地面积等措施对此加以综合治理解决。这对现阶段我们解决人地矛盾，维护社会稳定，构建和谐社会，保护水土资源和生态环境，走可持续发展道路，均有重大的启发意义。

主要参考文献

一、古籍

1. 《老子道德经》，上海古籍出版社影印《二十二子》本，1986 年版。

2. 《论语注疏》，中华书局影印《十三经注疏》本，1980 年版。

3. 《墨子》，上海古籍出版社影印《二十二子》本，1986 年版。

4. 《孟子注疏》，中华书局影印《十三经注疏》本，1980 年版。

5. 《尚书正义》，中华书局影印《十三经注疏》本，1980 年版。

6. 林尹注译：《周礼今注今译》，书目文献出版社 1985 年版。

7. 《商君书》，上海古籍出版社影印《二十二子》本，1986 年版。

8. 《管子》，上海古籍出版社影印《二十二子》本，1986 年版。

9. 梁启雄：《荀子简释》，中华书局 1983 年版。

10. 陈奇猷校注：《韩非子集解》，上海人民出版社 1974 年版。

11. 陈奇猷校释：《吕氏春秋》，学林出版社 1984 年版。

12. 《春秋左传正义》，中华书局影印《十三经注疏》本，1980 年版。

13. 《国语》，上海古籍出版社 1978 年版。

14. 吴则虞：《晏子春秋集释》，中华书局 1962 年版。

15. 向宗鲁校证：《说苑校证》，中华书局 1987 年版。

16. 司马迁：《史记》，中华书局 1959 年版。

17. 班固：《汉书》，中华书局 1962 年版。

18. 范晔：《后汉书》，中华书局 1965 年版。

19. 陈寿：《三国志》，中华书局 1959 年版。

20. 房玄龄：《晋书》，中华书局 1974 年版。

21. 沈约：《宋书》，中华书局 1974 年版。

22. 萧子显：《南齐书》，中华书局 1972 年版。

23. 姚思廉：《梁书》，中华书局 1973 年版。

24. 姚思廉：《陈书》，中华书局 1972 年版。

25. 魏收：《魏书》，中华书局 1974 年版

26. 李百药：《北齐书》，中华书局 1972 年版。

27. 令狐德棻：《周书》，中华书局 1971 年版。

28. 李延寿：《南史》，中华书局 1975 年版。

29. 李延寿：《北史》，中华书局，1974 年版。

30. 戴德：《大戴礼记》，中华书局 1985 年版。

31. 贾思勰：《齐民要术》，中华书局 1940 年版

32. 欧阳修：《新唐书》，中华书局 1975 年。

33. 刘昫：《旧唐书》，中华书局 1975 年。

34. 魏征：《隋书》，中华书局 2011 年。

35. 王溥：《唐会要》，中华书局 1955 年。

36. 薛居正：《旧五代史》，中华书局 1976 年。

37. 欧阳修：《新五代史》，中华书局 1974 年。

38. 司马光：《资治通鉴》，中华书局 1956 年。

39. 杜佑：《通典》，中华书局 2004 年。

40. 董诰：《全唐文》，中华书局影印本，1982 年。

41. 萧统、李善：《文选》，胡刻本。

42. 王钦若：《册府元龟》，中华书局影印本，1960 年。

43. 王溥：《五代会要》，上海古籍出版社 1978 年。

44. 马端临：《文献通考》，中华书局 2011 年。

45. 长孙无忌等：《唐律疏议》，中华书局 1983 年。

46. 李林甫等：《唐六典》，中华书局 2014 年。

47. 吴兢：《贞观政要》，中华书局 2009 年。

48. 温大雅：《大唐创业起居注》，上海古籍出版社 1983 年。

49. 韩愈：《昌黎先生集》，商务印书馆影印《四部丛刊》本。

50. 元稹：《元氏长庆集》，商务印书馆影印《四部丛刊》本。

51. 宋敏求：《唐大诏令集》，学林出版社 1992 年。

52. 白居易：《白氏长庆集》，商务印书馆影印《四部丛刊》本。

53. 李翱：《李文公集》，商务印书馆影印四部丛刊本。

54. 柳宗元：《唐柳先生集》，商务印书馆影印《四部丛刊》本。

55. 陆贽：《陆宣公翰苑集》，台湾商务印书馆影印文渊阁《四库全书》本。

56. 彭定求、沈三曾等：《全唐诗》，中华书局 1960 年。

57. 刘禹锡：《刘梦得文集》，台湾商务印书馆影印文渊阁《四库全书》本。

58. 皮日休：《文薮》，台湾商务印书馆影印文渊阁四库全书本。

59. 杜牧：《樊川文集》，上海古籍出版社 1978 年。

60. 王夫之：《读通鉴论》，中华书局 1975 年。

61. 李焘：《续资治通鉴长编》，书内简称《长编》，中华书局点校本，2004 年。

62. 徐松等辑：《宋会要辑稿》，书内简称《宋会要》，中华书局影印本。

63. 脱脱等：《宋史》，中华书局点校本，1985 年。

64. 李心传：《建炎以来系年要录》，商务印书馆国学丛书本。

65. 陈均：《九朝编年备要》，台湾商务印书馆影印文渊阁四库全书本。

66. 留正等：《皇宋中兴两朝圣政》，宛委别藏。

67. 佚名：《宋大诏令集》，中华书局点校本，1962 年。

68. 李攸：《宋朝事实》，丛书集成本。

69. 章如愚：《山堂群书考索》，台湾商务印书馆影印文渊阁四库全书本。

70. 吕祖谦：《历代制度详说》，台湾商务印书馆影印文渊阁四库全书本。

71. 李心传：《建炎以来朝野杂记》，中华书局点校本，2000 年。

72. 赵如愚：《宋朝诸臣奏议》，上海古籍出版社点校本，1999 年。

73. 杨士奇等：《历代名臣奏议》，台湾商务印书馆影印文渊阁四库全书本。

74. 窦仪等：《宋刑统》，中华书局点校本，1984 年。

75. 谢深甫等：《庆元条法事类》，中国书店"海王村古籍丛刊"影印本。

76. 宋濂：《元史》，中华书局点校本，2011 年。

77. 《元典章》，中华书局、天津古籍出版社，2011 年。

78. 《宪台通纪》（外三种），浙江古籍出版社，2002 年。

79. 苏天爵：《元文类》，台湾商务印书馆影印文渊阁《四库全书》。

80. 丘濬：《大学衍义补》，台湾商务印书馆影印文渊阁《四库全书》。

81. 苏天爵：《国朝名臣事略》，中华书局影印本，1962 年。

82. 张廷玉：《明史》，中华书局 1974 年版。

83. 申时行：《明会典》，中华书局 1989 年版。

84. 《明实录》，台北：历史语言研究所 1962 年校印本。

85. 陈子龙：《明经世文编》，中华书局 1962 年版。

86. 龙文彬：《明会要》，中华书局 1956 年版。

87. 谷应泰：《明史纪事本末》，中华书局 1985 年版。

88. 郑世龙：《国朝典故》，北京大学出版社 1993 年版。

89. 嵇璜：《续文献通考》，商务印书馆万有文库十通本。

90. 《大明律集解附例》，台湾学生书局 1986 年版。

91. 光绪《大清会典事例》，新文丰出版公司 1976 年版。

92. 《清实录》，中华书局 1986 年影印本。

93. 赵尔巽：《清史稿》，中华书局 1977 年版。

94. 《清朝文献通考》，商务印书馆万有文库十通本。

95. 刘锦藻：《清朝续文献通考》，商务印书馆万有文库十通本。

96. 《清史列传》，中华书局 1987 年版。

97. 贺长龄编：《清经世文编》，中华书局 1992 年版。

98. 盛康编：《皇朝经世文续编》，广陵书社 2011 年版。

二、今人著作

1. 胡寄窗：《中国经济思想史》，上海人民出版社上、中册 1978 年版，下册 1981 年版。

2. 赵靖：《中国经济思想通史》，北京大学出版社，1997 年版。

3. 叶世昌：《中国古代经济管理思想》，复旦大学出版社，1990 年版。

4. 何炼成：《中国经济管理思想史》，西北大学出版社，1988 年版。

5. 苏东水：《东方管理》，山西经济出版社，2003 年版。

6. 滕显间：《中国历代经济管理反思》，海洋出版社，1988 年版。

7. 刘含若：《中国经济管理思想史》，黑龙江人民出版社，1988 年版。

8. 白钢主编：《中国政治制度通史》，人民出版社，1996 年版。

9. 方宝璋：《中国管理思想史》，鹭江出版社，2021 年版。

10. 王曾瑜：《宋朝军制初探》（增订本），中华书局，2011 年版

11. 高锐：《中国军事史略》，军事科学出版社，1992 年版。

12. 方宝璋：《中国审计史稿》，福建人民出版社，2006 年版。

13. 张晋藩：《中国法制通史》，法律出版社，1999 年版。

14. 梁方仲：《中国历代户口、田地、田赋统计》，上海人民出版社，1980 年版。

15. ［日］出井盛之：《经济思想史》，刘家黎译，上海联合书店，1929 年印行。

16. ［日］田崎仁义：《中国古代经济思想及制度》，王学文译，商务印书馆，1926 年版。

17. ［美］Lewis. H. Haney：《经济思想史》上册，周宪文译，台湾银行经济研究室印，1982 年版。

18. ［日］上野直明：《中国经济思想史》，恒星社厚生阁，1971 年版。

19. ［日］河原由郎：《宋代社会经济史研究》，东京劲草书房，1980 年版。

20. ［日］周藤吉之：《唐宋社会经济史研究》，东京大学出版社，1978 年版。

21. ［日］斯波义信：《宋代商业史研究》，东京风间书房，1979 年版。

22. ［英］Eric Roll：《经济思想史》，陆元诚译，商务印书馆，1981 年版。

23. ［日］加藤繁：《中国经济史考证》第二册，吴杰译，商务印书馆，1978 年版。

24. ［日］西岛定生：《中国经济史研究》，冯佑哲等译，农业出版社，1984 年版。

25. 周三多等：《管理学》，复旦大学出版社，1999 年版。

26. Drucker, Peter. Management：Tasks, Responsibilities and Practices. Harper & Row Publishers, Ins 1974.

27. Kast, Fremont Ellowrth, Organization and Management: A Systems and Contingency Approach, Mcgraw – Hill Press 1979.

28. Simon, Herbert Arthur. The New Science of Management Decision, Prentice – Hall Inc 1977.

29. Alcock, P., 1991, "Towards Welfare Rights", in Becker, S. (ed.), 1991, Windows of Opportunity: Public Policy and the Poor, CPAG.

30. Barr, N., 1987, The Economics of the Welfare States, London: Weidenfeld & Nicolson.

三、今人论文

1. 赵靖：《中国经济思想史的对象和方法》，载《经济学集刊》第 2 期。
2. 王曾瑜：《王安石变法简论》，《中国社会科学》1980 年第 3 期。
3. 顾全芳：《评王安石变法》，《晋阳学刊》1985 年第 1 期。
4. 姚家华：《论李觏经济思想》，《财经研究》1980 年第 2 期。
5. 穆朝庆：《李觏经济思想刍议》，《史学月刊》1983 年第 3 期。
6. 赵继颜：《范仲淹的经济思想》，《齐鲁学刊》1981 年第 2 期。
7. 虞祖尧：《简论司马光的经济思想》，《河南师大学报》1987 年第 2 期。
8. 孔祥振：《试论范仲淹的财政思想》，《经济问题探索》1987 年第 1 期。
9. 陶希圣：《北宋几个大思想家的井田思想》，台北《宋史研究集》第一辑。
10. 程民生：《论北宋财政的特点和积贫的假象》，《中国史研究》1984 年第 3 期。
11. 叶世昌：《中国古代的纸币管理思想》，《中国经济史研究》1988 年第 2 期。
12. 萧清：《我国古代的货币虚实论和纸币称提理论》，《金融研究》1985 年第 11 期。
13. 俞兆鹏：《李觏货币思想研究》，《江西社会科学》1987 年第 3 期。
14. 俞兆鹏：《叶适货币思想研究》，《中国钱币》1987 年第 2 期。
15. 乔幼梅：《从中唐到北宋钱荒问题的考察》，《历史研究》1990 年第 2 期。
16. 刘森：《论北宋的钱荒》，《中州学刊》1987 年第 3 期。
17. 过文俊：《论张方平的货币流通思想》，《湖北财院学报》1985 年第 5 期。
18. 漆侠：《再论王安石变法》，《河北大学学报》1986 年第 3 期。
19. 姚兆余：《论北宋时期的货币政策》，《河北学刊》1994 年第 2 期。
20. 高聪明：《宋代货币流通的特点》，《中国经济史研究》1995 年第 3 期。
21. 贾大泉：《宋代的纸币发行和纸币理论》，《社会科学研究》1996 年第 1 期。

22. 张全明：《论北宋开封的物价管理》，《华中师范大学学报》1990 年第 4 期。

23. 徐东升：《宋代官营手工业定额管理制度述论》，《厦门大学学报》2002 年第 2 期。

24. 龚汝富：《南宋理财家李椿年与经界法推行》，《烟台师范学院学报》1998 年第 3 期。

25. 葛金芳：《试论"不抑兼并"》，《武汉师院学报》1984 年第 2 期。

26. 唐兆梅：《析北宋的"不抑兼并"》，《中国史研究》1988 年第 1 期。

27. 乔幼梅：《宋元时期高利贷资本的发展》，《中国社会科学》1988 年第 3 期。

28. 阎守诚：《重农抑商试析》，《历史研究》1988 年第 4 期。

29. 朱家桢：《义利思想辨正》，《中国经济史研究》1987 年第 2 期。

30. 叶世昌：《中国古代的富民、富国和理财思想》，《财经研究》1987 年第 6 期。

31. 宁裕先：《李觏经济思想三题》，《河南师大学报》1984 年第 1 期。

32. 黄纯艳：《论南宋东南茶法》，《厦门大学学报》2001 年第 3 期。

33. 黄纯艳：《论北宋嘉祐茶法》，《中国社会经济史研究》2001 年第 3 期。

34. 黄纯艳：《论蔡京茶法改革》，《中国经济史研究》2003 年第 1 期。

35. 方宝璋：《中国古代审计史概论》，《中国史研究》1996 年第 1 期。

36. 方宝璋：《略论宋代会计账籍》，《中国经济史研究》2004 年第 3 期。

37. 方宝璋：《宋代对官吏经济政绩的考核》，《中国经济史研究》2007 年第 1 期。

38. 颜玉怀：《陈旉〈农书〉经营管理思想研究》，《西北大学学报》2001 年第 4 期。

39. 刘华：《宋代自然资源的保护和利用》，《安徽师大学报》1996 年第 1 期。

40. 张全明：《简论宋人的生态意识与生物资源保护》，《华中师范大学学报》1999 年第 5 期。

41. 康弘：《宋代灾荒与荒政论述》，《中州学刊》1994 年第 5 期。

42. 张文：《两宋赈灾救荒措施的市场化与社会化进程》，《西南师范大学学报》2003 年第 1 期。

43. 张文：《荒政与劝分：民间利益博弈中的政府角色》，《中国社会经济史研究》2003 年第 4 期。

44. 汪圣铎：《宋代火政研究》，载《宋代社会生活研究》，人民出版社 2007 年版。

45. 周宝荣：《北宋官方对民间出版的管制》，《中南民族大学学报》2002 年第 6 期。

后 记

时间过得真快，难以相信，转眼之间自己已逾古稀之年。还好值得欣慰的是，自恢复高考以来，我珍惜这难得的学习机会，恪勤朝夕，从此与书为伴，走上了治学的道路，至今已四十七年了。

回想自己的治学历程，真正开始入门，应是从攻读博士学位开始。1988年，我负笈北上，在北京师范学院历史系攻读博士学位。当时导师宁可教授主要从事中国古代经济史的研究，我就选择"宋代财经监督研究"作为自己博士论文的选题，对宋代财经监督机构，以及会计、审计和财经监督立法等进行了初步的探讨。在三年内完成了博士论文，顺利通过博士论文答辩。

1991年博士毕业后，我回到福建师范大学历史系任教，主要继续研究中国古代审计史，草就了《中国审计史稿》《民国审计思想史》两部专著，在《中国史研究》《中国经济史研究》《审计研究》等杂志发表了近百篇相关论文。

2001年，我调往江西财经大学会计学院，先后主持完成了两项国家自然科学基金面上项目"宋代经济管理思想与当代经济管理"和"政策工具视角下的宋代政府治理思想研究"，主持完成了国家社会科学基金重大项目"中国古代管理思想通史"子课题"唐中叶五代宋元明清管理思想史"的研究与撰写。在江西财经大学任教的15年间，我将主要精力转移到宋代管理思想史研究方面，草就出版了《宋代经济管理思想与当代经济管理》《宋代管理思想：基于政策工具视角的研究》《先秦管理思想》等专著，并刊发了数十篇相关论文。

2015年临退休之际，我回家乡莆田学院商学院任特聘教授，起初继续中国古代管理思想史的研究，主持完成了国家社会科学基金项目"政策工具视角下的古代政府治理思想及其当代价值研究"，并于2021年按时结题，今即将在新华出版社出版总结性的成果《政策工具视角下的古代政府治理思想及其当代价值研究》。同时，2021年还出版了系列专著《中国管理思想史》（七卷八册）。这意味着我的中国古代管理思想史研究暂时要告一个段落了。因为我有幸在2022年成功申请到国家社会科学基金重大项目"中国审计通史"，至少在五年之内，我要全力以赴，转回对中国审计史的研究，将此课题按时保质保量完成。

回顾自己走过的治学道路，虽然时光无情，逝者如斯，但我在1978年恢复高考后，始终珍惜这一人生的转折点，心无旁骛，发愤学习，不知老之已至矣！

我坚信，天道酬勤，治学是来不得半点虚假的，有几分耕耘就有几分收获。年逾古稀，总结自己的七十余年光阴，就做了两件自己兴趣的事情，笔耕与舌耕，自信没虚度时光，学而不厌，诲人不倦，此生足矣！

承蒙莆田学院党委书记翁若平研究员、校长周瑞祥教授的热情关心和大力支持，使拙著得到校学术出版基金的资助，得以顺利出版，在此一并表示衷心的感谢！

方宝璋谨记
2023 年 8 月 26 日于莆田学院万贤斋